SUNING 苏宁

苏宁电器股份有限公司 股票代码：002024

企业发展现状概述

苏宁电器1990年创立于中国南京，是中国3C（家电、IT、消费类电子）家电连锁零售企业的领先者，国家商务部重点培育的“全国15家大型商业企业集团”之一，中国最大的商业零售企业，名列中国民营企业前三强，品牌价值815.68亿元。

2004年7月，苏宁电器（002024）在深交所上市，成为国内首家IPO上市的家电连锁企业，市场价值位居全球家电连锁企业前列，2011年营业收入达938亿元，员工18万人，并在2012年前三季度实现营收724亿元。

本着稳健快速、标准化复制的开发方针，苏宁电器采取“租、建、购、并”立体开发模式，在海内外600多个城市，共拥有1700多家店面，并于2009年，通过海外并购进入中国香港和日本市场，拓展国际化发展道路。与此同时，苏宁电器坚持线上线下同步开发，自2010年旗下电子商务平台“苏宁易购”升级上线以来，产品线由家电拓展至百货、图书、虚拟产品等，目前SKU数已突破150万，非电器品类SKU占比超过90%，进一步推动了苏宁超电器化的进程，目前苏宁易购已经位居国内自主B2C行业第二位。服务是苏宁唯一的产品。以市场为导向，以顾客为核心，苏宁电器不断创新发展，形成了多业态店面零售、定制服务、网上购物、网络分销等多种销售渠道。立足“至真至诚 阳光服务”服务品牌定位，苏宁电器依托以机械化作业、信息化管理为特征的全国物流网络，实现了长途配送、短途调拨与零售配送到户一体化运作，平均配送半径200公里，日最大配送能力80多万台套，率先推行准时制送货。遍布城乡的数千家售后服务网络和3万多名专业售后工程师时刻响应服务需求，业内最大全国呼叫中心24小时提供咨询、预约、投诉和回访等服务。

北京联想桥超级店盛大开业

南京乐购仕生活广场盛大开业

南京新街口超级店盛大开业

新十年战略规划

作为新十年的起始之年，苏宁在2011年发布未来十年战略规划，从连锁发展、营销创新、科技转型、电子商务等方面阐述公司整体发展战略，将苏宁打造成一个在连锁地域、经营规模、科技创新、服务能力等方面都具备全球化竞争力的世界级企业。基于未来十年战略的发展，苏宁以“科技转型、智慧服务”为方向，引领行业渠道模式不断变革，开创“沃尔玛”+“亚马逊”，线上线下协同的虚实互动零售模式。

线下：一二线城市创新业态

（超级店、乐购仕），三四线连锁渗透

基于22年的连锁发展基础，苏宁根据市场的快速变化，在一二级市场不断加快店面结构调整与优化，进一步突出体验功能，加大Expo超级店与乐购仕的建设开发，提升单店质量，进一步降低经营成本，提高盈利能力。同时，针对国内广袤的三四线城市，不断进行连锁渗透。

线上：电子商务发展

电子商务的本质是商务，苏宁易购的未来十年的定位是销售3000亿规模的网络生活平台。苏宁易购以实体网络发展为后台基础，共享物流、信息、和人才等后台优势，与线下实现有效的互动。201年7月，苏宁易购举行“开放平台战略发布暨2012供应商大会”，正式推出具有“全平台开放、全品类共建、全网络共享”三大特征的开放平台，向全品类与虚拟服务拓展。

苏宁易购总部基地隆重奠基

苏宁易购召开开放平台战

后台建设能力——物流、信息、人才

苏宁的线上线下融合模式将大幅降低企业经营成本，显著提升服务消费者、供应商的能力。高效、低成本的物流体系、IT系统，线上线下+零售批发支撑的巨量采购规模，带来低价、优质、便捷，持续为消费者提供最好性价比的产品和服务。预计到2020年，苏宁线下门店总数将达到3500家，销售规模3500亿，线上苏宁易购销售3000亿元。

物流建设方面

到2015年，苏宁将在北京、上海、广州、深圳、南京、沈阳等城市兴建12个自动化仓库，并在全国兴建60个物流基地，全国近2000个门店也将成为苏宁全国物流网络的重要支撑点，将全国物流网络实现全面化、系统化的布局。

信息化建设方面

苏宁将以经营需要为导向，强化研发与业务的结合，加强终端安全、系统安全、数据安全以及支付安全的建设和管理水平，在全国建设10—12个云计算中心，加大互联网、物联网技术的应用，构建涵盖云计算、云存储、云数据的云服务模式。充分挖掘消费数据，基于客户需求，优化智能搜索以及形成有效产品推介的能力，实施精准营销，并通过提供便捷的支付方式，进一步优化客户体验，增强客户粘性以及满意度，增强电子商务运营能力。目前，苏宁IT研发人员已超过4000人，未来10年内，苏宁将持续不断的扩容IT团队，最终达到20000人的IT团队，并在美国硅谷、南京、北京建立研发中心。

并购红孩子媒体通报会在南京举行

苏宁物流配送车队

人才建设方面

2002年，苏宁设立“1200工程”，专项引进应届毕业大学生，在过去的十年里，对其不断进行培养和深造，知识型、管理型的大学生队伍在苏宁发展过程中的价值开始凸显，并在管理梯队中占据重要地位。随着新十年“科技转型、智慧服务”的转型定位，苏宁还与IBM、SAP等团队合作，在美国硅谷设立联合实验室、组建共同项目组等方式，与世界知名企业交流和互派，使苏宁国际化人才团队进一步向专业领域渗透，提升综合素质。

2012苏宁之夏大型文艺晚会

社会责任

基于企业社会价值的最大化，苏宁在实现自身快速发展，积极纳税、促进就业的同时，积极参与社会公益事业，扶贫助教。2012年，苏宁在陆续启动实施“溪桥工程”、“筑巢工程”、“多媒体梦想中心”等多个大型公益活动的同时，还在22周年司庆的当天捐赠4140万元延续公益庆生，其中，向中国宋庆龄基金会捐赠1000万元，用于“未来工程”大学生奖助学项目、“免费午餐”、“微博打拐”、“大病医保”、“让候鸟飞”、“梦想中心”等公益项目。向中国扶贫基金会“筑巢行动”项目再度捐赠1000万元，在2012年修建24所宿舍的基础上，2013年再为西部贫困山区小学修建20所宿舍。向江苏省慈善总会捐赠的1000万元主要用于乡村教师资助项目。

22年来，苏宁的社会责任理念伴随连锁事业的发展不断深入、扩展。苏宁的公益活动形式多样、频次高、受益人群广泛，涵盖了抗击灾害、捐赠教育、扶贫救弱、环境保护等多领域，累计捐赠善款超过7亿元人民币。

苏宁捐赠1000万元成立助学教育基金

苏宁22周年暨“1+1阳光行”社工志愿者行动

苏宁三度荣获中华慈善奖

圆素，留住时光留住美
Yuansu, time goes, beauty stays.

明胶 4,000 吨 / 年增至 6,500 吨 / 年扩建项目已于 2012 年 7 月底正式竣工验收。现已全线生产，目前运行正常。年产 1,000 吨可溶性胶原蛋白项目也于 2012 年 10 月建成，按计划逐步投产。随着两个项目产能的释放，明胶及胶原蛋白产品将产生良好的经济效益，公司业绩将保持稳步提升。

公司“中科院理化所——东宝生物胶原与明胶工程应用研发中心”运转正常，上半年开始的“不同分子量胶原蛋白促骨生长活性研究”、“针对妇女更年期综合症胶原蛋白复合保健品的开发”、“胶原蛋白产品苦腥味的脱除 / 改善”和“新型胶原蛋白产品的开发”4 个项目的研发工作进展顺利。

深交所组织的“走进东宝生物”投资者开放日活动

东宝生物成立十五周年座谈会

2012 年 8 月，中科院理化所—东宝生物胶原与明胶生物工程应用研发中心第一届年会暨胶原蛋白研究与应用高级研讨会在包头召开。会上，理化所和解放军 306 医院专家对胶原蛋白在医学上的应用给予了充分肯定，专家指出胶原蛋白在降压、抗癌、抗氧化、改善更年期妇女症状、改善骨质疏松、治疗骨关节炎等方面有积极效果。其中在解放军第 306 医院开展的“圆素牌胶原蛋白改善骨密度”研究已获得阶段性成果。会上东宝生物与中科院理化所签订了明胶制备新工艺的技术开发合作协议。

2012 年 10 月开始，公司以自有资金 1000 万元人民币出资设立东宝圆素（北京）科贸有限责任公司，该公司主要负责胶原蛋白系列产品全国范围内的销售。圆素（北京）公司的成立，是东宝生物企业发展史上的一件大事，是具有里程碑意义的战略举措，圆素（北京）公司聂明总经理等主要管理人员都在外企从事过销售、市场管理工作，有丰富的市场和营销工作经验，都在营销和市场运作方面做出过良好业绩，他们的加入为公司的发展增添了新的生机和活力，将对公司胶原蛋白市场营销工作产生积极的推动作用。

2012 年 10 月，我公司荣获第一财经中国资本力年会“年度最佳融资范例奖”、“年度最佳创业板 IPO 上市公司”殊荣。

公司作为新兴生物制品企业，符合国家促进生物产业、战略性新兴产业等政策扶持方向，属国家重点支持的行业。良好的政策环境为企业实现快速发展创造了前所未有的条件。公司地处内蒙古，拥有丰富的骨料资源，立足高档生物制品的专业化生产，借助资本市场的融资手段，努力在 3-5 年时间内，发展成为以明胶生产为基础，以胶原蛋白等延伸产品为发展方向的行业领军企业，打造胶原蛋白民族第一品牌，为我国生物产业做出新的贡献，为人类对健康和美的追求作出最大的贡献。

以人为本 依法治企

截至 2011 年底，公司发展从太原、古交延伸到吕梁、临汾、唐山等多个地市，初步形成煤－电－材、煤－焦－化两条循环经济产业链。拥有全国最大的燃用洗中煤坑口电厂，是全国首批循环经济试点单位。旗下控参股公司达 15 个，所属单位 15 个，从业人员 28006 人，企业资产总额 407.5 亿元。

上市以来，西山煤电股票价值逐步为广大机构和个人投资者认同，被纳入深证成指、深证 100、巨潮 100、沪深 300 指数样本股，在资本市场一路表现良好，确立了煤炭板块的龙头地位，确立了大盘蓝筹绩优股的形象。公司相继荣获“中国煤炭工业优秀企业”、“全国 AAA 级质量信誉等级企业”、“山西省五一劳动奖状”等称号，荣获由《大众证券报》、《中国证券报》、《证券时报》等媒体评选的“大众证券杯金奖”、“中国上市公司百强金牛奖”、“中国上市公司价值百强”、“A 股市值百强”、“股东回报百强”、“综合百强”、“主营百强”和“十佳最重回报上市公司”等荣誉，公司的无形资产不断攀升。

中国上市公司市值管理研究中心
China Center for Market Value Management

荣譽證書

山西西山煤电股份有限公司：

根据本中心上市公司市值管理绩效评价指标体系的客观评分，贵公司获得了“2011年度中国上市公司市值管理百佳”殊荣。

特颁此证！

中国上市公司市值管理研究中心

2011 年度中国上市公司市值管理百佳

山西西山煤电股份有限公司

2012中国上市公司综合实力100强

中国上市公司发展研究院
中国城市发展研究院
中国排行榜网
《南方企业家》杂志社
二〇一二年七月·广州

2012 中国上市公司综合实力 100 强

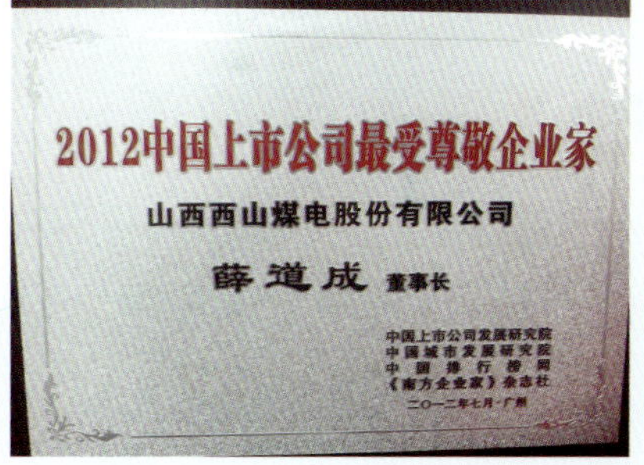
2012中国上市公司最受尊敬企业家

山西西山煤电股份有限公司

薛道成 董事长

2012 中国上市公司最受尊敬企业家

山西西山煤电股份有限公司

2012中国上市公司诚信企业100强

中国上市公司发展研究院
中国城市发展研究院
中国排行榜网
《南方企业家》杂志社
二〇一二年七月·广州

2012 年中国上市公司诚信企业 100 强

2011中国上市公司最受尊敬10大功勋企业家

山西西山煤电股份有限公司

金智新 董事长

2011 中国上市公司最受尊敬 10 大功勋企业家

地址：山西省太原市西矿街318号　邮编：030053

电话：0351-6137052　传真：0351-6127434　邮件：xsstock@public.ty.sx.cn

http://www.xsmd.com.cn

冀东水泥
JIDONG CEMENT

联系地址：唐山市丰润区林荫路　邮政编码：063031
电话：0315—3083382　传真：0315—3244005
电子信箱：zqb@jdsn.com.cn
互联网网址：http://www.jdsn.com.cn

与社会、自然实现共赢，达致和谐境界，是冀东水泥的终极目标。

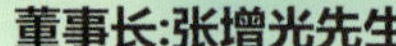
董事长:张增光先生

总经理:于九洲先生

唐山冀东水泥股份有限公司是中国上市公司500强企业，是在原河北省冀东水泥厂的基础上，由河北省冀东水泥集团公司独家发起、以定向募集方式正式设立、组建的股份制企业。1996年冀东水泥A股股票在深圳证券交易所上网发行并挂牌上市，是中国北方最大的水泥生产商和供应商。公司前身河北省冀东水泥厂于1981年开工建设国内第一条日产4000吨熟料新型干法水泥生产线，1983年12月建成，经过国家验收和中日双方交接，于1985年1月1日正式投入生产，称为中国新型干法水泥工业的摇篮。

企业先后荣获“全国环境优美工厂”、“全国‘五一’劳动奖状”、“全国优秀企业(金马奖)”、“全国文明单位”、“全国企业文化建设先进单位”等荣誉称号，被誉为“中国水泥工业排头兵”。公司“盾石”商标于2005年被国家工商总局评定为中国驰名商标。

截止到2011年底，公司拥有51家控股子公司、2家分公司、4家合营公司，总资产超过400亿元，水泥年产能突破1.1亿吨，是一个以水泥生产为主业，集干粉砂浆、水泥外加剂、水泥助磨剂等新型建筑材料为一体的大型绿色环保型建材企业集团。

管理团队

开幕仪式

利比里亚总统访问冀东沈阳公司

近年来，公司深入实施水泥板块“巩固华北、挺进东北、开拓西北”的“三北”发展战略，积极投身东北老工业基地振兴、西部大开发之中，以唐山为大本营，不断向东北、西北、京津冀、内蒙古区域发展，致力于打造横跨“三北”地区的大型水泥企业集团。目前，公司在全国12个省、区、直辖市拥有48条新型干法水泥生产线。

Strengthen the foundation of life

——让生活的基础**更坚实**

创造，是生存之道；创新，是活力之源；创优，是发展之本。

公司以著名的“盾石”牌硅酸盐水泥为主导产品，其中包括：中标、英标、美标等通用硅酸盐水泥，道路、油井、博格板超早强等专用水泥，中热/低热、抗硫酸盐等特种水泥，三个系列几十个品种，产品响誉中国华北、东北、西北地区以及亚洲、北美、中东、非洲等国家和地区。首都国际机场、秦沈客运专线、京沪高速铁路、京津铁路客运专线、曹妃甸港口、北京奥林匹克中心等国家重点工程均应用了“盾石”水泥。

唐山冀东水泥股份有限公司以国家建材产业政策为导向，在保持水泥主业竞争优势的同时，积极促进产品、产业优化升级，于2000年组建唐山盾石干粉建材有限责任公司，引进奥地利90年代国际先进的干粉砂浆生产线，年产全系列环保型“盾石”干粉砂浆15万吨，是中国最大的干粉砂浆生产企业。于2003年组建唐山冀东水泥外加剂有限责任公司，年产5000吨水泥助磨剂、20000吨混凝土外加剂，是国内具有自主创新研发能力和自主知识产权助磨剂配方的为数极少的助磨剂生产企业之一，也是全国最大的液体助磨剂制造商。

公司以“共创、共赢”为核心价值观，以“让生活的基础更坚实”为宗旨，以“团结、创新、诚信、敬业”的企业精神，以“紧扣市场，追求高效”的经营理念，力求“为你做的多一点、细一点”。

展望未来，公司将坚持科学发展观，坚持存量优化与增量发展互动，以国家产业结构调整升级政策为导向，抓住开发西北、振兴东北以及环渤海经济区建设的历史机遇，以一流的产品、一流的质量、一流的服务回报用户，回报社会。

三元立交桥

曹妃甸港口

得利于斯，回报于斯

得利斯重视“质量兴企”，在食品质量与安全方面的辛勤耕耘，二十五年来始终怀抱一颗高度责任心，倾心打造独具特色的绿色食品产业链，为消费者创造出最美味、安全、营养的肉类食品。企业先后荣获“首批家农业产业化国家重点龙头企业”、“中国肉类 10 强企业”、“中国食品行业 100 强”、“中国最具市场竞争力品牌”、“中国驰名商标”、“中国名牌产品”“国家安全食品示范单位”、“山东省省长质量奖”等荣誉称号。党和国家领导人温家宝、曾庆红、吴官正、吴仪、回良玉、乔石、田纪云、姜春云、何鲁丽、宋平、陈慕华等先后视察公司并给予高度评价。

得利斯产品直供人民大会堂

帕珞斯麻袋包装

火 腿

帕珞斯 CD 包装

帕珞斯匣子

沉甸甸的荣誉来之不易，也更加坚定了得利斯“品质高于一切”的信念，更加注重自身品质建设。2011 年 11 月，率先在全国发布首份《食品质量与安全报告》，该报告全面总结了得利斯二十五年在保障食品质量与安全方面所做工作，这是国内首家肉类企业就食品质量与安全专门作专题报告，在当下食品安全问题成为社会热点之际，得利斯发布此份报告，体现了企业在保障食品质量安全、维护消费者权益方面的信心和决心。

公司始终坚持“得利于斯，回报于斯”的创业初衷，在自身发展的同时，推进周边社区建设和带动广大区域农民致富、农业发展；同时公司也为南方水灾、汶川地震、玉树地震、吉林水灾、孤寡老人、失学儿童、困难职工提供无私捐助。“制欲感恩”的企业理念是镌刻在得利斯发展道路上的铭言，更是实践中不断延伸引领发展的信念。

二十五载得利斯，笃守“品质高于一切”的信言！得利斯，以竭诚奉献于中华民族的崛起为终极目标，向着更具担当、更负责任的而立之年阔步迈进，向着建设中国农业产业化典范企业、中国肉类典范企业、百亿企业、百年品牌的目标，抵定青山、振臂前行！

★ 1992 年 6 月，北京西城区政府正式组成金融街建设指挥部，领导和指挥金融街的开发建设；
同年，北京市计委批准西城区计、建委“关于恢复西二环东侧金融一条街建设立项的请示”，北京市金融街建设开发公司成立。

★ 1998 年，北京市金融街建设开发公司改制为北京金融街建设开发有限责任公司。

★ 2000 年 5 月，北京金融街建设集团收购重庆华亚，吸纳华西包装集团公司所持 4869.15 万股公司国有法人股，实现了公司在资本市场的出航。

★ 2001 年 4 月，公司将注册地由重庆迁至北京。

★ 2002 年，公司实施了上市后第一次 A 股增发方案，向社会公众发行人民币普通股 2,145 万股，募集资金约 4 亿元；
同年，金融街重庆置业有限公司成立，公司开始实施“立足北京、面向全国”的战略布局。

★ 2004 年，公司实施了第二次 A 股增发。向社会公众增发人民币普通股 7,600 万股，募集资金约 7 亿元。

★ 2005 年，金融街惠州置业公司成立，全面启动 200 多万平米金海湾国际滨海旅游区建设；
同年，公司进军天津，成立金融街津门（天津）置业有限公司、金融街津塔（天津）置业有限公司，启动 336.9 米天津地标性建筑—天津环球金融中心的建设。

★ 2006 年 12 月，公司定向发行股份 11,428.57 万股，募集资金约 12 亿元；
同年，金融街（北京）置业有限公司成立，公司第一座自持酒店—北京金融街丽思卡尔顿正式营业。

★ 2007 年，金融街购物中心正式开业。

★ 2008 年 1 月，公司公开增发人民币普通股 30,000 万股，募集资金约 83 亿元。

★ 2009 年 9 月，公司发行 2009 年第一期公司债券，募集资金约 56 亿元；
同年，公司收购北京金融街奕兴置业有限公司、北京奕环天和置业有限公司。

★ 2011 年，天津环球金融中心津塔写字楼竣工，成为天津城市形象地标建筑。

★ 2012 年，公司获得北京市西城区月坛南街地块二、地块三国有建设用地使用权，在积极参与金融街西拓方面迈出坚实一步；同年，公司在天津还获得了津和大（挂）2012-041 号地块国有建设用地使用权，继续扩大公司在天津的品牌影响力。

公司始终坚持以客户为中心，为国内外金融机构、企业集团和城市中高端客户提供高品质的产品和服务，着力打造公司绿色、健康、科技、智能、文化的商务地产领军品牌。

公司始终尊重股东，高度重视对股东的回报，自 2000 年以来每个会计年度均通过现金分红或资本公积转增股本方式进行利润分配，2000—2011 年累积现金分红达到同期累积净利润的 33.11%。

公司在发展过程中屡获殊荣，2004-2012 年公司连续 9 年获得中国房地产上市公司综合实力 TOP10，2005-2012 年连续 8 年获得“中国蓝筹地产企业”，2006-2012 年连续 7 年获得中国房地产品牌价值 TOP10，2008-2011 年，连续 4 年获得中国房地产上市公司盈利能力十强；同时，2009-2011 年，公司作为上市公司连续三年被深交所评为“信息披露优秀企业”。

公司正在以崭新的面貌迎接新的历史机遇。公司将继续以科学发展观为统领，以创新、发展为主题，锐意进取，努力实现公司的持续、稳定、健康的发展。

城市建设的新名片，金融产业的龙头

随着金融街中心区的建成，聚集于金融街地区的金融产业正在释放出巨大的能量。金融街独有的政策、监管、决策信息、资金调度、支付结算等突出优势，增强了首都的金融聚集效应，吸引了摩根大通银行（中国）有限公司等 70 余家国内外知名金融机构入驻，金融机构在金融街聚集发展的态势更加明显。

2012 年前三季度，金融街实现金融业增加值 840.2 亿元，占北京市金融业增加值的 45.7%，金融业法人单位 400 多家，金融从业人员平均人数 17.4 万人；金融机构资产规模 62.1 万亿，占全国金融资产总额近 50%；金融业实现营业收入 3766.3 亿元，利润 2009.6 亿元；实现三级税收 2249.8 亿元，超过全市三级税收总额的 1/3。

天津环球金融中心

公司通过集办公、住宅、商业、休闲、购物等业态为一体的大型城市综合体项目——天津环球金融中心的建设和开发，为天津海河区域整体环境和未来产业集聚贡献了力量。

天津环球金融中心总建筑面积约 58 万平方米，集写字楼、超五星级酒店、豪华公寓、服务式公寓和顶级商业配套于一身。天津环球金融中心分为津塔和津门两大板块，津塔板块总建筑面积约 34 万平方米，由高度达 336.9 米的津塔写字楼和服务式公寓构成。津塔写字楼高 336.9 米，位列华北地区之首，定位智能型国际甲级写字楼，办公楼层采用大开敞无中柱设计，拥有齐全的国际水准配套设施。津塔公寓紧邻环球金融中心写字楼，门廊型建筑贴合天津新城市精神。津门板块总建筑面积约 24 万平方米，由圣 · 瑞吉斯酒店、津门公寓、商业及景观园林构成。

重庆金融中心

公司通过金融街 · 重庆金融中心项目的建设为长江上游地区经济中心的建设贡献了力量，切实推进了重庆江北嘴成为长江上游金融中心的进展。

重庆金融中心位于重庆江北嘴 CBD，开发体量 23 万平方米，是江北嘴 CBD 核心区首个启动的纯商务项目。项目由 4 栋写字楼组成，已有多家大型金融机构入驻，包括华夏银行入驻 A 栋，中国平安、深发展银行入驻 B 栋，国家开发银行入驻 C 栋，人保寿险、上海银行入驻 D 栋。

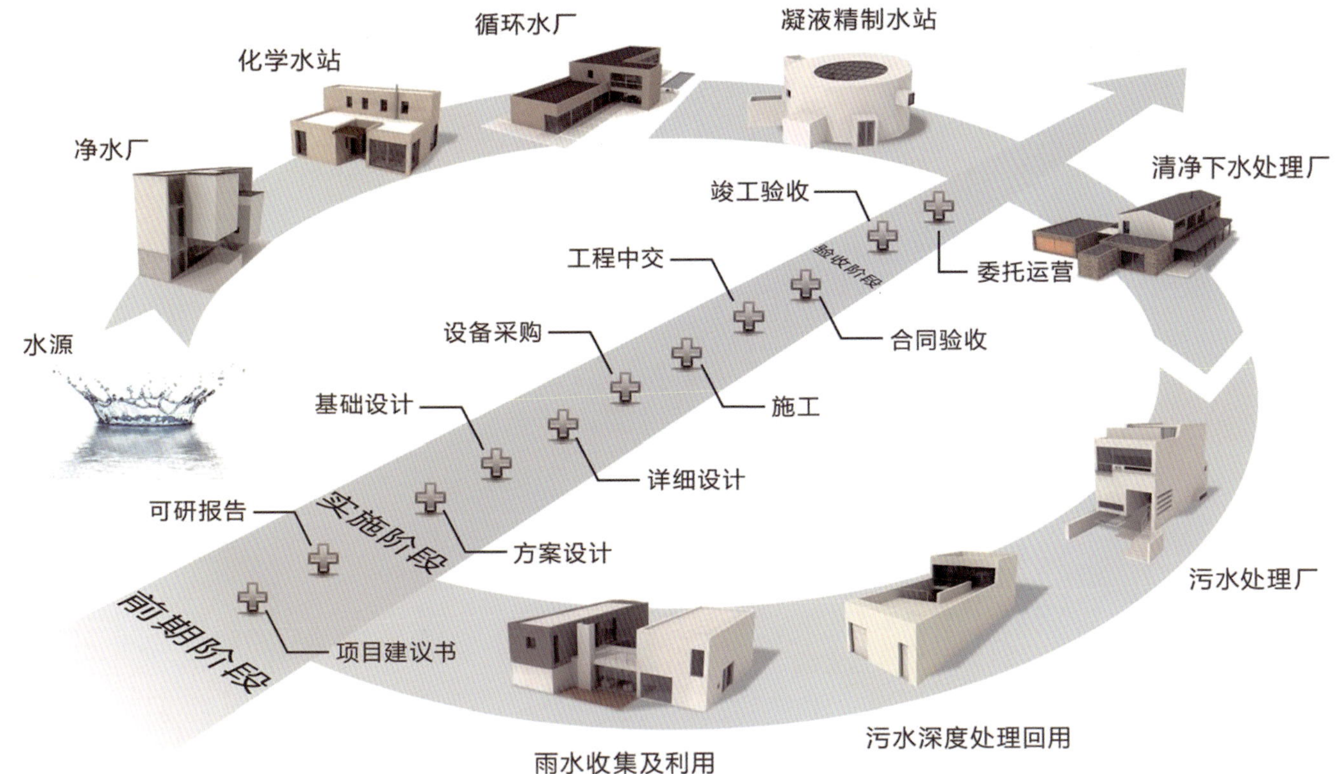

经营模式

万邦达已经形成了治理石油化工和煤化工等水系统为专长的技术研发和工程承揽中心，以及相配套的水系统运行管理和售后服务体系，简称"EPC+C"模式。公司将服务范围由"单一工业污水 EPC"拓展到集给水、排水、中水回用为一体的"全方位 EPC"，形成了从设计—总包—托管运营的一站式服务方式。通过横向全方位服务和纵向全寿命周期服务，石化、煤化水处理行业进入壁垒进一步提高，是快速低成本扩张的有效模式，更有效的帮助客户实施工业生产全过程的水污染控制管理。

项目简介

万邦达成功开发工业污水回用、工业废水处理、循环冷却水处理、凝液水精制、净水处理、脱盐水处理、管理运行、能源再生利用等百余种水处理流程，且承接了中石油吉林石化炼油厂污水处理改造、中国石油抚顺石化 80 万吨乙烯项目水系统、中石油庆阳石化污水处理场、中国石油庆阳石化污水回用、神华集团宁夏煤业甲醇污水处理及回用、神华集团宁夏煤业二甲醚污水处理及回用、神华集团宁夏煤业煤制烯烃污水处理及回用、中煤榆林甲醇醋酸系列深加工及综合利用项目一期（Ⅰ）工程污水、回用水及脱盐水装置 EPC 工程等数十个工业水处理工程。

神华宁煤煤基烯烃项目 EPC

中石油抚顺石化乙烯项目水处理 EPC 项目

中石油大庆石化 120 万吨乙烯项目

吉化倍增池及一二级气浮车间

股票简称：新纶科技 股票代码：002341

行业翘楚 引领卓越

新纶科技
SELEN SCIENCE & TECHNOLOGY

UOLI友利 证券简称：友利控股
证券代码：000584

董事长：李峰林先生

副董事长、总经理：程高潮先生

公司氨纶工厂外景

公司氨纶产品

公司包覆纱生产车间

成都“蜀都中心”城市综合体项目效果图

四川友利投资控股股份有限公司（以下简称“公司”）是一家民营控股的大型综合性上市公司，其前身为成立于1980年的成都市工业展销信托股份公司，是中国改革开放后设立最早的规范的股份制企业。同年，经政府部门批准，公司对外发行了中国改革开放以来第一张股票。1990 年公司更名为成都蜀都大厦股份有限公司（证券简称：蜀都A），1995年公司股票在深圳证券交易所主板市场挂牌交易。2004 年公司更名为四川舒卡特种纤维股份有限公司（证券简称：舒卡股份），2009 年公司更名为四川友利投资控股股份有限公司（证券简称：友利控股）。截止2012年6月末，公司拥有总资产39.96亿元，净资产16.21亿元（未经审计），总股本408,882,893股。

2000年至2002年，公司成功实施发展战略调整，在稳定原有经营基础上，妥善处理了若干历史遗留问题，化解了公司财务和经营风险，改善和提高了公司的资产质量，公司内部管理、组织结构和经营结构调整成效明显。

2003年12月，江苏双良科技有限公司通过受让公司国有股方式，成为公司控股股东之后，逐步将江苏双良特种纤维有限公司70%的股权、江阴恒创科技有限公司持有的江阴舒卡纤维60%股权置换入公司，并通过资产转让的方式将四川恒创特种纤维有限公司 75% 的股权以及江阴友利特种纤维有限公司 75% 的股权注入公司，公司完成了以氨纶为主营的经营结构调整和发展战略转型。经中国证监会核准，2007年、2008年公司先后完成两次非公开发行股票，公司严格按照发行时的承诺，将募集资金全部投资建设“年产10,000 吨高技术功能性差别化氨纶项目”和“差别化氨纶（功能化细旦丝）技改项目”，并使用自有资金并通过引进先进核心技术设备以及改进原有技术等措施，在“年产10,000吨功能性差别化氨纶项目”基础上新增了年产2,000吨经编氨纶系列产品产能等。2011年，公司又自筹资金对氨纶生产线进行了技术改造，使上述项目更加节能、高效。目前，公司形成了年产氨纶纤维3.2万吨的生产规模，拥有较为齐全的生产线，能生产市场所需的、不同规格的优质氨纶纤维产品，这对于进一步扩大公司氨纶产品的市场占有率，确保公司在国内氨纶生产行业中保持前列地位，具有重要作用。与此同时，公司拥有亚洲规模最大、设备最先进的氨纶包覆纱生产企业，在该行业中具有龙头优势。

公司认真执行股东大会关于“坚持控制风险，适度加大项目开发力度，把房地产业务发展成为公司经营业绩新的利润增长点”的决议精神，加大房地产开发业务力度。公司抓住房地产发展市场机遇，先后倾力打造了桂林“金色嘉苑”住宅小区、成都“帕丽湾”、成都天府新城CBD“蜀都中心”城市综合体等知名开发项目。目前，“蜀都房产”已跻身于成都地区实力房产企业的行列。

公司充分尊重和认真维护股东、员工、投资者、供应商、客户等相关利益者的合法权益，协调平衡各方利益。公司重视履行企业公民的社会责任，并以在经营管理中厉行节能降耗、注意保护环境，努力保障员工合法权益、构建和谐企业，积极参与社会服务、推进社区建设等实际行动，促进社会和公司共同持续、健康发展。

公司的奋斗目标是：“坚持以新材料新技术产业为主导，实现主营业务的全面提升；加大房地产开发力度，选好项目，把房地产打造成公司新的经济和利润增长点；以增强公司核心竞争力为目标，强化管理、狠抓经营、开拓市场，为把公司建设成为成长型的绩优上市公司的目标而努力奋斗。”

学习才能进取　创造方为永恒

地址：四川省成都市蜀都大道暑袜北三街20号　电话：028-86757539　传真：028-86741677　邮箱：YI000584@sina.com

Jetsen 捷成世纪

股票简称：捷成股份　股票代码：300182

www.jetsen.com.cn

融合领先科技　铸就卓越品牌

诚信开拓进取　勤奋严谨创新

董事长：徐子泉先生　　董事会秘书、副总：宋建云先生

公司前身北京捷成世纪科技发展有限公司成立于 2006 年 8 月 23 日，2009 年 10 月 28 日整体变更为股份有限公司，注册地址位于中关村国家自主创新示范区。公司于 2011 年 2 月 22 日在深圳证券交易所创业板成功上市，证券简称为“捷成股份”，证券代码为“300182”，人民币普通股股份总数为 5600 万股。捷成股份是北京市科学技术委员会认定的软件企业，北京市科学技术委员会、北京市财政局、北京市国家税务局和北京市地方税务局联合认定的高新技术企业，科学技术部、中国科学院和北京人民政府联合认定的创新型试点企业。

捷成股份属于音视频制作、控制和管理系统行业，专业从事音视频整体解决方案的设计、开发与实施，是目前国内最具实力的专业音视频整体解决方案产品提供商之一。目标市场涵盖广电行业、部队、互联网科技公司、科研院校、政府机关、事业单位及其他音视频领域。

公司主要产品包括媒体资产管理系统解决方案、高标清非编制作网解决方案、全台多元异构一体化网络解决方案和全台统一监测与监控解决方案，广泛应用于中央电视台、上海文广等各级广播电台、电视台、有线电视网络公司，以及部队、新闻出版总署、国家气象局等多家行业用户。作为一家重点为广电等行业服务的提供商，公司与央视国际网络、华数数字等三网融合内容提供商也建立了良好的合作关系。

捷成股份还积极参与国家和行业多个标准的起草和制定。公司是国家广电总局标准化工作委员会成员单位，中国广播影视数字版权管理论坛执行委员单位，国家新闻出版总署标准化技术委员会成员单位。

捷成股份秉持“融合领先科技，铸就卓越品牌，诚信开拓进取，勤奋严谨创新”的理念，致力于音视频领域的信息技术创新，公司的多个产品和实施项目都荣获了国家广电总局的“科技创新一等奖”，也获得了中国广播电视设备工业协会、中国电子学会等多个奖项。近年，公司还获得了“广播电视十大民族品牌奖”、“科技创新优秀企业奖”等多项大奖。

捷成股份将努力成为国内自主知识产权技术水平最高、响应客户要求最快、综合服务能力最强的音视频整体解决方案提供商，并向世界领先的音视频整体解决方案提供商的战略目标不断迈进！

公司大厅

上市公司最佳董事会

创业板峰会

地址：北京市海淀区知春路 1 号学院国际大厦 709 室　邮编：100191　电话：010-82330868　传真：010-61736100　电邮：jetsen@jetsen.cn

2012 中國證券業年鑒

CHINA SECURITIES YEAR BOOK

总第二十期 中

营口港务股份有限公司

股票代码：600317 股票简称：营口港

勇立潮头敢为先 百舸争流看今朝

营口港务股份有限公司是2000年3月6日经辽宁省人民政府辽政[2000]46号文批复，由营口港务集团有限公司作为主发起人，联合其他四家公司共同发起设立的股份有限公司。公司于2000年3月22日在辽宁省工商行政管理局登记注册成立，注册资本为15,000万元，总股本15,000万股。

2002年1月16日，公司首次公开发行1亿股A股股票，发行价格5.90元/股。2002年1月31日，公司股票在上海证券交易所挂牌上市，股票代码：600317。

面对历史赋予难得的机遇，面对千载难逢的发展契机。营口港将充分依托《振兴东北老工业基地》和《辽宁沿海经济带发展规划》两大国策，利用东北地区最近的出海口这一良好的区位优势，不断发展公司生产规模，大力建设适应区域经济发展所需的大型化、深水化、集装箱化码头，充分发挥港口的辐射和聚集作用，带动腹地临港工业的发展，通过港口经济本身的乘数效应，临港产业集群的集聚效应，循序渐进的示范效应，促进区域经济一体化，从而推动营口地区乃至辽宁中部城市群的发展，进而推动辽宁省甚至东北地区经济的发展。

协办单位

声　明

图书在版编目(CIP)数据

中国证券业年鉴. 2012/ 中国证券业年鉴编辑委员会 编.
上海:复旦大学出版社, 2013.4
ISBN 978－7－309－09587－6

Ⅰ. 中… Ⅱ. 中… Ⅲ. 资本市场—中国—2012—年鉴 Ⅳ. F832.51－54

中国版本图书馆 CIP 数据核字(2013)第 047184 号

中国证券业年鉴(2012 · 总第二十期)
中国证券业年鉴编辑委员会 编

责任编辑　岑品杰　张咏梅　鲍雯妍　宋朝阳　张志军
封面设计　上海众证文化传播有限公司
出版发行　复旦大学出版社有限公司出版发行
　　　　　上海市国权路 579 号　　邮编 200433
经　　销　新华书店
印　　刷　上海泰业印刷有限公司
开　　本　850mm×1168mm　1/16
印　　张　160
插　　页　260
字　　数　4800 千字
版　　次　2013 年 4 月第 1 版　2013 年 4 月第 1 次印刷

定　　价　人民币 1980 元　港币 2680 元　美元 400 元

编辑说明

《中国证券业年鉴》以客观、公正、全面、权威的历史使命，忠实记录了我国证券市场的发展轨迹，向海内外各界人士宣传、展现我国证券市场的发展成就，做出了应有的贡献；并给后人查阅、研究我国证券市场历史年度的动态，提供了权威资料。做好中国证券业历史的编辑整理工作，保证中国证券业历史记录的有序延续，是我们的历史使命。自 1993 年创刊以来，《中国证券业年鉴》已经逐渐成长为一个展示公司业绩、总结市场成就、记录中国证券业历史、向海内外各界人士展现和推介中国证券市场形象的权威窗口。《中国证券业年鉴》每年出版一次，分上、中、下三册向国内外公开发行。

《中国证券业年鉴》(2012. 总第二十期)主要反映本年度中国金融、证券、基金、期货、保险、债券市场及企业制度建设和发展方面的情况和最新动态，供海内外有关机关、社团、学校、研究部门、企事业单位及社会各界人士做进一步研究参考使用。为推动中国证券业的规范化和国际化、建设有中国特色的社会主义市场经济服务。

《中国证券业年鉴(2012)》内容设置专论、中国金融市场、中国证券市场、中国基金市场、中国期货市场、中国保险市场、中国证券业人物纪实与访谈、优秀企业选介等部分，另有彩色图片 1260 幅。

《中国证券业年鉴(2012)》的资料直接来源于公司的公告和报告、国务院有关部委及各省、市相关单位提供的材料，保证了《年鉴》的权威性和准确性。《中国证券业年鉴(2012)》基本保持上一期的内容和体例，同时充实了原有的编章，重点充实了各省、市、自治区证券市场的详细资料，突出反映了 2012 年我国证券市场的整体发展状况。但由于中国证券业仍处于快速发展阶段，加上各地区的发展不平衡以及我们的水平有限，难免出现一些疏漏，敬请读者谅解和指正。

《中国证券业年鉴》由上海、深圳证券交易所和中国证券业年鉴编辑委员会共同主办，总编辑由张育军、宋丽萍担任。在编辑出版过程中得到了国务院有关部门，中国证券监督管理委员会及各省、直辖市、自治区证监局，上海证券交易所，深圳证券交易所，香港联合证券交易所，中国证券报社，中国证券登记结算有限责任公司，大同煤业股份有限公司及证券界有关领导、专家的指导和支持，在此我们表示最诚挚的感谢。

中国证券业年鉴编辑部

中国证券业年鉴理事会

（以下排名不分先后）

王道明	黑龙江北大荒农业股份有限公司	董事长
张建台	天津市房地产发展(集团)股份有限公司	董事长
陈　平	马应龙药业集团股份有限公司	董事长
何国纯	广西五洲交通股份有限公司	董事长
刘相学	鲁银投资集团股份有限公司	董事长
包士金	江苏吉鑫风能科技股份有限公司	董事长
石维国	中天城投集团股份有限公司	副董事长
张广慧	山西证券股份有限公司	党委书记、董事长
李晓安	华龙证券有限责任公司	董事长
杨光裕	长城基金管理有限公司	董事长
郭本恒	光明乳业股份有限公司	总裁
顾伟国	中国银河证券股份有限公司	总裁
毛　勇	泰豪科技股份有限公司	总裁
洪家新	华鑫证券有限责任公司	总裁
王义芳	财达证券有限责任公司	董事长
赵学军	嘉实基金管理有限公司	总经理
刘平春	深圳华侨城股份有限公司	总经理
张相军	山东金岭矿业矿业股份有限公司	董事长
陆　涛	金元证券股份有限公司	总裁
尚　健	国投瑞银基金管理有限公司	总经理
钱　卫	中银国际证券有限责任公司	执行总裁
王德贤	安徽山鹰纸业股份有限公司	董事长
王文京	用友软件股份有限公司	董事长、总裁
任志强	华远地产股份有限公司	董事长
张近东	苏宁电器股份有限公司	董事长
袁　泽	新疆新鑫矿业股份有限公司	董事局主席
焦　云	七台河宝泰隆煤化工股份有限公司	董事长
夏　平	南京银行	行长
李春宏	江苏连云港港口股份有限公司	董事长
杨建东	云南盐化股份有限公司	董事长
张恺颙	陕西延长石油化建股份有限公司	董事长
刘世春	金融街控股股份有限公司	董事长
张增光	唐山冀东水泥股份有限公司	董事长
锁炳勋	安徽金种子酒业股份有限公司	董事长
曾昭秦	山东天业恒基股份有限公司	董事长
邱　卫	湖南新五丰股份有限公司	董事长
王龙雏	厦门象屿股份有限公司	董事长
谢长军	龙源电力股份有限公司	总经理
张永年	四川成渝高速公路股份有限公司	董事会秘书
侯　毅	深圳市新纶科技股份有限公司	董事长
于国权	江苏长青农化股份有限公司	董事长
杨　振	加加食品集团股份有限公司	董事长

中国证券业年鉴编辑委员会

地 址： 上海浦东桃林路 18 号环球广场 B 座 2809 室
邮 编： 200135
电 话： 021 - 22819146
传 真： 021 - 22819145
邮 箱： shcwq@ vip. 163. com

目　录

第一编　专　论

第二编 中国金融市场

第三编　中国证券市场

第四编　中国基金市场

第二章　基金托管机构

第三章　基金管理公司

第五编　中国期货市场

第六编　中国保险市场

第七编　中国证券业人物纪实与访谈

第八编　中国证券市场优秀企业选介

■上市公司

※上交所上市公司※

※深交所上市公司※

※中小板上市公司※

※创业板上市公司※

■三板上市公司

■证券服务机构

※会计师事务所※

※律师事务所※

※资产评估机构※

※证券公司营业部※

插页目录

上　册

中　册

下　册

中国证券业年度人物

2012年度中国上市公司新闻图片展

证券简称: 上海电力　证券代码: 600021 ▼

全国两会召开之际，集团公司党组书记、总经理陆启洲在上海电力董事长王运丹等陪同下在北京拜会了中共中央政治局委员、上海市委书记俞正声，上海市委副书记、市长韩正。

上海电力领导会见澳大利亚维州州长一行

证券简称: 东睦股份　证券代码: 600114 ▼

连云港东睦新材料有限公司在2012年底基建基本结束

连云港东睦新材料有限公司部分生产设备安装调试后已经投入生产

证券简称: 江苏吴中　证券代码: 600200 ▼

中吴置业品牌启动会

2012年9月10日“走进董事会”2012中国上市公司价值发现之旅合影。

证券简称: 新湖中宝　证券代码: 600208

新湖中宝—桐乡郁金香花博会

新湖中宝—杭州武林国际楼盘全景

证券简称: 六国化工　证券代码: 600470

六国化工—公司全景

六国化工—公司一角

证券简称: 信 雅 达　证券代码: 600571

信雅达—2012年金融峰会

信雅达—公司大楼

证券简称：南京医药　证券代码：600713

南京医药与联合博姿战略合作协议签约仪式现场（图为周耀平董事长与佩希纳先生）

2012年9月16日，南京医药与联合博姿战略合作协议签约仪式

证券简称：综艺股份　证券代码：600770

综艺集团全景

综艺金融港效果图

证券简称：宁波海运　证券代码：600798

宁波海运首制47500dwt散货船在上海长兴举行命名交接船仪式

宁波海运公司北岸财富中心大楼全貌

证券简称: 模塑科技　证券代码: 000700

模塑科技—江苏江阴周庄镇总部

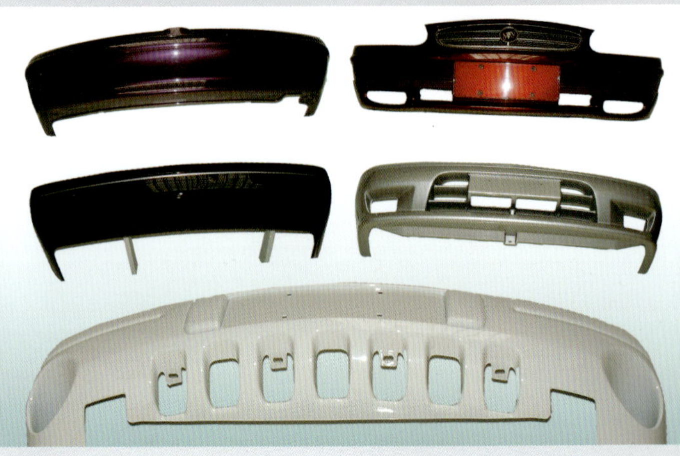
模塑科技—公司主要产品

证券简称: 云南铜业　证券代码: 000878

2012年7月，云南省省委副书记仇和视察滇中有色

2012年7月，中铝公司副总经理张程忠视察总厂

证券简称: 物产中拓　证券代码: 000906

公司下属一汽大众4S店——湖南中拓瑞众汽车销售服务有限公司

公司下属物流仓储基地——高星物流园

2012年度中国上市公司新闻图片展

证券简称: 华东医药　证券代码: 000963

公司成立20周年庆典：华东医药我的自豪

“风云浙商”主持人白岩松与李董事长对话

证券简称: 伟星股份　证券代码: 002003

伟星股份有限公司生产厂区之大洋工业园

伟星股份公司主要产品钮扣和拉链

证券简称: 美 欣 达　证券代码: 002034

美欣达股份公司大门形象

美欣达污水处理系统全景

证券简称: 华帝股份　证券代码: 002035

华帝20年，创业七君子，崇高礼遇共同体。
从左至右分别为：杨建辉、潘权枝、李家康、黄文枝、关锡源、邓新华、黄启均

华帝股份公司厂区图

证券简称: 东源电器　证券代码: 002074

东源电器厂区外景图

东源电器连续中标国家电网集中招标采购项目，其中高压开关设备在国家电网全国范围变电站中广泛应用。(图为工程案例国家电网新疆电力公司五彩湾220kV变电站)

证券简称: 东方海洋　证券代码: 002086

中共中央政治局常委、全国政协主席贾庆林，
山东省省委书记姜异康，烟台市市委书记张江汀，市长王良来公司视察。

东方海洋产品

2012年度中国上市公司新闻图片展

证券简称: 威海广泰　证券代码: 002111

国家空港地面设备工程技术研究中心大楼奠基仪式

威海广泰产品图谱

证券简称: 诺 普 信　证券代码: 002215

公司楼前员工合影

诺普信总部一角

证券简称: 水晶光电　证券代码: 002273

水晶光电股份有限公司成立十周年庆典晚会

水晶光电股份有限公司精密薄膜光学应用产品

证券简称：保 龄 宝　　证券代码：002286

2012年保龄宝获评可口可乐“白金供应商”和“可持续发展奖”。

11月23日，山东省科技创新与奖励大会在济南召开，保龄宝公司承担的“功能性低聚糖生物加工关键技术及产业化”项目获得山东省科技进步奖一等奖。山东省委书记姜异康为公司董事长刘宗利颁奖。

证券简称：湘 鄂 情　　证券代码：002306

2012年6月18日，北京湘鄂情股份有限公司举行新闻发布会，宣布旗下网上餐厅上线运营。

“7. 21”特大暴雨后湘鄂情的冷链车第一时间紧急运送2100盒盒饭和饮用水送往房山区灾民临时安置点

证券简称：永太科技　　证券代码：002326

永太科技一厂区一角

永太科技一厂区外景

2012年度中国上市公司新闻图片展

证券简称: 积成电子　证券代码: 002339 ▼

2010年1月22日，“积成电子”在深交所隆重上市

积成电子办公楼

证券简称: 伟星新材　证券代码: 002372 ▼

伟星新材临海工业园

伟星新材的产品

证券简称: 章源钨业　证券代码: 002378 ▼

章源钨业承办的“第25届中国机床工具行业发展论坛
暨2013年运营形势研讨会”在子公司澳克泰工具顺利召开。

中华环保世纪行采访组走进章源钨业

证券简称: 蓝帆股份　　证券代码: 002382

蓝帆股份子公司—蓝帆新材料厂房

蓝帆股份—产品检验流程

证券简称: 常发股份　　证券代码: 002413

常发股份—公司全景图

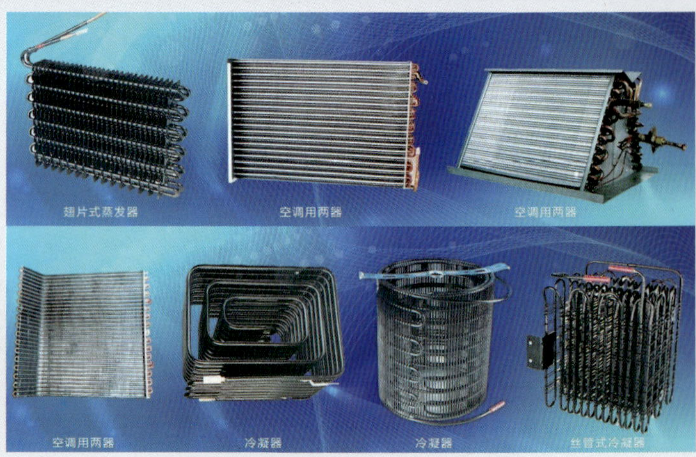

常发股份—主要产品图

证券简称: 云南锗业　　证券代码: 002428

2010年6月8日，公司股票在深圳证券交易所上市交易

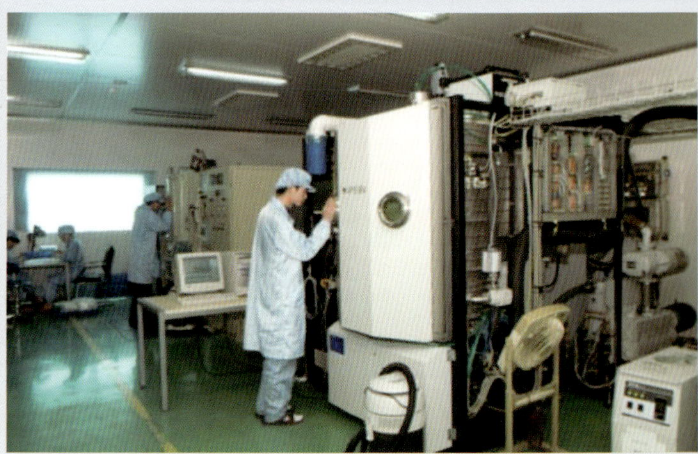
云南锗业—公司生产车间一瞥

证券简称: 长江润发　证券代码: 002435

长江润发股份有限公司董事长郁霞秋女士主持会议

长江润发股份有限公司办公楼

证券简称: 江苏神通　证券代码: 002438

启东市委书记费高云同志到公司考察工作

公司厂区外景

证券简称: 嘉 麟 杰　证券代码: 002486

嘉麟杰于2010年10月15日登陆深交所中小企业板，现已成为中国最大的针织纬编羊毛的生产企业，连续4年入选中国针织行业竞争力10强企业。(图为公司主厂区)

上海嘉麟杰纺织品股份有限公司全自动物流仓库

证券简称: 通鼎光电　证券代码: 002491

通鼎光电—技术事业部大楼

通鼎光电—公司南大门

证券简称: 南方轴承　证券代码: 002553

2011年2月25日，南方轴承股份有限公司成功发行A股并在深交所正式挂牌交易。

“南方轴承”首次公开发行网上路演现场

证券简称: 围海股份　证券代码: 002586

围海股份—所获奖项

围海股份—舟山东港海堤工程

2012年度中国上市公司新闻图片展

证券简称: 荣之联　证券代码: 002642

2011年12月20日，北京荣之联科技股份有限公司在深圳证券交易所成功上市

荣之联高管团队左起：董秘李志坚、董事长王东辉、总经理张彤、副总兼财务总监张明。

证券简称: 利君股份　证券代码: 002651

2012年1月6日，成都利君实业股份有限公司在深交所隆重上市

利君股份一办公大楼

证券简称: 海思科　证券代码: 002653

"海思科"董事长王俊民先生在上市仪式上致辞

2012年1月7日，西藏海思科药业集团股份有限公司在深圳证券交易所成功上市

证券简称: 康达新材　　证券代码: 002669

"康达新材"上市庆典酒会

2012年4月16日，康达新材股份有限公司在深圳证券交易所成功上市

证券简称: 东江环保　　证券代码: 002672

2012年4月26日，东江环保股份有限公司在深交所成功上市

东江环保—深圳市下坪固体废弃填埋场

证券简称: 福建金森　　证券代码: 002679

"福建金森"上市仪式

2012年6月5日，福建金森林业股份有限公司在深圳证券交易所成功上市

证券简称：红旗连锁　证券代码：002697

2012年9月5日，红旗连锁在深圳证券交易所成功挂牌上市，成为中国A股市场首家便利连锁超市上市企业。

红旗连锁网上路演留影

证券简称：顺网科技　证券代码：300113

2012年顺网科技于杭州西溪召开产品发布会，正式发布全新网吧平台"云海"、网维大师8100和浏览器，并同步发布云游戏技术。

顺网科技一公司一隅

证券简称：天晟新材　证券代码：300169

3月27-29日，公司参加2012年法国巴黎JEC展览会

3月27-29日，公司参加2012年法国巴黎JEC展览会

证券简称: 佐力药业　　证券代码: 300181

2011年2月22日，“佐力药业”在深交所创业板上市

浙江佐力药业股份有限公司大门全景

证券简称: 亿通科技　　证券代码: 300211

亿通科技王振洪董事长出席公司上市仪式

2012年12月5日，亿通科技荣获“亿创杯2012年广电十大传输民族品牌奖”

证券简称: 东方电热　　证券代码: 300217

东方电热新一届管理团队

2011年5月18日，东方电热在深交所创业板成功上市

证券简称: 金城医药　证券代码: 300233

2011年6月22日，金城医药董事长赵叶青在公司上市仪式上致辞

金城医药高管层参加上市活动

证券简称: 南通锻压　证券代码: 300280

2011年12月29日，南通锻压在深圳证券交易所创业板成功上市

2011年12月29日，南通锻压董事长郭庆先生出席公司上市仪式

证券简称: 金明精机　证券代码: 300281

2011年12月29日，金明精机在深交所创业板成功上市

金明精机公司25周年庆典

证券简称: 同大股份　证券代码: 300321

2012年5月23日，山东同大海岛新材料股份有限公司在深交所隆重挂牌上市

“同大股份”董事长孙俊成在公司上市仪式上致辞

证券简称: 德威新材　证券代码: 300325

江苏德威新材股份有限公司董事长周建明先生

2012年5月22日，“德威新材”在深交所隆重挂牌上市（图为询价推介会现场）

证券简称: 润和软件　证券代码: 300339

润和软件董事长周红卫先生在公司上市仪式上致辞

2012年7月18日，江苏润和软件股份有限公司在深圳证券交易所成功上市

2012年度中国上市公司、新三板公司新闻图片展

证券简称: 极品无限　证券代码: 430129

2012高通中国合作伙伴峰会

2012年06月28日，"极品无限"（A-onesoft）正式在深圳证券交易所挂牌

证券简称: 武大科技　证券代码: 430143

彭晓东董事长出席公司新三板挂牌仪式

武大科技一厂区一角

证券简称: 一正启源　证券代码: 430166

2012年11月，一正启源举行挂牌仪式，正式进入新三板。

中国企业家何振红社长为一正启源颁发"最具成长性新兴企业"奖牌

深圳证券交易所(以下简称“深交所”)成立于1990年12月1日,是为证券集中交易提供场所和设施,组织和监督证券交易,履行国家有关法律、法规、规章、政策规定的职责,实行自律管理的法人,由中国证券监督管理委员会(以下简称“中国证监会”)监督管理。深交所的主要职能包括:提供证券交易的场所和设施;制定业务规则;接受上市申请、安排证券上市;组织、监督证券交易;对会员进行监管;对上市公司进行监管;管理和公布市场信息;中国证监会许可的其他职能。

深交所以建设中国多层次资本市场体系为使命,全力支持中国中小企业发展,推进自主创新国家战略实施。2004年5月,中小企业板正式推出;2006年1月,中关村科技园区非上市公司股份报价转让开始试点;2009年10月,创业板正式启动,深交所主板、中小企业板、创业板以及非上市公司股份报价转让系统协调发展的多层次资本市场体系架构基本确立。深交所坚持从严监管根本理念,贯彻“监管、创新、培育、服务”八字方针,努力营造公开、公平、公正的市场环境。

2012年,深圳证券市场股票、基金、债券、衍生品累计成交 178659.69亿元。截至2012年12月31日,深圳证券交易所上市公司 1540家,市值7.17万亿元,上市基金 228只,挂牌债券381只,资产证券化产品10只。深圳主板质量不断提升,中小企业板结构进一步优化,创业板服务创业创新能力持续增强,多层次资本市场合理配置资源、服务实体经济重点领域和薄弱环节的功能进一步发挥。

【社会责任】

坚持开展国情教育和生态建设活动

2003年开始,深交所连续9年开展阿拉善生态和国情教育基地建设活动。截至目前,全所共有12批次近500名员工参加了该项活动。我所历年累计为阿拉善生态基地建设捐助1,836,850元,我所员工累计捐助2,669,900元;2011年2月,我所出资500万元,发起设立了阿拉善生态基金会。

回馈社会,支持教育、救灾公益事业

1993年以来,我所先后援建9所希望小学;2008年,在甘肃省康县、文县、舟曲县和武都区捐建4所灾后重建学校。截至2011年6月,经履行相关批准程序,我所历年累计为2008年雪灾灾区、2008年汶川地震灾区、2010年青海玉树地震灾区、2010年甘肃舟曲泥石流灾区、2011年为云南盈江地震灾区等捐款45,762,971元,员工累计捐助6,158,863元。

监管　创新　培育　服务

公开　公平　公正

董事长：王国熙先生

福建金森上市路演

近年来，公司始终坚持可持续发展、以人为本和科技兴林三大理念，不断拓展延伸林业产业链，形成商品材基地建设、珍稀绿化苗木种苗繁育和金银花、草珊瑚及芳樟等医药与香料原料林培育三大林业产业。2009 年获“FSC—FM/COC”国际森林认证，是我国南方获得该项认证森林经营用材林蓄积量最大的森林资源培育企业。先后获得省级农、林业产业化重点龙头企业、海峡两岸最具魅力林业品牌企业、重合同守信用企业等荣誉。公司森林经营面积 44.2 万亩，林木蓄积量 362 万立方米，年自然生长率 5.54%，森林年生长量达 19.5 万立方米。。

今后，公司将继续秉承“林以载道 成人达已”核心价值观，积极整合周边森林资源，不断探索村民企合作新模式，丰富产业链，打造森林产品丰富、业务结构合理、研发创新带动的现代森林经营企业。

福建金森上市仪式

福建金森杉木轻基质苗木基地

Harmony & All-win

和谐 共赢

董事长:张维仰先生

2012年4月26日，东江环保股份有限公司在深圳证券交易所成功挂牌

深圳市下坪固体废弃填埋场

(一)公司概况

东江环保股份有限公司(以下简称为“公司”)位于广东省深圳市南山区高新区北区，创立于1999年9月，是一家专业从事废弃物管理和环境服务的高科技环保企业。2003年1月，公司在香港联交所创业板挂牌上市，成为国内第一家在境外上市的民营环保企业；2010年9月，公司由香港联交所创业板转至主板上市，股票代码：00895；2012年4月26日，公司首次公开发行A股股票并成功于深圳证券交易所上市，股票代码：002672。公司注册资本150,476,374元,法定代表人为张维仰。

公司立足于工业废物处理业务,积极拓展市政废物处理业务,配套发展环境工程及服务和贸易及其他等增值性业务。公司拥有多家控股、参股企业，业务网络覆盖中国珠江三角洲、长江三角洲和西南地区等20余城市，20余个行业,客户超过1万家。

公司先后被评为“国家环保骨干企业”、“国家资源节约与环境保护重大示范工程单位”、“国家首批循环经济试点单位”、“高新技术企业”等荣誉。近年来，公司保持业绩的持续增长，营业收入由2009年的8.35亿元增加至2011年的15.01亿元,年复合增长率为34.07%。

(二)公司主营业务

1、工业废物处理业务

公司所从事的工业废物处理业务包括工业废物的处理处置和资源化利用，主要是通过化学、物理和生物等手段对工业企业产生的有毒有害的废液、污泥及废渣等废物进行减量化处理和无害化处置，并将废物中具有再利用价值的物质转化为资源化产品。

2、市政废物处理业务

公司所从事的市政废物处理业务包括市政废物的处理处置和再生能源利用，主要是对城市生活垃圾进行清运和卫生填埋；对市政污水处理过程中产生的污泥进行稳定化 / 固化改性填埋；对建筑废弃物和餐厨垃圾进行处理及综合利用；利用生活垃圾填埋场所产生的填埋气进行发电。此外，填埋气发电项目和公司联合投资的煤矿乏风减排项目可减少温室气体的排放，符合《京都议定书》规定的清洁发展机制，项目经联合国CDM执行理事会批准后，二氧化碳核准减排量可在国际市场交易。

3、增值性配套服务

公司所从事的增值性配套服务包括环境工程及服务和贸易及其他。环境工程及服务主要是提供环境保护设施工程的技术咨询、设计、建设、运营管理，以及环境影响评价和环境检测等。贸易及其他主要是购销本公司及其主要工业客户所需的辅助化工原料。

(三)展望

未来,公司将把握中国环保产业蓬勃发展的大好时机,围绕自身的技术优势、规模优势和管理优势，致力于各类废物的无害化、减量化和资源化利用；持续加强研发实力,特别是对工业及市政废物处理处置深度和广度的研究，不断拓展废物利用种类及提升资源化产品的附加值；同时注重市场格局、产业结构和产品组合的部署，通过技术、产品和业务模式的不断创新，持续提升核心竞争力,努力打造现代化、科技化、规模化和具有国际水准的领先环保企业，为实现社会、经济和环境的可持续协调发展做出更大贡献。

地址：深圳市高新技术产业园北区朗山路9号东江环保大楼　邮编：518057
电话：(86)755-86676186/86676286　　传真：(86)755-86676006

股票代码：002672

www.dongjiang.com.cn

加加
JIAJIA
我的美味生活

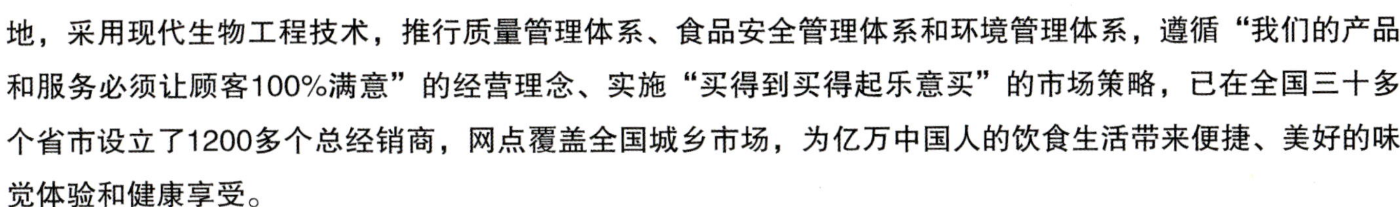

广东大华农动物保健品股份有限公司

Guangdong Dahuanong Animal Health Products CO.,LTD.

董事长：温均生先生

副董事长、总经理：陈瑞爱女士

证券简称:大华农
证券代码:300186

电话:0766-2986301
传真:0766-2986968
电邮:gddhn20080715@163.com
网址:www.gddhn.com
邮编:527400
地址:广东省新兴县新城镇东堤北路温氏科技园2号之三

广东大华农动物保健品股份有限公司（股票简称：大华农，股票代码:300186）是一家专注于兽药的研制、生产和销售的高新技术企业，于2011年3月8日在深圳证券交易所创业板上市。是国家农业部指定的高致病性禽流感疫苗定点生产企业，高致病性猪蓝耳病灭活疫苗、活疫苗定点生产企业。

公司成立于2004年8月，现有员工1000多人。自创业以来，大华农立足高端，勇于创新，发展成为一家囊括兽用生物制品、兽用药物制剂以及饲料添加剂等领域的多产品、多产业的动物保健品生产企业，拥有9个按农业部GMP要求组建的生产车间，200多个国家产品批准文号，年产150万枚SPF种蛋的实验动物中心，年产2900万枚的非免蛋场，以及年产8000吨的自动化中药散制车间。产品已覆盖全国各省市，拥有"温氏集团"、"正大集团"、"六和集团"、"圣农集团"等一批大集团客户，同时远销埃及、印尼、越南等中东及东南亚地区。2011年，大华农实现营业收入7.16亿元。

品质至上，科技为先。大华农建立了较为完善的、多层级的自主创新平台，现有从事高新技术产品研究开发的科技人员100多人。组建有广东省兽用生物制品技术研究与应用企业重点实验室、广东省动物保健品工程技术研究开发中心、广东省院士专家企业工作站；与中山大学合建了生物安全三级（BSL-3）实验室，已进行禽流感细胞疫苗的研究，并成功突破了关键技术；与华南农业大学共建"产学研技术合作平台"、"宠物保健品研究工程中心"和"华南动物疫病检测中心"；还与上海兽医研究所、哈尔滨兽医研究所、中国农业大学、珠江水产研究所、中国兽医药品监察所、中国动物疫病预防控制中心等科研机构和高校建立了长期产学研合作关系。截至2012年4月，公司共获得新兽药证书8项，广东省高新技术产品5个；广东省自主创新产品3个，专利9项。公司先后承担有国家火炬计划、国家星火计划、国家863计划、国家发展改革委绿色农用生物产品高技术产业化专项、国家农转资金项目等省级以上科研项目。

为谋求新的经济增长点，公司将继续以高端疫苗产品为主导，以新项目、新产品、新业务不断优化产品结构，向水禽、水产、宠物疫苗等领域进军，重点发展新型兽用生物制品、绿色添加剂、中兽药等业务；加快发展具有市场前景的优势关联产业，向原料药、蛋产品、佐剂、免疫设备等相关产业延伸。同时发挥GSP连锁经营优势，把市场变为商场，为客户提供诊疗、培训等全方位服务。

公司先后通过了ISO9001和ISO14001以及职业健康安全管理体系认证，始终致力于高效、安全、绿色、环保的高科技产品的开发、生产和推广应用，获得了国家和行业的高度认可，被国家行业协会评为"兽用生物制品类10强企业"、"兽药制剂类30强企业"。同时还获得"广东省制造业、服务业100强"、"广东省守合同重信用企业"、"2011年广东上市公司综合实力、诚信经营10强"、"广东省创新型企业"等多项荣誉，禽流感疫苗荣获"广东省名牌产品"称号，成为领先行业的禽流感防控专家、动物保健专家。

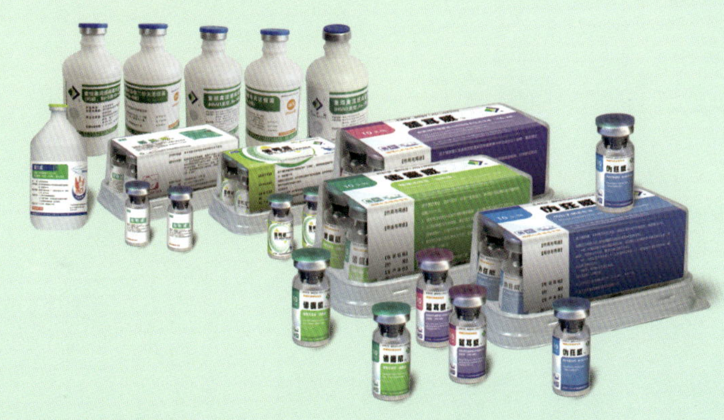

上海康达化工新材料股份有限公司

坐落在黄浦江畔的上海康达化工新材料股份有限公司（以下简称“康达新材”），被业内誉为“结构胶专家”。该公司利用在行业内的技术积累，快速的自主研发并以较高的性价比推出行业内先进的产品，打造民族品牌。自成立以来，康达新材一直致力于胶粘剂领域的研究与应用事业，经过20余年的发展，该公司已成为自主创新能力强、品牌形象优良、营销网络完善、管理水平较高的专业胶粘剂研发及生产企业，同时也是目前国内最大的专业胶粘剂生产、研发型企业之一。

专业的团队树立优秀品牌

优秀的技术团队及良好的研发机制保证了康达新材成为行业内研发领先型企业，也使得康达新材能够紧跟行业技术发展趋势，不断快速推出自主研发的行业内领先产品，并以较高的性价比推向市场。康达新材领军人物陆企亭先生从事胶粘剂研究近 50 年，是国内胶粘剂行业的知名学者，是享受国务院政府津贴的教授级高级工程师。该公司在 2000 年就专门设立了上海康达化工技术研究所，目前研究所团队有 60 多人，由理论水平高和实践经验丰富的老、中、青研发人员合理搭配的梯队组成。该研究所为浦东新区认定的企业技术开发机构，检测中心为国家认可的实验室。研发部实行项目小组制，各项目小组以各自负责的胶种为主要研究方向，根据市场需要和集中兵力的原则组建，既保证了产品的快速推出，同时又便于技术人员以老带新，发挥学科交叉优势，取长补短，共同提高技术和积累经验。近年来研发部每年完成研究项目二十余项，也完成了多项国家、上海市、浦东新区的科研项目，不断为康达新材推出一批又一批具有市场竞争力的产品。

康达新材经过二十多年的运营，积累了一批具有代表性的国内外知名企业客户，在结构胶粘剂高端客户群体内树立了良好的口碑，形成了“可靠、专业、环保”的品牌形象。该公司凭借着卓越的研发技术团队，一方面能够盯住国际高端的前沿产品，从产品的经济性入手进行配方和工艺研究，在性能方面达到甚至超过国际先进水平，从而实现与客户共赢；另一方面在推出产品后，在保证产品性能、质量的同时，康达新材通过持续的工艺优化等来降低成本，从而保持产品的市场竞争力。近年来，其推出的多项产品都是以跨国公司的高端品种为标杆，既保证产品的性能稳定、质量优异，又能保证在产品刚推出时较跨国公司生产的同类产品价格低 15%-20%。这使得客户获得了性价比更高的产品，为康达新材赢得了一大批客户，提高了竞争实力。

凭借着高性价比的产品，良好的品牌形象，近年来该公司迅速地打开了环氧树脂结构胶在风电行业的市场，目前有广东明阳、中材科技、天津东汽、上玻院、三一电气、天威集团等十几家风电叶片制造商成为公司环氧树脂结构胶产品的用户。

募投项目提升核心竞争力

康达新材本次募集资金的投放安排围绕公司主营业务开展，着眼于扩大公司环氧树脂结构胶和环氧基体树脂产能，提高产品市场占有率，提升公司研发能力和增强公司核心竞争力。据相关分析人士称，康达新材本次募集建设将进一步提高产品市场占有率，提升其研发能力和增强核心竞争力，未来前景可期。

康达新材拟用部分募集资金投资到环氧树脂结构胶生产建设项目，并由全资子公司上海康达新能源材料有限公司组织实施建设 15,264 平方米环氧树脂结构胶厂房，并购置环氧树脂结构胶生产以及相应的配套设备和设施。项目建成后，新增环氧树脂结构胶年设计产能 4,800 吨，年总设计产能达到 6,550 吨。康达新材经过多年的发展，已经在环氧树脂结构胶领域积累了丰富的客户资源，并且与客户保持了长期稳定的合作关系。但受资金规模的限制，其生产能力扩张较慢，目前生产设备超负荷运作，制约了该公司的发展速度，康达新材迫切需要扩大产能。该项目的实施将有效缓解该公司环氧树脂结构胶产能不足的瓶颈，在充分发挥成熟的生产技术的基础上，引进更为先进的生产和检测设备，进一步提升自动化水平，提高环氧树脂结构胶市场占有率和康达新材整体竞争力，巩固和加强在风力发电领域的领先优势，努力建成国内最大的风电叶片化工材料生产基地。

环氧基体树脂是一种由环氧树脂作为主要原材料生产的基体树脂。2010 年我国环氧基体树脂的市场需求量为 18.48 万吨，较 2009 年增长 20.63%。预计到 2015 年，市场需求量将超过 28 万吨。此次康达新材的环氧基体树脂生产建设项目建成后，该公司环氧基体树脂年生能力达到 20,000 吨，此举将进一步完善产品结构，满足客户对高性能真空灌注环氧树脂的需求，降低客户采购成本，建立更稳定合作关系。

作为国内技术领先的胶粘剂生产企业，机构投资者普遍认为，康达新材研发优势明显，发展战略清晰。康达新材会始终沿着“市场导向、科技驱动、整体营销、替代进口、为客户创造价值”的成功道路，不断复制扬声器市场和风电市场的经验，将太阳能胶、无溶剂复膜胶、电子产品用胶、新能源领域用胶粘剂等，一一推向市场。未来随着在研项目的攻克，新产品的投入市场，康达新材必将迎来又一轮的快速增长。

证券代码：002669　　证券简称：康达新材　　电话：021-68918998　　传真：021-68916616

地址：上海市浦东新区庆达路655号　　邮编：201201

电邮：chuwb@shkdchem.com　　网址：www.kangda-sh.com

张家界旅游集团股份有限公司

张家界旅游集团股份有限公司 2011 年年度报告摘要

第一节 重要提示

1.1 本公司董事会、监事会及其董事、监事、高级管理人员保证本报告所载资料不存在任何虚假记载、误导性陈述或者重大遗漏，并对其内容的真实性、准确性和完整性负个别及连带责任。

本年度报告摘要摘自年度报告全文，报告全文同时刊载于巨潮资讯网（www.cninfo.com.cn）。投资者欲了解详细内容，应当仔细阅读年度报告全文。

1.2 除下列董事外，其他董事亲自出席了审议本次年报的董事会会议

未亲自出席董事姓名	未亲自出席董事职务	未亲自出席会议原因	被委托人姓名
袁祖荣	董事	公务出差	罗选国
李　军	董事	公务出差	蔡和忠

1.3 公司年度财务报告已经天职会计师事务所审计并被出具了标准无保留意见的审计报告。

1.4 公司负责人李智勇、主管会计工作负责人苏涛及会计机构负责人(会计主管人员)向秀声明：保证年度报告中财务报告的真实、完整。

第二节 公司基本情况

2.1 基本情况简介

股票简称	ST 张家界
股票代码	000430
上市交易所	深圳证券交易所

2.2 联系人和联系方式

	董事会秘书	证券事务代表
姓名	朱洪武	吴艳
联系地址	张家界市南庄路 3 号张家界海关大楼 4 楼	张家界市南庄路 3 号张家界海关大楼 4 楼
电话	0744-8288117	0744-8288630
传真	0744-8353597	0744-8353597
电子信箱	zhuhongwu@echengs.com	000430wuyan@sina.cn

第三节 会计数据和财务指标摘要

3.1 主要会计数据

	2011 年	2010 年		本年比上年增减(%)	2009 年	
		调整前	调整后	调整后	调整前	调整后
营业总收入(元)	557,049,849.28	95,159,578.62	379,583,249.75	46.75%	90,555,373.11	90,555,373.11
营业利润(元)	122,798,957.06	-255,352.98	73,720,309.87	66.57%	-48,390,206.34	-48,390,206.34
利润总额(元)	122,295,395.19	20,971,768.05	103,126,830.61	18.59%	-46,291,035.76	-46,291,035.76
归属于上市公司股东的净利润(元)	89,647,968.28	20,127,518.89	81,972,235.00	9.36%	-41,366,397.11	-35,420,943.29
归属于上市公司股东的扣除非经常性损益的净利润(元)	85,489,335.52	1,663,983.24	1,257,065.33	6,700.71%	-43,390,544.07	-37,445,090.25
经营活动产生的现金流量净额(元)	134,657,395.40	30,776,451.02	110,457,604.89	21.91%	26,544,096.71	28,382,242.54
	2011 年末	2010 年末		本年末比上年末增减(%)	2009 年末	
		调整前	调整后	调整后	调整前	调整后
资产总额(元)	447,968,210.76	255,074,525.29	445,465,843.78	0.56%	317,242,561.97	317,242,561.97
负债总额(元)	168,617,193.06	264,628,470.10	255,750,746.16	-34.07%	345,051,991.27	345,051,991.27
归属于上市公司股东的所有者权益(元)	280,417,081.13	-10,031,538.24	190,698,538.33	47.05%	-42,913,810.20	-42,913,810.20
总股本(股)	320,835,149.00	220,035,417.00	220,035,417.00	45.81%	183,600,000.00	183,600,000.00

3.2 主要财务指标

	2011 年	2010 年		本年比上年增减(%)	2009 年	
		调整前	调整后	调整后	调整前	调整后
基本每股收益(元/股)	0.2794	0.0915	0.2555	9.35%	-0.19	-0.1610
稀释每股收益(元/股)	0.2794	0.0915	0.2555	9.35%	-0.19	-0.1610
扣除非经常性损益后的基本每股收益(元/股)	0.2976	0.006	0.006	4,860.00%	-0.20	-0.20
加权平均净资产收益率(%)	38.06%	0.00%	51.11%	-13.05%	0.00%	0.00%
扣除非经常性损益后的加权平均净资产收益率(%)	51.61%	0.00%	0.00%	51.61%	0.00%	0.00%
每股经营活动产生的现金流量净额(元/股)	0.4197	0.14	0.50	-16.06%	0.14	0.15
	2011 年末	2010 年末		本年末比上年末增减(%)	2009 年末	
		调整前	调整后	调整后	调整前	调整后
归属于上市公司股东的每股净资产(元/股)	0.87	-0.046	0.87	0.00%	-0.23	-0.23
资产负债率(%)	37.64%	103.75%	57.41%	-19.77%	108.77%	108.77%

3.3 非经常性损益项目

√ 适用　□ 不适用

单位：元

非经常性损益项目	2011 年金额	附注(如适用)	2010 年金额	2009 年金额
非流动资产处置损益	-359,966.73		-399,150.20	-54,445.95
计入当期损益的政府补助，但与公司正常经营业务密切相关，符合国家政策规定，按照一定标准定额或定量持续享受的政府补助除外	1,936,150.00		1,955,600.00	1,290,393.00
债务重组损益	733,703.30		19,400,586.69	1,300,000.00
同一控制下企业合并产生的子公司期初至合并日的当期净损益	3,986,271.65		58,036,555.25	0.00
除同公司正常经营业务相关的有效套期保值业务外，持有交易性金融资产、交易性金融负债产生的公允价值变动损益，以及处置交易性金融资产、交易性金融负债和可供出售金融资产取得的投资收益	197,480.42		9,764.47	7,300.50
除上述各项之外的其他营业外收入和支出	-2,813,448.44		-208,909.80	-524,469.98
其他符合非经常性损益定义的损益项目	0.00		5,195,693.90	0.00
所得税影响额	76,520.36		-910,939.67	-853.92
少数股东权益影响额	401,922.20		-2,364,030.97	6,223.31
合计	4,158,632.76	–	80,715,169.67	2,024,146.96

第四节 股东持股情况和控制框图

4.1 前 10 名股东、前 10 名无限售条件股东持股情况表

单位：股

2011 年末股东总数	20,016	本年度报告公布日前一个月末股东总数	22,555

前 10 名股东持股情况

股东名称	股东性质	持股比例(%)	持股总数	持有有限售条件股份数量	质押或冻结的股份数量
张家界市经济发展投资集团有限公司	国有法人	30.02%	96,317,863	96,317,863	21,750,000
张家界市武陵源旅游产业发展有限公司	国有法人	9.43%	30,239,920	30,239,920	0
张家界国家森林公园管理处	国有法人	5.97%	19,151,949	19,151,949	9,575,000
中国工商银行-上投摩根内需动力股票型证券投资基金	境内非国有法人	3.74%	12,003,943	0	0

中国建设银行-信达澳银领先增长股票型证券投资基金	境内非国有法人	2.50%	8,023,431	0	0
张家界市土地房产开发有限责任公司	国有法人	2.42%	7,772,400	7,772,400	0
中国农业银行-景顺长城内需增长贰号股票型证券投资基金	境内非国有法人	2.03%	6,502,664	0	0
中国建银投资有限责任公司	国有法人	1.91%	6,120,000	0	0
中国工商银行-景顺长城中小盘股票型证券投资基金	境内非国有法人	1.68%	5,401,243	0	0
中国银行-华夏大盘精选证券投资基金	境内非国有法人	1.56%	5,000,000	0	0

前 10 名无限售条件股东持股情况

股东名称	持有无限售条件股份数量	股份种类
中国工商银行-上投摩根内需动力股票型证券投资基金	12,003,943	人民币普通股
中国建设银行-信达澳银领先增长股票型证券投资基金	8,023,431	人民币普通股
中国农业银行-景顺长城内需增长贰号股票型证券投资基金	6,502,664	人民币普通股
中国建银投资有限责任公司	6,120,000	人民币普通股
中国工商银行-景顺长城中小盘股票型证券投资基金	5,401,243	人民币普通股
中国银行-华夏大盘精选证券投资基金	5,000,000	人民币普通股
中国农业银行-景顺长城内需增长开放式证券投资基金	3,861,752	人民币普通股
英国保诚资产管理(香港)有限公司	3,063,184	人民币普通股
中国建设银行-农银汇理中小盘股票型证券投资基金	2,667,144	人民币普通股
中国银行-华夏策略精选灵活配置混合型证券投资基金	2,500,000	人民币普通股
上述股东关联关系或一致行动的说明	公司第六大股东——张家界市土地房产开发有限责任公司为第一大股东的全资子公司,与第一大股东为一致行动人,合计持有本公司 10,409.03 万股股份,占本公司总股本 32,083.51 万股的 32.44%;公司未知前十名流通股股东之间有无关联关系,以及是否属于《上市公司收购管理办法》中规定的一致行动人。	

4.2 公司与实际控制人之间的产权及控制关系的方框图(略)

第五节 董事会报告

5.1 管理层讨论与分析概要

1. 报告期内总体经营情况

2011 年度公司接待中外游 545.63 万人次(其中环保客运公司接待 304.77 万人次),比去年同期 168.41 (不包含环保客运) 万人次增长 26.82 万人次增幅 15.93%%; 实现主营业务收入 55,704.98 万元, 上年同期实现营业收入 9,515.96 万元 (合并环保客运公司调整后 37,958.32 万元), 本期公司营业收入较上年同期增加 46,189.02 万元 (合并环保客运公司调整后增加 17,746.66 万元) 增幅 485.38%(合并环保客运公司调整后增 46.75%); 发生成本费用 7,960.51 万元,较去年同期 7,201.00 万元增加 759.50 万元,增幅 10.55%;实现净利润(归属于母公司股东的净利润)8,964.80 万元,较上年同期 8,197.22 万元增加 767.57 万元,实现每股收益 0.2794 元较上年同期 0.2555 元增加 0.0239 元。

2. 公司主营业务及其经营状况

报告期内,张家界地区景区(包括公司本部、环保客运、十里画廊观光电车、宝峰湖、张家界国际大酒店等)营业收入较上年同期增加 49.06%的主要原因为:

(1)2011 年张家界旅游市场呈现良好的上升趋势, 大景区游客购票人数高达 302.83 万人次,较 2010 年的 220.74 万人次增加 82.09 万人次增幅 37.19%,大景区游客接待人数高达 337.84 万人次,较 2010 年的 250.93 万人次增加 86.91 万人次增幅 34.64%,整个旅游市场的良好行情,给公司创造了一个良好的外部环境。

(2)2011 年公司所属宝峰湖景区、十里画廊观光电车经过提质改造,景区品质得到明显提升;公司借助旅游市场良好的发展势头,有针对性地开展了一系列卓有成效的品牌营销活动,如在宝峰湖策划举办了湖南经视大型户外挑战人类极限活动——《极度窒息》、在周洛景区开展了 2011 周洛野生桂花节的活动、在十里画廊成功举办了"纪念辛命百周年海峡两岸百名书画家张家界十里画廊百米长卷"等系列活动;公司在抓品牌营销的同时,还大力开展渠道营销;在抓重点客户联络的同时,还与客源地旅行商携手,签订相关合作推广协议;充分运用纸媒、杂志、网络等手段,提高景区在客源市场的知名度。2011 年环保客运公司本部实现营业收入 18,913.63 万元,比去年同期 14,166.31 万元增长 33.51%;宝峰湖景区游客接待量 57.00 万人次,比去年同期增长 12.00%;实现营业收入 3,920.64 万元,比去年同期 3,637.42 万元增长 7.79%;十里画廊观光电车游客接待量 135.60 万人次,比去年同期增长 17.71%;实现营业收入 4,890.27 万元,比去年同期 4,057.34 万元增长 33.19%,周洛景区在大交通 105 天不通(道路维修)的情况下,仍实现营业收入 97.46 万元,比去年同期 70.72 万元增长 37.81%。

报告期内,其它地区企业的营业收入较上年下降了 67.35%的主要原因为:省内其它地区营业收入下降主要是资产处置,但上年同期被处置资产处置前产生的收入已计入上年收入,本年无该项收入所致。

5.2 主营业务分行业、产品情况表

单位:万元

主营业务分行业情况

分行业	营业收入	营业成本	毛利率(%)	营业收入比上年增减(%)	营业成本比上年增减(%)	毛利率比上年增减(%)
旅游服务业	8,908.36	2,583.51	71.00%	5.54%	-7.12%	6.00%
旅游客运业	18,912.67	5,574.84	70.52%	33.50%	8.02%	10.93%
旅行社服务	26,470.02	24,600.63	7.06%	89.28%	93.46%	-22.16%
酒店服务业	761.98	839.40	-10.16%	-13.22%	-36.73%	1,888.26%
租赁服务业	234.10	64.03	72.65%	30.15%	-6.52%	17.33%
广告服务业	152.15	27.68	81.81%	15.27%	-45.63%	33.20%

主营业务分产品情况

分产品	营业收入	营业成本	毛利率(%)	营业收入比上年增减(%)	营业成本比上年增减(%)	毛利率比上年增减(%)
旅行社	26,470.02	24,600.63	7.06%	89.28%	93.46%	-22.16%
环保客运	18,912.67	5,574.84	70.52%	33.50%	8.02%	10.93%
十里画廊观光电车	4,890.27	1,258.77	74.26%	20.51%	33.19%	-3.19%
宝峰湖	3,920.64	1,263.22	67.78%	7.79%	12.77%	-2.05%
张国际酒店	761.98	839.40	-10.16%	-13.22%	-36.73%	-80.12%
房屋出租	234.10	64.03	72.65%	30.15%	-6.52%	17.33%
广告	152.15	27.68	81.81%	15.27%	-45.63%	33.20%
周洛	97.46	61.51	36.89%	37.80%	0.47%	174.89%

5.3 报告期内利润构成、主营业务及其结构、主营业务盈利能力较前一报告期发生重大变化的原因说明

√ 适用 □ 不适用

第六节 财务报告

6.1 与最近一期年度报告相比,会计政策、会计估计和核算方法发生变化的具体说明

□ 适用 √ 不适用

6.2 重大会计差错的内容、更正金额、原因及其影响

□ 适用 √ 不适用

6.3 与最近一期年度报告相比,合并范围发生变化的具体说明

√ 适用 □ 不适用

本期公司完成非公开发行股份购买股权资产,合并范围比上期增加环保客运、易程信息、张家界中旅、易程国旅 4 家公司。

6.4 董事会、监事会对会计师事务所"非标准审计报告"的说明

□ 适用 √ 不适用

江苏法尔胜股份有限公司

江苏法尔胜股份有限公司2011年年度报告摘要

第一节　重要提示

1.1 本公司董事会、监事会及其董事、监事、高级管理人员保证本报告所载资料不存在任何虚假记载、误导性陈述或者重大遗漏，并对其内容的真实性、准确性和完整性负个别及连带责任。

公司全体董事均出席了本次董事会，未有董事、监事、高级管理人员对年度报告提出异议。

江苏公证天业会计师事务所有限公司为本公司出具了标准无保留意见的审计报告。

公司负责人董事长蒋纬球先生、主管会计工作负责人总经理蒋纬球先生以及会计机构负责人财务总监焦康祥先生声明：保证本年度报告中财务报告真实、完整。

本年度报告摘要摘自年度报告全文，报告全文同时刊载于巨潮资讯网 。投资者欲了解详细内容，应当仔细阅读年度报告全文。

1.2 公司年度财务报告已经江苏公证天业会计师事务所审计并被出具了标准无保留意见的审计报告。

1.3 公司负责人蒋纬球、主管会计工作负责人蒋纬球及会计机构负责人(会计主管人员)焦康祥声明：保证年度报告中财务报告的真实、完整。

第二节　公司基本情况

2.1 基本情况简介

股票简称	法尔胜
股票代码	000890
上市交易所	深圳证券交易所

2.2 联系人和联系方式

姓名	张文栋
联系地址	江苏省江阴市通江北路203号
电话	0510-86119890
传真	0510-86102007
电子信箱	zhang_wendong@chinafasten.com

第三节　会计数据和财务指标摘要

3.1 主要会计数据

单位：元

	2011年	2010年	本年比上年增减(%)	2009年
营业总收入(元)	1,810,529,492.09	1,683,268,479.56	7.56%	1,545,332,103.14
营业利润(元)	22,166,734.85	20,539,241.07	7.92%	35,081,956.96
利润总额(元)	22,132,424.76	30,839,334.97	-28.23%	12,346,927.15
归属于上市公司股东的净利润(元)	13,433,511.53	12,871,270.99	4.37%	2,552,273.78
归属于上市公司股东的扣除非经常性损益的净利润(元)	-39,385,145.81	-2,796,530.34	-1,308.36%	-7,242,379.59
经营活动产生的现金流量净额(元)	-362,482,257.77	86,172,723.44	-520.65%	37,748,415.95

	2011年末	2010年末	本年末比上年末增减(%)	2009年末
资产总额(元)	3,300,747,201.79	3,378,202,336.44	-2.29%	3,030,781,005.73
负债总额(元)	2,122,894,770.35	2,186,603,503.57	-2.91%	1,584,433,149.00
归属于上市公司股东的所有者权益(元)	1,038,934,277.24	1,025,049,513.36	1.35%	1,009,657,737.27
总股本(股)	379,641,600.00	379,641,600.00	0.00%	379,641,600.00

3.2 主要财务指标

	2011年	2010年	本年比上年增减(%)	2009年
基本每股收益(元/股)	0.0364	0.0339	7.37%	0.0325
稀释每股收益(元/股)	0.0364	0.0339	7.37%	0.0325
扣除非经常性损益后的基本每股收益(元/股)	-0.1037	-0.0074	1,301.35%	0.0067
加权平均净资产收益率(%)	1.29%	1.26%	0.03%	1.22%
扣除非经常性损益后的加权平均净资产收益率(%)	-3.79%	-0.27%	-3.52%	0.25%
每股经营活动产生的现金流量净额(元/股)	-0.95	0.23	-513.04%	0.10

	2011年末	2010年末	本年末比上年末增减(%)	2009年末
归属于上市公司股东的每股净资产(元/股)	2.74	2.70	1.48%	2.66
资产负债率(%)	64.32%	64.73%	-0.41%	52.28%

3.3 非经常性损益项目

√ 适用　　□ 不适用

单位：元

非经常性损益项目	2011年金额	附注(如适用)	2010年金额	2009年金额
非流动资产处置损益	47,181,258.13	股权处置收益及固定资产处置收益	-609,223.61	5,418,355.15
计入当期损益的政府补助，但与公司正常经营业务密切相关，符合国家政策规定、按照一定标准定额或定量持续享受的政府补助除外	720,000.00	各项补贴收入	3,521,769.00	2,472,709.79
对外委托贷款取得的损益	4,816,000.00		6,488,233.33	0.00
除上述各项之外的其他营业外收入和支出	603,992.35		7,350,519.08	2,186,298.07
少数股东权益影响额	-398,124.63		-636,235.77	-258,833.55
所得税影响额	-104,468.51		-447,260.70	-23,876.09
合计	52,818,657.34	-	15,667,801.33	9,794,653.37

第四节　股东持股情况和控制框图

4.1 前10名股东、前10名无限售条件股东持股情况表

单位：股

2011年末股东总数	49,675	本年度报告公布日前一个月末股东总数			49,805
前10名股东持股情况					
股东名称	股东性质	持股比例(%)	持股总数	持有有限售条件股份数量	质押或冻结的股份数量
江苏法尔胜泓昇集团有限公司	境内非国有法人	21.07%	79,973,918	0	0
泰康人寿保险股份有限公司-传统-普通保险产品-019L-CT001深	境内非国有法人	1.04%	3,940,165	0	0
胡　光	境内自然人	0.95%	3,618,781	0	0
刘凤宇	境内自然人	0.50%	1,879,345	0	0
吴国政	境内自然人	0.48%	1,819,592	0	0
陈筠	境内自然人	0.38%	1,446,800	0	0
刘东辉	境内自然人	0.36%	1,350,000	0	0
申银万国证券股份有限公司客户信用交易担保证券账户	境内自然人	0.32%	1,202,800	0	0
易小强	境内自然人	0.27%	1,033,000	0	0

泰康人寿保险股份有限公司-投连-进取-019L-TL002 深	境内非国有法人	0.25%	959,469	0	0

前 10 名无限售条件股东持股情况

股东名称	持有无限售条件股份数量	股份种类
江苏法尔胜泓昇集团有限公司	79,973,918	人民币普通股
泰康人寿保险股份有限公司-传统-普通保险产品-019L-CT001 深	3,940,165	人民币普通股
胡光	3,618,781	人民币普通股
刘凤宇	1,879,345	人民币普通股
吴国政	1,819,592	人民币普通股
陈筠	1,446,800	人民币普通股
刘东辉	1,350,000	人民币普通股
申银万国证券股份有限公司客户信用交易担保证券账户	1,202,800	人民币普通股
易小强	1,033,000	人民币普通股
泰康人寿保险股份有限公司-投连-进取-019L-TL002 深	959,469	人民币普通股
上述股东关联关系或一致行动的说明	公司控股股东江苏法尔胜泓昇集团有限公司与前十名股东之间不存在关联关系，也不属于《上市公司收购管理办法》规定的一致行动人。未知其他股东之间是否存在关联关系，也未知是否属于《上市公司股东持股变动信息披露管理办法》规定的一致行动人。	

4.2 公司与实际控制人之间的产权及控制关系的方框图(略)

第五节　董事会报告

5.1 管理层讨论与分析概要

一、报告期内的经营情况

2011 年，世界经济形势更加严峻，欧债危机、日本大地震、四次存准率的上调，资金压力空前巨大，市场经营环境的变化更快、更难预测，制造业生存环境更加恶化，与宏观经济政策相关性较高的金属制品行业市场竞争更加激烈。面对复杂多变的外部市场环境和供求矛盾仍然突出的趋势，公司经营管理层带领全体员工，认真贯彻落实公司董事会的各项决议，继续加强内部管理，抓好核心资产的经营，加强市场开拓力度，挖潜增效，积极应对市场价格波动大、原材料涨价所带来的不利影响，优化资金结构，控制各项成本；同时，坚持结构调整优化，坚持增长方式转变，平稳渡过了艰难的 2011 年。

(一)报告期内整体经营情况

1. 2011 年度公司经营情况

1)2011 年度公司实现业务收入 181052.95 万元，较去年的 168326.85 万元增加了 7.56%；

2)归属于母公司的净利润 1343.35 万元，较去年的 1287.13 万元增长了 4.37%。

3)截至 2011 年 12 月 31 日，公司总资产 330074.72 万元，净资产 103893.43 万元。

2. 2011 年度公司主要工作

(1)立足提升资产效率，继续坚持资产整合

2011 年度，股份公司按照既定战略发展规划和整体产业布局调整要求，进一步整合本公司产业结构、剥离不良资产、提升盈利能力。

公司与控股股东泓昇集团进行了股权置换。公司以江苏法尔胜新型管业有限公司 100%的股权及其债权置换法尔胜泓昇集团持有的江阴法尔胜金属制品有限公司 25%的股权及中国贝卡尔特钢帘线有限公司 10%的股权。本次置换剥离了连续亏损的管业公司，置换进来的金属制品公司和贝卡尔特钢帘线公司相对具有较为持续稳定的盈利能力。此次置换，剥离不良资产，改善了资产的质量，有助于公司长远发展。

(2)严格抓好会计核算工作、加强资金预算管理、扩大融资渠道

1)2011 年财务部进一步规范整个会计核算体系。

2)加大公司和子公司经营运作财务状况的分析力度以及内部协调工作。

3)扩大融资渠道，确保资金周转，最大限度地保障公司生产经营与投资的资金需求及安全。

(3)坚持集约经营，优化产品结构，提升企业产能，提高经济增长效益

1)优化生产重点，强化系统平衡和高效

通过加强生产组织的统筹与协调，加强内部物流的有序流转和调节，加强工序衔接和工序控制，促进和实现了各公司各工序在快节奏下的高效高产。各子公司在 2011 年劳动力用工短缺情况下，通过合理调配、优化组合、科学管理，生产效率得到进一步提高。

2)继续坚持科技创新，不断提升产品质量，提高核心竞争力

线材制品公司对镀锌钢丝拉拔的核心技术进行了有益的尝试，镀锌钢丝的生产工艺有了很大进步。通过优化镀锌工艺、改变拉拔模链、使用专用润滑粉等措施，基本解决了粗规格、厚镀层镀锌丝的拉拔问题。

缆索公司完成了国家科技支撑计划项目的"耐久型缆索"的课题总结、验收结题等工作，2011 年，缆索公司共申请专利 3 项。同时公司克服了各种困难，在国内首次实现了 S 型钢丝国产化，该产品成功应用于泰州长江大桥和南京长江四桥，使公司在同行竞争中有了新的优势和亮点。

3)把握市场动向，优化供应布局

紧紧抓住营销前沿"阵地"，充分利用国内国外两个市场的资源，把握市场行情，及时调整采购策略，促进采购成本降低；同时，多方拓展资源基地，优化供应布局，先后与宝钢、沙钢、青钢等国内各大钢铁公司建立稳定的长期合作关系，增强资源接续能力，做到保供有力、质量稳定。

4)强化成本意识，降本增效

强化成本意识，实施精细化管理，精优化生产，精益化产出，深入开展成本的控制和优化工作。建立公司大宗原辅料统一计划和采购机制，针对复杂多变的市场环境灵活应对，积极寻求多渠道的供货保证；优化生产整体流程，利用公司同质化产品设备特性、产能匹配、运输整体环境，以最佳工艺流程、最佳物料配比、最优物流道次为目标，全面进行成本的优化和控制，为公司效益增长提供基础保障。

5)迎难而上，积极开拓市场

2011 年，国内外经济形势仍然不容乐观，与宏观经济政策相关性较高的金属制品行业市场竞争更加激烈。面对复杂多变的外部环境，传统制造业亟需积极应对供求矛盾突出的严峻趋势，公司上下迎难而上，积极开拓市场。

6)完善管理架构，提升管理水平

进一步响应深交所和证监会的要求，致力于构建和贯彻落实现代企业制度，提升公司的现代化管理水平。成立了专门的内控部，积极落实内部控制制度，完善内部控制框架，将内控意识融入公司企业文化之中，营造自律自强的企业精神。

5.2 主营业务分行业、产品情况表

单位：万元

主营业务分行业情况

分行业	营业收入	营业成本	毛利率(%)	营业收入比上年增减(%)	营业成本比上年增减(%)	毛利率比上年增减(%)
金属制品销售	150,471.95	133,790.82	11.09%	7.02%	10.65%	-2.91%
光通信销售	15,650.96	13,733.25	12.25%	6.67%	12.73%	-4.72%

5.3 报告期内利润构成、主营业务及其结构、主营业务盈利能力较前一报告期发生重大变化的原因说明

□ 适用　√ 不适用

第六节　财务报告

6.1 与最近一期年度报告相比，会计政策、会计估计和核算方法发生变化的具体说明

□ 适用　√ 不适用

6.2 重大会计差错的内容、更正金额、原因及其影响

□ 适用　√ 不适用

6.3 与最近一期年度报告相比，合并范围发生变化的具体说明

√ 适用　□ 不适用

(1)合并范围增加

本期本公司新增子公司江阴法尔胜金属制品有限公司，注册资本人民币 18,720.00 万元，本公司持有股权比例 100%，因此纳入合并财务报表范围。

(2)本期不再纳入合并范围的主体

报告期内减少合并单位 2 家，原因为：

减少合并单位名称	投资比例	原因
江苏法尔胜新型管业有限公司	100%	2011 年本公司将持有的股权全部转让给江苏法尔胜泓昇集团有限公司
江阴法尔胜巨福精密五金制品有限公司	100%	2011 年已经注销

6.4 董事会、监事会对会计师事务所"非标准审计报告"的说明

□ 适用　√ 不适用

江苏法尔胜股份有限公司董事会

董事长：蒋纬球

2012 年 3 月 23 日

苏宁电器股份有限公司

苏宁电器股份有限公司2011年年度报告摘要

第一节 重要提示

1.1 本公司董事会、监事会及其董事、监事、高级管理人员保证本报告所载资料不存在任何虚假记载、误导性陈述或者重大遗漏，并对其内容的真实性、准确性和完整性负个别及连带责任。

本年度报告摘要摘自年度报告全文，报告全文同时刊载于巨潮资讯网(www.cninfo.com.cn)。投资者欲了解详细内容，应当仔细阅读年度报告全文。

1.2 公司年度财务报告已经普华永道中天会计师事务所审计并被出具了标准无保留意见的审计报告。

1.3 公司负责人张近东先生、主管会计工作负责人朱华女士及会计机构负责人(会计主管人员)肖忠祥先生声明：保证年度报告中财务报告的真实、准确、完整。

第二节 公司基本情况简介

2.1 基本情况简介

股票简称	苏宁电器
股票代码	002024
上市交易所	深圳证券交易所
注册地址	江苏省南京市山西路8号金山大厦1-5层
注册地址的邮政编码	210005
办公地址	江苏省南京市玄武区苏宁大道1号
办公地址的邮政编码	210042
公司国际互联网网址	http://www.cnsuning.com
电子信箱	stock@cnsuning.com

2.2 联系人和联系方式

	董事会秘书	证券事务代表
姓名	任峻	韩枫
联系地址	江苏省南京市玄武区苏宁大道1号	江苏省南京市玄武区苏宁大道1号
电话	025-84418888-888122、888480	
传真	025-84418888-888000-888480	
电子信箱	stock@cnsuning.com	

第三节 会计数据和业务数据摘要

3.1 主要会计数据

单位：千元

	2011年	2010年	本年比上年增减	2009年
营业总收入	93,888,580	75,504,739	24.35%	58,300,149
营业利润	6,444,081	5,431,948	18.63%	3,875,032
利润总额	6,473,226	5,402,044	19.83%	3,926,367
归属于上市公司股东的净利润	4,820,594	4,011,820	20.16%	2,889,956
归属于上市公司股东的扣除非经常性损益的净利润	4,623,986	4,029,589	14.75%	2,852,724
经营活动产生的现金流量净额	6,588,520	3,881,336	69.75%	5,554,942
	2011年末	2010年末	本年末比上年末增减	2009年末
资产总额	59,786,473	43,907,382	36.16%	35,839,832
负债总额	36,755,935	25,061,991	46.66%	20,914,849
归属于上市公司股东的所有者权益	22,328,334	18,338,189	21.76%	14,540,346
总股本(股)	6,996,212	6,996,212	-	4,664,141

3.2 主要财务指标

单位：元

	2011年	2010年	本年比上年增减	2009年
基本每股收益(元/股)	0.6890	0.5734	20.16%	0.4294
稀释每股收益(元/股)	0.6890	0.5734	20.16%	0.4294
扣除非经常性损益后的基本每股收益(元/股)	0.6609	0.5760	14.74%	0.4239
加权平均净资产收益率(%)	23.68%	24.48%	-0.80%	28.44%
扣除非经常性损益后的加权平均净资产收益率(%)	22.72%	24.58%	-1.86%	28.07%
每股经营活动产生的现金流量净额(元/股)	0.94	0.55	70.91%	1.19
	2011年末	2010年末	本年末比上年末增减	2009年末
归属于上市公司股东的每股净资产(元/股)	3.19	2.62	21.76%	3.12
资产负债率(%)	61.48%	57.08%	4.40%	58.36%

非经常性损益项目

√ 适用 □ 不适用

单位：千元

非经常性损益项目	2011年	2010年	2009年
非流动资产处置损益	-1,970	-3,717	-403
计入当期损益的政府补助，但与公司正常经营业务密切相关，符合国家政策规定、按照一定标准定额或定量持续享受的政府补助除外	83,566	41,982	71,155
除同公司正常经营业务相关的有效套期保值业务外，持有交易性金融资产、交易性金融负债产生的公允价值变动损益，以及处置交易性金融资产、交易性金融负债和可供出售金融资产取得的投资收益	-	5,658	-
权益法核算的长期股权投资取得时所享有的被投资单位可辨认净资产公允价值份额超过初始投资成本的部分		-	10,049
按照公允价值重新计量购买日前持有的LAOX股权产生的相关利得	179,223	-	-
其他营业外收支净额	-52,451	-68,169	-29,466
非经常性损益的所得税影响额	-9,092	6,062	-12,834
少数股东权益影响额	-2,668	415	-1,269
合计	196,608	-17,769	37,232

3.3 境内外会计准则差异

□ 适用 √ 不适用

第四节 股本变动及股东情况

4.1 股份变动情况表

单位：股

	本次变动前		本次变动增减(+,-)					本次变动后	
	数量	比例(%)	发行新股	送股	公积金转股	其他(注1)	小计	数量	比例(%)
一、有限售条件股份	1,554,123,353	22.21	0	0	0	4,962,098	4,962,098	1,559,085,451	22.28
1. 国家持股									
2. 国有法人持股									
3. 其他内资持股	26,162,790	0.37	0	0	0	0	0	26,162,790	0.37
其中：境内非国有法人持股			0	0	0	0	0		
境内自然人持股	26,162,790	0.37	0	0	0	0	0	26,162,790	0.37
4. 外资持股									
其中：境外法人持股									
境外自然人持股									
5. 高管股份(注2)	1,527,960,563	21.84	0	0	0	4,962,098	4,962,098	1,532,922,661	21.91
二、无限售条件股份	5,442,088,513	77.79	0	0	0	-4,962,098	-4,962,098	5,437,126,415	77.72
1. 人民币普通股	5,442,088,513	77.79	0	0	0	-4,962,098	-4,962,098	5,437,126,415	77.72
2. 境内上市的外资股									
3. 境外上市的外资股									
4. 其他									
三、股份总数	6,996,211,866	100.00	0	0	0	0	0	6,996,211,866	100.00

注 1:2011 年 12 月 13 日至 2011 年 12 月 31 日期间，公司副董事长孙为民先生、总裁金明先生、副总裁孟祥胜先生、副总裁任峻先生合计增持本公司股份 6,616,130 股，根据规定，该部分增持股份的 75%按高管股份锁定。

注 2:董事、监事、高管所持股份按照国家相关法律法规及规范性文件规定予以锁定。

限售股份变动情况表

单位:股

股东名称	年初限售股数	本年解除限售股数	本年增加限售股数	年末限售股数	限售原因	解除限售日期
张近东	1,463,858,573	0	0	1,463,858,573	2009 年非公开发行;高管股份锁定	2012 年 12 月 31 日,认购的 2009 年非公开发行股份限售解除;高管股份锁定解除日期未知。
孙为民	0	0	1,309,324	1,309,324	高管股份锁定	未知
金　明	90,264,780	0	1,283,225	91,548,005	高管股份锁定	未知
孟祥胜	0	0	1,054,874	1,054,874	高管股份锁定	未知
任　峻	0	0	1,314,675	1,314,675	高管股份锁定	未知
合　计	1,554,123,353	0	4,962,098	1,559,085,451	–	–

4.2 前 10 名股东、前 10 名无限售条件股东持股情况表

单位:股

2011 年末股东总数	297,286	本年度报告公布日前一个月末股东总数	295,108

前 10 名股东持股情况

股东名称	股东性质	持股比例(%)	持股总数	持有有限售条件股份数量	质押或冻结的股份数量
张近东	境内自然人	27.90%	1,951,811,430	1,463,858,573(注 1)	349,810,000(注 3)
苏宁电器集团有限公司	境内非国有法人	13.47%	942,093,549	0	349,760,000(注 3)
陈金凤	境内自然人	2.80%	196,132,370	0	196,000,000(注 3)
金　明	境内自然人	1.74%	122,064,007	91,548,005(注 2)	30,000,000(注 3)
中国银行-易方达深证 100 交易型开放式指数证券投资基金	境内非国有法人	0.96%	67,199,920	0	未知
交通银行-富国天益价值证券投资基金	境内非国有法人	0.96%	67,104,815	0	未知
中国工商银行-广发聚丰股票型证券投资基金	境内非国有法人	0.86%	60,000,000	0	未知
蒋　勇	境内自然人	0.82%	57,297,080	0	56,200,000(注 3)
MORGAN STANLEY & CO. INTERNATIONAL PLC	境外法人	0.72%	50,474,656	0	未知
中国建设银行-富国天博创新主题股票型证券投资基金	境内非国有法人	0.71%	50,000,000	0	未知

前 10 名无限售条件股东持股情况

股东名称	持有无限售条件股份数量	股份种类
苏宁电器集团有限公司	942,093,549	人民币普通股
张近东	487,952,857	人民币普通股
陈金凤	196,132,370	人民币普通股
中国银行-易方达深证 100 交易型开放式指数证券投资基金	67,199,920	人民币普通股
交通银行-富国天益价值证券投资基金	67,104,815	人民币普通股
中国工商银行-广发聚丰股票型证券投资基金	60,000,000	人民币普通股
蒋　勇	57,297,080	人民币普通股
MORGAN STANLEY & CO. INTERNATIONAL PLC	50,474,656	人民币普通股
中国建设银行-富国天博创新主题股票型证券	50,000,000	人民币普通股
中国工商银行-融通深证 100 指数证券投资基金	46,836,047	人民币普通股
上述股东关联关系或一致行动的说明	1. 张近东先生持有苏宁电器集团有限公司 28%的股权，张近东先生与苏宁电器集团有限公司构成关联股东关系。 2. 除前述关联关系外，未知公司前十名主要股东、前十名无限售条件股东之间是否存在其他关联关系，也未知是否存在《上市公司收购管理办法》中规定的一致行动人的情况。	

注 1:张近东先生认购的公司 2009 年非公开发行股票自 2009 年 12 月 31 日起限售三年;同时作为公司现任董事，其所持有的公司股份需按照国家相关法律法规及规范性文件进行锁定;

注 2:金明先生为公司现任董事，其所持有的公司股份需按照国家相关法律法规及规范性文件进行锁定;

注 3:股票质押主要为协助苏宁电器集团有限公司加快物业建设，以配合推进我司自建店开发。

4.3 控股股东及实际控制人情况介绍

4.3.1 控股股东及实际控制人变更情况

□ 适用　　√ 不适用

4.3.2 控股股东及实际控制人具体情况介绍

张近东先生，中国国籍，1963 年 3 月出生，本科学历，曾任江苏苏宁交家电有限公司董事长兼总经理，现任苏宁电器股份有限公司董事长。无其他国家或地区居住权。

4.3.3 公司与实际控制人之间的产权及控制关系的方框图(略)

第五节　董事、监事和高级管理人员

5.1 董事、监事和高级管理人员持股变动及报酬情况

姓　名	职务	性别	年龄	任期起始日期	任期终止日期	年初持股数(股)	年末持股数(股)	变动原因	报告期内从公司领取的报酬总额(万元)(税前)	是否在股东单位或其他关联单位领取薪酬
张近东	董事长	男	49	2010 年 07 月	2013 年 07 月	1,951,811,430	1,951,811,430		180.00	否
孙为民	董事、副董事长	男	49	2010 年 07 月	2013 年 07 月	0	1,745,765	增持公司股份	100.00	否
金　明	董事、总裁	男	41	2010 年 07 月	2013 年 07 月	120,353,040	122,064,007	增持公司股份	80.00	否
孟祥胜	董事、副总裁	男	40	2010 年 07 月	2013 年 07 月	0	1,406,498	增持公司股份	80.00	否
任　峻	董事、副总裁、董秘	男	35	2010 年 07 月	2013 年 07 月	0	1,752,900	增持公司股份	60.00	否
李　东	董事	男	51	2010 年 07 月	2013 年 07 月	0	0		8.00	否
沈坤荣	独立董事	男	49	2010 年 07 月	2013 年 07 月	0	0		8.00	否
孙剑平	独立董事	男	59	2010 年 07 月	2013 年 07 月	0	0		8.00	否
戴新民	独立董事	男	50	2010 年 07 月	2013 年 07 月	0	0		8.00	否
李建颖	监事会主席	女	43	2010 年 07 月	2013 年 07 月	0	0		30.00	否
汪晓玲	监事	女	39	2010 年 07 月	2013 年 07 月	0	0		15.00	否
肖忠祥	监事	男	41	2010 年 07 月	2013 年 07 月	0	0		15.00	否
朱　华	财务负责人	女	47	2010 年 07 月	2013 年 07 月	0	0		30.00	否
合　计	–	–	–	–	–	2,072,164,470	2,078,780,600	–	622.00	–

董事、监事、高级管理人员报告期内被授予的股权激励情况

√ 适用　　□ 不适用

姓　名	职务	期初持有股票期权数量(万份)	报告期新授予股票期权数量(万份)	报告期股票期权行权数量(万份)	股票期权行权价格	期末持有股票期权数量(万份)	期初持有限制性股票数量(万股)	报告期新授予限制性股票数量(万股)	限制性股票的授予价格	期末持有限制性股票数量(万股)
孙为民	董事、副董事长	300	0	0	14.40	300	0	0	0.00	0
金　明	董事、总裁	300	0	0	14.40	300	0	0	0.00	0
孟祥胜	董事、副总裁	280	0	0	14.40	280	0	0	0.00	0
任　峻	董事、副总裁、董秘	280	0	0	14.40	280	0	0	0.00	0
朱　华	财务负责人	50	0	0	14.40	50	0	0	0.00	0

合　计	-	1,210	0	0	-	1,210	0	0	-	0

5.2 董事出席董事会会议情况

董事姓名	具体职务	应出席次数	现场出席次数	以通讯方式参加会议次数	委托出席次数	缺席次数	是否连续两次未亲自出席会议
张近东	董事长	15	9	6	0	0	否
孙为民	副董事长	15	9	6	0	0	否
金　明	董事、总裁	15	9	6	0	0	否
孟祥胜	董事、副总裁	15	9	6	0	0	否
任　峻	董事、副总裁、董秘	15	9	6	0	0	否
李　东	外部董事	15	2	13	0	0	否
沈坤荣	独立董事	15	2	13	0	0	否
孙剑平	独立董事	15	1	14	0	0	否
戴新民	独立董事	15	2	13	0	0	否

连续两次未亲自出席董事会会议的说明

无

年内召开董事会会议次数	15
其中：现场会议次数	1
通讯方式召开会议次数	8
现场结合通讯方式召开会议次数	6

第六节　董事会报告

6.1 管理层讨论与分析

过去几年以来，中国零售业正在发生着潜移默化的转型变革。一方面，结构转型、拉动内需的产业政策长期持续推进，将促进零售业稳定的发展，但宏观调控政策也带来了短期内的影响；另一方面，互联网技术、智能终端等信息科技的蓬勃发展和快速应用要求零售业的商业模式必须尽快实现转型升级。同时，随着社会成本的增加、用户体验要求的提升、市场竞争层次的提高，零售业必须要从店面网络快速拓展阶段向全面精细化经营管理阶段实现过渡。

公司始终注重发展的长远战略和规划，对市场环境、行业趋势的演变不断进行前瞻性的研究，2009年开始苏宁就提出了"营销变革"并率先尝试实体店与互联网业务共举的战略。通过三年的不断实践、完善，2011年公司完整地提出了面向未来十年发展的战略规划，以"科技转型、智慧升级"为核心，从连锁发展、营销创新、电子商务、服务升级等方面阐述了清晰的发展路径，最终就是要实现由单纯的产品提供商向综合消费解决方案提供商转变，从全品类的商品提供、内容和增值服务的提供，为个人、家庭、中小企业进行全方位的需求运营。

2011年，由于宏观调控政策的影响，短期内一级市场以及部分发达的二级市场增长放缓，边际效应有所下降，而二、三级市场正处于网络铺设和优化阶段，经营管理成熟度有待进一步提升，同时该部分地区的消费能力增强和需求释放尚需时日，还处于投入期。另一方面，随着社会成本的上升，公司也面临着一定程度的物业租金、人员费用和运营成本上升的阶段性压力。

公司正视发展中存在的问题，制定了明确的短期和中长期结合的策略。短期来看，从店面的经营质量提升、内部管理成本控制、产品结构优化毛利提升和市场推广活动的加强进行了大量的努力，保持一定程度的业绩增长；更重要的是，公司着眼于中长期的发展，进行了大量的基础性建设，在这一点上，公司不会因为短期的效益而动摇，包括以下几个方面：

连锁发展方面，在一线城市和发达的二线城市，继续大力推进旗舰店战略，完善店面标准、丰富产品品类、提升店面环境、加强服务体验；在二、三级市场及部分四级市场，贯彻渠道下沉策略，在目前相对较低的市场成本之下，加快网络布局；积极借鉴海外零售业经验，全面规划乐购仕生活广场的新型业态，在商品品种、产品结构、展示方式、服务流程、销售模式、商业氛围等方面全面进行商业业态升级试点。

物流建设方面，坚持后台先行的发展策略，物流基地批量开发、快速复制的模式取得突破，报告期末已有8家物流基地运营，10家物流基地进入施工阶段，另完成签约储备24家；全面设计和试运营小件商品的仓储、快递体系，有效支撑线上销售业务的快速发展和图书、百货、日用品等新品类的拓展。

营销转型方面，通过运营总部的组建，整合店面零售、市场推广、客户服务等职能，提升以客户为导向的经营能力；持续强化以商品研究为中心的采购能力，在满足消费者多样化的商品需求基础上，OEM、自主品牌的产品销售占比不断提升，产品经营效益随之提升。

苏宁易购逐步实现公司化独立运营，从经营定位、核心能力、运营模式、技术体系、团队建设等方面已经搭建了清晰的经营框架，形成了明确的发展路径。苏宁易购已成为公司未来十年最重要的发展战略之一。

内部管理方面，持续进行信息化投入，依托信息平台，坚持推进制度化、标准化、简单化、透明化的"四化"管理理念，强化组织绩效、岗位绩效和人员绩效，提升大企业的运作效率。

我们认为，不论市场形势在短期内有什么样的变化，这不会改变零售业的本质，我们必须要立足长远，加大投入、加快发展公司的核心竞争能力建设，这才是公司实现长期持续发展，投资者获得长期持续回报的正确路径。

报告期内，公司实现营业总收入938.89亿元，较上年同期增长24.35%，营业利润64.44亿元，较上年同期增长18.63%，实现归属于母公司股东的净利润48.21亿元，同比增长20.16%。总的来看，管理层认为公司增长基本符合预期，长期战略在2011年得到了有力贯彻，为新十年的发展实现了良好的开端。

一、行业状况

1. 调整经济结构，转型发展方式，消费市场平稳较快发展

2011年作为"十二五"开局之年，面对国际复杂多变的金融局势和国内通货膨胀压力日趋严峻的经济形势，政府积极采取多项政策稳定经济增长，深入实施了一系列调控政策，促进外向型经济向内生增长转变，扩大内需成为国家经济发展的指导方针。在"促消费、扩内需"的政策深入实施下，社会消费品零售总额保持稳定增长态势，2011年全年社会消费品零售总额同比增长17.1%。

2. 技术升级、城镇化进程加快促进家电行业稳步增长

2011年，家电厂商加大了对产品技术升级研发投入，具备变频节能技术的变频空调、变频洗衣机的销售占比逐步提升；随着智能系统的盛行和应用产品的海量开发，3G手机、智能手机加快了普及力度，销售数量和产品占比保持快速增长；电视厂商对智能系统、云计算的系统支持以及对电视内容的大力开发也推动了智能电视的销售。此外，一二级市场家电消费升级需求加大，3D电视、滚筒洗衣机等产品增长较快。另一方面，随着城镇化进程加快，三四级市场居民收入水平显著提高，家庭电器消费刚性需求进一步释放。

综上，2011年家电行业保持稳定增长，据北京中怡康时代市场研究有限公司数据显示，2011年中国家电市场零售总额达12,030亿元，较2010年同期增长了11.8%。

二、连锁发展情况分析

1. 连锁发展基本情况

(1)大陆市场

①报告期内，公司新进地级以上城市25个，新开常规店365家，精品店7家，县镇店25家，乐购仕生活广场店1家，共置换/关闭连锁店25家，净增加连锁店373家，其中乐购仕生活广场店成功开业，实现公司双品牌战略运作，乐购仕生活广场突破了现有家电连锁的操作形式，采用全自营销售，无论在店面形象、信息化运用，还是在接待服务、顾客体验，都处于全国行业领先水平。

②报告期内，公司围绕构筑行业第一网络平台的目标，持续推进"租、建、购、并"的综合开发策略，分别在牡丹江、大庆、长春、沈阳、北京、厦门、抚州、重庆的核心商圈新增购置店项目9个，截至报告期末公司拥有自有物业连锁店35个。另在成都、青岛开设了以合作开发模式实施的自建店项目。

③截至2011年末，公司已在全国256个地级以上城市拥有连锁店共计1,684家，其中常规店1,532家、精品店17家、县镇店134家、乐购仕生活广场店1家，连锁店面积合计达682.88万平方米，比上年同期增长32.32%。

(2)国际市场及港澳台市场

报告期内，公司巩固扩大香港和日本地区并购成果，香港地区全年新开连锁店9家，关闭/置换2家，净增加7家连锁店；日本地区新开连锁店3家，关闭/置换连锁店1家，净增加连锁店2家。截至报告期末公司在香港地区拥有连锁店30家，在日本地区拥有连锁店10家。

综上，截至报告期末，公司在中国大陆、香港地区、日本市场共拥有连锁店1,724家。

三、经营结果情况

(1)营业收入变化情况

报告期内公司把握市场变化趋势，加快二三级市场连锁网络布局，营销转型变革取得阶段性成果，线上业务迅速成长，公司实现营业收入较上年同期增长24.35%，其中主营业务收入同比增长24.57%。

(2)毛利率变化情况

报告期内，公司实现主营业务毛利率同比提升1.37个百分点，其他业务利润率同比下降0.28个百分点，综合毛利率同比增长1.09个百分点，主要原因为：

公司与供应商合作持续深化，并不断创新合作模式，高效整合零供资源。

运营总部组建后，逐步整合店面零售、市场促销、店面运营、客户服务等职能，取得一定成效，公司自主销售能力以及各项服务指标均得到改善；通过自有品牌、品牌授权、独家代理、定制包销、产品买断等方式进一步提升自营能力，自主产品销售规模较快提升。

(3)三项费用率变化情况

报告期内，公司连锁网络规模进一步扩大，受物价上涨影响，新开店成本提升；同时公司还实施一系列薪酬调整举措提升人均薪资水平，改善团队待遇，并提前储备较多人员，由此带来人员费用增长较快；此外随着资产规模扩大，相关资产折旧及摊销有所增加，以及徐庄总部投入使用，处于磨合期，费用支出增加；综上，报告期内，公司管理费用率、销售费用率同比上升了1.54个百分点。

报告期内，公司继续通过合理制定资金计划，提高资金使用效率，并进一步加强银企合作，同时较多采用银行承兑汇票的方式支付供应商货款，相应的银行货币资金规模增大，带来资金利息收入有所增加。财务费用率与上年同期基本持平。

(4)归属于上市公司股东的净利润变化情况

鉴于上述(1)-(3)项，报告期内，公司综合经营质量继续保持持续稳定的增长，实现归属于上市公司股东的净利润同比增长20.16%。

四、2012年发展规划

2012年国家进一步将"扩大内需、改善民生"作为重点工作予以推进，家电行业虽然面临政策退出、宏观调控政策持续的影响，但长远来看，仍然拥有良好的外部环境，行业发展长期向好趋势不变，苏宁仍拥有良好的发展空间。

2012年是苏宁践行新十年发展规划的第二年，也是苏宁转型发展至关重要的一年，在这一年

里，公司首要发展目标是搭建起符合新十年规划的业务框架体系，步入新的发展轨道。

在企业的发展历程中，不断寻找新的业务增长点和更优化的商业盈利模式是保持长期持续发展的一个重要措施，其战略动因无外乎内生增长与外延拓展两个方面。对苏宁来说，从内生增长来看，必须要实现商品供应链效率的提升、客户运营服务能力的提升、内部管理绩效的提升；从外延拓展来看，必须要实现产品线的不断延伸、区域线的不断延伸、渠道线的不断延伸。而实现企业前台发展的前提则是不断巩固企业的后台竞争能力，也就是我们这么多年一直坚持的物流服务平台的建设、信息平台的建设以及人力资源平台的建设，必须要进行持续的、超前的投入。

基于以上的发展理念，2012 年公司将会搭建起依托于逐步强大的采购平台、物流平台、信息平台、人力资源平台基础之上的"苏宁连锁，乐购仕连锁、苏宁易购"三个战略业务单元协同发展的框架。在新的框架之下，公司将会实现商业模式的升级和盈利模式的优化，将从以下几个方面展开：

从产品线上来看，公司的经营品类将在经历了从空调到综合电器、再到 3C 产品的基础上向百货、日用品、图书、虚拟产品、金融产品等全品类迈进，逐步步入综合零售商的发展之路。公司将优先借助苏宁易购的平台开展多品类经营，在成熟的前提下，向乐购仕连锁、苏宁连锁依次推广。从这个意义上来看，苏宁易购有效地突破了实体经营的局限，充分挖掘了公司二十年来所积累的前后台能力，快速地实现品类的拓展，有效地提升了企业经营的边际效应。

从区域线上来看，各战略业务单元按照自已所面临的市场、客户特点，逐步地从一二级市场向三四级市场坚定地推进，并循序发展海外市场。在实体连锁由于选址、人员、开店周期等客观因素暂时不能覆盖的市场或者经营能力有待提升的市场，苏宁易购可以打破时间和空间的局限，形成与实体店有效的互补，有助于地区综合竞争策略的实现。

从用户体验上来看，随着互联网、智能技术的发展，用户体验的需求不断升级，单一的店面体验，或者单一的互联网体验都不能满足消费者日益增加的用户体验需求。互联网对于便捷的信息获取比较、交易支付、互动交流以及智能终端使用体验，促进购买行为有非常大的优势，但是门店在消费者直观体验商品、提货验收、试用商品、售后服务、随即购买立即使用等方面也有不可替代的作用，同时不断升级的店面业态也将不断满足未来消费人群对购物休闲场所的需求。所以消费者的用户体验一定是贯穿线上线下，包含售前、售中、售后的完整的用户体验。

从服务内容上来看，公司一直重视为消费者提供服务，培养客户的忠诚度以及差异化的竞争能力。前期公司主要提供的是店面、物流、安装、维修等基础型服务，借助于互联网、智能终端的平台，公司将可以向个人、家庭、中小企业以及供应商合作伙伴提供更多的内容、增值服务、解决方案、技术服务、物流服务等全面的服务内容。借助于云计算技术，公司的服务战略将得以更加充分地实现，我们将这一模式称为"云服务"模式，这是苏宁"科技转型、智慧升级"的核心路径。

从供应链上来看，供应链效率的提高是零售行业发展的关键。公司将依托苏宁易购打造一个完全开放的平台，形成一个互为依托的企业发展生态圈。通过开放平台的建设，消费者的需求、零供交易体系、供应商产品研发推广都将在一个极为透明、高效的信息平台上进行展示和运行，供应链效益将会得到极大的提高。同时，在产品供应链不断完善的同时，苏宁的内容供应链也将不断完善，这对服务的发展、虚拟产品的发展可以进行有效的支撑。

综上，从商业模式上来看，新的战略业务单元的组合形成了实体与线上"虚实互动"的业务发展模式，而不是简单的互相竞争。从盈利模式上看，"旗舰店+电子商务"的模式可以有效地减少店面租金和人员费用等社会成本上升带来的压力，相比现有大量社区店形成的销售规模，更具有规模效应和投入产出；而产品线的拓展也有效地提升了边际效应；同时服务内容的增加将会极大提高公司经营的附加值，提升盈利能力。

因此，苏宁易购的发展，并非因市场竞争因素被动实施，而是基于企业转型变革的战略规划顺势而为，互联网的发展为公司提供了转型升级的机遇和平台。我们认为，"虚实互动"的发展模式也是中国零售业转型升级的趋势，是中国乃至全球的所有行业都必须思考的问题。

短期来看，今年的家电市场环境不容乐观，对企业短期效益的实现也会带来一定的压力。但企业的发展更应该立足长远。2012 年，公司将更专注于新的业务架构的建设，努力将公司带入新的发展轨道，以此打开苏宁全新的发展空间。苏宁的发展战略需要全体苏宁员工团结一致努力拼搏，更需要广大合作伙伴的理解和参与，也需要投资者的信任与支持，共同打造一个有利于苏宁长远发展、有利于合作伙伴合作共赢、有利于股东长期回报的生态圈。

6.2 主营业务分行业、产品情况表

单位：万元

分行业或分产品	营业收入	营业成本	毛利率(%)	营业收入比上年增减(%)	营业成本比上年增减(%)	毛利率比上年增减(%)
		主营业务分行业情况				
零售业	9,246,537.70	7,585,560.90	17.96%	24.57%	22.51%	1.37%
		主营业务分产品情况				
彩电、音像、碟机	2,369,692.80	1,877,602.00	20.77%	20.21%	17.71%	1.68%
数码及 IT 产品	1,714,889.20	1,564,352.00	8.78%	38.70%	36.50%	1.47%
冰箱、洗衣机	1,568,710.00	1,213,540.60	22.64%	21.25%	18.96%	1.49%
通讯产品	1,237,360.20	1,096,551.30	11.38%	39.05%	36.95%	1.36%
空调器产品	1,127,258.40	893,615.80	20.73%	16.23%	12.66%	2.52%
小家电产品(注)	1,106,688.30	853,383.90	22.89%	16.15%	13.08%	2.09%
安装维修业务	90,961.10	60,039.90	33.99%	6.44%	2.38%	2.61%
其他产品	30,977.70	26,475.40	14.53%	33.60%	14.46%	14.28%
合计	9,246,537.70	7,585,560.90	17.96%	24.57%	22.51%	1.37%

注：小家电产品包括厨卫、生活电器以及百货类产品。

6.3 主营业务分地区情况

单位：万元

地区	营业收入	营业收入比上年增减(%)
华东一区	2,264,757.00	29.84%
华东二区	1,511,519.30	11.29%
华北地区	1,436,274.60	22.68%
华南地区	1,363,528.30	20.14%
西南地区	990,543.30	31.84%
东北地区	519,752.00	20.91%
华中地区	529,457.60	24.71%
西北地区	432,559.00	33.01%
香港地区(注 1)	165,342.70	97.54%
日本地区(注 2)	32,803.90	-
合计	9,246,537.70	24.57%

注 1：报告期内，香港地区实现销售按照 2011 年 1-12 月平均汇率港元兑人民币 1:0.82957 汇率进行计算；另上年同期销售收入为 11 个月数据；

注 2：公司于 2011 年 9 月将日本 LAOX 株式会社纳入合并报表范畴，LAOX9-12 月份销售收入按照 2011 年 9-12 月平均汇率日元兑人民币 1:0.08206 汇率进行计算。

6.4 采用公允价值计量的项目

□ 适用　　√ 不适用

6.5 募集资金使用情况对照表

√ 适用　　□ 不适用

1. 首次公开发行募集资金项目已经全部实施完毕，结余募集资金 70.77 万元，为募集资金净额超过计划投入募集资金金额的部分，已于 2010 年已投入用于补充流动资金。

2. 历次非公开发行募集资金使用情况

单位：万元

募集资金总额	661,507.55(注 10)	本年度投入募集资金总额	186,116.45
报告期内变更用途的募集资金总额	0.00		
累计变更用途的募集资金总额	0.00	已累计投入募集资金总额	580,987.51
累计变更用途的募集资金总额比例	0.00%		

承诺投资项目和超募资金投向	是否已变更项目(含部分变更)	募集资金承诺投资总额	调整后投资总额(1)	本年度投入金额	截至期末累计投入金额(2)
承诺投资项目					
100 家连锁店发展项目	否	50,000.00	50,000.00	0.00	50,000.00
江苏物流中心项目	否	15,310.00	15,310.00	119.83	15,310.00
信息中心项目	否	13,171.90	13,171.90	0.00	13,171.90
补充流动资金	否	41,020.10	41,020.10	0.00	41,020.10
250 家连锁店发展项目	否	150,000.00	150,000.00	40,549.73	132,026.18
沈阳物流中心项目	否	14,348.37	14,348.37	2,854.03	11,757.02
武汉中南旗舰店购置项目	否	23,386.77	23,386.77	0.00	23,386.77
上海浦东旗舰店购置项目	否	57,620.87	54,270.41(注 4)	0.00	54,270.41
250 家连锁店发展项目	否	140,000.00	140,000.00	78,325.59	102,446.76
成都物流中心建设项目	否	15,198.08	15,198.08	10,098.46	14,916.53
无锡物流中心建设项目	否	15,246.99	15,246.99	5,807.51	12,697.72
重庆物流中心建设项目	否	16,669.70	16,669.70	9,555.37	15,848.72
天津物流中心建设项目	否	15,800.80	15,800.80	9,011.86	13,742.92
徐州物流中心建设项目	否	11,399.40	11,399.40	3,225.94	5,241.11
北京物流中心建设二期项目	否	26,720.80	26,720.80	6,947.59	16,187.14
补充流动资金项目	否	39,000.00	39,000.00	19,620.54	39,000.00
承诺投资项目小计	-	644,893.78	641,543.32	186,116.45	561,023.28
超募资金投向					
归还银行贷款(如有)	-				
补充流动资金(如有)	-	19,964.23	19,964.23	0.00	19,964.23
超募资金投向小计	-	19,964.23	19,964.23	0.00	19,964.23
合计	-	664,858.01	661,507.55	186,116.45	580,987.51

承诺投资项目和超募资金投向	截至期末投资进度(%)(3)=(2)/(1)	项目达到预定可使用状态日期	本年度实现的效益	是否达到预计效益	项目可行性是否发生重大变化
承诺投资项目					

100家连锁店发展项目	100.00%	2010年	26,673.25	是(注1)	否
江苏物流中心项目	100.00%	2008年	0.00	不适用(注2)	否
信息中心项目	100.00%	2009年	0.00	不适用(注3)	否
补充流动资金	100.00%	2006年	0.00	–	否
250家连锁店发展项目	88.00%	2006年	17,557.88	不适用(注5)	否
沈阳物流中心项目	82.00%	2010年	0.00	不适用(注6)	否
武汉中南旗舰店购置项目	100.00%	2007年	1,940.25	85%	否
上海浦东旗舰店购置项目	100.00%	2007年	2,488.34	60%	否
250家连锁店发展项目	73.00%	2011年	6,555.95	不适用(注7)	否
成都物流中心建设项目	98.00%	2011年	0.00	不适用(注8)	否
无锡物流中心建设项目	83.00%	2011年	0.00	不适用(注8)	否
重庆物流中心建设项目	95.08%	2012年	0.00	不适用(注8)	否
天津物流中心建设项目	87.00%	2011年	0.00	不适用(注8)	否
徐州物流中心建设项目	45.98%	2012年	0.00	不适用(注8)	否
北京物流中心建设二期项目	60.58%	2012年	0.00	不适用(注8)	否
补充流动资金项目	100.00%	2011年	0.00	不适用(注9)	
承诺投资项目小计	–	–	55,215.67	–	–
超募资金投向					
归还银行贷款(如有)		–	–	–	–
补充流动资金(如有)	100.00%	–	–	–	–
超募资金投向小计	–	–	0.00	–	–
合计	–	–	55,215.67	–	–
未达到计划进度或预计收益的情况和原因(分具体项目)	1. 截至2011年12月31日止,公司250连锁店发展项目已开设248家店面,并全部已使用募集资金投入。公司将加大开发力度,剩余2家店面将在2012年上半年投入完毕。 2. 沈阳物流中心已于2010年投入使用,尚余部分为待支付的工程款及质保金,另由于公司加强了相关建设成本等控制,项目资金出现一定的结余。 3. 截至2011年12月31日止,本公司250连锁店发展项目已开设232家连锁店,其中210家店面已投入募集资金,其余22家店面正在办理投入手续。由于符合本公司连锁发展标准的优质店面的稀缺性,且商业租金价格呈上涨趋势,给本公司连锁发展的店面选址工作带来了一定压力。本公司将于2012年进一步加大开发力度,尽快实施完成该项目。 4. 武汉中南旗舰店购置项目、上海浦东旗舰店购置项目预计正常年分别实现人民币3.5亿元(含税)、人民币7.5亿元(含税)的销售规模,武汉中南旗舰店2011年度实际实现销售收入人民币2.99亿元(含税),上海浦东旗舰店2011年度实际实现销售收入人民币4.48亿元(含税),分别完成了预期销售收入的85%、60%。 上述两家连锁店的购置,能够有效地保障公司店面经营的持续性和稳定性,并且在商业物业租金水平不断上涨的市场环境下,以购置方式提前锁定物业成本,有助于公司降低店面运营成本。武汉中南旗舰店和上海浦东旗舰店的开设,对公司在当地的连锁发展起到了一锤定音的效果,有力地提升了消费者对公司的认知度与公司的品牌美誉度,增强了公司的市场竞争力,扩大了公司的市场份额。2011年,受一系列调控政策的影响,家电消费受到一定的抑制,相较于原先较为积极的销售收入预计金额,两家连锁店的销售收入完成率尚有一定的差距。本公司相信通过进一步增强商品规划、丰富产品类别以及加强宣传推广等措施,两家门店的销售收入将能进一步提升。				
项目可行性发生重大变化的情况说明	无				
超募资金的金额、用途及使用进展情况	1. 经本公司第二届董事会第二十五次会议通过的《关于公司2006年非公开发行股票方案的议案》并经公司2006年第一次临时股东大会决议通过:本次非公开发行股票募集的现金超过募集资金项目计划使用募集资金投入的部分用于补充本公司的流动资金,不足部分由本公司自筹解决。本公司此次非公开发行股票募集的现金超过项目计划使用募集资金投入部分合计41,020.10万元,已用于补充流动资金。 2. 经公司2009年第二次临时股东大会审议通过的《关于公司2009年非公开发行股票方案的议案》,本次非公开发行股票实际募集资金超过募集资金项目计划使用募集资金投入的部分,将用于补充公司营运资金,不足部分将由公司自筹解决。公司2009年非公开发行募集资金超过项目计划使用募集资金199,642,295.45元,已于2010年用于补充公司的营运资金。				
募集资金投资项目实施地点变更情况	为提高募集资金的使用效率,加快连锁店发展项目的实施进度,结合公司连锁发展规划,公司分别于2011年1月31日、2011年4月29日、2011年9月9日召开第四届董事会第八次会议、第四届董事会第十二次会议、第四届董事会第十七次会议审议通过《关于连锁店发展项目中部分连锁店实施地点变更的议案》。根据董事会决议,分别对2007年、2009年非公开发行募集资金项目之一的250家连锁店发展项目中合计89家连锁店的实施地点进行变更;前述连锁店实施地点变更后,原连锁店发展项目的投资方案不变,不会对项目的实施进度和盈利水平产生不利的影响,而通过本次调整,募集资金使用效率得到有效保证。				
募集资金投资项目实施方式调整情况	无				
募集资金投资项目先期投入及置换情况	无				
用闲置募集资金暂时补充流动资金情况	无				
项目实施出现募集资金结余的金额及原因	无				
尚未使用的募集资金用途及去向	1. 截至报告期末,公司2006年非公开发行募集资金全部使用完毕,仅剩余募集资金利息收入1,042.14万元存放于专户中。 2. 本公司尚未使用的募集资金将主要用于250家连锁店发展项目及沈阳物流中心项目的建设。公司将尚未使用的募集资金存放于公司专户中,其中为提高资金使用效率,将闲置的募集资金1.3亿元以通知存款的方式存放,不存在存单抵押、质押及其他所有权、使用权受到限制的情况。 3. 公司尚未使用的募集资金将主要用于连锁店发展项目及各物流中心项目的建设。公司将尚未使用的募集资金存放于公司专户中,其中为提高资金使用效率,将闲置的募集资金2.4亿元以定期存单的方式存放,2000万元以通知存款的方式存放,不存在存单抵押、质押及其他所有权、使用权受到限制的情况。				
募集资金使用及披露中存在的问题或其他情况	无				

注1:截至2011年12月31日止,100家连锁店发展项目已全部实施完毕,使用募集资金投入开设78家。在已开设的店面中,部分已开设店面经营没有达到非公开发行上市公告书判定年限–正常年(开业后第三年)。随着项目实施的推进,已开设连锁店进入成熟稳定期,经营效益逐步提高,该项目效益情况将体现。

根据100家连锁店发展项目开业时间计算,共有75家店面在2011年达到开业后第三年,由于近年来公司对部分租金成本较高、选址欠佳、商圈发生转移的店面加大了调整力度,在前述75家店面中公司调整关闭了13家,因此截至到报告期末实际共有62家连锁店经营达到上市公告书判定年限–正常年(开业后第三年)。该62家连锁店预计正常年实现销售收入523,900万元(含税),本年度实际实现销售收入人民币571,356.4万元(含税),符合预期。

注2:江苏物流中心项目不直接产生经济收入,故无法单独核算效益;江苏物流中心项目的效益主要体现在:其建成后有助于公司的区域物流整合,在有效保障货源的前提下加快库存周转率,有效节约人力成本和租赁费用,提高作业效率,进一步提升公司的配送服务质量和品牌形象。

注3:信息中心项目不直接产生经济收入,故无法单独核算效益;信息中心的效益主要体现在:其建成后能够有力支撑公司未来连锁业务的拓展,加强公司的系统数据处理能力和安全运行能力,进一步提高企业的管理水平和信息化应用能力,有利于企业的长期持续稳定发展。

注4:2007年非公开发行股票募集的资金低于募集资金原承诺金额的3,350.46万元已经调整上海浦东旗舰店购置项目的投资总额。

注5:250家连锁店项目尚未全部实施完毕,且连锁店均在2007年之后开设,部分已开设店面经营没有达到非公开发行上市公告书判定年限–正常年(开业后第三年)。随着项目实施的推进,已开设连锁店进入成熟稳定期,经营效益逐步提高,该项目效益情况将会进一步体现。

根据250家连锁店发展项目开业计算,共有107家连锁店在2011年达到开业后第三年,其中公司调整关闭10家,因此截至报告期末实际有97家连锁店达到上市公告书判定年限–正常年(开业后第三年)。该97家连锁店预计正常年实现销售收入794,000万元,本年度实际实现销售收入623,733.84万元(含税),完成了预计销售的79%,较预期有一定的差距,主要原因为:部分店面所在商圈有待进一步培育、成熟,同时由于满足公司连锁发展标准的优质店面资源有一定的稀缺性,部分连锁店未能取得目标商圈中的理想物业,随着本公司店面经营管理能力的提升,以及店面经营的成熟,效益水平将会进一步提升。

注6:沈阳物流中心项目不直接产生经济效益,但沈阳物流中心建成后有助于公司的东北区域物流整合,在有效保障货源的前提下加快库存周转率,有效节约人力成本和租赁费用,提高作业效率,进一步提升公司的配送服务质量和品牌形象。

注7:250家连锁店项目尚未全部实施完毕,且连锁店均在2009年及以后开设,经营没有达到非公开发行上市公告书判定年限–正常年(开业后第三年)。随着项目实施的推进,已开设连锁店进入成熟稳定期,经营效益逐步提高,该项目效益情况将会进一步体现。

注8:物流中心建成后有助于本公司全国各地区的物流整合,在有效保障货源的前提下加快

库存周转率,有效节约人力成本和租赁费用,提高作业效率,进一步提升本公司的配送服务质量和品牌形象。

注 9:补充流动资金项目募集资金将主要用于扩大公司定制包销、OEM、差异化产品比例,能够有效加强公司单品管理能力,从而有助于毛利率水平的提升;同时募集资金还将用于对供应商淡季生产和旺季备货的资金支持,进一步提升与供应商的合作关系,优化供应链管理,实现双方合作共赢。

注 10:扣除发行费用后,公司 2009 年非公开发行募集资金总额为 2,999,999,995.45 元,另尚余 30.03 万元的发行费用未支付。

变更募集资金投资项目情况表

□ 适用　　√ 不适用

6.6 非募集资金项目情况

√ 适用　　□ 不适用

报告期内,公司不存在投资金额超过公司最近一期经审计净资产 10%及以上的重大非募集资金投资的情况。公司非募集资金主要使用情况如下:

1. 发起设立子公司

报告期内,公司及子公司发起设立新公司新增投资 8.52 亿元,主要包括:

(1)公司及子公司发起设立的注册资本在人民币 1000 万元以上的子公司 21 家,具体如下:

序号	新设子公司	成立日期	注册资本	公司/子公司实际出资额	报告期实现净利润
1	南京苏宁易付宝网络科技有限公司	2011 年 01 月 24 日	10,000.00	10,000.00	103.29
2	成都苏宁电器有限公司	2011 年 04 月 27 日	10,000.00	10,000.00	58.74
3	贵阳金阳苏宁电器有限公司	2011 年 01 月 04 日	4,000.00	4,000.00	1.03
4	中山市苏宁物流有限公司	2011 年 06 月 10 日	4,000.00	4,000.00	−10.19
5	江西苏宁物流有限公司	2011 年 06 月 27 日	4,000.00	4,000.00	−26.64
6	汕头市龙湖苏宁电器有限公司	2011 年 01 月 11 日	2,000.00	2,000.00	−162.91
7	北京京朝苏宁电器有限公司	2011 年 01 月 11 日	2,000.00	2,000.00	−57.00
8	北京京房苏宁电器有限公司	2011 年 01 月 24 日	2,000.00	2,000.00	−6.67
9	抚顺苏宁电器有限公司	2011 年 04 月 28 日	2,000.00	2,000.00	−88.53
10	广西苏宁物流有限公司	2011 年 08 月 31 日	2,000.00	2,000.00	未运营
11	宿迁苏宁电器物流有限公司	2011 年 06 月 09 日	1,500.00	1,500.00	−0.07
12	常州武进苏宁电器有限公司	2011 年 05 月 18 日	1,000.00	1,000.00	−144.90
13	包头市滨河苏宁电器有限公司	2011 年 05 月 24 日	1,000.00	1,000.00	−16.07
14	太原苏宁电器有限公司	2011 年 07 月 14 日	1,000.00	1,000.00	未运营
15	南京雨花苏宁电器有限公司	2011 年 07 月 22 日	1,000.00	1,000.00	1,962.30
16	乌鲁木齐苏宁电器有限公司	2011 年 07 月 26 日	1,000.00	1,000.00	−0.20
17	淮安清浦苏宁电器有限公司	2011 年 08 月 12 日	1,000.00	1,000.00	未运营
18	盱眙苏宁电器有限公司	2011 年 11 月 11 日	1,000.00	1,000.00	−0.44
19	南通苏宁电器采购有限公司	2011 年 12 月 14 日	1,000.00	1,000.00	−29.03
20	北京通州国开村镇银行股份有限公司	2011 年 12 月 28 日	10,000.00	900.00	未运营
21	菱重家用空调系统(上海)有限公司	2011 年 09 月 28 日	3,200.00	480.00	未运营

(2)除上表列示之外,公司及子公司还发起设立其他 62 家新公司,投资金额人民币 3.23 亿元,该部分新公司报告期内实现净利润合计 5,072.07 万元。

2. 其他非募集资金投资

(1)2011 年 5 月 11 日,苏宁电器股份有限公司与芜湖市建设投资有限公司签订《产权交易合同》,出资 8000 万元,受让其持有的芜湖万联智能通卡有限公司 98.4%的股份。

(2)2011 年 5 月 11 日,公司控股子公司——江苏苏宁易购电子商务有限公司与芜湖市镜湖建设投资有限公司签订《产权交易合同》,出资 990 万元,受让其持有的安徽华夏通支付有限公司 9.9%的股份。2011 年 5 月 16 日,苏宁电器股份有限公司与芜湖市联网汇通电子科技有限公司签署了《股权转让协议》,出资 990 万元,受让其持有的安徽华夏通支付有限公司 9.9%的股份。

(3)为进一步加强对控股子公司的控制,公司于 2011 年 9 月至 12 月份分别与上海、北京、浙江、深圳、陕西、苏州、无锡、徐州、咸阳、南通、常州、吉林、岳阳、福建、厦门公司合计 15 家子公司共 9 名少数股东签署了《股权转让协议》,合计出资 8.76 亿元收购其持有的前述子公司股权。

6.7 董事会对公司会计政策、会计估计变更或重大会计差错更正的原因及影响的说明

□ 适用　　√ 不适用

6.8 董事会本次利润分配或资本公积金转增股本预案

经普华永道中天会计师事务所有限公司出具的普华永道中天审字(2012)第 10045 号《审计报告》确认,2011 年公司母公司实现净利润 2,606,014 千元,按公司净利润 10%提取法定盈余公积金 260,601 千元,提取法定盈余公积金后剩余利润 2,345,413 千元。2011 年内,公司支付普通股股利 699,621 千元,加年初未分配利润 4,892,728 千元,报告期末公司未分配利润为 6,538,520 千元。

公司第四届董事会第二十三次会议审议通过 2011 年度利润分配方案:以 2011 年末公司总股本 6,996,211,866 股为基数,向全体股东每 10 股派发现金 1.50 元(含税),本次利润分配 1,049,432 千元,利润分配后,剩余未分配利润 5,489,088 千元转入下一年度。本次利润分配预案须经 2011 年年度股东大会审议批准后实施。

公司最近三年现金分红情况表

单位:万元

分红年度	现金分红金额(含税)	分红年度合并报表中归属于上市公司股东的净利润	占合并报表中归属于上市公司股东的净利润的比率(%)	年度可分配利润
2010 年	69,962.12	401,182.00	17.44%	489,272.80
2009 年	23,320.71	288,995.60	8.07%	306,435.80
2008 年	23,928.06	217,018.90	11.03%	237,353.50
最近三年累计现金分红金额占最近年均净利润的比例(%)			38.76%	

公司本报告期内盈利但未提出现金利润分配预案

□ 适用　　√ 不适用

第七节　重要事项

7.1 收购资产

√ 适用　　□ 不适用

交易对方或最终控制方	被收购或置入资产	购买日	交易价格	自购买日起至本年末为公司贡献的利润(适用于非同一控制下的企业合并)	本年初至本年末为公司贡献的净利润(适用于同一控制下企业合并)	是否为关联交易	定价原则	所涉及的资产产权是否已全部过户	所涉及的债权债务是否已全部转移	与交易对方的关联关系(适用关联交易情形)
LAOX 株式会社	LAOX 株式会社增发股份	2011 年 08 月 29 日	627,322.5 万日元	−1737.2 万元人民币	−	否	参考每股净资产、日本家电连锁行业估值水平等,由各方协商确定	是	是	不适用

7.2 出售资产

□ 适用　　√ 不适用

7.3 重大担保

√ 适用　　□ 不适用

单位:万元

公司对外担保情况(不包括对子公司的担保)

担保对象名称	担保额度相关公告披露日和编号	担保额度	实际发生日期(协议签署日)	实际担保金额	担保类型	担保期	是否履行完毕	是否为关联方担保
报告期内审批的对外担保额度合计(A1)		0.00	报告期内对外担保实际发生额合计(A2)					0.00
报告期末已审批的对外担保额度合计(A3)		0.00	报告期末实际对外担保余额合计(A4)					0.00

公司对子公司的担保情况

担保对象名称	担保额度相关公告披露日和编号	担保额度	实际发生日期(协议签署日)	实际担保金额	担保类型	担保期	是否履行完毕	是否为关联方担保
福建苏宁电器有限公司	2010−5−15 (2010−017)	8,000.00	−	−	−	−	−	−
安徽苏宁电器有限公司	2010 年 5 月 15 日 (2010−017)	10,500.00	2010−09−15	10,500.00	连带责任保证	2010.09.15−2011.09.15	是	否
武汉苏宁电器有限公司	2010−5−15 (2010−017)	15,000.00	2010−09−15	15,000.00	连带责任保证	2010.09.14−2011.09.14(注 1)	是	否
武汉苏宁电器有限公司	2010−5−15 (2010−017)	7,000.00	−	−	−	−	−	−
湖南苏宁电器	2010−5−15	14,000.00	2010−09−16	14,000.00	连带责	2010.09.16	是	否

有限公司	(2010-017)					任保证 -2011.09.16		
香港苏宁电器有限公司	2010-5-15 (2010-017)	10,000.00	2010-05-21	10,000.00	连带责任保证	2010.05.21 -2011.06.05	是	否
香港苏宁电器有限公司	2010-5-15 (2010-017)	20,000.00	2010-06-24	20,000.00	连带责任保证	2010.07.07 -2011.01.21	是	否
香港苏宁电器有限公司	2010-8-26 (2010-036)	20,000.00	2010-08-25	20,000.00	连带责任保证	2010.08.27 -2011.09.11	是	否
香港苏宁电器有限公司	2011-1-7 (2011-003)	20,000.00	2011-1-7	20,000.00	连带责任保证	2011.01.21 -2012.07.21	是	否
香港苏宁电器有限公司	2011-4-2 (2011-017)	10,000.00	2011-05-16	10,000.00	连带责任保证	2011.05.26 -2012.06.10	否	否
香港苏宁电器有限公司	2011-4-2 (2011-017)	40,000.00	2011-07-01	40,000.00	连带责任保证	2011.07.21 -2012.07.21	否	否
香港苏宁电器有限公司	2011-4-2 (2011-017)	7,000.00	–	–	–	–	–	–
香港苏宁电器有限公司	2011-8-11 (2011-039)	10,000.00	2011-08-12	10,000.00	连带责任保证	2011.08.15 -2012.08.31	否	否
香港苏宁电器有限公司	2011-8-11 (2011-039)	30,000.00	2011-08-18	30,000.00	连带责任保证	2011.08.19 -2012.09.03	否	否
香港苏宁电器有限公司	2011-8-11 (2011-039)	20,000.00	2010-08-26	20,000.00	连带责任保证	2011.08.27 -2012.09.11	否	否
香港苏宁电器有限公司	2011-8-11 (2011-039)	20,000.00	–	–	–	–	–	–

报告期内审批对子公司担保额度合计(B1)	157,000.00	报告期内对子公司担保实际发生额合计(B2)	219,500.00
报告期末已审批的对子公司担保额度合计(B3)	167,000.00 (注 2)	报告期末对子公司实际担保余额合计(B4)	110,000.00
公司担保总额(即前两大项的合计)			
报告期内审批担保额度合计(A1+B1)	157,000.00	报告期内担保实际发生额合计(A2+B2)	219,500.00
报告期末已审批的担保额度合计(A3+B3)	167,000.00	报告期末实际担保余额合计(A4+B4)	110,000.00
实际担保总额(即 A4+B4)占公司净资产的比例			4.93%
其中:			
为股东、实际控制人及其关联方提供担保的金额(C)			0.00
直接或间接为资产负债率超过 70%的被担保对象提供的债务担保金额(D)			0.00
担保总额超过净资产 50%部分的金额(E)			0.00
上述三项担保金额合计(C+D+E)			0.00
未到期担保可能承担连带清偿责任说明			无

注 1：第三届董事会第三十六次会议审议通过向武汉苏宁电器有限公司提供最高额不超过 22,000 万元担保，报告期内公司依据本次会议决议向武汉苏宁电器有限公司提供的 15,000 万元担保实施完毕，但董事会审议额度未解除，计入报告期末已审批的对子公司担保额度。

注 2：为截至报告期末未解除的董事会审议通过担保额度合计。

7.4 重大关联交易

7.4.1 与日常经营相关的关联交易

√ 适用　□ 不适用

单位：万元

关联方	向关联方销售产品和提供劳务 交易金额	占同类交易金额的比例	向关联方采购产品和接受劳务 交易金额	占同类交易金额的比例
苏宁电器集团有限公司			779.38	31.66%
江苏苏宁银河国际购物广场有限公司			82.44	3.35%
江苏苏宁银河酒店管理有限公司			384.08	15.60%
江苏银河物业管理有限公司			57	2.32%
南京玄武苏宁置业有限公司银河诺富特大酒店			43.44	1.76%
南京银河房地产开发有限公司索菲特银河大酒店			602.67	24.48%
南京钟山国际高尔夫置业有限公司索菲特钟山高尔夫酒店			512.79	20.83%
小计			2,461.8	100.00%
南京玄武苏宁置业有限公司	434.21	87.60%		
南京慕诚房地产开发有限公司	12.59	2.54%		
南京沃德置业有限公司	2.79	0.56%		
南京钟山国际高尔夫置业有限公司	46.1	9.30%		
小计	495.69	100.00%		
苏宁电器集团有限公司	200	100.00%		
小计	200	100.00%		

其中：报告期内公司向控股股东及其子公司销售产品或提供劳务的关联交易金额 449.59 万元。

与年初预计临时披露差异的说明　　不适用

7.4.2 关联债权债务往来

□ 适用　√ 不适用

7.4.3 大股东及其附属企业非经营性资金占用及清偿情况表

□ 适用　√ 不适用

7.5 委托理财

□ 适用　√ 不适用

7.6 承诺事项履行情况

上市公司及其董事、监事和高级管理人员、公司持股 5%以上股东及其实际控制人等有关方在报告期内或持续到报告期内的以下承诺事项

√ 适用　□ 不适用

承诺事项	承诺人	承诺内容	履行情况
股改承诺	公司原非流通股股东	股权分置改革中公司原非流通股股东持续到报告期内的承诺为：通过证券交易所挂牌交易出售的股份数量，达到公司股份总数百分之一的，自该事实发生之日起两个工作日内做出公告。	报告期内，公司原非流通股股东均履行了所作的承诺。
收购报告书或权益变动报告书中所作承诺	–	–	–
重大资产重组时所作承诺	–	–	–
发行时所作承诺	张近东先生、苏宁电器集团有限公司、陈金凤女士、赵蓓女士	为避免同业竞争损害本公司及其他股东的利益，公司股东张近东先生、苏宁电器集团有限公司、陈金凤女士、赵蓓女士已于 2002 年 11 月 15 日分别向公司出具《不竞争承诺函》。苏宁电器集团有限公司 2003 年 3 月 6 日出具过承诺函，保证今后避免发生除正常业务外的一切资金往来。	报告期内，张近东先生、苏宁电器集团有限公司、陈金凤女士、赵蓓女士均履行其承诺。
其他承诺(含追加承诺)	张近东先生	张近东先生认购公司 2009 年非公开发行股票 17,441,860 股，该部分股票自 2009 年 12 月 31 日起至 2012 年 12 月 30 日止限售 36 个月。	报告期内，张近东先生履行其承诺。

7.7 重大诉讼仲裁事项

□ 适用　√ 不适用

7.8 其他重大事项及其影响和解决方案的分析说明

7.8.1 证券投资情况

□ 适用　√ 不适用

7.8.2 持有其他上市公司股权情况

□ 适用　√ 不适用

7.8.3 持有拟上市公司及非上市金融企业股权情况

√ 适用　□ 不适用

单位：万元

所持对象名称	初始投资金额	持有数量(万股)	占该公司股权比例	期末账面值	报告期损益	报告期所有者权益变动	会计核算科目	股份来源
江苏银行股份有限公司	54,000.00	15,000	1.79%	54,000.00	1,200.00	0.00	长期股权投资	认购
北京通州国开村镇银行股份有限公司	900.00	900	9.00%	900.00	0.00	0.00	长期股权投资	发起设立

合计	54,900.00	15,900	–	54,900.00	1,200.00	0.00	–	–

7.8.4 买卖其他上市公司股份的情况

□ 适用 √ 不适用

7.8.5 其他综合收益细目

单位：万元

项目	本期发生额	上期发生额
1.可供出售金融资产产生的利得(损失)金额	76.00	–
减：可供出售金融资产产生的所得税影响		
前期计入其他综合收益当期转入损益的净额		
小计	76.00	–
2.按照权益法核算的在被投资单位其他综合收益中所享有的份额	–	–
减：按照权益法核算的在被投资单位其他综合收益中所享有的份额产生的所得税影响		
前期计入其他综合收益当期转入损益的净额		
小计	–	–
3.现金流量套期工具产生的利得(或损失)金额	–	–
减：现金流量套期工具产生的所得税影响		
前期计入其他综合收益当期转入损益的净额		
转为被套期项目初始确认金额的调整额		
小计	–	–
4.外币财务报表折算差额	−478.1	752.3
减：处置境外经营当期转入损益的净额		
小计	−478.1	752.3
5.其他	–	–
减：由其他计入其他综合收益产生的所得税影响		
前期其他计入其他综合收益当期转入损益的净额		
小计	–	–
合计	−402.1	752.3

第八节 监事会报告

√ 适用 □ 不适用

一、监事会会议情况

2011 年，公司监事会认真履行了《公司法》、公司《章程》及其他规定的要求，依法独立行使职权，以保证公司经营的正常进行，维护股东特别是中小股东的利益。报告期内，公司共召开四次监事会，具体内容如下：

1. 公司于 2011 年 3 月 14 日召开第四届监事会第六次会议，会议审议通过了《2010 年度监事会工作报告》、《2010 年度财务决算报告》、《2010 年年度报告》及《2010 年年度报告摘要》、《2010 年度利润分配预案》、《2010 年募集资金年度使用情况的专项报告》、《关于公司 2010 年度关联交易情况说明的议案》、《关于续聘会计师事务所的议案》、《关于公司 2010 年度内部控制的自我评价报告》，本次监事会决议公告刊登在 2011 年 3 月 16 日的巨潮资讯网站、《证券时报》、《中国证券报》、《上海证券报》和《证券日报》上；

2. 公司于 2011 年 4 月 29 日召开第四届监事会第七次会议，会议审议通过了《苏宁电器股份有限公司 2011 年第一季度报告》，本次监事会决议已提交深圳证券交易所备案；

3. 公司于 2011 年 8 月 29 日召开第四届监事会第八次会议，会议审议通过了《苏宁电器股份有限公司 2011 年半年度报告》及《苏宁电器股份有限公司 2011 年半年度报告摘要》，本次监事会决议已提交深圳证券交易所备案；

4. 公司于 2011 年 10 月 28 日召开第四届监事会第九次会议，会议审议通过了《苏宁电器股份有限公司 2011 年第三季度报告》，本次监事会决议已提交深圳证券交易所备案。

二、监事会对以下事项发表的独立意见

1. 公司依法运作情况：

根据《公司法》、《证券法》、公司《章程》等各项法律法规的要求，监事会通过召开四次会议，列席报告期内历次董事会会议，参加公司 2010 年年度股东大会、2011 年第一次临时股东大会等，对公司经营运作的情况进行了监督，认为：2011 年度，公司所有重大决策程序符合《公司法》、《证券法》、公司《章程》等规定规范运作，建立了较为完善的内部控制制度，信息披露及时、准确。公司董事、高级管理人员在执行公司职务时，不存在违反法律、法规、公司《章程》或有损于公司和股东利益的行为。

2. 检查公司财务的情况：

监事会对公司 2011 年的财务状况、财务管理等进行了认真、细致的检查和审核，检查认为：公司财务制度健全、运作规范，执行《会计法》、《企业会计准则》等法律法规的情况良好。报告期内的财务报告真实、准确地反映了公司的财务状况和经营成果。公司 2011 年财务报告经普华永道中天会计师事务所有限公司出具了无保留意见的审计报告。

3. 募集资金使用情况：

报告期内，公司募集资金的存放和使用管理严格遵循了《募集资金管理办法》的规定，募集资金实际投入项目与承诺投入项目一致，没有变更募集资金的投向。

4. 公司收购、出售资产情况：

2011 年公司不存在重大收购和出售资产的情况。报告期内，公司所有的资产购置行为，符合公司长期发展规划的要求，与公司主营业务配套相关，且遵循市场原则，交易价格合理，没有发现内幕交易及损害部分股东的权益或造成公司资产流失的情况。

5. 公司关联交易情况：

经对公司 2011 年度关联交易的核查，认为公司 2011 年关联交易遵循了客观、公正、公平的交易原则，根据市场原则进行，不存在任何内部交易，严格执行了《股票上市规则》及《公司法》的各项规定，履行了相应的法定程序，并在关联方回避的情况下表决通过，因而没有损害到公司和其他关联方股东的利益。

6. 公司对外担保及股权、资产置换情况：

2011 年度公司未发生违规对外担保，未发生债务重组、非货币性交易事项及资产置换，也未发生其他损害公司股东利益或造成公司资产流失的情况。

7. 内部控制自我评价报告：

第四届监事会第六次会议对公司《关于公司 2010 年度内部控制的自我评价报告》进行了审核，监事会成员一致认为：公司建立了较为完善的内部控制制度体系，并能得到有效的执行。公司内部控制的自我评价报告真实、客观地反映了公司内部控制制度的建设及运行情况。

8. 公司建立和执行内幕信息知情人登记管理制度的情况：

2011 年 11 月 24 日，公司第四届董事会第二十一次会议审议通过了《内幕信息知情人登记管理制度》。公司在日常工作中严格按照《内幕信息知情人登记管理制度》的有关规定对内幕信息知情人进行登记备案，并按照证监会、深交所相关要求针对公司再融资、定期报告等事项报送内幕知情人信息，有效地防止内幕信息泄露，保证信息披露的公平。本报告期内，公司未发生内幕信息泄露，也不存在内幕信息知情人违规买卖公司股票的情况。

第九节 财务报告

9.1 审计意见

财务报告	是
审计意见	标准无保留审计意见
审计报告编号	普华永道中天审字(2012)第 10045 号
审计报告标题	审计报告
审计报告收件人	苏宁电器股份有限公司全体股东
引言段	我们审计了后附的苏宁电器股份有限公司(以下简称“苏宁电器公司”)的财务报表，包括 2011 年 12 月 31 日的合并及公司资产负债表以及 2010 年度的合并及公司利润表、合并及公司现金流量表、合并及公司股东权益变动表和财务报表附注。
管理层对财务报表的责任段	一、管理层对财务报表的责任 按照企业会计准则的规定编制财务报表是苏宁电器公司管理层的责任。这种责任包括： (1) 设计、实施和维护与财务报表编制相关的内部控制，以使财务报表不存在由于舞弊或错误而导致的重大错报； (2) 选择和运用恰当的会计政策； (3) 作出合理的会计估计。
注册会计师责任段	二、注册会计师的责任 我们的责任是在实施审计工作的基础上对财务报表发表审计意见。我们按照中国注册会计师审计准则的规定执行了审计工作。中国注册会计师审计准则要求我们遵守职业道德规范，计划和实施审计工作以对财务报表是否不存在重大错报获取合理保证。 审计工作涉及实施审计程序，以获取有关财务报表金额和披露的审计证据。选择的审计程序取决于注册会计师的判断，包括对由于舞弊或错误导致的财务报表重大错报风险的评估。在进行风险评估时，我们考虑与财务报表编制相关的内部控制，以设计恰当的审计程序，但目的并非对内部控制的有效性发表意见。审计工作还包括评价管理层选用会计政策的恰当性和作出会计估计的合理性，以及评价财务报表的总体列报。 我们相信，我们获取的审计证据是充分、适当的，为发表审计意见提供了基础。
审计意见段	三、审计意见 我们认为，上述苏宁电器公司的财务报表已经按照企业会计准则的规定编制，在所有重大方面公允反映了苏宁电器公司 2011 年 12 月 31 日的合并及公司财务状况以及 2011 年度的合并及公司经营成果和现金流量。
非标意见	无
审计机构名称	普华永道中天会计师事务所有限公司
审计机构地址	中国　上海市

审计报告日期	2012 年 03 月 29 日
注册会计师姓名	柯镇洪 曹婕

9.2 财务报表

9.2.1 资产负债表

苏宁电器股份有限公司

2011 年 12 月 31 日合并及公司资产负债表

(除特别注明外,金额单位为人民币千元)

	合并		公司	
资产	2011 年 12 月 31 日	2010 年 12 月 31 日	2011 年 12 月 31 日	2010 年 12 月 31 日
流动资产				
货币资金	22,740,084	19,351,838	15,885,801	13,156,780
交易性金融资产	–	–		–
应收票据	7,265	2,505	7,265	–
应收账款	1,841,778	1,104,611	10,767,455	2,578,887
预付款项	3,643,209	2,741,405	1,557,972	1,439,210
应收利息	74,821	31,385	59,271	18,793
应收股利		–		17,089
其他应收款	382,375	975,737	2,203,115	1,084,191
存货	13,426,741	9,474,449	10,005,021	8,104,804
其他流动资产	1,309,062	793,656	31,063	29,959
流动资产合计	43,425,335	34,475,586	40,516,963	26,429,713
非流动资产				
可供出售金融资产	1,764			
长期应收款	476,564	130,768		–
长期股权投资	554,793	792,896	8,720,525	6,486,786
投资性房地产	684,420	387,134		–
固定资产	7,347,467	3,914,317	2,544,958	778,685
在建工程	1,251,501	2,061,752	290,359	1,345,650
工程物资	2,002		65	
无形资产	4,368,264	1,309,337	436,977	390,253
开发支出	93,898	22,125	75,713	22,125
商誉	226,623	616		–
长期待摊费用	841,692	529,531	226,981	167,409
递延所得税资产	512,150	283,320	46,232	38,504
非流动资产合计	16,361,138	9,431,796	12,341,810	9,229,412
资产总计	59,786,473	43,907,382	52,858,773	35,659,125
流动负债				
短期借款	1,665,686	317,789	772,686	–
应付票据	20,617,593	14,277,320	16,334,152	10,355,474
应付账款	8,525,857	6,839,024	6,240,028	4,791,271
预收款项	350,051	393,820	11,879,395	6,003,987
应付职工薪酬	273,558	201,295	41,151	35,936
应交税费	790,756	525,750	323,986	210,518
应付利息	5,305		3,111	
应付股利		9,397		–
其他应付款	2,743,925	1,539,020	1,142,037	438,553
一年内到期的非流动负债	120,029	112,178	25,622	16,057
其他流动负债	545,502	318,755	18,590	8,808
流动负债合计	35,638,262	24,534,348	36,780,758	21,860,604
非流动负债				
预计负债	101,135			
递延所得税负债	183,239	34,395		–
其他非流动负债	833,299	493,248	672,756	469,320
非流动负债合计	1,117,673	527,643	672,756	469,320
负债合计	36,755,935	25,061,991	37,453,514	22,329,924
股东权益				
股本	6,996,212	6,996,212	6,996,212	6,996,212
资本公积	517,074	655,288	863,397	693,732
盈余公积	1,007,130	746,529	1,007,130	746,529
未分配利润	13,793,238	9,932,866	6,538,520	4,892,728
外币报表折算差额	14,680	7,294		–
归属于母公司股东权益合计	22,328,334	18,338,189	15,405,259	13,329,201
少数股东权益	702,204	507,202		–
股东权益合计	23,030,538	18,845,391	15,405,259	13,329,201
负债及股东权益总计	59,786,473	43,907,382	52,858,773	35,659,125

企业负责人:张近东 主管会计工作的负责人:朱华 会计机构负责人:肖忠祥

9.2.2 利润表

苏宁电器股份有限公司

2011 年度合并及公司利润表

(除特别注明外,金额单位为人民币千元)

	合并		公司	
项 目	2011 年度	2010 年度	2011 年度	2010 年度
一、营业收入	93,888,580	75,504,739	67,539,448	54,634,190
减:营业成本	(76,104,656)	(62,040,712)	(62,539,367)	(50,757,571)
营业税金及附加	(369,751)	(268,129)	(69,924)	(59,157)
销售费用	(9,367,346)	(6,809,109)	(990,114)	(728,231)
管理费用	(2,088,637)	(1,250,311)	(990,957)	(530,534)
财务费用–净额	403,236	360,769	614,888	509,406
资产减值损失	(69,537)	(75,924)	(38,133)	(45,347)
加:投资收益	152,192	10,625	17,974	53,846
其中:对联营企业的投资收益	140,192	4,967		–
二、营业利润	6,444,081	5,431,948	3,543,815	3,076,602
加:营业外收入	117,555	72,465	12,516	13,093
减:营业外支出	(88,410)	(102,369)	(19,932)	(44,190)
其中:非流动资产处置损失	(4,439)	(4,882)	(435)	(1,899)
三、利润总额	6,473,226	5,402,044	3,536,399	3,045,505
减:所得税费用	(1,587,220)	(1,296,536)	(930,385)	(754,864)
四、净利润	4,886,006	4,105,508	2,606,014	2,290,641
归属于母公司股东的净利润	4,820,594	4,011,820	2,606,014	2,290,641
少数股东损益	65,412	93,688		–
五、每股收益				
基本每股收益	人民币 0.69 元	人民币 0.57 元	不适用	不适用
稀释每股收益	人民币 0.69 元	人民币 0.57 元	不适用	不适用
六、其他综合收益	(4,021)	7,523		–
七、综合收益总额	4,881,985	4,113,031	2,606,014	2,290,641
归属于母公司股东的综合收益总额	4,828,367	4,019,343	2,606,014	2,290,641
归属于少数股东的综合收益总额	53,618	93,688		–

企业负责人:张近东 主管会计工作的负责人:朱华 会计机构负责人:肖忠祥

9.2.3 现金流量表

苏宁电器股份有限公司

2011 年度合并及公司现金流量表

(除特别注明外,金额单位为人民币千元)

	合并		公司	
项 目	2011 年度	2010 年度	2011 年度	2010 年度
一、经营活动产生的现金流量				
销售商品、提供劳务收到的现金	107,078,755	86,811,064	69,982,469	57,065,887
收到的税费返还	2,986	1,164	–	–
收到其他与经营活动有关的现金	2,809,980	1,859,413	403,002	483,159
经营活动现金流入小计	109,891,721	88,671,641	70,385,471	57,549,046
购买商品、接受劳务支付的现金	(86,764,974)	(72,265,161)	(63,335,490)	(53,136,940)
支付给职工以及为职工支付的现金	(3,923,252)	(2,369,111)	(755,155)	(367,446)
支付的各项税费	(4,250,251)	(3,256,178)	(1,343,536)	(1,402,233)
支付其他与经营活动有关的现金	(8,364,724)	(6,899,855)	(2,021,675)	(1,214,071)
经营活动现金流出小计	(103,303,201)	(84,790,305)	(67,455,856)	(56,120,690)
经营活动产生的现金流量净额	6,588,520	3,881,336	2,929,615	1,428,356
二、投资活动产生的现金流量				
收回投资收到的现金	700,000		706,070	
取得子公司及其他营业单位 支付的现金净额	234,459			
取得投资收益所收到的现金	12,000	–	32,991	36,768
处置固定资产、无形资产和其他 长期资产收回的现金净额	46,527	2,695	14,205	–
投资活动现金流入小计	992,986	2,695	753,266	36,768
购建固定资产、无形资产和其				

他长期资产支付的现金	(6,093,596)	(4,679,732)	(1,072,794)	(1,094,606)
处置固定资产支付的现金净额				(532)
投资支付的现金	(889,837)	(983,835)	(2,237,739)	(2,482,423)
投资活动现金流出小计	(6,983,433)	(5,663,567)	(3,310,533)	(3,577,561)
投资活动产生的现金流量净额	(5,990,447)	(5,660,872)	(2,557,267)	(3,540,793)
三、筹资活动产生的现金流量				
吸收投资收到的现金	48,138	41,226	–	–
其中:子公司吸收少数股东				
投资收到的现金	48,138	41,226	–	–
取得借款收到的现金	1,382,313	412,883	772,686	–
筹资活动现金流入小计	1,430,451	454,109	772,686	–
偿还债务支付的现金	(34,416)	(95,094)	–	–
分配股利、利润或偿付利息				
支付的现金	(716,634)	(235,565)	(700,715)	(233,207)
筹资活动现金流出小计	(751,050)	(330,659)	(700,715)	(233,207)
筹资活动产生的现金流量净额	679,401	123,450	71,971	(233,207)
四、汇率变动对现金及现金				
等价物的影响	(4,781)	7,523		–
五、现金及现金等价物净				
(减少)/增加额	1,272,693	(1,648,563)	444,319	(2,345,644)
加:年初现金及现金等价物余额	11,676,465	13,325,028	8,181,699	10,527,343
六、年末现金及现金等价物余额	12,949,158	11,676,465	8,626,018	8,181,699

企业负责人:张近东　　主管会计工作的负责人:朱华　　会计机构负责人:肖忠祥

9.2.4 合并所有者权益变动表

苏宁电器股份有限公司

2011 年度合并股东权益变动表

(除特别注明外,金额单位为人民币千元)

项 目	归属于母公司股东权益						
	股本	资本公积	盈余公积	未分配利润	外币报表折算差额	少数股东权益	股东权益合计
2010 年 1 月 1 日							
年初余额	4,664,141	2,975,652	517,465	6,383,317	(229)	384,637	14,924,983
2010 年度增减变动额							
净利润	–	–	–	4,011,820	–	93,688	4,105,508
其他综合收益	–	–	–	–	7,523	–	7,523
股东投入和减少资本							
股东投入资本	–	14,543	–	–	–	–	14,543
少数股东投入资本	–	–	–	–	–	41,226	41,226
少数股东减少资本	–	(2,836)	–	–	–	(2,077)	(4,913)
利润分配							
提取盈余公积	–	–	229,064	(229,064)	–	–	–
对股东的分配	–	–	–	(233,207)	–	(10,272)	(243,479)
股东权益内部结转							
资本公积转增股本	2,332,071	(2,332,071)	–	–	–	–	–
2010 年 12 月 31 日							
年末余额	6,996,212	655,288	746,529	9,932,866	7,294	507,202	18,845,391
2011 年 1 月 1 日年							
初余额	6,996,212	655,288	746,529	9,932,866	7,294	507,202	18,845,391
2011 年度增减变动额							
净利润	–	–	4,820,594	–	65,412	4,886,006	
其他综合收益	–	387			7,386	(11,794)	(4,021)
股东投入和减少资本							
股份支付计入股东权益	–	169,665				–	169,665
少数股东投入资本	–	–	–	–	–	48,138	48,138
少数股东减少资本	–	(308,266)				(567,771)	(876,037)
其他						662,380	662,380
利润分配							
提取盈余公积	–	–	260,601	(260,601)	–	–	–
对股东的分配	–	–		(699,621)	–	(1,363)	(700,984)
股东权益内部结转							
资本公积转增股本	–	–					
2011 年 12 月 31 日							
年末余额	6,996,212	517,074	1,007,130	13,793,238	14,680	702,204	23,030,538

企业负责人:张近东　　主管会计工作的负责人:朱华　　会计机构负责人:肖忠祥

9.2.5 母公司所有者权益变动表

苏宁电器股份有限公司

2011 年度公司股东权益变动表

(除特别注明外,金额单位为人民币千元)

项目	股本	资本公积	盈余公积	未分配利润	股东权益合计
2010 年 1 月 1 日年初余额	4,664,141	3,011,260	517,465	3,064,358	11,257,224
2010 年度增减变动额					
净利润	–	–	–	2,290,641	2,290,641
股东投入和减少资本					
股东投入资本	–	14,543	–	–	14,543
利润分配					
提取盈余公积	–	–	229,064	(229,064)	–
对股东的分配	–	–	–	(233,207)	(233,207)
股东权益内部结转					
资本公积转增股本	2,332,071	(2,332,071)	–	–	–
2010 年 12 月 31 日年末余额	6,996,212	693,732	746,529	4,892,728	13,329,201
2011 年 1 月 1 日年初余额	6,996,212	693,732	746,529	4,892,728	13,329,201
2011 年度增减变动额					–
净利润	–	–	–	2,606,014	2,606,014
股东投入和减少资本					–
股份支付计入股东权益		169,665			169,665
利润分配					–
提取盈余公积	–	–	260,601	(260,601)	–
对股东的分配	–	–	–	(699,621)	(699,621)
股东权益内部结转					–
资本公积转增股本	–	–	–	–	–
2011 年 12 月 31 日年末余额	6,996,212	863,397	1,007,130	6,538,520	15,405,259

企业负责人:张近东　　主管会计工作的负责人:朱华　　会计机构负责人:肖忠祥

9.3 与最近一期年度报告相比,会计政策、会计估计和核算方法发生变化的具体说明

□ 适用　√ 不适用

9.4 重大会计差错的内容、更正金额、原因及其影响

□ 适用　√ 不适用

9.5 与最近一期年度报告相比,合并范围发生变化的具体说明

√ 适用　□ 不适用

报告期内公司新设立子公司的增加,带来合并范围的变化。

9.6 董事会、监事会对会计师事务所"非标准审计报告"的说明

□ 适用　√ 不适用

9.7 对 2012 年 1–3 月经营业绩的预计

□ 适用　√ 不适用

苏宁电器股份有限公司

董事长:张近东

2012 年 3 月 31 日

浙江利欧股份有限公司

浙江利欧股份有限公司2011年年度报告摘要

第一节 重要提示

1.1 本公司董事会、监事会及其董事、监事、高级管理人员保证本报告所载资料不存在任何虚假记载、误导性陈述或者重大遗漏，并对其内容的真实性、准确性和完整性负个别及连带责任。

本年度报告摘要摘自年度报告全文，报告全文同时刊载于巨潮资讯网。投资者欲了解详细内容，应当仔细阅读年度报告全文。

1.2 公司年度财务报告已经天健会计师事务所(特殊普通合伙)审计并被出具了标准无保留意见的审计报告。

1.3 公司负责人王相荣、主管会计工作负责人及会计机构负责人(会计主管人员)陈林富声明：保证年度报告中财务报告的真实、完整。

第二节 公司基本情况

2.1 基本情况简介

股票简称	利欧股份
股票代码	002131
上市交易所	深圳证券交易所

2.2 联系人和联系方式

	董事会秘书	证券事务代表
姓名	张旭波	周利明
联系地址	浙江省温岭市工业城中心大道	浙江省温岭市工业城中心大道
电话	0576-89986666	0576-89986666
传真	0576-89989898	0576-89989898
电子信箱	sec@leogroup.cn	sec@leogroup.cn

第三节 会计数据和财务指标摘要

3.1 主要会计数据

单位：元

	2011年	2010年	本年比上年增减	2009年
营业总收入(元)	1,289,424,864.91	1,195,106,945.87	7.89%	848,333,072.24
营业利润(元)	109,505,457.29	128,816,485.72	-14.99%	106,995,047.88
利润总额(元)	139,987,258.67	138,487,991.67	1.08%	121,478,190.18
归属于上市公司股东的净利润(元)	116,490,554.01	110,585,315.35	5.34%	97,359,585.44
归属于上市公司股东的扣除非经常性损益的净利润(元)	89,008,655.24	95,965,370.27	-7.25%	85,435,960.44
经营活动产生的现金流量净额(元)	78,356,949.46	81,498,101.86	-3.85%	134,830,416.10
	2011年末	2010年末	本年末比上年末增减	2009年末
资产总额(元)	1,818,498,738.15	1,055,085,051.84	72.36%	748,603,661.03
负债总额(元)	775,193,711.37	385,103,999.09	101.29%	185,723,241.53
归属于上市公司股东的所有者权益(元)	1,018,764,271.79	643,047,399.42	58.43%	531,696,941.45
总股本(股)	319,644,353.00	301,120,000.00	6.15%	150,560,000.00

3.2 主要财务指标

单位：元

	2011年	2010年	本年比上年增减	2009年
基本每股收益(元/股)	0.39	0.37	5.41%	0.32
稀释每股收益(元/股)	0.39	0.37	5.41%	0.32
扣除非经常性损益后的基本每股收益(元/股)	0.30	0.32	-6.25%	0.28
加权平均净资产收益率(%)	16.61%	18.84%	下降2.23个百分点	19.40%
扣除非经常性损益后的加权平均净资产收益率(%)	12.69%	16.35%	下降3.66个百分点	17.02%
每股经营活动产生的现金流量净额(元/股)	0.25	0.27	-7.41%	0.90
	2011年末	2010年末	本年末比上年末增减	2009年末
归属于上市公司股东的每股净资产(元/股)	3.19	2.14	49.07%	3.53
资产负债率(%)	42.63%	36.50%	6.13%	24.81%

3.3 非经常性损益项目

√适用 □不适用

单位：元

非经常性损益项目	2011年金额	附注(如适用)	2010年金额	2009年金额
非流动资产处置损益	2,502,890.79		-578,132.73	951,316.99
计入当期损益的政府补助，但与公司正常经营业务密切相关，符合国家政策规定、按照一定标准定额或定量持续享受的政府补助除外	26,442,813.90	【注】	9,586,973.45	8,723,250.00
企业取得子公司、联营企业及合营企业的投资成本小于取得投资时应享有被投资单位可辨认净资产公允价值产生的收益	0.00		403,435.51	0.00
与公司正常经营业务无关的或有事项产生的损益	-100,000.00		0.00	0.00
除同公司正常经营业务相关的有效套期保值业务外，持有交易性金融资产、交易性金融负债产生的公允价值变动损益，以及处置交易性金融资产、交易性金融负债和可供出售金融资产取得的投资收益	290,730.00		8,112,185.00	-940,765.00
除上述各项之外的其他营业外收入和支出	2,817,166.74		259,229.72	5,659,139.71
所得税影响额	-4,102,739.09		-2,700,871.58	-2,503,155.94
少数股东权益影响额	-368,963.57		-462,874.29	33,839.24
合计	27,481,898.77	-	14,619,945.08	11,923,625.00

【注】非经常性损益中，计入当期损益的政府补助占本期归属于母公司所有者的净利润的22.70%，为公司本期收到的浙江省财政厅、浙江省商务厅、温岭市工业经济局、温岭市财政局、温岭市科学技术局、温岭市对外贸易经济合作局、温岭市东部产业聚集区管委会、路桥财政局、湘潭九华示范区管理委员会等单位拨付的政府补助和奖励。

第四节 股东持股情况和控制框图

4.1 前10名股东、前10名无限售条件股东持股情况表

单位：股

2011年末股东总数	20,685	本年度报告公布日前一个月末股东总数			21,745
前10名股东持股情况					
股东名称	股东性质	持股比例(%)	持股总数	持有有限售条件股份数量	质押或冻结的股份数量
王相荣	境内自然人	27.11%	81,643,008	61,232,256	39,654,400
王壮利	境内自然人	20.19%	60,782,400	45,586,800	60,494,000
中国水务投资有限公司	国有法人	6.20%	18,657,007		

北京中水新华灌排技术有限公司	国有法人	3.11%	9,357,007	
中水汇金资产管理(北京)有限公司	国有法人	3.09%	9,300,000	
王洪仁	境内自然人	3.00%	9,033,616	6,775,212
中国民生银行股份有限公司-华商领先企业混合型证券投资基金	境内非国有法人	1.33%	4,000,000	
中国农业银行-中邮核心成长股票型证券投资基金	境内非国有法人	0.96%	2,886,354	
孙伟	境内自然人	0.83%	2,509,009	
中国农业银行-中邮核心成长股票型证券投资基金	境内非国有法人	0.75%	2,251,200	1,688,400

前 10 名无限售条件股东持股情况

股东名称	持有无限售条件股份数量	股份种类
王相荣	20,410,752	人民币普通股
中国水务投资有限公司	18,657,007	人民币普通股
王壮利	15,195,600	人民币普通股
北京中水新华灌排技术有限公司	9,357,007	人民币普通股
中水汇金资产管理(北京)有限公司	9,300,000	人民币普通股
中国民生银行股份有限公司-华商领先企业混合型证券投资基金	4,000,000	人民币普通股
中国农业银行-中邮核心成长股票型证券投资基金·	2,886,354	人民币普通股
孙伟	2,509,009	人民币普通股
王洪仁	2,258,404	人民币普通股
中国建设银行-华夏红利混合型开放式证券投资基金	1,999,906	人民币普通股
上述股东关联关系或一致行动的说明	1. 王相荣为公司控股股东和实际控制人，王壮利为其胞弟； 2. 公司未知其他股东之间是否存在关联关系，也未知其他股东是否属于属于《上市公司股东持股变动信息披露管理办法》中规定的一致行动人。	

4.2 公司与实际控制人之间的产权及控制关系的方框图(略)

截至 2011 年 12 月 31 日，王相荣先生持有公司股份 81,643,008 股，持股比例为 27.11%。2012 年 1 月，公司完成非公开发行股份购买资产的股份登记，公司注册资本变更为 319,644,353 元，王相荣先生持有公司股份 81,643,008 股，持股比例为 25.54%。

第五节　董事会报告

5.1 管理层讨论与分析概要

1. 2011 年经营环境情况

2011 年，从金融危机到债务危机，全球经济复苏步履蹒跚。美国疲于应对失业率居高不下、美债危机波折起伏、主权信用评级下调等一系列棘手问题，经济复苏动力不足；欧元区债务危机持续蔓延，不仅使得欧洲经济萎靡不振，陷入轻度衰退，也对全球金融市场和世界经济造成冲击。在这样的大趋势下，中国等新兴经济体也难以独善其身。首先，通胀问题仍是中国当前面对的首要问题，CPI 涨幅虽已有所回落，但仍处高位，同时国际大宗商品价格持续上扬带来的输入性通胀压力依然很大；其次，受欧债危机和美债危机影响，市场需求不足，对中国的出口企业造成较大影响。

2011 年，面临着银根紧缩、人民币升值、原材料价格上涨等诸多不利因素影响，公司经营管理层围绕年初确定的公司经营目标，继续加强内部管理，不断优化产品结构，全面提升产品质量，加大市场开拓力度，重视市场信息分析，抢抓市场机遇，持续改善内部控制，强化预算管理和成本费用控制，有效地降低了各种不利因素对公司生产经营的影响。

2. 2011 年主要经营成果

2011 年度，公司实现营业收入 128,942.49 万元，同比增长 7.89%，实现归属于母公司股东的净利润 11,649.06 万元，同比增长 5.34%，实现每股收益 0.39 元，同比增长 5.41%。

2011 年，母公司实现自主品牌销售收入 20,199.18 万元，较上年同期增长 30.10%。本年度，母公司实现自主品牌销售收入占母公司销售收入总额的比例为 17.79%。

3. 公司社会责任履行情况

(1)公司坚持“以人为本”的管理理念，以法律制度为基础，以人文关怀为出发点，切实维护员工权益，竭力为员工提供施展才能和升迁发展的广阔舞台。

公司严格遵守《劳动法》等法律法规的规定，与所有员工签订规范的《劳动合同》，为职工缴纳基本养老保险、基本医疗保险、工伤保险、失业保险、生育保险等五大社会保险和住房公积金。

(2)公司始终把员工的安全健康放在第一位，在日常生产经营中全面推行安全生产管理。通过落实安全生产责任，健全完善制度，强化专项检查考核，加大安全生产隐患排查，创造企业安全的工作环境和生活环境。公司定期为员工配备必要的劳动保护用品和保护设施。

公司通过持续的技改投入，在提高制造工艺水平和产品质量的同时，有效地降低了粉尘、废气、废水排放，减少环境污染。2011 年，公司在维护原有环保设备的基础上，采购增设了喷漆废气处理装置以及废水前处理装置。

(3)近年来，公司在高等院校设立奖助学金，并积极支持大学生见习活动；2011 年，公司因热心公益事业获得诸多荣誉，如“浙江省百佳关爱农民工先进单位”、“慈心善举 关爱老人”等荣誉称号。

详细内容见 2011 年年度报告。

5.2 主营业务分行业、产品情况表

单位：万元

主营业务分产品情况

分行业	营业收入	营业成本	毛利率(%)	营业收入比上年增减(%)	营业成本比上年增减(%)	毛利率比上年增减(%)
微型小型水泵	91,314.38	72,864.80	20.20%	14.05%	15.36%	-0.91%
园林机械	12,955.88	10,967.36	15.35%	-5.80%	-4.53%	-1.12%
清洗和植保机械	9,313.23	6,842.37	26.53%	14.00%	26.55%	-7.28%
配件	12,262.21	9,656.18	21.25%	-19.91%	-14.57%	-4.93%
其他	41.91	40.93	2.34%	-	-	-
合计	125,887.62	100,371.64	20.27%	7.32%	9.86%	-1.84%

5.3 报告期内利润构成、主营业务及其结构、主营业务盈利能力较前一报告期发生重大变化的原因说明

□ 适用　　√ 不适用

第六节　财务报告

6.1 与最近一期年度报告相比，会计政策、会计估计和核算方法发生变化的具体说明

□ 适用　　√ 不适用

6.2 重大会计差错的内容、更正金额、原因及其影响

□ 适用　　√ 不适用

6.3 与最近一期年度报告相比，合并范围发生变化的具体说明

√ 适用　　□ 不适用

(1)本报告期，公司出资设立温岭利欧园林机械有限公司，该公司于 2011 年 1 月 5 日办妥工商设立登记手续，并取得注册号为 331081100142055 的《企业法人营业执照》，该公司注册资本 1,369 万元。公司出资 1,369 万元，占其注册资本的 100%，拥有对其的实际控制权，故自该公司成立之日起，将其纳入合并财务报表范围。

(2)2011 年 3 月，公司受让欧亚云所持有的长沙天鹅 7.39%的股权。2011 年 12 月，经中国证券监督管理委员会证监许可〔2011〕1916 号文核准，长沙天鹅股东瑞鹅投资公司及九位自然人以其所持有的长沙天鹅 92.61%股权作价认购本公司增发的人民币普通股(A 股)股票 18,524,353 股，并办理了相应的财产权交接手续。长沙天鹅于 2011 年 12 月 28 日在湖南省工商行政管理局办妥股权变更登记手续，同时公司由股份有限公司变更为有限责任公司，并更名为湖南长沙利欧天鹅工业泵有限公司。故自 2011 年 12 月 31 日起将其纳入合并财务报表范围。

6.4 董事会、监事会对会计师事务所“非标准审计报告”的说明

□ 适用　　√ 不适用

6.5 对 2012 年 1-3 月经营业绩的预计

□ 适用　　√ 不适用

浙江利欧股份有限公司

董事长：王相荣

2012 年 3 月 13 日

江苏长青农化股份有限公司

江苏长青农化股份有限公司2011年年度报告摘要

第一节 重要提示

1.1 本公司董事会、监事会及其董事、监事、高级管理人员保证本报告所载资料不存在任何虚假记载、误导性陈述或者重大遗漏，并对其内容的真实性、准确性和完整性负个别及连带责任。

本年度报告摘要摘自年度报告全文，报告全文同时刊载于巨潮资讯网(www.cninfo.com.cn)。投资者欲了解详细内容，应当仔细阅读年度报告全文。

1.2 公司年度财务报告已经立信会计师事务所(特殊普通合伙)审计并被出具了标准无保留意见的审计报告。

1.3 公司负责人于国权、主管会计工作负责人马长庆及会计机构负责人(会计主管人员)马琳声明：保证年度报告中财务报告的真实、完整。

第二节 公司基本情况

2.1 基本情况简介

股票简称	长青股份
股票代码	002391
上市交易所	深圳证券交易所

2.2 联系人和联系方式

	董事会秘书	证券事务代表
姓名	肖刚	
联系地址	江苏省扬州市江都区浦头镇江灵路1号	
电话	0514-86424918	
传真	0514-86421039	
电子信箱	xxgh@yeah.net	

第三节 会计数据和财务指标摘要

3.1 主要会计数据

单位：元

	2011年	2010年	本年比上年增减	2009年
营业总收入(元)	1,001,151,805.28	755,434,925.62	32.53%	676,314,453.25
营业利润(元)	112,585,277.77	109,007,957.19	3.28%	116,919,945.59
利润总额(元)	129,579,340.28	122,172,247.26	6.06%	116,981,440.40
归属于上市公司股东的净利润(元)	113,444,563.60	106,645,741.49	6.38%	101,127,897.21
归属于上市公司股东的扣除非经常性损益的净利润(元)	100,570,492.23	104,854,300.14	-4.09%	100,657,558.92
经营活动产生的现金流量净额(元)	4,945,195.42	-32,336.92	增加497.75万元	25,120,958.76
	2011年末	2010年末	本年末比上年末增减	2009年末
资产总额(元)	1,752,986,660.17	1,655,411,190.59	5.89%	554,726,153.93
负债总额(元)	105,212,596.48	73,600,090.50	42.95%	253,776,125.33
归属于上市公司股东的所有者权益(元)	1,647,774,063.69	1,581,811,100.09	4.17%	300,950,028.60
总股本(股)	205,753,600.00	158,272,000.00	30.00%	73,920,000.00

3.2 主要财务指标

单位：元

	2011年	2010年	本年比上年增减	2009年
基本每股收益(元/股)	0.55	0.57	-3.51%	0.66
稀释每股收益(元/股)	0.55	0.57	-3.51%	0.66
扣除非经常性损益后的基本每股收益(元/股)	0.49	0.56	-12.50%	0.65
加权平均净资产收益率(%)	7.06%	9.33%	-2.27%	39.80%
扣除非经常性损益后的加权平均净资产收益率(%)	6.26%	9.17%	-2.91%	39.62%
每股经营活动产生的现金流量净额(元/股)	0.02	0.00		0.34
	2011年末	2010年末	本年末比上年末增减	2009年末
归属于上市公司股东的每股净资产(元/股)	8.01	9.99	-19.82%	4.07
资产负债率(%)	6.00%	4.45%	1.55%	45.75%

3.3 非经常性损益项目

√ 适用 □ 不适用

单位：元

非经常性损益项目	2011年金额	附注(如适用)	2010年金额	2009年金额
非流动资产处置损益	14,265,102.40	主要系江都市土地储备中心收储本公司全资子公司江苏长青兽药有限公司位于江都市开发区建都路西侧、舜天路北侧工业用地土地使用权产生的土地处置收益.	-555,554.05	-2,677,041.56
计入当期损益的政府补助，但与公司正常经营业务密切相关，符合国家政策规定、按照一定标准定额或定量持续享受的政府补助除外	5,544,650.64		16,398,873.24	4,687,722.23
除同公司正常经营业务相关的有效套期保值业务外，持有交易性金融资产、交易性金融负债产生的公允价值变动损益，以及处置交易性金融资产、交易性金融负债和可供出售金融资产取得的投资收益	-61,952.00		-424,512.00	497,728.00
根据税收、会计等法律、法规的要求对当期损益进行一次性调整对当期损益的影响	0.00		-10,783,330.00	0.00
除上述各项之外的其他营业外收入和支出	-2,815,690.53		-2,679,029.12	-1,949,185.86
所得税影响额	-4,058,039.14		-165,006.72	-88,884.52
合计	12,874,071.37	-	1,791,441.35	470,338.29

第四节 股东持股情况和控制框图

4.1 前10名股东、前10名无限售条件股东持股情况表

单位：股

2011年末股东总数	16,730	本年度报告公布日前一个月末股东总数			16,805
前10名股东持股情况					
股东名称	股东性质	持股比例(%)	持股总数	持有有限售条件股份数量	质押或冻结的股份数量
于国权	境内自然人	36.62%	75,339,264	75,339,264	

黄南章	境内自然人	8.97%	18,450,432	18,450,432
周秀来	境内自然人	5.98%	12,300,288	12,300,288
周汝祥	境内自然人	5.98%	12,300,288	12,300,288
于国庆	境内自然人	5.98%	12,300,288	12,300,288
吉志扬	境内自然人	3.74%	7,687,680	7,687,680
周治金	境内自然人	3.74%	7,687,680	7,687,680
刘长法	境内自然人	3.74%	7,687,680	7,687,680
中信证券-中信-中信证券股票精选集合资产管理计划	基金、理财产品等其他	2.27%	4,661,007	
同益证券投资基金	基金、理财产品等其他	0.44%	896,974	

前 10 名无限售条件股东持股情况

股东名称	持有无限售条件股份数量	股份种类
中信证券-中信-中信证券股票精选集合资产管理计划	4,661,007	人民币普通股
同益证券投资基金	896,974	人民币普通股
中国建设银行-华夏红利混合型开放式证券投资基金	437,597	人民币普通股
陈勇元	334,752	人民币普通股
海通证券股份有限公司客户信用交易担保证券账户	320,826	人民币普通股
涂坚	285,000	人民币普通股
晏长青	246,400	人民币普通股
朱格非	245,100	人民币普通股
岳望安	238,129	人民币普通股
胡亚萍	232,618	人民币普通股
上述股东关联关系或一致行动的说明	本公司与上述股东均无关联关系，未知上述股东之间是否存在关联关系，也未知上述股东之间是否属于一致行动人。	

4.2 公司与实际控制人之间的产权及控制关系的方框图(略)

第五节　董事会报告

5.1 管理层讨论与分析概要

(一)报告期内公司经营情况的回顾

1. 总体经营情况概述

2011 年对于农化企业而言是充满挑战的一年，公司面对化工材料价格持续走高和产品市场销售价格低迷等诸多不利因素，全体员工齐心协力，顽强进取，加大国际、国内市场的开拓力度，充分发挥产能优势和品牌优势，克服了外部环境的诸多不利因素，生产经营取得较好的成绩。

2011 年度，公司实现营业收入 100,115.18 万元，同比增长 32.53%；归属于母公司股东的净利润为 11,344.46 万元，同比增长 6.38%；截至 2011 年末，公司总资产为 175,298.67 万元，同比增长 5.89%，净资产为 164,777.41 万元，同比增长 4.17%。

回顾 2011 年，公司主要抓了以下几方面工作：

(1)积极拓展国外市场，推进自主登记

直接出口方面，公司通过加强与跨国公司的深入合作，及时了解客户需求，妥善安排发货，对跨国公司的销售额较上年显着增长，面对复杂的国际市场环境和国际金融危机的滞后影响，公司依靠长期的高品质产品供应和服务保障，与跨国公司的合作关系得到了进一步提升。

代理出口方面，公司依托产品质量优势和品牌优势，通过参加展会、国外市场考察等方式积极拓展国内外市场，进一步加强了与国内主要农药贸易公司的合作，根据市场需求状况及时调整销售策略，吡虫啉、烯草酮等主要产品销量分别较上年有较大增长。

同时，公司也加快了农药产品的境外登记步伐，2011 年公司已完成十余个制剂品种的境外登记工作，公司将进一步推进境外登记工作，为提高自营出口的比重奠定良好的基础。

(2)合理安排生产，狠抓安全环保不放松

2011 年，公司主要产品市场需求良好，生产部根据下达的生产计划，统筹安排各车间的生产任务，原药生产线一直处于满负荷生产状态，面对紧张的生产任务，生产部门严格质量管理，生产过程中严格执行 ISO9001(质量)、ISO14001(环境)、GB/T28001(职业健康)"三位一体"管理标准体系，公司产品企业标准各项指标均达到或超过国家与行业标准。

在安全生产方面，严格执行公司的《安全生产管理制度》和《安全生产操作规程》，定期对员工安全操作技能进行岗位培训，组织员工实施扑火、急救等演练活动，上班期间穿戴安全防护用品，增强职工安全意识。定期、不定期开展安全生产检查，发现隐患及时整改到位，不断加大安全生产费用投入，组织技术人员对生产工艺进行安全风险评估，切实提高生产的本质安全，全年公司未发生任何人员死亡、中毒和重大火灾事故。

在环境保护方面，公司自觉遵守国家及地方环境保护法律和法规，通过不断加大设备、工艺改造，推行清洁生产，减少"三废"的排放量，"三废"治理严格执行国家标准，确保"三废"达标后排放。

(3)加大技术改造投入，募集资金项目进展顺利

2011 年，公司募投项目年产 500 吨烯草酮原药项目、年产 1200 吨氟磺胺草醚原药项目(二期)、年产 300 吨烟嘧磺隆原药项目相继顺利投产，年产 500 吨稻瘟酰胺原药项目也已进入设备调试阶段，预计 2012 年 3 月正式投产，为公司销售收入的增长提供了有力保障。公司募投项目工艺装备水平先进，车间用工大幅减少，进一步提升了公司的整体生产自动化水平，生产效率得到提高。

为提升公司废弃物的处理水平，更好地做到清洁生产、实现节能减排，促进公司可持续健康发展，2011 年使用超募资金 3000 余万元投资新建了年处理 5000 吨废弃物治理节能减排工程，目前该项目已投入试运行，达到了预期效果。超募资金项目南通子公司如东厂区原药生产基地和江都经济开发区研发中心大楼及总部行政办公楼项目进展顺利，正在按计划实施。

(4)进一步完善法人治理，完善人力资源管理机制

2011 年，董事会根据公司规范治理的要求完善了部分规章制度，如《重大信息内部报告制度》、《重大合同法律审查制度》、《内幕信息及知情人管理制度》、《子公司重大信息报告制度》等。根据监管部门要求，公司在 2011 年进行了上市公司治理专项活动，为切实做好公司治理专项活动的自查、整改工作，公司特成立了以董事长于国权为组长的领导小组，统筹指导、组织公司专项治理活动。经过了自查、自查整改与公众评议阶段，公司接受了江苏证监局对公司的现场检查。根据江苏证监局的整改意见，公司明确整改措施、整改时间及整改责任人，并且通过完善制度和加强执行有针对性地进行了整改。并于 2011 年 9 月公告了《关于加强上市公司治理专项活动的整改报告》。

2011 年，人力资源部通过各种渠道加快了人员的招聘工作，积极探索与职高技校就业办联合招聘员工新模式，取得了较好的效果，使员工的稳定性得到提高。公司注重新进员工的培养，安排实验室人员深入车间对新进员工进行技能培训，使他们尽快熟知化工生产知识，掌握生产工艺和设备操作流程，确保车间的顺利生产。公司还积极推行人性化管理，党总支、工会工作有序展开，组织员工进行各种活动，丰富员工的业余文化生活。

(二)对公司未来发展的展望

1. 公司所处农药行业的发展趋势

从我国的《农药产业政策》和《农药工业"十二五"发展规划》来看，农药行业的发展趋势总体是一个"减"，一个"加"。在政策上做减法，数量减少，规模集中。到 2015 年，农药企业数量减少 30%(具体数字是减少 500 家)，国内排名前 20 位的农药企业集团的销售额达到全国总销售额的 50%以上(现在销售额 23%)，2020 年达到 70%以上。在规划上做加法：到 2015 年，销售额在 50 亿元以上的农药生产企业达到 5 家以上，销售额在 10 亿元以上的农药生产企业达到 20 家。前 20 家农药生产企业的原药产量占总产量的 50%以上。培育 2-3 个销售额超过 100 亿元、具有国际竞争力的大型企业集团。总的目的是想使得我国从农药大国过渡为农药强国。因此我国未来农药行业发展将围绕以下几个方面来进行：

(1)依靠技术进步，进一步优化产品结构，使低毒高效、安全、环保农药品种成为市场主体。

(2)优化产业布局，加快农药企业向专业园区或化工聚集区集中，降低生产分散度，减少点源污染。

(3)农药出口要从量向质转变，利用提升产品结构、强化境外登记等措施应对非关税壁垒、人民币长期升值的影响。

(4)大力推进企业兼并重组，提高产业集中度；优化产业分工与协作，向上下游延伸产业链，以原药企业为龙头，建立完善的产业链合作关系。

2. 公司近期的发展战略

公司将继续立足于"高效、低毒、低残留"农药的开发和推广，公司秉承"客户至上、诚信为本、卓越创新、科学发展"的经营理念，坚持差异化产品，强化营销体系，为我国农业生产提供多样化、质优价廉、对环境友好的绿色农药产品。同时，在国际市场进行有效的布局，在加强同国际厂商之间的交流合作的基础上，提升技术实力，强化品牌运营战略，加快自主产品的登记步伐，将公司发展成为主营业务突出、技术水平领先、治理结构良好、竞争优势明显、发展后劲充足的绿色农药供应商。

3. 公司 2012 年经营计划

2012 年，公司将继续围绕主营业务开展工作，继续保持公司营业收入稳步增长，预计 2012 年实现营业收入 12.5 亿元，较 2011 年增长 24.86%，力争 2012 年净利润实现同步增长。(公司 2012 年度财务预算指标不代表公司对 2012 年度的盈利预测，能否实现取决于市场状况变化、经营团队的努力程度等多种因素，存在很大的不确定性，请投资者特别注意。)为此，公司将着力做好以下四个方面工作：

(1)积极主动开拓国内外市场，提高市场占有率

内销方面，公司将着力推动内销业务的增长，积极主动开拓市场，了解客户对农药的季节性需求。强化对销售人员的动态管理，及时分析市场需求并寻求对策，将公司的内销业务做大做强，提高公司产品的市场占有率。

出口方面，公司重点做好与跨国公司的交流合作，及时了解客户需求，积极开拓公司优势产品的国际市场，在全球范围内寻找合作伙伴，增大自营出口的比重，争取更大规模的境外市场销售额。

(2)认真做好安全生产和节能降耗工作，圆满完成各项生产任务

2012 年公司围绕年度经营目标，统筹安排各项生产任务，认真做好安全生产工作。安全是

企业的底线,安全生产要警钟长鸣,常抓不懈。生产过程中要严格执行公司的安全生产管理制度和ISO9001(质量)、ISO14001(环境)、GB/T28001(职业健康)"三位一体"管理标准体系。加强消防检查,保证消防设施、安全控制平台处于完好、有效状态,保证公司财产和员工的生命财产安全。

2012年公司面临着原材料价格和市场销售价格的双重压力，做好节能降耗工作是公司完成2012年经营目标的重要保证。公司将从四个方面抓好此项工作:一是进一步强化生产现场管理;二是进一步加强对生产设备的维护保养;三是对产品生产工艺进行评估和优化,降低产品单耗;四是进一步完善原材料采购招标机制,实现比质量、比价格采购,提高采购物资的性价比,主要材料的供应商不得少于两家。

(3)加快项目投资和新产品研发力度,促进企业产业升级

2012年,公司全部募投项目将建成达产,公司将精心组织、施工和调试,确保高质量地完成募投项目的建设。同时,加快江苏长青农化南通有限公司原药生产基地的建设步伐,确保在2012年至少一个生产车间建成投产。

2012年,技术部将通过培养科研人员和加强与科研院校的合作,做好部分新产品和新工艺的研发试验,确保新产品的按时投产,进一步促进公司产品结构的升级。

(4) 完善法人治理水平,加快人才队伍建设

随着公司业务及规模的扩大,内部控制体系还应不断完善,2012年公司将认真贯彻《企业内部控制基本规范》和《企业内部控制配套指引》,结合实际和管理的要求,进一步完善公司内部控制体系建设,提高公司科学决策能力和风险控制、防范能力,切实保障投资者的合法权益,以保证公司持续、稳定、健康发展。

2012年公司继续坚持以人为本,为员工营造良好的工作环境,逐年提高员工福利待遇,通过进一步完善考核和激励机制,激励人才的潜能和工作积极性。从爱岗敬业、乐于奉献、积极工作的员工队伍中,选拔一批经得起考验的年轻干部安排到公司及子公司重要岗位,给予施展才华的机会。

5.2 主营业务分行业、产品情况表

单位:万元

主营业务分行业情况						
分行业	营业收入	营业成本	毛利率(%)	营业收入比上年增减(%)	营业成本比上年增减(%)	毛利率比上年增减(%)
农药收入	99,228.50	77,826.99	21.57%	33.01%	46.61%	-7.27%
其中:工业	92,404.78	71,461.26	22.66%	25.16%	36.41%	-6.38%
贸易	6,823.72	6,365.73	6.71%	786.20%	814.29%	-2.87%
兽药收入	497.58	401.55	19.30%	-7.17%	-10.41%	2.91%
合计	99,726.08	78,228.54	21.56%	32.73%	46.13%	-7.20%
主营业务分产品情况						
分产品	营业收入	营业成本	毛利率(%)	营业收入比上年增减(%)	营业成本比上年增减(%)	毛利率比上年增减(%)
除草剂	46,914.41	36,595.03	22.00%	26.90%	53.24%	-13.41%
杀虫剂	44,786.53	34,891.95	22.09%	54.09%	58.42%	-2.13%
杀菌剂	7,527.55	6,340.01	15.78%	-12.10%	-11.68%	-0.41%
粉针	285.95	232.29	18.77%	-12.91%	-13.23%	0.30%
水针	135.88	114.87	15.46%	-7.51%	-11.28%	3.59%
粉剂	75.75	54.39	28.20%	24.61%	6.65%	12.09%
合计	99,726.08	78,228.54	21.56%	32.73%	46.13%	-7.20%

5.3 报告期内利润构成、主营业务及其结构、主营业务盈利能力较前一报告期发生重大变化的原因说明

√ 适用　　□ 不适用

1. 营业收入本期较上年同期增长32.53%，主要系公司除草剂、杀虫剂主要产品市场需求旺盛,销售收入增加以及全资子公司江苏长青农化贸易有限公司贸易销售额增加所致。

2. 营业成本本期较上年同期增长45.92%,主要系本期销售规模扩大以及化工材料价格、人工成本上涨所致。

3. 营业税金及附加本期较上年同期下降88.96%,主要系本期较上年同期出口退税额增加,出口退税免抵额减少,计提的城市维护建设税和教育费附加相应减少所致。

4. 财务费用本期较上年同期下降67.98%,主要系本期较上年同期银行借款减少,利息支出减少以及存款利息收入增加所致。

5. 资产减值损失本期较上年同期下降42.45%，主要系本期应收款项的增加额较上年同期减少所致。

6. 公允价值变动收益本期较上年同期增长635.50%,主要系远期外汇汇率合约确认的公允价值增加以及投资"中国石化"股票市价波动所致。

7. 营业外收入本期较上年同期增长26.79%，主要系本期江都市土地储备中心收储本公司全资子公司江苏长青兽药有限公司工业用地土地使用权,产生土地处置收益1,518.13万元,上年同期收到2009年度清洁生产专项补助资金1,000万元。

第六节　财务报告

6.1 与最近一期年度报告相比,会计政策、会计估计和核算方法发生变化的具体说明

□ 适用　　√ 不适用

6.2 重大会计差错的内容、更正金额、原因及其影响

□ 适用　　√ 不适用

6.3 与最近一期年度报告相比,合并范围发生变化的具体说明

√ 适用　　□ 不适用

2011年9月,本公司出资设立了江苏长青农化南通有限公司,拥有其100%的股权,将其纳入合并范围。

6.4 董事会、监事会对会计师事务所"非标准审计报告"的说明

□ 适用　　√ 不适用

6.5 对2012年1-3月经营业绩的预计

□ 适用　　√ 不适用

江苏长青农化股份有限公司

2012年3月22日

深圳英飞拓科技股份有限公司

深圳英飞拓科技股份有限公司2011年年度报告摘要

第一节 重要提示

1.1 本公司董事会、监事会及其董事、监事、高级管理人员保证本报告所载资料不存在任何虚假记载、误导性陈述或者重大遗漏，并对其内容的真实性、准确性和完整性负个别及连带责任。

本年度报告摘要摘自年度报告全文，报告全文同时刊载于巨潮资讯网(http://www.cninfo.com.cn)。投资者欲了解详细内容，应当仔细阅读年度报告全文。

1.2 公司年度财务报告已经立信会计师事务所审计并被出具了标准无保留意见的审计报告。

1.3 公司负责人刘肇怀、主管会计工作负责人廖运和及会计机构负责人(会计主管人员)廖运和声明：保证年度报告中财务报告的真实、完整。

第二节 公司基本情况

2.1 基本情况简介

股票简称	英飞拓
股票代码	002528
上市交易所	深圳证券交易所

2.2 联系人和联系方式

	董事会秘书	证券事务代表
姓名	华元柳	缪金狮
联系地址	广东省深圳市宝安区观澜高新技术产业园英飞拓厂房	广东省深圳市宝安区观澜高新技术产业园英飞拓厂房
电话	0755-86096000	0755-86095586
传真	0755-86098166	0755-86098166
电子信箱	invrel@infinova.com.cn	invrel@infinova.com.cn

第三节 会计数据和财务指标摘要

3.1 主要会计数据

单位：元

	2011年	2010年	本年比上年增减	2009年
营业总收入(元)	354,913,551.01	483,997,048.86	-26.67%	376,776,018.18
营业利润(元)	25,356,031.73	110,217,102.62	-76.99%	84,652,593.99
利润总额(元)	40,711,494.09	120,332,650.19	-66.17%	87,748,328.09
归属于上市公司股东的净利润(元)	42,754,332.45	117,767,736.92	-63.70%	80,172,157.34
归属于上市公司股东的扣除非经常性损益的净利润(元)	38,861,638.31	116,883,551.28	-66.75%	79,889,958.31
经营活动产生的现金流量净额(元)	-32,572,467.74	25,187,113.38	-229.32% 497.75万元	56,954,016.79
	2011年末	2010年末	本年末比上年末增减	2009年末
资产总额(元)	2,316,588,421.13	2,311,620,494.65	0.21%	367,231,714.63
负债总额(元)	76,531,482.60	83,463,892.35	-8.31%	110,334,811.81
归属于上市公司股东的所有者权益(元)	2,240,056,938.53	2,228,156,602.30	0.53%	256,896,902.82
总股本(股)	236,064,000.00	147,000,000.00	60.59%	110,000,000.00

3.2 主要财务指标

单位：元

	2011年	2010年	本年比上年增减	2009年
基本每股收益(元/股)	0.18	0.67	-73.13%	0.73
稀释每股收益(元/股)	0.18	0.67	-73.13%	0.73
扣除非经常性损益后的基本每股收益(元/股)	0.17	0.66	-74.24%	0.73
加权平均净资产收益率(%)	1.92%	37.29%	-35.37%	36.98%
扣除非经常性损益后的加权平均净资产收益率(%)	1.74%	37.01%	-35.27%	36.85%
每股经营活动产生的现金流量净额(元/股)	-0.14	0.17	-182.35%	0.52
	2011年末	2010年末	本年末比上年末增减	2009年末
归属于上市公司股东的每股净资产(元/股)	9.49	15.16	-37.40%	2.34
资产负债率(%)	3.30%	3.61%	-0.31%	30.05%

3.3 非经常性损益项目

√ 适用 □ 不适用

单位：元

非经常性损益项目	2011年金额	附注(如适用)	2010年金额	2009年金额
非流动资产处置损益	-49,592.05		-11,098.89	-431,381.19
计入当期损益的政府补助，但与公司正常经营业务密切相关，符合国家政策规定、按照一定标准定额或定量持续享受的政府补助除外	4,276,120.00		911,655.00	651,752.94
除上述各项之外的其他营业外收入和支出	311,200.25		127,681.33	120,118.04
所得税影响额	-645,034.06		-144,051.80	-58,290.76
合计	3,892,694.14	-	884,185.64	282,199.03

第四节 股东持股情况和控制框图

4.1 前10名股东、前10名无限售条件股东持股情况表

单位：股

2011年末股东总数	19,685	本年度报告公布日前一个月末股东总数			24,154
前10名股东持股情况					
股东名称	股东性质	持股比例(%)	持股总数	持有有限售条件股份数量	质押或冻结的股份数量
JHL INFINITE LLC	境外法人	35.79%	84,480,000	84,480,000	0
JEFFREY ZHAOHUAI	境外自然人	35.04%	82,720,000	82,720,000	0
中国工商银行-富国天惠精选成长混合型证券投资基金(LOF)	境内非国有法人	2.39%	5,634,158	0	0
深圳市英柏亿贸易有限公司	境内非国有法人	2.24%	5,280,000	5,280,000	0
深圳市鸿兴宝科技有限公司	境内非国有法人	1.49%	3,520,000	3,520,000	0
中国农业银行-国泰金牛创新成长股票型证券投资基金	境内非国有法人	0.94%	2,227,452	0	0
交通银行-汉兴证券投资基金	境内非国有法人	0.80%	1,882,250	0	0
全国社保基金一一四组合	国有法人	0.78%	1,836,414	0	0
中国工商银行-中海能源策略混合型证券投资基金	境内非国有法人	0.72%	1,696,446	0	0
汉盛证券投资基金	境内非国有法人	0.65%	1,524,896	0	0

前10名无限售条件股东持股情况

股东名称	持有无限售条件股份数量	股份种类
中国工商银行-富国天惠精选成长混合型证券投资基金(LOF	5,634,158	人民币普通股
中国农业银行-国泰金牛创新成长股票型证券投资基金	2,227,452	人民币普通股
交通银行-汉兴证券投资基金	1,882,250	人民币普通股
全国社保基金一一四组合	1,836,414	人民币普通股
中国工商银行-中海能源策略混合型证券投资基金	1,696,446	人民币普通股
汉盛证券投资基金	1,524,896	人民币普通股
融通新蓝筹证券投资基金	1,400,000	人民币普通股
中国农业银行-富国天成红利灵活配置混合型证券投资基金	1,117,571	人民币普通股

中山证券有限责任公司	1,072,000	人民币普通股
兴业银行-民生加银内需增长股票型证券投资基金	647,861	人民币普通股
上述股东关联关系或一致行动的说明	前 10 名股东中,JHL INFINITE LLC 为同 JEFFREY ZHAOHUAI,LIU 全资控股的企业,深圳市英柏亿贸易有限公司和深圳市鸿兴宝科技有限公司为刘肇怀亲属控制的公司,其中,深圳市英柏亿贸易有限公司股东刘肇胤、刘肇敏与刘肇怀为兄弟关系,深圳市鸿兴宝科技有限公司股东刘祯祥、刘恺祥与刘肇怀为叔侄关系。除以上情况外,其他前十名股东之间不存在公司已知的关联关系,也不存在公司已知的一致行动人关系。公司未知其他股东之间是否存在关联关系或《上市公司收购管理办法(2008 年修订)》中规定的一致行动人的情况。	

4.2 公司与实际控制人之间的产权及控制关系的方框图(略)

第五节 董事会报告

5.1 管理层讨论与分析概要

(一)报告期内公司经营情况的回顾

1. 公司 2011 年总体经营情况概述

报告期内公司实现营业收入 354,913,551.01 元,利润总额 40,711,494.09 元,净利润 42,754,332.45 元,较上年同期分别下降 26.67%、66.17%、63.70%。

受国家宏观调控影响,公司部分合同项目进度放缓或未如期实施,致使营业收入同比下降。受公司为提升研发力量加强人才储备和劳动力成本上升等因素的影响,使成本和费用上升较快,导致利润总额、净利润比上年同期下降较快。

2011 年利息收入 4,884.64 万元与 2010 年 153.42 万元相比增加 3083.94%,主要是由于增加了募集资金利息收入,此部分收入对 2011 年度的利润影响重大。

2011 年,受国家宏观调控影响及外围经济尚处于复杂多变的阶段的影响,公司营业收入下降多,公司已采取多种措施来应对不利环境,包括扩充产品线、开拓新的市场和服务领域、调整公司内部结构等。2011 年公司推出了多个智能高清系统解决方案,包括基于 N3076 和 V2216 的小、中、大型 IP 智能高清系统解决方案,和 HD-SDI 高清系统解决方案全系列产品。2011 年公司在天津、大连、乌鲁木齐等地新设立分公司,不断加强和完善售销网络建设,进一步加强了品牌传播与管理,提升了市场信息快速反应和客户即时响应与服务的能力。未来,随着公司研发能力的提升和营销渠道的完善,国际国内经济形势好转的情况下,公司能够取得较快发展。

2. 关于重大资产购买的讨论和分析

2011 年 11 月 29 日第二届董事会第十七次会议审议通过《关于同意公司筹划重大资产购买事项的议案》,决定开始筹划重大资产购买事项。第二届董事会第十八至第二十次会议审议通过了本次重大资产购买的相关事项。2012 年 1 月 10 日公司召开的 2012 年第一次临时股东大会审议通过《关于深圳英飞拓科技股份有限公司重大资产购买方案的议案》及相关事项。决定收购加拿大公司 March Networks Corporation 的 100%股份,交易价格为 5 加元/股(约合人民币 30.76 元/股)。截至董事会决议公告日,目标公司已发行 18,021,149 股普通股。如果公司成功收购目标公司 100%股份,需支付的总金额约为 9,010.57 万加元(约合人民币 5.54 亿元)现金,并拟使用超募资金作为公司本次重大资产收购的全部资金的来源。目标公司的总部位于加拿大渥太华,其主营业务为视频监控设备的研发、生产和销售,产品主要包括网络数字视频录像机(NVR/DVR)、编码器、IP 摄像机、移动数字视频录像机和视频管理软件,旨在为银行、零售、运输和工商业等行业客户提供企业级的视频监控及分析的解决方案。目标公司产品和服务的主要销售市场为北美地区。目标公司 2011 财年营业收入 10,278.2 万加元(约合人民币 6.38 亿元),公司 2010 年度营业收入 4.84 亿元,约占公司同期营业收入的 131.82%。

2012 年 3 月 20 日 March Networks Corporation 举行股东特别大会,审议通过了本次重大资产购买方案。2012 年 3 月 24 日加拿大安大略省高级法院最终裁定同意本次重大资产收购计划。

2012 年 4 月 16 日收到中国证券监督管理委员会(以下简称"中国证监会")出具的证监许可【2012】509 号文《关于核准深圳英飞拓科技股份有限公司重大资产重组方案的批复》,核准公司由通过全资子公司英飞拓国际在加拿大设立的全资子公司加拿大英飞拓以协议收购(arrangement)的方式,以 5 加元/股的现金对价收购在加拿大多伦多证券交易所上市的 March Networks Corporation (TSX:MN)100%股权。本批复自核准之日起 12 个月内有效。

本次收购的主要影响和风险:

(1)财务状况分析

收购前本公司和目标公司的资产负债率都比较低,且公司拟使用超募资金作为本次收购的资金来源,不会因本次收购产生额外的负债。本次收购将会提高本公司的资产总额,因为目标公司资产构成中大部分为流动资产,本公司的流动资产比例将会有一定幅度的提高,公司整体的财务状况趋好。因公司 2010 年成功上市,募集资金到位使得公司的资产总额大幅增加,资产周转率因募集资金投入时间过短尚未产生较高效益而大幅下降,因而本次收购完成后,公司的资产周转率将会有所提高,各项资产使用效率会相应增长。

(2)持续经营能力和盈利能力分析

本次收购完成后,目标公司将成为英飞拓间接控制的全资子公司。目标公司 2010 财年因为受金融危机的影响,主营业务收入下降至 8,662.6 万加元,净利润为-3,243.9 万加元。

2011 财年目标公司的经营状况逐步恢复,主营业务收入为 10,278.2 万加元,较 2010 财年增长约 18.65%,毛利 4,507.8 万加元,毛利率为 43.86%,净利润为-375.1 万加元,主要原因是目标公司期间费用过大,销售、研发及管理费用过高。如果目标公司可以保持其 2011 年的销售水平,考虑到目标公司退市可以节约相关上市维护费用及其它因素影响,预计未来财年税前利润将会有一定幅度的上升。同时,由于公司拟使用超募资金作为本次收购的资金来源,不会因本次收购产生额外的负债,不会因为本次收购新增利息支出。此外,本次收购将会增加公司的销售收入,并通过实现公司技术实力的提升,拓展新的海外销售渠道,为公司全体股东带来更高的回报。

(3)财务风险

本次交易完成后,公司将取代目标公司原有的委托加工生产厂商,将公司自产的前端产品整合进目标公司的产品和服务包,向目标公司的现有海外销售渠道和优质客户提供系统解决方案,有效降低其采购成本,从根本上提升目标公司的盈利能力;同时,目标公司产品可以借助英飞拓在中国成熟的销售网络进入中国市场,提高其产品销量,且英飞拓将对目标公司管理层、市场、研发等各方面进行适当调整,降低管理费用。但不排除短期内整合效应无法发挥、受全球宏观经济形势影响,而导致本次交易完成后目标公司短期内继续亏损的风险。

本次交易对公司的财务状况、盈利能力及未来发展具有重大影响,同时本次收购尚存在其它风险因素,包括审批风险、其他竞争者提出更有吸引力的收购条件的风险、财务风险、市场风险、目标公司客户及渠道依赖风险、业务整合风险、目标公司股价波动风险、因目标公司股东行使异议权而导致的诉讼及收购成本增加的风险、外汇风险、法律、政策风险等。更详细的内容见公司于 2011 年 12 月 26 日刊登在巨潮资讯网(http://www.cninfo.com.cn)上的《重大资产购买报告书(草案)》,及于同日刊登在《证券时报》、《中国证券报》及巨潮资讯网(http://www.cninfo.com.cn)上的《重大资产购买报告书(草案)摘要》。

(二)对公司未来发展的展望

1. 行业发展趋势

(1)行业继续保持高速增长

根据 IMS《2011 全球电子安防市场》调查研究,全球电子安防市场需求将在 2010 年至 2015 年间保持 13.6%的年均复合增长率,至 2015 年预计需求将达到 181.57 亿美元,主要原因是目前的模拟电子安防设备将逐步更新换代为网络电子安防设备以及中国政府推动的安全城市计划。其中美国电子安防市场需求将在 2010 年至 2015 年间保持 10.3%的年均复合增长率,欧洲中东非洲电子安防市场需求将在 2010 年至 2015 年间保持 10.3%的年均复合增长率,亚洲电子安防市场受益于中国需求的推动将在 2010 年至 2015 年间保持 18.0%的年均复合增长率。

(2)一些龙头企业将做大做强,产业集中度将逐步提高

随着企业的快速发展及兼并、上市或其他资本的介入,在电子防护产品领域将会有一些企业进入到大型企业的行列,同时也将会有一批小型企业进入到中型企业的行列。

(3)科技创新将成为企业发展的主攻方向,在中高端产品方面将有所作为

随着企业自主创新能力的进一步增强,将在数字监控、网络设备、入侵报警、集成平台等方面,研发出一批适应市场需求的高中端产品。

(4)企业在加快生产提高市场占有率的同时,更加注重品牌建设

在十几年的行业快速发展过程中,生存下来的企业往往是注重品牌建设的企业。因此许多企业在经历了艰苦的初创阶段以后,将会更加注重品牌的建设和维护,行业中会不断涌现出更多的行业名牌、中国名牌乃至世界知名品牌。

(5)产品出口将继续稳步增长

随着产品质量的提高,中国制造产品将更加受到国际市场的青睐,出口产品规模、品种将会继续增加。同时,企业通过 OEM 模式出口的同时,将逐步建立自己的国际营销渠道,推出企业自有品牌产品。

(6)市场竞争将日趋理性化、规范化

建立全国统一、规范有序、适度竞争的市场体系不仅是国家市场经济的总体要求,也是行业发展的必然结果。随着行业整体利润水平的下降,不少企业已清醒地认识到单纯依靠"价格战"占领和扩大市场的做法已不可取,市场竞争的理念日趋理性化,今后竞争的热点将逐步转向产品创新及性能、质量、服务的提高等方面。

(7)国际合作步伐加快

将有越来越多的国外知名品牌企业通过在中国建立分支机构,或与中国安防企业进行合作、合资、兼并等,开辟中国市场或扩大在中国市场的占有率。中国安防企业为了做大做强,在引进国外资金、技术、管理的同时,也将大力发展拥有自主知识产权的中国民族品牌。

2. 市场竞争格局

全球电子安防产品市场竞争激烈,不同的供应商有着不同的市场定位。欧美日厂商一般定位高端市场,优良的品质和及时的客户服务使其获得了许多客户的信任;台韩厂商主要定位于中端市场;低端市场主要由中国大陆厂商掌握。

我国电子安防产品市场竞争总体比较充分,目前的格局主要表现为:行业品牌集中度低,低档产品之间趋向同质化竞争;中高端产品竞争环境相对宽松。对于多数规模较小的企业,由于技术水平较低、缺乏自主创新能力和品牌知名度,主要集中于低端产品的生产,市场竞争主要依靠价格竞争,其发展速度有所放缓。而随着消费者对产品质量、集成性要求的不断提高,具有高技术含量、能够提供完整产品解决方案的大型安防企业明显偏少,因此这类品牌安防企业在行业中则具备较强的整体竞争力。通过近几年的快速发展,少数企业已具备参与国际竞争的实力。

初步统计,目前产值超过 1 亿元的安防企业已达到 100 家左右,产业集中度有了较大幅度的提高。企业的兼并、整合、资本运作已成为企业快速成长的重要途径与模式,已有 10 多家安防企业在

国内外上市，另有20多家国内外上市企业将安防列入其主营业务之一。

3. 发展机遇

(1)国家产业政策支持

随着经济社会的发展，各级政府及有关部门把“加强社会治安综合治理、推进防控体系建设、开展创建平安社会”等活动列入到重要的工作日程中，为我国安防产业的发展提供了良好的政策环境。中国安全防范产品行业协会发布的《中国安防行业“十二五”发展规划》，就企业管理、科技创新、行业自律管理等问题提出了全面具体的建议，将很好地指导国内安防行业的发展。

(2)行业市场需求巨大

随着经济高速发展、国际形势日益变化，不论发达国家，还是发展中国家，加强安全防范意识、提高自我保护水平，已成为社会发展的需要，全球安防行业的市值正逐年增长。目前，我国安防市场受平安城市建设、科技强警、突发公共事件的应急指挥、数字化城市改造等一系列大项目的拉动，产生巨大的市场需求；同时，以家居安防为代表的民用安防需求持续性增长，也将有力地拉动我国安防产业的发展。

(3)科技水平迅速提升

通过引进国外产品、吸收先进技术及加强自主开发，国内安防业的科研水平获得了快速提升。在中低端产品的研发与生产方面，许多技术都已经接近或达到了国际先进水平；数字化视频、卫星定位、生物特征识别等高新技术也有了较快的发展。初步形成了安防实体防护、电子防护、生物技术防护等具有独立行业特点较为完整的技术体系，并向着数字化、网路化、集成化、智能化方向发展。

(4)行业标准日趋规范

截至2008年8月底，全国安全防范报警系统标准化技术委员会(SAC/TC100)已完成的现行国家标准和行业标准共100项，涉及入侵和反劫报警、视频监控、出入口控制、实体防护、防爆安检、安防工程等多个专业技术领域。此外，在产品及工程检测方面、认证业务方面也都有了积极的进展。行业标准、认证、检测工作得到加强，并逐步走向制度化、规范化。

4. 公司总体发展目标与战略

本公司总体发展目标：公司致力于为全球市场提供优质的高端电子安防产品及其相关系统解决方案，通过持续强化研发创新和高端市场营销服务两大核心竞争力，发展成为全球领先的电子安防产品供应商。

本公司战略定位：公司坚持“以中等成本，实现中高档价位，创造高端品牌”的战略定位。

公司产品定位于全球市场，借助国内成本优势，通过对新技术、新产品的研发投入，不断开发出技术领先、质量可靠的新产品，辅以高端市场营销服务，把公司品牌培养成为具有国际竞争力的高端品牌，从而获得超越行业平均水平的利润，进而实现对研发的持续性投入，形成公司生产经营的良性循环。

5. 公司2012年经营计划

(1)技术开发与创新计划

技术创新能力是公司实现持续、快速增长的关键和核心要素。为此，公司密切追踪最新技术应用及市场、技术发展趋势，持续开展对新技术的可行性研究；加强对技术人才的引进和提升、加大研发投入、创造优良的技术开发环境、建设创新机制；在自主创新的基础上，广泛展开与科研院所的技术合作；规范研发管理，缩短新产品开发周期，使公司在市场竞争中具备技术和产品储备优势。

公司将在技术开发与创新方面持续加大投入，为本公司长期稳定发展提供持久动力。公司计划继续扩建现有的研发中心，加大先进设备、软件和人力资源的投入力度，全面提升研发平台的技术开发能力和市场反应速度。

(2)产品开发计划

视频监控系统和光端机系列产品、软件研发是公司目前的核心业务，公司将利用最新技术围绕核心业务开发以下新产品：在产品硬件方面，主要包括模拟和数字系列高清快球、数字系列高清摄像机、模拟高清矩阵系统、高清视频编解码器和3G系列安防监控产品；在产品软件方面，公司将重点对智能视频分析系统、网络视频录像(NVR)、视频管理平台等进行开发。

(3)营销网络拓展计划

完善国内销售网络：为适应产品消费市场从中心城市向二、三线城市扩展的趋势，公司继续完善“以深圳营销总部为核心，通过五大重点城市区域性中心，向全国五个销售服务大区延伸”的覆盖全国的营销服务网络体系。

增加外销渠道：在各大洲和地区积极发展经销商和集成商，并适当增设分/子公司网点。

(4)人员扩充计划

作为高新技术产业的一员，公司的发展始终依赖于高精尖的专业人才。未来，随着公司规模的不断扩大特别是募集资金投资项目的实施，需要更多的高水平技术开发人才和经验丰富的经营管理人才。公司把提高员工素质和引进高层次人才作为企业发展的重要战略之一，完善人才的引进和激励机制，努力加强人才梯队建设，尊重员工的创造力，以具有竞争力的薪资待遇、良好的工作环境与发展机遇吸引并留住人才。同时，公司将积极推行各种培训，建立起能够适应企业现代化管理和公司未来发展需要的高水平、高素质的员工队伍。

(5)财务管理

继续做好财务管理工作，加强财务风险控制，做好财务预算和成本控制，建立健全有效的公司内控制度。

6. 资金需求及使用计划

(1)未来资金需求主要为公司募集资金投资项目，包括：

a.视频监控产品技改扩建项目。项目建设投资分二年投入，其中第一年投入8,150万元，第二年投入4,750万元；流动资金在项目投产后按生产需要逐年投入，其中第二年投入2,682.30万元，第三年投入4510.90万元，第四年投入2420.20万元，第五年投入2376.50万元。

b.光端机系列产品技改扩建项目。项目建设投资分二年投入，其中第一年投入4,089万元，第二年投入2,331万元；流动资金在项目投产后按生产需要逐年投入，其中第二年投入780.20万元，第三年投入1,329.60万元，第四年投入654.20万元，第五年投入626.00万元。

c.营销网络建设项目。项目建设期24个月，建设投资分二年投入，其中第一年投入6,410万元，第二年投入2,455万元。流动资金在第二年开始逐年投入。

d.研发中心技改扩建项目。项目建设期18个月，建设投资分二年投入，其中第一年投入4,380万元，第二年投入2,580万元。流动资金在第三年投入。

(2)未来公司将继续加大渠道建设，进行品牌推广，随着规模的扩张，公司的资金需求将会增加。除保证经营所需的资金外，公司还将结合战略目标、行业发展趋势，以及视其它具体情况，进行可行的、合理的投资，包括但不限于开发建设新项目、建立新的子公司或兼并收购项目等。

(3)本公司拟通过全资子公司英飞拓国际有限公司(以下简称“英飞拓国际”)在加拿大设立的全资子公司英飞拓(加拿大)有限公司(以下简称“加拿大英飞拓”)以协议收购(arrangement)的方式，以5加元/股的现金对价收购在加拿大多伦多证券交易所(TSX)上市的March Networks Corporation(以下简称“目标公司”)100%股权。截至董事会决议公告日，目标公司已发行18,021,149股普通股。如果本公司成功收购目标公司100%股份，需支付的总金额约为9,010.57万加元（约合人民币5.54亿元)现金，计划使用超募资金作为公司本次重大资产收购的全部资金的来源。

(4)目前公司资金充裕，银行信用良好，证券市场再融资能力强。若发生资金缺口，公司将根据发展采取适合的融资方式，以较低的融资成本为公司持续发展筹措资金。

7. 风险与对策：

(1)经营风险的评估及对策

a.生产模式改变的风险及对策

本公司属于人才与技术密集型企业，目前的生产模式为“以外协生产为主的生产模式”。本公司负责主营产品设计研发、软件开发以及产品组装检验等，构成产品的主要部件则充分利用华南地区的加工优势，对外采购或委托外协加工。公司外协生产模式无法充分保证产品质量的稳定性和可靠性，为此，公司计划增加PCBA贴装生产线和整机装配、检验、包装生产线，有步骤地将目前的“以委托外协加工为主的生产模式”变更为“以自主生产为主的生产模式”。上述生产模式的改变并不会导致公司的采购模式和销售模式发生变化。通过生产模式的优化和改进，可使公司扩大产能，并在质量控制、生产效率、供应链管理等方面适应业务发展的需要。

b.核心器件的采购风险及对策

公司视频监控系统的前端视频采集设备如快球、摄像机等的主要核心元器件为一体机和CCD芯片。目前市场上仅有SONY、日立、三洋、三星、LG、夏普等少数公司掌握一体机和CCD芯片的核心技术，经综合性价比等多方面因素比较，公司目前生产前端视频采集设备所需大部分一体机和CCD芯片向SONY采购。

SONY公司作为业内著名的专业厂商有着良好的信誉，公司自2002年起一直是SONY公司在中国境内的主要一体机采购商。自2006年起在境外采购SONY的CCD芯片，通过多年的合作已建立起良好的供需关系，通常不会产生供应受阻的现象。同时公司也和其他供应商保持良好关系，以降低核心器件的采购风险。

(2)市场风险评估及对策

a.行业竞争风险及对策

安防行业行业集中度较低，国内竞争对手和潜在的进入者较多。随着竞争对手技术水平的不断提升和经营管理、市场开拓等各项条件的逐渐成熟，以及外资安防行业巨头通过独资或合资等方式进入国内市场，安防行业竞争将愈演愈烈。

本公司长期以来注重人才的培养和引进、市场的开发和培育、品牌的维护和提升、技术的改进提高，公司在安防监控行业具有较高的知名度和美誉度，产品线齐备，具有较强的系统综合能力。随着科技开发能力不断增强，新产品开发已步入良性循环，产品结构正在形成高起点、多品种、多层次、多储备、随市场变化进行调整的结构模式。在激烈的行业竞争中本公司正在不断壮大发展。

b.客户的采购季节性风险及对策

目前，本公司的视频监控产品广泛应用于政府机关、交通、教育、金融、电信、石油、电力水利、公安、工厂企业等众多行业。以上行业用户的采购一般遵守较为严格的预算管理制度，通常是在上半年制订年度预算和固定资产投资计划，然后经历方案审查、立项批复、请购批复、招投标、合同签订等严格的程序，年度资本开支如工程建设和设备安装等主要集中在下半年尤其是四季度。主要客户的上述采购特点，使本公司的产品销售具有明显的季节性特征。

本公司已意识到销售客户采购季节性的风险。近年公司不断运用增值业务模式拓展新客户群，在专业市场的基础上关注和开拓半专业市场；随着本公司业务发展，上述客户群的依赖度将会降低。

(3)财务风险的评估及对策

a.存货发生跌价损失的风险及对策

本公司存货金额及存货占流动资产的比例一直较高，不仅影响了公司资金周转速度和经营活动现金流量，增加了公司的资金压力，同时也增加了存货发生跌价损失的风险。

针对上述风险，本公司加强预算管理，尽量做到合理预算；将本公司常备库存按采购周期分类，根据采购周期、订单情况及生产能力重新测算各类原材料库存的合理限量。

b.税收优惠政策调整风险的对策

企业所得税税收优惠政策变化的风险及对策。根据2007年3月16日通过的《中华人民共和国企业所得税法》及其实施条例、《中华人民共和国税收征收管理法》及其实施细则和《国务院关于实施企业所得税过渡优惠政策的通知》(国发[2007]39号)的有关规定,2008年起公司的企业所得税不再享受两减半的优惠政策;从2011年至2013年本公司享受国家高新技术企业的15%的税收优惠政策。因此公司面临所得税税率上升的风险。

本公司将积极了解政策变化动态,通过产品技术创新和成本控制提高盈利水平,降低税收政策变化对企业的影响。

出口退税率政策调整的风险及对策。本公司出口销售增值税执行"免、抵、退"政策,目前执行的出口退税率为17%。国家在2004年对小家电行业的出口退税率由17%调整为13%,在2006年对部分行业的出口退税率调低;在2008-2009年对部分产品的出口退税率由13%调整至17%。公司应对出口退税率政策调整的措施与应对人民币升值所采取的措施基本一致。

(4)技术风险的评估及对策

a.能否保持持续创新能力的风险及对策

随着市场竞争的加剧及客户在技术方面要求的提高,视频监控产品技术更新换代周期越来越短,新技术、新产品不断涌现,技术的竞争是保持市场占有率持续增长的关键因素之一。只有始终处于技术创新的前沿,充分了解市场的需求和客户的需要,加快研发成果产业化的速度,才能将开发出来的产品、技术快速推向市场并提高市场占有率,从而在产品、技术进入稳定期前获得相对较高的利润,并在稳定期中保持较高的占有率。若公司不能持续、及时地发现市场发展方向并关注客户多样化的个性需求及技术的发展趋势,不能领导和紧跟国际、国内行业方向,则公司将在持续创新能力和实现技术和产品升级换代中处于被动局面,现有的产品和技术将面临被淘汰的风险。公司将持续、及时地关注客户多样化的个性需求及技术的发展趋势,重视市场发展变化,领导和紧跟国际国内行业方向,尊重市场、保持持续创新能力和实现技术和产品的不断优化,稳定推出新产品和新技术,满足和引导市场客户需求。

b.新产品开发的风险及对策

新产品的开发首先是对市场的反馈和预测,技术方面是不断试制、改进和完善的过程,初期投入大、成本高,从事开发的人力及相应的设备、设施成本均较高,因此公司必须投入大量的资金用于开发人员的工资性支出、设备采购和试验环境搭建。在高额研发费用支出的情况下,若由于对新产品技术及市场需求的把握、关键技术及重要产品的研发、重要新产品方案的选定等方面出现失误,将难以取得新产品开发的成功,并导致公司产品的市场竞争力下降,浪费宝贵的公司资源,削弱公司发展后劲。能否成功开发出符合市场需求的视频监控产品存有不确定性,存在一定的新产品开发风险。

公司的营销渠道有利于公司及时准确地获知市场信息,并有专业的人员对市场即时和未来趋势进行评估,公司在安防行业领先的美国市场设有公司,并在多个国家有销售网络,通过这些广泛的市场渠道,让企业充分了解市场、了解客户、关注前沿技术的发展和应用,同时公司积极参加各类全球和专业性的展会,把握国内、国际最新技术动态和需求动态,同时,在产品开发过程中对所有立项进行严格的论证及评估,以此来应对新产品开发风险。

c.依赖核心技术人员的风险及对策

核心技术人员对公司技术创新和业务发展起着关键的作用,公司在关键性技术的研究开发方面依赖于核心技术人员的专业知识、技术及经验。公司经多年的业务积累,拥有一支高素质的人才队伍,这构成了公司竞争优势的重要基础。国内对该类人才的需求日益增强,争夺日趋激烈,特别是同类企业和外资企业的人才竞争策略,对公司的人才优势形成威胁。若不能完全有效控制核心技术人员的市场流动,公司存在依赖核心技术人员的风险。

英飞拓是有着浓郁高科技基础和人文气息的企业,致力于创造中国乃至全球的安防行业领导品牌,公司依托员工,尊重员工的创造力,扎根于高科技,以人为本,以全球化的视野促进安防产品的智能化、人性化发展,建立完善领先的安防系统。公司坚持并加大对产品的研发投入,吸引优秀人才,创造优秀的人才工作氛围,在经济危机时则强调企业的社会责任感,和员工一起共渡危机,增强了企业的凝聚力;通过改善工作环境、提供发展机会、鼓励创新、建立健康和谐的企业文化提高员工的归属感,并提供富有竞争力的薪酬和福利来减少核心技术人员的流动,对技术骨干进行有针对性的重点培养,为公司扩张和发展做好人才储备,来应对核心技术人员流失或不足的风险。

d.核心技术可能泄密的风险及对策

本公司产品核心技术均处于国内领先水平或国际先进水平,该类技术是公司核心竞争力的体现。如果公司的核心技术泄密,则会对公司产生不利影响。公司已与核心技术人员签订了《保密合同》,并制定了一整套完善的保密制度。对已经建立或正在探求建立某种合作关系的公司,存在向其透漏保密技术信息的可能,公司已与其签订了《保密协议》,并严格规范保密信息的告知方式和内容。

(5)管理风险的评估及对策

公司快速成长引致的管理风险的对策。本次公开发行股票后,公司总资产与净资产大幅度增加,对公司组织结构和管理体系提出了更高的要求。随着公司业务经营规模的扩大,如何建立更加有效的投资决策体系,进一步完善内部控制体系,引进和培养技术人才、市场营销人才、管理人才等将成为公司面临的重要问题。公司管理层已通过优化管理系统,引进科学管理方法,加强质量管理、绩效管理、人力资源管理和预算管理,培养了一支高素质的管理人员和专业的研发、生产和销售队伍,同时逐步引入更加科学有效的决策机制和约束机制,来最大限度地降低因组织机构和公司制度不完善而导致的风险。

(6)汇率波动的风险及对策

本公司目前每年均向国外采购原材料,同时有部分产品出口,随着公司对国际市场的开拓,未来出口金额将会有较大增长。由于公司进口、出口产品的主要结算货币为美元,因此人民币对美元的汇率波动,可能对公司的经营业绩和财务状况产生一定的影响,使本公司面临一定的外汇风险。

本公司通过采取以下措施来抵御人民币升值的风险:①公司凭借较强的"议价能力"提高部分产品的美元销售价格;②加大国内市场的销售;③重视科技创新,不断推出高附加值产品;④运用外汇避险工具。

(7)政策性风险及对策

随着国际经济形势的变化和国家宏观政策的调整,国家相关的产业政策也会发生相应的调整和变化,这些变化在一定程度上也会给本公司带来一定的经营风险。

针对国家政策性风险,本公司采取了相应的对策,首先不断完善公司内部制度,加强科学管理,提高公司管理层的决策能力和经营水平,加大新产品的开发力度,增强市场的综合竞争能力,积极开拓国内外市场,为企业的健康持续发展提供一个良好的内部环境,同时正确处理国家和企业的关系,使可能发生的政策性变化对企业的影响降至最小。

(8)其他风险的评估及对策

为了严格执行中国证监会有关规范关联交易的规定和要求,保证本公司与关联方之间订立的关联交易合同符合公允、透明和诚实信用的原则,根据《企业会计准则——关联方披露》、《上市公司治理准则》、《公司章程》的有关规定,本公司制定了《深圳英飞拓科技股份有限公司关联交易内部决策制度》,并经股东大会审议通过。该制度的制定和贯彻实施,有效规范和限制了本公司的关联方从事与本公司业务有竞争或可能产生同业竞争的业务活动,同时,规范了关联方与本公司的各类关联交易,从而保障本公司所发生关联交易行为不损害本公司和全体股东的共同利益。

5.2 主营业务分行业、产品情况表

单位:万元

主营业务分行业情况						
分行业	营业收入	营业成本	毛利率(%)	营业收入比上年增减(%)	营业成本比上年增减(%)	毛利率比上年增减(%)
安防行业	35,287.35	15,441.74	56.24%	−26.90%	−25.03%	−1.09%
主营业务分产品情况						
分行业	营业收入	营业成本	毛利率(%)	营业收入比上年增减(%)	营业成本比上年增减(%)	毛利率比上年增减(%)
光端机	4,731.19	1,976.46	58.22%	−41.70%	−38.58%	−2.13%
视频监控系统	30,377.92	13,363.86	56.01%	−24.08%	−22.88%	−0.68%
门禁系统	178.24	101.42	43.10%	21.66%	96.70%	−21.71%

5.3 报告期内利润构成、主营业务及其结构、主营业务盈利能力较前一报告期发生重大变化的原因说明

√ 适用 □ 不适用

报告期内公司实现营业收入354,913,551.01元,利润总额40,711,494.09元,净利润42,754,332.45元,较上年同期分别下降26.67%、66.17%、63.70%。

受国家宏观调控影响,公司部分合同项目进度放缓或未如期实施,致使营业收入同比下降。受公司为提升研发力量加强人才储备和劳动力成本上升等因素的影响,使成本和费用上升较快,导致利润总额、净利润比上年同期下降较快。

2011年利息收入4,884.64万元与2010年153.42万元相比增加3083.94%,主要是由于增加了募集资金利息收入,此部分收入对2011年度的利润影响重大。

第六节 财务报告

6.1 与最近一期年度报告相比,会计政策、会计估计和核算方法发生变化的具体说明

□ 适用 √ 不适用

6.2 重大会计差错的内容、更正金额、原因及其影响

□ 适用 √ 不适用

6.3 与最近一期年度报告相比,合并范围发生变化的具体说明

√ 适用 □ 不适用

与上年相比本年新增合并单位两家,原因为:

(1)2011年7月,公司收购园新纺织,园新纺织于2011年7月起纳入合并范围。

(2)2011年12月,公司出资成立加拿大英飞拓,加拿大英飞拓于2011年12月起纳入合并范围。

6.4 董事会、监事会对会计师事务所"非标准审计报告"的说明

□ 适用 √ 不适用

6.5 对2012年1-3月经营业绩的预计

□ 适用 √ 不适用

加加食品集团股份有限公司

加加食品集团股份有限公司 2011 年年度报告摘要

第一节　重要提示

1.1 本公司董事会、监事会及其董事、监事、高级管理人员保证本报告所载资料不存在任何虚假记载、误导性陈述或者重大遗漏，并对其内容的真实性、准确性和完整性负个别及连带责任。

本年度报告摘要摘自年度报告全文，报告全文同时刊载于巨潮资讯网(www.cninfo.com.cn)。投资者欲了解详细内容，应当仔细阅读年度报告全文。

1.2 公司年度财务报告已经天健会计师事务所(特殊普通合伙)审计并被出具了标准无保留意见的审计报告。

1.3 公司负责人杨振、主管会计工作负责人成定强及会计机构负责人(会计主管人员)成定强声明：保证年度报告中财务报告的真实、完整。

第二节　公司基本情况

2.1 基本情况简介

股票简称	加加食品
股票代码	002650
上市交易所	深圳证券交易所

2.2 联系人和联系方式

	董事会秘书	证券事务代表
姓名	戴自良	彭杰
联系地址	湖南省宁乡县经济开发区车站路	湖南省宁乡县经济开发区车站路
电话	0731-87807235	0731-87807235
传真	0731-87807235	0731-87807235
电子信箱	dm@jiajiagroup.com	dm@jiajiagroup.com

第三节　会计数据和财务指标摘要

3.1 主要会计数据

单位：元

	2011 年	2010 年	本年比上年增减	2009 年
营业总收入(元)	1,682,808,865.15	1,375,587,007.28	22.33%	1,201,636,043.58
营业利润(元)	183,680,496.73	180,603,353.25	1.70%	128,167,555.00
利润总额(元)	211,820,851.23	181,000,664.58	17.03%	130,127,076.84
归属于上市公司股东的净利润(元)	157,720,390.20	129,870,738.67	21.44%	81,017,292.10
归属于上市公司股东的扣除非经常性损益的净利润(元)	136,853,799.33	118,049,179.43	15.93%	84,668,946.24
经营活动产生的现金流量净额(元)	112,759,394.34	82,136,594.26	37.28%	92,963,478.26
	2011 年末	2010 年末	本年末比上年末增减	2009 年末
资产总额(元)	2,084,607,134.26	800,923,069.33	160.28%	668,362,463.38
负债总额(元)	465,261,260.26	454,396,027.53	2.39%	463,350,644.99
归属于上市公司股东的所有者权益(元)	1,619,345,874.00	346,527,041.80	367.31%	192,063,952.05
总股本(股)	160,000,000.00	120,000,000.00	33.33%	55,642,000.00

3.2 主要财务指标

单位：元

	2011 年	2010 年	本年比上年增减	2009 年
基本每股收益(元/股)	1.31	1.08	21.30%	
稀释每股收益(元/股)	1.31	1.08	21.30%	
扣除非经常性损益后的基本每股收益(元/股)	1.14	0.98	16.33%	
加权平均净资产收益率	37.08%	49.92%	-12.84%	50.57%
扣除非经常性损益后的加权平均净资产收益率	32.17%	54.39%	-22.22%	50.57%
每股经营活动产生的现金流量净额(元/股)	0.70	0.68	2.94%	1.67
	2011 年末	2010 年末	本年末比上年末增减	2009 年末
归属于上市公司股东的每股净资产(元/股)	10.12	2.89	250.17%	3.45
资产负债率	22.32%	56.73%	-34.41%	69.33%

3.3 非经常性损益项目

√ 适用　　□ 不适用

单位：元

非经常性损益项目	2011 年金额	附注(如适用)	2010 年金额	2009 年金额
非流动资产处置损益	-717,635.73		-469,267.53	4,320.00
计入当期损益的政府补助，但与公司正常经营业务密切相关，符合国家政策规定、按照一定标准定额或定量持续享受的政府补助除外	29,437,800.00		964,000.00	2,375,000.00
计入当期损益的对非金融企业收取的资金占用费			11,255,672.13	8,252,388.63
同一控制下企业合并产生的子公司期初至合并日的当期净损益			4,805,945.14	1,673,069.80
根据税收、会计等法律、法规的要求对当期损益进行一次性调整对当期损益的影响			-2,203,493.71	-12,948,263.01
除上述各项之外的其他营业外收入和支出				
其他符合非经常性损益定义的损益项目	-579,809.77		404,542.23	-419,798.16
所得税影响额	-7,273,763.63		-2,934,736.71	-2,238,977.61
少数股东权益影响额			-1,102.31	-349,393.79
合计	20,866,590.87	-	11,821,559.24	-3,651,654.14

第四节　股东持股情况和控制框图

4.1 前 10 名股东、前 10 名无限售条件股东持股情况表

单位：股

2011 年末股东总数	35,630	本年度报告公布日前一个月末股东总数			20,661
前 10 名股东持股情况					
股东名称	股东性质	持股比例(%)	持股总数	持有有限售条件股份数量	质押或冻结的股份数量
湖南卓越投资有限公司	境内非国有法人	40.05%	64,086,000	64,086,000	
南京点量一期投资中心(有限合伙)	境内非国有法人	5.34%	8,550,000	8,550,000	
湖南天恒投资管理有限公司	境内非国有法人	5.15%	8,250,000	8,250,000	
嘉华卓越(天津)股权投资合伙企业(有限合伙)	境内非国有法人	4.82%	7,714,320	7,714,320	
苏州大道成长投资中心(有限合伙)	境内非国有法人	4.77%	7,635,000	7,635,000	
嘉华致远(天津)股权投资合伙企业(有限合伙)	境内非国有法人	3.35%	5,364,000	5,364,000	
深圳市鼎源成长投资合伙企业(有限合伙)	境内非国有法人	2.72%	4,365,000	4,365,000	
嘉华优势(天津)投资企业(有限合伙)	境内非国有法人	2.67%	4,285,680	4,285,680	
杨子江	境内自然人	2.16%	3,450,000	3,450,000	
兴业国际信托有限公司-福建中行新股申购资金信托项目 3 期	境内非国有法人	1.56%	2,500,000	2,500,000	

前 10 名无限售条件股东持股情况

股东名称	持有无限售条件股份数量	股份种类
陈绍宏	2,500	人民币普通股
应宗连	2,500	人民币普通股
宝钢集团有限公司钢铁业企业年金计划-中国工商银行	2,500	人民币普通股
叶明友	2,000	人民币普通股
刘立敏	2,000	人民币普通股
张东红	2,000	人民币普通股

陈丽娜	2,000	人民币普通股
张寿山	2,000	人民币普通股
陈小芬	2,000	人民币普通股
周莉莉	2,000	人民币普通股
上述股东关联关系或一致行动的说明	杨子江持有湖南卓越20.2%的股权，是本公司实际控制人之一；嘉华卓越、嘉华致远、嘉华优势的委派代表同为公司董事宋向前；公司董事汤毅为深圳鼎源、苏州大道的关联人；湖南天恒、长沙盈盛均为本公司骨干员工投资设立。除此之外，上述发起人股东之间不存在其他关联关系和一致行动情形。 公司未知上述其他股东之间是否存在关联关系和一致行动情况。	

4.2 公司与实际控制人之间的产权及控制关系的方框图(略)

第五节 董事会报告

5.1 管理层讨论与分析概要

(一)报告期总体经营情况概述

2011年，面对国家宏观调控政策不断深化，而成本费用依然大幅上升的经营环境，公司董事会审慎务实，经理层勤勉守责，紧紧围绕年度经营目标，带领全体员工积极研判市场、开拓经营，努力克服各种不利因素，加强成本控制和改善经营管理，创新优化产品结构，做细做透市场措施，实现了经营业绩的明显增长。

公司全年实现营业总收入168,280.89万元，同比增长22.33%；实现利润总额21,182.09万元，同比增长17.03%；实现归属于上市公司股东的净利润15,772.04万元，同比增长21.44%，缴纳税费10,555.16万元，同比增长25.73%。

(二)行业趋势及公司面临的竞争和挑战

1. 行业状态及发展趋势

(1)调味品行业

随着居民消费水平不断提升，我国调味品消费量呈快速增长趋势，市场空间不断扩容。根据Wind资讯调研资料，国内调味品总产量2009年即已超过1,000万吨，2003年至2010年，全国规模以上调味品、发酵制品制造企业主营业务收入年复合平均增长率达到21.85%，其中酱油、食醋和味精产业位列调味品各品类市场规模的前三名。

目前调味品行业处于充分竞争的状态，全国各种业态类型的调味品生产经营企业多达数千家，根据中国调味品协会的行业百强企业调查统计，2010年度，前58家调味品生产企业的产品总产量突破500万吨大关，总销售收入达到280亿元，其中酱油占到了一半的份额。

目前行业发展的特点和趋势：

1)消费结构变化拉动增长，市场前景继续看好。一是餐饮业持续快速增长，品牌酒店、餐馆以及主要口味菜品的不断推陈出新，强力拉动调味品的使用量，据有关资料显示，调味品占到餐饮消费成本的10%，其中大量特色菜肴已占到20%，随着生活节奏加快，餐饮业对调味品的增量消费空间依然巨大；二是家庭消费升级，主要体现在县镇乡村在经济条件、生活环境持续改善后对一日三餐吃好的追求；三是食品工业的发展刺激调味品跟随性增长，速食品、复合调味包大量增长迎合生活方式的改变。

2)多种经营业态共存，行业发展需要整合。目前调味品行业经营者聚集了上市公司、外资企业、集体企业、私营企业、家庭作坊等几大类存在形态；产业技术程度上有现代技术、传统工艺、原始方法。行业调查情况揭示了其中大多数经营者属于规模小、程度低形态，虽然在某种程度上因适应地域性消费习惯而有市场空间，但提升行业整体发展水平将导致整合。

3)渠道、品牌、技术、资金方面的优势企业更有拓展空间。充分竞争必将出现淘汰，未来有领先优势的业者将引领行业整合并主导行业发展和提升。

(2)食用植物油行业

食用油是居民日常饮食消费必需品，消费开支大大高于调味品，随着生活水平提升和追求健康饮食，植物油逐渐占据食用油消费的主导地位。同时，食用植物油也是食品工业、餐饮行业的重要基础原料，食品加工业、餐饮业的快速发展也直接带动了植物油需求增长。2001年至2010年，我国植物油行业企业主营业务收入年复合平均增长率达到24.36%。

植物油行业是企业巨头垄断、其它业者适者生存的状态，市场行情波动较大。

茶籽油属于植物油中的优质品类，而且是我国拥有资源绝对优势份额的油品种类，发展茶籽油生产是与农村资源增收、居民健康消费紧密结合的大事，国家积极支持发展，但目前行业发展速度慢，产业化、商品化程度低，技术先进性不足，缺乏有行业牵引力的优势品牌和优势企业，处于初始充分竞争的基本状态。

2. 公司面临竞争与挑战

(1)多种资本力量介入，行业竞争加剧

调味品、食用植物油产业，均因为我国市场巨大的消费增长潜力而引起各路投资纷纷进入，地域性业者各出招数，激烈竞争的正面作用是优胜劣汰，负面效应是加大企业发展成本，公司未来加大发展投入是必须的选择。

(2)提升工艺技术、强化品质安全始终是重担

我国调味品企业水平与日本等地的先进同行比，在基础科研、装备技术、管理思维等方面均有一定差距，未来国内行业竞争整合亦会归结于这些方面的竞争；同时不断强化的产品品质安全要求，公司必须充分、持续地坚持做好。

(三)公司的发展机遇、发展战略及规划

1. 公司的发展机遇

1)公司成为上市企业、成为"中国酱油第一股"之后，获得新的发展平台和更多的资源配置优势，在行业地位、资本实力、品牌影响、企业声誉等多方面迎来全新发展机遇，公司应该充分把握、用足用好。

2)公司对行业有深刻认识，可以充分发挥上市募集资金的使用效力，建设好募投项目，围绕主业做深做透，实现产业链延伸，将企业做强做大。

2. 发展战略及规划

1)坚定实施"淡酱油"战略，打造调味品大家族。公司自2009年制定实施"淡酱油"战略，取得了实质性的效果，淡酱油系列品种销售占比和毛利贡献度逐年得到提升。未来加大新品、高端品种的研发力度，加强食醋、复合调味料的发展，推进一、二线城市市场的营销拓展战略。

2)认真推进"茶籽油"战略。公司处在"油茶"之乡，资源丰富，自2010年启动"茶籽油"战略，效果良好，未来基于"年产1万吨茶籽油"募投项目，发挥品牌和企业的影响力、营销力，开创公司食用植物油业务在高端品类的资源、渠道、盈利能力上更大的发展空间和优势。

3)做强主业的基础上向相关产业延伸。中华饮食文化璀璨多样，与之相关的食品品类繁多，如酱料类、苏果类等，公司在做强做大渠道优势的前提下，充分利用资本力量进行产业的有限延伸。

(四)2012年的主要工作任务

1. 完成公司股票挂牌上市，严格按相关法律法规、行政规章、规范性文件、《公司章程》及相关制度，做好信息披露工作，做到真实、准确、及时、完整、公平；

2. 加强与监管部门的工作沟通，认真做好投资者服务工作；

3. 认真落实执行股东大会决定事项，制定、完成年度经营目标；

4. 加快推进"年产20万吨优质酱油"和"年产1万吨优质茶籽油"2个募投项目的建设，管好用好募集资金；

募投项目已于2011年12月开工建设，并已提前预定关键设备。根据产能需要将酱油发酵车间作为最先施工建设的部分并计划在2012年底前实现投产，其他部分按合理工期配合推进施工。

5. 继续推进内控运行，加强规范治理，提升管理水平；

6. 继续加强渠道建设、人力资源优化和信息系统建设；

7. 继续加强产品质量、食品安全、环境保护工作，确保万无一失。

5.2 主营业务分行业、产品情况表

单位：万元

主营业务分行业情况

分行业	营业收入	营业成本	毛利率(%)	营业收入比上年增减(%)	营业成本比上年增减(%)	毛利率比上年增减(%)
调味品	100,622.72	68,378.62	32.04%	14.18%	12.20%	1.20%
粮油食品	67,602.26	59,042.28	12.66%	36.88%	36.36%	0.33%

主营业务分产品情况

分产品	营业收入	营业成本	毛利率(%)	营业收入比上年增减(%)	营业成本比上年增减(%)	毛利率比上年增减(%)
酱油类	82,595.82	54,712.14	33.76%	15.54%	13.38%	1.26%
味精类	8,038.51	6,892.05	14.26%	−8.14%	−3.58%	−4.05%
食醋类	4,753.40	3,137.35	34.00%	30.08%	31.86%	−0.88%
鸡精类	4,847.05	3,391.78	30.02%	18.20%	10.62%	4.80%
蚝油类	387.94	245.30	36.77%	191.68%	160.46%	7.58%
食用植物油	67,186.97	58,527.65	12.89%	36.05%	35.23%	0.53%
其他	415.29	514.63	−23.92%	10,282.25%	2,835.71%	314.33%

5.3 报告期内利润构成、主营业务及其结构、主营业务盈利能力较前一报告期发生重大变化的原因说明

□ 适用 √ 不适用

第六节 财务报告

6.1 与最近一期年度报告相比，会计政策、会计估计和核算方法发生变化的具体说明

□ 适用 √ 不适用

6.2 重大会计差错的内容、更正金额、原因及其影响

□ 适用 √ 不适用

6.3 与最近一期年度报告相比，合并范围发生变化的具体说明

□ 适用 √ 不适用

6.4 董事会、监事会对会计师事务所"非标准审计报告"的说明

□ 适用 √ 不适用

6.5 对2012年1-3月经营业绩的预计

□ 适用 √ 不适用

成都利君实业股份有限公司

成都利君实业股份有限公司 2011 年年度报告摘要

第一节　重要提示

1.1 本公司董事会、监事会及其董事、监事、高级管理人员保证本报告所载资料不存在任何虚假记载、误导性陈述或者重大遗漏，并对其内容的真实性、准确性和完整性负个别及连带责任。

本年度报告摘要摘自年度报告全文，报告全文同时刊载于巨潮资讯网(www.cninfo.com.cn)。投资者欲了解详细内容，应当仔细阅读年度报告全文。

1.2 公司年度财务报告已经信永中和会计师事务所有限责任公司审计并被出具了标准无保留意见的审计报告。

1.3 公司负责人何亚民、主管会计工作负责人何静秋及会计机构负责人(会计主管人员)何海声明：保证年度报告中财务报告的真实、完整。

第二节　公司基本情况

2.1 基本情况简介

股票简称	利君股份
股票代码	002651
上市交易所	深圳证券交易所

2.2 联系人和联系方式

	董事会秘书	证券事务代表
姓名	胡益	高峰
联系地址	成都市武侯区武科东二路 5 号	成都市武侯区武科东二路 5 号
电话	028-85370138	028-85370138
传真	028-85370138	028-85370138
电子邮箱	Hyj5445@163.com	Feng66691@163.com

第三节　会计数据和财务指标摘要

3.1 主要会计数据

单位：人民币元

	2011 年	2010 年	本年比上年增减	2009 年
营业总收入(元)	1,220,061,003.62	1,448,293,132.70	-15.76	761,341,336.15
营业利润(元)	490,210,710.87	668,787,666.42	-26.70	320,273,490.25
利润总额(元)	499,314,809.43	675,971,800.96	-26.13	325,432,205.92
归属于上市公司股东的净利润(元)	424,585,581.92	576,549,577.92	-26.36	275,075,580.45
归属于上市公司股东的扣除非经常性损益的净利润(元)	415,208,217.49	570,045,219.51	-27.16	267,333,752.15
经营活动产生的现金流量净额(元)	96,474,629.32	314,397,460.29	-69.31	625,761,218.54
	2011 年末	2010 年末	本年末比上年末增减	2009 年末
资产总额(元)	2,427,258,520.55	1,286,605,266.00	88.66	1,277,392,095.32
负债总额(元)	526,980,169.13	788,507,900.31	-33.17	980,844,307.55
归属于上市公司股东的所有者权益(元)	1,900,278,351.42	498,097,365.69	281.51	296,547,787.77
总股本(股)	401,000,000.00	360,000,000.00	11.39	100,000,000.00

3.2 主要财务指标

单位：人民币元

	2011 年	2010 年	本年比上年增减	2009 年
基本每股收益(元/股)	1.18	1.60	-26.25	0.76
稀释每股收益(元/股)	1.18	1.60	-26.25	0.76
扣除非经常性损益后的基本每股收益(元/股)	1.15	1.58	-27.22	0.74
加权平均净资产收益率(%)	59.77	168.83	-109.06	104.98
扣除非经常性损益后的加权平均净资产收益率(%)	58.45	166.93	-108.48	102.03
每股经营活动产生的现金流量净额(元/股)	0.24	0.87	-72.41	6.26
	2011 年末	2010 年末	本年末比上年末增减	2009 年末
归属于上市公司股东的每股净资产(元/股)	4.74	1.38	243.48	2.97
资产负债率(%)	21.71	61.29	-39.58	76.78

3.3 非经常性损益项目

单位：人民币元

非经常性损益项目	2011 年	附注	2010 年	2009 年
非流动资产处置损益	968,818.54		-24,107.55	-1,448,612.55
计入当期损益的政府补助(不包括与公司业务密切相关，按照国家统一标准定额或定量享受的政府补助)	8,859,607.86	注 1	7,317,000.00	5,286,850.00
除同公司正常经营业务相关的有效套期保值业务外，持有交易性金融资产、交易性金融负债产生的公允价值变动损益，以及处置交易性金融资产、交易性金融负债和可供出售金融资产取得的投资收益	-41,978.52		-1,971,582.12	4,032,540.21
除上述各项之外的其他营业外收入和支出	-724,327.84		-108,757.91	1,320,478.22
其他符合非经常性损益定义的损益项目	1,978,297.26		2,391,666.67	--
小计	11,040,417.30		7,604,219.09	9,191,255.88
减：所得税影响额	1,663,052.87		1,099,860.68	1,449,427.58
非经常性净损益合计	9,377,364.43		6,504,358.41	7,741,828.30

注 1：计入当期损益的政府补助主要系根据中共成都市武侯区委、成都市武侯区人民政府《关于调整我区促进经济发展若干政策的意见》，以及成都武侯新城建设管理委员会《关于给予成都利君实业股份有限公司、四川利君科技实业有限公司优惠政策的函》(成武新管函[2011]143 号)，本公司及子公司四川利君分别于 2011 年 12 月 2 日、2011 年 10 月 19 日收到武侯区财政局、武侯新城建设管理委员会下达的财政扶持款 7,044,000.00 元、312,000.00 元。

第四节　股东持股情况和控制框图

4.1 前 10 名股东、前 10 名无限售条件股东持股情况表

2011 年末股东总数	53,857	本年度报告公布日前一个月末股东总数	29,192

前 10 名股东持股情况

股东名称	股东性质	持股比例(%)	持股总数	持有有限售条件股份数量	质押或冻结的股份数量
何亚民	境内自然人	36.21	145,199,999.00	145,199,999.00	无
何佳	境内自然人	35.01	140,400,000.00	140,400,000.00	无
魏勇	境内自然人	17.96	72,000,000.00	72,000,000.00	无
张乔龙	境内自然人	0.60	2,400,001.00	2,400,001.00	无
全国社保基金五零四组合	境内非国有法人	0.37	1,500,000.00	1,500,000.00	未知
兴业国际信托有限公司-福建中行新股申购资金信托项目 3 期	境内非国有法人	0.37	1,500,000.00	1,500,000.00	未知
渤海证券股份有限公司	国有法人	0.25	1,000,000.00	1,000,000.00	未知
宝盈鸿利收益证券投资基金	境内非国有法人	0.25	1,000,000.00	1,000,000.00	未知
中国工商银行-宝盈泛沿海区域增长股票证券投资基金	境内非国有法人	0.25	1,000,000.00	1,000,000.00	未知
兵器财务有限责任公司	国有法人	0.12	500,000.00	500,000.00	未知
中国银行-嘉实主题精选混合型证券投资基金	境内非国有法人	0.12	500,000.00	500,000.00	未知
全国社保基金四零七组合	境内非国有法人	0.12	500,000.00	500,000.00	未知

全国社保基金四零八组合	境内非国有法人	0.12	500,000.00	500,000.00	未知

前10名无限售条件股东持股情况

股东名称	持有无限售条件股份数量	股份种类
王惠杰	1500	人民币普通股
于丽波	1500	人民币普通股
胡燕媚	1500	人民币普通股
吕　航	1500	人民币普通股
李碧娄	1500	人民币普通股
冯伯华	1500	人民币普通股
胡立军	1500	人民币普通股
赖小飞	1500	人民币普通股
郭　浪	1500	人民币普通股
董月琴	1500	人民币普通股
上述股东关联关系或一致行动的说明	公司前十名股东中,何亚民与何佳系父女关系,属于一致行动人并合计持有公司71.22%的股份。除此情形外,公司未知前十名股东之间是否存在关联关系,也未知是否属于一致行动人; 公司未知前十名无限售条件股东之间是否存在关联关系,也未知是否属于一致行动人。	

4.2 公司与实际控制人之间的产权及控制关系的方框图(略)

第五节　董事会报告

5.1 管理层讨论与分析概要

(一)报告期内公司总体经营情况

2011年度,全球经济形势仍不容乐观,欧债危机不断加剧,经济持续低迷、增长乏力。报告期内,面临国内外复杂多变的经济形势,公司经营管理层在董事会的领导下,立足以辊压机制造为主业,坚持巩固和强化公司现有的技术、品牌、市场等优势,继续加强公司管理体系的建设,拓展主要产品的销售市场,合理控制成本费用,有序组织募集资金项目的实施;加强主要产品的技术升级研发力度,保持主要产品的竞争优势;强化内部管理工作,稳步提升产品质量及技术水平;继续致力于拓展辊压机粉磨系统的应用领域,确保公司持续健康的发展。

报告期内,公司经营管理层严格执行股东大会、董事会的各项决策,共同克服和化解各种困难,坚持以技术创新为核心,增强产品附加值。报告期内,受国际经济形势的影响,国内经济增速下滑,公司下游水泥建材、矿山冶金等行业固定资产投资放缓等因素的影响,在公司经营管理层及全体员工的共同努力下,全年实现营业收入12.20亿元,较上年同期下降15.76%;实现营业利润4.90亿元,较上年同期下降26.70%;实现净利润4.25亿元,较上年同期下降26.36%。

(二)对公司未来发展展望

2012年度,国家继续对房地产行业实施调控政策,公司主要产品下游水泥建材行业及其应用领域将会受到一定影响。根据国内外经济发展趋势,面临严峻的经济环境,在不考虑公司募投项目产生效益的情况下,公司经营管理层将结合目前公司实际情况,继续加强主要产品的市场营销及推广工作,维持主要产品原有的市场份额,积极推动其他领域的市场拓展,公司力争全年计划新签订合同13亿元。

5.2 主营业务分行业、产品情况表

单位:人民币元

主营业务分行业情况

分行业	营业收入	营业成本	毛利率(%)	营业收入比上年增减(%)	营业成本比上年增减(%)	毛利率比上年增减(%)
机械制造行业	1,127,077,858.25	561,249,974.15	50.20	−19.53	−13.12	−3.67
合　计	1,127,077,858.25	561,249,974.15	50.20	−19.53	−13.12	−3.67

主营业务分产品情况

分产品	营业收入	营业成本	毛利率(%)	营业收入比上年增减(%)	营业成本比上年增减(%)	毛利率比上年增减(%)
辊压机(水泥建材)	966,599,201.36	469,255,941.41	51.45	−18.84	−14.93	−2.23
高压辊磨机(矿山)	100,863,247.88	55,865,722.51	44.61	−11.99	5.68	−9.26
选粉机	59,615,409.01	36,128,310.23	39.40	−37.26	−13.03	−16.88
合　计	1,127,077,858.25	561,249,974.15	50.20	−19.53	−13.12	−3.67

5.3 报告期内利润构成、主营业务及其结构、主营业务盈利能力较前一报告期发生重大变化的原因说明

√适用　　□不适用

报告期内,公司实现营业收入12.20亿元,较上年同期下降15.76%;实现净利润4.25亿元,较上年同期下降26.36%。导致报告期营业收入及净利润下降的主要原因:

1. 受国家推出4万亿投资计划及四川汶川"5.12"地震恢复重建工作影响,公司主营业务在2010年度呈现出爆发式增长(即从2009年的7.61亿收入增加到2010年的14.48亿收入)。报告期内,上述因素对公司主营业务影响的逐步削弱,公司主要产品下游水泥建材行业应用领域投资放缓,导致销售收入较上年同期同比下降所致。至此,公司主营业务将回归到正常发展水平;

2. 净利润下降的主要原因系公司水泥建材行业用辊压机销售收入下降所致。

第六节　财务报告

6.1 与最近一期年度报告相比,会计政策、会计估计和核算方法发生变化的具体说明

□ 适用　　√ 不适用

6.2 重大会计差错的内容、更正金额、原因及其影响

□ 适用　　√ 不适用

6.3 与最近一期年度报告相比,合并范围发生变化的具体说明

√适用　　□不适用

鉴于利君投资和利君安装的经营活动未达到预期,公司于2010年6月4日决定注销利君投资和利君安装,利君投资于2011年2月11日完成工商注销登记手续,利君安装于2011年1月27日完成工商注销登记手续。

6.4 董事会、监事会对会计师事务所"非标准审计报告"的说明

□ 适用　　√ 不适用

6.5 对2012年1–3月经营业绩的预计

√适用　　□不适用

2012年1季度业绩预告详见2012年3月30日的《证券时报》、《中国证券报》、《上海证券报》、《证券日报》和巨潮资讯网(http://www.cninfo.com.cn)本公司公告。

成都利君实业股份有限公司

董事长:何亚民

2012年4月16日

上海康达化工新材料股份有限公司

上海康达化工新材料股份有限公司首次公开发行股票上市公告书

第一节　重要声明与提示

上海康达化工新材料股份有限公司(以下简称“康达新材”、“公司”、“本公司”或“发行人”)及全体董事、监事、高级管理人员保证上市公告书的真实性、准确性、完整性,承诺上市公告书不存在虚假记载、误导性陈述或重大遗漏,并承担个别和连带的法律责任。

证券交易所、其他政府机关对本公司股票上市及有关事项的意见,均不表明对本公司的任何保证。

本公司已承诺将在本公司股票上市后三个月内按照《中小企业板块上市公司特别规定》的要求修改公司章程,在章程中载明:“股票被终止上市后,公司股票进入代办股份转让系统继续交易”和“公司不得修改公司章程中的前项规定”。

本次发行前,公司股东所持股份的流通限制及股东对所持股份自愿锁定的承诺如下:

公司本次发行前的所有 32 名自然人股东承诺:在发行人股票上市之日起三十六个月内,不转让或者委托他人管理本人本次发行前持有的发行人股份,也不向发行人回售本人持有的上述股份。

发行人股东江苏高投成长创业投资有限公司、上海科技创业投资股份有限公司、江苏高投中小企业创业投资有限公司承诺:在发行人股票上市之日起十二个月内,不转让或者委托他人管理本公司本次发行前持有的发行人股份,也不向发行人回售本公司持有的上述股份。

除此之外,作为发行人董事、监事与高级管理人员的股东陆企亭、徐洪珊、侯一斌、姚其胜、张立岗、陆天耘、储文斌还承诺:除前述锁定期外,在本人任职期间,每年转让的股份不超过持有股份数的百分之二十五,离职后半年内,不转让本人所持有的发行人股份。

本上市公告书已披露公司 2012 年第一季度财务数据及资产负债表、利润表、现金流量表。其中,2012 年 3 月 31 日的资产负债表数据,2012 年 1-3 月、2011 年 1-3 月利润表数据和 2012 年 1-3 月、2011 年 1-3 月现金流量表数据未经审计,敬请投资者注意。

本公司提醒广大投资者注意,凡本上市公告书未涉及的有关内容,请投资者查阅刊载于巨潮网站(http://www.cninfo.com.cn)的本公司招股说明书全文。

第二节　股票上市情况

一、公司股票发行上市审批情况

本上市公告书是根据《中华人民共和国公司法》、《中华人民共和国证券法》和《首次公开发行股票并上市管理办法》、《深圳证券交易所股票上市规则 (2008 年修订)》等有关规定,并按照《深圳证券交易所股票上市公告书内容与格式指引(2012 年 2 月修订)》而编制,旨在向投资者提供有关康达新材首次公开发行股票并上市的基本情况。

经中国证券监督管理委员会“证监许可[2012]353 号”文核准,本公司公开发行 2,500 万股人民币普通股。本次发行采用网下向询价对象询价配售与网上资金申购定价发行相结合的方式,其中,网下配售 500 万股,网上定价发行 2,000 万股,发行价格为 12.00 元/股。

经深圳证券交易所(深证上【2012】84 号文)同意,本公司发行的人民币普通股股票在深圳证券交易所上市,股票简称“康达新材”,股票代码“002669 ”;其中本次公开发行中网上定价发行的 2,000 万股股票将于 2012 年 4 月 16 日起上市交易。

本次发行的招股意向书、招股说明书全文及相关备查文件可以在巨潮网站(www.cninfo.com.cn)查询。本公司招股意向书及招股说明书的披露距今不足一个月,故与其重复的内容不再重述,敬请投资者查阅上述内容。

二、公司股票上市概况

1. 上市地点:深圳证券交易所

2. 上市时间:2012 年 4 月 16 日

3. 股票简称:康达新材

4. 股票代码:002669

5. 首次公开发行后总股本:10,000 万股

6. 首次公开发行股票增加的股份:2,500 万股

7. 发行前股东所持股份的流通限制及期限:根据《公司法》的有关规定,公司公开发行股份前已发行的股份,自公司股票在证券交易所上市交易之日起一年内不得转让。

8. 发行前股东对所持股份自愿锁定的承诺:

公司本次发行前的所有 32 名自然人股东承诺:在发行人股票上市之日起三十六个月内,不转让或者委托他人管理本人本次发行前持有的发行人股份,也不向发行人回售本人持有的上述股份。

发行人股东江苏高投成长创业投资有限公司、上海科技创业投资股份有限公司、江苏高投中小企业创业投资有限公司承诺:在发行人股票上市之日起十二个月内,不转让或者委托他人管理本公司本次发行前持有的发行人股份,也不向发行人回售本公司持有的上述股份。

除此之外,作为发行人董事、监事与高级管理人员的股东陆企亭、徐洪珊、侯一斌、姚其胜、张立岗、陆天耘、储文斌还承诺:除前述锁定期外,在本人任职期间,每年转让的股份不超过持有股份数的百分之二十五,离职后半年内,不转让本人所持有的发行人股份。

9. 本次上市股份的其他锁定安排:本次发行中配售对象参与网下配售获配的股票自本次网上发行的股票在深圳证券交易所上市交易之日起锁定三个月。

10. 本次上市的无流通限制及锁定安排的股份:本次公开发行中网上发行的 2,000 万股股份无流通限制及锁定安排。

11. 公司股份可上市交易日期:

股份类别	序号	项目	持股数(股)	比例	可上市交易日期(非交易日顺延)
首次公开发行前已发行的股份	1	陆企亭	17,972,100	17.97%	2015 年 4 月 16 日
	2	徐洪珊	13,495,725	13.50%	2015 年 4 月 16 日
	3	储文斌	6,295,725	6.30%	2015 年 4 月 16 日
	4	张立岗	4,621,725	4.62%	2015 年 4 月 16 日
	5	江苏高投成长创业投资有限公司	4,453,575	4.45%	2013 年 4 月 16 日
	6	陆鸿博	3,193,275	3.19%	2015 年 4 月 16 日
	7	江苏高投中小企业创业投资有限公司	2,226,750	2.23%	2013 年 4 月 16 日
	8	上海科技创业投资股份有限公司	1,953,575	1.95%	2013 年 4 月 16 日
	9	侯一斌	1,874,700	1.87%	2015 年 4 月 16 日
	10	邓淑香	1,855,800	1.86%	2015 年 4 月 16 日
	11	袁万根	1,708,200	1.71%	2015 年 4 月 16 日
	12	缪小欢	1,344,600	1.34%	2015 年 4 月 16 日
	13	杨　健	1,298,550	1.30%	2015 年 4 月 16 日
	14	倪根炎	1,179,375	1.18%	2015 年 4 月 16 日
	15	徐迎一	847,650	0.85%	2015 年 4 月 16 日
	16	张荣华	735,450	0.74%	2015 年 4 月 16 日
	17	蔡俊杰	728,400	0.73%	2015 年 4 月 16 日
	18	姚其胜	728,400	0.73%	2015 年 4 月 16 日
	19	陆　巍	728,400	0.73%	2015 年 4 月 16 日
	20	张　英	720,150	0.72%	2015 年 4 月 16 日
	21	王秋龙	638,625	0.64%	2015 年 4 月 16 日
	22	卫银海	638,625	0.64%	2015 年 4 月 16 日
	23	蔡飞杰	590,250	0.59%	2015 年 4 月 16 日
	24	徐　忠	578,475	0.58%	2015 年 4 月 16 日
	25	陆天耘	485,175	0.49%	2015 年 4 月 16 日
	26	章晓松	479,325	0.48%	2015 年 4 月 16 日
	27	唐正华	298,650	0.30%	2015 年 4 月 16 日
	28	李卫平	180,600	0.18%	2015 年 4 月 16 日
	29	褚天荣	156,975	0.16%	2015 年 4 月 16 日
	30	姚国忠	111,000	0.11%	2015 年 4 月 16 日
	31	顾建明	96,825	0.10%	2015 年 4 月 16 日
	32	靳献荣	74,400	0.07%	2015 年 4 月 16 日
	33	缪　吉	74,400	0.07%	2015 年 4 月 16 日
	34	檀斐珏	67,275	0.07%	2015 年 4 月 16 日
	35	邬　铭	67,275	0.07%	2015 年 4 月 16 日
	36	全国社会保障基金理事会转持三户	2,500,000	2.50%	2013 年 4 月 16 日
	小计		75,000,000	75.00%	
首次公开发行的股	37	网下询价发行的股份	5,000,000	5.00%	2012 年 7 月 16 日
	38	网上定价发行的股份	20,000,000	20.00%	2012 年 4 月 16 日

份	小计	25,000,000	25.00%
	合 计	100,000,000	100.00%

12. 股票登记机构:中国证券登记结算有限责任公司深圳分公司

13. 上市保荐机构:光大证券股份有限公司(以下简称"光大证券")

第三节 发行人、股东和实际控制人情况

一、发行人的基本情况

1. 中文名称:上海康达化工新材料股份有限公司

英文名称:Shanghai Kangda New Materials Co., Ltd

2. 注册资本:7,500 万元(本次发行前);10,000 万元(本次发行后)

3. 法定代表人: 陆企亭

4. 住所:上海市浦东新区庆达路 655 号

5. 经营范围:胶粘剂、化工助剂的加工、制造及销售,胶粘剂的售后服务,胶粘剂专业领域内的"四技"服务,体育场地跑道施工,人造草坪的设计及安装,建筑装潢材料、金属材料、电器机械及器材、五金工具的销售(涉及许可经营的凭许可证经营)。

6. 主营业务:胶粘剂的研发、生产、销售和服务

7. 所属行业:C43 化学原料及化学制品制造业

8. 电话号码:021-68918998

9. 传真号码:021-68916616

10. 互联网网址: www.kangda-sh.com

11. 电子邮箱:kdxc@shkdchem.com

12. 董事会秘书: 储文斌

二、公司董事、监事、高级管理人员及其持有公司股票的情况

姓 名	职务	性别	年龄	任职起始日期	直接持有股数(股)	间接持有股数(股)	合计占发行后总股本比例
陆企亭	董事长、总经理	男	72	2010 年 8 月-2013 年 8 月	17,972,100	-	17.97%
徐洪珊	董事、常务副总经理	男	59	2010 年 8 月-2013 年 8 月	13,495,725	-	13.50%
侯一斌	董事、副总经理	男	55	2010 年 8 月-2013 年 8 月	1,874,700	-	1.87%
姚其胜	董事	男	38	2010 年 8 月-2013 年 8 月	728,400	-	0.73%
刘煊	董事	男	39	2010 年 8 月-2013 年 8 月	-	-	-
马永华	董事	男	57	2010 年 8 月-2013 年 8 月	-	-	-
杨栩	独立董事	男	44	2010 年 11 月-2013 年 8 月	-	-	-
邹菁	独立董事	女	39	2010 年 11 月-2013 年 8 月	-	-	-
张川	独立董事	女	42	2010 年 11 月-2013 年 8 月	-	-	-
陆天耘	财务总监	女	43	2010 年 8 月-2013 年 8 月	485,175	-	0.49%
储文斌	董事会秘书	男	43	2010 年 8 月-2013 年 8 月	6,295,725	-	6.30%
张立岗	监事会主席	男	61	2010 年 8 月-2013 年 8 月	4,621,725	-	4.62%
樊利平	监事	男	41	2010 年 8 月-2013 年 8 月	-	-	-
朱秀芳	职工代表监事	女	41	2010 年 8 月-2013 年 8 月	-	-	-

三、公司控股股东及实际控制人情况

公司实际控制人为陆企亭先生。截至本上市公告书出具日,实际控制人陆企亭未控股或参股其他企业。

陆企亭先生:1940 年 3 月出生,身份证号:23010719400301****,本科学历,教授级高级工程师,享受国务院政府津贴,1963 年毕业于北京大学有机化学专业, 曾在黑龙江省石油化学研究院工作 25 年,自 1988 年开始创办上海康达化工实验厂。陆企亭先生从事胶粘剂研究近 50 年,是国内胶粘剂行业的知名学者,获国家发明奖 1 项、省部级科技成果奖 7 项,出版胶粘剂专著 2 部,在学术刊物和国际学术交流会上发表论文数十篇,曾主持国家星火计划项目、上海市科委的科技创新行动计划、浦东新区科技专项、火炬计划和公司的大部分重大开发项目,多个项目达到了国际先进水平和国内领先水平。陆企亭先生为公司董事长兼总经理。

四、公司前十名股东持有公司发行后股份情况

此次发行后,公司股东总数为:40,038 户

公司前十名股东持有公司发行后股份情况如下:

序号	股东名称	持股数(股)	占总股本比例
1	陆企亭	17,972,100	17.97%
2	徐洪珊	13,495,725	13.50%
3	储文斌	6,295,725	6.30%
4	张立岗	4,621,725	4.62%
5	江苏高投成长创业投资有限公司	4,453,575	4.45%
6	陆鸿博	3,193,275	3.19%
7	全国社会保障基金理事会转持三户	2,500,000	2.50%
8	江苏高投中小企业创业投资有限公司	2,226,750	2.23%
9	上海科技创业投资股份有限公司	1,953,575	1.95%
10	侯一斌	1,874,700	1.87%
	合 计	58,587,150	58.59%

注:各加数之和与合计数在尾数上存在差异,该差异是由计算过程中四舍五入造成的。

第四节 股票发行情况

1. 发行股票数量为 2,500 万股。其中网下配售数量为 500 万股,占本次发行总量的 20%;网上定价发行数量为 2,000 万股,占本次发行总量的 80%。

2. 发行价格为:12.00 元/股,此价格对应的市盈率为:

(1)21.43 倍(每股收益按照 2011 年度经会计师事务所审计的扣除非经常性损益前后孰低的净利润除以本次发行后总股本计算)。

(2)16.00 倍(每股收益按照 2011 年度经会计师事务所审计的扣除非经常性损益前后孰低的净利润除以本次发行前总股本计算)。

3. 发行方式:本次发行采用网下向询价对象询价配售(下称"网下配售")与网上资金申购定价发行(下称"网上发行")相结合的发行方式。本次发行中通过网下配售向配售对象配售的股票为 500 万股,有效申购数量为 4,500 万股,有效申购的中签率为 11.11111111%,认购倍数为 9 倍,有效报价的股票配售对象为 13 家。本次发行网上定价发行 2,000 万股,本次网上定价发行的中签率 0.5004896040%,超额认购倍数为 200 倍。本次网上定价发行及网下配售均不存在余股。

4. 募集资金总额:300,000,000.00 元

5. 发行费用总额:本次发行费用共计 34,229,316.24 元,具体明细如下:

序号	费用名称	金额(元)
1	承销及保荐费用	23,950,000.00
2	审计及验资费用	3,840,000.00
3	律师费用	1,210,000.00
4	评估费用	120,000.00
5	上市初费及股份登记费用	134,000.00
6	信息披露费用	4,540,000.00
7	其他	435,316.24
	合计	34,229,316.24

每股发行费用 1.37 元/股。(每股发行费用=发行费用总额/本次发行股本)

6. 募集资金净额:265,770,683.76 元。天健正信会计师事务所有限公司已于 2012 年 4 月 10 日对发行人首次公开发行股票的募集资金到位情况进行了审验,并出具天健正信验(2012)综字第 020035 号《验资报告》。

7. 发行后每股净资产:5.21 元(按 2011 年 12 月 31 日经审计的归属于发行人股东的净资产与本次发行筹资净额之和除以本次发行后总股本计算)。

8. 发行后每股收益:0.56 元/股 (以公司 2011 年度经审计的扣除非经常性损益前后孰低的净利润按照发行后股本摊薄计算)。

第五节 财务会计资料

本上市公告书已披露本公司 2012 年 3 月 31 日资产负债表、2012 年 1-3 月利润表、2012 年 1-3 月现金流量表。其中,2012 年 3 月 31 日的资产负债表数据,2012 年 1-3 月、2011 年 1-3 月利润表数据和 2012 年 1-3 月、2011 年 1-3 月现金流量表数据未经审计, 对比表中 2011 年年度财务数据已经审计。敬请投资者注意。

一、主要财务数据及财务指标

项目	2012 年 3 月 31 日	2011 年 12 月 31 日	较上年末增减
流动资产(元)	201,295,774.73	201,066,423.86	0.11%
流动负债(元)	58,811,214.53	67,327,309.21	-12.65%
总资产(元)	320,961,523.06	322,219,857.07	-0.39%
归属于发行人股东的所有者权益(元)	262,150,308.53	254,892,547.86	2.85%

归属于发行人股东的每股净资产(元/股)	3.50	3.40	2.85%
项目	2012 年 1-3 月	2011 年 1-3 月	较上年同期增减
营业总收入(元)	44,122,342.97	71,879,683.66	-38.62%
营业利润(元)	8,178,798.08	13,467,676.04	-39.27%
利润总额(元)	8,299,354.95	13,634,883.39	-39.13%
归属于发行人股东的净利润(元)	7,257,760.40	11,759,076.94	-38.28%
归属于发行人股东的扣除非经常性损益后的净利润(元)	7,155,287.06	11,616,950.69	-38.41%
基本每股收益(元/股)	0.10	0.16	-38.28%
扣除非经常性损益后的基本每股收益(元/股)	0.10	0.15	-38.41%
加权平均净资产收益率(%)	2.81%	5.84%	减少 3.03 个百分点
扣除非经常性损益后的加权净资产收益率(%)	2.77%	5.77%	减少 3 个百分点
项目	2012 年 3 月 31 日	2011 年 12 月 31 日	较上年末增减
流动资产(元)	201,295,774.73	201,066,423.86	0.11%
流动负债(元)	58,811,214.53	67,327,309.21	-12.65%
总资产(元)	320,961,523.06	322,219,857.07	-0.39%
归属于发行人股东的所有者权益(元)	262,150,308.53	254,892,547.86	2.85%
归属于发行人股东的每股净资产(元/股)	3.50	3.40	2.85%
项目	2012 年 1-3 月	2011 年 1-3 月	较上年同期增减
营业总收入(元)	44,122,342.97	71,879,683.66	-38.62%
营业利润(元)	8,178,798.08	13,467,676.04	-39.27%
利润总额(元)	8,299,354.95	13,634,883.39	-39.13%
归属于发行人股东的净利润(元)	7,257,760.40	11,759,076.94	-38.28%
归属于发行人股东的扣除非经常性损益后的净利润(元)	7,155,287.06	11,616,950.69	-38.41%
基本每股收益(元/股)	0.10	0.16	-38.28%
扣除非经常性损益后的基本每股收益(元/股)	0.10	0.15	-38.41%
加权平均净资产收益率(%)	2.81%	5.84%	减少 3.03 个百分点
扣除非经常性损益后的加权净资产收益率(%)	2.77%	5.77%	减少 3 个百分点

二、经营业绩和财务状况的简要说明

2012 年 1-3 月,受下游风电行业调控影响,特别是今年 1-2 月延续 2011 年下半年的行情,加上下游风电用户对库存量均有不同程度的控制,使得公司风电叶片用环氧树脂结构胶销售较上年同期有所回落,受上述因素影响,公司 2012 年一季度营业收入为 44,122,342.97 元,较上年同期下降 38.62%,归属于发行人股东的净利润为 7,257,760.40 元,较上年同期下降 38.28%;公司 2012 年一季度营业利润、利润总额、归属于发行人股东的扣除非经常性损益后的净利润、每股收益、加权平均净资产收益率均较上年同期均下降约 39%。

2012 年 1-3 月,公司经营活动产生的现金流量净额比去年同期减少 16,544,517.55 元,较去年同期减少幅度为 561.33%。主要原因是:公司支出现金预定部分原材料以锁定材料成本价格,为实现销售订单做好准备。

总体而言,2012 年 1、2 月份,公司的主要产品风电用环氧树脂结构胶的销量受风电行业景气度影响同比下滑幅度较大,3 月份以来,该情况有明显改善。2012 年一季度公司陆续与主要客户签订了 2012 年度产品销售合同,未来随着下游客户订单的逐步履行,以及公司在其他领域产品的拓展,加上部分原材料价格的锁定,预计销售及盈利情况将会好转。

第六节　其他重要事项

一、公司已向深圳证券交易所承诺,将严格按照中小企业板的有关规则,在上市后三个月内尽快完善公司章程等相关规章制度。

二、本公司于 2012 年 3 月 20 日与中材科技风电叶片股份有限公司正式签订环氧树脂结构胶 2012 年度销售合同,合同有效期为一年,从 2012 年 1 月 1 日至 2012 年 12 月 31 日,合同金额为 3,308 万元,占 2011 年度公司销售收入比例约为 11%。

中材科技风电叶片股份有限公司(以下简称中材科技)为公司前五大客户,与公司不存在关联关系。中材科技法定代表人:赵俊山;注册资本:2.55 亿;经营范围:技术开发,技术咨询,技术服务,技术转让,销售风机叶片、机械设备、电器设备,货物进出口,技术进出口,代理进出口,制造、维修、保养风机叶片;注册地址:北京市延庆县北京八达岭经济开发区东环路 888 号;成立时间:2007 年 6 月 14 日。

2011 年度公司对中材科技的销售金额为 1,402.40 万元,如上述合同按期履行,可能对公司 2012 年经营成果产生正面影响。上述合同也存在未足额履行的风险。除上述内容,本公司自 2012 年 3 月 20 日刊登首次公开发行股票招股意向书至本上市公告书刊登前,没有发生可能对公司有较大影响的重要事项:

1. 公司严格依照《公司法》、《证券法》等法律法规的要求,规范运作,经营状况正常;主营业务目标进展情况正常;

2. 公司生产经营情况、外部条件或生产环境未发生重大变化(包括原材料采购和产品销售价格、原材料采购和产品销售方式、所处行业或市场等均未发生重大变化);

3. 公司未发生重大关联交易;公司资金未被关联方非经营性占用;

4. 公司未发生重大投资;

5. 公司未发生重大资产(或股权)购买、出售及置换;

6. 公司住所没有变更;

7. 公司董事、监事、高级管理人员及核心技术人员未发生变化;

8. 公司未发生重大诉讼、仲裁事项;

9. 公司未发生对外担保等或有事项;

10. 公司的财务状况和经营成果未发生重大变化;

11. 公司未召开董事会、监事会和股东大会;

12. 公司无其他应披露的重大事项。

第七节　上市保荐机构及其意见

一、上市保荐机构情况

保荐机构(主承销商):光大证券股份有限公司

法定代表人:徐浩明

住所:上海市静安区新闸路 1508 号

联系地址:上海市静安区新闸路 1508 号

联系电话:021-22169999

传真:021-22169284

保荐代表人:张曙华、王苏华

项目协办人:张卫进

项目联系人:薛江、沈斌云、成煜、王虔雅

二、上市保荐机构的推荐意见

上市保荐机构光大证券已向深圳证券交易所提交了《光大证券股份有限公司关于上海康达化工新材料股份有限公司股票上市保荐书》,光大证券的推荐意见如下:

光大证券认为康达新材申请其股票上市符合《中华人民共和国公司法》、《中华人民共和国证券法》及《深圳证券交易所股票上市规则》(2008 年修订)等法律、法规的有关规定,康达新材股票具备在深圳证券交易所上市的条件。光大证券愿意推荐康达新材的股票在深圳证券交易所上市交易,并承担相关保荐责任。

东江环保股份有限公司

东江环保股份有限公司首次公开发行股票上市公告书

第一节　重要声明与提示

本公司及全体董事、监事、高级管理人员保证上市公告书的真实性、准确性、完整性，承诺上市公告书不存在虚假记载、误导性陈述或重大遗漏，并承担个别和连带的法律责任。

证券交易所、其他政府机关对本公司股票上市及有关事项的意见，均不表明对本公司的任何保证。

本公司提醒广大投资者注意，凡本上市公告书未涉及的有关内容，请投资者查阅刊载于巨潮资讯网(www.cninfo.com.cn)的本公司招股说明书全文。

公司已承诺将在公司股票上市后三个月内按照《中小企业板块上市公司特别规定》的要求修改公司章程，在章程中载明"(1)股票被终止上市后，公司股票进入代办股份转让系统继续交易；(2)不对公司章程中的前款规定作任何修改。"

本次发行前，公司股东所持股份的流通限制及股东对所持股份自愿锁定的承诺如下：

本公司控股股东、实际控制人张维仰先生及关联股东李永鹏先生、周耀明先生、唐成明先生、蔡虹女士、蔡萍女士和蔡慧女士承诺自公司本次发行的A股股票上市之日起三十六个月内，不转让或者委托他人管理其所持有的公司股份，也不由公司收购该部分股份。

公司股东金石投资承诺：自公司股票上市之日起十八个月内，不转让或者委托他人管理本公司直接或间接持有的公司公开发行股票前已发行的股份，也不由公司回购其直接或间接持有的公司公开发行股票前已发行的股份。

贺建军先生等其他87名自然人股东及上海联创、中国风投、龙笛投资、江阴鑫源4名法人股东承诺：自公司本次发行的A股股票上市之日起十二个月内，不转让或者委托他人管理其所持有的公司股份，也不由公司收购该部分股份。

作为公司股东的董事、高级管理人员的张维仰先生、陈曙生先生、李永鹏先生、兰永辉先生、曹庭武先生、王恬女士还承诺在上述期限届满后，在其任职期间每年转让的股份不超过其所持有公司股份总数的百分之二十五；离职后半年内，不转让本人所持有的公司股份。在申报离任六个月后的十二个月内通过证券交易所挂牌交易出售公司股票数量占本人直接及间接持有的公司股票总数的比例不超过百分之五十。

本上市公告书已披露2012年第一季度主要财务数据、2012年3月31日资产负债表、2012年1-3月利润表、现金流量表。其中，2012年第一季度和对比表中2011年第一季度财务数据未经审计，对比表中2011年年度财务数据已经审计。公司上市后不再披露2012年第一季度季度报告，敬请投资者注意。

第二节　股票上市情况

一、股票发行上市审批情况

本上市公告书是根据《中华人民共和国公司法》、《中华人民共和国证券法》和《首次公开发行股票并上市管理办法》、《深圳证券交易所股票上市规则》等国家有关法律、法规的规定，并按照《深圳证券交易所股票上市公告书内容与格式指引(2012年2月修订)》而编制，旨在向投资者提供有关东江环保股份有限公司(以下简称"本公司"、"公司"或"东江环保")首次公开发行A股并上市的基本情况。

经中国证券监督管理委员会"证监许可[2012]413号"文核准，本公司公开发行人民币普通股2,500万股。本次发行采用网下向配售对象询价配售(以下简称"网下配售")和网上向社会公众投资者定价发行(以下简称"网上发行")相结合的方式，其中，网下配售500万股，网上发行2,000万股，发行价格为43元/股。

经深圳证券交易所《关于东江环保股份有限公司人民币普通股股票上市的通知》(深证上[2012]106号)同意，本公司发行的人民币普通股股票在深圳证券交易所上市，股票简称"东江环保"，股票代码"002672"；其中，本次公开发行中网上发行的2,000万股股票将于2012年4月26日起上市交易。

公司本次发行的招股意向书、招股说明书全文及相关备查文件可以在巨潮资讯网(http://www.cninfo.com.cn)查询。公司招股意向书及招股说明书的披露距今不足一个月，故与其重复的内容不再重述，敬请投资者查阅上述内容。

二、公司股票上市概况

1. 上市地点：深圳证券交易所

2. 上市时间：2012年4月26日

3. 股票简称：东江环保

4. 股票代码：002672

5. 首次公开发行后总股本：15,047.64万股(A股11,489.64万股，H股3,558.00万股)

6. 首次公开发行股票增加的股份：2,500万股

7. 发行前股东所持股份的流通限制

根据《中华人民共和国公司法》的有关规定，公司公开发行A股股票前已发行的内资股股份，自公司股票在深圳证券交易所上市之日起一年内不得转让。

8. 发行前股东对所持股份自愿锁定的承诺：

发行前股东对所持股份自愿锁定的承诺详见第一节"重要声明与提示"。

9. 本次上市股份的其他锁定安排：本次发行中网下配售对象获配的500万股股份的锁定期为三个月，锁定期自本次网上发行部分的股份在深圳证券交易所上市交易之日起开始计算。

10. 本次上市的无流通限制及锁定安排的股份：本次公开发行中网上发行的2,000万股股份无流通限制及锁定安排。

11. 公司股份可上市交易日期：

项目	股东名称	持股数量(股)	占发行后总股本比例	可上市交易日期(非交易日顺延)
首次公开发行前已发行股份	张维仰	43,158,964	28.682%	2015年4月26日
	上海联创创业投资有限公司	12,313,311	8.183%	2013年4月26日
	李永鹏	6,385,155	4.243%	2015年4月26日
	蔡虹	5,646,437	3.752%	2015年4月26日
	贺建军	4,246,770	2.822%	2013年4月26日
	中国风险投资有限公司	3,725,236	2.476%	2013年4月26日
	金石投资有限公司	3,571,429	2.373%	2013年10月26日
	陈曙生	3,256,299	2.164%	2013年4月26日
	深圳市龙笛投资发展有限公司	2,000,000	1.329%	2013年4月26日
	江阴鑫源投资有限公司	2,000,000	1.329%	2013年4月26日
	唐成明	707,795	0.470%	2015年4月26日
	蔡萍	308,478	0.205%	2015年4月26日
	周耀明	210,000	0.140%	2015年4月26日
	廖若岸	160,000	0.106%	2013年4月26日
	兰永辉	150,000	0.100%	2013年4月26日
	王恬	120,000	0.080%	2013年4月26日
	曹庭武	120,000	0.080%	2013年4月26日
	刘健伟	100,000	0.066%	2013年4月26日
	刘文斌	90,000	0.060%	2013年4月26日
	胡春林	90,000	0.060%	2013年4月26日
	骆晓红	80,000	0.053%	2013年4月26日
	尚兰福	79,000	0.052%	2013年4月26日
	李奎良	69,000	0.046%	2013年4月26日
	任培洋	60,000	0.040%	2013年4月26日
	康振东	60,000	0.040%	2013年4月26日
	蒋晋明	60,000	0.040%	2013年4月26日
	黄国跃	57,000	0.038%	2013年4月26日
	段春发	54,000	0.036%	2013年4月26日
	张国颜	50,000	0.033%	2013年4月26日
	罗宇	40,000	0.027%	2013年4月26日
	谢亨华	30,000	0.020%	2013年4月26日

	李晓迅	30,000	0.020%	2013 年 4 月 26 日
	缪峰	30,000	0.020%	2013 年 4 月 26 日
	邓伟亮	30,000	0.020%	2013 年 4 月 26 日
	李思亮	30,000	0.020%	2013 年 4 月 26 日
	汪文辉	30,000	0.020%	2013 年 4 月 26 日
	郭开平	30,000	0.020%	2013 年 4 月 26 日
	邓丽娟	30,000	0.020%	2013 年 4 月 26 日
	利育坚	30,000	0.020%	2013 年 4 月 26 日
	黄庆华	30,000	0.020%	2013 年 4 月 26 日
	张琳	30,000	0.020%	2013 年 4 月 26 日
	薛成亮	24,000	0.016%	2013 年 4 月 26 日
	叶子军	24,000	0.016%	2013 年 4 月 26 日
	刁伟华	21,000	0.014%	2013 年 4 月 26 日
	任玉森	20,000	0.013%	2013 年 4 月 26 日
	戴宁	20,000	0.013%	2013 年 4 月 26 日
	杨道德	16,000	0.011%	2013 年 4 月 26 日
	张玉鹏	16,000	0.011%	2013 年 4 月 26 日
	李开颜	16,000	0.011%	2013 年 4 月 26 日
	陈永辉	15,000	0.010%	2013 年 4 月 26 日
	赵中华	15,000	0.010%	2013 年 4 月 26 日
	蔡慧	15,000	0.010%	2015 年 4 月 26 日
	王智	15,000	0.010%	2013 年 4 月 26 日
	朱民跃	15,000	0.010%	2013 年 4 月 26 日
	龙盛华	15,000	0.010%	2013 年 4 月 26 日
	李学成	15,000	0.010%	2013 年 4 月 26 日
	张文厂	15,000	0.010%	2013 年 4 月 26 日
	马国洪	15,000	0.010%	2013 年 4 月 26 日
	涂其霞	15,000	0.010%	2013 年 4 月 26 日
	梅胜桥	15,000	0.010%	2013 年 4 月 26 日
	张伟山	15,000	0.010%	2013 年 4 月 26 日
	黄淑婉	15,000	0.010%	2013 年 4 月 26 日
	林文清	12,000	0.008%	2013 年 4 月 26 日
	薛成冰	12,000	0.008%	2013 年 4 月 26 日
	邹鸿图	12,000	0.008%	2013 年 4 月 26 日
	李满	12,000	0.008%	2013 年 4 月 26 日
	温源	12,000	0.008%	2013 年 4 月 26 日
	胡伟军	10,000	0.007%	2013 年 4 月 26 日
	杨红宇	10,000	0.007%	2013 年 4 月 26 日
	徐少文	10,000	0.007%	2013 年 4 月 26 日
	刘红梅	9,000	0.006%	2013 年 4 月 26 日
	张志坚	9,000	0.006%	2013 年 4 月 26 日
	蒋建明	9,000	0.006%	2013 年 4 月 26 日
	李晓辉	9,000	0.006%	2013 年 4 月 26 日
	陈海平	9,000	0.006%	2013 年 4 月 26 日
	姚琼	9,000	0.006%	2013 年 4 月 26 日
	彭运辉	9,000	0.006%	2013 年 4 月 26 日
	许磊	9,000	0.006%	2013 年 4 月 26 日
	闵志勇	7,500	0.005%	2013 年 4 月 26 日
	贺军	6,000	0.004%	2013 年 4 月 26 日
	冉体党	6,000	0.004%	2013 年 4 月 26 日
	李一军	6,000	0.004%	2013 年 4 月 26 日
	毛德斌	6,000	0.004%	2013 年 4 月 26 日
	郑卫锋	6,000	0.004%	2013 年 4 月 26 日
	谢思琦	5,000	0.003%	2013 年 4 月 26 日
	胡斌	3,000	0.002%	2013 年 4 月 26 日
	王敏艳	3,000	0.002%	2013 年 4 月 26 日
	何东林	3,000	0.002%	2013 年 4 月 26 日
	张秀兰	3,000	0.002%	2013 年 4 月 26 日
	古新强	3,000	0.002%	2013 年 4 月 26 日
	高国华	3,000	0.002%	2013 年 4 月 26 日
	许洪波	3,000	0.002%	2013 年 4 月 26 日
	唐永吉	3,000	0.002%	2013 年 4 月 26 日
	王彦杰	3,000	0.002%	2013 年 4 月 26 日
	曾能清	3,000	0.002%	2013 年 4 月 26 日
	陈峻鲲	3,000	0.002%	2013 年 4 月 26 日
	冯家军	3,000	0.002%	2013 年 4 月 26 日
	周添庆	3,000	0.002%	2013 年 4 月 26 日
	欧会明	2,000	0.001%	2013 年 4 月 26 日
	H 股	35,580,000	23.645%	–
	小计	125,476,374	100%	–
首次公开发行股份	网下配售的股份	5,000,000	3.323%	2012 年 7 月 26 日
	网上发行的股份	20,000,000	13.291%	2012 年 4 月 26 日
	小计	25,000,000	10.11%	–
	合计	150,476,374	100.00%	–

12. 股票登记机构:中国证券登记结算有限责任公司深圳分公司

13. 上市保荐机构:中信证券股份有限公司

第三节　发行人、股东和实际控制人情况

一、公司基本情况

1. 中文名称:东江环保股份有限公司

2. 英文名称:Dongjiang Environmental Company Limited

3. 注册资本:12,547.64 万元(本次发行前);15,047.64 万元(本次发行后)

4. 法定代表人:张维仰

5. 住所:深圳市南山区高新区北区朗山路 9 号东江环保大楼 1 楼、3 楼、8 楼北面、9–12 楼

6. 经营范围:废物的处置及综合利用(执照另行申办);废水、废气、噪声的治理;环境保护设施的设计、建设及运营;化工产品的销售(危险品取得经营许可证后方可经营);环保材料、环保再生产品、环保设备的生产与购销(生产场所执照另行申办);环保新产品、新技术的开发、推广及应用;兴办实业(具体项目另行申报);从事货物、技术进出口业务(不含分销、国家专营专控商品);物业租赁。

7. 主营业务:公司立足于工业废物处理业务,积极拓展市政废物处理业务,配套发展环境工程及服务和贸易及其他等增值性业务,充分发挥完整的产业链优势,秉承"保护环境、再造资源"的绿色理念,打造符合低碳经济特色的综合性高科技固废处理环保服务商。

8. 所属行业:其他公共设施服务业(行业代码 k0199)

9. 电话:(0755)86676092

10. 传真:(0755)86676002

11. 电子邮箱:ir@dongjiang.com.cn

12. 董事会秘书:王恬

二、公司董事、监事、高级管理人员及其持有公司股票的情况

姓　名	现任公司职务	任职起始日期	股份数	持股比例
张维仰	董事长、总裁	1999 年 9 月至今	43,156,964	28.682%
陈曙生	执行董事、副总裁	2003 年 7 月至今	3,256,299	2.164%
李永鹏	执行董事	2002 年 7 月至今	6,385,155	4.243%
冯　涛	非执行董事	2002 年 7 月至今	–	–
冯　波	非执行董事	2011 年 6 月至今	–	–
孙集平	非执行董事	2002 年 7 月至今	–	–
叶如棠	独立董事	2008 年 6 月至今	–	–
郝吉明	独立董事	2008 年 6 月至今	–	–
王继德	独立董事	2011 年 6 月至今	–	–
袁　桅	监事	2002 年 1 月至今	–	–
蔡文生	监事	2010 年 12 月至今	–	–
刘　安	监事	2008 年 6 月至今	–	–
兰永辉	副总裁	2009 年 3 月至今	150,000	0.100%

曹庭武	副总裁、财务总监	2007 年 3 月至今	120,000	0.080%
王　恬	董事会秘书	2003 年 1 月至今	120,000	0.080%
	合计	–	38.21%	

三、公司控股股东及实际控制人的情况

1. 基本情况

张维仰先生为公司的控股股东和实际控制人。现任公司董事长兼总裁，中国国籍，持有新加坡永久居留权。居民身份证号码：44030119650709****，住所广东省深圳市福田区。本次发行前，张维仰先生持有公司 34.40%的股份；本次发行后，张维仰先生持有公司 28.70%的股份。

2. 对外投资情况

公司的控股股东张维仰先生除控制本公司外，未控制其它企业。张维仰先生对外投资情况如下：

姓　名	职务	对外投资公司名称	出资额（万元）	持股比例
	董事长、	深圳市国策房地产土地估价有限公司	90.00	28.125%
张维仰	执行董事、	北京北大明德科技发展有限公司	100.00	20.00%
	总裁	天津和光股权投资管理合伙企业（有限合伙）	1,000.00	–

四、本公司前十名股东持有本公司股份的情况

本次公开发行后，公司内资股股东总人数为 19,753 人，其中，前十名股东持股情况如下：

序号	股东名称	发行后	
		所持股份数（万股）	股份比例（%）
	内资股	11,489.64	76.36
1	其中：张维仰	4,315.90	28.70
2	上海联创创业投资有限公司	1,231.33	8.18
3	李永鹏	638.52	4.24
4	蔡虹	564.64	3.75
5	贺建军	424.68	2.82
6	中国风险投资有限公司	372.52	2.48
7	金石投资有限公司	357.14	2.37
8	陈曙生	325.63	2.16
9	江阴鑫源投资有限公司	200.00	1.33
10	深圳市龙笛投资发展有限公司	200.00	1.33
	合计	8,630.36	57.35

第四节　股票发行情况

一、发行数量：2,500 万股，其中，网下向配售对象询价配售股票数量为 500 万股，占本次发行总量的 20%；网上向社会公众投资者定价发行股票数量为 2,000 万股，占本次发行总量的 80%。

二、发行价格：43 元/股，对应的市盈率为：

(1)33.10 倍（每股收益按 2011 年度经审计的扣除非经常性损益前后孰低的净利润除以本次发行后总股本计算）；

(2)27.60 倍（每股收益按 2011 年度经审计的扣除非经常性损益前后孰低的净利润除以本次发行前总股本计算）。

三、发行方式：本次发行采用网下向配售对象询价配售和网上向社会公众投资者定价发行相结合的方式。其中，网下向配售对象询价配售股票数量为 500 万股，获配的配售对象家数为 7 家，有效申购获得配售的比例为 25.00000000%，有效申购倍数为 4 倍；网上定价发行股票数量为 2,000 万股，中签率为 7.8225685013%，认购倍数为 13 倍。本次网下发行与网上发行均不存在余股。

四、募集资金总额：1,075,000,000.00 元

五、发行费用总额：62,774,150.14 元，具体明细如下：

项目	金额（元）
承销及保荐费用	50,000,000.00
律师费用	4,449,760.00
信息披露费用	4,002,700.00
审计费用	2,480,000.00
上市辅导费用	1,000,000.00
招股说明书制作及印刷费	726,793.77
上市登记托管费	114,896.37
合计	62,774,150.14

每股发行费用 2.51 元/股。（每股发行费用=发行费用总额/本次发行股数）

六、募集资金净额：1,012,225,849.86 元。信永中和会计师事务所有限公司已于 2012 年 4 月 20 日对发行人首次公开发行股票的资金到位情况进行了审验，并出具 XYZH/2009SZA1057-11 号《验资报告》。

七、发行后每股净资产：13.02 元（按 2011 年 12 月 31 日经审计的归属于母公司所有者权益加上本次发行募集资金净额之和除以本次发行后总股本计算）。

八、发行后每股收益：1.30 元/股（按 2011 年度经审计的扣除非经常性损益前后孰低的净利润除以本次发行后总股本计算）。

第五节　财务会计资料

本上市公告书已披露本公司 2012 年 3 月 31 日资产负债表、2012 年 1–3 月利润表、现金流量表。其中，2012 年 1–3 月财务数据和对比表中 2011 年 1–3 月财务数据未经审计，对比表中 2011 年年度财务数据已经审计。

一、主要财务数据及财务指标

项目	本报告期末 2012 年 3 月 31 日	上年度期末 2011 年 12 月 31 日	本报告期末比上年度期末增减
流动资产（元）	962,505,696.55	873,326,372.73	10.21%
流动负债（元）	505,230,794.54	501,942,282.68	0.66%
总资产（元）	2,105,048,652.89	1,983,716,072.40	6.12%
归属于发行人股东的所有者权益（元）	1,016,783,399.10	946,345,692.90	7.44%
归属于发行人股东的每股净资产（元/股）	8.103	7.542	7.44%
项目	2012 年 1–3 月	2011 年 1–3 月	比上年同期增减
营业总收入（元）	390,272,453.15	324,176,616.96	20.39%
营业利润	87,842,092.18	58,836,477.26	49.30%
利润总额（元）	89,072,431.77	60,047,493.96	48.34%
归属于发行人股东的净利润（元）	70,497,555.83	50,142,529.85	40.59%
归属于发行人股东扣除非经常性损益后的净利润（元）	69,337,044.22	48,205,773.43	43.84%
基本每股收益（元/股）	0.56	0.40	40.46%
扣除非经常性损益后的基本每股收益（元/股）	0.55	0.38	43.84%
加权平均净资产收益率（全面摊薄）	7.18%	6.53%	10.06%
扣除非经常性损益后的净资产收益率（全面摊薄）	6.82%	6.08%	12.20%
经营活动产生的现金流量净额（元）	92,782,978.97	168,262,384.78	–44.86%
每股经营活动产生的现金流量净额（元）	0.74	1.34	–44.86%

二、经营业绩和财务状况的简要说明

1. 经营业绩

报告期内公司实现营业收入 39,027.25 万元，对比去年同期 32,417.66 万元增加 6,609.59 万元，增长 20.39%。其主要原因为：一方面公司各废物处理基地继续加强经营管理，积极拓展市场，工业废物处理处置、市政废物处理处置、环境工程及服务等业务收入都较上年同期增长；另一方面，公司子公司再生能源、东江利赛、青岛东江因沼气供应充足、机组在线率高，再生能源利用业务收入较上年同期增长 430.98 万元。

报告期内公司实现利润总额 8,907.24 万元，比去年同期 6,004.75 万元增加 2,902.49 万元，增长 48.34%；实现归属于母公司所有者的净利润 7,049.76 万元，比去年同期 5,014.25 万元增加 2,035.51 万元，增长 40.59%。其主要原因为：一方面收入的增长导致利润增长；另一方面，公司前期研发投入初见成效，废物处理技术提高，有效地降低了成本。归属于母公司的利润增长率小于利润总额的增长率，主要原因是本期的少数股东损益较上期增加 432.02 万元，增长 442.41%所致。

2. 财务状况和现金流量

(1)主要资产项目的变化

报告期末公司货币资金余额为 24,465.92 万元，比期初 25,200.31 万元减少 734.39 万元，减少 2.91%，主要系当期公司原材料采购、存货增加以及应收账款增加所致。

报告期末公司应收票据余额为 2,138.99 万元，比期初 2,292.21 万元减少 153.22 万元，降低 6.68%，公司应收票据期末余额较期初减少，主要是公司为盘活资金，将应收票据背书转让以采购商品材料物资所致。应收票据余额全部为银行承兑汇票。

报告期末公司应收账款净额为 26,845.17 万元，比期初 18,025.67 万元增加 8,819.50 万元，增长 48.93%，其主要原因为：一方面收入的增加，导致应收账款增加；另一方面，本期市政固废以及环境工程业务增长较快，信用期较长，也是导致应收账款余额的增加的原因。

(2)主要负债项目的变化

报告期末公司短期借款余额为 11,810.60 万元，比期初 12,810.70 万元减少 1,000.10 万元，主要是由于短期借款到期还款所致。

报告期末公司应付职工薪酬余额为 902.60 万元，比期初 2,487.77 万元减少 1,585.17 万元，减少 63.72%，主要是由于报告期支付了上年度年终奖金所致。

报告期末公司其他应付款余额为 4,263.48 万元，比期初 6,054.02 万元减少 1,790.54 万元，减少 29.58%，主要是子公司韶关绿然于报告期内办理完成增资相关程序，将原挂账少数股东增资款 1,200 万元转为股本，另外公司支付了工程装修尾款 192.87 万元所致。

(3)主要现金流量表项目的变化

报告期内公司经营活动产生的现金流量净额为 9,278.30 万元，较上年同期 16,826.24 万元减少 7,547.94 万元，主要是由于公司期末存货和应收账款增加所致。

报告期内公司投资活动产生的现金流量净额为-5,878.14 万元，较上年同期-1,456.78 万元增加 4,421.36 万元，主要是报告期公司对企业信息管理系统项目、深圳市龙岗区工业危险废物处理基地项目的投资以及公司购置办公、运输、生产设备增加所致。

报告期内公司筹资活动产生的现金流量净额为-4,134.55 万元，较上年同期-8,167.60 万元减少 4,033.05 万元，主要是上年度 1-3 月短期借款到期还款，由于银行利率上升，公司尚未续贷所致。

注：本节所称报告期指 2012 年 1-3 月，报告期末指 2012 年 3 月 31 日

第六节 其他重要事项

一、本公司已向深圳证券交易所承诺，将严格按照中小板的有关规则，在上市后三个月内尽快完善公司章程等相关规章制度。

二、本公司自 2012 年 4 月 6 日刊登首次公开发行股票招股意向书至本上市公告刊登前，没有发生可能对公司有较大影响的其他重要事项，具体如下：

1. 本公司严格依照《公司法》、《证券法》等法律法规的要求，规范运作，经营状况正常，主营业务发展目标进展情况正常；

2. 本公司生产经营情况、外部条件或生产环境未发生重大变化(包括原材料采购和产品销售价格、原材料采购和产品销售方式、所处行业或市场等均未发生重大变化)；

3. 本公司未订立可能对对公司的资产、负债、权益和经营成果产生重大影响的重要合同；

4. 本公司未发生重大关联交易事项，资金未被关联方非经营性占用；

5. 本公司未进行重大投资；

6. 本公司未发生重大资产(或股权)购买、出售及置换；

7. 本公司住所没有变更；

8. 本公司董事、监事、高级管理人员及核心技术人员没有变化；

9. 本公司未发生重大诉讼、仲裁事项；

10. 本公司未发生重大对外担保等或有事项；

11. 本公司的财务状况和经营成果未发生重大变化；

12. 本公司未召开董事会、监事会和股东大会；

13. 本公司无其他应披露的重大事项。

第七节 上市保荐机构及其意见

一、上市保荐人情况

1. 保荐人(主承销商)：中信证券股份有限公司

2. 法定代表人：王东明

3. 住所：广东省深圳市福田区深南大道 7088 号招商银行大厦第 A 层

4. 联系地址：北京市朝阳区亮马桥路 48 号中信证券大厦

5. 电话：010-60833031

6. 传真：010-60833083

7. 保荐代表人：徐沛、董文

8. 联系人：董向征、程楠、王林、苏健、张曦予

二、上市保荐人的推荐意见

上市保荐人中信证券股份有限公司(以下简称“中信证券”)已向深圳证券交易所出具了《中信证券股份有限公司关于东江环保股份有限公司股票上市保荐书》。

中信证券认为，东江环保申请其股票上市符合《中华人民共和国公司法》、《中华人民共和国证券法》及《深圳证券交易所股票上市规则》等法律、法规的有关规定，东江环保股票具备在深圳证券交易所上市的条件。中信证券愿意推荐东江环保的股票在深圳证券交易所上市交易，并承担相关保荐责任。

发行人：东江环保股份有限公司

2012 年 4 月 25 日

福建金森林业股份有限公司

福建金森林业股份有限公司首次公开发行股票上市公告书

第一节　重要声明与提示

福建金森林业股份有限公司(以下简称“公司”、“福建金森”或“发行人”)及全体董事、监事、高级管理人员保证上市公告书的真实性、准确性和完整性,承诺上市公告书不存在虚假记载、误导性陈述或重大遗漏,并承担个别和连带的法律责任。

证券交易所、其他政府机关对公司股票上市及有关事项的意见,均不表明对公司的任何保证。

公司已承诺将在公司股票上市后三个月内按照《中小企业板块上市公司特别规定》的要求修改公司章程,在章程中载明“(1)股票被终止上市后,公司股票进入代办股份转让系统继续交易;(2)不对公司章程中的前款规定作任何修改。”

公司提醒广大投资者注意,凡本上市公告书未涉及的有关内容,请投资者查阅刊载于巨潮网站(http://www.cninfo.com.cn)的公司招股说明书全文。

公司控股股东福建省将乐县林业总公司(以下简称“林业总公司”)承诺:自福建金森股票上市之日起三十六个月内,不转让或者委托他人管理其持有的福建金森公开发行股票前已发行的股份,也不由福建金森回购其持有的该等股份。 公司实际控制人将乐县财政局承诺:自福建金森股票上市之日起三十六个月内,不转让或者委托他人管理其通过林业总公司和物资总公司持有的福建金森公开发行股票前已发行的股份,也不由福建金森回购其持有的该等股份。

公司股东将乐县林业科技推广中心(以下简称“林业科技推广中心”)、福建省将乐县物资总公司(以下简称“物资总公司”)承诺:自福建金森股票上市之日起三十六个月内,不转让或者委托他人管理其持有的福建金森公开发行股票前已发行的股份,也不由福建金森回购其持有的该等股份。

本上市公告书已披露公司2012年第一季度主要财务数据,2012年3月31日的资产负债表、2012年1-3月的利润表和现金流量表。其中,2012年第一季度和对比表中2011年第一季度财务数据未经审计,对比表中2011年年度财务数据已经审计。

第二节　股票上市情况

一、公司股票发行上市审批情况

本上市公告书系根据《中华人民共和国公司法》、《中华人民共和国证券法》、《首次公开发行股票并上市管理办法》和《深圳证券交易所股票上市规则》等有关法律法规的规定,并按照深圳证券交易所《股票上市公告书内容与格式指引》(2012年2月修订)编制而成,旨在向投资者提供有关公司首次公开发行A股股票上市的基本情况。

经中国证券监督管理委员会“证监许可[2012]473号”文核准,公司不超过3,468万股社会公众股公开发行工作已于2012年5月11日刊登招股意向书。根据初步询价结果,确定本次发行数量为3,468万股,本次发行采用网下向股票配售对象询价配售与网上向社会公众投资者定价发行相结合的方式,其中网下配售1,046.40万股,网上定价发行2,421.60万股,发行价格为12.00元/股。

经深圳证券交易所《关于福建金森林业股份有限公司人民币普通股股票上市的通知》(深证上[2012]150号)同意,公司发行的人民币普通股股票在深圳证券交易所上市,股票简称“福建金森”,股票代码“002679”;本次公开发行的3,468万股股票将于2012年6月5日起上市交易。

公司本次发行的招股意向书、招股说明书全文及相关备查文件可以在巨潮网站(http://www.cninfo.com.cn)查询。公司招股意向书及招股说明书的披露距今不足一个月,故与之重复的内容不再重述,敬请投资者查阅上述内容。

二、公司股票上市概况

1. 上市地点:深圳证券交易所
2. 上市时间:2012年6月5日
3. 股票简称:福建金森
4. 股票代码:002679
5. 首次公开发行后总股本:13,868万股
6. 首次公开发行股票增加的股份:3,468万股
7. 发行前股东对其所持股份自愿锁定的承诺:

公司控股股东林业总公司承诺:自福建金森股票上市之日起三十六个月内,不转让或者委托他人管理其持有的福建金森公开发行股票前已发行的股份,也不由福建金森回购其持有的该等股份。

公司实际控制人将乐县财政局承诺:自福建金森股票上市之日起三十六个月内,不转让或者委托他人管理其通过林业总公司和物资总公司持有的福建金森公开发行股票前已发行的股份,也不由福建金森回购其持有的该等股份。

公司股东林业科技推广中心、物资总公司承诺:自福建金森股票上市之日起三十六个月内,不转让或者委托他人管理其持有的福建金森公开发行股票前已发行的股份,也不由福建金森回购其持有的该等股份。

8. 本次上市股份的流通限制及锁定安排:本次公开发行的3,468万股股份无流通限制及锁定安排,新股上市之日即可流通。

9. 公司股份可上市交易时间

股东/股东类别		持股数量(万股)	比例	可上市交易时间(非交易日顺延)
首次公开发行前已发行的股份	林业总公司(SS)	9,751.604	70.317%	2015年6月5日
	林业科技推广中心(SS)	274.4524	1.979%	
	物资总公司(SS)	27.1436	0.196%	
	全国社会保障基金理事会	346.80	2.501%	
	小计	10,400.00	74.993%	
首次公开发行所发行的股份	网下配售发行的股份	1,046.40	7.55%	2012年6月5日
	网上定价发行的股份	2,421.60	17.46%	
	小计	3,468.00	25.007%	
	合计	13,868.00	100.00%	

注:SS是State-own Shareholder的缩写,表示其为国有股东。

10. 股票登记机构:中国证券登记结算有限责任公司深圳分公司

11. 上市保荐机构:红塔证券股份有限公司

第三节　公司、股东和实际控制人情况

一、公司基本情况

1. 公司名称(中文):福建金森林业股份有限公司
2. 公司名称(英文):FUJIAN JINSEN FORESTRY Co., Ltd.
3. 注册资本:10,400万元(本次发行前);13,868万元(本次发行后)
4. 法定代表人:郑涛
5. 成立日期:1996年4月18日
6. 改制设立股份公司时间:2007年11月19日
7. 住所及邮政编码:福建省三明市将乐县水南三华南路16号,353300
8. 经营范围:林木的抚育和管理;造林、花卉的种植;木材、竹材采运、销售(有效期至2013年2月止);林业、农业项目的投资;木、竹产成品销售及相关技术、设备进出口业务;中草药种植;购销农畜产品(以上经营范围涉及许可经营项目的,应在取得有关部门的许可后方可经营)。
9. 主营业务:森林培育营造,森林保有管护,木材生产销售。
10. 所属行业:A03 农业
11. 电话及传真:0598-2336158,0598-2336158
12. 公司网址:www.jinsenforestry.com
13. 公司邮箱:jsly@jinsenforestry.com
14. 董事会秘书:应飚

二、公司董事、监事和高级管理人员及其持有公司股份情况

姓　名	职务	本届任职期限	持有公司股份数量(股)	占发行后总股本的比例
王国熙	董事长	2010.12-2013.12	0	0
郑　涛	董事、总经理	2010.12-2013.12	0	0
应　飚	董事、副总经理、财务总监、董事会秘书	2010.12-2013.12	0	0

江贤明	董事,副总经理	2010.12-2013.12	0	0
潘隆应	董事	2010.12-2013.12	0	0
曹光明	董事	2010.12-2013.12	0	0
洪　伟	独立董事	2010.12-2013.12	0	0
汤金木	独立董事	2010.12-2013.12	0	0
张伙星	独立董事	2010.12-2013.12	0	0
庄子敏	监事会主席	2010.12-2013.12	0	0
王炎辉	监事	2010.12-2013.12	0	0
钟耀明	监事	2010.12-2013.12	0	0
温玉招	监事	2010.12-2013.12	0	0
张义洪	监事	2010.12-2013.12	0	0
蔡清楼	副总经理	2010.12-2013.12	0	0
杨　杰	副总经理	2010.12-2013.12	0	0
廖云华	总工程师	2010.12-2013.12	0	0

三、公司控股股东和实际控制人情况

(一)控股股东

本次发行前,林业总公司持有公司股份 10,088 万股,持股比例为 97%,是公司的控股股东;发行时林业总公司向全国社会保障基金理事会转持 3,363,960 股,本次发行后,林业总公司持有公司股份 9,751.604 万股,持股比例 70.317%,仍为公司控股股东。

林业总公司成立于 1993 年 3 月 9 日,《企业法人营业执照》注册号为 350428100004723,法定代表人为张阿观,住所为将乐县古镛镇南门街 36 号,经营范围为林业投资管理;不从事任何法律、法规禁止或需经审批的项目,自主选择经营项目,开展经营活动。

截至 2011 年 12 月 31 日林业总公司的注册资本为 3,000 万元;总资产为 61,957.68 万元,净资产为 31,580.00 万元;2011 年度营业收入为 13,015.93 万元, 净利润为 1,792.37 万元。以上数据已经审计。

截至 2011 年 12 月 31 日,除公司外,林业总公司拥有控股子公司 1 家,将乐县鑫绿林业融资担保有限公司,参股子公司 3 家,分别为福建积善投资股份有限公司、将乐县融发融资担保有限责任公司和将乐县农村信用合作联社。

(二)实际控制人

将乐县财政局持有林业总公司 100%股权,是公司的实际控制人。将乐县财政局同时持有物资总公司 100%的股权,物资总公司是公司的第三大股东,本次发行前,持有公司股份 280,800 股,持股比例为 0.27%,发行前,将乐县财政局实际控制公司 97.27%股权。发行后,将乐县财政局实际控制公司 70.513%股权。

四、本次发行后上市前公司前十名股东持有公司股份情况

本次发行后上市前,公司股东总数为:48,192 户。

公司前 10 名股东持有公司发行后股份情况如下:

序号	股东名称	持股数量(股)	比例
1	林业总公司	97,516,040	70.32%
2	全国社会保障基金理事会转持三户	3,468,000	2.50%
3	林业科技推广中心	2,744,524	1.98%
4	东航集团财务有限责任公司	1,450,000	1.05%
5	国泰君安证券股份有限公司	1,450,000	1.05%
6	国金证券股份有限公司	1,450,000	1.05%
7	泰康人寿保险股份有限公司—万能—个险万能	1,450,000	1.05%
8	中国工商银行-华夏希望债券型证券投资基金	1,450,000	1.05%
9	中国建设银行-华商收益增强债券型证券投资基金	1,450,000	1.05%
10	中国农业银行-招商信用添利债券型证券投资基金	1,450,000	1.05%
	合计	113,878,564	82.15%

注:持股比例以中国证券登记结算有限责任公司深圳分公司提供的数据为准。

第四节　股票发行情况

一、发行数量

本次发行股份数量为 3,468 万股,其中网下配售 1,046.40 万股,占本次发行总量的 30.17%,网上发行 2,421.60 万股,占本次发行总量的 69.83%。

二、发行价格及市盈率

本次发行的发行价格为人民币 12.00 元/股,对应的市盈率为:

32.79 倍 (每股收益按照经会计师事务所遵照中国会计准则审核的扣除非经常性损益前后孰低的 2011 年净利润除以本次发行前的总股数计算)

43.80 倍 (每股收益按照经会计师事务所遵照中国会计准则审核的扣除非经常性损益前后孰低的 2011 年净利润除以本次发行后的总股数计算)

三、发行方式及认购情况

本次发行采用网下向配售对象询价配售与网上向社会公众投资者定价发行相结合的方式同时进行。本次发行中通过网下配售向配售对象配售的股票为 1,046.40 万股,有效申购数量为 73,225 万股,有效申购获得配售的最终比例为 1.43%,认购倍数为 69.98 倍,有效报价的股票配售对象为 8 个。本次发行网上定价发行 2,421.60 万股,本次网上定价发行的中签率为 0.5783521335%,超额认购倍数为 173 倍。本次网上定价发行及网下配售均不存在余股。

四、募集资金总额

募集资金总额为 41,616 万元。

五、发行费用

本次发行费用总额为:4,415.4064 万元,明细如下:

项目	金额(万元)
保荐费	500
承销费	2,796.96
审计、评估、验资费	318.0475
律师费	300
信息披露费	450
发行上市、股份登记等费用	50.3989
合计	4,415.4064

每股发行费用:1.273 元。(每股发行费用=发行费用总额/本次发行股本)

六、募集资金净额及注册会计师对资金到位的验资情况

本次发行募集资金净额为 372,005,936.00 元。天健正信会计师事务所有限公司已于 2012 年 5 月 29 日对公司首次公开发行股票的资金到位情况进行了审验,并出具天健正信验(2012)综字第 020072 号《验资报告》。

七、发行后每股净资产

发行后公司每股净资产:4.16 元 (以 2011 年 12 月 31 日经审计的归属于公司股东的净资产与本次发行募集资金净额的合计数和本次发行后总股本计算)。

八、发行后每股收益

发行后每股收益:0.337 元/股 (以 2011 年度经审计的归属于公司股东的净利润和本次发行后总股本摊薄计算)。

第五节　财务会计资料

本上市公告书已披露公司 2012 年第一季度主要财务数据,2012 年 3 月 31 日的资产负债表、2012 年 1-3 月的利润表和现金流量表。其中,2012 年第一季度和对比表中 2011 年第一季度财务数据未经审计,对比表中 2011 年年度财务数据已经审计。

一、2012 年第一季度主要会计数据及财务指标

项目	本报告期末	上年度期末	本报告期末比上年度期末增减(%)
	2012-3-31	2011-12-31	
流动资产(元)	337,481,071.44	350,155,601.55	-3.62%
流动负债(元)	59,186,749.07	67,224,984.87	-11.96%
总资产(元)	365,307,591.21	378,072,627.48	-3.38%
归属于发行人股东的所有者权益(元)	200,340,914.21	205,031,756.59	-2.29%
归属于发行人股东的每股净资产(元)	1.93	1.97	-2.29%
项目	2012 年 1-3 月	2011 年 1-3 月	本报告期比上年同期增减(%)
营业收入(元)	9,925,213.71	7,151,856.95	38.78%
营业利润(元)	-4,677,134.07	-3,976,819.14	-17.61%
利润总额(元)	-4,726,800.57	-4,405,101.46	-7.30%
归属于发行人股东的净利润(元)	-4,690,842.48	-4,398,844.11	-6.64%
归属于发行人股东的扣除非经常性损益后的净利润(元)	-4,677,134.07	-3,970,561.79	-17.80%
基本每股收益(元)	-0.05	-0.04	-6.64%
扣除非经常性损益后的基本每股收益(元)	-0.04	-0.04	-17.80%
加权平均净资产收益率	-2.33%	-2.15%	降低 0.18 个百分点

扣除非经常性损益后的加权平均净资产收益率	-2.33%	-1.94%	降低 0.39 个百分点
经营活动产生的现金流量净额(元)	-74,893,361.75	-41,533,882.07	-80.32%
每股经营活动产生的现金流量净额(元)	-0.72	-0.40	-80.32%

二、经营业绩和财务状况的简要说明

(一)经营业绩

公司经营业绩具有季节波动性,一季度利润一般情况下为负数,上半年利润一般盈利但较少,公司的利润主要体现在下半年。

2012 年第一季度公司实现营业收入 992.52 万元,比去年同期增长 38.78%,收入增长的主要原因为公司子公司金森贸易从事松脂贸易业务量的增加;实现利润总额为-472.68 万元,比去年同期的亏损略有增加,为 7.80%;实现归属于公司股东的净利润-469.08 万元,比去年同期亏损增长 6.64%,亏损增加的主要原因系公司本期销售费用和管理费用的增加。

(二)财务状况

公司资产规模和资产负债率水平保持稳定,整体财务状况良好。2012 年 3 月 31 日公司总负债、总资产分别为 16,443.92 万元和 36,530.76 万元,分别较年初减少 803.82 万元和 1,276.50 万元,减幅分别为 4.66%和 3.49%。公司 2012 年 3 月 31 日货币资金较年初减少 7,715.67 万元,预付账款较年初增加 6071.11 万元,其他应收款较年初增加 261.27 万元,存货较年初增加 172.66 万元,变动的主要原因系公司在一季度大幅增加林木资产收购预付款支出,以及其他与主业相关的资金支出。公司 2012 年 3 月 31 日流动负债的变动主要系应付账款、其他应付款、应付职工薪酬以及应付税金的减少,以及预收账款的增加,该等变化均系公司在日常生产经营中的正常变动,增减变动水平均在合理范围内。

(三)现金流量

公司 2012 年一季度经营活动现金流入为 1,624.58 万元,与去年同期基本持平;经营活动现金流出为 9,113.92 万元,比去年同期增加 3,325.19 万元,增幅为 57.44%,经营活动现金流出增加主要系公司一季度用于收购林木资产的货币资金支出大幅增加所致,林木资产收购系公司正常经营活动,有利于增加公司林木资产储备;经营活动现金流净额为-7,489.34 万元,为净流出,比去年同期净流出增加 3,335.95 万元。

第六节　其他重要事项

一、公司已向深圳证券交易所承诺,将严格按照中小企业板的有关规则,在上市后三个月内尽快完善公司章程等相关规章制度。

二、公司自 2012 年 5 月 11 日刊登首次公开发行股票招股意向书至本上市公告书刊登前,没有发生可能对公司有较大影响的重要事项

(一)公司严格依照《公司法》、《证券法》等法律法规的要求,规范运作,经营状况正常,主营业务发展目标进展情况正常;

(二)公司生产经营情况、外部条件或生产环境未发生重大变化(包括原材料采购和产品销售价格、原材料采购和产品销售方式、所处行业或市场等均未发生重大变化);

(三)公司未订立可能对公司的资产、负债、权益和经营成果产生重大影响的重要合同;

(四)公司未发生重大关联交易事项,资金未被关联方非经营性占用;

(五)公司未进行重大投资;

(六)公司未发生重大资产(或股权)购买、出售及置换;

(七)公司住所没有变更;

(八)公司董事、监事、高级管理人员及核心技术人员没有变化;

(九)公司未发生重大诉讼、仲裁事项;

(十)公司未发生重大对外担保等或有事项;

(十一)公司的财务状况和经营成果未发生重大变化;

(十二)公司未召开董事会、监事会和股东大会;

(十三)公司无其他应披露的重大事项。

第七节　上市保荐机构及其意见

一、上市保荐机构情况

上市保荐机构:红塔证券股份有限公司

法定代表人:况雨林

联系地址:上海市田林东路 414 弄 12 号 A315

邮编:200233

电话:021-64083145、64083445

传真:021-64083675

保荐代表人:陈曙光、杨武斌

二、上市保荐机构的保荐意见

上市保荐机构红塔证券股份有限公司(以下简称"红塔证券")已向深圳证券交易所提交了《红塔证券股份有限公司关于福建金森林业股份有限公司股票上市保荐书》,上市保荐机构的推荐意见如下:福建金森符合《中华人民共和国公司法》、《中华人民共和国证券法》、《深圳证券交易所股票上市规则》(2008 年修订)等相关法律、法规所规定的股票上市条件,同意担任福建金森本次发行上市的保荐人,推荐其股票在深圳证券交易所上市交易,并承担相关保荐责任。

北京万邦达环保技术股份有限公司

北京万邦达环保技术股份有限公司 2011 年年度报告摘要

第一节 重要提示

1.1 本公司董事会、监事会及其董事、监事、高级管理人员保证本报告所载资料不存在任何虚假记载、误导性陈述或者重大遗漏，并对其内容的真实性、准确性和完整性负个别及连带责任。

本年度报告摘要摘自年度报告全文，报告全文同时刊载于中国证监会指定信息披露网站巨潮资讯网 。投资者欲了解详细内容，应当仔细阅读年度报告全文。

1.2 公司年度财务报告已经大华会计师事务所有限公司审计并被出具了标准无保留意见的审计报告。

1.3 公司负责人王飘扬、主管会计工作负责人李继富及会计机构负责人(会计主管人员)王晓红声明：保证年度报告中财务报告的真实、完整。

第二节 公司基本情况

2.1 基本情况简介

股票简称	万邦达
股票代码	300055
上市交易所	深圳证券交易所

2.2 联系人和联系方式

	董事会秘书	证券事务代表
姓名	龙嘉	
联系地址	北京市海淀区新街口外大街 19 号京师大厦 9325	
电话	010-58800036	
传真	010-58800018	
电子信箱	longja@waterbd.cn	

第三节 会计数据和财务指标摘要

3.1 主要会计数据

单位：元

	2011 年	2010 年	本年比上年增减	2009 年
营业总收入(元)	349,172,709.59	267,005,560.41	30.77%	476,737,221.15
营业利润(元)	90,576,128.03	72,187,855.59	25.47%	98,791,319.65
利润总额(元)	91,060,052.25	72,620,303.71	25.39%	95,471,372.01
归属于上市公司股东的净利润(元)	75,575,078.72	61,524,291.71	22.84%	81,075,576.33
归属于上市公司股东的扣除非经常性损益的净利润(元)	75,164,103.13	61,161,400.65	22.89%	83,898,281.82
经营活动产生的现金流量净额(元)	76,952,104.75	-111,977,823.47	-168.72%	79,289,106.68
	2011 年末	2010 年末	本年末比上年末增减	2009 年末
资产总额(元)	2,107,351,592.82	1,809,872,247.92	16.44%	423,134,702.43
负债总额(元)	434,522,413.03	213,178,146.85	103.83%	250,009,493.07
归属于上市公司股东的所有者权益(元)	1,660,829,179.79	1,596,694,101.07	4.02%	173,125,209.36
总股本(股)	228,800,000.00	114,400,000.00	100.00%	66,000,000.00

3.2 主要财务指标

	2011 年	2010 年	本年比上年增减	2009 年
基本每股收益(元/股)	0.3303	0.3062	7.87%	0.4725
稀释每股收益(元/股)	0.3303	0.3062	7.87%	0.4725
扣除非经常性损益后的基本每股收益(元/股)	0.3285	0.3044	7.92%	0.4889
加权平均净资产收益率(%)	4.64%	4.57%	0.07%	61.15%
扣除非经常性损益后的加权平均净资产收益率(%)	4.62%	4.55%	0.07%	63.28%
每股经营活动产生的现金流量净额(元/股)	0.34	-0.98	160.35%	1.20
	2011 年末	2010 年末	本年末比上年末增减	2009 年末
归属于上市公司股东的每股净资产(元/股)	7.259	13.957	-47.99%	2.623
资产负债率(%)	20.62%	11.78%	8.84%	59.09%

3.3 非经常性损益项目

√ 适用 □ 不适用

单位：元

非经常性损益项目	2011 年金额	附注(如适用)	2010 年金额	2009 年金额
非流动资产处置损益	50,866.27		-173,153.78	-98,799.87
计入当期损益的政府补助，但与公司正常经营业务密切相关，符合国家政策规定、按照一定标准定额或定量持续享受的政府补助除外	2,500.00		2,705,000.00	135,000.00
除上述各项之外的其他营业外收入和支出	430,557.95		-2,099,398.10	-3,356,147.77
所得税影响额	-72,948.63		-69,557.06	497,242.15
合计	410,975.59	-	362,891.06	-2,822,705.49

第四节 股东持股情况和控制框图

4.1 前 10 名股东、前 10 名无限售条件股东持股情况表

单位：股

2011 年末股东总数	5,674	本年度报告公布日前一个月末股东总数			10,756
前 10 名股东持股情况					
股东名称	股东性质	持股比例(%)	持股总数	持有有限售条件股份数量	质押或冻结的股份数量
王飘扬	境内自然人	30.94%	70,785,000	70,785,000	
胡安君	境内自然人	13.50%	30,888,000	30,888,000	
王婷婷	境内自然人	9.00%	20,592,000	20,592,000	
中国建设银行-华商盛世成长股票型证券投资基金	境内非国有法人	2.72%	6,224,524	0	
王安朴	境内自然人	2.25%	5,148,000	5,148,000	
王冬梅	境内自然人	2.25%	5,148,000	5,148,000	
朱俊	境内自然人	2.25%	5,148,000	5,148,000	
刘建斌	境内自然人	1.88%	4,290,000	4,290,000	
中国银行-嘉实主题精选混合型证券投资基金	境内非国有法人	1.73%	3,957,729	0	
中国建设银行-银华富裕主题股票型证券投资基金	境内非国有法人	1.57%	3,596,893	0	

前 10 名无限售条件股东持股情况

股东名称	持有无限售条件股份数量	股份种类
中国建设银行-华商盛世成长股票型证券投资基金	6,224,524	人民币普通股
中国银行-嘉实主题精选混合型证券投资基金	3,957,729	人民币普通股
中国建设银行-银华富裕主题股票型证券投资基金	3,596,893	人民币普通股
中国民生银行-华商策略精选灵活配置混合型证券投资基金	3,308,898	人民币普通股
中国农业银行-银华内需精选股票型证券投资基金	1,807,233	人民币普通股
交通银行-海富通精选证券投资基金	1,482,909	人民币普通股
中国银行-银华优质增长股票型证券投资基金	1,300,000	人民币普通股
中国银行-海富通股票证券投资基金	1,084,157	人民币普通股
中国建设银行-华富竞争力优选混合型证券投资基金	1,075,076	人民币普通股
左本俊	881,108	人民币普通股
上述股东关联关系或一致行动的说明	本公司未知其他股东间是否存在关联关系或构成一致行动人。	

4.2 公司与实际控制人之间的产权及控制关系的方框图(略)

第五节　董事会报告

5.1 管理层讨论与分析概要

一、公司总体经营情况

2011 年度公司整体运营良好，营业总收入和净利润稳步增长，经营活动产生的现金流量净额实现大幅增长。2011 年，公司实现营业收入 34,917.27 万元，较上年增长 30.77%；实现营业利润 9,057.61 万元，较上年增长 25.47%；归属于母公司净利润 7,667.43 万元，较上年增长 24.62%；经营活动产生的现金流量净额 7,695.21 万元，较上年增长 168.72%。

二、公司未来发展的展望

(一)公司外部经营环境的发展趋势

1. 我国环保产业发展状况

"十一五"期间，中国环保产业产值规模增长率达到 15%—22%，预计在"十二五"期间，将继续保持年均 15%-20%的复合增长率，到 2015 年环保产业总产值有望超过 2 万亿元人民币，环保产业的投资总额将达 3.1 万亿。根据相关机构预计"十二五"废水治理投入将达 1.2 万亿元，占环保总投入 32%，同比"十一五"增长 31%。

2. 水处理行业发展状况

我国环保产业结构已从以污水、大气治理为主向全产业链、全方位迅速展开。水处理领域已进入稳定发展期，行业发展日渐成熟，未来工业废水的方向主要集中在工业企业污水处理标准提高和工业废水处理及再生水技术领域，其中再生水领域是发展的重点。以污泥、生活垃圾和餐厨垃圾为代表的固体废弃物处理、处置将是未来十年增长最快的领域。"十二五"期间全国生活垃圾处理设施建设投资约需 944 亿元，并且《关于调整完善资源综合利用产品及劳务增值税政策的通知》中，提出对垃圾处理、污泥处理处置劳务免征增值税。

我国的环保产业在由以装备制造业为主向以环境服务业为主转变，国家政策正在逐步推进重点发展能提供系统解决方案的综合环境服务，积极发展环境咨询服务业，逐步推进环境监测服务社会化。"十二五"期间，计划形成 100 家左右年产值在 10 亿元以上的环保企业，其中包括 50 家环境服务型企业。

3. 能源、化工行业发展状况

公司主要是为石油化工和煤化工行业提供全方位、全寿命周期的水处理技术服务，因此石油化工和煤化工行业的发展趋势直接影响公司的未来发展。下面分别对石油化工和煤化工行业的发展趋势及对水处理的要求分别介绍：

1)煤化工行业发展及对水处理需求的趋势

能源是工业化社会经济发展的"血液"，充足的能源供应是社会经济整体持续发展的保证。随着国民经济快速发展，我国已经成为仅次于美国的世界第二大石油消费国，世界最大的石油进口国。随着国内汽车、钢铁、化工行业的高速发展，今后的能源需求仍将保持强劲增长态势。然而我国人口基数大，能源资源相对匮乏，能源供应特别是石油资源供应与需求的矛盾日益突出。我国能源总体状况是"富煤缺油少气"，这种特点导致了我国能源生产和能源消费长期以煤为主。我国煤炭资源量较大，煤种齐全。发挥煤炭资源优势，发展煤化工产业，生产石油替代产品，弥补国内石油供需缺口，对于推动我国石油替代战略的实施，满足经济社会发展需要具有重要意义。因此国家在一段时间内仍然会大力促进煤化工行业的发展。

但是国家对于煤化工产业的发展规划始终采用谨慎的态度，其最主要原因有：一是煤化工目前的工艺是一个耗水大户，以常见煤化工产品为例，每生产一吨甲醇要耗煤约 1.5 吨，耗水约 13 吨；生产一吨煤制油，耗煤约 4.5 吨，耗水 7—15 吨，而在我国，煤炭储量丰富的地区往往水资源并不丰富；二是煤化工行业产生的污水污染物浓度极高，溶解或悬浮有粗煤气中的多种成分，含有大量的酚、氨、硫化物、氰化物和焦油，以及众多的杂环化合物和多环芳烃等(如吲哚、萘、喹啉、吡啶)难降解有机物，使煤气化废水经过传统的生物处理方法处理后很难达到排放标准，易造成严重的环境污染问题。

国家为了发展煤化工产业曾经尝试多种办法解决上述问题。如在审批煤化工项目关键的环境影响评价报告中约定提高水资源的利用率，甚至要求煤化工项目的污水处理需达到零排放的水平。但由于煤化工行业为新近几年快速发展起来的行业，业内在水处理方面始终没有开发出更具有针对性的技术解决方案。因此煤化工作为国家战略性能源支柱产业能否科学地解决水资源利用效率，污水处理回用和零排放问题将影响整个煤化工行业的发展。

2)石油化工行业发展规划和水处理需求趋势

根据国家石化和化学工业"十二五"发展规划可以看出，十二五期间国家仍坚持内需为主。立足国内经济社会发展需要，适当增加成品油、烯烃等刚性需求及化工新材料等市场缺口较大产品的生产能力，提高农用化学品的保障供应能力，为全社会及其他行业的发展提供有效供给。坚持结构调整。继续坚持原料多元化、上下游一体化、集约化、基地化发展模式。发展高端石化化工产品，提高差异化、高附加值产品比重，淘汰落后产能。优化产业布局，规范园区建设。加快推进兼并重组，提高产业集中度。坚持技术进步。加强关键技术和大型成套装备研发，提高科技创新对产业发展的支撑和引领作用。加快化工新材料、石油替代、低碳环保等新兴产业技术的研发和产业化步伐。加大传统产业的技术改造力度，提升产业整体技术与装备水平。坚持绿色发展。发展循环经济，推行清洁生产，加大节能减排力度，推广新型、高效、低碳的节能节水工艺，积极探索有毒有害原料(产品)替代，提高资源能源利用效率，减少污染物产生和排放。积极推进城市人口集中地和重要水源地等环境敏感地区的石化化工企业转型或搬迁改造，消除重大安全环保隐患等。其中更明确了石化行业节能减排的具体目标，如全面完成国家"十二五"节能减排目标，全行业单位工业增加值用水量降低 30%、能源消耗降低 20%、二氧化碳排放降低 17%，化学需氧量(COD)、二氧化硫、氨氮、氮氧化物等主要污染物排放总量分别减少 8%、8%、10%、10%，挥发性有机物得到有效控制。炼油装置原油加工能耗低于 86 千克标准煤/吨，乙烯燃动能耗低于 857 千克标准煤/吨，合成氨装置平均综合能耗低于 1350 千克标准煤/吨等。这些更加严格的节能减排目标对水处理技术的创新要求提出了新的挑战的同时，也预示着石化行业水处理巨大的市场需求空间。

(二)公司发展机遇和挑战

1. 公司面对的发展机遇

2011 年对于煤化工行业和石油化工水处理企业来说，是复杂变化的一年。国际金融危机后世界经济前景不明朗，国内对大型煤化工和石油化工新建项目政策调控使旺季变淡季，还有原材料价格上涨，劳动力成本增加等等因素，令不少企业感叹市场难做，内忧外患。

"十二五"规划提出要建设资源节约型、环境友好型社会，以此作为加快转变经济发展方式的重要着力点。同时明确了十二五节能减排的主要目标；至 2015 年，全国万元国内生产总值能耗下降到 0.869 吨标准煤，比 2010 年的 1.034 吨标准煤下降 16%，比 2005 年的 1.276 吨标准煤下降 32%；整个十二五期间，共节约能源 6.7 亿吨标准煤。至 2015 年，全国化学需氧量和二氧化硫排放总量分别控制在 2347.6 万吨、2086.4 万吨，比 2010 年的 2551.7 万吨、2267.8 万吨分别下降 8%；全国氨氮和氮氧化物排放总量分别控制在 238 万吨、2046.2 万吨，比 2010 年的 264.4 万吨、2273.6 万吨下降 10%。"十二五"期间环保投资将达 3.1 万亿，较"十一五"上升 121%，而全国环保产业产值在"十二五"末将达到 2 万亿。同时国家对大型化工项目的节能减排要求更加严格，石油化工和煤化工企业面临着必须解决提高水资源利用率和污水零排放等技术难题才能保障项目的顺利实施，所以未来石化企业对提高水的回收率和污水零排放等技术的市场需求潜力巨大。企业重点开发提高水的回收率和污水零排放成套技术及一体化产品装置，是环保行业发展的大势所趋。

我们认为，"十二五"的节能减排形势将更加严峻。容易实现的节能项目已经在"十一五"期间实现，下一步的难度将更大，这依赖于经济发展方式的转变和技术创新的应用。据测算，技术进步对节能的贡献率将达到 40%-60%。行业和企业应当做好节能规划，并切实贯彻，只有这样才能避免最后一年采取极端方式节能减排。

在发展低碳经济、倡导低碳生活的大趋势下，谁能把握住行业发展机遇，实现真正的环保、节能，谁就能站上行业的制高点。

2. 公司面临的挑战

1)企业快速发展过程中的不平衡、不协调问题依然突出

过去的一年是公司快速发展的一年，在快速的发展过程中企业面临着人力资源的巨大压力。在培养人才和招聘人才的双重途径下难免会暂时出现各部门发展不平衡，这种不平衡会短期影响公司的均衡发展，是公司必须面对也必须解决的关键问题。另一方面，随着公司人员的增加，业务模式的发展和变化，原有的组织架构和工作流程已经不再适应企业的快速发展的需求，因此在公司组织架构及流程的优化调整过程中也会产生问题，这也需要公司积极地去面对。

为尽快匹配企业快速发展的节奏，公司已聘请专业服务团队对公司进行内部控制流程的全面梳理，优化组织结构和流转程序，全面降低部门组织之间的内部损耗，促进公司协调运转；同时，公司已开始在系统内全面推行信息化系统建设，以推行信息化系统建设为契机，以集团化企业运作模式为目标，以电子化办公为外在表现形式，对企业经营的各个方面进行全面结构优化和提升。

2)技术创新仍需增强

随着国家对环保行业的大力支持，多家环保公司纷纷涉足石油化工和煤化工水处理行业，使石化行业水处理市场竞争日趋激烈。其他环保企业的竞争和进入石化行业水处理市场的趋势越来越强烈，这种挑战对我们企业的创新提出了更高的要求。

所谓创新，不光指技术创新，也包括品牌创新、组织制度创新、管理模式创新以及企业文化创新等，"创新"涵盖了企业组织经营的各个方面。技术创新首先要有观念的创新，石油化工和煤化工水处理行业的技术创新需求将随着国家对此类项目节能减排要求的日趋严格而逐步增加，因此我们在石油化工和煤化工水处理的标准化的处理技术观念能否改变，进而能否在未来工业水处理行业产生革命性的技术创新成为我们未来发展的重要挑战。

3)新技术能否被市场认可

近年来，公司在工业水回收利用率提高和污水零排放技术方面进行了大量的技术引进和技术研发工作，报告期内，公司新申请专利达到 5 个，部分新技术已经完成中试，甚至进入工业化阶段。但是新的技术由于具备改变工业水处理技术观念的创新价值而能否短期内被市场和专家所接受还面临着巨大的挑战。公司将在专利申报成功后，适时对有关技术研发成果进行推广，加大市场宣传力度，创造具有公司特色的品牌文化，在产品推广的同时，推广新型环保理念，推广品牌知名度和美誉度，提升公司品牌价值，提升公司市场价值。

(三)公司未来发展战略规划

公司未来三年发展规划及发展目标为：

公司未来三年的经营发展目标是：保持公司综合竞争优势，提升系统运营管理水平，大力发展运营管理增值业务，实现总承包业务快速增长，成为业务全面、专业性突出的大型工业水处理系统全寿命周期服务商。经管理层审慎讨论，公司未来三年业绩将稳中有升，其中托管运营业务的利润贡献将逐步提高。

目前，公司已配合下游大客户的分支机构完成 10 多个项目的模拟水处理小试、中试及技术攻坚并为这些项目的立项报批审核提供水处理技术支持，而其他公司一般在项目实施招标阶段才介入；根据多年技术营销积累的客户认同，合同业务的延续及正在洽谈近期将开展的业务，和下游大型项目拟开工建设的计划，结合自身的资金实力的提升和专业人才队伍的建设，公司未来的业务将呈稳定增长趋势。

(四)公司 2012 年经营计划

1.2012 年工作的总体指导思想

2012 年是"十二五"规划的第二年,国家的各项环保政策密集出台,在加强管控力度的基础上,极大地提升了环保工程项目的资金投入,这既给我公司提供了难得的发展机遇,同时也对我们提出了更高的要求。

面对新的机遇和挑战,公司的经营管理工作总的指导思想是:立足主业,稳步推进工程项目和托管运营业务,保证主营业务持续稳定增长;转变经营模式,加大技术研发和新技术引进的投入及推广力度,提高公司核心竞争力;强化资本运作,拓展投资领域,培育新的利润增长点;完善公司治理,加强内控体系及企业文化建设,打造技术领先、竞争力强、业绩优良、治理规范的上市公司。

2.根据公司《2012 年度经营计划》,公司 2012 年预计实现总收入 52,571.89 万元,比 2011 年度增加 50.56%,主要收入为工程项目确认收入,2012 年预计实现 39,143.93 万元工程结算收入,同比增长 53.99%;预计总成本 39,753.10 万元,比 2011 年增加 55.45%,总成本增加主要在于工程成本增加幅度较大;预计实现毛利 12,818.79 万元,比 2011 年度增加 37.18%。

重要提示:上述经营计划、经营目标并不代表本公司对 2012 年度的盈利预测,能否实现取决于市场状况变化、经营团队的努力、新技术新产品研发突破等多种因素,存在很大不确定性,敬请投资者特别注意。

3.2012 年工作重点

1)紧抓发展机遇,加强市场拓展,加大营销力度,抢占市场份额。

国家"十二五"规划加大了对环保企业的政策和资金支持,公司将牢牢把握这一发展契机,加强项目开发与储备,加大市场筹划与营销力度,重点项目全程跟踪落实,在巩固、稳定行业地位的基础上,努力提高市场占有率;加强内部营销人员培训,提升人员综合业务能力,以一流的技术水平、专业的项目方案、真诚的服务理念及完备的营销手段获得客户的认可和信赖。

市场部应加强项目前期工作,积极与客户沟通,组织技术交流、做精做细投标准备工作;同时协助相关部门完成工程结算及回款工作;完成公司商标注册工作,维护公司商标权。

2)加强经营计划性管理,逐步建立完善的内部控制体系。

为了实现公司的可持续性发展,需要深入研究、完善公司发展战略,制定公司中长期发展规划,明确中长期经营目标。逐步推行全面计划管理,定期组织召开经济活动分析会,分析、反馈经营信息,力求做到事先有计划、事中有监督落实、事后有总结汇报;重点做好内部控制体系建设工作,完善内控制度,优化业务流程,逐步实现制度化、标准化、规范化管理;加强对子公司、分公司经营计划考核管理,协助各部门科学分解指标,定期检查,督促落实指标完成情况;协助人力资源部对部门及人员进行绩效考核工作。

3)狠抓项目施工管理及成本控制,深入落实项目经理负责制。

公司将发挥主业优势,持续做强做大。深化工程项目管理,全面推行、落实项目经理负责制;制定和完善工程施工质量、进度、安全、投资的管理控制标准;加强工程成本预算管理,对主要指标进行分解控制和考核;加强工程资金占用管理和控制;加强与业主和分包单位结算管理,完善结算方法及流程,保证结算及收款进度;妥善处理各种业务关系,外部与业主、分包单位关系,内部与采购、设计、财务等部门关系,保证项目顺利实施,保质保量完成年度工程任务,维护企业形象,树立行业模范。

4)全面开展新的子公司管理模式,促进托管运营业务稳定、持续、快速发展。

为了逐步实现子公司业务、资产、财务、人员和机构的独立性,应进一步理顺管理体制,明晰权责,优化、完善子公司法人治理结构,规范业务流程。

5)进一步规范设计、采购业务流程,试行内部经济核算。

根据工程项目实施要求,完成相关设计、采购任务,做到优质优价;进一步完善采购管理规定,明确采购权限范围和业务流程,对主要设备实行统一招标采购;进一步梳理、完善大宗采购和现场采购的工作流程,加强对采购全程控制管理,确保采购效率及采购质量;重点加强采购成本控制,严格执行采购招标管理规定、合同审查规定,确保公司利益最大化;试行采购、设计内部经济核算办法及绩效考核办法,实现薪酬与绩效挂钩;成立采购价格制定委员会和特殊(专用)设备技术鉴定验收机构,确保采购价格公正透明、采购质量合格。

6)加大技术创新和推广力度,实现技术研发成果转化,不断创造经济效益。

技术创新是企业持续发展的动力,也是公司收益增长的重要突破点,为巩固公司在水处理行业的技术领先优势,需要进一步完善研发、新技术推广部门的机构建设,完善激励机制;做好新技术引进及研发项目的筛选及前期可行性研究工作;加大研发投入,加快研发步伐,提高品牌推广力度。

7)强化资本运作,规范公司治理及信息披露,加强与投资者的关系。

资本运作是公司业务拓展的重要板块。充分利用上市公司的资本运作平台和资金优势,推进并购重组及对外投资业务,认真研究,审慎选择,争取完成约 3.5 亿元的项目投资。开展对外投资业务,是公司技术产品实现转化的有效渠道;并购与公司主业相关联的企业,是实现公司与被投资企业优势互补和资源优化配置重要路径,逐步形成公司资本运营和资产运营双轮趋动的新的盈利模式。

探索建立多层次融资渠道,满足公司战略发展的资金需求。随着公司的业务拓展和投资扩张,资金将成为公司发展制约的瓶颈。充分发挥上市公司融资平台作用,科学合理地进行筹融资规划,积极研究探索多渠道融资途径,综合考虑融资环境、资本结构、融资成本、财务风险等因素影响,选择合理的融资渠道和方式;在最大限度争取银行授信额度前提下,合理选择金融服务产品,适时选择通过银行间中期票据、短期融资券筹集资金;积极创造条件开展非公开发行股票进行权益性融资和非公开发行债券进行债权性融资。

认真组织召开三会,确保公司三会运作规范,程序合法;认真履行信息披露义务,确保信息披露工作质量;加强投资者关系管理和危机公关处理能力,做好与投资者和新闻媒体沟通工作,进一步提升上市公司信誉和形象,实现 2011 年现金分红 2,288 万元。

进一步加强法务管理工作,发挥法务人员在公司运营、投资、工程、采购等业务中的法律风险控制作用,确保公司稳步、合法经营;加强与外部法律咨询机构的沟通联系,获得更强的法务支持。

8)加强财务规划运作,提高财务管理水平,降低财务风险。

一是加强财务规划,推行全面预算管理,加大财务管控力度;二是完善财务管理制度,制定财务核算细则,梳理财务工作流程,理顺财务与工程、子分公司及各业务部门的财务关系;三是加强资金筹划,实行资金计划管理,提高资金调度能力,督促业务款项回收,确保公司经营业务和投资的资金需求;四是加强税收筹划,用足用活国家税收优惠政策,合理地降低公司税收负担;五是加强工程预算管理及成本控制,加强三项费用控制,逐步推行责任预算制度,确保各项费用控制在合理范围内;六是逐步建立财务分析制度,定期提供和反馈财务信息,编制财务报告,确保信息披露的及时性、准确性,为管理层提供经营决策依据;七是加强部门人员业务培训和职业道德教育,提高财务部门的服务能力。

9)强化内部审计工作职能,发挥内部监察作用。

一是定期对公司募集资金使用情况审计并出具报告;二是对公司经营绩效、财务收支审计监督,反馈意见;三是加强内部控制检查和评价工作并出具自我评价报告;四是监督公司重大工程、采购业务的招标,确保经营活动合规合法;五是对公司对外投资、工程项目建设和子公司经营绩效及完成情况进行评价,加强监督。

10)提高行政管理效率,发挥行政部门在经营管理工作中的纽带作用。

一是要认真组织总经理办公会议及周例会,实施对重点工作督导;二是做好后勤服务和保障工作,加强车辆和办公设备的日常管理;三要加强信息化建设工作,完成网站维护、办公平台的搭建工作,提高办公效率;四要完成证照、资质年检审验工作,加强公文处理能力及档案管理;第五做好文化宣传工作,组织完成简报编制及发行,丰富员工文化生活,构建合谐办公氛围;第六在其他部门的配合下,完成高新技术企业的资格认定和资质维护工作。

11)推行人才战略,逐步完善人力资源管理体系。

一是进一步完善机构设置、人员编制及专业配备工作,根据公司业务发展需要及人才需求计划,做好招聘及人才储备工作;二是健全完善劳动合同、人力资源、薪酬管理体系,建立岗位靠竞争、收入靠贡献的薪酬体系和干部任用管理制度;三是制定和落实公司福利计划,不断提高员工福利待遇,保持人员稳定,维护好员工的权益;四是制定年度培训计划,加强员工专业及综合素质培训。

5.2 主营业务分行业、产品情况表

主营业务分行业情况

□ 适用 √ 不适用

主营业务分产品情况

单位:万元

分行业	营业收入	营业成本	毛利率(%)	营业收入比上年增减(%)	营业成本比上年增减(%)	毛利率比上年增减(%)
工程承包项目	25,300.61	20,172.25	20.27%	37.48%	44.89%	-4.08%
托管运营	8,905.79	5,029.43	43.53%	135.63%	140.44%	-1.13%
商品销售	570.87	369.51	35.27%	-81.90%	-78.42%	-10.46%
技术服务	140.00	1.84	98.69%	-89.73%	-99.67%	39.48%
合计	34,917.27	25,573.04	26.76%	30.77%	39.88%	-4.77%

5.3 报告期内利润构成、主营业务及其结构、主营业务盈利能力较前一报告期发生重大变化的原因说明

□ 适用 √ 不适用

第六节 财务报告

6.1 与最近一期年度报告相比,会计政策、会计估计和核算方法发生变化的具体说明

√ 适用 □ 不适用

根据 2011 年 4 月 22 日召开的第一届董事会第十二次会议决议通过的《关于公司会计估计变更的议案》,公司办公设备折旧年限由原来的 5 年变更为 3-5 年,预计净残值率由原来的 5%变更为 0-5%,并从 2011 年 5 月 1 日起在公司及控股子公司范围内执行。具体地,变更后办公设备中的电子设备按 3 年计提折旧,净残值为 0;除电子设备外的办公设备按 5 年计提折旧,净残值为 5%。

本次会计估计变更对本期净利润的影响数为 17.44 万元,此次会计估计变更不需要对公司已披露的财务数据进行追溯调整。

6.2 重大会计差错的内容、更正金额、原因及其影响

□ 适用 √ 不适用

6.3 与最近一期年度报告相比,合并范围发生变化的具体说明

√ 适用 □ 不适用

与上年相比本年新增合并单位 1 家,原因为:本期通过非同一控制下企业合并取得的一家子公司吉林省固体废物处理有限责任公司。

6.4 董事会、监事会对会计师事务所"非标准审计报告"的说明

□ 适用 √ 不适用

太阳鸟游艇股份有限公司

太阳鸟游艇股份有限公司2011年年度报告摘要

第一节　重要提示

1.1 本公司董事会、监事会及其董事、监事、高级管理人员保证本报告所载资料不存在任何虚假记载、误导性陈述或者重大遗漏，并对其内容的真实性、准确性和完整性负个别及连带责任。

本年度报告摘要摘自年度报告全文，报告全文同时刊载于中国证监会指定信息发布媒体。投资者欲了解详细内容，应当仔细阅读年度报告全文。

1.2 除下列董事外，其他董事亲自出席了审议本次年报的董事会会议

未亲自出席董事姓名	未亲自出席董事职务	未亲自出席会议原因	被委托人姓名
赵峥	董事	出差	熊燕

1.3 公司年度财务报告已经天健会计师事务所审计并被出具了标准无保留意见的审计报告。

1.4 公司负责人李跃先、主管会计工作负责人何友良及会计机构负责人(会计主管人员)何友良声明：保证年度报告中财务报告的真实、完整。

第二节　公司基本情况

2.1 基本情况简介

股票简称	太阳鸟
股票代码	300123
上市交易所	深圳证券交易所

2.2 联系人和联系方式

	董事会秘书	证券事务代表
姓名	张驰	曹锐
联系地址	湖南省沅江市石矶湖	湖南省沅江市石矶湖
电话	0737-2732399	0737-2732399
传真	0737-2854608	0737-2854608
电子信箱	stock@cnsunbird.com	stock@cnsunbird.com

第三节　会计数据和财务指标摘要

3.1 主要会计数据

单位：元

	2011年	2010年	本年比上年增减	2009年
营业总收入(元)	396,466,577.77	243,808,689.81	62.61%	181,689,279.50
营业利润(元)	47,255,655.24	36,277,998.53	30.26%	29,969,218.34
利润总额(元)	52,211,365.80	36,352,164.63	43.63%	32,641,078.11
归属于上市公司股东的净利润(元)	44,025,178.63	31,973,874.42	37.69%	28,034,323.73
归属于上市公司股东的扣除非经常性损益的净利润(元)	39,812,824.65	31,910,833.23	24.76%	25,772,663.38
经营活动产生的现金流量净额(元)	31,994,067.12	34,462,170.95	-7.16%	15,683,353.00
	2011年末	2010年末	本年末比上年末增减	2009年末
资产总额(元)	1,241,808,530.07	974,663,376.21	27.41%	284,481,329.30
负债总额(元)	422,335,729.85	190,521,659.52	121.67%	107,661,822.29
归属于上市公司股东的所有者权益(元)	819,472,800.22	784,141,716.69	4.51%	165,299,507.01
总股本(股)	139,105,521.00	86,940,951.00	60.00%	64,940,951.00

3.2 主要财务指标

	2011年	2010年	本年比上年增减	2009年
基本每股收益(元/股)	0.32	0.45	-28.89%	0.50
稀释每股收益(元/股)	0.32	0.45	-28.89%	0.50
扣除非经常性损益后的基本每股收益(元/股)	0.29	0.45	-35.56%	0.46
加权平均净资产收益率(%)	5.49%	9.75%	-4.26%	24.20%
扣除非经常性损益后的加权平均净资产收益率(%)	4.97%	9.73%	-4.76%	22.24%
每股经营活动产生的现金流量净额(元/股)	0.23	0.40	-42.50%	0.24
	2011年末	2010年末	本年末比上年末增减	2009年末
归属于上市公司股东的每股净资产(元/股)	5.89	9.02	-34.70%	2.55
资产负债率(%)	34.01%	19.55%	14.46%	37.84%

3.3 非经常性损益项目

√ 适用　　□ 不适用

单位：元

非经常性损益项目	2011年金额	附注(如适用)	2010年金额	2009年金额
非流动资产处置损益	-466,359.18		14,921.37	-739,836.76
计入当期损益的政府补助，但与公司正常经营业务密切相关，符合国家政策规定、按照一定标准定额或定量持续享受的政府补助除外	5,783,000.00		281,456.89	3,210,300.00
除上述各项之外的其他营业外收入和支出	-360,930.26		-222,212.16	201,396.53
所得税影响额	-743,356.58		-11,124.91	-410,199.42
合计	4,212,353.98	-	63,041.19	2,261,660.35

第四节　股东持股情况和控制框图

4.1 前10名股东、前10名无限售条件股东持股情况表

单位：股

2011年末股东总数	8,934	本年度报告公布日前一个月末股东总数	9,310

前10名股东持股情况

股东名称	股东性质	持股比例(%)	持股总数	持有有限售条件股份数量	质押或冻结的股份数量
湖南凤巢材料有限责任公司	境内非国有法人	36.23%	50,400,000	50,400,000	12,000,000
熊燕	境内自然人	7.76%	10,800,000	8,100,000	4,000,000
李跃先	境内自然人	5.18%	7,200,000	7,200,000	
深圳市达晨财富创业投资企业(有限合伙)	境内非国有法人	3.78%	5,259,168		
徐毅	境内自然人	2.59%	3,600,000		
长沙汇泉投资合伙企业	境内非国有法人	2.49%	3,463,517	3,463,517	
深圳市盛桥创源投资合伙企业	境内非国有法人	2.49%	3,463,517	3,463,517	
苏州创东方高新创业投资企业(有限合伙)	境内非国有法人	2.49%	3,463,516	3,463,516	
中国农业银行-景顺长城资源垄断股票型证券投资基金(LOF)	境内非国有法人	2.39%	3,320,012		
深圳市达晨财信创业投资管理有限公司	境内非国有法人	1.88%	2,615,800		

前10名无限售条件股东持股情况

股东名称	持有无限售条件股份数量	股份种类
深圳市达晨财富创业投资企业(有限合伙)	5,259,168	人民币普通股
徐毅	3,600,000	人民币普通股
中国农业银行-景顺长城资源垄断股票型证券投资基金(LOF)	3,320,012	人民币普通股
熊燕	2,700,000	人民币普通股
深圳市达晨财信创业投资管理有限公司	2,615,800	人民币普通股
交通银行-汉兴证券投资基金	1,859,454	人民币普通股
中国建设银行-银华核心价值优选股票型证券投资基金	1,485,000	人民币普通股
刘蔚芳	1,383,659	人民币普通股
朱道英	1,345,819	人民币普通股
沈雪军	500,300	人民币普通股

上述股东关联关系或一致行动的说明	公司前 10 名股东中,李跃先是湖南凤巢材料有限责任公司的控股股东,深圳市达晨财信创业投资管理有限公司的控股股东深圳市达晨创业投资有限公司系深圳市达晨财富创业投资企业(有限合伙)出资额最大的合伙人。除上述关联关系外,公司上述各其他股东间不存在关联关系; 公司未知公司前 10 名无限售条件股东中除上述关联关系外的股东是否存在关联关系或属于一致行动人。

4.2 公司与实际控制人之间的产权及控制关系的方框图(略)

第五节 董事会报告

5.1 管理层讨论与分析概要

2011 年,复合材料船艇行业受益于我国经济持续平稳增长、国内需求保持强劲增长态势,行业发展迅速。公司准确判断宏观经济形势,提出了"新机遇,新目标,新动力"的年度工作主题,以成功上市为契机,抢抓机遇,乘势而上,进一步发挥研发、资金、人才及品牌等方面的优势,不断扩大市场份额,进一步加强产能建设,公司业绩较 2010 年有较快增长。

一、公司经营情况

(一)主要工作和业绩

1. 经营业绩大幅增长。2011 年,公司实现营业收入、营业利润、利润总额和净利润分别为 39,646.66 万元、4,725.57 万元、5,221.14 万元及 4,402.52 万元,分别同比增长 62.61%、30.26%、43.63%及 37.69%。公司充分把握成功上市后得到质的飞跃这一难得的历史性机遇,进一步深化精益营销,切实加强营销网络建设,积极开拓国际国内两个市场,进一步增强了与国家海洋局、海关、海事等优质客户的合作关系;采用创新激励模式收购优秀同行宝达游艇,优化产品结构,销售业绩迅速增长,确保了公司规模和品牌实力在国内处于绝对领先位置。

2. 公司品牌实力进一步提升。2011 年,公司荣获多项荣誉,品牌影响力不断扩大。公司商标被评为中国驰名商标,成为中国游艇业第一个驰名商标,成功入选湖南私营企业 100 强,被国家科技部评为国家火炬计划重点高新技术企业,成功通过国家高新技术企业复审,被评为湖南省第三批创新型试点企业、珠海市自主创新企业。"多混复合材料节能环保船艇"项目获得湖南省科技进步三等奖,新型复合材料节能环保船艇被评为湖南省科技博览会金奖。3600、1900 船型产品获评为湖南省认定自主创新产品,被列入政府优先采购目录。此外,公司还被深圳国际游艇展组委会评为"2011 年度中国制造最畅销游艇品牌",公司董事长、总经理李跃先先生也被评为"2011 年中国科技创新人物——卓越领导者奖"。

3. 研发设计迈上新台阶。2011 年,公司按照"绿色船型、智能技术、时尚设计、标准为王"的研发战略,加大研发投入,引进国外先进设计软件 Unigraphics NX,提高了船艇设计的精度和水平。针对客户需求与市场竞争形势,整合内部资源,开发了多款外观时尚、性能先进的船艇,比较有代表性的有:凤鸟系列 53FT 豪华游艇、彼得船长系列 65FT 和 58FT 拖轮游艇、蓝本系列 2650、3250、3500 游览船和普兰帝系列亚洲最大 42 米豪华双体游艇等。公司还首次获得并完成了大型豪华游艇设计订单,打破了这一领域长期被国外公司垄断的格局。与华中科技大学开展深度合作,成立海洋与船舶工程博士后工作站,省级认定企业技术中心成功挂牌,中意游艇设计中心的合作范围深度进一步拓展,企业整合社会研发资源的能力与实力进一步提升,企业自主创新能力大大提高。

4. 生产管理更加精益。2011 年,公司坚持转观念、改工艺,牢牢把握按时按质交货这个核心,深化过程管控,劳动生产率得到明显提高。公司设计制造的 42 米游艇刷新了亚洲最大复合材料游艇纪录,并成功建造了大批量海监高速艇。不断探索生产现场管理、作业模式、工艺模块设计制造的新方法与新途径,模块化、标准化和批量化制造能力得到进一步提升,顺利建成了国内第一条复合材料船艇流水生产线——湖南 1200C 流水生产线,并投入试运行。强化对"不合格、不及时、不守纪"的检查与处罚,并进行月度排名奖罚,有力地纠正了各个岗位存在的各种不良行为,增强了员工团队意识和质量管理意识。

5. 采购成本控制在合理范围。2011 年,虽然 CPI 高企,物价上涨幅度较大,但公司通过加强预算管理,严格执行采购流程,坚持整合资源不动摇,加强年度签约合同管理,加强与供应商的协调与联动,使采购成本得到合理控制,最低限度地减少了物价上涨对公司生产经营的不利影响。特别是加强对基建工程招投标工作与合同管理,强化节点控制与现场管理,使建设成本低于市场平均水平。定期召开成本统计分析例会,发现问题及时解决。预估物价走势,及早谋划物质采购,为标准产品制造与新产品前期开发事先存储物料。加强采购物料质量管理,入库物质合格率较 2010 年有明显提高。

6. 内控体系不断完善。2011 年,公司进一步完善管理制度体系,整章建制,理顺股东大会、董事会、监事会及与管理层之间的关系,内控体系不断健全。进一步完善了绩效考核制度,坚持按月考核,促进了工作效能的提高。制定出台了《内幕信息管理办法》、《防范控股股东及关联方占用上市公司资金的管理办法》、《审计委员会年报工作规程》、《外部信息使用人管理制度》、《接待特定对象调研采访活动管理办法》等制度,有效防范了各类损害股东和投资者利益行为的发生。重视维护员工合法利益,切实加强公司文化建设,选举产生了第二届职代会与工会组成成员,成立了公司党委,公司凝聚力不断增强。

7. 并购扩张实现重大突破。9 月,公司出资 8200 万元收购广东宝达游艇制造有限公司 100%的股权。广东宝达在高速艇、双体风帆、引航船、反恐船(超高速巡逻艇)、100 英尺以上大型游艇等诸多领域具有国内独有或领先的技术优势,是中国海关缉私艇采购多年的提供商,尤其在超高速艇方面的技术优势突出。收购广东宝达使公司产品结构进一步优化,并增加了在国内和国际市场的覆盖面,快速扩大产能,大大拉开与国内第二、第三位等同行企业的差距。

(二)公司的主要优势

1. 团队凝聚力强。公司管理团队年富力强,行业经历丰富,业内知名度高,管理及技术型人才兼具。报告期内,公司未发生持股高管(含间接持股)离职现象,并成功引进了刘卫斌、黄爱民、徐伟等行业元老级的技术、营销和管理精英人才,这表明公司团队对游艇行业的发展及公司未来业绩充满信心,也体现了公司一贯做实做强实体经济,以打造民族游艇品牌为己任的企业风骨。

2. 战略布局较优。发展战略方面,未来十年,通过实施聚焦主业、拓展相关、集结产业"三步走"战略,将公司打造为世界数一数二与最有价值的游艇品牌。市场布局方面,已初步形成覆盖沿海地区、国内游艇消费中心城市,以及港澳、欧洲、美国等发达市场及海湾地区等新兴市场的营销网络。产品布局方面,公司已拥有三大系列产品:游艇(20–150 英尺),27 个规格,69 种型号;商务艇(10–60 米),25 个规格,66 种型号;特种艇(6–100 米),29 种规格,46 种型号,能满足不同类型和层次的市场需求,是国内产品线最齐全的游艇企业。基地布局方面,已形成湖南沅江、广东珠海和广东顺德三大制造基地,并已在湖南省会长沙购置土地,用于量产船艇基地建设。

3. 整体实力稳居行业第一。公司人力资源丰富,共有员工 1309 人,其中技术人员 258 人,居行业之首,尤其是集聚了一大批行业顶尖级的技术研发、品牌营销和经营管理等方面的人才。资金实力雄厚,上市共募集资金近 6 亿元。制造能力强大,可年生产船艇 500 艘以上。市场占有率高,公司累计已生产各类玻璃钢船艇 1 万艘以上,复合材料船艇国内市场占有率达 10%,居同行业第一。特别是成功上市成为中国游艇第一股,荣获中国游艇业第一个中国驰名商标后,品牌知名度稳居国内同行第一。公司多年来积累了一大批老客户,拥有国内最大的新老客户群体,建立了国内规模最大的售后服务团队。随着部门老客户所购船艇进入更新换代阶段,公司回头客增多,客户的升级改造及质保期外的售后服务需求快速增加,公司售后服务利润不断增加,客户关系得到进一步牢固。

二、公司发展展望

(一)行业的发展现状及趋势

我国大陆地区现有游艇制造厂家 360 多家,遍布苏、浙、沪、粤、闽、鲁、鄂、湘、川以及京、津、辽等地,但主要集中在珠江三角洲地区、长江三角洲地区和北方沿海一带,中国制造的游艇已出口到 70 多个国家和地区。游艇业作为新兴产业受到越来越多的地方政府的高度重视,辽宁、河北、山东、江苏、上海、浙江、福建、广东、海南等沿海和内陆水上旅游资源丰富且经济相对发达的省市游艇业正蓬勃兴起,其中以三亚、深圳、上海、青岛、日照等地发展最快。截至 2011 年年底全国游艇保有量超过 1000 艘,在当年新增游艇约为 150 艘左右,游艇主要分布在辽宁大连、河北唐山湾、天津滨江新区、山东青岛、江苏太湖、浙江千岛湖、福建厦门、广东深圳、广州、海南三亚等地。2012 年,随着党的十八大胜利召开,转变发展方式,扩大内需及消费升级的相关政策将更加明朗化,游艇消费在上述热点地区将更热,一些起步较晚的内陆地区如湖南、重庆等地也将迎头赶上,各地游艇产业配套政策将更加优化。

(二)公司未来发展面临的机遇与挑战

1. 机遇。未来 10 年,我国将投资 4 万亿元以上资金用于水利建设,国内港口码头泊位建设将提质提速,通过治理疏通,江河湖泊的通航能力将大大提升,航道与码头泊位是制约我国游艇产业发展的重要瓶颈之一,随着水利建设的大发展,这一瓶颈有望得到根本性地改变。以湖南省为例,目前,已启动湘江及洞庭湖综合治理,两者常年水位将抬高,将极大地便利游艇的航行。

我国海洋战略深入实施,特种艇需求迅速增长。为保障国家利益,国家近几年加大海防建设,对特种艇的需求增大,这些船艇广泛用于边防、海监、渔政、海关、救捞等部门,随着国家对海上执法力量的整合,特种艇的需求将进一步增大。

国内复合材料行业出现大型和多混的趋势。经统计分析,2011 年国内客户对 20–30 米的船艇需求较 2010 年增长 27.03%,30–40 米的需求增长 85.71%,40 米以上的需求增长 300%;未来大型和多混材料船艇需求将继续扩大。

中产阶层游艇消费逐渐进入爆发期。中交协邮轮游艇分会和有关游艇俱乐部的调查显示,我国游艇未来的最大消费群体是中等收入群体,价格在 50 万元至 100 万元左右的钓鱼艇、帆船等将最受欢迎。从全球看,游艇消费市场也呈现多元化,除豪华游艇外,中产阶级买得起的帆船、钓鱼艇、快艇、休闲艇成为游艇消费的主流。中央经济工作会议中明确提出,以扩大内需为战略基点,提高中等收入者比重。中等收入者未来将会成为中国游艇消费的主力。

公司产品类型多,产品线长,有 10–50 米涵盖游艇、商务艇、特种艇 100 多个型号的产品,并已取得金属船舶及超级游艇(50—100 米)的设计与制造资质,产品完全可以满足上述不同市场的需要。

公司发展战略与地方经济社会发展规划高度契合。湖南、广东两省政府均大力支持游艇产业及公司的发展,公司已纳入湖南省战略性新兴产业"十二五"规划名录。特别是湖南省委、省政府明确要求公司参与湘江流域综合治理工程,打造"东方莱茵河"。湖南省正全力促推环洞庭湖生态经济圈尽快上升到国家战略层面,公司湖南基地地处南洞庭湖畔,将成为环洞庭湖生态经济圈建设的直接受益者。公司发展战略与地方经济社会发展规划高度契合,为公司的快速发展提供了坚强的政策支持与广阔的发展空间。

2. 挑战。首先,市场竞争趋于激烈。欧债危机前景尚不明朗,欧洲市场不容乐观,游艇制造企业因债务等问题,生存压力大,不少知名企业面临破产和并购风险。西方游艇市场趋近饱和,中国、海湾国家、俄罗斯等在内的新兴市场成为知名游艇公司下一步布局的目标。国外游艇公司通过技术转让、协同设计、代理销售等方式对国内市场进行渗透,加大了国内游艇企业的竞争压力。国内游艇制造企业产品多为 40 米以下,产品同质化竞争加剧。其次,制造成本上升。随着国际市场大宗商品交易价格持续走高,游艇制造材料成本提升,人民币汇率提升,海运市场疲软运费下降,国内人力资源成本提升，使国内游艇行业价格优势逐渐降低。再次，房地产企业需求发生新变化。2012年国家坚持楼市调控政策，房地产企业资金链受到一定影响，虽然相关企业因个性化、提升品位等需求，仍对游艇投资仍有兴趣，但是现有的资金链无法满足购艇需求，需要制造企业提供更多的融资服务。

（三）公司2012年度经营计划

2012年，公司将按照"一二三四"的思路，即"围绕一个主题，狠抓两个关键，实现三个突破，夯实四个基础"，进一步加强管理，推动转型发展，增强核心竞争力，保持在行业内的领先位置，提高市场占有率，更好地回报投资者。

1. 围绕"一个主题"，即以"创新，品质，尊严"为主题。准确把握国际先进水平与发展动态，着力推动游艇制造技术与生产模式的创新，推进产品的升级换代与品质的不断改进，以过硬的品质和周到的服务赢得机会和尊敬。

2. 狠抓"两个关键"，即狠抓研发和营销。研发方面，牢固树立以客户为中心、以市场为导向的研发指导思想，按照"经济安全、美观节能、先进可靠、绿色环保、标准模块、智能信息"的要求，打造科技含量高、文化意义足、迎合大众审美要求，符合发展潮流的高品质设计风格，并做到"生产一代、储备一代、研发一代"，力争公司船艇设计水平在"十二五"时期达到国际先进水平。组织实施好企业游艇设计大赛，积极参加国内外各项大赛；积极推进国际专利申报，为产品出口保驾护航；引导和促进模块化设计与制作工作，适时推出模块研发评优和奖励规则；做实做强博士后工作站和省级企业技术中心的工作，创造条件，积极申报国家认定企业技术中心。全年完成"引用有限元结构分析优化船体结构"、"机舱降噪材料引进及工艺"、"S1200C流水线作业"等10项课题研发，以及"轴系安装"、"舷侧窗内饰模块"、"艏艉侧推器安装工艺标准""游艇机电系统集成监控模块"等60项模块的设计与建造。

营销方面，进一步加强营销网络建设，在大连、青岛、上海、厦门、广州、深圳、三亚等地设立营销服务中心，实现样艇展出与体验营销，在其它游艇消费重点城市通过与当地游艇俱乐部建立中介代理服务关系，促进产品销售。优化营销渠道结构，探索建立大客户部，加强对VIP客户的营销服务，积极整合社会营销资源，逐步发展一批中介销售代理机构和地区独家经销商；利用资金优势，采取灵活的付款方式促进游艇销售。加强营销技术培训，加强重点案例分析，全面提升营销人员工作技能。通过信息技术、前瞻设计引导、竞争对手分析、市场调研、体验式营销等多种市场调研和推广手段，提升企业品牌形象，挖掘市场需求，提升市场占有率。为满足老客户日益增长的产品升级保养服务需求，进一步扩大公司售后服务团队，提高售后服务能力，做好客户回访与船艇维修、升级及保养服务工作，提高客户满意率，形成公司新的利润增长点。

3. 实现"三个突破"，即力争在产品线、产业链、制造模式上有新突破。针对市场需求，加快开发35-100米钢/玻、钢/铝复合等新船型，打破目前公司以复合材料船艇为主的单一产品结构，进一步丰富产品线，扩大产品覆盖面，年内实施168英尺超级游艇的研发与制造。积极稳妥推进国内外优秀同行企业的并购和合作，进一步快速完成公司新产品线、新市场和新品牌的拓展，进一步扩大公司产能。积极延伸产业链条，在巩固发展游艇制造的同时，与各游艇俱乐部开展深度合作，提供游艇租赁、配套维修、保养、培训等相关服务，打通产业链，将品牌优势转化为产业优势。努力推动游艇生产模式转型，要求每位生产管理者每月必须完成一个制造模式创新项目，重点在部件标准化、模块化定型组装、应用新材料和新工艺等方面下功夫，系统推进重点产品车间流水化作业。

4. 夯实"四个基础"，即管理、人才、基地、文化四个基础。管理方面，抓好企业信息化建设、标准化建设、品质管理三项重点工作。加强企业信息平台研究，做好整体规划，通过整合ERP、PDM、GIS等企业管理系统的进一步应用，增强对企业资源控制力以及与业务伙伴的协同能力，以最低的成本、最高的效率适应外部环境与客户需求的快速变化。加强企业标准体系建设，质量管理体系、环境管理体系和职业健康安全管理体系，年内通过中国船级社组织的相关复审。深入开展"品质管理年"活动，加强企业战略研究与管理，提高方针目标管理水平，进一步落实全面预算管理各项措施，推行"六精"品质管理计划：管理精益计划、营销精心筹划、生产精准调度、技术精密设计、质管精细验证、物料精确选择，不断提高管理品质与产品品质。

人才方面，加大优秀人才招聘力度，实施"筑巢引凤"三年行动计划，即2012年—2014年，每年从国内外引进高层次人才50名左右。进一步优化人力资源管理，精选招聘渠道，完善人才测评工具，建立健全岗位胜任模型和标准，完善员工晋升、转岗等相关异动制度及流程；完善培训制度，建立多层级、多专业，内训与外训相结合的培训体系，制定和编撰企业内部工艺、技术、营销培训标准教材，提高培训的实效性；进一步优化月度绩效考核制度，完善公司激励体系，使员工利益、公司效益和股东回报紧密相关，进一步激发员工干部的工作的积极性、主动性和创造性，促进公司业绩持续提升。

基地方面，进一步完善现有基地的厂区建设，改善生产生活条件，提升公司形象。加快太阳鸟沅江游艇基地建设，启动6号多功能车间（45750平方米）、接待大厅等项目建设，配合沅江市政府做好南洞庭大道沿线游艇配套产业园的规划与招商工作，提升就近配套能力和水平。积极推进太阳鸟长沙麓谷工业园项目规划设计与建设，争取下半年动工建设；适时在珠三角、长三角等地区通过并购合作和向政府购买土地的方式，获得满足珠海太阳鸟公司和广东宝达等子公司未来产能进一步扩张的需求，促进制造基地布局与市场布局的协调发展。

文化方面，坚持文化制胜，建设文化强企。在公司大力倡导坚韧、谦卑、包容的水文化，积极弘扬天道酬勤、自强不息、百折不挠、乐于奉献的飞鸟精神。以学习《走向海洋》专题片为切入点，在公司深入开展海洋文明宣教活动，激励员工积极投身海洋事业，提升全体员工服务国家海洋战略的自觉性、责任感和使命感。以公司党委成立为契机，深入开展创先争优活动，提升员工凝聚力与创造力。高标准办好《视窗》月刊、《太阳鸟游艇》双月刊、《蓝色凤巢》季刊，加强各子公司与客户的信息交流，加大宣传力度，进一步提升公司知名度、美誉度和忠诚度。

三、对公司未来发展战略和经营目标的实现产生不利影响的风险因素及应对措施

1. 经营管理风险。公司正处于第二次创业的快速扩张期，随着公司的快速发展，总体经营规模将进一步扩大，组织结构由单一变为复杂化，公司管理的幅度增宽、难度增大，特别是在人力资源储备与素质提升、财务管理、对子公司的管控等方面需要及时改善与跟进。如果公司管理能力不能及时应对新变化与新挑战，将影响公司的管理效能与健康发展。

2. 市场风险。市场竞争加剧，巩固市场主导地位，进一步扩大市场份额面临的难度与压力增大。特别是跨行业、跨国界的行业并购现象近年来有增多的趋势，公司如果不能有效应对，将面临被竞争对手赶超的风险。

3. 政策因素。整体而言，与发达国家相比，我国游艇产业在税费、驾乘、基础设施建设、技术研发、游艇管理法律法规等方面还存在一些亟待解决的难点问题，制约了产业的快速发展。虽然近年来各级政府出台了一系列鼓励游艇产业发展的政策，但相关的政策还须进一步深化，并有待在更宏观的层面出台鼓励游艇产业发展的政策措施。如果缺乏相应的政策支持，将影响公司"三步走"发展战略的顺利实施。

为有效应对各类风险，公司将深入实施"筑巢引凤"计划，积极引进各类优秀人才，加强人才梯队建设，加强教育培训，不断提高员工素质；建立健全各项内控制度，指导子公司做好整章建制，理顺公司内部管理机制，加强信息化建设，建设学习型企业；加快开发超级游艇等项目，拓展产品类型，加强模块化设计与生产，提高全员劳动生产率，降低生产成本，提高产品竞争力；积极稳妥推进行业并购，加强产能建设，优化产业布局；积极参加各类行业协会活动，加大行业交流力度，促进行业政策环境优化，努力提高各级政府和全社会对游艇产业的重视程度与支持力度。

5.2 主营业务分行业、产品情况表

主营业务分行业情况

□ 适用　　　√ 不适用

主营业务分产品情况

单位：万元

分产品	营业收入	营业成本	毛利率（%）	营业收入比上年增减（%）	营业成本比上年增减（%）	毛利率比上年增减（%）
私人游艇	3,890.40	2,545.91	34.56%	77.02%	68.62%	3.51%
商务艇	19,125.14	12,658.04	33.81%	15.41%	34.50%	-9.40%
特种艇	15,670.21	11,794.64	24.73%	224.76%	248.02%	-4.50%
冲锋舟	498.68	421.13	15.55%	-1.11%	9.99%	15.55%
合计	39,184.43	27,419.71	30.02%	62.61%	86.55%	-8.99%

5.3 报告期内利润构成、主营业务及其结构、主营业务盈利能力较前一报告期发生重大变化的原因说明

□ 适用　　　√ 不适用

第六节　财务报告

6.1 与最近一期年度报告相比，会计政策、会计估计和核算方法发生变化的具体说明

□ 适用　　　√ 不适用

6.2 重大会计差错的内容、更正金额、原因及其影响

□ 适用　　　√ 不适用

6.3 与最近一期年度报告相比，合并范围发生变化的具体说明

√ 适用　　　□ 不适用

1. 报告期新纳入合并财务报表范围的子公司

(1)因直接设立或投资等方式而增加子公司的情况说明

公司分别于2009年12月24日及2010年1月14日设立普兰帝游艇有限公司（美国）、普兰帝游艇有限公司（香港），截至上期财务报表批准报出日止，公司尚未对其出资，上述二公司也仅仅完成注册，没有开设账户、尚未开展经营活动且无财务报表，因此公司上期未将其纳入合并报表范围之内。

本期公司出资2680万元港币（折合人民币2200万元）至普兰帝游艇有限公司（香港），出资10万美元（折合人民币63.98万元）至普兰帝游艇有限公司（美国），公司出资占注册资本比例均为100%，拥有对其的实质控制权，故自实际出资之日起，将普兰帝游艇有限公司（香港）、普兰帝游艇有限公司（美国）纳入合并财务报表范围。

(2)因非同一控制下企业合并而增加子公司的情况说明

根据公司与香港宝达船舶工程公司、重庆祥冠工贸有限公司于2011年9月25日签订的《股权收购协议》，公司以总价8200万元分别受让香港宝达船舶工程公司持有的广东宝达游艇制造有限公司30%股权、重庆祥冠工贸有限公司持有的广东宝达游艇制造有限公司70%股权。公司已于2011年12月1日支付首期股权转让款2200万元，并办理了相应的财产权交接手续，故自2011年12月起将其纳入合并财务报表范围。

(3)其他说明

2011年12月20日，长沙拉斐尔游艇销售有限公司名称变更为长沙太阳鸟游艇有限责任公司。

6.4 董事会、监事会对会计师事务所"非标准审计报告"的说明

□ 适用　　　√ 不适用

杭州兴源过滤科技股份有限公司

杭州兴源过滤科技股份有限公司 2011 年年度报告摘要

第一节 重要提示

1.1 本公司董事会、监事会及其董事、监事、高级管理人员保证本报告所载资料不存在任何虚假记载、误导性陈述或者重大遗漏，并对其内容的真实性、准确性和完整性负个别及连带责任。

本年度报告摘要摘自年度报告全文，报告全文同时刊载于《中国证券报》、《上海证券报》、《证券时报》、《证券日报》，登载公司年度报告的网站：http://www.cninfo.com.cn。投资者欲了解详细内容，应当仔细阅读年度报告全文。

1.2 公司年度财务报告已经中汇会计师事务所审计并被出具了标准无保留意见的审计报告。

1.3 公司负责人周立武、主管会计工作负责人梁伟亮及会计机构负责人(会计主管人员)梁伟亮声明：保证年度报告中财务报告的真实、完整。

第二节 公司基本情况

2.1 基本情况简介

股票简称	兴源过滤
股票代码	300266
上市交易所	深圳证券交易所

2.2 联系人和联系方式

	董事会秘书	证券事务代表
姓名	徐孝雅	徐孝雅
联系地址	浙江省杭州市余杭区良渚镇良渚路 10 号	浙江省杭州市余杭区良渚镇良渚路 10 号
电话	0571-88771111	0571-88771111
传真	0571-88793599	0571-88793599
电子信箱	stock@xingyuan.com	stock@xingyuan.com

第三节 会计数据和财务指标摘要

3.1 主要会计数据

单位：元

	2011 年	2010 年	本年比上年增减	2009 年
营业总收入(元)	312,402,227.39	239,330,269.58	30.53%	175,197,836.41
营业利润(元)	45,759,252.19	43,494,960.43	5.21%	32,308,578.62
利润总额(元)	53,905,864.82	45,342,332.72	18.89%	34,369,098.54
归属于上市公司股东的净利润(元)	46,336,711.53	39,085,642.55	18.55%	29,013,491.19
归属于上市公司股东的扣除非经常性损益的净利润(元)	39,412,090.79	37,515,376.10	5.06%	27,094,994.66
经营活动产生的现金流量净额(元)	39,599,497.17	36,046,287.32	9.86%	12,494,308.68
	2011 年末	2010 年末	本年末比上年末增减	2009 年末
资产总额(元)	691,638,681.41	266,658,507.86	159.37%	147,538,612.95
负债总额(元)	193,086,108.96	137,767,146.94	40.15%	87,732,894.58
归属于上市公司股东的所有者权益(元)	498,552,572.45	128,891,360.92	286.80%	59,805,718.37
总股本(股)	56,000,000.00	42,000,000.00	33.33%	36,000,000.00

3.2 主要财务指标

	2011 年	2010 年	本年比上年增减	2009 年
基本每股收益(元/股)	1.02	1.04	-1.92%	0.84
稀释每股收益(元/股)	1.02	1.04	-1.92%	0.84
扣除非经常性损益后的基本每股收益(元/股)	0.87	1.00	-13.00%	0.79
加权平均净资产收益率(%)	19.90%	45.00%	-25.10%	69.00%
扣除非经常性损益后的加权平均净资产收益率(%)	16.92%	43.20%	-26.28%	64.44%
每股经营活动产生的现金流量净额(元/股)	0.71	0.86	-17.44%	0.35
	2011 年末	2010 年末	本年末比上年末增减	2009 年末
归属于上市公司股东的每股净资产(元/股)	8.90	3.07	189.90%	1.66
资产负债率(%)	27.92%	51.66%	-23.74%	59.46%

3.3 非经常性损益项目

√ 适用 □ 不适用

单位：元

非经常性损益项目	2011 年金额	附注(如适用)	2010 年金额	2009 年金额
非流动资产处置损益	-11,141.31		-1,479.79	-177,876.70
计入当期损益的政府补助，但与公司正常经营业务密切相关，符合国家政策规定、按照一定标准定额或定量持续享受的政府补助除外	8,293,315.59		2,169,643.08	2,303,784.07
除上述各项之外的其他营业外收入和支出	-135,561.65		-320,791.00	96,184.11
所得税影响额	-1,221,991.89		-277,105.84	-305,944.82
少数股东权益影响额	0.00		0.00	2,349.87
合计	6,924,620.74	-	1,570,266.45	1,918,496.53

第四节 股东持股情况和控制框图

4.1 前 10 名股东、前 10 名无限售条件股东持股情况表

单位：股

2011 年末股东总数	5,012	本年度报告公布日前一个月末股东总数			5,067
前 10 名股东持股情况					
股东名称	股东性质	持股比例(%)	持股总数	持有有限售条件股份数量	质押或冻结的股份数量
兴源控股有限公司	境内非国有法人	44.99%	25,196,000	25,196,000	0
浙江省创业投资集团有限公司	境内非国有法人	8.36%	4,680,500	4,680,500	0
浙江美林创业投资有限公司	境内非国有法人	6.18%	3,459,500	3,459,500	0
韩肖芳	境内自然人	5.14%	2,880,000	2,880,000	0
张 景	境内自然人	3.60%	2,016,000	2,016,000	0
环明祥	境内自然人	2.57%	1,440,000	1,440,000	0
陈 彬	境内自然人	1.54%	864,000	864,000	0
徐孝雅	境内自然人	1.54%	864,000	864,000	0
张 鹏	境内自然人	0.64%	360,000	360,000	0
梁日文	境内自然人	0.61%	340,027	0	0

前 10 名无限售条件股东持股情况

股东名称	持有无限售条件股份数量	股份种类
梁日文	340,027	人民币普通股
中信信托有限责任公司-0808 全配 03	234,606	人民币普通股
东北证券股份有限公司	221,200	人民币普通股
上海证券-招行-上海证券理财 1 号集合资产管理计划	150,000	人民币普通股
申银万国证券股份有限公司客户信用交易担保证券账户	144,690	人民币普通股
唐红?P	128,265	人民币普通股
梁晓雲	123,900	人民币普通股
上海汇超投资管理合伙企业(有限合伙)	119,700	人民币普通股
刘立云	117,800	人民币普通股
李国斌	115,300	人民币普通股

上述股东关联关系或一致行动的说明　周立武先生及夫人韩肖芳女士分别持有兴源控股有限公司90%、10%的股权，同时韩肖芳直接持有公司5.14%的股份，周立武、韩肖芳夫妇为公司的实际控制人和一致行动人。其他有限售条件股东之间不存在关联关系。

除上述股东之间的关系联系外，公司未知其他股东之间是否存在关联关系，也未知是否属于《上市公司收购管理办法》规定的一致行动人。

4.2 公司与实际控制人之间的产权及控制关系的方框图(略)

第五节　董事会报告

5.1 管理层讨论与分析概要

一、报告期内公司经营情况的回顾

(一)公司总体经营情况

公司于2011年9月27日成功在深圳证券交易所创业板上市，募集资金净额32332.45万元，不仅有效解决了公司募投项目"年产800台大中型隔膜压滤机及技术研发中心建设项目"的资金需求，提供了开展资源整合和资本并购的平台，更有效提升了公司品牌形象。

2011年公司管理层紧密围绕既定的发展战略目标，贯彻董事会的战略决策，正确把握宏观经济形势，及时调整经营策略，利用公司技术、系统集成、装备、管理和客户资源等经验及优势，狠抓市场拓展，加强内部生产"瓶颈"管理，挖掘经营潜力，有力克服了各种不利影响，保持了经营业绩稳步增长。2011年实现营业总收入312,402,227.39元，实现营业利润45,759,252.19元，归属上市公司股东净利润46,336,711.53元，较上年分别增长30.53%、5.21%、18.55%。

(二)公司项目立项情况

公司是依靠科技创新发展起来的专业压滤机制造商、集成商和服务商，为用户提供过滤系统整体解决方案。公司坚持"大型化、自动化、专业化、系统化"技术创新战略，避免与同行开展低水平低价格的重复竞争，凭借"大型化、自动化"避开同压滤机生产小企业的竞争，凭借"专业化、系统化"避开与北方大企业的竞争，不断提升企业的科技创新能力和核心竞争力，相继开发了全自动啤酒麦汁压滤机、全自动悬梁式隔膜压滤机、全自动海藻胶隔膜压滤机、全自动油脂分提隔膜压滤机、全自动快开式隔膜压滤机等物料过滤过程装备和工程应用研究，大部分新产品达到国际先进水平或国内领先水平，其中，全自动啤酒麦汁压滤机达到国际先进水平，多个产品列入国家火炬计划和国家重点新产品计划。

同时，作为环保装备，公司已作好高压隔膜压滤机在城镇污泥、疏浚污泥、自来水污泥和工业废水污泥的深度脱水技术储备，相关产品技术列入国家、省、市各级科技计划达到10多项。

另外，公司充分利用杭州市院士专家工作站平台，开展高端产学研合作，与中科院生态环境研究中心等单位开展污泥处理处置研究，就虚拟制造技术、高分子材料技术和污泥预处理技术等方面与院士及其工作团队寻求合作。2011年，就"典型污水处理厂污泥处理处置及除臭技术研发"开展合作，研制污泥高效浓缩药剂、高效污泥除臭控制工艺，目前，项目进展良好。

(三)公司核心竞争力

1. 技术创新

作为中国压滤机技术的领跑者，兴源过滤实施"大型化、自动化、专业化、系统化"的技术创新战略，避免与同行进行低水平低价格竞争，凭借"大型化、自动化"避开同压滤机生产小企业的竞争，凭借"专业化、系统化"避开与北方大企业的竞争，不断提升企业的自主创新能力和核心竞争力。近年来，相继开发了全自动啤酒麦汁压滤机、全自动悬梁式隔膜压滤机、全自动油脂分提隔膜压滤机、全自动海藻胶隔膜压滤机、全自动快开式隔膜压滤机和污泥深度脱水高压隔膜压滤机等专业化产品，技术水平达国际先进或国内领先，荣获省部级科技奖励5项，在多个细分市场领域市场占有率居第一位，取得了良好的经济效益和社会效益。

全自动啤酒麦汁压滤机采用专利技术用于啤酒麦汁过滤，可获得相当于实验室的糖化收得率，生产效率提高到每天12-14批次，克服组装式橡胶隔膜滤板的组装死角缺陷，该技术的应用属国际首创，项目整体技术水平达国际先进，主要技术经济指标达到或优于国际领先技术的比利时莫拉公司麦汁压滤机。全自动啤酒麦汁压滤机被列为国家火炬计划、浙江高技术产业化计划、浙江块状产业质量重点项目、浙江省级工业新产品、浙江省装备制造业重点领域首台(套)产品等，获中国食品工业协会科学技术奖一等奖等科技奖励，产品销售收入近亿元，2010年实现出口500万美元。

全自动悬梁式隔膜压滤机采用专利技术应用于钛白粉过滤，双面可鼓起的聚丙烯隔膜和超大压榨行程可以获得低含水率的滤饼，显著缩短了压滤机工作周期，打破钛白粉生产工艺分机分步实施传统，减少了钛白粉水洗过程中的环境污染，显著提高脱水效率，节能、节水效果明显，已应用于江苏镇钛化工有限公司、河南佰利联化学股份有限公司等企业。该产品列为国家重点新产品、国家政策引导类项目、国内装备制造业重点领域首台(套)重大产品，获中国机械工业科学技术奖三等奖等科技奖励。

全自动油脂分提隔膜压滤机将专利技术成功应用于棕榈油、橄榄油、山茶油、花生油、玉米油、大豆油、米糠油等各类油脂的分提，缩短油脂分提周期，提高生产效率，显著提高液油收得率，以往用溶剂分提才能得到的产品用干法分提同样可以得到。隔膜压滤机技术含量高，使干法分提工艺更具竞争力。该产品列为国家重点新产品、国内装备制造业重点领域首台(套)重大产品，获中国机械工业科学技术奖三等奖等科技奖励。

全自动海藻胶隔膜压滤机将专利技术应用于海藻胶包括褐藻胶、琼脂、卡拉胶以及衍生产品的脱水过滤，明显降低滤饼含水率，显著提高滤饼脱水速度和效率。该产品列为国家重点新产品、杭州市适度发展新型重化项目、杭州市海洋经济发展引导资金奖励项目，获2010年度国家海洋局海洋创新成果奖二等奖。

全自动快开式(三开式)隔膜压滤机采用专利技术显著降低了滤饼含水率，滤板自动拉开后，滤饼随重力自动脱落，显著减少了压滤机工作周期，使压滤机在不变的时间内，处理了更多的物料，特别是对细粒物料的过滤提供了高效解决方案，提高了资源综合利用率。该产品列为浙江省技术创新项目、杭州市技术创新项目、杭州市适度发展新型重化项目。

污泥深度脱水高压隔膜压滤机将专利技术应用于城镇污泥、自来水污泥、疏浚污泥和工业废水污泥的高效脱水，利用过滤板、隔膜板和滤布组成的可变滤室过滤单元，在油缸压紧滤板的条件下，用进料泵压力对污泥进行脱水，将含水率98%—90%的污泥脱水至含水率80%左右；并在进泥过程结束后，采用隔膜压榨技术对泥饼进行二次机械压榨，将含水率80%左右的脱水污泥直接干化至含水率40%—58%，取代传统的带式压滤机和离心机，大幅提高压滤机的脱水效率，节能减排效果明显，已应用于厦门水务中环污水处理有限公司下属城镇污水处理厂、昆山自来水集团有限公司的自来水污泥深度脱水处理、浙江省疏浚工程有限公司佛山疏浚工程、金东纸业(江苏)股份有限公司的造纸工业废水污泥工程和上海白龙港污泥深度脱水工程（对带式压滤机处理过的湿污泥进一步深度脱水，以达到国家对污泥含水率强制性要求）。该产品及相关技术列为国家"863"计划、国家水利先进实用技术指导目录产品、浙江省加快发展装备制造业重点领域首台(套)产品、杭州市高技术产业化项目、杭州市适度发展新型重化项目、杭州市海洋经济发展引导资金奖励项目等，兴源过滤也被列入国家鼓励发展重大环保技术装备依托单位。

2. 专利、标准

兴源过滤积极实施知识产权战略，建立了较为完善的企业知识产权体系，并取得可喜成绩，到2011年12月为止，兴源过滤拥有有效授权专利191项，其中发明专利37项、实用新型专利150项、外观设计专利4项，授权专利及授权发明专利数量均位居国内行业首位。兴源过滤被认定为杭州市专利示范企业、浙江省专利示范企业、全国企事业知识产权试点单位。

兴源过滤是中国压滤机行业标准主起草单位，直接参与了我国机械、化工、环保、煤炭等行业标准的制修订工作，已制修订行业标准14项，正在制定国家标准1项，正在制修订行业标准5项。兴源过滤是全国压滤机标准化工作组秘书处单位，2009年兴源过滤被认定为浙江省首批标准创新型企业，2011年获杭州市标准创新贡献企业称号，在行业内具有充分的话语权。

3. 小结

兴源过滤基于先进制造技术和信息化技术，以技术创新为驱动、以标准化战略为引导、以知识产权战略全面保护，坚持营销创新和品牌培育，辅以体制创新、文化创新和资本运作，构建哑铃型全面自主创新体系，推动企业持续快速发展。2009-2011年连续三年被评为杭州市最具成长型中小工业企业，2010年荣获杭州市科技创新十佳高新技术企业，2010年企业技术中心考核评价位列杭州市企业第三位，2011年通过高新技术企业复审，并成为浙江省创新型试点企业，企业技术中心被批准为浙江省企业技术中心，企业创新能力建设获得显著成绩。

下一步，兴源过滤将以争创国家创新型试点企业、国家认定企业技术中心、全国企事业知识产权示范创建、中国驰名商标(行政认定)、国家技术标准、博士后科研工作站、院士工作站为抓手，进一步加强创新能力建设，全面推动企业自主创新，做精、做强、再做大，促进企业又好又快地发展，为投资者创造价值。

二、对公司未来发展的展望

(一)公司面临的市场格局

目前，国内压滤机行业有100多家企业，主要分布在浙江杭州、江苏无锡、上海和山东德州、河北衡水、河南禹州等地，形成南北两个片区。收入过亿的骨干企业有4家，包括南方片区的兴源过滤，北方片区的景津压滤机集团有限公司、衡水海江压滤机集团有限公司、中大贝莱特压滤机有限公司，2009年四家骨干企业的总销售规模约为24亿元，占国内总销售规模的69%，压滤机行业市场集中度比较高。(数据来源：中国通用机械工业年鉴)行业内四家骨干企业，主要在大中型压滤机单机及配套市场开展竞争，由于大中型压滤机产品对企业资产规模、技术水平要求较高，因此参与竞争企业相对较少。在煤炭、金属尾矿、医药中间体、原料药、中成药、酒精、黄酒、葡萄酒等传统应用领域，由于压滤机产品应用成熟，客户对过滤效果要求相对简单，因此四家企业仍以价格竞争为主要竞争手段，基于规模生产、成本优势的低价扩张战略较为有效，能够提供系统集成服务的企业优势并不明显；而在城镇污水污泥处理、自来水污泥处理、疏浚淤泥处理、啤酒麦汁过滤、棕榈油分提、甜菜糖过滤、蔗糖过滤、钛白粉洗涤过滤、锂化工、氟化工等新兴细分应用领域，压滤机系统集成商较单机及配套商更有优势，目前国内在这些新兴细分应用领域的竞争者主要有本公司以及安德里茨、西门子等国外企业。

除上述四家骨干企业以外的国内绝大多数中小规模压滤机企业，集中在中小型压滤机单机及配套市场竞争，由于中、小型压滤机产品技术含量相对较低，行业进入门槛不高，因此参与竞争企业众多，竞争手段以价格竞争为主，竞争激烈。

(二)公司发展战略规划及2012年经营计划

1. 公司未来发展战略规划

进一步发挥公司在自主创新、系统集成、知识产权、产品先进性、高端客户、品牌、管理和区位等方面的综合竞争优势，继续专注于压滤机行业，以产品创新和系统集成作为公司发展的两大支柱，巩固公司行业技术领跑者地位，拓展和精耕新兴细分市场，不断扩大经营规模，优化产品结构，持续提升公司在国内外市场的份额，成为国内领先、国际知名的压滤机过滤系统集成商。

以"国际最主要的分离机械系统集成商"为企业愿景，继续专注于压滤机行业，做精、做强、再做大；加强公司研发机构和团队建设，加大研发投入力度，通过持续创新为客户提供更完善的压滤机过滤系统整体解决方案。

首先，继续强化公司产品创新能力。进一步加大公司在研发方面投入，完善公司产品和技术创新机制，培养和储备创新人才，巩固公司行业技术领跑者地位。

其次，继续完善系统集成能力。进一步完善公司在物料研究、预处理方案设计、控制系统设计、压滤机功能配套和制造等重点环节的能力，加大公司在系统集成领域的技术投入，提升公司针对不同应用环境的产品设计能力和参数应用水平，强化公司在提供全面系统解决方案方面的领先优势。

第三，继续遵循产品大型化方向。进一步完善公司产品结构，丰富大型压滤机产品线，在大型产品研发、大型高性能滤板和大型控制系统制造能力构建等方面加大投入，更好地把握行业下游应用环境大型化的趋势和方向，进而推动公司产品市场竞争力的进一步提高。

第四，继续拓展环保领域市场应用。在提高矿物及加工、化工、食品和生物医药等公司重点业务领域市场占有率的同时，持续加大环保应用领域市场开拓力度，有针对性地提高公司产品在环保领域应用的专业性、高效性和普及化，使公司环保业务收入占比持续提升。

第五，积极开拓海外出口市场。积极实施"走出去"战略，不仅产品要销往全球，紧紧抓住海外市场需求迅速增长的机遇，加大国际市场的开拓力度，提高公司产品在海外市场的份额；同时，积极进行股权或资产的并购，开展研发资源、产品资源、市场资源等资源整合，确保资产保值、增值。

2. 2012 年经营计划

在确保 2012 年度销售收入、净利润较 2011 年度持续、快速增长的基础上，围绕企业发展战略重点抓好以下各方面的工作：

A. 专业化生产、经营

不仅要按专业化设计产品，迅速占领新兴细分市场，提高产品竞争力，实现新的利润增长点，还要将技术人员进行专业化分工，分为销售支持、生产支持、电气组、机械组、新产品研发组等，提高技术人员的工作效率，降低出错率；将生产人员也进行专业化分工，细分到生产过程中更专业的加工段上，真正做到责任到人，提高生产效率。

B. 标准化实践

加大技术标准的研制力度，制定压滤机在各行业使用中的技术规范，提高整个行业的技术水平，同国外先进国家的技术竞争，以优异的性价比迅速占领国内、国外两个市场；在产品设计中，强化模块化功能设计，逐步实现标准化定制；同时，制定系列工作标准、作业规程、工艺规程等文件，提高标准化水平，使专业化分工和标准化工作互为融合。

C. 争创国家级资质

在 2012 年公司将通过争创中国驰名商标(行政认定)、国家标准制定、国家级博士后科研工作站、全国企事业知识产权示范创建单位和国家科技项目申报等为抓手，全面推动企业自主创新能力建设和品牌建设，做精、做强、再做大，促进企业又好又快地发展。

D. 进一步拓展环保领域

环保领域是国家大力扶持发展的领域，据分离机械协会预测，到 2014 年，压滤机在环保领域的需求量将不低于 52 亿元，市场空间广阔。因此，公司计划进一步提高产品在环保领域的市场占有率，尤其重视公司产品在城镇污水污泥处理中的应用，利用技术优势、市场优势、品牌优势和工程优势抢占市场先机，借助募集资金项目的产能提高市场占有率。

E. 募投项目生产

公司募投项目按照计划预计在 2012 年二季度末投入试生产，产能将逐年增加，计划达产生产能力为 800 台大中型隔膜压滤机，满足污泥处理市场对大中型隔膜压滤机的需求；另外，抓紧建设研发中心，配套现代化的研发仪器和设备，进一步提高研发效率，能够多出新成果。

F. 人力资源建设

公司始终将人力资源作为第一发展要素，继续构建科学的人力资源体系，重视人力资源开发和建设，提高人才队伍综合素质，不断完善人才引进、人才使用、人才培养和人才储备的制度，建立健全高效的绩效考核激励机制。

G. 进一步提高企业管理水平

坚持"制度化、精细化、信息化"的管理理念，继续完善公司治理和内部控制，明确决策、执行、监督等方面的职责权限，形成科学有效的职责分工和制衡机制；进一步依据《企业内部控制基本规范》等规定，规范内部控制体系架构，使内部控制体系的要求得到有效运行。

(三)公司的发展机遇与挑战

压滤机是分离机械的一种，分离机械具有使用范围广、需求量大、品种规格多等特点，分离机械行业 2010 年市场规模估计将达到 100 亿元，2014 年将达到 200 亿元。压滤机行业是分离机械行业中产值占比较高、应用领域较广的子行业。2009 年行业销售规模 35 亿元，2010 年行业销售规模估计 42 亿元。在国家对各行业环保要求逐步提高及工业向新型工业化方向发展的大趋势下，压滤机在污泥处理、矿物及加工、化工、食品和生物医药等领域的应用范围不断延伸，这使得压滤机新增市场规模逐步扩大；与此同时，在当前资源日益贫化、能源日益紧张的大环境下，压滤机的替代市场规模逐渐扩大；我国压滤机行业已形成一定市场规模，"十五"、"十一五"期间快速增长的压滤机存量规模，将推动压滤机零配件市场稳定增长；国产压滤机在性能上与国外压滤机差距日益缩小，性价比优势保证了国内压滤机在国外市场上的竞争力，未来出口市场也是压滤机行业市场的重要组成部分。压滤机市场需求将快速增长，以系统集成服务占比逐步提高为特征，其中以环保等高端、新兴领域的增长最为突出。

公司具有自主知识产权的污泥深度脱水高压隔膜压滤机将专利技术应用于城镇污泥、自来水污泥、疏浚污泥和工业废水污泥的高效脱水，利用过滤板、隔膜板和滤布组成的可变滤室过滤单元，在油缸压紧滤板的条件下，用进料泵压力对污泥进行脱水，将含水率 98%—90%的污泥脱水至含水率 80%左右；并在进泥过程结束后，采用隔膜压榨技术对泥饼进行二次机械压榨，将含水率 80%左右的脱水污泥直接干化至含水率 40%—58%，取代传统的带式压滤机和离心机，大幅提高压滤机的脱水效率，节能减排效果明显，达到国际领先水平，并已有丰富的项目经验，进入该领域已具有"市场壁垒"、"技术壁垒"和"业绩壁垒"，将提高本公司产品的市场竞争力。该产品已应用于厦门水务中环污水处理有限公司下属城镇污水处理厂、昆山自来水集团有限公司的自来水污泥深度脱水处理、浙江省疏浚工程有限公司佛山疏浚工程、金东纸业(江苏)股份有限公司的造纸工业废水污泥工程和上海白龙港污泥深度脱水工程等（对带式压滤机处理过的污泥进一步深度脱水，以达到国家对污泥含水率强制性规定），在全国范围内建立城镇污泥、自来水污泥、疏浚污泥和工业废水污泥示范工程，具有较大的市场空间。

5.2 主营业务分行业、产品情况表

主营业务分行业情况

□ 适用　　√ 不适用

主营业务分产品情况

单位：万元

分产品	营业收入	营业成本	毛利率(%)	营业收入比上年增减(%)	营业成本比上年增减(%)	毛利率比上年增减(%)
压滤机整机	22,494.00	16,045.96	28.67%	17.68%	26.35%	−4.89%
配件	8,617.99	5,156.02	40.17%	82.27%	94.07%	−3.64%

5.3 报告期内利润构成、主营业务及其结构、主营业务盈利能力较前一报告期发生重大变化的原因说明

□ 适用　　√ 不适用

第六节　财务报告

6.1 与最近一期年度报告相比，会计政策、会计估计和核算方法发生变化的具体说明

□ 适用　　√ 不适用

6.2 重大会计差错的内容、更正金额、原因及其影响

□ 适用　　√ 不适用

6.3 与最近一期年度报告相比，合并范围发生变化的具体说明

□ 适用　　√ 不适用

6.4 董事会、监事会对会计师事务所"非标准审计报告"的说明

□ 适用　　√ 不适用

江苏吴通通讯股份有限公司

江苏吴通通讯股份有限公司首次公开发行股票并在创业板上市公告书

第一节　重要声明与提示

本公司股票将在深圳证券交易所创业板市场上市，该市场具有较高的投资风险。创业板公司具有业绩不稳定、经营风险高、退市风险大等特点，投资者面临较大的市场风险。投资者应充分了解创业板市场的投资风险及本公司所披露的风险因素，审慎做出投资决定。

本公司及全体董事、监事、高级管理人员保证上市公告书的真实性、准确性、完整性，承诺上市公告书不存在虚假记载、误导性陈述或重大遗漏，并承担个别和连带法律责任。

证券交易所、其他政府机关对本公司股票上市及有关事项的意见，均不表明对本公司的任何保证。

本公司提醒广大投资者注意，凡本上市公告书未涉及的相关内容，请投资者查阅刊载于中国证监会指定的信息披露网站：巨潮资讯网(www.cninfo.com.cn)、中证网(www.cs.com.cn)、中国证券网(www.cnstock.com)、证券时报网(www.secutimes.com)、中国资本证券网(www.ccstock.cn)的本公司招股说明书全文。

本次发行前股东所持有股份的限售安排、股东对所持股份自愿锁定的承诺：

控股股东、实际控制人、董事长万卫方及其他四名担任公司董事和高级管理人员的股东胡霞、虞春、姜红、沈伟新承诺：自公司股票上市交易之日起三十六个月内不转让或者委托他人管理其在本次发行前已直接或间接持有的公司股份，也不由公司收购该部分股份；前述锁定期满后，其本人在公司担任董事、高级管理人员期间，每年转让的股份不超过其直接或间接持有公司股份总数的百分之二十五；离职后半年内，不转让其直接或间接持有的公司股份。

总工程师陈国华、营销总监王晓春、吴通天线销售部经理崔际源承诺：自公司股票上市交易之日起三十六个月内不转让或者委托他人管理其在本次发行前已直接或间接持有的公司股份，也不由公司收购该部分股份。

陶冶、钱若岚承诺：自其持有吴通通讯股份之日起(以完成工商变更登记手续为基准日)三十六个月内，且自吴通通讯股票在深圳证券交易所上市交易之日起十二个月内，不转让或者委托他人管理其在本次发行前已直接或间接持有的公司股份，也不由公司收购该部分股份。

相城创投、亿和创投承诺：自公司股票上市交易之日起十二个月内不转让或者委托他人管理其在本次发行前已直接或间接持有的公司股份，也不由公司收购该部分股份。

承诺期限届满后，上述股份可以上市流通和转让。

本上市公告书中若出现总计数与所加总数值总和尾数不符，均为四舍五入所致。

第二节　股票上市情况

一、公司股票发行上市审批情况

本上市公告书是根据《中华人民共和国公司法》、《中华人民共和国证券法》、《首次公开发行股票并在创业板上市管理暂行办法》和《深圳证券交易所创业板股票上市规则》等有关法律、法规及规范性文件的规定，并按照《深圳证券交易所股票上市公告书内容与格式指引(2012年2月修订)》而编制，旨在向投资者提供有关江苏吴通通讯股份有限公司(以下简称"本公司"、"公司"或"吴通通讯")首次公开发行股票并在创业板上市的基本情况。

经中国证券监督管理委员会"证监许可【2012】42号"文核准，本公司公开发行1,670万股人民币普通股。本次发行采用网下向股票配售对象询价配售与网上向社会公众投资者定价发行相结合的方式，其中网下配售330万股，网上定价发行1,340万股，发行价格为12.00元/股。

经深圳证券交易所《关于江苏吴通通讯股份有限公司人民币普通股股票在创业板上市的通知》(深证上【2012】38号)同意，本公司发行的人民币普通股股票在深圳证券交易所创业板上市，股票简称"吴通通讯"，股票代码"300292"；其中本次公开发行中网上定价发行的1,340万股股票将于2012年2月29日起上市交易。

本次发行的招股意向书、招股说明书全文及相关备查文件可以在中国证监会指定的五家信息披露网站：巨潮资讯网(www.cninfo.com.cn)、中证网(www.cs.com.cn)、中国证券网(www.cnstock.com)、证券时报网(www.secutimes.com)、中国资本证券网(www.ccstock.cn)查询。本公司招股意向书及招股说明书的披露距今不足一个月，故与其重复的内容不再重述，敬请投资者查阅上述内容。

二、公司股票上市概况

1. 上市地点：深圳证券交易所
2. 上市时间：2012年2月29日
3. 股票简称：吴通通讯
4. 股票代码：300292
5. 首次公开发行后总股本：6,670万股
6. 首次公开发行股票增加的股份：1,670万股
7. 发行前股东所持股份的流通限制及期限：根据《公司法》的有关规定，公司公开发行股份前已发行的股份，自公司股票在证券交易所上市交易之日起一年内不得转让。
8. 发行前股东对所持股份自愿锁定的承诺(详见"第一节重要声明与提示")。锁定期届满后，股东转让所持股份将依法进行并履行相关信息披露义务。
9. 本次上市股份的其他锁定安排：本次公开发行中配售对象参与网下配售获配的股票自本次网上发行的股票在深圳证券交易所上市交易之日起锁定三个月。
10. 本次上市的无流通限制及锁定安排的股份：本次公开发行中网上发行的1,340万股股份无流通限制及锁定安排。
11. 公司股份可上市交易时间：

单位：万股，%

项目		持股数量(万股)	持股比例	可上市交易时间(非交易日顺延)
首次公开发行前已发行的股份	万卫方	3,505.00	52.55	2015年3月1日
	陶　冶	500.00	7.50	2013年7月29日
	胡　霞	400.00	6.00	2015年3月1日
	苏州市相城高新创业投资有限责任公司	200.00	3.00	2013年3月1日
	苏州亿和创业投资有限公司	200.00	3.00	2013年3月1日
	钱若岚	100.00	1.50	2013年7月29日
	虞　春	20.00	0.30	2015年3月1日
	陈国华	20.00	0.30	2015年3月1日
	沈伟新	20.00	0.30	2015年3月1日
	王晓春	15.00	0.22	2015年3月1日
	崔际源	10.00	0.15	2015年3月1日
	姜　红	10.00	0.15	2015年3月1日
	小计	5,000.00	74.96	-
首次公开发行的股份	网下询价发行的股份	330.00	4.95	2012年5月29日
	网上定价发行的股份	1,340.00	20.09	2012年2月29日
	小计	1,670.00	25.04	-
	合计	6,670.00	100.00	-

12. 股票登记机构：中国证券登记结算有限责任公司深圳分公司
13. 上市保荐机构：东吴证券股份有限公司(以下简称"东吴证券")

第三节　公司、股东和实际控制人情况

一、公司基本情况

1. 公司名称：江苏吴通通讯股份有限公司

英文名称：Jiangsu Wutong Communications CO.,LTD

2. 法定代表人：万卫方
3. 注册资本：5,000万元(发行前)；6,670万元(发行后)
4. 成立日期：1999年6月22日(股份公司于2010年9月28日成立)
5. 住所及邮政编码：苏州市相城区黄桥街道永方路32号；215132
6. 经营范围：研发、生产、销售：射频同轴连接器、射频同轴电缆及跳线、天馈安装件、直放站、干线放大器、滤波器、射频微波无源器件、无线通讯终端天线、光纤光缆及跳线、光无源器件、光纤配线架、光缆交接箱、光纤配线箱、数字配线架、无线传感器、物联网终端通讯设备、高低压电器成套设备、智能网络终端产品；自营和代理各类商品及技术的进出口业务(国家限定企业经营或进出口的商品及技术除外)。
7. 主营业务：无线通信射频连接系统及光纤连接产品的研发、生产与销售
8. 所属行业：通信及相关设备制造业
9. 电话：0512-82285059
10. 传真：0512-65461778
11. 互联网网址：www.jswutong.com
12. 电子信箱：wutong@jswutong.com
13. 董事会秘书：姜红

二、公司董事、监事、高级管理人员及其持有公司的股票情况

姓　名	职务	任期	持股数(万股)	持股方式
万卫方	董事长	2010年9月-2013年9月	3,505.00	直接
胡　霞	董事、总经理	2010年9月-2013年9月	400.00	直接
陶陈灵	董事	2010年9月-2013年9月	-	-
沈伟新	董事、副总经理、财务总监	2010年9月-2013年9月	20.00	直接
乐超军	独立董事	2010年9月-2013年9月	-	-
李晓飞	独立董事	2010年9月-2013年9月	-	-
夏永祥	独立董事	2010年9月-2013年9月	-	-
张宏伟	监事会主席	2010年9月-2013年9月	-	-

陆群勇	监事	2010 年 9 月-2013 年 9 月	0.20	通过参股苏州亿文创新资本管理有限公司间接持有公司 0.20 万股（注）
沈伟明	职工监事	2010 年 9 月-2013 年 9 月	-	-
虞　春	副总经理	2010 年 9 月-2013 年 9 月	20.00	直接
姜　红	副总经理、董事会秘书	2010 年 9 月-2013 年 9 月	10.00	直接
陈国华	总工程师	2010 年 9 月-2013 年 9 月	20.00	直接
王晓春	营销总监	2010 年 9 月-2013 年 9 月	15.00	直接
崔际源	吴通天线销售部经理	2010 年 9 月-2013 年 9 月	10.00	直接

注：公司监事陆群勇持有苏州亿文创新资本管理有限公司 10%股份，苏州亿文创新资本管理有限公司持有苏州亿和创业投资有限公司 1%股份，苏州亿和创业投资有限公司持有公司 4%股份。

三、公司控股股东及实际控制人的情况

公司控股股东及实际控制人为万卫方先生，持有公司 3,505 万股，占本次发行前公司总股本的 70.10%，公司法定代表人，现任公司董事长。

万卫方先生：中国国籍，无境外永久居留权，1965 年 11 月出生，高级经济师。1984 年至 1988 年任吴县市姑苏线路板厂技术员、供销员；1989 年至 1998 年任吴县市通讯器材三厂供销科科长、厂长；1999 年至今任公司董事长；2007 年 8 月至 2010 年 8 月，任南京邮电大学董事。现为苏州市相城区政协委员、苏州市工商业联合会会员，曾被评为苏州市相城区优秀政协委员、相城区劳动模范和相城区优秀党员，2011 年获苏州市总工会颁发的“苏州市五一劳动奖章”。

万卫方先生，公民身份证号码为 32052419651124****，住所为苏州市相城区黄桥镇。

万卫方直接持有公司 3,505 万股股份，其配偶项水珍持有苏州市吴通电子有限公司 79%的股权，除上述投资外，万卫方没有控制其他企业。

四、公司前十名股东持有公司发行后股份情况

此次发行后，公司股东总数为：26,512 户。

本次发行后上市前，公司前 10 名股东持有公司股份情况如下：

序号	股东姓名	持股数量	持股比例
1	万卫方	3,505.00	52.55
2	陶　冶	500.00	7.50
3	胡　霞	400.00	6.00
4	苏州市相城高新创业投资有限责任公司	200.00	3.00
5	苏州亿和创业投资有限公司	200.00	3.00
6	渤海证券股份有限公司自营账户	110.00	1.65
7	昆仑信托有限责任公司自营投资账户	110.00	1.65
8	江海证券自营投资账户	110.00	1.65
9	钱若岚	100.00	1.50
10	虞　春	20.00	0.30
11	陈国华	20.00	0.30
12	沈伟新	20.00	0.30
	合　计	5,295.00	79.39

第四节　股票发行情况

1. 发行数量：1,670 万股

2. 发行价格：12.00 元/股，对应发行市盈率：

(1)17.74 倍(每股收益按照 2011 年度经会计师事务所审计的扣除非经常性损益前后孰低的净利润除以本次发行前总股本计算)；

(2)23.67 倍(每股收益按照 2011 年度经会计师事务所审计的扣除非经常性损益前后孰低的净利润除以本次发行后总股本计算)。

3. 发行方式及认购情况：本次发行采用网下向股票配售对象询价配售和网上向社会公众投资者定价发行相结合的方式。本次发行中通过网下配售向配售对象配售的股票为 330 万股，有效申购股数为 2,310 万股，有效申购获得配售的比例为 14.286%，认购倍数为 7 倍。本次网上定价发行 1,340 万股，有效申购股数为 447,636.75 万股，中签率为 0.2993498635%，超额认购倍数为 334 倍。本次网上网下发行均不存在余股。

4. 募集资金总额及注册会计师对资金到位的验证情况：募集资金总额为 200,400,000.00 元。立信会计师事务所(特殊普通合伙)已于 2012 年 2 月 24 日对公司首次公开发行股票的资金到位情况进行了审验，并出具“信会师报字(2012)第 110277”号《验资报告》。

5. 发行费用总额：32,574,106.79 元，明细如下：

项目	金额(元)
承销及保荐费用	24,000,000.00
审计、验资费用	3,152,301.89
律师费用	1,000,000.00
信息披露费用	4,285,000.00
股份登记费及上市初费	52,850.00
印花税	83,954.90
合计	32,574,106.79

每股发行费用：1.95 元/股。(每股发行费用=发行费用总额/本次发行股本)

6. 募集资金净额：167,825,893.21 元。

7. 发行后每股净资产：4.65 元/股 (按照 2011 年 12 月 31 日归属于母公司所有者权益加上本次发行募集资金净额，除以本次发行后总股本计算)。

8. 发行后每股收益：0.51 元/股 (以公司 2011 年扣除非经常性损益后归属于母公司的净利润按照发行后股本摊薄计算)。

第五节　其他重要事项

一、本公司已向深圳证券交易所承诺，将严格按照创业板的有关规则，在上市后三个月内尽快完善公司章程等相关规章制度。

二、本公司自 2012 年 2 月 10 日刊登首次公开发行股票招股意向书至本上市公告书刊登前，除以上事项外，没有发生可能对公司有较大影响的重要事项，具体如下：

(一)公司严格依照《公司法》、《证券法》等法律法规的要求，规范运作，经营状况正常，主要业务发展目标进展正常；

(二)公司生产经营情况、外部条件或生产环境未发生重大变化(包括原材料采购和产品销售价格、原材料采购和产品销售方式、所处行业或市场等均未发生重大变化)；

(三)公司未订立可能对公司资产、负债、权益和经营成果产生重大影响的重要合同；

(四)公司未发生重大关联交易事项，资金未被关联方非经营性占用；

(五)公司未发生重大投资；

(六)公司未发生重大资产(或股权)购买、出售及置换；

(七)公司住所没有变更；

(八)公司董事、监事、高级管理人员及核心技术人员未发生变化；

(九)公司未发生重大诉讼、仲裁事项；

(十)公司未发生对外担保等或有事项；

(十一)公司财务状况和经营成果未发生重大变化；

(十二)公司未召开董事会、监事会和股东大会；

(十三)公司无其他应披露的重大事项。

第六节　上市保荐机构及其意见

一、上市保荐机构情况

上市保荐机构：东吴证券股份有限公司

法定代表人：吴永敏

联系地址：苏州工业园区翠园路 181 号

邮编：215028

电话：0512 - 62938558

传真：0512 - 62938500

保荐代表人：王学军、阮金阳

二、上市保荐机构的推荐意见

上市保荐机构东吴证券已向深圳证券交易所提交了《东吴证券股份有限公司关于江苏吴通通讯股份有限公司股票上市保荐书》，东吴证券的推荐意见如下：

吴通通讯申请其股票上市符合《中华人民共和国公司法》、《中华人民共和国证券法》及《深圳证券交易所创业板股票上市规则》等有关规定，吴通通讯股票具备在深圳证券交易所创业板上市的条件。东吴证券愿意推荐吴通通讯的股票在深圳证券交易所创业板上市交易，并承担相关保荐责任。

山东同大海岛新材料股份有限公司

山东同大海岛新材料股份有限公司首次公开发行股票并在创业板上市公告书

第一节　重要声明与提示

本公司股票将在深圳证券交易所创业板市场上市，该市场具有较高的投资风险。创业板公司具有业绩不稳定、经营风险高、退市风险大等特点，投资者面临较大的市场风险。投资者应充分了解创业板市场的投资风险及本公司所披露的风险因素，审慎做出投资决定。

山东同大海岛新材料股份有限公司(以下简称"本公司"、"公司"、或"同大股份")及全体董事、监事、高级管理人员保证上市公告书的真实性、准确性、完整性，承诺上市公告书不存在虚假记载、误导性陈述或重大遗漏，并承担个别和连带的法律责任。

证券交易所、其他政府机关对本公司股票上市及有关事项的意见，均不表明对本公司的任何保证。

本公司提醒广大投资者注意，凡本上市公告书未涉及的有关内容，请投资者查阅刊载于中国证监会创业板指定的五家信息披露网站：巨潮资讯网(www.cninfo.com.cn)、中证网(www.cs.com.cn)、中国证券网(www.cnstock.com)、证券时报网(www.secutimes.com)、中国资本证券网(www.ccstock.cn)的本公司招股说明书全文。

本次发行前股东所持股份的流通限制及股东对所持股份自愿锁定的承诺：

本公司实际控制人孙俊成、控股股东山东同大集团有限公司、自然人股东王乐智、范德强及于洪亮、公司董事郑永贵及徐延明承诺：自股票上市之日起三十六个月内，不转让或委托他人管理首次公开发行股票前其直接或间接持有的本公司股份，也不由本公司回购该部分股份。

本公司其他股东北京实地创业投资有限公司、青岛海可瑞投资咨询有限公司均承诺：自股票上市之日起十二个月内，不转让或委托他人管理首次公开发行股票前其持有的本公司股份，也不由本公司回购该部分股份。

作为本公司董事和高级管理人员的孙俊成、王乐智、范德强、于洪亮、郑永贵、徐延明还承诺：除前述锁定期外，在各自任职期内每年转让的股份不超过其直接和间接持有本公司股份总数的25%；离职后六个月内，不转让其直接和间接持有的本公司股份；离职六个月后的十二个月内转让其直接或间接持有的本公司股份不超过该部分股份总数的50%；在本公司首次公开发行股票上市之日起六个月内申报离职的，自申报离职之日起十八个月内不转让其直接持有的本公司股份；在本公司首次公开发行股票上市之日起第七个月至第十二个月之间申报离职的，自申报离职之日起十二个月内不转让其直接持有的本公司股份。

第二节　股票上市情况

一、公司股票发行上市审批情况

本上市公告书是根据《中华人民共和国公司法》、《中华人民共和国证券法》和《首次公开发行股票并在创业板上市管理暂行办法》等国家有关法律、法规的规定，并按照《深圳证券交易所股票上市公告书内容与格式指引(2012年2月修订)》而编制，旨在向投资者提供有关本公司首次公开发行股票并在创业板上市的基本情况。

经中国证券监督管理委员会"证监许可[2012]561号"文核准，本公司公开发行不超过1,110万股人民币普通股。根据初步询价结果，确定本次发行数量为1,110万股。本次发行采用网下向股票配售对象询价配售与网上向社会公众投资者定价发行相结合的方式，其中网下配售220万股，网上定价发行890万股，发行价格为23.00元/股。

经深圳证券交易所《关于山东同大海岛新材料股份有限公司人民币普通股股票在创业板上市的通知》(深证上[2012]129号)同意，本公司发行的人民币普通股股票在深圳证券交易所创业板上市，股票简称"同大股份"，股票代码"300321"；其中本次公开发行中网上定价发行的890万股股票将于2012年5月23日起上市交易。

本次发行的招股意向书、招股说明书全文及相关备查文件可以在中国证监会五家指定网站(巨潮资讯网，网址www.cninfo.com.cn；中证网，网址www.cs.com.cn；中国证券网，网址www.cnstock.com；证券时报网，网址www.secutimes.com；中国资本证券网，网址www.ccstock.cn)查询，本公司招股意向书及招股说明书的披露距今不足一个月，故与其重复的内容不再重述，敬请投资者查阅上述内容。

二、公司股票上市概况

1. 上市地点：深圳证券交易所

2. 上市时间：2012年5月23日

3. 股票简称：同大股份

4. 股票代码：300321

5. 首次公开发行后总股本：44,400,000股

6. 首次公开发行股票增加的股份：11,100,000股

7. 发行前股东所持股份的流通限制及期限：

根据《公司法》的有关规定，公司公开发行股份前已发行的股份，自公司股票在证券交易所上市交易之日起一年内不得转让。

8. 发行前股东对所持股份自愿锁定的承诺：(详见"第一节　重要声明与提示")

9. 本次上市股份的其他锁定安排：本次公开发行中配售对象参与网下配售获配的股票自本次网上发行的股票在深圳证券交易所上市交易之日起锁定三个月。

10. 本次上市的无流通限制及锁定安排的股份：本次公开发行中网上发行的890万股股份无流通限制及锁定安排。

11. 公司股份可上市交易时间

项目		持股数量(股)	持股比例	可上市交易时间(非交易日顺延)
首次公开发行前已发行的股份	山东同大集团有限公司	19,453,846	43.81%	2015年5月23日
	北京实地创业投资有限公司	5,359,846	12.07%	2013年5月23日
	王乐智	2,307,692	5.20%	2015年5月23日
	范德强	2,307,692	5.20%	2015年5月23日
	于洪亮	2,307,692	5.20%	2015年5月23日
	青岛海可瑞投资咨询有限公司	1,563,232	3.52%	2013年5月23日
	小计	33,300,000	75.00%	
首次公开发行的股份	网下询价发行的股份	2,200,000	4.95%	2012年8月23日
	网上定价发行的股份	8,900,000	20.05%	2012年5月23日
	小计	11,100,000	25.00%	—
	合计	44,400,000	100.00%	

12. 股票登记机构：中国证券登记结算有限责任公司深圳分公司

13. 上市保荐机构：平安证券有限责任公司

第三节　公司、股东和实际控制人情况

一、公司基本情况

1. 中文名称：山东同大海岛新材料股份有限公司

英文名称：SHANDONG TONGDA ISLAND NEW MATERIALS CO.,LTD

2. 法定代表人：孙俊成

3. 注册资本：3,330万元(发行前)；4,440万元(发行后)

4. 成立日期：2002年3月19日；股份公司成立日期：2008年6月30日

5. 住所及邮政编码：山东省潍坊昌邑市利民街687号；261300

6. 经营范围：生产销售海岛超纤皮革、合成革、鞋材、服装面料及辅料(不含棉纺)、沙发革、汽车内饰及座套、球革、手套面料及高档擦拭布；经营本企业自产产品的出口业务和本企业所需的机械设备、零配件、原辅材料的进口业务，但国家限定公司经营或禁止进出口的商品及技术除外(以上范围不含国家法律法规禁止或限制性项目；需资质许可的凭资质许可证开展经营)。

7. 公司主营业务：海岛型超细纤维革、合成革、鞋材、服装面料及辅料(不含棉纺)、沙发革、汽车内饰及座套、球革、手套面料、高档擦拭布等系列产品的研发、生产和销售。

8. 所属行业：C49 塑料制造业

9. 电话：0536-7191939　　传真：0536-7191956

10. 互联网址：www.tongdahdcx.com

11. 电子信箱：tdhdgf@126.com

12. 董事会秘书：于洪亮

二、公司董事、监事、高级管理人员与其他核心人员及其持有公司的股票情况

公司董事、监事、高级管理人员、其他核心人员直接及间接持有公司股份具体情况如下：

序号	股东姓名	职务	任期	直接持股数（股）	间接持股数（股）
1	孙俊成	董事长	2011.06.26-2014.06.25	–	15,316,661
2	王乐智	副董事长、总经理	2011.06.26-2014.06.25	2,307,692	518,769
3	于洪亮	董事、董事会秘书、财务总监	2011.06.26-2014.06.25	2,307,692	188,054
4	范德强	董事	2011.06.26-2014.06.25	2,307,692	440,954
5	徐延明	董事	2011.06.26-2014.06.25	–	440,954
6	郑永贵	董事、副总经理	2011.06.26-2014.06.25	–	188,054
7	廖正品	独立董事	2011.06.26-2014.06.25	–	–
8	江浩雄	独立董事	2011.06.26-2014.06.25	–	–
9	郝晓明	独立董事	2011.06.26-2014.06.25	–	–
10	张进进	监事	2011.06.26-2014.06.25	–	–
11	林　科	监事	2011.06.26-2014.06.25	–	–
12	孙占峰	监事	2011.06.26-2014.06.25	–	–
13	苑浩亮	技术中心主任	–	–	–
14	刘利坤	技术中心副主任	–	–	–

注：间接持股数为公司董事、监事、高级管理人员通过公司控股股东山东同大集团有限公司间接持有公司股份数额。

三、公司控股股东及实际控制人的情况

（一）控股股东

本公司控股股东为山东同大集团有限公司，本次发行前持有本公司 58.42%的股份，本次发行后持有本公司 43.81%的股份。山东同大集团有限公司成立于 2001 年 12 月 4 日，注册资本和实收资本为 3,000 万元，营业执照注册号为 370786228010804，注册地为昌邑市同大工业园，主营业务为投资管理。目前，山东同大集团有限公司除控制本公司外，还控制山东同大机械有限公司、山东同大镍网有限公司、山东同大纺织印染有限公司、山东同大新能源有限公司、昌邑同大建设开发有限公司 5 家全资子公司。

经潍坊广安信有限责任会计师事务所审计，截至 2011 年 12 月 31 日，山东同大集团有限公司的总资产为 29,873.14 万元，净资产为 5,225.73 万元，2011 年实现净利润-3.65 万元。

（二）实际控制人

孙俊成先生持有公司控股股东山东同大集团有限公司 78.73%的股权，从而间接控制本公司，为公司实际控制人。除持有山东同大集团有限公司股权外，实际控制人孙俊成无其他重大对外投资。

孙俊成，男，1960 年出生，中国国籍，无永久境外居留权，身份证号码为 37072619600413****，现为公司董事长。

孙俊成先生为本公司创始人，其在股权比例、经营决策等方面均对公司存在重大影响，能够实际支配公司行为，且该影响在可预期的期限内是稳定的。

四、公司前十名股东持有公司发行后股份情况

此次发行后，公司股东总数为：17,652 户。

公司前 10 名股东持有公司发行后股份情况如下：

序号	股东	股份（股）	占总股本的比例（%）
1	山东同大集团有限公司	19,453,846	43.81
2	北京实地创业投资有限公司	5,359,846	12.07
3	范德强	2,307,692	5.20
4	于洪亮	2,307,692	5.20
5	王乐智	2,307,692	5.20
6	中信证券股份有限公司	1,650,000	3.72
7	青岛海可瑞投资咨询有限公司	1,563,232	3.52
8	中国工商银行-德盛增利债券证券投资基金	550,000	1.24
9	张丽金	1,000	0.00
10	刘新潮	1,000	0.00
	合　计	35,502,000	79.96

第四节　股票发行情况

1. 发行数量：1,110 万股

2. 发行价格：23.00 元/股，对应的市盈率为：

（1）21.10 倍（每股收益按照经会计师事务所审计的扣除非经常性损益前后孰低的 2011 年度净利润除以本次发行后总股本计算）；

（2）15.86 倍（每股收益按照经会计师事务所审计的扣除非经常性损益前后孰低的 2011 年度净利润除以本次发行前总股本计算）。

3. 发行方式：本次发行采用网下向股票配售对象询价配售和网上向社会公众投资者定价发行相结合的方式。本次发行中通过网下配售向股票配售对象配售的股票为 220 万股，有效申购为 330 万股，有效申购获得配售的网下中签率为 66.67%，认购倍数为 1.5 倍。本次网上定价发行 890 万股，中签率为 1.1220429755%，超额认购倍数为 89 倍。本次网上网下发行均不存在余股。

4. 募集资金总额：255,300,000.00 元。北京永拓会计师事务所有限责任公司已于 2012 年 5 月 17 日对本公司首次公开发行股票的资金到位情况进行了审验，并出具"京永验字（2012）第 21003 号"《验资报告》。

5. 发行费用总额：26,389,086.46 元，明细如下：

项目	金额（元）
承销费用及保荐费用	19,318,000.00
律师费用	1,100,000.00
审计评估及验资费用	2,050,000.00
信息披露及印刷费用	3,840,386.46
发行手续费及其它费用	80,700.00
合计	26,389,086.46

每股发行费用：2.38 元。（每股发行费用=发行费用总额/本次发行股本）

6. 募集资金净额：228,910,913.54 元。

7. 发行后每股净资产：10.52 元（按照 2011 年 12 月 31 日归属于母公司的净资产值加上本次发行募集资金净额，除以本次发行后总股本计算）。

8. 发行后每股收益：1.09 元/股（以发行人 2011 年扣除非经常性损益后归属于母公司股东的净利润按照发行后股本摊薄计算）。

9. 对于募集资金的运用，本公司承诺如下：所有募集资金将存放于专户管理，并用于公司主营业务。对于尚没有具体使用项目的"其他与主营业务相关的营运资金"，公司将根据公司的发展规划及实际生产经营需求，妥善安排该部分资金的使用计划，提交董事会审议通过后及时披露。公司实际使用该部分资金前，将履行相应的董事会或股东大会审议程序，并及时披露。

第五节　财务会计资料

本上市公告书已披露 2012 年一季度财务数据及资产负债表、利润表和现金流量表。其中，2012 年 1-3 月和 2011 年 1-3 月财务数据未经审计，2011 年度财务数据已经审计。敬请投资者注意。

一、主要财务数据及财务指标

项目	2012 年 3 月 31 日	2011 年 12 月 31 日	本报告期末比上年度期末增减（%）
流动资产（元）	235,582,479.21	207,360,323.55	13.61
流动负债（元）	185,323,197.08	186,862,721.66	-0.82
总资产（元）	504,683,124.02	472,226,694.47	6.87
归属于发行人股东的所有者权益（元）	247,173,419.04	238,070,322.04	3.82
归属于发行人股东的每股净资产（元/股）	7.42	7.15	3.78
项目	2012 年 1-3 月	2011 年 1-3 月	本报告期比上年同期增减（%）
营业总收入（元）	90,445,427.45	105,788,196.02	-14.50

营业利润(元)	10,374,885.98	14,205,810.76	-26.97
利润总额(元)	10,709,525.88	15,132,816.41	-29.23
归属于发行人股东的净利润(元)	9,103,097.00	12,862,893.94	-29.23
归属于发行人股东的扣除非经常性损益后的净利润(元)	8,818,653.08	12,074,939.14	-26.97
基本每股收益(元/股)	0.2734	0.3863	-29.23
扣除非经常性损益后的基本每股收益(元/股)	0.2648	0.3626	-26.97
加权平均净资产收益率(%)	3.75	6.71	-2.96
扣除非经常性损益后的加权净资产收益率(%)	3.63	6.30	-2.67
经营活动产生的现金流量净额(元)	-45,373,901.52	-13,535,008.03	-235.23
每股经营活动产生的现金流量净额(元)	-1.36	-0.41	-231.71

二、经营业绩和财务状况的简要说明

1. 经营业绩

2012 年 1-3 月,公司实现营业收入 9,044.54 万元,比去年同期 10,578.82 万元减少 1,534.28 万元,减少 14.50%,主要原因为超纤革下游运动鞋市场需求自 2011 年四季度以来有所滑落,2012 年一季度需求不如去年同期旺盛,同时公司于本年度一季度进行了大修,使得公司营业收入同比有所下降。

2012 年第一季度公司实现毛利 2,052.84 万元，比去年同期 2,327.75 万元减少 274.91 万元,主要由于营业收入有所下降;2012 年一季度公司期间费用 980.02 万元，比去年同期 905.32 万元增 74.70 万元,主要由于公司增加银行借款,使得报告期内的财务费用有所增长;2012 年第一季度公司实现净利润 910.31 万元,比去年同期 1,286.29 万元减少 375.98 万元,公司营业收入的减少及期间费用的增加等因素使公司 2012 年一季度净利润相对 2011 年一季度净利润有所下降。

2. 财务状况和现金流量

(1)主要资产项目的变化

报告期末公司应收账款账面净值为 3,790.28 万元,比期初增加 2,125.29 万元,增长 127.65%,主要是公司下游客户主要是年末集中结算，一季度末应收账款增加主要是公司客户信用额度内的欠款增加。

报告期末公司预付账款余额为 5,954.17 万元,比期初增加 2,640.98 万元,增长 79.71%,主要是 2012 年一季度预付的生态超纤高仿真面料项目建设款项及预付的原材料采购款有所增加。

(2)主要负债项目的变化

报告期末公司短期借款余额为 10,700.00 万元，比期初增加 1,950.00 万元，长期借款余额为 6,672.22 万元,比期初增加 2,500.00 万元,主要是报告期内公司为补充流动资金及实施项目建设向银行申请的借款增加。

报告期末公司应付票据账面价值为 1,000.00 万元,比期初减少 2,000.00 万元,减少 66.67%,主要是报告期内公司兑付了 2,000 万元到期的银行承兑汇票。

(3)主要现金流量表项目的变化

报告期公司经营活动产生的现金流量净额为-4,537.39 万元,比上年同期减少 3,183.89 万元,主要原因为公司报告期内原材料采购支出较去年同期大幅增加,本期购买商品、接受劳务支付的现金较上年同期增加 2,123.36 万元。

报告期公司投资活动产生的现金流量净额为-1,168.84 万元,上年同期为-3,834.91 万元,主要是公司购建固定资产、无形资产支出。

报告期公司筹资活动产生的现金流量净额为 4,132.30 万元,上年同期为-1,147.36 万元,主要是公司本报告期借款净流入增加用于公司补充流动资金及实施项目建设。

注:本节所称报告期指 2012 年 1-3 月,报告期末指 2012 年 3 月 31 日。

第六节　其他重要事项

一、本公司已向深圳证券交易所承诺,将严格按照创业板的有关规则,在上市后三个月内尽快完善公司章程等相关规章制度。

二、本公司自 2012 年 5 月 2 日刊登首次公开发行股票招股意向书至本上市公告书刊登前,除以上事项外,没有发生可能对公司有较大影响的重要事项,具体如下:

1. 本公司严格依照《公司法》、《证券法》等法律法规的要求,规范运作,生产经营状况正常,主营业务发展目标进展正常。

2. 本公司生产经营情况、外部条件或生产环境未发生重大变化(包括原材料采购和产品销售价格、原材料采购和产品销售方式、所处行业或市场的重大变化等)。

3. 本公司未订立可能对发行人的资产、负债、权益和经营成果产生重大影响的重要合同。

4. 本公司未发生重大关联交易。

5. 本公司未进行重大投资。

6. 本公司未发生重大资产(或股权)购买、出售及置换。

7. 本公司住所没有变更。

8. 本公司董事、监事、高级管理人员及核心技术人员没有变化。

9. 本公司未发生重大诉讼、仲裁事项。

10. 本公司未发生对外担保等或有事项。

11. 本公司的财务状况和经营成果未发生重大变化。

12. 本公司未召开董事会、监事会和股东大会。

13. 本公司无其他应披露的重大事项。

第七节　上市保荐机构及其意见

一、上市保荐机构情况

保荐人(主承销商):平安证券有限责任公司

法定代表人:杨宇翔

住所:深圳市福田区金田路大中华国际交易广场 8 层

联系地址:北京市西城区金融大街 23 号平安大厦 610 室

邮编:100033

电话:010-5973-4982

传真:010-5973-4978

保荐代表人:王为丰、谢运

联系人:邵玉波、苏永辉

二、上市保荐机构的推荐意见

上市保荐机构平安证券有限责任公司(以下简称“平安证券”)已向深圳证券交易所提交了《平安证券有限责任公司关于山东同大海岛新材料股份有限公司股票上市保荐书》,上市保荐机构的推荐意见如下：山东同大海岛新材料股份有限公司申请其股票上市符合《中华人民共和国公司法》、《中华人民共和国证券法》及《深圳证券交易所创业板股票上市规则》等国家有关法律、法规的有关规定,山东同大海岛新材料股份有限公司股票具备在深圳证券交易所创业板上市的条件。平安证券愿意推荐山东同大海岛新材料股份有限公司的股票在深圳证券交易所创业板上市交易,并承担相关保荐责任。

长沙开元仪器股份有限公司

长沙开元仪器股份有限公司首次公开发行股票并在创业板上市公告书

第一节　重要声明与提示

本公司股票将在深圳证券交易所创业板市场上市，该市场具有较高的投资风险。创业板公司具有业绩不稳定、经营风险高、退市风险大等特点，投资者面临较大的市场风险。投资者应充分了解创业板市场的投资风险及本公司所披露的风险因素，审慎做出投资决定。

长沙开元仪器股份有限公司（以下简称"本公司"、"公司"或"开元仪器"）及全体董事、监事、高级管理人员保证上市公告书的真实性、准确性、完整性，承诺上市公告书不存在虚假记载、误导性陈述或重大遗漏，并承担个别和连带的法律责任。

证券交易所、其他政府机关对本公司股票上市及有关事项的意见，均不表明对本公司的任何保证。

本公司提醒广大投资者注意，凡本上市公告书未涉及的有关内容，请投资者查阅刊载于中国证监会创业板指定的五家信息披露网站（巨潮资讯网 www.cninfo.com.cn、中证网 www.cs.com.cn、中国证券网 www.cnstock.com、证券时报网 www.secutimes.com、中国资本证券网 www.ccstock.cn）的本公司招股说明书全文。

本次发行前股东所持股份的流通限制及股东对所持股份自愿锁定的承诺：

公司控股股东、实际控制人罗建文、罗旭东、罗华东，以及其亲属文胜，承诺：一、自公司股票在证券交易所上市交易之日起三十六个月内，本人不转让或委托他人管理本人在公开发行前所持有的开元仪器的股份，也不由开元仪器回购上述股份。二、前述承诺期限届满后，本人在担任开元仪器董事/监事/高级管理人员期间，每年转让的股份不超过本人持有的开元仪器股份总数的25%；离职后半年内不转让所持有开元仪器的股份。

公司股东广州基石创业投资合伙企业（有限合伙）、天津雷石泰和股权投资基金合伙企业（有限合伙）、湖南新能源创业投资基金企业（有限合伙）、天津达晨创世股权投资基金合伙企业（有限合伙）、天津达晨盛世股权投资基金合伙企业（有限合伙）分别承诺：一、自本企业成为开元仪器股东之日（工商变更登记日，即 2010 年 12 月 6 日）起三十六个月内，不转让或委托他人管理本企业所持有的开元仪器公开发行前的股份，也不由开元仪器回购上述股份。二、自开元仪器股票在证券交易所上市之日起十二个月内，不转让或委托他人管理本企业所持有的开元仪器公开发行前的股份，也不由开元仪器回购上述股份。自开元仪器股票在证券交易所上市之日起二十四个月内，本企业转让的开元仪器股份不超过所持有股份总数的 50%。

作为公司董事、监事和高级管理人员的股东彭海燕、刘江舟、何峰、何建江、郭剑锋、陈方驰、张裕烂承诺：一、自开元仪器股票在证券交易所上市交易之日起十二个月内，本人不转让或委托他人管理本人在公开发行前所持有的开元仪器的股份，也不由开元仪器回购上述股份。二、若本人在开元仪器股票在证券交易所上市之日起六个月内申报离职的，自申报离职之日起十八个月内不转让本人持有的开元仪器股份；若本人在开元仪器股票在证券交易所上市之日起第七个月至第十二个月之间申报离职的，自申报离职之日起十二个月内不转让本人持有的开元仪器股份。三、前述承诺期限届满之后，本人在担任开元仪器董事/监事/高级管理人员期间，每年转让的股份不超过本人持有的开元仪器股份总数的 25%；离职后半年内不转让所持有开元仪器的股份。

公司其他股东承诺：自开元仪器股票在证券交易所上市交易之日起十二个月内，本人不转让或委托他人管理本人在公开发行前所持有的开元仪器的股份，也不由开元仪器回购上述股份。

本上市公告书已披露 2012 年上半年财务数据及资产负债表、利润表、现金流量表、股东权益变动表（见本公告后附件）及 2011 年度主要财务数据。其中，2012 年上半年财务数据未经审计，对比表中 2011 年年度数据、2011 年上半年数据已经审计，敬请投资者注意。

第二节　股票上市情况

一、公司股票发行上市审批情况

本上市公告书是根据《中华人民共和国公司法》、《中华人民共和国证券法》、《首次公开发行股票并在创业板上市管理暂行办法》、《深圳证券交易所创业板股票上市规则》等国家有关法律、法规的规定，并按照《深圳证券交易所股票上市公告书内容与格式指引（2012 年 2 月修订）》而编制，旨在向投资者提供有关本公司首次公开发行股票并在创业板上市的基本情况。

经中国证券监督管理委员会"证监许可[2012]811 号"文核准，本公司公开发行不超过 1,500 万股人民币普通股。根据初步询价结果，确定本次发行数量为 1,500 万股。本次发行采用网下向股票配售对象询价配售（以下简称"网下配售"）与网上向社会公众投资者定价发行（以下简称"网上发行"）相结合的方式，其中网下配售 450 万股，网上定价发行 1,050 万股，发行价格为 27.00 元/股。

经深圳证券交易所《关于长沙开元仪器股份有限公司人民币普通股股票在创业板上市的通知》（深证上[2012]242 号）同意，本公司发行的人民币普通股股票在深圳证券交易所创业板上市，股票简称"开元仪器"，股票代码"300338"；本次公开发行的 1,500 万股股票将于 2012 年 7 月 26 日起上市交易。

本次发行的招股意向书、招股说明书全文及相关备查文件可以在中国证监会五家指定网站（巨潮资讯网，网址 www.cninfo.com.cn；中证网，网址 www.cs.com.cn；中国证券网，网址 www.cnstock.com；证券时报网，网址 www.secutimes.com；中国资本证券网，网址 www.ccstock.cn）查询，本公司招股意向书及招股说明书的披露距今不足一个月，故与其重复的内容不再重述，敬请投资者查阅上述内容。

二、公司股票上市概况

1. 上市地点：深圳证券交易所

2. 上市时间：2012 年 7 月 26 日

3. 股票简称：开元仪器

4. 股票代码：300338

5. 首次公开发行后总股本：60,000,000 股

6. 首次公开发行股票增加的股份：15,000,000 股

7. 发行前股东所持股份的流通限制及期限：

根据《公司法》的有关规定，公司公开发行股份前已发行的股份，自公司股票在证券交易所上市交易之日起十二个月内不得转让。

8. 发行前股东对所持股份自愿锁定的承诺：（详见"第一节重要声明与提示"）。

9. 本次上市股份的其他锁定安排：本次公开发行股票无流通限制及锁定安排。

10. 公司股份可上市交易时间

项目		数量（万股）	比例（%）	可上市交易时间（非交易日顺延）
首次公开发行前已发行的股份	罗建文	1,553.3981	25.89	2015 年 7 月 26 日
	罗旭东	1,059.1351	17.65	2015 年 7 月 26 日
	罗华东	1,059.1351	17.65	2015 年 7 月 26 日
	文胜	9.4145	0.16	2015 年 7 月 26 日
	广州基石创业投资合伙企业（有限合伙）	180.0000	3.00	2013 年 12 月 6 日
	湖南新能源创业投资基金企业（有限合伙）	100.0000	1.67	2013 年 12 月 6 日
	天津雷石泰和股权投资基金合伙企业（有限合伙）	100.0000	1.67	2013 年 12 月 6 日
	天津达晨创世股权投资基金合伙企业（有限合伙）	65.0000	1.08	2013 年 12 月 6 日
	天津达晨盛世股权投资基金合伙企业（有限合伙）	55.0000	0.91	2013 年 12 月 6 日
	彭海燕	9.4145	0.16	2013 年 7 月 26 日
	刘江舟	9.4145	0.16	2013 年 7 月 26 日
	何　峰	9.4145	0.16	2013 年 7 月 26 日
	何建江	9.4145	0.16	2013 年 7 月 26 日
	郭剑锋	9.4145	0.16	2013 年 7 月 26 日
	陈方驰	7.0609	0.12	2013 年 7 月 26 日
	张裕烂	7.0609	0.12	2013 年 7 月 26 日
	刘文超	9.4145	0.16	2013 年 7 月 26 日
	王淑春	7.0609	0.12	2013 年 7 月 26 日
	付　丹	7.0609	0.12	2013 年 7 月 26 日
	罗　奇	7.0609	0.12	2013 年 7 月 26 日
	罗振宇	7.0609	0.12	2013 年 7 月 26 日
	柳佳红	7.0609	0.12	2013 年 7 月 26 日
	康玉蓉	7.0609	0.12	2013 年 7 月 26 日
	龙爱玲	7.0609	0.12	2013 年 7 月 26 日
	叶其山	7.0609	0.12	2013 年 7 月 26 日
	易顺勇	7.0609	0.12	2013 年 7 月 26 日
	张德强	7.0609	0.12	2013 年 7 月 26 日
	李学时	7.0609	0.12	2013 年 7 月 26 日

	肖强亚	7.0609	0.12	2013 年 7 月 26 日
	周积文	7.0609	0.12	2013 年 7 月 26 日
	刘长江	7.0609	0.12	2013 年 7 月 26 日
	贺　朋	7.0609	0.12	2013 年 7 月 26 日
	丁百雄	7.0609	0.12	2013 年 7 月 26 日
	陈　林	7.0609	0.12	2013 年 7 月 26 日
	曾梅平	7.0609	0.12	2013 年 7 月 26 日
	吴　周	7.0609	0.12	2013 年 7 月 26 日
	贺德强	7.0609	0.12	2013 年 7 月 26 日
	欧云利	7.0609	0.12	2013 年 7 月 26 日
	黄　猛	7.0609	0.12	2013 年 7 月 26 日
	郑恒利	7.0609	0.12	2013 年 7 月 26 日
	傅永恒	7.0609	0.12	2013 年 7 月 26 日
	周　云	7.0609	0.12	2013 年 7 月 26 日
	易奇伟	7.0609	0.12	2013 年 7 月 26 日
	张　军	7.0609	0.12	2013 年 7 月 26 日
	曹　为	7.0609	0.12	2013 年 7 月 26 日
	谭术根	7.0609	0.12	2013 年 7 月 26 日
	余　伟	7.0609	0.12	2013 年 7 月 26 日
	李　正	7.0609	0.12	2013 年 7 月 26 日
	向　容	7.0609	0.12	2013 年 7 月 26 日
	徐　乐	7.0609	0.12	2013 年 7 月 26 日
	张　伟	5.8841	0.10	2013 年 7 月 26 日
	文谷良	4.7073	0.08	2013 年 7 月 26 日
	潘志国	4.7073	0.08	2013 年 7 月 26 日
	小　计	4,500.00	75.00	–
首次公开发行的股份	网下询价发行的股份	450.00	7.50	2012 年 7 月 26 日
	网上定价发行的股份	1,050.00	17.50	2012 年 7 月 26 日
	小计	1,500.00	25.00	
	合计	6,000.00	100.00	

11. 股票登记机构：中国证券登记结算有限责任公司深圳分公司

12. 上市保荐机构：平安证券有限责任公司(以下简称：平安证券)

第三节　发行人、股东和实际控制人情况

一、公司基本情况

1. 中文名称：长沙开元仪器股份有限公司

英文名称：Changsha Kaiyuan Instruments Co.,Ltd.

2. 法定代表人：罗建文

3. 注册资本(发行前)：4,500 万元

注册资本(发行后)：6,000 万元

4. 有限公司成立日期：2000 年 3 月 29 日

股份公司成立日期：2010 年 9 月 19 日

5. 住所：长沙经济技术开发区开元路 172 号

6. 邮政编码：410100

7. 经营范围：检测分析测量仪器、设备及相关软件的开发、生产、销售、安装调试及相关技术咨询服务；自营和代理各类商品和技术的进出口，但国家限定公司经营或禁止进出口的除外。(涉及行政许可的凭许可证经营)

8. 公司主营业务：煤质检测仪器设备的研发、生产和销售。

9. 所属行业：C78 仪器仪表及文化、办公用机械制造业

10. 电话：0731-84874926　　传真：0731-84874926

11. 互联网址：http://www.chs5e.com

12. 电子信箱：gojefe@126.com

13. 董事会秘书：郭剑锋

二、公司董事、监事、高级管理人员及其持有公司的股票情况

姓　名	在本公司所任职务	任期	持股数(万股)	发行后比例
罗建文	董事长	2010 年 8 月–2013 年 8 月	1,553.3981	25.89%
罗华东	董事、总经理	2010 年 8 月–2013 年 8 月	1,059.1351	17.65%
罗旭东	副董事长	2010 年 8 月–2013 年 8 月	1,059.1351	17.65%
文　胜	董事、副总经理	2010 年 8 月–2013 年 8 月	9.4145	0.16%
彭海燕	董事、副总经理	2010 年 8 月–2013 年 8 月	9.4145	0.16%
郭剑锋	董事、董事会秘书	2010 年 8 月–2013 年 8 月	9.4145	0.16%
李跃光	独立董事	2010 年 11 月–2013 年 8 月	–	–
何　兵	独立董事	2010 年 11 月–2013 年 8 月	–	–
舒强兴	独立董事	2010 年 11 月–2013 年 8 月	–	–
张裕烂	监事会主席	2010 年 8 月–2013 年 8 月	7.0609	0.12%
胡广斌	监事	2010 年 8 月–2013 年 8 月	–	–
陈方驰	监事	2010 年 8 月–2013 年 8 月	7.0609	0.12%
何　峰	财务总监	2010 年 8 月–2013 年 8 月	9.4145	0.16%
何建江	副总经理	2010 年 8 月–2013 年 8 月	9.4145	0.16%
刘江舟	副总经理	2010 年 8 月–2013 年 8 月	9.4145	0.16%

注：公司董事、监事、高级管理人员的持股方式均为直接持股，不存在间接持股的情况。

三、公司控股股东及实际控制人的情况

罗建文是公司的控股股东，持有公司 1,553.3981 万股股份，占公司发行后总股本的 25.89%。

罗建文与罗旭东、罗华东为父子关系，为公司的共同控制人。罗建文、罗旭东、罗华东目前分别持有公司 1,553.40 万股、1,059.14 万股、1,059.14 万股，占公司发行后总股本的比例分别为 25.89%、17.65%、17.65%。三人合计持有公司 3671.67 万股，占公司发行后总股本的比例为 61.19%。

罗建文先生：男，汉族，身份证号码 430111194801xxxxxx。1948 年 1 月出生，本科学历。1992 年创建长沙县煤质电脑仪器厂，并担任厂长；1999 年至 2002 年，任长沙煤质电脑仪器有限公司法人代表；2002 年至 2010 年 7 月，任开元有限执行董事、法人代表；2010 年 8 月至今，任公司董事长、法人代表。

罗旭东先生：男，汉族，身份证号码 430111197110xxxxxx。1971 年 10 月出生，高中学历。1997 年至 2002 年，历任长沙煤质电脑仪器厂、长沙煤质电脑仪器有限公司采购员、采购部经理等职；2002 年至 2006 年，任开元有限采购部经理、生产副总经理等职；2006 年至 2010 年 7 月，任开元机电总经理；2010 年 8 月至今，任公司副董事长，兼任开元机电总经理。

罗华东先生：男，汉族，身份证号码：430111197110xxxxxx。1971 年 10 月出生，中等技术学校毕业。1990 年至 1992 年，任国营 4435 厂工人；1992 年至 2002 年，历任长沙煤质电脑仪器厂、长沙煤质电脑仪器有限公司销售员、销售部经理等职；2002 年至 2010 年 7 月，任开元有限总经理；2007 年至 2010 年 7 月，任东星仪器总经理；2010 年 8 月至今，任公司董事、总经理，兼任东星仪器总经理。

除持有公司股权外，公司控股股东和实际控制人无其他重大对外投资。

四、公司前十名股东持有公司发行后股份情况

此次发行后，公司股东总数为：14,909 户。

公司前 10 名股东持有公司发行后股份情况如下：

序号	股东名称	持股数量(股)	持股比例(%)
1	罗建文	15,533,981	25.89
2	罗旭东	10,591,351	17.65
3	罗华东	10,591,351	17.65
4	芜湖基石创业投资合伙企业(有限合伙)	1,800,000	3.00
5	天津雷石泰和股权投资基金合伙企业(有限合伙)	1,000,000	1.67
6	湖南新能源创业投资基金企业(有限合伙)	1,000,000	1.67
7	国泰君安证券股份有限公司	750,000	1.25
8	昆仑信托有限责任公司	750,000	1.25
9	齐鲁证券有限公司	750,000	1.25
10	中国银河证券股份有限公司	750,000	1.25
	总计	43,516,683	72.53

第四节　股票发行情况

1. 发行数量：1,500 万股。其中，网下配售股票数量为 450 万股，占本次发行数量的 30%；网上定价发行股票数量为 1,050 万股，占本次发行总量的 70%。

2. 发行价格：27.00 元/股，对应的市盈率为：

(1)31.03 倍(每股收益按照 2011 年度经会计师事务所审计的扣除非经常性损益前后孰低的净利润除以本次发行后总股本计算)；

(2)23.28 倍(每股收益按照 2011 年度经会计师事务所审计的扣除非经常性损益前后孰低的净利润除以本次发行前总股本计算)。

3. 发行方式：本次发行采用网下向询价对象询价配售与网上资金申购定价发行相结合的方式。本次发行中通过网下配售向股票配售对象配售的股票为 450 万股，有效申购为 6,375 万股，有效申购获得配售的中签率为 7.0588235294%，认购倍数为 14.17 倍。本次网上定价发行 1,050 万股，中签率为 3.1818230028%，超额认购倍数为 31 倍。本次网上定价发行及网下配售发行均不存在余股。

4. 募集资金总额：40,500 万元。

5. 发行费用总额：4,150.42 万元，明细如下：

项目	金额(万元)
承销及保荐费	3,346.00
信息披露及发行手续费	496.02

审计、验资费用	196.40
律师费用	112.00
合计	4,150.42

每股发行费用：2.77 元。（每股发行费用=发行费用总额/本次发行股本）

6. 募集资金净额：363,495,786.79 元。中磊会计师事务所有限责任公司已于 2012 年 7 月 23 日对发行人首次公开发行股票的资金到位情况进行了审验，并出具（2012）中磊（验 C）字第 0045 号《验资报告》。

7. 发行后每股净资产：11.05 元（2011 年 12 月 31 日经审计的归属于母公司所有者权益与本次发行筹资净额之和除以本次发行后总股本计算）。

8. 发行后每股收益：0.87 元（按照 2011 年度经会计师事务所审计的扣除非经常性损益前后孰低的净利润除以本次发行后总股本计算）。

9. 对于募集资金的运用，本公司承诺如下：所有募集资金将存放于专户管理，并用于公司主营业务。对于尚没有具体使用项目的"其他与主营业务相关的营运资金"，本公司最晚于募集资金到账后 6 个月内，根据公司的发展规划及实际生产经营需求，妥善安排该部分资金的使用计划，提交董事会审议通过后及时披露。公司实际使用该部分资金前，将履行相应的董事会或股东大会审议程序，并及时披露。

第五节 财务会计资料

本上市公告书已披露 2012 年上半年财务数据及资产负债表、利润表、现金流量表、股东权益变动表及 2011 年度主要财务数据。其中，2012 年上半年财务数据未经审计，对比表中 2011 年度数据、2011 年上半年财务数据已经审计，敬请投资者注意。

一、主要会计数据及财务指标

项目	2012.6.30	2011.12.31	本报告期比上年度期末增减
流动资产(万元)	30,587.07	31,261.00	−2.16%
流动负债（万元）	11,934.41	14,895.30	−19.88%
总资产(万元)	44,942.69	44,855.70	0.19%
归属于公司股东的所有者权益（万元）	33,008.28	29,960.40	10.17%
归属于公司股东的每股净资产（元/股）	7.34	6.66	10.17%
项目	2012 年 1−6 月	2011 年 1−6 月	本报告期比上年度同期增减
营业收入（万元）	15,424.24	12,127.97	27.18%
营业利润（万元）	3,481.67	2,404.21	44.82%
利润总额（万元）	3,533.81	2,698.05	30.98%
归属于公司股东的净利润（万元）	3,047.88	2,331.37	30.73%
扣除非经常性损益后的归属于发行人股东的净利润（万元）	2,943.59	2,185.33	34.70%
基本每股收益（元）	0.68	0.52	30.73%
扣除非经常性损益后的基本每股收益（元）	0.65	0.49	34.70%
加权平均净资产收益率	9.68%	9.12%	0.56%
扣除非经常性损益后的加权平均净资产收益率	9.35%	8.54%	0.81%
经营活动产生的现金流量净额（万元）	−4,610.74	−1,134.81	−306.30%
每股经营活动产生的现金流量净额（元）	−1.02	−0.25	−306.30%

注：加权平均净资产收益率和扣除非经常性损益后的加权平均净资产收益率两个指标的本报告期比上年同期增减为两期数的差值。

二、财务状况和经营业绩的简要说明

1. 经营业绩简要说明

2012 年 1−6 月，公司实现营业收入 15,424.24 万元，较上年同期增长 27.18%；实现利润总额 3,533.81 万元，较上年同期增长 30.98%；归属于发行人股东的净利润 3,047.88 万元，较上年同期增长 30.73%。2012 年 1−6 月营业收入和利润增长的主要原因是：

（1）国家节能减排和环境保护政策的陆续出台和实施的宏观政策背景下，耗煤企业提高对煤炭品质检测的要求，促进了公司煤质检测仪器设备的销售。公司产品销售实现快速增长，工业分析仪系列、量热仪系列、元素分析仪系列产品较上年同期分别增长 22.56%、19.83%、12.05%。

（2）煤质检测行业逐步认识到煤质检测的总误差主要来源于采样和制样环节，公司及时将上述科学理念推广普及并加大投入力度，重点研发满足客户需求的采样设备和制样设备等产品，并向客户推广普及，取得了较好的收益。2012 年 1−6 月采样设备和制样设备销售收入较上年同期分别增长 35.82%和 65.79%。

（3）2012 年 1−6 月综合毛利率为 54.34%，较上年同期略有上升。2012 年 1−6 月实现毛利 8,380.95 万元，较上年同期增长 24.95%。期间费用占营业收入比重由上年同期 34.09%下降为 28.05%，下降了 6.04%，期间费用总体上稳中有降。

2. 财务状况说明

（1）资产变化情况

发行人资产规模保持稳定，资产流动性高，资产负债率低，整体财务状况良好。截至 2012 年 6 月 30 日，公司资产总额 44,942.69 万元，较上年末增加 0.19%；流动资产总额为 30,587.07 万元，较上年末减少 2.16%。资产总额、流动资产总额较上年末的变动不大。

（2）负债变化情况

截至 2012 年 6 月 30 日，公司负债总额 11,934.41 万元，较上年末减少了 2,960.89 万元，下降 19.88%，公司负债全部为流动负债，负债减少的主要原因系报告期内产能扩大，支付供应商货款所致。

3. 现金流量情况

2012 年 1−6 月公司经营活动产生的现金流量净额为−4,610.74 万元，较上年同期减少 306.30%。主要原因系扩大产能，导致上半年供应商货款与劳务款支付、相关税费及人工成本增加。

第六节 其他重要事项

一、本公司已向深圳证券交易所承诺，将严格按照创业板的有关规则，在上市后三个月内尽快完善公司章程等相关规章制度。

二、本公司自 2012 年 6 月 29 日刊登首次公开发行股票招股意向书至本上市公告书刊登前，除以上事项外，没有发生可能对公司有较大影响的重要事项，具体如下：

1. 本公司严格依照《公司法》、《证券法》等法律法规的要求，规范运作，经营状况正常，主要业务发展目标进展正常；

2. 本公司生产经营情况、外部条件或生产环境未发生重大变化（包括原材料采购和产品销售价格、原材料采购和产品销售方式、所处行业或市场的重大变化等）；

3. 公司未订立可能对公司资产、负债、权益和经营成果产生重大影响的重要合同；

4. 公司未发生重大关联交易；

5. 公司未发生重大投资；

6. 公司未发生重大资产（或股权）购买、出售及置换；

7. 公司住所没有变更；

8. 公司董事、监事、高级管理人员及核心技术人员未发生变化；

9. 公司未发生重大诉讼、仲裁事项；

10. 公司未发生对外担保等或有事项；

11. 公司的财务状况和经营成果未发生重大变化；

12. 公司未召开董事会、监事会和股东大会；

13. 公司无其他应披露的重大事项。

第七节 上市保荐机构及其意见

一、上市保荐机构情况

保荐机构（主承销商）：平安证券有限责任公司

法定代表人：杨宇翔

联系地址：深圳市福田区金田路大中华国际交易广场 8 楼

邮 编：518048

电 话：4008 866 338

传 真：0755−8243 4614

保荐代表人：汪家胜、李红星

二、上市保荐机构的推荐意见

上市保荐机构平安证券已向深圳证券交易所提交了《平安证券有限责任公司关于长沙开元仪器股份有限公司股票上市保荐书》，平安证券的推荐意见如下：

平安证券有限责任公司认为长沙开元仪器股份有限公司申请其股票上市符合《中华人民共和国公司法》、《中华人民共和国证券法》及《深圳证券交易所创业板股票上市规则》（2012 年修订）等有关规定，长沙开元仪器股份有限公司股票具备在深圳证券交易所创业板上市的条件。平安证券有限责任公司愿意推荐长沙开元仪器股份有限公司的股票在深圳证券交易所创业板上市交易，并承担相关保荐责任。

江苏润和软件股份有限公司

江苏润和软件股份有限公司首次公开发行股票并在创业板上市公告书

第一节　重要声明与提示

本公司股票将在深圳证券交易所创业板市场上市，该市场具有较高的投资风险。创业板公司具有业绩不稳定、经营风险高、退市风险大等特点，投资者面临较大的市场风险。投资者应充分了解创业板市场的投资风险及本公司所披露的风险因素，审慎做出投资决定。

本公司及全体董事、监事、高级管理人员保证上市公告书的真实性、准确性、完整性，承诺上市公告书不存在虚假记载、误导性陈述或重大遗漏，并承担个别和连带的法律责任。

证券交易所、其他政府机关对公司股票上市及有关事项的意见，均不表明对公司的任何保证。

本公司提醒广大投资者注意，凡本上市公告书未涉及的有关内容，请投资者查阅刊载于中国证监会指定网站(巨潮资讯网，网址 www.cninfo.com.cn；中证网，网址 www.cs.com.cn；中国证券网，网址 www.cnstock.com；证券时报网，网址 www.secutimes.com；中国资本证券网，网址 www.ccstock.cn)上的公司招股说明书全文。

本次发行前，本公司股东所持股份的流通限制及股东对所持股份自愿锁定的承诺如下：

公司控股股东润和投资承诺：自公司股票上市之日起三十六个月内，不转让或者委托他人管理其持有的公司首次公开发行股票前已持有的股份，也不由公司回购该部分股份。

公司实际控制人周红卫、姚宁承诺：自公司股票上市之日起三十六个月内，不转让或者委托他人管理其直接或间接持有的公司首次公开发行股票前已持有的股份，也不由公司回购该部分股份。

公司股东孙强、马玉峰、周庆、隋宏旭、殷则堂、徐鑫淼、曹荣承诺：自公司股票上市之日起十二个月内，不转让或者委托他人管理其直接或间接持有的公司首次公开发行股票前已持有的股份，也不由公司回购该部分股份。

公司股东华为投资承诺：自 2011 年 2 月 28 日起三十六个月内，不转让或委托他人管理其已持有的公司公开发行股票前已发行的股份，也不由公司回购该部分股份；自公司首次公开发行股票并上市之日起一年内，不转让或委托他人管理其已持有公司首次公开发行前已发行的股份，也不由公司回购该部分股份；且自公司上市之日起二十四个月内，转让的股份不超过其所持有上述股份总数的 50%。

金石投资承诺：自公司股票上市之日起十八个月内，不转让或者委托他人管理其持有的公司首次公开发行股票前已持有的股份，也不由公司回购该部分股份。

公司其他股东全部承诺：自公司股票上市之日起十二个月内，不转让或者委托他人管理其持有的公司首次公开发行股票前已持有的股份，也不由公司回购该部分股份。

除此之外，作为公司董事、监事或高级管理人员，自然人股东周红卫、姚宁、孙强、马玉峰、黄维江、吴昊、廉智慧、王辉、沈锦华还承诺：在担任公司的董事、监事或高级管理人员期间，每年转让的股份不超过其直接或间接持有公司股份总数的百分之二十五。在离职后半年内，不转让其直接或间接持有的公司股份；如在公司股票上市之日起六个月内申报离职的，自申报离职之日起十八个月内不转让其直接或间接持有的公司股份，如在股票上市之日起第七个月至第十二个月之间申报离职的，自申报离职之日起十二个月内不转让其直接或间接持有的公司股份。

如无特别说明，本上市公告书中的简称或名词的释义与本公司首次公开发行股票招股说明书中的相同。

本上市公告书中若出现总计数与所加总数值总和尾数不符，均为四舍五入所致。

第二节　股票上市情况

一、股票发行上市审批情况

本上市公告书是根据《中华人民共和国公司法》、《中华人民共和国证券法》和《首次公开发行股票并在创业板上市管理暂行办法》及《深圳证券交易所创业板股票上市规则》等国家有关法律、法规的规定，并按照《深圳证券交易所股票上市公告书内容与格式指引(2012 年 2 月修订)》编制，旨在向投资者提供有关本公司首次公开发行股票上市的基本情况。

经中国证券监督管理委员会“证监许可【2012】812 号”文核准，本公司公开发行人民币普通股 1,919 万股。本次发行采用网下向配售对象询价配售(以下简称“网下配售”)和网上向社会公众投资者定价发行(以下简称“网上发行”)相结合的方式，其中，网下配售 576.20 万股，网上发行 1,342.80 万股，发行价格为 20.39 元/股。

经深圳证券交易所《关于江苏润和软件股份有限公司人民币普通股股票上市的通知》(深证上【2012】234 号)同意，公司发行的人民币普通股股票在深圳证券交易所上市，股票简称“润和软件”，股票代码“300339”；本次公开发行的 1,919 万股股票将于 2012 年 7 月 18 日起上市交易。

公司本次发行的招股意向书、招股说明书全文及相关备查文件可以在中国证监会指定网站(巨潮资讯网，网址 www.cninfo.com.cn；中证网，网址 www.cs.com.cn；中国证券网，网址 www.cnstock.com；证券时报网，网址 www.secutimes.com；中国资本证券网，网址 www.ccstock.cn)查询。公司招股意向书及招股说明书的披露距今不足一个月，故与其重复的内容不再重述，敬请投资者查阅上述内容。

二、公司股票上市概况

(一)上市地点：深圳证券交易所

(二)上市时间：2012 年 7 月 18 日

(三)股票简称：润和软件

(四)股票代码：300339

(五)首次公开发行后总股本：7,674 万股

(六)首次公开发行股票增加的股份：1,919 万股

(七)发行前股东所持股份的流通限制及期限：根据《公司法》的有关规定，公司公开发行股份前已发行的股份，自公司股票在证券交易所上市交易之日起十二个月内不得转让。

(八)发行前股东对所持股份自愿锁定的承诺：具体情况详见本上市公告书“第一节　重要声明与提示”。

(九)本次上市股份的其他锁定安排：无。

(十)本次上市的无流通限制及锁定安排的股份：本次公开发行的 1,919 万股股票无流通限制及锁定安排。

(十一)公司股份可上市交易日期：

项目	股东名称	持股数(股)	占发行后总股本比例	可上市交易日期(非交易日顺延)
首次公开发行前已发行股份	润和投资	20,851,000	27.171%	2015 年 7 月 18 日
	周红卫	5,410,000	7.050%	2015 年 7 月 18 日
	姚　宁	4,600,000	5.994%	2015 年 7 月 18 日
	孙　强	3,010,000	3.922%	2013 年 7 月 18 日
	焦点科技	3,000,000	3.909%	2013 年 7 月 18 日
	金石投资	3,000,000	3.909%	2014 年 1 月 18 日
	华为投资	2,850,000	3.714%	2014 年 2 月 28 日
	曹　荣	1,300,000	1.694%	2013 年 7 月 18 日
	善翔投资	1,000,000	1.303%	2013 年 7 月 18 日
	马玉峰	910,000	1.186%	2013 年 7 月 18 日
	朱　佳	800,000	1.042%	2013 年 7 月 18 日
	齐　觉	800,000	1.042%	2013 年 7 月 18 日
	常秀亮	800,000	1.042%	2013 年 7 月 18 日
	隋宏旭	780,000	1.016%	2013 年 7 月 18 日
	周庆等其他 87 名股东	8,439,000	10.997%	2013 年 7 月 18 日
	小计	57,550,000	74.993%	–
首次公开发行股份	网下发行的股份	5,762,000	7.508%	2012 年 7 月 18 日
	网上发行的股份	13,428,000	17.498%	2012 年 7 月 18 日
	小计	19,190,000	25.007%	–
	合计	76,740,000	100.00%	–

(十二)股票登记机构：中国证券登记结算有限责任公司深圳分公司

(十三)上市保荐机构：中信证券股份有限公司

第三节　发行人、股东和实际控制人情况

一、公司基本情况

(一)中文名称：江苏润和软件股份有限公司

(二)英文名称：Jiangsu Hoperun Software Co.,Ltd.

(三)注册资本：7,674 万元(本次公开发行股票后)

(四)法定代表人：周红卫

(五)住所：南京市雨花台区铁心桥工业园

(六)经营范围：计算机软件的研发，相关产品的销售以及售后综合技术服务；自营和代理各类商品及技术的进出口业务。计算机网络系统集成，楼宇智能化系统工程的设计、施工、安装。

(七)主营业务：为国际、国内客户提供专业领域的软件外包服务

(八)所属行业：G87 计算机应用服务业

(九)电话：025-52668518

(十)传真：025-52668895

(十一)董事会秘书：黄维江

(十二)公司电子邮箱:company@hoperun.com

二、公司董事、监事、高级管理人员及其持有公司股份情况

姓 名	职务	性别	任期起止日期	直接持股数量(股)	间接持股数量(股)
周红卫	董事长、总裁	男	2009.12-2012.12	5,410,000	8,684,442
姚 宁	董事、常务副总裁兼技术总监	男	2009.12-2012.12	4,600,000	6,912,107
孙 强	董事	男	2009.12-2012.12	3,010,000	2,556,333
马玉峰	董事、副总裁	男	2009.12-2012.12	910,000	850,721
黄维江	董事、财务总监兼董事会秘书	男	2009.12-2012.12	500,000	—
沈锦华	董事	男	2010.07-2012.12	—	1,778,100
董化礼	独立董事	男	2009.12-2012.12	—	—
张顺颐	独立董事	男	2010.07-2012.12	—	—
张洪发	独立董事	男	2009.12-2012.12	—	—
吴 昊	监事	男	2009.12-2012.12	56,000	—
廉智慧	监事	女	2009.12-2012.12	28,000	—
王 辉	监事	男	2009.12-2012.12	261,000	—

注:周红卫、姚宁、孙强、马玉峰通过润和投资间接持股;沈锦华通过焦点科技间接持股

三、公司控股股东及实际控制人情况

(一)控股股东

润和投资是公司控股股东,本次公开发行前,持有公司36.23%股权,其基本情况如下:

项 目	内容
成立时间	2009年11月27日
注册资本	3,000万元
实收资本	3,000万元
法定代表人	周红卫
注册地	南京市雨花台区阅城大道26号丰盛科技园F区02栋5层513室
生产经营地	南京市雨花台区阅城大道26号丰盛科技园F区02栋5层513室
主营业务	实业投资;投资管理;电子产品、建材销售;
营业执照号码	320100000146178

润和投资的股权结构如下:

序号	股东名称	出资额	持股比例
1	周红卫	1,249.50	41.65%
2	姚 宁	994.50	33.15%
3	孙 强	367.80	12.26%
4	徐鑫淼	150.00	5.00%
5	马玉峰	122.40	4.08%
6	周 庆	62.40	2.08%
7	隋宏旭	38.40	1.28%
8	殷则堂	15.00	0.50%
	合 计	3,000.00	100.00%

经华普天健会计师事务所(北京)有限公司审计,截至2011年12月31日,润和投资(母公司)总资产和净资产分别为3,573.07万元和3,567.60万元,2011年度净利润为-71.46万元。

除持有公司36.23%股权外,润和投资未持有或控制其他企业股权。

(二)实际控制人

公司实际控制人为自然人周红卫(身份证号32011319671124****)、姚宁(身份证号32010219680908****),本次公开发行前,两人分别直接持有公司9.401%和7.993%的股权,并通过共同控制润和投资合计控制公司53.62%表决权的股份。基本情况如下:

周红卫先生,中国籍,1967年出生,毕业于南京理工大学计算机系,公司主要创始人,公司成立至今一直担任公司董事长及总裁职务,曾获2006年度、2007年度、2008年度中国软件企业出口(外包)成就人物、江苏省高层次创新创业人才计划拔尖人物等称号。

姚宁先生,中国籍,1968年出生,毕业于东南大学无线电工程系,公司主要创始人、技术总监,公司成立至今一直担任公司董事及常务副总裁职务,曾获南京市中青年行业技术学科带头人称号。

公司实际控制人除对公司控股股东及公司投资外,不存在对其他企业的投资。

四、公司前十名股东持有公司股份情况

本次公开发行后,公司股东总数为26,695人,前十名股东持股情况如下:

序号	股东名称	持有股数(万股)	占总股本比例
1	江苏润和科技投资有限公司	2,085.10	27.17%
2	周红卫	541.00	7.05%
3	姚 宁	460.00	5.99%
4	孙 强	301.00	3.92%
5	金石投资有限公司	300.00	3.91%
6	焦点科技股份有限公司	300.00	3.91%
7	华为投资控股有限公司	285.00	3.71%
8	曹 荣	130.00	1.69%
9	中航证券有限公司	120.00	1.56%
9	全国社保基金四零八组合	120.00	1.56%
9	广州证券有限责任公司	120.00	1.56%
9	东航集团财务有限责任公司	120.00	1.56%
	合 计	4,882.10	63.62%

第四节 股票发行情况

一、发行数量

本次公开发行总股数为1,919万股,其中,网下向配售对象询价配售股票数量为576.20万股,占本次发行总量的30.03%;网上向社会公众投资者定价发行股票数量为1,342.80万股,占本次发行总量的69.97%。

二、发行价格

本次公开发行的价格为20.39元/股,对应的市盈率为:

1. 41.21倍(每股收益按2011年度经审计的扣除非经常性损益前后孰低的净利润除以本次发行后总股本计算);

2. 30.91倍(每股收益按2011年度经审计的扣除非经常性损益前后孰低的净利润除以本次发行前总股本计算)。

三、发行方式及认购情况

本次发行采用网下向配售对象询价配售和网上向社会公众投资者定价发行相结合的方式。其中,网下向配售对象询价配售股票数量为576.20万股,有效申购数量为37,920万股,有效申购获得配售的比例为1.51951477%,有效申购倍数为65.81倍;网上定价发行股票数量为1,342.80万股,中签率为0.6790536133%,超额认购倍数为147倍。本次网下发行与网上发行均不存在余股。

四、募集资金总额及注册会计师对资金到位的验证情况

本次发行募集资金总额为391,284,100.00元。

华普天健会计师事务所(北京)有限公司对公司首次公开发行股票的资金到位情况实施了验证,出具了"会验字[2012]1905号"《验资报告》。

五、发行费用

本次发行费用总额为39,469,401.33元,具体情况如下:

序号	项目	金额(元)
1	承销及保荐费用	31,500,000.00
2	审计验资费用	3,230,000.00
3	律师费用	1,430,000.00
4	招股说明书印刷及信息披露费用	3,196,031.33
5	发行登记费	38,370.00
6	上市初费	75,000.00
	合计	39,469,401.33

每股发行费用2.06元/股。(每股发行费用=发行费用总额/本次发行股数)

六、募集资金净额

本次发行募集资金净额为351,814,698.67元。

七、发行后每股净资产

本次发行后每股净资产为7.84元。(按公司截至2011年12月31日经审计后的净资产值加上本次募集资金净额除以发行后总股本计算)

八、发行后每股收益

本次发行后每股收益为0.49元。(按2011年度经审计的扣除非经常性损益前后孰低的归属于本公司股东的净利润除以本次发行后的总股本计算)

九、关于募集资金的承诺

对于募集资金的运用,公司承诺:所有募集资金将存放于专户管理,并用于公司主营业务。对于尚没有具体使用项目的"其他与主营业务相关的营运资金项目",公司将根据公司的发展规划及实际生产经营需求,妥善安排该部分资金的使用计划,提交董事会审议通过后及时披露。公司实际使用该部分资金前,将履行相应的董事会或股东大会审议程序,并及时披露。

第五节 财务会计资料

本上市公告书已披露本公司2012年3月31日资产负债表、2012年1-3月利润表和现金流量表。其中,2012年1-3月财务数据未经审计,对比表中2011年1-3月财务数据和2011年度财务数据已经审计。敬请投资者注意。

一、主要财务数据及财务指标

项目	2012年3月31日	2011年12月31日	较上年末增减
流动资产(元)	234,163,307.97	223,417,541.85	4.81%

流动负债(元)	120,163,228.42	122,827,029.26	-2.17%
总资产(元)	392,396,434.12	382,421,689.08	2.61%
归属于发行人股东的所有者权益(元)	261,716,189.37	249,659,506.74	4.83%
归属于发行人股东的每股净资产(元/股)	4.55	4.34	4.78%
项目	2012年1-3月	2011年1-3月	较上年同期增减
营业总收入(元)	68,790,952.92	40,667,011.69	69.16%
利润总额(元)	14,788,987.56	6,062,122.35	143.96%
归属于发行人股东的净利润(元)	12,342,172.93	5,068,894.54	143.49%
归属于发行人股东的扣除非经常性损益后的净利润(元)	9,756,387.93	4,796,784.50	103.39%
基本每股收益(按发行后股本计算)(元/股)	0.16	0.07	128.57%
扣除非经常性损益后的基本每股收益(按发行后股本计算)(元/股)	0.13	0.06	116.67%
加权平均净资产收益率(%)	4.76%	2.39%	2.37%
扣除非经常性损益后的加权平均净资产收益率(%)	3.76%	2.26%	1.50%
经营活动产生的现金流量净额(元)	1,697,609.47	-634,220.87	367.67%
每股经营活动产生的现金流量净额(元)	0.02	-0.01	300.00%

二、经营业绩和财务状况的简要说明

(一)2012年1-3月经营业绩和财务状况的简要说明

公司2012年1-3月经营状况良好、财务状况稳定,没有对财务数据和指标产生重大影响的其他重要事项。

1. 经营业绩的简要说明

2012年1-3月公司实现营业收入6,879.09万元,较上年同期增长2,812.39万元,增幅为69.16%,主要原因系公司主营业务持续增长。

2012年1-3月公司实现利润总额1,478.90万元,较上年同期增长872.69万元,增幅为143.96%,主要原因系公司主营业务持续增长、盈利水平相对稳定、本期收到与收益有关的政府补助增加。

2012年1-3月公司经营活动产生的现金流量净额为169.76万元,较上年同期增长为233.18万元,增幅为367.67%,主要原因系公司应收账款回笼良好。

2. 财务状况的简要说明

(1)资产

截至2012年3月31日,公司的资产总额为39,239.64万元,较2011年末增加997.47万元,增幅为2.61%。其中:

应收利息账面价值为56.83万元,较2011年末减少32.97万元,减幅为36.71%,主要原因系定期存单到期收回利息。

其他应收款账面价值为878.26万元,较2011年末增加244.59万元,增幅为38.60%,主要原因系支付上市中介费用、员工差旅借支备用金增加。

(2)负债

截至2012年3月31日,公司的负债总额为12,700.05万元,较2011年末减少235.17万元,减幅为1.82%。其中:

应付票据无余额,较2011年末减少242.68万元,减幅为100.00%,主要原因系应付票据本期承兑。

应付账款余额为1,094.23万元,较2011年末增加444.71万元,增幅为68.74%,主要原因系应付未付外购成本增加。

预收款项余额为2.81万元,较2011年末减少83.93万元,减幅为96.76%,主要原因系该部分预收款项本期确认收入。

其他应付款余额为133.45万元,较2011年末减少63.49万元,减幅为32.24%,主要原因系支付员工报销的差旅费较多。

其他非流动负债余额为326.00万元,较2011年末增加84.25万元,增幅为34.85%,主要原因系本期收到应计入递延收益的政府补助增加。

(3)所有者权益

截至2012年3月31日,公司的股东权益总额为26,539.59万元,较2011年末增加1,232.65万元,增幅为4.87%,主要原因系2012年1-3月公司实现净利润。

(二)2012年半年度业绩预计情况

2012年1-6月,公司预计实现的归属于母公司股东的净利润约为2,200.00至2,400.00万元,比上年同期增长48.75%至62.27%;基本每股收益约为0.3823至0.4170元。上述业绩预计情况是根据公司财务部门对经营情况初步测算做出,未经注册会计师审计,具体数据将在公司2012年半年度报告中详细披露。

第六节　其他重要事项

一、本公司已向深圳证券交易所承诺,将严格按照创业板的有关规则,在公司股票上市后三个月内完善公司章程等规章制度。

二、本公司自2012年6月29日刊登首次公开发行股票招股意向书至本上市公告书刊登前,没有发生可能对公司有较大影响的重要事项,具体如下:

(一)本公司严格依照《公司法》、《证券法》等法律法规的要求,规范运作,经营状况正常,主要业务发展目标进展正常;

(二)本公司生产经营情况、外部条件或生产环境未发生重大变化;

(三)本公司未订立可能对发行人的资产、负债、权益和经营成果产生重大影响的重要合同;

(四)本公司未发生重大关联交易事项,资金未被关联方非经营性占用;

(五)本公司未发生重大投资行为;

(六)本公司未发生重大资产(或股权)购买、出售及置换行为;

(七)本公司住所未变更;

(八)本公司董事、监事、高级管理人员及核心技术人员未发生变化;

(九)本公司未发生重大诉讼、仲裁事项;

(十)本公司未发生对外担保等或有事项;

(十一)本公司财务状况和经营成果未发生重大变化;

(十二)本公司未召开董事会、监事会和股东大会;

(十三)本公司无其他应披露的重大事项。

第七节　上市保荐机构及其意见

一、保荐人情况

(一)保荐人:中信证券股份有限公司

(二)法定代表人:王东明

(三)住所:广东省深圳市福田区中心三路8号卓越时代广场(二期)北座

(四)联系地址:北京市朝阳区亮马桥路48号中信证券大厦21层

(五)联系电话:010-60838888

(六)传真:010-60836029

(七)保荐代表人:杨峰、王建文

(八)联系人:董向征、何垒、唐青

二、保荐意见

公司上市保荐人中信证券股份有限公司已向深圳证券交易所出具了《中信证券股份有限公司关于江苏润和软件股份有限公司股票上市保荐书》,保荐意见如下:

"本保荐人认为,润和软件申请其股票上市符合《中华人民共和国公司法》、《中华人民共和国证券法》及《深圳证券交易所创业板股票上市规则》(2012年修订)等国家法律、法规的有关规定,发行人股票具备在深圳证券交易所创业板上市的条件。本保荐人愿意推荐润和软件的股票在深圳证券交易所创业板上市交易,并承担相关保荐责任。"

上海大名城企业股份有限公司

上海大名城企业股份有限公司 2011 年年度报告摘要

第一节　重要提示

1.1 本公司董事会、监事会及董事、监事、高级管理人员保证本报告所载资料不存在任何虚假记载、误导性陈述或者重大遗漏，并对其内容的真实性、准确性和完整性承担个别及连带责任。

本年度报告摘要摘自年度报告全文，报告全文同时刊载于中国证券报、上海证券报、香港文汇报。投资者欲了解详细内容，应当仔细阅读年度报告全文。

1.2 公司全体董事出席董事会会议。

1.3 天职国际会计师事务所有限公司为本公司出具了标准无保留意见的审计报告。

1.4 公司负责人董云雄、主管会计工作负责人郑国强及会计机构负责人(会计主管人员)朱海萍声明：保证年度报告中财务报告的真实、完整。

第二节　公司基本情况

2.1 基本情况简介

股票简称	大名城
股票代码	600094
股票上市交易所	上海证券交易所
股票简称	大名城 B
股票代码	900940
股票上市交易所	上海证券交易所

2.2 联系人和联系方式

	董事会秘书	证券事务代表
姓名	张燕琦	迟志强
联系地址	上海市闵行区红松东路 1116 号上海虹桥元一大厦 5 楼	上海市闵行区红松东路 1116 号上海虹桥元一大厦 5 楼
电话	62470088	62478900
传真	62479099	62479099
电子信箱	zhangyanqi@greattown.cn	chizhiqiang@greattown.cn

第三节　会计数据和财务指标摘要

3.1 主要会计数据

单位：元 币种：人民币

主要会计数据	2011 年	2010 年		本期比上年同期	2009 年	
		调整后	调整前	增减(%)	调整后	调整前
营业总收入	3,302,711,273.01	2,394,993,334.29	4,700,752.00	37.90	1,791,900,679.78	0
营业利润	1,335,926,098.84	927,038,583.93	1,577,032.65	44.11	835,699,331.85	−1,302,986.00
利润总额	1,336,979,461.14	912,659,843.73	1,572,873.70	46.49	836,896,407.11	1,202,869.38
归属于上市公司股东的净利润	696,528,292.97	479,593,915.55	1,572,873.70	45.23	432,108,138.08	1,202,869.38
归属于上市公司股东的扣除非经常性损益的净利润	359,465,491.39	−2,220,967.35	−2,220,967.35		−1,302,986.00	−1,302,986.00
经营活动产生的现金流量净额	−580,155,853.48	−1,536,507,736.21	−5,450,420.60		1,047,884,397.37	−62,417,843.39
	2011 年末	2010 年末		本期末比上年同期末	2009 年末	
		调整后	调整前	增减(%)	调整后	调整前
资产总额	7,415,296,172.48	6,490,612,281.49	17,792,970.99	14.25	4,610,609,977.99	23,889,302.91
负债总额	4,210,917,375.41	3,906,514,312.22	4,358,790.91	7.79	3,165,616,526.76	12,027,996.53
归属于上市公司股东的所有者权益	2,182,022,069.10	1,494,647,723.33	13,434,180.08	45.99	1,015,053,807.78	11,861,306.38
总股本	1,511,556,942.00	472,084,983.00	472,084,983.00	220.19	472,084,983.00	472,084,983.00

3.2 主要财务指标

主要财务指标	2011 年	2010 年		本期比上年同期	2009 年	
		调整后	调整前	增减(%)	调整后	调整前
基本每股收益(元/股)	0.4608	0.3173	0.0033	45.23	0.2859	0.0025
稀释每股收益(元/股)	0.4608	0.3173	0.0033	45.23	0.2859	0.0025
用最新股本计算的每股收益(元/股)						
扣除非经常性损益后的基本每股收益(元/股)	0.3624	−0.0047	−0.0047		−0.0028	−0.0028
加权平均净资产收益率(%)	37.89	38.22	12.44	减少 0.33 个百分点	35.10	200.00
扣除非经常性损益后的加权平均净资产收益率(%)	32.75	−17.56	−17.56		−216.82	−216.82
每股经营活动产生的现金流量净额(元/股)	−0.3838	−3.2547	−0.0120		2.2197	−0.1320
	2011 年末	2010 年末		本期末比上年同期末	2009 年末	
		调整后	调整前	增减(%)	调整后	调整前
归属于上市公司股东的每股净资产(元/股)	1.444	3.166	0.028	−54.39	2.150	0.025
资产负债率(%)	56.79	60.19	24.50	减少 3.4 个百分点	68.66	50.35

3.3 扣除非经常性损益项目

单位：元 币种：人民币

非经常性损益项目	2011 年金额	2010 年金额	2009 年金额
非流动资产处置损益	−253,645.07		
计入当期损益的政府补助，但与公司正常经营业务密切相关，符合国家政策规定、按照一定标准定额或定量持续享受的政府补助除外	4,000,000.00		2,300,000.00
同一控制下企业合并产生的子公司期初至合并日的当期净损益	333,872,957.52	478,021,041.85	430,905,268.70
除同公司正常经营业务相关的有效套期保值业务外，持有交易性金融资产、交易性金融负债产生的公允价值变动损益，以及处置交易性金融资产、交易性金融负债和可供出售金融资产取得的投资收益	3,828,466.13		
受托经营取得的托管费收入		3,798,000.00	
除上述各项之外的其他营业外收入和支出	−2,768,209.01	−4,158.95	205,855.38
少数股东权益影响额	−1,046,203.72		
所得税影响额	−570,564.27		
合计	337,062,801.58	481,814,882.90	433,411,124.08

第四节　股东持股情况和控制框图

4.1 前 10 名股东、前 10 名无限售条件股东持股情况表

单位：股

报告期末股东总数	69,773 户	本年度报告公布日前一个月末股东总数	69,773 户

前十名股东持股情况

股东名称	股东性质	持股比例	持股总数	持有有限售条	质押或冻结的

		(%)		件股份数量	股份数量
福州东福实业发展有限公司	境内非国有法人	54.51	823,891,641	823,891,641	0
福州锦昌贸易有限公司	境内非国有法人	6.63	100,234,796	100,234,796	0
福州三嘉制冷设备有限公司	境内非国有法人	6.39	96,522,396	96,522,396	0
福州创元贸易有限公司	境内非国有法人	6.14	92,809,996	92,809,996	0
俞丽	境外自然人	3.16	47,691,464	0	0
交通银行股份有限公司上海市分行	国有法人	0.75	11,295,592	0	0
中国银行股份有限公司江苏省分行	国有法人	0.67	10,180,505	0	0
中国农业银行股份有限公司上海市分行	国有法人	0.41	6,150,780	0	0
上海华源股份有限公司(破产企业财产处置专户)	境内非国有法人	0.30	4,564,055	0	0
中国建设银行股份有限公司江苏省分行	国有法人	0.28	4,240,220	0	0

前十名无限售条件股东持股情况

股东名称	持有无限售条件股份数量	股份种类
俞　丽	47,691,464	境内上市外资股
交通银行股份有限公司上海市分行	11,295,592	人民币普通股
中国银行股份有限公司江苏省分行	10,180,505	人民币普通股
中国农业银行股份有限公司上海市分行	6,150,780	人民币普通股
上海华源股份有限公司(破产企业财产处置专户)	4,564,055	人民币普通股
中国建设银行股份有限公司江苏省分行	4,240,220	人民币普通股
中国农业银行股份有限公司江苏省分行	3,517,858	人民币普通股
中国建设银行股份有限公司上海市分行	2,998,379	人民币普通股
上海浦东发展银行上海分行	2,994,236	人民币普通股
顾　寅	2,502,315	境内上市外资股
上述股东关联关系或一致行动的说明	俞丽女士和俞培俤先生各持有福州东福实业发展有限公司控股股东利伟集团有限公司50%股权，俞丽女士系俞培俤先生之女，俞丽女士与福州东福实业发展有限公司、福州锦昌贸易有限公司、福州三嘉制冷设备有限公司和福州创元贸易有限公司为一致行动人。	

4.2 公司与实际控制人之间的产权及控制关系的方框图

第五节　董事会报告

5.1 管理层讨论与分析

1. 报告期内主要经营情况

2011 年 6 月，公司完成非公开发行股份购买资产事项。随着名城地产(福建)有限公司 70%的优质资产注入公司，大幅提升了公司整体盈利水平，使公司获得了持续的稳定的盈利能力。

报告期内，面对房地产调控的严峻形势，在公司董事会正确领导下，公司发扬名城地产敢于吃苦、敢于拼搏的企业精神，调整开发计划，调整产品结构，推出适合市场需求的产品，出色地完成了公司承诺业绩。报告期内，公司所有开发项目的进展情况良好，经营业绩较上年同期有所增长：实现营业收入 33.03 亿元，比上年同期增加 37.90%，实现营业利润 13.36 亿元，比上年同期增加 44.11%，实现净利润 9.98 亿元，比上年同期增加 45.85%，其中归属于母公司净利润 6.97 亿元，比上年同期增加 45.23%。经营业绩增长主要系公司在抓好工程建设工作的同时，保进度、控成本、开源节流，本期结转面积及对应的产品销售单价增加带来的毛利增加所致。

2. 报告期内公司财务情况

2011 年度，公司整体资产结构合理、质量优良；财务状况稳健，财务收支平衡。截至 2011 年 12 月 31 日，公司总资产达 74.15 亿元，较上年末增长 14.25%；净资产达 32.04 亿元，其中归属于母公司所有者权益 21.82 亿元，归属于母公司所有者权益较上年末增长 45.99%，本期加权平均净资产收益率实现 37.89%。公司年末资产负债率为 56.79%，有息负债率为 28.83%，公司实际负债水平相对较低，属于比较理想的水平。报告期内公司资金一直在平稳安全运行，资金相对充裕。截至 2011 年 12 月 31 日，公司账面货币资金余额为 60,969 万元。

3. 报告期内主要开发项目概况

项目位置	序号	项目名称	占地面积(平方米)	(规划)总建筑面积(平方米)	销售率	物业形态	开发状态
名城港湾一区	1	名城港湾·名郡	123,099.70	279,209.64	97.66%	住宅、商业及车位	已开发完工
	2	名城港湾C地块复式住宅	157,930.64	185,066.06	82.20%	住宅、商业及车位	已开发完工
	3	名城港湾C地块名城酒店	33,136.96	41,208.65	0.00%	酒店及车位	已开发完工
名城港湾二区(东方名城)	4	东方名城·蓝郡	38,182.00	62,238.82	88.67%	住宅及车位	已开发完工
	5	东方名城·康郡	63,490.70	159,351.67	89.25%	住宅、商业及车位	已开发完工
	6	东方名城·华郡	60,153.97	148,667.44	96.69%	住宅、商业及车位	已开发完工
	7	东方名城·香郡	65,549.63	166,935.53	97.09%	住宅、商业及车位	已开发完工
	8	东方名城·美郡	37,017.80	80,968.39	92.33%	住宅、商业及车位	已开发完工
	9	东方名城·天鹅堡	84,075.90	275,321.84	46.89%	住宅、商业及车位	已开发完工
	10	东方名城·温莎堡	90,541.90	214,218.54	66.94%	住宅、商业、酒店、办公及车位	已开发完工
名城港湾地块附近	11	江滨锦城三期	34,700.30	74,603.80	96.29%	住宅及商业	已开发完工
名城港湾B-1地块	12	名城国际	58,700.00	361,639.78	0.00%	住宅及商业	在建
名城港湾B-2地块	13	名城国际	59,566.00	361,639.78	0.00%	住宅及商业	在建
名城港湾D地块	14	名城港湾三区	18,776.00	414,260.60	0.00%	住宅及商业	在建
马尾快安26号地	15	名城港湾三区	112,432.00	414,260.60	0.00%	住宅及商业	在建
马尾快安53号地	16	名城港湾五区	65,109.00	185,538.21	0.00%	住宅及商业	在建
马尾快安29-1号地	17	滨江广场	17,390.00	73,707.15	0.00%	住宅及商业	在建
马尾快安64号地	18	名城城市广场	56,954.70	410,299.32	0.00%	住宅及商业	在建
飞龙1号地块	19	常州大名城	202,749.00	559,416.00	0.00%	住宅及商业	在建
飞龙2号地块	20	常州大名城	199,198.00	365,632.00	0.00%	住宅及商业	在建
合计			1,578,754.20	4,058,283.44			

5.2 主营业务分行业、产品情况表

单位：元

主营业务分行业情况

分行业	营业收入	营业成本	毛利率(%)	营业收入比上年增减(%)	营业成本比上年增减(%)	毛利率比上年增减(%)
房地产开发	3,274,336,929.73	1,231,891,424.80	62.38	36.98	21.09	+4.94

主营业务分产品情况

分产品	营业收入	营业成本	毛利率(%)	营业收入比上年增减(%)	营业成本比上年增减(%)	毛利率比上年增减(%)
商品房销售	3,274,336,929.73	1,231,891,424.80	62.38	36.98	21.09	+4.94

5.3 报告期内利润构成、主营业务及其结构、主营业务盈利能力较前一报告期发生重大变化的原因说明

主要财务状况、经营成果指标比较情况：

单位：元 币种：人民币

项目	期末数	期初数	增减额	增减幅度(%)	主要原因
预付款项	17,614,938.83	289,130,357.19	−271,515,418.36	−93.91	期初预付土地出让金取得土地使用权后转入存货所致。
其他应收款	8,237,489.31	23,967,874.70	−15,730,385.39	−65.63	清理收回往来款所致。
持有至到期投资	125,000,000.00		125,000,000.00		系为促进参股项目公司开发，公司根据出资比例对项目公司财务支持，将享有的债权资产信托并转让给中信信托，从而获得信托计划下的普通级信托受益权。
长期股权投资	127,517,838.21	9,716,172.79	117,801,665.42	1212.43	向联营单位福建汇泰房地产开发有限公司增资所致。
固定资产	34,175,846.77	15,834,239.96	18,341,606.81	115.84	本期增加职工宿舍等固定资产。
长期待摊费用	1,093,333.32	2,572,299.31	−1,478,965.99	−57.50	本期摊销减少。
短期贷款	750,000,000.00		750,000,000.00		系根据开发项目资金需求、新增项目借款所致。
应付账款	443,316,473.12	111,996,569.92	331,319,903.20	295.83	公司本期处于项目开发的高增长阶段，部分工程款尚未满足合同约定的付款条件所致。
预收款项	425,407,584.15	2,212,084,495.18	−1,786,676,911.03	−80.77	本期完工交房结转收入所致。
应交税费	961,312,388.34	612,685,069.79	348,627,318.55	56.90	主要是公司尚未清算项目计提应交土地增值税增加所致。
其他应付款	236,284,051.38	119,973,702.50	116,310,348.88	96.95	主要是本期从联营企业福建汇泰公司拆借资金 9425 万元所致。
长期借款(含一年内到期长期负债)	1,387,500,000.00	845,000,000.00	542,500,000.00	64.20	系根据开发项目资金需求，新增项目借款增加所致。
股本	1,511,556,942.00	472,084,983.00	1,039,471,959.00	220.19	本期发行股份 1,039,471,959 股收购名城地产 70%股权所致。

项目	本期数	上年数	增减额	增减幅度(%)	主要原因
营业收入	3,302,711,273.01	2,394,993,334.29	907,717,938.72	37.90	本期交房结转收入、面积大于上年销售所致。
营业成本	1,251,792,014.05	1,017,630,621.00	234,161,393.05	23.01	本期交房结转成本、面积大于上年销售所致。
营业税金及附加	588,174,471.69	383,157,229.76	205,017,241.93	53.51	本期销售收入增加所致。
销售费用	49,360,602.67	30,163,988.67	19,196,614.00	63.64	本期主要是加大营销力度增加费用所致。
管理费用	60,056,562.29	39,799,979.79	20,256,582.50	50.90	本期下属子公司名城豪生大酒店(福州)有限公司开始营业导致管理费用增加所致。
财务费用	22,324,777.16	−786,703.70	23,111,480.86		本期增加主要是支付金融机构管理咨询费及服务费所致。
投资收益	4,130,131.55	693,380.01	3,436,751.54	495.65	公司利用闲置资金进行短期理财产品投资增加所致。
营业外收入	4,115,588.30	52,740.00	4,062,848.30	7703.54	主要是子公司名城豪生大酒店(福州)有限公司获 400 万元政府补助所致。
营业外支出	3,062,226.00	14,431,480.20	−11,369,254.20	−78.78	本期公司捐赠支出减少所致。
净利润	997,562,075.10	683,977,217.94	313,584,857.16	45.85	本期盈利增加。

第六节 财务会计报告

6.1 与最近一期年度报告相比，会计政策、会计估计和核算方法无发生变化。

6.2 与最近一期年度报告相比，无重大会计差错的内容、更正金额。

上海大名城企业股份有限公司

董事长：董云雄

2012 年 1 月 19 日

国金证券股份有限公司

国金证券股份有限公司2011年年度报告摘要

第一节　重要提示

(一) 本公司董事会、监事会及其董事、监事、高级管理人员保证本报告所载资料不存在任何虚假记载、误导性陈述或者重大遗漏，并对其内容的真实性、准确性和完整性承担个别及连带责任。

本年度报告摘要摘自年度报告全文，报告全文同时刊载于 www.sse.com.cn。投资者欲了解详细内容，应当仔细阅读年度报告全文。

(二) 公司全体董事出席董事会会议。

(三) 天健正信会计师事务所有限公司为本公司出具了标准无保留意见的审计报告。

(四) 公司负责人冉云、主管会计工作负责人金鹏及会计机构负责人李登川声明：保证年度报告中财务报告的真实、完整。

第二节　公司基本情况简介

(一)基本情况简介

股票简称	国金证券
股票代码	600109
股票上市交易所	上海证券交易所
公司注册地址和办公地址	成都市青羊区东城根上街95号成证大厦16楼
邮政编码	610015
公司国际互联网网址	www.gjzq.com.cn
电子信箱	bgs@gjzq.com.cn

(二)联系人和联系方式

	董事会秘书	证券事务代表
姓名	刘邦兴	金宇航
联系地址	成都市东城根上街95号	成都市东城根上街95号
电话	028-86690021	028-86690206
传真	028-86695681	028-86695681
电子信箱	liubx@gjzq.com.cn	jinyh@gjzq.com.cn

第三节　会计数据和业务数据摘要

(一)主要会计数据

单位：元　币种：人民币

	2011年	2010年	本年比上年增减	2009年
营业收入	1,079,709,604.52	1,644,555,699.81	−34.35	1,414,634,681.09
营业利润	306,630,742.23	572,602,945.99	−46.45	670,799,414.96
利润总额	324,242,353.99	597,850,038.34	−45.77	689,705,641.35
归属于上市公司股东的净利润	231,663,640.78	438,344,489.06	−47.15	516,367,495.48
归属于上市公司股东的扣除非经常性损益的净利润	218,513,844.15	419,474,166.88	−47.91	502,223,468.25
经营活动产生的现金流量净额	−2,945,992,482.37	−360,213,717.72	\	4,507,850,328.84
	2011年末	2010年末	本年末比上年末增减	2009年末
资产总额	8,864,705,057.82	11,030,175,252.13	−19.63	11,018,073,174.35
负债总额	5,614,162,396.35	8,007,306,685.75	−29.89	8,422,879,448.69
归属于上市公司股东的所有者权益	3,243,603,070.62	3,019,086,438.38	7.44	2,591,413,873.80
总股本	1,000,242,124.00	1,000,242,124.00	\	1,000,242,124.00

(二)主要财务指标

	2011年	2010年	本年比上年增减	2009年
基本每股收益(元/股)	0.232	0.438	−47.03	0.516
稀释每股收益(元/股)	0.232	0.438	−47.03	0.516
用最新股本计算的每股收益(元/股)	\	\	\	\
扣除非经常性损益后的基本每股收益(元/股)	0.218	0.419	−47.97	0.502
加权平均净资产收益率(%)	7.40	15.63	减少8.23个百分点	21.71
扣除非经常性损益后的加权平均净资产收益率(%)	6.98	14.95	减少7.97个百分点	21.12
每股经营活动产生的现金流量净额(元/股)	−2.95	−0.36	\	4.51
	2011年末	2010年末	本年末比上年末增减	2009年末
归属于上市公司股东的每股净资产(元/股)	3.24	3.02	7.28	2.59
资产负债率(%)	19.68	13.15	增加6.53个百分点	11.64

注：资产负债率以扣除客户交易结算资金后的金额计算。

(三)非经常性损益项目

单位：元　币种：人民币

非经常性损益项目	2011年金额	附注(如适用)	2010年金额	2009年金额
非流动资产处置损益	−110,443.03		−853,563.89	−178,412.32
计入当期损益的政府补助，但与公司正常经营业务密切相关，符合国家政策规定、按照一定标准定额或定量持续享受的政府补助除外	17,135,600.00	主要是财政扶持款，详见财务报告附注四.(三十四)。	26,543,630.00	19,293,100.00
除上述各项之外的其他营业外收入和支出	586,454.79	主要是技术奖励及公益性捐赠款，详见财务报告附注四.(三十四)(三十五)。	−442,973.76	−208,461.29
少数股东权益影响额	−78,549.58		−86,662.77	−47,523.41
所得税影响额	−4,383,265.55		−6,290,107.40	−4,714,675.75
合计	13,149,796.63		18,870,322.18	14,144,027.23

第四节　股本变动及股东情况

(一)前十名股东、前十名无限售条件股东持股情况表

单位：股

2011年末股东总数	85,862户	本年度报告公布日前一个月末股东总数	86,310户

前十名股东持股情况

股东名称	股东性质	持股比例(%)	持股总数	报告期内增减	持有有限售条件股份数量	质押或冻结的股份数量

长沙九芝堂(集团)有限公司	境内非国有法人	27.35	273,557,616	0	0	无
清华控股有限公司	国有法人	17.92	179,213,588	0	0	无
湖南涌金投资(控股)有限公司	境内非国有法人	15.90	159,006,212	0	0	无
上海鹏欣建筑安装工程有限公司	境内非国有法人	8.08	80,877,880	−39,930,000	0	无
成都鼎立资产经营管理有限公司	境内非国有法人	0.59	5,914,048	0	0	无
成都市第三产业实业发展公司	境内非国有法人	0.38	3,817,930	19,930	0	无
百联集团有限公司	境内非国有法人	0.37	3,700,000	0	0	无
中国银行–嘉实沪深300 指数证券投资基金	其他	0.16	1,641,897	−78,273	0	无
中国工商银行股份有限公司–华夏沪深 300 指数证券投资基金	其他	0.15	1,580,569	240,569	0	无
陈蓉蓉	境内自然人	0.13	1,315,952	1,315,952	0	无

前十名无限售条件股东持股情况

股东名称	持有无限售条件股份数量	股份种类及数量	
长沙九芝堂(集团)有限公司	273,557,616	人民币普通股	273,557,616
清华控股有限公司	179,213,588	人民币普通股	179,213,588
湖南涌金投资(控股)有限公司	159,006,212	人民币普通股	159,006,212
上海鹏欣建筑安装工程有限公司	80,877,880	人民币普通股	80,877,880
成都鼎立资产经营管理有限公司	5,914,048	人民币普通股	5,914,048
成都市第三产业实业发展公司	3,817,930	人民币普通股	3,817,930
百联集团有限公司	3,700,000	人民币普通股	3,700,000
中国银行–嘉实沪深 300 指数证券投资基金	1,641,897	人民币普通股	1,641,897
中国工商银行股份有限公司–华夏沪深 300 指数证券投资基金	1,580,569	人民币普通股	1,580,569
陈蓉蓉	1,315,952	人民币普通股	1,315,952
上述股东关联关系或一致行动的说明	上述股东中长沙九芝堂(集团)有限公司与湖南涌金投资(控股)有限公司存在关联关系，亦属于《上市公司收购管理办法》规定的一致行动人。 公司未知其他上述股东之间是否存在关联关系，也未知是否属于《上市公司收购管理办法》规定的一致行动人。		

(二)公司与实际控制人之间的产权及控制关系的方框图(略)

第五节　董事会报告

(一)管理层讨论与分析概要

本公司为成都城建投资发展股份有限公司(以下简称“成都建投”)吸收合并国金证券股份有限公司(以下简称“原国金证券”)形成，原国金证券的前身为成都证券公司，成立于 1990 年。公司注册资本 1,000,242,124 元，公司经营范围：证券经纪；证券投资咨询；与证券交易、证券投资活动有关的财务顾问；证券承销与保荐；证券自营；证券投资基金代销；为期货公司提供中间介绍业务。

(1)公司总体经营情况

2011 年，中国经济在国际国内经济形势复杂多变的情况下，保持了一定程度的增长，但也面临诸多的问题和困难。国际市场方面，美国经济复苏缓慢，产业空心化与失业问题相伴；欧债危机持续蔓延，国际金融市场和大宗商品市场出现较大波动。国内市场方面，政府为抑制通胀、防止房地产市场泡沫化，继续对房地产市场保持严厉的调控政策；中小企业融资难的问题较突出，企业发展困难增大。在宏观政策调控及经济增速下滑等多重因素的作用下，2011 年中国证券市场出现了单边下行的走势，上证综合指数从年初的 2808 点跌至 2199 点，跌幅达 21.69%；成交额也随行情下跌出现较大萎缩，全年股票基金日均成交额 1750 亿元，较 2010 年 2292 亿元的日均成交金额下跌 23.65%。资本市场持续低迷、行业竞争加剧，公司面临较大的经营压力。

在复杂的市场形势下，公司坚持“差异化增值服务商”战略定位和“以研究咨询为驱动，以经纪业务为基础，以投资银行业务为重点突破，以自营等业务和创新业务为重要补充”的业务发展模式，整合各类资源，推进精确化管理，努力提升综合竞争力和抗风险能力。公司报告期内取得营业收入 10.80 亿元，较上年下降 34.35%，实现利润总额 3.24 亿元，较上年下降 45.77%，归属于上市公司股东的净利润 2.32 亿元，较上年下降 47.15%。

(2)公司主营业务情况分析

① 证券经纪业务

2011 年公司经纪业务以打造“差异化增值服务商”为目标，启动“国金证券 2011 年全新服务年”，形成“以研究为驱动，产品为核心，服务为纽带”的客户导向型的经纪业务营销服务模式。在整合研究资源、技术资源和营销服务资源的前提下，通过整合交易终端、“研究所、投资顾问、销售服务人员”三级咨询服务体系、标准化的服务产品，为客户建立起全方位的财富管理和综合服务平台，形成差异化的经纪业务发展模式。在经纪业务内部搭建运营网络，加强业务运营沟通，提高公司运作效率；夯实过程化管理基础，建设常态化跟踪管理的全面绩效评估体系，深入推进精确化管理，以经营分析提高管理效率；加强内部信息系统的建设，建立更大规模的营销服务信息平台，为员工提供更详细的信息，提高了营销及服务的效率。

受证券市场交易量萎缩的影响，报告期内公司经纪业务股票、基金、债券和权证交易总金额 4,262.44 亿元，比上年同期下降 22.15%，其中股票基金交易总金额 4,237.07 亿元，比上年同期下降 21.43%。另外，公司还向基金公司等机构提供交易单元，公司沪深交易所交易总金额在全国证券公司中排名第 45 位。代理买卖证券业务净收入 57,850.70 万元，比上年同期下降 27.82%；经纪业务营业利润 26,466.02 万元，比上年同期下降 41.31%。

② 投资银行业务

2011 年，A 股市场融资总量同比大幅减少，共有 478 家公司参与了股权融资，其中 IPO 277 家，融资规模约为 2,720.02 亿元，较上年下降 44.73%；再融资 201 家，融资规模约为 4,296.67 亿元，较上年下降 17.53%。报告期内公司投行业务继续加大对全国重点区域内优质企业的市场开拓力度，为中小板和创业板储备优质项目，同时加强对已有客户的跟踪，为客户提供持续服务。

2011 年度，公司担任了广东鸿特精密技术股份有限公司、福建元力活性炭股份有限公司、青岛东方铁塔股份有限公司和通裕重工股份有限公司等 IP0 项目的保荐机构与主承销商，江苏霞客环保色纺股份有限公司配股、浙江精功科技股份有限公司非公开发行股票、江西特种电机股份有限公司非公开发行股票等项目的保荐机构与主承销商，ST 华源重组等项目的财务顾问。2011 年度公司股票主承销家数 7 家，承销金额 57.17 亿元。此外，公司投行还有多个项目处于实施或者审核阶段。截至 2011 年末，公司共有注册保荐代表人 52 名，在全部保荐机构中排名第 11 位。

受 2011 年 A 股市场证券发行规模缩小的影响，公司本年投行收入较上年减少。2011 年公司共取得承销收入 22,373.58 万元，其中主承销收入 22,282.10 万元，副主承销及分销收入 91.48 万元；取得保荐业务收入 2,228.00 万元；取得财务顾问收入 2,903.40 万元。

③ 证券投资业务

2011 年证券市场震荡下行，公司自营业务继续坚持严控投资风险的原则，投资品种主要为固定收益类证券，根据公司的风控原则以及盈利预期，建立了一套涵盖宏观经济、利率产品、信用产品的投资分析框架，搭建了投资、研究、交易良性互动的投资体系。

在固定收益投资上，秉持顺应经济周期，择时配置的长期价值投资理念，2011 年上半年通胀形势严峻，宏观调控始终把控制物价作为首要任务，上半年债券配置上坚持低久期策略，有效地规避了利率风险，随着第四季度物价指数的回落，逐步加大了债券类资产的配置，获取了高于市场平均收益率的回报。

权益性证券的投资策略也随市场情况及时调整，暂停新股申购策略有效规避了本年度新股破发的风险；继续深化并丰富量化投资实践，采用股指期货对冲策略锁定市场波动给投资组合带来的风险；在保证非系统性风险足够分散的前提下，投资组合的整体收益率在绝大部分时间内能高于市场指数的收益率。

年内沪深指数下跌均超过 20%，公司整体自营证券投资业务也受到一定影响，报告期内证券投资业务收入 3,628.83 万元，较上年同期降 28.11%。

(3)主要控股公司及参股公司的经营情况及业绩分析

① 国金期货有限责任公司

公司控股国金期货有限责任公司(以下简称“国金期货”)，持有其 95.5%股权。国金期货注册资本 1.5 亿元人民币，经营范围：商品期货经纪、金融期货经纪等。报告期内国金期货新增注册资本 7,000 万元(其中国金证券以现金方式认缴 6,685 万元)。2011 年末，国金期货总资产 7.58 亿元，净资产 1.54 亿元。

2011 年国金期货在稳中求进，继续完善内控制度，着手内生性保障机制的完善；公司从人员培训储备、研究创新、组织结构等方面着手，为顺利开展期货投资咨询业务做好充分的准备工作。2011 年期货市场顺应国内宏观经济调控的大背景，采取了提高保证金和手续费等调控市场的措施，市场成交量和成交额分别下降 32.72%和 11.03%。国金期货 2011 年度成交量和成交额分别比 2010 年度下降 28.84%和 9.55%，小于市场下降幅度。2011 年国金期货实现营业收入 4,574.36 万元，较上年增长 7.57%，全年实现净利润 16.58 万元，较上年增长 227.87%。

② 国金通用基金管理有限公司

国金通用基金管理有限公司(以下简称"国金通用")系经中国证监会《关于核准设立国金通用基金管理有限公司的批复》(证监许可【2011】1661 号)批准，于 2011 年 11 月成立的基金管理有限公司。注册资本为 1.6 亿元人民币，其中本公司出资 7,840 万元，出资比例 49%。国金通用经营范围：基金募集；基金销售；资产管理和中国证监会许可的其他业务。

2011 年末，国金通用总资产 2,738.61 万元，净资产 2,597.76 万元。国金通用 2011 年净利润为-13,402.24 万元，本年度亏损金额较大的原因系国金通用于本年内成立，将前期开办费自成立当月一次性计入当期损益。本公司对该长期股权投资按权益法核算，并在本年度确认了投资收益-6,567.09 万元；2010 年本公司对国金通用基金管理有限公司筹备组所支付的筹备费用中，公司按约定的出资比例应承担部分全额计提了减值准备；本年公司收回了前期代垫款项，同时将计提的应收账款减值准备 3,290.75 万元转回；综合以上因素，国金通用对本公司 2011 年利润总额的影响为-3,276.34 万元。

(4)发展展望

在未来的经营发展中，公司将继续坚持"差异化增值服务商"的战略定位，争取用 5-8 年的时间，努力将公司建设成为"治理健全、管理规范、业务精湛、资质齐备、技术领先"的国内证券行业具有一流竞争力和影响力的上市券商，实现"成为受人尊敬的公众公司"的战略愿景。

2012 年，公司将通过以下具体措施推进上述战略目标：

一是全力推进公司非公开发行股票的工作，扩大公司净资本规模，为公司的长远发展奠定基础。公司计划向不超过 10 名的特定投资者非公开发行不超过 3 亿股的股票，募集资金总额不超过 30 亿元。募集资金将全部用于增加公司资本金，补充营运资金，优化业务结构，扩大业务规模，提高公司竞争力。此次非公开发行对公司的长远发展意义重大，将大幅度提高公司净资本水平，满足公司新业务的发展需要，推动公司的创新发展。

二是继续加强合规管理和风险管理工作。公司将继续坚持"健全、制衡、独立、合理"的原则，加强各项风险防控。探索建立逆周期调整机制，加强对各项业务和财务风险的动态监测和分析，做好公司经营管理、业务开拓、员工执业行为的合规管理工作。完善与业务开展相联系的压力测试工作机制，形成内生的风险防控机制；探讨基于风险预算的资本配置模式，探索建立基于风险的业绩考核机制，将"风险控制"工作拓展至"风险管理"的范畴。同时，今年尤其要重点贯彻危机管理理念，强化对公司全面风险的监测、预警和管理，提高危机管理能力。

三是以效率提升驱动业绩增长，做强主营业务。研究咨询业务方面，公司将推行"还原研究本质、贴近事实真相"的研究文化，提高研究质量、防范研究风险，保持公司研究所在行业内的一流地位。经纪业务方面，通过加强投顾业务、引进多元化的金融产品，为客户提供更多的增值服务，控制交易佣金率下滑水平和下滑的速度，进一步优化收入结构，提升非通道业务收入在整体收入结构中的占比，有条不紊地推进新设营业网点工作，进一步拓宽公司服务平台。投资银行业务方面，紧跟审核理念和审核体制的改变，加强内部质量控制，努力塑造国金投行的品牌，继续做大并购重组业务，争取 2012 年实现新三板推荐挂牌业务突破。自营业务方面，权益类自营业务继续秉承稳健的经营风格，在考虑自营资金机会成本的基础上，合理设定收益率考核指标；固定收益自营业务将鼓励并侧重发展中间业务，保证公司债券现券交割的市场排名指标，以保持公司具备相应的债券承销能力，为公司做大债券主承销业务奠定基础。

四是积极拓展业务资质，支持控股子公司及参股公司的发展。多层次、多种类、全覆盖的业务资格体系，对于券商实现收入多元化、服务多样化、经营差异化有着非常重要的作用，是券商实现创新发展的前提和保证。2012 年，公司将积极筹备融资融券、资产管理、直接投资等业务，力争早日取得相关资格，突破公司业务资格不足的瓶颈，努力掌握创新业务的先发优势和市场主动权。支持国金期货有限责任公司和国金通用基金管理公司的发展，尽快完成直投子公司的筹建工作。

(二)主营业务分行业、产品情况表

单位:元 币种:人民币

主营业务分行业情况

分行业	营业收入	营业成本	毛利率(%)	营业收入比上年增减(%)	营业成本比上年增减(%)	毛利率比上年增减(%)
证券经纪业务	655,061,064.95	390,400,854.90	40.40	-23.95	-4.88	减少 11.95 个百分点
投资银行业务	275,110,132.45	229,693,013.54	16.51	-55.98	-35.82	减少 26.23 个百分点
证券投资业务	36,288,321.85	32,728,875.57	9.81	-28.11	-16.35	减少 12.67 个百分点

(三)报告期内利润构成、主营业务及其结构、主营业务盈利能力较前一报告期发生重大变化的原因说明

公司报告期内实现归属于母公司所有者的净利润 2.32 亿元，较上年下降 47.15%。证券经纪业务本年实现营业收入 6.55 亿元，同比下降 23.95%，投资银行业务本年实现营业收入 2.75 亿元，同比下降 55.98%，证券投资业务本年实现营业收入 0.36 亿元，同比下降 28.11%；投资银行业务本年营业利润率 16.51%，同比减少 26.23%；证券经纪业务在营业利润中的占比由 78.75%升至 86.31%，投资银行业务在营业利润中的占比由 46.65%降至 14.81%，主要变化原因如下：

① 2011 年度证券市场行情低迷，股票基金的市场交易金额同 2010 年度相比降幅较大；券商之间的竞争加剧，市场整体佣金率水平进一步下降，受此影响，2011 年度公司经纪业务业绩下滑。年内沪深指数下跌均超过 20%，公司整体自营证券投资业务也受到一定影响。

② 随着证券市场的整体走弱，A 股市场全年证券发行规模缩小，公司 2011 年证券承销收入较 2010 年同比减少。

第六节 财务报告

(一)与最近一期年度报告相比，会计政策、会计估计和核算方法发生变化的具体说明

□ 适用 √ 不适用

(二)重大会计差错的内容、更正金额、原因及其影响

□ 适用 √ 不适用

(三)与最近一期年度报告相比，合并范围发生变化的具体说明

□ 适用 √ 不适用

(四) 董事会、监事会对会计师事务所"非标准审计报告"的说明

□ 适用 √ 不适用

国金证券股份有限公司

法定代表人：冉云

2012 年 4 月 8 日

营口港务股份有限公司

营口港务股份有限公司 2011 年年度报告摘要

第一节　重要提示

1.1 本公司董事会、监事会及董事、监事、高级管理人员保证本报告所载资料不存在任何虚假记载、误导性陈述或者重大遗漏，并对其内容的真实性、准确性和完整性承担个别及连带责任。

本年度报告摘要摘自年度报告全文，报告全文同时刊载于 www..sse.com.cn。投资者欲了解详细内容，应当仔细阅读年度报告全文。

1.2 公司全体董事出席董事会会议。

1.3 华普天健会计师事务所(北京)有限公司为本公司出具了标准无保留意见的审计报告。

1.4 公司负责人高宝玉、主管会计工作负责人潘维胜及会计机构负责人(会计主管人员)蒋辉声明：保证年度报告中财务报告的真实、完整。

第二节　公司基本情况简介

2.1 基本情况简介

股票简称	营口港
股票代码	600317
股票上市交易所	上海证券交易所

2.2 联系人和联系方式

	董事会秘书	证券事务代表
姓名	周志旭	李丽
联系地址	辽宁省营口市鲅鱼圈区营港路 1 号	辽宁省营口市鲅鱼圈区营港路 1 号
电话	0417-6268506	0417-6268506
传真	0417-6268506	0417-6268506
电子信箱	zzx@ykport.com.cn	lili_ykp@ykport.com.cn

第三节　会计数据和业务数据摘要

3.1 主要会计数据

单位：元　币种：人民币

项目	金额
营业利润	351,160,960.30
利润总额	351,164,638.78
归属于上市公司股东的净利润	233,266,195.01
归属于上市公司股东的扣除非经常性损益后的净利润	233,298,670.94
经营活动产生的现金流量净额	408,859,744.57

3.2 扣除非经常性损益项目和金额

单位：元　币种：人民币

非经常性损益项目	2011 年金额	2010 年金额	2009 年金额
非流动资产处置损益	-94,061.38	-1,271,759.30	-51,328.00
越权审批，或无正式批准文件，或偶发性的税收返还、减免			
计入当期损益的政府补助，但与公司正常经营业务密切相关，符合国家政策规定，按照一定标准定额或定量持续享受的政府补助除外	100,000.00	100,000.00	
计入当期损益的对非金融企业收取的资金占用费			
企业取得子公司、联营企业及合营企业的投资成本小于取得投资时应享有被投资单位可辨认净资产公允价值产生的收益			
非货币性资产交换损益			
委托他人投资或管理资产的损益			
因不可抗力因素，如遭受自然灾害而计提的各项资产减值准备			
债务重组损益			
企业重组费用，如安置职工的支出、整合费用等			
交易价格显失公允的交易产生的超过公允价值部分的损益			
同一控制下企业合并产生的子公司期初至合并日的当期净损益			
与公司正常经营业务无关的或有事项产生的损益			
除同公司正常经营业务相关的有效套期保值业务外，持有交易性金融资产、交易性金融负债产生的公允价值变动损益，以及处置交易性金融资产、交易性金融负债和可供出售金融资产取得的投资收益			
单独进行减值测试的应收款项减值准备转回			
对外委托贷款取得的损益			
采用公允价值模式进行后续计量的投资性房地产公允价值变动产生的损益			
根据税收、会计等法律、法规的要求对当期损益进行一次性调整对当期损益的影响			
受托经营取得的托管费收入			
除上述各项之外的其他营业外收入和支出	-2,260.14	75,988.14	59,042.23
其他符合非经常性损益定义的损益项目			
少数股东权益影响额	-35,234.79	-36,402.04	
所得税影响额	-919.62	273,942.79	-1,928.56
合计	-32,475.93	-858,230.41	5,785.67

3.3 报告期末公司前三年主要会计数据和财务指标

单位：元　币种：人民币

主要会计数据	2011 年	2010 年	本年比上年增减(%)	2009 年
营业总收入	2,914,147,231.25	2,343,177,356.79	24.37	1,875,818,126.17
营业利润	351,160,960.30	275,878,371.89	27.29	236,713,352.60
利润总额	351,164,638.78	274,782,600.73	27.80	236,721,066.83
归属于上市公司股东的净利润	233,266,195.01	215,682,079.93	8.15	192,120,844.05
归属于上市公司股东的扣除非经常性损益的净利润	233,298,670.94	216,540,310.34	7.74	192,115,058.38
经营活动产生的现金流量净额	408,859,744.57	766,344,589.22	-46.65	337,100,384.41
主要会计数据	2011 年末	2010 年末	本年比末上年末增减(%)	2009 年末
资产总额	11,332,442,770.40	10,199,498,453.05	11.11	9,056,118,893.25
负债总额	6,112,614,074.94	6,603,530,232.35	-7.43	5,740,529,627.38
归属于上市公司股东的所有者权益	4,447,141,358.88	3,505,638,885.09	26.86	3,291,384,895.12
总股本	1,097,571,626.00	1,097,571,626.00	不适用	1,097,571,626.00

主要财务指标	2011 年	2010 年	本年比上年增减(%)	2009 年
基本每股收益(元/股)	0.2125	0.1965	8.14	0.1750
稀释每股收益(元/股)	0.2125	0.1965	8.14	0.1750
用最新股本计算的每股收益(元/股)	0.2125	0.1965	8.14	0.1750
扣除非经常性损益后的基本每股收益(元/股)	0.2126	0.1973	7.76	0.1750
加权平均净资产收益率(%)	6.4398	6.4846	减少 0.04 个百分点	6.01
扣除非经常性损益后的加权平均净资产收益率(%)	6.4407	6.5104	减少 0.07 个百分点	6.01
每股经营活动产生的现金流量净额(元/股)	0.37	0.70	-47.14	0.31
	2011 年末	2010 年末	本年末比上年末增减(%)	2009 年末
归属于上市公司股东的每股净资产(元/股)	4.05	3.19	26.96	3.00

资产负债率(%)	53.94	64.75	减少 10.81 个百分点	63.39

第四节 股东持股情况和控制框图

4.1 前 10 名股东、前 10 名无限售条件股东持股情况表

单位:股

2011 年末股东总数	101,862	本年度报告公布日前一个月末股东总数	101,862

前 10 名股东持股情况

股东名称	股东性质	持股比例(%)	持股总数	持有有限售条件股份数量	质押或冻结的股份数量
营口港务集团有限公司	国有法人	59.65	654,702,804		0
华泰证券股份有限公司客户信用交易担保证券账户	未知	0.20	2,246,530		0
田栋	未知	0.16	1,751,017		0
王松	未知	0.15	1,698,421		0
中国农业银行股份有限公司–南方中证 500 指数证券投资基金(LOF)	未知	0.14	1,486,311		0
郭思佳	未知	0.13	1,460,328		0
营口鑫达投资有限公司	未知	0.12	1,330,900		
周利方	未知	0.11	1,161,700		0
中国工商银行股份有限公司–广发中证 500 指数证券投资基金(LOF)	未知	0.10	1,065,143		0
梁树潮	未知	0.10	1,048,455		0

前 10 名无限售条件股东持股情况

股东名称	持有无限售条件股份数量	股份种类及数量	
营口港务集团有限公司	654,702,804	人民币普通股	0
华泰证券股份有限公司客户信用交易担保证券账户	2,246,530	人民币普通股	0
田栋	1,751,017	人民币普通股	0
王松	1,698,421	人民币普通股	
中国农业银行股份有限公司–南方中证 500 指数证券投资基金(LOF)	1,486,311	人民币普通股	0
郭思佳	1,460,328	人民币普通股	0
营口鑫达投资有限公司	1,330,900	人民币普通股	0
周利方	1,161,700	人民币普通股	
中国工商银行股份有限公司–广发中证 500 指数证券投资基金(LOF)	1,065,143	人民币普通股	0
梁树潮	1,048,455	人民币普通股	0
上述股东关联关系或一致行动的说明	前 10 名股东中,第一大股东营口港务集团有限公司与其他股东之间不存在关联关系;公司未知其他股东之间是否存在关联关系或属于《上市公司股东持股变动信息披露管理办法》规定的一致行动人。 前十名无限售条件的流通股股东与公司第一大股东营口港务集团有限公司之间不存在关联关系;公司未知前十名无限售条件的流通股股东与其他前十名股东之间是否存在关联关系。		

4.2 股东情况(略)

第五节 董事会报告

5.1 管理层讨论与分析概要

1. 整体经营情况的回顾与分析

报告期内,公司充分依托东北老工业基地振兴、辽宁沿海经济带和沈阳经济区建设两大国家战略,紧紧抓住"十二五"规划的有利发展机遇,团结务实,奋勇拼搏,有效地克服了经济总体发展严峻复杂的形势。公司生产管理逐步完善,核心竞争力逐步增强,各项规章制度进一步完善,港口知名度与业界影响力进一步提升,社会承载力和港口辐射力不断加强,公司上下呈现出团结奋进、昂扬向上的良好氛围。

公司结合港口间竞争形势以及当前整体经济环境,进一步加强货源组织,不断创新揽货思路;货运质量持续提高,商务管理进一步规范;加强经营管理,科学组织生产,不断提高生产效率和服务水平;公司重视企业文化建设,实施诚信服务,培育员工共同的核心价值观;公司经营业绩稳中有升,各项工作均取得较好成果,基本完成年初经营计划。

2011 年度,公司拟订的经营计划营业收入为 264,760 万元,实际完成 291,415 万元,完成经营计划的 110.07%;拟订的营业成本为 177,950 万元,实际完成 201,560 万元,完成计划的 113.27%;拟订的利润总额为 36,800 万元,实际完成 35,116 元,完成计划的 95.42%。公司 2011 年度主要财务情况分析如下:

(1)实际完成营业收入比计划营业收入增加,主要系吞吐量增加所致;

(2)实际完成营业成本比计划营业成本增加,主要系营业收入增加,对应成本增加所致;

(3)实际完成利润总额比计划利润总额下降,主要系营业成本及财务费用增加所致。

2. 公司存在的主要优势和困难,经营和盈利能力的连续性和稳定性

公司所处环渤海经济圈与东北经济区的交界点,具有非常明显的自然条件和区位优势,是东北地区最近的内陆出海口,且周边交通比较发达。公司立足船东、货主等服务对象在新形势下的新期待、新需求,不断改善服务环境,优化管理制度,提升服务水平,服务对象的满意率大幅提高,"店小二"式服务品牌已在客户群中形成一定影响。随着《东北地区振兴规划》、《辽宁沿海经济带》和《沈阳经济区》等国家战略进一步落实,配套政策积极推进,营口港迎来了千载难逢的发展机遇。预计营口港吞吐量在今后相当长的时期内将会保持快速增长的发展势头,因此公司的经营和盈利能力具有连续性和稳定性的特点。

报告期内,公司以科学发展观为主题,应对复杂的经济形势,全面提升运营水平和服务水平,为公司未来的良好发展奠定了坚实的基础。随着全球整体经济进一步的不确定性以及周边港口的激烈竞争及腹地经济的快速发展,公司吞吐量尚需提高,规模尚需扩大,以满足不断增长的货源要求。公司将以本次重大资产购买为契机,逐步扩大公司生产规模,健全港口功能,优化业务结构,提高综合竞争力。同时,进一步创新揽货方式,加大市场开发力度,创新经营管理,提高发展质量。不断改进装卸工艺,提高接卸效率,合理安排生产作业流程,科学安排货物堆存。

3. 报告期公司主营业务及其经营情况

(1)公司主营业务的范围及其经营情况

①主营业务范围

本公司主营港口装卸、堆存和运输服务,经营的散杂货种主要有金属矿石、钢铁、石油及制品、煤炭、非金属矿石、粮食等;专业化货种有集装箱、成品油及液体化工品、滚装汽车业务等。

②公司主营业务生产经营情况

报告期内,公司强化货源组织,科学生产,共完成货物吞吐量 16,822.18 万吨,同比增长 13.46%,其中散杂货完成 10,054.27 万吨,集装箱完成 293.61 万 TEU。从货类来看,金属矿石、石油天然气、钢铁及粮食等货种的吞吐量均有所增长,金属矿石仍占据最大货类的地位。公司将继续夯实现有货源基础,同时不断开发新客户及新货种,扩大市场份额,进一步提高吞吐量的增长水平。

③主营业务分行业、分产品情况表

单位:元 币种:人民币

主营业务分行业情况

分行业	营业收入	营业成本	营业利润率(%)	营业收入比上年增减(%)	营业成本比上年增减(%)	营业利润率比上年增减(%)
装卸业务	2,701,061,777.78	1,837,305,835.07	31.98	22.01	34.29	减少 6.22 个百分点

④主营业务分地区情况表

单位:元 币种:人民币

地区	营业收入	营业收入比上年增减(%)
辽宁	2,701,061,777.78	22.01

本公司的主营业务经营全部在辽宁省内,无其他地区分布。

(2) 报告期内利润构成、主营业务及其结构、主营业务盈利能力较前一报告期发生重大变化的原因说明

单位:元 币种:人民币

项目	2011 年 12 月 31 日/2011 年度	2010 年 12 月 31 日/2010 年度	变动情况 金额	幅度%	说明
货币资金	287,636,349.41	724,982,777.25	−437,346,427.84	−60.33	1
应收票据	263,810,190.70	12,309,000.00	251,501,190.70	2,043.23	2
应收账款	314,013,601.35	163,076,876.94	150,936,724.41	92.56	3
预付款项	35,583,281.17	2,231,564.38	33,351,716.79	1,494.54	4
其他应收款	12,101,959.21	6,571,491.79	5,530,467.42	84.16	5
存货	224,708,245.62	162,711,453.70	61,996,791.92	38.10	6
长期股权投资	475,755,516.19	241,939,609.89	233,815,906.30	96.64	7
固定资产	7,587,063,452.59	7,176,257,706.81	410,805,745.78	5.72	8
在建工程	1,048,208,008.81	847,403,438.96	200,804,569.85	23.70	9
工程物资	5,147,862.93	12,398,031.51	−7,250,168.58	−58.48	10
无形资产	804,706,291.02	820,673,786.43	−15,967,495.41	−1.95	11
递延所得税资产	245,639,331.96	213,126.09	245,426,205.87	115,155.40	12
预收款项	79,063,937.31	113,802,763.33	−34,738,826.02	−30.53	13

项目					
应付职工薪酬	846,367.18	497,675.91	348,691.27	70.06	14
应交税费	255,770,514.59	10,960,575.68	244,809,938.91	2,233.55	15
一年内到期的非流动负债	1,576,300,000.00	1,039,800,000.00	536,500,000.00	51.60	16
长期借款	2,642,000,000.00	3,883,300,000.00	−1,241,300,000.00	−31.97	17
资本公积	2,353,712,262.16	1,645,475,983.38	708,236,278.78	43.04	18
盈余公积	248,108,098.89	173,327,980.61	74,780,118.28	43.14	19
营业收入	2,914,147,231.25	2,343,177,356.79	570,969,874.46	24.37	20
营业成本	2,015,599,475.12	1,554,170,825.05	461,428,650.07	29.69	21
营业税金及附加	93,484,794.09	76,742,993.76	16,741,800.33	21.82	22
管理费用	186,061,927.53	133,676,546.05	52,385,381.48	39.19	23
财务费用	303,430,492.14	335,557,390.23	−32,126,898.09	−9.57	24
资产减值损失	786,267.31	−107,097.24	893,364.55	−834.16	25
投资收益	36,376,685.24	32,741,672.95	3,635,012.29	11.10	26
营业外收入	118,739.86	256,157.88	−137,418.02	−53.65	27
营业外支出	115,061.38	1,351,929.04	−1,236,867.66	−91.49	28
所得税费用	76,377,089.96	48,094,755.94	28,282,334.02	58.81	29
经营活动产生的现金流量净额	408,859,744.57	766,344,589.22	−357,484,844.65	−46.65	30
投资活动产生的现金流量净额	−845,411,667.70	−518,821,694.40	−326,589,973.30	62.95	31
筹资活动产生的现金流量净额	−794,504.71	224,008,471.26	−224,802,975.97	−100.35	32
现金及现金等价物净增加额	−437,346,427.84	471,531,366.08	−908,877,793.92	−192.75	33

变动说明：

(1)货币资金较年初减少 60.33%，主要系本报告期内偿还银行借款所致；

(2)应收票据较年初增加 2,043.23%，主要系本报告期内客户以银行承兑汇票结算增加所致；

(3)应收账款较年初增加 92.56%，主要系本报告期内尚未收款的装卸费增加所致；

(4)预付账款年初增加 1,494.54%，主要系本报告期内预付款项尚未结算增加所致；

(5)其他应收款较年初增加 84.16%，主要系年末尚未核销的备用金增加所致；

(6)存货较年初增加 38.10%，主要系年末在产品增加所致；

(7)长期股权投资较年初增加 96.64%，主要系本报告期内参股鞍钢国贸营口公司所致；

(8)固定资产较年初增加 5.72%，主要系报告期内在建工程结转固定资产增加所致；

(9)在建工程较年初增加 23.70%，主要系本报告期内投入粮食中转设施等在建工程项目所致；

(10)工程物资较年初减少 58.48%，主要系本报告期工程项目领用物资所致；

(11)无形资产较年初减少 1.95%，主要系本报告期摊销资产所致；

(12)递延所得税资产较年初增加 115,155.40%，主要系本报告期未实现内部销售交易增加所致；

(13)预收账款较年初减少 30.53%，系本报告期内业务完成，客户预缴款结算所致；

(14)应付职工薪酬较年初增加 70.06%，主要系本报告期内已计提尚未缴纳各项经费所致；

(15)应交税费较年初增加 2,233.55%，系本报告期内计提企业所得税所致；

(16)一年内到期的非流动负债较年初增加 51.60%，主要系将于一年内到期的长期借款增加所致；

(17)长期借款较年初减少 31.97%，主要系银行借款将于一年内到期，转入流动负债所致；

(18)资本公积较年初增加 43.04%，主要系本报告期内公司处置部分 2008 年同一控制下企业合并资产，还原资产价值所致；

(19)盈余公积较年初增加 43.14%，主要系本报告期提取法定盈余公积金所致；

(20)营业收入较上年同期增加 24.37%，主要系吞吐量增加所致；

(21)营业成本较上年同期增加 29.69%，主要系营业收入增加，相应成本增加所致；

(22)营业税金及附加较上年同期增加 21.82%，主要系营业收入增加所致；

(23)管理费用较上年同期增加 39.19%，主要系本报告期内支付职工薪酬、福利费增加所致；

(24)财务费用较上年同期减少 9.57%，主要系本报告期内归还银行借款，借款利息减少所致；

(25)投资收益较上年同期增加 11.10%，主要系本报告期内合营公司利润增加所致；

(26)资产减值损失较上年同期增加 834.16%，主要系本报告期内尚未收款的装卸费增加，计提的坏账准备金额相应增加所致；

(27)营业外收入较上年同期减少 53.65%，主要系本报告期内其他收益减少所致；

(28)营业外支出较上年同期减少 91.49%，主要系本报告期内处置固定资产损失较少所致；

(29)所得税费用较上年同期增加 58.81%，主要系本报告期内业务利润增加所致；

(30)经营活动产生的现金流量净额较上年同期减少 46.65%，主要系本报告期内购买商品接受劳务支付现金增加所致；

(31)投资活动产生的现金流量净额较上年同期减少 62.95%，主要系本报告期内投资联营公司所致；

(32)筹资活动产生的现金流量净额较上年同期减少 100.35%，主要系本报告期内偿还银行借款所致；

(33)现金及现金等价物净增加额较上年同期减少 192.75%，主要系本报告期内投资活动产生的现金流量净额和筹资活动产生的现金流量净额较上年同期减少所致。

(3)控股和参股公司的经营情况

公司名称	注册地	注册资本（万元）	出资比例	总资产（万元）	净资产（万元）	净利润（万元）	经营范围
营口集装箱码头有限公司	营口经济开发区	800	50%	12,087.69	7,627.02	3,602.57	集装箱船舶的装卸作业、国际集装箱中转、堆放、拆装箱、修洗箱揽货及其他相关业务
营口中储粮储运有限责任公司	营口经济开发区	28,447	48.3%	14,383.66	4,607.33	2,872.27	粮油产品的储运、收购、中转、加工、贸易等业务
鞍钢国贸营口港务有限公司	营口经济开发区	80,154.58	20%	8,696.96	8,626.50	582.88	港口工程建筑，装卸搬运，仓储，劳务服务
营口新世纪集装箱码头有限公司	营口经济开发区	4,000.00	60%	11,510.73	10,019.34	3,216.81	集装箱装卸等
营口新港石化码头有限公司	营口经济开发区	70,640.02	89.2%	258,553.09	257,040.51	3,044.95	装卸搬运等
营口新港矿石码头有限公司	营口经济开发区	358,006.30	88%	382,828.17	379,143.33	21,137.03	装卸搬运等

4. 同公允价值计量相关的内部控制制度情况

公司有关公允价值的内控制度由明确责任机构、清晰获取公允价值途径，以及内部审核、外部评价几方面构成。

公司的相关管理部门对公允价值的计量和披露的真实性承担责任，依据会计准则制订出公允价值计量和披露的程序，收集证实计量所使用假设和估计的证据，最后选择适当的估价方法进行估价。关于获取公允价值的途径方面，通过根据确认的账户归属公允价值的计量层次，提出公允价值的具体取得途径。在内部审核方面，公司培训专业人员具体进行公允价值会计和内部审计工作。同时，公司接受外部审计的内控评价，改进公司内部控制的一些缺陷。

(二)对公司未来发展的展望

1. 公司是否编制并披露新年度的盈利预测：是

2. 公司所处行业的发展趋势及公司面临的市场竞争格局

(1)行业发展趋势

港口属于投资密集型的基础设施行业。我国正在加快主枢纽港的发展和基础设施的建设，尽快提高码头泊位大型化和专业化水平，进一步增深进出港航道，规划建设集约化程度高、融现代港口功能于一体的大规模专业化港区。我国港口行业正面临投资多元化、功能现代化、经营专业化和市场化的发展趋势。

(2)公司面临的市场竞争格局

公司所从事的港口业属国民经济基础产业的范畴，公司的经营业绩受经济发展周期性变化的影响，依赖于区域经济发展水平；同时，港口经营市场化的直接结果是港口之间的竞争加剧。不同区域港口之间的竞争随着改革的深入和经营者自主意识的加强而日趋激烈，环渤海的港口竞争也将加剧。营口港所在东北重工业基地，资源丰富，工业基础雄厚，但相对于诸多港口而言，腹地市场容量还是较为有限，货源还不是十分丰富。党中央制定的《东北地区振兴规划》、《辽宁沿海经济带》、《沈阳经济区》等国家战略，为营口港的发展提供了良好的外部环境和政策支持。营口港位于环渤海经济圈与东北经济区的交界点，是距东北三省及内蒙东四盟腹地最近的出海口，其陆路运输成本较周边港口相对较低，具有非常明显的区位优势。

3. 发展战略和业务规划

(1)总体发展战略

公司将紧紧依托建设辽宁沿海经济带、沈阳经济区等国家战略，充分发挥营口的区位优势、自然条件优势，继续健全港口主体功能，向专业化、大型化、集装箱化的现代化港口方向发展，生产经营泊位由通用型向大型化、深水化、专业化泊位转化，以满足新时期航运业及船型发展的需要；坚持以生产经营为中心，对内坚持优质服务，将优质服务作为巩固货源、开发货源的主要手段；对外分析市场定位，全力加强货源组织和钢铁、金属矿石、油品、煤炭等货源的重点开发，特别是大力发展集装箱业务；市场开发战略上，广泛收集货源、航线信息，开发新货种，开发新航线；强化经营管理，通过先进、高效的管理，降低客户的货物运输综合成本，努力打造物流成本最低、速度最快、服务最好的口岸形象，以不断提高公司的综合竞争力，最终将营口港打造成为东北地区拥有大型深水泊位，具有先进的物流服务和管理技术，与国际接轨并具有品牌和市场竞争力的品质优良的枢纽港和综合物流中心。

(2)业务发展规划

①巩固和发展成熟货种，提升高附加值的货源比例

散杂货业务是公司最成熟的业务，巩固和发展该项业务是公司保持稳定性的基础；集装箱业务是附加值较高的货种，是公司未来发展的重要领域，也顺应行业发展的需要。公司将在稳定原有货种的基础上，继续加大揽货力度，不断创新揽货模式，巩固和发展客户网络；加强货源开发维护工作的管理和监督，及时更新货源信息，深挖潜力，扩大市场占有率；不断创新揽货思路，积极抢抓市场货源，为客户谋得最大利益；进一步完善市场研究机制，开展对各主要货种的专项市场调查，总结和分析市场动向；进一步改善货源结构，提高高附加值的货源比例。

"十二五"期间，公司将力争实现矿石、钢材等散杂货吞吐量在东北口岸占据首要位置，货物吞吐量力争达到2.5-3亿吨；实现内贸集装箱转运量在东北口岸占据首要位置，集装箱吞吐量力争达到500-600万标准箱。

②强化管理，提高作业效率

"十二五"期间，实现集装箱、矿石等主要货种的装卸效率要达到全国沿海港口一流水平，季作业效率不低于其它季度。

③全面提升服务水平

"十二五"期间，公司要在港口发展层次、发展模式、发展质量实现全面提升，全面提升服务水平，实现有效投诉事件为零，达到沿海港口一流水平。

④全面完善集疏运体系

加强公路运输系统建设，扩大铁路运输能力，实现公路运输、铁路运输、海上运输有效对接，打造方便、快捷的集疏运通道；增开、加密外贸近洋直达航线和外贸内支线，适时开通远洋干线；基本完成覆盖腹地网络的内陆港布点建成。

⑤利用资本市场实现港务集团鲅鱼圈港区的主业资产整体上市

充分利用资本市场的资源整合功能，发挥公司作为港务集团内唯一上市平台的作用，在适当时期收购港务集团在鲅鱼圈港区的主业资产，逐步实现鲅鱼圈港区主业资产整体上市，避免同业竞争和减少关联交易；进一步扩大公司生产规模和资本实力，增强服务区域经济发展的能力、参与市场竞争的能力、抵御各种风险积蓄发展后劲的能力，全面提升公司的可持续发展能力。

(3)新年度经营计划：根据公司2011年度生产经营实际完成情况以及2011年度货源开发、生产经营、投资等经营发展目标，公司制订2012年度财务预算如下：营业收入338,380万元；营业成本240,890万元；利润总额39,060万元。

2012年，东北老工业振兴、辽宁沿海经济带开发开放、沈阳经济区建设等政策优势将逐步显现，必将有力带动区域经济发展，激发企业生机和活力，形成新的增长极。作为沈阳经济区唯一的出海口，营口港又迎来了一个新的发展期，全力开展好2012年的工作，公司才能在二次创业的道路上再创辉煌。2012年，公司必须紧紧依托东北老工业基地振兴、辽宁沿海经济带和沈阳经济区建设等国家战略，继续解放思想，创新经营模式，要变被动为主动，科学应对复杂的经济形势，全面提升运营水平和服务水平，确保集团竞争能力进一步增强，在外部经济环境发展相对不稳定时，适时调整自我，及时完善不足，充分做好准备，寻求新的突破口。2012年，对公司来讲仍然是充满挑战的一年。在种种的困难和考验之下，营口港将坚定发展信念，寻找发展机遇，积极参与竞争，投身竞争，在竞争中稳步发展，在竞争中砥砺前行，争夺新一轮竞争制高点。

4. 为实现未来发展战略所需资金需求及使用计划、资金来源情况

为实现公司未来发展战略，公司将积极筹措资金，创新融资方式，继续加大与国有商业银行的合作，主动争取股份制银行的支持。在经营方式上，积极开展合资合作、租赁经营等，开辟新的融资渠道。

5. 可能对公司未来发展战略和经营目标产生不利影响的风险因素

(1)港口竞争环境将更为严峻，市场竞争加剧。公司所处环渤海地区有大连、营口、秦皇岛、天津、烟台共5个主枢纽港，特别是辽宁港口资源重组致竞争格局发生巨大改变，市场竞争更加激烈，随着港口间同行业竞争的日益加剧，将对公司的发展带来严峻挑战。

(2)当前世界经济形势总体上仍将十分严峻复杂，金融危机深层次的影响还未结束，还存在较大动荡和反复的可能性，经济向好势头还不稳定、不巩固，国内外经济形势仍然不容乐观，港口生产的不均衡性、货源的不确定性也逐步加大，整体环境依然严峻。

对策：

(1)公司将一步创新揽货思维、创新价格形成机制、创新生产组织管理，打造精品货源品牌，勇于拼争市场，确保货源总量和市场份额的持续增长。

(2)公司将进一步研究和探讨宏观经济的影响，积极应对国内外市场变化带来的困难和挑战，及时制定应对措施；进一步解放思想，全面创新各项工作，全面强化经营管理；利用主枢纽港的有利地位和公司的区位优势，不断改进装卸工艺，提高接卸效率；发挥综合成本优势，开拓货源，提高竞争能力；加强信息化建设、不断优化港区配套服务的软环境，全员全过程提高服务水平，扩大优势。公司将继续抓住东北经济进一步振兴的大好时机，广揽货源科学作业，确保新时期吞吐量持续增长，确保新时期发展质量；加快建设完善功能，构建新时期综合物流体系；弘扬文化保护环境，建设新时期和谐港口。从而实现港口发展层次、发展模式、发展质量全面提升。

(三)公司投资情况

单位：万元 币种：人民币

报告期内投资额	521,229.25
投资额增减变动数	474,192.53
上年同期投资额	47,036.72
投资额增减幅度(%)	1008.14

被投资的公司情况

被投资的公司名称	主要经营活动	占被投资公司权益的比例(%)
营口新世纪集装箱码头有限公司	集装箱装卸	60.00
营口集装箱码头有限公司	集装箱装卸	50.00
营口中储粮储运有限责任公司	粮食储存加工	48.30
营口新港矿石码头有限公司	装卸搬运等	88.00
营口新港石化码头有限公司	装卸搬运等	89.20
鞍钢国贸营口港务有限公司	港口工程建筑，装卸搬运，仓储，劳务服务	20.00

1. 募集资金使用情况

报告期内，公司无募集资金或前期募集资金使用到本期的情况。

2. 非募集资金项目情况

报告期内，公司无非募集资金项目。

(四)陈述董事会对公司会计政策、会计估计变更的原因及影响的讨论结果

报告期内，公司无会计政策、会计估计变更。

(五)董事会日常工作情况

1. 董事会会议情况及决议内容

会议届次	召开日期	决议内容	决议刊登的信息披露报纸	决议刊登的信息披露日期
第四届董事会第五次会议	2011年3月26日	会议审议通过了2010年度总经理工作报告、2010年度董事会工作报告、2010年度财务决算和2011年度财务预算、2010年度利润分配预案、关于2011年公司租赁营口港务集团有限公司57#-60#泊位的议案、董事会审计委员会关于华普天健会计师事务所(北京)有限公司2010年度审计工作的总结报告、关于聘请2011年度审计机构的议案、营口港务股份有限公司董事会关于公司内部控制的自我评估报告、营口港务股份有限公司2011年度社会责任报告、关于修改公司章程的议案、营口港内部控制规范实施工作方案、关于修改股东大会议事规则的议案、关于修改董事会议事规则的议案、关于制定《营口港关联交易管理办法》的议案、关于公司向营口港务集团有限公司发行股份购买资产暨关联交易预案的议案。	《上海证券报》、《中国证券报》、《证券时报》	2011年3月29日
第四届董事会第六次会议	2014年4月21日	会议审议通过了2011年第一季度报告。	《上海证券报》、《中国证券报》、《证券时报》	2011年4月22日
第四届董事会第七次会议	2011年5月31日	逐项审议通过了关于公司向营口港务集团有	《上海证券报》、《中国证券报》、	2011年6月1日

		限公司发行股份购买资产暨关联交易的议案、关于公司董事会秘书辞职和聘任董事会秘书的议案、关于制定营口港务股份有限公司董事会秘书工作制度的议案、关于召开2010年度股东大会的通知。	《证券时报》
第四届董事会第八次会议	2011年7月29日	审议通过了2011年半年度报告。	《上海证券报》、《中国证券报》、《证券时报》 2011年7月30日
第四届董事会第九次会议	2011年10月26日	审议通过了2011年第三季度报告。	《上海证券报》、《中国证券报》、《证券时报》 2011年10月27日

2. 董事会对股东大会决议的执行情况

根据2010年度股东大会决议，董事会组织相关部门及中介机构具体办理了公司向营口港务集团有限公司发行股票购买资产暨关联交易有关事项;2012年1月16日，本次关联交易获得中国证监会上市公司并购重组委员会有条件通过。

3. 董事会下设的审计委员会相关工作制度的建立健全情况、主要内容以及履职情况汇总报告

按照中国证监会和上海证券交易所有关规定，现对华普天健会计师事务所(北京)有限公司(以下简称"华普天健会计师事务所")从事本公司2011年度审计工作情况总结如下:

一、审计前的准备工作

华普天健会计师事务所进场前，审计委员会审阅了公司财务部于2011年12月22日提交的未经审计的2011年度财务报表与年度审计工作具体安排，审阅后认为:公司会计政策选用恰当，会计估计合理，未发现有重大错报、漏报情况;未发现有大股东占用公司资金情况;未发现公司有对外违规担保情况及异常关联交易情况；公司财务报表可以提交华普天健会计师事务所进行审计;要求担任审计工作的会计师事务所和公司财务部门要相互配合，认真负责，完成好本次审计工作。

二、审计过程

2012年1月2日，华普天健会计师事务所派出的审计项目组对公司展开全面审计，认真按照审计计划的时间安排积极工作，勤勉尽职，依据新会计准则对公司的经营成果进行综合分析、合理判断。审计过程中，华普天健会计师事务所主动向公司审计委员会、独立董事汇报审计进展情况，审计委员会依据审计完成进度督促华普天健会计师事务所严格按照审计计划安排工作，确保在约定时间内提交审计报告。审计委员会于2011年1月5日与年审注册会计师见面，向年审注册会计师了解本公司2011年年度报告审计工作进展情况。审计委员会要求担任审计工作的会计师事务所和本公司财务部门相互配合，认真负责，务必于规定时间内完成年度报告的审计工作，发现问题及时与审计委员会沟通。年审注册会计师表示同意本委员会的意见，保证及时完成对2011年度财务报告的审计工作。

出具初步意见后，于2012年1月10日与公司审计委员会和独立董事见面沟通，就年报编制和审计过程汇总的有关问题予以说明。

2012年1月18日，审计委员会审阅了会计师事务所审计后的2011年度财务报告，审阅后发表意见如下:通过对年审注册会计师审计后的公司2011年度财务会计报表进行审阅，并与年审注册会计师沟通，本委员会认为，经年审注册会计师审计调整后的公司2011年度财务会计报表是按照现行企业会计准则的要求编制的，在所有重大方面真实反映了公司2011年12月31日的财务状况以及2011年度的经营成果和现金流量状况，可以提交董事会审议。

三、出具审计报告，审计工作圆满结束

2012年1月16日华普天健会计师事务所按时完成审计报告，并提交董事会审议，同时出具了《审计报告》(会审字［2012］6003号)、《关于营口港务股份有限公司控股股东及其他关联方占用资金情况专项审核说明》(会审字［2012］6004号)、《关于营口港务股份有限公司内部控制审核报告》(会审字[2012]6005号)。

四、建议续聘华普天健会计事务所为公司2012年度审计机构

通过监督和参与公司2011年度审计工作，跟踪了解华普天健会计师事务所对公司2011年度年审工作及审阅其出具的财务审计报告，我们认为:公司聘请的会计师事务所在为公司提供2011年度审计服务工作中，恪尽职守，遵循独立、客观、公正的职业准则，从会计专业角度维护公司与股东利益，建议公司继续聘请华普天健会计师事务所为2012年度财务审计机构。

4. 董事会下设的薪酬委员会的履职情况汇总报告

公司董事会下设的薪酬与考核委员会对公司董事、监事和高级管理人员薪酬进行了审核，认为公司在2011年年报中披露的董事、监事和高管人员所得薪酬，均是依据公司第一届董事会第二次会议通过的关于公司管理人员报酬的决议为原则确定;独立董事的津贴是依据公司2006年度股东大会通过的独立董事津贴标准为原则确定。本公司董事、监事和高级管理人员的薪酬是严格按照公司制定的绩效考核方案进行考核、兑现的，年度报告中披露的薪酬数额与实际发放情况相符。

公司目前尚未建立股权激励机制，公司将不断完善内部激励与约束机制，逐渐建立起短期激励与长期激励相结合的"利益共享、风险共担"的激励体系，推动管理层与公司、股东利益的紧密结合。公司股权激励计划将依据相关法律法规，并按照政府有关部门的要求尽快推出。

5. 公司对外部信息使用人管理制度的建立健全情况

公司第三届董事会第二十三次会议审议通过《外部信息使用人管理制度》，对外部信息使用人管理做了详尽的规定。报告期内，公司严格按照上述制度规范外部信息使用人使用公司内部信息，并作为内幕信息知情人进行登记管理。

6. 董事会对于内部控制责任的声明

公司董事会对建立和维护充分的财务报告相关内部控制制度负责。公司财务报告相关内部控制的目标是保证财务报告相关信息真实完整和可靠，防范重大错报风险。由于内部控制存在固有局限性，因此仅能对达到上述目标提供合理保证。董事会按照《企业内部控制基本规范》要求对财务报告相关内部控制进行了评价，并出具了《董事会关于内部控制的自我评估报告》，认为公司2011年度财务报告相关内部控制制度健全、执行有效。

7. 内幕信息知情人登记管理制度的建立和执行情况

公司第三届董事会第二十三次会议审议通过了《营口港务股份有限公司内幕信息及知情人管理制度》，公司严格按照此制度规范公司的内幕信息管理制度。

8. 公司自查，内幕信息知情人是否在影响公司股价的重大敏感信息披露前利用内幕信息买卖公司股份的情况？否

9. 公司不存在重大环保问题。

公司不存在其他重大社会安全问题。

(六)现金分红政策的制定及执行情况

报告期内，公司未进行现金分红。为给予投资者稳定回报，保护投资者合法权益，公司拟修改章程进一步完善利润分配政策，该事项已经公司第四届董事会第十次会议审议通过，尚需提交公司股东大会审议。

(七)利润分配或资本公积金转增股本预案

经华普天健会计师事务所(北京)有限公司审计，本公司2011年度实现归属于母公司所有者的净利润233,266,195.01元，按照本公司章程的规定，提取法定盈余公积金人民币74,780,118.28元，加年初未分配利润结余589,263,295.10元，本年度可分配利润为747,749,371.83元。

2011年度拟采用现金方式按每10股派0.5元向公司全体股东派现54,878,581.30元(含税)，剩余部分692,870,791.53元作为未分配利润，结转下年。

(八)公司前三年分红情况

单位:元 币种:人民币

分红年度	每10股送红股数(股)	现金分红的数额(含税)	分红年度合并报表中归属于上市公司股东的净利润	占合并报表中归属于上市公司股东的净利润的比率(%)
2008		219,735,063.80	299,723,373.96	73.31
2009	每10股转增10股	109,757,162.60	192,120,844.05	57.13
2010		0.00	215,682,079.93	0.00

5.2 主营业务分行业、产品情况表

请见前述5.1

5.3 主营业务分地区情况表

请见前述5.1

5.4 募集资金使用情况

□适用　　√不适用

变更项目情况

□适用　　√不适用

5.5 董事会对会计师事务所"非标准审计报告"的说明

□适用　　√不适用

鲁银投资集团股份有限公司

鲁银投资集团股份有限公司2011年年度报告摘要

第一节　重要提示

1.1 本公司董事会、监事会及董事、监事、高级管理人员保证本报告所载资料不存在任何虚假记载、误导性陈述或者重大遗漏，并对其内容的真实性、准确性和完整性负个别及连带责任。

本年度报告摘要摘自年度报告全文，报告全文同时刊载于www.sse.com.cn。投资者欲了解详细内容，应当仔细阅读年度报告全文。

1.2 公司全体董事出席董事会会议。

1.3 公司年度财务报告已经大信会计师事务有限公司审计并被出具了标准无保留意见的审计报告。

1.4 公司负责人刘相学、主管会计工作负责人陈瑞强及会计机构负责人(会计主管人员)陈瑞强声明：保证年度报告中财务报告的真实、完整。

第二节　公司基本情况

2.1 基本情况简介

股票简称	鲁银投资
股票代码	600784
上市交易所	上海证券交易所

2.2 联系人和联系方式

	董事会秘书
姓名	孙凯
联系地址	济南市经十路10777号
电话	0531-82024156
传真	0531-82024179
电子信箱	luyin784@163.com

第三节　会计数据和财务指标摘要

3.1 主要会计数据

单位：元　币种：人民币

	2011年	2010年	本年比上年增减	2009年
营业总收入	5,691,869,037.11	4,294,463,054.88	32.54	3,572,399,564.27
营业利润	354,148,618.99	109,186,152.77	224.35	59,994,443.50
利润总额	354,649,498.43	113,614,642.96	212.15	55,694,164.69
归属于上市公司股东的净利润	295,143,847.23	105,540,327.75	179.65	41,302,273.21
归属于上市公司股东的扣除非经常性损益的净利润	159,421,471.31	91,856,614.88	73.55	27,999,116.49
经营活动产生的现金流量净额	−186,893,623.45	−57,511,066.67	不适用	106,679,039.39
	2011年末	2010年末	本年末比上年末增减	2009年末
资产总额	3,457,644,737.19	2,107,379,933.96	64.07	1,780,307,548.26
负债总额	2,525,356,100.99	1,469,844,464.81	71.81	1,341,045,116.82
归属于上市公司股东的所有者权益	820,761,736.02	526,869,136.31	55.78	419,784,220.60
总股本	248,306,873.00	248,306,873.00	不适用	248,306,873.00

3.2 主要财务指标

	2011年	2010年	本年比上年增减	2009年
基本每股收益(元/股)	1.19	0.43	176.74	0.17
稀释每股收益(元/股)	1.19	0.43	176.74	0.17
用最新股本计算的每股收益(元/股)	1.19	0.43	176.74	0.17
扣除非经常性损益后的基本每股收益(元/股)	0.64	0.37	72.97	0.11
加权平均净资产收益率(%)	43.81	22.30	增加21.51个百分点	10.01
扣除非经常性损益后的加权平均净资产收益率(%)	23.67	19.41	增加4.26个百分点	6.79
每股经营活动产生的现金流量净额(元/股)	−0.75	−0.23	不适用	0.43
	2011年末	2010年末	本年末比上年末增减	2009年末
归属于上市公司股东的每股净资产(元/股)	3.31	2.12	56.13	1.69
资产负债率(%)	73.04	69.75	增加3.29个百分点	75.33

3.3 非经常性损益项目

√适用　　□不适用

单位：元　币种：人民币

非经常性损益项目	2011年金额	附注(如适用)	2010年金额	2009年金额
非流动资产处置损益	−276,271.84		4,498,013.86	−2,266,559.40
计入当期损益的政府补助，但与公司正常经营业务密切相关，符合国家政策规定、按照一定标准定额或定量持续享受的政府补助除外	750,000.00			
债务重组损益				−2,925,023.22
除上述各项之外的其他营业外收入和支出	27,151.68		−69,523.67	891,303.81
其他符合非经常性损益定义的损益项目	135,387,943.50	本公司联营企业烟台万润于2011年12月12日采用网下配售和网上定价方式共计公开发行人民币普通股(A股)3,446万股，每股发行价格为25.00元，发行后公司持股比例由26.58%下降到19.93%，公司因此次发行确认了投资收益135,387,943.50元	9,276,510.66	17,672,171.60
少数股东权益影响额	−35,949.40		2,906.02	6,907.68
所得税影响额	−130,498.02		−24,194.00	−75,643.75
合计	135,722,375.92		13,683,712.87	13,303,156.72

第四节　股东持股情况和控制框图

4.1 前10名股东、前10名无限售条件股东持股情况表

单位：股

2011年末股东总数	36,778户	本年度报告公布日前一个月末股东总数	35,388户

前 10 名股东持股情况

股东名称	股东性质	持股比例(%)	持股总数	持有有限售条件股份数量	质押或冻结的股份数量
莱芜钢铁集团有限公司	国有法人	14.52	36,065,633	0	无
上海银炬实业发展有限公司	境内非国有法人	3.30	8,193,430	0	无
兴业国际信托有限公司-新股申购单一资金信托项目(建行财富第一期(22 期))	其他	1.12	2,784,900	0	未知
齐鲁证券有限公司客户信用交易担保证券账户	其他	0.57	1,411,645	0	未知
北方国际信托股份有限公司-久久发价值增长集合资金信托	其他	0.53	1,310,000	0	未知
陈培良	境内自然人	0.48	1,202,400	0	未知
牟传根	境内自然人	0.43	1,065,800	0	未知
李玉宏	境内自然人	0.42	1,037,005	0	未知
吴启瑞	境内自然人	0.42	1,033,225	0	未知
戴联平	境内自然人	0.41	1,016,158	0	未知

前 10 名无限售条件股东持股情况

股东名称	持有无限售条件股份数量	股份种类
莱芜钢铁集团有限公司	36,065,633	人民币普通股
上海银炬实业发展有限公司	8,193,430	人民币普通股
兴业国际信托有限公司-新股申购单一资金信托项目(建行财富第一期(22 期))	2,784,900	人民币普通股
齐鲁证券有限公司客户信用交易担保证券账户	1,411,645	人民币普通股
北方国际信托股份有限公司-久久发价值增长集合资金信托	1,310,000	人民币普通股
陈培良	1,202,400	人民币普通股
牟传根	1,065,800	人民币普通股
李玉宏	1,037,005	人民币普通股
吴启瑞	1,033,225	人民币普通股
戴联平	1,016,158	人民币普通股

4.2 公司与实际控制人之间的产权及控制关系的方框图(略)

第五节　董事会报告

5.1 管理层讨论与分析概要

一、报告期内公司经营情况的回顾

1. 公司总体经营情况

2011 年，是公司实施“十二五”规划并实现良好开局的关键一年。在这一年里，公司各级领导团结带领广大干部职工，紧紧围绕董事会确定的任务目标，以经济效益为中心，全面贯彻落实科学发展观，强化内部管理，狠抓挖潜增效，优化产品结构，生产经营各项工作健康有序进行，主要经济指标均比上年同期有了大幅度提升，各项经营指标再创历史新高，实现了连续两年利润翻番。

报告期内，公司实现营业收入 56.92 亿元，同比增加 32.54%；实现营业利润 35,415 万元，同比增长 224.35%；实现归属于母公司所有者的净利润 29,514 万元，同比增长 179.65%。

营业收入增加的主要原因是：(1)济南经十东路写字楼项目实现销售，增加收入 6.6 亿元；(2)经贸公司销售收入增加 5.7 亿元；(3)其他各产业比去年同期均有不同程度的增长。

营业利润增加的主要原因是：(1) 济南经十东路写字楼项目实现销售，实现营业利润 1.9 亿元；(2)公司对烟台万润投资收益增加，本期由于烟台万润上市发行，公司按现持股比例 19.93%共确认了投资收益 16,716.40 万元，比上年增加 530.15%。

实现归属于母公司所有者的净利润增加主要原因是：(1)济南经十东路写字楼项目实现销售；(2)公司对烟台万润投资收益增加。

目前公司主要产业包括钢铁、粉末冶金及制品、房地产开发、羊绒纺织、矿业开采、商贸等。

公司带钢分公司 2011 年上半年销售价格和销售数量保持平稳状态，公司收入稳步增长；下半年受钢铁业整体不景气和产品结构调整的影响，带钢分公司三、四季度出现亏损。但全年仍实现盈利。

公司粉末冶金及制品产业拥有粉末冶金有限公司和粉末冶金制品有限公司，已经具备了较强的生产能力和研发能力，形成了比较良好的产业链和产业布局。粉末冶金有限公司制粉产量居国内首位，具有良好的品牌效应和技术优势，市场占有率较高，市场前景好，2011 年公司认真实施“大规模、高效率、低成本且工艺先进”发展战略，积极推动生产经营与扩建改造交叉进行两不误，实现了公司发展新跨越；粉末冶金制品公司年初抓住汽车零配件市场销售旺盛机遇，不断加大市场开拓力度，加大新产品研发，优化产品结构，化解了下半年微车市场不景气带来的经营风险，保证了全年营业收入的稳步增长。

公司房地产产业遵循“建设一批、销售一批、规划一批、储备一批”的发展思路，立足于“高效率、出精品、创效益”的目标，取得了良好的效果。青岛城阳项目与莱芜项目正在进行开发建设；公司济南经十东路写字楼项目实现销售并于本报告期确认收入；同时公司于下半年取得了济南高新区 113.25 亩土地的开发权，实现了房地产产业的良性持续发展。

公司羊绒产业通过持续技术革新，实力不断增强，已经具备了一定的规模优势和技术优势，但由于市场竞争比较激烈，加之原材料价格不断上涨，公司利润率较低，2011 年公司积极开拓新的市场，不断开发新的产品，内部积极挖潜增效，取得了一定的成效。

青岛豪杰矿业公司由于设计施工方案的优化修改，使建设期延长，本报告期内未产生效益。

经贸公司积极拓展业务范围，以新开发的钢坯业务为切入点，实现了资金的快速周转和销售收入大幅提升。

2. 公司主营业务及其经营状况

(1)主营业务分行业情况

单位：元

行业	营业收入	营业成本	营业利润率(%)	营业收入比上年增减(%)	营业成本比上年增减(%)	营业利润率比上年增减(%)
钢铁	3,635,749,451.18	3,571,482,914.09	1.77	2.60	2.88	-0.26
粉末冶金及制品	435,446,738.28	365,256,946.44	16.12	14.52	16.42	-1.37
羊绒纺织	190,680,361.06	169,149,180.82	11.29	5.59	5.67	-0.07
房地产	663,431,052.14	422,203,110.44	36.36	4,694.39	5,416.38	-8.33
商贸	716,016,114.52	710,998,140.65	0.70	404.33	429.75	-4.77
其他	17,622,652.35	10,706,178.07	39.25	89.91	57.49	12.51
合计	5,658,946,369.53	5,249,796,470.51	7.23	32.55	28.23	3.12

钢铁行业主营业务收入和主营业务成本相比上年略有增加；粉末冶金及制品的主营业务收入和主营业务成本与上年相比增加，主要由于粉末冶金销售价格和销售数量增加所致；纺织产业主营业务收入和主营业务成本比上年均有所增加，主营业务利润率略有下降；房地产产业由于今年经十东路写字楼项目实现销售，导致今年主营业务收入和主营业务成本比上年有大幅增加；商贸业务由于业务范围拓展，导致主营业务收入、主营业务成本上年相比大幅增加；其他服务等主营业务收入主营业务成本与上年相比有所增加。

3. 报告期公司资产构成情况和财务数据变化情况

(1)公司资产构成情况

单位：元

项目	期末余额 金额	期末余额 占总资产比重(%)	期初余额 金额	期初余额 占总资产比重(%)	与期初占总资产比重变动(%)
货币资金	674,507,896.32	19.51	319,668,178.26	15.17	4.34
应收票据	94,497,428.22	2.73	19,677,001.00	0.93	1.80
应收账款	131,685,393.53	3.81	52,675,841.30	2.50	1.31
预付款项	474,686,070.68	13.73	324,794,485.70	15.41	-1.68
存货	1,065,295,043.55	30.81	531,066,398.79	25.20	5.61
可供出售金融资产	3,078,305.42	0.09	4,674,342.70	0.22	-0.13
长期股权投资	297,163,716.73	8.59	139,261,049.95	6.61	1.99
短期借款	1,081,000,000.00	31.26	426,500,000.00	20.24	11.03
应付票据	430,170,000.00	12.44	239,460,000.00	11.36	1.08
应付账款	152,967,839.95	4.42	120,483,160.07	5.72	-1.29
预收款项	183,435,368.28	5.31	317,540,461.00	15.07	-9.76
应付职工薪酬	24,960,942.78	0.72	17,848,604.61	0.85	-0.13
应交税费	94,460,292.40	2.73	12,685,315.12	0.60	2.13
其他应付款	485,218,876.02	14.03	104,809,710.85	4.97	9.06
一年内到期的非流动负债	55,000,000.00	1.59			1.59
长期借款	385,750.00	0.01	213,385,750.00	10.13	-10.12

变动原因分析：

1)货币资金占总资产的比重比期初增加 4.34 个百分点，主要系票据保证金增加及筹资活动产生的现金流量净额增加所致；

2)应收票据占总资产的比重比期初增加 1.80 个百分点，主要系本期销售收入增加，导致应收票据增加所致；

3)应收账款占总资产的比重比期初增加 1.31 个百分点，主要系本期销售收入增加，导致应收账款增加所致；

4)预付款项增加，主要系公司房地产项目支出增加所致；

5)存货占总资产的比重比期初增加 5.61 个百分点，主要系公司本期新增土地成本，导致存货增加所致；

6)可供出售金融资产占总资产的比重比期初减少 0.13 个百分点，主要系公司持有的可供出售的金融资产期末价格变动所致；

7)长期股权投资占总资产的比重比期初增加 1.99 个百分点，主要系本期联营企业烟台万润首次公开发行股票净资产增加，公司按规定增加长期股权投资所致；

8)短期借款占总资产的比重比期初增加 11.03 个百分点，主要系公司购买土地新增短期借款所致；

9)应付票据占总资产的比重比期初增加 1.08 个百分点，主要系本期公司购销业务票据结算方式增加所致；

10)应付账款增加，主要系本期销售规模增加，享受供应商给予信用额度增加所致；

11)预收款项占总资产的比重比期初减少 9.76 个百分点，主要系本期公司房地产实现销售，确认收入导致预收账款减少所致；

12)应付职工薪酬增加，主要系本期末将于次年下月支付的职工薪酬增加所致；

13)应交税费占总资产的比重比期初增加 2.13 个百分点，主要系本期房地产销售，计提的税费增加所致；

14)其他应付款占总资产的比重比期初增加 9.06 个百分点，主要系本期预收的购房定金增加所致；

15)一年内到期的非流动负债占总资产的比重比期初增加 1.59 个百分点，主要系本期按《企业会计准则》将于一年内到期的长期借款列入该项目反映所致；

16)长期借款占总资产的比重比期初减少 10.12 个百分点，主要系本期偿还长期银行贷款减少所致。

(2)采用公允价值计量的主要报表项目

公司采用公允价值计量的报表项目只有可供出售金融资产一项，其明细项目如下：

可供出售金融资产明细表

单位：元

证券代码	名称	数量	期末数	期初数
200992	中鲁 b	130,000.00	300,364.35	566,749.87
200152	山航 b	199,000.00	1,852,060.37	2,582,435.38
530001	建信恒久价值	1,885,704.07	925,880.70	1,525,157.45
	合计		3,078,305.42	4,674,342.70

公司可供出售金融资产公允价值按 2011 年 12 月 31 日的市场交易价格和人民币汇率中间价计算，本期由于其市场交易价格变化较大，其期末数比期初数减少 159.60 万元，减少的金额计入公司资本公积项目，对公司财务状况和经营成果没有重大影响。

(3)报告期公司财务数据变化情况

单位：元

项目	本期金额	上期金额	与上期增减百分比(%)
营业收入	5,691,869,037.11	4,294,463,054.88	32.54
营业成本	5,271,397,877.46	4,105,849,522.68	28.39
营业税金及附加	68,783,487.43	14,876,288.85	362.37
管理费用	93,383,194.15	77,645,532.16	20.27
财务费用	31,418,593.05	21,657,304.06	45.07
资产减值损失	6,554,958.44	−8,059,178.59	不适用
投资收益	167,223,667.63	57,577,834.42	190.43
营业外收入	914,899.00	5,181,769.57	−82.34
所得税费用	53,939,193.25	6,886,193.21	683.29

变动原因分析：

1)营业收入比上期增加 32.54%，主要系房地产项目实现销售导致收入增加所致；

2)营业成本比上期增加 28.39%，主要系房地产项目实现销售导致成本增加所致；

3)营业税金及附加比上期增加 362.37%，主要系公司本期房地产项目实现销售计提的税费增加所致；

4)管理费用比上期增加 20.27%，主要系公司本期应付职工薪酬增加所致；

5)财务费用比上期增加 45.07%，主要系本期公司平均占用银行贷款额度增加和利率上升，导致银行利息增加所致；

6)资产减值损失比上期增加，主要系公司应收款项平均占用额增加，导致计提的坏账损失增加所致；

7) 投资收益比上期增加 190.43%，主要系公司的联营企业烟台万润本期首次公开发行股票，按规定确认投资收益增加所致；

8)营业外收入比上期减少 82.34%，主要系公司本期与营业外收入相关业务发生额较少所致；

9)所得税费用比上期增加 683.29%，主要系公司本期房地产项目实现销售计提的税费增加所致。

4. 报告期公司现金流量构成情况

金额：元

项目	本期金额	上期金额	比上期增减(%)
经营活动产生的现金流量净额	−186,893,623.45	−57,511,066.67	不适用
投资活动产生的现金流量净额	−20,604,111.45	−189,194,619.39	不适用
筹资活动产生的现金流量净额	461,647,452.96	135,512,634.01	240.67

变动原因分析：

1)经营活动产生的现金流量净额比上年减少主要是因为本期房地产投入所致。

2)投资活动产生的现金流量净额比上年有较大幅度下降，主要是因为本期公司购建固定资产、无形资产投资支付现金比去年减少所致。

3)筹资活动产生的现金流量净额比上年增加主要是公司本期借款收到的现金增加所致。

4)报告期公司经营活动产生的现金流量净额与报告期净利润存在较大差异，主要是因为公司本期房地产项目投入增加，从而使经营活动产生的现金流量净额减少所致。

5. 公司主要子公司、参股公司的经营情况及业绩分析

单位：元

公司名称	业务性质	主要产品	注册资本	总资产	净资产	净利润
济南鲁邦置业有限公司	房地产	房地产开发	50,000,000.00	954,906,086.12	88,428,910.78	143,642,638.81
山东省鲁邦房地产开发有限公司	房地产	房地产开发	100,000,000.00	298,259,410.03	96,171,233.31	−22,962,139.30
莱芜钢铁集团粉末冶金有限公司	生产制造	铁粉	36,225,515.29	294,857,538.82	155,908,159.18	26,531,507.55
山东鲁银国际经贸有限公司	商贸	商贸	30,000,000.00	80,443,831.36	28,490,633.94	322,429.09
鲁银集团禹城羊绒纺织有限公司	生产制造	羊绒纺织	60,000,000.00	194,361,183.71	64,447,212.41	140,855.07
鲁银集团禹城粉末冶金制品有限公司	生产制造	粉末制品	30,000,000.00	77,236,978.27	40,144,606.37	4,049,307.75
烟台万润精细化工股份有限公司	生产制造	化工产品	137,820,000.00	1,580,730,703.77	1,204,025,076.95	120,241,105.22

6. 本年取得和处置子公司情况

本年没有取得和处置子公司。

7. 报告期内利润构成、主营业务及其结构、主营业务盈利能力较前一报告期发生重大变化的情况

1)济南经十东路写字楼项目实现销售；

2)因烟台万润精细化工股份有限公司公开发行股份，公司对其确认投资收益导致净利润大幅增长。

8. 报告期内技术创新情况

粉末冶金公司通过了高新技术企业复审认定，将在 3 年内继续享受减免企业所得税 10%的优惠政策；山东省自主创新成果转化重大专项项目《汽车用高性能粉末冶金结构件及关键零部件的产业化开发》顺利通过验收；以公司为主要承担单位的"十一五"国家科技支撑计划项目"高性能钢铁粉末冶金材料关键技术研究与应用"课题取得了阶段性研究成果，并顺利通过中期检查；

粉末制品公司已申报国家级高新技术企业并通过认定公示，获得正式批文后可享受减免企业所得税 10%的优惠政策。5 项科技成果通过鉴定，其中 2 项达到国际先进水平，3 项达到国内领先水平，荣获省级科技成果 3 项，市级科技成果 2 项；"MT452 同步器齿毂的研究与开发"已列入山东省技术创新项目计划，并通过鉴定，该产品可享受研发费用所得税前加计扣除的优惠政策。

禹城羊绒公司不断加大工艺技术创新力度，积极提升产品质量，2011 年 3 项产品获得中国纺织协会新产品研发精品奖，2 个品种获得优质产品奖。

山东毛绒公司成功设计开发了电脑类和针梭织结合类产品 284 款，其中 2 项产品获得全国毛针织服装名优精品奖。

二、对公司未来发展的展望

1. 行业的发展趋势及公司面临的市场竞争格局

公司产业主要包括钢铁、粉末冶金及制品、房地产、矿业开采、羊绒纺织、商贸等。

1) 钢铁产业

钢铁行业当前的根本问题是产能过剩，这决定了钢铁行业仍会在高产量、高成本、低利润的模

式中运行。公司带钢分公司仍处于行业景气周期的低迷阶段，转方式、调结构、持续降本增效是2012年的主要工作。

2）粉末冶金及制品产业

2011年国家发改委把粉末冶金及制品列入鼓励发展的技术和产业，为粉末冶金及制品行业带来机遇和巨大的市场空间。公司粉末冶金及制品产业将抢抓机遇，持续巩固粉末冶金制粉产业龙头地位，逐步扩大粉末冶金制品生产规模，做强做大粉末冶金及制品产业。

3）房地产产业

2012年国家将对房地产业继续实施调控，促进房地产业健康发展，房地产企业经营环境依然严峻。公司房地产业形成了在济南、青岛、莱芜三地发展的格局。青岛城阳项目计划年内竣工，公司将通过积极培育商圈，达到最佳销售目标；莱芜项目作为定向开发项目，销售面积和售价基本确定，受政策影响不大，重点是抓紧施工进度和控制好施工成本，确保年内交付；济南高新区奥林逸城项目2012年主要工作是手续办理、基础及主体施工。

4）矿业开采产业

2012年铁矿石供需仍将维持平衡格局，延续“钢价弱，矿价稳”的局面。青岛豪杰矿业根据安监局要求，正抓紧完善井下“六大安全系统”建设，在取得安全生产许可证的前提下，尽快实现连续生产。

5）羊绒纺织产业

2011年下半年以来，纺织行业受市场环境影响，加之生产成本不断上涨等因素，市场竞争压力不断增加。2012年公司羊绒产业的重点是转方式、调结构，加快适销对路的新产品的研发与推广，进一步提升企业核心竞争力。

2. 公司2012年经营思路及工作重点

公司2012年经营工作的指导思想是：深入贯彻落实科学发展观，以经济效益为中心，有效整合公司内部资源，着力优化产业产品结构，着力推进技术创新，着力强化运营质量，内涵与外延发展并举，巩固提升经营成果，再接再厉，积极作为，努力开创公司发展新局面。

为保证公司2012年任务目标的完成，重点抓好以下几个方面：

1）加快产业整合，着力推进“十二五”规划落地实施。

公司将继续做好“十二五”规划宣讲工作，进一步完善细化“十二五”规划实施方案，确保规划的适应性和可行性；加强对“十二五”规划实施过程的控制和考核，确保实现阶段性推进目标。公司将以“十二五”规划为统领，按照“3+1”战略发展格局，注重整合内部现有资源，充分发挥资源整合优势和集团优势，提升公司整体实力；持续推进主业培育，增强发展后劲，提升发展质量。同时，深入做好再融资的项目选择，进一步排除影响再融资工作的其他障碍，争取早日启动再融资工作。

2）把握经营中心任务，着力提升市场适应能力。

可以预见，在今后一段时期内，国内外经济形势较为严峻，市场不确定性增加对企业发展提出了更高要求。公司将进一步强化市场信息研究及政策导向研究，为科学组织生产、调整产品结构、开发新产品提供准确信息，增强企业适应市场变化的能力。加强客户关系维护，加大重点客户营销力度，以领先的产品品质和优质的售后服务赢得客户，建立战略用户交流合作平台，与高端客户展开深度合作，进一步巩固长期战略合作伙伴关系，提高营销效益。

3）深化降本增效，着力拓展效益空间。

公司将坚持勤俭办企业的宗旨，加强企业“三费”控制，降耗控费，降低各项非生产性支出。加强供应管理，把握原料价格动向，降低采购成本。通过工艺改革、技术创新，提高设备利用率，减少废品损失，从根本上降低实物量和动力能源消耗。继续开展对标挖潜、节能降耗活动，找出影响指标提升的薄弱环节，努力实现主要经济技术指标达到行业先进水平。加强资金管理，广开融资渠道，优化融资结构，确保资金链条安全、接续，降低融资成本。

4）推进精细化管理，着力提升企业运营效率。

一是强化生产组织管理，优化生产组织方式和作业流程，确保生产稳定顺行；强化设备运行管理，提高对设备事故的预防和处理能力。加强安全生产管理，杜绝安全事故发生。二是强化工程管理，提升工程管理水平。积极推进济南、青岛、莱芜房地产项目施工进度，加快推进豪杰矿业井下建设工作。三是强化经济责任制评价、考核与激励职能，为各项任务目标的完成提供保障。四是加强宏观经济政策、产业政策研究，有效趋利避害、消化不利因素，更好地服务于生产经营各项工作。

5）加强产品、技术创新，着力实现经营成果新突破。

公司将持续加大创新工作力度，积极营造“尊重知识、尊重人才、鼓励创新”的氛围，充分调动科技工作者的工作积极性，发挥科技创新工作对于企业经营工作的积极推动作用，促进公司持续健康发展。积极推进产品创新，加大新产品研发力度，按照适应市场需求、提高企业效益的原则，做好产品效益分析，做好产品升级换代工作，进一步优化产品结构，提升获利水平。积极推动技术创新，开展关键技术攻关，加大研发投入，提高产品研发动力及生产工艺水平，通过加强技术创新、产品创新和工艺创新，不断增强公司综合竞争力。

6）加强内控制度建设，提升公司规范化运作水平。

根据五部委关于《企业内部控制基本规范》及相关配套指引的实施要求，2012年内部控制规范体系将在上交所、深交所主板上市的公司中正式施行，证监会也将把上市公司的内部控制建设情况纳入上市公司日常监管的范围。公司将按照证监会“坚决导入、稳步实施、步步深入、逐年提高”的实施原则，进一步强化组织领导，认真学习基本规范及配套指引的有关规定，在全面自查公司内控制度设计、运行、存在问题的基础上，制定详细的内控实施工作方案，健全内控责任机构，明确责任主体和责任人员，完善内控制度实施细则，合理安排内控实施各阶段工作，采取有效措施持续提升内控制度执行的有效性，同时对内部控制的有效性进行自我评价，不断深化内控制度建设，提升内控制度的执行质量，确保内控工作顺利有序推进。

7）拓展群团工作内涵，为生产经营保驾护航。

继续发挥群团工作优势，围绕公司不同时期的中心任务，深入开展形势任务教育、主题系列活动和劳动竞赛、合理化建议及企业文化建设等活动，积极搭建共享平台，不断创新活动载体，充分调动员工参与积极性，增强企业向心力、凝聚力，为公司生产经营再上新台阶营造良好的内部环境。

5.2 主营业务分行业、产品情况表

请见前述5.1

5.3 报告期内利润构成、主营业务及其结构、主营业务盈利能力较前一报告期发生重大变化的原因说明

请见前述5.1

第六节　财务报告

6.1 本报告期无会计政策、会计估计的变更

6.2 本报告期无前期会计差错更正

怡球金属资源再生(中国)股份有限公司

怡球金属资源再生(中国)股份有限公司首次公开发行A股股票上市公告书

特别提示

本公司股票将在上海证券交易所上市。相关统计显示,2009年至2011年,日均持有市值10万元以下的中小投资者,在沪市新股上市10个交易日内买入的,亏损账户数过半,尤其是在上市首日因盘中价格涨幅过大被临时停牌的新股交易中,股价大幅拉升阶段追高买入的,亏损账户数超过90%。本公司提醒投资者应充分了解股票市场风险及本公司披露的风险因素,在新股上市初期切忌盲目跟风"炒新",应当审慎决策、理性投资。

第一节 重要声明与提示

怡球金属资源再生(中国)股份有限公司(以下简称"怡球资源"、"公司"、"本公司"或"发行人")及全体董事、监事、高级管理人员保证上市公告书的真实性、准确性、完整性,承诺上市公告书不存在虚假记载、误导性陈述或重大遗漏,并承担个别和连带的法律责任。

上海证券交易所、其他政府机关对本公司股票上市及有关事项的意见,均不表明对本公司的任何保证。

公司提醒广大投资者注意,凡本上市公告书未涉及的有关内容,请投资者查阅刊载于上海证券交易所网站(http://www.sse.com.cn)的本公司首次公开发行股票并上市招股说明书全文及备查文件。

1. 受实际控制人控制的股东的持股锁定承诺

公司股东怡球(香港)有限公司、太仓智胜商务咨询有限公司共同承诺:自发行人股票上市之日起36个月内,不转让或委托他人管理其本次发行前已持有的发行人股份,也不由发行人回购该部分股份。上述锁定期满后,在黄崇胜、林胜枝担任发行人董事、监事、高管人员的任职期间内,两家公司每年转让的股份合计不超过黄崇胜、林胜枝间接持有发行人股份总数的百分之二十五;离职后半年内,不以任何方式转让其间接持有的发行人股份;离职六个月后的十二个月内通过证券交易所挂牌交易出售股份数量不超过所持有本公司股份总数的百分之五十。

2. 其他股东的持股锁定承诺

股东Starrl Investment Holding Co., Limited承诺:自发行人股票上市之日起36个月内,不转让或委托他人管理其本次发行前已持有的发行人股份,也不由发行人回购该部分股份。

总经理陈镜清控制的太仓环宇商务咨询有限公司、副总经理杜万源控制的太仓嵘胜商务咨询有限公司、董事会秘书叶国梁控制的太仓怡安商务咨询有限公司分别承诺:自发行人股票上市之日起12个月内,不转让或委托他人管理其本次发行前已持有的发行人股份,也不由发行人回购该部分股份。上述锁定期满后,在陈镜清、杜万源、叶国梁担任发行人董事、监事、高管人员的任职期间内,每年转让的股份不超过其间接持有发行人股份总数的百分之二十五;离职后半年内,不以任何方式转让其间接持有的发行人股份;离职六个月后的十二个月内通过证券交易所挂牌交易出售股份数量不超过所持有本公司股份总数的百分之五十。

Wiselink Investment Holding Co., Limited、Zest Deck Investment Holding Co., Limited、Phoenicia Limited、富兰德林咨询(上海)有限公司等4名股东承诺:自发行人股票上市之日起12个月内,不转让或委托他人管理其本次发行前已持有的发行人股份,也不由发行人回购该部分股份。

3. 公司董事、监事、高管人员持股锁定承诺

担任公司董事、监事、高管人员的黄崇胜、林胜枝、陈镜清、杜万源、叶国梁均以间接方式持有发行人的股份。

黄崇胜、林胜枝承诺:自发行人股票上市之日起36个月内,不间接转让或委托他人管理其本次发行前已控制的发行人股份,也不由发行人回购该部分股份。上述锁定期满后,在黄崇胜、林胜枝担任发行人董事、监事、高管人员的任职期间内,每年间接转让的发行人股份不超过其控制的股份总数的百分之二十五;离职后半年内,不以任何方式间接转让其控制的发行人股份。

陈镜清、杜万源、叶国梁分别承诺:自发行人股票上市之日起12个月内,不间接转让或委托他人管理其本次发行前控制的发行人股份,也不由发行人回购该部分股份。上述锁定期满后,在陈镜清、杜万源、叶国梁担任发行人董事、监事、高管人员的任职期间内,每年间接转让的发行人股份不超过其控制的股份总数的百分之二十五;离职后半年内,不以任何方式间接转让其控制的发行人股份。

公司董事、监事和高级管理人员承诺将严格遵守《中华人民共和国公司法》、《中华人民共和国证券法》和《上海证券交易所股票上市规则》等有关法律、法规关于公司董事、监事和高级管理人员持股及锁定的有关规定。

如无特别说明,本上市公告书中的简称或名词的释义与本公司首次公开发行股票招股说明书中的相同。

第二节 股票上市情况

一、本上市公告书系根据《公司法》、《证券法》和《上海证券交易所股票上市规则》等有关法律法规规定,按照上海证券交易所《股票上市公告书内容与格式指引》编制而成,旨在向投资者提供本公司首次公开发行A股股票上市的基本情况。

二、本公司首次公开发行A股股票(简称"本次发行")经中国证券监督管理委员会证监许可[2012]76号文核准。本次发行采用网下向询价对象询价配售与网上资金申购发行相结合的方式。

三、本公司A股股票上市经上海证券交易所上证发字[2012]9号文批准。

本公司发行的A股股票在上海证券交易所上市,证券简称"怡球资源",证券代码"601388";其中本次公开发行中网上资金申购发行8,400万股股票将于2012年4月23日起上市交易。

四、股票上市概况

1. 上市地点:上海证券交易所

2. 上市时间:2012年4月23日

3. 股票简称:怡球资源

4. 股票代码:601388

5. 本次发行完成后总股本:41,000万股

6. 本次A股发行的股份数:10,500万股

7. 本次发行前股东所持股份的流通限制及期限

公司股东怡球(香港)有限公司、太仓智胜商务咨询有限公司共同承诺:自发行人股票上市之日起36个月内,不转让或委托他人管理其本次发行前已持有的发行人股份,也不由发行人回购该部分股份。上述锁定期满后,在黄崇胜、林胜枝担任发行人董事、监事、高管人员的任职期间内,两家公司每年转让的股份合计不超过黄崇胜、林胜枝间接持有发行人股份总数的百分之二十五;离职后半年内,不以任何方式转让其间接持有的发行人股份;离职六个月后的十二个月内通过证券交易所挂牌交易出售股份数量不超过所持有本公司股份总数的百分之五十。

股东Starrl Investment Holding Co., Limited承诺:自发行人股票上市之日起36个月内,不转让或委托他人管理其本次发行前已持有的发行人股份,也不由发行人回购该部分股份。

总经理陈镜清控制的太仓环宇商务咨询有限公司、副总经理杜万源控制的太仓嵘胜商务咨询有限公司、董事会秘书叶国梁控制的太仓怡安商务咨询有限公司分别承诺:自发行人股票上市之日起12个月内,不转让或委托他人管理其本次发行前已持有的发行人股份,也不由发行人回购该部分股份。上述锁定期满后,在陈镜清、杜万源、叶国梁担任发行人董事、监事、高管人员的任职期间内,每年转让的股份不超过其间接持有发行人股份总数的百分之二十五;离职后半年内,不以任何方式转让其间接持有的发行人股份;离职六个月后的十二个月内通过证券交易所挂牌交易出售股份数量不超过所持有本公司股份总数的百分之五十。

Wiselink Investment Holding Co., Limited、Zest Deck Investment Holding Co., Limited、Phoenicia Limited、富兰德林咨询(上海)有限公司等4名股东承诺:自发行人股票上市之日起12个月内,不转让或委托他人管理其本次发行前已持有的发行人股份,也不由发行人回购该部分股份。

担任公司董事、监事、高管人员的黄崇胜、林胜枝、陈镜清、杜万源、叶国梁均以间接方式持有发行人的股份。

黄崇胜、林胜枝承诺:自发行人股票上市之日起36个月内,不间接转让或委托他人管理其本次发行前已控制的发行人股份,也不由发行人回购该部分股份。上述锁定期满后,在黄崇胜、林胜枝担任发行人董事、监事、高管人员的任职期间内,每年间接转让的发行人股份不超过其控制的股份总数的百分之二十五;离职后半年内,不以任何方式间接转让其控制的发行人股份。

陈镜清、杜万源、叶国梁分别承诺:自发行人股票上市之日起12个月内,不间接转让或委托他人管理其本次发行前控制的发行人股份,也不由发行人回购该部分股份。上述锁定期满后,在陈镜清、杜万源、叶国梁担任发行人董事、监事、高管人员的任职期间内,每年间接转让的发行人股份不超过其控制的股份总数的百分之二十五;离职后半年内,不以任何方式间接转让

其控制的发行人股份。

8. 本次上市股份的其他锁定安排：本次发行中网下向询价对象询价配售的2,100万股股份锁定期为三个月，锁定期自本次网上资金申购发行的股票在上海证券交易所上市交易之日起计算。

9. 本次上市的无流通限制及锁定安排的股份：本次发行中网上资金申购发行的8,400万股股份无流通限制及锁定安排。

10. 股票登记机构：中国证券登记结算有限责任公司上海分公司

11. 上市保荐人：华泰联合证券有限责任公司

第三节 发行人、股东和实际控制人情况

一、发行人的基本情况

1. 发行人名称：怡球金属资源再生(中国)股份有限公司

2. 英文名称：Yechiu Metal Recycling (China) Ltd.

3. 注册资本：41,000万元(本次发行后)

4. 法定代表人：黄崇胜

5. 注册地点：太仓市浮桥镇沪浮璜公路88号

6. 邮政编码：215434

7. 经营范围：许可经营项目：无。一般经营项目：生产、加工新型合金材料和各类新型有色金属材料、黑色金属材料及其制品、环保机械设备、熔炼设备、分选设备，销售公司自产产品；从事与本企业生产的同类商品及矿产品的进出口、批发业务(不含铁矿石、氧化铝、铝土矿；不涉及国营贸易管理商品，涉及配额、许可证管理商品的，按国家有关规定办理申请)。

8. 主营业务：通过回收废铝资源，进行再生铝合金锭的生产和销售。

9. 所属行业：有色金属冶炼及压延加工业

10. 联系电话：0512-53703988

11. 传真号码：0512-53703950

12. 互联网址：www.yechiu.com.cn

13. 电子信箱：yeh@yechiu.com.cn

14. 董事会秘书：叶国梁

二、公司董事、监事、高级管理人员及其持有公司股票的情况

1. 公司董事、监事、高级管理人员名单

姓　名	任职情况
黄崇胜	董事长
林胜枝	副董事长
詹黄秋兰	董事
李贻辉	董事
范国斯	董事
陈镜清	董事、总经理
张海龙	独立董事
安庆衡	独立董事
范霖扬	独立董事
郭建昇	监事长
许玉华	监事
顾俊磊	监事
杜万源	副总经理
陈美顺	副总经理
黄勤利	财务负责人
叶国梁	董事会秘书

2. 公司董事、监事、高级管理人员持有公司股票情况

本公司董事、监事、高级管理人员未直接持有本公司股票。

本公司董事、监事、高级管理人员间接持有本公司股份详细情况如下：

姓名	所任职务	间接持股的股东名称	控制该公司股份比例	间接持有公司股份数(万股)	占发行后总股本的比例
黄崇胜、林胜枝夫妇	董事长、副董事长	怡球(香港)有限公司	100.00%	21,960.00	53.56%
		太仓智胜商务咨询有限公司	100.00%	457.50	1.12%
陈镜清	总经理	太仓环宇商务咨询有限公司	100.00%	366.00	0.89%
杜万源	副总经理	太仓嵘胜商务咨询有限公司	100.00%	366.00	0.89%
叶国梁	董事会秘书	太仓怡安商务咨询有限公司	100.00%	305.00	0.74%

三、控股股东及实际控制人情况

本公司的控股股东怡球(香港)有限公司，其成立于2008年8月22日，注册股本17,200万股，注册地址为中国香港湾仔轩尼诗道302-8号集成中心2702-3室，董事为黄崇胜。其自设立以来未从事具体的生产经营活动，所拥有的主要资产是发行人的股权。怡球(香港)有限公司持有发行人21,960万股股份，占本次发行前股本总额的72.00%，占本次发行后股本总额的53.56%。

截至2011年12月31日，怡球(香港)有限公司的总资产为32,063,057美元，净资产32,062,087美元，2011年度净利润为12,182,803美元(经香港何晨风会计师事务所审计)。

本公司的实际控制人为黄崇胜、林胜枝夫妇。本次发行前，黄崇胜、林胜枝夫妇间接持有本公司22,417.50万股股份，持股比例为73.50%。本次发行后，黄崇胜、林胜枝夫妇合计间接持有公司的股份占公司总股本的比例为54.68%。

四、公司前十名股东持有公司发行后股份情况

此次发行后，公司前十名股东持有公司发行后股份情况如下：

序号	股东名称/姓名	持股数量(股)	占总股本比例(%)
1	怡球(香港)有限公司	219,600,000	53.56%
2	Wiselink Investment Holding Co., Limited	30,500,000	7.44%
3	Starrl Investment Holding Co., Limited	14,640,000	3.57%
4	Zest Deck Investment Holding Co., Limited	14,640,000	3.57%
5	Phoenicia Limited	9,150,000	2.23%
6	鹏华丰润债券型证券投资基金	4,657,263	1.14%
7	太仓智胜商务咨询有限公司	4,575,000	1.12%
8	太仓环宇商务咨询有限公司	3,660,000	0.89%
9	太仓嵘胜商务咨询有限公司	3,660,000	0.89%
10	太仓怡安商务咨询有限公司	3,050,000	0.74%

第四节 股票发行情况

一、发行数量：10,500万股

二、发行价格：13.00元/股

三、发行方式：本次发行采用网下向询价对象询价配售与网上资金申购发行相结合的方式，其中网下向询价对象配售2,100万股，网上向社会公众投资者发行8,400万股。

四、募集资金总额及注册会计师对资金到位的验证情况

本次发行募集资金总额为136,500.00万元。

天健正信会计师事务所有限公司于2012年4月13日对本次发行的资金到位情况进行了审验，并出具了天健正信验[2012]综字第010006号《验资报告》。

五、发行费用

1. 本次发行费用总额86,168,660.28元，包括：

(1)承销及保荐费用：64,425,000.00元

(2)审计费用：10,400,000.00元

(3)验资费用：4,0000.00元

(4)律师费用：7,800,000.00元

(5)信息披露费用：2,880,000.00元

(6)股份登记费及上市初费：623,660.28元

2. 本次发行每股发行费用：0.82元。

六、本次发行募集资金净额：127,883.13万元。

七、发行后每股净资产：5.16元(根据本次发行后归属于本公司股东的权益除以发行后总股本计算，其中，发行后归属于本公司股东的权益按本公司2011年12月31日经审计的归属于本公司股东的权益和本次募集资金净额之和计算)

八、发行后每股收益：0.72元(按照2011年度经审计扣除非经常性损益前后孰低的净利润除以本次发行后总股本计算)

第五节 其他重要事项

一、募集资金专户存储三方监管协议的签署

为规范本公司募集资金管理和使用，保护中小投资者的权益，根据中国证监会《关于进一步规范上市公司募集资金使用的通知》、《上海证券交易所上市公司募集资金管理规定》的有关规定，本公司分别在中国工商银行股份有限公司太仓支行、中国建设银行股份有限公司太仓分行、中国银行股份有限公司太仓浮桥支行、中国农业银行股份有限公司太仓市支行、中信银行股份有限公司太仓支行、上海浦东发展银行股份有限公司太仓支行、中国民生银行股份有限公司苏州分行、华一银行上海青浦支行(以下合称"募集资金专户存储银行")开设账户作为募集资金专项账户。本公司及保荐机构华泰联合证券有限责任公司(以下简称"华泰联合证券")与上述银行签订《募集资金专户存

储三方监管协议》(以下简称"协议"),协议约定的主要条款如下:

1. 本公司已分别在上述八家募集资金专户存储银行开设募集资金专项账户，该等专户仅用于本公司异地扩建年产 27.36 万吨废铝循环再生铸造铝合金锭项目、建设研发中心项目等募集资金投向项目募集资金的存储和使用,不得用作其他用途。

2. 本公司、各募集资金专户存储银行应当共同遵守《中华人民共和国票据法》、《支付结算办法》、《人民币银行结算账户管理办法》等法律、法规、规章。

3. 华泰联合证券作为本公司的保荐人，应当依据有关规定指定保荐代表人或其他工作人员对本公司募集资金使用情况进行监督。

华泰联合证券承诺按照《证券发行上市保荐制度暂行办法》、《上海证券交易所上市公司募集资金管理规定》以及本公司制订的募集资金管理制度对本公司募集资金管理事项履行保荐职责,进行持续督导工作。

华泰联合证券可以采取现场调查、书面问询等方式行使其监督权。本公司、各募集资金专户存储银行应当配合华泰联合证券的调查与查询。华泰联合证券每半年度对本公司现场调查时应当同时检查专户存储情况。

4. 本公司授权华泰联合证券指定的保荐代表人白岚、肖维平可以随时到各募集资金专户存储银行查询、复印本公司专户的资料;各募集资金专户存储银行应当及时、准确、完整地向其提供所需的有关专户的资料。

保荐代表人向募集资金专户存储银行查询本公司专户有关情况时应当出具本人的合法身份证明；华泰联合证券指定的其他工作人员向募集资金专户存储银行查询本公司专户有关情况时应当出具本人的合法身份证明和单位介绍信。

5. 各募集资金专户存储银行按月(每月 10 日前)向本公司出具真实、准确、完整的专户对账单,并抄送给华泰联合证券。

6. 本公司 1 次或 12 个月以内累计从专户支取的金额超过 5000 万元且达到发行募集资金总额扣除发行费用后的净额(以下简称"募集资金净额")的 20%的,本公司应当及时以传真方式通知华泰联合证券,同时提供专户的支出清单。

7. 华泰联合证券有权根据有关规定更换指定的保荐代表人。华泰联合证券更换保荐代表人的,应当将相关证明文件书面通知募集资金专户存储银行，同时按本协议的要求书面通知更换后保荐代表人的联系方式。更换保荐代表人不影响本协议的效力。

8. 募集资金专户存储银行连续三次未及时向本公司出具对账单，以及存在未配合华泰联合证券调查专户情形的，本公司可以主动或在华泰联合证券的要求下单方面终止本协议并注销募集资金专户。

9. 华泰联合证券发现本公司、募集资金专户存储银行未按约定履行本协议的,应当在知悉有关事实后及时向上海证券交易所书面报告。

10. 本协议自本公司、募集资金专户存储银行、华泰联合证券三方法定代表人或其授权代表签署并加盖各自单位公章之日起生效,至专户资金全部支出完毕并依法销户之日起失效。

二、招股意向书刊登日至上市公告书刊登日期间无其他重要事项发生

本公司在招股意向书刊登日(2012 年 3 月 23 日)至上市公告书刊登前,没有发生可能对本公司有较大影响的重要事项,具体如下:

1. 本公司主营业务目标进展情况正常。

2. 本公司所处行业和市场未发生重大变化。

3. 本公司原材料采购价格和产品销售价格未发生重大变化。

4. 本公司与关联方未发生重大关联交易。

5. 本公司未进行重大投资。

6. 本公司未发生重大资产(或股权)购买、出售及置换。

7. 本公司住所没有变更。

8. 本公司董事、监事、高级管理人员及核心技术人员没有变化。

9. 本公司未发生重大诉讼、仲裁事项。

10. 本公司未发生除正常经营业务之外的重大对外担保等或有事项。

11. 本公司的财务状况和经营成果未发生重大变化。

12. 本公司未发生其他应披露的重大事项。

第六节 上市保荐人及其意见

一、上市保荐机构情况

上市保荐机构:华泰联合证券有限责任公司

法定代表人:盛希泰

注册地址:深圳市福田区中心区中心广场香港中旅大厦第五层

联系地址:北京市西城区月坛北街 2 号月坛大厦 5 层

保荐代表人:白岚、肖维平

项目协办人:李纪元

联系电话:010-68085588

联系传真:010-68085808

二、上市保荐机构的保荐意见

上市保荐机构华泰联合证券已向上海证券交易所提交了《华泰联合证券有限责任公司关于怡球金属资源再生(中国)股份有限公司股票上市保荐书》,华泰联合证券的推荐意见如下:怡球金属资源再生(中国)股份有限公司申请其股票上市符合《公司法》、《证券法》及《上海证券交易所股票上市规则》(2008 年修订)等法律、法规的有关规定,发行人股票具备在上海证券交易所上市的条件,华泰联合证券愿意保荐发行人的股票上市交易,并承担相关保荐责任。

汕头东风印刷股份有限公司

汕头东风印刷股份有限公司2011年年度报告摘要

第一节 重要提示

1.1 本公司董事会、监事会及董事、监事、高级管理人员保证本报告所载资料不存在任何虚假记载、误导性陈述或者重大遗漏，并对其内容的真实性、准确性和完整性负个别及连带责任。

本年度报告摘要摘自年度报告全文，报告全文同时刊载于 www.sse.com.cn。投资者欲了解详细内容，应当仔细阅读年度报告全文。

1.2 公司全体董事出席董事会会议。

1.3 公司年度财务报告已经江苏苏亚金诚会计师事务所有限公司审计并被出具了标准无保留意见的审计报告。

1.4 公司负责人黄佳儿、主管会计工作负责人李治军及会计机构负责人(会计主管人员)陈娟娟声明：保证年度报告中财务报告的真实、完整。

第二节 公司基本情况

2.1 基本情况简介

股票简称	东风股份
股票代码	601515
上市交易所	上海证券交易所

2.2 联系人和联系方式

	董事会秘书	证券事务代表
姓名	邓夏恩	刘飞
联系地址	广东省汕头市潮汕路金园工业城13-02片区A-F座	广东省汕头市潮汕路金园工业城13-02片区A-F座
电话	0754-88118555	0754-88118555
传真	0754-88118498	0754-88118498
电子信箱	zqb@dfp.com.cn	zqb@dfp.com.cn

第三节 会计数据和财务指标摘要

3.1 主要会计数据

单位：元 币种：人民币

	2011年	2010年	本年比上年增减(%)	2009年
营业总收入	1,535,220,178.96	1,357,071,766.22	13.13	1,277,948,744.40
营业利润	655,937,434.82	610,105,602.03	7.51	618,570,788.51
利润总额	645,388,008.68	606,614,585.93	6.39	611,559,554.68
归属于上市公司股东的净利润	545,914,849.47	507,920,559.49	7.48	506,488,122.38
归属于上市公司股东的扣除非经常性损益的净利润	586,595,032.05	404,442,870.14	45.04	361,586,186.38
经营活动产生的现金流量净额	359,503,205.05	517,181,455.26	-30.49	522,848,132.77
	2011年末	2010年末	本年末比上年末增减(%)	2009年末
资产总额	1,859,477,081.71	1,531,857,592.16	21.39	1,533,314,869.79
负债总额	638,528,911.69	744,745,919.91	-14.26	512,769,220.94
归属于上市公司股东的所有者权益	1,165,989,217.78	735,698,236.96	58.49	973,566,898.95
总股本	500,000,000.00	500,000,000.00	0.00	65,000,000.00

3.2 主要财务指标

	2011年	2010年	本年比上年增减(%)	2009年
基本每股收益(元/股)	1.09	1.02	6.86	1.01
稀释每股收益(元/股)	1.09	1.02	6.86	1.01
用最新股本计算的每股收益(元/股)	0.98	0.91	7.69	0.91
扣除非经常性损益后的基本每股收益(元/股)	1.17	0.81	44.44	0.72
加权平均净资产收益率(%)	55.20	59.05	-3.85	61.14
扣除非经常性损益后的加权平均净资产收益率(%)	59.31	73.04	-13.73	76.77
每股经营活动产生的现金流量净额(元/股)	0.72	1.03	-30.10	1.05
	2011年末	2010年末	本年末比上年末增减(%)	2009年末
归属于上市公司股东的每股净资产(元/股)	2.33	1.47	58.50	1.95
资产负债率(%)	34.34	48.62	-14.28	33.44

3.3 非经常性损益项目

√适用 □不适用

单位：元 币种：人民币

非经常性损益项目	2011年金额	附注(如适用)	2010年金额	2009年金额
非流动资产处置损益	118,327.16	为固定资产处置损益	-249,276.34	114,273.33
计入当期损益的政府补助，但与公司正常经营业务密切相关，符合国家政策规定、按照一定标准定额或定量持续享受的政府补助除外	1,854,159.96		1,536,549.20	2,526,654.80
同一控制下企业合并产生的子公司期初至合并日的当期净损益			116,465,418.93	166,279,420.43
除同公司正常经营业务相关的有效套期保值业务外，持有交易性金融资产、交易性金融负债产生的公允价值变动损益，以及处置交易性金融资产、交易性金融负债和可供出售金融资产取得的投资收益	18,410.96		744,636.99	359,044.69
除上述各项之外的其他营业外收入和支出	-10,357,024.97	主要为对外捐赠支出等营业外收支差额	-3,364,647.43	-8,940,060.06
其他符合非经常性损益定义的损益项目	-33,151,384.50	为公司管理层及核心员工间接取得公司股份，按照股份支付确认计入管理费用的金额		
少数股东权益影响额	-30,561.76		-11,766,360.44	-15,988,385.91
所得税影响额	867,890.57		111,368.44	550,988.72
合计	-40,680,182.58		103,477,689.35	144,901,936.00

第四节 股东持股情况和控制框图

4.1 前10名股东、前10名无限售条件股东持股情况表

单位：万股

2011 年末股东总数	8 户	本年度报告公布日前一个月末股东总数				7,884 户
前 10 名股东持股情况						
股东名称	股东性质	持股比例(%)	持股总数	持有有限售条件股份数量	质押或冻结的股份数量	
香港东风投资有限公司	境外法人	60.49	30,245.00		无	
东捷控股有限公司	境外法人	9.90	4,950.00		无	
汕头市华青投资控股有限公司	境内非国有法人	8.00	4,000.00		无	
汕头市恒泰投资有限公司	境内非国有法人	7.73	3,865.00		无	
泰华投资有限公司	境外法人	4.71	2,355.00		无	
汕头市泰丰投资有限公司	境内非国有法人	4.53	2,265.00		无	
汕头市东恒贸易发展有限公司	境内非国有法人	4.24	2,120.00		无	
上海易畅投资有限公司	境内非国有法人	0.40	200.00		无	

4.2 公司与实际控制人之间的产权及控制关系的方框图(略)

第五节　董事会报告

5.1 管理层讨论与分析概要

一、报告期内公司整体经营情况的回顾与分析

2011 年，市场竞争不断加剧，全国烟草行业经历了大的发展和大的变革，呈现了新的发展态势，一是卷烟生产企业全面推行对原材料、包装物料等的全国公开招标工作；二是卷烟生产企业对卷烟商标印刷企业的自身实力提出了更高的要求；三是原材料采购成本和人工成本继续呈现走高的趋势。面对当前的新形势，公司管理层在董事会的领导下，围绕"稳定老市场、开拓新市场，维护老产品、开发新产品"的经营策略，根据年初制定的生产经营计划，以市场为重点，通过强化内部管理，加大技术创新的力度和研发投入，不断创新卷烟商标的设计理念，拓展新的卷烟品牌；同时在生产上通过精细化管理，优化工艺技术和流程，提升产品质量和劳动效率，降低生产成本，实现节能增效，确保公司 2011 年经营业绩比上一年度有较大幅度增长。

截至报告期末公司总资产 18.59 亿元，比上年末增长 21.39%；报告期内公司实现营业总收入 15.35 亿元，同比增长 13.13%；实现归属于上市公司股东的净利润 5.46 亿元，同比增长 7.48%。

1. 报告期内公司总体经营情况　(单位：元)

指标项目	2011 年	2010 年	本年比上年增长(%)
营业收入	1,535,220,178.96	1,357,071,766.22	13.13
营业利润	655,937,434.82	610,105,602.03	7.51
归属于上市公司股东的净利润	545,914,849.47	507,920,559.49	7.48

原因说明：

(1)营业收入增长的主要原因是：公司烟标等印刷品的产品销售快速增长，2011 年管理层抓住了烟用商标招投标的契机，业务订单量增加，产销规模扩大。

(2)营业利润和归属于上市公司股东的净利润增加主要系公司业务总量增长较大和毛利率水平的提升，本年在管理费用中消化了对核心骨干人员实施了股权激励列支股份支付额 3,315 万元的基础上，两者还保持了 7.50%左右的增长。

2. 公司营业收入及其经营状况

(1)主营业务分行业产品情况表　(单位：元)

分行业或产品	营业收入	营业成本	毛利率(%)	营业收入比上年增减(%)	营业成本比上年增减(%)	毛利率比上年增减(%)
烟标	1,445,711,737.48	675,481,280.16	53.28	11.68	6.5	2.08
纸品	40,148,922.97	23,177,368.62	42.27	24.61	23.93	0.31
其他	31,694,429.36	19,808,465.21	37.50	52.61	28.56	11.69

原因说明：

烟标毛利率比上年上升 2.08 个百分点，主要原因是：报告期公司管理层坚决、坚持调整产品结构，高中档产品(一类烟、二类烟及三类烟标)结构继续提升，销量结构从 2010 年的 72.52%上升至 2011 年的 79.76%，收入结构从 2010 年的 87.34%提升至 2011 年的 88.70%。在克服烟标招投标价格下降的不利影响下，使销售均价同比上升 5.2%。

(2)主营业务分地区情况　(单位：元)

地　区	营业收入	营业收入比上年增减(%)
西南地区	523,226,096.78	2.65
东北地区	491,848,533.59	17.17
华南地区	237,862,072.37	30.83
华北地区	97,760,159.37	−11.35
华东地区	80,442,256.16	−1.90
其他地区	86,415,971.54	96.98
合　计	1,517,555,089.81	12.62

原因说明：

公司 2011 年起制订拓展业务的中长期规划，公司总部地处华南地区，首先从地区本部做起再辐射全国乃至全球市场，2011 年取得显著成效，广西、广东、深圳的业务开拓有了显著增长；同时公司又积极拓展新客户，瞄准国际市场。2011 年新增了河南中烟客户，取得良好的业绩，同时在甘肃等地区业务量也有了较大的增长。

3. 主要供应商和客户情况

(1)公司前五名供应商合计采购金额占年度采购总额的 36.41%；

(2)公司向前五名客户的销售金额占公司年度销售总额的 75.01%。

4. 报告期内公司资产、负债同比发生重大变动说明　(单位：元)

项目	2011 年末金额	2011 年末占总资产的比例(%)	2010 年末金额	2010 年末占总资产的比例(%)	变动幅度(%)
交易性金融资产	12,010,000.00	0.65	0	0	100
应收票据	136,800,000.00	7.36	25,350,000.00	1.65	439.64
预付款项	29,204,187.51	1.57	86,955,053.27	5.68	−66.41
应收股利	55,830,598.39	3.00	4,704,000.00	0.31	1086.87
存货	441,233,600.92	23.73	286,864,535.21	18.73	53.81
在建工程	2,826,995.80	0.15	165,195.22	0.01	1611.31
无形资产	87,425,481.27	4.70	28,806,606.91	1.88	203.49
短期借款	261,958,824.48	14.09	410,000,000.00	26.76	−36.11
应付账款	123,914,959.32	6.66	89,531,762.15	5.84	38.4
应交税费	15,072,880.95	0.81	26,320,480.14	1.72	−42.73
其他应付款	12,592,993.87	0.68	6,311,724.94	0.41	99.52

变动原因：

(1)交易性金融资产：2011 年末为 1,201.00 万元，较 2010 年末 0 万元增加 1,201.00 万元，系公司及子公司汕头市鑫瑞纸品有限公司本年购买中国工商银行理财产品所致。

(2)应收票据：2011 年末为 13,680.00 万元，较 2010 年末 2,535.00 万元增加 11,145.00 万元，增长 439.64%，主要由于：受 2011 年宏观调控政策的影响，客户付款方式更趋于票据结算及公司销售规模扩大所致。

(3)预付款项：2011 年末为 2,920.42 万元，较 2010 年末 8,695.51 万元减少 5,775.09 万元，减幅 66.41%，主要原因是：子公司汕头市鑫瑞纸品有限公司 2010 年末预付汕头市国土资源局土地款 5,757 万元，2011 年 5 月取得土地使用权证转入无形资产所致。

(4)应收股利：2011 年末为 5,583.06 万元，较 2010 年末 470.40 万元增加 5,112.66 万元，增长 1086.87%，系联营企业广西真龙彩印包装有限公司 2011 年 3 月宣告分配 2010 年度现金股利，截至 2011 年末尚未支付所致。

(5)存货：2011 年末为 44,123.36 万元，较 2010 年末 28,686.45 万元增加 15,436.91 万元，增长 53.81%，主要由于公司产销规模增长，公司相应增加材料备货及 2011 年受宏观调控、实施紧缩的货币政策影响，在银根普遍紧缩的情况下，客户确认收货时间较上年度有所延迟所致。

(6)在建工程：2011 年末为 282.70 万元，较 2010 年末 16.52 万元增加 266.18 万元，增长 1611.31%，系本年环保型高档防伪包装材料生产基地和圣德 SD780 大张喷码生产线工程项目投入增加所致。

(7)无形资产：2011 年末为 8,742.55 万元，较 2010 年末 2,880.66 万元增加 5,861.89 万元，增长 203.49%，主要原因是：本年子公司汕头市鑫瑞纸品有限公司取得的土地使用权办理完成土地使用权证后由预付账款转入无形资产所致。

(8)短期借款：2011 年末为 26,195.88 万元，较 2010 年末 41,000.00 万元减少 14,804.12 万元，减幅 36.11%，系公司本年归还 2010 年末短期借款所致。

(9)应付账款：2011 年末为 12,391.50 万元，较 2010 年末 8,953.18 万元增加 3,438.32 万元，增长 38.40%，主要原因是：随着本年公司产销量的增长，原材料采购量相应增加，期末应付供应商货款相

应增加所致。

(10)应交税费:2011 年末为 1,507.29 万元,较 2010 年末 2,632.05 万元减少 1,124.76 万元,减幅 42.73%,主要原因是:公司及子公司 2011 年末存货增加,应交增值税数额减少,以及控股子公司贵州西牛王印务有限公司本年度所得税税率下降,年末应交所得税余额相应减少所致。

(11)其他应付款:2011 年末为 1,259.30 万元,较 2010 年末 631.17 万元增加 628.13 万元,增长 99.52%,主要原因是:系随着公司产销量的增加,本年末预提电费和应付运输费相应增加所致。

5. 报告期内主要资产计量属性发生重大变化原因

(1)报告期内,公司主要资产的计量属性未发生变化。公司主要资产的计量详见公司 2011 年度财务报表附注之“公司主要会计政策、会计估计”。

(2)股份支付

2011 年 1 月 9 日,公司管理人员分别自东助贸易和陈兰以泰丰投资出资额受让其持有的泰丰投资股份的 45.035%。泰丰投资直接持有公司 22,650,000 股股份,公司管理人员 17 名以 0.76 元/股的价格通过泰丰投资间接持有公司 10,200,426 股股份,占公司股份的 2.04%。

公司管理人员 17 人通过泰丰投资间接取得公司股份的行为,应该按照股份支付的相关要求,作为权益结算的股份支付进行会计处理。因公司股份未公开交易,无相应的市价参照,股份支付公允价值采用江苏中天资产评估事务所有限公司于 2011 年 8 月 13 日出具的苏中资评咨字 [2011]第 21 号《汕头东风印刷股份有限公司股东全部权益价值评估咨询报告书》评估结论。中天评估采用市场法对截至 2010 年 12 月 31 日公司股权价值进行估价,每股股票价值 4.01 元。

公司按 4.01 元/股与 0.76 元/股的差额确认以权益结算的股份支付额 33,151,384.50 元计入管理费用,同时计入资本公积。

6. 期间费用和所得税同比变化情况 (单位:元)

项目	2011 年	2010 年	增减金额	增减比例(%)
销售费用	43,308,630.95	27,931,420.01	15,377,210.94	55.05
管理费用	141,318,112.45	79,227,865.45	62,090,247.00	78.37
财务费用	17,257,215.96	21,045,465.57	−3,788,249.61	−18.00
所得税费用	79,017,221.26	79,689,742.05	−672,520.79	−0.84

变动原因:

(1)报告期销售费用比上年同期增加 55.05%的主要原因是:

①2011 年公司产销量扩大,仓储运输费相应增加;

②为更好拓展市场,2011 年公司强化了营销团队,加强了营销力度,营销人员工资薪酬及营销费用相应增加。

(2)报告期管理费用比上年同期增长 78.37%的主要原因是:

①2011 年公司发生了以权益结算的股份支付确认的费用计入了管理费用;

②2011 年公司加大了科技创新和技术研发的力度,研究开发费较上年增加;

③公司实施人才战略与人才扩充计划,管理人员工资薪酬总额较上年增加;

④公司规模不断扩大,其他费用项目相应增加。

(3)报告期财务费用比上年同期下降 18%,主要是公司经营情况良好,2011 年压缩银行贷款,利息支出相应减少所致。

(4)报告期所得税费用比上年同期下降 0.84%,主要由于控股子公司贵州西牛王印务有限公司 2011 年被认定为国家高新技术企业,其企业所得税税率下降所致。

7. 现金流量表相关数据变化情况 (单位:元)

项 目	2011 年	2010 年	增减金额	增减比例(%)
经营活动产生的现金流量净额	359,503,205.05	517,181,455.26	−157,678,250.21	−30.49
投资活动产生的现金流量净额	−59,207,248.81	138,950,589.03	−215,670,729.13	−142.61
筹资活动产生的现金流量净额	−332,403,490.04	−708,092,977.32	375,689,487.28	−53.06

变动原因:

(1)报告期经营活动产生的现金流量净额比上年同期减少 30.49%,主要系本年受国家宏观调控、实施紧缩的货币政策影响,主要客户更多选择票据结算方式以及延迟付款所致。

(2)报告期投资活动产生的现金流量净额比上年同期减少 142.61%,主要系 2010 年公司及子公司汕头市鑫瑞纸品有限公司收回了工商银行理财产品以及子公司延边长白山印务有限公司处置股权所致。

(3)报告期筹资活动产生的现金流量净额比上年同期减少 53.06%,主要系本年公司分配给股东的现金股利较 2010 年下降所致。

8. 公司其他与经营相关情况分析

(1)报告期内生产设备综合利用率稳步上升,未出现主要生产设备闲置状况;

(2)报告期内公司订单获取情况良好,通过参与 2011 年度卷烟行业的全国公开招标工作,公司的生产订单总量稳步上升,实现销售 203 万大箱,比上年同期的 191 万大箱增长 6.28%;烟标印刷产品销量市场占有率达到 4.18%,比上年同期的 4.08%上升 0.1 个百分点;(2011 年全国卷烟生产 4849 万大箱——以上数据来源于国家烟草总局统计数据)

(3)公司执行的是按照订单生产、销售的模式,报告期内所有订单生产销售计划执行情况良好,未出现批量产品因积压导致报废的状况;

(4)报告期内公司主要技术人员队伍保持稳定,未出现核心技术人员变动的状况。

9. 公司重要子公司、参股公司的经营情况及业绩分析

汕头市鑫瑞纸品有限公司主要经营高档纸品和环保膜品的生产及加工业务,注册资本为人民币 6,500 万元,报告期末总资产 43,285.27 万元,净资产 22,901.63 万元。2011 年实现主营业务收入 45,867.15 万元,主营业务利润 16,837.77 万元,净利润 13,118.60 万元。

延边长白山印务有限公司主要从事烟标和其他包装装潢品的生产及加工业务,注册资本为 2049.86 万美元,报告期末总资产 21,657.34 万元,净资产 19,776.15 万元。2011 年实现主营业务收入 12,677.03 万元,主营业务利润 4,590.54 万元,净利润 3,370.10 万元。

贵州西牛王印务有限公司主要从事烟标和其他包装装潢品的生产及加工业务,注册资本为人民币 6,100 万元,报告期末总资产 16,456.12 万元,净资产 13,617.52 万元。2011 年实现主营业务收入 19,054.07 万元,主营业务利润 7,576.09 万元,净利润 5,068.49 万元。

广西真龙彩印包装有限公司主要从事烟标和其他包装装潢品的生产及加工业务,注册资本为人民币 10,000 万元,报告期末总资产 43,634.25 万元,净资产 30,686.99 万元。2011 年实现主营业务收入 62,822.46 万元,主营业务利润 23,183.55 万元,净利润 15,143.84 万元。

10. 公司技术创新及研发情况

报告期内母公司及子公司共申报专利 35 项,其中发明专利 12 项,实用新型专利 23 项;获得授权专利 20 项,其中发明专利 5 项,实用新型专利 15 项。

研发投入情况:

项目名称	2011 年	2010 年	增减金额	增减比例%
研发支出(万元)	6,757.23	4,585.98	2,171.25	47.34
营业总收入(万元)	153,522.02	135,707.18	17,814.84	13.13
占营业收入总比重	4.40%	3.38%		1.02

说明:报告期内研发支出大幅度上升的主要原因是:本年度内除母公司加大研发力度之外,控股子公司贵州西牛王也相继获得了“高新技术企业”的称号,归集的研发费用也同时大幅上升所致。

上述专利的申请以及研发费用的大幅度投入,保证了公司在行业内的技术领先地位,增强了公司参与市场竞争的能力。

二、对公司未来发展的展望

(一)公司所处行业发展趋势及面临的市场竞争格局

公司主营业务为卷烟商标的印刷以及相关包装材料的生产经营,卷烟工业的发展对烟草配套企业的发展具有重要的影响。2011 年,烟草行业紧紧围绕“卷烟上水平”的基本方针和战略任务,扎实推进各项工作的开展,2012 年,国家烟草总局又提出了把握稳中求进的总基调,继续围绕“卷烟上水平”的基本方针和战略任务,以培育品牌为重点,争取实现各项经济指标稳步增长。卷烟生产总量的提升以及结构的调整,为我们提供了更好的竞争格局和市场基础。

(二)公司发展战略、机遇和挑战

1. 公司发展战略

公司将根据主营烟标印刷的业务方向,配合卷烟工业企业的品牌结构调整,借助烟草行业的招标工作,进一步提升公司烟标印刷市场占有率。

同时,筹划和实施好募集资金投资项目,进一步将公司的产业链向上游延伸,确保进一步提升公司的毛利率水平。

2. 公司未来发展的机遇

(1)烟草行业的总体规模最近几年仍将呈现稳步增长的态势,为与之配套的卷烟商标印刷企业的发展带来了机遇。

(2)卷烟工业企业的品牌仍在不断地进行整合,这就为将来单一品牌的发展壮大带来了机遇。公司将借助目前承印的 16 个全国烟草重点骨干品牌的发展,进一步拓展市场和提升市场占有率。

(3)烟草行业实行的卷烟包装物公开招标,其最终目的是为了实现烟草行业与印刷企业的强强联合,达到确保产品质量安全的目标,这就为具有较大规模的印刷企业带来了更大的发展机遇。

(4)较大规模的上市印刷企业,有利于推动行业的进一步整合,有利于提升公司在企业并购方面的竞争优势。

3. 公司面临的挑战

(1)烟草包装印刷行业的整体产能过剩,导致竞争的加剧,势必引起卷烟商标的销售价格趋于下降,最终导致利润空间不断下降。

(2)由于经济大环境的不稳定,原材料价格和人工成本不断上升,直接导致了公司的生产成本不

断上升,从而影响到公司的毛利率水平。

(3)随着《烟草控制框架公约》实施力度的不断推进以及全社会对禁烟要求的不断提升,将抑制卷烟销售总量的增长,进而影响到卷烟商标需求总量的增长。

(4)随着公司募投项目的实施,生产规模将进一步扩大,公司如果未能及时的吸收引进足够的管理、技术和营销人才,势必将影响到公司的长期经营与发展。

综上,公司一定要根据经济形势和产业政策的变化,及时作出应对政策的调整,确保公司整体经营目标的顺利实现。

(三)公司新年度经营计划

公司近年来经营业绩稳步提高,已经步入了良性发展的轨道。2012 年,公司将进一步规范建设和制度执行,深入研究和落实公司的中长期发展战略,加强对子公司的管控和指导,努力提升公司的管理水平和经营业绩。

2012 年,公司的经营目标为:实现营业收入比 2011 年度提升 15%左右,达到 17.65 亿元以上。

为确保年度经营目标的实现,公司将在继续完善 2011 年工作中不足之处的基础上,着重做好以下几个方面的工作:

第一、进一步规范建设和制度执行,建立健全内部控制体系

2012 年为公司上市后的第一年,进一步规范建设和制度执行以及建立健全内部控制体系将是公司在本年度的管理重心。根据《企业内部控制基本规范》、《企业内部控制配套指引》并结合公司第一届第十次董事会通过的《汕头东风印刷股份有限公司内部控制规范实施工作方案》、《汕头东风印刷股份有限公司董事会秘书工作规则》、《汕头东风印刷股份有限公司内幕信息知情人登记管理制度》、《汕头东风印刷股份有限公司法律事务工作制度》,进一步提高管理水平和风险防范水平,提升公司运营效率,促进公司经营目标和战略的实现。

第二、深入研究和制定公司的中长期发展规划

根据公司的实际情况,结合资本市场的运作特点,以提升公司资产质量和盈利水平为目标,深入研究和制定公司的中长期发展规划,调整和完善公司的产业布局,进一步提升公司的核心竞争力和利润增长点。

第三、积极拓展市场,努力提升公司市场占有率

一是公司将利用烟草行业持续稳定增长的大环境,紧跟烟草发展的步伐,充分调动公司的设计研发能力、设备改造能力以及柔性生产能力,发掘和培育市场潜力,加大产品创新开发力度,不断优化产品结构和提升利润水平,进一步提升公司在卷烟商标印刷市场的份额。二是通过加强与客户的沟通并进一步提高售后服务水平,抓住烟草行业全面推进卷烟商标采购招标政策的契机,积极参与卷烟工业企业的公开招标工作,进一步扩大中高档卷烟商标产品的市场份额和提升产品结构,稳定地增加销售收入。

第四、严控采购成本,降低经营费用,进一步提升盈利能力

新的经营年度里,公司将进一步加大对物资采购的管控力度,借助公司集团化管理的模式,实现集团采购,严控采购成本;同时将进一步加强生产工艺与设备的整合力度,提高生产设备的利用效率,降低生产成本,压缩销售费用、管理费用和财务费用,进一步提升公司赢利能力。

第五、重视新工艺和新材料的研发与应用,提升行业技术主导地位

公司将以现有研发平台为基础,大力开展印刷新工艺、纸品、膜品、电化铝、水性油墨等的研发与推广应用,进一步向上游延伸公司的产业链,大力开展绿色印刷和节能降耗技术的研发应用,全面提升公司在行业内的技术主导地位。

第六、科学、规范、合理地实施募投项目

公司将本着科学、规范、合理的原则,科学规划、规范操作、合理调配地推动募投项目的顺利实施,确保募投项目实施完成后实现对公司整体经营效益的贡献。

一是 2012 年上半年正式启动鑫瑞纸品的项目基建工作;

二是 2012 年内完成所有募投项目的增资工作;

三是 2012 年内基本完成东风股份本部技改的募投项目投资工作。

第七、加强对子公司的管控和指导,努力提升子公司的管理水平和经营业绩

公司将按照母公司的管理规范,加强对全资或控股子公司的管控和指导,完善治理和规范运作;加强对子公司的财务监管和风险控制,进一步明确子公司的发展目标和思路,着力协调解决发展中的大问题;进一步改善机制,正确引导,充分调动各个层面的积极性。

第八、继续深化人力资源体系、薪酬体系的改革,加强企业文化建设

公司将进一步深化人力资源和薪酬体系的改革,推动和加强企业文化的建设,为公司下一步实施集团化战略做好制度、文化和人力资源的储备。

5.2 主营业务分行业、产品情况表

请见前述 5.1

5.3 报告期内利润构成、主营业务及其结构、主营业务盈利能力较前一报告期发生重大变化的原因说明

请见前述 5.1

第六节　财务报告

6.1 本报告期无会计政策、会计估计的变更

6.2 本报告期无前期会计差错更正

6.3 与最近一期年度报告相比,合并范围发生变化的具体说明

财务报表合并范围增加

因新增投资而增加合并财务报表的合并范围

(1)2011 年 1 月,公司出资 2,000.00 万元设立云南东佳印务有限公司,截至 2011 年 12 月 31 日该公司尚未正式运营。公司自 2011 年 1 月起将其纳入合并财务报表的合并范围。

(2)2011 年 2 月,公司出资 200.00 万元设立佳鹏霁宇设计(深圳)有限公司,公司自 2011 年 2 月起将其纳入合并财务报表的合并范围。

四川和邦股份有限公司

四川和邦股份有限公司首次公开发行 A 股股票上市公告书

特别提示

本公司股票将在上海证券交易所上市。相关统计显示,2009 年至 2011 年,日均持有市值 10 万元以下的中小投资者,在沪市新股上市 10 个交易日内买入的,亏损账户数过半,尤其是在上市首日因盘中价格涨幅过大被临时停牌的新股交易中,股价大幅拉升阶段追高买入的,亏损账户数超过90%。本公司提醒投资者应充分了解股票市场风险及本公司披露的风险因素,在新股上市初期切忌盲目跟风"炒新",应当审慎决策、理性投资。

第一节 重要声明与提示

四川和邦股份有限公司(以下简称"本公司"、"和邦股份"或"发行人")及全体董事、监事、高级管理人员保证上市公告书的真实性、准确性、完整性,承诺上市公告书不存在虚假记载、误导性陈述或重大遗漏,并承担个别和连带的法律责任。

上海证券交易所、其他政府机关对本公司股票上市及有关事项的意见,均不表明对本公司的任何保证。

本公司提醒广大投资者注意,凡本上市公告书未涉及的有关内容,请投资者查阅刊载于上海证券交易所网站(www.sse.com.cn)的本公司招股说明书全文。

本次发行前,公司股东所持股份的流通限制及股东对所持股份自愿锁定的承诺如下:

(一)本公司控股股东和邦集团及实际控制人贺正刚承诺:

严格遵守《上海证券交易所股票上市规则》的有关规定,自公司股票上市之日起三十六个月内,不转让或者委托他人管理其本次公开发行前已持有的公司股份,也不由公司回购该部分股份。

(二)其他股东承诺:

公司股东恒世达昌、万川吉、硅谷天使、德同银科、德泉投资、海底捞、华峰投资、慧远投资分别承诺:严格遵守《上海证券交易所股票上市规则》的有关规定,自公司股票上市之日起十二个月内,不转让或者委托他人管理公司公开发行股票前其已持有的公司股份,也不由公司回购该部分股份。

(三)同时担任公司董事的股东贺正刚承诺:

在上述承诺的限售期届满后,如本人仍在公司担任董事、监事或高级管理人员职务,则在任职期间每年转让的股份不超过本人直接及间接持有公司股份总数的百分之二十五;如本人不再担任公司上述职务,则在离职后半年内不转让本人持有的公司股份。

如无特别说明,本上市公告书中的简称或名词的释义与本公司首次公开发行股票招股说明书中的相同。

第二节 股票上市情况

一、本上市公告书是根据《中华人民共和国公司法》、《中华人民共和国证券法》、《首次公开发行股票并上市管理办法》和《上海证券交易所股票上市规则》等有关法律、法规规定,并按照《上海证券交易所股票上市公告书内容与格式指引》而编制,旨在向投资者提供有关本公司首次公开发行A股股票上市的基本情况。

二、本公司首次公开发行不超过 10,000 万股人民币普通股(A 股)已经中国证券监督管理委员会证监许可[2012]704 号文核准。

三、经上海证券交易所上证发字[2012]23 号文批准。

四、公司股票上市概况

1. 上市地点:上海证券交易所

2. 上市时间:2012 年 7 月 31 日

3. 股票简称:和邦股份

4. 股票代码:603077

5. 首次公开发行后总股本:45,000 万股

6. 首次公开发行股份增加的股份数:10,000 万股

7. 本次发行前股东所持股份的流通限制及期限,详见本上市公告书之"第一节 重要声明与提示"

8. 本次上市的无流通限制及锁定安排的股份:本次公开发行的 10,000 万股股份均无流通限制及锁定期安排,自 2012 年 7 月 31 日上市交易。

9. 股票登记机构:中国证券登记结算有限责任公司上海分公司

10. 上市保荐人:华西证券有限责任公司

第三节 发行人、股东和实际控制人情况

一、发行人基本情况

1. 公司名称:四川和邦股份有限公司(中文)

Sichuan Hebang Corporation Limited(英文)

2. 注册资本:35,000 万元(本次发行前)

45,000 万元(本次发行后)

3. 法定代表人:贺正刚

4. 变更设立日期:2008 年 2 月 28 日

5. 住所及邮政编码:四川省乐山市五通桥区和邦工业园 614801

6. 业务范围:制造、销售纯碱、氯化铵、液氨、碳酸钙;化工新产品开发;生产工艺中的废气、废渣、废水治理;对外投资;化工技术咨询。

7. 所属行业:化学原料及化学制品制造业

8. 电话:0833-3207168 传真:0833-3207586

9. 互联网地址:http://www.hebang.cn

10. 电子信箱:mr@hebang.cn

11. 董事会秘书:莫融

二、公司董事、监事、高级管理人员及其持有公司的股票情况

序号	姓 名	职务	直接持股(股)	间接持股(股)	合计占发行后公司总股本的比例
1	贺正刚	董事长	31,260,000	179,160,000	46.76%
2	宋克利	董事	无	无	无
3	王亚西	董事	无	无	无
4	莫 融	董事、董事会秘书	无	无	无
5	王 军	董事、副总经理兼财务总监	无	无	无
6	夏志勇	董事	无	无	无
7	曹 光	独立董事	无	无	无
8	刘 滔	独立董事	无	无	无
9	史文涛	独立董事	无	无	无
10	缪成云	监事会主席	无	无	无
11	杨惠容	监事	无	无	无
12	杨爱平	职工监事	无	无	无
13	杨红武	总经理	无	无	无
14	朱桥文	副总经理	无	无	无

注:贺正刚系通过四川和邦投资集团有限公司间接持有本公司 179,160,000 股股份。

三、控股股东和实际控制人

四川和邦投资集团有限公司持有公司 268,740,000 股股份,占本次发行后总股本的 59.72%,为本公司控股股东。

四川和邦投资集团有限公司成立于 1993 年 8 月,注册资本 13,500 万元,住所为乐山市市中区龙游路北段 38 号,法定代表人贺正刚。主营业务为对外投资(控股、参股),范围涉及化工、皮革、煤炭、房地产等,并通过分公司四川和邦投资集团有限公司犍为桅杆坝煤矿经营煤炭开采、销售业务。

贺正刚先生直接持有公司 31,260,000 股股份,同时持有四川和邦投资集团有限公司 66.70%股份,杨素华(系贺正刚之母亲)持有和邦集团 33.30%的股份。贺正刚合计控制本公司 66.67%的股份,为本公司实际控制人。

贺正刚,男,汉族,1954 年生,中国籍,无永久境外居住权,EMBA 学历,四川省第十一届人大代表,居民身份证号码:51110219540325****。1971 年至 1992 年就职于乐山市商业局,1993 年至今任和邦集团董事长,2002 年至今任公司董事长。

四、股东情况

1. 本次发行前后的股本结构情况

股东	发行前股本结构 股数(股)	比例(%)	发行后股本结构 股数(股)	比例(%)	锁定限制及期限
四川和邦投资集团有限公司	268,740,000	76.78	268,740,000	59.72	自上市之日起锁定36个月
贺正刚	31,260,000	8.93	31,260,000	6.95	自上市之日起锁定36个月
哈尔滨恒世达昌科技有限公司	15,000,000	4.29	15,000,000	3.33	自上市之日起锁定12个月
杭州万川吉股权投资合伙企业	9,000,000	2.57	9,000,000	2.00	自上市之日起锁定12个月
北京硅谷天使创业投资有限公司	8,000,000	2.29	8,000,000	1.78	自上市之日起锁定12个月
成都德同银科创业投资合伙企业	8,000,000	2.29	8,000,000	1.78	自上市之日起锁定12个月
成都德泉投资中心	5,000,000	1.43	5,000,000	1.11	自上市之日起锁定12个月
四川海底捞餐饮股份有限公司	2,000,000	0.57	2,000,000	0.44	自上市之日起锁定12个月
包头华峰投资管理中心	2,000,000	0.57	2,000,000	0.44	自上市之日起锁定12个月
深圳市慧远投资有限公司	1,000,000	0.29	1,000,000	0.22	自上市之日起锁定12个月
本次发行的股份	—	—	100,000,000	22.22	—
其中:网下配售部分	30,000,000	6.67			
网上资金申购部分	70,000,000	15.55			
合计	350,000,000	100.00	450,000,000	100.00	—

2. 本次发行后,公司前10名股东持股情况

序号	股东名称	持股量(股)	持股比例(%)
1	四川和邦投资集团有限公司	268,740,000	59.72
2	贺正刚	31,260,000	6.95
3	哈尔滨恒世达昌科技有限公司	15,000,000	3.33
4	全国社保基金504组合	10,843,389	2.41
5	杭州万川吉股权投资合伙企业	9,000,000	2.00
6	北京硅谷天使创业投资有限公司	8,000,000	1.78
6	成都德同银科创业投资合伙企业	8,000,000	1.78
8	成都德泉投资中心(普通合伙)	5,000,000	1.11
9	中银国际-中行-中银国际证券中国红基金宝集合资产管理计划	2,710,843	0.60
10	新华信托股份有限公司	2,530,120	0.56
	合计	361,084,352	80.24

第四节　股票发行情况

1. 发行数量:10,000万股

2. 发行价格:17.5元/股

3. 发行方式:本次发行采用网下向询价对象询价配售和网上资金申购发行相结合的方式。最终网下向询价对象询价配售数量为3,000万股,占本次发行总量的30%;网上资金申购定价发行数量为7,000万股,占本次发行总量的70%。

4. 募集资金总额及注册会计师对资金到位的验证情况

募集资金总额:175,000元,四川省华信(集团)会计师事务所有限责任公司已于2012年7月24日对公司首次公开发行股票的资金到位情况进行了审验,并出具了川华信验(2012)038号《验资报告》。

5. 本次发行费用共57,118,307.59元,每股发行费用0.57元(按本次发行费用总额除以发行股数计算),具体明细如下:

(1)承销费及保荐费:47,250,000.00元

(2)审计、评估、验资费用:3,332,400.00元

(3)律师费用:1,500,000.00元

(4)信息披露费用:3,440,000.00元

(6)其他发行费用:1,595,907.59元

6. 募集资金净额:1,692,881,692.41元

7. 发行后每股净资产:6.74元/股(按本次发行后净资产与股本总数之比计算;股本总额按发行后总股本计算,发行后净资产按本公司截至2011年12月30日经审计的归属母公司股东净资产和本次募集资金净额之和计算)

8. 发行后每股收益:0.81元/股(按照经会计师事务所审计的、遵照中国会计准则扣除非经常性损益前后孰低的2011年净利润除以本次发行后总股本计算)。

第五节　财务会计资料

本上市公告书已披露2012年6月30日资产负债表、2012年1-6月利润表和现金流量表,上述报表已经本公司第二届董事会第十次会议审议通过,故不再另行披露2012年半年度报告。

根据国家税务总局2012年第12号《关于深入实施西部大开发战略有关企业所得税问题的公告》的规定,公司已于2012年5月完成了2011年度企业所得税汇算清缴工作,经主管税务机关审核确认,公司企业所得税按15%缴纳。因2011年度财务报表报出时,上述文件尚未颁布,公司2011年度财务报表按25%的所得税率计算编制,故公司在本次编制财务报表时对2011年度财务报表进行了追溯调整。

2012年1-6月财务数据和对比表中2011年1-6月、2011年末财务数据均未经审计,敬请投资者注意。

一、2012年1-6月主要会计数据及财务指标项目

项目	本报告期末 2012年6月30日	上年度期末 2011年12月31日	本报告期末比上年度期末增减
流动资产(元)	985,369,577.76	922,832,032.96	6.78%
流动负债(元)	1,108,910,805.89	1,071,407,018.40	3.50%
总资产(元)	3,665,191,688.17	3,671,180,153.66	-0.16%
归属于发行人股东的所有者权益(元)	1,646,280,882.28	1,376,773,135.26	19.58%
归属于发行人股东的每股净资产(元/股)	4.70	3.93	19.59%
项目	本报告期 2012年1-6月	上年同期 2011年1-6月	本报告期比上年同期增减
营业总收入(元)	1,045,500,802.95	901,633,263.42	15.96%
营业利润(元)	313,424,507.81	145,109,539.21	115.99%
利润总额(元)	313,424,507.81	145,176,539.21	115.89%
归属于发行人股东的净利润(元)	268,626,853.47	126,467,213.50	112.41%
归属于发行人股东的扣除非经常性损益后的净利润(元)	268,626,853.47	126,467,213.50	112.41%
基本每股收益(元/股)	0.77	0.36	113.89%
扣除非经常性损益后的基本每股收益(元/股)	0.77	0.36	113.89%
加权平均净资产收益率	17.77%	12.35%	43.89%
扣除非经常性损益后的加权净资产收益率	17.77%	12.35%	43.89%
经营活动产生的现金流量净额(元)	77,643,170.85	260,311,882.03	-70.17%
每股经营活动产生的现金流量净额(元)	0.22	0.74	-70.27%

二、经营业绩和财务状况情况简要说明

1. 经营业绩简要说明

报告期内,公司实现营业收入104,550.08万元,比去年同期90,163.33万元增加14,386.75万元,增长15.96%。其主要原因为公司产品氯化铵销售价格上涨所致。

报告期内,公司实现利润总额31,342.45万元,比去年同期14,510,95万元增加16,831.50万元,增长115.99%;实现归属于发行人股东的净利润26,862.69万元,比去年同期12,646.72万元增加14,215.97万元,增长112.41%。主要原因为公司销售收入增长和对参股公司的投资收益增加所致。

2. 财务状况简要说明

(1)主要资产项目的变化

报告期末,公司货币资金余额为15,151.81万元,比期初35,818.61万元减少20,666.80万元,减少57.70%。主要原因是本期支付了磷矿采矿权尾款和归还了部分银行借款所致。

报告期末,公司应收账款余额为14,834.53万元,比期初6,509.85万元增加8,324.68万元,增加127.88%,主要原因为应收账款按约定多为年末清算,本期期末未到约定付款期的款项较期初增加所致。

报告期末,公司预付款项余额为12,412.56万元,比期初4,364.74万元增加8,047.82万元,增加

184.38%,主要原因是预付天然气、工程设备款增加所致。

报告期末，公司存货余额为 28,384.30 万元，比期初 22,875.19 万元增加 5,509.11 万元，增加 24.08%,主要原因是受宏观经济影响,纯碱库存量增加所致。

(2)主要负债项目的变化

报告期末,公司应付账款余额为 12,973.78 万元,比期初 29,412.26 万元减少 16,438.48 万元,减少 55.89%,主要原因是本期支付了磷矿采矿权尾款所致。

报告期末，公司一年内到期的非流动负债余额为 38,500.00 万元，比期初 13,000.00 万元增加 25,500.00 万元,增加 196.15%,主要原因是一年内到期的长期借款转入所致。

(3)现金流量变动情况

报告期内,公司经营活动产生的现金流量净额为 7,764.32 万元,较上年同期 26,031.19 万元减少 18,266.87 万元,主要原因为购买商品、接受劳务支付的现金和支付各项税费增加所致；

报告期内,公司投资活动产生的现金流量净额为-16,184.67 万元,较上年同期-31,696.02 万元减少 15,511.35 万元,主要是因为本期较去年同期购建固定资产、无形资产和其他长期资产支付的现金减少和投资支付的现金减少所致；

报告期内，筹资活动产生的现金流量净额为-12,247.17 万元，较上年同期 7,349.61 万元减少 19,596.78 万元,主要原因为本期较去年同期银行借款减少所致。

第六节 其他重要事项

一、本公司已向上海证券交易所承诺,将严格按照上海证券交易所的有关规则,在公司股票上市后三个月内办理工商登记变更手续并相应完善公司章程等规章制度。

二、本公司自 2012 年 7 月 9 日刊登首次公开发行股票招股意向书至本上市公告书刊登前,没有发生可能对本公司有较大影响的重要事项,具体如下：

1. 本公司严格依照《公司法》、《证券法》等法律法规的要求,规范运作,生产经营状况正常;主营业务目标进展情况正常；

2. 本公司所处行业和市场未发生重大变化；

3. 本公司原材料采购价格和产品销售价格未发生重大变化；

4. 本公司未发生重大关联交易；

5. 本公司未进行重大投资；

6. 本公司未发生重大资产(或股权)购买、出售及置换；

7. 本公司住所没有变更；

8. 本公司董事、监事、高级管理人员及核心技术人员没有变化；

9. 本公司未发生重大诉讼、仲裁事项；

10. 本公司未发生对外担保等或有事项；

11. 本公司的财务状况和经营成果未发生重大变化；

12. 本公司无其他应披露的重大事项。

第七节 上市保荐人及其意见

一、上市保荐人基本情况

上市保荐人:华西证券有限责任公司

法定代表人:杨炯洋

注册地址:四川省成都市陕西街 239 号

联系地址:北京市西城区金融大街丙 17 号北京银行大厦 5 层

保荐代表人:郭晓光、李金海

项目协办人:邵伟才

电话:010-51662928

传真:010-66226708

二、上市保荐人的推荐意见

上市保荐人华西证券有限责任公司认为:发行人申请其 A 股股票上市符合《中华人民共和国公司法》、《中华人民共和国证券法》及《上海证券交易所股票上市规则》等国家有关法律、法规的有关规定,发行人 A 股股票具备在上海证券交易所上市的条件,上市保荐人同意推荐四川和邦股份有限公司 A 股股票在上海证券交易所上市。

北京翠微大厦股份有限公司

北京翠微大厦股份有限公司首次公开发行A股股票上市公告书

特别提示

本公司股票将在上海证券交易所上市。相关统计显示，2009年至2011年，日均持有市值10万元以下的中小投资者，在沪市新股上市10个交易日内买入的，亏损账户数过半，尤其是在上市首日因盘中价格涨幅过大被临时停牌的新股交易中，股价大幅拉升阶段追高买入的，亏损账户数超过90%。本公司提醒投资者应充分了解股票市场风险及本公司披露的风险因素，在新股上市初期切忌盲目跟风"炒新"，应当审慎决策、理性投资。

第一节　重要声明与提示

北京翠微大厦股份有限公司(以下简称"本公司"或"公司")及全体董事、监事、高级管理人员保证上市公告书的真实性、准确性、完整性，承诺上市公告书不存在虚假记载、误导性陈述或重大遗漏，并承担个别和连带的法律责任。

上海证券交易所、其他政府机关对本公司股票上市及有关事项的意见，均不表明对本公司的任何保证。

本公司提醒广大投资者注意，凡本上市公告书未涉及的有关内容，请投资者查阅刊载于上海证券交易所网站(http://www.sse.com.cn)的本公司招股说明书全文。

本公司董事、监事和其他高级管理人员均不存在直接或间接持有本公司股份的情况，并承诺将严格遵守《中华人民共和国公司法》(以下简称"《公司法》")、《中华人民共和国证券法》(以下简称"《证券法》")和《上海证券交易所股票上市规则》等有关法律、法规关于公司董事、监事和高级管理人员持股及锁定的有关规定。

如无特别说明，本上市公告书中的简称或名词的释义与本公司首次公开发行A股股票招股说明书中的相同。

第二节　股票上市情况

一、本上市公告书系根据《公司法》、《证券法》和《上海证券交易所股票上市规则》等有关法律法规规定，按照上海证券交易所《股票上市公告书内容与格式指引》编制而成，旨在向投资者说明本公司首次公开发行A股股票上市的基本情况。

二、本公司首次公开发行A股股票(简称"本次发行")经中国证券监督管理委员会"证监许可〔2012〕327号"文核准。本次发行采用网下向询价对象询价配售与网上资金申购发行相结合的方式。

三、本公司A股股票上市经上海证券交易所上证发字[2012]12号文批准。证券简称"翠微股份"，证券代码"603123"。本次发行中网上资金申购发行6,160万股股票将于2012年5月3日起上市交易。

四、股票上市概况

1. 上市地点：上海证券交易所
2. 上市时间：2012年5月3日
3. 股票简称：翠微股份
4. 股票代码：603123
5. 本次发行完成后总股本：30,800万股
6. 本次A股发行的股份数：7,700万股
7. 本次发行前股东所持股份的流通限制及期限

(1)本公司控股股东北京翠微集团承诺：承诺人持有发行人的股份自发行人股票上市之日起三十六个月内，不转让或委托他人管理承诺人直接和间接持有首次公开发行股票前承诺人持有的股份，也不由发行人回购该部分股份。

(2)本公司股东北京兴源房地产开发有限公司承诺：本次公开发行前，承诺人共持有发行人股份2,725.80万股，其中于2011年9月向翠微股份增资955.80万股。对于2011年9月承诺人向翠微股份增资前持有的1,770万股股份，自发行人股票上市之日起十二个月内，不转让或者委托他人管理其直接和间接持有的该部分股份，也不由发行人回购该部分股份；对于2011年9月承诺人向翠微股份增资的955.80万股股份，自完成该次增资的工商变更登记之日(2011年9月14日)起三十六个月内，不转让或者委托他人管理其直接和间接持有的该部分股份，也不由发行人回购该部分股份。

(3)本公司股东华纺房地产开发公司承诺：本次公开发行前，承诺人共持有发行人股份2291.52万股，其中于2011年9月向翠微股份增资803.52万股。对于2011年9月承诺人向翠微股份增资前持有的1,488万股股份，自发行人股票上市之日起十二个月内，不转让或者委托他人管理其直接和间接持有的该部分股份，也不由发行人回购该部分股份；对于2011年9月承诺人向翠微股份增资的803.52万股股份，自完成该次增资的工商变更登记之日(2011年9月14日)起三十六个月内，不转让或者委托他人管理其直接和间接持有的该部分股份，也不由发行人回购该部分股份。

(4)本公司股东北京凯振照明设计安装工程有限公司承诺：本次公开发行前，承诺人共持有发行人股份443.52万股，其中于2011年9月向翠微股份增资155.52万股。对于2011年9月承诺人向翠微股份增资前持有的288万股股份，自发行人股票上市之日起十二个月内，不转让或者委托他人管理其直接和间接持有的该部分股份，也不由发行人回购该部分股份；对于2011年9月承诺人向翠微股份增资的155.52万股股份，自完成该次增资的工商变更登记之日(2011年9月14日)起三十六个月内，不转让或者委托他人管理其直接和间接持有的该部分股份，也不由发行人回购该部分股份。

(5)根据《境内证券市场转持部分国有股充实全国社会保障基金实施办法》(财企[2009]94号)的有关规定，本公司首次公开发行股票并上市后，由本公司国有股股东翠微集团和华纺房地产开发公司转由全国社会保障基金理事会持有的本公司国有股，全国社会保障基金理事会将承继原股东的禁售期义务。

8. 本次上市股份的其他锁定安排：本次发行中网下向询价对象询价配售的1,540万股股份锁定期为三个月，锁定期自本次网上资金申购发行的股票在上海证券交易所上市交易之日起计算。

9. 本次上市的无流通限制及锁定安排的股份：本次发行中网上资金申购发行的6,160万股股份无流通限制及锁定安排。

10. 股票登记机构：中国证券登记结算有限责任公司上海分公司

11. 上市保荐人：中信建投证券股份有限公司

第三节　发行人、股东和实际控制人情况

一、公司基本情况

1. 中文名称：北京翠微大厦股份有限公司

英文名称：Beijing Cuiwei Tower Co.,Ltd.

中文简称：翠微股份

2. 法定代表人：张丽君

3. 成立日期：2003年1月23日

4. 注册资本：23,100万元(本次发行前)

5. 住所：北京市海淀区复兴路33号

6. 经营范围：许可经营项目：批发兼零售(非实物方式)预包装食品；销售医疗器械(限II、III类以《医疗器械经营企业许可证》批准项目为准)；零售国内版音像制品；餐饮服务；以下项目仅限分支机构经营：制售中餐(含冷荤凉菜)、饮料、酒。

一般经营项目：出租商业用房、出租办公用房；销售针纺织品、服装、鞋帽、日用品、床上用品、钟表、眼镜、箱、包、婴儿用品、文化体育用品、体育器材、厨房用具、卫生间用具、日用杂货、化妆品、卫生用品、家具、照明灯具、五金交电、电子产品、家用电器、计算机软件及辅助设备、通讯设备、广播电视设备、小饰品、礼品、工艺品、首饰、黄金制品、玩具、游艺用品、室内游艺器材、乐器、照相通讯器材、净水器具、打印机、打印纸、硒鼓、墨盒、色带、墨粉、电动助力车、儿童车床用品；修理钟表；修鞋；服装加工。

7. 主营业务：百货零售业务

8. 所属行业：零售业

9. 联系电话：010－68241688

10. 传真号码：010－68159573

11. 互联网网址：www.cwjt.com

12. 电子信箱：dshbgs@cwjt.com

13. 董事会秘书：姜荣生

14. 董事、监事、高级管理人员

(1)董事

本公司董事会目前共有董事9名，其中独立董事3人。

姓　名	职位	董事任职期间
张丽君	董事长	2010年9月至2013年9月
徐涛	董事	2010年9月至2013年9月
陈路昌	董事	2010年9月至2013年9月
周淑珍	董事	2010年9月至2013年9月
王　楠	董事	2010年9月至2013年9月
王　宏	董事	2010年9月至2013年9月
王成荣	独立董事	2010年9月至2013年9月
陈鹤鸣	独立董事	2010年9月至2013年9月
王　斌	独立董事	2010年9月至2013年9月

(2)监事

本公司监事会目前共有监事7名，其中股东代表监事4名和职工监事3名。

姓　名	职位	任期
任东红	监事会主席	2010年9月至2013年9月
吴　江	监事	2010年9月至2013年9月
张　华	监事	2010年9月至2013年9月
温　杰	监事	2010年9月至2013年9月
吴红平	职工监事	2010年9月至2013年9月
熊　莺	职工监事	2010年9月至2013年9月
易春辉	职工监事	2010年9月至2013年9月

(3)高级管理人员

本公司目前共有高级管理人员6名。

姓名	职位	任期
徐涛	总经理	2010年9月至2013年9月
陈路昌	副总经理	2010年9月至2013年9月
周淑珍	财务总监	2010年9月至2013年9月
张晶	营运总监	2010年9月至2013年9月
姜荣生	董事会秘书	2010年9月至2013年9月
赵毅	副总经理	2011年11月至2013年9月

15. 董事、监事、高级管理人员持有本公司股票、债券情况

截至本上市公告书刊登之日，公司监事吴江通过北京凯振照明设计安装工程有限公司间接持有本公司208.45万股股份，占比为0.90%；公司监事温杰通过北京黄河龙源文化发展有限公司及北京兴源宏瑞投资顾问有限公司间接持有本公司股东北京兴源房地产开发有限公司的权益，进而间接持有本公司292.83万股股份，占比为1.27%。

除此之外，本公司其他董事、监事和高级管理人员均不存在直接或间接持有本公司股份的情况。

截至本上市公告书刊登之日，本公司董事、监事和高级管理人员不持有本公司债券

二、控股股东情况

本公司的控股股东及实际控制人为北京翠微集团(以下简称"翠微集团")。

翠微集团成立于1997年1月21日，成立时注册资本为38,000万元，法定代表人为栾茂茹，住所为北京市海淀区复兴路33号，企业性质为全民所有制，出资人为北京市海淀区国有资产投资经营公司。

根据2000年3月21日海淀区政府《印发<关于理顺商业国有资产管理体系组建商业国有资产经营公司的方案>的通知》(海政发[2000]42号)以及2000年3月31日海淀区政府《关于授权北京翠微国有资产经营公司经营管理区属商业百货类国有资产的通知》(海政发[2000]57号)的批复，要求组建翠微国资，将原翠微集团、当代购物中心经营公司(包括持有的当代商城的股份)、华奥集团所属的甘家口大厦、华泰大厦的全部资产一并纳入翠微国资。2001年，翠微集团的出资人由北京市海淀区国有资产投资经营公司变更为翠微国资，注册资本变更为63,377万元。

2005年4月22日，根据海淀区政府《关于研究华泰大厦职工安置分流实施方案的会议纪要》(海政会[2003]58号)的精神，海淀区国资委出具《关于办理华泰商业大厦注销手续的通知》(海国资发[2005]34号)，翠微国资所属华泰商业大厦已于2003年12月24日由经营性资产转为非经营性资产，依法办理华泰大厦工商注销手续。

2006年2月5日，海淀区政府下发《批转区国资委关于建立健全国有资产监管体制加快国有资产重组方案的通知》(海政发[2006]10号)决定撤销翠微国资，翠微国资的人、财、物全部并入翠微集团，翠微国资公司所投资企业，包括翠微股份、北京甘家口大厦、北京当代购物中心建设经营服务公司划归北京翠微集团进行管理，其出资主体由翠微国资公司变更为北京翠微集团。2006年4月3日，翠微国资与翠微集团之间进行了财务交接、行政实物资产交接及人事政工交接。自此，翠微国资实际未从事任何经营管理活动，也未开展任何业务。本公司的实际控制人变更为翠微集团。

根据2006年11月16日海淀区政府《关于明确区国资委为监管企业出资人等事项的通知》(海政发[2006]102号)的批复，翠微集团成为海淀区国资委直接监督管理的一级企业。

2007年3月20日，海淀区政府出具《北京市海淀区人民政府批准区国资委关于将当代商城改造为国有独资公司的方案的通知》(海政发[2007]31号)，要求将超市发国资公司持有的60%当代商城股权和北京当代购物中心建设经营服务公司所持40%的当代商城股权全部划转到海淀区国资委，将当代商城改造为国有独资公司。撤销翠微集团所属的北京当代购物中心建设经营服务公司，其人、财、物一并并入当代商城。

2008年10月15日，经海淀区政府同意，海淀区国资委出具《关于划出北京甘家口大厦资产的批复》，同意划出翠微集团对北京甘家口大厦的长期投资。

目前，翠微集团法定代表人为张丽君，主营业务为股权投资和投资管理，拥有的资产主要为本公司76.36%的股权。

截至2010年12月31日，翠微集团资产总额为301,977.95万元，净资产为74,423.18万元；2010年度实现归属于母公司的净利润为-9,345.54万元。以上财务数据已经北京公正会计师事务所有限公司审计。

截至2011年9月30日，翠微集团资产总额为342,690.15万元，归属于母公司的所有者权益为70,306.62万元；2011年1-9月份营业收入为348,875.85万元，实现归属于母公司所有者的净利润为622.33万元。以上财务数据已经北京公正会计师事务所有限公司审计。

三、股本结构及前十名股东情况

1. 本次A股发行前后本公司的股本结构

	本次A股发行前		本次A股发行后	
股东名称	持股数(万股)	所占比例	持股数(万股)	所占比例
翠微集团(SS))[注]	17,639.16	76.36%	16,957.69	55.06%
兴源房地产	2,725.80	11.80%	2,725.80	8.85%
华纺房地产(SS)	2,291.52	9.92%	2,202.99	7.15%
凯振照明	443.52	1.92%	443.52	1.44%
社保基金会	–	–	770.00	2.50%
公众投资者	–	–	7,700.00	25.00%
总计	23,100.00	100%	30,800.00	100.00%

注：SS代表State-own Shareholder，指国有股股东。

根据《境内证券市场转持部分国有股充实全国社会保障基金实施办法》(财企[2009]94号)的有关规定，经北京市国资委《关于北京翠微大厦股份有限公司国有股转持有关问题的批复》(京国资产权[2011]160号)批复，在本公司发行A股并上市后，本公司国有股东翠微集团、华纺房地产将其分别持有的本公司681.47万股、88.53万股(合计770万股)股份划转给全国社会保障基金理事会。

2、本次发行后、上市前前十大股东持股情况

序号	股东名称	持股数量(股)	占本次发行后总股本比例
1	北京翠微集团	169,576,900	55.06%
2	北京兴源房地产开发有限公司	27,258,000	8.85%
3	华纺房地产开发公司	22,029,900	7.15%
4	全国社会保障基金理事会转持三户	7,700,000	2.50%
5	北京凯振照明设计安装工程有限公司	4,435,200	1.44%
6	昆仑信托有限责任公司	845,808	0.27%
7	中国工商银行股份有限公司—中银稳健增利债券型证券投资基金	845,791	0.27%
8	中国工商银行—中银持续增长股票型证券投资基金	845,791	0.27%
9	中国工商银行—中银中国精选混合型开放式证券投资基金	845,791	0.27%
10	招商银行股份有限公司—中银稳健双利债券型证券投资基金	845,791	0.27%

第四节　股票发行情况

一、发行数量：7,700万股

二、发行价格：9.00元/股

三、发行方式：本次发行采用网下向询价对象询价配售与网上资金申购发行相结合的方式，其中网下向询价对象配售1,540万股，网上向社会公众投资者发行6,160万股。

四、募集资金总额及注册会计师对资金到位的验证情况

本次发行募集资金总额为69,300.00万元。

德勤华永会计师事务所有限公司于2012年4月24日对本次发行的资金到位情况进行了审验，并出具了《验资报告》(德师报(验)字(12)第0015号)。

五、发行费用

1. 本次发行费用总额5,555.42万元，其中承销、保荐费用4,575.10万元、审计、验资及评估费用355.50万元、律师费用126.00万元、登记发行手续费用30.80万元、信息披露费用397.00万元、印花税31.89万元、其他费用39.14万元。

2. 本次发行每股发行费用为0.72元。

六、本次发行募集资净额：63,744.58万元。

七、发行后全面摊薄每股净资产：3.10元(按本次发行后净资产除以发行后总股本计算，其中发行后净资产按发行前本公司经审计的净资产和本次募集资金净额之和计算，不考虑审计基准日以后产生的利润影响)

八、发行后全面摊薄每股收益：0.32元(按经审计2010年度扣除非经常性损益前后孰低的净利润除以本次发行后总股本计算)

第五节　其他重要事项

根据《上海证券交易所上市公司募集资金管理规定》，本公司将在募集资金到账后两周内与保荐人中信建投证券股份有限公司和存放募集资金的商业银行签订《募集资金专户存储三方监管协议》，并在该协议签订后两个交易日内公开披露该协议的主要内容。

本公司在招股意向书刊登日(2012年4月10日)至上市公告书刊登前，没有发生可能对本公司有较大影响的重要事项，具体如下：

1. 本公司主营业务目标进展情况正常。
2. 本公司所处行业和市场未发生重大变化。
3. 本公司接受或提供的产品及服务价格未发生重大变化。
4. 本公司与关联方未发生重大关联交易。
5. 本公司未进行重大投资。
6. 本公司未发生重大资产(或股权)购买、出售及置换。
7. 本公司住所没有变更。
8. 本公司董事、监事、高级管理人员没有变化。
9. 本公司未发生重大诉讼、仲裁事项。
10. 本公司未发生除正常经营业务之外的重大对外担保等或有事项。
11. 本公司的财务状况和经营成果未发生重大变化。
12. 本公司未发生其他应披露的重大事项。

第六节　上市保荐人及其意见

一、上市保荐人基本情况

保荐人(主承销商)：中信建投证券股份有限公司

住所：北京市朝阳区安立路66号4号楼

联系地址：北京市东城区朝内大街188号

法定代表人：王常青

电话：010-85130588

传真：010-65185227

保荐代表人：刘乃生、伍忠良

二、上市保荐人的推荐意见

上市保荐人认为，发行人申请其A股股票上市符合《公司法》、《证券法》及《上海证券交易所股票上市规则》等国家法律、法规的有关规定，发行人A股股票具备在上海证券交易所上市的条件。中信建投证券股份有限公司同意推荐北京翠微大厦股份有限公司A股股票在上海证券交易所上市。

四川明星电缆股份有限公司

四川明星电缆股份有限公司首次公开发行A股股票上市公告书

特别提示

本公司股票将在上海证券交易所上市。相关统计显示,2009年至2011年,日均持有市值10万元以下的中小投资者,在沪市新股上市10个交易日内买入的,亏损账户数过半,尤其是在上市首日因盘中价格涨幅过大被临时停牌的新股交易中,股价大幅拉升阶段追高买入的,亏损账户数超过90%。本公司提醒投资者应充分了解股票市场风险及本公司披露的风险因素,在新股上市初期切忌盲目跟风"炒新",应当审慎决策、理性投资。

第一节　重要声明与提示

四川明星电缆股份有限公司(以下简称"明星电缆"、"本公司"或"发行人")及全体董事、监事、高级管理人员保证上市公告书的真实性、准确性、完整性,承诺上市公告书不存在虚假记载、误导性陈述或重大遗漏,并承担个别和连带的法律责任。

上海证券交易所、其他政府机关对本公司股票上市及有关事项的意见,均不表明对本公司的任何保证。

本公司提醒广大投资者注意,凡本上市公告书未涉及的有关内容,请投资者查阅刊载于上海证券交易所网站(http://www.sse.com.cn)的本公司招股说明书全文。

本公司董事、监事和高级管理人员承诺将严格遵守《中华人民共和国公司法》、《中华人民共和国证券法》和《上海证券交易所股票上市规则》等有关法律、法规关于公司董事、监事和高级管理人员持股及锁定的有关规定。

如无特别说明,本上市公告书中的简称或名词的释义与本公司首次公开发行股票招股说明书中的相同。

本上市公告书数值通常保留至小数点后2位,若出现分项值与加总数不一致的情况,差异均为四舍五入造成。

第二节　股票上市情况

一、本上市公告书系根据《中华人民共和国公司法》、《中华人民共和国证券法》和《上海证券交易所股票上市规则》等有关法律法规规定,并按照上海证券交易所《股票上市公告书内容与格式指引》编制而成,旨在向投资者提供有关本公司首次公开发行股票(A股)上市的基本情况。

二、本公司首次公开发行A股(以下简称"本次发行")经中国证券监督管理委员会证监许可字[2012]400号文批准。本次发行采用网下向询价对象询价配售、网上资金申购发行相结合的方式。

三、本公司A股股票上市经上海证券交易所上证发字[2012]13号文批准。

本公司发行的A股股票在上海证券交易所上市,证券简称"明星电缆",证券代码"603333";其中本次发行中网上资金申购发行的6,937万股股票将于2012年5月7日起上市交易。

四、本次上市相关信息

1. 上市地点:上海证券交易所

2. 上市时间:2012年5月7日

3. 股票简称:明星电缆

4. 股票代码:603333

5. 本次发行完成后总股本:34,667万股

6. 本次A股公开发行的股份数:8,667万股

7. 本次发行前股东所持股份的流通限制及期限以及股东对所持股份自愿锁定的承诺

(1)公司控股股东(实际控制人)李广元先生承诺:自明星电缆股票上市之日起36个月内,不转让或者委托他人管理本人直接和间接持有的明星电缆公开发行股票前已发行的股份,也不由明星电缆回购该部分股份;上述期限届满后,在本人担任明星电缆董事期间,每年转让的股份数不超过本人持有的明星电缆股份总数的25%;离职后6个月内不转让本人持有的明星电缆股份。

(2)担任公司董事、监事、高级管理人员的股东沈卢东先生、盛业武先生、何玉英女士、杨萍女士、姜向东先生、杨德鑫先生、周逢树先生和黄成龙先生承诺:自明星电缆股票上市之日起12个月内,不转让或者委托他人管理本人直接和间接持有的明星电缆股份,也不由明星电缆回购该部分股份;上述期限届满后,在本人担任明星电缆董事、监事、高级管理人员期间,每年转让的股份数不超过本人持有的明星电缆股份总数的25%;离职后6个月内不转让本人持有的明星电缆股份。

(3)公司股东苏州九鼎、上海九鼎、西藏轩辕、马边电力、河北中兴和四川德胜承诺:如自本企业完成对明星电缆投资之日起12个月内明星电缆实现在A股市场公开发行并上市,则本企业自明星电缆股票上市之日起36个月内,不转让或者委托他人管理其直接或者间接持有的明星电缆公开发行股票前已发行的股份,也不由明星电缆回购该部分股份。如自本企业完成对明星电缆投资之日起12个月之后明星电缆实现在A股市场公开发行并上市,则本企业自明星电缆股票上市之日起12个月内,不转让或者委托他人管理其直接或者间接持有的明星电缆公开发行股票前已发行的股份,也不由明星电缆回购该部分股份。

(4)公司其他股东承诺:自明星电缆股票上市之日起12个月内,不转让或者委托他人管理本人直接和间接持有的明星电缆公开发行股票前已发行的股份,也不由明星电缆回购该部分股份。

8. 本次上市股份的其他锁定安排

本次发行中网下向配售对象配售的1,730万股股份自本次网上资金申购发行的股票在上海证券交易所上市交易之日起锁定3个月。

9. 本次上市的无流通限制及锁定安排的股份

本次发行中网上资金申购发行的6,937万股股份无流通限制,自2012年5月7日起上市交易。

10. 股票登记机构:中国证券登记结算有限责任公司上海分公司

11. 上市保荐机构:国元证券股份有限公司

第三节　发行人、股东和实际控制人情况

一、发行人基本情况

1. 基本情况

发行人名称:	四川明星电缆股份有限公司
英文名称:	SICHUAN STAR CABLE Company Limited
法定代表人:	沈卢东
注册地址:	四川省乐山市高新区迎宾大道18号
注册资本:	26,000万元(本次公开发行前)
发起设立日期:	2008年8月28日
联系方式	联系人:姜向东 联系电话:0833-2595155 传真号码:0833-2595155 电子信箱:securities@mxdlgroup.cn
经营范围:	生产加工电线、电缆、加热电器;电缆桥架、电缆附件;经营本企业自产产品的出口业务;经营本企业生产所需的原辅材料,仪器仪表,机械设备及配件的进出口业务(国家限制经营和禁止进出口的商品除外);收购包装物木材。

2. 董事、监事、高级管理人员

截至本上市公告书刊登之日,本公司董事基本情况如下:

姓　名	职务
李广元	董事长、党委书记
沈卢东	董事、总经理
盛业武	副董事长、副总经理
何玉英	董事、副总经理
杨　萍	董事、财务总监
吴　敏	董事
李　山	独立董事
曹晓珑	独立董事
冯　建	独立董事

截至本上市公告书刊登之日,本公司监事基本情况如下:

姓　名	职务
周逢树	监事会主席
唐治英	监事
黄成龙	职工监事

截至本上市公告书刊登之日,本公司高级管理人员基本情况如下:

姓　名	职务
沈卢东	董事、总经理
盛业武	副董事长、副总经理
何玉英	董事、副总经理
杨　萍	董事、财务总监
姜向东	副总经理、董事会秘书
杨德鑫	副总经理
陈光高	总工程师

3. 董事、监事、高级管理人员持有本公司股票、债券情况

截至本上市公告书刊登之日，本公司董事、监事、高级管理人员直接或间接持有本公司的股份的情况如下：

序号	姓 名	职 务	持股数(万股)
1	李广元	董事长	21,700.00
2	沈卢东	董事、总经理	250.00
3	盛业武	副董事长、副总经理	250.00
4	何玉英	董事、副总经理	125.00
5	杨 萍	董事、财务总监	125.00
6	姜向东	副总经理、董事会秘书	125.00
7	杨德鑫	副总经	理 7.50
8	周逢树	监事会主席	7.50
9	黄成龙	职工监事	6.25

除上述人员外，其他董事、监事、高级管理人员无直接或间接持有本公司股份的情况。

截至本上市公告书刊登之日，本公司董事、监事、高级管理人员不存在直接或间接持有本公司债券的情况。

二、控股股东及实际控制人情况

公司的控股股东及实际控制人均为李广元先生，李广元先生的简历如下：

1975 年生，中国国籍，无永久境外居留权，中共党员，高级经济师，四川省第十一届人大代表。曾任安徽华星电缆集团有限公司四川分公司总经理、四川明星电缆有限公司董事长，现任四川明星电缆股份有限公司董事长、党委书记、全国青年联合会委员、中国青年企业家协会理事、中国检察官教育基金会理事、中国电力发展促进会常务副理事长、四川工商联常委、四川光彩事业促进会副会长、四川省青年联合会常委。2006 年获四川省"优秀青年"、乐山市"优秀共产党员"等荣誉称号，2008 年获乐山市"抗震救灾优秀共产党员"荣誉称号，被评为"全国工商联抗震救灾先进个人"，2009 年获"中华慈善事业特殊贡献奖"，被授予"全国机械工业优秀企业家"、"四川省非公有制企业党建之星"等荣誉称号，2010 年被授予中华慈善奖"最具爱心慈善行为楷模"、四川省"优秀中国特色社会主义事业建设者"、乐山市"十大杰出人才"等称号。

三、股东情况

(一)本次发行前后的股本变化

股东名称(或姓名)	本次发行前股本结构		本次发行后股本结构	
	持股数(万股)	持股比例%	持股数(万股)	持股比例%
李广元	21,700.00	83.462	21,700.00	62.596
苏州九鼎	1,700.00	6.538	1,700.00	4.904
上海九鼎	300.00	1.154	300.00	0.865
西藏轩辕	300.00	1.154	300.00	0.865
马边电力	300.00	1.154	300.00	0.865
河北中兴	200.00	0.769	200.00	0.577
四川德胜	200.00	0.769	200.00	0.577
其他 24 名自然人股东	1,300.00	5.001	1,300.00	3.750
本次发行股份	–	–	8,667.00	25.001
合计	26,000.026,000.00	100.00	34,667.00	100.00

(二)本次 A 股发行后、上市前，本公司前十大 A 股股东持股情况

序号	股东名称(或姓名)	持股数(股)	持股比例(%)
1	李广元	217,000,000	62.60
2	苏州九鼎	17,000,000	4.90
3	中诚信托投资有限责任公司	3,571,486	1.03
4	上海九鼎	3,000,000	0.87
5	西藏轩辕	3,000,000	0.87
6	马边电力	3,000,000	0.87
7	沈卢东	2,500,000	0.72
8	盛业武	2,500,000	0.72
9	中国工商银行股份有限公司—南方广利回报债券型证券投资基金	2,477,326	0.71
10	中原证券股份有限公司	2,064,439	0.60

第四节 股票发行情况

一、发行数量：8,667 万股

二、发行价格：9.3 元/股

三、发行方式

本次发行采用网下向询价对象询价配售与网上资金申购发行相结合的方式。其中，网下向询价对象配售 1,730 万股，网上向社会公众投资者发行 6,937 万股。

四、募集资金总额及注册会计师对资金到位的验证情况

1. 本次募集资金总额为 80,603.10 万元。

2. 国富浩华会计师事务所(特殊普通合伙)于 2012 年 5 月 2 日对本次发行的资金到位情况进行了审验，并出具了《验资报告》(国浩验字[2012]302A39 号)。

五、发行费用总额及项目、每股发行费用

1. 本次发行费用总额为 4,410.311 万元，包括：

1)承销费用：3,224.124 万元

2)保荐费用：200.00 万元

3)审计、验资及评估费用：394.00 万元

4)律师费用：155.00 万元

5)信息披露费用：307.00 万元

6)发行手续费及其他发行相关费用：130.187 万元

2. 每股发行费用为 0.51 元。(每股发行费用=发行费用总额/本次发行股本)

六、募集资金净额：76,192.789 万元

七、发行后每股净资产：4.28 元(按本次发行后净资产除以本次发行后总股本计算，其中，本次发行后的净资产为 2011 年 12 月 31 日经审计归属于母公司股东的净资产加上本次发行募集资金净额之和)。

八、发行后每股收益：0.38 元(按 2011 年度经审计的扣除非经常性损益前后孰低的归属于母公司的净利润除以本次发行后总股本计算)。

第五节 其他重要事项

本公司在招股意向书刊登日(2012 年 4 月 17 日)至上市公告书刊登前，没有发生可能对本公司有较大影响的重要事项，具体如下：

1. 本公司主营业务目标进展情况正常。

2. 本公司所处行业和市场未发生重大变化。

3. 本公司接受或提供的产品及服务价格未发生重大变化。

4. 本公司与关联方未发生重大关联交易。

5. 本公司未进行重大投资。

6. 本公司未发生重大资产(或股权)购买、出售及置换。

7. 本公司住所没有变更。

8. 本公司董事、监事、高级管理人员及核心技术人员没有变化。

9. 本公司未发生重大诉讼、仲裁事项。

10. 本公司未发生除正常经营业务之外的重大对外担保等或有事项。

11. 本公司的财务状况和经营成果未发生重大变化。

12. 本公司未发生其他应披露的重大事项。

第六节 上市保荐机构及其意见

一、上市保荐机构基本情况

保荐机构(主承销商)：国元证券股份有限公司

法定代表人：凤良志

住所：安徽省合肥市寿春路 179 号

电话：0551-2207365、0551-2207998

传真：0551-2207991

保荐代表人：袁晓明、车达飞

二、上市保荐机构的推荐意见

上市保荐机构认为，发行人申请其 A 股股票上市符合《公司法》、《证券法》及《上海证券交易所股票上市规则》等国家法律、法规的有关规定，发行人 A 股股票具备在上海证券交易所上市的条件。上市保荐机构同意推荐明星电缆的 A 股股票在上海证券交易所上市。

发行人：四川明星电缆股份有限公司

保荐人(主承销商)：国元证券股份有限公司

2012 年 5 月 4 日

上海浦东发展银行股份有限公司

公司概况	公司名称	上海浦东发展银行股份有限公司			证券简称	浦发银行
	法人代表	吉晓辉	董秘	沈思	证券代码	600000
	公司网址	www.spdb.com.cn		电子信箱	shens2@spdb.com.cn	
	电　话	021-63611226 61618888		传　真	021-63230807	
	办公地址	上海市中山东一路12号				
	经营范围	吸收公众存款、发放短期、中期和长期贷款、办理结算、办理票据贴现等				

	指标\报告期	2012.06.30	2011.12.31	2011.06.30	2010.12.31
主要财务指标	基本每股收益(元)	0.9220	1.4630	0.6900	1.2340
	基本每股收益(扣除)(元)	0.9120	1.4500	0.6850	1.2220
	每股净资产(元)	8.6860	7.9820	7.1420	8.5720
	每股经营现金净流量(元)	1.1252	10.6498	0.5228	–0.3838
	每股现金流量(元)	–1.7164	7.7750	–0.3981	2.3328
	每股资本公积金(元)	3.2748	3.1921	3.1247	4.0867
	每股盈余公积金(元)	1.4607	1.1690	1.0231	1.0628
	每股未分配利润(元)	1.7151	1.6184	0.9919	1.7603
	净资产收益率(%)	10.6100	18.3260	9.6670	15.5920
	加权净资产收益率(%)	10.8600	20.0700	9.9600	23.2700
	净资产收益率(扣除)(%)	–	–	–	–
	总资产(万元)	303643242.20	268469368.90	245523999.40	219141077.40
	归属母公司股东权益(万元)	16203033.10	14889123.50	13322827.10	12299633.60
	主营业务收入(万元)	–	–	–	–
	营业收入(万元)	4000299.20	6791767.20	3186510.80	4985585.10
	主营成本(万元)	1749652.80	–	–	–
	营业成本(万元)	11762.00	19441.50	1492672.00	–
	投资收益(万元)	1726576.00	2735511.20	6696.60	2221.20
	净利润(万元)	2250646.40	3575672.70	1291068.70	1917858.70
	利润总额(万元)	2254735.10	3583928.70	1693809.00	2528090.60

广州白云国际机场股份有限公司

公司概况	公司名称	广州白云国际机场股份有限公司			证券简称	白云机场
	法人代表	卢光霖	董秘	徐光玉	证券代码	600004
	公司网址	www.baiyunairport.com		电子信箱	sh600004@tom.com	
	电　话	020-36063595 36063593		传　真	020-36063416	
	办公地址	广东省广州市白云国际机场南区股份公司机关办公大楼				
	经营范围	旅客过港服务、与航空运输有关的地面服务、交通运输和仓储服务等				

	指标\报告期	2012.06.30	2011.12.31	2011.06.30	2010.12.31
主要财务指标	基本每股收益(元)	0.3380	0.6100	0.2850	0.5100
	基本每股收益(扣除)(元)	0.3200	0.5800	0.2770	0.5000
	每股净资产(元)	5.9610	5.9740	5.6700	5.7000
	每股经营现金净流量(元)	0.7640	1.1392	0.3936	1.4317
	每股现金流量(元)	0.2590	–0.0699	0.1746	–0.2072
	每股资本公积金(元)	2.8011	2.8023	2.8157	2.8333
	每股盈余公积金(元)	–	0.4250	0.3709	0.3709
	每股未分配利润(元)	–	1.7466	1.4798	1.4945
	净资产收益率(%)	5.6760	10.1470	5.0350	8.9690
	加权净资产收益率(%)	5.5100	10.3600	4.8800	9.2800
	净资产收益率(扣除)(%)	–	–	–	–
	总资产(万元)	1068879.91	1063946.49	1123772.38	1129050.77
	归属母公司股东权益(万元)	685518.07	686989.75	651643.20	655343.50
	主营业务收入(万元)	–	–	–	–
	营业收入(万元)	228940.41	423935.16	202830.62	386547.95
	主营成本(万元)	–	–	–	–
	营业成本(万元)	144290.62	265441.40	125617.49	245252.59
	投资收益(万元)	–	416.24	–	179.63
	净利润(万元)	40864.64	73035.20	33898.96	62259.61
	利润总额(万元)	54830.72	97695.41	47629.61	83456.18

武汉钢铁股份有限公司

公司概况	公司名称	武汉钢铁股份有限公司			证券简称	武钢股份
	法人代表	邓崎琳	董秘	万毅	证券代码	600005
	公司网址	www.wisco.com.cn		电子信箱	wiscl@wisco.com.cn	
	电　话	027-86802031 86807873		传　真	027-86306023	
	办公地址	湖北省武汉市青山区厂前				
	经营范围	冶金产品及副产品、钢铁延伸产品制造、冶金产品的技术开发等				

	指标\报告期	2012.06.30	2011.12.31	2011.06.30	2010.12.31
主要财务指标	基本每股收益(元)	0.0130	0.1090	0.1250	0.1980
	基本每股收益(扣除)(元)	0.0120	0.1100	0.1330	0.2270
	每股净资产(元)	3.5220	3.5580	3.5820	4.2120
	每股经营现金净流量(元)	0.0447	0.0748	0.0221	0.7093
	每股现金流量(元)	0.0154	–0.1682	–0.1931	–0.2013
	每股资本公积金(元)	1.0046	1.0046	1.0048	1.2224
	每股盈余公积金(元)	0.4630	0.4630	0.4547	0.5844
	每股未分配利润(元)	1.0515	1.0881	1.1201	1.4036
	净资产收益率(%)	0.3797	3.0175	3.3899	5.7291
	加权净资产收益率(%)	0.3750	3.0770	3.5350	5.8290
	净资产收益率(扣除)(%)	–	–	–	–
	总资产(万元)	10181845.92	9610067.33	9498705.87	9378686.14
	归属母公司股东权益(万元)	3555186.84	3590971.41	3616033.24	3301740.83
	主营业务收入(万元)	4324853.23	9678315.22	4888839.50	8368505.17
	营业收入(万元)	4530834.29	10105831.05	5082176.59	8689267.38
	主营成本(万元)	4102887.05	9135114.47	4530743.27	7708012.29
	营业成本(万元)	4275482.36	9482633.91	4688547.11	7966380.65
	投资收益(万元)	5885.73	8157.28	8586.28	20561.12
	净利润(万元)	13927.65	94890.59	122959.84	191458.12
	利润总额(万元)	20053.59	142293.78	161218.59	245311.64

东风汽车股份有限公司

公司概况	公司名称	东风汽车股份有限公司			证券简称	东风汽车
	法人代表	徐平	董秘	张新峰	证券代码	600006
	公司网址	www.dfac.com		电子信箱	zhangxinfeng@dfac.com	
	电　话	027-84287896 84287977		传　真	027-84287988	
	办公地址	湖北省武汉市汉阳经济技术开发区创业路58号				
	经营范围	汽车(小轿车除外)、汽车发动机及零部件、铸件的开发、设计、生产、销售等				

	指标\报告期	2012.06.30	2011.12.31	2011.06.30	2010.12.31
主要财务指标	基本每股收益(元)	0.0478	0.2321	0.1473	0.2854
	基本每股收益(扣除)(元)	0.0261	0.1214	0.1456	0.2707
	每股净资产(元)	3.0437	3.0267	2.9729	2.9463
	每股经营现金净流量(元)	–0.5180	–0.3085	0.1520	0.1799
	每股现金流量(元)	–0.5072	–0.3263	–0.0729	–0.1560
	每股资本公积金(元)	0.3427	0.3235	0.3545	0.3552
	每股盈余公积金(元)	0.3543	0.3543	0.3383	0.3383
	每股未分配利润(元)	1.3467	1.3489	1.2801	1.2529
	净资产收益率(%)	1.5716	7.6680	4.9540	9.6870
	加权净资产收益率(%)	1.5600	7.7700	4.8700	10.0900
	净资产收益率(扣除)(%)	–	–	–	–
	总资产(万元)	1900735.91	1940876.18	1953854.21	1882427.45
	归属母公司股东权益(万元)	608741.89	605336.28	594583.28	589269.81
	主营业务收入(万元)	888043.40	1942400.38	1013131.01	1857968.57
	营业收入(万元)	995843.30	2139317.61	1111342.22	1980017.95
	主营成本(万元)	796031.78	1743652.72	902610.93	1634833.07
	营业成本(万元)	886889.23	1915733.67	989970.16	1748027.98
	投资收益(万元)	18222.62	58862.99	30993.72	70831.57
	净利润(万元)	15773.88	55697.02	33003.58	60363.78
	利润总额(万元)	20714.72	61984.60	34961.04	62986.29

中国国际贸易中心股份有限公司

公司概况					
公司名称	中国国际贸易中心股份有限公司			证券简称	中国国贸
法人代表	洪敬南	董秘	王京京	证券代码	600007
公司网址	www.cwtc.com		电子信箱	cwtc@cwtc.com	
电　　话	010-65052288		传　　真	010-65053862	
办公地址	北京市朝阳区建国门外大街一号				
经营范围	写字楼、宾馆、公寓、商场、展览厅、会议厅、停车场的出租、服务等				

主要财务指标 指标\报告期	2012.06.30	2011.12.31	2011.06.30	2010.12.31
基本每股收益(元)	0.1900	0.1900	0.0600	0.1200
基本每股收益(扣除)(元)	0.1800	0.2000	0.0600	0.1200
每股净资产(元)	4.4700	4.4100	4.2800	4.3100
每股经营现金净流量(元)	0.4736	0.8426	0.3754	0.4361
每股现金流量(元)	-0.0695	0.1781	0.0561	0.0573
每股资本公积金(元)	1.8590	1.8590	1.8590	1.8590
每股盈余公积金(元)	0.4157	0.4157	0.3965	0.3965
每股未分配利润(元)	1.2002	1.1362	1.0241	1.0526
净资产收益率(%)	4.3351	4.3700	1.4380	2.7833
加权净资产收益率(%)	4.3500	4.4400	1.4300	2.7900
净资产收益率(扣除)(%)	-	-	-	-
总资产(万元)	931964.43	942495.06	935550.06	940855.59
归属母公司股东权益(万元)	450740.33	444294.77	431078.58	433944.66
主营业务收入(万元)	96145.38	167825.89	75238.67	103594.48
营业收入(万元)	96145.38	167825.89	75238.67	103594.48
主营成本(万元)	50133.63	99954.68	47883.43	58005.65
营业成本(万元)	50133.63	99954.68	47883.43	58005.65
投资收益(万元)	655.61	276.41	16.91	24.40
净利润(万元)	19568.49	19476.19	6226.63	12133.74
利润总额(万元)	26081.07	26088.68	8296.54	16221.26

北京首创股份有限公司

公司概况					
公司名称	北京首创股份有限公司			证券简称	首创股份
法人代表	刘晓光	董秘	郭鹏	证券代码	600008
公司网址	www.capitalwater.cn		电子信箱	securities@capitalwater.cn	
电　　话	010-64689035 84552266		传　　真	010-64689030	
办公地址	北京市朝阳区北三环东路8号静安中心三层				
经营范围	公用基础设施的投资及投资管理、高科技产品的技术开发、咨询、转让等				

主要财务指标 指标\报告期	2012.06.30	2011.12.31	2011.06.30	2010.12.31
基本每股收益(元)	0.0714	0.2377	0.0729	0.2194
基本每股收益(扣除)(元)	0.0715	0.2290	0.0703	0.1954
每股净资产(元)	2.3832	2.4503	2.2735	2.3320
每股经营现金净流量(元)	0.0550	0.2415	0.2277	0.2972
每股现金流量(元)	-0.1352	0.4979	0.6282	-0.1352
每股资本公积金(元)	0.7459	0.7567	0.7417	0.7431
每股盈余公积金(元)	0.2638	0.2638	0.2480	0.2480
每股未分配利润(元)	0.3831	0.4417	0.2928	0.3499
净资产收益率(%)	2.9945	9.7000	3.2069	9.4078
加权净资产收益率(%)	2.9500	9.9400	3.1700	9.6700
净资产收益率(扣除)(%)	-	-	-	-
总资产(万元)	2002479.09	1902356.12	1876259.28	1684104.80
归属母公司股东权益(万元)	524303.21	539067.52	500167.83	513049.93
主营业务收入(万元)	121888.34	349456.56	118811.64	297849.95
营业收入(万元)	124169.37	353837.67	120527.52	303666.08
主营成本(万元)	62652.28	200308.54	63588.32	177523.84
营业成本(万元)	63755.42	202444.70	64431.75	180671.88
投资收益(万元)	-2444.81	-1514.49	-2160.17	262.46
净利润(万元)	20818.79	67533.65	21549.68	59952.62
利润总额(万元)	26160.06	84564.22	26073.85	74176.83

上海国际机场股份有限公司

公司概况					
公司名称	上海国际机场股份有限公司			证券简称	上海机场
法人代表	贾锐军	董秘	黄晔	证券代码	600009
公司网址	www.shairport.com		电子信箱	ir@shairport.com	
电　　话	021-68341609		传　　真	021-68341615	
办公地址	上海市浦东新区启航路900号				
经营范围	为国内外航空运输企业及旅客提供地面保障服务等				

主要财务指标 指标\报告期	2012.06.30	2011.12.31	2011.06.30	2010.12.31
基本每股收益(元)	0.3900	0.7800	0.3800	0.6800
基本每股收益(扣除)(元)	0.3900	0.7800	0.3800	0.6800
每股净资产(元)	7.7600	7.9700	7.5700	7.2900
每股经营现金净流量(元)	0.2767	1.2048	0.4633	1.1664
每股现金流量(元)	0.2565	1.0410	0.4857	0.5356
每股资本公积金(元)	1.3366	1.3366	1.3366	1.3366
每股盈余公积金(元)	0.6797	0.6797	0.6797	0.6797
每股未分配利润(元)	4.7467	4.9550	4.5519	4.2768
净资产收益率(%)	5.0457	9.7630	4.9570	9.3270
加权净资产收益率(%)	4.8000	10.1700	5.0100	9.7400
净资产收益率(扣除)(%)	-	-	-	-
总资产(万元)	1955244.27	1891995.14	1820440.13	1750176.83
归属母公司股东权益(万元)	1495900.26	1536039.56	1458366.86	1405349.69
主营业务收入(万元)	227368.46	461121.16	217401.27	418640.83
营业收入(万元)	227368.46	461121.16	217401.27	418640.83
主营成本(万元)	140697.45	279969.95	134956.27	255957.35
营业成本(万元)	140697.45	279969.95	134956.27	255957.35
投资收益(万元)	27392.82	56851.58	31929.10	49410.86
净利润(万元)	81280.56	161517.34	77634.40	140617.24
利润总额(万元)	99735.38	194373.31	92049.69	166900.72

内蒙古包钢钢联股份有限公司

公司概况					
公司名称	内蒙古包钢钢联股份有限公司			证券简称	包钢股份
法人代表	周秉利	董秘	郭景龙	证券代码	600010
公司网址	www.baoganggufen.com		电子信箱	glgfzqb@126.com	
电　　话	0472-2189528 2189529		传　　真	0472-2189530	
办公地址	内蒙古自治区包头市昆区包钢厂区信息大楼东副楼				
经营范围	生产销售黑色金属及其延压加工产品、冶金机械、设备及配件、汽车等				

主要财务指标 指标\报告期	2012.06.30	2011.12.31	2011.06.30	2010.12.31
基本每股收益(元)	0.0100	0.0800	0.0700	0.0500
基本每股收益(扣除)(元)	0.0200	0.0700	0.0600	0.0400
每股净资产(元)	1.9900	2.0100	2.0100	1.9900
每股经营现金净流量(元)	-0.0138	0.4473	0.4517	0.3482
每股现金流量(元)	-0.0264	0.1160	0.5581	-0.2939
每股资本公积金(元)	0.5901	0.5901	0.6112	0.6371
每股盈余公积金(元)	0.1362	0.1362	0.1362	0.1362
每股未分配利润(元)	0.2598	0.2789	0.2588	0.2139
净资产收益率(%)	0.5500	3.8500	3.2864	1.5400
加权净资产收益率(%)	0.5500	3.9100	3.2400	2.3600
净资产收益率(扣除)(%)	-	-	-	-
总资产(万元)	5601975.85	4973308.27	4848083.47	4240287.12
归属母公司股东权益(万元)	1277294.63	1289218.18	1289822.97	1277250.26
主营业务收入(万元)	1852123.76	4164416.32	2242234.20	3891131.64
营业收入(万元)	1870253.64	4281492.28	2288335.49	4009032.65
主营成本(万元)	1736560.05	3986624.38	2076267.60	3800140.93
营业成本(万元)	1740350.24	3986624.38	2029797.96	3800140.93
投资收益(万元)	-1353.58	2218.38	1107.24	2721.43
净利润(万元)	6971.08	49655.15	42450.87	30126.54
利润总额(万元)	10054.29	64648.73	55421.87	36487.84

华能国际电力股份有限公司

公司概况	公司名称	华能国际电力股份有限公司		证券简称	华能国际
	法人代表	曹培玺	董秘 杜大明	证券代码	600011
	公司网址	www.hpi.com.cn		电子信箱	zqb@hpi.com.cn
	电　话	010-63226999 66086750		传　真	010-63226888 66412321
	办公地址	北京市西城区复兴门内大街4号华能大厦			
	经营范围	投资、建设、营运管理电厂、开发、投资、经营等			

主要财务指标	指标\报告期	2012.06.30	2011.12.31	2011.06.30	2010.12.31
	基本每股收益(元)	0.1600	0.0900	0.0800	0.2900
	基本每股收益(扣除)(元)	0.1600	0.0600	0.0800	0.2700
	每股净资产(元)	3.6600	3.5600	3.6500	3.7600
	每股经营现金净流量(元)	0.9075	1.4905	0.6615	1.2854
	每股现金流量(元)	0.3445	-0.0622	0.1715	0.2988
	每股资本公积金(元)	1.1894	1.2189	1.2454	1.2626
	每股盈余公积金(元)	0.5074	0.5023	0.4984	0.4984
	每股未分配利润(元)	0.9799	0.8802	0.8787	0.9945
	净资产收益率(%)	4.2977	2.5330	2.2990	6.7011
	加权净资产收益率(%)	4.3100	2.4700	2.2300	8.5300
	净资产收益率(扣除)(%)	-	-	-	-
	总资产(万元)	25894136.94	25436539.33	25276890.76	22395274.78
	归属母公司股东权益(万元)	5138695.16	5007526.37	5127380.15	5289126.92
	主营业务收入(万元)	6631557.08	13153334.70	6320334.09	10273825.39
	营业收入(万元)	6718047.29	13342076.89	6405414.58	10430770.19
	主营成本(万元)	5703855.23	12008769.81	5702416.79	9151494.22
	营业成本(万元)	5783220.60	12181676.79	5774825.03	9281845.18
	投资收益(万元)	46691.79	80392.15	40758.93	63206.29
	净利润(万元)	258729.66	136425.93	120792.85	368032.82
	利润总额(万元)	361255.59	234814.28	173839.08	459342.39

安徽皖通高速公路股份有限公司

公司概况	公司名称	安徽皖通高速公路股份有限公司		证券简称	皖通高速
	法人代表	周仁强	董秘 谢新宇	证券代码	600012
	公司网址	www.anhui-expressway.net		电子信箱	wtgs@anhui-expressway.cn
	电　话	0551-5338681 5338697		传　真	0551-5338696
	办公地址	安徽省合肥市望江西路520号			
	经营范围	高等级公路投资、建设、设计、监理、收费、养护、施救、路产路权管理等			

主要财务指标	指标\报告期	2012.06.30	2011.12.31	2011.06.30	2010.12.31
	基本每股收益(元)	0.2386	0.5170	0.2733	0.4720
	基本每股收益(扣除)(元)	0.2385	0.5150	0.2779	0.4740
	每股净资产(元)	3.7200	3.8300	3.5294	3.4700
	每股经营现金净流量(元)	0.4295	0.9336	0.5226	0.9305
	每股现金流量(元)	0.1716	-0.0957	0.0008	-0.1727
	每股资本公积金(元)	0.1691	0.2881	0.2881	0.2881
	每股盈余公积金(元)	0.5386	0.5386	0.4886	0.4886
	每股未分配利润(元)	1.9911	1.9625	1.7270	1.6690
	净资产收益率(%)	6.4070	13.4769	7.7436	13.6000
	加权净资产收益率(%)	6.0900	14.3900	7.5400	13.6000
	净资产收益率(扣除)(%)	-	-	-	-
	总资产(万元)	1075964.87	1045651.58	961459.27	941138.77
	归属母公司股东权益(万元)	617781.64	635700.92	585394.75	575670.70
	主营业务收入(万元)	110704.67	218183.81	115663.40	208753.59
	营业收入(万元)	112315.62	221635.45	117451.79	212121.48
	主营成本(万元)	37173.38	70363.24	35555.40	71494.73
	营业成本(万元)	38497.11	72725.97	36489.42	73264.01
	投资收益(万元)	96.71	802.00	90.01	1040.04
	净利润(万元)	43763.47	93503.33	50512.52	86169.85
	利润总额(万元)	58328.63	124584.86	66572.87	112676.78

华夏银行股份有限公司

公司概况	公司名称	华夏银行股份有限公司		证券简称	华夏银行
	法人代表	吴建	董秘 赵军学	证券代码	600015
	公司网址	www.hxb.com.cn		电子信箱	zhdb@hxb.com.cn
	电　话	010-85239938 85238570		传　真	010-85239605
	办公地址	北京市东城区建国门内大街22号华夏银行大厦			
	经营范围	吸收公众存款、发放短期、中期和长期贷款、办理国内外结算等			

主要财务指标	指标\报告期	2012.06.30	2011.12.31	2011.06.30	2010.12.31
	基本每股收益(元)	0.8900	1.4802	0.7606	1.2000
	基本每股收益(扣除)(元)	0.8600	1.4900	0.7700	1.2000
	每股净资产(元)	10.0100	9.3300	8.5900	7.1100
	每股经营现金净流量(元)	2.0036	11.5373	-1.0967	4.6639
	每股现金流量(元)	-3.4423	6.9251	-0.7300	3.8958
	每股资本公积金(元)	4.8061	4.7593	4.7387	2.8609
	每股盈余公积金(元)	0.4826	0.4826	0.3478	0.4774
	每股未分配利润(元)	2.2944	1.6575	1.2708	1.0891
	净资产收益率(%)	8.8580	14.4320	7.2568	16.8740
	加权净资产收益率(%)	9.0900	17.4400	9.7100	18.2500
	净资产收益率(扣除)(%)	-	-	-	-
	总资产(万元)	135451513.12	124414118.16	114076849.18	104023044.22
	归属母公司股东权益(万元)	6858480.49	6390108.47	5880550.87	3549588.02
	主营业务收入(万元)	-	-	-	-
	营业收入(万元)	1945217.65	3354379.54	1586642.35	2447889.46
	主营成本(万元)	-	-	-	-
	营业成本(万元)	1137587.73	-	1019563.09	-
	投资收益(万元)	-884.86	-2204.86	-7731.83	-1919.76
	净利润(万元)	607460.87	922097.18	426742.09	598958.25
	利润总额(万元)	809323.74	1252739.92	567202.94	800795.40

中国民生银行股份有限公司

公司概况	公司名称	中国民生银行股份有限公司		证券简称	民生银行
	法人代表	董文标	董秘 万青元	证券代码	600016
	公司网址	www.cmbc.com.cn		电子信箱	cmbc@cmbc.com.cn
	电　话	010-68946790		传　真	010-68466796
	办公地址	北京市中关村南大街1号友谊宾馆嘉宾楼			
	经营范围	吸收公众存款、发放短期、中期和长期贷款、发放委托贷款等			

主要财务指标	指标\报告期	2012.06.30	2011.12.31	2011.06.30	2010.12.31
	基本每股收益(元)	0.6900	1.0500	0.5200	0.6600
	基本每股收益(扣除)(元)	0.7000	1.0500	0.5200	0.6600
	每股净资产(元)	5.2800	4.8500	4.3100	3.9000
	每股经营现金净流量(元)	-2.3604	3.7779	-1.0958	1.4008
	每股现金流量(元)	-1.0402	3.5952	-1.8902	0.3918
	每股资本公积金(元)	1.6295	1.4318	1.4112	1.4145
	每股盈余公积金(元)	0.3708	0.3237	0.2210	0.2210
	每股未分配利润(元)	1.5799	1.4690	1.1652	0.7442
	净资产收益率(%)	12.7221	21.5440	12.0740	16.8870
	加权净资产收益率(%)	13.4400	23.9500	12.5400	18.2900
	净资产收益率(扣除)(%)	-	-	-	-
	总资产(万元)	259406600.00	222906400.00	216100500.00	182373700.00
	归属母公司股东权益(万元)	14976300.00	12959700.00	11526900.00	10410800.00
	主营业务收入(万元)	-	-	-	-
	营业收入(万元)	5145600.00	8236800.00	3885600.00	5476800.00
	主营成本(万元)	-	-	-	-
	营业成本(万元)	-	-	-	-
	投资收益(万元)	328700.00	216900.00	119800.00	-5600.00
	净利润(万元)	1940800.00	2844300.00	1405600.00	1768800.00
	利润总额(万元)	2569900.00	3717500.00	1840700.00	2297600.00

日照港股份有限公司

公司概况	公司名称	日照港股份有限公司			证券简称	日 照 港
	法人代表	杜传志	董秘	余慧芳	证券代码	600017
	公司网址	www.rzpcl.com		电子信箱	yhfang@rzport.com	
	电　话	0633-8388822		传　真	0633-8387361	
	办公地址	山东省日照市海滨二路				
	经营范围	港口货物中转、装卸、搬运和仓储(不含易燃易爆危险品)服务等				

主要财务指标	指标\报告期	2012.06.30	2011.12.31	2011.06.30	2010.12.31
	基本每股收益(元)	0.1270	0.1900	0.1180	0.1900
	基本每股收益(扣除)(元)	0.1240	0.1900	0.1060	0.1900
	每股净资产(元)	2.6740	2.9240	2.3550	2.0000
	每股经营现金净流量(元)	0.1215	0.3135	0.1399	0.2110
	每股现金流量(元)	0.0704	0.2785	0.3543	-0.0199
	每股资本公积金(元)	0.9610	0.6981	0.6744	0.3221
	每股盈余公积金(元)	0.0816	0.0954	0.0774	0.0898
	每股未分配利润(元)	0.6314	0.8183	0.6030	0.5847
	净资产收益率(%)	4.6693	6.2490	5.3229	9.4340
	加权净资产收益率(%)	4.8220	8.3600	5.0210	9.9000
	净资产收益率(扣除)(%)	-	-	-	-
	总资产(万元)	1332170.85	1290403.62	1023830.97	865715.36
	归属母公司股东权益(万元)	822440.80	769128.31	619445.43	452273.77
	主营业务收入(万元)	221838.66	333980.44	200970.27	297786.56
	营业收入(万元)	244005.39	356176.95	215504.74	315627.94
	主营成本(万元)	155077.97	234670.70	136611.68	208901.55
	营业成本(万元)	169418.76	256250.26	172444.09	225422.99
	投资收益(万元)	3379.00	6096.26	2606.23	3534.93
	净利润(万元)	39632.34	49940.41	35048.42	45554.23
	利润总额(万元)	49273.15	62928.37	46060.85	57096.02

上海国际港务(集团)股份有限公司

公司概况	公司名称	上海国际港务(集团)股份有限公司			证券简称	上港集团
	法人代表	陈戌源	董秘	张欣	证券代码	600018
	公司网址	www.portshanghai.com.cn		电子信箱	600018@portshanghai.com.cn	
	电　话	021-55333388		传　真	021-35308688	
	办公地址	上海市虹口区东大名路358号国际港务大厦				
	经营范围	集装箱装卸业务、散杂货装卸业务、港口服务和港口物流业务等				

主要财务指标	指标\报告期	2012.06.30	2011.12.31	2011.06.30	2010.12.31
	基本每股收益(元)	0.0990	0.2131	0.1154	0.2581
	基本每股收益(扣除)(元)	0.0967	0.2020	0.1123	0.2060
	每股净资产(元)	1.9690	1.9920	1.8992	1.6854
	每股经营现金净流量(元)	0.1971	0.3180	0.1417	0.3916
	每股现金流量(元)	-0.0395	0.1332	-0.0291	0.0072
	每股资本公积金(元)	0.3267	0.3304	0.3359	0.0759
	每股盈余公积金(元)	-	0.0979	0.0790	0.0857
	每股未分配利润(元)	-	0.5617	0.4826	0.5220
	净资产收益率(%)	5.0294	10.4220	5.7630	15.3120
	加权净资产收益率(%)	4.8980	11.3771	6.4151	16.0982
	净资产收益率(扣除)(%)	-	-	-	-
	总资产(万元)	8255680.67	8325750.52	7892082.31	6589466.87
	归属母公司股东权益(万元)	4480596.33	4532851.21	4321759.47	3537835.29
	主营业务收入(万元)	1334513.22	2116779.65	1031736.65	1865515.43
	营业收入(万元)	1364611.53	2177885.72	1055133.92	1910545.26
	主营成本(万元)	888534.80	1158478.73	545540.43	996825.09
	营业成本(万元)	898725.47	1178116.03	552719.24	1007431.27
	投资收益(万元)	16430.27	28164.95	13867.06	24824.13
	净利润(万元)	274068.34	579271.41	309908.48	661261.29
	利润总额(万元)	344841.26	725927.27	383517.13	790230.62

宝山钢铁股份有限公司

公司概况	公司名称	宝山钢铁股份有限公司			证券简称	宝钢股份
	法人代表	何文波	董秘	陈缨	证券代码	600019
	公司网址	www.baosteel.com		电子信箱	ir@baosteel.com	
	电　话	021-26647000		传　真	021-26646999	
	办公地址	上海市宝山区富锦路885号				
	经营范围	钢铁产品的制造和销售以及钢铁产销过程中产生的副产品的销售与服务等				

主要财务指标	指标\报告期	2012.06.30	2011.12.31	2011.06.30	2010.12.31
	基本每股收益(元)	0.5500	0.4200	0.2900	0.7300
	基本每股收益(扣除)(元)	0.1400	0.4000	0.2900	0.7200
	每股净资产(元)	6.4300	6.0800	5.9800	5.9800
	每股经营现金净流量(元)	0.5692	0.6934	0.3087	1.0767
	每股现金流量(元)	0.2461	0.2994	-0.0274	0.1778
	每股资本公积金(元)	2.1330	2.1317	2.1490	2.1451
	每股盈余公积金(元)	1.2067	1.2067	1.1492	1.1489
	每股未分配利润(元)	2.1049	1.7562	1.6846	1.6936
	净资产收益率(%)	8.5300	6.9130	4.8540	12.2881
	加权净资产收益率(%)	8.7300	7.0200	4.8100	12.9300
	净资产收益率(扣除)(%)	-	-	-	-
	总资产(万元)	22619955.28	23109974.58	22484646.04	21606510.37
	归属母公司股东权益(万元)	11260839.04	10649549.09	10465174.22	10472624.30
	主营业务收入(万元)	9682723.52	22093231.19	11024511.39	20097979.48
	营业收入(万元)	9790173.01	22250468.47	11098909.64	20214915.24
	主营成本(万元)	8928880.20	20178655.10	9848794.80	17684877.40
	营业成本(万元)	9024119.39	20304072.09	10456088.18	17539440.83
	投资收益(万元)	40738.39	63047.07	17842.25	82668.15
	净利润(万元)	968525.17	773580.02	532495.31	1334065.24
	利润总额(万元)	1233423.65	926012.54	678701.14	1705599.78

河南中原高速公路股份有限公司

公司概况	公司名称	河南中原高速公路股份有限公司			证券简称	中原高速
	法人代表	关健	董秘	王维	证券代码	600020
	公司网址	www.zygs.com		电子信箱	zygs600020@163.com	
	电　话	0371-67717696 67717695		传　真	0371-87166814	
	办公地址	郑州市郑东新区农业东路100号				
	经营范围	高速公路和特大桥梁的投资、经营管理和维护等				

主要财务指标	指标\报告期	2012.06.30	2011.12.31	2011.06.30	2010.12.31
	基本每股收益(元)	0.0705	0.1391	0.0816	0.2460
	基本每股收益(扣除)(元)	0.0615	0.1283	0.0763	0.2424
	每股净资产(元)	2.8734	2.9616	2.9032	2.9179
	每股经营现金净流量(元)	0.4435	0.8625	0.4589	1.0889
	每股现金流量(元)	0.1736	-0.4275	-0.3664	0.3307
	每股资本公积金(元)	0.8031	0.8517	0.8467	0.8471
	每股盈余公积金(元)	0.4241	0.4453	0.4306	0.4306
	每股未分配利润(元)	0.6462	0.6646	0.6259	0.6402
	净资产收益率(%)	2.4524	4.6970	2.9530	8.4307
	加权净资产收益率(%)	2.4700	4.7400	2.9000	8.7800
	净资产收益率(扣除)(%)	-	-	-	-
	总资产(万元)	3094965.83	3037938.88	2842024.84	2835289.75
	归属母公司股东权益(万元)	645764.43	633883.62	621388.11	624526.50
	主营业务收入(万元)	140222.21	262726.66	120492.99	228862.97
	营业收入(万元)	144476.09	262726.66	124284.85	236928.94
	主营成本(万元)	56362.58	109196.87	46804.15	76850.90
	营业成本(万元)	58360.30	114991.62	49007.33	82555.91
	投资收益(万元)	4185.74	8381.07	2165.89	5800.32
	净利润(万元)	15725.93	29853.65	18242.28	52807.02
	利润总额(万元)	21387.17	40128.14	24955.51	72258.32

上海电力股份有限公司

公司概况					
公司名称	上海电力股份有限公司			证券简称	上海电力
法人代表	王运丹	董秘	夏梅兴	证券代码	600021
公司网址	www.shanghaipower.com		电子信箱	sepco@shanghaipower.com	
电　　话	021-23108718 23108800		传　　真	021-23108717	
办公地址	上海市中山南路268号				
经营范围	从事火力发电厂的运营、向用户提供电力和热力产品等				

主要财务指标　指标\报告期	2012.06.30	2011.12.31	2011.06.30	2010.12.31
基本每股收益(元)	0.1428	0.2165	0.0855	0.0901
基本每股收益(扣除)(元)	0.1493	0.0146	0.0824	0.0353
每股净资产(元)	2.9516	2.7510	2.6968	2.6900
每股经营现金净流量(元)	0.8331	-0.4063	-0.6868	1.2091
每股现金流量(元)	0.2260	0.1027	0.2462	0.1364
每股资本公积金(元)	1.5591	1.4513	1.5279	1.5580
每股盈余公积金(元)	0.1836	0.1836	0.1713	0.1713
每股未分配利润(元)	0.2097	0.1169	-0.0018	-0.0373
净资产收益率(%)	4.8392	7.8690	3.1697	3.3480
加权净资产收益率(%)	4.9658	7.9700	3.1532	3.1300
净资产收益率(扣除)(%)	-	-	-	-
总资产(万元)	3174716.23	3160258.47	3229428.72	3205906.88
归属母公司股东权益(万元)	631564.22	588643.39	577044.69	575952.74
主营业务收入(万元)	704572.32	1719777.36	882488.57	1559094.59
营业收入(万元)	714229.85	1737628.82	891582.72	1579135.86
主营成本(万元)	618022.06	1557760.84	807253.36	1425696.55
营业成本(万元)	620285.89	1561747.01	880847.35	1430910.05
投资收益(万元)	38404.54	38728.63	25625.79	43299.35
净利润(万元)	37086.72	66447.59	31029.02	42896.52
利润总额(万元)	45218.65	82345.31	37413.13	51528.61

山东钢铁股份有限公司

公司概况					
公司名称	山东钢铁股份有限公司			证券简称	山东钢铁
法人代表	邹仲琛	董秘	金立山	证券代码	600022
公司网址	www.jigang.com.cn		电子信箱	jggf@jigang.com.cn	
电　　话	0531-88865480 67606889		传　　真	0531-88865480 88866684	
办公地址	山东省济南市历山路134号				
经营范围	钢铁冶炼、加工、钢材、水渣生产、销售等				

主要财务指标　指标\报告期	2012.06.30	2011.12.31	2011.06.30	2010.12.31
基本每股收益(元)	-0.1548	0.0169	0.0655	0.0270
基本每股收益(扣除)(元)	-0.1587	0.0166	0.0652	0.0262
每股净资产(元)	2.4461	2.3120	2.3051	2.2987
每股经营现金净流量(元)	0.0347	1.5188	1.0828	0.1757
每股现金流量(元)	-0.0148	-0.2097	-0.3296	-0.2031
每股资本公积金(元)	1.1938	0.5380	0.5416	0.5416
每股盈余公积金(元)	0.1111	0.2292	0.2277	0.2277
每股未分配利润(元)	0.1334	0.5943	0.5350	0.5294
净资产收益率(%)	-6.3281	0.7320	0.2430	1.1760
加权净资产收益率(%)	-6.1400	0.7300	2.5600	1.1800
净资产收益率(扣除)(%)	-	-	-	-
总资产(万元)	5802205.16	5722116.01	3313773.03	3279320.70
归属母公司股东权益(万元)	1574377.75	1673561.65	719286.79	717298.26
主营业务收入(万元)	3811597.87	3129182.50	4041310.75	2974354.65
营业收入(万元)	4024385.80	3218518.02	4273077.55	3074066.19
主营成本(万元)	3729839.58	2889403.70	3782656.34	2848595.38
营业成本(万元)	3938081.08	2964252.70	4008838.95	2939496.74
投资收益(万元)	-1228.65	52.54	-	-
净利润(万元)	-99709.46	5803.19	42449.02	8600.00
利润总额(万元)	-95924.97	8242.40	46256.92	12738.50

中海发展股份有限公司

公司概况					
公司名称	中海发展股份有限公司			证券简称	中海发展
法人代表	李绍德	董秘	姚巧红	证券代码	600026
公司网址	www.cnshippingdev.com		电子信箱	yqh@cnshipping.com	
电　　话	021-65967742 65967165		传　　真	021-65966160	
办公地址	上海市东大名路700号16楼				
经营范围	主营沿海、远洋、长江货物运输、船舶租赁、货物代理、代运业务等				

主要财务指标　指标\报告期	2012.06.30	2011.12.31	2011.06.30	2010.12.31
基本每股收益(元)	-0.1455	0.3076	0.2010	0.5042
基本每股收益(扣除)(元)	-0.1563	0.2712	0.1698	0.4652
每股净资产(元)	6.7171	6.9433	6.6219	6.6319
每股经营现金净流量(元)	-0.0652	0.4322	0.3373	0.7992
每股现金流量(元)	-0.1769	0.6800	0.2150	-0.3408
每股资本公积金(元)	1.4643	1.4641	1.2079	1.2086
每股盈余公积金(元)	0.8401	0.8401	0.8095	0.8095
每股未分配利润(元)	3.6646	3.9101	3.8341	3.8030
净资产收益率(%)	-2.1662	4.4310	3.0360	7.6024
加权净资产收益率(%)	-2.1100	4.5600	2.9900	7.8100
净资产收益率(扣除)(%)	-	-	-	-
总资产(万元)	5497976.30	5158881.41	4590414.41	4071017.62
归属母公司股东权益(万元)	2286882.42	2363881.68	2254464.49	2257854.57
主营业务收入(万元)	565618.25	1227365.25	620142.24	1139893.39
营业收入(万元)	567130.06	1229058.32	620549.84	1140941.97
主营成本(万元)	585104.14	1063668.78	526027.25	893084.21
营业成本(万元)	586081.32	1064428.18	526243.13	893626.25
投资收益(万元)	15592.81	37182.49	16422.39	21793.95
净利润(万元)	-46115.53	107876.44	70120.20	172196.30
利润总额(万元)	-46098.63	122505.14	83068.45	217140.80

华电国际电力股份有限公司

公司概况					
公司名称	华电国际电力股份有限公司			证券简称	华电国际
法人代表	云公民	董秘	周连青	证券代码	600027
公司网址	www.hdpi.com.cn		电子信箱	zhoulq@hdpi.com.cn	
电　　话	010-83567779 83567900		传　　真	010-83567963 83567967	
办公地址	北京市西城区宣武门内大街2号				
经营范围	电厂经营建设和电力产品生产销售等				

主要财务指标　指标\报告期	2012.06.30	2011.12.31	2011.06.30	2010.12.31
基本每股收益(元)	0.0400	0.0120	0.0180	0.0310
基本每股收益(扣除)(元)	0.0210	-0.1280	-0.0800	-0.1560
每股净资产(元)	2.6900	2.3800	2.3700	2.3500
每股经营现金净流量(元)	0.7833	0.9943	0.3458	0.8948
每股现金流量(元)	0.3615	0.1294	0.5326	-0.0009
每股资本公积金(元)	0.9512	0.6805	0.6664	0.6664
每股盈余公积金(元)	0.2285	0.2285	0.2265	0.2265
每股未分配利润(元)	0.5088	0.4689	0.4768	0.4593
净资产收益率(%)	1.4808	0.4920	0.7410	1.3050
加权净资产收益率(%)	1.6600	0.4900	0.7400	1.3200
净资产收益率(扣除)(%)	-	-	-	-
总资产(万元)	15876704.10	14854635.10	14004830.00	12786035.20
归属母公司股东权益(万元)	1822951.30	1610002.70	1604554.10	1592686.10
主营业务收入(万元)	2943728.00	5417806.00	2639747.00	4519750.00
营业收入(万元)	2955791.90	5449080.70	2649650.60	4544877.80
主营成本(万元)	2555970.10	4929241.80	2431043.00	4195309.20
营业成本(万元)	2563741.50	4946489.30	2437069.50	4212100.60
投资收益(万元)	40478.20	128178.60	91861.30	84621.10
净利润(万元)	38113.30	14472.30	9415.40	10621.20
利润总额(万元)	48040.00	17678.80	12523.20	23272.90

中国石油化工股份有限公司

公司概况						
	公司名称	中国石油化工股份有限公司			证券简称	中国石化
	法人代表	傅成玉	董秘	黄文生	证券代码	600028
	公司网址	www.sinopec.com		电子信箱	ir@sinopec.com	
	电　　话	010-59960028		传　　真	010-59960386	
	办公地址	北京市朝阳区朝阳门北大街 22 号				
	经营范围	石油、天然气勘探、开采、石油炼制、石油化工、成品油销售等				

主要财务指标	指标\报告期	2012.06.30	2011.12.31	2011.06.30	2010.12.31
	基本每股收益(元)	0.2730	0.8270	0.4640	0.8160
	基本每股收益(扣除)(元)	0.2680	0.8130	0.4590	0.7880
	每股净资产(元)	5.5600	5.4720	5.2470	4.8570
	每股经营现金净流量(元)	0.2367	1.7437	0.3560	1.9753
	每股现金流量(元)	-0.1392	0.0881	-0.0956	0.0949
	每股资本公积金(元)	0.3494	0.3412	0.3830	0.3393
	每股盈余公积金(元)	2.0811	2.0560	1.6738	1.6345
	每股未分配利润(元)	2.0992	2.0569	2.1763	1.8815
	净资产收益率(%)	4.9090	15.1130	8.8460	16.7914
	加权净资产收益率(%)	4.8900	15.9300	9.1000	17.4300
	净资产收益率(扣除)(%)	-	-	-	-
	总资产(万元)	116817800.00	113005300.00	107191200.00	98538900.00
	归属母公司股东权益(万元)	48273000.00	47439900.00	45488300.00	42112700.00
	主营业务收入(万元)	132746600.00	246376700.00	121694100.00	187675800.00
	营业收入(万元)	134807200.00	250568300.00	123327200.00	191318200.00
	主营成本(万元)	-	-	-	-
	营业成本(万元)	115243100.00	209319900.00	102987500.00	153713100.00
	投资收益(万元)	23200.00	418600.00	282200.00	567100.00
	净利润(万元)	2494600.00	7686400.00	4321200.00	7684300.00
	利润总额(万元)	3428300.00	10263800.00	5675500.00	10217800.00

中国南方航空股份有限公司

公司概况						
	公司名称	中国南方航空股份有限公司			证券简称	南方航空
	法人代表	司献民	董秘	谢兵	证券代码	600029
	公司网址	www.csair.com		电子信箱	webmaster@csair.com	
	电　　话	020-86124462		传　　真	020-86659040	
	办公地址	广东省广州市机场路 278 号				
	经营范围	国内、地区和国际定期及不定期航空客、货、邮、行李运输业务等				

主要财务指标	指标\报告期	2012.06.30	2011.12.31	2011.06.30	2010.12.31
	基本每股收益(元)	0.0500	0.5200	0.2800	0.7000
	基本每股收益(扣除)(元)	0.0400	0.4900	0.2600	0.6000
	每股净资产(元)	3.1100	3.2700	3.0300	2.7300
	每股经营现金净流量(元)	0.3952	1.3736	0.4859	1.3097
	每股现金流量(元)	0.2319	-0.0551	0.0766	0.6174
	每股资本公积金(元)	1.4668	1.4674	1.4679	1.4422
	每股盈余公积金(元)	0.0941	0.0941	0.0614	0.0614
	每股未分配利润(元)	0.5508	0.7058	0.5022	0.2215
	净资产收益率(%)	1.4700	15.8210	9.2570	21.6970
	加权净资产收益率(%)	1.4000	17.2200	9.7500	38.7400
	净资产收益率(扣除)(%)	-	-	-	-
	总资产(万元)	13555400.00	12926000.00	11756800.00	11122900.00
	归属母公司股东权益(万元)	3055100.00	3207800.00	2976200.00	2675500.00
	主营业务收入(万元)	4716900.00	9065100.00	4144500.00	7674300.00
	营业收入(万元)	4802800.00	9270700.00	4241400.00	7778800.00
	主营成本(万元)	4071600.00	7579900.00	3477000.00	6203700.00
	营业成本(万元)	4129200.00	7695400.00	3530200.00	6256700.00
	投资收益(万元)	19100.00	70700.00	17900.00	121400.00
	净利润(万元)	98200.00	604900.00	314600.00	642500.00
	利润总额(万元)	113200.00	686800.00	351000.00	809800.00

中信证券股份有限公司

公司概况						
	公司名称	中信证券股份有限公司			证券简称	中信证券
	法人代表	王东明	董秘	郑京	证券代码	600030
	公司网址	www.cs.ecitic.com		电子信箱	zxzq@citics.com	
	电　　话	0755-23835383 010-60836030		传　　真	0755-23835525 010-60836031	
	办公地址	广东省深圳市福田区中心三路 8 号中信证券大厦 北京市朝阳区亮马桥路 48 号中信证券大厦				
	经营范围	证券(含境内上市外资股)的代理买卖、代理证券还本付息、分红派息等				

主要财务指标	指标\报告期	2012.06.30	2011.12.31	2011.06.30	2010.12.31
	基本每股收益(元)	0.2000	1.2300	0.3000	1.1400
	基本每股收益(扣除)(元)	0.2000	1.2300	0.3000	1.1300
	每股净资产(元)	7.6400	7.8600	6.8000	7.0800
	每股经营现金净流量(元)	-0.6646	-2.4439	-2.1436	-1.7856
	每股现金流量(元)	-0.5128	-0.9132	-1.8726	-5.9314
	每股资本公积金(元)	3.0884	3.0848	2.5777	2.6460
	每股盈余公积金(元)	0.4960	0.4960	-	0.4705
	每股未分配利润(元)	2.2110	2.4368	-	2.0775
	净资产收益率(%)	2.6721	14.5250	4.3940	16.0590
	加权净资产收益率(%)	2.5600	17.0000	4.2500	17.2800
	净资产收益率(扣除)(%)	-	-	-	-
	总资产(万元)	14924312.06	14828038.00	13182481.64	15317767.03
	归属母公司股东权益(万元)	8415669.72	8658728.49	6766958.90	7043489.90
	主营业务收入(万元)	-	-	-	-
	营业收入(万元)	578819.13	2503319.38	750819.65	2779490.21
	主营成本(万元)	-	-	-	-
	营业成本(万元)	291839.04	-	350847.14	-
	投资收益(万元)	186760.13	1556336.01	266652.48	1095979.07
	净利润(万元)	224735.91	1260448.89	298286.32	1213605.11
	利润总额(万元)	290438.86	1503100.34	399661.14	1631994.07

三一重工股份有限公司

公司概况						
	公司名称	三一重工股份有限公司			证券简称	三一重工
	法人代表	梁稳根	董秘	肖友良	证券代码	600031
	公司网址	www.sany.com.cn		电子信箱	sany@sany.com.cn	
	电　　话	0731-84031555		传　　真	0731-84031777	
	办公地址	湖南省长沙市经济技术开发区				
	经营范围	建筑工程机械、起重机械、停车库、通用设备及机电设备的生产、销售与维修等				

主要财务指标	指标\报告期	2012.06.30	2011.12.31	2011.06.30	2010.12.31
	基本每股收益(元)	0.6800	1.1390	0.7800	0.7390
	基本每股收益(扣除)(元)	0.6400	1.0430	0.7800	0.6800
	每股净资产(元)	2.9400	2.5900	2.2300	1.4950
	每股经营现金净流量(元)	-0.2300	0.3001	0.0330	1.3332
	每股现金流量(元)	0.1211	0.4403	0.5456	0.1548
	每股资本公积金(元)	-0.0024	0.0013	0.0013	0.0019
	每股盈余公积金(元)	0.2416	0.2416	0.1807	0.2710
	每股未分配利润(元)	1.7436	1.3641	1.0683	0.9892
	净资产收益率(%)	23.1414	43.9860	35.0280	49.4740
	加权净资产收益率(%)	23.3300	55.9600	41.8100	54.6700
	净资产收益率(扣除)(%)	-	-	-	-
	总资产(万元)	7087395.95	5130671.76	4975155.52	3145203.53
	归属母公司股东权益(万元)	2229851.79	1966271.38	1695593.66	1135031.74
	主营业务收入(万元)	3063606.21	4906643.09	2965723.36	3296347.79
	营业收入(万元)	3176030.65	5077630.15	3036325.16	3395493.91
	主营成本(万元)	1942694.59	3079044.61	1817008.17	2064900.75
	营业成本(万元)	2050014.61	3225223.14	1878684.08	2144183.75
	投资收益(万元)	11329.44	14123.45	7749.31	4228.60
	净利润(万元)	543319.84	936155.50	634780.38	616402.75
	利润总额(万元)	635660.41	1079226.68	735301.88	693824.56

福建发展高速公路股份有限公司

公司概况					
公司名称	福建发展高速公路股份有限公司			证券简称	福建高速
法人代表	黄祥谈	董秘	何高文	证券代码	600033
公司网址	www.fjgs.com.cn		电子信箱	stock@fjgs.com.cn	
电　　话	0591-87077366		传　　真	0591-87077366	
办公地址	福建省福州市东水路18号福建交通综合大楼26层				
经营范围	高速公路的建设、运营、收费、养护与管理等				

主要财务指标 指标＼报告期	2012.06.30	2011.12.31	2011.06.30	2010.12.31
基本每股收益(元)	0.0868	0.1596	0.0954	0.1927
基本每股收益(扣除)(元)	0.0865	0.1630	0.0987	0.2069
每股净资产(元)	2.5750	2.5776	2.5134	2.5180
每股经营现金净流量(元)	0.2580	0.6090	0.2159	0.4698
每股现金流量(元)	0.0465	0.0436	0.0124	-0.1171
每股资本公积金(元)	0.6276	0.6266	0.6266	0.6266
每股盈余公积金(元)	0.2308	0.2308	0.2193	0.2193
每股未分配利润(元)	0.7166	0.7202	0.6675	0.6721
净资产收益率(%)	3.3712	6.1916	3.7970	7.6531
加权净资产收益率(%)	3.3300	6.2600	3.7200	7.8700
净资产收益率(扣除)(%)	-	-	-	-
总资产(万元)	1985414.09	1980950.18	2017614.56	1750246.94
归属母公司股东权益(万元)	706684.23	707396.66	689785.99	691041.62
主营业务收入(万元)	118961.13	230521.30	111252.58	192932.11
营业收入(万元)	120141.29	231205.64	111572.76	193547.20
主营成本(万元)	34231.89	75783.61	30841.47	51903.31
营业成本(万元)	35238.27	76851.00	31332.67	52786.96
投资收益(万元)	-5360.81	-9410.53	-4119.17	-6966.34
净利润(万元)	32246.47	57996.47	34373.44	71569.17
利润总额(万元)	44800.25	81636.88	47201.45	98643.17

湖北楚天高速公路股份有限公司

公司概况					
公司名称	湖北楚天高速公路股份有限公司			证券简称	楚天高速
法人代表	祝向军	董秘	张晴	证券代码	600035
公司网址	www.hbctgs.com		电子信箱	600035@hbctgs.com	
电　　话	027-84863942		传　　真	027-84863942	
办公地址	湖北省武汉市汉阳区龙阳大道9号				
经营范围	对汉荆段及江宜段高速公路的经营管理等				

主要财务指标 指标＼报告期	2012.06.30	2011.12.31	2011.06.30	2010.12.31
基本每股收益(元)	0.1500	0.3200	0.2200	0.4300
基本每股收益(扣除)(元)	0.1500	0.3200	0.2200	0.4300
每股净资产(元)	3.5121	3.4500	3.4270	3.2100
每股经营现金净流量(元)	0.3623	0.6275	0.3565	0.7990
每股现金流量(元)	1.6985	0.1536	0.4526	0.2416
每股资本公积金(元)	0.9449	0.9449	0.9449	0.9449
每股盈余公积金(元)	0.5425	0.5425	0.4649	0.4649
每股未分配利润(元)	1.0247	0.9596	1.0174	0.8000
净资产收益率(%)	4.1317	9.2025	6.3451	13.3711
加权净资产收益率(%)	4.1200	9.5500	6.5500	14.1700
净资产收益率(扣除)(%)	-	-	-	-
总资产(万元)	1152788.44	953488.22	777820.50	601189.10
归属母公司股东权益(万元)	327206.78	321140.79	319301.07	299040.97
主营业务收入(万元)	48584.90	93183.37	47027.50	94740.52
营业收入(万元)	49610.82	94987.22	47843.42	96678.94
主营成本(万元)	14765.14	35481.75	15166.38	34056.64
营业成本(万元)	15299.96	36380.78	15461.24	35099.83
投资收益(万元)	3.09	-	-	-
净利润(万元)	13517.90	29505.42	20229.66	39996.98
利润总额(万元)	20263.52	41859.31	27024.89	53215.45

招商银行股份有限公司

公司概况					
公司名称	招商银行股份有限公司			证券简称	招商银行
法人代表	傅育宁	董秘	兰奇	证券代码	600036
公司网址	www.cmbchina.com		电子信箱	cmb@cmbchina.com	
电　　话	0755-83198888		传　　真	0755-83195109	
办公地址	广东省深圳市福田区深南大道7088号				
经营范围	从事银行业及相关金融服务等				

主要财务指标 指标＼报告期	2012.06.30	2011.12.31	2011.06.30	2010.12.31
基本每股收益(元)	1.0800	1.6700	0.8600	1.2300
基本每股收益(扣除)(元)	1.0800	1.6600	0.8600	1.2200
每股净资产(元)	8.4000	7.6500	6.7400	6.2100
每股经营现金净流量(元)	11.9773	4.6947	4.0833	0.4120
每股现金流量(元)	10.2993	1.9434	3.8812	-0.2971
每股资本公积金(元)	1.8345	1.7456	1.6478	1.6776
每股盈余公积金(元)	0.6639	0.6639	0.5042	0.5042
每股未分配利润(元)	4.0685	3.4068	2.8422	2.2739
净资产收益率(%)	12.8908	21.8970	12.7900	19.2300
加权净资产收益率(%)	27.0000	24.1700	26.6200	21.7500
净资产收益率(扣除)(%)	-	-	-	-
总资产(万元)	332270100.00	279497100.00	264320500.00	240250700.00
归属母公司股东权益(万元)	18134700.00	16499700.00	14543200.00	13400600.00
主营业务收入(万元)	-	-	-	-
营业收入(万元)	5711900.00	9615700.00	4605600.00	7137700.00
主营成本(万元)	-	-	-	-
营业成本(万元)	-	-	2204500.00	-
投资收益(万元)	239500.00	228300.00	120100.00	131700.00
净利润(万元)	2337600.00	3612700.00	1860000.00	2576900.00
利润总额(万元)	3082500.00	4712200.00	2417600.00	3334300.00

北京歌华有线电视网络股份有限公司

公司概况					
公司名称	北京歌华有线电视网络股份有限公司			证券简称	歌华有线
法人代表	郭章鹏	董秘	梁彦军	证券代码	600037
公司网址	www.bgctv.com.cn		电子信箱	600037@bgctv.com.cn	
电　　话	010-62364114 62035573		传　　真	010-62364114 62035573	
办公地址	北京市东城区青龙胡同1号歌华大厦7层				
经营范围	广播电视网络的建设开发、经营管理和维护、广播电视节目收转等				

主要财务指标 指标＼报告期	2012.06.30	2011.12.31	2011.06.30	2010.12.31
基本每股收益(元)	0.1182	0.2630	0.1142	0.3262
基本每股收益(扣除)(元)	-0.0805	-0.0830	-0.0318	0.1042
每股净资产(元)	5.0300	5.0100	4.8900	4.9600
每股经营现金净流量(元)	0.2765	0.8729	0.3122	0.8629
每股现金流量(元)	-0.1702	0.2690	-0.0245	1.4991
每股资本公积金(元)	1.9359	1.9358	1.9604	2.0436
每股盈余公积金(元)	0.4286	0.4286	0.4028	0.4028
每股未分配利润(元)	1.6673	1.6492	1.5263	1.5120
净资产收益率(%)	2.3481	5.2450	2.3370	6.5794
加权净资产收益率(%)	2.3400	5.2700	2.2800	7.3700
净资产收益率(扣除)(%)	-	-	-	-
总资产(万元)	1071274.76	1111743.39	950300.81	912616.75
归属母公司股东权益(万元)	533558.41	531631.05	518468.77	525776.48
主营业务收入(万元)	95466.37	188791.38	79532.61	188872.25
营业收入(万元)	96090.65	189783.70	79912.65	189434.61
主营成本(万元)	93920.36	175958.60	74781.04	159904.79
营业成本(万元)	94031.26	176148.73	74828.47	159969.95
投资收益(万元)	-225.32	5493.88	2625.64	357.66
净利润(万元)	12547.00	27931.98	12134.74	34604.23
利润总额(万元)	12645.91	28208.28	12249.13	34745.91

哈飞航空工业股份有限公司

公司概况						
	公司名称	哈飞航空工业股份有限公司			证券简称	哈飞股份
	法人代表	郭殿满	董秘	顾韶辉	证券代码	600038
	公司网址	www.hafei.com		电子信箱	gsh0808@sina.com	
	电　话	0451-86528350		传　真	0451-86524324	
	办公地址	黑龙江省哈尔滨市平房区友协大街15号				
	经营范围	航空产品及零部件的开发、设计研制、生产和销售等				

主要财务指标				
指标\报告期	2012.06.30	2011.12.31	2011.06.30	2010.12.31
基本每股收益(元)	0.1369	0.3255	0.1007	0.3547
基本每股收益(扣除)(元)	0.1371	0.3040	0.1008	0.3554
每股净资产(元)	4.6000	4.4600	4.3375	4.2369
每股经营现金净流量(元)	0.0879	0.2070	0.0251	0.2945
每股现金流量(元)	0.0780	0.0948	0.0103	-0.0079
每股资本公积金(元)	1.8538	1.8538	1.8538	1.8538
每股盈余公积金(元)	0.4290	0.4290	0.3964	0.3964
每股未分配利润(元)	1.3166	1.1796	1.0873	0.9867
净资产收益率(%)	2.9772	7.2950	2.3210	8.3710
加权净资产收益率(%)	3.0222	7.4692	2.3479	8.6130
净资产收益率(扣除)(%)	-	-	-	-
总资产(万元)	410146.67	313013.54	327214.54	278526.97
归属母公司股东权益(万元)	155157.33	150537.91	146326.25	142930.49
主营业务收入(万元)	78330.53	271484.95	67928.77	223157.26
营业收入(万元)	82311.11	276943.37	70004.42	227003.57
主营成本(万元)	65543.75	240229.81	59979.44	193755.48
营业成本(万元)	69044.15	244935.06	61788.80	197198.39
投资收益(万元)	-578.52	-689.81	-	1645.33
净利润(万元)	4619.42	10980.92	3395.76	11964.79
利润总额(万元)	5550.11	12329.94	3995.01	13193.96

四川路桥建设股份有限公司

公司概况						
	公司名称	四川路桥建设股份有限公司			证券简称	四川路桥
	法人代表	孙云	董秘	曹川	证券代码	600039
	公司网址	www.scrbc.com.cn		电子信箱	srbcdsh@163.com	
	电　话	028-85126085 85127039		传　真	028-85126084	
	办公地址	四川省成都市高新区九兴大道12号				
	经营范围	各级公路工程和桥梁、隧道工程的施工等				

主要财务指标				
指标\报告期	2012.06.30	2011.12.31	2011.06.30	2010.12.31
基本每股收益(元)	0.2257	0.5035	0.2200	0.3272
基本每股收益(扣除)(元)	0.2322	0.5292	0.2802	0.3307
每股净资产(元)	2.9578	3.5802	3.3550	3.0600
每股经营现金净流量(元)	0.3844	0.9682	0.3477	1.2221
每股现金流量(元)	0.1075	-0.0929	-3.2427	-0.0997
每股资本公积金(元)	0.6389	1.2633	1.3313	1.2333
每股盈余公积金(元)	0.1191	0.4102	0.1804	0.1804
每股未分配利润(元)	1.0263	3.0061	0.7123	0.5360
净资产收益率(%)	7.6297	13.7710	22.5743	10.7030
加权净资产收益率(%)	7.8800	15.0000	12.3300	10.5700
净资产收益率(扣除)(%)	-	-	-	-
总资产(万元)	3317018.62	2946641.43	790279.83	721103.42
归属母公司股东权益(万元)	309532.40	287597.39	101992.51	92941.01
主营业务收入(万元)	977481.19	667316.71	720929.17	457190.65
营业收入(万元)	977612.31	671565.98	721960.86	458092.32
主营成本(万元)	888840.51	596089.93	635006.76	410980.51
营业成本(万元)	889198.71	597573.39	635551.18	411159.08
投资收益(万元)	505.26	1229.78	358.96	7026.22
净利润(万元)	24308.96	18650.46	24031.58	14797.46
利润总额(万元)	25783.49	22696.95	32561.29	12906.63

保利房地产(集团)股份有限公司

公司概况						
	公司名称	保利房地产(集团)股份有限公司			证券简称	保利地产
	法人代表	宋广菊	董秘	黄海	证券代码	600048
	公司网址	www.polycn.com		电子信箱	stock@polycn.com	
	电　话	020-89898833		传　真	020-89898666 8831	
	办公地址	广东省广州市海珠区阅江中路688号保利国际广场北塔29-33层				
	经营范围	房地产开发、销售、租赁及其物业管理等				

主要财务指标				
指标\报告期	2012.06.30	2011.12.31	2011.06.30	2010.12.31
基本每股收益(元)	0.3517	1.1000	0.3915	0.8300
基本每股收益(扣除)(元)	0.3500	1.0900	0.3901	0.8300
每股净资产(元)	5.1142	5.9273	5.3023	6.4900
每股经营现金净流量(元)	0.2263	-1.3318	-1.3893	-4.8889
每股现金流量(元)	0.9856	-0.1646	-0.2642	0.8531
每股资本公积金(元)	1.5024	2.0001	2.0017	2.9022
每股盈余公积金(元)	0.0879	0.1055	0.0800	0.1039
每股未分配利润(元)	2.5238	2.8215	2.2189	2.4868
净资产收益率(%)	6.8772	18.5240	8.8610	16.5604
加权净资产收益率(%)	6.9600	20.2000	9.1300	18.0200
净资产收益率(扣除)(%)	-	-	-	-
总资产(万元)	21680328.81	19501456.53	18028512.08	15232797.26
归属母公司股东权益(万元)	3650514.02	3525766.06	3154008.70	2970929.01
主营业务收入(万元)	2017323.11	4703194.50	1518482.93	3589047.34
营业收入(万元)	2018292.30	4703622.22	1519103.74	3589411.76
主营成本(万元)	1225233.47	2953617.78	873272.71	2364531.80
营业成本(万元)	1225683.96	2953680.26	873302.42	2364548.36
投资收益(万元)	19868.48	-1818.82	-331.44	4200.21
净利润(万元)	325448.37	736720.05	286812.70	550527.81
利润总额(万元)	451723.48	1007409.21	395661.16	740457.46

中国联合网络通信股份有限公司

公司概况						
	公司名称	中国联合网络通信股份有限公司			证券简称	中国联通
	法人代表	常小兵	董秘	张健(代)	证券代码	600050
	公司网址	www.chinaunicom-a.com		电子信箱	zhangby@chinaunicom-a.com	
	电　话	021-52732228		传　真	021-52732220	
	办公地址	上海市长宁区长宁路1033号29楼				
	经营范围	从事国(境)内外电信行业的投资等				

主要财务指标				
指标\报告期	2012.06.30	2011.12.31	2011.06.30	2010.12.31
基本每股收益(元)	0.0545	0.0666	0.0413	0.0580
基本每股收益(扣除)(元)	0.0515	0.0546	0.0393	0.0490
每股净资产(元)	3.3500	3.3500	3.3600	3.3400
每股经营现金净流量(元)	1.7349	3.2766	1.6833	3.2194
每股现金流量(元)	0.2002	-0.3531	-0.1819	0.6941
每股资本公积金(元)	1.2607	1.2813	1.3178	1.3144
每股盈余公积金(元)	0.0352	0.0352	0.0323	0.0323
每股未分配利润(元)	1.0563	1.0353	1.0131	0.9983
净资产收益率(%)	1.6261	1.9880	1.2282	1.7420
加权净资产收益率(%)	1.6200	1.9900	1.2300	1.7300
净资产收益率(扣除)(%)	-	-	-	-
总资产(万元)	47388551.09	45852384.39	44241145.39	44360766.79
归属母公司股东权益(万元)	7103085.95	7102380.22	7126847.01	7088460.94
主营业务收入(万元)	10561379.12	19177119.58	9322495.26	16878220.54
营业收入(万元)	12529280.40	21551851.15	10448255.93	17624342.21
主营成本(万元)	6516988.84	12467511.54	5988323.44	11307563.24
营业成本(万元)	8812478.72	15441402.37	7417055.02	12376321.84
投资收益(万元)	41221.97	86624.06	44437.27	48462.68
净利润(万元)	341049.84	418796.54	259141.07	369163.27
利润总额(万元)	459414.98	566404.08	349017.90	467175.40

宁波联合集团股份有限公司

公司概况	公司名称	宁波联合集团股份有限公司		证券简称	宁波联合
	法人代表	李水荣	董秘	董庆慈	证券代码	600051
	公司网址	www.nug.com.cn		电子信箱	dqc@nug.com.cn
	电　话	0574-86221609		传　真	0574-86221320
	办公地址	浙江省宁波市开发区东海路1号联合大厦			
	经营范围	基础设施、房地产、对外贸易、医药生物和其他高新技术产业的开发等			

主要财务指标	指标\报告期	2012.06.30	2011.12.31	2011.06.30	2010.12.31
	基本每股收益(元)	0.0700	0.7500	0.4300	0.5600
	基本每股收益(扣除)(元)	–	0.5700	0.4200	0.4200
	每股净资产(元)	6.5500	5.8500	5.6500	5.5900
	每股经营现金净流量(元)	–0.0223	0.4502	–0.8134	0.6882
	每股现金流量(元)	–0.6163	0.9256	–0.6224	–0.8802
	每股资本公积金(元)	2.9298	2.1936	2.3313	2.5530
	每股盈余公积金(元)	0.5999	0.5999	0.5777	0.5777
	每股未分配利润(元)	2.0167	2.0510	1.7507	1.4712
	净资产收益率(%)	1.0000	12.8510	7.6049	10.0820
	加权净资产收益率(%)	1.0900	13.1300	7.5200	10.9000
	净资产收益率(扣除)(%)	–	–	–	–
	总资产(万元)	553379.51	541776.71	486507.19	533706.00
	归属母公司股东权益(万元)	198099.41	176939.53	170761.00	169008.46
	主营业务收入(万元)	111907.18	409865.07	171580.35	349147.31
	营业收入(万元)	112765.43	413752.65	172388.70	350620.75
	主营成本(万元)	99790.90	340935.35	129849.23	308287.41
	营业成本(万元)	100092.37	342708.54	130133.56	308943.92
	投资收益(万元)	2884.28	5876.24	2832.75	6660.93
	净利润(万元)	1617.25	21563.60	11631.70	15389.39
	利润总额(万元)	3028.28	31088.24	17911.84	19392.76

浙江广厦股份有限公司

公司概况	公司名称	浙江广厦股份有限公司		证券简称	浙江广厦
	法人代表	杨玉林	董秘	包宇芬	证券代码	600052
	公司网址	www.gsgf.com		电子信箱	baoyufen@guangsha.com
	电　话	0571-87974176		传　真	0571-85125355
	办公地址	浙江省杭州市玉古路166号			
	经营范围	房地产投资、实业投资、房地产中介代理、园林、绿化、市政、幕墙等			

主要财务指标	指标\报告期	2012.06.30	2011.12.31	2011.06.30	2010.12.31
	基本每股收益(元)	–0.0800	0.3300	0.2300	0.1500
	基本每股收益(扣除)(元)	–0.0900	0.0100	–0.1000	0.1700
	每股净资产(元)	1.9500	2.6700	2.5500	2.3600
	每股经营现金净流量(元)	–0.0936	–0.6047	–0.2844	–0.8289
	每股现金流量(元)	–0.0266	–0.1419	–0.2462	0.0275
	每股资本公积金(元)	0.0320	0.3357	0.3357	0.3357
	每股盈余公积金(元)	0.1614	0.1902	0.1725	0.1725
	每股未分配利润(元)	0.7558	1.1005	1.0385	0.8559
	净资产收益率(%)	–4.1180	12.4170	9.1310	6.1975
	加权净资产收益率(%)	–3.3200	13.1300	9.3700	6.4400
	净资产收益率(扣除)(%)	–	–	–	–
	总资产(万元)	879845.49	860086.35	808136.76	795510.29
	归属母公司股东权益(万元)	169934.99	232341.09	222011.68	206098.08
	主营业务收入(万元)	103582.16	179138.36	27389.61	221026.84
	营业收入(万元)	106084.64	181239.08	27973.46	223704.23
	主营成本(万元)	88810.83	110736.01	17872.80	154716.41
	营业成本(万元)	88855.41	110784.33	37118.00	154764.74
	投资收益(万元)	2759.57	30245.10	29165.25	2480.07
	净利润(万元)	–7153.82	28455.02	20077.90	12870.72
	利润总额(万元)	–5384.71	36658.35	20115.94	23983.53

江西中江地产股份有限公司

公司概况	公司名称	江西中江地产股份有限公司		证券简称	中江地产
	法人代表	钟虹光	董秘	钟虹光(代)	证券代码	600053
	公司网址	www.jzjt.com		电子信箱	zjre600053@126.com
	电　话	0791-88164127		传　真	0791-88164141
	办公地址	江西省南昌市东湖区沿江北大道1379号紫金城A栋写字楼			
	经营范围	房地产开发及经营、土地开发及经营、对旅游项目的投资、装饰工程等			

主要财务指标	指标\报告期	2012.06.30	2011.12.31	2011.06.30	2010.12.31
	基本每股收益(元)	0.0028	0.0400	0.0037	0.0200
	基本每股收益(扣除)(元)	0.0031	0.0100	0.0016	0.0014
	每股净资产(元)	1.8028	1.8000	1.7679	2.1200
	每股经营现金净流量(元)	0.2854	0.2758	0.8225	0.2334
	每股现金流量(元)	0.0361	–0.0830	0.3869	–0.6231
	每股资本公积金(元)	0.4352	0.4352	0.4352	0.7223
	每股盈余公积金(元)	0.0698	0.0698	0.0662	0.0795
	每股未分配利润(元)	0.2978	0.2950	0.2664	0.3153
	净资产收益率(%)	0.1546	1.9880	0.2073	0.8481
	加权净资产收益率(%)	0.1548	2.0100	0.2075	0.8500
	净资产收益率(扣除)(%)	–	–	–	–
	总资产(万元)	292207.07	275790.98	299596.42	260236.88
	归属母公司股东权益(万元)	78158.32	78037.45	76645.26	76486.35
	主营业务收入(万元)	3918.57	39882.80	3380.20	24007.40
	营业收入(万元)	3856.52	40056.78	3401.46	26598.73
	主营成本(万元)	2182.61	33604.95	2196.79	19547.12
	营业成本(万元)	2317.08	33713.82	3212.77	21592.57
	投资收益(万元)	–0.20	10.03	–4.84	291.61
	净利润(万元)	120.87	1551.10	158.91	648.00
	利润总额(万元)	197.10	2083.27	172.07	711.09

黄山旅游发展股份有限公司

公司概况	公司名称	黄山旅游发展股份有限公司		证券简称	黄山旅游
	法人代表	许继伟	董秘	黄慧敏	证券代码	600054
	公司网址	www.huangshan.com.cn		电子信箱	hshhm666@126.com
	电　话	0559-5580567 5580526		传　真	0559-5580505
	办公地址	安徽省黄山市黄山风景区温泉			
	经营范围	园林门票、客运索道、酒店食宿及旅游服务等			

主要财务指标	指标\报告期	2012.06.30	2011.12.31	2011.06.30	2010.12.31
	基本每股收益(元)	0.2960	0.5400	0.2944	0.4900
	基本每股收益(扣除)(元)	0.2956	0.5500	0.2944	0.5100
	每股净资产(元)	3.9600	3.6640	3.4282	3.1300
	每股经营现金净流量(元)	0.0718	0.5880	0.0061	0.5413
	每股现金流量(元)	0.0803	–0.2086	0.0635	0.3762
	每股资本公积金(元)	0.2797	0.2797	0.2928	0.2928
	每股盈余公积金(元)	0.4504	0.4504	0.3904	0.3904
	每股未分配利润(元)	2.2300	1.9339	1.7449	1.4505
	净资产收益率(%)	7.4754	14.8310	8.5886	15.6380
	加权净资产收益率(%)	7.7700	15.9600	8.9700	16.9600
	净资产收益率(扣除)(%)	–	–	–	–
	总资产(万元)	324244.14	299381.63	276507.57	237553.62
	归属母公司股东权益(万元)	186656.40	172703.05	161588.20	147710.10
	主营业务收入(万元)	79541.36	172420.50	72544.90	156996.04
	营业收入(万元)	74848.16	160122.74	67757.29	144498.66
	主营成本(万元)	48115.07	103900.45	43467.59	97522.54
	营业成本(万元)	44386.41	91650.32	49692.81	85715.05
	投资收益(万元)	804.83	998.51	997.63	2012.49
	净利润(万元)	14844.87	27072.16	14583.02	24478.60
	利润总额(万元)	19219.02	37439.06	19063.46	31670.45

华润万东医疗装备股份有限公司

公司概况					
公司名称	华润万东医疗装备股份有限公司			证券简称	华润万东
法人代表	贺旋	董秘	张丹石	证券代码	600055
公司网址	www.wandong.com.cn		电子信箱	wdyL055@263.net.cn	
电　话	010-84569688		传　真	010-84575717	
办公地址	北京市朝阳区酒仙桥东路 9 号院 3 号楼				
经营范围	各类医疗器械的生产和销售等				

主要财务指标：指标\报告期	2012.06.30	2011.12.31	2011.06.30	2010.12.31
基本每股收益(元)	0.0920	0.1840	0.1020	0.1940
基本每股收益(扣除)(元)	0.0470	0.1143	0.1020	0.1640
每股净资产(元)	2.8800	2.7900	2.7100	2.6800
每股经营现金净流量(元)	-0.2838	-0.1463	-0.4370	-0.0194
每股现金流量(元)	-0.1134	-0.0475	-0.3889	-0.1671
每股资本公积金(元)	0.5502	0.5502	0.5512	0.5512
每股盈余公积金(元)	0.3070	0.3070	0.2984	0.2984
每股未分配利润(元)	1.0260	0.9338	0.8597	0.8281
净资产收益率(%)	3.1972	6.6030	3.7520	7.2370
加权净资产收益率(%)	3.2500	6.7400	3.7300	7.4200
净资产收益率(扣除)(%)	-	-	-	-
总资产(万元)	104080.00	101428.85	97228.26	100866.29
归属母公司股东权益(万元)	62406.48	60411.23	58642.42	57957.39
主营业务收入(万元)	26568.20	57700.58	29097.92	58967.65
营业收入(万元)	27447.35	58880.52	30298.93	60275.44
主营成本(万元)	17221.80	38059.11	18400.38	37242.66
营业成本(万元)	17406.55	38513.14	19458.48	38096.11
投资收益(万元)	19.52	158.88	35.03	73.66
净利润(万元)	2007.13	4072.03	2168.67	4265.48
利润总额(万元)	2380.08	5250.07	2479.79	4543.29

中国医药保健品股份有限公司

公司概况					
公司名称	中国医药保健品股份有限公司			证券简称	中国医药
法人代表	张本智	董秘	齐建西	证券代码	600056
公司网址	www.meheco.cn		电子信箱	qijx999@yahoo.com.cn	
电　话	010-67164267		传　真	010-67152359	
办公地址	北京市东城区光明中街 18 号				
经营范围	高新技术及成套设备的进出口贸易、易货贸易、国际招标采购等				

主要财务指标：指标\报告期	2012.06.30	2011.12.31	2011.06.30	2010.12.31
基本每股收益(元)	0.6491	0.8651	0.4097	0.6269
基本每股收益(扣除)(元)	0.6220	0.8062	0.3648	0.4599
每股净资产(元)	5.8891	5.4242	5.0150	4.6800
每股经营现金净流量(元)	1.5914	0.1783	-0.7125	-1.1936
每股现金流量(元)	1.3646	0.1147	-0.6807	-1.8777
每股资本公积金(元)	1.1307	1.1397	1.2595	1.2867
每股盈余公积金(元)	0.5004	0.5004	0.4460	0.4460
每股未分配利润(元)	3.2580	2.7089	2.3092	1.9471
净资产收益率(%)	11.0223	16.1760	8.1697	13.3960
加权净资产收益率(%)	11.4900	17.2700	8.3700	13.3500
净资产收益率(扣除)(%)	-	-	-	-
总资产(万元)	714640.80	618864.87	555608.85	523757.75
归属母公司股东权益(万元)	183125.79	168669.65	155934.55	145523.74
主营业务收入(万元)	444125.95	726288.47	327502.07	625661.21
营业收入(万元)	444434.57	726859.99	327557.96	625953.06
主营成本(万元)	389810.53	634546.47	291774.48	564859.83
营业成本(万元)	389853.39	634711.81	309794.27	564946.97
投资收益(万元)	575.11	2095.02	1850.23	6428.15
净利润(万元)	23463.98	32078.69	15586.87	25042.88
利润总额(万元)	30262.40	41473.07	19523.31	32280.95

福建省厦门象屿股份有限公司

公司概况					
公司名称	福建省厦门象屿股份有限公司			证券简称	象屿股份
法人代表	王龙雏	董秘	吕东	证券代码	600057
公司网址	www.xiangyu.cn		电子信箱	stock@xiangyu.cn	
电　话	0592-6516003 5603375		传　真	0592-5051631	
办公地址	福建省厦门市象屿保税区银盛大厦二楼				
经营范围	物流园区相关项目的开发经营、房地产租赁服务等				

主要财务指标：指标\报告期	2012.06.30	2011.12.31	2011.06.30	2010.12.31
基本每股收益(元)	0.0100	0.2900	0.2900	0.3700
基本每股收益(扣除)(元)	0.0200	0.0300	0.1900	0.2800
每股净资产(元)	1.6600	1.6500	0.0019	2.9400
每股经营现金净流量(元)	-0.7131	-1.1037	-1.3940	0.3142
每股现金流量(元)	0.1055	0.4532	-0.0145	-0.3693
每股资本公积金(元)	0.1564	0.1554	1.5452	1.3288
每股盈余公积金(元)	0.0236	0.0236	-	0.0178
每股未分配利润(元)	0.5050	0.4975	-2.5433	0.6185
净资产收益率(%)	0.4500	12.5090	72.9200	12.5730
加权净资产收益率(%)	0.4500	11.5900	9.3400	13.3600
净资产收益率(扣除)(%)	-	-	-	-
总资产(万元)	962903.42	685186.18	13400.49	537169.53
归属母公司股东权益(万元)	142686.77	141908.72	82.35	126388.03
主营业务收入(万元)	1465746.02	3390501.86	1486277.27	2483663.32
营业收入(万元)	1466310.91	3393435.06	1486788.56	2484917.83
主营成本(万元)	1423296.27	3310648.27	1430177.42	2410331.14
营业成本(万元)	1423589.61	3311120.51	1430212.85	2410461.27
投资收益(万元)	656.21	22268.84	2987.33	7989.61
净利润(万元)	1096.33	17878.96	12761.98	16804.14
利润总额(万元)	1612.15	23564.67	14383.79	20101.93

五矿发展股份有限公司

公司概况					
公司名称	五矿发展股份有限公司			证券简称	五矿发展
法人代表	周中枢	董秘	崔青莲	证券代码	600058
公司网址	www.minlist.com.cn		电子信箱	cuiql@minmetals.com	
电　话	010-68494205 68494267		传　真	010-68494207	
办公地址	北京市海淀区三里河路 5 号 B 座				
经营范围	国内外贸易、国际货运、货代、仓储、国际招标投标、酒店经营、工业生产等				

主要财务指标：指标\报告期	2012.06.30	2011.12.31	2011.06.30	2010.12.31
基本每股收益(元)	-0.2611	0.5017	0.6146	0.3590
基本每股收益(扣除)(元)	-0.2831	0.0149	0.5042	0.3469
每股净资产(元)	7.9960	8.4643	8.7012	8.1967
每股经营现金净流量(元)	3.0198	-2.7105	-3.0072	1.0519
每股现金流量(元)	0.3753	0.1187	1.1602	0.1561
每股资本公积金(元)	3.7852	3.7882	3.9319	3.8828
每股盈余公积金(元)	0.8110	0.8110	0.7156	0.7156
每股未分配利润(元)	2.3941	2.8651	3.0747	2.6101
净资产收益率(%)	-3.2651	5.9280	7.0640	4.3796
加权净资产收益率(%)	-3.1333	6.0227	7.2316	4.5351
净资产收益率(扣除)(%)	-	-	-	-
总资产(万元)	5044261.21	4897038.59	5779527.13	4323635.10
归属母公司股东权益(万元)	857104.50	907301.28	932695.41	878611.55
主营业务收入(万元)	6822127.93	16183012.44	6945446.10	13134208.82
营业收入(万元)	6839406.74	16205266.19	6951415.87	13146591.06
主营成本(万元)	6742309.07	15835105.40	6722155.10	12798197.89
营业成本(万元)	6753402.43	15848766.64	6725907.09	12808459.03
投资收益(万元)	156.76	47537.22	13173.43	906.85
净利润(万元)	-46419.24	55416.11	67173.66	15356.36
利润总额(万元)	-56152.76	83181.48	93070.13	33874.83

浙江古越龙山绍兴酒股份有限公司

公司概况	公司名称	浙江古越龙山绍兴酒股份有限公司			证券简称	古越龙山
	法人代表	傅建伟	董秘	周娟英	证券代码	600059
	公司网址	www.shaoxingwine.com.cn		电子信箱	zjy@shaoxingwine.com.cn	
	电 话	0575-85158435 85176000		传 真	0575-85166884	
	办公地址	浙江省绍兴市北海桥				
	经营范围	黄酒、白酒、饮料、副食品及食品原辅料开发、制造、销售等				

	指标\报告期	2012.06.30	2011.12.31	2011.06.30	2010.12.31
主要财务指标	基本每股收益(元)	0.1600	0.2680	0.1330	0.1960
	基本每股收益(扣除)(元)	0.1470	0.2080	0.1330	0.1510
	每股净资产(元)	3.6500	3.5400	3.4100	3.2800
	每股经营现金净流量(元)	-0.0911	0.2687	0.0314	0.2313
	每股现金流量(元)	-0.2663	-0.0921	-0.2125	0.3578
	每股资本公积金(元)	1.5133	1.5133	1.5133	1.5133
	每股盈余公积金(元)	0.2304	0.2304	0.2153	0.2153
	每股未分配利润(元)	0.9130	0.8034	0.6829	0.5503
	净资产收益率(%)	4.3699	7.5680	3.8922	5.9760
	加权净资产收益率(%)	4.4100	7.8600	3.9700	6.6500
	净资产收益率(扣除)(%)	-	-	-	-
	总资产(万元)	290078.60	309407.01	277499.68	282932.48
	归属母公司股东权益(万元)	231918.94	224953.87	216414.53	208004.72
	主营业务收入(万元)	80319.30	122776.38	66550.22	105874.64
	营业收入(万元)	81492.87	124555.42	67534.70	107923.33
	主营成本(万元)	49513.61	75613.69	40283.86	67053.16
	营业成本(万元)	49953.51	76945.72	40910.60	68485.09
	投资收益(万元)	199.96	589.14	190.15	521.57
	净利润(万元)	10184.31	17137.53	8461.89	12644.78
	利润总额(万元)	13404.02	21474.32	11367.72	15871.45

青岛海信电器股份有限公司

公司概况	公司名称	青岛海信电器股份有限公司			证券简称	海信电器
	法人代表	于淑珉	董秘	江海旺	证券代码	600060
	公司网址	www.hisense.com		电子信箱	zqb@hisense.com	
	电 话	0532-83889556		传 真	0532-83889556	
	办公地址	山东省青岛市经济技术开发区前湾港路218号				
	经营范围	电视机、广播电视设备、通讯产品制造、信息技术产品、家用、商用电器、电子产品的制造、销售等				

	指标\报告期	2012.06.30	2011.12.31	2011.06.30	2010.12.31
主要财务指标	基本每股收益(元)	0.6620	1.9470	0.5980	0.9630
	基本每股收益(扣除)(元)	0.6460	1.8730	0.5760	0.8950
	每股净资产(元)	8.9200	8.2500	6.9520	6.5500
	每股经营现金净流量(元)	2.4093	0.9155	1.4658	0.6453
	每股现金流量(元)	2.0410	0.3790	1.1698	0.2753
	每股资本公积金(元)	3.0777	3.0751	3.0631	3.0608
	每股盈余公积金(元)	1.0082	1.0082	0.6315	0.6315
	每股未分配利润(元)	3.8636	3.1965	2.2786	1.8725
	净资产收益率(%)	7.4219	23.5660	8.5960	14.7167
	加权净资产收益率(%)	7.7100	26.3700	8.7700	15.8100
	净资产收益率(扣除)(%)	-	-	-	-
	总资产(万元)	1502486.12	1614461.48	1361670.27	1249404.32
	归属母公司股东权益(万元)	774875.38	716744.93	602530.41	567317.18
	主营业务收入(万元)	936411.93	2175406.90	918862.03	1977377.93
	营业收入(万元)	1006561.45	2352372.36	979872.68	2126370.06
	主营成本(万元)	761202.69	1692467.01	721688.09	1615221.26
	营业成本(万元)	826944.27	1861449.32	779966.92	1757615.56
	投资收益(万元)	74.75	1672.86	353.40	1834.12
	净利润(万元)	58424.06	171179.88	52319.14	83938.65
	利润总额(万元)	68840.45	196480.59	61675.90	97940.17

中纺投资发展股份有限公司

公司概况	公司名称	中纺投资发展股份有限公司			证券简称	中纺投资
	法人代表	常俊传	董秘	鲍勤飞	证券代码	600061
	公司网址	www.sinotex-ctrc.com.cn		电子信箱	600061@sinotex-ctrc.com.cn	
	电 话	010-52021965 021-62818687		传 真	010-52021966 021-62818686	
	办公地址	上海市长宁区延安西路1228号嘉利大厦33层				
	经营范围	纺织品、纺织原材料、化轻材料、新产品的开发、生产、销售等				

	指标\报告期	2012.06.30	2011.12.31	2011.06.30	2010.12.31
主要财务指标	基本每股收益(元)	-0.0300	0.0400	0.0400	0.0500
	基本每股收益(扣除)(元)	-0.0330	0.0300	0.0390	0.0400
	每股净资产(元)	1.3330	1.3630	1.3640	1.3200
	每股经营现金净流量(元)	-0.2088	-0.2300	-0.1800	0.0374
	每股现金流量(元)	-0.1223	0.0705	0.0565	0.0287
	每股资本公积金(元)	0.0330	0.0330	0.0330	0.0330
	每股盈余公积金(元)	0.0531	0.0531	0.0531	0.0531
	每股未分配利润(元)	0.2472	0.2772	0.2782	0.2382
	净资产收益率(%)	-2.2520	2.8650	2.9370	3.7159
	加权净资产收益率(%)	-2.2300	2.9100	2.9800	3.7900
	净资产收益率(扣除)(%)	-	-	-	-
	总资产(万元)	149730.41	135391.02	143171.04	95450.15
	归属母公司股东权益(万元)	57208.27	58496.59	58539.89	56820.87
	主营业务收入(万元)	128978.88	290048.10	136374.92	174101.53
	营业收入(万元)	134973.80	301371.25	143673.28	184530.84
	主营成本(万元)	124042.45	274087.80	126482.28	160950.21
	营业成本(万元)	129833.65	285138.03	133273.06	170903.45
	投资收益(万元)	-212.12	-3.32	16.68	319.43
	净利润(万元)	-1286.35	1681.57	1729.09	2127.81
	利润总额(万元)	-1058.71	2043.76	2121.97	2658.50

华润双鹤药业股份有限公司

公司概况	公司名称	华润双鹤药业股份有限公司			证券简称	双鹤药业
	法人代表	李福祚	董秘	范彦喜	证券代码	600062
	公司网址	www.dcpc.com.cn		电子信箱	mss@dcpc.com	
	电 话	010-64742227 380 655		传 真	010-64398166 64398086	
	办公地址	北京市朝阳区望京利泽东二路1号				
	经营范围	加工、制造、销售制剂药品、化学原料药、制药装备等				

	指标\报告期	2012.06.30	2011.12.31	2011.06.30	2010.12.31
主要财务指标	基本每股收益(元)	0.5901	0.9253	0.5180	0.9097
	基本每股收益(扣除)(元)	0.4869	0.8310	0.4632	0.8105
	每股净资产(元)	7.6535	7.4475	7.0452	6.8134
	每股经营现金净流量(元)	0.2541	0.8948	0.0200	0.9820
	每股现金流量(元)	-0.0059	0.0915	-0.1235	0.0839
	每股资本公积金(元)	2.0380	2.0380	2.0428	2.0991
	每股盈余公积金(元)	0.5333	0.5333	0.4479	0.4479
	每股未分配利润(元)	4.0822	3.8762	3.5544	3.2664
	净资产收益率(%)	7.7098	12.4250	7.3528	13.3522
	加权净资产收益率(%)	7.5400	12.9600	7.3800	14.1300
	净资产收益率(扣除)(%)	-	-	-	-
	总资产(万元)	643469.93	607696.85	575533.32	530803.44
	归属母公司股东权益(万元)	437549.11	425768.04	402769.31	389520.53
	主营业务收入(万元)	366676.99	630363.37	291245.63	530304.32
	营业收入(万元)	370218.81	638337.53	294468.23	536679.58
	主营成本(万元)	254479.96	425224.32	191184.96	340285.98
	营业成本(万元)	255861.39	432146.78	192574.01	342493.58
	投资收益(万元)	5310.72	1251.35	302.89	818.01
	净利润(万元)	33660.50	55251.74	29852.68	53299.54
	利润总额(万元)	40607.54	70299.17	36082.64	61690.20

安徽皖维高新材料股份有限公司

公司概况	公司名称	安徽皖维高新材料股份有限公司			证券简称	皖维高新
	法人代表	吴福胜	董秘	吴尚义	证券代码	600063
	公司网址	www.wwgf.com.cn		电子信箱	wusy@wwgf.com.cn	
	电　话	0565-2317280 2317294		传　真	0565-2317447	
	办公地址	安徽省巢湖市皖维路 56 号				
	经营范围	系列聚乙烯醇、高强高模 PVA 纤维、超高强高模 PVA 纤维、环保水泥等				

主要财务指标	指标\报告期	2012.06.30	2011.12.31	2011.06.30	2010.12.31
	基本每股收益(元)	0.0330	0.1400	0.0620	0.1000
	基本每股收益(扣除)(元)	0.0030	0.1200	0.0570	0.0900
	每股净资产(元)	1.7579	1.6600	5.6070	2.0300
	每股经营现金净流量(元)	0.0130	0.2137	0.0483	0.4961
	每股现金流量(元)	0.1016	–0.1554	0.3410	0.1943
	每股资本公积金(元)	0.5870	1.4375	3.7890	2.8344
	每股盈余公积金(元)	0.0639	0.1022	0.1949	0.2216
	每股未分配利润(元)	0.0936	0.0970	0.5954	0.5326
	净资产收益率(%)	1.8733	5.1970	3.5159	4.7125
	加权净资产收益率(%)	1.9300	5.5700	4.4200	4.1800
	净资产收益率(扣除)(%)	–	–	–	–
	总资产(万元)	615508.64	538226.52	563189.22	504235.76
	归属母公司股东权益(万元)	263305.91	248009.20	262450.42	169341.19
	主营业务收入(万元)	129440.74	310445.79	157657.39	236645.65
	营业收入(万元)	130384.49	313776.63	159339.31	239434.72
	主营成本(万元)	111989.42	262251.52	131925.03	200410.02
	营业成本(万元)	112772.33	264295.07	151241.62	202456.15
	投资收益(万元)	5334.52	2181.33	2076.54	3331.59
	净利润(万元)	4359.00	12895.87	9298.11	8891.08
	利润总额(万元)	5255.90	14703.65	10909.87	9988.29

南京新港高科技股份有限公司

公司概况	公司名称	南京新港高科技股份有限公司			证券简称	南京高科
	法人代表	徐益民	董秘	谢建晖	证券代码	600064
	公司网址	www.600064.com		电子信箱	600064@600064.com	
	电　话	025-85800728		传　真	025-85800720	
	办公地址	江苏省南京市经济技术开发区新港大道 129 号				
	经营范围	高新技术产业投资、开发、市政基础设施建设、投资及管理等				

主要财务指标	指标\报告期	2012.06.30	2011.12.31	2011.06.30	2010.12.31
	基本每股收益(元)	0.3950	0.7070	0.3650	0.6090
	基本每股收益(扣除)(元)	0.3950	0.5090	0.3660	0.6170
	每股净资产(元)	9.4600	9.0600	9.4800	9.5700
	每股经营现金净流量(元)	–0.4742	–0.5727	–0.3759	–2.5626
	每股现金流量(元)	1.0379	0.1423	0.5874	–0.1110
	每股资本公积金(元)	5.6615	5.4603	6.2176	6.5775
	每股盈余公积金(元)	0.6544	0.6544	0.5939	0.5939
	每股未分配利润(元)	2.1413	1.9465	1.6651	1.4001
	净资产收益率(%)	4.1751	7.8010	3.8520	6.3580
	加权净资产收益率(%)	4.2300	7.5900	3.8100	5.5600
	净资产收益率(扣除)(%)	–	–	–	–
	总资产(万元)	1637195.24	1496611.42	1567269.82	1457786.24
	归属母公司股东权益(万元)	488200.58	467755.14	489200.92	494098.64
	主营业务收入(万元)	92466.79	243067.02	83207.89	268134.20
	营业收入(万元)	92475.91	243121.03	83207.89	268148.52
	主营成本(万元)	53425.77	148490.79	47368.13	190570.64
	营业成本(万元)	53430.79	148518.46	47368.13	190582.73
	投资收益(万元)	21602.83	37063.94	17997.73	21697.43
	净利润(万元)	20788.50	38652.20	19592.76	33675.74
	利润总额(万元)	25051.80	47852.99	22790.31	39810.44

郑州宇通客车股份有限公司

公司概况	公司名称	郑州宇通客车股份有限公司			证券简称	宇通客车
	法人代表	汤玉祥	董秘	于莉	证券代码	600066
	公司网址	www.yutong.com		电子信箱	sbd@yutong.com	
	电　话	0371-66718281 66899008		传　真	0371-66899123	
	办公地址	郑州市管城区宇通路宇通工业园				
	经营范围	客车及其附件的生产和销售等				

主要财务指标	指标\报告期	2012.06.30	2011.12.31	2011.06.30	2010.12.31
	基本每股收益(元)	0.9200	2.2700	0.7600	1.6700
	基本每股收益(扣除)(元)	0.8200	2.1900	0.7200	1.7100
	每股净资产(元)	8.9692	4.9478	5.1646	4.8000
	每股经营现金净流量(元)	1.9774	2.7818	1.1303	2.0518
	每股现金流量(元)	5.0478	0.8305	–0.0435	0.0784
	每股资本公积金(元)	3.6277	0.5312	0.7122	0.8271
	每股盈余公积金(元)	0.7767	1.0064	0.7786	0.7862
	每股未分配利润(元)	3.5648	3.8736	2.6738	2.1894
	净资产收益率(%)	9.7596	35.4440	16.3475	34.7916
	加权净资产收益率(%)	11.6700	40.5800	16.5100	37.7400
	净资产收益率(扣除)(%)	–	–	–	–
	总资产(万元)	1233256.59	786007.11	684596.21	715970.96
	归属母公司股东权益(万元)	604217.47	333316.07	268504.35	249687.47
	主营业务收入(万元)	792394.19	1625101.32	624195.90	1305987.63
	营业收入(万元)	829624.31	1693192.59	652680.61	1361541.14
	主营成本(万元)	644031.82	1327640.54	513860.82	1066898.19
	营业成本(万元)	674065.34	1385038.09	538154.06	1115020.78
	投资收益(万元)	5971.30	792.97	564.90	1718.23
	净利润(万元)	59040.03	118238.04	44049.31	86615.48
	利润总额(万元)	67147.30	135332.45	49830.02	98335.12

冠城大通股份有限公司

公司概况	公司名称	冠城大通股份有限公司			证券简称	冠城大通
	法人代表	韩国龙	董秘	肖林寿	证券代码	600067
	公司网址	www.gcdt.net		电子信箱	gcdt@gcdt.net	
	电　话	0591-83350026 83353338		传　真	0591-83350013	
	办公地址	福建省福州市鼓楼区五一中路 32 号元洪大厦 26 层				
	经营范围	特种漆包线生产与销售、房地产开发等				

主要财务指标	指标\报告期	2012.06.30	2011.12.31	2011.06.30	2010.12.31
	基本每股收益(元)	0.3600	1.0800	0.3400	0.7000
	基本每股收益(扣除)(元)	0.3600	1.0800	0.3400	0.7000
	每股净资产(元)	2.8200	4.3300	3.7800	2.9600
	每股经营现金净流量(元)	–0.0915	0.6056	–0.2276	–0.1413
	每股现金流量(元)	–0.0317	–0.3641	–0.7982	–1.6819
	每股资本公积金(元)	0.1767	0.5678	0.5462	0.3097
	每股盈余公积金(元)	0.1007	0.2352	0.1833	0.1833
	每股未分配利润(元)	1.5440	2.5229	2.0490	1.4660
	净资产收益率(%)	12.7925	25.0120	14.4080	23.8250
	加权净资产收益率(%)	12.3900	29.4700	16.2200	26.9000
	净资产收益率(扣除)(%)	–	–	–	–
	总资产(万元)	936427.84	936464.38	989233.40	966481.69
	归属母公司股东权益(万元)	332013.67	318168.52	277907.83	217636.22
	主营业务收入(万元)	337033.76	915226.56	422990.39	828410.94
	营业收入(万元)	342260.20	932005.91	432954.61	842287.53
	主营成本(万元)	237757.60	694591.25	330825.07	683397.18
	营业成本(万元)	242279.99	711535.20	340843.14	697823.86
	投资收益(万元)	–934.01	–85.69	511.46	–4.64
	净利润(万元)	43184.42	82443.80	41580.97	57267.09
	利润总额(万元)	60089.28	114611.03	56155.90	78178.16

中国葛洲坝集团股份有限公司

公司概况	公司名称	中国葛洲坝集团股份有限公司			证券简称	葛洲坝
	法人代表	丁焰章	董秘	彭立权	证券代码	600068
	公司网址	www.cggc.cn		电子信箱	lzh319@163.com	
	电　　话	027-83790455		传　　真	027-83790755	
	办公地址	湖北省武汉市解放大道558号葛洲坝大酒店B座7层				
	经营范围	水泥生产销售、建筑工程承包施工、民用爆破、水力发电、高速公路等				

	指标\报告期	2012.06.30	2011.12.31	2011.06.30	2010.12.31
主要财务指标	基本每股收益(元)	0.2470	0.4450	0.2510	0.3960
	基本每股收益(扣除)(元)	0.2450	0.4340	0.2420	0.3750
	每股净资产(元)	3.3800	3.1900	3.0700	2.9300
	每股经营现金净流量(元)	–0.4415	0.3269	0.4664	0.1775
	每股现金流量(元)	–0.6550	0.7382	0.7711	0.4016
	每股资本公积金(元)	0.9995	0.9647	1.0311	1.0489
	每股盈余公积金(元)	0.1353	0.1353	0.1054	0.1054
	每股未分配利润(元)	1.2260	1.0786	0.9217	0.7709
	净资产收益率(%)	7.3252	13.9290	8.1810	13.4652
	加权净资产收益率(%)	7.4230	14.5200	8.2270	14.0700
	净资产收益率(扣除)(%)	–	–	–	–
	总资产(万元)	7105603.28	6631571.37	6197709.23	5456184.99
	归属母公司股东权益(万元)	1177834.22	1113051.22	1069140.93	1022440.55
	主营业务收入(万元)	2594681.87	4608411.93	2196854.84	3591058.18
	营业收入(万元)	2617064.78	4653989.62	2233936.61	3658389.76
	主营成本(万元)	2268469.71	3976444.25	1906769.74	3095423.53
	营业成本(万元)	2285868.08	4011936.53	1933810.02	3140272.80
	投资收益(万元)	2038.36	8967.68	5781.18	14320.74
	净利润(万元)	99147.73	181007.09	101796.02	158176.55
	利润总额(万元)	125388.63	226481.11	124835.26	202831.64

河南银鸽实业投资股份有限公司

公司概况	公司名称	河南银鸽实业投资股份有限公司			证券简称	银鸽投资
	法人代表	程志伟	董秘	楚刚	证券代码	600069
	公司网址	www.yinge.com.cn		电子信箱	chg@yinge.cn	
	电　　话	0395-5615559 5615539		传　　真	0395-5615583	
	办公地址	河南省漯河市人民东路与东环路交叉口银鸽投资科技研发大厦603室				
	经营范围	纸张、纸浆及其深加工产品、百货销售、技术服务、投资咨询等				

	指标\报告期	2012.06.30	2011.12.31	2011.06.30	2010.12.31
主要财务指标	基本每股收益(元)	–0.0900	–0.2600	–0.0800	0.0400
	基本每股收益(扣除)(元)	–0.1200	–0.2800	–0.0900	0.0500
	每股净资产(元)	2.1230	2.2120	2.3900	2.4700
	每股经营现金净流量(元)	–0.1483	–0.5550	–0.0987	–0.2785
	每股现金流量(元)	–0.0044	–1.3152	–1.2729	0.9492
	每股资本公积金(元)	0.9175	0.9171	0.9174	0.9173
	每股盈余公积金(元)	0.0892	0.0892	0.0892	0.0892
	每股未分配利润(元)	0.1164	0.2056	0.3840	0.4670
	净资产收益率(%)	–4.2020	–11.8210	–3.4740	1.6630
	加权净资产收益率(%)	–4.1200	–11.1600	–3.4100	1.6800
	净资产收益率(扣除)(%)	–	–	–	–
	总资产(万元)	616583.90	562611.82	539560.18	579540.11
	归属母公司股东权益(万元)	175233.87	182563.45	197314.39	204161.70
	主营业务收入(万元)	160984.42	356522.14	174472.77	328225.63
	营业收入(万元)	163877.85	362860.89	177552.23	329330.89
	主营成本(万元)	151403.85	342790.11	164477.66	289561.69
	营业成本(万元)	153622.49	349375.56	167537.13	290748.30
	投资收益(万元)	–732.33	638.09	10.88	64.65
	净利润(万元)	–7559.91	–22545.91	–7230.24	2910.38
	利润总额(万元)	–9508.84	–29114.64	–9501.69	5942.90

浙江富润股份有限公司

公司概况	公司名称	浙江富润股份有限公司			证券简称	浙江富润
	法人代表	赵林中	董秘	卢伯军	证券代码	600070
	公司网址	www.furun.net		电子信箱	nicklbj@163.com	
	电　　话	0575-87015296 87015763		传　　真	0575-87026018	
	办公地址	浙江省诸暨市陶朱南路12号				
	经营范围	绢丝及绢丝绸、精纺呢绒、纺织服装、纺织品印染加工、药品零售等				

	指标\报告期	2012.06.30	2011.12.31	2011.06.30	2010.12.31
主要财务指标	基本每股收益(元)	0.1500	0.2700	0.1000	0.4500
	基本每股收益(扣除)(元)	0.1400	0.2400	0.0900	0.0900
	每股净资产(元)	2.7400	2.8300	3.4990	3.3700
	每股经营现金净流量(元)	0.0511	0.3359	–0.3936	0.0275
	每股现金流量(元)	–0.0302	–0.2996	–0.0835	0.1356
	每股资本公积金(元)	0.8823	1.4613	1.3738	1.3738
	每股盈余公积金(元)	0.2307	0.2998	0.2835	0.2835
	每股未分配利润(元)	0.6271	0.9174	0.8414	0.7144
	净资产收益率(%)	5.5544	7.2490	3.6293	13.4190
	加权净资产收益率(%)	5.2400	7.6100	3.7000	13.9300
	净资产收益率(扣除)(%)	–	–	–	–
	总资产(万元)	157455.97	145337.98	157427.54	147320.49
	归属母公司股东权益(万元)	50110.05	51748.61	49218.93	47432.61
	主营业务收入(万元)	52700.73	107462.49	53784.35	103427.35
	营业收入(万元)	53896.87	110162.30	55184.57	106496.34
	主营成本(万元)	45402.80	95062.64	46884.56	90093.80
	营业成本(万元)	46407.70	97121.92	47842.84	92477.25
	投资收益(万元)	2329.08	2089.30	1007.72	4410.01
	净利润(万元)	4861.07	6927.26	3805.87	8696.08
	利润总额(万元)	5439.78	7728.85	4415.69	10840.68

凤凰光学股份有限公司

公司概况	公司名称	凤凰光学股份有限公司			证券简称	凤凰光学
	法人代表	罗小勇	董秘	朱群峰	证券代码	600071
	公司网址	www.phenixoptics.com.cn		电子信箱	jianweiz@phenixoptics.com.cn	
	电　　话	0793-8259547 8259523		传　　真	0793-8259547	
	办公地址	江西省上饶市光学路1号				
	经营范围	光学镜头、照相器材、钢片快门、光学原材料、仪器零配件等产品的生产和销售				

	指标\报告期	2012.06.30	2011.12.31	2011.06.30	2010.12.31
主要财务指标	基本每股收益(元)	0.0053	0.0194	0.0118	0.2310
	基本每股收益(扣除)(元)	0.0005	0.0118	0.0192	0.2213
	每股净资产(元)	2.5958	2.5905	2.5829	2.5700
	每股经营现金净流量(元)	0.0839	0.0893	–0.1958	0.6135
	每股现金流量(元)	0.0057	–0.2428	–0.3458	–0.1909
	每股资本公积金(元)	0.4640	0.4640	0.4640	0.4640
	每股盈余公积金(元)	0.2791	0.2791	0.2791	0.2791
	每股未分配利润(元)	0.8528	0.8475	0.8399	0.8281
	净资产收益率(%)	0.2060	0.7490	0.4580	8.9860
	加权净资产收益率(%)	0.2100	0.7500	0.4600	9.2500
	净资产收益率(扣除)(%)	–	–	–	–
	总资产(万元)	112823.99	114615.19	110760.03	111792.94
	归属母公司股东权益(万元)	61643.40	61516.41	61336.42	61055.71
	主营业务收入(万元)	68037.17	138508.22	64590.15	136258.03
	营业收入(万元)	73197.36	148334.31	68291.49	146401.44
	主营成本(万元)	64451.67	125845.36	59491.94	117768.28
	营业成本(万元)	68989.18	134457.33	62697.35	126514.33
	投资收益(万元)	29.23	–77.42	–	296.76
	净利润(万元)	–14.54	1456.31	584.08	8066.54
	利润总额(万元)	205.17	1763.88	887.14	9823.75

中船江南重工股份有限公司

公司概况						
	公司名称	中船江南重工股份有限公司			证券简称	中船股份
	法人代表	孙伟	董秘	陈慧	证券代码	600072
	公司网址	www.jnhi.com		电子信箱	mail@jnhi.com	
	电　话	021-53023456 672		传　真	021-63141103	
	办公地址	上海市鲁班路 600 号江南造船大厦 11-13 楼				
	经营范围	大型钢结构、压力容器、港口机械等				

主要财务指标	指标\报告期	2012.06.30	2011.12.31	2011.06.30	2010.12.31
	基本每股收益(元)	0.0050	0.0800	0.0330	0.0930
	基本每股收益(扣除)(元)	0.0050	0.0750	0.0330	0.0800
	每股净资产(元)	2.9630	2.9630	2.9310	3.5060
	每股经营现金净流量(元)	-0.1470	0.1091	-0.2014	-0.1368
	每股现金流量(元)	-0.1971	0.0972	-0.1319	-0.2881
	每股资本公积金(元)	0.9127	0.9177	0.9322	1.3476
	每股盈余公积金(元)	0.2611	0.2611	0.2504	0.3004
	每股未分配利润(元)	0.7889	0.7839	0.7481	0.8577
	净资产收益率(%)	0.1705	2.6950	1.1400	3.1676
	加权净资产收益率(%)	0.1710	2.7140	1.1420	3.2080
	净资产收益率(扣除)(%)	-	-	-	-
	总资产(万元)	236868.66	239394.64	250968.21	237337.91
	归属母公司股东权益(万元)	141746.10	141743.84	140213.45	139768.89
	主营业务收入(万元)	51769.39	147242.15	70573.69	135206.02
	营业收入(万元)	52757.09	150312.06	71777.08	137476.04
	主营成本(万元)	47960.96	134326.41	65006.32	122017.02
	营业成本(万元)	48142.05	136042.68	65047.85	122327.95
	投资收益(万元)	357.56	1235.24	503.46	900.96
	净利润(万元)	85.63	4008.29	1630.50	4889.44
	利润总额(万元)	264.95	5072.77	2025.88	6140.61

上海梅林正广和股份有限公司

公司概况						
	公司名称	上海梅林正广和股份有限公司			证券简称	上海梅林
	法人代表	周海鸣	董秘	虞晓芳	证券代码	600073
	公司网址	www.shanghaimaling.com		电子信箱	yuxf@shanghaimaling.com	
	电　话	021-53891289 53891220 65419725		传　真	021-53891389	
	办公地址	上海新闸路 1418 号				
	经营范围	资产经营、电子商务、信息采集、信息加工、信息发布、经济信息服务等				

主要财务指标	指标\报告期	2012.06.30	2011.12.31	2011.06.30	2010.12.31
	基本每股收益(元)	0.0848	0.4200	0.0636	0.2300
	基本每股收益(扣除)(元)	0.0373	-0.2200	0.0506	-0.0900
	每股净资产(元)	2.4150	2.4720	2.1820	4.2500
	每股经营现金净流量(元)	0.0615	0.0737	0.3288	0.1154
	每股现金流量(元)	-0.1072	0.6008	0.2720	-0.2367
	每股资本公积金(元)	1.3436	2.6218	1.1835	3.7003
	每股盈余公积金(元)	0.0605	0.0907	0.0560	0.1140
	每股未分配利润(元)	0.0237	-0.0356	-0.0547	-0.5557
	净资产收益率(%)	3.5113	8.2830	6.1203	5.3539
	加权净资产收益率(%)	3.4700	9.4300	2.7200	5.6800
	净资产收益率(扣除)(%)	-	-	-	-
	总资产(万元)	422324.52	462179.09	220849.72	372440.76
	归属母公司股东权益(万元)	180625.75	184876.40	77753.21	151325.05
	主营业务收入(万元)	289367.45	570926.19	276494.84	495871.34
	营业收入(万元)	292345.49	573410.30	278436.34	499050.08
	主营成本(万元)	244335.34	495493.29	239328.36	430176.27
	营业成本(万元)	245256.73	496947.07	113779.56	432975.12
	投资收益(万元)	1588.30	19293.13	5343.34	7461.79
	净利润(万元)	5605.23	14873.07	4502.50	7940.07
	利润总额(万元)	6985.77	18130.62	4872.25	9142.05

江苏中达新材料集团股份有限公司

公司概况						
	公司名称	江苏中达新材料集团股份有限公司			证券简称	ST 中达
	法人代表	童爱平	董秘	林硕奇	证券代码	600074
	公司网址	www.jszdzm.com		电子信箱	frog73@yeah.net	
	电　话	0510-86686352		传　真	0510-86621021	
	办公地址	江苏省江阴市滨江西路 589 号				
	经营范围	生产、销售双向拉伸聚酯薄膜、双向拉伸聚丙烯薄膜、聚乙烯薄膜等				

主要财务指标	指标\报告期	2012.06.30	2011.12.31	2011.06.30	2010.12.31
	基本每股收益(元)	-0.1540	0.0190	0.0070	-0.3880
	基本每股收益(扣除)(元)	-0.1560	-0.0920	0.0070	-0.3990
	每股净资产(元)	0.4210	0.5740	0.5790	0.5720
	每股经营现金净流量(元)	0.0170	0.2655	0.0717	0.4808
	每股现金流量(元)	-0.1762	-0.0810	-0.0809	0.2336
	每股资本公积金(元)	0.3460	0.3460	0.3460	0.3460
	每股盈余公积金(元)	0.0742	0.0742	0.0742	0.0742
	每股未分配利润(元)	-0.9989	-0.8464	-0.8411	-0.8484
	净资产收益率(%)	-36.5806	3.2860	1.2460	-67.8780
	加权净资产收益率(%)	-31.0200	3.2400	1.2500	-50.6800
	净资产收益率(扣除)(%)	-	-	-	-
	总资产(万元)	273528.78	292699.90	289423.66	296462.02
	归属母公司股东权益(万元)	27856.95	37944.79	38290.00	37812.87
	主营业务收入(万元)	83197.32	190579.03	94877.98	203319.12
	营业收入(万元)	85110.87	196312.33	97837.21	206084.79
	主营成本(万元)	82279.38	171175.55	81285.15	177148.12
	营业成本(万元)	83718.66	174395.47	82862.28	179438.27
	投资收益(万元)	-402.80	228.70	-111.02	-901.86
	净利润(万元)	-12990.95	1503.19	954.43	-30418.72
	利润总额(万元)	-12991.17	2348.43	1834.46	-27828.91

新疆天业股份有限公司

公司概况						
	公司名称	新疆天业股份有限公司			证券简称	新疆天业
	法人代表	余天池	董秘	李刚	证券代码	600075
	公司网址	www.xj-tianye.com		电子信箱	ygdq@sohu.com	
	电　话	0993-2623118		传　真	0993-2623163	
	办公地址	新疆维吾尔自治区石河子市经济技术开发区北三东路 36 号				
	经营范围	化工产品、塑料制品的生产和销售、商贸、番茄制品加工、柠檬酸的生产和销售等				

主要财务指标	指标\报告期	2012.06.30	2011.12.31	2011.06.30	2010.12.31
	基本每股收益(元)	0.0200	0.2200	0.2200	0.2500
	基本每股收益(扣除)(元)	0.0100	0.1700	0.2100	0.2400
	每股净资产(元)	4.1040	4.1200	4.1200	3.9000
	每股经营现金净流量(元)	0.3701	0.4918	1.2701	0.7481
	每股现金流量(元)	0.3211	-0.2712	0.2095	-0.1713
	每股资本公积金(元)	0.5634	0.5545	0.5545	0.5545
	每股盈余公积金(元)	0.4338	0.4338	0.4338	0.4338
	每股未分配利润(元)	2.1064	2.1323	2.1320	1.9137
	净资产收益率(%)	0.5881	5.3040	5.2980	6.5110
	加权净资产收益率(%)	0.0600	5.4500	5.4400	6.7300
	净资产收益率(扣除)(%)	-	-	-	-
	总资产(万元)	461673.33	447092.16	460328.24	458906.80
	归属母公司股东权益(万元)	179981.22	180726.55	180714.53	171140.01
	主营业务收入(万元)	197256.16	345426.04	187318.92	326173.85
	营业收入(万元)	205429.35	362060.00	199028.82	343739.66
	主营成本(万元)	172360.56	285064.31	152099.65	269736.37
	营业成本(万元)	179203.12	299542.05	162739.06	282433.31
	投资收益(万元)	-67.61	583.28	188.47	1232.61
	净利润(万元)	1236.39	10223.06	10359.10	12121.70
	利润总额(万元)	2839.73	13579.05	13328.70	15258.75

潍坊北大青鸟华光科技股份有限公司

公司概况					
公司名称	潍坊北大青鸟华光科技股份有限公司			证券简称	*ST 华光
法人代表	周燕军	董秘	刘世祯	证券代码	600076
公司网址	www.hg.com.cn		电子信箱	liusz@hg.com.cn	
电　话	0536-2991601		传　真	0536-8865200	
办公地址	山东省潍坊市高新技术产业开发区北宫东街 6 号				
经营范围	通信类产品、计算机类产品、广电类产品、锂离子二次电池类产品的研发、生产和销售				

主要财务指标：指标\报告期	2012.06.30	2011.12.31	2011.06.30	2010.12.31
基本每股收益(元)	-0.0300	-0.0600	-0.0300	-0.0600
基本每股收益(扣除)(元)	-0.0300	-0.0600	-0.0200	-0.0600
每股净资产(元)	0.1047	0.1400	0.1689	0.1900
每股经营现金净流量(元)	0.0066	-0.2710	-0.1752	-0.5079
每股现金流量(元)	0.0050	-0.0019	-0.0123	0.0185
每股资本公积金(元)	1.2203	1.2203	1.2203	1.2203
每股盈余公积金(元)	0.2290	0.2290	0.2290	0.2290
每股未分配利润(元)	-2.3446	-2.3137	-2.2804	-2.2553
净资产收益率(%)	-29.5185	-43.0570	-14.8220	-30.1583
加权净资产收益率(%)	-25.7200	-35.4300	-13.8100	-28.0400
净资产收益率(扣除)(%)	-	-	-	-
总资产(万元)	35037.22	33875.97	31724.88	31720.64
归属母公司股东权益(万元)	3827.05	4956.74	6175.60	7090.97
主营业务收入(万元)	207.73	690.74	260.28	819.41
营业收入(万元)	215.78	829.88	359.45	973.88
主营成本(万元)	82.24	377.48	92.30	393.88
营业成本(万元)	82.24	377.48	92.30	393.88
投资收益(万元)	-40.58	4.50	-17.27	21.14
净利润(万元)	-1188.95	-2166.38	-926.50	-2363.67
利润总额(万元)	-1188.93	-2171.39	-926.50	-2352.42

宋都基业投资股份有限公司

公司概况					
公司名称	宋都基业投资股份有限公司			证券简称	宋都股份
法人代表	俞建午	董秘	龚睿	证券代码	600077
公司网址	www.songdu.com		电子信箱	600077@songdu.com	
电　话	0571-86759621		传　真	0571-86056788	
办公地址	浙江省杭州市富春路 789 号宋都大厦 5 楼				
经营范围	实业投资、企业管理咨询等				

主要财务指标：指标\报告期	2012.06.30	2011.12.31	2011.06.30	2010.12.31
基本每股收益(元)	0.2570	0.7800	0.1190	0.8100
基本每股收益(扣除)(元)	0.2540	0.7300	0.1030	0.8100
每股净资产(元)	1.9000	2.1600	1.8400	3.9100
每股经营现金净流量(元)	1.0424	-1.2455	-0.4255	-13.5506
每股现金流量(元)	-0.3119	0.4840	4.7731	-3.6692
每股资本公积金(元)	3.8071	3.8397	1.1685	2.7628
每股盈余公积金(元)	0.1367	0.1367	0.0849	0.4612
每股未分配利润(元)	2.7156	2.2621	-0.4138	5.5952
净资产收益率(%)	13.4883	17.9670	34.0324	20.6863
加权净资产收益率(%)	14.2000	19.7500	6.1300	23.1600
净资产收益率(扣除)(%)	-	-	-	-
总资产(万元)	1092958.96	1080806.03	33640.44	829783.77
归属母公司股东权益(万元)	204359.82	180364.34	29270.25	147830.00
主营业务收入(万元)	180223.87	262324.79	118217.27	159074.79
营业收入(万元)	180795.09	263726.78	119127.03	164282.38
主营成本(万元)	91662.77	173908.28	90227.11	89554.32
营业成本(万元)	91818.42	174307.33	26457.74	89886.31
投资收益(万元)	-348.87	-1109.58	-416.31	-378.65
净利润(万元)	27510.53	31934.42	7848.67	30293.50
利润总额(万元)	46636.88	44880.71	12623.59	42268.93

江苏澄星磷化工股份有限公司

公司概况					
公司名称	江苏澄星磷化工股份有限公司			证券简称	澄星股份
法人代表	李兴	董秘	夏正华	证券代码	600078
公司网址	www.phosphatechina.com		电子信箱	cx@phosphatechina.com	
电　话	0510-80622327 80622329		传　真	0510-86281884	
办公地址	江苏省江阴市梅园大街 618 号				
经营范围	精细磷化工系列产品的生产和销售、自产化工原料和化工产品的进出口等				

主要财务指标：指标\报告期	2012.06.30	2011.12.31	2011.06.30	2010.12.31
基本每股收益(元)	0.0446	0.0770	0.0496	0.0740
基本每股收益(扣除)(元)	0.0450	0.1020	0.0492	0.0760
每股净资产(元)	2.6200	2.6100	2.4540	2.4100
每股经营现金净流量(元)	1.0923	-0.1826	0.0747	0.7367
每股现金流量(元)	0.2022	0.1476	0.0413	0.3209
每股资本公积金(元)	0.5770	0.5762	0.4362	0.4266
每股盈余公积金(元)	0.1884	0.1885	0.1837	0.1839
每股未分配利润(元)	0.8551	0.8410	0.8338	0.7951
净资产收益率(%)	1.7006	2.9220	2.0198	3.0900
加权净资产收益率(%)	1.7000	3.0900	2.0400	3.1300
净资产收益率(扣除)(%)	-	-	-	-
总资产(万元)	634044.34	684060.94	599295.58	607776.25
归属母公司股东权益(万元)	173628.49	172599.13	160038.64	156722.34
主营业务收入(万元)	113912.63	241888.76	90281.57	243856.98
营业收入(万元)	119137.71	254196.06	94271.72	249999.38
主营成本(万元)	94669.49	203126.13	68697.21	206167.40
营业成本(万元)	96770.53	207184.38	70441.76	208932.60
投资收益(万元)	-	-	-	-1141.24
净利润(万元)	3856.70	6761.49	3589.94	7236.93
利润总额(万元)	4671.64	8231.30	4252.21	7256.66

武汉人福医药集团股份有限公司

公司概况					
公司名称	武汉人福医药集团股份有限公司			证券简称	人福医药
法人代表	王学海	董秘	刘毅	证券代码	600079
公司网址	www.humanwell.com.cn		电子信箱	renfu.pr@renfu.com.cn	
电　话	027-87597232		传　真	027-87596393	
办公地址	湖北省武汉市东湖高新区高新大道 666 号				
经营范围	医药、医疗器械、生殖健康等产品及技术的研发、生产、销售及技术服务等				

主要财务指标：指标\报告期	2012.06.30	2011.12.31	2011.06.30	2010.12.31
基本每股收益(元)	0.4100	0.6200	0.0055	0.4600
基本每股收益(扣除)(元)	0.3200	0.5700	0.0052	0.4400
每股净资产(元)	5.7933	5.3715	4.9860	4.1400
每股经营现金净流量(元)	0.0603	0.1910	-0.2442	0.2362
每股现金流量(元)	0.1629	0.4599	0.7770	-0.2700
每股资本公积金(元)	2.3086	2.2929	2.2319	1.5622
每股盈余公积金(元)	0.2541	0.2541	0.2138	0.2237
每股未分配利润(元)	2.2327	1.8247	1.5411	1.3546
净资产收益率(%)	7.0421	11.3320	5.7110	11.0880
加权净资产收益率(%)	7.3200	13.0500	6.9500	11.6700
净资产收益率(扣除)(%)	-	-	-	-
总资产(万元)	662982.07	617036.01	572549.18	422828.06
归属母公司股东权益(万元)	285867.80	265055.53	246052.00	195234.18
主营业务收入(万元)	229274.68	361710.37	158260.75	218877.08
营业收入(万元)	230300.51	362143.61	158758.86	220479.88
主营成本(万元)	137009.57	213445.31	89484.66	117025.04
营业成本(万元)	137262.49	213458.15	89594.92	117951.93
投资收益(万元)	3317.60	2784.43	-695.03	2322.14
净利润(万元)	28039.76	42930.38	19930.33	30408.52
利润总额(万元)	34027.18	50552.19	23045.72	36795.72

金花企业(集团)股份有限公司

公司概况						
公司名称	金花企业(集团)股份有限公司			证券简称	金花股份	
法人代表	吴一坚	董秘	孙明	证券代码	600080	
公司网址	www.ginwa.com.cn		电子信箱	ginwa@pub.xaonline.com		
电　　话	029-88336635		传　　真	029-81778626		
办公地址	陕西省西安市科技四路 202 号					
经营范围	医药保健品、金属材料、化工材料、化妆品、化学仪器、电子产品等					

主要财务指标	指标\报告期	2012.06.30	2011.12.31	2011.06.30	2010.12.31
	基本每股收益(元)	0.0691	0.5423	0.1076	0.1099
	基本每股收益(扣除)(元)	0.0666	0.0020	-0.0087	-0.0940
	每股净资产(元)	3.0698	3.0007	2.4743	2.3667
	每股经营现金净流量(元)	-0.0267	0.2981	0.0792	0.1335
	每股现金流量(元)	0.1294	-0.3398	-0.3487	0.3050
	每股资本公积金(元)	0.8274	0.8274	0.7356	0.7356
	每股盈余公积金(元)	0.2829	0.2829	0.2249	0.2249
	每股未分配利润(元)	0.9595	0.8904	0.5137	0.4061
	净资产收益率(%)	2.2495	18.0715	4.3470	4.6450
	加权净资产收益率(%)	2.2751	20.2100	4.4437	4.7600
	净资产收益率(扣除)(%)	-	-	-	-
	总资产(万元)	108189.91	106906.12	130991.17	142777.87
	归属母公司股东权益(万元)	93719.40	91611.19	75538.52	72254.77
	主营业务收入(万元)	20941.66	37379.87	15277.90	32509.90
	营业收入(万元)	21019.66	37825.00	15362.28	32742.90
	主营成本(万元)	9777.36	19944.51	7851.64	22425.90
	营业成本(万元)	9780.39	19984.95	7861.92	22473.99
	投资收益(万元)	15.67	3997.66	-	26.85
	净利润(万元)	2104.03	16558.55	3280.56	3340.04
	利润总额(万元)	2307.31	17462.26	3265.36	3320.31

东风电子科技股份有限公司

公司概况						
公司名称	东风电子科技股份有限公司			证券简称	东风科技	
法人代表	高大林	董秘	天涯	证券代码	600081	
公司网址	www.detc.com.cn		电子信箱	tianya@detc.com.cn		
电　　话	021-62033003*52 53		传　　真	021-62032133		
办公地址	上海市中山北路 2000 号 22 楼					
经营范围	研究、开发、采购、制造、销售汽车仪表系统、饰件系统、制动系统等					

主要财务指标	指标\报告期	2012.06.30	2011.12.31	2011.06.30	2010.12.31
	基本每股收益(元)	0.2329	0.4386	0.2756	0.5226
	基本每股收益(扣除)(元)	0.2272	0.3755	0.2707	0.5351
	每股净资产(元)	2.2224	1.9883	1.8277	1.6724
	每股经营现金净流量(元)	0.3262	0.6628	0.1321	0.2179
	每股现金流量(元)	0.1010	0.1660	0.2654	0.0340
	每股资本公积金(元)	0.0686	0.0675	0.0698	0.0701
	每股盈余公积金(元)	0.2463	0.2463	0.2127	0.2127
	每股未分配利润(元)	0.9075	0.6746	0.5452	0.3896
	净资产收益率(%)	10.4817	22.0570	15.0790	31.2450
	加权净资产收益率(%)	11.0674	24.0836	15.3972	37.0389
	净资产收益率(扣除)(%)	-	-	-	-
	总资产(万元)	211623.18	204128.71	176314.80	167297.35
	归属母公司股东权益(万元)	69686.03	62346.35	57309.21	52440.01
	主营业务收入(万元)	133458.84	250364.36	115700.77	223250.13
	营业收入(万元)	137441.37	258454.49	120147.45	230666.77
	主营成本(万元)	107819.69	207784.22	95849.01	180804.25
	营业成本(万元)	111115.62	214351.18	99601.54	186391.81
	投资收益(万元)	3297.83	9208.18	4072.75	8824.00
	净利润(万元)	10294.05	17363.14	10492.44	21860.54
	利润总额(万元)	12450.16	20326.04	12010.47	24390.41

天津海泰科技发展股份有限公司

公司概况						
公司名称	天津海泰科技发展股份有限公司			证券简称	海泰发展	
法人代表	徐蔚莉	董秘	曲阳	证券代码	600082	
公司网址	www.hitech-develop.com		电子信箱	quyang@hitech-develop.com		
电　　话	022-85689891		传　　真	022-85689889		
办公地址	天津市新技术产业园区华苑产业区海泰西路 18 号					
经营范围	高新技术企业孵化器建设和经营、创业孵化服务、高新技术产业开发、投资及管理等					

主要财务指标	指标\报告期	2012.06.30	2011.12.31	2011.06.30	2010.12.31
	基本每股收益(元)	0.0400	0.1300	0.0500	0.1000
	基本每股收益(扣除)(元)	0.0400	0.0600	0.0500	0.0400
	每股净资产(元)	2.5490	2.5600	2.6520	2.6800
	每股经营现金净流量(元)	-0.7047	1.1197	0.1676	0.1047
	每股现金流量(元)	-0.6228	0.4135	-0.1723	-0.1526
	每股资本公积金(元)	0.6386	0.6386	0.7734	0.8862
	每股盈余公积金(元)	0.1419	0.1419	0.1361	0.1361
	每股未分配利润(元)	0.7687	0.7795	0.7425	0.6588
	净资产收益率(%)	1.5366	4.9442	2.0737	3.8431
	加权净资产收益率(%)	1.5200	5.0700	2.0300	3.9200
	净资产收益率(扣除)(%)	-	-	-	-
	总资产(万元)	284752.37	306386.45	276924.55	311942.65
	归属母公司股东权益(万元)	164708.59	165408.23	171346.02	173231.61
	主营业务收入(万元)	49622.55	117582.63	39082.03	84268.56
	营业收入(万元)	49622.55	117582.63	39082.03	84268.56
	主营成本(万元)	43094.91	100571.33	30034.68	72110.69
	营业成本(万元)	43094.91	100571.33	30034.68	72110.69
	投资收益(万元)	106.53	226.67	-	2213.31
	净利润(万元)	2530.94	8178.16	3554.38	6655.88
	利润总额(万元)	3528.00	11345.95	4759.13	9123.67

广东博信投资控股股份有限公司

公司概况						
公司名称	广东博信投资控股股份有限公司			证券简称	ST 博信	
法人代表	朱凤廉	董秘	糊振生	证券代码	600083	
公司网址	www.600083.com		电子信箱	gdbx600083@163.com		
电　　话	0763-3663333		传　　真	0763-3663311		
办公地址	广东省清远市新城方正二街一号自来水大厦					
经营范围	偏转线圈、金属漆包线、会聚磁组件等电子元器件的研究、开发、生产、销售等					

主要财务指标	指标\报告期	2012.06.30	2011.12.31	2011.06.30	2010.12.31
	基本每股收益(元)	-0.0130	0.0720	0.0500	-0.0200
	基本每股收益(扣除)(元)	-0.0130	-0.0180	-0.0130	-0.0240
	每股净资产(元)	0.1150	0.1280	0.1060	0.0560
	每股经营现金净流量(元)	-0.0146	-0.0961	-0.0792	0.0969
	每股现金流量(元)	-0.0247	-0.0542	0.0190	0.0911
	每股资本公积金(元)	0.4193	0.4193	0.4193	0.4193
	每股盈余公积金(元)	-	-	-	-
	每股未分配利润(元)	-1.3042	-1.2915	-1.3131	-1.3634
	净资产收益率(%)	-11.0172	56.2630	47.3760	-35.0400
	加权净资产收益率(%)	-10.4400	78.2900	62.0800	-29.8200
	净资产收益率(扣除)(%)	-	-	-	-
	总资产(万元)	3527.78	3854.31	5572.98	5988.19
	归属母公司股东权益(万元)	2647.95	2939.68	2443.20	1285.72
	主营业务收入(万元)	131.92	-	-	480.83
	营业收入(万元)	131.92	-	-	480.83
	主营成本(万元)	130.61	-	-	468.40
	营业成本(万元)	130.61	-	309.14	468.40
	投资收益(万元)	-	1466.62	1466.62	53.22
	净利润(万元)	-291.73	1653.96	1157.48	-450.51
	利润总额(万元)	-291.73	1653.96	1157.48	-450.51

中信国安葡萄酒业股份有限公司

公司概况						
	公司名称	中信国安葡萄酒业股份有限公司			证券简称	ST 中葡
	法人代表	孙亚雷	董秘	张荣亮	证券代码	600084
	公司网址	www.guoanwine.com		电子信箱	zhouyc1964@sina.cn	
	电　　话	0991-8881238		传　　真	0991-8882439	
	办公地址	新疆维吾尔自治区乌鲁木齐市红山路 39 号				
	经营范围	农业综合开发、葡萄酒生产销售等				

主要财务指标	指标\报告期	2012.06.30	2011.12.31	2011.06.30	2010.12.31
	基本每股收益(元)	-0.1020	-0.2300	-0.0210	0.0900
	基本每股收益(扣除)(元)	-0.1020	-0.2700	-0.0900	-0.2800
	每股净资产(元)	1.0430	1.1400	1.3500	1.3700
	每股经营现金净流量(元)	0.0095	-0.3257	-0.2091	-0.1762
	每股现金流量(元)	-0.1664	-0.7047	-0.5173	-0.1614
	每股资本公积金(元)	1.9151	1.9151	1.9151	1.9151
	每股盈余公积金(元)	0.1032	0.1032	0.1032	0.1032
	每股未分配利润(元)	-1.9756	-1.8738	-1.6682	-1.6471
	净资产收益率(%)	-9.7569	-19.8130	-1.5670	6.8770
	加权净资产收益率(%)	-9.3000	-18.0300	-1.5600	6.5500
	净资产收益率(扣除)(%)	-	-	-	-
	总资产(万元)	250313.11	277109.64	263922.73	312033.08
	归属母公司股东权益(万元)	84454.19	92694.29	109345.64	111059.44
	主营业务收入(万元)	17680.44	52092.53	21917.70	46935.04
	营业收入(万元)	17979.52	53708.91	22228.34	48787.10
	主营成本(万元)	11055.08	-	12436.54	30539.47
	营业成本(万元)	11185.89	29520.83	12580.07	31324.89
	投资收益(万元)	-13.27	-32.90	-13.27	-1096.36
	净利润(万元)	-8369.10	-18474.14	-1257.26	9044.32
	利润总额(万元)	-8365.97	-18363.57	-1255.16	9511.25

北京同仁堂股份有限公司

公司概况						
	公司名称	北京同仁堂股份有限公司			证券简称	同仁堂
	法人代表	梅群	董秘	贾泽涛	证券代码	600085
	公司网址	www.tongrentang.com		电子信箱	tongrentang@tongrentang.com	
	电　　话	010-67020018		传　　真	010-67020018	
	办公地址	北京市崇文区东兴隆街 52 号 北京市崇文门外大街 42 号				
	经营范围	中药生产、科研、销售等				

主要财务指标	指标\报告期	2012.06.30	2011.12.31	2011.06.30	2010.12.31
	基本每股收益(元)	0.2360	0.3360	0.1990	0.2610
	基本每股收益(扣除)(元)	0.2340	0.3140	0.1980	0.2550
	每股净资产(元)	2.7570	2.6700	6.3950	2.4940
	每股经营现金净流量(元)	0.4684	0.4185	0.9850	1.0858
	每股现金流量(元)	0.3671	0.0526	0.9505	0.4233
	每股资本公积金(元)	0.1950	0.1950	1.5180	1.5180
	每股盈余公积金(元)	0.2636	0.2636	0.6016	0.6016
	每股未分配利润(元)	1.3245	1.2385	3.3276	3.1624
	净资产收益率(%)	8.5600	12.6000	7.7705	10.4829
	加权净资产收益率(%)	8.5400	13.0300	7.6600	10.7900
	净资产收益率(扣除)(%)	-	-	-	-
	总资产(万元)	823997.19	732989.94	613931.44	610146.60
	归属母公司股东权益(万元)	358944.87	347685.00	333081.03	324758.77
	主营业务收入(万元)	387449.64	606245.22	317091.84	487861.24
	营业收入(万元)	391043.70	610838.37	320163.39	494274.43
	主营成本(万元)	211202.43	-	177090.76	289174.14
	营业成本(万元)	211613.33	360416.88	130583.45	289385.56
	投资收益(万元)	299.34	1266.48	613.61	767.43
	净利润(万元)	48022.12	65465.11	40163.03	51148.86
	利润总额(万元)	58307.02	80163.35	48287.39	61970.68

东方金钰股份有限公司

公司概况						
	公司名称	东方金钰股份有限公司			证券简称	东方金钰
	法人代表	赵兴龙	董秘	方莉	证券代码	600086
	公司网址	www.goldjade.cn		电子信箱	600086@goldjade.cn	
	电　　话	0755-25266298		传　　真	0755-25266279	
	办公地址	广东省深圳市罗湖区贝丽北路水贝工业区 2 栋东方金钰珠宝大厦 3 楼				
	经营范围	宝石及珠宝饰品的加工、批发、销售、翡翠原材料的批发销售等				

主要财务指标	指标\报告期	2012.06.30	2011.12.31	2011.06.30	2010.12.31
	基本每股收益(元)	0.2887	0.2222	0.1190	0.1631
	基本每股收益(扣除)(元)	0.2858	0.2466	0.1315	0.1329
	每股净资产(元)	1.9217	1.6329	1.4654	1.2263
	每股经营现金净流量(元)	0.8905	-0.5200	0.0370	-0.9721
	每股现金流量(元)	0.0912	-0.0831	-0.1021	-0.0321
	每股资本公积金(元)	0.4750	0.4750	0.4106	0.2906
	每股盈余公积金(元)	0.1032	0.1032	0.1032	0.1032
	每股未分配利润(元)	0.3434	0.0547	-0.0485	-0.1675
	净资产收益率(%)	15.0245	13.6060	8.1210	13.3040
	加权净资产收益率(%)	16.2400	13.1300	7.8800	14.2500
	净资产收益率(扣除)(%)	-	-	-	-
	总资产(万元)	302549.10	316099.15	321731.01	258381.65
	归属母公司股东权益(万元)	67696.30	57525.30	51622.78	43200.92
	主营业务收入(万元)	167257.60	309501.24	133917.88	156950.44
	营业收入(万元)	167325.67	311401.16	134133.49	157004.91
	主营成本(万元)	146433.53	281227.27	120774.75	138296.59
	营业成本(万元)	146433.75	281232.93	120780.73	138296.59
	投资收益(万元)	-1294.62	2058.38	456.71	-1258.66
	净利润(万元)	10171.00	7826.66	4321.01	7404.71
	利润总额(万元)	13572.79	10254.53	5721.86	9351.11

中国长江航运集团南京油运股份有限公司

公司概况						
	公司名称	中国长江航运集团南京油运股份有限公司			证券简称	*ST 长油
	法人代表	朱宁	董秘	曾善柱	证券代码	600087
	公司网址	www.njtc.com.cn		电子信箱	zsz021@vip.sina.com	
	电　　话	025-58586158 58586145		传　　真	025-58586145	
	办公地址	江苏省南京市下关区中山北路 324 号油运大厦				
	经营范围	石油及制品、化学制品及其他货物仓储、运输、船舶代理、船舶技术服务、修理等				

主要财务指标	指标\报告期	2012.06.30	2011.12.31	2011.06.30	2010.12.31
	基本每股收益(元)	-0.1903	-0.2268	-0.1017	-0.0064
	基本每股收益(扣除)(元)	-0.1962	-0.2373	-0.1063	-0.0129
	每股净资产(元)	1.2800	1.4700	1.6100	1.4800
	每股经营现金净流量(元)	-0.0751	-0.0482	-0.0555	0.1091
	每股现金流量(元)	0.0303	-0.1417	0.0736	0.0885
	每股资本公积金(元)	0.4136	0.4136	0.4136	0.9274
	每股盈余公积金(元)	0.0992	0.0992	0.1000	0.2091
	每股未分配利润(元)	-0.1959	-0.0056	0.1295	0.5734
	净资产收益率(%)	-14.8149	-15.0725	-5.8396	-0.4330
	加权净资产收益率(%)	-13.8000	-14.9300	-6.5300	-0.4300
	净资产收益率(扣除)(%)	-	-	-	-
	总资产(万元)	1982975.95	1916958.55	1919984.29	1736754.66
	归属母公司股东权益(万元)	435921.02	500363.02	548053.83	429429.88
	主营业务收入(万元)	292589.05	504714.59	238928.27	427855.52
	营业收入(万元)	295598.29	508825.24	239141.43	428368.69
	主营成本(万元)	318214.00	527751.31	236216.15	383539.62
	营业成本(万元)	318306.16	527935.61	236431.16	383988.43
	投资收益(万元)	62.54	-	-	-
	净利润(万元)	-64557.11	-74933.34	-31696.18	-2459.83
	利润总额(万元)	-64517.36	-80638.38	-31145.55	743.83

中视传媒股份有限公司

公司概况						
公司名称	中视传媒股份有限公司				证券简称	中视传媒
法人代表	梁晓涛	董秘	贺芳		证券代码	600088
公司网址	www.ctv-media.com.cn			电子信箱	irmanager@ctv-media.com.cn	
电　　话	021-68765168			传　　真	021-68763868	
办公地址	上海市浦东新区福山路 450 号新天国际大厦 17 层 A 座					
经营范围	影视拍摄基地开发、经营、影视拍摄[摄制电影(单片)]、电视剧节目制作等					

主要财务指标 指标\报告期	2012.06.30	2011.12.31	2011.06.30	2010.12.31
基本每股收益(元)	0.0640	0.2210	0.1000	0.2410
基本每股收益(扣除)(元)	0.0630	0.2170	0.0980	0.2390
每股净资产(元)	3.1038	3.1263	3.0100	2.9900
每股经营现金净流量(元)	-1.7533	1.7584	0.5537	0.9991
每股现金流量(元)	-1.8663	1.4638	0.4732	0.8841
每股资本公积金(元)	0.9653	0.9653	0.9653	0.9653
每股盈余公积金(元)	0.3346	0.3346	0.2667	0.2667
每股未分配利润(元)	0.8039	0.8263	0.7732	0.7583
净资产收益率(%)	2.0463	7.0670	3.3270	8.0444
加权净资产收益率(%)	2.0100	7.2200	3.2900	8.2800
净资产收益率(扣除)(%)	-	-	-	-
总资产(万元)	167015.11	231962.39	196433.19	171995.16
归属母公司股东权益(万元)	102865.54	103610.86	99602.48	99105.75
主营业务收入(万元)	50842.40	128867.01	50958.32	117098.06
营业收入(万元)	50882.57	128948.46	50992.00	117179.82
主营成本(万元)	46037.49	110977.47	44235.17	98835.69
营业成本(万元)	46069.34	111042.37	44261.43	98908.92
投资收益(万元)	-	-	-	51.87
净利润(万元)	2013.81	7569.95	3279.58	8389.35
利润总额(万元)	2638.44	10026.60	4326.07	10764.00

特变电工股份有限公司

公司概况						
公司名称	特变电工股份有限公司				证券简称	特变电工
法人代表	张新	董秘	郭俊香		证券代码	600089
公司网址	www.tbea.com.cn			电子信箱	gjxtbea@tbea.com.cn	
电　　话	0994-2724766			传　　真	0994-2723615	
办公地址	新疆维吾尔自治区昌吉市延安南路 52 号					
经营范围	变压器、电线电缆以及输变电成套工程业务等					

主要财务指标 指标\报告期	2012.06.30	2011.12.31	2011.06.30	2010.12.31
基本每股收益(元)	0.2075	0.4664	0.2615	0.8598
基本每股收益(扣除)(元)	0.1628	0.3924	0.2458	0.8034
每股净资产(元)	4.9954	4.8758	4.6958	5.8200
每股经营现金净流量(元)	-0.8135	0.6709	-0.5506	0.9582
每股现金流量(元)	-1.2019	0.9867	-0.3404	1.4414
每股资本公积金(元)	1.7572	1.7689	1.7870	2.5773
每股盈余公积金(元)	0.2216	0.2216	0.1674	0.2176
每股未分配利润(元)	2.0198	1.8923	1.7416	2.0241
净资产收益率(%)	4.1547	9.5660	5.5700	13.6580
加权净资产收益率(%)	4.1712	9.9700	5.6555	18.3700
净资产收益率(扣除)(%)	-	-	-	-
总资产(万元)	3509049.80	3361246.64	2739584.33	2361576.16
归属母公司股东权益(万元)	1316558.75	1285043.37	1237617.46	1179721.58
主营业务收入(万元)	967316.73	1755704.94	803150.37	1720433.77
营业收入(万元)	983198.98	1816474.41	820097.60	1777028.84
主营成本(万元)	807138.98	1414861.56	626892.98	1354013.45
营业成本(万元)	818552.63	1468767.12	637878.62	1402203.70
投资收益(万元)	5166.70	8444.68	6551.03	15141.77
净利润(万元)	54007.56	123487.18	70783.29	166163.43
利润总额(万元)	61594.40	138822.49	80387.62	184822.45

新疆啤酒花股份有限公司

公司概况						
公司名称	新疆啤酒花股份有限公司				证券简称	啤 酒 花
法人代表	王克勤	董秘	唐伟梅		证券代码	600090
公司网址	www.xjhops.com			电子信箱	lichong@xjhops.com	
电　　话	0991-3687305 3687319			传　　真	0991-3687311	
办公地址	新疆维吾尔自治区乌鲁木齐市长春南路西二巷 83 号津城茗苑五号楼三楼					
经营范围	啤酒花、啤酒大麦、食品饮料、房地产开发、农副产口等					

主要财务指标 指标\报告期	2012.06.30	2011.12.31	2011.06.30	2010.12.31
基本每股收益(元)	0.0980	0.1590	0.0830	0.1070
基本每股收益(扣除)(元)	0.0970	0.1310	0.0640	0.0530
每股净资产(元)	1.2400	1.1420	1.0660	0.9830
每股经营现金净流量(元)	0.5818	0.3001	0.5576	0.4007
每股现金流量(元)	0.1430	0.0933	0.4210	0.0496
每股资本公积金(元)	1.0468	1.0468	1.0468	1.0468
每股盈余公积金(元)	0.1041	0.1041	0.1041	0.1041
每股未分配利润(元)	-0.9110	-1.0089	-1.0846	-1.1679
净资产收益率(%)	7.8969	13.9220	7.8080	10.8830
加权净资产收益率(%)	8.2220	14.9630	8.1260	11.5090
净资产收益率(扣除)(%)	-	12.2900	-	-
总资产(万元)	120738.10	120349.84	117912.36	104598.23
归属母公司股东权益(万元)	45615.88	42013.65	39227.74	36164.72
主营业务收入(万元)	66558.95	109672.26	59274.40	94256.56
营业收入(万元)	67956.43	113255.61	62037.47	99052.01
主营成本(万元)	40329.92	65558.67	34527.56	58769.19
营业成本(万元)	41613.42	68667.34	37054.24	62849.07
投资收益(万元)	-	162.54	-	10.00
净利润(万元)	7828.37	12418.34	6345.88	11336.76
利润总额(万元)	7682.84	17385.00	8800.93	14742.59

包头明天科技股份有限公司

公司概况						
公司名称	包头明天科技股份有限公司				证券简称	ST 明 科
法人代表	董琦	董秘	关明		证券代码	600091
公司网址	www.tomotech.com			电子信箱	600091@sina.com	
电　　话	0472-2207068			传　　真	0472-2207059	
办公地址	内蒙古自治区包头市稀土高新技术产业开发区曙光路 22 号					
经营范围	生产、销售烧碱、聚氯乙烯树脂、苯酚、盐酸、硫酸、氢氟酸、电石等化工产品					

主要财务指标 指标\报告期	2012.06.30	2011.12.31	2011.06.30	2010.12.31
基本每股收益(元)	-0.1300	-0.4300	-0.1200	0.0400
基本每股收益(扣除)(元)	-0.1500	-0.4100	-0.1200	-0.1900
每股净资产(元)	1.5300	1.6500	2.0500	2.1400
每股经营现金净流量(元)	-0.1185	-0.3167	-0.1587	-0.5317
每股现金流量(元)	0.0856	-0.2065	-0.1633	0.2035
每股资本公积金(元)	3.6190	3.6190	3.6190	3.6190
每股盈余公积金(元)	0.1915	0.1915	0.1915	0.1915
每股未分配利润(元)	-3.3184	-3.1848	-2.8720	-2.7531
净资产收益率(%)	-8.7268	-26.0924	-5.8070	1.9611
加权净资产收益率(%)	-8.4100	-22.4400	-5.7200	2.0000
净资产收益率(扣除)(%)	-	-	-	-
总资产(万元)	140286.29	135404.76	147391.47	153759.19
归属母公司股东权益(万元)	51520.94	55685.44	68930.64	72025.76
主营业务收入(万元)	-	547.75	-	4.46
营业收入(万元)	248.00	547.75	245.00	836.34
主营成本(万元)	-	-	-	14.10
营业成本(万元)	134.48	282.92	100.79	609.91
投资收益(万元)	2025.12	3897.49	1774.28	12234.47
净利润(万元)	-4496.11	-14529.66	-4003.09	1412.49
利润总额(万元)	-4496.11	-14529.66	-4003.09	1412.49

四川禾嘉股份有限公司

公司概况						
	公司名称	四川禾嘉股份有限公司			证券简称	禾嘉股份
	法人代表	宋浩	董秘	徐德智	证券代码	600093
	公司网址	www.hejia.com		电子信箱	dmb@hejia.com	
	电　话	028-85155498 85178855		传　真	028-85178855	
	办公地址	四川省成都市高新技术产业开发区九兴大道3号				
	经营范围	投资及管理				

主要财务指标	指标\报告期	2012.06.30	2011.12.31	2011.06.30	2010.12.31
	基本每股收益(元)	0.0350	0.0670	0.0540	0.0080
	基本每股收益(扣除)(元)	0.0370	0.0390	0.0399	0.0220
	每股净资产(元)	1.1120	1.0800	1.0620	1.0300
	每股经营现金净流量(元)	0.0103	0.1601	0.0940	-0.2499
	每股现金流量(元)	0.0590	-0.0462	-0.0045	-0.0278
	每股资本公积金(元)	0.1371	0.1371	0.1371	0.1371
	每股盈余公积金(元)	0.0413	0.0413	0.0396	0.0604
	每股未分配利润(元)	-0.0666	-0.1018	-0.1146	-0.1683
	净资产收益率(%)	3.1700	6.1770	5.0630	0.7764
	加权净资产收益率(%)	3.2200	6.3200	5.1400	0.7900
	净资产收益率(扣除)(%)	-	-	-	-
	总资产(万元)	68221.29	62428.24	64726.18	64465.92
	归属母公司股东权益(万元)	35849.79	34713.20	34247.96	33184.08
	主营业务收入(万元)	21455.47	30768.09	16448.56	32664.18
	营业收入(万元)	22522.39	33975.72	18527.78	35306.83
	主营成本(万元)	15817.66	22071.84	11661.24	22257.16
	营业成本(万元)	16453.49	23436.51	12640.36	23921.24
	投资收益(万元)	-	-318.92	-70.35	-141.00
	净利润(万元)	1094.94	2227.30	1902.71	136.17
	利润总额(万元)	1662.55	3436.89	2599.09	918.40

上海大名城企业股份有限公司

公司概况						
	公司名称	上海大名城企业股份有限公司			证券简称	大名城
	法人代表	俞培俤	董秘	张燕琦	证券代码	600094
	公司网址	www.greattown.cn		电子信箱	dmc@greattown.cn	
	电　话	021-62470088 62478900		传　真	021-62479099	
	办公地址	上海市闵行区红松东路1116号上海虹桥元一大厦5楼				
	经营范围	房地产综合开发、建造、销售商品房、物业管理、物业租赁等				

主要财务指标	指标\报告期	2012.06.30	2011.12.31	2011.06.30	2010.12.31
	基本每股收益(元)	0.0450	0.4608	0.2212	0.3173
	基本每股收益(扣除)(元)	0.0440	0.3624	-0.0036	-0.0047
	每股净资产(元)	1.4890	1.4400	1.2040	3.1660
	每股经营现金净流量(元)	-0.4657	-0.3838	-0.3581	-3.2547
	每股现金流量(元)	0.1872	0.0494	0.3489	-1.8418
	每股资本公积金(元)	0.2724	0.2724	0.2724	3.0935
	每股盈余公积金(元)	0.1501	0.1501	0.1501	0.4806
	每股未分配利润(元)	0.0661	0.0210	-0.2186	-1.4081
	净资产收益率(%)	3.0300	31.9210	18.3710	32.0870
	加权净资产收益率(%)	3.0700	37.8900	20.1200	38.2200
	净资产收益率(扣除)(%)	-	-	-	-
	总资产(万元)	867504.52	741529.62	785189.98	649061.23
	归属母公司股东权益(万元)	225010.09	218202.21	181982.03	149464.77
	主营业务收入(万元)	44646.40	327433.69	155571.31	239029.26
	营业收入(万元)	44646.40	330271.13	155571.31	239499.33
	主营成本(万元)	16362.83	123189.14	57194.79	101737.48
	营业成本(万元)	16362.83	125179.20	57194.79	101763.06
	投资收益(万元)	161.04	413.01	-39.91	69.34
	净利润(万元)	9871.26	99756.21	47709.21	68397.72
	利润总额(万元)	13865.79	133697.95	63895.20	91265.98

哈尔滨高科技(集团)股份有限公司

公司概况						
	公司名称	哈尔滨高科技(集团)股份有限公司			证券简称	哈高科
	法人代表	杨登瑞	董秘	马昆	证券代码	600095
	公司网址	www.hgk-group.com		电子信箱	mkn@hgk-group.com	
	电　话	0451-84348141 84346722		传　真	0451-84348057 84346722	
	办公地址	黑龙江省哈尔滨市高新技术产业开发区迎宾路集中区天平路2号				
	经营范围	大豆深加工、药业、房地产开发等				

主要财务指标	指标\报告期	2012.06.30	2011.12.31	2011.06.30	2010.12.31
	基本每股收益(元)	-0.0757	0.0595	0.0623	0.0379
	基本每股收益(扣除)(元)	-0.0758	-0.1127	-0.0524	-0.0762
	每股净资产(元)	1.7001	1.7758	1.7760	1.7140
	每股经营现金净流量(元)	-0.0368	-0.5662	-0.3496	-0.3688
	每股现金流量(元)	-0.0542	-0.1597	-0.2064	0.0747
	每股资本公积金(元)	0.7401	0.7401	0.7374	0.7374
	每股盈余公积金(元)	0.0931	0.0931	0.0931	0.0931
	每股未分配利润(元)	-0.1331	-0.0574	-0.0546	-0.1169
	净资产收益率(%)	-4.4503	3.3515	3.5098	2.2130
	加权净资产收益率(%)	-4.3500	3.4100	3.5700	2.2300
	净资产收益率(扣除)(%)	-	-	-	-
	总资产(万元)	128641.57	128593.19	119872.60	121320.77
	归属母公司股东权益(万元)	61419.39	64152.74	64156.01	61904.26
	主营业务收入(万元)	12369.43	28880.13	13708.03	45462.63
	营业收入(万元)	12451.53	28989.79	13806.90	45699.97
	主营成本(万元)	10795.43	24398.75	11727.27	39123.43
	营业成本(万元)	10813.81	24511.86	11743.49	39423.22
	投资收益(万元)	461.49	8104.12	4714.05	3705.93
	净利润(万元)	-3321.78	1293.47	2142.71	1456.82
	利润总额(万元)	-3300.31	1339.00	2182.43	1612.44

云南云天化股份有限公司

公司概况						
	公司名称	云南云天化股份有限公司			证券简称	云天化
	法人代表	张嘉庆	董秘	冯驰	证券代码	600096
	公司网址	www.yyth.com.cn		电子信箱	ythfc@yyth.com.cn	
	电　话	0870-8662006 8662011		传　真	0870-8662010	
	办公地址	云南省昭通市水富县				
	经营范围	化肥、化工原料、新材料、新能源及产品的研发、生产、销售				

主要财务指标	指标\报告期	2012.06.30	2011.12.31	2011.06.30	2010.12.31
	基本每股收益(元)	-0.3393	0.2594	0.1556	0.3082
	基本每股收益(扣除)(元)	-0.3469	0.2370	0.1521	0.2669
	每股净资产(元)	8.4693	8.9920	9.1948	7.8363
	每股经营现金净流量(元)	0.8960	0.1974	0.1820	2.0551
	每股现金流量(元)	-0.0599	-0.4626	2.4049	-0.1503
	每股资本公积金(元)	4.7888	4.7886	5.0678	3.0934
	每股盈余公积金(元)	1.4376	1.4376	1.4238	1.6736
	每股未分配利润(元)	1.1944	1.7337	1.6418	2.0031
	净资产收益率(%)	-4.0066	2.7060	1.4970	3.9330
	加权净资产收益率(%)	-3.8500	2.9700	1.8800	4.0100
	净资产收益率(扣除)(%)	-	-	-	-
	总资产(万元)	2754901.89	2707135.32	2768378.37	2443292.77
	归属母公司股东权益(万元)	587460.86	623714.30	637781.64	462434.07
	主营业务收入(万元)	520329.25	986114.19	483223.10	689308.96
	营业收入(万元)	530843.16	1011661.68	499501.62	714075.02
	主营成本(万元)	446050.22	789384.74	388258.24	529539.53
	营业成本(万元)	453630.52	811586.63	403500.19	551630.57
	投资收益(万元)	608.83	877.79	510.68	447.67
	净利润(万元)	-24066.19	23859.75	12448.69	30034.57
	利润总额(万元)	-23347.70	26707.12	14407.39	37015.00

上海开创国际海洋资源股份有限公司

公司概况	公司名称	上海开创国际海洋资源股份有限公司			证券简称	开创国际
	法人代表	汤期庆	董秘	汪涛	证券代码	600097
	公司网址	www.skmic.sh.cn		电子信箱	ir@skmic.sh.cn	
	电　话	021-65686875 65690310		传　真	021-65696280 65673892	
	办公地址	上海市杨浦区共青路 448 号				
	经营范围	远洋捕捞、食品销售管理、渔用设备、产品销售等				

主要财务指标	指标\报告期	2012.06.30	2011.12.31	2011.06.30	2010.12.31
	基本每股收益(元)	0.4900	0.3200	0.2900	0.1300
	基本每股收益(扣除)(元)	0.4900	0.2000	0.2400	0.0700
	每股净资产(元)	3.8700	3.3700	3.4000	3.1200
	每股经营现金净流量(元)	1.5307	0.7170	0.9013	0.5699
	每股现金流量(元)	0.7529	0.3016	0.8091	-0.1577
	每股资本公积金(元)	0.0622	0.0622	0.1258	0.1258
	每股盈余公积金(元)	0.2463	0.2463	0.2376	0.2376
	每股未分配利润(元)	1.5112	1.0217	1.0491	0.7559
	净资产收益率(%)	12.6600	9.6181	8.6140	4.2951
	加权净资产收益率(%)	13.5200	9.9900	8.9900	4.3700
	净资产收益率(扣除)(%)	-	-	-	-
	总资产(万元)	136375.74	133341.35	135083.92	123388.37
	归属母公司股东权益(万元)	78327.54	68360.24	68957.24	63155.72
	主营业务收入(万元)	38964.41	73403.64	41154.88	57436.97
	营业收入(万元)	39984.04	73463.70	41578.85	58120.41
	主营成本(万元)	32132.71	69515.59	33846.07	52209.75
	营业成本(万元)	32974.06	69543.69	34179.99	52702.34
	投资收益(万元)	-	-	-	-
	净利润(万元)	9918.86	6574.92	5939.60	2712.62
	利润总额(万元)	9918.86	6574.92	5939.60	2712.69

广州发展实业控股集团股份有限公司

公司概况	公司名称	广州发展实业控股集团股份有限公司			证券简称	广州控股
	法人代表	杨丹地	董秘	张雪球	证券代码	600098
	公司网址	www.gdih.cn		电子信箱	gzkg600098@gdih.cn	
	电　话	020-37850968 37850978		传　真	020-37850938	
	办公地址	广东省广州市天河区临江大道 3 号 28-30 楼				
	经营范围	电力、能源物流、基建等产业的投资、建设、生产管理和经营业务等				

主要财务指标	指标\报告期	2012.06.30	2011.12.31	2011.06.30	2010.12.31
	基本每股收益(元)	0.1870	0.1860	0.1529	0.3620
	基本每股收益(扣除)(元)	0.1829	0.1670	0.1426	0.3340
	每股净资产(元)	4.5100	5.0960	4.3830	4.4710
	每股经营现金净流量(元)	0.5571	0.2646	0.4382	0.3721
	每股现金流量(元)	1.5210	0.4549	0.1878	-0.1399
	每股资本公积金(元)	1.3901	0.9737	0.9833	0.9906
	每股盈余公积金(元)	1.2400	1.2314	1.1044	1.1044
	每股未分配利润(元)	1.5767	1.4721	1.2952	1.3758
	净资产收益率(%)	3.5495	4.1996	3.9777	8.1070
	加权净资产收益率(%)	3.6112	4.1900	2.7256	8.2600
	净资产收益率(扣除)(%)	-	-	-	-
	总资产(万元)	3037289.29	2672612.91	1889008.10	1730957.22
	归属母公司股东权益(万元)	1236709.26	1196469.53	902526.82	920643.71
	主营业务收入(万元)	713281.25	1078749.13	681140.29	884534.19
	营业收入(万元)	719431.61	1081752.76	688841.18	885931.96
	主营成本(万元)	605029.69	963997.40	594433.10	738295.57
	营业成本(万元)	606704.46	966350.54	427999.93	738583.66
	投资收益(万元)	18464.20	7950.49	13321.26	17613.61
	净利润(万元)	57910.12	60612.91	47216.09	106883.24
	利润总额(万元)	72997.62	80253.03	64650.99	136430.38

林海股份有限公司

公司概况	公司名称	林海股份有限公司			证券简称	林海股份
	法人代表	刘群	董秘	卢中华	证券代码	600099
	公司网址	www.linhai.cn		电子信箱	luzhonghua6551888@hotmail.com	
	电　话	0523-86992165 86568091		传　真	0523-86551403	
	办公地址	江苏省泰州市迎春西路 199 号				
	经营范围	林业及园林动力机械、农业机械、喷灌机械、木材采运设备等				

主要财务指标	指标\报告期	2012.06.30	2011.12.31	2011.06.30	2010.12.31
	基本每股收益(元)	0.0055	0.0149	0.0055	0.0150
	基本每股收益(扣除)(元)	-0.0066	0.0142	0.0052	0.0135
	每股净资产(元)	2.1810	2.1800	2.1660	2.2000
	每股经营现金净流量(元)	-0.0807	-0.0840	-0.0533	0.0613
	每股现金流量(元)	-0.1974	-0.1431	-0.0663	0.0479
	每股资本公积金(元)	0.9100	0.9100	0.9100	0.9100
	每股盈余公积金(元)	0.1132	0.1132	0.1117	0.1117
	每股未分配利润(元)	0.1581	0.1526	0.1447	0.1792
	净资产收益率(%)	0.2500	0.6870	0.2540	0.6818
	加权净资产收益率(%)	0.2504	0.6830	0.2520	0.6840
	净资产收益率(扣除)(%)	-	-	-	-
	总资产(万元)	54858.30	52946.50	54131.62	52490.39
	归属母公司股东权益(万元)	47797.50	47677.94	47470.96	48226.86
	主营业务收入(万元)	11270.73	24701.81	13168.36	22777.20
	营业收入(万元)	11613.97	25640.28	13547.34	23912.49
	主营成本(万元)	10341.18	22217.29	12097.66	20550.93
	营业成本(万元)	10620.72	22901.77	12442.54	21357.40
	投资收益(万元)	16.65	152.50	111.53	-5.12
	净利润(万元)	119.56	327.56	120.58	328.83
	利润总额(万元)	124.16	329.42	120.07	384.26

同方股份有限公司

公司概况	公司名称	同方股份有限公司			证券简称	同方股份
	法人代表	荣泳霖	董秘	孙岷	证券代码	600100
	公司网址	www.thtf.com.cn		电子信箱	600100@thtf.com.cn	
	电　话	010-82399888		传　真	010-82399765	
	办公地址	北京市海淀区清华同方科技大厦 A 座 29 层				
	经营范围	计算机产品、商品销售、网络、软件、系统集成与信息服务等				

主要财务指标	指标\报告期	2012.06.30	2011.12.31	2011.06.30	2010.12.31
	基本每股收益(元)	0.0780	0.3559	0.0651	0.2433
	基本每股收益(扣除)(元)	0.0129	0.0608	0.0708	0.0974
	每股净资产(元)	4.3000	4.2900	4.0300	8.0400
	每股经营现金净流量(元)	-0.3731	-0.1102	-0.7458	0.2714
	每股现金流量(元)	-0.5622	-0.6329	-0.7291	0.2575
	每股资本公积金(元)	1.9297	1.8840	1.9023	4.8077
	每股盈余公积金(元)	0.2795	0.2795	0.2439	0.4878
	每股未分配利润(元)	1.1122	1.1487	0.8934	1.7568
	净资产收益率(%)	1.8135	8.2880	1.6150	6.0040
	加权净资产收益率(%)	1.7900	8.5400	1.6100	6.2500
	净资产收益率(扣除)(%)	-	-	-	-
	总资产(万元)	3190064.54	3017095.18	2651827.47	2486463.82
	归属母公司股东权益(万元)	855116.81	853598.38	800686.30	798669.87
	主营业务收入(万元)	969763.15	2086812.37	849820.85	1813523.34
	营业收入(万元)	977855.55	2096204.99	854758.19	1825750.94
	主营成本(万元)	822129.98	1765013.84	706034.18	1532317.43
	营业成本(万元)	827237.35	1770487.71	707603.86	1541211.42
	投资收益(万元)	30062.92	24557.69	11962.54	51495.89
	净利润(万元)	23462.84	86852.56	21012.46	59973.78
	利润总额(万元)	28598.96	105570.02	26153.34	71801.51

四川明星电力股份有限公司

公司概况	公司名称	四川明星电力股份有限公司			证券简称	明星电力
	法人代表	秦怀平	董秘	唐敏	证券代码	600101
	公司网址	www.mxdl.com.cn		电子信箱	tangmin_law@vip.126.com	
	电　话	0825-2210076 2210081		传　真	0825-2210017 2210089	
	办公地址	四川省遂宁市开发区明月路88号				
	经营范围	电力、热力生产供应、送变电工程、线路、设备安装、施工、批发等				

主要财务指标	指标\报告期	2012.06.30	2011.12.31	2011.06.30	2010.12.31
	基本每股收益(元)	0.1840	0.6800	0.4520	0.4700
	基本每股收益(扣除)(元)	0.1780	0.3700	0.1380	0.4000
	每股净资产(元)	4.7300	4.6000	4.3680	3.9900
	每股经营现金净流量(元)	0.1877	0.5250	0.1530	0.4729
	每股现金流量(元)	0.0566	-0.0078	0.1143	0.0911
	每股资本公积金(元)	1.4143	1.4143	1.4143	1.4143
	每股盈余公积金(元)	0.1796	0.1796	0.1442	0.1442
	每股未分配利润(元)	2.1366	2.0029	1.8098	1.4282
	净资产收益率(%)	3.8838	14.7970	10.3380	11.8600
	加权净资产收益率(%)	3.9400	15.9100	10.8100	12.5400
	净资产收益率(扣除)(%)	-	-	-	-
	总资产(万元)	251231.13	248270.16	254250.30	242611.22
	归属母公司股东权益(万元)	153354.97	149019.91	141609.52	129239.23
	主营业务收入(万元)	42546.73	79858.47	36334.54	82462.64
	营业收入(万元)	43077.66	80837.88	36894.36	84144.12
	主营成本(万元)	31777.57	56040.69	25352.32	60008.30
	营业成本(万元)	31866.17	56214.16	25441.02	60883.72
	投资收益(万元)	1542.73	13358.42	11156.01	5895.44
	净利润(万元)	5379.35	21758.38	14626.11	14809.38
	利润总额(万元)	6428.62	25401.01	17079.51	16557.17

福建省青山纸业股份有限公司

公司概况	公司名称	福建省青山纸业股份有限公司			证券简称	青山纸业
	法人代表	徐宗明	董秘	叶信英	证券代码	600103
	公司网址	www.qingshanpaper.com		电子信箱	dm@qingshanpaper.com	
	电　话	0591-83367773		传　真	0591-87110973	
	办公地址	福建省沙县青州镇				
	经营范围	纸袋纸及卡纸系列产品、碱电产品、医药产品、营林业产品的产销及其贸易经营				

主要财务指标	指标\报告期	2012.06.30	2011.12.31	2011.06.30	2010.12.31
	基本每股收益(元)	-0.0556	0.0117	0.0212	0.0522
	基本每股收益(扣除)(元)	-0.0719	-0.0355	-0.0024	-0.0148
	每股净资产(元)	1.5252	1.5687	1.6370	1.6430
	每股经营现金净流量(元)	-0.1397	0.0342	-0.0110	0.2131
	每股现金流量(元)	0.0800	-0.0382	-0.0734	0.0241
	每股资本公积金(元)	0.1570	0.1449	0.2034	0.2308
	每股盈余公积金(元)	0.1927	0.1927	0.1907	0.1907
	每股未分配利润(元)	0.1755	0.2311	0.2426	0.2213
	净资产收益率(%)	-3.6438	0.7480	1.2980	3.1750
	加权净资产收益率(%)	-3.5900	0.7200	1.2900	2.9500
	净资产收益率(扣除)(%)	-	-	-	-
	总资产(万元)	392271.53	365853.12	341054.35	325342.56
	归属母公司股东权益(万元)	161950.09	166573.07	173791.62	174446.19
	主营业务收入(万元)	79732.39	197402.82	100257.01	196808.25
	营业收入(万元)	81424.41	201585.57	102530.92	203841.79
	主营成本(万元)	67131.40	174107.34	86519.57	178187.22
	营业成本(万元)	69092.78	178192.49	88272.99	183672.21
	投资收益(万元)	2059.97	4934.52	2727.53	5155.67
	净利润(万元)	-5548.51	1886.95	2648.56	7032.54
	利润总额(万元)	-5005.35	2924.51	3152.88	8542.72

上海汽车集团股份有限公司

公司概况	公司名称	上海汽车集团股份有限公司			证券简称	上汽集团
	法人代表	胡茂元	董秘	王剑璋	证券代码	600104
	公司网址	www.saicmotor.com		电子信箱	saicmotor@saic.com.cn	
	电　话	021-22011138		传　真	021-22011199	
	办公地址	上海市静安区威海路489号				
	经营范围	汽车、摩托车、拖拉机等各种机动车整车、机械设备、总成及零部件的生产、销售等				

主要财务指标	指标\报告期	2012.06.30	2011.12.31	2011.06.30	2010.12.31
	基本每股收益(元)	0.9780	1.8340	0.9310	1.5910
	基本每股收益(扣除)(元)	0.9500	1.8020	0.8740	1.5390
	每股净资产(元)	9.9280	9.2800	7.8270	7.8800
	每股经营现金净流量(元)	0.9770	1.8330	0.3019	3.1760
	每股现金流量(元)	0.6381	-0.0936	0.1167	3.0840
	每股资本公积金(元)	3.7973	3.8250	3.1927	5.0652
	每股盈余公积金(元)	0.8892	0.8892	0.8364	0.7234
	每股未分配利润(元)	4.2310	3.5572	2.7956	2.6157
	净资产收益率(%)	9.8515	19.7550	14.1859	18.8574
	加权净资产收益率(%)	10.0800	21.3700	11.1700	23.6800
	净资产收益率(扣除)(%)	-	-	-	-
	总资产(万元)	31567975.95	31863318.10	22259239.20	28504460.27
	归属母公司股东权益(万元)	10946497.05	10236231.47	7234403.19	8691449.39
	主营业务收入(万元)	23043481.23	42637783.69	21006480.17	35875322.81
	营业收入(万元)	23416320.34	43309548.43	21326459.91	36498332.82
	主营成本(万元)	-	34658357.94	-	29038363.20
	营业成本(万元)	19363866.72	35187030.02	14708282.74	29521075.82
	投资收益(万元)	759597.77	1345196.59	703396.47	1077029.18
	净利润(万元)	1807412.86	3498963.10	1805441.79	2853245.62
	利润总额(万元)	2154140.26	4202816.28	2216271.40	3316356.39

江苏永鼎股份有限公司

公司概况	公司名称	江苏永鼎股份有限公司			证券简称	永鼎股份
	法人代表	莫林弟	董秘	彭美娥	证券代码	600105
	公司网址	www.yongding.com.cn		电子信箱	pme@yongding.com.cn	
	电　话	0512-63272395 63272489		传　真	0512-63271866	
	办公地址	江苏省吴江市芦墟镇汾湖经济技术开发区				
	经营范围	通信电缆、通信光缆及其它通信设备、铜丝的制造、销售等				

主要财务指标	指标\报告期	2012.06.30	2011.12.31	2011.06.30	2010.12.31
	基本每股收益(元)	0.0320	0.1100	0.1800	0.5200
	基本每股收益(扣除)(元)	0.0090	0.0700	0.1630	0.4800
	每股净资产(元)	3.7100	3.6800	3.7600	3.6300
	每股经营现金净流量(元)	-0.1209	-0.3229	-0.0848	-0.1668
	每股现金流量(元)	0.1584	-0.2172	0.2366	-0.0635
	每股资本公积金(元)	1.2124	1.2124	1.2126	1.2126
	每股盈余公积金(元)	0.4788	0.4788	0.4564	0.4564
	每股未分配利润(元)	1.0235	0.9918	1.0887	0.9584
	净资产收益率(%)	0.8500	2.8730	4.7970	14.4330
	加权净资产收益率(%)	0.8600	2.8800	4.8500	15.5600
	净资产收益率(扣除)(%)	-	-	-	-
	总资产(万元)	398243.59	373042.28	386069.55	343755.38
	归属母公司股东权益(万元)	141512.34	140306.95	143149.37	138187.31
	主营业务收入(万元)	54165.86	189007.87	91299.04	252216.68
	营业收入(万元)	57143.17	191249.12	93169.77	253651.02
	主营成本(万元)	45510.14	171883.71	82284.69	198807.29
	营业成本(万元)	48053.63	172764.06	83889.34	199845.79
	投资收益(万元)	942.23	9402.46	6618.24	11129.45
	净利润(万元)	2426.53	6642.63	7693.32	24860.67
	利润总额(万元)	2652.19	6937.56	8604.40	30024.23

重庆路桥股份有限公司

公司概况	公司名称	重庆路桥股份有限公司			证券简称	重庆路桥
	法人代表	江津	董秘	张漫	证券代码	600106
	公司网址	www.cqrb.com.cn		电子信箱	cqrb@cqrb.com.cn	
	电　话	023-62803632		传　真	023-62909387	
	办公地址	重庆市南坪经济技术开发区丹龙路 11 号				
	经营范围	重庆长江石板坡大桥、嘉陵江石门大桥、嘉华嘉陵江大桥经营、维护、管理等				

	指标\报告期	2012.06.30	2011.12.31	2011.06.30	2010.12.31
主要财务指标	基本每股收益(元)	0.1144	0.7834	0.0608	0.2951
	基本每股收益(扣除)(元)	0.0859	0.4675	0.0514	0.2016
	每股净资产(元)	2.1564	2.0781	3.5111	3.3800
	每股经营现金净流量(元)	0.0047	1.0191	-0.1257	0.5963
	每股现金流量(元)	-0.3422	-0.3949	-0.8861	1.3565
	每股资本公积金(元)	0.0824	0.7172	0.7336	0.7282
	每股盈余公积金(元)	0.2396	0.4792	0.4008	0.4008
	每股未分配利润(元)	0.8344	1.9600	1.3766	1.2550
	净资产收益率(%)	5.3035	18.8480	3.4653	8.7200
	加权净资产收益率(%)	5.4000	20.7800	3.5300	9.0500
	净资产收益率(扣除)(%)	-	-	-	-
	总资产(万元)	532774.26	563804.79	546729.55	565336.14
	归属母公司股东权益(万元)	195742.69	188642.32	159357.81	153588.18
	主营业务收入(万元)	16032.94	39743.83	15328.34	34214.19
	营业收入(万元)	16098.45	39838.41	15359.07	34476.35
	主营成本(万元)	1969.96	3529.80	1609.78	4043.04
	营业成本(万元)	1970.07	3529.80	1609.78	4046.84
	投资收益(万元)	8416.40	25682.02	4033.87	5209.78
	净利润(万元)	10381.22	35555.04	5522.20	13392.56
	利润总额(万元)	10766.94	39317.33	5566.31	14316.02

湖北美尔雅股份有限公司

公司概况	公司名称	湖北美尔雅股份有限公司			证券简称	美尔雅
	法人代表	杨闻孙	董秘	王黎	证券代码	600107
	公司网址	www.mailyard.com.cn		电子信箱	gufen@mailyard.com.cn	
	电　话	0714-6360298 6360299		传　真	0714-6360298 6360219	
	办公地址	湖北省黄石市团城山开发区美尔雅工业园				
	经营范围	服装、服饰和纺织品研发、设计、制造和销售等				

	指标\报告期	2012.06.30	2011.12.31	2011.06.30	2010.12.31
主要财务指标	基本每股收益(元)	0.0270	0.0780	0.0310	0.0430
	基本每股收益(扣除)(元)	0.0280	0.0770	0.0320	0.0400
	每股净资产(元)	1.4300	1.4000	1.3600	1.3300
	每股经营现金净流量(元)	0.1849	0.6684	0.5919	0.3547
	每股现金流量(元)	0.3578	0.4195	0.5075	0.3880
	每股资本公积金(元)	0.4463	0.4443	0.4496	0.4514
	每股盈余公积金(元)	0.0674	0.0674	0.0674	0.0674
	每股未分配利润(元)	-0.0833	-0.1100	-0.1558	-0.1873
	净资产收益率(%)	1.8644	5.5110	2.3080	3.2460
	加权净资产收益率(%)	1.8800	5.6500	2.3300	2.6800
	净资产收益率(扣除)(%)	-	-	-	-
	总资产(万元)	243500.53	221044.99	229659.72	216610.73
	归属母公司股东权益(万元)	51493.45	50459.56	49002.18	47935.97
	主营业务收入(万元)	29768.88	55242.34	25124.66	40834.43
	营业收入(万元)	25841.61	47375.67	21941.69	34599.80
	主营成本(万元)	15274.42	25473.42	13584.81	19599.59
	营业成本(万元)	16121.08	27421.90	24101.61	20596.22
	投资收益(万元)	93.08	92.92	56.55	7.52
	净利润(万元)	1849.74	4542.62	1443.78	3008.81
	利润总额(万元)	2716.11	6642.53	1806.12	4137.96

甘肃亚盛实业(集团)股份有限公司

公司概况	公司名称	甘肃亚盛实业(集团)股份有限公司			证券简称	亚盛集团
	法人代表	杨树军	董秘	符继军	证券代码	600108
	公司网址	www.yasheng.com		电子信箱	invest@yasheng.com	
	电　话	0931-8857057		传　真	0931-8857182	
	办公地址	甘肃省兰州市城关区秦安路 105 号亚盛大厦东 12 楼				
	经营范围	高科技农业新技术、新品种开发、加工、生产等				

	指标\报告期	2012.06.30	2011.12.31	2011.06.30	2010.12.31
主要财务指标	基本每股收益(元)	0.0633	0.0637	0.0465	0.0749
	基本每股收益(扣除)(元)	0.0568	0.1000	0.0384	0.0386
	每股净资产(元)	2.0600	1.5500	1.5600	1.5100
	每股经营现金净流量(元)	0.0262	0.0347	0.0245	0.0319
	每股现金流量(元)	0.5143	0.0560	0.0488	-0.0251
	每股资本公积金(元)	0.5630	0.0562	0.0847	0.0825
	每股盈余公积金(元)	0.1004	0.1125	0.1073	0.1073
	每股未分配利润(元)	0.3963	0.3796	0.3676	0.3211
	净资产收益率(%)	2.7969	4.1165	2.9803	4.9588
	加权净资产收益率(%)	4.0900	4.1300	3.0200	4.8500
	净资产收益率(扣除)(%)	-	-	-	-
	总资产(万元)	560390.16	447369.36	422990.72	428655.99
	归属母公司股东权益(万元)	400997.85	268935.04	270894.19	262437.39
	主营业务收入(万元)	77257.26	143541.76	54261.56	139608.17
	营业收入(万元)	77406.92	147021.52	55699.91	141053.40
	主营成本(万元)	57369.23	106770.72	40620.68	114408.70
	营业成本(万元)	57423.32	108643.45	41176.91	115487.42
	投资收益(万元)	-9.57	-56.46	-71.26	3747.76
	净利润(万元)	11399.13	11678.36	8182.60	12596.26
	利润总额(万元)	11503.84	11736.98	8247.57	12771.60

国金证券股份有限公司

公司概况	公司名称	国金证券股份有限公司			证券简称	国金证券
	法人代表	冉云	董秘	刘邦兴	证券代码	600109
	公司网址	www.gjzq.com.cn		电子信箱	liubx@gjzq.com.cn	
	电　话	028-86690021 86690206		传　真	028-86695681	
	办公地址	四川省成都市东城根上街 95 号成证大厦 16 楼				
	经营范围	证券代理买卖、证券的自营买卖、证券的承销、证券投资咨询等				

	指标\报告期	2012.06.30	2011.12.31	2011.06.30	2010.12.31
主要财务指标	基本每股收益(元)	0.1990	0.2320	0.2050	0.4380
	基本每股收益(扣除)(元)	0.1970	0.2180	0.1930	0.4190
	每股净资产(元)	3.3400	3.2400	3.2200	3.0200
	每股经营现金净流量(元)	0.5216	-2.9453	-1.4800	-0.3601
	每股现金流量(元)	0.3932	-3.0206	-1.4558	-0.2771
	每股资本公积金(元)	0.0068	0.0049	0.0049	0.0121
	每股盈余公积金(元)	0.2887	0.2887	0.2655	0.2655
	每股未分配利润(元)	1.4904	1.3912	1.4344	1.2291
	净资产收益率(%)	5.9566	7.1420	6.3830	14.5191
	加权净资产收益率(%)	6.0500	7.4000	6.5900	15.6300
	净资产收益率(扣除)(%)	-	-	-	-
	总资产(万元)	907871.45	886470.51	968597.34	1103017.53
	归属母公司股东权益(万元)	334467.49	324360.31	321729.45	301908.64
	主营业务收入(万元)	-	-	-	-
	营业收入(万元)	80523.69	107970.96	70399.33	164455.57
	主营成本(万元)	-	-	-	-
	营业成本(万元)	53859.69	-	44638.46	-
	投资收益(万元)	8620.42	-398.81	2762.22	5333.88
	净利润(万元)	19934.84	23167.11	20518.12	43834.68
	利润总额(万元)	26997.64	32424.24	27458.26	59785.00

中科英华高技术股份有限公司

公司概况	项目	内容			项目	内容
	公司名称	中科英华高技术股份有限公司			证券简称	中科英华
	法人代表	张国庆	董秘	袁梅(代)	证券代码	600110
	公司网址	www.kinwa.com.cn			电子信箱	guanyue@kinwa.com.cn
	电　　话	0431-85161088			传　　真	0431-85161071
	办公地址	吉林省长春市高新技术开发区火炬路 286 号				
	经营范围	热缩材料等高技术、新材料、新产品的开发、生产与经营等				

主要财务指标	指标\报告期	2012.06.30	2011.12.31	2011.06.30	2010.12.31
	基本每股收益(元)	0.0090	-0.0595	0.0043	0.0274
	基本每股收益(扣除)(元)	-0.0303	-0.0891	-0.0077	0.0225
	每股净资产(元)	1.7134	1.7038	1.7826	1.7812
	每股经营现金净流量(元)	0.1432	-0.1657	-0.2097	0.1018
	每股现金流量(元)	0.0659	-0.6952	-0.3578	0.5807
	每股资本公积金(元)	0.6082	0.6082	0.6202	0.6202
	每股盈余公积金(元)	0.0589	0.0589	0.0589	0.0589
	每股未分配利润(元)	0.0552	0.0462	0.1100	0.1057
	净资产收益率(%)	0.5200	-3.4894	0.2420	1.4610
	加权净资产收益率(%)	0.5242	-3.3900	0.2418	1.6900
	净资产收益率(扣除)(%)	-	-	-	-
	总资产(万元)	508421.38	450902.81	480887.22	511335.83
	归属母公司股东权益(万元)	197096.78	195986.25	205060.02	204888.51
	主营业务收入(万元)	71595.46	123367.64	74467.63	111822.09
	营业收入(万元)	74783.13	124020.58	74663.94	112480.17
	主营成本(万元)	59095.71	100284.15	61065.04	89956.00
	营业成本(万元)	61999.05	100647.70	61115.73	90531.23
	投资收益(万元)	-1428.51	-2593.20	-528.65	586.58
	净利润(万元)	1114.32	-5763.40	1419.98	3502.23
	利润总额(万元)	1908.68	-4545.06	2295.05	3213.78

内蒙古包钢稀土(集团)高科技股份有限公司

公司概况	项目	内容			项目	内容
	公司名称	内蒙古包钢稀土(集团)高科技股份有限公司			证券简称	包钢稀土
	法人代表	周秉利	董秘	张日辉	证券代码	600111
	公司网址	www.reht.com			电子信箱	security@reht.com
	电　　话	0472-2207525 2207799			传　　真	0472-2207788
	办公地址	内蒙古自治区包头市稀土高新技术产业开发区黄河路 83 号				
	经营范围	稀土精矿、稀土深加工产品、稀土新材料生产与销售等				

主要财务指标	指标\报告期	2012.06.30	2011.12.31	2011.06.30	2010.12.31
	基本每股收益(元)	0.6480	2.8723	0.8160	0.6200
	基本每股收益(扣除)(元)	0.6400	2.8780	0.8070	0.6160
	每股净资产(元)	2.8000	2.3300	3.4190	2.0000
	每股经营现金净流量(元)	0.5614	1.6084	1.0211	1.1686
	每股现金流量(元)	0.5527	0.6868	0.4602	0.4099
	每股资本公积金(元)	0.0607	0.1214	0.1212	0.3961
	每股盈余公积金(元)	0.2069	0.4138	0.1785	0.2678
	每股未分配利润(元)	1.5269	3.1077	2.1123	1.3201
	净资产收益率(%)	23.1430	61.7460	47.7400	31.0710
	加权净资产收益率(%)	25.0050	84.6670	58.5220	36.6590
	净资产收益率(扣除)(%)	-	-	-	-
	总资产(万元)	1697206.43	1472663.29	1253719.29	878958.12
	归属母公司股东权益(万元)	678188.28	563345.37	414058.94	241624.38
	主营业务收入(万元)	628492.19	1147948.30	571651.90	498772.18
	营业收入(万元)	629713.67	1152826.21	597912.67	525793.73
	主营成本(万元)	321791.95	310859.75	148664.13	242070.69
	营业成本(万元)	322747.23	313720.22	171818.54	266892.10
	投资收益(万元)	153.12	474.74	273.86	844.80
	净利润(万元)	184247.73	560881.38	299886.98	137109.60
	利润总额(万元)	243779.21	727554.95	391518.42	184211.74

贵州长征电气股份有限公司

公司概况	项目	内容			项目	内容
	公司名称	贵州长征电气股份有限公司			证券简称	长征电气
	法人代表	李勇	董秘	王肃	证券代码	600112
	公司网址	www.czdq.cn			电子信箱	ws@czdq.cn
	电　　话	0852-8620788			传　　真	0852-8654903
	办公地址	贵州省遵义市上海路 100 号				
	经营范围	高、中、低压电器元件及成套设备、风力发电设备的设计、研制、生产、销售及售后服务				

主要财务指标	指标\报告期	2012.06.30	2011.12.31	2011.06.30	2010.12.31
	基本每股收益(元)	0.0822	0.1556	0.0840	0.1970
	基本每股收益(扣除)(元)	0.0268	0.0152	0.0125	0.0689
	每股净资产(元)	2.2550	2.6174	2.5615	2.4774
	每股经营现金净流量(元)	-0.0812	-0.0602	-0.2038	-0.0871
	每股现金流量(元)	-0.2461	0.2380	-0.5379	0.7551
	每股资本公积金(元)	0.6364	0.9636	0.9792	0.9792
	每股盈余公积金(元)	0.0449	0.0538	0.0538	0.0538
	每股未分配利润(元)	0.5738	0.5999	0.5284	0.4444
	净资产收益率(%)	3.6448	5.9430	3.2810	7.7200
	加权净资产收益率(%)	3.6985	6.0972	3.3353	9.3716
	净资产收益率(扣除)(%)	-	-	-	-
	总资产(万元)	247932.90	221420.78	161282.58	136667.30
	归属母公司股东权益(万元)	114827.89	111067.01	108692.69	105126.87
	主营业务收入(万元)	38827.41	46620.80	20223.87	38841.36
	营业收入(万元)	39431.31	47412.07	20546.14	39558.91
	主营成本(万元)	26536.10	27723.30	12790.64	23252.89
	营业成本(万元)	27124.80	28315.88	13172.30	24178.81
	投资收益(万元)	452.38	737.70	467.29	539.73
	净利润(万元)	4185.21	6476.91	3468.62	7687.91
	利润总额(万元)	4411.76	8650.51	4620.09	8897.76

浙江东日股份有限公司

公司概况	项目	内容			项目	内容
	公司名称	浙江东日股份有限公司			证券简称	浙江东日
	法人代表	郑念鸿	董秘	郑羲亮	证券代码	600113
	公司网址	www.dongri.com			电子信箱	zjdongri@wz.zj.cn
	电　　话	0577-88812155			传　　真	0577- 88842287
	办公地址	浙江省温州市矮凳桥 92 号				
	经营范围	房地产销售、租赁以及物业管理等				

主要财务指标	指标\报告期	2012.06.30	2011.12.31	2011.06.30	2010.12.31
	基本每股收益(元)	0.0800	0.2300	0.2200	0.2500
	基本每股收益(扣除)(元)	0.0600	0.2200	0.2100	0.1600
	每股净资产(元)	1.7380	1.6600	1.6530	1.9900
	每股经营现金净流量(元)	-0.3586	-0.4852	-0.3163	0.3588
	每股现金流量(元)	-0.1899	-0.5184	-0.2827	0.4371
	每股资本公积金(元)	0.3370	0.3370	0.3370	0.5549
	每股盈余公积金(元)	0.1198	0.1198	0.1126	0.1520
	每股未分配利润(元)	0.2816	0.2013	0.2034	0.2758
	净资产收益率(%)	4.6201	13.6550	13.3880	12.4681
	加权净资产收益率(%)	4.7300	14.5700	14.1800	13.1200
	净资产收益率(扣除)(%)	-	-	-	-
	总资产(万元)	75656.91	75106.56	74638.41	105246.24
	归属母公司股东权益(万元)	55382.03	52823.33	52660.60	46790.48
	主营业务收入(万元)	13933.61	71793.35	55937.09	31118.33
	营业收入(万元)	14241.58	72064.75	56094.98	31470.63
	主营成本(万元)	12312.97	58044.35	44124.78	24616.45
	营业成本(万元)	11531.10	58059.38	44130.97	24648.85
	投资收益(万元)	1163.03	1047.52	970.38	740.26
	净利润(万元)	2826.53	7696.13	7696.98	6053.76
	利润总额(万元)	3481.99	9615.70	9488.07	7824.04

东睦新材料集团股份有限公司

公司概况	公司名称	东睦新材料集团股份有限公司		证券简称	东睦股份
	法人代表	芦德宝	董秘 曹阳	证券代码	600114
	公司网址	www.pm-china.com		电子信箱	caoyang@pm-china.com
	电　　话	0574-87841061		传　　真	0574-87831133
	办公地址	浙江省宁波市鄞州工业园区(姜山)景江路 8 号			
	经营范围	粉末冶金制品、专用设备、工装模具及原辅材料的生产销售等			

主要财务指标	指标\报告期	2012.06.30	2011.12.31	2011.06.30	2010.12.31
	基本每股收益(元)	0.1000	0.3000	0.2100	0.2400
	基本每股收益(扣除)(元)	0.0800	0.2900	0.1900	0.2200
	每股净资产(元)	3.2400	3.2800	3.1900	3.0800
	每股经营现金净流量(元)	0.5503	0.8184	0.3910	0.6494
	每股现金流量(元)	-0.3265	0.1613	0.1678	-0.0506
	每股资本公积金(元)	1.5463	1.5664	1.5664	1.5664
	每股盈余公积金(元)	0.2404	0.2404	0.2168	0.2168
	每股未分配利润(元)	0.4530	0.4721	0.4064	0.2983
	净资产收益率(%)	3.1165	9.0680	6.5220	7.8310
	加权净资产收益率(%)	3.0800	9.4200	6.6300	8.1000
	净资产收益率(扣除)(%)	-	-	-	-
	总资产(万元)	142494.74	148784.40	152675.97	140867.28
	归属母公司股东权益(万元)	63336.69	64102.16	62356.41	60244.54
	主营业务收入(万元)	47740.30	98418.72	50904.51	89733.38
	营业收入(万元)	48812.83	100410.22	52071.91	91613.84
	主营成本(万元)	36497.64	-	36474.60	69787.07
	营业成本(万元)	37077.50	73255.94	37247.93	71020.81
	投资收益(万元)	-	-	-	313.49
	净利润(万元)	2297.25	7023.47	4866.83	5617.31
	利润总额(万元)	2780.37	8611.24	5771.55	6993.32

中国东方航空股份有限公司

公司概况	公司名称	中国东方航空股份有限公司		证券简称	东方航空
	法人代表	刘绍勇	董秘 汪健	证券代码	600115
	公司网址	www.ceair.com		电子信箱	ir@ceair.com
	电　　话	021-62686268		传　　真	021-62686116
	办公地址	上海市虹桥路 2550 号			
	经营范围	国内和经批准的地区、国际航空客、货、邮、行李运输业务及延伸服务等			

主要财务指标	指标\报告期	2012.06.30	2011.12.31	2011.06.30	2010.12.31
	基本每股收益(元)	0.0882	0.4334	0.2174	0.4826
	基本每股收益(扣除)(元)	0.0827	0.4098	0.2102	0.4799
	每股净资产(元)	1.9012	1.8124	1.5965	1.3814
	每股经营现金净流量(元)	0.5185	1.1940	0.4921	0.9262
	每股现金流量(元)	0.1330	0.0694	0.1071	0.1191
	每股资本公积金(元)	1.3864	1.3858	1.3858	1.3881
	每股盈余公积金(元)	-	-	-	-
	每股未分配利润(元)	-0.4851	-0.5734	-0.7893	-1.0067
	净资产收益率(%)	4.6415	23.9110	13.6190	34.5400
	加权净资产收益率(%)	4.7500	27.1200	14.5900	43.4300
	净资产收益率(扣除)(%)	-	-	-	-
	总资产(万元)	11808408.60	11221515.20	10642834.30	10081011.70
	归属母公司股东权益(万元)	2143947.70	2043737.70	1800274.70	1557710.90
	主营业务收入(万元)	3803757.90	7868196.70	3635314.90	6896085.70
	营业收入(万元)	4040278.00	8397450.50	3878215.40	7495810.80
	主营成本(万元)	3360876.20	6647118.40	3063080.50	5650707.60
	营业成本(万元)	3551666.30	7044783.70	3239380.80	6072660.10
	投资收益(万元)	6554.60	12812.20	6347.20	11936.30
	净利润(万元)	88872.80	490248.70	252076.10	570291.60
	利润总额(万元)	106756.10	516771.40	264283.40	584109.30

重庆三峡水利电力(集团)股份有限公司

公司概况	公司名称	重庆三峡水利电力(集团)股份有限公司		证券简称	三峡水利
	法人代表	叶建桥	董秘 陈丽娟	证券代码	600116
	公司网址	www.cqsxsl.com		电子信箱	sxsl600116@163.com
	电　　话	023-63801161		传　　真	023-63801165
	办公地址	重庆市渝中区邹容路 68 号大都会商厦 3611 室 重庆市万州区高笋塘 85 号			
	经营范围	发电、供电、电力建设咨询服务、制造第一类压力容器等			

主要财务指标	指标\报告期	2012.06.30	2011.12.31	2011.06.30	2010.12.31
	基本每股收益(元)	0.1300	0.2500	0.0200	0.2700
	基本每股收益(扣除)(元)	0.1100	0.1500	-0.0200	0.2500
	每股净资产(元)	3.8200	3.7900	3.5600	3.6400
	每股经营现金净流量(元)	0.1672	0.4243	0.0737	0.5442
	每股现金流量(元)	-0.1628	-0.5062	0.1561	0.8597
	每股资本公积金(元)	1.9187	1.9187	1.9183	1.9177
	每股盈余公积金(元)	0.1469	0.1469	0.1217	0.1217
	每股未分配利润(元)	0.7506	0.7217	0.5169	0.6011
	净资产收益率(%)	3.3767	6.4910	0.4454	6.6120
	加权净资产收益率(%)	3.3600	6.6200	0.4300	8.5100
	净资产收益率(扣除)(%)	-	-	-	-
	总资产(万元)	301329.46	289099.53	265233.39	235301.69
	归属母公司股东权益(万元)	102095.02	101322.93	95158.63	97394.87
	主营业务收入(万元)	38734.79	82115.83	37054.50	73057.98
	营业收入(万元)	39483.70	82651.99	37356.79	73452.03
	主营成本(万元)	27464.51	65363.77	31485.90	56199.32
	营业成本(万元)	28583.16	66307.12	31592.30	56363.91
	投资收益(万元)	540.11	1383.88	166.96	517.24
	净利润(万元)	3093.36	5804.80	218.13	6138.47
	利润总额(万元)	4178.66	6539.89	390.93	7465.51

西宁特殊钢股份有限公司

公司概况	公司名称	西宁特殊钢股份有限公司		证券简称	西宁特钢
	法人代表	张永利	董秘 彭加霖	证券代码	600117
	公司网址	www.xntg.com		电子信箱	xntg@public.xn.qh.cn
	电　　话	0971-5299673 5299865		传　　真	0971-5218389
	办公地址	青海省西宁市柴达木西路 52 号			
	经营范围	特殊钢冶炼及压延、机械设备制造、来料加工、副产品出售等			

主要财务指标	指标\报告期	2012.06.30	2011.12.31	2011.06.30	2010.12.31
	基本每股收益(元)	0.0787	0.4400	0.3132	0.3100
	基本每股收益(扣除)(元)	0.0470	0.3900	0.3069	0.3100
	每股净资产(元)	3.9444	3.8637	3.7600	3.4400
	每股经营现金净流量(元)	0.1073	0.9765	0.6835	0.2014
	每股现金流量(元)	-0.7217	0.1393	1.1659	0.4511
	每股资本公积金(元)	0.9533	0.9533	0.9533	0.9533
	每股盈余公积金(元)	0.2522	0.2522	0.2384	0.2384
	每股未分配利润(元)	1.7199	1.6412	1.5311	1.2179
	净资产收益率(%)	1.9954	11.3120	8.3270	9.1320
	加权净资产收益率(%)	2.0200	11.9400	8.7000	9.1900
	净资产收益率(扣除)(%)	-	-	-	-
	总资产(万元)	1410599.28	1341040.09	1301895.68	1199611.64
	归属母公司股东权益(万元)	292369.25	286381.28	278750.42	255281.82
	主营业务收入(万元)	360891.99	801903.02	422365.31	687858.20
	营业收入(万元)	373453.78	820799.45	432610.53	705193.69
	主营成本(万元)	293219.67	635783.48	334145.11	552640.07
	营业成本(万元)	303342.32	651629.81	342276.89	567621.20
	投资收益(万元)	200.00	200.00	200.00	120.00
	净利润(万元)	10267.18	48847.47	32824.05	32852.00
	利润总额(万元)	12976.81	60891.55	40586.59	41635.82

中国东方红卫星股份有限公司

公司概况					
公司名称	中国东方红卫星股份有限公司			证券简称	中国卫星
法人代表	万银娟	董秘	李开民	证券代码	600118
公司网址	www.spacesat.com.cn		电子信箱	600118@spacesat.com.cn	
电　话	010-68197793 68118118		传　真	010-68197777	
办公地址	北京市海淀区中关村南大街31号神舟科技大厦12层				
经营范围	卫星及相关产品研制、设计、制造、销售等				

主要财务指标

指标\报告期	2012.06.30	2011.12.31	2011.06.30	2010.12.31
基本每股收益(元)	0.1200	0.3300	0.1100	0.3000
基本每股收益(扣除)(元)	0.1200	0.3000	0.1100	0.2900
每股净资产(元)	2.2900	2.2000	2.6600	2.5700
每股经营现金净流量(元)	-0.3045	0.5326	-0.6172	0.0055
每股现金流量(元)	-0.1606	0.2750	-0.8385	0.0664
每股资本公积金(元)	0.3354	0.6360	0.6291	0.6291
每股盈余公积金(元)	0.0466	0.0606	0.0340	0.0340
每股未分配利润(元)	0.9041	1.1639	1.0008	0.9106
净资产收益率(%)	5.4347	11.5310	5.2630	11.5480
加权净资产收益率(%)	5.5100	12.1500	5.2700	12.1500
净资产收益率(扣除)(%)	-	-	-	-
总资产(万元)	551947.31	460869.54	435968.98	402274.83
归属母公司股东权益(万元)	209546.99	201684.09	187827.60	181466.89
主营业务收入(万元)	177667.07	361126.11	148878.51	303118.54
营业收入(万元)	177667.07	361126.11	148878.51	303118.54
主营成本(万元)	153480.40	310682.97	126641.62	259322.37
营业成本(万元)	153480.40	310682.97	126641.62	259322.37
投资收益(万元)	-1.78	-119.49	-6.20	-
净利润(万元)	12568.49	25726.85	10485.85	22887.55
利润总额(万元)	14851.16	28283.01	13003.87	24814.76

长发集团长江投资实业股份有限公司

公司概况					
公司名称	长发集团长江投资实业股份有限公司			证券简称	长江投资
法人代表	居亮	董秘	朱联	证券代码	600119
公司网址	www.cjtz.cn		电子信箱	zhulian@cjtz.cn	
电　话	021-68407009 68407032		传　真	021-68407010	
办公地址	上海市闵行区光华路888号				
经营范围	实业投资、国内贸易、信息咨询服务等				

主要财务指标

指标\报告期	2012.06.30	2011.12.31	2011.06.30	2010.12.31
基本每股收益(元)	0.0544	0.0600	0.0441	0.0400
基本每股收益(扣除)(元)	0.0076	0.0200	0.0023	-0.0700
每股净资产(元)	2.3372	2.3426	1.9823	1.9900
每股经营现金净流量(元)	0.0329	1.2162	0.6498	-0.6366
每股现金流量(元)	0.1039	0.4842	0.2236	0.0226
每股资本公积金(元)	1.0465	1.0465	0.7024	0.7024
每股盈余公积金(元)	0.0821	0.0821	0.0588	0.0588
每股未分配利润(元)	0.2073	0.2129	0.2202	0.2261
净资产收益率(%)	2.3278	2.5840	2.2250	2.1280
加权净资产收益率(%)	2.2957	2.9900	2.1942	2.1400
净资产收益率(扣除)(%)	-	-	-	-
总资产(万元)	141340.39	141553.79	138595.73	150131.62
归属母公司股东权益(万元)	71844.12	72012.75	60937.35	61114.53
主营业务收入(万元)	48738.79	101851.02	49048.56	152507.03
营业收入(万元)	49079.28	102559.39	49399.27	153366.96
主营成本(万元)	40113.24	86881.04	41664.79	138102.41
营业成本(万元)	40383.68	87495.36	41979.39	138826.16
投资收益(万元)	205.79	1114.19	1199.91	-63.41
净利润(万元)	2194.13	3497.20	1859.73	1095.86
利润总额(万元)	3509.32	5060.15	2437.31	2697.53

浙江东方集团股份有限公司

公司概况					
公司名称	浙江东方集团股份有限公司			证券简称	浙江东方
法人代表	高康	董秘	王俊	证券代码	600120
公司网址	www.zjorient.com		电子信箱	invest@zjorient.com	
电　话	0571-87600383		传　真	0571-87600324	
办公地址	浙江省杭州市西湖大道12号				
经营范围	以毛、棉、麻、晴纶为主要原料的针织、梭织服装、服饰和家用纺织品出口业务				

主要财务指标

指标\报告期	2012.06.30	2011.12.31	2011.06.30	2010.12.31
基本每股收益(元)	0.4900	0.4300	0.2000	0.4100
基本每股收益(扣除)(元)	0.0700	0.3400	0.1900	0.2700
每股净资产(元)	6.5400	5.8700	5.3900	5.7300
每股经营现金净流量(元)	-0.0473	-1.8703	-1.2191	1.0000
每股现金流量(元)	0.2126	-0.4027	0.6661	0.0306
每股资本公积金(元)	3.2301	2.9325	2.6885	3.2218
每股盈余公积金(元)	0.4710	0.4710	0.4510	0.4510
每股未分配利润(元)	1.8402	1.4662	1.2499	1.0535
净资产收益率(%)	7.5500	7.4060	3.6440	7.1640
加权净资产收益率(%)	7.2900	7.5000	3.7100	12.1400
净资产收益率(扣除)(%)	-	-	-	-
总资产(万元)	791602.72	786970.72	732531.27	710904.06
归属母公司股东权益(万元)	330610.20	296663.50	272390.51	289423.00
主营业务收入(万元)	232568.79	719131.59	303074.76	472336.06
营业收入(万元)	233973.05	721084.22	303427.93	474270.49
主营成本(万元)	196477.44	596614.38	257870.16	403119.76
营业成本(万元)	196607.72	597292.64	257962.15	405023.87
投资收益(万元)	34940.05	8254.56	5529.51	11309.53
净利润(万元)	29514.90	41672.18	16338.51	30652.19
利润总额(万元)	36741.67	57829.13	21094.26	40867.28

郑州煤电股份有限公司

公司概况					
公司名称	郑州煤电股份有限公司			证券简称	郑州煤电
法人代表	孟中泽	董秘	付胜龙	证券代码	600121
公司网址	www.zzce.com.cn		电子信箱	zzce@zmjt.cn	
电　话	0371-87785121		传　真	0371-87785126	
办公地址	河南省郑州市中原西路188号				
经营范围	煤炭生产和销售、企业专用通信网建设与服务等				

主要财务指标

指标\报告期	2012.06.30	2011.12.31	2011.06.30	2010.12.31
基本每股收益(元)	0.0395	0.1800	0.0682	0.2100
基本每股收益(扣除)(元)	0.0385	0.2000	0.0692	0.2100
每股净资产(元)	3.1269	3.0287	3.0349	2.8400
每股经营现金净流量(元)	-0.4628	0.4951	-0.0367	0.7375
每股现金流量(元)	0.6633	0.4074	0.0682	0.1797
每股资本公积金(元)	0.0064	0.0064	-	-
每股盈余公积金(元)	0.4410	0.4410	0.4285	0.4272
每股未分配利润(元)	1.4195	1.4800	1.3777	1.3095
净资产收益率(%)	1.2600	6.0840	2.2480	7.2560
加权净资产收益率(%)	1.3100	6.2900	2.3800	7.5000
净资产收益率(扣除)(%)	-	-	-	-
总资产(万元)	829257.02	685722.57	603970.16	575057.78
归属母公司股东权益(万元)	196726.70	190548.76	190936.64	178413.72
主营业务收入(万元)	1042027.19	1543891.68	700970.26	964969.36
营业收入(万元)	1051134.61	1558687.62	707605.14	977571.77
主营成本(万元)	1004228.75	1451968.91	654999.22	891526.37
营业成本(万元)	1011547.55	1463962.92	661380.06	900129.36
投资收益(万元)	559.74	-1.34	-	-2.05
净利润(万元)	1947.06	17346.69	10706.65	12717.85
利润总额(万元)	2964.82	26220.07	15065.14	17790.77

江苏宏图高科技股份有限公司

公司概况	公司名称	江苏宏图高科技股份有限公司			证券简称	宏图高科
	法人代表	袁亚非	董秘	韩宏图	证券代码	600122
	公司网址	www.hiteker.cn		电子信箱	raojin@hiteker.cn	
	电　话	025-83274692 83274691		传　真	025-83274701	
	办公地址	江苏省南京市中山北路 219 号				
	经营范围	计算机(软硬件)、打印机、网络设备、系统工程集成、通信设备等				

	指标\报告期	2012.06.30	2011.12.31	2011.06.30	2010.12.31
主要财务指标	基本每股收益(元)	0.0850	0.1773	0.0845	0.2440
	基本每股收益(扣除)(元)	0.0812	0.1716	0.0797	0.2960
	每股净资产(元)	4.9140	4.4390	3.6470	7.1550
	每股经营现金净流量(元)	–0.3549	0.1759	0.1205	0.9978
	每股现金流量(元)	–0.2591	0.3630	–0.0020	3.7187
	每股资本公积金(元)	2.8965	2.5064	1.8073	4.4146
	每股盈余公积金(元)	0.0745	0.0745	0.0713	0.1426
	每股未分配利润(元)	0.9432	0.8582	0.7686	1.5981
	净资产收益率(%)	1.7295	3.9950	2.3180	6.0910
	加权净资产收益率(%)	1.8960	4.8500	2.3390	7.6210
	净资产收益率(扣除)(%)	–	–	–	–
	总资产(万元)	1299924.73	1172088.28	1014764.78	943866.38
	归属母公司股东权益(万元)	556675.19	502860.85	413153.02	405275.40
	主营业务收入(万元)	672159.60	1312775.49	619473.47	1102408.39
	营业收入(万元)	689253.35	1349289.32	637281.31	1131054.22
	主营成本(万元)	614361.33	1205961.36	572991.54	1024759.00
	营业成本(万元)	615343.55	1207636.42	574288.91	1028554.81
	投资收益(万元)	2214.28	2217.42	580.83	13751.11
	净利润(万元)	10338.10	22067.50	9202.83	26537.51
	利润总额(万元)	15738.14	30457.33	12971.52	35523.86

山西兰花科技创业股份有限公司

公司概况	公司名称	山西兰花科技创业股份有限公司			证券简称	兰花科创
	法人代表	郝跃洲	董秘	王立印	证券代码	600123
	公司网址	www.chinalanhua.com		电子信箱	wly@chinalanhua.com	
	电　话	0356-2189656 2189668		传　真	0356-2189608 2189600	
	办公地址	山西省晋城市凤台东街 2288 号兰花科技大厦				
	经营范围	煤炭、化肥的生产和销售等				

	指标\报告期	2012.06.30	2011.12.31	2011.06.30	2010.12.31
主要财务指标	基本每股收益(元)	0.9592	2.9108	0.6550	2.3008
	基本每股收益(扣除)(元)	0.9897	3.1323	0.6650	2.4949
	每股净资产(元)	7.6964	6.9657	12.4248	11.4574
	每股经营现金净流量(元)	0.5547	2.0571	1.0241	2.2668
	每股现金流量(元)	0.4496	–0.4981	–0.4640	1.5810
	每股资本公积金(元)	0.3369	1.1237	1.2915	1.2952
	每股盈余公积金(元)	0.8197	1.6394	1.3567	1.3567
	每股未分配利润(元)	4.9907	9.1631	7.8451	7.0350
	净资产收益率(%)	12.4625	20.8936	10.5439	20.0815
	加权净资产收益率(%)	13.0400	22.9300	10.8900	22.1700
	净资产收益率(扣除)(%)	–	–	–	–
	总资产(万元)	1677263.95	1518702.78	1411229.55	1356164.81
	归属母公司股东权益(万元)	879240.53	795761.00	709705.17	654449.40
	主营业务收入(万元)	392701.59	747936.63	376606.69	571087.72
	营业收入(万元)	395706.84	760796.34	381768.53	581157.21
	主营成本(万元)	201757.17	403927.19	210226.11	320128.08
	营业成本(万元)	204336.13	407644.52	211939.13	322213.92
	投资收益(万元)	30773.53	5261.38	–7380.32	36410.49
	净利润(万元)	100066.97	156767.35	70889.84	123820.98
	利润总额(万元)	136937.80	211249.49	105652.18	171421.26

中铁铁龙集装箱物流股份有限公司

公司概况	公司名称	中铁铁龙集装箱物流股份有限公司			证券简称	铁龙物流
	法人代表	朱友文	董秘	畅晓东	证券代码	600125
	公司网址	www.chinacrt.com		电子信箱	changxiaodong@chinacrt.com	
	电　话	0411-82810881		传　真	0411-82816639	
	办公地址	辽宁省大连市中山区新安街 1 号				
	经营范围	铁路特种集装箱业务、铁路货运及临港物流业务、房地产业务等				

	指标\报告期	2012.06.30	2011.12.31	2011.06.30	2010.12.31
主要财务指标	基本每股收益(元)	0.1840	0.3858	0.2150	0.3650
	基本每股收益(扣除)(元)	0.1780	0.3761	0.2120	0.3660
	每股净资产(元)	2.9480	2.8240	2.6550	3.1750
	每股经营现金净流量(元)	0.1327	0.3557	0.1958	0.0953
	每股现金流量(元)	–0.0291	0.1399	0.1152	–0.4007
	每股资本公积金(元)	0.1246	0.1247	0.1263	0.4670
	每股盈余公积金(元)	0.2665	0.2665	0.2305	0.2997
	每股未分配利润(元)	1.5566	1.4329	1.2980	1.4081
	净资产收益率(%)	6.2333	13.6600	8.0960	14.9430
	加权净资产收益率(%)	6.3010	14.6490	8.4300	16.0670
	净资产收益率(扣除)(%)	–	–	–	–
	总资产(万元)	419471.55	411316.58	380866.82	350116.05
	归属母公司股东权益(万元)	384830.84	368694.47	346601.60	318819.39
	主营业务收入(万元)	198189.77	290669.84	131926.22	218553.57
	营业收入(万元)	198189.77	290669.84	131926.22	218553.57
	主营成本(万元)	160679.95	212877.48	86344.21	144123.98
	营业成本(万元)	160679.95	212877.48	86344.21	144123.98
	投资收益(万元)	–99.78	526.15	112.63	626.51
	净利润(万元)	24119.57	50426.35	28126.37	47680.47
	利润总额(万元)	32007.35	62504.54	37315.06	59934.23

杭州钢铁股份有限公司

公司概况	公司名称	杭州钢铁股份有限公司			证券简称	杭钢股份
	法人代表	李世中	董秘	周尧福	证券代码	600126
	公司网址	www.hzsteel.com		电子信箱	hggf@hzsteel.com	
	电　话	0571-88132917		传　真	0571-88132919	
	办公地址	浙江省杭州市拱墅区半山路 178 号				
	经营范围	钢铁及压延产品、焦炭及其副产品的生产、销售等				

	指标\报告期	2012.06.30	2011.12.31	2011.06.30	2010.12.31
主要财务指标	基本每股收益(元)	–0.1300	0.3600	0.2500	0.4200
	基本每股收益(扣除)(元)	–0.1300	0.3300	0.2500	0.4000
	每股净资产(元)	4.2400	4.4200	4.3800	4.1900
	每股经营现金净流量(元)	0.4049	–0.4896	0.4761	–0.0265
	每股现金流量(元)	0.3450	–0.0248	0.0748	–0.1398
	每股资本公积金(元)	0.8770	0.8770	0.8770	0.8770
	每股盈余公积金(元)	0.6281	0.6281	0.6028	0.6028
	每股未分配利润(元)	1.7345	1.9121	1.9002	1.7063
	净资产收益率(%)	–3.0088	8.0920	5.7970	9.9150
	加权净资产收益率(%)	–2.9400	8.2600	5.9000	9.7500
	净资产收益率(扣除)(%)	–	–	–	–
	总资产(万元)	902652.01	905199.25	1010735.62	893620.26
	归属母公司股东权益(万元)	355683.61	370580.07	367451.43	351184.30
	主营业务收入(万元)	895857.85	2204617.94	1181177.64	1926528.21
	营业收入(万元)	909401.60	2232644.30	1192985.60	1941039.70
	主营成本(万元)	875581.47	2093384.51	1123099.51	1820422.47
	营业成本(万元)	888914.65	2120643.38	1134537.55	1834378.20
	投资收益(万元)	–7.31	27.41	17.55	49.34
	净利润(万元)	–9748.15	32541.46	22201.41	36375.24
	利润总额(万元)	–7012.07	42419.41	29439.64	47652.03

湖南金健米业股份有限公司

公司概况					
公司名称	湖南金健米业股份有限公司			证券简称	金健米业
法人代表	周星辉	董秘	谢文	证券代码	600127
公司网址	www.600127.cn		电子信箱	dm_600127@163.com	
电　话	0736-2588288		传　真	0736-2588220	
办公地址	湖南省常德市德山开发区崇德路金健米业总部				
经营范围	开发、生产、销售定型包装粮油及制品、食品包装材料等				

主要财务指标 指标\报告期	2012.06.30	2011.12.31	2011.06.30	2010.12.31
基本每股收益(元)	–0.0168	–0.1231	0.0068	0.0104
基本每股收益(扣除)(元)	–0.0201	–0.2200	–0.0514	–0.0500
每股净资产(元)	0.8786	0.8954	1.0253	1.0185
每股经营现金净流量(元)	0.1187	0.0030	0.0881	0.3805
每股现金流量(元)	–0.1406	0.0869	–0.0596	–
每股资本公积金(元)	0.3176	0.3176	0.3176	0.3176
每股盈余公积金(元)	0.0300	0.0300	0.0300	0.0300
每股未分配利润(元)	–0.4690	–0.4522	–0.3223	–0.3291
净资产收益率(%)	–1.9100	–13.7530	0.6648	1.0170
加权净资产收益率(%)	–1.8948	–12.8700	0.6670	1.0200
净资产收益率(扣除)(%)	–	–	–	–
总资产(万元)	129864.54	139124.81	138829.22	148034.44
归属母公司股东权益(万元)	47835.16	48750.23	55825.84	55454.72
主营业务收入(万元)	66926.80	138333.01	66964.14	122818.41
营业收入(万元)	68537.68	142590.43	68150.86	125235.75
主营成本(万元)	57476.82	123586.40	58601.25	103439.27
营业成本(万元)	58690.89	127445.12	59556.48	105331.76
投资收益(万元)	27.63	1412.22	209.71	50.81
净利润(万元)	–832.47	–7074.64	436.64	664.82
利润总额(万元)	–831.51	–6397.07	770.32	1881.89

江苏弘业股份有限公司

公司概况					
公司名称	江苏弘业股份有限公司			证券简称	弘业股份
法人代表	李结祥	董秘	姜琳	证券代码	600128
公司网址	www.artall.com.cn		电子信箱	jianglin@artall.com	
电　话	025-52262530		传　真	025-52307117	
办公地址	江苏省南京市中华路50号弘业大厦				
经营范围	承包与其实力、规模、业绩相适应的国外工程项目等				

主要财务指标 指标\报告期	2012.06.30	2011.12.31	2011.06.30	2010.12.31
基本每股收益(元)	0.1329	0.3917	0.1739	0.3105
基本每股收益(扣除)(元)	0.0365	0.1049	0.0177	0.2058
每股净资产(元)	5.4100	5.3700	5.2700	5.2100
每股经营现金净流量(元)	0.1425	0.5722	–0.2202	–0.8993
每股现金流量(元)	0.2968	–1.2713	–1.4872	–0.2143
每股资本公积金(元)	2.8273	2.8203	2.9351	2.9719
每股盈余公积金(元)	0.4471	0.4471	0.4123	0.4123
每股未分配利润(元)	1.1362	1.1033	0.9202	0.8264
净资产收益率(%)	2.4568	7.2940	3.3010	5.9600
加权净资产收益率(%)	2.4700	7.4000	3.3200	6.0300
净资产收益率(扣除)(%)	–	–	–	–
总资产(万元)	267021.39	286343.53	294731.28	337892.48
归属母公司股东权益(万元)	133517.34	132529.81	129986.97	128580.36
主营业务收入(万元)	144099.69	326031.69	138626.67	312254.48
营业收入(万元)	144844.41	329234.17	139510.68	315710.02
主营成本(万元)	134868.09	303342.77	129204.45	290964.23
营业成本(万元)	135429.60	305031.95	139411.43	292709.28
投资收益(万元)	3623.09	9426.51	6023.88	8386.56
净利润(万元)	3441.77	10755.25	4694.71	8373.34
利润总额(万元)	4725.27	13114.64	6356.70	9611.56

重庆太极实业(集团)股份有限公司

公司概况					
公司名称	重庆太极实业(集团)股份有限公司			证券简称	太极集团
法人代表	白礼西	董秘	蔡建军	证券代码	600129
公司网址	www.taiji.com		电子信箱	caijianjun003@hotmail.com	
电　话	023-72800072 89886129		传　真	023-89886129	
办公地址	重庆市涪陵区太极大道1号				
经营范围	中成药、西药加工、销售等				

主要财务指标 指标\报告期	2012.06.30	2011.12.31	2011.06.30	2010.12.31
基本每股收益(元)	0.0803	0.0484	0.0668	–0.4039
基本每股收益(扣除)(元)	–0.0245	–0.3112	–0.0275	–0.1600
每股净资产(元)	2.7686	2.6216	2.8920	2.5300
每股经营现金净流量(元)	0.0419	0.4038	–0.0243	0.2927
每股现金流量(元)	0.0842	–0.2521	–0.1101	–0.0815
每股资本公积金(元)	1.1579	1.0917	1.0689	1.0509
每股盈余公积金(元)	0.1724	0.1724	0.1724	0.1724
每股未分配利润(元)	0.4367	0.3564	0.6497	0.3079
净资产收益率(%)	2.8993	1.8478	2.3100	–15.9540
加权净资产收益率(%)	2.9800	1.8800	2.3400	–14.0600
净资产收益率(扣除)(%)	–	–	–	–
总资产(万元)	796490.21	795256.06	704298.14	702196.65
归属母公司股东权益(万元)	118190.80	111914.72	123464.80	108081.81
主营业务收入(万元)	364436.23	633050.83	343973.73	596006.67
营业收入(万元)	369540.02	638580.14	351235.74	598582.53
主营成本(万元)	279849.22	487997.32	273762.98	453933.98
营业成本(万元)	282829.97	490389.78	276999.12	455797.14
投资收益(万元)	964.73	8.54	1237.26	90.52
净利润(万元)	6203.95	4387.12	6148.77	–14157.17
利润总额(万元)	8067.90	8241.53	7331.49	–12975.68

宁波波导股份有限公司

公司概况					
公司名称	宁波波导股份有限公司			证券简称	波导股份
法人代表	徐立华	董秘	马思甜	证券代码	600130
公司网址	www.chinabird.com		电子信箱	birdzq@chinabird.com	
电　话	0574-88918855		传　真	0574-88929054	
办公地址	浙江省奉化市大成东路999号				
经营范围	电子通讯产品、通讯系统、计算机及配件、现代办公室设备研究开发、制造、维修等				

主要财务指标 指标\报告期	2012.06.30	2011.12.31	2011.06.30	2010.12.31
基本每股收益(元)	0.0500	0.0800	0.0500	0.0600
基本每股收益(扣除)(元)	0.0300	0.0200	0.0100	0.0200
每股净资产(元)	0.9500	0.9000	0.8600	0.8200
每股经营现金净流量(元)	0.0212	0.0407	0.0485	–0.0689
每股现金流量(元)	0.0269	0.3810	0.1447	–0.3623
每股资本公积金(元)	0.5936	0.5936	0.5936	0.5936
每股盈余公积金(元)	0.0865	0.0865	0.0865	0.0865
每股未分配利润(元)	–0.7343	–0.7845	–0.8171	–0.8629
净资产收益率(%)	5.3155	8.7490	5.3060	6.7396
加权净资产收益率(%)	5.4600	9.1500	5.4500	6.9800
净资产收益率(扣除)(%)	–	–	–	–
总资产(万元)	93144.00	90398.37	89544.85	90104.67
归属母公司股东权益(万元)	72616.42	68755.96	66241.42	62702.93
主营业务收入(万元)	39494.06	54483.46	19438.50	99206.19
营业收入(万元)	42671.02	59385.86	21529.87	103435.94
主营成本(万元)	32056.48	46309.33	15163.45	91729.13
营业成本(万元)	34451.97	49905.61	16439.68	94417.36
投资收益(万元)	1194.63	3455.20	2338.67	2042.70
净利润(万元)	3859.93	6015.19	3514.58	4225.92
利润总额(万元)	4065.02	6172.19	3544.69	4227.64

四川岷江水利电力股份有限公司

公司概况						
公司名称	四川岷江水利电力股份有限公司			证券简称	岷江水电	
法人代表	张有才	董秘	肖劲松	证券代码	600131	
公司网址	www.mjsdgs.com		电子信箱	xjs600131@263.net		
电　　话	028-80808131 80808555		传　　真	028-80808132		
办公地址	四川省都江堰市奎光路 301 号					
经营范围	电力生产、电力购售					

主要财务指标

指标\报告期	2012.06.30	2011.12.31	2011.06.30	2010.12.31
基本每股收益(元)	0.1356	0.2500	0.0675	0.2800
基本每股收益(扣除)(元)	0.1286	0.2100	0.0562	0.1700
每股净资产(元)	1.6600	1.5200	1.3800	1.2700
每股经营现金净流量(元)	0.1282	0.2153	0.0701	0.1981
每股现金流量(元)	0.2381	-0.1393	0.1623	0.2386
每股资本公积金(元)	0.0935	0.0935	0.1437	0.0935
每股盈余公积金(元)	0.2091	0.2091	0.1848	0.1848
每股未分配利润(元)	0.3526	0.2170	0.0547	-0.0128
净资产收益率(%)	8.1935	16.7213	4.8810	22.4948
加权净资产收益率(%)	8.5400	18.2500	5.1000	24.9100
净资产收益率(扣除)(%)	-	-	-	-
总资产(万元)	260051.57	245553.99	253443.07	221613.66
归属母公司股东权益(万元)	83446.40	76609.23	69730.79	63799.16
主营业务收入(万元)	37554.96	66494.31	32499.51	53531.72
营业收入(万元)	37919.88	67114.65	32988.82	53897.62
主营成本(万元)	28118.72	54407.45	27432.85	44557.73
营业成本(万元)	28392.38	54463.11	27447.68	44557.73
投资收益(万元)	4235.30	13554.15	3844.93	15921.65
净利润(万元)	6764.58	12759.88	3407.02	14351.49
利润总额(万元)	6742.56	15172.93	3414.17	14796.49

重庆啤酒股份有限公司

公司概况						
公司名称	重庆啤酒股份有限公司			证券简称	重庆啤酒	
法人代表	黄明贵	董秘	邓炜	证券代码	600132	
公司网址	www.chongqingbeer.com		电子信箱	600132@chongqingbeer.com		
电　　话	023-89139388 89139399		传　　真	023-89139393		
办公地址	重庆市九龙坡区马王乡龙泉村一号					
经营范围	生产及销售啤酒等					

主要财务指标

指标\报告期	2012.06.30	2011.12.31	2011.06.30	2010.12.31
基本每股收益(元)	0.2200	0.3200	0.2000	0.7500
基本每股收益(扣除)(元)	0.1800	0.2800	0.1700	0.2500
每股净资产(元)	2.9600	2.9400	2.8349	2.9400
每股经营现金净流量(元)	0.2168	0.7366	0.4923	0.6911
每股现金流量(元)	0.8655	0.1572	0.2624	-0.2944
每股资本公积金(元)	0.0067	0.0067	0.0218	0.0218
每股盈余公积金(元)	0.4872	0.4872	0.4467	0.4467
每股未分配利润(元)	1.4661	1.4467	1.3665	1.4699
净资产收益率(%)	7.4143	10.7940	6.9350	25.4500
加权净资产收益率(%)	7.2000	10.9800	6.9300	28.1000
净资产收益率(扣除)(%)	-	-	-	-
总资产(万元)	521749.95	358433.49	378976.30	355299.51
归属母公司股东权益(万元)	143256.84	142314.72	137202.79	142206.50
主营业务收入(万元)	143678.56	264411.75	121797.25	232929.00
营业收入(万元)	147601.44	269494.50	123900.79	237529.07
主营成本(万元)	80282.02	149076.58	67601.02	130444.32
营业成本(万元)	82736.73	151467.78	68690.07	132857.45
投资收益(万元)	635.74	183.90	97.39	213.48
净利润(万元)	10273.29	15223.59	9645.13	35672.84
利润总额(万元)	12844.12	20062.59	12664.08	40406.74

武汉东湖高新集团股份有限公司

公司概况						
公司名称	武汉东湖高新集团股份有限公司			证券简称	东湖高新	
法人代表	丁振国	董秘	李雪梅	证券代码	600133	
公司网址	www.elht.com		电子信箱	dhgx@hotmail.com		
电　　话	027-87172021 87172038		传　　真	027-87172021 87172038		
办公地址	湖北省武汉市东湖开发区佳园路 1 号东湖高新大楼					
经营范围	科技工业园、烟气脱硫和环保电力的建设、开发及运营等					

主要财务指标

指标\报告期	2012.06.30	2011.12.31	2011.06.30	2010.12.31
基本每股收益(元)	0.0100	0.0318	-0.1200	0.0355
基本每股收益(扣除)(元)	0.0100	0.0115	-0.0900	0.0302
每股净资产(元)	1.7955	1.7862	1.6271	1.7500
每股经营现金净流量(元)	-0.1082	0.2350	0.2528	0.4407
每股现金流量(元)	0.5839	-0.0940	0.6018	0.1683
每股资本公积金(元)	0.1106	0.1106	0.1106	0.1106
每股盈余公积金(元)	0.2395	0.2395	0.2082	0.2082
每股未分配利润(元)	0.4454	0.4361	0.3083	0.4296
净资产收益率(%)	0.5177	1.7900	-7.4540	2.0300
加权净资产收益率(%)	0.5200	1.8000	-7.1900	2.0300
净资产收益率(扣除)(%)	-	-	-	-
总资产(万元)	315298.95	299311.72	352013.92	315414.91
归属母公司股东权益(万元)	89067.49	88607.26	80715.75	86731.86
主营业务收入(万元)	10549.04	66085.26	19937.49	90268.49
营业收入(万元)	31626.31	66085.26	30910.63	90912.30
主营成本(万元)	7452.49	46747.94	11272.24	69738.83
营业成本(万元)	20407.51	46747.94	22059.93	69790.02
投资收益(万元)	710.98	13101.83	-203.64	4745.41
净利润(万元)	461.65	1043.94	-6096.27	5245.48
利润总额(万元)	2361.27	7337.44	-2093.64	8342.16

乐凯胶片股份有限公司

公司概况						
公司名称	乐凯胶片股份有限公司			证券简称	乐凯胶片	
法人代表	王树林	董秘	张永光	证券代码	600135	
公司网址	www.luckyfilm.com.cn		电子信箱	stock@luckyfilm.com.cn		
电　　话	0312-3302372		传　　真	0312-3302386		
办公地址	河北省保定市乐凯南大街 6 号					
经营范围	彩色胶卷、彩色相纸、彩色电影胶片等彩色感光材料的科研、生产、销售等					

主要财务指标

指标\报告期	2012.06.30	2011.12.31	2011.06.30	2010.12.31
基本每股收益(元)	0.0260	-0.1635	0.0092	0.0095
基本每股收益(扣除)(元)	0.0125	-0.1875	-0.0023	-0.0466
每股净资产(元)	2.7430	2.7170	2.8900	2.8800
每股经营现金净流量(元)	-0.0153	0.0153	0.0450	0.1392
每股现金流量(元)	0.0028	0.0860	0.0245	-0.1811
每股资本公积金(元)	0.9973	0.9973	0.9973	0.9973
每股盈余公积金(元)	0.4024	0.4024	0.4024	0.4024
每股未分配利润(元)	0.3436	0.3176	0.4904	0.4812
净资产收益率(%)	0.9469	-6.0184	0.3195	0.3292
加权净资产收益率(%)	0.9510	-5.8400	0.3200	0.3300
净资产收益率(扣除)(%)	-	-	-	-
总资产(万元)	105600.06	103533.77	108287.76	105115.02
归属母公司股东权益(万元)	93819.80	92931.40	98840.18	98524.35
主营业务收入(万元)	48375.83	81215.81	38494.11	69943.42
营业收入(万元)	48730.67	82709.42	39311.54	73250.87
主营成本(万元)	40286.24	71593.63	33175.66	58477.79
营业成本(万元)	40449.01	72734.28	39301.32	61865.52
投资收益(万元)	408.72	476.48	256.59	308.65
净利润(万元)	1135.84	-5188.13	467.43	566.07
利润总额(万元)	1518.07	-4633.10	536.60	1016.66

武汉道博股份有限公司

公司概况	公司名称	武汉道博股份有限公司			证券简称	道博股份
	法人代表	陈海淳	董秘	周家敏	证券代码	600136
	公司网址	www.whggfz.com		电子信箱	zhoujiamin0716@126.com	
	电　话	027-81732221		传　真	027-81732230	
	办公地址	湖北省武汉市东湖新技术开发区关凤大道特二号当代国际花园C座3-2F				
	经营范围	房地产开发与商品房销售、房地产销售服务、学生公寓的租赁及运营管理等				

主要财务指标	指标\报告期	2012.06.30	2011.12.31	2011.06.30	2010.12.31
	基本每股收益(元)	0.0106	0.1100	0.0082	0.0900
	基本每股收益(扣除)(元)	0.0105	-0.0300	0.0081	0.1000
	每股净资产(元)	1.2204	1.2098	1.1166	1.1700
	每股经营现金净流量(元)	0.0312	0.3604	0.4737	0.0804
	每股现金流量(元)	0.0781	-0.3208	0.1785	0.0711
	每股资本公积金(元)	0.0065	0.0065	0.0011	0.0776
	每股盈余公积金(元)	0.0665	0.0665	0.0665	0.0665
	每股未分配利润(元)	0.1474	0.1368	0.0491	0.0221
	净资产收益率(%)	0.8668	9.4860	1.0380	7.5850
	加权净资产收益率(%)	0.8700	9.3800	0.7000	8.4600
	净资产收益率(扣除)(%)	-	-	-	-
	总资产(万元)	17075.01	16990.51	14555.29	21042.91
	归属母公司股东权益(万元)	12746.47	12635.99	11662.54	12180.21
	主营业务收入(万元)	2522.54	6558.52	2491.41	4800.66
	营业收入(万元)	2522.54	6558.52	2491.41	4800.66
	主营成本(万元)	1541.66	5351.93	2329.11	2307.20
	营业成本(万元)	1541.66	5351.93	400.49	2307.20
	投资收益(万元)	-	-	-	-
	净利润(万元)	153.22	1295.47	80.47	891.90
	利润总额(万元)	308.12	1563.87	162.15	982.76

四川浪莎控股股份有限公司

公司概况	公司名称	四川浪莎控股股份有限公司			证券简称	浪莎股份
	法人代表	翁荣金	董秘	马中明	证券代码	600137
	公司网址	www.langshastock.com		电子信箱	cjbz@vip.163.com	
	电　话	0831-8216216		传　真	0831-8216016	
	办公地址	四川省宜宾市外南街63号				
	经营范围	生产、销售针织品、针织品面料、针织内衣等内装产品等				

主要财务指标	指标\报告期	2012.06.30	2011.12.31	2011.06.30	2010.12.31
	基本每股收益(元)	0.0970	0.3600	0.1150	0.4500
	基本每股收益(扣除)(元)	0.0840	0.3100	0.1120	0.4500
	每股净资产(元)	4.6290	4.5310	4.2900	4.1700
	每股经营现金净流量(元)	-1.1225	0.2790	-0.8720	-0.5642
	每股现金流量(元)	-1.2090	0.5105	-0.4781	-1.5935
	每股资本公积金(元)	3.5158	3.5158	3.5158	3.5158
	每股盈余公积金(元)	0.1078	0.1078	0.1078	0.1078
	每股未分配利润(元)	0.0049	-0.0924	-0.3343	-0.4491
	净资产收益率(%)	2.1019	7.8730	2.6750	10.6751
	加权净资产收益率(%)	2.1200	8.2000	2.7100	11.2800
	净资产收益率(扣除)(%)	-	-	-	-
	总资产(万元)	58329.45	66489.37	54943.28	58214.86
	归属母公司股东权益(万元)	44997.49	44051.71	41699.15	40583.55
	主营业务收入(万元)	9358.49	40975.98	10203.66	34076.58
	营业收入(万元)	9358.49	40975.98	10203.66	34076.58
	主营成本(万元)	7160.76	33759.51	8004.97	25886.15
	营业成本(万元)	7160.76	33759.51	8004.97	25886.15
	投资收益(万元)	-	-	-	1.57
	净利润(万元)	945.78	3468.16	1115.61	4332.33
	利润总额(万元)	1220.61	4020.99	1304.09	5055.43

中青旅控股股份有限公司

公司概况	公司名称	中青旅控股股份有限公司			证券简称	中青旅
	法人代表	张骏	董秘	刘广明	证券代码	600138
	公司网址	www.aoyou.com		电子信箱	zhqb@aoyou.com	
	电　话	010-58158702　58158717		传　真	010-58158708	
	办公地址	北京市东城区东直门南大街5号中青旅大厦				
	经营范围	旅游、高科技、风险投资领域的投资、旅游服务、高新技术产品开发等				

主要财务指标	指标\报告期	2012.06.30	2011.12.31	2011.06.30	2010.12.31
	基本每股收益(元)	0.2558	0.6400	0.2174	0.6400
	基本每股收益(扣除)(元)	0.2084	0.6800	0.1949	0.5800
	每股净资产(元)	6.1850	6.1420	5.6450	5.6000
	每股经营现金净流量(元)	0.0801	1.4713	0.5511	3.5674
	每股现金流量(元)	-0.7442	0.0165	0.3159	0.7572
	每股资本公积金(元)	2.2578	2.2613	2.1863	2.1622
	每股盈余公积金(元)	0.2441	0.2441	0.2538	0.2275
	每股未分配利润(元)	2.7459	2.6901	2.2543	2.2633
	净资产收益率(%)	4.1352	10.4760	3.8510	11.4036
	加权净资产收益率(%)	4.1010	11.8900	3.8270	11.9000
	净资产收益率(扣除)(%)	-	-	-	-
	总资产(万元)	878220.40	853359.13	810471.61	759817.14
	归属母公司股东权益(万元)	256911.79	255118.94	234468.38	232789.69
	主营业务收入(万元)	376625.08	842124.89	300278.21	608383.85
	营业收入(万元)	376625.08	842124.89	300278.21	608383.85
	主营成本(万元)	300624.82	669563.68	238773.65	478664.92
	营业成本(万元)	300624.82	669563.68	238773.65	478664.92
	投资收益(万元)	847.96	-997.92	-47.82	6266.72
	净利润(万元)	17748.88	50492.52	15317.90	42001.31
	利润总额(万元)	24594.76	69130.30	21109.31	54529.90

四川西部资源控股股份有限公司

公司概况	公司名称	四川西部资源控股股份有限公司			证券简称	西部资源
	法人代表	王成	董秘	王娜	证券代码	600139
	公司网址	www.scxbzy.com		电子信箱	qinhua@scxbzy.com	
	电　话	028-85917855		传　真	028-85917855	
	办公地址	四川省成都市锦江区锦江工业开发区毕升路168号				
	经营范围	铜矿石、铜精矿采选、销售等				

主要财务指标	指标\报告期	2012.06.30	2011.12.31	2011.06.30	2010.12.31
	基本每股收益(元)	0.1130	0.7243	0.0850	0.4068
	基本每股收益(扣除)(元)	0.1080	0.3283	0.0850	0.3191
	每股净资产(元)	2.2440	3.8200	1.5370	1.9700
	每股经营现金净流量(元)	0.2560	0.7967	0.1655	0.1085
	每股现金流量(元)	0.2353	1.3311	0.0915	-0.1194
	每股资本公积金(元)	0.5743	1.8337	0.1012	0.1278
	每股盈余公积金(元)	0.0716	0.1288	0.0747	0.0543
	每股未分配利润(元)	0.5499	0.7863	0.3434	0.7686
	净资产收益率(%)	5.0350	17.5680	10.0050	28.8710
	加权净资产收益率(%)	5.1800	32.8200	10.4400	33.6400
	净资产收益率(扣除)(%)	-	-	-	-
	总资产(万元)	195407.19	189713.75	63267.85	59346.54
	归属母公司股东权益(万元)	148542.72	140539.44	51031.17	46770.87
	主营业务收入(万元)	26108.51	30535.63	10078.19	20672.98
	营业收入(万元)	26418.54	31213.30	10420.78	21168.41
	主营成本(万元)	7194.84	9021.48	1385.71	2714.90
	营业成本(万元)	7317.80	9250.21	1489.15	3073.55
	投资收益(万元)	29.25	38.95	-	588.68
	净利润(万元)	8266.23	24699.57	5099.66	13502.48
	利润总额(万元)	11263.18	29026.26	7057.64	13733.39

湖北兴发化工集团股份有限公司

公司概况					
公司名称	湖北兴发化工集团股份有限公司			证券简称	兴发集团
法人代表	李国璋	董秘	孙卫东	证券代码	600141
公司网址	www.xingfagroup.com			电子信箱	xfdmb2008@163.com
电　话	0717-6760850 6760939			传　真	0717-6760850
办公地址	湖北省宜昌市兴山县古夫镇高阳大道 58 号				
经营范围	磷化工系列产品及精细化工产品生产销售等				

主要财务指标 指标\报告期	2012.06.30	2011.12.31	2011.06.30	2010.12.31
基本每股收益(元)	0.4354	0.6360	0.3098	0.5086
基本每股收益(扣除)(元)	0.4514	0.6912	0.2927	0.5943
每股净资产(元)	5.6563	5.1963	4.8876	4.6300
每股经营现金净流量(元)	0.4657	1.5232	0.6561	1.0558
每股现金流量(元)	0.8959	0.6446	0.7240	0.1242
每股资本公积金(元)	1.7290	1.7094	1.7111	1.6660
每股盈余公积金(元)	0.3810	0.3810	0.3175	0.3175
每股未分配利润(元)	2.5118	2.0765	1.8137	1.6039
净资产收益率(%)	7.6971	12.2400	6.3382	10.8320
加权净资产收益率(%)	8.0400	12.8500	6.5100	13.0300
净资产收益率(扣除)(%)	–	–	–	–
总资产(万元)	1133862.99	824904.36	752978.61	619157.94
归属母公司股东权益(万元)	206726.69	189915.90	178631.52	169212.52
主营业务收入(万元)	466773.76	652542.65	325387.16	463801.58
营业收入(万元)	469514.91	656851.31	327325.37	467804.31
主营成本(万元)	408290.41	563660.95	285885.65	394511.60
营业成本(万元)	409571.04	565995.77	313075.75	396524.20
投资收益(万元)	315.57	1050.15	213.16	1725.55
净利润(万元)	14954.42	23338.66	11520.48	18730.28
利润总额(万元)	19182.52	30645.43	15101.46	23858.33

金发科技股份有限公司

公司概况					
公司名称	金发科技股份有限公司			证券简称	金发科技
法人代表	袁志敏	董秘	宁红涛	证券代码	600143
公司网址	www.kingfa.com.cn			电子信箱	ninght@kingfa.com.cn
电　话	020-87037616 87037333			传　真	020-87072220 87071479
办公地址	广东省广州市天河区柯木塱高唐工业区				
经营范围	塑料、化工产品、塑料回收及再生利用、日用机械、金属制品等				

主要财务指标 指标\报告期	2012.06.30	2011.12.31	2011.06.30	2010.12.31
基本每股收益(元)	0.1600	0.6800	0.2500	0.4100
基本每股收益(扣除)(元)	0.1400	0.4800	0.1500	0.3500
每股净资产(元)	2.8200	3.2200	2.8500	2.4500
每股经营现金净流量(元)	-0.0528	0.3387	0.2791	0.4114
每股现金流量(元)	0.5604	-0.2895	0.0271	0.1420
每股资本公积金(元)	1.1532	0.5309	0.4363	0.3417
每股盈余公积金(元)	0.1135	0.2142	0.1472	0.1472
每股未分配利润(元)	0.5584	1.4761	1.2653	0.9591
净资产收益率(%)	5.3444	21.2405	14.2630	16.9179
加权净资产收益率(%)	5.9300	24.2000	15.3200	18.0300
净资产收益率(扣除)(%)	–	–	–	–
总资产(万元)	1225527.28	1016263.64	910858.90	935849.18
归属母公司股东权益(万元)	744148.34	449705.47	397752.65	341822.74
主营业务收入(万元)	602308.24	1152982.02	588196.38	1022460.20
营业收入(万元)	603601.55	1154696.92	588838.49	1024232.53
主营成本(万元)	497932.95	938197.37	483819.07	870932.94
营业成本(万元)	498090.89	939251.96	484170.65	872152.72
投资收益(万元)	31.35	21727.26	21707.97	-58.54
净利润(万元)	39389.44	93889.91	56095.92	56997.24
利润总额(万元)	44931.25	106586.16	65516.01	63284.83

贵州国创能源控股(集团)股份有限公司

公司概况					
公司名称	贵州国创能源控股(集团)股份有限公司			证券简称	ST 国 创
法人代表	周剑云	董秘	王强	证券代码	600145
公司网址				电子信箱	gcdm600145@163.com
电　话	0851-5833622			传　真	0851-5833622
办公地址	贵州省贵阳市南明区护国路凯宾斯基大厦 26 楼				
经营范围	建筑卫生陶瓷、复合材料浴缸、塑料制品、五金配件、厨房设备等				

主要财务指标 指标\报告期	2012.06.30	2011.12.31	2011.06.30	2010.12.31
基本每股收益(元)	0.0300	-0.0600	0.0004	0.1500
基本每股收益(扣除)(元)	0.0100	-0.0600	0.0004	0.0900
每股净资产(元)	0.5400	0.5100	0.5738	0.5700
每股经营现金净流量(元)	-0.0721	-0.1322	-0.1429	0.6071
每股现金流量(元)	-0.1366	-0.4032	-0.1428	0.5664
每股资本公积金(元)	0.1786	0.1786	0.1786	0.1786
每股盈余公积金(元)	0.1038	0.1038	0.1038	0.1038
每股未分配利润(元)	-0.7426	-0.7715	-0.7085	-0.7089
净资产收益率(%)	5.3651	-12.2480	0.0740	26.7690
加权净资产收益率(%)	5.5100	-11.5400	0.3750	26.7700
净资产收益率(扣除)(%)	–	–	–	–
总资产(万元)	24905.36	36784.16	41244.77	44651.86
归属母公司股东权益(万元)	20387.75	19293.93	21673.25	21657.14
主营业务收入(万元)	2117.92	16128.20	5663.23	22893.41
营业收入(万元)	2117.92	16314.08	5767.11	23995.86
主营成本(万元)	1413.85	15096.05	4762.86	20077.26
营业成本(万元)	1413.85	15215.21	4829.31	21119.66
投资收益(万元)	700.03	1.27	–	554.97
净利润(万元)	1143.38	-2428.10	46.91	5822.79
利润总额(万元)	1167.53	-2492.09	81.41	5934.63

宁夏大元化工股份有限公司

公司概况					
公司名称	宁夏大元化工股份有限公司			证券简称	大元股份
法人代表	洪金益	董秘	朱立新	证券代码	600146
公司网址	www.600146.net			电子信箱	dy600146@vip.sina.com
电　话	010-84989022			传　真	010-84989025
办公地址	北京市朝阳区北辰东路 8 号北辰时代大厦 1406 室				
经营范围	生产销售工程用塑料板材、管材、异型材、电线、电缆等				

主要财务指标 指标\报告期	2012.06.30	2011.12.31	2011.06.30	2010.12.31
基本每股收益(元)	0.0690	-0.3100	-0.1520	0.0200
基本每股收益(扣除)(元)	-0.0840	-0.4850	-0.1470	-0.1040
每股净资产(元)	1.1519	0.9500	1.2847	1.4000
每股经营现金净流量(元)	-0.1082	-0.0958	-0.2538	0.0365
每股现金流量(元)	-0.0143	-0.5266	-0.0977	0.3282
每股资本公积金(元)	0.6144	0.4811	0.6573	0.6227
每股盈余公积金(元)	0.0212	0.0212	0.0215	0.0215
每股未分配利润(元)	-0.4837	-0.5524	-0.3941	-0.2421
净资产收益率(%)	5.9582	-32.6672	-11.8310	1.4287
加权净资产收益率(%)	6.9700	-24.8800	-11.3100	1.3800
净资产收益率(扣除)(%)	–	–	–	–
总资产(万元)	44812.81	45354.84	34725.08	43767.35
归属母公司股东权益(万元)	23037.12	18998.01	25693.71	28042.64
主营业务收入(万元)	1556.29	6474.56	3749.86	6350.90
营业收入(万元)	1563.55	6568.36	3793.45	7210.53
主营成本(万元)	1859.53	6235.06	3546.30	5656.16
营业成本(万元)	1865.05	6318.42	3568.68	6205.64
投资收益(万元)	2570.67	2826.25	–	2005.11
净利润(万元)	1014.42	-7291.07	-3039.89	400.64
利润总额(万元)	1014.42	-7291.07	-3039.89	400.64

长春一东离合器股份有限公司

公司概况	公司名称	长春一东离合器股份有限公司		证券简称	长春一东
	法人代表	尚兴中	董秘 杨金生	证券代码	600148
	公司网址	www.ccyd.com.cn		电子信箱	600148@ccyd.com.cn
	电　话	0431-85158520 85158570		传　真	0431-85174234
	办公地址	吉林省长春市高新技术产业开发区超然街 2555 号			
	经营范围	制造汽车离合器、机械配件和汽车零件			

主要财务指标	指标\报告期	2012.06.30	2011.12.31	2011.06.30	2010.12.31
	基本每股收益(元)	0.0150	0.2900	0.1950	0.1500
	基本每股收益(扣除)(元)	0.0180	0.2900	0.1950	0.1400
	每股净资产(元)	2.1680	2.2100	2.1100	1.9200
	每股经营现金净流量(元)	0.0644	-0.0410	-0.2562	0.2252
	每股现金流量(元)	-0.1359	0.2716	0.1308	0.1824
	每股资本公积金(元)	0.6297	0.6297	0.6297	0.6297
	每股盈余公积金(元)	0.1691	0.1691	0.1450	0.1450
	每股未分配利润(元)	0.3696	0.4144	0.3393	0.1444
	净资产收益率(%)	0.7000	13.2896	9.2190	7.7780
	加权净资产收益率(%)	0.6900	14.2400	9.6600	8.1400
	净资产收益率(扣除)(%)	-	-	-	-
	总资产(万元)	89735.60	90275.14	94903.03	81660.94
	归属母公司股东权益(万元)	30687.42	31321.24	29916.82	27158.76
	主营业务收入(万元)	31314.24	73527.75	45174.77	70378.18
	营业收入(万元)	32214.98	75095.24	46060.16	71771.46
	主营成本(万元)	24517.35	53842.95	32842.34	50787.14
	营业成本(万元)	24769.56	53906.29	32885.47	50967.55
	投资收益(万元)	-	10.00	-	-
	净利润(万元)	841.73	5449.79	3655.43	3371.72
	利润总额(万元)	1071.57	6234.14	4237.23	4137.79

廊坊发展股份有限公司

公司概况	公司名称	廊坊发展股份有限公司		证券简称	ST 廊发展
	法人代表	鲍涌波	董秘 王云凌	证券代码	600149
	公司网址	www.600149.com		电子信箱	hxjt@600149.com
	电　话	0316-6066958		传　真	0316-6069858
	办公地址	河北省廊坊市开发区科技谷园区青果路 99 号			
	经营范围	各类轧辊的设计制造及销售			

主要财务指标	指标\报告期	2012.06.30	2011.12.31	2011.06.30	2010.12.31
	基本每股收益(元)	0.0050	0.1379	-0.0050	-0.8890
	基本每股收益(扣除)(元)	0.0070	-0.0198	-0.0050	-0.8890
	每股净资产(元)	0.8235	0.8185	0.6760	0.6807
	每股经营现金净流量(元)	-0.0266	0.2258	0.0063	0.0083
	每股现金流量(元)	-0.0279	0.2231	0.0063	0.0069
	每股资本公积金(元)	0.2788	0.2788	0.2788	0.2788
	每股盈余公积金(元)	0.1298	0.1298	0.1298	0.1298
	每股未分配利润(元)	-0.5850	-0.5900	-0.7325	-0.7278
	净资产收益率(%)	0.6029	16.8420	-0.6971	-130.6050
	加权净资产收益率(%)	0.6000	18.3900	-0.6900	-81.6100
	净资产收益率(扣除)(%)	-	-	-	-
	总资产(万元)	34533.49	35823.52	30837.25	31015.72
	归属母公司股东权益(万元)	31306.70	31117.94	25698.02	25877.17
	主营业务收入(万元)	1057.75	657.18	317.19	600.00
	营业收入(万元)	1057.75	657.18	317.19	600.00
	主营成本(万元)	373.53	228.97	114.48	228.97
	营业成本(万元)	373.53	228.97	114.48	228.97
	投资收益(万元)	-	148.57	-	-
	净利润(万元)	188.75	5117.74	-179.18	-33929.00
	利润总额(万元)	251.71	6354.30	-179.18	-33929.00

中国船舶工业股份有限公司

公司概况	公司名称	中国船舶工业股份有限公司		证券简称	中国船舶
	法人代表	谭作钧	董秘 施卫东	证券代码	600150
	公司网址	www.csscholdings.com		电子信箱	stock@csscholdings.com
	电　话	021-68860618		传　真	021-68860568
	办公地址	上海市浦东新区浦东大道 1 号 15A 层			
	经营范围	船舶行业和柴油机生产行业内的投资、民用船舶销售			

主要财务指标	指标\报告期	2012.06.30	2011.12.31	2011.06.30	2010.12.31
	基本每股收益(元)	0.3450	2.1200	0.9300	2.4600
	基本每股收益(扣除)(元)	0.3170	1.9600	0.8800	2.3500
	每股净资产(元)	13.0340	16.7950	25.4080	24.0700
	每股经营现金净流量(元)	-1.0102	-2.2917	-3.0280	11.8135
	每股现金流量(元)	-2.2126	-4.9873	-7.0546	10.4830
	每股资本公积金(元)	3.1372	4.3784	7.6054	7.6054
	每股盈余公积金(元)	0.3605	0.4687	0.6997	0.6997
	每股未分配利润(元)	8.5360	10.9482	16.1028	14.7679
	净资产收益率(%)	2.6476	12.6505	7.6160	16.3547
	加权净资产收益率(%)	2.6400	13.3300	7.7300	17.4500
	净资产收益率(扣除)(%)	-	-	-	-
	总资产(万元)	4738958.91	4975047.41	5012522.99	5143430.96
	归属母公司股东权益(万元)	1796205.24	1780450.92	1683418.65	1594968.62
	主营业务收入(万元)	1288768.17	2809047.80	1414054.00	2940685.87
	营业收入(万元)	1314248.61	2869937.40	1444482.48	2985536.88
	主营成本(万元)	1097831.87	2221148.84	1110209.02	2382627.70
	营业成本(万元)	1119694.08	2274926.38	1138906.83	2392812.68
	投资收益(万元)	-4725.39	-11908.66	-1313.55	-7189.16
	净利润(万元)	46351.08	233039.24	132274.66	267348.08
	利润总额(万元)	70137.94	287224.80	160215.65	323611.77

上海航天汽车机电股份有限公司

公司概况	公司名称	上海航天汽车机电股份有限公司		证券简称	航天机电
	法人代表	姜文正	董秘 王慧莉	证券代码	600151
	公司网址	www.ht-saae.com		电子信箱	saae@ht-saae.com
	电　话	021-64827176		传　真	021-64827177
	办公地址	上海市漕溪路 222 号航天大厦南楼			
	经营范围	研制、开发卫星及卫星应用、运载火箭应用等			

主要财务指标	指标\报告期	2012.06.30	2011.12.31	2011.06.30	2010.12.31
	基本每股收益(元)	-0.3150	0.0150	0.0780	0.1600
	基本每股收益(扣除)(元)	-0.3340	-0.2950	-0.1350	-0.0680
	每股净资产(元)	2.4300	2.7480	2.7820	2.8060
	每股经营现金净流量(元)	-0.7354	-0.6089	-0.4561	-0.5059
	每股现金流量(元)	-0.3103	0.0889	0.0009	0.1520
	每股资本公积金(元)	1.3231	1.3245	1.2946	1.3764
	每股盈余公积金(元)	0.2126	0.2126	0.1746	0.1746
	每股未分配利润(元)	-0.1025	0.2127	0.3131	0.2553
	净资产收益率(%)	-12.9718	0.5620	2.7961	5.1570
	加权净资产收益率(%)	-12.1650	0.5630	2.7340	7.3360
	净资产收益率(扣除)(%)	-	-	-	-
	总资产(万元)	1026098.10	998922.36	886893.93	789740.97
	归属母公司股东权益(万元)	232627.61	263133.56	266370.75	268690.91
	主营业务收入(万元)	66221.28	227932.70	125123.61	237990.80
	营业收入(万元)	68350.58	238716.50	130015.85	248850.42
	主营成本(万元)	74445.77	224044.43	128739.93	208971.80
	营业成本(万元)	75734.09	231433.30	131150.64	216868.12
	投资收益(万元)	3931.25	40016.63	27966.50	30482.59
	净利润(万元)	-43820.78	-10912.72	2617.72	13366.65
	利润总额(万元)	-43899.19	-7800.68	5117.75	16765.02

宁波维科精华集团股份有限公司

公司概况					
公司名称	宁波维科精华集团股份有限公司			证券简称	维科精华
法人代表	何承命	董秘	黄颖	证券代码	600152
公司网址	www.vekenelite.com		电子信箱	hy@mail.veken.com	
电　　话	0574-87341480		传　　真	0574-87279527	
办公地址	浙江省宁波市和义路 99 号维科大厦 10 楼				
经营范围	纱、线、带制品、床上用品、家纺织品、针织品、装饰布等				

主要财务指标：指标\报告期	2012.06.30	2011.12.31	2011.06.30	2010.12.31
基本每股收益(元)	-0.1241	0.3217	0.5114	0.2122
基本每股收益(扣除)(元)	-0.1754	0.1931	0.3876	0.1477
每股净资产(元)	2.9818	3.1390	3.3961	2.9979
每股经营现金净流量(元)	-0.4998	1.2961	0.2744	0.7263
每股现金流量(元)	-0.9850	0.4309	-0.0868	-0.0290
每股资本公积金(元)	0.5109	0.4840	0.5514	0.6040
每股盈余公积金(元)	-	0.3620	0.3232	0.3232
每股未分配利润(元)	-	1.2929	1.5214	1.0700
净资产收益率(%)	-4.1621	10.2490	15.0580	7.0780
加权净资产收益率(%)	-4.0300	10.5700	15.7900	6.5100
净资产收益率(扣除)(%)	-	-	-	-
总资产(万元)	292737.66	324745.73	346372.55	378604.07
归属母公司股东权益(万元)	87513.27	92127.38	99674.26	87987.46
主营业务收入(万元)	129996.61	458141.08	258931.94	377065.34
营业收入(万元)	133576.63	465502.21	261260.99	384840.20
主营成本(万元)	116905.83	374030.07	192204.80	331791.24
营业成本(万元)	119994.96	380486.68	194291.84	338355.53
投资收益(万元)	1818.76	1776.45	1235.02	4072.53
净利润(万元)	-3260.67	22638.09	27320.47	8453.29
利润总额(万元)	-1722.20	32096.96	39126.36	13064.34

厦门建发股份有限公司

公司概况					
公司名称	厦门建发股份有限公司			证券简称	建发股份
法人代表	黄文洲	董秘	林茂	证券代码	600153
公司网址	www.chinacnd.com		电子信箱	lm@chinacnd.com	
电　　话	0592-2132319		传　　真	0592-2112185 3616	
办公地址	福建省厦门市鹭江道 52 号海滨大厦 7 楼				
经营范围	进出口及国内贸易、房地产开发与经营、物流服务及实业投资等				

主要财务指标：指标\报告期	2012.06.30	2011.12.31	2011.06.30	2010.12.31
基本每股收益(元)	0.4000	1.0100	0.5400	0.7800
基本每股收益(扣除)(元)	0.3900	0.8400	0.4200	0.8100
每股净资产(元)	4.0100	3.6100	3.2500	2.7100
每股经营现金净流量(元)	0.9171	-2.2161	-0.2965	-2.0574
每股现金流量(元)	0.4213	0.4594	0.6432	0.3088
每股资本公积金(元)	0.0381	0.0368	0.0403	0.0407
每股盈余公积金(元)	0.2321	0.2321	0.2027	0.2027
每股未分配利润(元)	2.7412	2.3396	2.0033	1.4634
净资产收益率(%)	10.0169	27.8930	16.6346	28.9580
加权净资产收益率(%)	10.5500	31.7800	18.1400	32.7800
净资产收益率(扣除)(%)	-	-	-	-
总资产(万元)	5993575.98	5225397.35	4785490.94	4128204.47
归属母公司股东权益(万元)	897233.80	806718.19	726238.82	605875.52
主营业务收入(万元)	4048590.52	8013701.30	3806495.84	6600296.70
营业收入(万元)	4052923.32	8025413.60	3810469.55	6609552.71
主营成本(万元)	3716533.55	7303532.73	3490651.07	6011844.61
营业成本(万元)	3717808.31	7306072.33	3491883.02	6014737.70
投资收益(万元)	2521.99	61382.72	37453.44	8625.20
净利润(万元)	113108.77	278849.72	143213.40	214242.71
利润总额(万元)	157946.63	364703.14	189511.46	283647.89

河北宝硕股份有限公司

公司概况					
公司名称	河北宝硕股份有限公司			证券简称	*ST 宝硕
法人代表	赵力宾	董秘	戴文斌	证券代码	600155
公司网址	www.baoshuo.com.cn		电子信箱	baoshuo600155@sina.com	
电　　话	0312-3109607		传　　真	0312-3109607	
办公地址	河北省保定市国家高新技术产业开发区朝阳北大街 1098 号				
经营范围	塑料制品和化工产品的生产和销售				

主要财务指标：指标\报告期	2012.06.30	2011.12.31	2011.06.30	2010.12.31
基本每股收益(元)	-0.1300	5.2500	-0.0090	0.0100
基本每股收益(扣除)(元)	-0.1300	-0.1200	-0.0090	-0.0900
每股净资产(元)	-1.2800	-1.1500	-6.4000	-6.3900
每股经营现金净流量(元)	-0.0734	-0.2087	-0.1079	0.0094
每股现金流量(元)	-0.1938	0.0287	-0.0703	0.1249
每股资本公积金(元)	0.5775	0.5775	0.5775	0.5775
每股盈余公积金(元)	0.0393	0.0393	0.0393	0.0393
每股未分配利润(元)	-2.8947	-2.7676	-8.0264	-8.0169
净资产收益率(%)	-9.9482	-456.1739	-0.1481	-0.2226
加权净资产收益率(%)	-	-	-	-
净资产收益率(扣除)(%)	-	-	-	-
总资产(万元)	61593.90	77050.39	83837.80	84700.83
归属母公司股东权益(万元)	-52711.35	-47467.54	-263964.05	-263749.42
主营业务收入(万元)	36025.38	105362.90	54265.03	99316.93
营业收入(万元)	36663.28	107208.44	55450.04	101244.90
主营成本(万元)	37256.27	101568.38	50268.25	94473.22
营业成本(万元)	37829.89	103211.17	51298.94	96189.82
投资收益(万元)	2.40	-	-	17.50
净利润(万元)	-5253.41	216520.41	-395.88	583.64
利润总额(万元)	-5253.41	216520.41	-395.88	583.64

湖南华升股份有限公司

公司概况					
公司名称	湖南华升股份有限公司			证券简称	华升股份
法人代表	刘政	董秘	朱小明	证券代码	600156
公司网址			电子信箱	hnhsgf@163.com	
电　　话	0731-85237818		传　　真	0731-85237861	
办公地址	湖南省长沙市芙蓉中路三段 420 号华升大厦				
经营范围	苎麻纺织品的开发、生产和进出口贸易				

主要财务指标：指标\报告期	2012.06.30	2011.12.31	2011.06.30	2010.12.31
基本每股收益(元)	0.0026	0.0107	0.0055	0.0090
基本每股收益(扣除)(元)	-0.0185	-0.0640	-0.0203	-0.0413
每股净资产(元)	1.4920	1.5100	1.5041	1.5000
每股经营现金净流量(元)	0.0084	-0.0687	-0.0653	-0.1075
每股现金流量(元)	-0.0252	0.0514	0.0924	-0.0142
每股资本公积金(元)	0.2623	0.2623	0.2623	0.2623
每股盈余公积金(元)	0.0473	0.0473	0.0473	0.0473
每股未分配利润(元)	0.1824	0.1997	0.1946	0.1891
净资产收益率(%)	0.1763	0.7070	0.3683	0.6010
加权净资产收益率(%)	0.1700	0.7100	0.3700	0.6000
净资产收益率(扣除)(%)	-	-	-	-
总资产(万元)	108301.17	109552.76	104515.30	98466.11
归属母公司股东权益(万元)	59993.73	60692.21	60485.79	60263.00
主营业务收入(万元)	36116.59	90636.45	39423.36	76278.08
营业收入(万元)	36720.32	92130.99	40260.73	77645.71
主营成本(万元)	34207.52	83650.73	36516.80	72250.52
营业成本(万元)	34666.36	84529.88	37161.34	72685.75
投资收益(万元)	1.49	332.63	190.05	706.57
净利润(万元)	96.30	465.48	198.79	304.85
利润总额(万元)	141.68	1302.46	373.16	1085.35

永泰能源股份有限公司

公司概况					
公司名称	永泰能源股份有限公司			证券简称	永泰能源
法人代表	王金余	董秘	王军	证券代码	600157
公司网址	www.wtecl.com			电子信箱	wteclzqb@126.com
电　话	010-63211831 63211817			传　真	010-63211823
办公地址	北京市西城区宣武门西大街127号永泰A座				
经营范围	煤炭开采与经营、煤炭洗选加工				

主要财务指标

指标\报告期	2012.06.30	2011.12.31	2011.06.30	2010.12.31
基本每股收益(元)	0.2163	0.5885	0.0676	0.2411
基本每股收益(扣除)(元)	0.2186	0.4829	0.0223	0.2326
每股净资产(元)	4.4951	5.0023	4.5763	2.6753
每股经营现金净流量(元)	0.5682	0.7093	0.0136	1.2636
每股现金流量(元)	0.0177	1.6143	−0.4010	2.1544
每股资本公积金(元)	3.0237	3.0213	3.0000	0.6858
每股盈余公积金(元)	0.0378	0.1177	0.1115	0.2142
每股未分配利润(元)	0.4148	0.8137	0.4500	0.5442
净资产收益率(%)	4.5258	11.3510	4.3256	18.1300
加权净资产收益率(%)	5.8185	14.4500	10.4100	24.8700
净资产收益率(扣除)(%)	–	–	–	–
总资产(万元)	2848057.62	1464943.67	1014759.36	406167.07
归属母公司股东权益(万元)	794531.27	283954.80	259776.50	72843.62
主营业务收入(万元)	303298.87	204764.71	52506.62	277820.53
营业收入(万元)	304474.16	206175.79	52872.42	279479.48
主营成本(万元)	164195.31	83082.41	21712.17	233994.60
营业成本(万元)	164841.09	83913.67	22122.10	235182.92
投资收益(万元)	35.59	−4.18	−21.16	2989.51
净利润(万元)	43675.35	33295.99	11645.35	16241.53
利润总额(万元)	68599.21	52681.40	15531.98	24382.82

中体产业集团股份有限公司

公司概况					
公司名称	中体产业集团股份有限公司			证券简称	中体产业
法人代表	刘军	董秘	段越清	证券代码	600158
公司网址	www.csig158.com			电子信箱	csig@csig158.com
电　话	010-65536158			传　真	010-65515338
办公地址	北京市朝阳区朝外大街225号				
经营范围	体育用品的生产、加工、销售、体育场馆、设施的建设、开发、经营等				

主要财务指标

指标\报告期	2012.06.30	2011.12.31	2011.06.30	2010.12.31
基本每股收益(元)	0.0439	0.0943	0.0344	0.0892
基本每股收益(扣除)(元)	0.0086	0.0784	0.0340	−0.0188
每股净资产(元)	1.4922	1.4993	1.4395	1.4843
每股经营现金净流量(元)	−0.1016	−0.0764	−0.2794	0.3770
每股现金流量(元)	−0.1288	−0.2604	−0.2283	0.3415
每股资本公积金(元)	0.0064	0.0075	0.0075	0.0068
每股盈余公积金(元)	0.0984	0.0984	0.0849	0.0891
每股未分配利润(元)	0.3873	0.3934	0.3471	0.3883
净资产收益率(%)	2.9425	6.2890	2.3930	6.3102
加权净资产收益率(%)	2.8900	6.4700	2.4100	6.4900
净资产收益率(扣除)(%)	–	–	–	–
总资产(万元)	314401.21	357627.77	358514.52	365893.99
归属母公司股东权益(万元)	125901.67	126504.38	121454.93	119269.00
主营业务收入(万元)	58152.63	150170.10	55748.58	136091.68
营业收入(万元)	58353.43	150684.52	55952.37	136660.03
主营成本(万元)	42198.88	98538.74	30951.68	89992.88
营业成本(万元)	42294.94	98710.12	31019.95	90109.48
投资收益(万元)	3734.78	3298.37	707.28	22402.71
净利润(万元)	3763.39	14992.77	5491.42	20417.91
利润总额(万元)	6824.94	21005.15	7710.76	29420.01

北京市大龙伟业房地产开发股份有限公司

公司概况					
公司名称	北京市大龙伟业房地产开发股份有限公司			证券简称	大龙地产
法人代表	李绍林	董秘	马志方	证券代码	600159
公司网址	www.dldc.com.cn			电子信箱	mazhifang2005@tom.com
电　话	010-69446339			传　真	010-69446339
办公地址	北京市顺义区府前东街甲2号				
经营范围	房地产开发经营等				

主要财务指标

指标\报告期	2012.06.30	2011.12.31	2011.06.30	2010.12.31
基本每股收益(元)	−0.0200	0.3300	0.0300	0.0300
基本每股收益(扣除)(元)	−0.0200	0.0100	0.0300	0.2100
每股净资产(元)	2.2300	2.2500	1.9400	1.9200
每股经营现金净流量(元)	−0.3363	−0.5668	−0.0497	0.2944
每股现金流量(元)	0.0323	0.1631	0.1294	−0.1399
每股资本公积金(元)	0.4171	0.4171	0.4131	0.4131
每股盈余公积金(元)	0.0325	0.0325	–	–
每股未分配利润(元)	0.7775	0.8003	0.5314	0.5037
净资产收益率(%)	−1.0204	14.8300	1.4215	1.8047
加权净资产收益率(%)	−1.0200	16.0100	1.4300	1.8200
净资产收益率(扣除)(%)	–	–	–	–
总资产(万元)	298004.03	288435.94	278181.47	259661.23
归属母公司股东权益(万元)	184848.86	186735.04	161391.40	159097.17
主营业务收入(万元)	6348.19	32987.75	20376.45	81526.04
营业收入(万元)	6710.43	33672.48	20846.78	82447.07
主营成本(万元)	4606.96	22047.55	11302.54	39971.83
营业成本(万元)	4719.74	22269.87	11459.82	40208.07
投资收益(万元)	132.82	36224.19	14.87	−14.87
净利润(万元)	−1903.51	27694.72	2300.54	2881.40
利润总额(万元)	−2309.69	36963.80	3989.86	4224.04

浙江巨化股份有限公司

公司概况					
公司名称	浙江巨化股份有限公司			证券简称	巨化股份
法人代表	杜世源	董秘	刘云华	证券代码	600160
公司网址	www.jhgf.com.cn			电子信箱	gfzqb@juhua.com.cn
电　话	0570-3091758 3091704			传　真	0570-3091777
办公地址	浙江省衢州市柯城区				
经营范围	氟化工原料及后续产品、基本化工原料及后续产品和化肥、农药的生产与销售				

主要财务指标

指标\报告期	2012.06.30	2011.12.31	2011.06.30	2010.12.31
基本每股收益(元)	0.3820	2.1340	0.9070	0.7370
基本每股收益(扣除)(元)	0.3740	2.2480	0.9020	0.7260
每股净资产(元)	4.0680	6.3800	4.5350	4.0000
每股经营现金净流量(元)	0.1983	3.1409	2.7792	2.1139
每股现金流量(元)	−0.5820	2.1036	1.1547	0.1407
每股资本公积金(元)	0.8895	2.0231	0.3953	0.7662
每股盈余公积金(元)	0.2215	0.3545	0.2695	0.3504
每股未分配利润(元)	1.9388	2.9905	2.8703	1.8841
净资产收益率(%)	9.3900	30.8960	35.5720	23.9341
加权净资产收益率(%)	9.2500	48.2400	42.6000	25.9500
净资产收益率(扣除)(%)	–	–	–	–
总资产(万元)	685159.45	684252.50	556415.97	473648.91
归属母公司股东权益(万元)	576465.09	565360.59	361099.27	245038.61
主营业务收入(万元)	350000.37	744166.36	408996.33	501055.76
营业收入(万元)	391997.48	821188.19	447711.74	548632.02
主营成本(万元)	270321.77	455408.67	221567.00	356686.49
营业成本(万元)	298162.65	496307.63	237946.71	394833.16
投资收益(万元)	32.30	2618.99	1207.45	2214.15
净利润(万元)	54119.60	178373.87	132408.33	61180.93
利润总额(万元)	68379.33	222576.32	153314.28	67094.43

北京天坛生物制品股份有限公司

公司概况	公司名称	北京天坛生物制品股份有限公司			证券简称	天坛生物
	法人代表	杨晓明	董秘	慈翔	证券代码	600161
	公司网址	www.tiantanbio.com		电子信箱	flyci@126.com	
	电　话	010-65724045 65772357		传　真	010-65792747 65772354	
	办公地址	北京市朝阳区三间房南里四号				
	经营范围	制造生物制品、体外诊断试剂等				

	指标\报告期	2012.06.30	2011.12.31	2011.06.30	2010.12.31
主要财务指标	基本每股收益(元)	0.2800	0.4500	0.2300	0.3400
	基本每股收益(扣除)(元)	0.2800	0.4300	0.2300	0.3200
	每股净资产(元)	2.7000	2.5005	2.1815	2.0500
	每股经营现金净流量(元)	0.0927	0.6851	0.3084	0.3586
	每股现金流量(元)	0.2743	0.0209	0.3638	-0.0458
	每股资本公积金(元)	0.3102	0.2955	0.1944	0.1944
	每股盈余公积金(元)	0.1932	0.1932	0.1571	0.1571
	每股未分配利润(元)	1.1967	1.0118	0.8301	0.6952
	净资产收益率(%)	10.5513	18.1040	10.7670	16.5810
	加权净资产收益率(%)	10.7800	20.2900	11.0200	19.3400
	净资产收益率(扣除)(%)	-	-	-	-
	总资产(万元)	400379.29	322404.10	297649.93	245445.58
	归属母公司股东权益(万元)	139178.05	128892.57	112450.12	105497.16
	主营业务收入(万元)	71527.46	137889.25	57121.14	118404.16
	营业收入(万元)	72904.17	139439.53	57423.73	120226.14
	主营成本(万元)	27494.10	52869.83	21729.08	49336.70
	营业成本(万元)	28532.87	54359.28	21900.55	50260.70
	投资收益(万元)	-	430.00	430.00	-160.27
	净利润(万元)	17850.44	29183.63	16110.21	22335.31
	利润总额(万元)	21533.37	34197.41	18598.92	27033.55

深圳香江控股股份有限公司

公司概况	公司名称	深圳香江控股股份有限公司			证券简称	香江控股
	法人代表	翟美卿	董秘	刘应坤	证券代码	600162
	公司网址	www.hkhc.com.cn		电子信箱	liuyingkun@hkhc.com.cn	
	电　话	020-34821006		传　真	020-34821008	
	办公地址	广东省广州市番禺区迎宾路锦绣香江花园香江控股办公楼				
	经营范围	从事工程机械和商贸物流业务的经营				

	指标\报告期	2012.06.30	2011.12.31	2011.06.30	2010.12.31
主要财务指标	基本每股收益(元)	-0.0700	0.0600	-0.0300	0.1900
	基本每股收益(扣除)(元)	-0.0800	0.0500	-0.0300	0.1600
	每股净资产(元)	1.7600	1.8261	1.7445	1.7900
	每股经营现金净流量(元)	1.4780	-0.8154	-0.9263	-0.1432
	每股现金流量(元)	1.1825	-1.6576	-0.9919	0.2156
	每股资本公积金(元)	0.0289	0.0286	0.0286	0.0286
	每股盈余公积金(元)	0.1332	0.1332	0.1332	0.1332
	每股未分配利润(元)	0.5970	0.6643	0.5827	0.6269
	净资产收益率(%)	-3.8266	3.1434	-1.4400	10.4860
	加权净资产收益率(%)	-3.7600	3.1800	-1.4200	10.4600
	净资产收益率(扣除)(%)	-	-	-	-
	总资产(万元)	1102635.31	830466.85	748749.99	732517.62
	归属母公司股东权益(万元)	135067.40	140210.43	133942.96	137338.69
	主营业务收入(万元)	42428.86	130259.31	42879.14	191892.02
	营业收入(万元)	42428.86	130259.31	42879.14	191892.02
	主营成本(万元)	18970.59	65242.01	19962.67	102148.86
	营业成本(万元)	18970.59	65242.01	19962.67	102148.86
	投资收益(万元)	-158.19	-	-	1434.93
	净利润(万元)	-3658.09	11647.42	-789.02	24094.62
	利润总额(万元)	-2689.68	12703.05	1834.77	37231.53

福建省南纸股份有限公司

公司概况	公司名称	福建省南纸股份有限公司			证券简称	福建南纸
	法人代表	黄金镖	董秘	李永和	证券代码	600163
	公司网址	www.nanpingpaper.com		电子信箱	nzzqb@fjnz163.com	
	电　话	0599-8808806		传　真	0599-8808807	
	办公地址	福建省南平市滨江北路177号				
	经营范围	新闻纸、纸浆、纸制品及副产品等的生产和销售				

	指标\报告期	2012.06.30	2011.12.31	2011.06.30	2010.12.31
主要财务指标	基本每股收益(元)	-0.3180	-0.4200	-0.1060	0.0150
	基本每股收益(扣除)(元)	-0.3200	-0.4800	-0.1580	-0.1540
	每股净资产(元)	1.7050	2.0170	2.3870	2.4640
	每股经营现金净流量(元)	0.0116	0.1269	-0.0741	0.0690
	每股现金流量(元)	-0.3810	-0.1796	0.0183	-0.0313
	每股资本公积金(元)	1.7001	1.6941	1.7498	1.7204
	每股盈余公积金(元)	0.0980	0.0980	0.0980	0.0980
	每股未分配利润(元)	-1.0935	-0.7753	-0.4610	-0.3548
	净资产收益率(%)	-18.6656	-20.8490	-4.4490	0.6140
	加权净资产收益率(%)	-16.9730	-18.4950	-4.3570	0.5890
	净资产收益率(扣除)(%)	-	-	-	-
	总资产(万元)	357142.27	412591.71	477565.77	468438.90
	归属母公司股东权益(万元)	122982.47	145498.28	172194.47	177729.69
	主营业务收入(万元)	72410.01	205771.41	109095.23	217252.92
	营业收入(万元)	73779.30	211631.42	112496.52	226416.31
	主营成本(万元)	76343.11	205080.31	103780.46	201869.28
	营业成本(万元)	77621.03	209995.18	106800.08	211344.09
	投资收益(万元)	-	423.34	411.75	8908.32
	净利润(万元)	-22980.28	-30467.35	-7687.49	921.88
	利润总额(万元)	-22980.28	-30465.35	-7690.15	1181.84

宁夏新日恒力钢丝绳股份有限公司

公司概况	公司名称	宁夏新日恒力钢丝绳股份有限公司			证券简称	新日恒力
	法人代表	肖家守	董秘	赵丽莉	证券代码	600165
	公司网址	www.nxhengli.com.cn		电子信箱	hlqg@nxhengli.com.cn	
	电　话	0952-3671799 3671222		传　真	0952-3671799	
	办公地址	宁夏回族自治区石嘴山市惠农区河滨街				
	经营范围	丝、钢丝绳、钢绞线等钢丝及其制品的生产与销售				

	指标\报告期	2012.06.30	2011.12.31	2011.06.30	2010.12.31
主要财务指标	基本每股收益(元)	0.0240	0.0080	-0.0430	-0.2780
	基本每股收益(扣除)(元)	-0.0160	-0.0560	-0.0850	-0.2980
	每股净资产(元)	3.6140	3.5890	2.1917	2.2300
	每股经营现金净流量(元)	-0.0747	-0.6994	0.0936	-0.5617
	每股现金流量(元)	-0.0916	0.4577	-0.1758	-0.4363
	每股资本公积金(元)	2.5366	2.5366	1.1700	1.1700
	每股盈余公积金(元)	0.1690	0.1690	0.2386	0.2386
	每股未分配利润(元)	-0.0921	-0.1162	-0.2170	-0.1743
	净资产收益率(%)	0.6688	0.2003	-1.9460	-12.4280
	加权净资产收益率(%)	0.6710	0.2780	-1.9270	-11.6440
	净资产收益率(扣除)(%)	-	-	-	-
	总资产(万元)	236826.74	199785.88	166497.01	180739.24
	归属母公司股东权益(万元)	99009.63	98329.52	42507.88	43334.86
	主营业务收入(万元)	78377.03	166221.10	81363.54	159500.14
	营业收入(万元)	79012.50	167699.01	82303.66	161811.35
	主营成本(万元)	70841.56	148523.91	72864.21	145760.97
	营业成本(万元)	71145.22	149724.24	73750.89	147849.46
	投资收益(万元)	797.41	733.80	737.16	7.20
	净利润(万元)	759.62	639.18	-726.72	-5253.84
	利润总额(万元)	745.80	1028.61	-766.51	-5271.74

北汽福田汽车股份有限公司

公司概况	公司名称	北汽福田汽车股份有限公司		证券简称	福田汽车
	法人代表	徐和谊	董秘 龚敏	证券代码	600166
	公司网址	www.foton.com.cn		电子信箱	600166@foton.com.cn
	电　　话	010-80716459		传　　真	010-80716459
	办公地址	北京市昌平区沙河镇沙阳路老牛湾村北			
	经营范围	轻型载货汽车、中重型载货汽车、轻型客车、大中客车等			

主要财务指标	指标\报告期	2012.06.30	2011.12.31	2011.06.30	2010.12.31
	基本每股收益(元)	0.8700	0.5460	0.3350	0.8650
	基本每股收益(扣除)(元)	0.1010	0.3980	0.3140	0.7910
	每股净资产(元)	5.4200	4.1900	4.0200	3.8200
	每股经营现金净流量(元)	0.0433	-0.2488	-0.2638	1.0198
	每股现金流量(元)	1.9346	-0.6028	-0.9134	1.6362
	每股资本公积金(元)	2.7823	1.7468	1.7636	3.5298
	每股盈余公积金(元)	0.4108	0.5408	0.4257	0.8406
	每股未分配利润(元)	1.2505	0.9218	0.8254	2.2722
	净资产收益率(%)	12.0455	13.0260	8.3340	20.4185
	加权净资产收益率(%)	19.0700	13.6700	8.4400	30.1800
	净资产收益率(扣除)(%)	-	-	-	-
	总资产(万元)	3534864.51	2812145.43	2590857.92	2464147.19
	归属母公司股东权益(万元)	1523426.08	884701.37	847079.71	806138.16
	主营业务收入(万元)	2541774.37	5014934.05	2991377.75	5209711.19
	营业收入(万元)	2624374.79	5164573.49	3077598.55	5349205.24
	主营成本(万元)	2294257.16	4560122.55	2720755.77	4588719.60
	营业成本(万元)	2350698.19	4695285.39	2789745.77	4716640.18
	投资收益(万元)	3435.35	-3527.57	-1032.39	-7016.19
	净利润(万元)	183459.51	115238.91	70595.83	164601.17
	利润总额(万元)	217526.02	134225.25	83967.50	191465.15

联美控股股份有限公司

公司概况	公司名称	联美控股股份有限公司		证券简称	联美控股
	法人代表	朱昌一	董秘 刘思生	证券代码	600167
	公司网址			电子信箱	zqb@shnd.sina.net
	电　　话	024-23784835		传　　真	024-83781352
	办公地址	辽宁省沈阳市浑南新区新明街8号			
	经营范围	供热、供水、房屋租赁、市政建设、工程施工、物业管理			

主要财务指标	指标\报告期	2012.06.30	2011.12.31	2011.06.30	2010.12.31
	基本每股收益(元)	0.3056	0.3896	0.2182	0.2677
	基本每股收益(扣除)(元)	0.3146	0.4063	0.2637	0.2576
	每股净资产(元)	3.4020	3.1000	2.9250	2.7100
	每股经营现金净流量(元)	-0.6535	1.3304	-0.7350	1.3517
	每股现金流量(元)	-0.8810	0.4446	-1.0006	0.8914
	每股资本公积金(元)	1.1707	1.1707	1.1707	1.1707
	每股盈余公积金(元)	-	-	-	-
	每股未分配利润(元)	1.2312	0.9255	0.7541	0.5359
	净资产收益率(%)	8.9849	12.5830	7.4610	9.8910
	加权净资产收益率(%)	9.4100	13.4300	7.7500	10.4000
	净资产收益率(扣除)(%)	-	-	-	-
	总资产(万元)	170587.91	182589.82	142686.94	152240.65
	归属母公司股东权益(万元)	71779.32	65330.02	61714.28	57109.58
	主营业务收入(万元)	24197.02	-	19508.09	-
	营业收入(万元)	24197.02	40619.45	19508.09	30832.93
	主营成本(万元)	13843.17	-	10979.18	-
	营业成本(万元)	13843.17	25856.15	10979.18	20684.12
	投资收益(万元)	-	-71.87	-	-
	净利润(万元)	6447.89	8221.21	4603.20	5650.37
	利润总额(万元)	8660.37	10983.75	6189.48	7535.93

武汉三镇实业控股股份有限公司

公司概况	公司名称	武汉三镇实业控股股份有限公司		证券简称	武汉控股
	法人代表	陈莉茜	董秘 李丹	证券代码	600168
	公司网址	www.600168.com.cn		电子信箱	dmxx@600168.com.cn
	电　　话	027-85725739		传　　真	027-85725739
	办公地址	湖北省武汉市武昌区友谊大道特8号长江隧道公司管理大楼			
	经营范围	城市给排水、污水综合处理、道路、桥梁、供气、供电、通讯等			

主要财务指标	指标\报告期	2012.06.30	2011.12.31	2011.06.30	2010.12.31
	基本每股收益(元)	0.0600	0.1390	0.0800	0.2500
	基本每股收益(扣除)(元)	0.0300	0.0740	0.0500	0.1900
	每股净资产(元)	3.7800	3.7500	3.6900	3.6400
	每股经营现金净流量(元)	0.1483	0.2041	0.2180	0.1120
	每股现金流量(元)	0.0157	0.0446	0.1139	-0.1941
	每股资本公积金(元)	1.6968	1.6968	1.6968	1.6968
	每股盈余公积金(元)	0.3178	0.3178	0.3080	0.3080
	每股未分配利润(元)	0.7670	0.7320	0.6876	0.6323
	净资产收益率(%)	1.6141	3.6980	2.2830	6.9150
	加权净资产收益率(%)	1.6200	3.7400	2.2900	7.2500
	净资产收益率(扣除)(%)	-	-	-	-
	总资产(万元)	313544.48	318882.99	326491.72	328529.08
	归属母公司股东权益(万元)	166826.04	165280.22	162886.06	160446.85
	主营业务收入(万元)	11395.29	27657.79	13746.29	49148.71
	营业收入(万元)	11444.76	27725.36	13770.61	49194.72
	主营成本(万元)	13055.83	-	13740.12	54230.02
	营业成本(万元)	13055.83	29597.85	19064.08	41984.10
	投资收益(万元)	-	-	-	-
	净利润(万元)	2700.06	6148.73	3742.87	11225.61
	利润总额(万元)	3156.24	7298.45	4494.85	14057.21

太原重工股份有限公司

公司概况	公司名称	太原重工股份有限公司		证券简称	太原重工
	法人代表	王创民	董秘 李迎魁	证券代码	600169
	公司网址	www.tyhi.com.cn		电子信箱	tyhi@public.ty.sx.cn
	电　　话	0351-6361155		传　　真	0351-6362554
	办公地址	山西省太原市万柏林区玉河街53号			
	经营范围	制造销售火车轴、冶金、轧钢、锻压、起重、非标设备、加压气化炉等			

主要财务指标	指标\报告期	2012.06.30	2011.12.31	2011.06.30	2010.12.31
	基本每股收益(元)	-0.0379	0.2416	0.1662	0.4559
	基本每股收益(扣除)(元)	-0.0397	0.2215	0.1661	0.4620
	每股净资产(元)	2.3192	3.5357	3.4607	6.6400
	每股经营现金净流量(元)	-0.2703	0.0170	0.0345	0.5996
	每股现金流量(元)	0.0432	-0.5159	-0.2298	1.7430
	每股资本公积金(元)	0.5078	1.2618	1.2618	3.1235
	每股盈余公积金(元)	0.1085	0.1627	0.1393	0.2786
	每股未分配利润(元)	0.7032	1.1116	1.0596	2.2368
	净资产收益率(%)	-1.6340	6.8323	4.8010	12.1500
	加权净资产收益率(%)	-1.6200	7.0500	4.8800	19.2800
	净资产收益率(扣除)(%)	-	-	-	-
	总资产(万元)	2046169.69	1871553.91	1617303.33	1487710.64
	归属母公司股东权益(万元)	562173.03	571366.48	559234.25	536423.46
	主营业务收入(万元)	407170.12	1029943.11	441832.39	963136.30
	营业收入(万元)	408324.34	1032596.17	443569.29	965373.60
	主营成本(万元)	352885.16	892755.82	363882.86	814890.00
	营业成本(万元)	354000.66	894926.99	365148.56	816701.90
	投资收益(万元)	-	-4.49	-	0.02
	净利润(万元)	-9107.24	39037.46	26850.71	65177.59
	利润总额(万元)	-11593.60	40521.06	26539.69	67160.25

上海建工集团股份有限公司

公司概况					
公司名称	上海建工集团股份有限公司			证券简称	上海建工
法人代表	徐征	董秘	尤卫平	证券代码	600170
公司网址	www.shconstruction.cn		电子信箱	sc@china-scg.com	
电　　话	021-35100838 35318170		传　　真	021-55886222	
办公地址	上海市虹口区东大名路 666 号				
经营范围	各类建设工程总承包、设计、施工、咨询、设备、材料、构配件生产等				

主要财务指标：指标\报告期	2012.06.30	2011.12.31	2011.06.30	2010.12.31
基本每股收益(元)	0.3000	1.1700	0.2200	0.9400
基本每股收益(扣除)(元)	0.2700	0.8600	0.2100	0.5000
每股净资产(元)	4.7200	4.5100	7.6687	8.8600
每股经营现金净流量(元)	-1.4698	-2.1460	-2.8769	-0.9533
每股现金流量(元)	-0.8512	0.7582	-2.3700	-0.4812
每股资本公积金(元)	1.7773	4.1078	3.3242	4.6835
每股盈余公积金(元)	0.1745	0.3664	0.3525	0.3525
每股未分配利润(元)	1.7692	3.5368	2.9944	2.8254
净资产收益率(%)	6.3726	13.0320	6.5105	11.7379
加权净资产收益率(%)	6.4900	13.8100	5.4700	12.6000
净资产收益率(扣除)(%)	-	-	-	-
总资产(万元)	7018542.54	6835411.71	5125563.44	5420518.63
归属母公司股东权益(万元)	1091498.49	1043243.53	799122.05	923112.65
主营业务收入(万元)	4401261.24	8259175.39	3940297.59	7505817.21
营业收入(万元)	4424382.96	8285690.07	3962510.89	7527788.99
主营成本(万元)	4097200.69	7681360.56	3664951.17	6992746.28
营业成本(万元)	4117867.01	7692310.73	3475316.61	7007800.51
投资收益(万元)	15621.44	15766.25	1043.71	4962.61
净利润(万元)	73047.45	148245.41	56293.54	118877.80
利润总额(万元)	90887.37	185521.72	74579.11	152220.84

上海贝岭股份有限公司

公司概况					
公司名称	上海贝岭股份有限公司			证券简称	上海贝岭
法人代表	赵贵武	董秘	严海容	证券代码	600171
公司网址	www.belling.com.cn		电子信箱	bloffice@belling.com.cn	
电　　话	021-64850700 157		传　　真	021-64854424	
办公地址	上海市漕河泾开发区宜山路 810 号				
经营范围	集成电路的设计、制造、销售和技术服务				

主要财务指标：指标\报告期	2012.06.30	2011.12.31	2011.06.30	2010.12.31
基本每股收益(元)	0.0370	0.0470	0.0090	0.0250
基本每股收益(扣除)(元)	0.0110	-0.0340	-0.0060	0.0150
每股净资产(元)	2.5630	2.5110	2.5090	2.5100
每股经营现金净流量(元)	0.0619	0.0358	0.0144	0.0980
每股现金流量(元)	-0.0850	-0.0700	-0.0288	0.0408
每股资本公积金(元)	1.1916	1.1916	1.1977	1.1977
每股盈余公积金(元)	0.1919	0.1919	0.1896	0.1896
每股未分配利润(元)	0.1793	0.1575	0.1217	0.1225
净资产收益率(%)	1.4380	1.8610	0.3670	0.9871
加权净资产收益率(%)	1.4300	1.8600	0.3700	0.9900
净资产收益率(扣除)(%)	-	-	-	-
总资产(万元)	205181.47	199975.72	195458.64	193258.57
归属母公司股东权益(万元)	172685.81	171213.21	169056.01	169109.16
主营业务收入(万元)	28456.58	59920.88	28485.25	58607.97
营业收入(万元)	28500.56	60075.91	28558.29	58807.18
主营成本(万元)	22738.69	48263.59	22721.58	45657.05
营业成本(万元)	22738.69	48269.81	22721.58	45777.84
投资收益(万元)	91.06	622.98	78.55	484.55
净利润(万元)	2616.60	3680.97	919.68	2099.73
利润总额(万元)	2718.04	3509.61	1058.26	2343.42

河南黄河旋风股份有限公司

公司概况					
公司名称	河南黄河旋风股份有限公司			证券简称	黄河旋风
法人代表	乔秋生	董秘	杜长洪	证券代码	600172
公司网址	www.hhxf.com		电子信箱	pxuanfeng@yahoo.com.cn	
电　　话	0374-6108899 6165530		传　　真	0374-6108986	
办公地址	河南省长葛市人民路 200 号				
经营范围	人造金刚石、人造金刚石磨料磨具磨削及其它金刚石制品等				

主要财务指标：指标\报告期	2012.06.30	2011.12.31	2011.06.30	2010.12.31
基本每股收益(元)	0.1536	0.1308	0.1308	0.2360
基本每股收益(扣除)(元)	0.1528	0.1228	0.1228	0.2280
每股净资产(元)	3.6280	5.9600	5.7400	4.1500
每股经营现金净流量(元)	0.3163	0.7254	0.2808	1.3884
每股现金流量(元)	0.0997	0.1115	1.8089	0.2493
每股资本公积金(元)	1.4073	3.0924	3.0924	1.4542
每股盈余公积金(元)	0.2070	0.3519	0.3106	0.3636
每股未分配利润(元)	1.0133	1.5116	1.3366	1.3298
净资产收益率(%)	4.2337	7.0010	3.4967	5.6900
加权净资产收益率(%)	4.3000	7.9400	4.6600	5.8200
净资产收益率(扣除)(%)	-	-	-	-
总资产(万元)	337448.18	318517.51	314976.04	236616.79
归属母公司股东权益(万元)	193485.26	186862.39	180077.02	111155.20
主营业务收入(万元)	57919.45	99567.36	48628.96	81125.28
营业收入(万元)	58449.80	101915.41	49454.02	82174.67
主营成本(万元)	38317.90	68592.80	34866.92	57071.01
营业成本(万元)	38638.39	70037.32	35294.43	57681.20
投资收益(万元)	653.77	1086.45	640.72	-104.36
净利润(万元)	8191.58	13082.19	6845.71	7740.47
利润总额(万元)	9238.61	15257.23	7315.61	7994.68

卧龙地产集团股份有限公司

公司概况					
公司名称	卧龙地产集团股份有限公司			证券简称	卧龙地产
法人代表	陈建成	董秘	马亚军	证券代码	600173
公司网址	www.wolong-re.com		电子信箱	wolong600173@wolong.com	
电　　话	0575-82177017 82176751		传　　真	0575-82177000	
办公地址	浙江省上虞市经济开发区人民西路 1801 号				
经营范围	房地产开发与经营，建筑工程、装饰装潢工程设计、施工、物业管理				

主要财务指标：指标\报告期	2012.06.30	2011.12.31	2011.06.30	2010.12.31
基本每股收益(元)	0.0660	0.1900	0.1290	0.3700
基本每股收益(扣除)(元)	0.0670	0.1900	0.1320	0.3700
每股净资产(元)	1.9400	2.0700	2.0100	1.9400
每股经营现金净流量(元)	-0.1812	-0.3858	0.2682	0.5321
每股现金流量(元)	-0.2721	-0.3399	0.4206	-0.1113
每股资本公积金(元)	0.1042	0.3002	0.3052	0.2981
每股盈余公积金(元)	0.0958	0.0958	0.0915	0.0915
每股未分配利润(元)	0.7390	0.6730	0.6120	0.5528
净资产收益率(%)	3.4000	9.4020	6.4300	19.1870
加权净资产收益率(%)	3.3800	9.7300	6.2500	19.7100
净资产收益率(扣除)(%)	-	-	-	-
总资产(万元)	306586.85	318035.75	346785.04	366004.06
归属母公司股东权益(万元)	140609.97	150033.27	145657.88	140852.25
主营业务收入(万元)	39207.11	99232.41	54862.98	219852.89
营业收入(万元)	39232.11	99397.40	54956.27	219879.65
主营成本(万元)	23655.08	60204.05	31103.83	121530.36
营业成本(万元)	23655.08	60207.07	31103.83	121530.36
投资收益(万元)	-	-	-	-
净利润(万元)	4746.07	12944.88	8861.73	36204.99
利润总额(万元)	7558.23	16475.79	11713.08	56951.17

美都控股股份有限公司

公司概况	公司名称	美都控股股份有限公司			证券简称	美都控股
	法人代表	闻掌华	董秘	王勤	证券代码	600175
	公司网址	www.chinameidu.com		电子信箱	wangqin5182@sohu.com	
	电　话	0571-88301613 88301615		传　真	0571-88301607	
	办公地址	浙江省杭州市密渡桥路70号美都恒升名楼4楼				
	经营范围	房地产开发、酒店业、贸易及实业投资等				

	指标\报告期	2012.06.30	2011.12.31	2011.06.30	2010.12.31
主要财务指标	基本每股收益(元)	0.0600	0.1000	0.0500	0.1200
	基本每股收益(扣除)(元)	0.0500	0.0900	0.0500	0.1200
	每股净资产(元)	1.4840	1.4400	1.5350	1.6400
	每股经营现金净流量(元)	0.0195	0.0057	0.0271	-0.5436
	每股现金流量(元)	0.1734	-0.1769	-0.0198	-0.3030
	每股资本公积金(元)	0.1929	0.2122	0.2168	0.2885
	每股盈余公积金(元)	0.0803	0.0884	0.0752	0.0828
	每股未分配利润(元)	0.2111	0.2795	0.2434	0.2722
	净资产收益率(%)	3.9575	6.3110	3.2880	8.1166
	加权净资产收益率(%)	4.0200	6.4900	3.3400	8.4700
	净资产收益率(扣除)(%)	-	-	-	-
	总资产(万元)	464418.46	414018.67	398485.39	363222.41
	归属母公司股东权益(万元)	203545.13	196985.80	191413.72	186253.39
	主营业务收入(万元)	124256.96	279284.26	137117.39	281711.78
	营业收入(万元)	125175.76	280498.30	137508.32	282753.30
	主营成本(万元)	114199.41	260614.12	127247.33	258162.30
	营业成本(万元)	114551.07	261274.49	127721.79	258739.76
	投资收益(万元)	7253.24	12984.93	5083.34	6672.86
	净利润(万元)	8104.93	12660.41	6224.40	15123.29
	利润总额(万元)	9855.49	13662.46	6993.21	18377.18

中国玻纤股份有限公司

公司概况	公司名称	中国玻纤股份有限公司			证券简称	中国玻纤
	法人代表	曹江林	董秘	陶铮	证券代码	600176
	公司网址	www.cfgcl.com.cn		电子信箱	cfgcl@cfgcl.com.cn	
	电　话	010-88028660		传　真	010-88028955	
	办公地址	北京市海淀区西三环中路10号				
	经营范围	新材料的研发、生产和销售、商业房地产开发与经营等				

	指标\报告期	2012.06.30	2011.12.31	2011.06.30	0.4819
主要财务指标	基本每股收益(元)	0.1164	0.6104	0.3028	0.3077
	基本每股收益(扣除)(元)	0.0860	0.4866	0.2917	3.3279
	每股净资产(元)	3.9727	5.9280	3.6327	1.8336
	每股经营现金净流量(元)	0.5482	2.1844	0.8728	-1.1712
	每股现金流量(元)	0.5573	-0.4902	-0.3852	0.1539
	每股资本公积金(元)	1.5581	2.8372	0.1579	0.2991
	每股盈余公积金(元)	0.1569	0.2354	0.2991	1.8911
	每股未分配利润(元)	1.2751	1.8762	2.1940	14.4807
	净资产收益率(%)	2.9290	8.4760	8.3370	15.5500
	加权净资产收益率(%)	2.9141	13.6200	8.6990	-
	净资产收益率(扣除)(%)	-	-	-	1563887.94
	总资产(万元)	1722430.90	1594769.48	1600598.41	142232.40
	归属母公司股东权益(万元)	346670.76	344861.29	155256.65	466396.22
	主营业务收入(万元)	261261.01	489590.99	271465.39	476502.15
	营业收入(万元)	266352.36	503839.17	278617.25	324009.16
	主营成本(万元)	186903.19	319362.39	181104.25	328541.65
	营业成本(万元)	187645.54	323011.97	182734.60	5267.67
	投资收益(万元)	-53.30	2289.51	5.09	44290.00
	净利润(万元)	10047.13	45520.87	28524.22	50795.87
	利润总额(万元)	13191.60	55090.21	35823.03	0.4819

雅戈尔集团股份有限公司

公司概况	公司名称	雅戈尔集团股份有限公司			证券简称	雅 戈 尔
	法人代表	李如成	董秘	刘新宇	证券代码	600177
	公司网址	www.youngor.com		电子信箱	ir@youngor.com.cn	
	电　话	0574-87425136		传　真	0574-87425390	
	办公地址	浙江省宁波市鄞州区鄞县大道西段2号				
	经营范围	服装服饰产品及服装辅料的设计制造、销售、房地产开发、销售等				

	指标\报告期	2012.06.30	2011.12.31	2011.06.30	2010.12.31
主要财务指标	基本每股收益(元)	0.4000	0.7900	0.3800	1.2000
	基本每股收益(扣除)(元)	0.4000	0.5400	0.1700	0.5300
	每股净资产(元)	5.6400	5.4200	6.0617	6.2900
	每股经营现金净流量(元)	0.7960	-0.6947	-1.1655	1.5531
	每股现金流量(元)	0.5095	-0.8455	-0.6520	1.0090
	每股资本公积金(元)	0.5101	0.2958	1.3435	1.4963
	每股盈余公积金(元)	0.5601	0.5601	0.5010	0.5010
	每股未分配利润(元)	3.5739	3.5774	3.2212	3.3450
	净资产收益率(%)	7.0342	14.5970	6.2047	19.0770
	加权净资产收益率(%)	7.1700	13.6100	6.0900	19.0600
	净资产收益率(扣除)(%)	-	-	-	-
	总资产(万元)	4893969.15	4893257.33	5018325.89	4826270.01
	归属母公司股东权益(万元)	1254905.00	1207592.73	1349699.66	1400726.03
	主营业务收入(万元)	535553.00	1118880.69	533622.04	1435870.07
	营业收入(万元)	542745.52	1153944.01	539003.64	1451359.05
	主营成本(万元)	267028.51	669289.83	328524.84	952762.16
	营业成本(万元)	271940.19	696952.18	332691.75	963457.98
	投资收益(万元)	37150.65	144250.62	94323.31	205785.42
	净利润(万元)	92087.56	205850.15	96216.29	293432.05
	利润总额(万元)	123120.34	262112.49	125964.07	366072.33

哈尔滨东安汽车动力股份有限公司

公司概况	公司名称	哈尔滨东安汽车动力股份有限公司			证券简称	东安动力
	法人代表	连刚	董秘	于健	证券代码	600178
	公司网址	www.daengine.com.cn		电子信箱	dadl600178@263.net.cn	
	电　话	0451-86528172 86528173		传　真	0451-86505502	
	办公地址	黑龙江省哈尔滨市平房区保国街51号				
	经营范围	微型汽车发动机、变速器、零部件及相关产品的研制、生产销售等				

	指标\报告期	2012.06.30	2011.12.31	2011.06.30	2010.12.31
主要财务指标	基本每股收益(元)	0.0307	0.0732	0.0254	0.2905
	基本每股收益(扣除)(元)	0.0264	-0.0297	0.0248	0.2746
	每股净资产(元)	5.0380	5.0080	4.9560	4.9302
	每股经营现金净流量(元)	-0.0127	0.3542	0.3107	0.4181
	每股现金流量(元)	0.0221	0.2026	0.1583	-0.4748
	每股资本公积金(元)	1.8578	1.8578	1.8535	1.8535
	每股盈余公积金(元)	0.5242	0.5242	0.5169	0.5169
	每股未分配利润(元)	1.6564	1.6257	1.5852	1.5598
	净资产收益率(%)	0.6086	1.4620	0.5120	5.8917
	加权净资产收益率(%)	0.6100	1.4700	0.5100	6.0700
	净资产收益率(扣除)(%)	-	-	-	-
	总资产(万元)	382966.11	360398.17	356843.76	366729.79
	归属母公司股东权益(万元)	232813.35	231396.37	228986.27	227813.34
	主营业务收入(万元)	83985.01	149035.26	85051.14	226684.58
	营业收入(万元)	85352.01	152245.55	87127.49	233399.21
	主营成本(万元)	73408.74	136943.19	75465.37	198461.20
	营业成本(万元)	75075.36	140254.44	77083.13	203993.21
	投资收益(万元)	1975.54	11669.81	2633.05	11389.13
	净利润(万元)	1416.97	3383.04	1172.93	13422.09
	利润总额(万元)	1416.97	3383.04	1172.93	13422.09

黑龙江黑化股份有限公司

公司概况	公司名称	黑龙江黑化股份有限公司		证券简称	ST 黑 化
	法人代表	岳守成	董秘	张连增	证券代码	600179
	公司网址		电子信箱	hhgf600179@126.com	
	电　　话	0452-8927129	传　　真	0452-6884895	
	办公地址	黑龙江省齐齐哈尔市富拉尔基区向阳大街 2 号			
	经营范围	生产与销售焦炭及焦化产品、化学肥料、甲醇等			

主要财务指标	指标\报告期	2012.06.30	2011.12.31	2011.06.30	2010.12.31
	基本每股收益(元)	-0.1100	-0.9600	-0.4200	0.0400
	基本每股收益(扣除)(元)	-0.1100	-0.9200	-0.3600	-0.3900
	每股净资产(元)	0.6048	0.7000	1.2380	1.6500
	每股经营现金净流量(元)	0.1259	0.1894	-0.0199	0.5060
	每股现金流量(元)	0.0623	-0.4252	-0.3421	0.0723
	每股资本公积金(元)	0.8350	0.8350	0.8350	0.8350
	每股盈余公积金(元)	0.0720	0.0720	0.0720	0.0720
	每股未分配利润(元)	-1.3574	-1.2514	-0.7129	-0.2918
	净资产收益率(%)	-17.5200	-136.1671	-34.0120	2.6062
	加权净资产收益率(%)	-16.1800	-81.6200	-29.2000	2.6500
	净资产收益率(扣除)(%)	–	–	–	–
	总资产(万元)	161197.55	132579.50	170142.21	176698.63
	归属母公司股东权益(万元)	23586.43	27485.76	48286.44	64219.39
	主营业务收入(万元)	73325.24	145794.82	77839.66	147705.98
	营业收入(万元)	77676.99	155798.30	83921.17	157476.42
	主营成本(万元)	72612.26	167978.61	83535.51	145481.90
	营业成本(万元)	78436.92	180145.49	90604.59	157305.14
	投资收益(万元)	–	–	–	–
	净利润(万元)	-4169.72	-37521.21	-16453.60	1589.43
	利润总额(万元)	-4169.72	-37521.21	-16453.60	1589.43

山东九发食用菌股份有限公司

公司概况	公司名称	山东九发食用菌股份有限公司		证券简称	ST 九 发
	法人代表	纪晓文	董秘	缪玲红(代)	证券代码	600180
	公司网址	www.china-jiufa.net	电子信箱	sd_jiufa@163.com	
	电　　话	0571-82855510	传　　真	0571-56059911	
	办公地址	浙江省杭州市萧山区市心北路 94 号			
	经营范围	投资、房地产租赁及建材生产等			

主要财务指标	指标\报告期	2012.06.30	2011.12.31	2011.06.30	2010.12.31
	基本每股收益(元)	-0.0028	-0.0140	-0.0053	0.0040
	基本每股收益(扣除)(元)	-0.0028	-0.0140	-0.0053	-0.0240
	每股净资产(元)	0.6500	0.6500	0.6621	0.6700
	每股经营现金净流量(元)	-0.0074	-0.0191	-0.0170	0.0279
	每股现金流量(元)	-0.0074	-0.0188	-0.0167	0.0279
	每股资本公积金(元)	1.4545	1.4545	1.4545	1.4545
	每股盈余公积金(元)	0.2353	0.2353	0.2353	0.2353
	每股未分配利润(元)	-2.0390	-2.0362	-2.0276	-2.0223
	净资产收益率(%)	-0.4312	-2.1230	-0.8050	0.5520
	加权净资产收益率(%)	-0.4300	-2.1000	-0.8100	0.5500
	净资产收益率(扣除)(%)	–	–	–	–
	总资产(万元)	16731.08	16916.76	16969.60	17389.32
	归属母公司股东权益(万元)	16333.76	16404.19	16618.61	16752.38
	主营业务收入(万元)	–	–	–	–
	营业收入(万元)	–	–	–	–
	主营成本(万元)	–	–	–	–
	营业成本(万元)	–	–	141.45	–
	投资收益(万元)	–	7.70	7.70	–
	净利润(万元)	-70.43	-348.19	-133.77	92.51
	利润总额(万元)	-70.43	-348.19	-133.75	92.51

佳通轮胎股份有限公司

公司概况	公司名称	佳通轮胎股份有限公司		证券简称	S 佳 通
	法人代表	李怀靖	董秘	张翠	证券代码	600182
	公司网址	www.gititirecorp.com	电子信箱	giticorp@giti.com	
	电　　话	021-22073131 22073132	传　　真	021-22073002	
	办公地址	上海市长宁区临虹路 28-2 号			
	经营范围	轮胎生产及销售等			

主要财务指标	指标\报告期	2012.06.30	2011.12.31	2011.06.30	2010.12.31
	基本每股收益(元)	0.2100	0.2300	0.0500	0.1500
	基本每股收益(扣除)(元)	0.2100	0.2200	0.0500	0.1400
	每股净资产(元)	1.9800	1.7700	1.5800	1.6500
	每股经营现金净流量(元)	0.2135	1.2299	0.4739	-0.0845
	每股现金流量(元)	0.1444	-0.0174	0.0779	-0.1190
	每股资本公积金(元)	0.0035	0.0035	0.0035	0.0035
	每股盈余公积金(元)	0.0478	0.0478	0.0478	0.0478
	每股未分配利润(元)	0.9327	0.7201	0.5331	0.5946
	净资产收益率(%)	10.7161	12.7310	3.0210	9.1140
	加权净资产收益率(%)	11.3200	13.3900	2.9100	9.5500
	净资产收益率(扣除)(%)	–	–	–	–
	总资产(万元)	369544.74	366025.80	342481.91	328935.20
	归属母公司股东权益(万元)	67457.71	60228.85	53870.13	55961.13
	主营业务收入(万元)	204942.08	479334.68	220984.10	358974.10
	营业收入(万元)	206429.46	481740.66	221969.61	361100.52
	主营成本(万元)	170477.47	428233.21	203945.50	318765.03
	营业成本(万元)	170650.76	428328.61	203997.65	318945.11
	投资收益(万元)	–	–	–	–
	净利润(万元)	14273.61	15191.38	3193.68	10211.68
	利润总额(万元)	19007.48	19764.52	3970.62	13603.76

广东生益科技股份有限公司

公司概况	公司名称	广东生益科技股份有限公司		证券简称	生益科技
	法人代表	李锦	董秘	温世龙	证券代码	600183
	公司网址	www.syst.com.cn	电子信箱	tzzgx@syst.com.cn	
	电　　话	0769-22271828*8225	传　　真	0769-22174183	
	办公地址	广东省东莞市万江区莞穗大道 411 号			
	经营范围	生产和销售覆铜板和粘结片、印刷线路板、陶瓷电子元件、液晶产品等			

主要财务指标	指标\报告期	2012.06.30	2011.12.31	2011.06.30	2010.12.31
	基本每股收益(元)	0.1300	0.4300	0.3200	0.5600
	基本每股收益(扣除)(元)	0.1300	0.4200	0.3100	0.5200
	每股净资产(元)	2.7600	3.7300	4.0300	2.7600
	每股经营现金净流量(元)	–	0.5039	0.1653	0.3615
	每股现金流量(元)	–	0.6010	0.9223	0.0534
	每股资本公积金(元)	–	1.2482	1.2423	0.2334
	每股盈余公积金(元)	–	0.3686	0.3309	0.3784
	每股未分配利润(元)	–	1.1190	1.0345	1.1525
	净资产收益率(%)	–	11.0150	8.0170	20.1390
	加权净资产收益率(%)	4.4300	13.1600	10.8600	22.0400
	净资产收益率(扣除)(%)	–	–	–	–
	总资产(万元)	683073.74	674684.47	713222.72	556406.82
	归属母公司股东权益(万元)	392497.93	408823.54	394807.01	264471.04
	主营业务收入(万元)	–	578567.01	291392.96	541162.70
	营业收入(万元)	301067.97	587690.40	296167.82	548620.23
	主营成本(万元)	–	497050.77	242001.80	455644.76
	营业成本(万元)	–	497679.30	242260.79	456047.00
	投资收益(万元)	–	2309.64	1836.27	5294.13
	净利润(万元)	–	48026.84	33759.49	57690.42
	利润总额(万元)	22289.44	53745.85	37324.68	65970.01

北方光电股份有限公司

公司概况	公司名称	北方光电股份有限公司		证券简称	光电股份
	法人代表	王小鹏	董秘 王小鹏(代)	证券代码	600184
	公司网址	www.sicong.com		电子信箱	newhgzqb@163.com
	电话	029-82537951		传真	029-82526666
	办公地址	陕西省西安市长乐中路35号			
	经营范围	光电装备、光电仪器产品、信息技术产品、太阳能电池及太阳能发电系统等			

指标\报告期	2012.06.30	2011.12.31	2011.06.30	2010.12.31
基本每股收益(元)	–0.2100	0.1100	0.1900	0.4200
基本每股收益(扣除)(元)	–0.2300	0.0700	0.1800	0.3700
每股净资产(元)	4.6000	4.5900	4.6700	4.4600
每股经营现金净流量(元)	–0.1711	–0.0654	–0.3689	–0.1918
每股现金流量(元)	–0.9491	–0.1020	–0.3222	–0.3589
每股资本公积金(元)	1.7403	1.4663	2.7847	1.4467
每股盈余公积金(元)	0.2197	0.2197	0.0736	0.2111
每股未分配利润(元)	1.6433	1.9045	0.8138	1.8023
净资产收益率(%)	–4.5873	2.4130	4.1181	9.4085
加权净资产收益率(%)	–4.6300	2.4500	4.2200	10.9600
净资产收益率(扣除)(%)	–	–	–	–
总资产(万元)	289407.85	289617.02	288200.63	255032.47
归属母公司股东权益(万元)	96383.97	96115.66	97825.42	93386.92
主营业务收入(万元)	62406.37	194188.79	75541.63	179059.83
营业收入(万元)	63371.58	196158.95	76072.84	180918.67
主营成本(万元)	50311.33	163165.15	58664.62	146718.60
营业成本(万元)	51170.22	164263.72	59057.73	147518.63
投资收益(万元)	299.02	485.65	30.47	–165.67
净利润(万元)	–5549.26	1161.57	3861.93	9432.34
利润总额(万元)	–4811.81	2356.09	5391.13	10877.55

格力地产股份有限公司

公司概况	公司名称	格力地产股份有限公司		证券简称	格力地产
	法人代表	鲁君四	董秘 黄华敏	证券代码	600185
	公司网址	www.greedc.com		电子信箱	gldc@greedc.com
	电话	0756-8860606		传真	0756-8309666
	办公地址	珠海市石花西路213号			
	经营范围	实业投资、投资及投资管理、房地产开发经营、物业管理等			

指标\报告期	2012.06.30	2011.12.31	2011.06.30	2010.12.31
基本每股收益(元)	0.3100	0.4400	0.2600	0.2500
基本每股收益(扣除)(元)	0.2800	0.4200	0.2500	0.2200
每股净资产(元)	3.9500	3.4800	3.5800	3.0900
每股经营现金净流量(元)	–2.5822	–0.6470	–0.9885	0.3471
每股现金流量(元)	–1.5993	–1.0466	–1.8363	1.9777
每股资本公积金(元)	0.2688	0.1095	0.3873	0.1578
每股盈余公积金(元)	0.1599	0.1599	0.1599	0.1599
每股未分配利润(元)	2.5178	2.2090	2.0339	1.7716
净资产收益率(%)	7.8242	12.5750	7.3240	8.0760
加权净资产收益率(%)	8.5000	13.2200	8.1400	8.3200
净资产收益率(扣除)(%)	–	–	–	–
总资产(万元)	1220353.75	1145535.24	1065011.35	962964.31
归属母公司股东权益(万元)	227943.17	200909.72	206840.23	178437.22
主营业务收入(万元)	74807.07	133308.76	64709.43	115392.07
营业收入(万元)	74946.44	133515.11	64793.76	115747.67
主营成本(万元)	34099.88	64319.10	31391.85	59862.73
营业成本(万元)	34136.15	64396.60	31467.15	60036.21
投资收益(万元)	1722.62	1033.57	1033.57	1148.41
净利润(万元)	17799.78	25264.87	15149.16	14409.87
利润总额(万元)	23679.35	33319.54	19616.67	20526.66

河南莲花味精股份有限公司

公司概况	公司名称	河南莲花味精股份有限公司		证券简称	莲花味精
	法人代表	刘向东	董秘 吴玉民(代)	证券代码	600186
	公司网址	www.chinalotus.com.cn		电子信箱	lh600186@sina.com
	电话	0394-4298666		传真	0394-4298899
	办公地址	河南省项城市莲花大道18号			
	经营范围	味精和调味品的生产及销售、热力、电力的生产及销售等			

指标\报告期	2012.06.30	2011.12.31	2011.06.30	2010.12.31
基本每股收益(元)	0.0165	–0.4322	–0.1400	0.0166
基本每股收益(扣除)(元)	–0.1511	–0.4773	–0.1470	–0.2244
每股净资产(元)	0.8260	0.8100	1.1020	1.2420
每股经营现金净流量(元)	0.0149	0.0136	0.0436	0.0626
每股现金流量(元)	0.0082	0.0119	0.0441	–0.0369
每股资本公积金(元)	0.2884	0.2884	0.2884	0.2884
每股盈余公积金(元)	0.0781	0.0781	0.0781	0.0781
每股未分配利润(元)	–0.5402	–0.5567	–0.2644	–0.1245
净资产收益率(%)	1.9950	–53.3743	–12.7010	1.3332
加权净资产收益率(%)	2.0200	–42.1300	–11.9200	1.3400
净资产收益率(扣除)(%)	–	–	–	–
总资产(万元)	280202.70	294851.85	317078.17	327672.09
归属母公司股东权益(万元)	87750.11	85999.52	117036.54	131901.17
主营业务收入(万元)	132050.43	275641.18	147907.82	267174.86
营业收入(万元)	133081.31	276237.18	148047.04	269788.13
主营成本(万元)	133624.53	275306.25	145597.96	251882.62
营业成本(万元)	134557.27	275565.51	145893.27	254654.27
投资收益(万元)	–1364.65	–1988.83	–261.44	268.31
净利润(万元)	1454.30	–46214.46	–15085.32	2217.53
利润总额(万元)	1454.30	–46214.46	–15085.32	2217.53

黑龙江国中水务股份有限公司

公司概况	公司名称	黑龙江国中水务股份有限公司		证券简称	国中水务
	法人代表	朱勇军	董秘 刘玉萍	证券代码	600187
	公司网址	www.interchinawater.com		电子信箱	liuyuping@interchina-bj.com
	电话	010-51695607		传真	010-65595378
	办公地址	北京市东城区灯市口大街33号国中商业大厦10层			
	经营范围	机制纸及纸浆、供排水及污水处理			

指标\报告期	2012.06.30	2011.12.31	2011.06.30	2010.12.31
基本每股收益(元)	0.0633	0.1571	0.0736	0.2307
基本每股收益(扣除)(元)	0.0633	0.0831	0.0355	0.1073
每股净资产(元)	2.5896	2.5232	2.4399	1.7811
每股经营现金净流量(元)	0.1075	0.2231	0.1197	0.6855
每股现金流量(元)	–0.1671	0.3748	0.5431	–0.1915
每股资本公积金(元)	2.6922	2.6893	2.6995	2.5047
每股盈余公积金(元)	0.0716	0.0716	0.0706	0.0935
每股未分配利润(元)	–1.1744	–1.2377	–1.3302	–1.8171
净资产收益率(%)	2.4459	6.1050	2.9003	12.9528
加权净资产收益率(%)	2.4800	6.6800	2.9600	18.2200
净资产收益率(扣除)(%)	–	–	–	–
总资产(万元)	189232.45	185549.83	169762.57	153393.90
归属母公司股东权益(万元)	110632.38	107797.62	104239.49	58282.56
主营业务收入(万元)	15613.84	29489.43	11773.81	20279.69
营业收入(万元)	15801.40	30531.65	12065.97	22574.37
主营成本(万元)	7588.68	16035.04	6480.75	10485.71
营业成本(万元)	7611.15	16449.16	6698.73	11042.79
投资收益(万元)	–3.93	643.59	–0.16	–4.54
净利润(万元)	2917.79	6978.51	3182.87	8268.61
利润总额(万元)	3179.16	7874.31	3687.88	9245.54

兖州煤业股份有限公司

公司概况

公司名称	兖州煤业股份有限公司			证券简称	兖州煤业
法人代表	李位民	董秘	张宝才	证券代码	600188
公司网址	www.yanzhoucoal.com.cn		电子信箱	yzc@yanzhoucoal.com.cn	
电　　话	0537-5382319 5385343		传　　真	0537-5383311	
办公地址	山东省邹城市凫山南路 298 号				
经营范围	地下煤炭开采、洗选加工、销售和煤炭铁路运输等				

主要财务指标

指标\报告期	2012.06.30	2011.12.31	2011.06.30	2010.12.31
基本每股收益(元)	0.9975	1.7532	1.0226	1.8300
基本每股收益(扣除)(元)	0.5758	1.7600	1.0235	1.8300
每股净资产(元)	8.7900	8.5500	8.0100	7.4700
每股经营现金净流量(元)	1.5698	3.8473	2.7479	1.2784
每股现金流量(元)	2.1186	0.2794	1.1077	-0.3560
每股资本公积金(元)	0.7127	0.8840	0.9362	0.9154
每股盈余公积金(元)	0.9314	0.9314	0.7921	0.7921
每股未分配利润(元)	5.7248	5.2973	4.7625	4.3291
净资产收益率(%)	11.3461	20.4981	12.7700	24.5320
加权净资产收益率(%)	11.0100	21.8500	12.1500	27.6000
净资产收益率(扣除)(%)	-	-	-	-
总资产(万元)	11872609.91	9808942.15	8938524.13	7282854.05
归属母公司股东权益(万元)	4324119.99	4206636.25	3938574.38	3672171.92
主营业务收入(万元)	2878509.10	4706584.10	2084441.10	3394425.23
营业收入(万元)	2920821.04	4876834.49	2128867.90	3484438.76
主营成本(万元)	2069422.31	2722950.51	1105501.02	1786829.17
营业成本(万元)	2125222.54	2896564.38	1157355.69	1890596.33
投资收益(万元)	6900.03	7137.22	1523.91	13099.98
净利润(万元)	492081.28	864413.56	503885.69	901307.35
利润总额(万元)	495609.34	1209973.37	703876.75	1211383.39

吉林森林工业股份有限公司

公司概况

公司名称	吉林森林工业股份有限公司			证券简称	吉林森工
法人代表	柏广新	董秘	王海	证券代码	600189
公司网址	www.jlsg.com.cn		电子信箱	wh@jlsg.com.cn	
电　　话	0431-88912969		传　　真	0431-88930595	
办公地址	吉林省长春市朝阳区延安大街 1399 号				
经营范围	森林采伐、人造板及饰面材料、进出口贸易、林化产品等的生产与销售等				

主要财务指标

指标\报告期	2012.06.30	2011.12.31	2011.06.30	2010.12.31
基本每股收益(元)	-0.1500	0.2500	0.0900	0.1700
基本每股收益(扣除)(元)	-0.2900	-0.0500	0.0200	0.1700
每股净资产(元)	3.9800	4.3300	4.1700	4.1800
每股经营现金净流量(元)	-0.5091	0.0176	-0.2142	-0.9306
每股现金流量(元)	0.6270	0.4425	0.0796	0.1473
每股资本公积金(元)	2.0723	2.0723	2.0677	2.0677
每股盈余公积金(元)	0.5428	0.5428	0.5221	0.5221
每股未分配利润(元)	0.3646	0.7150	0.5827	0.5905
净资产收益率(%)	-3.7786	5.6642	2.2090	4.0310
加权净资产收益率(%)	-3.5300	5.7700	2.1800	4.0600
净资产收益率(扣除)(%)	-	-	-	-
总资产(万元)	317011.19	282986.15	277003.25	267420.30
归属母公司股东权益(万元)	123571.24	134450.52	129555.86	129798.78
主营业务收入(万元)	52270.67	147142.79	72251.45	135423.79
营业收入(万元)	55988.01	154274.72	75863.49	141067.23
主营成本(万元)	44051.49	117394.08	55203.53	103999.80
营业成本(万元)	47999.50	123968.17	58981.93	109653.95
投资收益(万元)	3349.71	10071.69	2018.88	1291.25
净利润(万元)	-5118.96	7690.08	2733.45	5099.21
利润总额(万元)	-5118.96	7678.82	2735.38	5108.61

锦州港股份有限公司

公司概况

公司名称	锦州港股份有限公司			证券简称	锦 州 港
法人代表	张宏伟	董秘	王健	证券代码	600190
公司网址	www.jinzhouport.com		电子信箱	jzcjhga@mail.jzptt.ln.cn	
电　　话	0416-3586462 3586234		传　　真	0416-3582431	
办公地址	辽宁省锦州市经济技术开发区锦港大街一段 1 号				
经营范围	港口装卸、仓储及船货代理服务等				

主要财务指标

指标\报告期	2012.06.30	2011.12.31	2011.06.30	2010.12.31
基本每股收益(元)	0.0540	0.1060	0.1060	0.1390
基本每股收益(扣除)(元)	0.0510	0.1050	0.1050	0.1390
每股净资产(元)	2.5870	2.5330	2.4790	2.4230
每股经营现金净流量(元)	0.0578	0.3296	0.1485	0.2376
每股现金流量(元)	0.1200	-0.0496	0.0744	-0.1388
每股资本公积金(元)	1.0707	1.0707	1.0707	1.0707
每股盈余公积金(元)	0.1594	0.1594	0.1273	0.1273
每股未分配利润(元)	0.3571	0.3031	0.2807	0.2249
净资产收益率(%)	2.0850	6.3280	4.2680	5.7516
加权净资产收益率(%)	2.1100	6.4700	4.2700	5.9200
净资产收益率(扣除)(%)	-	-	-	-
总资产(万元)	861530.88	784697.19	711598.63	659158.46
归属母公司股东权益(万元)	404066.00	395641.15	387126.64	378414.14
主营业务收入(万元)	50806.56	102529.09	53061.78	84025.07
营业收入(万元)	62665.90	118808.41	56857.00	86391.81
主营成本(万元)	26730.14	49639.69	21984.92	40256.98
营业成本(万元)	37495.43	63215.17	34600.61	41198.61
投资收益(万元)	-526.63	-51.03	25.04	528.19
净利润(万元)	8621.65	25403.93	16807.32	22137.39
利润总额(万元)	12028.39	34164.96	22416.36	29441.23

包头华资实业股份有限公司

公司概况

公司名称	包头华资实业股份有限公司			证券简称	华资实业
法人代表	宋卫东	董秘	魏相永	证券代码	600191
公司网址	www.huazi.com		电子信箱	wxy@basestone.net	
电　　话	0472-6957558 6957240		传　　真	0472-4190473	
办公地址	内蒙古自治区包头市东河区				
经营范围	生产、销售糖、食用酒精、颗粒粕、电子元器件、计算机的研制、生产等				

主要财务指标

指标\报告期	2012.06.30	2011.12.31	2011.06.30	2010.12.31
基本每股收益(元)	-0.0400	0.0789	0.1400	-0.1495
基本每股收益(扣除)(元)	-0.0400	-0.4726	-0.0700	-0.1218
每股净资产(元)	3.3800	3.5900	3.8500	3.8500
每股经营现金净流量(元)	-0.1691	-0.1712	-0.1282	-0.0684
每股现金流量(元)	-0.1557	0.4277	0.0538	-0.0683
每股资本公积金(元)	1.7815	1.9478	2.1498	2.2921
每股盈余公积金(元)	0.1930	0.1930	0.1854	0.1854
每股未分配利润(元)	0.4102	0.4457	0.5135	0.3744
净资产收益率(%)	-1.0487	2.1997	3.6140	-3.8811
加权净资产收益率(%)	-1.0200	2.1200	3.6100	-3.7100
净资产收益率(扣除)(%)	-	-	-	-
总资产(万元)	207661.44	221270.57	238350.55	246743.05
归属母公司股东权益(万元)	164134.84	173920.12	186633.58	186791.69
主营业务收入(万元)	3473.26	15310.36	6587.60	13497.40
营业收入(万元)	4271.08	17411.97	7355.97	14313.79
主营成本(万元)	3424.99	24787.30	9124.57	14971.16
营业成本(万元)	4028.18	26379.99	9595.71	16017.96
投资收益(万元)	2609.22	29798.18	13563.53	7049.33
净利润(万元)	-1728.65	3816.51	6728.30	-7341.18
利润总额(万元)	-1716.58	358.67	6728.30	-8124.25

兰州长城电工股份有限公司

公司概况						
公司名称	兰州长城电工股份有限公司			证券简称	长城电工	
法人代表	杨林	董秘	白天洪	证券代码	600192	
公司网址	www.chinagwe.com		电子信箱	gwe@chinagwe.com		
电　话	0931-8415501		传　真	0931-8414606		
办公地址	甘肃省兰州市城关区农民巷215号					
经营范围	电器机械及器材、电器元件的研究开发、生产、批发零售等					

主要财务指标 指标\报告期	2012.06.30	2011.12.31	2011.06.30	2010.12.31
基本每股收益(元)	0.0659	0.1006	0.0374	0.0785
基本每股收益(扣除)(元)	0.0538	0.0454	0.0176	0.0400
每股净资产(元)	3.4146	3.3487	3.2540	3.2200
每股经营现金净流量(元)	0.0577	0.0240	0.0584	0.0746
每股现金流量(元)	0.0715	-0.3106	-0.0378	-0.3354
每股资本公积金(元)	1.3962	1.3962	1.3650	1.3639
每股盈余公积金(元)	0.1390	0.1390	0.1390	0.1390
每股未分配利润(元)	0.8794	0.8135	0.7502	0.7128
净资产收益率(%)	1.9304	3.0050	1.1487	2.4411
加权净资产收益率(%)	1.9500	3.0700	1.1600	2.4800
净资产收益率(扣除)(%)	-	-	-	-
总资产(万元)	292244.30	288650.59	296229.84	285909.67
归属母公司股东权益(万元)	116694.87	114442.16	111214.93	109899.37
主营业务收入(万元)	95656.97	180112.90	85162.86	148790.81
营业收入(万元)	97292.54	183669.82	87606.80	152014.52
主营成本(万元)	72977.37	140335.60	68358.20	113235.00
营业成本(万元)	74576.23	142670.21	69530.68	115421.07
投资收益(万元)	8.28	-158.98	-7.07	-279.51
净利润(万元)	2522.50	3827.42	1500.72	3223.84
利润总额(万元)	3122.05	5022.22	1836.00	4293.75

上海创兴资源开发股份有限公司

公司概况						
公司名称	上海创兴资源开发股份有限公司			证券简称	创兴资源	
法人代表	陈冠全	董秘	李晓玲	证券代码	600193	
公司网址	www.600193.com		电子信箱	prosolar_lee@yahoo.com.cn		
电　话	021-58125999		传　真	021-58125066		
办公地址	上海市浦东新区康桥路1388号					
经营范围	矿业投资、实业投资、从事货物及技术的进出口业务					

主要财务指标 指标\报告期	2012.06.30	2011.12.31	2011.06.30	2010.12.31
基本每股收益(元)	0.2300	-0.1600	0.0200	0.5500
基本每股收益(扣除)(元)	0.1200	-0.1700	0.0200	0.5200
每股净资产(元)	1.4800	1.9200	2.1400	2.0900
每股经营现金净流量(元)	0.0085	0.3771	0.0317	-0.1367
每股现金流量(元)	-0.0703	0.0719	0.1247	0.0922
每股资本公积金(元)	0.0076	0.0114	0.0323	0.0323
每股盈余公积金(元)	0.0643	0.0964	0.0754	0.0754
每股未分配利润(元)	0.3878	0.7923	0.9964	0.9718
净资产收益率(%)	15.7754	-8.2610	1.1489	26.0780
加权净资产收益率(%)	16.7700	-7.8800	1.1700	30.6700
净资产收益率(扣除)(%)	-	-	-	-
总资产(万元)	97782.34	86278.17	91292.36	90796.91
归属母公司股东权益(万元)	48324.60	41866.72	46609.95	45647.65
主营业务收入(万元)	3689.81	14432.84	9433.95	9968.42
营业收入(万元)	3689.81	17069.79	9433.95	9968.42
主营成本(万元)	3271.07	10962.57	6901.68	5492.88
营业成本(万元)	3271.07	12524.50	6901.68	5492.88
投资收益(万元)	9286.41	-1290.34	65.30	11093.98
净利润(万元)	7602.25	-3443.94	566.74	11956.56
利润总额(万元)	8217.83	-3890.08	782.56	10485.70

中牧实业股份有限公司

公司概况						
公司名称	中牧实业股份有限公司			证券简称	中牧股份	
法人代表	张春新	董秘	张菁桦	证券代码	600195	
公司网址	www.cahic.com		电子信箱	600195@cahic.com		
电　话	010-63701111 63702195		传　真	010-63702196		
办公地址	北京市丰台区南四环西路188号总部基地八区16号楼					
经营范围	饲料行业、动物保健品行业及畜牧业生产资料贸易等					

主要财务指标 指标\报告期	2012.06.30	2011.12.31	2011.06.30	2010.12.31
基本每股收益(元)	0.4090	1.1600	0.4851	0.8000
基本每股收益(扣除)(元)	0.3880	0.7900	0.4783	0.7600
每股净资产(元)	5.1530	4.7600	4.0900	3.8900
每股经营现金净流量(元)	-1.0921	0.9731	-1.1283	1.3342
每股现金流量(元)	-0.8609	-0.4198	-1.3489	1.1228
每股资本公积金(元)	0.6798	0.6905	0.6911	0.6911
每股盈余公积金(元)	0.6093	0.6093	0.4925	0.4925
每股未分配利润(元)	2.8643	2.4553	1.9057	1.7109
净资产收益率(%)	7.9372	24.3403	11.8637	20.4203
加权净资产收益率(%)	8.2400	25.0100	11.5900	22.2500
净资产收益率(扣除)(%)	-	-	-	-
总资产(万元)	308737.34	280510.11	293077.85	290466.14
归属母公司股东权益(万元)	200982.72	185679.57	159481.24	151883.50
主营业务收入(万元)	130804.48	283332.77	124840.97	264871.95
营业收入(万元)	131462.10	284230.54	125239.29	266115.88
主营成本(万元)	94892.08	191032.94	81366.28	166425.14
营业成本(万元)	95373.57	191748.43	78780.86	167203.65
投资收益(万元)	2793.46	19243.99	2801.12	5140.74
净利润(万元)	16954.13	46230.97	19769.44	34195.39
利润总额(万元)	19927.25	54593.23	23702.00	40176.00

上海复星医药(集团)股份有限公司

公司概况						
公司名称	上海复星医药(集团)股份有限公司			证券简称	复星医药	
法人代表	陈启宇	董秘	乔志城	证券代码	600196	
公司网址	www.fosunpharma.com		电子信箱	600196@fosunpharma.com		
电　话	021-23138196		传　真	021-23138035		
办公地址	上海市复兴东路2号					
经营范围	药品制造、药品销售、医疗器械和医疗诊断产品等					

主要财务指标 指标\报告期	2012.06.30	2011.12.31	2011.06.30	2010.12.31
基本每股收益(元)	0.3700	0.6100	0.4600	0.4600
基本每股收益(扣除)(元)	0.2100	0.3000	0.1500	0.2000
每股净资产(元)	5.3200	5.1300	4.8800	4.4200
每股经营现金净流量(元)	0.1213	0.1663	0.0169	0.1068
每股现金流量(元)	-0.5068	-0.2851	0.2435	0.9230
每股资本公积金(元)	1.0859	1.1612	1.0653	0.9605
每股盈余公积金(元)	0.6220	0.6220	0.5120	0.5120
每股未分配利润(元)	2.6228	2.3543	2.3073	1.9522
净资产收益率(%)	6.9203	11.9280	9.3261	10.2535
加权净资产收益率(%)	7.0000	13.0400	9.7100	11.5000
净资产收益率(扣除)(%)	-	-	-	-
总资产(万元)	2232215.40	2229081.82	1943269.95	1683293.99
归属母公司股东权益(万元)	1014071.36	977186.30	929325.98	842302.30
主营业务收入(万元)	345381.65	640485.77	306370.16	448453.26
营业收入(万元)	349427.42	648554.08	310250.71	455542.17
主营成本(万元)	190485.35	396299.18	200108.53	293880.16
营业成本(万元)	193483.07	399114.66	203053.41	298456.05
投资收益(万元)	86611.83	168538.75	125904.46	118179.21
净利润(万元)	85776.95	138484.27	98724.68	100034.38
利润总额(万元)	98722.94	172666.13	124298.86	120195.13

新疆伊力特实业股份有限公司

公司概况	公司名称	新疆伊力特实业股份有限公司			证券简称	伊 力 特
	法人代表	徐勇辉	董秘	君洁	证券代码	600197
	公司网址	www.xjyilite.com		电子信箱	yilitedm@163.com	
	电　　话	0991-3667490		传　　真	0991-3672172	
	办公地址	新疆维吾尔自治区伊犁哈萨克自治州新源县肖尔布拉克				
	经营范围	白酒生产和销售等业务				

主要财务指标	指标\报告期	2012.06.30	2011.12.31	2011.06.30	2010.12.31
	基本每股收益(元)	0.2538	0.4682	0.2430	0.3042
	基本每股收益(扣除)(元)	0.2522	0.4613	0.2419	0.2961
	每股净资产(元)	2.6642	2.6103	2.3849	2.3419
	每股经营现金净流量(元)	0.4399	0.2495	0.1892	0.6598
	每股现金流量(元)	0.3430	–0.3771	–0.1062	–0.0319
	每股资本公积金(元)	0.4668	0.4668	0.4666	0.4666
	每股盈余公积金(元)	0.4064	0.4064	0.3653	0.3653
	每股未分配利润(元)	0.7910	0.7371	0.5530	0.5101
	净资产收益率(%)	9.5282	17.9370	10.1880	12.9870
	加权净资产收益率(%)	9.2700	18.9100	9.8600	13.5900
	净资产收益率(扣除)(%)	–	–	–	–
	总资产(万元)	228452.21	227352.76	162959.40	184078.50
	归属母公司股东权益(万元)	117490.01	115115.38	105174.62	103279.47
	主营业务收入(万元)	89004.34	123129.17	73490.47	108218.72
	营业收入(万元)	89038.53	123484.30	73508.91	108512.90
	主营成本(万元)	49318.50	58827.91	38412.78	53070.74
	营业成本(万元)	49387.32	58990.55	38464.76	53236.30
	投资收益(万元)	–15.16	175.47	–76.10	898.11
	净利润(万元)	10931.26	20608.16	10417.75	13320.60
	利润总额(万元)	18354.69	28554.70	16886.90	22330.84

大唐电信科技股份有限公司

公司概况	公司名称	大唐电信科技股份有限公司			证券简称	大唐电信
	法人代表	曹斌	董秘	齐秀彬	证券代码	600198
	公司网址	www.datang.com		电子信箱	dt600198@datang.com	
	电　　话	010-58919172		传　　真	010-58919173	
	办公地址	北京市海淀区永嘉北路 6 号				
	经营范围	各类通讯网络系统、各类通信终端、计算机软硬件等产品开发、生产、销售等				

主要财务指标	指标\报告期	2012.06.30	2011.12.31	2011.06.30	2010.12.31
	基本每股收益(元)	–0.0847	0.0564	–0.0150	0.1504
	基本每股收益(扣除)(元)	–0.1898	–0.1589	–0.1081	–0.0525
	每股净资产(元)	1.1827	1.2669	1.1955	1.2104
	每股经营现金净流量(元)	–1.6849	–0.8540	–1.1017	–0.0387
	每股现金流量(元)	–0.8807	0.3057	–0.6960	0.0502
	每股资本公积金(元)	3.1208	3.1204	3.1203	3.1203
	每股盈余公积金(元)	0.1363	0.1363	0.1363	0.1363
	每股未分配利润(元)	–3.0708	–2.9861	–3.0575	–3.0425
	净资产收益率(%)	–7.1610	4.4540	–1.2530	12.4293
	加权净资产收益率(%)	–6.9140	4.5557	–1.2454	12.4328
	净资产收益率(扣除)(%)	–	–	–	–
	总资产(万元)	551411.81	506931.19	423390.90	402757.50
	归属母公司股东权益(万元)	51917.22	55613.37	52478.69	53136.35
	主营业务收入(万元)	208053.79	450650.34	211568.88	402157.74
	营业收入(万元)	208832.98	451907.67	212030.33	402787.93
	主营成本(万元)	174838.92	372869.61	180113.61	327300.62
	营业成本(万元)	174898.68	372940.89	180118.48	327530.09
	投资收益(万元)	107.82	744.32	219.80	1395.49
	净利润(万元)	–2757.82	7073.46	1297.17	15122.24
	利润总额(万元)	–1363.31	9496.93	2865.88	18375.28

安徽金种子酒业股份有限公司

公司概况	公司名称	安徽金种子酒业股份有限公司			证券简称	金种子酒
	法人代表	锁炳勋	董秘	金彪	证券代码	600199
	公司网址	www.jzz.cn		电子信箱	jinbiao@600199.com.cn	
	电　　话	0558-2210568 2210699		传　　真	0558-2212666 2212836	
	办公地址	安徽省阜阳市莲花路 259 号				
	经营范围	白酒的生产与销售等				

主要财务指标	指标\报告期	2012.06.30	2011.12.31	2011.06.30	2010.12.31
	基本每股收益(元)	0.5538	0.6600	0.3620	0.3200
	基本每股收益(扣除)(元)	0.5506	0.6200	0.3614	0.2800
	每股净资产(元)	3.5086	3.1300	2.8263	2.4600
	每股经营现金净流量(元)	0.5993	0.2651	0.1229	0.3122
	每股现金流量(元)	0.3962	0.0671	0.0741	1.0415
	每股资本公积金(元)	1.2609	1.2609	1.2608	1.2608
	每股盈余公积金(元)	0.1048	0.1048	0.0550	0.0550
	每股未分配利润(元)	1.0998	0.7260	0.4796	0.1176
	净资产收益率(%)	15.7849	21.0561	12.8076	12.3700
	加权净资产收益率(%)	16.2800	23.6200	13.7200	21.5100
	净资产收益率(扣除)(%)	–	–	–	–
	总资产(万元)	249982.90	234335.36	198813.22	191998.88
	归属母公司股东权益(万元)	195001.76	173735.20	157080.72	136581.89
	主营业务收入(万元)	124745.27	172040.50	97042.62	133061.01
	营业收入(万元)	126285.15	176456.29	99195.71	137992.92
	主营成本(万元)	–	65160.36	38726.04	75211.16
	营业成本(万元)	45906.23	69351.95	40718.91	79825.21
	投资收益(万元)	–	0.05	–	3483.04
	净利润(万元)	30780.91	36580.76	20120.21	16901.06
	利润总额(万元)	41390.18	48433.07	26789.39	19744.60

江苏吴中实业股份有限公司

公司概况	公司名称	江苏吴中实业股份有限公司			证券简称	江苏吴中
	法人代表	赵唯一	董秘	朱菊芳	证券代码	600200
	公司网址	www.600200.com		电子信箱	zjf@wuzhong.com	
	电　　话	0512-65272131 65626898		传　　真	0512-65270086	
	办公地址	江苏省苏州市吴中区宝带东路 388 号				
	经营范围	服装与医药等				

主要财务指标	指标\报告期	2012.06.30	2011.12.31	2011.06.30	2010.12.31
	基本每股收益(元)	0.0200	0.0490	0.0120	0.0470
	基本每股收益(扣除)(元)	–0.0310	–0.0090	–0.0070	–0.0350
	每股净资产(元)	1.4360	1.4150	1.3780	1.3850
	每股经营现金净流量(元)	0.3946	–0.5182	–0.4383	–0.0515
	每股现金流量(元)	0.2791	–0.0064	0.0233	0.1464
	每股资本公积金(元)	0.0327	0.0327	0.0327	0.0310
	每股盈余公积金(元)	0.1897	0.1897	0.1897	0.1897
	每股未分配利润(元)	0.2135	0.1938	0.1560	0.1643
	净资产收益率(%)	1.3697	3.4970	0.8490	3.3930
	加权净资产收益率(%)	1.3800	3.5400	0.8500	3.4700
	净资产收益率(扣除)(%)	–	–	–	–
	总资产(万元)	431132.93	377216.27	349367.31	294532.57
	归属母公司股东权益(万元)	89553.77	88269.63	85957.49	86352.54
	主营业务收入(万元)	182996.64	387300.79	182670.97	337524.73
	营业收入(万元)	183336.50	387528.75	182769.06	338417.23
	主营成本(万元)	164539.02	356326.81	167854.40	308126.20
	营业成本(万元)	164669.56	356455.34	167877.89	308185.26
	投资收益(万元)	3308.69	3809.23	1175.10	4043.35
	净利润(万元)	3086.21	4092.08	1035.17	3362.00
	利润总额(万元)	4543.24	5593.41	1881.99	4462.82

内蒙古金宇集团股份有限公司

公司概况	公司名称	内蒙古金宇集团股份有限公司		证券简称	金宇集团
	法人代表	张翀宇	董秘　李树剑	证券代码	600201
	公司网址	www.jinyu.com.cn		电子信箱	lisj@jinyu.com.cn
	电　话	0471-3315857		传　真	0471-3315863
	办公地址	内蒙古自治区呼和浩特市鄂尔多斯大街26号			
	经营范围	生物药品制造、房地产开发、羊绒纺织、生物技术开发应用等			

主要财务指标	指标\报告期	2012.06.30	2011.12.31	2011.06.30	2010.12.31
	基本每股收益(元)	0.2300	0.5300	0.2300	0.4100
	基本每股收益(扣除)(元)	0.2300	0.5000	0.2100	0.3700
	每股净资产(元)	3.5960	3.5170	3.2117	2.9800
	每股经营现金净流量(元)	-0.4909	0.6595	-0.2943	-0.3410
	每股现金流量(元)	-0.8402	0.5065	-0.4555	-0.1496
	每股资本公积金(元)	0.7557	0.7557	0.7557	0.7557
	每股盈余公积金(元)	0.2596	0.2596	0.2171	0.2171
	每股未分配利润(元)	1.5808	1.5014	1.2390	1.0117
	净资产收益率(%)	6.3790	15.1326	7.0770	13.7440
	加权净资产收益率(%)	6.3600	16.3700	7.3400	14.5400
	净资产收益率(扣除)(%)	-	-	-	-
	总资产(万元)	164931.15	172532.26	158272.22	158878.37
	归属母公司股东权益(万元)	100982.11	98752.66	90191.99	83808.82
	主营业务收入(万元)	25580.64	56716.10	24262.49	66426.40
	营业收入(万元)	25647.21	57614.03	24408.65	67033.07
	主营成本(万元)	8379.06	17942.09	7895.38	34981.90
	营业成本(万元)	8454.89	18067.92	8031.41	35161.10
	投资收益(万元)	-5.77	29.16	-3.88	60.77
	净利润(万元)	6340.75	14698.20	6353.63	11477.05
	利润总额(万元)	8410.91	17094.71	7732.70	13189.45

哈尔滨空调股份有限公司

公司概况	公司名称	哈尔滨空调股份有限公司		证券简称	哈空调
	法人代表	于明升	董秘　孙淑玲	证券代码	600202
	公司网址	www.hac.com.cn		电子信箱	ssl@hac.com.cn
	电　话	0451-84644521		传　真	0451-84676205
	办公地址	黑龙江省哈尔滨市高新技术开发区迎宾路集中区滇池街7号			
	经营范围	空气冷却设备、空气调节设备、节能换热设备的开发、生产与销售等			

主要财务指标	指标\报告期	2012.06.30	2011.12.31	2011.06.30	2010.12.31
	基本每股收益(元)	0.0075	-0.5084	0.0132	0.2823
	基本每股收益(扣除)(元)	0.0008	-0.5216	0.0052	0.2594
	每股净资产(元)	2.3730	2.3660	2.8870	2.8740
	每股经营现金净流量(元)	-0.2671	-0.0808	0.1276	-0.5651
	每股现金流量(元)	-0.2058	0.1737	0.1289	-0.1965
	每股资本公积金(元)	0.1996	0.1996	0.1996	0.1996
	每股盈余公积金(元)	0.3145	0.3145	0.3145	0.3145
	每股未分配利润(元)	0.8590	0.8515	1.3731	1.3599
	净资产收益率(%)	0.3139	-21.4880	0.4569	9.8240
	加权净资产收益率(%)	0.3100	-19.4000	0.4600	10.1300
	净资产收益率(扣除)(%)	-	-	-	-
	总资产(万元)	276986.52	272019.13	275554.23	312958.65
	归属母公司股东权益(万元)	90972.40	90686.80	110679.64	110173.98
	主营业务收入(万元)	44435.65	72227.70	49525.27	100086.07
	营业收入(万元)	50066.01	84174.07	53668.07	136919.31
	主营成本(万元)	36571.86	65295.53	41816.86	76174.87
	营业成本(万元)	41918.40	76945.31	45635.94	109037.42
	投资收益(万元)	93.18	169.78	372.13	348.82
	净利润(万元)	285.60	-19487.18	505.67	10823.55
	利润总额(万元)	201.29	-23470.36	530.93	12339.66

福建福日电子股份有限公司

公司概况	公司名称	福建福日电子股份有限公司		证券简称	ST福日
	法人代表	卞志航	董秘　许政声	证券代码	600203
	公司网址	www.furielec.com		电子信箱	xuzs@furielec.com
	电　话	0591-83315984 83318998		传　真	0591-83319978
	办公地址	福建省福州市鼓楼区六一中路106号榕航花园1号楼1-3层			
	经营范围	电子计算机及配件、电子产品及通讯设备、家用电器、电子元、器件的制造、销售			

主要财务指标	指标\报告期	2012.06.30	2011.12.31	2011.06.30	2010.12.31
	基本每股收益(元)	0.1600	0.3300	0.4900	-0.2900
	基本每股收益(扣除)(元)	-0.0959	-0.4200	-0.1319	-0.3200
	每股净资产(元)	1.6883	1.1271	2.0836	1.6302
	每股经营现金净流量(元)	-0.0553	-0.7543	-0.4583	0.1730
	每股现金流量(元)	-0.0595	0.1388	0.2138	-0.0530
	每股资本公积金(元)	1.7146	1.3166	2.1135	2.1500
	每股盈余公积金(元)	0.0572	0.0572	0.0572	0.0572
	每股未分配利润(元)	-1.0836	-1.2467	-1.0871	-1.5771
	净资产收益率(%)	9.6610	29.3100	23.5150	-17.8800
	加权净资产收益率(%)	11.5900	23.9600	26.3900	-21.1200
	净资产收益率(扣除)(%)	-	-	-	-
	总资产(万元)	144800.12	124538.74	145700.45	154275.31
	归属母公司股东权益(万元)	40609.92	27111.71	50120.75	39212.85
	主营业务收入(万元)	126393.55	210436.52	98637.23	133282.09
	营业收入(万元)	127029.95	211409.96	99273.59	134122.14
	主营成本(万元)	124714.72	208511.89	98129.95	131623.93
	营业成本(万元)	124855.37	209552.67	98702.31	132175.74
	投资收益(万元)	5594.04	18905.35	15239.57	1180.84
	净利润(万元)	3923.81	7435.00	11602.22	-7552.76
	利润总额(万元)	3928.82	7474.59	11604.11	-7432.27

有研半导体材料股份有限公司

公司概况	公司名称	有研半导体材料股份有限公司		证券简称	有研硅股
	法人代表	周旗钢	董秘　赵春雷	证券代码	600206
	公司网址	www.gritek.com		电子信箱	liujing@gritek.com
	电　话	010-62355380		传　真	010-62355381
	办公地址	北京市新街口外大街2号			
	经营范围	单晶硅、锗、化合物、半导体材料及相关电子材料的研究、开发生产和销售			

主要财务指标	指标\报告期	2012.06.30	2011.12.31	2011.06.30	2010.12.31
	基本每股收益(元)	-0.1200	0.0300	0.0200	0.0300
	基本每股收益(扣除)(元)	-0.1500	-0.0300	0.0200	0.0200
	每股净资产(元)	3.4000	3.5230	3.5170	3.4940
	每股经营现金净流量(元)	0.0358	0.2891	0.1120	0.4523
	每股现金流量(元)	-0.1883	0.0527	0.1274	0.3291
	每股资本公积金(元)	2.0275	2.0273	2.0273	2.0273
	每股盈余公积金(元)	0.1261	0.1261	0.1261	0.1261
	每股未分配利润(元)	0.2496	0.3711	0.3652	0.3422
	净资产收益率(%)	-3.5700	0.8220	0.6550	0.7410
	加权净资产收益率(%)	-3.5100	0.8300	0.6600	0.7400
	净资产收益率(扣除)(%)	-	-	-	-
	总资产(万元)	124768.17	121026.15	131874.87	123121.68
	归属母公司股东权益(万元)	73988.49	76626.95	76502.02	76004.27
	主营业务收入(万元)	18427.90	55631.49	33483.00	61844.46
	营业收入(万元)	19288.40	59819.37	36615.26	66850.04
	主营成本(万元)	19179.08	50918.87	30767.82	55285.32
	营业成本(万元)	19795.57	53984.23	33120.51	59614.34
	投资收益(万元)	804.41	2251.19	-	9.60
	净利润(万元)	-2643.86	629.78	501.09	563.41
	利润总额(万元)	-2526.70	580.57	527.36	827.14

河南安彩高科股份有限公司

公司概况					
公司名称	河南安彩高科股份有限公司			证券简称	ST 安彩
法人代表	蔡志端	董秘	李明	证券代码	600207
公司网址	www.acht.com.cn		电子信箱	achtzqb@acbc.com.cn	
电　话	0372-3732533		传　真	0372-3938035	
办公地址	河南省安阳市中州路南段				
经营范围	21#、25#、29# 彩玻的生产和销售				

主要财务指标

指标\报告期	2012.06.30	2011.12.31	2011.06.30	2010.12.31
基本每股收益(元)	-0.2943	0.0220	0.0585	0.0741
基本每股收益(扣除)(元)	-0.2950	-0.5078	0.0321	0.0709
每股净资产(元)	0.5827	0.9397	0.9753	0.9168
每股经营现金净流量(元)	-0.4328	-0.1378	0.0233	0.2722
每股现金流量(元)	0.2927	-0.3487	0.3945	0.1668
每股资本公积金(元)	2.7730	2.8357	2.8348	2.8348
每股盈余公积金(元)	0.8820	0.8820	0.8820	0.8820
每股未分配利润(元)	-4.0723	-3.7780	-3.7415	-3.8001
净资产收益率(%)	-50.4992	2.3440	6.0030	8.0840
加权净资产收益率(%)	-37.3746	2.3700	6.1882	8.4200
净资产收益率(扣除)(%)	-	-	-	-
总资产(万元)	266244.02	243728.80	234853.78	188879.66
归属母公司股东权益(万元)	25639.53	41347.00	42914.34	40338.41
主营业务收入(万元)	58855.52	100968.50	56185.02	117681.30
营业收入(万元)	65779.16	115644.77	63239.20	126064.51
主营成本(万元)	58620.03	85306.74	45505.47	89374.68
营业成本(万元)	64922.09	96698.35	50754.93	95491.98
投资收益(万元)	-16.93	-27.05	-	-7.77
净利润(万元)	-12504.94	2109.33	3149.52	3760.34
利润总额(万元)	-12121.75	2913.51	3284.77	4186.41

新湖中宝股份有限公司

公司概况					
公司名称	新湖中宝股份有限公司			证券简称	新湖中宝
法人代表	林俊波	董秘	虞迪锋	证券代码	600208
公司网址	www.600208.net		电子信箱	yudf@600208.net	
电　话	0571-87395003 85171837		传　真	0571-87395052	
办公地址	浙江省杭州市西溪路 128 号新湖商务大厦 11 层				
经营范围	港口设施、酒店服务、教育产业和房地产业				

主要财务指标

指标\报告期	2012.06.30	2011.12.31	2011.06.30	2010.12.31
基本每股收益(元)	0.0450	0.2300	0.0650	0.2600
基本每股收益(扣除)(元)	0.0170	0.1300	0.0630	0.2400
每股净资产(元)	1.6600	1.5700	1.4170	1.6500
每股经营现金净流量(元)	-0.1040	-0.4105	0.0141	-0.4686
每股现金流量(元)	0.3474	-0.2220	0.0099	-0.0002
每股资本公积金(元)	0.1624	0.1229	0.1249	0.1539
每股盈余公积金(元)	0.0744	0.0744	0.0741	0.0741
每股未分配利润(元)	0.4232	0.3778	0.5019	0.4240
净资产收益率(%)	2.7214	14.3890	4.5818	18.3951
加权净资产收益率(%)	2.8400	15.4400	4.6500	21.6000
净资产收益率(扣除)(%)	-	-	-	-
总资产(万元)	4022776.69	3530786.26	3334590.01	2845310.60
归属母公司股东权益(万元)	1036291.35	977975.01	873037.61	848031.29
主营业务收入(万元)	223743.53	665720.05	256024.17	811257.78
营业收入(万元)	225462.72	668829.85	257176.12	814003.66
主营成本(万元)	198657.63	485196.33	199348.32	555066.86
营业成本(万元)	199342.50	486464.22	199605.16	555751.64
投资收益(万元)	21370.47	73188.96	41966.56	66069.67
净利润(万元)	28604.77	145609.95	38344.65	173423.13
利润总额(万元)	33309.98	187411.25	47246.56	221317.85

罗顿发展股份有限公司

公司概况					
公司名称	罗顿发展股份有限公司			证券简称	罗顿发展
法人代表	高松	董秘	韦胜杭	证券代码	600209
公司网址	www.lawtonfz.com.cn		电子信箱	golden@public.hk.hi.cn	
电　话	0898-66258868		传　真	0898-66254868	
办公地址	海南省海口市人民大道 68 号 12 楼				
经营范围	酒店经营与管理和装饰工程等				

主要财务指标

指标\报告期	2012.06.30	2011.12.31	2011.06.30	2010.12.31
基本每股收益(元)	0.0040	0.0300	0.0070	0.0500
基本每股收益(扣除)(元)	0.0040	0.0300	0.0070	0.0500
每股净资产(元)	1.5620	1.5580	1.5330	1.5260
每股经营现金净流量(元)	-0.0135	0.1133	0.0434	0.1091
每股现金流量(元)	0.0150	-0.0243	-0.0452	0.0079
每股资本公积金(元)	0.2697	0.2697	0.2697	0.2697
每股盈余公积金(元)	0.0709	0.0709	0.0709	0.0709
每股未分配利润(元)	0.2211	0.2175	0.1928	0.1855
净资产收益率(%)	0.2322	2.0559	0.4760	2.9910
加权净资产收益率(%)	0.2300	1.7200	0.4800	3.0400
净资产收益率(扣除)(%)	-	-	-	-
总资产(万元)	122756.34	111755.67	136438.68	117610.28
归属母公司股东权益(万元)	68558.98	68399.82	67313.76	66993.57
主营业务收入(万元)	11859.26	24274.20	8775.36	19547.29
营业收入(万元)	11859.26	24337.68	8795.16	19601.01
主营成本(万元)	9619.82	19148.28	6274.96	15618.89
营业成本(万元)	9619.82	19148.28	6274.96	15618.89
投资收益(万元)	649.30	2096.37	699.82	4001.99
净利润(万元)	51.76	910.03	310.35	1045.31
利润总额(万元)	99.65	1064.35	553.56	1452.98

上海紫江企业集团股份有限公司

公司概况					
公司名称	上海紫江企业集团股份有限公司			证券简称	紫江企业
法人代表	沈雯	董秘	高军	证券代码	600210
公司网址	www.zijiangqy.com		电子信箱	zijiangqy@zijiangqy.com	
电　话	021-62377118		传　真	021-62377327	
办公地址	上海市虹桥路 2272 号虹桥商务大厦 7 楼 C 座				
经营范围	包装业务和房地产业务				

主要财务指标

指标\报告期	2012.06.30	2011.12.31	2011.06.30	2010.12.31
基本每股收益(元)	0.1180	0.3660	0.2220	0.4820
基本每股收益(扣除)(元)	0.1090	0.3480	0.2130	0.4670
每股净资产(元)	2.7290	2.6140	2.6400	2.5100
每股经营现金净流量(元)	0.1997	0.6695	0.2853	0.7352
每股现金流量(元)	-0.0114	-0.3228	-0.1040	0.2978
每股资本公积金(元)	0.3403	0.3429	0.3170	0.4046
每股盈余公积金(元)	0.2452	0.2452	0.2217	0.2217
每股未分配利润(元)	1.1434	1.0259	1.1011	0.8836
净资产收益率(%)	4.3058	13.9930	8.4203	18.8040
加权净资产收益率(%)	4.3900	14.3500	8.6900	20.3500
净资产收益率(扣除)(%)	-	-	-	-
总资产(万元)	1044125.68	1013034.77	1039775.33	984975.52
归属母公司股东权益(万元)	392074.45	375559.37	379279.79	360610.42
主营业务收入(万元)	393595.39	798579.55	406465.41	716272.19
营业收入(万元)	400623.95	822775.51	409789.98	734096.06
主营成本(万元)	321630.09	644701.48	321931.22	541096.22
营业成本(万元)	324982.54	662837.66	323472.02	555796.81
投资收益(万元)	3308.17	13689.53	7541.35	4429.91
净利润(万元)	19097.44	57489.69	35106.55	75586.25
利润总额(万元)	25256.95	70420.52	46046.77	92554.10

西藏诺迪康药业股份有限公司

公司概况

公司名称	西藏诺迪康药业股份有限公司			证券简称	西藏药业
法人代表	陈达彬	董秘	刘岚	证券代码	600211
公司网址	www.xzyy.cn		电子信箱	zqb@xzyy.cn	
电　话	0891-6835752 028-86653915		传　真	0891-6837749 028-86660740	
办公地址	拉萨市八一路八一国际广场A栋5楼				
经营范围	生产、销售诺迪康胶囊、诺迪康颗粒、诺迪康口服液、藏药产品及医疗器械等				

主要财务指标

指标\报告期	2012.06.30	2011.12.31	2011.06.30	2010.12.31
基本每股收益(元)	0.0780	0.1400	0.0430	0.1600
基本每股收益(扣除)(元)	0.0580	0.1300	0.0430	0.1500
每股净资产(元)	2.4130	2.3400	2.2370	2.1900
每股经营现金净流量(元)	0.0915	0.0830	-0.3292	0.0131
每股现金流量(元)	0.1114	0.3969	0.1701	-0.1668
每股资本公积金(元)	1.4804	1.4804	1.4804	1.4804
每股盈余公积金(元)	0.1432	0.1432	0.1325	0.1325
每股未分配利润(元)	-0.2106	-0.2884	-0.3760	-0.4186
净资产收益率(%)	3.2259	6.0340	1.9040	7.3740
加权净资产收益率(%)	3.2800	6.2200	1.9200	7.6600
净资产收益率(扣除)(%)	-	-	-	-
总资产(万元)	81349.02	78786.43	71585.80	73546.94
归属母公司股东权益(万元)	35129.84	33996.59	32565.26	31945.16
主营业务收入(万元)	60077.16	106882.50	54128.55	109985.45
营业收入(万元)	60585.64	107903.80	54530.90	111072.93
主营成本(万元)	49919.27	88354.68	46081.03	91638.82
营业成本(万元)	50001.21	88516.72	46156.21	91883.45
投资收益(万元)	281.07	8.28	10.73	169.13
净利润(万元)	1109.94	2108.61	623.65	2418.07
利润总额(万元)	1267.78	2342.16	744.60	2997.40

山东江泉实业股份有限公司

公司概况

公司名称	山东江泉实业股份有限公司			证券简称	江泉实业
法人代表	于孝燕	董秘	王广勇	证券代码	600212
公司网址	www.jiangquan.com.cn		电子信箱	wang600212@126.com	
电　话	0539-7100051		传　真	0539-7100153	
办公地址	山东省临沂市罗庄区江泉工业园三江路6号				
经营范围	电力生产供应、供热、供汽等				

主要财务指标

指标\报告期	2012.06.30	2011.12.31	2011.06.30	2010.12.31
基本每股收益(元)	0.0270	0.0314	0.0270	0.0355
基本每股收益(扣除)(元)	-	0.0305	0.0270	0.0594
每股净资产(元)	2.0720	2.0700	2.0680	2.0400
每股经营现金净流量(元)	-	0.1631	0.0890	0.2370
每股现金流量(元)	-	-0.0409	0.0358	0.0513
每股资本公积金(元)	0.8632	0.8632	0.8632	0.8632
每股盈余公积金(元)	-	0.1899	0.1878	0.1878
每股未分配利润(元)	-	0.0192	0.0172	-0.0101
净资产收益率(%)	-	1.5140	1.3183	1.7385
加权净资产收益率(%)	1.3300	1.5300	1.3300	1.7500
净资产收益率(扣除)(%)	-	-	-	-
总资产(万元)	-	125658.99	129663.07	128061.81
归属母公司股东权益(万元)	106035.05	106035.05	105824.57	104429.48
主营业务收入(万元)	30572.45	53968.91	23185.76	43528.98
营业收入(万元)	30572.45	55598.91	23185.76	45352.93
主营成本(万元)	28059.18	46423.75	19165.35	37531.46
营业成本(万元)	-	46945.38	19165.35	38038.46
投资收益(万元)	-	-561.16	-185.12	1284.36
净利润(万元)	-	1605.57	1395.08	1815.50
利润总额(万元)	-	1547.77	1395.08	2017.10

扬州亚星客车股份有限公司

公司概况

公司名称	扬州亚星客车股份有限公司			证券简称	亚星客车
法人代表	金长山	董秘	刘竹金	证券代码	600213
公司网址	www.yaxingkeche.com.cn		电子信箱	zhujinliu@hotmail.com	
电　话	0514-82989118		传　真	0514-87852329	
办公地址	江苏省扬州市渡江南路41号				
经营范围	客车、特种车、农用车、汽车零部件的开发、制造、销售、进出口等				

主要财务指标

指标\报告期	2012.06.30	2011.12.31	2011.06.30	2010.12.31
基本每股收益(元)	-0.0688	-0.1893	0.0500	0.0299
基本每股收益(扣除)(元)	-0.0940	-0.3499	-0.0630	-0.0945
每股净资产(元)	0.7408	0.8096	1.0489	0.9989
每股经营现金净流量(元)	-0.3247	-0.6911	-0.6279	0.0407
每股现金流量(元)	0.1530	-0.4023	-0.1378	0.5336
每股资本公积金(元)	1.5550	1.5550	1.5550	1.5550
每股盈余公积金(元)	0.1935	0.1935	0.1935	0.1935
每股未分配利润(元)	-2.0076	-1.9389	-1.6996	-1.7496
净资产收益率(%)	-9.2805	-23.3830	4.7670	2.9984
加权净资产收益率(%)	-8.8700	-20.9400	4.8800	3.0400
净资产收益率(扣除)(%)	-	-	-	-
总资产(万元)	109261.46	90317.41	78774.78	79462.58
归属母公司股东权益(万元)	16297.81	17810.33	23074.83	21974.94
主营业务收入(万元)	46839.83	80004.89	28201.80	66606.21
营业收入(万元)	47335.27	80941.29	28322.31	66733.57
主营成本(万元)	42755.49	73345.21	25917.38	59906.08
营业成本(万元)	42897.95	74189.77	25958.87	59992.32
投资收益(万元)	-	23.71	-	920.29
净利润(万元)	-1512.52	-4164.61	1099.89	658.90
利润总额(万元)	-1512.52	-4164.61	1099.89	658.90

长春经开(集团)股份有限公司

公司概况

公司名称	长春经开(集团)股份有限公司			证券简称	长春经开
法人代表	陈平	董秘	王昱人	证券代码	600215
公司网址	www.ccjk600215.com		电子信箱	ccjk8508@mail.cetdz.com.cn	
电　话	0431-84644225		传　真	0431-84630809	
办公地址	吉林省长春市经济技术开发区自由大路5188号				
经营范围	公用设施投资、开发、建设、租赁、经营、管理、实业与科技投资				

主要财务指标

指标\报告期	2012.06.30	2011.12.31	2011.06.30	2010.12.31
基本每股收益(元)	-0.0509	0.0062	-0.0382	0.2820
基本每股收益(扣除)(元)	-0.0874	-0.0324	-0.0496	-0.2375
每股净资产(元)	5.1022	5.1500	5.1087	6.6900
每股经营现金净流量(元)	-0.0915	-0.1300	0.1753	0.1253
每股现金流量(元)	0.4903	0.2024	0.2588	0.0654
每股资本公积金(元)	2.1042	2.1042	2.1042	3.0355
每股盈余公积金(元)	0.4087	0.4087	0.4087	0.5313
每股未分配利润(元)	1.5893	1.6402	1.5959	2.1242
净资产收益率(%)	-0.9976	0.1200	-0.7470	4.2150
加权净资产收益率(%)	-0.9926	0.1196	-0.7446	4.3039
净资产收益率(扣除)(%)	-	-	-	-
总资产(万元)	454258.47	390517.89	373839.84	361167.75
归属母公司股东权益(万元)	237268.05	239634.98	237572.87	239348.45
主营业务收入(万元)	5320.08	24629.62	660.05	31676.81
营业收入(万元)	5954.44	27087.74	1329.91	34783.76
主营成本(万元)	4390.00	19920.33	334.88	30092.17
营业成本(万元)	4547.52	20851.68	500.08	30715.25
投资收益(万元)	-	-	-	6970.82
净利润(万元)	-2370.45	285.55	-1774.18	10089.37
利润总额(万元)	-2866.34	545.98	-1565.56	11278.03

浙江医药股份有限公司

公司概况						
	公司名称	浙江医药股份有限公司			证券简称	浙江医药
	法人代表	李春波	董秘	俞祝军	证券代码	600216
	公司网址	www.china-zmc.com		电子信箱	zmc3@163.com	
	电　　话	0571-87213883		传　　真	0571-87213883	
	办公地址	浙江省杭州市拱墅区登云路 268 号				
	经营范围	化学原料药及其制剂产品的研制、开发、生产与销售				

主要财务指标	指标＼报告期	2012.06.30	2011.12.31	2011.06.30	2010.12.31
	基本每股收益(元)	1.2100	2.2500	1.3200	2.5400
	基本每股收益(扣除)(元)	1.2100	2.2600	1.3400	2.5800
	每股净资产(元)	10.3950	9.7560	8.8980	8.5700
	每股经营现金净流量(元)	0.7074	2.0281	0.7805	2.9247
	每股现金流量(元)	0.3581	0.3322	-0.1758	1.3402
	每股资本公积金(元)	0.8315	0.8021	0.8691	1.1659
	每股盈余公积金(元)	1.5684	1.5684	1.2396	1.2396
	每股未分配利润(元)	6.9947	6.3858	5.7890	5.1650
	净资产收益率(%)	11.6306	23.0590	14.8810	29.6771
	加权净资产收益率(%)	11.6500	24.7100	14.7600	34.7700
	净资产收益率(扣除)(%)	-	-	-	-
	总资产(万元)	571460.98	519907.79	479793.30	463717.79
	归属母公司股东权益(万元)	467817.72	439089.22	400442.71	385721.20
	主营业务收入(万元)	270839.88	480614.78	251294.21	454352.48
	营业收入(万元)	271702.04	482596.84	252351.73	455826.52
	主营成本(万元)	180292.48	300096.79	158659.28	266007.59
	营业成本(万元)	181035.34	301649.09	159432.92	267265.20
	投资收益(万元)	706.94	1052.36	882.65	702.31
	净利润(万元)	54397.27	101592.36	59506.94	114359.76
	利润总额(万元)	64357.42	118814.22	69804.92	133322.61

陕西秦岭水泥(集团)股份有限公司

公司概况						
	公司名称	陕西秦岭水泥(集团)股份有限公司			证券简称	ST 秦岭
	法人代表	于九洲	董秘	刘福生	证券代码	600217
	公司网址	www.qinling.com		电子信箱	qlc@vip.163.com	
	电　　话	0919-6231630		传　　真	0919-6233344	
	办公地址	陕西省铜川市耀州区东郊				
	经营范围	水泥生产与销售				

主要财务指标	指标＼报告期	2012.06.30	2011.12.31	2011.06.30	2010.12.31
	基本每股收益(元)	-0.0420	-0.2505	-0.0390	0.4580
	基本每股收益(扣除)(元)	-	-0.2978	-0.1090	0.0200
	每股净资产(元)	0.1280	0.1680	0.3700	0.3900
	每股经营现金净流量(元)	-	-0.2623	-0.0714	-0.0948
	每股现金流量(元)	-	-0.1344	-0.1336	-0.1046
	每股资本公积金(元)	0.3780	0.3777	0.3662	0.3621
	每股盈余公积金(元)	-	0.1036	0.1036	0.1036
	每股未分配利润(元)	-	-1.3134	-1.1015	-1.0629
	净资产收益率(%)	-	-149.2220	-10.4510	116.6520
	加权净资产收益率(%)	-26.7700	-0.8740	-10.1400	-4.3876
	净资产收益率(扣除)(%)	-	-	-	-
	总资产(万元)	198354.27	179994.01	162457.12	158108.06
	归属母公司股东权益(万元)	8459.76	11093.26	24446.79	25924.66
	主营业务收入(万元)	32787.35	55740.63	28499.19	82324.28
	营业收入(万元)	-	56940.01	30878.32	84714.94
	主营成本(万元)	28343.25	-	25657.41	63785.71
	营业成本(万元)	-	55504.25	28021.33	66003.85
	投资收益(万元)	-	4810.07	41.29	-15.71
	净利润(万元)	-	-16707.45	-2610.43	29944.88
	利润总额(万元)	-2784.70	-16707.45	-2610.43	29944.88

安徽全柴动力股份有限公司

公司概况						
	公司名称	安徽全柴动力股份有限公司			证券简称	全柴动力
	法人代表	谢力	董秘	徐明余	证券代码	600218
	公司网址	www.quanchai.com.cn		电子信箱	qcxumy@163.com	
	电　　话	0550-5038369 5038293		传　　真	0550-5011156	
	办公地址	安徽省滁州市全椒县襄河镇吴敬梓路 788 号				
	经营范围	多缸柴油机、单缸柴油机及新型塑料管材的开发、生产和销售				

主要财务指标	指标＼报告期	2012.06.30	2011.12.31	2011.06.30	2010.12.31
	基本每股收益(元)	0.0545	0.0900	0.1470	0.3300
	基本每股收益(扣除)(元)	0.0347	-0.0100	0.1260	0.2400
	每股净资产(元)	3.6320	3.5800	3.6340	3.4900
	每股经营现金净流量(元)	0.1080	-0.4103	-0.2967	0.1538
	每股现金流量(元)	0.1131	-0.6892	-0.6076	-0.1211
	每股资本公积金(元)	1.6153	1.6153	1.6147	1.6147
	每股盈余公积金(元)	0.2293	0.2293	0.2204	0.2204
	每股未分配利润(元)	0.7874	0.7329	0.7990	0.6520
	净资产收益率(%)	1.5003	2.5090	4.0447	9.3670
	加权净资产收益率(%)	1.5100	2.3300	4.0400	8.8400
	净资产收益率(扣除)(%)	-	-	-	-
	总资产(万元)	238425.68	225754.43	210724.16	203377.84
	归属母公司股东权益(万元)	102929.97	101385.69	102990.24	98824.56
	主营业务收入(万元)	139602.72	243798.55	132682.83	251405.83
	营业收入(万元)	140735.38	249349.28	137599.42	265512.75
	主营成本(万元)	129362.40	223870.53	120266.35	226658.68
	营业成本(万元)	130340.14	227843.58	124332.01	239863.32
	投资收益(万元)	329.30	997.84	1012.92	2719.17
	净利润(万元)	1644.89	2346.15	4261.63	9396.59
	利润总额(万元)	1884.57	3008.57	5350.80	10452.22

山东南山铝业股份有限公司

公司概况						
	公司名称	山东南山铝业股份有限公司			证券简称	南山铝业
	法人代表	宋建波	董秘	邢美敏	证券代码	600219
	公司网址	www.600219.com.cn		电子信箱	xingmeimin@nanshan.com.cn	
	电　　话	0535-8666352 8616188		传　　真	0535-8616230	
	办公地址	山东省龙口市东江镇南山村				
	经营范围	铝制品、毛纺织品的开发、生产及销售、电力的生产及供应				

主要财务指标	指标＼报告期	2012.06.30	2011.12.31	2011.06.30	2010.12.31
	基本每股收益(元)	0.2000	0.5300	0.2500	0.4200
	基本每股收益(扣除)(元)	0.2000	0.5400	0.2500	0.4200
	每股净资产(元)	8.1100	8.0100	7.7300	7.5900
	每股经营现金净流量(元)	0.2433	0.8255	0.1988	0.5336
	每股现金流量(元)	-0.1142	-0.6890	0.1240	0.8784
	每股资本公积金(元)	4.6398	4.6398	4.6398	4.6398
	每股盈余公积金(元)	0.2213	0.2213	0.2031	0.2031
	每股未分配利润(元)	2.2650	2.1640	1.9006	1.7540
	净资产收益率(%)	2.4786	6.5980	3.1920	5.3180
	加权净资产收益率(%)	2.4800	6.7700	3.2000	5.6700
	净资产收益率(扣除)(%)	-	-	-	-
	总资产(万元)	2192577.49	2090381.44	2013689.30	1895174.52
	归属母公司股东权益(万元)	1568698.84	1548593.29	1494942.50	1468863.40
	主营业务收入(万元)	729548.59	1310653.88	591648.50	893518.32
	营业收入(万元)	740093.73	1332807.69	601764.23	917413.68
	主营成本(万元)	643038.20	1124405.37	502609.62	753347.55
	营业成本(万元)	649373.09	1137434.13	507729.94	770440.27
	投资收益(万元)	1300.40	2240.43	1271.72	1606.91
	净利润(万元)	43644.58	125858.04	61314.67	97746.63
	利润总额(万元)	49459.80	138141.03	65233.89	105516.73

江苏阳光股份有限公司

公司概况	公司名称	江苏阳光股份有限公司			证券简称	江苏阳光
	法人代表	陈丽芬	董秘	徐伟民	证券代码	600220
	公司网址	www.sunshine.com.cn		电子信箱	jsyg88@pub.wx.jsinfo.net	
	电　话	0510-86121688		传　真	0510-86121688	
	办公地址	江苏省江阴市新桥镇马嘶桥				
	经营范围	中高档精毛纺呢绒、高档男士西服和女式时装生产和销售				

	指标\报告期	2012.06.30	2011.12.31	2011.06.30	2010.12.31
主要财务指标	基本每股收益(元)	-0.0404	0.0049	0.0239	0.0351
	基本每股收益(扣除)(元)	-0.0419	0.0015	0.0225	0.0287
	每股净资产(元)	1.5779	1.6199	1.6400	1.6200
	每股经营现金净流量(元)	0.2541	0.0717	-0.0643	0.2389
	每股现金流量(元)	0.0490	-0.0128	0.0245	0.0426
	每股资本公积金(元)	0.0042	0.0059	0.0075	0.0091
	每股盈余公积金(元)	0.0957	0.0954	0.0949	0.0891
	每股未分配利润(元)	0.4780	0.5187	0.5382	0.5201
	净资产收益率(%)	-2.5604	0.3010	1.4590	2.1660
	加权净资产收益率(%)	-2.5300	0.3000	1.4600	2.1000
	净资产收益率(扣除)(%)	–	0.0900	–	–
	总资产(万元)	547626.67	587144.33	589173.56	551091.02
	归属母公司股东权益(万元)	281388.79	288881.83	292569.16	288588.14
	主营业务收入(万元)	146951.85	384118.47	191571.03	307483.74
	营业收入(万元)	151884.59	387287.43	192964.94	310631.56
	主营成本(万元)	137307.17	342292.02	168004.80	263619.79
	营业成本(万元)	140873.33	342917.17	168287.73	264513.09
	投资收益(万元)	–	720.22	671.27	152.84
	净利润(万元)	-11088.56	1070.06	6046.62	6043.22
	利润总额(万元)	-10348.80	1698.09	6581.71	9982.88

海南航空股份有限公司

公司概况	公司名称	海南航空股份有限公司			证券简称	海南航空
	法人代表	陈明	董秘	黄琪珺	证券代码	600221
	公司网址	www.hnair.com		电子信箱	webmaster@hnair.com	
	电　话	0898-66739961		传　真	0898-66739960	
	办公地址	海南省海口市国兴大道7号新海航大厦				
	经营范围	航空客货运输业务				

	指标\报告期	2012.06.30	2011.12.31	2011.06.30	2010.12.31
主要财务指标	基本每股收益(元)	0.1200	0.6400	0.1600	0.7400
	基本每股收益(扣除)(元)	0.0600	0.3900	0.1000	0.5300
	每股净资产(元)	3.5200	3.5100	3.1300	3.0200
	每股经营现金净流量(元)	0.4633	1.4516	0.4651	1.5698
	每股现金流量(元)	0.6032	0.4568	0.5005	0.5734
	每股资本公积金(元)	1.4221	1.4101	1.5026	1.5104
	每股盈余公积金(元)	0.1377	0.1377	0.0931	0.0931
	每股未分配利润(元)	0.9623	0.9613	0.5304	0.4181
	净资产收益率(%)	3.4344	18.1760	5.1910	24.1780
	加权净资产收益率(%)	3.4400	19.0000	5.2400	32.0000
	净资产收益率(扣除)(%)	–	–	–	–
	总资产(万元)	8215799.20	8129665.20	7617817.80	7155279.50
	归属母公司股东权益(万元)	1453044.20	1447667.20	1289684.50	1246548.30
	主营业务收入(万元)	1275209.90	2428051.00	1075304.00	1961526.60
	营业收入(万元)	1389139.40	2627324.60	1156312.40	2170614.70
	主营成本(万元)	1009098.90	1850826.10	844629.30	1487637.00
	营业成本(万元)	1051907.20	1949798.70	873755.00	1549292.20
	投资收益(万元)	8259.00	19788.40	1034.90	2568.50
	净利润(万元)	50486.70	283420.80	74047.70	322089.80
	利润总额(万元)	67142.60	369605.60	92433.10	365129.40

河南太龙药业股份有限公司

公司概况	公司名称	河南太龙药业股份有限公司			证券简称	太龙药业
	法人代表	赵庆新	董秘	罗剑超	证券代码	600222
	公司网址	www.taloph.com		电子信箱	wzq@taloph.com	
	电　话	0371-67982194 67986158		传　真	0371-67993600	
	办公地址	河南省郑州市高新技术产业开发区金梭路8号				
	经营范围	研制、开发、生产和销售中成药和西药				

	指标\报告期	2012.06.30	2011.12.31	2011.06.30	2010.12.31
主要财务指标	基本每股收益(元)	0.0217	0.0309	0.0224	0.0589
	基本每股收益(扣除)(元)	0.0111	0.0037	0.0182	0.0434
	每股净资产(元)	1.4892	1.4674	1.4589	1.4365
	每股经营现金净流量(元)	0.0502	0.0003	0.0068	-0.0485
	每股现金流量(元)	0.0051	0.0376	0.2250	0.0323
	每股资本公积金(元)	0.0342	0.0342	0.0342	0.0342
	每股盈余公积金(元)	0.1110	0.1110	0.1097	0.1097
	每股未分配利润(元)	0.3441	0.3223	0.3150	0.2926
	净资产收益率(%)	1.4597	2.1070	1.5340	4.0970
	加权净资产收益率(%)	1.4700	2.1300	1.5500	4.1600
	净资产收益率(扣除)(%)	–	–	–	–
	总资产(万元)	151185.13	146016.78	140640.05	125123.95
	归属母公司股东权益(万元)	61413.09	60516.61	60164.52	59241.49
	主营业务收入(万元)	47399.46	95071.83	44888.78	91150.62
	营业收入(万元)	47565.50	98078.18	44950.60	91330.30
	主营成本(万元)	40781.59	84938.81	39973.95	79698.69
	营业成本(万元)	40781.59	85503.94	43900.96	79820.42
	投资收益(万元)	4.85	126.36	60.00	120.06
	净利润(万元)	1312.32	2088.74	1033.44	2782.35
	利润总额(万元)	1654.23	2752.60	1318.13	3475.43

鲁商置业股份有限公司

公司概况	公司名称	鲁商置业股份有限公司			证券简称	鲁商置业
	法人代表	尹鹏	董秘	李璐	证券代码	600223
	公司网址	www.lshzy.com.cn		电子信箱	600223lszy@163.com	
	电　话	0531-66699999		传　真	0531-66697128	
	办公地址	山东省济南市历下区经十路9777号中国国电大厦8层				
	经营范围	房地产开发与经营				

	指标\报告期	2012.06.30	2011.12.31	2011.06.30	2010.12.31
主要财务指标	基本每股收益(元)	0.0240	0.2300	0.0260	0.4400
	基本每股收益(扣除)(元)	0.0250	0.2200	0.0250	0.4600
	每股净资产(元)	1.3388	1.3144	1.1062	1.0800
	每股经营现金净流量(元)	-0.3151	-3.6304	-1.9931	-1.4634
	每股现金流量(元)	0.4641	-0.2041	-0.6384	0.5617
	每股资本公积金(元)	0.3186	0.3186	0.3186	0.3186
	每股盈余公积金(元)	0.1003	0.1003	0.1003	0.1003
	每股未分配利润(元)	-0.0801	-0.1045	-0.3127	-0.3389
	净资产收益率(%)	1.8244	17.8340	2.3739	40.7930
	加权净资产收益率(%)	1.8400	19.5800	2.4000	51.2500
	净资产收益率(扣除)(%)	–	–	–	–
	总资产(万元)	1893752.53	1763437.79	1352340.89	1113781.15
	归属母公司股东权益(万元)	134010.18	131565.32	110731.22	108102.57
	主营业务收入(万元)	36169.84	236036.97	32967.94	299828.70
	营业收入(万元)	37367.98	238169.86	33970.78	301840.24
	主营成本(万元)	23682.20	172237.19	23405.38	198496.11
	营业成本(万元)	24428.26	173478.08	24017.88	199637.01
	投资收益(万元)	218.45	1404.55	388.01	108.67
	净利润(万元)	1979.34	23040.29	2444.94	44257.97
	利润总额(万元)	3051.07	30958.40	3366.79	58886.37

天津松江股份有限公司

公司概况	公司名称	天津松江股份有限公司			证券简称	天津松江
	法人代表	张锦珠	董秘	詹鹏飞	证券代码	600225
	公司网址	www.ciity.com.cn		电子信箱	songjiangzqb@sina.com	
	电　话	022-58915818		传　真	022-58915816	
	办公地址	天津市西青区友谊南路与外环线交口东北侧环岛西路天湾园公建 1 号楼				
	经营范围	以自有资金对房地产、高新技术产业、公用事业、环保业、物流业等				

	指标\报告期	2012.06.30	2011.12.31	2011.06.30	2010.12.31
主要财务指标	基本每股收益(元)	-0.1140	0.3800	-0.1150	0.3000
	基本每股收益(扣除)(元)	-0.1250	0.3100	-0.1160	0.0700
	每股净资产(元)	1.6950	1.8100	1.3140	1.4300
	每股经营现金净流量(元)	-0.1203	-0.3455	-0.1954	-0.7558
	每股现金流量(元)	-0.6318	-0.7859	-0.3996	0.8076
	每股资本公积金(元)	-0.2602	-0.2602	-0.2602	-0.2602
	每股盈余公积金(元)	0.1522	0.1522	0.1210	0.1210
	每股未分配利润(元)	0.8031	0.9174	0.4531	0.5685
	净资产收益率(%)	-6.7469	21.0760	-8.7810	20.7237
	加权净资产收益率(%)	-6.5300	23.5400	-8.4100	23.1200
	净资产收益率(扣除)(%)	-	19.3200	-	-
	总资产(万元)	1030705.93	1054566.32	1080462.41	953820.45
	归属母公司股东权益(万元)	106178.05	113341.76	82300.18	89527.26
	主营业务收入(万元)	81405.88	203445.10	13193.97	175104.67
	营业收入(万元)	82296.75	204320.90	13733.27	177469.45
	主营成本(万元)	70219.45	130264.68	8092.76	125302.47
	营业成本(万元)	70744.13	130962.45	8459.04	126649.44
	投资收益(万元)	390.55	13470.79	-166.48	3422.69
	净利润(万元)	-9414.64	27116.11	-8912.03	21814.33
	利润总额(万元)	-9389.00	34317.60	-9614.88	31019.37

浙江升华拜克生物股份有限公司

公司概况	公司名称	浙江升华拜克生物股份有限公司			证券简称	升华拜克
	法人代表	张文骏	董秘	徐芬	证券代码	600226
	公司网址	www.biok.com		电子信箱	jingx@biok.com	
	电　话	0572-8402738		传　真	0572-8089511	
	办公地址	浙江省湖州市德清县钟管镇工业区				
	经营范围	从事兽药、农药原料药及制成品、相关饲料添加剂的生产经营等				

	指标\报告期	2012.06.30	2011.12.31	2011.06.30	0.3400
主要财务指标	基本每股收益(元)	0.0776	0.2400	0.1785	0.3100
	基本每股收益(扣除)(元)	0.0647	0.2200	0.1689	3.1500
	每股净资产(元)	3.3143	3.2363	3.1816	0.3283
	每股经营现金净流量(元)	0.4804	0.1420	0.2460	0.1951
	每股现金流量(元)	0.0434	0.1254	0.2277	0.8454
	每股资本公积金(元)	0.8510	0.8510	0.8510	0.2901
	每股盈余公积金(元)	0.3030	0.3030	0.2901	1.0187
	每股未分配利润(元)	1.1691	1.0915	1.0472	10.7600
	净资产收益率(%)	2.3407	7.2840	5.6102	11.2200
	加权净资产收益率(%)	2.3700	7.4000	5.5500	-
	净资产收益率(扣除)(%)	-	-	-	223816.34
	总资产(万元)	226942.52	231082.15	233024.14	127741.96
	归属母公司股东权益(万元)	134412.83	131249.89	129030.74	175201.04
	主营业务收入(万元)	80831.33	174039.79	96218.24	176243.46
	营业收入(万元)	82124.46	176557.55	96800.14	149624.95
	主营成本(万元)	69758.76	5757.72	78782.79	150024.51
	营业成本(万元)	70809.61	145351.22	78985.08	7450.29
	投资收益(万元)	1606.47	5547.37	1484.49	13466.03
	净利润(万元)	3381.01	10183.84	7666.10	14379.74
	利润总额(万元)	3913.06	11991.49	9170.08	0.3400

贵州赤天化股份有限公司

公司概况	公司名称	贵州赤天化股份有限公司			证券简称	赤天化
	法人代表	郑才友	董秘	杨呈祥	证券代码	600227
	公司网址	www.chth.com.cn		电子信箱	ycx@chth.cn	
	电　话	0852-2878788 2878518		传　真	0852-2878874	
	办公地址	贵州省赤水市化工路				
	经营范围	尿素的生产和销售				

	指标\报告期	2012.06.30	2011.12.31	2011.06.30	2010.12.31
主要财务指标	基本每股收益(元)	0.0580	0.0980	0.0470	0.1360
	基本每股收益(扣除)(元)	0.0520	0.0970	0.0460	0.0910
	每股净资产(元)	3.6500	3.6100	3.5590	3.5110
	每股经营现金净流量(元)	0.0481	0.4040	0.2490	0.1005
	每股现金流量(元)	-0.1819	-0.9602	-0.3048	-1.0448
	每股资本公积金(元)	1.4243	1.4244	1.4281	1.4297
	每股盈余公积金(元)	0.2285	0.2212	0.2140	0.2083
	每股未分配利润(元)	0.9631	0.9325	0.8893	0.8476
	净资产收益率(%)	1.5881	2.7070	1.3170	3.7550
	加权净资产收益率(%)	1.6000	2.7400	1.3300	4.9200
	净资产收益率(扣除)(%)	-	-	-	-
	总资产(万元)	1045235.15	1010665.90	976943.79	957017.87
	归属母公司股东权益(万元)	346847.21	343072.53	338255.69	333662.46
	主营业务收入(万元)	112163.75	193914.00	91105.71	131107.22
	营业收入(万元)	112514.85	196095.01	91783.69	132932.47
	主营成本(万元)	89821.68	152542.43	72444.88	95391.17
	营业成本(万元)	90140.18	153786.41	72997.93	96731.63
	投资收益(万元)	240.00	295.50	240.00	81.24
	净利润(万元)	6158.25	9301.03	5031.04	13289.07
	利润总额(万元)	7564.62	12364.66	6098.26	16581.19

江西昌九生物化工股份有限公司

公司概况	公司名称	江西昌九生物化工股份有限公司			证券简称	ST 昌九
	法人代表	周应华	董秘	张浩	证券代码	600228
	公司网址	www.600228.net		电子信箱	zhanghao1234cn@yahoo.com.cn	
	电　话	0791-8504560 88504386		传　真	0791-88504797	
	办公地址	江西省南昌市青山湖区尤氨路				
	经营范围	化工、化肥、环保及生化产品的生产与销售等				

	指标\报告期	2012.06.30	2011.12.31	2011.06.30	2010.12.31
主要财务指标	基本每股收益(元)	-0.2900	0.0600	-0.2900	-0.5800
	基本每股收益(扣除)(元)	-0.1770	-0.4600	-0.3000	-0.3800
	每股净资产(元)	0.2790	0.5710	0.2199	0.5110
	每股经营现金净流量(元)	-0.1948	0.5023	0.4094	0.8940
	每股现金流量(元)	-0.1009	-0.2033	-0.3266	0.2947
	每股资本公积金(元)	0.4153	0.4153	0.4150	0.4153
	每股盈余公积金(元)	0.0544	0.0544	0.0544	0.0544
	每股未分配利润(元)	-1.1905	-0.8986	-1.2495	-0.9586
	净资产收益率(%)	-104.5616	10.4980	-132.2810	-113.9380
	加权净资产收益率(%)	-68.6600	11.0800	-79.5500	-71.4600
	净资产收益率(扣除)(%)	-	-	-	-
	总资产(万元)	92025.41	88861.60	92463.50	94289.37
	归属母公司股东权益(万元)	6737.62	13782.59	5307.19	12335.04
	主营业务收入(万元)	30921.98	95378.52	54294.65	90084.62
	营业收入(万元)	31865.37	97439.26	55460.45	92345.67
	主营成本(万元)	30174.18	92797.35	54219.97	85098.63
	营业成本(万元)	31344.90	94028.79	55604.30	87399.10
	投资收益(万元)	-26.08	-53.82	-25.64	-51.11
	净利润(万元)	-8066.24	2162.08	-5939.58	-13749.10
	利润总额(万元)	-8032.48	2635.38	-5427.37	-10595.58

青岛碱业股份有限公司

公司概况	公司名称	青岛碱业股份有限公司			证券简称	青岛碱业
	法人代表	罗方辉	董秘	邹怀基	证券代码	600229
	公司网址	www.qdjy.com		电子信箱	xxzx@qdjy.com	
	电　话	0532-84822574		传　真	0532-84815402	
	办公地址	山东省青岛市四流北路78号				
	经营范围	纯碱、肥料、农药氯化钙及其他化工产品的生产和销售				

	指标\报告期	2012.06.30	2011.12.31	2011.06.30	2010.12.31
主要财务指标	基本每股收益(元)	-0.2700	0.0200	0.0100	0.0300
	基本每股收益(扣除)(元)	-0.2500	-0.0300	0.0200	-0.1200
	每股净资产(元)	3.0300	3.3000	3.2800	3.2700
	每股经营现金净流量(元)	-0.0965	0.2519	-0.0868	-0.2593
	每股现金流量(元)	0.1938	-0.5350	-0.4271	0.3025
	每股资本公积金(元)	1.8783	1.8782	1.8709	1.8709
	每股盈余公积金(元)	0.3451	0.3451	0.3221	0.3221
	每股未分配利润(元)	-0.1981	0.0759	0.0889	0.0778
	净资产收益率(%)	-9.0548	0.6560	0.3380	0.8820
	加权净资产收益率(%)	-9.0500	0.6600	0.3400	0.8800
	净资产收益率(扣除)(%)	-	-	-	-
	总资产(万元)	288981.55	291095.11	278195.16	298023.59
	归属母公司股东权益(万元)	119740.31	130579.90	129895.75	129454.58
	主营业务收入(万元)	108569.58	228640.40	118821.56	211785.51
	营业收入(万元)	109356.21	231548.70	122183.86	216857.56
	主营成本(万元)	100289.67	198999.22	104148.28	191277.95
	营业成本(万元)	100315.02	200750.82	106983.09	195149.31
	投资收益(万元)	63.58	3307.56	2959.52	6849.71
	净利润(万元)	-10617.19	1195.98	908.41	3035.08
	利润总额(万元)	-10326.70	2735.86	1236.10	4490.20

沧州大化股份有限公司

公司概况	公司名称	沧州大化股份有限公司			证券简称	沧州大化
	法人代表	武洪才	董秘	金津	证券代码	600230
	公司网址	www.czdh.com.cn		电子信箱	zhengquanban@czdh.com.cn	
	电　话	0317-3556143		传　真	0317-3025065	
	办公地址	河北省沧州市运河区永济东路19号				
	经营范围	尿素、TDI等化工产品的生产及销售				

	指标\报告期	2012.06.30	2011.12.31	2011.06.30	2010.12.31
主要财务指标	基本每股收益(元)	0.4578	0.2707	0.1411	0.3682
	基本每股收益(扣除)(元)	0.4588	0.2662	0.1424	0.3666
	每股净资产(元)	5.2212	4.7658	4.6751	4.6429
	每股经营现金净流量(元)	0.3957	0.5013	0.1083	0.7628
	每股现金流量(元)	0.5435	-1.2926	-0.5852	0.6382
	每股资本公积金(元)	1.3733	1.3733	1.3733	1.3733
	每股盈余公积金(元)	0.5104	0.5104	0.4623	0.4623
	每股未分配利润(元)	2.3099	1.8821	1.8007	1.7896
	净资产收益率(%)	8.7683	5.6800	3.0187	7.9300
	加权净资产收益率(%)	9.1600	5.7900	3.0000	8.2200
	净资产收益率(扣除)(%)	-	-	-	-
	总资产(万元)	489912.15	426288.24	430378.80	410855.46
	归属母公司股东权益(万元)	135402.71	123593.43	121240.02	120405.85
	主营业务收入(万元)	144271.29	255972.26	123004.76	255915.40
	营业收入(万元)	145274.99	258645.55	124535.76	258489.84
	主营成本(万元)	109475.93	218867.66	102062.58	211654.26
	营业成本(万元)	109607.49	219370.52	102419.67	211817.23
	投资收益(万元)	-	-	-	-
	净利润(万元)	10701.98	1810.15	2359.55	7521.83
	利润总额(万元)	15104.53	6994.42	4059.03	12172.15

凌源钢铁股份有限公司

公司概况	公司名称	凌源钢铁股份有限公司			证券简称	凌钢股份
	法人代表	张振勇	董秘	文广	证券代码	600231
	公司网址	www.lggf.com.cn		电子信箱	wen600231403@sohu.com	
	电　话	0421-6838192 6838259		传　真	0421-6831910	
	办公地址	辽宁省凌源市钢铁路3号				
	经营范围	生产、经营、开发冶金产品(含副产品)、进出口业务				

	指标\报告期	2012.06.30	2011.12.31	2011.06.30	2010.12.31
主要财务指标	基本每股收益(元)	-0.2900	0.1900	0.3300	0.7400
	基本每股收益(扣除)(元)	-0.2900	0.2000	0.3300	0.7400
	每股净资产(元)	4.4900	4.7800	4.9300	4.6200
	每股经营现金净流量(元)	1.4180	0.1258	0.2810	0.6981
	每股现金流量(元)	0.4333	1.2084	0.6475	0.2693
	每股资本公积金(元)	0.0793	0.0786	0.0789	0.0830
	每股盈余公积金(元)	0.7020	0.7020	0.6594	0.6594
	每股未分配利润(元)	2.5671	2.8757	3.0506	2.7643
	净资产收益率(%)	-6.4256	4.0560	6.6230	16.0380
	加权净资产收益率(%)	-6.2200	4.1300	6.8300	17.7100
	净资产收益率(扣除)(%)	-	-	-	-
	总资产(万元)	1107274.60	1122450.47	887383.28	818276.19
	归属母公司股东权益(万元)	361040.92	384464.49	396152.51	371791.65
	主营业务收入(万元)	618042.38	1361291.71	730795.00	1216807.84
	营业收入(万元)	660604.51	1430807.34	761857.85	1285774.39
	主营成本(万元)	606196.58	1266172.57	662337.69	1084857.64
	营业成本(万元)	647867.56	1333577.45	692040.73	1150719.91
	投资收益(万元)	79.40	77.48	11.56	32.83
	净利润(万元)	-23198.87	15594.37	26237.24	59626.26
	利润总额(万元)	-31583.72	19305.46	34941.76	69978.02

浙江金鹰股份有限公司

公司概况	公司名称	浙江金鹰股份有限公司			证券简称	金鹰股份
	法人代表	傅国定	董秘	刘浩力	证券代码	600232
	公司网址	www.cn-goldeagle.com		电子信箱	conespent@gmail.com	
	电　话	0580-8021228		传　真	0580-8020228	
	办公地址	浙江省舟山市定海区小沙镇				
	经营范围	绢、麻、丝、毛纺机械成套设备制造销售等				

	指标\报告期	2012.06.30	2011.12.31	2011.06.30	2010.12.31
主要财务指标	基本每股收益(元)	-0.0260	0.0700	0.0370	0.0300
	基本每股收益(扣除)(元)	-0.0320	0.0700	0.0320	-0.0600
	每股净资产(元)	3.2320	3.3590	3.3230	3.3900
	每股经营现金净流量(元)	-0.0469	0.3049	0.0808	0.5927
	每股现金流量(元)	0.0203	-0.0241	0.1572	0.0046
	每股资本公积金(元)	1.0892	1.0892	1.0892	1.0892
	每股盈余公积金(元)	0.3033	0.3033	0.2952	0.2952
	每股未分配利润(元)	0.8396	0.9660	0.9381	1.0008
	净资产收益率(%)	-0.8186	2.1830	1.1210	0.8224
	加权净资产收益率(%)	-0.8030	2.1900	1.1110	0.8300
	净资产收益率(扣除)(%)	-	-	-	-
	总资产(万元)	202736.55	199843.70	209967.08	203123.90
	归属母公司股东权益(万元)	117879.20	122491.37	121179.53	123467.77
	主营业务收入(万元)	44638.29	121430.34	52946.30	98467.64
	营业收入(万元)	45792.70	123010.06	53994.22	99273.59
	主营成本(万元)	39265.11	102629.57	44289.69	87293.10
	营业成本(万元)	40098.73	103532.95	45002.52	87868.73
	投资收益(万元)	-	53.02	-	308.26
	净利润(万元)	-1167.61	2797.72	1479.65	761.79
	利润总额(万元)	-1188.46	3158.76	1834.87	1211.83

大连大杨创世股份有限公司

公司概况	公司名称	大连大杨创世股份有限公司			证券简称	大杨创世
	法人代表	李桂莲	董秘	胡冬梅	证券代码	600233
	公司网址	www.trands.com			电子信箱	panlixiang@dayang.net
	电　话	0411-87555199			传　真	0411-87612800
	办公地址	辽宁省大连市经济技术开发区哈尔滨路23号				
	经营范围	服装制造、包装制品、服饰辅料制造等				

	指标\报告期	2012.06.30	2011.12.31	2011.06.30	2010.12.31
主要财务指标	基本每股收益(元)	0.1634	0.7086	0.2384	0.8347
	基本每股收益(扣除)(元)	0.1815	0.6461	0.1913	0.7873
	每股净资产(元)	5.7060	5.6626	5.1921	5.1200
	每股经营现金净流量(元)	0.0047	0.2963	-0.0274	0.8524
	每股现金流量(元)	0.1781	-0.5816	-0.3523	0.6412
	每股资本公积金(元)	1.1217	1.1217	1.1140	1.1341
	每股盈余公积金(元)	0.4264	0.4264	0.3853	0.3853
	每股未分配利润(元)	3.1579	3.1145	2.6927	2.5969
	净资产收益率(%)	2.8643	12.5340	4.5920	16.3149
	加权净资产收益率(%)	2.8600	13.1700	4.5900	17.6500
	净资产收益率(扣除)(%)	-	-	-	-
	总资产(万元)	131930.86	129133.27	120348.08	119291.71
	归属母公司股东权益(万元)	94149.08	93432.36	85669.27	84419.96
	主营业务收入(万元)	36946.99	96069.41	37383.89	107987.35
	营业收入(万元)	37088.37	96377.38	37617.77	108600.07
	主营成本(万元)	25255.31	64998.79	25226.16	74453.35
	营业成本(万元)	25366.98	65215.77	25393.85	74917.02
	投资收益(万元)	1268.85	1229.44	628.01	1278.83
	净利润(万元)	3916.06	14630.50	5226.54	17610.26
	利润总额(万元)	6075.98	19494.68	7554.43	22982.11

太原天龙集团股份有限公司

公司概况	公司名称	太原天龙集团股份有限公司			证券简称	ST 天龙
	法人代表	李同玉	董秘	戴蓉	证券代码	600234
	公司网址				电子信箱	tljt600234@163.com
	电　话	0351-2025168 4040922			传　真	0351-4039403
	办公地址	山西省太原市迎泽大街289号				
	经营范围	批发零售针纺织品、百货、劳保用品、日用杂品等				

	指标\报告期	2012.06.30	2011.12.31	2011.06.30	2010.12.31
主要财务指标	基本每股收益(元)	-0.0900	0.3400	-0.0500	-0.0400
	基本每股收益(扣除)(元)	-0.0900	-0.1700	-0.0600	-0.1700
	每股净资产(元)	-0.6200	-0.5300	-0.9200	-1.2200
	每股经营现金净流量(元)	0.0028	-0.0814	0.0112	0.0366
	每股现金流量(元)	-0.0226	-0.0261	0.0593	0.0912
	每股资本公积金(元)	0.6227	0.6227	0.6227	1.2717
	每股盈余公积金(元)	0.0623	0.0623	0.0623	0.0873
	每股未分配利润(元)	-2.3030	-2.2177	-2.6057	-3.5768
	净资产收益率(%)	-13.8043	-63.2947	-5.5198	-3.6306
	加权净资产收益率(%)	-	-	-	-
	净资产收益率(扣除)(%)	-	-	-	-
	总资产(万元)	42161.66	41575.02	42493.59	34901.44
	归属母公司股东权益(万元)	-12511.45	-10784.33	-18639.08	-17610.24
	主营业务收入(万元)	1697.71	6102.57	3724.30	3761.53
	营业收入(万元)	1882.83	6840.02	4030.41	3890.64
	主营成本(万元)	1172.96	5220.29	3169.26	2736.84
	营业成本(万元)	1423.72	5858.26	3398.39	2888.85
	投资收益(万元)	-	-	-	-
	净利润(万元)	-2057.94	6629.46	-1031.44	-639.35
	利润总额(万元)	-2057.94	6521.43	-1031.44	-398.85

民丰特种纸股份有限公司

公司概况	公司名称	民丰特种纸股份有限公司			证券简称	民丰特纸
	法人代表	吴立东	董秘	姚名欢	证券代码	600235
	公司网址	www.minfenggroup.com			电子信箱	dsh@mfspchina.com
	电　话	0573-82812992			传　真	0573-82812992
	办公地址	浙江省嘉兴市甪里街70号				
	经营范围	纸浆、纸和纸制品的制造、销售等				

	指标\报告期	2012.06.30	2011.12.31	2011.06.30	2010.12.31
主要财务指标	基本每股收益(元)	0.0460	0.0300	0.0320	0.2700
	基本每股收益(扣除)(元)	0.0450	0.0100	0.0300	0.3600
	每股净资产(元)	3.6000	3.7500	3.7580	3.8500
	每股经营现金净流量(元)	0.2326	-0.2472	0.0395	0.7442
	每股现金流量(元)	-0.0684	-0.0056	0.0935	-0.1334
	每股资本公积金(元)	1.8318	1.8324	1.8406	1.8593
	每股盈余公积金(元)	0.2641	0.2641	0.2582	0.2582
	每股未分配利润(元)	0.5044	0.6583	0.6596	0.7358
	净资产收益率(%)	1.2802	0.7590	0.8490	6.9282
	加权净资产收益率(%)	1.2300	0.7500	0.8300	7.1800
	净资产收益率(扣除)(%)	-	-	-	-
	总资产(万元)	201749.87	225697.01	219533.22	196273.76
	归属母公司股东权益(万元)	94831.87	98902.22	98994.79	101495.87
	主营业务收入(万元)	62158.42	124210.93	64073.81	120684.92
	营业收入(万元)	65466.27	140054.29	72756.40	137189.81
	主营成本(万元)	50867.06	271780.72	53568.31	100378.32
	营业成本(万元)	53340.55	118992.49	61508.88	110983.36
	投资收益(万元)	602.95	-194.94	-221.97	1509.90
	净利润(万元)	1359.82	914.02	935.81	7320.06
	利润总额(万元)	1724.72	1651.10	1448.54	8375.93

广西桂冠电力股份有限公司

公司概况	公司名称	广西桂冠电力股份有限公司			证券简称	桂冠电力
	法人代表	蔡哲夫	董秘	张云	证券代码	600236
	公司网址	www.ggep.com.cn			电子信箱	zhangyun@ggep.com.cn
	电　话	0771-6118880			传　真	0771-6118899
	办公地址	广西壮族自治区南宁市青秀区民族大道126号				
	经营范围	开发建设和管理水电站、火电厂和输变电工程等				

	指标\报告期	2012.06.30	2011.12.31	2011.06.30	2010.12.31
主要财务指标	基本每股收益(元)	-0.0210	0.0850	0.1130	0.2910
	基本每股收益(扣除)(元)	-0.0220	0.0510	0.1130	0.2140
	每股净资产(元)	1.3100	1.3700	1.3900	1.3300
	每股经营现金净流量(元)	0.3273	0.6728	0.5340	1.0431
	每股现金流量(元)	-0.0392	0.1140	0.6984	0.2529
	每股资本公积金(元)	0.0439	0.0439	0.0391	0.0391
	每股盈余公积金(元)	0.1976	0.1910	0.1855	0.1601
	每股未分配利润(元)	0.0734	0.1309	0.1654	0.1273
	净资产收益率(%)	-1.5957	6.1920	8.1603	21.9140
	加权净资产收益率(%)	-1.5500	6.3100	8.2200	18.6300
	净资产收益率(扣除)(%)	-	-	-	-
	总资产(万元)	2146277.53	2095854.51	2043559.97	1820829.23
	归属母公司股东权益(万元)	299848.90	311474.83	316972.09	302508.40
	主营业务收入(万元)	232848.73	382845.15	235155.94	420716.24
	营业收入(万元)	232978.47	383763.09	235479.01	421864.11
	主营成本(万元)	187139.44	271780.72	143137.64	265697.93
	营业成本(万元)	187356.93	272193.45	143340.51	266162.01
	投资收益(万元)	6138.07	11345.61	1287.05	4610.33
	净利润(万元)	-5324.53	31053.88	40563.93	90601.89
	利润总额(万元)	-2718.68	40446.47	49797.78	102825.77

安徽铜峰电子股份有限公司

公司概况	公司名称	安徽铜峰电子股份有限公司			证券简称	铜峰电子
	法人代表	王晓云	董秘	徐文焕	证券代码	600237
	公司网址	www.tong-feng.com		电子信箱	600237@tong-feng.com	
	电　话	0562-2819178		传　真	0562-2831965	
	办公地址	安徽省铜陵市经济技术开发区铜峰工业园				
	经营范围	薄膜电容器及其相关材料的研究、开发、生产、销售等				

	指标\报告期	2012.06.30	2011.12.31	2011.06.30	2010.12.31
主要财务指标	基本每股收益(元)	0.0820	0.1200	0.0742	0.0800
	基本每股收益(扣除)(元)	0.0518	0.1000	0.0705	0.0600
	每股净资产(元)	1.9902	1.9082	1.8647	1.7900
	每股经营现金净流量(元)	-0.1409	0.1495	0.0167	0.4428
	每股现金流量(元)	-0.1204	0.0040	-0.0884	0.2257
	每股资本公积金(元)	0.7127	0.7127	0.7130	0.7127
	每股盈余公积金(元)	0.1676	0.1676	0.1659	0.1659
	每股未分配利润(元)	0.1099	0.0279	-0.0142	-0.0884
	净资产收益率(%)	4.1205	6.1830	3.9789	4.2810
	加权净资产收益率(%)	4.2100	6.3800	4.0600	4.4500
	净资产收益率(扣除)(%)	-	-	-	-
	总资产(万元)	155564.21	148875.39	151086.59	148082.07
	归属母公司股东权益(万元)	79607.65	76327.42	74588.01	71608.40
	主营业务收入(万元)	37280.61	81284.48	42330.60	73790.49
	营业收入(万元)	38372.60	83298.25	43353.57	75910.53
	主营成本(万元)	29629.93	61675.05	31947.80	59846.63
	营业成本(万元)	29955.03	62251.43	32230.69	60414.63
	投资收益(万元)	766.99	86.01	107.03	558.70
	净利润(万元)	3419.15	5192.22	3162.47	2918.77
	利润总额(万元)	3925.29	5095.44	3084.46	3093.04

海南椰岛(集团)股份有限公司

公司概况	公司名称	海南椰岛(集团)股份有限公司			证券简称	海南椰岛
	法人代表	张春昌	董秘	李勇	证券代码	600238
	公司网址	www.yedao.com		电子信箱	info@yedao.com	
	电　话	0898-66532987		传　真	0898-66780881	
	办公地址	海南省海口市龙昆北路13-1号				
	经营范围	药酒、饮料、医疗保健品、营养食品的生产与销售及贸易				

	指标\报告期	2012.06.30	2011.12.31	2011.06.30	2010.12.31
主要财务指标	基本每股收益(元)	0.0134	-0.0900	0.0067	0.4400
	基本每股收益(扣除)(元)	-0.1290	-0.2300	-0.0740	0.0200
	每股净资产(元)	1.4914	1.4778	1.5722	2.4600
	每股经营现金净流量(元)	-0.2403	-0.5056	-0.5742	0.1355
	每股现金流量(元)	-0.4646	-0.0952	-0.5620	0.2317
	每股资本公积金(元)	0.2833	0.2833	0.2833	0.4837
	每股盈余公积金(元)	0.2331	0.2331	0.1434	0.2151
	每股未分配利润(元)	-0.0215	-0.0349	0.1486	0.7688
	净资产收益率(%)	0.8994	-5.8890	0.4290	26.6700
	加权净资产收益率(%)	0.9000	-5.5900	0.4100	28.6000
	净资产收益率(扣除)(%)	-	-	-	-
	总资产(万元)	145998.77	139754.90	121185.11	129835.24
	归属母公司股东权益(万元)	66842.71	66235.67	70467.41	73640.25
	主营业务收入(万元)	19951.67	152714.02	60809.44	160493.48
	营业收入(万元)	19951.67	152714.02	60809.44	160493.48
	主营成本(万元)	15046.35	131127.50	53939.23	131036.14
	营业成本(万元)	15046.35	131127.50	53939.23	131036.14
	投资收益(万元)	69.12	3724.63	4609.51	26917.85
	净利润(万元)	538.36	-3975.30	304.87	19552.16
	利润总额(万元)	1249.44	-2618.54	709.12	21677.08

云南城投置业股份有限公司

公司概况	公司名称	云南城投置业股份有限公司			证券简称	云南城投
	法人代表	刘猛	董秘	石渝平	证券代码	600239
	公司网址	www.ynctzy.com		电子信箱	ynctzy@163.com	
	电　话	0871-7199767		传　真	0871-7199767	
	办公地址	云南省昆明市民航路400号云南城投大厦3楼				
	经营范围	商品房销售、房屋租赁、基础设施建设投资、土地开发				

	指标\报告期	2012.06.30	2011.12.31	2011.06.30	2010.12.31
主要财务指标	基本每股收益(元)	0.0122	0.2400	0.1110	0.4000
	基本每股收益(扣除)(元)	0.0118	-0.0500	0.0087	0.0200
	每股净资产(元)	4.0855	4.1214	3.9956	3.9100
	每股经营现金净流量(元)	-0.9895	-1.5870	-1.1331	-4.5509
	每股现金流量(元)	1.3409	-1.1083	-0.1516	-1.4820
	每股资本公积金(元)	2.4338	2.4318	2.4325	3.1640
	每股盈余公积金(元)	0.1116	0.1116	0.0868	0.1128
	每股未分配利润(元)	0.5401	0.5779	0.4763	0.8090
	净资产收益率(%)	0.2988	5.7610	2.7770	10.2170
	加权净资产收益率(%)	0.2957	5.9100	2.7965	10.5500
	净资产收益率(扣除)(%)	-	-	-	-
	总资产(万元)	1709483.49	1381521.06	1349054.59	1203114.79
	归属母公司股东权益(万元)	336413.82	339368.98	329006.74	322138.14
	主营业务收入(万元)	26431.78	14913.06	9712.85	31648.42
	营业收入(万元)	26431.78	16419.70	9712.85	32745.31
	主营成本(万元)	19486.48	6680.01	3532.88	15893.19
	营业成本(万元)	19486.48	6680.01	3532.88	15893.19
	投资收益(万元)	984.14	25967.10	10945.22	41080.82
	净利润(万元)	688.62	18631.41	8692.72	32643.29
	利润总额(万元)	889.32	25630.05	11753.40	43226.41

北京华业地产股份有限公司

公司概况	公司名称	北京华业地产股份有限公司			证券简称	华业地产
	法人代表	徐红	董秘	赵双燕	证券代码	600240
	公司网址	www.huayedc.com		电子信箱	zhaosy@huayedc.com	
	电　话	010-85710735		传　真	010-85710505	
	办公地址	北京市朝阳区东四环中路39号A座16层				
	经营范围	在合法取得地块上从事房地产开发经营业务、物业管理				

	指标\报告期	2012.06.30	2011.12.31	2011.06.30	2010.12.31
主要财务指标	基本每股收益(元)	0.0675	0.6950	0.1139	0.4529
	基本每股收益(扣除)(元)	0.0675	0.6979	0.1131	0.4469
	每股净资产(元)	4.5351	4.3743	3.9144	3.6600
	每股经营现金净流量(元)	0.2734	-0.6658	-0.6096	-0.7577
	每股现金流量(元)	0.6060	-1.5412	-0.8246	0.1960
	每股资本公积金(元)	1.6632	1.6510	1.6355	1.6331
	每股盈余公积金(元)	0.0189	0.0189	0.0189	0.0189
	每股未分配利润(元)	1.8529	1.7044	1.2599	1.0094
	净资产收益率(%)	3.2739	15.8875	6.3990	12.3689
	加权净资产收益率(%)	3.3400	17.3400	6.6200	13.1900
	净资产收益率(扣除)(%)	-	-	-	-
	总资产(万元)	894727.10	844513.98	859600.97	841378.71
	归属母公司股东权益(万元)	292510.97	282145.33	252478.07	236161.77
	主营业务收入(万元)	65646.82	240241.01	92795.55	224608.45
	营业收入(万元)	65646.82	240241.01	92795.55	224941.24
	主营成本(万元)	36679.95	140260.44	59840.86	160449.10
	营业成本(万元)	36679.95	140260.44	59840.86	160449.11
	投资收益(万元)	1.62	-651.32	-	-
	净利润(万元)	9240.44	44176.01	16063.93	27930.28
	利润总额(万元)	13208.62	60289.53	22129.44	38011.38

辽宁时代万恒股份有限公司

公司概况					
公司名称	辽宁时代万恒股份有限公司			证券简称	时代万恒
法人代表	王忠岩	董秘	蒋明	证券代码	600241
公司网址	www.shidaiwanheng.com		电子信箱	600241@shidaiwanheng.com	
电　　话	0411-82357777-699		传　　真	0411-82798317	
办公地址	辽宁省大连市中山区港湾街7号				
经营范围	服装、服饰的出口业务及化工原料、矿产品等进口业务				

主要财务指标：指标\报告期	2012.06.30	2011.12.31	2011.06.30	2010.12.31
基本每股收益(元)	0.0117	0.1400	0.0335	0.1000
基本每股收益(扣除)(元)	0.0115	0.1000	0.0343	0.1000
每股净资产(元)	2.8111	4.7585	4.6830	4.6300
每股经营现金净流量(元)	-0.0344	1.7529	0.7968	1.4075
每股现金流量(元)	0.1986	0.0924	0.2828	-0.3122
每股资本公积金(元)	0.8854	2.2053	2.2096	2.2096
每股盈余公积金(元)	0.1920	0.3263	0.3263	0.3263
每股未分配利润(元)	0.7372	1.2335	1.1545	1.0975
净资产收益率(%)	0.4151	2.8580	1.2170	2.2550
加权净资产收益率(%)	0.4200	2.9000	1.2200	2.2700
净资产收益率(扣除)(%)	-	-	-	-
总资产(万元)	145796.62	151528.99	133778.46	133007.27
归属母公司股东权益(万元)	50655.87	50440.15	49640.42	49069.98
主营业务收入(万元)	58707.03	163351.04	64648.43	208131.27
营业收入(万元)	58730.95	165000.22	65564.32	209781.45
主营成本(万元)	47371.01	144559.23	55726.06	183770.94
营业成本(万元)	47390.37	144593.65	55747.14	183931.48
投资收益(万元)	-2.72	408.12	-57.45	338.23
净利润(万元)	877.08	2975.50	1313.17	1776.79
利润总额(万元)	1597.01	4163.71	2607.43	3333.09

中昌海运股份有限公司

公司概况					
公司名称	中昌海运股份有限公司			证券简称	中昌海运
法人代表	周健民	董秘	谢晶	证券代码	600242
公司网址	www.zchy.net.cn		电子信箱	gdhualong@sina.com	
电　　话	0662-3229088		传　　真	0662-2881697	
办公地址	广东省阳江市江城区安宁路富华小区A7号(7-8层)				
经营范围	经营沿海、内河货物运输、船舶租赁、买卖、货物代理、代运业务等				

主要财务指标：指标\报告期	2012.06.30	2011.12.31	2011.06.30	2010.12.31
基本每股收益(元)	-0.1410	0.0700	0.0360	0.1200
基本每股收益(扣除)(元)	-0.2150	-0.0600	-0.0030	0.0100
每股净资产(元)	1.1263	1.2676	1.2340	1.2000
每股经营现金净流量(元)	0.1517	0.4746	0.0844	0.5573
每股现金流量(元)	0.0681	-0.0576	-0.1470	0.0485
每股资本公积金(元)	1.4491	1.4491	1.4491	1.4491
每股盈余公积金(元)	0.1151	0.1151	0.1151	0.1151
每股未分配利润(元)	-1.4379	-1.2966	-1.3301	-1.3658
净资产收益率(%)	-12.5478	5.4550	2.8920	9.8239
加权净资产收益率(%)	-11.8100	5.6100	2.9300	10.1100
净资产收益率(扣除)(%)	-	-	-	-
总资产(万元)	200568.49	202828.38	135750.69	125240.44
归属母公司股东权益(万元)	30785.00	34647.85	33733.17	32757.76
主营业务收入(万元)	15090.49	38969.05	14315.52	31244.71
营业收入(万元)	15157.25	39035.81	14315.52	31244.71
主营成本(万元)	16581.02	27681.34	10720.80	20332.03
营业成本(万元)	16581.02	27724.77	10720.80	20332.03
投资收益(万元)	-	904.93	2.65	-
净利润(万元)	-4398.82	3221.64	974.62	3218.09
利润总额(万元)	-5838.83	5260.85	1101.67	4246.89

青海华鼎实业股份有限公司

公司概况					
公司名称	青海华鼎实业股份有限公司			证券简称	青海华鼎
法人代表	于世光	董秘	刘文忠	证券代码	600243
公司网址	www.qhhdsy.com		电子信箱	liuwzhd@21cn.com	
电　　话	0971-7111668 7111159		传　　真	0971-7111669	
办公地址	青海省西宁市七一路318号				
经营范围	数控机床、小型食品机械、齿轮箱、电梯件等机械产品的生产				

主要财务指标：指标\报告期	2012.06.30	2011.12.31	2011.06.30	2010.12.31
基本每股收益(元)	-0.0428	0.0600	0.2130	0.0900
基本每股收益(扣除)(元)	-0.1094	-0.0500	0.0270	0.0400
每股净资产(元)	3.2240	3.3170	3.2850	3.2500
每股经营现金净流量(元)	-0.1964	-0.3368	-0.4930	0.2994
每股现金流量(元)	-0.2887	0.2574	-0.3020	-0.7213
每股资本公积金(元)	1.6083	1.6083	1.6093	1.6083
每股盈余公积金(元)	0.0728	0.0728	0.0728	0.0728
每股未分配利润(元)	0.5431	0.6359	0.6033	0.5718
净资产收益率(%)	-1.3281	1.9330	0.9603	2.7970
加权净资产收益率(%)	-1.3090	1.9500	0.9480	2.8400
净资产收益率(扣除)(%)	-	-	-	-
总资产(万元)	203472.25	205316.53	176335.08	155907.82
归属母公司股东权益(万元)	76365.16	78563.63	77814.88	77044.69
主营业务收入(万元)	51827.81	108423.51	52451.09	102633.50
营业收入(万元)	53453.95	115752.80	54046.17	104141.70
主营成本(万元)	41718.37	84976.58	40739.43	82641.93
营业成本(万元)	42858.29	90623.48	42144.35	83117.58
投资收益(万元)	-	-22.03	-	-28.99
净利润(万元)	-1368.14	1260.90	749.21	2165.77
利润总额(万元)	-1426.16	1745.57	1069.17	2467.60

北京万通地产股份有限公司

公司概况					
公司名称	北京万通地产股份有限公司			证券简称	万通地产
法人代表	许立	董秘	程晓晞	证券代码	600246
公司网址	www.vantone.com		电子信箱	chengxiaoxi@vantone.com	
电　　话	010-59070788 59071169		传　　真	010-59071159	
办公地址	北京市朝阳区朝外大街甲6号万通中心写字楼D座4层				
经营范围	住宅的开发和销售及商用物业的开发和出租				

主要财务指标：指标\报告期	2012.06.30	2011.12.31	2011.06.30	2010.12.31
基本每股收益(元)	0.0169	0.2560	0.0059	0.3399
基本每股收益(扣除)(元)	0.0118	0.2414	0.0022	0.1531
每股净资产(元)	2.6600	2.7100	2.4600	2.6200
每股经营现金净流量(元)	0.3805	0.5926	-1.0759	0.7094
每股现金流量(元)	-0.5772	-1.3230	-1.4825	0.8029
每股资本公积金(元)	0.8109	0.8109	0.8109	0.8109
每股盈余公积金(元)	0.1003	0.1003	0.0943	0.0943
每股未分配利润(元)	0.7548	0.7978	0.5537	0.7178
净资产收益率(%)	0.6355	9.4550	0.2400	12.9589
加权净资产收益率(%)	0.6300	9.7600	0.2300	13.3900
净资产收益率(扣除)(%)	-	-	-	-
总资产(万元)	1129512.47	1130776.40	1189491.23	1187615.16
归属母公司股东权益(万元)	324173.43	329398.26	299114.18	319168.42
主营业务收入(万元)	61234.22	478405.10	72311.03	350878.08
营业收入(万元)	63453.60	481845.12	73470.14	356839.68
主营成本(万元)	29745.73	267395.86	38815.31	210825.92
营业成本(万元)	29837.12	267396.07	38815.34	211836.93
投资收益(万元)	-829.68	-3483.07	-1092.67	12955.36
净利润(万元)	5141.52	47286.97	2018.55	55352.04
利润总额(万元)	9237.61	81254.22	6708.37	76432.07

吉林成城集团股份有限公司

公司概况	公司名称	吉林成城集团股份有限公司			证券简称	成城股份
	法人代表	成清波	董秘	韩海霞	证券代码	600247
	公司网址			电子信箱	gthanhx@126.com	
	电　话	010-59696016		传　真	010-59696058	
	办公地址	北京市朝阳区建国路79号华贸中心2号写字楼2107室				
	经营范围	商品销售业务、商业地产租赁业务、物业管理咨询及房地产销售业务				

主要财务指标	指标\报告期	2012.06.30	2011.12.31	2011.06.30	2010.12.31
	基本每股收益(元)	0.0020	0.0080	0.0150	0.0060
	基本每股收益(扣除)(元)	0.0020	0.0060	0.0130	0.0080
	每股净资产(元)	1.4810	1.4790	1.4860	1.4710
	每股经营现金净流量(元)	-0.2465	-0.1434	0.1017	-0.0120
	每股现金流量(元)	-0.2561	0.1785	0.4540	0.0387
	每股资本公积金(元)	0.0158	0.0158	0.0158	0.0158
	每股盈余公积金(元)	0.1647	0.1647	0.1623	0.1623
	每股未分配利润(元)	0.3010	0.2985	0.3080	0.2932
	净资产收益率(%)	0.1656	0.5201	0.9970	0.3950
	加权净资产收益率(%)	0.1600	0.5200	1.0000	0.4000
	净资产收益率(扣除)(%)	-	-	-	-
	总资产(万元)	121294.46	137995.66	149057.41	98601.56
	归属母公司股东权益(万元)	49842.63	49760.09	49999.83	49501.27
	主营业务收入(万元)	5740.90	47812.00	29976.46	36402.33
	营业收入(万元)	5764.13	47905.18	30011.75	36443.82
	主营成本(万元)	3542.05	43193.67	27029.87	31332.07
	营业成本(万元)	3542.05	43193.67	27029.87	31332.07
	投资收益(万元)	-	371.50	-	-
	净利润(万元)	159.48	211.03	358.37	253.31
	利润总额(万元)	284.06	705.79	836.37	576.28

陕西延长石油化建股份有限公司

公司概况	公司名称	陕西延长石油化建股份有限公司			证券简称	延长化建
	法人代表	张恺颙	董秘	赵永宏	证券代码	600248
	公司网址	www.ycpcec.com		电子信箱	zhaoyonghong@vip.sina.com	
	电　话	029-87016795		传　真	029-87016795	
	办公地址	陕西省杨凌农业高新技术产业示范区康乐路西段化建大厦				
	经营范围	化工石油工程施工				

主要财务指标	指标\报告期	2012.06.30	2011.12.31	2011.06.30	2010.12.31
	基本每股收益(元)	0.1568	0.3507	0.1548	0.2913
	基本每股收益(扣除)(元)	0.1523	0.3435	0.1513	0.2831
	每股净资产(元)	2.2531	2.0911	1.8767	1.7073
	每股经营现金净流量(元)	0.0435	-0.1178	-0.3775	0.6443
	每股现金流量(元)	-0.2340	-0.7222	-0.7225	0.3546
	每股资本公积金(元)	0.8626	0.8626	0.8607	0.8607
	每股盈余公积金(元)	0.0287	0.0287	0.0287	0.0287
	每股未分配利润(元)	0.2692	0.1124	-0.0835	-0.2383
	净资产收益率(%)	6.9580	16.7710	8.2490	17.0620
	加权净资产收益率(%)	7.2200	18.5400	8.6400	18.6800
	净资产收益率(扣除)(%)	-	-	-	-
	总资产(万元)	345231.80	318951.61	293419.73	267625.52
	归属母公司股东权益(万元)	95981.43	89078.84	79944.19	72728.26
	主营业务收入(万元)	202737.81	421967.12	201049.90	356456.43
	营业收入(万元)	203112.89	422519.22	201305.09	356789.72
	主营成本(万元)	185860.57	380519.58	182030.33	320464.05
	营业成本(万元)	186102.72	380865.15	182122.07	320644.31
	投资收益(万元)	76.44	99.31	8.24	151.04
	净利润(万元)	6678.40	14939.07	6594.42	12408.81
	利润总额(万元)	7926.23	17765.37	7790.77	15590.59

柳州两面针股份有限公司

公司概况	公司名称	柳州两面针股份有限公司			证券简称	两 面 针
	法人代表	马朝梅	董秘	潘俊宏	证券代码	600249
	公司网址	www.lmz.com.cn		电子信箱	lmzstock@lmz.com.cn	
	电　话	0772-2506159		传　真	0772-2506158	
	办公地址	广西壮族自治区柳州市东环路282号				
	经营范围	牙膏、日用化妆品、香皂、膏霜、香水类、牙刷、旅游用品、家用卫生品等				

主要财务指标	指标\报告期	2012.06.30	2011.12.31	2011.06.30	2010.12.31
	基本每股收益(元)	-0.0100	0.0346	-0.0320	0.0241
	基本每股收益(扣除)(元)	-0.0701	-0.2142	-0.0352	-0.1814
	每股净资产(元)	4.4040	4.1300	4.9490	4.9000
	每股经营现金净流量(元)	-0.0987	-0.3576	-0.1153	-0.2891
	每股现金流量(元)	-0.4007	0.2244	0.1044	-0.0496
	每股资本公积金(元)	2.2047	1.9169	2.8056	2.7245
	每股盈余公积金(元)	0.4864	0.4864	0.4709	0.4709
	每股未分配利润(元)	0.7133	0.7233	0.6722	0.7042
	净资产收益率(%)	-0.2300	0.8381	-0.6470	0.4912
	加权净资产收益率(%)	-0.2300	0.7700	-0.6500	0.4200
	净资产收益率(扣除)(%)	-	-	-	-
	总资产(万元)	329566.95	317920.62	350515.49	330759.82
	归属母公司股东权益(万元)	198200.50	185699.19	222691.89	220480.68
	主营业务收入(万元)	53894.41	109813.37	53663.40	91757.60
	营业收入(万元)	54614.44	111528.35	54648.62	93639.36
	主营成本(万元)	43966.25	94859.53	45684.87	76987.52
	营业成本(万元)	44371.89	96148.51	46414.91	78528.65
	投资收益(万元)	6268.86	18365.18	4754.30	12384.55
	净利润(万元)	124.41	267.52	-1770.41	692.32
	利润总额(万元)	791.73	1449.45	-1695.77	1108.86

南京纺织品进出口股份有限公司

公司概况	公司名称	南京纺织品进出口股份有限公司			证券简称	*ST南纺
	法人代表	夏淑萍	董秘	冉芳	证券代码	600250
	公司网址	www.nantex.com.cn		电子信箱	ranfang@nantex.com.cn	
	电　话	025-83331634		传　真	025-83331639	
	办公地址	江苏省南京市鼓楼区云南北路77号				
	经营范围	纺织、丝绸、针织、服装机电设备、化工原料、轻工产品等产品的进出口业务				

主要财务指标	指标\报告期	2012.06.30	2011.12.31	2011.06.30	2010.12.31
	基本每股收益(元)	-0.1935	-0.4499	0.0190	-0.2393
	基本每股收益(扣除)(元)	-0.2758	-0.5801	-0.0284	-0.2686
	每股净资产(元)	0.9000	0.6800	2.7200	1.1400
	每股经营现金净流量(元)	-0.5623	0.2198	-0.8898	-0.3685
	每股现金流量(元)	-1.2659	-1.2888	-0.7414	-0.1328
	每股资本公积金(元)	0.8540	0.4404	0.4433	0.4432
	每股盈余公积金(元)	0.4095	0.4095	0.4490	0.4095
	每股未分配利润(元)	-1.3665	-1.1731	0.8301	-0.7131
	净资产收益率(%)	-21.5685	-66.4782	0.7000	-21.0010
	加权净资产收益率(%)	-24.5900	-49.5600	0.7000	-18.6300
	净资产收益率(扣除)(%)	-	-	-	-
	总资产(万元)	299433.80	309801.72	434535.55	407115.67
	归属母公司股东权益(万元)	23204.06	17508.63	70425.72	29480.38
	主营业务收入(万元)	220135.93	482756.87	271057.17	586372.95
	营业收入(万元)	220417.25	483692.73	271329.16	587387.16
	主营成本(万元)	210521.22	463835.02	258373.34	560334.61
	营业成本(万元)	210589.00	463945.09	304968.67	560485.28
	投资收益(万元)	74.91	12318.98	2715.95	15118.56
	净利润(万元)	-5347.51	-13020.31	639.57	-6779.08
	利润总额(万元)	-5270.64	-12828.88	862.15	-6083.62

新疆冠农果茸集团股份有限公司

公司概况	公司名称	新疆冠农果茸集团股份有限公司			证券简称	冠农股份
	法人代表	刘德明	董秘	金建霞	证券代码	600251
	公司网址	www.gngf.cn		电子信箱	gn600251@126.com	
	电　话	0996-2113788 2112828		传　真	0996-2113676	
	办公地址	新疆维吾尔自治区库尔勒市团结南路 48 号小区				
	经营范围	果业种植、仓储、加工及销售				

主要财务指标	指标\报告期	2012.06.30	2011.12.31	2011.06.30	2010.12.31
	基本每股收益(元)	0.3367	0.4500	0.3436	0.0200
	基本每股收益(扣除)(元)	0.3250	0.4800	0.3399	0.0400
	每股净资产(元)	2.8880	2.7000	2.6000	2.2500
	每股经营现金净流量(元)	0.3543	0.1757	0.3326	-0.3743
	每股现金流量(元)	0.1359	0.1225	0.3818	0.0869
	每股资本公积金(元)	1.0513	1.0513	1.0569	1.0513
	每股盈余公积金(元)	0.1164	0.1164	0.0819	0.0819
	每股未分配利润(元)	0.7199	0.5332	0.4615	0.1179
	净资产收益率(%)	11.6600	16.6550	13.2154	0.7270
	加权净资产收益率(%)	11.7300	18.1700	14.1800	0.7200
	净资产收益率(扣除)(%)	-	-	-	-
	总资产(万元)	238092.10	273623.59	244025.94	229615.03
	归属母公司股东权益(万元)	104561.88	97801.50	94155.13	81512.49
	主营业务收入(万元)	50242.31	87857.13	28710.49	77470.92
	营业收入(万元)	51901.83	95078.45	31009.02	82093.54
	主营成本(万元)	46335.67	73412.91	27223.77	65160.02
	营业成本(万元)	47569.95	77742.82	28737.42	68777.46
	投资收益(万元)	22001.91	32822.00	16340.73	11215.53
	净利润(万元)	12274.35	14455.77	12120.46	342.61
	利润总额(万元)	12466.41	15981.40	12304.19	538.48

广西梧州中恒集团股份有限公司

公司概况	公司名称	广西梧州中恒集团股份有限公司			证券简称	中恒集团
	法人代表	许淑清	董秘	许淑清(代)	证券代码	600252
	公司网址	www.wz-zhongheng.com		电子信箱	pwm680@tom.com	
	电　话	0774-3939128		传　真	0774-3939053	
	办公地址	广西壮族自治区梧州市工业园区工业大道 1 号				
	经营范围	对医药、能源、基础设施、城市公用事业、酒店旅游业、物流业的投资与管理等				

主要财务指标	指标\报告期	2012.06.30	2011.12.31	2011.06.30	2010.12.31
	基本每股收益(元)	0.3170	0.3430	0.3200	0.3720
	基本每股收益(扣除)(元)	0.1630	0.2690	0.2520	0.4210
	每股净资产(元)	2.6600	1.8300	1.5110	2.3900
	每股经营现金净流量(元)	0.0190	-0.3443	-0.0459	0.3512
	每股现金流量(元)	0.0913	-0.1628	0.2006	1.0527
	每股资本公积金(元)	0.9511	0.3344	0.0128	0.4703
	每股盈余公积金(元)	0.1971	0.1651	0.1508	0.2355
	每股未分配利润(元)	0.5150	0.3299	0.3474	0.6826
	净资产收益率(%)	11.9019	18.7730	21.1947	29.9100
	加权净资产收益率(%)	15.9450	25.4500	23.1900	38.6000
	净资产收益率(扣除)(%)	-	-	-	-
	总资产(万元)	491372.76	389411.20	361917.19	296635.25
	归属母公司股东权益(万元)	290752.24	199720.46	164964.04	130374.24
	主营业务收入(万元)	68005.96	113237.06	74408.84	141778.47
	营业收入(万元)	69726.89	115055.13	75202.61	142569.73
	主营成本(万元)	18717.87	34993.80	21285.64	57886.19
	营业成本(万元)	19147.15	36054.76	21703.36	58627.30
	投资收益(万元)	22343.37	177.67	180.34	-44.15
	净利润(万元)	34704.95	37418.85	34932.21	37121.63
	利润总额(万元)	40514.65	45429.08	41410.16	44168.80

河南天方药业股份有限公司

公司概况	公司名称	河南天方药业股份有限公司			证券简称	天方药业
	法人代表	年大明	董秘	刘宁宇	证券代码	600253
	公司网址	www.topfond.com		电子信箱	info@topfond.com	
	电　话	0396-3823517		传　真	0396-3815761	
	办公地址	河南省驻马店市光明路 2 号				
	经营范围	医药及原料药的生产、加工、销售				

主要财务指标	指标\报告期	2012.06.30	2011.12.31	2011.06.30	2010.12.31
	基本每股收益(元)	0.0379	0.0954	0.0670	0.0756
	基本每股收益(扣除)(元)	0.0304	0.0629	0.0641	0.0360
	每股净资产(元)	2.0240	1.9860	1.9580	1.8600
	每股经营现金净流量(元)	-0.2921	0.1207	0.0380	0.1583
	每股现金流量(元)	0.0972	-0.1744	-0.0976	0.2080
	每股资本公积金(元)	0.6329	0.6329	0.6329	0.6054
	每股盈余公积金(元)	0.1313	0.1313	0.1223	0.1223
	每股未分配利润(元)	0.2600	0.2221	0.2027	0.1357
	净资产收益率(%)	1.8700	4.8036	3.4210	4.0550
	加权净资产收益率(%)	1.8900	4.9600	3.5100	4.1400
	净资产收益率(扣除)(%)	-	-	-	-
	总资产(万元)	408433.96	337160.50	347910.42	306171.90
	归属母公司股东权益(万元)	85015.26	83423.60	82229.07	78263.15
	主营业务收入(万元)	160993.36	290615.89	150744.07	276076.24
	营业收入(万元)	161517.99	292510.35	151155.93	277239.32
	主营成本(万元)	140704.99	252262.08	130898.05	243036.38
	营业成本(万元)	141259.21	253759.45	131141.87	244262.35
	投资收益(万元)	-	-	-	2.87
	净利润(万元)	1341.21	4128.16	3088.03	3623.38
	利润总额(万元)	1791.12	5252.12	3512.26	5007.53

安徽鑫科新材料股份有限公司

公司概况	公司名称	安徽鑫科新材料股份有限公司			证券简称	鑫科材料
	法人代表	周瑞庭	董秘	庄明福	证券代码	600255
	公司网址	www.ahxinke.com		电子信箱	txw@ahxinke.com	
	电　话	0553-5847423 5847323		传　真	0553-5847423	
	办公地址	安徽省芜湖市经济技术开发区珠江路 3 号				
	经营范围	铜基合金材料、金属基复合材料及制品、超细金属及特种粉末材料等				

主要财务指标	指标\报告期	2012.06.30	2011.12.31	2011.06.30	2010.12.31
	基本每股收益(元)	0.0200	0.0800	0.0900	0.1200
	基本每股收益(扣除)(元)	-0.0400	0.0400	0.0900	0.1100
	每股净资产(元)	2.6300	2.6200	2.6300	2.6400
	每股经营现金净流量(元)	0.3671	0.1108	0.3656	-0.1082
	每股现金流量(元)	0.1067	0.1050	0.2480	-0.4930
	每股资本公积金(元)	1.1272	1.1120	1.1072	1.1563
	每股盈余公积金(元)	0.1051	0.1051	0.1002	0.1002
	每股未分配利润(元)	0.3992	0.4078	0.4267	0.3868
	净资产收益率(%)	0.8135	2.8900	3.4140	4.5809
	加权净资产收益率(%)	0.8100	2.8800	3.4100	4.6500
	净资产收益率(扣除)(%)	-	-	-	-
	总资产(万元)	252295.49	249295.43	247716.72	209012.15
	归属母公司股东权益(万元)	118280.36	117984.21	118403.29	118814.33
	主营业务收入(万元)	197854.85	501110.85	253470.90	366519.46
	营业收入(万元)	198222.42	501394.67	253549.94	366859.32
	主营成本(万元)	192952.54	480810.93	241871.15	349196.97
	营业成本(万元)	193003.21	480871.92	241912.30	349487.41
	投资收益(万元)	3046.63	491.50	445.86	1645.06
	净利润(万元)	1068.44	4305.06	4527.78	5440.85
	利润总额(万元)	970.95	5299.95	5367.65	6168.57

广汇能源股份有限公司

公司概况	公司名称	广汇能源股份有限公司			证券简称	广汇能源
	法人代表	尚继强	董秘	倪娟	证券代码	600256
	公司网址	www.xjguanghui.com			电子信箱	wangyuqin@guanghui.com
	电　　话	0991-3762327			传　　真	0991-8637008
	办公地址	新疆维吾尔自治区乌鲁木齐市新华北路165号广汇中天广场27层				
	经营范围	液化天然气、现代物流、住宅消费服务、石材和化学建材等				

主要财务指标

指标＼报告期	2012.06.30	2011.12.31	2011.06.30	2010.12.31
基本每股收益(元)	0.2048	0.5114	0.1862	0.3605
基本每股收益(扣除)(元)	0.0990	0.4255	0.1851	0.3433
每股净资产(元)	2.2467	3.4838	3.2948	3.1224
每股经营现金净流量(元)	0.0707	0.2781	0.1449	0.4194
每股现金流量(元)	-0.3102	1.1342	1.2094	-0.0586
每股资本公积金(元)	0.2317	1.0393	1.0272	0.0864
每股盈余公积金(元)	0.1479	0.2662	0.2578	0.4052
每股未分配利润(元)	0.8546	1.1696	1.0046	1.6234
净资产收益率(%)	9.1171	14.3990	9.9573	17.8012
加权净资产收益率(%)	10.0500	18.4300	14.2200	19.4500
净资产收益率(扣除)(%)	-	-	-	-
总资产(万元)	1917654.14	1885144.66	1712581.31	1268261.72
归属母公司股东权益(万元)	787339.66	678258.89	641454.75	386702.37
主营业务收入(万元)	177176.56	446315.23	259393.02	372864.79
营业收入(万元)	203555.82	456110.85	262041.85	378944.65
主营成本(万元)	109910.26	294566.33	162484.07	245906.46
营业成本(万元)	128508.13	296111.08	163391.25	247519.38
投资收益(万元)	39545.78	11620.66	10478.72	1688.47
净利润(万元)	73024.81	96253.28	63908.25	68626.64
利润总额(万元)	92672.04	121366.81	80574.55	91583.72

大湖水殖股份有限公司

公司概况	公司名称	大湖水殖股份有限公司			证券简称	大湖股份
	法人代表	罗订坤	董秘	杨明	证券代码	600257
	公司网址	www.dhszgf.com			电子信箱	ymdtsz@163.com
	电　　话	0736-7252796			传　　真	0736-7266736
	办公地址	湖南省常德市洞庭大道西段388号				
	经营范围	水产品、水禽养殖、加工、销售及深度综合开发				

主要财务指标

指标＼报告期	2012.06.30	2011.12.31	2011.06.30	2010.12.31
基本每股收益(元)	0.0356	0.0417	0.0413	0.1666
基本每股收益(扣除)(元)	0.0337	0.0135	0.0372	0.0047
每股净资产(元)	1.4500	1.4100	1.4100	1.3800
每股经营现金净流量(元)	-0.0313	-0.0094	-0.0386	0.0371
每股现金流量(元)	-0.0894	-0.0927	-0.0723	0.2429
每股资本公积金(元)	0.2640	0.2640	0.2602	0.2703
每股盈余公积金(元)	0.0835	0.0835	0.0867	0.0866
每股未分配利润(元)	0.1017	0.0661	0.0629	0.0212
净资产收益率(%)	2.4578	2.9530	2.9280	12.0880
加权净资产收益率(%)	2.4900	2.9800	2.9700	12.8700
净资产收益率(扣除)(%)	-	-	-	-
总资产(万元)	122914.52	119814.69	120126.02	119761.46
归属母公司股东权益(万元)	61889.48	60368.35	60201.53	58855.01
主营业务收入(万元)	28049.20	51858.68	25519.91	44606.70
营业收入(万元)	28195.09	52143.37	25663.56	44780.97
主营成本(万元)	18429.61	37779.12	17081.71	32314.77
营业成本(万元)	18490.45	37900.80	17142.55	32436.44
投资收益(万元)	235.39	495.46	0.38	-58.51
净利润(万元)	1815.31	1848.36	2086.19	7023.36
利润总额(万元)	2026.09	2304.11	2091.41	7135.83

北京首都旅游股份有限公司

公司概况	公司名称	北京首都旅游股份有限公司			证券简称	首旅股份
	法人代表	张润钢	董秘	段中鹏	证券代码	600258
	公司网址	www.bct2000.com			电子信箱	dzpxx@sohu.com
	电　　话	010-66014466-2446			传　　真	010-66019471 66063036
	办公地址	北京市西城区复兴门内大街51号				
	经营范围	项目投资及管理、旅游服务、饭店经营及管理				

主要财务指标

指标＼报告期	2012.06.30	2011.12.31	2011.06.30	2010.12.31
基本每股收益(元)	0.2910	0.4217	0.2709	0.8087
基本每股收益(扣除)(元)	0.3035	0.4393	0.2549	0.7936
每股净资产(元)	4.1600	4.8100	4.2319	4.4400
每股经营现金净流量(元)	0.5472	-0.1259	-0.8297	1.3797
每股现金流量(元)	-0.0575	0.0862	-0.2769	0.0868
每股资本公积金(元)	0.7129	1.0826	1.0996	1.1105
每股盈余公积金(元)	0.6500	0.6500	0.5588	0.5588
每股未分配利润(元)	1.7835	1.6925	1.5654	1.7600
净资产收益率(%)	6.9993	9.6200	6.0360	18.2237
加权净资产收益率(%)	6.2600	9.7300	5.6900	18.9300
净资产收益率(扣除)(%)	-	-	-	-
总资产(万元)	219201.76	235739.52	215946.49	191186.76
归属母公司股东权益(万元)	96190.15	111341.83	97927.12	102681.38
主营业务收入(万元)	141966.62	254037.90	122243.05	230463.93
营业收入(万元)	141966.62	254037.90	122243.05	230463.93
主营成本(万元)	91425.11	175395.65	76990.74	143839.77
营业成本(万元)	91425.11	175395.65	76828.91	143839.77
投资收益(万元)	1226.21	2106.78	913.73	2009.98
净利润(万元)	8453.86	11826.67	7773.47	23741.62
利润总额(万元)	11541.39	15064.01	9993.81	30164.42

广晟有色金属股份有限公司

公司概况	公司名称	广晟有色金属股份有限公司			证券简称	广晟有色
	法人代表	叶列理	董秘	李明	证券代码	600259
	公司网址	www.gdnmi.com.cn			电子信箱	gsys87226381@163.com
	电　　话	020-87226381 87647597			传　　真	020-87649987
	办公地址	广东省广州市广州大道北613号振兴商业大厦四楼				
	经营范围	有色金属的开采、加工与销售				

主要财务指标

指标＼报告期	2012.06.30	2011.12.31	2011.06.30	2010.12.31
基本每股收益(元)	0.0400	0.6900	0.5400	0.1500
基本每股收益(扣除)(元)	0.0020	0.6400	0.5200	0.0600
每股净资产(元)	1.9312	1.8882	1.7330	1.1965
每股经营现金净流量(元)	-0.0838	-0.1939	-0.1093	0.0949
每股现金流量(元)	0.0423	0.3184	0.5411	0.4580
每股资本公积金(元)	1.7892	1.7892	1.7892	1.7892
每股盈余公积金(元)	0.0861	0.0861	0.0861	0.0861
每股未分配利润(元)	-0.9537	-0.9915	-1.1475	-1.6859
净资产收益率(%)	1.9537	36.7760	31.0660	12.7750
加权净资产收益率(%)	1.9800	45.0200	36.7500	13.6600
净资产收益率(扣除)(%)	-	-	-	-
总资产(万元)	228173.00	230090.18	208935.48	174212.74
归属母公司股东权益(万元)	48165.01	47091.25	43220.51	29840.85
主营业务收入(万元)	112331.95	221527.84	110878.20	111239.32
营业收入(万元)	112331.95	222212.94	111070.09	111968.47
主营成本(万元)	95746.89	169382.34	78788.32	92950.15
营业成本(万元)	95746.89	169565.85	78837.44	93136.92
投资收益(万元)	553.72	1910.44	714.95	93.31
净利润(万元)	1832.10	22121.78	17566.76	5500.98
利润总额(万元)	3807.91	29852.17	22852.57	7213.35

湖北凯乐科技股份有限公司

公司概况	公司名称	湖北凯乐科技股份有限公司			证券简称	凯乐科技
	法人代表	朱弟雄	董秘	陈杰	证券代码	600260
	公司网址	www.cnkaile.com		电子信箱	chenjie@cnkaile.com	
	电　话	027-87250890		传　真	027-87250586	
	办公地址	湖北省荆州市公安县斗湖堤镇城关				
	经营范围	塑料硬管及管件、软管、管材、塑料零件及塑料土工合成材料等				

主要财务指标	指标\报告期	2012.06.30	2011.12.31	2011.06.30	2010.12.31
	基本每股收益(元)	0.3700	0.1200	0.1000	0.0800
	基本每股收益(扣除)(元)	0.3700	0.0800	0.0700	0.0800
	每股净资产(元)	3.2000	2.8100	2.8600	2.7600
	每股经营现金净流量(元)	0.1214	–1.6749	–0.2975	0.0027
	每股现金流量(元)	0.0444	–0.6217	0.1059	–0.0098
	每股资本公积金(元)	0.7299	0.7095	0.7681	0.7720
	每股盈余公积金(元)	0.3114	0.3006	0.3021	0.2913
	每股未分配利润(元)	1.1579	0.7989	0.7888	0.6888
	净资产收益率(%)	11.5589	4.2510	3.6360	2.8614
	加权净资产收益率(%)	12.2700	4.3700	3.7000	2.9800
	净资产收益率(扣除)(%)	–	–	–	–
	总资产(万元)	472723.87	417081.91	384502.89	335018.37
	归属母公司股东权益(万元)	168801.32	148212.35	150852.89	145209.56
	主营业务收入(万元)	124638.47	152908.74	68502.65	161793.41
	营业收入(万元)	124638.47	153282.04	68502.65	162709.79
	主营成本(万元)	79076.23	112943.06	50412.55	129150.61
	营业成本(万元)	79076.23	113466.82	50412.55	129406.17
	投资收益(万元)	4.07	2144.23	2015.28	270.64
	净利润(万元)	21439.28	8420.93	6573.52	4274.99
	利润总额(万元)	28160.44	11971.57	8626.99	7212.69

浙江阳光照明电器集团股份有限公司

公司概况	公司名称	浙江阳光照明电器集团股份有限公司			证券简称	阳光照明
	法人代表	陈森洁	董秘	吴青谊	证券代码	600261
	公司网址	www.yankon.com		电子信箱	wqy@yankon.com	
	电　话	0575-82027720 82027721		传　真	0575-82027720	
	办公地址	浙江省上虞市凤山路485号				
	经营范围	节能电光源、照明电器、仪器设备的开发、制造、销售、照明电器等				

主要财务指标	指标\报告期	2012.06.30	2011.12.31	2011.06.30	2010.12.31
	基本每股收益(元)	0.1400	0.6000	0.1900	0.7300
	基本每股收益(扣除)(元)	0.1300	0.5400	0.1800	0.6700
	每股净资产(元)	3.4400	3.4700	3.0710	4.4700
	每股经营现金净流量(元)	–0.0646	0.0492	–0.3924	0.4526
	每股现金流量(元)	1.0337	–0.0326	–0.3299	–0.5188
	每股资本公积金(元)	1.6629	0.6132	0.6098	1.4147
	每股盈余公积金(元)	0.2097	0.3611	0.3038	0.4557
	每股未分配利润(元)	0.5893	1.5258	1.1767	1.6240
	净资产收益率(%)	3.9758	17.3260	6.3170	16.2681
	加权净资产收益率(%)	5.0600	18.7300	6.3800	17.3700
	净资产收益率(扣除)(%)	–	–	–	–
	总资产(万元)	407413.72	316350.92	287119.10	266550.40
	归属母公司股东权益(万元)	222235.49	129906.43	115070.04	111651.04
	主营业务收入(万元)	118535.92	233343.82	105331.40	213894.22
	营业收入(万元)	119504.59	235443.38	106105.08	217044.44
	主营成本(万元)	96067.00	184332.19	88006.51	174595.70
	营业成本(万元)	96506.85	185958.93	88349.21	176763.85
	投资收益(万元)	274.04	275.14	381.14	1034.62
	净利润(万元)	8875.14	22033.95	6901.17	18040.43
	利润总额(万元)	10649.11	25952.28	8635.31	21050.70

内蒙古北方重型汽车股份有限公司

公司概况	公司名称	内蒙古北方重型汽车股份有限公司			证券简称	北方股份
	法人代表	李建平	董秘	常德明	证券代码	600262
	公司网址	www.chinanhl.com		电子信箱	cdm@chinanhl.com	
	电　话	0472-2642210 2642227		传　真	0472-2207538	
	办公地址	内蒙古自治区包头市稀土高新技术产业开发区北方股份大厦				
	经营范围	制造、销售各种型号的特雷克斯牌非公路矿用自卸汽车及相应的零部件				

主要财务指标	指标\报告期	2012.06.30	2011.12.31	2011.06.30	2010.12.31
	基本每股收益(元)	0.5526	0.7400	0.3835	0.4300
	基本每股收益(扣除)(元)	0.3622	0.6600	0.2109	0.3700
	每股净资产(元)	5.6366	5.2243	4.8674	4.5800
	每股经营现金净流量(元)	1.8244	0.2279	–0.9576	2.1618
	每股现金流量(元)	0.0667	–0.3967	–0.9894	1.2833
	每股资本公积金(元)	2.3489	2.3489	2.3489	2.3489
	每股盈余公积金(元)	1.1114	1.1114	0.8640	0.8640
	每股未分配利润(元)	1.1666	0.7640	0.6544	0.3709
	净资产收益率(%)	9.8029	14.1740	7.8796	9.3796
	加权净资产收益率(%)	10.0900	15.1200	8.0600	9.7100
	净资产收益率(扣除)(%)	–	–	–	–
	总资产(万元)	342932.92	319632.10	300938.55	317397.56
	归属母公司股东权益(万元)	95822.70	88812.98	82744.96	77924.99
	主营业务收入(万元)	119901.70	210176.25	100399.04	189624.56
	营业收入(万元)	120252.00	211053.16	100700.80	190149.81
	主营成本(万元)	91000.79	156917.64	77669.76	150035.64
	营业成本(万元)	91231.03	157722.39	77754.46	150345.07
	投资收益(万元)	610.21	1010.35	521.95	648.68
	净利润(万元)	9205.93	12118.12	6099.32	6309.34
	利润总额(万元)	10959.46	14339.86	7472.60	8266.27

云南景谷林业股份有限公司

公司概况	公司名称	云南景谷林业股份有限公司			证券简称	景谷林业
	法人代表	杨松宇	董秘	邱海涛	证券代码	600265
	公司网址	www.jgly.cn		电子信箱	jgan2301@sina.com	
	电　话	0871-6334588 0879-5226502		传　真	0879-5226502	
	办公地址	云南省普洱市景谷傣族彝族自治县林纸路201号				
	经营范围	林产化工产品制造、人造板制造、森林资源培育、木材采运、加工等				

主要财务指标	指标\报告期	2012.06.30	2011.12.31	2011.06.30	2010.12.31
	基本每股收益(元)	–0.4500	–1.0400	–0.0400	0.0600
	基本每股收益(扣除)(元)	–0.4500	–1.0800	–0.1400	–0.0200
	每股净资产(元)	0.7000	1.1500	2.1500	2.1900
	每股经营现金净流量(元)	–0.3599	–0.0169	0.0993	0.2338
	每股现金流量(元)	–0.0091	–0.0703	–0.0678	0.0398
	每股资本公积金(元)	1.3604	1.3604	1.3604	1.3604
	每股盈余公积金(元)	0.1062	0.1062	0.1062	0.1062
	每股未分配利润(元)	–1.7701	–1.3191	–0.3178	–0.2810
	净资产收益率(%)	–64.7553	–90.4592	–1.7110	2.8367
	加权净资产收益率(%)	–41.2500	–62.2900	–1.6700	2.8800
	净资产收益率(扣除)(%)	–	–	–	–
	总资产(万元)	59521.41	57209.90	69894.27	68487.96
	归属母公司股东权益(万元)	9040.90	14895.36	27892.41	28369.59
	主营业务收入(万元)	7553.15	29137.78	19929.04	18455.59
	营业收入(万元)	7553.15	29787.01	19929.04	25191.70
	主营成本(万元)	8913.63	30152.97	19291.91	18355.51
	营业成本(万元)	8913.63	30299.45	19291.91	19546.81
	投资收益(万元)	–	–	–	–
	净利润(万元)	–5871.48	–13921.17	–534.42	453.95
	利润总额(万元)	–5871.48	–12399.34	–532.46	968.31

北京城建投资发展股份有限公司

公司概况						
公司名称	北京城建投资发展股份有限公司			证券简称	北京城建	
法人代表	徐贱云	董秘	张财广	证券代码	600266	
公司网址	www.bucid.com		电子信箱	zhangcg@bucid.com		
电　话	010-82275538 82275598		传　真	010-82275533		
办公地址	北京市朝阳区北土城西路 11 号城建开发大厦					
经营范围	房地产开发、销售商品房、投资及投资管理等					

主要财务指标：指标\报告期	2012.06.30	2011.12.31	2011.06.30	2010.12.31
基本每股收益(元)	0.4329	0.9621	0.4922	1.3508
基本每股收益(扣除)(元)	0.3812	0.9510	0.4922	0.9646
每股净资产(元)	6.8630	6.6300	6.2010	5.8550
每股经营现金净流量(元)	1.9664	-0.3750	0.4362	0.2370
每股现金流量(元)	2.0728	0.4834	0.3531	0.7009
每股资本公积金(元)	1.3645	1.3645	1.4030	1.4014
每股盈余公积金(元)	0.4789	0.4789	0.3878	0.3878
每股未分配利润(元)	4.0193	3.7864	3.4097	3.0654
净资产收益率(%)	6.3100	14.5110	7.9380	23.0729
加权净资产收益率(%)	6.3230	15.1900	8.0700	22.3500
净资产收益率(扣除)(%)	-	-	-	-
总资产(万元)	2504778.60	2199041.52	1937186.20	1795102.53
归属母公司股东权益(万元)	610225.10	589515.74	551351.85	520587.46
主营业务收入(万元)	147651.42	517034.54	220977.91	457417.72
营业收入(万元)	151527.38	524649.81	224259.57	464620.25
主营成本(万元)	39621.95	219117.84	96619.77	269656.95
营业成本(万元)	41169.21	221920.02	97748.92	271976.78
投资收益(万元)	13093.05	26545.51	11462.42	63073.50
净利润(万元)	51896.72	130122.99	69466.60	141523.29
利润总额(万元)	71598.90	176268.74	94393.14	185490.12

浙江海正药业股份有限公司

公司概况						
公司名称	浙江海正药业股份有限公司			证券简称	海正药业	
法人代表	白骅	董秘	张薇	证券代码	600267	
公司网址	www.hisunpharm.com		电子信箱	hy@hisunpharm.com		
电　话	0576-88827809 0571-85278141		传　真	0576-88827887 0571-8527005		
办公地址	浙江省台州市椒江区外沙路 46 号					
经营范围	化学原料药、化学中间体、医药制剂、生物制药、中成药、中药制剂等					

主要财务指标：指标\报告期	2012.06.30	2011.12.31	2011.06.30	2010.12.31
基本每股收益(元)	0.2030	0.9800	0.2820	0.7600
基本每股收益(扣除)(元)	0.1540	0.8900	0.2790	0.6870
每股净资产(元)	5.4291	5.3595	7.9660	5.5770
每股经营现金净流量(元)	0.2709	1.0009	0.2618	1.0525
每股现金流量(元)	-0.0352	1.6526	1.8868	-0.0050
每股资本公积金(元)	2.2271	4.2276	4.1446	1.8233
每股盈余公积金(元)	0.3395	0.5431	0.4627	0.5019
每股未分配利润(元)	1.8637	2.8065	2.3598	2.2526
净资产收益率(%)	3.7467	11.2010	5.4391	13.5560
加权净资产收益率(%)	3.7500	12.8400	6.5600	14.4300
净资产收益率(扣除)(%)	-	-	-	-
总资产(万元)	909253.21	823098.17	766289.84	592167.26
归属母公司股东权益(万元)	455892.77	450043.36	418078.14	269813.24
主营业务收入(万元)	286266.30	506916.14	243717.27	447882.30
营业收入(万元)	289731.84	516139.42	248706.64	454450.90
主营成本(万元)	217925.10	365424.59	176028.15	317156.69
营业成本(万元)	220486.90	370753.20	179245.53	321519.15
投资收益(万元)	3064.91	1885.83	893.43	4194.48
净利润(万元)	17585.47	51545.02	23174.29	37435.43
利润总额(万元)	20771.53	61879.72	27523.59	44996.00

国电南京自动化股份有限公司

公司概况						
公司名称	国电南京自动化股份有限公司			证券简称	国电南自	
法人代表	王日文	董秘	彭刚平	证券代码	600268	
公司网址	www.sac-china.com		电子信箱	s-dept@sac-china.com		
电　话	025-83410173 83537368		传　真	025-83410871		
办公地址	江苏省南京市浦口高新技术开发区星火路 8 号					
经营范围	继电保护系统、控制系统、电力自动化系统、监测系统、管理信息系统等					

主要财务指标：指标\报告期	2012.06.30	2011.12.31	2011.06.30	2010.12.31
基本每股收益(元)	0.0500	0.3600	0.1400	0.2300
基本每股收益(扣除)(元)	-0.1200	0.1600	-0.0400	0.2000
每股净资产(元)	3.6070	3.6730	2.9190	3.1500
每股经营现金净流量(元)	-1.1480	0.0100	-1.0570	0.1677
每股现金流量(元)	-0.0157	-0.5609	-0.7444	3.6056
每股资本公积金(元)	1.6228	1.6254	1.0961	3.1054
每股盈余公积金(元)	0.2232	0.2232	0.0687	0.1374
每股未分配利润(元)	0.7613	0.8245	0.7544	1.3865
净资产收益率(%)	1.3573	9.8330	4.6621	7.4610
加权净资产收益率(%)	1.3300	12.2600	4.7600	13.7000
净资产收益率(扣除)(%)	-	-	-	-
总资产(万元)	827598.03	728471.64	625721.18	522586.80
归属母公司股东权益(万元)	229151.31	233333.75	185438.38	178800.49
主营业务收入(万元)	156161.09	317579.54	102395.02	234015.38
营业收入(万元)	157404.47	320414.90	103663.37	237584.77
主营成本(万元)	113487.89	226913.32	72368.34	168513.32
营业成本(万元)	113940.43	229395.76	73343.06	171801.34
投资收益(万元)	-321.78	541.96	-124.19	727.60
净利润(万元)	7027.33	25512.55	8695.41	13747.20
利润总额(万元)	9653.04	30000.21	9370.26	16614.06

江西赣粤高速公路股份有限公司

公司概况						
公司名称	江西赣粤高速公路股份有限公司			证券简称	赣粤高速	
法人代表	黄铮	董秘	熊长水	证券代码	600269	
公司网址	www.jxexpressway.com		电子信箱	xcs@600269.cn		
电　话	0791-86527021 86539322		传　真	0791-86527021		
办公地址	江西省南昌市西湖区朝阳洲中路 367 号赣粤大厦					
经营范围	高速公路等交通基础设施项目的投资、建设、经营管理和维护					

主要财务指标：指标\报告期	2012.06.30	2011.12.31	2011.06.30	2010.12.31
基本每股收益(元)	0.2700	0.4700	0.2800	0.5400
基本每股收益(扣除)(元)	0.2000	0.3900	0.2200	0.4600
每股净资产(元)	4.4800	4.2800	4.1900	4.0000
每股经营现金净流量(元)	0.4033	0.8198	0.3368	0.8914
每股现金流量(元)	0.0682	0.7475	0.2708	0.4029
每股资本公积金(元)	0.7499	0.7268	0.8279	0.8188
每股盈余公积金(元)	0.3605	0.3605	0.3195	0.3195
每股未分配利润(元)	2.3689	2.1970	2.0417	1.8632
净资产收益率(%)	6.0700	11.0820	6.6480	13.4400
加权净资产收益率(%)	6.2100	11.4800	6.7500	13.9100
净资产收益率(扣除)(%)	-	-	-	-
总资产(万元)	2399437.86	2300572.79	2089001.44	1858878.74
归属母公司股东权益(万元)	1046097.64	1000556.11	978318.90	934513.92
主营业务收入(万元)	166468.17	406082.59	195180.73	394851.91
营业收入(万元)	169417.98	410106.24	196786.56	397761.57
主营成本(万元)	67132.11	210313.57	98367.98	202727.68
营业成本(万元)	69113.50	212448.93	99349.87	203626.49
投资收益(万元)	582.53	52.04	270.45	201.39
净利润(万元)	66776.33	119476.94	68885.17	135297.62
利润总额(万元)	89304.53	158033.90	84114.90	165966.49

中外运空运发展股份有限公司

公司概况	公司名称	中外运空运发展股份有限公司			证券简称	外运发展
	法人代表	张建卫	董秘	王晓征	证券代码	600270
	公司网址	www.sinoair.com		电子信箱	stock@sinoair.com	
	电　　话	010-80418928		传　　真	010-80418933	
	办公地址	北京市顺义区天竺空港工业区 A 区天柱路 20 号				
	经营范围	经营国际航空货运代理、航空快递和国内物流综合服务业务				

主要财务指标	指标\报告期	2012.06.30	2011.12.31	2011.06.30	2010.12.31
	基本每股收益(元)	0.2522	0.4995	0.2413	0.4927
	基本每股收益(扣除)(元)	0.2939	0.4747	0.2258	0.4500
	每股净资产(元)	5.4500	5.3700	5.5100	5.7100
	每股经营现金净流量(元)	-0.0201	-0.0845	-0.0486	0.0243
	每股现金流量(元)	-0.1189	-0.0840	0.0570	-0.0887
	每股资本公积金(元)	0.7774	0.7451	1.1451	1.4873
	每股盈余公积金(元)	0.5412	0.5412	0.5412	0.5412
	每股未分配利润(元)	3.1314	3.0792	2.8210	2.6797
	净资产收益率(%)	4.6300	9.3070	4.3810	8.6300
	加权净资产收益率(%)	4.5700	8.8900	4.2300	9.0300
	净资产收益率(扣除)(%)	-	-	-	-
	总资产(万元)	574187.39	552336.72	578334.31	614206.19
	归属母公司股东权益(万元)	493627.99	485937.16	498785.37	516938.62
	主营业务收入(万元)	187035.09	388303.66	151791.02	339188.69
	营业收入(万元)	187538.98	389129.18	152191.06	339721.82
	主营成本(万元)	169000.86	355826.06	136118.14	309362.78
	营业成本(万元)	169263.02	355990.49	136189.92	309738.92
	投资收益(万元)	21541.82	44705.55	20788.35	41500.66
	净利润(万元)	22883.27	45285.76	21873.83	44691.88
	利润总额(万元)	24778.65	46688.13	23004.16	42540.07

航天信息股份有限公司

公司概况	公司名称	航天信息股份有限公司			证券简称	航天信息
	法人代表	于滨	董秘	王毓敏	证券代码	600271
	公司网址	www.aisino.com		电子信箱	stock@aisino.com	
	电　　话	010-88896053 88896051		传　　真	010-88896055	
	办公地址	北京市海淀区杏石口路甲 18 号航天信息园				
	经营范围	电子及通信设备、计算机及外部设备、智能机电产品、财税专用设备的研制、生产、销售				

主要财务指标	指标\报告期	2012.06.30	2011.12.31	2011.06.30	2010.12.31
	基本每股收益(元)	0.5800	1.0700	0.5800	0.9800
	基本每股收益(扣除)(元)	0.5700	1.0500	0.5700	0.9400
	每股净资产(元)	5.3400	5.1800	4.7200	4.5400
	每股经营现金净流量(元)	-0.0802	1.2936	0.2536	1.1889
	每股现金流量(元)	-0.6756	0.5426	-0.3794	0.5466
	每股资本公积金(元)	0.2272	0.2272	0.2467	0.2483
	每股盈余公积金(元)	0.4189	0.4189	0.3508	0.3508
	每股未分配利润(元)	3.6942	3.5387	3.1189	2.9378
	净资产收益率(%)	10.7767	20.6170	12.3200	21.6710
	加权净资产收益率(%)	10.6500	22.0900	12.2100	23.7800
	净资产收益率(扣除)(%)	-	-	-	-
	总资产(万元)	777585.83	722150.18	675808.21	649914.99
	归属母公司股东权益(万元)	493128.58	478768.44	435521.85	418941.53
	主营业务收入(万元)	666985.98	1147197.17	535658.20	938782.02
	营业收入(万元)	669356.39	1153977.66	539682.11	945144.95
	主营成本(万元)	542324.83	905799.70	414658.75	719844.28
	营业成本(万元)	543193.05	906289.64	415751.63	720768.23
	投资收益(万元)	961.28	2457.31	880.77	907.26
	净利润(万元)	71006.59	128169.56	70089.61	116014.87
	利润总额(万元)	84093.68	149544.26	82797.45	139095.54

上海开开实业股份有限公司

公司概况	公司名称	上海开开实业股份有限公司			证券简称	开开实业
	法人代表	盛佩英	董秘	黄伟康	证券代码	600272
	公司网址	www.chinesekk.com		电子信箱	dm@chinesekk.com	
	电　　话	021-62712138 62712135		传　　真	021-62712138	
	办公地址	国际丽都(上海市新闸路 921 号二楼)				
	经营范围	生产衬衫、羊毛衫、针绵织品、服装、鞋帽、纺织面料等				

主要财务指标	指标\报告期	2012.06.30	2011.12.31	2011.06.30	2010.12.31
	基本每股收益(元)	0.2500	0.1600	0.1000	0.1100
	基本每股收益(扣除)(元)	0.2700	-0.0200	-0.0100	0.0600
	每股净资产(元)	1.4360	1.4190	1.5470	1.2850
	每股经营现金净流量(元)	0.0778	-0.0662	0.0262	0.1925
	每股现金流量(元)	0.4067	0.0094	0.0718	0.0125
	每股资本公积金(元)	0.1628	0.3918	0.5755	0.4174
	每股盈余公积金(元)	0.1297	0.1297	0.1297	0.1297
	每股未分配利润(元)	0.1433	-0.1029	-0.1578	-0.2616
	净资产收益率(%)	17.1478	11.1910	6.7080	8.5490
	加权净资产收益率(%)	15.9700	11.6300	7.7600	10.3800
	净资产收益率(扣除)(%)	-	-	-	-
	总资产(万元)	99272.50	97676.15	100486.67	109057.16
	归属母公司股东权益(万元)	34892.25	34473.84	37602.66	31237.42
	主营业务收入(万元)	39407.36	77136.56	42002.43	84243.05
	营业收入(万元)	40930.30	79718.95	43434.96	86689.78
	主营成本(万元)	31850.90	60196.45	32308.07	64046.12
	营业成本(万元)	32179.53	61267.04	32862.17	65106.09
	投资收益(万元)	5653.11	3045.01	2759.85	2326.13
	净利润(万元)	5991.17	3914.61	2515.86	2732.01
	利润总额(万元)	6242.46	4412.81	2768.26	3258.61

华芳纺织股份有限公司

公司概况	公司名称	华芳纺织股份有限公司			证券简称	华芳纺织
	法人代表	戴云达	董秘	赵江波	证券代码	600273
	公司网址			电子信箱	zqb@hfang.com.cn	
	电　　话	0512-58438202 58438222		传　　真	0512-58438282	
	办公地址	江苏省张家港市塘桥镇人民南路 1 号				
	经营范围	针纺织品、服装制造、纺织原料销售、实业投资等				

主要财务指标	指标\报告期	2012.06.30	2011.12.31	2011.06.30	2010.12.31
	基本每股收益(元)	-0.1070	-0.9400	-0.0910	0.4400
	基本每股收益(扣除)(元)	-0.1730	-1.0100	-0.1270	0.3900
	每股净资产(元)	1.7460	1.8530	2.7100	2.8900
	每股经营现金净流量(元)	0.6442	-0.0561	-0.1094	0.3903
	每股现金流量(元)	0.5392	-0.6532	-0.6104	0.7474
	每股资本公积金(元)	1.1905	1.1905	1.1905	1.1905
	每股盈余公积金(元)	0.1015	0.1015	0.1015	0.1015
	每股未分配利润(元)	-0.5459	-0.4387	0.4214	0.5974
	净资产收益率(%)	-6.1384	-50.5080	-3.3710	15.3870
	加权净资产收益率(%)	-5.9600	-39.6100	-3.2700	16.6700
	净资产收益率(扣除)(%)	-	-	-	-
	总资产(万元)	185560.88	180286.34	214317.40	242165.39
	归属母公司股东权益(万元)	55003.69	58380.03	85472.14	91016.69
	主营业务收入(万元)	67842.90	167523.17	67783.19	195353.84
	营业收入(万元)	73307.65	174748.64	71676.62	201846.22
	主营成本(万元)	64553.10	176146.64	61039.22	168779.53
	营业成本(万元)	69890.43	182176.38	64408.82	174828.60
	投资收益(万元)	-214.09	2351.89	1594.10	1666.43
	净利润(万元)	-3484.83	-30015.98	-3116.00	12877.17
	利润总额(万元)	-3626.40	-28691.80	-3947.99	17859.96

湖北武昌鱼股份有限公司

公司概况	公司名称	湖北武昌鱼股份有限公司		证券简称	ST 昌 鱼
	法人代表	高士庆	董秘　许轼	证券代码	600275
	公司网址	www.wuchangyu.com.cn		电子信箱	wuchangyu@263.net
	电　话	0711-3200330 010-84094197		传　真	0711-3200330 010-84094197
	办公地址	湖北省鄂州市洋澜路中段东侧第三幢第四层			
	经营范围	淡水鱼类及其它水产品养殖、畜禽养殖(屠宰)、蔬菜种植等			

主要财务指标	指标\报告期	2012.06.30	2011.12.31	2011.06.30	2010.12.31
	基本每股收益(元)	0.0589	–0.0581	–0.0192	0.0452
	基本每股收益(扣除)(元)	–0.0290	–0.0685	–0.0181	0.0508
	每股净资产(元)	0.5088	0.4390	0.4779	0.4971
	每股经营现金净流量(元)	–0.0211	–0.0240	–0.0050	0.0668
	每股现金流量(元)	0.0378	–0.0044	–0.0050	0.0060
	每股资本公积金(元)	0.2594	0.2504	0.2504	0.2504
	每股盈余公积金(元)	0.0495	0.0495	0.0495	0.0495
	每股未分配利润(元)	–0.8001	–0.8590	–0.8220	–0.8028
	净资产收益率(%)	11.5767	–13.2410	–4.0240	9.0986
	加权净资产收益率(%)	0.1229	–12.4200	–3.9400	9.5323
	净资产收益率(扣除)(%)	–	–	–	–
	总资产(万元)	36646.50	281787.84	280762.76	289619.51
	归属母公司股东权益(万元)	25888.64	22891.59	24317.99	25296.42
	主营业务收入(万元)	–	61.99	–	19117.69
	营业收入(万元)	479.38	1353.76	553.65	20253.70
	主营成本(万元)	–	–	–	8044.91
	营业成本(万元)	241.56	629.95	355.02	8728.04
	投资收益(万元)	4443.41	119.63	–	–
	净利润(万元)	2996.57	–3032.95	–989.70	2444.45
	利润总额(万元)	2996.57	–3024.87	–989.70	2503.96

江苏恒瑞医药股份有限公司

公司概况	公司名称	江苏恒瑞医药股份有限公司		证券简称	恒瑞医药
	法人代表	孙飘扬	董秘　戴洪斌	证券代码	600276
	公司网址	www.hrs.com.cn		电子信箱	600276@hrs.com.cn
	电　话	0518-85469805 81220006		传　真	0518-85453845
	办公地址	江苏省连云港市经济技术开发区昆仑山路7号			
	经营范围	原料药、片剂、硬胶囊剂、注射剂的制造、销售			

主要财务指标	指标\报告期	2012.06.30	2011.12.31	2011.06.30	2010.12.31
	基本每股收益(元)	0.4506	0.7798	0.4160	0.6465
	基本每股收益(扣除)(元)	0.4366	0.7550	0.3743	0.6330
	每股净资产(元)	3.7927	3.7577	3.3851	4.5199
	每股经营现金净流量(元)	0.2880	0.4691	0.2484	0.5150
	每股现金流量(元)	0.0997	–0.0406	–0.0188	0.3840
	每股资本公积金(元)	0.2617	0.2793	0.2703	0.5721
	每股盈余公积金(元)	0.3661	0.4027	0.3452	0.5178
	每股未分配利润(元)	2.1658	2.0767	1.7704	2.4316
	净资产收益率(%)	11.8811	20.7520	12.2880	21.3786
	加权净资产收益率(%)	12.4600	23.1100	12.9800	24.4500
	净资产收益率(扣除)(%)	–	–	–	–
	总资产(万元)	535607.39	481802.32	441225.43	389563.53
	归属母公司股东权益(万元)	468988.91	422417.74	380540.52	338737.61
	主营业务收入(万元)	259325.59	449462.54	215793.46	372772.90
	营业收入(万元)	261075.63	455039.18	216672.11	374410.63
	主营成本(万元)	39368.49	73328.10	35443.17	59064.12
	营业成本(万元)	40830.23	78414.33	36163.87	60550.32
	投资收益(万元)	20.09	116.48	140.78	96.92
	净利润(万元)	59054.50	94040.53	49463.65	75543.57
	利润总额(万元)	73327.21	106504.56	59200.25	86020.75

内蒙古亿利能源股份有限公司

公司概况	公司名称	内蒙古亿利能源股份有限公司		证券简称	亿利能源
	法人代表	尹成国	董秘　尹成国(代)	证券代码	600277
	公司网址	www.elion.cn		电子信箱	yljdwjm@126.com
	电　话	0477-8372708 8372394		传　真	0477-8371744
	办公地址	内蒙古自治区鄂尔多斯市东胜区鄂尔多斯西街30号亿利大厦二、三层			
	经营范围	医药产品的技术开发和加工销售等			

主要财务指标	指标\报告期	2012.06.30	2011.12.31	2011.06.30	2010.12.31
	基本每股收益(元)	0.0587	0.3700	0.1100	0.3600
	基本每股收益(扣除)(元)	0.0577	0.3100	0.0692	0.3300
	每股净资产(元)	3.5870	6.0840	5.9140	6.9400
	每股经营现金净流量(元)	0.2577	0.5653	–0.3011	0.1612
	每股现金流量(元)	–0.1612	0.3477	0.1596	0.2971
	每股资本公积金(元)	2.1898	4.4017	4.4948	5.3399
	每股盈余公积金(元)	0.0460	0.0781	0.0681	0.0681
	每股未分配利润(元)	0.3448	0.5863	0.3412	0.5223
	净资产收益率(%)	1.6370	6.1490	3.1614	5.2287
	加权净资产收益率(%)	1.6281	5.6300	2.6700	5.4700
	净资产收益率(扣除)(%)	–	–	–	–
	总资产(万元)	1742021.72	1631954.53	1351698.69	1461460.66
	归属母公司股东权益(万元)	549963.39	548694.02	533411.81	625735.43
	主营业务收入(万元)	701689.22	947707.70	555843.99	790148.07
	营业收入(万元)	702646.05	953690.50	558409.73	794325.39
	主营成本(万元)	644370.24	800852.35	493336.93	693749.71
	营业成本(万元)	644387.85	800929.85	481707.35	694488.90
	投资收益(万元)	865.72	6182.23	3003.18	9233.80
	净利润(万元)	9347.84	47733.39	25756.43	39108.01
	利润总额(万元)	9075.29	65080.98	28178.48	46694.53

东方国际创业股份有限公司

公司概况	公司名称	东方国际创业股份有限公司		证券简称	东方创业
	法人代表	蔡鸿生	董秘　黄大瑜	证券代码	600278
	公司网址	www.oie.com.cn		电子信箱	oiehq@oie.com.cn
	电　话	021-62785521 62789999		传　真	021-62784020 62785384
	办公地址	上海市娄山关路85号A座			
	经营范围	自营和代理商品、技术进出口业务等			

主要财务指标	指标\报告期	2012.06.30	2011.12.31	2011.06.30	2010.12.31
	基本每股收益(元)	0.1300	0.4700	0.2100	0.4500
	基本每股收益(扣除)(元)	0.1100	0.2600	0.1600	0.2000
	每股净资产(元)	4.7700	5.9700	6.0100	5.5300
	每股经营现金净流量(元)	0.0475	0.2331	–0.0996	0.2327
	每股现金流量(元)	–0.0271	–0.1117	–0.0814	–0.4167
	每股资本公积金(元)	2.1835	3.0295	3.1541	3.9591
	每股盈余公积金(元)	0.2380	0.3093	0.2972	0.3688
	每股未分配利润(元)	1.3531	1.6348	1.5667	1.6287
	净资产收益率(%)	2.8115	7.9270	3.4700	8.0507
	加权净资产收益率(%)	2.8600	7.9700	3.5100	7.8400
	净资产收益率(扣除)(%)	–	–	–	–
	总资产(万元)	526462.44	524788.01	561540.25	546080.65
	归属母公司股东权益(万元)	249073.84	239694.15	241477.82	222337.83
	主营业务收入(万元)	615098.38	1514398.66	677631.25	1443821.09
	营业收入(万元)	618441.58	1565460.70	703253.16	1484522.49
	主营成本(万元)	–	1428860.72	–	1361762.21
	营业成本(万元)	581312.46	1475358.22	660931.95	1397995.94
	投资收益(万元)	3994.74	13125.42	4981.61	10699.19
	净利润(万元)	8869.38	24299.78	10932.65	23393.44
	利润总额(万元)	11058.73	31333.10	13614.31	28927.19

重庆港九股份有限公司

公司概况					
公司名称	重庆港九股份有限公司			证券简称	重庆港九
法人代表	孙万发	董秘	张强	证券代码	600279
公司网址	www.cqgj.com.cn		电子信箱	fyfy7497@sina.com	
电　　话	023-63100879 63100993		传　　真	023-63100991	
办公地址	重庆市江北区海尔路318号				
经营范围	内河货物运输、货物装卸、搬运、商品储存、船舶修理等				

主要财务指标 指标\报告期	2012.06.30	2011.12.31	2011.06.30	2010.12.31
基本每股收益(元)	0.1266	0.2665	0.1877	0.1827
基本每股收益(扣除)(元)	0.0467	0.1784	0.1641	0.1584
每股净资产(元)	5.9258	4.9647	4.8862	4.7384
每股经营现金净流量(元)	0.1540	0.7145	0.2234	0.6295
每股现金流量(元)	0.9041	−0.3967	−0.1399	0.2214
每股资本公积金(元)	3.9700	3.0855	3.0855	3.0855
每股盈余公积金(元)	0.2048	0.2048	0.2001	0.2001
每股未分配利润(元)	0.7509	0.6743	0.6003	0.4527
净资产收益率(%)	2.1400	5.3680	3.8410	3.8564
加权净资产收益率(%)	2.3800	5.5000	3.9000	5.1000
净资产收益率(扣除)(%)	–	–	–	–
总资产(万元)	518039.56	482786.64	478276.49	463156.88
归属母公司股东权益(万元)	202717.42	169838.36	167151.61	162097.22
主营业务收入(万元)	69067.39	145998.39	66197.03	111205.31
营业收入(万元)	69705.04	147123.39	66498.58	112026.68
主营成本(万元)	51523.71	110085.34	45823.88	85427.76
营业成本(万元)	51523.71	110143.09	45826.15	85655.32
投资收益(万元)	7.55	1565.67	528.63	1782.06
净利润(万元)	5153.31	9133.71	6423.85	6604.59
利润总额(万元)	6493.01	12092.71	7986.85	8347.39

南京中央商场(集团)股份有限公司

公司概况					
公司名称	南京中央商场(集团)股份有限公司			证券简称	南京中商
法人代表	胡晓军	董秘	陈新生	证券代码	600280
公司网址	www.njzysc.com		电子信箱	chenxs_nj@sina.com	
电　　话	025-66008061 66008022		传　　真	025-84717539 66008020	
办公地址	江苏省南京市建邺区雨润路10号				
经营范围	百货、食品、针织服装、五金交电化工等商品的零售、批发等				

主要财务指标 指标\报告期	2012.06.30	2011.12.31	2011.06.30	2010.12.31
基本每股收益(元)	0.0590	0.3720	0.0620	0.3220
基本每股收益(扣除)(元)	0.0750	1.1110	0.3550	0.5750
每股净资产(元)	4.5960	4.5400	4.4834	5.8800
每股经营现金净流量(元)	−0.0830	−2.5268	0.2869	−7.6881
每股现金流量(元)	−1.5830	−3.2612	−3.4327	5.2541
每股资本公积金(元)	1.8195	1.8172	1.8617	3.2739
每股盈余公积金(元)	0.9532	0.9532	0.9146	0.9146
每股未分配利润(元)	0.8229	0.7655	0.7070	0.6914
净资产收益率(%)	1.2775	8.1910	1.3850	5.4689
加权净资产收益率(%)	1.2900	6.2400	1.3700	6.8000
净资产收益率(扣除)(%)	–	–	–	–
总资产(万元)	730036.01	671855.41	665312.26	690600.91
归属母公司股东权益(万元)	65966.66	65110.48	64354.86	84400.53
主营业务收入(万元)	285440.93	649273.83	295235.08	483115.03
营业收入(万元)	289729.69	657900.05	300932.01	493782.44
主营成本(万元)	231485.43	518219.24	239237.01	388373.58
营业成本(万元)	231584.24	519440.38	240065.45	389855.46
投资收益(万元)	95.77	1201.87	885.16	280.91
净利润(万元)	897.80	5392.32	936.97	4574.29
利润总额(万元)	2589.62	12821.55	2672.15	6415.98

太原化工股份有限公司

公司概况					
公司名称	太原化工股份有限公司			证券简称	ST 太 化
法人代表	邢亚东	董秘	郭枭	证券代码	600281
公司网址	www.thgf.cn		电子信箱	guoxiao1960@163.com	
电　　话	0351-5638003 5638016		传　　真	0351-5638000 5638066	
办公地址	山西省太原市晋源区义井街20号				
经营范围	研制、开发、生产、销售化工产品及原料、化肥、焦炭、煤气等				

主要财务指标 指标\报告期	2012.06.30	2011.12.31	2011.06.30	2010.12.31
基本每股收益(元)	−0.1200	0.0700	−0.2200	−0.4400
基本每股收益(扣除)(元)	−0.1400	−0.2300	−0.2400	−0.4900
每股净资产(元)	1.5600	1.6700	1.4040	1.6700
每股经营现金净流量(元)	0.0514	0.3650	0.0996	0.2652
每股现金流量(元)	−0.2182	0.1833	−0.0003	−0.0288
每股资本公积金(元)	0.9834	0.9834	1.0034	1.0441
每股盈余公积金(元)	0.1062	0.1062	0.1062	0.1062
每股未分配利润(元)	−0.5396	−0.4159	−0.7076	−0.4860
净资产收益率(%)	−7.9298	4.0205	−15.9545	−26.1922
加权净资产收益率(%)	−7.6500	3.6600	−14.4100	−21.2700
净资产收益率(扣除)(%)	–	–	–	–
总资产(万元)	427197.86	410406.29	406533.55	397217.18
归属母公司股东权益(万元)	80236.80	86102.87	72242.82	85737.58
主营业务收入(万元)	198560.18	309561.01	140984.81	304381.72
营业收入(万元)	202506.17	316702.83	145783.02	312761.28
主营成本(万元)	197677.02	298425.33	138933.38	301630.87
营业成本(万元)	202360.08	309429.97	140105.71	308796.43
投资收益(万元)	–	18025.65	–	31.85
净利润(万元)	−6743.28	1612.82	−12528.62	−26169.52
利润总额(万元)	−6975.44	743.60	−12475.34	−26887.81

南京钢铁股份有限公司

公司概况					
公司名称	南京钢铁股份有限公司			证券简称	南钢股份
法人代表	杨思明	董秘	徐林	证券代码	600282
公司网址	www.600282.net		电子信箱	webmaster@600282.net	
电　　话	025-57072073 57072083		传　　真	025-57072064	
办公地址	江苏省南京市六合区卸甲甸				
经营范围	黑色金属冶炼及压延加工、钢材、钢坯及其他金属材料销售等				

主要财务指标 指标\报告期	2012.06.30	2011.12.31	2011.06.30	2010.12.31
基本每股收益(元)	0.0190	0.0839	0.1510	0.2370
基本每股收益(扣除)(元)	0.0020	0.0752	0.1380	0.1760
每股净资产(元)	2.4470	2.5000	2.7670	2.6180
每股经营现金净流量(元)	0.0186	−0.1183	−0.2329	0.1143
每股现金流量(元)	−0.1561	−0.1288	0.3337	0.1912
每股资本公积金(元)	0.1045	0.1045	0.1045	0.1045
每股盈余公积金(元)	0.1699	0.1699	0.1699	0.1699
每股未分配利润(元)	1.1671	1.2177	1.4850	1.3338
净资产收益率(%)	0.7903	3.3580	5.4650	9.0560
加权净资产收益率(%)	0.7700	3.2000	5.6200	9.4500
净资产收益率(扣除)(%)	–	–	–	–
总资产(万元)	3341882.11	3434085.39	3943536.53	3521453.59
归属母公司股东权益(万元)	948436.22	969025.60	1072471.32	1014496.68
主营业务收入(万元)	1776889.43	3827503.42	1899877.83	2967440.69
营业收入(万元)	1784971.07	3856515.10	1917279.39	3005499.29
主营成本(万元)	1668296.68	3597647.12	1738394.00	2689253.82
营业成本(万元)	1675890.47	3624282.03	1755552.11	2724663.26
投资收益(万元)	3995.11	−2558.38	2472.23	1314.56
净利润(万元)	7506.15	32566.73	58650.26	91802.10
利润总额(万元)	3938.55	28103.45	66356.97	108129.90

钱江水利开发股份有限公司

公司概况					
公司名称	钱江水利开发股份有限公司			证券简称	钱江水利
法人代表	何中辉	董秘	吴天石	证券代码	600283
公司网址	www.qjwater.com.cn		电子信箱	wts@qjwater.com.cn	
电　　话	0571-87974399 87974387		传　　真	0571-87974400	
办公地址	浙江省杭州市三台山路3号				
经营范围	水力发电、供水、水利资源开发、水利工程承包等				

主要财务指标

指标\报告期	2012.06.30	2011.12.31	2011.06.30	2010.12.31
基本每股收益(元)	0.0300	0.2600	0.1500	0.4100
基本每股收益(扣除)(元)	0.0200	0.2200	0.1100	0.2400
每股净资产(元)	3.2600	3.4500	3.5800	3.9200
每股经营现金净流量(元)	0.0652	0.0742	0.0611	0.1673
每股现金流量(元)	–0.1893	0.1110	–0.1523	–0.6028
每股资本公积金(元)	1.8407	1.8570	2.1108	2.1725
每股盈余公积金(元)	0.2407	0.2407	0.1857	0.2076
每股未分配利润(元)	0.1809	0.3474	0.2866	0.5382
净资产收益率(%)	1.0272	7.6350	4.0720	10.5260
加权净资产收益率(%)	0.9700	6.6600	3.8000	11.6100
净资产收益率(扣除)(%)	–	–	–	–
总资产(万元)	296068.35	291656.57	282583.42	294555.76
归属母公司股东权益(万元)	93084.31	98298.93	102235.33	111801.93
主营业务收入(万元)	29788.80	52562.51	25196.74	56171.19
营业收入(万元)	32484.80	57328.19	27673.22	59822.86
主营成本(万元)	17021.85	29100.48	13439.73	33341.62
营业成本(万元)	19258.42	32882.22	15616.00	36522.40
投资收益(万元)	752.53	8561.83	4273.93	17684.29
净利润(万元)	801.98	7226.97	5314.64	13669.65
利润总额(万元)	1627.82	9103.91	5386.34	19715.34

上海浦东路桥建设股份有限公司

公司概况					
公司名称	上海浦东路桥建设股份有限公司			证券简称	浦东建设
法人代表	葛培健	董秘	颜立群	证券代码	600284
公司网址	www.pdjs.com.cn		电子信箱	yanlq@pdjs.com.cn	
电　　话	021-58206677 219		传　　真	021-68765759	
办公地址	上海市浦东新区银城中路8号中融碧玉蓝天大厦14F				
经营范围	道路、公路、桥梁路面摊铺施工、其他基础工程总包施工、沥青销售				

主要财务指标

指标\报告期	2012.06.30	2011.12.31	2011.06.30	2010.12.31
基本每股收益(元)	0.3905	0.4936	0.5590	0.5499
基本每股收益(扣除)(元)	–	0.4574	0.5198	0.5175
每股净资产(元)	–	6.2079	7.5231	6.9907
每股经营现金净流量(元)	–	0.0662	–0.8298	0.0928
每股现金流量(元)	–	1.0155	3.3050	0.1627
每股资本公积金(元)	–	3.2028	4.0222	4.0488
每股盈余公积金(元)	–	0.2211	0.2593	0.2593
每股未分配利润(元)	–	1.7840	2.2416	1.6825
净资产收益率(%)	–	7.9510	7.4310	9.4390
加权净资产收益率(%)	7.2900	8.0700	7.6900	9.6300
净资产收益率(扣除)(%)	–	–	–	–
总资产(万元)	1356215.47	1308558.23	1333328.46	1289868.86
归属母公司股东权益(万元)	273055.94	257750.75	260298.08	241877.18
主营业务收入(万元)	–	113460.74	40641.83	93011.49
营业收入(万元)	27264.66	114176.70	40835.99	93164.39
主营成本(万元)	–	95456.13	35731.33	80517.69
营业成本(万元)	–	95810.13	35789.07	80595.70
投资收益(万元)	–	64182.76	60364.56	68280.10
净利润(万元)	34454.41	32068.85	34019.86	36226.05
利润总额(万元)	45466.94	41302.38	44954.35	45488.17

河南羚锐制药股份有限公司

公司概况					
公司名称	河南羚锐制药股份有限公司			证券简称	羚锐制药
法人代表	熊维政	董秘	吴希振	证券代码	600285
公司网址	www.lingrui.com		电子信箱	gsbgs@lingrui.com	
电　　话	0376-2973569		传　　真	0376-2973606	
办公地址	河南省信阳市新县城关解放路59号				
经营范围	中药硬膏剂、冲剂、搽剂、片剂、胶囊剂的生产和销售				

主要财务指标

指标\报告期	2012.06.30	2011.12.31	2011.06.30	2010.12.31
基本每股收益(元)	0.0950	0.1500	0.0690	0.2400
基本每股收益(扣除)(元)	0.0750	0.0700	0.0260	0.0400
每股净资产(元)	3.3760	3.3160	3.3500	3.4400
每股经营现金净流量(元)	–0.0382	0.2017	–0.1955	–0.0197
每股现金流量(元)	–0.0860	0.1565	–0.1159	0.3534
每股资本公积金(元)	1.2743	1.1597	1.2728	1.3867
每股盈余公积金(元)	0.1876	0.1876	0.1715	0.1715
每股未分配利润(元)	0.9139	0.9688	0.9051	0.8862
净资产收益率(%)	2.8200	4.4850	2.0570	7.0240
加权净资产收益率(%)	2.8600	4.9200	2.0300	7.4800
净资产收益率(扣除)(%)	–	–	–	–
总资产(万元)	125916.32	120803.14	123481.80	119893.86
归属母公司股东权益(万元)	67760.05	66560.40	67228.90	69135.43
主营业务收入(万元)	28728.27	44732.30	23270.91	38097.35
营业收入(万元)	28906.85	44877.82	23349.87	38123.88
主营成本(万元)	12919.16	20775.92	10468.51	16655.27
营业成本(万元)	12922.44	20841.39	10468.98	16655.98
投资收益(万元)	899.77	1484.32	1527.23	4616.13
净利润(万元)	1852.66	2967.33	1394.91	4834.17
利润总额(万元)	2385.26	3426.70	2061.57	6150.18

江苏舜天股份有限公司

公司概况					
公司名称	江苏舜天股份有限公司			证券简称	江苏舜天
法人代表	黄旭芒	董秘	陈浩杰	证券代码	600287
公司网址	www.saintycorp.com		电子信箱	ir@saintycorp.com	
电　　话	025-52875628		传　　真	025-84201927	
办公地址	江苏省南京市雨花台区软件大道21号B座				
经营范围	主营服装、纺织品及其他产品的进出口业务				

主要财务指标

指标\报告期	2012.06.30	2011.12.31	2011.06.30	2010.12.31
基本每股收益(元)	0.0092	0.0840	0.0088	0.0558
基本每股收益(扣除)(元)	–0.0160	–0.2119	–0.0399	–0.0745
每股净资产(元)	1.9636	1.9717	1.9141	2.0209
每股经营现金净流量(元)	0.1229	0.4248	0.0927	0.0162
每股现金流量(元)	–0.5730	0.6115	0.1109	–0.3301
每股资本公积金(元)	0.4481	0.4475	0.4479	0.5486
每股盈余公积金(元)	0.2233	0.2233	0.2083	0.2083
每股未分配利润(元)	0.2961	0.3047	0.2621	0.2682
净资产收益率(%)	0.4665	4.2580	0.4610	2.7630
加权净资产收益率(%)	0.4600	4.1200	0.4400	2.7900
净资产收益率(扣除)(%)	–	–	–	–
总资产(万元)	484647.74	481616.66	535549.62	494066.55
归属母公司股东权益(万元)	85768.74	86124.08	83607.09	88272.20
主营业务收入(万元)	249885.58	587960.69	260411.67	553403.78
营业收入(万元)	250712.86	592916.01	261523.44	556845.26
主营成本(万元)	229148.76	543316.19	238009.74	511395.17
营业成本(万元)	229429.79	546519.56	238488.87	512892.90
投资收益(万元)	1017.83	19063.29	1591.86	1179.70
净利润(万元)	487.44	2750.84	27.96	192.00
利润总额(万元)	1506.78	7468.09	1128.13	3344.06

大恒新纪元科技股份有限公司

公司概况	公司名称	大恒新纪元科技股份有限公司			证券简称	大恒科技
	法人代表	张家林	董秘	严宏深	证券代码	600288
	公司网址	www.dhxjy.com.cn		电子信箱	600288@dhkj.sina.net	
	电　　话	010-82827855 82827852		传　　真	010-82827853	
	办公地址	北京市海淀区苏州街3号大恒科技大厦北座13层				
	经营范围	光机电一体化产品开发、生产、销售等				

主要财务指标	指标\报告期	2012.06.30	2011.12.31	2011.06.30	2010.12.31
	基本每股收益(元)	0.0421	0.2455	0.0405	0.2812
	基本每股收益(扣除)(元)	0.0416	0.1497	0.0419	0.1815
	每股净资产(元)	3.1411	3.0990	2.8948	2.8543
	每股经营现金净流量(元)	-0.4061	0.2692	-0.3800	0.1102
	每股现金流量(元)	-0.3057	0.3097	-0.0786	-0.0594
	每股资本公积金(元)	0.3755	0.3755	0.3762	0.3762
	每股盈余公积金(元)	0.1635	0.1635	0.1404	0.1404
	每股未分配利润(元)	1.6021	1.5600	1.3781	1.3376
	净资产收益率(%)	1.3408	7.9208	1.4003	9.8507
	加权净资产收益率(%)	1.3500	8.2500	1.4100	10.3700
	净资产收益率(扣除)(%)	-	-	-	-
	总资产(万元)	334008.94	328235.20	296053.09	303321.38
	归属母公司股东权益(万元)	137202.64	135363.09	126444.53	124673.89
	主营业务收入(万元)	172696.33	404297.15	177824.18	392332.43
	营业收入(万元)	175539.20	408448.48	180225.88	396096.54
	主营成本(万元)	151078.33	351252.06	153530.87	337641.70
	营业成本(万元)	151788.89	352079.59	154241.46	338888.77
	投资收益(万元)	2864.01	1181.69	420.96	1381.09
	净利润(万元)	1457.85	14619.19	2279.12	17720.72
	利润总额(万元)	1720.48	16971.96	2963.31	19830.07

亿阳信通股份有限公司

公司概况	公司名称	亿阳信通股份有限公司			证券简称	亿阳信通
	法人代表	常学群	董秘	方圆	证券代码	600289
	公司网址	www.boco.com.cn		电子信箱	bit@boco.com.cn	
	电　　话	010-88157899 88157181		传　　真	010-88140589	
	办公地址	北京市海淀区杏石口路99号B座 哈尔滨市南岗区高新技术产业开发区1号楼				
	经营范围	电信、交通、能源、金融、政府等行业的IT应用为主				

主要财务指标	指标\报告期	2012.06.30	2011.12.31	2011.06.30	2010.12.31
	基本每股收益(元)	0.0828	0.3401	0.1140	0.1487
	基本每股收益(扣除)(元)	0.0800	0.2035	0.1053	0.1452
	每股净资产(元)	3.1617	3.1103	2.8300	2.6560
	每股经营现金净流量(元)	-0.2267	0.0294	-0.3241	0.1866
	每股现金流量(元)	-0.2289	0.4574	0.0752	0.7394
	每股资本公积金(元)	0.7930	0.7652	0.7160	0.5794
	每股盈余公积金(元)	0.3054	0.3052	0.2649	0.2717
	每股未分配利润(元)	1.0631	1.0397	0.8499	0.8047
	净资产收益率(%)	2.6200	10.7990	4.0270	5.6000
	加权净资产收益率(%)	2.6270	12.1200	4.1690	5.7500
	净资产收益率(扣除)(%)	-	-	-	-
	总资产(万元)	275898.53	274160.45	302760.05	278580.61
	归属母公司股东权益(万元)	182506.86	179642.08	163520.28	149582.21
	主营业务收入(万元)	51060.30	121567.01	47367.11	107119.98
	营业收入(万元)	51098.72	121732.69	47367.11	107318.13
	主营成本(万元)	17887.79	54095.79	17009.03	56045.47
	营业成本(万元)	17887.79	54097.51	17009.03	56089.88
	投资收益(万元)	52.28	8118.29	41.63	-11.80
	净利润(万元)	4520.07	18902.17	6409.02	8414.32
	利润总额(万元)	5974.39	21394.47	7441.38	8440.67

华仪电气股份有限公司

公司概况	公司名称	华仪电气股份有限公司			证券简称	华仪电气
	法人代表	陈道荣	董秘	张传晕	证券代码	600290
	公司网址	www.huayi.com		电子信箱	hyzqb@heag.com	
	电　　话	0577-62661122		传　　真	0577-62237777	
	办公地址	浙江省乐清市经济开发区(盐盆新区)纬四路				
	经营范围	高压电器和风电设备制造				

主要财务指标	指标\报告期	2012.06.30	2011.12.31	2011.06.30	2010.12.31
	基本每股收益(元)	0.0759	0.1200	0.0749	0.2800
	基本每股收益(扣除)(元)	0.0551	0.1100	0.0752	0.2400
	每股净资产(元)	3.5719	3.4960	3.4500	3.2400
	每股经营现金净流量(元)	-0.1382	0.0481	-0.1117	-0.4779
	每股现金流量(元)	-0.9897	2.1226	1.1077	-0.4957
	每股资本公积金(元)	1.7825	1.7825	1.7770	1.0262
	每股盈余公积金(元)	0.0700	0.0700	0.0454	0.0874
	每股未分配利润(元)	0.7194	0.6435	0.6274	1.1300
	净资产收益率(%)	2.1250	3.2530	2.1170	13.1261
	加权净资产收益率(%)	2.1500	3.4400	2.3200	14.0500
	净资产收益率(扣除)(%)	-	-	-	-
	总资产(万元)	400388.61	409957.69	322995.00	244645.24
	归属母公司股东权益(万元)	188199.13	184199.62	181763.38	88881.07
	主营业务收入(万元)	68614.65	155617.31	68584.45	170083.93
	营业收入(万元)	69118.35	157874.31	69793.55	171372.37
	主营成本(万元)	55265.47	119838.59	54164.02	133737.32
	营业成本(万元)	55457.14	121723.34	55600.23	134719.12
	投资收益(万元)	1117.62	934.58	290.19	-280.25
	净利润(万元)	3997.37	6344.56	3898.92	12047.47
	利润总额(万元)	5077.71	8163.91	4947.97	15382.90

内蒙古西水创业股份有限公司

公司概况	公司名称	内蒙古西水创业股份有限公司			证券简称	西水股份
	法人代表	刘建良	董秘	苏宏伟	证券代码	600291
	公司网址			电子信箱	xsgf_291@126.com	
	电　　话	0473-4663855		传　　真	0473-4663855	
	办公地址	内蒙古自治区乌海市海南区				
	经营范围	水泥、熟料的制造、销售、计算机硬件销售及软件开发、网络产品的研制等				

主要财务指标	指标\报告期	2012.06.30	2011.12.31	2011.06.30	2010.12.31
	基本每股收益(元)	-0.0372	0.0245	0.0145	0.0549
	基本每股收益(扣除)(元)	-0.0453	-0.3384	-0.0551	-0.0366
	每股净资产(元)	5.3490	5.2275	5.6689	5.6511
	每股经营现金净流量(元)	-0.3350	-0.1382	0.0532	0.2309
	每股现金流量(元)	6.7863	-0.5838	-0.5561	-0.7642
	每股资本公积金(元)	3.0187	2.8599	3.3110	3.3113
	每股盈余公积金(元)	0.2121	0.2121	0.2092	0.2092
	每股未分配利润(元)	1.1183	1.1555	1.1488	1.1339
	净资产收益率(%)	-0.6958	0.4683	0.2560	0.9715
	加权净资产收益率(%)	-0.7044	0.4500	0.2563	0.8300
	净资产收益率(扣除)(%)	-	-	-	-
	总资产(万元)	1581012.12	421526.87	459405.44	466002.97
	归属母公司股东权益(万元)	205403.32	200736.73	217686.86	217000.33
	主营业务收入(万元)	322936.13	64923.24	33356.54	78243.83
	营业收入(万元)	21643.50	65045.34	33426.20	78418.05
	主营成本(万元)	214695.09	56349.85	27581.81	59194.83
	营业成本(万元)	22444.78	56380.97	27595.10	59242.72
	投资收益(万元)	18708.59	15796.56	5268.03	7729.67
	净利润(万元)	7262.11	902.01	1073.17	3452.04
	利润总额(万元)	7953.17	37.81	1439.05	4578.73

重庆九龙电力股份有限公司

公司概况	公司名称	重庆九龙电力股份有限公司			证券简称	九龙电力
	法人代表	刘渭清	董秘	黄青华	证券代码	600292
	公司网址	www.jiulongep.com		电子信箱	hqh@jiulongep.com	
	电　话	023-68787928		传　真	023-68787944	
	办公地址	重庆市九龙坡区杨家坪前进支路15号				
	经营范围	电力生产、电力技术服务、销售电机及输变电设备等				

	指标\报告期	2012.06.30	2011.12.31	2011.06.30	2010.12.31
主要财务指标	基本每股收益(元)	0.0888	0.1100	0.0103	0.0800
	基本每股收益(扣除)(元)	0.0830	0.0800	0.0001	0.0700
	每股净资产(元)	5.2300	5.0500	2.8700	2.7700
	每股经营现金净流量(元)	0.4667	-0.0457	-0.3594	-1.4433
	每股现金流量(元)	-0.8671	1.1028	-0.2840	-1.3982
	每股资本公积金(元)	3.6853	3.5973	1.2887	1.2052
	每股盈余公积金(元)	0.1813	0.1813	0.2725	0.2725
	每股未分配利润(元)	0.3641	0.2753	0.3063	0.2960
	净资产收益率(%)	1.6981	1.6830	0.3575	2.8270
	加权净资产收益率(%)	1.7300	2.6800	0.3600	2.8900
	净资产收益率(扣除)(%)	-	-	-	-
	总资产(万元)	730301.15	714579.33	512187.20	515293.00
	归属母公司股东权益(万元)	267744.62	258693.06	95914.50	92779.56
	主营业务收入(万元)	196683.54	397519.68	183321.47	323540.51
	营业收入(万元)	197925.90	399584.95	185156.55	325545.08
	主营成本(万元)	179337.93	370332.34	169913.00	297925.65
	营业成本(万元)	179414.03	371781.69	170662.22	298857.62
	投资收益(万元)	1503.17	1679.85	166.21	2961.33
	净利润(万元)	5933.16	5924.98	1448.87	4858.94
	利润总额(万元)	6468.14	6388.01	1510.01	6003.49

湖北三峡新型建材股份有限公司

公司概况	公司名称	湖北三峡新型建材股份有限公司			证券简称	三峡新材
	法人代表	徐麟	董秘	张光春	证券代码	600293
	公司网址	www.sxxc.com.cn		电子信箱	zhanggc@sxxc.com.cn	
	电　话	0717-3280108		传　真	0717-3285258	
	办公地址	湖北省当阳市经济技术开发区				
	经营范围	平板玻璃及玻璃深加工制品、石膏及制品的生产和销售等				

	指标\报告期	2012.06.30	2011.12.31	2011.06.30	2010.12.31
主要财务指标	基本每股收益(元)	0.0068	0.0553	0.0204	0.1404
	基本每股收益(扣除)(元)	0.0063	0.0103	0.0201	0.1387
	每股净资产(元)	2.2449	2.2382	2.2040	2.1800
	每股经营现金净流量(元)	0.1359	0.2222	0.1444	0.5148
	每股现金流量(元)	0.2257	0.0631	0.0362	-0.9793
	每股资本公积金(元)	0.9391	0.9391	0.9397	0.9331
	每股盈余公积金(元)	0.1574	0.1574	0.1506	0.1506
	每股未分配利润(元)	0.1485	0.1417	0.1136	0.0932
	净资产收益率(%)	0.3014	2.4710	0.9264	6.4510
	加权净资产收益率(%)	0.3000	2.5000	0.9300	6.6800
	净资产收益率(扣除)(%)	-	-	-	-
	总资产(万元)	264700.71	259179.80	218081.16	224952.26
	归属母公司股东权益(万元)	77338.69	77105.58	75926.76	74992.77
	主营业务收入(万元)	43461.32	100664.28	44438.20	91289.08
	营业收入(万元)	44302.30	108889.78	45198.14	92956.42
	主营成本(万元)	38347.80	88263.62	38722.51	77887.88
	营业成本(万元)	38539.29	94434.03	39348.50	79174.87
	投资收益(万元)	28.15	3.35	2.15	73.25
	净利润(万元)	234.54	1883.26	690.02	4817.23
	利润总额(万元)	235.41	2383.93	690.02	4887.09

内蒙古鄂尔多斯资源股份有限公司

公司概况	公司名称	内蒙古鄂尔多斯资源股份有限公司			证券简称	鄂尔多斯
	法人代表	王林祥	董秘	曾广春	证券代码	600295
	公司网址	www.chinaerdos.com		电子信箱	zeng_gc@chinaerdos.com	
	电　话	0477-8543509 8543776		传　真	0477-8536699	
	办公地址	内蒙古自治区鄂尔多斯市东胜区达拉特南路102号				
	经营范围	生产无毛绒、羊绒纱、羊绒衫并销售公司自产产品				

	指标\报告期	2012.06.30	2011.12.31	2011.06.30	2010.12.31
主要财务指标	基本每股收益(元)	0.3000	0.8500	0.4900	0.8200
	基本每股收益(扣除)(元)	0.1800	0.6100	0.4700	0.6100
	每股净资产(元)	5.5300	5.2900	4.9500	4.5600
	每股经营现金净流量(元)	0.9065	2.5478	0.0435	2.0239
	每股现金流量(元)	-0.7616	-0.2153	-0.2932	0.3908
	每股资本公积金(元)	1.2579	1.2579	1.2747	1.2798
	每股盈余公积金(元)	0.3950	0.3950	0.3754	0.3778
	每股未分配利润(元)	2.7783	2.5807	2.2260	1.8487
	净资产收益率(%)	5.3864	16.0500	9.8140	18.0604
	加权净资产收益率(%)	5.4700	17.0500	10.1600	19.4700
	净资产收益率(扣除)(%)	-	-	-	-
	总资产(万元)	3104419.83	3054130.70	2826350.76	2588683.35
	归属母公司股东权益(万元)	570214.42	545947.51	510933.57	470114.84
	主营业务收入(万元)	585448.47	1328382.09	600866.12	1156332.64
	营业收入(万元)	597061.92	1363206.00	608391.69	1173754.01
	主营成本(万元)	425002.96	878975.52	397407.13	777373.71
	营业成本(万元)	430322.31	910322.41	401877.33	787563.66
	投资收益(万元)	3674.05	3397.13	2471.46	14101.27
	净利润(万元)	52620.16	163031.10	86317.05	146970.08
	利润总额(万元)	63796.78	185373.74	96414.61	162883.37

美罗药业股份有限公司

公司概况	公司名称	美罗药业股份有限公司			证券简称	美罗药业
	法人代表	张成海	董秘	张宁	证券代码	600297
	公司网址	www.merro.com.cn		电子信箱	merro600297@163.com	
	电　话	0411-84820297		传　真	0411-84820297	
	办公地址	辽宁省大连市甘井子区营升路9号				
	经营范围	生产、批发和零售各类化学原料药、化学制剂、医疗器械、植物药等				

	指标\报告期	2012.06.30	2011.12.31	2011.06.30	2010.12.31
主要财务指标	基本每股收益(元)	0.0170	0.0155	0.0121	0.0394
	基本每股收益(扣除)(元)	-0.0003	-0.0281	-0.0136	-0.1041
	每股净资产(元)	2.4718	2.3033	2.3235	2.2800
	每股经营现金净流量(元)	0.0743	0.2579	0.1257	0.1685
	每股现金流量(元)	-0.8669	0.5246	0.1100	-0.5073
	每股资本公积金(元)	0.8622	0.7107	0.7342	0.7025
	每股盈余公积金(元)	0.0797	0.0797	0.0797	0.0797
	每股未分配利润(元)	0.5299	0.5129	0.5096	0.4975
	净资产收益率(%)	0.6867	0.6720	0.5220	1.7300
	加权净资产收益率(%)	0.7100	0.6800	0.5300	1.7500
	净资产收益率(扣除)(%)	-	-	-	-
	总资产(万元)	151877.64	170928.87	190402.48	172048.32
	归属母公司股东权益(万元)	86512.03	80616.06	81322.98	79789.13
	主营业务收入(万元)	46504.17	91646.86	41538.76	103087.39
	营业收入(万元)	46729.05	91997.67	41603.99	103382.79
	主营成本(万元)	41853.82	79809.63	35831.66	88926.57
	营业成本(万元)	41880.26	80062.66	35882.90	88999.87
	投资收益(万元)	248.81	833.42	426.26	5085.19
	净利润(万元)	681.56	669.45	460.34	1408.80
	利润总额(万元)	827.94	1481.24	668.23	1739.63

安琪酵母股份有限公司

公司概况	公司名称	安琪酵母股份有限公司		证券简称	安琪酵母
	法人代表	俞学锋	董秘 周帮俊	证券代码	600298
	公司网址	www.angelyeast.com		电子信箱	zbj@angelyeast.com
	电　话	0717-6369865 6371088		传　真	0717-6369865
	办公地址	湖北省宜昌市城东大道168号			
	经营范围	酵母及深加工产品、保健食品、特殊营养食品、烘焙原料、食品添加剂等			

主要财务指标	指标\报告期	2012.06.30	2011.12.31	2011.06.30	2010.12.31
	基本每股收益(元)	0.4820	0.9507	0.5680	0.9773
	基本每股收益(扣除)(元)	0.4280	0.6979	0.4790	0.8691
	每股净资产(元)	7.8600	7.5380	5.1370	4.7280
	每股经营现金净流量(元)	0.0106	0.4510	-0.1665	1.1398
	每股现金流量(元)	-1.1283	0.9840	-0.1422	0.2171
	每股资本公积金(元)	3.4790	3.4790	1.2377	1.2373
	每股盈余公积金(元)	0.2639	0.2639	0.2723	0.2723
	每股未分配利润(元)	3.1549	2.8231	2.6451	2.2275
	净资产收益率(%)	6.1304	12.0100	11.0500	19.6971
	加权净资产收益率(%)	6.2500	16.3100	11.5600	22.8200
	净资产收益率(扣除)(%)	-	-	-	-
	总资产(万元)	445679.43	402885.29	328907.93	293369.32
	归属母公司股东权益(万元)	259079.23	248485.46	157222.16	144689.08
	主营业务收入(万元)	138463.56	250133.40	122480.81	209526.38
	营业收入(万元)	138994.49	250578.49	122658.44	210098.23
	主营成本(万元)	95955.98	176439.34	83477.82	138887.24
	营业成本(万元)	96426.09	176778.54	83615.46	139182.73
	投资收益(万元)	-101.21	129.87	-39.48	189.36
	净利润(万元)	17865.84	32928.49	19091.92	33574.58
	利润总额(万元)	19584.03	37135.11	21232.17	39278.86

蓝星化工新材料股份有限公司

公司概况	公司名称	蓝星化工新材料股份有限公司		证券简称	蓝星新材
	法人代表	陆晓宝	董秘 冯新华	证券代码	600299
	公司网址	www.star-nm.com		电子信箱	xcl-008@star-nm.com
	电　话	010-61958799		传　真	010-61958805
	办公地址	北京市朝阳区北土城西路9号六楼			
	经营范围	有机硅单体及相关产品的研制、生产、销售等			

主要财务指标	指标\报告期	2012.06.30	2011.12.31	2011.06.30	2010.12.31
	基本每股收益(元)	-0.9500	0.1400	0.2500	0.1400
	基本每股收益(扣除)(元)	-0.9400	-0.4600	0.2400	0.0200
	每股净资产(元)	4.7100	5.6400	5.7440	5.4900
	每股经营现金净流量(元)	0.0243	0.5537	0.0198	0.0682
	每股现金流量(元)	1.9886	-0.4147	0.5186	0.8343
	每股资本公积金(元)	3.4986	3.4938	3.4802	3.4802
	每股盈余公积金(元)	0.2634	0.2634	0.2514	0.2514
	每股未分配利润(元)	-0.1456	0.8023	0.9297	0.6774
	净资产收益率(%)	-20.1230	2.4290	4.3930	2.6300
	加权净资产收益率(%)	-18.3500	2.4600	4.4900	2.6800
	净资产收益率(扣除)(%)	-	-	-	-
	总资产(万元)	1979205.24	1809898.18	1798863.63	1529580.57
	归属母公司股东权益(万元)	246222.75	294666.32	300267.37	287043.90
	主营业务收入(万元)	426926.66	1049482.16	538598.12	886066.09
	营业收入(万元)	480435.14	1139491.64	589039.99	967648.56
	主营成本(万元)	421414.77	975874.29	482249.84	803174.77
	营业成本(万元)	462896.37	1044758.22	521427.19	864334.64
	投资收益(万元)	635.67	-	-	203.31
	净利润(万元)	-49527.63	6911.56	13301.74	7678.65
	利润总额(万元)	-48406.79	11422.21	18067.22	13069.65

维维食品饮料股份有限公司

公司概况	公司名称	维维食品饮料股份有限公司		证券简称	维维股份
	法人代表	杨启典	董秘 孟召永	证券代码	600300
	公司网址	www.vvgroup.com		电子信箱	mengzy@vvgroup.com
	电　话	0516-83290169 83398890		传　真	0516-83394888
	办公地址	江苏省徐州市维维大道300号			
	经营范围	研究、开发、生产食品、饮料系列产品及相关产品、销售自产产品			

主要财务指标	指标\报告期	2012.06.30	2011.12.31	2011.06.30	2010.12.31
	基本每股收益(元)	0.0700	0.0900	0.0600	0.0900
	基本每股收益(扣除)(元)	0.0500	0.0600	0.0600	0.0300
	每股净资产(元)	1.4900	1.4700	1.4380	1.4400
	每股经营现金净流量(元)	0.1374	-0.1343	0.1608	0.0465
	每股现金流量(元)	0.4812	0.1227	0.1186	-0.0894
	每股资本公积金(元)	0.1054	0.1054	0.1054	0.1054
	每股盈余公积金(元)	0.0918	0.0918	0.0901	0.0901
	每股未分配利润(元)	0.2853	0.2693	0.2398	0.2393
	净资产收益率(%)	4.4292	6.2420	4.2090	6.2617
	加权净资产收益率(%)	4.4300	6.3400	4.1800	6.1800
	净资产收益率(扣除)(%)	-	-	-	-
	总资产(万元)	800254.07	708910.65	545865.09	530477.74
	归属母公司股东权益(万元)	249150.67	245754.51	240477.83	240268.23
	主营业务收入(万元)	288917.62	524538.03	243022.69	459733.13
	营业收入(万元)	293043.10	536902.90	247528.50	476319.70
	主营成本(万元)	206971.92	357594.08	169472.29	315251.67
	营业成本(万元)	208683.15	366446.55	172554.77	329227.95
	投资收益(万元)	459.07	3907.84	3629.70	-1996.36
	净利润(万元)	16856.97	22081.93	13134.87	20408.78
	利润总额(万元)	19787.32	31885.78	16720.65	25173.67

南宁化工股份有限公司

公司概况	公司名称	南宁化工股份有限公司		证券简称	ST 南 化
	法人代表	覃卫国	董秘 覃卫国(代)	证券代码	600301
	公司网址	www.nnchem.com		电子信箱	nhzq@nnchem.com
	电　话	0771-4835135 4821093		传　真	0771-4835643 4821093
	办公地址	广西壮族自治区南宁市南建路26号			
	经营范围	氯碱化学工业及其系列产品、农药、消毒剂等无机和有机化工产品等			

主要财务指标	指标\报告期	2012.06.30	2011.12.31	2011.06.30	2010.12.31
	基本每股收益(元)	-0.5843	-0.9108	-0.2641	0.0498
	基本每股收益(扣除)(元)	-0.5883	-0.9223	-0.2689	-1.3791
	每股净资产(元)	0.4569	1.0398	1.7136	1.9700
	每股经营现金净流量(元)	-0.2381	0.2824	0.1043	0.9392
	每股现金流量(元)	-0.0450	1.0614	-1.0335	-0.0778
	每股资本公积金(元)	2.3617	2.3617	2.3608	2.3608
	每股盈余公积金(元)	0.2424	0.2424	0.2424	0.2424
	每股未分配利润(元)	-3.1988	-2.6145	-1.9678	-1.7037
	净资产收益率(%)	-127.8937	-87.5871	-15.4130	2.5210
	加权净资产收益率(%)	-78.0100	-60.4400	-14.3300	2.5700
	净资产收益率(扣除)(%)	-	-	-	-
	总资产(万元)	266400.21	271417.30	220516.11	247407.53
	归属母公司股东权益(万元)	10743.05	24451.40	40294.59	46430.91
	主营业务收入(万元)	39471.17	110029.74	65260.28	104880.80
	营业收入(万元)	41333.29	115413.20	68071.81	109180.35
	主营成本(万元)	45420.68	113249.54	63651.74	112045.08
	营业成本(万元)	47870.20	119131.55	65800.05	116173.92
	投资收益(万元)	-16.14	53.63	62.28	150.82
	净利润(万元)	-14796.96	-23639.66	-7029.32	-1476.07
	利润总额(万元)	-14796.96	-22630.62	-7031.35	-2227.67

西安标准工业股份有限公司

公司概况	公司名称	西安标准工业股份有限公司		证券简称	标准股份
	法人代表	李广晖	董秘 郑璇	证券代码	600302
	公司网址	www.chinatypical.com		电子信箱	typical@chinatypical.com
	电　　话	029-88279352		传　　真	029-88263001
	办公地址	陕西省西安市太白南路335号			
	经营范围	缝制设备研发、生产、销售			

主要财务指标	2012.06.30	2011.12.31	2011.06.30	2010.12.31
基本每股收益(元)	0.0028	0.0328	0.0358	0.0700
基本每股收益(扣除)(元)	0.0026	0.0186	0.0350	0.0400
每股净资产(元)	3.6020	3.6510	3.6550	3.6170
每股经营现金净流量(元)	-0.0690	-0.3587	-0.2661	0.0225
每股现金流量(元)	-0.1300	-0.4889	-0.3152	-0.0800
每股资本公积金(元)	0.9953	0.9953	0.9953	0.9953
每股盈余公积金(元)	0.6652	0.6595	0.6556	0.6556
每股未分配利润(元)	0.9424	0.9954	1.0022	0.9664
净资产收益率(%)	0.0775	0.8980	0.9790	1.8777
加权净资产收益率(%)	0.0770	0.9000	0.9840	1.9000
净资产收益率(扣除)(%)	-	-	-	-
总资产(万元)	149816.06	154093.65	160089.65	151946.38
归属母公司股东权益(万元)	124643.28	126312.49	126465.56	125140.33
主营业务收入(万元)	40824.04	93038.88	56305.84	98289.29
营业收入(万元)	42131.35	94491.61	57226.50	99708.73
主营成本(万元)	35553.95	75893.06	45955.96	81943.75
营业成本(万元)	35984.20	76793.58	46495.06	82784.85
投资收益(万元)	-	-	-	-16.87
净利润(万元)	134.30	1337.35	1310.24	2602.50
利润总额(万元)	160.67	1851.86	1643.75	3379.44

辽宁曙光汽车集团股份有限公司

公司概况	公司名称	辽宁曙光汽车集团股份有限公司		证券简称	曙光股份
	法人代表	李进巅	董秘 那涛	证券代码	600303
	公司网址	www.sgautomotive.com		电子信箱	dongban@sgautomotive.com
	电　　话	0415-4146825		传　　真	0415-4142821
	办公地址	辽宁省丹东市振安区曙光路50号			
	经营范围	汽车前后桥、汽车底盘、汽车零部件、客车的生产、销售等			

主要财务指标	2012.06.30	2011.12.31	2011.06.30	2010.12.31
基本每股收益(元)	0.0100	0.3100	0.1900	0.5500
基本每股收益(扣除)(元)	-	0.2300	0.1900	0.5200
每股净资产(元)	3.8600	3.8900	3.7700	7.2400
每股经营现金净流量(元)	0.0117	0.2747	-0.3754	1.0307
每股现金流量(元)	-0.0154	-0.5868	-0.2457	1.5291
每股资本公积金(元)	1.1281	1.1257	1.1216	3.2431
每股盈余公积金(元)	0.3760	0.3760	0.3429	0.6857
每股未分配利润(元)	1.3679	1.3992	1.3143	2.3161
净资产收益率(%)	0.2266	7.9440	5.0680	11.6790
加权净资产收益率(%)	0.2300	8.2000	5.1500	15.9100
净资产收益率(扣除)(%)	-	-	-	-
总资产(万元)	790430.32	766776.83	717230.55	665418.70
归属母公司股东权益(万元)	222034.03	223654.25	216758.57	207886.31
主营业务收入(万元)	273882.62	610997.84	322247.33	602380.04
营业收入(万元)	282212.62	624811.06	331893.41	610868.50
主营成本(万元)	238029.89	523575.95	274345.59	504862.37
营业成本(万元)	243762.11	532191.87	280556.24	509956.63
投资收益(万元)	-304.68	1531.28	1215.01	1920.07
净利润(万元)	76.47	17471.01	11123.48	24748.96
利润总额(万元)	1510.41	23457.32	15836.36	33099.21

江苏恒顺醋业股份有限公司

公司概况	公司名称	江苏恒顺醋业股份有限公司		证券简称	恒顺醋业
	法人代表	叶有伟	董秘 杨永忠	证券代码	600305
	公司网址	www.zjhengshun.com		电子信箱	yyz3399@163.com
	电　　话	0511-85307602　85226003		传　　真	0511-85307711
	办公地址	江苏省镇江市丹徒新城广园路66号			
	经营范围	食醋、酱油、酱菜、复合调味料、调味剂、副食品、粮油制品、饮料等			

主要财务指标	2012.06.30	2011.12.31	2011.06.30	2010.12.31
基本每股收益(元)	0.0460	0.0790	0.1060	0.2504
基本每股收益(扣除)(元)	0.0420	-0.3936	0.0980	0.2554
每股净资产(元)	3.3508	3.3405	3.3700	3.3400
每股经营现金净流量(元)	0.4448	-0.2683	-0.5489	1.2035
每股现金流量(元)	0.6478	-0.0501	0.5285	-0.9478
每股资本公积金(元)	1.5531	1.5531	1.5531	1.5531
每股盈余公积金(元)	0.2338	0.2338	0.2319	0.2319
每股未分配利润(元)	0.5639	0.5535	0.5825	0.5512
净资产收益率(%)	1.3821	2.3730	3.1558	7.5063
加权净资产收益率(%)	1.3800	2.3700	3.1400	7.0000
净资产收益率(扣除)(%)	-	-	-	-
总资产(万元)	339970.35	328609.83	328296.01	301421.43
归属母公司股东权益(万元)	42604.94	42473.85	42817.07	42419.49
主营业务收入(万元)	50394.07	99885.41	47181.61	113656.89
营业收入(万元)	51482.75	101777.16	48008.54	114888.67
主营成本(万元)	33892.91	67785.04	32084.61	78430.30
营业成本(万元)	34419.72	69036.94	32695.44	79201.40
投资收益(万元)	-171.14	4832.84	398.98	1402.88
净利润(万元)	627.86	1032.44	1402.36	3608.65
利润总额(万元)	1026.33	1395.23	1911.43	5526.29

沈阳商业城股份有限公司

公司概况	公司名称	沈阳商业城股份有限公司		证券简称	商业城
	法人代表	张殿华	董秘 张黎明	证券代码	600306
	公司网址	www.e-syc.com.cn		电子信箱	sycgf@e-syc.com.cn
	电　　话	024-24865832		传　　真	024-24848007
	办公地址	辽宁省沈阳市沈河区中街路212号			
	经营范围	日用百货、箱包皮具、食品、服装、鞋帽、针纺织品、文化钟表等			

主要财务指标	2012.06.30	2011.12.31	2011.06.30	2010.12.31
基本每股收益(元)	0.0054	0.0203	0.0040	0.0155
基本每股收益(扣除)(元)	0.0057	-0.3233	0.0006	-0.0212
每股净资产(元)	2.6750	2.6690	2.6530	2.6490
每股经营现金净流量(元)	-0.2809	-0.1246	0.2276	1.1334
每股现金流量(元)	0.1888	0.5664	1.5836	-0.5597
每股资本公积金(元)	1.0465	1.0465	1.0465	1.0465
每股盈余公积金(元)	0.1053	0.1053	0.1053	0.1053
每股未分配利润(元)	0.5231	0.5177	0.5015	0.4974
净资产收益率(%)	0.2030	0.7600	0.1548	0.5843
加权净资产收益率(%)	0.2000	0.7630	0.1500	0.5840
净资产收益率(扣除)(%)	-	-	-	-
总资产(万元)	312257.34	254253.99	248779.32	209371.44
归属母公司股东权益(万元)	47650.73	47553.80	47265.55	47192.37
主营业务收入(万元)	79248.89	159363.84	68699.06	130076.73
营业收入(万元)	79520.60	159814.77	68873.52	130678.56
主营成本(万元)	65575.57	138148.42	57995.28	110178.41
营业成本(万元)	65577.57	138148.42	57995.28	110178.41
投资收益(万元)	832.20	5.21	4.21	4.21
净利润(万元)	63.07	316.38	51.95	218.84
利润总额(万元)	659.85	1487.42	696.31	1149.97

甘肃酒钢集团宏兴钢铁股份有限公司

公司概况						
	公司名称	甘肃酒钢集团宏兴钢铁股份有限公司			证券简称	酒钢宏兴
	法人代表	程子建	董秘	王军	证券代码	600307
	公司网址	www.jisco.cn		电子信箱	jgzqb@jiugang.com	
	电　　话	0937-6715370 6713376		传　　真	0937-6715710	
	办公地址	甘肃省嘉峪关市雄关东路 12 号				
	经营范围	钢、铁及其压延产品的生产和销售				

主要财务指标	指标\报告期	2012.06.30	2011.12.31	2011.06.30	2010.12.31
	基本每股收益(元)	0.0927	0.3712	0.2206	0.2234
	基本每股收益(扣除)(元)	0.0917	0.3682	0.2181	0.2219
	每股净资产(元)	3.0500	2.9600	2.7960	2.6100
	每股经营现金净流量(元)	0.0253	0.4737	0.3125	0.4265
	每股现金流量(元)	-0.1371	1.3282	0.4287	1.0594
	每股资本公积金(元)	0.6837	0.6837	0.6833	2.3659
	每股盈余公积金(元)	0.2654	0.2654	0.2169	0.4338
	每股未分配利润(元)	1.0505	0.9578	0.8557	1.3702
	净资产收益率(%)	3.0385	12.5320	7.8880	8.5510
	加权净资产收益率(%)	3.0800	13.3400	8.1100	8.8400
	净资产收益率(扣除)(%)	-	-	-	-
	总资产(万元)	4896612.36	4470496.20	3759911.49	3046573.37
	归属母公司股东权益(万元)	1248213.32	1211902.70	1144127.59	1068749.17
	主营业务收入(万元)	3283003.20	5190434.74	2594179.58	3745240.66
	营业收入(万元)	3460484.29	5515343.80	2795989.93	3952450.74
	主营成本(万元)	2991620.22	4596359.08	2287226.03	3315484.94
	营业成本(万元)	3168804.03	4920053.64	2487966.26	3521743.46
	投资收益(万元)	1825.76	5727.54	-	-206.91
	净利润(万元)	37493.64	152658.98	92241.99	93531.91
	利润总额(万元)	46927.32	183841.38	123155.98	116995.95

山东华泰纸业股份有限公司

公司概况						
	公司名称	山东华泰纸业股份有限公司			证券简称	华泰股份
	法人代表	李建华	董秘	许华村	证券代码	600308
	公司网址	www.huataipaper.com		电子信箱	xuhuacun@sina.com	
	电　　话	0546-7798799 7798848		传　　真	0546-6888018	
	办公地址	山东省东营市广饶县大王镇				
	经营范围	造纸、纸制品及纸料加工、热电等				

主要财务指标	指标\报告期	2012.06.30	2011.12.31	2011.06.30	2010.12.31
	基本每股收益(元)	0.0440	0.0710	0.0630	0.0790
	基本每股收益(扣除)(元)	-0.0280	-0.0120	0.0490	0.0150
	每股净资产(元)	5.3200	5.3300	9.4700	9.3500
	每股经营现金净流量(元)	0.4526	0.9352	0.9259	0.4864
	每股现金流量(元)	-0.6785	0.5386	1.2160	-0.0150
	每股资本公积金(元)	1.9218	1.9218	4.0289	4.0289
	每股盈余公积金(元)	0.3915	0.3915	0.6684	0.6684
	每股未分配利润(元)	1.9953	2.0010	3.7358	3.6232
	净资产收益率(%)	0.8318	1.3240	1.1890	1.5243
	加权净资产收益率(%)	0.8270	1.3500	1.1970	1.5300
	净资产收益率(扣除)(%)	-	-0.2210	-	-
	总资产(万元)	1781958.99	1763395.09	1793950.01	1533576.94
	归属母公司股东权益(万元)	621548.36	622382.17	614379.54	606536.33
	主营业务收入(万元)	459149.21	922535.48	443828.55	687185.96
	营业收入(万元)	484487.08	960863.77	460823.29	711786.65
	主营成本(万元)	405170.31	826943.80	393046.65	618213.70
	营业成本(万元)	424136.90	845981.93	402979.92	629379.15
	投资收益(万元)	415.09	692.14	242.61	960.46
	净利润(万元)	4796.10	6759.69	7110.69	9056.70
	利润总额(万元)	6574.07	11234.95	9011.42	12423.30

烟台万华聚氨酯股份有限公司

公司概况						
	公司名称	烟台万华聚氨酯股份有限公司			证券简称	烟台万华
	法人代表	丁建生	董秘	寇光武	证券代码	600309
	公司网址	www.ytpu.com		电子信箱	gwkou@ytpu.com	
	电　　话	0535-6698537		传　　真	0535-6837894	
	办公地址	山东省烟台市幸福南路 7 号				
	经营范围	聚氨酯及助剂、异氰酸酯(MDI)及衍生产品开发、生产和销售				

主要财务指标	指标\报告期	2012.06.30	2011.12.31	2011.06.30	2010.12.31
	基本每股收益(元)	0.4500	0.8600	0.4600	0.7100
	基本每股收益(扣除)(元)	0.4400	0.8300	0.4500	0.5200
	每股净资产(元)	3.2100	3.3600	2.9900	3.7000
	每股经营现金净流量(元)	0.8760	0.9307	0.4383	0.2485
	每股现金流量(元)	-0.4965	0.4072	0.1115	0.3300
	每股资本公积金(元)	0.0212	0.0224	0.0379	0.0654
	每股盈余公积金(元)	0.6835	0.6835	0.5319	0.6915
	每股未分配利润(元)	1.5116	1.6567	1.4125	1.9361
	净资产收益率(%)	14.1568	25.5100	15.4610	24.8960
	加权净资产收益率(%)	13.4300	27.8700	15.3000	27.7400
	净资产收益率(扣除)(%)	-	-	-	-
	总资产(万元)	1861258.62	1741868.33	1523752.11	1294292.21
	归属母公司股东权益(万元)	694931.27	726747.94	645660.27	614648.16
	主营业务收入(万元)	714068.94	1362827.60	686545.73	940112.80
	营业收入(万元)	716016.99	1366230.73	687844.56	942977.69
	主营成本(万元)	479826.98	946481.21	462621.46	702725.08
	营业成本(万元)	481397.82	948866.48	463794.03	704150.99
	投资收益(万元)	423.79	994.67	-593.71	20341.15
	净利润(万元)	125398.11	239540.74	128564.43	172075.40
	利润总额(万元)	149496.27	281494.77	152533.65	193766.59

广西桂东电力股份有限公司

公司概况						
	公司名称	广西桂东电力股份有限公司			证券简称	桂东电力
	法人代表	秦春楠	董秘	陆培军	证券代码	600310
	公司网址	www.gdep.com.cn		电子信箱	lupeijun@gdep.com.cn	
	电　　话	0774-5297796 5283977		传　　真	0774-5285255	
	办公地址	广西壮族自治区贺州市平安西路 12 号				
	经营范围	水力发电、供电、电力投资开发、供水、交通建设及其基础设施开发				

主要财务指标	指标\报告期	2012.06.30	2011.12.31	2011.06.30	2010.12.31
	基本每股收益(元)	0.2857	0.3796	0.3533	0.6002
	基本每股收益(扣除)(元)	0.2668	0.2706	0.3536	0.5653
	每股净资产(元)	11.5979	6.6997	4.2433	4.2242
	每股经营现金净流量(元)	0.8403	1.1416	1.0110	2.0514
	每股现金流量(元)	1.8744	0.4672	0.8117	0.9576
	每股资本公积金(元)	9.2330	4.4205	1.9904	3.4870
	每股盈余公积金(元)	0.2497	0.2497	0.2257	0.3386
	每股未分配利润(元)	1.1151	1.0295	1.0272	1.5108
	净资产收益率(%)	2.4630	5.6660	8.3270	14.2080
	加权净资产收益率(%)	3.1000	7.5500	8.1300	16.7800
	净资产收益率(扣除)(%)	-	-	-	-
	总资产(万元)	782951.55	513892.18	411257.80	361418.08
	归属母公司股东权益(万元)	320014.43	184860.66	117084.48	116557.54
	主营业务收入(万元)	143825.98	204812.68	100176.33	199003.21
	营业收入(万元)	144280.37	205627.92	100385.83	199642.09
	主营成本(万元)	117668.65	164605.56	74305.72	152249.25
	营业成本(万元)	117768.43	165073.87	74383.42	152395.05
	投资收益(万元)	987.91	-27.05	-19.44	123.99
	净利润(万元)	9780.14	12207.67	10857.76	18120.97
	利润总额(万元)	11840.20	14467.33	12752.28	22345.68

甘肃荣华实业(集团)股份有限公司

公司概况

公司名称	甘肃荣华实业(集团)股份有限公司			证券简称	荣华实业
法人代表	刘永	董秘	辛永清	证券代码	600311
公司网址				电子信箱	rhxyongqin@163.com
电　话	0935-6151222			传　真	0935-6151333
办公地址	甘肃省武威市东关街荣华路1号				
经营范围	由于母公司正在实施易地搬迁、淀粉及其相关生产线尚未恢复生产，公司的主营业务收入等				

主要财务指标

指标＼报告期	2012.06.30	2011.12.31	2011.06.30	2010.12.31
基本每股收益(元)	0.0017	0.0258	0.0260	0.0088
基本每股收益(扣除)(元)	0.0012	0.0257	0.0260	0.0079
每股净资产(元)	1.3500	1.3480	1.3600	1.3300
每股经营现金净流量(元)	0.0821	0.0752	0.0061	0.1688
每股现金流量(元)	0.0367	0.0942	–0.0052	–0.0015
每股资本公积金(元)	0.3297	0.3297	0.3297	0.3297
每股盈余公积金(元)	0.0787	0.0787	0.0787	0.0787
每股未分配利润(元)	–0.0590	–0.0608	–0.0602	–0.0866
净资产收益率(%)	0.1275	1.9170	1.9455	0.6590
加权净资产收益率(%)	0.1270	1.9300	1.9600	0.6600
净资产收益率(扣除)(%)	–	–	–	–
总资产(万元)	99815.41	102140.08	98644.38	139890.35
归属母公司股东权益(万元)	89897.28	89698.87	90313.11	88641.22
主营业务收入(万元)	15822.06	31506.72	14280.64	33876.72
营业收入(万元)	15822.06	31506.72	14280.64	33876.72
主营成本(万元)	12189.69	19844.59	8623.81	20680.75
营业成本(万元)	12189.69	19844.59	8623.81	20680.75
投资收益(万元)	–	–	–	–
净利润(万元)	114.64	1719.45	1757.08	583.86
利润总额(万元)	211.90	2923.68	2417.66	2851.37

河南平高电气股份有限公司

公司概况

公司名称	河南平高电气股份有限公司			证券简称	平高电气
法人代表	魏光林	董秘	张浩义	证券代码	600312
公司网址	www.pinggao.com			电子信箱	chengzb@pinggao.com
电　话	0375-3804008 3804064			传　真	0375-3804464
办公地址	河南省平顶山市南环东路22号				
经营范围	制造、销售高压开关设备、控制设备及其配件、技术服务、咨询服务				

主要财务指标

指标＼报告期	2012.06.30	2011.12.31	2011.06.30	2010.12.31
基本每股收益(元)	–0.0617	0.0213	–0.0938	0.0044
基本每股收益(扣除)(元)	–0.0625	–0.0073	–0.0984	–0.0185
每股净资产(元)	3.2776	3.3393	3.2250	3.3187
每股经营现金净流量(元)	0.1673	0.0528	0.0629	–0.4426
每股现金流量(元)	–0.3002	–0.1212	0.1525	–0.6536
每股资本公积金(元)	1.6331	1.6331	1.6337	1.6337
每股盈余公积金(元)	0.1678	0.1678	0.1647	0.1647
每股未分配利润(元)	0.4767	0.5384	0.4265	0.5203
净资产收益率(%)	–1.8833	0.6370	–2.9071	0.1326
加权净资产收益率(%)	–1.8658	0.6400	–2.8654	0.1300
净资产收益率(扣除)(%)	–	–	–	–
总资产(万元)	543062.73	497108.22	535094.95	467874.61
归属母公司股东权益(万元)	268424.90	273480.26	264113.47	271791.41
主营业务收入(万元)	96148.86	245799.68	100021.61	201564.92
营业收入(万元)	105383.47	252528.54	102051.76	207553.41
主营成本(万元)	83273.19	200147.14	88481.98	160274.54
营业成本(万元)	91388.58	204453.49	89419.97	161965.24
投资收益(万元)	646.51	1590.89	840.86	14.96
净利润(万元)	–5048.71	1593.11	–7813.15	287.04
利润总额(万元)	–4886.59	3070.80	–7786.36	451.16

中垦农业资源开发股份有限公司

公司概况

公司名称	中垦农业资源开发股份有限公司			证券简称	中农资源
法人代表	李学林	董秘	周紫雨	证券代码	600313
公司网址	www.zhnzy.com.cn			电子信箱	zhongnongziyuan@126.com
电　话	010-83607371			传　真	010-83607370
办公地址	北京市西城区阜成门外大街甲28号京润大厦西楼12层				
经营范围	以小麦、水稻、杂交水稻、杂交玉米、棉花、油菜、大豆、蔬菜、花卉等				

主要财务指标

指标＼报告期	2012.06.30	2011.12.31	2011.06.30	2010.12.31
基本每股收益(元)	0.0072	0.0262	0.0037	0.1748
基本每股收益(扣除)(元)	0.0066	0.0403	0.0041	–0.0681
每股净资产(元)	1.7187	1.7115	1.6765	1.6853
每股经营现金净流量(元)	0.0566	0.0585	–0.0079	0.0059
每股现金流量(元)	0.0364	–0.4045	–0.0104	0.0063
每股资本公积金(元)	0.8327	0.8327	0.8327	0.8327
每股盈余公积金(元)	0.0089	0.0089	0.0089	0.0089
每股未分配利润(元)	–0.1229	–0.1301	–0.1651	–0.1563
净资产收益率(%)	0.4200	1.5320	0.2222	10.3737
加权净资产收益率(%)	0.4200	1.5400	0.2200	11.4900
净资产收益率(扣除)(%)	–	–	–	–
总资产(万元)	87065.46	77566.84	59403.26	57571.00
归属母公司股东权益(万元)	52282.65	52064.91	50999.64	51267.09
主营业务收入(万元)	98005.46	125247.42	56873.67	52452.68
营业收入(万元)	98491.94	125438.58	56876.57	52534.88
主营成本(万元)	96404.41	120137.62	56489.21	52255.15
营业成本(万元)	96619.13	120210.12	56493.90	52261.29
投资收益(万元)	–	–	–	–
净利润(万元)	524.41	2127.28	119.74	6153.59
利润总额(万元)	533.32	2183.62	119.75	6153.59

上海家化联合股份有限公司

公司概况

公司名称	上海家化联合股份有限公司			证券简称	上海家化
法人代表	葛文耀	董秘	冯珺	证券代码	600315
公司网址	www.jahwa.com.cn			电子信箱	fengjun@jahwa.com.cn
电　话	021-25016000 25016051			传　真	021-65129748
办公地址	上海市保定路527号				
经营范围	六神、美加净、清妃、高夫、佰草集、飘洒等系列洗浴、护肤、护发及美容产品等				

主要财务指标

指标＼报告期	2012.06.30	2011.12.31	2011.06.30	2010.12.31
基本每股收益(元)	0.8000	0.8500	0.4600	0.6500
基本每股收益(扣除)(元)	0.6900	0.8200	0.4600	0.6300
每股净资产(元)	5.6752	3.9200	3.7863	3.5400
每股经营现金净流量(元)	0.8412	0.8205	0.5583	0.7769
每股现金流量(元)	1.5728	0.2440	0.0661	0.1602
每股资本公积金(元)	1.7351	0.8935	0.8855	0.8769
每股盈余公积金(元)	0.3611	0.3828	0.2814	0.2814
每股未分配利润(元)	2.5837	1.8866	1.6238	1.3839
净资产收益率(%)	14.1636	20.5400	12.9380	18.4160
加权净资产收益率(%)	18.5900	22.3300	13.4500	19.8700
净资产收益率(扣除)(%)	–	–	–	–
总资产(万元)	357605.92	254678.34	253926.05	212234.43
归属母公司股东权益(万元)	254454.16	175875.53	160165.02	149670.42
主营业务收入(万元)	208343.80	319337.69	168133.01	279007.45
营业收入(万元)	233909.07	357660.76	192216.17	309395.66
主营成本(万元)	82981.08	115300.29	66297.03	110109.09
营业成本(万元)	106758.14	151929.09	88727.59	139871.71
投资收益(万元)	10819.70	8873.73	4373.82	8882.98
净利润(万元)	36165.38	36500.49	20584.41	24968.10
利润总额(万元)	46830.16	45225.88	26823.24	30232.48

江西洪都航空工业股份有限公司

公司概况	公司名称	江西洪都航空工业股份有限公司				证券简称	洪都航空
	法人代表	宋承志	董秘	邓峰		证券代码	600316
	公司网址	www.hongdu-aviation.com			电子信箱	zqb@hongdu-aviation.com	
	电 话	0791-88468162 87668769			传 真	0791-88467843	
	办公地址	江西省南昌市新溪桥					
	经营范围	航空产品的开发与研制、生产与销售、航空制造技术的开发、咨询、服务					

	指标\报告期	2012.06.30	2011.12.31	2011.06.30	2010.12.31
主要财务指标	基本每股收益(元)	0.0020	0.1163	0.0187	0.2281
	基本每股收益(扣除)(元)	0.0013	0.0484	0.0188	0.0985
	每股净资产(元)	6.3310	6.3410	6.3480	6.5800
	每股经营现金净流量(元)	-0.8386	-0.3812	-0.6030	0.1240
	每股现金流量(元)	-0.9779	-0.4459	-0.6330	2.1200
	每股资本公积金(元)	4.5843	4.5965	4.7014	4.7481
	每股盈余公积金(元)	0.1944	0.1944	0.1813	0.1813
	每股未分配利润(元)	0.5521	0.5502	0.4657	0.6470
	净资产收益率(%)	0.0309	1.8330	0.2950	3.0997
	加权净资产收益率(%)	0.0300	1.7800	0.2800	4.3500
	净资产收益率(扣除)(%)	-	-	-	-
	总资产(万元)	592093.76	608638.16	584742.22	632047.06
	归属母公司股东权益(万元)	453993.78	454730.86	455259.34	471605.71
	主营业务收入(万元)	41063.56	173140.86	52182.82	119491.81
	营业收入(万元)	51353.74	182465.53	56605.79	171562.97
	主营成本(万元)	30997.80	147122.53	42785.85	96845.85
	营业成本(万元)	40589.75	155059.23	46906.96	146352.07
	投资收益(万元)	372.15	3191.44	267.72	9348.02
	净利润(万元)	115.27	8351.95	1345.19	14594.68
	利润总额(万元)	243.29	10041.37	1511.74	16753.87

营口港务股份有限公司

公司概况	公司名称	营口港务股份有限公司				证券简称	营口港
	法人代表	高宝玉	董秘	周志旭		证券代码	600317
	公司网址	www.ykplc.com			电子信箱	lili_ykp@ykport.com.cn	
	电 话	0417-6268506			传 真	0417-6268506	
	办公地址	辽宁省营口市鲅鱼圈区营港路1号					
	经营范围	港口装卸、堆存和运输服务					

	指标\报告期	2012.06.30	2011.12.31	2011.06.30	2010.12.31
主要财务指标	基本每股收益(元)	0.1300	0.2125	0.1200	0.1965
	基本每股收益(扣除)(元)	0.1300	0.2126	0.1200	0.1973
	每股净资产(元)	4.1344	4.0518	3.9600	3.1900
	每股经营现金净流量(元)	0.3367	0.3725	0.1946	0.6982
	每股现金流量(元)	-0.0071	-0.3985	-0.1195	0.4296
	每股资本公积金(元)	2.1445	2.1445	2.1445	1.4992
	每股盈余公积金(元)	0.2261	0.2261	0.1579	0.1579
	每股未分配利润(元)	0.7638	0.6813	0.6574	0.5369
	净资产收益率(%)	3.2052	5.2450	3.0440	6.1520
	加权净资产收益率(%)	3.2178	6.4398	3.6968	6.4846
	净资产收益率(扣除)(%)	-	-	-	-
	总资产(万元)	1131687.29	1133244.28	1165722.50	1019949.85
	归属母公司股东权益(万元)	453770.36	444714.14	434616.30	350563.89
	主营业务收入(万元)	144785.82	270106.18	130457.34	221388.94
	营业收入(万元)	154030.44	291414.72	137296.21	234317.74
	主营成本(万元)	95637.75	183730.58	83759.81	136817.10
	营业成本(万元)	103318.07	201559.95	89907.67	155417.08
	投资收益(万元)	1038.16	3637.67	1990.62	3274.17
	净利润(万元)	16328.45	27478.68	15044.37	22668.78
	利润总额(万元)	21422.41	35116.46	19345.30	27478.26

安徽巢东水泥股份有限公司

公司概况	公司名称	安徽巢东水泥股份有限公司				证券简称	巢东股份
	法人代表	黄炳均	董秘	谢旻		证券代码	600318
	公司网址				电子信箱	cddms@vip.sina.com	
	电 话	0565-2389232 8610077			传 真	0565-2391918	
	办公地址	安徽省巢湖市居巢区银屏镇海昌大道					
	经营范围	水泥及相关产品、轻钢结构、新型建材产品的生产、销售、建材设计等					

	指标\报告期	2012.06.30	2011.12.31	2011.06.30	2010.12.31
主要财务指标	基本每股收益(元)	0.1500	1.2000	0.7000	0.2700
	基本每股收益(扣除)(元)	0.1400	1.1700	0.6800	0.1000
	每股净资产(元)	3.4300	3.3800	2.8790	2.1800
	每股经营现金净流量(元)	0.7738	1.4205	0.9344	0.0567
	每股现金流量(元)	-0.0723	0.1679	0.0493	-0.4944
	每股资本公积金(元)	1.4621	1.4621	1.4621	1.4621
	每股盈余公积金(元)	0.1761	0.1761	0.0866	0.0866
	每股未分配利润(元)	0.7825	0.7298	0.3201	-0.3764
	净资产收益率(%)	4.4513	35.4010	24.1980	12.3180
	加权净资产收益率(%)	4.4400	43.0100	27.5300	13.2000
	净资产收益率(扣除)(%)	-	-	-	-
	总资产(万元)	197830.29	202086.01	181610.73	170138.48
	归属母公司股东权益(万元)	83016.50	81741.22	69660.47	52804.36
	主营业务收入(万元)	46957.45	137342.37	68100.60	78408.35
	营业收入(万元)	49733.54	139148.23	68133.47	81188.89
	主营成本(万元)	36709.22	82622.44	37876.09	53364.22
	营业成本(万元)	39398.38	84399.54	37888.77	56086.55
	投资收益(万元)	5.85	-46.03	4.78	3139.66
	净利润(万元)	3695.27	28936.86	16856.11	6504.45
	利润总额(万元)	5458.42	37887.32	22828.87	6858.15

潍坊亚星化学股份有限公司

公司概况	公司名称	潍坊亚星化学股份有限公司				证券简称	亚星化学
	法人代表	曹希波	董秘	范铭华		证券代码	600319
	公司网址	www.chinayaxing.com			电子信箱	fmh683@163.com	
	电 话	0536-8591009			传 真	0536-8666877	
	办公地址	山东省潍坊市奎文区鸢飞路899号					
	经营范围	生产经营烧碱、聚氯乙烯、氯化聚乙烯、液氯、漂液、非药品易制毒化学品盐酸等					

	指标\报告期	2012.06.30	2011.12.31	2011.06.30	2010.12.31
主要财务指标	基本每股收益(元)	-0.2790	-0.1800	-0.0280	0.0200
	基本每股收益(扣除)(元)	-0.2840	-0.2100	-0.0460	-0.2700
	每股净资产(元)	2.4770	2.7550	2.9100	2.9400
	每股经营现金净流量(元)	0.4233	0.5793	0.4965	0.8638
	每股现金流量(元)	-0.4457	-0.0117	0.1225	-0.1879
	每股资本公积金(元)	2.2791	2.2791	2.2791	2.2791
	每股盈余公积金(元)	0.1578	0.1578	0.1578	0.1578
	每股未分配利润(元)	-0.9674	-0.6882	-0.5407	-0.5125
	净资产收益率(%)	-11.2718	-6.3763	-0.9700	0.7773
	加权净资产收益率(%)	-10.6700	-6.5900	-0.9600	0.6800
	净资产收益率(扣除)(%)	-	-	-	-
	总资产(万元)	318535.52	346359.74	349130.72	351096.18
	归属母公司股东权益(万元)	78178.80	86958.68	91720.43	92753.00
	主营业务收入(万元)	86559.69	203059.47	115631.28	181164.63
	营业收入(万元)	89151.52	211163.10	118735.77	209784.41
	主营成本(万元)	82990.33	182806.80	102633.82	176654.31
	营业成本(万元)	84684.91	188954.22	105058.09	204137.80
	投资收益(万元)	99.56	367.08	195.84	10911.36
	净利润(万元)	-8812.12	-5433.13	-154.81	1918.73
	利润总额(万元)	-8575.05	-6176.84	504.12	2838.94

上海振华重工(集团)股份有限公司

公司概况						
公司名称	上海振华重工(集团)股份有限公司			证券简称	振华重工	
法人代表	周纪昌	董秘	王珏	证券代码	600320	
公司网址	www.zpmc.com		电子信箱	zpmc@public.sta.net.cn		
电　　话	021-50390727		传　　真	021-58397000		
办公地址	上海市东方路 3261 号					
经营范围	从事设计、建造、销售大型港口设备、工程船舶及大型金属结构及其部件、配件等					

主要财务指标	2012.06.30	2011.12.31	2011.06.30	2010.12.31
基本每股收益(元)	-0.0500	0.0100	-0.0500	-0.1600
基本每股收益(扣除)(元)	-0.0700	-0.0900	-0.0600	-0.1700
每股净资产(元)	3.4300	3.4700	3.4200	3.4800
每股经营现金净流量(元)	0.1350	0.3512	0.1283	1.1794
每股现金流量(元)	0.0637	0.1790	-0.1110	-0.1492
每股资本公积金(元)	1.2883	1.2799	1.2850	1.2929
每股盈余公积金(元)	-	0.3463	0.3435	0.3435
每股未分配利润(元)	-	0.8455	0.7943	0.8413
净资产收益率(%)	-1.3637	0.1990	-1.3730	-4.5509
加权净资产收益率(%)	-1.3600	0.2000	-1.3600	-4.4800
净资产收益率(扣除)(%)	-	-	-	-
总资产(万元)	5248737.10	4405946.56	4523170.77	4528712.63
归属母公司股东权益(万元)	1507299.78	1524137.86	1502710.32	1526804.61
主营业务收入(万元)	962477.77	1884770.36	856898.54	1670914.60
营业收入(万元)	983120.97	1912925.10	880091.55	1711617.74
主营成本(万元)	890446.26	1884770.36	835042.18	1622816.99
营业成本(万元)	914066.74	1817129.43	850516.65	1659896.13
投资收益(万元)	608.62	1304.91	-69.24	2548.20
净利润(万元)	-21485.70	2965.50	-19740.85	-71251.69
利润总额(万元)	-24150.99	4776.47	-23897.87	-84760.89

四川国栋建设股份有限公司

公司概况						
公司名称	四川国栋建设股份有限公司			证券简称	国栋建设	
法人代表	王春鸣	董秘	曾莉	证券代码	600321	
公司网址	www.guodong.cn		电子信箱	executive@guodong.cn		
电　　话	028-86119148 85804228		传　　真	028-86154162		
办公地址	四川省成都市金盾路 52 号国栋中央商务大厦 28/29 楼					
经营范围	生产销售溅射镀膜玻璃、中空玻璃、钢化及夹胶玻璃等					

主要财务指标	2012.06.30	2011.12.31	2011.06.30	2010.12.31
基本每股收益(元)	0.0130	0.0080	0.0110	0.0870
基本每股收益(扣除)(元)	0.0100	-0.0310	-0.0070	0.0610
每股净资产(元)	1.7600	1.7500	3.4900	2.1400
每股经营现金净流量(元)	0.0009	0.1471	0.0036	0.3218
每股现金流量(元)	-0.0678	0.2302	0.6685	-0.0269
每股资本公积金(元)	0.6026	2.2053	2.1795	1.3327
每股盈余公积金(元)	0.0750	0.1500	0.1492	0.1934
每股未分配利润(元)	0.0855	0.1455	0.1606	0.2503
净资产收益率(%)	0.7225	0.2056	0.6160	3.1433
加权净资产收益率(%)	0.7200	0.2500	0.9900	3.2900
净资产收益率(扣除)(%)	-	-	-	-
总资产(万元)	310231.77	299617.38	316078.95	259919.74
归属母公司股东权益(万元)	208202.66	206698.48	206019.03	126469.48
主营业务收入(万元)	17957.16	28325.69	16164.65	49772.66
营业收入(万元)	19388.05	31765.96	16640.93	50603.11
主营成本(万元)	16318.62	27805.96	14394.04	42274.02
营业成本(万元)	16492.06	28117.93	14576.61	42519.89
投资收益(万元)	-	-	-	-
净利润(万元)	1503.82	424.40	1265.83	3957.08
利润总额(万元)	1503.82	439.81	1265.83	3813.21

天津市房地产发展(集团)股份有限公司

公司概况						
公司名称	天津市房地产发展(集团)股份有限公司			证券简称	天房发展	
法人代表	张建台	董秘	杨新喆	证券代码	600322	
公司网址	www.tffzgroup.cn		电子信箱	tffz@sina.com		
电　　话	022-23317185		传　　真	022-23317185		
办公地址	天津市和平区常德道 80 号					
经营范围	房地产的开发经营、销售与出租					

主要财务指标	2012.06.30	2011.12.31	2011.06.30	2010.12.31
基本每股收益(元)	0.0900	0.2400	0.1200	0.2000
基本每股收益(扣除)(元)	0.0900	0.1700	0.1200	0.1500
每股净资产(元)	3.8400	3.8200	3.6950	3.6300
每股经营现金净流量(元)	0.2956	0.1381	-0.1263	0.9029
每股现金流量(元)	-0.2985	-0.6633	-0.3600	0.1845
每股资本公积金(元)	1.9944	1.9944	1.9945	1.9945
每股盈余公积金(元)	0.2370	0.2370	0.2227	0.2227
每股未分配利润(元)	0.6081	0.5865	0.4773	0.4085
净资产收益率(%)	2.3900	6.3460	3.2150	5.6420
加权净资产收益率(%)	2.3800	6.5100	3.2300	5.7700
净资产收益率(扣除)(%)	-	-	-	-
总资产(万元)	1119605.26	1231576.94	1241422.69	1268278.44
归属母公司股东权益(万元)	424537.67	422143.86	408500.96	400896.15
主营业务收入(万元)	156171.54	315538.68	147391.63	184949.80
营业收入(万元)	164988.07	325395.61	151109.69	198622.62
主营成本(万元)	121525.54	220397.05	96458.58	117737.15
营业成本(万元)	128768.94	227118.15	99016.64	128671.31
投资收益(万元)	-450.55	324.55	-178.56	6477.49
净利润(万元)	10104.81	40580.65	20342.53	28567.81
利润总额(万元)	13421.91	55447.77	27176.46	38852.54

南海发展股份有限公司

公司概况						
公司名称	南海发展股份有限公司			证券简称	南海发展	
法人代表	何向明	董秘	黄春然	证券代码	600323	
公司网址	www.nhd.net.cn		电子信箱	600323@nhd.net.cn		
电　　话	0757-86280996		传　　真	0757-86328565		
办公地址	广东省佛山市南海区桂城南海大道建行大厦					
经营范围	供水业务、污水处理业务和固废处理业务等					

主要财务指标	2012.06.30	2011.12.31	2011.06.30	2010.12.31
基本每股收益(元)	0.2000	0.4600	0.1600	1.7200
基本每股收益(扣除)(元)	0.2000	0.4500	0.1600	0.3700
每股净资产(元)	3.2500	3.3200	5.7100	4.6900
每股经营现金净流量(元)	0.4568	0.6286	-0.0782	0.8297
每股现金流量(元)	-0.5514	0.5000	-0.7650	1.0382
每股资本公积金(元)	0.1007	0.9814	1.1777	1.1777
每股盈余公积金(元)	0.5803	0.8704	0.9782	0.9782
每股未分配利润(元)	1.5685	2.1324	2.5560	2.4716
净资产收益率(%)	6.1625	9.2570	5.0600	36.5900
加权净资产收益率(%)	6.0900	9.5400	5.0400	44.0600
净资产收益率(扣除)(%)	-	-	-	-
总资产(万元)	396521.76	390444.08	340745.01	319164.33
归属母公司股东权益(万元)	158550.85	162129.64	154831.09	152542.98
主营业务收入(万元)	40777.05	70889.03	28936.47	56252.92
营业收入(万元)	41815.87	74769.81	31007.11	59530.86
主营成本(万元)	23754.42	40959.20	16968.06	33319.20
营业成本(万元)	24379.96	43187.59	18208.22	35409.53
投资收益(万元)	1050.58	22.72	146.66	-
净利润(万元)	9865.42	16071.50	8018.61	56148.17
利润总额(万元)	10814.78	19280.32	9309.78	74470.66

珠海华发实业股份有限公司

公司概况	公司名称	珠海华发实业股份有限公司			证券简称	华发股份
	法人代表	袁小波	董秘	侯贵明	证券代码	600325
	公司网址	www.cnhuafas.com		电子信箱	zqb@cnhuafas.com	
	电　　话	0756-8282111		传　　真	0756-8281000	
	办公地址	广东省珠海市昌盛路 155 号				
	经营范围	房地产开发和销售				

	指标\报告期	2012.06.30	2011.12.31	2011.06.30	2010.12.31
主要财务指标	基本每股收益(元)	0.2990	0.9400	0.3550	0.9200
	基本每股收益(扣除)(元)	0.2650	0.9300	0.3510	0.9200
	每股净资产(元)	7.8300	7.6300	7.0500	7.0500
	每股经营现金净流量(元)	-0.4296	0.8784	0.7455	3.8265
	每股现金流量(元)	0.8295	-2.0149	-0.5642	1.7054
	每股资本公积金(元)	2.9274	2.9274	2.9267	3.1871
	每股盈余公积金(元)	0.2501	0.2501	0.2501	0.2501
	每股未分配利润(元)	3.6560	3.4570	2.8699	2.6145
	净资产收益率(%)	3.8172	12.3450	5.0430	13.0486
	加权净资产收益率(%)	3.8700	13.0300	4.9200	13.8500
	净资产收益率(扣除)(%)	-	-	-	-
	总资产(万元)	2606706.61	2254047.45	2137228.76	2032627.70
	归属母公司股东权益(万元)	640036.60	623770.42	575751.57	576158.07
	主营业务收入(万元)	176980.14	524064.34	246494.01	557715.41
	营业收入(万元)	181835.56	599255.10	316146.57	587511.30
	主营成本(万元)	75322.23	304790.01	158911.02	384494.29
	营业成本(万元)	80967.33	366651.34	215900.01	392507.89
	投资收益(万元)	1715.70	161.89	20.85	506.30
	净利润(万元)	26614.76	77772.49	28135.21	76574.44
	利润总额(万元)	43551.04	111910.15	42326.95	101178.26

西藏天路股份有限公司

公司概况	公司名称	西藏天路股份有限公司			证券简称	西藏天路
	法人代表	多吉罗布	董秘	王启云	证券代码	600326
	公司网址	www.xztianlu.com		电子信箱	xztlgf@263.net	
	电　　话	0891-6902701		传　　真	0891-6903003	
	办公地址	西藏自治区拉萨市夺底路 14 号				
	经营范围	公路工程施工的基础设施建设、主要承担西藏自治区内的公路桥梁的建设任务				

	指标\报告期	2012.06.30	2011.12.31	2011.06.30	2010.12.31
主要财务指标	基本每股收益(元)	0.0502	0.1500	0.0586	0.1400
	基本每股收益(扣除)(元)	0.0508	0.1500	0.0570	0.1100
	每股净资产(元)	2.1408	2.0904	1.9954	1.9368
	每股经营现金净流量(元)	-0.0272	0.3523	-0.0438	0.2579
	每股现金流量(元)	-0.0714	0.2946	-0.2358	0.1133
	每股资本公积金(元)	0.3622	0.3619	0.3612	0.3612
	每股盈余公积金(元)	0.1075	0.1075	0.1071	0.1071
	每股未分配利润(元)	0.6712	0.6210	0.5271	0.4685
	净资产收益率(%)	2.3400	7.3170	2.9370	7.0411
	加权净资产收益率(%)	2.3700	7.6000	2.9800	7.2200
	净资产收益率(扣除)(%)	-	-	-	-
	总资产(万元)	246651.82	233029.97	206804.58	215055.83
	归属母公司股东权益(万元)	117147.11	114385.10	109187.21	105980.51
	主营业务收入(万元)	68950.67	131512.91	49852.14	112331.07
	营业收入(万元)	69226.07	131949.56	50055.18	113087.35
	主营成本(万元)	58063.35	104339.68	39788.72	90388.97
	营业成本(万元)	58085.06	104423.24	39828.69	90805.41
	投资收益(万元)	-69.52	-182.27	-10.24	-107.39
	净利润(万元)	3828.76	11406.36	4354.04	10121.64
	利润总额(万元)	4608.72	13815.80	5228.86	12137.89

无锡商业大厦大东方股份有限公司

公司概况	公司名称	无锡商业大厦大东方股份有限公司			证券简称	大东方
	法人代表	潘霄燕	董秘	陈辉	证券代码	600327
	公司网址	www.eastall.com		电子信箱	cmc@eastall.com	
	电　　话	0510-82702093		传　　真	0510-82700159	
	办公地址	江苏省无锡市中山路 343 号				
	经营范围	国内一般商业百货零售				

	指标\报告期	2012.06.30	2011.12.31	2011.06.30	2010.12.31
主要财务指标	基本每股收益(元)	0.1710	0.3970	0.2540	0.4300
	基本每股收益(扣除)(元)	0.1690	0.3640	0.2440	0.4250
	每股净资产(元)	2.2940	2.2240	2.0800	2.1100
	每股经营现金净流量(元)	-0.0017	0.2773	-0.0460	0.8513
	每股现金流量(元)	-0.1391	-0.2076	-0.5038	0.1899
	每股资本公积金(元)	0.0811	0.1014	0.1006	0.2806
	每股盈余公积金(元)	0.2566	0.2566	0.2243	0.2243
	每股未分配利润(元)	0.9568	0.8656	0.7546	0.6007
	净资产收益率(%)	7.4627	17.8650	12.2117	20.4210
	加权净资产收益率(%)	7.5900	18.8100	12.4500	22.4000
	净资产收益率(扣除)(%)	-	-	-	-
	总资产(万元)	401378.13	396208.85	329660.28	315586.07
	归属母公司股东权益(万元)	119704.40	116006.27	108491.24	109847.24
	主营业务收入(万元)	359663.69	698849.96	339075.77	625102.37
	营业收入(万元)	366078.51	709437.36	343669.92	634493.88
	主营成本(万元)	312221.30	608244.54	291548.29	546493.80
	营业成本(万元)	313808.34	609946.77	292879.93	549040.92
	投资收益(万元)	99.63	1925.85	901.40	2605.57
	净利润(万元)	10129.17	25676.93	16196.78	28872.77
	利润总额(万元)	15165.28	35857.10	22336.36	38391.58

内蒙古兰太实业股份有限公司

公司概况	公司名称	内蒙古兰太实业股份有限公司			证券简称	兰太实业
	法人代表	李德禄	董秘	李晶	证券代码	600328
	公司网址	www.lantaicn.com		电子信箱	ltsylj@lantaicn.com	
	电　　话	0473-3443785 3443896		传　　真	0473-3443699	
	办公地址	内蒙古自治区阿拉善盟阿拉善左旗乌斯太镇阿拉善经济开发区				
	经营范围	加碘食用盐、化工原料盐、农牧渔业盐产品、金属钠、液氯、CPE 等				

	指标\报告期	2012.06.30	2011.12.31	2011.06.30	2010.12.31
主要财务指标	基本每股收益(元)	-0.0400	0.2500	0.0900	0.1500
	基本每股收益(扣除)(元)	-0.0400	0.2200	0.0800	0.1300
	每股净资产(元)	3.3487	3.3212	3.1586	3.0700
	每股经营现金净流量(元)	0.0759	-0.0858	-0.0220	0.0875
	每股现金流量(元)	-0.4315	-0.1242	0.1749	-0.7149
	每股资本公积金(元)	0.9960	0.9364	0.9364	0.9364
	每股盈余公积金(元)	0.2064	0.2064	0.1996	0.1996
	每股未分配利润(元)	1.1050	1.1460	0.9943	0.9177
	净资产收益率(%)	-1.2232	7.5300	2.7290	5.0160
	加权净资产收益率(%)	-1.2300	7.8300	2.7600	5.5100
	净资产收益率(扣除)(%)	-	-	-	-
	总资产(万元)	631888.95	615589.28	538225.86	472350.82
	归属母公司股东权益(万元)	120256.43	119269.38	113429.51	110261.27
	主营业务收入(万元)	74293.69	147671.07	74743.20	128793.62
	营业收入(万元)	79290.66	165731.01	80738.10	142015.45
	主营成本(万元)	51633.38	93102.21	48757.72	83139.43
	营业成本(万元)	56068.63	105166.18	55058.45	94452.92
	投资收益(万元)	-	-	-	3.39
	净利润(万元)	-3159.02	10485.56	3983.32	6066.35
	利润总额(万元)	-2476.63	13340.43	5289.75	7607.97

天津中新药业集团股份有限公司

公司概况					
公司名称	天津中新药业集团股份有限公司			证券简称	中新药业
法人代表	郝非非	董秘	焦艳	证券代码	600329
公司网址	www.zhongxinyaoye.com		电子信箱	zxyy600329@163.com	
电　话	022-27020892		传　真	022-27020926	
办公地址	天津市南开区白堤路17号				
经营范围	生产及出售中药、西药、保健品及医疗器械				

主要财务指标 指标\报告期	2012.06.30	2011.12.31	2011.06.30	2010.12.31
基本每股收益(元)	0.4300	0.3300	0.2600	0.4000
基本每股收益(扣除)(元)	0.3200	0.3200	0.2600	0.3300
每股净资产(元)	2.9280	2.5460	2.4940	2.4300
每股经营现金净流量(元)	0.1530	0.2352	0.0998	0.1881
每股现金流量(元)	0.1736	0.0133	0.2242	0.0405
每股资本公积金(元)	0.7515	0.8042	0.8229	0.8270
每股盈余公积金(元)	0.2542	0.2542	0.2231	0.2231
每股未分配利润(元)	0.9220	0.4881	0.4479	0.3842
净资产收益率(%)	14.8200	13.1550	10.5740	16.2962
加权净资产收益率(%)	15.7800	13.3600	10.2900	17.7400
净资产收益率(扣除)(%)	–	–	–	–
总资产(万元)	444364.28	414361.53	438819.74	383648.55
归属母公司股东权益(万元)	216451.80	188261.58	184379.91	179972.76
主营业务收入(万元)	257284.82	437389.07	208128.33	345906.02
营业收入(万元)	258021.25	439188.91	208775.39	347347.13
主营成本(万元)	155578.97	282292.01	126783.83	213345.30
营业成本(万元)	155742.71	282567.18	126898.83	213656.21
投资收益(万元)	20112.07	4409.08	4236.33	10611.70
净利润(万元)	33641.63	26658.81	21019.54	32084.03
利润总额(万元)	39733.29	28163.33	21477.70	35277.26

天通控股股份有限公司

公司概况					
公司名称	天通控股股份有限公司			证券简称	天通股份
法人代表	潘建清	董秘	许丽秀	证券代码	600330
公司网址	www.tdgcore.com		电子信箱	xlx@tdgcore.com	
电　话	0573-80701330		传　真	0573-80701300	
办公地址	浙江省海宁市经济开发区双联路129号				
经营范围	软磁铁氧体MnZn和NiZn磁芯的生产和销售				

主要财务指标 指标\报告期	2012.06.30	2011.12.31	2011.06.30	2010.12.31
基本每股收益(元)	–0.0830	0.0210	0.0400	0.1430
基本每股收益(扣除)(元)	–0.0950	–0.0550	0.0250	0.1320
每股净资产(元)	2.2250	2.3090	2.3290	2.2950
每股经营现金净流量(元)	–0.0163	0.1382	–0.0759	0.2275
每股现金流量(元)	–0.1590	–0.0073	–0.0984	–0.0281
每股资本公积金(元)	1.0377	1.0377	1.0407	1.0475
每股盈余公积金(元)	0.1388	0.1388	0.1388	0.1388
每股未分配利润(元)	0.0488	0.1321	0.1494	0.1091
净资产收益率(%)	–3.7436	0.8900	1.7150	6.2338
加权净资产收益率(%)	–3.6700	0.8900	1.7300	6.4500
净资产收益率(扣除)(%)	–	–	–	–
总资产(万元)	259813.37	245633.81	245590.55	217578.83
归属母公司股东权益(万元)	131026.46	135931.62	137127.69	135158.12
主营业务收入(万元)	53031.85	131123.69	78424.60	124918.50
营业收入(万元)	54925.38	135822.53	80723.02	127880.46
主营成本(万元)	45098.19	109344.30	65880.93	92886.16
营业成本(万元)	46518.84	112647.44	67151.85	95301.99
投资收益(万元)	454.05	3682.57	940.00	959.42
净利润(万元)	–4940.61	1469.35	2554.01	8132.97
利润总额(万元)	–4839.90	1595.35	2553.81	7407.01

四川宏达股份有限公司

公司概况					
公司名称	四川宏达股份有限公司			证券简称	宏达股份
法人代表	杨骞	董秘	王延俊	证券代码	600331
公司网址	www.sichuanhongda.com		电子信箱	dshbgs@sinohongda.com	
电　话	028-86141081		传　真	028-86140372	
办公地址	四川省成都市锦里东路2号宏达国际广场28楼				
经营范围	工业硫酸、普通过磷酸钙、复合肥、锌锭、氧化锌、硝酸钾、氯化氨等				

主要财务指标 指标\报告期	2012.06.30	2011.12.31	2011.06.30	2010.12.31
基本每股收益(元)	–0.1795	0.0509	0.3487	–0.3373
基本每股收益(扣除)(元)	–0.1842	–0.5787	–0.2559	–0.3217
每股净资产(元)	1.0789	1.2049	1.5420	1.1791
每股经营现金净流量(元)	0.4353	0.2243	–0.4631	–0.7552
每股现金流量(元)	–0.5893	–0.1497	–0.4651	0.2841
每股资本公积金(元)	0.2481	0.2267	0.2627	0.2490
每股盈余公积金(元)	0.1673	0.1673	0.1673	0.1673
每股未分配利润(元)	–0.3860	–0.2065	0.0916	–0.2574
净资产收益率(%)	–16.6348	4.2240	22.6160	–28.6180
加权净资产收益率(%)	–16.0900	4.2300	25.6500	–25.0300
净资产收益率(扣除)(%)	–	–	–	–
总资产(万元)	822488.54	929232.82	987218.13	1031206.71
归属母公司股东权益(万元)	111338.57	124349.61	159131.63	121679.47
主营业务收入(万元)	210811.09	429252.87	189544.46	406292.91
营业收入(万元)	213363.28	438470.02	194249.95	413866.46
主营成本(万元)	179453.81	361158.14	153044.86	326816.05
营业成本(万元)	181189.73	366855.46	226142.77	330824.99
投资收益(万元)	5130.00	72341.14	73285.83	–1040.17
净利润(万元)	–18128.57	8083.46	36564.01	–25479.46
利润总额(万元)	–14240.20	12104.07	41849.84	–20637.86

广州药业股份有限公司

公司概况					
公司名称	广州药业股份有限公司			证券简称	广州药业
法人代表	杨荣明	董秘	庞健辉	证券代码	600332
公司网址	www.gpc.com.cn		电子信箱	pangjh@gpc.com.cn	
电　话	020-81218119 81218120		传　真	020-81216408	
办公地址	广东省广州市荔湾区沙面北街45号				
经营范围	中成药的制造与销售及天然药物和生物医药的研究开发等				

主要财务指标 指标\报告期	2012.06.30	2011.12.31	2011.06.30	2010.12.31
基本每股收益(元)	0.2680	0.3550	0.2220	0.3290
基本每股收益(扣除)(元)	0.2590	0.3280	0.2110	0.2880
每股净资产(元)	4.8300	4.6600	4.5300	4.3600
每股经营现金净流量(元)	0.6438	–0.2220	0.0213	0.0903
每股现金流量(元)	0.5266	–0.4200	–0.2085	0.0357
每股资本公积金(元)	1.4152	1.4157	1.4181	1.4215
每股盈余公积金(元)	0.7435	0.7435	0.7128	0.7128
每股未分配利润(元)	1.6720	1.5043	1.4019	1.2304
净资产收益率(%)	5.5418	7.6030	4.8868	7.5470
加权净资产收益率(%)	5.6000	7.8400	4.9500	7.8100
净资产收益率(扣除)(%)	–	–	–	–
总资产(万元)	576901.65	485126.58	487377.93	447789.16
归属母公司股东权益(万元)	391722.82	378165.20	367562.29	353936.94
主营业务收入(万元)	344772.38	534515.80	277053.18	440309.79
营业收入(万元)	349804.62	543961.16	281734.13	448606.73
主营成本(万元)	265980.66	402630.55	210900.92	318857.29
营业成本(万元)	266778.10	404275.18	211808.45	320580.86
投资收益(万元)	11378.43	15378.57	8427.65	11535.27
净利润(万元)	22631.20	29999.69	18658.58	27403.15
利润总额(万元)	24861.83	33499.30	20583.22	32134.12

长春燃气股份有限公司

公司概况					
公司名称	长春燃气股份有限公司			证券简称	长春燃气
法人代表	张志超	董秘	孙树怀	证券代码	600333
公司网址	www.ccrq.com.cn		电子信箱	ccrq_zy@163.com	
电　　话	0431-85954615 85954383		传　　真	0431-85954383	
办公地址	吉林省长春市朝阳区延安大街 421 号				
经营范围	焦炉煤气、冶金焦炭、煤焦油的生产、销售、天然气、液化石油气供应等				

主要财务指标 指标\报告期	2012.06.30	2011.12.31	2011.06.30	2010.12.31
基本每股收益(元)	0.0500	0.1600	0.0300	0.1800
基本每股收益(扣除)(元)	-0.0200	0.0300	0.0200	0.0900
每股净资产(元)	3.0600	3.0100	2.8800	2.9500
每股经营现金净流量(元)	0.0527	0.5181	0.2346	0.2121
每股现金流量(元)	-0.0654	-0.1430	-0.1481	0.0939
每股资本公积金(元)	0.3781	0.3781	0.3781	0.3781
每股盈余公积金(元)	0.2941	0.2941	0.2895	0.2895
每股未分配利润(元)	1.3892	1.3345	1.2171	1.2833
净资产收益率(%)	1.7870	5.1824	1.1720	6.1220
加权净资产收益率(%)	1.8000	5.2300	1.1700	6.3200
净资产收益率(扣除)(%)	-	-	-	-
总资产(万元)	270583.17	259823.82	241734.67	235575.82
归属母公司股东权益(万元)	141288.43	138763.64	133133.12	136187.50
主营业务收入(万元)	93509.15	179876.72	98147.99	177274.41
营业收入(万元)	93935.96	181085.96	98843.39	178444.24
主营成本(万元)	79785.25	153773.94	86062.33	151529.01
营业成本(万元)	80065.74	154825.64	86451.06	152610.01
投资收益(万元)	540.19	10.12	-190.77	77.56
净利润(万元)	2401.84	7206.69	1585.15	8564.33
利润总额(万元)	3098.92	8743.15	2224.64	9560.77

国机汽车股份有限公司

公司概况					
公司名称	国机汽车股份有限公司			证券简称	国机汽车
法人代表	丁宏祥	董秘	伍刚(代)	证券代码	600335
公司网址	www.sinomach-auto.com		电子信箱	600335@sinomach-auto.com	
电　　话	010-88825988		传　　真	010-88825988	
办公地址	北京市海淀区西三环北路 72 号世纪经贸大厦 A 座				
经营范围	生产和销售工程机械产品				

主要财务指标 指标\报告期	2012.06.30	2011.12.31	2011.06.30	2010.12.31
基本每股收益(元)	0.3418	0.9455	0.3267	0.4198
基本每股收益(扣除)(元)	0.3276	0.5656	-0.0308	-0.1212
每股净资产(元)	4.5923	4.4534	1.0084	3.7982
每股经营现金净流量(元)	-3.6697	1.2768	8.4080	-6.1749
每股现金流量(元)	-0.0892	2.2208	12.9839	1.2686
每股资本公积金(元)	1.5694	1.6843	0.2329	4.1878
每股盈余公积金(元)	0.0429	0.0429	0.0307	0.0307
每股未分配利润(元)	1.9808	1.7271	-0.2552	1.7820
净资产收益率(%)	7.4422	19.7690	59.7116	11.0520
加权净资产收益率(%)	7.5074	24.2200	8.2514	13.7300
净资产收益率(扣除)(%)	-	-	-	-
总资产(万元)	1768315.94	1454319.15	123150.57	905948.40
归属母公司股东权益(万元)	257170.87	249394.63	27827.17	193182.24
主营业务收入(万元)	2922743.98	5071425.36	2673014.02	3455980.81
营业收入(万元)	2929777.11	5082149.27	2678039.74	3465159.45
主营成本(万元)	2860870.14	4930665.22	2606700.83	3370099.91
营业成本(万元)	2861263.61	4931334.20	2607726.19	3374447.74
投资收益(万元)	1199.06	1785.53	-566.63	8662.32
净利润(万元)	17739.25	54098.02	20007.60	26925.24
利润总额(万元)	26006.17	74832.24	27578.78	39535.86

澳柯玛股份有限公司

公司概况					
公司名称	澳柯玛股份有限公司			证券简称	澳柯玛
法人代表	李蔚	董秘	孙武	证券代码	600336
公司网址	www.aucma.com.cn		电子信箱	sunwu@aucma.com.cn	
电　　话	0532-86765129		传　　真	0532-86765129	
办公地址	山东省青岛市经济技术开发区前湾港路 315 号				
经营范围	冷柜系列、水净化设备、车用冷热转换箱、自动售货机、锂电池等				

主要财务指标 指标\报告期	2012.06.30	2011.12.31	2011.06.30	2010.12.31
基本每股收益(元)	0.1482	0.1100	0.0617	0.2000
基本每股收益(扣除)(元)	0.1414	0.0400	0.0533	0.1500
每股净资产(元)	1.9123	1.7641	1.7171	1.6554
每股经营现金净流量(元)	0.2167	0.6007	0.2281	0.1724
每股现金流量(元)	0.0148	0.1458	-0.0664	-0.2298
每股资本公积金(元)	2.4641	2.4641	2.4641	2.4641
每股盈余公积金(元)	0.0908	0.0908	0.0908	0.0908
每股未分配利润(元)	-1.6426	-1.7908	-1.8378	-1.8995
净资产收益率(%)	7.7483	6.1640	3.5940	12.2938
加权净资产收益率(%)	8.0600	6.3600	3.6600	13.1000
净资产收益率(扣除)(%)	-	-	-	-
总资产(万元)	278215.60	270107.79	279962.07	249704.92
归属母公司股东权益(万元)	65216.74	60163.54	58559.47	56455.02
主营业务收入(万元)	211326.11	403245.92	204238.94	359130.74
营业收入(万元)	215205.64	413034.38	210090.65	369510.69
主营成本(万元)	164509.99	327895.38	165899.42	287436.28
营业成本(万元)	167681.62	336517.96	171247.82	296684.44
投资收益(万元)	-37.46	66.36	-21.01	1431.50
净利润(万元)	5089.76	3659.47	2070.52	6773.98
利润总额(万元)	6497.24	5045.74	2969.09	7641.69

美克国际家具股份有限公司

公司概况					
公司名称	美克国际家具股份有限公司			证券简称	美克股份
法人代表	寇卫平	董秘	黄新	证券代码	600337
公司网址	www.markorfurniture.com		电子信箱	mkzq1@markor.com.cn	
电　　话	0991-3836028		传　　真	0991-3838191	
办公地址	新疆维吾尔自治区乌鲁木齐市经济开发区迎宾路 160 号				
经营范围	装饰装修材料、实木家具、聚脂家具及配套产品生产及销售等				

主要财务指标 指标\报告期	2012.06.30	2011.12.31	2011.06.30	2010.12.31
基本每股收益(元)	0.0800	0.3100	0.1400	0.1800
基本每股收益(扣除)(元)	0.0700	0.2900	0.1300	0.1600
每股净资产(元)	3.9500	3.9200	3.7600	3.6700
每股经营现金净流量(元)	-0.0708	0.6322	0.0816	0.2407
每股现金流量(元)	-0.5540	-0.6560	-0.7425	1.2278
每股资本公积金(元)	1.3614	1.3615	1.3578	1.3578
每股盈余公积金(元)	0.2179	0.2179	0.2147	0.2147
每股未分配利润(元)	1.3937	1.3663	1.2026	1.1091
净资产收益率(%)	1.9600	7.9243	3.8190	3.9398
加权净资产收益率(%)	1.9700	8.1800	3.8700	6.2200
净资产收益率(扣除)(%)	-	-	-	-
总资产(万元)	346454.47	369072.14	371002.41	370773.50
归属母公司股东权益(万元)	249615.00	247822.76	237821.20	232459.18
主营业务收入(万元)	123772.54	253518.04	117117.32	239099.23
营业收入(万元)	125096.73	256067.30	118168.05	241518.81
主营成本(万元)	70530.64	131978.92	67902.55	142405.76
营业成本(万元)	71022.56	132370.91	68075.69	142931.00
投资收益(万元)	375.07	619.92	216.00	15.89
净利润(万元)	4897.57	19639.14	9076.10	12056.82
利润总额(万元)	6430.49	22569.23	10938.37	13858.17

西藏珠峰工业股份有限公司

公司概况	公司名称	西藏珠峰工业股份有限公司			证券简称	*ST 珠峰
	法人代表	黄建荣	董秘	孙华	证券代码	600338
	公司网址	http://www.zfmotor.com		电子信箱	sunhua@zhufenggufen.com	
	电话	021-66284908		传真	021-66284923	
	办公地址	上海市闸北区柳营路 305 号 7 楼				
	经营范围	锌、铟等有色金属冶炼及相关产品生产、销售				

主要财务指标	指标\报告期	2012.06.30	2011.12.31	2011.06.30	2010.12.31
	基本每股收益(元)	–0.1500	–0.3007	–0.1500	–0.0586
	基本每股收益(扣除)(元)	–0.1600	–0.2457	–0.1300	–0.2203
	每股净资产(元)	–0.6124	–0.4600	–0.3100	–0.1600
	每股经营现金净流量(元)	–0.1838	0.0479	–0.2322	0.2038
	每股现金流量(元)	0.0642	–0.1396	–0.1264	–0.0068
	每股资本公积金(元)	0.3155	0.3155	0.3155	0.3155
	每股盈余公积金(元)	0.0901	0.0901	0.0901	0.0901
	每股未分配利润(元)	–2.0180	–1.8687	–1.7203	–1.5679
	净资产收益率(%)	–24.3826	–	–48.4177	–36.0761
	加权净资产收益率(%)	–	–	–	–
	净资产收益率(扣除)(%)	–	–	–	–
	总资产(万元)	52766.26	47681.61	51351.05	52479.11
	归属母公司股东权益(万元)	–9696.40	–7332.17	–4983.46	–2570.58
	主营业务收入(万元)	33889.45	64751.37	34856.91	102417.58
	营业收入(万元)	34710.52	68052.02	36281.02	103808.32
	主营成本(万元)	33527.84	60916.17	33815.57	98688.92
	营业成本(万元)	33736.17	62267.63	34156.34	99404.11
	投资收益(万元)	357.66	–640.84	–142.73	1791.85
	净利润(万元)	–2208.17	–3822.44	–1986.30	–404.94
	利润总额(万元)	–2211.71	–3303.05	–1925.87	–215.48

新疆独山子天利高新技术股份有限公司

公司概况	公司名称	新疆独山子天利高新技术股份有限公司			证券简称	天利高新
	法人代表	付德新	董秘	唐涛	证券代码	600339
	公司网址	www.600339.cc		电子信箱	lgx_xy7262@sina.com	
	电话	0992-3655959 3658055		传真	0992-3659999	
	办公地址	新疆维吾尔自治区克拉玛依市独山子区大庆东路 2 号				
	经营范围	许可经营项目:普通货物运输等				

主要财务指标	指标\报告期	2012.06.30	2011.12.31	2011.06.30	2010.12.31
	基本每股收益(元)	–0.1517	0.1088	0.2845	0.4376
	基本每股收益(扣除)(元)	–0.1530	0.0890	0.2793	0.4265
	每股净资产(元)	2.2680	2.4580	2.6380	2.7300
	每股经营现金净流量(元)	0.4931	0.7596	0.6349	0.9934
	每股现金流量(元)	0.1166	–0.2026	–0.0941	0.0755
	每股资本公积金(元)	0.7794	0.7794	0.7809	0.9590
	每股盈余公积金(元)	0.1794	0.1794	0.1634	0.1797
	每股未分配利润(元)	0.2974	0.4941	0.6859	0.5915
	净资产收益率(%)	–6.6898	4.4260	10.7870	17.6289
	加权净资产收益率(%)	–6.3996	4.4000	10.8400	19.3300
	净资产收益率(扣除)(%)	–	–	–	–
	总资产(万元)	421995.65	431902.26	423679.07	359003.11
	归属母公司股东权益(万元)	131145.06	142088.03	152508.95	143499.54
	主营业务收入(万元)	169328.38	236198.85	137190.36	206030.84
	营业收入(万元)	174611.31	244879.43	140328.02	212792.17
	主营成本(万元)	161021.21	200034.17	104675.45	149627.09
	营业成本(万元)	166062.33	208197.34	108521.75	155390.34
	投资收益(万元)	414.09	1001.37	397.98	1709.97
	净利润(万元)	–10260.67	5052.28	15778.82	24142.47
	利润总额(万元)	–10132.40	7233.35	18467.67	24879.52

华夏幸福基业投资开发股份有限公司

公司概况	公司名称	华夏幸福基业投资开发股份有限公司			证券简称	华夏幸福
	法人代表	王文学	董秘	朱洲	证券代码	600340
	公司网址	www.cfldcn.com		电子信箱	ir@cfldcn.com	
	电话	010-59115153		传真	010-59115133	
	办公地址	北京市朝阳区东三环北路霞光里 18 号佳程广场 A 座 9 层				
	经营范围	实业投资、企业管理咨询、建筑装饰材料的销售				

主要财务指标	指标\报告期	2012.06.30	2011.12.31	2011.06.30	2010.12.31
	基本每股收益(元)	1.4300	3.2800	2.0400	1.1700
	基本每股收益(扣除)(元)	1.4300	3.2900	2.0200	1.1800
	每股净资产(元)	4.3100	4.7400	1.1800	2.2400
	每股经营现金净流量(元)	0.1329	0.4098	1.5494	6.7711
	每股现金流量(元)	–0.9359	1.3960	2.1685	10.6535
	每股资本公积金(元)	0.0180	0.4134	0.3464	1.1542
	每股盈余公积金(元)	0.2455	0.3683	0.0542	0.8072
	每股未分配利润(元)	3.0474	2.9575	–0.2213	3.3037
	净资产收益率(%)	33.1500	48.7360	–0.1780	31.6200
	加权净资产收益率(%)	37.7400	66.4900	58.2800	37.5500
	净资产收益率(扣除)(%)	–	–	–	–
	总资产(万元)	3195479.34	2757984.30	38975.57	1592829.78
	归属母公司股东权益(万元)	380187.39	278638.68	27421.57	131941.82
	主营业务收入(万元)	441435.80	775858.41	458634.98	440190.52
	营业收入(万元)	442600.15	779000.68	459712.69	442068.49
	主营成本(万元)	189691.52	447750.61	252525.73	19264.79
	营业成本(万元)	192051.50	452379.95	13267.23	19558.24
	投资收益(万元)	–72.96	559.55	595.28	–5.76
	净利润(万元)	122954.41	127938.34	106123.93	41709.32
	利润总额(万元)	166656.21	174237.28	143384.50	61928.95

陕西航天动力高科技股份有限公司

公司概况	公司名称	陕西航天动力高科技股份有限公司			证券简称	航天动力
	法人代表	王新敏	董秘	崔积堂	证券代码	600343
	公司网址	www.china-htdl.com		电子信箱	zqb@china-htdl.com	
	电话	029-81881823		传真	029-81881812	
	办公地址	陕西省西安市高新技术产业开发区锦业路 78 号				
	经营范围	航天技术流体机械系列液力变矩器、特种泵的研究、设计、试验、生产、销售等				

主要财务指标	指标\报告期	2012.06.30	2011.12.31	2011.06.30	2010.12.31
	基本每股收益(元)	0.0795	0.2300	0.0698	0.2000
	基本每股收益(扣除)(元)	0.0684	0.2000	0.0687	0.0900
	每股净资产(元)	4.5746	4.4951	4.3922	4.9000
	每股经营现金净流量(元)	–0.3623	–0.1009	–0.4373	0.0650
	每股现金流量(元)	–0.5476	–0.2047	–0.2461	1.6102
	每股资本公积金(元)	2.5372	2.5372	2.7505	3.0382
	每股盈余公积金(元)	0.1229	0.1229	0.1126	0.1428
	每股未分配利润(元)	0.9145	0.8350	0.5292	0.7151
	净资产收益率(%)	1.7370	5.1240	1.5900	3.7215
	加权净资产收益率(%)	1.7522	4.6400	1.4164	4.8700
	净资产收益率(扣除)(%)	–	–	–	–
	总资产(万元)	277925.93	263431.71	244587.93	219751.56
	归属母公司股东权益(万元)	109644.96	107740.41	105274.69	117350.42
	主营业务收入(万元)	57358.53	121082.02	52280.93	86911.35
	营业收入(万元)	58098.66	123260.28	52928.21	88991.49
	主营成本(万元)	47121.66	97792.48	42338.13	70820.72
	营业成本(万元)	47279.97	98877.72	42462.44	71928.36
	投资收益(万元)	0.99	–	–	–
	净利润(万元)	2211.11	7184.38	1993.50	6236.70
	利润总额(万元)	2587.31	8210.93	2340.28	6804.21

武汉长江通信产业集团股份有限公司

公司概况	公司名称	武汉长江通信产业集团股份有限公司			证券简称	长江通信
	法人代表	熊瑞忠	董秘	梅勇	证券代码	600345
	公司网址	www.ycig.com		电子信箱	sh600345@ycig.com	
	电　话	027-67840308 67840279		传　真	027-67840308	
	办公地址	湖北省武汉市东湖开发区关东工业园文华路2号				
	经营范围	通信、电子、计算机技术及产品的开发、研制、技术服务等				

	指标＼报告期	2012.06.30	2011.12.31	2011.06.30	2010.12.31
主要财务指标	基本每股收益(元)	0.2160	0.5000	0.2660	0.4600
	基本每股收益(扣除)(元)	0.0810	0.1800	0.0940	0.1400
	每股净资产(元)	5.7330	5.7200	5.5180	5.4100
	每股经营现金净流量(元)	-0.3563	-0.8801	-0.4977	-0.1909
	每股现金流量(元)	0.1979	-1.8341	-0.9685	0.2814
	每股资本公积金(元)	1.7532	1.7571	1.7912	1.7446
	每股盈余公积金(元)	1.1182	1.1182	1.0005	1.0005
	每股未分配利润(元)	1.8612	1.8454	1.7264	1.6605
	净资产收益率(%)	3.7644	8.7864	4.8177	8.5433
	加权净资产收益率(%)	3.7000	9.1200	4.8300	8.8000
	净资产收益率(扣除)(%)	-	-	-	-
	总资产(万元)	209993.87	200619.29	190635.46	203754.81
	归属母公司股东权益(万元)	113507.25	113271.51	109258.39	107031.72
	主营业务收入(万元)	44304.55	103168.53	43955.82	76495.85
	营业收入(万元)	44690.63	106471.08	45172.24	79069.71
	主营成本(万元)	37160.31	87136.99	35520.62	62024.15
	营业成本(万元)	37464.22	90087.43	36396.28	64536.06
	投资收益(万元)	6231.03	15778.79	6662.95	13800.78
	净利润(万元)	4165.81	10749.82	5597.34	10547.28
	利润总额(万元)	4391.87	12369.55	6256.74	11460.51

大连橡胶塑料机械股份有限公司

公司概况	公司名称	大连橡胶塑料机械股份有限公司			证券简称	大橡塑
	法人代表	洛少宁	董秘	孙培德	证券代码	600346
	公司网址	www.dlrpm.com		电子信箱	spd@dlrpm.com	
	电　话	0411-86641378		传　真	0411-86641645	
	办公地址	辽宁省大连市甘井子区营辉路18号				
	经营范围	从事橡胶机械专用设备、塑料机械专用设备及其零配件的研制、生产和销售				

	指标＼报告期	2012.06.30	2011.12.31	2011.06.30	2010.12.31
主要财务指标	基本每股收益(元)	-0.0480	-0.3480	-0.0830	0.0200
	基本每股收益(扣除)(元)	-0.0540	-0.3670	-0.0890	-0.0950
	每股净资产(元)	2.2010	2.2500	1.4940	1.5900
	每股经营现金净流量(元)	0.1151	-0.2432	0.1357	-0.0097
	每股现金流量(元)	-0.5843	1.0562	0.3745	0.2201
	每股资本公积金(元)	1.4497	1.4497	0.4356	0.4356
	每股盈余公积金(元)	0.0565	0.0565	0.0648	0.0648
	每股未分配利润(元)	-0.2901	-0.2420	-0.0093	0.0895
	净资产收益率(%)	-2.1824	-13.6210	-5.5450	1.2608
	加权净资产收益率(%)	-2.1600	-23.2500	-5.3400	1.2690
	净资产收益率(扣除)(%)	-	-24.8300	-	-
	总资产(万元)	293817.83	274109.77	229741.15	198011.78
	归属母公司股东权益(万元)	53054.47	54308.96	31370.60	33405.86
	主营业务收入(万元)	64373.73	92728.09	43467.84	57574.21
	营业收入(万元)	64529.95	93585.74	43734.69	57959.84
	主营成本(万元)	54036.35	77988.54	35257.17	44718.11
	营业成本(万元)	54071.10	78414.67	35477.02	45023.41
	投资收益(万元)	99.94	-66.07	4.48	20.03
	净利润(万元)	-1292.41	-7209.31	-1617.56	352.98
	利润总额(万元)	-1568.24	-6449.35	-1502.79	509.43

阳泉煤业(集团)股份有限公司

公司概况	公司名称	阳泉煤业(集团)股份有限公司			证券简称	阳泉煤业
	法人代表	白英	董秘	张思维	证券代码	600348
	公司网址	www.yqmy.cc		电子信箱	0353hch@sina.com	
	电　话	0353-7078568 7080590		传　真	0353-7080589	
	办公地址	山西省阳泉市北大街5号				
	经营范围	煤炭生产、洗选加工、销售、电力生产、销售、热力生产、销售等				

	指标＼报告期	2012.06.30	1.1700	2011.06.30	2010.12.31
主要财务指标	基本每股收益(元)	0.5500	1.1700	0.6600	1.0000
	基本每股收益(扣除)(元)	0.5500	4.7500	0.6600	1.0100
	每股净资产(元)	5.4000	2.0560	4.3500	3.5500
	每股经营现金净流量(元)	0.8453	0.9124	0.5639	1.7814
	每股现金流量(元)	0.4011	0.0158	0.2623	0.8110
	每股资本公积金(元)	0.0334	0.4250	-	-
	每股盈余公积金(元)	0.4250	2.1863	0.3278	0.3278
	每股未分配利润(元)	2.5381	24.6050	1.7796	1.2149
	净资产收益率(%)	10.2249	28.2300	15.2946	28.2868
	加权净资产收益率(%)	8.8100	-	13.3000	26.2900
	净资产收益率(扣除)(%)	-	2791273.46	-	-
	总资产(万元)	3156843.75	1142296.61	2550177.70	2225846.99
	归属母公司股东权益(万元)	1297862.41	2818091.10	1045233.97	852856.65
	主营业务收入(万元)	1586856.68	5072007.72	1356066.26	2236484.20
	营业收入(万元)	3358248.09	2159864.25	2518809.32	2794063.16
	主营成本(万元)	1265112.55	4377129.90	1025149.10	1686960.47
	营业成本(万元)	3012130.15	-9519.36	2166336.20	2228996.51
	投资收益(万元)	-723.79	271138.07	2078.55	2205.23
	净利润(万元)	132528.48	376251.43	168218.29	249412.82
	利润总额(万元)	182327.09	1.1700	229400.94	332102.20

山东高速股份有限公司

公司概况	公司名称	山东高速股份有限公司			证券简称	山东高速
	法人代表	孙亮	董秘	王云泉	证券代码	600350
	公司网址	www.sdecl.com.cn		电子信箱	wangyq@sdecl.com.cn	
	电　话	0531-89260052		传　真	0531-89260050	
	办公地址	山东省济南市文化东路29号七星吉祥大厦A座				
	经营范围	从事对高等级公路、桥梁、隧道基础设施的投资、管理、养护等				

	指标＼报告期	2012.06.30	2011.12.31	2011.06.30	2010.12.31
主要财务指标	基本每股收益(元)	0.1990	0.4110	0.1830	0.3680
	基本每股收益(扣除)(元)	0.1960	0.4060	0.1810	0.3640
	每股净资产(元)	3.4510	3.4070	3.1500	3.0760
	每股经营现金净流量(元)	0.2179	0.2206	0.1847	0.7932
	每股现金流量(元)	0.2500	0.0229	0.1352	0.2444
	每股资本公积金(元)	1.0169	1.0169	0.6447	1.8958
	每股盈余公积金(元)	0.2637	0.2637	0.3033	0.3155
	每股未分配利润(元)	1.1699	1.1263	1.2058	1.1886
	净资产收益率(%)	5.7577	12.0640	8.2913	11.9759
	加权净资产收益率(%)	5.6700	12.7500	5.8400	12.5100
	净资产收益率(扣除)(%)	-	-	-	-
	总资产(万元)	2471873.31	2321059.93	1527711.26	2055450.77
	归属母公司股东权益(万元)	1660104.87	1639094.32	1060890.49	1480031.31
	主营业务收入(万元)	259746.37	592693.51	286010.23	555656.26
	营业收入(万元)	260248.18	594850.80	286259.19	557390.06
	主营成本(万元)	85728.83	253019.47	135982.15	250752.11
	营业成本(万元)	86032.03	253797.20	136272.78	251199.72
	投资收益(万元)	920.37	1836.14	525.34	887.99
	净利润(万元)	97517.92	196787.94	87919.72	177173.88
	利润总额(万元)	133016.34	271798.00	116434.10	242259.11

亚宝药业集团股份有限公司

公司概况					
公司名称	亚宝药业集团股份有限公司			证券简称	亚宝药业
法人代表	任武贤	董秘	任蓬勃	证券代码	600351
公司网址	www.yabao.com.cn		电子信箱	yabaorpb@vip.sina.com	
电　　话	0359-3388071 3388078		传　　真	0359-3388076	
办公地址	山西省运城市风陵渡经济开发区工业大道1号				
经营范围	中西药制剂、化学合成原料药的生产与销售				

主要财务指标 指标\报告期	2012.06.30	2011.12.31	2011.06.30	2010.12.31
基本每股收益(元)	0.0800	0.2900	0.0600	0.2300
基本每股收益(扣除)(元)	0.0700	0.2800	0.0500	0.2100
每股净资产(元)	1.8810	1.8020	1.5650	1.5600
每股经营现金净流量(元)	0.0581	0.0643	0.2055	0.0293
每股现金流量(元)	0.0820	-0.2063	0.1995	-0.2948
每股资本公积金(元)	0.1809	0.1809	0.1809	0.1809
每股盈余公积金(元)	0.1243	0.1243	0.0963	0.0963
每股未分配利润(元)	0.5754	0.4972	0.2882	0.2806
净资产收益率(%)	4.1595	16.3420	3.6740	14.6350
加权净资产收益率(%)	4.2500	17.4900	3.6300	15.5700
净资产收益率(扣除)(%)	-	-	-	-
总资产(万元)	240280.13	227035.01	266211.46	243120.40
归属母公司股东权益(万元)	119033.26	114082.02	99079.44	98603.71
主营业务收入(万元)	62574.74	165712.15	48175.25	117379.28
营业收入(万元)	62733.39	166274.63	48416.20	118182.19
主营成本(万元)	31315.31	90413.60	22566.46	62930.92
营业成本(万元)	31427.26	90963.78	22751.64	63496.18
投资收益(万元)	-	37.74	-	595.70
净利润(万元)	4830.38	19740.91	3322.74	13939.64
利润总额(万元)	5914.75	24140.30	4109.83	16274.41

浙江龙盛集团股份有限公司

公司概况					
公司名称	浙江龙盛集团股份有限公司			证券简称	浙江龙盛
法人代表	阮伟祥	董秘	常盛	证券代码	600352
公司网址	www.longsheng.com		电子信箱	changsheng@longsheng.com	
电　　话	0575-82048616		传　　真	0575-82041589	
办公地址	浙江省上虞市道墟镇				
经营范围	染料、助剂、中间体的生产和销售				

主要财务指标 指标\报告期	2012.06.30	2011.12.31	2011.06.30	2010.12.31
基本每股收益(元)	0.1841	0.5522	0.3193	0.5672
基本每股收益(扣除)(元)	0.1337	0.3404	0.2029	0.4586
每股净资产(元)	4.8639	4.5931	4.5363	4.1756
每股经营现金净流量(元)	0.2022	-0.3893	-0.3200	-0.5959
每股现金流量(元)	-1.1289	0.9608	0.1378	-0.1465
每股资本公积金(元)	1.5672	1.3794	1.5598	1.4181
每股盈余公积金(元)	0.1203	0.1203	0.0917	0.0917
每股未分配利润(元)	2.1283	2.0442	1.8400	1.6207
净资产收益率(%)	3.7852	12.0222	7.0400	13.1303
加权净资产收益率(%)	3.8700	12.5900	7.1700	15.3300
净资产收益率(扣除)(%)	-	-	-	-
总资产(万元)	1486986.04	1724326.02	1675604.03	1338889.72
归属母公司股东权益(万元)	714221.65	674461.97	666120.71	613150.48
主营业务收入(万元)	405159.49	798065.10	410951.33	646677.41
营业收入(万元)	419611.05	822943.96	420706.76	667715.15
主营成本(万元)	329217.01	633426.87	321542.83	497762.79
营业成本(万元)	340395.59	653241.08	328754.86	513293.65
投资收益(万元)	8093.95	15382.58	3333.01	10257.19
净利润(万元)	26753.10	81917.22	47647.68	85093.43
利润总额(万元)	33703.98	96130.00	56778.36	99576.91

成都旭光电子股份有限公司

公司概况					
公司名称	成都旭光电子股份有限公司			证券简称	旭光股份
法人代表	葛行	董秘	刘卫东	证券代码	600353
公司网址	www.xuguang.com.cn		电子信箱	lwd898@163.com	
电　　话	028-83967182		传　　真	028-83967187	
办公地址	四川省成都市新都区新都镇新工大道318号				
经营范围	电子管、开关管和开关柜及电器元件等三大系列				

主要财务指标 指标\报告期	2012.06.30	2011.12.31	2011.06.30	2010.12.31
基本每股收益(元)	0.4313	0.0113	0.0123	0.2880
基本每股收益(扣除)(元)	-0.0500	-0.0013	0.0122	0.0447
每股净资产(元)	3.4633	2.7601	2.8338	4.1901
每股经营现金净流量(元)	0.0159	-0.3580	-0.2556	0.5273
每股现金流量(元)	0.5889	0.1218	0.4835	0.7096
每股资本公积金(元)	1.4979	1.2260	1.2983	1.6339
每股盈余公积金(元)	0.2407	0.2407	0.2390	0.5738
每股未分配利润(元)	0.7246	0.2933	0.2965	0.9823
净资产收益率(%)	12.4539	0.3920	0.4330	13.7456
加权净资产收益率(%)	14.4900	0.4203	0.5956	8.7969
净资产收益率(扣除)(%)	-	-	-	-
总资产(万元)	112407.01	93689.82	95233.96	73042.07
归属母公司股东权益(万元)	94151.30	75033.64	77039.02	47448.64
主营业务收入(万元)	15904.53	31141.77	13663.32	27356.05
营业收入(万元)	18161.57	37495.70	17186.00	32752.69
主营成本(万元)	14540.20	27877.34	12252.27	21849.60
营业成本(万元)	16125.58	31465.42	14091.80	25022.86
投资收益(万元)	12963.97	32.17	-	12.00
净利润(万元)	11725.50	294.38	333.58	6522.08
利润总额(万元)	11776.20	482.20	462.53	7657.69

甘肃省敦煌种业股份有限公司

公司概况					
公司名称	甘肃省敦煌种业股份有限公司			证券简称	敦煌种业
法人代表	王大和	董秘	张绍平	证券代码	600354
公司网址	www.dhseed.com		电子信箱	dhzyzqp@sina.com	
电　　话	0937-2663908		传　　真	0937-2663908	
办公地址	甘肃省酒泉市肃州区肃州路28号				
经营范围	农作物制种和棉花收购加工业务				

主要财务指标 指标\报告期	2012.06.30	2011.12.31	2011.06.30	2010.12.31
基本每股收益(元)	-0.3280	0.0770	-0.1400	0.4340
基本每股收益(扣除)(元)	-0.3240	0.0660	-0.1510	0.4160
每股净资产(元)	2.1500	5.4600	5.2500	3.6900
每股经营现金净流量(元)	0.5941	-0.9601	1.2141	1.2227
每股现金流量(元)	0.0392	0.5539	0.6960	2.1969
每股资本公积金(元)	1.1570	3.7454	3.7454	1.9894
每股盈余公积金(元)	0.0689	0.1515	0.1515	0.1659
每股未分配利润(元)	-0.0715	0.5649	0.3484	0.5341
净资产收益率(%)	-15.2374	1.4080	-2.6606	11.7610
加权净资产收益率(%)	-14.1600	1.4640	-4.2300	12.4990
净资产收益率(扣除)(%)	-	-	-	-
总资产(万元)	348898.40	402550.97	323526.22	334329.70
归属母公司股东权益(万元)	96472.73	111172.65	106766.29	68608.93
主营业务收入(万元)	65166.25	180898.91	57185.70	157978.20
营业收入(万元)	65339.01	181677.82	57211.38	158935.65
主营成本(万元)	57064.24	119599.09	39258.12	94186.87
营业成本(万元)	57079.69	119901.62	39250.34	94759.75
投资收益(万元)	-73.00	-5106.32	-813.08	1157.83
净利润(万元)	-14743.99	13542.62	-44.82	23704.36
利润总额(万元)	-14583.78	17226.86	892.84	28315.74

精伦电子股份有限公司

公司概况	公司名称	精伦电子股份有限公司			证券简称	ST 精伦
	法人代表	张学阳	董秘	张万宏	证券代码	600355
	公司网址	www.routon.com			电子信箱	ir@routon.com
	电　话	027-87921111 3231			传　真	027-87467166
	办公地址	湖北省武汉市东湖开发区光谷大道 70 号				
	经营范围	媒体屏产品、二代身份证阅读机具、工业缝纫机伺服控制器等				

主要财务指标	指标\报告期	2012.06.30	2011.12.31	2011.06.30	2010.12.31
	基本每股收益(元)	-0.0900	0.2500	0.0300	0.0500
	基本每股收益(扣除)(元)	-0.1000	-0.1400	-0.0200	0.0300
	每股净资产(元)	1.8400	1.9300	1.7100	1.6800
	每股经营现金净流量(元)	-0.1882	-0.2140	-0.2082	-0.0519
	每股现金流量(元)	-0.0833	0.0699	0.3591	-0.2614
	每股资本公积金(元)	1.3293	1.3293	1.3180	1.3180
	每股盈余公积金(元)	0.1683	0.1683	0.1683	0.1683
	每股未分配利润(元)	-0.6569	-0.5650	-0.7776	-0.8101
	净资产收益率(%)	-4.9916	12.6830	1.9030	3.0798
	加权净资产收益率(%)	-4.8800	13.6300	1.9300	3.1400
	净资产收益率(扣除)(%)	-	-	-	-
	总资产(万元)	52841.50	57305.07	66664.56	58240.68
	归属母公司股东权益(万元)	45288.98	47549.61	42039.69	41239.78
	主营业务收入(万元)	8963.34	24653.90	15140.26	27096.54
	营业收入(万元)	9857.81	25784.89	15646.95	27841.40
	主营成本(万元)	6954.94	18998.38	11384.88	18762.66
	营业成本(万元)	7471.12	19337.02	11565.82	19095.38
	投资收益(万元)	-172.88	8161.98	-207.07	-177.60
	净利润(万元)	-2260.63	6030.46	799.92	1270.12
	利润总额(万元)	-2315.46	5908.26	799.92	1270.18

牡丹江恒丰纸业股份有限公司

公司概况	公司名称	牡丹江恒丰纸业股份有限公司			证券简称	恒丰纸业
	法人代表	徐祥	董秘	张宝利	证券代码	600356
	公司网址	www.hengfengpaper.com			电子信箱	sh356@hengfengpaper.com
	电　话	0453-6886668			传　真	0453-6886667
	办公地址	黑龙江省牡丹江市阳明区恒丰路 11 号				
	经营范围	纸、纸浆和纸制品的制造、销售、造纸原辅材料生产等				

主要财务指标	指标\报告期	2012.06.30	2011.12.31	2011.06.30	2010.12.31
	基本每股收益(元)	0.2100	0.3800	0.2000	0.3500
	基本每股收益(扣除)(元)	0.2100	0.3700	0.2000	0.3600
	每股净资产(元)	5.7400	5.2600	5.0800	5.9500
	每股经营现金净流量(元)	0.1032	0.2944	-0.1305	0.8884
	每股现金流量(元)	0.8952	-0.0954	0.6301	0.1475
	每股资本公积金(元)	2.5672	2.1992	2.1978	2.6374
	每股盈余公积金(元)	0.5085	0.5085	0.4712	0.5655
	每股未分配利润(元)	1.6652	1.5518	1.4087	1.7457
	净资产收益率(%)	3.7347	7.2430	3.9500	7.0900
	加权净资产收益率(%)	4.0000	7.4600	4.0000	6.8800
	净资产收益率(扣除)(%)	-	-	-	-
	总资产(万元)	290152.19	233116.42	236700.62	189638.86
	归属母公司股东权益(万元)	132959.38	121809.48	117600.23	114807.81
	主营业务收入(万元)	64928.14	132117.87	61611.86	117896.20
	营业收入(万元)	66247.04	132730.90	62735.13	118721.63
	主营成本(万元)	48109.30	99402.07	46845.79	87946.12
	营业成本(万元)	49574.14	100060.67	48036.13	88719.65
	投资收益(万元)	-	-	-	-
	净利润(万元)	5008.37	8874.12	4611.82	8175.26
	利润总额(万元)	6641.98	11937.27	6236.18	11210.12

国旅联合股份有限公司

公司概况	公司名称	国旅联合股份有限公司			证券简称	国旅联合
	法人代表	张建华	董秘	程晓	证券代码	600358
	公司网址	www.cutc.com.cn			电子信箱	chengxiao@cutc.com.cn
	电　话	025-84700028			传　真	025-84711172
	办公地址	江苏省南京市汉中路 89 号金鹰国际商城 18 楼 A 座				
	经营范围	旅行服务、旅游综合服务业务、旅游客运业务等				

主要财务指标	指标\报告期	2012.06.30	2011.12.31	2011.06.30	2010.12.31
	基本每股收益(元)	0.0160	-0.1400	0.0150	0.0510
	基本每股收益(扣除)(元)	-0.0300	-0.1300	-0.0460	-0.0770
	每股净资产(元)	1.2220	1.2070	1.3680	1.3500
	每股经营现金净流量(元)	-0.1003	0.2079	-0.0701	-0.1396
	每股现金流量(元)	-0.1209	0.1659	-0.0759	0.0356
	每股资本公积金(元)	0.1323	0.1323	0.1337	0.1337
	每股盈余公积金(元)	0.0190	0.0190	0.0190	0.0190
	每股未分配利润(元)	0.0711	0.0555	0.2152	0.1998
	净资产收益率(%)	1.2749	-11.9578	1.1259	3.7900
	加权净资产收益率(%)	1.2800	-11.3900	1.1300	3.8600
	净资产收益率(扣除)(%)	-	-	-	-
	总资产(万元)	117595.01	112260.93	101078.37	101668.09
	归属母公司股东权益(万元)	52806.88	52133.65	59094.47	58429.12
	主营业务收入(万元)	6606.58	14717.43	8968.78	18406.67
	营业收入(万元)	6606.58	15054.22	8968.78	18751.86
	主营成本(万元)	1174.21	4300.14	2812.39	6791.15
	营业成本(万元)	1174.21	4300.14	2812.39	6791.15
	投资收益(万元)	-806.59	-2546.31	2390.76	1523.78
	净利润(万元)	713.29	-6099.52	672.98	2229.52
	利润总额(万元)	966.15	-5456.58	1163.98	3543.32

新疆塔里木农业综合开发股份有限公司

公司概况	公司名称	新疆塔里木农业综合开发股份有限公司			证券简称	*ST 新农
	法人代表	汪天仁	董秘	张春疆	证券代码	600359
	公司网址	www.xnkf.com			电子信箱	zhang-chunjiang@126.com
	电　话	0997-2134018 2125499			传　真	0997-2125238
	办公地址	新疆维吾尔自治区阿克苏市南大街 2 号新农大厦 19 层				
	经营范围	农业种植、牧渔养殖、农产品、畜产品的生产、加工及销售等				

主要财务指标	指标\报告期	2012.06.30	2011.12.31	2011.06.30	2010.12.31
	基本每股收益(元)	-0.0700	-2.0000	-0.3360	-0.0310
	基本每股收益(扣除)(元)	-0.2800	-1.5900	-0.3510	-0.0390
	每股净资产(元)	0.9600	1.0300	2.7560	3.0400
	每股经营现金净流量(元)	-0.3607	-1.4634	-1.5490	0.5664
	每股现金流量(元)	-1.2019	-0.8045	-1.5020	1.2136
	每股资本公积金(元)	1.8566	1.8566	1.8579	1.8579
	每股盈余公积金(元)	0.1984	0.1984	0.1992	0.1984
	每股未分配利润(元)	-2.0947	-2.0201	-0.3006	-0.0169
	净资产收益率(%)	-7.7636	-193.5667	-12.1790	-1.0208
	加权净资产收益率(%)	-7.4700	-98.3000	-11.4800	-1.0000
	净资产收益率(扣除)(%)	-	-	-	-
	总资产(万元)	316513.39	382131.69	413326.01	404216.08
	归属母公司股东权益(万元)	30826.39	33219.64	88481.88	97562.98
	主营业务收入(万元)	42464.99	148000.42	77555.91	183940.27
	营业收入(万元)	44157.73	162990.59	83112.46	193209.50
	主营成本(万元)	37709.28	132498.01	65865.18	160280.90
	营业成本(万元)	39078.23	145869.32	70387.66	166004.35
	投资收益(万元)	3748.91	-11880.11	-7451.35	-3744.95
	净利润(万元)	-4028.48	-81414.47	-14796.60	1567.30
	利润总额(万元)	-4028.48	-80170.83	-14727.76	2889.03

吉林华微电子股份有限公司

公司概况	公司名称	吉林华微电子股份有限公司		证券简称	华微电子
	法人代表	夏增文	董秘 王晓林	证券代码	600360
	公司网址	www.hwdz.com.cn		电子信箱	hwdz99@hwdz.com.cn
	电　话	0432-64684562		传　真	0432-64665812
	办公地址	吉林省吉林市高新区深圳街99号			
	经营范围	半导体器件、集成电路、电力电子产品、汽车电子产品、自动化仪表等			

主要财务指标	指标\报告期	2012.06.30	2011.12.31	2011.06.30	2010.12.31
	基本每股收益(元)	0.0300	0.1500	0.0600	0.1200
	基本每股收益(扣除)(元)	0.0200	0.0800	0.0600	0.1300
	每股净资产(元)	2.4176	2.4402	2.3539	2.9900
	每股经营现金净流量(元)	0.0820	0.6037	0.2126	0.5142
	每股现金流量(元)	-0.0660	0.1660	0.3659	0.3541
	每股资本公积金(元)	0.4410	0.4410	0.4427	0.7755
	每股盈余公积金(元)	0.1184	0.1184	0.1074	0.1396
	每股未分配利润(元)	0.8582	0.8808	0.8038	1.0753
	净资产收益率(%)	1.1327	6.1490	2.6370	5.2890
	加权净资产收益率(%)	1.1200	6.3200	2.6600	5.3300
	净资产收益率(扣除)(%)	-	-	-	-
	总资产(万元)	326917.41	324678.44	345979.36	311846.73
	归属母公司股东权益(万元)	163933.14	165466.75	159611.12	155976.26
	主营业务收入(万元)	53865.41	108684.39	53531.49	113573.02
	营业收入(万元)	54572.20	109811.56	54086.68	114796.39
	主营成本(万元)	41250.57	-	38009.05	79302.30
	营业成本(万元)	41424.61	77628.61	38120.30	79717.26
	投资收益(万元)	454.97	634.70	546.88	420.20
	净利润(万元)	1648.15	10285.24	4365.68	8567.68
	利润总额(万元)	2207.63	11975.37	5230.38	9894.27

北京华联综合超市股份有限公司

公司概况	公司名称	北京华联综合超市股份有限公司		证券简称	华联综超
	法人代表	彭小海	董秘 李春生	证券代码	600361
	公司网址	www.beijing-hualian.com		电子信箱	zczqb@beijing-hualian.com
	电　话	010-57391823		传　真	010-57391823
	办公地址	北京市大兴区青云店镇祥云路北四条208号			
	经营范围	商业零售、经营大型综合超市和百货店			

主要财务指标	指标\报告期	2012.06.30	2011.12.31	2011.06.30	2010.12.31
	基本每股收益(元)	0.0500	0.1000	0.0800	0.1100
	基本每股收益(扣除)(元)	0.0300	0.0900	0.0800	0.0800
	每股净资产(元)	4.5300	4.5600	4.5461	3.7100
	每股经营现金净流量(元)	0.1235	0.7161	0.2408	1.2982
	每股现金流量(元)	-0.6638	3.3212	2.0573	0.7839
	每股资本公积金(元)	2.5192	2.5190	2.5190	1.1917
	每股盈余公积金(元)	0.1811	0.1811	0.1727	0.2372
	每股未分配利润(元)	0.8322	0.8643	0.8545	1.2856
	净资产收益率(%)	1.0580	1.8950	1.5030	3.0570
	加权净资产收益率(%)	1.0500	2.2000	2.0500	3.0700
	净资产收益率(扣除)(%)	-	-	-	-
	总资产(万元)	880175.22	925718.26	763566.95	627041.83
	归属母公司股东权益(万元)	301775.03	303893.69	302685.71	180083.06
	主营业务收入(万元)	554067.55	1028114.29	509850.45	938877.76
	营业收入(万元)	620434.30	1145017.57	566098.90	1033881.64
	主营成本(万元)	489797.78	910270.19	449576.03	837115.38
	营业成本(万元)	489948.68	910646.91	449775.99	837581.68
	投资收益(万元)	1606.89	2576.47	1274.63	4570.97
	净利润(万元)	3245.30	5710.25	4548.31	5499.73
	利润总额(万元)	4356.66	7672.69	5973.08	7038.83

江西铜业股份有限公司

公司概况	公司名称	江西铜业股份有限公司		证券简称	江西铜业
	法人代表	李贻煌	董秘 潘其方	证券代码	600362
	公司网址	www.jxcc.com		电子信箱	jccl@jxcc.com
	电　话	0701-3777736 3777733		传　真	0701-3777013
	办公地址	江西省贵溪市冶金大道15号			
	经营范围	有色金属矿、稀贵金属矿及非金属矿、有色金属及相关副产品的冶炼等			

主要财务指标	指标\报告期	2012.06.30	2011.12.31	2011.06.30	2010.12.31
	基本每股收益(元)	0.7400	1.8914	1.2200	1.5600
	基本每股收益(扣除)(元)	0.6200	1.8600	1.0900	1.5700
	每股净资产(元)	11.6400	11.3500	10.9100	9.8500
	每股经营现金净流量(元)	0.3978	1.9154	1.2913	-0.5699
	每股现金流量(元)	1.4140	2.0845	2.1342	0.6243
	每股资本公积金(元)	3.3759	3.3640	3.3634	3.3359
	每股盈余公积金(元)	3.2131	3.2131	2.5325	2.5325
	每股未分配利润(元)	4.0110	3.7670	3.9773	2.9561
	净资产收益率(%)	6.3899	16.6640	11.1941	14.3810
	加权净资产收益率(%)	6.4700	17.6700	11.6900	18.2900
	净资产收益率(扣除)(%)	-	-	-	-
	总资产(万元)	7799960.04	6814962.87	6651685.56	5484477.36
	归属母公司股东权益(万元)	4031624.76	3930292.07	3777494.87	3412322.60
	主营业务收入(万元)	6688795.65	11728613.75	5920179.87	7600851.30
	营业收入(万元)	6706815.16	11764098.89	5931843.10	7644085.93
	主营成本(万元)	6270595.06	10671333.87	5336532.49	6783290.23
	营业成本(万元)	6282610.43	10698099.86	5341731.56	6816140.75
	投资收益(万元)	29021.76	3775.20	27510.33	9004.80
	净利润(万元)	260828.66	661048.40	426283.65	496484.09
	利润总额(万元)	317616.91	767087.62	507643.39	597986.83

江西联创光电科技股份有限公司

公司概况	公司名称	江西联创光电科技股份有限公司		证券简称	联创光电
	法人代表	肖文	董秘 黄倬桢	证券代码	600363
	公司网址	www.lianchuang.com.cn		电子信箱	600363@lianchuang.com.cn
	电　话	0791-88161979 88161956		传　真	0791-88162001
	办公地址	江西省南昌市高新技术产业开发区京东大道168号			
	经营范围	光电器件、继电器、通信线缆等			

主要财务指标	指标\报告期	2012.06.30	2011.12.31	2011.06.30	2010.12.31
	基本每股收益(元)	0.1102	0.2500	0.1401	0.1400
	基本每股收益(扣除)(元)	0.0700	0.1800	0.1300	0.0600
	每股净资产(元)	2.8100	2.7300	2.5700	2.4500
	每股经营现金净流量(元)	-0.0029	0.1338	0.0508	-0.0667
	每股现金流量(元)	-0.1022	0.2595	-0.0421	-0.3130
	每股资本公积金(元)	0.6315	0.6315	0.5784	0.5776
	每股盈余公积金(元)	0.1794	0.1794	0.1570	0.1570
	每股未分配利润(元)	1.0014	0.9162	0.8337	0.7136
	净资产收益率(%)	3.9186	9.0040	5.4540	5.7110
	加权净资产收益率(%)	3.9600	9.5700	5.5600	5.8200
	净资产收益率(扣除)(%)	-	-	-	-
	总资产(万元)	195811.08	191241.66	182753.10	182121.36
	归属母公司股东权益(万元)	104272.51	101112.41	95269.04	90780.04
	主营业务收入(万元)	58236.61	114639.21	58896.28	116615.63
	营业收入(万元)	60132.42	117059.49	59997.17	120028.49
	主营成本(万元)	48629.73	94818.61	48395.38	96338.48
	营业成本(万元)	50081.18	97275.81	49312.20	99373.09
	投资收益(万元)	4633.93	8369.95	5155.71	8448.25
	净利润(万元)	4401.53	10403.57	5974.93	5753.10
	利润总额(万元)	4474.22	11073.55	6370.25	5971.08

通化葡萄酒股份有限公司

公司概况	公司名称	通化葡萄酒股份有限公司			证券简称	*ST 通葡
	法人代表	王鹏	董秘	高振才	证券代码	600365
	公司网址	www.tonhwa.com		电子信箱	gaozhencai@163.com	
	电　　话	0435-3530506 3949249		传　　真	0435-3949616	
	办公地址	吉林省通化市前兴路 28 号				
	经营范围	果露酒、葡萄酒制造、销售、土特产品收购、加工、物资运输等				

主要财务指标	指标＼报告期	2012.06.30	2011.12.31	2011.06.30	2010.12.31
	基本每股收益(元)	0.0530	0.0300	-0.0100	-0.1600
	基本每股收益(扣除)(元)	-0.0270	0.0200	-0.0100	-0.1656
	每股净资产(元)	1.0300	0.9800	0.9370	0.9500
	每股经营现金净流量(元)	-0.1289	-0.0437	-0.0514	-0.0890
	每股现金流量(元)	-0.0800	0.0389	-0.0649	0.0491
	每股资本公积金(元)	2.0397	2.0397	2.0397	2.0397
	每股盈余公积金(元)	0.0511	0.0511	0.0511	0.0511
	每股未分配利润(元)	-2.0603	-2.1130	-2.1540	-2.1409
	净资产收益率(%)	5.1145	2.8530	-1.3990	-17.1930
	加权净资产收益率(%)	5.1100	2.9000	-1.4000	-15.8300
	净资产收益率(扣除)(%)	-	-	-	-
	总资产(万元)	26715.33	26931.02	25629.00	25984.35
	归属母公司股东权益(万元)	14427.22	13689.35	13115.34	13298.82
	主营业务收入(万元)	2427.34	9408.22	4436.21	8113.87
	营业收入(万元)	2427.34	9459.59	4436.21	8288.08
	主营成本(万元)	1168.61	4709.81	2249.15	4460.18
	营业成本(万元)	1168.61	4741.61	2249.15	4569.82
	投资收益(万元)	-	-	-	-
	净利润(万元)	737.87	390.53	-183.48	-2286.50
	利润总额(万元)	737.87	406.68	-183.48	-2284.22

宁波韵升股份有限公司

公司概况	公司名称	宁波韵升股份有限公司			证券简称	宁波韵升
	法人代表	杨齐	董秘	傅健杰	证券代码	600366
	公司网址	www.yunsheng.com		电子信箱	fujj@ysweb.com	
	电　　话	0574-87776939		传　　真	0574-87776466	
	办公地址	浙江省宁波市国家高新区扬帆路 1 号				
	经营范围	钕铁硼永磁材料、八音琴和电机产品的生产和销售及进出口贸易				

主要财务指标	指标＼报告期	2012.06.30	2011.12.31	2011.06.30	2010.12.31
	基本每股收益(元)	0.5715	1.2856	0.2261	0.3958
	基本每股收益(扣除)(元)	0.4975	1.2132	0.1611	0.2466
	每股净资产(元)	5.2488	4.6930	3.6338	3.5176
	每股经营现金净流量(元)	0.6512	0.8987	-1.0498	0.4616
	每股现金流量(元)	0.3278	1.0652	0.1591	-0.1604
	每股资本公积金(元)	0.5810	0.5902	0.5868	0.8017
	每股盈余公积金(元)	0.3247	0.3247	0.3005	0.3907
	每股未分配利润(元)	3.3499	2.7783	1.7430	2.3720
	净资产收益率(%)	10.8890	27.3940	6.2220	11.2525
	加权净资产收益率(%)	11.4800	31.1900	6.2300	12.1000
	净资产收益率(扣除)(%)	-	-	-	-
	总资产(万元)	434349.33	429732.67	364184.45	308503.56
	归属母公司股东权益(万元)	270052.14	241456.08	186957.79	180981.03
	主营业务收入(万元)	165979.14	372044.98	131391.46	177169.16
	营业收入(万元)	168838.28	394087.51	142346.26	192937.66
	主营成本(万元)	94933.89	218948.26	103016.85	131867.26
	营业成本(万元)	96394.90	226095.32	108613.43	140377.11
	投资收益(万元)	3945.84	4181.61	3480.93	2833.81
	净利润(万元)	38896.55	85205.20	13456.22	23004.05
	利润总额(万元)	46770.46	100975.30	16072.80	26607.93

贵州红星发展股份有限公司

公司概况	公司名称	贵州红星发展股份有限公司			证券简称	红星发展
	法人代表	姜志光	董秘	温霞	证券代码	600367
	公司网址	www.hxfz.com.cn		电子信箱	wenxia@hxfz.com.cn	
	电　　话	0853-6780066 6780388		传　　真	0853-6780388	
	办公地址	贵州省安顺市镇宁县丁旗镇				
	经营范围	钡、锶、锰盐产品的研发、生产和销售				

主要财务指标	指标＼报告期	2012.06.30	2011.12.31	2011.06.30	2010.12.31
	基本每股收益(元)	0.0700	0.2700	0.1600	0.0900
	基本每股收益(扣除)(元)	0.0530	0.2700	0.1650	0.0500
	每股净资产(元)	4.1070	4.0390	3.9400	3.7700
	每股经营现金净流量(元)	-0.0819	0.1162	0.0049	0.1509
	每股现金流量(元)	-0.1399	-0.6166	-0.1904	0.0333
	每股资本公积金(元)	0.9756	0.9756	0.9756	0.9756
	每股盈余公积金(元)	0.6128	0.6128	0.5874	0.5864
	每股未分配利润(元)	1.5165	1.4489	1.3777	1.2054
	净资产收益率(%)	1.6477	6.6808	4.1420	2.3660
	加权净资产收益率(%)	1.6600	6.9100	4.3200	2.3900
	净资产收益率(扣除)(%)	-	-	-	-
	总资产(万元)	164150.13	164210.74	156771.42	149839.13
	归属母公司股东权益(万元)	119603.75	117620.71	114784.43	109730.44
	主营业务收入(万元)	56718.04	117193.49	56358.37	94700.26
	营业收入(万元)	57367.98	117772.54	56672.62	95215.58
	主营成本(万元)	41864.47	78009.78	37660.27	68561.10
	营业成本(万元)	41864.47	78376.35	37916.56	68632.25
	投资收益(万元)	-1274.36	-1938.95	-767.36	-865.37
	净利润(万元)	2244.63	8806.84	5692.04	3498.53
	利润总额(万元)	3115.12	11323.66	7241.10	5084.08

广西五洲交通股份有限公司

公司概况	公司名称	广西五洲交通股份有限公司			证券简称	五洲交通
	法人代表	何国纯	董秘	王权	证券代码	600368
	公司网址			电子信箱	wzjt600368@sohu.com	
	电　　话	0771-5518383 5568918		传　　真	0771-5518111	
	办公地址	广西壮族自治区南宁市民族大道 115-1 号现代国际大厦 27 层				
	经营范围	经营收费公路、桥梁				

主要财务指标	指标＼报告期	2012.06.30	2011.12.31	2011.06.30	2010.12.31
	基本每股收益(元)	0.2200	0.4400	0.3200	0.3800
	基本每股收益(扣除)(元)	0.2200	0.4300	0.3200	0.2300
	每股净资产(元)	3.1900	4.5200	4.4000	4.1900
	每股经营现金净流量(元)	-0.5459	0.4711	0.5242	0.4007
	每股现金流量(元)	-0.1986	-0.1198	-0.6717	0.3617
	每股资本公积金(元)	0.8042	1.4563	1.4563	1.4563
	每股盈余公积金(元)	0.3543	0.5314	0.4850	0.4850
	每股未分配利润(元)	1.0314	1.5331	1.4630	1.2518
	净资产收益率(%)	6.8747	9.6830	7.2940	9.1740
	加权净资产收益率(%)	7.0200	10.1100	7.3800	9.5200
	净资产收益率(扣除)(%)	-	-	-	-
	总资产(万元)	1045392.81	999339.25	936459.20	983735.76
	归属母公司股东权益(万元)	265972.31	251300.68	244824.73	233081.29
	主营业务收入(万元)	184179.35	228332.75	77598.26	35580.61
	营业收入(万元)	184812.16	230172.36	78665.35	35839.65
	主营成本(万元)	133948.65	147900.21	32033.90	15383.01
	营业成本(万元)	134416.37	149564.17	32568.34	15619.88
	投资收益(万元)	-	-	-	14661.65
	净利润(万元)	17118.00	23778.72	19907.83	19985.57
	利润总额(万元)	24988.93	32838.15	25601.30	21017.50

西南证券股份有限公司

公司概况	公司名称	西南证券股份有限公司			证券简称	西南证券
	法人代表	余维佳	董秘	徐鸣镝	证券代码	600369
	公司网址	www.swsc.com.cn		电子信箱	xmd@swsc.com.cn	
	电　话	023-63786433		传　真	023-63786477	
	办公地址	重庆市江北区桥北苑8号				
	经营范围	证券经纪、证券投资、投资银行				

	指标\报告期	2012.06.30	2011.12.31	2011.06.30	2010.12.31
主要财务指标	基本每股收益(元)	0.1200	0.1100	0.1400	0.3900
	基本每股收益(扣除)(元)	0.1200	0.0400	0.1000	0.3900
	每股净资产(元)	4.4500	4.2600	4.9300	4.7900
	每股经营现金净流量(元)	-0.4386	-1.5082	-0.9814	-2.0390
	每股现金流量(元)	-0.7744	-1.8880	-0.9127	0.3060
	每股资本公积金(元)	2.9653	2.8977	2.9884	2.9878
	每股盈余公积金(元)	0.1242	0.1242	0.1128	0.1128
	每股未分配利润(元)	0.1468	0.0252	0.6403	0.4961
	净资产收益率(%)	2.7900	2.6540	2.9236	11.6400
	加权净资产收益率(%)	2.7900	2.3800	2.9700	11.6400
	净资产收益率(扣除)(%)	-	-	-	-
	总资产(万元)	1659225.97	1776758.96	2044119.91	2277807.73
	归属母公司股东权益(万元)	1033876.93	989935.15	1145981.47	1112330.82
	主营业务收入(万元)	-	-	-	-
	营业收入(万元)	70542.33	104025.06	82128.52	193647.08
	主营成本(万元)	-	-	-	-
	营业成本(万元)	35109.82	-	40627.63	-
	投资收益(万元)	-7537.51	17804.88	16948.05	64575.78
	净利润(万元)	28238.37	26267.52	33503.54	80528.33
	利润总额(万元)	35525.56	33517.54	43555.75	104532.20

江苏三房巷实业股份有限公司

公司概况	公司名称	江苏三房巷实业股份有限公司			证券简称	三房巷
	法人代表	卞平刚	董秘	张民	证券代码	600370
	公司网址	www.jssfx.com		电子信箱	sfx@jssfx.com	
	电　话	0510-86229867		传　真	0510-86229823	
	办公地址	江苏省江阴市周庄镇三房巷村				
	经营范围	各类棉纱、印染布、涤棉布、加工与销售;布匹染整、印花及进出口业务等				

	指标\报告期	2012.06.30	2011.12.31	2011.06.30	2010.12.31
主要财务指标	基本每股收益(元)	0.0257	0.1035	0.1067	0.1907
	基本每股收益(扣除)(元)	0.0256	0.1004	0.1059	0.1918
	每股净资产(元)	3.6350	3.6590	3.6620	3.6600
	每股经营现金净流量(元)	0.3149	0.3114	0.1161	0.6099
	每股现金流量(元)	0.2631	-0.0775	-0.0113	0.3697
	每股资本公积金(元)	1.6850	1.6850	1.6850	1.6850
	每股盈余公积金(元)	0.3213	0.3213	0.3150	0.3150
	每股未分配利润(元)	0.6287	0.6529	0.6624	0.6557
	净资产收益率(%)	0.7075	2.8290	2.9130	5.2160
	加权净资产收益率(%)	0.7000	2.8400	2.9000	5.3100
	净资产收益率(扣除)(%)	-	-	-	-
	总资产(万元)	156306.52	154094.26	156705.15	156077.82
	归属母公司股东权益(万元)	115919.17	116693.57	116794.65	116581.29
	主营业务收入(万元)	69479.97	152765.12	72876.69	130313.21
	营业收入(万元)	69479.97	152765.12	72876.69	130313.21
	主营成本(万元)	65421.26	148480.08	65046.73	122394.08
	营业成本(万元)	65421.26	140234.47	65046.73	116125.27
	投资收益(万元)	-	-	-	-
	净利润(万元)	1025.13	3764.80	3864.21	6818.62
	利润总额(万元)	1304.85	4406.63	4477.34	7875.00

万向德农股份有限公司

公司概况	公司名称	万向德农股份有限公司			证券简称	万向德农
	法人代表	管大源	董秘	霍光	证券代码	600371
	公司网址	www.wxdoneed.com		电子信箱	wxdoneed@163.com	
	电　话	0451-82368448		传　真	0451-82368448	
	办公地址	黑龙江省哈尔滨市南岗区玉山路18号				
	经营范围	专门经营不再分装的包装种子、化肥零售等				

	指标\报告期	2012.06.30	2011.12.31	2011.06.30	2010.12.31
主要财务指标	基本每股收益(元)	0.2000	0.4700	0.2300	0.2400
	基本每股收益(扣除)(元)	0.2100	0.3700	0.2300	0.2300
	每股净资产(元)	2.2000	2.3000	2.2600	2.0300
	每股经营现金净流量(元)	0.8833	0.6691	1.3670	0.0900
	每股现金流量(元)	-0.4506	0.3428	0.4253	-0.2351
	每股资本公积金(元)	0.0515	0.0515	0.0521	0.0521
	每股盈余公积金(元)	0.1840	0.1840	0.1524	0.1524
	每股未分配利润(元)	0.9662	1.0648	1.0528	0.8270
	净资产收益率(%)	9.1482	20.4080	10.0040	12.0416
	加权净资产收益率(%)	8.9500	21.6800	10.5300	12.3200
	净资产收益率(扣除)(%)	-	-	-	-
	总资产(万元)	95328.86	100781.18	85871.77	76345.01
	归属母公司股东权益(万元)	37538.20	39219.14	38485.66	34635.38
	主营业务收入(万元)	30900.72	54725.95	26322.48	57754.66
	营业收入(万元)	30918.01	56214.66	26339.78	58721.60
	主营成本(万元)	19019.38	33593.64	16647.50	39232.93
	营业成本(万元)	19019.38	34958.83	16647.50	39934.08
	投资收益(万元)	-	1300.00	1300.00	650.00
	净利润(万元)	3716.46	8736.30	4120.28	4693.58
	利润总额(万元)	4508.58	8750.91	4759.29	6293.36

中航航空电子设备股份有限公司

公司概况	公司名称	中航航空电子设备股份有限公司			证券简称	中航电子
	法人代表	卢广山	董秘	朱立志	证券代码	600372
	公司网址			电子信箱	zlz_changhe@tom.com	
	电　话	010-84409808		传　真	010-84409852	
	办公地址	北京市朝阳区京顺路5号曙光大厦A座705室				
	经营范围	航空机载照明与控制系统产品的制造业务				

	指标\报告期	2012.06.30	2011.12.31	2011.06.30	2010.12.31
主要财务指标	基本每股收益(元)	0.1642	0.5000	0.1458	0.4553
	基本每股收益(扣除)(元)	0.1558	0.4146	0.0911	0.2767
	每股净资产(元)	2.8100	2.6500	3.9800	3.6700
	每股经营现金净流量(元)	-0.3692	0.1239	-0.3497	0.8596
	每股现金流量(元)	-0.3504	-0.0763	-0.4239	0.5205
	每股资本公积金(元)	1.5243	3.0439	3.0362	5.7339
	每股盈余公积金(元)	0.1220	0.1952	0.2058	0.3310
	每股未分配利润(元)	0.1639	-0.0004	-0.2605	-0.8486
	净资产收益率(%)	5.8419	11.7960	5.8570	12.4179
	加权净资产收益率(%)	6.0200	12.6500	5.7000	16.2000
	净资产收益率(扣除)(%)	-	-	-	-
	总资产(万元)	741729.41	706685.24	692973.29	649428.25
	归属母公司股东权益(万元)	369461.76	348297.85	327158.70	301255.81
	主营业务收入(万元)	192054.72	360399.28	182750.57	320477.33
	营业收入(万元)	195148.85	366365.78	184464.93	324560.39
	主营成本(万元)	132635.95	252342.62	125598.19	217675.79
	营业成本(万元)	135684.94	254623.03	126394.57	219197.30
	投资收益(万元)	993.67	866.51	-1152.89	406.24
	净利润(万元)	22377.09	42298.44	20270.97	41440.24
	利润总额(万元)	25511.56	51017.38	24602.17	46386.29

中文天地出版传媒股份有限公司

公司概况	公司名称	中文天地出版传媒股份有限公司		证券简称	中文传媒
	法人代表	周文	董秘	吴涤	证券代码	600373
	公司网址	www.jxpp.com		电子信箱	600373@jxpp.com
	电　话	0791-86895306		传　真	0791-86895306
	办公地址	江西出版大厦(江西省南昌市阳明路310号)			
	经营范围	国内版图书、电子、期刊批发、文化艺术品经营			

主要财务指标	2012.06.30	2011.12.31	2011.06.30	2010.12.31
基本每股收益(元)	0.4200	0.8515	0.3600	0.9284
基本每股收益(扣除)(元)	0.4300	0.5066	0.3400	0.8633
每股净资产(元)	6.3882	6.7154	6.5363	6.0100
每股经营现金净流量(元)	1.0355	−0.2631	0.1840	1.3656
每股现金流量(元)	0.2578	0.9296	−0.3652	−0.4536
每股资本公积金(元)	4.3705	4.3128	4.5894	4.4165
每股盈余公积金(元)	0.0237	0.0237	–	–
每股未分配利润(元)	0.9940	1.3788	0.9469	0.5915
净资产收益率(%)	6.4996	12.6800	5.5240	10.3456
加权净资产收益率(%)	6.3400	13.3800	5.7600	11.3700
净资产收益率(扣除)(%)	–	–	–	–
总资产(万元)	804173.95	758616.00	563417.61	509065.14
归属母公司股东权益(万元)	362368.68	380925.55	370767.74	340797.46
主营业务收入(万元)	475951.83	689494.48	160834.76	303459.48
营业收入(万元)	490993.62	698135.94	168347.29	313137.51
主营成本(万元)	406823.91	567933.23	109511.07	198093.86
营业成本(万元)	418680.30	569917.91	110494.77	200338.43
投资收益(万元)	−1321.35	16759.18	443.06	2923.79
净利润(万元)	24019.87	48297.94	20678.19	36118.10
利润总额(万元)	24028.46	48507.63	20690.49	36313.06

华菱星马汽车(集团)股份有限公司

公司概况	公司名称	华菱星马汽车(集团)股份有限公司		证券简称	华菱星马
	法人代表	刘汉如	董秘	金方放	证券代码	600375
	公司网址	www.camc.biz		电子信箱	xm600375@163.com
	电　话	0555-8323038		传　真	0555-8323038
	办公地址	安徽省马鞍山市经济技术开发区			
	经营范围	重卡、专用车及汽车零部件的研发、生产与销售			

主要财务指标	2012.06.30	2011.12.31	2011.06.30	2010.12.31
基本每股收益(元)	0.2700	1.2400	0.9600	1.7500
基本每股收益(扣除)(元)	0.1600	0.9700	0.9600	1.4100
每股净资产(元)	6.4700	6.5700	5.2800	11.6500
每股经营现金净流量(元)	1.3491	0.6727	0.6949	4.2797
每股现金流量(元)	−0.1507	−1.3341	−1.8915	0.2180
每股资本公积金(元)	3.6848	3.6848	0.8105	8.1590
每股盈余公积金(元)	0.2389	0.2389	0.4089	0.4089
每股未分配利润(元)	1.5464	1.6431	3.0609	2.0858
净资产收益率(%)	4.2248	18.9500	39.3070	32.5678
加权净资产收益率(%)	4.1200	22.0000	16.3500	38.9000
净资产收益率(扣除)(%)	–	–	–	–
总资产(万元)	661875.81	593274.48	273992.48	627199.84
归属母公司股东权益(万元)	262494.29	266421.55	98994.52	218483.79
主营业务收入(万元)	233042.23	669719.60	445765.56	799113.99
营业收入(万元)	237884.70	685369.39	449741.04	809429.40
主营成本(万元)	201510.67	561922.88	361655.69	672150.89
营业成本(万元)	204929.88	571641.91	362494.26	674671.24
投资收益(万元)	19.06	–	–	–
净利润(万元)	11021.90	50538.69	38927.76	71229.73
利润总额(万元)	13142.37	59771.80	47411.93	83269.34

北京首都开发股份有限公司

公司概况	公司名称	北京首都开发股份有限公司		证券简称	首开股份
	法人代表	刘希模	董秘	王怡	证券代码	600376
	公司网址	www.shoukaigufen.com		电子信箱	bcdc@bcdh.com.cn
	电　话	010-66428156 66428113		传　真	010-66428061
	办公地址	北京市西城区复兴门内大街156号招商国际金融中心D座			
	经营范围	房地产的开发与经营			

主要财务指标	2012.06.30	2011.12.31	2011.06.30	2010.12.31
基本每股收益(元)	0.2400	1.2556	0.2400	1.1694
基本每股收益(扣除)(元)	0.2400	1.1513	0.2400	1.0436
每股净资产(元)	8.0300	8.0500	7.0500	9.1100
每股经营现金净流量(元)	1.1245	−3.9280	−2.7653	−5.0543
每股现金流量(元)	0.9450	0.3831	−1.8068	−1.3178
每股资本公积金(元)	3.4416	3.4143	3.4785	4.8274
每股盈余公积金(元)	0.4689	0.4689	0.4573	0.5945
每股未分配利润(元)	3.1222	3.1666	2.1188	2.6870
净资产收益率(%)	2.9929	15.5980	2.9155	12.8380
加权净资产收益率(%)	2.9900	16.6900	2.9300	13.5500
净资产收益率(扣除)(%)	–	–	–	–
总资产(万元)	6551585.80	6179242.92	4827781.12	4274128.42
归属母公司股东权益(万元)	1200636.25	1203177.58	1054432.88	1047304.03
主营业务收入(万元)	329201.81	903773.74	154662.20	775789.76
营业收入(万元)	329201.81	904248.13	154662.20	776549.24
主营成本(万元)	170602.18	417095.40	69851.57	411039.47
营业成本(万元)	170602.18	417095.40	69851.57	411454.15
投资收益(万元)	19496.06	88768.48	39184.01	56743.36
净利润(万元)	35290.01	191213.08	30068.31	133738.41
利润总额(万元)	53120.89	238726.26	30520.17	192691.79

江苏宁沪高速公路股份有限公司

公司概况	公司名称	江苏宁沪高速公路股份有限公司		证券简称	宁沪高速
	法人代表	杨根林	董秘	姚永嘉	证券代码	600377
	公司网址	www.jsexpressway.com		电子信箱	nhgs@nhgs.cn
	电　话	025-84469332 84362700		传　真	025-84466643
	办公地址	江苏省南京市仙林大道6号			
	经营范围	沪宁高速公路江苏段、312国道沪宁段、南京至连云港一级公路南京段等			

主要财务指标	2012.06.30	2011.12.31	2011.06.30	2010.12.31
基本每股收益(元)	0.2503	0.4820	0.2600	0.4930
基本每股收益(扣除)(元)	0.2500	0.4820	0.2600	0.4910
每股净资产(元)	3.5000	3.6000	3.3800	3.4900
每股经营现金净流量(元)	0.2906	0.7613	0.3926	0.6732
每股现金流量(元)	−0.0052	0.0657	0.0025	−0.0085
每股资本公积金(元)	1.5019	1.4970	1.5018	1.5040
每股盈余公积金(元)	0.4549	0.4549	0.4014	0.4014
每股未分配利润(元)	0.5401	0.6498	0.4790	0.5810
净资产收益率(%)	7.1568	13.3910	7.6268	14.1450
加权净资产收益率(%)	6.7100	13.9600	7.2600	14.8100
净资产收益率(扣除)(%)	–	–	–	–
总资产(万元)	2670591.43	2537543.89	2472841.78	2489749.31
归属母公司股东权益(万元)	1761659.16	1814468.95	1703848.89	1756372.32
主营业务收入(万元)	371114.88	734223.14	360553.18	665598.08
营业收入(万元)	372935.64	740131.02	364202.29	675624.41
主营成本(万元)	180327.50	361429.08	166493.48	291592.97
营业成本(万元)	180882.29	363577.85	168100.36	295885.03
投资收益(万元)	10317.39	20146.43	10212.13	24308.17
净利润(万元)	128741.63	247969.45	132703.21	253953.91
利润总额(万元)	169534.44	326322.73	174531.82	333219.10

四川天一科技股份有限公司

公司概况						
	公司名称	四川天一科技股份有限公司			证券简称	天科股份
	法人代表	古共伟	董秘	魏丹	证券代码	600378
	公司网址	www.tianke.com		电子信箱	ctyc@tianke.com	
	电　　话	028-85963417　85963659		传　　真	028-85963417	
	办公地址	四川省成都市机场路445信箱				
	经营范围	碳一化学技术及催化剂、变压吸附气体分离技术及装置、合成芳樟醇、维生素E等				

主要财务指标	指标\报告期	2012.06.30	2011.12.31	2011.06.30	2010.12.31
	基本每股收益(元)	0.1230	0.2300	0.0630	0.1600
	基本每股收益(扣除)(元)	0.1130	0.1900	0.0630	0.1400
	每股净资产(元)	2.0300	2.1200	1.9600	1.8900
	每股经营现金净流量(元)	0.3095	0.0903	0.0845	0.2263
	每股现金流量(元)	0.0172	0.0697	0.0727	0.1365
	每股资本公积金(元)	0.5151	0.5666	0.5666	0.5666
	每股盈余公积金(元)	0.1081	0.1189	0.0963	0.0963
	每股未分配利润(元)	0.4077	0.4333	0.2984	0.2292
	净资产收益率(%)	6.0495	10.6970	3.5280	8.5310
	加权净资产收益率(%)	6.1900	11.3000	3.5900	8.8700
	净资产收益率(扣除)(%)	–	–	–	–
	总资产(万元)	97744.93	92620.88	81923.50	76318.96
	归属母公司股东权益(万元)	60354.39	57243.62	52989.34	51120.10
	主营业务收入(万元)	30952.92	61319.36	23844.11	48568.48
	营业收入(万元)	31206.50	61530.42	23966.05	49071.82
	主营成本(万元)	22605.63	45348.87	17264.92	35105.18
	营业成本(万元)	22757.38	45448.74	17304.94	35409.38
	投资收益(万元)	–20.72	–31.39	–18.00	–761.39
	净利润(万元)	3717.48	6259.75	1936.51	4491.13
	利润总额(万元)	4289.13	7712.11	2367.94	5413.03

陕西宝光真空电器股份有限公司

公司概况						
	公司名称	陕西宝光真空电器股份有限公司			证券简称	宝光股份
	法人代表	祁勇	董秘	蒋华明	证券代码	600379
	公司网址	www.baoguang.com.cn		电子信箱	office@baoguang.com.cn	
	电　　话	0917-3561512		传　　真	0917-3561512	
	办公地址	陕西省宝鸡市宝光路53号				
	经营范围	高、中、低压真空灭弧室、真空断路器、真空开关柜等产品的研制等				

主要财务指标	指标\报告期	2012.06.30	2011.12.31	2011.06.30	2010.12.31
	基本每股收益(元)	0.0030	0.0181	0.0170	0.0801
	基本每股收益(扣除)(元)	–0.0070	–0.0039	0.0210	0.0482
	每股净资产(元)	1.6770	1.6850	1.6853	1.6665
	每股经营现金净流量(元)	–0.1776	0.0142	–0.1540	0.1508
	每股现金流量(元)	–0.1450	–0.0359	–0.0984	0.2202
	每股资本公积金(元)	0.1352	0.1352	0.1435	0.1352
	每股盈余公积金(元)	0.0879	0.0879	0.0872	0.0872
	每股未分配利润(元)	0.4538	0.4615	0.4546	0.4441
	净资产收益率(%)	0.1506	1.0740	1.0370	4.8083
	加权净资产收益率(%)	0.1500	1.0000	1.0400	4.9300
	净资产收益率(扣除)(%)	–	–	–	–
	总资产(万元)	62418.50	59800.54	58722.93	54848.47
	归属母公司股东权益(万元)	35954.77	36120.84	36136.09	35732.99
	主营业务收入(万元)	27126.36	56213.30	27094.66	53903.63
	营业收入(万元)	32603.57	66379.42	31536.55	59245.11
	主营成本(万元)	23013.25	49018.59	23739.56	43862.87
	营业成本(万元)	27495.08	55333.77	26378.27	47109.04
	投资收益(万元)	0.28	0.20	–	0.19
	净利润(万元)	69.45	471.41	392.90	1774.10
	利润总额(万元)	87.40	548.67	482.28	2036.92

健康元药业集团股份有限公司

公司概况						
	公司名称	健康元药业集团股份有限公司			证券简称	健康元
	法人代表	朱保国	董秘	邱庆丰	证券代码	600380
	公司网址	www.joincare.com		电子信箱	qiuqingfeng@joincare.com	
	电　　话	0755-86252388		传　　真	0755-86252398	
	办公地址	广东省深圳市南山区高新区北区郎山路17号健康元药业集团大厦				
	经营范围	中药、保健品及西药的研究、开发及生产经营				

主要财务指标	指标\报告期	2012.06.30	2011.12.31	2011.06.30	2010.12.31
	基本每股收益(元)	0.0663	0.2014	0.1560	0.5617
	基本每股收益(扣除)(元)	0.0574	0.1909	0.1457	0.5484
	每股净资产(元)	2.5027	2.9428	2.9412	2.9115
	每股经营现金净流量(元)	0.1893	0.5049	0.2319	0.8389
	每股现金流量(元)	–0.4866	0.7955	0.2080	0.1623
	每股资本公积金(元)	0.3224	0.6055	0.8150	0.7988
	每股盈余公积金(元)	0.1782	0.2138	0.2098	0.2056
	每股未分配利润(元)	1.0320	1.1589	1.1475	0.9378
	净资产收益率(%)	2.6486	6.9100	6.4670	19.2930
	加权净资产收益率(%)	2.6670	6.9100	6.3150	21.2000
	净资产收益率(扣除)(%)	–	–	–	–
	总资产(万元)	921547.58	881429.22	758178.40	710773.33
	归属母公司股东权益(万元)	386882.48	379084.14	379585.04	383577.76
	主营业务收入(万元)	275531.44	473803.32	236403.89	441508.38
	营业收入(万元)	277961.21	479151.35	239511.48	447285.76
	主营成本(万元)	132282.18	221020.28	113343.76	187037.37
	营业成本(万元)	134108.35	225579.58	115890.21	190649.56
	投资收益(万元)	–895.90	–2562.97	–739.67	444.08
	净利润(万元)	24279.81	49103.92	38278.61	100355.26
	利润总额(万元)	30267.38	59382.58	44966.20	111660.96

青海贤成矿业股份有限公司

公司概况						
	公司名称	青海贤成矿业股份有限公司			证券简称	贤成矿业
	法人代表	臧静涛	董秘	马海杰	证券代码	600381
	公司网址	www.xcky.cn		电子信箱	xcsy600381@yahoo.com.cn	
	电　　话	020-85506086		传　　真	020-85506092	
	办公地址	广东省广州市天河区珠江新城华夏路8号国际金融广场32楼				
	经营范围	矿产资源、天然气、水泥、水电、火电资源的投资开发				

主要财务指标	指标\报告期	2012.06.30	2011.12.31	2011.06.30	2010.12.31
	基本每股收益(元)	–0.0271	0.1362	0.0106	0.1322
	基本每股收益(扣除)(元)	–0.0269	0.0545	0.0104	–0.0089
	每股净资产(元)	1.1800	2.0500	0.7600	0.9700
	每股经营现金净流量(元)	–0.0936	0.2653	0.0839	0.5126
	每股现金流量(元)	–0.5746	1.5755	–0.0651	0.4485
	每股资本公积金(元)	0.3728	1.3337	0.5326	1.1798
	每股盈余公积金(元)	0.0150	0.0255	0.0529	0.0783
	每股未分配利润(元)	–0.2266	–0.3392	–0.8719	–1.3456
	净资产收益率(%)	–2.2989	4.8020	4.9260	30.3226
	加权净资产收益率(%)	–2.2700	27.0200	5.3000	35.7400
	净资产收益率(扣除)(%)	–	–	–	–
	总资产(万元)	439943.61	393601.94	153683.52	145562.36
	归属母公司股东权益(万元)	188591.34	192869.23	34467.09	29642.58
	主营业务收入(万元)	23655.91	23790.21	11391.26	21849.48
	营业收入(万元)	23699.63	23880.36	11436.33	21939.63
	主营成本(万元)	20893.95	10949.45	4786.79	10319.82
	营业成本(万元)	20907.57	10981.20	4802.66	10351.57
	投资收益(万元)	–23.63	29.38	150.42	49.26
	净利润(万元)	–4771.84	9145.35	2031.87	9731.54
	利润总额(万元)	–4411.04	12055.59	3169.73	11697.10

广东明珠集团股份有限公司

公司概况	公司名称	广东明珠集团股份有限公司			证券简称	广东明珠
	法人代表	张文东	董秘	钟健如	证券代码	600382
	公司网址	www.gdmzh.com		电子信箱	gdmzh@gdmzh.com	
	电　话	0753-3327282 3338549		传　真	0753-3326050	
	办公地址	广东省兴宁市官汕路 99 号				
	经营范围	以实业投资发展、贸易、建筑安装、房地产开发以及生产等				

主要财务指标	指标＼报告期	2012.06.30	2011.12.31	2011.06.30	2010.12.31
	基本每股收益(元)	0.3000	0.2400	0.2400	0.5000
	基本每股收益(扣除)(元)	0.2300	0.2300	0.2300	0.1300
	每股净资产(元)	3.9566	3.6133	3.3140	3.1100
	每股经营现金净流量(元)	-0.1059	0.3245	0.2696	0.1890
	每股现金流量(元)	-0.6352	0.0271	0.7278	0.8571
	每股资本公积金(元)	0.3493	0.2726	0.2726	0.2734
	每股盈余公积金(元)	0.3612	0.3612	0.3111	0.3111
	每股未分配利润(元)	2.2462	1.9795	1.7306	1.5219
	净资产收益率(%)	7.4965	14.8800	7.2020	16.2237
	加权净资产收益率(%)	7.9000	16.0200	7.4100	17.6200
	净资产收益率(扣除)(%)	-	-	-	-
	总资产(万元)	155015.25	146947.16	131829.26	124159.02
	归属母公司股东权益(万元)	135216.67	123483.93	113265.94	106162.26
	主营业务收入(万元)	12323.10	15115.89	7632.24	59442.66
	营业收入(万元)	12734.60	15946.76	8071.87	60449.84
	主营成本(万元)	11418.42	13869.70	7139.85	51229.53
	营业成本(万元)	11744.30	14479.45	7455.62	51833.19
	投资收益(万元)	8757.84	17310.91	8248.48	23512.25
	净利润(万元)	10312.65	18467.32	8126.66	17074.50
	利润总额(万元)	11033.81	18774.92	8175.75	20947.50

金地(集团)股份有限公司

公司概况	公司名称	金地(集团)股份有限公司			证券简称	金地集团
	法人代表	凌克	董秘	徐家俊	证券代码	600383
	公司网址	www.gemdale.com		电子信箱	ir@gemdale.com	
	电　话	0755-82039999 83844828		传　真	0755-82039900	
	办公地址	广东省深圳市福田区福强路金地商业大楼				
	经营范围	主要从事房地产开发经营、自有物业管理、兴办各类实体、经营进出口业务				

主要财务指标	指标＼报告期	2012.06.30	2011.12.31	2011.06.30	2010.12.31
	基本每股收益(元)	0.1100	0.6700	0.1100	0.6000
	基本每股收益(扣除)(元)	0.1000	0.6700	0.1000	0.6000
	每股净资产(元)	4.6900	4.6200	4.0200	3.9500
	每股经营现金净流量(元)	0.2285	0.3422	-1.1491	-0.6796
	每股现金流量(元)	0.1575	0.7492	0.0784	0.8125
	每股资本公积金(元)	1.4197	1.3902	1.3862	1.3743
	每股盈余公积金(元)	0.1857	0.1857	0.1590	0.1590
	每股未分配利润(元)	2.0095	1.9651	1.4240	1.3770
	净资产收益率(%)	2.3956	14.6140	2.6580	15.2380
	加权净资产收益率(%)	2.4000	15.7800	2.6900	16.5500
	净资产收益率(扣除)(%)	-	-	-	-
	总资产(万元)	9671670.32	9050005.42	8438235.43	7281653.75
	归属母公司股东权益(万元)	2097418.66	2064690.14	1799191.45	1768018.53
	主营业务收入(万元)	647285.12	2391224.68	515686.00	1958568.00
	营业收入(万元)	647324.00	2391850.62	515972.66	1959252.98
	主营成本(万元)	416975.31	1465196.34	320559.24	1213327.04
	营业成本(万元)	416976.26	1465565.38	320760.12	1213369.20
	投资收益(万元)	4281.25	1160.25	2148.92	8467.65
	净利润(万元)	67737.91	374087.46	55265.36	313283.55
	利润总额(万元)	95637.26	499432.83	78503.65	422624.13

山东金泰集团股份有限公司

公司概况	公司名称	山东金泰集团股份有限公司			证券简称	*ST 金泰
	法人代表	林云	董秘	杨继座	证券代码	600385
	公司网址	www.sdjintai.com.cn		电子信箱	jtjt-jn@263.com	
	电　话	0531-88902341		传　真	0531-88902341	
	办公地址	山东省济南市洪楼西路 29 号				
	经营范围	化学原料药、化学药品制剂、中药制剂、生物药品的研制、生产等				

主要财务指标	指标＼报告期	2012.06.30	2011.12.31	2011.06.30	2010.12.31
	基本每股收益(元)	-0.0200	-0.1200	-0.0500	-0.1000
	基本每股收益(扣除)(元)	-0.0700	-0.1200	-0.0500	-0.1000
	每股净资产(元)	-1.7157	-1.6900	-1.6200	-1.5700
	每股经营现金净流量(元)	-0.0257	-0.0017	-0.0021	0.0006
	每股现金流量(元)	-	-	-	-0.0016
	每股资本公积金(元)	0.0716	0.0716	0.0716	0.0716
	每股盈余公积金(元)	0.1106	0.1106	0.1106	0.1106
	每股未分配利润(元)	-2.8978	-2.8759	-2.8020	-2.7543
	净资产收益率(%)	-1.2801	-7.1776	-2.9430	-6.5878
	加权净资产收益率(%)	-	-	-	-
	净资产收益率(扣除)(%)	-	-	-	-
	总资产(万元)	4498.83	4734.73	5075.57	5187.42
	归属母公司股东权益(万元)	-25410.66	-25085.39	-23990.91	-23284.86
	主营业务收入(万元)	126.71	396.03	185.62	417.11
	营业收入(万元)	212.21	559.51	306.32	578.47
	主营成本(万元)	51.40	214.89	102.14	239.62
	营业成本(万元)	66.49	243.74	123.38	267.94
	投资收益(万元)	-10.22	-19.08	-11.22	-35.88
	净利润(万元)	-172.48	-2039.83	-706.05	-1533.97
	利润总额(万元)	-172.48	-2039.83	-706.05	-1533.97

北京巴士传媒股份有限公司

公司概况	公司名称	北京巴士传媒股份有限公司			证券简称	北巴传媒
	法人代表	晏明	董秘	王婕	证券代码	600386
	公司网址	http://www.bbcm.com.cn		电子信箱	bbcm@bbcm.com.cn	
	电　话	010-68477383		传　真	010-68731430	
	办公地址	北京市海淀区紫竹院路 32 号				
	经营范围	设计、制作、代理、发布国内及外商来华广告等				

主要财务指标	指标＼报告期	2012.06.30	2011.12.31	2011.06.30	2010.12.31
	基本每股收益(元)	0.1770	0.4400	0.1790	0.3400
	基本每股收益(扣除)(元)	0.1740	0.4300	0.1700	0.3300
	每股净资产(元)	3.5110	3.3170	3.1420	2.9100
	每股经营现金净流量(元)	0.4331	0.7537	0.4352	0.4536
	每股现金流量(元)	0.2510	0.2246	0.2351	0.3451
	每股资本公积金(元)	1.7074	1.6903	1.7729	1.7242
	每股盈余公积金(元)	0.2389	0.2389	0.2354	0.2354
	每股未分配利润(元)	0.5649	0.3877	0.1334	-0.0459
	净资产收益率(%)	5.0500	13.1780	5.7060	11.5060
	加权净资产收益率(%)	5.1900	14.0300	5.9500	12.4600
	净资产收益率(扣除)(%)	-	-	-	-
	总资产(万元)	228524.80	216784.25	205972.60	201119.72
	归属母公司股东权益(万元)	141573.26	133738.59	126672.22	117482.16
	主营业务收入(万元)	142708.94	237384.20	97420.75	192216.04
	营业收入(万元)	145641.49	242424.11	99277.77	196012.02
	主营成本(万元)	110465.58	170772.26	69057.54	145149.23
	营业成本(万元)	111918.12	173234.00	70024.77	146853.56
	投资收益(万元)	210.52	245.78	270.00	45.37
	净利润(万元)	7647.74	19334.88	7817.94	14703.45
	利润总额(万元)	10188.67	22350.35	8964.87	17076.47

浙江海越股份有限公司

公司概况					
公司名称	浙江海越股份有限公司			证券简称	海越股份
法人代表	吕小奎	董秘	陈海平	证券代码	600387
公司网址	www.chinahaiyue.com		电子信箱	haiyue600387@163.com	
电　　话	0575-87016161 87011796		传　　真	0575-87032163	
办公地址	浙江省诸暨市西施大街59号				
经营范围	交通、能源等基础设施的投资和经营				

主要财务指标 指标＼报告期	2012.06.30	2011.12.31	2011.06.30	2010.12.31
基本每股收益(元)	0.0700	0.0200	0.0500	0.1500
基本每股收益(扣除)(元)	–	0.0200	0.0600	0.1300
每股净资产(元)	2.5158	2.4565	2.4356	2.3800
每股经营现金净流量(元)	0.2214	0.5245	–0.1041	–0.0275
每股现金流量(元)	0.0588	0.4093	0.8470	–0.0827
每股资本公积金(元)	0.5571	0.5676	0.5171	0.5157
每股盈余公积金(元)	0.2876	0.2876	0.2804	0.2804
每股未分配利润(元)	0.6712	0.6014	0.6380	0.5858
净资产收益率(%)	2.7700	0.9271	2.1440	6.4987
加权净资产收益率(%)	2.8100	0.9400	2.1600	6.2800
净资产收益率(扣除)(%)	–	–	–	–
总资产(万元)	252493.17	226938.90	209013.20	188348.37
归属母公司股东权益(万元)	97135.25	94846.74	94036.59	91962.88
主营业务收入(万元)	71076.52	184099.88	107468.72	146757.77
营业收入(万元)	71874.66	185050.28	108063.02	147596.17
主营成本(万元)	69105.03	178562.55	103987.33	140910.80
营业成本(万元)	69348.45	178905.31	104306.59	141084.18
投资收益(万元)	3475.42	6376.07	5018.09	10295.55
净利润(万元)	4829.41	262.36	1827.55	5760.56
利润总额(万元)	6668.69	32.48	2226.11	6133.27

福建龙净环保股份有限公司

公司概况					
公司名称	福建龙净环保股份有限公司			证券简称	龙净环保
法人代表	周苏华	董秘	陈培敏	证券代码	600388
公司网址	www.longking.com.cn		电子信箱	stock@longking.com.cn	
电　　话	0597-2210288		传　　真	0597-2290903	
办公地址	福建省龙岩市新罗区陵园路81号				
经营范围	环境污染防治设备、工业自动控制系统装置、环保专用仪器、仪表等				

主要财务指标 指标＼报告期	2012.06.30	2011.12.31	2011.06.30	2010.12.31
基本每股收益(元)	0.5600	1.1900	0.5400	1.0800
基本每股收益(扣除)(元)	0.5000	1.0500	0.5000	0.9700
每股净资产(元)	10.9600	10.7100	10.1300	9.6900
每股经营现金净流量(元)	–0.5622	–0.9896	–0.8813	0.8047
每股现金流量(元)	0.1765	–1.9737	–0.7312	–0.3316
每股资本公积金(元)	5.7206	5.5297	5.4272	5.1076
每股盈余公积金(元)	0.5167	0.5167	0.4333	0.4456
每股未分配利润(元)	3.7236	3.6652	3.2681	3.1367
净资产收益率(%)	5.0954	11.0050	5.2350	11.1590
加权净资产收益率(%)	5.0600	11.7300	5.2900	11.2500
净资产收益率(扣除)(%)	–	–	–	–
总资产(万元)	696758.94	597727.30	598444.25	571241.43
归属母公司股东权益(万元)	234323.40	228998.57	216557.12	201451.52
主营业务收入(万元)	179203.16	351523.54	152209.71	334472.97
营业收入(万元)	179203.16	351523.54	152209.71	334472.97
主营成本(万元)	138632.00	266589.95	115061.24	264839.05
营业成本(万元)	138632.00	266589.95	115061.24	264839.05
投资收益(万元)	272.07	298.98	199.99	170.07
净利润(万元)	12026.00	25352.84	11335.36	22707.36
利润总额(万元)	14867.67	31704.08	14370.98	27103.09

南通江山农药化工股份有限公司

公司概况					
公司名称	南通江山农药化工股份有限公司			证券简称	江山股份
法人代表	李大军	董秘	宋金华	证券代码	600389
公司网址	www.jsac.com.cn		电子信箱	songjh@jsac.com.cn	
电　　话	0513-83558270 83530931		传　　真	0513-83521807	
办公地址	江苏省南通市经济技术开发区江山路998号				
经营范围	化学农药、有机化学品、无机化学品、高分子聚合物等制造、加工、销售				

主要财务指标 指标＼报告期	2012.06.30	2011.12.31	2011.06.30	2010.12.31
基本每股收益(元)	0.0287	0.0255	–0.1183	0.1554
基本每股收益(扣除)(元)	0.0062	–0.1400	–0.1656	–0.5417
每股净资产(元)	4.6053	4.5678	4.4223	4.5500
每股经营现金净流量(元)	0.9469	–0.0230	–0.4485	1.3379
每股现金流量(元)	–0.6795	0.3454	1.9284	–0.2764
每股资本公积金(元)	1.0688	1.0688	1.0688	1.0688
每股盈余公积金(元)	0.4781	0.4781	0.4781	0.4781
每股未分配利润(元)	2.0360	2.0073	1.8635	1.9818
净资产收益率(%)	0.6224	0.5590	–2.6745	3.4162
加权净资产收益率(%)	0.6256	0.5600	–2.6900	3.4600
净资产收益率(扣除)(%)	–	–	–	–
总资产(万元)	342600.06	349667.07	373814.01	315957.29
归属母公司股东权益(万元)	91185.91	90442.15	87561.00	90093.07
主营业务收入(万元)	146324.47	258021.78	129541.91	196634.86
营业收入(万元)	146986.40	260100.15	130381.78	198429.01
主营成本(万元)	130582.39	233939.21	121014.25	182899.88
营业成本(万元)	130685.50	234116.24	121141.14	182945.20
投资收益(万元)	285.69	429.23	196.46	529.58
净利润(万元)	777.19	776.01	–2259.81	3635.82
利润总额(万元)	900.70	295.34	–2215.58	4381.47

金瑞新材料科技股份有限公司

公司概况					
公司名称	金瑞新材料科技股份有限公司			证券简称	金瑞科技
法人代表	朱希英	董秘	刘丹	证券代码	600390
公司网址	www.king-ray.com.cn		电子信箱	liudan@crimm.cn	
电　　话	0731-88657400 88657382		传　　真	0731-88711158	
办公地址	湖南省长沙市岳麓区麓山南路966号				
经营范围	电子基础材料、金属材料、超硬材料及其制品、专用设备的技术开发等				

主要财务指标 指标＼报告期	2012.06.30	2011.12.31	2011.06.30	2010.12.31
基本每股收益(元)	0.0258	–0.5400	0.1178	0.1700
基本每股收益(扣除)(元)	–0.0292	–0.5900	0.1115	0.1100
每股净资产(元)	3.4000	3.3700	4.0300	3.9100
每股经营现金净流量(元)	0.0040	0.3284	–0.2107	0.5320
每股现金流量(元)	–0.1568	–0.4301	–0.2487	0.0694
每股资本公积金(元)	2.6142	2.6142	2.6142	2.6142
每股盈余公积金(元)	0.1466	0.1466	0.1466	0.1466
每股未分配利润(元)	–0.3747	–0.4004	0.2606	0.1429
净资产收益率(%)	0.7586	–16.1300	2.9220	4.4630
加权净资产收益率(%)	0.7600	–14.9300	2.9700	4.5500
净资产收益率(扣除)(%)	–	–	–	–
总资产(万元)	140202.89	136382.89	149048.90	145501.92
归属母公司股东权益(万元)	54356.61	53908.00	64510.98	62602.87
主营业务收入(万元)	38837.93	122684.70	66873.53	124606.03
营业收入(万元)	40509.60	125944.60	68514.47	129669.91
主营成本(万元)	34311.61	105992.36	57023.25	106309.01
营业成本(万元)	35124.11	107427.87	57856.18	110427.19
投资收益(万元)	600.00	532.56	300.00	803.76
净利润(万元)	275.33	–9359.95	2152.58	3974.60
利润总额(万元)	506.09	–9386.17	2810.04	4755.00

四川成发航空科技股份有限公司

公司概况	公司名称	四川成发航空科技股份有限公司			证券简称	成发科技
	法人代表	陈锦	董秘	陈育培	证券代码	600391
	公司网址	www.scfast.com		电子信箱	board@scfast.com	
	电　话	028-89358665 89358616		传　真	028-89358615	
	办公地址	四川省成都市新都区三河街成发工业园				
	经营范围	研究、制造、加工、维修销售航空发动机及零部件等				

主要财务指标	指标\报告期	2012.06.30	2011.12.31	2011.06.30	2010.12.31
	基本每股收益(元)	0.0300	0.2600	0.3000	0.4600
	基本每股收益(扣除)(元)	0.0300	0.1700	0.2300	0.3500
	每股净资产(元)	4.8445	8.7253	8.7716	6.0100
	每股经营现金净流量(元)	-0.1528	0.1938	0.0287	0.9787
	每股现金流量(元)	-0.1217	2.8190	5.3339	0.6813
	每股资本公积金(元)	3.0647	6.3165	6.3227	5.5979
	每股盈余公积金(元)	0.1806	0.3251	0.3031	0.4234
	每股未分配利润(元)	0.5992	1.0837	1.1458	1.3801
	净资产收益率(%)	0.6278	2.9430	3.3850	7.6438
	加权净资产收益率(%)	0.6300	2.6800	4.2500	7.8600
	净资产收益率(扣除)(%)	-	-	-	-
	总资产(万元)	351451.56	331397.60	371007.52	258629.17
	归属母公司股东权益(万元)	159929.76	160026.08	160875.46	110307.00
	主营业务收入(万元)	71031.47	160525.69	87673.36	158126.77
	营业收入(万元)	71701.91	162462.76	88655.31	159374.70
	主营成本(万元)	55355.54	130800.61	69627.63	124940.90
	营业成本(万元)	55650.15	131732.58	70642.58	125768.86
	投资收益(万元)	-	-	-	-
	净利润(万元)	906.29	4537.06	5180.00	8480.78
	利润总额(万元)	2322.45	6200.69	6218.78	9999.77

太原理工天成科技股份有限公司

公司概况	公司名称	太原理工天成科技股份有限公司			证券简称	*ST 天成
	法人代表	郑涛	董秘	钱小红	证券代码	600392
	公司网址	www.tichn.com		电子信箱	info@tichn.com	
	电　话	0351-7035787 3182809		传　真	0351-3186299	
	办公地址	山西省太原市高新技术产业开发区亚日街 2 号				
	经营范围	研制、开发、生产、销售智能电子设备及其网络系统等				

主要财务指标	指标\报告期	2012.06.30	2011.12.31	2011.06.30	2010.12.31
	基本每股收益(元)	-0.7900	-1.0100	-0.1800	-0.5600
	基本每股收益(扣除)(元)	-0.4000	-1.0300	-0.1900	-0.5900
	每股净资产(元)	0.6141	1.4100	2.4100	2.5900
	每股经营现金净流量(元)	0.7360	-0.1905	-0.1296	0.2865
	每股现金流量(元)	0.5210	-0.6780	-0.4205	1.1406
	每股资本公积金(元)	0.9779	0.9779	0.9779	0.9779
	每股盈余公积金(元)	0.1699	0.1699	0.1699	0.1699
	每股未分配利润(元)	-1.5338	-0.7404	0.2631	0.4469
	净资产收益率(%)	-129.1880	-63.5316	-7.6240	-21.7034
	加权净资产收益率(%)	-78.4900	-48.2200	-7.3400	-19.5800
	净资产收益率(扣除)(%)	-	-	-	-
	总资产(万元)	86294.21	90842.24	105897.42	110845.81
	归属母公司股东权益(万元)	9616.88	22040.74	37756.17	40634.78
	主营业务收入(万元)	20460.57	39950.66	12645.30	36615.87
	营业收入(万元)	20460.57	39950.66	12645.30	36615.87
	主营成本(万元)	18738.61	37167.58	11492.93	33777.99
	营业成本(万元)	18738.61	37167.58	11492.93	33777.99
	投资收益(万元)	-	-	-	-
	净利润(万元)	-12442.69	-18102.23	-2910.33	-9009.20
	利润总额(万元)	-12370.81	-18344.46	-2896.51	-8978.01

广州东华实业股份有限公司

公司概况	公司名称	广州东华实业股份有限公司			证券简称	东华实业
	法人代表	杨树坪	董秘	蔡锦鹭	证券代码	600393
	公司网址	www.gzdh.com.cn		电子信箱	caijinlu@tom.com	
	电　话	020-87397172 87379702		传　真	020-87386297	
	办公地址	广东省广州市寺右新马路 170 号四楼				
	经营范围	房地产开发、出售、出租房屋、房屋拆迁、土建工程电气配套承装、旅游等业务				

主要财务指标	指标\报告期	2012.06.30	2011.12.31	2011.06.30	2010.12.31
	基本每股收益(元)	0.0640	0.0400	0.0490	0.2400
	基本每股收益(扣除)(元)	0.0640	0.0200	0.0210	0.1800
	每股净资产(元)	3.0700	3.0100	3.0570	3.0100
	每股经营现金净流量(元)	-0.4680	-0.8644	-0.2548	-0.3596
	每股现金流量(元)	-0.0020	-0.6673	0.2187	0.3044
	每股资本公积金(元)	0.6173	0.6173	0.6173	0.6607
	每股盈余公积金(元)	0.2936	0.2936	0.2936	0.2936
	每股未分配利润(元)	1.1581	1.0945	1.1463	1.0569
	净资产收益率(%)	2.0740	1.2510	1.6180	7.9660
	加权净资产收益率(%)	2.1000	1.2400	1.6300	8.1600
	净资产收益率(扣除)(%)	-	-	-	-
	总资产(万元)	334649.15	313199.66	327172.19	365884.38
	归属母公司股东权益(万元)	92071.05	90161.25	91717.83	90336.14
	主营业务收入(万元)	21208.80	76549.96	38145.71	110344.10
	营业收入(万元)	21349.56	77762.32	38484.62	111190.04
	主营成本(万元)	11196.21	53115.05	27087.31	80628.24
	营业成本(万元)	11199.33	53158.83	27089.23	80638.89
	投资收益(万元)	-	2643.87	7.15	2249.27
	净利润(万元)	1875.84	729.88	1382.52	7009.72
	利润总额(万元)	1392.06	1060.68	1965.50	8472.77

贵州盘江精煤股份有限公司

公司概况	公司名称	贵州盘江精煤股份有限公司			证券简称	盘江股份
	法人代表	张仕和	董秘	张发安	证券代码	600395
	公司网址			电子信箱	pjzfa@163.com	
	电　话	0858-3703046 3703068		传　真	0858-3703046	
	办公地址	贵州省六盘水市红果经济开发区干沟桥				
	经营范围	原煤开采、洗选加工及销售				

主要财务指标	指标\报告期	2012.06.30	2011.12.31	2011.06.30	2010.12.31
	基本每股收益(元)	0.9160	1.5450	0.7940	1.2190
	基本每股收益(扣除)(元)	0.9180	1.5330	0.8000	1.2220
	每股净资产(元)	6.6250	6.2890	5.9330	5.7330
	每股经营现金净流量(元)	0.5442	2.1534	1.2681	1.0408
	每股现金流量(元)	0.1480	0.1285	0.8878	0.0391
	每股资本公积金(元)	2.6169	2.6169	2.6070	2.6070
	每股盈余公积金(元)	0.4904	0.4904	0.3326	0.3326
	每股未分配利润(元)	1.9948	1.9285	1.3354	1.3910
	净资产收益率(%)	13.8316	24.5691	13.3880	21.2652
	加权净资产收益率(%)	13.8720	26.0300	13.2600	23.2800
	净资产收益率(扣除)(%)	-	-	-	-
	总资产(万元)	1351737.71	1222440.11	1200651.04	829375.08
	归属母公司股东权益(万元)	730983.82	693955.06	654646.09	632589.96
	主营业务收入(万元)	423944.69	735237.65	352141.72	539132.62
	营业收入(万元)	433975.22	746493.18	356401.90	546924.15
	主营成本(万元)	223763.98	401972.37	199368.95	296015.11
	营业成本(万元)	230375.33	412759.62	203077.81	303367.58
	投资收益(万元)	1047.46	1701.13	823.97	-174.77
	净利润(万元)	102049.48	171935.75	86935.15	134521.64
	利润总额(万元)	120024.22	204238.92	102323.72	159215.53

沈阳金山能源股份有限公司

公司概况						
	公司名称	沈阳金山能源股份有限公司			证券简称	金山股份
	法人代表	彭兴宇	董秘	薛滨	证券代码	600396
	公司网址	http://www.chd.com.cn		电子信箱	zqb600396@126.com	
	电　话	024-83996041 83996006		传　真	024-83996040	
	办公地址	辽宁省沈阳市和平区南五马路183号泰宸商务大厦B座23-26				
	经营范围	火力发电、风力发电、供暖及供热				

主要财务指标	指标\报告期	2012.06.30	2011.12.31	2011.06.30	2010.12.31
	基本每股收益(元)	0.1506	0.3616	0.1808	0.0411
	基本每股收益(扣除)(元)	0.1439	0.1829	0.1808	0.0459
	每股净资产(元)	3.1981	3.0500	3.1700	3.8600
	每股经营现金净流量(元)	1.7181	2.1041	0.9902	1.1072
	每股现金流量(元)	0.6060	0.0310	0.7240	-0.5704
	每股资本公积金(元)	0.5766	0.5766	0.9247	1.6881
	每股盈余公积金(元)	0.1777	0.1777	0.1588	0.1588
	每股未分配利润(元)	1.4439	1.2933	1.0113	0.9506
	净资产收益率(%)	4.7094	11.8650	5.7104	1.0663
	加权净资产收益率(%)	4.8200	10.2000	4.5700	1.0900
	净资产收益率(扣除)(%)	-	-	-	-
	总资产(万元)	1431454.24	1399721.50	897515.63	1295809.05
	归属母公司股东权益(万元)	108928.74	103798.83	107857.43	131399.04
	主营业务收入(万元)	163451.37	320750.22	151772.81	176469.07
	营业收入(万元)	163539.79	321825.57	151943.13	177290.88
	主营成本(万元)	129370.33	249009.11	115391.37	139549.83
	营业成本(万元)	129370.33	249095.10	77874.86	139777.50
	投资收益(万元)	5821.70	5691.49	2535.57	2765.22
	净利润(万元)	6293.36	20778.12	11022.51	5227.59
	利润总额(万元)	5842.34	19344.49	10584.36	4973.85

安源煤业集团股份有限公司

公司概况						
	公司名称	安源煤业集团股份有限公司			证券简称	安源煤业
	法人代表	李良仕	董秘	姚培武	证券代码	600397
	公司网址	www.anyuan2002.com		电子信箱	anyuan2002@126.com	
	电　话	0791-87151886		传　真	0791-87151886	
	办公地址	江西省南昌市西湖区丁公路117号				
	经营范围	煤炭采掘销售、浮法玻璃生产、玻璃深加工及客车制造				

主要财务指标	指标\报告期	2012.06.30	2011.12.31	2011.06.30	2010.12.31
	基本每股收益(元)	0.5082	0.1089	0.4755	0.1577
	基本每股收益(扣除)(元)	0.5171	0.1059	0.4856	0.1226
	每股净资产(元)	7.5869	8.3627	2.6754	2.5700
	每股经营现金净流量(元)	0.9314	0.1318	0.3589	1.0229
	每股现金流量(元)	0.1017	-0.4492	-1.6162	0.1056
	每股资本公积金(元)	4.2617	1.5624	1.5624	1.5624
	每股盈余公积金(元)	0.3149	0.5790	0.2333	0.2333
	每股未分配利润(元)	1.8931	1.6838	-0.1744	-0.2290
	净资产收益率(%)	6.6980	4.0190	32.6790	6.1420
	加权净资产收益率(%)	7.1100	4.1300	6.3400	6.3400
	净资产收益率(扣除)(%)	-	-	-	-
	总资产(万元)	807591.58	871151.88	206182.29	222756.72
	归属母公司股东权益(万元)	375535.53	413938.59	72029.01	69110.14
	主营业务收入(万元)	797845.80	137748.11	583826.33	114175.76
	营业收入(万元)	813891.84	151399.65	599237.11	119907.40
	主营成本(万元)	716768.64	100454.92	494603.80	79782.07
	营业成本(万元)	729635.69	109521.21	504346.87	81901.22
	投资收益(万元)	-	82.71	-27.75	210.71
	净利润(万元)	25474.08	3523.31	23963.42	4456.36
	利润总额(万元)	37801.04	10376.33	34656.95	9940.11

凯诺科技股份有限公司

公司概况						
	公司名称	凯诺科技股份有限公司			证券简称	凯诺科技
	法人代表	陶晓华	董秘	许庆华	证券代码	600398
	公司网址	www.sancanal.com		电子信箱	security@sancanal.com	
	电　话	0510-86121388 3180		传　真	0510-86126877	
	办公地址	江苏省江阴市新桥镇				
	经营范围	高档精纺呢绒、高档西服、衬衫、职业服的生产和销售、染整加工业务				

主要财务指标	指标\报告期	2012.06.30	2011.12.31	2011.06.30	2010.12.31
	基本每股收益(元)	0.1000	0.1600	0.0800	0.1300
	基本每股收益(扣除)(元)	0.1000	0.1600	0.0800	0.1300
	每股净资产(元)	3.1088	3.0576	2.9780	3.0000
	每股经营现金净流量(元)	0.0238	0.4267	-0.0787	0.3244
	每股现金流量(元)	-0.0621	0.1075	-0.3442	0.1585
	每股资本公积金(元)	0.6686	0.6686	0.6686	0.6686
	每股盈余公积金(元)	0.2022	0.2022	0.1879	0.1879
	每股未分配利润(元)	1.2380	1.1868	1.1211	1.1418
	净资产收益率(%)	3.2565	5.2105	2.6640	4.4436
	加权净资产收益率(%)	3.2600	5.2800	2.6200	4.5200
	净资产收益率(扣除)(%)	-	-	-	-
	总资产(万元)	256499.69	265398.21	232742.17	241024.64
	归属母公司股东权益(万元)	201018.76	197705.63	192532.75	193870.31
	主营业务收入(万元)	69667.33	137746.50	61023.80	112728.83
	营业收入(万元)	70479.43	139496.19	61739.60	114642.69
	主营成本(万元)	46595.65	95682.45	42720.87	82608.74
	营业成本(万元)	47429.78	97531.29	43707.52	84461.36
	投资收益(万元)	-	132.71	-	147.78
	净利润(万元)	6571.99	10649.56	5003.06	8458.01
	利润总额(万元)	8362.35	12945.98	5868.94	9820.14

抚顺特殊钢股份有限公司

公司概况						
	公司名称	抚顺特殊钢股份有限公司			证券简称	抚顺特钢
	法人代表	赵明远	董秘	孔德生	证券代码	600399
	公司网址	www.fs-ss.com		电子信箱	kongdesheng@dtsteel.com	
	电　话	024-56676495 56678441		传　真	024-56688966	
	办公地址	辽宁省抚顺市望花区鞍山路东段8号				
	经营范围	钢冶炼、压延钢加工及冶金技术服务、工业(含液体)制造、销售等				

主要财务指标	指标\报告期	2012.06.30	2011.12.31	2011.06.30	2010.12.31
	基本每股收益(元)	0.0210	0.0500	0.0250	0.0600
	基本每股收益(扣除)(元)	0.0180	0.0500	0.0210	0.0500
	每股净资产(元)	3.2690	3.2480	3.2230	3.2000
	每股经营现金净流量(元)	0.9300	0.6022	0.9521	0.2787
	每股现金流量(元)	0.3208	0.0330	0.0063	-0.0331
	每股资本公积金(元)	1.4126	1.4126	1.4126	1.4126
	每股盈余公积金(元)	0.1313	0.1313	0.1260	0.1260
	每股未分配利润(元)	0.7250	0.7043	0.6852	0.6604
	净资产收益率(%)	0.6334	1.5172	0.7700	1.8726
	加权净资产收益率(%)	0.6330	1.5300	0.7690	1.8900
	净资产收益率(扣除)(%)	-	-	-	-
	总资产(万元)	935382.60	784600.52	696483.66	640691.78
	归属母公司股东权益(万元)	169987.86	168911.13	167638.29	166348.39
	主营业务收入(万元)	267497.02	527674.69	290706.85	517014.34
	营业收入(万元)	272189.79	541753.92	297204.90	528159.34
	主营成本(万元)	230983.51	464489.73	264881.95	477060.90
	营业成本(万元)	235221.39	477623.05	270871.86	487508.61
	投资收益(万元)	-270.58	-153.50	50.80	415.80
	净利润(万元)	1076.73	2562.74	1289.91	3115.03
	利润总额(万元)	1549.88	3688.43	1690.89	4037.11

江苏红豆实业股份有限公司

公司概况						
公司名称	江苏红豆实业股份有限公司			证券简称	红豆股份	
法人代表	周鸣江	董秘	孟晓平	证券代码	600400	
公司网址	www.hongdou.com.cn		电子信箱	hongdou@hongdou.com		
电　　话	0510-66868422 66868278		传　　真	0510-88350139		
办公地址	江苏省无锡市锡山区港下					
经营范围	服装、针织品、服装面料的生产与销售、锦纶丝的生产与销售等					

主要财务指标	2012.06.30	2011.12.31	2011.06.30	2010.12.31
指标\报告期	2012.06.30	2011.12.31	2011.06.30	2010.12.31
基本每股收益(元)	0.0300	0.0600	0.0300	0.1100
基本每股收益(扣除)(元)	0.0300	0.0600	0.0300	0.1100
每股净资产(元)	2.4000	2.3900	2.3545	3.0700
每股经营现金净流量(元)	-0.1319	-0.9745	-0.9470	-2.4437
每股现金流量(元)	-0.0371	-0.0253	0.1069	-0.6666
每股资本公积金(元)	0.4403	0.4403	0.4336	0.8637
每股盈余公积金(元)	0.1783	0.1783	0.1728	0.2246
每股未分配利润(元)	0.7820	0.7696	0.7481	0.9826
净资产收益率(%)	1.3483	2.6030	1.3060	4.4919
加权净资产收益率(%)	1.3500	2.6200	1.2900	4.5500
净资产收益率(扣除)(%)	-	-	-	-
总资产(万元)	648010.99	608391.88	590325.73	522356.59
归属母公司股东权益(万元)	134527.24	133834.17	131947.87	132380.36
主营业务收入(万元)	-	176530.74	-	-
营业收入(万元)	77334.35	176530.74	74265.93	213938.04
主营成本(万元)	-	-	-	-
营业成本(万元)	56105.45	128550.59	53755.53	165245.35
投资收益(万元)	1093.98	1553.01	569.87	1116.41
净利润(万元)	915.91	4048.80	1987.79	7663.25
利润总额(万元)	1346.78	7488.23	2670.47	10211.12

海润光伏科技股份有限公司

公司概况						
公司名称	海润光伏科技股份有限公司			证券简称	海润光伏	
法人代表	任向东	董秘	陈浩	证券代码	600401	
公司网址	www.hareonsolar.com		电子信箱	ir@hareon.net		
电　　话	0510-86530938 86913333		传　　真	0510-86530766		
办公地址	江苏省江阴市徐霞客镇璜塘工业园区环镇北路178号					
经营范围	研究、开发、生产、加工单晶硅片、单晶硅棒、多晶硅锭、多晶硅片					

主要财务指标	2012.06.30	2011.12.31	2011.06.30	2010.12.31
指标\报告期	2012.06.30	2011.12.31	2011.06.30	2010.12.31
基本每股收益(元)	-0.1301	0.5160	0.2964	0.5394
基本每股收益(扣除)(元)	-0.1425	0.3377	0.2721	0.5613
每股净资产(元)	2.4830	2.6994	0.4220	2.7696
每股经营现金净流量(元)	0.0024	0.6928	-1.4334	1.9273
每股现金流量(元)	0.1926	0.4186	-2.1708	3.4723
每股资本公积金(元)	0.8036	0.7101	0.0143	0.0209
每股盈余公积金(元)	0.0688	0.0688	0.0621	0.2765
每股未分配利润(元)	0.6497	0.9198	-0.6545	2.1378
净资产收益率(%)	-5.2400	14.3570	211.9378	17.7230
加权净资产收益率(%)	-4.9200	16.9900	10.1600	20.0400
净资产收益率(扣除)(%)	-	-	-	-
总资产(万元)	1186463.20	1090681.25	95941.89	562001.33
归属母公司股东权益(万元)	257341.33	279765.64	10886.36	215573.82
主营业务收入(万元)	245555.28	656189.56	292704.13	327455.00
营业收入(万元)	254149.10	713168.97	335473.11	338018.99
主营成本(万元)	227086.48	586255.62	250738.50	255787.69
营业成本(万元)	232590.67	626986.26	20213.08	31668.11
投资收益(万元)	92.07	-	1542.73	16.50
净利润(万元)	-13076.88	36879.72	22933.25	38205.71
利润总额(万元)	-16830.46	41994.94	27357.43	45729.92

河南大有能源股份有限公司

公司概况						
公司名称	河南大有能源股份有限公司			证券简称	大有能源	
法人代表	田富军	董秘	吴东升(代)	证券代码	600403	
公司网址	http://www.yimeijt.com(暂)		电子信箱	dsh@hndyny.com		
电　　话	0398-5887735		传　　真	0398- 5897007		
办公地址	河南省三门峡市义马市千秋路6号					
经营范围	原煤开采、煤炭批发经营、对煤炭行业的投资、煤炭洗选加工					

主要财务指标	2012.06.30	2011.12.31	2011.06.30	2010.12.31
指标\报告期	2012.06.30	2011.12.31	2011.06.30	2010.12.31
基本每股收益(元)	0.9367	1.5600	1.0653	1.6700
基本每股收益(扣除)(元)	0.9380	1.5900	1.0677	1.7100
每股净资产(元)	6.2161	5.8339	2.4636	4.4800
每股经营现金净流量(元)	0.3298	2.0811	11.2264	19.8192
每股现金流量(元)	-1.4472	0.9415	5.8926	11.1442
每股资本公积金(元)	0.9414	0.9414	0.9312	-
每股盈余公积金(元)	0.1164	0.1164	0.1314	0.1314
每股未分配利润(元)	3.0158	2.7791	0.4010	19.0639
净资产收益率(%)	15.0683	26.3710	282.8146	37.3605
加权净资产收益率(%)	15.5500	30.5700	23.3600	45.9400
净资产收益率(扣除)(%)	-	-	-	-
总资产(万元)	1026443.28	1047480.94	32009.49	920537.93
归属母公司股东权益(万元)	518207.31	486341.06	31402.54	316094.00
主营业务收入(万元)	504712.14	886382.88	460227.85	767166.22
营业收入(万元)	537883.76	950221.23	494833.18	872467.74
主营成本(万元)	323246.70	546490.68	262905.58	13671.45
营业成本(万元)	354462.03	607626.51	6881.96	564092.46
投资收益(万元)	-	0.24	0.24	48.78
净利润(万元)	86334.00	140825.91	96498.18	128543.36
利润总额(万元)	113991.57	188911.34	127606.80	173560.49

北京动力源科技股份有限公司

公司概况						
公司名称	北京动力源科技股份有限公司			证券简称	动力源	
法人代表	何振亚	董秘	郭玉洁	证券代码	600405	
公司网址	www.dpc.com.cn		电子信箱	gyj@dpc.com.cn		
电　　话	010-83681321		传　　真	010-63783054		
办公地址	北京市丰台区科技园区星火路8号					
经营范围	直流电源产品、交流电源产品及相关服务和集中监控系统产品及相关服务					

主要财务指标	2012.06.30	2011.12.31	2011.06.30	2010.12.31
指标\报告期	2012.06.30	2011.12.31	2011.06.30	2010.12.31
基本每股收益(元)	-0.1279	-0.0190	-0.0843	0.2020
基本每股收益(扣除)(元)	-0.1594	-0.0670	-0.1222	0.1960
每股净资产(元)	1.7510	1.8600	2.2214	2.2700
每股经营现金净流量(元)	-0.2268	-0.4137	-0.4040	-0.3168
每股现金流量(元)	-0.0660	-0.2460	-0.3502	-0.1889
每股资本公积金(元)	0.3792	0.3595	0.6332	0.5976
每股盈余公积金(元)	0.0990	0.0990	0.1166	0.1166
每股未分配利润(元)	0.2732	0.4011	0.4716	0.5559
净资产收益率(%)	-7.3046	-1.0160	-3.7940	10.3740
加权净资产收益率(%)	-7.1000	-1.0000	-3.7500	11.7700
净资产收益率(扣除)(%)	-	-	-	-
总资产(万元)	123412.44	120443.78	107527.24	102390.65
归属母公司股东权益(万元)	45848.19	48681.95	48482.90	49545.27
主营业务收入(万元)	30087.18	68096.50	25402.43	75623.46
营业收入(万元)	30229.72	69478.42	25923.02	77130.61
主营成本(万元)	22593.00	49072.96	18311.18	49936.63
营业成本(万元)	22615.02	49477.55	18393.86	50653.27
投资收益(万元)	-19.35	-	-	-
净利润(万元)	-3358.13	-479.56	-1838.14	5142.57
利润总额(万元)	-3311.86	-597.17	-1688.15	6019.85

国电南瑞科技股份有限公司

公司概况	公司名称	国电南瑞科技股份有限公司			证券简称	国电南瑞	
	法人代表	肖世杰	董秘	方飞龙	证券代码	600406	
	公司网址	www.naritech.cn			电子信箱	fangfeilong@sgepri.sgcc.com.cn	
	电　　话	025-83092026			传　　真	025-83422355	
	办公地址	江苏省南京市高新技术产业开发区高新路20号					
	经营范围	电网调度自动化、变电站自动化、农村电网自动化等					

	指标\报告期	2012.06.30	2011.12.31	2011.06.30	2010.12.31
主要财务指标	基本每股收益(元)	0.2000	0.8100	0.1700	0.5100
	基本每股收益(扣除)(元)	0.1900	0.7800	0.1600	0.4500
	每股净资产(元)	1.9900	2.7900	2.3300	4.9400
	每股经营现金净流量(元)	-0.1719	0.4145	-0.2437	0.7203
	每股现金流量(元)	-0.3459	0.0615	-0.2224	2.0173
	每股资本公积金(元)	0.0121	0.1181	0.2092	1.5829
	每股盈余公积金(元)	0.1536	0.2303	0.1564	0.3948
	每股未分配利润(元)	0.8238	1.4423	0.9658	1.9590
	净资产收益率(%)	9.8352	29.1600	10.9028	20.0047
	加权净资产收益率(%)	10.2200	29.7500	9.8900	30.3300
	净资产收益率(扣除)(%)	-	-	-	-
	总资产(万元)	645485.24	602531.14	469491.78	481309.99
	归属母公司股东权益(万元)	313451.58	293126.47	244882.98	259271.03
	主营业务收入(万元)	213542.80	465531.72	171938.62	303608.35
	营业收入(万元)	213774.60	466001.70	172170.41	303608.35
	主营成本(万元)	149000.15	319533.42	119946.20	209326.09
	营业成本(万元)	149109.49	319703.39	95237.33	209514.68
	投资收益(万元)	-	132.14	94.44	2221.64
	净利润(万元)	30804.71	85617.04	26595.11	51478.35
	利润总额(万元)	35561.75	97932.63	29489.47	58197.17

山西安泰集团股份有限公司

公司概况	公司名称	山西安泰集团股份有限公司			证券简称	安泰集团	
	法人代表	李安民	董秘	郭全虎	证券代码	600408	
	公司网址	www.antaigroup.com			电子信箱	zqbat@263.net	
	电　　话	0354-7531034			传　　真	0354-7536786	
	办公地址	山西省介休市义安镇					
	经营范围	煤炭洗选、焦炭、生铁、水泥及其制品、电力的生产与销售					

	指标\报告期	2012.06.30	2011.12.31	2011.06.30	2010.12.31
主要财务指标	基本每股收益(元)	0.0015	-0.3800	-0.1700	0.0400
	基本每股收益(扣除)(元)	-0.0024	-0.3800	-0.1600	0.0100
	每股净资产(元)	2.3800	2.3800	2.5800	2.7600
	每股经营现金净流量(元)	-0.1723	0.1495	0.1734	-0.2963
	每股现金流量(元)	-0.3340	0.0307	-0.2606	-0.5888
	每股资本公积金(元)	1.4433	1.4433	1.4433	1.4433
	每股盈余公积金(元)	0.1316	0.1316	0.1316	0.1316
	每股未分配利润(元)	-0.1990	-0.2006	0.0066	0.1797
	净资产收益率(%)	0.0650	-16.0000	-6.7050	1.4292
	加权净资产收益率(%)	0.0600	-14.8300	-6.4900	1.4200
	净资产收益率(扣除)(%)	-	-	-	-
	总资产(万元)	732399.83	730435.70	661009.69	681027.23
	归属母公司股东权益(万元)	239409.91	239301.17	260060.36	277410.74
	主营业务收入(万元)	287132.89	549385.45	250202.89	493401.62
	营业收入(万元)	287179.48	550592.13	250806.15	494319.49
	主营成本(万元)	254891.16	531583.12	237904.53	445611.95
	营业成本(万元)	254912.75	532012.20	267694.91	445735.18
	投资收益(万元)	-	219.47	-	3743.91
	净利润(万元)	900.76	-44037.48	-18176.56	2335.14
	利润总额(万元)	2315.44	-45805.07	-18313.86	2374.94

唐山三友化工股份有限公司

公司概况	公司名称	唐山三友化工股份有限公司			证券简称	三友化工	
	法人代表	么志义	董秘	张建华	证券代码	600409	
	公司网址	www.sanyou-chem.com.cn			电子信箱	zhengquanbu@sanyou-chem.com.cn	
	电　　话	0315-8519078 8511642			传　　真	0315-8511006	
	办公地址	河北省唐山市南堡开发区					
	经营范围	生产和销售“三友”牌纯碱					

	指标\报告期	2012.06.30	2011.12.31	2011.06.30	2010.12.31
主要财务指标	基本每股收益(元)	0.0310	0.5590	0.3714	0.3786
	基本每股收益(扣除)(元)	0.0261	0.5408	0.3636	0.3865
	每股净资产(元)	4.2540	2.1813	3.6210	3.8800
	每股经营现金净流量(元)	-0.4528	0.1685	0.2699	0.1651
	每股现金流量(元)	0.4246	0.1752	0.6665	-0.4709
	每股资本公积金(元)	2.1535	1.4255	1.4305	1.8145
	每股盈余公积金(元)	0.1692	0.1970	0.1528	0.1724
	每股未分配利润(元)	0.9083	1.1619	1.0158	0.8717
	净资产收益率(%)	0.7109	14.5350	10.0619	9.7565
	加权净资产收益率(%)	0.8000	15.2900	10.4200	10.4000
	净资产收益率(扣除)(%)	-	-	-	-
	总资产(万元)	1529133.24	1323153.51	1166881.33	980156.43
	归属母公司股东权益(万元)	524784.05	403620.94	383686.53	364447.44
	主营业务收入(万元)	487725.33	997171.76	494478.93	792293.68
	营业收入(万元)	499796.92	1024015.92	506807.14	820363.49
	主营成本(万元)	426699.96	802458.17	394884.60	655621.86
	营业成本(万元)	434760.81	827254.79	406230.78	679577.99
	投资收益(万元)	4.66	16.84	9.14	-3.23
	净利润(万元)	3661.65	59042.94	39207.08	36147.94
	利润总额(万元)	5814.69	78149.27	49490.08	44399.22

北京华胜天成科技股份有限公司

公司概况	公司名称	北京华胜天成科技股份有限公司			证券简称	华胜天成	
	法人代表	胡联奎	董秘	胡联奎(代)	证券代码	600410	
	公司网址	www.teamsun.com.cn			电子信箱	securities@teamsun.com.cn	
	电　　话	010-82733988			传　　真	010-82733666	
	办公地址	北京市海淀区学清路8号科技财富中心A座1-11层					
	经营范围	为电信、金融等行业用户提供系统集成及专业服务					

	指标\报告期	2012.06.30	2011.12.31	2011.06.30	2010.12.31
主要财务指标	基本每股收益(元)	0.1113	0.4454	0.1455	0.4096
	基本每股收益(扣除)(元)	0.1104	0.4466	0.1425	0.3969
	每股净资产(元)	3.5400	4.2230	3.3090	3.2540
	每股经营现金净流量(元)	-0.2583	-0.5278	-0.6080	0.0304
	每股现金流量(元)	-0.4953	0.2436	-0.5124	0.1441
	每股资本公积金(元)	1.0840	1.4961	0.7008	0.6804
	每股盈余公积金(元)	0.2432	0.2915	0.2853	0.2853
	每股未分配利润(元)	1.2713	1.5104	1.3761	1.3214
	净资产收益率(%)	3.1439	9.9820	5.2770	12.6370
	加权净资产收益率(%)	3.1100	12.4900	5.3000	13.0800
	净资产收益率(扣除)(%)	-	-	-	-
	总资产(万元)	413313.06	420804.43	356986.22	340692.84
	归属母公司股东权益(万元)	230726.45	229615.57	167050.74	164268.53
	主营业务收入(万元)	226247.15	507707.79	231976.68	406892.36
	营业收入(万元)	226478.25	508387.35	232395.42	407542.72
	主营成本(万元)	185762.80	416926.39	189680.36	327971.27
	营业成本(万元)	185814.22	417142.52	189779.06	328250.74
	投资收益(万元)	32.15	342.57	264.32	1326.16
	净利润(万元)	7916.56	24484.42	9333.71	23196.99
	利润总额(万元)	9437.00	26338.54	10943.57	24379.11

浙江中国小商品城集团股份有限公司

公司概况	公司名称	浙江中国小商品城集团股份有限公司			证券简称	小商品城
	法人代表	金方平	董秘	鲍江钱	证券代码	600415
	公司网址	www.cccgroup.com.cn		电子信箱	600415@cccgroup.com.cn	
	电　　话	0579-85182700		传　　真	0579-85197755	
	办公地址	浙江省义乌市福田路 105 号海洋商务楼				
	经营范围	市场网点经营、房地产开发销售、酒店服务、商品销售等				

主要财务指标	指标\报告期	2012.06.30	2011.12.31	2011.06.30	2010.12.31
	基本每股收益(元)	0.1400	0.2400	0.1400	0.3000
	基本每股收益(扣除)(元)	0.1300	0.2300	0.1300	0.3000
	每股净资产(元)	2.9100	2.8700	2.7700	5.2600
	每股经营现金净流量(元)	0.0930	0.8452	0.3294	-0.3436
	每股现金流量(元)	-0.5577	0.5137	0.4576	0.1721
	每股资本公积金(元)	0.5396	0.5396	0.5396	2.0791
	每股盈余公积金(元)	0.1788	0.1788	0.1550	0.3101
	每股未分配利润(元)	1.1918	1.1515	1.0757	1.8758
	净资产收益率(%)	4.8223	8.2710	4.9750	11.2900
	加权净资产收益率(%)	4.8600	8.6300	5.1000	11.9600
	净资产收益率(扣除)(%)	-	-	-	-
	总资产(万元)	1684490.10	1811967.92	1791146.74	1563992.42
	归属母公司股东权益(万元)	792044.29	781063.26	753963.92	716455.41
	主营业务收入(万元)	152187.22	315575.56	137962.39	295960.90
	营业收入(万元)	165208.46	339633.55	152754.80	316950.78
	主营成本(万元)	80187.58	173746.29	73525.58	158607.71
	营业成本(万元)	81364.22	177030.74	74284.04	159600.18
	投资收益(万元)	1798.83	3288.39	706.64	450.98
	净利润(万元)	38211.14	64550.37	37554.30	81027.65
	利润总额(万元)	50561.82	86433.48	50507.33	107452.97

湘潭电机股份有限公司

公司概况	公司名称	湘潭电机股份有限公司			证券简称	湘电股份
	法人代表	周建雄	董秘	刘海强	证券代码	600416
	公司网址	www.xemc.com.cn		电子信箱	mail.xemc.com.cn	
	电　　话	0731-58595252 58595732		传　　真	0731-58595252	
	办公地址	湖南省湘潭市下摄司街 302 号				
	经营范围	大中型交直流电机(含特种电机)的开发、生产和销售业务等				

主要财务指标	指标\报告期	2012.06.30	2011.12.31	2011.06.30	2010.12.31
	基本每股收益(元)	0.0100	0.2300	0.1900	0.3900
	基本每股收益(扣除)(元)	-0.0100	0.1700	0.1800	0.3100
	每股净资产(元)	3.7300	3.8100	4.1800	7.9600
	每股经营现金净流量(元)	-2.0838	-3.7093	-1.7124	-0.9479
	每股现金流量(元)	-1.3068	0.2251	-0.1037	1.3298
	每股资本公积金(元)	1.7013	1.7013	2.0673	5.1345
	每股盈余公积金(元)	0.2378	0.2215	0.1887	0.3459
	每股未分配利润(元)	0.8218	0.9305	0.9219	1.5010
	净资产收益率(%)	0.2079	5.9900	4.4810	8.9610
	加权净资产收益率(%)	0.2000	7.4200	4.5900	12.9000
	净资产收益率(扣除)(%)	-	-	-	-
	总资产(万元)	1394113.85	1358098.10	1333186.73	1039835.70
	归属母公司股东权益(万元)	226902.69	232091.10	254121.64	242244.04
	主营业务收入(万元)	312616.06	619535.11	350525.10	672256.02
	营业收入(万元)	314150.44	624750.84	352733.60	676032.86
	主营成本(万元)	259867.47	507893.39	294140.43	552458.05
	营业成本(万元)	260516.76	511722.38	295764.73	555196.88
	投资收益(万元)	463.43	1192.21	147.05	1379.60
	净利润(万元)	176.54	14160.63	11869.46	23680.08
	利润总额(万元)	2156.88	16781.21	13942.35	26612.76

安徽江淮汽车股份有限公司

公司概况	公司名称	安徽江淮汽车股份有限公司			证券简称	江淮汽车
	法人代表	安进	董秘	冯梁森	证券代码	600418
	公司网址	www.jac.com.cn		电子信箱	jqgf@jac.com.cn	
	电　　话	0551-2296835		传　　真	0551-2296837	
	办公地址	安徽省合肥市东流路 176 号				
	经营范围	汽车、汽车底盘及其汽车变速箱等零部件的开发、生产和销售				

主要财务指标	指标\报告期	2012.06.30	2011.12.31	2011.06.30	2010.12.31
	基本每股收益(元)	0.2400	0.4800	0.3900	0.9000
	基本每股收益(扣除)(元)	0.2200	0.3500	0.3700	0.8100
	每股净资产(元)	4.5300	4.4400	4.3500	4.1700
	每股经营现金净流量(元)	1.1544	-0.5652	0.8282	1.2106
	每股现金流量(元)	0.6226	-0.4640	0.7518	0.3788
	每股资本公积金(元)	1.0172	1.0255	1.0252	1.0311
	每股盈余公积金(元)	0.6455	0.6455	0.5537	0.5537
	每股未分配利润(元)	1.8645	1.7700	1.7702	1.5826
	净资产收益率(%)	5.4004	10.7930	8.9130	21.6480
	加权净资产收益率(%)	5.4200	11.2100	9.1000	24.1300
	净资产收益率(扣除)(%)	-	-	-	-
	总资产(万元)	1738188.99	1473603.98	1629351.13	1553422.11
	归属母公司股东权益(万元)	583418.76	572258.21	560485.29	537069.05
	主营业务收入(万元)	1360050.62	2896723.72	1655514.31	2836371.26
	营业收入(万元)	1441289.74	3047378.80	1743797.22	2970436.24
	主营成本(万元)	1153220.53	2511869.78	1432630.72	2394700.64
	营业成本(万元)	1224697.19	2643808.58	1511679.09	2512445.34
	投资收益(万元)	336.72	3854.80	2344.89	3450.23
	净利润(万元)	31870.48	62493.60	50931.92	117637.53
	利润总额(万元)	36270.73	70618.93	59560.73	136265.37

新疆天宏纸业股份有限公司

公司概况	公司名称	新疆天宏纸业股份有限公司			证券简称	ST 天宏
	法人代表	李侠	董秘	王巧玲	证券代码	600419
	公司网址	www.xjth.cn		电子信箱	thwql@126.com fzq63@163.com	
	电　　话	0993-7526018 7526008		传　　真	0993-2526585	
	办公地址	新疆维吾尔自治区石河子市西三路 17 号				
	经营范围	造纸、纸制品及纸料加工、销售、化工产品(有毒除外)、印刷物资的销售等				

主要财务指标	指标\报告期	2012.06.30	2011.12.31	2011.06.30	2010.12.31
	基本每股收益(元)	-0.2000	0.0500	-0.0580	0.1200
	基本每股收益(扣除)(元)	-0.2000	-0.2100	-0.1700	-0.4200
	每股净资产(元)	1.5723	1.7700	1.6637	1.7200
	每股经营现金净流量(元)	-0.0773	0.3152	0.0252	0.1954
	每股现金流量(元)	-0.2527	0.2018	-0.0417	0.0100
	每股资本公积金(元)	2.1546	2.1546	2.1546	2.1546
	每股盈余公积金(元)	0.2032	0.2032	0.2032	0.2032
	每股未分配利润(元)	-1.7855	-1.5896	-1.6942	-1.6364
	净资产收益率(%)	-12.4560	2.6458	-3.4740	7.2050
	加权净资产收益率(%)	-11.7300	2.6800	-3.4100	7.4700
	净资产收益率(扣除)(%)	-	-	-	-
	总资产(万元)	28270.01	29501.12	31914.93	29920.56
	归属母公司股东权益(万元)	12603.69	14174.27	13335.98	13799.24
	主营业务收入(万元)	7066.60	38116.02	16927.92	32793.81
	营业收入(万元)	7920.29	40250.97	17628.57	34461.38
	主营成本(万元)	6704.85	37263.24	16740.31	31996.95
	营业成本(万元)	7539.93	39251.27	17418.55	33415.99
	投资收益(万元)	-	7.26	-	2292.64
	净利润(万元)	-1582.65	392.43	-463.26	994.24
	利润总额(万元)	-1518.16	407.40	-426.12	997.85

上海现代制药股份有限公司

公司概况	公司名称	上海现代制药股份有限公司			证券简称	现代制药
	法人代表	周斌	董秘	魏冬松	证券代码	600420
	公司网址	www.shyndec.com		电子信箱	weidongsong@shyndec.cn	
	电　话	021-62510990 52372865		传　真	021-62510787	
	办公地址	上海市静安区北京西路 1320 号				
	经营范围	医药产品的开发、生产、经营、医药产品的代理销售				

主要财务指标	指标＼报告期	2012.06.30	2011.12.31	2011.06.30	2010.12.31
	基本每股收益(元)	0.1889	0.4172	0.1761	0.3757
	基本每股收益(扣除)(元)	0.1788	0.3816	0.1711	0.3425
	每股净资产(元)	2.9208	2.8300	2.5908	2.5100
	每股经营现金净流量(元)	0.1768	0.4731	0.2396	0.4000
	每股现金流量(元)	0.9158	0.4189	0.1265	–0.1392
	每股资本公积金(元)	0.1131	0.1131	0.1131	0.1131
	每股盈余公积金(元)	0.2339	0.2339	0.1998	0.1998
	每股未分配利润(元)	1.5738	1.4849	1.2779	1.2018
	净资产收益率(%)	6.4683	14.7310	6.7960	14.9420
	加权净资产收益率(%)	6.4600	15.7500	6.9000	16.1500
	净资产收益率(扣除)(%)	–	–	–	–
	总资产(万元)	225713.71	149232.84	129991.33	113563.26
	归属母公司股东权益(万元)	84040.75	81482.06	74545.02	72356.14
	主营业务收入(万元)	90778.87	169523.92	86459.90	141757.63
	营业收入(万元)	91241.71	170262.33	86949.28	142296.36
	主营成本(万元)	59317.68	116951.26	59114.06	98526.67
	营业成本(万元)	59654.33	117353.72	59388.63	98746.29
	投资收益(万元)	–7.22	–14.44	–7.22	–14.44
	净利润(万元)	7256.27	14691.77	6671.96	13312.04
	利润总额(万元)	8756.51	16958.76	7953.11	15405.83

武汉国药科技股份有限公司

公司概况	公司名称	武汉国药科技股份有限公司			证券简称	*ST 国药
	法人代表	龚晓超	董秘	龚晓超(代)	证券代码	600421
	公司网址			电子信箱	stocks@spring.com.cn	
	电　话	027-87654767		传　真	027-87654767	
	办公地址	湖北省武汉市武昌区武珞路 628 号亚洲贸易广场 B 座 22 层				
	经营范围	企业投资开发、房地产开发、经营				

主要财务指标	指标＼报告期	2012.06.30	2011.12.31	2011.06.30	2010.12.31
	基本每股收益(元)	–0.0100	–0.1000	–0.0200	–0.0800
	基本每股收益(扣除)(元)	–0.0100	–0.1000	–0.0200	–0.0800
	每股净资产(元)	–0.8710	–0.8610	–0.9170	–0.7600
	每股经营现金净流量(元)	0.0254	–0.0260	0.0052	–0.0236
	每股现金流量(元)	0.0264	0.0032	0.0052	–0.0010
	每股资本公积金(元)	0.8062	0.8062	0.8062	0.8062
	每股盈余公积金(元)	0.1433	0.1433	0.1433	0.1433
	每股未分配利润(元)	–2.8205	–2.8105	–2.8661	–2.7074
	净资产收益率(%)	–1.1465	11.9783	–2.0094	–10.9079
	加权净资产收益率(%)	–	12.7400	–	–
	净资产收益率(扣除)(%)	–	–	–	–
	总资产(万元)	6096.53	5733.61	7208.84	7247.49
	归属母公司股东权益(万元)	–17036.80	–16841.48	–17928.79	–14824.15
	主营业务收入(万元)	425.97	1075.62	623.35	1428.12
	营业收入(万元)	425.97	1075.62	623.35	1428.12
	主营成本(万元)	327.16	869.38	513.18	1182.01
	营业成本(万元)	327.16	869.38	513.18	1182.01
	投资收益(万元)	–	–	–	–
	净利润(万元)	–195.34	–2017.33	–360.26	–1617.36
	利润总额(万元)	–195.34	–2017.33	–360.26	–1617.36

昆明制药集团股份有限公司

公司概况	公司名称	昆明制药集团股份有限公司			证券简称	昆明制药
	法人代表	何勤	董秘	徐朝能	证券代码	600422
	公司网址	www.kpc.com.cn		电子信箱	irm.kpc@holley.cn	
	电　话	0871-8324311		传　真	0871-8324267	
	办公地址	云南省昆明市国家高新技术开发区科医路 166 号				
	经营范围	天然植物药的生产经营和外购药品的批发零售				

主要财务指标	指标＼报告期	2012.06.30	2011.12.31	2011.06.30	2010.12.31
	基本每股收益(元)	0.2542	0.4142	0.1783	0.2724
	基本每股收益(扣除)(元)	0.2454	0.3849	0.1717	0.2594
	每股净资产(元)	2.6584	2.6042	2.3618	2.3400
	每股经营现金净流量(元)	0.1697	0.4464	0.0701	0.2891
	每股现金流量(元)	–0.1128	0.1309	–0.1424	0.0065
	每股资本公积金(元)	0.6346	0.6346	0.6348	0.6348
	每股盈余公积金(元)	0.1997	0.1997	0.1706	0.1706
	每股未分配利润(元)	0.8240	0.7698	0.5563	0.5348
	净资产收益率(%)	9.5600	15.9040	7.5487	11.6390
	加权净资产收益率(%)	9.7600	17.0100	6.7800	12.2400
	净资产收益率(扣除)(%)	–	–	–	–
	总资产(万元)	169590.37	162989.48	147445.40	141598.96
	归属母公司股东权益(万元)	83519.17	81817.84	74201.51	73524.11
	主营业务收入(万元)	148048.49	242145.66	106966.94	177926.50
	营业收入(万元)	149161.42	243400.81	107623.28	181723.76
	主营成本(万元)	102256.77	170289.08	75654.91	119858.89
	营业成本(万元)	103197.47	171268.08	76127.50	122824.47
	投资收益(万元)	–	0.25	–	8.26
	净利润(万元)	8564.18	14545.61	6134.42	9867.73
	利润总额(万元)	10181.84	17515.04	7010.00	11736.30

柳州化工股份有限公司

公司概况	公司名称	柳州化工股份有限公司			证券简称	柳化股份
	法人代表	廖能成	董秘	袁志刚	证券代码	600423
	公司网址	www.lzhg.cn		电子信箱	yuanzg2001@163.net	
	电　话	0772-2516580 2519434		传　真	0772-2510401	
	办公地址	广西壮族自治区柳州市北雀路 67 号				
	经营范围	以煤为原料、以合成氨为中间产品的系列氨加工产品的生产和销售				

主要财务指标	指标＼报告期	2012.06.30	2011.12.31	2011.06.30	2010.12.31
	基本每股收益(元)	0.1000	0.1684	0.0800	0.1400
	基本每股收益(扣除)(元)	0.0900	0.1600	0.0800	0.1400
	每股净资产(元)	3.7800	3.7500	3.6800	3.5900
	每股经营现金净流量(元)	0.3309	0.8255	0.4688	–0.0524
	每股现金流量(元)	0.0792	–0.0505	–0.0363	0.1289
	每股资本公积金(元)	1.4937	1.4569	1.4569	1.4569
	每股盈余公积金(元)	0.2079	0.2079	0.1955	0.1955
	每股未分配利润(元)	1.0740	1.0736	1.0111	0.9292
	净资产收益率(%)	2.6586	4.4940	2.2300	3.9529
	加权净资产收益率(%)	2.6400	4.5800	2.2600	4.0000
	净资产收益率(扣除)(%)	–	4.2400	–	–
	总资产(万元)	449483.87	454055.50	450239.49	440942.21
	归属母公司股东权益(万元)	150824.22	149663.10	146821.27	143426.54
	主营业务收入(万元)	148483.77	253231.44	122023.04	202094.89
	营业收入(万元)	153497.22	266982.49	131842.55	208773.54
	主营成本(万元)	126419.38	207149.45	98936.28	161278.23
	营业成本(万元)	130133.31	215958.19	108457.94	167516.97
	投资收益(万元)	–	–8.42	–	–5.57
	净利润(万元)	3897.33	6967.88	3514.02	5628.68
	利润总额(万元)	4023.73	8162.88	3969.83	6483.35

新疆青松建材化工(集团)股份有限公司

公司概况	公司名称	新疆青松建材化工(集团)股份有限公司			证券简称	青松建化
	法人代表	甘军	董秘	尹华军	证券代码	600425
	公司网址	www.xjqscc.com		电子信箱	yhj0186@sina.com	
	电　　话	0997-2813793 2811282		传　　真	0997-2811675	
	办公地址	新疆维吾尔自治区阿克苏市林园				
	经营范围	水泥及水泥制品的生产和销售				

主要财务指标	指标\报告期	2012.06.30	2011.12.31	2011.06.30	2010.12.31
	基本每股收益(元)	0.2010	0.9700	0.3970	0.6370
	基本每股收益(扣除)(元)	0.2070	0.9500	0.3930	0.6440
	每股净资产(元)	8.1020	3.9040	5.0500	5.0500
	每股经营现金净流量(元)	0.0369	1.2262	0.9333	1.0744
	每股现金流量(元)	4.1377	-0.9655	-0.2504	1.2027
	每股资本公积金(元)	5.6413	2.7236	2.7236	2.7236
	每股盈余公积金(元)	0.1329	0.1914	0.1362	0.1362
	每股未分配利润(元)	1.3059	1.6798	1.1650	1.1678
	净资产收益率(%)	1.7215	17.2650	7.8670	12.6079
	加权净资产收益率(%)	3.5100	18.5600	7.8700	16.6300
	净资产收益率(扣除)(%)	-	-	-	-
	总资产(万元)	968907.09	624215.32	535876.21	444380.35
	归属母公司股东权益(万元)	558613.58	277007.74	241749.59	241760.59
	主营业务收入(万元)	91498.42	214841.17	89358.38	170472.10
	营业收入(万元)	96792.29	221987.40	91518.45	175395.69
	主营成本(万元)	67022.72	146551.98	60337.45	121149.47
	营业成本(万元)	71281.46	151793.28	61944.10	124882.02
	投资收益(万元)	1129.03	2236.91	764.95	1825.23
	净利润(万元)	10320.43	49396.34	19758.72	31856.06
	利润总额(万元)	12299.34	57655.89	22699.70	36527.85

山东华鲁恒升化工股份有限公司

公司概况	公司名称	山东华鲁恒升化工股份有限公司			证券简称	华鲁恒升
	法人代表	常怀春	董秘	高景宏	证券代码	600426
	公司网址	www.hl-hengsheng.com		电子信箱	hl600426@sina.com	
	电　　话	0534-2465426		传　　真	0534-2465017	
	办公地址	山东省德州市德城区天衢西路 24 号				
	经营范围	尿素、DMF 和三甲胺的生产和销售				

主要财务指标	指标\报告期	2012.06.30	2011.12.31	2011.06.30	2010.12.31
	基本每股收益(元)	0.2290	0.3720	0.2740	0.3420
	基本每股收益(扣除)(元)	0.2280	0.3650	0.2730	0.3310
	每股净资产(元)	5.5500	5.3200	7.9300	7.5200
	每股经营现金净流量(元)	0.1623	0.3644	0.3947	0.4048
	每股现金流量(元)	0.2819	-1.2435	-0.6039	2.7538
	每股资本公积金(元)	2.4245	2.4245	3.6367	3.6367
	每股盈余公积金(元)	0.2825	0.2825	0.3679	0.3679
	每股未分配利润(元)	1.8395	1.6102	2.9238	2.5132
	净资产收益率(%)	4.1300	6.9950	5.1780	5.3173
	加权净资产收益率(%)	4.2200	7.1900	5.3200	8.8900
	净资产收益率(扣除)(%)	-	-	-	-
	总资产(万元)	1258279.80	1063291.85	966898.22	903513.77
	归属母公司股东权益(万元)	529734.82	507061.46	504051.17	477949.30
	主营业务收入(万元)	303934.36	517017.47	276391.54	470632.85
	营业收入(万元)	305425.27	519546.72	277820.50	473775.09
	主营成本(万元)	258480.21	442552.30	230781.15	408103.34
	营业成本(万元)	259463.73	444383.85	231863.18	410986.04
	投资收益(万元)	-	-	-	-
	净利润(万元)	21859.27	35469.66	26101.87	25413.95
	利润总额(万元)	25771.00	41848.27	30694.66	29968.90

中远航运股份有限公司

公司概况	公司名称	中远航运股份有限公司			证券简称	中远航运
	法人代表	叶伟龙	董秘	郭京(代)	证券代码	600428
	公司网址	www.coscol.com.cn		电子信箱	info@coscol.com.cn	
	电　　话	020-38161888 38161988		传　　真	020-38162888	
	办公地址	广东省广州市天河区珠江新城花城大道 20 号广州远洋大厦 15-26 楼				
	经营范围	远洋及沿海运输				

主要财务指标	指标\报告期	2012.06.30	2011.12.31	2011.06.30	2010.12.31
	基本每股收益(元)	0.0005	0.0900	0.0900	0.2400
	基本每股收益(扣除)(元)	0.0021	0.0300	0.0700	0.2100
	每股净资产(元)	3.8900	3.9030	3.9300	3.4500
	每股经营现金净流量(元)	-0.0208	0.0252	0.0618	0.4560
	每股现金流量(元)	-0.4032	0.5235	0.9430	0.4445
	每股资本公积金(元)	1.5089	1.5089	1.5089	0.6354
	每股盈余公积金(元)	0.4737	0.4643	0.4548	0.5769
	每股未分配利润(元)	1.0515	1.0805	1.0866	1.3515
	净资产收益率(%)	0.0130	2.3020	2.2010	7.5150
	加权净资产收益率(%)	0.0100	2.3600	3.1800	7.7200
	净资产收益率(扣除)(%)	-	-	-	-
	总资产(万元)	1332744.00	1312204.70	1307501.47	1011969.63
	归属母公司股东权益(万元)	657280.82	659774.27	664868.19	452342.81
	主营业务收入(万元)	272753.53	487125.56	229806.91	415979.95
	营业收入(万元)	291566.39	516305.93	245502.29	440677.92
	主营成本(万元)	253025.02	452242.26	205843.21	347188.85
	营业成本(万元)	266491.23	486967.95	219638.78	379316.97
	投资收益(万元)	798.71	-	-	-
	净利润(万元)	927.34	16700.05	15295.09	33652.52
	利润总额(万元)	2903.80	21879.99	18568.87	41759.87

北京三元食品股份有限公司

公司概况	公司名称	北京三元食品股份有限公司			证券简称	三元股份
	法人代表	张福平	董秘	谷子	证券代码	600429
	公司网址	www.sanyuan.com.cn		电子信箱	zhengquanbu@sanyuan.com.cn	
	电　　话	010-56306020 56306096		传　　真	010-56306655	
	办公地址	北京市大兴区瀛海瀛昌街 8 号				
	经营范围	乳及乳制品的生产、销售业务				

主要财务指标	指标\报告期	2012.06.30	2011.12.31	2011.06.30	2010.12.31
	基本每股收益(元)	0.0384	0.0550	0.0321	0.0582
	基本每股收益(扣除)(元)	-0.0089	-0.0504	0.0247	-0.1493
	每股净资产(元)	2.0613	2.0229	2.0006	1.9700
	每股经营现金净流量(元)	-0.0187	0.0036	-0.0736	-0.2115
	每股现金流量(元)	-0.2188	0.0319	-0.2907	0.0096
	每股资本公积金(元)	1.1016	1.1016	1.1016	1.1016
	每股盈余公积金(元)	0.0807	0.0807	0.0661	0.0661
	每股未分配利润(元)	-0.1248	-0.1632	-0.1715	-0.2036
	净资产收益率(%)	1.8635	2.7211	1.6030	2.9545
	加权净资产收益率(%)	1.8810	2.7600	1.6164	2.9900
	净资产收益率(扣除)(%)	-	-	-	-
	总资产(万元)	367618.43	347212.13	283728.92	277989.98
	归属母公司股东权益(万元)	182422.29	179029.24	177049.56	174189.42
	主营业务收入(万元)	167313.32	302046.77	145053.58	253269.54
	营业收入(万元)	169273.32	307025.04	148117.50	257227.35
	主营成本(万元)	131565.97	238044.83	112395.71	213341.79
	营业成本(万元)	132956.88	241823.18	115017.80	216162.06
	投资收益(万元)	4290.68	10832.28	4788.56	33167.82
	净利润(万元)	2629.76	2413.21	2244.38	4304.17
	利润总额(万元)	2199.29	2217.60	2624.14	7068.00

吉林吉恩镍业股份有限公司

公司概况	公司名称	吉林吉恩镍业股份有限公司			证券简称	吉恩镍业
	法人代表	吴术	董秘	王行龙	证券代码	600432
	公司网址	www.jlnickel.com.cn		电子信箱	zhq@jlnickel.com.cn	
	电　话	0432-65610887		传　真	0432-65614429	
	办公地址	吉林省磐石市红旗岭镇红旗大街54号				
	经营范围	硫酸镍、高冰镍、电解镍、氢氧化镍、氯化镍、硫酸铜、铜精矿等				
主要财务指标	指标\报告期		2012.06.30	2011.12.31	2011.06.30	2010.12.31
	基本每股收益(元)		-0.3900	0.0400	0.0500	0.1400
	基本每股收益(扣除)(元)		-0.3900	0.0300	0.0500	0.1100
	每股净资产(元)		3.7500	4.4300	4.5200	4.5200
	每股经营现金净流量(元)		-0.2682	0.4867	0.3319	-0.6387
	每股现金流量(元)		-0.1366	0.0809	-0.7862	0.6879
	每股资本公积金(元)		1.5856	1.8562	1.9060	1.8755
	每股盈余公积金(元)		0.2560	0.2560	0.2355	0.2355
	每股未分配利润(元)		0.8944	1.2872	1.3184	1.3677
	净资产收益率(%)		-10.4750	0.9036	1.1230	2.9225
	加权净资产收益率(%)		-9.2800	0.8900	1.1200	3.3500
	净资产收益率(扣除)(%)		-	-	-	-
	总资产(万元)		1550512.71	1333089.03	1051030.91	968100.32
	归属母公司股东权益(万元)		304150.67	359127.23	366592.49	366792.25
	主营业务收入(万元)		75231.08	264253.63	100536.72	218259.27
	营业收入(万元)		76047.19	279265.77	113250.57	224957.00
	主营成本(万元)		84603.39	216739.60	75041.97	152726.58
	营业成本(万元)		84841.05	228718.87	86703.95	157930.60
	投资收益(万元)		1523.07	4456.08	1471.91	2143.32
	净利润(万元)		-37572.03	-5136.01	1124.08	8293.70
	利润总额(万元)		-45414.31	-1703.23	2892.96	12208.01

广东冠豪高新技术股份有限公司

公司概况	公司名称	广东冠豪高新技术股份有限公司			证券简称	冠豪高新
	法人代表	童来明	董秘	陈华春	证券代码	600433
	公司网址	www.guanhao.com		电子信箱	chc@guanhao.com	
	电　话	0759-2820938 2820985		传　真	0759-2820680	
	办公地址	广东省湛江市经济技术开发区乐怡路6号				
	经营范围	生产和销售热敏记录纸、无碳复写纸及其微胶囊				
主要财务指标	指标\报告期		2012.06.30	2011.12.31	2011.06.30	2010.12.31
	基本每股收益(元)		0.0500	0.2400	0.0400	0.1100
	基本每股收益(扣除)(元)		0.0400	0.1500	0.0400	0.0600
	每股净资产(元)		2.3851	2.3775	1.9928	2.3350
	每股经营现金净流量(元)		0.0525	0.1461	-0.0890	-0.1174
	每股现金流量(元)		-0.4282	1.2427	-0.2283	-0.4259
	每股资本公积金(元)		1.1575	2.0205	0.7901	1.1454
	每股盈余公积金(元)		0.0527	0.0738	0.0749	0.0898
	每股未分配利润(元)		0.1748	0.2341	0.1278	0.0997
	净资产收益率(%)		2.1158	6.0260	3.4983	5.7240
	加权净资产收益率(%)		2.1200	11.2100	3.5400	5.6800
	净资产收益率(扣除)(%)		-	-	-	-
	总资产(万元)		217452.67	214416.57	148102.60	131884.78
	归属母公司股东权益(万元)		141944.55	141491.93	68394.54	66780.88
	主营业务收入(万元)		45446.80	93147.10	44025.68	90033.51
	营业收入(万元)		45538.20	93388.39	44143.17	90276.29
	主营成本(万元)		35727.49	73344.36	34426.33	71707.94
	营业成本(万元)		35866.09	73633.70	34572.76	72079.36
	投资收益(万元)		-	-142.65	-	-
	净利润(万元)		3003.22	8530.62	2399.30	3827.22
	利润总额(万元)		3610.36	10111.82	3087.50	4801.74

北方导航控制技术股份有限公司

公司概况	公司名称	北方导航控制技术股份有限公司			证券简称	北方导航
	法人代表	苏立航	董秘	赵晗	证券代码	600435
	公司网址	www.bfdh.com.cn		电子信箱	600435@bfdh.com.cn	
	电　话	010-58089788		传　真	010-58089803	
	办公地址	北京市北京经济技术开发区科创十五街2号				
	经营范围	惯性导航制导类产品、精密光机电一体化产品、遥感信息系统技术产品等				
主要财务指标	指标\报告期		2012.06.30	2011.12.31	2011.06.30	2010.12.31
	基本每股收益(元)		0.0040	0.0200	0.0040	0.2700
	基本每股收益(扣除)(元)		-0.0080	-0.0100	0.0030	0.2600
	每股净资产(元)		2.8600	2.8600	2.8490	2.8500
	每股经营现金净流量(元)		-0.0028	0.2312	0.0595	0.0982
	每股现金流量(元)		-0.3222	-0.0200	0.0763	-0.2213
	每股资本公积金(元)		1.0207	1.0207	1.0207	1.0207
	每股盈余公积金(元)		0.1110	0.1110	0.0854	0.1076
	每股未分配利润(元)		0.7234	0.7292	0.7429	0.7171
	净资产收益率(%)		0.1487	0.5420	0.1260	9.3860
	加权净资产收益率(%)		0.1500	0.5400	0.1300	9.7700
	净资产收益率(扣除)(%)		-	-	-	-
	总资产(万元)		342328.02	372015.26	367010.22	371369.97
	归属母公司股东权益(万元)		212606.81	213043.87	212156.09	211889.17
	主营业务收入(万元)		45692.88	135772.95	71572.23	176565.05
	营业收入(万元)		46071.52	138654.40	72984.02	178582.95
	主营成本(万元)		33562.79	107641.09	58267.53	126399.94
	营业成本(万元)		33564.51	108279.28	58350.43	126760.67
	投资收益(万元)		1542.44	55.00	3.68	1407.20
	净利润(万元)		1572.88	1953.02	1177.19	21401.11
	利润总额(万元)		2199.82	3603.93	1916.10	26126.73

漳州片仔癀药业股份有限公司

公司概况	公司名称	漳州片仔癀药业股份有限公司			证券简称	片仔癀
	法人代表	冯忠铭	董秘	林绍碧	证券代码	600436
	公司网址	www.zzpzh.com		电子信箱	lsb@zzpzh.com pzhchj@gmail.com	
	电　话	0596-2302666 2301955		传　真	0596-2300313	
	办公地址	福建省漳州市芗城区上街1号				
	经营范围	片仔癀、茵胆平肝胶囊、清热止咳颗粒心舒宝片等中成药的生产经营				
主要财务指标	指标\报告期		2012.06.30	2011.12.31	2011.06.30	2010.12.31
	基本每股收益(元)		2.1600	0.6400	0.8500	1.3900
	基本每股收益(扣除)(元)		1.8100	0.6000	0.8500	1.2100
	每股净资产(元)		10.0000	8.8500	7.8000	7.5000
	每股经营现金净流量(元)		0.8598	0.3546	0.4301	1.4672
	每股现金流量(元)		0.8537	2.3805	-0.0407	-0.0837
	每股资本公积金(元)		3.2426	2.9193	3.4843	3.3333
	每股盈余公积金(元)		1.0223	1.0223	0.8474	0.8474
	每股未分配利润(元)		4.7499	3.9223	2.4834	2.3284
	净资产收益率(%)		21.5764	7.2230	10.8438	18.4974
	加权净资产收益率(%)		23.2000	7.4800	10.6800	22.1700
	净资产收益率(扣除)(%)		-	-	-	-
	总资产(万元)		212945.91	194120.37	153963.94	144682.93
	归属母公司股东权益(万元)		140029.70	123916.58	109234.23	104950.88
	主营业务收入(万元)		-	-	48600.33	86578.68
	营业收入(万元)		89790.40	26401.16	48730.10	86731.46
	主营成本(万元)		-	-	25963.19	53087.22
	营业成本(万元)		42361.14	10816.87	26132.16	53307.58
	投资收益(万元)		562.97	8.87	523.28	569.84
	净利润(万元)		30225.99	8935.31	11842.94	19469.98
	利润总额(万元)		35903.78	10707.34	14252.28	23231.79

通威股份有限公司

公司概况					
公司名称	通威股份有限公司			证券简称	通威股份
法人代表	刘汉元	董秘	李高飞	证券代码	600438
公司网址	www.tongwei.com.cn		电子信箱	ligaofei@tongwei.com	
电　话	028-86168551 86168555		传　真	028-85199999	
办公地址	四川省成都市二环路南四段11号				
经营范围	生产、销售饲料及饲料添加剂				

主要财务指标：指标\报告期	2012.06.30	2011.12.31	2011.06.30	2010.12.31
基本每股收益(元)	0.0319	0.1218	0.0179	0.2339
基本每股收益(扣除)(元)	0.0285	0.0949	0.0067	0.1372
每股净资产(元)	2.0452	2.0713	1.9745	1.9800
每股经营现金净流量(元)	0.6734	0.4449	0.5082	0.2947
每股现金流量(元)	0.3361	0.1511	0.4024	-0.1095
每股资本公积金(元)	0.0656	0.0656	0.0656	0.0656
每股盈余公积金(元)	0.2035	0.2035	0.1787	0.1787
每股未分配利润(元)	0.8267	0.8548	0.7758	0.7579
净资产收益率(%)	1.5581	5.8782	0.9080	11.8162
加权净资产收益率(%)	1.5267	5.9700	0.9015	11.9900
净资产收益率(扣除)(%)	-	-	-	-
总资产(万元)	467976.91	396153.21	435483.02	368282.64
归属母公司股东权益(万元)	140611.66	142409.07	135747.71	136074.28
主营业务收入(万元)	543951.89	1153850.79	416596.69	950863.37
营业收入(万元)	548078.64	1160107.64	418169.39	962158.11
主营成本(万元)	500634.01	1071425.84	385922.96	867271.54
营业成本(万元)	502370.47	1075029.69	386075.00	876705.71
投资收益(万元)	171.37	144.78	120.70	7171.07
净利润(万元)	1314.41	7041.44	209.14	14364.16
利润总额(万元)	2192.56	9479.16	651.38	20477.52

河南瑞贝卡发制品股份有限公司

公司概况					
公司名称	河南瑞贝卡发制品股份有限公司			证券简称	瑞贝卡
法人代表	郑有全	董秘	胡丽平	证券代码	600439
公司网址	www.rebecca.com.cn		电子信箱	haiyan_0427@163.com	
电　话	0374-5136699		传　真	0374-5136567	
办公地址	河南省许昌市瑞贝卡大道666号				
经营范围	发制品的生产和销售				

主要财务指标：指标\报告期	2012.06.30	2011.12.31	2011.06.30	2010.12.31
基本每股收益(元)	0.1091	0.3133	0.1289	0.2393
基本每股收益(扣除)(元)	0.1044	0.3000	0.1239	0.2300
每股净资产(元)	2.2577	2.6976	2.5880	2.5400
每股经营现金净流量(元)	-0.2839	-0.1009	-0.0715	-0.0354
每股现金流量(元)	-0.0803	-0.4336	-0.2752	0.3593
每股资本公积金(元)	0.4634	0.7561	0.7561	0.7561
每股盈余公积金(元)	0.1341	0.1609	0.1358	0.1358
每股未分配利润(元)	0.7757	0.8999	0.7665	0.7118
净资产收益率(%)	4.8312	11.6130	5.9768	8.9250
加权净资产收益率(%)	4.7500	11.9300	5.9600	12.6400
净资产收益率(扣除)(%)	-	-	-	-
总资产(万元)	398293.87	365811.97	342784.31	342963.58
归属母公司股东权益(万元)	212973.14	212057.82	203443.51	199382.94
主营业务收入(万元)	110997.29	221968.41	96137.39	198605.99
营业收入(万元)	112822.40	226440.05	98029.10	200489.22
主营成本(万元)	81172.59	153993.68	66359.60	145740.56
营业成本(万元)	82435.52	157513.17	67787.70	146875.66
投资收益(万元)	-	-	-75.18	-
净利润(万元)	10294.67	24662.52	12162.66	17784.09
利润总额(万元)	11609.36	28271.94	13839.25	20599.41

安徽国通高新管业股份有限公司

公司概况					
公司名称	安徽国通高新管业股份有限公司			证券简称	ST国通
法人代表	钱俊	董秘	钱俊(代)	证券代码	600444
公司网址	www.guotone.com		电子信箱	gt600444@126.com	
电　话	0551-3817778		传　真	0551-3817000	
办公地址	安徽省合肥市经济技术开发区繁华大道国通工业园				
经营范围	PVC波纹管、PE波纹管、燃气管、给水管的研发、生产、销售业务				

主要财务指标：指标\报告期	2012.06.30	2011.12.31	2011.06.30	2010.12.31
基本每股收益(元)	-0.1800	-0.7100	-0.1200	0.0500
基本每股收益(扣除)(元)	-0.1800	-0.7600	-0.1600	0.0500
每股净资产(元)	-0.1179	0.0600	0.6434	0.7700
每股经营现金净流量(元)	-0.0308	-0.0398	-0.0283	-0.4092
每股现金流量(元)	-0.0481	0.2043	-0.0655	-0.0011
每股资本公积金(元)	0.7183	0.7183	0.7183	0.7183
每股盈余公积金(元)	0.1520	0.1520	0.1520	0.1520
每股未分配利润(元)	-1.9881	-1.8091	-1.2268	-1.1022
净资产收益率(%)	-151.8940	-1155.5210	-19.3530	6.5148
加权净资产收益率(%)	-	-1.7000	-17.6500	6.5500
净资产收益率(扣除)(%)	-	-	-	-
总资产(万元)	43691.22	45937.14	50919.51	57454.69
归属母公司股东权益(万元)	-1237.74	642.31	6756.71	8064.35
主营业务收入(万元)	11639.96	24725.53	10421.18	34192.65
营业收入(万元)	12466.53	25303.71	10578.49	35246.12
主营成本(万元)	11193.63	24015.62	10020.27	28415.49
营业成本(万元)	12041.83	24624.47	10212.51	29243.35
投资收益(万元)	-	-	-	-
净利润(万元)	-2079.57	-8184.22	-1116.53	211.59
利润总额(万元)	-2079.57	-6505.33	-1116.53	390.04

深圳市金证科技股份有限公司

公司概况					
公司名称	深圳市金证科技股份有限公司			证券简称	金证股份
法人代表	赵剑	董秘	王凯	证券代码	600446
公司网址	www.szkingdom.com		电子信箱	wangkai@szkingdom.com	
电　话	0755-86393989		传　真	0755-86393986	
办公地址	广东省深圳市南山区高新南五道金证科技大楼(8-9层)				
经营范围	金融证券软件、系统集成及服务				

主要财务指标：指标\报告期	2012.06.30	2011.12.31	2011.06.30	2010.12.31
基本每股收益(元)	0.1104	0.2000	0.0893	0.1500
基本每股收益(扣除)(元)	0.0684	0.1800	0.0864	0.1300
每股净资产(元)	2.0000	1.9800	3.5300	1.7700
每股经营现金净流量(元)	-0.0423	0.0857	-0.6111	0.0492
每股现金流量(元)	-0.2121	-0.0385	-0.1634	-0.2130
每股资本公积金(元)	0.0559	0.0466	0.9823	0.9823
每股盈余公积金(元)	0.1582	0.1582	0.2680	0.2680
每股未分配利润(元)	0.7833	0.7728	1.2843	1.1147
净资产收益率(%)	5.5295	10.2773	4.7990	8.4036
加权净资产收益率(%)	5.4300	10.8400	4.9200	8.4000
净资产收益率(扣除)(%)	-	-	-	-
总资产(万元)	145335.71	110857.76	133804.40	87568.55
归属母公司股东权益(万元)	52157.58	51640.14	48579.23	46247.89
主营业务收入(万元)	74507.03	179029.03	75321.15	157837.76
营业收入(万元)	76146.43	180620.69	75974.66	158636.37
主营成本(万元)	59540.27	147759.65	61720.25	131728.00
营业成本(万元)	60044.70	148267.66	61975.98	132048.02
投资收益(万元)	235.88	550.09	79.36	198.85
净利润(万元)	3341.24	6248.30	2948.20	4834.44
利润总额(万元)	3734.71	6873.85	3178.24	5244.19

华纺股份有限公司

公司概况	公司名称	华纺股份有限公司		证券简称	华纺股份
	法人代表	王力民	董秘 陈宝军	证券代码	600448
	公司网址	www.hfgf.cn		电子信箱	hfzqb@hfgf.cn
	电话	0543-3288507 3288398		传真	0543-3288555
	办公地址	山东省滨州市黄河二路819号			
	经营范围	棉纺、毛纺、印染产品的生产、加工、销售和进出口贸易			

	指标\报告期	2012.06.30	2011.12.31	2011.06.30	2010.12.31
主要财务指标	基本每股收益(元)	0.0300	0.0500	0.0300	0.0600
	基本每股收益(扣除)(元)	0.0300	-0.0400	0.0200	0.0200
	每股净资产(元)	1.3600	1.3000	1.2975	1.2800
	每股经营现金净流量(元)	0.1992	0.2111	0.2254	0.1744
	每股现金流量(元)	0.1874	0.1176	0.3237	0.0525
	每股资本公积金(元)	1.2739	1.2739	1.2739	1.2739
	每股盈余公积金(元)	0.0248	0.0248	0.0118	0.0248
	每股未分配利润(元)	-0.9389	-0.9656	-0.9882	-1.0141
	净资产收益率(%)	1.9614	3.6410	1.9990	4.9190
	加权净资产收益率(%)	1.9800	3.7100	1.9800	5.0400
	净资产收益率(扣除)(%)	-	-	-	-
	总资产(万元)	146503.47	139133.83	138692.99	126931.43
	归属母公司股东权益(万元)	43486.50	42633.55	41494.52	41081.12
	主营业务收入(万元)	103123.93	208270.30	105683.96	196609.51
	营业收入(万元)	104634.58	210874.59	106884.92	200520.30
	主营成本(万元)	96996.82	197832.51	99950.01	183757.95
	营业成本(万元)	97951.78	199905.33	100791.81	187343.09
	投资收益(万元)	-	-	-	-
	净利润(万元)	861.92	1555.31	825.07	2021.06
	利润总额(万元)	861.92	1559.28	825.07	2019.07

宁夏建材集团股份有限公司

公司概况	公司名称	宁夏建材集团股份有限公司		证券简称	宁夏建材
	法人代表	王广林	董秘 武雄	证券代码	600449
	公司网址	www.saimasy.com.cn		电子信箱	wuxiong@sinoma.cn
	电话	0951-2085256 2052215		传真	0951-2085256
	办公地址	宁夏回族自治区银川市西夏区新小线二公里处			
	经营范围	水泥及水泥熟料的生产与销售			

	指标\报告期	2012.06.30	2011.12.31	2011.06.30	2010.12.31
主要财务指标	基本每股收益(元)	-0.0500	1.8110	0.9500	2.9890
	基本每股收益(扣除)(元)	-	1.7080	0.9380	2.8050
	每股净资产(元)	7.6500	15.8500	14.2700	13.3000
	每股经营现金净流量(元)	-	-1.7946	-1.5948	2.7395
	每股现金流量(元)	-	-1.3448	-0.7517	-0.2701
	每股资本公积金(元)	-	8.2637	4.9265	10.3538
	每股盈余公积金(元)	-	0.5172	0.5672	0.5672
	每股未分配利润(元)	-	6.0498	7.6794	5.6709
	净资产收益率(%)	-0.7000	9.3200	6.6600	16.9202
	加权净资产收益率(%)	-	9.7500	6.9000	24.9200
	净资产收益率(扣除)(%)	-	-	-	-
	总资产(万元)	739972.16	741160.40	678884.98	656229.98
	归属母公司股东权益(万元)	365856.70	379092.16	278365.48	344736.71
	主营业务收入(万元)	-	271800.42	118198.90	242287.63
	营业收入(万元)	127781.58	272740.58	118464.40	249303.00
	主营成本(万元)	-	192338.70	80435.99	142512.69
	营业成本(万元)	-	192936.02	80570.99	147523.68
	投资收益(万元)	-	114.29	1210.56	1507.17
	净利润(万元)	-	37607.16	19700.65	60986.44
	利润总额(万元)	-1494.32	46672.41	23224.49	72723.89

重庆涪陵电力实业股份有限公司

公司概况	公司名称	重庆涪陵电力实业股份有限公司		证券简称	涪陵电力
	法人代表	洪涛	董秘 蔡彬	证券代码	600452
	公司网址	www.flepc.com		电子信箱	fldlcaibin@163.com
	电话	023-72286777 72286349		传真	023-72286777 72286349
	办公地址	重庆市涪陵区望州路20号			
	经营范围	电力供应、销售			

	指标\报告期	2012.06.30	2011.12.31	2011.06.30	2010.12.31
主要财务指标	基本每股收益(元)	0.1300	0.0600	0.0500	-0.8900
	基本每股收益(扣除)(元)	0.1000	0.0700	0.0400	-0.9100
	每股净资产(元)	2.2300	2.0900	2.1000	2.0400
	每股经营现金净流量(元)	-0.5866	0.6874	0.5879	1.0679
	每股现金流量(元)	-0.5264	-0.0047	0.2182	0.0903
	每股资本公积金(元)	1.4483	1.4483	1.4483	1.4483
	每股盈余公积金(元)	0.2137	0.2137	0.2137	0.2137
	每股未分配利润(元)	-0.4323	-0.5600	-0.5739	-0.6226
	净资产收益率(%)	5.7288	2.9780	2.3300	-43.8630
	加权净资产收益率(%)	5.8500	3.0200	2.3600	-35.9700
	净资产收益率(扣除)(%)	-	-	-	-
	总资产(万元)	81228.89	89979.04	91885.89	87031.15
	归属母公司股东权益(万元)	35675.65	33631.87	33409.62	32630.35
	主营业务收入(万元)	43337.86	94026.57	41610.54	88408.77
	营业收入(万元)	43897.40	95749.36	42266.48	91164.97
	主营成本(万元)	38812.62	84195.80	37262.42	78432.68
	营业成本(万元)	38953.39	85580.16	37679.84	79580.96
	投资收益(万元)	94.97	674.02	-34.68	-82.51
	净利润(万元)	2034.92	1002.41	779.65	-14325.56
	利润总额(万元)	2573.00	1674.38	1541.74	-12909.16

西安交大博通资讯股份有限公司

公司概况	公司名称	西安交大博通资讯股份有限公司		证券简称	ST 博通
	法人代表	韩东升	董秘 蔡启龙	证券代码	600455
	公司网址	www.butone.com		电子信箱	caiql@butone.com
	电话	029-82693206		传真	029-82693206
	办公地址	陕西省西安市高新技术开发区东区火炬路3号楼10层C座			
	经营范围	拥有自主知识产权应用软件产品、行业解决方案的研发销售等			

	指标\报告期	2012.06.30	2011.12.31	2011.06.30	2010.12.31
主要财务指标	基本每股收益(元)	0.1000	0.2400	0.0300	-0.0700
	基本每股收益(扣除)(元)	0.0700	-0.1900	-0.1700	-0.2200
	每股净资产(元)	1.6746	1.5727	1.3624	1.3300
	每股经营现金净流量(元)	-0.7518	0.9063	-0.4578	1.0562
	每股现金流量(元)	-1.3710	1.7878	0.1229	-0.4666
	每股资本公积金(元)	2.3322	2.3322	2.3322	2.3322
	每股盈余公积金(元)	0.1176	0.1176	0.1176	0.1176
	每股未分配利润(元)	-1.7752	-1.8771	-2.0874	-2.1152
	净资产收益率(%)	6.0800	15.1412	2.0430	-5.1876
	加权净资产收益率(%)	6.2800	16.3800	2.0600	-0.0500
	净资产收益率(扣除)(%)	-	-	-	-
	总资产(万元)	69646.67	76829.70	76593.84	73191.59
	归属母公司股东权益(万元)	10459.03	9822.72	8509.29	8335.44
	主营业务收入(万元)	9483.34	26210.79	10253.16	26809.29
	营业收入(万元)	9534.82	26256.71	10253.16	26809.29
	主营成本(万元)	4760.06	19203.20	7265.10	17766.41
	营业成本(万元)	4760.06	19203.20	7265.10	17766.41
	投资收益(万元)	-24.87	1140.91	-30.49	2.66
	净利润(万元)	871.96	1536.03	125.45	-473.75
	利润总额(万元)	899.48	1837.78	159.68	-311.42

宝鸡钛业股份有限公司

公司概况					
公司名称	宝鸡钛业股份有限公司			证券简称	宝钛股份
法人代表	邹武装	董秘	郑海山	证券代码	600456
公司网址	www.baoti.com		电子信箱	zhenghaishan@baoti.com	
电　话	0917-3382333 3382666		传　真	0917-3382132	
办公地址	陕西省宝鸡市钛城路 1 号				
经营范围	钛及钛合金材料的生产、加工和销售等				

主要财务指标				
指标＼报告期	2012.06.30	2011.12.31	2011.06.30	2010.12.31
基本每股收益(元)	0.0020	0.1434	0.0180	0.0080
基本每股收益(扣除)(元)	0.0010	0.1381	0.0160	-0.0020
每股净资产(元)	8.4200	8.4700	8.3500	8.4300
每股经营现金净流量(元)	-0.3487	0.2405	-0.0780	-0.6833
每股现金流量(元)	-0.0947	-0.2414	-0.1838	-1.2669
每股资本公积金(元)	5.5099	5.5099	5.5099	5.5099
每股盈余公积金(元)	0.4108	0.4108	0.4108	0.4108
每股未分配利润(元)	1.5030	1.5511	1.4257	1.5077
净资产收益率(%)	0.0233	1.6930	0.2163	0.0950
加权净资产收益率(%)	0.0200	1.6969	0.2100	0.1000
净资产收益率(扣除)(%)	-	-	-	-
总资产(万元)	625480.14	595119.87	569932.12	551391.12
归属母公司股东权益(万元)	362442.88	364509.78	359116.96	362642.99
主营业务收入(万元)	115668.75	279899.51	145259.01	246478.02
营业收入(万元)	119479.43	292092.84	148246.51	256409.82
主营成本(万元)	98470.35	231180.95	124238.05	222953.91
营业成本(万元)	100660.54	241893.21	126791.18	231676.43
投资收益(万元)	8.02	28.47	-128.75	-254.55
净利润(万元)	871.64	9449.19	2287.22	1243.01
利润总额(万元)	1157.72	10849.80	3041.09	937.24

株洲时代新材料科技股份有限公司

公司概况					
公司名称	株洲时代新材料科技股份有限公司			证券简称	时代新材
法人代表	曾鸿平	董秘	季晓康	证券代码	600458
公司网址	www.trp.com.cn		电子信箱	jixiaokang@teg.cn	
电　话	0731-22837718 22837786		传　真	0731-22837888	
办公地址	湖南省株洲市天元区海天路 18 号				
经营范围	轨道交通装备零部件的开发、设计、制造、销售等				

主要财务指标				
指标＼报告期	2012.06.30	2011.12.31	2011.06.30	2010.12.31
基本每股收益(元)	0.1600	0.4500	0.2900	0.4100
基本每股收益(扣除)(元)	0.1500	0.4300	0.2800	0.4000
每股净资产(元)	3.3100	3.2500	3.0900	6.2600
每股经营现金净流量(元)	-0.4561	-0.3476	-0.9565	0.7404
每股现金流量(元)	-0.3572	-0.1567	0.1819	1.4501
每股资本公积金(元)	1.2892	1.2892	1.2892	3.6363
每股盈余公积金(元)	0.1400	0.1400	0.1125	0.2474
每股未分配利润(元)	0.8791	0.8215	0.6914	1.3765
净资产收益率(%)	4.7660	13.8700	9.4700	13.5460
加权净资产收益率(%)	4.7600	14.8200	9.8400	18.6300
净资产收益率(扣除)(%)	-	-	-	-
总资产(万元)	411236.72	370879.89	380949.81	286911.37
归属母公司股东权益(万元)	171055.66	168102.61	160042.66	147213.15
主营业务收入(万元)	171050.55	340195.46	189250.30	227347.28
营业收入(万元)	173883.97	342832.86	191205.61	232085.24
主营成本(万元)	136585.46	270894.57	151120.87	170172.66
营业成本(万元)	139224.28	274407.30	152587.13	174954.13
投资收益(万元)	67.49	63.20	45.65	122.02
净利润(万元)	8126.81	23477.98	15326.72	20049.13
利润总额(万元)	9486.10	26755.30	18073.03	23145.56

贵研铂业股份有限公司

公司概况					
公司名称	贵研铂业股份有限公司			证券简称	贵研铂业
法人代表	汪云曙	董秘	郭俊梅	证券代码	600459
公司网址	www.sino-platinum.com.cn		电子信箱	stock@ipm.com.cn	
电　话	0871-8328190		传　真	0871-8326661	
办公地址	云南省昆明市高新技术开发区科技路 988 号				
经营范围	贵金属和相关产品的生产、综合回收利用和销售等				

主要财务指标				
指标＼报告期	2012.06.30	2011.12.31	2011.06.30	2010.12.31
基本每股收益(元)	0.1800	0.2500	0.2100	0.4500
基本每股收益(扣除)(元)	0.1500	0.1900	0.2000	0.3300
每股净资产(元)	5.8900	5.7700	4.3400	5.4500
每股经营现金净流量(元)	-1.1274	-1.0190	-1.2302	-2.0449
每股现金流量(元)	-1.5723	1.8428	0.0659	0.1334
每股资本公积金(元)	3.7154	3.7221	2.2546	3.2287
每股盈余公积金(元)	0.3693	0.3693	0.3781	0.4915
每股未分配利润(元)	0.7983	0.6794	0.7120	0.7310
净资产收益率(%)	3.0228	4.0770	4.7190	8.2740
加权净资产收益率(%)	3.0500	5.2100	4.8000	8.5100
净资产收益率(扣除)(%)	-	-	-	-
总资产(万元)	200652.24	189870.93	163131.15	129107.35
归属母公司股东权益(万元)	93025.57	91214.12	63108.72	60909.71
主营业务收入(万元)	153494.01	296485.27	158357.93	186386.67
营业收入(万元)	154111.34	298552.89	158870.81	188431.56
主营成本(万元)	143298.88	277319.23	148211.77	172300.32
营业成本(万元)	143438.81	277997.31	148448.80	173329.95
投资收益(万元)	-260.35	-380.18	-2.41	252.16
净利润(万元)	3267.63	4352.70	3468.58	5704.12
利润总额(万元)	4579.53	5338.32	4362.62	6623.99

杭州士兰微电子股份有限公司

公司概况					
公司名称	杭州士兰微电子股份有限公司			证券简称	士 兰 微
法人代表	陈向东	董秘	陈越	证券代码	600460
公司网址	www.silan.com.cn		电子信箱	600460@silan.com.cn	
电　话	0571-88210880 88212980		传　真	0571-88210763	
办公地址	浙江省杭州市黄姑山路 4 号				
经营范围	电子元器件、电子零部件及其他电子产品设计、制造、销售、经营进出口业务				

主要财务指标				
指标＼报告期	2012.06.30	2011.12.31	2011.06.30	2010.12.31
基本每股收益(元)	0.0100	0.3500	0.0980	0.6200
基本每股收益(扣除)(元)	-0.0300	0.2900	0.0910	0.5400
每股净资产(元)	1.9440	1.9690	3.8950	3.8200
每股经营现金净流量(元)	0.0702	0.5078	0.1695	0.7001
每股现金流量(元)	-0.0101	-0.3359	0.2902	1.0456
每股资本公积金(元)	0.1693	1.3133	1.4234	1.4866
每股盈余公积金(元)	0.0958	0.1916	0.1614	0.1614
每股未分配利润(元)	0.6861	1.4487	1.3223	1.1859
净资产收益率(%)	0.6050	8.9620	5.0430	15.4250
加权净资产收益率(%)	0.5900	9.0800	5.0100	23.5400
净资产收益率(扣除)(%)	-	-	-	-
总资产(万元)	329252.69	331745.06	313115.52	256494.87
归属母公司股东权益(万元)	168751.95	170962.64	169053.49	165872.66
主营业务收入(万元)	61704.70	154416.55	76184.68	151799.98
营业收入(万元)	62204.91	154598.87	76284.21	151882.70
主营成本(万元)	47842.92	106668.88	52841.91	97995.34
营业成本(万元)	48188.05	106775.11	52895.63	97995.50
投资收益(万元)	542.96	1806.59	1084.81	2110.93
净利润(万元)	1049.10	15571.79	8606.24	25665.43
利润总额(万元)	1313.67	16781.10	9542.86	29341.06

江西洪城水业股份有限公司

公司概况					
公司名称	江西洪城水业股份有限公司			证券简称	洪城水业
法人代表	熊一江	董秘	康乐平	证券代码	600461
公司网址	www.jxhcsy.com		电子信箱	leping6688@sina.com	
电　　话	0791-85235057 85210336		传　　真	0791-85226672	
办公地址	江西省南昌市灌婴路 99 号				
经营范围	自来水、水表、给排水设备、节水设备、仪器仪表、环保设备的生产、销售等				

主要财务指标 指标\报告期	2012.06.30	2011.12.31	2011.06.30	2010.12.31
基本每股收益(元)	0.1630	0.3000	0.1570	0.4200
基本每股收益(扣除)(元)	0.1550	0.2900	0.1550	0.1960
每股净资产(元)	4.9100	4.9500	4.7530	7.0000
每股经营现金净流量(元)	0.6112	1.4358	0.7172	1.5455
每股现金流量(元)	-0.0768	-0.1487	-0.1135	0.9829
每股资本公积金(元)	3.5317	3.5317	3.4779	8.9837
每股盈余公积金(元)	0.1104	0.1104	0.0972	0.2290
每股未分配利润(元)	0.2689	0.3082	0.1779	0.2096
净资产收益率(%)	3.2700	6.0430	3.2750	6.0610
加权净资产收益率(%)	3.1900	6.2700	3.3000	7.6600
净资产收益率(扣除)(%)	-	-	-	-
总资产(万元)	416942.23	397721.85	393838.13	394707.15
归属母公司股东权益(万元)	162061.45	163358.32	156848.62	153911.23
主营业务收入(万元)	46470.80	97628.04	44774.17	82346.61
营业收入(万元)	47157.44	99318.41	45094.27	84327.85
主营成本(万元)	28788.10	63022.92	27173.62	52721.01
营业成本(万元)	29135.05	63763.43	27272.43	53103.63
投资收益(万元)	261.92	249.69	237.11	211.83
净利润(万元)	5378.21	9985.34	5195.73	9502.04
利润总额(万元)	5983.07	11847.80	5998.12	11046.06

延边石岘白麓纸业股份有限公司

公司概况					
公司名称	延边石岘白麓纸业股份有限公司			证券简称	*ST 石岘
法人代表	郑艳民	董秘	崔文根	证券代码	600462
公司网址			电子信箱	cwg0048@vip.sina.com	
电　　话	0433-3810015		传　　真	0433-3810019	
办公地址	吉林省图们市石岘镇				
经营范围	新闻纸、胶版纸、商品木浆等产品的生产和销售				

主要财务指标 指标\报告期	2012.06.30	2011.12.31	2011.06.30	2010.12.31
基本每股收益(元)	-0.0540	-1.8515	-0.0570	0.0180
基本每股收益(扣除)(元)	-0.0550	-0.1953	-0.0550	-0.1195
每股净资产(元)	-2.0700	-2.0200	-0.2220	-0.1600
每股经营现金净流量(元)	0.0170	0.0274	0.0246	0.0033
每股现金流量(元)	0.0165	-0.0060	-0.0058	-0.0054
每股资本公积金(元)	0.5732	0.5732	0.5732	0.5732
每股盈余公积金(元)	0.0531	0.0531	0.0531	0.0531
每股未分配利润(元)	-3.6962	-3.6422	-1.8478	-1.7906
净资产收益率(%)	-2.6093	91.8440	-25.7911	-10.9600
加权净资产收益率(%)	2.6400	169.8400	29.6100	-10.3900
净资产收益率(扣除)(%)	-	-	-	-
总资产(万元)	62890.43	60773.71	130534.53	137917.46
归属母公司股东权益(万元)	-84991.59	-82773.90	-9097.39	-6751.07
主营业务收入(万元)	15783.30	37853.88	24643.10	45332.81
营业收入(万元)	15819.34	37904.09	24648.68	45496.80
主营成本(万元)	14710.31	36857.96	20118.91	43054.77
营业成本(万元)	14712.12	36866.69	20120.49	43122.01
投资收益(万元)	-	-	-	-
净利润(万元)	-2217.69	-76022.82	-2346.32	740.05
利润总额(万元)	-2217.69	-76022.82	-2346.32	740.05

北京空港科技园区股份有限公司

公司概况					
公司名称	北京空港科技园区股份有限公司			证券简称	空港股份
法人代表	田建国	董秘	刘彦明	证券代码	600463
公司网址	www.600463.com.cn		电子信箱	yanm_liu@163.com	
电　　话	010-80489305		传　　真	010-80491684	
办公地址	北京市顺义区空港工业区 B 区裕民大街甲 6 号				
经营范围	高新技术的开发、转让和咨询、销售开发后的产品等				

主要财务指标 指标\报告期	2012.06.30	2011.12.31	2011.06.30	2010.12.31
基本每股收益(元)	0.1600	0.2900	0.1600	0.2400
基本每股收益(扣除)(元)	0.1600	0.2900	0.1600	0.2100
每股净资产(元)	2.7700	2.7100	2.5800	2.5000
每股经营现金净流量(元)	0.5987	0.2363	0.1860	0.0686
每股现金流量(元)	0.3543	-0.1347	-0.4780	0.2024
每股资本公积金(元)	0.3894	0.3892	0.3925	0.3925
每股盈余公积金(元)	0.2300	0.2300	0.2168	0.2168
每股未分配利润(元)	1.1524	1.0892	0.9719	0.8913
净资产收益率(%)	5.8888	10.7450	6.2230	9.6520
加权净资产收益率(%)	5.8500	11.2100	6.2600	10.0000
净资产收益率(扣除)(%)	-	-	-	-
总资产(万元)	225205.79	238033.81	200664.66	224282.00
归属母公司股东权益(万元)	69848.78	68250.41	65046.82	63015.01
主营业务收入(万元)	32982.51	71048.18	29912.91	85004.38
营业收入(万元)	34282.86	78177.10	35595.01	85974.81
主营成本(万元)	20840.07	53993.79	22900.23	67625.79
营业成本(万元)	21877.62	57885.90	25219.70	68591.96
投资收益(万元)	-23.93	-40.43	-31.90	-16.84
净利润(万元)	4677.86	7378.57	4233.33	6080.20
利润总额(万元)	6251.43	9965.15	5697.66	8116.06

四川迪康科技药业股份有限公司

公司概况					
公司名称	四川迪康科技药业股份有限公司			证券简称	迪康药业
法人代表	陈敏	董秘	蒋黎	证券代码	600466
公司网址	www.dikangyaoye.com		电子信箱	jiangl@dkyaoye.com	
电　　话	028-87838250		传　　真	028-87838281	
办公地址	四川省成都市高新区西部园区迪康大道 1 号				
经营范围	大输液系列、片剂、生物医学材料等产品				

主要财务指标 指标\报告期	2012.06.30	2011.12.31	2011.06.30	2010.12.31
基本每股收益(元)	0.0189	0.0537	0.0186	0.0705
基本每股收益(扣除)(元)	-0.0025	0.0122	-0.0017	0.0351
每股净资产(元)	1.2530	1.2340	1.2000	1.1800
每股经营现金净流量(元)	-0.0159	0.0289	-0.0327	0.1891
每股现金流量(元)	0.0871	-0.0028	0.0008	-0.6267
每股资本公积金(元)	0.3266	0.3266	0.3266	2.3166
每股盈余公积金(元)	0.0381	0.0381	0.0381	0.0953
每股未分配利润(元)	-0.1121	-0.1310	-0.1661	-0.4619
净资产收益率(%)	1.5080	4.3540	1.5530	5.9780
加权净资产收益率(%)	1.5200	4.4500	1.5700	6.1600
净资产收益率(扣除)(%)	-	-	-	-
总资产(万元)	63346.97	62590.37	60771.19	58046.67
归属母公司股东权益(万元)	54989.99	54160.76	52619.75	51802.51
主营业务收入(万元)	16059.44	31497.56	14333.23	32111.05
营业收入(万元)	16143.54	31743.63	14429.14	32215.36
主营成本(万元)	7505.77	15152.89	7148.01	16870.96
营业成本(万元)	7524.20	15194.43	7159.59	16899.45
投资收益(万元)	605.65	962.60	384.52	615.54
净利润(万元)	828.04	2356.93	816.35	3148.15
利润总额(万元)	1016.85	2670.34	988.46	3594.85

山东好当家海洋发展股份有限公司

公司概况	公司名称	山东好当家海洋发展股份有限公司			证券简称	好当家
	法人代表	唐传勤	董秘	戚燕	证券代码	600467
	公司网址	www.sdhaodangjia.com		电子信箱	hdj_600467@sina.com	
	电　话	0631-7438073		传　真	0631-7438073	
	办公地址	山东省威海市荣成市虎山镇沙咀子				
	经营范围	海水养殖、许可范围内水产加工品、速冻食品、饮料的加工、销售等				

主要财务指标	指标\报告期	2012.06.30	2011.12.31	2011.06.30	2010.12.31
	基本每股收益(元)	0.1400	0.3200	0.1300	0.2300
	基本每股收益(扣除)(元)	0.1400	0.3100	0.1300	0.2200
	每股净资产(元)	3.7720	3.6800	2.3270	2.1900
	每股经营现金净流量(元)	0.0565	0.0509	-0.0886	0.1697
	每股现金流量(元)	-0.4558	1.3432	0.0400	-0.0013
	每股资本公积金(元)	1.5478	1.5478	0.2144	0.2144
	每股盈余公积金(元)	0.2066	0.2066	0.2010	0.2010
	每股未分配利润(元)	1.0179	0.9265	0.9119	0.7779
	净资产收益率(%)	3.7486	7.7170	5.7595	10.2750
	加权净资产收益率(%)	3.7900	13.1000	5.9300	10.7000
	净资产收益率(扣除)(%)	-	-	-	-
	总资产(万元)	376683.56	368947.99	240921.29	212101.51
	归属母公司股东权益(万元)	275565.97	268888.71	147460.16	138967.18
	主营业务收入(万元)	47804.77	85994.27	40028.78	75726.53
	营业收入(万元)	47999.31	88086.63	40116.17	77411.07
	主营成本(万元)	33387.84	56710.02	27465.69	55307.85
	营业成本(万元)	33387.84	58272.08	27465.69	56451.74
	投资收益(万元)	310.63	68.80	-	-
	净利润(万元)	10434.69	20532.90	8474.85	14451.07
	利润总额(万元)	10435.39	20954.30	8615.20	14933.38

天津百利特精电气股份有限公司

公司概况	公司名称	天津百利特精电气股份有限公司			证券简称	百利电气
	法人代表	张文利	董秘	刘敏	证券代码	600468
	公司网址	www.benefo.tj.cn		电子信箱	benefo600468@126.com	
	电　话	022-23979181 83969181		传　真	022-83963876	
	办公地址	天津市西青经济开发区民和道12号				
	经营范围	输配电设备制造与稀有金属加工等				

主要财务指标	指标\报告期	2012.06.30	2011.12.31	2011.06.30	2010.12.31
	基本每股收益(元)	0.0517	0.1091	0.0931	0.1059
	基本每股收益(扣除)(元)	0.0247	0.0181	0.0337	0.0110
	每股净资产(元)	1.2287	1.1705	1.3908	1.5516
	每股经营现金净流量(元)	0.0277	0.0955	-0.0580	0.2519
	每股现金流量(元)	-0.0410	0.0215	0.0024	-0.2698
	每股资本公积金(元)	0.0502	0.0489	0.0597	0.2267
	每股盈余公积金(元)	0.0446	0.0449	0.0305	0.0947
	每股未分配利润(元)	0.1339	0.0767	0.3006	0.2302
	净资产收益率(%)	4.2100	9.3210	8.0350	8.1913
	加权净资产收益率(%)	4.3200	9.5600	6.9500	8.5500
	净资产收益率(扣除)(%)	-	1.5900	-	-
	总资产(万元)	122776.53	125490.96	124939.79	118273.85
	归属母公司股东权益(万元)	56051.79	53398.95	52872.68	58987.33
	主营业务收入(万元)	33820.36	74729.10	39145.61	78117.01
	营业收入(万元)	34649.82	76397.36	39739.13	79947.38
	主营成本(万元)	24901.48	56544.45	29575.96	61253.84
	营业成本(万元)	25240.48	57346.55	29940.30	62220.80
	投资收益(万元)	1534.08	4761.98	3485.71	3830.33
	净利润(万元)	2760.26	5446.47	4729.25	5547.18
	利润总额(万元)	3181.74	7151.72	5259.28	6799.00

风神轮胎股份有限公司

公司概况	公司名称	风神轮胎股份有限公司			证券简称	风神股份
	法人代表	曹朝阳	董秘	韩法强	证券代码	600469
	公司网址	www.aeolustyre.com		电子信箱	hfq@aeolustyre.com	
	电　话	0391-3999080 3999007		传　真	0391-3999080	
	办公地址	河南省焦作市焦东南路48号				
	经营范围	轮胎的研制、设计、开发、生产、经营及轮胎进出口等				

主要财务指标	指标\报告期	2012.06.30	2011.12.31	2011.06.30	2010.12.31
	基本每股收益(元)	0.4640	0.6240	0.3940	0.4070
	基本每股收益(扣除)(元)	0.4570	0.6030	0.3840	0.3670
	每股净资产(元)	5.6900	5.3300	5.1100	4.8300
	每股经营现金净流量(元)	0.7528	0.8770	0.3750	0.4876
	每股现金流量(元)	0.3719	0.7394	2.3182	-0.3254
	每股资本公积金(元)	2.1427	2.1435	2.1588	2.1710
	每股盈余公积金(元)	0.3436	0.3436	0.2744	0.2744
	每股未分配利润(元)	2.2023	1.8388	1.6775	1.3836
	净资产收益率(%)	8.1480	11.7230	7.7063	8.4296
	加权净资产收益率(%)	8.2800	12.3000	7.8300	8.7600
	净资产收益率(扣除)(%)	-	-	-	-
	总资产(万元)	775347.14	698280.25	805917.89	646227.78
	归属母公司股东权益(万元)	213290.95	199691.68	191621.44	181062.94
	主营业务收入(万元)	497503.47	1014004.08	548770.47	805864.96
	营业收入(万元)	501090.00	1022950.63	552554.35	812184.58
	主营成本(万元)	417993.43	853874.53	461015.26	696377.68
	营业成本(万元)	419450.18	860774.62	463957.89	701340.51
	投资收益(万元)	146.30	104.06	-	44.91
	净利润(万元)	17380.24	23414.20	14767.01	15262.83
	利润总额(万元)	20602.29	27290.76	16588.27	18112.61

安徽六国化工股份有限公司

公司概况	公司名称	安徽六国化工股份有限公司			证券简称	六国化工
	法人代表	黄化锋	董秘	邢金俄	证券代码	600470
	公司网址	www.liuguo.com		电子信箱	tlxxe@163.com	
	电　话	0562-3801021 3801675		传　真	0562-3802688	
	办公地址	安徽省铜陵市铜港路				
	经营范围	化学肥料(含复混肥料)、磷石膏生产、加工、销售等				

主要财务指标	指标\报告期	2012.06.30	2011.12.31	2011.06.30	2010.12.31
	基本每股收益(元)	0.0800	0.1200	0.1200	0.2000
	基本每股收益(扣除)(元)	0.0600	0.1200	0.1200	0.1800
	每股净资产(元)	4.3660	4.3900	4.2600	4.2200
	每股经营现金净流量(元)	-0.2648	-0.4564	-0.4729	-0.0076
	每股现金流量(元)	-0.4391	-0.8068	-0.6408	2.2889
	每股资本公积金(元)	2.4208	2.4208	2.4208	4.4732
	每股盈余公积金(元)	0.1591	0.1591	0.1328	0.2125
	每股未分配利润(元)	0.7528	0.7732	0.6678	1.0203
	净资产收益率(%)	1.8226	5.8220	2.9080	3.7144
	加权净资产收益率(%)	1.8000	5.9400	2.8900	5.5200
	净资产收益率(扣除)(%)	-	-	-	-
	总资产(万元)	578591.79	531719.09	353689.85	341340.58
	归属母公司股东权益(万元)	227746.57	228979.87	222195.36	219953.60
	主营业务收入(万元)	285635.81	323756.64	149773.20	267562.54
	营业收入(万元)	293001.21	335258.11	157543.57	273357.54
	主营成本(万元)	269042.93	290092.15	134931.52	244639.80
	营业成本(万元)	275566.91	300126.51	141991.85	249815.17
	投资收益(万元)	1090.12	506.00	257.20	-142.45
	净利润(万元)	3486.01	13653.55	6860.26	8023.16
	利润总额(万元)	4241.98	16150.30	7945.42	10415.12

无锡华光锅炉股份有限公司

公司概况	公司名称	无锡华光锅炉股份有限公司			证券简称	华光股份
	法人代表	王福军	董秘	魏利岩	证券代码	600475
	公司网址	www.wxboiler.com			电子信箱	600475@wxboiler.com
	电　话	051-85225852 85211464			传　真	051-85215605
	办公地址	江苏省无锡市城南路3号				
	经营范围	电站锅炉、工业锅炉、锅炉辅机、水处理设备、压力容器、烟气脱硫脱硝成套设备的制造、销售				

主要财务指标	指标\报告期	2012.06.30	2011.12.31	2011.06.30	2010.12.31
	基本每股收益(元)	0.2300	0.5330	0.2500	0.5540
	基本每股收益(扣除)(元)	0.2300	0.4280	0.2500	0.4660
	每股净资产(元)	4.9300	4.8000	4.5300	4.3800
	每股经营现金净流量(元)	0.4797	–0.4226	–1.0890	1.0679
	每股现金流量(元)	0.0251	–1.0969	–1.5052	–0.1486
	每股资本公积金(元)	0.5570	0.5570	0.5570	0.5570
	每股盈余公积金(元)	0.5528	0.5528	0.5089	0.5089
	每股未分配利润(元)	2.8237	2.6929	2.4651	2.3120
	净资产收益率(%)	4.6783	11.0930	5.5850	12.6640
	加权净资产收益率(%)	4.7400	11.6000	5.6800	13.3500
	净资产收益率(扣除)(%)	–	–	–	–
	总资产(万元)	479782.91	493913.98	519527.69	497070.07
	归属母公司股东权益(万元)	126295.75	122947.22	115993.98	112075.27
	主营业务收入(万元)	178999.71	363333.27	174747.79	311455.14
	营业收入(万元)	181371.56	367524.55	176698.96	315575.31
	主营成本(万元)	154495.15	309909.90	149568.48	259626.75
	营业成本(万元)	155886.25	311206.51	150221.84	261774.02
	投资收益(万元)	150.00	1987.55	386.96	1351.46
	净利润(万元)	6716.30	15646.95	7521.65	16777.15
	利润总额(万元)	7764.76	17404.25	8598.36	19196.96

湖南湘邮科技股份有限公司

公司概况	公司名称	湖南湘邮科技股份有限公司			证券简称	湘邮科技
	法人代表	阎洪生	董秘	黄安国	证券代码	600476
	公司网址	www.copote.com			电子信箱	copote@copote.com
	电　话	0731-88998688 88998817			传　真	0731-88998686 88998859
	办公地址	湖南省长沙市国家高新区麓谷基地玉兰路2号				
	经营范围	研制、开发、生产、销售计算机软、硬件及邮电高科技电子产品等				

主要财务指标	指标\报告期	2012.06.30	2011.12.31	2011.06.30	2010.12.31
	基本每股收益(元)	–0.0100	0.0409	–0.0040	0.0360
	基本每股收益(扣除)(元)	–0.0200	–0.1140	–0.0100	–0.1540
	每股净资产(元)	1.7200	1.7300	1.6870	1.6900
	每股经营现金净流量(元)	–0.3332	–0.1030	–0.0895	0.3914
	每股现金流量(元)	–0.2817	–0.3400	–0.2979	0.2591
	每股资本公积金(元)	0.8139	0.8139	0.8139	0.8139
	每股盈余公积金(元)	0.0834	0.0834	0.0834	0.0834
	每股未分配利润(元)	–0.1772	–0.1646	–0.2100	–0.2055
	净资产收益率(%)	–0.7305	2.3600	–0.2660	2.1193
	加权净资产收益率(%)	–0.7300	2.3900	–0.2650	2.1400
	净资产收益率(扣除)(%)	–	–	–	–
	总资产(万元)	43438.72	43453.01	44858.67	46686.55
	归属母公司股东权益(万元)	27707.14	27909.54	27178.59	27250.82
	主营业务收入(万元)	13700.78	35714.10	10654.12	29466.90
	营业收入(万元)	13700.78	35757.72	10654.12	29512.51
	主营成本(万元)	11855.91	31922.78	8730.03	27150.18
	营业成本(万元)	11855.91	31923.19	8730.03	27160.11
	投资收益(万元)	–	2399.73	–	125.25
	净利润(万元)	–201.98	657.22	–72.65	574.87
	利润总额(万元)	–192.92	781.82	–68.89	626.98

浙江杭萧钢构股份有限公司

公司概况	公司名称	浙江杭萧钢构股份有限公司			证券简称	杭萧钢构
	法人代表	单银木	董秘	陈瑞	证券代码	600477
	公司网址	www.hxss.com.cn			电子信箱	chen.rui@hxss.com.cn
	电　话	0571-87246788			传　真	0571-87247920
	办公地址	浙江省杭州市萧山经济技术开发区红垦农场				
	经营范围	钢结构工程的设计、制作与安装				

主要财务指标	指标\报告期	2012.06.30	2011.12.31	2011.06.30	2010.12.31
	基本每股收益(元)	0.0090	0.1520	0.0680	0.2030
	基本每股收益(扣除)(元)	0.0320	0.1050	0.0440	0.1690
	每股净资产(元)	1.8700	1.8600	2.1600	2.0850
	每股经营现金净流量(元)	–0.2741	–0.6620	–0.8731	0.1552
	每股现金流量(元)	–0.1675	–0.3043	–0.5801	0.4508
	每股资本公积金(元)	0.0662	0.0653	0.0826	0.0858
	每股盈余公积金(元)	0.1403	0.1403	0.1461	0.1461
	每股未分配利润(元)	0.6608	0.6523	0.9339	0.8521
	净资产收益率(%)	0.4595	8.1930	3.7820	11.6970
	加权净资产收益率(%)	0.4600	8.4300	3.8400	12.1900
	净资产收益率(扣除)(%)	–	–	–	–
	总资产(万元)	530899.89	550369.98	502609.31	385024.33
	归属母公司股东权益(万元)	86553.47	86229.98	83603.61	80517.84
	主营业务收入(万元)	118432.85	350002.82	164137.47	337475.91
	营业收入(万元)	121163.84	358126.87	168266.71	346421.82
	主营成本(万元)	98943.41	314598.61	147691.10	296557.51
	营业成本(万元)	101216.01	320621.92	150638.49	303829.55
	投资收益(万元)	–	2717.15	38.56	–
	净利润(万元)	1031.14	8969.81	3720.71	11843.87
	利润总额(万元)	1753.66	9639.26	4251.89	15836.99

湖南科力远新能源股份有限公司

公司概况	公司名称	湖南科力远新能源股份有限公司			证券简称	科力远
	法人代表	钟发平	董秘	伍定军	证券代码	600478
	公司网址	www.corun.com			电子信箱	hnwudj@163.com
	电　话	0731-88983638			传　真	0731-88983623
	办公地址	湖南省长沙市岳麓区长沙国家高新技术产业开发区桐梓坡西路348号				
	经营范围	法律、法规、政策允许的新材料、新能源的研究、开发、生产、销售等				

主要财务指标	指标\报告期	2012.06.30	2011.12.31	2011.06.30	2010.12.31
	基本每股收益(元)	–0.0500	0.0500	0.0600	0.0700
	基本每股收益(扣除)(元)	–0.0600	–0.0600	0.0090	0.0200
	每股净资产(元)	3.2950	3.3530	3.3880	3.3000
	每股经营现金净流量(元)	–0.2437	–0.0697	–0.2709	0.2006
	每股现金流量(元)	0.2084	–0.8442	–0.3988	1.2996
	每股资本公积金(元)	1.9052	1.9044	1.9047	1.9064
	每股盈余公积金(元)	0.0953	0.0953	0.0930	0.0910
	每股未分配利润(元)	0.2994	0.3498	0.3890	0.3018
	净资产收益率(%)	–1.5312	1.5580	1.7350	1.8760
	加权净资产收益率(%)	–1.5200	1.5700	1.7500	2.6200
	净资产收益率(扣除)(%)	–	–	–	–
	总资产(万元)	228261.95	257392.47	276727.69	214444.62
	归属母公司股东权益(万元)	103740.91	105569.91	106652.21	103853.68
	主营业务收入(万元)	88625.58	236312.59	100397.31	152887.86
	营业收入(万元)	91552.66	238243.08	101058.98	155520.98
	主营成本(万元)	80339.51	217489.08	93930.49	139214.88
	营业成本(万元)	82743.04	218495.13	94418.99	141450.30
	投资收益(万元)	391.76	804.49	–44.71	9.67
	净利润(万元)	–2231.66	285.93	1476.02	1826.88
	利润总额(万元)	–1805.43	1049.52	2264.27	2312.82

株洲千金药业股份有限公司

	公司名称	株洲千金药业股份有限公司			证券简称	千金药业
公司概况	法人代表	江端预	董秘	吕芳元	证券代码	600479
	公司网址	www.cnqjyy.com		电子信箱	llfy@cnqjyy.com	
	电话	0731-22490083 22496088		传真	0731-22496088	
	办公地址	湖南省株洲市荷塘区金钩山路 15 号				
	经营范围	中成药产品、中药保健品、化学药制品的开发、生产和销售				

	指标\报告期	2012.06.30	2011.12.31	2011.06.30	2010.12.31
主要财务指标	基本每股收益(元)	0.2075	0.2717	0.1558	0.2834
	基本每股收益(扣除)(元)	0.1927	0.3030	0.1571	0.2011
	每股净资产(元)	2.9872	2.9798	2.8631	2.9577
	每股经营现金净流量(元)	0.5784	0.0741	0.0968	0.1284
	每股现金流量(元)	0.0265	-0.5100	-0.4686	0.3158
	每股资本公积金(元)	0.5030	0.5030	0.5022	0.5027
	每股盈余公积金(元)	0.3998	0.3998	0.3784	0.3784
	每股未分配利润(元)	1.0845	1.0770	0.9824	1.0766
	净资产收益率(%)	6.9451	9.1183	5.4404	9.5813
	加权净资产收益率(%)	6.7600	9.2200	5.1700	9.5600
	净资产收益率(扣除)(%)	-	-	-	-
	总资产(万元)	141750.64	128165.36	121525.61	112846.44
	归属母公司股东权益(万元)	91056.96	90829.32	87272.08	90157.38
	主营业务收入(万元)	68345.41	124558.03	56863.23	96926.85
	营业收入(万元)	68870.63	125652.73	57427.94	97944.38
	主营成本(万元)	34026.70	60309.91	26693.70	42740.20
	营业成本(万元)	34086.05	60353.80	26710.51	42785.49
	投资收益(万元)	1222.76	27.27	371.21	2607.25
	净利润(万元)	6475.36	9477.16	5054.53	9758.11
	利润总额(万元)	7533.23	10965.39	5987.08	10953.77

双良节能系统股份有限公司

	公司名称	双良节能系统股份有限公司			证券简称	双良节能
公司概况	法人代表	缪志强	董秘	王晓松	证券代码	600481
	公司网址	www.shuangliang.com		电子信箱	600481@shuangliang.com	
	电话	0510-86632358		传真	0510-86632307	
	办公地址	江苏省江阴市利港镇西利路 88 号				
	经营范围	研究、开发、生产空调、热泵、空气冷却设备、海水淡化节能设备等				

	指标\报告期	2012.06.30	2011.12.31	2011.06.30	2010.12.31
主要财务指标	基本每股收益(元)	0.0649	0.1912	0.0853	0.2855
	基本每股收益(扣除)(元)	0.0645	0.1986	0.0902	0.2825
	每股净资产(元)	2.4900	2.5700	2.6300	2.8400
	每股经营现金净流量(元)	0.1201	0.5390	-0.3606	-0.0544
	每股现金流量(元)	0.0098	-0.7194	0.2073	0.5442
	每股资本公积金(元)	1.0386	1.0384	1.2011	1.2011
	每股盈余公积金(元)	0.1891	0.1892	0.1766	0.1766
	每股未分配利润(元)	0.2588	0.3439	0.2505	0.4653
	净资产收益率(%)	2.6115	7.4350	3.2450	10.0414
	加权净资产收益率(%)	2.5200	7.0800	3.0600	10.5800
	净资产收益率(扣除)(%)	-	-	-	-
	总资产(万元)	608661.23	531922.93	604063.08	519354.59
	归属母公司股东权益(万元)	201432.38	208309.98	212904.50	230298.60
	主营业务收入(万元)	237993.78	506026.78	246038.77	413652.76
	营业收入(万元)	242294.97	513203.89	249474.36	419203.01
	主营成本(万元)	206697.63	436201.83	215349.31	349201.87
	营业成本(万元)	210342.15	441150.68	217473.04	352685.70
	投资收益(万元)	140.12	31.89	-13.21	-229.82
	净利润(万元)	4842.08	15845.05	6834.91	24543.25
	利润总额(万元)	6151.87	19188.41	8065.71	29003.62

凌云工业股份有限公司

	公司名称	凌云工业股份有限公司			证券简称	凌云股份
公司概况	法人代表	李喜增	董秘	张建华	证券代码	600480
	公司网址	www.lingyun.com.cn		电子信箱	zhangjianhua@lygf.com	
	电话	0312-3951002 3955116		传真	0312-3951234	
	办公地址	河北省涿州市松林店镇				
	经营范围	生产和销售塑料燃气管道系统、给水管道系统、供热管道系统等				

	指标\报告期	2012.06.30	2011.12.31	2011.06.30	2010.12.31
主要财务指标	基本每股收益(元)	0.2000	0.5500	0.3400	0.8100
	基本每股收益(扣除)(元)	0.1800	0.5000	0.3000	0.7900
	每股净资产(元)	5.3100	5.1100	5.3300	6.0400
	每股经营现金净流量(元)	0.0277	0.4379	-0.6332	0.6257
	每股现金流量(元)	-0.7321	-0.4905	-0.4537	2.3243
	每股资本公积金(元)	1.7644	1.7644	2.1407	2.3985
	每股盈余公积金(元)	0.1106	0.1106	0.0874	0.0874
	每股未分配利润(元)	2.4357	2.2384	2.1065	1.7202
	净资产收益率(%)	3.7155	10.7390	6.4016	13.4856
	加权净资产收益率(%)	3.7900	10.6400	6.3500	25.5100
	净资产收益率(扣除)(%)	-	-	-	-
	总资产(万元)	578436.43	533520.66	469955.05	444587.07
	归属母公司股东权益(万元)	192093.17	184955.94	192958.07	188310.35
	主营业务收入(万元)	215143.81	419198.85	207871.99	339578.59
	营业收入(万元)	220486.55	428631.78	212513.14	350104.94
	主营成本(万元)	171156.47	329583.27	161962.52	255965.72
	营业成本(万元)	174551.07	335739.75	164846.88	263046.29
	投资收益(万元)	956.62	1655.02	936.24	1083.95
	净利润(万元)	13888.04	32690.60	19685.61	40341.01
	利润总额(万元)	17471.16	39143.27	23619.98	47763.97

风帆股份有限公司

	公司名称	风帆股份有限公司			证券简称	风帆股份
公司概况	法人代表	刘宝生	董秘	张亚光	证券代码	600482
	公司网址	www.sail.com.cn		电子信箱	sh600482@126.com	
	电话	0312-3208529 3208588		传真	0312-3215920	
	办公地址	河北省保定市富昌路 8 号				
	经营范围	蓄电池开发、生产、销售等				

	指标\报告期	2012.06.30	2011.12.31	2011.06.30	2010.12.31
主要财务指标	基本每股收益(元)	0.0900	0.1500	0.0700	0.1100
	基本每股收益(扣除)(元)	0.1000	0.1300	0.0600	0.1000
	每股净资产(元)	2.6539	2.5626	2.4840	2.4200
	每股经营现金净流量(元)	0.3114	0.3185	-0.1065	0.1423
	每股现金流量(元)	-0.2931	0.5395	0.4482	-0.2088
	每股资本公积金(元)	1.6261	1.6261	1.6265	1.6265
	每股盈余公积金(元)	0.1218	0.1218	0.1186	0.1186
	每股未分配利润(元)	-0.0940	-0.1853	-0.2612	-0.3289
	净资产收益率(%)	3.4400	5.8730	2.7280	4.3750
	加权净资产收益率(%)	3.7100	6.0400	2.7700	4.4700
	净资产收益率(扣除)(%)	-	-	-	-
	总资产(万元)	320702.54	328023.50	300981.80	300337.58
	归属母公司股东权益(万元)	122346.22	118138.09	114510.59	111387.02
	主营业务收入(万元)	228447.11	402289.30	218042.10	319227.07
	营业收入(万元)	230050.10	407475.53	222291.73	325500.31
	主营成本(万元)	199370.48	351845.28	196609.73	274311.65
	营业成本(万元)	200974.57	355646.73	200035.50	279507.27
	投资收益(万元)	-	50.00	-	25.00
	净利润(万元)	4141.41	6785.82	3133.21	4892.04
	利润总额(万元)	5066.70	8378.55	4135.84	7058.99

福建南纺股份有限公司

公司概况	公司名称	福建南纺股份有限公司			证券简称	福建南纺
	法人代表	陈军华	董秘	李峰	证券代码	600483
	公司网址	www.fjnf.com		电子信箱	nf600483@sina.com	
	电　话	0599-8813009　8813015		传　真	0599-8805190　8809965	
	办公地址	福建省南平市安丰路 63 号				
	经营范围	纺织品、PU 革的制造、经营本公司自产产品及相关的出口业务				

	指标\报告期	2012.06.30	2011.12.31	2011.06.30	2010.12.31
主要财务指标	基本每股收益(元)	0.0252	0.1900	0.0664	0.0900
	基本每股收益(扣除)(元)	0.0222	0.1900	0.0574	0.0900
	每股净资产(元)	2.5400	2.6200	2.5480	2.5200
	每股经营现金净流量(元)	–0.3985	0.1297	–0.3473	0.4770
	每股现金流量(元)	–0.3495	0.0150	–0.3245	0.3998
	每股资本公积金(元)	1.0821	1.0883	1.1338	1.1456
	每股盈余公积金(元)	0.2097	0.2097	0.1930	0.1930
	每股未分配利润(元)	0.2488	0.3236	0.2216	0.1851
	净资产收益率(%)	0.9921	7.0650	2.6074	3.4980
	加权净资产收益率(%)	0.9800	7.2100	2.6200	3.4700
	净资产收益率(扣除)(%)	–	–	–	–
	总资产(万元)	116999.29	122805.37	118734.82	116825.20
	归属母公司股东权益(万元)	73291.64	75628.63	73516.73	72803.90
	主营业务收入(万元)	64017.96	153537.96	74774.21	114973.07
	营业收入(万元)	64578.69	155917.39	75996.68	115864.06
	主营成本(万元)	59490.13	139517.18	68349.83	104557.40
	营业成本(万元)	59853.54	141409.72	69252.39	105200.81
	投资收益(万元)	270.60	109.46	74.96	395.12
	净利润(万元)	815.05	5599.33	2053.36	2810.95
	利润总额(万元)	931.37	7005.21	2638.02	3739.20

北京中创信测科技股份有限公司

公司概况	公司名称	北京中创信测科技股份有限公司			证券简称	中创信测
	法人代表	贾林	董秘	王志刚	证券代码	600485
	公司网址	www.zctt.com		电子信箱	investors@zctt.com	
	电　话	010-62100118　62100102		传　真	010-62121092	
	办公地址	北京市海淀区中关村南大街甲 18 号北京·国际 C 座 12-14 层				
	经营范围	通信网测试维护产品的研制开发、生产、销售和服务				

	指标\报告期	2012.06.30	2011.12.31	2011.06.30	2010.12.31
主要财务指标	基本每股收益(元)	–0.1240	0.1550	–0.0620	0.2840
	基本每股收益(扣除)(元)	–0.1220	0.0230	–0.0600	0.2770
	每股净资产(元)	3.4100	3.5400	3.3100	3.3500
	每股经营现金净流量(元)	–0.1377	–0.2376	–0.1161	0.3854
	每股现金流量(元)	0.0793	–0.4930	–0.1436	0.5653
	每股资本公积金(元)	0.9845	0.9845	0.9757	0.9526
	每股盈余公积金(元)	0.2237	0.2237	0.1955	0.1955
	每股未分配利润(元)	1.2068	1.3308	1.1423	1.2040
	净资产收益率(%)	–3.6335	4.3810	–1.8610	8.4590
	加权净资产收益率(%)	–3.5700	4.5000	–1.8600	8.9700
	净资产收益率(扣除)(%)	–	–	–	–
	总资产(万元)	68411.08	66751.58	72071.16	70373.41
	归属母公司股东权益(万元)	47325.49	49045.05	45920.14	46454.37
	主营业务收入(万元)	8885.86	23566.87	8506.01	25403.02
	营业收入(万元)	9704.01	25743.02	9291.83	28066.08
	主营成本(万元)	5220.88	13443.50	4377.48	13713.48
	营业成本(万元)	5220.88	13536.22	4377.48	13793.50
	投资收益(万元)	2.95	–52.08	–27.59	55.28
	净利润(万元)	–1723.80	2123.74	–854.59	3929.45
	利润总额(万元)	–1840.73	1768.28	–1063.71	4443.27

江苏扬农化工股份有限公司

公司概况	公司名称	江苏扬农化工股份有限公司			证券简称	扬农化工
	法人代表	戚明珠	董秘	吴孝举	证券代码	600486
	公司网址	www.yngf.com		电子信箱	stockcom@yngf.com	
	电　话	0514-85860486		传　真	0514-85889486	
	办公地址	江苏省扬州市文峰路 39 号				
	经营范围	卫生用、农用拟除虫菊酯系列产品的生产和销售				

	指标\报告期	2012.06.30	2011.12.31	2011.06.30	2010.12.31
主要财务指标	基本每股收益(元)	0.6220	0.8930	0.4950	0.7790
	基本每股收益(扣除)(元)	0.6170	0.8110	0.4950	0.6320
	每股净资产(元)	10.8710	10.3960	9.9910	9.6510
	每股经营现金净流量(元)	1.3909	2.1223	1.2636	2.1893
	每股现金流量(元)	0.8647	1.5009	0.9886	0.2502
	每股资本公积金(元)	4.9359	4.9359	4.9359	4.9359
	每股盈余公积金(元)	0.4489	0.4489	0.3642	0.3642
	每股未分配利润(元)	4.1824	3.7605	3.4469	3.1524
	净资产收益率(%)	5.7207	8.5880	4.9500	8.0680
	加权净资产收益率(%)	5.8100	8.9200	5.0000	8.3700
	净资产收益率(扣除)(%)	–	–	–	–
	总资产(万元)	304762.00	269064.16	276557.04	256238.99
	归属母公司股东权益(万元)	187168.65	178984.76	172002.81	166162.44
	主营业务收入(万元)	121425.09	181499.99	96094.85	149592.93
	营业收入(万元)	123249.33	184281.41	101921.88	156692.14
	主营成本(万元)	99995.01	151144.63	78411.66	122709.39
	营业成本(万元)	101808.98	153941.88	84134.37	129522.52
	投资收益(万元)	–	–1.58	–1.43	–3.28
	净利润(万元)	10977.15	15658.18	8692.23	13755.92
	利润总额(万元)	12914.29	17827.63	10236.53	16059.80

江苏亨通光电股份有限公司

公司概况	公司名称	江苏亨通光电股份有限公司			证券简称	亨通光电
	法人代表	钱建林	董秘	王军	证券代码	600487
	公司网址	www.htgd.com.cn		电子信箱	htgd@htgd.com.cn	
	电　话	0512-63430985		传　真	0512-63092355	
	办公地址	江苏省吴江市经济开发区亨通路 100 号				
	经营范围	光纤光缆的生产与销售				

	指标\报告期	2012.06.30	2011.12.31	2011.06.30	2010.12.31
主要财务指标	基本每股收益(元)	0.8630	1.1760	0.5280	1.1430
	基本每股收益(扣除)(元)	0.7360	0.8970	0.4010	1.0200
	每股净资产(元)	11.1530	10.4100	10.1300	9.7700
	每股经营现金净流量(元)	–0.2327	0.9423	–1.7610	–0.6978
	每股现金流量(元)	0.2971	0.9709	0.2709	–2.4662
	每股资本公积金(元)	4.5023	4.5220	4.8174	6.3033
	每股盈余公积金(元)	0.6022	0.6022	0.4751	0.6886
	每股未分配利润(元)	5.0485	4.2850	3.8391	4.1874
	净资产收益率(%)	7.7400	11.2950	5.2140	11.6999
	加权净资产收益率(%)	7.9700	11.5100	5.2900	12.2500
	净资产收益率(扣除)(%)	–	–	–	–
	总资产(万元)	948363.93	783584.38	721580.09	619086.65
	归属母公司股东权益(万元)	230959.92	215557.67	209807.81	202323.79
	主营业务收入(万元)	344776.45	662890.23	292700.14	205192.15
	营业收入(万元)	352252.06	668864.37	295541.01	518729.96
	主营成本(万元)	275415.77	541821.09	242598.67	145508.81
	营业成本(万元)	279218.43	542723.92	244461.58	422311.33
	投资收益(万元)	9068.96	–742.45	–362.31	218.00
	净利润(万元)	19831.78	30406.52	13341.12	30109.95
	利润总额(万元)	22603.02	35350.29	15801.65	34674.31

天津天药药业股份有限公司

公司概况					
公司名称	天津天药药业股份有限公司			证券简称	天药股份
法人代表	杨凤翙	董秘	王迈	证券代码	600488
公司网址	www.kingyork.biz/tianyaoyaoye		电子信箱	tjpc600488@vip.sina.com	
电　话	022-24160910		传　真	022-24160910	
办公地址	天津市河东区八纬路 109 号				
经营范围	皮质激素类原料药和制剂的生产和销售、出口				

主要财务指标 指标\报告期	2012.06.30	2011.12.31	2011.06.30	2010.12.31
基本每股收益(元)	0.0720	0.1720	0.0650	0.1670
基本每股收益(扣除)(元)	0.0630	0.1520	0.0650	0.1620
每股净资产(元)	3.1080	3.0700	2.9650	2.9310
每股经营现金净流量(元)	0.0968	0.1445	0.0961	0.2152
每股现金流量(元)	0.0317	0.1977	0.0612	-0.0784
每股资本公积金(元)	0.9373	0.9373	0.9373	0.9373
每股盈余公积金(元)	0.2312	0.2247	0.2139	0.2065
每股未分配利润(元)	0.9458	0.9138	0.8181	0.7909
净资产收益率(%)	2.2990	5.5930	2.1795	5.7080
加权净资产收益率(%)	2.3100	5.7300	2.1900	5.8600
净资产收益率(扣除)(%)	-	-	-	-
总资产(万元)	256916.21	241672.23	294749.87	291974.67
归属母公司股东权益(万元)	168740.77	166641.98	160954.70	159123.66
主营业务收入(万元)	77424.04	126164.07	72265.63	107887.78
营业收入(万元)	86947.50	141838.17	79831.75	112813.18
主营成本(万元)	64243.35	99841.82	57337.72	81835.36
营业成本(万元)	73700.65	115529.62	64814.80	86716.66
投资收益(万元)	-135.71	543.03	10.23	592.86
净利润(万元)	3871.58	9512.35	3563.76	9278.93
利润总额(万元)	4627.72	11024.25	4290.44	10512.41

中金黄金股份有限公司

公司概况					
公司名称	中金黄金股份有限公司			证券简称	中金黄金
法人代表	孙兆学	董秘	李跃清	证券代码	600489
公司网址	www.zjgold.com		电子信箱	lyq@zjgold.com	
电　话	010-56353909 56353902		传　真	010-56353910 56353902	
办公地址	北京市东城区安外大街 9 号				
经营范围	黄金等有色金属地质勘查、采选、冶炼等				

主要财务指标 指标\报告期	2012.06.30	2011.12.31	2011.06.30	2010.12.31
基本每股收益(元)	0.4200	0.9600	0.4600	0.6500
基本每股收益(扣除)(元)	0.4200	0.8600	0.4200	0.5700
每股净资产(元)	4.7300	4.6600	2.9900	3.0500
每股经营现金净流量(元)	0.3631	1.0231	0.6159	1.4260
每股现金流量(元)	0.1137	0.7228	0.4730	-0.6000
每股资本公积金(元)	1.3206	1.3849	0.4021	1.3123
每股盈余公积金(元)	0.1468	0.1468	0.1092	0.1419
每股未分配利润(元)	2.2475	1.8273	1.4671	1.4932
净资产收益率(%)	8.8787	21.1760	15.3734	21.3544
加权净资产收益率(%)	9.2500	28.6700	14.2400	24.6000
净资产收益率(扣除)(%)	-	-	-	-
总资产(万元)	2121178.79	1917347.17	1484551.28	1542812.78
归属母公司股东权益(万元)	928519.48	862313.61	553338.93	563378.01
主营业务收入(万元)	1612768.56	3281529.13	1262058.23	2171176.58
营业收入(万元)	1624814.75	3314368.66	1276261.23	2188346.51
主营成本(万元)	1385952.01	2807488.76	1042078.48	1823100.94
营业成本(万元)	1395170.27	2837564.34	1070796.68	1836939.11
投资收益(万元)	685.75	6778.43	5399.58	4383.59
净利润(万元)	109443.79	244589.15	119370.10	172044.60
利润总额(万元)	147564.62	328412.30	159113.28	231344.97

上海中科合臣股份有限公司

公司概况					
公司名称	上海中科合臣股份有限公司			证券简称	ST 合 臣
法人代表	张富强	董秘	戴伟中	证券代码	600490
公司网址	www.synica.com.cn		电子信箱	daiwz@synica.com.cn	
电　话	021-61677666 61677397		传　真	021-61677397	
办公地址	上海市虹桥路 2188 弄 41 号、47 号楼				
经营范围	医药中间体、农药中间体及有机新材料等精细化工品的生产和销售				

主要财务指标 指标\报告期	2012.06.30	2011.12.31	2011.06.30	2010.12.31
基本每股收益(元)	-0.0500	0.0400	-0.0600	0.0900
基本每股收益(扣除)(元)	-0.0300	-0.0200	-0.1000	-0.1000
每股净资产(元)	6.5420	0.8300	0.7371	0.7900
每股经营现金净流量(元)	-0.3213	0.0309	-0.2052	-0.0314
每股现金流量(元)	6.0850	0.0667	-0.2437	-0.0448
每股资本公积金(元)	6.2442	1.0118	1.0118	1.0118
每股盈余公积金(元)	0.0663	0.1166	0.1166	0.1166
每股未分配利润(元)	-0.7685	-1.2955	-1.3912	-1.3339
净资产收益率(%)	-0.4808	4.6155	-7.7670	10.7621
加权净资产收益率(%)	-2.1300	4.7200	-7.4800	11.3700
净资产收益率(扣除)(%)	-	-	-	-
总资产(万元)	177808.34	25925.80	23757.03	33662.95
归属母公司股东权益(万元)	151775.02	10993.55	9730.37	10486.14
主营业务收入(万元)	20435.28	37847.67	13707.97	80663.18
营业收入(万元)	20440.88	39226.82	14926.95	81088.79
主营成本(万元)	19224.69	35452.32	13482.00	77735.29
营业成本(万元)	19228.69	36755.29	14714.84	78075.00
投资收益(万元)	-300.58	683.74	279.79	3062.52
净利润(万元)	-762.13	508.38	-757.81	1716.76
利润总额(万元)	-762.13	508.38	-757.81	1790.94

龙元建设集团股份有限公司

公司概况					
公司名称	龙元建设集团股份有限公司			证券简称	龙元建设
法人代表	赖振元	董秘	朱占军	证券代码	600491
公司网址	www.lycg.com.cn		电子信箱	webmaster@lycg.com.cn	
电　话	021-65615689		传　真	021-65615689	
办公地址	上海市逸仙路 768 号				
经营范围	民用、工业、市政及公共设施等各类工程的建筑施工、工程安装				

主要财务指标 指标\报告期	2012.06.30	2011.12.31	2011.06.30	2010.12.31
基本每股收益(元)	0.3450	0.2900	0.1299	0.1900
基本每股收益(扣除)(元)	0.0108	0.2700	0.1287	0.1600
每股净资产(元)	2.9548	2.7522	2.5700	2.5400
每股经营现金净流量(元)	-0.4108	0.0643	0.3468	-0.0711
每股现金流量(元)	-0.1063	0.2187	0.6742	-0.3591
每股资本公积金(元)	0.4023	0.4039	0.4039	1.3078
每股盈余公积金(元)	0.2018	0.2401	0.1833	0.3666
每股未分配利润(元)	1.3460	1.0822	0.9745	2.2892
净资产收益率(%)	11.6756	10.6980	5.0538	7.6760
加权净资产收益率(%)	11.8500	11.1500	5.0100	7.8800
净资产收益率(扣除)(%)	-	-	-	-
总资产(万元)	1208091.56	1257931.96	1170165.85	980251.93
归属母公司股东权益(万元)	279992.17	260794.45	243497.22	240223.83
主营业务收入(万元)	585530.11	1349291.14	550262.94	978972.00
营业收入(万元)	589093.70	1349584.67	550262.94	984429.02
主营成本(万元)	538391.67	1199104.20	490663.05	893258.61
营业成本(万元)	539651.49	1199267.25	490663.05	895038.04
投资收益(万元)	41796.10	875.35	-14.29	3307.68
净利润(万元)	33055.84	32106.76	14804.33	19508.70
利润总额(万元)	45723.78	55016.40	21530.59	28884.47

福建凤竹纺织科技股份有限公司

公司概况	公司名称	福建凤竹纺织科技股份有限公司			证券简称	凤竹纺织
	法人代表	陈澄清	董秘	施金平	证券代码	600493
	公司网址	www.fynex.com.cn		电子信箱	zhangrongxing@fynex.com.cn	
	电　话	0595-85656506		传　真	0595-85656941	
	办公地址	福建省晋江市青阳凤竹工业区				
	经营范围	生产、加工针织、机织色布、漂染、染纱、服装等				

	指标＼报告期	2012.06.30	2011.12.31	2011.06.30	2010.12.31
主要财务指标	基本每股收益(元)	0.0046	-0.0617	0.0037	0.3440
	基本每股收益(扣除)(元)	-0.1340	-0.0970	-0.0134	0.1931
	每股净资产(元)	2.2366	2.2320	2.2974	3.7199
	每股经营现金净流量(元)	0.5492	0.5201	-0.0472	-0.8379
	每股现金流量(元)	0.2750	-0.1213	-0.0612	0.4131
	每股资本公积金(元)	0.7019	0.7019	0.7019	1.4231
	每股盈余公积金(元)	0.2799	0.2799	0.2799	0.4479
	每股未分配利润(元)	0.2547	0.2502	0.3155	0.8490
	净资产收益率(%)	0.2035	-2.7640	0.1590	14.7967
	加权净资产收益率(%)	0.2037	-2.7134	0.1600	15.8258
	净资产收益率(扣除)(%)	-	-	-	-
	总资产(万元)	128513.57	123353.55	143126.76	136724.65
	归属母公司股东权益(万元)	60834.94	60711.16	62488.22	63238.94
	主营业务收入(万元)	41080.15	93495.74	44072.62	90270.64
	营业收入(万元)	41151.74	94100.46	44243.92	92421.65
	主营成本(万元)	40345.05	88436.72	39627.99	75470.16
	营业成本(万元)	40348.75	88667.83	39683.53	77229.47
	投资收益(万元)	354.75	-150.58	-542.83	4410.22
	净利润(万元)	123.77	-1677.78	99.27	9357.29
	利润总额(万元)	124.85	-2636.46	377.18	11221.80

晋西车轴股份有限公司

公司概况	公司名称	晋西车轴股份有限公司			证券简称	晋西车轴
	法人代表	李照智	董秘	周海红	证券代码	600495
	公司网址	www.jinxiaxle.com.cn		电子信箱	stock@jinxiaxle.com.cn	
	电　话	0351-6628286 6629027		传　真	0351-6628286	
	办公地址	山西省太原市和平北路北巷5号				
	经营范围	各类车轴的生产及销售、合金钢等精密锻件生产、销售或委托加工				

	指标＼报告期	2012.06.30	2011.12.31	2011.06.30	2010.12.31
主要财务指标	基本每股收益(元)	0.1600	0.3300	0.1500	0.1400
	基本每股收益(扣除)(元)	0.1600	0.2700	0.1100	0.1100
	每股净资产(元)	5.0500	4.9300	4.7400	4.6000
	每股经营现金净流量(元)	-0.6681	1.1235	0.0613	0.3045
	每股现金流量(元)	-0.1347	0.2235	-0.3367	-0.3482
	每股资本公积金(元)	2.6646	2.6646	2.6646	2.6646
	每股盈余公积金(元)	0.2433	0.2433	0.2205	0.2205
	每股未分配利润(元)	1.1405	1.0178	0.8579	0.7107
	净资产收益率(%)	3.1246	6.6980	3.1050	3.1470
	加权净资产收益率(%)	3.1600	6.9300	3.1500	3.2000
	净资产收益率(扣除)(%)	-	-	-	-
	总资产(万元)	261129.97	241029.23	215822.33	207163.82
	归属母公司股东权益(万元)	152583.73	148873.88	143352.82	138902.10
	主营业务收入(万元)	126303.67	190933.49	90527.57	164530.62
	营业收入(万元)	139910.31	216172.05	107637.82	173709.09
	主营成本(万元)	113526.57	164119.13	78347.79	145856.52
	营业成本(万元)	126659.99	188073.10	94419.63	153667.08
	投资收益(万元)	500.00	-	-	-
	净利润(万元)	4729.21	9971.78	4450.71	4538.72
	利润总额(万元)	5536.31	11530.29	5765.79	5636.70

长江精工钢结构(集团)股份有限公司

公司概况	公司名称	长江精工钢结构(集团)股份有限公司			证券简称	精工钢构
	法人代表	方朝阳	董秘	沈月华	证券代码	600496
	公司网址	www.600496.com		电子信箱	600496@jgsteel.cn	
	电　话	021-51876399 2222		传　真	021-54452496	
	办公地址	安徽省六安市经济技术开发区长江精工工业园				
	经营范围	轻型、高层用钢结构产品及新型墙体材料生产销售等				

	指标＼报告期	2012.06.30	2011.12.31	2011.06.30	2010.12.31
主要财务指标	基本每股收益(元)	0.1800	0.4800	0.2500	0.3800
	基本每股收益(扣除)(元)	0.1900	0.4600	0.2500	0.3600
	每股净资产(元)	3.4100	3.2900	3.0100	4.1500
	每股经营现金净流量(元)	-0.4496	0.1891	0.2849	0.2951
	每股现金流量(元)	-0.0468	0.0023	0.3467	-0.0601
	每股资本公积金(元)	0.7331	0.7224	0.6532	1.4420
	每股盈余公积金(元)	0.1496	0.1496	0.1147	0.1720
	每股未分配利润(元)	1.5332	1.4262	1.2470	1.5434
	净资产收益率(%)	5.1926	14.4860	8.3575	13.9000
	加权净资产收益率(%)	5.2900	16.0300	8.7100	15.1300
	净资产收益率(扣除)(%)	-	-	-	-
	总资产(万元)	657995.85	553326.74	495318.56	424860.53
	归属母公司股东权益(万元)	200012.26	193146.96	174652.05	160532.61
	主营业务收入(万元)	252746.17	567907.36	256737.48	528677.17
	营业收入(万元)	254896.75	570627.40	259364.14	531304.87
	主营成本(万元)	211698.91	487747.25	220318.65	467886.14
	营业成本(万元)	211849.61	488854.62	221586.43	468136.25
	投资收益(万元)	-794.24	323.76	191.79	1554.52
	净利润(万元)	10489.25	28017.26	14517.03	21936.56
	利润总额(万元)	13948.88	32162.61	17395.07	24844.79

云南驰宏锌锗股份有限公司

公司概况	公司名称	云南驰宏锌锗股份有限公司			证券简称	驰宏锌锗
	法人代表	董英	董秘	唐云沧	证券代码	600497
	公司网址	www.chxz.com		电子信箱	tyc@chxz.com	
	电　话	0874-8966698		传　真	0874-8966789	
	办公地址	云南省曲靖市经济技术开发区				
	经营范围	铅、锌、锗系列产品的生产与销售等				

	指标＼报告期	2012.06.30	2011.12.31	2011.06.30	2010.12.31
主要财务指标	基本每股收益(元)	0.1177	0.2741	0.1417	0.3612
	基本每股收益(扣除)(元)	0.0945	0.2491	0.1587	0.3863
	每股净资产(元)	2.7525	2.7805	2.6600	4.8400
	每股经营现金净流量(元)	0.2034	0.7808	0.3441	0.8869
	每股现金流量(元)	0.5027	-0.3153	0.2044	-1.0460
	每股资本公积金(元)	0.9760	0.9758	0.9559	2.8267
	每股盈余公积金(元)	0.3216	0.3216	0.3010	0.3913
	每股未分配利润(元)	0.4817	0.5140	0.4022	0.6386
	净资产收益率(%)	4.2770	9.8570	5.3280	9.6964
	加权净资产收益率(%)	4.2200	8.7800	3.9800	9.7900
	净资产收益率(扣除)(%)	-	-	-	-
	总资产(万元)	2106975.73	1529542.72	1401297.28	1128562.06
	归属母公司股东权益(万元)	360606.39	364271.01	348521.80	488050.38
	主营业务收入(万元)	525527.60	615676.27	276752.68	557723.94
	营业收入(万元)	531576.29	631494.95	284723.71	572523.99
	主营成本(万元)	448158.94	454395.09	202030.70	414899.10
	营业成本(万元)	452712.62	464480.14	208473.20	426880.25
	投资收益(万元)	-60.57	715.98	173.14	2578.35
	净利润(万元)	15110.95	35872.91	18452.94	46911.75
	利润总额(万元)	18014.05	43099.06	22159.68	56198.60

烽火通信科技股份有限公司

公司概况	公司名称	烽火通信科技股份有限公司		证券简称	烽火通信
	法人代表	童国华	董秘 戈俊	证券代码	600498
	公司网址	www.fiberhome.com.cn		电子信箱	info@fiberhome.com.cn
	电　　话	027-87693885		传　　真	027-87691704
	办公地址	湖北省武汉市洪山区关东科技园东信路6号			
	经营范围	光纤通信和相关通信技术、信息技术领域科技开发等			

主要财务指标	指标\报告期	2012.06.30	2011.12.31	2011.06.30	2010.12.31
	基本每股收益(元)	0.6500	1.0100	0.5000	0.8500
	基本每股收益(扣除)(元)	0.5100	0.8500	0.4900	0.8000
	每股净资产(元)	10.4800	8.7800	8.2600	7.9500
	每股经营现金净流量(元)	-2.9011	0.6516	-1.2787	0.4537
	每股现金流量(元)	-0.6694	1.1361	-0.7994	-0.5937
	每股资本公积金(元)	6.6004	5.0700	5.0550	5.0415
	每股盈余公积金(元)	0.4161	0.4166	0.3329	0.3333
	每股未分配利润(元)	2.7253	2.2982	1.8693	1.5766
	净资产收益率(%)	5.6900	11.4663	5.9910	10.7423
	加权净资产收益率(%)	7.1700	12.0700	6.0700	11.2700
	净资产收益率(扣除)(%)	-	-	-	-
	总资产(万元)	1095879.21	1008360.09	891460.16	808507.98
	归属母公司股东权益(万元)	505721.53	388565.52	365239.54	351284.67
	主营业务收入(万元)	357732.06	690544.22	280235.76	559860.24
	营业收入(万元)	369984.90	705157.33	285422.93	568445.44
	主营成本(万元)	273806.78	510848.05	206936.53	419782.98
	营业成本(万元)	282698.41	518040.09	208901.18	425569.15
	投资收益(万元)	4546.51	5878.90	5722.46	7825.71
	净利润(万元)	29154.28	51208.00	21658.73	46622.45
	利润总额(万元)	30985.80	55535.21	23609.54	49588.38

广东科达机电股份有限公司

公司概况	公司名称	广东科达机电股份有限公司		证券简称	科达机电
	法人代表	边程	董秘 曾飞	证券代码	600499
	公司网址	www.kedachina.com.cn		电子信箱	600499@kedachina.com.cn
	电　　话	0757-23833869		传　　真	0757-23833869
	办公地址	广东省佛山市顺德区陈村镇广隆工业园环镇西路1号			
	经营范围	陶瓷、石材、墙体材料、节能环保等建材机械设备制造等			

主要财务指标	指标\报告期	2012.06.30	2011.12.31	2011.06.30	2010.12.31
	基本每股收益(元)	0.2390	0.5870	0.2140	0.4040
	基本每股收益(扣除)(元)	0.2220	0.3330	0.2140	0.3370
	每股净资产(元)	3.2900	3.1600	2.5600	2.4800
	每股经营现金净流量(元)	-0.0012	-0.0036	0.0048	0.4546
	每股现金流量(元)	-0.4395	-0.2000	-0.0779	0.3958
	每股资本公积金(元)	0.6247	0.6247	0.3529	0.3618
	每股盈余公积金(元)	0.2135	0.2135	0.1676	0.1700
	每股未分配利润(元)	1.4507	1.3127	1.0470	0.9468
	净资产收益率(%)	7.2550	17.8510	8.2950	16.2600
	加权净资产收益率(%)	7.4100	21.9500	8.4900	18.0600
	净资产收益率(扣除)(%)	-	-	-	-
	总资产(万元)	447233.21	470575.09	410459.40	297670.21
	归属母公司股东权益(万元)	208228.66	199501.11	155409.33	148225.76
	主营业务收入(万元)	125307.54	249230.21	119099.56	206451.18
	营业收入(万元)	125331.36	249254.91	119337.24	206469.51
	主营成本(万元)	96415.42	202473.47	96574.03	165582.96
	营业成本(万元)	96423.80	202497.15	96574.03	165583.05
	投资收益(万元)	1877.59	28125.41	3207.49	5337.57
	净利润(万元)	14627.46	34866.90	12535.79	24581.00
	利润总额(万元)	17212.48	41694.66	14437.92	27572.27

中化国际(控股)股份有限公司

公司概况	公司名称	中化国际(控股)股份有限公司		证券简称	中化国际
	法人代表	潘正义	董秘 刘翔	证券代码	600500
	公司网址	www.sinochemintl.com		电子信箱	ir@sinochem.com
	电　　话	021-61048666 50475048		传　　真	021-50470206
	办公地址	上海市浦东新区世纪大道88号金茂大厦3区18层			
	经营范围	化工原料、精细化工、农用化工、塑料、橡胶制品等的进出口、内销贸易等			

主要财务指标	指标\报告期	2012.06.30	2011.12.31	2011.06.30	2010.12.31
	基本每股收益(元)	0.2100	0.5400	0.3500	0.4700
	基本每股收益(扣除)(元)	0.1300	0.3900	0.2700	0.3700
	每股净资产(元)	4.4200	4.3800	4.3300	4.0600
	每股经营现金净流量(元)	-0.4361	0.6300	-0.7004	0.4443
	每股现金流量(元)	1.0925	0.4993	-1.7879	1.9272
	每股资本公积金(元)	1.0879	1.0930	1.1293	1.0955
	每股盈余公积金(元)	0.3695	0.3695	0.3639	0.3639
	每股未分配利润(元)	2.1190	2.0637	1.8826	1.6800
	净资产收益率(%)	4.6438	12.3060	8.1530	11.4846
	加权净资产收益率(%)	4.6600	12.7700	8.4800	11.2200
	净资产收益率(扣除)(%)	-	-	-	-
	总资产(万元)	3002925.49	2555669.93	2331829.93	2482427.14
	归属母公司股东权益(万元)	635560.83	629905.76	621856.55	583466.82
	主营业务收入(万元)	2755994.78	5526645.02	2677319.91	3962978.46
	营业收入(万元)	2763890.79	5529127.57	2678721.78	3969194.69
	主营成本(万元)	-	5273368.80	2523912.56	3697447.80
	营业成本(万元)	2667204.22	5274381.81	2525109.71	3701881.00
	投资收益(万元)	27043.88	30063.80	14679.36	39635.15
	净利润(万元)	37463.64	105344.37	63245.41	91656.31
	利润总额(万元)	44434.68	123922.91	84552.72	121312.21

航天晨光股份有限公司

公司概况	公司名称	航天晨光股份有限公司		证券简称	航天晨光
	法人代表	时旸	董秘 陆卫杰	证券代码	600501
	公司网址	www.aerosun.cn		电子信箱	stock@aerosun.cn
	电　　话	025-52826007 52826030		传　　真	025-52826039
	办公地址	江苏省南京市江宁经济技术开发区天元中路188号			
	经营范围	专用汽车类产品和波纹柔性管类产品			

主要财务指标	指标\报告期	2012.06.30	2011.12.31	2011.06.30	2010.12.31
	基本每股收益(元)	0.1000	0.2000	0.0900	0.1800
	基本每股收益(扣除)(元)	0.0900	0.1800	0.0900	0.1800
	每股净资产(元)	2.9800	2.9300	3.4000	3.2800
	每股经营现金净流量(元)	-0.2682	-0.3823	-0.5108	0.2884
	每股现金流量(元)	-0.3101	0.0334	-0.0845	0.0943
	每股资本公积金(元)	1.2843	1.2843	1.7670	1.7410
	每股盈余公积金(元)	0.1851	0.1851	0.2051	0.2051
	每股未分配利润(元)	0.5116	0.4644	0.4289	0.3387
	净资产收益率(%)	3.2610	6.6910	2.6502	6.6082
	加权净资产收益率(%)	3.2600	6.9200	2.6900	6.5800
	净资产收益率(扣除)(%)	-	-	-	-
	总资产(万元)	400240.10	397396.75	380393.71	347716.37
	归属母公司股东权益(万元)	116043.81	114206.00	110327.24	106560.83
	主营业务收入(万元)	148819.85	337597.36	104962.69	261660.87
	营业收入(万元)	151209.37	346096.60	106148.92	265203.76
	主营成本(万元)	125535.04	274859.91	82602.15	211361.79
	营业成本(万元)	127462.66	281030.50	83215.60	213172.47
	投资收益(万元)	1902.84	4096.01	2568.71	4758.50
	净利润(万元)	2967.05	9782.70	2961.32	8007.90
	利润总额(万元)	3658.50	10591.36	3165.47	8888.12

安徽水利开发股份有限公司

公司概况	公司名称	安徽水利开发股份有限公司			证券简称	安徽水利
	法人代表	赵时运	董秘	赵作平	证券代码	600502
	公司网址	www.cahsl.com		电子信箱	ahslzqb@163.com	
	电　话	0552-3950553		传　真	0552-3950276	
	办公地址	安徽省蚌埠市东海大道张公山南侧				
	经营范围	水利水电工程及其他工程施工、小水电和城乡供水				

主要财务指标	指标\报告期	2012.06.30	2011.12.31	2011.06.30	2010.12.31
	基本每股收益(元)	0.3400	0.7500	0.3400	0.6100
	基本每股收益(扣除)(元)	0.3500	0.7600	0.3400	0.5100
	每股净资产(元)	3.6900	3.3700	2.8900	3.8200
	每股经营现金净流量(元)	-1.8870	-1.2813	-0.6498	0.9528
	每股现金流量(元)	-0.5635	1.0546	0.9657	1.3119
	每股资本公积金(元)	0.3816	0.3826	0.3888	0.8609
	每股盈余公积金(元)	0.1540	0.1540	0.0914	0.1371
	每股未分配利润(元)	1.8628	1.6186	1.2638	1.6595
	净资产收益率(%)	9.3332	22.4060	11.6720	23.8290
	加权净资产收益率(%)	9.7200	25.4700	12.4100	27.6200
	净资产收益率(扣除)(%)	-	-	-	-
	总资产(万元)	718845.60	604045.96	564143.72	409865.24
	归属母公司股东权益(万元)	123402.96	112739.66	96744.20	85234.18
	主营业务收入(万元)	280233.34	530807.30	262305.73	382763.78
	营业收入(万元)	280617.68	531293.38	262722.38	383348.28
	主营成本(万元)	228924.58	428938.69	220944.93	313971.37
	营业成本(万元)	229055.99	429161.65	221027.85	314309.14
	投资收益(万元)	-175.32	-74.56	37.70	127.05
	净利润(万元)	11389.55	25021.51	10488.00	20578.75
	利润总额(万元)	17040.93	35973.37	14651.17	28305.94

华丽家族股份有限公司

公司概况	公司名称	华丽家族股份有限公司			证券简称	华丽家族
	法人代表	王伟林	董秘	娄欣	证券代码	600503
	公司网址	www.deluxe-family.com		电子信箱	dmb@deluxe-family.com	
	电　话	021-62376199		传　真	021-62376089	
	办公地址	上海市虹桥路2272号虹桥商务中心3楼L座				
	经营范围	房地产开发经营				

主要财务指标	指标\报告期	2012.06.30	2011.12.31	2011.06.30	2010.12.31
	基本每股收益(元)	0.0307	0.5253	0.4911	0.9800
	基本每股收益(扣除)(元)	0.0284	0.0116	-0.0223	0.0824
	每股净资产(元)	1.7185	1.6800	2.7077	3.0900
	每股经营现金净流量(元)	0.0201	0.2128	0.0824	-0.8010
	每股现金流量(元)	0.0214	-0.8728	-1.0863	0.7089
	每股资本公积金(元)	0.0273	0.0222	0.0355	0.0464
	每股盈余公积金(元)	0.1283	0.1283	0.1563	0.2111
	每股未分配利润(元)	0.5630	0.5323	1.5159	1.8356
	净资产收益率(%)	1.7854	31.2170	29.0210	31.8170
	加权净资产收益率(%)	1.8100	34.8600	31.4400	37.8300
	净资产收益率(扣除)(%)	-	-	-	-
	总资产(万元)	467054.44	564635.52	639621.00	737378.13
	归属母公司股东权益(万元)	195755.26	191677.86	192768.60	163110.00
	主营业务收入(万元)	80265.73	113599.12	1094.55	45656.71
	营业收入(万元)	80287.21	113703.68	1135.50	45751.79
	主营成本(万元)	52381.35	81539.13	555.86	21426.26
	营业成本(万元)	52467.34	81840.94	783.50	21435.83
	投资收益(万元)	2112.70	80793.00	78456.43	3435.82
	净利润(万元)	6948.67	62317.37	54939.74	51826.80
	利润总额(万元)	10454.11	83786.72	71299.46	66141.56

四川西昌电力股份有限公司

公司概况	公司名称	四川西昌电力股份有限公司			证券简称	西昌电力
	法人代表	何永祥	董秘	邱永志	证券代码	600505
	公司网址	www.xcep.com.cn		电子信箱	xcdlgs@163.net	
	电　话	0834-3830167		传　真	0834-3830169	
	办公地址	四川省西昌市胜利路66号				
	经营范围	生产、开发电力产品及发、供、用电设备、发电、供电、电力、电子设计、安装、调试				

主要财务指标	指标\报告期	2012.06.30	2011.12.31	2011.06.30	2010.12.31
	基本每股收益(元)	-0.0710	0.5038	0.3532	0.4789
	基本每股收益(扣除)(元)	-0.0902	0.1186	0.0604	0.2691
	每股净资产(元)	1.9924	2.0934	1.9428	1.5900
	每股经营现金净流量(元)	-0.0702	0.3160	0.0346	0.4491
	每股现金流量(元)	-0.0487	-0.2366	-0.1502	0.4254
	每股资本公积金(元)	0.2090	0.2090	0.2090	0.2090
	每股盈余公积金(元)	0.2123	0.2123	0.1606	0.1606
	每股未分配利润(元)	0.5712	0.6721	0.5732	0.2200
	净资产收益率(%)	-3.5614	24.0673	18.1801	30.1280
	加权净资产收益率(%)	-3.4400	27.3600	20.0000	35.4700
	净资产收益率(扣除)(%)	-	-	-	-
	总资产(万元)	163425.23	156659.24	158793.12	168417.98
	归属母公司股东权益(万元)	72638.03	76318.70	70827.27	57950.82
	主营业务收入(万元)	26430.46	54851.59	25590.22	50786.26
	营业收入(万元)	28805.96	55414.33	25793.89	51074.92
	主营成本(万元)	24714.39	40398.57	17084.88	28004.27
	营业成本(万元)	26239.05	40504.48	17149.10	28067.85
	投资收益(万元)	152.43	15078.46	14812.82	10331.88
	净利润(万元)	-2660.32	18287.33	12926.09	17382.25
	利润总额(万元)	-2542.98	20454.61	17154.48	19842.02

新疆库尔勒香梨股份有限公司

公司概况	公司名称	新疆库尔勒香梨股份有限公司			证券简称	ST 香 梨
	法人代表	刘建文	董秘	康莹	证券代码	600506
	公司网址			电子信箱	xlgf_dmb@163.com	
	电　话	0996-2115936		传　真	0996-2115935	
	办公地址	新疆维吾尔自治区库尔勒市圣果路圣果名苑				
	经营范围	农业、林业、果业的种植为主、农副产品的收购加工和销售				

主要财务指标	指标\报告期	2012.06.30	2011.12.31	2011.06.30	2010.12.31
	基本每股收益(元)	0.0040	-0.0320	-0.0320	0.0210
	基本每股收益(扣除)(元)	-0.0370	-0.0330	-0.0330	0.0170
	每股净资产(元)	1.9516	1.9478	1.8813	1.9100
	每股经营现金净流量(元)	0.0700	-0.1483	-0.0347	0.2222
	每股现金流量(元)	-0.0087	0.1627	-0.0414	0.0271
	每股资本公积金(元)	1.5164	1.5164	1.5164	1.5164
	每股盈余公积金(元)	0.2315	0.2315	0.2315	0.2315
	每股未分配利润(元)	-0.7963	-0.8000	-0.8666	-0.8344
	净资产收益率(%)	0.1893	1.7670	-1.7080	1.1032
	加权净资产收益率(%)	0.1900	1.7800	-1.6900	1.1100
	净资产收益率(扣除)(%)	-	-	-	-
	总资产(万元)	31054.65	32806.57	32353.46	33199.24
	归属母公司股东权益(万元)	28825.87	28771.29	27788.26	28262.90
	主营业务收入(万元)	1217.85	3418.96	4.02	4963.71
	营业收入(万元)	1423.46	13835.33	479.93	6138.65
	主营成本(万元)	1005.25	2928.28	2.49	3542.86
	营业成本(万元)	1250.03	11021.93	365.96	4376.12
	投资收益(万元)	-	-	-	-
	净利润(万元)	35.60	508.39	-474.64	311.79
	利润总额(万元)	39.58	442.66	-483.22	350.25

方大特钢科技股份有限公司

公司概况					
公司名称	方大特钢科技股份有限公司			证券简称	方大特钢
法人代表	钟崇武	董秘	田小龙	证券代码	600507
公司网址	www.changli-steels.com		电子信箱	clgf600507@yahoo.com.cn	
电　　话	0791-88394025 88394075		传　　真	0791-88386926	
办公地址	江西省南昌市青山湖区冶金大道 475 号				
经营范围	汽车钢板弹簧、扭杆弹簧、圆簧、弹簧扁钢、减震器、弹簧专用设备等				

主要财务指标：指标\报告期	2012.06.30	2011.12.31	2011.06.30	2010.12.31
基本每股收益(元)	0.1600	0.5600	0.2700	0.2300
基本每股收益(扣除)(元)	0.1700	0.3600	0.2200	0.2300
每股净资产(元)	2.3246	2.1573	1.8600	1.5900
每股经营现金净流量(元)	-0.4409	0.8549	0.3208	0.2189
每股现金流量(元)	-0.1923	0.7489	0.4300	0.1324
每股资本公积金(元)	0.0306	0.0260	0.0260	0.0260
每股盈余公积金(元)	0.1397	0.1397	0.1000	0.1000
每股未分配利润(元)	1.1185	0.9555	0.7331	0.4640
净资产收益率(%)	7.0081	25.7720	14.4690	14.5408
加权净资产收益率(%)	7.2700	29.7600	15.6000	15.6800
净资产收益率(扣除)(%)	-	-	-	-
总资产(万元)	1030235.35	989544.36	979276.38	749729.17
归属母公司股东权益(万元)	302328.95	280567.76	241853.44	206838.32
主营业务收入(万元)	665095.03	1326591.26	675444.56	1209268.37
营业收入(万元)	670307.24	1333397.90	678423.75	1216024.25
主营成本(万元)	591866.71	1183041.67	598333.99	1100879.34
营业成本(万元)	595773.79	1189667.36	600994.68	1107269.69
投资收益(万元)	-24.41	19698.44	1952.37	3529.29
净利润(万元)	21388.63	76739.75	37534.24	31369.94
利润总额(万元)	30845.60	98403.78	48826.91	40030.62

上海大屯能源股份有限公司

公司概况					
公司名称	上海大屯能源股份有限公司			证券简称	上海能源
法人代表	高建军	董秘	戚后勤	证券代码	600508
公司网址	www.sdtny.com		电子信箱	shdtny@sh163.net	
电　　话	021-68864621		传　　真	021-68865615	
办公地址	上海市浦东新区浦东南路 256 号(华夏银行大厦 12 层)				
经营范围	煤炭开采、洗选加工、煤炭销售、铁路运输、矿山采掘设备、洗选设备等				

主要财务指标：指标\报告期	2012.06.30	2011.12.31	2011.06.30	2010.12.31
基本每股收益(元)	0.8100	1.9600	1.0700	1.8400
基本每股收益(扣除)(元)	0.8000	1.9200	1.0600	1.8100
每股净资产(元)	10.7200	10.0500	9.3100	8.3100
每股经营现金净流量(元)	1.4105	2.0330	1.2556	1.5861
每股现金流量(元)	0.5113	0.1311	0.5710	-0.5809
每股资本公积金(元)	1.1493	1.1493	1.1493	1.1493
每股盈余公积金(元)	0.5000	0.5000	0.5000	0.5000
每股未分配利润(元)	7.6940	7.1839	6.2964	5.4720
净资产收益率(%)	7.5542	19.5200	11.5400	22.1930
加权净资产收益率(%)	7.7300	21.4200	12.1400	24.8300
净资产收益率(扣除)(%)	-	-	-	-
总资产(万元)	1143046.35	1045111.83	1017709.49	898736.04
归属母公司股东权益(万元)	775105.52	726340.93	672854.08	600413.63
主营业务收入(万元)	506119.74	988586.92	513144.20	859600.05
营业收入(万元)	515057.65	1008062.78	522622.01	885874.74
主营成本(万元)	367775.58	700485.34	362116.88	610554.08
营业成本(万元)	375401.65	712853.80	367976.04	622618.32
投资收益(万元)	-	252.68	-	121.47
净利润(万元)	59659.56	143265.68	78364.24	134897.68
利润总额(万元)	79116.06	188689.35	104812.39	174152.37

新疆天富热电股份有限公司

公司概况					
公司名称	新疆天富热电股份有限公司			证券简称	天富热电
法人代表	刘伟	董秘	陈志勇	证券代码	600509
公司网址	www.tfrd.com.cn		电子信箱	tfrd.600509@163.com	
电　　话	0993-2901128 2902860		传　　真	0993-2901728 2904371	
办公地址	新疆维吾尔自治区石河子市红星路 54 号				
经营范围	电、热的生产与供应				

主要财务指标：指标\报告期	2012.06.30	2011.12.31	2011.06.30	2010.12.31
基本每股收益(元)	0.1570	0.6100	0.1420	0.2200
基本每股收益(扣除)(元)	0.1400	0.2000	0.1360	0.2000
每股净资产(元)	3.3522	3.4270	3.1200	2.9800
每股经营现金净流量(元)	-0.2844	-0.4762	-0.1920	1.2854
每股现金流量(元)	0.7619	0.3819	0.9033	0.2057
每股资本公积金(元)	1.5024	1.5024	1.5025	1.5025
每股盈余公积金(元)	0.2195	0.2195	0.1457	0.1457
每股未分配利润(元)	0.6303	0.7053	0.4745	0.3326
净资产收益率(%)	4.6766	17.7580	4.5435	7.4414
加权净资产收益率(%)	4.5200	18.9200	4.6500	7.6000
净资产收益率(扣除)(%)	-	-	-	-
总资产(万元)	829929.39	749023.87	856775.07	772111.06
归属母公司股东权益(万元)	219804.16	224719.47	204751.18	195448.39
主营业务收入(万元)	117766.11	231001.23	92716.84	183886.31
营业收入(万元)	121575.52	239846.58	95818.36	187995.98
主营成本(万元)	90226.80	162911.72	60611.55	124932.45
营业成本(万元)	90583.16	165074.40	61226.52	127085.04
投资收益(万元)	-254.66	32303.02	-146.89	-83.88
净利润(万元)	10368.53	39949.16	10212.13	15837.12
利润总额(万元)	12449.68	54716.88	13644.34	19881.78

黑牡丹(集团)股份有限公司

公司概况					
公司名称	黑牡丹(集团)股份有限公司			证券简称	黑 牡 丹
法人代表	戈亚芳	董秘	周明	证券代码	600510
公司网址	www.blackpeony.com		电子信箱	zm@chinadenim.com	
电　　话	0519-68866958		传　　真	0519-68866908	
办公地址	江苏省常州市青洋北路 47 号				
经营范围	牛仔布、服装的制造和加工				

主要财务指标：指标\报告期	2012.06.30	2011.12.31	2011.06.30	2010.12.31
基本每股收益(元)	0.2500	0.3200	0.2000	0.5000
基本每股收益(扣除)(元)	0.1200	0.1600	0.1400	0.2300
每股净资产(元)	5.1400	4.9900	4.8700	4.8200
每股经营现金净流量(元)	-0.4395	-2.0612	-1.9144	0.3104
每股现金流量(元)	0.8488	-1.0561	-1.4322	1.5045
每股资本公积金(元)	2.1000	2.1000	2.1000	2.1000
每股盈余公积金(元)	0.3951	0.3951	0.3424	0.3424
每股未分配利润(元)	1.6487	1.4931	1.4282	1.3772
净资产收益率(%)	4.7749	6.3870	4.1280	10.2762
加权净资产收益率(%)	4.8500	6.5000	4.1500	10.6800
净资产收益率(扣除)(%)	-	-	-	-
总资产(万元)	1142006.94	999114.02	941065.40	906759.14
归属母公司股东权益(万元)	409270.07	396801.78	387490.07	383351.37
主营业务收入(万元)	160262.37	334010.97	162188.50	265928.34
营业收入(万元)	161666.01	336263.67	163268.90	270090.81
主营成本(万元)	122055.97	265560.32	127046.94	217316.11
营业成本(万元)	123196.23	267208.21	128048.56	220420.67
投资收益(万元)	89.44	6.81	-24.48	21171.22
净利润(万元)	24603.00	30142.12	17124.20	38891.49
利润总额(万元)	33558.12	42175.46	23380.57	51991.44

国药集团药业股份有限公司

公司概况	公司名称	国药集团药业股份有限公司			证券简称	国药股份
	法人代表	刘勇	董秘	吕致远	证券代码	600511
	公司网址	www.cncm.com.cn		电子信箱	lvzhiyuan@cncm.com.cn	
	电　话	010-67262920 67271828		传　真	010-67262919 67271828	
	办公地址	北京市东城区永外三元西巷甲12号				
	经营范围	批发中成药、化学药制剂、化学原料药、抗生素、生化药品、生物制品等				

	指标\报告期	2012.06.30	2011.12.31	2011.06.30	2010.12.31
主要财务指标	基本每股收益(元)	0.3523	0.5665	0.3244	0.6475
	基本每股收益(扣除)(元)	–	0.5284	0.3218	0.5831
	每股净资产(元)	3.4100	3.1100	2.8867	2.7245
	每股经营现金净流量(元)	–	–0.7739	0.0933	0.6646
	每股现金流量(元)	–	–1.3129	–0.0676	0.8734
	每股资本公积金(元)	–	0.0894	0.1086	0.1206
	每股盈余公积金(元)	–	0.3238	0.2737	0.2737
	每股未分配利润(元)	–	1.6966	1.5045	1.3301
	净资产收益率(%)	–	18.2180	11.2360	23.7659
	加权净资产收益率(%)	10.8100	19.4800	11.5600	26.4000
	净资产收益率(扣除)(%)	–	–	–	–
	总资产(万元)	405554.86	355167.35	352649.84	339277.04
	归属母公司股东权益(万元)	163249.53	148897.52	138217.21	130447.01
	主营业务收入(万元)	–	703484.45	328689.52	591489.36
	营业收入(万元)	413150.42	704224.59	328825.56	591803.76
	主营成本(万元)	–	659225.51	302719.95	539386.67
	营业成本(万元)	–	659271.98	302737.06	539498.06
	投资收益(万元)	–	7295.90	3442.54	8234.30
	净利润(万元)	–	27586.56	15776.86	31326.14
	利润总额(万元)	21431.31	34140.93	19656.15	39882.18

腾达建设集团股份有限公司

公司概况	公司名称	腾达建设集团股份有限公司			证券简称	腾达建设
	法人代表	叶洋友	董秘	王士金	证券代码	600512
	公司网址	www.tengdajs.com		电子信箱	zqb@tengdajs.com	
	电　话	021-68406906		传　真	021-68406906	
	办公地址	浙江省台州市路桥区路桥大道东1号				
	经营范围	市政公用工程、房屋建筑工程、公路工程、桥梁工程、公路路面工程等				

	指标\报告期	2012.06.30	2011.12.31	2011.06.30	2010.12.31
主要财务指标	基本每股收益(元)	0.0200	0.0300	0.0200	0.0300
	基本每股收益(扣除)(元)	0.0200	0.0300	0.0200	0.0200
	每股净资产(元)	1.4100	1.4900	1.4820	1.4800
	每股经营现金净流量(元)	–0.1111	–0.2646	–0.1112	–0.5471
	每股现金流量(元)	–0.0489	0.1707	0.0210	–0.2555
	每股资本公积金(元)	0.0339	0.1421	0.1439	0.1439
	每股盈余公积金(元)	0.0996	0.0996	0.0907	0.0907
	每股未分配利润(元)	0.2652	0.2421	0.2415	0.2371
	净资产收益率(%)	1.6380	2.2770	1.6470	2.1699
	加权净资产收益率(%)	1.5500	2.2700	1.6400	2.2000
	净资产收益率(扣除)(%)	–	–	–	–
	总资产(万元)	438159.74	416432.69	339088.34	331369.64
	归属母公司股东权益(万元)	103910.41	109938.09	109201.88	108763.12
	主营业务收入(万元)	58664.89	126561.71	54645.01	152074.36
	营业收入(万元)	58794.47	126799.06	54645.01	152233.34
	主营成本(万元)	49829.43	108351.48	46517.39	132255.19
	营业成本(万元)	49829.43	108351.48	46517.39	132255.19
	投资收益(万元)	–	–	–	8.89
	净利润(万元)	1641.90	2306.45	1689.48	2138.73
	利润总额(万元)	2362.96	3688.86	2510.25	3413.53

江苏联环药业股份有限公司

公司概况	公司名称	江苏联环药业股份有限公司			证券简称	联环药业
	法人代表	姚兴田	董秘	潘和平	证券代码	600513
	公司网址	www.lhpharma.com		电子信箱	php@lhpharma.com	
	电　话	0514-87813082		传　真	0514-87815079	
	办公地址	江苏省扬州市文峰路21号				
	经营范围	制造和销售化学原料药、化学药制剂、有机中间体				

	指标\报告期	2012.06.30	2011.12.31	2011.06.30	2010.12.31
主要财务指标	基本每股收益(元)	0.1100	0.2100	0.1000	0.1700
	基本每股收益(扣除)(元)	0.1100	0.2100	0.1000	0.1700
	每股净资产(元)	2.2000	2.8000	2.6800	2.6400
	每股经营现金净流量(元)	0.0165	0.2051	0.0197	0.0720
	每股现金流量(元)	–0.0121	–0.0238	–0.0712	–0.0631
	每股资本公积金(元)	0.3104	0.7035	0.7035	0.7035
	每股盈余公积金(元)	0.1265	0.1645	0.1437	0.1437
	每股未分配利润(元)	0.7628	0.9283	0.8365	0.7896
	净资产收益率(%)	3.9637	7.4910	3.6090	6.5909
	加权净资产收益率(%)	3.9700	7.7000	3.6400	6.7500
	净资产收益率(扣除)(%)	–	–	–	–
	总资产(万元)	42725.52	41852.21	40151.74	40108.02
	归属母公司股东权益(万元)	33458.87	32717.66	31400.16	30851.87
	主营业务收入(万元)	15017.76	31684.04	14011.27	28180.86
	营业收入(万元)	15339.35	32421.50	14373.31	28944.20
	主营成本(万元)	6777.69	15780.94	6712.99	14249.68
	营业成本(万元)	6994.60	16300.40	6972.46	14854.57
	投资收益(万元)	70.68	97.60	2.93	50.15
	净利润(万元)	1327.42	2451.38	1131.48	2023.85
	利润总额(万元)	1567.62	2926.05	1347.72	2440.88

海南海岛建设股份有限公司

公司概况	公司名称	海南海岛建设股份有限公司			证券简称	ST 海 建
	法人代表	李同双	董秘	周志远	证券代码	600515
	公司网址	www.zhuxin.biz		电子信箱	zy_zhou@hnair.com	
	电　话	0898-68876405 68876404		传　真	0898-68876427	
	办公地址	海南省海口市国兴大道7号海航大厦12层				
	经营范围	商品零售业、旅游宾馆业和房地产业				

	指标\报告期	2012.06.30	2011.12.31	2011.06.30	2010.12.31
主要财务指标	基本每股收益(元)	–0.0600	–0.3050	–0.0500	0.2940
	基本每股收益(扣除)(元)	–0.0700	–0.3180	–0.0500	–0.0290
	每股净资产(元)	0.3610	0.4200	0.1219	0.2170
	每股经营现金净流量(元)	0.2441	–0.0684	0.0421	0.3417
	每股现金流量(元)	–0.0381	0.6311	0.5739	0.2646
	每股资本公积金(元)	0.8573	0.8573	0.3494	0.3494
	每股盈余公积金(元)	0.1510	0.1510	0.1510	0.1510
	每股未分配利润(元)	–1.6469	–1.5886	–1.3784	–1.2834
	净资产收益率(%)	–16.1220	–72.7400	–43.6160	135.3610
	加权净资产收益率(%)	–14.9200	–130.6000	–35.6500	416.4000
	净资产收益率(扣除)(%)	–	–	–	–
	总资产(万元)	168299.20	166593.21	110841.21	88606.74
	归属母公司股东权益(万元)	10681.27	12403.31	3603.91	6413.20
	主营业务收入(万元)	34101.65	38038.58	28459.66	45705.51
	营业收入(万元)	34101.65	39733.64	28459.66	46989.98
	主营成本(万元)	26174.51	30405.26	22186.83	33978.48
	营业成本(万元)	26174.51	30441.32	22186.83	34056.53
	投资收益(万元)	–	–	–	99.93
	净利润(万元)	–1722.04	–9022.14	–1571.90	8680.96
	利润总额(万元)	–1720.38	–10000.20	–1565.16	9670.73

方大炭素新材料科技股份有限公司

公司概况	公司名称	方大炭素新材料科技股份有限公司			证券简称	方大炭素
	法人代表	何忠华	董秘	安民	证券代码	600516
	公司网址	www.fdtsgs.com		电子信箱	anmin516@163.com	
	电　话	0931-6239320 6239122		传　真	0931-6239221 6239320	
	办公地址	甘肃省兰州市红古区海石湾 2 号街坊 354 号				
	经营范围	石墨电极、炭砖、炭糊、特种炭素新材料等石墨及炭素制品的生产销售				

	指标＼报告期	2012.06.30	2011.12.31	2011.06.30	2010.12.31
主要财务指标	基本每股收益(元)	0.2020	0.3024	0.3024	0.3173
	基本每股收益(扣除)(元)	0.1892	0.2947	0.2947	0.2680
	每股净资产(元)	2.9250	2.7224	2.5460	2.2400
	每股经营现金净流量(元)	0.1096	0.2033	-0.0050	-0.0300
	每股现金流量(元)	0.3648	-0.3553	-0.1492	0.0125
	每股资本公积金(元)	0.2909	0.2907	0.2909	0.2908
	每股盈余公积金(元)	0.0977	0.0977	0.0835	0.0835
	每股未分配利润(元)	1.5270	1.3250	1.1615	0.8592
	净资产收益率(%)	6.9065	17.6340	11.8780	14.1460
	加权净资产收益率(%)	7.1500	19.3300	12.6300	14.6700
	净资产收益率(扣除)(%)	-	-	-	-
	总资产(万元)	751820.73	681142.68	685546.06	626495.27
	归属母公司股东权益(万元)	374123.94	348218.17	325605.41	286944.45
	主营业务收入(万元)	191656.36	412321.68	195102.76	302778.52
	营业收入(万元)	201231.58	452604.56	208614.69	321648.57
	主营成本(万元)	131757.62	253636.78	122208.37	205715.61
	营业成本(万元)	133565.10	279239.41	124290.15	215784.34
	投资收益(万元)	154.38	975.49	4.76	165.01
	净利润(万元)	26402.75	63624.57	40175.04	42176.86
	利润总额(万元)	34839.63	87292.89	52002.10	56700.11

上海置信电气股份有限公司

公司概况	公司名称	上海置信电气股份有限公司			证券简称	置信电气
	法人代表	费维武	董秘	费维武(代)	证券代码	600517
	公司网址	www.zhixindianqi.com.cn		电子信箱	zhixin@sh-zx.com.cn	
	电　话	021-62623388		传　真	021-62610088	
	办公地址	上海市虹桥路 2239 号				
	经营范围	电气领域内的科技咨询、技术开发、转让、服务、生产销售自身开发的产品				

	指标＼报告期	2012.06.30	2011.12.31	2011.06.30	2010.12.31
主要财务指标	基本每股收益(元)	0.0550	0.2650	0.1370	0.5200
	基本每股收益(扣除)(元)	0.0490	0.2200	0.1140	0.5000
	每股净资产(元)	1.6400	1.9800	1.8600	2.1200
	每股经营现金净流量(元)	-0.0666	0.4127	-0.0068	0.2507
	每股现金流量(元)	-0.3417	0.0326	-0.2974	-0.1372
	每股资本公积金(元)	0.1294	0.1294	0.1294	0.1294
	每股盈余公积金(元)	0.1939	0.1939	0.1563	0.1563
	每股未分配利润(元)	0.3162	0.6612	0.5707	0.8333
	净资产收益率(%)	3.3565	13.3730	7.3980	24.3940
	加权净资产收益率(%)	2.9290	12.9300	6.2780	26.0300
	净资产收益率(扣除)(%)	-	-	-	-
	总资产(万元)	174474.20	183758.83	188878.94	197533.71
	归属母公司股东权益(万元)	101433.81	122777.38	114855.23	131106.31
	主营业务收入(万元)	43926.43	127752.96	62974.45	150881.80
	营业收入(万元)	43951.24	127946.08	63004.67	151640.94
	主营成本(万元)	32167.89	94675.71	45910.71	93322.27
	营业成本(万元)	32170.11	94739.87	45910.75	93866.86
	投资收益(万元)	-	-	-	-
	净利润(万元)	4409.08	19405.95	10156.99	36977.26
	利润总额(万元)	5645.05	23851.19	13045.93	43965.15

康美药业股份有限公司

公司概况	公司名称	康美药业股份有限公司			证券简称	康美药业
	法人代表	马兴田	董秘	邱锡伟	证券代码	600518
	公司网址	www.kangmei.com.cn		电子信箱	kangmei@126.com	
	电　话	0663-2917777 8009 8006		传　真	0663-2916111	
	办公地址	广东省普宁市流沙镇长春路中段				
	经营范围	中药饮片、化学药品等的生产与销售等				

	指标＼报告期	2012.06.30	2011.12.31	2011.06.30	2010.12.31
主要财务指标	基本每股收益(元)	0.3220	0.4660	0.2060	0.4220
	基本每股收益(扣除)(元)	0.3250	0.4540	0.2070	0.4040
	每股净资产(元)	4.4790	4.2050	3.9500	2.9070
	每股经营现金净流量(元)	0.3760	0.2615	0.3328	0.3949
	每股现金流量(元)	-0.2109	1.6207	2.6457	0.4541
	每股资本公积金(元)	2.1574	2.1557	2.1589	1.0733
	每股盈余公积金(元)	0.1477	0.1477	0.1026	0.1331
	每股未分配利润(元)	1.1739	0.9020	0.6881	0.7007
	净资产收益率(%)	7.1888	10.8700	5.0174	14.5260
	加权净资产收益率(%)	7.3900	17.3000	5.4700	15.5800
	净资产收益率(扣除)(%)	-	-	-	-
	总资产(万元)	1652213.81	1523749.45	1439286.11	820819.79
	归属母公司股东权益(万元)	984808.66	924629.38	868400.95	492571.94
	主营业务收入(万元)	510948.59	607649.67	279115.60	329701.26
	营业收入(万元)	511331.71	608050.72	279242.27	330880.16
	主营成本(万元)	378726.56	424526.71	194758.87	209195.79
	营业成本(万元)	378737.78	424538.97	194769.23	210101.15
	投资收益(万元)	2592.71	5615.15	3039.34	6615.58
	净利润(万元)	70775.87	100519.47	43567.30	71552.27
	利润总额(万元)	83265.76	118042.14	56949.04	83323.14

贵州茅台酒股份有限公司

公司概况	公司名称	贵州茅台酒股份有限公司			证券简称	贵州茅台
	法人代表	袁仁国	董秘	樊宁屏	证券代码	600519
	公司网址	www.moutaichina.com		电子信箱	fnp@moutaichina.com	
	电　话	0852-2386002		传　真	0852-2386005	
	办公地址	贵州省仁怀市茅台镇				
	经营范围	贵州茅台酒系列产品的生产与销售				

	指标＼报告期	2012.06.30	2011.12.31	2011.06.30	2010.12.31
主要财务指标	基本每股收益(元)	6.7400	8.4400	5.2000	4.8700
	基本每股收益(扣除)(元)	6.7400	8.4400	4.7300	4.8600
	每股净资产(元)	26.8100	24.0700	22.3900	19.4900
	每股经营现金净流量(元)	4.2957	9.7753	5.6452	6.5708
	每股现金流量(元)	2.6269	5.1689	4.6655	3.3325
	每股资本公积金(元)	1.3244	1.3244	1.4568	1.4568
	每股盈余公积金(元)	2.9269	2.5438	2.3383	2.3064
	每股未分配利润(元)	21.5622	19.2039	17.5986	14.7311
	净资产收益率(%)	25.1308	35.0650	23.2180	27.4540
	加权净资产收益率(%)	24.5600	40.3900	23.5300	30.9100
	净资产收益率(扣除)(%)	-	-	-	-
	总资产(万元)	3971145.20	3490086.90	3092014.91	2558757.99
	归属母公司股东权益(万元)	2783729.61	2499118.00	2113521.12	1839877.41
	主营业务收入(万元)	1326439.96	1840205.55	982556.96	1163241.73
	营业收入(万元)	1326443.78	1840235.52	982582.34	1163328.37
	主营成本(万元)	105963.42	155112.65	84499.60	105277.92
	营业成本(万元)	105964.53	155123.40	84507.24	105293.16
	投资收益(万元)	310.33	338.30	319.65	46.91
	净利润(万元)	734893.95	925032.38	516630.62	533976.15
	利润总额(万元)	980017.62	1233466.05	688734.69	716241.67

铜陵中发三佳科技股份有限公司

公司概况				
公司名称	铜陵中发三佳科技股份有限公司		证券简称	中发科技
法人代表	黄言勇	董秘 申立丰	证券代码	600520
公司网址	www.chinatrinity.com		电子信箱	office@chinatrinity.com
电话	0562-2627520 2627503		传真	0562-2627555
办公地址	安徽省铜陵市石城路电子工业区			
经营范围	半导体集成电路塑封模具与化学建材挤出模具等精密模具的生产等			

主要财务指标 指标\报告期	2012.06.30	2011.12.31	2011.06.30	2010.12.31
基本每股收益(元)	-0.0411	0.0264	0.0160	0.0503
基本每股收益(扣除)(元)	-0.0478	-0.0026	0.0072	0.0170
每股净资产(元)	1.8631	1.9042	1.8934	1.8778
每股经营现金净流量(元)	-0.1701	-0.5007	-0.1990	0.0560
每股现金流量(元)	-0.0252	-0.5070	-0.2251	0.3381
每股资本公积金(元)	0.8982	0.8982	0.8982	0.8982
每股盈余公积金(元)	0.1075	0.1075	0.1075	0.1075
每股未分配利润(元)	-0.1426	-0.1015	-0.1122	-0.1279
净资产收益率(%)	-2.2080	1.3870	0.8280	2.6786
加权净资产收益率(%)	-2.1839	1.4000	0.8500	2.7100
净资产收益率(扣除)(%)	-	-0.1400	-	-
总资产(万元)	53223.30	51575.22	50240.70	48066.47
归属母公司股东权益(万元)	21060.32	21525.34	21404.02	21226.75
主营业务收入(万元)	13086.42	26241.17	11859.49	19092.63
营业收入(万元)	13937.64	28310.43	12778.71	20904.92
主营成本(万元)	10466.80	20714.84	9140.20	14822.14
营业成本(万元)	10888.68	21648.59	9594.79	15842.38
投资收益(万元)	-	-	-	-
净利润(万元)	-289.51	875.94	546.33	1136.86
利润总额(万元)	-263.67	941.40	546.33	1142.54

浙江华海药业股份有限公司

公司概况				
公司名称	浙江华海药业股份有限公司		证券简称	华海药业
法人代表	陈保华	董秘 祝永华	证券代码	600521
公司网址	www.huahaipharm.com		电子信箱	600521@huahaipharm.com
电话	0576-85991096		传真	0576-85016010
办公地址	浙江省临海市汛桥			
经营范围	片剂、硬胶囊剂、原料药制造等			

主要财务指标 指标\报告期	2012.06.30	2011.12.31	2011.06.30	2010.12.31
基本每股收益(元)	0.3000	0.4000	0.2400	0.1700
基本每股收益(扣除)(元)	0.2800	0.4300	0.2400	0.1200
每股净资产(元)	3.1500	2.7900	2.5600	2.4100
每股经营现金净流量(元)	0.1278	0.3667	0.0851	0.6672
每股现金流量(元)	0.0744	0.2338	0.0304	-0.1373
每股资本公积金(元)	0.3491	0.2149	0.1427	0.3242
每股盈余公积金(元)	0.2837	0.2837	0.1952	0.2869
每股未分配利润(元)	1.5474	1.3438	1.2301	1.2827
净资产收益率(%)	9.4949	14.1920	9.5390	7.2160
加权净资产收益率(%)	10.2100	15.4000	9.8300	7.5700
净资产收益率(扣除)(%)	-	-	-	-
总资产(万元)	294255.98	257702.78	222747.73	205426.70
归属母公司股东权益(万元)	172213.24	152832.78	138068.96	129698.61
主营业务收入(万元)	92696.90	180148.77	91134.20	100970.37
营业收入(万元)	94252.84	182761.40	92004.27	102284.47
主营成本(万元)	55234.90	109238.72	55332.88	59111.92
营业成本(万元)	55612.52	110330.14	55539.67	59352.89
投资收益(万元)	354.60	-2186.33	-	-
净利润(万元)	16232.80	21408.88	13127.81	9353.15
利润总额(万元)	19282.78	27315.52	16721.04	12780.16

江苏中天科技股份有限公司

公司概况				
公司名称	江苏中天科技股份有限公司		证券简称	中天科技
法人代表	薛济萍	董秘 杨栋云	证券代码	600522
公司网址	www.chinaztt.com		电子信箱	zqb@chinaztt.com
电话	0513-83599505		传真	0513-83599504
办公地址	江苏省南通市经济技术开发区中天科技证券部			
经营范围	光纤、光缆、电线、电缆、导线及相关材料和附件等			

主要财务指标 指标\报告期	2012.06.30	2011.12.31	2011.06.30	2010.12.31
基本每股收益(元)	0.2700	1.0060	0.6270	1.3620
基本每股收益(扣除)(元)	0.2720	0.9860	0.5600	1.1890
每股净资产(元)	6.1170	11.1000	6.6540	8.1200
每股经营现金净流量(元)	-0.1660	-0.6404	-0.5288	0.0703
每股现金流量(元)	0.1896	1.4951	-0.0360	-0.9519
每股资本公积金(元)	2.9938	6.5670	3.1968	1.8064
每股盈余公积金(元)	0.1941	0.3494	0.3159	0.3159
每股未分配利润(元)	1.9289	3.1859	3.5260	2.9990
净资产收益率(%)	4.4146	8.1090	7.7998	16.7650
加权净资产收益率(%)	4.4000	10.5600	9.7900	18.2100
净资产收益率(扣除)(%)	-	-	-	-
总资产(万元)	755769.54	690820.67	609931.35	473475.85
归属母公司股东权益(万元)	430925.29	434535.11	257883.65	196372.92
主营业务收入(万元)	273683.24	477605.48	210241.43	426961.64
营业收入(万元)	275036.77	487397.05	214562.67	434695.55
主营成本(万元)	216306.86	385238.31	167075.89	332827.40
营业成本(万元)	217250.44	391838.80	170453.75	338594.92
投资收益(万元)	-569.75	-1012.96	376.25	5177.80
净利润(万元)	20591.09	37330.14	20903.69	45879.24
利润总额(万元)	24151.24	43646.49	24688.61	54213.82

贵州贵航汽车零部件股份有限公司

公司概况				
公司名称	贵州贵航汽车零部件股份有限公司		证券简称	贵航股份
法人代表	张晓军	董秘 陈秀	证券代码	600523
公司网址	www.gzghgf.com		电子信箱	ghgf-zqb@china.com
电话	0851-3802670		传真	0851-3803931
办公地址	贵州省贵阳市小河区锦江路110号贵航大厦9层			
经营范围	汽车、摩托车零部件的开发、制造、销售等			

主要财务指标 指标\报告期	2012.06.30	2011.12.31	2011.06.30	2010.12.31
基本每股收益(元)	0.1600	0.3900	0.2700	0.3600
基本每股收益(扣除)(元)	0.1500	0.3300	0.2600	0.3400
每股净资产(元)	5.4156	5.4100	5.3281	5.1500
每股经营现金净流量(元)	0.2488	0.1482	-0.0526	0.3463
每股现金流量(元)	0.0637	-0.2351	-0.2690	0.0869
每股资本公积金(元)	3.1064	3.1218	3.1218	3.1121
每股盈余公积金(元)	0.3996	0.3996	0.3185	0.3177
每股未分配利润(元)	0.9097	0.8905	0.8878	0.7210
净资产收益率(%)	2.9002	7.1552	5.0630	6.9158
加权净资产收益率(%)	2.8700	7.3600	5.1200	7.1700
净资产收益率(扣除)(%)	-	-	-	-
总资产(万元)	286985.86	288202.25	282288.93	258812.27
归属母公司股东权益(万元)	156400.48	156291.36	153871.70	148754.53
主营业务收入(万元)	136706.01	255885.13	129389.35	219015.62
营业收入(万元)	141459.94	265795.05	134621.40	229187.48
主营成本(万元)	110080.08	202510.00	100576.13	167881.57
营业成本(万元)	113707.24	210386.21	104872.59	175916.59
投资收益(万元)	1316.33	3694.49	2617.70	1929.75
净利润(万元)	8340.62	16528.38	10883.35	14816.02
利润总额(万元)	8369.81	20157.34	13317.53	18917.23

长园集团股份有限公司

公司概况						
	公司名称	长园集团股份有限公司			证券简称	长园集团
	法人代表	许晓文	董秘	刘栋	证券代码	600525
	公司网址	www.cyg.com		电子信箱	zqb@cyg.com	
	电　　话	0755-26719476		传　　真	0755-26739900	
	办公地址	广东省深圳市南山区高新区科苑中路长园新材料港F栋5楼				
	经营范围	高分子热缩材料、功能材料、辐射加工、机电产品、通信电缆附件等				

主要财务指标	指标\报告期	2012.06.30	2011.12.31	2011.06.30	2010.12.31
	基本每股收益(元)	0.1229	0.7700	0.1705	0.2200
	基本每股收益(扣除)(元)	–	0.2100	0.0797	0.2000
	每股净资产(元)	2.5100	2.4565	2.2800	4.7700
	每股经营现金净流量(元)	–	0.1756	–0.0631	0.0928
	每股现金流量(元)	–	–0.1362	–0.0149	0.2924
	每股资本公积金(元)	–	0.1602	0.5795	2.1217
	每股盈余公积金(元)	–	0.1124	0.0623	0.1245
	每股未分配利润(元)	–	1.1839	0.6346	1.5282
	净资产收益率(%)	–	31.3430	7.4910	9.3070
	加权净资产收益率(%)	4.8900	31.3000	6.9400	–
	净资产收益率(扣除)(%)	–	–	–	–
	总资产(万元)	392561.00	360559.28	389895.80	404632.60
	归属母公司股东权益(万元)	216610.00	212121.96	196568.44	206135.63
	主营业务收入(万元)	–	192890.72	78304.04	155751.17
	营业收入(万元)	93784.00	194069.36	78304.04	157443.59
	主营成本(万元)	–	107550.06	44834.86	90406.99
	营业成本(万元)	–	108365.83	44834.86	90903.10
	投资收益(万元)	–	54417.54	9554.41	2199.95
	净利润(万元)	–	69120.60	16609.91	23141.55
	利润总额(万元)	–	81998.32	19976.84	28522.47

浙江菲达环保科技股份有限公司

公司概况						
	公司名称	浙江菲达环保科技股份有限公司			证券简称	菲达环保
	法人代表	舒英钢	董秘	周明良	证券代码	600526
	公司网址	www.feida.biz		电子信箱	feida@ep.zjbnet.com	
	电　　话	0575-87211326		传　　真	0575-87214695	
	办公地址	浙江省诸暨市望云路88号				
	经营范围	除尘器、气力输送设备				

主要财务指标	指标\报告期	2012.06.30	2011.12.31	2011.06.30	2010.12.31
	基本每股收益(元)	0.0520	0.1200	0.0270	0.0800
	基本每股收益(扣除)(元)	0.0450	0.0700	0.0170	0.0470
	每股净资产(元)	3.8210	3.7690	3.6840	3.6580
	每股经营现金净流量(元)	0.4801	0.0178	–0.4664	0.8099
	每股现金流量(元)	0.5443	0.2105	0.3252	–0.0268
	每股资本公积金(元)	1.3907	1.3907	1.3907	1.3907
	每股盈余公积金(元)	0.1743	0.1743	0.1702	0.1702
	每股未分配利润(元)	1.2606	1.2082	1.1240	1.0972
	净资产收益率(%)	1.3719	3.0540	0.7254	2.2090
	加权净资产收益率(%)	1.3800	3.1000	0.7300	2.2100
	净资产收益率(扣除)(%)	–	–	–	–
	总资产(万元)	236877.75	234647.82	237280.98	202772.55
	归属母公司股东权益(万元)	53495.60	52767.48	51581.95	51213.83
	主营业务收入(万元)	73469.28	165880.70	70414.92	155472.30
	营业收入(万元)	73734.60	166651.23	70631.99	156214.38
	主营成本(万元)	62297.67	140146.65	60201.69	134190.39
	营业成本(万元)	62325.05	140419.95	60354.66	134570.02
	投资收益(万元)	184.16	67.04	15.56	84.15
	净利润(万元)	741.69	1625.38	361.82	1189.57
	利润总额(万元)	896.38	2661.24	525.92	1784.64

江苏江南高纤股份有限公司

公司概况						
	公司名称	江苏江南高纤股份有限公司			证券简称	江南高纤
	法人代表	陶国平	董秘	浦金龙	证券代码	600527
	公司网址	www.jngx.cn		电子信箱	jiangnanyanfa@163.com	
	电　　话	0512-65481181 65712564		传　　真	0512-65712238	
	办公地址	江苏省苏州市相城区黄埭镇				
	经营范围	生产、销售短纤维、涤纶毛条等				

主要财务指标	指标\报告期	2012.06.30	2011.12.31	2011.06.30	2010.12.31
	基本每股收益(元)	0.2300	0.4300	0.1700	0.3400
	基本每股收益(扣除)(元)	0.2300	0.4300	0.1700	0.3400
	每股净资产(元)	1.8800	3.5800	3.3300	2.5000
	每股经营现金净流量(元)	0.1033	0.6170	0.0521	0.1108
	每股现金流量(元)	0.1262	0.6368	0.7879	0.1335
	每股资本公积金(元)	0.1601	1.3202	1.3202	0.4649
	每股盈余公积金(元)	0.0803	0.1606	0.1235	0.1409
	每股未分配利润(元)	0.6400	1.1033	0.8860	0.8934
	净资产收益率(%)	6.0288	11.3190	4.4220	13.7920
	加权净资产收益率(%)	6.1300	14.1100	6.5700	14.6200
	净资产收益率(扣除)(%)	–	–	–	–
	总资产(万元)	161663.02	155618.17	168732.22	133378.15
	归属母公司股东权益(万元)	150827.15	143739.32	133534.43	87792.75
	主营业务收入(万元)	73760.61	174937.12	77556.63	138722.20
	营业收入(万元)	73778.14	175126.93	77568.67	141052.82
	主营成本(万元)	61849.23	151740.55	67721.45	119890.32
	营业成本(万元)	61866.75	151928.19	67733.50	122204.69
	投资收益(万元)	993.44	1942.64	616.26	1051.99
	净利润(万元)	9152.86	16662.52	6088.95	12502.75
	利润总额(万元)	9800.43	18217.39	6639.55	14812.72

中铁二局股份有限公司

公司概况						
	公司名称	中铁二局股份有限公司			证券简称	中铁二局
	法人代表	唐志成	董秘	邓爱民	证券代码	600528
	公司网址	www.crec.com.cn		电子信箱	ztejdb@cregc.com.cn	
	电　　话	028-66752888 66752811		传　　真	028-66752889	
	办公地址	四川省成都市马家花园10号中铁二局大厦				
	经营范围	承担各类型工业、能源、交通、民用等工程项目施工的承包等				

主要财务指标	指标\报告期	2012.06.30	2011.12.31	2011.06.30	2010.12.31
	基本每股收益(元)	0.1198	0.3586	0.2711	0.6696
	基本每股收益(扣除)(元)	0.1121	0.3430	0.2711	0.6111
	每股净资产(元)	3.6270	3.6072	3.5196	3.3585
	每股经营现金净流量(元)	–1.1498	–1.0592	–0.0453	0.4956
	每股现金流量(元)	–0.0941	0.6955	0.4731	–0.3558
	每股资本公积金(元)	1.0950	1.0950	1.0950	1.0950
	每股盈余公积金(元)	0.2830	0.2712	0.2839	0.2504
	每股未分配利润(元)	1.2490	1.2410	1.1407	1.0131
	净资产收益率(%)	3.3040	9.9420	7.7020	19.9380
	加权净资产收益率(%)	3.2800	10.3000	7.7600	21.7200
	净资产收益率(扣除)(%)	–	–	–	–
	总资产(万元)	4409321.38	3937364.13	3723013.78	3192308.82
	归属母公司股东权益(万元)	529250.94	526356.54	513583.50	490072.25
	主营业务收入(万元)	2651207.65	5928020.94	2706641.69	5446130.83
	营业收入(万元)	2660358.54	5952128.68	2716412.19	5468774.64
	主营成本(万元)	2504794.63	5558579.33	2520906.35	5089181.21
	营业成本(万元)	2511677.73	5576359.28	2530195.00	5103049.99
	投资收益(万元)	5326.30	1114.80	219.56	13386.03
	净利润(万元)	20664.50	66883.23	42891.10	109416.41
	利润总额(万元)	27566.01	86709.27	51693.16	133196.26

山东省药用玻璃股份有限公司

公司概况	公司名称	山东省药用玻璃股份有限公司		证券简称	山东药玻
	法人代表	柴文	董秘　赵海宝	证券代码	600529
	公司网址	www.pharmglass.com		电子信箱	sdyb@pharmglass.com
	电　话	0533-3259016 3259028		传　真	0533-3249700
	办公地址	山东省淄博市沂源县药玻路			
	经营范围	各种药用玻璃包装产品的制造、销售			

主要财务指标	指标\报告期	2012.06.30	2011.12.31	2011.06.30	2010.12.31
	基本每股收益(元)	0.2500	0.5100	0.3200	0.6700
	基本每股收益(扣除)(元)	0.2400	0.4500	0.3000	0.6500
	每股净资产(元)	7.3300	7.1900	6.9900	6.7700
	每股经营现金净流量(元)	-0.1910	1.0670	0.4854	0.8432
	每股现金流量(元)	-0.3460	-0.1484	-0.3980	0.0206
	每股资本公积金(元)	2.2794	2.2794	2.2794	2.2794
	每股盈余公积金(元)	0.6044	0.6044	0.5400	0.5400
	每股未分配利润(元)	3.3390	3.1939	3.0682	2.8434
	净资产收益率(%)	3.3452	7.1649	4.6453	9.8370
	加权净资产收益率(%)	3.3500	7.3700	4.6900	10.2800
	净资产收益率(扣除)(%)	-	-	-	-
	总资产(万元)	252691.10	249454.97	237682.13	252368.98
	归属母公司股东权益(万元)	188614.75	184974.66	179974.53	174168.34
	主营业务收入(万元)	69826.35	136647.81	72495.98	148615.66
	营业收入(万元)	71280.78	139717.80	74072.62	151341.83
	主营成本(万元)	50927.02	99270.45	52872.70	103586.10
	营业成本(万元)	51942.82	101370.62	53836.19	105530.82
	投资收益(万元)	2.57	715.11	649.98	177.16
	净利润(万元)	6309.59	13250.81	8360.61	17197.06
	利润总额(万元)	8514.01	16665.25	10407.69	20729.92

上海交大昂立股份有限公司

公司概况	公司名称	上海交大昂立股份有限公司		证券简称	交大昂立
	法人代表	杨国平	董秘　娄健颖	证券代码	600530
	公司网址	www.onlly.com.cn		电子信箱	stock@mail.onlly.com.cn
	电　话	021-54277900 54277820		传　真	021-54277827
	办公地址	上海市宜山路700号			
	经营范围	生物制品、保健食品、参制品等保健食品的研制、生产和销售			

主要财务指标	指标\报告期	2012.06.30	2011.12.31	2011.06.30	2010.12.31
	基本每股收益(元)	0.1160	0.1800	0.1130	0.1900
	基本每股收益(扣除)(元)	0.0680	0.0900	0.1000	0.0600
	每股净资产(元)	4.5310	4.3640	4.8890	3.3940
	每股经营现金净流量(元)	0.0515	-0.0086	0.0720	0.0411
	每股现金流量(元)	0.1480	-0.1288	-0.0971	-0.3077
	每股资本公积金(元)	3.3250	3.1538	3.7439	2.2916
	每股盈余公积金(元)	0.1960	0.1960	0.1753	0.1753
	每股未分配利润(元)	0.0102	0.0144	-0.0303	-0.0732
	净资产收益率(%)	2.5564	4.0840	2.3095	5.4780
	加权净资产收益率(%)	2.5700	4.6000	2.7000	6.6300
	净资产收益率(扣除)(%)	-	-	-	-
	总资产(万元)	178000.96	169434.63	190513.63	131543.81
	归属母公司股东权益(万元)	141373.96	136161.06	152535.18	105886.83
	主营业务收入(万元)	20262.98	33747.09	18412.79	33519.19
	营业收入(万元)	20474.01	35094.01	18567.32	33898.44
	主营成本(万元)	6792.01	12387.10	6088.12	10880.31
	营业成本(万元)	6829.09	12465.15	6127.61	11144.21
	投资收益(万元)	2596.30	5836.54	2643.78	6505.04
	净利润(万元)	3616.56	5653.03	3620.21	4715.00
	利润总额(万元)	4152.79	6248.07	3920.41	5425.11

河南豫光金铅股份有限公司

公司概况	公司名称	河南豫光金铅股份有限公司		证券简称	豫光金铅
	法人代表	杨安国	董秘　蔡亮	证券代码	600531
	公司网址	www.yggf.com.cn		电子信箱	yuguang@yggf.com.cn
	电　话	0391-6665836		传　真	0391-6688986
	办公地址	河南省济源市荆梁南街1号			
	经营范围	电解铅、白银、黄金、冰铜、硫酸、次氧化锌的生产和销售			

主要财务指标	指标\报告期	2012.06.30	2011.12.31	2011.06.30	2010.12.31
	基本每股收益(元)	0.0500	0.3000	0.4100	0.5600
	基本每股收益(扣除)(元)	-0.0200	0.2200	0.3800	0.6000
	每股净资产(元)	6.1500	6.2400	6.3770	6.0500
	每股经营现金净流量(元)	2.3333	-1.8915	2.2925	-2.6530
	每股现金流量(元)	1.4403	-0.7909	0.6572	1.2616
	每股资本公积金(元)	2.5565	2.6035	2.6134	2.6017
	每股盈余公积金(元)	0.4776	0.4776	0.4409	0.4413
	每股未分配利润(元)	2.1052	2.1519	2.2981	1.9901
	净资产收益率(%)	0.8658	4.7800	6.4510	8.6034
	加权净资产收益率(%)	0.8500	4.8600	6.4700	13.9000
	净资产收益率(扣除)(%)	-	-	-	-
	总资产(万元)	670332.13	685921.83	589784.30	596066.67
	归属母公司股东权益(万元)	181573.31	184203.33	188271.60	178625.70
	主营业务收入(万元)	554572.37	1149504.16	597980.70	818040.27
	营业收入(万元)	563641.33	1166799.16	609365.56	829649.02
	主营成本(万元)	528494.05	1094545.02	572956.65	779710.40
	营业成本(万元)	531691.09	1107346.44	581019.36	784554.21
	投资收益(万元)	4292.46	-3356.58	-471.54	-2761.40
	净利润(万元)	2214.73	9130.42	12047.00	15402.58
	利润总额(万元)	3288.20	13440.91	16705.38	21691.72

山东华阳科技股份有限公司

公司概况	公司名称	山东华阳科技股份有限公司		证券简称	*ST华科
	法人代表	孙利	董秘　于晓兵	证券代码	600532
	公司网址	www.huayang.com		电子信箱	hy1000@126.com
	电　话	0538-5826209 5826208		传　真	0538-5826269
	办公地址	山东省泰安市宁阳县磁窑镇			
	经营范围	农药及化工原料的生产、销售、火力发电及电力销售等			

主要财务指标	指标\报告期	2012.06.30	2011.12.31	2011.06.30	2010.12.31
	基本每股收益(元)	0.0200	-0.4000	0.0100	-0.4000
	基本每股收益(扣除)(元)	0.0800	-0.3400	0.0040	-0.3900
	每股净资产(元)	1.2980	1.2730	1.6880	1.6700
	每股经营现金净流量(元)	0.2830	0.9775	0.8482	0.2361
	每股现金流量(元)	0.1169	-0.0771	-0.0038	-0.2700
	每股资本公积金(元)	0.8961	0.8961	0.8961	0.8961
	每股盈余公积金(元)	0.0978	0.0978	0.0978	0.0978
	每股未分配利润(元)	-0.7140	-0.7347	-0.3266	-0.3396
	净资产收益率(%)	1.5939	-31.0320	0.7714	-23.7170
	加权净资产收益率(%)	1.6100	-26.8300	0.7800	-20.7900
	净资产收益率(扣除)(%)	-	-	-	-
	总资产(万元)	75565.82	76712.23	89567.41	90613.85
	归属母公司股东权益(万元)	19737.08	19362.54	25674.12	25397.51
	主营业务收入(万元)	32998.03	62560.62	35181.65	49947.22
	营业收入(万元)	33516.47	63077.92	35596.46	50662.01
	主营成本(万元)	29153.22	58296.49	31000.44	46737.05
	营业成本(万元)	29470.28	58763.72	31370.45	47201.48
	投资收益(万元)	-	654.91	-3.32	-1.98
	净利润(万元)	166.78	-6974.86	56.59	-6355.27
	利润总额(万元)	166.78	-6974.20	57.25	-6389.09

南京栖霞建设股份有限公司

公司概况	公司名称	南京栖霞建设股份有限公司			证券简称	栖霞建设
	法人代表	陈兴汉	董秘	王建优	证券代码	600533
	公司网址	www.chixia.com		电子信箱	invest@chixia.com	
	电　话	025-85600533		传　真	025-85502482	
	办公地址	江苏省南京市玄武区龙蟠路 9 号				
	经营范围	住宅小区综合开发建设、商品房销售、租赁、售后服务等				

主要财务指标	指标\报告期	2012.06.30	2011.12.31	2011.06.30	2010.12.31
	基本每股收益(元)	0.1739	0.2608	0.1291	0.2708
	基本每股收益(扣除)(元)	–	0.2589	0.1285	0.2693
	每股净资产(元)	3.3290	3.2250	3.1480	3.5450
	每股经营现金净流量(元)	–	–0.3268	–0.0659	0.2520
	每股现金流量(元)	–	–0.1261	0.1986	0.0178
	每股资本公积金(元)	–	1.4197	1.4748	1.8204
	每股盈余公积金(元)	–	0.1815	0.1515	0.1515
	每股未分配利润(元)	–	0.6234	0.5218	0.5727
	净资产收益率(%)	–	8.0880	4.1020	7.6394
	加权净资产收益率(%)	5.2300	7.7400	3.7900	8.9500
	净资产收益率(扣除)(%)	–	–	–	–
	总资产(万元)	1200804.27	1068578.49	979885.44	975951.87
	归属母公司股东权益(万元)	–	338590.55	330547.98	372175.29
	主营业务收入(万元)	–	208675.85	109344.75	312830.95
	营业收入(万元)	140180.68	211123.98	109856.54	314131.14
	主营成本(万元)	–	118545.85	66563.49	208632.87
	营业成本(万元)	–	119750.99	66925.64	209554.89
	投资收益(万元)	–	121.06	–92.19	–363.26
	净利润(万元)	–	33368.92	18267.66	44976.64
	利润总额(万元)	30705.45	45216.77	24803.92	60519.42

天士力制药集团股份有限公司

公司概况	公司名称	天士力制药集团股份有限公司			证券简称	天 士 力
	法人代表	闫希军	董秘	刘俊峰	证券代码	600535
	公司网址	www.tasly.com		电子信箱	stock@tasly.com	
	电　话	022-26736999		传　真	022-26736721	
	办公地址	天津市北辰区普济河东道 2 号(天士力现代中药城)				
	经营范围	滴丸剂、颗粒剂、硬胶囊剂、软胶囊剂、片剂、丸剂的生产等				

主要财务指标	指标\报告期	2012.06.30	2011.12.31	2011.06.30	2010.12.31
	基本每股收益(元)	0.7800	1.1800	0.7000	0.9200
	基本每股收益(扣除)(元)	0.7700	1.0300	0.5500	0.9000
	每股净资产(元)	7.0600	6.9800	6.4900	6.4000
	每股经营现金净流量(元)	0.5514	0.2617	0.1799	0.7650
	每股现金流量(元)	–0.9014	–0.4152	–0.8001	1.9588
	每股资本公积金(元)	3.0037	3.0037	3.0032	3.0100
	每股盈余公积金(元)	0.6278	0.6278	0.5141	0.5141
	每股未分配利润(元)	2.4321	2.3501	1.9787	1.8810
	净资产收益率(%)	11.0763	16.9480	10.7452	13.6180
	加权净资产收益率(%)	10.6100	17.9500	10.4900	21.0600
	净资产收益率(扣除)(%)	–	–	–	–
	总资产(万元)	660909.75	663416.69	555167.27	545269.89
	归属母公司股东权益(万元)	364622.03	360395.00	335338.36	330658.99
	主营业务收入(万元)	415171.75	653566.39	297802.16	461986.19
	营业收入(万元)	417321.75	656966.46	299347.71	465159.11
	主营成本(万元)	286458.93	458616.90	205430.95	306196.70
	营业成本(万元)	288023.15	460132.60	206746.00	308427.02
	投资收益(万元)	192.32	8291.64	7898.18	565.12
	净利润(万元)	40512.24	63996.44	37615.72	45942.93
	利润总额(万元)	47787.09	78579.79	45033.23	55562.77

中国软件与技术服务股份有限公司

公司概况	公司名称	中国软件与技术服务股份有限公司			证券简称	中国软件
	法人代表	杨军	董秘	陈复兴	证券代码	600536
	公司网址	www.css.com.cn		电子信箱	cfx@css.com.cn	
	电　话	010-51508699		传　真	010-51508661	
	办公地址	北京市昌平区昌盛路 18 号				
	经营范围	制造医用光学仪器设备、医用红外热像仪等				

主要财务指标	指标\报告期	2012.06.30	2011.12.31	2011.06.30	2010.12.31
	基本每股收益(元)	0.0400	0.5800	0.3600	0.4100
	基本每股收益(扣除)(元)	–0.2900	0.0900	–0.1400	0.1700
	每股净资产(元)	5.4400	5.7600	5.6800	5.7800
	每股经营现金净流量(元)	–1.6932	1.3364	–0.5530	–0.1560
	每股现金流量(元)	–0.7583	2.6026	0.5953	–0.1952
	每股资本公积金(元)	2.8861	3.1506	3.2754	3.6142
	每股盈余公积金(元)	0.1895	0.1895	0.1851	0.1851
	每股未分配利润(元)	1.5199	1.5808	1.3637	1.1182
	净资产收益率(%)	0.7202	10.0180	6.2640	7.1130
	加权净资产收益率(%)	0.7200	9.5900	6.2600	7.8200
	净资产收益率(扣除)(%)	–	–	–	–
	总资产(万元)	348855.35	355172.43	307761.07	265784.38
	归属母公司股东权益(万元)	122665.35	130009.67	128101.68	130517.32
	主营业务收入(万元)	83465.62	233373.05	87822.92	301207.49
	营业收入(万元)	84640.55	234975.70	88728.28	302909.59
	主营成本(万元)	52578.86	149875.20	57637.54	205182.74
	营业成本(万元)	52932.97	150687.62	57960.72	206132.78
	投资收益(万元)	8135.46	12149.02	10776.79	6404.29
	净利润(万元)	256.29	15080.99	8029.83	13649.35
	利润总额(万元)	400.51	16074.88	7841.28	15692.79

亿晶光电科技股份有限公司

公司概况	公司名称	亿晶光电科技股份有限公司			证券简称	亿晶光电
	法人代表	荀建华	董秘	蒋国峰	证券代码	600537
	公司网址	www.egingpv.com		电子信箱	eging-public@egingpv.com	
	电　话	0519-82585558		传　真	0519-82585550	
	办公地址	江苏省金坛市尧塘镇金武路 18 号				
	经营范围	果蔬加工、包括速冻、脱水、保鲜、腌渍、调理果蔬等				

主要财务指标	指标\报告期	2012.06.30	2011.12.31	2011.06.30	2010.12.31
	基本每股收益(元)	–0.5800	0.3900	1.5100	2.9200
	基本每股收益(扣除)(元)	–0.5800	0.2800	1.5100	2.9400
	每股净资产(元)	3.2570	3.8940	1.9280	7.1300
	每股经营现金净流量(元)	–0.1897	0.8583	–0.6756	3.7895
	每股现金流量(元)	–0.0533	–0.3670	–0.6914	1.4488
	每股资本公积金(元)	–	0.0495	0.8208	1.2637
	每股盈余公积金(元)	–	–	0.1315	0.1315
	每股未分配利润(元)	2.2579	2.8453	–0.0240	5.5497
	净资产收益率(%)	–17.6154	5.5930	87.9268	40.9573
	加权净资产收益率(%)	–15.9000	5.6400	22.3700	51.5000
	净资产收益率(扣除)(%)	–	–	–	–
	总资产(万元)	564733.07	504428.52	102671.76	362877.33
	归属母公司股东权益(万元)	158255.83	189221.33	44360.22	182314.31
	主营业务收入(万元)	84446.80	399482.57	214717.11	353513.78
	营业收入(万元)	84656.49	407128.97	219359.02	354930.93
	主营成本(万元)	76237.23	333502.03	149226.90	219995.28
	营业成本(万元)	76435.30	339740.17	152417.33	220602.26
	投资收益(万元)	–	–	–196.12	–974.14
	净利润(万元)	–27690.68	11073.13	39413.05	75098.13
	利润总额(万元)	–27765.90	13367.01	46584.92	88060.23

北海国发海洋生物产业股份有限公司

公司概况	公司名称	北海国发海洋生物产业股份有限公司			证券简称	ST 国发
	法人代表	潘利斌	董秘	李勇	证券代码	600538
	公司网址	www.gofar.com.cn		电子信箱	securities@gofar.com.cn	
	电　话	0779-3200619		传　真	0779-3200618	
	办公地址	广西壮族自治区北海市北京路9号				
	经营范围	藻类、贝类、甲壳类等海洋生物系列产品的研究、开发、生产和销售等				

主要财务指标	指标\报告期	2012.06.30	2011.12.31	2011.06.30	2010.12.31
	基本每股收益(元)	-0.0700	-0.1400	-0.0600	0.0600
	基本每股收益(扣除)(元)	-0.0600	-0.1500	-0.0700	-0.3100
	每股净资产(元)	0.4300	0.4900	0.5700	0.6300
	每股经营现金净流量(元)	-0.0400	-0.0571	-0.0864	-0.0527
	每股现金流量(元)	-0.0154	-0.0578	-0.0792	-0.0723
	每股资本公积金(元)	0.2993	0.2993	0.2993	0.2993
	每股盈余公积金(元)	0.1290	0.1290	0.1263	0.1263
	每股未分配利润(元)	-1.0015	-0.9352	-0.8554	-0.7926
	净资产收益率(%)	-15.5536	-28.3500	-11.0031	9.2802
	加权净资产收益率(%)	-14.4300	-24.8300	-10.4300	9.7300
	净资产收益率(扣除)(%)	-	-	-	-
	总资产(万元)	69997.07	69654.25	67392.78	70675.67
	归属母公司股东权益(万元)	11917.70	13771.33	15923.43	17675.51
	主营业务收入(万元)	29520.28	52863.33	26411.73	36326.85
	营业收入(万元)	29567.44	52870.27	26412.53	36329.86
	主营成本(万元)	25034.15	45552.42	22967.07	31723.05
	营业成本(万元)	25034.15	45553.03	22967.68	31723.05
	投资收益(万元)	-23.94	-47.88	-22.56	2325.41
	净利润(万元)	-1337.68	-3382.63	-1573.99	1707.02
	利润总额(万元)	-1048.40	-3266.14	-1573.13	1722.88

太原狮头水泥股份有限公司

公司概况	公司名称	太原狮头水泥股份有限公司			证券简称	ST 狮头
	法人代表	邓守信	董秘	郝瑛	证券代码	600539
	公司网址	www.600539.com.cn		电子信箱	haoying@600539.com.cn	
	电　话	0351-2857002 2857006		传　真	0351-2857006	
	办公地址	山西省太原市万柏林区开城街1号				
	经营范围	水泥、水泥熟料、商品混凝土、新型墙体材料的生产和销售等				

主要财务指标	指标\报告期	2012.06.30	2011.12.31	2011.06.30	2010.12.31
	基本每股收益(元)	0.0262	-1.2100	-1.1760	0.0051
	基本每股收益(扣除)(元)	0.0266	-0.2700	-1.1540	0.0015
	每股净资产(元)	2.6410	2.6150	2.6456	3.8222
	每股经营现金净流量(元)	0.0029	-0.1720	0.1511	-0.0496
	每股现金流量(元)	0.3295	-0.1251	0.1029	-0.0036
	每股资本公积金(元)	2.2233	2.2233	2.2233	2.2233
	每股盈余公积金(元)	0.1626	0.1626	0.1626	0.1626
	每股未分配利润(元)	-0.7447	-0.7709	-0.7403	0.4361
	净资产收益率(%)	0.9916	-46.1560	-44.4650	0.1346
	加权净资产收益率(%)	0.9970	-37.5000	-36.3800	0.1300
	净资产收益率(扣除)(%)	-	-	-	-
	总资产(万元)	99114.00	74921.11	75256.57	106846.55
	归属母公司股东权益(万元)	60747.90	60145.55	60849.29	87906.13
	主营业务收入(万元)	14105.96	38165.47	19055.42	43989.59
	营业收入(万元)	14371.55	38592.75	19405.66	44611.58
	主营成本(万元)	11964.41	37079.58	16710.35	37712.41
	营业成本(万元)	12093.01	37139.35	16745.35	37938.90
	投资收益(万元)	-	9.67	-	-
	净利润(万元)	595.66	-27764.57	-27056.84	118.28
	利润总额(万元)	595.66	-26986.92	-27056.84	612.52

新疆赛里木现代农业股份有限公司

公司概况	公司名称	新疆赛里木现代农业股份有限公司			证券简称	新赛股份
	法人代表	何伟	董秘	郭玉星	证券代码	600540
	公司网址	www.xinsai.com.cn		电子信箱	gmgsgwq@sina.com	
	电　话	0909-2268166 2268189		传　真	0909-2268162	
	办公地址	新疆维吾尔自治区博乐市红星路158号				
	经营范围	棉花种植、加工、销售及食用油的生产、销售等				

主要财务指标	指标\报告期	2012.06.30	2011.12.31	2011.06.30	2010.12.31
	基本每股收益(元)	-0.1401	-0.7946	-0.1308	0.2673
	基本每股收益(扣除)(元)	-0.1891	-0.9072	-0.1701	0.1770
	每股净资产(元)	2.0833	2.2300	2.9276	3.9800
	每股经营现金净流量(元)	-0.0413	-0.0579	-0.0581	-0.9044
	每股现金流量(元)	-0.7931	0.8748	0.2236	-0.5664
	每股资本公积金(元)	1.5166	1.5268	1.5268	2.2849
	每股盈余公积金(元)	0.1357	0.1357	0.1357	0.1765
	每股未分配利润(元)	-0.5690	-0.4289	0.2651	0.5154
	净资产收益率(%)	-6.7270	-35.5740	-3.4375	6.7210
	加权净资产收益率(%)	-5.9100	-29.8500	-3.3400	6.9191
	净资产收益率(扣除)(%)	-	-	-	-
	总资产(万元)	253637.86	286257.35	248165.26	253629.78
	归属母公司股东权益(万元)	63062.36	67615.46	88622.40	92600.18
	主营业务收入(万元)	72823.32	172511.41	33456.81	180420.46
	营业收入(万元)	82787.76	182690.55	37276.38	188626.88
	主营成本(万元)	75459.54	174804.70	31028.68	160180.33
	营业成本(万元)	80551.63	183508.04	33037.46	167976.38
	投资收益(万元)	191.66	101.11	98.80	979.93
	净利润(万元)	-5109.27	-28101.49	-4458.07	4238.84
	利润总额(万元)	-5101.65	-30594.53	-5006.26	4459.05

甘肃莫高实业发展股份有限公司

公司概况	公司名称	甘肃莫高实业发展股份有限公司			证券简称	莫高股份
	法人代表	赵国柱	董秘	贾洪文	证券代码	600543
	公司网址	www.mogao.com		电子信箱	mgjiahw@126.com	
	电　话	0931-8776219 8776209		传　真	0931-4890543	
	办公地址	甘肃省兰州市城关区东岗西路638号兰州财富中心23层				
	经营范围	农产品及加工品、药品的生产和销售等				

主要财务指标	指标\报告期	2012.06.30	2011.12.31	2011.06.30	2010.12.31
	基本每股收益(元)	0.0935	0.1500	0.0814	0.1300
	基本每股收益(扣除)(元)	0.0926	0.1400	0.0812	0.1300
	每股净资产(元)	3.5000	3.4000	3.3400	3.2600
	每股经营现金净流量(元)	0.1973	0.1423	0.2192	0.3910
	每股现金流量(元)	0.1341	0.0919	0.1776	0.2039
	每股资本公积金(元)	1.4510	1.4510	1.4510	1.4510
	每股盈余公积金(元)	0.2647	0.2647	0.2306	0.2306
	每股未分配利润(元)	0.7819	0.6885	0.6552	0.5738
	净资产收益率(%)	2.6700	4.3713	2.4410	4.0309
	加权净资产收益率(%)	2.7100	4.4700	2.4700	4.1100
	净资产收益率(扣除)(%)	-	-	-	-
	总资产(万元)	125832.87	121639.79	117896.83	114967.65
	归属母公司股东权益(万元)	112316.37	109315.19	107152.02	104536.71
	主营业务收入(万元)	19085.80	36214.14	17837.72	36809.89
	营业收入(万元)	19094.27	36258.51	17893.87	36844.79
	主营成本(万元)	8692.18	15681.60	8873.53	19556.32
	营业成本(万元)	8692.18	15735.59	8895.11	19611.21
	投资收益(万元)	-8.09	-117.21	-9.92	195.80
	净利润(万元)	3001.18	4778.49	2615.32	4213.80
	利润总额(万元)	4017.69	6227.08	3300.92	5312.27

新疆城建(集团)股份有限公司

公司概况	公司名称	新疆城建(集团)股份有限公司			证券简称	新疆城建
	法人代表	刘军	董秘	李若帆	证券代码	600545
	公司网址	www.xjcj.com		电子信箱	xjcj888@sina.com	
	电　话	0991-4889803 4889812		传　真	0991-4889813	
	办公地址	新疆维吾尔自治区乌鲁木齐市南湖南路 133 号城建大厦 22 层				
	经营范围	城市基础设施建设与运营、城市源水供应、房地产开发与销售等				

主要财务指标	指标\报告期	2012.06.30	2011.12.31	2011.06.30	2010.12.31
	基本每股收益(元)	0.0500	0.2375	0.0700	0.2700
	基本每股收益(扣除)(元)	0.0300	0.2027	0.0300	0.2600
	每股净资产(元)	2.7308	2.6858	2.5122	2.5000
	每股经营现金净流量(元)	-0.3057	-1.5862	-0.9419	-0.2611
	每股现金流量(元)	-0.2703	-0.2365	0.0965	0.2118
	每股资本公积金(元)	0.8317	0.8317	0.8317	0.8317
	每股盈余公积金(元)	0.1436	0.1436	0.1193	0.1193
	每股未分配利润(元)	0.7508	0.7058	0.5582	0.5427
	净资产收益率(%)	1.6481	8.8430	2.6080	10.6855
	加权净资产收益率(%)	1.6600	9.0800	2.5900	11.2900
	净资产收益率(扣除)(%)	-	-	-	-
	总资产(万元)	592352.61	533927.51	510472.29	431024.84
	归属母公司股东权益(万元)	184544.43	181502.88	169769.64	168720.35
	主营业务收入(万元)	63400.65	216180.26	63202.16	200950.95
	营业收入(万元)	63777.45	217656.22	63777.82	201807.26
	主营成本(万元)	51323.03	172438.95	50677.84	160357.37
	营业成本(万元)	51746.20	173856.38	50850.90	160789.48
	投资收益(万元)	1501.80	2970.37	2556.77	238.42
	净利润(万元)	2726.43	15543.65	4278.49	16621.57
	利润总额(万元)	3598.13	18322.02	4881.73	17863.71

山煤国际能源集团股份有限公司

公司概况	公司名称	山煤国际能源集团股份有限公司			证券简称	山煤国际
	法人代表	杜建华	董秘	李荣强	证券代码	600546
	公司网址	www.smgjcoal.com		电子信箱	smzqb@shanxicoal.cn	
	电　话	0351-4645546		传　真	0351-4645846	
	办公地址	山西省太原市长风街 115 号				
	经营范围	煤炭生产和销售等				

主要财务指标	指标\报告期	2012.06.30	2011.12.31	2011.06.30	2010.12.31
	基本每股收益(元)	0.5709	1.4500	0.7875	1.0000
	基本每股收益(扣除)(元)	0.5739	1.4700	0.7976	0.9500
	每股净资产(元)	8.1413	11.5616	4.8000	4.9400
	每股经营现金净流量(元)	-0.8657	0.5984	-1.2917	2.6007
	每股现金流量(元)	-4.1908	4.1626	-1.0224	3.1682
	每股资本公积金(元)	3.0827	4.9740	0.1038	0.7218
	每股盈余公积金(元)	0.0612	0.0612	0.0725	0.0725
	每股未分配利润(元)	3.5961	3.0251	3.2915	2.8182
	净资产收益率(%)	7.0136	11.9860	16.4080	20.3508
	加权净资产收益率(%)	5.8000	18.2700	16.8200	26.1800
	净资产收益率(扣除)(%)	-	-	-	-
	总资产(万元)	4000955.82	3937662.66	2502165.68	2351844.85
	归属母公司股东权益(万元)	806993.07	1146027.31	359993.92	370325.07
	主营业务收入(万元)	5208894.79	6938665.04	2517537.95	3863448.81
	营业收入(万元)	5225764.00	6976057.49	2532730.40	3883769.28
	主营成本(万元)	4922440.39	6457012.72	2294676.97	3522988.82
	营业成本(万元)	4926870.26	6461177.07	2296677.85	3524493.79
	投资收益(万元)	1736.14	1039.14	676.35	539.41
	净利润(万元)	103814.84	166909.51	90761.01	134685.18
	利润总额(万元)	150227.86	238717.98	124909.55	196253.78

山东黄金矿业股份有限公司

公司概况	公司名称	山东黄金矿业股份有限公司			证券简称	山东黄金
	法人代表	陈玉民	董秘	林朴芳	证券代码	600547
	公司网址	www.sdhjgf.com		电子信箱	gold547@sina.com	
	电　话	0531-67710376 67710381		传　真	0531-67710380	
	办公地址	山东省济南市舜华路 2000 号舜泰广场 3 号楼				
	经营范围	黄金开采和选冶加工、同时伴有白银、硫精矿的生产				

主要财务指标	指标\报告期	2012.06.30	2011.12.31	2011.06.30	2010.12.31
	基本每股收益(元)	0.9900	1.3400	0.7400	0.8600
	基本每股收益(扣除)(元)	0.9900	1.3500	0.7400	0.8600
	每股净资产(元)	4.8200	3.9800	3.3800	2.7300
	每股经营现金净流量(元)	0.8972	1.6203	0.9573	1.3830
	每股现金流量(元)	-0.0022	-	0.2301	0.2920
	每股资本公积金(元)	-	-	-	-
	每股盈余公积金(元)	0.2326	0.2358	0.1204	0.1095
	每股未分配利润(元)	3.5889	2.7509	2.2618	1.6245
	净资产收益率(%)	20.4880	33.5490	21.8019	31.4580
	加权净资产收益率(%)	22.3100	40.1000	24.1200	36.0700
	净资产收益率(扣除)(%)	-	-	-	-
	总资产(万元)	1468230.63	1266058.93	1080647.42	958280.56
	归属母公司股东权益(万元)	686072.91	567060.25	481131.24	388786.26
	主营业务收入(万元)	2533280.33	3935646.63	1981034.76	3143282.96
	营业收入(万元)	2535576.43	3941480.74	1983165.23	3151470.18
	主营成本(万元)	2251028.34	3495748.03	1771479.87	2840945.50
	营业成本(万元)	2252183.39	3499479.38	1772933.99	2848566.03
	投资收益(万元)	3844.03	259.75	1339.31	-21.98
	净利润(万元)	145584.13	198269.24	109227.17	129674.87
	利润总额(万元)	194685.21	269238.07	146029.79	178810.64

深圳高速公路股份有限公司

公司概况	公司名称	深圳高速公路股份有限公司			证券简称	深高速
	法人代表	杨海	董秘	吴倩	证券代码	600548
	公司网址	www.sz-expressway.com		电子信箱	secretary@sz-expressway.com	
	电　话	0755-82853338 82853331		传　真	0755-82853400	
	办公地址	广东省深圳市福田区益田路江苏大厦裙楼 2-4 层				
	经营范围	公路和道路的投资和建造、建设管理、经营管理等				

主要财务指标	指标\报告期	2012.06.30	2011.12.31	2011.06.30	2010.12.31
	基本每股收益(元)	0.1920	0.4010	0.1620	0.3420
	基本每股收益(扣除)(元)	0.1870	0.3890	0.1550	0.3320
	每股净资产(元)	4.2500	4.2200	3.9704	3.9700
	每股经营现金净流量(元)	0.3706	0.6916	0.3564	0.8654
	每股现金流量(元)	-0.1469	0.7294	-0.0524	0.0305
	每股资本公积金(元)	1.4592	1.4603	1.4497	1.4468
	每股盈余公积金(元)	0.7038	0.7038	0.6633	0.6633
	每股未分配利润(元)	1.0887	1.0566	0.8575	0.8559
	净资产收益率(%)	4.5200	9.5080	4.0710	8.6230
	加权净资产收益率(%)	4.4800	9.8400	4.0200	8.8900
	净资产收益率(扣除)(%)	-	-	-	-
	总资产(万元)	2425692.35	2460879.27	2259928.62	2304996.68
	归属母公司股东权益(万元)	927194.86	920441.71	865860.70	864882.69
	主营业务收入(万元)	138245.55	271556.16	132104.60	261546.51
	营业收入(万元)	156062.83	295161.91	138309.80	276530.04
	主营成本(万元)	58872.34	110009.29	63440.89	125627.97
	营业成本(万元)	66462.40	118253.36	56154.34	131635.59
	投资收益(万元)	6844.86	12770.20	8285.88	18140.63
	净利润(万元)	43993.41	91953.78	37932.15	80572.84
	利润总额(万元)	57076.63	115661.52	47160.42	98884.89

厦门钨业股份有限公司

公司概况	公司名称	厦门钨业股份有限公司		证券简称	厦门钨业
	法人代表	刘同高	董秘 许火耀	证券代码	600549
	公司网址	www.cxtc.com		电子信箱	xtc@public.xm.fj.cn
	电　话	0592-5363856		传　真	0592-5363857
	办公地址	福建省厦门市开元区湖滨南路619号1602室			
	经营范围	钨及有色金属冶炼、加工、钨合金、钨深加工产品的生产和销售			

主要财务指标	指标\报告期	2012.06.30	2011.12.31	2011.06.30	2010.12.31
	基本每股收益(元)	0.4782	1.4968	0.6716	0.5130
	基本每股收益(扣除)(元)	–	1.5011	0.6585	0.4890
	每股净资产(元)	5.3500	5.0500	4.2200	3.7500
	每股经营现金净流量(元)	–	–0.7181	–1.1746	0.9842
	每股现金流量(元)	–	–0.3360	–0.4213	–0.6119
	每股资本公积金(元)	–	1.1088	1.1087	1.1148
	每股盈余公积金(元)	–	0.2351	0.1718	0.1718
	每股未分配利润(元)	–	2.6809	1.9190	1.4473
	净资产收益率(%)	–	29.6690	15.9230	13.6800
	加权净资产收益率(%)	9.0900	34.3200	16.7300	14.4800
	净资产收益率(扣除)(%)	–	–	–	–
	总资产(万元)	1338280.35	1265579.63	1337033.32	1197245.39
	归属母公司股东权益(万元)	364627.85	344067.07	287660.79	255706.19
	主营业务收入(万元)	–	1181553.41	413233.37	541733.79
	营业收入(万元)	452913.55	1191040.40	415475.85	553831.50
	主营成本(万元)	–	807309.30	292609.18	423516.36
	营业成本(万元)	–	812169.27	293986.59	434056.86
	投资收益(万元)	–	1946.35	825.96	658.32
	净利润(万元)	51764.72	149305.05	58870.51	51546.56
	利润总额(万元)	61331.30	214704.02	76710.68	65235.81

保定天威保变电气股份有限公司

公司概况	公司名称	保定天威保变电气股份有限公司		证券简称	天威保变
	法人代表	丁强	董秘 张继承	证券代码	600550
	公司网址	www.twbb.com		电子信箱	zjc@twbb.com
	电　话	0312-3252455		传　真	0312-3230382
	办公地址	河北省保定市天威西路2222号			
	经营范围	变压器、互感器、电抗器等输变电设备及辅助设备、零部件的制造与销售等			

主要财务指标	指标\报告期	2012.06.30	2011.12.31	2011.06.30	2010.12.31
	基本每股收益(元)	–0.2500	0.0300	0.1700	0.4900
	基本每股收益(扣除)(元)	–0.2900	–0.0600	0.0100	0.2400
	每股净资产(元)	4.7400	4.9900	5.1400	4.0200
	每股经营现金净流量(元)	–0.3613	–0.1079	–0.0946	0.5140
	每股现金流量(元)	–0.0980	–0.0511	0.1736	–0.6763
	每股资本公积金(元)	2.3714	2.3707	2.3772	0.9167
	每股盈余公积金(元)	0.2372	0.2372	0.2372	0.2788
	每股未分配利润(元)	1.1308	1.3815	1.5233	1.8290
	净资产收益率(%)	–5.2914	0.5130	3.2588	13.1660
	加权净资产收益率(%)	–5.1600	0.5700	4.0900	14.0700
	净资产收益率(扣除)(%)	–	–	–	–
	总资产(万元)	1708290.27	1723715.00	1728152.98	1626013.32
	归属母公司股东权益(万元)	650621.89	684991.45	705348.17	470005.15
	主营业务收入(万元)	107566.08	–	262358.67	664704.01
	营业收入(万元)	112540.03	534582.64	291075.46	762979.98
	主营成本(万元)	96102.04	–	215683.53	549208.02
	营业成本(万元)	99459.54	423629.31	241567.23	638188.45
	投资收益(万元)	–6821.14	–1702.74	5725.19	24179.84
	净利润(万元)	–38124.96	6535.99	26581.89	63304.44
	利润总额(万元)	–37165.87	14507.12	34548.24	72150.81

时代出版传媒股份有限公司

公司概况	公司名称	时代出版传媒股份有限公司		证券简称	时代出版
	法人代表	王亚非	董秘 刘红	证券代码	600551
	公司网址	www.press-mart.com		电子信箱	luyl@press-mart.com
	电　话	0551-3533671 3533053		传　真	0551-3533050
	办公地址	安徽省合肥市蜀山区翡翠路1118号出版传媒广场			
	经营范围	出版传媒、印刷复制以及与其密切相关的高新科技研发与成果转化等			

主要财务指标	指标\报告期	2012.06.30	2011.12.31	2011.06.30	2010.12.31
	基本每股收益(元)	0.3426	0.5391	0.2979	0.5081
	基本每股收益(扣除)(元)	0.3093	0.4953	0.2834	0.4896
	每股净资产(元)	5.9152	5.7140	5.4783	6.3200
	每股经营现金净流量(元)	–0.3043	0.4520	0.1964	0.5842
	每股现金流量(元)	–0.3753	–0.0693	–0.1493	1.1883
	每股资本公积金(元)	2.6740	2.6754	2.6810	3.4170
	每股盈余公积金(元)	0.1717	0.1717	0.1552	0.1862
	每股未分配利润(元)	2.0695	1.8669	1.6421	1.7131
	净资产收益率(%)	5.7925	9.4360	5.4370	9.2994
	加权净资产收益率(%)	5.8500	9.8500	5.5200	10.7200
	净资产收益率(扣除)(%)	–	–	–	–
	总资产(万元)	414707.05	410083.66	374072.12	360056.47
	归属母公司股东权益(万元)	299208.20	289027.16	277106.13	266244.41
	主营业务收入(万元)	140168.68	237724.40	110528.70	178018.70
	营业收入(万元)	142839.53	243817.84	113619.41	183340.30
	主营成本(万元)	111989.93	186769.40	84538.57	129648.17
	营业成本(万元)	114180.68	189292.59	86824.17	132940.12
	投资收益(万元)	1561.83	1804.72	554.92	816.71
	净利润(万元)	17703.96	27524.97	15296.21	25183.28
	利润总额(万元)	17855.01	28018.62	15506.61	25597.03

安徽方兴科技股份有限公司

公司概况	公司名称	安徽方兴科技股份有限公司		证券简称	方兴科技
	法人代表	关长文	董秘 黄晓婷	证券代码	600552
	公司网址	www.fangxingkj.com		电子信箱	chch0254@sina.com
	电　话	0552-4077780		传　真	0552-4077780
	办公地址	安徽省蚌埠市涂山路767号			
	经营范围	浮法玻璃、在线镀膜玻璃、ITO导电膜玻璃、玻璃深加工制品及新型材料的开发等			

主要财务指标	指标\报告期	2012.06.30	2011.12.31	2011.06.30	2010.12.31
	基本每股收益(元)	0.5949	0.3030	0.3030	0.5400
	基本每股收益(扣除)(元)	0.5441	0.2716	0.2716	0.1500
	每股净资产(元)	3.8625	2.8127	2.5648	2.8000
	每股经营现金净流量(元)	0.4816	–0.6047	0.1732	1.0093
	每股现金流量(元)	0.4908	–0.8973	–0.0968	–0.1013
	每股资本公积金(元)	1.8064	1.3516	1.3516	1.8848
	每股盈余公积金(元)	0.2131	0.2131	0.2131	0.2131
	每股未分配利润(元)	0.8429	0.2481	0.0001	–0.2988
	净资产收益率(%)	15.4009	19.4130	11.8140	19.4300
	加权净资产收益率(%)	17.8200	19.4600	10.2700	21.5500
	净资产收益率(扣除)(%)	–	–	–	–
	总资产(万元)	104929.23	102993.19	93275.10	112162.92
	归属母公司股东权益(万元)	45190.86	32909.54	30008.44	32749.93
	主营业务收入(万元)	41023.53	93539.11	53261.94	90011.41
	营业收入(万元)	48260.37	107367.80	59799.93	96985.99
	主营成本(万元)	28991.37	81106.05	39866.91	49097.02
	营业成本(万元)	34546.37	81106.05	43976.96	78943.60
	投资收益(万元)	–174.96	3.37	1.16	3.12
	净利润(万元)	7585.14	12305.02	7468.88	8309.46
	利润总额(万元)	8901.64	14928.69	9626.82	9221.27

上海九龙山股份有限公司

公司概况	公司名称	上海九龙山股份有限公司			证券简称	九 龙 山
	法人代表	李勤夫	董秘	陈海燕	证券代码	600555
	公司网址	www.ninedragon.com.cn		电子信箱	kelly@ninedragon.com.cn	
	电　　话	021-68407880*8963 8086		传　　真	021-68407909	
	办公地址	上海市浦东新区世纪大道 1500 号东方大厦 4 楼				
	经营范围	旅游景点综合经营管理、酒店管理、游艇销售、展览等				

主要财务指标	指标\报告期	2012.06.30	2011.12.31	2011.06.30	2010.12.31
	基本每股收益(元)	0.0100	0.0600	0.0800	0.0100
	基本每股收益(扣除)(元)	0.0100	0.0300	0.0500	–0.0600
	每股净资产(元)	1.3928	1.3797	1.4010	1.3500
	每股经营现金净流量(元)	–0.0208	0.0764	0.0425	–0.1505
	每股现金流量(元)	–0.0355	–0.1202	–0.1274	–0.2609
	每股资本公积金(元)	0.3098	0.3098	0.3098	0.3320
	每股盈余公积金(元)	0.1039	0.1039	0.0983	0.0983
	每股未分配利润(元)	–0.0255	–0.0392	–0.0157	–0.0909
	净资产收益率(%)	0.9794	4.1520	5.3670	0.6450
	加权净资产收益率(%)	1.0000	4.1400	5.4700	0.6000
	净资产收益率(扣除)(%)	–	–	–	–
	总资产(万元)	286899.99	292191.76	296894.60	284128.60
	归属母公司股东权益(万元)	181549.16	179838.89	182720.41	175514.74
	主营业务收入(万元)	11422.90	38644.15	25848.08	767.27
	营业收入(万元)	11517.08	38934.77	25926.51	929.56
	主营成本(万元)	5260.22	20784.82	13408.81	674.38
	营业成本(万元)	5260.22	20893.66	13408.81	682.02
	投资收益(万元)	940.79	4647.18	4355.42	11728.33
	净利润(万元)	1613.39	7203.19	9707.09	727.79
	利润总额(万元)	1621.08	8293.04	10405.86	3231.59

江苏康缘药业股份有限公司

公司概况	公司名称	江苏康缘药业股份有限公司			证券简称	康缘药业
	法人代表	肖伟	董秘	程凡	证券代码	600557
	公司网址	www.kanion.com		电子信箱	chf@kanion.com	
	电　　话	0518-85521990		传　　真	0518-85521990	
	办公地址	江苏省连云港市新浦区海昌南路 58 号				
	经营范围	中成药制剂、保健品制造、销售等				

主要财务指标	指标\报告期	2012.06.30	2011.12.31	2011.06.30	2010.12.31
	基本每股收益(元)	0.2500	0.4400	0.2300	0.4300
	基本每股收益(扣除)(元)	0.2800	0.3700	0.2200	0.3900
	每股净资产(元)	3.5480	3.3930	3.1760	2.9100
	每股经营现金净流量(元)	0.2501	0.2131	0.0238	0.4003
	每股现金流量(元)	0.1456	0.0950	0.0888	–0.2038
	每股资本公积金(元)	0.6451	0.7089	0.6947	0.5734
	每股盈余公积金(元)	0.2839	0.2788	0.2366	0.2409
	每股未分配利润(元)	1.6213	1.4067	1.2462	1.0963
	净资产收益率(%)	7.0153	12.7110	7.1950	14.9470
	加权净资产收益率(%)	6.9700	14.1500	7.7100	15.9500
	净资产收益率(扣除)(%)	–	–	–	–
	总资产(万元)	276026.56	258140.66	227650.49	198748.12
	归属母公司股东权益(万元)	147491.91	143587.28	134429.03	120917.38
	主营业务收入(万元)	83191.64	153558.44	73582.24	135553.92
	营业收入(万元)	83388.35	153777.76	73654.88	135830.76
	主营成本(万元)	18399.37	42198.20	22394.82	36705.45
	营业成本(万元)	18420.91	42543.93	22416.20	37082.71
	投资收益(万元)	4.97	78.18	0.52	196.55
	净利润(万元)	10466.68	18946.17	9936.45	18321.31
	利润总额(万元)	12273.73	21379.91	11700.22	20352.21

四川大西洋焊接材料股份有限公司

公司概况	公司名称	四川大西洋焊接材料股份有限公司			证券简称	大 西 洋
	法人代表	李欣雨	董秘	唐敏	证券代码	600558
	公司网址	www.weldatlantic.com		电子信箱	dxy_600558@tom.com	
	电　　话	0813-5103847 5101327		传　　真	0813-5109042	
	办公地址	四川省自贡市大安区马冲口街 2 号				
	经营范围	开发、生产、销售电焊条、焊丝、焊剂三大类别、八大系列等				

主要财务指标	指标\报告期	2012.06.30	2011.12.31	2011.06.30	2010.12.31
	基本每股收益(元)	0.1200	0.3071	0.1720	0.4582
	基本每股收益(扣除)(元)	0.1200	0.2905	0.1690	0.4619
	每股净资产(元)	7.6700	7.6300	7.4780	7.4100
	每股经营现金净流量(元)	0.1905	–0.4550	–0.7171	–0.0065
	每股现金流量(元)	0.3956	–0.5728	–0.6012	–0.8757
	每股资本公积金(元)	4.0960	4.0960	4.0765	4.0765
	每股盈余公积金(元)	0.4991	0.4871	0.4797	0.4571
	每股未分配利润(元)	2.0781	2.0500	1.9223	1.8729
	净资产收益率(%)	1.5646	4.0230	2.2989	5.8470
	加权净资产收益率(%)	1.5610	4.1000	2.2950	6.6200
	净资产收益率(扣除)(%)	–	–	–	–
	总资产(万元)	197756.56	186691.90	194655.96	184670.76
	归属母公司股东权益(万元)	106021.62	105468.17	103331.33	102337.55
	主营业务收入(万元)	122374.54	241948.93	127587.18	219353.85
	营业收入(万元)	123037.20	243289.17	128262.58	220737.07
	主营成本(万元)	108789.69	216374.96	113248.76	191790.86
	营业成本(万元)	109075.96	217325.71	113794.49	192898.04
	投资收益(万元)	15.22	50.00	–	399.74
	净利润(万元)	1922.34	4944.66	2774.84	7153.40
	利润总额(万元)	2281.23	6090.33	3225.72	8704.70

河北衡水老白干酒业股份有限公司

公司概况	公司名称	河北衡水老白干酒业股份有限公司			证券简称	老白干酒
	法人代表	张新广	董秘	刘勇	证券代码	600559
	公司网址	www.hengshuilaobaigan.net		电子信箱	hslbg@hengshuilaobaigan.net	
	电　　话	0318-2122755		传　　真	0318-2669976	
	办公地址	河北省衡水市人民东路 809 号				
	经营范围	衡水老白干酒的生产与销售、商品猪及种猪的饲养与销售				

主要财务指标	指标\报告期	2012.06.30	2011.12.31	2011.06.30	2010.12.31
	基本每股收益(元)	0.2300	0.6600	0.1800	0.3000
	基本每股收益(扣除)(元)	0.2200	0.6200	0.1600	0.3000
	每股净资产(元)	3.8488	3.6200	3.2384	3.0600
	每股经营现金净流量(元)	–0.9121	0.7657	0.3551	0.9813
	每股现金流量(元)	–0.1054	–0.0062	0.2565	0.2693
	每股资本公积金(元)	1.1887	1.1887	1.1857	1.1857
	每股盈余公积金(元)	0.2439	0.2439	0.1927	0.1927
	每股未分配利润(元)	1.4163	1.1884	0.8600	0.6814
	净资产收益率(%)	5.9215	18.1744	5.5135	9.7220
	加权净资产收益率(%)	6.7500	19.4200	5.6700	9.8800
	净资产收益率(扣除)(%)	–	–	–	–
	总资产(万元)	160364.73	144867.23	133572.59	129008.86
	归属母公司股东权益(万元)	53883.70	50692.99	45338.08	42838.37
	主营业务收入(万元)	72800.72	141283.85	60819.83	116557.39
	营业收入(万元)	72800.72	141369.48	60819.83	116605.62
	主营成本(万元)	37307.42	77582.67	36759.42	68571.97
	营业成本(万元)	37307.42	77638.38	36759.42	68580.76
	投资收益(万元)	–264.30	–	–	–
	净利润(万元)	3190.71	9213.14	2499.71	4164.63
	利润总额(万元)	4391.22	12214.47	3815.45	6041.30

北京金自天正智能控制股份有限公司

公司概况	公司名称	北京金自天正智能控制股份有限公司			证券简称	金自天正
	法人代表	张剑武	董秘	胡邦周	证券代码	600560
	公司网址	www.aritime.com		电子信箱	hubangzhou@163.com	
	电　话	010-83671666 6104		传　真	010-63713257	
	办公地址	北京市丰台区科学城富丰路6号				
	经营范围	自动化系统的技术开发、技术转让、技术咨询、技术培训、技术服务				

	指标\报告期	2012.06.30	2011.12.31	2011.06.30	2010.12.31
主要财务指标	基本每股收益(元)	0.1800	0.4700	0.1500	0.3300
	基本每股收益(扣除)(元)	0.1800	0.4665	0.1500	0.3300
	每股净资产(元)	2.8000	3.9900	3.7400	5.3700
	每股经营现金净流量(元)	0.3198	-0.0106	-0.1151	0.1384
	每股现金流量(元)	0.3014	-0.2103	-0.2151	-0.0802
	每股资本公积金(元)	0.9270	1.6893	1.6893	2.5339
	每股盈余公积金(元)	0.1869	0.2803	0.2448	0.3672
	每股未分配利润(元)	0.6883	1.0194	0.8016	1.4701
	净资产收益率(%)	6.4948	11.9030	5.9298	9.3410
	加权净资产收益率(%)	6.6300	12.5600	6.0200	9.7200
	净资产收益率(扣除)(%)	-	-	-	-
	总资产(万元)	199345.10	210631.64	211710.76	213020.08
	归属母公司股东权益(万元)	62667.94	59474.64	55698.04	53389.23
	主营业务收入(万元)	73215.30	114571.36	54688.90	69703.55
	营业收入(万元)	73274.97	114871.66	54787.01	69902.15
	主营成本(万元)	62842.55	94214.08	45187.67	55824.86
	营业成本(万元)	62882.07	94296.28	45228.20	55875.37
	投资收益(万元)	92.95	24.85	34.20	22.21
	净利润(万元)	4239.81	7431.14	3528.67	5340.46
	利润总额(万元)	5281.17	8470.71	4220.78	6001.40

江西长运股份有限公司

公司概况	公司名称	江西长运股份有限公司			证券简称	江西长运
	法人代表	葛黎明	董秘	黄笑	证券代码	600561
	公司网址	www.jxcy.com.cn		电子信箱	dongsihui@jxcy.com.cn	
	电　话	0791-6298107		传　真	0791-86217722	
	办公地址	江西省南昌市广场南路118号				
	经营范围	公路旅客运输、旅游服务、汽车租赁等				

	指标\报告期	2012.06.30	2011.12.31	2011.06.30	2010.12.31
主要财务指标	基本每股收益(元)	0.3700	0.6800	0.3900	0.6100
	基本每股收益(扣除)(元)	0.2800	0.4600	0.3600	0.4900
	每股净资产(元)	4.2730	4.1100	3.8200	3.6000
	每股经营现金净流量(元)	1.0553	1.9047	1.1578	1.9090
	每股现金流量(元)	0.1113	0.4902	0.7199	-0.0104
	每股资本公积金(元)	0.5186	0.5586	0.5527	0.5527
	每股盈余公积金(元)	0.5477	0.5477	0.4769	0.4769
	每股未分配利润(元)	2.1648	1.9729	1.7598	1.5475
	净资产收益率(%)	8.7039	16.4420	10.2695	17.0236
	加权净资产收益率(%)	8.7700	17.7800	10.5800	17.6900
	净资产收益率(扣除)(%)	-	-	-	-
	总资产(万元)	320911.05	299914.29	265815.20	187498.97
	归属母公司股东权益(万元)	79352.24	76380.37	70942.96	66875.93
	主营业务收入(万元)	102375.52	175392.79	89111.64	113220.57
	营业收入(万元)	111075.00	191717.16	96196.78	124323.96
	主营成本(万元)	82438.06	142259.47	66942.96	86130.64
	营业成本(万元)	86260.33	148919.11	70097.96	91447.15
	投资收益(万元)	69.75	7.46	3.30	-660.79
	净利润(万元)	8905.46	15277.57	9048.94	12660.21
	利润总额(万元)	11436.76	20273.14	11957.77	17187.92

江苏高淳陶瓷股份有限公司

公司概况	公司名称	江苏高淳陶瓷股份有限公司			证券简称	ST 高 陶
	法人代表	孔德双	董秘	王贵夫	证券代码	600562
	公司网址	www.gctc.cn		电子信箱	wanggf@gctc.cn	
	电　话	025-57889698		传　真	025-57377688	
	办公地址	江苏省南京市高淳县高淳经济开发区荆山路008号				
	经营范围	日用陶瓷生产、销售及自营出口等				

	指标\报告期	2012.06.30	2011.12.31	2011.06.30	2010.12.31
主要财务指标	基本每股收益(元)	0.0700	0.2000	0.0600	0.1800
	基本每股收益(扣除)(元)	0.0400	0.0600	0.0300	0.1200
	每股净资产(元)	3.8500	3.7900	3.6400	3.5900
	每股经营现金净流量(元)	-0.0264	0.2615	-0.1039	0.2071
	每股现金流量(元)	-0.6070	0.4207	-0.0578	-0.9005
	每股资本公积金(元)	2.2698	2.2698	2.2698	2.2724
	每股盈余公积金(元)	0.4286	0.4286	0.4286	0.4286
	每股未分配利润(元)	0.1551	0.0867	-0.0536	-0.1134
	净资产收益率(%)	1.7726	5.2870	1.6400	5.0110
	加权净资产收益率(%)	1.7900	5.4300	1.6500	5.2100
	净资产收益率(扣除)(%)	-	-	-	-
	总资产(万元)	64396.97	65598.63	64423.28	56867.31
	归属母公司股东权益(万元)	32404.13	31829.20	30649.11	30168.14
	主营业务收入(万元)	15214.39	29236.10	14682.94	28609.44
	营业收入(万元)	15287.13	29537.65	14878.21	28877.70
	主营成本(万元)	9041.63	16521.74	8246.23	18618.34
	营业成本(万元)	8852.77	16573.23	8277.05	18811.57
	投资收益(万元)	1052.20	174.09	79.68	718.10
	净利润(万元)	634.82	1680.12	512.62	1344.26
	利润总额(万元)	707.63	2177.68	711.10	1622.46

厦门法拉电子股份有限公司

公司概况	公司名称	厦门法拉电子股份有限公司			证券简称	法拉电子
	法人代表	曾福生	董秘	许琼玖	证券代码	600563
	公司网址	www.faratronic.com		电子信箱	xuqj@faratronic.com.cn	
	电　话	0592-6208778 6208600		传　真	0592-6208555	
	办公地址	福建省厦门市新园路99号				
	经营范围	簿膜电容器、金属化膜及电子变压器的生产及销售				

	指标\报告期	2012.06.30	2011.12.31	2011.06.30	2010.12.31
主要财务指标	基本每股收益(元)	0.5200	1.2500	0.6800	1.0900
	基本每股收益(扣除)(元)	0.5100	1.2200	0.6800	1.0400
	每股净资产(元)	5.9447	6.0263	5.4579	5.2300
	每股经营现金净流量(元)	0.5630	1.4796	0.6464	1.0891
	每股现金流量(元)	-0.0180	0.6951	-0.0288	0.2092
	每股资本公积金(元)	1.1645	1.1645	1.1643	1.1643
	每股盈余公积金(元)	0.6983	0.6983	0.5734	0.5734
	每股未分配利润(元)	3.0819	3.1635	2.7202	2.4911
	净资产收益率(%)	8.7203	20.6990	12.4436	20.7630
	加权净资产收益率(%)	8.3800	22.3100	12.3600	22.3700
	净资产收益率(扣除)(%)	-	-	-	-
	总资产(万元)	155963.02	157748.87	148243.04	145420.47
	归属母公司股东权益(万元)	133755.52	135591.64	122803.48	117647.25
	主营业务收入(万元)	59442.13	129425.21	69441.50	119090.81
	营业收入(万元)	60430.22	132523.80	71098.43	120860.44
	主营成本(万元)	38764.10	83808.05	43199.00	75824.07
	营业成本(万元)	38852.13	84165.87	43448.44	76065.10
	投资收益(万元)	136.27	989.03	-8.98	103.48
	净利润(万元)	12313.32	29488.59	15978.44	26149.50
	利润总额(万元)	14494.67	33128.58	18799.12	30641.06

重庆市迪马实业股份有限公司

公司概况	公司名称	重庆市迪马实业股份有限公司			证券简称	迪马股份
	法人代表	贾浚	董秘	易琳	证券代码	600565
	公司网址	www.chinadima.com		电子信箱	tongyongxiu@chinadima.com	
	电　　话	023-89021876 89021877		传　　真	023-89021878	
	办公地址	重庆市南岸区南城大道 199 号正联大厦 23 楼				
	经营范围	生产经营专用汽车、有线电视网络产品				

	指标\报告期	2012.06.30	2011.12.31	2011.06.30	2010.12.31
主要财务指标	基本每股收益(元)	0.0300	0.1000	0.0100	0.0800
	基本每股收益(扣除)(元)	0.0300	0.0900	-0.0010	0.0200
	每股净资产(元)	-	1.5960	1.5040	1.5000
	每股经营现金净流量(元)	0.1970	0.1155	0.2559	0.7095
	每股现金流量(元)	0.1011	-0.2523	-0.1499	0.5755
	每股资本公积金(元)	0.0613	0.0613	0.0613	0.0613
	每股盈余公积金(元)	0.0816	0.0816	0.0789	0.0789
	每股未分配利润(元)	0.4724	0.4527	0.3635	0.3630
	净资产收益率(%)	1.8418	6.4190	0.6980	5.1920
	加权净资产收益率(%)	1.8500	6.6100	0.7000	5.2900
	净资产收益率(扣除)(%)	-	-	-	-
	总资产(万元)	583288.85	585165.81	562868.27	544828.63
	归属母公司股东权益(万元)	116301.30	114879.21	108260.58	108224.83
	主营业务收入(万元)	133623.72	177550.91	80028.93	178782.83
	营业收入(万元)	133932.48	178946.12	80091.44	181983.91
	主营成本(万元)	100713.11	134296.96	66833.27	152510.44
	营业成本(万元)	100811.91	134744.60	66837.64	154856.97
	投资收益(万元)	178.47	2543.05	1275.47	2736.86
	净利润(万元)	7186.79	8578.56	970.84	7104.61
	利润总额(万元)	12614.61	9995.99	547.67	7706.88

湖北洪城通用机械股份有限公司

公司概况	公司名称	湖北洪城通用机械股份有限公司			证券简称	洪城股份
	法人代表	王洪运	董秘	王速建	证券代码	600566
	公司网址	www.hbhc.com.cn		电子信箱	hcweb@vip.163.com	
	电　　话	0716-8221198		传　　真	0716-8221198	
	办公地址	湖北省荆州市红门路 3 号				
	经营范围	各类阀门、水工机械及环保设备的生产、销售等				

	指标\报告期	2012.06.30	2011.12.31	2011.06.30	2010.12.31
主要财务指标	基本每股收益(元)	0.0140	0.0570	0.0240	0.0612
	基本每股收益(扣除)(元)	0.0140	0.0360	0.0240	0.0529
	每股净资产(元)	3.8080	3.8000	3.7710	3.7600
	每股经营现金净流量(元)	0.0447	0.0030	0.0170	0.3700
	每股现金流量(元)	-0.0875	-0.0091	-0.0062	-0.1404
	每股资本公积金(元)	1.9153	1.9153	1.9153	1.9153
	每股盈余公积金(元)	0.1432	0.1432	0.1381	0.1381
	每股未分配利润(元)	0.7495	0.7455	0.7177	0.7033
	净资产收益率(%)	0.3670	1.5060	0.6460	1.6300
	加权净资产收益率(%)	0.3700	1.5200	0.6500	1.6400
	净资产收益率(扣除)(%)	-	-	-	-
	总资产(万元)	99615.75	96182.07	91826.40	86315.96
	归属母公司股东权益(万元)	52626.71	52571.79	52116.84	51918.35
	主营业务收入(万元)	11003.06	21687.18	11072.04	21776.98
	营业收入(万元)	12220.72	24046.98	12110.71	23714.11
	主营成本(万元)	7678.82	14926.30	7464.72	15460.00
	营业成本(万元)	8615.62	16698.18	8248.31	16976.78
	投资收益(万元)	-	-6.42	-	-6.67
	净利润(万元)	193.43	793.57	337.07	848.36
	利润总额(万元)	230.05	827.96	399.51	873.28

安徽山鹰纸业股份有限公司

公司概况	公司名称	安徽山鹰纸业股份有限公司			证券简称	山鹰纸业
	法人代表	夏林	董秘	孙红莉	证券代码	600567
	公司网址	www.shanyingpaper.com		电子信箱	stock@shanyingpaper.com	
	电　　话	0555-2826275		传　　真	0555-2826369	
	办公地址	安徽省马鞍山市勤俭路 3 号				
	经营范围	纸、纸板、纸箱的制造、公司生产产品出口及公司生产、科研所需的原辅材料、机械设备等				

	指标\报告期	2012.06.30	2011.12.31	2011.06.30	2010.12.31
主要财务指标	基本每股收益(元)	0.0200	0.0500	0.0500	0.3500
	基本每股收益(扣除)(元)	0.0048	-0.0200	0.0200	0.1300
	每股净资产(元)	1.8900	3.9400	3.9300	3.6300
	每股经营现金净流量(元)	0.0334	-0.2729	-0.2246	0.6027
	每股现金流量(元)	0.1931	0.7324	1.1772	0.3874
	每股资本公积金(元)	0.5530	2.2613	2.2613	1.6868
	每股盈余公积金(元)	0.0515	0.1081	0.1062	0.1498
	每股未分配利润(元)	0.2809	0.5660	0.5640	0.7938
	净资产收益率(%)	0.6010	1.2190	1.1180	9.5152
	加权净资产收益率(%)	0.6000	0.0100	1.6800	9.7900
	净资产收益率(扣除)(%)	-	-	-	-
	总资产(万元)	773837.53	675112.56	674556.84	539936.02
	归属母公司股东权益(万元)	299018.92	297221.83	296919.24	194313.52
	主营业务收入(万元)	199587.41	396518.13	202797.35	372550.31
	营业收入(万元)	201215.03	398375.44	203884.15	374623.66
	主营成本(万元)	175465.80	351112.52	177785.22	320890.83
	营业成本(万元)	176641.81	352612.74	178792.72	322761.96
	投资收益(万元)	112.88	-39.68	126.55	6559.66
	净利润(万元)	1907.37	3814.51	3395.95	18586.84
	利润总额(万元)	2211.02	5097.15	3718.70	22157.77

中珠控股股份有限公司

公司概况	公司名称	中珠控股股份有限公司			证券简称	中珠控股
	法人代表	叶继革	董秘	陈小峥	证券代码	600568
	公司网址	www.zzkg600568.com		电子信箱	zzkg_stock@126.com	
	电　　话	027-59409632		传　　真	027-59409631	
	办公地址	湖北省潜江市章华南路特 1 号				
	经营范围	房地产开发、物业管理、实业投资、基础建设投资、投资管理				

	指标\报告期	2012.06.30	2011.12.31	2011.06.30	2010.12.31
主要财务指标	基本每股收益(元)	0.2200	1.0997	0.0600	0.4431
	基本每股收益(扣除)(元)	0.1000	1.1095	0.0600	0.3484
	每股净资产(元)	5.6945	5.4800	4.4510	4.3800
	每股经营现金净流量(元)	-0.2580	-0.4493	-0.4008	-3.1912
	每股现金流量(元)	0.3631	-0.5679	0.0591	0.4465
	每股资本公积金(元)	2.0017	2.0017	2.0017	2.0017
	每股盈余公积金(元)	0.2077	0.2077	0.0853	0.0853
	每股未分配利润(元)	2.4851	2.2687	1.3648	1.2914
	净资产收益率(%)	3.7995	20.0740	1.3583	10.1200
	加权净资产收益率(%)	3.8700	22.3100	1.6300	10.8500
	净资产收益率(扣除)(%)	-	-	-	-
	总资产(万元)	218405.82	209575.38	227422.35	212452.47
	归属母公司股东权益(万元)	94794.85	91193.09	74109.11	72887.35
	主营业务收入(万元)	31261.59	46391.79	21785.43	44895.85
	营业收入(万元)	31261.59	46414.89	21785.43	44992.26
	主营成本(万元)	23754.90	38986.17	17201.53	30204.17
	营业成本(万元)	23754.90	39008.59	17201.53	30283.06
	投资收益(万元)	2535.95	21183.12	179.92	1073.83
	净利润(万元)	3562.97	18185.02	936.38	7450.07
	利润总额(万元)	5050.00	18322.19	1278.76	8294.41

安阳钢铁股份有限公司

公司概况					
公司名称	安阳钢铁股份有限公司			证券简称	安阳钢铁
法人代表	王子亮	董秘	张宪胜	证券代码	600569
公司网址	www.aysteel.com.cn		电子信箱	zqb@aysteel.com.cn	
电　话	0372-3120175		传　真	0372-3120181	
办公地址	河南省安阳市殷都区梅元庄				
经营范围	钢铁及钢铁延伸产品的生产和销售				

主要财务指标				
指标\报告期	2012.06.30	2011.12.31	2011.06.30	2010.12.31
基本每股收益(元)	-0.6100	0.0160	0.0300	0.0290
基本每股收益(扣除)(元)	-0.6100	-0.0030	0.0300	0.0360
每股净资产(元)	3.8055	4.4107	4.4447	4.4100
每股经营现金净流量(元)	0.2103	1.8376	0.6409	-0.3840
每股现金流量(元)	-0.0800	0.3872	0.0665	0.0144
每股资本公积金(元)	1.4191	1.4191	1.4191	1.4191
每股盈余公积金(元)	0.7198	0.7198	0.7165	0.7165
每股未分配利润(元)	0.6654	1.2706	1.3079	1.2780
净资产收益率(%)	-15.9031	0.3586	0.6720	0.6571
加权净资产收益率(%)	-14.7300	0.3600	0.6800	0.6600
净资产收益率(扣除)(%)	-	-	-	-
总资产(万元)	3203262.10	3295014.66	3310117.52	3143132.61
归属母公司股东权益(万元)	910908.93	1055771.95	1063922.38	1056773.24
主营业务收入(万元)	1097640.56	2909721.84	1691457.91	2786875.14
营业收入(万元)	1122097.88	2976813.67	1723645.14	2829673.42
主营成本(万元)	1157951.18	2718973.05	1589490.34	2619895.15
营业成本(万元)	1182853.95	2781065.09	1618673.37	2649871.37
投资收益(万元)	20.96	177.53	-	317.73
净利润(万元)	-145097.85	3436.44	7387.01	7627.17
利润总额(万元)	-145191.26	37310.95	8962.38	10486.08

恒生电子股份有限公司

公司概况					
公司名称	恒生电子股份有限公司			证券简称	恒生电子
法人代表	彭政纲	董秘	童晨晖	证券代码	600570
公司网址	www.hundsun.com		电子信箱	investor@hundsun.com	
电　话	0571-28829702		传　真	0571-28829703	
办公地址	浙江省杭州市滨江区江南大道3588号恒生大厦				
经营范围	计算机软件的技术开发、咨询、服务、成果转让、计算机系统集成等				

主要财务指标				
指标\报告期	2012.06.30	2011.12.31	2011.06.30	2010.12.31
基本每股收益(元)	0.0929	0.4100	0.1105	0.3500
基本每股收益(扣除)(元)	0.0764	0.3500	0.0969	0.2900
每股净资产(元)	-	1.9500	1.6200	1.5900
每股经营现金净流量(元)	-	0.3144	-0.2076	0.2780
每股现金流量(元)	-	0.2160	-0.2406	-0.1579
每股资本公积金(元)	-	0.0785	0.0442	0.0693
每股盈余公积金(元)	-	0.1918	0.1505	0.1497
每股未分配利润(元)	-	0.6831	0.4293	0.3696
净资产收益率(%)	-	20.8880	6.8050	22.0710
加权净资产收益率(%)	-	23.0400	6.7900	24.3400
净资产收益率(扣除)(%)	-	-	-	-
总资产(万元)	152365.75	174677.84	141387.68	159868.27
归属母公司股东权益(万元)	121069.21	121798.58	101286.27	99076.19
主营业务收入(万元)	-	104459.61	36818.41	86288.53
营业收入(万元)	35789.11	104819.34	36969.54	86722.70
主营成本(万元)	-	21338.32	9228.99	21349.11
营业成本(万元)	-	21370.06	9257.17	21417.31
投资收益(万元)	-	3473.21	553.39	1598.94
净利润(万元)	-	26201.00	7167.89	22167.87
利润总额(万元)	-	28584.54	7876.35	24364.81

信雅达系统工程股份有限公司

公司概况					
公司名称	信雅达系统工程股份有限公司			证券简称	信雅达
法人代表	郭华强	董秘	叶晖	证券代码	600571
公司网址	www.sunyard.com		电子信箱	mail@sunyard.com	
电　话	0571-56686627		传　真	0571-56686777	
办公地址	浙江省杭州市滨江区江南大道3888号				
经营范围	电子文档影像、电子商务和信息安全等软件产品的生产、销售、提供系统集成等				

主要财务指标				
指标\报告期	2012.06.30	2011.12.31	2011.06.30	2010.12.31
基本每股收益(元)	0.1090	0.2700	0.0780	0.1850
基本每股收益(扣除)(元)	0.0680	0.2500	0.0760	0.1160
每股净资产(元)	2.4170	2.3400	1.9900	1.9600
每股经营现金净流量(元)	-0.6368	0.6883	-0.3957	0.2814
每股现金流量(元)	-0.4071	0.4519	-0.3697	0.1282
每股资本公积金(元)	0.6026	0.5846	0.3963	0.3963
每股盈余公积金(元)	0.1365	0.1365	0.1219	0.1219
每股未分配利润(元)	0.6782	0.6195	0.4723	0.4441
净资产收益率(%)	4.5005	11.1555	3.9280	9.4280
加权净资产收益率(%)	4.5260	13.0300	3.9050	9.8900
净资产收益率(扣除)(%)	-	-	-	-
总资产(万元)	85478.20	78751.87	76027.57	77037.63
归属母公司股东权益(万元)	49042.86	47480.29	38716.05	38177.76
主营业务收入(万元)	23424.42	66916.69	25186.34	61472.11
营业收入(万元)	23876.51	67894.76	26072.70	63472.31
主营成本(万元)	9316.03	33776.32	12675.55	34372.47
营业成本(万元)	9432.21	34159.43	13082.48	35861.15
投资收益(万元)	-136.79	72.68	374.71	135.96
净利润(万元)	1655.39	4932.14	1595.50	4311.82
利润总额(万元)	1726.31	5542.56	1746.31	5331.04

浙江康恩贝制药股份有限公司

公司概况					
公司名称	浙江康恩贝制药股份有限公司			证券简称	康恩贝
法人代表	胡季强	董秘	杨俊德	证券代码	600572
公司网址	www.conba.com.cn		电子信箱	yangjd@conbagroup.com	
电　话	0571-87774710 87774828		传　真	0571-87774709	
办公地址	浙江省杭州市高新技术开发区滨江科技经济园滨康路568号				
经营范围	化学原料药、化学药剂、中成药、非酒精饮料、营养食品、蜂产品、卫生材料及敷料的制造、销售等				

主要财务指标				
指标\报告期	2012.06.30	2011.12.31	2011.06.30	2010.12.31
基本每股收益(元)	0.1820	0.2570	0.2300	0.3000
基本每股收益(扣除)(元)	0.1670	0.1343	0.1276	0.2200
每股净资产(元)	2.0408	2.0193	2.3673	2.3900
每股经营现金净流量(元)	0.1482	0.2677	0.1133	0.3667
每股现金流量(元)	-0.1482	0.0497	0.7453	0.9738
每股资本公积金(元)	0.0903	0.1009	0.5990	2.1247
每股盈余公积金(元)	0.1831	0.1605	0.1588	0.2806
每股未分配利润(元)	0.7674	0.7579	0.6095	1.0597
净资产收益率(%)	8.9191	19.7240	9.7150	12.4123
加权净资产收益率(%)	8.6300	17.4000	10.8900	16.7600
净资产收益率(扣除)(%)	-	-	-	-
总资产(万元)	306218.60	296043.88	313105.12	253528.00
归属母公司股东权益(万元)	143588.26	142076.58	166560.77	157077.05
主营业务收入(万元)	121543.81	209151.03	103024.47	188472.87
营业收入(万元)	122340.53	212281.63	103622.27	189194.91
主营成本(万元)	38162.05	70045.37	35931.09	69221.35
营业成本(万元)	38765.95	72499.70	34602.04	69535.79
投资收益(万元)	1279.96	9064.33	7838.36	1622.51
净利润(万元)	14298.77	30643.49	19351.78	21044.12
利润总额(万元)	16931.63	34939.26	21985.12	24059.18

福建省燕京惠泉啤酒股份有限公司

公司概况

公司名称	福建省燕京惠泉啤酒股份有限公司			证券简称	惠泉啤酒
法人代表	胡建飞	董秘	何泽平	证券代码	600573
公司网址	www.huiquan-beer.com		电子信箱	hqbeer@hqbeer.com	
电　话	0595-87396105		传　真	0595-87384369	
办公地址	福建省泉州市惠安县螺城镇建设大街 157 号				
经营范围	生产啤酒、对外贸易				

主要财务指标

指标\报告期	2012.06.30	2011.12.31	2011.06.30	2010.12.31
基本每股收益(元)	-0.1030	0.1300	0.1130	0.2100
基本每股收益(扣除)(元)	-0.1100	0.0800	0.1100	0.1900
每股净资产(元)	4.3670	4.5200	4.5000	4.4700
每股经营现金净流量(元)	0.1756	0.0811	0.3098	0.5057
每股现金流量(元)	-0.2567	-0.1921	-0.7103	0.2755
每股资本公积金(元)	2.0249	2.0249	2.0249	2.0249
每股盈余公积金(元)	0.4877	0.4877	0.4728	0.4728
每股未分配利润(元)	0.8548	1.0074	1.0019	0.9686
净资产收益率(%)	-2.3511	2.9590	2.5172	4.7370
加权净资产收益率(%)	-2.2900	2.9800	2.5000	4.7800
净资产收益率(扣除)(%)	-	-	-	-
总资产(万元)	126494.81	124799.48	132335.26	126990.73
归属母公司股东权益(万元)	109183.41	113000.43	112488.54	111656.95
主营业务收入(万元)	38639.57	86757.09	44946.52	90195.67
营业收入(万元)	38871.98	88038.36	45679.51	90871.77
主营成本(万元)	29169.40	57344.28	28179.56	59292.88
营业成本(万元)	29351.83	58104.73	28795.30	59966.48
投资收益(万元)	159.52	674.93	17.98	57.18
净利润(万元)	-2742.57	3250.07	2826.57	5167.22
利润总额(万元)	-2523.81	4634.18	3970.26	7069.81

芜湖港储运股份有限公司

公司概况

公司名称	芜湖港储运股份有限公司			证券简称	芜湖港
法人代表	孔祥喜	董秘	牛占奎	证券代码	600575
公司网址	www.wuhuport.com		电子信箱	niu_zhan_kui@163.com	
电　话	0553-5840528 5840085		传　真	0553-5840085 5840510	
办公地址	安徽省芜湖市长江中路港一路 16 号				
经营范围	煤炭、外贸集装箱、散货、件杂货等货类的装卸中转				

主要财务指标

指标\报告期	2012.06.30	2011.12.31	2011.06.30	2010.12.31
基本每股收益(元)	0.1700	0.3200	0.1600	0.0300
基本每股收益(扣除)(元)	0.1700	0.3100	0.1600	0.0100
每股净资产(元)	3.7126	2.7200	2.5680	4.8000
每股经营现金净流量(元)	-1.6411	1.5602	1.2820	0.0486
每股现金流量(元)	0.5701	1.7254	1.3407	2.5258
每股资本公积金(元)	2.1635	1.2617	1.2617	3.5235
每股盈余公积金(元)	0.0269	0.0313	0.0313	0.0625
每股未分配利润(元)	0.5149	0.4198	0.2680	0.2069
净资产收益率(%)	4.1495	11.6450	6.4070	0.7610
加权净资产收益率(%)	5.6000	12.3800	6.4000	2.7300
净资产收益率(扣除)(%)	-	-	-	-
总资产(万元)	1932902.49	1652797.87	1425124.45	973552.93
归属母公司股东权益(万元)	452058.33	284361.37	268858.21	251149.35
主营业务收入(万元)	1544508.52	3003607.55	1326858.55	404737.82
营业收入(万元)	1545607.73	3005540.93	1327441.76	404955.85
主营成本(万元)	1482205.52	2875210.62	1266593.27	386760.96
营业成本(万元)	1483028.68	2876318.35	1267063.85	387113.18
投资收益(万元)	195.87	560.17	242.00	439.62
净利润(万元)	18758.31	33114.02	17225.45	1911.60
利润总额(万元)	26272.57	46894.85	24104.66	3376.18

浙江万好万家实业股份有限公司

公司概况

公司名称	浙江万好万家实业股份有限公司			证券简称	万好万家
法人代表	孔德永	董秘	詹纯伟	证券代码	600576
公司网址	www.cnwhwh.cn		电子信箱	whwj600576@126.com	
电　话	0571-85866518		传　真	0571-85866566	
办公地址	浙江省杭州市密渡桥路 1 号白马大厦 12 楼				
经营范围	房地产投资、酒店投资管理				

主要财务指标

指标\报告期	2012.06.30	2011.12.31	2011.06.30	2010.12.31
基本每股收益(元)	-0.0920	0.0900	-0.0690	-0.1200
基本每股收益(扣除)(元)	-0.0230	0.1600	-0.0580	-0.1500
每股净资产(元)	2.4700	2.5600	2.4000	2.4700
每股经营现金净流量(元)	-0.1246	0.3837	0.7702	0.3369
每股现金流量(元)	0.1230	0.2764	0.5364	-0.1185
每股资本公积金(元)	1.3991	1.3991	1.3991	1.3991
每股盈余公积金(元)	0.1269	0.1269	0.1202	0.1202
每股未分配利润(元)	-0.0587	0.0334	-0.1180	-0.0491
净资产收益率(%)	-3.7341	3.4836	-2.8680	-4.9087
加权净资产收益率(%)	-3.7300	3.5500	-2.8700	-4.8200
净资产收益率(扣除)(%)	-	-	-	-
总资产(万元)	78888.00	95857.60	84336.64	61760.20
归属母公司股东权益(万元)	53809.02	55818.32	52371.66	53873.82
主营业务收入(万元)	-	24321.90	4438.68	33088.16
营业收入(万元)	-	24321.90	4438.68	33088.16
主营成本(万元)	-	4030.13	236.86	21957.45
营业成本(万元)	639.43	4030.13	236.86	21957.45
投资收益(万元)	55.41	2627.75	36.77	-156.66
净利润(万元)	-2010.96	1889.86	-1504.51	-2646.43
利润总额(万元)	-2140.07	2084.08	-1482.93	-2268.45

铜陵精达特种电磁线股份有限公司

公司概况

公司名称	铜陵精达特种电磁线股份有限公司			证券简称	精达股份
法人代表	王世根	董秘	王世根(代)	证券代码	600577
公司网址	www.jingda.cn		电子信箱	zqb@jingda.cn	
电　话	0562-2809086		传　真	0562-2809086	
办公地址	安徽省铜陵市经济技术开发区黄山大道北段 988 号				
经营范围	漆包电磁线制造和销售				

主要财务指标

指标\报告期	2012.06.30	2011.12.31	2011.06.30	2010.12.31
基本每股收益(元)	0.1080	0.3300	0.2210	0.3700
基本每股收益(扣除)(元)	0.0710	0.3100	0.2140	0.3500
每股净资产(元)	2.1900	4.2600	4.1700	2.8800
每股经营现金净流量(元)	0.3718	-2.3031	-0.8991	-1.6812
每股现金流量(元)	-0.3211	1.0013	2.1321	-0.1517
每股资本公积金(元)	0.3731	1.7462	2.1510	0.3747
每股盈余公积金(元)	0.0578	0.1156	0.1108	0.1108
每股未分配利润(元)	0.7596	1.4028	1.6200	1.3993
净资产收益率(%)	4.9386	7.0650	4.3230	12.7788
加权净资产收益率(%)	4.9900	9.0700	7.3700	13.3700
净资产收益率(扣除)(%)	-	-	-	-
总资产(万元)	447729.10	478519.55	451754.76	341728.02
归属母公司股东权益(万元)	157963.06	153767.57	150366.68	84950.29
主营业务收入(万元)	421760.68	939971.77	527677.26	750139.28
营业收入(万元)	431708.86	960394.37	535811.05	765469.90
主营成本(万元)	385630.33	872591.02	488757.07	688565.56
营业成本(万元)	395281.51	893378.12	496504.84	704069.61
投资收益(万元)	897.90	-172.94	184.38	-44.03
净利润(万元)	8613.11	13869.76	8666.53	14619.97
利润总额(万元)	10456.10	18765.73	11344.83	19659.68

北京京能热电股份有限公司

公司概况					
公司名称	北京京能热电股份有限公司			证券简称	京能热电
法人代表	刘海峡	董秘	黄慧	证券代码	600578
公司网址	www.jnrd.com.cn		电子信箱	jnrd@263.net	
电　　话	010-88990762		传　　真	010-88992553	
办公地址	北京市石景山区广宁路 10 号				
经营范围	电力、热力产品的生产、销售				

主要财务指标	指标\报告期	2012.06.30	2011.12.31	2011.06.30	2010.12.31
	基本每股收益(元)	0.3100	0.3700	0.1600	0.4700
	基本每股收益(扣除)(元)	0.2000	0.3400	0.1500	0.4400
	每股净资产(元)	3.9600	3.8500	4.4400	4.2800
	每股经营现金净流量(元)	0.5748	0.4830	0.4549	0.5413
	每股现金流量(元)	–1.8326	1.1062	–0.6259	0.8208
	每股资本公积金(元)	1.7372	1.7428	2.2844	2.2844
	每股盈余公积金(元)	0.7208	0.7449	0.6879	0.6879
	每股未分配利润(元)	0.4970	0.3656	0.4707	0.3066
	净资产收益率(%)	7.7693	9.4760	3.6942	9.5723
	加权净资产收益率(%)	7.7300	9.8300	3.7600	13.3200
	净资产收益率(扣除)(%)	–	–	–	–
	总资产(万元)	873242.01	1135330.33	939424.44	924436.88
	归属母公司股东权益(万元)	311348.06	303344.10	291468.50	280701.19
	主营业务收入(万元)	184257.67	308562.79	150654.71	259571.53
	营业收入(万元)	184632.67	309904.64	151077.82	260385.89
	主营成本(万元)	150630.83	249088.92	122349.48	214011.63
	营业成本(万元)	150630.83	249727.33	122349.48	214211.63
	投资收益(万元)	16518.34	13206.38	3281.26	15003.55
	净利润(万元)	22860.66	30332.44	11057.88	27290.13
	利润总额(万元)	26606.95	37324.51	14678.90	32511.59

青岛黄海橡胶股份有限公司

公司概况					
公司名称	青岛黄海橡胶股份有限公司			证券简称	*ST 黄海
法人代表	孙振华	董秘	孙荣青	证券代码	600579
公司网址	www.yellowsearubber.com		电子信箱	info@yellowsearubber.com	
电　　话	0532-68016078 68016139		传　　真	0532-68016056	
办公地址	山东省青岛市城阳区棘洪滩金岭工业园 3 号				
经营范围	橡胶轮胎制造、销售等				

主要财务指标	指标\报告期	2012.06.30	2011.12.31	2011.06.30	2010.12.31
	基本每股收益(元)	–0.3100	–1.2500	–0.0935	–0.3900
	基本每股收益(扣除)(元)	–0.3026	–1.2200	–0.1729	–0.7200
	每股净资产(元)	–1.6716	–1.3602	–0.2300	–0.1400
	每股经营现金净流量(元)	–0.1579	0.1531	0.1073	–0.9406
	每股现金流量(元)	–0.1016	0.1597	–0.2284	0.1014
	每股资本公积金(元)	1.2879	1.2879	1.2621	1.2621
	每股盈余公积金(元)	0.0994	0.0994	0.0994	0.0994
	每股未分配利润(元)	–4.0589	–3.7475	–2.5917	–2.4981
	净资产收益率(%)	–18.6315	–91.8508	–40.6300	–283.4082
	加权净资产收益率(%)	–	–	–	–
	净资产收益率(扣除)(%)	–	–	–	–
	总资产(万元)	125682.51	119106.82	143989.43	140204.34
	归属母公司股东权益(万元)	–42725.96	–34765.45	–5883.18	–3493.09
	主营业务收入(万元)	25171.48	142485.24	82957.83	145235.68
	营业收入(万元)	25663.23	144418.25	84035.71	147030.73
	主营成本(万元)	24669.78	150247.69	80720.74	147262.47
	营业成本(万元)	25277.67	152136.94	81435.37	149195.61
	投资收益(万元)	–	–190.58	–190.58	–744.57
	净利润(万元)	–7960.51	–31932.36	–2390.09	–9899.71
	利润总额(万元)	–7960.51	–31932.34	–2390.09	–9899.71

卧龙电气集团股份有限公司

公司概况					
公司名称	卧龙电气集团股份有限公司			证券简称	卧龙电气
法人代表	王建乔	董秘	王海龙	证券代码	600580
公司网址	www.wolong.com.cn		电子信箱	niyutai@wolong.com	
电　　话	0575-82176628 82176629		传　　真	0575-82176636	
办公地址	浙江省上虞市人民西路 1801 号				
经营范围	设计、生产、销售各种微分电机及其电子控制装置和电动车等产品				

主要财务指标	指标\报告期	2012.06.30	2011.12.31	2011.06.30	2010.12.31
	基本每股收益(元)	0.0532	0.1615	0.0676	0.3263
	基本每股收益(扣除)(元)	0.0480	0.0837	0.0518	0.2899
	每股净资产(元)	3.5900	3.6100	3.5200	5.5700
	每股经营现金净流量(元)	0.0746	–0.1494	–0.2399	0.1747
	每股现金流量(元)	–0.3435	–0.4121	–0.2155	1.6481
	每股资本公积金(元)	1.3859	1.4062	1.4080	2.8123
	每股盈余公积金(元)	0.1548	0.1548	0.1293	0.2073
	每股未分配利润(元)	1.0559	1.0528	0.9844	1.5500
	净资产收益率(%)	1.4792	4.4690	1.9190	8.8180
	加权净资产收益率(%)	1.4700	4.5500	1.9200	11.1400
	净资产收益率(扣除)(%)	–	–	–	–
	总资产(万元)	473167.84	482493.15	496051.05	406366.55
	归属母公司股东权益(万元)	247211.34	248389.15	242153.74	238879.31
	主营业务收入(万元)	121956.02	304350.66	147762.90	280859.55
	营业收入(万元)	125482.44	314622.33	153187.12	290391.88
	主营成本(万元)	100390.07	262993.80	128409.82	234142.27
	营业成本(万元)	103039.90	269756.65	132035.90	239514.09
	投资收益(万元)	1507.66	3188.79	2687.65	3224.57
	净利润(万元)	4442.47	13030.32	6006.22	24360.55
	利润总额(万元)	4712.05	13737.38	6551.13	26543.35

新疆八一钢铁股份有限公司

公司概况					
公司名称	新疆八一钢铁股份有限公司			证券简称	八一钢铁
法人代表	沈东新	董秘	陈海涛	证券代码	600581
公司网址	www.bygt.com.cn		电子信箱	chenht1@bygt.com.cn	
电　　话	0991-3890166 3881187		传　　真	0991-3890266	
办公地址	新疆维吾尔自治区乌鲁木齐市头屯河区新钢路				
经营范围	钢铁冶炼、轧制、加工及其延压产品的生产和销售				

主要财务指标	指标\报告期	2012.06.30	2011.12.31	2011.06.30	2010.12.31
	基本每股收益(元)	0.2500	0.6300	0.5100	0.6500
	基本每股收益(扣除)(元)	–	0.6300	0.5200	0.7000
	每股净资产(元)	4.8300	4.7900	4.7000	4.3800
	每股经营现金净流量(元)	–	1.2095	0.7427	1.1491
	每股现金流量(元)	–	–0.0755	0.3778	–0.3193
	每股资本公积金(元)	–	1.1150	1.1150	1.1150
	每股盈余公积金(元)	–	0.9226	0.8036	0.7969
	每股未分配利润(元)	–	1.7480	1.7799	1.4654
	净资产收益率(%)	–	13.1290	10.8100	14.8950
	加权净资产收益率(%)	5.1400	13.7700	11.2000	16.0100
	净资产收益率(扣除)(%)	–	–	–	–
	总资产(万元)	1402394.26	1301653.92	1361919.11	1218067.04
	归属母公司股东权益(万元)	370484.45	366788.67	360107.73	335495.04
	主营业务收入(万元)	–	2770671.51	1393588.46	2343781.82
	营业收入(万元)	1414159.89	2795119.70	1402453.37	2366600.26
	主营成本(万元)	–	2539169.81	1276608.36	2112890.62
	营业成本(万元)	–	2563587.75	1285455.59	2135463.17
	投资收益(万元)	–	–	–	–294.09
	净利润(万元)	–	48155.51	38925.69	49971.25
	利润总额(万元)	23348.46	50881.78	45353.22	60523.25

天地科技股份有限公司

公司概况	公司名称	天地科技股份有限公司			证券简称	天地科技
	法人代表	王金华	董秘	范建	证券代码	600582
	公司网址	www.tdtec.com		电子信箱	fanjian@tdtec.com	
	电话	010-84262803 84262852		传真	010-84262838	
	办公地址	北京市朝阳区和平街青年沟路5号				
	经营范围	电子产品、环保设备、矿山机电产品的生产与销售等				

主要财务指标	指标\报告期	2012.06.30	2011.12.31	2011.06.30	2010.12.31
	基本每股收益(元)	0.4730	0.9010	0.3590	0.8440
	基本每股收益(扣除)(元)	0.4630	0.8350	0.3440	0.6700
	每股净资产(元)	4.4400	4.0870	3.5420	3.2700
	每股经营现金净流量(元)	0.0252	0.9269	-0.0560	1.0797
	每股现金流量(元)	-0.3691	0.3397	-0.3947	0.6479
	每股资本公积金(元)	0.0556	0.0374	0.0286	0.0286
	每股盈余公积金(元)	0.1585	0.1585	0.1305	0.1305
	每股未分配利润(元)	3.1708	2.8474	2.3326	2.0741
	净资产收益率(%)	10.6648	22.0480	10.1230	25.7939
	加权净资产收益率(%)	10.9500	24.5300	10.4000	29.6000
	净资产收益率(扣除)(%)	-	-	-	-
	总资产(万元)	1612222.00	1396605.12	1168441.37	1055973.76
	归属母公司股东权益(万元)	449105.63	413482.31	358345.11	330812.38
	主营业务收入(万元)	630457.33	1175026.17	461793.35	772325.89
	营业收入(万元)	642298.72	1200855.51	472210.54	796944.68
	主营成本(万元)	442015.78	796277.41	310981.82	497988.56
	营业成本(万元)	452766.79	819208.35	320769.04	516349.64
	投资收益(万元)	-173.58	2.85	134.52	11663.62
	净利润(万元)	84106.31	163190.26	63721.86	136877.79
	利润总额(万元)	103493.21	202035.89	77579.94	166113.36

海洋石油工程股份有限公司

公司概况	公司名称	海洋石油工程股份有限公司			证券简称	海油工程
	法人代表	周学仲	董秘	刘连举	证券代码	600583
	公司网址	www.cnoocengineering.com		电子信箱	zqblx@mail.cooec.com.cn	
	电话	022-66908808		传真	022-66908800	
	办公地址	天津市塘沽区丹江路1078号				
	经营范围	海洋、陆地油气开发工程及配套工程的设计、建造、安装等				

主要财务指标	指标\报告期	2012.06.30	2011.12.31	2011.06.30	2010.12.31
	基本每股收益(元)	0.0600	0.0500	-0.0700	0.0200
	基本每股收益(扣除)(元)	0.0500	0.0400	-0.0700	0.0200
	每股净资产(元)	2.4600	2.4300	2.3100	2.3200
	每股经营现金净流量(元)	0.1551	0.7033	0.1665	0.1577
	每股现金流量(元)	-0.1239	0.1212	-0.0312	0.0134
	每股资本公积金(元)	0.3857	0.3857	0.3848	0.3311
	每股盈余公积金(元)	0.1538	0.1538	0.1538	0.1538
	每股未分配利润(元)	0.9022	0.8795	0.7660	0.8329
	净资产收益率(%)	2.3496	1.9170	-2.9020	0.9340
	加权净资产收益率(%)	2.3600	1.9800	-2.9200	0.9400
	净资产收益率(扣除)(%)	-	-	-	-
	总资产(万元)	1858161.84	1878589.92	1725064.58	1792069.53
	归属母公司股东权益(万元)	955517.40	944233.28	897451.66	902848.21
	主营业务收入(万元)	418293.52	737792.42	241806.37	713264.32
	营业收入(万元)	418382.98	738451.67	242256.88	713770.71
	主营成本(万元)	359330.90	630981.32	237589.35	636205.66
	营业成本(万元)	359419.15	631804.77	237590.27	636311.95
	投资收益(万元)	144.00	539.80	0.19	640.12
	净利润(万元)	22720.44	18612.59	-25923.39	9260.30
	利润总额(万元)	29024.77	27987.94	-22496.23	16265.50

江苏长电科技股份有限公司

公司概况	公司名称	江苏长电科技股份有限公司			证券简称	长电科技
	法人代表	王新潮	董秘	朱正义	证券代码	600584
	公司网址	www.cj-elec.com		电子信箱	cdkj@cj-elec.com	
	电话	0510-86856061		传真	0510-86199179	
	办公地址	江苏省江阴市滨江中路275号				
	经营范围	集成电路封装、测试和分立器件的生产、销售业务				

主要财务指标	指标\报告期	2012.06.30	2011.12.31	2011.06.30	2010.12.31
	基本每股收益(元)	0.0255	0.0800	0.0993	0.2700
	基本每股收益(扣除)(元)	-0.0600	-0.0400	0.0977	0.2500
	每股净资产(元)	2.8500	2.8300	2.8500	2.8100
	每股经营现金净流量(元)	0.4802	0.5680	0.4185	0.4862
	每股现金流量(元)	0.2591	-0.1159	0.0376	-0.1229
	每股资本公积金(元)	1.1192	1.1192	1.1172	1.1154
	每股盈余公积金(元)	0.1004	0.1004	0.0978	0.0978
	每股未分配利润(元)	0.6365	0.6110	0.6339	0.5946
	净资产收益率(%)	0.8951	2.7910	3.4862	8.6743
	加权净资产收益率(%)	0.9000	2.8000	3.4900	11.3800
	净资产收益率(扣除)(%)	-	-	-	-
	总资产(万元)	658629.32	601648.32	531660.80	471668.12
	归属母公司股东权益(万元)	243394.29	241236.05	242945.87	239455.77
	主营业务收入(万元)	203893.71	371823.05	195992.08	359456.98
	营业收入(万元)	204897.36	376243.25	197663.29	361624.42
	主营成本(万元)	171960.97	305641.86	155980.41	271388.48
	营业成本(万元)	172785.55	308866.51	157349.85	273164.11
	投资收益(万元)	54.92	2125.78	1644.92	-13.68
	净利润(万元)	3076.42	8812.31	9812.04	23268.57
	利润总额(万元)	4321.47	10330.60	11884.85	27113.62

安徽海螺水泥股份有限公司

公司概况	公司名称	安徽海螺水泥股份有限公司			证券简称	海螺水泥
	法人代表	郭文叁	董秘	杨开发	证券代码	600585
	公司网址	www.conch.cn		电子信箱	dms@conch.cn	
	电话	0553-8398911 8398927		传真	0553-8398931	
	办公地址	安徽省芜湖市九华山南路1011号 香港中环康乐广场1号怡和大厦40楼				
	经营范围	生产和销售各种优质水泥以及生产各种高标号水泥所需的商品熟料等				

主要财务指标	指标\报告期	2012.06.30	2011.12.31	2011.06.30	2010.12.31
	基本每股收益(元)	0.5500	2.1900	1.1300	1.1600
	基本每股收益(扣除)(元)	0.4900	2.0900	1.0800	1.1100
	每股净资产(元)	8.5900	8.4600	7.6100	6.6100
	每股经营现金净流量(元)	1.2705	1.9798	0.9765	1.7013
	每股现金流量(元)	-0.3865	0.9545	0.9724	-0.2501
	每股资本公积金(元)	2.1038	2.1756	2.3820	3.9597
	每股盈余公积金(元)	0.3402	0.3402	0.2155	0.3232
	每股未分配利润(元)	5.1462	4.9456	4.0144	4.6250
	净资产收益率(%)	6.4100	25.8470	14.8600	17.6300
	加权净资产收益率(%)	6.3800	29.1000	15.7700	19.3900
	净资产收益率(扣除)(%)	-	-	-	-
	总资产(万元)	8189319.52	8400341.63	7749072.35	6041185.28
	归属母公司股东权益(万元)	4552162.65	4483950.87	4033797.52	3500328.06
	主营业务收入(万元)	2029967.30	4814685.67	2211849.65	3403628.21
	营业收入(万元)	2055915.49	4865380.88	2232726.46	3450828.17
	主营成本(万元)	1480108.62	2883354.55	1265496.91	2300112.56
	营业成本(万元)	1502621.93	2924582.54	1284476.62	2343666.99
	投资收益(万元)	-735.25	12873.54	8772.90	2725.34
	净利润(万元)	297022.14	1182434.40	609835.60	635432.72
	利润总额(万元)	363855.05	1565219.31	804983.15	807833.20

山东金晶科技股份有限公司

	公司名称	山东金晶科技股份有限公司		证券简称	金晶科技
公司概况	法人代表	王刚	董秘 董保森	证券代码	600586
	公司网址	www.cnggg.cn		电子信箱	dongbaosen@cnggg.cn
	电　　话	0533-3586666		传　　真	0533-3585586
	办公地址	山东省淄博市高新技术开发区宝石镇王庄			
	经营范围	浮法玻璃、在线镀膜玻璃和超白玻璃的生产、销售			

主要财务指标	指标\报告期	2012.06.30	2011.12.31	2011.06.30	2010.12.31
	基本每股收益(元)	-0.0900	0.1300	0.1000	0.6100
	基本每股收益(扣除)(元)	-0.1300	0.1000	0.1000	0.5500
	每股净资产(元)	3.0200	3.1100	3.0800	4.5700
	每股经营现金净流量(元)	0.1046	0.3679	0.1216	0.8169
	每股现金流量(元)	-0.1238	0.8169	1.0040	-0.5580
	每股资本公积金(元)	1.3169	1.3169	1.3169	1.9701
	每股盈余公积金(元)	0.0760	0.0760	0.0695	0.1676
	每股未分配利润(元)	0.6320	0.7183	0.6886	1.4293
	净资产收益率(%)	-2.8539	4.2404	3.1140	13.3620
	加权净资产收益率(%)	-2.8500	4.7600	3.8500	13.8100
	净资产收益率(扣除)(%)	-	-	-	-
	总资产(万元)	846248.92	820853.67	784266.88	603934.60
	归属母公司股东权益(万元)	430347.89	442629.56	437483.18	269492.25
	主营业务收入(万元)	138121.48	320029.80	162258.92	311842.74
	营业收入(万元)	142082.36	329550.87	165092.11	314641.30
	主营成本(万元)	135970.60	260476.70	129219.04	240716.50
	营业成本(万元)	139087.78	267917.87	130833.52	242546.62
	投资收益(万元)	-1114.88	1350.86	1479.39	3458.94
	净利润(万元)	-12288.45	19480.39	13507.18	37499.09
	利润总额(万元)	-11568.71	28179.42	17293.08	44430.00

山东新华医疗器械股份有限公司

	公司名称	山东新华医疗器械股份有限公司		证券简称	新华医疗
公司概况	法人代表	赵毅新	董秘 季跃相	证券代码	600587
	公司网址	www.shinva.com		电子信箱	shinva@163.com
	电　　话	0533-3587766		传　　真	0533-3587768
	办公地址	山东省淄博市高新技术产业开发区新华医疗科技园			
	经营范围	消毒灭菌设备、放射诊断治疗设备的生产与销售			

主要财务指标	指标\报告期	2012.06.30	2011.12.31	2011.06.30	2010.12.31
	基本每股收益(元)	0.4600	0.8000	0.3300	0.4500
	基本每股收益(扣除)(元)	0.4500	0.7300	0.3100	0.4200
	每股净资产(元)	8.3110	5.8700	5.5480	5.1900
	每股经营现金净流量(元)	0.1965	-0.1665	0.1652	0.9239
	每股现金流量(元)	2.6864	0.1609	0.3706	0.9566
	每股资本公积金(元)	5.1229	2.4488	2.4623	2.4623
	每股盈余公积金(元)	0.2442	0.3163	0.2528	0.2528
	每股未分配利润(元)	1.9441	2.1054	1.8333	1.4711
	净资产收益率(%)	5.0347	13.5950	6.5290	8.6590
	加权净资产收益率(%)	7.1000	14.4000	6.5300	8.9500
	净资产收益率(扣除)(%)	-	-	-	-
	总资产(万元)	278956.88	195226.37	182812.05	149101.02
	归属母公司股东权益(万元)	144659.50	78895.75	74568.23	69700.01
	主营业务收入(万元)	131201.45	207055.67	92655.18	128405.15
	营业收入(万元)	133057.26	210613.21	95369.55	134223.34
	主营成本(万元)	102795.24	160190.73	71721.49	96576.64
	营业成本(万元)	104179.21	162663.08	74000.66	101752.48
	投资收益(万元)	135.88	358.41	44.42	428.30
	净利润(万元)	7920.90	11763.82	5142.62	6462.62
	利润总额(万元)	9728.00	14389.96	6028.07	7789.56

用友软件股份有限公司

	公司名称	用友软件股份有限公司		证券简称	用友软件
公司概况	法人代表	王文京	董秘 欧阳青	证券代码	600588
	公司网址	www.yonyou.com		电子信箱	ir@yonyou.com
	电　　话	010-62436838 62436637		传　　真	010-62436639
	办公地址	北京市海淀区北清路68号			
	经营范围	电子计算机软件、硬件及外部设备的技术开发、技术服务等			

主要财务指标	指标\报告期	2012.06.30	2011.12.31	2011.06.30	2010.12.31
	基本每股收益(元)	0.1370	0.6600	0.1250	0.4100
	基本每股收益(扣除)(元)	0.1230	0.6000	0.1070	0.3500
	每股净资产(元)	2.8400	3.0200	3.0200	3.1000
	每股经营现金净流量(元)	-0.5571	0.5780	-0.4053	0.5996
	每股现金流量(元)	-0.5989	-0.0020	-0.5979	-0.2741
	每股资本公积金(元)	0.6089	0.9062	0.8225	0.8159
	每股盈余公积金(元)	0.3998	0.4797	0.3902	0.3901
	每股未分配利润(元)	0.8369	1.2393	0.8099	0.8906
	净资产收益率(%)	4.8361	18.1620	4.9490	13.1446
	加权净资产收益率(%)	4.6000	19.8200	4.8300	14.8900
	净资产收益率(扣除)(%)	-	-	-	-
	总资产(万元)	528149.18	546167.92	457916.08	476592.42
	归属母公司股东权益(万元)	278374.07	295555.89	246489.27	252599.49
	主营业务收入(万元)	170339.93	410719.58	145633.61	296684.77
	营业收入(万元)	171536.89	412216.17	146254.03	297882.60
	主营成本(万元)	19832.29	62175.74	17770.97	51479.98
	营业成本(万元)	19885.10	62361.64	17836.33	51721.71
	投资收益(万元)	-610.52	767.81	-799.00	896.89
	净利润(万元)	14156.41	55084.61	11604.30	34603.30
	利润总额(万元)	19275.25	60590.60	14743.00	34768.45

广东榕泰实业股份有限公司

	公司名称	广东榕泰实业股份有限公司		证券简称	广东榕泰
公司概况	法人代表	杨启昭	董秘 徐罗旭	证券代码	600589
	公司网址	www.rongtai.com.cn		电子信箱	guangdongrongtai@yahoo.cn
	电　　话	0663-8676616		传　　真	0663-8676899
	办公地址	广东省揭阳市榕城区新兴东二路1号			
	经营范围	生产、销售氨基塑料及制品和氨基复合材料及制品、甲醛及其辅产品等			

主要财务指标	指标\报告期	2012.06.30	2011.12.31	2011.06.30	2010.12.31
	基本每股收益(元)	0.1500	0.1400	0.1000	0.2200
	基本每股收益(扣除)(元)	0.0800	0.1400	0.0900	0.2100
	每股净资产(元)	3.2861	3.1400	3.1110	3.0300
	每股经营现金净流量(元)	-0.1875	0.5203	-0.0744	0.2187
	每股现金流量(元)	-0.3668	0.1820	-0.0721	0.0754
	每股资本公积金(元)	0.9361	0.9361	0.9361	0.9361
	每股盈余公积金(元)	0.1984	0.1984	0.1842	0.1842
	每股未分配利润(元)	1.1512	1.0150	0.9908	0.9125
	净资产收益率(%)	4.6023	4.4980	3.3200	7.1780
	加权净资产收益率(%)	4.7000	4.5600	3.3600	7.3900
	净资产收益率(扣除)(%)	-	-	-	-
	总资产(万元)	294146.07	300060.75	288029.61	290005.91
	归属母公司股东权益(万元)	197713.44	189516.59	187208.79	182497.22
	主营业务收入(万元)	58194.10	86855.99	66568.65	119353.73
	营业收入(万元)	58594.50	132353.27	66568.65	160252.90
	主营成本(万元)	46178.39	70596.44	54595.16	100341.56
	营业成本(万元)	46178.39	113625.93	54595.16	137585.75
	投资收益(万元)	4907.50	1258.70	817.63	1828.28
	净利润(万元)	9099.42	8508.42	6216.03	13084.13
	利润总额(万元)	10312.52	9271.58	6965.58	14598.80

泰豪科技股份有限公司

公司概况	公司名称	泰豪科技股份有限公司			证券简称	泰豪科技
	法人代表	毛勇	董秘	杨骏	证券代码	600590
	公司网址	www.tellhow.com		电子信箱	tsinghua@tellhow.com	
	电　　话	0791-88110590		传　　真	0791-88106688	
	办公地址	江西省南昌市高新开发区泰豪大厦				
	经营范围	楼宇电气产品、发电机组产品、电力电气产品及光电信息产品等				

	指标\报告期	2012.06.30	2011.12.31	2011.06.30	2010.12.31
主要财务指标	基本每股收益(元)	0.0930	0.1200	0.0810	0.1200
	基本每股收益(扣除)(元)	0.0840	0.0700	0.0790	0.1700
	每股净资产(元)	4.3400	3.8100	3.7990	3.7200
	每股经营现金净流量(元)	–0.0378	–0.5245	–1.0752	0.3937
	每股现金流量(元)	–0.6075	–0.6796	–0.8813	0.1054
	每股资本公积金(元)	2.2819	1.7370	1.7006	1.7046
	每股盈余公积金(元)	0.1275	0.1401	0.1206	0.1206
	每股未分配利润(元)	0.9312	0.9283	0.9777	0.8971
	净资产收益率(%)	1.9896	3.1150	2.1230	3.1992
	加权净资产收益率(%)	2.3700	3.1500	2.1400	3.2200
	净资产收益率(扣除)(%)	–	–	–	–
	总资产(万元)	562164.42	486519.41	516382.26	485296.16
	归属母公司股东权益(万元)	217172.82	173272.35	172976.75	169485.17
	主营业务收入(万元)	108872.42	292545.46	107907.20	292513.55
	营业收入(万元)	110345.49	296683.02	109381.26	297243.70
	主营成本(万元)	88657.69	242530.98	85930.63	241319.37
	营业成本(万元)	89216.56	245407.12	86487.03	244731.05
	投资收益(万元)	704.30	3004.70	323.27	948.97
	净利润(万元)	4146.54	6402.65	3935.87	7683.97
	利润总额(万元)	5111.01	7887.85	4795.91	9134.51

福建龙溪轴承(集团)股份有限公司

公司概况	公司名称	福建龙溪轴承(集团)股份有限公司			证券简称	龙溪股份
	法人代表	曾凡沛	董秘	黄继新	证券代码	600592
	公司网址	www.ls.com.cn		电子信箱	huang@ls.com.cn	
	电　　话	0596-2072091		传　　真	0596-2072136	
	办公地址	福建省漳州市延安北路				
	经营范围	轴承、汽车零部件、普通机械、电器机械及器材的制造、销售				

	指标\报告期	2012.06.30	2011.12.31	2011.06.30	2010.12.31
主要财务指标	基本每股收益(元)	0.2310	0.3700	0.2201	0.3100
	基本每股收益(扣除)(元)	0.1670	0.3400	0.2160	0.2700
	每股净资产(元)	4.0184	3.8600	4.2024	3.8600
	每股经营现金净流量(元)	–0.0161	0.0601	–0.1703	0.1850
	每股现金流量(元)	0.1479	–0.2540	–0.1665	0.1077
	每股资本公积金(元)	1.3090	1.2058	1.7114	1.4941
	每股盈余公积金(元)	0.3335	0.3915	0.3553	0.3553
	每股未分配利润(元)	1.3759	1.2448	1.1357	1.0156
	净资产收益率(%)	5.7500	9.5091	5.2370	8.0243
	加权净资产收益率(%)	5.8500	9.4600	5.4100	9.4700
	净资产收益率(扣除)(%)	–	–	–	–
	总资产(万元)	213158.32	184595.52	194077.41	173069.44
	归属母公司股东权益(万元)	120551.05	115261.70	126070.61	115948.72
	主营业务收入(万元)	40464.67	81571.95	48980.04	65292.95
	营业收入(万元)	42331.99	84095.06	50437.96	67096.00
	主营成本(万元)	29498.21	58492.94	36035.51	47221.11
	营业成本(万元)	30526.82	59389.37	36699.83	48056.93
	投资收益(万元)	1531.67	488.48	474.74	66.83
	净利润(万元)	7223.13	11112.19	6702.74	9438.43
	利润总额(万元)	8529.84	12660.85	7899.29	11262.61

大连圣亚旅游控股股份有限公司

公司概况	公司名称	大连圣亚旅游控股股份有限公司			证券简称	大连圣亚
	法人代表	刘达	董秘	丁霞	证券代码	600593
	公司网址	www.sunasia.com		电子信箱	dingxia@sunasia.com	
	电　　话	0411-84685225		传　　真	0411-84685217	
	办公地址	辽宁省大连市沙河口区中山路608-6-8号				
	经营范围	建设、经营水族馆、海洋探险人造景观、游乐园等				

	指标\报告期	2012.06.30	2011.12.31	2011.06.30	2010.12.31
主要财务指标	基本每股收益(元)	–0.0413	0.0505	–0.0802	0.0568
	基本每股收益(扣除)(元)	–0.0524	–0.0100	–0.0806	–0.0293
	每股净资产(元)	2.9955	3.0367	2.9060	2.9900
	每股经营现金净流量(元)	0.2295	0.5468	0.1080	0.7117
	每股现金流量(元)	0.1637	0.4848	–0.1104	–0.1920
	每股资本公积金(元)	2.1935	2.1935	2.1935	2.1935
	每股盈余公积金(元)	0.1449	0.1449	0.1449	0.1449
	每股未分配利润(元)	–0.3429	–0.3016	–0.4324	–0.3521
	净资产收益率(%)	–1.3777	1.6630	–2.7610	1.9030
	加权净资产收益率(%)	–1.3700	1.6800	–2.7200	1.9100
	净资产收益率(扣除)(%)	–	–	–	–
	总资产(万元)	65394.33	60046.53	59892.95	59688.74
	归属母公司股东权益(万元)	27558.37	27938.03	26735.42	27473.53
	主营业务收入(万元)	6694.37	15277.35	4842.48	12457.67
	营业收入(万元)	6824.68	15738.23	4898.38	12622.40
	主营成本(万元)	3942.71	7139.62	3084.36	6382.00
	营业成本(万元)	3942.71	7139.62	3084.36	6382.00
	投资收益(万元)	–	851.41	320.00	877.80
	净利润(万元)	–382.90	–284.27	–752.02	350.31
	利润总额(万元)	–382.90	–223.77	–752.02	406.90

贵州益佰制药股份有限公司

公司概况	公司名称	贵州益佰制药股份有限公司			证券简称	益佰制药
	法人代表	窦启玲	董秘	汪志伟	证券代码	600594
	公司网址	www.gzcci.com		电子信箱	600594@gz100.cn	
	电　　话	0851-4705177		传　　真	0851-4719910	
	办公地址	贵州省贵阳市白云大道220-1号				
	经营范围	胶囊剂、小容量注射剂、洗剂、栓剂、合剂、片剂、颗粒剂、糖浆剂等				

	指标\报告期	2012.06.30	2011.12.31	2011.06.30	2010.12.31
主要财务指标	基本每股收益(元)	0.3050	0.7530	0.2610	0.5540
	基本每股收益(扣除)(元)	0.2780	0.7190	0.2320	0.5380
	每股净资产(元)	3.5900	3.1200	2.7000	2.4390
	每股经营现金净流量(元)	0.5372	0.7876	0.4065	0.3279
	每股现金流量(元)	0.4352	0.2814	0.2200	–0.0957
	每股资本公积金(元)	0.2629	0.0388	0.0388	0.0388
	每股盈余公积金(元)	0.3529	0.3609	0.2771	0.2771
	每股未分配利润(元)	1.9751	1.7922	1.3848	1.1234
	净资产收益率(%)	8.4302	23.5780	9.6770	22.7260
	加权净资产收益率(%)	9.1560	26.4660	10.1060	24.9540
	净资产收益率(扣除)(%)	–	–	–	–
	总资产(万元)	193271.18	180369.55	154809.10	156486.70
	归属母公司股东权益(万元)	129549.34	112598.21	95269.18	86049.86
	主营业务收入(万元)	94669.90	190332.22	81628.19	146743.37
	营业收入(万元)	94669.90	190333.53	81628.19	146746.50
	主营成本(万元)	18093.62	32697.86	13744.40	33536.23
	营业成本(万元)	18093.62	32699.00	13744.40	33540.99
	投资收益(万元)	–96.15	–382.37	–146.41	1027.47
	净利润(万元)	11076.54	26780.53	9351.30	19687.31
	利润总额(万元)	13038.63	32506.81	11058.42	21110.44

河南中孚实业股份有限公司

公司概况	公司名称	河南中孚实业股份有限公司			证券简称	中孚实业
	法人代表	贺怀钦	董秘	姚国良	证券代码	600595
	公司网址	www.zfsy.com.cn		电子信箱	zfsy@zfsy.com.cn	
	电　　话	0371-64569088		传　　真	0371-64569089	
	办公地址	河南省巩义市新华路31号				
	经营范围	电解铝、铝材、炭素的生产、销售等				

主要财务指标	指标\报告期	2012.06.30	2011.12.31	2011.06.30	2010.12.31
	基本每股收益(元)	-0.0300	0.1300	0.0700	0.1500
	基本每股收益(扣除)(元)	-0.0600	0.0310	0.0600	0.1000
	每股净资产(元)	3.4700	3.5000	3.4300	2.4700
	每股经营现金净流量(元)	0.4949	0.1024	0.1943	0.1632
	每股现金流量(元)	0.6858	0.7513	0.7531	0.9817
	每股资本公积金(元)	1.5465	1.5465	1.5342	0.3443
	每股盈余公积金(元)	0.1590	0.1590	0.1432	0.1834
	每股未分配利润(元)	0.7506	0.7803	0.7554	0.9405
	净资产收益率(%)	-0.8175	3.7900	2.0650	6.8767
	加权净资产收益率(%)	-0.8100	3.9100	2.1800	7.1000
	净资产收益率(扣除)(%)	-	-	-	-
	总资产(万元)	2500939.57	2287438.65	2176544.84	1656206.95
	归属母公司股东权益(万元)	525848.48	530955.83	520021.75	292002.05
	主营业务收入(万元)	542196.28	1192850.89	598639.91	1080254.61
	营业收入(万元)	557206.27	1318590.14	660805.92	1154688.99
	主营成本(万元)	501778.55	1083575.39	550554.24	991647.29
	营业成本(万元)	512108.02	1199170.04	607217.69	1060555.00
	投资收益(万元)	307.76	3265.91	2484.82	1964.12
	净利润(万元)	-6864.51	16423.48	6054.04	13828.19
	利润总额(万元)	-7965.84	24228.57	10291.19	23662.13

浙江新安化工集团股份有限公司

公司概况	公司名称	浙江新安化工集团股份有限公司			证券简称	新安股份
	法人代表	王伟	董秘	姜永平	证券代码	600596
	公司网址	www.wynca.com		电子信箱	jiang_yp888@sohu.com	
	电　　话	0571-64715693 64726275		传　　真	0571-64715693	
	办公地址	浙江省建德市新安江新安东路555号				
	经营范围	农药、化工、新材料及化工机械的制造加工和销售				

主要财务指标	指标\报告期	2012.06.30	2011.12.31	2011.06.30	2010.12.31
	基本每股收益(元)	-0.0409	0.0255	0.0826	0.2469
	基本每股收益(扣除)(元)	-0.1067	-0.2454	-0.0496	0.0790
	每股净资产(元)	5.7228	5.8134	5.8945	5.9011
	每股经营现金净流量(元)	-0.1795	0.5887	0.0149	0.1169
	每股现金流量(元)	-0.5548	-0.3365	-0.1974	-1.0790
	每股资本公积金(元)	1.0800	1.0800	1.0800	1.0800
	每股盈余公积金(元)	0.5060	0.5060	0.4900	0.4900
	每股未分配利润(元)	3.0409	3.1418	3.2148	3.2322
	净资产收益率(%)	-0.7139	0.4390	1.4007	4.1831
	加权净资产收益率(%)	-0.7100	0.4400	1.4000	4.2300
	净资产收益率(扣除)(%)	-	-	-	-
	总资产(万元)	711881.50	703029.68	651064.57	615671.86
	归属母公司股东权益(万元)	388686.08	394838.29	400360.18	400796.30
	主营业务收入(万元)	287205.54	468360.45	234191.48	416298.40
	营业收入(万元)	296886.40	485299.37	243125.80	434627.62
	主营成本(万元)	257088.92	421348.56	211621.42	352358.67
	营业成本(万元)	265653.37	437217.54	220091.47	369440.37
	投资收益(万元)	4927.23	7842.37	3364.24	3252.06
	净利润(万元)	-2460.89	2331.80	5865.79	16810.44
	利润总额(万元)	-2942.05	4814.53	7322.50	20119.33

光明乳业股份有限公司

公司概况	公司名称	光明乳业股份有限公司			证券简称	光明乳业
	法人代表	庄国蔚	董秘	朱建毅	证券代码	600597
	公司网址	www.brightdairy.com		电子信箱	600597@brightdairy.com	
	电　　话	021-54584520 5506 5623		传　　真	021-64013337	
	办公地址	上海市吴中路578号				
	经营范围	生产、开发与销售乳、乳制品和饲料以及便利店零售业务				

主要财务指标	指标\报告期	2012.06.30	2011.12.31	2011.06.30	2010.12.31
	基本每股收益(元)	0.0921	0.2300	0.0699	0.1900
	基本每股收益(扣除)(元)	0.0850	0.2000	0.0645	0.1600
	每股净资产(元)	2.2880	2.3370	2.1960	2.2200
	每股经营现金净流量(元)	0.4712	0.0852	-0.1632	0.5092
	每股现金流量(元)	0.0346	-0.0201	-0.3616	0.2129
	每股资本公积金(元)	0.4380	0.4330	0.4377	0.4269
	每股盈余公积金(元)	0.2639	0.2639	0.2435	0.2435
	每股未分配利润(元)	0.5788	0.6367	0.5002	0.5503
	净资产收益率(%)	4.0268	9.7020	3.1820	8.3450
	加权净资产收益率(%)	3.9000	9.9000	3.1200	8.8000
	净资产收益率(扣除)(%)	-	-	-	-
	总资产(万元)	767119.67	737401.50	675643.00	597454.95
	归属母公司股东权益(万元)	240078.76	245151.99	230358.70	232931.63
	主营业务收入(万元)	640280.45	1157584.83	545796.55	929923.85
	营业收入(万元)	646132.52	1178877.93	554675.89	957211.10
	主营成本(万元)	410058.80	762431.64	360130.69	600239.11
	营业成本(万元)	416692.52	784532.59	368643.38	626998.78
	投资收益(万元)	337.30	572.73	253.46	352.70
	净利润(万元)	10064.34	27069.64	7464.83	22769.52
	利润总额(万元)	9704.05	24047.90	5101.73	24096.26

黑龙江北大荒农业股份有限公司

公司概况	公司名称	黑龙江北大荒农业股份有限公司			证券简称	北大荒
	法人代表		董秘	史晓丹	证券代码	600598
	公司网址	www.hacl.cn		电子信箱	600598@hacl.cn	
	电　　话	0451-55195980		传　　真	0451-55195986	
	办公地址	黑龙江省哈尔滨市南岗区汉水路263号				
	经营范围	水稻、小麦、大豆、玉米等粮食作物的生产、精深加工、销售等				

主要财务指标	指标\报告期	2012.06.30	2011.12.31	2011.06.30	2010.12.31
	基本每股收益(元)	0.1600	0.2500	0.1350	0.2000
	基本每股收益(扣除)(元)	0.1640	0.1600	0.1230	0.1800
	每股净资产(元)	3.2180	3.2420	3.1300	3.1700
	每股经营现金净流量(元)	1.1466	1.1792	1.5094	-1.0934
	每股现金流量(元)	-0.3980	0.4559	0.3973	0.2219
	每股资本公积金(元)	1.3642	1.3642	1.3656	1.3872
	每股盈余公积金(元)	0.5074	0.5074	0.4539	0.4539
	每股未分配利润(元)	0.3456	0.3705	0.3105	0.3310
	净资产收益率(%)	4.9769	7.6486	4.3050	6.3461
	加权净资产收益率(%)	4.8200	7.7400	4.2100	6.5200
	净资产收益率(扣除)(%)	-	-	-	-
	总资产(万元)	1606427.03	1800247.22	1669979.49	1802665.04
	归属母公司股东权益(万元)	572015.92	576385.02	556458.41	563889.26
	主营业务收入(万元)	803868.44	1305171.82	742795.73	882486.73
	营业收入(万元)	839715.20	1330471.53	777156.66	922768.74
	主营成本(万元)	684865.66	1053097.34	630582.51	684869.48
	营业成本(万元)	720510.83	1088561.36	663915.13	720500.96
	投资收益(万元)	299.62	-592.59	381.95	91.17
	净利润(万元)	26453.33	42350.43	23841.96	34857.24
	利润总额(万元)	26758.32	45071.24	23865.32	35591.50

熊猫烟花集团股份有限公司

公司概况				
公司名称	熊猫烟花集团股份有限公司		证券简称	熊猫烟花
法人代表	李民	董秘 黄叶璞	证券代码	600599
公司网址	www.pandafireworks.com		电子信箱	600599@pandafireworks.com
电　　话	0731-83620963		传　　真	0731-83620966
办公地址	湖南省浏阳市浏阳大道 271 号			
经营范围	花炮产品销售、花炮材料销售、纸品销售、印刷包装材料销售、租赁等			

主要财务指标 指标\报告期	2012.06.30	2011.12.31	2011.06.30	2010.12.31
基本每股收益(元)	0.1140	0.0690	0.1620	0.1290
基本每股收益(扣除)(元)	0.0964	-0.0610	0.1500	0.0590
每股净资产(元)	2.1060	1.9900	2.0860	1.9400
每股经营现金净流量(元)	-0.0454	0.3075	-0.0778	0.6027
每股现金流量(元)	-0.2823	0.0852	-0.0682	-0.1249
每股资本公积金(元)	1.0824	1.0824	1.0846	1.0974
每股盈余公积金(元)	0.0458	0.0458	0.0458	0.0458
每股未分配利润(元)	-0.0239	-0.1383	-0.0449	-0.2068
净资产收益率(%)	5.4280	3.4410	7.7614	6.6560
加权净资产收益率(%)	5.5700	3.3800	8.0500	6.8900
净资产收益率(扣除)(%)	-	-	-	-
总资产(万元)	52435.88	55542.50	48006.84	52647.42
归属母公司股东权益(万元)	26541.99	25101.28	26291.81	24398.02
主营业务收入(万元)	13841.61	20817.75	13858.14	20411.98
营业收入(万元)	13968.27	20961.09	14724.15	20642.74
主营成本(万元)	8852.30	-	8616.27	13313.87
营业成本(万元)	8924.28	13669.81	9303.47	13475.38
投资收益(万元)	935.85	2036.48	1190.48	590.94
净利润(万元)	1440.15	919.32	2089.80	1571.07
利润总额(万元)	1561.75	1124.21	2645.63	1523.09

青岛啤酒股份有限公司

公司概况				
公司名称	青岛啤酒股份有限公司		证券简称	青岛啤酒
法人代表	孙明波	董秘 张瑞祥 张学举	证券代码	600600
公司网址	www.tsingtao.com.cn		电子信箱	secretary@tsingtao.com.cn
电　　话	0532-85713831		传　　真	0532-85713240
办公地址	山东省青岛市香港中路五四广场青啤大厦			
经营范围	啤酒制造、技术研究、开发、转让、咨询服务、国内商业、自营进出口			

主要财务指标 指标\报告期	2012.06.30	2011.12.31	2011.06.30	2010.12.31
基本每股收益(元)	0.7460	1.2860	0.7330	1.1250
基本每股收益(扣除)(元)	0.6810	1.1030	0.6650	1.0160
每股净资产(元)	8.7100	8.2200	7.6600	7.1100
每股经营现金净流量(元)	2.6457	1.3859	1.5744	2.4308
每股现金流量(元)	1.6070	-1.4898	-0.0432	1.6693
每股资本公积金(元)	2.9741	2.9741	2.9733	2.9733
每股盈余公积金(元)	0.5986	0.5986	0.5121	0.5121
每股未分配利润(元)	4.1243	3.6386	3.1714	2.6187
净资产收益率(%)	8.5632	15.6420	9.5638	15.8332
加权净资产收益率(%)	8.6700	16.7800	9.8000	16.9000
净资产收益率(扣除)(%)	-	-	-	-
总资产(万元)	2443686.65	2163415.36	2162565.57	1777711.59
归属母公司股东权益(万元)	1176433.91	1111043.87	1035045.83	960311.20
主营业务收入(万元)	1320615.94	2279038.76	1187312.79	1961414.52
营业收入(万元)	1340549.78	2315805.43	1204998.36	1989782.78
主营成本(万元)	783749.63	1315956.43	671963.80	1104433.26
营业成本(万元)	797896.32	1341665.88	684029.87	1123449.02
投资收益(万元)	588.63	426.14	197.55	965.40
净利润(万元)	105018.82	179761.46	104683.54	158441.91
利润总额(万元)	141892.51	245491.26	139139.27	212319.57

方正科技集团股份有限公司

公司概况				
公司名称	方正科技集团股份有限公司		证券简称	方正科技
法人代表	易梅	董秘 侯郁波	证券代码	600601
公司网址	www.foundertech.com		电子信箱	ir@founder.com
电　　话	021-58400030		传　　真	021-58408970
办公地址	上海市浦东南路 360 号新上海国际大厦 36 层			
经营范围	电子计算机及配件、软件等			

主要财务指标 指标\报告期	2012.06.30	2011.12.31	2011.06.30	2010.12.31
基本每股收益(元)	0.0083	0.0694	0.0314	0.1176
基本每股收益(扣除)(元)	0.0055	0.0234	0.0145	0.0192
每股净资产(元)	1.9376	1.9291	1.9018	1.8706
每股经营现金净流量(元)	-0.1105	0.0775	-0.2126	0.0944
每股现金流量(元)	-0.1909	-0.2538	-0.5957	0.5371
每股资本公积金(元)	0.4093	0.4093	0.4093	0.4093
每股盈余公积金(元)	0.0081	0.0081	0.0075	0.0075
每股未分配利润(元)	0.5224	0.5141	0.4868	0.4553
净资产收益率(%)	0.4297	3.5960	1.6520	5.8660
加权净资产收益率(%)	0.4300	3.6500	1.6700	7.0700
净资产收益率(扣除)(%)	-	-	-	-
总资产(万元)	627142.31	627789.80	675503.48	699583.14
归属母公司股东权益(万元)	425280.64	423407.19	417423.27	410580.90
主营业务收入(万元)	212656.04	601164.77	280692.32	809046.10
营业收入(万元)	219058.31	622183.57	286646.59	816779.28
主营成本(万元)	197214.93	569033.57	261705.96	751374.46
营业成本(万元)	201925.86	575909.66	265243.84	754821.79
投资收益(万元)	-	40.20	35.20	2811.94
净利润(万元)	1827.29	15227.58	6896.96	24033.36
利润总额(万元)	2616.72	18699.07	8247.32	29578.35

上海仪电电子股份有限公司

公司概况				
公司名称	上海仪电电子股份有限公司		证券简称	仪电电子
法人代表	黄峰	董秘 赵开兰	证券代码	600602
公司网址	www.sva-e.com		电子信箱	stock@sva-e.com
电　　话	021-62980202 34695939		传　　真	021-62982121
办公地址	上海市徐汇区田林路 168 号 4-5 楼			
经营范围	电视机、平板显示器件、家庭视听设备、微波炉等小家电产品等			

主要财务指标 指标\报告期	2012.06.30	2011.12.31	2011.06.30	2010.12.31
基本每股收益(元)	0.0336	0.1300	0.0908	0.1400
基本每股收益(扣除)(元)	0.0114	0.1000	0.0865	-0.0800
每股净资产(元)	1.9944	2.0039	1.9300	1.9200
每股经营现金净流量(元)	-0.0551	-0.0292	-0.0249	-0.0402
每股现金流量(元)	0.0080	-0.0882	0.0048	0.6866
每股资本公积金(元)	0.9468	0.9566	0.9785	1.0421
每股盈余公积金(元)	0.2778	0.2778	0.2644	0.2754
每股未分配利润(元)	-0.2303	-0.2639	-0.3159	-0.3969
净资产收益率(%)	1.6849	6.5970	4.7103	7.3493
加权净资产收益率(%)	1.6800	6.5600	4.8200	7.7900
净资产收益率(扣除)(%)	-	-	-	-
总资产(万元)	296047.04	288651.84	258129.79	271202.90
归属母公司股东权益(万元)	233933.13	235041.28	226018.23	225280.02
主营业务收入(万元)	55184.13	88896.09	51349.60	75451.41
营业收入(万元)	59091.11	93674.28	53786.34	80393.35
主营成本(万元)	47200.98	76620.75	45238.72	64856.64
营业成本(万元)	48935.39	77492.51	45676.97	66143.79
投资收益(万元)	4964.06	20829.46	9619.96	21903.32
净利润(万元)	4383.71	14869.70	10624.02	16669.69
利润总额(万元)	4500.21	15164.86	10756.93	17249.55

上海兴业能源控股股份有限公司

公司概况					
公司名称	上海兴业能源控股股份有限公司			证券简称	*ST 兴业
法人代表	陈铁铭	董秘	洪再春	证券代码	600603
公司网址				电子信箱	xy600603@163.com
电　话	021-63567603 63563309			传　真	021-63563877
办公地址	上海市吴淞路218号宝矿国际大厦3301室				
经营范围	新能源产业、新材料产业、房地产综合开发经营等				

主要财务指标：指标\报告期	2012.06.30	2011.12.31	2011.06.30	2010.12.31
基本每股收益(元)	−0.0304	−0.1100	−0.0541	−0.0300
基本每股收益(扣除)(元)	−0.0035	−0.0460	−0.0225	–
每股净资产(元)	−1.5544	−1.5240	−1.4686	−1.4100
每股经营现金净流量(元)	−0.0200	−0.0466	−0.0248	−0.0446
每股现金流量(元)	0.0025	−0.0109	−0.0094	0.0087
每股资本公积金(元)	1.7183	1.7183	1.7183	1.7183
每股盈余公积金(元)	0.3191	0.3191	0.3191	0.3191
每股未分配利润(元)	−4.5918	−4.5614	−4.5060	−4.4519
净资产收益率(%)	−1.9579	−7.1836	−3.6831	−1.9030
加权净资产收益率(%)	–	–	–	–
净资产收益率(扣除)(%)	–	–	–	–
总资产(万元)	3864.40	3355.16	3403.32	3602.88
归属母公司股东权益(万元)	−30255.61	−29663.22	−28585.16	−27532.33
主营业务收入(万元)	–	–	–	–
营业收入(万元)	–	–	–	–
主营成本(万元)	–	–	–	–
营业成本(万元)	547.71	–	–	–
投资收益(万元)	480.00	–	–	2290.00
净利润(万元)	−592.39	−2130.89	−1052.83	−523.94
利润总额(万元)	−592.39	−2130.89	−1052.83	−523.94

上海二纺机股份有限公司

公司概况					
公司名称	上海二纺机股份有限公司			证券简称	*ST 二纺
法人代表	夏斯成	董秘	李勃	证券代码	600604
公司网址	www.shefj.com			电子信箱	libolibo918@sina.com
电　话	021-51265073 65318494			传　真	021-65421963
办公地址	上海市场中路687号				
经营范围	生产销售纺纱机械、化纤机械等产品				

主要财务指标：指标\报告期	2012.06.30	2011.12.31	2011.06.30	2010.12.31
基本每股收益(元)	−0.0103	0.0265	0.0156	−0.1607
基本每股收益(扣除)(元)	−0.0362	−0.0236	−0.0150	−0.1678
每股净资产(元)	0.2755	0.2989	0.3093	0.3009
每股经营现金净流量(元)	−0.2960	−0.0499	−0.0891	−0.1279
每股现金流量(元)	−0.0853	−0.1621	−0.0741	−0.1468
每股资本公积金(元)	0.1690	0.1821	0.2034	0.2106
每股盈余公积金(元)	0.0063	0.0063	0.0063	0.0063
每股未分配利润(元)	−0.8998	−0.8895	−0.9004	−0.9160
净资产收益率(%)	−3.7398	8.8710	5.0420	−53.4090
加权净资产收益率(%)	−3.5100	8.8400	5.0500	−40.9300
净资产收益率(扣除)(%)	–	–	–	–
总资产(万元)	48123.51	83622.39	81395.70	83397.29
归属母公司股东权益(万元)	15605.55	16929.67	17518.54	17044.93
主营业务收入(万元)	21336.35	66063.20	33822.70	42196.39
营业收入(万元)	22916.83	71089.96	36788.18	46718.57
主营成本(万元)	20903.27	62771.63	32067.03	41955.44
营业成本(万元)	22520.69	67612.71	34960.61	45980.00
投资收益(万元)	1364.37	1980.11	866.21	1.07
净利润(万元)	−584.29	1603.47	1011.57	−9365.57
利润总额(万元)	−584.29	1603.47	1011.57	−9365.84

上海汇通能源股份有限公司

公司概况					
公司名称	上海汇通能源股份有限公司			证券简称	汇通能源
法人代表	郑树昌	董秘	邵宗超	证券代码	600605
公司网址	www.huitongenergy.com			电子信箱	shaozongchao@sohu.com
电　话	021-62560000*108 147			传　真	021-62566022
办公地址	上海市南京西路1576号				
经营范围	轻工机械及成套设备的制造、销售				

主要财务指标：指标\报告期	2012.06.30	2011.12.31	2011.06.30	2010.12.31
基本每股收益(元)	0.0440	0.0400	0.0600	0.0300
基本每股收益(扣除)(元)	0.0160	−0.0500	0.0300	−0.0600
每股净资产(元)	3.2240	3.1800	3.1800	3.1210
每股经营现金净流量(元)	0.3648	−0.1588	−0.2027	−0.0252
每股现金流量(元)	0.6149	−0.3669	−0.3692	−0.5233
每股资本公积金(元)	0.7915	0.7915	0.7714	0.7714
每股盈余公积金(元)	0.5326	0.5326	0.5265	0.5265
每股未分配利润(元)	0.9002	0.8557	0.8822	0.8220
净资产收益率(%)	1.3793	1.2540	1.8955	0.9051
加权净资产收益率(%)	1.3890	1.2700	1.9140	1.1500
净资产收益率(扣除)(%)	–	–	–	–
总资产(万元)	87123.59	80838.23	79822.53	81861.92
归属母公司股东权益(万元)	47508.99	46853.72	46858.19	45969.99
主营业务收入(万元)	94180.38	209854.42	111605.85	150004.35
营业收入(万元)	94942.97	212588.03	112322.30	151726.29
主营成本(万元)	91836.36	206302.21	109542.19	147263.91
营业成本(万元)	91947.13	206546.57	109665.07	147628.59
投资收益(万元)	40.94	2.67	9.77	927.91
净利润(万元)	655.27	587.54	888.20	416.06
利润总额(万元)	873.67	1346.97	1165.35	966.43

上海金丰投资股份有限公司

公司概况					
公司名称	上海金丰投资股份有限公司			证券简称	金丰投资
法人代表	王文杰	董秘	包永镭	证券代码	600606
公司网址	www.shjftz.com.cn			电子信箱	shjftz@shjftz.com.cn
电　话	021-63592020			传　真	021-63586115
办公地址	上海市南京西路338号天安中心29楼				
经营范围	新型建材、楼宇设备的研制、开发、生产、销售				

主要财务指标：指标\报告期	2012.06.30	2011.12.31	2011.06.30	2010.12.31
基本每股收益(元)	0.1000	0.4100	0.1900	0.4600
基本每股收益(扣除)(元)	0.0600	0.3200	0.1800	0.4200
每股净资产(元)	4.3300	4.2500	4.0600	3.9100
每股经营现金净流量(元)	−0.3167	−0.4755	−0.8617	−3.0120
每股现金流量(元)	0.0212	0.1274	−0.1637	−1.2536
每股资本公积金(元)	1.1898	1.2028	1.2375	1.4195
每股盈余公积金(元)	0.2911	0.2911	0.2645	0.3042
每股未分配利润(元)	1.8529	1.7554	1.5608	1.7778
净资产收益率(%)	2.2509	9.6490	4.6484	11.6625
加权净资产收益率(%)	2.2700	10.0500	4.7100	12.0300
净资产收益率(扣除)(%)	–	–	–	–
总资产(万元)	580196.24	562383.55	520833.37	446552.13
归属母公司股东权益(万元)	213934.53	209760.23	200557.56	193226.94
主营业务收入(万元)	19853.90	90810.55	25429.29	133613.26
营业收入(万元)	20534.86	91853.89	25629.45	135978.16
主营成本(万元)	7456.67	43412.30	6140.64	74567.44
营业成本(万元)	7529.47	43530.26	6210.06	75256.33
投资收益(万元)	6588.71	17495.13	7833.69	14049.01
净利润(万元)	4843.56	20439.42	9459.81	23005.72
利润总额(万元)	5965.45	24077.28	9930.90	30774.06

上海宽频科技股份有限公司

公司概况

公司名称	上海宽频科技股份有限公司			证券简称	ST 沪科
法人代表	史佩欣	董秘	胡兴堂	证券代码	600608
公司网址	www.600608.net		电子信箱	invest@600608.net	
电　　话	021-62317066 62319566		传　　真	021-62317066 62319033	
办公地址	上海市长寿路 1111 号悦达 889 广场 29 楼				
经营范围	通信网络设备、计算机信息工程、集成电路设计与销售等				

主要财务指标

指标＼报告期	2012.06.30	2011.12.31	2011.06.30	2010.12.31
基本每股收益(元)	-0.0800	0.0500	0.1000	0.0600
基本每股收益(扣除)(元)	-0.0800	-0.1400	-0.0700	-0.1700
每股净资产(元)	-0.2600	-0.1800	-0.1300	-0.4800
每股经营现金净流量(元)	-0.0414	0.0019	-0.0371	-0.0453
每股现金流量(元)	-0.1040	0.0868	0.0596	0.0038
每股资本公积金(元)	1.3976	1.3976	1.3964	1.1384
每股盈余公积金(元)	0.1423	0.1423	0.1423	0.1423
每股未分配利润(元)	-2.7737	-2.6927	-2.6461	-2.7428
净资产收益率(%)	-31.3987	-28.2865	-73.9400	-13.2904
加权净资产收益率(%)	-	-	-35.1300	-
净资产收益率(扣除)(%)	-	-	-	-
总资产(万元)	26757.90	37209.50	36438.08	39525.88
归属母公司股东权益(万元)	-8487.06	-5821.55	-4300.39	-15929.88
主营业务收入(万元)	10218.78	26793.03	13786.64	28470.88
营业收入(万元)	10584.29	30923.68	15373.94	32337.60
主营成本(万元)	8734.28	-	10847.13	19975.67
营业成本(万元)	9073.65	23475.24	12349.72	23766.56
投资收益(万元)	-433.24	29.09	5.13	7933.97
净利润(万元)	-2681.23	1793.50	3066.18	2410.09
利润总额(万元)	-2673.78	2103.45	3125.68	2557.03

金杯汽车股份有限公司

公司概况

公司名称	金杯汽车股份有限公司			证券简称	ST 金杯
法人代表	祁玉民	董秘	赵晓军	证券代码	600609
公司网址			电子信箱	stock@syjbauto.com.cn	
电　　话	024-24803399 24815610		传　　真	024-24163399	
办公地址	辽宁省沈阳市沈河区万柳塘路 38 号				
经营范围	汽车及配件制造				

主要财务指标

指标＼报告期	2012.06.30	2011.12.31	2011.06.30	2010.12.31
基本每股收益(元)	0.0160	0.0280	0.0200	0.2570
基本每股收益(扣除)(元)	0.0100	0.0200	0.0170	0.0850
每股净资产(元)	0.3330	0.3180	0.3090	0.2890
每股经营现金净流量(元)	-0.0417	-0.0695	0.0804	0.1290
每股现金流量(元)	0.0101	0.2438	0.1006	0.0244
每股资本公积金(元)	1.0069	1.0069	1.0069	1.0069
每股盈余公积金(元)	0.3786	0.3786	0.3786	0.3786
每股未分配利润(元)	-2.0523	-2.0679	-2.0763	-2.0963
净资产收益率(%)	4.6800	8.9460	6.4710	89.0200
加权净资产收益率(%)	4.7900	9.3700	6.6900	159.9600
净资产收益率(扣除)(%)	-	-	-	-
总资产(万元)	600941.10	541791.50	516794.67	492457.53
归属母公司股东权益(万元)	36410.09	34705.32	33786.76	31600.50
主营业务收入(万元)	219179.41	424809.80	206520.58	413450.17
营业收入(万元)	227208.50	468388.22	220024.92	467489.38
主营成本(万元)	192515.21	377805.11	182086.51	363757.88
营业成本(万元)	197573.17	415447.83	192925.79	408189.08
投资收益(万元)	90.87	2256.30	456.07	3011.68
净利润(万元)	4063.45	7705.58	4230.11	33108.70
利润总额(万元)	4923.58	10221.66	5793.73	36849.25

中国纺织机械股份有限公司

公司概况

公司名称	中国纺织机械股份有限公司			证券简称	SST 中纺
法人代表	李培忠	董秘	程雪莲	证券代码	600610
公司网址	www.ctmco.com.cn		电子信箱	ctmzjbk@online.sh.cn	
电　　话	021-65432970 512		传　　真	021-65455130	
办公地址	上海市长阳路 1687 号				
经营范围	纺织机械及有关器材的生产与销售等				

主要财务指标

指标＼报告期	2012.06.30	2011.12.31	2011.06.30	2010.12.31
基本每股收益(元)	0.0100	0.0200	0.0100	0.0200
基本每股收益(扣除)(元)	-0.0200	-0.0800	-0.0400	-0.1100
每股净资产(元)	0.4800	0.4900	0.5400	0.5800
每股经营现金净流量(元)	-0.0310	-0.0912	-0.0605	-0.0391
每股现金流量(元)	-0.0111	0.0280	-0.0130	0.0050
每股资本公积金(元)	0.3568	0.3643	0.4215	0.4733
每股盈余公积金(元)	-	-	-	-
每股未分配利润(元)	-0.8719	-0.8770	-0.8862	-0.8928
净资产收益率(%)	1.0522	3.2430	1.2337	4.2790
加权净资产收益率(%)	1.0500	2.9600	1.1800	4.1100
净资产收益率(扣除)(%)	-	-	-	-
总资产(万元)	37705.16	36500.74	33599.84	36438.95
归属母公司股东权益(万元)	17317.00	17403.01	19116.24	20729.53
主营业务收入(万元)	2641.70	5616.70	3712.51	8403.78
营业收入(万元)	4614.89	9914.61	5438.16	11639.25
主营成本(万元)	2841.13	6083.17	4138.63	8243.30
营业成本(万元)	4260.06	9062.24	5284.36	10566.22
投资收益(万元)	892.27	3253.09	1317.04	2188.28
净利润(万元)	172.66	556.34	230.74	875.83
利润总额(万元)	172.66	533.77	230.74	867.53

大众交通(集团)股份有限公司

公司概况

公司名称	大众交通(集团)股份有限公司			证券简称	大众交通
法人代表	杨国平	董秘	赵思渊	证券代码	600611
公司网址	www.96822.com		电子信箱	dzjt@96822.com	
电　　话	021-64466666(总机) 64289122		传　　真	021-64285642	
办公地址	上海市中山西路 1515 号大众大厦 11 楼				
经营范围	出租车运输、公共汽车运输、货运、车辆租赁、进出口代理等				

主要财务指标

指标＼报告期	2012.06.30	2011.12.31	2011.06.30	2010.12.31
基本每股收益(元)	0.1400	0.2700	0.1500	0.3400
基本每股收益(扣除)(元)	0.0700	0.1700	0.0900	0.2400
每股净资产(元)	3.3900	3.2700	3.4000	3.4500
每股经营现金净流量(元)	-0.2465	0.4333	0.1588	0.5619
每股现金流量(元)	-0.4307	0.1742	0.0312	0.3957
每股资本公积金(元)	0.7958	0.7426	0.9931	1.1057
每股盈余公积金(元)	0.4684	0.4684	0.4461	0.4461
每股未分配利润(元)	1.1293	1.0609	0.9643	0.8950
净资产收益率(%)	4.0804	8.1930	4.3870	9.7570
加权净资产收益率(%)	4.1100	8.0000	4.3100	10.1500
净资产收益率(扣除)(%)	-	-	-	-
总资产(万元)	997141.60	975642.41	1038849.97	1000542.89
归属母公司股东权益(万元)	534846.60	515662.54	536431.19	543253.16
主营业务收入(万元)	125556.56	273549.04	129757.87	341089.87
营业收入(万元)	127509.84	278016.61	131946.45	344746.14
主营成本(万元)	96336.63	206768.81	98078.15	249186.68
营业成本(万元)	97279.93	208693.22	99317.12	251009.01
投资收益(万元)	17371.24	27201.32	16881.12	31728.92
净利润(万元)	24074.19	47351.78	25804.38	59898.25
利润总额(万元)	31712.01	58396.49	32069.27	72997.83

老凤祥股份有限公司

公司概况	公司名称	老凤祥股份有限公司			证券简称	老凤祥
	法人代表	胡书刚	董秘	周富良	证券代码	600612
	公司网址	www.chinafirstpencil.com		电子信箱	cfp612@126.com	
	电　话	021-54480605 64855944		传　真	021-54481529	
	办公地址	上海市漕溪路258弄26号六楼				
	经营范围	黄金首饰、铅笔制造、铅笔机械、化工原料、制笔零件等				

主要财务指标	指标\报告期	2012.06.30	2011.12.31	2011.06.30	2010.12.31
	基本每股收益(元)	0.7191	1.1996	0.8407	0.9105
	基本每股收益(扣除)(元)	0.6830	1.1743	0.8474	0.8456
	每股净资产(元)	5.7310	4.9745	5.8256	4.6579
	每股经营现金净流量(元)	3.0337	-0.2025	0.9791	-0.6097
	每股现金流量(元)	3.4466	0.4872	2.3154	0.1850
	每股资本公积金(元)	1.6064	1.5690	2.1089	2.0903
	每股盈余公积金(元)	0.3644	0.3644	0.4145	0.4145
	每股未分配利润(元)	2.7602	2.0411	2.3021	1.1531
	净资产收益率(%)	12.5476	24.1150	14.4319	18.2850
	加权净资产收益率(%)	13.4300	28.2000	15.6200	22.3600
	净资产收益率(扣除)(%)	-	-	-	-
	总资产(万元)	772979.18	727659.00	642280.54	550599.58
	归属母公司股东权益(万元)	249830.70	216855.04	195350.00	156195.34
	主营业务收入(万元)	1168077.83	1951190.79	1087837.29	1284347.72
	营业收入(万元)	1345292.17	2112639.72	1167805.18	1431632.92
	主营成本(万元)	1068766.10	1771243.31	995576.30	1159958.61
	营业成本(万元)	1240425.53	1928279.98	1071016.55	1302409.42
	投资收益(万元)	-349.36	279.17	1216.49	427.24
	净利润(万元)	40915.36	68266.65	36789.86	42011.37
	利润总额(万元)	56098.61	91112.96	48884.56	55658.80

上海永生投资管理股份有限公司

公司概况	公司名称	上海永生投资管理股份有限公司			证券简称	永生投资
	法人代表	张芝庭	董秘	梅君	证券代码	600613
	公司网址	www.613904.com		电子信箱	mj041@sina.com	
	电　话	021-53750009		传　真	021-53750012	
	办公地址	上海市威海路128号长发大厦613室				
	经营范围	在国家法律允许和政策鼓励的范围内进行投资管理				

主要财务指标	指标\报告期	2012.06.30	2011.12.31	2011.06.30	2010.12.31
	基本每股收益(元)	0.0800	0.1200	0.0900	0.0400
	基本每股收益(扣除)(元)	0.0800	0.1100	0.0900	0.0200
	每股净资产(元)	1.3779	1.2937	1.2630	1.1800
	每股经营现金净流量(元)	0.0401	-0.0225	-0.0786	0.2234
	每股现金流量(元)	0.0344	-0.0296	-0.0798	0.0940
	每股资本公积金(元)	0.1621	0.1621	0.1623	0.1623
	每股盈余公积金(元)	0.0973	0.0973	0.0973	0.0973
	每股未分配利润(元)	0.1185	0.0344	0.0036	-0.0843
	净资产收益率(%)	6.1061	9.1740	6.9630	3.2641
	加权净资产收益率(%)	6.3000	9.6100	7.2100	3.2100
	净资产收益率(扣除)(%)	-	-	-	-
	总资产(万元)	25364.56	24306.68	24358.51	22084.74
	归属母公司股东权益(万元)	20379.68	19135.08	18684.02	17382.84
	主营业务收入(万元)	6794.02	14756.70	7448.60	10549.75
	营业收入(万元)	6828.33	14825.01	7448.60	10584.14
	主营成本(万元)	1337.20	3118.56	1996.35	2758.85
	营业成本(万元)	1370.67	3125.05	1996.35	2797.15
	投资收益(万元)	-	102.79	-	205.58
	净利润(万元)	1354.83	1916.14	1423.36	623.58
	利润总额(万元)	1523.20	2254.83	1620.89	863.52

上海鼎立科技发展(集团)股份有限公司

公司概况	公司名称	上海鼎立科技发展(集团)股份有限公司			证券简称	鼎立股份
	法人代表	许宝星	董秘	姜卫星	证券代码	600614
	公司网址	www.600614.com		电子信箱	jiang_wx@600614.com	
	电　话	021-35071889 698		传　真	021-35080120	
	办公地址	上海市杨浦区国权路39号财富广场(金座)18楼				
	经营范围	房地产开发、销售、物业管理、建筑材料的销售				

主要财务指标	指标\报告期	2012.06.30	2011.12.31	2011.06.30	2010.12.31
	基本每股收益(元)	0.0500	0.1000	0.0460	0.1100
	基本每股收益(扣除)(元)	-0.0140	-0.0300	0.0030	-0.0700
	每股净资产(元)	1.5050	1.4547	1.4055	1.3596
	每股经营现金净流量(元)	-0.1249	-0.4069	-0.2394	-0.0811
	每股现金流量(元)	-0.0489	0.0006	-0.0174	0.2081
	每股资本公积金(元)	0.3443	0.3443	0.3444	0.3444
	每股盈余公积金(元)	0.0128	0.0128	0.0128	0.0128
	每股未分配利润(元)	0.1478	0.0975	0.0483	0.0023
	净资产收益率(%)	3.3414	6.5460	3.2768	8.3840
	加权净资产收益率(%)	3.4000	6.7700	3.3300	8.7400
	净资产收益率(扣除)(%)	-	-	-	-
	总资产(万元)	242480.59	236852.03	246085.41	190046.50
	归属母公司股东权益(万元)	85392.96	82539.64	79750.19	77140.95
	主营业务收入(万元)	57318.52	110679.00	49746.89	74962.01
	营业收入(万元)	57858.27	111824.40	50293.20	77614.44
	主营成本(万元)	50826.31	96246.96	40510.07	62914.25
	营业成本(万元)	50978.12	96810.21	40694.61	64262.87
	投资收益(万元)	2670.85	1219.18	1188.14	8382.26
	净利润(万元)	2887.47	5512.49	3087.02	6419.61
	利润总额(万元)	3069.41	6056.70	3891.34	7781.14

上海丰华(集团)股份有限公司

公司概况	公司名称	上海丰华(集团)股份有限公司			证券简称	丰华股份
	法人代表	陶林	董秘	苏宏金	证券代码	600615
	公司网址	www.fenghwa.sh.cn		电子信箱	fenghaw600615@163.com	
	电　话	021-50890600 58702762		传　真	021-58702762	
	办公地址	上海市浦东新区浦建路76号由由国际广场901室				
	经营范围	房地产开发、房屋租赁、物业管理、酒店管理、对外投资等				

主要财务指标	指标\报告期	2012.06.30	2011.12.31	2011.06.30	2010.12.31
	基本每股收益(元)	0.0080	-0.0800	-0.0440	0.1600
	基本每股收益(扣除)(元)	-0.0390	-0.2500	-0.0440	0.0600
	每股净资产(元)	2.6200	2.6100	2.6490	2.6900
	每股经营现金净流量(元)	-0.0225	0.3529	0.0392	0.6366
	每股现金流量(元)	0.5098	-0.5197	0.1616	0.5377
	每股资本公积金(元)	2.4576	2.4576	2.4576	2.4576
	每股盈余公积金(元)	0.3140	0.3140	0.3140	0.3140
	每股未分配利润(元)	-1.1506	-1.1587	-1.1229	-1.0785
	净资产收益率(%)	0.3135	-3.0710	-1.6777	5.9630
	加权净资产收益率(%)	0.3140	-3.0200	-1.6640	6.1500
	净资产收益率(扣除)(%)	-	-	-	-
	总资产(万元)	53862.71	56729.70	81890.56	72387.85
	归属母公司股东权益(万元)	49279.75	49127.86	49801.05	50636.57
	主营业务收入(万元)	1709.88	11441.01	6410.60	28070.72
	营业收入(万元)	1709.88	11487.56	6410.60	28128.91
	主营成本(万元)	2107.43	10558.25	5885.76	22625.81
	营业成本(万元)	2107.43	10564.54	5885.76	22703.27
	投资收益(万元)	-2.43	2609.52	16.19	1118.87
	净利润(万元)	154.48	-1508.71	-835.51	3019.49
	利润总额(万元)	154.48	-1830.78	-926.60	3561.38

上海金枫酒业股份有限公司

公司概况	公司名称	上海金枫酒业股份有限公司			证券简称	金枫酒业
	法人代表	葛俊杰	董秘	张黎云	证券代码	600616
	公司网址	www.jinfengwine.com		电子信箱	lily@jinfengwine.com	
	电　　话	021-58352625 50812727*8607		传　　真	021-58352620	
	办公地址	上海市浦东新区张扬路579号(三鑫大厦内)				
	经营范围	食品销售管理(非实物方式)、酒、仓储货运、租赁				

主要财务指标	指标\报告期	2012.06.30	2011.12.31	2011.06.30	2010.12.31
	基本每股收益(元)	0.1300	0.3200	0.1700	0.3000
	基本每股收益(扣除)(元)	0.1300	0.3000	0.1600	0.3100
	每股净资产(元)	2.7100	2.6800	2.5300	2.5600
	每股经营现金净流量(元)	-0.0308	0.2696	0.0024	0.3970
	每股现金流量(元)	0.1092	-0.0211	-0.1672	0.1148
	每股资本公积金(元)	0.0640	0.0640	0.0652	0.1063
	每股盈余公积金(元)	0.0960	0.0960	0.0779	0.0780
	每股未分配利润(元)	1.5537	1.5193	1.3825	1.3777
	净资产收益率(%)	4.9524	11.9940	6.6469	11.8440
	加权净资产收益率(%)	4.8900	12.1400	6.4800	12.5900
	净资产收益率(扣除)(%)	-	-	-	-
	总资产(万元)	154017.28	147125.99	132134.17	142221.98
	归属母公司股东权益(万元)	119041.23	117532.53	110791.74	112392.01
	主营业务收入(万元)	42325.77	104173.51	49129.01	99393.09
	营业收入(万元)	42336.41	104241.36	49161.23	99631.72
	主营成本(万元)	19797.91	47150.47	21753.79	43449.34
	营业成本(万元)	19809.01	47180.14	21769.24	43505.48
	投资收益(万元)	78.10	120.40	139.03	140.54
	净利润(万元)	5804.56	14097.46	7369.76	13388.68
	利润总额(万元)	7889.46	18585.09	9688.37	19060.75

上海联华合纤股份有限公司

公司概况	公司名称	上海联华合纤股份有限公司			证券简称	ST 联华
	法人代表	程鹏	董秘	程鹏(代)	证券代码	600617
	公司网址	www.600617.com.cn		电子信箱	brx600617@126.com	
	电　　话	021-61639685		传　　真	021-61639683	
	办公地址	上海市浦东新区东方路800号宝安大厦2403A				
	经营范围	生产销售聚酯切片、合成纤维及深加工产品、投资兴办企业、销售自产产品				

主要财务指标	指标\报告期	2012.06.30	2011.12.31	2011.06.30	2010.12.31
	基本每股收益(元)	0.0230	0.1000	0.1240	0.1000
	基本每股收益(扣除)(元)	-0.0002	-0.1800	-0.0540	-0.1400
	每股净资产(元)	-0.3340	-0.3600	-0.3320	-0.4600
	每股经营现金净流量(元)	-0.0277	-0.2449	-0.1163	-0.0402
	每股现金流量(元)	-0.0106	-0.2317	-0.2084	0.2408
	每股资本公积金(元)	0.4456	0.4456	0.4456	0.4456
	每股盈余公积金(元)	0.1739	0.1739	0.1739	0.1739
	每股未分配利润(元)	-1.9535	-1.9770	-1.9520	-2.0757
	净资产收益率(%)	-7.0274	-27.6310	-37.2236	-21.9498
	加权净资产收益率(%)	-	-24.2800	-	-22.8700
	净资产收益率(扣除)(%)	-	-	-	-
	总资产(万元)	451.47	1793.36	5517.10	6063.20
	归属母公司股东权益(万元)	-5584.20	-5976.62	-5558.83	-7628.02
	主营业务收入(万元)	-	2541.15	155.50	586.84
	营业收入(万元)	-	2559.65	170.58	786.84
	主营成本(万元)	-	2443.95	136.34	628.75
	营业成本(万元)	-	2448.07	140.45	648.61
	投资收益(万元)	286.39	0.40	0.40	0.52
	净利润(万元)	392.42	1651.40	2069.20	1674.33
	利润总额(万元)	-52.08	2363.62	2647.92	1674.33

上海氯碱化工股份有限公司

公司概况	公司名称	上海氯碱化工股份有限公司			证券简称	氯碱化工
	法人代表	李军	董秘	许沛文	证券代码	600618
	公司网址	www.scacc.com		电子信箱	shxpw@126.com	
	电　　话	021-64340601 64342640		传　　真	021-64341341	
	办公地址	上海市龙吴路4747号				
	经营范围	聚氯乙烯、烧碱、氯系列等基本化工原料及加工产品				

主要财务指标	指标\报告期	2012.06.30	2011.12.31	2011.06.30	2010.12.31
	基本每股收益(元)	0.0733	0.1987	0.1429	0.1223
	基本每股收益(扣除)(元)	0.0676	0.1637	0.1455	0.1247
	每股净资产(元)	2.4304	2.3575	2.3160	2.1664
	每股经营现金净流量(元)	0.3081	0.6140	0.1075	0.5381
	每股现金流量(元)	-0.0333	-0.0065	0.1428	0.1000
	每股资本公积金(元)	1.3749	1.3753	1.3894	1.3829
	每股盈余公积金(元)	0.0087	0.0087	0.0081	0.0081
	每股未分配利润(元)	0.0468	-0.0265	-0.0818	-0.2246
	净资产收益率(%)	3.0169	8.4280	6.1689	5.6430
	加权净资产收益率(%)	3.0630	8.7844	6.3740	5.9500
	净资产收益率(扣除)(%)	-	-	-	-
	总资产(万元)	618415.27	600792.94	593817.29	561372.22
	归属母公司股东权益(万元)	281047.67	272620.26	267790.75	250520.97
	主营业务收入(万元)	259778.39	561131.28	285668.46	555333.86
	营业收入(万元)	267518.55	576252.60	293946.96	573650.14
	主营成本(万元)	228288.35	478268.06	241717.15	477177.24
	营业成本(万元)	234352.68	492315.79	249059.44	492298.22
	投资收益(万元)	2524.59	1250.22	1236.51	6117.92
	净利润(万元)	8502.15	22638.29	16446.36	10269.65
	利润总额(万元)	8606.45	22713.53	16474.46	10465.27

上海海立(集团)股份有限公司

公司概况	公司名称	上海海立(集团)股份有限公司			证券简称	海立股份
	法人代表	沈建芳	董秘	罗敏	证券代码	600619
	公司网址	www.highly.cc		电子信箱	luomin@highly.cc	
	电　　话	021-58547777		传　　真	021-50326960	
	办公地址	上海市浦东新区金桥出口加工区宁桥路888号				
	经营范围	生产销售空调压缩机、冰箱压缩机以及除湿机压缩机等				

主要财务指标	指标\报告期	2012.06.30	2011.12.31	2011.06.30	2010.12.31
	基本每股收益(元)	0.1700	0.2900	0.2400	0.2400
	基本每股收益(扣除)(元)	0.1600	0.2800	0.2400	0.2000
	每股净资产(元)	3.0400	2.9600	2.9400	2.6900
	每股经营现金净流量(元)	0.5854	0.3878	0.2157	0.7697
	每股现金流量(元)	0.1197	0.0731	0.2328	0.0831
	每股资本公积金(元)	0.5999	0.5974	0.6149	0.6162
	每股盈余公积金(元)	0.3333	0.3333	0.3177	0.3177
	每股未分配利润(元)	1.1033	1.0340	1.0031	0.7606
	净资产收益率(%)	5.6145	9.7500	8.2621	8.8590
	加权净资产收益率(%)	5.5900	10.1900	8.6200	8.9200
	净资产收益率(扣除)(%)	-	-	-	-
	总资产(万元)	772247.01	711640.41	834003.30	658903.40
	归属母公司股东权益(万元)	183027.18	178693.62	176950.33	162408.49
	主营业务收入(万元)	387468.73	793191.29	497313.55	620783.78
	营业收入(万元)	396963.49	817777.39	510418.48	640197.39
	主营成本(万元)	337764.29	698584.66	440655.26	535450.98
	营业成本(万元)	342015.83	713225.97	448285.68	550521.57
	投资收益(万元)	496.68	535.10	207.46	-1711.09
	净利润(万元)	14400.99	24511.76	20209.93	20868.00
	利润总额(万元)	17401.51	29658.53	24301.90	25524.02

上海市天宸股份有限公司

公司概况					
公司名称	上海市天宸股份有限公司			证券简称	天宸股份
法人代表	叶茂菁	董秘	许旭羽	证券代码	600620
公司网址	www.shstc.com			电子信箱	xuxuyu@shstc.com
电　话	021-62782233			传　真	021-62789070
办公地址	上海市长宁区仙霞路8号29楼				
经营范围	实业投资、信息网络安全产品开发、国内贸易、房地产开发经营				

主要财务指标：指标\报告期	2012.06.30	2011.12.31	2011.06.30	2010.12.31
基本每股收益(元)	-0.0120	0.0300	-0.0454	0.3600
基本每股收益(扣除)(元)	-0.0136	-0.0900	-0.0481	0.5500
每股净资产(元)	1.5450	1.5320	1.5220	1.5670
每股经营现金净流量(元)	-0.0817	0.4363	0.4075	1.8240
每股现金流量(元)	-0.3603	0.3401	0.4296	0.4156
每股资本公积金(元)	0.0425	0.0176	0.0834	0.1084
每股盈余公积金(元)	0.1958	0.1958	0.1249	0.1624
每股未分配利润(元)	0.3065	0.3185	0.3135	0.7665
净资产收益率(%)	-0.7743	1.9859	-2.9821	23.0059
加权净资产收益率(%)	-0.7800	2.0000	-2.9400	24.5800
净资产收益率(扣除)(%)	-	-	-	-
总资产(万元)	89225.20	95913.80	97207.24	116236.04
归属母公司股东权益(万元)	70719.48	70124.46	69668.57	71744.77
主营业务收入(万元)	6904.34	6632.95	2014.86	153994.72
营业收入(万元)	7262.09	7223.55	2205.42	154397.14
主营成本(万元)	6591.22	6136.97	1979.85	88352.25
营业成本(万元)	6928.43	6498.31	2172.02	88735.61
投资收益(万元)	1415.19	4209.44	20.87	894.39
净利润(万元)	-632.00	1120.45	-2242.27	13810.21
利润总额(万元)	-602.72	1560.91	-2064.26	24865.17

上海金陵股份有限公司

公司概况					
公司名称	上海金陵股份有限公司			证券简称	上海金陵
法人代表	毛辰	董秘	胡之奎	证券代码	600621
公司网址	www.jin-ling.com			电子信箱	zjt@jin-ling.com
电　话	021-63222658 63602361			传　真	021-63502688
办公地址	上海市福州路666号26楼				
经营范围	表面贴装、印刷电路板、网络产品与工程、电子设备、物业经营等				

主要财务指标：指标\报告期	2012.06.30	2011.12.31	2011.06.30	2010.12.31
基本每股收益(元)	0.1599	0.2602	0.1446	0.2150
基本每股收益(扣除)(元)	0.1551	0.2304	0.1216	0.2000
每股净资产(元)	2.6452	2.4800	2.3670	2.3300
每股经营现金净流量(元)	-0.5676	0.3205	0.3422	-0.1324
每股现金流量(元)	0.0605	0.3732	-0.0022	0.2116
每股资本公积金(元)	0.4117	0.4093	0.4093	0.4225
每股盈余公积金(元)	0.2897	0.2897	0.2703	0.2703
每股未分配利润(元)	0.9438	0.7840	0.6878	0.6432
净资产收益率(%)	6.0432	10.4790	6.1080	9.2090
加权净资产收益率(%)	6.2300	10.8000	6.1500	9.6600
净资产收益率(扣除)(%)	-	-	-	-
总资产(万元)	250239.52	207123.51	181028.34	228290.81
归属母公司股东权益(万元)	138632.43	130127.27	124069.03	122353.28
主营业务收入(万元)	30965.98	84705.01	35393.93	137274.44
营业收入(万元)	33081.77	88739.88	37372.15	140673.81
主营成本(万元)	18700.40	49004.18	22059.18	107148.65
营业成本(万元)	20318.21	52097.66	23319.15	110291.77
投资收益(万元)	3276.61	2572.01	1759.34	2471.55
净利润(万元)	8275.35	13736.23	7379.89	10643.90
利润总额(万元)	9237.41	16140.46	9175.40	14285.21

上海嘉宝实业(集团)股份有限公司

公司概况					
公司名称	上海嘉宝实业(集团)股份有限公司			证券简称	嘉宝集团
法人代表	钱明	董秘	孙红良	证券代码	600622
公司网址	www.jbjt.com			电子信箱	jbdm@jbjt.com
电　话	021-59529711			传　真	021-59536931
办公地址	上海市嘉定区清河路55号6-7F				
经营范围	实业投资、国内贸易(除专项规定)、劳务服务、进出口业务等				

主要财务指标：指标\报告期	2012.06.30	2011.12.31	2011.06.30	2010.12.31
基本每股收益(元)	0.3690	0.5190	0.0470	0.6570
基本每股收益(扣除)(元)	0.3410	0.4810	0.0350	0.6230
每股净资产(元)	4.4880	4.2630	3.8340	3.9400
每股经营现金净流量(元)	-1.0618	-0.2984	0.4479	-0.6970
每股现金流量(元)	-0.4835	-0.9986	0.3205	-0.6320
每股资本公积金(元)	1.3393	1.3341	1.3765	1.3822
每股盈余公积金(元)	0.2918	0.2918	0.2410	0.2410
每股未分配利润(元)	1.8563	1.6371	1.2162	1.3190
净资产收益率(%)	8.2275	12.1750	1.2320	16.6690
加权净资产收益率(%)	8.2960	12.6900	1.1920	17.8500
净资产收益率(扣除)(%)	-	-	-	-
总资产(万元)	643698.51	603006.61	558092.42	524197.79
归属母公司股东权益(万元)	230795.44	219253.21	197167.08	202744.04
主营业务收入(万元)	140353.04	161135.06	27652.57	79484.59
营业收入(万元)	140599.53	162177.57	27983.00	80491.61
主营成本(万元)	107543.09	146478.49	25143.83	65141.26
营业成本(万元)	107596.83	146857.99	25275.20	65488.56
投资收益(万元)	4734.00	23943.91	3737.20	32591.11
净利润(万元)	19020.36	26959.58	2667.13	34372.56
利润总额(万元)	24076.05	28830.18	3353.52	35531.33

双钱集团股份有限公司

公司概况					
公司名称	双钱集团股份有限公司			证券简称	双钱股份
法人代表	刘训峰	董秘	王玲	证券代码	600623
公司网址	www.doublecoinholdings.com			电子信箱	wangling@doublecoinholdings.com
电　话	021-33024666 6379 6238			传　真	021-63390141
办公地址	上海市四川中路63号				
经营范围	轮胎、力车胎、胶鞋及其橡胶制品和前述产品的配件、橡胶原辅材料等				

主要财务指标：指标\报告期	2012.06.30	2011.12.31	2011.06.30	2010.12.31
基本每股收益(元)	0.1310	0.1990	0.0940	0.3270
基本每股收益(扣除)(元)	0.1050	0.1670	0.0830	0.1300
每股净资产(元)	2.6140	2.5540	2.4520	2.5080
每股经营现金净流量(元)	-0.3545	1.0635	-0.5148	0.2901
每股现金流量(元)	0.5174	-0.0522	0.2172	-0.4008
每股资本公积金(元)	0.7913	0.8014	0.8005	0.8416
每股盈余公积金(元)	0.1541	0.1541	0.1260	0.1260
每股未分配利润(元)	0.6701	0.6027	0.5258	0.5402
净资产收益率(%)	4.9927	7.7780	3.8187	13.0280
加权净资产收益率(%)	4.9920	7.8400	3.6660	15.2800
净资产收益率(扣除)(%)	-	-	-	-
总资产(万元)	1128367.52	892504.06	1001925.26	845338.59
归属母公司股东权益(万元)	232519.71	227161.60	218127.21	223056.04
主营业务收入(万元)	603089.05	1081037.62	521596.93	897576.88
营业收入(万元)	606127.00	1092663.23	527172.67	909462.54
主营成本(万元)	510905.56	955347.23	464360.80	801647.51
营业成本(万元)	513379.93	961160.48	467578.65	809441.13
投资收益(万元)	2152.92	-158.90	-828.46	18126.67
净利润(万元)	15547.62	10041.73	1421.99	21615.64
利润总额(万元)	16740.33	11719.46	2350.18	22397.42

上海复旦复华科技股份有限公司

公司概况	公司名称	上海复旦复华科技股份有限公司			证券简称	复旦复华
	法人代表	王生洪	董秘	任琳芳	证券代码	600624
	公司网址	www.forwardgroup.com		电子信箱	shareholder@forwardgroup.com	
	电　话	021-63872288		传　真	021-63869700	
	办公地址	上海市国权路525号				
	经营范围	电脑系统、通讯设备、自动化仪表、生物技术、光源照明等				

	指标\报告期	2012.06.30	2011.12.31	2011.06.30	2010.12.31
主要财务指标	基本每股收益(元)	0.0368	0.0690	0.0315	0.0590
	基本每股收益(扣除)(元)	0.0475	0.1140	0.0288	0.0400
	每股净资产(元)	1.6490	1.6420	1.6060	1.5730
	每股经营现金净流量(元)	0.5030	0.3967	0.0950	0.2322
	每股现金流量(元)	-0.0399	0.1080	0.3234	0.3953
	每股资本公积金(元)	0.2625	0.2625	0.2624	0.2624
	每股盈余公积金(元)	0.0307	0.0307	0.0272	0.0272
	每股未分配利润(元)	0.3525	0.3467	0.3126	0.2811
	净资产收益率(%)	2.2300	4.2118	1.9630	3.7654
	加权净资产收益率(%)	2.2200	4.2120	1.9800	3.8330
	净资产收益率(扣除)(%)	-	-	-	-
	总资产(万元)	131885.82	152403.42	156065.75	143355.66
	归属母公司股东权益(万元)	56908.21	56657.63	55430.57	54282.15
	主营业务收入(万元)	39101.83	71944.93	30209.99	58789.64
	营业收入(万元)	39681.94	73106.08	30602.16	59859.86
	主营成本(万元)	26455.57	45760.68	19638.83	42168.65
	营业成本(万元)	26627.88	46145.86	19731.23	42550.47
	投资收益(万元)	-106.34	-133.85	-104.70	358.78
	净利润(万元)	1521.24	2911.97	1358.45	2434.57
	利润总额(万元)	2118.40	3816.10	1776.71	3069.76

上海申达股份有限公司

公司概况	公司名称	上海申达股份有限公司			证券简称	申达股份
	法人代表	席时平	董秘	玛天羽	证券代码	600626
	公司网址	www.cnshenda.com.cn		电子信箱	600626@sh-shenda.com	
	电　话	021-62328282		传　真	021-62317250 62326869	
	办公地址	上海市武宁南路488号(智慧广场)18楼				
	经营范围	纺纱织布、两纱两布、各类纺织品服装、复制品及技术出口等				

	指标\报告期	2012.06.30	2011.12.31	2011.06.30	2010.12.31
主要财务指标	基本每股收益(元)	0.1287	0.3038	0.1497	0.2836
	基本每股收益(扣除)(元)	0.0795	0.2346	0.1329	0.2412
	每股净资产(元)	2.7490	2.7200	2.5660	3.7300
	每股经营现金净流量(元)	-0.0662	0.3208	0.0350	0.0602
	每股现金流量(元)	-0.4562	0.3523	-0.0004	-0.1674
	每股资本公积金(元)	0.1979	0.1979	0.2033	0.4972
	每股盈余公积金(元)	1.1554	1.0659	1.0435	1.6653
	每股未分配利润(元)	0.3956	0.4564	0.3196	0.5625
	净资产收益率(%)	4.6810	11.1680	5.8350	11.4180
	加权净资产收益率(%)	4.6200	11.6800	5.8500	11.1700
	净资产收益率(扣除)(%)	-	-	-	-
	总资产(万元)	333374.37	316527.60	300175.36	288774.33
	归属母公司股东权益(万元)	195239.27	193202.49	182277.36	176377.30
	主营业务收入(万元)	323467.12	662888.20	310771.49	593679.33
	营业收入(万元)	324172.19	664566.57	311579.81	595618.58
	主营成本(万元)	299852.65	619555.39	287130.75	550378.27
	营业成本(万元)	300069.09	620213.25	287505.11	551298.54
	投资收益(万元)	2355.15	12298.33	4585.22	12765.29
	净利润(万元)	9873.98	23344.89	11699.40	21565.34
	利润总额(万元)	12076.50	27479.73	13866.17	25615.36

上海新世界股份有限公司

公司概况	公司名称	上海新世界股份有限公司			证券简称	新 世 界
	法人代表	徐若海	董秘	马炳芳	证券代码	600628
	公司网址	www.newworld-china.com		电子信箱	nwuser@sh163.net	
	电　话	021-63588888 3322		传　真	021-63583331	
	办公地址	上海市南京西路2-88号				
	经营范围	日用百货零售与批发、兼营房地产、酒店、旅游、投资咨询、成衣加工等				

	指标\报告期	2012.06.30	2011.12.31	2011.06.30	2010.12.31
主要财务指标	基本每股收益(元)	0.2500	0.4000	0.2200	0.3700
	基本每股收益(扣除)(元)	0.2500	0.3700	0.2200	0.3700
	每股净资产(元)	4.1288	3.8800	3.8165	3.6000
	每股经营现金净流量(元)	0.1723	0.7205	0.0759	0.8980
	每股现金流量(元)	-0.4434	0.6553	0.2360	0.3169
	每股资本公积金(元)	0.8845	0.8844	0.8929	0.8933
	每股盈余公积金(元)	0.4087	0.4089	0.3697	0.3700
	每股未分配利润(元)	1.8356	1.5865	1.5539	1.3341
	净资产收益率(%)	6.0330	10.3570	5.7574	10.3837
	加权净资产收益率(%)	6.2200	10.7000	5.9300	10.6900
	净资产收益率(扣除)(%)	-	-	-	-
	总资产(万元)	493648.78	556825.33	518463.16	504350.66
	归属母公司股东权益(万元)	219570.56	206327.18	202960.22	191308.89
	主营业务收入(万元)	153177.47	321001.79	162138.22	301967.29
	营业收入(万元)	156354.69	322276.50	162990.79	303008.98
	主营成本(万元)	107703.10	232655.79	118588.97	214197.46
	营业成本(万元)	108232.91	232755.04	120486.56	214344.91
	投资收益(万元)	18.30	-166.87	-228.75	-807.97
	净利润(万元)	13632.90	22006.36	12024.29	20382.68
	利润总额(万元)	16840.01	30000.57	16037.12	27587.26

上海棱光实业股份有限公司

公司概况	公司名称	上海棱光实业股份有限公司			证券简称	棱光实业
	法人代表	章曦	董秘	李恒广	证券代码	600629
	公司网址	www.lengguang.sh.cn		电子信箱	lgzqb@online.sh.cn	
	电　话	021-62192863		传　真	021-62192863	
	办公地址	上海市延安西路2558号2号楼				
	经营范围	实业投资、自有房屋出租、石英玻璃、电子仪表、半导体材料、机电设备等				

	指标\报告期	2012.06.30	2011.12.31	2011.06.30	2010.12.31
主要财务指标	基本每股收益(元)	0.0250	0.1170	0.1300	0.2490
	基本每股收益(扣除)(元)	-0.0780	0.0320	0.0290	0.0050
	每股净资产(元)	2.2710	2.2470	2.7270	2.6000
	每股经营现金净流量(元)	0.1197	0.3248	0.4025	-0.4746
	每股现金流量(元)	0.5678	-0.8831	0.0418	-0.1256
	每股资本公积金(元)	1.9077	1.9077	2.5169	2.5169
	每股盈余公积金(元)	0.1603	0.1603	0.1924	0.1924
	每股未分配利润(元)	-0.7968	-0.8213	-0.9822	-1.1124
	净资产收益率(%)	1.0798	4.7060	4.7760	9.5820
	加权净资产收益率(%)	1.0860	4.7700	4.8930	10.0660
	净资产收益率(扣除)(%)	-	-	-	-
	总资产(万元)	115622.22	118147.30	132219.43	135051.88
	归属母公司股东权益(万元)	79041.94	78188.44	79087.74	75310.18
	主营业务收入(万元)	11769.40	46982.22	24388.50	74933.11
	营业收入(万元)	11985.26	47586.10	24816.58	75726.52
	主营成本(万元)	11265.96	36720.32	19826.29	56862.77
	营业成本(万元)	11341.17	36841.90	19881.03	57156.35
	投资收益(万元)	409.24	413.08	-3.58	999.79
	净利润(万元)	753.40	3236.25	3654.52	6650.88
	利润总额(万元)	1759.24	4007.86	4690.74	7156.97

上海龙头(集团)股份有限公司

公司概况					
公司名称	上海龙头(集团)股份有限公司			证券简称	龙头股份
法人代表	朱勇	董秘	朱险峰	证券代码	600630
公司网址	www.shanghaidragon.com.cn		电子信箱	ltdsh@shanghaidragon.com.cn	
电　话	021-34061116 63159108		传　真	021-54666630 63158280	
办公地址	上海市制造局路 584 号 A 座 4 楼				
经营范围	纺织品制造业、针织、家用纺织品、服装服饰及纺织品印染等				

主要财务指标

指标\报告期	2012.06.30	2011.12.31	2011.06.30	2010.12.31
基本每股收益(元)	0.0600	0.1100	0.0500	0.1400
基本每股收益(扣除)(元)	0.0500	0.0300	0.0500	-0.1800
每股净资产(元)	3.5000	3.4400	3.3850	3.3400
每股经营现金净流量(元)	0.1673	-0.0940	0.1428	0.0584
每股现金流量(元)	-0.0644	-0.1764	-0.1144	-0.0435
每股资本公积金(元)	2.1975	2.1973	2.1977	2.1983
每股盈余公积金(元)	0.0232	0.0232	0.0232	0.0232
每股未分配利润(元)	0.2802	0.2221	0.1645	0.1135
净资产收益率(%)	1.6584	3.1550	1.5060	4.0610
加权净资产收益率(%)	1.6700	3.2100	1.5200	4.1400
净资产收益率(扣除)(%)	-	-	-	-
总资产(万元)	258429.23	255861.08	257826.72	257948.18
归属母公司股东权益(万元)	148739.40	146267.34	143835.09	141693.54
主营业务收入(万元)	228346.21	441031.96	197391.64	340071.15
营业收入(万元)	231924.65	452778.51	203924.96	353141.39
主营成本(万元)	190982.94	373204.12	165349.38	282742.14
营业成本(万元)	192975.10	381106.47	169046.25	292968.24
投资收益(万元)	375.11	1521.71	744.93	11550.42
净利润(万元)	2472.69	4629.26	2171.88	5761.66
利润总额(万元)	3320.23	6185.98	2804.88	6648.09

浙报传媒集团股份有限公司

公司概况					
公司名称	浙报传媒集团股份有限公司			证券简称	浙报传媒
法人代表	蒋国兴	董秘	李庆	证券代码	600633
公司网址	www.600633.cn		电子信箱	zdm@8531.cn	
电　话	0571-85310949 85311338		传　真	0571-85058016	
办公地址	浙江省杭州市体育场路 178 号 26-27 楼				
经营范围	传播与文化产业的投资、开发、管理及咨询服务				

主要财务指标

指标\报告期	2012.06.30	2011.12.31	2011.06.30	2010.12.31
基本每股收益(元)	0.2600	0.6600	0.4400	0.7500
基本每股收益(扣除)(元)	0.2500	0.6600	0.4400	0.6600
每股净资产(元)	2.1548	2.7155	0.6860	0.7660
每股经营现金净流量(元)	-0.3067	0.5001	-0.9230	1.6548
每股现金流量(元)	-0.8559	0.2454	-1.3124	-1.1279
每股资本公积金(元)	0.0016	0.5828	0.1783	0.1787
每股盈余公积金(元)	0.0608	0.0608	0.1037	0.1037
每股未分配利润(元)	1.0923	1.0718	-0.5957	1.9296
净资产收益率(%)	12.0477	23.8130	-11.5700	27.9523
加权净资产收益率(%)	9.5800	25.9500	13.3000	23.2200
净资产收益率(扣除)(%)	-	-	-	-
总资产(万元)	249284.07	218827.03	25004.27	149484.82
归属母公司股东权益(万元)	92598.98	116692.72	10435.30	74824.55
主营业务收入(万元)	62610.54	129247.07	63533.27	117657.08
营业收入(万元)	65872.35	134227.69	65751.22	121343.34
主营成本(万元)	32480.89	70836.00	33729.49	65043.95
营业成本(万元)	33869.14	73723.48	20487.00	35952.89
投资收益(万元)	-59.07	-149.69	9.29	606.30
净利润(万元)	13981.93	25889.98	14321.46	23093.12
利润总额(万元)	13994.72	25908.39	14436.23	23232.58

上海澄海企业发展股份有限公司

公司概况					
公司名称	上海澄海企业发展股份有限公司			证券简称	ST 澄海
法人代表	鲍崇宪	董秘	吴裕芹	证券代码	600634
公司网址	www.600634.com		电子信箱	shhnfz@yahoo.com.cn	
电　话	021-62696296		传　真	021-65194671	
办公地址	上海市国权路 39 号财富国际广场金座 21 楼				
经营范围	房地产开发与经营等				

主要财务指标

指标\报告期	2012.06.30	2011.12.31	2011.06.30	2010.12.31
基本每股收益(元)	0.0200	0.0700	-0.0300	-0.0200
基本每股收益(扣除)(元)	-0.0100	-0.1000	-0.0300	-0.0200
每股净资产(元)	1.6570	1.6337	1.5370	1.5700
每股经营现金净流量(元)	-0.1366	0.5780	0.0009	-0.0006
每股现金流量(元)	-0.3569	0.3626	-0.0044	-0.0210
每股资本公积金(元)	0.3265	0.3265	0.3265	0.3265
每股盈余公积金(元)	0.2858	0.2858	0.2858	0.2858
每股未分配利润(元)	0.0444	0.0214	-0.0746	-0.0444
净资产收益率(%)	1.3884	4.0262	-1.9660	-1.0154
加权净资产收益率(%)	1.4000	4.1100	-1.2700	-1.0100
净资产收益率(扣除)(%)	-	-	-	-
总资产(万元)	18314.12	20249.55	20864.13	20953.22
归属母公司股东权益(万元)	14447.52	14246.93	13409.76	13673.33
主营业务收入(万元)	2875.02	5018.74	220.79	1440.11
营业收入(万元)	2875.02	5031.91	220.79	1456.22
主营成本(万元)	2531.52	4760.13	171.63	841.80
营业成本(万元)	2544.71	4802.02	186.34	872.64
投资收益(万元)	-	-	-	-
净利润(万元)	202.55	589.90	-265.95	-69.38
利润总额(万元)	220.39	620.52	-265.61	73.25

上海大众公用事业(集团)股份有限公司

公司概况					
公司名称	上海大众公用事业(集团)股份有限公司			证券简称	大众公用
法人代表	杨国平	董秘	梁嘉玮	证券代码	600635
公司网址	www.dzug.cn		电子信箱	master@dzug.cn	
电　话	021-64280679		传　真	021-64288727	
办公地址	上海市闵行区吴中路 699 号上海大众美林阁大酒店 7 楼				
经营范围	交通运输业和城市燃气业等				

主要财务指标

指标\报告期	2012.06.30	2011.12.31	2011.06.30	2010.12.31
基本每股收益(元)	0.1208	0.2500	0.1951	0.1300
基本每股收益(扣除)(元)	0.0835	0.1100	0.0655	0.1200
每股净资产(元)	2.3900	2.3200	2.5400	2.2800
每股经营现金净流量(元)	-0.0511	0.1306	0.1113	0.1710
每股现金流量(元)	0.3689	0.0202	0.6660	0.0626
每股资本公积金(元)	0.5365	0.5782	0.8084	0.7471
每股盈余公积金(元)	0.1967	0.1967	0.1691	0.1691
每股未分配利润(元)	0.6613	0.5406	0.5589	0.3638
净资产收益率(%)	5.0430	10.9910	7.6910	5.9037
加权净资产收益率(%)	5.1300	11.0600	8.1000	6.6500
净资产收益率(扣除)(%)	-	-	-	-
总资产(万元)	1060594.85	991860.91	1103418.58	973746.92
归属母公司股东权益(万元)	393876.63	380870.78	417198.56	375026.36
主营业务收入(万元)	190034.92	358877.18	194560.82	350392.36
营业收入(万元)	191605.10	362256.72	196287.19	354008.12
主营成本(万元)	173583.53	328087.04	179707.97	318625.23
营业成本(万元)	174181.48	330203.22	180968.23	320033.33
投资收益(万元)	31215.11	91739.53	76737.65	34075.05
净利润(万元)	21912.85	64669.95	53980.80	26606.54
利润总额(万元)	23470.07	81117.03	69740.69	30304.48

上海三爱富新材料股份有限公司

公司概况						
公司名称	上海三爱富新材料股份有限公司			证券简称	三 爱 富
法人代表	魏建华	董秘	李莉	证券代码	600636
公司网址	www.sh3f.com		电子信箱	bod@sh3f.com	
电　话	021-64823549 64823552		传　真	021-64823550	
办公地址	上海市漕溪路 250 号银海大楼 A805 室				
经营范围	有机氟原料及其产品的生产和销售				

主要财务指标：指标\报告期	2012.06.30	2011.12.31	2011.06.30	2010.12.31
基本每股收益(元)	0.2623	2.1070	1.4302	0.1320
基本每股收益(扣除)(元)	0.2589	2.0950	1.4347	0.1670
每股净资产(元)	4.6689	4.4066	3.6947	2.2640
每股经营现金净流量(元)	0.7486	3.2049	2.2637	1.1243
每股现金流量(元)	-0.4104	0.8161	0.5782	0.0502
每股资本公积金(元)	0.4015	0.4015	0.3660	0.3660
每股盈余公积金(元)	0.2078	0.2078	0.2053	0.2053
每股未分配利润(元)	3.0596	2.7972	2.1234	0.6931
净资产收益率(%)	5.6188	47.8060	38.7104	5.8489
加权净资产收益率(%)	5.4700	63.5000	48.0000	6.0300
净资产收益率(扣除)(%)	-	-	-	-
总资产(万元)	332930.58	355858.29	345680.68	304415.39
归属母公司股东权益(万元)	162118.01	153008.91	128289.61	78628.24
主营业务收入(万元)	146863.42	430549.20	251613.58	305444.30
营业收入(万元)	160007.76	461044.78	270266.98	309560.62
主营成本(万元)	123135.68	287987.12	162636.78	250478.63
营业成本(万元)	126619.94	295823.99	166577.07	253238.37
投资收益(万元)	365.73	1367.60	610.56	1100.66
净利润(万元)	11372.07	99763.56	68562.26	12774.25
利润总额(万元)	13946.30	117174.88	80703.36	15612.72

百视通新媒体股份有限公司

公司概况						
公司名称	百视通新媒体股份有限公司			证券简称	百 视 通
法人代表	裘新	董秘	张建	证券代码	600637
公司网址	www.bestv.com.cn		电子信箱	dongban@bestv.com.cn	
电　话	021-52980596		传　真	021-52980590	
办公地址	上海市威海路 232 号招商局广场南楼二楼				
经营范围	电子、信息、网络产品的设计、研究、开发、委托加工、销售、维修等				

主要财务指标：指标\报告期	2012.06.30	2011.12.31	2011.06.30	2010.12.31
基本每股收益(元)	0.2300	0.6300	0.3000	0.4600
基本每股收益(扣除)(元)	0.2300	0.6200	0.2900	0.4600
每股净资产(元)	2.5500	2.3200	1.8523	2.8200
每股经营现金净流量(元)	0.2426	0.4893	0.1973	0.2345
每股现金流量(元)	-0.0393	0.7840	0.2016	0.2579
每股资本公积金(元)	0.9947	0.9946	2.3103	1.2282
每股盈余公积金(元)	-	-	-	-
每股未分配利润(元)	0.5603	0.3300	-1.4579	0.0175
净资产收益率(%)	9.0161	13.7160	1.7200	16.1966
加权净资产收益率(%)	9.4400	20.1100	9.9700	18.3200
净资产收益率(扣除)(%)	-	-	-	-
总资产(万元)	341744.27	311621.50	351436.61	196332.33
归属母公司股东权益(万元)	284557.98	258900.11	131305.63	159188.79
主营业务收入(万元)	91197.76	133226.19	61402.60	93262.75
营业收入(万元)	91661.62	133546.52	61418.61	93359.80
主营成本(万元)	48142.13	67186.42	33103.89	46427.98
营业成本(万元)	48142.13	67187.82	102572.61	46450.66
投资收益(万元)	2231.75	4641.93	2148.16	7848.05
净利润(万元)	25447.85	35564.89	16686.72	26291.72
利润总额(万元)	29123.21	40835.62	19116.85	27497.38

上海新黄浦置业股份有限公司

公司概况						
公司名称	上海新黄浦置业股份有限公司			证券简称	新 黄 浦
法人代表	王伟旭	董秘	李薇洁	证券代码	600638
公司网址	www.600638.com		电子信箱	stock@600638.com	
电　话	021-63238888		传　真	021-63237777	
办公地址	上海市北京东路 668 号西楼 32 层				
经营范围	房地产经营、旧危房改造、室内外建筑装潢、物业管理、房产咨询等				

主要财务指标：指标\报告期	2012.06.30	2011.12.31	2011.06.30	2010.12.31
基本每股收益(元)	0.1534	0.4220	0.2261	0.3800
基本每股收益(扣除)(元)	0.1145	0.2640	0.0865	0.2470
每股净资产(元)	5.5820	5.3810	5.2870	5.2680
每股经营现金净流量(元)	0.8028	-0.6475	0.4155	-1.5206
每股现金流量(元)	0.7443	-0.7093	0.2618	-0.9906
每股资本公积金(元)	1.9773	1.9300	2.0312	2.0675
每股盈余公积金(元)	0.4702	0.4702	0.4335	0.4335
每股未分配利润(元)	2.1311	1.9778	1.8194	1.7633
净资产收益率(%)	2.7472	7.8330	4.2770	7.2090
加权净资产收益率(%)	2.8100	7.7800	4.2000	7.6800
净资产收益率(扣除)(%)	-	-	-	-
总资产(万元)	816928.67	719583.09	700030.17	679264.57
归属母公司股东权益(万元)	313247.33	301988.25	296705.25	295591.49
主营业务收入(万元)	20495.71	105128.12	9361.22	48402.38
营业收入(万元)	20961.33	109385.82	9696.79	50109.60
主营成本(万元)	9508.68	78838.98	5664.92	25056.24
营业成本(万元)	9473.86	78976.53	5779.08	25158.82
投资收益(万元)	3256.61	20654.35	13314.96	17153.93
净利润(万元)	8732.90	24488.87	13097.62	22176.96
利润总额(万元)	9223.47	29571.91	14322.73	25683.52

上海金桥出口加工区开发股份有限公司

公司概况						
公司名称	上海金桥出口加工区开发股份有限公司			证券简称	浦东金桥
法人代表	张素心	董秘	代燕妮	证券代码	600639
公司网址	www.58991818.com		电子信箱	daiyn@58991818.com	
电　话	021-50307702 50307770		传　真	021-50301533	
办公地址	上海市浦东新区新金桥路 27 号 1 号楼				
经营范围	房地产开发和销售业务、房地产租赁业务、酒店公寓业务等				

主要财务指标：指标\报告期	2012.06.30	2011.12.31	2011.06.30	2010.12.31
基本每股收益(元)	0.2037	0.4873	0.3487	0.5973
基本每股收益(扣除)(元)	0.1941	0.4719	0.3460	0.4826
每股净资产(元)	4.4691	4.3451	4.2099	3.9609
每股经营现金净流量(元)	-0.2271	-0.0569	-0.0967	-0.8979
每股现金流量(元)	0.0716	0.0008	-0.1166	-0.6622
每股资本公积金(元)	0.8900	0.8897	0.8930	0.8927
每股盈余公积金(元)	0.4809	0.4809	0.4363	0.4363
每股未分配利润(元)	2.0982	1.9746	1.8807	1.6319
净资产收益率(%)	4.5577	11.2140	8.2840	14.3950
加权净资产收益率(%)	4.5900	11.7300	8.4900	15.0000
净资产收益率(扣除)(%)	-	-	-	-
总资产(万元)	903751.69	879628.57	812619.30	842282.29
归属母公司股东权益(万元)	415105.47	403583.01	391030.58	367895.68
主营业务收入(万元)	55502.93	208575.09	128338.19	148311.19
营业收入(万元)	55543.18	208617.90	128353.28	148342.26
主营成本(万元)	19067.34	79316.24	43654.20	53594.42
营业成本(万元)	19080.26	79527.02	43772.19	53785.22
投资收益(万元)	2092.20	1762.09	1697.42	11045.76
净利润(万元)	19600.13	50230.98	33876.30	55917.21
利润总额(万元)	25159.48	70022.21	39671.90	70580.26

中卫国脉通信股份有限公司

公司概况	公司名称	中卫国脉通信股份有限公司			证券简称	中卫国脉
	法人代表	王玮	董秘	李培忠	证券代码	600640
	公司网址	www.chinasatcomgm.com		电子信箱		pzli@chinasatcomgm.com
	电　话	021-62762171		传　真		021-62763321
	办公地址	上海市江宁路1207号国脉大厦				
	经营范围	无线通信、图像、数据及各类通信产品、通信系统的设计、开发、开通等				

主要财务指标	指标\报告期	2012.06.30	2011.12.31	2011.06.30	2010.12.31
	基本每股收益(元)	0.1565	0.0079	0.1043	-0.0360
	基本每股收益(扣除)(元)	-0.0100	-0.0536	-0.0320	-0.0566
	每股净资产(元)	4.3653	4.2371	2.5397	2.5464
	每股经营现金净流量(元)	0.0446	-0.0244	0.1318	0.1455
	每股现金流量(元)	-0.0340	0.0354	0.1372	0.1535
	每股资本公积金(元)	2.5415	1.1059	1.1059	1.1059
	每股盈余公积金(元)	0.5094	0.6795	0.6507	0.6507
	每股未分配利润(元)	0.3144	0.2106	-0.2169	-0.2102
	净资产收益率(%)	3.5846	0.3092	5.4783	-1.4182
	加权净资产收益率(%)	3.6340	0.3097	2.5666	-1.4082
	净资产收益率(扣除)(%)	-	-	-	-
	总资产(万元)	355376.67	347415.04	108162.21	107676.43
	归属母公司股东权益(万元)	233701.80	226838.01	101935.08	102203.44
	主营业务收入(万元)	99827.77	18444.26	86869.17	29154.01
	营业收入(万元)	101432.26	23763.39	88612.43	33321.28
	主营成本(万元)	71899.53	17905.04	62043.29	27426.94
	营业成本(万元)	72689.83	20520.73	62932.68	29434.00
	投资收益(万元)	1596.05	2654.95	1117.14	976.19
	净利润(万元)	9241.47	316.97	6157.17	-1449.41
	利润总额(万元)	11915.03	336.57	8438.56	-1532.76

上海万业企业股份有限公司

公司概况	公司名称	上海万业企业股份有限公司			证券简称	万业企业
	法人代表	程光	董秘	吴云韶	证券代码	600641
	公司网址	www.600641.com.cn		电子信箱		wyqy@vip.sina.com
	电　话	021-50367718		传　真		021-50366858
	办公地址	上海市浦东大道720号9楼				
	经营范围	实业投资、资产经营、房地产开发经营、钢材、木材、建筑材料等				

主要财务指标	指标\报告期	2012.06.30	2011.12.31	2011.06.30	2010.12.31
	基本每股收益(元)	0.0086	0.1876	0.1036	0.3015
	基本每股收益(扣除)(元)	0.0081	0.1302	0.0992	0.2958
	每股净资产(元)	3.0195	3.0188	3.6440	3.5384
	每股经营现金净流量(元)	0.2630	-0.5504	-0.3955	-2.3038
	每股现金流量(元)	-0.3371	-0.4736	-0.4550	-1.7020
	每股资本公积金(元)	0.0449	0.0473	0.2271	0.2265
	每股盈余公积金(元)	0.4397	0.4397	0.9483	0.9483
	每股未分配利润(元)	1.5403	1.5316	1.4597	1.3559
	净资产收益率(%)	0.2864	6.2140	2.8438	8.5207
	加权净资产收益率(%)	0.2900	5.5100	2.8900	8.8900
	净资产收益率(扣除)(%)	-	-	-	-
	总资产(万元)	671857.12	676614.58	669632.67	677513.95
	归属母公司股东权益(万元)	243417.83	243362.78	293764.51	285253.16
	主营业务收入(万元)	10982.47	96349.51	52682.30	144970.93
	营业收入(万元)	10986.79	96365.49	52693.13	144994.49
	主营成本(万元)	6232.64	55545.57	30027.83	78312.34
	营业成本(万元)	6232.64	55545.57	30027.83	78312.34
	投资收益(万元)	118.15	5694.75	85.92	71.56
	净利润(万元)	561.22	11527.86	8069.59	25144.50
	利润总额(万元)	837.77	18086.60	10610.61	33557.34

申能股份有限公司

公司概况	公司名称	申能股份有限公司			证券简称	申能股份
	法人代表	吴建雄	董秘	周燕飞	证券代码	600642
	公司网址	www.shenergy.net.cn		电子信箱		zhengquan@shenergy.com.cn
	电　话	021-63900642 33570888		传　真		021-33588616
	办公地址	上海市虹井路159号5楼				
	经营范围	电力、石油天然气的投资、建设和经营管理				

主要财务指标	指标\报告期	2012.06.30	2011.12.31	2011.06.30	2010.12.31
	基本每股收益(元)	0.1460	0.3010	0.1600	0.3120
	基本每股收益(扣除)(元)	0.1460	0.2890	0.1570	0.2530
	每股净资产(元)	4.0220	3.9440	3.8270	5.6160
	每股经营现金净流量(元)	0.4484	0.3709	0.2369	0.9472
	每股现金流量(元)	0.1306	-0.5869	-0.4460	1.2505
	每股资本公积金(元)	0.9805	0.9492	0.9731	1.7745
	每股盈余公积金(元)	1.4912	1.4912	1.3440	2.0160
	每股未分配利润(元)	0.5504	0.5039	0.5099	0.8256
	净资产收益率(%)	3.6407	7.6230	4.1679	7.7470
	加权净资产收益率(%)	3.6600	7.8100	4.1800	8.8200
	净资产收益率(扣除)(%)	-	-	-	-
	总资产(万元)	3587506.73	3525253.43	3452715.91	3588893.58
	归属母公司股东权益(万元)	1901915.80	1865168.28	1809746.96	1770501.12
	主营业务收入(万元)	1211103.83	2282867.02	1120823.34	1870854.48
	营业收入(万元)	1211573.24	2283712.66	1121210.50	1906657.89
	主营成本(万元)	1068769.00	2054744.09	996348.24	1639746.85
	营业成本(万元)	1068793.77	2054940.41	996360.36	1675218.78
	投资收益(万元)	30351.39	88620.53	42038.86	95282.64
	净利润(万元)	103499.54	194211.30	113079.31	192762.56
	利润总额(万元)	120014.02	221657.82	125745.44	217867.65

上海爱建股份有限公司

公司概况	公司名称	上海爱建股份有限公司			证券简称	爱建股份
	法人代表	徐风	董秘	徐风(代)	证券代码	600643
	公司网址	www.aj.com.cn		电子信箱		dongmi@aj.com.cn
	电　话	021-64396600		传　真		021-64392118
	办公地址	上海市零陵路599号				
	经营范围	实业投资、投资管理、房地产开发、经营及咨询、外经贸部批准的进出口业务				

主要财务指标	指标\报告期	2012.06.30	2011.12.31	2011.06.30	2010.12.31
	基本每股收益(元)	0.1260	0.1460	0.0840	0.1280
	基本每股收益(扣除)(元)	0.0940	0.0760	0.0630	-0.0001
	每股净资产(元)	3.6380	1.6570	1.6030	1.5100
	每股经营现金净流量(元)	-0.9854	-	-0.1414	-
	每股现金流量(元)	0.7888	-	0.0341	-
	每股资本公积金(元)	2.6875	0.8563	0.8649	0.8602
	每股盈余公积金(元)	0.3612	-	-	-
	每股未分配利润(元)	-0.4124	-	-	-
	净资产收益率(%)	2.7180	8.7940	5.2119	8.4466
	加权净资产收益率(%)	5.9700	9.1900	5.3600	8.7500
	净资产收益率(扣除)(%)	-	-	-	-
	总资产(万元)	426922.32	-	-	-
	归属母公司股东权益(万元)	402201.64	135918.88	131509.05	124211.60
	主营业务收入(万元)	-	-	-	-
	营业收入(万元)	29851.96	46119.36	15524.81	48863.46
	主营成本(万元)	-	-	-	-
	营业成本(万元)	8587.99	25356.28	13515.88	33615.42
	投资收益(万元)	2244.82	-	2816.93	-
	净利润(万元)	10922.41	11932.74	6856.76	10430.41
	利润总额(万元)	14079.62	12081.51	6943.23	11640.09

乐山电力股份有限公司

公司概况					
公司名称	乐山电力股份有限公司			证券简称	乐山电力
法人代表	廖政权	董秘	王迅	证券代码	600644
公司网址	www.lsep.com.cn		电子信箱	600644@vip.163.com	
电　　话	0833-2445800		传　　真	0833-2445800	
办公地址	四川省乐山市市中区嘉定北路46号				
经营范围	电力设施承装、承修、承试等				

主要财务指标

指标\报告期	2012.06.30	2011.12.31	2011.06.30	2010.12.31
基本每股收益(元)	0.0283	0.2439	0.1839	0.1919
基本每股收益(扣除)(元)	0.0064	0.1226	0.1187	0.1810
每股净资产(元)	2.3600	2.4000	2.3400	2.2100
每股经营现金净流量(元)	0.1655	1.4507	0.6495	0.9693
每股现金流量(元)	0.0127	-0.0249	0.1066	-0.1556
每股资本公积金(元)	0.0512	0.0512	0.0512	0.0512
每股盈余公积金(元)	0.3629	0.3629	0.3525	0.3525
每股未分配利润(元)	0.9399	0.9716	0.9221	0.7982
净资产收益率(%)	1.2024	10.1800	7.8630	8.6738
加权净资产收益率(%)	1.1800	10.5800	7.9800	8.8900
净资产收益率(扣除)(%)	-	-	-	-
总资产(万元)	383134.39	376421.31	385113.70	362237.65
归属母公司股东权益(万元)	76957.11	78209.40	76339.14	72247.06
主营业务收入(万元)	68619.55	208662.63	115511.85	177193.33
营业收入(万元)	69257.79	209502.33	115758.47	177909.84
主营成本(万元)	49212.41	161641.78	88884.93	134006.60
营业成本(万元)	49878.28	161724.69	89194.89	134108.99
投资收益(万元)	77.40	3911.21	2994.40	179.72
净利润(万元)	-1516.18	9121.42	8004.44	7445.31
利润总额(万元)	1023.69	11287.90	9430.15	9991.12

中源协和干细胞生物工程股份公司

公司概况					
公司名称	中源协和干细胞生物工程股份公司			证券简称	中源协和
法人代表	王勇	董秘	夏亮	证券代码	600645
公司网址	www.vcanbio.com		电子信箱	zhongyuanxiehe@sohu.com	
电　　话	022-23318350 8007		传　　真	022-23319619	
办公地址	天津市和平区大理道106号				
经营范围	生命科学开发、干细胞基因工程产业化、风险投资、投资理财、投资咨询等				

主要财务指标

指标\报告期	2012.06.30	2011.12.31	2011.06.30	2010.12.31
基本每股收益(元)	0.0440	0.0720	0.0320	0.0260
基本每股收益(扣除)(元)	0.0260	0.0510	0.0310	0.0460
每股净资产(元)	0.5240	0.4800	0.4400	0.4080
每股经营现金净流量(元)	0.2281	0.3398	0.2090	0.5412
每股现金流量(元)	0.2895	0.3899	0.2165	0.3957
每股资本公积金(元)	0.0648	0.0648	0.0648	0.0648
每股盈余公积金(元)	0.0712	0.0712	0.0712	0.0712
每股未分配利润(元)	-0.6124	-0.6562	-0.6964	-0.7283
净资产收益率(%)	8.3741	15.0210	7.2430	6.3232
加权净资产收益率(%)	8.7400	16.2400	7.5100	6.4800
净资产收益率(扣除)(%)	-	-	-	-
总资产(万元)	125484.39	84755.51	81198.88	77168.68
归属母公司股东权益(万元)	17021.51	15596.11	14288.34	13253.49
主营业务收入(万元)	12729.95	24446.95	13206.34	26611.39
营业收入(万元)	12979.59	24673.76	13323.85	26847.33
主营成本(万元)	2764.96	4883.51	2523.40	6722.19
营业成本(万元)	3063.95	5094.82	2740.09	6955.81
投资收益(万元)	-17.05	-71.10	-222.33	-422.46
净利润(万元)	2667.21	4714.64	2615.65	2759.54
利润总额(万元)	3210.34	5843.28	3221.91	3869.97

上海同达创业投资股份有限公司

公司概况					
公司名称	上海同达创业投资股份有限公司			证券简称	同达创业
法人代表	周立武	董秘	薛玉宝	证券代码	600647
公司网址			电子信箱	swc07@sohu.com	
电　　话	021-68871928 61638809		传　　真	021-58792032	
办公地址	上海市浦东商城路660号乐凯大厦21楼				
经营范围	主要经营中式快餐连锁业及产品贸易代理				

主要财务指标

指标\报告期	2012.06.30	2011.12.31	2011.06.30	2010.12.31
基本每股收益(元)	0.1216	0.1957	0.1673	0.1769
基本每股收益(扣除)(元)	0.1202	0.1577	0.0979	0.1755
每股净资产(元)	1.7086	1.5870	1.5587	1.4218
每股经营现金净流量(元)	0.1311	0.9187	0.6458	0.6750
每股现金流量(元)	-0.0548	0.1974	0.4522	-0.9518
每股资本公积金(元)	0.0069	0.0069	0.0069	0.0074
每股盈余公积金(元)	0.0823	0.0823	0.0410	0.0410
每股未分配利润(元)	0.6193	0.4977	0.5107	0.3734
净资产收益率(%)	7.1152	12.3290	10.7350	12.4450
加权净资产收益率(%)	7.3800	13.0300	11.1500	13.2800
净资产收益率(扣除)(%)	-	-	-	-
总资产(万元)	45346.65	48568.78	52282.16	48861.39
归属母公司股东权益(万元)	18287.37	16986.19	16682.88	15218.15
主营业务收入(万元)	15022.80	18741.18	12660.64	31701.86
营业收入(万元)	15355.75	20287.07	12999.25	32676.29
主营成本(万元)	7467.14	8615.37	5151.23	14449.33
营业成本(万元)	7584.99	9458.26	5252.29	14861.04
投资收益(万元)	21.57	39.60	-30.96	-363.17
净利润(万元)	2861.72	4092.77	3424.84	5342.58
利润总额(万元)	4005.00	5517.04	4535.28	7448.27

上海外高桥保税区开发股份有限公司

公司概况					
公司名称	上海外高桥保税区开发股份有限公司			证券简称	外高桥
法人代表	舒榕斌	董秘	黄磷	证券代码	600648
公司网址	www.shwgq.com		电子信箱	gudong@shwgq.com	
电　　话	021-51980847		传　　真	021-51980850	
办公地址	上海市浦东新区杨高北路2001号				
经营范围	房地产开发与租赁、贸易及物流、酒店经营管理等				

主要财务指标

指标\报告期	2012.06.30	2011.12.31	2011.06.30	2010.12.31
基本每股收益(元)	0.1040	0.3500	0.1360	0.6600
基本每股收益(扣除)(元)	0.0710	0.3300	0.1330	0.6600
每股净资产(元)	4.6400	4.5900	4.4700	4.5100
每股经营现金净流量(元)	-0.1156	-0.4373	-0.8431	-0.3563
每股现金流量(元)	0.3840	-0.3423	0.0979	0.1880
每股资本公积金(元)	1.7265	1.6813	1.7742	1.8078
每股盈余公积金(元)	0.3736	0.3736	0.3655	0.3655
每股未分配利润(元)	1.5523	1.5483	1.3395	1.3431
净资产收益率(%)	2.2401	7.6918	3.0500	14.5343
加权净资产收益率(%)	2.2300	7.7800	2.9900	14.9100
净资产收益率(扣除)(%)	-	-	-	-
总资产(万元)	2291949.13	2400439.20	2617620.18	2395501.59
归属母公司股东权益(万元)	469288.58	464301.47	451992.70	455731.37
主营业务收入(万元)	289235.02	854372.39	390880.61	885895.64
营业收入(万元)	290323.07	857868.19	392703.26	888117.94
主营成本(万元)	230251.93	691720.00	318696.48	664213.16
营业成本(万元)	230411.21	693752.95	318740.10	664326.73
投资收益(万元)	5939.00	3324.28	1061.79	3455.95
净利润(万元)	13321.43	44290.68	18327.71	72745.61
利润总额(万元)	18592.51	59665.26	25638.67	97654.58

上海城投控股股份有限公司

公司概况	公司名称	上海城投控股股份有限公司			证券简称	城投控股
	法人代表	孔庆伟	董秘	俞有勤	证券代码	600649
	公司网址	www.sh600649.com			电子信箱	ctkg@600649sh.com
	电话	021-58772830*187 58770135			传真	021-58772087
	办公地址	上海市浦东南路500号39楼				
	经营范围	实业投资、原水供应、自来水开发、污水治理等				

主要财务指标	指标\报告期	2012.06.30	2011.12.31	2011.06.30	2010.12.31
	基本每股收益(元)	0.5400	0.4800	0.2400	0.3700
	基本每股收益(扣除)(元)	0.0681	0.2600	0.0705	0.3400
	每股净资产(元)	5.8200	5.5100	5.2600	5.2200
	每股经营现金净流量(元)	-0.4199	0.3133	0.0625	-0.0787
	每股现金流量(元)	-0.2989	-0.4829	-0.6985	0.4102
	每股资本公积金(元)	1.7265	1.8135	1.8971	1.9933
	每股盈余公积金(元)	0.5739	0.5739	0.5611	0.5611
	每股未分配利润(元)	2.5191	2.0267	1.8013	1.6614
	净资产收益率(%)	9.3200	8.8330	4.5620	7.0849
	加权净资产收益率(%)	9.5600	8.9700	4.5300	6.7900
	净资产收益率(扣除)(%)	-	-	-	-
	总资产(万元)	2891662.83	2770569.47	2639811.07	2608411.54
	归属母公司股东权益(万元)	1337393.33	1267216.97	1208672.36	1198613.27
	主营业务收入(万元)	119354.14	457718.94	69705.45	382327.79
	营业收入(万元)	123727.31	468482.14	76501.66	389794.26
	主营成本(万元)	91567.52	351521.86	54650.61	254432.58
	营业成本(万元)	94001.69	356955.76	57597.18	260702.59
	投资收益(万元)	138003.97	78103.87	64668.86	25606.35
	净利润(万元)	127589.43	113791.28	57614.25	87692.35
	利润总额(万元)	153330.68	147811.70	74516.75	113948.76

上海锦江国际实业投资股份有限公司

公司概况	公司名称	上海锦江国际实业投资股份有限公司			证券简称	锦江投资
	法人代表	沈懋兴	董秘	濮荣平	证券代码	600650
	公司网址	www.jjtz.com			电子信箱	dshms@jjtz.com
	电话	021-63218800			传真	021-63213119
	办公地址	上海市延安东路100号28楼				
	经营范围	宾馆、物业管理、俱乐部、商场、房地产开发经营、车辆服务、洗涤制衣等				

主要财务指标	指标\报告期	2012.06.30	2011.12.31	2011.06.30	2010.12.31
	基本每股收益(元)	0.1720	0.4410	0.2610	0.5150
	基本每股收益(扣除)(元)	0.1640	0.4120	0.2400	0.4780
	每股净资产(元)	3.6750	3.8060	3.6050	3.6500
	每股经营现金净流量(元)	0.2171	0.6379	0.4206	0.7591
	每股现金流量(元)	0.1522	-0.2554	0.0082	0.3779
	每股资本公积金(元)	0.7988	0.8015	0.7807	0.7911
	每股盈余公积金(元)	0.4621	0.4586	0.4445	0.4139
	每股未分配利润(元)	1.4139	1.5457	1.3795	1.4491
	净资产收益率(%)	4.6699	11.5960	7.2400	14.1000
	加权净资产收益率(%)	4.4100	11.8300	7.0000	14.3600
	净资产收益率(扣除)(%)	-	-	-	-
	总资产(万元)	315881.76	305215.62	323270.55	308014.89
	归属母公司股东权益(万元)	202703.84	209935.10	198840.14	201566.79
	主营业务收入(万元)	96301.68	188524.73	89024.57	180759.66
	营业收入(万元)	97950.12	191978.73	90383.25	184158.27
	主营成本(万元)	76750.33	143524.98	64427.67	135918.88
	营业成本(万元)	77294.47	144345.98	64792.83	136664.58
	投资收益(万元)	5813.81	15234.33	7606.70	18070.42
	净利润(万元)	11570.42	29460.53	17059.07	33908.48
	利润总额(万元)	13478.56	33689.09	20047.77	38500.67

上海飞乐音响股份有限公司

公司概况	公司名称	上海飞乐音响股份有限公司			证券简称	飞乐音响
	法人代表	邵礼群	董秘	叶盼	证券代码	600651
	公司网址	www.facs.com.cn			电子信箱	office@facs.com.cn
	电话	021-59900651			传真	021-59978260
	办公地址	上海市嘉定区嘉新公路1001号				
	经营范围	IC卡、绿色照明、其他电子产品的生产和销售等				

主要财务指标	指标\报告期	2012.06.30	2011.12.31	2011.06.30	2010.12.31
	基本每股收益(元)	0.1060	0.2460	0.1550	0.1510
	基本每股收益(扣除)(元)	0.1010	0.1370	0.0660	0.1220
	每股净资产(元)	1.8130	1.8900	1.8120	1.7280
	每股经营现金净流量(元)	-0.0868	-0.0071	-0.1372	0.1722
	每股现金流量(元)	-0.2525	-0.0470	-0.0688	0.3253
	每股资本公积金(元)	-0.0253	0.0010	0.0140	0.0418
	每股盈余公积金(元)	0.0546	0.2046	0.1798	0.1798
	每股未分配利润(元)	0.7836	0.6845	0.6183	0.5066
	净资产收益率(%)	5.8575	13.0110	8.5520	8.7345
	加权净资产收益率(%)	5.6400	13.4500	8.6600	9.1700
	净资产收益率(扣除)(%)	-	-	-	-
	总资产(万元)	220973.57	206987.01	200535.02	212831.04
	归属母公司股东权益(万元)	111655.42	116410.55	111609.25	106433.83
	主营业务收入(万元)	86726.98	191408.49	89609.33	146749.40
	营业收入(万元)	88785.08	197521.44	92937.70	148812.22
	主营成本(万元)	67987.01	148085.28	68776.17	112283.47
	营业成本(万元)	69713.79	153744.57	71947.04	114453.96
	投资收益(万元)	7665.80	6812.61	4928.10	4908.55
	净利润(万元)	7540.12	18234.09	10955.15	10550.44
	利润总额(万元)	8366.24	20521.26	11991.92	11906.16

上海爱使股份有限公司

公司概况	公司名称	上海爱使股份有限公司			证券简称	爱使股份
	法人代表	肖勇	董秘	张亮	证券代码	600652
	公司网址	www.sh-ace.com			电子信箱	zhangliang@sh-ace.com
	电话	021-64710022 8818 8105			传真	021-64711120
	办公地址	上海市肇嘉浜路666号				
	经营范围	对石油液化气行业、煤炭及清洁能源的投资、机电设备及四技服务等				

主要财务指标	指标\报告期	2012.06.30	2011.12.31	2011.06.30	2010.12.31
	基本每股收益(元)	0.0330	0.0400	0.0300	0.0400
	基本每股收益(扣除)(元)	0.0260	-	0.0300	0.0300
	每股净资产(元)	1.7500	1.7100	1.7700	1.7200
	每股经营现金净流量(元)	0.5279	0.5000	0.3356	0.9606
	每股现金流量(元)	0.0459	-0.1413	-0.0665	0.0230
	每股资本公积金(元)	0.0123	0.0123	0.0123	0.0123
	每股盈余公积金(元)	0.1360	0.1360	0.1360	0.1360
	每股未分配利润(元)	0.5609	0.5279	0.5170	0.4874
	净资产收益率(%)	1.8845	2.3779	1.6690	2.3352
	加权净资产收益率(%)	1.9100	2.3300	1.6700	2.3800
	净资产收益率(扣除)(%)	-	-	-	-
	总资产(万元)	354339.41	344307.36	367837.49	394643.58
	归属母公司股东权益(万元)	97361.08	94980.15	98849.37	95703.87
	主营业务收入(万元)	105521.24	201054.47	102294.16	183334.41
	营业收入(万元)	105810.03	211525.14	102607.32	191553.31
	主营成本(万元)	62855.68	117532.19	63269.11	100133.94
	营业成本(万元)	62906.12	125154.19	63319.55	105979.28
	投资收益(万元)	816.36	302.08	806.56	1075.37
	净利润(万元)	4741.58	7862.83	4189.12	6839.06
	利润总额(万元)	7056.07	11563.93	6298.20	10545.04

上海申华控股股份有限公司

公司概况	公司名称	上海申华控股股份有限公司		证券简称	申华控股
	法人代表	祁玉民 董秘	翟锋	证券代码	600653
	公司网址	www.600653.com.cn	电子信箱	stock@600653.com.cn	
	电　　话	021-63372010 63372011	传　　真	021-63372000	
	办公地址	上海市宁波路 1 号			
	经营范围	实业投资、兴办各类经济实体、国内商业等			

主要财务指标	指标\报告期	2012.06.30	2011.12.31	2011.06.30	2010.12.31
	基本每股收益(元)	0.0025	0.0520	0.0736	0.0350
	基本每股收益(扣除)(元)	-0.0075	-0.0350	-0.0121	-0.0290
	每股净资产(元)	0.9700	0.9700	1.0350	0.9540
	每股经营现金净流量(元)	-0.0435	-0.1404	-0.0225	0.0135
	每股现金流量(元)	0.1483	-0.2573	-0.1535	0.1176
	每股资本公积金(元)	0.0604	0.0628	0.1056	0.0982
	每股盈余公积金(元)	-	-	-	-
	每股未分配利润(元)	-0.0902	-0.0927	-0.0708	-0.1443
	净资产收益率(%)	0.2578	5.3190	7.1080	3.6725
	加权净资产收益率(%)	0.2580	5.3640	7.3980	3.3690
	净资产收益率(扣除)(%)	-	-	-	-
	总资产(万元)	689607.91	659370.00	675700.00	694823.87
	归属母公司股东权益(万元)	169431.48	169451.12	180728.31	166576.94
	主营业务收入(万元)	631541.58	1040467.46	511225.01	700923.03
	营业收入(万元)	635461.21	1046765.61	514672.77	707006.97
	主营成本(万元)	607176.60	991753.71	485725.58	658966.81
	营业成本(万元)	607634.50	994759.39	487823.55	662900.85
	投资收益(万元)	3263.01	20711.06	17732.90	13693.64
	净利润(万元)	2147.80	15921.49	16381.01	11303.86
	利润总额(万元)	2199.19	20484.69	18371.09	13161.95

上海飞乐股份有限公司

公司概况	公司名称	上海飞乐股份有限公司		证券简称	飞乐股份
	法人代表	黄峰 董秘	刘仁仁	证券代码	600654
	公司网址	www.feilo.com.cn	电子信箱	liurenren@feilo.com.cn	
	电　　话	021-62512629 62523309	传　　真	021-62517323	
	办公地址	上海市闸北区永和路 398 号			
	经营范围	电子元器件、有无线通信设备和信息网络、成套音响系统、工程服务等			

主要财务指标	指标\报告期	2012.06.30	2011.12.31	2011.06.30	2010.12.31
	基本每股收益(元)	0.0500	0.1400	0.0600	0.1400
	基本每股收益(扣除)(元)	0.0500	0.0900	0.0300	-0.0400
	每股净资产(元)	1.7600	1.7100	1.6400	1.5200
	每股经营现金净流量(元)	-0.0148	-0.0164	-0.0300	-0.0686
	每股现金流量(元)	-0.1250	0.1253	0.1962	-0.1258
	每股资本公积金(元)	0.5123	0.5121	0.5141	0.5080
	每股盈余公积金(元)	0.0665	0.0665	0.0665	0.0665
	每股未分配利润(元)	0.1854	0.1314	0.0566	-0.0572
	净资产收益率(%)	3.0577	7.9730	3.7530	9.4320
	加权净资产收益率(%)	3.1100	8.4500	3.9000	9.8500
	净资产收益率(扣除)(%)	-	-	-	-
	总资产(万元)	216236.21	215216.93	189851.57	172318.87
	归属母公司股东权益(万元)	133206.93	129114.81	123612.28	114562.32
	主营业务收入(万元)	98138.82	130836.67	64069.68	110480.58
	营业收入(万元)	100973.40	132153.86	64519.84	115572.22
	主营成本(万元)	84831.21	110484.00	54229.05	93597.01
	营业成本(万元)	86657.79	111271.48	54504.80	98029.15
	投资收益(万元)	5163.00	12989.93	5801.48	23506.86
	净利润(万元)	4480.85	10739.50	4954.73	10990.20
	利润总额(万元)	4917.93	11427.47	5419.94	11134.13

上海豫园旅游商城股份有限公司

公司概况	公司名称	上海豫园旅游商城股份有限公司		证券简称	豫园商城
	法人代表	叶凯 董秘	蒋伟	证券代码	600655
	公司网址	www.yuyuantm.com.cn	电子信箱	obd@yuyuantm.com.cn	
	电　　话	021-63559999	传　　真	021-63550558	
	办公地址	上海市方浜中路 269 号			
	经营范围	综合百货、黄金饰品、餐饮业、食品、烟酒饮料、进出口贸易等			

主要财务指标	指标\报告期	2012.06.30	2011.12.31	2011.06.30	2010.12.31
	基本每股收益(元)	0.2040	0.5950	0.3270	0.4680
	基本每股收益(扣除)(元)	0.1950	0.5150	0.2900	0.4470
	每股净资产(元)	3.6670	3.5420	3.4200	3.1790
	每股经营现金净流量(元)	0.9643	-0.7572	0.3625	0.3861
	每股现金流量(元)	0.2522	-0.6937	0.3634	0.7407
	每股资本公积金(元)	0.4648	0.4746	0.6231	0.6585
	每股盈余公积金(元)	0.3225	0.3225	0.2918	0.2918
	每股未分配利润(元)	1.8777	1.7434	1.5063	1.2293
	净资产收益率(%)	5.5706	16.7950	9.5600	14.7210
	加权净资产收益率(%)	5.6480	17.6970	9.8350	15.7200
	净资产收益率(扣除)(%)	-	-	-	-
	总资产(万元)	997419.08	1225893.69	1017171.96	1027287.93
	归属母公司股东权益(万元)	526995.60	509055.52	491601.88	456982.11
	主营业务收入(万元)	1011529.85	1628977.22	903156.26	1179285.18
	营业收入(万元)	1025267.23	1660403.57	919697.10	1207023.38
	主营成本(万元)	945114.83	1472321.95	824229.55	1030420.33
	营业成本(万元)	947698.96	1477488.55	826697.71	1035887.75
	投资收益(万元)	22665.96	44007.33	20983.80	35002.89
	净利润(万元)	30765.88	90601.99	49001.62	71279.33
	利润总额(万元)	37825.21	104698.38	59328.01	88537.66

珠海市博元投资股份有限公司

公司概况	公司名称	珠海市博元投资股份有限公司		证券简称	ST 博 元
	法人代表	余蒂妮 董秘	王寒朵	证券代码	600656
	公司网址		电子信箱	stock656@126.com	
	电　　话	0756-2660313*817	传　　真	0756-2660878	
	办公地址	广东省珠海市香洲区人民西路 291 号日荣大厦 8 楼 806 室			
	经营范围	创业投资、投资咨询与管理、商业的批发零售、实业投资			

主要财务指标	指标\报告期	2012.06.30	2011.12.31	2011.06.30	2010.12.31
	基本每股收益(元)	0.0180	-0.3900	-0.0840	0.0500
	基本每股收益(扣除)(元)	-0.0620	-0.3300	-0.0870	-0.2100
	每股净资产(元)	0.2600	0.2400	0.5600	-1.9000
	每股经营现金净流量(元)	-0.0010	-1.9209	-0.1308	-0.2033
	每股现金流量(元)	-0.0010	0.0016	2.2956	-0.0002
	每股资本公积金(元)	2.9772	2.9772	2.9930	0.4458
	每股盈余公积金(元)	0.0333	0.0333	0.0333	0.0333
	每股未分配利润(元)	-3.7500	-3.7682	-3.4662	-3.3821
	净资产收益率(%)	6.9832	-159.3295	-15.0160	-2.5870
	加权净资产收益率(%)	7.2400	-	-	-
	净资产收益率(扣除)(%)	-	-	-	-
	总资产(万元)	51119.73	61059.25	61629.73	16685.87
	归属母公司股东权益(万元)	4959.03	4612.73	10661.29	-36223.12
	主营业务收入(万元)	1129.90	46.52	46.52	-
	营业收入(万元)	1129.90	53.40	46.52	-
	主营成本(万元)	-	-	46.18	-
	营业成本(万元)	-	46.18	46.18	-
	投资收益(万元)	-118.18	-1310.19	-119.65	2671.11
	净利润(万元)	346.30	-7349.45	-1600.89	280.63
	利润总额(万元)	346.30	-7349.45	-1600.89	280.63

信达地产股份有限公司

	公司名称	信达地产股份有限公司			证券简称	信达地产
公司概况	法人代表	贾洪浩	董秘	石爱民	证券代码	600657
	公司网址	www.cindare.com		电子信箱	dongmiban@cnda.com.cn	
	电　话	010-82190959		传　真	010-82190958	
	办公地址	北京市海淀区中关村南大街甲18号北京国际大厦C座16层				
	经营范围	房地产开发、经营、投资及物业管理				

	指标\报告期	2012.06.30	2011.12.31	2011.06.30	2010.12.31
主要财务指标	基本每股收益(元)	0.1200	0.3700	0.1200	0.2700
	基本每股收益(扣除)(元)	0.1200	0.2700	0.1000	0.2500
	每股净资产(元)	4.1420	4.0400	3.8200	3.7700
	每股经营现金净流量(元)	−0.3006	−0.1156	0.1291	−0.5486
	每股现金流量(元)	−0.3759	0.4464	0.3785	−0.1465
	每股资本公积金(元)	1.2724	1.2346	1.2679	1.3339
	每股盈余公积金(元)	–	–	–	–
	每股未分配利润(元)	1.8697	1.8060	1.5550	1.4367
	净资产收益率(%)	2.9862	9.1410	3.0964	7.2810
	加权净资产收益率(%)	3.0100	9.4600	3.1200	7.6400
	净资产收益率(扣除)(%)	–	–	–	–
	总资产(万元)	1503863.00	1508051.51	1425901.41	1393788.38
	归属母公司股东权益(万元)	631364.55	615888.19	582708.91	574725.84
	主营业务收入(万元)	136607.66	328646.70	103478.83	407541.84
	营业收入(万元)	138051.76	330677.22	104196.86	413349.67
	主营成本(万元)	75648.94	191239.79	49143.09	271823.66
	营业成本(万元)	75719.86	192028.65	49384.19	273595.24
	投资收益(万元)	2447.73	24167.38	2253.62	6148.15
	净利润(万元)	22148.40	62192.05	19016.52	44981.91
	利润总额(万元)	28252.92	83759.69	27945.26	58088.71

北京电子城投资开发股份有限公司

	公司名称	北京电子城投资开发股份有限公司			证券简称	电子城
公司概况	法人代表	王岩	董秘	吕延强	证券代码	600658
	公司网址			电子信箱	bez@bez.com.cn	
	电　话	010-58833515		传　真	010-58833599	
	办公地址	北京市朝阳区酒仙桥北路甲10号院205楼6层(电子城IT产业园B5楼6层)				
	经营范围	移动通信、光通信、计算机硬件及网络开发等				

	指标\报告期	2012.06.30	2011.12.31	2011.06.30	2010.12.31
主要财务指标	基本每股收益(元)	0.1800	0.5400	0.3500	0.6300
	基本每股收益(扣除)(元)	0.1800	0.4900	0.3100	0.6100
	每股净资产(元)	3.4100	3.3600	3.1800	2.9600
	每股经营现金净流量(元)	0.2972	0.4333	0.4778	1.4442
	每股现金流量(元)	0.1257	0.1365	0.1800	1.0745
	每股资本公积金(元)	1.2751	1.2342	1.2411	1.2439
	每股盈余公积金(元)	0.0357	0.0357	0.0166	0.0166
	每股未分配利润(元)	1.1004	1.0911	0.9217	0.6967
	净资产收益率(%)	5.2547	16.0210	11.0080	21.2852
	加权净资产收益率(%)	5.1700	16.7000	11.1700	23.8600
	净资产收益率(扣除)(%)	–	–	–	–
	总资产(万元)	356187.19	341890.04	323298.92	320531.90
	归属母公司股东权益(万元)	197877.70	194968.75	184435.53	171549.99
	主营业务收入(万元)	29867.34	82609.51	52830.65	130501.06
	营业收入(万元)	30126.34	83094.05	53067.81	130847.50
	主营成本(万元)	10265.46	27742.19	17062.08	50738.88
	营业成本(万元)	10325.65	27901.36	17153.75	50878.92
	投资收益(万元)	187.80	525.78	176.47	30.32
	净利润(万元)	10397.92	31235.86	20303.36	36514.76
	利润总额(万元)	13862.21	41349.64	27067.31	48645.77

福耀玻璃工业集团股份有限公司

	公司名称	福耀玻璃工业集团股份有限公司			证券简称	福耀玻璃
公司概况	法人代表	曹德旺	董秘	陈跃丹	证券代码	600660
	公司网址	www.fuyaogroup.com		电子信箱	linwei@fuyaogroup.com	
	电　话	0591-85383777		传　真	0591-85383666 85363983	
	办公地址	福建省福清市福耀工业村II区				
	经营范围	生产汽车玻璃、装饰玻璃和其它工业技术玻璃及玻璃安装、售后服务等				

	指标\报告期	2012.06.30	2011.12.31	2011.06.30	2010.12.31
主要财务指标	基本每股收益(元)	0.3700	0.7600	0.4000	0.8900
	基本每股收益(扣除)(元)	0.3700	0.7300	0.3800	0.8800
	每股净资产(元)	3.0700	3.1100	2.7500	2.9200
	每股经营现金净流量(元)	0.5727	0.7299	0.2506	1.0560
	每股现金流量(元)	−0.0363	0.3264	0.0072	0.0073
	每股资本公积金(元)	0.0995	0.0995	0.0995	0.0995
	每股盈余公积金(元)	0.3349	0.3349	0.2849	0.2849
	每股未分配利润(元)	1.6215	1.6528	1.3470	1.5177
	净资产收益率(%)	11.9876	24.2730	14.5150	30.6010
	加权净资产收益率(%)	11.4200	26.3400	14.1000	35.5800
	净资产收益率(扣除)(%)	–	–	–	–
	总资产(万元)	1283481.62	1221218.79	1144265.61	1056697.23
	归属母公司股东权益(万元)	615909.97	623166.50	551063.39	584214.51
	主营业务收入(万元)	479501.02	955272.45	459261.13	836550.36
	营业收入(万元)	487408.96	968941.02	465731.79	850803.78
	主营成本(万元)	296012.65	611470.91	291197.28	502663.73
	营业成本(万元)	298308.43	614666.94	293064.39	506887.00
	投资收益(万元)	803.55	1601.71	772.01	1643.02
	净利润(万元)	73832.88	151260.69	79987.96	178775.79
	利润总额(万元)	90496.76	177233.01	92730.57	201183.10

上海新南洋股份有限公司

	公司名称	上海新南洋股份有限公司			证券简称	新南洋
公司概况	法人代表	钱天东	董秘	朱凯泳	证券代码	600661
	公司网址	www.xin-ny.com		电子信箱	zky@xin-ny.com	
	电　话	021-62826347 62818544		传　真	021-62801900	
	办公地址	上海市番禺路667号六楼				
	经营范围	高新技术产品的生产销售、教育产业投资、技工贸一体化服务等				

	指标\报告期	2012.06.30	2011.12.31	2011.06.30	2010.12.31
主要财务指标	基本每股收益(元)	−0.0871	0.0200	0.0133	0.0370
	基本每股收益(扣除)(元)	−0.0894	−0.0230	0.0116	−0.0720
	每股净资产(元)	2.3232	2.3555	2.5600	2.1000
	每股经营现金净流量(元)	−0.0128	0.1762	−0.0594	0.2879
	每股现金流量(元)	−0.1805	0.1824	−0.0189	0.0496
	每股资本公积金(元)	1.0481	0.9932	1.2061	0.7284
	每股盈余公积金(元)	0.2564	0.2564	0.2564	0.2564
	每股未分配利润(元)	0.0189	0.1060	0.0990	0.1157
	净资产收益率(%)	−3.7480	0.8627	0.5210	1.7831
	加权净资产收益率(%)	−3.7200	0.8500	0.5700	1.9700
	净资产收益率(扣除)(%)	–	–	–	–
	总资产(万元)	100825.47	101959.94	105819.99	100123.27
	归属母公司股东权益(万元)	40349.07	40908.73	44478.67	36465.30
	主营业务收入(万元)	26583.16	52356.34	26126.61	54738.59
	营业收入(万元)	26937.02	52943.04	26528.49	55886.38
	主营成本(万元)	21987.62	39804.77	20395.64	44398.20
	营业成本(万元)	21999.49	40177.53	20599.83	45091.13
	投资收益(万元)	−208.39	−409.12	128.52	1196.10
	净利润(万元)	−1475.88	1178.22	437.41	800.64
	利润总额(万元)	−1288.43	1824.25	808.75	1602.28

上海强生控股股份有限公司

公司概况	公司名称	上海强生控股股份有限公司			证券简称	强生控股
	法人代表	洪任初	董秘	虞慧彬	证券代码	600662
	公司网址	www.62580000.com.cn		电子信箱	huibinyu@163.com	
	电　话	021-61353185 61353186		传　真	021-61353135	
	办公地址	上海市南京西路 920 号 18 楼				
	经营范围	汽车出租、公交汽车专线和汽车修理业务等				

	指标\报告期	2012.06.30	2011.12.31	2011.06.30	2010.12.31
主要财务指标	基本每股收益(元)	0.0729	0.1943	0.0868	0.2157
	基本每股收益(扣除)(元)	0.0688	0.1301	0.0934	0.1463
	每股净资产(元)	2.6923	2.7194	2.6100	2.5935
	每股经营现金净流量(元)	0.1000	0.5118	0.1835	1.0534
	每股现金流量(元)	-0.0823	0.0465	-0.0456	-0.0691
	每股资本公积金(元)	0.7142	0.7142	0.7162	1.2280
	每股盈余公积金(元)	0.3111	0.3111	0.3075	0.3850
	每股未分配利润(元)	0.6670	0.6942	0.5885	0.7450
	净资产收益率(%)	2.7066	7.1457	3.3230	8.3158
	加权净资产收益率(%)	2.6400	7.3488	3.3100	7.7359
	净资产收益率(扣除)(%)	-	-	-	-
	总资产(万元)	598972.09	589563.47	575178.45	568288.10
	归属母公司股东权益(万元)	283599.39	286456.43	275157.93	273185.19
	主营业务收入(万元)	176142.12	366321.05	172858.92	361593.24
	营业收入(万元)	177846.90	370503.91	174274.93	370146.09
	主营成本(万元)	142607.45	292308.50	134311.43	275977.20
	营业成本(万元)	142986.95	293750.59	134543.29	282949.63
	投资收益(万元)	2251.19	4762.70	1379.65	3770.50
	净利润(万元)	8823.93	23171.81	10626.06	27446.81
	利润总额(万元)	11524.36	31547.97	14393.94	35891.32

上海陆家嘴金融贸易区开发股份有限公司

公司概况	公司名称	上海陆家嘴金融贸易区开发股份有限公司			证券简称	陆家嘴
	法人代表	李晋昭	董秘	陶剑雯	证券代码	600663
	公司网址	www.ljz.com.cn		电子信箱	invest@ljz.com.cn	
	电　话	021-33848801		传　真	021-33848818	
	办公地址	上海市浦东新区峨山路 101 号 1 号楼				
	经营范围	房地产开发、经营、销售、出租和中介等				

	指标\报告期	2012.06.30	2011.12.31	2011.06.30	2010.12.31
主要财务指标	基本每股收益(元)	0.2206	0.5274	0.4776	0.6381
	基本每股收益(扣除)(元)	0.1988	0.5169	0.4763	0.5464
	每股净资产(元)	5.8500	5.8100	5.8100	5.5100
	每股经营现金净流量(元)	0.9699	0.9474	0.2523	-1.0212
	每股现金流量(元)	0.8475	0.7591	0.2945	0.1714
	每股资本公积金(元)	0.7237	0.7489	0.7953	0.8042
	每股盈余公积金(元)	1.3938	1.3938	1.2598	1.2598
	每股未分配利润(元)	2.7313	2.6712	2.7554	2.4413
	净资产收益率(%)	3.7721	9.0710	8.2188	11.5900
	加权净资产收益率(%)	3.7300	9.3200	8.2900	11.2100
	净资产收益率(扣除)(%)	-	-	-	-
	总资产(万元)	3076079.34	2768811.82	2514382.18	2316917.42
	归属母公司股东权益(万元)	1092367.32	1085855.05	1085216.34	1028212.94
	主营业务收入(万元)	134880.57	407262.89	258417.00	274560.05
	营业收入(万元)	135818.37	416587.25	265963.01	275355.00
	主营成本(万元)	49804.33	181388.22	108706.97	99143.16
	营业成本(万元)	50482.79	183223.64	110002.10	99445.31
	投资收益(万元)	14318.63	10422.68	9875.02	28957.75
	净利润(万元)	44643.07	98398.70	94198.09	121771.34
	利润总额(万元)	57841.78	125266.93	121344.66	149086.69

哈药集团股份有限公司

公司概况	公司名称	哈药集团股份有限公司			证券简称	哈药股份
	法人代表	张利君	董秘	孟晓东	证券代码	600664
	公司网址	www.hayao.com		电子信箱	mengxd@hayao.com	
	电　话	0451-51870077		传　真	0451-51870277	
	办公地址	黑龙江省哈尔滨市群力新区群力大道 1 号				
	经营范围	医药原料药及制剂、中成药及中药粉针剂、滋补保健品制造、生物制药和医药商业等				

	指标\报告期	2012.06.30	2011.12.31	2011.06.30	2010.12.31
主要财务指标	基本每股收益(元)	0.0700	0.3600	0.4200	0.7000
	基本每股收益(扣除)(元)	0.2000	0.3500	0.4200	0.6900
	每股净资产(元)	3.9400	3.8700	3.9900	4.0300
	每股经营现金净流量(元)	0.3944	-0.0195	0.2252	0.9281
	每股现金流量(元)	0.2312	-0.5710	0.0329	0.4091
	每股资本公积金(元)	0.4887	0.5804	0.7488	0.7488
	每股盈余公积金(元)	0.6504	0.7724	0.9629	1.2629
	每股未分配利润(元)	1.8009	2.0584	2.1732	2.2299
	净资产收益率(%)	1.7183	9.0764	12.5850	17.3613
	加权净资产收益率(%)	1.7200	8.5400	10.9200	18.1100
	净资产收益率(扣除)(%)	-	-	-	-
	总资产(万元)	1532369.89	1546788.84	1253792.88	1176262.58
	归属母公司股东权益(万元)	755484.56	742503.41	643976.13	651014.10
	主营业务收入(万元)	901829.07	1328991.22	954879.27	1240168.40
	营业收入(万元)	908662.86	1348696.04	965473.69	1253543.98
	主营成本(万元)	625769.29	1020269.46	642802.81	870568.91
	营业成本(万元)	629225.05	1032575.75	558414.25	879628.04
	投资收益(万元)	29.68	10759.21	422.35	9229.74
	净利润(万元)	19300.78	58121.81	85678.38	113270.63
	利润总额(万元)	30842.29	70151.86	103630.09	131418.48

天地源股份有限公司

公司概况	公司名称	天地源股份有限公司			证券简称	天地源
	法人代表	俞向前	董秘	刘宇	证券代码	600665
	公司网址	www.tande.cn		电子信箱	liuyu@tande.cn	
	电　话	029-88326035		传　真	029-88325961	
	办公地址	陕西省西安市高新技术开发区科技路 33 号高新国际商务中心 27 层				
	经营范围	房地产开发和经营、自有房屋租赁、物业管理、实业投资、资产管理				

	指标\报告期	2012.06.30	2011.12.31	2011.06.30	2010.12.31
主要财务指标	基本每股收益(元)	0.2003	0.3164	0.1457	0.2632
	基本每股收益(扣除)(元)	0.2007	0.3131	0.1425	0.1946
	每股净资产(元)	2.4453	2.6900	2.5500	2.3800
	每股经营现金净流量(元)	-0.1305	-0.1448	0.1502	-1.3630
	每股现金流量(元)	-0.1828	-0.2667	0.3988	-0.6705
	每股资本公积金(元)	0.2327	0.4793	0.4793	0.4813
	每股盈余公积金(元)	0.2294	0.2753	0.2723	0.2723
	每股未分配利润(元)	0.9831	0.9394	0.8009	0.6260
	净资产收益率(%)	8.1907	11.7460	6.8510	11.0620
	加权净资产收益率(%)	8.5400	12.4700	7.0900	11.6100
	净资产收益率(扣除)(%)	-	-	-	-
	总资产(万元)	823910.88	844837.93	868701.17	769929.23
	归属母公司股东权益(万元)	211304.07	193996.83	183802.97	171360.26
	主营业务收入(万元)	112937.00	234262.99	75711.80	204944.24
	营业收入(万元)	112941.26	234275.97	75723.85	204993.27
	主营成本(万元)	68174.36	140750.68	33725.53	156496.95
	营业成本(万元)	68178.20	140768.13	33737.00	156526.40
	投资收益(万元)	-	-8.88	-	4757.83
	净利润(万元)	17239.39	25190.41	15010.75	19460.37
	利润总额(万元)	23659.20	34169.52	20234.46	25592.08

西南药业股份有限公司

公司概况	公司名称	西南药业股份有限公司			证券简称	西南药业
	法人代表	李标	董秘	蒋茜	证券代码	600666
	公司网址	www.swp.cn			电子信箱	swp600666@163.com
	电　话	023-89855125			传　真	023-89855126
	办公地址	重庆市沙坪坝区天星桥 21 号				
	经营范围	生产、销售片剂、胶囊剂、颗粒剂、粉针剂、大容量注射剂等				

	指标\报告期	2012.06.30	2011.12.31	2011.06.30	2010.12.31
主要财务指标	基本每股收益(元)	0.1100	0.1200	0.1100	0.1100
	基本每股收益(扣除)(元)	0.1100	0.1100	0.1100	0.1000
	每股净资产(元)	1.4820	1.3690	1.5782	1.9400
	每股经营现金净流量(元)	0.3831	0.1391	0.1738	1.4218
	每股现金流量(元)	-0.0519	0.0362	-0.1255	-0.7437
	每股资本公积金(元)	0.0080	0.0080	0.0080	0.0121
	每股盈余公积金(元)	0.1957	0.1957	0.2043	0.2734
	每股未分配利润(元)	0.2785	0.1650	0.3658	0.6561
	净资产收益率(%)	7.6606	9.0020	7.0740	8.1460
	加权净资产收益率(%)	7.9700	9.3600	8.3800	8.4800
	净资产收益率(扣除)(%)	-	-	-	-
	总资产(万元)	161170.78	157194.68	135289.82	130647.13
	归属母公司股东权益(万元)	43009.42	39714.66	45790.42	37555.36
	主营业务收入(万元)	55521.99	97141.83	46241.05	84399.62
	营业收入(万元)	55921.03	97693.56	46551.72	85342.77
	主营成本(万元)	36956.74	66400.67	32000.39	56412.95
	营业成本(万元)	37221.32	66896.07	32300.91	57293.74
	投资收益(万元)	-652.68	-504.87	-455.31	130.58
	净利润(万元)	3234.30	3464.20	3205.19	2988.74
	利润总额(万元)	3681.25	4754.42	3617.80	4094.00

无锡市太极实业股份有限公司

公司概况	公司名称	无锡市太极实业股份有限公司			证券简称	太极实业
	法人代表	顾斌	董秘	胡义新	证券代码	600667
	公司网址	www.wxtj.com			电子信箱	wxtj600667@wxtj.com
	电　话	0510-85419120			传　真	0510-85430760
	办公地址	江苏省无锡市下甸桥南堍				
	经营范围	化学纤维及制品、化纤产品、化纤机械及配件、纺织机械及配件等				

	指标\报告期	2012.06.30	2011.12.31	2011.06.30	2010.12.31
主要财务指标	基本每股收益(元)	0.0800	0.1600	0.1100	0.1800
	基本每股收益(扣除)(元)	0.0700	0.1000	0.1100	0.1500
	每股净资产(元)	2.1780	2.0950	2.1480	2.0700
	每股经营现金净流量(元)	1.3263	1.1938	0.7947	1.4433
	每股现金流量(元)	0.1744	0.2710	0.3589	0.2129
	每股资本公积金(元)	0.7530	0.7529	0.7540	0.7572
	每股盈余公积金(元)	0.0440	0.0337	0.0211	0.0211
	每股未分配利润(元)	0.4853	0.4178	0.4441	0.3295
	净资产收益率(%)	3.5727	7.4410	5.3330	8.8434
	加权净资产收益率(%)	3.6400	7.4600	5.4300	9.1500
	净资产收益率(扣除)(%)	-	-	-	-
	总资产(万元)	561178.38	514801.44	500944.62	463089.28
	归属母公司股东权益(万元)	102120.30	98209.44	100722.73	96991.54
	主营业务收入(万元)	204038.35	324440.82	149878.95	252136.22
	营业收入(万元)	206092.08	329524.99	152904.08	255173.87
	主营成本(万元)	176601.25	280918.89	127836.11	213549.14
	营业成本(万元)	178470.28	285391.70	130534.15	215934.00
	投资收益(万元)	12.65	419.71	417.41	125.85
	净利润(万元)	8926.79	14556.50	9212.02	14797.45
	利润总额(万元)	13166.93	21427.66	12143.56	20281.49

浙江尖峰集团股份有限公司

公司概况	公司名称	浙江尖峰集团股份有限公司			证券简称	尖峰集团
	法人代表	蒋晓萌	董秘	朱坚卫	证券代码	600668
	公司网址	www.jianfeng.com.cn			电子信箱	jf@jianfeng.com.cn
	电　话	0579-82320582 82324699			传　真	0579-82324611 82320582
	办公地址	浙江省金华市婺江东路 88 号				
	经营范围	水泥及药品的生产和销售				

	指标\报告期	2012.06.30	2011.12.31	2011.06.30	2010.12.31
主要财务指标	基本每股收益(元)	0.4600	0.7810	0.4500	0.3860
	基本每股收益(扣除)(元)	0.4700	0.7710	0.4400	0.3680
	每股净资产(元)	4.4700	4.1300	3.8100	3.3650
	每股经营现金净流量(元)	0.0698	0.5349	0.2489	0.0926
	每股现金流量(元)	0.0976	-0.2069	0.0912	-0.0465
	每股资本公积金(元)	1.3902	1.3902	1.4080	1.4095
	每股盈余公积金(元)	0.2328	0.2328	0.2009	0.2009
	每股未分配利润(元)	1.8426	1.5043	1.2021	0.7549
	净资产收益率(%)	10.2649	18.9290	11.7330	11.4680
	加权净资产收益率(%)	10.5200	20.8100	12.4600	13.1100
	净资产收益率(扣除)(%)	-	-	-	-
	总资产(万元)	284200.72	263885.06	246322.70	215587.81
	归属母公司股东权益(万元)	153653.49	142010.06	131128.44	115794.17
	主营业务收入(万元)	78058.29	163647.27	77342.35	131428.00
	营业收入(万元)	78505.01	164478.88	77906.45	132453.09
	主营成本(万元)	63003.58	123322.35	58441.86	105890.61
	营业成本(万元)	63334.75	123706.45	58821.38	106488.58
	投资收益(万元)	13898.85	17913.08	9846.94	9944.75
	净利润(万元)	17066.06	31267.83	17574.58	15006.35
	利润总额(万元)	18749.81	37100.43	20162.11	17054.28

杭州天目山药业股份有限公司

公司概况	公司名称	杭州天目山药业股份有限公司			证券简称	ST 天 目
	法人代表	宋晓明	董秘	徐欢晓	证券代码	600671
	公司网址	www.hztmyy.com			电子信箱	zt8788@sina.com
	电　话	0571-63722229			传　真	0571-63715400
	办公地址	浙江省临安市苕溪南路 78 号				
	经营范围	生物制药、中成药、西药、电子产品、机制纸的制造和销售等				

	指标\报告期	2012.06.30	2011.12.31	2011.06.30	2010.12.31
主要财务指标	基本每股收益(元)	-0.2119	0.2200	0.0030	-0.0700
	基本每股收益(扣除)(元)	-0.2166	-0.0400	0.0049	-0.1100
	每股净资产(元)	1.1678	1.3797	1.1583	1.1553
	每股经营现金净流量(元)	-0.0800	-0.0533	-0.0762	-0.1035
	每股现金流量(元)	-0.2166	-0.0350	-0.1200	0.0058
	每股资本公积金(元)	0.4375	0.4375	0.4375	0.4375
	每股盈余公积金(元)	0.1986	0.1986	0.1986	0.1986
	每股未分配利润(元)	-0.4683	-0.2564	-0.4778	-0.4808
	净资产收益率(%)	-18.1413	15.7363	0.2560	-6.2759
	加权净资产收益率(%)	-16.6326	17.1400	0.0049	-6.0800
	净资产收益率(扣除)(%)	-	-	-	-
	总资产(万元)	33296.02	35783.64	31109.43	31979.44
	归属母公司股东权益(万元)	14221.45	16801.41	14105.26	14069.13
	主营业务收入(万元)	11398.77	26952.47	13727.62	22961.55
	营业收入(万元)	11422.33	27726.53	13748.25	23422.69
	主营成本(万元)	8282.96	16324.63	7918.38	12662.94
	营业成本(万元)	8295.11	16740.68	7925.01	12931.55
	投资收益(万元)	4.14	2987.74	3.36	-2.36
	净利润(万元)	-2355.61	2880.05	91.01	-954.09
	利润总额(万元)	-2190.22	3205.18	323.30	-795.65

广东东阳光铝业股份有限公司

公司概况	公司名称	广东东阳光铝业股份有限公司		证券简称	东阳光铝
	法人代表	郭京平	董秘 陈铁生	证券代码	600673
	公司网址	www.hec-al.com		电子信箱	yzg600673@126.com
	电　话	0769-85370225		传　真	0769-85370230
	办公地址	广东省东莞市长安镇上沙村第五工业区			
	经营范围	高纯铝、电极箔、亲水箔及亲水箔用涂料、铝电解电容器等			

指标\报告期	2012.06.30	2011.12.31	2011.06.30	2010.12.31
基本每股收益(元)	0.1000	0.3500	0.2100	0.3000
基本每股收益(扣除)(元)	0.0900	0.3200	0.2000	0.2700
每股净资产(元)	3.0900	2.9900	2.8500	2.6400
每股经营现金净流量(元)	0.5832	0.3529	-0.0579	0.2742
每股现金流量(元)	0.0917	0.1149	0.7291	-0.1361
每股资本公积金(元)	1.0770	1.0770	1.0770	1.0770
每股盈余公积金(元)	0.0243	0.0243	0.0243	0.0243
每股未分配利润(元)	0.9866	0.8866	0.7484	0.5394
净资产收益率(%)	3.2404	11.6190	7.3350	11.3570
加权净资产收益率(%)	3.2900	12.3400	7.6100	12.0700
净资产收益率(扣除)(%)	-	-	-	-
总资产(万元)	726396.01	700339.20	698398.39	583171.89
归属母公司股东权益(万元)	255518.11	247238.30	235808.13	218511.76
主营业务收入(万元)	215355.06	460119.77	241393.52	362833.14
营业收入(万元)	223555.50	476328.41	250264.63	376293.35
主营成本(万元)	175922.46	367273.66	192596.16	288890.25
营业成本(万元)	183272.62	381679.87	200462.42	301216.63
投资收益(万元)	-324.07	-160.78	-38.42	537.27
净利润(万元)	10994.15	38017.12	22430.34	32626.52
利润总额(万元)	15212.65	50244.38	28816.46	40552.40

主要财务指标

四川川投能源股份有限公司

公司概况	公司名称	四川川投能源股份有限公司		证券简称	川投能源
	法人代表	黄顺福	董秘 谢洪先	证券代码	600674
	公司网址	www.scte.com.cn		电子信箱	xiehongxian@scte.com.cn
	电　话	028-86098649 86098647		传　真	028-86098649
	办公地址	四川省成都市小南街23号			
	经营范围	电力开发、电力生产经营、电力行业技术服务和咨询等			

指标\报告期	2012.06.30	2011.12.31	2011.06.30	2010.12.31
基本每股收益(元)	0.0378	0.3750	0.1268	0.3650
基本每股收益(扣除)(元)	0.0378	0.3734	0.1265	0.3616
每股净资产(元)	4.1357	6.6600	6.4369	5.9200
每股经营现金净流量(元)	0.0933	0.7430	0.3219	0.7038
每股现金流量(元)	0.0349	0.3559	0.7496	-0.1731
每股资本公积金(元)	2.3308	3.9891	3.9767	3.5866
每股盈余公积金(元)	0.2225	0.4706	0.3884	0.3884
每股未分配利润(元)	0.5824	1.2018	1.0718	0.9449
净资产收益率(%)	0.8758	5.6290	1.9705	6.1650
加权净资产收益率(%)	0.9900	5.8732	2.0500	6.3600
净资产收益率(扣除)(%)	-	-	-	-
总资产(万元)	1535371.81	1349428.59	1279623.95	998693.74
归属母公司股东权益(万元)	815833.79	621464.79	600509.24	552285.74
主营业务收入(万元)	50460.33	114735.86	50909.23	109265.09
营业收入(万元)	50460.33	115103.16	50909.23	109477.58
主营成本(万元)	28668.84	62002.02	27563.92	58714.82
营业成本(万元)	28668.84	62062.92	27563.92	58714.82
投资收益(万元)	7885.54	27980.75	5829.50	39624.21
净利润(万元)	8944.98	40809.59	14108.16	38949.04
利润总额(万元)	9913.48	42858.87	15071.91	40770.60

主要财务指标

中华企业股份有限公司

公司概况	公司名称	中华企业股份有限公司		证券简称	中华企业
	法人代表	朱胜杰	董秘 印学青	证券代码	600675
	公司网址	www.cecl.com.cn		电子信箱	zhqydm@cecl.com.cn
	电　话	021-62170088		传　真	021-62179197
	办公地址	上海市华山路2号中华企业大厦			
	经营范围	商品房设计、建造、买卖、租赁及调剂业务等			

指标\报告期	2012.06.30	2011.12.31	2011.06.30	2010.12.31
基本每股收益(元)	0.2110	0.5330	0.0170	0.4960
基本每股收益(扣除)(元)	-0.0720	0.4050	-0.0960	0.4240
每股净资产(元)	3.4900	3.5600	3.0100	3.1960
每股经营现金净流量(元)	0.1057	-1.0940	-0.8602	-3.6336
每股现金流量(元)	0.7133	-0.9842	0.1072	-0.4098
每股资本公积金(元)	0.0155	-0.0362	0.0107	0.0245
每股盈余公积金(元)	0.2559	0.2814	0.2680	0.2680
每股未分配利润(元)	2.2148	2.3196	1.7317	1.9032
净资产收益率(%)	6.0397	14.9510	0.6120	15.5349
加权净资产收益率(%)	6.2500	15.8200	0.6000	16.8100
净资产收益率(扣除)(%)	-	-	-	-
总资产(万元)	2516550.85	2388146.39	2464697.73	2197386.93
归属母公司股东权益(万元)	542404.98	504228.77	425802.52	452019.18
主营业务收入(万元)	114763.91	458272.85	81434.57	302289.65
营业收入(万元)	114763.91	459171.33	81434.57	303026.88
主营成本(万元)	57137.34	-	42417.73	-
营业成本(万元)	57137.34	217721.64	42417.73	139914.94
投资收益(万元)	65908.12	34341.89	15159.47	40899.60
净利润(万元)	36658.38	84656.28	3318.11	82060.84
利润总额(万元)	48962.86	121175.94	6726.50	102684.24

主要财务指标

上海交运集团股份有限公司

公司概况	公司名称	上海交运集团股份有限公司		证券简称	交运股份
	法人代表	陈辰康	董秘 蒋玮芳	证券代码	600676
	公司网址	www.jygf.cn		电子信箱	jygf@sh163.net
	电　话	021-62116009 60850609		传　真	021-62116123
	办公地址	上海市平武路38号仁达商务楼三楼			
	经营范围	运输业与物流服务、汽车零部件制造与汽车后服务等			

指标\报告期	2012.06.30	2011.12.31	2011.06.30	2010.12.31
基本每股收益(元)	0.1700	0.2600	0.1386	0.2400
基本每股收益(扣除)(元)	0.1254	0.2100	0.1233	0.2100
每股净资产(元)	3.3700	3.5300	2.7200	2.7200
每股经营现金净流量(元)	0.1473	0.4455	0.1569	0.5223
每股现金流量(元)	-0.0637	0.0406	-0.1955	0.1070
每股资本公积金(元)	1.1070	0.7463	0.7467	0.7641
每股盈余公积金(元)	0.2319	0.2734	0.2590	0.2590
每股未分配利润(元)	1.0276	1.0112	0.7106	0.6920
净资产收益率(%)	5.0501	7.3924	5.1010	8.7247
加权净资产收益率(%)	5.5200	9.4600	5.6700	9.1500
净资产收益率(扣除)(%)	-	-	-	-
总资产(万元)	601806.34	567367.35	499892.13	494966.25
归属母公司股东权益(万元)	290322.53	258121.17	198725.76	198661.17
主营业务收入(万元)	368737.77	639283.34	341518.46	533632.43
营业收入(万元)	378936.31	654727.29	349420.00	547831.43
主营成本(万元)	332299.13	568527.11	302638.51	460738.49
营业成本(万元)	334847.67	572930.91	286331.13	464682.62
投资收益(万元)	2199.29	2763.89	1965.29	3455.80
净利润(万元)	15814.68	25832.54	15129.78	25788.04
利润总额(万元)	20037.01	35217.90	19813.27	33323.50

主要财务指标

航天通信控股集团股份有限公司

公司概况	公司名称	航天通信控股集团股份有限公司			证券简称	航天通信
	法人代表	杜尧	董秘	徐宏伟	证券代码	600677
	公司网址	www.aerocom.cn		电子信箱	stock@aerocom.cn	
	电　　话	0571-87034676 87079526		传　　真	0571-87077662	
	办公地址	浙江省杭州市解放路138号航天通信大厦一号楼				
	经营范围	通信产业投资、通信工程、通信设备代维、轻纺产品及原辅材料、针纺织品的生产和销售等				

主要财务指标	指标\报告期	2012.06.30	2011.12.31	2011.06.30	2010.12.31
	基本每股收益(元)	0.1307	0.1071	0.1071	0.3555
	基本每股收益(扣除)(元)	0.0431	0.0339	0.0339	0.0137
	每股净资产(元)	3.3987	3.2680	2.9121	2.8051
	每股经营现金净流量(元)	-0.3429	-0.1522	-0.9372	-0.5169
	每股现金流量(元)	0.3321	-0.3742	-0.5116	1.0322
	每股资本公积金(元)	0.2582	0.2582	0.2571	0.2571
	每股盈余公积金(元)	0.1795	0.1795	0.1795	0.1795
	每股未分配利润(元)	1.9610	1.8302	1.4755	1.3684
	净资产收益率(%)	3.8468	14.1300	3.6770	12.6735
	加权净资产收益率(%)	3.9200	15.2100	3.7500	13.5200
	净资产收益率(扣除)(%)	-	-	-	-
	总资产(万元)	658466.82	481771.50	456139.29	367677.27
	归属母公司股东权益(万元)	110856.87	106592.41	94985.86	91493.16
	主营业务收入(万元)	426827.22	780650.63	361838.62	494459.19
	营业收入(万元)	435877.28	791210.83	364647.54	502305.33
	主营成本(万元)	389827.18	725998.01	337635.25	453226.23
	营业成本(万元)	397534.96	735267.74	339714.02	459567.28
	投资收益(万元)	306.28	262.54	155.33	229.18
	净利润(万元)	7683.27	17635.32	4567.87	12954.63
	利润总额(万元)	9967.88	20625.47	6238.22	15315.93

四川金顶(集团)股份有限公司

公司概况	公司名称	四川金顶(集团)股份有限公司			证券简称	*ST 金顶
	法人代表	杨学品	董秘	闫蜀	证券代码	600678
	公司网址	www.scjd.cn		电子信箱	dsb@scjd.cn	
	电　　话	0833-5578055 0833-5578989		传　　真	0833-5578053	
	办公地址	四川省峨眉山市乐都镇				
	经营范围	水泥制造、销售、房地产开发经营、汽车修理、客货运输等				

主要财务指标	指标\报告期	2012.06.30	2011.12.31	2011.06.30	2010.12.31
	基本每股收益(元)	-0.1495	0.0998	-0.2482	-1.7215
	基本每股收益(扣除)(元)	-0.1063	-0.5930	-0.2481	-1.3915
	每股净资产(元)	-2.1978	-2.0483	-2.3648	-2.1500
	每股经营现金净流量(元)	-0.0791	0.0098	0.0215	-0.0196
	每股现金流量(元)	0.1165	-0.0153	-0.0126	-0.2879
	每股资本公积金(元)	-0.0245	-0.0245	-0.0245	-0.0245
	每股盈余公积金(元)	0.0795	0.0795	0.0795	0.0795
	每股未分配利润(元)	-3.2529	-3.1034	-3.4199	-3.2032
	净资产收益率(%)	-6.8028	-4.8734	-10.4955	-
	加权净资产收益率(%)	-	-	-	-
	净资产收益率(扣除)(%)	-	-	-	-
	总资产(万元)	92777.33	93020.45	133909.69	138101.73
	归属母公司股东权益(万元)	-76702.34	-71484.42	-82529.92	-74968.12
	主营业务收入(万元)	47.15	28394.83	18995.58	46268.03
	营业收入(万元)	76.63	29623.56	19800.82	46737.42
	主营成本(万元)	88.45	28744.08	17819.51	42194.33
	营业成本(万元)	122.64	30094.12	18379.33	44037.76
	投资收益(万元)	-	14393.10	-	-
	净利润(万元)	-8256.32	-1759.99	-10174.78	-61975.35
	利润总额(万元)	-8256.32	-336.67	-10243.82	-62978.97

金山开发建设股份有限公司

公司概况	公司名称	金山开发建设股份有限公司			证券简称	金山开发
	法人代表	夏杰	董秘	李玉龙	证券代码	600679
	公司网址	www.jskfjs.com		电子信箱	lyl@phoenix.com	
	电　　话	021-31351500 31351508		传　　真	021-31351501	
	办公地址	上海市吴中路369号美恒大厦15楼				
	经营范围	房地产开发经营、城市和绿化建设、旧区改造、商业开发等				

主要财务指标	指标\报告期	2012.06.30	2011.12.31	2011.06.30	2010.12.31
	基本每股收益(元)	-0.0103	0.0115	0.0013	0.0211
	基本每股收益(扣除)(元)	-0.0137	-0.0509	-0.0006	-0.0497
	每股净资产(元)	1.6244	1.6871	1.6871	1.6817
	每股经营现金净流量(元)	-0.0056	-0.0220	-0.0505	0.0139
	每股现金流量(元)	-0.0775	-0.4012	-0.3532	0.1297
	每股资本公积金(元)	0.9329	0.9321	0.9956	0.9915
	每股盈余公积金(元)	0.1632	0.1632	0.1632	0.1632
	每股未分配利润(元)	-0.4716	-0.4613	-0.4716	-0.4728
	净资产收益率(%)	-0.6349	0.7067	0.0740	1.2552
	加权净资产收益率(%)	-0.6332	0.6800	0.0744	1.2400
	净资产收益率(扣除)(%)	-	-	-	-
	总资产(万元)	120744.91	116880.07	132775.46	129827.78
	归属母公司股东权益(万元)	57441.97	57777.82	59658.93	59469.18
	主营业务收入(万元)	33264.65	99101.38	51249.48	89943.54
	营业收入(万元)	34780.53	102538.64	51990.08	90672.07
	主营成本(万元)	29487.70	87014.81	45549.88	80005.50
	营业成本(万元)	30187.70	88835.77	45903.60	80261.22
	投资收益(万元)	688.68	2667.48	208.10	3896.44
	净利润(万元)	-502.12	-297.37	209.41	822.66
	利润总额(万元)	-496.79	426.61	256.85	2422.08

上海普天邮通科技股份有限公司

公司概况	公司名称	上海普天邮通科技股份有限公司			证券简称	上海普天
	法人代表	曹宏斌	董秘	陆贤薇	证券代码	600680
	公司网址	www.shpte.com		电子信箱	zhengquanb@shpte.com	
	电　　话	021-64832699 64360900*2371		传　　真	021-64832699	
	办公地址	上海市宜山路700号				
	经营范围	设计、生产、销售各类通信设备、元器件、计算机网络及外围配套设备等				

主要财务指标	指标\报告期	2012.06.30	2011.12.31	2011.06.30	2010.12.31
	基本每股收益(元)	0.0140	0.0290	0.0110	-0.2300
	基本每股收益(扣除)(元)	0.0020	-0.0780	0.0020	-0.2710
	每股净资产(元)	3.7360	3.7530	3.7400	3.7200
	每股经营现金净流量(元)	-0.1780	0.0232	-0.1300	-0.2217
	每股现金流量(元)	-0.1488	-0.1454	-0.0454	-0.1799
	每股资本公积金(元)	2.2722	2.2722	2.2708	2.2702
	每股盈余公积金(元)	0.3105	0.3105	0.3116	0.3105
	每股未分配利润(元)	0.1535	0.1700	0.1617	0.1408
	净资产收益率(%)	0.3626	0.7780	0.2860	-6.1697
	加权净资产收益率(%)	0.3600	0.7810	0.2900	-5.9880
	净资产收益率(扣除)(%)	-	-	-	-
	总资产(万元)	228776.32	231853.49	234040.24	219167.30
	归属母公司股东权益(万元)	142808.41	143437.26	143110.14	142242.78
	主营业务收入(万元)	63588.78	110307.30	65244.61	81336.11
	营业收入(万元)	64558.87	113030.24	66509.06	84993.90
	主营成本(万元)	56851.62	98153.71	60099.19	76184.76
	营业成本(万元)	57203.43	99178.83	60725.43	78062.90
	投资收益(万元)	-28.49	2977.68	682.42	344.23
	净利润(万元)	460.05	1408.70	372.40	-8800.70
	利润总额(万元)	467.88	1481.72	376.76	-8794.25

万鸿集团股份有限公司

公司概况	公司名称	万鸿集团股份有限公司			证券简称	ST 万鸿
	法人代表	戚围岳	董秘	许伟文	证券代码	600681
	公司网址	www.winowner.com			电子信箱	wdf94639@sina.com
	电　　话	027-88066666			传　　真	027-88066666
	办公地址	湖北省武汉市汉阳区阳新路特 1 号				
	经营范围	对酒店业、制造业、商业、旅游业、房地产业进行项目投资、装饰装修等				

主要财务指标	指标\报告期	2012.06.30	2011.12.31	2011.06.30	2010.12.31
	基本每股收益(元)	0.0005	0.1000	0.1200	0.1200
	基本每股收益(扣除)(元)	–	–	–0.0100	–0.0600
	每股净资产(元)	0.0700	0.0700	–1.7087	–2.1700
	每股经营现金净流量(元)	0.0080	0.0003	–0.0226	0.4856
	每股现金流量(元)	0.0123	0.0002	–0.0227	0.0215
	每股资本公积金(元)	2.0609	2.0609	0.9087	0.5635
	每股盈余公积金(元)	0.1041	0.1041	0.1258	0.1258
	每股未分配利润(元)	–3.0953	–3.0959	–3.7432	–3.8620
	净资产收益率(%)	0.7540	143.7270	–6.9491	–6.4598
	加权净资产收益率(%)	1.5100	–	–	–
	净资产收益率(扣除)(%)	–	–	–	–
	总资产(万元)	16049.00	14768.24	14064.92	4111.44
	归属母公司股东权益(万元)	1753.45	1740.23	–35552.78	–45205.31
	主营业务收入(万元)	871.01	1254.96	260.15	281.98
	营业收入(万元)	1111.01	1734.96	500.15	681.98
	主营成本(万元)	556.33	941.80	165.92	144.59
	营业成本(万元)	556.33	941.80	165.92	144.59
	投资收益(万元)	–	–	–	297.84
	净利润(万元)	3.49	2501.17	2470.59	2906.39
	利润总额(万元)	115.46	2553.90	2489.06	2907.90

南京新街口百货商店股份有限公司

公司概况	公司名称	南京新街口百货商店股份有限公司			证券简称	南京新百
	法人代表	杨怀珍	董秘	潘利建	证券代码	600682
	公司网址	www.njxb.com			电子信箱	dsh.yj@njxb.com
	电　　话	025-84717494 84761696			传　　真	025-84717494 84761696
	办公地址	江苏省南京市中山南路 1 号				
	经营范围	预包装食品、散装食品(炒货、蜜饯、糕点、茶叶)、保健食品、冷热饮品销售等				

主要财务指标	指标\报告期	2012.06.30	2011.12.31	2011.06.30	2010.12.31
	基本每股收益(元)	0.3800	0.2300	0.1300	0.2000
	基本每股收益(扣除)(元)	0.1400	0.2300	0.1200	0.1900
	每股净资产(元)	3.6700	3.1100	3.0200	3.0000
	每股经营现金净流量(元)	0.1145	0.3887	–0.0001	0.3685
	每股现金流量(元)	0.4753	0.2497	–0.0643	–0.0142
	每股资本公积金(元)	1.1460	1.1460	1.1535	1.1543
	每股盈余公积金(元)	0.4472	0.4472	0.4008	0.4008
	每股未分配利润(元)	1.0744	0.5212	0.4638	0.4417
	净资产收益率(%)	10.3217	7.4730	4.2126	6.7527
	加权净资产收益率(%)	11.4600	7.6300	4.1600	6.8500
	净资产收益率(扣除)(%)	–	–	–	–
	总资产(万元)	371538.79	309249.03	291927.39	289473.46
	归属母公司股东权益(万元)	131416.11	111597.12	108145.15	107382.16
	主营业务收入(万元)	137132.98	178841.86	86143.80	151823.70
	营业收入(万元)	142076.99	183771.76	88139.14	153968.73
	主营成本(万元)	109948.80	142460.84	67015.11	117597.30
	营业成本(万元)	110724.15	143901.79	67939.30	118044.31
	投资收益(万元)	8680.00	3221.61	–623.59	–153.83
	净利润(万元)	13382.02	8339.08	4555.72	7251.17
	利润总额(万元)	15521.99	10045.23	6137.66	9519.97

京投银泰股份有限公司

公司概况	公司名称	京投银泰股份有限公司			证券简称	京投银泰
	法人代表	王琪	董秘	邓志高	证券代码	600683
	公司网址	www.600683.com			电子信箱	ir@600683.com
	电　　话	010-65636620 65636622			传　　真	010-85172628
	办公地址	北京市朝阳区建国门外大街 2 号银泰中心 C 座 17 层				
	经营范围	百货零售、对外贸易和房地产开发与经营等				

主要财务指标	指标\报告期	2012.06.30	2011.12.31	2011.06.30	2010.12.31
	基本每股收益(元)	–0.1700	0.1600	0.1930	0.3600
	基本每股收益(扣除)(元)	–0.2300	0.0300	0.1700	0.2300
	每股净资产(元)	2.1980	2.3700	2.4910	2.3100
	每股经营现金净流量(元)	–0.1874	–3.9729	–1.2351	–2.2367
	每股现金流量(元)	–0.0632	–1.4070	–1.1746	0.6612
	每股资本公积金(元)	0.4458	0.4458	0.5350	0.5431
	每股盈余公积金(元)	0.1140	0.1140	0.0838	0.0838
	每股未分配利润(元)	0.6380	0.8102	0.8725	0.6799
	净资产收益率(%)	–7.8351	6.7730	7.7318	15.7340
	加权净资产收益率(%)	–7.5400	6.7200	8.0200	16.0400
	净资产收益率(扣除)(%)	–	–	–	–
	总资产(万元)	1435504.08	1356434.98	902798.26	853798.40
	归属母公司股东权益(万元)	162809.39	175565.73	184553.27	170882.13
	主营业务收入(万元)	17691.40	151861.76	103604.98	146097.18
	营业收入(万元)	17701.40	151861.76	103604.98	146132.61
	主营成本(万元)	13023.96	84508.72	54742.75	99574.46
	营业成本(万元)	13023.96	84508.72	54742.75	99574.46
	投资收益(万元)	–6917.77	152.13	–652.58	18965.90
	净利润(万元)	–14193.91	8416.05	13176.42	25747.64
	利润总额(万元)	–14797.87	17863.45	20410.43	35184.78

广州珠江实业开发股份有限公司

公司概况	公司名称	广州珠江实业开发股份有限公司			证券简称	珠江实业
	法人代表	郑暑平	董秘	黄静	证券代码	600684
	公司网址	www.gzzjsy.com			电子信箱	huangjing@gzzjsy.com
	电　　话	020-83752828 808			传　　真	020-83752663
	办公地址	广东省广州市环市东路 362-366 号好世界广场 30 楼				
	经营范围	经营土地开发、承建、销售、租赁商品房等				

主要财务指标	指标\报告期	2012.06.30	2011.12.31	2011.06.30	2010.12.31
	基本每股收益(元)	0.4400	0.9100	0.3400	0.5400
	基本每股收益(扣除)(元)	0.4300	0.9100	0.3400	0.5000
	每股净资产(元)	3.9300	3.4900	5.2900	3.6300
	每股经营现金净流量(元)	0.7402	0.0797	–0.3325	0.3226
	每股现金流量(元)	0.3362	0.8310	0.8181	1.5142
	每股资本公积金(元)	0.7218	1.2384	1.9099	1.9099
	每股盈余公积金(元)	0.2825	0.3673	0.4116	0.4116
	每股未分配利润(元)	1.9222	1.9323	1.9715	1.3915
	净资产收益率(%)	11.0991	20.1110	10.9590	14.9380
	加权净资产收益率(%)	11.7500	22.3600	11.5900	15.7800
	净资产收益率(扣除)(%)	–	–	–	–
	总资产(万元)	285768.32	279383.18	251513.85	230081.09
	归属母公司股东权益(万元)	124116.86	110340.97	98999.62	88150.61
	主营业务收入(万元)	66371.78	121195.18	62641.07	64088.14
	营业收入(万元)	66392.43	121242.16	62656.54	65270.57
	主营成本(万元)	35276.05	69577.17	39657.41	36349.56
	营业成本(万元)	35276.05	69577.47	39657.41	36415.93
	投资收益(万元)	81.48	272.54	42.45	52.34
	净利润(万元)	13776.27	22191.59	10849.43	13168.33
	利润总额(万元)	18368.36	29656.14	14465.91	17601.97

广州广船国际股份有限公司

公司概况					
公司名称	广州广船国际股份有限公司			证券简称	广船国际
法人代表	陈景奇	董秘	李志东	证券代码	600685
公司网址	www.chinagsi.com			电子信箱	gsi@chinagsi.com
电　　话	020-81891712　2962　2995			传　　真	020-81891575
办公地址	广东省广州市荔湾区芳村大道南 40 号				
经营范围	造船、钢结构工程以及机电产品等				

主要财务指标：指标\报告期	2012.06.30	2011.12.31	2011.06.30	2010.12.31
基本每股收益(元)	0.1400	0.8100	0.4100	1.1000
基本每股收益(扣除)(元)	0.1100	0.5900	0.3600	0.9500
每股净资产(元)	6.5100	6.3900	6.0300	7.4000
每股经营现金净流量(元)	-0.3417	-1.8389	-0.1859	2.1001
每股现金流量(元)	0.6511	-3.1783	0.1387	1.2606
每股资本公积金(元)	0.9916	1.0091	1.6624	1.6610
每股盈余公积金(元)	0.6630	0.6630	0.7626	0.7626
每股未分配利润(元)	3.8521	3.7153	4.4138	3.9813
净资产收益率(%)	2.0000	12.6190	6.7900	19.3211
加权净资产收益率(%)	2.1200	13.3100	6.9400	20.7300
净资产收益率(扣除)(%)	-	-	-	-
总资产(万元)	1059924.93	1188550.94	1254003.87	1215745.20
归属母公司股东权益(万元)	418433.19	410760.64	387766.49	366301.95
主营业务收入(万元)	338612.83	814136.17	392375.01	690762.30
营业收入(万元)	343263.95	829643.13	398343.08	701422.47
主营成本(万元)	317598.67	723455.65	342996.70	597517.17
营业成本(万元)	320891.10	736972.00	347577.84	607691.70
投资收益(万元)	2879.33	4923.86	1685.50	8341.70
净利润(万元)	8925.45	52258.86	26627.88	71050.45
利润总额(万元)	10832.99	60659.13	31634.36	83524.74

厦门金龙汽车集团股份有限公司

公司概况					
公司名称	厦门金龙汽车集团股份有限公司			证券简称	金龙汽车
法人代表	谷涛	董秘	唐祝敏	证券代码	600686
公司网址	www.xmklm.com.cn			电子信箱	kinglong@xmklm.com.cn
电　　话	0592-2969815			传　　真	0592-2960686
办公地址	福建省厦门市厦禾路 668 号 22-23 层				
经营范围	大、中、轻型客车的生产和销售等				

主要财务指标：指标\报告期	2012.06.30	2011.12.31	2011.06.30	2010.12.31
基本每股收益(元)	0.1300	0.5900	0.2500	0.5300
基本每股收益(扣除)(元)	0.1200	0.4600	0.2100	0.4800
每股净资产(元)	4.4100	4.3700	4.0400	3.8900
每股经营现金净流量(元)	-2.0977	0.4801	-1.7017	3.1592
每股现金流量(元)	-2.4087	-0.2117	-1.9430	2.3185
每股资本公积金(元)	0.6760	0.6760	0.6760	0.6760
每股盈余公积金(元)	0.5135	0.5135	0.4701	0.4701
每股未分配利润(元)	2.2159	2.1816	1.8944	1.7395
净资产收益率(%)	3.0497	13.3930	6.3074	13.6440
加权净资产收益率(%)	3.0400	14.1800	6.3800	14.5400
净资产收益率(扣除)(%)	-	-	-	-
总资产(万元)	1286635.20	1328088.55	1257825.31	1242903.42
归属母公司股东权益(万元)	194983.52	193463.09	178832.67	171978.97
主营业务收入(万元)	823926.76	1840858.07	825340.98	1580234.42
营业收入(万元)	848735.86	1892491.64	844844.26	1615614.18
主营成本(万元)	737050.56	1628955.00	736787.01	1379333.02
营业成本(万元)	756205.99	1667163.72	752826.24	1407802.98
投资收益(万元)	612.54	4614.91	1499.65	1618.31
净利润(万元)	12684.87	49656.93	22498.60	50049.45
利润总额(万元)	15005.00	57904.47	25674.82	56983.98

浙江刚泰控股(集团)股份有限公司

公司概况					
公司名称	浙江刚泰控股(集团)股份有限公司			证券简称	刚泰控股
法人代表	徐建刚	董秘	张秦	证券代码	600687
公司网址	www.gangtaikonggu.com			电子信箱	lyp_hz@163.com
电　　话	021-68865161　0572-8080867			传　　真	021-68866511
办公地址	上海市浦东新区陆家嘴环路 958 号华能联合大厦 18 楼				
经营范围	实业投资、矿业投资、货运代理、设备、自有房屋租赁、装卸、仓储服务、物流信息咨询等				

主要财务指标：指标\报告期	2012.06.30	2011.12.31	2011.06.30	2010.12.31
基本每股收益(元)	0.0124	0.7100	0.3060	0.0160
基本每股收益(扣除)(元)	-0.0062	0.4200	0.1660	-0.0190
每股净资产(元)	2.3970	2.3900	1.9880	1.6800
每股经营现金净流量(元)	0.0287	0.7205	0.6375	1.7654
每股现金流量(元)	0.1897	1.8407	0.1952	-0.2151
每股资本公积金(元)	0.0518	0.0518	0.0518	0.0518
每股盈余公积金(元)	0.3617	0.3325	0.3179	0.3179
每股未分配利润(元)	0.9834	1.0103	0.6187	0.3128
净资产收益率(%)	0.5155	29.7370	15.3840	0.9710
加权净资产收益率(%)	0.5200	34.9300	16.6600	0.9800
净资产收益率(扣除)(%)	-	-	-	-
总资产(万元)	74718.51	74407.30	84235.35	86423.26
归属母公司股东权益(万元)	30414.04	30384.16	25230.07	21348.78
主营业务收入(万元)	38349.16	157990.43	25700.09	12598.15
营业收入(万元)	38382.09	158088.07	25731.67	12653.34
主营成本(万元)	38253.16	143398.87	19030.54	8395.96
营业成本(万元)	38253.16	143398.87	19030.54	8395.96
投资收益(万元)	-242.97	3766.81	1179.02	-199.17
净利润(万元)	131.81	9943.25	4327.10	289.94
利润总额(万元)	70.11	12958.74	5798.62	597.39

中国石化上海石油化工股份有限公司

公司概况					
公司名称	中国石化上海石油化工股份有限公司			证券简称	S上石化
法人代表	戎光道	董秘	张经明	证券代码	600688
公司网址	www.spc.com.cn			电子信箱	tom@spc.com.cn
电　　话	021-57943143　52377880			传　　真	021-57940050　52375091
办公地址	上海市金山区金一路 48 号				
经营范围	原油加工、油品、化工产品、合成纤维及单体、塑料及制品、针纺织原料及制品等				

主要财务指标：指标\报告期	2012.06.30	2011.12.31	2011.06.30	2010.12.31
基本每股收益(元)	-0.1660	0.1310	0.1920	0.3760
基本每股收益(扣除)(元)	-0.1800	0.1290	0.1930	0.3850
每股净资产(元)	2.3050	2.5160	2.5850	2.4880
每股经营现金净流量(元)	-0.1481	0.3446	0.1550	0.5894
每股现金流量(元)	0.0140	-0.0012	0.0329	-0.0036
每股资本公积金(元)	0.4048	0.4048	0.4048	0.4048
每股盈余公积金(元)	0.7155	0.7155	0.7057	0.7057
每股未分配利润(元)	0.1763	0.3922	0.4627	0.3709
净资产收益率(%)	-7.1981	5.2142	7.4226	15.0937
加权净资产收益率(%)	-6.8830	5.2430	7.5650	16.2590
净资产收益率(扣除)(%)	-	-	-	-
总资产(万元)	3348213.70	3111008.50	3294326.00	2915810.40
归属母公司股东权益(万元)	1659461.40	1811248.30	1861263.10	1791304.00
主营业务收入(万元)	4626670.80	9508939.70	4929552.80	7716245.40
营业收入(万元)	4647259.40	9560124.80	4952499.20	7759118.70
主营成本(万元)	-	-	-	-
营业成本(万元)	4344809.60	8504219.40	4300710.40	6578745.50
投资收益(万元)	471.80	14334.00	17756.40	65150.30
净利润(万元)	-118112.20	97483.00	138791.10	272909.20
利润总额(万元)	-155865.20	129229.10	180580.50	345374.40

上海三毛企业(集团)股份有限公司

公司概况

公司名称	上海三毛企业(集团)股份有限公司			证券简称	上海三毛
法人代表	张文卿	董秘	沈磊	证券代码	600689
公司网址	www.600689.com			电子信箱	shendby@600689.com
电　　话	021-63059496			传　　真	021-63018850 601
办公地址	上海市斜土路791号				
经营范围	生产、销售毛条、毛纱、纺织品及服装、销售自产产品等				

主要财务指标

指标\报告期	2012.06.30	2011.12.31	2011.06.30	2010.12.31
基本每股收益(元)	0.0480	0.0900	0.0500	0.0800
基本每股收益(扣除)(元)	-0.0560	-0.0700	0.0463	-0.1900
每股净资产(元)	2.0736	2.0278	2.0244	1.9300
每股经营现金净流量(元)	-0.6256	0.2622	-0.1551	-0.0440
每股现金流量(元)	-0.2345	0.3291	-0.0927	0.0131
每股资本公积金(元)	1.1135	1.1159	1.1545	1.1684
每股盈余公积金(元)	0.1921	0.1921	0.1921	0.1921
每股未分配利润(元)	-0.2320	-0.2801	-0.3222	-0.3721
净资产收益率(%)	2.3192	4.5360	2.4680	3.9070
加权净资产收益率(%)	2.3500	4.5600	2.4900	3.9600
净资产收益率(扣除)(%)	-	-	-	-
总资产(万元)	110784.77	107125.61	120701.97	122841.58
归属母公司股东权益(万元)	41677.04	40757.54	40688.92	39964.75
主营业务收入(万元)	126814.62	244316.37	114902.35	163086.10
营业收入(万元)	127926.63	246529.85	115941.42	165321.90
主营成本(万元)	120668.08	230632.28	106741.24	151346.43
营业成本(万元)	120982.52	231178.03	106985.66	151861.33
投资收益(万元)	484.91	266.75	-18.68	276.04
净利润(万元)	981.69	1446.70	966.39	1590.04
利润总额(万元)	1054.60	2035.94	1326.73	1826.47

青岛海尔股份有限公司

公司概况

公司名称	青岛海尔股份有限公司			证券简称	青岛海尔
法人代表	杨绵绵	董秘	明国珍	证券代码	600690
公司网址	www.haier.com			电子信箱	finance@haier.com
电　　话	0532-88935976			传　　真	0532-88935979
办公地址	山东省青岛市崂山区海尔信息产业园内				
经营范围	空调器、电冰箱、电冰柜、洗碗机、燃气灶等家电产品的生产与销售				

主要财务指标

指标\报告期	2012.06.30	2011.12.31	2011.06.30	2010.12.31
基本每股收益(元)	0.6900	1.0020	0.5690	0.8360
基本每股收益(扣除)(元)	0.6770	0.9080	0.4980	0.6920
每股净资产(元)	3.6260	3.1060	2.7600	2.9320
每股经营现金净流量(元)	1.2608	2.3115	3.5308	4.4454
每股现金流量(元)	0.7736	0.8878	1.8372	1.4600
每股资本公积金(元)	0.1023	0.1010	1.1655	1.8259
每股盈余公积金(元)	0.6210	0.6210	1.0908	1.0908
每股未分配利润(元)	1.8971	1.3773	2.2445	1.9526
净资产收益率(%)	19.0257	32.2530	20.6887	28.4511
加权净资产收益率(%)	20.4900	31.3300	20.0100	26.3800
净资产收益率(扣除)(%)	-	-	-	-
总资产(万元)	4148369.07	3978331.07	3764090.90	3182876.87
归属母公司股东权益(万元)	973570.41	834034.44	738367.07	787308.05
主营业务收入(万元)	4015724.82	7298246.08	3776150.41	6392884.05
营业收入(万元)	4046969.35	7366250.16	3806869.78	6469477.57
主营成本(万元)	3034186.55	5587573.74	2874276.50	4955628.15
营业成本(万元)	3051886.61	5626308.13	2892858.77	5011217.63
投资收益(万元)	29279.20	42076.49	21086.53	27722.74
净利润(万元)	239481.37	364766.27	199042.44	301112.26
利润总额(万元)	281061.00	441354.18	239407.15	394052.77

东新电碳股份有限公司

公司概况

公司名称	东新电碳股份有限公司			证券简称	*ST 东碳
法人代表	刘平	董秘	刘平(代)	证券代码	600691
公司网址				电子信箱	gezhiping4321@163.com
电　　话	0813-2606903			传　　真	0813-2600887
办公地址	四川省自贡市自流井区东光路桌子山22号				
经营范围	电碳制品、机械密封、粉末冶金产品的生产、销售等				

主要财务指标

指标\报告期	2012.06.30	2011.12.31	2011.06.30	2010.12.31
基本每股收益(元)	-0.2776	-0.4431	-0.2026	0.0239
基本每股收益(扣除)(元)	-0.1729	-0.2973	-0.1577	-0.2299
每股净资产(元)	-1.8052	-1.5276	-1.2870	-1.0845
每股经营现金净流量(元)	-0.0353	-0.0816	-0.0560	0.1374
每股现金流量(元)	-0.0368	-0.1343	-0.0815	0.1341
每股资本公积金(元)	0.3642	0.3642	0.3642	0.3642
每股盈余公积金(元)	0.1148	0.1148	0.1148	0.1148
每股未分配利润(元)	-3.2842	-3.0066	-2.7662	-2.5635
净资产收益率(%)	-15.3766	-29.0051	-15.7431	-2.2011
加权净资产收益率(%)	-	-	-	-
净资产收益率(扣除)(%)	-	-	-	-
总资产(万元)	7973.52	8780.03	9250.22	10465.30
归属母公司股东权益(万元)	-20665.43	-17487.80	-14735.24	-12415.45
主营业务收入(万元)	1498.39	3130.25	1608.70	2957.48
营业收入(万元)	1570.22	3254.20	1672.78	3082.90
主营成本(万元)	1251.02	2853.47	1328.54	2568.52
营业成本(万元)	1283.41	2926.17	1368.94	2661.96
投资收益(万元)	-8.50	28.86	6.33	28.52
净利润(万元)	-3177.63	-5072.35	-2319.79	273.28
利润总额(万元)	-3177.63	-5072.35	-2319.79	273.28

上海亚通股份有限公司

公司概况

公司名称	上海亚通股份有限公司			证券简称	亚通股份
法人代表	张忠	董秘	蔡福生	证券代码	600692
公司网址	www.shanghiyateng.com			电子信箱	chinayatong@online.sh.cn
电　　话	021-69695918			传　　真	021-69691970
办公地址	上海市崇明县城桥镇寒山寺路297号				
经营范围	房地产开发、宾馆服务业、煤炭、金属材料、农业机械及配件、汽车配件、化工产品等				

主要财务指标

指标\报告期	2012.06.30	2011.12.31	2011.06.30	2010.12.31
基本每股收益(元)	0.0200	0.0104	-0.0579	-0.2010
基本每股收益(扣除)(元)	0.0190	-0.1657	-0.0617	-0.1916
每股净资产(元)	1.3320	1.3120	1.2436	1.3000
每股经营现金净流量(元)	-0.2085	0.2977	0.1986	0.4422
每股现金流量(元)	-0.1498	-0.6254	-0.4410	0.7220
每股资本公积金(元)	0.1741	0.1741	0.1741	0.1741
每股盈余公积金(元)	0.1497	0.1497	0.1497	0.1497
每股未分配利润(元)	0.0083	-0.0117	-0.0801	-0.0222
净资产收益率(%)	1.5073	0.7950	-4.6590	-15.4450
加权净资产收益率(%)	1.5200	0.8000	-4.5500	-14.3400
净资产收益率(扣除)(%)	-	-	-	-
总资产(万元)	124523.70	133396.02	145640.81	143676.55
归属母公司股东权益(万元)	46858.61	46152.33	43747.27	45785.26
主营业务收入(万元)	28550.97	25901.24	10361.87	23484.18
营业收入(万元)	29082.61	27142.92	10969.11	24065.88
主营成本(万元)	22114.79	23644.09	8725.88	24976.33
营业成本(万元)	22568.58	24906.76	9342.00	25546.88
投资收益(万元)	60.15	16.91	45.26	665.81
净利润(万元)	996.42	1283.51	-1700.89	-7104.23
利润总额(万元)	1527.16	1676.90	-1568.65	-6747.64

福建东百集团股份有限公司

	公司名称	福建东百集团股份有限公司			证券简称	东百集团
公司概况	法人代表	毕德才	董秘	徐海涛	证券代码	600693
	公司网址	www.dongbai.com			电子信箱	db600693@126.com
	电　　话	0591-87531724			传　　真	0591-87531804
	办公地址	福建省福州市八一七北路84号东百大厦18层				
	经营范围	百货零售为主业、兼营商业物业管理、广告信息、酒店餐饮、房地产开发业务				

	指标\报告期	2012.06.30	2011.12.31	2011.06.30	2010.12.31
主要财务指标	基本每股收益(元)	0.1400	0.9379	0.8350	0.2940
	基本每股收益(扣除)(元)	0.1440	0.2756	0.1640	0.3191
	每股净资产(元)	2.9590	2.9690	2.8950	2.0220
	每股经营现金净流量(元)	0.0600	−0.1951	−0.0487	0.7678
	每股现金流量(元)	0.3342	−0.1371	0.1859	0.2041
	每股资本公积金(元)	0.1100	0.1100	0.1387	0.1020
	每股盈余公积金(元)	0.4259	0.4259	0.3372	0.3372
	每股未分配利润(元)	1.4231	1.4327	1.4188	0.5832
	净资产收益率(%)	4.7437	31.5940	28.8569	14.5352
	加权净资产收益率(%)	4.6200	37.6100	34.2300	15.6500
	净资产收益率(扣除)(%)	–	–	–	–
	总资产(万元)	184335.61	171596.89	155512.59	151450.04
	归属母公司股东权益(万元)	101556.32	101887.15	99352.41	69413.56
	主营业务收入(万元)	97490.83	200311.19	103662.16	176789.40
	营业收入(万元)	104795.64	213471.79	109786.92	189240.36
	主营成本(万元)	82054.09	168653.13	86773.43	147300.50
	营业成本(万元)	82066.19	168681.78	86787.31	147388.74
	投资收益(万元)	−393.44	−273.15	9.20	63.06
	净利润(万元)	4764.57	32008.75	28676.22	10087.38
	利润总额(万元)	7381.88	42797.78	37738.00	13951.64

大商股份有限公司

	公司名称	大商股份有限公司			证券简称	大商股份
公司概况	法人代表	牛钢	董秘	孟浩	证券代码	600694
	公司网址	www.dsjt.com			电子信箱	dashanggufen@126.com
	电　　话	0411-83643215 83880983			传　　真	0411-83880798
	办公地址	辽宁省大连市中山区青三街1号				
	经营范围	商品零售兼批发、加工服务、仓储、农副产品收购、电子计算机技术服务等				

	指标\报告期	2012.06.30	2011.12.31	2011.06.30	2010.12.31
主要财务指标	基本每股收益(元)	2.5100	0.9300	0.7500	0.4100
	基本每股收益(扣除)(元)	2.4300	0.8300	0.7700	0.4400
	每股净资产(元)	14.2600	12.0500	11.8700	11.1200
	每股经营现金净流量(元)	2.0129	9.2673	3.5980	5.8894
	每股现金流量(元)	−0.5975	5.4556	2.1441	1.6100
	每股资本公积金(元)	4.9518	4.9518	4.9518	4.9518
	每股盈余公积金(元)	0.9245	0.9245	0.8237	0.8237
	每股未分配利润(元)	7.3819	5.1738	5.0941	4.3418
	净资产收益率(%)	17.5900	7.7410	6.3400	3.7300
	加权净资产收益率(%)	18.9200	8.0500	6.5500	3.8000
	净资产收益率(扣除)(%)	–	–	–	–
	总资产(万元)	1273901.01	1320904.02	1245026.94	1191739.46
	归属母公司股东权益(万元)	418788.16	353932.94	348631.35	326534.89
	主营业务收入(万元)	1494047.22	2834127.03	1451045.42	2263188.19
	营业收入(万元)	1616647.76	3040378.76	1554339.86	2434345.69
	主营成本(万元)	1278130.02	2467978.79	1263316.05	1966741.29
	营业成本(万元)	1280711.62	2474917.53	1266080.29	1973176.02
	投资收益(万元)	702.17	18.88	5.92	−220.12
	净利润(万元)	78995.66	28282.18	23325.80	10311.40
	利润总额(万元)	99724.10	50306.63	35288.06	31317.90

上海大江(集团)股份有限公司

	公司名称	上海大江(集团)股份有限公司			证券简称	大江股份
公司概况	法人代表	俞乃奋	董秘	李冬青	证券代码	600695
	公司网址	www.dajiang.com			电子信箱	gww_sd@dajiang.com
	电　　话	021-34225027 34225030			传　　真	021-34225056
	办公地址	上海市莲花路1555号华一大厦7楼				
	经营范围	食用农产品(含生猪产品)、乳制品(不含婴幼儿配方乳粉)、酒类等				

	指标\报告期	2012.06.30	2011.12.31	2011.06.30	2010.12.31
主要财务指标	基本每股收益(元)	−0.0900	0.0774	0.0800	0.0190
	基本每股收益(扣除)(元)	−0.0900	−0.1556	−0.0400	−0.0880
	每股净资产(元)	0.2700	0.3600	0.3700	0.2890
	每股经营现金净流量(元)	−0.0702	−0.0377	−0.0100	−0.0679
	每股现金流量(元)	−0.0176	−0.0844	−0.0288	0.1042
	每股资本公积金(元)	0.3467	0.3467	0.3467	0.3467
	每股盈余公积金(元)	0.1150	0.1150	0.1150	0.1150
	每股未分配利润(元)	−1.1880	−1.0976	−1.0926	−1.1728
	净资产收益率(%)	−32.8429	21.2660	21.7290	6.5370
	加权净资产收益率(%)	−28.1700	23.6300	24.3800	6.7300
	净资产收益率(扣除)(%)	–	–	–	–
	总资产(万元)	57315.56	60964.85	63194.12	66274.95
	归属母公司股东权益(万元)	18507.13	24617.04	24957.27	19534.38
	主营业务收入(万元)	14063.91	57366.77	33238.18	65121.57
	营业收入(万元)	17644.08	61563.88	34616.68	70961.52
	主营成本(万元)	11915.25	52158.57	30125.91	58547.86
	营业成本(万元)	15128.22	55745.62	31406.11	64027.20
	投资收益(万元)	–	14778.27	7260.16	7704.66
	净利润(万元)	−5865.73	5894.74	5612.47	1542.30
	利润总额(万元)	−5782.27	6163.33	5703.73	2184.39

上海多伦实业股份有限公司

	公司名称	上海多伦实业股份有限公司			证券简称	多伦股份
公司概况	法人代表		董秘	张明	证券代码	600696
	公司网址				电子信箱	mingzhang2008@vip.sina.com
	电　　话	021-56715833			传　　真	021-56716233
	办公地址	上海市虹口区甜爱路36号				
	经营范围	生产与销售高级挂釉石质墙地砖、马赛克及其原材料、窑业机械设备等				

	指标\报告期	2012.06.30	2011.12.31	2011.06.30	2010.12.31
主要财务指标	基本每股收益(元)	0.0160	0.0600	0.0330	0.0170
	基本每股收益(扣除)(元)	0.0170	0.0600	0.0330	0.0090
	每股净资产(元)	1.4590	1.4400	1.4200	1.3800
	每股经营现金净流量(元)	−0.1612	−0.0363	−0.2042	−0.5684
	每股现金流量(元)	−0.2155	0.2337	0.0051	−0.0010
	每股资本公积金(元)	0.0878	0.0878	0.0878	0.0878
	每股盈余公积金(元)	0.0662	0.0662	0.0575	0.0575
	每股未分配利润(元)	0.3051	0.2889	0.2711	0.2377
	净资产收益率(%)	1.1095	4.1470	2.3529	1.2108
	加权净资产收益率(%)	1.1160	4.2300	2.3810	1.2200
	净资产收益率(扣除)(%)	–	–	–	–
	总资产(万元)	98885.13	93006.87	88507.91	77681.71
	归属母公司股东权益(万元)	49689.19	49137.89	48235.24	47100.33
	主营业务收入(万元)	163.03	9183.98	3328.90	5637.14
	营业收入(万元)	163.03	9264.09	3338.18	5805.43
	主营成本(万元)	69.64	4630.55	1211.14	2911.32
	营业成本(万元)	69.64	4630.55	1211.14	2911.32
	投资收益(万元)	1402.44	728.22	303.14	2861.54
	净利润(万元)	371.06	1703.98	968.04	361.88
	利润总额(万元)	232.56	1674.09	967.05	455.80

长春欧亚集团股份有限公司

公司概况	公司名称	长春欧亚集团股份有限公司			证券简称	欧亚集团
	法人代表	曹和平	董秘	席汝珍	证券代码	600697
	公司网址	www.cn-eurasiagroup.com		电子信箱	ccoyjt@sina.com	
	电　　话	0431-87666905		传　　真	0431-87666813	
	办公地址	吉林省长春市绿园区南阳路 418 号				
	经营范围	经销百货、五金、交电、日用杂品、食品业、纺织服装等				

	指标\报告期	2012.06.30	2011.12.31	2011.06.30	2010.12.31
主要财务指标	基本每股收益(元)	0.5200	1.0200	0.4430	0.8300
	基本每股收益(扣除)(元)	0.5100	0.9600	0.4400	0.8000
	每股净资产(元)	6.7500	6.2300	5.9820	5.5400
	每股经营现金净流量(元)	0.2408	8.1519	1.5506	2.4141
	每股现金流量(元)	-1.3049	3.4564	0.0737	-0.8830
	每股资本公积金(元)	1.9137	1.9163	1.9391	1.9424
	每股盈余公积金(元)	0.5000	0.5000	0.5000	0.5000
	每股未分配利润(元)	3.3357	2.8161	2.5431	2.0999
	净资产收益率(%)	7.6980	16.3051	7.4093	14.9609
	加权净资产收益率(%)	8.0000	17.1600	7.6900	15.7600
	净资产收益率(扣除)(%)	-	-	-	-
	总资产(万元)	644237.17	616087.83	418733.49	394515.90
	归属母公司股东权益(万元)	107374.51	99149.08	95170.57	88171.71
	主营业务收入(万元)	388654.72	645035.64	310616.01	502046.26
	营业收入(万元)	419531.77	695844.57	324108.23	522794.92
	主营成本(万元)	355637.65	577000.09	279512.45	445153.66
	营业成本(万元)	358869.03	584357.85	279512.45	445153.66
	投资收益(万元)	-71.49	-252.14	-53.52	-13.21
	净利润(万元)	10575.50	20608.69	8954.95	16597.04
	利润总额(万元)	14057.12	27666.72	11990.21	22461.30

辽源均胜电子股份有限公司

公司概况	公司名称	辽源均胜电子股份有限公司			证券简称	均胜电子
	法人代表	王剑峰	董秘	叶树平	证券代码	600699
	公司网址			电子信箱	lydh699@163.com	
	电　　话	0437-5095910 0574-87907001		传　　真	0437-3520181 0574-87402859	
	办公地址	吉林省辽源市福兴路 3 号				
	经营范围	电子产品、电子元件、汽车电子装置(车身电子控制系统)、光电机一体化产品等				

	指标\报告期	2012.06.30	2011.12.31	2011.06.30	2010.12.31
主要财务指标	基本每股收益(元)	0.1200	0.7400	0.2500	0.5200
	基本每股收益(扣除)(元)	0.1200	0.7300	0.2400	0.4500
	每股净资产(元)	1.5340	1.4400	-0.0352	2.0500
	每股经营现金净流量(元)	0.1120	0.5337	0.2953	0.8852
	每股现金流量(元)	-0.0857	0.0470	-0.1619	0.1869
	每股资本公积金(元)	0.0255	0.0554	1.1714	1.1687
	每股盈余公积金(元)	0.0355	0.0355	0.1292	0.1292
	每股未分配利润(元)	0.4732	0.3513	-2.3358	-2.3086
	净资产收益率(%)	7.9448	26.8190	-77.0693	25.5600
	加权净资产收益率(%)	8.1100	30.3800	11.3700	31.7800
	净资产收益率(扣除)(%)	-	-	-	-
	总资产(万元)	140243.72	136891.55	55.83	112433.07
	归属母公司股东权益(万元)	60146.07	56542.79	-654.36	42337.66
	主营业务收入(万元)	64414.81	135726.59	63487.49	106796.17
	营业收入(万元)	68118.85	146217.96	66623.48	112511.25
	主营成本(万元)	52397.08	106697.58	51565.14	85396.70
	营业成本(万元)	55904.19	116174.36	54650.95	90765.57
	投资收益(万元)	-86.26	14.71	-142.72	-5.38
	净利润(万元)	5633.43	17688.81	6060.22	13801.68
	利润总额(万元)	7317.95	21391.66	7422.71	16911.52

哈尔滨工大高新技术产业开发股份有限公司

公司概况	公司名称	哈尔滨工大高新技术产业开发股份有限公司			证券简称	工大高新
	法人代表	张大成	董秘	吕莹(代)	证券代码	600701
	公司网址	hit-hi-tech.cn		电子信箱	lvying-hit@vip.sina.com	
	电　　话	0451-86269034 86269018		传　　真	0451-86209032	
	办公地址	黑龙江省哈尔滨市南岗区西大直街 118 号				
	经营范围	高新技术及产品的开发、生产、销售和技术服务、技术咨询、技术培训、技术转让等				

	指标\报告期	2012.06.30	2011.12.31	2011.06.30	2010.12.31
主要财务指标	基本每股收益(元)	0.0244	0.0682	0.0138	0.0388
	基本每股收益(扣除)(元)	0.0239	0.0684	0.0106	0.0371
	每股净资产(元)	1.7950	1.7700	1.7164	1.7000
	每股经营现金净流量(元)	0.1309	0.0305	0.4949	0.2800
	每股现金流量(元)	-0.0209	-0.0012	0.2543	0.0410
	每股资本公积金(元)	0.1921	0.1921	0.1921	0.1921
	每股盈余公积金(元)	0.1643	0.1643	0.1588	0.1588
	每股未分配利润(元)	0.4389	0.4145	0.3655	0.3518
	净资产收益率(%)	1.3589	3.8540	0.8020	2.2780
	加权净资产收益率(%)	1.3700	3.9292	0.8100	2.3039
	净资产收益率(扣除)(%)	-	-	-	-
	总资产(万元)	189592.37	191058.76	179309.65	161556.37
	归属母公司股东权益(万元)	89541.50	88324.70	85607.98	84921.13
	主营业务收入(万元)	44025.96	87071.00	43494.45	72669.58
	营业收入(万元)	44446.83	89944.68	44526.62	75496.95
	主营成本(万元)	29848.92	62657.05	31197.16	53710.18
	营业成本(万元)	29883.15	63263.30	31268.33	53833.63
	投资收益(万元)	-4.67	-5.43	-1.31	-5.58
	净利润(万元)	1211.91	3404.82	682.09	1931.10
	利润总额(万元)	1328.80	4131.77	760.92	3356.35

四川沱牌舍得酒业股份有限公司

公司概况	公司名称	四川沱牌舍得酒业股份有限公司			证券简称	沱牌舍得
	法人代表	李家顺	董秘	马力军	证券代码	600702
	公司网址	www.chinatuopai.com		电子信箱	tzfz@tuopai.cn	
	电　　话	0825-6618268 6618269		传　　真	0825-6618269	
	办公地址	四川省遂宁市射洪县沱牌镇沱牌大道 999 号				
	经营范围	粮食收购、酒类及纯净水生产、销售、普通货运、危险货物运输等				

	指标\报告期	2012.06.30	2011.12.31	2011.06.30	2010.12.31
主要财务指标	基本每股收益(元)	0.5513	0.5787	0.1767	0.2267
	基本每股收益(扣除)(元)	0.5517	0.5734	0.1720	0.1903
	每股净资产(元)	6.5670	6.0160	5.6740	5.5000
	每股经营现金净流量(元)	0.8714	-1.0155	-0.9466	0.4091
	每股现金流量(元)	0.1335	-0.9447	-0.7673	0.7657
	每股资本公积金(元)	2.3697	2.3697	2.3697	2.3697
	每股盈余公积金(元)	0.6115	0.6115	0.5911	0.5911
	每股未分配利润(元)	2.5861	2.0348	1.7131	1.5364
	净资产收益率(%)	8.3944	9.6200	3.1147	4.1250
	加权净资产收益率(%)	8.7600	10.0500	3.1600	4.1900
	净资产收益率(扣除)(%)	-	-	-	-
	总资产(万元)	329143.36	326621.04	302391.19	318987.91
	归属母公司股东权益(万元)	221514.57	202919.85	191383.76	185422.78
	主营业务收入(万元)	82015.24	118487.46	50294.43	70483.69
	营业收入(万元)	86833.75	126921.54	54169.80	89460.15
	主营成本(万元)	29923.01	51471.64	23502.79	35523.42
	营业成本(万元)	33713.74	58880.65	26427.21	50008.74
	投资收益(万元)	1024.16	669.59	-53.94	-49.30
	净利润(万元)	18594.72	19520.87	5960.97	7642.93
	利润总额(万元)	24341.93	26645.41	7991.17	9724.97

三安光电股份有限公司

公司概况	公司名称	三安光电股份有限公司			证券简称	三安光电
	法人代表	林秀成	董秘	林秀成(代)	证券代码	600703
	公司网址	www.sanan-e.com		电子信箱	600703@sanan.cn	
	电　　话	0592-5937117		传　　真	0716-5937082 5937117	
	办公地址	福建省厦门市思明区吕岭路 1721-1725 号				
	经营范围	电子工业技术研究、咨询服务、电子产品生产、销售等				

	指标\报告期	2012.06.30	2011.12.31	2011.06.30	2010.12.31
主要财务指标	基本每股收益(元)	0.3200	0.6500	0.3200	0.3300
	基本每股收益(扣除)(元)	0.2100	0.3200	0.1100	0.1900
	每股净资产(元)	3.9500	3.9200	3.5900	3.3600
	每股经营现金净流量(元)	-0.0755	0.5960	0.6935	0.4606
	每股现金流量(元)	-0.0442	-0.3119	-0.1124	1.3504
	每股资本公积金(元)	2.0588	2.0588	2.0588	5.7294
	每股盈余公积金(元)	0.0630	0.0630	0.0190	0.0418
	每股未分配利润(元)	0.8239	0.8011	0.5147	0.6330
	净资产收益率(%)	8.1809	16.5260	8.8482	8.6270
	加权净资产收益率(%)	8.2000	17.8300	9.0600	17.3600
	净资产收益率(扣除)(%)	-	-	-	-
	总资产(万元)	1073457.13	940977.26	823792.24	601864.80
	归属母公司股东权益(万元)	569775.11	566482.66	518766.93	485992.96
	主营业务收入(万元)	126498.03	162756.63	68022.96	81420.82
	营业收入(万元)	137084.60	174731.20	71948.91	86261.08
	主营成本(万元)	92162.33	100558.23	45131.29	45088.85
	营业成本(万元)	92175.32	100807.78	45204.73	45383.77
	投资收益(万元)	1474.74	222.50	202.05	-144.58
	净利润(万元)	47215.00	106004.83	59175.83	43059.69
	利润总额(万元)	60131.63	136650.81	78115.07	54492.04

浙江物产中大元通集团股份有限公司

公司概况	公司名称	浙江物产中大元通集团股份有限公司			证券简称	物产中大
	法人代表	陈继达	董秘	祝卸和	证券代码	600704
	公司网址	www.zhongda.com		电子信箱	zhuxh@zhongdao.com	
	电　　话	0571-85777029		传　　真	0571-85778008	
	办公地址	浙江省杭州市中大广场 A 座				
	经营范围	主要从事各类服装、纺织品、食品、茶叶等进出口贸易等				

	指标\报告期	2012.06.30	2011.12.31	2011.06.30	2010.12.31
主要财务指标	基本每股收益(元)	0.3987	0.8000	0.5014	0.7600
	基本每股收益(扣除)(元)	0.3516	0.6700	0.4390	0.5467
	每股净资产(元)	5.4695	5.0852	7.5200	4.5300
	每股经营现金净流量(元)	-1.4010	-1.2544	-1.6197	-1.2961
	每股现金流量(元)	0.0693	0.1507	3.7850	0.6323
	每股资本公积金(元)	1.7075	1.7219	3.1951	3.2270
	每股盈余公积金(元)	0.2640	0.2640	0.3934	0.3934
	每股未分配利润(元)	2.4981	2.0993	2.9324	2.1802
	净资产收益率(%)	7.2898	15.7500	10.0010	16.7648
	加权净资产收益率(%)	7.5600	16.6600	10.4900	18.5200
	净资产收益率(扣除)(%)	-	-	-	-
	总资产(万元)	2365152.34	2232913.51	2249231.82	1859174.34
	归属母公司股东权益(万元)	360313.12	334995.84	330297.68	298665.20
	主营业务收入(万元)	1880279.81	3645543.60	1729343.30	3113652.50
	营业收入(万元)	1888049.99	3662792.21	1735668.99	3125595.66
	主营成本(万元)	1725422.07	3377998.06	1598793.69	2925030.53
	营业成本(万元)	1726284.74	3380411.84	1600103.50	2928089.00
	投资收益(万元)	2340.76	12705.99	3657.19	19793.49
	净利润(万元)	37677.20	75470.74	51129.76	64242.21
	利润总额(万元)	55667.07	110434.07	70409.81	90170.84

中航投资控股股份有限公司

公司概况	公司名称	中航投资控股股份有限公司			证券简称	ST 航 投
	法人代表	孟祥泰	董秘	朱幼林	证券代码	600705
	公司网址	www.aviccapital.com		电子信箱	dongmi@aviccapital.com	
	电　　话	0451-84878663 84878661		传　　真	0451-84878697 84878660	
	办公地址	黑龙江省哈尔滨市道里区友谊路 111 号新吉财富大厦 19 层、23 层				
	经营范围	实业投资、股权投资、投资咨询				

	指标\报告期	2012.06.30	2011.12.31	2011.06.30	2010.12.31
主要财务指标	基本每股收益(元)	0.4400	0.0200	0.2900	3.2000
	基本每股收益(扣除)(元)	0.4300	0.0039	0.2900	-0.0200
	每股净资产(元)	4.7300	5.0300	3.2300	3.2200
	每股经营现金净流量(元)	-5.7528	-1.6132	-69.7075	4.2948
	每股现金流量(元)	-5.4781	-1.6641	-60.0697	4.3659
	每股资本公积金(元)	2.6519	2.2520	2.2490	2.2556
	每股盈余公积金(元)	0.0418	0.1602	0.3952	0.3952
	每股未分配利润(元)	1.0127	2.6507	-0.4148	-0.4439
	净资产收益率(%)	6.7979	0.4990	23.6327	99.8354
	加权净资产收益率(%)	8.3000	0.5000	5.7000	199.3400
	净资产收益率(扣除)(%)	-	-	-	-
	总资产(万元)	5285644.53	5259559.77	90655.15	135134.13
	归属母公司股东权益(万元)	497757.66	390859.96	88593.55	87975.50
	主营业务收入(万元)	71513.60	5047.62	42483.04	-
	营业收入(万元)	71710.88	5202.52	42665.98	-
	主营成本(万元)	33590.31	2691.99	20431.50	-
	营业成本(万元)	33630.51	2842.37	1196.16	-
	投资收益(万元)	17251.78	-102.93	9899.15	-83.61
	净利润(万元)	79814.34	432.98	43492.92	87830.70
	利润总额(万元)	104184.64	749.82	55366.56	133015.61

西安曲江文化旅游股份有限公司

公司概况	公司名称	西安曲江文化旅游股份有限公司			证券简称	曲江文旅
	法人代表	贾涛	董秘	高艳	证券代码	600706
	公司网址	www.changxin.com		电子信箱	cadsh@pub.xaonline.com	
	电　　话	029-88668899 89129355		传　　真	029-89129350	
	办公地址	陕西省西安市雁塔南路 292 号曲江文化大厦 6-7 层				
	经营范围	医疗卫生健康服务产业等				

	指标\报告期	2012.06.30	2011.12.31	2011.06.30	2010.12.31
主要财务指标	基本每股收益(元)	0.3200	-0.2510	0.3100	0.0310
	基本每股收益(扣除)(元)	0.2500	-0.1550	0.2200	-0.4430
	每股净资产(元)	3.5300	7.8600	-0.8270	-0.7200
	每股经营现金净流量(元)	-0.0448	-0.1704	0.7765	0.0434
	每股现金流量(元)	-0.0655	-0.2083	0.4778	0.1864
	每股资本公积金(元)	2.4956	0.6203	0.6203	0.6203
	每股盈余公积金(元)	-	0.1033	0.1033	0.1033
	每股未分配利润(元)	0.0360	-	-2.5507	-2.4396
	净资产收益率(%)	5.4107	-	-40.0872	-4.3786
	加权净资产收益率(%)	4.9800	-	4.5200	-
	净资产收益率(扣除)(%)	-	-	-	-
	总资产(万元)	155323.13	129559.62	1815.50	3698.42
	归属母公司股东权益(万元)	63395.73	68630.10	-7223.81	-6253.26
	主营业务收入(万元)	52442.45	0.85	35506.51	2866.38
	营业收入(万元)	52442.45	0.85	35680.61	2892.79
	主营成本(万元)	35759.91	0.64	23623.31	2280.96
	营业成本(万元)	35759.91	0.64	23659.31	2280.96
	投资收益(万元)	-	-178.52	-149.62	4267.76
	净利润(万元)	3405.65	-2233.88	2928.05	-968.34
	利润总额(万元)	4281.95	-2233.88	3936.47	-942.57

彩虹显示器件股份有限公司

公司概况	公司名称	彩虹显示器件股份有限公司		证券简称	彩虹股份
	法人代表	李淼	董秘 龙涛	证券代码	600707
	公司网址	www.chgf.com.cn		电子信箱	gfoffice@ch.com.cn
	电　　话	029-33333853 33332866		传　　真	029-33333852 33332866
	办公地址	陕西省咸阳市彩虹路一号			
	经营范围	主要从事彩色显示器件、电子产品及零部件、原材料的生产、开发与经营等			

	指标\报告期	2012.06.30	2011.12.31	2011.06.30	2010.12.31
主要财务指标	基本每股收益(元)	-0.0970	-0.7030	-0.0980	0.0220
	基本每股收益(扣除)(元)	-0.1110	-0.7130	-0.0990	0.0160
	每股净资产(元)	4.9150	5.0100	5.6000	5.7000
	每股经营现金净流量(元)	0.0193	0.0935	-0.0406	0.5529
	每股现金流量(元)	-0.8665	-0.6935	-0.9395	1.3210
	每股资本公积金(元)	5.2262	5.2262	5.2137	5.2137
	每股盈余公积金(元)	0.3124	0.3124	0.3124	0.3124
	每股未分配利润(元)	-1.6241	-1.5272	-0.9223	-0.8245
	净资产收益率(%)	-1.9705	-14.0220	-1.7450	0.2890
	加权净资产收益率(%)	-1.7400	-11.7000	-1.7300	0.4100
	净资产收益率(扣除)(%)	-	-	-	-
	总资产(万元)	879914.90	886802.21	818142.05	781811.51
	归属母公司股东权益(万元)	362080.01	369214.94	412862.28	420068.34
	主营业务收入(万元)	7934.70	34626.04	17946.83	114902.32
	营业收入(万元)	8557.66	35768.98	18063.48	115161.63
	主营成本(万元)	9161.86	37101.53	19363.99	97720.41
	营业成本(万元)	9772.78	38129.42	19445.49	97875.66
	投资收益(万元)	217.47	1259.42	217.47	243.09
	净利润(万元)	-8107.52	-56733.48	-7291.70	559.80
	利润总额(万元)	-8107.52	-56733.48	-7291.70	559.80

上海海博股份有限公司

公司概况	公司名称	上海海博股份有限公司		证券简称	海博股份
	法人代表	闻淼	董秘 熊波	证券代码	600708
	公司网址	www.hb600708.com		电子信箱	xiongbo-sh@sohu.com
	电　　话	021-61132700 61132819		传　　真	021-61132819
	办公地址	上海市徐汇区宜山路 829 号			
	经营范围	工业品加工、批发、零售、有色金属加工、经销、农副产品加工、批发、零售等			

	指标\报告期	2012.06.30	2011.12.31	2011.06.30	2010.12.31
主要财务指标	基本每股收益(元)	0.0581	0.2489	0.0986	0.3175
	基本每股收益(扣除)(元)	0.0388	0.0774	0.0770	0.2369
	每股净资产(元)	2.4230	2.4640	2.2870	2.3041
	每股经营现金净流量(元)	0.3681	0.8017	0.2281	0.8668
	每股现金流量(元)	-0.0500	0.0288	-0.1899	0.1277
	每股资本公积金(元)	0.1094	0.1093	0.0790	0.0790
	每股盈余公积金(元)	0.0442	0.0442	0.0516	0.0593
	每股未分配利润(元)	1.2690	1.3109	1.1569	1.1658
	净资产收益率(%)	2.4002	10.0990	4.3120	13.7780
	加权净资产收益率(%)	2.3300	10.4600	4.1900	14.8700
	净资产收益率(扣除)(%)	-	-	-	-
	总资产(万元)	391687.56	387427.77	344355.00	342550.52
	归属母公司股东权益(万元)	123641.26	125775.03	116745.36	117592.38
	主营业务收入(万元)	95538.88	194281.72	97935.92	225121.75
	营业收入(万元)	97688.21	200882.46	100660.04	228331.21
	主营成本(万元)	71418.38	157914.08	73456.23	180544.05
	营业成本(万元)	72949.23	161404.82	75212.21	182105.21
	投资收益(万元)	446.86	9727.03	478.26	1277.31
	净利润(万元)	3812.90	14715.86	6232.81	18611.77
	利润总额(万元)	5440.80	20002.68	7704.93	22541.56

常林股份有限公司

公司概况	公司名称	常林股份有限公司		证券简称	常林股份
	法人代表	吴培国	董秘 梁逢源	证券代码	600710
	公司网址	www.changlin.com.cn		电子信箱	lfy@changlin.com.cn
	电　　话	0519-86781168 86781158		传　　真	0519-86750025
	办公地址	江苏省常州市新北区黄河西路 898 号			
	经营范围	工程、林业、矿山、环保采运机械产品的研制、生产、销售及维修等			

	指标\报告期	2012.06.30	2011.12.31	2011.06.30	2010.12.31
主要财务指标	基本每股收益(元)	0.0300	0.3300	0.3300	0.5800
	基本每股收益(扣除)(元)	-	0.3000	0.3200	0.5700
	每股净资产(元)	3.9500	3.9200	3.9200	2.9800
	每股经营现金净流量(元)	-0.0874	-0.3748	-0.1704	0.0522
	每股现金流量(元)	0.0237	0.3837	0.6993	-0.0061
	每股资本公积金(元)	1.2424	1.2424	1.2424	0.4387
	每股盈余公积金(元)	0.2534	0.2501	0.2181	0.2393
	每股未分配利润(元)	1.4523	1.4264	1.4628	1.3047
	净资产收益率(%)	0.7396	8.0420	8.1460	19.2940
	加权净资产收益率(%)	0.7400	9.4200	10.4300	21.3600
	净资产收益率(扣除)(%)	-	-	-	-
	总资产(万元)	341590.40	318866.65	392573.47	288376.52
	归属母公司股东权益(万元)	210563.08	209026.44	209329.96	145011.96
	主营业务收入(万元)	86193.74	201472.14	125962.21	197116.44
	营业收入(万元)	88514.89	213542.65	133576.90	208994.28
	主营成本(万元)	76313.10	177735.06	110950.28	170273.15
	营业成本(万元)	78577.52	189799.20	118249.30	182286.01
	投资收益(万元)	2936.87	13491.84	14296.85	25278.56
	净利润(万元)	1492.77	16844.60	15931.32	28023.37
	利润总额(万元)	1547.38	17337.45	16740.91	28224.02

盛屯矿业集团股份有限公司

公司概况	公司名称	盛屯矿业集团股份有限公司		证券简称	盛屯矿业
	法人代表	陈东	董秘 江艳	证券代码	600711
	公司网址	www.600711.com		电子信箱	jyan@600711.com
	电　　话	0592-5891697 5891693		传　　真	0592-5891699
	办公地址	厦门市金桥路 101 号(世纪金桥园)商务楼第四层			
	经营范围	有色金属采选业务、综合贸易业务等			

	指标\报告期	2012.06.30	2011.12.31	2011.06.30	2010.12.31
主要财务指标	基本每股收益(元)	-0.1480	0.1670	-0.0560	0.2190
	基本每股收益(扣除)(元)	-0.1560	0.1540	-0.0500	0.1770
	每股净资产(元)	5.1500	5.3000	5.0856	5.1400
	每股经营现金净流量(元)	0.6910	0.3259	0.5138	-0.5253
	每股现金流量(元)	-0.1675	-1.4343	-1.8270	2.4783
	每股资本公积金(元)	4.5506	4.5506	4.5644	4.5647
	每股盈余公积金(元)	-	-	-	-
	每股未分配利润(元)	-0.4032	-0.2550	-0.4788	-0.4225
	净资产收益率(%)	-2.8800	3.1620	-1.1090	2.4850
	加权净资产收益率(%)	-2.8380	3.1670	-1.1000	13.5710
	净资产收益率(扣除)(%)	-	-	-	-
	总资产(万元)	195789.42	185929.22	151016.79	171080.52
	归属母公司股东权益(万元)	84015.03	86433.30	83005.78	83930.62
	主营业务收入(万元)	23045.81	33869.11	3771.70	23138.45
	营业收入(万元)	23045.81	33869.11	3808.52	23138.45
	主营成本(万元)	22165.37	23531.49	3495.58	17949.94
	营业成本(万元)	22165.37	23531.49	3495.58	17949.94
	投资收益(万元)	-239.44	-95.81	38.28	-232.17
	净利润(万元)	-2722.88	3834.96	-974.61	2566.57
	利润总额(万元)	-3298.56	3683.77	-1510.21	3492.60

南宁百货大楼股份有限公司

公司概况						
	公司名称	南宁百货大楼股份有限公司			证券简称	南宁百货
	法人代表	黄永干	董秘	周宁星	证券代码	600712
	公司网址	www.nnbh.com.cn			电子信箱	dshoffice@nnbh.cn
	电　话	0771-2610906 2098826			传　真	0771-2610906
	办公地址	广西壮族自治区南宁市朝阳路39号				
	经营范围	商品零售、批发、进出口贸易、广告、物业管理等				

主要财务指标	指标\报告期	2012.06.30	2011.12.31	2011.06.30	2010.12.31
	基本每股收益(元)	0.0724	0.2080	0.0485	0.3700
	基本每股收益(扣除)(元)	0.0723	0.2015	0.0476	0.0993
	每股净资产(元)	1.9214	3.0300	1.3688	1.2700
	每股经营现金净流量(元)	-0.1257	0.3431	-0.1447	0.4682
	每股现金流量(元)	-0.4058	0.2711	-0.4184	0.4598
	每股资本公积金(元)	0.6746	1.6794	0.0351	0.0351
	每股盈余公积金(元)	0.0486	0.0777	0.0810	0.0810
	每股未分配利润(元)	0.1982	0.2712	0.2527	0.1512
	净资产收益率(%)	3.7704	5.6590	7.4177	29.5760
	加权净资产收益率(%)	3.7800	11.2200	7.7000	33.5000
	净资产收益率(扣除)(%)	-	-	-	-
	总资产(万元)	179728.15	185871.70	101582.31	108827.20
	归属母公司股东权益(万元)	104650.08	103087.27	35643.96	33000.00
	主营业务收入(万元)	124074.93	223188.38	108745.53	180084.72
	营业收入(万元)	127869.07	230024.62	112252.68	185768.80
	主营成本(万元)	107356.99	193922.65	94308.62	154784.68
	营业成本(万元)	107418.66	194024.57	94362.29	154868.65
	投资收益(万元)	12.83	17.38	3.17	7840.73
	净利润(万元)	3945.68	5833.78	2643.96	9713.55
	利润总额(万元)	4880.55	7006.80	3191.17	11134.87

南京医药股份有限公司

公司概况						
	公司名称	南京医药股份有限公司			证券简称	南京医药
	法人代表	周耀平	董秘	蒋晓军	证券代码	600713
	公司网址	www.njyy.com			电子信箱	jiang_xiaojun@njyy.com
	电　话	025-84552687 84552606			传　真	025-84552606
	办公地址	江苏省南京市中山东路486号				
	经营范围	经营药品、医疗器械、化学试剂、玻璃仪器四类商品研制、开发、生产、销售				

主要财务指标	指标\报告期	2012.06.30	2011.12.31	2011.06.30	2010.12.31
	基本每股收益(元)	-0.0730	-0.2630	0.0060	0.0140
	基本每股收益(扣除)(元)	-0.0790	-0.4390	-0.0320	-0.1520
	每股净资产(元)	1.3000	1.3500	2.8970	2.8900
	每股经营现金净流量(元)	0.0223	-0.9985	-0.4132	0.3434
	每股现金流量(元)	0.1108	-0.8035	0.6267	1.8355
	每股资本公积金(元)	0.4204	0.4016	1.4196	1.4203
	每股盈余公积金(元)	0.0794	0.0794	0.1588	0.1588
	每股未分配利润(元)	-0.2002	-0.1268	0.3187	0.3131
	净资产收益率(%)	-5.6485	-19.4418	0.1928	0.9350
	加权净资产收益率(%)	-5.6500	-18.6700	0.1900	1.1000
	净资产收益率(扣除)(%)	-	-	-	-
	总资产(万元)	1036942.71	902453.94	943637.85	837391.95
	归属母公司股东权益(万元)	90141.44	93930.09	100467.10	100298.17
	主营业务收入(万元)	904198.79	1710070.02	825398.82	1525979.08
	营业收入(万元)	906836.93	1717169.42	829484.88	1533762.72
	主营成本(万元)	845570.05	1594144.88	768485.86	1422723.71
	营业成本(万元)	846433.28	1596252.71	769311.12	1424833.88
	投资收益(万元)	-560.56	11346.66	360.64	1432.21
	净利润(万元)	-4785.70	-18346.40	874.64	-631.97
	利润总额(万元)	-1840.13	-14999.03	3609.61	3617.28

青海金瑞矿业发展股份有限公司

公司概况						
	公司名称	青海金瑞矿业发展股份有限公司			证券简称	金瑞矿业
	法人代表	程国勋	董秘	李军颜	证券代码	600714
	公司网址	qhjrmd.hg-z.com			电子信箱	ljyjrky@163.com
	电　话	0971-6321867 6321653			传　真	0971-6330915
	办公地址	青海省西宁市新宁路36号				
	经营范围	锶系列产品的研究、生产、开发、加工和销售等				

主要财务指标	指标\报告期	2012.06.30	2011.12.31	2011.06.30	2010.12.31
	基本每股收益(元)	0.0175	0.1140	0.0567	0.1270
	基本每股收益(扣除)(元)	0.0161	0.0741	0.0394	0.0909
	每股净资产(元)	1.4690	1.4434	1.4190	1.3295
	每股经营现金净流量(元)	0.4270	0.2282	0.1455	0.5643
	每股现金流量(元)	0.3471	0.1264	-0.0133	-0.1564
	每股资本公积金(元)	0.3612	0.3612	0.3587	0.3587
	每股盈余公积金(元)	0.1141	0.1141	0.1141	0.1141
	每股未分配利润(元)	-0.0181	-0.0356	-0.0930	-0.1496
	净资产收益率(%)	1.1889	7.9010	3.9930	9.5762
	加权净资产收益率(%)	1.2000	8.0800	4.1200	10.0200
	净资产收益率(扣除)(%)	-	-	-	-
	总资产(万元)	118247.11	108326.55	100959.16	99858.10
	归属母公司股东权益(万元)	40163.50	39461.85	38795.63	36349.97
	主营业务收入(万元)	21467.81	42060.33	19577.55	37719.44
	营业收入(万元)	21472.79	42191.48	19582.92	37793.01
	主营成本(万元)	15174.85	26915.12	13356.88	24632.28
	营业成本(万元)	15175.05	26918.10	13356.88	24635.93
	投资收益(万元)	-	-	-	-
	净利润(万元)	477.51	3117.80	1548.92	3480.96
	利润总额(万元)	1025.85	4949.71	2226.31	4018.21

松辽汽车股份有限公司

公司概况						
	公司名称	松辽汽车股份有限公司			证券简称	松辽汽车
	法人代表	李小平	董秘	孙华东	证券代码	600715
	公司网址				电子信箱	slqccom@163.com
	电　话	024-31387078 31387050			传　真	024-31387077
	办公地址	辽宁省沈阳市苏家屯白松路22号				
	经营范围	汽车车身配套及汽车零部件制造与销售等				

主要财务指标	指标\报告期	2012.06.30	2011.12.31	2011.06.30	2010.12.31
	基本每股收益(元)	0.0447	0.0600	-0.0447	-0.2230
	基本每股收益(扣除)(元)	-0.0323	-0.1000	-0.0511	-0.2210
	每股净资产(元)	0.1856	0.1409	0.0326	0.0770
	每股经营现金净流量(元)	-0.0148	0.0786	-0.0260	-0.0424
	每股现金流量(元)	-0.0192	0.1320	-0.0297	0.0859
	每股资本公积金(元)	1.9921	1.9921	1.9921	1.9921
	每股盈余公积金(元)	0.0416	0.0416	0.0416	0.0416
	每股未分配利润(元)	-2.8482	-2.8929	-3.0011	-2.9564
	净资产收益率(%)	24.0939	45.0613	-137.1370	-287.6650
	加权净资产收益率(%)	27.3900	58.1700	-81.3539	-117.9800
	净资产收益率(扣除)(%)	-	-	-	-
	总资产(万元)	26373.22	22616.24	18777.31	20131.36
	归属母公司股东权益(万元)	4161.26	3158.65	731.78	1735.32
	主营业务收入(万元)	6585.84	356.59	-	-
	营业收入(万元)	6627.81	387.32	13.00	22.58
	主营成本(万元)	6148.41	309.45	-	-
	营业成本(万元)	6159.00	309.45	-	-
	投资收益(万元)	-	-	-	-
	净利润(万元)	1002.61	1423.33	-1003.54	-4991.91
	利润总额(万元)	1498.09	2282.80	-1003.54	-4991.91

江苏凤凰置业投资股份有限公司

公司概况	公司名称	江苏凤凰置业投资股份有限公司			证券简称	凤凰股份
	法人代表	陈海燕	董秘	毕胜	证券代码	600716
	公司网址			电子信箱	fhzy@ppm.cn	
	电　话	025-83566255 83566267		传　真	025-83566299	
	办公地址	江苏省南京市中央路389号凤凰国际大厦六楼				
	经营范围	房地产投资及其他投资、房屋租赁、物业管理				

	指标\报告期	2012.06.30	2011.12.31	2011.06.30	2010.12.31
主要财务指标	基本每股收益(元)	0.0800	0.3165	–0.0300	0.2500
	基本每股收益(扣除)(元)	0.0600	0.3471	–0.0300	0.2500
	每股净资产(元)	2.2888	2.2132	1.8700	1.9000
	每股经营现金净流量(元)	–0.4871	0.2912	–0.0001	–0.4317
	每股现金流量(元)	–0.4760	0.9209	0.4680	0.8855
	每股资本公积金(元)	0.2116	0.2116	0.2116	0.2116
	每股盈余公积金(元)	0.0767	0.0767	0.0693	0.0693
	每股未分配利润(元)	1.0005	0.9248	0.5895	0.6158
	净资产收益率(%)	3.3058	14.2990	–1.4020	13.2380
	加权净资产收益率(%)	3.3600	15.4000	–1.3900	14.1800
	净资产收益率(扣除)(%)	–	–	–	–
	总资产(万元)	654867.98	613538.27	621110.51	538636.12
	归属母公司股东权益(万元)	169512.08	163908.26	138528.79	140470.97
	主营业务收入(万元)	36312.57	170516.52	1303.00	110965.37
	营业收入(万元)	36837.19	171119.33	1440.77	110999.47
	主营成本(万元)	21151.12	105879.25	593.75	74279.49
	营业成本(万元)	21175.44	105931.05	602.05	74335.47
	投资收益(万元)	–1.59	999.36	508.66	1413.63
	净利润(万元)	5538.77	23180.85	–1994.50	18553.39
	利润总额(万元)	7558.12	31192.38	–2588.06	24363.35

天津港股份有限公司

公司概况	公司名称	天津港股份有限公司			证券简称	天 津 港
	法人代表	田长松	董秘	孙埠	证券代码	600717
	公司网址	www.tianjin-port.com		电子信箱	tianjinport@tianjin-port.com	
	电　话	022-25706615 25702708		传　真	022-25706615	
	办公地址	天津市塘沽区津港路99号				
	经营范围	商品储存、中转联运、汽车运输、装卸搬运、集装箱储运、拆装箱及相关业务				

	指标\报告期	2012.06.30	2011.12.31	2011.06.30	2010.12.31
主要财务指标	基本每股收益(元)	0.3200	0.5600	0.3000	0.4800
	基本每股收益(扣除)(元)	0.3200	0.5400	0.3000	0.4900
	每股净资产(元)	6.8500	6.6200	6.3800	6.1900
	每股经营现金净流量(元)	0.5235	1.0945	0.5701	1.0553
	每股现金流量(元)	–0.0353	–0.1628	0.0562	0.3764
	每股资本公积金(元)	2.1504	2.1346	2.1520	2.1630
	每股盈余公积金(元)	0.5150	0.5150	0.4533	0.4533
	每股未分配利润(元)	3.1825	2.9674	2.7782	2.5760
	净资产收益率(%)	4.6753	8.3910	4.7663	7.7458
	加权净资产收益率(%)	4.7200	8.6700	4.8400	8.0000
	净资产收益率(扣除)(%)	–	–	–	–
	总资产(万元)	2323264.12	2277290.61	2248393.65	2231146.03
	归属母公司股东权益(万元)	1146872.24	1108197.36	1069088.25	1037052.31
	主营业务收入(万元)	551059.54	1184570.12	544363.14	1076686.48
	营业收入(万元)	597650.64	1272311.25	585329.43	1148343.80
	主营成本(万元)	412184.21	911217.83	410251.38	823525.53
	营业成本(万元)	446415.75	982730.66	442206.84	888384.71
	投资收益(万元)	12214.93	17622.55	6989.76	12131.41
	净利润(万元)	72647.01	128912.02	69419.83	109175.12
	利润总额(万元)	85730.92	149011.58	81490.77	129387.24

东软集团股份有限公司

公司概况	公司名称	东软集团股份有限公司			证券简称	东软集团
	法人代表	刘积仁	董秘	王楠	证券代码	600718
	公司网址	www.neusoft.com		电子信箱	investor@neusoft.com	
	电　话	024-83662115		传　真	024-23783375	
	办公地址	辽宁省沈阳市浑南新区新秀街2号东软软件园				
	经营范围	以软件开发和软件服务、系统集成及提供全面解决方案、医疗系统产品生产和销售等				

	指标\报告期	2012.06.30	2011.12.31	2011.06.30	2010.12.31
主要财务指标	基本每股收益(元)	0.1400	0.3400	0.1200	0.3900
	基本每股收益(扣除)(元)	0.1000	0.2300	0.0800	0.2900
	每股净资产(元)	3.9400	3.8100	3.6200	3.4900
	每股经营现金净流量(元)	–0.5845	0.2445	–0.5404	0.3111
	每股现金流量(元)	–0.3664	0.0397	–0.4861	0.0586
	每股资本公积金(元)	0.2934	0.2951	0.2957	0.2957
	每股盈余公积金(元)	0.4861	0.4861	0.4436	0.4436
	每股未分配利润(元)	2.2065	2.0664	1.8932	1.7692
	净资产收益率(%)	3.5547	8.9220	3.4300	11.3236
	加权净资产收益率(%)	3.6200	9.3400	3.4900	11.6700
	净资产收益率(扣除)(%)	–	–	–	–
	总资产(万元)	750160.17	792528.51	681073.59	685887.98
	归属母公司股东权益(万元)	483805.66	467467.76	443790.16	428020.83
	主营业务收入(万元)	276768.01	568182.15	227834.72	472077.31
	营业收入(万元)	280012.55	575124.93	231543.03	493769.64
	主营成本(万元)	187482.41	396848.56	156636.29	323211.78
	营业成本(万元)	189412.53	400499.84	158557.78	338362.88
	投资收益(万元)	7196.19	4213.66	1004.57	4612.19
	净利润(万元)	15655.33	42354.56	15790.64	50730.25
	利润总额(万元)	21557.48	49288.67	19645.81	56010.53

大连热电股份有限公司

公司概况	公司名称	大连热电股份有限公司			证券简称	大连热电
	法人代表	于长敏	董秘	沈军	证券代码	600719
	公司网址	www.dlrd.com		电子信箱	shenjun_dl@163.com	
	电　话	0411-84498988 84498968		传　真	0411-84438755	
	办公地址	辽宁省大连市西岗区沿海街90号				
	经营范围	集中供热、热电联产、供热工程设计及安装检修等				

	指标\报告期	2012.06.30	2011.12.31	2011.06.30	2010.12.31
主要财务指标	基本每股收益(元)	–0.0150	–0.1710	0.0150	0.0620
	基本每股收益(扣除)(元)	–0.0150	–0.1810	0.0140	–0.0470
	每股净资产(元)	3.5030	3.5180	3.7000	3.7000
	每股经营现金净流量(元)	–0.3038	0.6108	–0.1544	1.0276
	每股现金流量(元)	0.0226	0.0834	0.1254	–0.2930
	每股资本公积金(元)	1.5051	1.5051	1.5051	1.5051
	每股盈余公积金(元)	0.7727	0.7727	0.7727	0.7727
	每股未分配利润(元)	0.2250	0.2400	0.4254	0.4236
	净资产收益率(%)	–0.4276	–4.8500	0.4011	1.6710
	加权净资产收益率(%)	–0.4270	–4.7260	0.4000	1.6780
	净资产收益率(扣除)(%)	–	–	–	–
	总资产(万元)	161341.76	146197.71	159806.65	148175.23
	归属母公司股东权益(万元)	70860.26	71163.24	74914.96	74877.47
	主营业务收入(万元)	38165.02	65592.46	36075.62	66230.63
	营业收入(万元)	39170.03	66533.26	36287.80	66723.39
	主营成本(万元)	32719.72	58714.55	29947.43	56057.64
	营业成本(万元)	33562.21	59536.15	30092.43	56302.88
	投资收益(万元)	–	–	–	–5.00
	净利润(万元)	–302.97	–3451.24	300.48	1251.19
	利润总额(万元)	–302.97	–3337.25	386.75	1844.21

甘肃祁连山水泥集团股份有限公司

公司概况	公司名称	甘肃祁连山水泥集团股份有限公司			证券简称	祁连山
	法人代表	脱利成	董秘	罗鸿基	证券代码	600720
	公司网址	www.qlssn.com			电子信箱	qlssn@163.com
	电话	0931-4900698 4900606			传真	0931-4900697
	办公地址	甘肃省兰州市城关区酒泉路力行新村3号祁连山大厦				
	经营范围	水泥研究开发制造、批发零售、水泥装备的研制、安装、修理等				

主要财务指标	指标\报告期	2012.06.30	2011.12.31	2011.06.30	2010.12.31
	基本每股收益(元)	0.0558	0.7000	0.5196	1.0300
	基本每股收益(扣除)(元)	0.0453	0.6600	0.5045	1.0300
	每股净资产(元)	5.9192	6.0054	5.9300	5.4000
	每股经营现金净流量(元)	0.5912	0.9234	0.5037	1.3214
	每股现金流量(元)	-0.5016	0.6267	0.0536	-0.3868
	每股资本公积金(元)	1.8787	1.8787	1.8328	1.8328
	每股盈余公积金(元)	0.3669	0.3669	0.3095	0.3095
	每股未分配利润(元)	2.5544	2.6486	2.6754	2.1559
	净资产收益率(%)	0.9424	11.6580	8.7614	19.1470
	加权净资产收益率(%)	0.9300	12.3200	9.1700	21.0900
	净资产收益率(扣除)(%)	-	-	-	-
	总资产(万元)	952449.97	873102.45	776205.78	650614.85
	归属母公司股东权益(万元)	281105.60	285196.87	281629.93	256610.51
	主营业务收入(万元)	180152.73	359088.92	167550.03	295414.81
	营业收入(万元)	185614.21	362542.16	168453.29	298675.17
	主营成本(万元)	148205.48	249515.75	108022.82	190063.13
	营业成本(万元)	153487.93	252635.81	108870.28	193084.17
	投资收益(万元)	2803.64	7518.68	3139.93	3369.30
	净利润(万元)	1808.32	34760.75	26266.46	53293.41
	利润总额(万元)	2441.82	44913.75	34106.82	61137.81

新疆百花村股份有限公司

公司概况	公司名称	新疆百花村股份有限公司			证券简称	百花村
	法人代表	刘威东	董秘	吕政田	证券代码	600721
	公司网址	www.xjbhc.net			电子信箱	xjbhc@hotmail.com
	电话	0991-2356620 2356610			传真	0991-2356600
	办公地址	新疆维吾尔自治区乌鲁木齐市中山路141号				
	经营范围	电子计算机软硬件的开发销售及培训、电子元器件、五金交电租赁等				

主要财务指标	指标\报告期	2012.06.30	2011.12.31	2011.06.30	2010.12.31
	基本每股收益(元)	0.0298	0.2810	0.0795	0.2519
	基本每股收益(扣除)(元)	0.0300	0.2744	0.0773	0.2141
	每股净资产(元)	3.4799	3.4358	3.2671	3.1900
	每股经营现金净流量(元)	0.0240	2.0816	0.2947	1.2613
	每股现金流量(元)	-0.3907	0.1418	0.0422	0.0581
	每股资本公积金(元)	2.1923	2.1923	2.1923	2.1923
	每股盈余公积金(元)	0.0816	0.0816	0.0816	0.0816
	每股未分配利润(元)	0.1801	0.1503	-0.0512	-0.1307
	净资产收益率(%)	0.8571	8.1780	2.4330	4.7840
	加权净资产收益率(%)	0.8600	8.4300	2.4600	4.8400
	净资产收益率(扣除)(%)	-	-	-	-
	总资产(万元)	439944.95	440989.43	421660.90	407655.83
	归属母公司股东权益(万元)	93558.87	92372.40	87837.69	85783.68
	主营业务收入(万元)	54620.88	119549.41	44617.76	68397.21
	营业收入(万元)	55436.98	120983.69	45198.82	69656.43
	主营成本(万元)	36391.52	68389.82	25252.22	38705.75
	营业成本(万元)	36600.54	68865.82	25421.20	39120.50
	投资收益(万元)	-11.31	-34.48	-29.47	-26.58
	净利润(万元)	2398.87	11227.22	3238.52	9332.73
	利润总额(万元)	3547.88	17324.38	6079.21	12242.14

河北金牛化工股份有限公司

公司概况	公司名称	河北金牛化工股份有限公司			证券简称	ST金化
	法人代表	祁泽民	董秘	郝利辉	证券代码	600722
	公司网址	www.hbjnhg.com			电子信箱	gqhlh.good@163.com
	电话	0317-3509970 8885004			传真	0317-3030719
	办公地址	河北省沧州市黄河东路20号				
	经营范围	聚氯乙烯树脂、烧碱和水泥的生产、销售等				

主要财务指标	指标\报告期	2012.06.30	2011.12.31	2011.06.30	2010.12.31
	基本每股收益(元)	-0.0221	-0.5852	-0.1468	2.6152
	基本每股收益(扣除)(元)	-0.0828	-0.7042	-0.2270	-0.3100
	每股净资产(元)	-1.3451	-1.3230	-0.8800	-0.7357
	每股经营现金净流量(元)	0.0489	0.2381	-0.0791	-0.9719
	每股现金流量(元)	0.0194	-0.1028	-0.1110	0.0075
	每股资本公积金(元)	1.0658	1.0658	1.0658	1.0658
	每股盈余公积金(元)	0.1867	0.1867	0.1867	0.1867
	每股未分配利润(元)	-3.5976	-3.5755	-3.1371	-2.9903
	净资产收益率(%)	-1.6410	-44.2331	-16.6667	-355.4641
	加权净资产收益率(%)	-	-	-	-
	净资产收益率(扣除)(%)	-	-	-	-
	总资产(万元)	149582.15	144855.60	161217.67	166077.77
	归属母公司股东权益(万元)	-56685.02	-55755.73	-37117.25	-31004.94
	主营业务收入(万元)	73239.77	159286.28	82615.14	132146.07
	营业收入(万元)	73901.39	159762.02	82730.41	132555.43
	主营成本(万元)	69674.75	166073.33	82085.11	129759.93
	营业成本(万元)	69680.35	166203.43	82237.85	129776.29
	投资收益(万元)	278.56	2500.20	-	-
	净利润(万元)	-944.56	-24580.55	-6075.85	110306.84
	利润总额(万元)	-924.22	-24390.43	-5907.87	110484.42

北京首商集团股份有限公司

公司概况	公司名称	北京首商集团股份有限公司			证券简称	首商股份
	法人代表	于学忠	董秘	王健	证券代码	600723
	公司网址	www.xdsc.com.cn			电子信箱	ssgf600723@126.com
	电话	010-82270256			传真	010-82270251
	办公地址	北京市西城区北三环中路23号燕莎盛世大厦二层				
	经营范围	购销针纺织品、百货、五金交电化工、机械电器设备、电动自行车、土产品等				

主要财务指标	指标\报告期	2012.06.30	2011.12.31	2011.06.30	2010.12.31
	基本每股收益(元)	0.3611	0.5250	0.2924	0.3630
	基本每股收益(扣除)(元)	0.3584	0.4180	0.1961	0.1050
	每股净资产(元)	3.7924	3.4313	3.1987	2.9887
	每股经营现金净流量(元)	0.1933	1.4379	0.3439	1.9581
	每股现金流量(元)	-0.0550	1.1584	0.0805	1.2562
	每股资本公积金(元)	1.2531	1.2531	1.2531	2.6455
	每股盈余公积金(元)	0.2060	0.2060	0.2060	0.3418
	每股未分配利润(元)	1.3333	0.9722	0.7396	0.8155
	净资产收益率(%)	9.5212	15.3010	9.1410	12.1417
	加权净资产收益率(%)	10.0000	16.5100	9.5000	12.7500
	净资产收益率(扣除)(%)	-	-	-	-
	总资产(万元)	557691.51	565270.64	493114.75	486907.35
	归属母公司股东权益(万元)	249696.17	225922.01	210605.19	196779.72
	主营业务收入(万元)	605945.13	1141875.29	571969.71	947725.14
	营业收入(万元)	623221.53	1168802.21	585486.03	969183.97
	主营成本(万元)	492565.58	919838.37	462054.64	756630.87
	营业成本(万元)	493040.94	920873.34	462502.11	757117.18
	投资收益(万元)	-	-	-	-
	净利润(万元)	34769.24	53549.80	29292.81	41801.95
	利润总额(万元)	46974.99	72940.80	39820.34	57056.38

宁波富达股份有限公司

公司概况	公司名称	宁波富达股份有限公司			证券简称	宁波富达
	法人代表	王宏祥	董秘	赵立明	证券代码	600724
	公司网址	www.fuda.com		电子信箱	dsbsyq@fuda.com	
	电　话	0574-87647859		传　真	0574-87647853	
	办公地址	浙江省宁波市江东区和济街 68 号城投大厦 25-26 楼				
	经营范围	家用电力器具、电机、文具、鞋帽、工艺品、水暖管件、塑料制品、模具等				

主要财务指标	指标\报告期	2012.06.30	2011.12.31	2011.06.30	2010.12.31
	基本每股收益(元)	0.1100	0.4415	0.1692	0.2346
	基本每股收益(扣除)(元)	0.1100	0.3919	0.1300	0.2209
	每股净资产(元)	2.3363	2.3235	2.0500	1.8900
	每股经营现金净流量(元)	0.1529	-0.1554	0.0918	-2.6585
	每股现金流量(元)	0.4311	-0.1583	-0.0964	0.2238
	每股资本公积金(元)	0.1803	0.1803	0.1843	0.1913
	每股盈余公积金(元)	0.0940	0.0940	0.0667	0.0692
	每股未分配利润(元)	1.0620	1.0492	0.7994	0.6325
	净资产收益率(%)	4.8281	19.0020	8.2530	12.3924
	加权净资产收益率(%)	4.8400	20.9700	8.5900	13.2300
	净资产收益率(扣除)(%)	-	-	-	-
	总资产(万元)	2155193.16	2004296.12	1953056.26	1875665.11
	归属母公司股东权益(万元)	337650.88	335801.13	296335.27	273571.69
	主营业务收入(万元)	144825.56	386112.50	145993.09	310481.09
	营业收入(万元)	146447.13	389620.56	147488.62	313043.08
	主营成本(万元)	99571.55	233001.47	87180.89	192362.86
	营业成本(万元)	100215.86	234910.16	87939.01	193837.24
	投资收益(万元)	50.69	5369.85	5663.69	3146.10
	净利润(万元)	18183.38	77176.70	31000.47	42126.52
	利润总额(万元)	25030.68	101209.14	40854.60	58780.44

云南云维股份有限公司

公司概况	公司名称	云南云维股份有限公司			证券简称	云维股份
	法人代表	牛敏	董秘	李斌	证券代码	600725
	公司网址	www.ywgf.cn		电子信箱	libin@ywgf.cn	
	电　话	0874-3068588 3064195		传　真	0874-3068590 3064195	
	办公地址	云南省曲靖市沾益县盘江镇花山工业区				
	经营范围	化工及化纤材料、水泥、纯碱、氯化铵、氧气产品生产和销售等				

主要财务指标	指标\报告期	2012.06.30	2011.12.31	2011.06.30	2010.12.31
	基本每股收益(元)	-0.5840	0.0300	0.0090	0.3000
	基本每股收益(扣除)(元)	-0.5820	0.0100	0.0100	0.2930
	每股净资产(元)	3.4900	4.1400	4.1350	4.2390
	每股经营现金净流量(元)	-0.3337	0.4027	1.0554	0.3737
	每股现金流量(元)	0.1072	0.2595	0.4209	0.0341
	每股资本公积金(元)	2.3299	2.3299	2.3349	2.3349
	每股盈余公积金(元)	0.1980	0.1980	0.1980	0.1980
	每股未分配利润(元)	-0.0520	0.5876	0.5672	0.6697
	净资产收益率(%)	-16.7260	0.7190	0.2257	7.0828
	加权净资产收益率(%)	-15.2170	0.7100	0.2200	7.3330
	净资产收益率(扣除)(%)	-	-	-	-
	总资产(万元)	1495717.65	1414105.67	1382441.79	1261985.52
	归属母公司股东权益(万元)	215322.98	255191.52	254836.30	261227.88
	主营业务收入(万元)	360797.52	866997.47	419263.73	653153.66
	营业收入(万元)	364562.89	875605.93	429155.32	659042.13
	主营成本(万元)	333879.59	753519.26	364591.95	565849.05
	营业成本(万元)	336936.07	760588.27	375833.39	569590.33
	投资收益(万元)	-	14.19	-	27.67
	净利润(万元)	-37347.44	7291.08	3288.35	24284.40
	利润总额(万元)	-36539.98	9963.93	6036.94	28101.49

华电能源股份有限公司

公司概况	公司名称	华电能源股份有限公司			证券简称	华电能源
	法人代表	霍利	董秘	梅君超	证券代码	600726
	公司网址	www.hdenergy.com		电子信箱	hdenergy@hdenergy.com	
	电　话	0451-82525998 82525778		传　真	0451-82525878	
	办公地址	黑龙江省哈尔滨市南岗区大成街 209 号				
	经营范围	建设、经营、维修电厂、生产销售电力、电力行业的技术服务、技术咨询等				

主要财务指标	指标\报告期	2012.06.30	2011.12.31	2011.06.30	2010.12.31
	基本每股收益(元)	-0.1000	0.0040	-0.1600	0.0200
	基本每股收益(扣除)(元)	-0.1100	-0.2200	-0.1700	-0.1400
	每股净资产(元)	1.6300	1.7300	1.5600	1.7200
	每股经营现金净流量(元)	0.2139	0.6510	0.2320	0.8309
	每股现金流量(元)	0.2738	-0.0640	0.2322	0.1106
	每股资本公积金(元)	0.7431	0.7431	0.7425	0.7425
	每股盈余公积金(元)	0.1419	0.1419	0.1419	0.1419
	每股未分配利润(元)	-0.2561	-0.1573	-0.3248	-0.1615
	净资产收益率(%)	-6.0661	0.2426	-10.4733	1.2922
	加权净资产收益率(%)	-5.8900	0.2400	-9.9500	1.1300
	净资产收益率(扣除)(%)	-	-	-	-
	总资产(万元)	2319290.86	2205797.46	2275038.76	2219019.75
	归属母公司股东权益(万元)	320387.75	339822.64	306727.67	338852.26
	主营业务收入(万元)	512396.63	962379.93	457012.07	813370.97
	营业收入(万元)	517349.61	973854.38	457951.93	821930.55
	主营成本(万元)	470278.14	899365.54	438278.04	772145.96
	营业成本(万元)	471077.90	900337.37	438645.14	775739.49
	投资收益(万元)	583.88	27488.30	603.28	21745.15
	净利润(万元)	-18771.01	4911.04	-33617.86	441.63
	利润总额(万元)	-16063.46	12554.33	-31410.68	3954.15

山东鲁北化工股份有限公司

公司概况	公司名称	山东鲁北化工股份有限公司			证券简称	鲁北化工
	法人代表	陈树常	董秘	张金增	证券代码	600727
	公司网址	www.lubeichem.com		电子信箱	lubeichem@lubei.com.cn	
	电　话	0543-6451265		传　真	0543-6451265	
	办公地址	山东省滨州市无棣县埕口镇				
	经营范围	磷复肥、硫酸、水泥、烧碱、溴素、电等产品的生产和销售				

主要财务指标	指标\报告期	2012.06.30	2011.12.31	2011.06.30	2010.12.31
	基本每股收益(元)	0.0600	0.0500	0.0800	0.0400
	基本每股收益(扣除)(元)	0.0200	0.0500	0.0600	-0.3000
	每股净资产(元)	2.8800	3.6800	2.9600	2.9000
	每股经营现金净流量(元)	0.0729	-0.0651	-0.1445	0.0249
	每股现金流量(元)	-0.5888	-0.6557	-0.6903	-0.0859
	每股资本公积金(元)	2.3980	2.6057	2.5780	2.5780
	每股盈余公积金(元)	0.5089	0.5089	0.5002	0.5002
	每股未分配利润(元)	-1.0509	-1.0740	-1.1451	-1.2045
	净资产收益率(%)	2.0547	2.6640	2.0070	1.5430
	加权净资产收益率(%)	1.3800	2.7000	1.9600	1.5600
	净资产收益率(扣除)(%)	-	-	-	-
	总资产(万元)	131514.17	170576.32	130609.50	132225.39
	归属母公司股东权益(万元)	101157.47	129240.78	103958.04	101696.93
	主营业务收入(万元)	45924.17	80266.55	45790.49	44843.79
	营业收入(万元)	45924.17	81017.83	45790.49	45262.27
	主营成本(万元)	39428.90	77038.45	39511.06	47057.05
	营业成本(万元)	39428.90	77405.43	42826.35	47078.80
	投资收益(万元)	-	1897.73	317.91	-30.38
	净利润(万元)	2078.45	1823.40	2823.17	1569.26
	利润总额(万元)	2809.87	1823.40	2924.21	1569.26

佳都新太科技股份有限公司

	公司名称	佳都新太科技股份有限公司		证券简称	佳都新太
公司概况	法人代表	刘伟	董秘 刘颖	证券代码	600728
	公司网址	www.suntektech.com		电子信箱	ly@suntektech.com
	电　　话	020-85550260		传　　真	020-85577907
	办公地址	广东省广州市天河软件园建工路 4 号			
	经营范围	计算机新产品生产、研制及其工程承接、计算机软、硬件的技术引进等			

	指标＼报告期	2012.06.30	2011.12.31	2011.06.30	2010.12.31
主要财务指标	基本每股收益(元)	0.0759	0.1439	0.0624	0.7512
	基本每股收益(扣除)(元)	0.0666	0.1116	0.0528	0.0719
	每股净资产(元)	1.1253	1.0228	0.9507	0.8796
	每股经营现金净流量(元)	-0.1088	0.2304	0.1336	-0.1587
	每股现金流量(元)	-0.0852	0.2425	0.1498	-0.3343
	每股资本公积金(元)	1.7241	1.6974	1.6974	1.6974
	每股盈余公积金(元)	0.1974	0.1974	0.1974	0.1974
	每股未分配利润(元)	-1.7944	-1.8703	-1.9431	-2.0142
	净资产收益率(%)	6.7415	14.0700	6.5600	85.3395
	加权净资产收益率(%)	7.0600	15.1100	6.7800	-
	净资产收益率(扣除)(%)	-	-	-	-
	总资产(万元)	71219.01	74511.72	61979.98	71707.42
	归属母公司股东权益(万元)	36550.37	33219.53	30879.65	28589.76
	主营业务收入(万元)	30801.29	61630.94	28779.99	52436.47
	营业收入(万元)	31241.15	62608.63	29154.22	53356.86
	主营成本(万元)	24530.99	46580.17	22306.81	41141.65
	营业成本(万元)	24895.37	47229.97	22532.05	41584.83
	投资收益(万元)	-54.03	-83.48	-44.46	254.77
	净利润(万元)	2464.06	4674.04	2025.73	24854.45
	利润总额(万元)	2495.53	5008.97	2275.26	25215.23

重庆百货大楼股份有限公司

	公司名称	重庆百货大楼股份有限公司		证券简称	重庆百货
公司概况	法人代表	刘伟力	董秘 尹向东	证券代码	600729
	公司网址	www.e-cbest.com		电子信箱	cbhqh@126.com
	电　　话	023-63822594		传　　真	023-63845365
	办公地址	重庆市渝中区青年路 18 号			
	经营范围	批发、零售预包装食品、散装食品、粮油制品、副食品、其它食品、乳制品等			

	指标＼报告期	2012.06.30	2011.12.31	2011.06.30	2010.12.31
主要财务指标	基本每股收益(元)	1.1100	1.6200	0.9900	1.4100
	基本每股收益(扣除)(元)	1.0900	1.5700	0.9800	0.8800
	每股净资产(元)	7.9700	7.3100	6.6800	5.8900
	每股经营现金净流量(元)	-0.6282	3.4249	0.8768	4.1747
	每股现金流量(元)	-1.8278	2.5678	0.4464	3.2841
	每股资本公积金(元)	1.0973	1.0973	1.0973	1.0968
	每股盈余公积金(元)	0.5905	0.5905	0.5094	0.5094
	每股未分配利润(元)	5.2815	4.6196	4.0733	3.2799
	净资产收益率(%)	13.9519	22.1800	14.8700	24.0086
	加权净资产收益率(%)	14.1400	24.6900	15.7300	26.9100
	净资产收益率(扣除)(%)	-	-	-	-
	总资产(万元)	898611.87	1021807.22	827314.23	860690.06
	归属母公司股东权益(万元)	297325.91	272632.55	249222.54	219607.75
	主营业务收入(万元)	1503802.88	2434901.90	1328344.73	2060054.10
	营业收入(万元)	1541495.59	2501151.18	1356981.83	2121274.49
	主营成本(万元)	1325491.92	2128109.40	1169691.23	1797412.92
	营业成本(万元)	1330074.51	2137175.12	1174137.00	1805111.81
	投资收益(万元)	153.11	144.16	79.74	85.45
	净利润(万元)	41657.27	60875.48	37319.01	53001.41
	利润总额(万元)	49787.14	72142.38	43480.62	62149.93

中国高科集团股份有限公司

	公司名称	中国高科集团股份有限公司		证券简称	中国高科
公司概况	法人代表	余丽	董秘 刘玮	证券代码	600730
	公司网址	www.chinahitech.com.cn		电子信箱	liuwei@china-hi-tech.com
	电　　话	021-50326418 50326450		传　　真	021-50326400
	办公地址	上海市浦东新区新金桥路 1122 号方正大厦 9/10 层			
	经营范围	实业投资、创业投资、技术及商品展示、投资及经济技术咨询服务等			

	指标＼报告期	2012.06.30	2011.12.31	2011.06.30	2010.12.31
主要财务指标	基本每股收益(元)	-0.0694	-0.0200	-0.0606	0.0750
	基本每股收益(扣除)(元)	-0.0695	-0.1700	-0.0606	0.0030
	每股净资产(元)	2.4800	2.5500	2.5100	2.5700
	每股经营现金净流量(元)	-0.5928	0.1515	-0.2488	-0.5441
	每股现金流量(元)	-1.2357	0.6834	0.0715	0.5323
	每股资本公积金(元)	0.1907	0.1907	0.1907	0.1907
	每股盈余公积金(元)	0.1551	0.1551	0.1485	0.1485
	每股未分配利润(元)	1.1307	1.2001	1.1660	1.2266
	净资产收益率(%)	-2.8000	-0.7850	-2.4200	2.9400
	加权净资产收益率(%)	-2.7600	-0.7800	-2.3900	2.9800
	净资产收益率(扣除)(%)	-	-	-	-
	总资产(万元)	140554.88	150706.92	186873.03	170109.90
	归属母公司股东权益(万元)	72642.07	74677.12	73484.81	75263.65
	主营业务收入(万元)	-	102800.27	56068.17	116178.84
	营业收入(万元)	5760.30	103169.13	65243.23	116568.17
	主营成本(万元)	-	99403.72	55916.89	106676.67
	营业成本(万元)	4128.98	99480.23	63099.98	106824.13
	投资收益(万元)	-343.19	5002.29	-296.95	-665.84
	净利润(万元)	-2103.23	-1262.29	-1893.66	2156.07
	利润总额(万元)	-2011.58	-533.79	-1628.57	2817.83

湖南海利化工股份有限公司

	公司名称	湖南海利化工股份有限公司		证券简称	湖南海利
公司概况	法人代表	黄明智	董秘 丁民	证券代码	600731
	公司网址	www.hnhlc.com		电子信箱	dinmin@tom.com
	电　　话	0731-85357830		传　　真	0731-85357977
	办公地址	湖南省长沙市芙蓉中路二段 251 号			
	经营范围	化肥、化工产品、农药开发、生产及自产产品销售等			

	指标＼报告期	2012.06.30	2011.12.31	2011.06.30	2010.12.31
主要财务指标	基本每股收益(元)	0.0162	0.0170	0.0085	0.0160
	基本每股收益(扣除)(元)	0.0390	-0.0910	-0.0188	0.0050
	每股净资产(元)	1.4780	1.4370	1.4420	1.4400
	每股经营现金净流量(元)	0.1631	0.2488	0.0273	0.4089
	每股现金流量(元)	-0.0849	0.0660	-0.0487	-0.0111
	每股资本公积金(元)	0.8615	0.8615	0.8615	0.8615
	每股盈余公积金(元)	0.1138	0.1138	0.1138	0.1138
	每股未分配利润(元)	-0.5258	-0.5420	-0.5504	-0.5589
	净资产收益率(%)	1.0981	1.1760	0.5920	1.1380
	加权净资产收益率(%)	1.1100	1.1600	0.5923	1.1500
	净资产收益率(扣除)(%)	-	-	-	-
	总资产(万元)	149273.92	140332.71	137609.26	128291.79
	归属母公司股东权益(万元)	37889.72	36824.05	36952.71	36907.80
	主营业务收入(万元)	60235.01	86065.85	42774.87	84347.56
	营业收入(万元)	60415.19	87224.64	43098.43	85192.24
	主营成本(万元)	47346.05	71023.68	34968.39	68311.86
	营业成本(万元)	47451.99	71518.41	35098.71	68476.50
	投资收益(万元)	-	2747.99	-	1683.74
	净利润(万元)	719.84	1083.90	625.52	781.15
	利润总额(万元)	1029.26	1647.95	913.53	1173.43

上海新梅置业股份有限公司

公司概况	公司名称	上海新梅置业股份有限公司			证券简称	上海新梅
	法人代表	张静静	董秘	何婧	证券代码	600732
	公司网址	www.shinmay.com.cn		电子信箱	xm600732@shinmay.com.cn	
	电话	021-51005380		传真	021-51005370	
	办公地址	上海市天目中路585号新梅大厦20楼				
	经营范围	房地产开发与经营、物业管理、建筑装潢、实业投资、资产经营等				

	指标\报告期	2012.06.30	2011.12.31	2011.06.30	2010.12.31
主要财务指标	基本每股收益(元)	-0.0364	0.1040	0.2404	0.0380
	基本每股收益(扣除)(元)	-0.0364	-0.0720	0.0589	-0.1530
	每股净资产(元)	2.2062	2.2425	2.3796	2.1400
	每股经营现金净流量(元)	-0.0305	-2.0953	-1.6877	1.3280
	每股现金流量(元)	-0.2372	-0.6986	-0.8463	0.5972
	每股资本公积金(元)	0.0276	0.0276	0.0279	0.0279
	每股盈余公积金(元)	0.0014	0.0014	–	–
	每股未分配利润(元)	1.1771	1.2135	1.3517	1.1113
	净资产收益率(%)	-1.6482	4.6170	10.1010	1.8000
	加权净资产收益率(%)	-1.6348	4.7300	10.6379	1.4900
	净资产收益率(扣除)(%)	–	–	–	–
	总资产(万元)	124977.36	125234.87	142783.07	111934.11
	归属母公司股东权益(万元)	54710.74	55612.49	59012.87	53052.17
	主营业务收入(万元)	1406.27	10788.92	9322.64	6138.98
	营业收入(万元)	1406.27	10788.92	9322.64	6138.98
	主营成本(万元)	858.41	5684.25	4675.45	5612.48
	营业成本(万元)	858.41	5684.25	4675.45	5612.48
	投资收益(万元)	–	6573.75	6566.26	4106.97
	净利润(万元)	-891.23	2515.37	6228.81	1276.42
	利润总额(万元)	-1366.47	5268.87	9668.76	2663.96

成都前锋电子股份有限公司

公司概况	公司名称	成都前锋电子股份有限公司			证券简称	S*ST前锋
	法人代表	杨晓斌	董秘	邓红光	证券代码	600733
	公司网址			电子信箱	denghongguang@sina.com	
	电话	028-86316723 86316733		传真	028-86316767	
	办公地址	四川省成都市武侯区人民南路四段1号				
	经营范围	电子、通信、计算机、光机电一体化技术的开发、研制、技术服务及咨询等				

	指标\报告期	2012.06.30	2011.12.31	2011.06.30	2010.12.31
主要财务指标	基本每股收益(元)	-0.0262	-0.1866	-0.0707	-0.0392
	基本每股收益(扣除)(元)	-0.0265	-0.1827	-0.0703	-0.0411
	每股净资产(元)	1.0682	1.0900	1.2103	1.2800
	每股经营现金净流量(元)	-0.2052	0.2007	0.7071	0.5553
	每股现金流量(元)	-0.2083	0.1983	0.7070	0.4462
	每股资本公积金(元)	0.3673	0.3673	0.3673	0.3673
	每股盈余公积金(元)	0.0176	0.0176	0.0176	0.0176
	每股未分配利润(元)	-0.3168	-0.2905	-0.1746	-0.1039
	净资产收益率(%)	-2.4571	-17.0500	-5.8410	-3.0590
	加权净资产收益率(%)	-2.4273	-15.7100	-5.6754	-2.9900
	净资产收益率(扣除)(%)	–	–	–	–
	总资产(万元)	65073.35	67074.28	101131.36	78633.16
	归属母公司股东权益(万元)	21105.56	21624.15	23914.17	25311.03
	主营业务收入(万元)	–	38525.02	–	21344.65
	营业收入(万元)	106.99	38682.40	115.00	21517.51
	主营成本(万元)	–	19724.18	–	14833.83
	营业成本(万元)	–	19779.37	25.63	14869.41
	投资收益(万元)	–	–	–	–
	净利润(万元)	-700.69	-2627.21	-1138.46	-760.24
	利润总额(万元)	-671.62	72.43	-1122.38	281.31

福建实达集团股份有限公司

公司概况	公司名称	福建实达集团股份有限公司			证券简称	实达集团
	法人代表	邓保红(代)	董秘	吴波	证券代码	600734
	公司网址	www.start.com.cn		电子信箱	wb600734@163.com	
	电话	0591-83725878 83709680		传真	0591-83708128	
	办公地址	福建省福州市洪山园路68号招标大厦A座六楼				
	经营范围	电子计算机及其外部设备、仪器仪表及电传、办公设备等				

	指标\报告期	2012.06.30	2011.12.31	2011.06.30	2010.12.31
主要财务指标	基本每股收益(元)	-0.0101	0.3974	-0.0566	0.0759
	基本每股收益(扣除)(元)	-0.0712	0.0477	-0.0580	0.0019
	每股净资产(元)	0.5458	0.6042	0.3283	0.5413
	每股经营现金净流量(元)	-0.1618	-0.3889	-0.1035	0.4540
	每股现金流量(元)	-0.1201	-0.9488	-0.9403	0.7194
	每股资本公积金(元)	0.5700	0.6182	0.7358	0.8914
	每股盈余公积金(元)	0.0788	0.0788	0.1670	0.1670
	每股未分配利润(元)	-1.1049	-1.0948	-1.6382	-1.5816
	净资产收益率(%)	-1.8510	65.7680	-17.2280	14.0185
	加权净资产收益率(%)	-1.7600	69.3756	-13.0100	16.3164
	净资产收益率(扣除)(%)	–	–	–	–
	总资产(万元)	121428.65	127125.21	161531.13	193035.27
	归属母公司股东权益(万元)	19188.97	21240.50	11541.33	19031.27
	主营业务收入(万元)	2952.43	112155.38	34166.63	135591.23
	营业收入(万元)	2979.60	113566.32	34762.57	136476.03
	主营成本(万元)	1572.83	72686.12	24958.38	93401.97
	营业成本(万元)	1572.83	73316.28	25193.86	93941.52
	投资收益(万元)	1685.61	8451.77	33.93	–
	净利润(万元)	-1025.69	18495.86	-1368.20	8075.73
	利润总额(万元)	-791.01	22372.33	-765.20	11564.96

山东新华锦国际股份有限公司

公司概况	公司名称	山东新华锦国际股份有限公司			证券简称	新华锦
	法人代表	张建华	董秘	盛强	证券代码	600735
	公司网址	www.hikinginternational.com		电子信箱	600735@hiking.cn	
	电话	0532-85877680 85967622		传真	0532-85877680	
	办公地址	山东省青岛市市南区东海西路41号东海世家大厦4层				
	经营范围	备案范围内的进出口业务、纺织品、针织品、工艺美术品的加工、销售				

	指标\报告期	2012.06.30	2011.12.31	2011.06.30	2010.12.31
主要财务指标	基本每股收益(元)	-0.0204	0.0577	0.0028	-0.0654
	基本每股收益(扣除)(元)	-0.0205	0.0058	-0.0312	-0.1425
	每股净资产(元)	1.1389	1.1571	1.1023	1.1066
	每股经营现金净流量(元)	0.1185	0.6325	0.0210	-0.1409
	每股现金流量(元)	-0.0994	0.0512	0.0966	-0.0755
	每股资本公积金(元)	0.4495	0.4473	0.4473	0.4473
	每股盈余公积金(元)	0.0901	0.0901	0.0901	0.0901
	每股未分配利润(元)	-0.4005	-0.3800	-0.4349	-0.4377
	净资产收益率(%)	-1.7955	4.9870	0.2550	-5.9502
	加权净资产收益率(%)	-1.7800	4.8700	0.2600	-5.7600
	净资产收益率(扣除)(%)	–	–	–	–
	总资产(万元)	51776.59	53729.72	70846.42	76425.71
	归属母公司股东权益(万元)	23802.01	24182.92	23038.31	22982.15
	主营业务收入(万元)	42283.52	102222.60	47523.91	144128.94
	营业收入(万元)	42354.01	102351.77	47586.81	144366.47
	主营成本(万元)	38853.81	90151.70	42621.04	136086.91
	营业成本(万元)	38856.64	90152.08	42621.41	136138.48
	投资收益(万元)	57.27	1755.13	38.15	1378.32
	净利润(万元)	-464.87	1150.24	-560.46	-3158.78
	利润总额(万元)	-406.94	1906.64	167.12	-3167.56

苏州新区高新技术产业股份有限公司

公司概况	公司名称	苏州新区高新技术产业股份有限公司			证券简称	苏州高新
	法人代表	纪向群	董秘	缪凯	证券代码	600736
	公司网址	www.sndht.com		电子信箱	miao.k@c-snd.com	
	电　话	0512-68096283 68072571		传　真	0512-68099281	
	办公地址	江苏省苏州市高新区狮山路35号金河国际大厦25楼				
	经营范围	房地产开发、基础设施的开发与经营等				

主要财务指标	指标\报告期	2012.06.30	2011.12.31	2011.06.30	2010.12.31
	基本每股收益(元)	0.0723	0.2440	0.1006	0.3603
	基本每股收益(扣除)(元)	0.0665	0.2389	0.1001	0.3422
	每股净资产(元)	2.9603	2.9176	2.7970	3.2564
	每股经营现金净流量(元)	-0.5957	-1.3842	-0.8655	-1.3707
	每股现金流量(元)	0.0233	-0.7858	0.5085	-1.0821
	每股资本公积金(元)	0.5941	0.5837	0.5890	0.8323
	每股盈余公积金(元)	0.2014	0.2014	0.1891	0.2300
	每股未分配利润(元)	1.1648	1.1325	1.0189	1.1940
	净资产收益率(%)	2.4421	8.3620	3.5968	11.0642
	加权净资产收益率(%)	2.4530	8.6400	3.6540	11.4300
	净资产收益率(扣除)(%)	-	-	-	-
	总资产(万元)	1707882.59	1557978.85	1544781.70	1394614.40
	归属母公司股东权益(万元)	313165.60	308651.43	295890.33	287069.97
	主营业务收入(万元)	105758.26	295454.16	147213.73	486488.93
	营业收入(万元)	107587.88	297175.48	148751.22	486675.20
	主营成本(万元)	-	-	92978.97	347140.68
	营业成本(万元)	69190.99	184123.35	93022.23	348241.25
	投资收益(万元)	658.42	1570.55	566.92	2944.32
	净利润(万元)	9415.15	32676.73	13560.84	36133.72
	利润总额(万元)	13783.30	44826.57	19527.06	47458.50

中粮屯河股份有限公司

公司概况	公司名称	中粮屯河股份有限公司			证券简称	中粮屯河
	法人代表	郑弘波	董秘	蒋学工	证券代码	600737
	公司网址	www.cofcotunhe.com		电子信箱	jiangxg@cofco.com	
	电　话	0991-5571888		传　真	0991-5571600	
	办公地址	新疆维吾尔自治区乌鲁木齐市黄河路2号招商银行大厦20楼				
	经营范围	番茄、糖、林果三大产业等				

主要财务指标	指标\报告期	2012.06.30	2011.12.31	2011.06.30	2010.12.31
	基本每股收益(元)	-0.1500	0.0322	-0.0500	-0.0600
	基本每股收益(扣除)(元)	-0.1500	-0.0235	-0.0500	-0.0800
	每股净资产(元)	2.5700	2.7800	2.8800	2.6800
	每股经营现金净流量(元)	0.5365	0.4963	0.9828	-0.6843
	每股现金流量(元)	-0.1177	0.3722	0.3197	0.1189
	每股资本公积金(元)	1.1437	1.1786	1.3600	1.1104
	每股盈余公积金(元)	0.1114	0.1114	0.0987	0.0987
	每股未分配利润(元)	0.3120	0.4880	0.4215	0.4685
	净资产收益率(%)	-5.6872	1.1590	-1.8660	-2.2978
	加权净资产收益率(%)	-5.4600	1.1000	-1.9400	-2.0700
	净资产收益率(扣除)(%)	-	-	-	-
	总资产(万元)	852022.25	920333.47	747069.49	843448.69
	归属母公司股东权益(万元)	258152.40	279355.46	289624.78	269255.76
	主营业务收入(万元)	157717.81	487986.83	205185.40	284676.25
	营业收入(万元)	162255.93	499845.93	207137.12	295453.04
	主营成本(万元)	127400.61	386544.73	168439.58	212292.31
	营业成本(万元)	132797.91	399221.47	171699.59	222482.58
	投资收益(万元)	3788.00	13288.64	3055.34	7787.85
	净利润(万元)	-15000.34	2581.33	-5473.25	-6731.92
	利润总额(万元)	-14997.11	5176.89	-4846.31	-5068.35

兰州民百(集团)股份有限公司

公司概况	公司名称	兰州民百(集团)股份有限公司			证券简称	兰州民百
	法人代表	杜永忠	董秘	成志坚	证券代码	600738
	公司网址	www.lzminbai.com		电子信箱	czjgoal@163.com	
	电　话	0931-8473891		传　真	0931-8473866	
	办公地址	甘肃省兰州市城关区中山路120号8-10楼				
	经营范围	日用百货、五金交电、化工产品(不含危险品)、黄金饰品、预包装食品等				

主要财务指标	指标\报告期	2012.06.30	2011.12.31	2011.06.30	2010.12.31
	基本每股收益(元)	0.1460	0.1790	0.1100	0.1440
	基本每股收益(扣除)(元)	0.1510	0.1900	0.1230	0.1800
	每股净资产(元)	1.7270	1.5800	1.5131	1.4000
	每股经营现金净流量(元)	-0.0377	0.7843	0.1503	0.8413
	每股现金流量(元)	-0.0890	0.5281	-0.0718	0.1796
	每股资本公积金(元)	0.1775	0.1775	0.1775	0.1775
	每股盈余公积金(元)	0.1044	0.1044	0.0855	0.0855
	每股未分配利润(元)	0.4456	0.3000	0.2500	0.1399
	净资产收益率(%)	8.4274	11.3100	7.2770	10.2950
	加权净资产收益率(%)	8.8000	11.9900	7.5500	9.0100
	净资产收益率(扣除)(%)	-	-	-	-
	总资产(万元)	105519.63	108337.09	91331.19	94270.54
	归属母公司股东权益(万元)	45393.56	41568.07	39759.88	36866.57
	主营业务收入(万元)	68786.85	116820.95	61040.59	89681.60
	营业收入(万元)	69622.39	118818.10	61993.68	92089.94
	主营成本(万元)	55689.56	95946.99	49689.02	72871.19
	营业成本(万元)	55692.76	96032.56	49711.82	73042.79
	投资收益(万元)	-	-	-	536.73
	净利润(万元)	3825.48	4701.51	2893.31	3799.86
	利润总额(万元)	5118.31	6473.31	3870.90	4884.08

辽宁成大股份有限公司

公司概况	公司名称	辽宁成大股份有限公司			证券简称	辽宁成大
	法人代表	尚书志	董秘	于占洋	证券代码	600739
	公司网址	www.chengda.com.cn		电子信箱	stocks@chengda.com.cn	
	电　话	0411-82512731 82512618		传　真	0411-82691187	
	办公地址	辽宁省大连市人民路71号				
	经营范围	针、棉、毛织品、服装进出口业务及国家统一经营外的商品进出口业务等				

主要财务指标	指标\报告期	2012.06.30	2011.12.31	2011.06.30	2010.12.31
	基本每股收益(元)	0.3930	1.6521	0.3770	0.9224
	基本每股收益(扣除)(元)	0.3786	0.6488	0.3717	0.9014
	每股净资产(元)	7.5087	7.0454	5.8700	5.5500
	每股经营现金净流量(元)	-0.2132	0.2305	-0.0394	0.5841
	每股现金流量(元)	-0.3261	0.2803	0.4223	0.0015
	每股资本公积金(元)	0.1478	0.0783	0.2616	0.2596
	每股盈余公积金(元)	0.5141	0.5141	0.5586	0.5586
	每股未分配利润(元)	5.8451	5.4521	6.4813	6.5159
	净资产收益率(%)	5.2341	23.4430	6.4250	16.6076
	加权净资产收益率(%)	5.4000	25.7600	6.5600	17.6800
	净资产收益率(扣除)(%)	-	-	-	-
	总资产(万元)	1552683.08	1447795.81	1184307.19	1023470.59
	归属母公司股东权益(万元)	1024719.50	961496.72	800450.44	757935.98
	主营业务收入(万元)	502512.91	961934.41	348812.99	519715.57
	营业收入(万元)	504991.81	966437.64	347028.27	524542.13
	主营成本(万元)	418395.45	805901.13	277949.96	399192.61
	营业成本(万元)	419313.35	807800.47	278811.12	402743.36
	投资收益(万元)	34117.09	234089.59	36762.71	104467.37
	净利润(万元)	63631.68	245885.71	60799.58	140500.25
	利润总额(万元)	70672.51	304977.08	66718.34	150804.26

山西焦化股份有限公司

公司概况	公司名称	山西焦化股份有限公司			证券简称	山西焦化
	法人代表	郭文仓	董秘	李峰	证券代码	600740
	公司网址	www.sxjh.com.cn		电子信箱	sjgf@public.lf.sx.cn	
	电　　话	0357-6626012 6625471		传　　真	0357-6625045	
	办公地址	山西省临汾市洪洞县广胜寺镇				
	经营范围	焦炭及其相关化工产品的生产、销售等				

	指标\报告期	2012.06.30	2011.12.31	2011.06.30	2010.12.31
主要财务指标	基本每股收益(元)	0.0300	0.0900	0.1700	0.1100
	基本每股收益(扣除)(元)	0.0700	0.1049	0.1800	0.0078
	每股净资产(元)	2.2360	2.2100	2.3200	2.1400
	每股经营现金净流量(元)	0.2846	1.4413	0.4948	1.5508
	每股现金流量(元)	-0.0097	-0.4779	0.0287	-0.0778
	每股资本公积金(元)	1.6719	1.6719	1.6719	1.6719
	每股盈余公积金(元)	0.3973	0.3973	0.3973	0.3973
	每股未分配利润(元)	-0.8331	-0.8620	-0.7859	-0.9562
	净资产收益率(%)	1.2918	4.2670	7.3380	5.3100
	加权净资产收益率(%)	1.2900	4.3400	7.6400	5.5400
	净资产收益率(扣除)(%)	-	-	-	-
	总资产(万元)	811531.47	840311.23	835633.05	703182.61
	归属母公司股东权益(万元)	126496.72	124876.07	131268.90	120924.62
	主营业务收入(万元)	308788.66	764303.65	356216.43	631782.82
	营业收入(万元)	315903.31	775316.43	364950.88	640612.33
	主营成本(万元)	283263.74	703520.06	322660.83	594625.17
	营业成本(万元)	286723.28	711242.48	329678.40	597193.06
	投资收益(万元)	49.78	110.55	81.49	-132.94
	净利润(万元)	1782.19	5663.63	9817.02	6677.28
	利润总额(万元)	1844.59	5768.05	9871.31	4010.61

华域汽车系统股份有限公司

公司概况	公司名称	华域汽车系统股份有限公司			证券简称	华域汽车
	法人代表	胡茂元	董秘	茅其炜	证券代码	600741
	公司网址	www.huayu-auto.com		电子信箱	huayuqiche@huayu-auto.com	
	电　　话	021-22011701		传　　真	021-22011790	
	办公地址	上海市威海路489号				
	经营范围	汽车、摩托车、拖拉机等交通运输车辆和工程机械的零部件及其总成的设计、研发和销售等				

	指标\报告期	2012.06.30	2011.12.31	2011.06.30	2010.12.31
主要财务指标	基本每股收益(元)	0.6260	1.1580	0.6010	0.9890
	基本每股收益(扣除)(元)	0.6170	1.1030	0.5860	0.9580
	每股净资产(元)	6.7430	6.4130	6.0370	5.6440
	每股经营现金净流量(元)	0.8386	1.7935	0.7696	1.7684
	每股现金流量(元)	-0.0372	0.7217	0.2566	1.1814
	每股资本公积金(元)	3.4092	3.3763	3.5293	3.5004
	每股盈余公积金(元)	0.1613	0.1613	0.1009	0.1009
	每股未分配利润(元)	2.1729	1.8755	1.4070	1.0425
	净资产收益率(%)	9.2781	18.0510	9.9590	17.5162
	加权净资产收益率(%)	9.3000	19.2000	10.1200	18.9100
	净资产收益率(扣除)(%)	-	-	-	-
	总资产(万元)	4502978.88	4218487.59	3971999.77	3672623.71
	归属母公司股东权益(万元)	1741973.21	1656644.24	1559561.17	1457938.43
	主营业务收入(万元)	2688532.64	5059328.03	2496450.28	4284450.67
	营业收入(万元)	2829130.24	5229878.07	2603368.44	4482748.04
	主营成本(万元)	2254109.33	-	2100454.21	-
	营业成本(万元)	2363478.68	4378654.77	2184476.20	3777081.70
	投资收益(万元)	91282.96	180975.83	84469.01	156211.23
	净利润(万元)	285649.67	534586.42	279592.72	452545.49
	利润总额(万元)	326487.10	594301.04	316064.55	502259.37

长春一汽富维汽车零部件股份有限公司

公司概况	公司名称	长春一汽富维汽车零部件股份有限公司			证券简称	一汽富维
	法人代表	滕铁骑	董秘	李文东	证券代码	600742
	公司网址	www.fawfw.com.cn		电子信箱	fw_fw@faw.com.cn	
	电　　话	0431-85765685 85765755		传　　真	0431-85765338	
	办公地址	吉林省长春市汽车产业开发区东风南街1399号				
	经营范围	汽车零部件系列产品的研制、生产和销售等				

	指标\报告期	2012.06.30	2011.12.31	2011.06.30	2010.12.31
主要财务指标	基本每股收益(元)	0.9900	2.0200	1.0100	2.7000
	基本每股收益(扣除)(元)	0.9900	1.9800	1.0100	2.6800
	每股净资产(元)	12.8464	12.0570	11.0430	10.3300
	每股经营现金净流量(元)	0.8929	0.9314	0.3396	0.7955
	每股现金流量(元)	-0.3418	1.0064	0.9076	0.0724
	每股资本公积金(元)	2.5987	2.5987	2.5973	2.5973
	每股盈余公积金(元)	1.8951	1.8951	1.7126	1.7126
	每股未分配利润(元)	7.3525	6.5632	5.7330	5.0219
	净资产收益率(%)	7.7010	16.7860	9.1570	26.1080
	加权净资产收益率(%)	7.9000	18.0400	9.4600	29.7900
	净资产收益率(扣除)(%)	-	-	-	-
	总资产(万元)	441030.68	412510.77	385526.81	358086.98
	归属母公司股东权益(万元)	271730.38	255034.77	233582.90	218540.14
	主营业务收入(万元)	366855.27	686798.73	345351.94	606002.70
	营业收入(万元)	366855.27	698141.87	345351.94	618250.24
	主营成本(万元)	346195.28	643304.55	322145.08	571182.63
	营业成本(万元)	346195.28	652510.56	322145.08	581613.05
	投资收益(万元)	19348.14	37491.82	17003.61	50713.95
	净利润(万元)	23606.20	51020.42	26342.40	61795.14
	利润总额(万元)	24847.30	52294.27	26656.45	63691.77

华远地产股份有限公司

公司概况	公司名称	华远地产股份有限公司			证券简称	华远地产
	法人代表	任志强	董秘	窦志康	证券代码	600743
	公司网址	www.hy-online.com		电子信箱	douzk@hy-online.com	
	电　　话	010-68036966 68036688		传　　真	010-68012167	
	办公地址	北京市西城区北展北街11号华远企业中心				
	经营范围	房地产开发销售等				

	指标\报告期	2012.06.30	2011.12.31	2011.06.30	2010.12.31
主要财务指标	基本每股收益(元)	0.1700	0.3700	0.1400	0.3200
	基本每股收益(扣除)(元)	0.1700	0.3700	0.1400	0.3200
	每股净资产(元)	1.9950	1.5400	1.6957	1.6300
	每股经营现金净流量(元)	0.6840	-0.5967	-0.3773	-0.7951
	每股现金流量(元)	0.5001	-1.1791	-0.9363	-0.0335
	每股资本公积金(元)	0.0316	0.0316	0.0316	0.0411
	每股盈余公积金(元)	0.1088	0.1088	0.0717	0.0932
	每股未分配利润(元)	0.8545	0.7809	0.5923	0.9837
	净资产收益率(%)	8.7021	19.2050	8.4510	19.4670
	加权净资产收益率(%)	8.6400	20.9400	8.5500	21.3400
	净资产收益率(扣除)(%)	-	-	-	-
	总资产(万元)	1059730.66	941498.53	941781.26	965876.40
	归属母公司股东权益(万元)	252258.24	242951.02	214413.43	206019.52
	主营业务收入(万元)	121819.41	260344.03	111412.10	175594.11
	营业收入(万元)	121883.02	261475.40	112467.63	177891.35
	主营成本(万元)	54096.64	-	56083.28	84654.99
	营业成本(万元)	54096.64	128738.42	56500.76	84654.99
	投资收益(万元)	178.47	502.22	363.32	6971.89
	净利润(万元)	22878.91	56545.89	24201.89	44643.30
	利润总额(万元)	33554.22	77100.46	33535.57	60138.75

大唐华银电力股份有限公司

公司概况						
公司名称	大唐华银电力股份有限公司			证券简称	华银电力	
法人代表	王琳	董秘	罗赤橙	证券代码	600744	
公司网址	www.hypower.com.cn		电子信箱	hy600744@188.com		
电　话	0731-85388088 85388028		传　真	0731-85510188		
办公地址	湖南省长沙市芙蓉中路3段255号					
经营范围	电力生产和销售、电力规划、勘测设计、科研、电力工程施工、设备安装等					

主要财务指标 指标\报告期	2012.06.30	2011.12.31	2011.06.30	2010.12.31
基本每股收益(元)	-0.4404	-0.2700	-0.5003	0.0300
基本每股收益(扣除)(元)	-0.4429	-0.9900	-0.5073	-0.9100
每股净资产(元)	1.4450	1.8725	1.6428	2.1481
每股经营现金净流量(元)	0.8996	1.2632	0.2330	1.1070
每股现金流量(元)	-0.1798	-0.2658	-0.6171	0.1335
每股资本公积金(元)	2.5230	2.5100	2.5098	2.5147
每股盈余公积金(元)	0.1942	0.1942	0.1942	0.1942
每股未分配利润(元)	-2.2757	-1.8352	-2.0611	-1.5608
净资产收益率(%)	-30.4799	-14.6560	-30.4560	1.3420
加权净资产收益率(%)	-26.5500	-13.6500	-26.3600	1.1600
净资产收益率(扣除)(%)	-	-	-	-
总资产(万元)	1546925.27	1509848.70	1378921.87	1449426.80
归属母公司股东权益(万元)	102834.50	133265.56	116911.17	152869.74
主营业务收入(万元)	406996.42	935030.81	393596.73	723869.33
营业收入(万元)	408796.72	983701.07	394558.38	753082.19
主营成本(万元)	397888.25	917652.19	392539.83	710704.82
营业成本(万元)	399217.61	933825.22	393322.82	715440.41
投资收益(万元)	194.94	16658.00	517.37	31650.41
净利润(万元)	-31040.68	-18847.64	-36103.45	4270.04
利润总额(万元)	-31219.39	-16212.92	-36227.14	6049.55

中茵股份有限公司

公司概况						
公司名称	中茵股份有限公司			证券简称	中茵股份	
法人代表	高建荣	董秘	吴年有	证券代码	600745	
公司网址	www.joinin-holding.com		电子信箱	nianyouwu@163.com		
电　话	0714-6350569		传　真	0714-6353158		
办公地址	湖北省黄石市团城山开发区杭州西路91号金山大楼三楼					
经营范围	房地产开发、经营以及物业管理等					

主要财务指标 指标\报告期	2012.06.30	2011.12.31	2011.06.30	2010.12.31
基本每股收益(元)	0.2200	0.5400	-0.0100	0.3400
基本每股收益(扣除)(元)	0.2100	0.1400	-0.0200	0.1400
每股净资产(元)	2.3400	2.1300	1.5700	1.5800
每股经营现金净流量(元)	0.2537	-0.8063	-1.4331	-0.2262
每股现金流量(元)	0.2177	0.2129	0.0588	-0.0704
每股资本公积金(元)	0.7670	0.7670	0.7670	0.7670
每股盈余公积金(元)	0.1318	0.1318	0.1318	0.1318
每股未分配利润(元)	0.4436	0.2265	-0.3289	-0.3173
净资产收益率(%)	9.2684	25.5870	-0.7399	21.5310
加权净资产收益率(%)	9.7200	25.9300	-0.7400	20.0700
净资产收益率(扣除)(%)	-	-	-	-
总资产(万元)	488779.97	458916.77	431603.33	335830.41
归属母公司股东权益(万元)	76682.39	69575.16	51392.55	51772.79
主营业务收入(万元)	74441.75	66399.48	8169.12	64117.36
营业收入(万元)	75160.08	67496.64	8215.90	64310.38
主营成本(万元)	48334.03	45132.28	4868.06	43821.67
营业成本(万元)	49016.76	45570.94	4871.86	43826.06
投资收益(万元)	-	-	-	-
净利润(万元)	7824.28	19094.59	-516.93	11307.83
利润总额(万元)	10909.77	21972.55	-128.91	14620.86

江苏索普化工股份有限公司

公司概况						
公司名称	江苏索普化工股份有限公司			证券简称	江苏索普	
法人代表	宋勤华	董秘	许逸中	证券代码	600746	
公司网址	www.sopo.com.cn		电子信箱	sopoxyz@163.com		
电　话	0511-83366244 83363146		传　真	0511-83362036		
办公地址	江苏省镇江市谏壁镇越河街50号					
经营范围	化工原料及产品的制造销售、电力、蒸汽生产等					

主要财务指标 指标\报告期	2012.06.30	2011.12.31	2011.06.30	2010.12.31
基本每股收益(元)	-0.0882	0.0659	0.0244	0.0489
基本每股收益(扣除)(元)	-0.0869	0.0675	0.0254	0.0527
每股净资产(元)	1.3795	1.4629	1.4238	1.3899
每股经营现金净流量(元)	0.0208	0.2559	0.1079	0.2540
每股现金流量(元)	-0.1771	-0.1711	-0.0195	0.3676
每股资本公积金(元)	0.2033	0.2032	0.2056	0.1961
每股盈余公积金(元)	0.1058	0.1058	0.0991	0.0991
每股未分配利润(元)	0.0657	0.1539	0.1191	0.0947
净资产收益率(%)	-6.3910	4.5020	1.7120	3.5190
加权净资产收益率(%)	-6.2136	4.6100	1.7329	3.5800
净资产收益率(扣除)(%)	-	-	-	-
总资产(万元)	76241.04	81277.19	78475.60	75050.93
归属母公司股东权益(万元)	42271.85	44826.34	43628.29	42589.72
主营业务收入(万元)	38962.97	85862.83	42081.66	75541.25
营业收入(万元)	39896.00	89151.45	43771.17	78575.92
主营成本(万元)	38667.51	76821.73	37965.64	67103.31
营业成本(万元)	39601.29	80110.37	39655.15	70138.45
投资收益(万元)	-	2.52	-	11.35
净利润(万元)	-2701.45	2011.04	738.94	1481.04
利润总额(万元)	-2757.77	2741.24	968.18	1999.28

大连大显控股股份有限公司

公司概况						
公司名称	大连大显控股股份有限公司			证券简称	大连控股	
法人代表	代威	董秘	王薇	证券代码	600747	
公司网址	www.dl-hold.com		电子信箱	wangwei@daxian.cn		
电　话	0411-88853117-7714		传　真	0411-88853122		
办公地址	辽宁省大连市甘井子区革镇堡					
经营范围	多种金属矿业投资、开发及技术咨询、房屋租赁、仓储等					

主要财务指标 指标\报告期	2012.06.30	2011.12.31	2011.06.30	2010.12.31
基本每股收益(元)	-0.0450	0.0200	-0.0280	-0.1700
基本每股收益(扣除)(元)	-0.0450	-0.0600	-0.0280	-0.1720
每股净资产(元)	0.7230	0.7680	0.7150	0.7400
每股经营现金净流量(元)	-0.0617	0.2338	0.1025	-0.1174
每股现金流量(元)	-0.0094	-0.0125	0.1375	-0.0827
每股资本公积金(元)	0.0212	0.0212	0.0070	0.0070
每股盈余公积金(元)	0.1085	0.1085	0.1085	0.1085
每股未分配利润(元)	-0.4069	-0.3616	-0.4046	-0.3769
净资产收益率(%)	-6.2739	2.0016	-3.8650	-22.7458
加权净资产收益率(%)	-6.0800	2.0500	-3.7900	-20.3400
净资产收益率(扣除)(%)	-	-	-	-
总资产(万元)	198396.81	210366.71	251743.75	251506.19
归属母公司股东权益(万元)	76930.06	81756.60	76137.25	79079.76
主营业务收入(万元)	15746.77	61376.54	18906.74	63815.19
营业收入(万元)	15746.77	62031.80	18906.74	64559.56
主营成本(万元)	13258.38	48143.64	16734.39	49959.80
营业成本(万元)	13258.38	48298.71	16795.35	50148.69
投资收益(万元)	-183.85	7056.25	1761.83	2184.56
净利润(万元)	-4845.03	3405.29	-3345.48	-17452.62
利润总额(万元)	-5031.54	5042.77	-3239.50	-16130.82

上海实业发展股份有限公司

公司概况					
公司名称	上海实业发展股份有限公司			证券简称	上实发展
法人代表	陆申	董秘	阚兆森	证券代码	600748
公司网址	www.sidlgroup.com		电子信箱	sid748@sidlgroup.com	
电　话	021-53858859		传　真	021-53858879	
办公地址	上海市淮海中路98号金钟广场20层				
经营范围	房地产开发和经营、实业投资、资产经营、国内贸易、信息服务等				

主要财务指标 指标\报告期	2012.06.30	2011.12.31	2011.06.30	2010.12.31
基本每股收益(元)	0.4800	0.4200	0.2100	0.2500
基本每股收益(扣除)(元)	0.0700	0.2600	0.1600	0.2200
每股净资产(元)	4.2000	4.4300	3.1200	2.3400
每股经营现金净流量(元)	-0.8109	0.4194	1.1185	1.0118
每股现金流量(元)	-0.1444	1.4477	3.1626	0.0421
每股资本公积金(元)	1.3188	1.9824	0.8795	0.2895
每股盈余公积金(元)	0.1941	0.1941	0.1658	0.1658
每股未分配利润(元)	1.6870	1.2571	1.0729	0.8860
净资产收益率(%)	11.5021	9.4690	6.7410	10.6491
加权净资产收益率(%)	10.4700	13.3800	8.4600	10.9100
净资产收益率(扣除)(%)	-	-	-	-
总资产(万元)	1567523.95	1822092.11	1982817.16	1764639.29
归属母公司股东权益(万元)	455011.66	480335.44	337817.75	253646.52
主营业务收入(万元)	186380.81	355424.39	172519.65	333369.51
营业收入(万元)	186894.36	358229.30	173601.64	336281.58
主营成本(万元)	127151.97	218541.50	95135.44	185531.24
营业成本(万元)	127274.34	219352.29	95486.39	186497.65
投资收益(万元)	42230.89	-108.23	-737.67	2815.82
净利润(万元)	55411.71	44669.51	23862.02	51537.84
利润总额(万元)	75845.58	65085.83	32363.98	72866.34

西藏旅游股份有限公司

公司概况					
公司名称	西藏旅游股份有限公司			证券简称	西藏旅游
法人代表	欧阳旭	董秘	王京梅	证券代码	600749
公司网址	www.tibetyalu.com		电子信箱	xzly@tibetyalu.com	
电　话	0891-6339150		传　真	0891-6339041	
办公地址	西藏自治区拉萨市林廓东路6号				
经营范围	旅游、酒店和有线电视网络等				

主要财务指标 指标\报告期	2012.06.30	2011.12.31	2011.06.30	2010.12.31
基本每股收益(元)	-0.0787	0.0589	-0.0880	0.1287
基本每股收益(扣除)(元)	-0.0762	0.0552	-0.0900	0.0399
每股净资产(元)	3.3275	3.4100	3.2700	1.8400
每股经营现金净流量(元)	0.2275	0.1854	-0.0839	0.6914
每股现金流量(元)	-0.3816	0.8282	1.6478	-0.1323
每股资本公积金(元)	2.3029	2.3029	2.3029	0.7858
每股盈余公积金(元)	-	-	-	-
每股未分配利润(元)	0.0247	0.1034	-0.0333	0.0538
净资产收益率(%)	-2.3646	1.6560	-2.4570	6.9960
加权净资产收益率(%)	-2.3370	2.0200	-3.3000	7.2300
净资产收益率(扣除)(%)	-	-	-	-
总资产(万元)	101274.30	96762.32	93164.56	61052.78
归属母公司股东权益(万元)	62936.84	64425.04	61838.83	30355.03
主营业务收入(万元)	4977.96	19832.58	7889.09	12064.19
营业收入(万元)	5141.35	20223.84	8017.45	12460.78
主营成本(万元)	2756.20	10230.36	5613.58	4767.02
营业成本(万元)	2756.20	10307.02	5613.58	4781.08
投资收益(万元)	-	-142.16	-60.41	-205.91
净利润(万元)	-1548.86	1075.31	-1600.32	2072.60
利润总额(万元)	-1378.03	1233.42	-1600.32	2072.60

江中药业股份有限公司

公司概况					
公司名称	江中药业股份有限公司			证券简称	江中药业
法人代表	钟虹光	董秘	吴伯帆	证券代码	600750
公司网址	www.jzjt.com		电子信箱	jzyy@jzjt.com	
电　话	0791-88169323		传　真	0791-88164029	
办公地址	江西省南昌市高新区火炬大道788号				
经营范围	中成药片剂、冲剂、胶囊剂、保健食品生产经营等				

主要财务指标 指标\报告期	2012.06.30	2011.12.31	2011.06.30	2010.12.31
基本每股收益(元)	0.3453	0.7322	0.3106	0.8800
基本每股收益(扣除)(元)	0.3438	0.6661	0.3100	0.9100
每股净资产(元)	6.0443	5.9990	5.5774	5.5700
每股经营现金净流量(元)	0.5376	0.5409	0.4795	0.7144
每股现金流量(元)	0.0913	-0.6781	-0.1437	1.5560
每股资本公积金(元)	2.2917	2.2917	2.2917	2.2917
每股盈余公积金(元)	0.5452	0.5452	0.4761	0.4761
每股未分配利润(元)	2.2073	2.1621	1.8096	1.7990
净资产收益率(%)	5.7125	12.2050	5.5680	15.0800
加权净资产收益率(%)	5.6400	12.7200	5.4300	23.6300
净资产收益率(扣除)(%)	-	-	-	-
总资产(万元)	259932.10	258882.00	221714.49	250601.84
归属母公司股东权益(万元)	188067.45	186658.64	173540.17	173211.29
主营业务收入(万元)	153644.67	264023.15	88198.14	255941.49
营业收入(万元)	153832.50	264730.39	88366.76	256360.62
主营成本(万元)	100868.10	175948.65	54053.73	143722.41
营业成本(万元)	100896.90	176036.14	54094.34	143794.81
投资收益(万元)	-69.01	-190.14	-122.16	-181.33
净利润(万元)	10815.83	23196.32	9910.34	26183.27
利润总额(万元)	12835.57	27678.60	11646.45	30342.90

天津市海运股份有限公司

公司概况					
公司名称	天津市海运股份有限公司			证券简称	SST 天海
法人代表	李维艰	董秘	姜涛	证券代码	600751
公司网址	www.newtmsc.com		电子信箱	tmsc900938@163.com	
电　话	022-58679088		传　真	022-58679130	
办公地址	天津市天津空港经济区中心大道华盈大厦八层				
经营范围	国际船舶集装箱运输、仓储服务、陆海联运、集装箱租赁买卖等				

主要财务指标 指标\报告期	2012.06.30	2011.12.31	2011.06.30	2010.12.31
基本每股收益(元)	-0.0145	-0.3183	-0.1100	0.0597
基本每股收益(扣除)(元)	-0.0648	-0.2583	-0.1100	0.1775
每股净资产(元)	-1.1341	-1.1196	-0.9100	-0.8000
每股经营现金净流量(元)	0.5918	-0.0452	0.2674	-0.4334
每股现金流量(元)	0.0022	-0.0588	-0.0470	0.0458
每股资本公积金(元)	0.7437	0.7437	0.7437	0.7437
每股盈余公积金(元)	0.2259	0.2259	0.2259	0.2259
每股未分配利润(元)	-3.1037	-3.0892	-2.8795	-2.7709
净资产收益率(%)	-1.2786	-28.4282	-11.9297	-7.4480
加权净资产收益率(%)	-	-0.3300	-	0.0700
净资产收益率(扣除)(%)	-	-	-	-
总资产(万元)	44980.68	54320.55	70812.20	75373.48
归属母公司股东权益(万元)	-55871.49	-55157.13	-44824.37	-39476.95
主营业务收入(万元)	5722.68	17877.99	9839.14	19820.13
营业收入(万元)	5885.22	18226.37	9939.97	20092.15
主营成本(万元)	5649.05	19001.52	10790.02	24014.85
营业成本(万元)	5649.05	19001.52	10790.02	24014.85
投资收益(万元)	664.86	377.12	367.12	21.54
净利润(万元)	-717.34	-15693.50	-5347.42	2919.72
利润总额(万元)	-717.34	-15687.76	-5347.42	2963.47

河南东方银星投资股份有限公司

公司概况					
公司名称	河南东方银星投资股份有限公司			证券简称	东方银星
法人代表	李大明	董秘	温泉	证券代码	600753
公司网址	www.bingxiong.com.cn		电子信箱	wqq728@163.com	
电　　话	0370-2790635 2790609		传　　真	0370-2790630	
办公地址	河南省商丘市神火大道99号悦华大酒店25层东方银星				
经营范围	房地产项目投资、实业投资、化工产品等				

主要财务指标				
指标＼报告期	2012.06.30	2011.12.31	2011.06.30	2010.12.31
基本每股收益(元)	-0.0030	-0.0900	-0.0110	0.0100
基本每股收益(扣除)(元)	-0.0030	-0.0900	-0.0100	0.0100
每股净资产(元)	0.7780	0.7800	0.8570	0.8700
每股经营现金净流量(元)	0.0094	-0.0005	-0.0015	0.0001
每股现金流量(元)	0.0094	-0.0005	-0.0015	0.0001
每股资本公积金(元)	1.1050	1.1050	1.1050	1.1050
每股盈余公积金(元)	-	-	-	-
每股未分配利润(元)	-1.3271	-1.3242	-1.2481	-1.2343
净资产收益率(%)	-0.3770	-11.5115	-1.2400	0.9690
加权净资产收益率(%)	-0.3800	-10.8800	-1.2300	0.9700
净资产收益率(扣除)(%)	-	-	-	-
总资产(万元)	22838.71	22285.94	23486.88	23422.49
归属母公司股东权益(万元)	9957.19	9994.73	10968.76	11145.27
主营业务收入(万元)	319.75	115.43	-	985.29
营业收入(万元)	319.75	127.43	-	985.29
主营成本(万元)	288.71	97.76	-	356.10
营业成本(万元)	288.71	97.76	-	356.10
投资收益(万元)	-	-	-	-
净利润(万元)	-44.28	-1190.26	-160.83	285.69
利润总额(万元)	-41.04	-1044.49	-160.83	391.04

上海锦江国际酒店发展股份有限公司

公司概况					
公司名称	上海锦江国际酒店发展股份有限公司			证券简称	锦江股份
法人代表	俞敏亮	董秘	胡暋	证券代码	600754
公司网址	www.jinjianghotels.sh.cn		电子信箱	jjir@jinjianghotels.com	
电　　话	021-63217132		传　　真	021-63217720	
办公地址	上海市延安东路100号25楼				
经营范围	宾馆、餐饮、食品生产线及连锁经营、旅游等				

主要财务指标				
指标＼报告期	2012.06.30	2011.12.31	2011.06.30	2010.12.31
基本每股收益(元)	0.3726	0.5313	0.3194	0.6309
基本每股收益(扣除)(元)	0.2675	0.5129	0.2994	0.5227
每股净资产(元)	6.7548	6.5464	6.9323	7.0844
每股经营现金净流量(元)	0.4640	0.8771	0.3725	1.0618
每股现金流量(元)	-0.0132	-0.1735	0.0349	-1.0169
每股资本公积金(元)	3.7385	3.5427	4.1405	4.2320
每股盈余公积金(元)	0.7995	0.7995	0.7995	0.7995
每股未分配利润(元)	1.2168	1.2042	0.9923	1.0529
净资产收益率(%)	5.5161	8.1150	4.6070	8.9060
加权净资产收益率(%)	5.4000	7.6000	4.4200	8.1000
净资产收益率(扣除)(%)	-	-	-	-
总资产(万元)	516144.89	498561.21	560474.28	553629.40
归属母公司股东权益(万元)	407474.65	394903.19	418184.34	427361.16
主营业务收入(万元)	109886.36	209159.16	95317.04	210307.67
营业收入(万元)	111297.52	211607.82	96385.37	212454.06
主营成本(万元)	12748.73	25909.28	11631.98	32314.58
营业成本(万元)	12990.11	26263.88	11848.88	32920.16
投资收益(万元)	15881.02	15098.06	10916.01	18939.10
净利润(万元)	22478.48	32430.73	19300.07	39909.17
利润总额(万元)	27911.48	38463.04	22159.18	47055.90

厦门国贸集团股份有限公司

公司概况					
公司名称	厦门国贸集团股份有限公司			证券简称	厦门国贸
法人代表	何福龙	董秘	陈晓华	证券代码	600755
公司网址	www.itg.com.cn		电子信箱	cathy@itg.com.cn	
电　　话	0592-5161888		传　　真	0592-5160280	
办公地址	福建省厦门市湖滨南路国贸大厦18层				
经营范围	从事进出口贸易、房地产开发与经营、投资以及其他服务贸易等				

主要财务指标				
指标＼报告期	2012.06.30	2011.12.31	2011.06.30	2010.12.31
基本每股收益(元)	0.1500	0.4100	0.2400	0.3900
基本每股收益(扣除)(元)	0.1500	0.1400	0.1600	0.1800
每股净资产(元)	3.5500	3.4500	3.5500	4.1900
每股经营现金净流量(元)	0.6105	-0.9650	-2.2942	-2.6826
每股现金流量(元)	0.0516	-0.0234	0.1594	0.0484
每股资本公积金(元)	0.8968	0.8881	1.4851	1.5679
每股盈余公积金(元)	0.1517	0.1517	0.1972	0.1972
每股未分配利润(元)	1.5294	1.4454	1.6646	1.4504
净资产收益率(%)	4.3384	11.7731	6.8096	12.2550
加权净资产收益率(%)	4.3500	12.1600	7.0800	12.1800
净资产收益率(扣除)(%)	-	-	-	-
总资产(万元)	2256335.23	2121506.52	2343428.83	2033997.12
归属母公司股东权益(万元)	472301.60	459612.48	472302.76	428846.76
主营业务收入(万元)	1893909.37	4563139.49	2031965.48	3399140.32
营业收入(万元)	1893909.37	4563139.49	2031965.48	3399140.32
主营成本(万元)	1762744.65	4318006.43	1914196.60	3212528.84
营业成本(万元)	1762744.65	4318006.43	1914196.60	3212528.84
投资收益(万元)	590.15	49254.41	10527.85	27197.48
净利润(万元)	29198.85	72618.40	40890.68	62718.25
利润总额(万元)	39339.08	100814.76	58765.05	83896.50

山东浪潮齐鲁软件产业股份有限公司

公司概况					
公司名称	山东浪潮齐鲁软件产业股份有限公司			证券简称	浪潮软件
法人代表	王柏华	董秘	王静莲	证券代码	600756
公司网址	www.inspur.com		电子信箱	600756@inspur.com	
电　　话	0531-85105606		传　　真	0531-85105600	
办公地址	山东省济南市高新区浪潮路1036号				
经营范围	通信及计算机软硬件技术开发、生产、销售等				

主要财务指标				
指标＼报告期	2012.06.30	2011.12.31	2011.06.30	2010.12.31
基本每股收益(元)	0.0117	0.0700	0.0125	0.1600
基本每股收益(扣除)(元)	0.0111	0.0610	0.0046	0.1550
每股净资产(元)	2.6730	4.1660	4.0040	3.9900
每股经营现金净流量(元)	-0.2997	0.2454	-0.2362	0.1293
每股现金流量(元)	-0.4744	-0.2582	-0.2669	0.3150
每股资本公积金(元)	0.2851	0.7718	0.7718	0.7718
每股盈余公积金(元)	0.2730	0.4094	0.3250	0.3250
每股未分配利润(元)	1.1147	1.9045	1.9080	1.8940
净资产收益率(%)	0.4384	1.5691	0.3520	4.0701
加权净资产收益率(%)	0.4200	1.6300	0.3000	4.1600
净资产收益率(扣除)(%)	-	-	-	-
总资产(万元)	110797.88	117459.13	101898.96	105136.25
归属母公司股东权益(万元)	74501.73	77425.89	74422.63	74161.02
主营业务收入(万元)	23351.97	55409.00	20081.15	44841.85
营业收入(万元)	23351.97	55409.00	20081.15	44841.85
主营成本(万元)	15455.57	42270.15	13135.90	33870.88
营业成本(万元)	15455.57	42270.15	13499.22	33870.88
投资收益(万元)	1070.03	721.10	-544.92	3008.13
净利润(万元)	322.94	1236.00	228.12	3009.67
利润总额(万元)	403.10	1246.27	330.53	2998.16

长江出版传媒股份有限公司

公司概况	公司名称	长江出版传媒股份有限公司			证券简称	长江传媒
	法人代表	孙永平	董秘	万智	证券代码	600757
	公司网址	www.cjcb.com.cn		电子信箱	cjcbcm@163.com	
	电　话	027-87673688		传　真	027-87673688	
	办公地址	湖北省武汉市武昌区雄楚大街 268 号 B 座 11-12 楼				
	经营范围	公开发行的国内版图书、报刊、电子出版物等				

主要财务指标	指标\报告期	2012.06.30	2011.12.31	2011.06.30	2010.12.31
	基本每股收益(元)	0.1800	0.4600	0.2000	0.3800
	基本每股收益(扣除)(元)	0.1700	0.3800	0.1900	0.3500
	每股净资产(元)	2.6900	2.5100	2.5100	3.8600
	每股经营现金净流量(元)	0.0038	0.2909	0.1285	0.5742
	每股现金流量(元)	-0.0759	0.5858	0.8705	-0.0127
	每股资本公积金(元)	0.8439	0.8373	1.0746	2.3950
	每股盈余公积金(元)	-	-	0.1420	0.1420
	每股未分配利润(元)	0.8455	0.6704	-2.2171	0.7550
	净资产收益率(%)	6.5130	10.7440	-	9.9108
	加权净资产收益率(%)	6.7500	11.2600	5.0300	9.7600
	净资产收益率(扣除)(%)	-	-	-	-
	总资产(万元)	418763.84	398054.46	9499.36	364919.90
	归属母公司股东权益(万元)	279616.08	260718.60	-28.49	234739.36
	主营业务收入(万元)	143965.41	249992.79	99669.27	220546.15
	营业收入(万元)	149429.21	261122.89	104666.64	230134.82
	主营成本(万元)	99165.61	157920.36	61856.90	57877.26
	营业成本(万元)	100078.96	160527.19	104666.64	140464.38
	投资收益(万元)	1257.55	159.03	-65.08	1544.85
	净利润(万元)	18230.39	28488.01	12024.07	23677.00
	利润总额(万元)	18478.16	29014.42	12242.26	25011.31

辽宁红阳能源投资股份有限公司

公司概况	公司名称	辽宁红阳能源投资股份有限公司			证券简称	红阳能源
	法人代表	林守信	董秘	朱丹石	证券代码	600758
	公司网址			电子信箱	hynydm@163.com	
	电　话	024-86131586 86131806		传　真	024-86801050	
	办公地址	辽宁省沈阳市皇姑区黄河南大街 96-6 号启运大厦 4 楼				
	经营范围	能源投资开发、电力、热力生产、销售、城市集中供热、供汽、供热等				

主要财务指标	指标\报告期	2012.06.30	2011.12.31	2011.06.30	2010.12.31
	基本每股收益(元)	0.0381	0.0800	0.0621	0.0900
	基本每股收益(扣除)(元)	0.0381	0.0700	0.0573	0.1000
	每股净资产(元)	1.5100	1.4720	1.4540	1.3900
	每股经营现金净流量(元)	-0.0876	0.1979	-0.0904	0.2614
	每股现金流量(元)	-0.2479	0.0672	-0.1619	0.0457
	每股资本公积金(元)	0.0480	0.0480	0.0480	0.0480
	每股盈余公积金(元)	0.0431	0.0431	0.0431	0.0431
	每股未分配利润(元)	0.4193	0.3812	0.3631	0.3010
	净资产收益率(%)	2.5250	5.4460	4.2730	6.3900
	加权净资产收益率(%)	2.5600	5.6000	4.3700	6.6000
	净资产收益率(扣除)(%)	-	-	-	-
	总资产(万元)	52730.07	61013.32	54607.05	59787.90
	归属母公司股东权益(万元)	31368.63	30576.59	30201.77	28911.41
	主营业务收入(万元)	12029.34	21564.27	11701.63	20532.20
	营业收入(万元)	12046.14	22101.25	11714.45	20607.78
	主营成本(万元)	10036.75	16514.55	8763.67	15164.01
	营业成本(万元)	10036.75	16554.03	8763.67	15173.38
	投资收益(万元)	-	-	-	-
	净利润(万元)	792.05	1665.18	1290.36	1847.46
	利润总额(万元)	1092.59	2357.38	1767.14	2616.61

海南正和实业集团股份有限公司

公司概况	公司名称	海南正和实业集团股份有限公司			证券简称	正和股份
	法人代表	林端	董秘	黄勇	证券代码	600759
	公司网址	www.600759.com		电子信箱	zhgf@600759.com	
	电　话	0898-66590595 66787367		传　真	0898-66757661	
	办公地址	海南省海口市国贸大道 2 号海南时代广场 17 层				
	经营范围	高新技术项目及产品的投资、开发、生产与经营等				

主要财务指标	指标\报告期	2012.06.30	2011.12.31	2011.06.30	2010.12.31
	基本每股收益(元)	0.0325	0.0962	0.0513	0.1504
	基本每股收益(扣除)(元)	0.0288	0.0275	0.0429	0.0581
	每股净资产(元)	1.6340	1.6600	1.6109	1.5600
	每股经营现金净流量(元)	0.1302	-0.1405	-0.0184	-0.1049
	每股现金流量(元)	-0.4432	0.6430	0.0290	0.1354
	每股资本公积金(元)	0.3646	0.3632	0.3593	0.3593
	每股盈余公积金(元)	0.0072	0.0072	0.0016	0.0016
	每股未分配利润(元)	0.2618	0.2893	0.2500	0.1987
	净资产收益率(%)	1.9919	5.7986	3.1873	9.6469
	加权净资产收益率(%)	1.9762	5.9800	3.2389	10.1400
	净资产收益率(扣除)(%)	-	-	-	-
	总资产(万元)	455386.13	510637.53	401210.20	350851.64
	归属母公司股东权益(万元)	199316.34	202496.19	196546.35	190281.76
	主营业务收入(万元)	81083.46	130602.63	65167.36	90200.16
	营业收入(万元)	81083.46	131204.42	65167.36	90200.16
	主营成本(万元)	64216.88	111027.85	50383.67	68164.45
	营业成本(万元)	64216.88	111478.77	50383.67	68164.45
	投资收益(万元)	375.79	1983.85	1356.75	3895.77
	净利润(万元)	5483.00	13052.16	8390.50	21141.23
	利润总额(万元)	8017.32	17113.85	11210.95	26598.88

中航黑豹股份有限公司

公司概况	公司名称	中航黑豹股份有限公司			证券简称	中航黑豹
	法人代表	田学应	董秘	夏保琪	证券代码	600760
	公司网址	www.heibao.com.cn		电子信箱	xbq511@163.com	
	电　话	0631-8087751		传　真	0631-8352228	
	办公地址	山东省文登市龙山路 107 号				
	经营范围	微型汽、柴油载重汽车及其配件制造、厢式柴油专用汽车制造等				

主要财务指标	指标\报告期	2012.06.30	2011.12.31	2011.06.30	2010.12.31
	基本每股收益(元)	-0.1600	-0.5700	0.0400	0.1300
	基本每股收益(扣除)(元)	-0.1900	-0.6300	0.0300	0.1200
	每股净资产(元)	2.0657	2.2249	2.8415	2.8000
	每股经营现金净流量(元)	0.4846	-0.9384	-0.4477	-0.0011
	每股现金流量(元)	0.1670	0.2039	0.4380	0.0104
	每股资本公积金(元)	1.6019	1.6019	1.6019	1.6019
	每股盈余公积金(元)	0.0402	0.0402	0.0396	0.0396
	每股未分配利润(元)	-0.5763	-0.4172	0.2000	0.1552
	净资产收益率(%)	-7.7054	-25.6993	1.5770	3.9218
	加权净资产收益率(%)	-7.4200	-22.7700	1.5900	8.3100
	净资产收益率(扣除)(%)	-	-	-	-
	总资产(万元)	338858.08	352307.49	348419.72	322054.27
	归属母公司股东权益(万元)	71255.91	76746.43	98015.30	96469.73
	主营业务收入(万元)	151148.18	360123.30	216047.16	302603.68
	营业收入(万元)	155461.91	369854.74	221328.82	308653.06
	主营成本(万元)	144797.38	345141.84	201573.02	280309.19
	营业成本(万元)	147779.07	350402.93	204106.97	282628.00
	投资收益(万元)	-	-	-	-
	净利润(万元)	-7025.45	-20890.67	2373.59	6941.13
	利润总额(万元)	-6677.15	-20141.60	3040.99	9478.22

安徽合力股份有限公司

公司概况	公司名称	安徽合力股份有限公司		证券简称	安徽合力
	法人代表	张德进	董秘 张孟青	证券代码	600761
	公司网址	www.helichina.com		电子信箱	zmq@helichina.com
	电　话	015255166611 15255166988		传　真	0551-3689666
	办公地址	合肥市经济技术开发区方兴大道668号			
	经营范围	叉车、装载机、工程机械、矿山起重运输机械及配件、铸锻件、热处理件制造及销售			

主要财务指标	指标\报告期	2012.06.30	2011.12.31	2011.06.30	2010.12.31
	基本每股收益(元)	0.3800	0.9000	0.4100	0.8500
	基本每股收益(扣除)(元)	0.3500	0.8100	0.4000	0.7900
	每股净资产(元)	5.5700	5.3600	6.0200	5.7800
	每股经营现金净流量(元)	0.2282	0.3564	0.4917	1.3644
	每股现金流量(元)	-0.0488	-0.5999	-0.3244	0.0233
	每股资本公积金(元)	1.0818	1.4982	1.4982	1.9978
	每股盈余公积金(元)	0.6259	0.7511	0.6660	0.7992
	每股未分配利润(元)	2.8670	3.1823	2.8580	3.1398
	净资产收益率(%)	6.8486	14.0070	8.1617	14.6248
	加权净资产收益率(%)	6.8800	14.7500	8.1600	15.6600
	净资产收益率(扣除)(%)	-	-	-	-
	总资产(万元)	477994.09	433345.89	446535.49	397450.92
	归属母公司股东权益(万元)	286549.61	275491.75	257958.97	247613.75
	主营业务收入(万元)	294332.05	622970.12	328771.81	505108.19
	营业收入(万元)	297430.76	629149.40	333035.86	508443.64
	主营成本(万元)	240638.73	513938.69	271691.57	409446.31
	营业成本(万元)	242485.47	518327.33	274984.98	411447.46
	投资收益(万元)	656.45	1388.62	308.12	435.74
	净利润(万元)	21004.51	42908.09	23369.41	40524.20
	利润总额(万元)	24563.79	50951.02	28005.26	47615.57

通策医疗投资股份有限公司

公司概况	公司名称	通策医疗投资股份有限公司		证券简称	通策医疗
	法人代表	赵玲玲	董秘 黄浴华	证券代码	600763
	公司网址	www.tcmedical.com.cn		电子信箱	huangyuhua@eetop.com
	电　话	0571-88868808 88970616		传　真	0571-87283502
	办公地址	浙江省杭州市天目山路327号合生国贸中心5号楼			
	经营范围	投资管理、医疗器材的经营、进出口业务技术开发、技术咨询、技术培训和技术服务等			

主要财务指标	指标\报告期	2012.06.30	2011.12.31	2011.06.30	2010.12.31
	基本每股收益(元)	0.2756	0.4400	0.1991	0.3100
	基本每股收益(扣除)(元)	0.2615	0.4300	0.1909	0.3000
	每股净资产(元)	2.3213	2.0457	1.8047	1.6100
	每股经营现金净流量(元)	0.2659	0.5279	0.1497	0.4576
	每股现金流量(元)	0.2111	0.6013	0.3308	0.2095
	每股资本公积金(元)	1.2365	1.2365	1.2372	1.2365
	每股盈余公积金(元)	0.0115	0.0115	0.0115	0.0115
	每股未分配利润(元)	0.0733	-0.2024	-0.4440	-0.6390
	净资产收益率(%)	11.8732	21.3440	10.6930	19.0419
	加权净资产收益率(%)	12.6200	23.8900	11.6500	21.0500
	净资产收益率(扣除)(%)	-	-	-	-
	总资产(万元)	44675.50	40571.03	35816.59	30303.53
	归属母公司股东权益(万元)	37215.49	32796.81	28932.32	25796.56
	主营业务收入(万元)	17011.54	31441.28	13254.20	24156.16
	营业收入(万元)	17158.65	31592.60	13501.31	24342.51
	主营成本(万元)	9251.45	16638.62	7296.79	12967.74
	营业成本(万元)	9251.45	16669.29	7296.79	12980.43
	投资收益(万元)	-85.30	-170.61	-85.30	-169.86
	净利润(万元)	4650.08	7169.04	3237.15	4963.89
	利润总额(万元)	5857.50	9816.42	4410.08	6878.85

中电广通股份有限公司

公司概况	公司名称	中电广通股份有限公司		证券简称	中电广通
	法人代表	倪剑云	董秘 杨琼	证券代码	600764
	公司网址	www.cecgt.com		电子信箱	qyang@cecgt.com
	电　话	010-88578860		传　真	010-88578820
	办公地址	北京市海淀区中关村南大街17号3号楼(韦伯时代中心C座)21层			
	经营范围	智能光网络平台业务、计算机系统集成与分销业务等			

主要财务指标	指标\报告期	2012.06.30	2011.12.31	2011.06.30	2010.12.31
	基本每股收益(元)	0.0240	0.0320	-0.0040	0.0120
	基本每股收益(扣除)(元)	0.0200	0.0220	-0.0010	-0.0080
	每股净资产(元)	1.7300	1.7400	1.7000	1.7200
	每股经营现金净流量(元)	-0.2778	-0.6233	-0.4981	0.5872
	每股现金流量(元)	-0.1561	-0.2680	-0.3461	-0.0795
	每股资本公积金(元)	0.1525	0.1525	0.1597	0.1597
	每股盈余公积金(元)	0.1865	0.1865	0.1842	0.1842
	每股未分配利润(元)	0.4420	0.4377	0.4042	0.4283
	净资产收益率(%)	1.4051	1.8310	-0.2400	0.6690
	加权净资产收益率(%)	1.3900	1.8400	-0.2400	0.6600
	净资产收益率(扣除)(%)	-	-	-	-
	总资产(万元)	134130.64	133369.16	139235.72	156677.79
	归属母公司股东权益(万元)	57037.95	57219.02	56114.43	56736.33
	主营业务收入(万元)	47947.70	128468.01	57461.52	119421.43
	营业收入(万元)	48748.20	130584.57	58245.33	122142.99
	主营成本(万元)	43184.61	119050.02	53118.84	112401.52
	营业成本(万元)	43732.32	120318.49	53602.59	113646.19
	投资收益(万元)	2075.58	3727.71	1570.74	2325.73
	净利润(万元)	1102.48	1740.41	116.80	681.41
	利润总额(万元)	1238.26	5242.42	342.06	813.86

中航重机股份有限公司

公司概况	公司名称	中航重机股份有限公司		证券简称	中航重机
	法人代表	李宗顺	董秘 葛增柱	证券代码	600765
	公司网址	www.avichm.com		电子信箱	gezengzhu@126.com
	电　话	010-65687726 65687796		传　真	010-65687959
	办公地址	北京市朝阳区东三环中路乙10号艾维克大厦16层			
	经营范围	股权投资及经营管理、军民共用液压件、液压系统、锻件、换热器等			

主要财务指标	指标\报告期	2012.06.30	2011.12.31	2011.06.30	2010.12.31
	基本每股收益(元)	0.0500	0.1900	0.1500	0.3000
	基本每股收益(扣除)(元)	0.0400	0.1600	0.1400	0.2800
	每股净资产(元)	3.8870	3.8500	3.6580	3.5500
	每股经营现金净流量(元)	-0.0543	-0.5124	-0.0766	0.0417
	每股现金流量(元)	-0.4473	-0.4472	-0.1158	0.6075
	每股资本公积金(元)	1.5762	1.5735	1.4194	1.4186
	每股盈余公积金(元)	0.1018	0.1018	0.0921	0.0921
	每股未分配利润(元)	1.2087	1.1753	1.1462	1.0370
	净资产收益率(%)	1.3751	4.8790	4.0769	8.4018
	加权净资产收益率(%)	1.3800	5.1900	4.1200	9.0100
	净资产收益率(扣除)(%)	-	-	-	-
	总资产(万元)	991033.22	965038.03	898121.85	789233.57
	归属母公司股东权益(万元)	302382.56	299569.79	284567.33	276016.16
	主营业务收入(万元)	227679.42	524193.00	257199.31	412163.41
	营业收入(万元)	233990.11	548536.11	267205.04	419081.33
	主营成本(万元)	181302.33	417082.67	202779.76	313902.50
	营业成本(万元)	186167.12	437487.40	210655.75	317817.81
	投资收益(万元)	-1355.09	-5785.95	-2139.92	986.85
	净利润(万元)	2993.61	14030.48	11838.10	25606.77
	利润总额(万元)	5270.22	20216.11	15796.93	31729.95

烟台园城企业集团股份有限公司

公司概况	公司名称	烟台园城企业集团股份有限公司			证券简称	*ST 园城
	法人代表	徐诚惠	董秘	原国顺	证券代码	600766
	公司网址				电子信箱	ytzjh264@sina.com
	电　话	0535-6636299			传　真	0535-6636299
	办公地址	山东省烟台市芝罘区南大街 261 号				
	经营范围	药品的生产和销售、商品零售及批发、房地产、印刷、旅游等				

主要财务指标	指标＼报告期	2012.06.30	2011.12.31	2011.06.30	2010.12.31
	基本每股收益(元)	0.1900	-0.0300	-0.0400	-0.5700
	基本每股收益(扣除)(元)	0.0007	-0.0400	-0.0430	-0.5900
	每股净资产(元)	0.0170	-0.2300	-0.2400	-0.1900
	每股经营现金净流量(元)	0.1001	0.2619	0.2207	-0.0046
	每股现金流量(元)	-0.0095	-0.0152	0.0366	-0.1641
	每股资本公积金(元)	0.8922	1.4788	1.4788	1.4788
	每股盈余公积金(元)	-	-	-	-
	每股未分配利润(元)	-1.8748	-2.7080	-2.7179	-2.6735
	净资产收益率(%)	1102.5893	15.0260	-18.5516	-291.8760
	加权净资产收益率(%)	-	-	-	-
	净资产收益率(扣除)(%)	-	-	-	-
	总资产(万元)	47021.88	50939.52	42417.80	44301.32
	归属母公司股东权益(万元)	391.50	-3925.16	-4095.07	-3335.36
	主营业务收入(万元)	4649.69	4941.36	2789.95	8117.61
	营业收入(万元)	7522.60	5379.99	2789.95	8388.53
	主营成本(万元)	3770.50	4298.31	2476.89	7840.36
	营业成本(万元)	5113.98	4298.31	2476.89	7840.36
	投资收益(万元)	-22.90	-	-	158.89
	净利润(万元)	4316.66	-589.79	-759.70	-9735.14
	利润总额(万元)	4316.72	-545.83	-759.64	-9482.59

运盛(上海)实业股份有限公司

公司概况	公司名称	运盛(上海)实业股份有限公司			证券简称	运盛实业
	法人代表	钱仁高	董秘	姜慧芳	证券代码	600767
	公司网址	www.winsan.cn			电子信箱	600767@winsan.cn
	电　话	021-50720222			传　真	021-50720222
	办公地址	上海市浦东仁庆路 509 号 12 号楼				
	经营范围	城市基础设施开发及其配套服务、城市供水、能源、交通、工业等				

主要财务指标	指标＼报告期	2012.06.30	2011.12.31	2011.06.30	2010.12.31
	基本每股收益(元)	-0.0140	0.0680	-0.0110	-0.0990
	基本每股收益(扣除)(元)	-0.0210	0.0650	-0.0130	-0.1020
	每股净资产(元)	1.0547	1.0700	1.0200	1.0700
	每股经营现金净流量(元)	-0.0193	0.2416	0.1192	0.0386
	每股现金流量(元)	-0.0779	-0.1103	-0.1341	-0.0041
	每股资本公积金(元)	0.1561	0.1561	0.1678	0.2265
	每股盈余公积金(元)	0.0181	0.0181	0.0181	0.0181
	每股未分配利润(元)	-0.1171	-0.1033	-0.1637	-0.1713
	净资产收益率(%)	-1.3099	6.3640	-1.4010	-9.2033
	加权净资产收益率(%)	-1.3010	6.3220	-1.3430	-8.7980
	净资产收益率(扣除)(%)	-	-	-	-
	总资产(万元)	80748.51	80463.88	71150.41	77814.91
	归属母公司股东权益(万元)	35967.57	36437.97	34779.11	36526.97
	主营业务收入(万元)	5283.29	32869.71	8367.40	5497.35
	营业收入(万元)	5283.29	33458.56	8367.40	6081.02
	主营成本(万元)	2617.87	21185.23	5133.63	2753.70
	营业成本(万元)	2617.87	21713.59	5133.63	3274.08
	投资收益(万元)	243.64	-	-	-
	净利润(万元)	-471.13	2318.83	-487.35	-3363.39
	利润总额(万元)	-471.11	2348.38	-487.35	-3267.74

宁波富邦精业集团股份有限公司

公司概况	公司名称	宁波富邦精业集团股份有限公司			证券简称	宁波富邦
	法人代表	郑锦浩	董秘	魏会兵	证券代码	600768
	公司网址	www.600768.com.cn			电子信箱	fbjy@600768.com.cn
	电　话	0574-87410501 87410500			传　真	0574-87410501
	办公地址	浙江省宁波市鄞州区天童北路 702 号工业城办公大楼三楼				
	经营范围	有色金属复合材料、新型合金材料、铝及铝合金板、带、箔及制品等				

主要财务指标	指标＼报告期	2012.06.30	2011.12.31	2011.06.30	2010.12.31
	基本每股收益(元)	-0.0510	-0.0370	0.0100	0.1560
	基本每股收益(扣除)(元)	-0.0510	-0.0830	0.0090	-0.0310
	每股净资产(元)	0.9800	1.0300	1.0900	1.0800
	每股经营现金净流量(元)	-0.1648	0.4223	0.0853	0.0685
	每股现金流量(元)	-0.3334	0.5926	-0.0892	0.1848
	每股资本公积金(元)	0.0956	0.0942	0.1080	0.1066
	每股盈余公积金(元)	0.1018	0.1018	0.1018	0.1018
	每股未分配利润(元)	-0.2175	-0.1663	-0.1195	-0.1295
	净资产收益率(%)	-5.2214	-3.5770	0.9100	14.4613
	加权净资产收益率(%)	-5.1000	-3.4900	0.9100	15.0400
	净资产收益率(扣除)(%)	-	-	-	-
	总资产(万元)	66528.01	68919.99	62138.12	60724.71
	归属母公司股东权益(万元)	13107.56	13772.04	14582.10	14431.25
	主营业务收入(万元)	50012.88	106690.34	54751.87	84862.67
	营业收入(万元)	50321.35	107576.64	55249.56	85817.84
	主营成本(万元)	48467.00	102730.83	52279.43	80799.00
	营业成本(万元)	48519.76	102871.95	52345.47	80952.17
	投资收益(万元)	290.31	142.38	134.33	115.09
	净利润(万元)	-684.40	-492.58	132.74	2086.95
	利润总额(万元)	-640.52	-471.23	168.43	2068.72

武汉祥龙电业股份有限公司

公司概况	公司名称	武汉祥龙电业股份有限公司			证券简称	ST 祥 龙
	法人代表	杨守峰	董秘	杨思兵	证券代码	600769
	公司网址	www.whghjt.com			电子信箱	pxldy@public.wh.hb.cn
	电　话	027-87602482			传　真	027-87600367
	办公地址	湖北省武汉市洪山区葛化街化工路 31 号				
	经营范围	发电、供电、供热及基本化工原料产品的生产和销售等				

主要财务指标	指标＼报告期	2012.06.30	2011.12.31	2011.06.30	2010.12.31
	基本每股收益(元)	-0.5700	-0.5949	0.0024	0.0105
	基本每股收益(扣除)(元)	-0.5800	-0.6149	0.0007	-0.1600
	每股净资产(元)	0.0560	0.6277	1.2251	1.2226
	每股经营现金净流量(元)	-0.1475	-0.1084	0.0720	0.1344
	每股现金流量(元)	-0.0769	-0.2214	-0.1509	0.0675
	每股资本公积金(元)	0.9791	0.9791	0.9791	0.9791
	每股盈余公积金(元)	0.1154	0.1154	0.1154	0.1154
	每股未分配利润(元)	-2.0384	-1.4668	-0.8694	-0.8718
	净资产收益率(%)	-1020.4838	-94.7833	0.1990	0.8590
	加权净资产收益率(%)	-167.2300	-64.3100	0.1990	0.8600
	净资产收益率(扣除)(%)	-	-	-	-
	总资产(万元)	111561.06	115052.08	129542.46	121664.43
	归属母公司股东权益(万元)	2100.59	23536.74	45937.06	45845.64
	主营业务收入(万元)	26807.92	98888.61	54216.13	92725.49
	营业收入(万元)	27093.42	99090.68	54303.10	92986.35
	主营成本(万元)	31247.16	99926.83	48397.35	88568.85
	营业成本(万元)	31419.89	100042.92	48440.44	88814.42
	投资收益(万元)	-	-	-	-
	净利润(万元)	-21436.15	-22308.90	91.43	393.76
	利润总额(万元)	-21436.15	-21345.86	93.96	399.03

江苏综艺股份有限公司

公司概况	公司名称	江苏综艺股份有限公司			证券简称	综艺股份
	法人代表	昝圣达	董秘	顾政巍	证券代码	600770
	公司网址	www.600770.com			电子信箱	600770dm@jsmail.com.cn
	电话	0513-86639999 86639987			传真	0513-86563501 86639987
	办公地址	江苏省南通市通州区兴东镇综艺数码城				
	经营范围	新能源、太阳能电池、组件及应用产品的开发、销售、服务等				

	指标\报告期	2012.06.30	2011.12.31	2011.06.30	2010.12.31
主要财务指标	基本每股收益(元)	0.1300	0.4400	0.1600	0.4100
	基本每股收益(扣除)(元)	0.1000	0.3200	0.1300	0.2400
	每股净资产(元)	4.7600	4.6300	4.7500	3.0800
	每股经营现金净流量(元)	-0.2699	-1.4500	-0.9567	-0.1167
	每股现金流量(元)	-0.3428	0.3729	0.7096	0.6594
	每股资本公积金(元)	2.7783	2.6989	2.8888	1.3015
	每股盈余公积金(元)	0.0892	0.0892	0.0850	0.0939
	每股未分配利润(元)	1.1699	1.0441	0.7721	0.6839
	净资产收益率(%)	2.6410	9.2800	3.2230	13.2600
	加权净资产收益率(%)	2.6800	10.3200	4.0600	12.1800
	净资产收益率(扣除)(%)	-	-	-	-
	总资产(万元)	701533.55	682939.11	629674.80	487900.58
	归属母公司股东权益(万元)	350549.08	340674.39	349688.11	205251.65
	主营业务收入(万元)	43320.52	113185.10	49705.37	88975.86
	营业收入(万元)	43663.40	118124.51	51170.08	91079.93
	主营成本(万元)	35474.03	90770.71	42572.27	78606.50
	营业成本(万元)	35627.23	94612.04	42837.83	79111.69
	投资收益(万元)	20638.89	53765.49	21031.14	61796.66
	净利润(万元)	16843.88	51600.12	18471.83	45156.34
	利润总额(万元)	21236.80	66072.77	24091.96	58065.15

东盛科技股份有限公司

公司概况	公司名称	东盛科技股份有限公司			证券简称	ST东盛
	法人代表	张斌	董秘	郑延莉	证券代码	600771
	公司网址	www.topsun.com			电子信箱	yanli.zheng@topsun.com
	电话	029-88332288			传真	029-88330835
	办公地址	陕西省西安市高新技术开发区唐延路23号东盛大厦				
	经营范围	中药原料药、西药原料药、片剂、硬胶囊剂、软胶囊剂、颗粒剂等				

	指标\报告期	2012.06.30	2011.12.31	2011.06.30	2010.12.31
主要财务指标	基本每股收益(元)	-0.2100	1.2300	0.8000	0.7900
	基本每股收益(扣除)(元)	-0.2100	-0.3400	-0.2600	-0.5300
	每股净资产(元)	-2.9800	-2.7700	-3.0520	-3.8600
	每股经营现金净流量(元)	-0.0388	-0.3096	-0.1898	-0.1936
	每股现金流量(元)	-0.0060	-0.5762	-1.0828	0.4812
	每股资本公积金(元)	0.0067	0.0067	0.0150	0.0150
	每股盈余公积金(元)	0.1215	0.1215	0.1215	0.1215
	每股未分配利润(元)	-4.1078	-3.8960	-4.1884	-4.9926
	净资产收益率(%)	-7.1092	-44.4142	-26.3521	-20.5950
	加权净资产收益率(%)	-	-	-	-
	净资产收益率(扣除)(%)	-	-	-	-
	总资产(万元)	79656.24	81410.64	94521.70	120326.34
	归属母公司股东权益(万元)	-72646.79	-67482.17	-74409.19	-94017.54
	主营业务收入(万元)	12762.35	22856.46	12549.95	22876.00
	营业收入(万元)	12793.65	22892.90	12549.95	22982.09
	主营成本(万元)	6649.24	12667.92	7429.04	14279.08
	营业成本(万元)	6650.20	12688.54	7429.04	14388.97
	投资收益(万元)	-	8097.98	1113.38	1798.35
	净利润(万元)	-5236.26	30801.79	20465.86	20223.13
	利润总额(万元)	-5213.05	33089.06	20522.92	20268.49

西藏城市发展投资股份有限公司

公司概况	公司名称	西藏城市发展投资股份有限公司			证券简称	西藏城投
	法人代表	朱贤麟	董秘	符蓉	证券代码	600773
	公司网址				电子信箱	xztcsh@gmail.com
	电话	021-63536929			传真	021-63535429
	办公地址	西藏拉萨市曲米路宏盛小区B区5幢3号				
	经营范围	对房地产投资、开发销售、咨询服务、矿业投资、金融投资等				

	指标\报告期	2012.06.30	2011.12.31	2011.06.30	2010.12.31
主要财务指标	基本每股收益(元)	0.1200	0.5100	0.1780	0.2000
	基本每股收益(扣除)(元)	0.0870	0.4600	0.1380	0.1900
	每股净资产(元)	1.9700	1.9120	1.5820	1.4000
	每股经营现金净流量(元)	-0.8869	-0.0886	-0.1427	-4.6406
	每股现金流量(元)	-1.4476	0.2922	0.6283	-0.9411
	每股资本公积金(元)	0.0152	0.0133	0.0133	0.0133
	每股盈余公积金(元)	0.1162	0.1165	0.0694	0.0694
	每股未分配利润(元)	0.8385	0.7819	0.4994	0.3209
	净资产收益率(%)	6.0755	26.5730	11.2840	14.2590
	加权净资产收益率(%)	6.1700	30.6400	11.9600	15.5100
	净资产收益率(扣除)(%)	-	-	-	-
	总资产(万元)	847032.57	838846.99	989255.68	887496.44
	归属母公司股东权益(万元)	113410.87	110053.85	91087.53	80808.98
	主营业务收入(万元)	35741.15	284204.45	40990.88	85369.91
	营业收入(万元)	39914.11	292075.77	44991.57	86465.17
	主营成本(万元)	22279.26	206890.94	22401.54	52323.77
	营业成本(万元)	22783.23	208718.44	23169.48	53120.89
	投资收益(万元)	15.74	167.90	73.90	-174.21
	净利润(万元)	6893.34	37603.95	10204.87	11245.82
	利润总额(万元)	9286.66	49198.77	13698.48	15399.11

武汉市汉商集团股份有限公司

公司概况	公司名称	武汉市汉商集团股份有限公司			证券简称	汉商集团
	法人代表	张宪华	董秘	张晴	证券代码	600774
	公司网址	www.whhsg.com			电子信箱	hssd@public.wh.hb.cn
	电话	027-84843197			传真	027-84842384
	办公地址	湖北省武汉市汉阳大道134号				
	经营范围	商贸业、会议展览、旅游服务等				

	指标\报告期	2012.06.30	2011.12.31	2011.06.30	2010.12.31
主要财务指标	基本每股收益(元)	0.0200	0.0900	0.0180	0.0800
	基本每股收益(扣除)(元)	0.0160	0.0600	0.0170	0.0300
	每股净资产(元)	2.9080	2.8900	2.8160	2.8000
	每股经营现金净流量(元)	0.1342	0.4084	0.0223	0.9320
	每股现金流量(元)	-0.1205	-0.3521	-0.3574	0.3850
	每股资本公积金(元)	0.7415	0.7415	0.7415	0.7415
	每股盈余公积金(元)	0.3721	0.3721	0.3690	0.3690
	每股未分配利润(元)	0.7945	0.7744	0.7053	0.6878
	净资产收益率(%)	0.6900	3.1060	0.6216	2.7141
	加权净资产收益率(%)	0.6900	3.1600	0.6200	2.7500
	净资产收益率(扣除)(%)	-	-	-	-
	总资产(万元)	164159.14	166578.13	160711.31	158832.60
	归属母公司股东权益(万元)	50768.17	50417.89	49157.34	48851.76
	主营业务收入(万元)	42124.08	79019.11	39726.88	69509.77
	营业收入(万元)	46345.41	86488.48	43424.50	73845.92
	主营成本(万元)	33374.51	62549.52	31007.52	52241.75
	营业成本(万元)	33644.98	63113.72	31280.09	52799.03
	投资收益(万元)	-86.16	2480.17	-179.34	1270.63
	净利润(万元)	86.06	1053.35	170.28	732.00
	利润总额(万元)	385.78	1193.80	473.38	1339.76

南京熊猫电子股份有限公司

公司概况						
	公司名称	南京熊猫电子股份有限公司			证券简称	南京熊猫
	法人代表	夏德传	董秘	沈见龙	证券代码	600775
	公司网址	www.panda.cn		电子信箱	dms@panda.cn	
	电话	025-84801144 84801442		传真	025-84820729	
	办公地址	江苏省南京市中山东路301号				
	经营范围	无线电通信设备、广播电视设备、五金交电、电子元器件等				

主要财务指标	指标\报告期	2012.06.30	2011.12.31	2011.06.30	2010.12.31
	基本每股收益(元)	0.0796	0.1680	0.0532	0.0100
	基本每股收益(扣除)(元)	0.0716	0.1590	0.0462	-0.0200
	每股净资产(元)	2.4500	2.4200	2.3100	2.2600
	每股经营现金净流量(元)	-0.1520	-0.2899	-0.0730	-0.2515
	每股现金流量(元)	-0.0218	-0.0742	-0.0267	-0.2617
	每股资本公积金(元)	0.7137	0.7137	0.7134	0.7179
	每股盈余公积金(元)	0.3179	0.3179	0.3100	0.3100
	每股未分配利润(元)	0.4210	0.3913	0.2842	0.2312
	净资产收益率(%)	3.2475	6.9360	2.3049	0.6325
	加权净资产收益率(%)	3.2500	7.1700	2.3300	0.6300
	净资产收益率(扣除)(%)	-	-	-	-
	总资产(万元)	294605.15	271313.12	252572.24	257484.58
	归属母公司股东权益(万元)	160645.96	158703.99	151149.37	147974.22
	主营业务收入(万元)	103916.53	208093.62	82520.19	165253.60
	营业收入(万元)	105609.11	214239.53	84320.72	169402.06
	主营成本(万元)	92697.40	181318.75	68190.90	141230.93
	营业成本(万元)	93745.01	185296.88	69131.54	143503.20
	投资收益(万元)	10138.59	18819.12	4078.73	9108.04
	净利润(万元)	5476.74	11609.54	3797.49	774.43
	利润总额(万元)	5932.39	13293.02	4822.70	2434.36

东方通信股份有限公司

公司概况						
	公司名称	东方通信股份有限公司			证券简称	东方通信
	法人代表	张泽熙	董秘	蔡祝平	证券代码	600776
	公司网址	www.eastcom.com		电子信箱	webmaster@eastcom.com	
	电话	0571-86676198		传真	0571-86676197	
	办公地址	浙江省杭州市滨江高新技术开发区东信大道66号				
	经营范围	移动通信、IC卡、传输设备、ATM系列等				

主要财务指标	指标\报告期	2012.06.30	2011.12.31	2011.06.30	2010.12.31
	基本每股收益(元)	0.0542	0.1500	0.0726	0.1150
	基本每股收益(扣除)(元)	0.0226	0.0930	0.0365	0.0410
	每股净资产(元)	2.0068	2.0326	1.9556	2.0000
	每股经营现金净流量(元)	-0.1385	0.0039	-0.1987	0.1952
	每股现金流量(元)	-0.1983	0.0531	-0.1862	-0.1882
	每股资本公积金(元)	0.6936	0.6936	0.6936	0.6936
	每股盈余公积金(元)	0.0417	0.0417	0.0318	0.0318
	每股未分配利润(元)	0.2715	0.2973	0.2303	0.2777
	净资产收益率(%)	2.7019	7.3570	3.7110	5.7610
	加权净资产收益率(%)	2.6670	7.4850	3.5756	5.9320
	净资产收益率(扣除)(%)	-	-	-	-
	总资产(万元)	335520.56	332848.17	314380.32	330158.79
	归属母公司股东权益(万元)	252054.63	255292.41	245626.91	251583.67
	主营业务收入(万元)	120272.20	302633.21	119466.96	266637.42
	营业收入(万元)	122458.43	311652.43	122047.42	272725.35
	主营成本(万元)	106019.41	264033.66	102077.64	232199.44
	营业成本(万元)	106855.82	269283.19	102776.99	235918.96
	投资收益(万元)	5701.37	10511.34	4793.62	6517.47
	净利润(万元)	6910.29	19387.69	9352.45	16811.02
	利润总额(万元)	7276.49	19998.97	10030.32	19242.80

烟台新潮实业股份有限公司

公司概况						
	公司名称	烟台新潮实业股份有限公司			证券简称	新潮实业
	法人代表	宋向阳	董秘	何再权	证券代码	600777
	公司网址	www.xinchaoshiye.com		电子信箱	hezaiquan@126.com	
	电话	0535-2109779		传真	0535-2103111	
	办公地址	山东省烟台市莱山区港城东大街301号南山世纪大厦B座14楼				
	经营范围	毛、棉麻产品生产、同轴及数据电缆、宽带网络产品的生产、销售等				

主要财务指标	指标\报告期	2012.06.30	2011.12.31	2011.06.30	2010.12.31
	基本每股收益(元)	-0.0500	0.0200	0.0100	-0.1700
	基本每股收益(扣除)(元)	-0.0800	-0.0900	-0.0600	-0.1700
	每股净资产(元)	1.9656	2.0200	2.0060	2.0000
	每股经营现金净流量(元)	0.1451	-0.1316	-0.2347	0.1924
	每股现金流量(元)	-0.0617	-0.0085	0.1893	-0.3180
	每股资本公积金(元)	0.7817	0.7817	0.7817	0.7817
	每股盈余公积金(元)	0.1449	0.1449	0.1239	0.1239
	每股未分配利润(元)	0.0391	0.0939	0.1001	0.0929
	净资产收益率(%)	-2.7867	1.0880	0.3610	-8.4280
	加权净资产收益率(%)	-2.7500	1.0900	0.3600	-8.0500
	净资产收益率(扣除)(%)	-	-	-	-
	总资产(万元)	542517.41	520975.98	500924.28	462060.10
	归属母公司股东权益(万元)	122935.69	126361.60	125438.86	124986.63
	主营业务收入(万元)	16610.27	83368.90	28778.37	56012.67
	营业收入(万元)	17247.86	83875.37	29169.03	56397.05
	主营成本(万元)	15122.93	72025.55	23956.05	52034.34
	营业成本(万元)	15597.47	72280.75	24174.13	52319.57
	投资收益(万元)	-	-	-	-
	净利润(万元)	-4265.38	287.01	-548.81	-11778.97
	利润总额(万元)	-4225.33	1906.92	58.15	-12860.11

新疆友好(集团)股份有限公司

公司概况						
	公司名称	新疆友好(集团)股份有限公司			证券简称	友好集团
	法人代表	聂如旋	董秘	王建平	证券代码	600778
	公司网址	www.xjyh.com.cn		电子信箱	yhzqb@mail.xj.cninfo.net	
	电话	0991-4541008 4553700		传真	0991-4815090	
	办公地址	新疆维吾尔自治区乌鲁木齐市友好南路668号				
	经营范围	食盐、保健食品和其他预包装食品、乳制品等				

主要财务指标	指标\报告期	2012.06.30	2011.12.31	2011.06.30	2010.12.31
	基本每股收益(元)	0.2020	0.4590	0.2130	0.3370
	基本每股收益(扣除)(元)	0.1890	0.4390	0.2100	0.3500
	每股净资产(元)	3.7780	3.6100	3.4880	3.3400
	每股经营现金净流量(元)	-1.2609	4.8913	0.7253	1.3441
	每股现金流量(元)	-1.7402	1.4196	-0.2818	0.5169
	每股资本公积金(元)	1.4777	1.4660	1.5870	1.5991
	每股盈余公积金(元)	0.1274	0.1274	0.0915	0.0915
	每股未分配利润(元)	1.1725	1.0209	0.8098	0.6473
	净资产收益率(%)	5.3381	12.7116	6.0922	10.1090
	加权净资产收益率(%)	5.4600	13.2200	6.2300	10.6400
	净资产收益率(扣除)(%)	-	-	-	-
	总资产(万元)	683060.22	634601.23	435117.14	287776.86
	归属母公司股东权益(万元)	117669.83	112579.74	108659.41	103973.14
	主营业务收入(万元)	218897.54	373739.57	167446.89	283359.25
	营业收入(万元)	225325.45	386019.15	172368.36	291653.31
	主营成本(万元)	179935.73	304234.14	136065.11	228177.82
	营业成本(万元)	180515.43	305375.38	136588.35	229370.15
	投资收益(万元)	901.63	3477.41	1237.74	2039.72
	净利润(万元)	6406.83	14746.89	6560.65	10570.82
	利润总额(万元)	7571.29	16841.09	7500.91	12640.96

四川水井坊股份有限公司

公司概况					
公司名称	四川水井坊股份有限公司			证券简称	水井坊
法人代表	黄建勇	董秘	张宗俊	证券代码	600779
公司网址	www.swellfun.com		电子信箱	dongshiban@swellfun.com	
电　　话	028-86252847		传　　真	028-86695460	
办公地址	四川省成都市金牛区全兴路9号				
经营范围	生产销售酒、生物材料及其制品等				

主要财务指标：指标\报告期	2012.06.30	2011.12.31	2011.06.30	2010.12.31
基本每股收益(元)	0.4700	0.6600	0.3300	0.4800
基本每股收益(扣除)(元)	0.4600	0.5200	0.2700	0.4000
每股净资产(元)	3.6500	3.4100	3.0800	2.9900
每股经营现金净流量(元)	0.1104	0.9670	0.3026	-0.0765
每股现金流量(元)	-0.1115	0.4198	-0.0291	-0.5924
每股资本公积金(元)	0.8177	0.8177	0.8207	0.8207
每股盈余公积金(元)	0.5957	0.5957	0.5910	0.5910
每股未分配利润(元)	1.2351	0.9946	0.6688	0.5733
净资产收益率(%)	12.8960	19.2479	10.5680	16.1414
加权净资产收益率(%)	12.9100	20.6500	10.4700	16.4400
净资产收益率(扣除)(%)	-	-	-	-
总资产(万元)	230166.31	252918.33	205330.15	214193.77
归属母公司股东权益(万元)	178248.31	166497.96	150501.30	145832.90
主营业务收入(万元)	87489.28	147965.73	65921.89	181280.33
营业收入(万元)	87584.65	148191.11	66013.12	181816.45
主营成本(万元)	17216.37	40039.01	16934.25	80327.58
营业成本(万元)	17281.91	40077.36	16991.36	80834.27
投资收益(万元)	470.47	2094.79	1949.06	4110.87
净利润(万元)	22982.59	32098.97	15778.08	23131.82
利润总额(万元)	34238.71	48218.25	24287.68	39970.30

山西通宝能源股份有限公司

公司概况					
公司名称	山西通宝能源股份有限公司			证券简称	通宝能源
法人代表	刘建中	董秘	梁丽星	证券代码	600780
公司网址	www.600780.net		电子信箱	tecllx@vip.163.com	
电　　话	0351-7021857　7031995		传　　真	0351-7031995	
办公地址	山西省太原市长治路272号				
经营范围	火力发电、配电业务等				

主要财务指标：指标\报告期	2012.06.30	2011.12.31	2011.06.30	2010.12.31
基本每股收益(元)	0.1721	0.3253	0.1469	0.2032
基本每股收益(扣除)(元)	0.1679	0.2193	0.0337	0.0357
每股净资产(元)	2.8900	2.8500	2.6000	2.6700
每股经营现金净流量(元)	0.3335	0.8707	0.4406	1.4217
每股现金流量(元)	-0.0250	0.1838	0.0692	-0.2276
每股资本公积金(元)	0.8064	0.8091	0.7666	1.3366
每股盈余公积金(元)	0.2052	0.2052	0.2052	0.2695
每股未分配利润(元)	0.8749	0.8028	0.6274	0.9056
净资产收益率(%)	5.9623	11.5370	5.6517	7.6009
加权净资产收益率(%)	6.0000	10.9200	5.5000	7.9000
净资产收益率(扣除)(%)	-	-	-	-
总资产(万元)	708976.53	692624.75	605000.42	586386.83
归属母公司股东权益(万元)	330940.17	326984.78	297996.85	306551.24
主营业务收入(万元)	299683.40	539440.04	260287.59	447976.99
营业收入(万元)	302152.24	545267.70	263319.69	454426.25
主营成本(万元)	249880.33	447992.84	217863.84	374158.70
营业成本(万元)	251343.49	452507.52	220650.27	380273.06
投资收益(万元)	-390.13	-118.21	-39.82	-1378.38
净利润(万元)	19260.77	36832.39	16574.54	22825.64
利润总额(万元)	27449.44	50632.41	22963.11	32828.39

上海辅仁实业(集团)股份有限公司

公司概况					
公司名称	上海辅仁实业(集团)股份有限公司			证券简称	上海辅仁
法人代表	朱文臣	董秘	张海杰	证券代码	600781
公司网址	www.shfuren.cn		电子信箱	zhanghj@shfuren.cn	
电　　话	021-51573876　51573829		传　　真	021-51573830	
办公地址	上海市建国西路285号13楼				
经营范围	服装、服饰、鞋帽、家用纺织装饰品及床上用品的生产、加工及销售等				

主要财务指标：指标\报告期	2012.06.30	2011.12.31	2011.06.30	2010.12.31
基本每股收益(元)	0.0447	0.1100	0.0377	0.1300
基本每股收益(扣除)(元)	0.0445	0.1100	0.0377	0.1200
每股净资产(元)	1.4372	1.4000	1.3165	1.2800
每股经营现金净流量(元)	0.0572	0.1466	-0.0057	0.0976
每股现金流量(元)	0.1090	0.0860	0.0249	0.0532
每股资本公积金(元)	0.5887	0.5887	0.5887	0.5887
每股盈余公积金(元)	0.0615	0.0615	0.0615	0.0615
每股未分配利润(元)	-0.2130	-0.2577	-0.3337	-0.3714
净资产收益率(%)	3.1119	8.1665	2.8670	9.8769
加权净资产收益率(%)	3.1600	8.5100	2.9100	10.3900
净资产收益率(扣除)(%)	-	-	-	-
总资产(万元)	77726.21	71076.38	65645.38	63050.23
归属母公司股东权益(万元)	25523.84	24729.57	23380.24	22710.02
主营业务收入(万元)	17073.45	32602.46	13952.79	27444.11
营业收入(万元)	17107.74	32617.37	13961.70	27671.60
主营成本(万元)	10667.46	20362.65	9144.92	16191.50
营业成本(万元)	10700.35	20379.15	9149.46	16416.21
投资收益(万元)	-	18.49	-	34.98
净利润(万元)	977.31	2436.07	823.59	2708.48
利润总额(万元)	1227.79	2996.13	1021.62	3327.13

新余钢铁股份有限公司

公司概况					
公司名称	新余钢铁股份有限公司			证券简称	新钢股份
法人代表	熊小星	董秘	姚红江	证券代码	600782
公司网址	www.xinsteel.com.cn		电子信箱	yhj3@vip.sina.com	
电　　话	0790-6290782　6292577		传　　真	0790-6294999	
办公地址	江西省新余市冶金路1号				
经营范围	生产销售钢丝、钢绞线、铝包钢线三大系列产品				

主要财务指标：指标\报告期	2012.06.30	2011.12.31	2011.06.30	2010.12.31
基本每股收益(元)	-0.2800	0.1200	0.1600	0.2600
基本每股收益(扣除)(元)	-0.2800	0.1000	0.1600	0.2300
每股净资产(元)	5.8700	6.1800	6.2200	6.1200
每股经营现金净流量(元)	0.0514	0.3495	0.9716	-0.4688
每股现金流量(元)	-0.3500	0.3966	-0.0868	-0.5881
每股资本公积金(元)	4.0758	4.0758	4.0767	4.0767
每股盈余公积金(元)	0.1457	0.1457	0.1456	0.1456
每股未分配利润(元)	0.6486	0.9564	0.9928	0.8942
净资产收益率(%)	-4.7333	1.9800	2.5520	4.2950
加权净资产收益率(%)	-4.6100	1.9900	2.5700	4.3700
净资产收益率(扣除)(%)	-	-	-	-
总资产(万元)	3015290.60	2930298.61	2822117.58	2683623.82
归属母公司股东权益(万元)	817952.76	860844.00	866041.35	852300.49
主营业务收入(万元)	1667033.11	3762670.76	1932066.47	3449250.71
营业收入(万元)	1789728.21	4022800.90	1994910.76	3521255.77
主营成本(万元)	1642035.71	3605002.91	1829882.84	3243044.41
营业成本(万元)	1756093.03	3845214.13	1888996.91	3313209.47
投资收益(万元)	-1775.88	-1988.84	-469.54	529.62
净利润(万元)	-38142.74	18278.25	22809.41	38646.63
利润总额(万元)	-52739.26	17366.94	25860.99	42854.79

鲁信创业投资集团股份有限公司

公司概况

公司名称	鲁信创业投资集团股份有限公司			证券简称	鲁信创投
法人代表	李世杰	董秘	苗西红	证券代码	600783
公司网址	www.600783.cn		电子信箱	lxgx600783@sina.com	
电　话	0531-86566770		传　真	0531-86969598	
办公地址	山东省济南市解放路 166 号鲁信大厦				
经营范围	磨具、磨料、硅碳棒、金属镁、耐火材料及制品的生产、销售等				

主要财务指标

指标\报告期	2012.06.30	2011.12.31	2011.06.30	2010.12.31
基本每股收益(元)	0.1100	0.8900	0.5900	0.5900
基本每股收益(扣除)(元)	0.1100	0.8900	0.5900	0.4800
每股净资产(元)	3.8010	3.6960	3.4126	5.7400
每股经营现金净流量(元)	-0.0140	-0.0378	0.0045	-0.0647
每股现金流量(元)	0.2415	0.0359	-0.0739	-0.1755
每股资本公积金(元)	1.0215	1.0226	1.0343	3.0725
每股盈余公积金(元)	0.1093	0.1093	0.1050	0.2100
每股未分配利润(元)	1.6696	1.5634	1.2702	1.4489
净资产收益率(%)	2.7925	24.0336	17.3120	20.4275
加权净资产收益率(%)	2.8300	27.0500	18.6700	22.6500
净资产收益率(扣除)(%)	-	-	-	-
总资产(万元)	420310.80	388412.51	350041.13	311876.46
归属母公司股东权益(万元)	282932.95	275107.80	254022.39	213718.94
主营业务收入(万元)	11765.98	24447.52	11305.45	21035.64
营业收入(万元)	14390.80	24754.84	11491.22	21325.92
主营成本(万元)	8407.36	16901.85	8292.94	15403.07
营业成本(万元)	8688.11	17219.99	8476.91	15592.25
投资收益(万元)	11563.57	86399.29	55446.99	57794.92
净利润(万元)	7916.13	66207.16	43910.53	43587.00
利润总额(万元)	9742.80	77660.86	51652.05	49792.90

鲁银投资集团股份有限公司

公司概况

公司名称	鲁银投资集团股份有限公司			证券简称	鲁银投资
法人代表	刘相学	董秘	孙凯	证券代码	600784
公司网址	www.luyin.cn		电子信箱	luyin784@163.com	
电　话	0531-82024156		传　真	0531-82024179	
办公地址	山东省济南市经十路 10777 号东楼 26-30 层				
经营范围	股权投资、经营与管理、投资高新材料、生物医药、网络技术等高科技产业				

主要财务指标

指标\报告期	2012.06.30	2011.12.31	2011.06.30	2010.12.31
基本每股收益(元)	0.1020	1.1890	0.3210	0.4300
基本每股收益(扣除)(元)	0.0150	0.6420	0.3210	0.3700
每股净资产(元)	1.7050	3.3050	2.7618	2.1200
每股经营现金净流量(元)	-0.3611	-0.7527	1.2530	-0.2316
每股现金流量(元)	-0.4049	1.0235	1.7099	-0.4481
每股资本公积金(元)	0.0678	0.1155	0.1206	0.1219
每股盈余公积金(元)	0.1194	0.2388	0.0952	0.0952
每股未分配利润(元)	0.5174	1.9498	1.5461	0.9048
净资产收益率(%)	6.0096	35.9600	23.2193	20.0320
加权净资产收益率(%)	6.0200	43.8100	26.2800	22.3000
净资产收益率(扣除)(%)	-	-	-	-
总资产(万元)	339665.23	345764.47	264986.45	210737.99
归属母公司股东权益(万元)	84691.87	82076.17	68577.27	52686.91
主营业务收入(万元)	220364.14	565894.64	330460.78	426944.49
营业收入(万元)	220639.50	569186.90	332520.07	429446.31
主营成本(万元)	213014.78	524979.65	296601.14	409412.26
营业成本(万元)	213054.05	527139.79	297966.96	410584.95
投资收益(万元)	4776.46	16722.37	2056.40	5757.78
净利润(万元)	5168.20	30071.03	16081.05	10672.84
利润总额(万元)	5447.29	35464.95	20947.58	11361.46

银川新华百货商业集团股份有限公司

公司概况

公司名称	银川新华百货商业集团股份有限公司			证券简称	新华百货
法人代表	蒙进暹	董秘	李宝生	证券代码	600785
公司网址	www.xhds.com.cn		电子信箱	lbs99@vip.163.com	
电　话	0951-6071161		传　真	0951-6071161	
办公地址	宁夏回族自治区银川市兴庆区新华东街 97 号				
经营范围	商业零售业务、乳制品生产销售业务等				

主要财务指标

指标\报告期	2012.06.30	2011.12.31	2011.06.30	2010.12.31
基本每股收益(元)	0.7520	1.2200	0.6600	1.0400
基本每股收益(扣除)(元)	0.7441	1.1800	0.6500	1.0400
每股净资产(元)	6.3688	5.8400	5.2822	4.9300
每股经营现金净流量(元)	-0.2240	1.8209	0.4648	1.5129
每股现金流量(元)	-2.5803	1.1055	-0.5547	0.6836
每股资本公积金(元)	1.0909	1.0149	1.0160	1.0160
每股盈余公积金(元)	0.5419	0.5419	0.4874	0.4874
每股未分配利润(元)	3.7361	3.2840	2.7788	2.4234
净资产收益率(%)	11.8081	20.8270	12.4080	21.0590
加权净资产收益率(%)	12.1000	21.9800	12.4100	22.3400
净资产收益率(扣除)(%)	-	-	-	-
总资产(万元)	300758.87	275453.17	224378.08	224903.75
归属母公司股东权益(万元)	132109.02	121157.34	109569.20	102197.20
主营业务收入(万元)	280629.65	509039.39	243684.74	385701.49
营业收入(万元)	294186.80	529139.06	254859.74	398504.34
主营成本(万元)	-	433838.23	-	321352.86
营业成本(万元)	238530.28	434331.28	205869.77	321519.27
投资收益(万元)	1247.72	3188.94	935.82	1183.27
净利润(万元)	16349.19	27905.78	14921.50	23810.70
利润总额(万元)	20880.60	34940.32	19248.50	29861.72

中储发展股份有限公司

公司概况

公司名称	中储发展股份有限公司			证券简称	中储股份
法人代表	韩铁林	董秘	薛斌	证券代码	600787
公司网址	www.cmstd.com.cn		电子信箱	xuebin@zcgf.com.cn	
电　话	010-83673502		传　真	010-83673332	
办公地址	北京市丰台区南四环西路 188 号 6 区 18 号楼				
经营范围	商品储存、加工、维修、包装、代展、检验、库场设备租赁等				

主要财务指标

指标\报告期	2012.06.30	2011.12.31	2011.06.30	2010.12.31
基本每股收益(元)	0.2619	0.4747	0.2117	0.3366
基本每股收益(扣除)(元)	0.2263	0.3474	0.2065	0.2934
每股净资产(元)	5.1823	5.0361	4.9565	4.8651
每股经营现金净流量(元)	0.6600	-1.2105	-0.3541	0.1428
每股现金流量(元)	0.0444	-0.0837	0.0685	-0.0637
每股资本公积金(元)	2.4003	2.4161	2.6018	2.6798
每股盈余公积金(元)	0.6298	0.6298	0.4826	0.4819
每股未分配利润(元)	1.1521	0.9902	0.8721	0.7034
净资产收益率(%)	5.0546	9.4250	4.2720	6.9195
加权净资产收益率(%)	5.0937	9.5478	4.2957	6.8863
净资产收益率(扣除)(%)	-	-	-	-
总资产(万元)	1106013.22	1108537.94	1055419.17	947668.19
归属母公司股东权益(万元)	435363.59	423085.25	416397.49	408722.59
主营业务收入(万元)	1289574.79	2340789.02	1114773.85	1912838.77
营业收入(万元)	1289693.74	2341294.00	1114997.70	1913251.59
主营成本(万元)	1229217.42	2226937.86	1055756.46	1815842.56
营业成本(万元)	1229282.67	2227079.25	1055781.14	1815918.71
投资收益(万元)	2669.40	11603.36	770.75	364.00
净利润(万元)	22472.49	40897.93	18396.45	29560.08
利润总额(万元)	29980.34	55300.72	24695.86	39915.60

山东鲁抗医药股份有限公司

公司概况	公司名称	山东鲁抗医药股份有限公司			证券简称	鲁抗医药
	法人代表	高祥友	董秘	田立新	证券代码	600789
	公司网址	www.lkpc.com		电子信箱	tlx600789@163.com	
	电　　话	0537-2983174 2983060		传　　真	0537-2983097	
	办公地址	山东省济宁市太白楼西路152号				
	经营范围	化学原料药及制剂、医药生产用化工原料、辅料及中间体、兽用药等				

	指标\报告期	2012.06.30	2011.12.31	2011.06.30	2010.12.31
主要财务指标	基本每股收益(元)	-0.1200	0.0300	0.1000	0.2200
	基本每股收益(扣除)(元)	-0.1300	-0.0400	0.0800	0.2100
	每股净资产(元)	2.7400	2.8600	2.9300	2.8300
	每股经营现金净流量(元)	0.0063	0.2120	0.1763	0.5311
	每股现金流量(元)	0.1351	0.0939	0.0401	0.2691
	每股资本公积金(元)	1.1712	1.1710	1.1727	1.1726
	每股盈余公积金(元)	0.2590	0.2590	0.2590	0.2590
	每股未分配利润(元)	0.3062	0.4291	0.5003	0.4033
	净资产收益率(%)	-4.4904	0.9030	3.3096	7.8620
	加权净资产收益率(%)	-4.3900	0.9100	3.3700	8.1600
	净资产收益率(扣除)(%)	-	-	-	-
	总资产(万元)	383354.88	348129.44	337742.35	302512.31
	归属母公司股东权益(万元)	159141.75	166277.25	170517.93	164864.81
	主营业务收入(万元)	117188.00	229946.63	121907.99	216792.77
	营业收入(万元)	121870.33	233287.30	123213.03	219614.46
	主营成本(万元)	104632.77	193446.50	101112.19	169834.40
	营业成本(万元)	108195.86	196657.01	102128.89	172272.47
	投资收益(万元)	352.57	1492.29	1091.74	1349.00
	净利润(万元)	-6892.31	1882.34	5870.08	13383.13
	利润总额(万元)	-6699.65	2705.22	6776.89	15059.86

浙江中国轻纺城集团股份有限公司

公司概况	公司名称	浙江中国轻纺城集团股份有限公司			证券简称	轻纺城
	法人代表	沈小军	董秘	张伟夫	证券代码	600790
	公司网址	www.qfcgroup.com		电子信箱	zwf@qfcgroup.com	
	电　　话	0575-84116158 84135815		传　　真	0575-84116045	
	办公地址	浙江省绍兴市绍兴县柯桥镇鉴湖路1号中轻大厦				
	经营范围	市场开发建设、市场租赁、市场物业管理、仓储运输服务、劳动服务等				

	指标\报告期	2012.06.30	2011.12.31	2011.06.30	2010.12.31
主要财务指标	基本每股收益(元)	0.2200	0.2000	0.0900	0.0700
	基本每股收益(扣除)(元)	0.2200	0.1700	0.0800	0.1100
	每股净资产(元)	2.4100	2.3000	2.1900	2.0900
	每股经营现金净流量(元)	0.4399	-0.0177	-0.0504	0.4934
	每股现金流量(元)	0.0488	0.0622	0.0063	0.3340
	每股资本公积金(元)	0.7007	0.7112	0.7030	0.7010
	每股盈余公积金(元)	0.1650	0.1650	0.1473	0.1473
	每股未分配利润(元)	0.5414	0.4230	0.3360	0.2411
	净资产收益率(%)	9.0712	8.6810	4.3421	3.1270
	加权净资产收益率(%)	9.0900	9.0900	4.4400	3.1600
	净资产收益率(扣除)(%)	-	-	-	-
	总资产(万元)	361719.59	360562.14	389669.24	411465.09
	归属母公司股东权益(万元)	148941.25	142269.66	135286.50	129287.80
	主营业务收入(万元)	14346.31	27270.35	13543.08	26216.41
	营业收入(万元)	17930.78	34584.65	16717.18	33362.30
	主营成本(万元)	5588.78	11922.67	6119.22	10847.87
	营业成本(万元)	7713.04	16316.29	8070.09	15036.74
	投资收益(万元)	9586.91	3781.16	2087.95	-842.69
	净利润(万元)	13707.22	12235.08	5613.29	3870.32
	利润总额(万元)	15196.24	15218.33	6973.46	2085.73

京能置业股份有限公司

公司概况	公司名称	京能置业股份有限公司			证券简称	京能置业
	法人代表	徐京付	董秘	朱兆梅	证券代码	600791
	公司网址	www.beih-zy.com		电子信箱	jnzy@beih-zy.com	
	电　　话	010-62698709 62698639		传　　真	010-62698709	
	办公地址	北京市海淀区彩和坊路8号天创科技大厦12层西侧				
	经营范围	房地产开发、房地产代理销售、租赁、室内装饰等				

	指标\报告期	2012.06.30	2011.12.31	2011.06.30	2010.12.31
主要财务指标	基本每股收益(元)	0.1178	0.4400	0.1232	0.2800
	基本每股收益(扣除)(元)	0.1177	0.4500	0.1201	0.2800
	每股净资产(元)	2.5600	2.4700	2.1600	2.0900
	每股经营现金净流量(元)	-1.1266	0.0237	0.2656	2.4154
	每股现金流量(元)	-0.8976	-0.3600	-0.1042	1.2367
	每股资本公积金(元)	0.4031	0.4031	0.4092	0.4092
	每股盈余公积金(元)	0.0607	0.0607	0.0607	0.0607
	每股未分配利润(元)	1.0974	1.0096	0.6909	0.6177
	净资产收益率(%)	4.5976	17.8670	5.7020	13.2230
	加权净资产收益率(%)	4.6800	19.4300	5.8000	14.1200
	净资产收益率(扣除)(%)	-	-	-	-
	总资产(万元)	476517.61	466314.01	487369.52	491613.66
	归属母公司股东权益(万元)	115990.15	112016.02	97856.09	94541.15
	主营业务收入(万元)	37970.69	181532.89	67365.24	106005.77
	营业收入(万元)	38026.64	182287.00	67426.08	106419.20
	主营成本(万元)	17677.54	113239.55	45601.34	50017.62
	营业成本(万元)	17680.25	113503.00	45604.05	50246.73
	投资收益(万元)	-27.72	-69.21	-	-56.11
	净利润(万元)	8929.10	29901.56	8899.47	21784.78
	利润总额(万元)	12223.54	40434.19	12497.29	30478.20

云南煤业能源股份有限公司

公司概况	公司名称	云南煤业能源股份有限公司			证券简称	云煤能源
	法人代表	张鸿鸣	董秘	张小可	证券代码	600792
	公司网址	www.ymnygf.com		电子信箱	ymny600792@163.com	
	电　　话	0871-3155475		传　　真	0871-3114525	
	办公地址	云南省昆明市拓东路75号集成广场5楼				
	经营范围	焦炭、焦炉煤气、煤焦油深加工和苯加氢深加工等产品				

	指标\报告期	2012.06.30	2011.12.31	2011.06.30	2010.12.31
主要财务指标	基本每股收益(元)	-0.0840	0.6300	0.3270	0.7100
	基本每股收益(扣除)(元)	-0.0920	0.6000	0.3100	0.6900
	每股净资产(元)	5.5930	5.6660	-3.3100	7.5400
	每股经营现金净流量(元)	-0.2542	-0.1690	-0.3667	0.7907
	每股现金流量(元)	0.7773	-0.4160	-1.7973	2.6207
	每股资本公积金(元)	3.1036	3.1036	0.1475	9.5164
	每股盈余公积金(元)	0.2669	0.2669	0.1161	0.5614
	每股未分配利润(元)	1.2036	1.2875	-4.7697	2.8748
	净资产收益率(%)	-1.4996	8.3070	-19.6796	9.3710
	加权净资产收益率(%)	-1.4900	9.1800	4.2300	9.8500
	净资产收益率(扣除)(%)	-	-	-	-
	总资产(万元)	638917.16	551975.91	93999.24	474829.12
	归属母公司股东权益(万元)	223843.83	226761.83	-41772.99	189798.92
	主营业务收入(万元)	339001.81	701660.66	311638.96	570957.89
	营业收入(万元)	339447.99	702777.38	312165.61	572218.25
	主营成本(万元)	324745.52	652559.15	289323.95	527243.06
	营业成本(万元)	325137.52	653427.05	289764.06	528576.87
	投资收益(万元)	-	-	-	-
	净利润(万元)	-3356.85	18837.18	8220.76	17786.23
	利润总额(万元)	-4543.05	19626.30	9127.49	20425.38

宜宾纸业股份有限公司

公司概况	公司名称	宜宾纸业股份有限公司			证券简称	ST 宜纸
	法人代表	易从	董秘	鹿彪	证券代码	600793
	公司网址	www.yb-zy.com		电子信箱	ybzydsh@163.com	
	电　话	0831-3560668 3560376		传　真	0831-3561965	
	办公地址	四川省宜宾市岷江西路 54 号				
	经营范围	生产经营纸及纸制品等				

主要财务指标	指标\报告期	2012.06.30	2011.12.31	2011.06.30	2010.12.31
	基本每股收益(元)	0.0069	-0.4291	-0.1085	0.0922
	基本每股收益(扣除)(元)	0.0022	-0.4443	-0.1135	-0.1111
	每股净资产(元)	-0.2825	-0.2894	0.0312	0.1397
	每股经营现金净流量(元)	-0.5538	-0.1078	-0.1327	0.2395
	每股现金流量(元)	-0.7032	1.7559	-0.1314	0.1004
	每股资本公积金(元)	1.0007	1.0007	1.0007	1.0007
	每股盈余公积金(元)	0.0348	0.0348	0.0348	0.0348
	每股未分配利润(元)	-2.3180	-2.3249	-2.0043	-1.8958
	净资产收益率(%)	-2.4560	148.2665	-347.7900	69.8180
	加权净资产收益率(%)	-	-	-126.9800	98.2100
	净资产收益率(扣除)(%)	-	-	-	-
	总资产(万元)	80614.78	86964.29	71695.87	71297.36
	归属母公司股东权益(万元)	-2974.68	-3047.75	328.51	1471.04
	主营业务收入(万元)	268.42	52787.86	36483.69	69508.08
	营业收入(万元)	269.94	56842.47	39489.58	75746.67
	主营成本(万元)	252.11	51389.83	34330.86	63396.78
	营业成本(万元)	253.81	55522.19	37322.45	69591.58
	投资收益(万元)	133.95	157.78	-	141.60
	净利润(万元)	73.06	-4518.79	-1142.53	970.93
	利润总额(万元)	73.06	-4518.79	-1142.53	970.93

张家港保税科技股份有限公司

公司概况	公司名称	张家港保税科技股份有限公司			证券简称	保税科技
	法人代表	徐品云	董秘	邓永清	证券代码	600794
	公司网址			电子信箱	dengyq@zftc.net	
	电　话	0512-58320358 58320165		传　真	0512-58320652 58320655	
	办公地址	江苏省张家港市保税区北京路保税科技大厦六楼				
	经营范围	生物高新技术应用、开发、高新技术及电子商务、网络应用开发等				

主要财务指标	指标\报告期	2012.06.30	2011.12.31	2011.06.30	2010.12.31
	基本每股收益(元)	0.3100	0.6800	0.3600	0.4300
	基本每股收益(扣除)(元)	0.3100	0.5700	0.2500	0.3600
	每股净资产(元)	2.6600	2.4200	2.1000	2.1000
	每股经营现金净流量(元)	0.5130	0.9177	0.6006	1.1512
	每股现金流量(元)	-0.0983	0.5568	0.4600	0.9243
	每股资本公积金(元)	0.4303	0.4303	0.4303	0.7164
	每股盈余公积金(元)	0.0728	0.0728	0.0644	0.0772
	每股未分配利润(元)	1.1616	0.9210	0.6095	0.3047
	净资产收益率(%)	11.6561	27.8680	16.8992	20.4110
	加权净资产收益率(%)	12.2100	32.3800	18.4600	22.7300
	净资产收益率(扣除)(%)	-	-	-	-
	总资产(万元)	164641.57	157663.93	133314.71	103000.43
	归属母公司股东权益(万元)	57003.39	51856.42	45011.68	37405.08
	主营业务收入(万元)	17117.13	36155.80	13378.68	80029.37
	营业收入(万元)	17372.26	38726.32	15836.06	80415.36
	主营成本(万元)	5335.29	15408.84	3881.81	64453.48
	营业成本(万元)	5344.25	16255.61	4785.69	64594.88
	投资收益(万元)	-	-	-	-
	净利润(万元)	6762.44	14575.96	7715.62	7699.77
	利润总额(万元)	8144.58	16044.87	7831.42	10502.40

国电电力发展股份有限公司

公司概况	公司名称	国电电力发展股份有限公司			证券简称	国电电力
	法人代表	朱永芃	董秘	陈景东	证券代码	600795
	公司网址	www.600795.com.cn		电子信箱	cjd@600795.com.cn	
	电　话	010-58682200 58682103		传　真	010-64829900 64829902	
	办公地址	北京市朝阳区安慧北里安园 19 号				
	经营范围	电力、热力生产、销售、电网经营、新能源项目、高新技术、环保产业的开发与应用等				

主要财务指标	指标\报告期	2012.06.30	2011.12.31	2011.06.30	2010.12.31
	基本每股收益(元)	0.0780	0.2370	0.0740	0.2090
	基本每股收益(扣除)(元)	0.0630	0.1560	0.0700	0.1270
	每股净资产(元)	1.7400	1.7800	1.5600	1.6500
	每股经营现金净流量(元)	0.4908	0.6740	0.2848	0.4303
	每股现金流量(元)	0.0581	0.1961	0.1721	0.0090
	每股资本公积金(元)	0.2211	0.2330	0.1823	0.2461
	每股盈余公积金(元)	0.1188	0.1188	0.0997	0.0997
	每股未分配利润(元)	0.4045	0.4265	0.2822	0.3087
	净资产收益率(%)	4.4728	13.3224	4.7016	9.5369
	加权净资产收益率(%)	4.2930	13.7140	4.3500	11.3140
	净资产收益率(扣除)(%)	-	-	-	-
	总资产(万元)	19462435.24	18218421.52	16312675.49	15374977.43
	归属母公司股东权益(万元)	2685563.53	2737768.97	2408933.83	2547112.95
	主营业务收入(万元)	2626312.32	4997924.83	2375714.04	4067372.85
	营业收入(万元)	2670053.40	5055762.52	2394005.33	4103575.25
	主营成本(万元)	2166533.56	4236215.32	1992320.81	3460187.31
	营业成本(万元)	2185995.10	4251045.13	1998150.17	3477860.03
	投资收益(万元)	77629.99	318549.59	62576.21	170271.26
	净利润(万元)	171917.04	449821.70	160607.81	328203.19
	利润总额(万元)	206079.26	523193.42	197623.45	374465.33

浙江钱江生物化学股份有限公司

公司概况	公司名称	浙江钱江生物化学股份有限公司			证券简称	钱江生化
	法人代表	高云跃	董秘	胡明	证券代码	600796
	公司网址	www.600796.com		电子信箱	qjbioch@600796.com	
	电　话	0573-87042800 87038237		传　真	0573-87035640 87042800	
	办公地址	浙江省海宁市硖石镇西山路 598 号 7 楼				
	经营范围	兽药生产业务、饲料添加剂的生产与销售等				

主要财务指标	指标\报告期	2012.06.30	2011.12.31	2011.06.30	2010.12.31
	基本每股收益(元)	0.1000	0.0300	0.1000	0.1800
	基本每股收益(扣除)(元)	-0.0100	-0.0300	0.0900	0.0900
	每股净资产(元)	1.7100	1.6100	1.6760	1.7500
	每股经营现金净流量(元)	0.1083	0.4986	0.4013	-0.1116
	每股现金流量(元)	0.1909	-0.0942	-0.0255	0.0022
	每股资本公积金(元)	0.1247	0.1247	0.1247	0.1372
	每股盈余公积金(元)	0.2286	0.2286	0.2256	0.2484
	每股未分配利润(元)	0.3561	0.2561	0.3276	0.3682
	净资产收益率(%)	5.8600	2.0730	6.0780	10.3519
	加权净资产收益率(%)	6.0400	2.0800	6.2300	10.8900
	净资产收益率(扣除)(%)	-	-	-	-
	总资产(万元)	135245.02	121166.13	143213.69	108865.03
	归属母公司股东权益(万元)	51436.99	48417.92	50524.63	47990.02
	主营业务收入(万元)	20346.15	55407.70	30174.63	43011.75
	营业收入(万元)	20605.87	55896.87	30349.52	43199.43
	主营成本(万元)	16638.56	47249.03	25331.37	36854.00
	营业成本(万元)	16782.12	47442.47	25455.99	36908.63
	投资收益(万元)	1306.81	3098.20	2931.77	7078.07
	净利润(万元)	3143.09	783.67	2793.57	5005.94
	利润总额(万元)	3258.91	960.46	2930.93	5017.33

浙大网新科技股份有限公司

公司概况	公司名称	浙大网新科技股份有限公司		证券简称	浙大网新
	法人代表	史烈	董秘	董丹青	证券代码	600797
	公司网址	www.insigma.com.cn		电子信箱	dongdanqing@insigma.com.cn
	电　话	0571-87950500 87750012		传　真	0571-87950117
	办公地址	浙江省杭州市西湖区西园一路18号浙大网新软件园A楼15层			
	经营范围	计算机及网络系统、电子商务、计算机系统集成、电子工程的研究开发等			

主要财务指标	指标＼报告期	2012.06.30	2011.12.31	2011.06.30	2010.12.31
	基本每股收益(元)	0.0300	0.1500	0.1200	0.0800
	基本每股收益(扣除)(元)	0.0017	0.0200	0.0100	0.0100
	每股净资产(元)	2.2600	2.2300	2.2000	2.0200
	每股经营现金净流量(元)	-0.3431	-0.0031	-0.2816	0.0260
	每股现金流量(元)	-0.3456	-0.0210	-0.2361	0.3113
	每股资本公积金(元)	0.3572	0.3527	0.3417	0.2480
	每股盈余公积金(元)	0.1145	0.1145	0.1071	0.1109
	每股未分配利润(元)	0.8047	0.7861	0.7681	0.6799
	净资产收益率(%)	1.2672	6.5700	5.5220	4.1520
	加权净资产收益率(%)	1.2700	6.9800	5.9600	4.2200
	净资产收益率(扣除)(%)	-	-	-	-
	总资产(万元)	466417.44	454993.31	475429.21	443080.46
	归属母公司股东权益(万元)	189924.94	187963.30	184959.15	164311.52
	主营业务收入(万元)	226500.69	583336.87	287293.85	550317.78
	营业收入(万元)	228765.77	587326.86	289479.60	554805.87
	主营成本(万元)	190748.77	508186.03	255739.56	489225.69
	营业成本(万元)	191629.42	509918.08	256566.46	491232.37
	投资收益(万元)	2700.80	12710.10	10056.01	4494.69
	净利润(万元)	2749.65	13690.49	10291.38	7589.40
	利润总额(万元)	3516.43	15095.57	10927.18	8823.08

宁波海运股份有限公司

公司概况	公司名称	宁波海运股份有限公司		证券简称	宁波海运
	法人代表	褚敏	董秘	黄敏辉	证券代码	600798
	公司网址	www.nbmc.com.cn		电子信箱	hminhui@nbmc.com.cn
	电　话	0574-87659140		传　真	0574-87355051
	办公地址	浙江省宁波市北岸财富中心1幢			
	经营范围	沿海、内河（长江）货物运输、国际远洋运输和交通基础设施等			

主要财务指标	指标＼报告期	2012.06.30	2011.12.31	2011.06.30	2010.12.31
	基本每股收益(元)	-0.0760	0.0593	0.0755	0.0634
	基本每股收益(扣除)(元)	-0.0946	0.0011	0.0192	0.0514
	每股净资产(元)	2.2718	2.3775	2.3960	2.2000
	每股经营现金净流量(元)	0.1358	0.5340	0.2811	0.4955
	每股现金流量(元)	-0.2036	0.1068	0.3204	-0.3900
	每股资本公积金(元)	0.7200	0.7200	0.7199	0.5625
	每股盈余公积金(元)	0.2438	0.2438	0.2374	0.2374
	每股未分配利润(元)	0.3132	0.4192	0.4418	0.4063
	净资产收益率(%)	-3.3469	2.4960	3.1510	2.8750
	加权净资产收益率(%)	-3.2600	2.5200	3.3700	2.9100
	净资产收益率(扣除)(%)	-	-	-	-
	总资产(万元)	693220.79	713211.06	721056.19	692654.88
	归属母公司股东权益(万元)	197912.83	207120.08	208727.22	192060.65
	主营业务收入(万元)	51533.07	126249.82	63324.70	121923.93
	营业收入(万元)	51977.91	127024.84	63729.73	122858.17
	主营成本(万元)	44564.38	94457.17	45451.82	87919.65
	营业成本(万元)	44630.39	94589.17	45517.83	88113.73
	投资收益(万元)	-260.53	-935.79	-621.57	-1516.35
	净利润(万元)	-8245.36	3748.35	5932.87	2572.83
	利润总额(万元)	-8130.87	5448.91	7922.73	5769.99

天津环球磁卡股份有限公司

公司概况	公司名称	天津环球磁卡股份有限公司		证券简称	ST磁卡
	法人代表	阮强	董秘	李金宏	证券代码	600800
	公司网址	www.gmcc.com.cn		电子信箱	jrzqb@gmcc.com.cn
	电　话	022-58585662 58585858		传　真	022-58585633
	办公地址	天津市河西区解放南路325号			
	经营范围	软件系统设计、网络集成技术及高科技产品的开发等			

主要财务指标	指标＼报告期	2012.06.30	2011.12.31	2011.06.30	2010.12.31
	基本每股收益(元)	-0.0238	-0.1355	-0.0056	0.0216
	基本每股收益(扣除)(元)	-0.0238	-0.1077	-0.0060	-0.1211
	每股净资产(元)	0.0170	0.0220	0.1760	0.1870
	每股经营现金净流量(元)	-0.1186	0.0451	-0.0471	0.0363
	每股现金流量(元)	-0.1261	0.0427	-0.0540	0.0330
	每股资本公积金(元)	0.2634	0.2448	0.2692	0.2743
	每股盈余公积金(元)	0.0736	0.0736	0.0736	0.0736
	每股未分配利润(元)	-1.3198	-1.2960	-1.1662	-1.1605
	净资产收益率(%)	-139.1933	-607.3710	-3.1977	11.5299
	加权净资产收益率(%)	-32.3900	-129.2600	-3.0600	5.8000
	净资产收益率(扣除)(%)	-	-	-	-
	总资产(万元)	89564.11	92245.09	102198.50	101688.24
	归属母公司股东权益(万元)	1045.54	1363.37	10792.85	11449.11
	主营业务收入(万元)	6549.68	23067.46	10703.20	21427.28
	营业收入(万元)	6894.16	23523.01	10980.43	22092.53
	主营成本(万元)	5705.82	16269.39	8308.86	15047.08
	营业成本(万元)	5753.99	16289.71	8381.30	15367.41
	投资收益(万元)	-	302.55	-	1309.86
	净利润(万元)	-1580.49	-8884.87	-406.66	937.35
	利润总额(万元)	-1580.49	-8852.46	-397.30	945.71

华新水泥股份有限公司

公司概况	公司名称	华新水泥股份有限公司		证券简称	华新水泥
	法人代表	李叶青	董秘	王锡明	证券代码	600801
	公司网址	www.huaxincem.com		电子信箱	investor@huaxincem.com
	电　话	027-87773896 87773898		传　真	027-87773962
	办公地址	湖北省武汉市光谷大道特1号国际企业中心5号楼			
	经营范围	水泥、商品混凝土及其他建材制品、包装制品制造、销售等			

主要财务指标	指标＼报告期	2012.06.30	2011.12.31	2011.06.30	2010.12.31
	基本每股收益(元)	0.1000	1.3100	0.6700	0.7100
	基本每股收益(扣除)(元)	0.0900	1.2500	0.6600	0.5800
	每股净资产(元)	7.8300	8.2970	6.8000	12.4500
	每股经营现金净流量(元)	0.8166	2.0168	0.6518	3.8157
	每股现金流量(元)	-0.3523	1.0831	-0.2241	1.2666
	每股资本公积金(元)	3.3494	3.7643	2.3690	5.7253
	每股盈余公积金(元)	0.3423	0.3423	0.3273	0.6547
	每股未分配利润(元)	3.1426	3.1901	3.1059	5.0696
	净资产收益率(%)	1.3090	13.8570	9.8720	11.3950
	加权净资产收益率(%)	1.2400	19.0000	10.2300	-
	净资产收益率(扣除)(%)	-	-	-	-
	总资产(万元)	2176499.64	2172967.81	1945101.33	1781222.21
	归属母公司股东权益(万元)	732748.15	775997.69	549078.69	502465.10
	主营业务收入(万元)	546057.54	1258734.26	555064.50	842991.36
	营业收入(万元)	548644.43	1263803.92	557147.18	846942.61
	主营成本(万元)	433111.55	913934.84	396046.90	656066.08
	营业成本(万元)	435160.48	917434.73	397109.61	658292.95
	投资收益(万元)	-13.46	-209.12	21.00	5429.63
	净利润(万元)	13453.37	122005.50	61878.15	65990.31
	利润总额(万元)	17148.46	160972.18	81632.66	83121.93

福建水泥股份有限公司

公司概况	公司名称	福建水泥股份有限公司			证券简称	福建水泥
	法人代表	郑盛端	董秘	蔡宣能	证券代码	600802
	公司网址	www.fjcement.com		电子信箱	dmcement@pub5.fz.fj.cn	
	电　　话	0591-87617751		传　　真	0591-87527300	
	办公地址	福建省福州市杨桥路 118 号宏杨新城建福大厦				
	经营范围	建筑材料制造及技术服务、工业生产(不含汽车)、大型货车维修等				

	指标\报告期	2012.06.30	2011.12.31	2011.06.30	2010.12.31
主要财务指标	基本每股收益(元)	-0.2500	0.3270	0.2400	0.0210
	基本每股收益(扣除)(元)	-0.2600	0.2420	0.2300	-0.1340
	每股净资产(元)	2.8600	3.0900	3.1700	2.9060
	每股经营现金净流量(元)	-0.2703	0.3285	0.0281	0.6207
	每股现金流量(元)	1.8544	-0.3909	-0.2827	-0.2032
	每股资本公积金(元)	1.7974	1.7317	1.9011	1.8798
	每股盈余公积金(元)	0.0742	0.0742	0.0679	0.0679
	每股未分配利润(元)	-0.0237	0.2793	0.1988	-0.0414
	净资产收益率(%)	-8.8487	10.5740	7.5846	0.7330
	加权净资产收益率(%)	-8.3500	10.4300	7.4900	0.6700
	净资产收益率(扣除)(%)	-	-	-	-
	总资产(万元)	446112.03	360997.23	336512.56	336356.87
	归属母公司股东权益(万元)	109150.82	118070.94	120971.52	110984.38
	主营业务收入(万元)	75197.55	185625.75	86588.30	134920.51
	营业收入(万元)	75968.48	187563.78	87266.04	135625.00
	主营成本(万元)	70488.83	143631.76	62881.38	108953.93
	营业成本(万元)	70806.23	145576.06	63140.77	109155.23
	投资收益(万元)	2436.62	1707.26	1707.26	6450.75
	净利润(万元)	-10187.50	12512.33	9172.21	818.67
	利润总额(万元)	-10234.33	15048.76	10756.68	2058.33

河北威远生物化工股份有限公司

公司概况	公司名称	河北威远生物化工股份有限公司			证券简称	威远生化
	法人代表	王玉锁	董秘	王东英	证券代码	600803
	公司网址	www.veyong.com		电子信箱	veyong@veyong.com	
	电　　话	0311-85915898		传　　真	0311-85915998	
	办公地址	河北省石家庄市和平东路 393 号				
	经营范围	生物化工产品、精细化工产品的制造、销售等				

	指标\报告期	2012.06.30	2011.12.31	2011.06.30	2010.12.31
主要财务指标	基本每股收益(元)	0.1200	0.0900	0.0700	0.2300
	基本每股收益(扣除)(元)	0.1200	0.0300	0.0500	-0.1000
	每股净资产(元)	2.6080	2.4900	2.4800	3.2700
	每股经营现金净流量(元)	-0.1418	0.6009	-0.0068	0.7131
	每股现金流量(元)	-0.2459	0.6131	-0.0383	-0.5057
	每股资本公积金(元)	0.5087	0.5087	0.4894	1.0882
	每股盈余公积金(元)	0.0885	0.0885	0.1592	0.1221
	每股未分配利润(元)	1.0075	0.8830	0.8227	1.0516
	净资产收益率(%)	4.7748	3.4400	2.8590	9.3532
	加权净资产收益率(%)	4.8800	3.5200	2.6800	9.8000
	净资产收益率(扣除)(%)	-	-	-	-
	总资产(万元)	179312.18	168521.12	167391.62	148709.67
	归属母公司股东权益(万元)	81328.36	77614.93	77198.27	77291.14
	主营业务收入(万元)	95351.94	176605.27	96361.99	156267.03
	营业收入(万元)	96837.26	177770.38	97015.61	157955.18
	主营成本(万元)	80721.62	151652.15	83336.39	130942.02
	营业成本(万元)	82145.11	152601.13	83650.38	132499.47
	投资收益(万元)	10.91	27.86	1.51	1047.70
	净利润(万元)	4529.19	4835.01	3146.23	9364.71
	利润总额(万元)	5085.65	6572.74	3897.83	10741.83

成都鹏博士电信传媒集团股份有限公司

公司概况	公司名称	成都鹏博士电信传媒集团股份有限公司			证券简称	鹏博士
	法人代表	杨学平	董秘	任春晓	证券代码	600804
	公司网址	www.drpeng.com.cn		电子信箱	gaofei@yahoo.com.cn	
	电　　话	028-86755190 86742976		传　　真	028-86622006	
	办公地址	四川省成都市顺城大街 229 号顺城大厦 5 楼				
	经营范围	计算机软件、通信产品的开发、生产和销售等				

	指标\报告期	2012.06.30	2011.12.31	2011.06.30	2010.12.31
主要财务指标	基本每股收益(元)	0.0900	0.1200	0.0800	0.1100
	基本每股收益(扣除)(元)	0.0800	0.0900	0.0800	0.1000
	每股净资产(元)	2.7270	2.6400	2.6050	2.5200
	每股经营现金净流量(元)	0.2633	0.3049	0.0893	0.1040
	每股现金流量(元)	0.3306	-0.1339	-0.1271	0.5619
	每股资本公积金(元)	1.0788	1.0788	1.0788	1.0788
	每股盈余公积金(元)	0.0409	0.0409	0.0409	0.0409
	每股未分配利润(元)	0.6075	0.5205	0.4859	0.4033
	净资产收益率(%)	3.1885	4.4410	3.1716	4.4851
	加权净资产收益率(%)	3.2400	4.5400	3.2200	4.7200
	净资产收益率(扣除)(%)	-	-	-	-
	总资产(万元)	749420.39	666607.21	485477.08	431200.86
	归属母公司股东权益(万元)	365047.41	353407.80	348774.66	337712.84
	主营业务收入(万元)	117686.04	220218.85	106218.50	175054.84
	营业收入(万元)	117712.77	220493.93	106244.00	176149.50
	主营成本(万元)	78431.41	153527.32	74709.35	119504.40
	营业成本(万元)	78810.21	153626.93	74760.41	119506.40
	投资收益(万元)	4841.87	519.43	181.88	-216.98
	净利润(万元)	11945.03	17680.43	12161.47	18720.37
	利润总额(万元)	13629.02	22252.72	14907.68	21111.78

江苏悦达投资股份有限公司

公司概况	公司名称	江苏悦达投资股份有限公司			证券简称	悦达投资
	法人代表	陈云华	董秘	王佩萍	证券代码	600805
	公司网址	www.yueda.com		电子信箱	jsyd@public.yc.js.cn	
	电　　话	0515-88202863 88202867v		传　　真	0515-88334601	
	办公地址	江苏省盐城市世纪大道东路 2 号				
	经营范围	实业投资、资产管理、财务顾问、社会经济咨询服务、机械设备等				

	指标\报告期	2012.06.30	2011.12.31	2011.06.30	2010.12.31
主要财务指标	基本每股收益(元)	0.7600	1.3300	0.8100	1.0100
	基本每股收益(扣除)(元)	0.7500	1.3300	0.7900	0.9400
	每股净资产(元)	4.8800	4.2700	3.7500	3.0900
	每股经营现金净流量(元)	0.3241	0.5824	0.3032	0.3389
	每股现金流量(元)	2.2300	-0.8949	0.6674	0.4591
	每股资本公积金(元)	0.3884	0.3884	0.3884	0.5049
	每股盈余公积金(元)	0.5365	0.5365	0.3904	0.5075
	每股未分配利润(元)	2.9586	2.3469	1.9715	2.0101
	净资产收益率(%)	15.5988	31.1670	21.5958	32.6920
	加权净资产收益率(%)	16.4600	35.4100	23.3200	39.0800
	净资产收益率(扣除)(%)	-	-	-	-
	总资产(万元)	962601.43	811665.40	909710.38	867045.56
	归属母公司股东权益(万元)	346282.05	302902.50	265924.75	219405.09
	主营业务收入(万元)	102538.17	235860.60	119701.24	205303.74
	营业收入(万元)	107447.16	243171.66	124482.15	212687.32
	主营成本(万元)	-	175475.36	-	137413.45
	营业成本(万元)	75716.54	182262.61	86891.91	143645.06
	投资收益(万元)	63212.77	110686.22	61687.84	75120.10
	净利润(万元)	58322.87	102425.16	61191.22	80582.15
	利润总额(万元)	64500.64	114647.83	68300.40	93020.59

沈机集团昆明机床股份有限公司

公司概况	公司名称	沈机集团昆明机床股份有限公司			证券简称	昆明机床
	法人代表	王兴	董秘	罗涛	证券代码	600806
	公司网址	www.kmtcl.com.cn		电子信箱	luotao@kmtcl.com.cn	
	电　话	0871-6166612 6166623		传　真	0871-6166288	
	办公地址	云南省昆明市茨坝路23号				
	经营范围	设计、开发、生产及销售机床系列产品及配件、光电一体化产品等				

	指标\报告期	2012.06.30	2011.12.31	2011.06.30	2010.12.31
主要财务指标	基本每股收益(元)	0.0068	0.1000	0.0805	0.3400
	基本每股收益(扣除)(元)	-0.0155	0.1000	0.0789	0.3200
	每股净资产(元)	2.6300	2.6400	2.6200	2.5900
	每股经营现金净流量(元)	-0.0061	0.0012	-0.0178	0.2434
	每股现金流量(元)	-0.0902	-0.2073	-0.1119	0.0206
	每股资本公积金(元)	0.0514	0.0514	0.0514	0.0514
	每股盈余公积金(元)	0.2194	0.2194	0.2053	0.2053
	每股未分配利润(元)	1.3561	1.3694	1.3612	1.3307
	净资产收益率(%)	0.2575	3.8920	3.0760	12.9773
	加权净资产收益率(%)	0.2600	3.9300	3.0800	13.7500
	净资产收益率(扣除)(%)	-	-	-	-
	总资产(万元)	260704.92	255866.44	249406.42	224773.04
	归属母公司股东权益(万元)	139510.92	140213.83	139034.31	137412.53
	主营业务收入(万元)	62962.41	179874.95	88226.72	157904.19
	营业收入(万元)	63167.73	180485.76	88519.26	159770.53
	主营成本(万元)	-	-	-	-
	营业成本(万元)	47864.73	136837.61	66827.18	116255.70
	投资收益(万元)	255.90	733.48	299.62	985.91
	净利润(万元)	345.58	5221.56	4230.41	17346.33
	利润总额(万元)	418.82	6878.41	3815.51	20086.04

山东天业恒基股份有限公司

公司概况	公司名称	山东天业恒基股份有限公司			证券简称	天业股份
	法人代表	曾昭秦	董秘	蒋涛	证券代码	600807
	公司网址	www.tyanhome.com.cn		电子信箱	600807@vip.163.com	
	电　话	0531-82685365		传　真	0531-82685365	
	办公地址	山东省济南市高新开发区新宇南路1号济南国际会展中心A区三楼				
	经营范围	商业零售兼批发				

	指标\报告期	2012.06.30	2011.12.31	2011.06.30	2010.12.31
主要财务指标	基本每股收益(元)	0.0160	0.1400	0.1100	0.3100
	基本每股收益(扣除)(元)	0.0160	0.1400	0.1000	0.3200
	每股净资产(元)	1.5000	1.4900	1.4500	1.3400
	每股经营现金净流量(元)	-0.3918	0.4800	0.1491	-2.3904
	每股现金流量(元)	0.1957	-0.4199	-0.2663	0.7307
	每股资本公积金(元)	0.1724	0.1724	0.1679	1.3358
	每股盈余公积金(元)	0.0772	0.0772	0.0616	0.1233
	每股未分配利润(元)	0.2518	0.2358	0.2222	0.2176
	净资产收益率(%)	1.0599	9.5980	7.8080	23.2930
	加权净资产收益率(%)	1.0700	10.0900	8.1300	26.3600
	净资产收益率(扣除)(%)	-	-	-	-
	总资产(万元)	218465.84	198817.87	194463.77	181477.76
	归属母公司股东权益(万元)	48214.01	47702.99	46620.54	42980.23
	主营业务收入(万元)	12634.03	42871.78	26076.43	70301.16
	营业收入(万元)	12634.03	42871.78	26076.43	70318.11
	主营成本(万元)	6742.91	24650.54	15505.80	43048.51
	营业成本(万元)	6742.91	24650.54	15505.80	43048.51
	投资收益(万元)	-	-	123.04	-
	净利润(万元)	471.30	4559.44	3620.47	10041.02
	利润总额(万元)	735.21	6225.99	4797.88	13580.77

马鞍山钢铁股份有限公司

公司概况	公司名称	马鞍山钢铁股分有限公司			证券简称	马钢股份
	法人代表	苏鉴钢	董秘	任天宝	证券代码	600808
	公司网址	www.magang.com.cn		电子信箱	mggfdms@magang.com.cn	
	电　话	0555-2888158 2875251		传　真	0555-2887284	
	办公地址	中国安徽省马鞍山市九华西路8号				
	经营范围	钢铁产品的生产和销售等				

	指标\报告期	2012.06.30	2011.12.31	2011.06.30	2010.12.31
主要财务指标	基本每股收益(元)	-0.2460	0.0090	0.0400	0.1430
	基本每股收益(扣除)(元)	-0.2510	-0.0040	0.0360	0.1300
	每股净资产(元)	3.2540	3.5560	3.5360	3.5400
	每股经营现金净流量(元)	0.3031	0.1276	0.2041	0.0519
	每股现金流量(元)	-0.3365	0.4686	0.4429	-0.0153
	每股资本公积金(元)	1.0816	1.0828	1.0828	1.0828
	每股盈余公积金(元)	0.4478	0.4473	0.4164	0.4164
	每股未分配利润(元)	0.7230	0.9688	1.0302	1.0399
	净资产收益率(%)	-7.5538	0.2580	1.1385	4.0370
	加权净资产收益率(%)	-7.2200	0.2600	1.1300	4.0800
	净资产收益率(扣除)(%)	-	-	-	-
	总资产(万元)	8304459.59	8209271.73	7971271.19	7010492.52
	归属母公司股东权益(万元)	2505595.73	2738027.68	2723223.65	2729408.75
	主营业务收入(万元)	3655688.68	8141856.56	3811528.39	6304096.98
	营业收入(万元)	4058688.34	8684220.22	4315123.37	6498111.25
	主营成本(万元)	3612215.60	7851931.55	3673442.96	5966206.28
	营业成本(万元)	4016776.30	8336355.09	4152653.03	6117308.73
	投资收益(万元)	5356.05	15045.17	8859.40	21955.08
	净利润(万元)	-187473.36	18949.69	37033.29	119160.93
	利润总额(万元)	-180300.86	30109.94	48837.82	171111.17

山西杏花村汾酒厂股份有限公司

公司概况	公司名称	山西杏花村汾酒厂股份有限公司			证券简称	山西汾酒
	法人代表	李秋喜	董秘	刘卫华	证券代码	600809
	公司网址	www.fenjiu.com.cn		电子信箱	lwh@fenjiu.com.cn	
	电　话	0358-7220255 7329321		传　真	0358-7220394	
	办公地址	山西省汾阳市杏花村				
	经营范围	生产及销售汾酒、竹叶青酒及其系列酒并提供广告服务等				

	指标\报告期	2012.06.30	2011.12.31	2011.06.30	2010.12.31
主要财务指标	基本每股收益(元)	0.9088	1.8030	0.7607	1.1420
	基本每股收益(扣除)(元)	0.9184	1.8280	0.7752	1.1680
	每股净资产(元)	3.5395	2.8766	5.4716	4.4500
	每股经营现金净流量(元)	0.7531	3.6883	1.8149	1.8820
	每股现金流量(元)	0.3432	2.1696	0.8229	0.8628
	每股资本公积金(元)	0.3439	0.6879	0.6879	0.6879
	每股盈余公积金(元)	0.2973	0.5947	0.5947	0.5947
	每股未分配利润(元)	1.8941	3.4707	3.1890	2.1677
	净资产收益率(%)	25.6748	31.3380	27.8040	25.6663
	加权净资产收益率(%)	27.6200	34.5000	30.6700	27.5500
	净资产收益率(扣除)(%)	-	-	-	-
	总资产(万元)	527205.40	491175.34	399547.45	345581.09
	归属母公司股东权益(万元)	306464.31	249070.23	236878.01	192661.69
	主营业务收入(万元)	379778.51	446666.49	288410.52	299876.45
	营业收入(万元)	381565.21	448814.81	289481.88	301662.50
	主营成本(万元)	90564.97	106112.80	69880.45	69774.27
	营业成本(万元)	91067.81	107719.23	70388.31	70615.36
	投资收益(万元)	-	61.16	22.72	16.19
	净利润(万元)	96268.62	92456.04	77119.03	60192.47
	利润总额(万元)	132800.25	133749.60	102105.15	86676.82

神马实业股份有限公司

公司概况	公司名称	神马实业股份有限公司			证券简称	神马股份
	法人代表	王良	董秘	刘臻	证券代码	600810
	公司网址			电子信箱	liuzhen600810@126.com	
	电　　话	0375-3921231		传　　真	0375-3921500	
	办公地址	河南省平顶山市建设路 63 号				
	经营范围	帘子布、工业用布、化学纤维及制品的制造、加工、销售等				

	指标\报告期	2012.06.30	2011.12.31	2011.06.30	2010.12.31
主要财务指标	基本每股收益(元)	-0.3100	0.0564	0.3500	0.1000
	基本每股收益(扣除)(元)	-0.3100	0.0400	0.3400	0.1000
	每股净资产(元)	5.5700	5.9200	6.2300	5.9100
	每股经营现金净流量(元)	0.4958	0.5454	0.4034	1.6692
	每股现金流量(元)	0.2806	-0.0654	-0.0284	0.2220
	每股资本公积金(元)	4.1479	4.1479	4.1479	4.1479
	每股盈余公积金(元)	0.5267	0.5267	0.4770	0.4770
	每股未分配利润(元)	-0.1161	0.2416	0.5844	0.2848
	净资产收益率(%)	-5.5268	0.9540	5.6090	1.7300
	加权净资产收益率(%)	-5.3400	0.9500	5.7500	1.7400
	净资产收益率(扣除)(%)	-	-	-	-
	总资产(万元)	1001340.14	854014.87	796111.62	763895.79
	归属母公司股东权益(万元)	246197.33	261804.74	275707.11	261374.57
	主营业务收入(万元)	333958.64	717960.16	353380.57	535088.07
	营业收入(万元)	858094.39	1526480.54	705857.39	1247538.79
	主营成本(万元)	316285.08	690587.60	338388.73	521055.94
	营业成本(万元)	838725.99	1465586.19	659475.91	1198633.57
	投资收益(万元)	-975.83	11546.57	8247.71	10935.35
	净利润(万元)	-14185.32	840.55	15366.46	3040.06
	利润总额(万元)	-13403.86	6026.28	19494.80	7956.57

东方集团股份有限公司

公司概况	公司名称	东方集团股份有限公司			证券简称	东方集团
	法人代表	张宏伟	董秘	孙明涛	证券代码	600811
	公司网址	www.china-orient.com		电子信箱	orientgroup811@yahoo.com.cn	
	电　　话	0451-53666028		传　　真	0451-53666028	
	办公地址	黑龙江省哈尔滨市南岗区花园街 235 号				
	经营范围	商业银行、人寿保险业务、建材连锁超市、港口交通、加工制造业和房地产开发等				

	指标\报告期	2012.06.30	2011.12.31	2011.06.30	2010.12.31
主要财务指标	基本每股收益(元)	0.2498	0.4500	0.1595	0.1700
	基本每股收益(扣除)(元)	0.2500	0.2000	0.1579	0.1600
	每股净资产(元)	4.2419	3.8400	3.5475	3.3900
	每股经营现金净流量(元)	0.0013	0.0152	-0.3081	-0.6485
	每股现金流量(元)	-0.1532	0.0979	0.2839	0.3678
	每股资本公积金(元)	1.3521	1.2024	1.1958	1.1976
	每股盈余公积金(元)	0.7088	0.7088	0.6316	0.6316
	每股未分配利润(元)	1.1801	0.9304	0.7194	0.5599
	净资产收益率(%)	5.8878	11.6514	4.4960	5.0195
	加权净资产收益率(%)	6.1800	12.3800	4.6000	5.1400
	净资产收益率(扣除)(%)	-	-	-	-
	总资产(万元)	1353293.77	1300444.18	1307608.22	1166461.98
	归属母公司股东权益(万元)	707035.33	640444.71	591307.37	565010.07
	主营业务收入(万元)	236610.45	396267.10	155690.62	274217.93
	营业收入(万元)	238364.79	411432.52	160653.99	296057.19
	主营成本(万元)	222997.40	355911.56	134162.28	245976.54
	营业成本(万元)	265913.44	356337.25	134388.04	246645.25
	投资收益(万元)	61175.94	139547.29	49562.65	64633.93
	净利润(万元)	33114.63	63910.57	19261.24	16668.06
	利润总额(万元)	33572.04	69884.18	19533.53	12271.40

华北制药股份有限公司

公司概况	公司名称	华北制药股份有限公司			证券简称	华北制药
	法人代表	王社平	董秘	杨海静	证券代码	600812
	公司网址	www.ncpc.com		电子信箱	yanghaijing@ncpc.com	
	电　　话	0311-86696493 85992039		传　　真	0311-86060942	
	办公地址	河北省石家庄市和平东路 388 号				
	经营范围	医药化工产品的生产及销售等				

	指标\报告期	2012.06.30	2011.12.31	2011.06.30	2010.12.31
主要财务指标	基本每股收益(元)	-0.0530	0.1210	0.0120	0.2350
	基本每股收益(扣除)(元)	-0.0790	-0.4040	0.0090	0.1200
	每股净资产(元)	1.0600	1.1100	1.0020	0.9900
	每股经营现金净流量(元)	-0.1169	0.2213	0.0688	-0.5817
	每股现金流量(元)	0.2174	0.4413	0.3230	-0.6605
	每股资本公积金(元)	0.0556	0.0556	0.0527	0.0527
	每股盈余公积金(元)	0.1426	0.1426	0.1221	0.1221
	每股未分配利润(元)	-0.1379	-0.0847	-0.1725	-0.1846
	净资产收益率(%)	-5.0208	10.8957	1.2010	23.7467
	加权净资产收益率(%)	-5.1500	11.5400	1.2100	26.9400
	净资产收益率(扣除)(%)	-	-	-	-
	总资产(万元)	1250829.34	1126671.48	1035904.60	912036.13
	归属母公司股东权益(万元)	109030.52	114513.27	103080.28	101838.14
	主营业务收入(万元)	505785.76	1209120.60	676304.09	1023560.73
	营业收入(万元)	508312.65	1213674.57	678325.52	1028664.34
	主营成本(万元)	457595.16	1112370.16	622640.67	873789.91
	营业成本(万元)	459056.08	1113279.01	623262.88	876407.85
	投资收益(万元)	999.91	3288.38	1092.26	1079.45
	净利润(万元)	-5630.27	13996.28	2328.81	26180.51
	利润总额(万元)	-5179.64	14811.29	2832.49	36214.06

杭州解百集团股份有限公司

公司概况	公司名称	杭州解百集团股份有限公司			证券简称	杭州解百
	法人代表	周自力	董秘	诸雪强	证券代码	600814
	公司网址	www.jiebai.cn		电子信箱	zxq600814@vip.sina.com	
	电　　话	0571-87016888 5015 5116		传　　真	0571-87080499	
	办公地址	浙江省杭州市上城区解放路 251 号				
	经营范围	百货零售、批发以及酒店、进出口业务等				

	指标\报告期	2012.06.30	2011.12.31	2011.06.30	2010.12.31
主要财务指标	基本每股收益(元)	0.1880	0.1890	0.1890	0.2300
	基本每股收益(扣除)(元)	0.1820	0.1850	0.1850	0.2300
	每股净资产(元)	2.4400	2.3200	2.2740	2.0900
	每股经营现金净流量(元)	-0.3909	0.4382	-0.2149	0.5067
	每股现金流量(元)	-0.2534	0.2762	-0.3819	0.4043
	每股资本公积金(元)	0.1144	0.1140	0.1263	0.1272
	每股盈余公积金(元)	0.2817	0.2817	0.2565	0.2565
	每股未分配利润(元)	1.0417	0.9240	0.8911	0.7018
	净资产收益率(%)	7.6981	10.6640	8.3237	10.8538
	加权净资产收益率(%)	7.8100	11.2300	8.6800	11.4500
	净资产收益率(扣除)(%)	-	-	-	-
	总资产(万元)	123756.80	137537.43	118102.07	129856.69
	归属母公司股东权益(万元)	75662.92	72000.71	70578.40	64730.19
	主营业务收入(万元)	96873.55	211827.99	101951.54	190650.96
	营业收入(万元)	101463.00	221031.62	106397.93	198342.20
	主营成本(万元)	80757.14	179278.76	85068.50	159620.45
	营业成本(万元)	80874.84	180004.95	85187.75	160351.93
	投资收益(万元)	274.00	-347.91	202.61	134.87
	净利润(万元)	5767.44	7553.35	5813.11	6675.65
	利润总额(万元)	7777.52	10523.00	7891.07	9132.63

厦门厦工机械股份有限公司

公司概况					
公司名称	厦门厦工机械股份有限公司			证券简称	厦工股份
法人代表	陈玲	董秘	王智勇	证券代码	600815
公司网址	www.xiagong.com			电子信箱	stock@xiagong.com
电　　话	0592-6389300			传　　真	0592-6389301
办公地址	福建省厦门市灌口南路668号之八				
经营范围	装载、挖掘机等工程机械产品及其配件制造、加工和销售等				

主要财务指标：指标\报告期	2012.06.30	2011.12.31	2011.06.30	2010.12.31
基本每股收益(元)	0.3800	0.7400	0.6000	0.8600
基本每股收益(扣除)(元)	0.0600	0.5700	0.5700	0.7600
每股净资产(元)	4.9900	4.7600	4.8700	4.5400
每股经营现金净流量(元)	-1.0118	-1.6812	-0.9226	0.5746
每股现金流量(元)	0.1954	-0.1279	0.0738	0.1047
每股资本公积金(元)	1.6224	1.6102	1.8557	2.0216
每股盈余公积金(元)	0.3337	0.3419	0.2892	0.2892
每股未分配利润(元)	2.0385	1.8101	1.7242	1.2315
净资产收益率(%)	7.4511	15.4420	12.2410	17.3382
加权净资产收益率(%)	7.8700	16.8100	11.8600	22.4900
净资产收益率(扣除)(%)	-	-	-	-
总资产(万元)	1185390.67	1060649.89	1100590.84	870269.34
归属母公司股东权益(万元)	398975.58	371240.05	379600.64	354114.90
主营业务收入(万元)	424829.05	1173145.21	699725.44	1018209.88
营业收入(万元)	432822.16	1199203.99	713703.18	1038194.10
主营成本(万元)	361248.53	992621.21	575283.81	844510.62
营业成本(万元)	368171.27	1015210.24	587973.12	860962.37
投资收益(万元)	29300.04	13122.93	1724.75	1240.64
净利润(万元)	29811.55	57651.67	46723.72	62251.48
利润总额(万元)	35114.40	67373.00	55194.63	74696.33

安信信托投资股份有限公司

公司概况					
公司名称	安信信托投资股份有限公司			证券简称	安信信托
法人代表	张春景	董秘	武国建	证券代码	600816
公司网址	www.anxintrust.com			电子信箱	ax600816@126.com
电　　话	021-63410710			传　　真	021-63410712
办公地址	上海市广东路689号29层				
经营范围	主要从事信托、证券、实业等业务				

主要财务指标：指标\报告期	2012.06.30	2011.12.31	2011.06.30	2010.12.31
基本每股收益(元)	0.2480	0.4296	0.1414	0.2041
基本每股收益(扣除)(元)	0.2277	0.4171	0.1339	0.1945
每股净资产(元)	1.3994	1.1515	0.8595	0.7182
每股经营现金净流量(元)	-0.4518	0.3824	0.1159	0.1534
每股现金流量(元)	-0.4420	0.3733	0.1150	0.1352
每股资本公积金(元)	0.1203	0.1203	0.1166	0.1166
每股盈余公积金(元)	-	-	-	-
每股未分配利润(元)	0.2427	-0.0053	-0.2755	-0.4169
净资产收益率(%)	17.7182	37.3100	16.4480	28.4137
加权净资产收益率(%)	19.4400	46.0500	17.9200	33.1200
净资产收益率(扣除)(%)	-	-	-	-
总资产(万元)	98787.51	93202.98	69676.12	68860.06
归属母公司股东权益(万元)	63548.73	52289.01	39032.41	32612.36
主营业务收入(万元)	-	-	-	-
营业收入(万元)	19637.99	48500.65	15207.70	30992.93
主营成本(万元)	-	-	-	-
营业成本(万元)	7828.66	3243.61	6487.62	5314.98
投资收益(万元)	140.06	-	118.12	223.26
净利润(万元)	10867.47	19777.12	6179.63	9332.91
利润总额(万元)	14867.05	26675.20	9085.73	12431.93

中路股份有限公司

公司概况					
公司名称	中路股份有限公司			证券简称	中路股份
法人代表	陈荣	董秘	袁志坚	证券代码	600818
公司网址	www.cnforever.com			电子信箱	600818@cnforever.com
电　　话	021-50596906			传　　真	021-68458517
办公地址	上海市浦东新区南六公路818号				
经营范围	自行车及零部件、助力车、特种车辆和与自行车相关的配套产品等				

主要财务指标：指标\报告期	2012.06.30	2011.12.31	2011.06.30	2010.12.31
基本每股收益(元)	0.0200	0.0600	0.0400	0.0800
基本每股收益(扣除)(元)	-0.0070	-0.0200	0.0310	-0.0600
每股净资产(元)	1.2700	1.2500	1.2220	1.2100
每股经营现金净流量(元)	0.0246	-0.0616	-0.0832	0.1179
每股现金流量(元)	-0.0226	0.0170	-0.0081	0.0766
每股资本公积金(元)	0.0426	0.0374	0.0281	0.0586
每股盈余公积金(元)	0.0376	0.0376	0.0362	0.0362
每股未分配利润(元)	0.1907	0.1731	0.1580	0.1171
净资产收益率(%)	1.3903	4.5970	3.3404	6.5260
加权净资产收益率(%)	1.4000	4.6600	4.0600	6.6200
净资产收益率(扣除)(%)	-	-	-	-
总资产(万元)	73865.30	72461.81	73560.49	74311.20
归属母公司股东权益(万元)	37141.28	36472.51	35717.97	35416.12
主营业务收入(万元)	28660.74	64980.08	33345.23	61024.50
营业收入(万元)	29616.55	67577.47	34207.74	63224.36
主营成本(万元)	25124.21	57030.64	29591.08	53433.19
营业成本(万元)	25288.41	58885.70	30007.89	55181.55
投资收益(万元)	291.43	4735.81	3755.33	5590.27
净利润(万元)	421.79	2340.13	2109.27	2126.04
利润总额(万元)	501.51	2569.70	2742.71	1840.02

上海耀皮玻璃集团股份有限公司

公司概况					
公司名称	上海耀皮玻璃集团股份有限公司			证券简称	耀皮玻璃
法人代表	林益彬	董秘	金闽丽	证券代码	600819
公司网址	www.sypglass.com			电子信箱	stock@sypglass.com
电　　话	021-61633599 61633522			传　　真	021-58801554
办公地址	上海市浦东新区莲溪路1210号1号楼				
经营范围	生产和销售透明浮法玻璃、本体着色浮法玻璃及其深加工系列产品等				

主要财务指标：指标\报告期	2012.06.30	2011.12.31	2011.06.30	2010.12.31
基本每股收益(元)	-0.0300	0.1100	0.1200	0.2700
基本每股收益(扣除)(元)	-0.0400	0.1100	0.1300	0.1900
每股净资产(元)	2.7700	2.8200	2.8290	2.7500
每股经营现金净流量(元)	0.2240	0.3878	0.2337	0.3806
每股现金流量(元)	0.1786	0.0513	0.4050	0.1872
每股资本公积金(元)	0.4366	0.4366	0.4388	0.4388
每股盈余公积金(元)	0.6340	0.6340	0.6305	0.6305
每股未分配利润(元)	0.6992	0.7448	0.7595	0.6798
净资产收益率(%)	-0.9243	3.7620	4.1422	9.6580
加权净资产收益率(%)	-0.9100	3.7800	4.1700	10.1500
净资产收益率(扣除)(%)	-	-	-	-
总资产(万元)	684944.45	655644.44	646523.14	647346.74
归属母公司股东权益(万元)	202535.41	205869.98	206857.31	201031.11
主营业务收入(万元)	107320.58	238443.99	119064.86	254978.06
营业收入(万元)	110910.99	242110.02	126243.20	268563.86
主营成本(万元)	93615.29	188070.87	90502.95	195923.97
营业成本(万元)	95546.40	189908.00	95960.44	209931.10
投资收益(万元)	389.17	791.99	830.84	6085.30
净利润(万元)	-3512.28	8657.73	9940.33	23371.14
利润总额(万元)	-3184.58	8879.42	11332.29	24443.22

上海隧道工程股份有限公司

公司概况	公司名称	上海隧道工程股份有限公司			证券简称	隧道股份
	法人代表	杨磊	董秘	田军	证券代码	600820
	公司网址	www.stec.net		电子信箱	stecodd@stec.net	
	电　话	021-65419590		传　真	021-65419227	
	办公地址	上海市大连路118号				
	经营范围	建筑业、土木工程建设项目总承包、隧道、市政、建筑、公路及桥梁、交通等				

	指标\报告期	2012.06.30	2011.12.31	2011.06.30	2010.12.31
主要财务指标	基本每股收益(元)	0.3900	0.7051	0.5000	0.7542
	基本每股收益(扣除)(元)	0.4300	0.5642	0.2800	0.4306
	每股净资产(元)	7.9892	7.6007	6.1153	6.0300
	每股经营现金净流量(元)	0.1079	2.6968	1.2238	0.4101
	每股现金流量(元)	-0.7967	0.4278	-0.5032	-2.1382
	每股资本公积金(元)	4.2129	2.4765	2.4776	2.4774
	每股盈余公积金(元)	0.3012	0.5373	0.3313	0.3313
	每股未分配利润(元)	2.3030	3.3844	2.0761	1.9711
	净资产收益率(%)	4.8990	10.6760	14.3563	12.4977
	加权净资产收益率(%)	4.9700	11.1800	6.9400	13.2400
	净资产收益率(扣除)(%)	-	-	-	-
	总资产(万元)	4413326.20	4415851.98	2019281.38	2011470.47
	归属母公司股东权益(万元)	1037524.34	987074.47	448570.44	442654.27
	主营业务收入(万元)	768557.01	1413755.87	773758.89	1514381.84
	营业收入(万元)	777681.20	1419154.99	781950.55	1517358.13
	主营成本(万元)	675674.87	1228475.48	666559.23	1338261.73
	营业成本(万元)	678661.38	1232889.33	476935.67	1340303.79
	投资收益(万元)	63197.11	28332.79	61273.89	38385.33
	净利润(万元)	52176.46	51671.95	65679.83	55166.79
	利润总额(万元)	67308.74	61040.37	84903.85	68598.96

天津劝业场(集团)股份有限公司

公司概况	公司名称	天津劝业场(集团)股份有限公司			证券简称	津劝业
	法人代表	张立津	董秘	赵虹	证券代码	600821
	公司网址	www.qyc.com.cn		电子信箱	tjqy600821@yahoo.com.cn	
	电　话	022-27304989		传　真	022-27304989	
	办公地址	天津市和平区和平路290号				
	经营范围	商业、各类物资的批发及零售、洗染、摄影、其它居民服务、日用品修理等				

	指标\报告期	2012.06.30	2011.12.31	2011.06.30	2010.12.31
主要财务指标	基本每股收益(元)	0.0100	0.0200	0.0100	0.0200
	基本每股收益(扣除)(元)	0.0100	0.0300	0.0100	-0.0900
	每股净资产(元)	1.3660	1.3500	1.3400	1.3400
	每股经营现金净流量(元)	-0.0389	0.1708	0.0759	0.0556
	每股现金流量(元)	0.1159	-0.1028	0.0080	-0.1388
	每股资本公积金(元)	0.4295	0.4294	0.4296	0.4296
	每股盈余公积金(元)	0.2301	0.2301	0.2301	0.2301
	每股未分配利润(元)	-0.2940	-0.3046	-0.3167	-0.3234
	净资产收益率(%)	0.7800	1.3846	0.4920	1.2080
	加权净资产收益率(%)	0.7800	1.3900	0.4900	1.2100
	净资产收益率(扣除)(%)	-	-	-	-
	总资产(万元)	163251.42	159028.71	145542.94	149095.27
	归属母公司股东权益(万元)	56847.40	56402.89	55901.96	55627.93
	主营业务收入(万元)	54338.65	86507.12	44516.65	58570.68
	营业收入(万元)	55284.66	88858.45	45087.23	59472.13
	主营成本(万元)	49235.96	77868.85	39394.75	49512.12
	营业成本(万元)	58744.51	77998.57	44925.72	49648.23
	投资收益(万元)	3541.14	15412.03	-65.83	3027.43
	净利润(万元)	440.73	780.94	275.08	671.84
	利润总额(万元)	440.73	681.44	268.42	679.79

上海物资贸易股份有限公司

公司概况	公司名称	上海物资贸易股份有限公司			证券简称	上海物贸
	法人代表	贺涛	董秘	李伟	证券代码	600822
	公司网址	www.600822sh.com		电子信箱	600822@shwuzi.com	
	电　话	021-63231818		传　真	021-63292367	
	办公地址	上海市黄浦区南苏州路325号				
	经营范围	燃料油、金属材料、化工原料、建材、汽车等机电产品的经营及进出口贸易等				

	指标\报告期	2012.06.30	2011.12.31	2011.06.30	2010.12.31
主要财务指标	基本每股收益(元)	0.0830	0.2140	0.1159	0.2070
	基本每股收益(扣除)(元)	0.0800	0.2090	0.1130	0.1750
	每股净资产(元)	3.4280	3.3670	3.2778	3.1600
	每股经营现金净流量(元)	0.1142	-2.6520	-0.9108	-1.8139
	每股现金流量(元)	0.7250	-0.2828	-0.1351	0.2160
	每股资本公积金(元)	1.4930	1.5157	1.5218	1.5183
	每股盈余公积金(元)	0.1025	0.1025	0.0918	0.0918
	每股未分配利润(元)	0.8380	0.7550	0.6674	0.5515
	净资产收益率(%)	2.4208	6.3630	3.5350	6.5590
	加权净资产收益率(%)	2.4400	6.5700	3.5300	6.6400
	净资产收益率(扣除)(%)	-	-	-	-
	总资产(万元)	1270675.83	902846.58	920192.53	815123.58
	归属母公司股东权益(万元)	170029.03	167029.69	162569.93	156675.70
	主营业务收入(万元)	4134807.26	8051360.73	3535951.51	5790928.42
	营业收入(万元)	4136208.59	8057191.55	3837179.60	5795323.68
	主营成本(万元)	4093281.75	7976312.70	3799514.47	5732624.85
	营业成本(万元)	4093620.58	7977150.28	3799832.32	5733156.50
	投资收益(万元)	1366.03	3714.67	1491.12	5817.01
	净利润(万元)	5567.11	11945.21	6404.62	11269.72
	利润总额(万元)	7054.61	14276.66	7601.60	13237.85

上海世茂股份有限公司

公司概况	公司名称	上海世茂股份有限公司			证券简称	世茂股份
	法人代表	许荣茂	董秘	罗瑞华	证券代码	600823
	公司网址	www.shimaoco.com		电子信箱	600823@shimao.com.cn	
	电　话	021-20203388		传　真	021-20203399	
	办公地址	上海市银城中路68号时代金融中心43楼				
	经营范围	实业投资、房地产综合开发、本公司商标特许经营、针纺织品等				

	指标\报告期	2012.06.30	2011.12.31	2011.06.30	2010.12.31
主要财务指标	基本每股收益(元)	0.5100	1.0100	0.4100	0.7500
	基本每股收益(扣除)(元)	0.5000	0.8700	0.3900	0.5500
	每股净资产(元)	10.2900	8.8200	8.3370	7.0400
	每股经营现金净流量(元)	-0.9795	-1.4941	-0.7694	-1.4926
	每股现金流量(元)	-0.6970	0.8154	0.5255	1.8394
	每股资本公积金(元)	6.0012	5.0337	5.1576	4.2740
	每股盈余公积金(元)	0.1705	0.1705	0.1705	0.1705
	每股未分配利润(元)	3.1161	2.6065	2.0061	1.5953
	净资产收益率(%)	4.9510	11.4700	4.9280	10.6041
	加权净资产收益率(%)	5.6000	12.7500	5.6800	12.9200
	净资产收益率(扣除)(%)	-	-	-	-
	总资产(万元)	3464067.03	3300655.96	2894745.91	2594560.11
	归属母公司股东权益(万元)	1204881.00	1031977.25	975922.54	824138.21
	主营业务收入(万元)	353390.61	568205.47	331250.52	456789.62
	营业收入(万元)	355244.22	568948.06	331878.42	456939.72
	主营成本(万元)	220359.83	283523.15	192190.82	213916.58
	营业成本(万元)	220363.13	283779.99	192191.96	213922.88
	投资收益(万元)	23934.73	525.81	513.52	1013.50
	净利润(万元)	56577.64	123591.78	49907.62	102720.74
	利润总额(万元)	75467.40	172497.23	72310.23	150117.03

上海益民商业集团股份有限公司

公司概况	公司名称	上海益民商业集团股份有限公司		证券简称	益民集团
	法人代表	杨传华	董秘 邵振耀	证券代码	600824
	公司网址	www.yimingroup.com		电子信箱	yimin@yimingroup.com
	电　话	021-64339888		传　真	021-64721377
	办公地址	上海市淮海中路809号甲			
	经营范围	百货零售业等			

主要财务指标	指标\报告期	2012.06.30	2011.12.31	2011.06.30	2010.12.31
	基本每股收益(元)	0.1375	0.1850	0.1241	0.1680
	基本每股收益(扣除)(元)	0.1350	0.1860	0.1251	0.1670
	每股净资产(元)	2.0490	1.9720	1.9110	1.8470
	每股经营现金净流量(元)	0.1804	-0.0368	0.1364	0.1864
	每股现金流量(元)	-0.0387	0.0480	0.0860	-0.0011
	每股资本公积金(元)	0.1851	0.1853	0.1854	0.1851
	每股盈余公积金(元)	0.1856	0.1856	0.1831	0.1833
	每股未分配利润(元)	0.6786	0.6011	0.5422	0.4781
	净资产收益率(%)	6.7099	9.3970	6.4953	9.1031
	加权净资产收益率(%)	6.7700	9.7300	6.5400	9.4300
	净资产收益率(扣除)(%)	-	-	-	-
	总资产(万元)	231210.66	231359.94	218551.16	209632.78
	归属母公司股东权益(万元)	150005.70	144344.28	139850.23	135159.37
	主营业务收入(万元)	127242.15	208135.43	107545.12	177027.90
	营业收入(万元)	132169.25	218657.53	113056.91	186570.49
	主营成本(万元)	92291.81	148379.91	75236.44	121905.85
	营业成本(万元)	93741.17	151121.03	76532.34	124309.78
	投资收益(万元)	35.78	229.77	256.03	814.19
	净利润(万元)	10194.76	13652.16	9131.81	12365.47
	利润总额(万元)	13888.59	19417.60	12521.88	17356.50

上海新华传媒股份有限公司

公司概况	公司名称	上海新华传媒股份有限公司		证券简称	新华传媒
	法人代表	陈剑峰	董秘 王左国	证券代码	600825
	公司网址	www.xhmedia.com		电子信箱	xhcm600825@gmail.com
	电　话	021-60376284		传　真	021-60376284
	办公地址	上海市黄浦区汉口路266号15-16楼			
	经营范围	图书报刊、电子出版物零售(连锁经营)、图书报刊、电子出版物批发等			

主要财务指标	指标\报告期	2012.06.30	2011.12.31	2011.06.30	2010.12.31
	基本每股收益(元)	0.0620	0.1700	0.0800	0.1900
	基本每股收益(扣除)(元)	0.0230	0.0600	0.0630	0.1500
	每股净资产(元)	2.4300	2.3680	2.2650	2.1500
	每股经营现金净流量(元)	-0.1227	0.0435	0.0052	0.2896
	每股现金流量(元)	-0.1363	0.1223	0.0666	0.1639
	每股资本公积金(元)	0.6079	0.6079	0.5477	0.5150
	每股盈余公积金(元)	0.1050	0.1050	0.0879	0.0879
	每股未分配利润(元)	0.7174	0.6551	0.6297	0.5494
	净资产收益率(%)	2.5625	7.2944	3.5429	8.9080
	加权净资产收益率(%)	2.6000	7.6600	3.6400	9.2100
	净资产收益率(扣除)(%)	-	-	-	-
	总资产(万元)	537999.49	536287.20	533102.18	486974.20
	归属母公司股东权益(万元)	253943.42	247436.23	236701.81	224900.37
	主营业务收入(万元)	77868.28	203281.25	95950.52	224198.73
	营业收入(万元)	81339.26	211098.52	100528.34	230748.84
	主营成本(万元)	53579.60	140738.53	65886.85	144791.91
	营业成本(万元)	54011.85	141720.54	66152.96	145094.03
	投资收益(万元)	203.23	9157.09	1465.07	3952.11
	净利润(万元)	6607.80	18532.57	8683.52	20859.67
	利润总额(万元)	8980.26	24279.53	11390.87	27456.96

上海兰生股份有限公司

公司概况	公司名称	上海兰生股份有限公司		证券简称	兰生股份
	法人代表	戴柳	董秘 杨敏	证券代码	600826
	公司网址	www.lansheng.com		电子信箱	yangmin@lansheng.com
	电　话	021-51991608		传　真	021-33772731
	办公地址	上海市中山北二路1800号			
	经营范围	主营自营和代理各类商品及技术的进出口业务、国内贸易等			

主要财务指标	指标\报告期	2012.06.30	2011.12.31	2011.06.30	2010.12.31
	基本每股收益(元)	0.0900	0.1242	0.0850	0.2200
	基本每股收益(扣除)(元)	0.0890	0.1026	0.0610	0.0300
	每股净资产(元)	4.6720	3.8570	4.3660	4.5700
	每股经营现金净流量(元)	-0.0270	-0.1390	-0.0944	0.0254
	每股现金流量(元)	-0.0661	-0.0605	-0.0186	0.5263
	每股资本公积金(元)	3.0915	2.3356	2.8842	5.2306
	每股盈余公积金(元)	0.3994	0.3994	0.3852	0.5778
	每股未分配利润(元)	0.1813	0.1217	0.0966	0.0476
	净资产收益率(%)	1.9186	3.2190	1.9440	4.8010
	加权净资产收益率(%)	2.1000	2.6900	1.6900	3.4500
	净资产收益率(扣除)(%)	-	-	-	-
	总资产(万元)	266945.47	220442.65	243498.52	256017.82
	归属母公司股东权益(万元)	196532.16	162228.53	183651.12	192259.90
	主营业务收入(万元)	65042.14	126524.39	61292.83	137909.20
	营业收入(万元)	65577.36	129032.23	62062.27	139197.86
	主营成本(万元)	62110.66	120279.44	58004.40	131830.15
	营业成本(万元)	62445.86	122479.88	58672.60	132963.50
	投资收益(万元)	3936.78	7363.53	4619.17	14665.59
	净利润(万元)	3767.84	5176.35	3525.98	8765.47
	利润总额(万元)	3798.74	5276.60	3664.11	10621.65

上海友谊集团股份有限公司

公司概况	公司名称	上海友谊集团股份有限公司		证券简称	友谊股份
	法人代表	马新生	董秘 董小春	证券代码	600827
	公司网址	www.shfriendship.com		电子信箱	yy600827@163.com
	电　话	021-63223344 63229537		传　真	021-63517447
	办公地址	上海市六合路58号新一百大厦22楼			
	经营范围	综合百货、医疗器械、装潢装饰材料、服装针纺织品、五金交电等			

主要财务指标	指标\报告期	2012.06.30	2011.12.31	2011.06.30	2010.12.31
	基本每股收益(元)	0.4700	0.8500	0.5800	0.6500
	基本每股收益(扣除)(元)	0.4600	0.6200	0.4800	0.6000
	每股净资产(元)	6.7900	6.6800	6.2480	5.9200
	每股经营现金净流量(元)	0.0292	2.0599	1.2650	10.9555
	每股现金流量(元)	-0.4159	0.3290	0.9748	6.9643
	每股资本公积金(元)	2.7811	2.5854	2.5356	11.9176
	每股盈余公积金(元)	0.4299	0.4299	0.3312	1.5320
	每股未分配利润(元)	2.5770	2.3557	2.3810	5.6834
	净资产收益率(%)	6.9384	12.6720	31.6049	10.9434
	加权净资产收益率(%)	7.0800	13.7100	9.3500	9.9000
	净资产收益率(扣除)(%)	-	-	-	-
	总资产(万元)	3571548.98	3688988.13	2053608.25	3601875.57
	归属母公司股东权益(万元)	1170043.98	1098339.25	294966.61	950513.02
	主营业务收入(万元)	2474348.76	4584505.78	2365403.97	4294621.03
	营业收入(万元)	2549045.80	4701515.76	2429056.86	4389115.34
	主营成本(万元)	1982230.74	3623370.06	1882046.60	3376738.76
	营业成本(万元)	1988774.39	3634831.59	1886294.92	3394601.47
	投资收益(万元)	16346.39	68396.89	50853.73	47542.50
	净利润(万元)	105730.12	194658.59	126914.58	160832.87
	利润总额(万元)	136794.24	261899.51	166443.47	211696.97

成商集团股份有限公司

公司概况	公司名称	成商集团股份有限公司			证券简称	成商集团
	法人代表	王福琴	董秘	郑怡	证券代码	600828
	公司网址	www.cpds.cn		电子信箱	cpds_600828@cpds.cn	
	电　话	028-86665088		传　真	028-86652529	
	办公地址	四川省成都市东御街19号				
	经营范围	批发、零售商品等				

主要财务指标	指标\报告期	2012.06.30	2011.12.31	2011.06.30	2010.12.31
	基本每股收益(元)	0.1345	0.4461	0.1883	0.3782
	基本每股收益(扣除)(元)	0.1352	0.4304	0.1880	0.2924
	每股净资产(元)	1.5000	1.8100	1.6100	1.6700
	每股经营现金净流量(元)	0.1727	0.5519	0.2151	0.6730
	每股现金流量(元)	0.0039	-0.0146	0.0596	0.1521
	每股资本公积金(元)	0.0529	0.0688	0.0688	0.0826
	每股盈余公积金(元)	0.1695	0.2204	0.1860	0.2232
	每股未分配利润(元)	0.2749	0.5226	0.3557	0.3632
	净资产收益率(%)	8.9793	24.6190	15.1957	22.6630
	加权净资产收益率(%)	9.3000	27.9700	16.3100	25.1800
	净资产收益率(扣除)(%)	-	-	-	-
	总资产(万元)	216418.61	209350.52	193680.64	161154.49
	归属母公司股东权益(万元)	85417.52	79502.81	70668.31	61026.78
	主营业务收入(万元)	98901.20	186407.94	95390.42	158929.15
	营业收入(万元)	108511.89	204015.83	103246.04	171066.52
	主营成本(万元)	82718.58	156385.05	79011.89	131119.58
	营业成本(万元)	82995.01	156932.98	79283.40	131671.69
	投资收益(万元)	149.50	7752.39	3505.15	3754.74
	净利润(万元)	7603.18	19803.58	10724.64	13695.86
	利润总额(万元)	10683.29	25896.73	13889.42	18191.95

哈药集团三精制药股份有限公司

公司概况	公司名称	哈药集团三精制药股份有限公司			证券简称	三精制药
	法人代表	刘占滨	董秘	林本松	证券代码	600829
	公司网址	www.sanjing.com.cn		电子信箱	linbs@hayao.com	
	电　话	0451-84675166		传　真	0451-84675166	
	办公地址	黑龙江省哈尔滨市香坊区哈平路233号				
	经营范围	医药制造、医药经销和投资管理等				

主要财务指标	指标\报告期	2012.06.30	2011.12.31	2011.06.30	2010.12.31
	基本每股收益(元)	0.3853	0.6874	0.3706	0.5757
	基本每股收益(扣除)(元)	0.3631	0.5983	0.3612	0.5122
	每股净资产(元)	3.4916	3.1063	2.7900	2.7456
	每股经营现金净流量(元)	0.1985	-0.1868	0.2659	0.4216
	每股现金流量(元)	-0.0254	0.0343	-0.1061	0.0597
	每股资本公积金(元)	0.2264	0.2264	0.2264	0.3396
	每股盈余公积金(元)	0.4436	0.4436	0.3908	1.0862
	每股未分配利润(元)	1.8216	1.4363	1.1723	1.6926
	净资产收益率(%)	11.0360	22.1280	13.2840	20.9668
	加权净资产收益率(%)	11.6800	23.4900	12.6400	21.4400
	净资产收益率(扣除)(%)	-	-	-	-
	总资产(万元)	397635.57	384385.00	335965.97	332102.50
	归属母公司股东权益(万元)	202473.05	180128.87	161757.25	159212.35
	主营业务收入(万元)	209932.21	359920.43	179918.84	299775.01
	营业收入(万元)	210311.28	360573.89	180296.92	300508.86
	主营成本(万元)	99802.73	182046.38	85691.02	151294.93
	营业成本(万元)	99802.86	182054.12	85693.76	151422.34
	投资收益(万元)	20.86	342.57	354.75	300.38
	净利润(万元)	22642.10	38847.67	20441.81	33937.58
	利润总额(万元)	27962.18	48552.43	25087.90	42008.52

香溢融通控股集团股份有限公司

公司概况	公司名称	香溢融通控股集团股份有限公司			证券简称	香溢融通
	法人代表	孙建华	董秘	林蔚晴	证券代码	600830
	公司网址	www.sunnyloantop.cn		电子信箱	slt@sunnyloantop.cn	
	电　话	0574-87315310		传　真	0574-87294676	
	办公地址	浙江省宁波市开明街130弄48号				
	经营范围	商业、广告、进出口、餐饮服务、娱乐及旅游等				

主要财务指标	指标\报告期	2012.06.30	2011.12.31	2011.06.30	2010.12.31
	基本每股收益(元)	0.1230	0.4140	0.1430	0.2080
	基本每股收益(扣除)(元)	0.0250	0.0570	0.0400	0.0340
	每股净资产(元)	3.5340	3.4610	3.1900	3.0970
	每股经营现金净流量(元)	-0.0542	0.3971	0.4112	-0.5928
	每股现金流量(元)	-0.1674	0.3635	0.4328	-0.5238
	每股资本公积金(元)	1.1545	1.1545	1.1545	1.1545
	每股盈余公积金(元)	0.1819	0.1767	0.1577	0.1510
	每股未分配利润(元)	1.1980	1.1299	0.8778	0.7913
	净资产收益率(%)	3.4893	11.9700	4.4890	6.7140
	加权净资产收益率(%)	3.5010	12.6350	4.5190	6.9570
	净资产收益率(扣除)(%)	-	-	-	-
	总资产(万元)	227428.14	222271.87	218909.20	205147.86
	归属母公司股东权益(万元)	160575.12	157243.78	144927.00	140693.30
	主营业务收入(万元)	53780.72	115925.50	62067.98	103090.96
	营业收入(万元)	61548.02	130208.89	69120.63	113789.77
	主营成本(万元)	48477.94	105391.89	56851.14	94355.80
	营业成本(万元)	48670.50	105613.82	56960.29	95165.23
	投资收益(万元)	20.22	1584.07	-	2.64
	净利润(万元)	6320.99	20156.40	7344.62	10564.64
	利润总额(万元)	8723.05	26705.57	9829.40	14511.67

陕西广电网络传媒(集团)股份有限公司

公司概况	公司名称	陕西广电网络传媒(集团)股份有限公司			证券简称	广电网络
	法人代表	吕晓明	董秘	杨莎	证券代码	600831
	公司网址	www.600831.com		电子信箱	600831@china.com	
	电　话	029-87991255 87991258		传　真	029-87991266	
	办公地址	陕西省西安市高新区高新一路15号				
	经营范围	有线电视网络运营、广告代理、影视制作等				

主要财务指标	指标\报告期	2012.06.30	2011.12.31	2011.06.30	2010.12.31
	基本每股收益(元)	0.1390	0.2500	0.1240	0.2000
	基本每股收益(扣除)(元)	0.1390	0.2300	0.1200	0.2500
	每股净资产(元)	2.6680	2.5600	2.4350	2.3100
	每股经营现金净流量(元)	0.6401	1.0953	0.6419	1.1713
	每股现金流量(元)	0.2219	-0.1598	0.0465	0.3654
	每股资本公积金(元)	0.7698	0.7698	0.7698	0.7698
	每股盈余公积金(元)	0.0838	0.0838	0.0603	0.0603
	每股未分配利润(元)	0.8148	0.7063	0.6053	0.4815
	净资产收益率(%)	5.1900	9.6970	5.0800	8.6843
	加权净资产收益率(%)	5.2700	10.1900	5.2200	9.0000
	净资产收益率(扣除)(%)	-	-	-	-
	总资产(万元)	368903.71	332885.76	331290.57	317580.81
	归属母公司股东权益(万元)	150348.15	144234.40	137221.90	130247.37
	主营业务收入(万元)	85375.08	141394.31	69274.11	121722.90
	营业收入(万元)	85460.61	141917.91	69451.65	122214.45
	主营成本(万元)	49943.65	83479.56	41165.40	71414.91
	营业成本(万元)	49978.27	83523.20	41204.32	71617.26
	投资收益(万元)	181.62	337.21	-	54.18
	净利润(万元)	7885.01	13985.88	6979.98	11334.22
	利润总额(万元)	7976.51	14040.50	6979.98	11392.45

上海东方明珠(集团)股份有限公司

公司概况	公司名称	上海东方明珠(集团)股份有限公司			证券简称	东方明珠
	法人代表	钮卫平	董秘	胡湧	证券代码	600832
	公司网址	www.opg.cn		电子信箱	huyong@opg.cn	
	电　话	021-58791888		传　真	021-58828222	
	办公地址	上海市浦东世纪大道 1 号				
	经营范围	旅游观光、媒体广告、信息传输、实业投资等				

	指标＼报告期	2012.06.30	2011.12.31	2011.06.30	2010.12.31
主要财务指标	基本每股收益(元)	0.0860	0.1430	0.0770	0.1990
	基本每股收益(扣除)(元)	0.0750	0.1130	0.0680	0.1170
	每股净资产(元)	2.4260	2.2680	2.4558	2.4160
	每股经营现金净流量(元)	0.0416	0.1836	0.0428	0.3165
	每股现金流量(元)	-0.0829	-0.1040	0.0711	0.4210
	每股资本公积金(元)	0.6939	0.6218	0.7749	0.8125
	每股盈余公积金(元)	0.2085	0.2087	0.1958	0.1958
	每股未分配利润(元)	0.5240	0.4377	0.4851	0.4078
	净资产收益率(%)	3.5537	6.3162	3.1502	8.2540
	加权净资产收益率(%)	3.5500	6.1200	3.1500	8.2600
	净资产收益率(扣除)(%)	-	-	-	-
	总资产(万元)	1244322.14	1178448.27	1305079.51	1248719.18
	归属母公司股东权益(万元)	773137.48	722711.27	782514.88	769824.80
	主营业务收入(万元)	152549.33	256428.65	116474.21	237068.78
	营业收入(万元)	152595.41	256972.69	116522.69	240768.62
	主营成本(万元)	106546.21	169004.21	74875.63	150310.50
	营业成本(万元)	106546.21	169189.50	74875.63	150503.02
	投资收益(万元)	8421.51	12993.88	6695.49	34932.86
	净利润(万元)	30454.44	50742.58	27591.16	68529.62
	利润总额(万元)	39461.11	66726.96	35192.36	90302.19

上海第一医药股份有限公司

公司概况	公司名称	上海第一医药股份有限公司			证券简称	第一医药
	法人代表	盛小洪	董秘	孙炳	证券代码	600833
	公司网址	www.dyyy.com.cn		电子信箱	shcred@online.sh.cn	
	电　话	021-64337282		传　真	021-64337191	
	办公地址	上海市徐汇区乌鲁木齐南路 158 号				
	经营范围	经销化学原料药、化学药制剂、生物制品、中西药、百货等				

	指标＼报告期	2012.06.30	2011.12.31	2011.06.30	2010.12.31
主要财务指标	基本每股收益(元)	0.0822	0.1600	0.0792	0.1400
	基本每股收益(扣除)(元)	0.0817	0.1600	0.0739	0.1300
	每股净资产(元)	2.0864	1.8935	2.6608	2.6914
	每股经营现金净流量(元)	0.1452	0.1106	0.1286	0.2505
	每股现金流量(元)	0.1508	0.0436	0.1110	0.0815
	每股资本公积金(元)	0.7544	0.6437	1.0309	1.1724
	每股盈余公积金(元)	0.0902	0.0902	0.0995	0.0995
	每股未分配利润(元)	0.2418	0.1595	0.5305	0.4195
	净资产收益率(%)	3.9414	8.7000	4.1680	7.0707
	加权净资产收益率(%)	4.1300	8.6300	4.1400	7.3200
	净资产收益率(扣除)(%)	-	-	-	-
	总资产(万元)	83145.71	79420.61	76562.14	78817.90
	归属母公司股东权益(万元)	46543.98	42240.35	42399.66	42887.29
	主营业务收入(万元)	64791.23	122131.79	60908.12	110208.11
	营业收入(万元)	67302.51	126832.71	63168.32	114747.57
	主营成本(万元)	56089.98	104707.13	51983.73	94253.62
	营业成本(万元)	56254.79	105082.71	52129.34	94669.24
	投资收益(万元)	244.85	236.60	6.10	219.12
	净利润(万元)	1834.50	3674.87	1767.23	3032.44
	利润总额(万元)	2454.15	5201.33	2399.65	4132.85

上海申通地铁股份有限公司

公司概况	公司名称	上海申通地铁股份有限公司			证券简称	申通地铁
	法人代表	顾诚	董秘	孙安	证券代码	600834
	公司网址	www.shtmetro.com		电子信箱	600834@shtmetro.com	
	电　话	021-54259985 54259971		传　真	021-54257330	
	办公地址	上海市桂林路 909 号 3 号楼 2 楼				
	经营范围	地铁经营及相关综合开发、轨道交通投资、附设分支机构等				

	指标＼报告期	2012.06.30	2011.12.31	2011.06.30	2010.12.31
主要财务指标	基本每股收益(元)	0.1300	0.1200	0.0500	0.2000
	基本每股收益(扣除)(元)	0.1300	0.1200	0.0500	0.2000
	每股净资产(元)	2.4329	2.3514	2.2870	2.3000
	每股经营现金净流量(元)	0.3408	0.3576	0.1630	0.3119
	每股现金流量(元)	0.2060	0.0120	-0.0019	0.0103
	每股资本公积金(元)	0.1701	0.1693	0.1707	0.1706
	每股盈余公积金(元)	0.3441	0.3441	0.3325	0.3325
	每股未分配利润(元)	0.9186	0.8380	0.7833	0.7937
	净资产收益率(%)	5.3716	4.9280	2.1724	8.5430
	加权净资产收益率(%)	5.4100	4.9800	2.1700	8.7700
	净资产收益率(扣除)(%)	-	-	-	-
	总资产(万元)	179755.06	173227.60	176129.62	177855.26
	归属母公司股东权益(万元)	116141.83	112253.39	109157.01	109647.24
	主营业务收入(万元)	35639.59	77925.28	36772.65	82694.27
	营业收入(万元)	35639.59	77925.28	36772.65	83421.58
	主营成本(万元)	27167.92	68184.40	32312.95	69830.45
	营业成本(万元)	27167.92	68184.40	32312.95	70579.58
	投资收益(万元)	-	3.80	1.60	110.38
	净利润(万元)	6238.62	5531.98	2371.36	9367.45
	利润总额(万元)	8318.16	7261.13	3120.20	11892.64

上海机电股份有限公司

公司概况	公司名称	上海机电股份有限公司			证券简称	上海机电
	法人代表	徐建国	董秘	司文培	证券代码	600835
	公司网址	www.chinasec.cn		电子信箱	shjddm@chinasec.cn	
	电　话	021-68547168		传　真	021-68547170 68547550	
	办公地址	上海市浦东新区民生路 1286 号汇商大厦 9 楼				
	经营范围	机电一体化产品、设备的设计、生产、销售自产产品等				

	指标＼报告期	2012.06.30	2011.12.31	2011.06.30	2010.12.31
主要财务指标	基本每股收益(元)	0.5400	0.7000	0.4400	0.6500
	基本每股收益(扣除)(元)	0.4000	0.7100	0.4500	0.6400
	每股净资产(元)	6.0400	5.8000	5.5900	5.3700
	每股经营现金净流量(元)	1.4731	1.5081	0.8645	1.7477
	每股现金流量(元)	1.4387	1.0726	0.4760	1.0895
	每股资本公积金(元)	1.4442	1.4433	1.4384	1.4387
	每股盈余公积金(元)	1.1925	1.2071	1.1301	1.1320
	每股未分配利润(元)	2.4040	2.1515	2.0172	1.7944
	净资产收益率(%)	8.9032	11.9900	7.8760	12.1330
	加权净资产收益率(%)	8.8600	12.4600	7.8800	12.7600
	净资产收益率(扣除)(%)	-	-	-	-
	总资产(万元)	1978659.19	1791042.23	1672982.41	1518764.83
	归属母公司股东权益(万元)	617806.80	593384.62	571272.61	548707.77
	主营业务收入(万元)	708127.24	1425530.57	725756.40	1301875.05
	营业收入(万元)	719607.65	1450237.90	736602.62	1325997.88
	主营成本(万元)	570082.92	1145661.72	586748.52	1049938.90
	营业成本(万元)	579379.56	1165469.42	595217.28	1070027.57
	投资收益(万元)	31677.90	34544.81	20615.48	35848.71
	净利润(万元)	82096.58	117829.57	69422.56	108651.91
	利润总额(万元)	91373.95	135201.99	78847.80	124814.79

上海界龙实业集团股份有限公司

公司概况	公司名称	上海界龙实业集团股份有限公司			证券简称	界龙实业
	法人代表	费屹立	董秘	楼福良	证券代码	600836
	公司网址	www.jielong-printing.com		电子信箱	loufl@jielongcorp.com	
	电　　话	021-63746888 58921888		传　　真	021-63732586 58926698	
	办公地址	上海市浦东新区川周路 7111 号				
	经营范围	包装装潢、彩色印刷、特种印刷、电脑制品、照相制版等				

	指标\报告期	2012.06.30	2011.12.31	2011.06.30	2010.12.31
主要财务指标	基本每股收益(元)	0.0050	0.0220	0.0050	0.0540
	基本每股收益(扣除)(元)	-0.0080	-0.0200	-0.0030	-0.0040
	每股净资产(元)	1.3550	1.3500	1.3330	1.3300
	每股经营现金净流量(元)	0.3119	-0.0998	-0.1107	-0.2674
	每股现金流量(元)	0.0447	0.1737	0.1990	-0.0640
	每股资本公积金(元)	0.0132	0.0128	0.0136	0.0136
	每股盈余公积金(元)	0.0295	0.0295	0.0176	0.0176
	每股未分配利润(元)	0.3121	0.3073	0.3019	0.2970
	净资产收益率(%)	0.3560	1.6420	0.3707	4.0998
	加权净资产收益率(%)	0.3600	1.6600	0.3700	3.8000
	净资产收益率(扣除)(%)	-	-	-	-
	总资产(万元)	360910.15	342295.95	304110.49	259826.92
	归属母公司股东权益(万元)	42479.96	42317.76	41802.30	41648.97
	主营业务收入(万元)	50662.42	113267.33	48904.52	146622.55
	营业收入(万元)	51915.87	116219.04	50202.97	149398.19
	主营成本(万元)	42130.66	95219.29	40496.17	123978.56
	营业成本(万元)	42322.70	95678.83	40699.56	124225.56
	投资收益(万元)	-	1259.32	74.40	739.39
	净利润(万元)	26.90	647.15	87.30	2136.92
	利润总额(万元)	157.74	1676.59	465.16	4092.18

海通证券股份有限公司

公司概况	公司名称	海通证券股份有限公司			证券简称	海通证券
	法人代表	王开国	董秘	金晓斌	证券代码	600837
	公司网址	www.htsec.com		电子信箱	jinxb@htsec.com	
	电　　话	021-23219000		传　　真	021-63410627	
	办公地址	上海市广东路 689 号海通证券大厦				
	经营范围	证券经纪、证券自营、证券承销与保荐、证券投资咨询等				

	指标\报告期	2012.06.30	2011.12.31	2011.06.30	2010.12.31
主要财务指标	基本每股收益(元)	0.2300	0.3800	0.2700	0.4500
	基本每股收益(扣除)(元)	0.2300	0.3600	0.2700	0.4300
	每股净资产(元)	5.9700	5.4700	5.4900	5.4000
	每股经营现金净流量(元)	0.1682	-2.1575	-2.4354	-1.7595
	每股现金流量(元)	1.1688	-2.8559	-2.8077	-2.0914
	每股资本公积金(元)	3.3381	2.6676	2.7765	2.8052
	每股盈余公积金(元)	0.2062	0.2402	0.2031	0.2031
	每股未分配利润(元)	1.0411	1.1167	1.1224	1.0008
	净资产收益率(%)	3.5377	6.8890	4.9490	8.2898
	加权净资产收益率(%)	4.0700	6.9300	4.9200	8.3900
	净资产收益率(扣除)(%)	-	-	-	-
	总资产(万元)	11535750.77	9887637.67	10596779.00	11541309.75
	归属母公司股东权益(万元)	5725488.68	4504237.47	4515349.52	4446736.29
	主营业务收入(万元)	-	-	-	-
	营业收入(万元)	506364.99	929273.00	524651.23	976769.17
	主营成本(万元)	-	-	-	-
	营业成本(万元)	-	-	-	-
	投资收益(万元)	88924.09	205370.73	132048.77	105644.24
	净利润(万元)	214494.04	328199.68	233912.59	386815.77
	利润总额(万元)	280063.01	430016.39	306312.03	498968.94

上海九百股份有限公司

公司概况	公司名称	上海九百股份有限公司			证券简称	上海九百
	法人代表	龚祥荣	董秘	张敏	证券代码	600838
	公司网址	www.shjb600838.com		电子信箱	shjb838@sina.com	
	电　　话	021-62729898 918 838		传　　真	021-62569821	
	办公地址	上海市常德路 940 号				
	经营范围	日用百货、家用电器、针纺织品、文教用品等的零售与批发等				

	指标\报告期	2012.06.30	2011.12.31	2011.06.30	2010.12.31
主要财务指标	基本每股收益(元)	0.0257	0.2659	0.2458	0.0718
	基本每股收益(扣除)(元)	0.0257	0.0518	0.0345	0.0407
	每股净资产(元)	1.7614	1.7357	1.7212	1.4759
	每股经营现金净流量(元)	-0.1052	-0.0731	-0.0606	-0.0786
	每股现金流量(元)	-0.0253	-0.0248	-0.0029	-0.0370
	每股资本公积金(元)	0.4682	0.4682	0.4739	0.4743
	每股盈余公积金(元)	0.0621	0.0621	0.0279	0.0279
	每股未分配利润(元)	0.2310	0.2053	0.2195	-0.0263
	净资产收益率(%)	1.4613	15.3194	14.2800	4.8664
	加权净资产收益率(%)	1.4700	16.5300	15.3800	4.9800
	净资产收益率(扣除)(%)	-	-	-	-
	总资产(万元)	105019.05	100687.33	100649.20	98929.16
	归属母公司股东权益(万元)	70611.18	69579.89	68999.95	59165.43
	主营业务收入(万元)	7855.01	16092.23	7483.32	14669.39
	营业收入(万元)	7913.50	16596.88	7587.80	15050.77
	主营成本(万元)	5449.77	11397.93	4750.17	9887.21
	营业成本(万元)	5449.77	11516.44	4750.17	9887.21
	投资收益(万元)	4222.50	10515.52	4090.25	7592.95
	净利润(万元)	1031.85	10659.21	9853.03	2879.24
	利润总额(万元)	1046.81	10694.99	9864.15	2913.27

四川长虹电器股份有限公司

公司概况	公司名称	四川长虹电器股份有限公司			证券简称	四川长虹
	法人代表	赵勇	董秘	谭明献	证券代码	600839
	公司网址	www.changhong.com		电子信箱	mx.tan@changhong.com	
	电　　话	0816-2418486		传　　真	0816-2418518 2410299	
	办公地址	四川省绵阳市高新区绵兴东路 35 号				
	经营范围	家用电器、电子产品及零配件、通信设备、计算机及其他电子设备等				

	指标\报告期	2012.06.30	2011.12.31	2011.06.30	2010.12.31
主要财务指标	基本每股收益(元)	0.0319	0.1039	0.0650	0.0821
	基本每股收益(扣除)(元)	-0.0348	0.0673	0.0475	0.0156
	每股净资产(元)	2.9000	2.8600	2.8500	3.4700
	每股经营现金净流量(元)	0.0347	-0.2642	-0.2569	-0.2594
	每股现金流量(元)	0.0401	-0.0225	-0.4888	0.8351
	每股资本公积金(元)	0.8272	0.8235	0.5450	0.9248
	每股盈余公积金(元)	0.7403	0.7403	0.9431	1.1789
	每股未分配利润(元)	0.3338	0.3019	0.3594	0.3681
	净资产收益率(%)	1.0993	3.0730	2.2840	2.9598
	加权净资产收益率(%)	1.1061	3.0725	2.3100	3.0100
	净资产收益率(扣除)(%)	-	-	-	-
	总资产(万元)	5241163.05	5165106.41	4813516.21	4455594.38
	归属母公司股东权益(万元)	1338580.91	1322099.23	1012586.91	987412.74
	主营业务收入(万元)	2246326.97	5024483.49	2229824.72	4043932.56
	营业收入(万元)	2321587.51	5200332.83	2298799.73	4171180.89
	主营成本(万元)	1889835.22	4242806.67	1875212.66	3381437.78
	营业成本(万元)	1954514.96	4387835.88	1934676.53	3490610.65
	投资收益(万元)	1491.72	13861.78	-124.07	43272.67
	净利润(万元)	18631.38	32278.39	25202.10	47731.20
	利润总额(万元)	27988.21	54637.41	38351.88	67129.53

上海柴油机股份有限公司

公司概况					
公司名称	上海柴油机股份有限公司			证券简称	上柴股份
法人代表	肖国普	董秘	汪宏彬	证券代码	600841
公司网址	www.sdec.com.cn			电子信箱	sdecdsh@sdec.com.cn
电　话	021-60652207 60652288			传　真	021-65749845
办公地址	上海市杨浦区军工路 2636 号				
经营范围	柴油机、工程机械、油泵及配件、柴油电站、船用成套机组等				

主要财务指标：指标\报告期	2012.06.30	2011.12.31	2011.06.30	2010.12.31
基本每股收益(元)	0.1200	0.4300	0.1300	0.2800
基本每股收益(扣除)(元)	0.1000	0.3900	0.1100	0.2600
每股净资产(元)	3.5400	4.5400	4.3800	4.2200
每股经营现金净流量(元)	0.1109	0.9860	−0.3878	0.7276
每股现金流量(元)	0.7320	−0.0157	−0.8102	0.8848
每股资本公积金(元)	1.3111	1.4677	1.5290	1.5331
每股盈余公积金(元)	0.4984	0.9018	0.8585	0.8585
每股未分配利润(元)	0.7272	1.1713	0.9883	0.8329
净资产收益率(%)	3.1617	9.5050	4.6940	6.7190
加权净资产收益率(%)	3.6900	9.8000	4.7600	6.9900
净资产收益率(扣除)(%)	−	−	−	−
总资产(万元)	491941.99	401085.64	436609.43	404686.55
归属母公司股东权益(万元)	307366.61	218098.11	210174.81	202911.57
主营业务收入(万元)	166497.61	454325.06	284098.78	470068.09
营业收入(万元)	168356.82	463495.53	289383.82	483139.85
主营成本(万元)	136227.94	365401.86	231526.25	366694.05
营业成本(万元)	137679.17	371431.92	235161.27	377904.13
投资收益(万元)	129.41	2132.83	2031.95	861.58
净利润(万元)	9538.12	20194.90	9605.35	10057.30
利润总额(万元)	10668.77	22433.22	12038.88	11884.64

上工申贝(集团)股份有限公司

公司概况					
公司名称	上工申贝(集团)股份有限公司			证券简称	上工申贝
法人代表	张敏	董秘	张建国	证券代码	600843
公司网址	www.sgsbgroup.com			电子信箱	zyq@sgsbgroup.com
电　话	021-68407515 68407700 1223			传　真	021-63302939
办公地址	上海市浦东新区世纪大道 1500 号东方大厦 12 楼				
经营范围	研发、生产、维修缝制设备及零部件、缝纫机专用设备、制衣、塑料制品等				

主要财务指标：指标\报告期	2012.06.30	2011.12.31	2011.06.30	2010.12.31
基本每股收益(元)	0.0641	0.2510	0.0549	0.1006
基本每股收益(扣除)(元)	0.0616	0.0179	0.0051	−0.0673
每股净资产(元)	1.5624	1.5553	1.4461	1.3387
每股经营现金净流量(元)	0.0682	0.1586	−0.0231	−0.1516
每股现金流量(元)	0.0146	−0.1126	−0.1415	−0.1307
每股资本公积金(元)	0.9158	0.9481	0.9414	0.9320
每股盈余公积金(元)	0.0101	0.0101	0.0101	0.0101
每股未分配利润(元)	−0.2127	−0.2768	−0.4729	−0.5277
净资产收益率(%)	4.1012	16.1370	3.7940	7.5154
加权净资产收益率(%)	4.0368	17.1416	4.0156	7.8535
净资产收益率(扣除)(%)	−	−	−	−
总资产(万元)	154030.83	153001.98	171715.06	163062.34
归属母公司股东权益(万元)	70136.04	69816.01	64913.98	60092.89
主营业务收入(万元)	75567.17	153279.37	84811.04	163622.97
营业收入(万元)	77692.38	157868.77	86713.47	167790.56
主营成本(万元)	53148.78	118319.65	62619.95	129127.37
营业成本(万元)	53909.30	120535.32	84349.75	130766.92
投资收益(万元)	1227.11	585.81	126.24	7848.28
净利润(万元)	4998.14	13165.65	3959.30	5363.05
利润总额(万元)	7497.04	13950.03	4672.49	5583.68

丹化化工科技股份有限公司

公司概况					
公司名称	丹化化工科技股份有限公司			证券简称	丹化科技
法人代表	王斌	董秘	沈雅芸	证券代码	600844
公司网址				电子信箱	syy@600844.com
电　话	021-64015596 64016400			传　真	021-64016411
办公地址	上海市闵行区虹许路 788 号 61 室				
经营范围	煤化工产品、石油化工产品及其衍生物的技术开发、技术转让等				

主要财务指标：指标\报告期	2012.06.30	2011.12.31	2011.06.30	2010.12.31
基本每股收益(元)	0.1613	−0.3781	−0.0392	0.0175
基本每股收益(扣除)(元)	−0.1083	−0.3775	−0.0398	−0.0368
每股净资产(元)	1.4186	1.2572	1.5962	1.6350
每股经营现金净流量(元)	0.4255	0.4525	0.0476	0.2371
每股现金流量(元)	0.1650	−0.1862	−0.0861	−0.1361
每股资本公积金(元)	1.0250	1.0250	1.0250	1.0250
每股盈余公积金(元)	0.0721	0.0721	0.0721	0.0721
每股未分配利润(元)	−0.6785	−0.8399	−0.5010	−0.4617
净资产收益率(%)	11.3739	−30.0760	−2.4570	1.0670
加权净资产收益率(%)	12.0600	−26.1400	−2.4300	1.0700
净资产收益率(扣除)(%)	−	−	−	−
总资产(万元)	398539.95	395808.03	412838.57	399132.54
归属母公司股东权益(万元)	110454.93	97891.91	124280.91	127333.93
主营业务收入(万元)	43355.68	55034.98	15820.56	30256.10
营业收入(万元)	43526.84	55723.38	16203.77	30866.05
主营成本(万元)	42957.44	63361.28	17996.21	30882.39
营业成本(万元)	43086.27	63877.25	18281.40	31302.47
投资收益(万元)	−1025.37	−1082.55	319.00	529.07
净利润(万元)	7275.01	−38620.68	−3913.44	283.86
利润总额(万元)	6786.96	−39120.31	−4088.95	50.87

上海宝信软件股份有限公司

公司概况					
公司名称	上海宝信软件股份有限公司			证券简称	宝信软件
法人代表	张朔共	董秘	陈健	证券代码	600845
公司网址	www.baosight.com			电子信箱	investor@baosight.com
电　话	021-50801155 1462			传　真	021-50803294
办公地址	上海市浦东新区张江高科技园区郭守敬路 515 号				
经营范围	计算机、自动化、网络通讯系统及软硬件产品的研究、设计、开发、制造等				

主要财务指标：指标\报告期	2012.06.30	2011.12.31	2011.06.30	2010.12.31
基本每股收益(元)	0.3900	0.7200	0.3620	0.6600
基本每股收益(扣除)(元)	0.3730	0.6000	0.3300	0.5700
每股净资产(元)	3.9490	3.7090	3.3510	3.2200
每股经营现金净流量(元)	−0.5835	0.1508	−0.2394	0.3218
每股现金流量(元)	−0.7098	−0.0728	−0.5040	−0.0263
每股资本公积金(元)	0.0731	0.0731	0.0731	0.0950
每股盈余公积金(元)	0.4231	0.4231	0.3537	0.4598
每股未分配利润(元)	2.4506	2.2110	1.9226	2.6282
净资产收益率(%)	9.8652	19.4210	10.8160	20.5630
加权净资产收益率(%)	10.1100	21.0300	10.9000	22.3300
净资产收益率(扣除)(%)	−	−	−	−
总资产(万元)	285959.90	282700.73	263675.06	249214.40
归属母公司股东权益(万元)	134615.21	126453.43	114244.98	109761.13
主营业务收入(万元)	175865.43	314507.23	144362.40	257890.24
营业收入(万元)	175883.16	314545.52	144372.40	258143.88
主营成本(万元)	139518.14	237602.76	109267.17	190622.84
营业成本(万元)	139533.09	237639.26	109281.21	190650.92
投资收益(万元)	129.83	1156.61	25.23	1796.46
净利润(万元)	13411.92	24781.88	12462.93	22822.14
利润总额(万元)	15700.56	29094.59	14617.44	25157.95

上海同济科技实业股份有限公司

公司概况					
公司名称	上海同济科技实业股份有限公司			证券简称	同济科技
法人代表	丁洁民	董秘	杨夏	证券代码	600846
公司网址	www.tjkjsy.com.cn		电子信箱	tjkjsy@tjkjsy.com.cn	
电　话	021-65985860		传　真	021-33626510	
办公地址	上海市四平路1398号同济联合广场B座20层				
经营范围	实业投资、教育产业投资及人才培训、房地产投资与开发经营及咨询服务等				

主要财务指标　指标\报告期	2012.06.30	2011.12.31	2011.06.30	2010.12.31
基本每股收益(元)	0.0600	0.1800	0.0600	0.1500
基本每股收益(扣除)(元)	0.0500	0.1600	0.0500	0.1100
每股净资产(元)	2.1200	2.0800	1.9600	1.9100
每股经营现金净流量(元)	-0.3410	-2.0653	-1.0156	-0.7587
每股现金流量(元)	-0.1704	-0.1494	-0.2843	0.3960
每股资本公积金(元)	0.3635	0.3633	0.3679	0.3730
每股盈余公积金(元)	0.1317	0.1317	0.1242	0.1242
每股未分配利润(元)	0.6246	0.5846	0.4663	0.4100
净资产收益率(%)	2.8321	8.7510	2.8737	8.0360
加权净资产收益率(%)	2.8500	9.1100	2.9100	8.1800
净资产收益率(扣除)(%)	-	-	-	-
总资产(万元)	655940.14	667835.95	476784.97	414005.79
归属母公司股东权益(万元)	132433.98	129918.89	122356.99	119157.62
主营业务收入(万元)	134168.66	200080.79	97606.99	192409.70
营业收入(万元)	134413.53	201417.61	97724.03	193598.42
主营成本(万元)	113387.14	159086.18	80367.24	155643.87
营业成本(万元)	113877.21	160027.60	80423.70	155832.29
投资收益(万元)	1353.86	3408.62	2088.43	2742.33
净利润(万元)	5566.74	16555.46	5664.92	14613.42
利润总额(万元)	7556.87	21348.39	7645.52	18075.81

重庆万里控股(集团)股份有限公司

公司概况					
公司名称	重庆万里控股(集团)股份有限公司			证券简称	万里股份
法人代表	刘悉承	董秘	张晶	证券代码	600847
公司网址	www.cqwanli.net.cn		电子信箱	cqwanli2010@126.com	
电　话	023-47268815		传　真	023-47268798	
办公地址	重庆市江津区双福街道创业大道2号				
经营范围	生产和销售各类铅酸蓄电池等				

主要财务指标　指标\报告期	2012.06.30	2011.12.31	2011.06.30	2010.12.31
基本每股收益(元)	0.0440	0.0400	-0.0138	-0.1600
基本每股收益(扣除)(元)	0.0455	0.0100	-0.0136	-0.0600
每股净资产(元)	0.5678	0.5100	0.4566	0.4700
每股经营现金净流量(元)	0.0853	0.1150	0.1388	-0.4376
每股现金流量(元)	-0.0053	-0.1132	-0.1010	-0.0146
每股资本公积金(元)	0.2455	0.2316	0.2316	0.2316
每股盈余公积金(元)	-	-	-	-
每股未分配利润(元)	-0.6776	-0.7217	-0.7750	-0.7612
净资产收益率(%)	7.7557	7.7520	-3.0228	-33.5480
加权净资产收益率(%)	8.1700	8.0600	-2.9300	-29.2800
净资产收益率(扣除)(%)	-	-	-	-
总资产(万元)	28818.37	27376.15	28846.46	29512.65
归属母公司股东权益(万元)	5034.35	4521.29	4048.44	4170.81
主营业务收入(万元)	7581.05	11525.33	4662.77	8415.05
营业收入(万元)	7850.85	12438.28	4882.93	9336.58
主营成本(万元)	6319.85	9421.96	4272.51	7538.20
营业成本(万元)	6459.41	10050.40	4297.20	8569.71
投资收益(万元)	-	-	-	-120.14
净利润(万元)	365.98	252.72	-136.54	-1452.92
利润总额(万元)	365.98	252.72	-136.54	-1445.39

上海自动化仪表股份有限公司

公司概况					
公司名称	上海自动化仪表股份有限公司			证券简称	自仪股份
法人代表	徐子瑛	董秘	车海辚	证券代码	600848
公司网址	www.saic.sh.cn		电子信箱	bod@saic.sh.cn	
电　话	021-54260980		传　真	021-54262329	
办公地址	上海市徐汇区虹漕路41号				
经营范围	设计、制造自动化控制系统、自动化仪器仪表及其元器件和成套装置等				

主要财务指标　指标\报告期	2012.06.30	2011.12.31	2011.06.30	2010.12.31
基本每股收益(元)	0.0101	0.0160	0.0068	0.0150
基本每股收益(扣除)(元)	-0.0189	-0.0200	-0.0084	-0.1240
每股净资产(元)	0.4414	0.4313	0.4226	0.4200
每股经营现金净流量(元)	-0.0541	-0.0257	-0.1200	-0.0170
每股现金流量(元)	-0.0037	-0.0099	-0.0869	0.0172
每股资本公积金(元)	0.5637	0.5636	0.5638	0.5638
每股盈余公积金(元)	0.0570	0.0570	0.0570	0.0570
每股未分配利润(元)	-1.1793	-1.1893	-1.1982	-1.2051
净资产收益率(%)	2.2798	3.6480	1.6174	3.5440
加权净资产收益率(%)	2.3100	3.7200	1.6300	3.6000
净资产收益率(扣除)(%)	-	-	-	-
总资产(万元)	156075.38	151587.39	139817.90	130474.54
归属母公司股东权益(万元)	17624.93	17222.12	16874.67	16600.83
主营业务收入(万元)	51555.64	100257.41	50686.66	95286.15
营业收入(万元)	51995.62	102729.38	51980.28	97491.94
主营成本(万元)	43468.10	81757.26	42868.45	79160.27
营业成本(万元)	43676.51	83094.55	43628.87	80153.35
投资收益(万元)	114.04	1011.20	564.81	525.46
净利润(万元)	401.82	701.55	270.38	587.15
利润总额(万元)	408.92	710.35	277.30	878.90

上海华东电脑股份有限公司

公司概况					
公司名称	上海华东电脑股份有限公司			证券简称	华东电脑
法人代表	游小明	董秘	吴志明	证券代码	600850
公司网址	www.shecc.com		电子信箱	dm@shecc.com	
电　话	021-23060288		传　真	021-23060202	
办公地址	上海市北京东路668号科技京城东楼23楼				
经营范围	计算机、电子及通信设备、系统集成、软件开发及软件工程和电子工程设计与施工等				

主要财务指标　指标\报告期	2012.06.30	2011.12.31	2011.06.30	2010.12.31
基本每股收益(元)	-0.0813	0.1131	-0.0159	0.0832
基本每股收益(扣除)(元)	-0.0886	-0.0992	-0.0387	-0.0075
每股净资产(元)	1.5615	1.6428	1.5134	1.5801
每股经营现金净流量(元)	-0.6879	0.2036	-0.5636	-0.7166
每股现金流量(元)	-0.5962	0.1381	-0.3996	-0.2332
每股资本公积金(元)	0.1335	0.1335	0.1335	0.1335
每股盈余公积金(元)	0.0874	0.0874	0.0723	0.0723
每股未分配利润(元)	0.3433	0.4245	0.3113	0.3772
净资产收益率(%)	-5.2032	6.8820	-1.0500	5.2630
加权净资产收益率(%)	-1.4900	7.0500	-1.0300	5.5300
净资产收益率(扣除)(%)	-	-	-	-
总资产(万元)	90781.99	95565.33	85442.18	81652.64
归属母公司股东权益(万元)	26707.30	28097.00	25884.75	27024.61
主营业务收入(万元)	106040.57	185548.41	82657.16	151028.95
营业收入(万元)	106057.39	185574.37	82667.65	151095.68
主营成本(万元)	97428.56	165585.60	73464.13	134086.16
营业成本(万元)	97431.98	165594.96	73469.93	134103.42
投资收益(万元)	-142.70	367.51	42.55	329.92
净利润(万元)	-1360.45	3800.68	688.24	3130.72
利润总额(万元)	-1226.33	4659.39	1032.12	3559.89

上海海欣集团股份有限公司

公司概况						
	公司名称	上海海欣集团股份有限公司			证券简称	海欣股份
	法人代表	徐文彬	董秘	何莉莉	证券代码	600851
	公司网址	www.haixin.com.cn		电子信箱	hxsecretary@haixin.com	
	电　　话	021-63917000		传　　真	021-63917678	
	办公地址	上海市福州路666号金陵海欣大厦18楼				
	经营范围	研究开发、生产涤纶、腈纶等化纤类及动植物混纺纱及其面料、毛毯、玩具等				

主要财务指标	指标\报告期	2012.06.30	2011.12.31	2011.06.30	2010.12.31
	基本每股收益(元)	0.0098	0.0316	0.0366	0.0126
	基本每股收益(扣除)(元)	-0.0103	-0.0089	0.0159	0.0094
	每股净资产(元)	2.2970	2.0948	2.4808	2.5178
	每股经营现金净流量(元)	-0.0558	0.0037	-0.0412	0.0519
	每股现金流量(元)	-0.0825	-0.0001	-0.0766	0.0624
	每股资本公积金(元)	1.0890	0.8981	1.2784	1.3509
	每股盈余公积金(元)	0.3030	0.3030	0.2936	0.2936
	每股未分配利润(元)	-0.0807	-0.0905	-0.0760	-0.1126
	净资产收益率(%)	0.4262	1.5090	1.4750	0.5010
	加权净资产收益率(%)	0.4458	1.3700	1.4642	0.4300
	净资产收益率(扣除)(%)	-	-	-	-
	总资产(万元)	428932.64	396630.57	460212.66	466945.45
	归属母公司股东权益(万元)	277263.37	252858.68	299446.61	303914.83
	主营业务收入(万元)	48098.85	124004.02	46787.31	118445.07
	营业收入(万元)	50231.95	126243.41	48412.66	123190.92
	主营成本(万元)	39194.41	99054.79	38427.69	99618.63
	营业成本(万元)	40518.81	100448.93	38919.19	104060.42
	投资收益(万元)	6142.63	11217.09	10134.65	12777.18
	净利润(万元)	762.52	4395.48	4132.61	1418.74
	利润总额(万元)	1368.43	6643.51	4947.29	1625.41

龙建路桥股份有限公司

公司概况						
	公司名称	龙建路桥股份有限公司			证券简称	龙建股份
	法人代表	史铁桥	董秘	王征宇	证券代码	600853
	公司网址	www.longjianlq.com		电子信箱	zhengyu-wang@sohu.com	
	电　　话	0451-82281860 82281430		传　　真	0451-82281253	
	办公地址	黑龙江省哈尔滨市南岗区嵩山路109号				
	经营范围	路工程施工总承包特级、公路路面工程专业承包壹级等				

主要财务指标	指标\报告期	2012.06.30	2011.12.31	2011.06.30	2010.12.31
	基本每股收益(元)	0.0121	0.0663	0.0172	0.0661
	基本每股收益(扣除)(元)	0.0124	0.0330	0.0175	0.0447
	每股净资产(元)	1.4234	1.4119	1.3606	1.3564
	每股经营现金净流量(元)	-0.0032	0.1099	0.3740	-0.0311
	每股现金流量(元)	-0.0101	-0.0082	0.1948	0.0496
	每股资本公积金(元)	0.1870	0.1870	0.1870	0.1926
	每股盈余公积金(元)	0.0065	0.0065	0.0049	0.0050
	每股未分配利润(元)	0.2159	0.2138	0.1666	0.1588
	净资产收益率(%)	0.8438	4.6944	1.2617	4.8725
	加权净资产收益率(%)	0.8530	4.7931	1.2577	4.5927
	净资产收益率(扣除)(%)	-	-	-	-
	总资产(万元)	754768.37	587316.21	669387.98	542657.41
	归属母公司股东权益(万元)	76408.09	75791.86	73037.02	72812.12
	主营业务收入(万元)	280748.58	659015.04	325407.64	645280.95
	营业收入(万元)	280899.48	660776.02	325411.33	650303.89
	主营成本(万元)	258612.52	611149.45	304071.47	602686.84
	营业成本(万元)	258892.43	612402.73	304134.86	605324.39
	投资收益(万元)	-	-	-	-
	净利润(万元)	655.55	3561.10	930.84	3576.43
	利润总额(万元)	1781.13	5482.78	2076.88	5453.82

江苏春兰制冷设备股份有限公司

公司概况						
	公司名称	江苏春兰制冷设备股份有限公司			证券简称	春兰股份
	法人代表	徐群	董秘	徐来林	证券代码	600854
	公司网址	www.chunlan.com		电子信箱	clgfzqb@chunlan.com	
	电　　话	0523-86663663 86217958		传　　真	0523-82129858	
	办公地址	江苏省泰州市春兰工业园区春兰路1号				
	经营范围	生产、销售空调器及洗涤械和贸易等				

主要财务指标	指标\报告期	2012.06.30	2011.12.31	2011.06.30	2010.12.31
	基本每股收益(元)	0.0031	0.0354	0.0054	-0.6328
	基本每股收益(扣除)(元)	-0.0101	0.0330	0.0039	-0.6335
	每股净资产(元)	3.5959	3.5927	3.5630	3.5600
	每股经营现金净流量(元)	-0.0542	-0.0210	-0.0955	-0.2517
	每股现金流量(元)	-0.0944	0.0257	0.0172	-0.1795
	每股资本公积金(元)	2.9522	2.9522	2.9522	2.9522
	每股盈余公积金(元)	1.0025	1.0025	1.0025	1.0025
	每股未分配利润(元)	-1.3588	-1.3619	-1.3919	-1.3973
	净资产收益率(%)	0.0868	0.9850	0.1525	-17.7889
	加权净资产收益率(%)	0.0868	0.9894	0.1526	-16.3359
	净资产收益率(扣除)(%)	-	-	-	-
	总资产(万元)	282701.49	274592.44	277528.92	240983.72
	归属母公司股东权益(万元)	186789.93	186627.81	185072.64	184790.48
	主营业务收入(万元)	32860.43	86230.42	33780.54	97686.98
	营业收入(万元)	37642.54	95632.74	39007.87	104264.20
	主营成本(万元)	26630.13	69965.29	27694.60	85611.70
	营业成本(万元)	29612.40	77256.23	32046.33	93620.56
	投资收益(万元)	1807.63	3585.28	3797.74	-436.92
	净利润(万元)	-261.89	1106.64	-582.79	-44403.36
	利润总额(万元)	-524.78	1670.19	-647.76	-43226.59

北京航天长峰股份有限公司

公司概况						
	公司名称	北京航天长峰股份有限公司			证券简称	航天长峰
	法人代表	敖刚	董秘	刘金成	证券代码	600855
	公司网址	www.ascf.com.cn		电子信箱	liujincheng@china-ccf.cn	
	电　　话	010-68386000 88525777		传　　真	010-88219811	
	办公地址	北京市海淀区永定路51号航天数控大楼				
	经营范围	电子信息产品、数控机床、医疗器械及制药机械、环保产业等				

主要财务指标	指标\报告期	2012.06.30	2011.12.31	2011.06.30	2010.12.31
	基本每股收益(元)	0.0525	0.0982	0.0077	0.0845
	基本每股收益(扣除)(元)	0.0210	0.0094	0.0069	-0.0558
	每股净资产(元)	2.3199	2.2664	1.9130	2.1771
	每股经营现金净流量(元)	-0.0256	-0.2088	-0.3674	0.5156
	每股现金流量(元)	-0.1271	-0.1151	-0.3500	0.8965
	每股资本公积金(元)	0.8194	0.8185	0.6406	1.0710
	每股盈余公积金(元)	0.0789	0.0789	0.0710	0.0791
	每股未分配利润(元)	0.4216	0.3690	0.2014	0.3173
	净资产收益率(%)	2.2650	4.3310	0.4559	3.8824
	加权净资产收益率(%)	2.2900	4.4200	0.3500	4.2600
	净资产收益率(扣除)(%)	-	-	-	-
	总资产(万元)	137075.35	121075.30	77833.03	127966.04
	归属母公司股东权益(万元)	76930.28	75158.81	55976.45	72196.62
	主营业务收入(万元)	52139.06	110169.83	36875.82	96630.56
	营业收入(万元)	52503.06	111195.71	37405.99	97633.59
	主营成本(万元)	41914.35	90752.52	29845.76	79702.68
	营业成本(万元)	42004.09	91004.77	14019.52	80008.17
	投资收益(万元)	1175.54	55.35	45.00	641.87
	净利润(万元)	2151.34	3736.27	452.80	3131.91
	利润总额(万元)	2665.52	4648.06	892.86	4106.06

长春百货大楼集团股份有限公司

公司概况	公司名称	长春百货大楼集团股份有限公司			证券简称	长百集团
	法人代表	林大涓	董秘	孙永成	证券代码	600856
	公司网址	www.changbai.com.cn		电子信箱	syc99999@sina.com	
	电　话	0431-88965414		传　真	0431-88920704	
	办公地址	吉林省长春市人民大街 1881 号				
	经营范围	零售百货、针纺织品、五金、交电、食品、副食品、通讯器材、工艺美术品等				

	指标＼报告期	2012.06.30	2011.12.31	2011.06.30	2010.12.31
主要财务指标	基本每股收益(元)	0.0100	0.0300	0.0100	-0.2200
	基本每股收益(扣除)(元)	0.0200	0.0300	0.0100	-0.1600
	每股净资产(元)	0.4600	0.4400	0.4260	0.4100
	每股经营现金净流量(元)	0.0578	0.2031	0.0596	0.1590
	每股现金流量(元)	0.0040	0.0610	0.0058	-0.0170
	每股资本公积金(元)	0.3751	0.3751	0.3751	0.3751
	每股盈余公积金(元)	0.1277	0.1277	0.1277	0.1277
	每股未分配利润(元)	-1.0463	-1.0595	-1.0772	-1.0905
	净资产收益率(%)	2.8973	6.9900	3.1230	-53.1398
	加权净资产收益率(%)	2.9400	7.2400	3.1700	-41.9800
	净资产收益率(扣除)(%)	-	-	-	-
	总资产(万元)	43752.05	44933.44	43556.71	44747.10
	归属母公司股东权益(万元)	10723.00	10412.31	9996.68	9684.52
	主营业务收入(万元)	15126.36	31147.12	14073.88	28156.08
	营业收入(万元)	17908.77	36695.14	16813.78	33645.05
	主营成本(万元)	13070.46	27085.35	12324.65	27512.01
	营业成本(万元)	13070.46	27085.35	12324.65	27512.01
	投资收益(万元)	-253.65	-253.78	-97.21	-239.24
	净利润(万元)	309.67	726.79	311.15	-5147.19
	利润总额(万元)	309.83	727.64	311.61	-5146.36

哈工大首创科技股份有限公司

公司概况	公司名称	哈工大首创科技股份有限公司			证券简称	工大首创
	法人代表	龚东升	董秘	钟山	证券代码	600857
	公司网址	www.hitsc.com		电子信箱	dongmi@hitsc.com	
	电　话	0574-87367060		传　真	0574-87367996	
	办公地址	浙江省宁波市海曙区和义路 77 号汇金大厦 21 层				
	经营范围	商业和旅游饮食服务、计算机软、硬件开发和销售及系统集成等				

	指标＼报告期	2012.06.30	2011.12.31	2011.06.30	2010.12.31
主要财务指标	基本每股收益(元)	0.0840	0.3100	0.2630	0.0900
	基本每股收益(扣除)(元)	0.0840	0.1100	0.0760	0.0800
	每股净资产(元)	2.2600	2.2300	2.1900	1.9500
	每股经营现金净流量(元)	-0.1012	0.0658	-0.1720	0.2040
	每股现金流量(元)	-0.1547	0.3226	0.0900	0.1302
	每股资本公积金(元)	0.2949	0.2945	0.2954	0.2962
	每股盈余公积金(元)	0.1985	0.1985	0.1676	0.1676
	每股未分配利润(元)	0.7715	0.7376	0.7242	0.4907
	净资产收益率(%)	3.7073	13.7970	12.0450	4.4280
	加权净资产收益率(%)	3.6900	14.7100	12.6300	4.5000
	净资产收益率(扣除)(%)	-	-	-	-
	总资产(万元)	64929.88	67978.19	64263.46	62111.93
	归属母公司股东权益(万元)	50807.84	50036.14	49062.26	43843.76
	主营业务收入(万元)	59407.73	119594.51	58700.18	95791.14
	营业收入(万元)	59481.10	119781.99	58801.10	95987.44
	主营成本(万元)	52793.40	107646.23	52573.60	84441.42
	营业成本(万元)	52811.87	107683.18	52592.07	84475.88
	投资收益(万元)	3.15	520.40	478.72	243.71
	净利润(万元)	1883.60	6903.66	5909.44	1941.44
	利润总额(万元)	2494.35	9308.05	7972.39	2622.27

银座集团股份有限公司

公司概况	公司名称	银座集团股份有限公司			证券简称	银座股份
	法人代表	刘希举	董秘	张美清	证券代码	600858
	公司网址	www.yinzuostock.com		电子信箱	600858@sina.com	
	电　话	0531-83175518 86988888		传　真	0531-86966666	
	办公地址	山东省济南市泺源大街 22 号中银大厦 20 层				
	经营范围	商品零售与批发业务等				

	指标＼报告期	2012.06.30	2011.12.31	2011.06.30	2010.12.31
主要财务指标	基本每股收益(元)	0.3225	0.4003	0.1480	0.3906
	基本每股收益(扣除)(元)	0.3196	0.3223	0.1496	0.2842
	每股净资产(元)	4.6265	7.7772	7.6432	7.4269
	每股经营现金净流量(元)	0.3463	4.2731	1.2082	-0.0378
	每股现金流量(元)	0.1307	0.0719	0.2954	-0.3465
	每股资本公积金(元)	1.8565	4.1416	4.1416	4.1416
	每股盈余公积金(元)	0.1167	0.2101	0.2011	0.2011
	每股未分配利润(元)	1.6533	2.4254	2.3005	2.0842
	净资产收益率(%)	6.9711	5.1480	3.4850	5.1690
	加权净资产收益率(%)	7.2000	5.2700	3.5200	5.5700
	净资产收益率(扣除)(%)	-	-	-	-
	总资产(万元)	1095299.71	1088300.93	904289.11	830712.34
	归属母公司股东权益(万元)	240609.28	224703.00	220832.50	214581.13
	主营业务收入(万元)	623774.32	1051451.30	517794.21	846696.99
	营业收入(万元)	647992.23	1090745.71	535954.01	879467.71
	主营成本(万元)	527082.18	897898.80	442254.62	719252.49
	营业成本(万元)	527144.89	898433.47	442403.48	719516.14
	投资收益(万元)	-	-	-	-
	净利润(万元)	16491.79	10589.98	7690.85	12214.39
	利润总额(万元)	23532.56	16485.63	11332.08	18592.29

北京王府井百货(集团)股份有限公司

公司概况	公司名称	北京王府井百货(集团)股份有限公司			证券简称	王府井
	法人代表	郑万河	董秘	岳继鹏	证券代码	600859
	公司网址	www.wfj.com.cn		电子信箱	wfjdshh@126.com	
	电　话	010-65125960		传　真	010-65133133	
	办公地址	北京市东城区王府井大街 253 号				
	经营范围	综合百货业的经营和管理等				

	指标＼报告期	2012.06.30	2011.12.31	2011.06.30	2010.12.31
主要财务指标	基本每股收益(元)	0.8300	1.3700	0.7560	0.9470
	基本每股收益(扣除)(元)	0.8220	1.3490	0.7560	1.0270
	每股净资产(元)	12.4460	11.5890	9.2180	8.4230
	每股经营现金净流量(元)	-0.6670	3.6137	0.0537	3.8118
	每股现金流量(元)	-1.2714	4.8757	-0.3531	2.6065
	每股资本公积金(元)	7.0287	7.0022	4.5823	4.5433
	每股盈余公积金(元)	1.0100	1.0100	1.0451	1.0451
	每股未分配利润(元)	3.4069	2.5767	2.5905	1.8341
	净资产收益率(%)	6.6710	10.8640	8.2060	10.6899
	加权净资产收益率(%)	6.9090	14.7350	8.5760	12.7730
	净资产收益率(扣除)(%)	-	-	-	-
	总资产(万元)	1044979.59	1084222.87	813634.04	831352.34
	归属母公司股东权益(万元)	575947.79	536297.46	384981.94	351761.79
	主营业务收入(万元)	881121.14	1625417.56	811395.90	1353702.13
	营业收入(万元)	906968.79	1676109.00	835640.27	1394622.99
	主营成本(万元)	729967.34	1355369.97	675843.36	1133245.43
	营业成本(万元)	733764.62	1363354.22	679175.41	1140785.29
	投资收益(万元)	-509.37	-187.73	-119.10	-253.80
	净利润(万元)	38410.13	62125.99	34031.35	43830.42
	利润总额(万元)	51929.33	85151.95	49208.31	61356.69

北人印刷机械股份有限公司

公司概况	公司名称	北人印刷机械股份有限公司			证券简称	ST 北人
	法人代表	张培武	董秘	焦瑞芳	证券代码	600860
	公司网址	www.beirengf.com		电子信箱	beirengf@beirengf.com	
	电　话	010-67802565		传　真	010-67802570	
	办公地址	北京市北京经济技术开发区荣昌东街6号				
	经营范围	开发、设计、销售、修理、安装印刷机械、锻压设备、包装机械等				

	指标\报告期	2012.06.30	2011.12.31	2011.06.30	2010.12.31
主要财务指标	基本每股收益(元)	−0.0800	0.0300	0.0300	0.0500
	基本每股收益(扣除)(元)	−0.0800	−0.0700	0.0300	−0.3900
	每股净资产(元)	1.7200	1.7900	1.8000	1.7700
	每股经营现金净流量(元)	−0.1589	−0.0495	−0.0630	0.0154
	每股现金流量(元)	−0.1754	0.1092	−0.0680	−0.0032
	每股资本公积金(元)	1.2390	1.2390	1.2390	1.2390
	每股盈余公积金(元)	0.1023	0.1023	0.1023	0.1023
	每股未分配利润(元)	−0.6247	−0.5490	−0.5426	−0.5760
	净资产收益率(%)	−4.4130	1.5050	1.8537	2.9905
	加权净资产收益率(%)	−4.3200	1.5200	1.8700	3.0400
	净资产收益率(扣除)(%)	–	–	–	–
	总资产(万元)	149277.19	148544.18	145380.77	145736.07
	归属母公司股东权益(万元)	72441.36	75638.23	75907.05	74499.94
	主营业务收入(万元)	36996.99	78485.01	41563.56	80558.76
	营业收入(万元)	37794.24	80387.39	42507.13	82135.77
	主营成本(万元)	29976.73	63479.84	32749.84	66850.43
	营业成本(万元)	30443.99	64017.48	33025.12	67576.33
	投资收益(万元)	−26.50	20.69	1.31	17250.58
	净利润(万元)	−3146.95	1362.98	1595.80	1947.05
	利润总额(万元)	−3146.95	1365.98	1607.59	2496.96

北京城乡贸易中心股份有限公司

公司概况	公司名称	北京城乡贸易中心股份有限公司			证券简称	北京城乡
	法人代表	周和平	董秘	陈红	证券代码	600861
	公司网址	www.bjcx.com.cn		电子信箱	bg8225@sina.com	
	电　话	010-68296595		传　真	010-68216933	
	办公地址	北京市海淀区复兴路甲23号				
	经营范围	商品零售及批发、公共饮食业、物资供销业、仓储业、日用品修理等				

	指标\报告期	2012.06.30	2011.12.31	2011.06.30	2010.12.31
主要财务指标	基本每股收益(元)	0.1434	0.2565	0.1355	0.2345
	基本每股收益(扣除)(元)	0.1380	0.2601	0.1372	0.1691
	每股净资产(元)	6.6214	6.5983	6.4819	6.4690
	每股经营现金净流量(元)	−0.4554	−0.9520	−0.1332	0.3348
	每股现金流量(元)	−0.3398	−0.8931	0.2346	−1.2139
	每股资本公积金(元)	2.7135	2.7138	2.7185	2.7211
	每股盈余公积金(元)	1.8219	1.8219	1.7975	1.7975
	每股未分配利润(元)	1.0859	1.0625	0.9660	0.9505
	净资产收益率(%)	2.1653	3.8870	2.0900	3.6244
	加权净资产收益率(%)	2.1600	3.9400	2.0800	3.6700
	净资产收益率(扣除)(%)	–	–	–	–
	总资产(万元)	297450.89	290777.81	284868.16	289232.95
	归属母公司股东权益(万元)	209768.30	209036.24	205351.08	204942.18
	主营业务收入(万元)	112426.04	202407.21	106335.18	176250.85
	营业收入(万元)	113360.39	205182.30	107363.52	178980.65
	主营成本(万元)	91558.46	–	86407.07	140931.34
	营业成本(万元)	91558.46	162239.62	86407.07	140931.34
	投资收益(万元)	−17.36	151.35	235.60	3074.55
	净利润(万元)	4900.78	8600.79	4677.57	7832.62
	利润总额(万元)	6389.35	11905.89	6028.41	10221.93

南通科技投资集团股份有限公司

公司概况	公司名称	南通科技投资集团股份有限公司			证券简称	南通科技
	法人代表	陈照东	董秘	储健	证券代码	600862
	公司网址	www.tonmac.com.cn		电子信箱	ntmt@public.nt.js.cn	
	电　话	0513-83580382 81110523		传　真	0513-85512271 83580382	
	办公地址	江苏省南通市港闸区永和路1号				
	经营范围	实业投资、机床及其零配件的研发、制造、销售等				

	指标\报告期	2012.06.30	2011.12.31	2011.06.30	2010.12.31
主要财务指标	基本每股收益(元)	0.0300	0.1900	0.1100	0.1900
	基本每股收益(扣除)(元)	0.0061	0.0800	0.0004	0.0200
	每股净资产(元)	2.0374	4.0291	3.8677	3.6300
	每股经营现金净流量(元)	−0.5702	0.5157	−0.2591	0.7212
	每股现金流量(元)	−0.5110	−0.9057	−0.8421	2.7948
	每股资本公积金(元)	0.4039	1.8135	1.8223	1.7931
	每股盈余公积金(元)	0.0567	0.1133	0.0871	0.0871
	每股未分配利润(元)	0.5769	1.1023	0.9582	0.7460
	净资产收益率(%)	1.2628	9.4920	5.4870	9.5410
	加权净资产收益率(%)	1.2600	10.0200	5.6900	12.9500
	净资产收益率(扣除)(%)	–	–	–	–
	总资产(万元)	400977.54	399717.37	355415.19	366706.68
	归属母公司股东权益(万元)	129971.58	128515.13	123365.88	115664.55
	主营业务收入(万元)	35405.92	131915.12	49058.46	127614.09
	营业收入(万元)	35405.92	133155.14	49058.46	128689.54
	主营成本(万元)	27835.06	93846.51	38938.58	97282.13
	营业成本(万元)	27835.06	95285.58	38938.58	98394.90
	投资收益(万元)	1684.87	944.73	836.54	329.15
	净利润(万元)	1534.24	11582.96	6489.00	10865.71
	利润总额(万元)	2077.12	17779.11	8677.11	15480.87

内蒙古蒙电华能热电股份有限公司

公司概况	公司名称	内蒙古蒙电华能热电股份有限公司			证券简称	内蒙华电
	法人代表	吴景龙	董秘	张彤	证券代码	600863
	公司网址	www.nmhdwz.com		电子信箱	nmhd@nmhdwz.com	
	电　话	0471-6222388		传　真	0471-6228410	
	办公地址	内蒙古自治区呼和浩特市锡林南路工艺厂巷电力科技楼				
	经营范围	火力发电、供应、蒸汽、热水的生产、供应、销售、维护和管理等				

	指标\报告期	2012.06.30	2011.12.31	2011.06.30	2010.12.31
主要财务指标	基本每股收益(元)	0.2100	0.3300	0.3100	0.3300
	基本每股收益(扣除)(元)	0.2000	0.3300	0.2600	0.3400
	每股净资产(元)	3.5700	4.9300	2.3160	2.0600
	每股经营现金净流量(元)	0.5634	1.1056	0.7792	1.2952
	每股现金流量(元)	0.0340	0.0866	0.1955	0.0394
	每股资本公积金(元)	1.7995	0.5201	0.5231	0.5241
	每股盈余公积金(元)	0.2569	0.3347	0.3057	0.3057
	每股未分配利润(元)	0.5133	0.5839	0.4875	0.2283
	净资产收益率(%)	5.1780	13.8660	13.3059	16.0300
	加权净资产收益率(%)	4.9500	14.8700	11.4300	17.4800
	净资产收益率(扣除)(%)	–	–	–	–
	总资产(万元)	3605881.14	3560911.46	2511427.75	2357891.75
	归属母公司股东权益(万元)	922591.90	976157.88	458909.48	407775.17
	主营业务收入(万元)	484097.89	691463.91	405879.33	642812.78
	营业收入(万元)	497957.35	723343.21	421132.46	673899.17
	主营成本(万元)	362924.28	538807.35	301957.86	490875.89
	营业成本(万元)	376376.13	569785.08	316275.86	521289.33
	投资收益(万元)	37712.00	59505.95	46430.69	46387.90
	净利润(万元)	71339.90	103333.75	83625.34	115627.29
	利润总额(万元)	92973.15	136176.76	103693.42	125849.88

哈尔滨哈投投资股份有限公司

公司概况	公司名称	哈尔滨哈投投资股份有限公司			证券简称	哈投股份
	法人代表	冯晓江	董秘	徐建伟	证券代码	600864
	公司网址	,		电子信箱	sbrd27@sohu.com	
	电　话	0451-82333238 82332888		传　真	0451-82332228	
	办公地址	黑龙江省哈尔滨市南岗区汉水路 172 号				
	经营范围	热力、电力供应等				

	指标\报告期	2012.06.30	2011.12.31	2011.06.30	2010.12.31
主要财务指标	基本每股收益(元)	0.1650	0.5200	0.1600	0.5000
	基本每股收益(扣除)(元)	0.1470	0.0700	0.0970	0.0500
	每股净资产(元)	5.1210	4.3700	4.1540	3.8400
	每股经营现金净流量(元)	-0.6362	0.4754	-0.1751	0.5343
	每股现金流量(元)	-0.7756	0.3293	-0.0796	-0.0080
	每股资本公积金(元)	1.8910	1.2879	1.4131	1.2408
	每股盈余公积金(元)	0.3695	0.3695	0.3155	0.3155
	每股未分配利润(元)	1.8827	1.7177	1.4610	1.3007
	净资产收益率(%)	3.2233	12.0060	3.8439	13.0990
	加权净资产收益率(%)	3.4770	12.7500	3.9750	12.6200
	净资产收益率(扣除)(%)	-	-	-	-
	总资产(万元)	423292.64	423421.03	371295.59	381125.31
	归属母公司股东权益(万元)	279775.43	238618.32	226981.21	209664.93
	主营业务收入(万元)	47370.57	88165.82	46761.99	75351.66
	营业收入(万元)	50108.11	94947.55	49382.76	79013.94
	主营成本(万元)	35353.39	65818.21	34419.33	57813.88
	营业成本(万元)	37594.81	72306.91	36921.17	61093.73
	投资收益(万元)	5970.85	33283.48	5734.10	21029.06
	净利润(万元)	10083.00	29435.82	9521.03	28608.65
	利润总额(万元)	11785.70	40284.95	11828.24	38167.41

百大集团股份有限公司

公司概况	公司名称	百大集团股份有限公司			证券简称	百大集团
	法人代表	陈顺华	董秘	何美云	证券代码	600865
	公司网址	www.baidagroup.com		电子信箱	invest@baidagroup.com	
	电　话	0571-85158800 85823016		传　真	0571-85150586	
	办公地址	浙江省杭州市庆春东路 1-1 号西子联合大厦 18 楼				
	经营范围	批发、零售、百货、五金、交电、针、纺织品、化工产品等				

	指标\报告期	2012.06.30	2011.12.31	2011.06.30	2010.12.31
主要财务指标	基本每股收益(元)	0.1130	0.2100	0.1250	0.2100
	基本每股收益(扣除)(元)	0.1070	0.2000	0.1210	0.1900
	每股净资产(元)	2.7340	3.1150	3.0300	2.4900
	每股经营现金净流量(元)	-0.3182	-0.4931	-0.4457	-5.4689
	每股现金流量(元)	-0.7394	0.6188	0.8744	0.3131
	每股资本公积金(元)	0.5543	0.9677	0.9677	0.5543
	每股盈余公积金(元)	0.3492	0.3492	0.3270	0.3270
	每股未分配利润(元)	0.8310	0.7979	0.7360	0.6108
	净资产收益率(%)	4.1335	6.7200	4.1312	8.3540
	加权净资产收益率(%)	3.6600	7.3800	4.7700	8.7200
	净资产收益率(扣除)(%)	-	-	-	-
	总资产(万元)	434192.46	442057.67	421597.82	363881.13
	归属母公司股东权益(万元)	102879.45	117189.88	114025.26	93761.66
	主营业务收入(万元)	59775.67	125407.57	61434.98	113935.25
	营业收入(万元)	62210.63	129764.41	63620.32	117895.86
	主营成本(万元)	48289.28	100564.98	48895.51	90422.01
	营业成本(万元)	48451.46	100888.67	49057.49	90746.02
	投资收益(万元)	308.00	356.00	300.00	1603.28
	净利润(万元)	4206.64	7682.30	4667.57	7764.56
	利润总额(万元)	5920.93	10423.66	6213.48	10343.13

广东肇庆星湖生物科技股份有限公司

公司概况	公司名称	广东肇庆星湖生物科技股份有限公司			证券简称	星湖科技
	法人代表	李成	董秘	钟济祥	证券代码	600866
	公司网址	www.starlake.com.cn		电子信箱	zhongjx@starlake.com.cn	
	电　话	0758-2291130		传　真	0758-2239449	
	办公地址	广东省肇庆市工农北路 67 号				
	经营范围	化学药品原药制造业(包括肌苷、利巴韦林、脯氨酸等)				

	指标\报告期	2012.06.30	2011.12.31	2011.06.30	2010.12.31
主要财务指标	基本每股收益(元)	-0.0982	0.1619	0.2077	0.5469
	基本每股收益(扣除)(元)	-0.2321	-0.0935	0.0083	0.5269
	每股净资产(元)	2.9910	3.1120	3.2930	2.9500
	每股经营现金净流量(元)	-0.2901	0.1197	0.2278	0.2008
	每股现金流量(元)	-0.2850	0.4918	0.7324	-0.1801
	每股资本公积金(元)	0.9858	1.0085	1.1476	0.9508
	每股盈余公积金(元)	0.3097	0.3097	0.2930	0.3095
	每股未分配利润(元)	0.6956	0.7938	0.8522	0.6877
	净资产收益率(%)	-3.2800	5.1190	6.1050	18.5500
	加权净资产收益率(%)	-3.1500	5.2200	6.7800	21.9900
	净资产收益率(扣除)(%)	-	-	-	-
	总资产(万元)	330327.45	342245.20	279236.49	230720.92
	归属母公司股东权益(万元)	164626.41	171282.22	181235.81	153622.00
	主营业务收入(万元)	41904.68	105726.11	54293.15	137258.89
	营业收入(万元)	42435.60	106308.84	54528.58	137687.99
	主营成本(万元)	42252.30	86293.88	40565.56	81784.46
	营业成本(万元)	42865.38	86763.73	40814.17	82139.24
	投资收益(万元)	6563.76	12476.50	12609.72	-434.31
	净利润(万元)	-5417.14	7962.75	10761.48	28262.80
	利润总额(万元)	-5276.78	8288.27	12778.62	33628.57

通化东宝药业股份有限公司

公司概况	公司名称	通化东宝药业股份有限公司			证券简称	通化东宝
	法人代表	李一奎	董秘	王君业	证券代码	600867
	公司网址	www.thdb.com		电子信箱	thdbwjy@qq.com	
	电　话	0435-5088025 5088126		传　真	0435- 5088002	
	办公地址	吉林省通化市通化县东宝新村				
	经营范围	硬胶囊剂、片剂(含激素类)、颗粒剂、小容量注射剂、原料药等				

	指标\报告期	2012.06.30	2011.12.31	2011.06.30	2010.12.31
主要财务指标	基本每股收益(元)	0.1000	0.4700	0.0700	0.3100
	基本每股收益(扣除)(元)	0.0900	0.0300	0.0700	0.0900
	每股净资产(元)	2.5500	2.6400	2.2600	2.9600
	每股经营现金净流量(元)	0.0784	-0.0710	-0.0153	0.2790
	每股现金流量(元)	-0.2398	0.2334	0.0620	0.0280
	每股资本公积金(元)	0.3300	0.3170	0.3393	0.8086
	每股盈余公积金(元)	0.2769	0.2769	0.2280	0.3079
	每股未分配利润(元)	0.9417	1.0420	0.6940	0.8396
	净资产收益率(%)	3.9121	20.9506	3.1892	10.4940
	加权净资产收益率(%)	3.7100	19.4300	3.2400	10.6000
	净资产收益率(扣除)(%)	-	-	-	-
	总资产(万元)	230446.89	237734.33	234288.77	218633.55
	归属母公司股东权益(万元)	197824.81	204602.72	175528.05	169964.52
	主营业务收入(万元)	43203.93	78229.42	32938.56	63095.84
	营业收入(万元)	43326.44	78449.92	33352.80	63779.73
	主营成本(万元)	14757.97	29395.18	11339.56	23804.60
	营业成本(万元)	14772.42	29539.65	11703.82	24344.92
	投资收益(万元)	111.79	40631.91	806.95	14412.46
	净利润(万元)	7656.99	36298.32	5527.45	17335.57
	利润总额(万元)	8992.46	42688.63	6234.50	19886.01

广东梅雁水电股份有限公司

公司概况

公司名称	广东梅雁水电股份有限公司			证券简称	ST 梅 雁
法人代表	汪汝俊	董秘	胡苏平	证券代码	600868
公司网址	www.chinameiyan.com		电子信箱	mysd@chinameiyan.com	
电　　话	0753-2218286		传　　真	0753-2218286 2232983	
办公地址	广东省梅州市梅县新县城梅雁科技园				
经营范围	电力生产业、房产开发与经营、养殖业、电子计算机生产销售等				

主要财务指标

指标\报告期	2012.06.30	2011.12.31	2011.06.30	2010.12.31
基本每股收益(元)	0.0020	0.0100	0.0100	0.1300
基本每股收益(扣除)(元)	-0.0100	-0.0400	-0.0200	-0.0200
每股净资产(元)	1.1280	1.1250	1.1310	1.1090
每股经营现金净流量(元)	0.0290	0.0711	0.0144	0.0879
每股现金流量(元)	-0.0029	-0.0259	-0.0273	0.0212
每股资本公积金(元)	0.2186	0.2186	0.2191	0.2077
每股盈余公积金(元)	0.0176	0.0176	0.0176	0.0176
每股未分配利润(元)	-0.1093	-0.1113	-0.1057	-0.1165
净资产收益率(%)	0.1767	0.4630	0.9526	11.5090
加权净资产收益率(%)	0.1800	0.4700	0.9600	12.1500
净资产收益率(扣除)(%)	-	-	-	-
总资产(万元)	361534.59	364062.53	378960.79	392896.39
归属母公司股东权益(万元)	214044.22	213679.40	214841.47	210614.72
主营业务收入(万元)	31294.46	65315.67	30278.09	65294.55
营业收入(万元)	31351.88	65562.97	30431.92	65583.16
主营成本(万元)	24741.42	55817.99	24920.84	51196.24
营业成本(万元)	24742.64	55874.57	24976.22	51227.33
投资收益(万元)	473.43	3538.74	3349.00	27681.86
净利润(万元)	155.16	1553.93	2295.65	23860.44
利润总额(万元)	159.15	1636.95	2272.30	26798.81

三普药业股份有限公司

公司概况

公司名称	三普药业股份有限公司			证券简称	三普药业
法人代表	蒋锡培	董秘	万里扬	证券代码	600869
公司网址	www.600869.com		电子信箱	vanbb@126.com	
电　　话	0510-87249788		传　　真	0510-87249922	
办公地址	江苏省宜兴市高塍远东大道 6 号				
经营范围	研制、生产、销售胶囊剂、丸剂(蜜丸、水蜜丸、水丸、浓缩丸)、颗粒剂、口服液等				

主要财务指标

指标\报告期	2012.06.30	2011.12.31	2011.06.30	2010.12.31
基本每股收益(元)	0.1400	0.7600	0.5100	0.7100
基本每股收益(扣除)(元)	0.1200	0.7300	0.4800	0.1700
每股净资产(元)	5.6700	6.5900	3.9800	3.4700
每股经营现金净流量(元)	0.7116	-0.1855	-1.0442	0.0434
每股现金流量(元)	-1.5968	3.1778	0.1792	-0.0775
每股资本公积金(元)	3.3774	3.3774	0.6845	0.6845
每股盈余公积金(元)	0.0956	0.1240	0.1436	0.1436
每股未分配利润(元)	1.1974	2.0877	2.1562	1.6453
净资产收益率(%)	2.4840	10.1240	12.8220	20.3721
加权净资产收益率(%)	2.3000	18.6500	16.2900	22.6800
净资产收益率(扣除)(%)	-	-	-	-
总资产(万元)	951868.54	1085996.11	987168.02	829495.71
归属母公司股东权益(万元)	280695.05	326174.14	170298.40	148462.33
主营业务收入(万元)	453057.82	1099180.41	498179.16	945561.90
营业收入(万元)	453179.12	1099540.38	498309.07	945997.09
主营成本(万元)	376306.72	920067.64	422384.12	785453.51
营业成本(万元)	376343.61	920262.62	422456.73	785829.47
投资收益(万元)	-5179.58	-0.78	-	37.70
净利润(万元)	6969.78	33020.65	21836.27	30240.37
利润总额(万元)	9241.23	40182.30	27256.25	36852.20

厦门华侨电子股份有限公司

公司概况

公司名称	厦门华侨电子股份有限公司			证券简称	ST 厦 华
法人代表	王炎元	董秘	高松丽	证券代码	600870
公司网址	www.iprima.com.cn		电子信箱	zqb@iprima.com.cn	
电　　话	0592-3157203		传　　真	0592-3157999	
办公地址	福建省厦门市湖里大道 22 号				
经营范围	主营彩色电视机、彩色监视器等产品				

主要财务指标

指标\报告期	2012.06.30	2011.12.31	2011.06.30	2010.12.31
基本每股收益(元)	0.0200	0.0200	0.0200	0.1656
基本每股收益(扣除)(元)	0.0015	-0.0100	-0.0100	0.0900
每股净资产(元)	-2.3450	-2.3700	-2.4600	-2.4800
每股经营现金净流量(元)	-0.5229	1.3004	0.1704	-0.0376
每股现金流量(元)	-0.1578	-0.0145	-0.1527	-0.1868
每股资本公积金(元)	2.6506	2.6506	2.5985	2.5985
每股盈余公积金(元)	0.1483	0.1483	0.1483	0.1483
每股未分配利润(元)	-6.1896	-6.2144	-6.2263	-6.2429
净资产收益率(%)	-1.0574	-	-0.6700	-6.6751
加权净资产收益率(%)	-1.0500	-1.1800	-0.6700	-6.3900
净资产收益率(扣除)(%)	-	-	-	-
总资产(万元)	170989.12	161783.88	157623.21	180019.49
归属母公司股东权益(万元)	-86958.96	-87846.08	-91056.36	-92008.81
主营业务收入(万元)	140092.95	323542.41	139542.66	425672.42
营业收入(万元)	141144.43	325316.60	140382.21	429197.78
主营成本(万元)	124247.25	286659.54	125377.12	382067.71
营业成本(万元)	124974.99	287281.62	125698.29	383279.37
投资收益(万元)	-	604.58	-1.04	0.26
净利润(万元)	1076.78	1449.71	797.14	6443.26
利润总额(万元)	1184.92	1695.38	872.15	6615.22

中国石化仪征化纤股份有限公司

公司概况

公司名称	中国石化仪征化纤股份有限公司			证券简称	S 仪 化
法人代表	卢立勇	董秘	吴朝阳	证券代码	600871
公司网址	www.ycfc.com		电子信箱	cso@ycfc.com	
电　　话	0514-83232235 83231888		传　　真	0514-83233880 83235880	
办公地址	中国江苏省仪征市				
经营范围	化纤及化工产品的生产及销售等				

主要财务指标

指标\报告期	2012.06.30	2011.12.31	2011.06.30	2010.12.31
基本每股收益(元)	-0.0540	0.2100	0.1460	0.3070
基本每股收益(扣除)(元)	-0.0540	0.1950	0.1330	0.3050
每股净资产(元)	2.1740	2.2580	2.1940	2.0780
每股经营现金净流量(元)	-0.1258	-0.0676	-0.0974	0.4002
每股现金流量(元)	-0.1971	-0.3064	-0.1559	0.3582
每股资本公积金(元)	0.7867	0.7867	0.7867	0.7867
每股盈余公积金(元)	0.0501	0.0501	0.0292	0.0292
每股未分配利润(元)	0.3367	0.4209	0.3782	0.2620
净资产收益率(%)	-2.4909	9.2910	6.6620	14.7560
加权净资产收益率(%)	-2.4400	9.6800	6.8400	15.9700
净资产收益率(扣除)(%)	-	-	-	-
总资产(万元)	1040667.40	1144959.90	1130303.60	1053120.20
归属母公司股东权益(万元)	869457.50	903062.50	877763.40	831233.70
主营业务收入(万元)	823084.80	1999783.90	1024366.90	1621658.30
营业收入(万元)	832859.50	2017976.80	1033258.70	1634836.60
主营成本(万元)	-	-	-	-
营业成本(万元)	813072.40	1820623.40	909539.40	1394985.20
投资收益(万元)	925.50	1655.70	655.70	83.20
净利润(万元)	-21657.00	83904.30	58475.80	122654.20
利润总额(万元)	-30877.70	104200.10	77471.90	113958.80

中炬高新技术实业(集团)股份有限公司

公司概况	公司名称	中炬高新技术实业(集团)股份有限公司			证券简称	中炬高新
	法人代表	熊炜	董秘	彭海泓	证券代码	600872
	公司网址	www.jonjee.com		电子信箱	penghaihong@jonjee.com	
	电　　话	0760-85596818 2033 2083		传　　真	0760-85596877	
	办公地址	广东省中山市中山火炬高技术产业开发区火炬大厦				
	经营范围	城市基础设施的投资、房地产经营、物业管理等				

主要财务指标	指标\报告期	2012.06.30	2011.12.31	2011.06.30	2010.12.31
	基本每股收益(元)	0.0754	0.1638	0.0761	0.1233
	基本每股收益(扣除)(元)	0.0706	0.1439	0.0626	0.0934
	每股净资产(元)	2.3700	2.2900	2.2000	2.1300
	每股经营现金净流量(元)	0.1521	0.1641	0.1288	0.1933
	每股现金流量(元)	-0.1662	0.2117	0.0730	0.0481
	每股资本公积金(元)	0.3644	0.3590	0.3603	0.3673
	每股盈余公积金(元)	0.2189	0.2189	0.2133	0.2133
	每股未分配利润(元)	0.7876	0.7122	0.6301	0.5540
	净资产收益率(%)	3.1829	7.1571	3.4550	5.7830
	加权净资产收益率(%)	3.2400	7.4100	3.5100	5.9200
	净资产收益率(扣除)(%)	-	-	-	-
	总资产(万元)	324932.22	323118.12	292507.74	291501.67
	归属母公司股东权益(万元)	188736.96	182300.14	175419.91	169912.83
	主营业务收入(万元)	80131.72	156706.12	71644.93	126250.00
	营业收入(万元)	80660.98	173540.59	84717.95	127792.13
	主营成本(万元)	55160.65	112762.28	52634.68	89217.57
	营业成本(万元)	55729.38	125098.72	62291.21	90582.56
	投资收益(万元)	963.02	1199.06	713.43	1431.86
	净利润(万元)	5899.62	12243.93	5923.50	10097.74
	利润总额(万元)	7001.94	14995.24	7292.25	12107.80

梅花生物科技集团股份有限公司

公司概况	公司名称	梅花生物科技集团股份有限公司			证券简称	梅花集团
	法人代表	孟庆山	董秘	杨慧兴	证券代码	600873
	公司网址	www.meihuagrp.com		电子信箱	yanghuixing@meihuagrp.com	
	电　　话	0316-2359652		传　　真	0316-2359670	
	办公地址	河北省廊坊市经济开发区华祥路 66 号				
	经营范围	味精、氨基酸、有机肥等生物发酵领域等				

主要财务指标	指标\报告期	2012.06.30	2011.12.31	2011.06.30	2010.12.31
	基本每股收益(元)	0.1000	0.2700	0.1400	0.3300
	基本每股收益(扣除)(元)	0.0700	0.2200	0.1100	0.2800
	每股净资产(元)	2.0000	1.9000	1.7788	4.8900
	每股经营现金净流量(元)	0.1979	0.1720	-0.0713	0.4900
	每股现金流量(元)	-0.3925	0.2390	0.1532	0.1034
	每股资本公积金(元)	0.0692	0.0692	0.6970	1.8721
	每股盈余公积金(元)	0.0474	0.0474	0.0384	0.1032
	每股未分配利润(元)	0.8868	0.7829	0.6711	1.9133
	净资产收益率(%)	5.1860	13.9870	8.1492	16.0280
	加权净资产收益率(%)	5.3200	14.5300	7.6600	18.4100
	净资产收益率(扣除)(%)	-	-	-	-
	总资产(万元)	1431740.16	1384083.58	1178403.09	940226.00
	归属母公司股东权益(万元)	542565.26	514427.79	481735.38	492889.43
	主营业务收入(万元)	376800.18	681486.24	291940.89	497666.72
	营业收入(万元)	378757.49	686620.85	293931.50	501505.40
	主营成本(万元)	297685.30	516216.34	213638.98	350190.01
	营业成本(万元)	298554.08	518657.61	214478.78	353174.16
	投资收益(万元)	116.22	97.22	21.64	64.42
	净利润(万元)	28137.47	71950.19	39257.78	79000.20
	利润总额(万元)	36481.62	88438.25	49061.68	96942.78

天津创业环保集团股份有限公司

公司概况	公司名称	天津创业环保集团股份有限公司			证券简称	创业环保
	法人代表	张文辉	董秘	付亚娜 卢伟强(香港)	证券代码	600874
	公司网址	www.tjcep.com		电子信箱	fu_yn@tjcep.com	
	电　　话	022-23930128 852-22180920		传　　真	022-23930126 852-25010028	
	办公地址	天津市南开区卫津南路 76 号创业环保大厦				
	经营范围	污水与自来水以及其他水处理设施的投资、建设、设计、管理、经营等				

主要财务指标	指标\报告期	2012.06.30	2011.12.31	2011.06.30	2010.12.31
	基本每股收益(元)	0.0800	0.1900	0.1000	0.1900
	基本每股收益(扣除)(元)	0.0800	0.1900	0.1000	0.2100
	每股净资产(元)	2.5400	2.5000	2.4000	2.4200
	每股经营现金净流量(元)	0.1489	0.5845	0.2492	0.3176
	每股现金流量(元)	0.2048	0.1048	-0.0205	-0.0370
	每股资本公积金(元)	0.2679	0.2679	0.2686	0.2686
	每股盈余公积金(元)	0.2285	0.2285	0.2116	0.2116
	每股未分配利润(元)	1.0443	1.0038	0.9239	0.9375
	净资产收益率(%)	3.1701	7.7290	4.0120	7.8580
	加权净资产收益率(%)	3.1700	7.7300	4.0000	7.8600
	净资产收益率(扣除)(%)	-	-	-	-
	总资产(万元)	964703.00	908532.40	851621.00	842556.30
	归属母公司股东权益(万元)	362620.40	356833.70	343125.20	345057.30
	主营业务收入(万元)	73553.20	149314.60	72523.50	139482.10
	营业收入(万元)	76510.00	156249.00	75047.90	146776.80
	主营成本(万元)	41198.30	83502.00	41317.60	76299.10
	营业成本(万元)	43439.10	87404.10	42528.10	79367.20
	投资收益(万元)	108.40	38.60	-28.90	144.80
	净利润(万元)	11815.90	27988.00	13971.10	27515.60
	利润总额(万元)	16236.40	37603.40	18569.80	36682.60

东方电气股份有限公司

公司概况	公司名称	东方电气股份有限公司			证券简称	东方电气
	法人代表	斯泽夫	董秘	龚丹	证券代码	600875
	公司网址	www.dec-ltd.cn		电子信箱	dsb@dongfang.com	
	电　　话	028-87583666		传　　真	028-87583551	
	办公地址	四川省成都市金牛区蜀汉路 333 号				
	经营范围	水力发电设备、汽轮发电机、交直流电机、控制设备制造销售等				

主要财务指标	指标\报告期	2012.06.30	2011.12.31	2011.06.30	2010.12.31
	基本每股收益(元)	0.6200	1.5300	0.7700	1.2900
	基本每股收益(扣除)(元)	0.5900	1.4400	0.7400	1.2200
	每股净资产(元)	7.3500	6.8900	6.1400	5.5100
	每股经营现金净流量(元)	-1.1262	-0.5682	-0.9122	0.9742
	每股现金流量(元)	-1.1129	-1.6899	-1.4745	-0.5929
	每股资本公积金(元)	2.5398	2.5327	2.5322	2.5422
	每股盈余公积金(元)	0.1595	0.1595	0.0758	0.0758
	每股未分配利润(元)	3.6654	3.2046	2.5306	1.8931
	净资产收益率(%)	8.4410	22.1430	12.5090	23.3448
	加权净资产收益率(%)	8.6200	24.6500	11.7700	17.7500
	净资产收益率(扣除)(%)	-	-	-	-
	总资产(万元)	7975891.43	8244272.59	8630832.03	8225288.85
	归属母公司股东权益(万元)	1473716.96	1380255.89	1229497.11	1103875.43
	主营业务收入(万元)	1987341.10	4244289.05	1952199.60	3760383.23
	营业收入(万元)	2001148.83	4291661.83	1975921.45	3808011.22
	主营成本(万元)	1602753.30	3363826.90	1553415.73	3010943.64
	营业成本(万元)	1609589.20	3395439.76	1812417.80	3037987.79
	投资收益(万元)	7618.37	14160.10	5536.08	9162.14
	净利润(万元)	126285.03	311821.77	156830.08	267601.44
	利润总额(万元)	147519.06	354405.68	177463.75	284517.87

洛阳玻璃股份有限公司

公司概况					
公司名称	洛阳玻璃股份有限公司			证券简称	洛阳玻璃
法人代表	宋建明	董秘	宋飞	证券代码	600876
公司网址	www.zhglb.com		电子信箱	gfbgs@clfg.com	
电　话	0379-63908507 63908588		传　真	0379-63251984	
办公地址	河南省洛阳市西工区唐宫中路9号				
经营范围	生产玻璃、深加工制品、机械成套设备、电器与配件、销售自产产品等				

主要财务指标：指标\报告期	2012.06.30	2011.12.31	2011.06.30	2010.12.31
基本每股收益(元)	-0.0900	0.0247	0.1468	0.1216
基本每股收益(扣除)(元)	-0.0924	-0.1355	0.0021	0.1053
每股净资产(元)	0.1639	0.2540	0.3779	0.2300
每股经营现金净流量(元)	-0.0345	-0.1233	-0.1262	0.0459
每股现金流量(元)	-0.0394	0.0414	0.0226	-0.0260
每股资本公积金(元)	1.7148	1.7150	1.7169	1.7169
每股盈余公积金(元)	0.1027	0.1027	0.1027	0.1027
每股未分配利润(元)	-2.6540	-2.5639	-2.4418	-2.5886
净资产收益率(%)	-	9.7110	38.8504	52.6000
加权净资产收益率(%)	-43.1200	10.1700	48.2200	53.1300
净资产收益率(扣除)(%)	-	-	-	-
总资产(万元)	129920.10	141578.51	143894.77	143951.47
归属母公司股东权益(万元)	8195.44	12701.36	18897.20	11555.57
主营业务收入(万元)	27790.45	82547.46	48299.66	97641.35
营业收入(万元)	30820.63	92094.29	51677.67	116848.17
主营成本(万元)	24519.77	74310.21	43410.15	76050.69
营业成本(万元)	27242.06	82105.75	46606.77	93751.81
投资收益(万元)	173.56	-	-	-
净利润(万元)	-5240.71	-1763.21	5653.36	5462.83
利润总额(万元)	-4604.06	293.16	6778.70	7298.45

中国嘉陵工业股份有限公司(集团)

公司概况					
公司名称	中国嘉陵工业股份有限公司(集团)			证券简称	*ST 嘉陵
法人代表	刘波	董秘	周勇强	证券代码	600877
公司网址	www.jialing.com.cn		电子信箱	zqc@jialing.com.cn	
电　话	023-65194095		传　真	023-65196666 65194095	
办公地址	重庆市沙坪坝区双碑				
经营范围	摩托车及其发动机、零部件的制造和销售等				

主要财务指标：指标\报告期	2012.06.30	2011.12.31	2011.06.30	2010.12.31
基本每股收益(元)	-0.0917	-0.3679	0.0036	-0.4002
基本每股收益(扣除)(元)	-0.1905	-0.5037	-0.1221	-0.4167
每股净资产(元)	0.5000	0.6100	0.9800	0.9700
每股经营现金净流量(元)	-0.0515	-0.1454	-0.0722	0.0831
每股现金流量(元)	-0.1329	-0.2340	-0.2194	-0.1664
每股资本公积金(元)	0.1715	0.1715	0.1363	0.1478
每股盈余公积金(元)	0.8521	0.8521	0.8521	0.8521
每股未分配利润(元)	-1.5224	-1.4306	-1.0527	-1.0564
净资产收益率(%)	-18.2297	-60.2283	0.3710	-41.3880
加权净资产收益率(%)	-20.4200	-46.6300	0.3700	-34.3800
净资产收益率(扣除)(%)	-	-	-	-
总资产(万元)	288549.19	289503.97	281154.78	313759.84
归属母公司股东权益(万元)	34576.98	41985.31	67262.62	66464.12
主营业务收入(万元)	102825.29	231575.35	131605.21	314887.01
营业收入(万元)	104431.18	236558.25	135050.17	323718.32
主营成本(万元)	92559.25	209736.32	117373.83	271519.11
营业成本(万元)	94809.23	215748.64	120739.61	279779.05
投资收益(万元)	6664.57	4997.88	3896.85	1981.95
净利润(万元)	-6263.53	-25499.20	208.90	-27758.61
利润总额(万元)	-6254.77	-25319.18	611.13	-26983.40

航天时代电子技术股份有限公司

公司概况					
公司名称	航天时代电子技术股份有限公司			证券简称	航天电子
法人代表	刘眉玄	董秘	吕凡	证券代码	600879
公司网址	www.catec-ltd.cn		电子信箱	lufan@catec-ltd.cn	
电　话	027-84792199 010-88106362		传　真	027-84792102	
办公地址	湖北省武汉市经济技术开发区高科技园				
经营范围	民用航天与运载火箭及配套装备、计算机技术及软硬件、电子测量与自动控制等				

主要财务指标：指标\报告期	2012.06.30	2011.12.31	2011.06.30	2010.12.31
基本每股收益(元)	0.0850	0.2080	0.0720	0.2000
基本每股收益(扣除)(元)	0.0810	0.1470	0.0630	0.1960
每股净资产(元)	4.1150	4.0310	3.8820	3.8050
每股经营现金净流量(元)	-0.5015	0.2722	-0.4219	0.0749
每股现金流量(元)	-0.0889	-0.1582	-0.0727	-0.2436
每股资本公积金(元)	0.9908	0.9908	0.9688	0.9653
每股盈余公积金(元)	0.1275	0.1275	0.1143	0.1143
每股未分配利润(元)	1.9971	1.9124	1.7972	1.7250
净资产收益率(%)	2.0597	5.1520	1.8610	5.2588
加权净资产收益率(%)	2.0810	5.3050	1.8800	5.3170
净资产收益率(扣除)(%)	-	-	-	-
总资产(万元)	723373.29	679507.35	687761.95	638408.19
归属母公司股东权益(万元)	333783.50	326908.46	314834.18	308571.12
主营业务收入(万元)	160066.87	345550.80	137091.07	291192.71
营业收入(万元)	160779.74	350889.76	138264.75	296152.44
主营成本(万元)	117601.73	261672.15	102149.44	215105.97
营业成本(万元)	117782.96	264567.81	102513.31	218540.19
投资收益(万元)	104.37	827.68	-137.82	556.78
净利润(万元)	6659.48	16933.93	5571.88	15256.17
利润总额(万元)	9011.35	21422.79	7748.20	19947.82

成都博瑞传播股份有限公司

公司概况					
公司名称	成都博瑞传播股份有限公司			证券简称	博瑞传播
法人代表	孙旭军	董秘	张跃铭	证券代码	600880
公司网址	www.b-raymedia.com		电子信箱	dongmi@b-ray.com.cn	
电　话	028-87651183 62560949		传　真	028-62560793	
办公地址	四川省成都市锦江区三色路38号"创意成都"大厦A座23楼				
经营范围	信息传播服务(不含国家限制项目)、报刊投递服务、高科技产品开发等				

主要财务指标：指标\报告期	2012.06.30	2011.12.31	2011.06.30	2010.12.31
基本每股收益(元)	0.2700	0.6300	0.3200	0.5200
基本每股收益(扣除)(元)	0.2700	0.4900	0.3100	0.5000
每股净资产(元)	3.4100	3.2900	2.9700	2.6300
每股经营现金净流量(元)	0.1587	0.6317	0.2049	0.6369
每股现金流量(元)	-0.1935	0.0668	0.0045	0.0744
每股资本公积金(元)	0.3834	0.3834	0.3679	0.3303
每股盈余公积金(元)	0.3616	0.3616	0.3302	0.3352
每股未分配利润(元)	1.6663	1.5433	1.2706	0.9678
净资产收益率(%)	8.0017	19.0720	10.6869	19.5780
加权净资产收益率(%)	8.0300	21.3400	11.4600	21.7000
净资产收益率(扣除)(%)	-	-	-	-
总资产(万元)	272447.49	276400.01	248373.31	231685.53
归属母公司股东权益(万元)	214223.06	206501.21	185592.70	162160.96
主营业务收入(万元)	65069.91	129702.38	64426.05	115414.85
营业收入(万元)	65433.93	130595.93	64806.80	116222.76
主营成本(万元)	32161.00	66610.06	30895.14	56923.65
营业成本(万元)	32392.45	66840.89	31014.98	57142.59
投资收益(万元)	-71.15	48.51	1758.67	1347.72
净利润(万元)	18584.84	42051.64	21456.27	34397.77
利润总额(万元)	22223.55	53135.51	25663.49	42853.44

吉林亚泰(集团)股份有限公司

公司概况					
公司名称	吉林亚泰(集团)股份有限公司			证券简称	亚泰集团
法人代表	宋尚龙	董秘	田奎武	证券代码	600881
公司网址	www.yatai.com		电子信箱	tkw@yatai.com	
电　话	0431-84956688		传　真	0431-84951400	
办公地址	吉林省长春市吉林大路 1801 号				
经营范围	房地产、水泥、证券、制药等				

主要财务指标 指标\报告期	2012.06.30	2011.12.31	2011.06.30	2010.12.31
基本每股收益(元)	0.1800	0.4000	0.1700	0.2600
基本每股收益(扣除)(元)	0.0900	0.3900	0.1700	0.2200
每股净资产(元)	4.3000	4.1300	4.0100	3.8400
每股经营现金净流量(元)	-0.1963	0.8003	0.5261	-1.0610
每股现金流量(元)	0.0859	1.1175	0.3763	0.1756
每股资本公积金(元)	1.8203	1.8186	1.8234	1.8233
每股盈余公积金(元)	0.1441	0.1441	0.1395	0.1395
每股未分配利润(元)	1.3370	1.1606	1.0398	0.8701
净资产收益率(%)	4.1002	9.5714	4.2330	6.7647
加权净资产收益率(%)	4.1900	9.8900	4.3200	6.8800
净资产收益率(扣除)(%)	-	-	-	-
总资产(万元)	3788758.83	3397670.34	2888500.42	2652447.35
归属母公司股东权益(万元)	815232.72	781956.76	759489.44	727347.74
主营业务收入(万元)	477839.14	1146251.15	508815.19	795471.47
营业收入(万元)	488916.14	1169981.98	517817.10	813637.34
主营成本(万元)	317882.06	773592.02	369441.55	591687.99
营业成本(万元)	325054.80	793595.02	375053.39	600060.68
投资收益(万元)	24291.00	605.45	8294.12	26266.94
净利润(万元)	44976.93	107224.35	41016.52	57611.32
利润总额(万元)	63295.96	146815.89	51885.50	76969.57

山东大成农药股份有限公司

公司概况					
公司名称	山东大成农药股份有限公司			证券简称	*ST 大成
法人代表	黄建军	董秘	于宁	证券代码	600882
公司网址	www.sddcny.com		电子信箱	yn_882@vip.163.com	
电　话	0533-2118118 2111919		传　真	0533-2113511	
办公地址	山东省淄博市张店区洪沟路 25 号				
经营范围	化学农药、基本化学原料的生产、销售等				

主要财务指标 指标\报告期	2012.06.30	2011.12.31	2011.06.30	2010.12.31
基本每股收益(元)	-0.4100	-1.7800	-1.2100	-0.3300
基本每股收益(扣除)(元)	-0.4600	-0.9700	-1.2600	-0.3800
每股净资产(元)	-0.5300	-0.1200	0.4580	1.6400
每股经营现金净流量(元)	1.0025	1.2145	0.1879	-0.4630
每股现金流量(元)	-0.0354	-0.0785	0.4736	-0.3627
每股资本公积金(元)	1.0581	1.0581	1.0588	1.0588
每股盈余公积金(元)	0.1764	0.1764	0.1764	0.1764
每股未分配利润(元)	-2.8463	-2.4329	-1.8597	-0.6509
净资产收益率(%)	-78.3704	-	-263.8850	-20.3430
加权净资产收益率(%)	-	-235.6100	-117.1600	-18.5700
净资产收益率(扣除)(%)	-	-	-	-
总资产(万元)	128616.58	133421.89	150433.00	159739.62
归属母公司股东权益(万元)	-11271.73	-2652.29	9790.27	34967.93
主营业务收入(万元)	23645.94	68364.09	43623.03	74851.98
营业收入(万元)	23936.31	69298.41	45085.37	78813.09
主营成本(万元)	25303.93	68775.13	43489.45	70941.92
营业成本(万元)	25529.17	69300.34	44613.32	73559.50
投资收益(万元)	39.41	45.69	8.44	41.95
净利润(万元)	-8837.07	-38158.50	-25866.25	-7142.97
利润总额(万元)	-8833.71	-35554.38	-25710.28	-6916.61

云南博闻科技实业股份有限公司

公司概况					
公司名称	云南博闻科技实业股份有限公司			证券简称	博闻科技
法人代表	刘志波	董秘	杨庆宏	证券代码	600883
公司网址	www.ynbowin.com		电子信箱	600883dsh@ynbowin.com	
电　话	0871-7197370		传　真	0871-7197694	
办公地址	云南省昆明市官渡区春城路 219 号东航投资大厦 806 室				
经营范围	计算机硬件生产、软件开发和网络开发、信息服务等				

主要财务指标 指标\报告期	2012.06.30	2011.12.31	2011.06.30	2010.12.31
基本每股收益(元)	-0.0125	0.7006	0.1018	0.3376
基本每股收益(扣除)(元)	-0.0135	0.1576	0.0959	0.1963
每股净资产(元)	2.8673	2.9297	3.1184	2.3900
每股经营现金净流量(元)	0.0214	-0.0496	-0.0557	-0.0246
每股现金流量(元)	-0.0067	-0.0731	-0.0546	0.1313
每股资本公积金(元)	0.6009	0.6008	1.3866	0.6967
每股盈余公积金(元)	0.2229	0.2229	0.1527	0.1527
每股未分配利润(元)	1.0436	1.1061	0.5791	0.5373
净资产收益率(%)	-0.4360	23.9150	3.2633	14.1450
加权净资产收益率(%)	-0.4360	26.1200	3.2633	14.9700
净资产收益率(扣除)(%)	-	-	-	-
总资产(万元)	73402.43	73162.46	75418.35	58293.91
归属母公司股东权益(万元)	67693.34	69167.84	73621.57	56353.49
主营业务收入(万元)	4300.25	9767.01	5066.73	4724.68
营业收入(万元)	4324.11	9845.35	5096.68	4754.96
主营成本(万元)	3929.48	8960.00	4619.80	4149.29
营业成本(万元)	3990.83	9084.62	4634.27	4161.85
投资收益(万元)	1195.83	18309.31	2460.12	9134.39
净利润(万元)	-299.01	16534.54	2399.43	7964.07
利润总额(万元)	972.91	18653.11	2264.17	8557.55

宁波杉杉股份有限公司

公司概况					
公司名称	宁波杉杉股份有限公司			证券简称	杉杉股份
法人代表	庄巍	董秘	钱程	证券代码	600884
公司网址	www.ssgf.net		电子信箱	ssgf@shanshan.com	
电　话	0574-88208337		传　真	0574-88208375	
办公地址	浙江省宁波市鄞州区日丽中路 777 号杉杉商务大厦 8 层				
经营范围	服装、针织品、皮革制品的制造、加工、批发、零售等				

主要财务指标 指标\报告期	2012.06.30	2011.12.31	2011.06.30	2010.12.31
基本每股收益(元)	0.2200	0.3730	0.1990	0.2940
基本每股收益(扣除)(元)	0.1400	0.2130	0.2070	0.2300
每股净资产(元)	7.4970	7.0570	7.6200	7.9800
每股经营现金净流量(元)	0.0288	0.0876	0.0695	0.1868
每股现金流量(元)	0.1577	0.4948	0.3910	-0.1989
每股资本公积金(元)	4.0572	3.7768	4.5106	4.9881
每股盈余公积金(元)	0.3785	0.3785	0.2661	0.2661
每股未分配利润(元)	2.0725	1.9128	1.8526	1.7340
净资产收益率(%)	2.9304	5.2910	2.6070	3.6822
加权净资产收益率(%)	3.0190	4.9600	2.5470	3.5700
净资产收益率(扣除)(%)	-	-	-	-
总资产(万元)	738236.81	663165.27	705422.39	685752.18
归属母公司股东权益(万元)	308022.03	289936.21	313090.50	327870.38
主营业务收入(万元)	154725.63	285223.08	127995.47	279016.51
营业收入(万元)	156541.89	300217.54	130351.69	284051.29
主营成本(万元)	117843.03	216344.40	94235.59	213981.44
营业成本(万元)	118484.43	226872.71	95141.49	215671.54
投资收益(万元)	10315.18	18403.33	6712.11	5662.64
净利润(万元)	9101.08	14680.33	8087.85	12134.40
利润总额(万元)	10775.14	19552.36	9853.97	15805.37

武汉力诺太阳能集团股份有限公司

公司概况	公司名称	武汉力诺太阳能集团股份有限公司			证券简称	ST 力 阳
	法人代表	李明春	董秘	李明春	证券代码	600885
	公司网址	www.linuo-solar.com		电子信箱	stock@linuo-solar.com	
	电　话	027-83310135		传　真	027-83860435	
	办公地址	湖北省武汉市桥口区古田路 17 号				
	经营范围	太阳能光热转化材料、光伏发电材料及其系统产品等				

	指标\报告期	2012.06.30	2011.12.31	2011.06.30	2010.12.31
主要财务指标	基本每股收益(元)	-0.2120	-0.8900	-0.1800	0.0600
	基本每股收益(扣除)(元)	-0.2100	-0.8900	-0.1900	-0.2300
	每股净资产(元)	-1.1960	-0.8300	-0.2858	1.0300
	每股经营现金净流量(元)	-0.1166	1.2699	0.6413	0.4975
	每股现金流量(元)	-0.0079	-0.0391	0.3621	-0.0380
	每股资本公积金(元)	0.3262	0.3262	0.3229	1.4543
	每股盈余公积金(元)	0.0398	0.0398	0.0398	0.0398
	每股未分配利润(元)	-2.5623	-2.3544	-1.6485	-1.4667
	净资产收益率(%)	-17.3792	-89.8067	-63.6123	6.3122
	加权净资产收益率(%)	-	-152.1000	-	6.5200
	净资产收益率(扣除)(%)	-	-	-	-
	总资产(万元)	66690.37	63447.23	71495.67	82096.64
	归属母公司股东权益(万元)	-18392.42	-15195.98	-4394.29	15796.08
	主营业务收入(万元)	21864.26	59788.27	31838.43	64644.71
	营业收入(万元)	22266.80	60860.59	32366.79	66096.38
	主营成本(万元)	20944.99	53252.97	28630.99	55705.10
	营业成本(万元)	21221.99	54012.14	29016.52	56875.04
	投资收益(万元)	-	25.85	-	33.15
	净利润(万元)	-3259.32	-13765.31	-2808.82	1340.03
	利润总额(万元)	-3105.14	-13379.41	-2808.82	1794.51

国投电力控股股份有限公司

公司概况	公司名称	国投电力控股股份有限公司			证券简称	国投电力
	法人代表	胡刚	董秘	魏琼	证券代码	600886
	公司网址	www.sdicpower.com		电子信箱	gtdl@sdicpower.com	
	电　话	010-88006378		传　真	010-88006368	
	办公地址	北京市西城区西直门南小街 147 号国投 5 号楼				
	经营范围	投资建设、经营管理以电力生产为主的能源项目等				

	指标\报告期	2012.06.30	2011.12.31	2011.06.30	2010.12.31
主要财务指标	基本每股收益(元)	0.0054	0.1281	0.0407	0.2528
	基本每股收益(扣除)(元)	0.0025	0.1005	0.0389	0.2392
	每股净资产(元)	3.2600	4.8900	4.6800	4.4300
	每股经营现金净流量(元)	0.9663	2.2927	1.3791	2.5444
	每股现金流量(元)	0.1933	1.6272	0.7640	-0.4942
	每股资本公积金(元)	1.8754	3.3098	3.0262	2.8539
	每股盈余公积金(元)	0.0829	0.1244	0.1462	0.1462
	每股未分配利润(元)	0.3015	0.4591	0.5061	0.4348
	净资产收益率(%)	0.1665	2.2593	1.3040	5.7011
	加权净资产收益率(%)	0.1700	2.7900	1.3400	5.3000
	净资产收益率(扣除)(%)	-	-	-	-
	总资产(万元)	13017027.12	12091065.41	11050985.33	10113183.47
	归属母公司股东权益(万元)	1146704.21	1147531.29	933399.30	884788.12
	主营业务收入(万元)	1088917.80	2159705.79	958487.49	1741440.30
	营业收入(万元)	1092672.50	2170353.92	960818.32	1747473.17
	主营成本(万元)	908992.25	1799384.21	796268.40	1375669.05
	营业成本(万元)	909713.11	1800287.44	796673.93	1376446.05
	投资收益(万元)	5511.34	7513.16	5112.46	7862.75
	净利润(万元)	12364.01	67229.79	24951.52	108615.62
	利润总额(万元)	21112.27	96874.93	35578.69	141364.18

内蒙古伊利实业集团股份有限公司

公司概况	公司名称	内蒙古伊利实业集团股份有限公司			证券简称	伊利股份
	法人代表	潘刚	董秘	胡利平	证券代码	600887
	公司网址	www.yili.com		电子信箱	huliping@yili.com	
	电　话	0471-3350092		传　真	0471-3601621	
	办公地址	内蒙古自治区呼和浩特市金山开发区金山大道 1 号				
	经营范围	乳制品制造、食品、饮料加工、农畜产品及饲料加工等				

	指标\报告期	2012.06.30	2011.12.31	2011.06.30	2010.12.31
主要财务指标	基本每股收益(元)	0.4800	1.1300	0.5100	0.4900
	基本每股收益(扣除)(元)	0.3400	0.8200	0.4200	0.3600
	每股净资产(元)	3.9900	3.7700	3.1500	5.2800
	每股经营现金净流量(元)	0.8071	2.2959	1.1635	1.8448
	每股现金流量(元)	-0.2354	0.0387	0.5901	-0.9926
	每股资本公积金(元)	1.1562	1.1580	1.1614	3.3198
	每股盈余公积金(元)	0.3328	0.3328	0.2545	0.5091
	每股未分配利润(元)	1.5042	1.2778	0.7348	0.4487
	净资产收益率(%)	11.9305	30.0340	16.2005	18.4230
	加权净资产收益率(%)	12.1500	35.3300	17.6300	20.2800
	净资产收益率(扣除)(%)	-	-	-	-
	总资产(万元)	2005614.19	1992950.06	1864824.19	1536232.41
	归属母公司股东权益(万元)	638306.55	602385.30	503662.15	421851.92
	主营业务收入(万元)	2108399.25	3726551.25	1886914.52	2954520.00
	营业收入(万元)	2118097.75	3745137.22	1894576.49	2966498.73
	主营成本(万元)	1478814.00	-	1294074.90	2061702.65
	营业成本(万元)	1482228.61	2648566.62	1296736.50	2068630.88
	投资收益(万元)	1542.49	25382.47	21840.26	1176.75
	净利润(万元)	77583.19	183243.73	82778.15	79576.27
	利润总额(万元)	92798.48	213641.62	97338.31	85362.36

新疆众和股份有限公司

公司概况	公司名称	新疆众和股份有限公司			证券简称	新疆众和
	法人代表	刘杰	董秘	杨波	证券代码	600888
	公司网址	www.joinworld.com		电子信箱	hxy600888@joinworld.com	
	电　话	0991-6689800		传　真	0991-6689882	
	办公地址	新疆维吾尔自治区乌鲁木齐市喀什东路 18 号				
	经营范围	高纯铝、电子铝箔、腐蚀箔、化成箔等电子元器件原料的生产、销售等				

	指标\报告期	2012.06.30	2011.12.31	2011.06.30	2010.12.31
主要财务指标	基本每股收益(元)	0.1578	0.7238	0.4404	0.8286
	基本每股收益(扣除)(元)	0.1192	0.6750	0.4179	0.7693
	每股净资产(元)	6.7676	8.6527	8.3584	6.1479
	每股经营现金净流量(元)	-0.0574	0.5116	-0.1958	0.6706
	每股现金流量(元)	-2.0198	3.4833	3.0205	-0.3347
	每股资本公积金(元)	3.8220	5.1685	6.0348	2.9320
	每股盈余公积金(元)	0.2983	0.3878	0.3741	0.3741
	每股未分配利润(元)	1.6473	2.0964	2.1823	1.8419
	净资产收益率(%)	2.3317	7.7650	4.5130	13.4781
	加权净资产收益率(%)	2.3458	9.6600	6.9300	14.4000
	净资产收益率(扣除)(%)	-	-	-	-
	总资产(万元)	695621.47	703048.36	584587.41	379751.47
	归属母公司股东权益(万元)	361628.97	355661.62	343563.91	216442.89
	主营业务收入(万元)	100189.59	196889.29	97819.10	151520.26
	营业收入(万元)	101597.67	200258.30	99838.52	160586.23
	主营成本(万元)	80503.73	149867.37	73131.09	106953.53
	营业成本(万元)	81059.04	151855.94	74352.92	114847.21
	投资收益(万元)	155.81	77.07	0.48	-1380.16
	净利润(万元)	8432.11	27615.74	15505.54	29189.14
	利润总额(万元)	9323.38	29879.14	17087.71	31896.49

南京化纤股份有限公司

公司概况	公司名称	南京化纤股份有限公司			证券简称	南京化纤
	法人代表	沈光宇	董秘	陈波	证券代码	600889
	公司网址	www.ncfc.cn		电子信箱	cb_008@126.com	
	电　话	025-84208005		传　真	025-84208919	
	办公地址	江苏省南京市六合红山精细化工园内				
	经营范围	化学纤维生产、主要产品为粘胶长、短丝等				

主要财务指标	指标\报告期	2012.06.30	2011.12.31	2011.06.30	2010.12.31
	基本每股收益(元)	-0.0990	0.0500	0.0940	0.3380
	基本每股收益(扣除)(元)	-0.0996	0.0410	0.0370	0.1510
	每股净资产(元)	2.8310	2.9300	2.8620	2.8180
	每股经营现金净流量(元)	1.3159	3.0808	1.3757	0.8379
	每股现金流量(元)	0.1565	-0.1585	-0.0418	0.1543
	每股资本公积金(元)	0.7018	0.7018	0.5895	0.5895
	每股盈余公积金(元)	0.4440	0.4440	0.4296	0.4296
	每股未分配利润(元)	0.6850	0.7844	0.8425	0.7988
	净资产收益率(%)	-3.5110	1.7050	3.2730	12.0120
	加权净资产收益率(%)	-3.4500	1.7400	3.3000	12.7000
	净资产收益率(扣除)(%)	-	-	-	-
	总资产(万元)	379473.91	354900.04	367030.39	357774.67
	归属母公司股东权益(万元)	86925.16	89977.08	87872.66	86531.73
	主营业务收入(万元)	44687.30	134524.47	66464.44	91419.13
	营业收入(万元)	56632.65	150126.42	72045.72	100414.00
	主营成本(万元)	39237.41	115635.68	61948.15	83191.33
	营业成本(万元)	49153.74	128143.09	65622.02	89577.73
	投资收益(万元)	-1107.89	2757.44	3600.95	6468.27
	净利润(万元)	-2986.00	3517.94	3155.47	10348.44
	利润总额(万元)	-2883.56	5777.48	3301.84	10405.58

中房置业股份有限公司

公司概况	公司名称	中房置业股份有限公司			证券简称	ST 中 房
	法人代表	岳慧欣	董秘	桂红植	证券代码	600890
	公司网址	www.credholding.com		电子信箱	guihz@163.com	
	电　话	010-82608847		传　真	010-82611808	
	办公地址	北京市海淀区苏州街 18 号院长远天地大厦 C 座二层				
	经营范围	房地产开发、物业管理、制造销售动力机械、激光打印机、数字照相机等				

主要财务指标	指标\报告期	2012.06.30	2011.12.31	2011.06.30	2010.12.31
	基本每股收益(元)	-0.0164	0.0801	-0.0258	-0.0407
	基本每股收益(扣除)(元)	-0.0164	-0.0408	-0.0258	-0.0414
	每股净资产(元)	0.5530	0.5690	0.4630	0.4900
	每股经营现金净流量(元)	-0.0091	0.0309	-0.0111	-0.1063
	每股现金流量(元)	-0.0092	0.0309	-0.0111	0.0447
	每股资本公积金(元)	0.0351	0.0351	0.0351	0.0351
	每股盈余公积金(元)	0.1466	0.1466	0.1466	0.1466
	每股未分配利润(元)	-0.6290	-0.6126	-0.7185	-0.6927
	净资产收益率(%)	-2.9720	14.0750	-5.5660	-8.3150
	加权净资产收益率(%)	-2.9300	15.1400	-5.4200	-7.9800
	净资产收益率(扣除)(%)	-	-	-	-
	总资产(万元)	37626.24	38619.88	48243.59	49776.22
	归属母公司股东权益(万元)	32014.41	32965.87	26832.31	28325.88
	主营业务收入(万元)	403.35	1254.44	331.96	1101.45
	营业收入(万元)	403.35	1254.44	331.96	1101.45
	主营成本(万元)	325.54	905.37	486.44	1214.50
	营业成本(万元)	325.54	905.37	486.44	1214.50
	投资收益(万元)	-32.31	2187.73	-	-
	净利润(万元)	-951.54	4733.93	-1399.58	-2355.25
	利润总额(万元)	-951.54	4788.68	-1399.58	-2327.52

哈尔滨秋林集团股份有限公司

公司概况	公司名称	哈尔滨秋林集团股份有限公司			证券简称	秋林集团
	法人代表	刘宏强	董秘	衣国强	证券代码	600891
	公司网址	www.qlgroup.com.cn		电子信箱	ygqyx88@163.com	
	电　话	0451-53644632		传　真	0451-53649282	
	办公地址	黑龙江省哈尔滨市南岗区东大直街 319 号				
	经营范围	零售兼批发百货、食品、副食品、纺织品、节目录像带等业务				

主要财务指标	指标\报告期	2012.06.30	2011.12.31	2011.06.30	2010.12.31
	基本每股收益(元)	0.1000	0.0800	0.1100	0.5800
	基本每股收益(扣除)(元)	0.0900	0.1100	0.1000	0.0700
	每股净资产(元)	2.3600	2.2000	2.2300	1.4100
	每股经营现金净流量(元)	0.1495	1.1760	1.0099	0.4315
	每股现金流量(元)	0.0573	1.4164	1.2778	-0.0856
	每股资本公积金(元)	0.9806	0.9223	0.9255	0.1473
	每股盈余公积金(元)	0.0705	0.0705	0.0619	0.0827
	每股未分配利润(元)	0.3104	0.2060	0.2420	0.1760
	净资产收益率(%)	4.4212	3.7711	4.9700	41.0297
	加权净资产收益率(%)	4.2900	4.0000	7.1400	51.3200
	净资产收益率(扣除)(%)	-	-	-	-
	总资产(万元)	115357.94	109178.46	106206.08	68775.84
	归属母公司股东权益(万元)	76872.55	71577.92	72575.95	34244.81
	主营业务收入(万元)	16546.34	53153.71	37229.63	19204.56
	营业收入(万元)	19262.48	58261.88	39597.91	26543.58
	主营成本(万元)	13111.44	46278.38	33296.60	15553.42
	营业成本(万元)	13898.82	47845.20	34080.01	16331.14
	投资收益(万元)	38.40	104.00	31.09	-
	净利润(万元)	3372.53	2652.26	3581.98	14042.37
	利润总额(万元)	4416.67	4083.73	4788.11	16758.82

宝诚投资股份有限公司

公司概况	公司名称	宝诚投资股份有限公司			证券简称	ST 宝 诚
	法人代表	姚建辉	董秘	李敬	证券代码	600892
	公司网址			电子信箱	bcinvst@163.com	
	电　话	010-68096094		传　真	010-68096092	
	办公地址	北京市西城区阜外大街 7 号国投大厦 1107 室				
	经营范围	投资与资产管理、销售金属矿石、金属材料、建筑材料、五金交电、机械设备等				

主要财务指标	指标\报告期	2012.06.30	2011.12.31	2011.06.30	2010.12.31
	基本每股收益(元)	0.0700	0.0700	-0.0200	-0.2000
	基本每股收益(扣除)(元)	0.0600	0.0800	-0.0200	-0.1900
	每股净资产(元)	-0.5562	-0.6300	-0.7239	-0.7000
	每股经营现金净流量(元)	0.0246	-1.0048	-0.8969	-0.4647
	每股现金流量(元)	0.1583	0.3997	0.2917	-0.0684
	每股资本公积金(元)	1.7977	1.7977	1.7977	1.7977
	每股盈余公积金(元)	0.1361	0.1455	0.1455	0.1455
	每股未分配利润(元)	-3.4899	-3.5700	-3.6671	-3.6426
	净资产收益率(%)	-12.7064	-11.5800	-3.3823	-28.8671
	加权净资产收益率(%)	-	18.3500	-3.4400	-33.7400
	净资产收益率(扣除)(%)	-	-	-	-
	总资产(万元)	27692.71	34489.19	23486.42	18679.52
	归属母公司股东权益(万元)	-3510.76	-3956.85	-4569.67	-4415.11
	主营业务收入(万元)	28618.55	61955.84	17049.53	20889.71
	营业收入(万元)	29028.33	65668.20	17247.53	20889.86
	主营成本(万元)	27110.61	59323.90	16320.87	19743.91
	营业成本(万元)	27294.26	62297.53	16320.87	19744.07
	投资收益(万元)	72.56	3.42	-	-
	净利润(万元)	449.99	528.03	-130.48	-1356.37
	利润总额(万元)	461.37	670.72	-130.48	-1330.89

西安航空动力股份有限公司

公司概况	公司名称	西安航空动力股份有限公司			证券简称	航空动力
	法人代表	万多波	董秘	赵岳	证券代码	600893
	公司网址	www.xaec.com			电子信箱	hkdl2008@xaec.com
	电　　话	029-86152008 86150271			传　　真	029-86629636
	办公地址	陕西省西安市未央区徐家湾				
	经营范围	航空发动机、燃气轮机、烟气透平动力装置、航天发动机及其零部件等				

主要财务指标	指标\报告期	2012.06.30	2011.12.31	2011.06.30	2010.12.31
	基本每股收益(元)	0.0900	0.2400	0.1100	0.1900
	基本每股收益(扣除)(元)	0.0800	0.2300	0.1100	0.1800
	每股净资产(元)	3.6897	3.6669	3.5374	3.4828
	每股经营现金净流量(元)	-0.4882	0.3268	-0.4994	0.8488
	每股现金流量(元)	-0.5444	0.4363	-0.4437	-2.4579
	每股资本公积金(元)	2.1923	2.1930	2.1923	5.3834
	每股盈余公积金(元)	0.0427	0.0427	0.0240	0.0480
	每股未分配利润(元)	0.4549	0.4314	0.3213	0.5346
	净资产收益率(%)	2.4258	6.4860	3.0821	5.5130
	加权净资产收益率(%)	2.4100	6.6500	3.0800	5.6400
	净资产收益率(扣除)(%)	-	-	-	-
	总资产(万元)	856663.00	844328.29	799115.28	815225.22
	归属母公司股东权益(万元)	402020.44	399533.57	385425.98	379480.00
	主营业务收入(万元)	266078.24	671026.78	311761.29	600936.53
	营业收入(万元)	270941.80	680596.06	320538.51	608503.21
	主营成本(万元)	226470.89	574599.50	273031.38	519352.35
	营业成本(万元)	230674.54	582420.19	280852.25	526216.81
	投资收益(万元)	-129.04	-490.86	-84.27	-663.53
	净利润(万元)	9322.74	25274.88	11647.19	21964.41
	利润总额(万元)	12294.08	30438.11	13901.73	25427.63

广州广日股份有限公司

公司概况	公司名称	广州广日股份有限公司			证券简称	广日股份
	法人代表	潘胜燊	董秘	蔡志雯	证券代码	600894
	公司网址	www.guangrigf.com			电子信箱	grgf@guangrigf.com
	电　　话	020-38371213			传　　真	020-38373152
	办公地址	广州市天河区华利路59号保利大厦东塔12楼				
	经营范围	生产、加工、销售冶金产品、焦碳化工产品、各种气体、炉料和有关原材料等				

主要财务指标	指标\报告期	2012.06.30	2011.12.31	2011.06.30	2010.12.31
	基本每股收益(元)	0.1645	-0.9040	0.0060	-0.1280
	基本每股收益(扣除)(元)	-0.2007	-0.9160	-0.0257	-0.2230
	每股净资产(元)	2.3100	1.9000	0.4700	0.6350
	每股经营现金净流量(元)	0.5205	0.4158	0.4785	0.2524
	每股现金流量(元)	-0.1277	-0.1441	0.0430	0.0012
	每股资本公积金(元)	1.3687	0.8607	0.8578	0.8578
	每股盈余公积金(元)	0.2807	0.2903	0.2903	0.2903
	每股未分配利润(元)	-0.3426	-1.0810	-1.6819	-1.5129
	净资产收益率(%)	6.8932	-340.2259	1.2871	-20.2157
	加权净资产收益率(%)	7.1300	-492.4100	0.2200	-18.2200
	净资产收益率(扣除)(%)	-	-	-	-
	总资产(万元)	364940.29	686594.66	410381.00	437201.65
	归属母公司股东权益(万元)	181965.71	144867.30	35537.46	48423.36
	主营业务收入(万元)	276036.04	608840.49	445915.63	643786.58
	营业收入(万元)	279336.31	618100.94	452778.26	651043.19
	主营成本(万元)	264671.20	642301.65	427841.44	642160.53
	营业成本(万元)	265941.02	648230.41	342952.40	646322.41
	投资收益(万元)	11001.97	1969.91	8686.15	8255.69
	净利润(万元)	13843.15	-68921.44	2071.25	-9831.45
	利润总额(万元)	16308.65	-68918.41	3523.21	-9808.66

上海张江高科技园区开发股份有限公司

公司概况	公司名称	上海张江高科技园区开发股份有限公司			证券简称	张江高科
	法人代表	丁磊	董秘	丁磊	证券代码	600895
	公司网址	www.600895.com			电子信箱	investors@600895.com
	电　　话	021-38959000			传　　真	021-50800492
	办公地址	上海市浦东新区松涛路560号8层				
	经营范围	房地产开发与经营、公司受让地块内的土地开发与土地使用权经营等				

主要财务指标	指标\报告期	2012.06.30	2011.12.31	2011.06.30	2010.12.31
	基本每股收益(元)	0.0480	0.3000	0.0130	0.3100
	基本每股收益(扣除)(元)	0.0460	0.3000	0.0130	0.3000
	每股净资产(元)	3.8600	4.0600	3.9600	4.1100
	每股经营现金净流量(元)	0.1771	-0.0203	-0.2444	-0.5536
	每股现金流量(元)	-0.1945	-0.8256	-0.7819	-0.1442
	每股资本公积金(元)	1.7502	1.8024	1.9789	2.0332
	每股盈余公积金(元)	0.2575	0.2575	0.2391	0.2391
	每股未分配利润(元)	0.9121	1.0643	0.7945	0.8812
	净资产收益率(%)	1.2379	7.4180	0.3350	7.5094
	加权净资产收益率(%)	1.1800	7.4400	0.3200	7.7600
	净资产收益率(扣除)(%)	-	-	-	-
	总资产(万元)	1736950.71	1782168.07	1713820.20	1734922.23
	归属母公司股东权益(万元)	598183.24	629481.60	613824.39	637199.06
	主营业务收入(万元)	59175.83	175309.54	49547.55	131806.59
	营业收入(万元)	61169.86	179551.99	51462.00	136190.24
	主营成本(万元)	26954.72	70384.53	21946.72	57946.04
	营业成本(万元)	28912.51	74360.30	23764.96	61735.96
	投资收益(万元)	7488.02	18436.56	2749.49	33947.02
	净利润(万元)	8022.63	47011.64	3804.54	49141.06
	利润总额(万元)	8021.87	57737.77	3676.10	55174.67

中海(海南)海盛船务股份有限公司

公司概况	公司名称	中海(海南)海盛船务股份有限公司			证券简称	中海海盛
	法人代表	王大雄	董秘	胡小波	证券代码	600896
	公司网址	www.haishengshipping.com			电子信箱	x.b.hu@haishengshipping.com
	电　　话	0898-68583985 68583777			传　　真	0898-68581486
	办公地址	海南省海口市龙昆北路2号珠江广场帝豪大厦25-26层				
	经营范围	国际船舶危险品运输、国际船舶普通货物运输、国内沿海及长江中下游普通货船等				

主要财务指标	指标\报告期	2012.06.30	2011.12.31	2011.06.30	2010.12.31
	基本每股收益(元)	-0.2100	0.0200	0.0500	0.0400
	基本每股收益(扣除)(元)	-0.2000	-0.1600	-0.0100	-0.0200
	每股净资产(元)	3.4300	3.4900	4.0800	4.1100
	每股经营现金净流量(元)	-0.0039	0.1519	0.1270	0.0642
	每股现金流量(元)	-0.0588	-0.2217	-0.0570	0.0868
	每股资本公积金(元)	1.5061	1.3563	1.9230	1.9747
	每股盈余公积金(元)	0.2334	0.2334	0.2291	0.2291
	每股未分配利润(元)	0.6946	0.9060	0.9340	0.9084
	净资产收益率(%)	-6.1637	0.6260	1.1180	1.0610
	加权净资产收益率(%)	-6.1100	0.5700	1.1200	0.9500
	净资产收益率(扣除)(%)	-	-	-	-
	总资产(万元)	540129.65	490763.16	493436.13	486856.20
	归属母公司股东权益(万元)	199364.99	202966.18	237245.96	238736.75
	主营业务收入(万元)	49488.28	120261.20	61114.36	124797.59
	营业收入(万元)	49676.83	120356.93	61309.04	124902.11
	主营成本(万元)	52313.83	112684.05	55294.30	112942.88
	营业成本(万元)	52349.44	112758.98	55336.22	113022.34
	投资收益(万元)	3009.34	13568.27	3619.70	5606.92
	净利润(万元)	-11906.00	2320.25	3238.31	6513.08
	利润总额(万元)	-11787.87	2498.99	2741.42	10073.57

厦门国际航空港股份有限公司

公司概况						
	公司名称	厦门国际航空港股份有限公司			证券简称	厦门空港
	法人代表	蔡明理	董秘	朱昭	证券代码	600897
	公司网址	www.iport.com.cn		电子信箱	600897@iport.com.cn	
	电　　话	0592-5706078		传　　真	0592-5730699	
	办公地址	福建省厦门市高崎国际机场内厦门机场发展股份有限公司办公楼				
	经营范围	空运输、提供候机楼设施的使用保障和服务等				

主要财务指标	指标\报告期	2012.06.30	2011.12.31	2011.06.30	2010.12.31
	基本每股收益(元)	0.5837	1.0955	0.5060	0.9406
	基本每股收益(扣除)(元)	0.5825	1.0960	0.5058	0.9414
	每股净资产(元)	6.8118	6.3300	5.7460	5.3300
	每股经营现金净流量(元)	0.7777	1.6280	0.6559	1.3858
	每股现金流量(元)	-0.0056	-0.9192	0.1448	1.3606
	每股资本公积金(元)	0.8994	0.8994	0.8994	0.8994
	每股盈余公积金(元)	0.9113	0.9113	0.8173	0.8173
	每股未分配利润(元)	4.0011	3.5174	3.0293	2.6132
	净资产收益率(%)	8.5686	17.3120	8.8070	17.6475
	加权净资产收益率(%)	8.8600	18.8100	9.1100	19.2200
	净资产收益率(扣除)(%)	-	-	-	-
	总资产(万元)	244881.93	224905.86	206523.01	193015.88
	归属母公司股东权益(万元)	202861.25	188457.08	171121.68	158731.30
	主营业务收入(万元)	53481.43	99539.56	46852.59	83877.93
	营业收入(万元)	53481.43	99539.56	46852.59	83877.93
	主营成本(万元)	24669.44	44831.25	21041.63	35171.23
	营业成本(万元)	24669.44	44831.25	21041.63	35171.23
	投资收益(万元)	958.77	423.69	73.45	279.28
	净利润(万元)	18408.65	34686.79	16191.03	30083.02
	利润总额(万元)	24840.89	45621.40	21292.80	38686.22

中国长江电力股份有限公司

公司概况						
	公司名称	中国长江电力股份有限公司			证券简称	长江电力
	法人代表	曹广晶	董秘	楼坚	证券代码	600900
	公司网址	www.cypc.com.cn		电子信箱	cypc@cypc.com.cn	
	电　　话	010-58688900		传　　真	010-58688898	
	办公地址	北京市西城区金融大街19号富凯大厦B座				
	经营范围	电力生产、经营和投资、电力生产技术咨询、水电工程检修维护				

主要财务指标	指标\报告期	2012.06.30	2011.12.31	2011.06.30	2010.12.31
	基本每股收益(元)	0.1725	0.4667	0.1628	0.4985
	基本每股收益(扣除)(元)	0.1677	0.4460	0.1491	0.5082
	每股净资产(元)	4.0362	4.1358	3.8733	4.0097
	每股经营现金净流量(元)	0.4482	0.9364	0.3119	1.0501
	每股现金流量(元)	0.0232	0.1124	-0.0003	-0.0129
	每股资本公积金(元)	1.8384	1.8559	1.8967	1.9401
	每股盈余公积金(元)	0.4394	0.4394	0.3702	0.3702
	每股未分配利润(元)	0.7590	0.8411	0.6064	0.6994
	净资产收益率(%)	4.2738	11.2835	4.2030	12.4320
	加权净资产收益率(%)	4.0900	11.5400	4.0000	12.7900
	净资产收益率(扣除)(%)	-	-	-	-
	总资产(万元)	15725030.72	15838502.64	15452138.99	15746114.77
	归属母公司股东权益(万元)	6659789.45	6824030.54	6390977.74	6616031.15
	主营业务收入(万元)	927513.59	2068722.50	833418.56	2186921.95
	营业收入(万元)	927791.98	2070037.75	833644.08	2188024.63
	主营成本(万元)	421904.99	842036.91	395721.71	833371.36
	营业成本(万元)	421978.27	842196.41	395796.75	833544.10
	投资收益(万元)	65305.03	111651.58	70231.61	35790.55
	净利润(万元)	284668.19	770082.91	268635.04	822566.29
	利润总额(万元)	361455.24	1010386.55	345288.61	1088611.76

三联商社股份有限公司

公司概况						
	公司名称	三联商社股份有限公司			证券简称	三联商社
	法人代表	王俊洲	董秘	沈睿	证券代码	600898
	公司网址	www.sanlianshop.com		电子信箱	slss600898db@163.com	
	电　　话	0531-81675201 81675202		传　　真	0531-81675313	
	办公地址	山东省济南市历下区趵突泉北路12号				
	经营范围	五金交电及电子产品、机械设备、日用百货、文具用品、健身器材、家具等				

主要财务指标	指标\报告期	2012.06.30	2011.12.31	2011.06.30	2010.12.31
	基本每股收益(元)	0.0409	0.2807	0.0510	0.0923
	基本每股收益(扣除)(元)	0.0384	0.1282	0.0514	0.1036
	每股净资产(元)	1.0936	1.0527	0.8230	0.7720
	每股经营现金净流量(元)	0.1997	0.0495	0.0012	0.2839
	每股现金流量(元)	-0.1434	-0.0530	-0.1075	0.2727
	每股资本公积金(元)	0.1785	0.1785	0.1785	0.1785
	每股盈余公积金(元)	0.0884	0.0884	0.0884	0.0884
	每股未分配利润(元)	-0.1733	-0.2142	-0.4439	-0.4949
	净资产收益率(%)	3.7399	26.6650	6.1950	11.9531
	加权净资产收益率(%)	3.8100	30.7700	6.3900	12.7100
	净资产收益率(扣除)(%)	-	-	-	-
	总资产(万元)	53580.69	57774.43	55787.21	50158.95
	归属母公司股东权益(万元)	27617.02	26584.17	20783.07	19495.56
	主营业务收入(万元)	32480.71	87265.24	42841.98	81500.38
	营业收入(万元)	34682.19	93471.84	45428.62	87837.60
	主营成本(万元)	29177.29	77722.66	38296.24	73977.57
	营业成本(万元)	29460.01	79417.73	38944.05	75495.24
	投资收益(万元)	57.11	-	-	-
	净利润(万元)	1032.86	7088.61	1287.51	2330.32
	利润总额(万元)	1397.78	8031.66	1861.98	2372.35

山东滨州渤海活塞股份有限公司

公司概况						
	公司名称	山东滨州渤海活塞股份有限公司			证券简称	渤海活塞
	法人代表	林风华	董秘	王洪波	证券代码	600960
	公司网址	www.bhpiston.com		电子信箱	dsh@bhpiston.com	
	电　　话	0543-3288868 3288656		传　　真	0543-3288899	
	办公地址	山东省滨州市渤海二十一路569号				
	经营范围	活塞、机械、汽车等部件的生产销售等				

主要财务指标	指标\报告期	2012.06.30	2011.12.31	2011.06.30	2010.12.31
	基本每股收益(元)	0.1748	0.6200	0.3188	0.7500
	基本每股收益(扣除)(元)	0.1681	0.6100	0.3107	0.8400
	每股净资产(元)	5.5710	5.4460	5.1690	4.9200
	每股经营现金净流量(元)	1.2378	1.4619	1.1920	1.7561
	每股现金流量(元)	0.0942	0.0791	0.5155	-0.2413
	每股资本公积金(元)	2.0586	2.0586	2.0586	2.0586
	每股盈余公积金(元)	0.3558	0.3558	0.2928	0.2928
	每股未分配利润(元)	2.1568	2.0321	1.8176	1.5687
	净资产收益率(%)	3.1370	11.3199	6.1680	15.2297
	加权净资产收益率(%)	3.1600	11.9300	6.3000	16.3800
	净资产收益率(扣除)(%)	-	-	-	-
	总资产(万元)	206908.91	200964.07	212389.65	207487.53
	归属母公司股东权益(万元)	90712.50	88680.97	84162.43	80110.16
	主营业务收入(万元)	82992.00	174182.82	91873.15	170475.34
	营业收入(万元)	85090.06	182387.15	96991.34	176751.06
	主营成本(万元)	70454.60	141142.45	72836.52	130751.94
	营业成本(万元)	72465.60	148569.74	77652.18	136283.84
	投资收益(万元)	-	-0.01	-329.33	-
	净利润(万元)	2882.89	10057.08	5208.55	12224.59
	利润总额(万元)	3408.88	11815.56	6451.47	14894.25

株洲冶炼集团股份有限公司

公司概况					
公司名称	株洲冶炼集团股份有限公司			证券简称	株冶集团
法人代表	曹修运	董秘	刘伟清	证券代码	600961
公司网址	www.torchcn.com		电子信箱	600961@secure.sse.com.cn	
电　　话	0731-28392172		传　　真	0731-28390145	
办公地址	湖南省株洲市石峰区清水塘				
经营范围	锌及锌合金、工业硫酸的生产和销售等				

主要财务指标：指标\报告期	2012.06.30	2011.12.31	2011.06.30	2010.12.31
基本每股收益(元)	-0.6800	-1.1200	-0.1500	0.0300
基本每股收益(扣除)(元)	-	-1.2400	-0.2800	-0.0500
每股净资产(元)	2.0162	2.7146	3.8300	4.0900
每股经营现金净流量(元)	-	-1.0326	0.3534	0.5889
每股现金流量(元)	-	-0.3808	0.1479	-0.0039
每股资本公积金(元)	1.8736	1.8958	2.0451	2.1544
每股盈余公积金(元)	-	0.1803	0.1803	0.1803
每股未分配利润(元)	-	-0.3560	0.6131	0.7613
净资产收益率(%)	-	-41.1570	-3.8660	0.8110
加权净资产收益率(%)	-28.5400	-32.8300	-3.7400	0.8100
净资产收益率(扣除)(%)	-	-	-	-
总资产(万元)	617769.34	647454.25	671755.88	651428.45
归属母公司股东权益(万元)	106348.18	143182.37	202191.28	215820.34
主营业务收入(万元)	567359.55	1165623.46	598860.14	1253521.09
营业收入(万元)	-	1172269.78	602007.26	1261794.39
主营成本(万元)	541902.31	1136328.58	576514.30	1182757.04
营业成本(万元)	-	1141550.60	579190.61	1189194.77
投资收益(万元)	-	4897.69	476.00	1203.17
净利润(万元)	-	-59235.53	-7813.99	1806.98
利润总额(万元)	-35440.52	-58890.41	-6610.38	2613.66

国投中鲁果汁股份有限公司

公司概况					
公司名称	国投中鲁果汁股份有限公司			证券简称	国投中鲁
法人代表	郝建	董秘	庞甲青	证券代码	600962
公司网址	www.sdiczl.com		电子信箱	600962@sdiczl.com	
电　　话	010-88009021		传　　真	010-88009099	
办公地址	北京市西城区阜成门外大街2号万通新世界广场B座21层				
经营范围	许可经营项目为生产浓缩果蔬汁、饮料、农副产品的深加工等				

主要财务指标：指标\报告期	2012.06.30	2011.12.31	2011.06.30	2010.12.31
基本每股收益(元)	0.2040	0.2220	0.1030	-0.2880
基本每股收益(扣除)(元)	-	0.2190	0.1030	-0.3280
每股净资产(元)	5.1020	4.8970	4.7930	4.6900
每股经营现金净流量(元)	-	0.4977	3.2270	-3.1054
每股现金流量(元)	-	0.1066	0.2058	-0.1622
每股资本公积金(元)	-	2.9491	2.9491	2.9491
每股盈余公积金(元)	-	0.1811	0.1811	0.1811
每股未分配利润(元)	-	0.7638	0.6586	0.5552
净资产收益率(%)	-	4.5332	2.1560	-5.8829
加权净资产收益率(%)	4.0900	4.6300	2.1800	-5.9600
净资产收益率(扣除)(%)	-	-	-	-
总资产(万元)	180324.90	206735.29	150259.64	202730.61
归属母公司股东权益(万元)	102898.56	98773.60	96676.57	94607.32
主营业务收入(万元)	-	113650.72	67431.79	92665.11
营业收入(万元)	72445.80	114473.83	67566.27	93383.64
主营成本(万元)	-	83008.92	50979.05	79303.50
营业成本(万元)	-	84271.85	51262.59	80045.18
投资收益(万元)	-	72.32	33.96	-954.48
净利润(万元)	-	7251.40	4362.19	-5357.08
利润总额(万元)	4086.09	7720.45	4479.34	-5063.61

岳阳林纸股份有限公司

公司概况					
公司名称	岳阳林纸股份有限公司			证券简称	岳阳林纸
法人代表	童来明	董秘	施湘燕	证券代码	600963
公司网址	www.yypaper.com		电子信箱	zq@tigerfp.com	
电　　话	0730-8590330 8590683		传　　真	0730-8562203	
办公地址	湖南省岳阳市城陵矶洪家洲				
经营范围	纸浆、机制纸的制造、销售等				

主要财务指标：指标\报告期	2012.06.30	2011.12.31	2011.06.30	2010.12.31
基本每股收益(元)	0.0150	0.1800	0.1635	0.3800
基本每股收益(扣除)(元)	0.0060	0.1100	0.1600	0.1800
每股净资产(元)	5.3809	5.3862	5.3379	6.3300
每股经营现金净流量(元)	-0.4026	0.4076	-0.0332	1.0213
每股现金流量(元)	0.0011	-1.2223	-0.9468	1.6187
每股资本公积金(元)	3.5377	3.5377	3.4402	4.6425
每股盈余公积金(元)	0.1679	0.1679	0.1695	0.1679
每股未分配利润(元)	0.6753	0.6806	0.7282	0.5231
净资产收益率(%)	0.2726	3.3889	3.0620	5.0050
加权净资产收益率(%)	0.2700	3.4600	3.1100	7.0100
净资产收益率(扣除)(%)	-	-	-	-
总资产(万元)	1750994.70	1677106.78	1657836.61	1734022.50
归属母公司股东权益(万元)	453695.28	454144.92	450070.81	534017.30
主营业务收入(万元)	330021.10	675790.74	328980.32	588768.62
营业收入(万元)	335636.12	696501.14	343570.62	613838.41
主营成本(万元)	266479.55	540882.14	269808.89	464678.64
营业成本(万元)	271184.39	564749.71	276225.60	485186.43
投资收益(万元)	-	-	-	-
净利润(万元)	1354.41	15375.92	13783.13	26729.73
利润总额(万元)	1760.61	16166.31	14650.49	31269.58

河北福成五丰食品股份有限公司

公司概况					
公司名称	河北福成五丰食品股份有限公司			证券简称	福成五丰
法人代表	李福成	董秘	宋宝贤	证券代码	600965
公司网址	www.fucheng.net		电子信箱	songbaoxian@vip.sina.com	
电　　话	010-61595607 0316-3319003 603		传　　真	010-61595618	
办公地址	河北省三河市燕郊经济技术开发区				
经营范围	肉牛养殖、屠宰、加工及活牛和牛肉产品的销售等				

主要财务指标：指标\报告期	2012.06.30	2011.12.31	2011.06.30	2010.12.31
基本每股收益(元)	0.0231	0.0255	0.0255	-0.1200
基本每股收益(扣除)(元)	0.0077	0.0237	0.0237	-0.0100
每股净资产(元)	1.7646	1.7198	1.7198	1.6943
每股经营现金净流量(元)	0.1141	0.1421	0.1239	0.0728
每股现金流量(元)	0.0052	0.0169	0.2274	-0.0031
每股资本公积金(元)	0.5543	0.5543	0.5543	0.5543
每股盈余公积金(元)	0.1062	0.1062	0.1009	0.1009
每股未分配利润(元)	0.1097	0.0866	0.0646	0.0391
净资产收益率(%)	1.3102	3.0170	1.4800	-7.0560
加权净资产收益率(%)	0.0131	3.0600	0.0149	-0.0700
净资产收益率(扣除)(%)	-	-	-	-
总资产(万元)	65094.65	64345.79	65194.85	63782.75
归属母公司股东权益(万元)	49459.35	48813.38	48051.90	47340.58
主营业务收入(万元)	25309.16	50635.49	24522.91	49725.02
营业收入(万元)	26297.73	52144.96	25353.08	50541.83
主营成本(万元)	22699.82	44373.06	21478.08	45134.53
营业成本(万元)	23429.09	45687.08	22112.67	45866.74
投资收益(万元)	-	-	-	-
净利润(万元)	645.97	1472.81	711.32	-3340.48
利润总额(万元)	645.97	1556.34	711.32	-4558.48

山东博汇纸业股份有限公司

公司概况	公司名称	山东博汇纸业股份有限公司			证券简称	博汇纸业
	法人代表	杨振兴	董秘	杨国栋	证券代码	600966
	公司网址	www.bohui.net		电子信箱	zqb@bohui.com	
	电　话	0533-8539966		传　真	0533-8539966	
	办公地址	山东省淄博市桓台县马桥镇工业路北首				
	经营范围	从事胶印纸、书写纸、包装纸、纸板、造纸木浆的生产、销售等				

主要财务指标	指标\报告期	2012.06.30	2011.12.31	2011.06.30	2010.12.31
	基本每股收益(元)	0.0752	0.2543	0.2476	0.3231
	基本每股收益(扣除)(元)	0.0765	0.2541	0.2475	0.3173
	每股净资产(元)	6.1648	6.0896	6.0829	5.8900
	每股经营现金净流量(元)	-0.0886	0.6427	0.4819	-0.5464
	每股现金流量(元)	0.5758	0.6471	0.5107	-0.3766
	每股资本公积金(元)	2.3866	2.3866	2.3866	2.3866
	每股盈余公积金(元)	0.3893	0.3893	0.3816	0.3816
	每股未分配利润(元)	2.3889	2.3137	2.3146	2.1171
	净资产收益率(%)	1.2201	4.1753	4.0700	5.4899
	加权净资产收益率(%)	1.2300	4.2500	4.1200	5.6400
	净资产收益率(扣除)(%)	-	-	-	-
	总资产(万元)	978611.63	807801.36	716773.43	664770.04
	归属母公司股东权益(万元)	311061.62	307266.39	306928.42	296959.85
	主营业务收入(万元)	246349.37	533033.22	272039.95	454577.16
	营业收入(万元)	254768.85	533033.28	272040.01	460585.75
	主营成本(万元)	210282.41	444349.87	223189.77	379875.03
	营业成本(万元)	217659.08	444349.87	223189.77	385531.59
	投资收益(万元)	-	-	-	-
	净利润(万元)	4672.85	17130.91	14327.10	19102.65
	利润总额(万元)	6691.15	20286.61	17395.77	23663.87

包头北方创业股份有限公司

公司概况	公司名称	包头北方创业股份有限公司			证券简称	北方创业
	法人代表	白晓光	董秘	贾进	证券代码	600967
	公司网址	www.bfcy.cc		电子信箱	bcssh@163.com	
	电　话	0472-3116791 3117903		传　真	0472-3117182	
	办公地址	内蒙古自治区包头市青山区民主路				
	经营范围	研制、开发、生产、销售铁路车辆、压力容器、车辆配件及进出口等				

主要财务指标	指标\报告期	2012.06.30	2011.12.31	2011.06.30	2010.12.31
	基本每股收益(元)	0.5150	0.6670	0.3580	0.3320
	基本每股收益(扣除)(元)	0.4950	0.6680	0.3440	0.3490
	每股净资产(元)	6.1930	5.8700	5.5590	5.4100
	每股经营现金净流量(元)	-0.7129	2.2369	0.7966	1.9503
	每股现金流量(元)	0.2265	1.8139	0.4610	1.6582
	每股资本公积金(元)	3.3464	3.3464	3.3464	3.3464
	每股盈余公积金(元)	0.2529	0.2529	0.1935	0.1935
	每股未分配利润(元)	1.5928	1.2777	1.0193	0.8706
	净资产收益率(%)	8.3163	11.3410	6.4420	6.1340
	加权净资产收益率(%)	8.5300	12.0200	6.5200	6.3000
	净资产收益率(扣除)(%)	-	-	-	-
	总资产(万元)	289386.82	285208.28	272427.09	237813.42
	归属母公司股东权益(万元)	107278.89	101808.14	96302.95	93726.36
	主营业务收入(万元)	149950.98	273756.11	146628.61	277725.30
	营业收入(万元)	161503.68	295733.01	155432.30	289139.93
	主营成本(万元)	125285.99	236260.08	127992.33	249375.09
	营业成本(万元)	136351.16	257230.56	136698.28	259705.94
	投资收益(万元)	-	48.32	-	46.20
	净利润(万元)	8918.10	12586.74	6575.94	6952.33
	利润总额(万元)	10374.15	14328.04	7624.44	7837.29

湖南郴电国际发展股份有限公司

公司概况	公司名称	湖南郴电国际发展股份有限公司			证券简称	郴电国际
	法人代表	付国	董秘	袁志勇	证券代码	600969
	公司网址	www.chinacdi.com		电子信箱	cdizqb@chinacdi.com	
	电　话	0735-2339226 2339232		传　真	0735-2339206 2339226	
	办公地址	湖南省郴州市青年大道民生路口万国大厦				
	经营范围	电力供应和中、小水电综合开发等				

主要财务指标	指标\报告期	2012.06.30	2011.12.31	2011.06.30	2010.12.31
	基本每股收益(元)	0.2520	0.4288	0.1980	0.3967
	基本每股收益(扣除)(元)	0.2430	0.4005	0.1900	0.4161
	每股净资产(元)	4.9050	4.5580	4.2300	3.7980
	每股经营现金净流量(元)	0.7524	2.1507	0.7455	1.3081
	每股现金流量(元)	0.5571	-1.4153	-0.8294	1.6786
	每股资本公积金(元)	3.2896	3.1945	3.0994	2.8646
	每股盈余公积金(元)	0.1155	0.1155	0.1155	0.1155
	每股未分配利润(元)	0.4652	0.2132	-0.0173	-0.2156
	净资产收益率(%)	5.1381	9.4084	4.6881	10.4453
	加权净资产收益率(%)	5.3300	10.2700	4.9400	11.6800
	净资产收益率(扣除)(%)	-	-	-	-
	总资产(万元)	462609.57	417912.34	391915.87	390148.67
	归属母公司股东权益(万元)	103130.85	95832.32	88950.92	79860.25
	主营业务收入(万元)	103648.76	182281.83	87731.75	166074.30
	营业收入(万元)	104418.47	185571.08	89125.08	168656.38
	主营成本(万元)	10830.73	145118.21	69812.30	129860.31
	营业成本(万元)	81899.23	146018.00	69913.95	130649.80
	投资收益(万元)	148.58	648.08	61.03	1017.14
	净利润(万元)	8139.29	14171.03	6973.75	14283.70
	利润总额(万元)	11383.28	19016.88	9262.80	18923.35

中国中材国际工程股份有限公司

公司概况	公司名称	中国中材国际工程股份有限公司			证券简称	中材国际
	法人代表	王伟	董秘	蒋中文	证券代码	600970
	公司网址	www.sinoma.com.cn		电子信箱	600970@sinoma.com.cn	
	电　话	010-64399502 64399501		传　真	010-64399500	
	办公地址	北京市朝阳区望京北路16号中材国际大厦				
	经营范围	大中型新型干法水泥生产线的建设、包括水泥生产线的研发与设计、装备采购等				

主要财务指标	指标\报告期	2012.06.30	2011.12.31	2011.06.30	2010.12.31
	基本每股收益(元)	0.4300	1.6900	0.6900	1.5600
	基本每股收益(扣除)(元)	0.4200	1.6600	0.7000	1.4600
	每股净资产(元)	3.9300	5.1000	4.4500	4.3800
	每股经营现金净流量(元)	0.4024	-3.1510	-2.1929	1.9760
	每股现金流量(元)	-0.0510	-3.8327	-2.1895	1.3972
	每股资本公积金(元)	0.2600	0.4148	0.4151	0.4980
	每股盈余公积金(元)	0.2608	0.3211	0.2162	0.1906
	每股未分配利润(元)	2.4241	3.1354	2.7649	2.6399
	净资产收益率(%)	11.0728	35.0330	18.4984	42.8939
	加权净资产收益率(%)	9.7400	38.6600	18.9400	51.9500
	净资产收益率(扣除)(%)	-	-	-	-
	总资产(万元)	2086330.70	1962108.57	1808791.33	1779561.84
	归属母公司股东权益(万元)	429388.10	464414.83	405067.70	332356.71
	主营业务收入(万元)	1160997.76	2499800.53	1079222.46	2385777.53
	营业收入(万元)	1163523.54	2509799.62	1082806.94	2393304.59
	主营成本(万元)	1027782.56	2136187.71	913472.94	2056793.62
	营业成本(万元)	1028644.82	2138406.43	914627.40	2058905.94
	投资收益(万元)	612.26	2488.23	8.30	6717.87
	净利润(万元)	48154.36	155976.41	76244.43	145399.18
	利润总额(万元)	58700.11	189281.83	90312.02	180346.75

安徽恒源煤电股份有限公司

公司概况					
公司名称	安徽恒源煤电股份有限公司			证券简称	恒源煤电
法人代表	龚乃勤	董秘	郝宗典	证券代码	600971
公司网址	www.ahhymd.com.cn		电子信箱	hymd600971@163.com	
电　　话	0557-3982147		传　　真	0557-3982260	
办公地址	安徽省宿州市西昌路157号				
经营范围	煤炭开采、洗选、销售、铁路运输、公路运输(限分公司经营)、进出口业务等				

主要财务指标 指标\报告期	2012.06.30	2011.12.31	2011.06.30	2010.12.31
基本每股收益(元)	0.5300	1.0100	0.5700	0.9900
基本每股收益(扣除)(元)	0.5300	1.0100	0.5600	0.9900
每股净资产(元)	6.9500	6.1500	13.5500	5.4800
每股经营现金净流量(元)	0.5732	1.8755	1.9371	2.9859
每股现金流量(元)	–0.1176	–0.4585	–0.1953	0.5664
每股资本公积金(元)	2.1194	2.1194	6.1161	6.1161
每股盈余公积金(元)	0.3775	0.3775	0.6690	0.6690
每股未分配利润(元)	2.9018	2.3690	4.5720	4.0822
净资产收益率(%)	7.6801	16.4800	9.5172	17.3618
加权净资产收益率(%)	8.3200	17.6100	10.0200	25.1300
净资产收益率(扣除)(%)	–	–	–	–
总资产(万元)	1327923.92	1243643.21	1222646.89	1181217.46
归属母公司股东权益(万元)	694835.22	614822.43	594214.71	547794.20
主营业务收入(万元)	472306.00	799861.52	408501.23	656999.11
营业收入(万元)	489593.07	831214.89	448214.37	699024.90
主营成本(万元)	366359.81	571791.28	298364.53	479070.92
营业成本(万元)	374787.29	587766.01	329981.96	509254.72
投资收益(万元)	4.73	–	–	–
净利润(万元)	53568.10	101985.23	56812.50	95680.15
利润总额(万元)	70972.68	142362.65	78788.07	127233.39

宝胜科技创新股份有限公司

公司概况					
公司名称	宝胜科技创新股份有限公司			证券简称	宝胜股份
法人代表	孙振华	董秘	夏成军	证券代码	600973
公司网址	www.baoshengcable.com		电子信箱	bsxcj@vip.sina.com	
电　　话	0514-88248910		传　　真	0514-88248897	
办公地址	江苏省扬州市宝应县安宜镇苏中路1号				
经营范围	电线电缆及电缆附件开发、制造、销售及相关的生产技术开发等				

主要财务指标 指标\报告期	2012.06.30	2011.12.31	2011.06.30	2010.12.31
基本每股收益(元)	0.1400	0.0940	–0.1300	0.6000
基本每股收益(扣除)(元)	0.1400	0.0260	–0.1900	0.5400
每股净资产(元)	6.0010	8.5800	8.8850	6.7200
每股经营现金净流量(元)	–0.0489	–1.9491	–0.3904	0.4215
每股现金流量(元)	0.3948	2.5792	4.0823	–0.0762
每股资本公积金(元)	3.0960	4.8960	5.2618	2.1386
每股盈余公积金(元)	0.2752	0.4128	0.4073	0.5304
每股未分配利润(元)	1.6301	2.2774	2.2161	3.0530
净资产收益率(%)	1.8623	1.0310	–1.4438	8.9760
加权净资产收益率(%)	1.9000	1.7200	–1.7100	9.0600
净资产收益率(扣除)(%)	–	–	–	–
总资产(万元)	535567.83	460117.43	432535.33	326009.97
归属母公司股东权益(万元)	182877.81	174431.52	180506.00	104864.04
主营业务收入(万元)	372315.19	667479.76	285639.06	555011.75
营业收入(万元)	385391.49	693512.09	296609.73	576587.29
主营成本(万元)	340548.19	619926.89	267409.96	505178.43
营业成本(万元)	353015.97	646877.22	278883.40	526115.97
投资收益(万元)	–	–	–	–
净利润(万元)	3405.76	1798.56	–2606.16	9412.58
利润总额(万元)	4586.47	2309.37	–2499.73	11470.85

湖南新五丰股份有限公司

公司概况					
公司名称	湖南新五丰股份有限公司			证券简称	新 五 丰
法人代表	邱卫	董秘	罗雁飞	证券代码	600975
公司网址	www.newwf.com		电子信箱	nwf_123456@126.com	
电　　话	0731-84449588*811		传　　真	0731-84449593	
办公地址	湖南省长沙市芙蓉区五一西路2号“第一大道”19、20楼				
经营范围	畜禽养殖、农业种植、政策允许的农副产品销售、研制、开发、生产等				

主要财务指标 指标\报告期	2012.06.30	2011.12.31	2011.06.30	2010.12.31
基本每股收益(元)	0.0900	0.4000	0.0800	0.0800
基本每股收益(扣除)(元)	0.0700	0.3400	0.0900	0.0400
每股净资产(元)	3.0300	2.9400	2.6260	2.5400
每股经营现金净流量(元)	0.1572	0.3487	0.5019	0.1436
每股现金流量(元)	0.3233	–0.2494	–0.2267	0.2944
每股资本公积金(元)	1.2334	1.2334	1.2334	1.2334
每股盈余公积金(元)	0.1911	0.1911	0.1577	0.1577
每股未分配利润(元)	0.6057	0.5164	0.2348	0.1501
净资产收益率(%)	2.9462	13.5910	3.2244	3.2250
加权净资产收益率(%)	2.9900	14.5800	3.2800	3.2000
净资产收益率(扣除)(%)	–	–	–	–
总资产(万元)	84802.03	75403.99	64087.76	67861.87
归属母公司股东权益(万元)	54626.44	53017.03	47337.85	45811.48
主营业务收入(万元)	48269.73	96087.25	40512.83	87667.52
营业收入(万元)	48285.23	96131.66	40535.00	87725.13
主营成本(万元)	43562.30	79587.41	34830.35	84358.69
营业成本(万元)	43563.40	79591.88	34834.14	84377.44
投资收益(万元)	403.94	543.71	–53.91	898.01
净利润(万元)	1596.54	7209.65	1601.75	1872.93
利润总额(万元)	1656.41	7464.65	1656.22	2470.66

武汉健民药业集团股份有限公司

公司概况					
公司名称	武汉健民药业集团股份有限公司			证券简称	武汉健民
法人代表	何勤	董秘	杜明德	证券代码	600976
公司网址	www.whjm.com		电子信箱	mingde.du@holley.cn	
电　　话	027-84523350		传　　真	027-84523350	
办公地址	湖北省武汉市汉阳区鹦鹉大道484号				
经营范围	中成药的研究、制造、开发及经营等				

主要财务指标 指标\报告期	2012.06.30	2011.12.31	2011.06.30	2010.12.31
基本每股收益(元)	0.2600	0.5100	0.2400	0.4700
基本每股收益(扣除)(元)	0.2000	0.3400	0.1600	0.3300
每股净资产(元)	5.4419	5.5579	5.2692	5.3600
每股经营现金净流量(元)	0.1915	–0.4925	–0.6983	0.9784
每股现金流量(元)	0.7188	–0.6664	–0.8653	–0.3609
每股资本公积金(元)	2.0718	2.0718	2.1038	2.0804
每股盈余公积金(元)	0.7068	0.7068	0.6451	0.6451
每股未分配利润(元)	1.6632	1.7792	1.5668	1.6308
净资产收益率(%)	4.7534	9.1780	4.4780	8.7250
加权净资产收益率(%)	4.7000	9.3500	4.6000	8.9700
净资产收益率(扣除)(%)	–	–	–	–
总资产(万元)	124898.01	116825.79	118398.79	107759.43
归属母公司股东权益(万元)	83477.59	85256.83	80828.05	82165.97
主营业务收入(万元)	83067.01	137876.93	72795.15	155580.32
营业收入(万元)	84270.28	141284.89	74227.51	157198.55
主营成本(万元)	64004.81	107630.85	56441.56	125201.51
营业成本(万元)	64004.96	107799.34	56441.56	125201.51
投资收益(万元)	335.63	907.48	168.40	1102.03
净利润(万元)	4092.89	7827.61	3631.05	6850.06
利润总额(万元)	4823.75	9427.14	4382.63	8803.72

广东省宜华木业股份有限公司

公司概况					
公司名称	广东省宜华木业股份有限公司			证券简称	宜华木业
法人代表	刘绍喜	董秘	刘伟宏	证券代码	600978
公司网址	www.yihuatimber.com		电子信箱	yihua@yihua.com	
电　话	0754-85100989		传　真	0754-85100797	
办公地址	广东省汕头市澄海区莲下槐东工业区				
经营范围	木家具、木地板、等木制品的生产和销售等				

主要财务指标：指标\报告期	2012.06.30	2011.12.31	2011.06.30	2010.12.31
基本每股收益(元)	0.1600	0.2200	0.1400	0.2400
基本每股收益(扣除)(元)	0.1600	0.2200	0.1400	0.2400
每股净资产(元)	3.6820	3.5500	3.4770	3.3900
每股经营现金净流量(元)	0.6964	0.3929	0.4844	0.1139
每股现金流量(元)	0.1646	-0.1937	0.1963	0.5628
每股资本公积金(元)	1.2956	1.2724	1.2724	1.2724
每股盈余公积金(元)	0.1660	0.1660	0.1457	0.1457
每股未分配利润(元)	1.2344	1.1272	1.0683	0.9801
净资产收益率(%)	4.2699	6.1230	3.9750	6.2900
加权净资产收益率(%)	4.3500	6.2500	4.0200	7.8800
净资产收益率(扣除)(%)	-	-	-	-
总资产(万元)	776356.62	713057.75	637991.63	603760.53
归属母公司股东权益(万元)	424399.86	409282.78	400744.89	391117.73
主营业务收入(万元)	147643.00	268828.40	130722.42	244435.57
营业收入(万元)	147915.13	269319.78	131914.32	244825.07
主营成本(万元)	101573.22	188919.07	92873.17	174332.38
营业成本(万元)	101701.37	188919.07	93897.28	174518.47
投资收益(万元)	-	-	-	-
净利润(万元)	18121.42	25059.92	15928.50	24615.96
利润总额(万元)	21972.41	30344.47	19619.01	30032.10

四川广安爱众股份有限公司

公司概况					
公司名称	四川广安爱众股份有限公司			证券简称	广安爱众
法人代表	罗庆红	董秘	何非	证券代码	600979
公司网址	www.sc-aaa.com		电子信箱	lxl@sc-aaa.com	
电　话	0826-2983049 2983218		传　真	0826-2983358	
办公地址	四川省广安市广安区渠江北路 86 号				
经营范围	水力发电和电力供应、天然气供应、自来水生产和供应等				

主要财务指标：指标\报告期	2012.06.30	2011.12.31	2011.06.30	2010.12.31
基本每股收益(元)	0.0476	0.1004	0.0234	0.1100
基本每股收益(扣除)(元)	0.0430	-	0.0204	0.1045
每股净资产(元)	1.6035	1.5559	1.4783	1.4650
每股经营现金净流量(元)	0.1609	0.3502	0.1736	0.3888
每股现金流量(元)	-0.1005	-0.2942	-0.0306	1.3466
每股资本公积金(元)	0.2696	0.2696	0.2696	1.4392
每股盈余公积金(元)	0.0455	0.0455	0.0380	0.0761
每股未分配利润(元)	0.2869	0.2393	0.1697	0.4127
净资产收益率(%)	2.9690	6.4525	1.5810	6.3929
加权净资产收益率(%)	3.0100	6.6600	1.5900	9.9700
净资产收益率(扣除)(%)	-	-	-	-
总资产(万元)	329890.02	321761.65	319270.72	310496.32
归属母公司股东权益(万元)	95071.45	92248.79	87649.63	86856.58
主营业务收入(万元)	46408.62	86087.91	40811.60	69112.23
营业收入(万元)	48428.35	93120.32	43686.68	75703.05
主营成本(万元)	31632.75	57267.64	28631.22	44366.02
营业成本(万元)	32825.62	61484.21	30169.22	47391.58
投资收益(万元)	341.09	188.11	91.77	341.88
净利润(万元)	2185.49	5334.48	1029.32	6257.44
利润总额(万元)	3429.10	7247.41	1847.83	7837.00

北矿磁材科技股份有限公司

公司概况					
公司名称	北矿磁材科技股份有限公司			证券简称	北矿磁材
法人代表	蒋开喜	董秘	李阳	证券代码	600980
公司网址	www.magmat.com		电子信箱	magmat@magmat.com	
电　话	010-67537184 63703380		传　真	010-67583947	
办公地址	北京市丰台区南四环西路 188 号六区 5 号楼				
经营范围	磁性材料和磁器件的研发、生产和销售等				

主要财务指标：指标\报告期	2012.06.30	2011.12.31	2011.06.30	2010.12.31
基本每股收益(元)	-0.1079	-0.1928	-0.0343	0.0224
基本每股收益(扣除)(元)	-0.1087	-0.1944	-0.0356	0.0214
每股净资产(元)	1.9145	2.0200	2.1711	2.2000
每股经营现金净流量(元)	-0.1328	0.2335	0.1183	0.1990
每股现金流量(元)	0.0754	-0.0455	-0.0040	0.0476
每股资本公积金(元)	1.3106	1.3060	1.3008	1.2955
每股盈余公积金(元)	0.1448	0.1448	0.1448	0.1448
每股未分配利润(元)	-0.5409	-0.4330	-0.2745	-0.2402
净资产收益率(%)	-5.6353	-9.5540	-1.5790	1.0170
加权净资产收益率(%)	-5.4900	-9.1500	-1.5700	1.0300
净资产收益率(扣除)(%)	-	-	-	-
总资产(万元)	39371.81	37898.32	41256.07	42737.44
归属母公司股东权益(万元)	24888.64	26230.87	28223.98	28600.50
主营业务收入(万元)	14306.30	28840.38	14848.81	33060.12
营业收入(万元)	14315.18	28917.71	14856.71	33196.74
主营成本(万元)	13352.65	25731.62	12970.06	27833.92
营业成本(万元)	13355.75	25807.36	12974.66	27955.95
投资收益(万元)	0.59	10.26	3.53	12.63
净利润(万元)	-1723.71	-3286.93	-575.57	400.72
利润总额(万元)	-1704.35	-3320.75	-571.90	588.72

江苏汇鸿股份有限公司

公司概况					
公司名称	江苏汇鸿股份有限公司			证券简称	汇鸿股份
法人代表	蒋金华	董秘	晋永甫	证券代码	600981
公司网址	www.jstex.com		电子信箱	board@jstex.com	
电　话	025-86648112		传　真	025-84400800	
办公地址	江苏省南京市户部街 15 号				
经营范围	纺织品及服装的进出口业务等				

主要财务指标：指标\报告期	2012.06.30	2011.12.31	2011.06.30	2010.12.31
基本每股收益(元)	0.0448	0.1263	0.0628	0.1481
基本每股收益(扣除)(元)	0.0008	0.0700	0.0275	0.0600
每股净资产(元)	1.7400	1.7500	1.7900	1.8000
每股经营现金净流量(元)	-0.5656	-0.7945	0.0336	-0.1094
每股现金流量(元)	0.3850	-0.0786	0.3578	-0.3011
每股资本公积金(元)	0.0053	0.0306	0.1334	0.1575
每股盈余公积金(元)	0.2810	0.2810	0.2672	0.2672
每股未分配利润(元)	0.4544	0.4397	0.3901	0.3773
净资产收益率(%)	2.5712	7.2110	3.5070	8.2180
加权净资产收益率(%)	2.5451	6.8800	3.4300	8.3200
净资产收益率(扣除)(%)	-	-	-	-
总资产(万元)	377688.05	328109.78	295453.54	254028.16
归属母公司股东权益(万元)	89833.50	90375.33	92403.19	92988.24
主营业务收入(万元)	331142.03	746691.37	325060.74	551740.64
营业收入(万元)	331312.32	746973.65	325323.56	552216.87
主营成本(万元)	314754.24	713312.77	310707.67	523701.09
营业成本(万元)	314754.54	713522.15	310848.97	523784.81
投资收益(万元)	3773.76	3193.10	1974.02	5864.22
净利润(万元)	2564.94	7373.14	3527.17	8445.16
利润总额(万元)	3999.16	10048.17	5165.82	12307.34

宁波热电股份有限公司

公司概况	公司名称	宁波热电股份有限公司			证券简称	宁波热电
	法人代表	王凌云	董秘	乐碧宏	证券代码	600982
	公司网址	www.nbtp.com.cn		电子信箱	nbtp@nbtp.com.cn	
	电　话	0574-87008276 87008279		传　真	0574-87008281	
	办公地址	浙江省宁波市海曙区解放北路128号新金穗大厦12F				
	经营范围	电力电量、热量、灰渣的生产及其咨询服务、热力供应等				

	指标\报告期	2012.06.30	2011.12.31	2011.06.30	2010.12.31
主要财务指标	基本每股收益(元)	0.2480	0.5112	0.3105	0.4662
	基本每股收益(扣除)(元)	0.0987	0.2458	0.1566	0.3497
	每股净资产(元)	4.4400	4.1900	3.9000	3.6200
	每股经营现金净流量(元)	0.1473	0.0916	-0.8920	0.2497
	每股现金流量(元)	0.3542	-2.7323	-2.3837	1.8074
	每股资本公积金(元)	1.8526	1.7523	1.6626	1.5868
	每股盈余公积金(元)	0.2140	0.2140	0.1907	0.1907
	每股未分配利润(元)	1.3754	1.2274	1.0501	0.8395
	净资产收益率(%)	5.5810	12.1890	7.9550	12.8900
	加权净资产收益率(%)	5.6800	13.1500	8.1500	17.3800
	净资产收益率(扣除)(%)	-	-	-	-
	总资产(万元)	142452.31	130248.78	99728.76	110187.41
	归属母公司股东权益(万元)	74657.73	70453.94	65576.53	60765.62
	主营业务收入(万元)	48922.00	118.91	36633.36	81265.95
	营业收入(万元)	51127.49	99183.84	37804.66	85908.71
	主营成本(万元)	44192.20	-	31030.92	74041.37
	营业成本(万元)	44208.53	86923.98	31061.96	74041.83
	投资收益(万元)	1853.29	7013.70	1711.34	616.01
	净利润(万元)	3903.02	8621.30	5507.38	8005.25
	利润总额(万元)	5205.06	11666.62	7302.67	10796.33

合肥荣事达三洋电器股份有限公司

公司概况	公司名称	合肥荣事达三洋电器股份有限公司			证券简称	合肥三洋
	法人代表	金友华	董秘	方斌	证券代码	600983
	公司网址	www.hf-sanyo.cn		电子信箱	hs1029@hf-sanyo.com	
	电　话	0551-5338028		传　真	0551-5320313	
	办公地址	安徽省合肥市高新技术产业开发区北区L-2号				
	经营范围	洗衣机、冰箱、冷冻箱、冷藏箱、微波炉、洁身器等				

	指标\报告期	2012.06.30	2011.12.31	2011.06.30	2010.12.31
主要财务指标	基本每股收益(元)	0.3000	0.6000	0.3300	0.5700
	基本每股收益(扣除)(元)	0.2800	0.5600	0.3200	0.5400
	每股净资产(元)	2.7080	2.4700	2.1960	1.9700
	每股经营现金净流量(元)	0.5850	0.2480	0.2004	0.9217
	每股现金流量(元)	0.3521	-0.1790	-0.0257	0.4360
	每股资本公积金(元)	0.0314	0.0314	0.0314	0.0314
	每股盈余公积金(元)	0.2730	0.2730	0.2127	0.2127
	每股未分配利润(元)	1.4035	1.1649	0.9519	0.7223
	净资产收益率(%)	11.0669	24.4170	15.0110	28.8320
	加权净资产收益率(%)	11.5800	27.3900	15.8400	32.7800
	净资产收益率(扣除)(%)	-	-	-	-
	总资产(万元)	352100.73	371820.86	295484.60	316782.16
	归属母公司股东权益(万元)	144279.11	131561.98	117002.13	104766.76
	主营业务收入(万元)	169129.98	377879.46	175544.74	298538.91
	营业收入(万元)	173659.10	389240.66	179829.51	305064.80
	主营成本(万元)	112359.59	242340.75	119871.38	198211.83
	营业成本(万元)	116479.63	251874.03	124475.83	204025.51
	投资收益(万元)	-0.49	30.84	0.08	-13.83
	净利润(万元)	15967.20	32123.22	17563.37	30206.11
	利润总额(万元)	19000.84	37090.88	20480.88	34926.34

陕西建设机械股份有限公司

公司概况	公司名称	陕西建设机械股份有限公司			证券简称	建设机械
	法人代表	杨宏军	董秘	白海红	证券代码	600984
	公司网址	www.scmc-xa.com		电子信箱	zqc_scmc_s@163.com	
	电　话	029-82592288		传　真	029-825292287	
	办公地址	陕西省西安市金花北路418号				
	经营范围	工程、建筑机械、起重机械成套装备、矿山机械成套装备、金属结构产品及相关配件等				

	指标\报告期	2012.06.30	2011.12.31	2011.06.30	2010.12.31
主要财务指标	基本每股收益(元)	-0.0173	0.0764	-0.0161	0.1050
	基本每股收益(扣除)(元)	-0.0185	0.0760	-0.0213	-0.1050
	每股净资产(元)	1.9810	1.9980	1.9060	1.9200
	每股经营现金净流量(元)	-0.2813	-0.1109	-0.1241	0.1401
	每股现金流量(元)	0.1189	-0.2342	-0.1713	-0.1421
	每股资本公积金(元)	1.7577	1.7577	1.7577	1.7577
	每股盈余公积金(元)	0.1166	0.1166	0.1166	0.1166
	每股未分配利润(元)	-0.8931	-0.8758	-0.9683	-0.9522
	净资产收益率(%)	-0.8729	3.8220	-0.8460	5.4385
	加权净资产收益率(%)	-0.8700	3.9000	-0.8400	4.4300
	净资产收益率(扣除)(%)	-	-	-	-
	总资产(万元)	96215.26	86667.47	83048.42	84010.70
	归属母公司股东权益(万元)	28043.73	28288.53	26979.01	27207.23
	主营业务收入(万元)	30474.04	64288.56	27946.85	54813.82
	营业收入(万元)	30764.57	65009.62	28246.48	55279.88
	主营成本(万元)	23029.70	50270.23	22106.12	44588.71
	营业成本(万元)	23244.28	50639.49	22302.27	44894.46
	投资收益(万元)	-	-	-	1539.85
	净利润(万元)	-244.80	1081.30	-228.22	1479.67
	利润总额(万元)	-733.74	1181.81	-266.89	1715.48

安徽雷鸣科化股份有限公司

公司概况	公司名称	安徽雷鸣科化股份有限公司			证券简称	雷鸣科化
	法人代表	张海龙	董秘	周锋	证券代码	600985
	公司网址	www.lmkh.com		电子信箱	zhoufengdm@lmkh.com	
	电　话	0561-4948188 4948135		传　真	0561-3091910	
	办公地址	安徽省淮北市东山路148号				
	经营范围	民用爆破器材、高岭土产品的制造、加工、销售等				

	指标\报告期	2012.06.30	2011.12.31	2011.06.30	2010.12.31
主要财务指标	基本每股收益(元)	0.1400	0.2700	0.1900	0.4200
	基本每股收益(扣除)(元)	0.1400	0.2600	0.1900	0.4300
	每股净资产(元)	3.4829	3.3247	4.0261	3.7700
	每股经营现金净流量(元)	0.0416	0.3349	0.0385	0.8454
	每股现金流量(元)	-0.2217	-0.6954	-0.2834	0.2299
	每股资本公积金(元)	0.9237	0.9232	1.2951	1.3044
	每股盈余公积金(元)	0.2594	0.2594	0.2766	0.2766
	每股未分配利润(元)	1.1557	1.0197	1.2924	1.0596
	净资产收益率(%)	3.9029	7.9889	5.7810	13.3675
	加权净资产收益率(%)	3.9900	8.1500	5.9600	14.1500
	净资产收益率(扣除)(%)	-	-	-	-
	总资产(万元)	68151.88	64506.17	68962.56	59030.33
	归属母公司股东权益(万元)	45138.56	43088.20	43481.74	40718.67
	主营业务收入(万元)	28784.23	53044.35	23791.08	45919.06
	营业收入(万元)	29477.61	54928.91	24548.42	47096.68
	主营成本(万元)	18924.25	35352.03	14759.03	28001.49
	营业成本(万元)	20245.84	37220.71	16086.34	29137.90
	投资收益(万元)	45.55	56.49	38.91	18.47
	净利润(万元)	2106.43	3698.34	2808.45	6011.39
	利润总额(万元)	2912.48	5260.01	3831.45	7832.78

科达集团股份有限公司

公司概况						
公司名称	科达集团股份有限公司				证券简称	科达股份
法人代表	刘锋杰	董秘	姜志涛		证券代码	600986
公司网址	www.keda-group.com			电子信箱	wangqiaolan@dkc.cn	
电　　话	0546-8301806 8304191			传　　真	0546-8304191	
办公地址	山东省东营市府前大街65号					
经营范围	公路、市政公用、建筑工程设计、设计总承包及技术咨询等					

主要财务指标 指标\报告期	2012.06.30	2011.12.31	2011.06.30	2010.12.31
基本每股收益(元)	0.1111	0.0800	0.0604	0.0400
基本每股收益(扣除)(元)	0.1089	0.0700	0.0584	0.0300
每股净资产(元)	2.1000	1.9900	1.9700	1.9100
每股经营现金净流量(元)	-0.3790	-1.5267	-0.1044	0.5349
每股现金流量(元)	-0.3129	-0.9257	-1.5612	0.6384
每股资本公积金(元)	0.3151	0.3151	0.3151	0.3151
每股盈余公积金(元)	0.2767	0.2767	0.2591	0.2591
每股未分配利润(元)	0.5063	0.3952	0.3952	0.3348
净资产收益率(%)	5.2919	3.9225	3.0650	1.8840
加权净资产收益率(%)	5.3800	4.0000	3.1100	1.9000
净资产收益率(扣除)(%)	-	-	-	-
总资产(万元)	239976.90	240797.11	191202.11	195930.49
归属母公司股东权益(万元)	70377.99	66617.20	66027.89	64004.16
主营业务收入(万元)	53701.73	130258.39	55141.47	95106.93
营业收入(万元)	54013.71	130637.39	55172.68	95592.36
主营成本(万元)	42599.34	113290.38	49249.53	88571.40
营业成本(万元)	42967.29	113818.29	49267.56	89016.53
投资收益(万元)	446.50	719.27	868.60	1894.83
净利润(万元)	2844.26	-644.07	1370.19	708.26
利润总额(万元)	4451.85	349.88	1835.11	593.06

浙江航民股份有限公司

公司概况						
公司名称	浙江航民股份有限公司				证券简称	航民股份
法人代表	朱重庆	董秘	李军晓		证券代码	600987
公司网址	www.hmgf.com			电子信箱	hmgf@hmgf.com	
电　　话	0571-82551588			传　　真	0571-82553288	
办公地址	浙江省杭州市萧山区瓜沥镇航民村					
经营范围	纺织、印染及相关原辅材料的生产和销售、煤炭的采购、销售等					

主要财务指标 指标\报告期	2012.06.30	2011.12.31	2011.06.30	2010.12.31
基本每股收益(元)	0.2720	0.6200	0.2660	0.5600
基本每股收益(扣除)(元)	0.2600	0.6100	0.2520	0.5400
每股净资产(元)	3.8300	3.7600	3.4100	3.3300
每股经营现金净流量(元)	0.4038	0.5033	0.2598	0.8734
每股现金流量(元)	0.5218	-0.1720	-0.1483	0.1686
每股资本公积金(元)	0.7413	0.7442	0.7429	0.7429
每股盈余公积金(元)	0.2600	0.2600	0.2120	0.2120
每股未分配利润(元)	1.8285	1.7563	1.4525	1.3722
净资产收益率(%)	7.1057	16.6130	7.8031	16.6882
加权净资产收益率(%)	7.0400	17.6700	7.8200	17.3000
净资产收益率(扣除)(%)	-	-	-	-
总资产(万元)	263374.94	235159.45	215705.13	213894.34
归属母公司股东权益(万元)	162208.38	159273.01	144318.08	140914.95
主营业务收入(万元)	121356.09	242841.21	113585.38	224079.90
营业收入(万元)	121625.36	243337.93	113872.18	224699.77
主营成本(万元)	94279.41	190818.73	91816.22	179451.73
营业成本(万元)	94310.08	190879.16	91869.03	179631.72
投资收益(万元)	29.49	-	-	-
净利润(万元)	13038.22	29989.57	12847.84	27241.89
利润总额(万元)	16893.02	37577.13	16021.05	33515.61

广东东方兄弟投资股份有限公司

公司概况						
公司名称	广东东方兄弟投资股份有限公司				证券简称	ST 宝 龙
法人代表	郑勇康	董秘	彭烽		证券代码	600988
公司网址	www.baolong.com.cn			电子信箱	pengfeng9980@hotmail.com	
电　　话	020-82708598 82601663			传　　真	020-82601663	
办公地址	广东省广州增城市新塘镇宝龙路1号					
经营范围	防弹运钞车等专用车辆的开发、生产、销售等					

主要财务指标 指标\报告期	2012.06.30	2011.12.31	2011.06.30	2010.12.31
基本每股收益(元)	0.0028	0.0040	0.0119	0.1300
基本每股收益(扣除)(元)	-0.0203	-0.0410	-0.0132	-0.0400
每股净资产(元)	-0.3801	-0.3828	-0.3752	-0.3870
每股经营现金净流量(元)	0.0246	-0.0117	-0.0334	0.0895
每股现金流量(元)	-0.0557	0.0568	0.0351	0.0163
每股资本公积金(元)	1.8244	1.8244	1.8244	1.8244
每股盈余公积金(元)	0.1809	0.1809	0.1809	0.1809
每股未分配利润(元)	-3.3853	-3.3881	-3.3805	-3.3924
净资产收益率(%)	-0.7343	-1.1022	-3.1692	-34.4460
加权净资产收益率(%)	-	-	-	-
净资产收益率(扣除)(%)	-	-	-	-
总资产(万元)	9468.70	9601.15	9849.86	7688.71
归属母公司股东权益(万元)	-3786.78	-3814.58	-3738.16	-3856.63
主营业务收入(万元)	2596.07	4770.20	2195.71	6379.18
营业收入(万元)	2818.71	4903.99	2222.36	6460.23
主营成本(万元)	1894.33	3535.25	1693.30	5591.09
营业成本(万元)	2110.41	3649.11	1700.56	5605.95
投资收益(万元)	-	-	-	1308.86
净利润(万元)	64.11	158.34	166.92	1422.90
利润总额(万元)	103.32	266.56	211.48	1447.14

安徽四创电子股份有限公司

公司概况						
公司名称	安徽四创电子股份有限公司				证券简称	四创电子
法人代表	吴曼青	董秘	刘永跃		证券代码	600990
公司网址	www.sun-create.com			电子信箱	liuyongyue@sun-create.com	
电　　话	0551-5391324 5391323			传　　真	0551-5391322	
办公地址	安徽省合肥市高新技术产业开发区香樟大道199号					
经营范围	雷达整机及其配套产品、集成电路、广播电视及微波通信产品等					

主要财务指标 指标\报告期	2012.06.30	2011.12.31	2011.06.30	2010.12.31
基本每股收益(元)	0.0808	0.4079	0.0657	0.3763
基本每股收益(扣除)(元)	0.0436	0.3542	0.0493	0.3380
每股净资产(元)	3.7765	3.6957	3.3535	3.2900
每股经营现金净流量(元)	-0.3196	-0.5835	-0.9277	0.7859
每股现金流量(元)	-0.5346	-0.5603	-0.9871	0.8327
每股资本公积金(元)	1.0080	1.0080	1.0080	1.0080
每股盈余公积金(元)	0.3376	0.3376	0.3025	0.3025
每股未分配利润(元)	1.4309	1.3501	1.0430	0.9773
净资产收益率(%)	2.1386	11.0370	1.9589	11.4440
加权净资产收益率(%)	2.1600	11.6800	1.9800	12.1000
净资产收益率(扣除)(%)	-	-	-	-
总资产(万元)	115064.95	123782.58	102465.30	100580.27
归属母公司股东权益(万元)	44411.18	43461.39	39437.20	38664.67
主营业务收入(万元)	27437.96	99851.08	25458.91	68408.03
营业收入(万元)	27807.05	100032.81	25488.64	68693.19
主营成本(万元)	22163.72	80249.89	20565.83	53877.05
营业成本(万元)	22459.62	80330.13	20570.47	54111.07
投资收益(万元)	-	-	-	-
净利润(万元)	905.14	4882.01	764.22	4062.61
利润总额(万元)	1074.84	5536.74	799.14	4854.46

贵州钢绳股份有限公司

公司概况					
公司名称	贵州钢绳股份有限公司			证券简称	贵绳股份
法人代表	黄忠渠	董秘	杨期屏	证券代码	600992
公司网址	www.gzgs.com.cn		电子信箱	yqp@gzgs.com.cn	
电　　话	0852-8419247 8419570		传　　真	0852-8419075 8419570	
办公地址	贵州省遵义市桃溪路47号				
经营范围	钢丝、钢绳产品及相关设备、材料、技术的研究、生产、加工、销售等				

主要财务指标 指标\报告期	2012.06.30	2011.12.31	2011.06.30	2010.12.31
基本每股收益(元)	0.0445	0.1587	0.0801	0.1903
基本每股收益(扣除)(元)	0.0397	0.1420	0.0770	0.1594
每股净资产(元)	5.2010	5.2370	5.1580	5.1400
每股经营现金净流量(元)	-1.4713	-0.3609	-0.4724	0.4799
每股现金流量(元)	-1.0634	-0.8408	-0.4365	-0.1770
每股资本公积金(元)	2.8929	2.8929	2.8929	2.8929
每股盈余公积金(元)	0.3237	0.3237	0.3079	0.3079
每股未分配利润(元)	0.9846	1.0200	0.9574	0.9372
净资产收益率(%)	0.8558	3.0300	1.5533	3.7040
加权净资产收益率(%)	0.8600	3.0600	1.5500	3.7600
净资产收益率(扣除)(%)	-	-	-	-
总资产(万元)	136647.94	141307.97	135940.19	135119.05
归属母公司股东权益(万元)	85492.40	86075.74	84784.90	84454.13
主营业务收入(万元)	68309.52	145569.24	69012.94	131591.09
营业收入(万元)	69595.32	148555.45	70308.34	133890.89
主营成本(万元)	59907.79	125123.29	58283.91	111786.00
营业成本(万元)	61189.53	128093.96	59568.23	114013.15
投资收益(万元)	10.00	10.00	10.00	8.50
净利润(万元)	731.61	2607.83	1316.99	3128.49
利润总额(万元)	917.57	3016.18	1561.91	3691.78

马应龙药业集团股份有限公司

公司概况					
公司名称	马应龙药业集团股份有限公司			证券简称	马应龙
法人代表	陈平	董秘	夏有章	证券代码	600993
公司网址	www.mayinglong.cn		电子信箱	xiayouzhang@sohu.com	
电　　话	027-87389583 87291519		传　　真	027-87291724	
办公地址	湖北省武汉市武昌南湖周家湾100号				
经营范围	中西药制造、企业经营本企业自产产品及相关技术的出口业务等				

主要财务指标 指标\报告期	2012.06.30	2011.12.31	2011.06.30	2010.12.31
基本每股收益(元)	0.3400	0.4200	0.3100	0.3700
基本每股收益(扣除)(元)	0.2900	0.4700	0.3200	0.3100
每股净资产(元)	3.7100	3.4800	3.3700	3.0900
每股经营现金净流量(元)	0.1750	0.2273	-0.0705	-0.0689
每股现金流量(元)	0.2210	0.1558	-0.3740	-0.9499
每股资本公积金(元)	0.3568	0.3568	0.3546	1.3092
每股盈余公积金(元)	0.6232	0.6232	0.5831	1.1661
每股未分配利润(元)	1.7329	1.5018	1.4347	2.7032
净资产收益率(%)	9.1948	11.9420	9.1390	11.9780
加权净资产收益率(%)	9.3500	12.6500	9.5100	12.3600
净资产收益率(扣除)(%)	-	-	-	-
总资产(万元)	200126.00	165762.34	151112.13	144890.89
归属母公司股东权益(万元)	122988.03	115328.62	111779.99	102304.58
主营业务收入(万元)	77313.41	140101.54	67383.93	116537.94
营业收入(万元)	78081.43	141554.52	68017.25	117849.46
主营成本(万元)	45610.41	85697.73	40458.84	73367.04
营业成本(万元)	45622.50	85755.01	40476.99	73398.68
投资收益(万元)	1331.52	493.31	607.80	2273.85
净利润(万元)	11073.35	13503.05	10188.97	11976.47
利润总额(万元)	13263.27	15982.62	12251.66	14423.96

云南文山电力股份有限公司

公司概况					
公司名称	云南文山电力股份有限公司			证券简称	文山电力
法人代表	杨斌	董秘	段登奇	证券代码	600995
公司网址	www.wsdl.com.cn		电子信箱	wsdl@wsdl.sina.net	
电　　话	0871-3199266 3191628		传　　真	0871-3190838	
办公地址	云南省文山壮族苗族自治州文山县开化镇建禾东路71号				
经营范围	水力发电、供电和配电等				

主要财务指标 指标\报告期	2012.06.30	2011.12.31	2011.06.30	2010.12.31
基本每股收益(元)	0.2100	0.2800	0.1800	0.2600
基本每股收益(扣除)(元)	0.1800	0.2300	0.1800	0.1900
每股净资产(元)	2.5300	2.3200	2.2100	2.0900
每股经营现金净流量(元)	0.2336	0.6199	0.2138	0.6789
每股现金流量(元)	-0.1086	0.0843	0.0273	0.0475
每股资本公积金(元)	0.3244	0.3244	0.3244	0.3244
每股盈余公积金(元)	0.2104	0.2104	0.1822	0.1822
每股未分配利润(元)	0.9967	0.7817	0.7060	0.5875
净资产收益率(%)	8.4918	12.1940	8.0680	12.6440
加权净资产收益率(%)	8.8700	12.8400	8.2100	13.3300
净资产收益率(扣除)(%)	-	-	-	-
总资产(万元)	218217.89	213172.76	202357.15	196155.51
归属母公司股东权益(万元)	121137.25	110850.50	105876.18	100205.08
主营业务收入(万元)	79167.21	153286.83	72761.64	133133.82
营业收入(万元)	79220.89	155270.55	73399.74	135021.94
主营成本(万元)	56657.71	116673.76	52586.15	98813.30
营业成本(万元)	56782.36	118529.59	53067.11	100968.05
投资收益(万元)	259.56	-460.04	1712.04	-1131.37
净利润(万元)	10286.75	13516.57	8542.25	12670.03
利润总额(万元)	12460.32	16079.39	9746.48	15239.56

开滦能源化工股份有限公司

公司概况					
公司名称	开滦能源化工股份有限公司			证券简称	开滦股份
法人代表	裴华	董秘	侯树忠	证券代码	600997
公司网址	www.kkcc.com.cn		电子信箱	kcc@kailuan.com.cn	
电　　话	0315-2812013 3026971		传　　真	0315-3026507	
办公地址	河北省唐山市新华东道70号东楼				
经营范围	煤炭及伴生资源开采、原煤洗选加工、煤炭产品的经营销售等				

主要财务指标 指标\报告期	2012.06.30	2011.12.31	2011.06.30	2010.12.31
基本每股收益(元)	0.3500	0.6400	0.3700	0.7000
基本每股收益(扣除)(元)	0.3500	0.6300	0.3700	0.7000
每股净资产(元)	5.5400	5.2200	5.0000	4.6700
每股经营现金净流量(元)	0.5680	1.5093	0.5868	0.9879
每股现金流量(元)	-0.1864	0.2438	-0.0251	0.3411
每股资本公积金(元)	0.8292	0.8083	0.8059	0.7985
每股盈余公积金(元)	0.6478	0.6478	0.5565	0.5565
每股未分配利润(元)	2.9365	2.6843	2.5110	2.2392
净资产收益率(%)	6.3607	12.1960	7.4366	15.0650
加权净资产收益率(%)	6.5100	12.8900	7.6400	16.1900
净资产收益率(扣除)(%)	-	-	-	-
总资产(万元)	2000687.96	1942497.59	1793215.87	1605333.11
归属母公司股东权益(万元)	683657.53	644263.69	617344.03	576717.05
主营业务收入(万元)	1207879.84	2178663.81	1050064.23	1743487.88
营业收入(万元)	1037512.99	1953354.97	937522.80	1515406.54
主营成本(万元)	1057334.23	1932070.72	915021.75	1497757.08
营业成本(万元)	892273.47	1702264.81	805431.79	1273940.78
投资收益(万元)	958.16	-56.72	-3.85	55.03
净利润(万元)	47642.94	79520.19	46659.00	87568.40
利润总额(万元)	65705.43	103083.06	61691.19	114391.68

九州通医药集团股份有限公司

公司概况						
	公司名称	九州通医药集团股份有限公司			证券简称	九 州 通
	法人代表	刘宝林	董秘	林新扬	证券代码	600998
	公司网址	www.jztey.com		电子信箱	lxy1777@yahoo.com.cn	
	电　话	010-60210333 027-84672240		传　真	010-60210333 027-84451256	
	办公地址	湖北省武汉市汉阳区龙阳大道特8号				
	经营范围	批发中药饮片、中成药、中药材、化学药制剂、抗生素制剂、抗生素原料药等				

主要财务指标	指标＼报告期	2012.06.30	2011.12.31	2011.06.30	2010.12.31
	基本每股收益(元)	0.1045	0.2600	0.0890	0.2700
	基本每股收益(扣除)(元)	0.0940	0.1800	0.0831	0.2500
	每股净资产(元)	3.0323	2.8938	2.7200	2.7500
	每股经营现金净流量(元)	-0.5622	-0.2419	-0.6306	-0.7277
	每股现金流量(元)	-0.3319	0.5339	0.1675	0.0563
	每股资本公积金(元)	1.2750	1.2410	1.2402	1.2475
	每股盈余公积金(元)	0.0642	0.0642	0.0416	0.0416
	每股未分配利润(元)	0.6931	0.5887	0.4365	0.4574
	净资产收益率(%)	3.4460	9.1020	3.2730	9.2157
	加权净资产收益率(%)	3.5500	9.1100	3.2600	16.6400
	净资产收益率(扣除)(%)	-	-	-	-
	总资产(万元)	1355596.88	1183874.69	994905.58	816048.33
	归属母公司股东权益(万元)	430737.89	411062.86	386145.67	390143.86
	主营业务收入(万元)	1455723.21	2479820.45	1202224.96	2115403.42
	营业收入(万元)	1457348.75	2483867.89	1202962.40	2118459.43
	主营成本(万元)	1367333.32	2332346.29	1129762.62	1977352.43
	营业成本(万元)	1368050.06	2333482.45	1129902.55	1979245.28
	投资收益(万元)	60.07	574.00	354.97	-207.97
	净利润(万元)	14581.65	37555.91	12771.89	36637.69
	利润总额(万元)	19928.73	48964.81	17768.94	47824.26

招商证券股份有限公司

公司概况						
	公司名称	招商证券股份有限公司			证券简称	招商证券
	法人代表	宫少林	董秘	郭健	证券代码	600999
	公司网址	www.newone.com.cn		电子信箱	ir@cmschina.com.cn	
	电　话	0755-82943666		传　真	0755-82944669	
	办公地址	广东省深圳市福田区益田路江苏大厦A座38至45层				
	经营范围	证券经纪、证券投资咨询、与证券交易、证券投资活动有关的财务顾问等				

主要财务指标	指标＼报告期	2012.06.30	2011.12.31	2011.06.30	2010.12.31
	基本每股收益(元)	0.2035	0.4309	0.3166	0.6927
	基本每股收益(扣除)(元)	0.2021	0.4303	0.3159	0.6890
	每股净资产(元)	5.3768	5.2925	6.7927	6.6870
	每股经营现金净流量(元)	-0.8447	-5.4849	-5.2959	-0.2178
	每股现金流量(元)	-0.0047	-5.7769	-5.3484	-1.8202
	每股资本公积金(元)	2.0293	2.0011	2.9476	2.9430
	每股盈余公积金(元)	0.3549	0.3549	0.4100	0.4100
	每股未分配利润(元)	1.3467	1.2931	1.6866	1.5750
	净资产收益率(%)	3.7852	8.1410	6.0600	13.4671
	加权净资产收益率(%)	3.7600	8.2900	6.0200	13.7800
	净资产收益率(扣除)(%)	-	-	-	-
	总资产(万元)	7679163.99	6885722.66	7596679.97	9535873.24
	归属母公司股东权益(万元)	2506176.83	2466899.03	2435489.92	2397584.05
	主营业务收入(万元)	-	-	-	-
	营业收入(万元)	256724.38	522515.57	324518.56	648646.83
	主营成本(万元)	-	-	-	-
	营业成本(万元)	-	-	134005.88	-
	投资收益(万元)	76636.49	120104.70	97039.96	66756.15
	净利润(万元)	94864.73	200829.40	147589.32	322886.07
	利润总额(万元)	117793.80	256451.38	190951.37	392350.58

唐山港集团股份有限公司

公司概况						
	公司名称	唐山港集团股份有限公司			证券简称	唐 山 港
	法人代表	孙文仲	董秘	单利霞	证券代码	601000
	公司网址	www.jtport.com.cn		电子信箱	tspgc@china.com	
	电　话	0315-2916409 2916417		传　真	0315-2916409	
	办公地址	河北省唐山市海港经济开发区唐山港大厦				
	经营范围	码头和其他港口设施经营、在港口内从事货物装卸、驳运、仓储经营等				

主要财务指标	指标＼报告期	2012.06.30	2011.12.31	2011.06.30	2010.12.31
	基本每股收益(元)	0.3060	0.4500	0.2622	0.3800
	基本每股收益(扣除)(元)	0.3003	0.4308	0.2477	0.3864
	每股净资产(元)	4.3296	4.0966	3.6320	3.9700
	每股经营现金净流量(元)	0.4711	0.5272	0.2805	0.6954
	每股现金流量(元)	-0.0838	0.3662	0.0779	0.5974
	每股资本公积金(元)	2.1101	2.1101	1.7184	2.1988
	每股盈余公积金(元)	0.1674	0.1674	0.1481	0.1481
	每股未分配利润(元)	1.0452	0.8192	0.7655	0.6233
	净资产收益率(%)	7.0669	9.9860	7.2200	8.6629
	加权净资产收益率(%)	7.2500	10.9900	7.3200	11.2800
	净资产收益率(扣除)(%)	-	-	-	-
	总资产(万元)	1063718.77	1055004.86	562230.58	747169.82
	归属母公司股东权益(万元)	488368.80	462090.99	363203.05	397017.46
	主营业务收入(万元)	211370.39	298505.86	140220.73	253649.83
	营业收入(万元)	212001.56	299826.09	140713.57	255687.92
	主营成本(万元)	136619.89	197890.71	89083.19	170059.59
	营业成本(万元)	163596.60	198214.92	89248.09	170304.07
	投资收益(万元)	125.77	1162.82	124.66	726.01
	净利润(万元)	39102.03	48335.97	27834.89	36334.95
	利润总额(万元)	49453.85	65375.25	37362.09	49918.42

大同煤业股份有限公司

公司概况						
	公司名称	大同煤业股份有限公司			证券简称	大同煤业
	法人代表	张有喜	董秘	钱建军	证券代码	601001
	公司网址	www.dtmy.com.cn		电子信箱	dtqianjianjun@126.com	
	电　话	0352-7010476 7010167		传　真	0352-7011070	
	办公地址	山西省大同市矿区新平旺				
	经营范围	煤炭采掘、洗选加工、销售				

主要财务指标	指标＼报告期	2012.06.30	2011.12.31	2011.06.30	2010.12.31
	基本每股收益(元)	0.2100	0.6500	0.3000	0.7800
	基本每股收益(扣除)(元)	0.2100	0.6200	0.3100	0.7600
	每股净资产(元)	6.4800	6.7700	5.9239	5.5800
	每股经营现金净流量(元)	0.2441	1.7475	1.8441	2.1463
	每股现金流量(元)	-1.2700	-0.0780	1.1002	0.4911
	每股资本公积金(元)	1.0993	1.0993	1.0993	1.0993
	每股盈余公积金(元)	0.5217	0.5217	0.4518	0.4567
	每股未分配利润(元)	2.3422	2.1308	1.8923	1.7533
	净资产收益率(%)	3.2629	9.6098	6.5930	13.9934
	加权净资产收益率(%)	3.2600	11.2000	4.4700	13.4000
	净资产收益率(扣除)(%)	-	-	-	-
	总资产(万元)	2022091.23	2051953.51	1764538.00	1696706.05
	归属母公司股东权益(万元)	1084558.58	1133047.56	991484.23	931619.73
	主营业务收入(万元)	655289.09	1227287.85	572659.02	1032219.80
	营业收入(万元)	1777220.22	1441793.25	665452.78	1045381.00
	主营成本(万元)	404394.04	663518.99	307197.50	552538.18
	营业成本(万元)	1515971.78	867756.91	382752.50	562128.29
	投资收益(万元)	-	2805.11	2830.94	229.70
	净利润(万元)	79476.41	227547.95	103094.96	211799.22
	利润总额(万元)	109436.00	327823.85	141778.85	286152.47

晋亿实业股份有限公司

公司概况						
	公司名称	晋亿实业股份有限公司			证券简称	晋亿实业
	法人代表	蔡永龙	董秘	涂志清	证券代码	601002
	公司网址	www.gem-year.com		电子信箱	tzq@gem-year.net	
	电　　话	0573-84185042 84185001*630		传　　真	0573-84184488	
	办公地址	浙江省嘉兴市嘉善经济开发区晋亿大道8号				
	经营范围	各类紧固件产成品、中间产品的研发、生产和销售				

主要财务指标 指标\报告期	2012.06.30	2011.12.31	2011.06.30	2010.12.31
基本每股收益(元)	-0.1000	0.0930	0.1420	0.3130
基本每股收益(扣除)(元)	-0.1160	0.0870	0.1410	0.3090
每股净资产(元)	2.2000	2.3000	2.3480	2.4100
每股经营现金净流量(元)	0.2256	-0.3816	-0.3647	0.4541
每股现金流量(元)	0.0005	-0.0759	-0.1078	0.1151
每股资本公积金(元)	0.8968	0.8968	0.8968	0.8968
每股盈余公积金(元)	0.1532	0.1532	0.1460	0.1460
每股未分配利润(元)	0.1494	0.2495	0.3051	0.3634
净资产收益率(%)	-4.5517	4.0540	6.0349	13.0120
加权净资产收益率(%)	-4.4500	3.9700	5.8800	13.6800
净资产收益率(扣除)(%)	-	-	-	-
总资产(万元)	393851.55	388784.49	414092.97	399234.67
归属母公司股东权益(万元)	162412.41	169804.86	173385.38	177691.18
主营业务收入(万元)	106188.04	255169.00	145233.32	289798.41
营业收入(万元)	113403.41	270344.45	153744.55	302449.61
主营成本(万元)	98200.28	211252.97	113213.33	218229.77
营业成本(万元)	104807.40	225048.38	121416.68	228970.09
投资收益(万元)	-127.27	98.11	6.41	41.83
净利润(万元)	-7830.88	7001.16	10938.16	24330.63
利润总额(万元)	-9529.31	9128.69	14324.36	29634.29

柳州钢铁股份有限公司

公司概况						
	公司名称	柳州钢铁股份有限公司			证券简称	柳钢股份
	法人代表	施沛润	董秘	班俊超	证券代码	601003
	公司网址	www.liusteel.com		电子信箱	liscl@163.com	
	电　　话	0772-2595971		传　　真	0772-2595998	
	办公地址	广西壮族自治区柳州市北雀路117号				
	经营范围	烧结、炼铁、炼钢及其副产品的销售、钢材轧制、加工及其副产品的销售等				

主要财务指标 指标\报告期	2012.06.30	2011.12.31	2011.06.30	2010.12.31
基本每股收益(元)	0.0007	0.1414	0.0887	0.2463
基本每股收益(扣除)(元)	0.0001	0.1370	0.0883	0.2433
每股净资产(元)	2.0614	2.0559	2.1532	2.0640
每股经营现金净流量(元)	-0.2798	0.3172	-0.1729	0.2186
每股现金流量(元)	-0.1656	0.3914	0.1471	0.0375
每股资本公积金(元)	0.0813	0.0813	0.0813	0.0813
每股盈余公积金(元)	0.3520	0.3520	0.3378	0.3378
每股未分配利润(元)	0.6228	0.6221	0.7336	0.6449
净资产收益率(%)	0.0339	6.8756	4.1210	11.9319
加权净资产收益率(%)	0.0340	6.8200	4.2100	12.2600
净资产收益率(扣除)(%)	-	-	-	-
总资产(万元)	2178748.57	1916498.50	1829772.03	1852179.38
归属母公司股东权益(万元)	528284.82	526876.93	551820.76	528970.82
主营业务收入(万元)	1799330.49	4078941.15	2145399.35	3572007.33
营业收入(万元)	1883645.41	4239099.70	2213997.88	3711500.71
主营成本(万元)	1713038.48	3896631.64	2042424.55	3375562.64
营业成本(万元)	1783444.31	4021947.72	2095252.73	3489316.54
投资收益(万元)	-57.17	-85.62	-45.14	1875.99
净利润(万元)	179.22	36226.12	22740.18	63116.12
利润总额(万元)	210.84	40279.07	30275.31	70203.48

重庆钢铁股份有限公司

公司概况						
	公司名称	重庆钢铁股份有限公司			证券简称	重庆钢铁
	法人代表	邓强	董秘	游晓安	证券代码	601005
	公司网址	www.cqgt.cn		电子信箱	yxa@email.cqgt.cn	
	电　　话	023-68873311 68983482		传　　真	023-68873189	
	办公地址	重庆市长寿区经济技术开发区钢城大道一号				
	经营范围	中厚钢板、钢坯、型材、线材及焦化副产品的生产和销售				

主要财务指标 指标\报告期	2012.06.30	2011.12.31	2011.06.30	2010.12.31
基本每股收益(元)	-0.3740	-0.8490	0.0080	0.0070
基本每股收益(扣除)(元)	-0.3740	-0.8620	0.0070	-0.0140
每股净资产(元)	1.9800	2.3500	3.2000	3.2300
每股经营现金净流量(元)	1.0728	0.2604	-0.5332	-1.1993
每股现金流量(元)	-0.1374	-0.1361	-0.5904	0.0743
每股资本公积金(元)	0.6400	0.6400	0.6351	0.6714
每股盈余公积金(元)	0.3494	0.3494	0.3494	0.3494
每股未分配利润(元)	-0.0129	0.3610	1.2179	1.2098
净资产收益率(%)	-18.9111	-36.0992	0.2540	0.1961
加权净资产收益率(%)	-17.2800	-30.5200	0.2500	0.2000
净资产收益率(扣除)(%)	-	-	-	-
总资产(万元)	2848846.30	2705044.10	2552650.80	2266845.70
归属母公司股东权益(万元)	342680.20	407510.80	555144.40	559989.60
主营业务收入(万元)	1023480.80	2344944.50	1299712.80	166044.70
营业收入(万元)	1028204.20	2353294.50	1303929.00	1667588.90
主营成本(万元)	1000588.60	2251586.90	1230579.70	1529983.70
营业成本(万元)	1002261.90	2257166.20	1233295.70	1535632.10
投资收益(万元)	1630.50	-	199.60	109.30
净利润(万元)	-64803.60	-147107.50	1412.00	1127.00
利润总额(万元)	-64803.00	-137509.60	1510.30	1580.00

大秦铁路股份有限公司

公司概况						
	公司名称	大秦铁路股份有限公司			证券简称	大秦铁路
	法人代表	杨绍清	董秘	黄松青	证券代码	601006
	公司网址	www.daqintielu.com		电子信箱	dqtl@daqintielu.com	
	电　　话	0351-2620620		传　　真	0351-2620604	
	办公地址	山西省大同市站北街14号 山西省太原市建设北路202号				
	经营范围	以煤炭运输为主的铁路货物运输业务以及旅客运输业务				

主要财务指标 指标\报告期	2012.06.30	2011.12.31	2011.06.30	2010.12.31
基本每股收益(元)	0.4100	0.7900	0.4200	0.7000
基本每股收益(扣除)(元)	0.4100	0.7900	0.4200	0.7200
每股净资产(元)	4.2441	4.2261	3.8600	3.7900
每股经营现金净流量(元)	0.2717	1.0162	0.4297	1.1378
每股现金流量(元)	0.2541	-0.3682	-0.0234	0.0714
每股资本公积金(元)	1.5639	1.5639	1.5639	1.5639
每股盈余公积金(元)	0.3532	0.3532	0.2745	0.2745
每股未分配利润(元)	1.3270	1.3091	1.0168	0.9508
净资产收益率(%)	9.6126	18.6198	10.7908	18.4810
加权净资产收益率(%)	9.3500	19.7800	10.5600	22.6400
净资产收益率(扣除)(%)	-	-	-	-
总资产(万元)	9722115.39	9412072.65	9923327.54	10014621.52
归属母公司股东权益(万元)	6309617.04	6282904.79	5731514.80	5633378.24
主营业务收入(万元)	2176095.02	4370262.16	2143492.37	4082629.72
营业收入(万元)	2225504.54	4500703.85	2185218.50	4201376.15
主营成本(万元)	1266858.11	2534060.99	1190980.40	2292155.15
营业成本(万元)	1315376.94	2642032.39	1225123.06	2421876.71
投资收益(万元)	105022.89	181263.70	92247.99	58269.82
净利润(万元)	606555.44	1169881.63	618523.48	1041087.19
利润总额(万元)	775288.21	1524713.30	811977.36	1368610.84

金陵饭店股份有限公司

公司概况					
公司名称	金陵饭店股份有限公司			证券简称	金陵饭店
法人代表	李建伟	董秘	张胜新	证券代码	601007
公司网址	www.jinlinghotel.com		电子信箱	wanghao@jinlinghotel.com	
电　话	025-84711888 4210		传　真	025-84711666	
办公地址	江苏省南京市汉中路 2 号				
经营范围	酒店经营、主要提供住宿、餐饮、会议等综合性服务				

主要财务指标				
指标＼报告期	2012.06.30	2011.12.31	2011.06.30	2010.12.31
基本每股收益(元)	0.0900	0.0970	0.0970	0.3750
基本每股收益(扣除)(元)	0.0800	0.0870	0.0870	0.3440
每股净资产(元)	4.0850	3.9950	3.8020	3.7000
每股经营现金净流量(元)	0.0504	0.3045	0.0585	0.2078
每股现金流量(元)	0.1299	0.1111	-0.4430	0.3576
每股资本公积金(元)	1.4575	1.4575	1.4575	1.4575
每股盈余公积金(元)	0.1938	0.1938	0.1623	0.1623
每股未分配利润(元)	1.4336	1.3440	1.1821	1.0852
净资产收益率(%)	2.1928	9.7720	2.5510	10.1190
加权净资产收益率(%)	2.2170	10.1400	2.5840	10.6600
净资产收益率(扣除)(%)	-	-	-	-
总资产(万元)	247641.18	239221.72	196536.97	182985.04
归属母公司股东权益(万元)	122549.12	119861.89	114059.12	111149.54
主营业务收入(万元)	28613.23	69054.04	30959.80	51005.95
营业收入(万元)	28743.23	70037.08	31154.35	51450.39
主营成本(万元)	11866.17	31753.75	14575.37	25352.34
营业成本(万元)	11866.17	31794.94	14575.37	25388.68
投资收益(万元)	-285.31	3266.30	-369.93	4576.59
净利润(万元)	3390.95	14068.87	3450.18	12157.18
利润总额(万元)	4635.68	17953.52	4644.54	14763.73

江苏连云港港口股份有限公司

公司概况					
公司名称	江苏连云港港口股份有限公司			证券简称	连 云 港
法人代表	李春宏	董秘	沙晓春	证券代码	601008
公司网址	www.jlpcl.com		电子信箱	shaxiaochun@jlpcl.com	
电　话	0518-82389269 82387588		传　真	0518-82380588	
办公地址	江苏省连云港市连云区中华路 18 号鑫港花园 5 号楼鑫港大厦 22-23 层				
经营范围	装卸业务、堆存业务、港务管理业务等				

主要财务指标				
指标＼报告期	2012.06.30	2011.12.31	2011.06.30	2010.12.31
基本每股收益(元)	0.1100	0.2200	0.1000	0.2100
基本每股收益(扣除)(元)	0.1100	0.2200	0.1000	0.2100
每股净资产(元)	3.0570	3.8700	3.7740	3.3300
每股经营现金净流量(元)	0.0593	0.1812	-0.0728	0.2305
每股现金流量(元)	-0.1095	0.7045	0.5890	-0.3239
每股资本公积金(元)	1.6479	2.1423	2.1423	1.7300
每股盈余公积金(元)	0.1141	0.1484	0.1268	0.1473
每股未分配利润(元)	0.2954	0.5816	0.5054	0.4507
净资产收益率(%)	3.5829	5.5540	3.1080	6.1774
加权净资产收益率(%)	3.6200	6.0300	3.5300	6.3500
净资产收益率(扣除)(%)	-	-	-	-
总资产(万元)	382852.07	368459.62	361858.67	305533.23
归属母公司股东权益(万元)	248150.81	241757.07	235652.19	178912.74
主营业务收入(万元)	80803.09	149713.44	69758.04	121389.68
营业收入(万元)	80807.76	150038.10	69883.87	121856.44
主营成本(万元)	57803.99	108790.53	48856.82	86868.95
营业成本(万元)	57859.02	108906.89	48924.13	87153.70
投资收益(万元)	4768.88	5448.61	2828.23	5702.39
净利润(万元)	8827.88	13397.58	7323.25	11052.11
利润总额(万元)	10035.79	16049.45	8754.76	12439.02

南京银行股份有限公司

公司概况					
公司名称	南京银行股份有限公司			证券简称	南京银行
法人代表	林复	董秘	汤哲新	证券代码	601009
公司网址	www.njcb.com.cn		电子信箱	boardoffice@njcb.com.cn	
电　话	025-84551009		传　真	025-84553505	
办公地址	江苏省南京市白下区淮海路 50 号				
经营范围	吸收公众存款、发放短期、中期和长期贷款、办理国内结算等				

主要财务指标				
指标＼报告期	2012.06.30	2011.12.31	2011.06.30	2010.12.31
基本每股收益(元)	0.7400	1.0800	0.5400	0.9000
基本每股收益(扣除)(元)	0.7400	1.0800	0.5300	0.9000
每股净资产(元)	7.7900	7.2900	6.6500	6.3400
每股经营现金净流量(元)	3.5545	4.2216	4.8702	7.7153
每股现金流量(元)	-0.4491	2.4162	2.3518	1.5598
每股资本公积金(元)	3.5963	3.5323	3.4433	3.4676
每股盈余公积金(元)	0.3975	0.3975	0.2901	0.2901
每股未分配利润(元)	2.1243	1.6887	1.4127	1.0774
净资产收益率(%)	9.4434	14.8380	8.0440	12.2701
加权净资产收益率(%)	9.5700	15.8700	8.1100	17.2100
净资产收益率(扣除)(%)	-	-	-	-
总资产(万元)	33428079.80	28179169.40	26373923.00	22149260.30
归属母公司股东权益(万元)	2312705.90	2164376.50	1975718.60	1883374.30
主营业务收入(万元)	-	-	-	-
营业收入(万元)	477201.50	746254.00	349078.20	530552.60
主营成本(万元)	-	-	-	-
营业成本(万元)	207236.30	-	154668.80	-
投资收益(万元)	28747.90	15445.10	6328.90	21078.60
净利润(万元)	220147.70	323535.20	159841.80	231831.40
利润总额(万元)	269531.40	394926.10	194737.80	283934.30

文峰大世界连锁发展股份有限公司

公司概况					
公司名称	文峰大世界连锁发展股份有限公司			证券简称	文峰股份
法人代表	徐长江	董秘	张凯(代)	证券代码	601010
公司网址	www.wfdsj.com.cn		电子信箱	csl@wfdsj.cn	
电　话	0513-85505666 8968		传　真	0513-85121565	
办公地址	江苏省南通市青年东路 1 号				
经营范围	百货、超市、电器销售专业店的连锁经营等				

主要财务指标				
指标＼报告期	2012.06.30	2011.12.31	2011.06.30	2010.12.31
基本每股收益(元)	0.4600	0.9700	0.5600	0.9400
基本每股收益(扣除)(元)	-	0.8500	0.5200	0.8400
每股净资产(元)	6.7460	6.7100	6.2951	2.9100
每股经营现金净流量(元)	-	1.1129	0.1336	1.3480
每股现金流量(元)	-	1.2496	3.8526	1.1036
每股资本公积金(元)	4.1676	4.1676	4.1779	0.2160
每股盈余公积金(元)	-	0.2905	0.2035	0.2746
每股未分配利润(元)	-	1.2493	0.9137	1.4229
净资产收益率(%)	-	13.1200	7.2150	32.4129
加权净资产收益率(%)	6.6800	18.5900	15.4900	34.9600
净资产收益率(扣除)(%)	-	-	-	-
总资产(万元)	-	527661.23	458710.29	304575.31
归属母公司股东权益(万元)	332455.48	330538.66	310220.49	111529.43
主营业务收入(万元)	315155.80	626920.35	324229.69	549219.28
营业收入(万元)	324525.29	644227.39	331663.55	563572.43
主营成本(万元)	266519.04	530244.66	275802.13	466917.62
营业成本(万元)	-	531766.42	275745.73	467925.34
投资收益(万元)	-	3904.23	123.11	375.34
净利润(万元)	-	43319.79	22428.51	36261.64
利润总额(万元)	-	58366.97	30499.35	49000.94

七台河宝泰隆煤化工股份有限公司

公司概况						
	公司名称	七台河宝泰隆煤化工股份有限公司			证券简称	宝 泰 隆
	法人代表	焦云	董秘	王维舟	证券代码	601011
	公司网址	www.btlgf.com			电子信箱	wwz0451@163.com
	电　话	0464-2924686 8097 8510			传　真	0464-8338010 8336555
	办公地址	黑龙江省七台河市新兴区宝泰隆路 1 号				
	经营范围	生产、储存煤焦油、生产、销售粗苯等				

主要财务指标	指标\报告期	2012.06.30	2011.12.31	2011.06.30	2010.12.31
	基本每股收益(元)	0.2598	0.5900	0.2776	0.6700
	基本每股收益(扣除)(元)	0.2149	0.5200	0.2583	0.6100
	每股净资产(元)	7.2980	7.3260	7.0370	3.4000
	每股经营现金净流量(元)	0.4114	0.1892	-1.0122	1.0919
	每股现金流量(元)	0.1733	1.8399	1.9407	0.0504
	每股资本公积金(元)	4.5993	4.5993	4.5941	0.8050
	每股盈余公积金(元)	0.1358	0.1358	0.1149	0.1534
	每股未分配利润(元)	1.5344	1.5747	1.2887	1.3957
	净资产收益率(%)	3.5595	7.5020	3.4510	19.6870
	加权净资产收益率(%)	3.5000	9.1700	5.0700	21.8900
	净资产收益率(扣除)(%)	-	-	-	-
	总资产(万元)	521450.35	463614.20	395738.90	281418.43
	归属母公司股东权益(万元)	282415.67	283534.50	272332.66	98506.87
	主营业务收入(万元)	133123.28	280848.47	123862.84	228834.33
	营业收入(万元)	133161.53	282210.82	125145.86	228956.42
	主营成本(万元)	104554.81	231685.57	103157.42	189106.06
	营业成本(万元)	104588.21	232965.91	104385.02	189106.06
	投资收益(万元)	156.75	2238.09	2647.10	3383.27
	净利润(万元)	10376.66	21350.69	9584.66	20530.03
	利润总额(万元)	13702.66	26800.61	11502.26	25905.23

西安隆基硅材料股份有限公司

公司概况						
	公司名称	西安隆基硅材料股份有限公司			证券简称	隆基股份
	法人代表	李振国	董秘	张以涛	证券代码	601012
	公司网址	www.longi-silicon.com			电子信箱	longi@longi-silicon.com
	电　话	029-81566863			传　真	029-81566685
	办公地址	陕西省西安市长安区航天中路 388 号				
	经营范围	单晶硅棒、硅片的研发、生产、销售等				

主要财务指标	指标\报告期	2012.06.30	2011.12.31	2011.06.30	2010.12.31
	基本每股收益(元)	0.0700	1.2700	0.5600	2.0500
	基本每股收益(扣除)(元)	0.0300	1.1300	0.5400	1.8700
	每股净资产(元)	5.5100	6.5500	-	5.2665
	每股经营现金净流量(元)	-0.0730	-0.4934	0.1588	3.4578
	每股现金流量(元)	2.6123	-1.7837	-0.2345	2.0371
	每股资本公积金(元)	2.7102	1.1631	-	1.1466
	每股盈余公积金(元)	0.0379	0.0911	-	0.0851
	每股未分配利润(元)	1.7625	4.2961	-	3.0348
	净资产收益率(%)	1.0428	19.3470	-	37.2670
	加权净资产收益率(%)	1.3800	21.4400	17.3300	51.3600
	净资产收益率(扣除)(%)	-	-	-	-
	总资产(万元)	494703.46	317043.79	-	214836.47
	归属母公司股东权益(万元)	296763.94	146846.49	-	118065.46
	主营业务收入(万元)	79843.28	201798.92	99531.99	165225.80
	营业收入(万元)	79843.28	201798.92	99531.99	165225.80
	主营成本(万元)	65930.77	153932.94	63298.53	107907.56
	营业成本(万元)	65930.77	153932.94	63298.53	107907.56
	投资收益(万元)	410.39	1664.08	882.52	3173.59
	净利润(万元)	3238.89	28679.73	22596.00	44669.71
	利润总额(万元)	3413.57	32984.76	26307.53	51511.87

宁波港股份有限公司

公司概况						
	公司名称	宁波港股份有限公司			证券简称	宁 波 港
	法人代表	李令红	董秘	蒋伟	证券代码	601018
	公司网址	www.nbport.com.cn			电子信箱	ird@nbport.com.cn
	电　话	0574-27695662 27697137			传　真	0574- 27687001
	办公地址	浙江省宁波市北仑区明州路 301 号宁波港大厦				
	经营范围	码头开发经营、管理、港口货物的装卸、堆存、仓储、包装、灌装等				

主要财务指标	指标\报告期	2012.06.30	2011.12.31	2011.06.30	2010.12.31
	基本每股收益(元)	0.1200	0.1900	0.1000	0.1900
	基本每股收益(扣除)(元)	0.1000	0.1800	0.0900	0.1700
	每股净资产(元)	2.0200	1.9600	1.8500	1.7800
	每股经营现金净流量(元)	-0.0064	0.0950	0.0097	0.1667
	每股现金流量(元)	0.1041	-0.2956	-0.0900	0.3360
	每股资本公积金(元)	0.6115	0.6022	0.5942	0.5933
	每股盈余公积金(元)	0.0510	0.0510	0.0348	0.0348
	每股未分配利润(元)	0.3572	0.3034	0.2237	0.1568
	净资产收益率(%)	5.9318	9.8550	5.2270	9.6250
	加权净资产收益率(%)	5.9200	10.3300	5.2800	13.0500
	净资产收益率(扣除)(%)	-	-	-	-
	总资产(万元)	3653269.70	3341743.50	3397472.30	3448328.00
	归属母公司股东权益(万元)	2585294.70	2504618.00	2371450.10	2284798.80
	主营业务收入(万元)	377194.70	681841.80	326278.60	582449.90
	营业收入(万元)	384819.50	698279.50	333149.90	600391.70
	主营成本(万元)	190781.90	351891.30	162463.20	303048.10
	营业成本(万元)	195748.40	360745.80	166030.90	311681.40
	投资收益(万元)	36498.50	79686.30	38903.90	69506.10
	净利润(万元)	155905.30	251502.70	125914.60	221195.50
	利润总额(万元)	198119.90	308678.30	155691.70	275765.30

江苏玉龙钢管股份有限公司

公司概况						
	公司名称	江苏玉龙钢管股份有限公司			证券简称	玉龙股份
	法人代表	唐永清	董秘	翁亚锋	证券代码	601028
	公司网址	www.yulongsteelpipe.com			电子信箱	zqb@china-yulong.com
	电　话	0510-83882982 83896205			传　真	0510-83896205
	办公地址	江苏省无锡市玉祁镇玉龙路 15 号				
	经营范围	钢材轧制、石油钻杆及配套接头、回转支承的制造、加工、销售等				

主要财务指标	指标\报告期	2012.06.30	2011.12.31	2011.06.30	2010.12.31
	基本每股收益(元)	0.1800	0.5800	0.3100	0.7500
	基本每股收益(扣除)(元)	0.1803	0.5400	0.3047	0.7500
	每股净资产(元)	5.9067	5.9300	4.2000	3.7380
	每股经营现金净流量(元)	0.6603	-0.0830	-0.0243	-0.4257
	每股现金流量(元)	-1.1452	2.8571	0.7149	-0.4594
	每股资本公积金(元)	2.6640	2.6640	0.4731	0.3132
	每股盈余公积金(元)	0.2163	0.2163	0.2359	0.2359
	每股未分配利润(元)	2.0250	2.0469	2.4951	2.1891
	净资产收益率(%)	3.0142	7.5080	7.2777	20.0770
	加权净资产收益率(%)	3.0100	13.4500	7.8100	22.3200
	净资产收益率(扣除)(%)	-	-	-	-
	总资产(万元)	284600.24	291417.23	215307.13	198985.04
	归属母公司股东权益(万元)	187536.54	188327.31	100057.13	88970.63
	主营业务收入(万元)	107932.71	257628.47	119510.58	214529.18
	营业收入(万元)	112956.09	274077.70	125705.77	227622.20
	主营成本(万元)	94869.33	223200.68	101357.31	175978.27
	营业成本(万元)	99517.64	238809.64	107229.13	188352.26
	投资收益(万元)	-	-	-	-
	净利润(万元)	5808.94	15051.83	8011.94	19808.79
	利润总额(万元)	7563.30	20238.37	10719.57	26257.08

第一拖拉机股份有限公司

公司概况						
	公司名称	第一拖拉机股份有限公司			证券简称	一拖股份
	法人代表	赵剡水	董秘	于丽娜	证券代码	601038
	公司网址	www.first-tractor.com.cn		电子信箱	msc0038@ytogroup.com	
	电话	0379-64967038 64970545		传真	0379-64967438	
	办公地址	河南省洛阳市建设路 154 号				
	经营范围	拖拉机、收获机、农机具等农业机械产品、柴油机、自行电站等				

主要财务指标	指标\报告期	2012.06.30	2011.12.31	2011.06.30	2010.12.31
	基本每股收益(元)	0.3386	0.4857	0.3206	0.6415
	基本每股收益(扣除)(元)	0.3213	0.4403	–	0.4827
	每股净资产(元)	4.2600	3.9300	–	3.7259
	每股经营现金净流量(元)	0.0050	0.5482	–0.1689	0.6422
	每股现金流量(元)	–0.1496	0.1523	–0.2585	0.0254
	每股资本公积金(元)	1.7046	1.7082	–	1.8930
	每股盈余公积金(元)	0.2976	0.2976	–	0.2651
	每股未分配利润(元)	1.2844	0.9458	–	0.5731
	净资产收益率(%)	7.9556	12.3610	–	17.2179
	加权净资产收益率(%)	8.0700	12.7600	8.4500	17.7900
	净资产收益率(扣除)(%)	–	–	–	–
	总资产(万元)	994643.84	916778.83	–	834169.99
	归属母公司股东权益(万元)	360022.38	332349.99	–	315177.99
	主营业务收入(万元)	624921.55	1124608.05	713046.14	1020968.53
	营业收入(万元)	625578.91	1126265.66	713868.98	1022080.50
	主营成本(万元)	539993.75	974827.47	625090.65	872389.34
	营业成本(万元)	540435.48	977566.30	625353.58	873903.73
	投资收益(万元)	4486.26	5933.41	4252.60	15498.21
	净利润(万元)	30838.37	45750.47	29712.24	56204.92
	利润总额(万元)	35939.89	53604.17	35723.25	64614.18

赛轮股份有限公司

公司概况						
	公司名称	赛轮股份有限公司			证券简称	赛轮股份
	法人代表	杜玉岱	董秘	宋军	证券代码	601058
	公司网址	www.sailuntyre.com.cn		电子信箱	zibenguihua@sailuntyre.com	
	电话	0532-86916215		传真	0532-86916515	
	办公地址	山东省青岛市经济技术开发区江山中路西侧(高新技术工业园)				
	经营范围	轮胎、橡胶制品、机械设备、模具、化工产品的研发、生产、销售等				

主要财务指标	指标\报告期	2012.06.30	2011.12.31	2011.06.30	2010.12.31
	基本每股收益(元)	0.1500	0.3200	0.1900	0.4000
	基本每股收益(扣除)(元)	0.1500	0.2800	0.1700	0.3900
	每股净资产(元)	4.9200	4.8700	4.7280	3.9700
	每股经营现金净流量(元)	0.2743	–0.5572	–0.4789	–1.3944
	每股现金流量(元)	0.9208	–0.0701	1.0635	0.1725
	每股资本公积金(元)	2.8458	2.8458	2.8458	1.9666
	每股盈余公积金(元)	0.0882	0.0882	0.0626	0.0846
	每股未分配利润(元)	0.9853	0.9312	0.8195	0.9168
	净资产收益率(%)	3.1324	5.7069	2.9703	10.1940
	加权净资产收益率(%)	3.1300	7.1200	4.6700	10.7400
	净资产收益率(扣除)(%)	–	–	–	–
	总资产(万元)	567238.43	474059.24	496809.47	394649.59
	归属母公司股东权益(万元)	185975.02	183904.04	178717.28	111102.94
	主营业务收入(万元)	269979.53	497432.84	223608.21	333242.65
	营业收入(万元)	340316.25	638970.85	275659.82	405022.32
	主营成本(万元)	245518.94	457706.34	205218.89	302321.88
	营业成本(万元)	314224.67	595392.76	256092.75	371190.90
	投资收益(万元)	–	–	–	11.03
	净利润(万元)	5825.45	10495.21	5308.45	11325.95
	利润总额(万元)	7227.87	12925.85	6702.89	13026.39

中国神华能源股份有限公司

公司概况						
	公司名称	中国神华能源股份有限公司			证券简称	中国神华
	法人代表	张喜武	董秘	黄清	证券代码	601088
	公司网址	www.shenhuachina.com		电子信箱	1088@csec.com	
	电话	010-58133355 58133399		传真	010-58131804 58131814	
	办公地址	北京市东城区安定门西滨河路 22 号				
	经营范围	煤炭生产、销售、电力生产、热力生产和供应、相关铁路、港口等运输服务				

主要财务指标	指标\报告期	2012.06.30	2011.12.31	2011.06.30	2010.12.31
	基本每股收益(元)	1.2660	2.2530	1.1040	1.8700
	基本每股收益(扣除)(元)	1.2590	2.2560	1.1060	1.8780
	每股净资产(元)	11.6300	11.3400	10.0800	10.1700
	每股经营现金净流量(元)	1.7788	3.6634	2.7008	3.0625
	每股现金流量(元)	–0.4859	–0.7931	–0.1329	0.2459
	每股资本公积金(元)	4.1203	4.1527	4.1473	4.6467
	每股盈余公积金(元)	0.5748	0.5748	0.5748	0.5748
	每股未分配利润(元)	5.6107	5.2516	4.0655	3.7351
	净资产收益率(%)	10.8837	20.0860	10.9529	18.3910
	加权净资产收益率(%)	11.0200	21.0800	10.8000	20.1800
	净资产收益率(扣除)(%)	–	–	–	–
	总资产(万元)	41670100.00	40297800.00	37705700.00	36768900.00
	归属母公司股东权益(万元)	23136400.00	22552900.00	20051300.00	20220200.00
	主营业务收入(万元)	–	20402300.00	–	15399900.00
	营业收入(万元)	12146800.00	20819700.00	10115100.00	15766200.00
	主营成本(万元)	–	–	–	–
	营业成本(万元)	7598400.00	12264900.00	5712700.00	8505900.00
	投资收益(万元)	21100.00	40900.00	24600.00	70300.00
	净利润(万元)	2920200.00	5150700.00	2561400.00	4335800.00
	利润总额(万元)	3494200.00	6509300.00	3423200.00	5443600.00

中南出版传媒集团股份有限公司

公司概况						
	公司名称	中南出版传媒集团股份有限公司			证券简称	中南传媒
	法人代表	龚曙光	董秘	高军	证券代码	601098
	公司网址	www.zncmjt.com		电子信箱	gaojun4477@yahoo.cn	
	电话	0731-84302628 85891098		传真	0731-84405056	
	办公地址	湖南省长沙市营盘东路 38 号				
	经营范围	从事出版、发行、报纸与新媒体经营、印刷、印刷物资销售				

主要财务指标	指标\报告期	2012.06.30	2011.12.31	2011.06.30	2010.12.31
	基本每股收益(元)	0.2400	0.4500	0.2100	0.4100
	基本每股收益(扣除)(元)	0.2200	0.4300	0.2000	0.3900
	每股净资产(元)	4.4216	4.3046	4.0600	3.9100
	每股经营现金净流量(元)	0.0386	0.6190	0.1240	0.4481
	每股现金流量(元)	–0.0404	0.3205	–0.0120	2.3021
	每股资本公积金(元)	2.5294	2.5297	2.5264	2.5264
	每股盈余公积金(元)	0.0646	0.0646	0.0297	0.0297
	每股未分配利润(元)	0.8276	0.7103	0.5044	0.3586
	净资产收益率(%)	5.3656	10.3770	5.0670	8.4450
	加权净资产收益率(%)	5.3900	10.8900	5.1300	17.4600
	净资产收益率(扣除)(%)	–	–	–	–
	总资产(万元)	1108714.73	1089322.08	1013731.88	972973.18
	归属母公司股东权益(万元)	794121.92	773112.47	729247.04	703072.22
	主营业务收入(万元)	294513.02	576164.21	244260.66	468614.10
	营业收入(万元)	299562.66	585657.00	247997.18	476258.30
	主营成本(万元)	180496.23	351610.65	143852.30	281830.34
	营业成本(万元)	182244.56	353915.18	144558.56	283462.96
	投资收益(万元)	1198.72	1099.38	22.40	48.12
	净利润(万元)	41354.38	80619.16	36868.25	60124.85
	利润总额(万元)	41355.22	80619.16	36868.25	60124.85

太平洋证券股份有限公司

公司概况	公司名称	太平洋证券股份有限公司			证券简称	太平洋
	法人代表	李长伟	董秘	蒋云芸	证券代码	601099
	公司网址	www.tpyzq.com		电子信箱	jiangyy@tpyzq.com.cn	
	电　话	0871-8885858*8191		传　真	0871-8898100	
	办公地址	云南省昆明市青年路389号志远大厦18层				
	经营范围	证券承销和上市推荐、证券自营买卖、证券代理买卖等业务				

	指标\报告期	2012.06.30	2011.12.31	2011.06.30	2010.12.31
主要财务指标	基本每股收益(元)	0.0430	0.1040	0.0820	0.1360
	基本每股收益(扣除)(元)	0.0430	0.1020	0.0810	0.1350
	每股净资产(元)	1.4500	1.4100	1.3900	1.3000
	每股经营现金净流量(元)	0.0363	-0.7440	-0.7693	0.1053
	每股现金流量(元)	-0.0660	-0.7554	-0.7768	0.0775
	每股资本公积金(元)	-	-	-	-
	每股盈余公积金(元)	0.0670	0.0670	0.0566	0.0566
	每股未分配利润(元)	0.2534	0.2062	0.2232	0.1332
	净资产收益率(%)	3.2477	7.4061	6.4580	10.4020
	加权净资产收益率(%)	3.3000	7.6900	6.6700	10.9000
	净资产收益率(扣除)(%)	-	-	-	-
	总资产(万元)	513918.45	494048.80	474388.22	585558.21
	归属母公司股东权益(万元)	218664.46	211557.69	209413.83	195889.61
	主营业务收入(万元)	-	-	-	-
	营业收入(万元)	30949.29	66562.32	45545.88	67495.27
	主营成本(万元)	-	-	-	-
	营业成本(万元)	-	-	-	-
	投资收益(万元)	5726.38	13565.98	13685.99	6506.89
	净利润(万元)	7101.53	15668.08	13524.22	20377.16
	利润总额(万元)	9596.91	20538.95	18440.88	24431.95

江苏恒立高压油缸股份有限公司

公司概况	公司名称	江苏恒立高压油缸股份有限公司			证券简称	恒立油缸
	法人代表	汪立平	董秘	刘莉	证券代码	601100
	公司网址	www.hengli-js.com		电子信箱	hlzqb@hengli-mail.cn	
	电　话	0519-86163673 81689797		传　真	0519-86153331	
	办公地址	江苏省常州市武进区高新技术产业开发区龙潜路99号				
	经营范围	高压油缸的生产、销售等				

	指标\报告期	2012.06.30	2011.12.31	2011.06.30	2010.12.31
主要财务指标	基本每股收益(元)	0.2600	0.9800	0.4300	0.8500
	基本每股收益(扣除)(元)	0.2600	0.9500	0.4200	0.8500
	每股净资产(元)	5.0739	8.1300	2.1700	1.6800
	每股经营现金净流量(元)	0.0945	0.2732	0.4735	0.6587
	每股现金流量(元)	-0.4348	3.9542	-0.0684	0.1577
	每股资本公积金(元)	3.3070	5.4605	0.2093	0.2093
	每股盈余公积金(元)	0.0749	0.1124	0.0467	0.0467
	每股未分配利润(元)	0.6896	0.8924	0.9100	0.4203
	净资产收益率(%)	5.1500	10.3630	29.9370	43.3163
	加权净资产收益率(%)	5.1200	31.1900	33.7500	56.4300
	净资产收益率(扣除)(%)	-	-	-	-
	总资产(万元)	347355.97	341402.88	128932.78	95076.20
	归属母公司股东权益(万元)	319656.26	313544.06	68229.81	52803.60
	主营业务收入(万元)	57928.21	113255.17	64924.50	81656.88
	营业收入(万元)	58004.88	113339.11	64965.20	81699.92
	主营成本(万元)	34449.60	64148.43	36444.75	47162.33
	营业成本(万元)	34453.85	64148.43	36444.75	47162.33
	投资收益(万元)	68.41	-	-	-
	净利润(万元)	16462.18	32490.96	20426.20	22872.54
	利润总额(万元)	19368.07	37967.37	23328.14	26057.63

北京昊华能源股份有限公司

公司概况	公司名称	北京昊华能源股份有限公司			证券简称	昊华能源
	法人代表	耿养谋	董秘	关杰	证券代码	601101
	公司网址	www.bjhhny.com		电子信箱	xzhh@bjhhny.com	
	电　话	010-69839412		传　真	010-69839412	
	办公地址	北京市门头沟区新桥南大街2号				
	经营范围	商品煤开采、洗选、煤制品加工、销售等				

	指标\报告期	2012.06.30	2011.12.31	2011.06.30	2010.12.31
主要财务指标	基本每股收益(元)	0.5600	0.6000	0.7200	0.9300
	基本每股收益(扣除)(元)	0.5600	0.6000	0.7200	0.9200
	每股净资产(元)	5.6600	6.3800	5.8600	11.8700
	每股经营现金净流量(元)	0.4665	1.0124	1.4469	1.8443
	每股现金流量(元)	-0.7598	-0.3441	2.3472	4.8513
	每股资本公积金(元)	3.2349	3.2349	7.1248	7.1255
	每股盈余公积金(元)	0.6875	0.6875	1.2349	1.2349
	每股未分配利润(元)	1.6490	1.3250	3.1298	2.2330
	净资产收益率(%)	9.9180	20.3980	12.3713	16.1890
	加权净资产收益率(%)	9.9700	21.9400	12.5400	20.0900
	净资产收益率(扣除)(%)	-	-	-	-
	总资产(万元)	1090266.47	1076024.28	1045171.13	886382.49
	归属母公司股东权益(万元)	679663.48	638239.15	585983.12	538990.98
	主营业务收入(万元)	368712.07	689725.29	318214.88	399952.96
	营业收入(万元)	374128.93	695070.63	320739.53	404716.55
	主营成本(万元)	217294.26	388758.24	164094.07	195862.50
	营业成本(万元)	221441.37	391886.88	165562.39	198923.77
	投资收益(万元)	-44.06	-57.74	-29.22	-418.10
	净利润(万元)	69348.94	131608.18	73147.44	87533.02
	利润总额(万元)	90244.66	177213.23	98972.98	117459.98

中国第一重型机械股份公司

公司概况	公司名称	中国第一重型机械股份公司			证券简称	中国一重
	法人代表	吴生富	董秘	刘长韧	证券代码	601106
	公司网址	www.cfhi.com		电子信箱	liu.changren@cfhi.com	
	电　话	0452-6810123 6805591		传　真	0452-6810111 6810077	
	办公地址	黑龙江省齐齐哈尔市富拉尔基区红宝石办事处厂前路9号				
	经营范围	重型机械及成套设备、金属制品的设计、制造、安装、修理等				

	指标\报告期	2012.06.30	2011.12.31	2011.06.30	2010.12.31
主要财务指标	基本每股收益(元)	0.0091	0.0600	0.0085	0.1300
	基本每股收益(扣除)(元)	0.0077	0.0400	0.0054	0.0600
	每股净资产(元)	2.5600	2.5566	2.5135	2.5100
	每股经营现金净流量(元)	-0.1763	-0.2515	-0.1920	-0.2612
	每股现金流量(元)	0.0725	-0.1087	-0.0202	0.1927
	每股资本公积金(元)	1.2871	1.2871	1.2871	1.2871
	每股盈余公积金(元)	0.0192	0.0192	0.0176	0.0176
	每股未分配利润(元)	0.2531	0.2503	0.2089	0.2081
	净资产收益率(%)	0.3569	2.5306	0.3398	4.8076
	加权净资产收益率(%)	0.3574	2.5400	0.3394	5.5800
	净资产收益率(扣除)(%)	-	-	-	-
	总资产(万元)	3421606.15	3417038.20	3055281.17	2812925.51
	归属母公司股东权益(万元)	1673744.76	1671505.89	1643331.34	1642819.61
	主营业务收入(万元)	388839.94	874920.08	-	859123.09
	营业收入(万元)	388839.94	874920.08	311904.20	859123.09
	主营成本(万元)	303637.05	674990.74	-	635372.55
	营业成本(万元)	303637.05	674990.74	241803.35	635372.55
	投资收益(万元)	-24.85	-629.30	-19.38	74.35
	净利润(万元)	5282.40	43242.90	6064.86	80043.65
	利润总额(万元)	8721.71	52833.73	7951.04	114711.83

四川成渝高速公路股份有限公司

	公司名称	四川成渝高速公路股份有限公司			证券简称	四川成渝
公司概况	法人代表	唐勇	董秘	张永年	证券代码	601107
	公司网址	www.cygs.com		电子信箱	cygszh@163.com	
	电　　话	028-85527510 85527526		传　　真	028-85530753	
	办公地址	四川省成都市武侯祠大街252号				
	经营范围	高速公路的运营管理和投资建设				

	指标\报告期	2012.06.30	2011.12.31	2011.06.30	2010.12.31
主要财务指标	基本每股收益(元)	0.2116	0.4265	0.1856	0.3745
	基本每股收益(扣除)(元)	0.2094	0.4274	0.1852	0.3699
	每股净资产(元)	3.1773	3.0559	2.8166	2.7200
	每股经营现金净流量(元)	0.2050	0.3468	0.1090	0.5169
	每股现金流量(元)	0.2278	0.1652	0.2321	-0.1707
	每股资本公积金(元)	0.6131	0.6133	0.6148	0.6174
	每股盈余公积金(元)	0.6760	0.6760	0.5223	0.5223
	每股未分配利润(元)	0.8882	0.7667	0.6795	0.5809
	净资产收益率(%)	6.6600	13.9560	6.5890	13.7660
	加权净资产收益率(%)	6.6900	14.7700	6.6000	14.6500
	净资产收益率(扣除)(%)	-	-	-	-
	总资产(万元)	1899588.21	1678756.86	1456006.37	1189769.24
	归属母公司股东权益(万元)	971631.28	934515.90	861332.39	831963.45
	主营业务收入(万元)	180930.91	375111.23	151894.57	271599.68
	营业收入(万元)	184609.74	380702.61	153592.50	272914.51
	主营成本(万元)	88514.32	186286.39	61048.86	110592.07
	营业成本(万元)	89026.42	187642.24	61686.15	112228.52
	投资收益(万元)	1662.22	1232.16	721.08	1371.70
	净利润(万元)	66736.24	131904.15	57771.98	115610.51
	利润总额(万元)	78979.38	156501.92	77030.57	136623.61

中国国际航空股份有限公司

	公司名称	中国国际航空股份有限公司			证券简称	中国国航
公司概况	法人代表	王昌顺	董秘	饶昕瑜	证券代码	601111
	公司网址	www.airchina.com.cn		电子信箱	zhijieqin@airchina.com	
	电　　话	010-61462558 61462777		传　　真	010-61462805	
	办公地址	北京市天竺空港经济开发区天柱路30号				
	经营范围	国际、国内定期和不定期航空客、货、邮和行李运输业务等				

	指标\报告期	2012.06.30	2011.12.31	2011.06.30	2010.12.31
主要财务指标	基本每股收益(元)	0.0900	0.6100	0.3300	1.0500
	基本每股收益(扣除)(元)	0.0500	0.5600	0.3200	0.8600
	每股净资产(元)	3.8200	3.8500	3.6100	3.5800
	每股经营现金净流量(元)	0.4044	1.6785	0.7655	1.5255
	每股现金流量(元)	-0.3015	0.0855	0.0997	0.8973
	每股资本公积金(元)	1.2597	1.2635	1.2758	1.2601
	每股盈余公积金(元)	-	0.2693	0.2166	0.1690
	每股未分配利润(元)	-	1.3291	1.1171	0.9708
	净资产收益率(%)	2.2918	15.9970	9.2478	29.3090
	加权净资产收益率(%)	2.2600	16.9900	9.4000	40.5600
	净资产收益率(扣除)(%)	-	-	-	-
	总资产(万元)	17806250.40	17332256.80	16422454.10	15521961.30
	归属母公司股东权益(万元)	4633313.10	4673801.80	4393706.70	4165262.50
	主营业务收入(万元)	4671781.20	9491962.50	4410329.10	7900931.20
	营业收入(万元)	4756035.30	9713911.10	4513035.80	8096267.70
	主营成本(万元)	3876586.60	7499966.60	3490246.00	5932363.20
	营业成本(万元)	3938519.30	7669243.50	3580396.00	6100480.00
	投资收益(万元)	-19217.70	133653.20	64010.10	357286.30
	净利润(万元)	119852.50	789760.90	435211.30	1245475.80
	利润总额(万元)	150328.50	1012151.90	552688.20	1502506.20

义乌华鼎锦纶股份有限公司

	公司名称	义乌华鼎锦纶股份有限公司			证券简称	华鼎锦纶
公司概况	法人代表	丁尔民	董秘	胡方波	证券代码	601113
	公司网址	www.hdnylon.com		电子信箱	zq@hdnylon.com	
	电　　话	0579-85261479		传　　真	0579-85261475	
	办公地址	浙江省金华市义乌市北苑工业区雪峰西路751号				
	经营范围	锦纶纤维、差别化化学纤维的生产、销售				

	指标\报告期	2012.06.30	2011.12.31	2011.06.30	2010.12.31
主要财务指标	基本每股收益(元)	0.0400	0.4700	0.0400	0.5200
	基本每股收益(扣除)(元)	0.0300	0.4200	0.0300	0.4600
	每股净资产(元)	2.6250	5.3100	5.1990	2.0500
	每股经营现金净流量(元)	0.7979	-1.2620	-0.4717	0.6868
	每股现金流量(元)	0.1957	1.0806	3.3704	0.0770
	每股资本公积金(元)	1.0878	3.1756	3.1756	0.1135
	每股盈余公积金(元)	0.0504	0.1008	0.0646	0.0862
	每股未分配利润(元)	0.4872	1.0374	0.9587	0.8535
	净资产收益率(%)	1.6573	8.1568	6.1280	25.1240
	加权净资产收益率(%)	1.6200	10.8800	11.3300	28.7300
	净资产收益率(扣除)(%)	-	-	-	-
	总资产(万元)	227376.92	251822.49	280281.28	152026.98
	归属母公司股东权益(万元)	168027.05	170042.36	166367.80	49277.36
	主营业务收入(万元)	87840.72	172747.26	71990.59	105317.80
	营业收入(万元)	88793.66	174236.50	72428.54	105867.48
	主营成本(万元)	78246.99	143946.44	55110.32	84000.17
	营业成本(万元)	78959.96	145492.97	55678.01	84719.93
	投资收益(万元)	-	-	-	-
	净利润(万元)	2784.69	13869.99	10195.43	12380.25
	利润总额(万元)	3307.21	16563.59	12068.57	14814.42

三江购物俱乐部股份有限公司

	公司名称	三江购物俱乐部股份有限公司			证券简称	三江购物
公司概况	法人代表	陈念慈	董秘	王艳	证券代码	601116
	公司网址	www.sanjiang.com		电子信箱	sj@sanjiang.com	
	电　　话	0574-83886810		传　　真	0574-83886806	
	办公地址	浙江省宁波市孝闻街29弄中西大厦				
	经营范围	社区平价超市的连锁经营等				

	指标\报告期	2012.06.30	2011.12.31	2011.06.30	2010.12.31
主要财务指标	基本每股收益(元)	0.2824	0.3816	0.2571	0.3746
	基本每股收益(扣除)(元)	0.2437	0.3154	0.2052	0.2994
	每股净资产(元)	3.5040	3.3712	3.2443	1.7385
	每股经营现金净流量(元)	0.4790	0.8958	0.5856	0.7670
	每股现金流量(元)	0.2799	2.1807	2.0578	0.2105
	每股资本公积金(元)	1.6295	1.6291	1.6300	0.1884
	每股盈余公积金(元)	0.0952	0.0952	0.0541	0.0633
	每股未分配利润(元)	0.7793	0.6469	0.5602	0.4868
	净资产收益率(%)	8.0591	11.0440	7.5380	21.5500
	加权净资产收益率(%)	8.0970	13.2000	9.1700	23.9400
	净资产收益率(扣除)(%)	-	-	-	-
	总资产(万元)	279923.09	292855.93	254699.85	186768.22
	归属母公司股东权益(万元)	143929.79	138475.34	133260.76	60979.60
	主营业务收入(万元)	259517.19	511691.05	254537.52	482368.04
	营业收入(万元)	270628.77	511691.05	264845.39	482368.04
	主营成本(万元)	220178.56	416633.25	217711.02	399688.12
	营业成本(万元)	220180.77	416633.25	217712.37	399688.12
	投资收益(万元)	5.56	4.66	7.95	4.26
	净利润(万元)	11599.48	15293.82	10044.95	13141.13
	利润总额(万元)	15700.28	20502.44	12941.14	17414.17

中国化学工程股份有限公司

公司概况						
公司概况	公司名称	中国化学工程股份有限公司			证券简称	中国化学
公司概况	法人代表	金克宁	董秘	周耀君	证券代码	601117
公司概况	公司网址	www.cncec.com.cn		电子信箱	zhouyj@cncec.com.cn	
公司概况	电　　话	010-59765697		传　　真	010-59765659	
公司概况	办公地址	北京市东城区东直门内大街 2 号				
公司概况	经营范围	工程承包、勘察、设计及服务、其他业务等				

主要财务指标	指标\报告期	2012.06.30	2011.12.31	2011.06.30	2010.12.31
主要财务指标	基本每股收益(元)	0.2700	0.4800	0.1800	0.3400
主要财务指标	基本每股收益(扣除)(元)	0.2700	0.4700	0.1800	0.3400
主要财务指标	每股净资产(元)	3.3100	3.0900	2.7900	2.6700
主要财务指标	每股经营现金净流量(元)	0.1516	0.8356	0.2540	0.5871
主要财务指标	每股现金流量(元)	0.0358	0.4523	0.0898	0.2658
主要财务指标	每股资本公积金(元)	1.0764	1.0759	1.0684	1.1058
主要财务指标	每股盈余公积金(元)	0.0110	0.0110	0.0042	0.0042
主要财务指标	每股未分配利润(元)	1.2336	1.0092	0.7219	0.5644
主要财务指标	净资产收益率(%)	8.2888	15.6030	6.4398	12.7694
主要财务指标	加权净资产收益率(%)	8.5100	16.6500	6.5100	14.0700
主要财务指标	净资产收益率(扣除)(%)	–	–	–	–
主要财务指标	总资产(万元)	5213958.26	4565623.45	3656661.00	3502725.78
主要财务指标	归属母公司股东权益(万元)	1633303.22	1522666.18	1376497.54	1316612.91
主要财务指标	主营业务收入(万元)	2284784.69	4323727.56	1820860.00	3387611.21
主要财务指标	营业收入(万元)	2298248.57	4353795.59	1827104.78	3405260.54
主要财务指标	主营成本(万元)	1962727.85	3706902.79	1575489.88	2910253.51
主要财务指标	营业成本(万元)	1974760.60	3731631.17	1504662.50	2923764.71
主要财务指标	投资收益(万元)	98.08	2262.52	1486.29	897.61
主要财务指标	净利润(万元)	140881.35	251898.36	95177.02	176886.43
主要财务指标	利润总额(万元)	168839.77	309831.89	124353.18	220390.08

海南天然橡胶产业集团股份有限公司

公司概况						
公司概况	公司名称	海南天然橡胶产业集团股份有限公司			证券简称	海南橡胶
公司概况	法人代表	林进挺	董秘	董敬军	证券代码	601118
公司概况	公司网址	www.hirub.cn		电子信箱	dongjj@hirub.cn	
公司概况	电　　话	0898-31669317　31669309		传　　真	0898-31661486	
公司概况	办公地址	海南省海口市滨海大道 103 号财富广场四层				
公司概况	经营范围	天然橡胶的种植、加工、销售以及橡胶林木的采伐和销售等				

主要财务指标	指标\报告期	2012.06.30	2011.12.31	2011.06.30	2010.12.31
主要财务指标	基本每股收益(元)	0.0400	0.1940	0.1100	0.1800
主要财务指标	基本每股收益(扣除)(元)	0.0300	0.2150	0.1400	0.1900
主要财务指标	每股净资产(元)	2.2700	2.3100	2.2089	2.1200
主要财务指标	每股经营现金净流量(元)	0.0367	0.2244	0.2526	–0.0385
主要财务指标	每股现金流量(元)	–0.0975	–0.5139	–0.1819	1.1859
主要财务指标	每股资本公积金(元)	0.9661	0.9616	0.9435	0.8643
主要财务指标	每股盈余公积金(元)	0.0765	0.0765	0.0553	0.0553
主要财务指标	每股未分配利润(元)	0.2318	0.2756	0.2105	0.1832
主要财务指标	净资产收益率(%)	1.5948	8.3699	4.8555	6.9303
主要财务指标	加权净资产收益率(%)	1.5600	8.8000	4.9100	15.6200
主要财务指标	净资产收益率(扣除)(%)	–	–	–	–
主要财务指标	总资产(万元)	1099600.00	1113265.28	1174104.14	1253197.53
主要财务指标	归属母公司股东权益(万元)	893744.58	909252.54	868341.60	826580.83
主要财务指标	主营业务收入(万元)	387025.34	1041322.61	426496.12	625882.27
主要财务指标	营业收入(万元)	393640.06	1052827.85	430485.83	632554.82
主要财务指标	主营成本(万元)	344291.48	886444.04	339159.06	503793.82
主要财务指标	营业成本(万元)	350627.16	895830.25	341315.81	505392.11
主要财务指标	投资收益(万元)	–1037.23	–17591.92	–21107.95	–6954.28
主要财务指标	净利润(万元)	14497.36	76349.46	42461.73	57684.94
主要财务指标	利润总额(万元)	15769.85	76902.79	43664.87	59883.50

北京四方继保自动化股份有限公司

公司概况						
公司概况	公司名称	北京四方继保自动化股份有限公司			证券简称	四方股份
公司概况	法人代表	王绪昭	董秘	郗沭阳	证券代码	601126
公司概况	公司网址	www.sf-auto.com		电子信箱	ir@sf-auto.com	
公司概况	电　　话	010-62961515		传　　真	010-62981004	
公司概况	办公地址	北京市海淀区上地信息产业基地四街 9 号				
公司概况	经营范围	制造电力系统的继电保护装置、自动控制设备等				

主要财务指标	指标\报告期	2012.06.30	2011.12.31	2011.06.30	2010.12.31
主要财务指标	基本每股收益(元)	0.1737	0.5400	0.1350	0.4800
主要财务指标	基本每股收益(扣除)(元)	0.1717	0.5100	0.1176	0.4600
主要财务指标	每股净资产(元)	6.6366	6.6680	6.1421	6.2100
主要财务指标	每股经营现金净流量(元)	–0.7425	–0.1279	–0.7173	0.5442
主要财务指标	每股现金流量(元)	–2.6020	0.0785	–1.0118	2.6000
主要财务指标	每股资本公积金(元)	4.4169	4.3720	4.2328	4.2328
主要财务指标	每股盈余公积金(元)	0.1468	0.1468	0.1008	0.1008
主要财务指标	每股未分配利润(元)	1.0729	1.1492	0.8086	0.8736
主要财务指标	净资产收益率(%)	2.6168	7.9900	2.1970	6.1696
主要财务指标	加权净资产收益率(%)	2.5780	8.3700	2.1741	22.9500
主要财务指标	净资产收益率(扣除)(%)	–	–	–	–
主要财务指标	总资产(万元)	380822.39	351743.24	308404.02	358628.88
主要财务指标	归属母公司股东权益(万元)	269886.75	271165.13	246136.11	248742.20
主要财务指标	主营业务收入(万元)	85825.50	166472.13	59285.48	132128.93
主要财务指标	营业收入(万元)	86492.63	168655.96	59524.73	134771.92
主要财务指标	主营成本(万元)	46372.33	90170.44	32244.00	73580.12
主要财务指标	营业成本(万元)	46634.36	90316.43	32262.46	73687.40
主要财务指标	投资收益(万元)	–270.91	–	–	–
主要财务指标	净利润(万元)	6744.73	21465.28	5257.71	15376.55
主要财务指标	利润总额(万元)	8046.46	25252.83	6242.05	17129.57

宁波博威合金材料股份有限公司

公司概况						
公司概况	公司名称	宁波博威合金材料股份有限公司			证券简称	博威合金
公司概况	法人代表	谢识才	董秘	章培嘉	证券代码	601137
公司概况	公司网址	www.pwalloy.com		电子信箱	yuanby@pwalloy.com	
公司概况	电　　话	0574-83004712　83004512		传　　真	0574-83004688	
公司概况	办公地址	浙江省宁波市鄞州区云龙镇太平桥				
公司概况	经营范围	有色合金材料、高温超导材料、铜合金制品、不锈钢制品、钛金属制品的制造、加工等				

主要财务指标	指标\报告期	2012.06.30	2011.12.31	2011.06.30	2010.12.31
主要财务指标	基本每股收益(元)	0.2500	0.6400	0.3600	0.7500
主要财务指标	基本每股收益(扣除)(元)	0.1900	0.5400	0.3600	0.6400
主要财务指标	每股净资产(元)	8.6468	8.5983	8.3343	2.1400
主要财务指标	每股经营现金净流量(元)	–0.4361	0.1883	–0.7117	0.8130
主要财务指标	每股现金流量(元)	–1.3260	3.1863	3.6489	–0.2568
主要财务指标	每股资本公积金(元)	6.4025	6.4025	6.4135	0.1071
主要财务指标	每股盈余公积金(元)	0.1568	0.1568	0.0959	0.1289
主要财务指标	每股未分配利润(元)	1.0885	1.0408	0.8250	0.9085
主要财务指标	净资产收益率(%)	2.8648	7.2760	4.1860	34.8860
主要财务指标	加权净资产收益率(%)	2.8500	8.0100	4.8500	42.2800
主要财务指标	净资产收益率(扣除)(%)	–	–	–	–
主要财务指标	总资产(万元)	202290.53	211988.24	195671.53	95477.33
主要财务指标	归属母公司股东权益(万元)	185907.21	184863.87	179188.30	34311.07
主要财务指标	主营业务收入(万元)	119629.32	235389.60	116863.77	201422.23
主要财务指标	营业收入(万元)	120284.60	238007.15	117594.58	201608.25
主要财务指标	主营成本(万元)	108692.68	211243.36	102481.94	179778.47
主要财务指标	营业成本(万元)	109275.30	213499.67	103158.34	179919.52
主要财务指标	投资收益(万元)	–161.39	176.33	23.19	183.04
主要财务指标	净利润(万元)	5325.89	13449.68	7501.26	11969.60
主要财务指标	利润总额(万元)	5813.93	15215.48	8551.14	13683.26

深圳市燃气集团股份有限公司

公司概况	公司名称	深圳市燃气集团股份有限公司			证券简称	深圳燃气
	法人代表	包德元	董秘	杨光	证券代码	601139
	公司网址	www.szgas.com.cn		电子信箱	yangguang@szgas.com.cn	
	电　话	0755-83601139		传　真	0755-83601139	
	办公地址	广东省深圳市福田区深南大道 6021 号喜年中心 B 座				
	经营范围	从事深圳市管道燃气供应、液化石油气批发、瓶装液化石油气零售、燃气投资业务				

	指标\报告期	2012.06.30	2011.12.31	2011.06.30	2010.12.31
主要财务指标	基本每股收益(元)	0.1800	0.3300	0.1500	0.2600
	基本每股收益(扣除)(元)	0.1800	0.3200	0.1500	0.2400
	每股净资产(元)	2.0300	1.9300	2.2300	2.1400
	每股经营现金净流量(元)	0.1081	0.5264	0.3266	0.3154
	每股现金流量(元)	-0.1421	0.9947	0.5237	-0.5545
	每股资本公积金(元)	0.4868	1.2302	0.6244	0.6243
	每股盈余公积金(元)	0.0702	0.1053	0.0841	0.0841
	每股未分配利润(元)	0.4720	0.5606	0.5261	0.4312
	净资产收益率(%)	9.1124	10.6000	10.2246	12.1616
	加权净资产收益率(%)	9.2700	14.7300	10.2400	12.7100
	净资产收益率(扣除)(%)	-	-	-	-
	总资产(万元)	923142.45	925089.17	821964.87	726439.04
	归属母公司股东权益(万元)	401834.56	382376.10	274851.32	263162.61
	主营业务收入(万元)	418248.38	805070.23	370162.46	651655.02
	营业收入(万元)	422676.71	811245.29	374771.48	655889.16
	主营成本(万元)	338958.99	676325.65	303977.41	546684.86
	营业成本(万元)	342692.04	682724.93	308177.10	549703.03
	投资收益(万元)	10208.33	11095.52	10112.42	11948.44
	净利润(万元)	37111.11	42195.34	29075.53	33490.88
	利润总额(万元)	46262.80	51510.39	34896.24	39849.92

重庆水务集团股份有限公司

公司概况	公司名称	重庆水务集团股份有限公司			证券简称	重庆水务
	法人代表	武秀峰	董秘	邱贤成	证券代码	601158
	公司网址	www.cncqsw.com		电子信箱	swjtdsb@cqswjt.com	
	电　话	023-63860827		传　真	023-63860827	
	办公地址	重庆市渝中区龙家湾 1 号				
	经营范围	自来水销售、污水处理服务等				

	指标\报告期	2012.06.30	2011.12.31	2011.06.30	2010.12.31
主要财务指标	基本每股收益(元)	0.1800	0.3400	0.1700	0.2800
	基本每股收益(扣除)(元)	0.1700	0.3200	0.1600	0.2700
	每股净资产(元)	2.3800	2.4100	2.2600	2.2900
	每股经营现金净流量(元)	0.1918	0.3982	0.1791	0.3751
	每股现金流量(元)	0.0397	-0.2922	-0.0953	0.3301
	每股资本公积金(元)	0.9608	0.9338	0.9506	0.9591
	每股盈余公积金(元)	0.0982	0.0982	0.0681	0.0681
	每股未分配利润(元)	0.3259	0.3821	0.2422	0.2650
	净资产收益率(%)	7.4145	13.8860	7.3050	11.7333
	加权净资产收益率(%)	7.2700	14.4400	7.1500	13.3400
	净资产收益率(扣除)(%)	-	-	-	-
	总资产(万元)	1703293.87	1738981.81	1651680.08	1643770.69
	归属母公司股东权益(万元)	1144782.12	1158778.86	1085225.68	1100257.93
	主营业务收入(万元)	180504.61	352077.86	163756.57	306757.96
	营业收入(万元)	193530.58	377536.79	169600.05	328042.14
	主营成本(万元)	92593.38	178317.79	78715.75	139486.71
	营业成本(万元)	102734.38	200948.23	81993.67	158529.62
	投资收益(万元)	14343.40	25730.05	9124.51	9449.14
	净利润(万元)	84905.62	160944.84	79287.12	129635.87
	利润总额(万元)	86103.91	163395.68	80641.24	133780.96

兴业银行股份有限公司

公司概况	公司名称	兴业银行股份有限公司			证券简称	兴业银行
	法人代表	高建平	董秘	唐斌	证券代码	601166
	公司网址	www.cib.com.cn		电子信箱	irm@cib.com.cn	
	电　话	0591-87824863		传　真	0591-87842633	
	办公地址	福建省福州市湖东路 154 号				
	经营范围	本行主要业务方向分为公司业务、同业业务、资金业务、零售业务四大类				

	指标\报告期	2012.06.30	2011.12.31	2011.06.30	2010.12.31
主要财务指标	基本每股收益(元)	1.5900	2.3600	1.1300	1.8200
	基本每股收益(扣除)(元)	1.5800	2.3500	1.1200	1.8000
	每股净资产(元)	12.0300	10.6800	9.3800	15.3500
	每股经营现金净流量(元)	19.5686	-0.7310	-8.2839	19.6332
	每股现金流量(元)	16.3510	0.1163	-8.6031	13.1110
	每股资本公积金(元)	2.7534	2.6234	2.5527	5.4442
	每股盈余公积金(元)	0.5482	0.5482	0.3155	0.5679
	每股未分配利润(元)	6.4468	5.2313	4.5904	6.6816
	净资产收益率(%)	13.1836	22.1380	12.0900	20.1326
	加权净资产收益率(%)	13.8100	24.6700	12.5500	24.6400
	净资产收益率(扣除)(%)	-	-	-	-
	总资产(万元)	278045100.00	240879800.00	208990600.00	184967300.00
	归属母公司股东权益(万元)	12972200.00	11520900.00	10117300.00	9199500.00
	主营业务收入(万元)	-	-	-	-
	营业收入(万元)	4122100.00	5987000.00	2624600.00	4345600.00
	主营成本(万元)	-	-	-	-
	营业成本(万元)	1860200.00	2633800.00	1025200.00	1955900.00
	投资收益(万元)	2100.00	32400.00	12800.00	35400.00
	净利润(万元)	1718500.00	2559700.00	1225200.00	1852100.00
	利润总额(万元)	2271000.00	3366400.00	1604700.00	2400500.00

西部矿业股份有限公司

公司概况	公司名称	西部矿业股份有限公司			证券简称	西部矿业
	法人代表	汪海涛	董秘	胡晗东	证券代码	601168
	公司网址	www.westmining.com		电子信箱	huhd@westmining.com	
	电　话	0971-6108188		传　真	0971-6122926	
	办公地址	青海省西宁市五四大街 52 号				
	经营范围	铜、铅、锌等有色金属矿和锰等黑色金属矿的探矿、采矿、选矿、冶炼等				

	指标\报告期	2012.06.30	2011.12.31	2011.06.30	2010.12.31
主要财务指标	基本每股收益(元)	0.0600	0.3600	0.2700	0.4200
	基本每股收益(扣除)(元)	0.0400	0.2800	0.2000	0.3800
	每股净资产(元)	4.7900	4.8300	4.7700	4.6700
	每股经营现金净流量(元)	-0.0032	-0.4852	-0.1277	0.7434
	每股现金流量(元)	-0.2733	0.1830	0.0214	0.6784
	每股资本公积金(元)	2.3048	2.3110	2.3330	2.3268
	每股盈余公积金(元)	0.1993	0.1993	0.1793	0.1793
	每股未分配利润(元)	1.2551	1.2988	1.2306	1.1384
	净资产收益率(%)	1.1767	7.4570	5.7075	8.8867
	加权净资产收益率(%)	1.1700	7.1200	5.7700	9.2100
	净资产收益率(扣除)(%)	-	-	-	-
	总资产(万元)	2643910.24	2651359.97	2493372.19	2245727.43
	归属母公司股东权益(万元)	1140626.76	1151582.96	1136693.25	1113379.34
	主营业务收入(万元)	1063875.17	2109816.79	982178.79	1833762.96
	营业收入(万元)	1072311.46	2127315.30	993667.28	1851144.73
	主营成本(万元)	1000629.30	1883066.89	854449.57	1614074.32
	营业成本(万元)	1007053.77	1898344.60	864579.51	1628119.07
	投资收益(万元)	8008.80	29037.55	11799.63	32357.19
	净利润(万元)	11580.23	87645.29	67228.98	101546.28
	利润总额(万元)	18098.34	117997.39	81805.80	119320.91

北京银行股份有限公司

公司概况					
公司名称	北京银行股份有限公司			证券简称	北京银行
法人代表	闫冰竹	董秘	杨书剑	证券代码	601169
公司网址	www.bankofbeijing.com.cn		电子信箱	snow@bankofbeijing.com.cn	
电　话	010-66426500 66223826		传　真	010-66426519 66223833	
办公地址	北京市西城区金融大街丙17号				
经营范围	吸收公众存款、发放短期、中期和长期贷款、办理国内结算等				

主要财务指标：指标\报告期	2012.06.30	2011.12.31	2011.06.30	2010.12.31
基本每股收益(元)	0.7900	1.4400	0.6800	1.0900
基本每股收益(扣除)(元)	0.7900	1.4300	0.6800	1.0900
每股净资产(元)	9.2000	8.0900	7.3900	6.8300
每股经营现金净流量(元)	2.3676	11.1690	5.8264	5.4344
每股现金流量(元)	1.9709	6.2496	4.5129	0.2361
每股资本公积金(元)	3.6794	2.5540	2.4677	2.5161
每股盈余公积金(元)	0.5840	0.6876	0.5439	0.5439
每股未分配利润(元)	3.0078	2.7496	2.5780	1.9751
净资产收益率(%)	9.4800	17.7570	11.0868	15.9898
加权净资产收益率(%)	10.7700	19.0000	11.4000	17.0000
净资产收益率(扣除)(%)	-	-	-	-
总资产(万元)	110101588.70	95649867.60	81580151.40	73321050.40
归属母公司股东权益(万元)	6750131.30	5038334.10	4599916.30	4254598.40
主营业务收入(万元)	-	-	-	-
营业收入(万元)	1330729.70	2072773.40	974680.80	1563522.60
主营成本(万元)	-	-	-	-
营业成本(万元)	-	-	-	-
投资收益(万元)	22862.90	17630.30	13229.60	11769.00
净利润(万元)	640459.70	894598.50	509946.90	680557.40
利润总额(万元)	812892.80	1139748.20	659568.20	860115.00

杭州前进齿轮箱集团股份有限公司

公司概况					
公司名称	杭州前进齿轮箱集团股份有限公司			证券简称	杭齿前进
法人代表	茅建荣	董秘	欧阳建国	证券代码	601177
公司网址	www.chinaadvance.com		电子信箱	ouy@chinaadvance.com	
电　话	0571-83802671 83802048		传　真	0571-83802049	
办公地址	浙江省杭州市萧山区萧金路45号				
经营范围	齿轮箱、变速箱、可调螺旋桨、公路车桥及非公路车桥、调速离合器等				

主要财务指标：指标\报告期	2012.06.30	2011.12.31	2011.06.30	2010.12.31
基本每股收益(元)	0.1573	0.3731	0.2203	0.3984
基本每股收益(扣除)(元)	0.1030	0.3081	0.2074	0.3707
每股净资产(元)	4.2478	4.1851	4.0461	3.8307
每股经营现金净流量(元)	-0.1391	0.0595	0.1404	0.6976
每股现金流量(元)	-0.2214	-0.1667	-0.2204	0.4654
每股资本公积金(元)	2.1614	2.1613	2.1745	2.1793
每股盈余公积金(元)	0.1093	0.0952	0.0806	0.0614
每股未分配利润(元)	0.9841	0.9357	0.7975	0.5964
净资产收益率(%)	3.7024	8.9160	5.4450	8.4300
加权净资产收益率(%)	3.6900	9.3100	5.5900	14.9300
净资产收益率(扣除)(%)	-	-	-	-
总资产(万元)	331968.82	362268.64	349518.59	326463.61
归属母公司股东权益(万元)	169936.11	167429.72	161868.41	153252.02
主营业务收入(万元)	94275.62	234614.65	141957.60	218744.17
营业收入(万元)	95964.28	237151.61	143454.90	220962.29
主营成本(万元)	74870.78	180590.41	108526.63	165351.53
营业成本(万元)	75988.92	181872.96	109314.83	166784.32
投资收益(万元)	226.50	-1461.19	-751.24	-793.38
净利润(万元)	6121.84	16347.62	10029.72	14991.64
利润总额(万元)	6974.35	19287.83	11755.55	17984.86

中国西电电气股份有限公司

公司概况					
公司名称	中国西电电气股份有限公司			证券简称	中国西电
法人代表	张雅林	董秘	田喜民	证券代码	601179
公司网址	www.xdect.com.cn		电子信箱	dsh@xd.com.cn	
电　话	029-88832083		传　真	029-88832084	
办公地址	陕西省西安市高新区唐兴路7号A座				
经营范围	输配电及控制设备研发、设计、制造、销售、检测、相关设备成套、技术研究等				

主要财务指标：指标\报告期	2012.06.30	2011.12.31	2011.06.30	2010.12.31
基本每股收益(元)	-0.0400	-0.1200	0.0100	0.1500
基本每股收益(扣除)(元)	-0.0500	-0.1300	0.0040	0.1400
每股净资产(元)	3.1600	3.2000	3.3300	3.3800
每股经营现金净流量(元)	0.0182	-0.0222	-0.2924	-0.0871
每股现金流量(元)	-0.1633	-0.0954	-0.4634	0.9814
每股资本公积金(元)	2.0112	2.0128	2.0144	2.0159
每股盈余公积金(元)	0.0421	0.0421	0.0421	0.0421
每股未分配利润(元)	0.1105	0.1462	0.2733	0.3251
净资产收益率(%)	-1.1271	-3.7150	0.2480	4.3382
加权净资产收益率(%)	-1.1200	-3.6100	0.2400	4.7100
净资产收益率(扣除)(%)	-	-	-	-
总资产(万元)	2978691.50	2920832.06	2757274.39	2659786.60
归属母公司股东权益(万元)	1378451.10	1394674.41	1450777.97	1473997.53
主营业务收入(万元)	525150.28	1089052.21	491228.62	1271969.82
营业收入(万元)	531048.07	1112901.44	501260.51	1288252.94
主营成本(万元)	443673.38	921385.06	386256.83	965305.20
营业成本(万元)	448899.45	937865.81	396559.29	978905.15
投资收益(万元)	1372.93	641.14	2016.69	2799.53
净利润(万元)	-17043.56	-59617.25	1436.76	65462.24
利润总额(万元)	-12895.86	-49545.58	6996.07	79424.02

中国铁建股份有限公司

公司概况					
公司名称	中国铁建股份有限公司			证券简称	中国铁建
法人代表	孟凤朝	董秘	余兴喜	证券代码	601186
公司网址	www.crcc.cn		电子信箱	ir@crcc.cn	
电　话	010-52688600		传　真	010-52688302	
办公地址	北京市海淀区复兴路40号东院				
经营范围	工程承包、勘察设计咨询、工业制造、房地产开发、资本运营及物流等				

主要财务指标：指标\报告期	2012.06.30	2011.12.31	2011.06.30	2010.12.31
基本每股收益(元)	0.2600	0.6400	0.2900	0.3400
基本每股收益(扣除)(元)	0.2400	0.6200	0.2900	0.3200
每股净资产(元)	5.3900	5.2500	4.9000	4.6500
每股经营现金净流量(元)	-0.2689	-1.0194	-1.0188	0.5068
每股现金流量(元)	-0.3477	1.4788	0.5792	0.0691
每股资本公积金(元)	2.7444	2.7556	2.7544	2.7547
每股盈余公积金(元)	0.0693	0.0693	0.0693	0.0693
每股未分配利润(元)	1.5638	1.4053	1.0637	0.8187
净资产收益率(%)	4.7953	12.1310	6.0160	7.3972
加权净资产收益率(%)	4.8600	12.9800	6.1700	7.8500
净资产收益率(扣除)(%)	-	-	-	-
总资产(万元)	44244902.20	42298284.10	39561310.70	35026519.90
归属母公司股东权益(万元)	6649085.20	6474834.30	6048801.50	5740331.40
主营业务收入(万元)	18378420.40	-	21045794.90	46793162.10
营业收入(万元)	18453191.00	45736611.00	21140609.50	47015879.30
主营成本(万元)	-	-	-	-
营业成本(万元)	16529298.80	40932741.30	19075289.10	42864711.80
投资收益(万元)	12442.00	16838.30	8276.70	13536.30
净利润(万元)	322265.80	788196.40	362567.60	431663.60
利润总额(万元)	401009.80	1005589.10	451186.70	608875.90

黑龙江交通发展股份有限公司

公司概况					
公司名称	黑龙江交通发展股份有限公司			证券简称	龙江交通
法人代表	孙熠嵩	董秘	戴琦	证券代码	601188
公司网址	www.hljjt.com		电子信箱	htdc@hljjt.com	
电　话	0451-51688007		传　真	0451-51688007	
办公地址	哈尔滨市道里区群力第五大道 1688 号				
经营范围	投资、开发、建设和经营管理收费公路、公路养护服务、园林绿化等				

指标＼报告期	2012.06.30	2011.12.31	2011.06.30	2010.12.31
基本每股收益(元)	0.0540	0.1076	0.0550	0.0800
基本每股收益(扣除)(元)	0.0490	0.1121	0.0520	0.0800
每股净资产(元)	2.1280	2.0740	2.0200	1.9800
每股经营现金净流量(元)	0.0509	-0.1980	0.0892	0.0765
每股现金流量(元)	-0.0084	-0.3188	0.3084	0.0002
每股资本公积金(元)	0.9070	0.9070	0.9062	0.9070
每股盈余公积金(元)	0.0096	0.0096	0.0072	0.0072
每股未分配利润(元)	0.2117	0.1574	0.1070	0.0697
净资产收益率(%)	2.5516	5.1860	2.6980	4.0534
加权净资产收益率(%)	2.5800	5.3000	2.7100	4.1400
净资产收益率(扣除)(%)	-	-	-	-
总资产(万元)	300362.50	293505.10	283124.61	275962.21
归属母公司股东权益(万元)	258207.74	251619.40	245113.92	240697.33
主营业务收入(万元)	15632.57	39144.06	15685.34	28332.09
营业收入(万元)	19254.42	39144.06	16952.61	28767.42
主营成本(万元)	5841.27	13850.14	4821.62	8009.79
营业成本(万元)	7639.05	13850.14	5327.87	8153.73
投资收益(万元)	3.04	31.61	24.08	2795.49
净利润(万元)	6523.72	12992.80	6633.17	9756.53
利润总额(万元)	8749.24	17846.06	8790.62	14921.21

江苏江南水务股份有限公司

公司概况					
公司名称	江苏江南水务股份有限公司			证券简称	江南水务
法人代表	张亚军	董秘	朱杰	证券代码	601199
公司网址	www.jsjnsw.com		电子信箱	master@jsjnsw.com	
电　话	0510-86276771 86276730		传　真	0510-86276730	
办公地址	江苏省江阴市延陵路 224 号　江苏省江阴市长江路 141-143 号				
经营范围	自来水制售、自来水排水及相关水处理业务、供水工程的设计及技术咨询等				

指标＼报告期	2012.06.30	2011.12.31	2011.06.30	2010.12.31
基本每股收益(元)	0.2900	0.5500	0.2700	0.4300
基本每股收益(扣除)(元)	0.2500	0.5500	0.2700	0.4300
每股净资产(元)	7.1739	6.9500	6.6600	2.7100
每股经营现金净流量(元)	1.0054	1.7095	0.6600	1.5892
每股现金流量(元)	-0.0071	1.1620	1.2695	0.3083
每股资本公积金(元)	4.6680	4.6680	4.6680	0.6930
每股盈余公积金(元)	0.1720	0.1720	0.1274	0.1702
每股未分配利润(元)	1.3249	1.0980	0.8635	0.8429
净资产收益率(%)	4.0001	7.3670	3.4900	15.9950
加权净资产收益率(%)	4.0500	9.1600	5.3500	17.2800
净资产收益率(扣除)(%)	-	-	-	-
总资产(万元)	236026.22	218793.94	197304.75	138205.18
归属母公司股东权益(万元)	167726.83	162375.64	155795.89	47437.63
主营业务收入(万元)	24304.70	51448.33	23716.12	44279.67
营业收入(万元)	24566.83	52133.63	23991.08	44906.13
主营成本(万元)	10451.47	21584.33	9033.47	20128.81
营业成本(万元)	10724.63	21993.27	9166.42	20541.98
投资收益(万元)	236.24	39.27	-	-
净利润(万元)	6709.17	11962.07	5437.41	7587.80
利润总额(万元)	9152.29	16109.18	7260.71	10212.37

四川东材科技集团股份有限公司

公司概况					
公司名称	四川东材科技集团股份有限公司			证券简称	东材科技
法人代表	于少波	董秘	周乔	证券代码	601208
公司网址	www.emtco.cn		电子信箱	zhouqiao@emtco.cn	
电　话	0816-2289750		传　真	0816-2289750	
办公地址	四川省绵阳市游仙区三星路 188 号				
经营范围	绝缘材料、高分子材料、精细化工材料的生产、销售等				

指标＼报告期	2012.06.30	2011.12.31	2011.06.30	2010.12.31
基本每股收益(元)	0.1300	0.8000	0.5500	0.8000
基本每股收益(扣除)(元)	0.0900	0.7500	0.5200	0.6600
每股净资产(元)	3.3975	7.0348	6.7515	2.2300
每股经营现金净流量(元)	0.2667	0.4750	0.1677	0.5156
每股现金流量(元)	-0.4207	3.8467	4.9393	0.0314
每股资本公积金(元)	1.8617	4.7234	4.7234	0.0185
每股盈余公积金(元)	0.0590	0.1181	0.0412	0.0556
每股未分配利润(元)	0.4767	1.1934	0.9870	1.1557
净资产收益率(%)	3.8282	10.1620	6.3929	35.8550
加权净资产收益率(%)	3.6700	15.0300	16.0200	42.9600
净资产收益率(扣除)(%)	-	-	-	-
总资产(万元)	227201.66	246900.23	268715.92	95902.43
归属母公司股东权益(万元)	209201.77	216587.10	207866.18	50812.73
主营业务收入(万元)	51280.18	123121.82	65118.26	98323.31
营业收入(万元)	51789.18	125983.17	66897.82	101868.64
主营成本(万元)	39337.38	86189.29	43410.88	68293.27
营业成本(万元)	39675.64	88723.14	44920.99	71570.72
投资收益(万元)	-	-	-	123.44
净利润(万元)	8079.98	22159.68	13363.23	18328.31
利润总额(万元)	9611.49	25830.04	15768.21	18572.96

内蒙古君正能源化工股份有限公司

公司概况					
公司名称	内蒙古君正能源化工股份有限公司			证券简称	内蒙君正
法人代表	杜江涛	董秘	卢信群	证券代码	601216
公司网址	www.junzhenggroup.com		电子信箱	junzheng@junzhenggroup.com	
电　话	0473-6989106		传　真	0473-6989105	
办公地址	内蒙古自治区乌海市乌达工业园区				
经营范围	电力生产、电力供应、热力生产和供应、商业贸易、化工产品				

指标＼报告期	2012.06.30	2011.12.31	2011.06.30	2010.12.31
基本每股收益(元)	0.1544	0.9340	0.5620	-
基本每股收益(扣除)(元)	0.1540	0.8480	0.5172	-
每股净资产(元)	4.0211	7.8200	7.4440	-
每股经营现金净流量(元)	0.0297	0.2419	0.0987	-
每股现金流量(元)	-0.4536	1.3446	2.4437	-
每股资本公积金(元)	1.9173	4.8307	4.8307	-
每股盈余公积金(元)	0.0683	0.1366	0.0975	-
每股未分配利润(元)	1.0305	1.8522	1.5133	-
净资产收益率(%)	3.8386	11.5680	7.0774	-
加权净资产收益率(%)	3.8700	13.6700	9.2900	-
净资产收益率(扣除)(%)	-	-	-	-
总资产(万元)	732485.28	712934.25	678101.12	-
归属母公司股东权益(万元)	514696.79	500562.20	476413.78	-
主营业务收入(万元)	173795.66	368991.32	183076.29	-
营业收入(万元)	174806.14	370795.51	183635.91	-
主营成本(万元)	118649.57	257269.86	121595.65	-
营业成本(万元)	121596.67	257565.47	121738.07	-
投资收益(万元)	-1511.61	-1645.81	722.30	-
净利润(万元)	19060.47	58108.36	33625.51	-
利润总额(万元)	25179.46	65876.53	39222.94	-

江苏吉鑫风能科技股份有限公司

公司概况	公司名称	江苏吉鑫风能科技股份有限公司			证券简称	吉鑫科技
	法人代表	包士金	董秘	包士金(代)	证券代码	601218
	公司网址	www.jyjxm.com		电子信箱	jixin@jyjxm.com	
	电　　话	0510-86157378		传　　真	0510-86017708	
	办公地址	江苏省江阴市云亭街道工业园区那巷路8号				
	经营范围	大型风力发电机组零部件的研发、生产及销售				

主要财务指标	指标\报告期	2012.06.30	2011.12.31	2011.06.30	2010.12.31
	基本每股收益(元)	0.0700	0.3800	0.2300	0.7800
	基本每股收益(扣除)(元)	0.0700	0.2100	0.2200	0.7900
	每股净资产(元)	4.9900	4.9300	5.3000	2.4500
	每股经营现金净流量(元)	0.3146	-1.2747	-1.0076	0.5503
	每股现金流量(元)	0.2398	1.1832	1.2127	0.2273
	每股资本公积金(元)	2.5074	2.5077	2.5374	0.2607
	每股盈余公积金(元)	0.2079	0.2079	0.1902	0.1909
	每股未分配利润(元)	1.2789	1.2115	1.0746	0.9999
	净资产收益率(%)	1.3498	7.3647	4.3364	31.7593
	加权净资产收益率(%)	1.3500	9.6800	7.7800	37.7500
	净资产收益率(扣除)(%)	-	-	-	-
	总资产(万元)	379441.11	373938.66	371217.55	263037.19
	归属母公司股东权益(万元)	225140.85	222116.49	216486.59	98058.53
	主营业务收入(万元)	65168.31	153617.75	86911.75	196473.56
	营业收入(万元)	68000.26	158313.79	88583.05	201148.56
	主营成本(万元)	53674.36	125571.96	68127.73	140643.24
	营业成本(万元)	55452.27	127238.86	68772.37	142383.35
	投资收益(万元)	-226.13	7587.77	2290.85	117.15
	净利润(万元)	3036.04	16518.81	9611.18	31615.28
	利润总额(万元)	3615.30	19402.26	11552.54	37261.10

江苏林洋电子股份有限公司

公司概况	公司名称	江苏林洋电子股份有限公司			证券简称	林洋电子
	法人代表	陆永华	董秘	虞海娟	证券代码	601222
	公司网址	www.linyang.com.cn		电子信箱	dsh@linyang.com.cn	
	电　　话	0513-83356525 83115006		传　　真	0513-83356525	
	办公地址	江苏省南通市启东市经济开发区林洋路666号				
	经营范围	仪器仪表、电子设备、电力电气设备、自动化设备、集成电路、光伏设备等				

主要财务指标	指标\报告期	2012.06.30	2011.12.31	2011.06.30	2010.12.31
	基本每股收益(元)	0.2800	0.7800	0.2600	0.8400
	基本每股收益(扣除)(元)	0.2400	0.6900	0.2300	0.7800
	每股净资产(元)	6.0511	7.1252	2.9900	2.7300
	每股经营现金净流量(元)	-0.2433	-0.0883	-1.1424	0.9641
	每股现金流量(元)	-0.5434	3.7044	-0.7076	0.5277
	每股资本公积金(元)	3.8677	4.8412	0.8709	0.8709
	每股盈余公积金(元)	0.0996	0.1195	0.0844	0.0844
	每股未分配利润(元)	1.0838	1.1645	1.0311	0.7746
	净资产收益率(%)	4.6291	9.0830	8.5898	30.2241
	加权净资产收益率(%)	4.7300	16.8900	8.9800	36.7100
	净资产收益率(扣除)(%)	-	-	-	-
	总资产(万元)	286033.35	286271.93	151908.65	119412.67
	归属母公司股东权益(万元)	210577.84	206629.97	64208.25	58692.90
	主营业务收入(万元)	72809.74	167796.06	60746.58	113351.96
	营业收入(万元)	73058.97	169563.40	61096.42	114023.99
	主营成本(万元)	48604.20	120911.99	44791.56	74031.26
	营业成本(万元)	48737.85	122215.45	45000.22	74413.84
	投资收益(万元)	562.34	-66.04	-223.40	-30.83
	净利润(万元)	9673.58	17849.46	4951.77	16977.26
	利润总额(万元)	11604.08	21590.92	6329.27	20468.67

环旭电子股份有限公司

公司概况	公司名称	环旭电子股份有限公司			证券简称	环旭电子
	法人代表	张洪本	董秘	刘丹阳	证券代码	601231
	公司网址	www.usish.com		电子信箱	public@usish.com	
	电　　话	021-58968418		传　　真	021-58968415	
	办公地址	上海市张江高科技园区集成电路产业区张东路1558号				
	经营范围	提供电子产品设计制造服务(DMS)、设计、生产、加工新型电子元器件等				

主要财务指标	指标\报告期	2012.06.30	2011.12.31	2011.06.30	2010.12.31
	基本每股收益(元)	0.2400	0.5000	0.2100	0.6000
	基本每股收益(扣除)(元)	0.2400	0.4300	0.1600	0.3700
	每股净资产(元)	2.9860	2.2800	1.9900	2.6600
	每股经营现金净流量(元)	0.3566	1.0093	0.2912	0.7332
	每股现金流量(元)	0.3337	-0.5232	-0.3259	0.0771
	每股资本公积金(元)	0.6793	0.0227	0.0203	1.7340
	每股盈余公积金(元)	0.1227	0.1372	0.1029	0.1029
	每股未分配利润(元)	1.2259	1.1630	0.9054	0.2495
	净资产收益率(%)	7.7236	21.9300	10.4370	22.5111
	加权净资产收益率(%)	8.6700	22.2800	9.9900	18.8700
	净资产收益率(扣除)(%)	-	-	-	-
	总资产(万元)	681815.41	620226.59	681456.50	773043.05
	归属母公司股东权益(万元)	302075.75	206003.45	179740.75	239277.80
	主营业务收入(万元)	577755.33	1267923.86	652398.72	1369431.06
	营业收入(万元)	578329.71	1270758.98	653410.09	1370780.97
	主营成本(万元)	506977.79	1123870.99	582092.84	1212912.68
	营业成本(万元)	506981.15	1124392.07	582096.43	1213626.58
	投资收益(万元)	326.81	199.32	-87.45	-51.15
	净利润(万元)	23331.01	45175.94	18758.70	53864.04
	利润总额(万元)	28448.06	54415.98	23916.68	62763.45

桐昆集团股份有限公司

公司概况	公司名称	桐昆集团股份有限公司			证券简称	桐昆股份
	法人代表	陈士良	董秘	周军	证券代码	601233
	公司网址	www.zjtkjt.com		电子信箱	zj@zjtkjt.com	
	电　　话	0573-88187878 88182269		传　　真	0573-88187838 88187776	
	办公地址	浙江省桐乡市经济开发区光明路199号				
	经营范围	民用涤纶长丝的研发、生产和销售				

主要财务指标	指标\报告期	2012.06.30	2011.12.31	2011.06.30	2010.12.31
	基本每股收益(元)	0.0800	1.2300	1.3000	1.5500
	基本每股收益(扣除)(元)	0.0700	1.1900	1.2800	1.5100
	每股净资产(元)	6.8357	6.7500	13.0137	7.3000
	每股经营现金净流量(元)	0.1310	0.7123	1.7015	2.7987
	每股现金流量(元)	-0.6585	1.2132	4.3101	1.0187
	每股资本公积金(元)	2.9026	2.8998	6.7997	0.7316
	每股盈余公积金(元)	0.2101	0.2101	0.2632	0.3506
	每股未分配利润(元)	2.7236	2.6452	4.9518	5.2233
	净资产收益率(%)	1.1461	17.2146	7.9101	41.3130
	加权净资产收益率(%)	1.1500	22.7100	14.5300	52.6800
	净资产收益率(扣除)(%)	-	-	-	-
	总资产(万元)	1130505.52	1085222.69	893715.51	573463.15
	归属母公司股东权益(万元)	658683.47	650865.04	626998.19	264278.66
	主营业务收入(万元)	896532.69	1986377.45	964236.36	1455788.94
	营业收入(万元)	910561.51	2011846.83	978377.43	1470239.24
	主营成本(万元)	854722.17	1775103.58	873829.79	1282158.49
	营业成本(万元)	869021.88	1798145.02	887737.06	1296479.76
	投资收益(万元)	208.99	-363.56	-239.68	1382.12
	净利润(万元)	8865.28	124320.14	54958.09	119956.82
	利润总额(万元)	12689.70	159455.81	70729.50	142440.89

广州汽车集团股份有限公司

公司概况						
	公司名称	广州汽车集团股份有限公司			证券简称	广汽集团
	法人代表	张房有	董秘	卢飒	证券代码	601238
	公司网址	www.gagc.com.cn		电子信箱	ir@gagc.com.cn	
	电　话	020-83151377		传　真	020-83151081	
	办公地址	广东省广州市越秀区东风中路448-458号成悦大厦23楼				
	经营范围	汽车工业及配套工业的投资业务、汽车工业技术开发、技术转让及技术咨询服务等				

主要财务指标	指标\报告期	2012.06.30	2011.12.31	2011.06.30	2010.12.31
	基本每股收益(元)	0.2400	0.6900	0.2800	0.9200
	基本每股收益(扣除)(元)	0.2400	0.5900	0.2900	0.8200
	每股净资产(元)	4.9600	4.7400	–	4.1600
	每股经营现金净流量(元)	–0.0403	–0.0467	–0.0061	–0.1021
	每股现金流量(元)	–0.2480	0.2595	0.2745	0.1921
	每股资本公积金(元)	1.3783	1.0772	–	1.0768
	每股盈余公积金(元)	0.2003	0.1979	–	0.1605
	每股未分配利润(元)	2.3765	2.4676	–	1.9204
	净资产收益率(%)	4.6459	14.6500	6.5645	16.7990
	加权净资产收益率(%)	4.7500	–	6.6300	–
	净资产收益率(扣除)(%)	–	–	–	–
	总资产(万元)	4826349.43	4433702.32	–	3825019.33
	归属母公司股东权益(万元)	3188566.38	2915877.33	2659645.85	2556146.72
	主营业务收入(万元)	530663.40	–	502888.52	–
	营业收入(万元)	547557.08	1098008.73	518790.68	874234.39
	主营成本(万元)	500870.38	–	471278.55	–
	营业成本(万元)	512451.49	1034211.73	478273.17	791415.52
	投资收益(万元)	215671.81	465054.57	210493.75	577903.02
	净利润(万元)	144872.12	416721.12	172700.59	551921.67
	利润总额(万元)	138240.07	405729.67	167767.91	552089.21

庞大汽贸集团股份有限公司

公司概况						
	公司名称	庞大汽贸集团股份有限公司			证券简称	庞大集团
	法人代表	庞庆华	董秘	庞庆华(代)	证券代码	601258
	公司网址	www.pdqmjt.com		电子信箱	pdgroup@pdqmjt.com	
	电　话	010-59767095 59767090		传　真	010-59767091	
	办公地址	北京市经济技术开发区荣华南路16号中冀斯巴鲁大厦C座				
	经营范围	汽车经销及维修养护				

主要财务指标	指标\报告期	2012.06.30	2011.12.31	2011.06.30	2010.12.31
	基本每股收益(元)	0.0900	0.2500	0.1700	0.5000
	基本每股收益(扣除)(元)	0.0700	0.2000	0.1500	0.4800
	每股净资产(元)	3.7700	3.7100	9.0900	3.6000
	每股经营现金净流量(元)	–0.1675	–0.0984	–2.9541	5.1318
	每股现金流量(元)	1.1042	1.0560	–0.3508	5.5584
	每股资本公积金(元)	1.6344	1.6344	5.6326	0.0069
	每股盈余公积金(元)	0.0828	0.0828	0.2069	0.2388
	每股未分配利润(元)	1.0542	0.9953	2.2535	2.3564
	净资产收益率(%)	2.3570	6.6781	4.2343	37.7787
	加权净资产收益率(%)	2.4000	9.0000	7.5000	46.0000
	净资产收益率(扣除)(%)	–	–	–	–
	总资产(万元)	5957122.87	5232105.09	4226986.46	3522599.08
	归属母公司股东权益(万元)	988631.80	973178.91	953465.51	327239.95
	主营业务收入(万元)	2799103.12	5442075.13	2837355.90	5320267.66
	营业收入(万元)	2878028.82	5545514.49	2677507.52	5377438.93
	主营成本(万元)	–	4905074.67	–	4792402.54
	营业成本(万元)	2539783.64	4909687.90	2399194.75	4796593.87
	投资收益(万元)	–68.25	4330.49	243.99	837.29
	净利润(万元)	23374.00	65910.30	40978.78	124265.14
	利润总额(万元)	50092.62	102887.52	58485.25	173189.89

二重集团(德阳)重型装备股份有限公司

公司概况						
	公司名称	二重集团(德阳)重型装备股份有限公司			证券简称	二重重装
	法人代表	孙德润	董秘	王煜	证券代码	601268
	公司网址	www.china-erzhong.com		电子信箱	dsb@china-erzhong.com	
	电　话	0838-2343088		传　真	0838-2343066	
	办公地址	四川省德阳市珠江西路460号				
	经营范围	重型、普通机械及成套设备、金属制品设计、制造、安装、修理等				

主要财务指标	指标\报告期	2012.06.30	2011.12.31	2011.06.30	2010.12.31
	基本每股收益(元)	–0.2349	–0.0829	0.0484	0.1680
	基本每股收益(扣除)(元)	–0.2386	–0.1433	0.0313	0.1149
	每股净资产(元)	2.9371	3.1717	3.3178	3.3078
	每股经营现金净流量(元)	–0.5091	–1.1275	–0.6094	–0.2402
	每股现金流量(元)	–0.3510	–0.4935	–0.4011	0.3208
	每股资本公积金(元)	1.7093	1.7090	1.7122	1.7122
	每股盈余公积金(元)	0.0700	0.0700	0.0760	0.0700
	每股未分配利润(元)	0.1578	0.3927	0.5297	0.5257
	净资产收益率(%)	–7.9986	–2.6140	1.4590	5.0050
	加权净资产收益率(%)	–7.6900	–2.5400	1.4500	5.3400
	净资产收益率(扣除)(%)	–	–	–	–
	总资产(万元)	2279897.02	2282878.84	2122366.77	2083566.53
	归属母公司股东权益(万元)	496368.07	536014.50	560706.27	559026.06
	主营业务收入(万元)	184408.89	714276.58	320206.01	666043.16
	营业收入(万元)	187772.57	722034.21	323192.36	672497.62
	主营成本(万元)	176120.45	602666.14	265915.42	538350.84
	营业成本(万元)	179874.98	610458.25	268866.40	544491.47
	投资收益(万元)	–16.88	826.00	411.79	105.60
	净利润(万元)	–39659.25	–13873.10	8251.14	27979.69
	利润总额(万元)	–39947.33	–16743.05	9634.64	27616.68

中国农业银行股份有限公司

公司概况						
	公司名称	中国农业银行股份有限公司			证券简称	农业银行
	法人代表	蒋超良	董秘	李振江	证券代码	601288
	公司网址	www.abchina.com		电子信箱	ir@abchina.com	
	电　话	010-85109619		传　真	010-85108557	
	办公地址	北京市东城区建国门内大街69号				
	经营范围	吸收公众存款、发放短期、中期、长期贷款、办理国内外结算等				

主要财务指标	指标\报告期	2012.06.30	2011.12.31	2011.06.30	2010.12.31
	基本每股收益(元)	0.2500	0.3800	0.2100	0.3300
	基本每股收益(扣除)(元)	0.2500	0.3700	0.2000	0.3300
	每股净资产(元)	2.1300	2.0000	1.8100	1.6700
	每股经营现金净流量(元)	1.5676	0.6866	1.1746	–0.2767
	每股现金流量(元)	1.4987	0.6973	1.3784	0.2658
	每股资本公积金(元)	0.3205	0.3082	0.2921	0.2974
	每股盈余公积金(元)	0.0909	0.0909	0.0531	0.0531
	每股未分配利润(元)	0.4877	0.4036	0.2716	0.1400
	净资产收益率(%)	11.6418	18.7700	11.3123	17.5020
	加权净资产收益率(%)	11.6300	20.4600	23.5600	22.4900
	净资产收益率(扣除)(%)	–	–	–	–
	总资产(万元)	1290141200.00	1167757700.00	1146178400.00	1033740600.00
	归属母公司股东权益(万元)	69146400.00	64960100.00	58933200.00	54207100.00
	主营业务收入(万元)	–	–	–	–
	营业收入(万元)	20973300.00	37773100.00	18415800.00	29041800.00
	主营成本(万元)	–	–	–	–
	营业成本(万元)	10608400.00	–	9911600.00	–
	投资收益(万元)	38900.00	–213900.00	–59600.00	–108500.00
	净利润(万元)	8052200.00	12195600.00	6667900.00	9490700.00
	利润总额(万元)	10400200.00	15820100.00	8566300.00	12073400.00

中国北车股份有限公司

公司概况	公司名称	中国北车股份有限公司			证券简称	中国北车
	法人代表	崔殿国	董秘	谢纪龙	证券代码	601299
	公司网址	www.chinacnr.com		电子信箱	ir@chinacnr.com	
	电　话	010-51897290		传　真	010-52608380	
	办公地址	北京市丰台区芳城园一区15号楼				
	经营范围	铁路机车车辆(含动车组)、城市轨道车辆、工程机械、机电设备等				

主要财务指标	指标\报告期	2012.06.30	2011.12.31	2011.06.30	2010.12.31
	基本每股收益(元)	0.1700	0.3600	0.1800	0.2300
	基本每股收益(扣除)(元)	0.1600	0.3100	0.1700	0.2100
	每股净资产(元)	3.2000	3.0100	2.8600	2.8400
	每股经营现金净流量(元)	-0.4304	-0.3030	-1.0340	0.1541
	每股现金流量(元)	0.1735	0.0783	-0.0444	-0.7222
	每股资本公积金(元)	1.5228	1.3084	1.3164	1.4429
	每股盈余公积金(元)	0.0239	0.0297	0.0194	0.0194
	每股未分配利润(元)	0.6489	0.6702	0.5251	0.3740
	净资产收益率(%)	5.0236	11.9555	6.7530	8.1724
	加权净资产收益率(%)	5.3500	12.5700	6.6300	8.4300
	净资产收益率(扣除)(%)	-	-	-	-
	总资产(万元)	11109186.70	9725973.10	9950579.50	8040068.00
	归属母公司股东权益(万元)	3297905.80	2496905.10	2374577.00	2354158.80
	主营业务收入(万元)	4230860.80	8849700.20	4069634.90	6376759.00
	营业收入(万元)	4284522.60	8935317.80	4113244.70	6432264.50
	主营成本(万元)	3650738.90	7690170.30	3563989.50	5556356.40
	营业成本(万元)	3681281.10	7734878.60	3594553.00	5583745.50
	投资收益(万元)	11111.00	23923.40	16954.80	14167.20
	净利润(万元)	172504.50	310499.10	166667.80	204229.70
	利润总额(万元)	208228.20	361382.00	196911.40	238328.00

骆驼集团股份有限公司

公司概况	公司名称	骆驼集团股份有限公司			证券简称	骆驼股份
	法人代表	刘国本	董秘	王从强	证券代码	601311
	公司网址	www.chinacamel.com		电子信箱	ir@chinacamel.com	
	电　话	0710-3340127		传　真	0710-3343299	
	办公地址	湖北省谷城县石花镇武当路83号				
	经营范围	蓄电池及零部件的制造与销售				

主要财务指标	指标\报告期	2012.06.30	2011.12.31	2011.06.30	2010.12.31
	基本每股收益(元)	0.2300	0.2000	0.2000	0.7800
	基本每股收益(扣除)(元)	0.2100	0.2000	0.2000	0.7700
	每股净资产(元)	3.2660	3.2380	6.0722	2.7300
	每股经营现金净流量(元)	0.1849	-0.7215	-0.7141	0.0750
	每股现金流量(元)	-0.0620	1.7205	2.8370	0.5397
	每股资本公积金(元)	1.1667	3.3334	3.3243	0.0068
	每股盈余公积金(元)	0.0826	0.1652	0.1185	0.1476
	每股未分配利润(元)	1.0167	1.9766	1.6294	1.5713
	净资产收益率(%)	6.9925	11.7720	6.0661	28.4470
	加权净资产收益率(%)	6.8100	16.4800	12.4500	32.9500
	净资产收益率(扣除)(%)	-	-	-	-
	总资产(万元)	400612.47	391048.63	393961.45	217225.67
	归属母公司股东权益(万元)	274598.99	272213.63	255274.19	91964.70
	主营业务收入(万元)	175586.68	298419.97	153228.39	260364.50
	营业收入(万元)	178842.98	306816.23	157487.64	262966.76
	主营成本(万元)	138854.11	237801.87	120355.87	207165.75
	营业成本(万元)	141292.56	239970.33	126034.22	208034.13
	投资收益(万元)	-103.04	-309.65	-324.74	-9.06
	净利润(万元)	19230.13	31948.14	15354.35	26030.07
	利润总额(万元)	22449.34	36683.96	18295.56	30361.60

江南嘉捷电梯股份有限公司

公司概况	公司名称	江南嘉捷电梯股份有限公司			证券简称	江南嘉捷
	法人代表	金志峰	董秘	邹克雷	证券代码	601313
	公司网址	www.sjec.com.cn		电子信箱	stock@sjec.com.cn	
	电　话	0512-62741520		传　真	0512-62860300	
	办公地址	江苏省苏州市工业园区唯新路28号				
	经营范围	电梯、自动扶梯、自动人行道、停车设备及配件、电气机械和器材的生产、销售等				

主要财务指标	指标\报告期	2012.06.30	2011.12.31	2011.06.30	2010.12.31
	基本每股收益(元)	0.2570	0.7779	0.3248	0.8258
	基本每股收益(扣除)(元)	0.2559	0.8662	0.4089	0.9392
	每股净资产(元)	5.4103	3.3146	2.8615	3.5546
	每股经营现金净流量(元)	0.2331	0.7053	0.7289	0.7393
	每股现金流量(元)	2.7259	0.1966	0.4307	-0.4943
	每股资本公积金(元)	2.6760	0.1277	0.1277	0.3290
	每股盈余公积金(元)	0.1628	0.2170	0.1471	0.2059
	每股未分配利润(元)	1.5716	1.9699	1.5867	2.0200
	净资产收益率(%)	4.5524	23.4690	11.3499	32.5240
	加权净资产收益率(%)	4.9582	26.5800	12.0300	34.9600
	净资产收益率(扣除)(%)	-	-	-	-
	总资产(万元)	203566.92	129686.72	120117.18	105085.51
	归属母公司股东权益(万元)	121191.77	55686.04	48073.30	42655.05
	主营业务收入(万元)	78210.67	164431.20	66866.48	150576.13
	营业收入(万元)	79243.52	166752.85	68026.52	151907.02
	主营成本(万元)	58890.77	125157.78	49889.42	-
	营业成本(万元)	59766.15	126952.31	50779.94	116253.36
	投资收益(万元)	-	-39.05	8.08	213.60
	净利润(万元)	5942.97	13664.70	5735.94	14503.79
	利润总额(万元)	7170.44	16151.96	6912.30	17044.17

中国平安保险(集团)股份有限公司

公司概况	公司名称	中国平安保险(集团)股份有限公司			证券简称	中国平安
	法人代表	马明哲	董秘	金绍樑	证券代码	601318
	公司网址	www.pingan.com		电子信箱	pr@pingan.com.cn	
	电　话	04008866338		传　真	0755-82431029	
	办公地址	广东省深圳市福田中心区福华三路星河发展中心办公十五至十八楼				
	经营范围	以保险业务为核心的、以统一品牌向客户提供包括保险、银行、证券、信托等				

主要财务指标	指标\报告期	2012.06.30	2011.12.31	2011.06.30	2010.12.31
	基本每股收益(元)	1.7600	2.5000	1.6700	2.3000
	基本每股收益(扣除)(元)	1.7700	2.5000	1.6700	2.3000
	每股净资产(元)	18.5400	16.5300	16.9700	14.6600
	每股经营现金净流量(元)	25.8412	9.5183	10.2118	18.2172
	每股现金流量(元)	17.7626	3.7320	-0.4908	-1.0501
	每股资本公积金(元)	9.6046	9.1241	10.2640	9.0225
	每股盈余公积金(元)	0.8820	0.8820	0.8820	0.8750
	每股未分配利润(元)	6.9730	5.4596	4.7609	3.6998
	净资产收益率(%)	9.5113	14.8820	9.4965	15.4520
	加权净资产收益率(%)	10.0000	16.0000	10.9000	17.3000
	净资产收益率(扣除)(%)	-	-	-	-
	总资产(万元)	264499900.00	228542400.00	131006400.00	117162700.00
	归属母公司股东权益(万元)	14676200.00	13086700.00	13433400.00	11203000.00
	主营业务收入(万元)	-	-	-	-
	营业收入(万元)	15953100.00	24891500.00	12974900.00	18943900.00
	主营成本(万元)	-	-	-	-
	营业成本(万元)	13898100.00	-	11344300.00	-
	投资收益(万元)	1824800.00	3257200.00	1817700.00	3278200.00
	净利润(万元)	1752700.00	2258200.00	1299800.00	1793800.00
	利润总额(万元)	2052100.00	3002600.00	1626600.00	2234700.00

交通银行股份有限公司

公司概况						
	公司名称	交通银行股份有限公司			证券简称	交通银行
	法人代表	胡怀邦	董秘	杜江龙	证券代码	601328
	公司网址	www.bankcomm.com		电子信箱	investor@bankcomm.com	
	电　　话	021-58766688		传　　真	021-58798398	
	办公地址	上海市浦东新区银城中路 188 号				
	经营范围	个人金融业务、公司金融业务、基金业务、国际业务、信用卡业务等				

主要财务指标	指标\报告期	2012.06.30	2011.12.31	2011.06.30	2010.12.31
	基本每股收益(元)	0.5000	0.8200	0.4300	0.6600
	基本每股收益(扣除)(元)	0.5000	0.8100	0.4200	0.7200
	每股净资产(元)	4.8200	4.3900	4.4000	3.9600
	每股经营现金净流量(元)	3.1728	-0.0185	0.1852	-0.4296
	每股现金流量(元)	2.6146	0.8522	0.2738	-0.2062
	每股资本公积金(元)	1.1337	1.1120	1.2181	1.2243
	每股盈余公积金(元)	1.2431	1.0828	1.1024	0.8008
	每股未分配利润(元)	0.9212	0.7568	0.5886	0.5322
	净资产收益率(%)	10.4312	18.6660	10.6632	17.5260
	加权净资产收益率(%)	10.8200	20.4900	11.1900	20.0800
	净资产收益率(扣除)(%)	-	-	-	-
	总资产(万元)	515220800.00	461117700.00	434771700.00	395159300.00
	归属母公司股东权益(万元)	29802900.00	27180200.00	24754200.00	22277300.00
	主营业务收入(万元)	-	-	-	-
	营业收入(万元)	7364200.00	12695600.00	6193700.00	10423400.00
	主营成本(万元)	-	-	-	-
	营业成本(万元)	3374100.00	-	2809300.00	-
	投资收益(万元)	21600.00	-500.00	36400.00	74700.00
	净利润(万元)	3114000.00	5081700.00	2644800.00	3917200.00
	利润总额(万元)	4016800.00	6545100.00	3399200.00	4995400.00

广深铁路股份有限公司

公司概况						
	公司名称	广深铁路股份有限公司			证券简称	广深铁路
	法人代表	李文新	董秘	郭向东	证券代码	601333
	公司网址	www.gsrc.com		电子信箱	ir@gsrc.com	
	电　　话	0755-25587920 25588146		传　　真	0755-25591480	
	办公地址	广东省深圳市和平路 1052 号				
	经营范围	铁路客货运输服务、铁路设施技术服务、国内货运代理、铁路货运代理等				

主要财务指标	指标\报告期	2012.06.30	2011.12.31	2011.06.30	2010.12.31
	基本每股收益(元)	0.1000	0.2500	0.1300	0.2200
	基本每股收益(扣除)(元)	0.1000	0.2700	0.1300	0.2300
	每股净资产(元)	3.5700	3.5800	3.4500	3.4100
	每股经营现金净流量(元)	0.1114	0.4936	0.2631	0.4981
	每股现金流量(元)	0.0937	-0.1824	0.0386	0.2179
	每股资本公积金(元)	1.6326	1.6326	1.6326	1.6326
	每股盈余公积金(元)	0.3203	0.3203	0.2948	0.2948
	每股未分配利润(元)	0.6194	0.6236	0.5237	0.4845
	净资产收益率(%)	2.6811	7.1210	3.7440	6.4380
	加权净资产收益率(%)	2.6500	7.2900	3.7200	6.5700
	净资产收益率(扣除)(%)	-	-	-	-
	总资产(万元)	3235423.16	3220734.82	3108395.23	3060449.99
	归属母公司股东权益(万元)	2530470.21	2533460.67	2444575.03	2416801.72
	主营业务收入(万元)	656149.54	1366926.07	648282.41	1258085.88
	营业收入(万元)	701119.12	1469083.52	693412.14	1348444.82
	主营成本(万元)	507973.10	989206.80	466714.88	917876.77
	营业成本(万元)	544333.16	1072777.59	503047.26	990516.50
	投资收益(万元)	1351.96	952.21	541.71	521.33
	净利润(万元)	67757.45	180237.26	91448.34	155474.61
	利润总额(万元)	90652.11	237833.74	120363.02	199513.53

新华人寿保险股份有限公司

公司概况						
	公司名称	新华人寿保险股份有限公司			证券简称	新华保险
	法人代表	康典	董秘	朱迎	证券代码	601336
	公司网址	www.newchinalife.com		电子信箱	ir@newchinalife.com	
	电　　话	010-85213233		传　　真	010-85213219 35898555	
	办公地址	北京市朝阳区建国门外大街甲 12 号新华保险大厦				
	经营范围	人民币、外币的人身保险等				

主要财务指标	指标\报告期	2012.06.30	2011.12.31	2011.06.30	2010.12.31
	基本每股收益(元)	0.6100	1.2400	0.9300	1.8700
	基本每股收益(扣除)(元)	0.6200	1.1200	0.7600	1.4500
	每股净资产(元)	11.2000	10.0400	7.8735	5.4700
	每股经营现金净流量(元)	10.5932	17.9807	11.8604	51.3283
	每股现金流量(元)	3.1351	-2.0125	-3.0096	12.3000
	每股资本公积金(元)	7.3910	6.7559	4.5246	0.8625
	每股盈余公积金(元)	0.2260	0.2262	0.1642	0.3558
	每股未分配利润(元)	2.3542	1.8354	2.0204	2.8983
	净资产收益率(%)	5.4503	8.9410	8.6708	34.2470
	加权净资产收益率(%)	5.7200	16.8400	13.1300	41.6300
	净资产收益率(扣除)(%)	-	-	-	-
	总资产(万元)	46900400.00	38677100.00	34666800.00	30456600.00
	归属母公司股东权益(万元)	3493400.00	3130600.00	2047100.00	656700.00
	主营业务收入(万元)	-	-	-	-
	营业收入(万元)	6535100.00	10920900.00	5781200.00	10251300.00
	主营成本(万元)	-	-	-	-
	营业成本(万元)	6378600.00	-	5575400.00	-
	投资收益(万元)	904600.00	1476400.00	739000.00	1068400.00
	净利润(万元)	190500.00	280000.00	177500.00	225000.00
	利润总额(万元)	150800.00	327500.00	205000.00	225500.00

百隆东方股份有限公司

公司概况						
	公司名称	百隆东方股份有限公司			证券简称	百隆东方
	法人代表	杨卫新	董秘	潘虹	证券代码	601339
	公司网址	www.broseastern.com		电子信箱	broseastern@bros.com.cn	
	电　　话	0574-86389999		传　　真	0574-87149581	
	办公地址	浙江省宁波市镇海区骆驼街道南二东路 1 号				
	经营范围	色纺纱的研发、生产和销售				

主要财务指标	指标\报告期	2012.06.30	2011.12.31	2011.06.30	2010.12.31
	基本每股收益(元)	0.2700	1.5900	1.2200	1.5500
	基本每股收益(扣除)(元)	0.2200	1.3600	1.1200	1.0400
	每股净资产(元)	7.6450	5.9500	-	4.3300
	每股经营现金净流量(元)	0.9838	0.7287	1.1526	0.8761
	每股现金流量(元)	2.6883	-0.0847	0.8810	0.8043
	每股资本公积金(元)	4.0795	2.0529	-	2.0529
	每股盈余公积金(元)	0.1942	0.2428	-	0.1267
	每股未分配利润(元)	2.3756	2.6277	-	1.1580
	净资产收益率(%)	3.5770	26.6638	-	35.7608
	加权净资产收益率(%)	5.5900	30.8500	22.6000	42.1600
	净资产收益率(扣除)(%)	-	-	-	-
	总资产(万元)	869063.63	660376.94	-	575607.08
	归属母公司股东权益(万元)	573341.21	356845.31	-	260096.57
	主营业务收入(万元)	207212.71	402088.63	221973.37	401491.69
	营业收入(万元)	249307.85	476118.60	258932.12	487478.63
	主营成本(万元)	167908.26	288126.19	-	285538.68
	营业成本(万元)	206945.79	344048.26	165898.39	354883.35
	投资收益(万元)	1665.30	6074.30	2100.34	13273.68
	净利润(万元)	20508.57	95148.47	73363.56	94779.47
	利润总额(万元)	23925.70	105385.31	80466.25	107608.52

西安陕鼓动力股份有限公司

公司概况					
公司名称	西安陕鼓动力股份有限公司			证券简称	陕鼓动力
法人代表	印建安	董秘	蔡元明	证券代码	601369
公司网址	www.shaangu.com		电子信箱	securities@shaangu.com	
电　　话	029-81871035		传　　真	029-81871038	
办公地址	陕西省西安市高新区沣惠南路8号				
经营范围	大型压缩机、鼓风机、通风机及各种透平机械的开发、制造、销售等				

主要财务指标 指标\报告期	2012.06.30	2011.12.31	2011.06.30	2010.12.31
基本每股收益(元)	0.3600	0.5100	0.2700	0.4200
基本每股收益(扣除)(元)	0.3000	0.4400	0.2500	0.3600
每股净资产(元)	3.1688	3.1589	2.9234	2.9800
每股经营现金净流量(元)	−0.0576	0.7327	0.0758	1.4533
每股现金流量(元)	0.4530	−1.1927	−1.3278	2.3463
每股资本公积金(元)	0.9967	0.9967	0.9967	1.9951
每股盈余公积金(元)	0.3784	0.3784	0.3320	0.4980
每股未分配利润(元)	0.7923	0.7838	0.5947	0.9830
净资产收益率(%)	11.3131	16.0860	9.3266	13.5918
加权净资产收益率(%)	10.9300	16.8500	9.0600	16.5500
净资产收益率(扣除)(%)	–	–	–	–
总资产(万元)	1432810.31	1435216.55	1229796.25	1201584.66
归属母公司股东权益(万元)	519299.90	517669.30	479078.76	489022.78
主营业务收入(万元)	308851.66	511305.92	254233.49	430137.93
营业收入(万元)	311949.88	515047.83	255224.30	435006.24
主营成本(万元)	197549.14	339158.67	162851.58	294412.61
营业成本(万元)	199585.60	341810.87	163596.44	298155.17
投资收益(万元)	11174.93	11550.96	2938.07	167.68
净利润(万元)	58759.25	83291.27	44691.48	66489.87
利润总额(万元)	66380.16	96051.98	50993.90	76649.25

兴业证券股份有限公司

公司概况					
公司名称	兴业证券股份有限公司			证券简称	兴业证券
法人代表	兰荣	董秘	杜建新	证券代码	601377
公司网址	www.xyzq.com.cn		电子信箱	liangwz@xyzq.com.cn	
电　　话	0591-38507869 38507666		传　　真	0591-38281508 38565802	
办公地址	福建省福州市湖东路268号				
经营范围	证券经纪、投资银行、资产管理、基金管理、证券自营等				

主要财务指标 指标\报告期	2012.06.30	2011.12.31	2011.06.30	2010.12.31
基本每股收益(元)	0.1600	0.2000	0.1700	0.3900
基本每股收益(扣除)(元)	0.1400	0.1800	0.1700	0.3800
每股净资产(元)	3.9000	3.8300	3.8300	3.8200
每股经营现金净流量(元)	−0.2926	−4.8646	−3.7012	−0.2777
每股现金流量(元)	−0.4501	−5.1754	−3.9601	0.7487
每股资本公积金(元)	1.3135	1.3040	1.3286	1.3378
每股盈余公积金(元)	0.2318	0.2318	0.2129	0.2129
每股未分配利润(元)	0.9878	0.9304	0.9627	0.9392
净资产收益率(%)	4.0393	5.1660	4.5290	9.3762
加权净资产收益率(%)	4.0200	5.2000	4.5100	12.9600
净资产收益率(扣除)(%)	–	–	–	–
总资产(万元)	2221962.17	2194593.74	2356424.07	3053744.94
归属母公司股东权益(万元)	857375.35	842637.17	842738.15	839592.52
主营业务收入(万元)				
营业收入(万元)	140103.17	231508.67	138735.49	273750.59
主营成本(万元)				
营业成本(万元)	91989.75	–	79101.42	–
投资收益(万元)	32097.12	33945.07	23186.26	36285.66
净利润(万元)	39316.01	54615.59	44915.26	92290.27
利润总额(万元)	52748.04	74177.06	59449.99	122182.41

怡球金属资源再生(中国)股份有限公司

公司概况					
公司名称	怡球金属资源再生(中国)股份有限公司			证券简称	怡球资源
法人代表	黄崇胜	董秘	叶国梁	证券代码	601388
公司网址	www.yechiu.com.cn		电子信箱	yeh@yechiu.com.cn	
电　　话	0512-53703988		传　　真	0512-53703950	
办公地址	江苏省苏州市太仓市浮桥镇沪浮璜公路88号				
经营范围	通过回收废铝资源、进行再生铝合金锭的生产和销售				

主要财务指标 指标\报告期	2012.06.30	2011.12.31	2011.06.30	2010.12.31
基本每股收益(元)	0.2400	1.0000	0.4700	0.9500
基本每股收益(扣除)(元)	0.2300	0.9700	0.4600	0.9400
每股净资产(元)	5.2300	2.7400	–	2.2300
每股经营现金净流量(元)	−0.0971	−0.5876	−0.7308	0.1421
每股现金流量(元)	2.7863	−0.2106	−0.6836	1.1200
每股资本公积金(元)	3.0168	0.2068	–	0.2068
每股盈余公积金(元)	0.1326	0.1782	–	0.1002
每股未分配利润(元)	1.2352	1.5582	–	1.0349
净资产收益率(%)	4.3224	36.5250	–	40.5680
加权净资产收益率(%)	10.4500	36.4400	19.0900	55.2500
净资产收益率(扣除)(%)	–	–	–	–
总资产(万元)	405072.94	277466.03	–	227252.47
归属母公司股东权益(万元)	214425.32	83617.65	–	68122.24
主营业务收入(万元)	279056.36	539823.59	252237.06	366762.75
营业收入(万元)	279320.69	540343.07	252472.13	367333.16
主营成本(万元)	254537.42	486400.92	226648.81	313260.78
营业成本(万元)	254590.20	486481.03	226648.81	313491.24
投资收益(万元)	18.06	579.84	93.66	−217.46
净利润(万元)	9286.34	30586.25	14485.53	27667.64
利润总额(万元)	11495.08	36474.95	16883.50	32881.65

中国中铁股份有限公司

公司概况					
公司名称	中国中铁股份有限公司			证券简称	中国中铁
法人代表	李长进	董秘	于腾群	证券代码	601390
公司网址	www.crec.cn		电子信箱	ir@crec.cn	
电　　话	010-51878413		传　　真	010-51878417	
办公地址	北京市海淀区复兴路69号中国中铁广场A座				
经营范围	土木工程建筑和线路、管道、设备安装的总承包等				

主要财务指标 指标\报告期	2012.06.30	2011.12.31	2011.06.30	2010.12.31
基本每股收益(元)	0.1120	0.3100	0.1150	0.3500
基本每股收益(扣除)(元)	0.0990	0.3000	0.1000	0.3100
每股净资产(元)	3.4500	3.3800	3.1900	3.1500
每股经营现金净流量(元)	−0.7394	−0.6329	−0.7966	0.0475
每股现金流量(元)	−0.2737	0.2501	0.1145	0.2565
每股资本公积金(元)	1.4681	1.4596	1.4352	1.4761
每股盈余公积金(元)	0.0927	0.0927	0.0755	0.0755
每股未分配利润(元)	0.9033	0.8393	0.6788	0.5989
净资产收益率(%)	3.2510	9.2890	3.5966	11.0153
加权净资产收益率(%)	3.2800	9.6100	3.6100	11.4800
净资产收益率(扣除)(%)	–	–	–	–
总资产(万元)	50151920.10	46873209.70	43320450.50	39176980.10
归属母公司股东权益(万元)	7353025.90	7202020.60	6794581.00	6714876.70
主营业务收入(万元)	19607390.90	45574757.80	22120670.30	47031425.10
营业收入(万元)	19760442.50	45970134.30	22256830.80	47318468.70
主营成本(万元)	17682178.00	40977896.40	20151480.10	42897470.40
营业成本(万元)	17776268.70	41203304.90	20256160.40	43120421.10
投资收益(万元)	7557.90	8042.80	12070.30	92808.80
净利润(万元)	254033.00	723954.60	269391.40	820985.70
利润总额(万元)	355986.90	960026.10	350626.30	1042299.30

中国工商银行股份有限公司

公司概况					
公司名称	中国工商银行股份有限公司			证券简称	工商银行
法人代表	姜建清	董秘	胡浩	证券代码	601398
公司网址	www.icbc.com.cn		电子信箱	ir@icbc.com.cn	
电　　话	010-66108608		传　　真	010-66107571	
办公地址	北京市西城区复兴门内大街 55 号				
经营范围	提供银行及相关金融服务等				

主要财务指标：指标\报告期	2012.06.30	2011.12.31	2011.06.30	2010.12.31
基本每股收益(元)	0.3500	0.6000	0.3100	0.4800
基本每股收益(扣除)(元)	0.3500	0.5900	0.3100	0.4800
每股净资产(元)	2.9100	2.7400	2.4600	2.3500
每股经营现金净流量(元)	2.3503	0.9972	0.6805	0.7970
每股现金流量(元)	2.1729	0.9148	1.1799	0.3426
每股资本公积金(元)	0.3841	0.3621	0.3390	0.3519
每股盈余公积金(元)	0.2133	0.2132	0.1544	0.1541
每股未分配利润(元)	1.0457	0.8976	0.7053	0.5764
净资产收益率(%)	12.1183	21.7680	12.7540	20.1304
加权净资产收益率(%)	12.1550	23.4400	25.1200	22.7900
净资产收益率(扣除)(%)	–	–	–	–
总资产(万元)	1707305000.00	1547686800.00	1489604800.00	1345862200.00
归属母公司股东权益(万元)	101631800.00	95674200.00	85839100.00	82043000.00
主营业务收入(万元)	–	–	–	–
营业收入(万元)	26548600.00	47521400.00	23268800.00	38082100.00
主营成本(万元)	–	–	–	–
营业成本(万元)	10582800.00	–	9118500.00	–
投资收益(万元)	279900.00	833700.00	336500.00	327500.00
净利润(万元)	12324100.00	20844500.00	10957500.00	16602500.00
利润总额(万元)	16021200.00	27231100.00	14234500.00	21542600.00

汕头东风印刷股份有限公司

公司概况					
公司名称	汕头东风印刷股份有限公司			证券简称	东风股份
法人代表	黄佳儿	董秘	邓夏恩	证券代码	601515
公司网址	www.dfp.com.cn		电子信箱	zqb@dfp.com.cn	
电　　话	0754-88118555		传　　真	0754-88118498	
办公地址	广东省汕头市潮汕路金园工业城北郊工业区(二围工业区)				
经营范围	烟标印制及相关包装材料的设计、生产与销售				

主要财务指标：指标\报告期	2012.06.30	2011.12.31	2011.06.30	2010.12.31
基本每股收益(元)	0.5300	1.0900	0.5000	1.0200
基本每股收益(扣除)(元)	0.5300	1.1700	0.5700	0.8100
每股净资产(元)	3.5000	2.3300	2.0300	1.4700
每股经营现金净流量(元)	0.5015	0.7190	0.2720	1.0344
每股现金流量(元)	1.1343	–0.0651	0.2062	–0.0882
每股资本公积金(元)	1.2748	0.1439	0.1439	0.0776
每股盈余公积金(元)	0.0940	0.1046	0.0239	0.0239
每股未分配利润(元)	1.1271	1.0815	0.8670	0.3704
净资产收益率(%)	14.7202	46.8200	24.4630	69.0390
加权净资产收益率(%)	16.7900	55.2000	27.9800	59.0500
净资产收益率(扣除)(%)	–	–	–	–
总资产(万元)	258148.72	185947.71	185551.93	153185.76
归属母公司股东权益(万元)	194340.92	116598.92	101509.65	73569.82
主营业务收入(万元)	87010.85	151755.51	76593.74	134747.20
营业收入(万元)	87304.29	153522.02	77244.10	135707.18
主营成本(万元)	41911.10	71846.71	37779.03	66578.61
营业成本(万元)	41976.88	72356.48	38030.60	66821.95
投资收益(万元)	2152.14	6513.31	3505.81	5628.59
净利润(万元)	28755.04	56637.08	25653.58	52692.48
利润总额(万元)	34694.72	64538.80	30326.22	60661.46

吉林高速公路股份有限公司

公司概况					
公司名称	吉林高速公路股份有限公司			证券简称	吉林高速
法人代表	张跃	董秘	张向东	证券代码	601518
公司网址	www.jlgsgl.com		电子信箱	jlgs@jlgsgl.com	
电　　话	0431-84622188 84664798		传　　真	0431-84622168 84664798	
办公地址	吉林省长春市经济开发区浦东路 4488 号				
经营范围	公路投资、开发、建设、养护和经营管理、建筑材料生产、经销等				

主要财务指标：指标\报告期	2012.06.30	2011.12.31	2011.06.30	2010.12.31
基本每股收益(元)	0.1200	0.1800	0.0800	0.1100
基本每股收益(扣除)(元)	0.1200	0.1300	0.0500	0.0800
每股净资产(元)	1.5823	1.5100	1.4080	1.3500
每股经营现金净流量(元)	0.1949	0.2380	0.0979	0.1244
每股现金流量(元)	0.6591	0.0611	0.0843	0.0809
每股资本公积金(元)	0.2614	0.2614	0.2614	0.2614
每股盈余公积金(元)	0.0373	0.0373	0.0195	0.0195
每股未分配利润(元)	0.2835	0.2077	0.1269	0.0698
净资产收益率(%)	7.8891	11.7300	5.5504	8.3520
加权净资产收益率(%)	8.0800	12.4000	5.6500	8.7900
净资产收益率(扣除)(%)	–	–	–	–
总资产(万元)	354845.98	265466.10	260547.35	249086.69
归属母公司股东权益(万元)	191962.43	182763.00	170804.42	163871.82
主营业务收入(万元)	36308.21	80989.55	36757.42	57990.37
营业收入(万元)	36308.21	81016.55	36771.42	58019.37
主营成本(万元)	9885.10	42177.13	20759.82	36652.28
营业成本(万元)	9885.10	42190.72	20783.55	36657.76
投资收益(万元)	–	–	–	10.00
净利润(万元)	15659.31	22309.42	10012.11	7080.97
利润总额(万元)	20634.09	26613.74	13078.11	11563.47

上海大智慧股份有限公司

公司概况					
公司名称	上海大智慧股份有限公司			证券简称	大 智 慧
法人代表	张长虹	董秘	吕沈强	证券代码	601519
公司网址	www.gw.com.cn		电子信箱	ir@gw.com.cn	
电　　话	021-20219261		传　　真	021-33848922	
办公地址	上海市浦东新区杨高南路 428 号 1 号楼				
经营范围	计算机软件服务、第二类增值电信业务中的信息服务业务等				

主要财务指标：指标\报告期	2012.06.30	2011.12.31	2011.06.30	2010.12.31
基本每股收益(元)	–0.0400	0.1550	0.0420	0.2750
基本每股收益(扣除)(元)	–0.0410	0.1360	0.0420	0.2360
每股净资产(元)	2.2450	4.6700	4.6000	1.4100
每股经营现金净流量(元)	–0.0826	0.0562	0.0221	0.3091
每股现金流量(元)	–0.2827	2.8784	3.2729	–0.3025
每股资本公积金(元)	1.1649	3.3297	3.3292	0.0002
每股盈余公积金(元)	0.0253	0.0506	0.0346	0.0412
每股未分配利润(元)	0.0575	0.2945	0.2396	0.3659
净资产收益率(%)	–1.7681	3.2660	1.7752	19.5520
加权净资产收益率(%)	–1.7200	3.4900	1.9900	21.6400
净资产收益率(扣除)(%)	–	–	–	–
总资产(万元)	324194.85	340620.30	335070.98	100009.58
归属母公司股东权益(万元)	312074.00	324503.89	319697.48	82194.69
主营业务收入(万元)	23012.52	57082.93	29547.67	56708.31
营业收入(万元)	23012.52	57082.93	29547.67	56708.31
主营成本(万元)	7866.06	16540.65	8058.03	11650.68
营业成本(万元)	7866.06	16540.65	8058.03	11650.68
投资收益(万元)	108.03	110.14	–	–
净利润(万元)	–5527.70	10599.66	5675.18	16070.49
利润总额(万元)	–5331.65	12076.86	6599.65	17880.22

东吴证券股份有限公司

公司概况	公司名称	东吴证券股份有限公司			证券简称	东吴证券
	法人代表	吴永敏	董秘	魏纯	证券代码	601555
	公司网址	www.dwjq.com.cn		电子信箱	dwzqdb@gsjq.com.cn	
	电　　话	0512-62601555		传　　真	0512-62938812	
	办公地址	江苏省苏州市苏州工业园区翠园路 181 号				
	经营范围	证券经纪、投资银行、证券自营、资产管理、基金管理、直接投资等				

	指标\报告期	2012.06.30	2011.12.31	2011.06.30	2010.12.31
主要财务指标	基本每股收益(元)	0.0700	0.1500	0.1500	0.3800
	基本每股收益(扣除)(元)	0.0700	0.1500	0.1500	0.3900
	每股净资产(元)	3.6900	3.6900	2.8385	2.7900
	每股经营现金净流量(元)	-0.6727	-3.8954	-4.6895	0.1374
	每股现金流量(元)	-1.2361	-2.8748	-4.9097	0.2024
	每股资本公积金(元)	2.1304	2.1201	1.0764	1.0790
	每股盈余公积金(元)	0.0517	0.0517	0.0534	0.0534
	每股未分配利润(元)	0.2843	0.2967	0.4381	0.3880
	净资产收益率(%)	1.8308	3.1329	3.0387	13.7532
	加权净资产收益率(%)	1.8100	5.5300	5.3000	14.5600
	净资产收益率(扣除)(%)	-	-	-	-
	总资产(万元)	1531326.57	1585993.30	1537262.71	1988470.92
	归属母公司股东权益(万元)	738566.45	738974.37	425781.11	418663.93
	主营业务收入(万元)	-	-	-	-
	营业收入(万元)	65754.87	129789.24	92194.22	180747.81
	主营成本(万元)	-	-	-	-
	营业成本(万元)	-	-	-	-
	投资收益(万元)	8202.04	8151.68	10608.84	20878.85
	净利润(万元)	13917.74	23568.86	22663.71	58053.79
	利润总额(万元)	18940.30	32035.25	30303.97	75275.36

华锐风电科技(集团)股份有限公司

公司概况	公司名称	华锐风电科技(集团)股份有限公司			证券简称	华锐风电
	法人代表	韩俊良	董秘	方红松	证券代码	601558
	公司网址	www.sinovel.com		电子信箱	investor@sinovelwind.com	
	电　　话	010-62515566		传　　真	010-62511713	
	办公地址	北京市海淀区中关村大街 59 号文化大厦				
	经营范围	开发、设计、销售风力发电设备等				

	指标\报告期	2012.06.30	2011.12.31	2011.06.30	2010.12.31
主要财务指标	基本每股收益(元)	0.0100	0.3900	0.1700	1.5900
	基本每股收益(扣除)(元)	0.0029	0.2900	0.1200	1.5600
	每股净资产(元)	3.2700	6.9000	6.8500	5.3300
	每股经营现金净流量(元)	-0.1418	-2.9158	-2.0329	-1.1293
	每股现金流量(元)	-0.9032	2.1186	1.7492	1.7991
	每股资本公积金(元)	1.7934	4.6028	4.6144	0.0676
	每股盈余公积金(元)	0.1286	0.2571	0.2386	0.5330
	每股未分配利润(元)	0.3496	1.0370	0.9972	3.7291
	净资产收益率(%)	0.1877	5.5960	4.7829	59.5330
	加权净资产收益率(%)	0.1800	5.8700	5.1100	82.2000
	净资产收益率(扣除)(%)	-	-	-	-
	总资产(万元)	3161514.84	3478529.21	3360585.21	2862524.77
	归属母公司股东权益(万元)	1314408.34	1386143.72	1377036.17	479681.51
	主营业务收入(万元)	308645.94	1043551.64	532483.33	2031245.33
	营业收入(万元)	308645.94	1043551.64	532483.33	2032486.63
	主营成本(万元)	286959.90	873556.21	427803.89	1612554.17
	营业成本(万元)	286959.90	873556.21	427803.89	1613206.09
	投资收益(万元)	686.92	1224.22	528.30	823.48
	净利润(万元)	2466.89	77572.12	65862.67	285568.62
	利润总额(万元)	11346.89	73944.04	72037.77	317304.56

九牧王股份有限公司

公司概况	公司名称	九牧王股份有限公司			证券简称	九 牧 王
	法人代表	林聪颖	董秘	吴徽荣	证券代码	601566
	公司网址	www.jiumuwang.com		电子信箱	ir@joeone.net	
	电　　话	0592-2955789		传　　真	0592-2955997	
	办公地址	福建省厦门市思明区龙昌路 12 号				
	经营范围	生产纺织品、服装、皮革服饰、家具、运动鞋及相关技术的交流和推广				

	指标\报告期	2012.06.30	2011.12.31	2011.06.30	2010.12.31
主要财务指标	基本每股收益(元)	0.5900	0.9900	0.5000	0.8000
	基本每股收益(扣除)(元)	0.5800	0.9900	0.4900	0.8000
	每股净资产(元)	7.0000	6.9400	6.4500	2.0100
	每股经营现金净流量(元)	0.2986	0.5848	0.1671	0.4009
	每股现金流量(元)	-0.1079	4.0936	4.2385	-0.1922
	每股资本公积金(元)	4.4865	4.4061	4.4071	0.2016
	每股盈余公积金(元)	0.1596	0.1612	0.0646	0.0818
	每股未分配利润(元)	1.3551	1.3789	0.9823	0.7229
	净资产收益率(%)	8.3424	13.0161	6.3670	39.6527
	加权净资产收益率(%)	8.1500	19.4900	16.2100	49.8900
	净资产收益率(扣除)(%)	-	-	-	-
	总资产(万元)	466867.51	475778.30	425245.16	159174.97
	归属母公司股东权益(万元)	405058.58	397886.52	369642.39	90870.37
	主营业务收入(万元)	118839.00	225429.02	96187.97	167016.55
	营业收入(万元)	119101.27	225733.12	96373.88	167481.03
	主营成本(万元)	50261.90	99654.87	41666.44	73951.25
	营业成本(万元)	50537.81	100117.56	41964.31	74424.14
	投资收益(万元)	375.87	173.99	37.02	30.37
	净利润(万元)	33791.59	51789.32	23533.87	36050.03
	利润总额(万元)	39084.35	60168.97	27339.89	42044.97

宁波三星电气股份有限公司

公司概况	公司名称	宁波三星电气股份有限公司			证券简称	三星电气
	法人代表	郑坚江	董秘	缪锡雷	证券代码	601567
	公司网址	www.sanxing.com		电子信箱	stock@mail.sanxing.com	
	电　　话	0574-88072272		传　　真	0574-88072271	
	办公地址	浙江省宁波市鄞州工业园区(宁波市鄞州区姜山镇)				
	经营范围	仪器仪表、电能表、变压器、开关柜、配电自动化设备及相关配件的研发、制造、加工等				

	指标\报告期	2012.06.30	2011.12.31	2011.06.30	2010.12.31
主要财务指标	基本每股收益(元)	0.2000	0.8900	0.2500	0.9900
	基本每股收益(扣除)(元)	0.1900	0.8600	0.2400	0.9800
	每股净资产(元)	4.9195	7.5800	7.0827	2.6700
	每股经营现金净流量(元)	-0.4504	-0.1037	-1.5106	0.4732
	每股现金流量(元)	-0.7671	4.1318	3.6342	-0.5072
	每股资本公积金(元)	2.7170	4.5755	4.5755	0.0292
	每股盈余公积金(元)	0.1526	0.2288	0.1606	0.2144
	每股未分配利润(元)	1.0499	1.7748	1.3466	1.4227
	净资产收益率(%)	4.0667	10.2570	3.9663	37.2962
	加权净资产收益率(%)	3.8800	16.2400	13.1400	44.7700
	净资产收益率(扣除)(%)	-	-	-	-
	总资产(万元)	337737.68	332431.53	329945.85	167291.69
	归属母公司股东权益(万元)	197025.05	202362.63	189107.42	53325.16
	主营业务收入(万元)	103828.90	245267.58	91307.32	178994.20
	营业收入(万元)	104179.04	247893.24	91938.66	180171.35
	主营成本(万元)	74427.19	184000.08	67732.53	124928.76
	营业成本(万元)	74683.24	185376.87	67988.49	125697.34
	投资收益(万元)	-	-	-	2.98
	净利润(万元)	8012.43	20755.75	7500.55	19888.27
	利润总额(万元)	9291.18	23833.93	8829.13	22908.60

北京北辰实业股份有限公司

公司概况	公司名称	北京北辰实业股份有限公司			证券简称	北辰实业
	法人代表	贺江川	董秘	郭川	证券代码	601588
	公司网址	www.beijingns.com.cn		电子信箱	northstar@beijingns.com.cn	
	电　话	010-64991277		传　真	010-64991352	
	办公地址	北京市朝阳区北辰东路8号汇欣大厦A座707				
	经营范围	房地产开发、物业管理、物业出租、娱乐及餐饮、酒店及百货业等				

主要财务指标	指标\报告期	2012.06.30	2011.12.31	2011.06.30	2010.12.31
	基本每股收益(元)	0.0900	0.1400	0.1000	0.0600
	基本每股收益(扣除)(元)	0.0900	0.1400	0.1000	0.0600
	每股净资产(元)	2.9000	2.8400	2.8000	2.7300
	每股经营现金净流量(元)	0.0034	0.0201	0.1727	-0.1966
	每股现金流量(元)	0.0141	0.0855	0.0951	-0.6080
	每股资本公积金(元)	1.0982	1.0982	1.0982	1.0982
	每股盈余公积金(元)	0.1924	0.1924	0.1782	0.1782
	每股未分配利润(元)	0.6105	0.5538	0.5255	0.4488
	净资产收益率(%)	2.9891	4.8950	3.4510	2.2130
	加权净资产收益率(%)	3.0100	5.0000	3.4900	2.2300
	净资产收益率(扣除)(%)	-	-	-	-
	总资产(万元)	2834554.41	2851323.86	2587810.09	2574000.93
	归属母公司股东权益(万元)	976808.93	957711.99	943387.73	917565.59
	主营业务收入(万元)	265840.06	395022.76	245040.99	554952.93
	营业收入(万元)	267490.13	396893.32	247008.45	556412.91
	主营成本(万元)	157566.09	193583.96	129760.98	365493.08
	营业成本(万元)	157894.96	193586.42	130252.98	365497.62
	投资收益(万元)	-	-659.20	-659.20	-1951.36
	净利润(万元)	29140.51	49090.19	33979.47	30451.69
	利润总额(万元)	39024.39	66514.42	46086.37	43634.63

江苏鹿港科技股份有限公司

公司概况	公司名称	江苏鹿港科技股份有限公司			证券简称	鹿港科技
	法人代表	钱文龙	董秘	邹国栋	证券代码	601599
	公司网址	www.lugangwool.com		电子信箱	info@lugangwool.com	
	电　话	0512-58353258		传　真	0512-58470080	
	办公地址	江苏省张家港市塘桥镇鹿苑工业区				
	经营范围	各类针织毛纺纱线以及高档精纺呢绒面料生产与销售等				

主要财务指标	指标\报告期	2012.06.30	2011.12.31	2011.06.30	2010.12.31
	基本每股收益(元)	0.0600	0.5100	0.2200	0.5600
	基本每股收益(扣除)(元)	0.0600	0.4800	0.2200	0.5300
	每股净资产(元)	3.0350	5.2000	4.5300	2.7000
	每股经营现金净流量(元)	0.3209	-0.1312	-0.3507	0.4466
	每股现金流量(元)	-0.4860	0.9421	2.0028	0.3068
	每股资本公积金(元)	1.2481	2.3721	2.3721	0.4647
	每股盈余公积金(元)	0.0449	0.0673	0.0472	0.0630
	每股未分配利润(元)	0.7420	1.2197	1.1127	1.0492
	净资产收益率(%)	2.0483	9.7200	7.1890	21.7904
	加权净资产收益率(%)	2.0100	19.6500	13.1700	24.0200
	净资产收益率(扣除)(%)	-	-	-	-
	总资产(万元)	210939.53	168206.87	183851.12	111798.81
	归属母公司股东权益(万元)	96509.63	98772.86	96079.30	40973.17
	主营业务收入(万元)	95517.73	172429.48	103327.26	151476.16
	营业收入(万元)	96634.99	178599.53	105523.65	155846.63
	主营成本(万元)	83716.88	146367.69	84737.63	127467.47
	营业成本(万元)	84490.42	152251.49	86733.35	131584.50
	投资收益(万元)	-	37.48	-	1.28
	净利润(万元)	2193.79	10297.77	7205.45	9383.61
	利润总额(万元)	2723.91	12837.83	9345.61	11889.92

中国铝业股份有限公司

公司概况	公司名称	中国铝业股份有限公司			证券简称	中国铝业
	法人代表	熊维平	董秘	刘强	证券代码	601600
	公司网址	www.chalco.com.cn		电子信箱	ir-faq@chalco.com.cn	
	电　话	010-82298103 82298560		传　真	010-82298158	
	办公地址	北京市海淀区西直门北大街62号				
	经营范围	氧化铝、原铝及铝加工产品的生产及销售等				

主要财务指标	指标\报告期	2012.06.30	2011.12.31	2011.06.30	2010.12.31
	基本每股收益(元)	-0.2410	0.0200	0.0310	0.0600
	基本每股收益(扣除)(元)	-0.2400	-0.0200	0.0230	0.0100
	每股净资产(元)	3.6000	3.8300	3.8400	3.8200
	每股经营现金净流量(元)	-0.1342	0.1841	0.3567	0.5253
	每股现金流量(元)	-0.0579	0.1189	0.0456	0.1169
	每股资本公积金(元)	1.0277	1.0198	1.0076	1.0076
	每股盈余公积金(元)	0.4338	0.4338	0.4338	0.4338
	每股未分配利润(元)	1.1358	1.3763	1.3892	1.3701
	净资产收益率(%)	-6.6772	0.4590	0.7950	1.5080
	加权净资产收益率(%)	-6.4800	0.4600	0.8000	1.5300
	净资产收益率(扣除)(%)	-	-	-	-
	总资产(万元)	18008885.50	15713415.70	14782702.30	14132203.90
	归属母公司股东权益(万元)	4872178.20	5185335.40	5187581.80	5160814.70
	主营业务收入(万元)	7013251.50	14286316.60	6462517.90	11837434.10
	营业收入(万元)	7169778.10	14587443.30	6596974.90	12099484.70
	主营成本(万元)	6949479.90	13496128.00	6043688.70	11072760.90
	营业成本(万元)	7097993.00	13779029.10	6171252.70	11318835.70
	投资收益(万元)	15559.00	104744.40	39885.00	87907.20
	净利润(万元)	-342476.80	69050.40	69183.10	96913.80
	利润总额(万元)	-418135.10	81799.60	83101.10	138035.40

中国太平洋保险(集团)股份有限公司

公司概况	公司名称	中国太平洋保险(集团)股份有限公司			证券简称	中国太保
	法人代表	高国富	董秘	方林	证券代码	601601
	公司网址	www.cpic.com.cn		电子信箱	ir@cpic.com.cn	
	电　话	021-58767282		传　真	021-68870791	
	办公地址	上海市浦东新区银城中路190号交银金融大厦南楼				
	经营范围	人民币和外币的各种财产保险、短期健康保险和意外伤害保险业务				

主要财务指标	指标\报告期	2012.06.30	2011.12.31	2011.06.30	2010.12.31
	基本每股收益(元)	0.3100	0.9700	0.6800	1.0000
	基本每股收益(扣除)(元)	0.3000	0.8500	0.6400	1.0000
	每股净资产(元)	9.5100	8.9300	9.2800	9.3400
	每股经营现金净流量(元)	3.9414	6.4566	4.0857	7.1649
	每股现金流量(元)	1.5044	-0.3016	-0.0851	-1.4742
	每股资本公积金(元)	6.2030	5.5842	6.2237	6.6058
	每股盈余公积金(元)	0.2598	0.2598	0.1980	0.1980
	每股未分配利润(元)	2.0490	2.0922	1.8636	1.5373
	净资产收益率(%)	3.2270	10.8250	7.2874	10.6570
	加权净资产收益率(%)	3.3000	10.6000	7.2000	10.9000
	净资产收益率(扣除)(%)	-	-	-	-
	总资产(万元)	64051700.00	57061200.00	53722300.00	47571100.00
	归属母公司股东权益(万元)	8174800.00	7679600.00	7980900.00	8029700.00
	主营业务收入(万元)				
	营业收入(万元)	9229500.00	15793400.00	8723800.00	14166200.00
	主营成本(万元)				
	营业成本(万元)	8883400.00	-	7971700.00	-
	投资收益(万元)	1077400.00	2007500.00	1177300.00	2106700.00
	净利润(万元)	266800.00	839300.00	588300.00	866500.00
	利润总额(万元)	348100.00	1039900.00	751900.00	1067000.00

上海医药集团股份有限公司

公司概况					
公司名称	上海医药集团股份有限公司			证券简称	上海医药
法人代表	周杰	董秘	韩敏	证券代码	601607
公司网址	www.pharm-sh.com.cn		电子信箱	pharm@pharm-sh.com.cn	
电　话	021-63730908 7016		传　真	021-63289333	
办公地址	上海市太仓路 200 号上海医药大厦				
经营范围	原料药和各种剂型等				

主要财务指标：指标\报告期	2012.06.30	2011.12.31	2011.06.30	2010.12.31
基本每股收益(元)	0.4268	0.8437	0.6256	0.7308
基本每股收益(扣除)(元)	0.3979	0.5883	0.3787	0.6068
每股净资产(元)	8.8400	8.5800	8.4522	5.0200
每股经营现金净流量(元)	0.2269	0.6592	0.3339	1.1095
每股现金流量(元)	-0.0698	3.1032	3.6032	0.6556
每股资本公积金(元)	5.3912	5.3888	5.6929	1.9303
每股盈余公积金(元)	0.2653	0.2653	0.2219	0.3321
每股未分配利润(元)	2.1952	1.9325	1.5401	1.7632
净资产收益率(%)	4.8279	8.8491	5.9080	14.5478
加权净资产收益率(%)	4.8700	11.8200	10.0200	15.3200
净资产收益率(扣除)(%)	-	-	-	-
总资产(万元)	5069774.95	4766782.29	4532726.40	3016347.16
归属母公司股东权益(万元)	2377253.92	2307847.22	2272715.65	1000971.88
主营业务收入(万元)	3346635.69	5455438.68	2574189.21	3853108.37
营业收入(万元)	3362119.56	5489987.25	2585797.06	3872165.52
主营成本(万元)	2891853.50	4672775.85	2191832.40	3147953.07
营业成本(万元)	2898242.79	4688219.16	2149280.83	3160032.51
投资收益(万元)	23632.43	93391.46	85155.19	43075.33
净利润(万元)	134274.02	244602.97	153699.38	186736.52
利润总额(万元)	169766.59	303510.21	188765.93	228325.22

中信重工机械股份有限公司

公司概况					
公司名称	中信重工机械股份有限公司			证券简称	中信重工
法人代表	任沁新	董秘	梁慧	证券代码	601608
公司网址	www.citichmc.com		电子信箱	citic_hic@citic.com	
电　话	0379-64088999		传　真	0379-64088108	
办公地址	河南省洛阳市涧西区建设路 206 号				
经营范围	重型成套机械设备及零部件、铸锻件的设计、制造、销售等				

主要财务指标：指标\报告期	2012.06.30	2011.12.31	2011.06.30	2010.12.31
基本每股收益(元)	0.1957	0.4000	0.1609	0.3100
基本每股收益(扣除)(元)	0.1924	0.3800	0.1590	0.3000
每股净资产(元)	1.9065	1.7095	-	2.0752
每股经营现金净流量(元)	0.1724	-0.2718	-0.4425	0.5070
每股现金流量(元)	0.0452	0.2859	-0.0238	-1.1873
每股资本公积金(元)	0.0583	0.0583	-	0.0627
每股盈余公积金(元)	0.0887	0.1182	-	0.1425
每股未分配利润(元)	0.5525	0.5410	-	0.8701
净资产收益率(%)	10.2629	23.2708	-	24.0298
加权净资产收益率(%)	10.8200	26.4300	11.6300	27.3200
净资产收益率(扣除)(%)	-	-	-	-
总资产(万元)	1368008.34	1292677.20	-	1246985.23
归属母公司股东权益(万元)	391790.36	351299.65	-	267291.89
主营业务收入(万元)	343308.45	704110.08	311029.46	651129.14
营业收入(万元)	343308.45	704110.08	311029.46	651129.14
主营成本(万元)	246295.75	481094.30	219896.34	467210.63
营业成本(万元)	246295.75	481094.30	219896.34	467210.63
投资收益(万元)	1372.40	8856.09	5956.25	7934.92
净利润(万元)	40253.56	82805.37	33461.39	65251.29
利润总额(万元)	47279.24	96448.46	40404.29	76281.23

上海广电电气(集团)股份有限公司

公司概况					
公司名称	上海广电电气(集团)股份有限公司			证券简称	广电电气
法人代表	赵淑文	董秘	马小丰	证券代码	601616
公司网址	www.sgeg.cn		电子信箱	office@csge.com	
电　话	021-67101516 67101661		传　真	021-67101890	
办公地址	上海市奉贤区南桥镇环城东路 123 弄 1 号				
经营范围	高低压输配电成套设备、各类元器件及零配件、流体设备的生产销售等				

主要财务指标：指标\报告期	2012.06.30	2011.12.31	2011.06.30	2010.12.31
基本每股收益(元)	0.0328	0.4144	0.1504	0.4912
基本每股收益(扣除)(元)	0.0165	0.3510	0.0606	0.3985
每股净资产(元)	2.7445	4.9985	4.7417	1.6500
每股经营现金净流量(元)	-0.0605	-0.1386	-0.1668	-0.0940
每股现金流量(元)	-0.3085	2.4207	2.5124	0.0591
每股资本公积金(元)	1.4337	3.3806	3.3806	0.0084
每股盈余公积金(元)	0.0808	0.1454	0.1036	0.1299
每股未分配利润(元)	0.2305	0.4733	0.2580	0.5112
净资产收益率(%)	0.8419	8.1510	3.1720	29.7880
加权净资产收益率(%)	0.8300	8.7700	5.8300	32.1900
净资产收益率(扣除)(%)	-	-	-	-
总资产(万元)	345747.96	364452.62	335695.48	182314.17
归属母公司股东权益(万元)	255947.17	258971.03	245667.83	68125.63
主营业务收入(万元)	42763.90	120886.67	55474.36	112302.09
营业收入(万元)	44084.61	122438.00	56024.02	113786.71
主营成本(万元)	30815.76	88423.24	41503.14	80121.56
营业成本(万元)	31647.51	88956.93	41692.84	81058.98
投资收益(万元)	750.28	8095.85	3487.07	10311.38
净利润(万元)	2450.89	20861.85	7697.38	20737.06
利润总额(万元)	2755.42	23805.49	8601.17	23643.28

中国冶金科工股份有限公司

公司概况					
公司名称	中国冶金科工股份有限公司			证券简称	中国中冶
法人代表	沈鹤庭	董秘	康承业	证券代码	601618
公司网址	www.mccchina.com		电子信箱	ir@mccchina.com	
电　话	010-59868666		传　真	010-59868999	
办公地址	北京市朝阳区曙光西里 28 号中冶大厦 香港湾仔港湾道 1 号会展广场办公大楼 32 楼 3205 室				
经营范围	工程承包、资源开发、装备制造与房地产开发等				

主要财务指标：指标\报告期	2012.06.30	2011.12.31	2011.06.30	2010.12.31
基本每股收益(元)	-0.0100	0.2200	0.1000	0.2800
基本每股收益(扣除)(元)	-0.0300	0.1800	0.0900	0.2500
每股净资产(元)	2.5100	2.5200	2.4100	2.3500
每股经营现金净流量(元)	-0.4799	-0.6610	-0.7065	-1.3145
每股现金流量(元)	-0.4770	0.1789	-0.1255	-0.2846
每股资本公积金(元)	0.9471	0.9477	0.9472	0.9455
每股盈余公积金(元)	0.0151	0.0151	0.0151	0.0151
每股未分配利润(元)	0.5633	0.5730	0.4540	0.3980
净资产收益率(%)	-0.3881	8.8030	4.2793	11.8316
加权净资产收益率(%)	-0.3900	9.1100	4.3300	12.7700
净资产收益率(扣除)(%)	-	-	-	-
总资产(万元)	34817230.60	33203096.20	31920574.50	28822072.40
归属母公司股东权益(万元)	4796244.40	4820291.00	4601326.00	4497098.00
主营业务收入(万元)	10661737.70	22797156.70	10508672.40	20559590.50
营业收入(万元)	10701419.20	23017820.40	10614976.20	20679181.60
主营成本(万元)	9391047.00	20054774.10	9267103.50	17874072.80
营业成本(万元)	9416510.30	20274392.80	9349403.60	17985153.40
投资收益(万元)	8766.80	113228.60	24690.20	39878.60
净利润(万元)	-46150.80	371256.70	228533.10	557061.50
利润总额(万元)	58334.90	615464.10	342589.90	768860.30

中国人寿保险股份有限公司

公司概况						
公司名称	中国人寿保险股份有限公司			证券简称	中国人寿	
法人代表	杨明生	董秘	刘英齐	证券代码	601628	
公司网址	www.e-chinalife.com		电子信箱	ir@e-chinalife.com		
电　　话	010-63631191 63631068		传　　真	010-66575112 66575722		
办公地址	北京市西城区金融大街 16 号					
经营范围	人寿保险、健康保险、意外伤害保险等各类人身保险业务等					

主要财务指标 指标＼报告期	2012.06.30	2011.12.31	2011.06.30	2010.12.31
基本每股收益(元)	0.3400	0.6500	0.4600	1.1900
基本每股收益(扣除)(元)	0.3400	0.6500	0.4600	1.1900
每股净资产(元)	7.5500	6.7800	6.9700	7.3800
每股经营现金净流量(元)	1.8862	4.7392	3.1878	6.3188
每股现金流量(元)	1.1439	0.2877	1.1207	0.4124
每股资本公积金(元)	1.8774	1.2120	1.5972	2.0683
每股盈余公积金(元)	1.2777	1.2123	1.1469	1.0278
每股未分配利润(元)	2.8721	2.8266	2.7675	2.8280
净资产收益率(%)	4.5135	9.5710	6.5790	16.1110
加权净资产收益率(%)	4.7100	9.1600	6.2200	16.0200
净资产收益率(扣除)(%)	–	–	–	–
总资产(万元)	176923400.00	158390700.00	154689100.00	141057900.00
归属母公司股东权益(万元)	21347300.00	19153000.00	19705100.00	20871000.00
主营业务收入(万元)	–	–	–	–
营业收入(万元)	22526000.00	38538800.00	23189400.00	38879100.00
主营成本(万元)	–	–	–	–
营业成本(万元)	–	–	–	–
投资收益(万元)	3941200.00	6482300.00	3586600.00	6828000.00
净利润(万元)	974100.00	1849100.00	1307400.00	3381100.00
利润总额(万元)	1101200.00	2051300.00	1492700.00	4100800.00

长城汽车股份有限公司

公司概况						
公司名称	长城汽车股份有限公司			证券简称	长城汽车	
法人代表	魏建军	董秘	徐辉	证券代码	601633	
公司网址	www.gwm.com.cn		电子信箱	zqb@gwm.com.cn		
电　　话	0312-2197813 2197815		传　　真	0312-2197812		
办公地址	河北省保定市朝阳南大街 2266 号					
经营范围	汽车整车及汽车零部件的研发、生产及销售					

主要财务指标 指标＼报告期	2012.06.30	2011.12.31	2011.06.30	2010.12.31
基本每股收益(元)	0.7700	1.2200	0.6600	0.9900
基本每股收益(扣除)(元)	0.7600	1.1800	0.6400	0.9600
每股净资产(元)	5.9700	5.5000	4.1012	9.1400
每股经营现金净流量(元)	0.7994	1.4622	1.0616	2.9139
每股现金流量(元)	-0.2687	1.3912	0.0265	-0.3163
每股资本公积金(元)	1.4663	1.4672	0.3191	2.3417
每股盈余公积金(元)	0.5204	0.5204	0.4448	1.1098
每股未分配利润(元)	2.9893	2.5157	2.3391	4.6957
净资产收益率(%)	12.9490	20.4710	16.1340	26.9670
加权净资产收益率(%)	13.2500	27.8300	16.8700	30.7600
净资产收益率(扣除)(%)	–	–	–	–
总资产(万元)	3692599.41	3313485.77	2783325.92	2369827.50
归属母公司股东权益(万元)	1817532.25	1673710.84	1122981.04	1001514.75
主营业务收入(万元)	1788709.20	2938541.63	1379213.32	2248582.08
营业收入(万元)	1828757.14	3008947.67	1419971.37	2298607.20
主营成本(万元)	1317316.73	2200195.37	1013472.67	1686068.79
营业成本(万元)	1347610.54	2259379.79	1048866.43	1729838.08
投资收益(万元)	693.27	2435.73	1727.11	5627.16
净利润(万元)	237680.15	351065.29	186306.24	282708.39
利润总额(万元)	285538.60	413065.13	218087.44	304123.52

株洲旗滨集团股份有限公司

公司概况						
公司名称	株洲旗滨集团股份有限公司			证券简称	旗滨集团	
法人代表	俞其兵	董秘	钟碰辉	证券代码	601636	
公司网址	www.kibinggroup.com		电子信箱	phyy99@163.com		
电　　话	0596-5699668 5699660		传　　真	0596-5699660		
办公地址	福建省漳州市东山县西埔镇环岛路 8 号					
经营范围	玻璃及制品生产、销售、玻璃加工、装卸劳务等					

主要财务指标 指标＼报告期	2012.06.30	2011.12.31	2011.06.30	2010.12.31
基本每股收益(元)	0.1810	0.3750	0.1620	0.6570
基本每股收益(扣除)(元)	0.0040	0.3220	0.1610	0.6470
每股净资产(元)	3.8427	3.8041	1.9050	1.7400
每股经营现金净流量(元)	-0.1438	0.0684	0.1183	0.6948
每股现金流量(元)	0.3057	0.6055	-0.0612	0.0722
每股资本公积金(元)	2.0039	1.9643	0.0383	0.0383
每股盈余公积金(元)	0.0824	0.0857	0.0740	0.0740
每股未分配利润(元)	0.7563	0.7540	0.7929	0.6314
净资产收益率(%)	4.5670	8.1950	8.4800	37.6540
加权净资产收益率(%)	4.6600	14.2300	8.8500	46.3900
净资产收益率(扣除)(%)	–	–	–	–
总资产(万元)	648165.28	478924.47	347052.00	284287.06
归属母公司股东权益(万元)	266935.54	254111.86	95260.36	87182.76
主营业务收入(万元)	103657.49	200352.92	93116.23	188050.07
营业收入(万元)	104869.17	203581.83	93988.50	190503.08
主营成本(万元)	89025.32	157519.25	73457.09	126008.05
营业成本(万元)	89669.77	159391.69	73754.99	126585.69
投资收益(万元)	–	–	–	0.89
净利润(万元)	12190.98	20823.62	8077.59	32827.58
利润总额(万元)	14410.18	23843.98	9478.48	40479.72

平顶山天安煤业股份有限公司

公司概况						
公司名称	平顶山天安煤业股份有限公司			证券简称	平煤股份	
法人代表	刘银志	董秘	黄爱军	证券代码	601666	
公司网址	www.pmta.com.cn		电子信箱	pmta@pmjt.com.cn		
电　　话	0375-2749515 2723076		传　　真	0375-2726426		
办公地址	河南省平顶山市矿工中路 21 号					
经营范围	煤炭开采、煤炭洗选加工及煤炭销售					

主要财务指标 指标＼报告期	2012.06.30	2011.12.31	2011.06.30	2010.12.31
基本每股收益(元)	0.3516	0.7820	0.4819	0.7835
基本每股收益(扣除)(元)	0.3456	0.8367	0.4738	0.7871
每股净资产(元)	4.8558	4.4568	4.3323	5.1542
每股经营现金净流量(元)	0.2160	0.9365	0.5048	1.0088
每股现金流量(元)	-0.8145	0.1979	-0.2338	-0.3905
每股资本公积金(元)	1.1366	1.1106	1.0994	1.4288
每股盈余公积金(元)	0.5887	0.5887	0.5067	0.6587
每股未分配利润(元)	1.8295	1.6778	1.4607	1.7730
净资产收益率(%)	7.2414	17.6312	11.1140	19.7609
加权净资产收益率(%)	7.4659	18.7800	11.4570	21.8900
净资产收益率(扣除)(%)	–	–	–	–
总资产(万元)	1976127.73	1983581.07	1794742.86	1842066.15
归属母公司股东权益(万元)	1146529.52	1052316.84	1022918.97	936146.01
主营业务收入(万元)	1119311.74	2162771.76	1031274.59	1935207.51
营业收入(万元)	1241640.59	2506863.89	1202676.71	2290455.99
主营成本(万元)	856480.83	1642000.06	767396.93	1466801.85
营业成本(万元)	979333.71	1986508.27	934296.89	1821541.08
投资收益(万元)	151.12	456.00	402.96	618.21
净利润(万元)	86217.11	177462.81	108518.50	182910.47
利润总额(万元)	114635.87	228267.83	149554.75	236509.14

中国建筑股份有限公司

公司概况	公司名称	中国建筑股份有限公司		证券简称	中国建筑
	法人代表	易军	董秘 孟庆禹	证券代码	601668
	公司网址	www.cscec.com		电子信箱	ir@cscec.com
	电　话	010-88083288		传　真	010-88082678
	办公地址	北京市海淀区三里河路15号			
	经营范围	勘察、设计、施工、安装、咨询、开发、装饰、生产、批发、零售、进出口等			

主要财务指标	指标\报告期	2012.06.30	2011.12.31	2011.06.30	2010.12.31
	基本每股收益(元)	0.2400	0.4500	0.2200	0.3100
	基本每股收益(扣除)(元)	0.2300	0.4300	0.2100	0.3000
	每股净资产(元)	3.0800	2.9800	2.7300	2.5700
	每股经营现金净流量(元)	-0.3707	-0.2562	-0.8091	-0.0549
	每股现金流量(元)	0.1289	0.1394	-0.4010	0.0792
	每股资本公积金(元)	0.9819	0.9994	1.0005	1.0015
	每股盈余公积金(元)	0.0240	0.0240	0.0136	0.0136
	每股未分配利润(元)	1.0448	0.8857	0.6912	0.5348
	净资产收益率(%)	7.7608	15.1920	7.9581	11.9657
	加权净资产收益率(%)	7.7100	16.2800	8.0600	12.0800
	净资产收益率(扣除)(%)	-	-	-	-
	总资产(万元)	57836426.70	51351019.10	45111167.70	39782635.70
	归属母公司股东权益(万元)	9243851.40	8954333.10	8190672.10	7722223.30
	主营业务收入(万元)	25295177.00	48240077.00	22015537.90	36975994.40
	营业收入(万元)	25349200.50	48283663.70	22073809.00	37065721.60
	主营成本(万元)	22248499.10	42409470.70	19388996.90	32517621.60
	营业成本(万元)	22291665.70	42470383.90	19433803.60	32587256.80
	投资收益(万元)	102736.40	199239.30	79062.50	155575.50
	净利润(万元)	994480.90	1923854.10	902147.30	1471999.60
	利润总额(万元)	1345588.00	2589216.60	1224831.90	1964366.90

中国水利水电建设股份有限公司

公司概况	公司名称	中国水利水电建设股份有限公司		证券简称	中国水电
	法人代表	范集湘	董秘 王志平	证券代码	601669
	公司网址	www.sinohydro.com		电子信箱	zgsd@sinohydro.com
	电　话	010-58381999		传　真	010-58381621
	办公地址	北京市海淀区车公庄西路22号			
	经营范围	水利、电力、公路、铁路、港口与航道、机场、房屋、市政工程设施等			

主要财务指标	指标\报告期	2012.06.30	2011.12.31	2011.06.30	2010.12.31
	基本每股收益(元)	0.2098	0.4924	0.2758	0.4411
	基本每股收益(扣除)(元)	0.2019	0.5090	0.2712	0.4365
	每股净资产(元)	3.0155	2.8398	1.9200	1.6341
	每股经营现金净流量(元)	-0.1815	0.6046	0.2186	0.4053
	每股现金流量(元)	-0.2942	2.0262	0.9344	0.3075
	每股资本公积金(元)	1.1335	1.1337	0.1034	0.1089
	每股盈余公积金(元)	0.0064	0.0064	0.0081	0.0081
	每股未分配利润(元)	0.8509	0.6791	0.7171	0.4413
	净资产收益率(%)	6.9587	13.2750	14.3883	26.9915
	加权净资产收益率(%)	7.1300	23.0400	15.5400	29.1900
	净资产收益率(扣除)(%)	-	-	-	-
	总资产(万元)	17427221.04	16321513.50	14409303.07	12147050.86
	归属母公司股东权益(万元)	2894838.05	2726171.18	1265139.84	1078514.00
	主营业务收入(万元)	5447748.42	11189796.05	4999999.04	10043709.86
	营业收入(万元)	5518903.21	11347088.11	5068493.58	10149448.35
	主营成本(万元)	4702169.90	9597216.42	4331423.43	8804726.70
	营业成本(万元)	4759081.81	9711329.58	4380358.91	8883220.98
	投资收益(万元)	13137.74	18950.07	10388.37	10540.45
	净利润(万元)	208499.33	394107.26	199685.32	322587.53
	利润总额(万元)	259577.79	498651.76	241623.90	403368.87

河南明泰铝业股份有限公司

公司概况	公司名称	河南明泰铝业股份有限公司		证券简称	明泰铝业
	法人代表	马廷义	董秘 雷鹏	证券代码	601677
	公司网址	www.hngymt.com		电子信箱	mtly@hngymt.com
	电　话	0371-67898155		传　真	0371-67898155
	办公地址	河南省巩义市回郭镇开发区			
	经营范围	制造空调箔、电缆箔、铜箔、防盗瓶盖带、铝板、铜板等			

主要财务指标	指标\报告期	2012.06.30	2011.12.31	2011.06.30	2010.12.31
	基本每股收益(元)	0.1300	0.7200	0.5000	0.7100
	基本每股收益(扣除)(元)	0.1000	0.7000	0.5000	0.7000
	每股净资产(元)	6.2317	6.1970	3.7076	3.4100
	每股经营现金净流量(元)	-0.4401	0.6226	0.3430	0.1545
	每股现金流量(元)	-1.0402	2.6368	0.1718	-0.3102
	每股资本公积金(元)	3.4384	3.4384	0.8895	0.8895
	每股盈余公积金(元)	0.1512	0.1512	0.1231	0.1231
	每股未分配利润(元)	1.6421	1.6074	1.6950	1.3936
	净资产收益率(%)	2.1615	10.3090	13.5230	20.7353
	加权净资产收益率(%)	2.1500	16.8300	14.1000	22.5100
	净资产收益率(扣除)(%)	-	-	-	-
	总资产(万元)	333112.10	346544.46	279862.93	248775.64
	归属母公司股东权益(万元)	249889.76	248498.32	126429.39	116152.25
	主营业务收入(万元)	263685.29	653085.27	348859.76	497094.03
	营业收入(万元)	265519.32	657346.02	350925.92	498964.35
	主营成本(万元)	250542.63	596620.73	315291.26	448325.96
	营业成本(万元)	250774.07	596792.71	315390.97	448490.71
	投资收益(万元)	128.44	457.24	52.22	351.37
	净利润(万元)	5643.89	28217.91	18643.40	26438.29
	利润总额(万元)	7525.18	37734.80	24745.26	32724.49

滨化集团股份有限公司

公司概况	公司名称	滨化集团股份有限公司		证券简称	滨化股份
	法人代表	张忠正	董秘 于江	证券代码	601678
	公司网址	www.befar.com		电子信箱	befar@befar.com
	电　话	0543-2118571 2118572		传　真	0543-2118592
	办公地址	山东省滨州市黄河五路869号			
	经营范围	有机、无机化工产品的生产、加工与销售等			

主要财务指标	指标\报告期	2012.06.30	2011.12.31	2011.06.30	2010.12.31
	基本每股收益(元)	0.3033	0.9200	0.5352	0.5300
	基本每股收益(扣除)(元)	0.2992	0.9200	0.5335	0.5300
	每股净资产(元)	5.6911	5.5641	5.1650	4.6900
	每股经营现金净流量(元)	0.5263	0.9187	1.0910	0.5172
	每股现金流量(元)	0.1119	0.2451	0.7718	-0.3521
	每股资本公积金(元)	2.7308	2.7308	2.7140	4.5710
	每股盈余公积金(元)	0.1539	0.1539	0.0921	0.1382
	每股未分配利润(元)	1.7776	1.6743	1.3488	1.3205
	净资产收益率(%)	5.3289	16.5780	10.3610	10.8920
	加权净资产收益率(%)	5.4500	18.0800	10.9000	12.9700
	净资产收益率(扣除)(%)	-	-	-	-
	总资产(万元)	474070.21	452356.04	430366.17	414031.72
	归属母公司股东权益(万元)	375613.12	367231.48	340892.65	309665.13
	主营业务收入(万元)	210844.18	458821.37	232151.25	354285.99
	营业收入(万元)	211692.87	461270.23	232800.69	357450.23
	主营成本(万元)	164122.40	337408.81	168869.92	276300.50
	营业成本(万元)	164921.69	338515.63	169488.66	279280.72
	投资收益(万元)	345.78	3521.65	293.96	2969.47
	净利润(万元)	21047.68	65056.61	37739.99	36763.19
	利润总额(万元)	28039.88	85817.64	48266.73	46304.35

华泰证券股份有限公司

公司概况	公司名称	华泰证券股份有限公司			证券简称	华泰证券
	法人代表	吴万善	董秘	姜健	证券代码	601688
	公司网址	www.htsc.com.cn		电子信箱	bgs@mail.htsc.com.cn	
	电　　话	025-83290788 83290511		传　　真	025-84579938	
	办公地址	江苏省南京市中山东路90号华泰证券大厦				
	经营范围	证券经纪业务、证券自营、证券承销业务等				

主要财务指标	指标\报告期	2012.06.30	2011.12.31	2011.06.30	2010.12.31
	基本每股收益(元)	0.1900	0.3200	0.2000	0.6300
	基本每股收益(扣除)(元)	0.1900	0.3100	0.2000	0.6200
	每股净资产(元)	5.9900	5.9300	5.9200	5.8700
	每股经营现金净流量(元)	-0.6497	-5.6384	-4.3634	-2.3794
	每股现金流量(元)	-0.8644	-5.9645	-4.5404	-0.1009
	每股资本公积金(元)	3.0241	3.0052	3.1027	3.1099
	每股盈余公积金(元)	0.1716	0.1716	0.1468	0.1468
	每股未分配利润(元)	1.4183	1.3794	1.3395	1.2853
	净资产收益率(%)	3.1532	5.3702	3.4508	10.4162
	加权净资产收益率(%)	3.1300	5.5200	3.4200	11.9800
	净资产收益率(扣除)(%)	-	-	-	-
	总资产(万元)	8466708.12	8574237.03	9240775.83	11346282.35
	归属母公司股东权益(万元)	3355406.82	3322862.87	3313958.68	3288180.28
	主营业务收入(万元)	-	-	-	-
	营业收入(万元)	339459.31	623034.31	339483.93	889997.86
	主营成本(万元)	-	-	-	-
	营业成本(万元)	-	-	-	-
	投资收益(万元)	74601.74	35772.13	19249.37	73174.64
	净利润(万元)	108124.25	182073.98	115522.43	347983.51
	利润总额(万元)	139891.82	245104.80	153051.91	450179.81

山西潞安环保能源开发股份有限公司

公司概况	公司名称	山西潞安环保能源开发股份有限公司			证券简称	潞安环能
	法人代表	李晋平	董秘	毛永红	证券代码	601699
	公司网址	www.luanhn.com		电子信箱	mao601699@163.com	
	电　　话	0355-5923838 5968816		传　　真	0355-5925912 5924899	
	办公地址	山西省长治市襄垣县侯堡镇				
	经营范围	煤炭采掘、洗选加工、销售等				

主要财务指标	指标\报告期	2012.06.30	2011.12.31	2011.06.30	2010.12.31
	基本每股收益(元)	0.7900	1.6670	0.8600	1.4900
	基本每股收益(扣除)(元)	0.8000	1.6840	0.8600	1.5000
	每股净资产(元)	7.0820	6.4700	5.7300	5.1700
	每股经营现金净流量(元)	0.5113	3.1786	1.1233	5.2607
	每股现金流量(元)	-0.3888	0.5972	0.2268	1.0352
	每股资本公积金(元)	0.2617	0.2617	0.2617	0.9234
	每股盈余公积金(元)	0.7114	0.7114	0.5246	1.0492
	每股未分配利润(元)	3.2148	2.9211	2.3001	4.4818
	净资产收益率(%)	11.2068	25.7720	14.9928	28.8941
	加权净资产收益率(%)	11.3000	28.6500	15.0700	26.0500
	净资产收益率(扣除)(%)	-	-	-	-
	总资产(万元)	3481103.67	3457155.82	3316502.02	2936369.13
	归属母公司股东权益(万元)	1629695.34	1488438.28	1318716.50	1189420.09
	主营业务收入(万元)	995736.55	2190294.86	1069748.34	1904096.11
	营业收入(万元)	1017960.83	2242627.99	1097170.89	2142767.67
	主营成本(万元)	559735.92	1180653.48	604366.39	1050038.22
	营业成本(万元)	577496.29	1230778.66	626683.74	1278817.19
	投资收益(万元)	4118.91	4521.82	484.64	4541.90
	净利润(万元)	173940.12	333961.82	192759.38	334265.49
	利润总额(万元)	225399.32	435070.05	252367.50	412881.04

常熟风范电力设备股份有限公司

公司概况	公司名称	常熟风范电力设备股份有限公司			证券简称	风范股份
	法人代表	范建刚	董秘	陈良东	证券代码	601700
	公司网址	www.cstower.cn		电子信箱	liangdongchen@263.net	
	电　　话	0512-52122997		传　　真	0512-52401600	
	办公地址	江苏省苏州市常熟市尚湖镇工业集中区西区人民南路8号				
	经营范围	输变电铁塔、风力发电设备、通讯铁塔、钢杆管、钢结构件、电力设备研发、加工、制造等				

主要财务指标	指标\报告期	2012.06.30	2011.12.31	2011.06.30	2010.12.31
	基本每股收益(元)	0.3400	0.5100	0.3500	1.0100
	基本每股收益(扣除)(元)	0.3400	0.4800	0.3400	0.9500
	每股净资产(元)	11.4100	11.2700	11.1100	3.5900
	每股经营现金净流量(元)	-0.1317	0.0166	-0.6046	0.3675
	每股现金流量(元)	3.0845	2.0441	0.2258	0.2941
	每股资本公积金(元)	9.1306	9.1306	9.1306	1.2668
	每股盈余公积金(元)	0.1487	0.1487	0.0991	0.1321
	每股未分配利润(元)	1.1307	0.9882	0.8814	1.1889
	净资产收益率(%)	3.0020	4.4030	3.0573	28.0138
	加权净资产收益率(%)	3.0000	4.7400	3.4600	32.5800
	净资产收益率(扣除)(%)	-	-	-	-
	总资产(万元)	294387.52	270063.90	265333.14	174181.33
	归属母公司股东权益(万元)	250563.97	247434.10	243999.87	59091.48
	主营业务收入(万元)	74237.11	124302.95	64603.76	127130.68
	营业收入(万元)	75995.17	128052.65	66151.50	129066.74
	主营成本(万元)	60436.11	105514.64	51291.65	91826.21
	营业成本(万元)	61086.03	106560.47	51861.93	92531.26
	投资收益(万元)	-	186.33	186.33	217.73
	净利润(万元)	7521.86	10894.08	7459.85	16553.76
	利润总额(万元)	8859.27	13836.98	9904.45	22192.67

郑州煤矿机械集团股份有限公司

公司概况	公司名称	郑州煤矿机械集团股份有限公司			证券简称	郑煤机
	法人代表	焦承尧	董秘	鲍雪良	证券代码	601717
	公司网址	www.zzmj.com		电子信箱	deyuelou@tom.com	
	电　　话	0371-67891029 67891015		传　　真	0371-67891000	
	办公地址	河南省郑州市经济技术开发区第九大街167号				
	经营范围	设计、加工、制造矿山机械设备、环保设备、通用机械、电站设备等				

主要财务指标	指标\报告期	2012.06.30	2011.12.31	2011.06.30	2010.12.31
	基本每股收益(元)	0.5800	1.7100	0.3900	1.4300
	基本每股收益(扣除)(元)	0.5600	1.6700	0.3900	1.3900
	每股净资产(元)	4.7100	4.2000	7.9200	7.1400
	每股经营现金净流量(元)	0.0023	0.7650	0.5704	1.2293
	每股现金流量(元)	-0.2578	-0.5676	-0.2648	3.7558
	每股资本公积金(元)	1.3485	3.6970	3.6970	3.6970
	每股盈余公积金(元)	0.1981	0.3962	0.2410	0.2410
	每股未分配利润(元)	2.1660	3.2983	2.9783	2.1977
	净资产收益率(%)	12.2409	20.3280	9.8610	17.6690
	加权净资产收益率(%)	12.9500	21.6600	10.3700	29.3600
	净资产收益率(扣除)(%)	-	-	-	-
	总资产(万元)	1122032.04	1032050.63	993262.71	902660.70
	归属母公司股东权益(万元)	659769.61	587407.70	554142.83	499501.82
	主营业务收入(万元)	431642.23	734809.11	344408.53	607220.35
	营业收入(万元)	472360.72	806008.24	375067.36	675210.05
	主营成本(万元)	300405.93	552386.76	241850.50	453519.53
	营业成本(万元)	336558.15	606940.78	267171.99	508486.91
	投资收益(万元)	2586.44	1234.10	374.90	904.56
	净利润(万元)	82799.16	121325.07	55545.24	89279.07
	利润总额(万元)	98534.03	142102.73	72992.96	106435.88

际华集团股份有限公司

公司概况	公司名称	际华集团股份有限公司		证券简称	际华集团
	法人代表	沙鸣	董秘	王兴智	证券代码	601718
	公司网址	www.jihuachina.com		电子信箱	ir@jihuachina.com
	电　话	010-63706018 63706086		传　真	010-63706008
	办公地址	北京市丰台区南四环西路188号十五区6号楼			
	经营范围	职业装、职业鞋靴、防护装具、纺织印染、皮革皮鞋等			

主要财务指标	指标\报告期	2012.06.30	2011.12.31	2011.06.30	2010.12.31
	基本每股收益(元)	0.1005	0.1600	0.0872	0.1700
	基本每股收益(扣除)(元)	0.0963	0.1200	0.0842	0.1400
	每股净资产(元)	2.4900	2.4200	2.3522	2.2700
	每股经营现金净流量(元)	0.1105	-0.8482	0.0074	0.0733
	每股现金流量(元)	-0.1231	-1.0276	-0.1486	1.0194
	每股资本公积金(元)	1.1008	1.1007	1.0882	1.0883
	每股盈余公积金(元)	0.0060	0.0060	-	-
	每股未分配利润(元)	0.3824	0.3073	0.2640	0.1796
	净资产收益率(%)	4.0385	6.6890	3.7087	5.8947
	加权净资产收益率(%)	4.1000	6.9000	3.7700	8.9400
	净资产收益率(扣除)(%)	-	-	-	-
	总资产(万元)	1663495.48	1524919.52	1458906.09	1460511.91
	归属母公司股东权益(万元)	960090.63	932478.28	907245.65	874734.70
	主营业务收入(万元)	1365821.34	1830854.33	1164383.51	1466325.03
	营业收入(万元)	1383401.60	1950612.02	1180696.03	1593841.67
	主营成本(万元)	1265150.77	1668526.83	1078641.43	1310984.35
	营业成本(万元)	1277208.27	1777346.30	972110.15	1431292.35
	投资收益(万元)	226.28	322.01	139.56	658.14
	净利润(万元)	38872.47	62604.26	33904.61	51848.12
	利润总额(万元)	47757.44	83165.99	41440.78	71868.20

上海电气集团股份有限公司

公司概况	公司名称	上海电气集团股份有限公司		证券简称	上海电气
	法人代表	徐建国	董秘	伏蓉	证券代码	601727
	公司网址	www.shanghai-electric.com		电子信箱	ir@shanghai-electric.com
	电　话	021-33261888 33261701		传　真	021-34695780
	办公地址	上海市徐汇区钦江路212号			
	经营范围	电站及输配电、机电一体化、交通运输、环保设备的相关装备制造业产品的设计、制造、销售			

主要财务指标	指标\报告期	2012.06.30	2011.12.31	2011.06.30	2010.12.31
	基本每股收益(元)	0.1503	0.2581	0.1277	0.2200
	基本每股收益(扣除)(元)	0.1306	0.2100	0.1203	0.1400
	每股净资产(元)	2.3700	2.2800	2.1700	2.1100
	每股经营现金净流量(元)	-0.0765	0.0725	-0.2622	0.3764
	每股现金流量(元)	-0.1118	-0.0047	-0.2544	0.2158
	每股资本公积金(元)	0.3370	0.3211	0.3315	0.3346
	每股盈余公积金(元)	0.2123	0.2129	0.1878	0.1876
	每股未分配利润(元)	0.8215	0.7471	0.6450	0.5826
	净资产收益率(%)	6.3397	11.3140	5.8960	10.4416
	加权净资产收益率(%)	6.3900	11.7700	5.9200	11.1300
	净资产收益率(扣除)(%)	-	-	-	-
	总资产(万元)	11082313.30	10671505.90	10160330.10	9821184.10
	归属母公司股东权益(万元)	3039853.30	2925719.20	2776498.20	2700244.90
	主营业务收入(万元)	3538034.30	6670711.60	3295680.20	6196913.10
	营业收入(万元)	3622033.70	6830227.50	3371985.00	6317586.20
	主营成本(万元)	2861102.00	5429989.00	2711521.50	5142119.60
	营业成本(万元)	2900467.20	5505079.70	2748258.50	5202273.80
	投资收益(万元)	62401.30	100405.70	58987.50	127548.20
	净利润(万元)	273994.30	449335.20	237302.20	389482.80
	利润总额(万元)	321502.20	520837.30	272951.90	412256.80

中国南车股份有限公司

公司概况	公司名称	中国南车股份有限公司		证券简称	中国南车
	法人代表	赵小刚	董秘	邵仁强	证券代码	601766
	公司网址	www.csrgc.com.cn		电子信箱	csr@csrgc.com
	电　话	010-51862188		传　真	010-63984785
	办公地址	北京市海淀区西四环中路16号			
	经营范围	轨道交通装备制造			

主要财务指标	指标\报告期	2012.06.30	2011.12.31	2011.06.30	2010.12.31
	基本每股收益(元)	0.1500	0.3300	0.1700	0.2100
	基本每股收益(扣除)(元)	0.1400	0.3000	0.1700	0.1900
	每股净资产(元)	2.2200	1.9100	1.7600	1.6300
	每股经营现金净流量(元)	-0.8062	0.5863	-0.6501	0.3143
	每股现金流量(元)	-0.7120	0.6974	-0.1354	0.2284
	每股资本公积金(元)	0.6756	0.2236	0.2273	0.2309
	每股盈余公积金(元)	0.0360	0.0419	0.0244	0.0244
	每股未分配利润(元)	0.5103	0.6428	0.5066	0.3739
	净资产收益率(%)	6.2622	17.1270	9.8307	13.1116
	加权净资产收益率(%)	6.5800	16.9600	10.2000	13.8200
	净资产收益率(扣除)(%)	-	-	-	-
	总资产(万元)	10271597.02	9278639.08	9291806.71	7376054.19
	归属母公司股东权益(万元)	3063835.26	2256163.04	2079752.87	1926767.15
	主营业务收入(万元)	4202864.31	7990412.54	3975266.95	6435150.00
	营业收入(万元)	4245364.32	8071080.68	4012732.46	6513321.19
	主营成本(万元)	3387558.22	6464440.20	3242745.35	5299134.79
	营业成本(万元)	3425421.86	6530548.12	3275161.30	5367330.83
	投资收益(万元)	5853.53	69142.66	31791.64	64497.08
	净利润(万元)	231608.39	474323.97	261925.94	324388.49
	利润总额(万元)	279673.88	544212.66	308335.63	365978.63

力帆实业(集团)股份有限公司

公司概况	公司名称	力帆实业(集团)股份有限公司		证券简称	力帆股份
	法人代表	尹明善	董秘	汤晓东	证券代码	601777
	公司网址	www.lifan.com		电子信箱	tzzqb@lifan.com
	电　话	023-61663050		传　真	023-65213175
	办公地址	重庆市沙坪坝区上桥张家湾60号			
	经营范围	主要从事摩托车、汽车、通用汽油机的研发、生产及销售			

主要财务指标	指标\报告期	2012.06.30	2011.12.31	2011.06.30	2010.12.31
	基本每股收益(元)	0.2060	0.4102	0.2164	0.4972
	基本每股收益(扣除)(元)	0.1964	0.3492	0.2087	0.4764
	每股净资产(元)	5.0200	5.0100	4.8200	6.1417
	每股经营现金净流量(元)	-0.5315	0.1507	-0.3044	0.1819
	每股现金流量(元)	-0.0555	-2.4284	-1.9066	3.0301
	每股资本公积金(元)	3.3241	3.3241	3.3230	3.3230
	每股盈余公积金(元)	0.1020	0.1020	0.0810	0.0810
	每股未分配利润(元)	0.6162	0.6102	0.4373	0.5709
	净资产收益率(%)	4.1039	8.1870	4.4897	8.0960
	加权净资产收益率(%)	4.1100	8.2800	4.5100	19.0700
	净资产收益率(扣除)(%)	-	-	-	-
	总资产(万元)	1105810.02	1078908.93	900145.98	1014946.26
	归属母公司股东权益(万元)	477691.79	476676.35	458652.60	471750.57
	主营业务收入(万元)	401648.62	858990.68	412737.71	675110.19
	营业收入(万元)	402680.08	863035.45	413632.30	677077.42
	主营成本(万元)	327079.70	719200.21	343354.02	551866.55
	营业成本(万元)	327463.00	722143.61	343507.32	552160.46
	投资收益(万元)	1883.65	1530.23	776.31	999.84
	净利润(万元)	18530.05	37534.19	20315.73	38005.45
	利润总额(万元)	21376.88	44099.25	23563.12	44294.61

光大证券股份有限公司

公司概况	公司名称	光大证券股份有限公司			证券简称	光大证券
	法人代表	徐浩明	董秘	梅键	证券代码	601788
	公司网址	www.ebscn.com		电子信箱	ebs@ebscn.com	
	电　　话	021-22169999		传　　真	021-22169964 62151789	
	办公地址	上海市静安区新闸路1508号				
	经营范围	证券经纪、证券投资咨询、与证券交易、证券投资活动有关的财务顾问等				

	指标\报告期	2012.06.30	2011.12.31	2011.06.30	2010.12.31
主要财务指标	基本每股收益(元)	0.2427	0.4500	0.3307	0.6400
	基本每股收益(扣除)(元)	0.2237	0.4300	0.3222	0.6200
	每股净资产(元)	6.3900	6.2833	6.4878	6.6500
	每股经营现金净流量(元)	0.2450	-5.3083	-3.3885	-1.2354
	每股现金流量(元)	0.0693	-6.2344	-3.9835	-1.9853
	每股资本公积金(元)	2.9485	2.8243	3.1444	3.1817
	每股盈余公积金(元)	0.3955	0.3955	0.3455	0.3455
	每股未分配利润(元)	1.2958	1.3152	1.3440	1.4634
	净资产收益率(%)	3.7974	7.1920	5.0970	9.6850
	加权净资产收益率(%)	3.7500	6.8500	4.9000	9.7600
	净资产收益率(扣除)(%)	-	-	-	-
	总资产(万元)	5117688.64	4332914.02	5228285.75	5957885.27
	归属母公司股东权益(万元)	2184093.35	2147624.25	2217540.27	2271600.65
	主营业务收入(万元)				
	营业收入(万元)	211261.01	449848.07	264992.57	505407.52
	主营成本(万元)				
	营业成本(万元)	-	-	-	-
	投资收益(万元)	38286.10	60935.05	35556.63	39524.96
	净利润(万元)	83962.64	159542.56	116129.31	226489.22
	利润总额(万元)	106269.23	209350.43	148728.40	298645.50

宁波建工股份有限公司

公司概况	公司名称	宁波建工股份有限公司			证券简称	宁波建工
	法人代表	徐文卫	董秘	李长春	证券代码	601789
	公司网址	www.jiangong.com.cn		电子信箱	nbjiangong@gmail.com	
	电　　话	0574-87066873 87066661		传　　真	0574-87888090	
	办公地址	浙江省宁波市江东区宁穿路538号				
	经营范围	承包境外房屋建筑、机电安装和境内国际招标工程等				

	指标\报告期	2012.06.30	2011.12.31	2011.06.30	2010.12.31
主要财务指标	基本每股收益(元)	0.1375	0.3473	0.1592	0.3268
	基本每股收益(扣除)(元)	0.1287	0.3150	0.1418	0.2703
	每股净资产(元)	3.0677	3.6351	1.8580	1.8000
	每股经营现金净流量(元)	-0.2109	-0.9990	-0.9093	0.5249
	每股现金流量(元)	-0.2689	0.8783	-0.0089	-0.4078
	每股资本公积金(元)	1.3036	1.3036	0.1163	0.1163
	每股盈余公积金(元)	0.0710	0.0710	0.0605	0.0605
	每股未分配利润(元)	0.6931	0.6556	0.6812	0.6220
	净资产收益率(%)	4.4812	9.5540	8.5703	18.1667
	加权净资产收益率(%)	4.3800	15.0300	8.2200	19.6800
	净资产收益率(扣除)(%)	-	-	-	-
	总资产(万元)	458462.78	442377.73	347169.24	320678.02
	归属母公司股东权益(万元)	122909.88	121408.63	55861.37	54080.46
	主营业务收入(万元)	421327.73	866490.53	365459.60	789566.63
	营业收入(万元)	422321.75	867562.69	366545.42	792667.23
	主营成本(万元)	386986.54	799500.12	336346.31	726260.01
	营业成本(万元)	387452.64	800534.98	337030.38	729251.40
	投资收益(万元)	81.25	188.38	494.55	797.58
	净利润(万元)	5668.84	11972.40	4936.71	10245.91
	利润总额(万元)	7694.42	16839.73	6785.20	13722.10

甘肃蓝科石化高新装备股份有限公司

公司概况	公司名称	甘肃蓝科石化高新装备股份有限公司			证券简称	蓝科高新
	法人代表	张延丰	董秘	解庆	证券代码	601798
	公司网址	www.lanpec.com		电子信箱	lanpec@lanpec.com	
	电　　话	0931-7639858		传　　真	0931-7663346	
	办公地址	甘肃省兰州市安宁区蓝科路8号				
	经营范围	本企业科技成果产业化产品、机械成套设备的制造、加工、销售等				

	指标\报告期	2012.06.30	2011.12.31	2011.06.30	2010.12.31
主要财务指标	基本每股收益(元)	0.1980	0.4320	0.2670	0.4670
	基本每股收益(扣除)(元)	0.1930	0.4170	0.2520	0.4280
	每股净资产(元)	5.0430	4.9030	2.8516	2.5850
	每股经营现金净流量(元)	-0.0828	-0.3655	-0.0885	0.0195
	每股现金流量(元)	0.0049	1.6313	2.4799	0.0741
	每股资本公积金(元)	2.6494	2.6494	2.6494	0.4170
	每股盈余公积金(元)	0.0589	0.0509	0.0483	0.0567
	每股未分配利润(元)	1.3348	1.2030	1.0277	1.1108
	净资产收益率(%)	3.9361	7.7144	4.2390	18.0824
	加权净资产收益率(%)	3.9700	11.0600	6.0000	19.6700
	净资产收益率(扣除)(%)	-	-	-	-
	总资产(万元)	260029.86	236175.17	237159.50	143311.25
	归属母公司股东权益(万元)	161379.09	156906.46	151212.57	62029.01
	主营业务收入(万元)	35365.18	74582.51	31131.17	64239.40
	营业收入(万元)	35384.28	74664.76	31181.76	64528.30
	主营成本(万元)	21768.86	44485.00	19018.34	39152.13
	营业成本(万元)	21769.59	44493.30	19025.29	39375.71
	投资收益(万元)	-	-	-	-
	净利润(万元)	6382.90	12164.34	6431.62	11298.43
	利润总额(万元)	7397.39	14346.45	7352.03	13238.14

常州星宇车灯股份有限公司

公司概况	公司名称	常州星宇车灯股份有限公司			证券简称	星宇股份
	法人代表	周晓萍	董秘	黄和发	证券代码	601799
	公司网址	www.xingyu-lighting.com		电子信箱	huanghefa@xingyu-lighting.com	
	电　　话	0519-85156063		传　　真	0519-85113616	
	办公地址	江苏省常州市新北区秦岭路182号				
	经营范围	汽车车灯、摩托车车灯、塑料工业配件的制造及销售				

	指标\报告期	2012.06.30	2011.12.31	2011.06.30	2010.12.31
主要财务指标	基本每股收益(元)	0.3415	0.7213	0.3071	0.7747
	基本每股收益(扣除)(元)	0.3338	0.6725	0.3066	0.7640
	每股净资产(元)	7.1659	7.3926	6.9524	2.3400
	每股经营现金净流量(元)	-0.2613	0.6514	0.1473	0.4563
	每股现金流量(元)	-0.9837	5.2492	4.9072	-0.2304
	每股资本公积金(元)	5.0554	5.0435	4.9993	0.1472
	每股盈余公积金(元)	0.1945	0.1968	0.1260	0.1688
	每股未分配利润(元)	0.9160	1.1682	0.8271	1.0219
	净资产收益率(%)	4.7653	9.4390	4.2306	32.9960
	加权净资产收益率(%)	4.6300	10.5400	4.7600	38.9900
	净资产收益率(扣除)(%)	-	-	-	-
	总资产(万元)	221948.45	229782.75	212114.03	87482.36
	归属母公司股东权益(万元)	171666.60	177096.36	164605.81	41325.53
	主营业务收入(万元)	60788.97	103955.62	50765.98	81658.80
	营业收入(万元)	63394.66	109751.94	53742.40	87076.95
	主营成本(万元)	45537.19	74657.90	35910.86	57571.62
	营业成本(万元)	47918.07	79880.07	38598.48	62385.43
	投资收益(万元)	90.60	-	0.37	-
	净利润(万元)	8166.62	16721.64	6967.11	13715.67
	利润总额(万元)	9456.74	19844.58	8423.53	16123.96

中国交通建设股份有限公司

公司概况					
公司名称	中国交通建设股份有限公司			证券简称	中国交建
法人代表	周纪昌	董秘	刘文生	证券代码	601800
公司网址	www.ccccltd.cn		电子信箱	ir@ccccltd.cn	
电　话	010-82016655 82016562		传　真	010-82016500 82016524	
办公地址	北京市西城区德胜门外大街 85 号				
经营范围	基建设计、基建建设、疏浚和装备制造四大板块				

主要财务指标 指标\报告期	2012.06.30	2011.12.31	2011.06.30	2010.12.31
基本每股收益(元)	0.3100	0.7800	0.3900	0.6400
基本每股收益(扣除)(元)	0.3000	0.6600	0.3100	0.5700
每股净资产(元)	4.8800	4.8000	4.5292	4.3200
每股经营现金净流量(元)	-0.3096	0.1059	-0.5149	1.0444
每股现金流量(元)	0.4753	0.3892	0.0082	0.3379
每股资本公积金(元)	1.6832	1.5608	1.6806	1.7051
每股盈余公积金(元)	0.0732	0.0732	0.0511	0.0511
每股未分配利润(元)	2.0462	1.9263	1.7343	1.5083
净资产收益率(%)	6.1494	16.2870	8.5220	14.7450
加权净资产收益率(%)	6.3100	17.3100	8.5600	15.3800
净资产收益率(扣除)(%)	-	-	-	-
总资产(万元)	40122021.12	35956792.21	34574156.74	31106704.31
归属母公司股东权益(万元)	7886953.68	7123021.85	6714572.43	6400145.63
主营业务收入(万元)	12445283.79	29371354.02	13845108.41	27190171.20
营业收入(万元)	12506895.05	29537048.61	13942913.86	27357149.88
主营成本(万元)	10786966.22	25751420.63	12261986.16	24096639.13
营业成本(万元)	10841262.45	25852854.10	12315593.77	24229658.43
投资收益(万元)	46851.96	96951.95	39404.30	101996.14
净利润(万元)	473093.17	1179415.84	566667.56	945088.69
利润总额(万元)	610608.30	1482677.79	717863.51	1190529.48

安徽新华传媒股份有限公司

公司概况					
公司名称	安徽新华传媒股份有限公司			证券简称	皖新传媒
法人代表	曹杰	董秘	穆耀	证券代码	601801
公司网址	www.ahsxhsd.com		电子信箱	wxcmdb@tom.com	
电　话	0551-2661323 2634712		传　真	0551-2661323 2634712	
办公地址	安徽省合肥市长江中路 279 号				
经营范围	出版物的批发、零售、文体用品零售、音像出版、广告传媒等				

主要财务指标 指标\报告期	2012.06.30	2011.12.31	2011.06.30	2010.12.31
基本每股收益(元)	0.2500	0.4400	0.1700	0.3600
基本每股收益(扣除)(元)	0.2600	0.4400	0.1900	0.3800
每股净资产(元)	4.2500	4.1200	3.8600	3.7800
每股经营现金净流量(元)	0.2907	0.3506	0.0009	0.3921
每股现金流量(元)	-0.2564	-0.5361	-0.1147	1.7205
每股资本公积金(元)	1.6993	1.6991	1.6996	1.6996
每股盈余公积金(元)	0.1274	0.1274	0.0497	0.0497
每股未分配利润(元)	1.4268	1.2933	1.1072	1.0351
净资产收益率(%)	5.9606	10.5790	4.4620	9.3230
加权净资产收益率(%)	5.9700	10.8800	4.4500	9.9900
净资产收益率(扣除)(%)	-	-	-	-
总资产(万元)	526931.23	480896.05	463960.60	458877.60
归属母公司股东权益(万元)	387070.04	374897.89	350945.60	344382.62
主营业务收入(万元)	158745.11	298102.76	127708.09	272473.07
营业收入(万元)	162620.14	304748.03	131682.13	276038.06
主营成本(万元)	106430.06	200833.97	85507.55	183242.91
营业成本(万元)	106744.95	202545.61	86810.41	184239.15
投资收益(万元)	1431.71	1380.83	5.87	232.71
净利润(万元)	23331.84	39909.22	15750.46	32166.41
利润总额(万元)	23539.52	40144.16	15820.48	32222.93

中海油田服务股份有限公司

公司概况					
公司名称	中海油田服务股份有限公司			证券简称	中海油服
法人代表	李勇	董秘	杨海江	证券代码	601808
公司网址	www.cosl.com.cn		电子信箱	yanghj@cosl.com.cn	
电　话	010-84521685 84521687		传　真	010-84521325	
办公地址	北京市东城区朝阳门内大街 2 号 凯恒大厦 B 座 11 层 10 号(1110 室)				
经营范围	对外派遣与其实力、规模、业绩相适应的境外工程所需的劳务人员等				

主要财务指标 指标\报告期	2012.06.30	2011.12.31	2011.06.30	2010.12.31
基本每股收益(元)	0.5300	0.9000	0.4600	0.9200
基本每股收益(扣除)(元)	0.5400	0.9100	0.4700	0.8800
每股净资产(元)	6.6900	6.3300	5.9400	5.6900
每股经营现金净流量(元)	0.7592	1.4123	0.6398	1.7474
每股现金流量(元)	0.4169	-0.0447	-0.4162	0.5856
每股资本公积金(元)	1.7962	1.7962	1.7962	1.7962
每股盈余公积金(元)	0.4607	0.4607	0.3754	0.3754
每股未分配利润(元)	3.5506	3.1972	2.8447	2.5639
净资产收益率(%)	7.9720	14.1940	7.7609	16.1335
加权净资产收益率(%)	8.0800	14.8500	7.7800	17.1600
净资产收益率(扣除)(%)	-	-	-	-
总资产(万元)	6613056.33	6500167.42	6210349.92	6359333.23
归属母公司股东权益(万元)	3007641.88	2845856.48	2668817.35	2558957.66
主营业务收入(万元)	1025528.97	1890603.51	835768.02	1805985.68
营业收入(万元)	1025528.97	1890603.51	835768.02	1805985.68
主营成本(万元)	677257.99	1289805.85	532698.45	1171669.19
营业成本(万元)	677257.99	1289805.85	532698.45	1171669.19
投资收益(万元)	13296.81	17417.97	8996.38	14383.86
净利润(万元)	240277.56	403953.49	207454.72	412799.79
利润总额(万元)	288937.20	481162.91	251095.61	483423.72

中国光大银行股份有限公司

公司概况					
公司名称	中国光大银行股份有限公司			证券简称	光大银行
法人代表	唐双宁	董秘	卢鸿	证券代码	601818
公司网址	www.cebbank.com		电子信箱	ir@cebbank.com	
电　话	010-63636388 63636363		传　真	010-63636713	
办公地址	北京市西城区太平桥大街 25 号中国光大中心				
经营范围	银行业务、零售银行业务、资金业务等				

主要财务指标 指标\报告期	2012.06.30	2011.12.31	2011.06.30	2010.12.31
基本每股收益(元)	0.3200	0.4500	0.2300	0.3600
基本每股收益(扣除)(元)	0.3200	0.4500	0.2300	0.3600
每股净资产(元)	2.5900	2.3800	2.1400	2.0100
每股经营现金净流量(元)	-0.2884	1.1459	0.1792	0.3378
每股现金流量(元)	-1.0135	1.6219	0.2933	-0.6139
每股资本公积金(元)	0.5272	0.5027	0.4893	0.4922
每股盈余公积金(元)	0.1045	0.1045	0.0602	0.0602
每股未分配利润(元)	0.6111	0.4246	0.2690	0.1722
净资产收益率(%)	12.3557	18.8139	10.6314	15.7197
加权净资产收益率(%)	25.2000	20.4400	21.4400	20.9900
净资产收益率(扣除)(%)	-	-	-	-
总资产(万元)	209379424.20	173334560.70	166212723.60	148395034.20
归属母公司股东权益(万元)	10456734.00	9603416.40	8663391.80	8136446.70
主营业务收入(万元)				
营业收入(万元)	3047942.00	4607255.30	2292986.40	3552998.50
主营成本(万元)				
营业成本(万元)	-	-	-	-
投资收益(万元)	-18688.30	-13308.90	16706.10	44668.90
净利润(万元)	1293614.70	1808512.20	922132.10	1279369.60
利润总额(万元)	1728966.60	2421138.40	1230651.60	1711056.60

中国石油天然气股份有限公司

公司概况						
	公司名称	中国石油天然气股份有限公司			证券简称	中国石油
	法人代表	蒋洁敏	董秘	李华林	证券代码	601857
	公司网址	www.petrochina.com.cn		电子信箱	suxinliang@petrochina.com.cn	
	电话	010-59986959 59986223		传真	010-62099557 62099559	
	办公地址	北京市东城区东直门北大街9号				
	经营范围	原油和天然气的勘探、开发、生产和销售等				

主要财务指标	指标\报告期	2012.06.30	2011.12.31	2011.06.30	2010.12.31
	基本每股收益(元)	0.3400	0.7300	0.3600	0.7600
	基本每股收益(扣除)(元)	0.3500	0.7500	0.3700	0.7800
	每股净资产(元)	5.6900	5.4800	5.3200	5.1300
	每股经营现金净流量(元)	0.2623	1.5854	0.7049	1.7419
	每股现金流量(元)	0.0665	0.0845	0.3847	−0.2252
	每股资本公积金(元)	0.6296	0.6167	0.6327	0.6330
	每股盈余公积金(元)	0.8266	0.8266	0.7575	0.7575
	每股未分配利润(元)	3.1884	3.0139	2.8776	2.6999
	净资产收益率(%)	5.9583	13.2600	6.7750	14.8951
	加权净资产收益率(%)	6.0000	13.6000	6.8000	15.5000
	净资产收益率(扣除)(%)	–	–	–	–
	总资产(万元)	205143300.00	191752800.00	180925600.00	165636800.00
	归属母公司股东权益(万元)	104097100.00	100288500.00	97425800.00	93904300.00
	主营业务收入(万元)	102953800.00	196504100.00	93709200.00	142972700.00
	营业收入(万元)	104666100.00	200384300.00	95224700.00	146541500.00
	主营成本(万元)	75090500.00	138874900.00	64313900.00	93693700.00
	营业成本(万元)	76715500.00	142528400.00	65675200.00	97020900.00
	投资收益(万元)	520300.00	1263000.00	574200.00	704300.00
	净利润(万元)	6982800.00	14600700.00	7369700.00	15067500.00
	利润总额(万元)	8759100.00	18427600.00	9825100.00	18919400.00

中海集装箱运输股份有限公司

公司概况						
	公司名称	中海集装箱运输股份有限公司			证券简称	中海集运
	法人代表	李绍德	董秘	叶宇芒	证券代码	601866
	公司网址	www.cscl.com.cn		电子信箱	yym@cnshipping.com	
	电话	021-65966105 65966512		传真	021-65966498 65966813	
	办公地址	上海市浦东新区福山路450号				
	经营范围	国内沿海及长江中下游普通货船、国内沿海外贸集装箱内支线班轮运输等				

主要财务指标	指标\报告期	2012.06.30	2011.12.31	2011.06.30	2010.12.31
	基本每股收益(元)	−0.1096	−0.2348	−0.0540	0.3598
	基本每股收益(扣除)(元)	–	−0.2454	−0.0586	0.3372
	每股净资产(元)	2.1200	2.2300	2.4300	2.5000
	每股经营现金净流量(元)	–	−0.1935	−0.0352	0.4700
	每股现金流量(元)	–	−0.3060	−0.3016	0.3177
	每股资本公积金(元)	1.4698	1.4698	1.4704	1.4703
	每股盈余公积金(元)	–	0.1166	0.1166	0.1166
	每股未分配利润(元)	–	−0.2487	−0.0679	−0.0139
	净资产收益率(%)	–	−10.5420	−2.2240	14.4020
	加权净资产收益率(%)	−5.0400	−9.9400	−2.1900	15.4500
	净资产收益率(扣除)(%)	–	–	–	–
	总资产(万元)	–	4941249.05	4817231.33	4901612.53
	归属母公司股东权益(万元)	2476999.84	2602333.33	2834483.85	2918493.85
	主营业务收入(万元)	1530983.50	2824649.76	1396690.42	3480870.61
	营业收入(万元)	–	2828075.25	1397200.76	3483546.90
	主营成本(万元)	1614480.46	3028678.38	1424020.34	2970420.94
	营业成本(万元)	–	3030627.39	1425010.14	2973266.31
	投资收益(万元)	–	8168.24	4137.28	17022.23
	净利润(万元)	–	−270047.33	−61067.36	423324.00
	利润总额(万元)	−121404.44	−262625.92	−58472.25	431970.70

招商局能源运输股份有限公司

公司概况						
	公司名称	招商局能源运输股份有限公司			证券简称	招商轮船
	法人代表	李建红	董秘	孔康	证券代码	601872
	公司网址	www.cmenergyshipping.com		电子信箱	ir@cmeshipping.com	
	电话	021-63234803		传真	021-63238238	
	办公地址	上海市中山东一路9号三楼(外滩9号楼)				
	经营范围	本公司主营业务为远洋油轮及散货船运输				

主要财务指标	指标\报告期	2012.06.30	2011.12.31	2011.06.30	2010.12.31
	基本每股收益(元)	0.0210	0.0500	0.0580	0.1800
	基本每股收益(扣除)(元)	0.0200	0.0400	0.0570	0.1600
	每股净资产(元)	2.8700	2.7300	2.8000	2.8400
	每股经营现金净流量(元)	0.0887	0.2031	0.1097	0.2836
	每股现金流量(元)	0.8076	−0.0996	−0.0660	−0.0496
	每股资本公积金(元)	1.4829	1.2688	1.2710	1.2747
	每股盈余公积金(元)	0.0221	0.0276	0.0232	0.0232
	每股未分配利润(元)	0.7174	0.8855	0.9006	0.8866
	净资产收益率(%)	0.6718	1.7323	2.0700	6.3101
	加权净资产收益率(%)	0.7610	1.7000	2.0490	6.4100
	净资产收益率(扣除)(%)	–	–	–	–
	总资产(万元)	2007683.43	1649268.28	1683413.49	1623347.13
	归属母公司股东权益(万元)	1231436.44	938130.73	961771.91	975891.20
	主营业务收入(万元)	156225.02	278307.30	134983.55	257294.08
	营业收入(万元)	156225.02	279265.20	134983.55	259667.77
	主营成本(万元)	147565.13	257736.14	112767.01	190537.63
	营业成本(万元)	147565.13	258638.49	112767.01	192757.60
	投资收益(万元)	3810.64	7149.37	3844.45	6295.58
	净利润(万元)	8184.42	16390.12	20126.71	63254.52
	利润总额(万元)	9670.11	17546.29	20593.71	68594.50

浙江正泰电器股份有限公司

公司概况						
	公司名称	浙江正泰电器股份有限公司			证券简称	正泰电器
	法人代表	南存辉	董秘	王国荣	证券代码	601877
	公司网址	www.chint.net		电子信箱	chintzqb@chint.com	
	电话	0577-62877777 021-56777777		传真	0577-62763701 021-56777777	
	办公地址	浙江省乐清市北白象镇正泰工业园区正泰路1号				
	经营范围	低压电器研发、制造、销售等				

主要财务指标	指标\报告期	2012.06.30	2011.12.31	2011.06.30	2010.12.31
	基本每股收益(元)	0.4900	0.8200	0.4000	0.6400
	基本每股收益(扣除)(元)	0.4800	0.7900	0.3900	0.6100
	每股净资产(元)	4.3430	4.5790	4.1700	4.3000
	每股经营现金净流量(元)	0.6930	0.1166	0.1529	0.6819
	每股现金流量(元)	−0.2310	0.5052	−0.5260	2.8368
	每股资本公积金(元)	2.3274	2.3481	2.3507	2.4502
	每股盈余公积金(元)	0.2479	0.2479	0.1578	0.1578
	每股未分配利润(元)	0.7688	0.9835	0.6571	0.6534
	净资产收益率(%)	11.1747	17.9120	9.6743	14.9084
	加权净资产收益率(%)	10.5800	18.3900	9.3800	17.1400
	净资产收益率(扣除)(%)	–	–	–	–
	总资产(万元)	833138.57	835955.31	655353.40	618893.85
	归属母公司股东权益(万元)	436459.56	460162.65	418632.71	428261.29
	主营业务收入(万元)	429789.30	812330.87	393682.94	620004.01
	营业收入(万元)	435272.84	828819.83	400189.89	633910.97
	主营成本(万元)	313845.91	618664.69	305058.20	459755.51
	营业成本(万元)	318457.41	629673.32	310494.35	469676.19
	投资收益(万元)	366.64	454.28	13.33	242.41
	净利润(万元)	53340.46	91013.37	44172.94	70335.13
	利润总额(万元)	64686.79	107857.83	53062.16	84076.78

大连港股份有限公司

公司概况	公司名称	大连港股份有限公司			证券简称	大连港
	法人代表	惠凯	董秘	朱宏波	证券代码	601880
	公司网址	www.dlport.cn		电子信箱	zhuhb@dlport.cn	
	电话	0411-82625378 82623910		传真	0411-82623159	
	办公地址	辽宁省大连市中山区港湾街1号				
	经营范围	国际、国内货物装卸、运输、中转、仓储等港口业务和物流服务等				

	指标\报告期	2012.06.30	2011.12.31	2011.06.30	2010.12.31
主要财务指标	基本每股收益(元)	0.0700	0.1500	0.0763	0.2200
	基本每股收益(扣除)(元)	0.0600	0.1400	0.0700	0.2000
	每股净资产(元)	2.8600	2.8500	2.7800	2.7500
	每股经营现金净流量(元)	0.0752	0.2779	0.0971	0.3258
	每股现金流量(元)	-0.0397	-0.2317	0.3681	0.4510
	每股资本公积金(元)	1.3812	1.3819	1.3845	1.3859
	每股盈余公积金(元)	0.0929	0.0929	0.0785	0.0785
	每股未分配利润(元)	0.3841	0.3760	0.3165	0.2899
	净资产收益率(%)	2.3706	5.2760	2.7440	6.6705
	加权净资产收益率(%)	2.3500	5.3700	2.7300	8.3100
	净资产收益率(扣除)(%)	-	-	-	-
	总资产(万元)	2709976.94	2717385.43	2754463.45	2269081.91
	归属母公司股东权益(万元)	1266141.50	1262879.86	1230716.59	1219022.59
	主营业务收入(万元)	188074.81	366041.89	159319.61	309573.23
	营业收入(万元)	204822.15	395539.44	171454.46	333695.07
	主营成本(万元)	109349.12	224849.40	94835.58	165295.03
	营业成本(万元)	122970.06	248775.21	106150.13	188827.46
	投资收益(万元)	7196.48	14108.00	7452.25	13842.52
	净利润(万元)	34563.75	75746.45	37199.25	84681.78
	利润总额(万元)	45975.13	99505.25	47361.95	107829.98

北京江河幕墙股份有限公司

公司概况	公司名称	北京江河幕墙股份有限公司			证券简称	江河幕墙
	法人代表	刘载望	董秘	刘中岳	证券代码	601886
	公司网址	www.janghogroup.com		电子信箱	liuzhongyue@janghogroup.com	
	电话	010-60411166		传真	010-60411666	
	办公地址	北京市顺义区牛汇北五街5号				
	经营范围	制造各类幕墙、门窗、钢结构产品等				

	指标\报告期	2012.06.30	2011.12.31	2011.06.30	2010.12.31
主要财务指标	基本每股收益(元)	0.3100	0.7000	0.3100	0.6900
	基本每股收益(扣除)(元)	0.3000	0.6600	0.3000	0.6700
	每股净资产(元)	7.4600	7.3400	4.0500	3.7400
	每股经营现金净流量(元)	-1.3880	-2.0117	-1.4149	0.5717
	每股现金流量(元)	-1.0010	1.0641	-1.2123	0.6786
	每股资本公积金(元)	4.1760	4.1760	0.8024	0.8024
	每股盈余公积金(元)	0.2537	0.2238	0.2024	0.2024
	每股未分配利润(元)	2.0273	1.9431	2.0466	1.7380
	净资产收益率(%)	4.2124	8.2760	7.6282	18.3760
	加权净资产收益率(%)	4.2100	13.3500	7.9300	20.2400
	净资产收益率(扣除)(%)	-	-	-	-
	总资产(万元)	922574.59	775574.39	524053.83	513203.77
	归属母公司股东权益(万元)	417580.99	411156.56	182089.02	168243.85
	主营业务收入(万元)	306709.73	576066.26	240658.85	518103.85
	营业收入(万元)	306881.78	576249.05	240742.11	518217.26
	主营成本(万元)	239694.24	440543.12	185955.35	398998.92
	营业成本(万元)	239854.11	440698.46	224881.29	399248.43
	投资收益(万元)	-16.75	311.61	38.24	336.08
	净利润(万元)	17299.01	33709.74	13982.44	30642.27
	利润总额(万元)	20666.98	39705.29	16163.29	36365.51

中国国旅股份有限公司

公司概况	公司名称	中国国旅股份有限公司			证券简称	中国国旅
	法人代表	盖志新	董秘	薛军	证券代码	601888
	公司网址	www.citsgroup.net		电子信箱	citszq@citsgroup.com.cn	
	电话	010-84478866 84479696		传真	010-84479312	
	办公地址	北京市东城区东直门外小街甲2号A座8层				
	经营范围	旅游服务及旅游商品相关项目的投资与管理等				

	指标\报告期	2012.06.30	2011.12.31	2011.06.30	2010.12.31
主要财务指标	基本每股收益(元)	0.6460	0.7780	0.3760	0.4660
	基本每股收益(扣除)(元)	-	0.7740	0.3750	0.4640
	每股净资产(元)	5.8640	5.3180	4.9420	4.6640
	每股经营现金净流量(元)	-	0.6272	0.1092	0.5172
	每股现金流量(元)	-	-0.7039	0.1699	0.3280
	每股资本公积金(元)	2.7291	2.7291	2.7278	2.7296
	每股盈余公积金(元)	-	0.0713	0.0305	0.0305
	每股未分配利润(元)	-	1.5836	1.2218	0.9453
	净资产收益率(%)	-	14.6350	7.6020	9.9818
	加权净资产收益率(%)	11.4500	15.5900	7.8200	10.4900
	净资产收益率(扣除)(%)	-	-	-	-
	总资产(万元)	-	769636.60	714925.62	648396.44
	归属母公司股东权益(万元)	516036.79	467995.35	434891.65	410433.53
	主营业务收入(万元)	685418.11	1259961.46	501196.11	955083.50
	营业收入(万元)	690723.58	1269469.44	505179.20	960928.47
	主营成本(万元)	524155.59	1004216.89	393244.47	777439.30
	营业成本(万元)	-	1006212.24	394380.13	779811.86
	投资收益(万元)	-	9740.16	4970.49	8903.51
	净利润(万元)	-	83522.07	40528.07	55483.62
	利润总额(万元)	-	108650.09	50508.88	71521.73

江苏亚星锚链股份有限公司

公司概况	公司名称	江苏亚星锚链股份有限公司			证券简称	亚星锚链
	法人代表	陶安祥	董秘	吴汉岐	证券代码	601890
	公司网址	www.anchor-chain.com		电子信箱	whq@asac.cn	
	电话	0523-84686986		传真	0523-84686659	
	办公地址	江苏省靖江市东兴镇何德村江苏亚星锚链股份有限公司办公楼				
	经营范围	船用锚链、船舶配件及锚链附件产品制造				

	指标\报告期	2012.06.30	2011.12.31	2011.06.30	2010.12.31
主要财务指标	基本每股收益(元)	0.0900	0.2100	0.1600	0.4300
	基本每股收益(扣除)(元)	0.0900	0.1500	0.1500	0.3800
	每股净资产(元)	5.9100	5.9200	5.8610	7.5700
	每股经营现金净流量(元)	-0.4114	-0.2193	-1.3358	-0.3209
	每股现金流量(元)	-0.9374	-1.4620	-1.7629	4.5412
	每股资本公积金(元)	3.9456	3.9456	3.9456	5.4292
	每股盈余公积金(元)	0.0765	0.0765	0.0585	0.0761
	每股未分配利润(元)	0.8882	0.8956	0.8570	1.0600
	净资产收益率(%)	1.5668	3.6100	2.6791	5.5030
	加权净资产收益率(%)	1.5500	3.6400	2.6600	21.1400
	净资产收益率(扣除)(%)	-	-	-	-
	总资产(万元)	375174.17	377178.95	375520.53	384319.49
	归属母公司股东权益(万元)	276603.19	276949.34	274301.34	272352.66
	主营业务收入(万元)	92370.66	182852.19	85079.42	169521.01
	营业收入(万元)	96750.08	194158.08	90883.66	177795.74
	主营成本(万元)	76610.84	150523.14	67053.84	127434.00
	营业成本(万元)	80254.92	159928.65	71872.12	133735.98
	投资收益(万元)	-153.92	30.23	-10.99	-
	净利润(万元)	4216.33	10304.31	7880.04	16602.05
	利润总额(万元)	5325.39	12560.41	9469.56	20736.82

中国中煤能源股份有限公司

公司概况					
公司名称	中国中煤能源股份有限公司			证券简称	中煤能源
法人代表	王安	董秘	周东洲	证券代码	601898
公司网址	www.chinacoalenergy.com		电子信箱	ird@chinacoal.com	
电　话	010-82236028 82256482		传　真	010-82256479 82256484	
办公地址	北京市朝阳区黄寺大街1号				
经营范围	煤炭的生产和销售、煤焦化产品的生产、煤矿装备制造、煤矿工程的勘探、咨询等				

主要财务指标 指标\报告期	2012.06.30	2011.12.31	2011.06.30	2010.12.31
基本每股收益(元)	0.3600	0.7200	0.3800	0.5200
基本每股收益(扣除)(元)	0.3500	0.7100	0.3700	0.5100
每股净资产(元)	6.3000	6.1400	5.8200	5.5400
每股经营现金净流量(元)	0.3122	1.1494	0.4545	0.8097
每股现金流量(元)	-0.4612	-0.1542	-0.8059	0.7764
每股资本公积金(元)	2.8589	2.8799	2.8698	2.8697
每股盈余公积金(元)	0.2002	0.2002	0.1398	0.1398
每股未分配利润(元)	1.9375	1.7986	1.5132	1.2933
净资产收益率(%)	5.7131	11.7070	6.4420	9.4100
加权净资产收益率(%)	5.7900	12.2900	6.5900	9.7400
净资产收益率(扣除)(%)	-	-	-	-
总资产(万元)	16396143.40	15926412.70	12948512.50	12081507.90
归属母公司股东权益(万元)	8347506.40	8139804.50	7720988.10	7343697.70
主营业务收入(万元)	4512572.70	8777305.40	4242210.60	7030263.70
营业收入(万元)	4540770.40	8887240.90	4309823.40	7126841.70
主营成本(万元)	2957610.30	5799262.90	2744623.80	4659579.00
营业成本(万元)	2982046.80	5899710.20	2746212.70	4744936.10
投资收益(万元)	21441.00	30380.30	3536.10	-9591.90
净利润(万元)	506931.40	1030536.60	541557.20	757072.90
利润总额(万元)	676572.80	1356245.70	718268.60	1022160.50

紫金矿业集团股份有限公司

公司概况					
公司名称	紫金矿业集团股份有限公司			证券简称	紫金矿业
法人代表	陈景河	董秘	郑于强	证券代码	601899
公司网址	www.zjky.cn		电子信箱	zyq@zjky.cn	
电　话	0592-2933662		传　真	0592-2933580	
办公地址	福建省上杭县紫金大道1号 厦门市湖里区泗水道599号海富中心19-22层				
经营范围	以黄金为主导产业的矿产资源的勘探、采矿、选矿、冶炼及矿产品销售				

主要财务指标 指标\报告期	2012.06.30	2011.12.31	2011.06.30	2010.12.31
基本每股收益(元)	0.1090	0.2600	0.1370	0.2200
基本每股收益(扣除)(元)	0.1130	0.2600	0.1310	0.2400
每股净资产(元)	1.1570	1.1470	1.0620	1.5000
每股经营现金净流量(元)	0.1346	0.2930	0.2506	0.4071
每股现金流量(元)	0.0335	0.0516	0.2531	0.0545
每股资本公积金(元)	3.5138	3.5254	0.5717	0.6449
每股盈余公积金(元)	0.0605	0.0605	0.0688	0.0688
每股未分配利润(元)	0.6514	0.6420	0.8088	0.6922
净资产收益率(%)	9.4520	22.8420	12.8300	22.1140
加权净资产收益率(%)	9.4500	24.5200	13.5300	24.6000
净资产收益率(扣除)(%)	-	-	-	-
总资产(万元)	6053712.44	5232019.93	4552303.09	3840123.28
归属母公司股东权益(万元)	2522966.63	2500861.09	2317183.30	2183157.05
主营业务收入(万元)	2050736.89	3943693.70	1556165.50	2812216.22
营业收入(万元)	2099252.44	3976391.54	1585226.78	2853957.89
主营成本(万元)	1516657.62	2735483.62	994156.68	1795862.16
营业成本(万元)	1553038.64	2753654.36	1011044.80	1833738.31
投资收益(万元)	24795.94	56177.58	18109.14	20763.01
净利润(万元)	284001.27	691052.54	353752.97	575574.84
利润总额(万元)	384399.64	927630.17	467459.99	733157.18

方正证券股份有限公司

公司概况					
公司名称	方正证券股份有限公司			证券简称	方正证券
法人代表	雷杰	董秘	何其聪	证券代码	601901
公司网址	www.foundersc.com		电子信箱	pub@foundersc.com	
电　话	0731-85832367		传　真	0731-85832366	
办公地址	湖南省长沙市芙蓉区芙蓉中路二段华侨国际大厦22-24层				
经营范围	证券经纪、投资银行、证券自营、资产管理、基金管理、直接投资等				

主要财务指标 指标\报告期	2012.06.30	2011.12.31	2011.06.30	2010.12.31
基本每股收益(元)	0.0600	0.0504	0.0600	0.2713
基本每股收益(扣除)(元)	0.0600	0.0289	0.0600	0.2637
每股净资产(元)	2.3200	2.3300	1.9300	1.8800
每股经营现金净流量(元)	-0.4402	-1.3128	-0.9277	-0.8028
每股现金流量(元)	-0.7331	-0.6761	-0.9373	-0.8345
每股资本公积金(元)	0.9512	0.9384	0.4083	0.4193
每股盈余公积金(元)	0.0288	0.0288	0.0332	0.0332
每股未分配利润(元)	0.2077	0.2221	0.3163	0.2537
净资产收益率(%)	2.3923	1.8110	3.2500	14.4520
加权净资产收益率(%)	2.3500	2.4200	3.2500	15.6100
净资产收益率(扣除)(%)	-	-	-	-
总资产(万元)	2670454.05	2614167.27	2313666.33	2802403.58
归属母公司股东权益(万元)	1417937.12	1418865.47	887397.62	863637.74
主营业务收入(万元)				
营业收入(万元)	110445.85	170903.39	96634.52	308770.34
主营成本(万元)				
营业成本(万元)	65731.05	-	60114.80	-
投资收益(万元)	7630.97	1629.00	12417.38	23564.00
净利润(万元)	32929.31	25125.84	27984.42	127238.07
利润总额(万元)	44622.91	35830.16	37157.07	170957.50

北京京运通科技股份有限公司

公司概况					
公司名称	北京京运通科技股份有限公司			证券简称	京运通
法人代表	冯焕培	董秘	张文慧	证券代码	601908
公司网址	www.jingyuntong.com		电子信箱	ir@jytcorp.com	
电　话	010-80803016-8080 3016		传　真	010-80803016-8298	
办公地址	北京市北京经济技术开发区经海四路158号				
经营范围	生产半导体及光伏精密设备等				

主要财务指标 指标\报告期	2012.06.30	2011.12.31	2011.06.30	2010.12.31
基本每股收益(元)	0.0300	1.1800	0.4700	0.9100
基本每股收益(扣除)(元)	0.0200	1.1300	0.4700	0.9200
每股净资产(元)	4.1700	8.5800	3.1659	2.2200
每股经营现金净流量(元)	-0.1101	-0.2402	-0.0188	0.9505
每股现金流量(元)	-0.1172	4.5958	-0.3874	0.1138
每股资本公积金(元)	2.2090	5.4180	0.0398	0.0398
每股盈余公积金(元)	0.1271	0.2542	0.1469	0.1469
每股未分配利润(元)	0.8347	1.9127	1.9792	1.0374
净资产收益率(%)	0.6794	12.3050	29.7480	41.0450
加权净资产收益率(%)	0.6600	27.4700	34.9500	45.0200
净资产收益率(扣除)(%)	-	-	-	-
总资产(万元)	450477.86	454554.76	214401.59	170736.90
归属母公司股东权益(万元)	358591.06	369051.51	117102.71	82266.81
主营业务收入(万元)	22760.56	157913.99	91047.10	102544.52
营业收入(万元)	24388.52	177540.23	102130.49	113873.09
主营成本(万元)	16660.44	87928.49	44842.17	58263.55
营业成本(万元)	19231.88	104418.14	50793.45	64634.36
投资收益(万元)	185.02	-4.41	-	-
净利润(万元)	1439.92	43408.83	34887.08	35013.52
利润总额(万元)	2627.73	51325.31	40469.08	40568.18

国投新集能源股份有限公司

公司概况	公司名称	国投新集能源股份有限公司			证券简称	国投新集	
	法人代表	刘宜	董秘	马文杰	证券代码	601918	
	公司网址	www.sdicxinji.com.cn		电子信箱	xinji@sdicxinji.com.cn		
	电　话	0551-2231918 2639800		传　真	0551-2231819		
	办公地址	安徽省淮南市洞山中路12号					
	经营范围	煤炭开采、洗选加工、火力发电					

主要财务指标	指标\报告期	2012.06.30	2011.12.31	2011.06.30	2010.12.31
	基本每股收益(元)	0.5000	0.7300	0.3300	0.6800
	基本每股收益(扣除)(元)	0.4800	0.7300	0.3300	0.6900
	每股净资产(元)	4.5380	4.2300	3.8900	3.8300
	每股经营现金净流量(元)	0.5091	0.6986	0.3337	1.4293
	每股现金流量(元)	0.1578	-0.0686	-0.0688	-0.0274
	每股资本公积金(元)	1.0985	1.0864	1.0903	1.0903
	每股盈余公积金(元)	0.3291	0.3291	0.2530	0.2530
	每股未分配利润(元)	2.0040	1.7045	1.3801	1.2606
	净资产收益率(%)	11.0070	17.2290	8.4169	17.6740
	加权净资产收益率(%)	12.4500	18.1000	8.3400	19.1200
	净资产收益率(扣除)(%)	-	-	-	-
	总资产(万元)	2435740.93	2223143.68	2041777.52	1945922.20
	归属母公司股东权益(万元)	839665.38	782182.48	720100.38	707860.48
	主营业务收入(万元)	435953.23	744961.19	375200.21	669105.19
	营业收入(万元)	456576.15	805559.37	398217.75	700852.58
	主营成本(万元)	269400.43	484376.73	256498.40	432673.23
	营业成本(万元)	277399.75	520789.35	267466.09	441497.55
	投资收益(万元)	96.55	-4393.29	-2490.37	-1728.03
	净利润(万元)	92356.21	134474.89	60538.34	124955.13
	利润总额(万元)	122699.58	183711.91	81673.77	171565.61

中国远洋控股股份有限公司

公司概况	公司名称	中国远洋控股股份有限公司			证券简称	中国远洋	
	法人代表	魏家福	董秘	郭华伟	证券代码	601919	
	公司网址	www.chinacosco.com		电子信箱	investor@chinacosco.com		
	电　话	022-66270898		传　真	022-66270899		
	办公地址	天津市天津港保税区通达广场1号3层					
	经营范围	国际船舶普通货物运输、国际船舶集装箱运输					

主要财务指标	指标\报告期	2012.06.30	2011.12.31	2011.06.30	2010.12.31
	基本每股收益(元)	-0.4800	-1.0200	-0.2700	0.6600
	基本每股收益(扣除)(元)	-	-1.0200	-0.2700	0.6000
	每股净资产(元)	2.9300	3.4000	4.2400	4.6800
	每股经营现金净流量(元)	-	-0.4905	-0.0829	1.0902
	每股现金流量(元)	-	0.0274	-0.2824	0.2377
	每股资本公积金(元)	2.7805	2.7763	2.7877	2.8025
	每股盈余公积金(元)	-	0.0635	0.0635	0.0635
	每股未分配利润(元)	-	-0.0557	0.7019	1.0578
	净资产收益率(%)	-	-30.1160	-6.2500	14.1638
	加权净资产收益率(%)	-15.0700	-25.3400	-5.8900	14.9800
	净资产收益率(扣除)(%)	-	-	-	-
	总资产(万元)	-	15743661.39	15633939.77	15098321.85
	归属母公司股东权益(万元)	2995107.81	3469528.62	4336663.47	4777960.31
	主营业务收入(万元)	3464718.84	-	3422760.52	8057843.38
	营业收入(万元)	-	6890817.89	3422760.52	8062752.45
	主营成本(万元)	3506676.21	-	3328295.54	6630956.83
	营业成本(万元)	-	7188881.31	3328295.54	6630675.79
	投资收益(万元)	-	217314.18	136528.09	175386.12
	净利润(万元)	-	-883882.64	-174362.22	800290.74
	利润总额(万元)	-372056.50	-780739.21	-138256.64	919868.43

江苏凤凰出版传媒股份有限公司

公司概况	公司名称	江苏凤凰出版传媒股份有限公司			证券简称	凤凰传媒	
	法人代表	陈海燕	董秘	徐云祥	证券代码	601928	
	公司网址	www.phoenixmedia.cn		电子信箱	xuyx@ppm.cn		
	电　话	025-51883301 51883338		传　真	025-51883338 51883366		
	办公地址	江苏省南京市百子亭34号					
	经营范围	图书出版物及音像制品的出版、发行及文化用品销售					

主要财务指标	指标\报告期	2012.06.30	2011.12.31	2011.06.30	2010.12.31
	基本每股收益(元)	0.1900	0.3600	0.1600	0.3300
	基本每股收益(扣除)(元)	0.1800	0.3100	0.1600	0.2400
	每股净资产(元)	3.5179	3.4095	1.9400	1.8900
	每股经营现金净流量(元)	0.2522	0.3651	0.2163	0.4167
	每股现金流量(元)	-0.4906	1.5562	-0.1770	-0.0903
	每股资本公积金(元)	1.1982	1.1982	-0.3715	-0.3714
	每股盈余公积金(元)	0.4804	0.4804	0.5641	0.5641
	每股未分配利润(元)	0.8105	0.7011	0.7116	0.6518
	净资产收益率(%)	5.3842	8.5440	4.0075	17.2500
	加权净资产收益率(%)	5.4300	17.4600	8.2800	13.3800
	净资产收益率(扣除)(%)	-	-	-	-
	总资产(万元)	1260888.34	1235360.19	741987.66	761440.02
	归属母公司股东权益(万元)	895275.00	867693.61	395748.82	383788.22
	主营业务收入(万元)	324091.84	583580.22	294137.14	524873.87
	营业收入(万元)	335531.76	602530.20	303526.98	540700.43
	主营成本(万元)	208470.28	362486.01	184443.76	316222.58
	营业成本(万元)	209745.49	366674.51	185262.24	319238.78
	投资收益(万元)	1277.87	1291.18	61.14	1935.16
	净利润(万元)	48846.93	74234.96	32701.99	66344.00
	利润总额(万元)	48960.46	74542.68	33301.74	66949.32

吉视传媒股份有限公司

公司概况	公司名称	吉视传媒股份有限公司			证券简称	吉视传媒	
	法人代表	谭铁鹰	董秘	高雪菘	证券代码	601929	
	公司网址	www.jishimedia.com		电子信箱	gaoxuesong@jishimedia.com		
	电　话	0431-88789009 85321577		传　真	0431-88789990 85328799		
	办公地址	吉林省长春市新民大街1027-1号					
	经营范围	有线电视业务、广播电视节目传输服务业务等					

主要财务指标	指标\报告期	2012.06.30	2011.12.31	2011.06.30	2010.12.31
	基本每股收益(元)	0.0641	0.3255	0.1059	0.2429
	基本每股收益(扣除)(元)	0.0597	0.3043	0.1051	0.2354
	每股净资产(元)	2.6534	1.6019	1.3824	1.2800
	每股经营现金净流量(元)	0.1179	0.7481	0.2342	0.5306
	每股现金流量(元)	0.3969	0.0316	-0.0416	-0.2307
	每股资本公积金(元)	1.1424	0.0103	0.0103	0.0100
	每股盈余公积金(元)	0.0435	0.0544	0.0346	0.0242
	每股未分配利润(元)	0.4675	0.5373	0.3375	0.2420
	净资产收益率(%)	2.2560	20.3180	7.7000	19.0329
	加权净资产收益率(%)	2.7200	22.6200	7.9700	21.1600
	净资产收益率(扣除)(%)	-	-	-	-
	总资产(万元)	493065.06	395852.22	332092.99	322796.11
	归属母公司股东权益(万元)	370940.47	179095.97	154551.35	142674.34
	主营业务收入(万元)	71011.43	151314.05	67603.85	119495.82
	营业收入(万元)	71516.22	151482.27	67824.92	119621.05
	主营成本(万元)	39411.25	78773.18	38072.87	65368.28
	营业成本(万元)	39546.67	78837.91	38076.75	65371.95
	投资收益(万元)	-	-	-	-
	净利润(万元)	9210.41	38497.47	12471.65	27222.90
	利润总额(万元)	9210.41	38529.62	12479.81	27244.11

永辉超市股份有限公司

公司概况

公司名称	永辉超市股份有限公司			证券简称	永辉超市
法人代表	张轩松	董秘	张经仪	证券代码	601933
公司网址	www.yonghui.com.cn		电子信箱	bod.yh@yonghui.cn	
电　　话	0591-83787308		传　　真	0591-83787308 83762990	
办公地址	福建省福州市西二环中路436号				
经营范围	农副产品、粮油及制品、食品饮料、酒及其他副食品、零售乳制品等				

主要财务指标

指标\报告期	2012.06.30	2011.12.31	2011.06.30	2010.12.31
基本每股收益(元)	0.2500	0.6100	0.3500	0.4600
基本每股收益(扣除)(元)	0.2200	0.5800	0.3500	0.4600
每股净资产(元)	5.3500	5.3000	5.2400	5.0200
每股经营现金净流量(元)	0.5144	0.7542	0.6151	0.8938
每股现金流量(元)	0.5105	-1.3767	-1.2007	2.9604
每股资本公积金(元)	2.9925	2.9925	3.1886	3.2225
每股盈余公积金(元)	0.0940	0.0940	0.0585	0.0585
每股未分配利润(元)	1.2621	1.2118	0.9882	0.7368
净资产收益率(%)	4.6806	11.4763	6.7121	7.9244
加权净资产收益率(%)	4.6400	11.6800	6.8900	24.4800
净资产收益率(扣除)(%)	-	-	-	-
总资产(万元)	1001791.55	946693.48	628552.32	669050.51
归属母公司股东权益(万元)	410721.30	406855.06	402014.89	385316.64
主营业务收入(万元)	1129424.74	1711798.88	776744.62	1190282.89
营业收入(万元)	1171183.15	1773155.58	802794.35	1231819.17
主营成本(万元)	948862.20	1430829.04	648922.74	995948.28
营业成本(万元)	948886.29	1431820.62	649379.82	996185.53
投资收益(万元)	-1.25	2157.88	-	-
净利润(万元)	19263.16	46756.69	26969.61	30488.74
利润总额(万元)	26298.98	60278.58	35033.21	39890.10

金堆城钼业股份有限公司

公司概况

公司名称	金堆城钼业股份有限公司			证券简称	金钼股份
法人代表	张继祥	董秘	秦国政	证券代码	601958
公司网址	www.jdcmoly.com		电子信箱	jdc@jdcmoly.com	
电　　话	029-88320076 88320019		传　　真	029-88320330	
办公地址	陕西省西安市高新技术产业开发区锦业一路88号金钼股份综合楼A座				
经营范围	钼炉料、钼化工、钼金属产品和硫酸产品的生产与销售等				

主要财务指标

指标\报告期	2012.06.30	2011.12.31	2011.06.30	2010.12.31
基本每股收益(元)	0.0900	0.2300	0.1100	0.2600
基本每股收益(扣除)(元)	0.0900	0.2300	0.1100	0.2600
每股净资产(元)	4.0900	4.1700	4.0400	4.1600
每股经营现金净流量(元)	0.0912	0.0860	-0.0202	0.2749
每股现金流量(元)	-0.2842	-0.2813	-0.2717	-0.1854
每股资本公积金(元)	2.0902	2.0902	2.0902	2.0902
每股盈余公积金(元)	0.2070	0.2070	0.1839	0.1839
每股未分配利润(元)	0.6348	0.7399	0.6460	0.7848
净资产收益率(%)	2.3189	5.4720	2.7527	6.2306
加权净资产收益率(%)	2.2600	5.4800	2.6600	6.2600
净资产收益率(扣除)(%)	-	-	-	-
总资产(万元)	1429991.99	1485984.11	1418143.82	1437473.27
归属母公司股东权益(万元)	1320671.57	1345370.42	1303095.81	1341171.20
主营业务收入(万元)	423385.18	723825.69	368588.01	697657.52
营业收入(万元)	428171.60	733328.59	373264.49	706285.95
主营成本(万元)	366545.58	601552.96	303837.52	565953.01
营业成本(万元)	371115.37	610179.25	308472.60	573749.56
投资收益(万元)	566.77	-	-	-
净利润(万元)	31697.13	73826.78	36174.11	83922.62
利润总额(万元)	37183.88	85638.13	47864.18	100215.09

中国建设银行股份有限公司

公司概况

公司名称	中国建设银行股份有限公司			证券简称	建设银行
法人代表	王洪章	董秘	陈彩虹	证券代码	601939
公司网址	www.ccb.com		电子信箱	ir@ccb.com	
电　　话	010-66215533		传　　真	010-66218888	
办公地址	北京市西城区金融大街25号				
经营范围	吸收公众存款、发放短期、中期、长期贷款等				

主要财务指标

指标\报告期	2012.06.30	2011.12.31	2011.06.30	2010.12.31
基本每股收益(元)	0.4300	0.6800	0.3700	0.5600
基本每股收益(扣除)(元)	0.4200	0.6700	0.3700	0.5600
每股净资产(元)	3.4800	3.2700	2.9300	2.8000
每股经营现金净流量(元)	1.3637	0.5000	-0.2700	1.0374
每股现金流量(元)	1.0182	1.0286	0.4042	-0.3158
每股资本公积金(元)	0.5407	0.5407	0.5406	0.5405
每股盈余公积金(元)	0.2703	0.2703	0.2027	0.2027
每股未分配利润(元)	1.2943	1.1570	0.9186	0.7838
净资产收益率(%)	12.3080	20.8667	12.6534	19.3520
加权净资产收益率(%)	24.5600	22.5100	24.9800	22.6100
净资产收益率(扣除)(%)	-	-	-	-
总资产(万元)	1350574500.00	1228183400.00	1175476600.00	1081031700.00
归属母公司股东权益(万元)	86352600.00	81114100.00	73359800.00	69679200.00
主营业务收入(万元)	-	-	-	-
营业收入(万元)	22700500.00	39709000.00	19603300.00	32348900.00
主营成本(万元)	-	-	-	-
营业成本(万元)	-	-	-	-
投资收益(万元)	262600.00	372200.00	186300.00	401500.00
净利润(万元)	10649400.00	16943900.00	9295300.00	13503100.00
利润总额(万元)	13851200.00	21910700.00	12078900.00	17515600.00

中国汽车工程研究院股份有限公司

公司概况

公司名称	中国汽车工程研究院股份有限公司			证券简称	中国汽研
法人代表	任晓常	董秘	刘旭黎	证券代码	601965
公司网址	www.caeri.com.cn		电子信箱	ir@caeri.com.cn	
电　　话	023-68825531 68851877		传　　真	023-68821361	
办公地址	重庆市九龙坡区陈家坪朝田村101				
经营范围	低速货车、摩托车及零部件、检测设备产品的研究、技术开发、技术转让等				

主要财务指标

指标\报告期	2012.06.30	2011.12.31	2011.06.30	2010.12.31
基本每股收益(元)	0.3200	0.4500	0.1900	0.3100
基本每股收益(扣除)(元)	0.2800	0.4200	0.1800	0.2000
每股净资产(元)	4.2600	2.4000	-	1.8800
每股经营现金净流量(元)	0.0935	-0.1944	-0.0792	0.7679
每股现金流量(元)	2.2105	-0.6904	-0.7788	1.2724
每股资本公积金(元)	2.5026	0.6354	-	0.5572
每股盈余公积金(元)	0.0344	0.0491	-	0.0204
每股未分配利润(元)	0.7245	0.7165	-	0.2992
净资产收益率(%)	5.2266	18.5722	-	16.4548
加权净资产收益率(%)	12.4200	21.2300	9.8700	18.0100
净资产收益率(扣除)(%)	-	-	-	-
总资产(万元)	353567.62	197519.91	-	217418.45
归属母公司股东权益(万元)	273072.22	107748.83	-	84230.66
主营业务收入(万元)	56978.29	42302.63	128584.77	27760.23
营业收入(万元)	57629.85	194734.23	130470.87	215694.74
主营成本(万元)	34530.09	21289.09	113064.84	15145.38
营业成本(万元)	35146.77	156019.90	113911.57	188509.18
投资收益(万元)	-195.63	-234.00	-42.50	1762.55
净利润(万元)	14195.42	20995.86	9270.50	15705.33
利润总额(万元)	16984.91	25265.62	11294.77	18778.11

中国银行股份有限公司

公司概况					
公司名称	中国银行股份有限公司			证券简称	中国银行
法人代表	肖钢	董秘	范耀胜	证券代码	601988
公司网址	www.boc.cn			电子信箱	bocir@bank-of-china.com
电　话	010-66596688 66592638			传　真	010-66594568 66016871
办公地址	北京市复兴门内大街1号				
经营范围	吸收人民币存款、发放短期、中期和长期贷款、办理结算、办理票据贴现等				

主要财务指标				
指标\报告期	2012.06.30	2011.12.31	2011.06.30	2010.12.31
基本每股收益(元)	0.2600	0.4400	0.2400	0.3900
基本每股收益(扣除)(元)	–	0.4400	0.2400	0.3900
每股净资产(元)	2.7100	2.5900	2.4000	2.3100
每股经营现金净流量(元)	1.9039	0.7679	0.0862	1.1069
每股现金流量(元)	1.6320	0.8884	0.3886	0.6558
每股资本公积金(元)	0.4382	0.4263	0.4298	0.4263
每股盈余公积金(元)	0.1872	0.1869	0.1446	0.1441
每股未分配利润(元)	0.8549	0.7544	0.6199	0.5315
净资产收益率(%)	18.9400	17.1720	19.8500	16.2098
加权净资产收益率(%)	18.9900	18.2700	19.8600	18.8700
净资产收益率(扣除)(%)	–	–	–	–
总资产(万元)	1282559000.00	1182978900.00	1148349800.00	1045986500.00
归属母公司股东权益(万元)	75619500.00	72391400.00	66983800.00	64416500.00
主营业务收入(万元)	–	–	–	–
营业收入(万元)	17962700.00	32816600.00	16611000.00	27681700.00
主营成本(万元)	–	–	–	–
营业成本(万元)	8265500.00	–	7539700.00	–
投资收益(万元)	383600.00	1898000.00	790900.00	927700.00
净利润(万元)	7500200.00	13031900.00	7023400.00	10969100.00
利润总额(万元)	9713500.00	16864400.00	9077700.00	14214500.00

中国船舶重工股份有限公司

公司概况					
公司名称	中国船舶重工股份有限公司			证券简称	中国重工
法人代表	李长印	董秘	郭同军	证券代码	601989
公司网址	www.csicl.com.cn			电子信箱	investors@csicl.com.cn
电　话	010-88508596			传　真	010-88475234
办公地址	北京市海淀区昆明湖南路72号				
经营范围	船用动力及部件、船用辅机和运输设备及其他				

主要财务指标				
指标\报告期	2012.06.30	2011.12.31	2011.06.30	2010.12.31
基本每股收益(元)	0.1800	0.3200	0.2400	0.2900
基本每股收益(扣除)(元)	0.1700	0.3100	0.2200	0.1500
每股净资产(元)	2.7900	2.8700	4.1472	–
每股经营现金净流量(元)	-0.4053	-0.6733	-0.5244	0.2028
每股现金流量(元)	0.0708	-0.6514	-0.7046	-0.4865
每股资本公积金(元)	0.9104	0.9189	2.0946	3.3538
每股盈余公积金(元)	0.0573	0.0573	0.0775	0.1068
每股未分配利润(元)	0.8230	0.7161	0.9752	1.0612
净资产收益率(%)	6.2842	11.9680	9.2456	11.7658
加权净资产收益率(%)	6.2200	12.5600	8.8300	12.7400
净资产收益率(扣除)(%)	–	–	–	–
总资产(万元)	17863303.20	17684984.30	15459552.41	14948241.15
归属母公司股东权益(万元)	4093302.88	4207577.49	3801887.36	3672550.15
主营业务收入(万元)	2869988.51	5632825.54	3116516.08	5264595.32
营业收入(万元)	2918524.22	5804534.02	3195868.45	5411053.85
主营成本(万元)	2406506.48	4814591.04	2577543.04	4455841.61
营业成本(万元)	2450224.50	4957686.63	2353435.08	4580330.13
投资收益(万元)	2865.77	8009.82	7674.26	9350.63
净利润(万元)	252960.76	475043.47	356897.32	436590.44
利润总额(万元)	299568.64	564466.85	419508.43	531644.65

大唐国际发电股份有限公司

公司概况					
公司名称	大唐国际发电股份有限公司			证券简称	大唐发电
法人代表	刘顺达	董秘	周刚	证券代码	601991
公司网址	www.dtpower.com			电子信箱	zhougang@dtpower.com
电　话	010-88008678 88008682			传　真	010-88008684
办公地址	北京市西城区广宁伯街9号				
经营范围	建设、经营电厂、销售电力、热力、电力设备的检修调试等				

主要财务指标				
指标\报告期	2012.06.30	2011.12.31	2011.06.30	2010.12.31
基本每股收益(元)	0.0818	0.1481	0.0685	0.2031
基本每股收益(扣除)(元)	0.0670	0.1240	0.0641	0.1731
每股净资产(元)	2.9000	2.9100	2.8700	2.5000
每股经营现金净流量(元)	0.7584	0.9718	0.3897	1.4224
每股现金流量(元)	0.0727	0.0770	0.9271	0.1573
每股资本公积金(元)	0.7620	0.7577	0.7263	0.3295
每股盈余公积金(元)	1.0422	0.9621	0.8374	0.9054
每股未分配利润(元)	0.0432	0.1515	0.2669	0.2192
净资产收益率(%)	2.8249	4.9250	2.2340	8.0480
加权净资产收益率(%)	2.7700	5.3700	2.6400	8.3700
净资产收益率(扣除)(%)	–	–	–	–
总资产(万元)	26145106.80	24407007.60	23477600.10	21075587.00
归属母公司股东权益(万元)	3855298.90	3878786.40	3823934.50	3073725.60
主营业务收入(万元)	3682820.00	7226746.20	3328801.50	6052359.30
营业收入(万元)	3687696.30	7238186.50	3332156.40	6067237.50
主营成本(万元)	2976995.20	5972077.20	2778081.70	4922963.40
营业成本(万元)	2984088.60	5984433.60	2780609.80	4942796.00
投资收益(万元)	70104.10	102578.60	36126.10	68661.00
净利润(万元)	186353.60	298935.90	125088.60	373972.20
利润总额(万元)	230161.40	365278.90	153068.80	462388.10

北京金隅股份有限公司

公司概况					
公司名称	北京金隅股份有限公司			证券简称	金隅股份
法人代表	蒋卫平	董秘	吴向勇	证券代码	601992
公司网址	www.bbmg.com.cn			电子信箱	wuxiangyong@bbmg.com.cn
电　话	010-66410128			传　真	010-66410889
办公地址	北京市东城区北三环东路36号环球贸易中心D座				
经营范围	包括水泥、新型建筑材料、房地产开发和物业投资及管理等				

主要财务指标				
指标\报告期	2012.06.30	2011.12.31	2011.06.30	2010.12.31
基本每股收益(元)	0.3200	0.8100	0.3900	0.7100
基本每股收益(扣除)(元)	0.2400	0.4800	0.3100	0.5100
每股净资产(元)	4.9600	4.7000	4.2900	4.4100
每股经营现金净流量(元)	0.1926	-0.2651	-0.4634	-0.8665
每股现金流量(元)	-0.1806	0.0224	-0.0145	-0.3205
每股资本公积金(元)	1.2396	1.2400	1.2704	1.4875
每股盈余公积金(元)	0.0796	0.0796	0.0449	0.0497
每股未分配利润(元)	2.6370	2.3852	1.9736	1.8684
净资产收益率(%)	6.5340	17.0120	8.9035	15.8329
加权净资产收益率(%)	6.6700	18.1600	8.3300	15.5600
净资产收益率(扣除)(%)	–	–	–	–
总资产(万元)	7899432.41	7708622.80	6821040.47	6199086.45
归属母公司股东权益(万元)	2123097.75	2015377.92	1837282.86	1706421.18
主营业务收入(万元)	1449072.49	2823438.30	1291124.77	2279355.43
营业收入(万元)	1474595.91	2874479.39	1307765.36	2318959.68
主营成本(万元)	1026920.99	2049035.95	911265.42	1695113.49
营业成本(万元)	1039737.77	2079132.13	920902.34	1710640.13
投资收益(万元)	-1958.93	31489.44	-61.58	3299.98
净利润(万元)	152794.98	359312.53	170101.35	299075.02
利润总额(万元)	211367.59	467000.89	232762.11	393482.42

广西丰林木业集团股份有限公司

公司概况	公司名称	广西丰林木业集团股份有限公司		证券简称	丰林集团
	法人代表	刘一川	董秘 刘念	证券代码	601996
	公司网址	www.fenglingroup.com		电子信箱	ir@fenglingroup.com
	电　话	0771-4016666-8616		传　真	0771-4010400
	办公地址	广西壮族自治区南宁市白沙大道22号丰林集团			
	经营范围	园林设计、营林造林、林产品销售(国家专控除外)、中密度纤维板生产等			

主要财务指标	指标\报告期	2012.06.30	2011.12.31	2011.06.30	2010.12.31
	基本每股收益(元)	0.0800	0.4400	0.3700	0.6400
	基本每股收益(扣除)(元)	0.0700	0.4400	0.3600	0.6400
	每股净资产(元)	3.2700	6.4900	4.1900	4.1200
	每股经营现金净流量(元)	0.0396	0.1244	0.4275	0.8535
	每股现金流量(元)	-0.0158	2.4550	0.0341	0.2980
	每股资本公积金(元)	1.5377	4.0754	1.4059	1.4059
	每股盈余公积金(元)	0.0490	0.0979	0.0924	0.0924
	每股未分配利润(元)	0.6857	1.3208	1.6956	1.6266
	净资产收益率(%)	2.2992	5.4590	8.7989	15.5660
	加权净资产收益率(%)	2.2900	8.6700	8.5600	16.8800
	净资产收益率(扣除)(%)	-	-	-	-
	总资产(万元)	170908.25	173701.24	110428.93	106668.76
	归属母公司股东权益(万元)	153441.98	152258.54	73744.63	72530.98
	主营业务收入(万元)	41064.07	88175.36	43357.15	82933.56
	营业收入(万元)	41237.29	88640.46	43598.99	83113.63
	主营成本(万元)	34310.63	73253.32	34626.14	66560.96
	营业成本(万元)	34374.25	73385.36	34667.19	66663.36
	投资收益(万元)	0.21	0.40	0.40	0.40
	净利润(万元)	3527.99	8312.07	6488.73	11290.09
	利润总额(万元)	3514.84	8292.40	6661.41	10860.45

中信银行股份有限公司

公司概况	公司名称	中信银行股份有限公司		证券简称	中信银行
	法人代表	田国立	董秘 林争跃	证券代码	601998
	公司网址	bank.ecitic.com		电子信箱	ir_cncb@citicbank.com
	电　话	010-65558000		传　真	010-65550809
	办公地址	北京市东城区朝阳门北大街8号富华大厦C座			
	经营范围	从事银行及相关金融服务等			

主要财务指标	指标\报告期	2012.06.30	2011.12.31	2011.06.30	2010.12.31
	基本每股收益(元)	0.4100	0.7100	0.3700	0.5300
	基本每股收益(扣除)(元)	0.4100	0.7100	0.3600	0.5100
	每股净资产(元)	4.0200	3.7300	3.4600	3.0800
	每股经营现金净流量(元)	-1.6148	6.4142	0.1919	0.9562
	每股现金流量(元)	-2.3863	6.5226	-0.2523	0.1707
	每股资本公积金(元)	1.0785	1.0624	0.7961	0.7927
	每股盈余公积金(元)	0.1858	0.1858	0.1808	0.1439
	每股未分配利润(元)	1.3510	1.0820	1.1108	0.7833
	净资产收益率(%)	10.3107	17.6620	11.1193	17.8980
	加权净资产收益率(%)	10.5600	21.0700	11.7700	19.2400
	净资产收益率(扣除)(%)	-	-	-	-
	总资产(万元)	291636500.00	276588100.00	224521800.00	208131400.00
	归属母公司股东权益(万元)	18789200.00	17449600.00	13511600.00	12017500.00
	主营业务收入(万元)	-	-	-	-
	营业收入(万元)	4417100.00	7694800.00	3530000.00	5576500.00
	主营成本(万元)	-	-	-	-
	营业成本(万元)	1834000.00	-	1506500.00	-
	投资收益(万元)	54300.00	25700.00	19500.00	4300.00
	净利润(万元)	1958500.00	3084400.00	1527300.00	2177900.00
	利润总额(万元)	2587600.00	4159000.00	2032600.00	2869500.00

北方联合出版传媒(集团)股份有限公司

公司概况	公司名称	北方联合出版传媒(集团)股份有限公司		证券简称	出版传媒
	法人代表	李家巍	董秘 费宏伟	证券代码	601999
	公司网址	www.nupmg.com.cn		电子信箱	fhw0509@sohu.com
	电　话	024-23284236 23284128		传　真	024-23284232
	办公地址	辽宁省沈阳市和平区十一纬路29号			
	经营范围	图书、报刊、音像、电子出版物编辑出版、出版物总批发、批发与分销、零售等			

主要财务指标	指标\报告期	2012.06.30	2011.12.31	2011.06.30	2010.12.31
	基本每股收益(元)	0.0500	0.1200	0.0800	0.2400
	基本每股收益(扣除)(元)	0.0400	0.0600	0.0800	0.1500
	每股净资产(元)	3.0200	2.9700	2.9300	2.8800
	每股经营现金净流量(元)	-0.1085	0.0526	-0.1334	0.1313
	每股现金流量(元)	-0.1119	0.0381	-0.1409	0.1600
	每股资本公积金(元)	1.0097	1.0100	1.0110	1.0111
	每股盈余公积金(元)	0.1182	0.1182	0.1074	0.1074
	每股未分配利润(元)	0.8881	0.8404	0.8130	0.7585
	净资产收益率(%)	1.5827	4.1324	2.8810	8.1926
	加权净资产收益率(%)	1.6000	4.1900	2.8900	8.5100
	净资产收益率(扣除)(%)	-	-	-	-
	总资产(万元)	239929.94	241095.86	240662.16	231612.47
	归属母公司股东权益(万元)	166158.35	163544.10	161496.66	158500.22
	主营业务收入(万元)	55892.05	135688.15	63183.17	130055.04
	营业收入(万元)	58640.88	139299.76	65535.13	132839.31
	主营成本(万元)	42879.45	106909.57	47371.01	98677.87
	营业成本(万元)	43320.07	107306.44	47500.74	98743.88
	投资收益(万元)	0.79	7.58	3.74	-3.08
	净利润(万元)	2612.01	6807.82	4701.19	12990.97
	利润总额(万元)	2614.65	6811.75	4703.56	13100.86

人民网股份有限公司

公司概况	公司名称	人民网股份有限公司		证券简称	人民网
	法人代表	马利	董秘 刘楠	证券代码	603000
	公司网址	www.people.com.cn		电子信箱	ir@people.cn
	电　话	010-65369999		传　真	010-65369999
	办公地址	北京市朝阳区金台西路2号			
	经营范围	互联网新闻信息服务及其他综合信息服务等			

主要财务指标	指标\报告期	2012.06.30	2011.12.31	2011.06.30	2010.12.31
	基本每股收益(元)	0.2800	0.6700	0.1600	0.4800
	基本每股收益(扣除)(元)	0.2800	0.5800	0.1600	0.4800
	每股净资产(元)	8.6800	3.1600	-	2.5700
	每股经营现金净流量(元)	-0.1297	0.9685	0.1838	0.5236
	每股现金流量(元)	4.4635	0.8223	0.1140	2.0057
	每股资本公积金(元)	5.4413	1.1226	-	1.1226
	每股盈余公积金(元)	0.0833	0.1111	-	0.0398
	每股未分配利润(元)	0.7044	0.9261	-	0.4026
	净资产收益率(%)	3.2480	21.2750	-	15.3250
	加权净资产收益率(%)	10.0200	23.6200	5.9000	41.1400
	净资产收益率(扣除)(%)	-	-	-	-
	总资产(万元)	220276.43	86844.94	-	65087.21
	归属母公司股东权益(万元)	199844.94	65559.18	-	53279.66
	主营业务收入(万元)	-	-	-	-
	营业收入(万元)	29163.48	49726.24	21117.15	33166.19
	主营成本(万元)	-	-	-	-
	营业成本(万元)	11844.55	19490.61	9284.81	13934.15
	投资收益(万元)	-	16.75	16.68	-
	净利润(万元)	6759.20	13875.42	3049.96	7975.75
	利润总额(万元)	7001.86	14152.52	3026.12	7884.99

浙江奥康鞋业股份有限公司

公司概况	公司名称	浙江奥康鞋业股份有限公司			证券简称	奥康国际
	法人代表	王振滔	董秘	余雄平	证券代码	603001
	公司网址	www.aokang.com		电子信箱	aks@Aokang.com	
	电　　话	0577-67915188		传　　真	0577-67915188	
	办公地址	浙江省温州市永嘉县瓯北镇东瓯工业区奥康工业园				
	经营范围	鞋及制鞋材料、皮具、服装的研发、生产、销售等				

主要财务指标	指标\报告期	2012.06.30	2011.12.31	2011.06.30	2010.12.31
	基本每股收益(元)	0.7357	1.4295	0.6804	0.8830
	基本每股收益(扣除)(元)	0.7158	1.2674	0.5762	0.8641
	每股净资产(元)	8.3600	3.6800	–	2.2523
	每股经营现金净流量(元)	–0.3232	0.8688	0.1652	0.9985
	每股现金流量(元)	4.4932	0.4389	0.0223	0.2090
	每股资本公积金(元)	4.8126	0.0126	–	0.0126
	每股盈余公积金(元)	0.0750	0.0940	–	0.0591
	每股未分配利润(元)	2.4676	2.5752	–	1.1806
	净资产收益率(%)	7.6915	38.8260	–	38.8580
	加权净资产收益率(%)	11.3800	46.2200	26.0400	55.3800
	净资产收益率(扣除)(%)	–	–	–	–
	总资产(万元)	453661.64	236368.88	–	181882.10
	归属母公司股东权益(万元)	335026.21	117810.20	–	72069.81
	主营业务收入(万元)	160410.11	294683.73	132755.55	220768.92
	营业收入(万元)	161806.26	296588.48	132877.47	221089.61
	主营成本(万元)	101428.16	193906.07	84903.10	148719.85
	营业成本(万元)	101513.33	194095.33	85036.24	148998.20
	投资收益(万元)	30.53	2.36	–	0.31
	净利润(万元)	25768.61	45740.39	21578.98	28005.05
	利润总额(万元)	34156.65	59618.14	28346.87	37154.84

宏昌电子材料股份有限公司

公司概况	公司名称	宏昌电子材料股份有限公司			证券简称	宏昌电子
	法人代表	林瑞荣	董秘	黄兴安	证券代码	603002
	公司网址	www.graceepoxy.com		电子信箱	stock@graceepoxy.com	
	电　　话	020-82266156		传　　真	020-32021356	
	办公地址	广东省广州市萝岗区云埔一路一号之二				
	经营范围	电子级环氧树脂的生产和销售等				

主要财务指标	指标\报告期	2012.06.30	2011.12.31	2011.06.30	2010.12.31
	基本每股收益(元)	0.0700	0.1400	0.0800	0.2000
	基本每股收益(扣除)(元)	0.0700	0.1300	0.0800	0.1900
	每股净资产(元)	2.0677	1.6100	–	1.5264
	每股经营现金净流量(元)	0.1318	–0.1055	0.0592	0.2049
	每股现金流量(元)	0.7712	–0.0224	0.1071	0.3658
	每股资本公积金(元)	0.6345	0.1131	–	0.1131
	每股盈余公积金(元)	0.0492	0.0656	–	0.0523
	每股未分配利润(元)	0.3836	0.4355	–	0.3605
	净资产收益率(%)	2.7547	8.7230	–	13.3860
	加权净资产收益率(%)	4.1500	8.8200	5.1400	13.6400
	净资产收益率(扣除)(%)	–	–	–	–
	总资产(万元)	136810.35	114863.59	–	88864.81
	归属母公司股东权益(万元)	82707.35	48448.57	–	45792.67
	主营业务收入(万元)	60451.08	141557.86	69178.51	124871.34
	营业收入(万元)	60618.02	141892.07	69327.27	125136.69
	主营成本(万元)	55339.93	–	63742.28	–
	营业成本(万元)	55339.93	132022.62	63742.28	113430.42
	投资收益(万元)	–	–	–	–
	净利润(万元)	2278.38	4226.17	2415.95	6129.86
	利润总额(万元)	2575.17	4769.15	2821.74	6870.98

上海龙宇燃油股份有限公司

公司概况	公司名称	上海龙宇燃油股份有限公司			证券简称	龙宇燃油
	法人代表	徐增增	董秘	杨颖梅	证券代码	603003
	公司网址	www.lyrysh.com		电子信箱	lyry@lyrysh.com	
	电　　话	021-58300945		传　　真	021-58301682	
	办公地址	上海市浦东新区东方路 710 号 19 楼				
	经营范围	船用燃料油的供应等				

主要财务指标	指标\报告期	2012.06.30	2011.12.31	2011.06.30	2010.12.31
	基本每股收益(元)	0.2400	0.5400	0.2600	0.5300
	基本每股收益(扣除)(元)	0.2400	0.5000	0.2400	0.4700
	每股净资产(元)	3.4000	3.1600	–	2.6500
	每股经营现金净流量(元)	–0.6469	0.2256	–0.5595	0.5085
	每股现金流量(元)	–0.5335	1.0598	–0.7216	0.2074
	每股资本公积金(元)	0.5987	0.5987	–	0.6147
	每股盈余公积金(元)	0.0972	0.0972	–	0.0713
	每股未分配利润(元)	1.7087	1.4683	–	0.9663
	净资产收益率(%)	–	17.0081	–	20.1613
	加权净资产收益率(%)	7.3200	18.5900	9.4900	22.4300
	净资产收益率(扣除)(%)	–	–	–	–
	总资产(万元)	122121.66	106253.14	–	95052.14
	归属母公司股东权益(万元)	51579.48	47937.59	–	39785.02
	主营业务收入(万元)	–	544059.51	–	457020.31
	营业收入(万元)	278987.27	544068.80	244461.85	457094.07
	主营成本(万元)	–	516401.36	–	433095.24
	营业成本(万元)	266111.39	533961.01	239799.69	448049.06
	投资收益(万元)	–115.09	261.80	137.47	376.15
	净利润(万元)	3711.04	8284.15	3971.02	8042.78
	利润总额(万元)	5063.91	11030.84	5281.24	10479.10

喜临门家具股份有限公司

公司概况	公司名称	喜临门家具股份有限公司			证券简称	喜临门
	法人代表	陈阿裕	董秘	张克勤	证券代码	603008
	公司网址	www.chinabed.com		电子信箱	xilinmen@chinabed.com	
	电　　话	0575-85159531		传　　真	0575-85151221	
	办公地址	浙江省绍兴市西大门钟家湾				
	经营范围	床垫、软床及其他家具产品的设计研发、生产和销售等				

主要财务指标	指标\报告期	2012.06.30	2011.12.31	2011.06.30	2010.12.31
	基本每股收益(元)	0.2200	0.5600	0.1500	0.5300
	基本每股收益(扣除)(元)	0.2200	0.5800	0.1500	0.4500
	每股净资产(元)	2.1700	2.1100	–	1.7500
	每股经营现金净流量(元)	–0.2143	0.5915	–0.1865	0.4417
	每股现金流量(元)	–0.4739	–0.4380	–0.7796	0.5757
	每股资本公积金(元)	0.1296	0.1296	–	0.1296
	每股盈余公积金(元)	0.1278	0.1278	–	0.0754
	每股未分配利润(元)	0.9179	0.8495	–	0.5439
	净资产收益率(%)	10.0419	26.4800	–	29.2500
	加权净资产收益率(%)	10.3200	29.7100	8.9700	38.5900
	净资产收益率(扣除)(%)	–	–	–	–
	总资产(万元)	61533.31	65730.90	–	62702.55
	归属母公司股东权益(万元)	34261.27	33183.29	–	27546.23
	主营业务收入(万元)	–	83591.45	–	66893.85
	营业收入(万元)	38836.48	83824.16	32117.47	67007.09
	主营成本(万元)	–	54290.79	–	40728.18
	营业成本(万元)	34599.50	54371.61	29264.84	40912.20
	投资收益(万元)	–	–	–	–
	净利润(万元)	3440.48	8787.06	2439.01	8056.90
	利润总额(万元)	4044.90	10685.98	3066.08	8877.31

四川和邦股份有限公司

公司概况					
公司名称	四川和邦股份有限公司			证券简称	和邦股份
法人代表	贺正刚	董秘	莫融	证券代码	603077
公司网址	www.hebang.cn		电子信箱	mr@hebang.cn	
电　　话	0833-3207168		传　　真	0833-3207586	
办公地址	四川省乐山市五通桥区和邦工业园				
经营范围	化工制造及盐矿、磷矿的开发				

主要财务指标 指标\报告期	2012.06.30	2011.12.31	2011.06.30	2010.12.31
基本每股收益(元)	0.7700	1.0500	0.3600	0.5800
基本每股收益(扣除)(元)	0.7700	1.0500	0.3600	0.5200
每股净资产(元)	4.7000	3.8311	–	2.7846
每股经营现金净流量(元)	0.2218	1.5788	0.7437	0.9450
每股现金流量(元)	–0.5905	0.7042	0.0474	–0.6645
每股资本公积金(元)	0.4411	0.4777	–	0.4777
每股盈余公积金(元)	0.2468	0.2468	–	0.1352
每股未分配利润(元)	3.0132	2.2457	–	1.1717
净资产收益率(%)	16.3172	27.3158	–	17.7299
加权净资产收益率(%)	17.7700	31.6400	12.3500	23.5300
净资产收益率(扣除)(%)	–	–	–	–
总资产(万元)	366519.17	367118.02	–	311880.61
归属母公司股东权益(万元)	164628.09	137677.31	–	97461.75
主营业务收入(万元)	–	189726.11	–	142742.13
营业收入(万元)	104550.08	189997.01	90163.33	143287.22
主营成本(万元)	–	109166.51	–	96968.53
营业成本(万元)	74709.75	109260.70	76386.84	97343.14
投资收益(万元)	1502.12	1580.57	734.46	2155.52
净利润(万元)	26862.69	36627.64	12646.72	17070.59
利润总额(万元)	31342.45	48495.13	14517.65	19913.06

北京翠微大厦股份有限公司

公司概况					
公司名称	北京翠微大厦股份有限公司			证券简称	翠微股份
法人代表	张丽君	董秘	姜荣生	证券代码	603123
公司网址	www.cwjt.com		电子信箱	dshbgs@cwjt.com	
电　　话	010-68241688		传　　真	010-68159573	
办公地址	北京市海淀区复兴路 33 号				
经营范围	以百货零售业务为主				

主要财务指标 指标\报告期	2012.06.30	2011.12.31	2011.06.30	2010.12.31
基本每股收益(元)	0.3400	0.4269	0.4900	0.6900
基本每股收益(扣除)(元)	0.3300	–	0.4700	0.6500
每股净资产(元)	5.0600	3.7200	–	2.1200
每股经营现金净流量(元)	0.3335	1.7654	0.7716	1.9855
每股现金流量(元)	0.9379	–0.0423	0.1042	–1.7700
每股资本公积金(元)	2.8874	1.4237	–	0.0001
每股盈余公积金(元)	0.2592	0.3102	–	0.3996
每股未分配利润(元)	0.9103	0.9846	–	0.7179
净资产收益率(%)	5.6252	15.3058	–	32.7870
加权净资产收益率(%)	7.8600	27.0600	20.7300	31.3800
净资产收益率(扣除)(%)	–	–	–	–
总资产(万元)	317187.15	299657.69	–	179700.23
归属母公司股东权益(万元)	155753.65	85896.37	–	31763.21
主营业务收入(万元)	246369.70	471256.04	–	378098.24
营业收入(万元)	251497.59	480338.84	249052.86	385341.96
主营成本(万元)	199141.52	387436.50	–	306617.09
营业成本(万元)	200659.68	390317.92	204625.51	308883.94
投资收益(万元)	108.00	820.80	108.00	65.43
净利润(万元)	8827.99	13454.51	7408.01	10506.90
利润总额(万元)	11733.86	18066.29	9898.65	14051.03

港中旅华贸国际物流股份有限公司

公司概况					
公司名称	港中旅华贸国际物流股份有限公司			证券简称	华贸物流
法人代表	张逢春	董秘	林世宽	证券代码	603128
公司网址	www.ctsfreight.com		电子信箱	ird@ctsfreight.com	
电　　话	021-63588811		传　　真	021-63582311	
办公地址	上海市南京西路 338 号天安中心 20 楼				
经营范围	承办海运、陆运、空运进出口货物、过境货物等				

主要财务指标 指标\报告期	2012.06.30	2011.12.31	2011.06.30	2010.12.31
基本每股收益(元)	0.1600	0.3400	0.2100	0.3400
基本每股收益(扣除)(元)	0.1400	0.3100	0.1800	0.2200
每股净资产(元)	3.0364	1.9455	–	1.7222
每股经营现金净流量(元)	–0.4284	0.2172	–0.4273	0.8187
每股现金流量(元)	0.7897	0.5451	–0.1451	0.2280
每股资本公积金(元)	1.5860	0.4152	–	0.4080
每股盈余公积金(元)	0.0265	0.0353	–	0.0189
每股未分配利润(元)	0.5098	0.6150	–	0.4069
净资产收益率(%)	4.0689	19.0000	–	20.0000
加权净资产收益率(%)	7.1600	19.0000	11.8400	20.0000
净资产收益率(扣除)(%)	–	–	–	–
总资产(万元)	241002.74	198712.89	–	165364.15
归属母公司股东权益(万元)	121455.32	58366.33	–	51664.80
主营业务收入(万元)	371972.36	694642.25	342515.19	700232.44
营业收入(万元)	371972.36	694642.25	342515.19	700232.44
主营成本(万元)	350522.71	649987.94	320908.29	659967.60
营业成本(万元)	350522.71	649987.94	320908.29	659967.60
投资收益(万元)	–	–	–	–
净利润(万元)	4941.89	10334.65	6202.31	10284.92
利润总额(万元)	6258.17	13301.90	8176.00	13144.05

渤海轮渡股份有限公司

公司概况					
公司名称	渤海轮渡股份有限公司			证券简称	渤海轮渡
法人代表	刘建君	董秘	宁武	证券代码	603167
公司网址	www.bohailundu.cn		电子信箱	zqb@bohailundu.cn	
电　　话	0535-6291223		传　　真	0535-6291223	
办公地址	山东省烟台市芝罘区环海路 2 号				
经营范围	烟台至大连、蓬莱至大连、蓬莱至旅顺客滚船运输业务、船舶配件销售、代理销售船票				

主要财务指标 指标\报告期	2012.06.30	2011.12.31	2011.06.30	2010.12.31
基本每股收益(元)	0.3984	0.7301	–	0.5670
基本每股收益(扣除)(元)	0.2116	0.4911	–	0.4863
每股净资产(元)	3.4500	3.1500	–	2.4200
每股经营现金净流量(元)	0.5780	1.0678	–	0.8808
每股现金流量(元)	0.4419	0.1073	–	–0.0288
每股资本公积金(元)	0.2616	0.2616	–	0.2616
每股盈余公积金(元)	0.2651	0.2651	–	0.1927
每股未分配利润(元)	1.9243	1.6259	–	0.9681
净资产收益率(%)	11.5448	23.1607	–	23.4079
加权净资产收益率(%)	12.1300	26.1900	–	26.5100
净资产收益率(扣除)(%)	–	–	–	–
总资产(万元)	265986.89	224842.47	–	211245.81
归属母公司股东权益(万元)	131273.48	119922.16	–	92147.34
主营业务收入(万元)	49241.16	105056.23	–	104256.76
营业收入(万元)	49272.31	105115.93	–	104256.76
主营成本(万元)	32614.50	66625.60	–	66537.26
营业成本(万元)	32618.68	66685.54	–	66537.26
投资收益(万元)	49.03	74.22	–	–163.08
净利润(万元)	15155.32	27774.82	–	21569.72
利润总额(万元)	20190.75	37046.16	–	29139.69

四川明星电缆股份有限公司

公司概况	公司名称	四川明星电缆股份有限公司			证券简称	明星电缆
	法人代表	沈卢东	董秘	姜向东	证券代码	603333
	公司网址	www.mxdl.cn		电子信箱	securities@mxdlgroup.cn	
	电　　话	0833-2595155		传　　真	0833-2595155	
	办公地址	四川省乐山市高新区迎宾大道18号				
	经营范围	专业从事特种电线电缆的研发、生产、销售和服务等				

主要财务指标	指标\报告期	2012.06.30	2011.12.31	2011.06.30	2010.12.31
	基本每股收益(元)	0.1300	0.5100	0.1200	0.4200
	基本每股收益(扣除)(元)	0.1200	0.5000	0.1100	0.4200
	每股净资产(元)	4.3830	2.7770	–	2.2659
	每股经营现金净流量(元)	–0.3930	0.3544	0.0717	0.5556
	每股现金流量(元)	1.0730	–0.3200	–0.1120	0.6734
	每股资本公积金(元)	2.3888	0.5879	–	0.5879
	每股盈余公积金(元)	0.0899	0.1198	–	0.0717
	每股未分配利润(元)	0.9045	1.0690	–	0.6062
	净资产收益率(%)	2.3457	18.3980	–	17.8150
	加权净资产收益率(%)	4.1100	20.2600	5.0900	21.7800
	净资产收益率(扣除)(%)	–	–	–	–
	总资产(万元)	230757.04	168899.25	–	148074.66
	归属母公司股东权益(万元)	151952.22	72195.09	–	58912.96
	主营业务收入(万元)	57625.66	132390.77	56764.14	119106.36
	营业收入(万元)	58096.27	133145.74	56866.05	119190.79
	主营成本(万元)	42321.15	93779.08	41683.76	82652.53
	营业成本(万元)	42803.96	94513.56	41733.15	82728.09
	投资收益(万元)	–	7.00	–	–247.80
	净利润(万元)	3564.33	13282.13	3079.41	10495.52
	利润总额(万元)	4193.33	15638.53	3629.94	12734.79

日出东方太阳能股份有限公司

公司概况	公司名称	日出东方太阳能股份有限公司			证券简称	日出东方
	法人代表	徐新建	董秘	刘伟	证券代码	603366
	公司网址	www.solareast.com		电子信箱	zqb@solareast.com	
	电　　话	0518-85959992		传　　真	0518-85807993	
	办公地址	江苏省连云港市海宁工贸园				
	经营范围	太阳能热水器、太阳能热利用产品、太阳能采暖系统、太阳能空调系统等				

主要财务指标	指标\报告期	2012.06.30	2011.12.31	2011.06.30	2010.12.31
	基本每股收益(元)	0.5900	1.2300	0.6400	0.4200
	基本每股收益(扣除)(元)	0.5600	1.2000	0.6300	0.8500
	每股净资产(元)	10.2200	2.9600	–	2.9100
	每股经营现金净流量(元)	0.6730	1.2791	–0.7051	1.0501
	每股现金流量(元)	5.7352	0.5771	–1.1786	1.4824
	每股资本公积金(元)	5.7966	1.3036	–	1.3036
	每股盈余公积金(元)	0.1052	0.1403	–	0.0513
	每股未分配利润(元)	1.6164	1.4974	–	0.5537
	净资产收益率(%)	5.7918	31.2780	–	14.4610
	加权净资产收益率(%)	8.0800	35.4800	18.4400	22.0500
	净资产收益率(扣除)(%)	–	–	–	–
	总资产(万元)	433373.85	201454.61	–	175467.77
	归属母公司股东权益(万元)	340733.02	118239.36	–	87251.66
	主营业务收入(万元)	151615.64	–	134033.87	–
	营业收入(万元)	165959.47	309499.67	148592.15	249900.81
	主营成本(万元)	96487.50	–	87151.72	–
	营业成本(万元)	107153.69	200244.92	96130.15	168126.38
	投资收益(万元)	–	101.52	65.83	8.00
	净利润(万元)	19734.52	36983.11	19096.04	12617.02
	利润总额(万元)	24231.54	44741.38	25498.99	17484.00

锦州新华龙钼业股份有限公司

公司概况	公司名称	锦州新华龙钼业股份有限公司			证券简称	新华龙
	法人代表	郭光华	董秘	王子阳	证券代码	603399
	公司网址	www.ncdmoly.com		电子信箱	xhldsh@163.com	
	电　　话	0416-3198622		传　　真	0416-3168802	
	办公地址	辽宁省凌海市大有乡双庙农场				
	经营范围	从事钼炉料、钼化工、钼金属等钼系列产品的生产、加工、销售业务				

主要财务指标	指标\报告期	2012.06.30	2011.12.31	2011.06.30	2010.12.31
	基本每股收益(元)	0.2500	0.4800	0.2600	0.4700
	基本每股收益(扣除)(元)	0.2500	0.4700	0.2500	0.4300
	每股净资产(元)	2.5800	2.3000	–	1.9600
	每股经营现金净流量(元)	0.2644	0.6997	–	1.2081
	每股现金流量(元)	–0.5881	0.5016	–	0.7425
	每股资本公积金(元)	0.2322	0.2322	–	0.2322
	每股盈余公积金(元)	0.1225	0.1225	–	0.0832
	每股未分配利润(元)	1.2130	0.9428	–	0.6415
	净资产收益率(%)	10.4630	20.9759	–	23.2016
	加权净资产收益率(%)	11.1100	23.0400	12.9000	24.2400
	净资产收益率(扣除)(%)	–	–	–	–
	总资产(万元)	122615.43	134274.25	–	118971.86
	归属母公司股东权益(万元)	49071.30	43653.13	–	37182.11
	主营业务收入(万元)	–	336084.41	–	302490.41
	营业收入(万元)	141353.65	337431.92	–	302847.33
	主营成本(万元)	–	315333.82	–	283386.15
	营业成本(万元)	131040.00	317037.28	–	283890.62
	投资收益(万元)	–	–	–	–195.99
	净利润(万元)	5080.54	9062.09	–	8604.28
	利润总额(万元)	6827.53	12170.40	–	11574.41

隆鑫通用动力股份有限公司

公司概况	公司名称	隆鑫通用动力股份有限公司			证券简称	隆鑫通用
	法人代表	高勇	董秘	黄经雨	证券代码	603766
	公司网址	www.loncinindustries.com		电子信箱	security@loncinindustry.com	
	电　　话	023-89028829		传　　真	023-89028051	
	办公地址	重庆市九龙坡区九龙园区华龙大道99号				
	经营范围	摩托车及发动机、通用动力机械产品的研发、生产及销售等				

主要财务指标	指标\报告期	2012.06.30	2011.12.31	2011.06.30	2010.12.31
	基本每股收益(元)	0.3000	0.6100	0.3200	0.5100
	基本每股收益(扣除)(元)	0.2900	0.5100	0.2600	0.5000
	每股净资产(元)	3.4400	3.2000	–	2.5900
	每股经营现金净流量(元)	0.0342	0.6655	0.1313	0.7232
	每股现金流量(元)	–0.1822	0.2349	–0.1112	0.3822
	每股资本公积金(元)	0.3999	0.3999	–	0.3999
	每股盈余公积金(元)	0.0691	0.0691	–	0.0095
	每股未分配利润(元)	1.9707	1.7295	–	1.1770
	净资产收益率(%)	8.6404	19.1700	–	19.8900
	加权净资产收益率(%)	8.9300	21.2000	11.6100	21.7100
	净资产收益率(扣除)(%)	–	–	–	–
	总资产(万元)	425084.12	444573.24	–	345336.35
	归属母公司股东权益(万元)	247655.18	230288.90	–	186221.19
	主营业务收入(万元)	–	–	–	–
	营业收入(万元)	303053.51	683578.44	321296.08	563805.03
	主营成本(万元)	–	–	–	–
	营业成本(万元)	250555.00	581122.14	273673.67	466095.14
	投资收益(万元)	1151.42	2567.86	673.67	1154.75
	净利润(万元)	22503.49	45258.36	23258.32	37031.33
	利润总额(万元)	26190.56	53569.02	27611.26	45953.23

洛阳栾川钼业集团股份有限公司

公司概况					
公司名称	洛阳栾川钼业集团股份有限公司			证券简称	洛阳钼业
法人代表	吴文君	董秘	张新晖	证券代码	603993
公司网址	www.chinamoly.com		电子信箱	wangchunyu@chinamoly.com	
电　　话	0379-66819959		传　　真	0379-66824500	
办公地址	河南省洛阳市栾川县城东新区画眉山路伊河以北				
经营范围	矿产资源的采选、冶炼、深加工及勘探、矿产资源系列产品、化工产品的出口等				

主要财务指标

指标＼报告期	2012.06.30	2011.12.31	2011.06.30	2010.12.31
基本每股收益(元)	0.1500	0.2300	–	0.2100
基本每股收益(扣除)(元)	0.1200	0.2300	–	0.2100
每股净资产(元)	2.2900	2.1300	–	2.3100
每股经营现金净流量(元)	0.1647	0.2109	–	0.0124
每股现金流量(元)	-0.2700	-0.0124	–	0.0030
每股资本公积金(元)	7.7774	7.7774	–	7.7774
每股盈余公积金(元)	0.1446	0.1446	–	0.1219
每股未分配利润(元)	0.3627	0.2149	–	0.4123
净资产收益率(%)	6.4643	10.7619	–	9.0684
加权净资产收益率(%)	6.2000	10.6700	–	9.3600
净资产收益率(扣除)(%)	–	–	–	–
总资产(万元)	1336243.65	1494612.40	–	1370963.99
归属母公司股东权益(万元)	1114842.94	1039013.34	–	1125550.76
主营业务收入(万元)	295431.92	593554.48	–	434729.63
营业收入(万元)	303311.41	609965.16	–	449696.66
主营成本(万元)	192185.44	376129.52	–	249719.73
营业成本(万元)	198711.86	391137.01	–	264370.23
投资收益(万元)	7616.99	12704.15	–	9798.37
净利润(万元)	71584.33	115616.18	–	105683.48
利润总额(万元)	73843.07	151191.65	–	141470.06

上海仪电电子股份有限公司

公司概况	公司名称	上海仪电电子股份有限公司			证券简称	仪电B股
	法人代表	黄峰	董秘	赵开兰	证券代码	900901
	公司网址	www.sva-e.com			电子信箱	stock@sva-e.com
	电　话	021-62980202　34695939			传　真	021-62982121
	办公地址	上海市徐汇区田林路168号4-5楼				
	经营范围	电视机、平板显示器件、家庭视听设备、微波炉等小家电产品等				

	指标\报告期	2012.06.30	2011.12.31	2011.06.30	2010.12.31
主要财务指标	基本每股收益(元)	0.0336	0.1300	0.0863	0.1400
	基本每股收益(扣除)(元)	0.0114	0.1000	0.0865	-0.0800
	每股净资产(元)	1.9944	2.0039	1.9300	1.9200
	每股经营现金净流量(元)	-0.0551	-0.0292	-0.0249	-0.0402
	每股现金流量(元)	0.0080	-0.0882	0.0048	0.6866
	每股资本公积金(元)	0.9468	0.9566	0.9785	1.0421
	每股盈余公积金(元)	0.2778	0.2778	0.2644	0.2754
	每股未分配利润(元)	-0.2303	-0.2639	-0.3159	-0.3969
	净资产收益率(%)	1.6849	6.5970	4.7103	7.3493
	加权净资产收益率(%)	1.6800	6.5600	4.8200	7.7900
	净资产收益率(扣除)(%)	-	-	-	-
	总资产(万元)	296047.04	288651.84	258129.79	271202.90
	归属母公司股东权益(万元)	233933.13	235041.28	226018.23	225280.02
	主营业务收入(万元)	55184.13	88896.09	51349.60	75451.41
	营业收入(万元)	59091.11	93674.28	53786.34	80393.35
	主营成本(万元)	47200.98	76620.75	45238.72	64856.64
	营业成本(万元)	48935.39	77492.51	45676.97	66143.79
	投资收益(万元)	4964.06	20829.46	9619.96	21903.32
	净利润(万元)	4383.71	14869.70	10624.02	16669.69
	利润总额(万元)	4500.21	15164.86	10756.93	17249.55

上海二纺机股份有限公司

公司概况	公司名称	上海二纺机股份有限公司			证券简称	*ST二纺B
	法人代表	夏斯成	董秘	李勃	证券代码	900902
	公司网址	www.shefj.com			电子信箱	efj@shefj.com
	电　话	021-51265073　65318494			传　真	021-65421963
	办公地址	上海市场中路687号				
	经营范围	生产销售纺纱机械、化纤机械等产品				

	指标\报告期	2012.06.30	2011.12.31	2011.06.30	2010.12.31
主要财务指标	基本每股收益(元)	-0.0103	0.0265	0.0156	-0.1607
	基本每股收益(扣除)(元)	-0.0362	-0.0236	-0.0150	-0.1678
	每股净资产(元)	0.2755	0.2989	0.3093	0.3009
	每股经营现金净流量(元)	-0.2960	-0.0499	-0.0891	-0.1279
	每股现金流量(元)	-0.0853	-0.1621	-0.0741	-0.1468
	每股资本公积金(元)	0.1690	0.1821	0.2034	0.2106
	每股盈余公积金(元)	0.0063	0.0063	0.0063	0.0063
	每股未分配利润(元)	-0.8998	-0.8895	-0.9004	-0.9160
	净资产收益率(%)	-3.7398	8.8710	5.0420	-53.4090
	加权净资产收益率(%)	-3.5100	8.8400	5.0500	-40.9300
	净资产收益率(扣除)(%)	-	-	-	-
	总资产(万元)	48123.51	83622.39	81395.70	83397.29
	归属母公司股东权益(万元)	15605.55	16929.67	17518.54	17044.93
	主营业务收入(万元)	21336.35	66063.20	33822.70	42196.39
	营业收入(万元)	22916.83	71089.96	36788.18	46718.57
	主营成本(万元)	20903.27	62771.63	32067.03	41955.44
	营业成本(万元)	22520.69	67612.71	34960.61	45980.00
	投资收益(万元)	1364.37	1980.11	866.21	1.07
	净利润(万元)	-584.29	1603.47	1011.57	-9365.57
	利润总额(万元)	-584.29	1603.47	1011.57	-9365.84

大众交通(集团)股份有限公司

公司概况	公司名称	大众交通(集团)股份有限公司			证券简称	大众B股
	法人代表	杨国平	董秘	赵思渊	证券代码	900903
	公司网址	www.96822.com			电子信箱	dzjt@96822.com
	电　话	021-64466666(总机)　64289122			传　真	021-64285642
	办公地址	上海市吴中路699号大众美林阁大酒店7楼				
	经营范围	出租车运输、公共汽车运输、货运、车辆租赁、进出口代理等				

	指标\报告期	2012.06.30	2011.12.31	2011.06.30	2010.12.31
主要财务指标	基本每股收益(元)	0.1400	0.2700	0.1500	0.3400
	基本每股收益(扣除)(元)	0.0700	0.1700	0.0900	0.2400
	每股净资产(元)	3.3900	3.2700	3.4000	3.4500
	每股经营现金净流量(元)	-0.2465	0.4333	0.1588	0.5619
	每股现金流量(元)	-0.4307	0.1742	0.0312	0.3957
	每股资本公积金(元)	0.7958	0.7426	0.9931	1.1057
	每股盈余公积金(元)	0.4684	0.4684	0.4461	0.4461
	每股未分配利润(元)	1.1293	1.0609	0.9643	0.8950
	净资产收益率(%)	4.0804	8.1930	4.3870	9.7570
	加权净资产收益率(%)	4.1100	8.0000	4.3100	10.1500
	净资产收益率(扣除)(%)	-	-	-	-
	总资产(万元)	997141.60	975642.41	1038849.97	1000542.89
	归属母公司股东权益(万元)	534846.60	515662.54	536431.19	543253.16
	主营业务收入(万元)	125556.56	273549.04	129757.87	341089.87
	营业收入(万元)	127509.84	278016.61	131946.45	344746.14
	主营成本(万元)	96336.63	206768.81	98078.15	249186.68
	营业成本(万元)	123499.93	208693.22	124231.50	251009.01
	投资收益(万元)	17371.24	27201.32	16881.12	31728.92
	净利润(万元)	24074.19	47351.78	25804.38	59898.25
	利润总额(万元)	31712.01	58396.49	32069.27	72997.83

上海永生投资管理股份有限公司

公司概况	公司名称	上海永生投资管理股份有限公司			证券简称	永生B股
	法人代表	张芝庭	董秘	梅君	证券代码	900904
	公司网址	www.613904.com			电子信箱	mj041@sina.com
	电　话	021-53750009			传　真	021-53750012
	办公地址	上海市威海路128号长发大厦613室				
	经营范围	在国家法律允许和政策鼓励的范围内进行投资管理等				

	指标\报告期	2012.06.30	2011.12.31	2011.06.30	2010.12.31
主要财务指标	基本每股收益(元)	0.0800	0.1200	0.0880	0.0400
	基本每股收益(扣除)(元)	-	0.1100	0.0890	0.0200
	每股净资产(元)	1.3779	1.2937	1.2630	1.1800
	每股经营现金净流量(元)	-	-0.0225	-0.0786	0.2234
	每股现金流量(元)	-	-0.0296	-0.0798	0.0940
	每股资本公积金(元)	0.1621	0.1621	0.1623	0.1623
	每股盈余公积金(元)	-	0.0973	0.0973	0.0973
	每股未分配利润(元)	-	0.0344	0.0036	-0.0843
	净资产收益率(%)	-	9.1740	6.9630	3.2641
	加权净资产收益率(%)	6.3000	9.6100	7.2100	3.2100
	净资产收益率(扣除)(%)	-	-	-	-
	总资产(万元)	-	24306.68	24358.51	22084.74
	归属母公司股东权益(万元)	20379.68	19135.08	18684.02	17382.84
	主营业务收入(万元)	6794.02	14756.70	7448.60	10549.75
	营业收入(万元)	6828.33	14825.01	7448.60	10584.14
	主营成本(万元)	1337.20	3118.56	1996.35	2758.85
	营业成本(万元)	-	3125.05	1996.35	2797.15
	投资收益(万元)	-	102.79	-	205.58
	净利润(万元)	-	1916.14	1423.36	623.58
	利润总额(万元)	-	2254.83	1620.89	863.52

老凤祥股份有限公司

公司概况	公司名称	老凤祥股份有限公司			证券简称	老凤祥 B
	法人代表	胡书刚	董秘	周富良	证券代码	900905
	公司网址	www.chinafirstpencil.com		电子信箱	cfp612@126.com	
	电 话	021-54480605 64855944		传 真	021-54481529	
	办公地址	上海市漕溪路 270 号 5 号楼二楼				
	经营范围	生产经营金银制品、珠宝、钻石与相关产品及设备等				

主要财务指标	指标\报告期	2012.06.30	2011.12.31	2011.06.30	2010.12.31
	基本每股收益(元)	0.7191	1.1996	0.8407	0.9105
	基本每股收益(扣除)(元)	–	1.1743	0.8474	0.8456
	每股净资产(元)	5.7310	4.9745	5.8256	4.6579
	每股经营现金净流量(元)	–	–0.2025	0.9791	–0.6097
	每股现金流量(元)	–	0.4872	2.3154	0.1850
	每股资本公积金(元)	1.6064	1.5690	2.1089	2.0903
	每股盈余公积金(元)	–	0.3644	0.4145	0.4145
	每股未分配利润(元)	–	2.0411	2.3021	1.1531
	净资产收益率(%)	–	24.1150	14.4300	18.2850
	加权净资产收益率(%)	13.4300	28.2000	15.6200	22.3600
	净资产收益率(扣除)(%)	–	–	–	–
	总资产(万元)	–	727659.00	642280.54	550599.58
	归属母公司股东权益(万元)	249830.70	216855.04	195350.00	156195.34
	主营业务收入(万元)	1168077.83	1951190.79	1087837.29	1284347.72
	营业收入(万元)	–	2112639.72	1167805.18	1431632.92
	主营成本(万元)	1068766.10	1771243.31	995576.30	1159958.61
	营业成本(万元)	–	1928279.98	1071016.55	1302409.42
	投资收益(万元)	–	279.17	1216.49	427.24
	净利润(万元)	–	68266.65	36789.86	42011.37
	利润总额(万元)	56098.61	91112.96	48884.56	55658.80

中国纺织机械股份有限公司

公司概况	公司名称	中国纺织机械股份有限公司			证券简称	中纺 B 股
	法人代表	李培忠	董秘	程雪莲	证券代码	900906
	公司网址	www.ctmco.com.cn		电子信箱	ctmzjbk@online.sh.cn	
	电 话	021-65432970 512		传 真	021-65455130	
	办公地址	上海市长阳路 1687 号				
	经营范围	纺织机械及有关器材的生产与销售业务等				

主要财务指标	指标\报告期	2012.06.30	2011.12.31	2011.06.30	2010.12.31
	基本每股收益(元)	0.0100	0.0200	0.0100	0.0200
	基本每股收益(扣除)(元)	–0.0200	–0.0800	–0.0400	–0.1100
	每股净资产(元)	0.4800	0.4900	0.5400	0.5800
	每股经营现金净流量(元)	–0.0310	–0.0912	–0.0605	–0.0391
	每股现金流量(元)	–0.0111	0.0280	–0.0130	0.0050
	每股资本公积金(元)	0.3568	0.3643	0.4215	0.4733
	每股盈余公积金(元)	–	–	–	–
	每股未分配利润(元)	–0.8719	–0.8770	–0.8862	–0.8928
	净资产收益率(%)	1.0522	3.2430	1.2337	4.2790
	加权净资产收益率(%)	1.0500	2.9600	1.1800	4.1100
	净资产收益率(扣除)(%)	–	–	–	–
	总资产(万元)	37705.16	36500.74	33599.84	36438.95
	归属母公司股东权益(万元)	17317.00	17403.01	19116.24	20729.53
	主营业务收入(万元)	2641.70	5616.70	3712.51	8403.78
	营业收入(万元)	4614.89	9914.61	5438.16	11639.25
	主营成本(万元)	2841.13	6083.17	4138.63	8243.30
	营业成本(万元)	4260.06	9062.24	5284.36	10566.22
	投资收益(万元)	892.27	3253.09	1317.04	2188.28
	净利润(万元)	172.66	556.34	230.74	875.83
	利润总额(万元)	172.66	533.77	230.74	867.53

上海鼎立科技发展(集团)股份有限公司

公司概况	公司名称	上海鼎立科技发展(集团)股份有限公司			证券简称	鼎立 B 股
	法人代表	许宝星	董秘	姜卫星	证券代码	900907
	公司网址	www.600614.com		电子信箱	qian_hx@600614.com	
	电 话	021-35071889		传 真	021-35080120	
	办公地址	上海市杨浦区国权路 39 号财富广场(金座)18 楼				
	经营范围	国家鼓励和允许的范围内进行投资等				

主要财务指标	指标\报告期	2012.06.30	2011.12.31	2011.06.30	2010.12.31
	基本每股收益(元)	0.0500	0.1000	0.0460	0.1100
	基本每股收益(扣除)(元)	–0.0140	–0.0300	0.0030	–0.0700
	每股净资产(元)	1.5050	1.4547	1.4055	1.3596
	每股经营现金净流量(元)	–0.1249	–0.4069	–0.2394	–0.0811
	每股现金流量(元)	–0.0489	0.0006	–0.0174	0.2081
	每股资本公积金(元)	0.3443	0.3443	0.3444	0.3444
	每股盈余公积金(元)	0.0128	0.0128	0.0128	0.0128
	每股未分配利润(元)	0.1478	0.0975	0.0483	0.0023
	净资产收益率(%)	3.3414	6.5460	3.2768	8.3840
	加权净资产收益率(%)	3.4000	6.7700	3.3300	8.7400
	净资产收益率(扣除)(%)	–	–	–	–
	总资产(万元)	242480.59	236852.03	246085.41	190046.50
	归属母公司股东权益(万元)	85392.96	82539.64	79750.19	77140.95
	主营业务收入(万元)	57318.52	110679.00	49746.89	74962.01
	营业收入(万元)	57858.27	111824.40	50293.20	77614.44
	主营成本(万元)	50826.31	96246.96	40510.07	62914.25
	营业成本(万元)	50978.12	96810.21	40694.61	64262.87
	投资收益(万元)	2670.85	1219.18	1188.14	8382.26
	净利润(万元)	2887.47	5512.49	3087.02	6419.61
	利润总额(万元)	3069.41	6056.70	3891.34	7781.14

上海氯碱化工股份有限公司

公司概况	公司名称	上海氯碱化工股份有限公司			证券简称	氯碱 B 股
	法人代表	李军	董秘	许沛文	证券代码	900908
	公司网址	www.scacc.com		电子信箱	shxpw@126.com	
	电 话	021-64340601 64342640		传 真	021-64341341 64341438	
	办公地址	上海市龙吴路 4747 号				
	经营范围	聚氯乙烯、烧碱、氯系列等基本化工原料及加工产品等				

主要财务指标	指标\报告期	2012.06.30	2011.12.31	2011.06.30	2010.12.31
	基本每股收益(元)	0.0733	0.1987	0.1429	0.1223
	基本每股收益(扣除)(元)	0.0676	0.1637	0.1455	0.1247
	每股净资产(元)	2.4304	2.3575	2.3160	2.1664
	每股经营现金净流量(元)	0.3081	0.6140	0.1075	0.5381
	每股现金流量(元)	–0.0333	–0.0065	0.1428	0.1000
	每股资本公积金(元)	1.3749	1.3753	1.3894	1.3829
	每股盈余公积金(元)	0.0087	0.0087	0.0081	0.0081
	每股未分配利润(元)	0.0468	–0.0265	–0.0818	–0.2246
	净资产收益率(%)	3.0169	8.4280	6.1690	5.6430
	加权净资产收益率(%)	3.0630	8.7844	6.3740	5.9500
	净资产收益率(扣除)(%)	–	–	–	–
	总资产(万元)	618415.27	600792.94	593817.29	561372.22
	归属母公司股东权益(万元)	281047.67	272620.26	267790.75	250520.97
	主营业务收入(万元)	259778.39	561131.28	285668.46	555333.86
	营业收入(万元)	267518.55	576252.60	293946.96	573650.14
	主营成本(万元)	228288.35	478268.06	241717.15	477177.24
	营业成本(万元)	234352.68	492315.79	249059.44	492298.22
	投资收益(万元)	2524.59	1250.22	1236.51	6117.92
	净利润(万元)	8502.15	22638.29	16446.36	10269.65
	利润总额(万元)	8606.45	22713.53	16474.46	10465.27

双钱集团股份有限公司

公司概况	公司名称	双钱集团股份有限公司			证券简称	双钱B股
	法人代表	刘训峰	董秘	王玲	证券代码	900909
	公司网址	www.doublecoinholdings.com		电子信箱	wangling@doublecoinholdings.com	
	电　　话	021-33024666-6238		传　　真	021-63390141	
	办公地址	上海市四川中路63号				
	经营范围	轮胎、力车胎、胶鞋及其橡胶制品和前述产品的配件、橡胶原辅材料、橡胶机械等				

	指标\报告期	2012.06.30	2011.12.31	2011.06.30	2010.12.31
主要财务指标	基本每股收益(元)	0.1310	0.1990	0.0940	0.3270
	基本每股收益(扣除)(元)	0.1050	0.1670	0.0830	0.1300
	每股净资产(元)	2.6140	2.5540	2.4520	2.5080
	每股经营现金净流量(元)	-0.3545	1.0635	-0.5148	0.2901
	每股现金流量(元)	0.5174	-0.0522	0.2172	-0.4008
	每股资本公积金(元)	0.7913	0.8014	0.8005	0.8416
	每股盈余公积金(元)	0.1541	0.1541	0.1260	0.1260
	每股未分配利润(元)	0.6701	0.6027	0.5258	0.5402
	净资产收益率(%)	4.9927	7.7780	3.8190	13.0280
	加权净资产收益率(%)	4.9920	7.8400	3.6660	15.2800
	净资产收益率(扣除)(%)	-	-	-	-
	总资产(万元)	1128367.52	892504.06	1001925.26	845338.59
	归属母公司股东权益(万元)	232519.71	227161.60	218127.21	223056.04
	主营业务收入(万元)	603089.05	1081037.62	521596.93	897576.88
	营业收入(万元)	606127.00	1092663.23	527172.67	909462.54
	主营成本(万元)	510905.56	955347.23	464360.80	801647.51
	营业成本(万元)	513379.93	961160.48	467578.65	809441.13
	投资收益(万元)	2152.92	-158.90	-828.46	18126.67
	净利润(万元)	15547.62	10041.73	1421.99	21615.64
	利润总额(万元)	16740.33	11719.46	2350.18	22397.42

上海海立(集团)股份有限公司

公司概况	公司名称	上海海立(集团)股份有限公司			证券简称	海立B股
	法人代表	沈建芳	董秘	罗敏	证券代码	900910
	公司网址	www.highly.cc		电子信箱	heartfelt@highly.cc	
	电　　话	021-58547777(总机)		传　　真	021-50326960	
	办公地址	上海市浦东新区金桥出口加工区宁桥路888号				
	经营范围	研发、生产制冷设备及零部件、汽车零部件、家用电器及相关的材料等				

	指标\报告期	2012.06.30	2011.12.31	2011.06.30	2010.12.31
主要财务指标	基本每股收益(元)	0.1700	0.2900	0.2400	0.2400
	基本每股收益(扣除)(元)	0.1600	0.2800	0.2400	0.2000
	每股净资产(元)	3.0400	2.9600	2.9400	2.6900
	每股经营现金净流量(元)	0.5854	0.3878	0.2157	0.7697
	每股现金流量(元)	0.1197	0.0731	0.2328	0.0831
	每股资本公积金(元)	0.5999	0.5974	0.6149	0.6162
	每股盈余公积金(元)	0.3333	0.3333	0.3177	0.3177
	每股未分配利润(元)	1.1033	1.0340	1.0031	0.7606
	净资产收益率(%)	5.6145	9.7500	8.2620	8.8590
	加权净资产收益率(%)	5.5900	10.1900	8.6200	8.9200
	净资产收益率(扣除)(%)	-	-	-	-
	总资产(万元)	772247.01	711640.41	834003.30	658903.40
	归属母公司股东权益(万元)	183027.18	178693.62	176950.33	162408.49
	主营业务收入(万元)	387468.73	793191.29	497313.55	620783.78
	营业收入(万元)	396963.49	817777.39	510418.48	640197.39
	主营成本(万元)	337764.29	698584.66	440655.26	535450.98
	营业成本(万元)	342015.83	713225.97	448285.68	550521.57
	投资收益(万元)	496.68	535.10	207.46	-1711.09
	净利润(万元)	14400.99	24511.76	20209.93	20868.00
	利润总额(万元)	17401.51	29658.53	24301.90	25524.02

上海金桥出口加工区开发股份有限公司

公司概况	公司名称	上海金桥出口加工区开发股份有限公司			证券简称	浦东金桥
	法人代表	张素心	董秘	代燕妮	证券代码	900911
	公司网址	www.58991818.com		电子信箱	daiyn@58991818.com	
	电　　话	021-50307702 50307770		传　　真	021-50301533	
	办公地址	上海市浦东新区新金桥路27号1号楼				
	经营范围	在依法取得的地块上从事房地产开发、经营、销售、出租和中介等				

	指标\报告期	2012.06.30	2011.12.31	2011.06.30	2010.12.31
主要财务指标	基本每股收益(元)	0.2037	0.4873	0.3487	0.5973
	基本每股收益(扣除)(元)	-	0.4719	0.3460	0.4826
	每股净资产(元)	4.4691	4.3451	4.2099	3.9609
	每股经营现金净流量(元)	-	-0.0569	-0.0985	-0.8979
	每股现金流量(元)	-	0.0008	-0.1166	-0.6622
	每股资本公积金(元)	0.8900	0.8897	0.8930	0.8927
	每股盈余公积金(元)	-	0.4809	0.4363	0.4363
	每股未分配利润(元)	-	1.9746	1.8807	1.6319
	净资产收益率(%)	-	11.2140	8.2840	14.3950
	加权净资产收益率(%)	4.5900	11.7300	8.4900	15.0000
	净资产收益率(扣除)(%)	-	-	-	-
	总资产(万元)	-	879628.57	812619.30	842282.29
	归属母公司股东权益(万元)	415105.47	403583.01	391030.58	367895.68
	主营业务收入(万元)	55502.93	208575.09	128338.19	148311.19
	营业收入(万元)	-	208617.90	128353.28	148342.26
	主营成本(万元)	19067.34	79316.24	43654.20	53594.42
	营业成本(万元)	-	79527.02	43772.19	53785.22
	投资收益(万元)	-	1762.09	1697.42	11045.76
	净利润(万元)	-	50230.98	33876.30	55917.21
	利润总额(万元)	25159.48	70022.21	39671.90	70580.26

上海外高桥保税区开发股份有限公司

公司概况	公司名称	上海外高桥保税区开发股份有限公司			证券简称	外高B股
	法人代表	舒榕斌	董秘	黄磷	证券代码	900912
	公司网址	www.shwgq.com		电子信箱	gudong@shwgq.com	
	电　　话	021-51980847		传　　真	021-51980850	
	办公地址	上海市外高桥保税区杨高北路2001号				
	经营范围	受让地块内的房地产经营、工程承包、商业、保税区内的转口贸易等				

	指标\报告期	2012.06.30	2011.12.31	2011.06.30	2010.12.31
主要财务指标	基本每股收益(元)	0.1040	0.3500	0.1360	0.6600
	基本每股收益(扣除)(元)	0.0710	0.3300	0.1330	0.6600
	每股净资产(元)	4.6400	4.5900	4.4700	4.5100
	每股经营现金净流量(元)	-0.1156	-0.4373	-0.8431	-0.3563
	每股现金流量(元)	0.3840	-0.3423	0.0979	0.1880
	每股资本公积金(元)	1.7265	1.6813	1.7742	1.8078
	每股盈余公积金(元)	0.3736	0.3736	0.3655	0.3655
	每股未分配利润(元)	1.5523	1.5483	1.3395	1.3431
	净资产收益率(%)	2.2401	7.6918	3.0500	14.5343
	加权净资产收益率(%)	2.2300	7.7800	2.9900	14.9100
	净资产收益率(扣除)(%)	-	-	-	-
	总资产(万元)	2291949.13	2400439.20	2617620.18	2395501.59
	归属母公司股东权益(万元)	469288.58	464301.47	451992.70	455731.37
	主营业务收入(万元)	289235.02	854372.39	390880.61	885895.64
	营业收入(万元)	290323.07	857868.19	392703.26	888117.94
	主营成本(万元)	230251.93	691720.00	318696.48	664213.16
	营业成本(万元)	230411.21	693752.95	318740.10	664326.73
	投资收益(万元)	5939.00	3324.28	1061.79	3455.95
	净利润(万元)	13321.43	44290.68	18327.71	72745.61
	利润总额(万元)	18592.51	59665.26	25638.67	97654.58

上海联华合纤股份有限公司

公司概况

公司名称	上海联华合纤股份有限公司			证券简称	ST 联华 B
法人代表	程鹏	董秘	程鹏(代)	证券代码	900913
公司网址	www.600617.com.cn		电子信箱	wangxl@600617.com.cn	
电　话	021-61103869　61639685		传　真	021-61639683	
办公地址	上海市浦东新区浦电路 480 号陆家嘴商务广场 1205 室				
经营范围	生产销售聚酯切片、合成纤维及深加工产品				

主要财务指标

指标 \ 报告期	2012.06.30	2011.12.31	2011.06.30	2010.12.31
基本每股收益(元)	0.0230	0.1000	0.1240	0.1000
基本每股收益(扣除)(元)	-0.0002	-0.1800	-0.0540	-0.1400
每股净资产(元)	-0.3340	-0.3600	-0.3320	-0.4600
每股经营现金净流量(元)	-0.0277	-0.2449	-0.1163	-0.0402
每股现金流量(元)	-0.0106	-0.2317	-0.2084	0.2408
每股资本公积金(元)	0.4456	0.4456	0.4456	0.4456
每股盈余公积金(元)	0.1739	0.1739	0.1739	0.1739
每股未分配利润(元)	-1.9535	-1.9770	-1.9520	-2.0757
净资产收益率(%)	-7.0274	-27.6310	-37.2236	-21.9498
加权净资产收益率(%)	-	-24.2800	-	-22.8700
净资产收益率(扣除)(%)	-	-	-	-
总资产(万元)	451.47	1793.36	5517.10	6063.20
归属母公司股东权益(万元)	-5584.20	-5976.62	-5558.83	-7628.02
主营业务收入(万元)	-	2541.15	155.50	586.84
营业收入(万元)	-	2559.65	170.58	786.84
主营成本(万元)	-	2443.95	136.34	628.75
营业成本(万元)	-	2448.07	140.45	648.61
投资收益(万元)	286.39	0.40	0.40	0.52
净利润(万元)	392.42	1651.40	2069.20	1674.33
利润总额(万元)	-52.08	2363.62	2647.92	1674.33

上海锦江国际实业投资股份有限公司

公司概况

公司名称	上海锦江国际实业投资股份有限公司			证券简称	锦投 B 股
法人代表	沈懋兴	董秘	濮荣平	证券代码	900914
公司网址	www.jjtz.com		电子信箱	dshms@jjtz.com	
电　话	021-63218800		传　真	021-63213119	
办公地址	上海市延安东路 100 号 28 楼				
经营范围	车辆服务、物流服务(普通货物的仓储、装卸、加工、包装、配送)等				

主要财务指标

指标 \ 报告期	2012.06.30	2011.12.31	2011.06.30	2010.12.31
基本每股收益(元)	0.1720	0.4410	0.2610	0.5150
基本每股收益(扣除)(元)	0.1640	0.4120	0.2400	0.4780
每股净资产(元)	3.6750	3.8060	3.6050	3.6500
每股经营现金净流量(元)	0.2171	0.6379	0.4206	0.7591
每股现金流量(元)	0.1522	-0.2554	0.0082	0.3779
每股资本公积金(元)	0.7988	0.8015	0.7807	0.7911
每股盈余公积金(元)	0.4621	0.4586	0.4445	0.4139
每股未分配利润(元)	1.4139	1.5457	1.3795	1.4491
净资产收益率(%)	4.6699	11.5960	7.2400	14.1000
加权净资产收益率(%)	4.4100	11.8300	7.0000	14.3600
净资产收益率(扣除)(%)	-	-	-	-
总资产(万元)	315881.76	305215.62	323270.55	308014.89
归属母公司股东权益(万元)	202703.84	209935.10	198840.14	201566.79
主营业务收入(万元)	96301.68	188524.73	89024.57	180759.66
营业收入(万元)	97950.12	191978.73	90383.25	184158.27
主营成本(万元)	76750.33	143524.98	64427.67	135918.88
营业成本(万元)	77294.47	144345.98	64792.83	136664.58
投资收益(万元)	5813.81	15234.33	7606.70	18070.42
净利润(万元)	11570.42	29460.53	17059.07	33908.48
利润总额(万元)	13478.56	33689.09	20047.77	38500.67

中路股份有限公司

公司概况

公司名称	中路股份有限公司			证券简称	中路 B 股
法人代表	陈荣	董秘	袁志坚	证券代码	900915
公司网址	www.cnforever.com		电子信箱	600818@cnforever.com	
电　话	021-50596906		传　真	021-68458517	
办公地址	上海市浦东新区南六公路 818 号				
经营范围	生产自行车及零部件、助力车(含燃气助力车)、手动轮椅车等				

主要财务指标

指标 \ 报告期	2012.06.30	2011.12.31	2011.06.30	2010.12.31
基本每股收益(元)	0.0200	0.0600	0.0400	0.0800
基本每股收益(扣除)(元)	-0.0070	-0.0200	0.0310	-0.0600
每股净资产(元)	1.2700	1.2500	1.2220	1.2100
每股经营现金净流量(元)	0.0246	-0.0616	-0.0832	0.1179
每股现金流量(元)	-0.0226	0.0170	-0.0081	0.0766
每股资本公积金(元)	0.0426	0.0374	0.0281	0.0586
每股盈余公积金(元)	0.0376	0.0376	0.0362	0.0362
每股未分配利润(元)	0.1907	0.1731	0.1580	0.1171
净资产收益率(%)	1.3903	4.5970	3.3404	6.5260
加权净资产收益率(%)	1.4000	4.6600	4.0600	6.6200
净资产收益率(扣除)(%)	-	-	-	-
总资产(万元)	73865.30	72461.81	73560.49	74311.20
归属母公司股东权益(万元)	37141.28	36472.51	35717.97	35416.12
主营业务收入(万元)	28660.74	64980.08	33345.23	61024.50
营业收入(万元)	29616.55	67577.47	34207.74	63224.36
主营成本(万元)	25124.21	57030.64	29591.08	53433.19
营业成本(万元)	25288.41	58885.70	30007.89	55181.55
投资收益(万元)	291.43	4735.81	3755.33	5590.27
净利润(万元)	421.79	2340.13	2109.27	2126.04
利润总额(万元)	501.51	2569.70	2742.71	1840.02

金山开发建设股份有限公司

公司概况

公司名称	金山开发建设股份有限公司			证券简称	金山 B 股
法人代表	夏杰	董秘	李玉龙	证券代码	900916
公司网址	www.jskfjs.com		电子信箱	lyl@phoenix.com.cn	
电　话	021-31351500　31351518		传　真	021-31351501	
办公地址	上海市吴中路 369 号美恒大厦 15 楼				
经营范围	房地产开发经营、城市和绿化建设、旧区改造、商业开发等				

主要财务指标

指标 \ 报告期	2012.06.30	2011.12.31	2011.06.30	2010.12.31
基本每股收益(元)	-0.0103	0.0115	0.0013	0.0211
基本每股收益(扣除)(元)	-0.0137	-0.0509	-0.0006	-0.0497
每股净资产(元)	1.6244	1.6871	1.6871	1.6817
每股经营现金净流量(元)	-0.0056	-0.0220	-0.0505	0.0139
每股现金流量(元)	-0.0775	-0.4012	-0.3532	0.1297
每股资本公积金(元)	0.9329	0.9321	0.9956	0.9915
每股盈余公积金(元)	0.1632	0.1632	0.1632	0.1632
每股未分配利润(元)	-0.4716	-0.4613	-0.4716	-0.4728
净资产收益率(%)	-0.6349	0.7067	0.0740	1.2552
加权净资产收益率(%)	-0.6332	0.6800	0.0744	1.2400
净资产收益率(扣除)(%)	-	-	-	-
总资产(万元)	120744.91	116880.07	132775.46	129827.78
归属母公司股东权益(万元)	57441.97	57777.82	59658.93	59469.18
主营业务收入(万元)	33264.65	99101.38	51249.48	89943.54
营业收入(万元)	34780.53	102538.64	51990.08	90672.07
主营成本(万元)	29487.70	87014.81	45549.88	80005.50
营业成本(万元)	30187.70	88835.77	45903.60	80261.22
投资收益(万元)	688.68	2667.48	208.10	3896.44
净利润(万元)	-502.12	-297.37	209.41	822.66
利润总额(万元)	-496.79	426.61	256.85	2422.08

上海海欣集团股份有限公司

公司概况	公司名称	上海海欣集团股份有限公司			证券简称	海欣B股
	法人代表	徐文彬	董秘	何莉莉	证券代码	900917
	公司网址	www.haixin.com.cn		电子信箱	hxsecretary@haixin.com	
	电　　话	021-63917000		传　　真	021-63917678	
	办公地址	上海市福州路666号金陵海欣大厦18楼				
	经营范围	纺织行业中的长毛绒产品的生产加工和销售等				

主要财务指标	指标\报告期	2012.06.30	2011.12.31	2011.06.30	2010.12.31
	基本每股收益(元)	0.0098	0.0316	0.0366	0.0126
	基本每股收益(扣除)(元)	-0.0103	-0.0089	0.0159	0.0094
	每股净资产(元)	2.2970	2.0948	2.4808	2.5178
	每股经营现金净流量(元)	-0.0558	0.0037	-0.0412	0.0519
	每股现金流量(元)	-0.0825	-0.0001	-0.0766	0.0624
	每股资本公积金(元)	1.0890	0.8981	1.2784	1.3509
	每股盈余公积金(元)	0.3030	0.3030	0.2936	0.2936
	每股未分配利润(元)	-0.0807	-0.0905	-0.0760	-0.1126
	净资产收益率(%)	0.4262	1.5090	1.4750	0.5010
	加权净资产收益率(%)	0.4458	1.3700	1.4642	0.4300
	净资产收益率(扣除)(%)	-	-	-	-
	总资产(万元)	428932.64	396630.57	460212.66	466945.45
	归属母公司股东权益(万元)	277263.37	252858.68	299446.61	303914.83
	主营业务收入(万元)	48098.85	124004.02	46787.31	118445.07
	营业收入(万元)	50231.95	126243.41	48412.66	123190.92
	主营成本(万元)	39194.41	99054.79	38427.69	99618.63
	营业成本(万元)	40518.81	100448.93	38919.19	104060.42
	投资收益(万元)	6142.63	11217.09	10134.65	12777.18
	净利润(万元)	762.52	4395.48	4132.61	1418.74
	利润总额(万元)	1368.43	6643.51	4947.29	1625.41

上海耀皮玻璃集团股份有限公司

公司概况	公司名称	上海耀皮玻璃集团股份有限公司			证券简称	耀皮B股
	法人代表	林益彬	董秘	金闽丽	证券代码	900918
	公司网址	www.sypglass.com		电子信箱	stock@sypglass.com	
	电　　话	021-61633599 61633522		传　　真	021-58801554	
	办公地址	上海市浦东新区莲溪路1210号1号楼				
	经营范围	生产和销售透明浮法破璃、本体着色浮法玻璃及其深加工系列产品				

主要财务指标	指标\报告期	2012.06.30	2011.12.31	2011.06.30	2010.12.31
	基本每股收益(元)	-0.0300	0.1100	0.1200	0.2700
	基本每股收益(扣除)(元)	-0.0400	0.1100	0.1300	0.1900
	每股净资产(元)	2.7700	2.8200	2.8290	2.7500
	每股经营现金净流量(元)	0.2240	0.3878	0.2337	0.3806
	每股现金流量(元)	0.1786	0.0513	0.4050	0.1872
	每股资本公积金(元)	0.4366	0.4366	0.4388	0.4388
	每股盈余公积金(元)	0.6340	0.6340	0.6305	0.6305
	每股未分配利润(元)	0.6992	0.7448	0.7595	0.6798
	净资产收益率(%)	-0.9243	3.7620	4.1422	9.6580
	加权净资产收益率(%)	-0.9100	3.7800	4.1700	10.1500
	净资产收益率(扣除)(%)	-	-	-	-
	总资产(万元)	684944.45	655644.44	646523.14	647346.74
	归属母公司股东权益(万元)	202535.41	205869.98	206857.31	201031.11
	主营业务收入(万元)	107320.58	238443.99	119064.86	254978.06
	营业收入(万元)	110910.99	242110.02	126243.20	268563.86
	主营成本(万元)	93615.29	188070.87	90502.95	195923.97
	营业成本(万元)	95546.40	189908.00	95960.44	209931.10
	投资收益(万元)	389.17	791.99	830.84	6085.30
	净利润(万元)	-3512.28	8657.73	9940.33	23371.14
	利润总额(万元)	-3184.58	8879.42	11332.29	24443.22

上海大江(集团)股份有限公司

公司概况	公司名称	上海大江(集团)股份有限公司			证券简称	大江B股
	法人代表	俞乃奋	董秘	顾伟文	证券代码	900919
	公司网址	www.dajiang.com		电子信箱	gww_sd@dajiang.com	
	电　　话	021-34225027 34225030		传　　真	021-34225056	
	办公地址	上海市莲花路1555号华一大厦7楼				
	经营范围	食用农产品(含生猪产品)、乳制品(不含婴幼儿配方乳粉)、酒类等				

主要财务指标	指标\报告期	2012.06.30	2011.12.31	2011.06.30	2010.12.31
	基本每股收益(元)	-0.0900	0.0774	0.0800	0.0190
	基本每股收益(扣除)(元)	-0.0900	-0.1556	-0.0400	-0.0880
	每股净资产(元)	0.2700	0.3600	0.3700	0.2890
	每股经营现金净流量(元)	-0.0702	-0.0377	-0.0100	-0.0679
	每股现金流量(元)	-0.0176	-0.0844	-0.0288	0.1042
	每股资本公积金(元)	0.3467	0.3467	0.3467	0.3467
	每股盈余公积金(元)	0.1150	0.1150	0.1150	0.1150
	每股未分配利润(元)	-1.1880	-1.0976	-1.0926	-1.1728
	净资产收益率(%)	-32.8429	21.2660	21.7290	6.5370
	加权净资产收益率(%)	-28.1700	23.6300	24.3800	6.7300
	净资产收益率(扣除)(%)	-	-	-	-
	总资产(万元)	57315.56	60964.85	63194.12	66274.95
	归属母公司股东权益(万元)	18507.13	24617.04	24957.27	19534.38
	主营业务收入(万元)	14063.91	57366.77	33238.18	65121.57
	营业收入(万元)	17644.08	61563.88	34616.68	70961.52
	主营成本(万元)	11915.25	52158.57	30125.91	58547.86
	营业成本(万元)	15128.22	55745.62	31406.11	64027.20
	投资收益(万元)	-	14778.27	7260.16	7704.66
	净利润(万元)	-5865.73	5894.74	5612.47	1542.30
	利润总额(万元)	-5782.27	6163.33	5703.73	2184.39

上海柴油机股份有限公司

公司概况	公司名称	上海柴油机股份有限公司			证券简称	上柴B股
	法人代表	肖国普	董秘	汪宏彬	证券代码	900920
	公司网址	www.sdec.com.cn		电子信箱	sdecdsh@sdec.com.cn	
	电　　话	021-60652207 60652288		传　　真	021-65749845	
	办公地址	上海市杨浦区军工路2636号				
	经营范围	柴油机、工程机械、油泵及配件、柴油电站、船用成套机组、机电设备及配件等				

主要财务指标	指标\报告期	2012.06.30	2011.12.31	2011.06.30	2010.12.31
	基本每股收益(元)	0.1200	0.4300	0.1300	0.2800
	基本每股收益(扣除)(元)	0.1000	0.3900	0.1100	0.2600
	每股净资产(元)	3.5400	4.5400	4.3800	4.2200
	每股经营现金净流量(元)	0.1109	0.9860	-0.3878	0.7276
	每股现金流量(元)	0.7320	-0.0157	-0.8102	0.8848
	每股资本公积金(元)	1.3111	1.4677	1.5290	1.5331
	每股盈余公积金(元)	0.4984	0.9018	0.8585	0.8585
	每股未分配利润(元)	0.7272	1.1713	0.9883	0.8329
	净资产收益率(%)	3.1617	9.5050	4.6940	6.7190
	加权净资产收益率(%)	3.6900	9.8000	4.7600	6.9900
	净资产收益率(扣除)(%)	-	-	-	-
	总资产(万元)	491941.99	401085.64	436609.43	404686.55
	归属母公司股东权益(万元)	307366.61	218098.11	210174.81	202911.57
	主营业务收入(万元)	166497.61	454325.06	284098.78	470068.09
	营业收入(万元)	168356.82	463495.53	289383.82	483139.85
	主营成本(万元)	136227.94	365401.86	231526.25	366694.05
	营业成本(万元)	137679.17	371431.92	235161.27	377904.13
	投资收益(万元)	129.41	2132.83	2031.95	861.58
	净利润(万元)	9538.12	20194.90	9605.35	10057.30
	利润总额(万元)	10668.77	22433.22	12038.88	11884.64

丹化化工科技股份有限公司

公司概况	公司名称	丹化化工科技股份有限公司			证券简称	丹科 B 股
	法人代表	曾晓宁	董秘	沈雅芸	证券代码	900921
	公司网址				电子信箱	syy@600844.com
	电　　话	021-64015596 64016400			传　　真	021-64016411
	办公地址	上海市闵行区虹许路 788 号 61 室				
	经营范围	煤化工产品、石油化工产品及其衍生物的技术开发、技术转让等				

主要财务指标	指标\报告期	2012.06.30	2011.12.31	2011.06.30	2010.12.31
	基本每股收益(元)	0.1613	–0.3781	–0.0392	0.0175
	基本每股收益(扣除)(元)	–0.1083	–0.3775	–0.0398	–0.0368
	每股净资产(元)	1.4186	1.2572	1.5962	1.6350
	每股经营现金净流量(元)	0.4255	0.4525	0.0476	0.2371
	每股现金流量(元)	0.1650	–0.1862	–0.0861	–0.1361
	每股资本公积金(元)	1.0250	1.0250	1.0250	1.0250
	每股盈余公积金(元)	0.0721	0.0721	0.0721	0.0721
	每股未分配利润(元)	–0.6785	–0.8399	–0.5010	–0.4617
	净资产收益率(%)	11.3739	–30.0760	–2.4570	1.0670
	加权净资产收益率(%)	12.0600	–26.1400	–2.4300	1.0700
	净资产收益率(扣除)(%)	–	–	–	–
	总资产(万元)	398539.95	395808.03	412838.57	399132.54
	归属母公司股东权益(万元)	110454.93	97891.91	124280.91	127333.93
	主营业务收入(万元)	43355.68	55034.98	15820.56	30256.10
	营业收入(万元)	43526.84	55723.38	16203.77	30866.05
	主营成本(万元)	42957.44	63361.28	17996.21	30882.39
	营业成本(万元)	43086.27	63877.25	18281.40	31302.47
	投资收益(万元)	–1025.37	–1082.55	319.00	529.07
	净利润(万元)	7275.01	–38620.68	–3913.44	283.86
	利润总额(万元)	6786.96	–39120.31	–4088.95	50.87

上海三毛企业(集团)股份有限公司

公司概况	公司名称	上海三毛企业(集团)股份有限公司			证券简称	三毛 B 股
	法人代表	张文卿	董秘	沈磊	证券代码	900922
	公司网址	www.600689.com			电子信箱	shendby@hotmail.com
	电　　话	021-63059496			传　　真	021-63018850#601
	办公地址	上海斜土路 791 号				
	经营范围	在国家允许投资的领域依法进行投资、公司自有房产的对外租赁等				

主要财务指标	指标\报告期	2012.06.30	2011.12.31	2011.06.30	2010.12.31
	基本每股收益(元)	0.0480	0.0900	0.0500	0.0800
	基本每股收益(扣除)(元)	–0.0560	–0.0700	0.0463	–0.1900
	每股净资产(元)	2.0736	2.0278	2.0244	1.9300
	每股经营现金净流量(元)	–0.6256	0.2622	–0.1551	–0.0440
	每股现金流量(元)	–0.2345	0.3291	–0.0927	0.0131
	每股资本公积金(元)	1.1135	1.1159	1.1545	1.1684
	每股盈余公积金(元)	0.1921	0.1921	0.1921	0.1921
	每股未分配利润(元)	–0.2320	–0.2801	–0.3222	–0.3721
	净资产收益率(%)	2.3192	4.5360	2.4680	3.9070
	加权净资产收益率(%)	2.3500	4.5600	2.4900	3.9600
	净资产收益率(扣除)(%)	–	–	–	–
	总资产(万元)	110784.77	107125.61	120701.97	122841.58
	归属母公司股东权益(万元)	41677.04	40757.54	40688.92	39964.75
	主营业务收入(万元)	126814.62	244316.37	114902.35	163086.10
	营业收入(万元)	127926.63	246529.85	115941.42	165321.90
	主营成本(万元)	120668.08	230632.28	106741.24	151346.43
	营业成本(万元)	120982.52	231178.03	106985.66	151861.33
	投资收益(万元)	484.91	266.75	–18.68	276.04
	净利润(万元)	981.69	1446.70	966.39	1590.04
	利润总额(万元)	1054.60	2035.94	1326.73	1826.47

上海友谊集团股份有限公司

公司概况	公司名称	上海友谊集团股份有限公司			证券简称	友谊 B 股
	法人代表	马新生	董秘	董小春	证券代码	900923
	公司网址	www.shfriendship.com			电子信箱	yy600827@163.com
	电　　话	021-63223344 63229537			传　　真	021-63517447
	办公地址	上海市六合路 58 号新一百大厦 22 楼				
	经营范围	综合百货、医疗器械、装潢装饰材料、服装针纺织品等				

主要财务指标	指标\报告期	2012.06.30	2011.12.31	2011.06.30	2010.12.31
	基本每股收益(元)	0.4700	0.8500	0.4990	0.6500
	基本每股收益(扣除)(元)	0.4600	0.6200	0.4800	0.6000
	每股净资产(元)	6.7900	6.6800	6.2480	5.9200
	每股经营现金净流量(元)	0.0292	2.0599	1.2650	10.9555
	每股现金流量(元)	–0.4159	0.3290	0.9748	6.9643
	每股资本公积金(元)	2.7811	2.5854	2.5356	11.9176
	每股盈余公积金(元)	0.4299	0.4299	0.3312	1.5320
	每股未分配利润(元)	2.5770	2.3557	2.3810	5.6834
	净资产收益率(%)	6.9384	12.6720	7.9860	10.9434
	加权净资产收益率(%)	7.0800	13.7100	9.3500	9.9000
	净资产收益率(扣除)(%)	–	–	–	–
	总资产(万元)	3571548.98	3688988.13	2053608.25	3601875.57
	归属母公司股东权益(万元)	1170043.98	1098339.25	294966.61	950513.02
	主营业务收入(万元)	2474348.76	4584505.78	2365403.97	4294621.03
	营业收入(万元)	2549045.80	4701515.76	2429056.86	4389115.34
	主营成本(万元)	1982230.74	3623370.06	1882046.60	3376738.76
	营业成本(万元)	1988774.39	3634831.59	1886294.92	3394601.47
	投资收益(万元)	16346.39	68396.89	50853.73	47542.50
	净利润(万元)	105730.12	194658.59	126914.58	160832.87
	利润总额(万元)	136794.24	261899.51	166443.47	211696.97

上工申贝(集团)股份有限公司

公司概况	公司名称	上工申贝(集团)股份有限公司			证券简称	上工 B 股
	法人代表	张敏	董秘	张建国	证券代码	900924
	公司网址	www.sgsbgroup.com			电子信箱	zyq@sgsbgroup.com
	电　　话	021-68407515 68407700			传　　真	021-63302939
	办公地址	上海市浦东新区世纪大道 1500 号东方大厦 12 楼				
	经营范围	生产销售缝制设备及零部件、缝纫机专用设备、技术开发与咨询				

主要财务指标	指标\报告期	2012.06.30	2011.12.31	2011.06.30	2010.12.31
	基本每股收益(元)	0.0641	0.2510	0.0549	0.1006
	基本每股收益(扣除)(元)	0.0616	0.0179	0.0051	–0.0673
	每股净资产(元)	1.5624	1.5553	1.4461	1.3387
	每股经营现金净流量(元)	0.0682	0.1586	–0.0231	–0.1516
	每股现金流量(元)	0.0146	–0.1126	–0.1415	–0.1307
	每股资本公积金(元)	0.9158	0.9481	0.9414	0.9320
	每股盈余公积金(元)	–	0.0101	0.0101	0.0101
	每股未分配利润(元)	–	–0.2768	–0.4729	–0.5277
	净资产收益率(%)	4.1012	16.1370	3.7940	7.5154
	加权净资产收益率(%)	4.0368	17.1416	4.0156	7.8535
	净资产收益率(扣除)(%)	–	–	–	–
	总资产(万元)	154030.83	153001.98	171715.06	163062.34
	归属母公司股东权益(万元)	70136.04	69816.01	64913.98	60092.89
	主营业务收入(万元)	75567.17	153279.37	84811.04	163622.97
	营业收入(万元)	77692.38	157868.77	86713.47	167790.56
	主营成本(万元)	53148.78	118319.65	62619.95	129127.37
	营业成本(万元)	53909.30	120535.32	84349.75	130766.92
	投资收益(万元)	1227.11	585.81	126.24	7848.28
	净利润(万元)	4998.14	13165.65	3959.30	5363.05
	利润总额(万元)	7497.04	13950.03	4672.49	5583.68

上海机电股份有限公司

公司概况	公司名称	上海机电股份有限公司			证券简称	机电B股
	法人代表	徐建国	董秘	司文培	证券代码	900925
	公司网址	www.chinasec.cn		电子信箱	shjddm@chinasec.cn	
	电　话	021-68547168		传　真	021-68547170 68547550	
	办公地址	上海市浦东新区民生路1286号汇商大厦9楼				
	经营范围	机电一体化产品、设备的设计、生产、销售自产产品等				

主要财务指标	指标\报告期	2012.06.30	2011.12.31	2011.06.30	2010.12.31
	基本每股收益(元)	0.5400	0.7000	0.4400	0.6500
	基本每股收益(扣除)(元)	0.4000	0.7100	0.4500	0.6400
	每股净资产(元)	6.0400	5.8000	5.5900	5.3700
	每股经营现金净流量(元)	1.4731	1.5081	0.8645	1.7477
	每股现金流量(元)	1.4387	1.0726	0.4760	1.0895
	每股资本公积金(元)	1.4442	1.4433	1.4384	1.4387
	每股盈余公积金(元)	1.1925	1.2071	1.1301	1.1320
	每股未分配利润(元)	2.4040	2.1515	2.0172	1.7944
	净资产收益率(%)	8.9032	11.9900	7.8760	12.1330
	加权净资产收益率(%)	8.8600	12.4600	7.8800	12.7600
	净资产收益率(扣除)(%)	–	–	–	–
	总资产(万元)	1978659.19	1791042.23	1672982.41	1518764.83
	归属母公司股东权益(万元)	617806.80	593384.62	571272.61	548707.77
	主营业务收入(万元)	708127.24	1425530.57	725756.40	1301875.05
	营业收入(万元)	719607.65	1450237.90	736602.62	1325997.88
	主营成本(万元)	570082.92	1145661.72	586748.52	1049938.90
	营业成本(万元)	579379.56	1165469.42	595217.28	1070027.57
	投资收益(万元)	31677.90	34544.81	20615.48	35848.71
	净利润(万元)	82096.58	117829.57	69422.56	108651.91
	利润总额(万元)	91373.95	135201.99	78847.80	124814.79

上海宝信软件股份有限公司

公司概况	公司名称	上海宝信软件股份有限公司			证券简称	宝信B
	法人代表	张朔共	董秘	陈健	证券代码	900926
	公司网址	www.baosight.com		电子信箱	investor@baosight.com	
	电　话	021-50801155 1462 50801155		传　真	021-50803294	
	办公地址	上海市浦东新区张江高科技园区郭守敬路515号				
	经营范围	计算机、自动化、网络通讯系统及软硬件产品的研究、设计、开发、制造等				

主要财务指标	指标\报告期	2012.06.30	2011.12.31	2011.06.30	2010.12.31
	基本每股收益(元)	0.3900	0.7200	0.3620	0.6600
	基本每股收益(扣除)(元)	0.3730	0.6000	0.3300	0.5700
	每股净资产(元)	3.9490	3.7090	3.3510	3.2200
	每股经营现金净流量(元)	–0.5835	0.1508	–0.2394	0.3218
	每股现金流量(元)	–0.7098	–0.0728	–0.5040	–0.0263
	每股资本公积金(元)	0.0731	0.0731	0.0731	0.0950
	每股盈余公积金(元)	0.4231	0.4231	0.3537	0.4598
	每股未分配利润(元)	2.4506	2.2110	1.9226	2.6282
	净资产收益率(%)	9.8652	19.4210	10.8160	20.5630
	加权净资产收益率(%)	10.1100	21.0300	10.9000	22.3300
	净资产收益率(扣除)(%)	–	–	–	–
	总资产(万元)	285959.90	282700.73	263675.06	249214.40
	归属母公司股东权益(万元)	134615.21	126453.43	114244.98	109761.13
	主营业务收入(万元)	175865.43	314507.23	144362.40	257890.24
	营业收入(万元)	175883.16	314545.52	144372.40	258143.88
	主营成本(万元)	139518.14	237602.76	109267.17	190622.84
	营业成本(万元)	139533.09	237639.26	109281.21	190650.92
	投资收益(万元)	129.83	1156.61	25.23	1796.46
	净利润(万元)	13411.92	24781.88	12462.93	22822.14
	利润总额(万元)	15700.56	29094.59	14617.44	25157.95

上海物资贸易股份有限公司

公司概况	公司名称	上海物资贸易股份有限公司			证券简称	物贸B股
	法人代表	贺涛	董秘	李伟	证券代码	900927
	公司网址	www.600822sh.com		电子信箱	600822@shwuzi.com	
	电　话	021-63231818		传　真	021-63292367	
	办公地址	上海市黄浦区南苏州路325号				
	经营范围	金属材料、化轻原料、建材、木材、汽车(含小轿车)及配件、机电设备、燃料等				

主要财务指标	指标\报告期	2012.06.30	2011.12.31	2011.06.30	2010.12.31
	基本每股收益(元)	0.0830	0.2140	0.1159	0.2070
	基本每股收益(扣除)(元)	0.0800	0.2090	0.1130	0.1750
	每股净资产(元)	3.4280	3.3670	3.2778	3.1600
	每股经营现金净流量(元)	0.1142	–2.6520	–0.9108	–1.8139
	每股现金流量(元)	0.7250	–0.2828	–0.1351	0.2160
	每股资本公积金(元)	1.4930	1.5157	1.5218	1.5183
	每股盈余公积金(元)	0.1025	0.1025	0.0918	0.0918
	每股未分配利润(元)	0.8380	0.7550	0.6674	0.5515
	净资产收益率(%)	2.4208	6.3630	3.5350	6.5590
	加权净资产收益率(%)	2.4400	6.5700	3.5300	6.6400
	净资产收益率(扣除)(%)	–	–	–	–
	总资产(万元)	1270675.83	902846.58	920192.53	815123.58
	归属母公司股东权益(万元)	170029.03	167029.69	162569.93	156675.70
	主营业务收入(万元)	4134807.26	8051360.73	3535951.51	5790928.42
	营业收入(万元)	4136208.59	8057191.55	3837179.60	5795323.68
	主营成本(万元)	4093281.75	7976312.70	3799514.47	5732624.85
	营业成本(万元)	4093620.58	7977150.28	3799832.32	5733156.50
	投资收益(万元)	1366.03	3714.67	1491.12	5817.01
	净利润(万元)	5567.11	11945.21	6404.62	11269.72
	利润总额(万元)	7054.61	14276.66	7601.60	13237.85

上海自动化仪表股份有限公司

公司概况	公司名称	上海自动化仪表股份有限公司			证券简称	自仪B股
	法人代表	徐子瑛	董秘	车海辚	证券代码	900928
	公司网址	www.saic.sh.cn		电子信箱	bod@saic.sh.cn	
	电　话	021-54260980		传　真	021-54262329	
	办公地址	上海市徐汇区虹漕路41号				
	经营范围	设计、制造自动化控制系统、自动化仪器仪表及其元器件和成套装置等				

主要财务指标	指标\报告期	2012.06.30	2011.12.31	2011.06.30	2010.12.31
	基本每股收益(元)	0.0101	0.0160	0.0068	0.0150
	基本每股收益(扣除)(元)	–0.0189	–0.0200	–0.0084	–0.1240
	每股净资产(元)	0.4414	0.4313	0.4226	0.4200
	每股经营现金净流量(元)	–0.0541	–0.0257	–0.1200	–0.0170
	每股现金流量(元)	–0.0037	–0.0099	–0.0869	0.0172
	每股资本公积金(元)	0.5637	0.5636	0.5638	0.5638
	每股盈余公积金(元)	0.0570	0.0570	0.0570	0.0570
	每股未分配利润(元)	–1.1793	–1.1893	–1.1982	–1.2051
	净资产收益率(%)	2.2798	3.6480	1.6170	3.5440
	加权净资产收益率(%)	2.3100	3.7200	1.6300	3.6000
	净资产收益率(扣除)(%)	–	–	–	–
	总资产(万元)	156075.38	151587.39	139817.90	130474.54
	归属母公司股东权益(万元)	17624.93	17222.12	16874.67	16600.83
	主营业务收入(万元)	51555.64	100257.41	50686.66	95286.15
	营业收入(万元)	51995.62	102729.38	51980.28	97491.94
	主营成本(万元)	43468.10	81757.26	42868.45	79160.27
	营业成本(万元)	43676.51	83094.55	43628.87	80153.35
	投资收益(万元)	114.04	1011.20	564.81	525.46
	净利润(万元)	401.82	701.55	270.38	587.15
	利润总额(万元)	408.92	710.35	277.30	878.90

上海锦江国际旅游股份有限公司

公司概况	公司名称	上海锦江国际旅游股份有限公司		证券简称	锦旅 B 股
	法人代表	邵晓明	董秘 王均行	证券代码	900929
	公司网址	www.jjtravel.com		电子信箱	jjtwjx@sina.com
	电　　话	021-63299090		传　　真	021-63296636
	办公地址	上海市延安东路 100 号联谊大厦 27 楼			
	经营范围	入境、国内、出国旅游及客票代理、非贸易物提、运、报关等			

	指标 \ 报告期	2012.06.30	2011.12.31	2011.06.30	2010.12.31
主要财务指标	基本每股收益(元)	0.1700	0.2000	0.0900	0.3900
	基本每股收益(扣除)(元)	0.1200	0.0900	0.0700	0.2600
	每股净资产(元)	6.5600	6.6000	7.0800	7.4200
	每股经营现金净流量(元)	0.0775	0.2850	-0.0227	0.3566
	每股现金流量(元)	0.1361	0.3980	0.0834	0.2402
	每股资本公积金(元)	3.8141	3.9235	4.5141	4.7327
	每股盈余公积金(元)	0.9926	0.9926	0.9639	0.9639
	每股未分配利润(元)	0.7543	0.6800	0.5990	0.7211
	净资产收益率(%)	2.6564	2.9970	1.2419	5.2150
	加权净资产收益率(%)	2.6500	2.8100	1.2100	4.8400
	净资产收益率(扣除)(%)	-	-	-	-
	总资产(万元)	145785.50	135438.60	149622.57	150659.76
	归属母公司股东权益(万元)	86971.01	87435.96	93809.67	98326.40
	主营业务收入(万元)	81639.96	190955.05	78550.97	205190.70
	营业收入(万元)	82909.02	34296.43	79788.70	207475.00
	主营成本(万元)	73692.23	173584.16	70518.99	185376.27
	营业成本(万元)	74155.66	30077.47	70991.80	186277.20
	投资收益(万元)	1490.68	70.39	745.81	4013.34
	净利润(万元)	2291.60	95.53	1036.67	5086.42
	利润总额(万元)	2678.02	227.50	1384.61	6264.56

上海普天邮通科技股份有限公司

公司概况	公司名称	上海普天邮通科技股份有限公司		证券简称	沪普天 B
	法人代表	曹宏斌	董秘 陆贤薇	证券代码	900930
	公司网址	www.shpte.com		电子信箱	zhengquanb@shpte.com
	电　　话	021-64832699 64360900*2371		传　　真	021-64832699
	办公地址	上海市宜山路 700 号			
	经营范围	开发、生产各类通信设备、元器件、计算机网络及外围设备等			

	指标 \ 报告期	2012.06.30	2011.12.31	2011.06.30	2010.12.31
主要财务指标	基本每股收益(元)	0.0140	0.0290	0.0110	-0.2300
	基本每股收益(扣除)(元)	0.0020	-0.0780	0.0020	-0.2710
	每股净资产(元)	3.7360	3.7530	3.7400	3.7200
	每股经营现金净流量(元)	-0.1780	0.0232	-0.1300	-0.2217
	每股现金流量(元)	-0.1488	-0.1454	-0.0454	-0.1799
	每股资本公积金(元)	2.2722	2.2722	2.2708	2.2702
	每股盈余公积金(元)	0.3105	0.3105	0.3116	0.3105
	每股未分配利润(元)	0.1535	0.1700	0.1617	0.1408
	净资产收益率(%)	0.3626	0.7780	0.2860	-6.1697
	加权净资产收益率(%)	0.3600	0.7810	0.2900	-5.9880
	净资产收益率(扣除)(%)	-	-	-	-
	总资产(万元)	228776.32	231853.49	234040.24	219167.30
	归属母公司股东权益(万元)	142808.41	143437.26	143110.14	142242.78
	主营业务收入(万元)	63588.78	110307.30	65244.61	81336.11
	营业收入(万元)	64558.87	113030.24	66509.06	84993.90
	主营成本(万元)	56851.62	98153.71	60099.19	76184.76
	营业成本(万元)	57203.43	99178.83	60725.43	78062.90
	投资收益(万元)	-28.49	2977.68	682.42	344.23
	净利润(万元)	460.05	1408.70	372.40	-8800.70
	利润总额(万元)	467.88	1481.72	376.76	-8794.25

上海陆家嘴金融贸易区开发股份有限公司

公司概况	公司名称	上海陆家嘴金融贸易区开发股份有限公司		证券简称	陆家 B 股
	法人代表	李晋昭	董秘 陶剑雯	证券代码	900932
	公司网址	www.ljz.com.cn		电子信箱	invest@ljz.com.cn
	电　　话	021-33848801		传　　真	021-33848594 33848818
	办公地址	上海市浦东新区峨山路 101 号 1 号楼			
	经营范围	房地产开发、经营、销售、出租和中介等			

	指标 \ 报告期	2012.06.30	2011.12.31	2011.06.30	2010.12.31
主要财务指标	基本每股收益(元)	0.2206	0.5274	0.4776	0.6381
	基本每股收益(扣除)(元)	0.1988	0.5169	0.4763	0.5464
	每股净资产(元)	5.8500	5.8100	5.8100	5.5100
	每股经营现金净流量(元)	0.9699	0.9474	0.2523	-1.0212
	每股现金流量(元)	0.8475	0.7591	0.2945	0.1714
	每股资本公积金(元)	0.7237	0.7489	0.7953	0.8042
	每股盈余公积金(元)	1.3938	1.3938	1.2598	1.2598
	每股未分配利润(元)	2.7313	2.6712	2.7554	2.4413
	净资产收益率(%)	3.7721	9.0710	8.2188	11.5900
	加权净资产收益率(%)	3.7300	9.3200	8.2900	11.2100
	净资产收益率(扣除)(%)	-	-	-	-
	总资产(万元)	3076079.34	2768811.82	2514382.18	2316917.42
	归属母公司股东权益(万元)	1092367.32	1085855.05	1085216.34	1028212.94
	主营业务收入(万元)	134880.57	407262.89	258417.00	274560.05
	营业收入(万元)	135818.37	416587.25	265963.01	275355.00
	主营成本(万元)	49804.33	181388.22	108706.97	99143.16
	营业成本(万元)	50482.79	183223.64	110002.10	99445.31
	投资收益(万元)	14318.63	10422.68	9875.02	28957.75
	净利润(万元)	44643.07	98398.70	94198.09	121771.34
	利润总额(万元)	57841.78	125266.93	121344.66	149086.69

华新水泥股份有限公司

公司概况	公司名称	华新水泥股份有限公司		证券简称	华新 B 股
	法人代表	李叶青	董秘 王锡明	证券代码	900933
	公司网址	www.huaxincem.com		电子信箱	investor@huaxincem.com
	电　　话	027-87773898 87773896		传　　真	027-87773962
	办公地址	湖北省武汉市关山二路特 1 号国际企业中心 5 号楼			
	经营范围	水泥、商品混凝土及其他建材制品、包装制品制造、销售等			

	指标 \ 报告期	2012.06.30	2011.12.31	2011.06.30	2010.12.31
主要财务指标	基本每股收益(元)	0.1000	1.3100	0.6700	0.7100
	基本每股收益(扣除)(元)	0.0900	1.2500	0.6600	0.5800
	每股净资产(元)	7.8300	8.2970	6.8000	12.4500
	每股经营现金净流量(元)	0.8166	2.0168	0.6518	3.8157
	每股现金流量(元)	-0.3523	1.0831	-0.2241	1.2666
	每股资本公积金(元)	3.3494	3.7643	2.3690	5.7253
	每股盈余公积金(元)	0.3423	0.3423	0.3273	0.6547
	每股未分配利润(元)	3.1426	3.1901	3.1059	5.0696
	净资产收益率(%)	1.3090	13.8570	9.8720	11.3950
	加权净资产收益率(%)	1.2400	19.0000	10.2300	-
	净资产收益率(扣除)(%)	-	-	-	-
	总资产(万元)	2176499.64	2172967.81	1945101.33	1781222.21
	归属母公司股东权益(万元)	732748.15	775997.69	549078.69	502465.10
	主营业务收入(万元)	546057.54	1258734.26	555064.50	842991.36
	营业收入(万元)	548644.43	1263803.92	557147.18	846942.61
	主营成本(万元)	433111.55	913934.84	396046.90	656066.08
	营业成本(万元)	435160.48	917434.73	397109.61	658292.95
	投资收益(万元)	-13.46	-209.12	21.00	5429.63
	净利润(万元)	13453.37	122005.50	61878.15	65990.31
	利润总额(万元)	17148.46	160972.18	81632.66	83121.93

上海锦江国际酒店发展股份有限公司

公司概况	公司名称	上海锦江国际酒店发展股份有限公司		证券简称	锦江B股
	法人代表	俞敏亮	董秘 胡暋	证券代码	900934
	公司网址	www.jinjianghotels.sh.cn		电子信箱	jjir@jinjianghotels.com
	电　　话	021-63217132		传　　真	021-63217720
	办公地址	上海市延安东路100号25楼			
	经营范围	宾馆、餐饮、食品生产线及连锁经营、旅游等			

主要财务指标	指标\报告期	2012.06.30	2011.12.31	2011.06.30	2010.12.31
	基本每股收益(元)	0.3726	0.5313	0.3194	0.6309
	基本每股收益(扣除)(元)	0.2675	0.5129	0.2994	0.5227
	每股净资产(元)	6.7548	6.5464	6.9323	7.0844
	每股经营现金净流量(元)	0.4640	0.8771	0.3725	1.0618
	每股现金流量(元)	-0.0132	-0.1735	0.0349	-1.0169
	每股资本公积金(元)	3.7385	3.5427	4.1405	4.2320
	每股盈余公积金(元)	0.7995	0.7995	0.7995	0.7995
	每股未分配利润(元)	1.2168	1.2042	0.9923	1.0529
	净资产收益率(%)	5.5161	8.1150	4.6070	8.9060
	加权净资产收益率(%)	5.4000	7.6000	4.4200	8.1000
	净资产收益率(扣除)(%)	-	-	-	-
	总资产(万元)	516144.89	498561.21	560474.28	553629.40
	归属母公司股东权益(万元)	407474.65	394903.19	418184.34	427361.16
	主营业务收入(万元)	109886.36	209159.16	95317.04	210307.67
	营业收入(万元)	111297.52	211607.82	96385.37	212454.06
	主营成本(万元)	12748.73	25909.28	11631.98	32314.58
	营业成本(万元)	12990.11	26263.88	11848.88	32920.16
	投资收益(万元)	15881.02	15098.06	10916.01	18939.10
	净利润(万元)	22478.48	32430.73	19300.07	39909.17
	利润总额(万元)	27911.48	38463.04	22159.18	47055.90

上海阳晨投资股份有限公司

公司概况	公司名称	上海阳晨投资股份有限公司		证券简称	阳晨B股
	法人代表	徐菲	董秘 仲辉	证券代码	900935
	公司网址			电子信箱	zh900935@hotmail.com
	电　　话	021-63901001 63901800		传　　真	021-63901001 63901007
	办公地址	上海市徐家汇路555号10楼C、D座			
	经营范围	城市污水处理等环保项目和其他市政基础设施的投资、经营、管理及相关的咨询服务等			

主要财务指标	指标\报告期	2012.06.30	2011.12.31	2011.06.30	2010.12.31
	基本每股收益(元)	0.0640	0.0700	0.0290	0.0300
	基本每股收益(扣除)(元)	0.0620	0.0700	0.0250	0.0280
	每股净资产(元)	2.0900	2.0300	1.9832	1.9500
	每股经营现金净流量(元)	0.5244	1.0120	0.3528	0.3505
	每股现金流量(元)	0.0580	0.0336	0.0690	-0.1172
	每股资本公积金(元)	0.5889	0.5889	0.5889	0.5889
	每股盈余公积金(元)	0.0794	0.0794	0.0782	0.0782
	每股未分配利润(元)	0.4212	0.3577	0.3161	0.2869
	净资产收益率(%)	3.0418	3.5520	1.4740	1.4278
	加权净资产收益率(%)	3.0900	3.6200	1.4900	1.4400
	净资产收益率(扣除)(%)	-	-	-	-
	总资产(万元)	212893.14	219076.78	228174.22	217504.62
	归属母公司股东权益(万元)	51109.06	49554.44	48509.41	47794.25
	主营业务收入(万元)	22275.51	40090.38	16341.84	19442.30
	营业收入(万元)	22275.51	40189.48	16345.47	19761.22
	主营成本(万元)	14027.56	25698.09	10934.38	13862.46
	营业成本(万元)	14027.56	25770.81	10934.38	13920.52
	投资收益(万元)	-	-	-	-
	净利润(万元)	2289.11	3089.97	1283.42	751.16
	利润总额(万元)	3046.65	4169.27	1710.27	955.88

内蒙古鄂尔多斯羊绒制品股份有限公司

公司概况	公司名称	内蒙古鄂尔多斯羊绒制品股份有限公司		证券简称	鄂资B股
	法人代表	王林祥	董秘 曾广春	证券代码	900936
	公司网址	www.chinaerdos.com		电子信箱	zeng_gc@chinaerdos.com
	电　　话	0477-8543509 8543776		传　　真	0477-8536699
	办公地址	内蒙古自治区鄂尔多斯市东胜区达拉特南路102号			
	经营范围	生产无毛绒、羊绒纱、羊绒衫并销售公司自产产品			

主要财务指标	指标\报告期	2012.06.30	2011.12.31	2011.06.30	2010.12.31
	基本每股收益(元)	0.3000	0.8500	0.4900	0.8200
	基本每股收益(扣除)(元)	0.1800	0.6100	0.4700	0.6100
	每股净资产(元)	5.5300	5.2900	4.9500	4.5600
	每股经营现金净流量(元)	0.9065	2.5478	0.0435	2.0239
	每股现金流量(元)	-0.7616	-0.2153	-0.2932	0.3908
	每股资本公积金(元)	1.2579	1.2579	1.2747	1.2798
	每股盈余公积金(元)	0.3950	0.3950	0.3754	0.3778
	每股未分配利润(元)	2.7783	2.5807	2.2260	1.8487
	净资产收益率(%)	5.3864	16.0500	9.8140	18.0604
	加权净资产收益率(%)	5.4700	17.0500	10.1600	19.4700
	净资产收益率(扣除)(%)	-	-	-	-
	总资产(万元)	3104419.83	3054130.70	2826350.76	2588683.35
	归属母公司股东权益(万元)	570214.42	545947.51	510933.57	470114.84
	主营业务收入(万元)	585448.47	1328382.09	600866.12	1156332.64
	营业收入(万元)	597061.92	1363206.00	608391.69	1173754.01
	主营成本(万元)	425002.96	878975.52	397407.13	777373.71
	营业成本(万元)	430322.31	910322.41	401877.33	787563.66
	投资收益(万元)	3674.05	3397.13	2471.46	14101.27
	净利润(万元)	52620.16	163031.10	86317.05	146970.08
	利润总额(万元)	63796.78	185373.74	96414.61	162883.37

华电能源股份有限公司

公司概况	公司名称	华电能源股份有限公司		证券简称	华电B股
	法人代表	霍利	董秘 梅君超	证券代码	900937
	公司网址	www.hdenergy.com		电子信箱	hdenergy@hdenergy.com
	电　　话	0451-82525998 82525778		传　　真	0451-82525878
	办公地址	黑龙江省哈尔滨市南岗区大成街209号			
	经营范围	建设、经营、维修电厂、生产销售电力、电力行业的技术服务、技术咨询等			

主要财务指标	指标\报告期	2012.06.30	2011.12.31	2011.06.30	2010.12.31
	基本每股收益(元)	-0.1000	0.0040	-0.1600	0.0200
	基本每股收益(扣除)(元)	-0.1100	-0.2200	-0.1700	-0.1400
	每股净资产(元)	1.6300	1.7300	1.5600	1.7200
	每股经营现金净流量(元)	0.2139	0.6510	0.2320	0.8309
	每股现金流量(元)	0.2738	-0.0640	0.2322	0.1106
	每股资本公积金(元)	0.7431	0.7431	0.7425	0.7425
	每股盈余公积金(元)	0.1419	0.1419	0.1419	0.1419
	每股未分配利润(元)	-0.2561	-0.1573	-0.3248	-0.1615
	净资产收益率(%)	-6.0661	0.2426	-10.4733	1.2922
	加权净资产收益率(%)	-5.8900	0.2400	-9.9500	1.1300
	净资产收益率(扣除)(%)	-	-	-	-
	总资产(万元)	2319290.86	2205797.46	2275038.76	2219019.75
	归属母公司股东权益(万元)	320387.75	339822.64	306727.67	338852.26
	主营业务收入(万元)	512396.63	962379.93	457012.07	813370.97
	营业收入(万元)	517349.61	973854.38	457951.93	821930.55
	主营成本(万元)	470278.14	899365.54	438278.04	772145.96
	营业成本(万元)	471077.90	900337.37	438645.14	775739.49
	投资收益(万元)	583.88	27488.30	603.28	21745.15
	净利润(万元)	-18771.01	4911.04	-33617.86	441.63
	利润总额(万元)	-16063.46	12554.33	-31410.68	3954.15

天津市海运股份有限公司

公司概况	公司名称	天津市海运股份有限公司			证券简称	ST 天海 B	
	法人代表	李维艰	董秘	姜涛	证券代码	900938	
	公司网址	www.newtmsc.com		电子信箱	tmsc900938@163.com		
	电　话	022-58679088		传　真	022-58679130		
	办公地址	天津市天津空港经济区中心大道华盈大厦八层					
	经营范围	国际船舶集装箱运输、仓储服务、陆海联运、集装箱租赁买卖、自有船舶等					

主要财务指标	指标\报告期	2012.06.30	2011.12.31	2011.06.30	2010.12.31
	基本每股收益(元)	–0.0145	–0.3183	–0.1100	0.0597
	基本每股收益(扣除)(元)	–0.0648	–0.2583	–0.1100	0.1775
	每股净资产(元)	–1.1341	–1.1196	–0.9100	–0.8000
	每股经营现金净流量(元)	0.5918	–0.0452	0.2674	–0.4334
	每股现金流量(元)	0.0022	–0.0588	–0.0470	0.0458
	每股资本公积金(元)	0.7437	0.7437	0.7437	0.7437
	每股盈余公积金(元)	0.2259	0.2259	0.2259	0.2259
	每股未分配利润(元)	–3.1037	–3.0892	–2.8795	–2.7709
	净资产收益率(%)	–1.2786	–28.4282	–11.9297	–7.4480
	加权净资产收益率(%)	–	–0.3300	–	0.0700
	净资产收益率(扣除)(%)	–	–	–	–
	总资产(万元)	44980.68	54320.55	70812.20	75373.48
	归属母公司股东权益(万元)	–55871.49	–55157.13	–44824.37	–39476.95
	主营业务收入(万元)	5722.68	17877.99	9839.14	19820.13
	营业收入(万元)	5885.22	18226.37	9939.97	20092.15
	主营成本(万元)	5649.05	19001.52	10790.02	24014.85
	营业成本(万元)	5649.05	19001.52	10790.02	24014.85
	投资收益(万元)	664.86	377.12	367.12	21.54
	净利润(万元)	–717.34	–15693.50	–5347.42	2919.72
	利润总额(万元)	–717.34	–15687.76	–5347.42	2963.47

上海汇丽建材股份有限公司

公司概况	公司名称	上海汇丽建材股份有限公司			证券简称	ST 汇丽 B	
	法人代表	金永良	董秘	詹琳	证券代码	900939	
	公司网址	www.huili.com		电子信箱	stock@huili.com		
	电　话	021-58138717 58138712		传　真	021-58134499		
	办公地址	上海市浦东新区康桥东路 299 号					
	经营范围	生产化学建筑材料、装饰材料及配套建筑五金等					

主要财务指标	指标\报告期	2012.06.30	2011.12.31	2011.06.30	2010.12.31
	基本每股收益(元)	–0.0120	0.0300	0.0240	0.0500
	基本每股收益(扣除)(元)	–0.0120	–0.0400	–0.0260	–0.0500
	每股净资产(元)	0.2700	0.2800	0.2800	0.2500
	每股经营现金净流量(元)	0.0128	0.0787	0.0526	0.0625
	每股现金流量(元)	–0.0136	–0.0240	–0.0391	0.0401
	每股资本公积金(元)	0.3577	0.3577	0.3577	0.3577
	每股盈余公积金(元)	0.0998	0.0998	0.0998	0.0998
	每股未分配利润(元)	–1.1871	–1.1746	–1.1822	–1.2062
	净资产收益率(%)	–4.6146	11.1490	8.6910	19.4585
	加权净资产收益率(%)	–4.5100	11.8100	9.0900	21.5600
	净资产收益率(扣除)(%)	–	–	–	–
	总资产(万元)	9387.10	10077.53	10277.71	11442.42
	归属母公司股东权益(万元)	4907.43	5133.89	4995.68	4561.49
	主营业务收入(万元)	386.26	812.15	324.24	1728.33
	营业收入(万元)	386.26	812.15	324.24	1745.94
	主营成本(万元)	197.71	390.76	173.81	1106.44
	营业成本(万元)	197.71	390.76	173.81	1331.25
	投资收益(万元)	–100.81	–208.08	–228.92	954.00
	净利润(万元)	–226.83	668.21	519.30	1038.02
	利润总额(万元)	–226.83	677.13	519.30	1042.27

上海大名城企业股份有限公司

公司概况	公司名称	上海大名城企业股份有限公司			证券简称	大名城 B	
	法人代表	俞培俤	董秘	张燕琦	证券代码	900940	
	公司网址	www.greattown.cn		电子信箱	zhangyanqi@greattown.cn		
	电　话	021-62470088 62478900		传　真	021-62479099		
	办公地址	上海市闵行区红松东路 1116 号上海虹桥元一大厦 5 楼					
	经营范围	房地产综合开发、建造、销售商品房、物业管理、物业租赁等					

主要财务指标	指标\报告期	2012.06.30	2011.12.31	2011.06.30	2010.12.31
	基本每股收益(元)	0.0450	0.4608	0.2212	0.3173
	基本每股收益(扣除)(元)	0.0440	0.3624	–0.0036	–0.0047
	每股净资产(元)	1.4890	1.4400	1.2040	3.1660
	每股经营现金净流量(元)	–0.4657	–0.3838	–0.3581	–3.2547
	每股现金流量(元)	0.1872	0.0494	0.3489	–1.8418
	每股资本公积金(元)	0.2724	0.2724	0.2724	3.0935
	每股盈余公积金(元)	0.1501	0.1501	0.1501	0.4806
	每股未分配利润(元)	0.0661	0.0210	–0.2186	–1.4081
	净资产收益率(%)	3.0300	31.9210	18.3710	32.0870
	加权净资产收益率(%)	3.0700	37.8900	20.1200	38.2200
	净资产收益率(扣除)(%)	–	–	–	–
	总资产(万元)	867504.52	741529.62	785189.98	649061.23
	归属母公司股东权益(万元)	225010.09	218202.21	181982.03	149464.77
	主营业务收入(万元)	44646.40	327433.69	155571.31	239029.26
	营业收入(万元)	44646.40	330271.13	155571.31	239499.33
	主营成本(万元)	16362.83	123189.14	57194.79	101737.48
	营业成本(万元)	16362.83	125179.20	57194.79	101763.06
	投资收益(万元)	161.04	413.01	–39.91	69.34
	净利润(万元)	9871.26	99756.21	47709.21	68397.72
	利润总额(万元)	13865.79	133697.95	63895.20	91265.98

东方通信股份有限公司

公司概况	公司名称	东方通信股份有限公司			证券简称	东信 B 股	
	法人代表	张泽熙	董秘	蔡祝平	证券代码	900941	
	公司网址	www.eastcom.com		电子信箱	webmaster@eastcom.com		
	电　话	0571-86676198		传　真	0571-86676197		
	办公地址	浙江省杭州市滨江高新技术开发区东信大道 66 号					
	经营范围	移动通信、程控交换、光电传输、激光照排设备、电子自助服务设备等					

主要财务指标	指标\报告期	2012.06.30	2011.12.31	2011.06.30	2010.12.31
	基本每股收益(元)	0.0542	0.1500	0.0726	0.1150
	基本每股收益(扣除)(元)	0.0226	0.0930	0.0365	0.0410
	每股净资产(元)	2.0068	2.0326	1.9556	2.0000
	每股经营现金净流量(元)	–0.1385	0.0039	–0.1987	0.1952
	每股现金流量(元)	–0.1983	0.0531	–0.1862	–0.1882
	每股资本公积金(元)	0.6936	0.6936	0.6936	0.6936
	每股盈余公积金(元)	0.0417	0.0417	0.0318	0.0318
	每股未分配利润(元)	0.2715	0.2973	0.2303	0.2777
	净资产收益率(%)	2.7019	7.3570	3.7110	5.7610
	加权净资产收益率(%)	2.6670	7.4850	3.5756	5.9320
	净资产收益率(扣除)(%)	–	–	–	–
	总资产(万元)	335520.56	332848.17	314380.32	330158.79
	归属母公司股东权益(万元)	252054.63	255292.41	245626.91	251583.67
	主营业务收入(万元)	120272.20	302633.21	119466.96	266637.42
	营业收入(万元)	122458.43	311652.43	122047.42	272725.35
	主营成本(万元)	106019.41	264033.66	102077.64	232199.44
	营业成本(万元)	106855.82	269283.19	102776.99	235918.96
	投资收益(万元)	5701.37	10511.34	4793.62	6517.47
	净利润(万元)	6910.29	19387.69	9352.45	16811.02
	利润总额(万元)	7276.49	19998.97	10030.32	19242.80

黄山旅游发展股份有限公司

公司概况	公司名称	黄山旅游发展股份有限公司			证券简称	黄山旅游
	法人代表	许继伟	董秘	黄慧敏	证券代码	900942
	公司网址	www.huangshan.com.cn		电子信箱	hshhm666@126.com	
	电　话	0559-5580567 5580526		传　真	0559-5580505	
	办公地址	安徽省黄山市黄山风景区温泉				
	经营范围	旅游接待、服务、旅游商品开发、销售、旅游运输、饮食服务等				

主要财务指标	指标\报告期	2012.06.30	2011.12.31	2011.06.30	2010.12.31
	基本每股收益(元)	0.2960	0.5400	0.2944	0.4900
	基本每股收益(扣除)(元)	0.2956	0.5500	0.2944	0.5100
	每股净资产(元)	3.9600	3.6640	3.4282	3.1300
	每股经营现金净流量(元)	0.0718	0.5880	0.0061	0.5413
	每股现金流量(元)	0.0803	-0.2086	0.0635	0.3762
	每股资本公积金(元)	0.2797	0.2797	0.2928	0.2928
	每股盈余公积金(元)	0.4504	0.4504	0.3904	0.3904
	每股未分配利润(元)	2.2300	1.9339	1.7449	1.4505
	净资产收益率(%)	7.4754	14.8310	8.5890	15.6380
	加权净资产收益率(%)	7.7700	15.9600	8.9700	16.9600
	净资产收益率(扣除)(%)	-	-	-	-
	总资产(万元)	324244.14	299381.63	276507.57	237553.62
	归属母公司股东权益(万元)	186656.40	172703.05	161588.20	147710.10
	主营业务收入(万元)	79541.36	172420.50	72544.90	156996.04
	营业收入(万元)	74848.16	160122.74	67757.29	144498.66
	主营成本(万元)	48115.07	103900.45	43467.59	97522.54
	营业成本(万元)	44386.41	91650.32	49692.81	85715.05
	投资收益(万元)	804.83	998.51	997.63	2012.49
	净利润(万元)	14844.87	27072.16	14583.02	24478.60
	利润总额(万元)	19219.02	37439.06	19063.46	31670.45

上海开开实业股份有限公司

公司概况	公司名称	上海开开实业股份有限公司			证券简称	开开B股
	法人代表	盛佩英	董秘	黄伟康	证券代码	900943
	公司网址	www.chinesekk.com		电子信箱	dm@chinesekk.com	
	电　话	021-62712138 62712135		传　真	021-62712138	
	办公地址	国际丽都(上海市新闸路921号二楼)				
	经营范围	生产衬衫、羊毛衫、针绵织品、服装、鞋帽、纺织面料等				

主要财务指标	指标\报告期	2012.06.30	2011.12.31	2011.06.30	2010.12.31
	基本每股收益(元)	0.2500	0.1600	0.1000	0.1100
	基本每股收益(扣除)(元)	0.2700	-0.0200	-0.0100	0.0600
	每股净资产(元)	1.4360	1.4190	1.5470	1.2850
	每股经营现金净流量(元)	0.0778	-0.0662	0.0262	0.1925
	每股现金流量(元)	0.4067	0.0094	0.0718	0.0125
	每股资本公积金(元)	0.1628	0.3918	0.5755	0.4174
	每股盈余公积金(元)	0.1297	0.1297	0.1297	0.1297
	每股未分配利润(元)	0.1433	-0.1029	-0.1578	-0.2616
	净资产收益率(%)	17.1478	11.1910	6.7080	8.5490
	加权净资产收益率(%)	15.9700	11.6300	7.7600	10.3800
	净资产收益率(扣除)(%)	-	-	-	-
	总资产(万元)	99272.50	97676.15	100486.67	109057.16
	归属母公司股东权益(万元)	34892.25	34473.84	37602.66	31237.42
	主营业务收入(万元)	39407.36	77136.56	42002.43	84243.05
	营业收入(万元)	40930.30	79718.95	43434.96	86689.78
	主营成本(万元)	31850.90	60196.45	32308.07	64046.12
	营业成本(万元)	32179.53	61267.04	32862.17	65106.09
	投资收益(万元)	5653.11	3045.01	2759.85	2326.13
	净利润(万元)	5991.17	3914.61	2515.86	2732.01
	利润总额(万元)	6242.46	4412.81	2768.26	3258.61

海南航空股份有限公司

公司概况	公司名称	海南航空股份有限公司			证券简称	海航B股
	法人代表	陈明	董秘	黄琪珺	证券代码	900945
	公司网址	www.hnair.com		电子信箱	qj_huang@hnair.com	
	电　话	0898-66739961		传　真	0898-66739960	
	办公地址	海南省海口市国兴大道7号新海航大厦				
	经营范围	国际、国内(含港澳)航空客货邮运输业务、与航空运输相关的服务业务等				

主要财务指标	指标\报告期	2012.06.30	2011.12.31	2011.06.30	2010.12.31
	基本每股收益(元)	0.1200	0.6400	0.1600	0.7400
	基本每股收益(扣除)(元)	0.0600	0.3900	0.1000	0.5300
	每股净资产(元)	3.5200	3.5100	3.1300	3.0200
	每股经营现金净流量(元)	0.4633	1.4516	0.4651	1.5698
	每股现金流量(元)	0.6032	0.4568	0.5005	0.5734
	每股资本公积金(元)	1.4221	1.4101	1.5026	1.5104
	每股盈余公积金(元)	0.1377	0.1377	0.0931	0.0931
	每股未分配利润(元)	0.9623	0.9613	0.5304	0.4181
	净资产收益率(%)	3.4344	18.1760	5.1910	24.1780
	加权净资产收益率(%)	3.4400	19.0000	5.2400	32.0000
	净资产收益率(扣除)(%)	-	-	-	-
	总资产(万元)	8215799.20	8129665.20	7617817.80	7155279.50
	归属母公司股东权益(万元)	1453044.20	1447667.20	1289684.50	1246548.30
	主营业务收入(万元)	1275209.90	2428051.00	1075304.00	1961526.60
	营业收入(万元)	1389139.40	2627324.60	1156312.40	2170614.70
	主营成本(万元)	1009098.90	1850826.10	844629.30	1487637.00
	营业成本(万元)	1051907.20	1949798.70	873755.00	1549292.20
	投资收益(万元)	8259.00	19788.40	1034.90	2568.50
	净利润(万元)	50486.70	283420.80	74047.70	322089.80
	利润总额(万元)	67142.60	369605.60	92433.10	365129.40

上海振华重工(集团)股份有限公司

公司概况	公司名称	上海振华重工(集团)股份有限公司			证券简称	振华B股
	法人代表	周纪昌	董秘	王珏	证券代码	900947
	公司网址	www.zpmc.com		电子信箱	zpmc@public.sta.net.cn	
	电　话	021-50390727		传　真	021-58397000	
	办公地址	上海市浦东南路3470号				
	经营范围	设计、建造、安装和承包大型港口装卸系统和设备、海上重型装备等				

主要财务指标	指标\报告期	2012.06.30	2011.12.31	2011.06.30	2010.12.31
	基本每股收益(元)	-0.0500	0.0100	-0.0500	-0.1600
	基本每股收益(扣除)(元)	-0.0700	-0.0900	-0.0600	-0.1700
	每股净资产(元)	3.4300	3.4700	3.4200	3.4800
	每股经营现金净流量(元)	0.1350	0.3512	0.1283	1.1794
	每股现金流量(元)	0.0637	0.1790	-0.1110	-0.1492
	每股资本公积金(元)	1.2883	1.2799	1.2850	1.2929
	每股盈余公积金(元)	-	0.3463	0.3435	0.3435
	每股未分配利润(元)	-	0.8455	0.7943	0.8413
	净资产收益率(%)	-1.3637	0.1990	-1.3730	-4.5509
	加权净资产收益率(%)	-1.3600	0.2000	-1.3600	-4.4800
	净资产收益率(扣除)(%)	-	-	-	-
	总资产(万元)	5248737.10	4405946.56	4523170.77	4528712.63
	归属母公司股东权益(万元)	1507299.78	1524137.86	1502710.32	1526804.61
	主营业务收入(万元)	962477.77	1884770.36	856898.54	1670914.60
	营业收入(万元)	983120.97	1912925.10	880091.55	1711617.74
	主营成本(万元)	890446.26	1884770.36	835042.18	1622816.99
	营业成本(万元)	914066.74	1817129.43	850516.65	1659896.13
	投资收益(万元)	608.62	1304.91	-69.24	2548.20
	净利润(万元)	-21485.70	2965.50	-19740.85	-71251.69
	利润总额(万元)	-24150.99	4776.47	-23897.87	-84760.89

内蒙古伊泰煤炭股份有限公司

公司概况	公司名称	内蒙古伊泰煤炭股份有限公司			证券简称	伊泰 B 股
	法人代表	张东海	董秘	訾青娥	证券代码	900948
	公司网址	www.yitaicoal.com		电子信箱	jianqe@vip.sina.com	
	电　　话	0477-8565735		传　　真	0477-8565415	
	办公地址	内蒙古鄂尔多斯市东胜区天骄北路伊泰大厦				
	经营范围	原煤生产、运输、洗选、焦化、销售、矿山物资、农场种植、餐饮、客房等				

主要财务指标	指标\报告期	2012.06.30	2011.12.31	2011.06.30	2010.12.31
	基本每股收益(元)	2.1900	3.7500	2.0100	3.4500
	基本每股收益(扣除)(元)	2.1300	3.7300	2.0300	3.5000
	每股净资产(元)	12.2100	11.5100	9.7667	9.2500
	每股经营现金净流量(元)	1.7689	4.2439	1.7695	3.7234
	每股现金流量(元)	-0.4685	-0.1170	-0.4112	0.2980
	每股资本公积金(元)	0.5204	0.5204	0.5186	0.5189
	每股盈余公积金(元)	1.5769	1.3817	1.0309	1.0309
	每股未分配利润(元)	9.1045	8.6073	7.2173	6.7040
	净资产收益率(%)	17.9626	32.6100	20.6130	37.2860
	加权净资产收益率(%)	17.7400	37.0500	21.1700	44.5300
	净资产收益率(扣除)(%)	-	-	-	-
	总资产(万元)	3317122.74	2990115.85	2685294.26	2566982.53
	归属母公司股东权益(万元)	1786939.94	1685359.48	1429851.94	1354766.29
	主营业务收入(万元)	1285110.04	1695965.23	722627.27	1393835.20
	营业收入(万元)	1303619.55	1741390.49	752139.59	1429270.27
	主营成本(万元)	768508.52	782192.95	273452.22	560531.00
	营业成本(万元)	782638.58	811907.53	296515.47	584227.45
	投资收益(万元)	267.97	2397.97	193.70	418.41
	净利润(万元)	346361.25	578119.87	306471.06	535273.39
	利润总额(万元)	407494.42	679196.12	361465.36	631181.90

浙江东南发电股份有限公司

公司概况	公司名称	浙江东南发电股份有限公司			证券简称	东电 B 股
	法人代表	毛剑宏	董秘	朱玮明	证券代码	900949
	公司网址	www.zsepc.com		电子信箱	webmaster@zsepc.com	
	电　　话	0571-85774566		传　　真	0571-85774321	
	办公地址	浙江省杭州市天目山路 152 号浙能大厦				
	经营范围	电力的投资、开发及经营				

主要财务指标	指标\报告期	2012.06.30	2011.12.31	2011.06.30	2010.12.31
	基本每股收益(元)	0.2001	0.1378	0.1144	0.2642
	基本每股收益(扣除)(元)	0.1677	0.1133	0.1142	0.2608
	每股净资产(元)	4.4991	4.3919	4.4920	4.5357
	每股经营现金净流量(元)	0.1659	0.5343	0.3728	0.5396
	每股现金流量(元)	-0.0259	0.1185	0.1786	-0.0646
	每股资本公积金(元)	1.6770	1.7099	1.8334	1.8615
	每股盈余公积金(元)	0.7008	0.7008	0.6883	0.6883
	每股未分配利润(元)	1.1213	0.9812	0.9703	0.9860
	净资产收益率(%)	4.4468	3.1370	2.5457	5.8259
	加权净资产收益率(%)	4.4702	3.1087	2.4006	5.6425
	净资产收益率(扣除)(%)	-	-	-	-
	总资产(万元)	1511389.21	1479147.23	1512587.15	1516570.33
	归属母公司股东权益(万元)	904319.09	882768.33	902891.76	911674.78
	主营业务收入(万元)	381331.51	846655.31	428030.79	769175.55
	营业收入(万元)	384057.44	861358.01	430803.98	778081.43
	主营成本(万元)	332434.85	777755.65	385592.08	683980.06
	营业成本(万元)	334255.00	783988.92	387107.91	687302.77
	投资收益(万元)	30429.11	23562.97	16901.84	32608.43
	净利润(万元)	40818.44	27819.40	24803.58	54335.39
	利润总额(万元)	47837.34	33024.29	31078.97	61477.57

江苏新城地产股份有限公司

公司概况	公司名称	江苏新城地产股份有限公司			证券简称	新城 B 股
	法人代表	王振华	董秘	唐云龙	证券代码	900950
	公司网址	www.900950.com		电子信箱	xcgf@900950.com	
	电　　话	021-32522907		传　　真	021-32522909	
	办公地址	上海中山北路 3000 号长城大厦 22 楼				
	经营范围	房地产开发与经营、物业管理、房产租赁、室内、外装饰工程、建筑材料、装璜材料销售等				

主要财务指标	指标\报告期	2012.06.30	2011.12.31	2011.06.30	2010.12.31
	基本每股收益(元)	0.2801	0.7066	0.1971	0.4057
	基本每股收益(扣除)(元)	0.2752	0.6638	0.1910	0.3906
	每股净资产(元)	2.6747	2.4446	1.9351	1.7780
	每股经营现金净流量(元)	0.7911	0.0655	-1.0362	-1.6500
	每股现金流量(元)	-0.3865	0.4176	-0.7181	1.0184
	每股资本公积金(元)	0.0127	0.0127	0.0127	0.0191
	每股盈余公积金(元)	0.1066	0.1066	0.1045	0.1568
	每股未分配利润(元)	1.5554	1.3253	0.8178	1.4911
	净资产收益率(%)	10.4718	28.9060	10.1860	22.8185
	加权净资产收益率(%)	10.9100	33.4700	10.5000	25.4700
	净资产收益率(扣除)(%)	-	-	-	-
	总资产(万元)	3063762.82	2902552.27	2636839.63	2303887.26
	归属母公司股东权益(万元)	426128.85	389471.49	308295.80	283264.46
	主营业务收入(万元)	354401.44	914144.40	259410.02	662046.27
	营业收入(万元)	361912.65	922224.47	264104.98	668425.02
	主营成本(万元)	224290.47	568683.94	159920.54	467933.79
	营业成本(万元)	232889.79	580151.45	165014.14	475703.49
	投资收益(万元)	450.00	5375.00	375.00	2583.06
	净利润(万元)	46201.84	116830.64	32863.43	67324.87
	利润总额(万元)	61676.91	157341.40	44099.73	90511.71

大化集团大连化工股份有限公司

公司概况	公司名称	大化集团大连化工股份有限公司			证券简称	大化 B 股
	法人代表	刘平芹	董秘	周魏	证券代码	900951
	公司网址	www.dahuagf.com		电子信箱	dhjtdlhuagong@sina.com	
	电　　话	0411-86893436		传　　真	0411-85187331	
	办公地址	辽宁省大连市普湾新区松木岛化工园区				
	经营范围	纯碱、氯化铵及副产品的生产及销售、技术开发、售后服务、境内外企业的合作与投资				

主要财务指标	指标\报告期	2012.06.30	2011.12.31	2011.06.30	2010.12.31
	基本每股收益(元)	0.0100	-0.0300	-0.0300	-0.4200
	基本每股收益(扣除)(元)	0.0100	-0.0400	-0.0400	-0.4200
	每股净资产(元)	0.7700	0.7600	0.6900	0.7200
	每股经营现金净流量(元)	0.1134	0.3597	0.3003	-0.2058
	每股现金流量(元)	0.1198	-0.1254	-0.1223	-0.0380
	每股资本公积金(元)	0.8342	0.8342	0.8342	0.8342
	每股盈余公积金(元)	0.0560	0.0560	0.0560	0.0560
	每股未分配利润(元)	-1.1155	-1.1292	-1.1957	-1.1669
	净资产收益率(%)	1.7718	4.9547	-4.1390	-58.5230
	加权净资产收益率(%)	1.7900	5.0800	-4.0500	-45.2700
	净资产收益率(扣除)(%)	-	-	-	-
	总资产(万元)	101653.24	91963.77	99428.72	107589.58
	归属母公司股东权益(万元)	21305.40	20927.91	19100.47	19891.00
	主营业务收入(万元)	55711.24	84731.52	45115.64	24710.23
	营业收入(万元)	56037.07	85339.05	45367.85	24890.12
	主营成本(万元)	52907.01	79303.61	43200.26	31457.64
	营业成本(万元)	52909.06	79604.12	43392.50	31523.80
	投资收益(万元)	-	-	-	-
	净利润(万元)	377.49	1036.91	-790.53	-11640.81
	利润总额(万元)	377.49	1036.91	-790.53	-11640.81

锦州港股份有限公司

公司概况	公司名称	锦州港股份有限公司		证券简称	锦港B股
	法人代表	张宏伟	董秘 王健	证券代码	900952
	公司网址	www.jinzhouport.com		电子信箱	jzcjhga@mail.jzptt.ln.cn
	电　话	0416-3586462 3586234		传　真	0416-3582431
	办公地址	辽宁省锦州市经济技术开发区锦港大街一段1号			
	经营范围	港口装卸、仓储及船货代理服务			

主要财务指标	指标\报告期	2012.06.30	2011.12.31	2011.06.30	2010.12.31
	基本每股收益(元)	0.0540	0.1060	0.1060	0.1390
	基本每股收益(扣除)(元)	0.0510	0.1050	0.1050	0.1390
	每股净资产(元)	2.5870	2.5330	2.4790	2.4230
	每股经营现金净流量(元)	0.0578	0.3296	0.1485	0.2376
	每股现金流量(元)	0.1200	-0.0496	0.0744	-0.1388
	每股资本公积金(元)	1.0707	1.0707	1.0707	1.0707
	每股盈余公积金(元)	0.1594	0.1594	0.1273	0.1273
	每股未分配利润(元)	0.3571	0.3031	0.2807	0.2249
	净资产收益率(%)	2.0850	6.3280	4.2680	5.7516
	加权净资产收益率(%)	2.1100	6.4700	4.2700	5.9200
	净资产收益率(扣除)(%)	-	-	-	-
	总资产(万元)	861530.88	784697.19	711598.63	659158.46
	归属母公司股东权益(万元)	404066.00	395641.15	387126.64	378414.14
	主营业务收入(万元)	50806.56	102529.09	53061.78	84025.07
	营业收入(万元)	62665.90	118808.41	56857.00	86391.81
	主营成本(万元)	26730.14	49639.69	21984.92	40256.98
	营业成本(万元)	37495.43	63215.17	34600.61	41198.61
	投资收益(万元)	-526.63	-51.03	25.04	528.19
	净利润(万元)	8621.65	25403.93	16807.32	22137.39
	利润总额(万元)	12028.39	34164.96	22416.36	29441.23

恒天凯马股份有限公司

公司概况	公司名称	恒天凯马股份有限公司		证券简称	凯马B
	法人代表	傅伟民	董秘 范弘斐	证券代码	900953
	公司网址	www.kama.com.cn		电子信箱	fhf@kama.com.cn
	电　话	021-52046619 62036446		传　真	021-62030851
	办公地址	上海市中山北路1958号华源世界广场6楼			
	经营范围	内燃机、农用运输车、拖拉机整机及其零部件的研究开发、生产、技术咨询、销售等			

主要财务指标	指标\报告期	2012.06.30	2011.12.31	2011.06.30	2010.12.31
	基本每股收益(元)	0.0035	0.0368	0.0687	0.2704
	基本每股收益(扣除)(元)	0.0010	0.0360	0.0651	0.2291
	每股净资产(元)	1.5279	1.5211	1.5533	1.4800
	每股经营现金净流量(元)	0.1253	0.3803	0.1182	0.4026
	每股现金流量(元)	-0.1539	-0.0363	-0.3853	0.0610
	每股资本公积金(元)	0.8674	0.8641	0.8644	0.8633
	每股盈余公积金(元)	-	-	-	-
	每股未分配利润(元)	-0.3395	-0.3430	-0.3111	-0.3798
	净资产收益率(%)	0.2271	2.4190	4.4207	18.2540
	加权净资产收益率(%)	0.2300	2.4500	4.5300	20.9100
	净资产收益率(扣除)(%)	-	-	-	-
	总资产(万元)	419424.48	411731.47	360397.05	390260.77
	归属母公司股东权益(万元)	97788.36	97352.31	99412.50	94818.61
	主营业务收入(万元)	285633.27	567817.77	319323.83	599322.63
	营业收入(万元)	296266.55	583898.34	329376.19	617023.45
	主营成本(万元)	266703.97	522607.89	292971.75	527947.78
	营业成本(万元)	274851.28	533955.54	300390.07	540699.13
	投资收益(万元)	-	-481.24	-123.73	1154.70
	净利润(万元)	1512.85	6547.99	8183.82	24648.12
	利润总额(万元)	2312.41	9892.62	10004.10	30870.36

上海茉织华股份有限公司

公司概况	公司名称	上海茉织华股份有限公司		证券简称	九龙山B
	法人代表	李勤夫	董秘 陈海燕	证券代码	900955
	公司网址	www.ninedragon.com.cn		电子信箱	kelly@ninedragon.com.cn
	电　话	021-68407880*8963 8086		传　真	021-68407909
	办公地址	上海市浦东新区世纪大道1500号东方大厦4楼			
	经营范围	旅游景点综合经营管理、酒店管理、游艇销售、展览等			

主要财务指标	指标\报告期	2012.06.30	2011.12.31	2011.06.30	2010.12.31
	基本每股收益(元)	0.0100	0.0600	0.0800	0.0100
	基本每股收益(扣除)(元)	0.0100	0.0300	0.0500	-0.0600
	每股净资产(元)	1.3928	1.3797	1.4010	1.3500
	每股经营现金净流量(元)	-0.0208	0.0764	0.0425	-0.1505
	每股现金流量(元)	-0.0355	-0.1202	-0.1274	-0.2609
	每股资本公积金(元)	0.3098	0.3098	0.3098	0.3320
	每股盈余公积金(元)	-	0.1039	0.0983	0.0983
	每股未分配利润(元)	-	-0.0392	-0.0157	-0.0909
	净资产收益率(%)	0.9794	4.1520	5.3670	0.6450
	加权净资产收益率(%)	1.0000	4.1400	5.4700	0.6000
	净资产收益率(扣除)(%)	-	-	-	-
	总资产(万元)	286899.99	292191.76	296894.60	284128.60
	归属母公司股东权益(万元)	181549.16	179838.89	182720.41	175514.74
	主营业务收入(万元)	11422.90	38644.15	25848.08	767.27
	营业收入(万元)	11517.08	38934.77	25926.51	929.56
	主营成本(万元)	5260.22	20784.82	13408.81	674.38
	营业成本(万元)	5260.22	20893.66	13408.81	682.02
	投资收益(万元)	940.79	4647.18	4355.42	11728.33
	净利润(万元)	1613.39	7203.19	9707.09	727.79
	利润总额(万元)	1621.08	8293.04	10405.86	3231.59

黄石东贝电器股份有限公司

公司概况	公司名称	黄石东贝电器股份有限公司		证券简称	东贝B股
	法人代表	杨百昌	董秘 陆丽华	证券代码	900956
	公司网址	www.donper.com		电子信箱	stock@donper.com
	电　话	0714-5415858		传　真	0714-5415858
	办公地址	湖北省黄石市经济技术开发区金山大道东6号			
	经营范围	制冷压缩机、压缩机电机的生产和销售、高新技术产品开发、生产、咨询			

主要财务指标	指标\报告期	2012.06.30	2011.12.31	2011.06.30	2010.12.31
	基本每股收益(元)	0.0730	0.2000	0.0680	0.3400
	基本每股收益(扣除)(元)	0.0510	0.1700	0.0570	0.3000
	每股净资产(元)	3.1700	2.7400	2.7200	2.6500
	每股经营现金净流量(元)	1.0602	0.1233	-0.7055	0.4726
	每股现金流量(元)	0.1290	0.0660	-0.1801	-0.5499
	每股资本公积金(元)	0.7392	0.3856	0.3856	0.3856
	每股盈余公积金(元)	0.1434	0.1434	0.1279	0.1279
	每股未分配利润(元)	1.2880	1.2153	1.2029	1.1348
	净资产收益率(%)	2.2900	7.1431	2.5080	12.7329
	加权净资产收益率(%)	2.6100	7.1400	2.5400	13.5900
	净资产收益率(扣除)(%)	-	-	-	-
	总资产(万元)	367920.42	368334.27	308001.40	298587.39
	归属母公司股东权益(万元)	74509.40	64492.03	63835.99	62235.30
	主营业务收入(万元)	209797.14	392403.02	238049.24	370545.74
	营业收入(万元)	214027.53	399583.14	244288.56	376686.62
	主营成本(万元)	188695.11	356085.28	219758.16	326330.66
	营业成本(万元)	192576.43	358331.78	223810.13	330558.02
	投资收益(万元)	-126.19	-180.46	-55.23	-346.55
	净利润(万元)	2838.81	7776.79	2675.11	15231.39
	利润总额(万元)	3537.77	9456.69	3652.67	18079.82

上海凌云实业发展股份有限公司

公司概况	公司名称	上海凌云实业发展股份有限公司			证券简称	凌云B股
	法人代表	连爱勤	董秘	梁健新	证券代码	900957
	公司网址	www.elingyun.com		电子信箱	lingyun@elingyun.com	
	电　话	021-68400880		传　真	021-68401110	
	办公地址	上海市浦东新区源深路1088号葛洲坝大厦12楼1201室				
	经营范围	房地产开发销售、旅游景点设施的开发与经营、办学及教育产业投资等				

	指标\报告期	2012.06.30	2011.12.31	2011.06.30	2010.12.31
主要财务指标	基本每股收益(元)	0.0352	-0.1732	-0.0415	0.0248
	基本每股收益(扣除)(元)	-0.0252	-0.1731	-0.0415	0.0248
	每股净资产(元)	1.1051	1.0699	1.2015	1.2400
	每股经营现金净流量(元)	-0.0384	0.0289	0.0143	0.1494
	每股现金流量(元)	0.0272	-0.0155	-0.0180	-0.2221
	每股资本公积金(元)	0.5782	0.5782	0.5782	0.5782
	每股盈余公积金(元)	-	-	-	-
	每股未分配利润(元)	-0.4731	-0.5083	-0.3767	-0.3352
	净资产收益率(%)	3.1874	-16.1860	-3.4580	1.9960
	加权净资产收益率(%)	3.2400	-14.9700	-3.4000	2.0000
	净资产收益率(扣除)(%)	-	-	-	-
	总资产(万元)	42856.29	43084.14	47614.78	49267.11
	归属母公司股东权益(万元)	38566.79	37337.51	41930.97	43380.77
	主营业务收入(万元)	-	-	-	13991.53
	营业收入(万元)	-	-	-	14034.38
	主营成本(万元)	-	-	-	10752.32
	营业成本(万元)	-	-	465.95	10752.66
	投资收益(万元)	1674.02	-3347.70	-990.25	566.49
	净利润(万元)	1229.28	-6049.77	-1456.20	1641.88
	利润总额(万元)	1229.28	-6049.77	-1456.20	1995.40

平安银行股份有限公司

公司概况						
公司概况	公司名称	平安银行股份有限公司			证券简称	平安银行
	法人代表	肖遂宁	董秘	李南青	证券代码	000001
	公司网址	www.sdb.com.cn		电子信箱	dsh@sdb.com.cn	
	电　话	0755-82080387		传　真	0755-82080386	
	办公地址	广东省深圳市深南中路5047号深圳发展银行大厦				
	经营范围	办理人民币存、贷、结算、汇兑业务、人民币票据承兑和贴现等				

主要财务指标	指标\报告期	2012.06.30	2011.12.31	2011.06.30	2010.12.31
	基本每股收益(元)	1.3200	2.4700	1.3600	1.9000
	基本每股收益(扣除)(元)	1.3100	2.4400	1.3500	1.8600
	每股净资产(元)	15.5800	14.3100	10.9500	9.5300
	每股经营现金净流量(元)	28.1124	-2.8183	9.0711	6.3259
	每股现金流量(元)	23.2559	-0.0471	3.7561	3.8578
	每股资本公积金(元)	8.0588	8.1075	3.8177	3.8442
	每股盈余公积金(元)	0.5525	0.5525	0.5487	0.5487
	每股未分配利润(元)	3.6659	3.0965	3.8659	2.4336
	净资产收益率(%)	8.4700	14.0210	12.4006	-
	加权净资产收益率(%)	8.8200	20.3200	13.3000	23.3200
	净资产收益率(扣除)(%)	-	-	-	-
	总资产(万元)	149062285.10	125817694.40	85205702.50	72720707.60
	归属母公司股东权益(万元)	7982261.00	7331083.70	3815239.50	3319753.50
	主营业务收入(万元)	-	-	-	-
	营业收入(万元)	1962553.40	2964306.10	1213726.70	1797177.30
	主营成本(万元)	-	-	-	-
	营业成本(万元)	-	1436178.60	-	868.37
	投资收益(万元)	45187.80	28475.30	35246.00	22852.50
	净利润(万元)	686956.40	1039049.10	473113.80	624653.70
	利润总额(万元)	887864.90	1325748.90	606316.00	794841.40

万科企业股份有限公司

公司概况						
公司概况	公司名称	万科企业股份有限公司			证券简称	万 科 A
	法人代表	王石	董秘	谭华杰	证券代码	000002
	公司网址	www.vanke.com		电子信箱	ir@vanke.com	
	电　话	0755-25606666		传　真	0755-25531696	
	办公地址	广东省深圳市盐田区大梅沙环梅路33号万科中心				
	经营范围	公司为专业化房地产公司、主要产品为商品住宅				

主要财务指标	指标\报告期	2012.06.30	2011.12.31	2011.06.30	2010.12.31
	基本每股收益(元)	0.3400	0.8800	0.2700	0.6600
	基本每股收益(扣除)(元)	-	0.8700	0.2700	0.6400
	每股净资产(元)	5.0100	4.8200	4.2000	4.0200
	每股经营现金净流量(元)	0.2564	0.3083	0.3480	0.2035
	每股现金流量(元)	1.1010	-0.1349	0.4502	1.1909
	每股资本公积金(元)	0.7961	0.8043	0.7998	0.7994
	每股盈余公积金(元)	1.2413	1.2413	0.9629	0.9629
	每股未分配利润(元)	1.9309	1.7221	1.3959	1.2251
	净资产收益率(%)	6.7600	18.1700	6.4400	16.4700
	加权净资产收益率(%)	6.8300	19.8300	6.5300	17.7900
	净资产收益率(扣除)(%)	-	-	-	-
	总资产(万元)	33040118.40	29620844.00	26096027.87	21563755.17
	归属母公司股东权益(万元)	5509981.53	5296779.50	4620453.29	4423267.68
	主营业务收入(万元)	3056878.01	7121977.18	1968110.44	5046153.91
	营业收入(万元)	3072299.12	7178274.98	1998883.81	5071385.14
	主营成本(万元)	1923093.40	4307639.88	1092028.25	2997891.19
	营业成本(万元)	1927444.52	4322816.36	1099273.04	3007349.52
	投资收益(万元)	47295.00	69971.50	2833.04	77793.12
	净利润(万元)	453547.76	1159960.62	325251.75	883961.05
	利润总额(万元)	604867.20	1580588.24	445180.87	1194075.26

深圳中国农大科技股份有限公司

公司概况						
公司概况	公司名称	深圳中国农大科技股份有限公司			证券简称	国农科技
	法人代表	江玉明	董秘	杨斌	证券代码	000004
	公司网址	www.sz000004.cn		电子信箱	gnkjsz@163.com	
	电　话	0755-83521596		传　真	0755-83521727	
	办公地址	广东省深圳市福田区商报路奥林匹克大厦6楼D-E				
	经营范围	房地产开发和销售、生物制药的研发与销售				

主要财务指标	指标\报告期	2012.06.30	2011.12.31	2011.06.30	2010.12.31
	基本每股收益(元)	-0.0094	0.0356	0.0032	0.1384
	基本每股收益(扣除)(元)	-0.0114	0.0354	0.0035	0.0948
	每股净资产(元)	0.8877	0.8971	0.8671	0.8639
	每股经营现金净流量(元)	-0.0477	0.2306	0.1324	-0.1398
	每股现金流量(元)	-0.1528	0.1434	0.0934	-0.4125
	每股资本公积金(元)	0.0073	0.0073	0.0073	0.0073
	每股盈余公积金(元)	0.1318	0.1318	0.1318	0.1318
	每股未分配利润(元)	-0.2514	-0.2420	-0.2720	-0.2751
	净资产收益率(%)	-1.0500	3.9690	0.3700	16.0220
	加权净资产收益率(%)	-1.0500	2.2300	0.3700	17.0700
	净资产收益率(扣除)(%)	-	-	-	-
	总资产(万元)	20156.23	19630.72	19107.49	18421.94
	归属母公司股东权益(万元)	7454.59	7533.38	7281.57	7254.97
	主营业务收入(万元)	2869.66	7401.29	4280.34	13048.83
	营业收入(万元)	2898.78	7450.37	4315.73	13133.15
	主营成本(万元)	1516.27	3621.58	2453.95	7775.41
	营业成本(万元)	1545.13	3663.53	2466.80	7800.78
	投资收益(万元)	-19.34	-20.60	-12.11	-10.31
	净利润(万元)	138.20	919.31	290.82	2020.13
	利润总额(万元)	251.79	1238.97	469.69	2463.58

深圳世纪星源股份有限公司

公司概况						
公司概况	公司名称	深圳世纪星源股份有限公司			证券简称	世纪星源
	法人代表	丁芃	董秘	罗晓春	证券代码	000005
	公司网址	www.fountain.com.cn		电子信箱	fountain@sfc.com.cn	
	电　话	0755-82208888		传　真	0755-82207055	
	办公地址	广东省深圳市人民南路发展中心大厦13楼				
	经营范围	房地产、酒店、物业管理、商务咨询、顾问、计算机软件开发、投资及其它第三产业				

主要财务指标	指标\报告期	2012.06.30	2011.12.31	2011.06.30	2010.12.31
	基本每股收益(元)	-0.0300	0.0125	0.0300	-0.0048
	基本每股收益(扣除)(元)	-0.0300	-0.0727	-0.0200	-0.0094
	每股净资产(元)	0.6900	0.7220	0.7820	0.7390
	每股经营现金净流量(元)	0.1657	0.0380	0.0167	0.0067
	每股现金流量(元)	-0.0126	-0.0029	-0.0092	-0.0175
	每股资本公积金(元)	0.2943	0.2943	0.2943	0.2943
	每股盈余公积金(元)	0.1635	0.1635	0.1635	0.1635
	每股未分配利润(元)	-0.6197	-0.5877	-0.5588	-0.6002
	净资产收益率(%)	-4.6400	1.7300	3.7900	-0.6560
	加权净资产收益率(%)	-4.5300	1.6800	3.8700	-0.6300
	净资产收益率(扣除)(%)	-	-	-	-
	总资产(万元)	123205.74	126058.62	129603.91	129360.86
	归属母公司股东权益(万元)	63067.84	65993.66	71526.73	67531.50
	主营业务收入(万元)	2971.57	6197.51	2910.98	5705.04
	营业收入(万元)	2971.57	6353.48	2910.98	13723.42
	主营成本(万元)	2747.33	6004.00	2146.34	5421.27
	营业成本(万元)	2747.33	6044.61	2146.34	7782.11
	投资收益(万元)	-	233.28	-	-45.43
	净利润(万元)	-2925.82	1141.47	2712.34	-442.64
	利润总额(万元)	-2925.82	1169.79	2712.34	-642.21

深圳市振业(集团)股份有限公司

公司概况	公司名称	深圳市振业(集团)股份有限公司		证券简称	深振业 A
	法人代表	李永明	董秘 彭庆伟	证券代码	000006
	公司网址	www.zhenye.com		电子信箱	szzygp@126.com
	电　话	0755-25863061		传　真	0755-25863012
	办公地址	广东省深圳市罗湖区宝安南路 2014 号振业大厦 B 座 11-17 层			
	经营范围	房地产开发、销售及租赁			

主要财务指标	指标\报告期	2012.06.30	2011.12.31	2011.06.30	2010.12.31
	基本每股收益(元)	0.2050	0.4388	0.1020	0.4869
	基本每股收益(扣除后)(元)	0.2048	0.4383	0.1018	0.4629
	每股净资产(元)	3.1600	2.8300	2.5800	3.2300
	每股经营现金净流量(元)	0.7232	1.2119	0.7893	1.4286
	每股现金流量(元)	0.1808	-1.0030	-0.8648	1.1872
	每股资本公积金(元)	0.6660	0.6024	0.6600	0.8468
	每股盈余公积金(元)	0.6834	0.6834	0.5308	0.6900
	每股未分配利润(元)	0.8107	0.5440	0.3901	0.6951
	净资产收益率(%)	8.4400	15.5060	5.1300	19.5850
	加权净资产收益率(%)	8.9000	16.5100	5.1800	21.1400
	净资产收益率(扣除)(%)	-	-	-	-
	总资产(万元)	837214.46	832197.41	789613.75	856830.23
	归属母公司股东权益(万元)	312536.36	279864.23	255249.47	245882.02
	主营业务收入(万元)	151370.72	258927.53	106870.64	233873.45
	营业收入(万元)	151370.72	258927.53	106870.64	233873.45
	主营成本(万元)	88377.82	123317.67	58787.08	141234.96
	营业成本(万元)	88377.82	123317.67	58787.08	141234.96
	投资收益(万元)	-	1019.33	1019.33	2910.93
	净利润(万元)	26982.91	43411.70	13340.00	49646.51
	利润总额(万元)	38557.12	56425.50	18885.83	63472.13

深圳市零七股份有限公司

公司概况	公司名称	深圳市零七股份有限公司		证券简称	零七股份
	法人代表	练卫飞	董秘 智德宇	证券代码	000007
	公司网址			电子信箱	stock0007@126.com
	电　话	0755-83280053		传　真	0755-83280089
	办公地址	广东省深圳市福田区华强北路现代之窗大厦 A 座 26 楼			
	经营范围	投资兴办实业、房地产开发与销售等			

主要财务指标	指标\报告期	2012.06.30	2011.12.31	2011.06.30	2010.12.31
	基本每股收益(元)	0.0276	0.0269	-0.0040	0.0600
	基本每股收益(扣除后)(元)	0.0255	0.0223	-0.0034	-0.1921
	每股净资产(元)	1.2374	1.2098	1.1818	-0.2300
	每股经营现金净流量(元)	-0.3077	-0.0735	-0.3114	0.1507
	每股现金流量(元)	-0.1041	0.4234	0.2526	-0.1170
	每股资本公积金(元)	1.5080	1.5080	1.5080	0.4192
	每股盈余公积金(元)	0.0390	0.0390	0.0390	0.0487
	每股未分配利润(元)	-1.3096	-1.3372	-1.3652	-1.7006
	净资产收益率(%)	2.2342	2.0410	-0.2801	-27.5441
	加权净资产收益率(%)	2.2600	3.9400	-8.1600	-
	净资产收益率(扣除)(%)	-	-	-	-
	总资产(万元)	42776.53	36241.52	33521.10	33242.16
	归属母公司股东权益(万元)	28580.16	27941.63	27294.99	-4304.54
	主营业务收入(万元)	10325.74	16167.97	7206.09	14031.01
	营业收入(万元)	10682.06	16533.95	7367.05	14329.21
	主营成本(万元)	4042.94	3461.98	1460.88	3086.97
	营业成本(万元)	4042.94	3462.05	1460.92	3169.49
	投资收益(万元)	-	-	-	-
	净利润(万元)	405.51	831.05	-71.13	2170.02
	利润总额(万元)	673.25	1059.20	-6.83	2408.63

广东宝利来投资股份有限公司

公司概况	公司名称	广东宝利来投资股份有限公司		证券简称	ST 宝利来
	法人代表	周瑞堂	董秘 邱大庆	证券代码	000008
	公司网址			电子信箱	sqdq@163.com
	电　话	0755-26433212		传　真	0755-26433485
	办公地址	广东省深圳市南山区东滨路 4287 号			
	经营范围	开发生产加工基地、首期生产经营禽畜、仓储、国内商业、进出口业务等			

主要财务指标	指标\报告期	2012.06.30	2011.12.31	2011.06.30	2010.12.31
	基本每股收益(元)	0.0007	-0.0073	-0.0047	0.0121
	基本每股收益(扣除后)(元)	-0.0001	-0.0061	-0.0039	0.0117
	每股净资产(元)	1.0035	1.0028	1.0030	1.0101
	每股经营现金净流量(元)	0.0179	-0.0140	-0.0687	-0.0057
	每股现金流量(元)	0.0864	-0.1107	-0.0729	0.1593
	每股资本公积金(元)	0.9787	0.9787	0.9787	0.9787
	每股盈余公积金(元)	0.0608	0.0608	0.0608	0.0608
	每股未分配利润(元)	-1.0360	-1.0367	-1.0366	-1.0294
	净资产收益率(%)	0.0700	-0.7300	-0.4700	1.2100
	加权净资产收益率(%)	0.0700	-0.7300	-0.4700	1.2100
	净资产收益率(扣除)(%)	-	-	-	-
	总资产(万元)	7725.99	7723.66	7739.29	7793.22
	归属母公司股东权益(万元)	7391.40	7386.09	7387.26	7440.04
	主营业务收入(万元)	377.73	1398.08	942.79	1043.68
	营业收入(万元)	377.73	1398.08	942.79	1043.68
	主营成本(万元)	256.45	1101.72	787.25	785.59
	营业成本(万元)	256.45	1101.72	787.25	785.59
	投资收益(万元)	4.75	-8.86	5.11	3.61
	净利润(万元)	5.31	-53.95	-34.26	88.89
	利润总额(万元)	5.31	-53.95	-34.26	111.61

中国宝安集团股份有限公司

公司概况	公司名称	中国宝安集团股份有限公司		证券简称	中国宝安
	法人代表	陈政立	董秘 娄兵	证券代码	000009
	公司网址	www.chinabaoan.com		电子信箱	loubing@163.net
	电　话	0755-25170336 25170382		传　真	0755-25170300 25170367
	办公地址	广东省深圳市笋岗东路 1002 号宝安广场 A 座 28-29 层			
	经营范围	高新技术产业、生物医药业和房地产业			

主要财务指标	指标\报告期	2012.06.30	2011.12.31	2011.06.30	2010.12.31
	基本每股收益(元)	0.0500	0.2500	0.2000	0.3000
	基本每股收益(扣除后)(元)	0.0100	0.1300	0.1000	0.1300
	每股净资产(元)	2.5700	2.4200	2.4200	2.2900
	每股经营现金净流量(元)	0.1068	-0.7593	-0.2346	-0.5376
	每股现金流量(元)	0.4158	-0.4144	0.0423	0.0561
	每股资本公积金(元)	0.4340	0.3389	0.3735	0.4226
	每股盈余公积金(元)	0.0983	0.0983	0.0939	0.0939
	每股未分配利润(元)	1.0554	1.0075	0.9631	0.7845
	净资产收益率(%)	1.8600	10.1890	8.2200	13.0475
	加权净资产收益率(%)	1.9100	10.2600	8.4500	14.9000
	净资产收益率(扣除)(%)	-	-	-	-
	总资产(万元)	1251809.85	1178562.95	1034088.34	1002464.78
	归属母公司股东权益(万元)	280737.11	264922.91	263479.21	249454.15
	主营业务收入(万元)	207361.08	402620.37	177629.60	312146.57
	营业收入(万元)	209599.67	406525.57	181769.80	321677.72
	主营成本(万元)	132888.14	256724.51	110109.47	192824.44
	营业成本(万元)	133703.67	257798.81	111303.91	198229.98
	投资收益(万元)	2382.56	30484.88	16383.57	27309.92
	净利润(万元)	15022.50	38043.54	29265.18	44159.41
	利润总额(万元)	21287.11	51985.26	37261.47	55753.50

北京深华新股份有限公司

公司概况	公司名称	北京深华新股份有限公司		证券简称	ST 华新
	法人代表	杜小莉	董秘 杨磊	证券代码	000010
	公司网址			电子信箱	shenhuaxin000010@163.com
	电话	010-68784092		传真	010-68784093
	办公地址	北京市延庆县百泉街 10 号 2 栋 349 室			
	经营范围	投资与资产管理、房地产开发等			

主要财务指标	指标\报告期	2012.06.30	2011.12.31	2011.06.30	2010.12.31
	基本每股收益(元)	-0.0200	0.0300	-0.0300	-0.0100
	基本每股收益(扣除后)(元)	-0.0220	0.0040	-0.0230	-0.0030
	每股净资产(元)	0.3360	0.3550	0.2900	0.3200
	每股经营现金净流量(元)	-0.0361	0.0443	-0.0122	-0.0474
	每股现金流量(元)	0.0025	-0.0603	-0.0753	-0.0376
	每股资本公积金(元)	0.1441	0.1441	0.1441	0.1441
	每股盈余公积金(元)	0.0172	0.0172	0.0172	0.0172
	每股未分配利润(元)	-0.8360	-0.8202	-0.8825	-0.8543
	净资产收益率(%)	-4.5700	9.6175	-9.3700	-2.2480
	加权净资产收益率(%)	-4.5700	10.1800	-9.3700	-2.2300
	净资产收益率(扣除)(%)	-	-	-	-
	总资产(万元)	23560.22	23791.10	22405.05	21220.14
	归属母公司股东权益(万元)	4940.32	5214.29	4219.37	4639.70
	主营业务收入(万元)	4001.15	16497.76	2535.55	13742.37
	营业收入(万元)	4525.09	18405.84	3138.37	15186.78
	主营成本(万元)	2524.00	-	1671.06	-
	营业成本(万元)	2732.19	11843.84	1928.59	9788.04
	投资收益(万元)	0.95	4.79	0.34	-228.10
	净利润(万元)	-464.90	836.54	-690.52	383.25
	利润总额(万元)	-416.30	1155.74	-665.82	471.80

深圳市物业发展(集团)股份有限公司

公司概况	公司名称	深圳市物业发展(集团)股份有限公司		证券简称	深物业 A
	法人代表	陈玉刚	董秘 范维平	证券代码	000011
	公司网址	www.szwuye.com.cn		电子信箱	000011touzizhe@163.com
	电话	0755-82211020		传真	0755-82210610 82212043
	办公地址	广东省深圳市人民南路国贸大厦 39、42 层			
	经营范围	房地产开发及商品房销售、商品楼宇的建筑、管理、房屋租赁等			

主要财务指标	指标\报告期	2012.06.30	2011.12.31	2011.06.30	2010.12.31
	基本每股收益(元)	0.1650	0.4320	0.5058	0.2936
	基本每股收益(扣除后)(元)	0.1525	0.4321	0.5014	0.2689
	每股净资产(元)	2.0570	1.9153	1.9685	1.4668
	每股经营现金净流量(元)	0.5640	-0.6065	-0.7372	-0.1708
	每股现金流量(元)	0.3085	-0.1185	-0.1581	-0.4961
	每股资本公积金(元)	0.1070	0.1074	0.1074	0.1074
	每股盈余公积金(元)	0.1181	0.1181	0.1170	0.1170
	每股未分配利润(元)	0.8415	0.6765	0.7528	0.2499
	净资产收益率(%)	8.0200	22.7790	25.4900	20.0190
	加权净资产收益率(%)	8.3100	25.6700	29.2100	23.2700
	净资产收益率(扣除)(%)	-	-	-	-
	总资产(万元)	364586.69	352656.69	304245.49	291328.14
	归属母公司股东权益(万元)	122590.12	114146.13	117319.75	87418.56
	主营业务收入(万元)	57393.67	137758.17	114426.41	96614.60
	营业收入(万元)	62292.29	140856.53	115578.61	99317.54
	主营成本(万元)	37026.67	55579.08	36629.59	66884.28
	营业成本(万元)	39201.91	56318.42	36402.00	67349.70
	投资收益(万元)	150.15	30.88	67.93	323.27
	净利润(万元)	9832.23	25746.11	30144.41	17499.85
	利润总额(万元)	12606.41	33950.34	39818.33	20715.97

中国南玻集团股份有限公司

公司概况	公司名称	中国南玻集团股份有限公司		证券简称	南玻 A
	法人代表	曾南	董秘 周红	证券代码	000012
	公司网址	www.csgholding.com		电子信箱	csg@csgholding.com
	电话	0755-26860666 26860660		传真	0755-26692755
	办公地址	广东省深圳市蛇口工业区工业六路一号南玻大厦			
	经营范围	高级浮法玻璃原片、工程玻璃、精细玻璃、汽车玻璃、新型电子元器件等			

主要财务指标	指标\报告期	2012.06.30	2011.12.31	2011.06.30	2010.12.31
	基本每股收益(元)	0.1200	0.5700	0.4000	0.7000
	基本每股收益(扣除后)(元)	0.0600	0.5100	0.3900	0.6700
	每股净资产(元)	3.2700	3.3300	3.1400	3.0700
	每股经营现金净流量(元)	0.4086	0.8134	0.4541	1.1394
	每股现金流量(元)	-0.1281	-0.0124	0.0528	0.0118
	每股资本公积金(元)	0.6701	0.6653	0.6386	0.6307
	每股盈余公积金(元)	0.2891	0.2890	0.2440	0.2439
	每股未分配利润(元)	1.3084	1.3695	1.2502	1.1965
	净资产收益率(%)	3.6200	17.0480	12.8600	22.7920
	加权净资产收益率(%)	3.5600	17.9400	12.5300	25.0400
	净资产收益率(扣除)(%)	-	-	-	-
	总资产(万元)	1469203.31	1528139.11	1408325.20	1246961.92
	归属母公司股东权益(万元)	679489.56	691111.80	651416.13	638487.12
	主营业务收入(万元)	330787.20	821492.99	441328.11	769797.36
	营业收入(万元)	334525.05	827073.17	443853.41	774394.17
	主营成本(万元)	262244.65	563764.51	286393.39	491211.92
	营业成本(万元)	263812.75	566456.25	287632.44	494364.00
	投资收益(万元)	6261.25	631.79	649.68	5410.15
	净利润(万元)	29400.80	133751.63	91878.74	159695.83
	利润总额(万元)	34993.68	163798.02	110821.47	186534.67

沙河实业股份有限公司

公司概况	公司名称	沙河实业股份有限公司		证券简称	沙河股份
	法人代表	杨建达	董秘 王凡	证券代码	000014
	公司网址	www.shahe.cn		电子信箱	wangyanling88@126.com
	电话	0755-86091298 86090823		传真	0755-86090688 86090177
	办公地址	广东省深圳市南山区沙河商城七楼			
	经营范围	房地产开发与销售			

主要财务指标	指标\报告期	2012.06.30	2011.12.31	2011.06.30	2010.12.31
	基本每股收益(元)	-0.0533	0.2692	0.0192	0.3500
	基本每股收益(扣除后)(元)	-0.0553	0.2711	0.2000	0.3600
	每股净资产(元)	2.7100	2.7800	2.5300	2.5400
	每股经营现金净流量(元)	-0.2753	-1.3007	-0.3460	0.3341
	每股现金流量(元)	-0.3235	-0.3212	-0.2412	-0.3517
	每股资本公积金(元)	0.0491	0.0491	0.0491	0.0491
	每股盈余公积金(元)	0.8126	0.7210	0.6981	0.6278
	每股未分配利润(元)	0.8437	1.0086	0.7815	0.8676
	净资产收益率(%)	-1.9700	9.6880	0.6900	13.7560
	加权净资产收益率(%)	-1.9400	10.1100	0.7600	14.7700
	净资产收益率(扣除)(%)	-	-	-	-
	总资产(万元)	178608.34	180477.67	155923.45	158975.54
	归属母公司股东权益(万元)	54570.31	56048.54	51006.07	51324.57
	主营业务收入(万元)	7586.84	38668.54	17269.89	72292.68
	营业收入(万元)	8135.43	39983.77	17728.40	73519.58
	主营成本(万元)	2660.80	17055.24	9529.52	41625.76
	营业成本(万元)	3188.33	18243.18	9972.22	42750.32
	投资收益(万元)	-	-	-	-
	净利润(万元)	-859.87	6261.64	1091.48	7761.71
	利润总额(万元)	-698.25	7469.14	1848.55	9578.16

康佳集团股份有限公司

公司概况	公司名称	康佳集团股份有限公司			证券简称	深康佳 A
	法人代表	侯松容	董秘	肖庆	证券代码	000016
	公司网址	www.konka.com		电子信箱	szkonka@konka.com	
	电　话	0755-26608866		传　真	0755-26601139 26600082	
	办公地址	广东省深圳市南山区华侨城				
	经营范围	研究开发、生产经营电视机、冰箱、洗衣机、日用小家电等家用电器产品等				

主要财务指标	指标＼报告期	2012.06.30	2011.12.31	2011.06.30	2010.12.31
	基本每股收益(元)	0.0095	0.0207	−0.1620	0.0697
	基本每股收益(扣除后)(元)	−0.0319	−0.0926	−0.1826	0.0273
	每股净资产(元)	3.3248	3.3304	3.1400	3.3212
	每股经营现金净流量(元)	0.9266	−1.1383	0.0046	−0.3595
	每股现金流量(元)	0.5363	0.0639	0.5568	−0.1499
	每股资本公积金(元)	1.0568	1.0596	1.0567	1.0567
	每股盈余公积金(元)	0.6722	0.6722	0.6722	0.6722
	每股未分配利润(元)	0.5890	0.5894	0.4067	0.5787
	净资产收益率(%)	0.2865	0.6228	−5.1570	2.0990
	加权净资产收益率(%)	0.2900	0.6200	−5.0000	2.1300
	净资产收益率(扣除)(%)	−	−	−	−
	总资产(万元)	1483101.34	1690645.33	1727223.05	1646689.56
	归属母公司股东权益(万元)	400298.58	400972.40	378122.64	399864.72
	主营业务收入(万元)	697614.59	1607475.26	681510.91	1696300.67
	营业收入(万元)	703892.31	1621761.99	686510.39	1711145.41
	主营成本(万元)	567489.28	1341209.92	578935.27	1433152.16
	营业成本(万元)	572250.70	1355276.13	583693.20	1444266.61
	投资收益(万元)	907.42	3458.64	−7.91	9715.57
	净利润(万元)	1147.68	2417.94	−19087.40	10118.95
	利润总额(万元)	4316.49	956.68	−17590.27	8770.70

深圳中华自行车(集团)股份有限公司

公司概况	公司名称	深圳中华自行车(集团)股份有限公司			证券简称	*ST 中华 A
	法人代表	罗桂友	董秘	孙龙龙	证券代码	000017
	公司网址	www.cbc.com.cn		电子信箱	cbc@szcbc.com	
	电　话	0755-28181666		传　真	0755-28181009	
	办公地址	广东省深圳市龙华油松工业区中华工业园				
	经营范围	生产装配各种类型的自行车及自行车零件、部件、配件、机械产品、运动机械等				

主要财务指标	指标＼报告期	2012.06.30	2011.12.31	2011.06.30	2010.12.31
	基本每股收益(元)	−0.0605	0.0720	0.0475	0.1169
	基本每股收益(扣除后)(元)	−0.0606	−0.0234	−0.0392	−0.0809
	每股净资产(元)	−3.0829	−3.0522	−3.1068	−3.1853
	每股经营现金净流量(元)	−0.0045	0.0006	0.0024	0.0118
	每股现金流量(元)	−0.0046	0.0123	0.0046	−0.0081
	每股资本公积金(元)	0.8655	0.8357	0.8056	0.7747
	每股盈余公积金(元)	0.0593	0.0593	0.0593	0.0593
	每股未分配利润(元)	−5.0077	−4.9472	−4.9717	−5.0192
	净资产收益率(%)	−1.9618	−2.3603	−1.5303	−3.6714
	加权净资产收益率(%)	−	−	−	−
	净资产收益率(扣除)(%)	−	−	−	−
	总资产(万元)	14183.57	13574.66	15042.50	13815.81
	归属母公司股东权益(万元)	−169972.51	−168283.97	−171294.34	−175618.54
	主营业务收入(万元)	10152.65	29846.57	12623.55	27400.01
	营业收入(万元)	11318.61	32104.36	13653.76	29902.73
	主营成本(万元)	9777.22	28637.33	12168.18	26387.31
	营业成本(万元)	10121.02	29744.83	12670.85	28012.80
	投资收益(万元)	−	456.00	−	−
	净利润(万元)	−3329.81	3972.09	2621.31	6447.74
	利润总额(万元)	−3329.81	3972.09	2621.31	6447.74

深圳中冠纺织印染股份有限公司

公司概况	公司名称	深圳中冠纺织印染股份有限公司			证券简称	ST 中冠 A
	法人代表	胡永峰	董秘	张金良	证券代码	000018
	公司网址	www.chinaszvo.com		电子信箱	szvo@chinaszvo.com	
	电　话	0755-83668425 83667895		传　真	0755-83668427	
	办公地址	广东省深圳市龙岗区葵涌镇白石岗葵鹏路 26 号				
	经营范围	各类纯棉、纯麻、涤棉、麻棉、混纺高档面料以及成衣产品的印染生产、加工和销售				

主要财务指标	指标＼报告期	2012.06.30	2011.12.31	2011.06.30	2010.12.31
	基本每股收益(元)	−0.0200	−0.1000	−0.0500	0.0200
	基本每股收益(扣除后)(元)	−0.0100	−0.1000	−0.0500	0.0200
	每股净资产(元)	0.6700	0.7800	0.7800	0.8500
	每股经营现金净流量(元)	0.0010	0.0248	0.0048	0.0014
	每股现金流量(元)	0.0016	0.0095	0.0009	−0.0255
	每股资本公积金(元)	0.2345	0.2350	0.2345	0.2357
	每股盈余公积金(元)	0.1579	0.1579	0.1579	0.1579
	每股未分配利润(元)	−0.7107	−0.6860	−0.6320	−0.5833
	净资产收益率(%)	−3.6500	−14.5840	−6.2700	2.8706
	加权净资产收益率(%)	−3.5800	−12.9300	−5.9300	2.8000
	净资产收益率(扣除)(%)	−	−	−	−
	总资产(万元)	17102.76	17223.88	18429.22	19573.24
	归属母公司股东权益(万元)	11474.08	11904.71	13130.87	14292.95
	主营业务收入(万元)	501.98	−	552.88	96.10
	营业收入(万元)	501.98	985.05	552.88	935.11
	主营成本(万元)	219.98	−	233.14	31.70
	营业成本(万元)	219.98	426.91	233.14	432.31
	投资收益(万元)	42.86	−1060.25	−673.47	1152.35
	净利润(万元)	−418.71	−1742.35	−826.14	237.09
	利润总额(万元)	−418.71	−1746.64	−826.14	232.62

深圳市深宝实业股份有限公司

公司概况	公司名称	深圳市深宝实业股份有限公司			证券简称	深深宝 A
	法人代表	郑煜曦	董秘	李亦研	证券代码	000019
	公司网址	www.sbsy.com.cn		电子信箱	shenbao@sbsy.com.cn	
	电　话	0755-82027522		传　真	0755-82027522	
	办公地址	广东省深圳市福田区竹子林四路紫竹七道 26 号教育科技大厦塔楼 20 层南半层				
	经营范围	生产食品罐头、饮料、土产品等				

主要财务指标	指标＼报告期	2012.06.30	2011.12.31	2011.06.30	2010.12.31
	基本每股收益(元)	0.3542	0.0323	0.0242	0.0310
	基本每股收益(扣除后)(元)	−0.0743	−0.0616	−0.0707	−0.2300
	每股净资产(元)	3.9000	3.5500	3.5400	1.7900
	每股经营现金净流量(元)	0.0130	−0.0749	−0.0455	0.0287
	每股现金流量(元)	0.3262	1.5795	3.0082	−0.2752
	每股资本公积金(元)	2.2658	2.2666	3.1260	0.4390
	每股盈余公积金(元)	0.1294	0.1294	0.1784	0.1784
	每股未分配利润(元)	0.5049	0.1507	0.1936	0.1695
	净资产收益率(%)	9.0800	0.7840	0.5000	1.7500
	加权净资产收益率(%)	9.5100	1.1500	1.3400	1.7600
	净资产收益率(扣除)(%)	−	−	−	−
	总资产(万元)	116091.72	106196.42	116553.55	65846.88
	归属母公司股东权益(万元)	97853.36	88987.65	88729.26	32509.21
	主营业务收入(万元)	11384.01	31634.79	13991.95	22913.82
	营业收入(万元)	11402.67	31823.02	13992.30	22979.74
	主营成本(万元)	9213.97	25567.91	11199.71	17738.23
	营业成本(万元)	9259.33	25743.40	11220.91	17746.44
	投资收益(万元)	10585.78	367.52	−26.52	886.95
	净利润(万元)	8886.74	964.32	705.94	898.54
	利润总额(万元)	8991.06	1369.23	873.34	1116.50

深圳中恒华发股份有限公司

公司概况	公司名称	深圳中恒华发股份有限公司			证券简称	深华发A
	法人代表	李中秋	董秘	翁小珏	证券代码	000020
	公司网址	www.hwafa.com		电子信箱	hwafainvestor@126.com	
	电　话	0755-83352206		传　真	0755-83323160	
	办公地址	广东省深圳市福田区华发北路411栋华发大厦东座六层				
	经营范围	生产经营各种彩色电视机、液晶显示器、液晶显示屏、收录机、音响设备、电子表等				

主要财务指标	指标\报告期	2012.06.30	2011.12.31	2011.06.30	2010.12.31
	基本每股收益(元)	0.0227	0.0366	0.0328	0.0324
	基本每股收益(扣除后)(元)	0.0221	0.0385	0.0329	0.0397
	每股净资产(元)	1.0000	0.9800	0.9700	0.9400
	每股经营现金净流量(元)	0.2644	0.1701	-0.0532	0.2006
	每股现金流量(元)	0.3967	0.1169	-0.0146	0.1677
	每股资本公积金(元)	0.3867	0.3867	0.3867	0.3867
	每股盈余公积金(元)	0.2733	0.2733	0.2733	0.2733
	每股未分配利润(元)	-0.6593	-0.6820	-0.6858	-0.7186
	净资产收益率(%)	2.2700	3.7500	3.3600	3.5800
	加权净资产收益率(%)	2.2900	3.8200	3.4200	3.5800
	净资产收益率(扣除)(%)	-	-	-	-
	总资产(万元)	75808.85	66838.56	84807.12	72589.43
	归属母公司股东权益(万元)	28336.54	27693.92	27584.54	26656.46
	主营业务收入(万元)	36036.91	82762.64	43906.65	70339.25
	营业收入(万元)	38351.73	87577.83	46149.89	74558.01
	主营成本(万元)	33489.58	78456.10	41444.29	66232.77
	营业成本(万元)	33686.15	78906.31	41689.19	66673.34
	投资收益(万元)	-	-	-	-
	净利润(万元)	642.62	1037.45	928.07	917.73
	利润总额(万元)	876.07	1453.65	1106.67	1250.48

深圳长城开发科技股份有限公司

公司概况	公司名称	深圳长城开发科技股份有限公司			证券简称	长城开发
	法人代表	谭文鋕	董秘	葛伟强	证券代码	000021
	公司网址	www.kaifa.cn		电子信箱	stock@kaifa.cn	
	电　话	0755-83200095 83205285		传　真	0755-83275075	
	办公地址	广东省深圳市福田区彩田路7006号				
	经营范围	开发、生产、经营计算机软、硬件系统及其外部设备、通讯设备、电子仪器仪表及其零部件等				

主要财务指标	指标\报告期	2012.06.30	2011.12.31	2011.06.30	2010.12.31
	基本每股收益(元)	0.0501	0.1906	0.0810	0.2913
	基本每股收益(扣除后)(元)	0.0501	0.1896	0.0801	0.2204
	每股净资产(元)	2.9973	3.0759	3.0287	3.1707
	每股经营现金净流量(元)	0.0507	0.1289	0.0556	0.0867
	每股现金流量(元)	-0.0088	0.6055	0.1525	-0.1549
	每股资本公积金(元)	0.2924	0.3239	0.3713	0.4347
	每股盈余公积金(元)	0.7467	0.7467	0.7467	0.7467
	每股未分配利润(元)	0.9925	1.0423	0.9327	1.0017
	净资产收益率(%)	1.6700	6.1980	2.6800	9.1860
	加权净资产收益率(%)	1.6200	5.8400	2.5200	10.2900
	净资产收益率(扣除)(%)	-	-	-	-
	总资产(万元)	1011671.60	1033675.46	759621.56	666653.81
	归属母公司股东权益(万元)	395423.82	405796.26	399566.92	418303.63
	主营业务收入(万元)	839573.01	1856084.10	942909.35	2071727.81
	营业收入(万元)	842309.21	1863038.06	946254.92	2077154.10
	主营成本(万元)	819632.45	1807610.11	920039.84	2022820.85
	营业成本(万元)	821794.51	1812120.83	922616.70	2026543.94
	投资收益(万元)	1197.24	5479.45	1862.44	21233.96
	净利润(万元)	3866.14	22014.26	9716.83	35634.18
	利润总额(万元)	5667.93	26256.18	11925.72	39972.14

深圳赤湾港航股份有限公司

公司概况	公司名称	深圳赤湾港航股份有限公司			证券简称	深赤湾A
	法人代表	郑少平	董秘	步丹	证券代码	000022
	公司网址	www.szcwh.com		电子信箱	cwh@cndi.com	
	电　话	0755-26694222		传　真	0755-26684117	
	办公地址	广东省深圳市赤湾石油大厦8楼				
	经营范围	港口装卸、堆存、运输、代理及其他业务				

主要财务指标	指标\报告期	2012.06.30	2011.12.31	2011.06.30	2010.12.31
	基本每股收益(元)	0.3440	0.7840	0.4010	0.9250
	基本每股收益(扣除后)(元)	0.3410	0.7840	0.4000	0.9230
	每股净资产(元)	5.3230	5.3780	4.9990	5.0240
	每股经营现金净流量(元)	0.5413	1.1573	0.4674	1.4375
	每股现金流量(元)	0.4829	-0.4698	0.2194	0.0630
	每股资本公积金(元)	0.2580	0.2578	0.2631	0.2247
	每股盈余公积金(元)	0.7207	0.6540	0.6540	0.5949
	每股未分配利润(元)	3.3653	3.4877	3.1023	3.2256
	净资产收益率(%)	6.4700	14.5810	8.0200	18.4200
	加权净资产收益率(%)	6.2400	15.1900	7.7800	19.7000
	净资产收益率(扣除)(%)	-	-	-	-
	总资产(万元)	698096.27	654022.84	677316.09	620218.47
	归属母公司股东权益(万元)	343206.15	346779.68	322288.61	323954.91
	主营业务收入(万元)	82212.89	164367.69	81366.87	168923.93
	营业收入(万元)	85410.42	170813.69	84498.36	174041.77
	主营成本(万元)	38052.98	75526.25	35420.41	73303.65
	营业成本(万元)	38449.42	76804.02	35980.91	74231.23
	投资收益(万元)	3969.56	11822.82	5844.42	14851.46
	净利润(万元)	29963.92	66777.57	33650.47	82663.94
	利润总额(万元)	36852.76	81633.73	40329.71	96441.50

深圳市天地(集团)股份有限公司

公司概况	公司名称	深圳市天地(集团)股份有限公司			证券简称	深天地A
	法人代表	杨国富	董秘	侯剑	证券代码	000023
	公司网址	www.000023.cn		电子信箱	std000023@vip.163.com	
	电　话	0755-86154212		传　真	0755-86154040	
	办公地址	广东省深圳市南山区高新技术产业园(北区)朗山路东物商业大楼10楼				
	经营范围	商品混凝土及其原材料的生产、销售				

主要财务指标	指标\报告期	2012.06.30	2011.12.31	2011.06.30	2010.12.31
	基本每股收益(元)	-0.0683	0.0668	0.0064	0.0948
	基本每股收益(扣除后)(元)	-0.0738	0.0456	0.0005	0.0447
	每股净资产(元)	2.2600	2.3600	2.2900	2.2500
	每股经营现金净流量(元)	0.1093	0.2796	0.0439	0.9134
	每股现金流量(元)	-0.1928	0.6165	0.4587	-0.0088
	每股资本公积金(元)	0.6526	0.6526	0.6526	0.6120
	每股盈余公积金(元)	0.2774	0.2774	0.2685	0.2685
	每股未分配利润(元)	0.3267	0.4251	0.3735	0.3671
	净资产收益率(%)	-3.0300	2.8390	0.2700	4.2159
	加权净资产收益率(%)	-2.9600	2.8900	0.2800	4.2600
	净资产收益率(扣除)(%)	-	-	-	-
	总资产(万元)	108019.04	109357.14	100563.73	93852.13
	归属母公司股东权益(万元)	31313.77	32678.31	31839.59	31187.53
	主营业务收入(万元)	37024.38	78167.72	31718.60	91092.25
	营业收入(万元)	37397.64	80014.83	32764.17	91961.44
	主营成本(万元)	33274.98	66550.02	27793.24	77840.35
	营业成本(万元)	33506.77	67101.66	28272.82	78149.50
	投资收益(万元)	-	52.87	-	-
	净利润(万元)	-1039.25	910.02	72.56	1305.28
	利润总额(万元)	-777.13	2174.06	332.18	2729.58

招商局地产控股股份有限公司

公司概况						
公司名称	招商局地产控股股份有限公司			证券简称	招商地产	
法人代表	林少斌	董秘	刘宁	证券代码	000024	
公司网址	www.cmpd.cn		电子信箱	investor@cmpd.cn		
电　　话	0755-26819600		传　　真	0755-26818666 26819680		
办公地址	广东省深圳市南山区蛇口工业区兴华路六号南海意库三号楼					
经营范围	房地产开发经营、科研技术服务、兴办实业					

主要财务指标 指标\报告期	2012.06.30	2011.12.31	2011.06.30	2010.12.31
基本每股收益(元)	0.7100	1.5092	0.8600	1.1713
基本每股收益(扣除后)(元)	–	1.4501	0.8600	1.1700
每股净资产(元)	12.4000	11.8900	11.3400	10.6000
每股经营现金净流量(元)	1.4094	–1.2300	–1.7615	–2.5891
每股现金流量(元)	2.1111	2.7633	–0.5865	0.0809
每股资本公积金(元)	4.8838	4.8839	4.9373	4.9406
每股盈余公积金(元)	0.5637	0.5637	0.5238	0.5238
每股未分配利润(元)	5.9018	5.3910	4.7769	4.0418
净资产收益率(%)	5.7312	12.6940	7.5430	11.0470
加权净资产收益率(%)	5.8200	13.3900	7.7700	11.6600
净资产收益率(扣除)(%)	–	–	–	–
总资产(万元)	8766176.88	7966649.44	6570324.69	5981824.08
归属母公司股东权益(万元)	2129611.11	2041821.48	1946879.01	1820743.18
主营业务收入(万元)	1008050.77	1511136.66	809148.51	1378242.52
营业收入(万元)	1008050.77	1511136.66	809148.51	1378242.52
主营成本(万元)	504532.26	719443.83	424142.17	830037.99
营业成本(万元)	504532.26	719443.83	424142.17	830037.99
投资收益(万元)	2488.17	5334.42	5126.21	6530.89
净利润(万元)	170822.80	331295.45	181973.18	248398.70
利润总额(万元)	250062.72	449184.84	240646.50	327212.38

深圳市特力(集团)股份有限公司

公司概况						
公司名称	深圳市特力(集团)股份有限公司			证券简称	特力A	
法人代表	张瑞理	董秘	郭东日	证券代码	000025	
公司网址	www.tellus.cn		电子信箱	guodongri@yahoo.com.cn		
电　　话	0755-83989328 83989339		传　　真	0755-83989399		
办公地址	广东省深圳市福田区深南中路中核大厦十五楼					
经营范围	汽车销售、汽车检测维修及配件销售、物业租赁及服务等					

主要财务指标 指标\报告期	2012.06.30	2011.12.31	2011.06.30	2010.12.31
基本每股收益(元)	–0.0390	0.0098	0.0020	0.0163
基本每股收益(扣除后)(元)	–0.0390	–0.0281	0.0030	0.0149
每股净资产(元)	0.7650	0.8050	0.7980	0.7960
每股经营现金净流量(元)	–0.0229	–0.0669	0.0308	0.0324
每股现金流量(元)	–0.0732	–0.0372	–0.0433	–0.0375
每股资本公积金(元)	0.0384	0.0389	0.0393	0.0392
每股盈余公积金(元)	0.0134	0.0134	0.0134	0.0134
每股未分配利润(元)	–0.2863	–0.2471	–0.2546	–0.2569
净资产收益率(%)	–5.1200	1.2170	0.2900	2.0450
加权净资产收益率(%)	–4.9900	1.2200	0.2900	2.0700
净资产收益率(扣除)(%)	–	–	–	–
总资产(万元)	56371.21	57069.33	58337.60	59955.60
归属母公司股东权益(万元)	16861.86	17736.59	17580.13	17527.46
主营业务收入(万元)	19333.71	39570.17	17655.28	38149.46
营业收入(万元)	19428.27	40328.21	17804.72	38634.84
主营成本(万元)	16154.06	33375.20	14334.68	31893.29
营业成本(万元)	16211.82	33526.42	14420.33	32083.76
投资收益(万元)	–499.72	808.10	393.78	1822.29
净利润(万元)	–1012.05	125.02	37.11	392.23
利润总额(万元)	–982.91	660.46	57.82	327.63

飞亚达(集团)股份有限公司

公司概况						
公司名称	飞亚达(集团)股份有限公司			证券简称	飞亚达A	
法人代表	吴光权	董秘	陈立彬	证券代码	000026	
公司网址	www.fiytagroup.com		电子信箱	investor@fiyta.com.cn		
电　　话	0755-86013669 86013992		传　　真	0755-83348369		
办公地址	广东省深圳市南山区高新南一道飞亚达科技大厦20楼					
经营范围	生产经营各种指针式石英表及其机芯、零部件、各种计时仪器等					

主要财务指标 指标\报告期	2012.06.30	2011.12.31	2011.06.30	2010.12.31
基本每股收益(元)	0.1660	0.4060	0.2020	0.2690
基本每股收益(扣除后)(元)	0.1680	0.3960	0.2220	0.2320
每股净资产(元)	3.5500	3.6300	3.3750	3.2200
每股经营现金净流量(元)	–0.2377	–1.0426	–0.2715	–0.3510
每股现金流量(元)	0.0772	–1.1300	–0.9093	1.8455
每股资本公积金(元)	1.3380	1.3509	1.3509	2.2933
每股盈余公积金(元)	0.3344	0.3344	0.3082	0.4315
每股未分配利润(元)	0.9001	0.8339	0.7140	0.7931
净资产收益率(%)	4.6800	11.4635	5.7800	7.4240
加权净资产收益率(%)	4.6300	12.0500	5.9900	12.5500
净资产收益率(扣除)(%)	–	–	–	–
总资产(万元)	330641.27	306160.01	243020.10	243653.91
归属母公司股东权益(万元)	139428.67	142586.47	132548.64	126599.66
主营业务收入(万元)	147415.08	254057.76	122345.71	176841.39
营业收入(万元)	148375.58	256105.46	123201.07	178075.44
主营成本(万元)	98379.77	165237.05	81771.62	120415.74
营业成本(万元)	98703.49	165895.94	82048.67	120877.47
投资收益(万元)	19.14	–3.33	–4.90	6.06
净利润(万元)	6515.93	15925.93	7935.03	9401.85
利润总额(万元)	8233.31	19157.90	9715.25	11349.32

深圳能源集团股份有限公司

公司概况						
公司名称	深圳能源集团股份有限公司			证券简称	深圳能源	
法人代表	高自民	董秘	秦飞	证券代码	000027	
公司网址	www.sec.com.cn		电子信箱	ir@sec.com.cn		
电　　话	0755-83684138		传　　真	0755-83684128		
办公地址	广东省深圳市福田区深南中路2068号华能大厦5、33、35-36、38-41层					
经营范围	各种常规能源和新能源的开发、生产、购销等					

主要财务指标 指标\报告期	2012.06.30	2011.12.31	2011.06.30	2010.12.31
基本每股收益(元)	0.2100	0.4300	0.2600	0.5300
基本每股收益(扣除后)(元)	0.2000	0.3900	0.2400	0.4700
每股净资产(元)	5.5800	5.4900	5.3800	5.2100
每股经营现金净流量(元)	0.5237	1.2020	0.5649	1.1583
每股现金流量(元)	–0.0257	0.6016	1.0589	–0.4237
每股资本公积金(元)	1.6831	1.6852	1.7081	2.2540
每股盈余公积金(元)	0.9237	0.9237	0.8854	1.0625
每股未分配利润(元)	2.0209	1.9245	1.8161	1.9658
净资产收益率(%)	3.7900	7.7540	4.8700	10.1886
加权净资产收益率(%)	3.7900	7.9700	4.9200	10.5200
净资产收益率(扣除)(%)	–	–	–	–
总资产(万元)	3165672.80	3150908.37	3276138.85	2906995.93
归属母公司股东权益(万元)	1475891.16	1450463.62	1421711.92	1377752.54
主营业务收入(万元)	636239.34	1395774.68	657242.13	1202586.88
营业收入(万元)	644739.98	1438701.85	664138.34	1246471.11
主营成本(万元)	528154.27	1219190.66	546775.43	1022076.95
营业成本(万元)	534781.81	1242011.49	552642.72	1051101.70
投资收益(万元)	–916.81	5844.02	4484.42	14170.25
净利润(万元)	66645.59	118284.84	81115.44	161593.70
利润总额(万元)	89059.24	156284.59	104647.60	197752.24

国药集团一致药业股份有限公司

公司概况	公司名称	国药集团一致药业股份有限公司			证券简称	国药一致
	法人代表	魏玉林	董秘	陈常兵	证券代码	000028
	公司网址	www.szaccord.com.cn		电子信箱	0028@szaccord.com.cn	
	电　　话	0755-25875195 25875222		传　　真	0755-25875147	
	办公地址	广东省深圳市福田区八卦四路15号一致药业大厦				
	经营范围	中成药、化学原料药、化学药制剂、抗生素原料药、抗生素制剂等				

主要财务指标	指标\报告期	2012.06.30	2011.12.31	2011.06.30	2010.12.31
	基本每股收益(元)	0.8330	1.1500	0.5720	0.9100
	基本每股收益(扣除后)(元)	0.8620	1.0800	0.5260	0.8500
	每股净资产(元)	5.3740	4.6850	4.1100	3.6500
	每股经营现金净流量(元)	0.4821	0.7889	0.3701	1.4859
	每股现金流量(元)	-0.1365	0.7799	0.7191	0.3475
	每股资本公积金(元)	0.0193	0.0185	0.0175	0.0175
	每股盈余公积金(元)	0.2203	0.2203	0.1388	0.1388
	每股未分配利润(元)	4.1340	3.4348	2.9554	2.4960
	净资产收益率(%)	15.5000	24.4633	12.2100	24.8122
	加权净资产收益率(%)	16.3500	27.5200	14.5000	27.1700
	净资产收益率(扣除)(%)	-	-	-	-
	总资产(万元)	866223.34	768057.63	696806.95	630679.30
	归属母公司股东权益(万元)	154839.98	135009.33	118475.88	105237.03
	主营业务收入(万元)	875275.95	1505964.51	717772.67	1297318.54
	营业收入(万元)	880325.23	1513033.86	720965.54	1306442.81
	主营成本(万元)	793992.83	1376875.33	652284.66	1188773.01
	营业成本(万元)	796795.17	1379601.41	651974.03	1192565.55
	投资收益(万元)	1601.62	2811.94	1281.03	2726.58
	净利润(万元)	24321.05	32781.52	16743.01	26422.44
	利润总额(万元)	30715.83	40928.15	21742.25	33981.24

深圳经济特区房地产(集团)股份有限公司

公司概况	公司名称	深圳经济特区房地产(集团)股份有限公司			证券简称	深深房A
	法人代表	周建国	董秘	陈继	证券代码	000029
	公司网址	www.sfjt.com.cn		电子信箱	spg@163.net	
	电　　话	0755-82293000 4718 4715		传　　真	0755-82294024	
	办公地址	广东省深圳市人民南路深房广场46-47楼				
	经营范围	房地产开发及商品房销售、物业租赁及管理、建筑装饰安装、商品零售及贸易等				

主要财务指标	指标\报告期	2012.06.30	2011.12.31	2011.06.30	2010.12.31
	基本每股收益(元)	0.0396	0.1000	0.0636	0.0838
	基本每股收益(扣除后)(元)	0.0396	0.0983	0.0626	0.0726
	每股净资产(元)	1.5510	1.5100	1.4763	1.4100
	每股经营现金净流量(元)	-0.1150	0.1138	0.0834	-0.1770
	每股现金流量(元)	-0.1116	-0.0458	0.0288	-0.0035
	每股资本公积金(元)	0.9670	0.9670	0.9670	0.9670
	每股盈余公积金(元)	0.0049	0.0049	0.0049	0.0049
	每股未分配利润(元)	-0.4309	-0.4705	-0.5070	-0.5705
	净资产收益率(%)	2.5600	6.6210	4.2100	5.9360
	加权净资产收益率(%)	2.5900	6.8400	4.4000	6.1200
	净资产收益率(扣除)(%)	-	-	-	-
	总资产(万元)	327263.19	323612.70	333418.99	337909.02
	归属母公司股东权益(万元)	156863.55	152859.65	149353.30	142787.19
	主营业务收入(万元)	44736.42	99394.29	55391.98	99682.74
	营业收入(万元)	44736.42	102639.61	55391.98	102105.57
	主营成本(万元)	31048.26	-	38169.95	-
	营业成本(万元)	31048.26	68622.80	38169.95	67273.56
	投资收益(万元)	5.00	-1.44	6.06	2720.21
	净利润(万元)	4010.79	10119.93	6428.24	8477.14
	利润总额(万元)	5329.03	13327.88	8283.10	11191.67

广东盛润集团股份有限公司

公司概况	公司名称	广东盛润集团股份有限公司			证券简称	*ST盛润A
	法人代表	王建宇	董秘	王建宇(代)	证券代码	000030
	公司网址			电子信箱	lionda@mailcenter.com.cn	
	电　　话	0755-83877511 83875531		传　　真	0755-83875212	
	办公地址	广东省深圳市福田区泰然大道劲松大厦5D				
	经营范围	印刷包装及物业经营与管理等				

主要财务指标	指标\报告期	2012.06.30	2011.12.31	2011.06.30	2010.12.31
	基本每股收益(元)	-0.0051	5.0484	5.0500	-1.3480
	基本每股收益(扣除后)(元)	-0.0056	-0.0232	-0.0027	-0.7300
	每股净资产(元)	0.0020	0.0071	0.0113	-7.2900
	每股经营现金净流量(元)	-0.0045	0.0040	0.0040	0.0007
	每股现金流量(元)	-0.0040	0.0044	0.0044	0.0007
	每股资本公积金(元)	3.5724	3.5724	3.5724	1.3212
	每股盈余公积金(元)	0.4795	0.4795	0.4795	0.4795
	每股未分配利润(元)	-5.0499	-5.0449	-5.0407	-10.0933
	净资产收益率(%)	-252.5300	71320.3600	395008.4400	-
	加权净资产收益率(%)	-111.6100	-105.8700	-105.8700	20.5000
	净资产收益率(扣除)(%)	-	-	-	-
	总资产(万元)	6466.36	6616.93	7027.08	7392.01
	归属母公司股东权益(万元)	57.91	204.16	325.15	-210332.20
	主营业务收入(万元)	-	-	-	-
	营业收入(万元)	-	10.90	10.90	148.04
	主营成本(万元)	-	-	-	-
	营业成本(万元)	-	20.12	-	290.63
	投资收益(万元)	-	20.12	8.12	286.63
	净利润(万元)	-146.25	145606.42	145727.42	-38877.59
	利润总额(万元)	-146.25	145606.42	145727.42	-38877.59

中粮地产(集团)股份有限公司

公司概况	公司名称	中粮地产(集团)股份有限公司			证券简称	中粮地产
	法人代表	周政	董秘	崔捷	证券代码	000031
	公司网址	www.cofco-property.cn		电子信箱	cofco-property@cofco.com	
	电　　话	0755-23999000 23999288		传　　真	0755-23999299	
	办公地址	广东省深圳市福田区福华一路1号大中华国际交易广场35层				
	经营范围	商品房开发与销售、物业租赁、来料加工等				

主要财务指标	指标\报告期	2012.06.30	2011.12.31	2011.06.30	2010.12.31
	基本每股收益(元)	0.0300	0.2300	0.0600	0.3200
	基本每股收益(扣除后)(元)	-0.0700	0.1000	-0.0150	0.0800
	每股净资产(元)	2.4200	2.4600	2.5200	2.8500
	每股经营现金净流量(元)	0.1534	-1.3306	-1.3104	-1.9952
	每股现金流量(元)	0.5771	0.5499	-0.8287	0.4795
	每股资本公积金(元)	0.3505	0.3905	0.6214	0.8211
	每股盈余公积金(元)	0.2246	0.2246	0.1789	0.1789
	每股未分配利润(元)	0.8473	0.8437	0.7170	0.8508
	净资产收益率(%)	1.3837	9.4560	2.3930	11.1497
	加权净资产收益率(%)	1.3500	9.2200	2.4000	10.1800
	净资产收益率(扣除)(%)	-	-	-	-
	总资产(万元)	3438403.00	3260259.30	2159516.11	2080849.28
	归属母公司股东权益(万元)	439653.58	446284.78	456742.76	517218.10
	主营业务收入(万元)	121857.47	553191.85	160230.41	273275.21
	营业收入(万元)	122257.52	554107.35	160741.53	274425.67
	主营成本(万元)	75852.03	329075.53	92801.55	144190.58
	营业成本(万元)	75906.96	329136.04	92823.50	144340.11
	投资收益(万元)	28144.02	40870.41	21592.60	53038.05
	净利润(万元)	12136.88	73255.93	22919.86	67982.77
	利润总额(万元)	20802.51	107261.25	34236.50	92057.79

深圳市桑达实业股份有限公司

公司概况	公司名称	深圳市桑达实业股份有限公司			证券简称	深桑达 A
	法人代表	张永平	董秘	林卫	证券代码	000032
	公司网址	www.sedind.com		电子信箱	sed@sedind.com	
	电　话	0755-86316073		传　真	0755-86316006	
	办公地址	广东省深圳市南山区科技园科技路 1 号桑达科技大厦 15-17 层				
	经营范围	电子设备、电子器件、电子消费通信产品及房地产开发等				

主要财务指标	指标 \ 报告期	2012.06.30	2011.12.31	2011.06.30	2010.12.31
	基本每股收益(元)	-0.0500	0.1170	0.0700	0.0920
	基本每股收益(扣除后)(元)	-0.0600	0.1070	0.0700	0.0520
	每股净资产(元)	3.0900	3.1400	3.0900	3.2800
	每股经营现金净流量(元)	-0.1826	0.1511	-0.1591	0.0197
	每股现金流量(元)	-0.1872	-0.0154	-0.4424	-0.2907
	每股资本公积金(元)	0.8899	0.8899	0.8905	1.1314
	每股盈余公积金(元)	0.7946	0.7946	0.7832	0.6871
	每股未分配利润(元)	0.3926	0.4392	0.4016	0.4487
	净资产收益率(%)	-1.5100	3.7280	2.2200	2.7900
	加权净资产收益率(%)	-1.5000	3.5500	2.0700	2.7400
	净资产收益率(扣除)(%)	-	-	-	-
	总资产(万元)	154900.31	157421.81	163617.08	178750.67
	归属母公司股东权益(万元)	71920.25	73014.08	71848.00	76280.67
	主营业务收入(万元)	52413.65	171114.05	91283.01	148931.80
	营业收入(万元)	52891.41	172203.29	91830.84	150593.95
	主营成本(万元)	46295.45	141124.18	76503.75	122112.22
	营业成本(万元)	46621.92	141813.98	76919.10	123146.02
	投资收益(万元)	-	76.94	-	1552.41
	净利润(万元)	-1554.37	4488.24	2575.15	3449.92
	利润总额(万元)	-1364.28	6630.05	3415.35	5351.66

深圳新都酒店股份有限公司

公司概况	公司名称	深圳新都酒店股份有限公司			证券简称	新都酒店
	法人代表	李聚全	董秘	张静	证券代码	000033
	公司网址	www.szcphotel.com		电子信箱	szcph@szcphhotel.com	
	电　话	0755-82320888 543		传　真	0755-82344699	
	办公地址	深圳市春风路 1 号新都酒店 24 楼				
	经营范围	经营酒店、商场、餐厅及酒店附设的车队、康乐设施等				

主要财务指标	指标 \ 报告期	2012.06.30	2011.12.31	2011.06.30	2010.12.31
	基本每股收益(元)	-0.0207	0.0085	-0.0123	0.0127
	基本每股收益(扣除后)(元)	-0.0349	-0.0263	-0.0244	-0.0168
	每股净资产(元)	0.8714	0.8921	0.8713	0.8836
	每股经营现金净流量(元)	0.0185	0.0948	0.0533	0.0929
	每股现金流量(元)	-0.1740	-0.0395	-0.1865	0.1510
	每股资本公积金(元)	0.3045	0.3045	0.3045	0.3045
	每股盈余公积金(元)	0.0298	0.0298	0.0298	0.0298
	每股未分配利润(元)	-0.4629	-0.4422	-0.4631	-0.4508
	净资产收益率(%)	-2.3709	0.9580	-1.4111	1.4327
	加权净资产收益率(%)	-2.3431	0.9600	-1.4012	1.4400
	净资产收益率(扣除)(%)	-	-	-	-
	总资产(万元)	49688.21	51593.41	51735.44	52708.27
	归属母公司股东权益(万元)	28705.73	29386.30	28699.74	29104.73
	主营业务收入(万元)	3201.58	7223.00	3332.99	7074.99
	营业收入(万元)	3201.58	7248.00	3332.99	7149.99
	主营成本(万元)	1926.23	4062.59	2017.82	4088.25
	营业成本(万元)	1926.23	4062.59	1821.96	4088.25
	投资收益(万元)	660.38	1417.88	555.13	1.70
	净利润(万元)	-680.57	281.57	-404.99	416.99
	利润总额(万元)	-680.57	264.54	-404.99	397.69

深圳市深信泰丰(集团)股份有限公司

公司概况	公司名称	深圳市深信泰丰(集团)股份有限公司			证券简称	深信泰丰
	法人代表	晏群	董秘	张小立	证券代码	000034
	公司网址			电子信箱	ratius@163.com	
	电　话	0755-27596457 27596453		传　真	0755-27596456	
	办公地址	深圳市宝安区宝城 23 区大宝路风采轩 5 号楼社区服务中心三楼				
	经营范围	购销饲料、农副产品、浓缩饲料添加剂、兴办种、养殖业等				

主要财务指标	指标 \ 报告期	2012.06.30	2011.12.31	2011.06.30	2010.12.31
	基本每股收益(元)	-0.0070	0.0500	0.0280	1.3900
	基本每股收益(扣除后)(元)	0.0025	0.0080	0.0130	0.0100
	每股净资产(元)	0.2310	0.2400	0.2100	0.1800
	每股经营现金净流量(元)	-0.0463	0.0249	-0.0263	0.1127
	每股现金流量(元)	-0.0749	-0.0376	-0.0457	0.1098
	每股资本公积金(元)	1.7952	1.7952	1.7878	1.7878
	每股盈余公积金(元)	0.1836	0.1836	0.1836	0.1836
	每股未分配利润(元)	-2.7476	-2.7406	-2.7591	-2.7870
	净资产收益率(%)	-3.0500	19.4620	13.1300	754.1080
	加权净资产收益率(%)	-3.0000	22.3300	14.0500	134.0400
	净资产收益率(扣除)(%)	-	-	-	-
	总资产(万元)	18645.85	20761.93	17417.70	18888.76
	归属母公司股东权益(万元)	8278.19	8530.52	7604.23	6605.71
	主营业务收入(万元)	21218.17	42751.36	21885.47	39536.80
	营业收入(万元)	21218.17	43368.70	21885.47	40216.28
	主营成本(万元)	18406.33	36543.95	18334.83	33210.47
	营业成本(万元)	18406.33	36848.33	18133.02	33575.12
	投资收益(万元)	-	-	-	7.00
	净利润(万元)	-252.32	1660.22	998.52	49814.22
	利润总额(万元)	-198.53	2006.60	1067.95	49932.09

中国科健股份有限公司

公司概况	公司名称	中国科健股份有限公司			证券简称	*ST 科健
	法人代表	洪和良	董秘	李卫民	证券代码	000035
	公司网址	www.chinakejian.net		电子信箱	cnfnp@chinakejian.net	
	电　话	0755-26692595 8585		传　真	0755-26888210	
	办公地址	深圳市南山区蛇口南海大道 1063 号招商局发展中心 706 号				
	经营范围	开发、生产、销售数字移动电话机等				

主要财务指标	指标 \ 报告期	2012.06.30	2011.12.31	2011.06.30	2010.12.31
	基本每股收益(元)	-0.8000	-0.1500	-0.0800	0.3100
	基本每股收益(扣除后)(元)	-	-0.1900	-0.1188	-0.2200
	每股净资产(元)	-8.9500	-8.1500	-8.0800	-8.0000
	每股经营现金净流量(元)	-	-0.0019	0.0001	-0.0002
	每股现金流量(元)	-	-0.0020	0.0001	-0.0002
	每股资本公积金(元)	0.5749	0.5749	0.5749	0.5749
	每股盈余公积金(元)	-	0.1136	0.1136	0.1136
	每股未分配利润(元)	-	-9.8343	-9.7728	-9.6889
	净资产收益率(%)	-	-1.7856	-1.0377	-3.8981
	加权净资产收益率(%)	-	-	-	-
	净资产收益率(扣除)(%)	-	-	-	-
	总资产(万元)	-	63649.39	61828.53	59520.99
	归属母公司股东权益(万元)	-134191.06	-122193.81	-121270.42	-120011.97
	主营业务收入(万元)	-	-	-	-
	营业收入(万元)	6179.11	552.94	266.60	528.47
	主营成本(万元)	-	-	-	-
	营业成本(万元)	-	234.78	131.55	301.14
	投资收益(万元)	-	4645.20	2479.08	5161.36
	净利润(万元)	-	-2181.83	-1258.45	4678.13
	利润总额(万元)	-11997.25	-2177.80	-1258.45	4678.13

华联控股股份有限公司

公司概况	公司名称	华联控股股份有限公司			证券简称	华联控股
	法人代表	董炳根	董秘	孔庆富	证券代码	000036
	公司网址	www.udcgroup.com		电子信箱	hlkg000036@udcgroup.com	
	电　　话	0755-83667450 83667257		传　　真	0755-83667583	
	办公地址	广东省深圳市深南中路 2008 号华联大厦 11 层				
	经营范围	投资兴办实业、生产经营各种布料、服装、化纤和纺织机械等				

主要财务指标	指标\报告期	2012.06.30	2011.12.31	2011.06.30	2010.12.31
	基本每股收益(元)	0.0363	0.0618	0.0462	0.2053
	基本每股收益(扣除后)(元)	0.0362	0.0615	0.0457	0.2038
	每股净资产(元)	1.5800	1.5400	1.5400	1.4900
	每股经营现金净流量(元)	-0.0755	-0.3868	-0.2788	0.9344
	每股现金流量(元)	-0.0725	-0.5469	-0.2580	0.3127
	每股资本公积金(元)	0.1417	0.1443	0.1501	0.1507
	每股盈余公积金(元)	0.0857	0.0857	0.0857	0.0857
	每股未分配利润(元)	0.3529	0.3166	0.3010	0.2548
	净资产收益率(%)	2.3000	3.9930	3.0000	13.7700
	加权净资产收益率(%)	2.3200	4.0700	3.0500	14.7000
	净资产收益率(扣除)(%)	-	-	-	-
	总资产(万元)	396863.81	386228.18	384952.42	417515.63
	归属母公司股东权益(万元)	177598.85	173813.14	172718.25	167595.31
	主营业务收入(万元)	22727.34	49102.84	31044.28	109973.80
	营业收入(万元)	23245.53	50672.86	31692.66	111538.73
	主营成本(万元)	7651.62	18293.45	11488.30	39430.85
	营业成本(万元)	8036.06	19717.93	12047.42	41322.39
	投资收益(万元)	1332.62	1417.19	-295.40	521.43
	净利润(万元)	6267.80	9817.39	7281.16	30380.99
	利润总额(万元)	8830.05	13454.58	9644.86	42164.33

深圳南山热电股份有限公司

公司概况	公司名称	深圳南山热电股份有限公司			证券简称	深南电 A
	法人代表	杨海贤	董秘	胡琴	证券代码	000037
	公司网址	www.nsrd.com.cn		电子信箱	public@nspower.com.cn	
	电　　话	0755-26948888		传　　真	0755-26003684	
	办公地址	广东省深圳市南山区华侨城汉唐大厦 16、17 楼				
	经营范围	供电、供热、提供相关技术咨询和技术服务等				

主要财务指标	指标\报告期	2012.06.30	2011.12.31	2011.06.30	2010.12.31
	基本每股收益(元)	-0.1800	0.0300	-0.1400	-0.1900
	基本每股收益(扣除后)(元)	-0.2100	-0.4800	-0.2400	-0.4000
	每股净资产(元)	2.7300	2.9100	2.7400	2.8800
	每股经营现金净流量(元)	0.2020	0.4517	0.0639	0.0430
	每股现金流量(元)	0.0176	0.0629	0.0634	0.3899
	每股资本公积金(元)	0.6033	0.6033	0.6033	0.6033
	每股盈余公积金(元)	0.5523	0.5523	0.5523	0.5523
	每股未分配利润(元)	0.5779	0.7533	0.5835	0.7242
	净资产收益率(%)	-6.4177	1.0000	-5.1397	-6.6040
	加权净资产收益率(%)	-6.2200	1.0000	-5.0100	-6.3800
	净资产收益率(扣除)(%)	-	-	-	-
	总资产(万元)	542078.82	545274.67	557782.82	527895.43
	归属母公司股东权益(万元)	164763.21	175337.16	165098.66	173584.25
	主营业务收入(万元)	70570.39	229408.50	102913.17	159840.92
	营业收入(万元)	70584.22	241581.77	114341.36	160173.05
	主营成本(万元)	114664.78	346816.75	152729.79	223757.64
	营业成本(万元)	114682.92	358970.44	163558.30	223934.59
	投资收益(万元)	-	2332.93	-3985.75	-4913.05
	净利润(万元)	-12319.09	903.16	-9135.28	-12343.34
	利润总额(万元)	-12255.23	2225.58	-8776.75	-9864.57

中国国际海运集装箱(集团)股份有限公司

公司概况	公司名称	中国国际海运集装箱(集团)股份有限公司			证券简称	中集集团
	法人代表	李建红	董秘	于玉群	证券代码	000039
	公司网址	www.cimc.com		电子信箱	shareholder@cimc.com	
	电　　话	0755-26691130 26802706		传　　真	0755-26826579	
	办公地址	广东省深圳市南山区蛇口港湾大道 2 号中集研发中心				
	经营范围	现代化交通运输装备、能源、食品、化工等装备的制造及服务业务				

主要财务指标	指标\报告期	2012.06.30	2011.12.31	2011.06.30	2010.12.31
	基本每股收益(元)	0.3507	1.3900	1.0545	1.1300
	基本每股收益(扣除后)(元)	0.3405	1.3400	1.0510	1.0500
	每股净资产(元)	6.9169	6.9986	6.8100	6.0900
	每股经营现金净流量(元)	-0.7914	0.8468	-1.5630	0.5570
	每股现金流量(元)	-0.9987	1.0389	0.4909	-0.2250
	每股资本公积金(元)	0.3208	0.3002	0.3531	0.5068
	每股盈余公积金(元)	1.1092	1.1092	1.0746	1.3437
	每股未分配利润(元)	4.6928	4.8021	4.5132	4.0149
	净资产收益率(%)	5.0700	19.8080	15.0700	18.5040
	加权净资产收益率(%)	4.9300	21.0000	16.1900	20.0000
	净资产收益率(扣除)(%)	-	-	-	-
	总资产(万元)	6523174.70	6436171.40	6616392.10	5413064.90
	归属母公司股东权益(万元)	1841549.60	1863315.40	1814387.50	1622305.70
	主营业务收入(万元)	648735.40	6279940.20	3587840.70	5066342.60
	营业收入(万元)	2736444.60	6412505.30	3647809.80	5176831.60
	主营成本(万元)	22394778.00	5170926.90	2933566.90	4306576.50
	营业成本(万元)	2301359.70	5222473.10	2949990.00	4359781.50
	投资收益(万元)	-352.20	10869.30	7120.70	3864.10
	净利润(万元)	100767.80	365893.80	279340.10	285085.90
	利润总额(万元)	149305.10	502270.60	381751.90	367460.70

宝安鸿基地产集团股份有限公司

公司概况	公司名称	宝安鸿基地产集团股份有限公司			证券简称	宝安地产
	法人代表	陈泰泉	董秘	沈蜀江	证券代码	000040
	公司网址	www.bahjdc.com.cn		电子信箱	szhkdb@yahoo.com.cn	
	电　　话	0755-82367726		传　　真	0755-82367753	
	办公地址	广东省深圳市罗湖区东门中路 1011 号鸿基大厦 25-27 楼				
	经营范围	房地产开发及物业管理				

主要财务指标	指标\报告期	2012.06.30	2011.12.31	2011.06.30	2010.12.31
	基本每股收益(元)	0.2700	0.3000	0.2500	0.2100
	基本每股收益(扣除后)(元)	0.1600	0.1900	0.0750	0.0700
	每股净资产(元)	2.3700	2.1200	2.0610	1.8550
	每股经营现金净流量(元)	0.0601	-0.9048	-0.4580	1.1441
	每股现金流量(元)	-0.1481	-0.7192	-0.4564	0.8905
	每股资本公积金(元)	0.6763	0.6702	0.6859	0.7027
	每股盈余公积金(元)	0.1836	0.1836	0.0646	0.4524
	每股未分配利润(元)	0.5084	0.2668	0.3106	-0.3002
	净资产收益率(%)	11.4700	14.0670	12.1200	11.0530
	加权净资产收益率(%)	12.0400	14.8900	12.6800	10.6100
	净资产收益率(扣除)(%)	-	-	-	-
	总资产(万元)	264408.58	188814.16	208564.37	228341.64
	归属母公司股东权益(万元)	111213.34	99581.78	96791.31	87103.61
	主营业务收入(万元)	29564.53	75401.64	25314.25	70432.93
	营业收入(万元)	32672.94	81736.96	29195.73	77721.17
	主营成本(万元)	6028.97	-	13319.89	-
	营业成本(万元)	8364.19	54127.52	15770.07	45789.80
	投资收益(万元)	5454.07	10610.99	10736.95	7658.03
	净利润(万元)	12734.42	14047.85	11641.61	9238.68
	利润总额(万元)	17999.35	22671.21	16148.08	12833.45

深圳市长城投资控股股份有限公司

公司概况	公司名称	深圳市长城投资控股股份有限公司			证券简称	深长城
	法人代表	伍斌	董秘	尹善峰	证券代码	000042
	公司网址	www.cctzkg.com		电子信箱	cckg_dsh@cctzkg.com	
	电话	0755-88393669 88393698		传真	0755-88393600	
	办公地址	广东省深圳市福田区百花五路长源楼				
	经营范围	房地产开发及商品房销售、管理、承接建筑安装工程、自有物业租赁				

主要财务指标	指标\报告期	2012.06.30	2011.12.31	2011.06.30	2010.12.31
	基本每股收益(元)	0.9658	1.3325	0.7063	1.5114
	基本每股收益(扣除后)(元)	0.9616	1.2522	0.7031	1.1118
	每股净资产(元)	11.2860	10.5550	10.1100	9.9600
	每股经营现金净流量(元)	-0.1124	-0.4945	1.0988	-0.7699
	每股现金流量(元)	-1.1281	-1.6025	0.2998	-0.2236
	每股资本公积金(元)	2.8527	2.6874	2.8669	2.8202
	每股盈余公积金(元)	1.7710	1.7710	1.7710	1.7710
	每股未分配利润(元)	-	5.0965	4.4703	4.3640
	净资产收益率(%)	8.5600	12.6248	6.9900	15.1823
	加权净资产收益率(%)	8.8700	13.0600	7.0800	16.3000
	净资产收益率(扣除)(%)	-	-	-	-
	总资产(万元)	704949.29	714762.64	686674.78	678991.25
	归属母公司股东权益(万元)	270258.24	252752.26	242052.75	238390.87
	主营业务收入(万元)	118253.71	190952.87	88033.03	144431.30
	营业收入(万元)	118303.71	191680.30	88083.57	144734.26
	主营成本(万元)	50260.01	91487.24	44053.17	67056.98
	营业成本(万元)	50272.41	92039.68	44064.99	67079.01
	投资收益(万元)	-496.43	2875.34	-553.75	15313.89
	净利润(万元)	23127.14	31909.39	16912.65	36202.35
	利润总额(万元)	31316.07	43579.37	22039.87	46213.52

中航地产股份有限公司

公司概况	公司名称	中航地产股份有限公司			证券简称	中航地产
	法人代表	仇慎谦	董秘	杨祥	证券代码	000043
	公司网址	www.carec.com.cn		电子信箱	dongm@carec.com.cn	
	电话	0755-83244582 83244503		传真	0755-83688903	
	办公地址	广东省深圳市福田区振华路163号飞亚达大厦六楼				
	经营范围	工业实业、旅游服务业、房地产等				

主要财务指标	指标\报告期	2012.06.30	2011.12.31	2011.06.30	2010.12.31
	基本每股收益(元)	0.0053	1.5513	0.0639	0.8075
	基本每股收益(扣除后)(元)	0.0027	0.9478	0.0557	0.7178
	每股净资产(元)	3.8183	3.8916	5.9500	8.9000
	每股经营现金净流量(元)	-0.8022	-1.9136	-0.3594	-0.9781
	每股现金流量(元)	0.9923	-0.7931	-1.4328	0.9035
	每股资本公积金(元)	0.9777	2.9127	2.5003	4.2677
	每股盈余公积金(元)	0.1930	0.3861	0.3597	0.5395
	每股未分配利润(元)	1.6475	3.4844	2.0872	3.0892
	净资产收益率(%)	0.1400	19.9320	2.1500	13.6150
	加权净资产收益率(%)	0.1400	23.2200	2.1500	14.5800
	净资产收益率(扣除)(%)	-	-	-	-
	总资产(万元)	1311908.71	1108517.85	847824.29	794235.51
	归属母公司股东权益(万元)	254667.55	259556.17	198328.58	197786.42
	主营业务收入(万元)	100792.56	370592.49	110030.20	391934.62
	营业收入(万元)	100792.56	370592.49	110030.20	391934.62
	主营成本(万元)	62597.45	232087.61	64023.88	269761.15
	营业成本(万元)	62597.45	232087.61	64023.88	269761.15
	投资收益(万元)	-2.90	2187.77	266.44	1.01
	净利润(万元)	404.72	50079.86	3506.17	29552.44
	利润总额(万元)	3279.02	72315.89	7576.83	43596.41

深圳市纺织(集团)股份有限公司

公司概况	公司名称	深圳市纺织(集团)股份有限公司			证券简称	深纺织A
	法人代表	王滨	董秘	晁晋	证券代码	000045
	公司网址	www.chinasthc.com		电子信箱	jiangp@chinasthc.com	
	电话	0755-83776043		传真	0755-83776139	
	办公地址	广东省深圳市福田区华强北路3号深纺大厦6楼				
	经营范围	生产、加工纺织品、针织品、服装、装饰布、带、商标带、工艺品等				

主要财务指标	指标\报告期	2012.06.30	2011.12.31	2011.06.30	2010.12.31
	基本每股收益(元)	-0.0600	0.1500	0.1000	0.1400
	基本每股收益(扣除后)(元)	-0.0700	0.0800	0.0600	0.0800
	每股净资产(元)	4.0400	4.0700	4.0800	4.0000
	每股经营现金净流量(元)	-0.0477	0.0825	0.0457	0.1691
	每股现金流量(元)	-0.3384	0.1371	-0.3764	0.9400
	每股资本公积金(元)	2.4480	2.4205	2.4817	2.4955
	每股盈余公积金(元)	0.1067	0.1067	0.1013	0.1013
	每股未分配利润(元)	0.4871	0.5428	0.4990	0.4028
	净资产收益率(%)	-1.3800	3.5710	2.3600	3.0250
	加权净资产收益率(%)	-1.3700	3.6000	2.3800	4.7400
	净资产收益率(扣除)(%)	-	-	-	-
	总资产(万元)	185463.79	180822.69	164982.28	165542.23
	归属母公司股东权益(万元)	136015.26	136962.86	137368.08	134596.92
	主营业务收入(万元)	37347.39	70827.48	31735.02	63315.58
	营业收入(万元)	37543.30	71289.36	31918.27	63780.16
	主营成本(万元)	33461.89	58665.61	25935.43	52345.63
	营业成本(万元)	33657.68	59122.51	26117.26	52775.92
	投资收益(万元)	452.38	611.85	350.22	1916.56
	净利润(万元)	-1873.62	4891.56	3236.40	4070.93
	利润总额(万元)	-1605.12	6106.69	4079.67	4791.79

泛海建设集团股份有限公司

公司概况	公司名称	泛海建设集团股份有限公司			证券简称	泛海建设
	法人代表	卢志强	董秘	陈家华	证券代码	000046
	公司网址	www.fhjs.cn		电子信箱	cjh@fhjs.cn	
	电话	010-85259683 82985859		传真	010-85259797 82985859	
	办公地址	北京市东城区建国门内大街28号民生金融中心C座22层				
	经营范围	房地产开发经营、国内外项目投资等				

主要财务指标	指标\报告期	2012.06.30	2011.12.31	2011.06.30	2010.12.31
	基本每股收益(元)	0.0070	0.0566	-0.0150	0.0270
	基本每股收益(扣除后)(元)	0.0060	0.0561	-0.0150	0.0171
	每股净资产(元)	1.7020	1.7560	3.3800	3.4500
	每股经营现金净流量(元)	-0.0380	-0.2943	-0.3574	-1.0647
	每股现金流量(元)	-0.0200	-0.2922	-0.0141	-1.0419
	每股资本公积金(元)	0.5871	0.5871	1.9747	1.9755
	每股盈余公积金(元)	0.0778	0.0778	0.1452	0.1452
	每股未分配利润(元)	0.0372	0.0906	0.2639	0.3287
	净资产收益率(%)	0.3900	3.2500	-0.4400	1.5630
	加权净资产收益率(%)	0.3800	3.2500	-0.4300	1.5500
	净资产收益率(扣除)(%)	-	-	-	-
	总资产(万元)	2531750.33	2343713.08	2378818.63	2234589.28
	归属母公司股东权益(万元)	775755.78	800086.56	771039.32	785976.07
	主营业务收入(万元)	63004.36	199817.78	38317.62	161972.59
	营业收入(万元)	63227.21	200269.18	38495.72	162513.70
	主营成本(万元)	26417.97	97261.51	19609.44	86417.05
	营业成本(万元)	26531.96	97513.57	19685.77	86636.48
	投资收益(万元)	-	-	-	-
	净利润(万元)	2790.40	24547.46	-3475.20	11948.73
	利润总额(万元)	4943.52	34351.68	-2692.50	21160.12

深圳市康达尔(集团)股份有限公司

公司概况	公司名称	深圳市康达尔(集团)股份有限公司			证券简称	康达尔
	法人代表	罗爱华	董秘	朱文学	证券代码	000048
	公司网址	www.kondarl.com		电子信箱	a000048@126.com	
	电　话	0755-25415280 25425020*330		传　真	0755-25420155	
	办公地址	广东省深圳市罗湖区深南东路1086号集浩大厦二、三楼				
	经营范围	养殖肉鸡、鸡苗、禽蛋、生产制造肉制品、饮料、鸡场设备、自酿鲜啤等				

	指标\报告期	2012.06.30	2011.12.31	2011.06.30	2010.12.31
主要财务指标	基本每股收益(元)	0.0723	1.2361	-0.0017	-0.1207
	基本每股收益(扣除后)(元)	-0.0200	0.0312	-0.0148	-0.0565
	每股净资产(元)	0.9905	0.9180	-0.3210	-0.3210
	每股经营现金净流量(元)	-0.0091	0.0766	0.0406	0.1074
	每股现金流量(元)	-0.5089	1.2741	0.0216	-0.1672
	每股资本公积金(元)	0.1135	0.1135	0.1135	0.1135
	每股盈余公积金(元)	0.0024	0.0024	0.0024	0.0024
	每股未分配利润(元)	-0.1497	-0.2221	-1.4600	-1.4582
	净资产收益率(%)	7.3000	134.5850	-0.5389	-37.6214
	加权净资产收益率(%)	7.5800	413.7500	-	-
	净资产收益率(扣除)(%)	-	-	-	-
	总资产(万元)	123139.89	123946.19	77342.78	76925.04
	归属母公司股东权益(万元)	38703.76	35891.71	-12542.98	-12541.92
	主营业务收入(万元)	63583.84	132405.63	54945.61	115548.19
	营业收入(万元)	63747.85	132978.88	55070.13	116220.81
	主营成本(万元)	-	-	-	-
	营业成本(万元)	57686.13	116787.47	48920.45	101329.99
	投资收益(万元)	101.52	-76.64	-41.83	-119.08
	净利润(万元)	2736.05	49178.07	-92.01	-4235.14
	利润总额(万元)	2967.93	62918.50	11.51	-3287.89

深圳市德赛电池科技股份有限公司

公司概况	公司名称	深圳市德赛电池科技股份有限公司			证券简称	德赛电池
	法人代表	刘其	董秘	游虹	证券代码	000049
	公司网址	www.desaybattery.com		电子信箱	ir@desaybattery.com	
	电　话	0755-86299888		传　真	0755-86299889	
	办公地址	广东省深圳市南山区高新科技园南区高新南一道德赛科技大厦26楼				
	经营范围	无汞碱锰电池、一次锂电池、锌空气电池、镍氢电池、锂聚合物电池等				

	指标\报告期	2012.06.30	2011.12.31	2011.06.30	2010.12.31
主要财务指标	基本每股收益(元)	0.3506	0.8720	0.2923	0.5216
	基本每股收益(扣除后)(元)	0.3419	0.8327	0.2956	0.3116
	每股净资产(元)	2.4000	2.3000	1.8181	1.5258
	每股经营现金净流量(元)	2.3140	-0.0684	0.6567	0.5684
	每股现金流量(元)	0.1205	-0.0886	0.3910	0.2717
	每股资本公积金(元)	0.0548	0.0548	0.0548	0.0548
	每股盈余公积金(元)	0.1874	0.0904	0.0904	0.0904
	每股未分配利润(元)	1.1562	1.1526	0.6729	0.3805
	净资产收益率(%)	14.6200	37.9500	16.0800	34.1870
	加权净资产收益率(%)	14.6700	45.4100	17.4800	41.2400
	净资产收益率(扣除)(%)	-	-	-	-
	总资产(万元)	117681.38	141928.59	95146.80	85032.20
	归属母公司股东权益(万元)	32820.26	31441.15	24877.16	20877.77
	主营业务收入(万元)	123041.18	223964.57	82337.91	131113.13
	营业收入(万元)	123269.86	224632.02	82446.01	131601.85
	主营成本(万元)	101449.19	178172.75	64342.90	104412.94
	营业成本(万元)	101476.82	178252.68	64347.79	104614.12
	投资收益(万元)	-	867.79	-187.03	1466.71
	净利润(万元)	6235.40	15703.27	5179.30	8767.32
	利润总额(万元)	7874.11	19251.29	7267.97	10652.23

天马微电子股份有限公司

公司概况	公司名称	天马微电子股份有限公司			证券简称	深天马A
	法人代表	吴光权	董秘	刘长清	证券代码	000050
	公司网址	www.tianma.cn		电子信箱	sztmzq@sz.gd.cninfo.net	
	电　话	0755-86225886 26094882		传　真	0755-86225774 86225772	
	办公地址	广东省深圳市南山区马家龙工业城64栋7层				
	经营范围	制造销售各类液晶显示器及与之相关的材料、设备和产品等				

	指标\报告期	2012.06.30	2011.12.31	2011.06.30	2010.12.31
主要财务指标	基本每股收益(元)	0.0190	0.1761	0.0640	0.1226
	基本每股收益(扣除后)(元)	-0.0100	-0.0343	0.0380	0.0711
	每股净资产(元)	2.3146	2.2969	2.1800	2.1200
	每股经营现金净流量(元)	0.3445	0.9281	0.1904	0.6190
	每股现金流量(元)	-0.2068	-0.2367	0.2244	-0.7088
	每股资本公积金(元)	0.9397	0.9400	0.9330	0.9330
	每股盈余公积金(元)	0.1644	0.1644	0.1591	0.1591
	每股未分配利润(元)	0.2201	0.2012	0.0945	0.0304
	净资产收益率(%)	0.8200	7.6680	2.7900	5.7930
	加权净资产收益率(%)	0.8200	7.9800	2.9900	5.9600
	净资产收益率(扣除)(%)	-	-	-	-
	总资产(万元)	802521.16	805216.45	822785.22	797151.43
	归属母公司股东权益(万元)	132910.16	131895.36	125190.31	121502.52
	主营业务收入(万元)	219402.17	452773.88	208047.88	332182.14
	营业收入(万元)	223731.88	461496.72	210921.49	345421.15
	主营成本(万元)	192543.28	399953.41	179997.35	285173.06
	营业成本(万元)	195050.26	406726.68	181460.76	290375.82
	投资收益(万元)	-120.11	-1558.93	-164.35	-177.83
	净利润(万元)	3812.15	25743.51	6795.19	14060.55
	利润总额(万元)	3093.06	27850.96	6894.28	17735.00

方大集团股份有限公司

公司概况	公司名称	方大集团股份有限公司			证券简称	方大集团
	法人代表	熊建明	董秘	周志刚	证券代码	000055
	公司网址	www.fangda.com		电子信箱	zqb@fangda.com	
	电　话	0755-26788571 6622		传　真	0755-26788353	
	办公地址	广东省深圳市南山区西丽龙井方大城科技大楼				
	经营范围	建筑幕墙系统及材料、轨道交通设备等				

	指标\报告期	2012.06.30	2011.12.31	2011.06.30	2010.12.31
主要财务指标	基本每股收益(元)	0.0200	0.0900	0.0610	0.0800
	基本每股收益(扣除后)(元)	0.0100	0.0700	0.0500	0.4000
	每股净资产(元)	1.4400	1.4200	1.4000	2.0000
	每股经营现金净流量(元)	-0.0899	-0.0754	-0.0161	-0.0618
	每股现金流量(元)	-0.0190	-0.2229	-0.0702	0.5114
	每股资本公积金(元)	0.1063	0.1063	0.1085	0.6628
	每股盈余公积金(元)	0.0326	0.0326	0.0236	0.0353
	每股未分配利润(元)	0.2965	0.2798	0.2632	0.3034
	净资产收益率(%)	1.1600	6.1000	4.2900	5.4519
	加权净资产收益率(%)	1.1700	6.2800	4.4600	6.7600
	净资产收益率(扣除)(%)	-	-	-	-
	总资产(万元)	229261.67	216332.56	204014.85	199116.12
	归属母公司股东权益(万元)	108648.41	107384.34	105605.88	100999.07
	主营业务收入(万元)	50747.12	129601.04	55623.32	111563.56
	营业收入(万元)	52928.96	134877.64	57915.44	116193.34
	主营成本(万元)	40976.16	106439.88	44953.63	93802.04
	营业成本(万元)	41808.60	108799.28	46027.53	95567.85
	投资收益(万元)	-	9.93	1.53	313.44
	净利润(万元)	191.72	5938.01	4412.01	4828.61
	利润总额(万元)	982.47	7916.01	5468.45	6765.53

深圳市国际企业股份有限公司

公司概况					
公司名称	深圳市国际企业股份有限公司			证券简称	*ST 国商
法人代表	郑康豪	董秘	曹剑	证券代码	000056
公司网址	www.china-ia.com		电子信箱	cj000056@21cn.com	
电　话	0755-82281888 82285565		传　真	0755-82285573	
办公地址	广东省深圳市福田区金田路 2028 号皇岗商务中心主楼 6 楼				
经营范围	商品零售、经营房地产、代购、代销、种植、销售林木、进出口业务等				

主要财务指标：指标\报告期	2012.06.30	2011.12.31	2011.06.30	2010.12.31
基本每股收益(元)	0.3060	-0.5600	-0.0700	-0.7800
基本每股收益(扣除后)(元)	-0.1050	-0.5400	-0.0720	-0.4000
每股净资产(元)	-0.0809	-0.3600	0.1800	0.1800
每股经营现金净流量(元)	-0.4162	-0.6863	-0.3151	-2.7287
每股现金流量(元)	0.4738	-0.6037	0.0798	0.6097
每股资本公积金(元)	0.2983	0.3274	0.3274	0.3274
每股盈余公积金(元)	0.5701	0.5701	0.5701	0.5701
每股未分配利润(元)	-1.9493	-2.2556	-1.7218	-1.7190
净资产收益率(%)	-378.4500	-146.7377	-40.0060	-434.2866
加权净资产收益率(%)	-	-	-33.3400	-125.5100
净资产收益率(扣除)(%)	-	-	-	-
总资产(万元)	171177.74	154533.78	167796.59	154073.30
归属母公司股东权益(万元)	-1787.90	-7911.55	3879.02	3942.37
主营业务收入(万元)	3385.37	1786.89	643.29	1690.74
营业收入(万元)	3392.73	1946.38	648.22	1831.20
主营成本(万元)	3381.82	1504.70	612.08	1583.08
营业成本(万元)	3394.59	1739.49	681.69	1664.01
投资收益(万元)	10308.16	-	-	-
净利润(万元)	6263.50	-20390.40	-2065.63	-28446.70
利润总额(万元)	6260.21	-20390.40	-2065.63	-28446.70

深圳赛格股份有限公司

公司概况					
公司名称	深圳赛格股份有限公司			证券简称	深赛格
法人代表	王立	董秘	郑丹	证券代码	000058
公司网址	www.segcl.com.cn		电子信箱	segcl@segcl.com.cn	
电　话	0755-83747939		传　真	0755-83975237	
办公地址	广东省深圳市福田区华强北路群星广场 A 座 31 层				
经营范围	投资电子电器产品、电子化工、计算机、兴办实业、电子信息系统等				

主要财务指标：指标\报告期	2012.06.30	2011.12.31	2011.06.30	2010.12.31
基本每股收益(元)	0.0403	0.0879	0.0335	0.0755
基本每股收益(扣除后)(元)	0.0392	0.0233	0.0333	0.0720
每股净资产(元)	1.5091	1.4688	1.4148	1.3812
每股经营现金净流量(元)	-0.0647	0.0886	0.0293	0.1395
每股现金流量(元)	-0.0832	0.0913	0.0284	0.1117
每股资本公积金(元)	0.5187	0.5186	0.5194	0.5195
每股盈余公积金(元)	0.1311	0.1311	0.1311	0.1311
每股未分配利润(元)	-0.1407	-0.1809	-0.2353	-0.2689
净资产收益率(%)	2.6700	5.9860	2.2800	5.4630
加权净资产收益率(%)	2.7100	6.1700	2.4000	4.9700
净资产收益率(扣除)(%)	-	-	-	-
总资产(万元)	168186.56	167358.48	149502.64	146627.26
归属母公司股东权益(万元)	118436.44	115269.59	111037.24	108398.31
主营业务收入(万元)	24198.86	42121.84	18995.20	37596.95
营业收入(万元)	23504.58	43684.42	20340.52	39238.59
主营成本(万元)	17504.26	33453.58	13967.75	27047.68
营业成本(万元)	17504.26	34019.37	13975.04	27656.88
投资收益(万元)	785.42	7677.86	-455.23	1627.59
净利润(万元)	3791.86	6879.67	2802.17	6354.71
利润总额(万元)	5048.89	10052.72	4048.97	7886.69

辽宁华锦通达化工股份有限公司

公司概况					
公司名称	辽宁华锦通达化工股份有限公司			证券简称	辽通化工
法人代表	刘云文	董秘	王维良	证券代码	000059
公司网址			电子信箱	xlj2000127@163.com	
电　话	0427-5855742 5856743		传　真	0427-5855742	
办公地址	辽宁省盘锦市双台子区红旗大街				
经营范围	无机化工产品、石油及石油化工产品生产与销售等				

主要财务指标：指标\报告期	2012.06.30	2011.12.31	2011.06.30	2010.12.31
基本每股收益(元)	-0.0644	0.7014	0.3900	0.3437
基本每股收益(扣除后)(元)	-0.0671	0.6979	0.3890	0.3399
每股净资产(元)	6.0700	6.2300	5.8700	5.4779
每股经营现金净流量(元)	0.4615	2.6629	2.8353	1.2339
每股现金流量(元)	0.8048	-0.3226	0.6499	1.3381
每股资本公积金(元)	3.2007	3.2007	3.2007	3.2007
每股盈余公积金(元)	0.1613	0.1613	0.0898	0.0898
每股未分配利润(元)	1.6528	1.8172	1.5776	1.1874
净资产收益率(%)	-1.0600	11.2550	6.6500	6.2750
加权净资产收益率(%)	-1.0400	12.0300	6.8800	6.1300
净资产收益率(扣除)(%)	-	-	-	-
总资产(万元)	2913657.42	2852636.08	2798568.00	2653641.78
归属母公司股东权益(万元)	729108.85	748139.89	704659.70	657629.43
主营业务收入(万元)	1842212.42	3718752.54	1773578.29	2369118.77
营业收入(万元)	1872536.03	3755703.41	1797538.86	2392733.03
主营成本(万元)	1636361.95	3191213.26	1501238.36	1978986.68
营业成本(万元)	1659136.29	3217471.90	1520832.36	1998431.07
投资收益(万元)	-	-	-	-
净利润(万元)	-7734.62	84200.21	46839.01	41265.80
利润总额(万元)	4313.87	103949.74	55045.68	46609.18

深圳市中金岭南有色金属股份有限公司

公司概况					
公司名称	深圳市中金岭南有色金属股份有限公司			证券简称	中金岭南
法人代表	李进明	董秘	彭玲	证券代码	000060
公司网址	www.nonfemet.com		电子信箱	dsh@nonfemet.com.cn	
电　话	0755-82839363		传　真	0755-83474889	
办公地址	广东省深圳市福田区车公庙深南大厦 6013 号中国有色大厦 24 楼				
经营范围	采选、冶炼、制造、加工有色金属矿产品、冶炼产品、深加工产品及综合利用产品等				

主要财务指标：指标\报告期	2012.06.30	2011.12.31	2011.06.30	2010.12.31
基本每股收益(元)	0.1000	0.4600	0.1700	0.4500
基本每股收益(扣除后)(元)	0.1300	0.5600	0.2300	0.4200
每股净资产(元)	2.6600	2.5700	2.3900	2.8900
每股经营现金净流量(元)	0.0878	0.5197	0.2545	1.2242
每股现金流量(元)	-0.0697	-0.1490	0.0652	-0.1066
每股资本公积金(元)	0.0306	0.0297	0.0845	0.4127
每股盈余公积金(元)	0.2971	0.2971	0.2733	0.3553
每股未分配利润(元)	1.3047	1.2036	0.9365	1.0165
净资产收益率(%)	3.8000	17.9450	7.1200	15.4410
加权净资产收益率(%)	3.8600	18.8800	7.3800	16.5700
净资产收益率(扣除)(%)	-	-	-	-
总资产(万元)	1402525.17	1404240.02	1494695.04	1457087.94
归属母公司股东权益(万元)	549090.96	529808.70	492152.06	457887.30
主营业务收入(万元)	806335.95	1847296.08	485569.69	943126.57
营业收入(万元)	809657.40	1863403.23	489464.35	962068.81
主营成本(万元)	710589.02	1540666.33	361676.75	749937.63
营业成本(万元)	713273.56	1552497.52	363836.92	762646.56
投资收益(万元)	5897.06	-170.98	2583.22	10933.54
净利润(万元)	24269.73	109359.75	43266.98	94998.75
利润总额(万元)	31356.98	137856.12	56811.99	73467.63

深圳市农产品股份有限公司

公司概况	公司名称	深圳市农产品股份有限公司		证券简称	农产品
	法人代表	陈少群	董秘 刘雄佳	证券代码	000061
	公司网址	www.szap.com		电子信箱	ir@szap.com
	电话	0755-82589021 82589000		传真	0755-82589099 82589021
	办公地址	广东省深圳市福田区深南大道7028号时代科技大厦13楼			
	经营范围	开发、建设、经营、管理农产品批发市场等			

主要财务指标	指标\报告期	2012.06.30	2011.12.31	2011.06.30	2010.12.31
	基本每股收益(元)	0.0659	0.2691	0.1120	0.3600
	基本每股收益(扣除后)(元)	0.0203	0.0225	0.0005	-0.0300
	每股净资产(元)	2.3396	2.3248	4.1000	4.0100
	每股经营现金净流量(元)	0.0447	-0.3551	-0.8882	0.8631
	每股现金流量(元)	-0.0689	-1.7989	-1.0842	1.3254
	每股资本公积金(元)	0.8602	2.1404	2.1196	2.1210
	每股盈余公积金(元)	0.1234	0.1793	0.1793	0.1505
	每股未分配利润(元)	0.3562	0.8653	0.7978	0.7350
	净资产收益率(%)	2.8200	6.4310	4.9200	8.9960
	加权净资产收益率(%)	2.8300	6.5300	4.9900	9.2700
	净资产收益率(扣除)(%)	-	-	-	-
	总资产(万元)	1023710.01	946894.19	962859.48	911275.90
	归属母公司股东权益(万元)	323636.90	321590.36	314801.91	307873.53
	主营业务收入(万元)	85151.25	179104.46	74265.60	136518.27
	营业收入(万元)	86036.76	179568.09	74600.14	137082.04
	主营成本(万元)	52285.87	115274.51	50376.42	94584.36
	营业成本(万元)	52424.81	115526.35	50596.02	94823.01
	投资收益(万元)	6138.84	13713.09	10558.77	41964.85
	净利润(万元)	15322.12	26143.93	18574.02	27941.10
	利润总额(万元)	18181.71	34340.54	20920.74	33638.88

深圳华强实业股份有限公司

公司概况	公司名称	深圳华强实业股份有限公司		证券简称	深圳华强
	法人代表	胡新安	董秘 王瑛	证券代码	000062
	公司网址	www.szhq0062.com		电子信箱	wying@szhq.com
	电话	0755-83216296 83030136		传真	0755-83365392
	办公地址	广东省深圳市福田区华强北路华强广场A座5楼			
	经营范围	投资兴办各类实业(具体项目需另行申报)、经营国内商业等			

主要财务指标	指标\报告期	2012.06.30	2011.12.31	2011.06.30	2010.12.31
	基本每股收益(元)	0.0450	0.0740	0.0450	0.2900
	基本每股收益(扣除后)(元)	0.0430	0.0520	0.0340	0.2000
	每股净资产(元)	2.6400	2.5800	2.6300	2.6500
	每股经营现金净流量(元)	-0.4574	-0.4401	0.4913	-1.1436
	每股现金流量(元)	0.4333	-0.3058	0.8403	0.1160
	每股资本公积金(元)	0.0300	0.0120	0.0777	0.1057
	每股盈余公积金(元)	0.2681	0.2681	0.2660	0.2660
	每股未分配利润(元)	1.3441	1.2993	1.2847	1.2773
	净资产收益率(%)	1.6900	2.8720	1.7200	10.4300
	加权净资产收益率(%)	1.7100	2.8400	1.7100	10.7500
	净资产收益率(扣除)(%)	-	-	-	-
	总资产(万元)	582106.28	466379.57	448553.74	382624.39
	归属母公司股东权益(万元)	176217.43	172032.81	175302.96	176680.14
	主营业务收入(万元)	45756.58	67574.16	28935.42	44497.05
	营业收入(万元)	46379.28	68333.72	29261.96	44679.02
	主营成本(万元)	20510.43	25071.14	9650.17	12461.12
	营业成本(万元)	20843.14	25705.99	9848.50	12565.46
	投资收益(万元)	-621.75	-4208.93	-1183.03	6039.44
	净利润(万元)	3252.39	4955.31	2796.63	17699.07
	利润总额(万元)	5674.77	8858.53	4691.17	19924.83

中兴通讯股份有限公司

公司概况	公司名称	中兴通讯股份有限公司		证券简称	中兴通讯
	法人代表	侯为贵	董秘 冯健雄	证券代码	000063
	公司网址	www.zte.com.cn		电子信箱	fengjianxiong@zte.com.cn
	电话	0755-26770282		传真	0755-26770286
	办公地址	广东省深圳市南山区高新技术产业园科技南路中兴通讯大厦			
	经营范围	生产程控交换系统、多媒体通讯系统、通讯传输系统、研制等			

主要财务指标	指标\报告期	2012.06.30	2011.12.31	2011.06.30	2010.12.31
	基本每股收益(元)	0.0700	0.6100	0.2300	0.9800
	基本每股收益(扣除后)(元)	-0.0200	0.3100	-0.0200	0.8200
	每股净资产(元)	7.1400	7.0600	8.2200	6.8700
	每股经营现金净流量(元)	-1.0580	-0.5268	-2.1527	0.3286
	每股现金流量(元)	-0.0345	1.6735	-0.0131	0.2893
	每股资本公积金(元)	2.7536	2.4824	3.1763	3.1642
	每股盈余公积金(元)	0.4615	0.4616	0.5363	0.5363
	每股未分配利润(元)	3.1368	3.2651	3.4854	3.2170
	净资产收益率(%)	1.0000	8.5020	3.3400	14.0700
	加权净资产收益率(%)	1.0000	8.7400	3.2900	15.3200
	净资产收益率(扣除)(%)	-	-	-	-
	总资产(万元)	10704502.50	10536811.40	9648482.70	8415235.70
	归属母公司股东权益(万元)	2450358.50	2423171.70	2305185.20	2309387.20
	主营业务收入(万元)	4253810.60	8586652.50	3687294.60	6949511.20
	营业收入(万元)	4264189.80	8625445.60	3701311.10	6990668.60
	主营成本(万元)	3120303.00	5984824.40	2612857.00	4707150.70
	营业成本(万元)	3127799.00	6015735.40	2624373.10	4733502.60
	投资收益(万元)	9087.80	106454.90	116528.90	49716.30
	净利润(万元)	39200.80	224309.30	83633.00	347648.20
	利润总额(万元)	65563.20	263513.60	127274.90	436020.10

北方国际合作股份有限公司

公司概况	公司名称	北方国际合作股份有限公司		证券简称	北方国际
	法人代表	胡发荣	董秘 杜晓东	证券代码	000065
	公司网址	www.norinco-intl.com		电子信箱	bfgj@norinco-intl.com
	电话	010-83916913		传真	010-83528922
	办公地址	北京市广安门内大街338号港中旅大厦11层			
	经营范围	各类型工业、能源、交通、民用工程建设项目的施工总承包等			

主要财务指标	指标\报告期	2012.06.30	2011.12.31	2011.06.30	2010.12.31
	基本每股收益(元)	0.1800	0.4500	0.3600	0.2700
	基本每股收益(扣除后)(元)	0.1800	0.4400	0.3400	0.2500
	每股净资产(元)	3.4700	3.3500	3.2500	2.9600
	每股经营现金净流量(元)	-2.4359	0.7016	-2.0245	1.3975
	每股现金流量(元)	-1.8949	0.9760	-1.5175	0.0230
	每股资本公积金(元)	0.8870	0.8870	0.8870	0.8870
	每股盈余公积金(元)	0.2765	0.2765	0.2428	0.2428
	每股未分配利润(元)	1.3079	1.1847	1.1225	0.8269
	净资产收益率(%)	5.2800	13.4840	10.9300	9.1320
	加权净资产收益率(%)	5.3200	14.3200	11.3800	9.4600
	净资产收益率(扣除)(%)	-	-	-	-
	总资产(万元)	242919.54	233013.56	222392.82	195316.53
	归属母公司股东权益(万元)	56388.91	54388.29	52830.80	48029.32
	主营业务收入(万元)	15343.28	263205.43	96504.26	182815.37
	营业收入(万元)	15356.63	263235.67	96522.89	182915.63
	主营成本(万元)	14205.30	234198.24	86269.02	163165.80
	营业成本(万元)	14208.28	234208.59	86278.56	163194.74
	投资收益(万元)	8351.50	-201.82	-245.70	-29.07
	净利润(万元)	4705.52	8529.56	5961.54	4971.95
	利润总额(万元)	4019.53	9582.47	6547.32	5722.53

中国长城计算机深圳股份有限公司

公司概况	公司名称	中国长城计算机深圳股份有限公司			证券简称	长城电脑
	法人代表	杜和平	董秘	郭镇	证券代码	000066
	公司网址	www.greatwall.cn		电子信箱	stock@greatwall.com.cn	
	电　话	0755-26634759		传　真	0755-26631106	
	办公地址	广东省深圳市南山区科技工业园长城计算机大厦				
	经营范围	电子计算机硬件、软件系统及网络系统、电子产品、液晶电视等				

	指标\报告期	2012.06.30	2011.12.31	2011.06.30	2010.12.31
主要财务指标	基本每股收益(元)	0.0020	0.0760	0.0750	0.1950
	基本每股收益(扣除后)(元)	-0.0990	-0.0370	0.0440	0.0530
	每股净资产(元)	2.3500	2.3800	2.4900	2.6300
	每股经营现金净流量(元)	2.0182	0.4813	1.6203	-1.0622
	每股现金流量(元)	1.1003	0.5456	0.1097	-0.4196
	每股资本公积金(元)	0.6192	0.6173	0.6379	0.7527
	每股盈余公积金(元)	0.2553	0.2553	0.2541	0.2551
	每股未分配利润(元)	0.6480	0.6685	0.6523	0.6423
	净资产收益率(%)	0.1000	3.2152	2.8800	5.9750
	加权净资产收益率(%)	0.1000	3.0400	2.8600	8.4100
	净资产收益率(扣除)(%)	-	-	-	-
	总资产(万元)	3841693.89	3280029.56	3102770.73	3338047.54
	归属母公司股东权益(万元)	310569.60	314911.96	329088.15	348028.38
	主营业务收入(万元)	3401976.82	7586198.90	3502728.04	7687846.89
	营业收入(万元)	3436255.63	7646796.54	3725215.29	8401022.83
	主营成本(万元)	3148250.87	7104743.88	3287589.42	7245589.52
	营业成本(万元)	3171373.61	7145763.94	3443487.49	7927991.82
	投资收益(万元)	19098.60	17699.19	-78.41	5044.02
	净利润(万元)	10724.55	47442.93	33506.89	85389.07
	利润总额(万元)	18164.49	66203.31	40656.24	115515.97

深圳赛格三星股份有限公司

公司概况	公司名称	深圳赛格三星股份有限公司			证券简称	ST 三 星
	法人代表	胡建平	董秘	邢春琪	证券代码	000068
	公司网址	www.ssg.com.cn		电子信箱	szsgsx@163.net	
	电　话	0755-89938888-8057		传　真	0755-89938787	
	办公地址	广东省深圳市大工业区兰竹东路 23 号				
	经营范围	生产经营彩管玻壳及其材料、玻璃器材、平面显示器件玻璃及其材料等				

	指标\报告期	2012.06.30	2011.12.31	2011.06.30	2010.12.31
主要财务指标	基本每股收益(元)	-0.0024	-0.0456	-0.0282	0.0395
	基本每股收益(扣除后)(元)	-0.0224	-0.0646	-0.0286	-0.0596
	每股净资产(元)	0.2506	0.2530	0.2704	0.2986
	每股经营现金净流量(元)	-0.0292	-0.0395	-0.0220	-0.0426
	每股现金流量(元)	-0.0378	0.0151	-0.0037	-0.0099
	每股资本公积金(元)	0.8715	0.8715	0.8715	0.8715
	每股盈余公积金(元)	0.1759	0.1759	0.1759	0.1759
	每股未分配利润(元)	-1.7968	-1.7944	-1.7770	-1.7489
	净资产收益率(%)	-0.9400	-18.0140	-10.4100	13.2197
	加权净资产收益率(%)	-0.9400	-16.5300	-9.9000	14.9900
	净资产收益率(扣除)(%)	-	-	-	-
	总资产(万元)	33476.31	39277.82	43063.54	43740.16
	归属母公司股东权益(万元)	22472.77	22684.54	24246.17	26770.96
	主营业务收入(万元)	-	-	-	4556.95
	营业收入(万元)	320.08	481.38	238.76	6848.59
	主营成本(万元)	-	-	-	3888.69
	营业成本(万元)	156.84	253.50	132.05	6853.80
	投资收益(万元)	-	-	-	-
	净利润(万元)	-211.76	-4086.43	-2524.80	3539.03
	利润总额(万元)	-211.76	-4086.43	-2524.80	3539.03

深圳华侨城股份有限公司

公司概况	公司名称	深圳华侨城股份有限公司			证券简称	华侨城 A
	法人代表	任克雷	董秘	倪征	证券代码	000069
	公司网址	www.octholding.com		电子信箱	000069ir@chinaoct.com	
	电　话	0755-26909069 26600248		传　真	0755-26600936 26934538	
	办公地址	广东省深圳市南山区华侨城集团办公大楼				
	经营范围	旅游综合、房地产和纸包装业务				

	指标\报告期	2012.06.30	2011.12.31	2011.06.30	2010.12.31
主要财务指标	基本每股收益(元)	0.1440	0.5680	0.1500	0.5434
	基本每股收益(扣除后)(元)	-	0.5675	0.1950	0.5378
	每股净资产(元)	2.3390	2.9120	2.5240	4.2530
	每股经营现金净流量(元)	-	-0.3113	-0.8414	-1.7254
	每股现金流量(元)	-	0.1217	-0.0932	0.7975
	每股资本公积金(元)	-	0.0900	0.0796	0.4394
	每股盈余公积金(元)	-	0.2873	0.2416	0.4349
	每股未分配利润(元)	-	1.5427	1.2154	2.3966
	净资产收益率(%)	-	19.5040	7.7270	22.9985
	加权净资产收益率(%)	6.2300	21.5800	7.9600	25.7100
	净资产收益率(扣除)(%)	-	-	-	-
	总资产(万元)	6714024.27	6276181.95	5696377.91	4853823.34
	归属母公司股东权益(万元)	1700573.80	1628962.29	1411881.62	1321586.98
	主营业务收入(万元)	-	1726082.94	582835.62	1723709.67
	营业收入(万元)	668042.71	1732417.40	586927.98	1731767.16
	主营成本(万元)	-	806278.93	263022.63	845716.36
	营业成本(万元)	-	808464.08	264623.55	847177.32
	投资收益(万元)	-	34384.21	20746.11	38987.97
	净利润(万元)	-	328628.08	113435.54	332853.36
	利润总额(万元)	149161.28	432330.28	148697.42	434553.28

深圳市特发信息股份有限公司

公司概况	公司名称	深圳市特发信息股份有限公司			证券简称	特发信息
	法人代表	王宝	董秘	张大军	证券代码	000070
	公司网址	www.sdgi.com.cn		电子信箱	zhangdj@sdgi.com.cn	
	电　话	0755-26506648 26506649		传　真	0755-26506800	
	办公地址	广东省深圳市南山区科技工业园科丰路 2 号通讯大厦				
	经营范围	光纤、光缆、铝电解电容器的研发、生产、销售以及通信系统集成及技术服务等				

	指标\报告期	2012.06.30	2011.12.31	2011.06.30	2010.12.31
主要财务指标	基本每股收益(元)	0.0954	0.1471	0.0509	0.2510
	基本每股收益(扣除后)(元)	0.0890	0.1100	0.0535	0.0653
	每股净资产(元)	3.2917	3.1963	3.1100	3.0500
	每股经营现金净流量(元)	-0.3031	-0.1934	-0.4862	0.2683
	每股现金流量(元)	-0.5307	-0.1792	-0.5714	0.3468
	每股资本公积金(元)	1.9969	1.9969	2.0025	2.0025
	每股盈余公积金(元)	0.0959	0.0959	0.0828	0.0828
	每股未分配利润(元)	0.1989	0.1035	0.0205	-0.0305
	净资产收益率(%)	2.9000	4.6010	1.6400	8.2180
	加权净资产收益率(%)	2.9400	4.7000	1.6500	8.5600
	净资产收益率(扣除)(%)	-	-	-	-
	总资产(万元)	188512.72	182033.85	171808.45	159635.00
	归属母公司股东权益(万元)	82292.43	79907.40	77644.02	76370.42
	主营业务收入(万元)	69985.36	119822.49	48546.73	100956.86
	营业收入(万元)	74072.52	124686.30	50551.80	106371.84
	主营成本(万元)	59566.27	99711.69	40735.24	85311.18
	营业成本(万元)	-	103861.24	41860.67	89448.04
	投资收益(万元)	9.31	-140.74	-49.98	74.83
	净利润(万元)	2553.14	4192.05	1484.23	6260.36
	利润总额(万元)	2666.63	4491.11	1550.87	6713.94

深圳市海王生物工程股份有限公司

公司概况	公司名称	深圳市海王生物工程股份有限公司		证券简称	海王生物
	法人代表	张思民	董秘 张全礼	证券代码	000078
	公司网址	www.neptunus.com		电子信箱	sz000078@vip.sina.com
	电话	0755-26968666 26980336		传真	0755-26980892 26968995
	办公地址	广东省深圳市南山区郎山二路北海王技术中心科研大楼1栋			
	经营范围	生产经营生物化学原料、制品、试剂及其它相关制品等			

主要财务指标	指标\报告期	2012.06.30	2011.12.31	2011.06.30	2010.12.31
	基本每股收益(元)	0.0779	0.0805	0.0644	0.0715
	基本每股收益(扣除后)(元)	0.0577	0.0701	0.0426	0.0252
	每股净资产(元)	1.2939	1.2134	1.2003	1.1367
	每股经营现金净流量(元)	–0.1723	–0.2917	–0.1899	0.0628
	每股现金流量(元)	0.1790	0.1680	0.1148	0.3723
	每股资本公积金(元)	1.6391	1.6365	1.6395	1.6403
	每股盈余公积金(元)	0.0351	0.0351	0.0351	0.0351
	每股未分配利润(元)	–1.3803	–1.4582	–1.4743	–1.5387
	净资产收益率(%)	6.2200	6.6350	5.5100	6.2920
	加权净资产收益率(%)	6.2200	6.8400	5.5100	7.0500
	净资产收益率(扣除)(%)	–	–	–	–
	总资产(万元)	535849.70	483532.17	452713.49	414778.88
	归属母公司股东权益(万元)	84428.57	79174.11	78318.83	74170.65
	主营业务收入(万元)	311442.80	529054.41	259876.99	397220.65
	营业收入(万元)	312287.45	530502.89	261643.27	399905.24
	主营成本(万元)	262527.52	441557.10	218515.97	332653.80
	营业成本(万元)	262930.36	442418.76	219504.62	334205.96
	投资收益(万元)	18.78	–2886.59	–715.39	1081.67
	净利润(万元)	7494.56	6189.21	5802.42	5527.62
	利润总额(万元)	9532.71	9999.30	8249.47	10771.69

深圳市盐田港股份有限公司

公司概况	公司名称	深圳市盐田港股份有限公司		证券简称	盐田港
	法人代表	李冰	董秘 冯强	证券代码	000088
	公司网址	www.yantian-port.com		电子信箱	linweixin@yantian-port.com
	电话	0755-25290180		传真	0755-25290932
	办公地址	广东省深圳市盐田区盐田港海港大厦十八层-十九层			
	经营范围	码头的开发与经营、货物装卸与运输、港口配套交通设施建设与经营等			

主要财务指标	指标\报告期	2012.06.30	2011.12.31	2011.06.30	2010.12.31
	基本每股收益(元)	0.0926	0.2854	0.1212	0.2746
	基本每股收益(扣除后)(元)	0.0926	0.2507	0.0944	0.2742
	每股净资产(元)	2.2337	3.1335	3.0320	2.8465
	每股经营现金净流量(元)	0.0371	0.0866	0.0709	0.1780
	每股现金流量(元)	–0.0045	–0.0434	0.1421	0.0780
	每股资本公积金(元)	0.2733	0.6553	0.6816	0.8179
	每股盈余公积金(元)	0.3779	0.4913	0.4496	0.5395
	每股未分配利润(元)	0.5825	0.9869	0.9008	1.0584
	净资产收益率(%)	4.1400	9.1070	5.2000	9.6463
	加权净资产收益率(%)	3.9100	9.5500	4.5700	9.7800
	净资产收益率(扣除)(%)	–	–	–	–
	总资产(万元)	505627.58	541418.35	529406.76	497527.64
	归属母公司股东权益(万元)	433838.05	468148.56	452982.72	425269.88
	主营业务收入(万元)	16030.02	36075.75	18041.80	41693.71
	营业收入(万元)	16030.02	36075.75	18041.80	41693.71
	主营成本(万元)	6218.83	13818.23	6581.84	14603.11
	营业成本(万元)	6218.83	13818.23	6581.84	14603.11
	投资收益(万元)	15168.63	35737.55	21010.23	28962.68
	净利润(万元)	19855.94	46915.86	25820.01	46703.44
	利润总额(万元)	21778.20	54374.07	31112.48	51392.90

深圳市机场股份有限公司

公司概况	公司名称	深圳市机场股份有限公司		证券简称	深圳机场
	法人代表	汪洋	董秘 孙郑岭	证券代码	000089
	公司网址	www.szairport.com		电子信箱	szjc@szairport.cn
	电话	0755-23456331		传真	0755-23456327
	办公地址	广东省深圳市宝安国际机场机场路机场信息大楼			
	经营范围	航空客货地面运输及过港保障与服务等			

主要财务指标	指标\报告期	2012.06.30	2011.12.31	2011.06.30	2010.12.31
	基本每股收益(元)	0.1663	0.3889	0.2082	0.4225
	基本每股收益(扣除后)(元)	0.1661	0.3860	0.2071	0.3846
	每股净资产(元)	4.1630	4.0450	3.6200	3.4500
	每股经营现金净流量(元)	0.2150	0.4438	0.2323	0.5398
	每股现金流量(元)	–0.0820	0.3808	–0.0453	0.1809
	每股资本公积金(元)	0.7757	0.7760	0.5311	0.5311
	每股盈余公积金(元)	0.3394	0.3394	0.3008	0.3008
	每股未分配利润(元)	2.0482	1.9296	1.7874	1.6175
	净资产收益率(%)	3.9900	9.6140	5.7500	12.2485
	加权净资产收益率(%)	4.0400	10.2300	5.9100	12.9900
	净资产收益率(扣除)(%)	–	–	–	–
	总资产(万元)	962403.85	916406.01	681825.54	653607.09
	归属母公司股东权益(万元)	703693.28	683693.96	611761.40	583049.46
	主营业务收入(万元)	105046.04	198158.15	98496.66	185541.62
	营业收入(万元)	107305.02	202334.04	100290.69	189946.62
	主营成本(万元)	53182.54	105354.00	47982.20	98416.94
	营业成本(万元)	53688.16	106406.70	48479.22	99614.39
	投资收益(万元)	2236.85	5396.51	1953.33	4975.96
	净利润(万元)	28471.13	66730.50	35733.04	72334.50
	利润总额(万元)	39241.29	85582.78	45684.56	89570.21

深圳市天健(集团)股份有限公司

公司概况	公司名称	深圳市天健(集团)股份有限公司		证券简称	深天健
	法人代表	辛杰	董秘 高建柏	证券代码	000090
	公司网址	www.tagen.cn		电子信箱	luweihong@tagen.cn
	电话	0755-83928130 82992565		传真	0755-83990006
	办公地址	深圳市福田区滨河大道5020号证券大厦21楼			
	经营范围	提供商品住宅的开发及销售、工程施工劳务、物业租赁服务			

主要财务指标	指标\报告期	2012.06.30	2011.12.31	2011.06.30	2010.12.31
	基本每股收益(元)	0.2936	0.4450	0.3225	0.2426
	基本每股收益(扣除后)(元)	0.1759	0.4271	0.3073	0.2195
	每股净资产(元)	6.7487	6.7227	8.2814	10.2421
	每股经营现金净流量(元)	0.1534	0.3167	0.0187	–0.2783
	每股现金流量(元)	1.6720	–0.6972	–0.8862	1.0959
	每股资本公积金(元)	3.7365	3.6972	5.3804	7.5886
	每股盈余公积金(元)	0.8424	0.9267	0.9188	0.9188
	每股未分配利润(元)	1.1575	1.0853	0.9707	0.7232
	净资产收益率(%)	4.3500	6.6200	3.8900	2.3690
	加权净资产收益率(%)	4.6900	5.2400	3.5500	3.5000
	净资产收益率(扣除)(%)	–	–	–	–
	总资产(万元)	874456.62	750024.61	822298.15	1016024.48
	归属母公司股东权益(万元)	338988.49	306982.23	378158.85	467693.19
	主营业务收入(万元)	133716.89	354692.06	199848.80	354338.66
	营业收入(万元)	133716.89	354721.30	199848.80	354644.78
	主营成本(万元)	101682.16	278884.07	152629.33	298727.36
	营业成本(万元)	101682.16	278910.68	152629.33	298728.33
	投资收益(万元)	4077.82	1572.55	1572.55	3151.45
	净利润(万元)	14745.64	20321.95	14726.80	11077.14
	利润总额(万元)	19155.73	28102.57	20376.73	16189.16

深圳市广聚能源股份有限公司

公司概况	公司名称	深圳市广聚能源股份有限公司			证券简称	广聚能源
	法人代表	王建彬	董秘	嵇元弘	证券代码	000096
	公司网址	www.gj000096.com		电子信箱	gjnygf@126.com	
	电　话	0755-86000096		传　真	0755-86331111	
	办公地址	广东省深圳市南山区海德三道天利中央商务广场 22 楼				
	经营范围	油品、液化石油气销售及电力投资等				

	指标\报告期	2012.06.30	2011.12.31	2011.06.30	2010.12.31
主要财务指标	基本每股收益(元)	0.0605	0.1800	0.0890	0.1600
	基本每股收益(扣除后)(元)	0.0550	0.0500	0.0640	0.1100
	每股净资产(元)	3.4250	3.4260	3.3400	3.2600
	每股经营现金净流量(元)	0.0644	-0.0798	0.0593	-0.0549
	每股现金流量(元)	0.0640	-0.1094	-0.1569	0.1203
	每股资本公积金(元)	0.7101	0.7124	0.7183	0.7211
	每股盈余公积金(元)	0.5720	0.5720	0.5629	0.5629
	每股未分配利润(元)	1.1537	1.1532	1.0742	0.9852
	净资产收益率(%)	1.7669	5.1695	2.6620	5.0084
	加权净资产收益率(%)	1.7700	5.3000	2.7000	5.1200
	净资产收益率(扣除)(%)	-	-	-	-
	总资产(万元)	202222.14	198978.49	195286.79	187383.35
	归属母公司股东权益(万元)	180835.91	180903.40	176597.48	172076.56
	主营业务收入(万元)	51156.23	145743.48	79763.72	137536.49
	营业收入(万元)	51205.72	146158.76	79982.46	138032.23
	主营成本(万元)	47652.16	136412.37	74293.48	126053.40
	营业成本(万元)	47664.23	136568.25	74378.07	126253.54
	投资收益(万元)	2744.26	16070.24	6458.05	8435.77
	净利润(万元)	3231.88	9416.64	4728.34	8721.30
	利润总额(万元)	3595.51	10300.97	5504.78	10120.93

中信海洋直升机股份有限公司

公司概况	公司名称	中信海洋直升机股份有限公司			证券简称	中信海直
	法人代表	毕为	董秘	黄建辉	证券代码	000099
	公司网址	www.china-cohc.com		电子信箱	susx@china-cohc.com	
	电　话	0755-26723697 26971630		传　真	0755-26723697	
	办公地址	广东省深圳市南山区南海大道 21 号深圳直升机场				
	经营范围	陆上石油服务、海上石油服务、人工降水、医疗救护、航空探矿等				

	指标\报告期	2012.06.30	2011.12.31	2011.06.30	2010.12.31
主要财务指标	基本每股收益(元)	0.1327	0.2705	0.1271	0.2396
	基本每股收益(扣除后)(元)	0.1281	0.2688	0.1252	0.2345
	每股净资产(元)	3.3974	3.3147	3.1724	3.0953
	每股经营现金净流量(元)	0.1341	0.3872	-0.0121	0.5846
	每股现金流量(元)	-0.0749	0.0118	-0.1409	-0.0368
	每股资本公积金(元)	0.8987	0.8987	0.8987	0.8987
	每股盈余公积金(元)	0.3067	0.3067	0.2809	0.2809
	每股未分配利润(元)	1.1921	1.1093	0.9928	0.9157
	净资产收益率(%)	3.9100	8.1610	4.0100	7.7420
	加权净资产收益率(%)	3.9400	8.4500	4.0300	7.9900
	净资产收益率(扣除)(%)	-	-	-	-
	总资产(万元)	266612.26	271093.41	253159.62	251641.17
	归属母公司股东权益(万元)	174492.01	170243.40	162934.20	158974.56
	主营业务收入(万元)	50714.85	98665.41	43489.96	87912.73
	营业收入(万元)	50714.85	98665.41	43489.96	87912.73
	主营成本(万元)	35861.74	-	31115.30	63974.78
	营业成本(万元)	35861.74	70214.89	31115.30	63974.78
	投资收益(万元)	-	-	-	-
	净利润(万元)	6888.27	14166.69	6564.22	12504.79
	利润总额(万元)	9195.73	18782.50	8730.82	16255.36

TCL 集团股份有限公司

公司概况	公司名称	TCL 集团股份有限公司			证券简称	TCL 集团
	法人代表	李东生	董秘	屠树毅	证券代码	000100
	公司网址	www.tcl.com		电子信箱	ir@tcl.com	
	电　话	0755-33968898 33313811		传　真	0755-33313819	
	办公地址	广东省惠州市仲恺高新区惠风三路 17 号 TCL 科技大厦				
	经营范围	研究、开发、生产、销售电子产品及通讯设备、新型光电、液晶显示器件等				

	指标\报告期	2012.06.30	2011.12.31	2011.06.30	2010.12.31
主要财务指标	基本每股收益(元)	0.0334	0.1195	0.0635	0.0622
	基本每股收益(扣除后)(元)	-	0.0468	0.0329	-0.0335
	每股净资产(元)	1.3186	1.3338	1.2785	2.4243
	每股经营现金净流量(元)	0.1773	0.1966	0.0683	0.1877
	每股现金流量(元)	-0.4449	-0.4249	-0.4845	2.4189
	每股资本公积金(元)	0.1791	0.1749	0.1732	1.3436
	每股盈余公积金(元)	0.0731	0.0731	0.0669	0.1338
	每股未分配利润(元)	0.0682	0.0848	0.0350	-0.0570
	净资产收益率(%)	2.5293	8.9620	4.9693	4.2100
	加权净资产收益率(%)	2.4500	9.3900	5.1000	5.8300
	净资产收益率(扣除)(%)	-	-	-	-
	总资产(万元)	7023600.61	7401431.51	6179320.48	5347805.94
	归属母公司股东权益(万元)	1117672.94	1130550.36	1083659.36	1027434.75
	主营业务收入(万元)	2933306.00	5944761.80	2663855.10	5025324.70
	营业收入(万元)	2971264.95	6075154.99	2732780.72	5183356.58
	主营成本(万元)	2479450.30	5026726.20	2276988.40	4322224.20
	营业成本(万元)	2496460.07	5111926.41	2682159.20	4453450.90
	投资收益(万元)	6262.06	31575.35	4597.36	22531.86
	净利润(万元)	47978.06	167105.08	85302.17	47240.32
	利润总额(万元)	62326.22	204275.69	101169.61	77284.01

宜华地产股份有限公司

公司概况	公司名称	宜华地产股份有限公司			证券简称	宜华地产
	法人代表	刘绍生	董秘	谢文贤	证券代码	000150
	公司网址	www.yihuarealestate.com		电子信箱	securities.yre@yihua.com	
	电　话	0754-85899788		传　真	0754-85890788	
	办公地址	广东省汕头市澄海区文冠路口右侧宜都花园				
	经营范围	房地产开发与销售等				

	指标\报告期	2012.06.30	2011.12.31	2011.06.30	2010.12.31
主要财务指标	基本每股收益(元)	0.0087	0.0243	0.0065	0.0263
	基本每股收益(扣除后)(元)	0.0087	0.0304	0.0063	0.0331
	每股净资产(元)	2.1763	2.1676	2.2805	2.4554
	每股经营现金净流量(元)	0.0817	0.2678	-0.0062	-0.3893
	每股现金流量(元)	0.0160	0.0011	0.0001	-0.3498
	每股资本公积金(元)	0.9337	0.9337	1.0576	1.2459
	每股盈余公积金(元)	0.0541	0.0541	0.0541	0.0541
	每股未分配利润(元)	0.1885	0.1797	0.1688	0.1554
	净资产收益率(%)	0.4000	1.1220	0.2800	1.0730
	加权净资产收益率(%)	0.4000	0.9900	0.2800	1.1700
	净资产收益率(扣除)(%)	-	-	-	-
	总资产(万元)	151387.80	149003.68	103822.04	109663.99
	归属母公司股东权益(万元)	70512.24	70229.65	73889.71	79556.21
	主营业务收入(万元)	4432.49	10500.96	2332.15	6894.18
	营业收入(万元)	4432.49	10511.50	2332.15	7891.76
	主营成本(万元)	2145.96	6333.76	928.53	3203.69
	营业成本(万元)	2145.96	6337.79	1964.53	3943.50
	投资收益(万元)	-41.08	-	-	-
	净利润(万元)	282.59	787.98	209.07	853.30
	利润总额(万元)	699.30	1334.95	389.31	1373.13

中成进出口股份有限公司

	公司名称	中成进出口股份有限公司			证券简称	中成股份
公司概况	法人代表	邹宝中	董秘	何剑波	证券代码	000151
	公司网址	www.complant-ltd.com.cn		电子信箱	complant@complant-ltd.com	
	电　话	010-83676100		传　真	010-83676151	
	办公地址	北京市丰台区南四环西路188号二区8号楼				
	经营范围	成套设备及技术进出口业务和境外投资经营业务				

	指标\报告期	2012.06.30	2011.12.31	2011.06.30	2010.12.31
主要财务指标	基本每股收益(元)	0.0261	–0.0370	0.3640	0.0270
	基本每股收益(扣除后)(元)	0.0259	–0.0390	0.3640	0.0280
	每股净资产(元)	2.9130	2.8850	2.9720	2.9520
	每股经营现金净流量(元)	0.4747	0.5257	0.0146	–0.4415
	每股现金流量(元)	0.4719	0.4843	0.0160	–0.5401
	每股资本公积金(元)	1.4938	1.4899	1.4909	1.4934
	每股盈余公积金(元)	0.2957	0.2957	0.2957	0.2957
	每股未分配利润(元)	0.1231	0.0970	0.1705	0.1542
	净资产收益率(%)	0.9000	–1.2890	1.2600	0.9066
	加权净资产收益率(%)	0.9000	–1.2700	1.2300	0.9000
	净资产收益率(扣除)(%)	–	–	–	–
	总资产(万元)	145767.05	118518.36	112280.65	108823.88
	归属母公司股东权益(万元)	86228.91	85394.20	87964.57	87381.09
	主营业务收入(万元)	57645.45	103821.30	39327.55	93564.28
	营业收入(万元)	57653.53	103839.32	39344.60	93586.81
	主营成本(万元)	52800.93	94459.49	34454.18	84423.72
	营业成本(万元)	52800.93	94459.49	34454.18	84423.72
	投资收益(万元)	–	283.44	50.91	221.44
	净利润(万元)	768.72	–1085.68	1056.17	774.79
	利润总额(万元)	1200.12	–1458.69	1340.18	1018.61

安徽丰原药业股份有限公司

	公司名称	安徽丰原药业股份有限公司			证券简称	丰原药业
公司概况	法人代表	徐桦木	董秘	张军	证券代码	000153
	公司网址	www.bbcayy.com		电子信箱	xlyyzj@sohu.com	
	电　话	0551-4846153 4846018		传　真	0551-4846000	
	办公地址	安徽省合肥市包河工业区纬四路16号				
	经营范围	生物药、中药、化学合成药及其制剂等方面的研究、开发、生产和销售				

	指标\报告期	2012.06.30	2011.12.31	2011.06.30	2010.12.31
主要财务指标	基本每股收益(元)	0.0412	0.0381	0.0528	0.1601
	基本每股收益(扣除后)(元)	0.0295	0.0192	0.0429	0.1063
	每股净资产(元)	2.7900	2.7800	2.7900	2.7443
	每股经营现金净流量(元)	0.0711	0.2118	0.0900	0.2117
	每股现金流量(元)	0.1066	–0.1499	–0.0749	–0.0417
	每股资本公积金(元)	1.0255	0.9531	0.9531	0.9531
	每股盈余公积金(元)	0.1040	0.1040	0.1009	0.1009
	每股未分配利润(元)	0.6637	0.6226	0.7409	0.6903
	净资产收益率(%)	1.4000	1.3700	1.8100	5.8340
	加权净资产收益率(%)	1.4800	1.3800	1.9100	6.0100
	净资产收益率(扣除)(%)	–	–	–	–
	总资产(万元)	143410.77	132550.59	132630.04	127583.10
	归属母公司股东权益(万元)	72626.97	72273.52	72670.03	71354.15
	主营业务收入(万元)	91316.88	145111.10	64228.72	106544.63
	营业收入(万元)	93053.08	151648.77	68547.76	107418.18
	主营成本(万元)	73377.75	115939.32	49767.27	77991.70
	营业成本(万元)	76442.07	121317.51	54266.50	78884.32
	投资收益(万元)	366.98	366.98	366.98	2742.29
	净利润(万元)	1050.31	992.41	1289.08	4047.68
	利润总额(万元)	1325.76	1379.46	1541.92	5257.15

川化股份有限公司

	公司名称	川化股份有限公司			证券简称	*ST川化
公司概况	法人代表	陈晓军	董秘	刘勇	证券代码	000155
	公司网址	www.scwltd.com		电子信箱	liuyong@scwltd.com	
	电　话	028-89301891 89300888		传　真	028-89301890	
	办公地址	四川省成都市青白江区大弯镇团结路311号				
	经营范围	肥料制造、基础化学原料的制造销售等				

	指标\报告期	2012.06.30	2011.12.31	2011.06.30	2010.12.31
主要财务指标	基本每股收益(元)	–0.3000	–0.4400	–0.1200	–0.4500
	基本每股收益(扣除后)(元)	–0.3500	–0.4600	–0.0700	–0.4200
	每股净资产(元)	2.6100	2.9000	3.2300	3.3300
	每股经营现金净流量(元)	0.0078	0.3423	0.0577	–0.0297
	每股现金流量(元)	–0.1215	–0.0397	–0.1916	–0.0120
	每股资本公积金(元)	1.7240	1.7240	1.7240	1.7240
	每股盈余公积金(元)	0.4200	0.4200	0.4200	0.4200
	每股未分配利润(元)	–0.6312	–0.3266	–0.0041	0.1156
	净资产收益率(%)	–11.6700	–15.1990	–3.7100	–13.4050
	加权净资产收益率(%)	–11.0500	–14.1600	–3.6500	–12.5500
	净资产收益率(扣除)(%)	–	–	–	–
	总资产(万元)	300177.89	311000.96	319669.79	337795.16
	归属母公司股东权益(万元)	122685.87	136476.49	151691.63	156406.13
	主营业务收入(万元)	69919.92	193513.82	116043.95	194318.12
	营业收入(万元)	71437.37	198701.84	118583.36	200577.38
	主营成本(万元)	63750.92	170318.87	102458.38	172341.86
	营业成本(万元)	65508.17	175490.71	104749.29	178690.17
	投资收益(万元)	–	498.69	17.45	231.89
	净利润(万元)	–14709.07	–20871.67	–5365.80	–21876.38
	利润总额(万元)	–16756.05	–25353.42	–6234.01	–26703.64

中联重科股份有限公司

	公司名称	中联重科股份有限公司			证券简称	中联重科
公司概况	法人代表	詹纯新	董秘	申柯	证券代码	000157
	公司网址	www.zoomlion.com		电子信箱	157@zoomlion.com	
	电　话	0731-88923908		传　真	0731-88923904	
	办公地址	湖南省长沙市银盆南路361号				
	经营范围	开发、生产、销售工程机械、环卫机械、汽车起重机及其专用底盘等				

	指标\报告期	2012.06.30	2011.12.31	2011.06.30	2010.12.31
主要财务指标	基本每股收益(元)	0.7300	1.0500	0.6000	0.7500
	基本每股收益(扣除后)(元)	0.7400	1.0400	0.5900	0.7400
	每股净资产(元)	5.0700	4.6000	5.4168	4.7290
	每股经营现金净流量(元)	0.0760	0.2716	0.0788	0.0940
	每股现金流量(元)	0.3685	–0.3577	0.2041	2.6425
	每股资本公积金(元)	1.8954	1.9043	2.7756	2.5980
	每股盈余公积金(元)	0.2547	0.2547	0.2045	0.2091
	每股未分配利润(元)	1.9310	1.4515	1.4336	0.9334
	净资产收益率(%)	14.7100	22.7540	14.9200	17.0182
	加权净资产收益率(%)	14.7100	25.1600	14.9200	33.4100
	净资产收益率(扣除)(%)	–	–	–	–
	总资产(万元)	8763347.26	7158177.17	7508781.95	6308156.43
	归属母公司股东权益(万元)	3905790.71	3544645.01	3210865.75	2741521.47
	主营业务收入(万元)	2886703.74	4591248.59	2403694.60	3199477.15
	营业收入(万元)	2911950.39	4632258.07	2414844.40	3219267.32
	主营成本(万元)	1896817.65	3097187.68	1620564.86	2227294.15
	营业成本(万元)	1920824.13	3131602.63	1629093.44	2242398.62
	投资收益(万元)	779.21	3588.63	2479.36	1466.83
	净利润(万元)	574886.74	817334.18	465074.30	458795.65
	利润总额(万元)	669846.22	960247.39	544456.29	541610.53

石家庄常山纺织股份有限公司

公司概况						
	公司名称	石家庄常山纺织股份有限公司			证券简称	常山股份
	法人代表	汤彰明	董秘	池俊平	证券代码	000158
	公司网址	www.changshantex.com		电子信箱	chijunp52@sohu.com	
	电　　话	0311-86673856		传　　真	0311-86673929	
	办公地址	河北省石家庄市和平东路 183 号				
	经营范围	天然纤维和人造纤维的纺织产品、针织品、服装加工等				

主要财务指标	指标\报告期	2012.06.30	2011.12.31	2011.06.30	2010.12.31
	基本每股收益(元)	-0.0550	0.0800	0.0260	0.0800
	基本每股收益(扣除后)(元)	-0.0650	-0.0400	0.0230	0.0600
	每股净资产(元)	3.3000	3.3600	3.3300	3.3000
	每股经营现金净流量(元)	-0.2078	-0.2500	-0.1413	0.0598
	每股现金流量(元)	0.0572	-0.4629	-0.4598	0.1342
	每股资本公积金(元)	1.5555	1.5553	1.5569	1.5568
	每股盈余公积金(元)	0.2523	0.2523	0.2429	0.2429
	每股未分配利润(元)	0.4956	0.5508	0.5260	0.5005
	净资产收益率(%)	-1.6700	2.3730	0.7700	2.3020
	加权净资产收益率(%)	-1.6600	2.3900	0.7700	2.3200
	净资产收益率(扣除)(%)	-	-	-	-
	总资产(万元)	558828.62	529111.36	483951.14	474224.13
	归属母公司股东权益(万元)	237463.34	241417.44	239073.63	237231.41
	主营业务收入(万元)	199532.17	465977.49	220804.18	364708.77
	营业收入(万元)	201630.42	470488.36	222921.78	370080.64
	主营成本(万元)	188664.17	442336.38	206906.07	335232.32
	营业成本(万元)	189776.22	444926.82	208209.04	338772.86
	投资收益(万元)	31.98	343.27	-	296.06
	净利润(万元)	-3974.18	5718.99	1828.92	5488.64
	利润总额(万元)	-3876.23	6199.58	2101.58	7789.13

新疆国际实业股份有限公司

公司概况						
	公司名称	新疆国际实业股份有限公司			证券简称	国际实业
	法人代表	丁治平	董秘	李润起	证券代码	000159
	公司网址	www.xjgjsy.com		电子信箱	zqb@xjgjsy.com	
	电　　话	0991-5854232		传　　真	0991-2861579	
	办公地址	新疆维吾尔自治区乌鲁木齐市黄河路 2 号招商银行大厦 11 楼				
	经营范围	焦炭、煤炭及深加工产品的生产与销售等				

主要财务指标	指标\报告期	2012.06.30	2011.12.31	2011.06.30	2010.12.31
	基本每股收益(元)	0.0927	0.6800	0.1413	1.3500
	基本每股收益(扣除后)(元)	0.0764	0.4200	0.1247	0.0800
	每股净资产(元)	4.3000	4.2000	3.6700	3.5800
	每股经营现金净流量(元)	-0.0850	0.0824	-0.1767	0.0749
	每股现金流量(元)	-0.2125	-0.2341	0.5499	0.5563
	每股资本公积金(元)	0.7953	0.7483	0.7686	0.7686
	每股盈余公积金(元)	0.2329	0.2329	0.2098	0.2098
	每股未分配利润(元)	2.2699	2.2172	1.6968	1.5983
	净资产收益率(%)	2.1600	16.2450	3.7700	37.7700
	加权净资产收益率(%)	2.1800	17.5900	3.8000	44.7200
	净资产收益率(扣除)(%)	-	-	-	-
	总资产(万元)	313779.94	317704.43	296827.30	324459.13
	归属母公司股东权益(万元)	206760.33	201961.41	176805.25	172078.31
	主营业务收入(万元)	71851.73	117350.74	37193.96	71420.62
	营业收入(万元)	74702.39	123779.46	37193.96	74693.45
	主营成本(万元)	64083.36	78456.38	26291.20	44821.27
	营业成本(万元)	65453.95	81933.73	26291.20	46483.90
	投资收益(万元)	2544.46	14208.71	1303.24	75671.96
	净利润(万元)	4495.48	33288.17	6800.17	64979.79
	利润总额(万元)	4881.92	39681.27	7347.86	80015.69

江苏吴江中国东方丝绸市场股份有限公司

公司概况						
	公司名称	江苏吴江中国东方丝绸市场股份有限公司			证券简称	东方市场
	法人代表	计高雄	董秘	汪钟颖	证券代码	000301
	公司网址	www.cesm.com.cn		电子信箱	wangzy.2006@yahoo.com.cn	
	电　　话	0512-63573480 63527635		传　　真	0512-63552272	
	办公地址	江苏省吴江市盛泽镇市场路丝绸股份大厦				
	经营范围	房地产开发、营业房出租、热电、石油、天然气等				

主要财务指标	指标\报告期	2012.06.30	2011.12.31	2011.06.30	2010.12.31
	基本每股收益(元)	0.0688	0.0900	0.0505	0.0600
	基本每股收益(扣除后)(元)	0.0520	0.0700	0.0408	0.0380
	每股净资产(元)	2.1670	2.0980	2.1250	2.0750
	每股经营现金净流量(元)	0.2393	0.2429	0.3832	-0.0148
	每股现金流量(元)	0.0672	-0.0007	0.0928	0.0238
	每股资本公积金(元)	0.5225	0.5225	0.5225	0.5225
	每股盈余公积金(元)	0.1255	0.1255	0.1160	0.1160
	每股未分配利润(元)	0.5186	0.4499	0.4867	0.4362
	净资产收益率(%)	3.1700	4.4380	2.3800	3.0287
	加权净资产收益率(%)	3.2300	4.4500	2.4000	3.0700
	净资产收益率(扣除)(%)	-	-	-	-
	总资产(万元)	348901.42	348256.77	350318.67	374252.51
	归属母公司股东权益(万元)	263948.36	255570.29	258907.34	252755.48
	主营业务收入(万元)	41465.72	96144.58	33524.31	77011.76
	营业收入(万元)	42337.03	107262.17	40611.20	91660.59
	主营成本(万元)	28881.95	69523.76	25189.56	55015.09
	营业成本(万元)	29599.30	75789.02	29815.33	60593.88
	投资收益(万元)	668.32	315.44	198.76	544.62
	净利润(万元)	8382.47	10779.23	6129.40	7159.27
	利润总额(万元)	11072.14	15010.32	7971.33	10777.74

潍柴动力股份有限公司

公司概况						
	公司名称	潍柴动力股份有限公司			证券简称	潍柴动力
	法人代表	谭旭光	董秘	戴立新	证券代码	000338
	公司网址	www.weichai.com		电子信箱	weichai@weichai.com	
	电　　话	0536-2297068 8197069		传　　真	0536-8197073	
	办公地址	山东省潍坊市高新技术产业开发区福寿东街 197 号甲				
	经营范围	柴油机及配套产品的设计、开发、生产、销售、维修、进出口等				

主要财务指标	指标\报告期	2012.06.30	2011.12.31	2011.06.30	2010.12.31
	基本每股收益(元)	1.1400	3.3600	2.1000	4.0700
	基本每股收益(扣除后)(元)	1.0800	3.2200	2.0400	3.9900
	每股净资产(元)	14.7600	13.7500	12.6500	11.1100
	每股经营现金净流量(元)	-0.6630	3.5728	-0.1932	5.6448
	每股现金流量(元)	-1.8181	2.6141	-0.7680	3.1412
	每股资本公积金(元)	0.8865	0.9128	1.0551	1.1964
	每股盈余公积金(元)	1.1619	1.1619	0.8547	0.8547
	每股未分配利润(元)	11.7306	10.6919	9.7421	8.0704
	净资产收益率(%)	7.7200	24.4370	16.6140	36.6310
	加权净资产收益率(%)	7.9600	27.1000	17.4800	44.9100
	净资产收益率(扣除)(%)	-	-	-	-
	总资产(万元)	6090850.25	6154454.74	5901495.22	5251720.29
	归属母公司股东权益(万元)	2458429.01	2290344.33	2107725.40	1851491.90
	主营业务收入(万元)	2572694.53	5661380.55	3464421.85	6058694.92
	营业收入(万元)	2705967.56	6001926.51	3662741.38	6327956.44
	主营成本(万元)	2063805.38	4375178.98	2693810.56	4534303.71
	营业成本(万元)	2187017.82	4680660.66	2873285.89	4770405.39
	投资收益(万元)	7508.66	15777.06	7302.19	7135.86
	净利润(万元)	208884.27	631999.57	408521.65	799910.43
	利润总额(万元)	250809.91	741850.63	484178.73	939665.76

许继电气股份有限公司

公司概况	公司名称	许继电气股份有限公司			证券简称	许继电气
	法人代表	李富生	董秘	姚武	证券代码	000400
	公司网址	www.xjec.com		电子信箱	webmaster@xjec.com	
	电　话	0374-3212348 3212069		传　真	0374-3363549	
	办公地址	河南省许昌市许继大道 1298 号				
	经营范围	生产经营电网自动化、继电保护及控制装置等				

主要财务指标	指标＼报告期	2012.06.30	2011.12.31	2011.06.30	2010.12.31
	基本每股收益(元)	0.2855	0.4137	0.1949	0.3877
	基本每股收益(扣除后)(元)	0.2855	0.3998	0.1849	0.3501
	每股净资产(元)	6.8586	6.6734	6.5609	6.3660
	每股经营现金净流量(元)	-0.5470	1.2493	-0.4525	0.4529
	每股现金流量(元)	-1.5304	0.4471	-1.3961	1.0794
	每股资本公积金(元)	1.5692	1.5694	1.5733	1.5733
	每股盈余公积金(元)	0.6762	0.6762	0.6716	0.6716
	每股未分配利润(元)	3.6132	3.4277	3.3160	3.1211
	净资产收益率(%)	4.1600	6.2000	2.9700	6.0910
	加权净资产收益率(%)	4.1900	6.3400	3.0100	6.2500
	净资产收益率(扣除)(%)	-	-	-	-
	总资产(万元)	694315.16	707161.19	590026.97	575483.00
	归属母公司股东权益(万元)	259442.96	252436.08	248180.01	240809.34
	主营业务收入(万元)	247369.29	419686.28	134932.99	363001.59
	营业收入(万元)	254214.80	436230.51	140936.56	385552.61
	主营成本(万元)	174339.94	282636.58	85723.36	256280.90
	营业成本(万元)	179508.18	293504.30	89410.18	274692.74
	投资收益(万元)	245.48	986.43	477.98	1058.43
	净利润(万元)	18394.87	30418.26	11201.30	24721.90
	利润总额(万元)	24363.01	36376.81	12513.56	29057.81

唐山冀东水泥股份有限公司

公司概况	公司名称	唐山冀东水泥股份有限公司			证券简称	冀东水泥
	法人代表	张增光	董秘	韩保平	证券代码	000401
	公司网址	www.jdsn.com.cn		电子信箱	zqb@jdsn.com.cn	
	电　话	0315-3244005		传　真	0315-3244005	
	办公地址	河北省唐山市丰润区林荫路				
	经营范围	生产和销售水泥、熟料以及石灰石开采和销售				

主要财务指标	指标＼报告期	2012.06.30	2011.12.31	2011.06.30	2010.12.31
	基本每股收益(元)	0.0830	1.2350	0.6170	1.1530
	基本每股收益(扣除后)(元)	0.0760	1.2400	0.6100	1.1310
	每股净资产(元)	8.5900	8.5100	7.2800	6.6600
	每股经营现金净流量(元)	0.0425	1.0496	0.5528	1.4009
	每股现金流量(元)	0.3400	0.1169	0.2726	0.5133
	每股资本公积金(元)	3.7718	3.7718	2.7498	2.7475
	每股盈余公积金(元)	0.4902	0.4902	0.4577	0.4577
	每股未分配利润(元)	3.3286	3.2456	3.0523	2.4353
	净资产收益率(%)	0.9700	13.3060	8.4700	17.3050
	加权净资产收益率(%)	0.9700	16.6600	8.8500	18.9300
	净资产收益率(扣除)(%)	-	-	-	-
	总资产(万元)	4081185.76	3807521.29	3435957.68	3025231.27
	归属母公司股东权益(万元)	1157592.93	1146400.69	883115.25	807949.23
	主营业务收入(万元)	635364.77	1566324.40	711202.65	1103223.00
	营业收入(万元)	638009.71	1572816.55	714299.45	1106409.77
	主营成本(万元)	479652.18	1085534.70	482150.49	755304.10
	营业成本(万元)	481459.12	1089803.29	484117.78	755843.45
	投资收益(万元)	8967.29	12764.14	4717.18	33059.95
	净利润(万元)	8669.71	158164.29	83510.95	156849.94
	利润总额(万元)	11643.60	211610.45	108322.49	198957.40

金融街控股股份有限公司

公司概况	公司名称	金融街控股股份有限公司			证券简称	金 融 街
	法人代表	刘世春	董秘	张晓鹏	证券代码	000402
	公司网址	www.jrjkg.com		电子信箱	investors@jrjkg.com	
	电　话	010-66573088 66573955		传　真	010-66573956	
	办公地址	北京市西城区金融大街丙 17 号北京银行大厦 11-12 层				
	经营范围	房地产开发、销售商品房、物业管理、新技术及产品项目投资等				

主要财务指标	指标＼报告期	2012.06.30	2011.12.31	2011.06.30	2010.12.31
	基本每股收益(元)	0.3600	0.6700	0.4200	0.5900
	基本每股收益(扣除后)(元)	0.1700	0.3800	0.2700	0.4200
	每股净资产(元)	6.1500	5.9800	5.7500	5.5800
	每股经营现金净流量(元)	-0.2851	-0.7352	0.1738	-0.8196
	每股现金流量(元)	1.0636	-1.5437	-0.2557	0.2373
	每股资本公积金(元)	2.4155	2.5094	2.5257	2.5255
	每股盈余公积金(元)	0.2276	0.2276	0.1890	0.1890
	每股未分配利润(元)	2.5107	2.2466	2.0383	1.8686
	净资产收益率(%)	5.9000	11.1390	7.3000	10.5470
	加权净资产收益率(%)	5.9000	11.5200	7.3000	10.9800
	净资产收益率(扣除)(%)	-	-	-	-
	总资产(万元)	6490204.11	5972210.19	5897654.00	5416811.45
	归属母公司股东权益(万元)	1862794.49	1811285.37	1741485.14	1690065.18
	主营业务收入(万元)	513737.06	963671.20	461646.57	798098.05
	营业收入(万元)	513882.53	963728.25	461670.12	811029.39
	主营成本(万元)	321500.75	540967.84	255298.95	446370.42
	营业成本(万元)	321597.37	540968.30	255299.24	450149.52
	投资收益(万元)	381.26	5920.90	111.59	3327.86
	净利润(万元)	122166.43	205765.21	125123.91	183361.66
	利润总额(万元)	164997.80	287698.61	170019.71	253058.71

华意压缩机股份有限公司

公司概况	公司名称	华意压缩机股份有限公司			证券简称	华意压缩
	法人代表	刘体斌	董秘	王华清	证券代码	000404
	公司网址	www.hua-yi.cn		电子信箱	hyzq@hua-yi.cn	
	电　话	0798-8470237		传　真	0798-8470221	
	办公地址	江西省景德镇市高新区长虹大道 1 号				
	经营范围	无氟压缩机、电冰箱及其配件的生产和销售等				

主要财务指标	指标＼报告期	2012.06.30	2011.12.31	2011.06.30	2010.12.31
	基本每股收益(元)	0.1402	0.0943	0.0475	0.0588
	基本每股收益(扣除后)(元)	0.1385	-0.0631	-0.0127	0.0339
	每股净资产(元)	1.9238	1.7836	1.7370	1.6900
	每股经营现金净流量(元)	0.1063	0.4864	0.5953	0.4062
	每股现金流量(元)	-0.0557	0.6865	0.5321	-0.2338
	每股资本公积金(元)	0.7954	0.7954	0.7954	0.7956
	每股盈余公积金(元)	0.1346	0.1346	0.1346	0.1346
	每股未分配利润(元)	-0.0062	-0.1464	-0.1932	-0.2407
	净资产收益率(%)	7.2900	5.2865	2.7700	3.4788
	加权净资产收益率(%)	7.5700	5.4300	2.7700	3.4200
	净资产收益率(扣除)(%)	-	-	-	-
	总资产(万元)	460067.88	421661.02	431242.37	359217.03
	归属母公司股东权益(万元)	62442.35	57890.69	56371.42	54837.03
	主营业务收入(万元)	277113.06	473594.14	268235.71	412891.45
	营业收入(万元)	302799.26	536795.27	301358.76	461701.88
	主营成本(万元)	239954.63	426830.46	242971.48	361301.11
	营业成本(万元)	262356.95	485704.15	274706.10	408768.60
	投资收益(万元)	151.33	-109.25	-3.82	76.24
	净利润(万元)	7913.02	7200.34	3985.79	7712.00
	利润总额(万元)	9181.76	8421.19	5727.56	9642.57

山东胜利股份有限公司

公司概况						
公司名称	山东胜利股份有限公司				证券简称	胜利股份
法人代表	王鹏	董秘	杜以宏		证券代码	000407
公司网址	www.vicome.com		电子信箱		sd000407@yahoo.com.cn	
电话	0531-86920495 88725686		传真		0531-86018518	
办公地址	山东省济南市高新区天辰路 2238 号					
经营范围	生物产业、塑胶产业、农化产业和贸易产业					

主要财务指标 指标\报告期	2012.06.30	2011.12.31	2011.06.30	2010.12.31
基本每股收益(元)	0.0030	0.0100	0.0200	0.3900
基本每股收益(扣除后)(元)	0.0004	-0.0500	0.0100	0.3600
每股净资产(元)	1.9000	1.9000	1.9100	1.9300
每股经营现金净流量(元)	0.1000	0.1859	0.0307	0.0055
每股现金流量(元)	0.1945	0.2153	0.1804	-0.2959
每股资本公积金(元)	0.0171	0.0171	0.0171	0.0222
每股盈余公积金(元)	0.1580	0.1580	0.1502	0.1952
每股未分配利润(元)	0.7230	0.7197	0.7338	1.2912
净资产收益率(%)	0.1800	0.5908	0.9200	20.0020
加权净资产收益率(%)	0.1800	0.5900	0.9000	22.2100
净资产收益率(扣除)(%)	-	-	-	-
总资产(万元)	368061.30	313395.49	351951.29	311474.85
归属母公司股东权益(万元)	123350.87	123108.83	123697.47	125317.78
主营业务收入(万元)	124230.56	227414.86	128863.07	213539.03
营业收入(万元)	124517.64	228873.33	130065.23	215251.71
主营成本(万元)	112293.31	207342.88	117866.66	198484.03
营业成本(万元)	112382.72	208360.13	119143.61	199904.24
投资收益(万元)	513.01	1551.52	31.92	43218.90
净利润(万元)	287.66	622.61	853.52	33546.21
利润总额(万元)	292.38	262.07	818.15	31584.51

金谷源控股股份有限公司

公司概况						
公司名称	金谷源控股股份有限公司				证券简称	ST 金谷源
法人代表	路联	董秘	张春生		证券代码	000408
公司网址			电子信箱		dsh000408@126.com	
电话	010-62021686		传真		010-62016515 (0310)5028366	
办公地址	河北省邯郸市峰峰矿区彭城镇彭东街 9 号					
经营范围	矿业投资及管理、投资与投资管理、资产管理、矿业技术开发等					

主要财务指标 指标\报告期	2012.06.30	2011.12.31	2011.06.30	2010.12.31
基本每股收益(元)	0.0311	0.0291	0.0310	0.1380
基本每股收益(扣除后)(元)	0.0311	0.0307	0.0042	0.0020
每股净资产(元)	0.6936	0.6625	0.6640	0.6330
每股经营现金净流量(元)	0.0257	0.0668	0.2240	0.0247
每股现金流量(元)	-0.0021	-0.0011	0.1399	0.0042
每股资本公积金(元)	0.5695	0.5695	0.5695	0.5695
每股盈余公积金(元)	0.0775	0.0775	0.0775	0.0775
每股未分配利润(元)	-0.9534	-0.9845	-0.9830	-1.0136
净资产收益率(%)	4.4811	4.3963	4.6259	21.7501
加权净资产收益率(%)	4.5838	4.3800	4.7200	22.8900
净资产收益率(扣除)(%)	-	-	-	-
总资产(万元)	42737.68	42787.61	44545.17	44097.59
归属母公司股东权益(万元)	17499.35	16715.19	16753.56	15980.33
主营业务收入(万元)	2133.62	20728.61	16139.85	21154.07
营业收入(万元)	2408.62	21893.20	16642.03	22761.64
主营成本(万元)	997.05	20752.50	15984.27	21034.46
营业成本(万元)	1199.22	21182.62	16093.55	21314.84
投资收益(万元)	-10.72	947.94	623.66	1625.85
净利润(万元)	875.50	567.62	687.84	3250.33
利润总额(万元)	878.63	713.29	687.84	3250.33

泰复实业股份有限公司

公司概况						
公司名称	泰复实业股份有限公司				证券简称	ST 泰 复
法人代表	何宏满	董秘	李永刚		证券代码	000409
公司网址			电子信箱		stock000409@163.com	
电话	0552-3833409		传真		0552-3833330	
办公地址	安徽省蚌埠市治淮路 587 号					
经营范围	新产品、新工艺、新技术、新设备、新材料开发、生物工程的研究开发等					

主要财务指标 指标\报告期	2012.06.30	2011.12.31	2011.06.30	2010.12.31
基本每股收益(元)	0.0006	0.0327	-0.0040	-0.0330
基本每股收益(扣除后)(元)	-0.0041	-0.0129	-0.0089	-0.0385
每股净资产(元)	0.2400	0.2400	0.2100	0.2100
每股经营现金净流量(元)	0.0141	-0.1251	-0.0416	-0.0069
每股现金流量(元)	0.0141	-0.1172	-0.0419	0.0046
每股资本公积金(元)	0.0258	0.0258	0.0258	0.0258
每股盈余公积金(元)	0.0169	0.0169	0.0169	0.0169
每股未分配利润(元)	-0.7987	-0.7993	-0.8360	-0.8320
净资产收益率(%)	0.2300	13.4392	-1.9000	-15.6613
加权净资产收益率(%)	0.2300	14.4100	-1.9000	-14.6600
净资产收益率(扣除)(%)	-	-	-	-
总资产(万元)	4509.75	4689.12	5011.84	4820.07
归属母公司股东权益(万元)	4181.04	4171.25	3542.58	3610.67
主营业务收入(万元)	6429.53	8699.53	1993.26	1896.00
营业收入(万元)	6429.53	8699.53	1993.26	1896.00
主营成本(万元)	6115.00	8359.14	1938.34	1885.00
营业成本(万元)	6115.00	8359.14	1938.34	1885.00
投资收益(万元)	-16.73	-22.66	-36.80	-105.83
净利润(万元)	9.80	560.58	-68.09	-565.48
利润总额(万元)	20.76	588.11	-62.92	-565.48

沈阳机床股份有限公司

公司概况						
公司名称	沈阳机床股份有限公司				证券简称	沈阳机床
法人代表	关锡友	董秘	张景龙		证券代码	000410
公司网址	www.smtcl.com		电子信箱		smtcl@smtcl.com	
电话	024-25190865		传真		024-25190877	
办公地址	辽宁省沈阳市经济技术开发区开发大路 17 甲 1 号					
经营范围	机械设备制造、机床制造、机械加工、进出口贸易等					

主要财务指标 指标\报告期	2012.06.30	2011.12.31	2011.06.30	2010.12.31
基本每股收益(元)	0.0980	0.1900	0.1700	0.2500
基本每股收益(扣除后)(元)	0.0600	0.0960	0.1400	-0.0035
每股净资产(元)	2.8900	2.8530	2.8300	2.6823
每股经营现金净流量(元)	-0.8349	0.3334	0.4430	-0.4752
每股现金流量(元)	-0.4289	1.1675	0.0111	0.2741
每股资本公积金(元)	0.6683	0.6683	0.6692	0.6845
每股盈余公积金(元)	0.2077	0.2077	0.1649	0.1649
每股未分配利润(元)	1.0015	0.9713	0.9867	0.8220
净资产收益率(%)	3.3800	6.7330	5.8900	9.6813
加权净资产收益率(%)	3.4000	6.9400	6.0800	10.0700
净资产收益率(扣除)(%)	-	-	-	-
总资产(万元)	1343426.52	1235530.41	1170135.11	1048271.29
归属母公司股东权益(万元)	157678.98	155620.61	154617.68	146312.56
主营业务收入(万元)	371225.15	863358.65	482015.87	792622.29
营业收入(万元)	420266.15	961084.29	517206.76	804697.71
主营成本(万元)	281182.49	674264.16	377491.00	627005.42
营业成本(万元)	319144.28	751657.47	411205.31	631389.91
投资收益(万元)	72.54	91.60	-69.36	121.06
净利润(万元)	6030.85	11008.21	9839.59	13953.68
利润总额(万元)	7289.40	14112.60	11930.92	20290.82

浙江英特集团股份有限公司

公司概况					
公司名称	浙江英特集团股份有限公司			证券简称	英特集团
法人代表	王引平	董秘	包志虎	证券代码	000411
公司网址	www.intmedic.com		电子信箱	bao_zhihu@sina.com	
电　　话	0571-85068752 85067873		传　　真	0571-85068752	
办公地址	浙江省杭州市滨江区江南大道96号·中化大厦				
经营范围	实业投资、投资管理、市场营销策划、医药信息咨询等				

主要财务指标：指标\报告期	2012.06.30	2011.12.31	2011.06.30	2010.12.31
基本每股收益(元)	0.1521	0.9000	0.8305	0.2000
基本每股收益(扣除后)(元)	0.1377	0.1800	0.1122	0.1900
每股净资产(元)	2.0907	1.9477	1.8887	1.0600
每股经营现金净流量(元)	-0.5219	-0.3888	-0.7878	0.4393
每股现金流量(元)	0.2636	2.0953	1.5699	0.3330
每股资本公积金(元)	0.2459	0.2550	0.2682	0.2709
每股盈余公积金(元)	0.0707	0.0707	0.0707	0.0707
每股未分配利润(元)	0.7741	0.6221	0.5498	-0.2807
净资产收益率(%)	7.2700	46.3492	43.9700	19.2664
加权净资产收益率(%)	7.5300	60.0100	56.3100	21.7000
净资产收益率(扣除)(%)	-	-	-	-
总资产(万元)	429123.19	367904.82	350271.00	246599.81
归属母公司股东权益(万元)	43372.23	40404.67	39181.34	22008.35
主营业务收入(万元)	513938.70	851846.52	403152.43	663397.18
营业收入(万元)	514699.98	852635.36	403388.99	663825.13
主营成本(万元)	484805.58	802019.85	381809.10	627556.71
营业成本(万元)	484993.60	802208.40	381853.26	627634.43
投资收益(万元)	588.16	39965.63	39969.47	-67.25
净利润(万元)	6688.16	38384.52	34963.26	8744.64
利润总额(万元)	9012.48	52333.70	47033.38	12037.88

石家庄宝石电子玻璃股份有限公司

公司概况					
公司名称	石家庄宝石电子玻璃股份有限公司			证券简称	宝石A
法人代表	李兆廷	董秘	付股芳	证券代码	000413
公司网址	www.bseg.com.cn		电子信箱	bs@bseg.cn	
电　　话	0311-86917771 86917775		传　　真	0311-86917775	
办公地址	河北省石家庄市高新技术产业开发区黄河大道9号				
经营范围	平板显示玻璃基板产业投资、建设与运营及相关的技术开发等				

主要财务指标：指标\报告期	2012.06.30	2011.12.31	2011.06.30	2010.12.31
基本每股收益(元)	0.1100	0.0310	-0.0300	0.0040
基本每股收益(扣除后)(元)	0.1100	0.0310	-0.0300	-0.0500
每股净资产(元)	0.7100	0.6100	0.5500	0.5800
每股经营现金净流量(元)	-0.1251	-0.0048	-0.0243	0.0271
每股现金流量(元)	0.0911	0.0147	-0.0244	0.0139
每股资本公积金(元)	1.0114	1.0114	1.0114	1.0114
每股盈余公积金(元)	0.0954	0.0717	0.0717	0.0717
每股未分配利润(元)	-1.3923	-1.4761	-1.5328	-1.5071
净资产收益率(%)	15.0500	5.0970	-4.6700	0.6890
加权净资产收益率(%)	16.2700	5.2300	-4.2200	0.7000
净资产收益率(扣除)(%)	-	-	-	-
总资产(万元)	82461.08	37411.21	36727.18	37487.48
归属母公司股东权益(万元)	27365.44	23247.88	21077.76	22062.84
主营业务收入(万元)	30257.70	7174.53	1543.78	6431.13
营业收入(万元)	36135.57	10442.55	2682.02	7835.32
主营成本(万元)	14113.10	5708.78	1884.67	6536.14
营业成本(万元)	-	6774.24	2964.53	7487.55
投资收益(万元)	-	-	-	-
净利润(万元)	8985.88	1213.56	-1010.73	406.54
利润总额(万元)	12145.63	1483.35	-1004.63	594.50

渤海租赁股份有限公司

公司概况					
公司名称	渤海租赁股份有限公司			证券简称	渤海租赁
法人代表	高传义	董秘	马伟华	证券代码	000415
公司网址	www.bohaileasing.com		电子信箱	weihua_ma@bohaileasing.com	
电　　话	0991-5835644 5852082		传　　真	0991-5835644	
办公地址	新疆乌鲁木齐市南湖南路66号水清木华A栋7楼				
经营范围	市政基础设施租赁、电力设施和设备租赁、交通运输基础设施和设备租赁以及新能源等				

主要财务指标：指标\报告期	2012.06.30	2011.12.31	2011.06.30	2010.12.31
基本每股收益(元)	0.1544	0.4311	0.1836	0.3724
基本每股收益(扣除后)(元)	0.1260	0.3955	0.1516	0.2807
每股净资产(元)	5.7264	7.2435	7.0454	9.9321
每股经营现金净流量(元)	0.3254	0.8220	0.4864	1.0148
每股现金流量(元)	-1.4733	1.5102	0.3820	3.3839
每股资本公积金(元)	3.9731	5.4651	5.4651	0.1763
每股盈余公积金(元)	0.0602	0.0783	0.0581	0.1310
每股未分配利润(元)	0.6934	0.7006	0.5225	1.1794
净资产收益率(%)	2.7000	5.1880	2.4500	3.7497
加权净资产收益率(%)	2.7300	5.3200	2.5500	3.8600
净资产收益率(扣除)(%)	-	-	-	-
总资产(万元)	1984557.08	1861547.12	1488022.68	1158788.52
归属母公司股东权益(万元)	726822.09	707215.36	687871.90	671421.77
主营业务收入(万元)	69749.59	106864.91	41918.80	56496.79
营业收入(万元)	69749.59	106864.91	41918.80	57688.90
主营成本(万元)	37528.48	56668.78	20634.05	28085.51
营业成本(万元)	37528.48	56668.78	20634.05	27787.37
投资收益(万元)	-	-	-	3356.21
净利润(万元)	23375.32	36721.09	17322.43	25189.59
利润总额(万元)	31152.93	49314.53	23195.13	33832.73

民生投资管理股份有限公司

公司概况					
公司名称	民生投资管理股份有限公司			证券简称	民生投资
法人代表	徐建兵	董秘	陈怀东	证券代码	000416
公司网址			电子信箱	mstz000416@126.com	
电　　话	0532-80770826 010-85259007		传　　真	0532-80770821 010-85259595	
办公地址	北京市东城区建国门内大街28号民生金融中心C座 青岛市市南区闽江二路2号综合办公楼二楼				
经营范围	股权投资、资产管理、资本经营及相关咨询与服务				

主要财务指标：指标\报告期	2012.06.30	2011.12.31	2011.06.30	2010.12.31
基本每股收益(元)	-0.0093	0.0600	0.0365	0.0269
基本每股收益(扣除后)(元)	0.0055	0.0269	0.0087	0.0208
每股净资产(元)	1.4000	1.4100	1.3884	1.3500
每股经营现金净流量(元)	0.0232	0.1092	0.0426	0.1062
每股现金流量(元)	-0.0066	-0.0712	-0.0838	-0.0839
每股资本公积金(元)	0.0198	0.0198	0.0198	0.0198
每股盈余公积金(元)	0.0405	0.0405	0.0352	0.0352
每股未分配利润(元)	0.3422	0.3515	0.3334	0.2969
净资产收益率(%)	-0.6600	4.2480	2.6300	1.9940
加权净资产收益率(%)	-0.6600	4.3400	2.6600	2.0100
净资产收益率(扣除)(%)	-	-	-	-
总资产(万元)	86827.19	89745.68	97001.33	99243.64
归属母公司股东权益(万元)	74598.77	75092.19	73843.79	71902.39
主营业务收入(万元)	23752.90	66005.66	39030.02	68167.91
营业收入(万元)	24827.07	68630.67	40744.16	70799.10
主营成本(万元)	20316.15	57017.65	33262.93	60462.50
营业成本(万元)	20374.64	57162.56	33354.52	60607.88
投资收益(万元)	469.30	1513.20	1088.79	198.96
净利润(万元)	-125.89	5248.93	2528.89	2943.57
利润总额(万元)	-285.74	7359.92	3384.71	4064.08

合肥百货大楼集团股份有限公司

公司概况	公司名称	合肥百货大楼集团股份有限公司			证券简称	合肥百货
	法人代表	郑晓燕	董秘	戴登安	证券代码	000417
	公司网址	www.hfbh.com.cn		电子信箱	daidengan@163.com	
	电　　话	0551-5771008 5771035		传　　真	0551-5771005	
	办公地址	安徽省合肥市长江西路 689 号				
	经营范围	综合百货、进出口等				

	指标\报告期	2012.06.30	2011.12.31	2011.06.30	2010.12.31
主要财务指标	基本每股收益(元)	0.4656	1.0029	0.6111	0.5956
	基本每股收益(扣除后)(元)	0.4437	0.6997	0.3243	0.5817
	每股净资产(元)	4.9200	4.4500	4.2100	2.6300
	每股经营现金净流量(元)	-0.1920	1.5874	0.6001	1.7649
	每股现金流量(元)	-0.4915	2.8341	1.8839	1.3230
	每股资本公积金(元)	1.0940	1.0940	1.2622	0.0313
	每股盈余公积金(元)	0.6879	0.6879	0.5012	0.5432
	每股未分配利润(元)	2.1355	1.6699	1.4498	1.0603
	净资产收益率(%)	9.4700	21.8030	13.3800	22.6070
	加权净资产收益率(%)	9.9400	27.5700	21.0200	25.0400
	净资产收益率(扣除)(%)	-	-	-	-
	总资产(万元)	593271.31	617160.74	549928.10	447352.75
	归属母公司股东权益(万元)	255665.76	231458.25	219056.10	126394.16
	主营业务收入(万元)	466694.44	829335.39	446408.43	685852.14
	营业收入(万元)	483467.41	855147.61	460920.42	706169.94
	主营成本(万元)	389953.59	708930.82	378224.07	588363.35
	营业成本(万元)	390050.50	709321.89	378424.21	588548.02
	投资收益(万元)	-	19998.13	18452.49	2801.08
	净利润(万元)	26641.31	58444.60	35110.07	36713.29
	利润总额(万元)	35732.92	78146.59	46524.35	47903.76

无锡小天鹅股份有限公司

公司概况	公司名称	无锡小天鹅股份有限公司			证券简称	小天鹅 A
	法人代表	方洪波	董秘	周斯秀	证券代码	000418
	公司网址	www.littleswan.com		电子信箱	ir_littleswan@littleswan.com.cn	
	电　　话	0510-81082320 81082280		传　　真	0510-83720879	
	办公地址	江苏省无锡市国家高新技术开发区长江南路 18 号				
	经营范围	家用电器及零配件等的生产、销售和技术服务等				

	指标\报告期	2012.06.30	2011.12.31	2011.06.30	2010.12.31
主要财务指标	基本每股收益(元)	0.3400	0.7200	0.4400	0.8000
	基本每股收益(扣除后)(元)	0.3200	0.5800	0.4100	0.6600
	每股净资产(元)	5.5800	5.4400	5.1700	4.8300
	每股经营现金净流量(元)	1.4379	0.3835	-0.8048	1.1449
	每股现金流量(元)	1.1193	0.2540	-1.0733	0.9060
	每股资本公积金(元)	1.7330	1.7331	1.7391	1.7391
	每股盈余公积金(元)	0.3944	0.3944	0.3366	0.3366
	每股未分配利润(元)	2.4591	2.3172	2.1015	1.7583
	净资产收益率(%)	6.1200	13.1740	8.1500	16.5850
	加权净资产收益率(%)	6.0900	13.9900	8.7700	18.0900
	净资产收益率(扣除)(%)	-	-	-	-
	总资产(万元)	782615.37	914518.55	1018504.43	800157.63
	归属母公司股东权益(万元)	353094.72	344114.49	327282.43	305648.10
	主营业务收入(万元)	280511.61	-	589925.49	-
	营业收入(万元)	310132.87	1097562.17	674751.41	1120236.68
	主营成本(万元)	221379.12	-	482121.21	-
	营业成本(万元)	245388.06	915313.36	561179.98	944534.90
	投资收益(万元)	506.28	7737.16	2961.19	400.45
	净利润(万元)	23414.22	53856.48	33330.48	60973.80
	利润总额(万元)	26817.13	67037.31	41774.02	72168.16

长沙通程控股股份有限公司

公司概况	公司名称	长沙通程控股股份有限公司			证券简称	通程控股
	法人代表	周兆达	董秘	杨格艺	证券代码	000419
	公司网址	www.e-tongcheng.com		电子信箱	gege1608@126.com	
	电　　话	0731-85534994		传　　真	0731-85535588	
	办公地址	湖南省长沙市劳动西路 589 号				
	经营范围	综合零售、食品、饮料及烟草制品专门零售、文化、体育用品及器材专门零售等				

	指标\报告期	2012.06.30	2011.12.31	2011.06.30	2010.12.31
主要财务指标	基本每股收益(元)	0.1752	0.5018	0.1739	0.3002
	基本每股收益(扣除后)(元)	0.1648	0.2762	0.1709	0.2634
	每股净资产(元)	3.7300	3.5600	3.2270	2.3900
	每股经营现金净流量(元)	-0.0473	0.6356	0.1938	0.9328
	每股现金流量(元)	-0.2746	0.6985	0.2633	0.2551
	每股资本公积金(元)	1.2677	1.2677	1.2677	0.3378
	每股盈余公积金(元)	0.1575	0.1575	0.1173	0.1514
	每股未分配利润(元)	1.3069	1.1317	0.8422	0.8961
	净资产收益率(%)	4.8100	13.4243	6.3400	12.5830
	加权净资产收益率(%)	4.8100	16.4200	6.3400	13.1200
	净资产收益率(扣除)(%)	-	-	-	-
	总资产(万元)	322106.05	356947.48	328727.29	318736.45
	归属母公司股东权益(万元)	169060.96	161123.79	146191.02	83728.95
	主营业务收入(万元)	184690.47	360466.24	184339.82	313530.07
	营业收入(万元)	192228.23	372786.78	190912.35	325574.40
	主营成本(万元)	148402.19	290178.61	148596.64	253264.14
	营业成本(万元)	148625.71	290593.27	148801.55	253792.05
	投资收益(万元)	-	13382.55	-	1096.69
	净利润(万元)	7856.18	21580.98	6930.88	10348.06
	利润总额(万元)	10980.31	29629.14	9293.75	14927.13

吉林化纤股份有限公司

公司概况	公司名称	吉林化纤股份有限公司			证券简称	*ST 吉纤
	法人代表	王进军	董秘	徐建国	证券代码	000420
	公司网址	www.jlhxjt.com		电子信箱	xjg6806@163.com	
	电　　话	0744-8288630#8288117		传　　真	00432-63502329	
	办公地址	张家界市南庄路 3 号张家界海关大楼四楼				
	经营范围	生产和销售粘胶长丝和粘胶短纤维等				

	指标\报告期	2012.06.30	2011.12.31	2011.06.30	2010.12.31
主要财务指标	基本每股收益(元)	-0.0856	-0.7772	0.0230	-0.2088
	基本每股收益(扣除后)(元)	-0.1382	-0.8046	-0.0039	-0.2367
	每股净资产(元)	1.2500	1.3600	2.1600	2.1360
	每股经营现金净流量(元)	0.5797	0.0139	0.1640	0.4432
	每股现金流量(元)	0.2620	0.0131	0.0759	0.3899
	每股资本公积金(元)	1.2293	1.2493	1.2529	1.2525
	每股盈余公积金(元)	0.5036	0.5036	0.5036	0.5036
	每股未分配利润(元)	-1.4826	-1.3971	-0.5969	-0.6199
	净资产收益率(%)	-6.8400	-57.3220	1.0600	-9.7750
	加权净资产收益率(%)	-6.5156	-44.4700	1.0690	-9.2400
	净资产收益率(扣除)(%)	-	-	-	-
	总资产(万元)	328009.20	303593.96	338583.41	291626.26
	归属母公司股东权益(万元)	47293.17	51285.00	81687.34	80805.52
	主营业务收入(万元)	72350.45	223077.37	132662.34	226073.96
	营业收入(万元)	76778.89	231713.92	137089.40	233396.53
	主营成本(万元)	65686.11	218653.86	116694.72	209362.48
	营业成本(万元)	68679.34	224907.65	119752.46	213551.67
	投资收益(万元)	1066.45	57.64	-	3.88
	净利润(万元)	-4192.80	-30976.99	933.12	-8669.88
	利润总额(万元)	-3820.52	-36320.77	1330.01	-7581.29

南京中北(集团)股份有限公司

公司概况	公司名称	南京中北(集团)股份有限公司			证券简称	南京中北
	法人代表	周仪	董秘	陈刚	证券代码	000421
	公司网址	www.zhong-bei.com		电子信箱	securities@zhong-bei.com	
	电话	025-86383698 86383611		传真	025-86383600	
	办公地址	江苏省南京市建邺区应天大街927号				
	经营范围	汽车出租、跨省市公路客运、客车租赁、(汽车维修)、汽车票代办等				

	指标\报告期	2012.06.30	2011.12.31	2011.06.30	2010.12.31
主要财务指标	基本每股收益(元)	0.2159	0.2520	0.1312	0.1662
	基本每股收益(扣除后)(元)	0.1790	0.1909	0.1251	0.1455
	每股净资产(元)	2.4800	2.3200	2.2900	2.2700
	每股经营现金净流量(元)	0.1955	0.4495	0.3391	1.2730
	每股现金流量(元)	-0.1455	0.0843	-0.1319	0.4147
	每股资本公积金(元)	0.2658	0.2694	0.3620	0.4696
	每股盈余公积金(元)	0.1575	0.1575	0.1296	0.1296
	每股未分配利润(元)	1.0619	0.8960	0.8030	0.6718
	净资产收益率(%)	8.6900	10.8530	5.7200	7.3193
	加权净资产收益率(%)	9.0600	10.9800	5.7500	8.1400
	净资产收益率(扣除)(%)	-	-	-	-
	总资产(万元)	278529.37	292353.54	299483.75	297808.57
	归属母公司股东权益(万元)	87386.49	81676.89	80683.05	79854.20
	主营业务收入(万元)	94667.42	147522.95	69603.05	168533.73
	营业收入(万元)	95990.14	153523.41	70854.55	174290.68
	主营成本(万元)	86836.03	150160.89	70868.04	154592.88
	营业成本(万元)	87268.20	153551.09	71350.59	157987.70
	投资收益(万元)	2504.57	976.02	1224.55	-240.15
	净利润(万元)	7790.78	9846.61	5638.18	4150.46
	利润总额(万元)	15601.22	12108.98	7288.89	8568.21

湖北宜化化工股份有限公司

公司概况	公司名称	湖北宜化化工股份有限公司			证券简称	湖北宜化
	法人代表	蒋远华	董秘	强炜	证券代码	000422
	公司网址	www.hbyh.cn		电子信箱	zyj@hbyh.cn	
	电话	010-63704082 6442268		传真	010-63704177	
	办公地址	北京市丰台区南四环西四路188号总部基地15区3号楼				
	经营范围	化肥、化工产品的生产与销售等				

	指标\报告期	2012.06.30	2011.12.31	2011.06.30	2010.12.31
主要财务指标	基本每股收益(元)	0.5280	1.5080	0.5720	1.0560
	基本每股收益(扣除后)(元)	0.4920	1.4430	0.5470	0.9830
	每股净资产(元)	6.3700	9.6530	6.0790	5.0300
	每股经营现金净流量(元)	1.3693	3.6444	0.7771	0.8438
	每股现金流量(元)	-1.7826	3.3596	-0.3576	0.7210
	每股资本公积金(元)	1.9436	3.8239	0.9130	0.6264
	每股盈余公积金(元)	0.2518	0.4168	0.3523	0.3523
	每股未分配利润(元)	3.0599	4.2406	3.6554	2.8975
	净资产收益率(%)	8.3000	15.6190	14.1100	21.0060
	加权净资产收益率(%)	8.6800	25.2400	15.1400	23.6100
	净资产收益率(扣除)(%)	-	-	-	-
	总资产(万元)	2647391.13	2677937.13	2093620.58	1874581.35
	归属母公司股东权益(万元)	571660.85	523541.42	329693.81	272550.53
	主营业务收入(万元)	938273.66	1740138.70	733211.11	1133731.35
	营业收入(万元)	938273.66	1776485.52	733211.11	1154495.03
	主营成本(万元)	741846.33	1422757.50	588253.80	876909.08
	营业成本(万元)	741846.33	1440863.20	588253.80	891803.93
	投资收益(万元)	-37.87	-158.66	-	475.68
	净利润(万元)	80551.53	126622.68	65859.06	102732.94
	利润总额(万元)	90535.97	149422.22	71205.88	115969.60

山东东阿阿胶股份有限公司

公司概况	公司名称	山东东阿阿胶股份有限公司			证券简称	东阿阿胶
	法人代表	李福祚	董秘	吴怀锋	证券代码	000423
	公司网址	www.dongeejiao.com		电子信箱	wuhf@dongeejiao.com	
	电话	0635-3264069		传真	0635-3260786	
	办公地址	山东省聊城市东阿县阿胶街78号				
	经营范围	中成药、生物制药、保健食品、药用辅料、医疗器械、包装印刷等生产经营				

	指标\报告期	2012.06.30	2011.12.31	2011.06.30	2010.12.31
主要财务指标	基本每股收益(元)	0.7125	1.3091	0.6873	0.8902
	基本每股收益(扣除后)(元)	0.6527	1.2379	0.6538	0.8297
	每股净资产(元)	5.9236	5.2350	4.8800	4.1900
	每股经营现金净流量(元)	-0.0611	1.0852	0.2304	0.9721
	每股现金流量(元)	-1.0223	0.5649	0.8681	-1.2838
	每股资本公积金(元)	1.0614	1.0852	1.0537	1.0537
	每股盈余公积金(元)	0.5513	0.5513	0.4224	0.4224
	每股未分配利润(元)	3.3113	2.5989	2.4047	1.7187
	净资产收益率(%)	12.7700	25.0060	15.1500	21.2230
	加权净资产收益率(%)	12.7700	27.4700	15.1500	22.3600
	净资产收益率(扣除)(%)	-	-	-	-
	总资产(万元)	450882.40	422634.93	388800.07	359771.93
	归属母公司股东权益(万元)	387417.51	342380.52	319205.54	274335.87
	主营业务收入(万元)	114514.72	270392.07	125916.79	245522.19
	营业收入(万元)	114873.49	275884.83	127999.37	246378.43
	主营成本(万元)	31655.51	90109.14	45566.44	110401.06
	营业成本(万元)	32383.52	93343.15	47215.36	110887.42
	投资收益(万元)	4989.27	5739.75	2887.58	3991.68
	净利润(万元)	47274.92	87026.00	45563.15	59411.91
	利润总额(万元)	56346.81	103629.70	53525.13	70104.57

徐工集团工程机械股份有限公司

公司概况	公司名称	徐工集团工程机械股份有限公司			证券简称	徐工机械
	法人代表	王民	董秘	费广胜	证券代码	000425
	公司网址	www.xcmg.com		电子信箱	fgs@xcmg.com	
	电话	0516-87938766 87739667		传真	0516-87938767	
	办公地址	江苏省徐州市经济开发区工业一区				
	经营范围	从事工程机械及成套设备、专用汽车、建筑工程机械、矿山机械、环卫机械等				

	指标\报告期	2012.06.30	2011.12.31	2011.06.30	2010.12.31
主要财务指标	基本每股收益(元)	0.7700	1.6400	1.0800	1.6200
	基本每股收益(扣除后)(元)	0.7600	1.6100	1.0700	1.5400
	每股净资产(元)	7.8600	7.3400	6.7800	11.8500
	每股经营现金净流量(元)	-1.6177	-0.9840	-0.4439	0.6613
	每股现金流量(元)	-0.6192	-0.3864	-0.5698	3.8670
	每股资本公积金(元)	3.1200	3.1200	3.1200	6.5425
	每股盈余公积金(元)	0.2563	0.2563	0.1519	0.3038
	每股未分配利润(元)	3.4851	2.9643	2.5114	4.0048
	净资产收益率(%)	9.7900	22.3130	15.9200	24.0100
	加权净资产收益率(%)	9.9800	24.4500	16.7900	40.5200
	净资产收益率(扣除)(%)	-	-	-	-
	总资产(万元)	4092770.14	3471351.68	3038548.05	2534659.16
	归属母公司股东权益(万元)	1621633.49	1514204.64	1399233.69	1222300.72
	主营业务收入(万元)	1708090.15	3125690.98	1851917.18	2400606.51
	营业收入(万元)	1796139.92	3297106.98	1951458.72	2575238.84
	主营成本(万元)	1346183.78	2466036.83	1441165.96	1876081.80
	营业成本(万元)	1421645.50	2615184.30	1528383.72	2018537.64
	投资收益(万元)	-23.64	99.92	81.66	3195.16
	净利润(万元)	158987.13	337859.53	222889.69	292720.47
	利润总额(万元)	184798.12	394814.72	261056.04	340832.71

内蒙古兴业矿业股份有限公司

公司概况	公司名称	内蒙古兴业矿业股份有限公司			证券简称	兴业矿业
	法人代表	吉兴业	董秘	孙凯	证券代码	000426
	公司网址			电子信箱	nmxyky@vip.sina.com	
	电　话	0476-8833387		传　真	0476-8833383	
	办公地址	内蒙古自治区赤峰市新城区玉龙大街兴业大厦 A 座				
	经营范围	有色金属采选、冶炼、加工、销售等				

主要财务指标	指标\报告期	2012.06.30	2011.12.31	2011.06.30	2010.12.31
	基本每股收益(元)	0.2200	0.4904	-0.0500	-0.1300
	基本每股收益(扣除后)(元)	0.2100	-0.1600	-0.0500	-0.1300
	每股净资产(元)	3.7700	3.9400	2.8800	2.9400
	每股经营现金净流量(元)	0.1339	0.2644	-0.1307	0.1796
	每股现金流量(元)	-0.3119	0.3947	0.0058	0.0549
	每股资本公积金(元)	1.5308	1.6839	1.1375	1.1375
	每股盈余公积金(元)	0.2004	0.2306	0.2306	0.2306
	每股未分配利润(元)	0.9930	1.0608	0.5133	0.5685
	净资产收益率(%)	5.7400	11.9400	-1.9200	-4.5390
	加权净资产收益率(%)	5.8700	15.1900	-1.9000	-4.4400
	净资产收益率(扣除)(%)	-	-	-	-
	总资产(万元)	316063.42	314084.42	163060.59	162582.77
	归属母公司股东权益(万元)	165034.91	156949.77	109687.97	111790.98
	主营业务收入(万元)	47740.51	35709.36	23044.36	38927.32
	营业收入(万元)	47766.98	38195.72	23220.28	39780.52
	主营成本(万元)	23308.46	34661.45	22798.19	38228.86
	营业成本(万元)	23330.44	36626.67	22832.28	38585.32
	投资收益(万元)	600.00	1991.26	992.52	791.95
	净利润(万元)	8409.40	18582.93	-2141.38	-5138.61
	利润总额(万元)	12418.69	18839.63	-2141.38	-4996.49

华天酒店集团股份有限公司

公司概况	公司名称	华天酒店集团股份有限公司			证券简称	华天酒店
	法人代表	陈纪明	董秘	刘胜	证券代码	000428
	公司网址	www.huatian-hotel.com		电子信箱	huatianzqb@163.com	
	电　话	0731-84442888 80928		传　真	0731-84449370	
	办公地址	湖南省长沙市解放东路 300 号本公司贵宾楼五楼				
	经营范围	提供住宿、餐饮、洗衣、物业清洗服务、房地产开发、销售等				

主要财务指标	指标\报告期	2012.06.30	2011.12.31	2011.06.30	2010.12.31
	基本每股收益(元)	0.0540	0.1600	0.0597	0.2500
	基本每股收益(扣除后)(元)	0.0524	0.1100	0.0667	0.2500
	每股净资产(元)	2.1560	2.1000	2.0000	2.5200
	每股经营现金净流量(元)	0.1556	0.6957	0.2337	0.7794
	每股现金流量(元)	-0.2961	0.1859	0.1990	-0.0015
	每股资本公积金(元)	0.2734	0.2734	0.2734	0.6555
	每股盈余公积金(元)	0.0475	0.0475	0.0433	0.0563
	每股未分配利润(元)	0.8351	0.7810	0.6809	0.8076
	净资产收益率(%)	2.5100	7.8000	2.9900	9.7620
	加权净资产收益率(%)	2.5400	8.1200	3.0300	10.2000
	净资产收益率(扣除)(%)	-	-	-	-
	总资产(万元)	587023.68	551686.20	484899.96	455985.07
	归属母公司股东权益(万元)	154998.81	151113.83	143619.31	139327.67
	主营业务收入(万元)	77271.56	155800.28	84297.37	136973.69
	营业收入(万元)	77271.56	156502.43	84297.37	137366.36
	主营成本(万元)	32513.75	70945.76	41938.68	63322.64
	营业成本(万元)	32513.75	70959.46	41938.68	63370.92
	投资收益(万元)	54.04	5605.97	42.55	73.83
	净利润(万元)	4918.18	13349.45	5113.98	14349.77
	利润总额(万元)	6059.80	17161.41	6963.25	17177.51

广东省高速公路发展股份有限公司

公司概况	公司名称	广东省高速公路发展股份有限公司			证券简称	粤高速 A
	法人代表	周余明	董秘	左江	证券代码	000429
	公司网址	www.gpedcl.com		电子信箱	fengxw2007@163.com	
	电　话	020-83731388 231 230		传　真	020-83731363 83731384	
	办公地址	广东省广州市白云路 85 号				
	经营范围	主营高速公路、等级公路、桥梁的建设施工、公路、桥梁的收费和养护管理等				

主要财务指标	指标\报告期	2012.06.30	2011.12.31	2011.06.30	2010.12.31
	基本每股收益(元)	0.1300	0.1700	0.1200	0.3100
	基本每股收益(扣除后)(元)	0.1300	0.2300	0.1400	0.3100
	每股净资产(元)	3.3400	3.2700	3.3060	3.4100
	每股经营现金净流量(元)	0.2579	0.4934	0.2479	0.4696
	每股现金流量(元)	0.1918	0.6047	0.0034	0.0319
	每股资本公积金(元)	1.3430	1.3507	1.4404	1.5569
	每股盈余公积金(元)	0.1523	0.1523	0.1308	0.1308
	每股未分配利润(元)	0.8457	0.7705	0.7350	0.7195
	净资产收益率(%)	3.7500	5.2680	3.4900	9.0700
	加权净资产收益率(%)	3.7700	5.1800	3.3500	10.1600
	净资产收益率(扣除)(%)	-	-	-	-
	总资产(万元)	1252819.66	1180242.72	1087612.67	1052646.41
	归属母公司股东权益(万元)	420015.38	411512.61	415630.56	428325.17
	主营业务收入(万元)	53906.94	106879.51	51024.86	99379.73
	营业收入(万元)	54424.92	107804.27	51304.31	100221.95
	主营成本(万元)	27337.13	62614.06	25084.64	51514.57
	营业成本(万元)	27607.24	62938.16	25172.88	51832.10
	投资收益(万元)	19597.99	34614.92	17046.94	34151.52
	净利润(万元)	18221.39	22387.32	15623.55	43833.23
	利润总额(万元)	21480.44	24630.45	19693.06	49440.44

张家界旅游集团股份有限公司

公司概况	公司名称	张家界旅游集团股份有限公司			证券简称	张家界
	法人代表	袁祖荣	董秘	朱洪武	证券代码	000430
	公司网址	www.zjjgf.com.cn		电子信箱	000430wuyan@sina.cn	
	电　话	0744-8288630 8288117		传　真	0744-8353597	
	办公地址	湖南省张家界市南庄路 3 号张家界海关大楼四楼				
	经营范围	旅游资源开发、旅游基础设施建设、旅游配套服务、与旅游有关的高科技开发等				

主要财务指标	指标\报告期	2012.06.30	2011.12.31	2011.06.30	2010.12.31
	基本每股收益(元)	0.1010	0.2794	0.0635	0.2555
	基本每股收益(扣除后)(元)	0.0946	0.2976	0.0788	0.0060
	每股净资产(元)	0.9779	0.8700	0.6600	0.8700
	每股经营现金净流量(元)	0.0994	0.4197	0.0887	0.5020
	每股现金流量(元)	-0.1114	0.0046	-0.0979	0.0907
	每股资本公积金(元)	0.3015	0.3015	0.3014	0.8978
	每股盈余公积金(元)	0.0780	0.0780	0.0779	0.1137
	每股未分配利润(元)	-0.4084	-0.5094	-0.7194	-1.1502
	净资产收益率(%)	10.3300	31.9695	9.5500	42.9852
	加权净资产收益率(%)	10.9100	38.0600	10.0500	51.1100
	净资产收益率(扣除)(%)	-	-	-	-
	总资产(万元)	47714.02	44796.82	42606.56	44546.58
	归属母公司股东权益(万元)	31375.52	28041.71	21317.63	19069.85
	主营业务收入(万元)	23659.90	55439.26	17815.01	37781.38
	营业收入(万元)	23666.00	55704.98	17831.63	37958.32
	主营成本(万元)	15207.95	33690.09	9735.65	22104.98
	营业成本(万元)	15208.99	33691.84	9735.88	22105.01
	投资收益(万元)	-	19.75	8.70	-19.37
	净利润(万元)	3228.89	8956.53	2010.13	8059.80
	利润总额(万元)	4576.22	12229.54	3257.10	10312.68

山东晨鸣纸业集团股份有限公司

公司概况						
公司名称	山东晨鸣纸业集团股份有限公司			证券简称	晨鸣纸业	
法人代表	陈洪国	董秘	郝筠	证券代码	000488	
公司网址	www.chenmingpaper.com		电子信箱	chenmmingpaper@163.com		
电　话	0536-2158011 2156488		传　真	0536-2158640		
办公地址	山东省寿光市圣城街595号					
经营范围	机制纸及板纸和造纸原料、造纸机械、电力、热力的生产与销售等					

主要财务指标 指标\报告期	2012.06.30	2011.12.31	2011.06.30	2010.12.31
基本每股收益(元)	0.0500	0.2900	0.2300	0.5600
基本每股收益(扣除后)(元)	-0.0500	0.1400	0.1900	0.5000
每股净资产(元)	6.4600	6.5600	6.5000	6.5600
每股经营现金净流量(元)	0.3206	-0.2121	0.3577	0.4124
每股现金流量(元)	0.1320	0.2240	-0.0438	-0.2483
每股资本公积金(元)	2.9574	2.9574	2.9551	2.9551
每股盈余公积金(元)	0.5490	0.5490	0.5075	0.5075
每股未分配利润(元)	1.9508	2.0551	2.0362	2.1017
净资产收益率(%)	0.7100	4.4960	3.6100	8.5900
加权净资产收益率(%)	0.7000	4.5000	3.5100	8.8000
净资产收益率(扣除)(%)	-	-	-	-
总资产(万元)	4685634.58	4563082.90	3953715.95	3507713.21
归属母公司股东权益(万元)	1331340.80	1352862.23	1340044.38	1353578.58
主营业务收入(万元)	986270.94	1753545.23	886791.34	1712982.09
营业收入(万元)	996445.15	1774748.99	891745.54	1720312.30
主营成本(万元)	844457.69	1485134.25	736518.50	1365158.62
营业成本(万元)	850051.29	1493115.32	845679.58	1368300.15
投资收益(万元)	-271.65	787.14	955.37	-1376.28
净利润(万元)	2538.57	58872.68	49681.50	130165.81
利润总额(万元)	1251.88	69898.99	59353.89	156235.46

武汉武商集团股份有限公司

公司概况						
公司名称	武汉武商集团股份有限公司			证券简称	鄂武商A	
法人代表	刘江超	董秘	李轩	证券代码	000501	
公司网址	www.wushang.com.cn		电子信箱	xuanl528@163.com		
电　话	027-85714295		传　真	027-85714011		
办公地址	湖北省武汉市汉口解放大道690号					
经营范围	百货、五金、交电、家具、其他食品、针纺织品、日用杂品、酒等					

主要财务指标 指标\报告期	2012.06.30	2011.12.31	2011.06.30	2010.12.31
基本每股收益(元)	0.4800	0.6500	0.4300	0.5800
基本每股收益(扣除后)(元)	0.4600	0.6500	0.4400	0.5600
每股净资产(元)	4.4700	4.0200	3.8100	3.3700
每股经营现金净流量(元)	1.1702	3.6333	0.9699	3.2003
每股现金流量(元)	-0.3106	0.5787	-0.5595	1.2832
每股资本公积金(元)	1.0534	1.0771	1.0798	1.0800
每股盈余公积金(元)	0.4777	0.4777	0.4033	0.4033
每股未分配利润(元)	1.9425	1.4671	1.3226	0.8885
净资产收益率(%)	10.6300	16.2390	11.4100	17.1620
加权净资产收益率(%)	11.1900	17.6700	12.1000	18.7800
净资产收益率(扣除)(%)	-	-	-	-
总资产(万元)	969709.70	969500.30	756981.99	745743.88
归属母公司股东权益(万元)	226922.23	204009.29	193042.55	171029.91
主营业务收入(万元)	704641.29	1218203.61	608455.32	1008832.20
营业收入(万元)	736498.56	1273384.99	633714.06	1053703.55
主营成本(万元)	582673.04	-	504804.46	-
营业成本(万元)	584790.92	1016005.07	506700.43	844344.79
投资收益(万元)	14.68	-165.47	51.17	89.25
净利润(万元)	30981.42	44537.77	28204.93	37790.69
利润总额(万元)	41413.79	60359.18	37690.96	52552.80

绿景控股股份有限公司

公司概况						
公司名称	绿景控股股份有限公司			证券简称	绿景控股	
法人代表	余斌	董秘	王斌	证券代码	000502	
公司网址	www.000502.cn		电子信箱	yaoyao920628@yahoo.com.cn		
电　话	020-22082999 22082969		传　真	020-22082922		
办公地址	广东省广州市天河区林和中路8号海航大厦35楼					
经营范围	房地产开发经营、室内外装饰装修工程、花木园林工程设计等					

主要财务指标 指标\报告期	2012.06.30	2011.12.31	2011.06.30	2010.12.31
基本每股收益(元)	-0.0246	0.1400	-0.0566	-0.2800
基本每股收益(扣除后)(元)	-0.0352	0.1400	-0.0702	-0.2788
每股净资产(元)	1.0800	1.1100	1.1551	0.9700
每股经营现金净流量(元)	-0.2878	0.1596	0.2532	0.9110
每股现金流量(元)	-0.2477	-0.2192	0.2504	0.6518
每股资本公积金(元)	0.1233	0.1233	0.1233	0.1233
每股盈余公积金(元)	0.0373	0.0373	0.0373	0.0373
每股未分配利润(元)	-0.0758	-0.0513	-0.0055	-0.1896
净资产收益率(%)	-2.2649	12.4680	-4.9000	-28.8360
加权净资产收益率(%)	-2.2400	13.3000	-4.7800	-25.2000
净资产收益率(扣除)(%)	-	-	-	-
总资产(万元)	39182.70	45194.20	91593.02	81782.31
归属母公司股东权益(万元)	20048.69	20502.78	21348.07	17946.56
主营业务收入(万元)	1522.45	62503.08	4837.15	7103.81
营业收入(万元)	1522.45	62515.71	4837.15	7119.81
主营成本(万元)	534.23	45765.88	2282.08	4356.02
营业成本(万元)	534.23	45765.88	2282.08	4356.03
投资收益(万元)	170.93	146.51	-	-
净利润(万元)	-395.67	3674.48	-1112.63	-5158.44
利润总额(万元)	-313.49	6058.35	-1197.61	-4419.72

海虹企业(控股)股份有限公司

公司概况						
公司名称	海虹企业(控股)股份有限公司			证券简称	海虹控股	
法人代表	康健	董秘	上官永强	证券代码	000503	
公司网址	www.searainbow.com		电子信箱	ir@searainbow.com		
电　话	0898-68510496 010-64424355		传　真	0898-68510469 68510669		
办公地址	海南省海口市文华路18号文华大酒店七层					
经营范围	主要集中在医药、以联众游戏为代表的数字娱乐、高科技化纤等业务					

主要财务指标 指标\报告期	2012.06.30	2011.12.31	2011.06.30	2010.12.31
基本每股收益(元)	0.0115	0.0200	0.0215	0.0135
基本每股收益(扣除后)(元)	-0.0053	-0.0933	-0.0589	-0.0488
每股净资产(元)	1.3614	1.3717	1.4300	1.7092
每股经营现金净流量(元)	-0.0038	0.0805	-0.0793	-0.0140
每股现金流量(元)	-0.0060	0.0104	0.0394	0.0464
每股资本公积金(元)	-0.0362	-0.0122	0.0334	0.2401
每股盈余公积金(元)	0.0038	0.0038	0.0038	0.0046
每股未分配利润(元)	0.5512	0.5398	0.5413	0.6237
净资产收益率(%)	0.8429	1.4600	1.5709	0.9500
加权净资产收益率(%)	0.8331	1.4000	0.9408	0.9400
净资产收益率(扣除)(%)	-	-	-	-
总资产(万元)	138266.44	141966.21	148977.13	155477.32
归属母公司股东权益(万元)	122365.83	123290.98	128702.99	128020.15
主营业务收入(万元)	8006.39	16279.04	5445.29	19770.68
营业收入(万元)	8006.39	16285.04	5445.29	19776.68
主营成本(万元)	2853.01	8768.37	2651.99	9044.35
营业成本(万元)	2853.01	8774.91	2651.99	9050.89
投资收益(万元)	1232.23	8594.75	5961.28	3918.64
净利润(万元)	602.80	1900.83	1860.12	1082.40
利润总额(万元)	734.06	2026.95	1886.63	1339.85

北京赛迪传媒投资股份有限公司

公司概况	公司名称	北京赛迪传媒投资股份有限公司			证券简称	ST 传 媒
	法人代表	周江军	董秘	瞿佳	证券代码	000504
	公司网址	www.ccidmedia.com		电子信箱	zq000504@ccidmedia.com	
	电 话	010-88558399 88558355		传 真	010-88558366	
	办公地址	北京市海淀区紫竹院路 66 号赛迪大厦 17 层				
	经营范围	对高新技术企业资讯、媒体、文化传播项目投资管理、技术开发、技术咨询等				

主要财务指标	指标\报告期	2012.06.30	2011.12.31	2011.06.30	2010.12.31
	基本每股收益(元)	-0.0027	-0.1000	-0.0082	0.0200
	基本每股收益(扣除后)(元)	-0.0090	-0.1000	-0.0146	-0.0900
	每股净资产(元)	0.4000	0.4100	0.4900	0.5000
	每股经营现金净流量(元)	-0.0107	-0.0100	-0.0173	-0.2052
	每股现金流量(元)	-0.0592	0.0373	-0.0173	-0.0886
	每股资本公积金(元)	0.1448	0.1448	0.1448	0.1448
	每股盈余公积金(元)	0.1109	0.1109	0.1109	0.1109
	每股未分配利润(元)	-0.8530	-0.8504	-0.7626	-0.7544
	净资产收益率(%)	-0.6600	-23.6830	-1.6100	4.1374
	加权净资产收益率(%)	-0.6600	-21.1800	-1.6100	4.2400
	净资产收益率(扣除)(%)	-	-	-	-
	总资产(万元)	26220.51	27647.26	28488.74	28682.44
	归属母公司股东权益(万元)	12543.33	12626.60	15360.59	15616.91
	主营业务收入(万元)	3512.05	8878.01	5332.38	14509.87
	营业收入(万元)	3604.07	9089.30	5421.84	15199.04
	主营成本(万元)	2272.08	7034.75	4159.60	11463.36
	营业成本(万元)	2323.55	7170.67	4202.17	11759.61
	投资收益(万元)	-	-195.92	-3.83	3237.42
	净利润(万元)	-78.53	-3075.45	-256.63	574.98
	利润总额(万元)	-78.53	-3028.70	-256.63	598.66

海南珠江控股股份有限公司

公司概况	公司名称	海南珠江控股股份有限公司			证券简称	ST 珠 江
	法人代表	郑清	董秘	俞翠红	证券代码	000505
	公司网址			电子信箱	hnpearlriver@21cn.net	
	电 话	0898-68581888 68581199		传 真	0898-68581026	
	办公地址	海南省海口市滨海大道珠江广场帝豪大厦 29 楼				
	经营范围	工业投资、热带种植业、海产养殖、房地产开发经营、酒店投资与管理等				

主要财务指标	指标\报告期	2012.06.30	2011.12.31	2011.06.30	2010.12.31
	基本每股收益(元)	-0.0884	-0.1200	-0.0352	0.0600
	基本每股收益(扣除后)(元)	-0.1400	-0.1900	-0.0800	-0.0300
	每股净资产(元)	0.9076	0.8741	1.1441	1.1700
	每股经营现金净流量(元)	-0.0834	-0.1784	-0.0642	0.3317
	每股现金流量(元)	0.0271	-0.1965	-0.1516	-0.3642
	每股资本公积金(元)	1.3649	1.2430	1.4324	1.4183
	每股盈余公积金(元)	0.2566	0.2566	0.2676	0.2566
	每股未分配利润(元)	-1.7139	-1.6255	-1.5558	-1.5096
	净资产收益率(%)	-9.7430	-13.2648	-3.0500	5.5764
	加权净资产收益率(%)	-9.9300	-11.3700	-3.0500	4.8200
	净资产收益率(扣除)(%)	-	-	-	-
	总资产(万元)	141911.07	131194.97	142271.41	144888.56
	归属母公司股东权益(万元)	38730.19	37300.47	48823.85	49729.54
	主营业务收入(万元)	10673.82	23078.66	14317.13	68468.33
	营业收入(万元)	10834.20	23314.56	14429.28	68606.59
	主营成本(万元)	7409.14	14616.71	8595.25	45436.58
	营业成本(万元)	7496.92	14735.65	8651.73	45535.56
	投资收益(万元)	1811.33	-98.98	-40.48	126.76
	净利润(万元)	-3708.20	-4921.84	-1406.34	3618.02
	利润总额(万元)	-3530.50	-4198.38	-863.02	5914.96

中润资源投资股份有限公司

公司概况	公司名称	中润资源投资股份有限公司			证券简称	中润资源
	法人代表	郑峰文	董秘	贺明	证券代码	000506
	公司网址	www.sdzr.com		电子信箱	zhongruntouzi@126.com	
	电 话	0531-81665777		传 真	0531-81665888	
	办公地址	山东省济南市经十路 13777 号中润世纪广场 17 栋				
	经营范围	矿产资源勘探与开发投资、矿产品加工与销售、公司股权投资				

主要财务指标	指标\报告期	2012.06.30	2011.12.31	2011.06.30	2010.12.31
	基本每股收益(元)	0.0797	0.2883	0.1112	0.3656
	基本每股收益(扣除后)(元)	0.0798	0.2949	0.1108	0.3351
	每股净资产(元)	1.6336	1.5498	1.3732	1.2620
	每股经营现金净流量(元)	0.1609	-0.9190	-0.6524	0.3570
	每股现金流量(元)	-0.1221	-1.2939	-0.6767	1.1426
	每股资本公积金(元)	0.0397	0.0397	0.0402	0.0402
	每股盈余公积金(元)	0.0446	0.0446	0.0204	0.0204
	每股未分配利润(元)	0.5500	0.4655	0.3127	0.2014
	净资产收益率(%)	4.8800	18.6030	8.1000	28.9696
	加权净资产收益率(%)	5.0100	20.5100	8.4400	33.8800
	净资产收益率(扣除)(%)	-	-	-	-
	总资产(万元)	539631.58	599589.88	577685.60	549923.82
	归属母公司股东权益(万元)	126473.73	119986.27	106309.39	97697.93
	主营业务收入(万元)	57654.47	129839.15	56086.77	109963.79
	营业收入(万元)	59277.12	132707.55	56975.42	119661.37
	主营成本(万元)	39621.67	68143.16	31030.33	60092.42
	营业成本(万元)	40285.18	69470.19	31525.22	61135.81
	投资收益(万元)	-	-	-	22.75
	净利润(万元)	5930.92	22280.03	8501.00	28302.73
	利润总额(万元)	8822.20	30837.69	11775.20	37641.80

珠海港股份有限公司

公司概况	公司名称	珠海港股份有限公司			证券简称	珠 海 港
	法人代表	吴爱存	董秘	薛楠	证券代码	000507
	公司网址	www.0507.com.cn		电子信箱	zhg916@yahoo.com.cn	
	电 话	0756-3292216 3292215		传 真	0756-3321889	
	办公地址	广东省珠海市情侣南路 278 号				
	经营范围	港口及其配套设施的项目投资、电力项目投资等				

主要财务指标	指标\报告期	2012.06.30	2011.12.31	2011.06.30	2010.12.31
	基本每股收益(元)	0.2719	0.8464	0.3588	0.5788
	基本每股收益(扣除后)(元)	0.2622	0.7982	0.3616	0.5819
	每股净资产(元)	2.9856	4.9846	4.6250	4.4857
	每股经营现金净流量(元)	0.0656	0.7028	0.4207	0.1000
	每股现金流量(元)	-0.3717	0.7120	0.9204	0.1536
	每股资本公积金(元)	0.6098	1.8977	1.6844	2.2102
	每股盈余公积金(元)	0.0975	0.1754	0.1255	0.1262
	每股未分配利润(元)	1.2783	1.9115	1.8151	1.1494
	净资产收益率(%)	9.1100	16.9800	11.8400	12.9037
	加权净资产收益率(%)	9.3600	17.3200	13.4600	12.2300
	净资产收益率(扣除)(%)	-	-	-	-
	总资产(万元)	349289.60	341578.10	260280.65	200858.50
	归属母公司股东权益(万元)	185403.03	171969.10	159559.66	154757.03
	主营业务收入(万元)	23345.62	44643.71	19695.67	37784.96
	营业收入(万元)	23735.37	45410.59	20112.67	40169.84
	主营成本(万元)	17459.54	37054.75	16167.16	27218.32
	营业成本(万元)	17562.97	37277.14	15545.08	28926.82
	投资收益(万元)	18603.31	33872.00	23677.74	22086.84
	净利润(万元)	16633.72	29469.62	22419.01	20147.13
	利润总额(万元)	16976.25	29803.67	22728.25	21000.61

华塑控股股份有限公司

公司概况

公司名称	华塑控股股份有限公司			证券简称	SST华塑
法人代表	邢乐成	董秘	郭宏杰	证券代码	000509
公司网址	www.000509.com			电子信箱	dm000509@163.com
电　话	028-85365657 13388198065			传　真	028-85365657
办公地址	四川省成都市武科东三路9号				
经营范围	计算机软件开发、生产、开发、生产、销售电子产品及元器件等				

主要财务指标

指标\报告期	2012.06.30	2011.12.31	2011.06.30	2010.12.31
基本每股收益(元)	0.0285	-0.4515	-0.2121	0.0406
基本每股收益(扣除后)(元)	-0.0830	-0.3733	-0.2097	-0.2179
每股净资产(元)	-0.4297	-0.4579	-0.2510	-0.0373
每股经营现金净流量(元)	0.0186	-0.0232	0.0002	0.0484
每股现金流量(元)	-0.0111	-0.1813	-0.1651	0.1546
每股资本公积金(元)	1.8705	1.8708	1.8727	1.8743
每股盈余公积金(元)	0.1156	0.1156	0.1156	0.1156
每股未分配利润(元)	-3.4157	-3.4443	-3.2392	-3.0271
净资产收益率(%)	-6.6440	-98.5990	-84.5200	-109.0405
加权净资产收益率(%)	-	-	-	-
净资产收益率(扣除)(%)	-	-	-	-
总资产(万元)	52589.07	50946.01	56831.11	64965.27
归属母公司股东权益(万元)	-10742.89	-11447.43	-6274.09	-931.78
主营业务收入(万元)	15325.98	36075.65	16326.67	39984.02
营业收入(万元)	15669.09	36748.02	16718.05	40734.19
主营成本(万元)	14333.71	34130.94	15913.22	35726.01
营业成本(万元)	14482.26	34411.89	16114.32	36025.31
投资收益(万元)	-	-34.93	0.90	0.90
净利润(万元)	642.18	-12010.91	-5436.19	795.58
利润总额(万元)	646.75	-12037.58	-5426.16	783.29

四川金路集团股份有限公司

公司概况

公司名称	四川金路集团股份有限公司			证券简称	金路集团
法人代表	刘汉	董秘	刘邦洪	证券代码	000510
公司网址	www.jinlugroup.cn			电子信箱	lbh808@163.com
电　话	0838-2207936			传　真	0838-2207936
办公地址	四川省德阳市岷江西路二段57号金路大厦				
经营范围	生产销售PVC树脂、烧碱系列化工原料及其加工产品等				

主要财务指标

指标\报告期	2012.06.30	2011.12.31	2011.06.30	2010.12.31
基本每股收益(元)	-0.1415	-0.1902	-0.0204	0.1336
基本每股收益(扣除后)(元)	-0.1466	-0.2182	-0.0279	0.0250
每股净资产(元)	1.5587	1.7002	1.8689	1.8891
每股经营现金净流量(元)	0.1499	-0.0097	-0.2816	0.6903
每股现金流量(元)	0.0088	-0.5459	-0.5169	0.5242
每股资本公积金(元)	0.0731	0.0731	0.0731	0.0731
每股盈余公积金(元)	0.1633	0.1633	0.1633	0.1633
每股未分配利润(元)	0.3208	0.4624	0.6322	0.6526
净资产收益率(%)	-9.0800	-11.1878	-1.0900	7.0709
加权净资产收益率(%)	-8.6900	-10.6000	-1.0800	7.0600
净资产收益率(扣除)(%)	-	-	-	-
总资产(万元)	228666.67	235407.95	234006.00	241933.23
归属母公司股东权益(万元)	94955.05	103575.79	113848.69	115079.35
主营业务收入(万元)	106473.06	256392.74	124840.63	268745.56
营业收入(万元)	107753.54	258714.81	125366.07	270255.98
主营成本(万元)	107726.26	248409.59	117161.25	242706.05
营业成本(万元)	108605.90	250549.59	117486.33	243831.15
投资收益(万元)	2.64	559.26	64.08	5449.73
净利润(万元)	-8837.76	-11587.42	-1244.31	8314.82
利润总额(万元)	-8807.19	-11253.12	-1075.94	8398.52

沈阳银基发展股份有限公司

公司概况

公司名称	沈阳银基发展股份有限公司			证券简称	银基发展
法人代表	刘成文	董秘	孙家庆	证券代码	000511
公司网址	www.iigdl.com			电子信箱	yjzq@ingin.com.cn
电　话	024-22903598 22955600			传　真	024-22921377
办公地址	辽宁省沈阳市沈河区青年大街109号				
经营范围	土地整理、房地产开发、物业管理、酒店投资经营等				

主要财务指标

指标\报告期	2012.06.30	2011.12.31	2011.06.30	2010.12.31
基本每股收益(元)	0.0100	0.0300	0.0100	0.0300
基本每股收益(扣除后)(元)	0.0100	0.0200	0.0100	0.0300
每股净资产(元)	1.3800	1.3700	1.3500	1.3400
每股经营现金净流量(元)	0.1814	-0.0527	0.0443	-0.0610
每股现金流量(元)	0.0833	-0.1982	-0.0755	-0.0464
每股资本公积金(元)	0.0281	0.0281	0.0281	0.0281
每股盈余公积金(元)	0.1079	0.1079	0.1079	0.1079
每股未分配利润(元)	0.2448	0.2308	0.2133	0.2023
净资产收益率(%)	1.0100	2.0880	0.8200	1.9960
加权净资产收益率(%)	1.0200	2.1100	0.8200	2.0200
净资产收益率(扣除)(%)	-	-	-	-
总资产(万元)	360396.45	350138.40	372718.52	368876.38
归属母公司股东权益(万元)	159456.27	157841.15	155819.23	154544.94
主营业务收入(万元)	18377.72	46417.73	17162.16	42789.51
营业收入(万元)	18377.72	47017.73	17162.16	42789.51
主营成本(万元)	13277.03	30862.81	11936.51	29779.09
营业成本(万元)	13277.03	31170.25	11936.51	29779.09
投资收益(万元)	604.40	608.71	610.52	-401.38
净利润(万元)	1613.37	3296.20	1274.29	3084.72
利润总额(万元)	2282.80	5120.09	2083.32	4661.69

丽珠医药集团股份有限公司

公司概况

公司名称	丽珠医药集团股份有限公司			证券简称	丽珠集团
法人代表	朱保国	董秘	李如才	证券代码	000513
公司网址	www.livzon.com.cn			电子信箱	lirucai2008@livzon.com.cn
电　话	0756-8135888			传　真	0756-8886002
办公地址	广东省珠海市拱北桂花北路132号丽珠大厦				
经营范围	医药产品的研发、生产及销售				

主要财务指标

指标\报告期	2012.06.30	2011.12.31	2011.06.30	2010.12.31
基本每股收益(元)	0.7700	1.2200	0.7500	1.4100
基本每股收益(扣除后)(元)	0.7400	1.1600	0.6800	1.3300
每股净资产(元)	9.8900	9.6100	9.1500	8.5100
每股经营现金净流量(元)	1.1342	2.3948	0.9896	2.1415
每股现金流量(元)	-1.8487	1.9873	1.4025	0.9679
每股资本公积金(元)	1.1783	1.1771	1.1762	1.1783
每股盈余公积金(元)	1.6205	1.6205	1.4990	1.4990
每股未分配利润(元)	6.1595	5.8861	5.5392	4.8921
净资产收益率(%)	7.8200	12.6400	8.1600	16.6114
加权净资产收益率(%)	7.8600	13.4100	8.4200	17.9400
净资产收益率(扣除)(%)	-	-	-	-
总资产(万元)	465933.31	460290.90	417563.03	366199.16
归属母公司股东权益(万元)	292477.83	284316.97	270618.01	251743.81
主营业务收入(万元)	187505.55	313634.01	145578.97	269019.59
营业收入(万元)	188499.72	316291.53	147143.75	272671.89
主营成本(万元)	74010.16	137739.44	66650.65	126792.73
营业成本(万元)	74875.24	139793.72	67709.34	128648.49
投资收益(万元)	173.15	-148.55	-65.46	-127.89
净利润(万元)	24673.19	38779.84	23624.03	45249.00
利润总额(万元)	29440.39	46315.12	28324.12	53366.73

重庆渝开发股份有限公司

公司概况					
公司名称	重庆渝开发股份有限公司			证券简称	渝开发
法人代表	徐平	董秘	夏康(代)	证券代码	000514
公司网址	www.cqukf.com		电子信箱	xgm_123@sina.com	
电话	023-63858883 63826995		传真	023-63826995	
办公地址	重庆市南岸区铜元局刘家花园96号				
经营范围	房地产开发(壹级)、房屋销售及租赁、房地产信息咨询、城市基础设施等				

主要财务指标 指标\报告期	2012.06.30	2011.12.31	2011.06.30	2010.12.31
基本每股收益(元)	0.0561	0.2297	0.0425	0.1936
基本每股收益(扣除后)(元)	0.0492	0.0742	0.0175	0.1079
每股净资产(元)	3.3040	3.2530	3.3300	3.2600
每股经营现金净流量(元)	–0.1354	–1.0043	0.0126	–0.2018
每股现金流量(元)	0.2557	–0.8375	0.1413	1.0495
每股资本公积金(元)	1.6464	1.7962	1.7330	1.6805
每股盈余公积金(元)	0.0900	0.0990	0.0814	0.0814
每股未分配利润(元)	0.5677	0.6827	0.5132	0.5007
净资产收益率(%)	1.7000	6.4200	1.1900	5.9330
加权净资产收益率(%)	1.7100	6.7200	1.2800	6.1700
净资产收益率(扣除)(%)	–	–	–	–
总资产(万元)	592474.30	525358.51	556376.68	460519.66
归属母公司股东权益(万元)	253444.45	249501.21	232044.59	227505.31
主营业务收入(万元)	18396.72	88596.22	17633.33	77940.80
营业收入(万元)	18619.83	90045.18	17640.74	78214.21
主营成本(万元)	8197.35	48603.00	8314.29	53583.70
营业成本(万元)	8389.18	49232.26	8314.29	53707.75
投资收益(万元)	405.72	11747.33	1900.49	6554.91
净利润(万元)	2927.86	22457.03	3183.47	16391.11
利润总额(万元)	2689.50	28205.09	4493.60	20639.65

西安开元投资集团股份有限公司

公司概况					
公司名称	西安开元投资集团股份有限公司			证券简称	开元投资
法人代表	王爱萍	董秘	管港	证券代码	000516
公司网址	www.ky000516.com		电子信箱	kyig@ky000516.com	
电话	029-87217854		传真	029-87217705	
办公地址	陕西省西安市解放市场6号				
经营范围	百货零售业与医疗服务等				

主要财务指标 指标\报告期	2012.06.30	2011.12.31	2011.06.30	2010.12.31
基本每股收益(元)	0.1310	0.1800	0.1230	0.2100
基本每股收益(扣除后)(元)	0.1070	0.1800	0.1190	0.1540
每股净资产(元)	1.6500	1.5700	1.6200	1.5000
每股经营现金净流量(元)	0.1383	0.6563	0.2471	0.4008
每股现金流量(元)	0.0146	–0.3539	–0.1763	0.4261
每股资本公积金(元)	0.0733	0.0733	0.1815	0.1815
每股盈余公积金(元)	0.1149	0.1149	0.1001	0.1001
每股未分配利润(元)	0.4597	0.3792	0.3395	0.2164
净资产收益率(%)	7.9200	11.3800	7.5900	14.2430
加权净资产收益率(%)	8.0400	11.2400	7.8900	15.1900
净资产收益率(扣除)(%)	–	–	–	–
总资产(万元)	314902.90	314511.90	278000.35	270684.04
归属母公司股东权益(万元)	117566.41	111819.49	115649.37	106866.57
主营业务收入(万元)	176484.50	330748.48	150020.06	246646.23
营业收入(万元)	180113.26	337812.96	153581.34	252471.84
主营成本(万元)	146937.30	277404.52	125093.89	204949.57
营业成本(万元)	146944.64	277418.81	125103.91	204971.98
投资收益(万元)	1875.57	505.18	496.73	6409.26
净利润(万元)	9314.01	12725.33	8782.80	15224.56
利润总额(万元)	12113.87	18414.78	11747.87	20619.03

荣安地产股份有限公司

公司概况					
公司名称	荣安地产股份有限公司			证券简称	荣安地产
法人代表	王久芳	董秘	胡约翰	证券代码	000517
公司网址	www.rongan.com.cn		电子信箱	stock@000517.com	
电话	0574-87312566		传真	0574-87310668	
办公地址	浙江省宁波市海曙区灵桥路513号天封大厦15楼				
经营范围	房地产开发和经营等				

主要财务指标 指标\报告期	2012.06.30	2011.12.31	2011.06.30	2010.12.31
基本每股收益(元)	0.0773	0.3814	0.1038	0.2323
基本每股收益(扣除后)(元)	0.0784	0.2756	0.1006	0.2345
每股净资产(元)	2.2543	2.1769	1.8994	1.7955
每股经营现金净流量(元)	1.2398	–0.4999	–1.0442	–1.8797
每股现金流量(元)	0.3573	0.2669	0.0635	0.0062
每股资本公积金(元)	–	–	–	–
每股盈余公积金(元)	–	–	–	–
每股未分配利润(元)	1.2543	1.1769	0.8994	0.7955
净资产收益率(%)	3.4300	17.5190	4.7700	12.9390
加权净资产收益率(%)	3.4900	19.2000	5.6200	13.8300
净资产收益率(扣除)(%)	–	–	–	–
总资产(万元)	1102892.13	1032582.93	879745.95	718062.01
归属母公司股东权益(万元)	239246.15	231037.38	201582.00	190562.33
主营业务收入(万元)	50366.88	162616.96	66112.09	124810.30
营业收入(万元)	50366.88	162740.71	66258.92	124993.87
主营成本(万元)	23930.26	92305.04	35723.22	68065.13
营业成本(万元)	23930.26	92377.94	35771.83	68162.34
投资收益(万元)	–18.51	–25.83	–13.30	–116.03
净利润(万元)	8208.77	40475.05	11019.67	24656.64
利润总额(万元)	10402.98	51986.65	15586.89	33824.59

江苏四环生物股份有限公司

公司概况					
公司名称	江苏四环生物股份有限公司			证券简称	四环生物
法人代表	孙国建	董秘	周扬	证券代码	000518
公司网址	www.shsw.com.cn		电子信箱	0518shsw@163.com	
电话	0510-86408558		传真	0510-86408558	
办公地址	江苏省无锡市江阴市滨江开发区				
经营范围	原料药、片剂、酒剂、注射剂及生物制品的制造、销售等				

主要财务指标 指标\报告期	2012.06.30	2011.12.31	2011.06.30	2010.12.31
基本每股收益(元)	0.0015	–0.0058	0.0021	0.0074
基本每股收益(扣除后)(元)	0.0012	–0.0110	0.0024	0.0063
每股净资产(元)	0.6915	0.6900	0.6979	0.7000
每股经营现金净流量(元)	–0.0066	0.0195	–0.0375	0.2122
每股现金流量(元)	–0.0079	0.0643	–0.0397	0.0614
每股资本公积金(元)	0.0009	0.0009	0.0009	0.0009
每股盈余公积金(元)	0.0368	0.0368	0.0368	0.0368
每股未分配利润(元)	–0.3461	–0.3476	–0.3397	–0.3418
净资产收益率(%)	0.2100	–0.8393	0.3000	1.0680
加权净资产收益率(%)	0.2100	–0.8400	0.3000	1.0700
净资产收益率(扣除)(%)	–	–	–	–
总资产(万元)	98335.54	96993.62	98121.49	96204.20
归属母公司股东权益(万元)	71195.09	71043.82	71854.01	71640.07
主营业务收入(万元)	11300.43	23391.23	11553.05	20410.79
营业收入(万元)	11509.54	24414.20	11727.30	20836.84
主营成本(万元)	6017.21	12216.20	5967.68	10865.30
营业成本(万元)	6023.43	12661.28	5969.88	11055.95
投资收益(万元)	–	–544.13	–118.83	114.64
净利润(万元)	675.41	245.17	698.77	929.73
利润总额(万元)	767.38	469.21	756.32	879.88

湖南江南红箭股份有限公司

公司概况	公司名称	湖南江南红箭股份有限公司			证券简称	江南红箭
	法人代表	齐振伟	董秘	熊尚荣	证券代码	000519
	公司网址	www.yhdle.com		电子信箱	xiongshangrong@126.com	
	电　话	028-83068899 83068819		传　真	028-83068800	
	办公地址	四川省成都市新都区龙桥镇				
	经营范围	制造、销售拖内配件、汽车配件、摩托车配件、工矿机械配件等				

	指标\报告期	2012.06.30	2011.12.31	2011.06.30	2010.12.31
主要财务指标	基本每股收益(元)	0.0180	–0.0579	–0.0150	0.0600
	基本每股收益(扣除后)(元)	–0.0190	–0.0492	0.0010	–0.0389
	每股净资产(元)	1.7937	1.7760	1.8188	1.8300
	每股经营现金净流量(元)	0.0670	–0.0984	–0.1346	–0.0768
	每股现金流量(元)	0.0610	–0.0107	0.0558	–0.1002
	每股资本公积金(元)	0.3369	0.3369	0.3369	0.3369
	每股盈余公积金(元)	0.2601	0.2601	0.2601	0.2601
	每股未分配利润(元)	0.1967	0.1790	0.2218	0.2369
	净资产收益率(%)	0.9900	–3.2590	–0.8300	3.2730
	加权净资产收益率(%)	0.9800	–3.2100	–0.8300	3.3300
	净资产收益率(扣除)(%)	–	–	–	–
	总资产(万元)	47711.38	47207.64	51324.88	48040.62
	归属母公司股东权益(万元)	34286.96	33948.42	34766.98	35054.95
	主营业务收入(万元)	15374.80	33876.85	18986.13	34142.94
	营业收入(万元)	15428.96	34809.56	19608.49	34784.64
	主营成本(万元)	13053.23	28269.08	15699.60	27192.80
	营业成本(万元)	13080.03	28997.02	16248.13	27748.71
	投资收益(万元)	787.70	–304.13	–303.91	3706.66
	净利润(万元)	253.59	–1128.13	–289.11	1135.33
	利润总额(万元)	258.81	–1270.63	–251.66	1170.08

长航凤凰股份有限公司

公司概况	公司名称	长航凤凰股份有限公司			证券简称	长航凤凰
	法人代表	朱宁	董秘	李嘉华	证券代码	000520
	公司网址	www.csc-hy.com.cn		电子信箱	csc-hy@tom.com	
	电　话	027-82763977 82763901		传　真	027-82763929	
	办公地址	湖北省武汉市汉口民权路39号汇江大厦				
	经营范围	国际船舶普通货物运输、国内沿海、内河普通货船及集装箱班轮内支线运输等				

	指标\报告期	2012.06.30	2011.12.31	2011.06.30	2010.12.31
主要财务指标	基本每股收益(元)	–0.6617	–1.3085	–0.4437	0.0164
	基本每股收益(扣除后)(元)	–0.7592	–1.4951	–0.4623	–0.2436
	每股净资产(元)	–0.4655	0.1936	1.0776	1.5356
	每股经营现金净流量(元)	–0.1736	0.0840	0.0348	–0.2543
	每股现金流量(元)	–0.3879	0.0817	0.2617	–0.0778
	每股资本公积金(元)	0.4469	0.4469	0.4469	0.4469
	每股盈余公积金(元)	0.2933	0.2933	0.2933	0.2933
	每股未分配利润(元)	–2.1518	–1.4901	–0.6254	–0.1816
	净资产收益率(%)	–142.1645	–676.0060	–34.1500	1.0680
	加权净资产收益率(%)	–	–148.4600	–34.1500	1.0700
	净资产收益率(扣除)(%)	–	–	–	–
	总资产(万元)	897489.39	882349.82	890615.79	777699.02
	归属母公司股东权益(万元)	–31405.39	13059.79	72710.36	103607.65
	主营业务收入(万元)	109929.60	255294.69	122019.57	222735.09
	营业收入(万元)	110535.66	256028.68	122307.07	227307.50
	主营成本(万元)	132502.59	274030.96	128087.16	200421.91
	营业成本(万元)	132881.46	274591.25	153452.78	203845.82
	投资收益(万元)	31.76	175.36	82.70	–127.74
	净利润(万元)	–45413.63	–88272.51	–29912.38	1197.92
	利润总额(万元)	–45403.73	–88138.58	–29808.79	1620.88

合肥美菱股份有限公司

公司概况	公司名称	合肥美菱股份有限公司			证券简称	美菱电器
	法人代表	刘体斌	董秘	李霞	证券代码	000521
	公司网址	www.meiling.com		电子信箱	lixia@meiling.com	
	电　话	0551-2219021		传　真	0551-2219021	
	办公地址	安徽省合肥市经济技术开发区莲花路2163号				
	经营范围	制冷电器、空调器、洗衣机、电脑数控注塑机、电脑热水器、塑料制品等				

	指标\报告期	2012.06.30	2011.12.31	2011.06.30	2010.12.31
主要财务指标	基本每股收益(元)	0.1742	0.1675	0.2379	0.6144
	基本每股收益(扣除后)(元)	0.1754	0.1221	0.2184	0.3485
	每股净资产(元)	4.5700	4.3900	5.3600	5.1200
	每股经营现金净流量(元)	–0.4094	–0.6523	–1.0263	0.7053
	每股现金流量(元)	–0.3690	–0.9188	–0.9559	2.3358
	每股资本公积金(元)	2.5297	2.5297	3.0367	3.0367
	每股盈余公积金(元)	0.4708	0.4708	0.5272	0.5272
	每股未分配利润(元)	0.5682	0.3940	0.7974	0.5595
	净资产收益率(%)	3.8100	3.8130	4.4400	11.9900
	加权净资产收益率(%)	3.8900	3.8500	4.5400	12.5800
	净资产收益率(扣除)(%)	–	–	–	–
	总资产(万元)	839516.20	760256.36	835800.26	711616.42
	归属母公司股东权益(万元)	290675.43	279631.74	284345.24	271729.44
	主营业务收入(万元)	513787.57	847857.79	516854.92	771016.18
	营业收入(万元)	531261.05	900400.27	547501.87	822707.68
	主营成本(万元)	388651.77	661835.49	401906.12	581025.40
	营业成本(万元)	404397.72	708722.88	430145.60	626973.77
	投资收益(万元)	26.10	254.97	33.24	14141.62
	净利润(万元)	11150.74	8903.69	12132.79	32649.55
	利润总额(万元)	12537.34	11234.13	13946.38	37674.31

广州白云山制药股份有限公司

公司概况	公司名称	广州白云山制药股份有限公司			证券简称	白云山A
	法人代表	李楚源	董秘	谯勇	证券代码	000522
	公司网址	www.gzbys.com		电子信箱	qiaoyong@gzbys.com	
	电　话	020-87062599		传　真	020-87063699	
	办公地址	广东省广州市白云区同和街云祥路88号				
	经营范围	研制、生产、销售中西成药、化学原料药、外用药、儿童用药等				

	指标\报告期	2012.06.30	2011.12.31	2011.06.30	2010.12.31
主要财务指标	基本每股收益(元)	0.4647	0.5566	0.3401	0.4365
	基本每股收益(扣除后)(元)	0.4526	0.5336	0.3356	0.3496
	每股净资产(元)	3.2700	2.8700	2.6500	2.3600
	每股经营现金净流量(元)	0.5768	0.5840	0.3236	0.6976
	每股现金流量(元)	0.3525	–0.1488	–0.1711	0.0200
	每股资本公积金(元)	0.2323	0.2334	0.2337	0.2337
	每股盈余公积金(元)	0.3041	0.3041	0.2519	0.2519
	每股未分配利润(元)	1.7377	1.3280	1.1636	0.8735
	净资产收益率(%)	15.1400	19.4250	13.5800	18.5030
	加权净资产收益率(%)	15.1400	21.3100	13.5800	20.2800
	净资产收益率(扣除)(%)	–	–	–	–
	总资产(万元)	353391.57	314736.06	312314.13	305531.05
	归属母公司股东权益(万元)	153570.76	134405.48	124260.81	110653.26
	主营业务收入(万元)	236079.98	375858.02	201346.04	325202.80
	营业收入(万元)	238719.75	379913.31	203437.48	331686.10
	主营成本(万元)	148878.47	249657.85	133085.46	213579.51
	营业成本(万元)	149878.04	251455.26	133901.05	215581.44
	投资收益(万元)	3478.21	5396.61	2890.19	3996.72
	净利润(万元)	23353.57	28021.57	17174.14	21906.08
	利润总额(万元)	27171.65	32829.21	20018.32	25708.91

广州市浪奇实业股份有限公司

公司概况	项目	内容				
	公司名称	广州市浪奇实业股份有限公司			证券简称	广州浪奇
	法人代表	胡守斌	董秘	陈建斌	证券代码	000523
	公司网址	www.lonkey.com.cn			电子信箱	dm@lonkey.com.cn
	电　　话	020-82162933　82161128			传　　真	020-82162986
	办公地址	广东省广州市天河区黄埔大道东 128 号				
	经营范围	"浪奇"、"高富力"和"维可倚"等品牌的洗涤用品和磺酸、精甘油、AES 等化工原料的开发、生产和销售				

主要财务指标	指标\报告期	2012.06.30	2011.12.31	2011.06.30	2010.12.31
	基本每股收益(元)	0.0250	0.0560	0.0410	0.0660
	基本每股收益(扣除后)(元)	0.0210	0.0460	0.0320	0.0660
	每股净资产(元)	2.2600	2.2400	4.4110	2.7500
	每股经营现金净流量(元)	-0.0046	-0.1980	-0.9436	0.3277
	每股现金流量(元)	-0.2458	0.7178	1.1996	0.2173
	每股资本公积金(元)	0.9927	0.9927	2.9855	1.2501
	每股盈余公积金(元)	0.0893	0.0893	0.1655	0.2135
	每股未分配利润(元)	0.1803	0.1556	0.2604	0.2866
	净资产收益率(%)	1.1000	2.2800	1.0500	3.1680
	加权净资产收益率(%)	1.1000	2.5200	1.0500	3.2000
	净资产收益率(扣除)(%)	-	-	-	-
	总资产(万元)	171865.02	151806.18	140381.56	93209.39
	归属母公司股东权益(万元)	100711.09	99611.60	98189.88	47464.60
	主营业务收入(万元)	149109.00	204074.23	95196.93	128418.63
	营业收入(万元)	149354.70	204585.55	95423.06	128844.00
	主营成本(万元)	141794.09	184416.86	85840.61	110522.64
	营业成本(万元)	142032.14	184672.14	85985.91	110881.32
	投资收益(万元)	-181.10	-85.07	-49.52	183.74
	净利润(万元)	1020.99	1826.27	701.86	1435.35
	利润总额(万元)	1370.79	2560.91	958.25	1650.34

广州市东方宾馆股份有限公司

公司概况	项目	内容				
	公司名称	广州市东方宾馆股份有限公司			证券简称	东方宾馆
	法人代表	冯劲	董秘	郑定全	证券代码	000524
	公司网址	www.hoteldongfang.com			电子信箱	gzdongfanghotel@126.com
	电　　话	020-86662791　86669900			传　　真	020-86662791
	办公地址	广东省广州市流花路 120 号				
	经营范围	旅馆业、餐饮业、旅游业和场地出租等				

主要财务指标	指标\报告期	2012.06.30	2011.12.31	2011.06.30	2010.12.31
	基本每股收益(元)	0.0600	0.0800	0.0400	0.0250
	基本每股收益(扣除后)(元)	0.0600	2.6600	0.0300	2.2400
	每股净资产(元)	2.2500	2.1900	2.2300	2.2400
	每股经营现金净流量(元)	0.1180	0.3022	0.1177	0.1821
	每股现金流量(元)	0.1043	0.2375	0.1070	0.0538
	每股资本公积金(元)	1.1305	1.1373	1.2127	1.2581
	每股盈余公积金(元)	0.0951	0.0951	0.0951	0.0951
	每股未分配利润(元)	0.0253	-0.0380	-0.0768	-0.1140
	净资产收益率(%)	2.8100	3.4600	1.6700	1.1217
	加权净资产收益率(%)	2.8500	3.4300	1.6600	1.1100
	净资产收益率(扣除)(%)	-	-	-	-
	总资产(万元)	72232.75	71639.57	71909.69	73709.29
	归属母公司股东权益(万元)	60698.94	59175.90	60164.09	60386.47
	主营业务收入(万元)	15700.51	-	14548.69	-
	营业收入(万元)	15700.51	31046.84	14548.69	26791.90
	主营成本(万元)	6979.67	-	6058.03	-
	营业成本(万元)	6979.67	14242.20	6058.03	11553.35
	投资收益(万元)	192.51	93.35	90.78	188.52
	净利润(万元)	1706.51	2047.63	1002.42	677.35
	利润总额(万元)	2253.57	2753.75	1310.46	998.63

南京红太阳股份有限公司

公司概况	项目	内容				
	公司名称	南京红太阳股份有限公司			证券简称	红 太 阳
	法人代表	杨寿海	董秘	夏曙	证券代码	000525
	公司网址				电子信箱	redsunir@163.com
	电　　话	025-84785833　84785866			传　　真	025-84785828　87132166
	办公地址	江苏省南京市江宁区竹山南路 589 号				
	经营范围	农药、三药中间体及精细化工产品的生产、销售、技术咨询和服务等				

主要财务指标	指标\报告期	2012.06.30	2011.12.31	2011.06.30	2010.12.31
	基本每股收益(元)	0.2781	0.2040	0.0068	-0.0420
	基本每股收益(扣除后)(元)	0.2680	0.1720	0.0032	-0.0484
	每股净资产(元)	5.6875	5.4219	2.1090	2.0930
	每股经营现金净流量(元)	0.1465	0.2166	0.7817	-0.2799
	每股现金流量(元)	0.3428	0.3475	-0.0968	-0.5184
	每股资本公积金(元)	3.9311	3.9311	0.5142	0.5142
	每股盈余公积金(元)	0.1624	0.1624	0.2812	0.2812
	每股未分配利润(元)	0.5374	0.2793	0.2799	0.2731
	净资产收益率(%)	4.8900	2.4980	0.3200	-1.9850
	加权净资产收益率(%)	5.0100	5.5500	0.3200	-1.9500
	净资产收益率(扣除)(%)	-	-	-	-
	总资产(万元)	833396.68	765343.39	383325.60	369490.85
	归属母公司股东权益(万元)	288494.82	275024.08	59094.48	58664.12
	主营业务收入(万元)	318714.30	575076.71	241307.37	379016.03
	营业收入(万元)	323588.53	578935.60	241691.75	380884.88
	主营成本(万元)	284618.40	538826.91	229273.09	357362.36
	营业成本(万元)	288163.75	542007.07	229639.81	358443.77
	投资收益(万元)	172.44	154.54	136.68	-21.89
	净利润(万元)	14630.22	7344.78	1122.29	-955.63
	利润总额(万元)	18158.16	9817.29	1736.56	4.36

厦门银润投资股份有限公司

公司概况	项目	内容				
	公司名称	厦门银润投资股份有限公司			证券简称	银润投资
	法人代表	张浩	董秘	王寅	证券代码	000526
	公司网址	www.good-time.com.cn			电子信箱	wangy@insightsh.com
	电　　话	0592-5744065　021-62351655			传　　真	0592-5652638　021-64019890
	办公地址	福建省厦门市湖里区寨上长乐路 3 号 15 层 上海市吴中路 686 弄 3 号楼 D 栋 9 楼				
	经营范围	对工业、商业、房地产业、文化行业的投资、房地产开发、经营等				

主要财务指标	指标\报告期	2012.06.30	2011.12.31	2011.06.30	2010.12.31
	基本每股收益(元)	-0.0019	0.0463	0.0183	0.0731
	基本每股收益(扣除后)(元)	-0.0019	0.0038	0.0183	-0.0257
	每股净资产(元)	1.6360	1.6370	1.6500	1.6300
	每股经营现金净流量(元)	-0.0445	-0.0004	0.0350	0.0176
	每股现金流量(元)	-0.0473	0.1777	-0.0769	-0.0149
	每股资本公积金(元)	0.6036	0.6036	0.6438	0.6438
	每股盈余公积金(元)	0.0477	0.0477	0.0477	0.0477
	每股未分配利润(元)	-0.0158	-0.0139	-0.0418	-0.0601
	净资产收益率(%)	-0.1200	2.8260	1.1100	4.4810
	加权净资产收益率(%)	-0.1200	2.8000	1.1100	4.6000
	净资产收益率(扣除)(%)	-	-	-	-
	总资产(万元)	19824.20	19818.56	20223.73	19249.51
	归属母公司股东权益(万元)	15733.26	15751.92	15868.61	15692.80
	主营业务收入(万元)	488.94	898.05	593.99	841.45
	营业收入(万元)	488.94	898.05	593.99	4441.45
	主营成本(万元)	201.95	238.40	113.70	406.93
	营业成本(万元)	201.95	238.40	113.70	2749.25
	投资收益(万元)	0.78	530.24	-	20.47
	净利润(万元)	-18.66	445.13	175.81	696.41
	利润总额(万元)	-11.68	552.64	175.81	894.36

广东美的电器股份有限公司

公司概况	公司名称	广东美的电器股份有限公司		证券简称	美的电器
	法人代表	方洪波	董秘 李飞德	证券代码	000527
	公司网址	www.midea.com		电子信箱	ir@midea.com
	电　　话	0757-26334559 26338779		传　　真	0757-26651991
	办公地址	广东省佛山市顺德区美的大道 6 号美的总部大楼			
	经营范围	家用电器、电机、通信设备及其零配件的生产、制造和销售等			

主要财务指标	指标\报告期	2012.06.30	2011.12.31	2011.06.30	2010.12.31
	基本每股收益(元)	0.6200	1.1100	0.6000	1.0000
	基本每股收益(扣除后)(元)	0.6000	0.9400	0.5600	0.9500
	每股净资产(元)	6.0400	5.9100	5.4000	3.9500
	每股经营现金净流量(元)	0.1593	0.8743	0.5233	1.7453
	每股现金流量(元)	0.3665	1.4077	1.5065	0.4546
	每股资本公积金(元)	1.8015	1.8075	1.8063	0.6705
	每股盈余公积金(元)	0.3092	0.2487	0.2487	0.2376
	每股未分配利润(元)	2.9515	2.8448	2.3356	2.0407
	净资产收益率(%)	10.2200	18.4960	10.8100	25.3490
	加权净资产收益率(%)	10.3300	21.0800	12.2900	29.5400
	净资产收益率(扣除)(%)	–	–	–	–
	总资产(万元)	6523542.44	5955015.90	6383645.77	4205403.75
	归属母公司股东权益(万元)	2042918.61	1999812.97	1827522.12	1233633.74
	主营业务收入(万元)	3665796.37	8495658.37	5666894.38	6792779.47
	营业收入(万元)	3899002.23	9310805.83	6203696.37	7455888.61
	主营成本(万元)	2873088.49	6794915.48	4625251.34	5595866.76
	营业成本(万元)	3072882.41	7561877.92	5150160.69	6211420.21
	投资收益(万元)	18989.89	72231.23	20991.90	13431.25
	净利润(万元)	240242.84	454095.99	249026.67	404323.86
	利润总额(万元)	293299.03	556051.88	313681.85	496317.08

广西柳工机械股份有限公司

公司概况	公司名称	广西柳工机械股份有限公司		证券简称	柳　工
	法人代表	王晓华	董秘 王祖光	证券代码	000528
	公司网址	www.liugong.com		电子信箱	stock@liugong.com
	电　　话	0772-3887266 3886510		传　　真	0772-3691147 3887266
	办公地址	广西壮族自治区柳州市柳太路 1 号			
	经营范围	工程机械及配件制造、工程机械及零配件批发、零售、维修、售后服务等			

主要财务指标	指标\报告期	2012.06.30	2011.12.31	2011.06.30	2010.12.31
	基本每股收益(元)	0.2800	1.1700	0.9600	1.5800
	基本每股收益(扣除后)(元)	0.2400	1.1200	0.9500	1.5400
	每股净资产(元)	8.2500	8.2800	8.1000	11.2500
	每股经营现金净流量(元)	1.1784	–1.7950	–1.1693	0.9152
	每股现金流量(元)	0.7698	–1.5625	–1.6926	3.9093
	每股资本公积金(元)	3.1324	3.1324	3.1345	5.2461
	每股盈余公积金(元)	0.6275	0.6275	0.5411	0.8116
	每股未分配利润(元)	3.5311	3.5556	3.4309	4.2015
	净资产收益率(%)	3.3400	14.1850	11.6400	18.2860
	加权净资产收益率(%)	3.2900	14.9300	12.1500	32.3600
	净资产收益率(扣除)(%)	–	–	–	–
	总资产(万元)	2496293.03	2309455.45	2165326.16	1859492.62
	归属母公司股东权益(万元)	928543.23	931572.14	912002.19	844288.17
	主营业务收入(万元)	736995.45	1784781.80	1076430.52	1531185.03
	营业收入(万元)	739319.75	1787828.01	1079053.85	1536612.99
	主营成本(万元)	615648.29	1445930.74	861496.96	1187463.27
	营业成本(万元)	617313.88	1447881.47	864233.29	1191964.34
	投资收益(万元)	2405.26	–1104.25	3145.48	3006.80
	净利润(万元)	31028.43	132603.30	108816.76	154882.13
	利润总额(万元)	38530.00	157949.76	126911.89	185726.51

广东广弘控股股份有限公司

公司概况	公司名称	广东广弘控股股份有限公司		证券简称	广弘控股
	法人代表	聂周荣	董秘 苏东明	证券代码	000529
	公司网址	www.ghkg000529.com		电子信箱	sdm@ghkg000529.com
	电　　话	020-83603985 83603995		传　　真	020-83603989
	办公地址	广东省广州市东风中路 437 号越秀城市广场南塔 19 楼			
	经营范围	食品冷藏设备的经营与管理、实业投资、资本运营管理、货物进出口等			

主要财务指标	指标\报告期	2012.06.30	2011.12.31	2011.06.30	2010.12.31
	基本每股收益(元)	0.0650	0.1200	0.0590	0.1000
	基本每股收益(扣除后)(元)	0.0520	0.1000	0.0590	0.0700
	每股净资产(元)	1.3800	1.3200	1.2600	1.2000
	每股经营现金净流量(元)	–0.0435	0.2037	–0.0197	0.0978
	每股现金流量(元)	–0.0451	0.1366	–0.0591	0.2543
	每股资本公积金(元)	0.9845	0.9845	0.9845	0.9860
	每股盈余公积金(元)	0.0648	0.0648	0.0648	0.0648
	每股未分配利润(元)	–0.6690	–0.7335	–0.7905	–0.8492
	净资产收益率(%)	4.7900	4.7800	4.7800	8.2530
	加权净资产收益率(%)	4.7900	9.1900	4.7800	8.6100
	净资产收益率(扣除)(%)	–	–	–	–
	总资产(万元)	114715.88	110727.49	99656.54	99300.58
	归属母公司股东权益(万元)	80585.72	76819.55	73492.92	70148.39
	主营业务收入(万元)	69751.29	136906.78	63775.38	121431.71
	营业收入(万元)	70462.26	138775.19	64784.13	123656.30
	主营成本(万元)	58552.24	117293.45	53513.47	104733.31
	营业成本(万元)	59152.79	118753.96	54252.25	105930.62
	投资收益(万元)	296.87	753.61	305.06	2009.19
	净利润(万元)	3853.85	7011.28	3595.29	6034.62
	利润总额(万元)	5364.25	9379.75	4820.63	8931.41

大连冷冻机股份有限公司

公司概况	公司名称	大连冷冻机股份有限公司		证券简称	大冷股份
	法人代表	张和	董秘 徐郡饶	证券代码	000530
	公司网址	www.daleng.cn		电子信箱	000530@bingshan.com
	电　　话	0411-86538130 86654530		传　　真	0411-86641470 86654530
	办公地址	辽宁省大连市沙河口区西南路 888 号			
	经营范围	制冷设备及配套辅机、阀门、配件以及制冷工程所需配套产品的加工、制造			

主要财务指标	指标\报告期	2012.06.30	2011.12.31	2011.06.30	2010.12.31
	基本每股收益(元)	0.1900	0.2300	0.2700	0.2900
	基本每股收益(扣除后)(元)	0.1800	0.0400	0.1600	0.2100
	每股净资产(元)	5.0300	5.0000	5.1300	4.9300
	每股经营现金净流量(元)	–0.3647	0.4810	0.2590	0.4912
	每股现金流量(元)	–0.6836	0.5408	0.3822	0.2532
	每股资本公积金(元)	1.6766	1.6766	1.7682	1.6879
	每股盈余公积金(元)	1.3114	1.2728	1.2535	1.2030
	每股未分配利润(元)	1.0411	1.0470	1.1059	1.0406
	净资产收益率(%)	3.7700	4.6670	5.3200	5.7820
	加权净资产收益率(%)	3.8100	4.7100	5.4200	5.8400
	净资产收益率(扣除)(%)	–	–	–	–
	总资产(万元)	287413.72	305366.09	318420.09	291238.05
	归属母公司股东权益(万元)	176023.81	174882.21	179473.93	172609.52
	主营业务收入(万元)	83730.23	183469.63	93115.12	146788.78
	营业收入(万元)	85121.83	186325.35	94789.46	149552.74
	主营成本(万元)	66341.69	145161.69	75439.40	117184.83
	营业成本(万元)	67648.51	148088.81	92259.65	119450.68
	投资收益(万元)	4497.02	5280.75	8812.07	7838.98
	净利润(万元)	6882.41	9346.06	10137.39	10959.05
	利润总额(万元)	7245.65	13028.40	11851.07	12356.27

广州恒运企业集团股份有限公司

公司概况	公司名称	广州恒运企业集团股份有限公司			证券简称	穗恒运 A
	法人代表	郭晓光	董秘	张晖	证券代码	000531
	公司网址	www.hengyun.com.cn		电子信箱	zhanghui@hengyun.com.cn	
	电　话	020-82068252		传　真	020-82068252	
	办公地址	广东省广州开发区开发大道 235 号恒运大厦 6~6M 层				
	经营范围	电力、热力的生产和销售等				

主要财务指标	指标＼报告期	2012.06.30	2011.12.31	2011.06.30	2010.12.31
	基本每股收益(元)	0.4526	0.2225	0.1350	0.5076
	基本每股收益(扣除后)(元)	–	0.2132	0.1301	0.5089
	每股净资产(元)	6.3000	5.7800	6.4700	4.0700
	每股经营现金净流量(元)	–	2.1574	0.8939	0.9330
	每股现金流量(元)	–	0.3876	0.2136	–0.8393
	每股资本公积金(元)	–	3.5669	3.6075	0.8306
	每股盈余公积金(元)	–	0.5883	0.4430	0.5694
	每股未分配利润(元)	–	0.6218	1.4159	1.6720
	净资产收益率(%)	–	3.5670	1.7780	12.4665
	加权净资产收益率(%)	7.5200	3.9700	2.5900	13.3000
	净资产收益率(扣除)(%)	–	–	–	–
	总资产(万元)	749696.62	649381.14	667138.51	634161.77
	归属母公司股东权益(万元)	215654.11	197885.51	221505.04	108528.02
	主营业务收入(万元)	–	328073.05	155184.04	296238.80
	营业收入(万元)	166040.98	333467.23	157337.99	301508.71
	主营成本(万元)	–	278887.84	132324.71	237489.24
	营业成本(万元)	–	280660.11	133140.59	239385.08
	投资收益(万元)	–	–1452.48	1301.30	5525.01
	净利润(万元)	–	10544.95	7034.34	27139.83
	利润总额(万元)	21142.79	17449.67	10244.25	37161.04

力合股份有限公司

公司概况	公司名称	力合股份有限公司			证券简称	力合股份
	法人代表	李东义	董秘	曹海霞	证券代码	000532
	公司网址	www.chinalihe.com		电子信箱	cs@chinalihe.com	
	电　话	0756-3612833 3612810		传　真	0756-3612812	
	办公地址	广东省珠海市香洲区唐家湾镇唐家大学路 101 号清华科技园创业大楼第六层东楼				
	经营范围	微电子、电力电子、环境保护产品的开发、生产及销售等				

主要财务指标	指标＼报告期	2012.06.30	2011.12.31	2011.06.30	2010.12.31
	基本每股收益(元)	0.0340	0.0798	0.0190	0.0800
	基本每股收益(扣除后)(元)	0.0100	0.0032	0.0150	0.0247
	每股净资产(元)	1.8000	1.8500	1.8900	2.0900
	每股经营现金净流量(元)	0.0058	0.0168	–0.0304	0.0666
	每股现金流量(元)	–0.1867	0.0963	–0.2177	0.1066
	每股资本公积金(元)	0.2415	0.2650	0.4124	0.5390
	每股盈余公积金(元)	0.1007	0.1007	0.0903	0.0898
	每股未分配利润(元)	0.4575	0.4836	0.3830	0.4647
	净资产收益率(%)	1.8900	4.3160	1.0100	3.6430
	加权净资产收益率(%)	1.8200	3.7800	0.9200	4.1700
	净资产收益率(扣除)(%)	–	–	–	–
	总资产(万元)	97149.88	101728.01	110524.34	123681.92
	归属母公司股东权益(万元)	62038.67	63745.03	65002.99	72164.65
	主营业务收入(万元)	10164.00	21005.69	11406.03	25678.77
	营业收入(万元)	10446.89	21394.41	11609.17	26086.10
	主营成本(万元)	7065.60	14175.75	7971.09	19416.17
	营业成本(万元)	7030.29	14236.36	7996.05	19466.16
	投资收益(万元)	1411.87	3959.33	38.38	4687.94
	净利润(万元)	1713.43	3993.65	790.04	2736.21
	利润总额(万元)	2192.08	5223.20	919.63	4131.55

广东万家乐股份有限公司

公司概况	公司名称	广东万家乐股份有限公司			证券简称	万家乐
	法人代表	李智	董秘	刘永霖	证券代码	000533
	公司网址	www.macro.com.cn		电子信箱	macro@macro.com.cn	
	电　话	0757-22321218 22321232		传　真	0757-22321200 22321237	
	办公地址	广东省佛山市顺德区大良街道顺峰山工业区				
	经营范围	燃气用具、家用电器、机电产品、塑料机械设备、纸类包装印刷品等				

主要财务指标	指标＼报告期	2012.06.30	2011.12.31	2011.06.30	2010.12.31
	基本每股收益(元)	0.0550	0.1017	0.1100	0.1882
	基本每股收益(扣除后)(元)	0.0460	–0.0102	0.0150	–0.0414
	每股净资产(元)	1.5200	1.4600	1.4700	1.3800
	每股经营现金净流量(元)	–0.1056	–0.0822	0.0680	–0.0119
	每股现金流量(元)	–0.0377	–0.1836	–0.1331	–0.1468
	每股资本公积金(元)	0.0844	0.0844	0.0860	0.1046
	每股盈余公积金(元)	0.1145	0.0894	0.0726	0.0726
	每股未分配利润(元)	0.3194	0.2893	0.3108	0.2044
	净资产收益率(%)	3.6300	6.9510	7.2400	13.6240
	加权净资产收益率(%)	3.7000	7.1000	7.4100	14.4800
	净资产收益率(扣除)(%)	–	–	–	–
	总资产(万元)	224066.19	221092.51	214644.50	241003.68
	归属母公司股东权益(万元)	104879.66	101068.41	101501.57	95440.75
	主营业务收入(万元)	94221.48	183346.04	95447.99	276651.76
	营业收入(万元)	95314.90	202252.23	110058.89	283191.39
	主营成本(万元)	70788.20	146556.72	74872.71	203539.64
	营业成本(万元)	72064.73	153364.13	83050.55	208191.29
	投资收益(万元)	2694.63	844.14	1699.76	1010.88
	净利润(万元)	3817.35	7038.09	7347.78	14335.30
	利润总额(万元)	4653.21	5582.29	7806.81	18825.50

广东万泽实业股份有限公司

公司概况	公司名称	广东万泽实业股份有限公司			证券简称	万泽股份
	法人代表	林伟光	董秘	黄曼华	证券代码	000534
	公司网址			电子信箱	wzgf0534@163.com	
	电　话	0754-88857191 88857179		传　真	0754-88857199 88857179	
	办公地址	广东省汕头市珠池路 23 号光明大厦 B 幢 9 楼				
	经营范围	电力供应、蒸汽热供应、投资建设电厂、电站等、机械部件零售等				

主要财务指标	指标＼报告期	2012.06.30	2011.12.31	2011.06.30	2010.12.31
	基本每股收益(元)	0.0666	0.0500	–0.0569	0.0500
	基本每股收益(扣除后)(元)	0.0564	–0.0100	–0.0548	0.0100
	每股净资产(元)	2.1000	2.2100	2.1100	2.2600
	每股经营现金净流量(元)	–0.2784	–0.0054	–0.0892	0.0989
	每股现金流量(元)	0.1148	–0.5059	–0.4055	–0.7310
	每股资本公积金(元)	0.7344	0.5398	0.5398	0.5398
	每股盈余公积金(元)	0.1551	0.2953	0.2953	0.2953
	每股未分配利润(元)	0.2084	0.3752	0.2705	0.4274
	净资产收益率(%)	2.9200	2.1610	–2.7000	2.1700
	加权净资产收益率(%)	3.1200	2.1200	–2.5500	2.1400
	净资产收益率(扣除)(%)	–	–	–	–
	总资产(万元)	272328.79	133203.00	130070.71	122211.40
	归属母公司股东权益(万元)	101892.73	56387.15	53716.73	57719.81
	主营业务收入(万元)	21560.35	19369.96	5624.26	30787.33
	营业收入(万元)	21875.57	19920.91	8800.75	31094.25
	主营成本(万元)	10805.40	13548.65	6557.82	17381.45
	营业成本(万元)	10894.31	13772.33	8047.82	17520.62
	投资收益(万元)	–328.49	–570.44	–239.29	471.64
	净利润(万元)	2976.87	1465.12	–1576.73	3888.78
	利润总额(万元)	4513.35	2571.42	–1531.91	5822.77

华映科技(集团)股份有限公司

公司概况					
公司名称	华映科技(集团)股份有限公司			证券简称	华映科技
法人代表	唐远生	董秘	陈伟	证券代码	000536
公司网址	www.cpttg.com		电子信箱	gw@cptf.com.cn	
电　话	0591-88022590		传　真	0591-88022061	
办公地址	福建省福州市马尾区儒江西路6号1#楼三、四层				
经营范围	电机制造、机电产品的贸易、金属材料的经营等				

主要财务指标　指标\报告期	2012.06.30	2011.12.31	2011.06.30	2010.12.31
基本每股收益(元)	0.1934	0.4950	0.1929	0.5091
基本每股收益(扣除后)(元)	0.1802	0.4658	0.1743	0.4842
每股净资产(元)	3.4378	3.7644	3.4624	3.3697
每股经营现金净流量(元)	0.2887	1.1527	0.4042	1.0835
每股现金流量(元)	-0.4088	-0.7754	-0.2659	0.5886
每股资本公积金(元)	0.9730	0.9730	0.9730	0.9730
每股盈余公积金(元)	0.3097	0.3097	0.2483	0.2483
每股未分配利润(元)	1.1551	1.4817	1.2411	1.3481
净资产收益率(%)	5.6300	13.1490	5.5700	13.9730
加权净资产收益率(%)	5.3700	13.5900	5.2600	15.1100
净资产收益率(扣除)(%)	-	-	-	-
总资产(万元)	452467.43	455208.96	459857.57	471422.75
归属母公司股东权益(万元)	240817.40	263693.21	242535.45	250037.44
主营业务收入(万元)	67394.32	217017.68	140489.26	301435.79
营业收入(万元)	68143.80	218253.79	141043.09	302409.68
主营成本(万元)	34576.84	139825.82	107558.03	223667.85
营业成本(万元)	34780.09	140197.37	107728.02	223983.83
投资收益(万元)	1408.41	1718.13	432.68	937.31
净利润(万元)	18375.43	46108.11	18080.85	46751.64
利润总额(万元)	22502.81	56727.90	22719.83	56912.02

天津广宇发展股份有限公司

公司概况					
公司名称	天津广宇发展股份有限公司			证券简称	广宇发展
法人代表	王志华	董秘	韩玉卫	证券代码	000537
公司网址	www.tjgy.sdln.sgcc.com.cn		电子信箱	tjgyfz@163.com	
电　话	022-27500420 27500426		传　真	022-27500427	
办公地址	天津市南开区南京路358号今晚报大厦24层				
经营范围	房地产开发及商品房销售、对住宿酒店及餐饮酒店投资等				

主要财务指标　指标\报告期	2012.06.30	2011.12.31	2011.06.30	2010.12.31
基本每股收益(元)	0.3400	0.5500	0.1300	0.2100
基本每股收益(扣除后)(元)	0.3400	0.5300	0.1200	0.1800
每股净资产(元)	2.0800	1.7300	1.3200	1.1900
每股经营现金净流量(元)	0.7434	0.7127	0.4241	-0.0476
每股现金流量(元)	0.5451	0.1553	0.3601	0.8445
每股资本公积金(元)	0.1690	0.1690	0.1690	0.1750
每股盈余公积金(元)	0.1782	0.1782	0.1782	0.1782
每股未分配利润(元)	0.7279	0.3853	-0.0311	-0.1616
净资产收益率(%)	16.5100	31.5670	9.9200	17.4607
加权净资产收益率(%)	18.0000	37.4100	10.4100	19.1300
净资产收益率(扣除)(%)	-	-	-	-
总资产(万元)	312645.04	297483.46	312194.49	271531.07
归属母公司股东权益(万元)	106396.53	88830.58	67483.15	61098.87
主营业务收入(万元)	92978.50	148440.52	28341.13	132175.18
营业收入(万元)	92991.94	148562.26	28364.48	153001.01
主营成本(万元)	36934.00	62328.96	13414.38	79047.09
营业成本(万元)	37023.09	62480.24	13484.55	98229.96
投资收益(万元)	2874.54	2784.85	2067.26	247.54
净利润(万元)	26807.18	42474.82	9718.19	17040.13
利润总额(万元)	35323.51	57869.51	12510.55	23427.22

云南白药集团股份有限公司

公司概况					
公司名称	云南白药集团股份有限公司			证券简称	云南白药
法人代表	王明辉	董秘	吴伟	证券代码	000538
公司网址	www.yunnanbaiyao.com.cn		电子信箱	wuwei@yunnanbaiyao.com.cn	
电　话	0871-6324159 6226106		传　真	0871-6324159	
办公地址	云南省昆明市呈贡区云南白药街3686号				
经营范围	化学原料药、化学药制剂、中成药、中药材、生物制品、保健食品等				

主要财务指标　指标\报告期	2012.06.30	2011.12.31	2011.06.30	2010.12.31
基本每股收益(元)	1.0400	1.7400	0.8100	1.3300
基本每股收益(扣除后)(元)	1.0300	1.7000	0.8100	1.3300
每股净资产(元)	8.8900	8.0000	7.0700	6.3600
每股经营现金净流量(元)	0.6648	-0.6450	-0.2326	0.6224
每股现金流量(元)	0.6011	-1.2276	-0.5291	-0.4157
每股资本公积金(元)	1.8013	1.8013	1.8014	1.8014
每股盈余公积金(元)	0.5267	0.5267	0.3946	0.3946
每股未分配利润(元)	5.5573	4.6737	3.8742	3.1617
净资产收益率(%)	11.7500	21.7970	11.4900	20.9841
加权净资产收益率(%)	12.2400	24.2900	12.0100	23.0700
净资产收益率(扣除)(%)	-	-	-	-
总资产(万元)	997304.29	909091.84	873239.62	763305.63
归属母公司股东权益(万元)	616885.27	555528.19	490814.89	441367.18
主营业务收入(万元)	606036.73	1124765.69	506654.23	1004604.67
营业收入(万元)	607537.72	1131232.24	507382.00	1007543.78
主营成本(万元)	433229.93	786509.09	345286.45	698102.86
营业成本(万元)	434058.83	792180.82	345657.02	700476.47
投资收益(万元)	104.64	1682.57	972.23	799.89
净利润(万元)	72453.37	121090.78	56408.49	92634.35
利润总额(万元)	84995.63	140696.77	65880.48	103973.75

广东电力发展股份有限公司

公司概况					
公司名称	广东电力发展股份有限公司			证券简称	粤电力A
法人代表	潘力	董秘	刘维	证券代码	000539
公司网址	www.ged.com.cn		电子信箱	ged@ged.com.cn	
电　话	020-87570276 87570251		传　真	020-85138084	
办公地址	广东省广州市天河东路2号粤电广场南塔23-26楼				
经营范围	电力项目的投资、建设和经营管理、电力的生产和销售、电力行业技术咨询和服务				

主要财务指标　指标\报告期	2012.06.30	2011.12.31	2011.06.30	2010.12.31
基本每股收益(元)	0.1000	0.1300	0.1100	0.2800
基本每股收益(扣除后)(元)	0.0900	0.1700	0.1100	0.2900
每股净资产(元)	3.6900	3.6500	3.6500	3.6300
每股经营现金净流量(元)	0.6966	0.7253	0.3780	0.2272
每股现金流量(元)	0.2109	0.1032	0.3888	0.0555
每股资本公积金(元)	0.6618	0.6609	0.6715	0.6736
每股盈余公积金(元)	1.4140	1.3496	1.3496	1.2244
每股未分配利润(元)	0.6181	0.6381	0.6242	0.7359
净资产收益率(%)	2.8300	3.4910	3.1100	7.5330
加权净资产收益率(%)	2.8200	2.7200	3.0800	5.5800
净资产收益率(扣除)(%)	-	-	-	-
总资产(万元)	4049608.54	3948019.54	3782124.16	3504654.31
归属母公司股东权益(万元)	1033348.23	1020662.34	1019770.82	1016575.42
主营业务收入(万元)	776808.79	1447073.08	641995.60	1262176.74
营业收入(万元)	782647.99	1462014.07	647076.17	1264220.81
主营成本(万元)	697882.90	-1313933.38	576929.94	-1087595.80
营业成本(万元)	699797.24	1321629.75	579724.81	1087741.40
投资收益(万元)	26972.19	58394.85	29868.47	58572.74
净利润(万元)	33720.94	25911.79	32368.43	78839.18
利润总额(万元)	41309.35	40610.61	38881.80	116909.62

中天城投集团股份有限公司

公司概况					
公司名称	中天城投集团股份有限公司			证券简称	中天城投
法人代表	罗玉平	董秘	李俊	证券代码	000540
公司网址	www.ztcn.cn		电子信箱	lij@ztcn.cn	
电　话	0851-5860976 5865112		传　真	0851-5865112	
办公地址	贵州省贵阳市中华中路 1 号峰会国际大厦				
经营范围	壹级房地产开发、城市基础设施及配套项目开发、拆迁安置及服务等				

主要财务指标：指标\报告期	2012.06.30	2011.12.31	2011.06.30	2010.12.31
基本每股收益(元)	0.2505	0.4106	0.2017	0.4338
基本每股收益(扣除后)(元)	0.0946	0.2557	0.1240	0.3992
每股净资产(元)	1.8400	1.6800	2.0700	1.8800
每股经营现金净流量(元)	-0.5666	-1.2846	-1.6195	-0.3761
每股现金流量(元)	0.2435	-0.6489	-1.0690	0.8230
每股资本公积金(元)	0.0300	0.0300	0.0420	0.0420
每股盈余公积金(元)	0.1785	0.1785	0.1963	0.1963
每股未分配利润(元)	0.6271	0.4764	0.8281	0.6457
净资产收益率(%)	13.6500	24.3700	13.6700	32.2368
加权净资产收益率(%)	14.0300	26.8900	14.0500	38.0800
净资产收益率(扣除)(%)	-	-	-	-
总资产(万元)	1982711.95	1801076.07	1448538.73	1239583.10
归属母公司股东权益(万元)	234734.35	215465.81	188749.04	172090.80
主营业务收入(万元)	127685.01	315375.11	95098.38	322494.41
营业收入(万元)	139119.95	333044.45	101684.45	332783.38
主营成本(万元)	82644.31	192879.42	56273.62	196764.26
营业成本(万元)	95109.44	208635.38	61732.64	205079.91
投资收益(万元)	2.36	324.19	320.40	409.41
净利润(万元)	31953.86	52968.10	26309.30	56640.77
利润总额(万元)	45211.66	73257.39	35435.59	74979.83

佛山电器照明股份有限公司

公司概况					
公司名称	佛山电器照明股份有限公司			证券简称	佛山照明
法人代表	钟信才	董秘	周向峰	证券代码	000541
公司网址	www.chinafsl.com		电子信箱	fsldsh@126.com	
电　话	0757-82966062 82810239		传　真	0757-82816276	
办公地址	广东省佛山市禅城区汾江北路 64 号				
经营范围	研究、开发、生产电光源产品、电光源设备、电光源配套器件等				

主要财务指标：指标\报告期	2012.06.30	2011.12.31	2011.06.30	2010.12.31
基本每股收益(元)	0.1400	0.3000	0.1200	0.2700
基本每股收益(扣除后)(元)	0.1400	0.3100	0.1200	0.2600
每股净资产(元)	2.9900	2.8500	2.6900	2.8300
每股经营现金净流量(元)	0.2396	0.2758	0.0761	0.2152
每股现金流量(元)	0.2407	-0.0216	-0.1674	-0.3318
每股资本公积金(元)	0.6350	0.6358	0.6466	0.6594
每股盈余公积金(元)	0.5963	0.5963	0.5676	0.5676
每股未分配利润(元)	0.7573	0.6199	0.4710	0.6005
净资产收益率(%)	4.7100	10.4510	4.3900	9.5330
加权净资产收益率(%)	4.7100	10.5300	4.3900	9.8900
净资产收益率(扣除)(%)	-	-	-	-
总资产(万元)	340231.28	315555.44	310226.52	312854.75
归属母公司股东权益(万元)	292460.10	279087.87	262760.39	276691.30
主营业务收入(万元)	105324.12	223199.12	108419.01	193765.19
营业收入(万元)	106433.71	226092.99	109531.93	195606.86
主营成本(万元)	78868.23	160670.35	81432.50	140165.60
营业成本(万元)	79297.85	162086.26	82111.62	141525.77
投资收益(万元)	1648.43	-549.11	105.12	-111.30
净利润(万元)	13374.98	29727.39	12222.22	27109.74
利润总额(万元)	15936.64	35514.67	14736.78	32425.82

安徽省皖能股份有限公司

公司概况					
公司名称	安徽省皖能股份有限公司			证券简称	皖能电力
法人代表	张飞飞	董秘	李春英	证券代码	000543
公司网址	www.wenergy.cn		电子信箱	wn000543@wenergy.cn	
电　话	0551-2225811		传　真	0551-2225800	
办公地址	安徽省合肥市马鞍山路 76 号能源大厦 7-10 层				
经营范围	公司主营电力、节能及相关项目投资、经营				

主要财务指标：指标\报告期	2012.06.30	2011.12.31	2011.06.30	2010.12.31
基本每股收益(元)	0.1300	0.0200	0.0600	0.2800
基本每股收益(扣除后)(元)	0.1300	-0.0100	0.0600	0.1500
每股净资产(元)	4.9800	4.6300	4.9300	4.9900
每股经营现金净流量(元)	0.4246	0.2476	0.1951	0.4879
每股现金流量(元)	0.6119	0.1430	0.1978	-0.4502
每股资本公积金(元)	2.5955	2.3657	2.6327	2.7243
每股盈余公积金(元)	0.9245	0.9245	0.9024	0.9024
每股未分配利润(元)	0.4642	0.3426	0.3957	0.3598
净资产收益率(%)	2.6400	0.5380	1.1400	5.6750
加权净资产收益率(%)	2.7400	0.5300	1.1200	5.5300
净资产收益率(扣除)(%)	-	-	-	-
总资产(万元)	1710801.70	1476962.33	1366183.35	1270144.24
归属母公司股东权益(万元)	385279.86	358117.62	381161.59	385457.21
主营业务收入(万元)	315039.32	501290.84	198325.24	366516.93
营业收入(万元)	320232.71	515037.27	202098.51	378428.51
主营成本(万元)	292757.71	506164.23	201506.36	369669.62
营业成本(万元)	293082.97	512878.51	202730.88	376287.13
投资收益(万元)	9933.78	14314.40	10896.85	17247.48
净利润(万元)	11419.88	-9082.02	-1236.26	16997.62
利润总额(万元)	13337.03	-7648.20	-530.65	19283.62

中原环保股份有限公司

公司概况					
公司名称	中原环保股份有限公司			证券简称	中原环保
法人代表	李建平	董秘	丁青海	证券代码	000544
公司网址	www.zhongyuanep.com		电子信箱	zyhb@zhongyuanep.com	
电　话	0371-65376788 65376779		传　真	0371-65629981	
办公地址	州市郑东新区商务外环路 3 号中华大厦 15A				
经营范围	污水、污泥处理、养殖、种植.中水利用、供热及管网维修等				

主要财务指标：指标\报告期	2012.06.30	2011.12.31	2011.06.30	2010.12.31
基本每股收益(元)	0.3000	0.3000	0.1500	0.2700
基本每股收益(扣除后)(元)	0.3000	0.3016	0.1500	0.2700
每股净资产(元)	2.7900	2.4900	2.3300	2.1800
每股经营现金净流量(元)	-0.1975	0.1480	-0.2140	0.5132
每股现金流量(元)	-0.6684	0.5060	-0.4362	0.6331
每股资本公积金(元)	1.7525	1.7525	1.7525	1.7525
每股盈余公积金(元)	0.0826	0.0826	0.0826	0.0826
每股未分配利润(元)	-0.0473	-0.3495	-0.5052	-0.6527
净资产收益率(%)	10.8400	12.1980	6.3300	12.5390
加权净资产收益率(%)	11.4600	12.9900	6.5400	13.3800
净资产收益率(扣除)(%)	-	-	-	-
总资产(万元)	128689.49	137161.95	95917.60	99702.33
归属母公司股东权益(万元)	75120.23	66976.31	62782.17	58806.69
主营业务收入(万元)	21093.72	39258.55	18228.83	32022.78
营业收入(万元)	21152.72	39288.67	19145.05	32038.51
主营成本(万元)	14042.04	23849.53	11273.26	19574.00
营业成本(万元)	14042.04	23849.53	11273.26	19574.00
投资收益(万元)	-	-	-	-
净利润(万元)	8139.62	8165.54	3975.48	7373.86
利润总额(万元)	4036.01	9524.40	5259.26	9459.97

吉林光华控股集团股份有限公司

公司概况	公司名称	吉林光华控股集团股份有限公司			证券简称	光华控股
	法人代表	许华	董秘	李丽	证券代码	000546
	公司网址			电子信箱	ghkg000546@126.com	
	电话	0431-88920227 0512-67325680		传真	0431-88927337 0512-67267888	
	办公地址	吉林省长春市西安大路727号中银大厦A座1701室				
	经营范围	房地产开发和销售等				

主要财务指标	指标\报告期	2012.06.30	2011.12.31	2011.06.30	2010.12.31
	基本每股收益(元)	0.0773	0.1159	0.0611	0.0132
	基本每股收益(扣除后)(元)	0.0806	0.0275	0.0631	0.0187
	每股净资产(元)	0.9300	0.8500	0.8200	0.7500
	每股经营现金净流量(元)	0.1537	0.1721	0.2320	0.0223
	每股现金流量(元)	-0.0976	-0.2194	0.0681	0.1373
	每股资本公积金(元)	0.6578	0.6616	0.6861	0.6752
	每股盈余公积金(元)	0.0190	0.0190	0.0190	0.0190
	每股未分配利润(元)	-0.7494	-0.8267	-0.8815	-0.9426
	净资产收益率(%)	8.3300	13.5760	7.1600	1.7570
	加权净资产收益率(%)	8.6800	14.4400	7.1100	1.7900
	净资产收益率(扣除)(%)	-	-	-	-
	总资产(万元)	32602.62	42417.32	46132.52	48569.80
	归属母公司股东权益(万元)	15718.65	14473.85	13959.53	12738.66
	主营业务收入(万元)	11110.17	17494.95	15968.33	7429.80
	营业收入(万元)	11152.96	17564.97	15968.33	7946.27
	主营成本(万元)	7704.87	12628.94	11308.73	4983.27
	营业成本(万元)	7704.87	12628.94	11308.73	5361.12
	投资收益(万元)	-	-	-	-
	净利润(万元)	1351.43	2221.94	1060.90	182.20
	利润总额(万元)	1957.18	2718.21	1460.01	471.63

神州学人集团股份有限公司

公司概况	公司名称	神州学人集团股份有限公司			证券简称	闽福发A
	法人代表	章高路	董秘	吴小兰	证券代码	000547
	公司网址	www.szxrjt.com		电子信箱	fufa@szxrjt.com	
	电话	0591-83283128		传真	0591-83296358	
	办公地址	福建省福州市台江区五一南路17号工行五一支行13层				
	经营范围	电子、电子计算机、通讯、网络信息、环境保护等				

主要财务指标	指标\报告期	2012.06.30	2011.12.31	2011.06.30	2010.12.31
	基本每股收益(元)	0.1400	0.1900	0.0500	0.0500
	基本每股收益(扣除后)(元)	0.0020	0.0500	0.0300	0.0300
	每股净资产(元)	2.5900	2.4700	5.5200	5.0600
	每股经营现金净流量(元)	0.0105	0.0946	0.0998	0.4036
	每股现金流量(元)	0.0138	0.9524	1.8544	-0.3889
	每股资本公积金(元)	0.9556	0.9714	3.5648	2.9722
	每股盈余公积金(元)	0.0654	0.0529	0.0858	0.0986
	每股未分配利润(元)	0.5658	0.4413	0.8671	0.9936
	净资产收益率(%)	5.3000	7.0260	1.6000	1.9810
	加权净资产收益率(%)	5.4200	7.2900	1.9700	2.1100
	净资产收益率(扣除)(%)	-	-	-	-
	总资产(万元)	226119.16	218026.36	232412.60	187437.01
	归属母公司股东权益(万元)	159970.99	152476.82	170616.68	124000.50
	主营业务收入(万元)	14431.52	40404.79	18418.62	43894.93
	营业收入(万元)	14688.54	40875.36	18602.97	44704.92
	主营成本(万元)	8710.01	23168.71	10522.86	28234.52
	营业成本(万元)	8885.75	23668.39	10634.19	28973.12
	投资收益(万元)	8000.88	9112.90	1327.73	259.95
	净利润(万元)	9070.96	13412.92	4308.96	5163.97
	利润总额(万元)	9469.85	14449.09	5067.88	6389.36

湖南投资集团股份有限公司

公司概况	公司名称	湖南投资集团股份有限公司			证券简称	湖南投资
	法人代表	谭应球	董秘	马宁	证券代码	000548
	公司网址	www.hntz.com.cn		电子信箱	hntz0548@126.com	
	电话	0731-82327666		传真	0731-82327566	
	办公地址	湖南省长沙市芙蓉中路508号之三君逸康年大酒店十二楼				
	经营范围	投资建设并收费经营公路、桥梁及各类城市基础设施等				

主要财务指标	指标\报告期	2012.06.30	2011.12.31	2011.06.30	2010.12.31
	基本每股收益(元)	0.0520	0.1100	0.0640	0.1700
	基本每股收益(扣除后)(元)	0.0290	0.0900	0.0640	0.1300
	每股净资产(元)	2.9700	2.9200	2.8800	2.8600
	每股经营现金净流量(元)	-0.1495	0.2306	0.1872	0.0065
	每股现金流量(元)	0.2287	-0.1963	-0.0166	-0.0126
	每股资本公积金(元)	0.9609	0.9601	0.9605	0.9604
	每股盈余公积金(元)	0.1921	0.1921	0.1813	0.1813
	每股未分配利润(元)	0.8150	0.7632	0.7334	0.7192
	净资产收益率(%)	1.7800	3.6050	2.2400	6.0976
	加权净资产收益率(%)	1.7800	3.6400	2.2400	6.2900
	净资产收益率(扣除)(%)	-	-	-	-
	总资产(万元)	218905.64	207390.75	211017.00	220454.11
	归属母公司股东权益(万元)	148171.44	145541.63	143533.53	142821.75
	主营业务收入(万元)	12435.84	27005.73	13036.89	33359.26
	营业收入(万元)	12435.84	27005.73	13036.89	33359.26
	主营成本(万元)	3730.16	7897.06	3564.34	12952.80
	营业成本(万元)	3730.16	7897.06	3564.34	12952.80
	投资收益(万元)	339.09	521.73	267.34	2919.37
	净利润(万元)	3329.99	6755.77	3854.06	9879.19
	利润总额(万元)	4278.68	8598.83	5014.99	13519.45

江铃汽车股份有限公司

公司概况	公司名称	江铃汽车股份有限公司			证券简称	江铃汽车
	法人代表	王锡高	董秘	宛虹	证券代码	000550
	公司网址	www.jmc.com.cn		电子信箱	relations@jmc.com.cn	
	电话	0791-85235675 85266503		传真	0791-85232839	
	办公地址	江西省南昌市迎宾北大道509号				
	经营范围	生产和销售轻型汽车以及相关的零部件				

主要财务指标	指标\报告期	2012.06.30	2011.12.31	2011.06.30	2010.12.31
	基本每股收益(元)	0.9500	2.1700	1.2500	1.9800
	基本每股收益(扣除后)(元)	-	2.0400	1.2310	1.9800
	每股净资产(元)	8.5600	8.4700	7.5600	7.1000
	每股经营现金净流量(元)	-	1.3293	0.1735	3.1483
	每股现金流量(元)	-	-0.4960	-0.2491	2.2003
	每股资本公积金(元)	-	0.9725	0.9725	0.9725
	每股盈余公积金(元)	-	0.5000	0.5000	0.5000
	每股未分配利润(元)	-	5.9979	5.0854	4.6258
	净资产收益率(%)	-	25.5880	16.5340	27.9340
	加权净资产收益率(%)	10.5900	27.6000	16.1800	30.9900
	净资产收益率(扣除)(%)	-	-	-	-
	总资产(万元)	1270235.00	1181985.47	1161623.13	1123771.51
	归属母公司股东权益(万元)	738725.00	731176.85	652404.77	612727.60
	主营业务收入(万元)	-	1726321.02	912125.01	1560169.71
	营业收入(万元)	872153.00	1745699.89	922154.01	1576789.67
	主营成本(万元)	-	1304541.25	694054.23	1160266.46
	营业成本(万元)	-	1314386.13	699249.65	1169638.78
	投资收益(万元)	-	473.27	359.88	710.92
	净利润(万元)	-	190083.08	110332.33	174701.57
	利润总额(万元)	107802.00	212725.09	129143.19	203337.65

创元科技股份有限公司

公司概况	公司名称	创元科技股份有限公司			证券简称	创元科技
	法人代表	曹新彤	董秘	周成明	证券代码	000551
	公司网址	www.000551.cn		电子信箱	dmc@000551.cn	
	电　　话	0512-68241551		传　　真	0512-68245551	
	办公地址	江苏省苏州市南门东二路4号				
	经营范围	空气净化设备、洁净产品、停车设备、仪器仪表、磨具磨料、高压绝缘子等				

主要财务指标	指标\报告期	2012.06.30	2011.12.31	2011.06.30	2010.12.31
	基本每股收益(元)	0.0400	0.1400	0.0900	0.2600
	基本每股收益(扣除后)(元)	0.0100	0.0300	0.0800	0.2200
	每股净资产(元)	3.1500	4.6900	4.6842	4.5400
	每股经营现金净流量(元)	-0.0372	0.2874	-0.0098	0.5311
	每股现金流量(元)	-0.0411	0.2800	0.2401	0.1561
	每股资本公积金(元)	0.7565	1.5486	1.5506	1.5378
	每股盈余公积金(元)	0.3477	0.5215	0.5104	0.5104
	每股未分配利润(元)	1.0465	1.6164	1.6232	1.4906
	净资产收益率(%)	1.1300	2.9810	2.8300	5.2328
	加权净资产收益率(%)	1.1400	3.0300	2.8800	7.5600
	净资产收益率(扣除)(%)	-	-	-	-
	总资产(万元)	317814.01	316371.22	321625.12	298235.86
	归属母公司股东权益(万元)	126051.19	124998.90	124936.02	121059.55
	主营业务收入(万元)	103881.21	243680.75	132342.47	220075.14
	营业收入(万元)	105899.27	248679.86	134694.96	225313.71
	主营成本(万元)	82853.34	192694.96	106834.39	176411.84
	营业成本(万元)	83917.48	197209.44	108183.63	179941.90
	投资收益(万元)	344.72	1494.08	292.08	797.25
	净利润(万元)	2925.43	8472.35	6532.04	11380.56
	利润总额(万元)	3713.60	9984.89	7772.19	13082.52

甘肃靖远煤电股份有限公司

公司概况	公司名称	甘肃靖远煤电股份有限公司			证券简称	靖远煤电
	法人代表	梁习明	董秘	丁焕仁	证券代码	000552
	公司网址			电子信箱	jingymd@163.com	
	电　　话	0931-8512882		传　　真	0931-8508220	
	办公地址	甘肃省白银市平川区王家山镇				
	经营范围	煤炭开采、洗选、销售、洁净能源的再加工利用、燃煤和瓦斯发电等				

主要财务指标	指标\报告期	2012.06.30	2011.12.31	2011.06.30	2010.12.31
	基本每股收益(元)	0.2293	0.3981	0.2552	0.3200
	基本每股收益(扣除后)(元)	0.2300	0.4211	0.2600	0.3200
	每股净资产(元)	3.1900	2.8100	2.8700	2.4400
	每股经营现金净流量(元)	0.9556	-0.0693	0.4615	0.9859
	每股现金流量(元)	0.7926	-0.7471	0.2887	0.4487
	每股资本公积金(元)	0.4905	0.4905	0.4905	0.4905
	每股盈余公积金(元)	0.1580	0.1580	0.1182	0.1182
	每股未分配利润(元)	1.3373	1.1380	1.0349	0.8097
	净资产收益率(%)	7.1900	14.1480	9.0700	13.0106
	加权净资产收益率(%)	7.8300	15.1700	9.9400	13.0700
	净资产收益率(扣除)(%)	-	-	-	-
	总资产(万元)	101544.88	73350.70	79588.27	62415.96
	归属母公司股东权益(万元)	56690.00	50051.45	51108.24	43461.52
	主营业务收入(万元)	43164.95	101895.22	43336.18	76823.59
	营业收入(万元)	43410.91	102952.44	43652.02	77588.36
	主营成本(万元)	33125.68	77198.68	31017.34	61199.96
	营业成本(万元)	33557.39	78165.75	31546.32	61867.44
	投资收益(万元)	-	-	-	-
	净利润(万元)	4078.65	7081.34	4538.90	5654.62
	利润总额(万元)	5016.66	9022.64	5659.89	6806.56

湖北沙隆达股份有限公司

公司概况	公司名称	湖北沙隆达股份有限公司			证券简称	沙隆达A
	法人代表	李作荣	董秘	李忠禧	证券代码	000553
	公司网址	www.sanonda.cn		电子信箱	li_zhongxi@263.net	
	电　　话	0716-8208632 8208232		传　　真	0716-8321099	
	办公地址	湖北省荆州市北京东路93号				
	经营范围	农药与化工产品的生产和销售等				

主要财务指标	指标\报告期	2012.06.30	2011.12.31	2011.06.30	2010.12.31
	基本每股收益(元)	0.0404	0.0890	0.0511	0.0399
	基本每股收益(扣除后)(元)	0.0404	0.0851	0.0497	0.0373
	每股净资产(元)	1.9900	1.9500	1.8900	1.9100
	每股经营现金净流量(元)	0.2226	0.2954	0.0207	0.1383
	每股现金流量(元)	0.2896	0.0196	0.2145	-0.5402
	每股资本公积金(元)	0.4474	0.4490	0.4463	0.5068
	每股盈余公积金(元)	0.1353	0.1353	0.1259	0.1259
	每股未分配利润(元)	0.3730	0.3326	0.2882	0.2523
	净资产收益率(%)	2.0300	4.5720	2.6800	2.0885
	加权净资产收益率(%)	2.0500	4.6700	2.6400	2.1100
	净资产收益率(扣除)(%)	-	-	-	-
	总资产(万元)	262140.20	229265.02	241534.18	211321.73
	归属母公司股东权益(万元)	118437.11	115634.77	112293.46	113404.72
	主营业务收入(万元)	108316.49	185779.89	95695.05	148383.60
	营业收入(万元)	111675.53	190107.58	99632.40	157011.42
	主营成本(万元)	92816.19	155817.95	79632.72	125497.28
	营业成本(万元)	95656.12	159706.46	83078.99	132395.11
	投资收益(万元)	-	-44.00	-	22.07
	净利润(万元)	2446.59	5380.65	3074.05	2344.42
	利润总额(万元)	3613.75	7676.97	4288.29	3175.57

中国石化山东泰山石油股份有限公司

公司概况	公司名称	中国石化山东泰山石油股份有限公司			证券简称	泰山石油
	法人代表	冯东青	董秘	冯光明	证券代码	000554
	公司网址			电子信箱	tssyfgm@163.com	
	电　　话	0538-6269600 6269630		传　　真	0538-8265450	
	办公地址	山东省泰安市东岳大街104号				
	经营范围	汽油、柴油、煤油的批发和零售、许可证范围内的天然气经营等				

主要财务指标	指标\报告期	2012.06.30	2011.12.31	2011.06.30	2010.12.31
	基本每股收益(元)	0.0227	0.0192	0.0162	0.0150
	基本每股收益(扣除后)(元)	0.0237	0.0392	0.0219	0.0206
	每股净资产(元)	1.8400	1.8330	1.8300	1.8140
	每股经营现金净流量(元)	0.0917	0.1043	0.0554	0.2394
	每股现金流量(元)	-0.1118	-0.0483	0.0145	0.1506
	每股资本公积金(元)	0.3945	0.3945	0.3945	0.3945
	每股盈余公积金(元)	0.2057	0.2057	0.2051	0.2051
	每股未分配利润(元)	0.2354	0.2327	0.2304	0.2142
	净资产收益率(%)	1.2400	1.0450	0.8800	0.8260
	加权净资产收益率(%)	1.2300	1.0500	0.8200	0.8200
	净资产收益率(扣除)(%)	-	-	-	-
	总资产(万元)	91707.18	93311.43	89551.11	94938.85
	归属母公司股东权益(万元)	88257.76	88127.20	87984.49	87206.47
	主营业务收入(万元)	193522.72	384304.55	193240.28	310336.20
	营业收入(万元)	195756.67	387042.90	194263.19	312367.00
	主营成本(万元)	183948.85	362267.26	182576.65	291836.35
	营业成本(万元)	185984.07	364657.30	183419.93	293535.64
	投资收益(万元)	-	-	-	-
	净利润(万元)	1092.15	920.73	778.02	720.20
	利润总额(万元)	1421.64	955.53	735.80	1214.49

深圳市太光电信股份有限公司

公司概况					
公司名称	深圳市太光电信股份有限公司			证券简称	ST 太光
法人代表	宋波	董秘	舒晓玲	证券代码	000555
公司网址	www.tg000555.com		电子信箱	sznivs@163.com	
电　　话	0755-82910290		传　　真	0755-82910304	
办公地址	广东省深圳市福田区滨河路北与彩田路东联合广场 A 座 3608 室				
经营范围	销售 TEC5200 综合业务接入网等通信设备、经营进出口业务等				

主要财务指标

指标\报告期	2012.06.30	2011.12.31	2011.06.30	2010.12.31
基本每股收益(元)	-0.0460	0.0070	-0.0432	0.0400
基本每股收益(扣除后)(元)	-0.0460	-0.0540	-0.0432	-0.1370
每股净资产(元)	-1.4700	-1.4300	-1.4760	-1.4300
每股经营现金净流量(元)	-0.1041	0.0867	-0.0488	0.0941
每股现金流量(元)	-0.1041	-0.3561	-0.4904	0.5458
每股资本公积金(元)	0.5983	0.5983	0.5983	0.5983
每股盈余公积金(元)	0.0247	0.0247	0.0247	0.0247
每股未分配利润(元)	-3.0950	-3.0490	-3.0991	-3.0558
净资产收益率(%)	-3.1226	-0.4785	-2.9292	-2.8237
加权净资产收益率(%)	-	-	-	-
净资产收益率(扣除)(%)	-	-	-	-
总资产(万元)	1338.15	2273.51	1514.41	5948.18
归属母公司股东权益(万元)	-13340.26	-12923.69	-13377.39	-12985.53
主营业务收入(万元)	2923.85	9986.71	4447.19	8555.58
营业收入(万元)	2923.85	9986.71	4447.19	8555.58
主营成本(万元)	2857.97	9707.37	4395.24	8454.51
营业成本(万元)	2857.97	9707.37	4395.24	8454.51
投资收益(万元)	-	-	-	-
净利润(万元)	-416.57	61.84	-391.86	366.67
利润总额(万元)	-416.57	61.84	-391.86	366.67

广夏(银川)实业股份有限公司

公司概况					
公司名称	广夏(银川)实业股份有限公司			证券简称	*ST 广夏
法人代表	孟虎	董秘	王清杰	证券代码	000557
公司网址			电子信箱	guangxiayinchuan@sina.com	
电　　话	0951-3975696		传　　真	0951-3975696 3876098	
办公地址	宁夏银川市金凤区北京中路 168 号 C 座办公楼一楼				
经营范围	生态农业产业化、天然物产的种植、加工和销售等				

主要财务指标

指标\报告期	2012.06.30	2011.12.31	2011.06.30	2010.12.31
基本每股收益(元)	0.0420	-0.3360	-0.0090	-0.1330
基本每股收益(扣除后)(元)	-0.0004	-0.0350	-0.0014	-0.1330
每股净资产(元)	-0.4000	-0.7400	-0.4158	-0.4100
每股经营现金净流量(元)	-0.0264	0.0058	-	-0.0039
每股现金流量(元)	0.4252	0.0058	-	-0.0002
每股资本公积金(元)	1.3839	1.0827	1.0827	1.0827
每股盈余公积金(元)	0.0025	0.0025	0.0025	0.0025
每股未分配利润(元)	-2.7868	-2.8287	-2.5011	-2.4926
净资产收益率(%)	-	-45.2134	-2.0387	-32.7554
加权净资产收益率(%)	-	-	-	-
净资产收益率(扣除)(%)	-	-	-	-
总资产(万元)	31781.20	10698.21	12442.19	12451.50
归属母公司股东权益(万元)	-27472.25	-51010.63	-28530.38	-27947.00
主营业务收入(万元)	-	-	-	-
营业收入(万元)	-	-	-	-
主营成本(万元)	-	-	-	-
营业成本(万元)	-	-	583.92	-
投资收益(万元)	-	-	-	-
净利润(万元)	2872.42	-23119.73	-583.92	-9195.30
利润总额(万元)	2872.42	-23119.73	-583.92	-9195.30

莱茵达置业股份有限公司

公司概况					
公司名称	莱茵达置业股份有限公司			证券简称	莱茵置业
法人代表	高继胜	董秘	徐超	证券代码	000558
公司网址	www.lander.com.cn		电子信箱	lyzy000558@126.com	
电　　话	0571-87851738		传　　真	0571-87851739	
办公地址	浙江省杭州市文三路 535 号莱茵达大厦 20 楼				
经营范围	房地产开发及经营、实业投资、房产租赁经营等				

主要财务指标

指标\报告期	2012.06.30	2011.12.31	2011.06.30	2010.12.31
基本每股收益(元)	0.0547	0.1000	0.0717	0.2700
基本每股收益(扣除后)(元)	0.0470	0.0900	0.0607	0.2500
每股净资产(元)	1.3346	1.2600	1.2400	2.0600
每股经营现金净流量(元)	0.4173	-0.6979	-0.9505	-0.7879
每股现金流量(元)	0.0950	-0.4965	-0.0789	0.8854
每股资本公积金(元)	0.0652	0.0477	0.0477	0.0811
每股盈余公积金(元)	0.0631	0.0631	0.0628	0.1068
每股未分配利润(元)	0.2064	0.1516	0.1259	0.8700
净资产收益率(%)	4.1000	7.7450	5.8000	22.1640
加权净资产收益率(%)	4.2300	7.9600	5.7600	24.5900
净资产收益率(扣除)(%)	-	-	-	-
总资产(万元)	495667.77	462223.34	434175.77	376009.97
归属母公司股东权益(万元)	84116.59	79567.10	77926.50	76296.50
主营业务收入(万元)	50021.65	99164.71	56535.41	182239.23
营业收入(万元)	50021.65	99331.21	56640.41	182378.73
主营成本(万元)	38985.56	72469.12	41571.66	130021.83
营业成本(万元)	38985.56	72514.12	41616.66	130021.83
投资收益(万元)	16.01	245.89	-110.54	213.38
净利润(万元)	2708.96	5188.98	4300.73	16565.75
利润总额(万元)	3991.84	7138.98	6272.97	23514.76

万向钱潮股份有限公司

公司概况					
公司名称	万向钱潮股份有限公司			证券简称	万向钱潮
法人代表	鲁冠球	董秘	许小建	证券代码	000559
公司网址	www.wxqc.com.cn		电子信箱	wxqc@wanxiang.com.cn	
电　　话	0571-82832999		传　　真	0571-82602132	
办公地址	浙江省杭州市萧山经济技术开发区万向路				
经营范围	汽车零部件及相关机电产品的开发、制造和销售等				

主要财务指标

指标\报告期	2012.06.30	2011.12.31	2011.06.30	2010.12.31
基本每股收益(元)	0.1020	0.2920	0.1600	0.3030
基本每股收益(扣除后)(元)	0.0930	0.2480	0.1480	0.2600
每股净资产(元)	2.2300	2.4300	2.2920	3.0720
每股经营现金净流量(元)	0.0764	0.2604	0.0909	0.3683
每股现金流量(元)	0.2542	-0.0063	0.1927	1.0061
每股资本公积金(元)	0.7915	0.7915	0.7892	1.3260
每股盈余公积金(元)	0.0624	0.0624	0.0319	0.0415
每股未分配利润(元)	0.3751	0.5730	0.4712	0.7047
净资产收益率(%)	4.5800	12.0360	6.9700	11.3088
加权净资产收益率(%)	4.1200	12.3000	6.6500	14.2200
净资产收益率(扣除)(%)	-	-	-	-
总资产(万元)	956916.28	880454.17	853541.20	807860.32
归属母公司股东权益(万元)	355142.50	386658.84	365234.52	376528.70
主营业务收入(万元)	377076.13	763469.87	399184.84	734383.81
营业收入(万元)	398975.70	817344.94	428390.52	781967.52
主营成本(万元)	315310.44	631407.42	332758.02	603262.92
营业成本(万元)	333225.24	676382.13	356091.24	643824.77
投资收益(万元)	2542.74	3517.20	3566.67	1783.33
净利润(万元)	17644.17	50940.91	27495.97	47239.20
利润总额(万元)	20522.53	58253.16	32599.41	55250.72

昆明百货大楼(集团)股份有限公司

公司概况					
公司名称	昆明百货大楼(集团)股份有限公司			证券简称	昆百大 A
法人代表	何道峰	董秘	文彬	证券代码	000560
公司网址			电子信箱	wbin0823@vip.sina.com	
电　　话	0871-3623414		传　　真	0871-3623414	
办公地址	云南省昆明市东风西路 1 号				
经营范围	商业、房地产业和旅游服务等				

主要财务指标 指标＼报告期	2012.06.30	2011.12.31	2011.06.30	2010.12.31
基本每股收益(元)	0.1677	0.5041	0.1321	0.2811
基本每股收益(扣除后)(元)	0.0222	0.1616	0.0773	0.0794
每股净资产(元)	6.0005	5.9560	4.4696	6.7190
每股经营现金净流量(元)	–0.8725	–0.0154	–0.3063	4.1913
每股现金流量(元)	–0.3830	–1.0399	–1.2448	1.0965
每股资本公积金(元)	1.3928	1.5160	0.4180	2.1249
每股盈余公积金(元)	0.4048	0.4048	0.3873	0.4520
每股未分配利润(元)	3.2030	3.0353	2.6643	3.1421
净资产收益率(%)	2.7900	8.4635	2.3500	5.1214
加权净资产收益率(%)	2.7800	8.8400	2.3800	5.1500
净资产收益率(扣除)(%)	–	–	–	–
总资产(万元)	459858.42	417227.48	330151.62	408113.23
归属母公司股东权益(万元)	98725.95	97993.85	60070.98	90303.94
主营业务收入(万元)	74434.32	152144.15	74746.83	138935.83
营业收入(万元)	76996.30	155603.02	76547.17	142065.28
主营成本(万元)	50233.10	107595.92	53380.19	100740.70
营业成本(万元)	50702.06	107787.84	53386.02	100938.80
投资收益(万元)	1840.95	5022.37	–280.10	1073.79
净利润(万元)	2729.19	9401.31	2180.98	4523.84
利润总额(万元)	3850.80	12726.61	3140.73	6809.05

陕西烽火电子股份有限公司

公司概况					
公司名称	陕西烽火电子股份有限公司			证券简称	烽火电子
法人代表	李荣家	董秘	吴亚兵	证券代码	000561
公司网址	www.fenghuo.cn		电子信箱	sxfh769@163.com	
电　　话	0917-3626561		传　　真	0917—3625666 3626602	
办公地址	陕西省宝鸡市清姜路 72 号				
经营范围	军民用通信装备及电声器材科研生产等				

主要财务指标 指标＼报告期	2012.06.30	2011.12.31	2011.06.30	2010.12.31
基本每股收益(元)	0.0255	0.1900	0.0400	0.1500
基本每股收益(扣除后)(元)	0.0250	0.1800	0.0387	0.1600
每股净资产(元)	1.3790	1.3500	1.2100	1.1700
每股经营现金净流量(元)	–0.3277	0.0858	–0.1058	0.1702
每股现金流量(元)	–0.2660	–0.0397	–0.1132	0.1135
每股资本公积金(元)	0.0281	0.0281	0.0281	0.0281
每股盈余公积金(元)	–	–	–	–
每股未分配利润(元)	0.3506	0.3251	0.1796	0.1396
净资产收益率(%)	1.8700	13.7070	3.3700	11.9880
加权净资产收益率(%)	1.8700	14.7200	3.3700	12.7800
净资产收益率(扣除)(%)	–	–	–	–
总资产(万元)	142590.17	142976.90	126738.01	128274.96
归属母公司股东权益(万元)	82150.78	80630.70	71962.97	69578.59
主营业务收入(万元)	29730.84	93903.33	28490.31	81492.56
营业收入(万元)	30053.93	94563.71	28790.19	82896.68
主营成本(万元)	14483.53	55025.36	15439.40	47859.95
营业成本(万元)	14514.89	55822.88	15464.57	49484.70
投资收益(万元)	2.30	–1.61	0.74	24.56
净利润(万元)	2332.83	12214.45	2781.65	10275.33
利润总额(万元)	3053.07	13678.84	3223.76	11211.61

宏源证券股份有限公司

公司概况					
公司名称	宏源证券股份有限公司			证券简称	宏源证券
法人代表	冯戎	董秘	阳昌云	证券代码	000562
公司网址	www.hysec.com		电子信箱	hyzq@hysec.com	
电　　话	0991-2301870		传　　真	0991-2301779	
办公地址	新疆维吾尔自治区乌鲁木齐市文艺路 233 号宏源大厦				
经营范围	证券经纪、证券投资咨询、与证券交易、证券投资活动有关的财务顾问等				

主要财务指标 指标＼报告期	2012.06.30	2011.12.31	2011.06.30	2010.12.31
基本每股收益(元)	0.4407	0.4400	0.4204	0.8900
基本每股收益(扣除后)(元)	0.4397	0.4400	8.2600	0.8900
每股净资产(元)	7.3491	4.8734	5.0979	4.9950
每股经营现金净流量(元)	–1.6472	–3.3608	–2.7397	–0.7764
每股现金流量(元)	1.7317	–3.7824	–3.0853	–1.1387
每股资本公积金(元)	3.9343	1.0317	1.2776	1.3322
每股盈余公积金(元)	0.3093	0.4204	0.3776	0.3776
每股未分配利润(元)	1.5182	1.6229	1.7298	1.5724
净资产收益率(%)	0.0441	9.0660	8.2470	17.8986
加权净资产收益率(%)	8.6200	9.0300	8.2600	18.8800
净资产收益率(扣除)(%)	–	–	–	–
总资产(万元)	2897842.67	2128701.89	2380771.72	2683409.52
归属母公司股东权益(万元)	1459682.58	712106.37	744901.73	729880.08
主营业务收入(万元)				
营业收入(万元)	183471.93	235370.36	155532.69	330471.51
主营成本(万元)				
营业成本(万元)	–	–	73947.71	–
投资收益(万元)	63656.71	36572.18	25511.06	71781.09
净利润(万元)	64402.52	64559.11	61429.19	130637.96
利润总额(万元)	86258.01	87891.66	81494.85	175015.01

陕西省国际信托股份有限公司

公司概况					
公司名称	陕西省国际信托股份有限公司			证券简称	陕国投 A
法人代表	薛季民	董秘	姚卫东	证券代码	000563
公司网址	www.siti.com.cn		电子信箱	office@siti.com.cn	
电　　话	029-81870262 81870266		传　　真	029-88851989*0 88851989	
办公地址	陕西省西安市高新区科技路 50 号金桥国际广场 C 座				
经营范围	受托经营资金信托业务、受托经营动产、不动产及其他财产的信托业务等				

主要财务指标 指标＼报告期	2012.06.30	2011.12.31	2011.06.30	2010.12.31
基本每股收益(元)	0.2386	0.4307	0.2324	0.2274
基本每股收益(扣除后)(元)	0.2386	0.2870	0.1158	0.1210
每股净资产(元)	5.3900	2.3700	2.2100	2.0700
每股经营现金净流量(元)	–1.1019	–0.0521	–0.1988	0.4458
每股现金流量(元)	1.9410	0.3489	–0.3296	–0.0853
每股资本公积金(元)	3.7107	0.4639	0.5000	0.5532
每股盈余公积金(元)	0.1014	0.1637	0.1178	0.1429
每股未分配利润(元)	0.5380	0.6776	0.5482	0.3343
净资产收益率(%)	3.3000	18.1687	10.5200	10.9735
加权净资产收益率(%)	6.2400	19.3900	10.8600	12.1800
净资产收益率(扣除)(%)	–	–	–	–
总资产(万元)	329833.83	121208.86	96782.59	120403.34
归属母公司股东权益(万元)	311791.91	84956.00	79144.67	74285.18
主营业务收入(万元)				
营业收入(万元)	20545.27	30442.20	15797.87	22016.91
主营成本(万元)				
营业成本(万元)	–	–	–	–
投资收益(万元)	587.99	9631.83	7194.56	6669.67
净利润(万元)	10299.91	15435.43	8328.10	8151.70
利润总额(万元)	13852.15	20287.96	10858.74	10536.00

西安民生集团股份有限公司

公司概况					
公司名称	西安民生集团股份有限公司			证券简称	西安民生
法人代表	马永庆	董秘	杜璟	证券代码	000564
公司网址	www.cnminsheng.com		电子信箱	dujin@minsheng.cn	
电　话	029-87481871		传　真	029-87481871	
办公地址	陕西省西安市解放路103号				
经营范围	国内商业、物资供销业、仓储服务、计算机软件开发、销售等				

主要财务指标：指标\报告期	2012.06.30	2011.12.31	2011.06.30	2010.12.31
基本每股收益(元)	0.1246	0.2019	0.1114	0.1952
基本每股收益(扣除后)(元)	0.1181	0.1607	0.0996	0.1819
每股净资产(元)	2.9164	2.7917	2.7000	2.6398
每股经营现金净流量(元)	0.3162	0.8320	0.1455	0.3542
每股现金流量(元)	0.6109	1.5331	0.9914	0.4753
每股资本公积金(元)	0.8685	0.8685	0.8685	0.8685
每股盈余公积金(元)	0.2670	0.2670	0.2500	0.2500
每股未分配利润(元)	0.7809	0.6563	0.5827	0.5213
净资产收益率(%)	4.2700	7.2330	4.1200	7.3928
加权净资产收益率(%)	5.0000	7.4500	4.8400	7.1900
净资产收益率(扣除)(%)	–	–	–	–
总资产(万元)	374172.85	364077.56	321488.30	277910.73
归属母公司股东权益(万元)	88748.97	84956.12	82199.86	80332.72
主营业务收入(万元)	155099.14	259707.19	133649.87	215833.35
营业收入(万元)	167487.13	284951.34	143704.87	234298.56
主营成本(万元)	131564.80	216830.22	112702.71	181104.59
营业成本(万元)	132453.06	218849.15	113353.14	181915.87
投资收益(万元)	251.56	457.76	93.38	–187.65
净利润(万元)	3792.85	6144.96	3388.70	5938.87
利润总额(万元)	4341.23	7976.61	3936.47	6812.73

重庆三峡油漆股份有限公司

公司概况					
公司名称	重庆三峡油漆股份有限公司			证券简称	渝三峡A
法人代表	苏中俊	董秘	楼晓波	证券代码	000565
公司网址	www.sanxia.com		电子信箱	sxyq000565@163.com	
电　话	023-68824806 68826395		传　真	023-68824806	
办公地址	重庆市江津区德感工业园区				
经营范围	各类涂料、合成树脂及印铁包装桶的生产、开发、销售等				

主要财务指标：指标\报告期	2012.06.30	2011.12.31	2011.06.30	2010.12.31
基本每股收益(元)	0.0800	–0.9200	0.0700	0.2000
基本每股收益(扣除后)(元)	0.0100	–1.1400	0.0700	–0.8500
每股净资产(元)	2.5400	2.9500	3.9300	3.9900
每股经营现金净流量(元)	0.0083	–0.4937	–0.4222	–0.1626
每股现金流量(元)	0.1242	–1.7181	–1.5595	0.6778
每股资本公积金(元)	0.6113	1.0972	1.0972	1.1262
每股盈余公积金(元)	0.4156	0.4156	0.4156	0.4156
每股未分配利润(元)	0.5149	0.4338	1.4204	1.4493
净资产收益率(%)	3.1900	–31.0680	1.8100	5.0970
加权净资产收益率(%)	3.2200	–26.6200	1.7900	5.2600
净资产收益率(扣除)(%)	–	–	–	–
总资产(万元)	111020.37	98852.85	121939.66	142269.64
归属母公司股东权益(万元)	44085.08	51105.50	68216.53	69219.25
主营业务收入(万元)	23653.07	48726.96	23894.45	42495.59
营业收入(万元)	24459.08	50120.26	24455.49	43639.66
主营成本(万元)	18721.73	39671.75	18707.23	32997.63
营业成本(万元)	19334.38	39964.28	18783.00	33158.60
投资收益(万元)	912.57	2002.15	1400.77	23223.63
净利润(万元)	1144.59	–21129.07	828.27	–1283.29
利润总额(万元)	1388.90	–20442.70	1103.55	2137.54

海南海药股份有限公司

公司概况					
公司名称	海南海药股份有限公司			证券简称	海南海药
法人代表	刘悉承	董秘	张晖	证券代码	000566
公司网址	www.haiyao.com.cn		电子信箱	hnhy000566@21cn.com	
电　话	0898-68653568		传　真	0898-68656780	
办公地址	海南省海口市秀英区南海大道西66号				
经营范围	精细化工产品、化学原料药、中药材、土特产品、中药成药、西药成药等				

主要财务指标：指标\报告期	2012.06.30	2011.12.31	2011.06.30	2010.12.31
基本每股收益(元)	0.2413	0.4378	0.5208	0.1559
基本每股收益(扣除后)(元)	0.2209	0.2000	0.1571	0.1872
每股净资产(元)	5.5529	5.3087	2.5600	2.0200
每股经营现金净流量(元)	0.0184	0.2334	0.1525	0.2093
每股现金流量(元)	1.0807	2.5567	0.4126	0.2355
每股资本公积金(元)	3.6322	3.6830	0.8385	0.8385
每股盈余公积金(元)	0.0914	0.0914	0.0828	0.0874
每股未分配利润(元)	0.8293	0.5880	0.6375	0.1787
净资产收益率(%)	4.3400	7.4758	20.3500	7.7280
加权净资产收益率(%)	4.4400	13.3100	22.6600	8.0600
净资产收益率(扣除)(%)	–	–	–	–
总资产(万元)	266457.14	201975.63	118291.27	110212.10
归属母公司股东权益(万元)	137486.69	131440.16	54465.64	43034.69
主营业务收入(万元)	42679.17	72156.28	32264.87	61217.44
营业收入(万元)	42718.92	72184.75	32279.39	61318.96
主营成本(万元)	25787.76	45949.23	20187.36	38792.02
营业成本(万元)	25787.76	45965.78	20196.02	38889.11
投资收益(万元)	–238.94	4489.24	7329.64	23.73
净利润(万元)	6043.57	10232.00	11605.53	3692.18
利润总额(万元)	7549.99	11457.47	12278.39	4496.12

海南海德实业股份有限公司

公司概况					
公司名称	海南海德实业股份有限公司			证券简称	海德股份
法人代表	纪道林	董秘	陈金弟	证券代码	000567
公司网址	www.000567.com		电子信箱	haide@hainan.net	
电　话	0898-66978322 021-60318885		传　真	0898-66978319 021-60318880	
办公地址	海南省海口市龙昆南路72号耀江商厦三层				
经营范围	信息产业、高新技术产业、房地产开发经营、房地产销售代理服务等				

主要财务指标：指标\报告期	2012.06.30	2011.12.31	2011.06.30	2010.12.31
基本每股收益(元)	–0.0066	0.0088	0.0139	0.1714
基本每股收益(扣除后)(元)	–0.0066	0.0100	0.0145	0.1690
每股净资产(元)	1.3200	1.3200	1.3300	1.3100
每股经营现金净流量(元)	–0.0431	–0.5922	–0.4144	0.5587
每股现金流量(元)	–0.0889	–0.7480	–0.3696	0.5660
每股资本公积金(元)	0.7720	0.7720	0.7720	0.7720
每股盈余公积金(元)	0.0040	0.0040	0.0040	0.0040
每股未分配利润(元)	–0.4603	–0.4537	–0.4486	–0.4625
净资产收益率(%)	–0.0050	0.6652	1.0500	13.0463
加权净资产收益率(%)	–0.6700	0.6700	1.0500	13.9600
净资产收益率(扣除)(%)	–	–	–	–
总资产(万元)	21715.82	22365.44	23046.42	29548.90
归属母公司股东权益(万元)	19892.34	19992.63	20069.13	19859.64
主营业务收入(万元)	263.11	1255.66	951.36	8370.39
营业收入(万元)	300.67	1331.13	992.02	8428.40
主营成本(万元)	132.82	547.13	386.41	3568.88
营业成本(万元)	145.79	558.63	391.70	3578.46
投资收益(万元)	15.79	162.77	184.81	679.59
净利润(万元)	–100.29	132.99	209.50	2590.94
利润总额(万元)	–91.32	153.88	218.59	3441.20

泸州老窖股份有限公司

公司概况	公司名称	泸州老窖股份有限公司		证券简称	泸州老窖
	法人代表	谢明	董秘 曾颖	证券代码	000568
	公司网址	www.lzlj.com.cn		电子信箱	lzlj@lzlj.com.cn
	电　话	0830-2398826		传　真	0830-2398864
	办公地址	四川省泸州市南光路泸州老窖营销网络指挥中心			
	经营范围	泸州老窖系列酒的生产、销售等			

主要财务指标	指标\报告期	2012.06.30	2011.12.31	2011.06.30	2010.12.31
	基本每股收益(元)	1.4370	2.0836	1.0110	1.5800
	基本每股收益(扣除后)(元)	1.4290	2.0800	1.0110	1.5800
	每股净资产(元)	5.2300	5.1400	4.0100	3.9600
	每股经营现金净流量(元)	1.6294	2.8493	0.6220	0.9692
	每股现金流量(元)	0.8145	1.4845	0.6130	0.1017
	每股资本公积金(元)	0.4917	0.4332	0.3748	0.3323
	每股盈余公积金(元)	0.8684	0.8684	0.6575	0.6575
	每股未分配利润(元)	2.8769	2.8402	1.9790	1.9675
	净资产收益率(%)	27.4900	40.5225	25.2200	39.9692
	加权净资产收益率(%)	32.3200	41.6800	22.6600	41.2100
	净资产收益率(扣除)(%)	–	–	–	–
	总资产(万元)	1253313.09	1247723.15	970941.05	802626.52
	归属母公司股东权益(万元)	730760.44	716891.59	559270.03	551736.22
	主营业务收入(万元)	510821.93	823244.23	348630.61	518872.36
	营业收入(万元)	519258.42	842791.00	356450.87	537087.18
	主营成本(万元)	172971.21	283607.67	111769.43	162495.94
	营业成本(万元)	173188.97	284600.93	115835.02	164318.58
	投资收益(万元)	6995.06	3788.98	13141.59	35104.22
	净利润(万元)	211973.29	305559.95	147609.35	228070.40
	利润总额(万元)	279429.53	404473.21	192327.60	291894.37

常柴股份有限公司

公司概况	公司名称	常柴股份有限公司		证券简称	苏常柴 A
	法人代表	薛国俊	董秘 石建春	证券代码	000570
	公司网址	www.changchai.com.cn		电子信箱	ccsjc@changchai.com
	电　话	0519-68683155 86610041		传　真	0519-86630954
	办公地址	江苏省常州市怀德中路 123 号			
	经营范围	农用柴油机、农用运输车、联合收割机等产品的制造与销售等			

主要财务指标	指标\报告期	2012.06.30	2011.12.31	2011.06.30	2010.12.31
	基本每股收益(元)	0.0500	0.0900	0.0700	0.2100
	基本每股收益(扣除后)(元)	0.0500	0.0700	0.0600	0.1700
	每股净资产(元)	3.3000	3.1000	3.3900	3.7000
	每股经营现金净流量(元)	0.3703	–0.3548	–0.0867	0.1129
	每股现金流量(元)	0.1581	–0.5216	–0.1361	–0.0136
	每股资本公积金(元)	1.0280	0.8814	1.1954	1.5740
	每股盈余公积金(元)	0.4937	0.4937	0.4864	0.4864
	每股未分配利润(元)	0.7823	0.7292	0.7085	0.6423
	净资产收益率(%)	1.6100	3.0330	1.9500	5.7990
	加权净资产收益率(%)	1.6600	2.7300	1.8700	6.3300
	净资产收益率(扣除)(%)	–	–	–	–
	总资产(万元)	308392.04	287008.84	312708.78	342252.58
	归属母公司股东权益(万元)	185482.09	174270.17	190326.12	207864.41
	主营业务收入(万元)	156771.44	308285.81	168733.41	281404.72
	营业收入(万元)	159948.02	313750.41	170254.81	284598.37
	主营成本(万元)	144355.29	282442.69	155537.97	247310.86
	营业成本(万元)	147295.14	285012.37	156375.40	248914.80
	投资收益(万元)	895.40	1342.57	1028.23	960.28
	净利润(万元)	3002.15	5427.45	3792.70	12192.24
	利润总额(万元)	3552.85	6214.83	4755.81	13482.21

新大洲控股股份有限公司

公司概况	公司名称	新大洲控股股份有限公司		证券简称	新大洲 A
	法人代表	赵序宏	董秘 任春雨	证券代码	000571
	公司网址	www.sundiro.com		电子信箱	renchunyu@sundiro.com
	电　话	021-61050111 61050135		传　真	021-61050136
	办公地址	上海市长宁区红宝石路 500 号东银中心 B 栋 2801			
	经营范围	煤炭、电石、电动车的生产经营、物流运输和物业管理等			

主要财务指标	指标\报告期	2012.06.30	2011.12.31	2011.06.30	2010.12.31
	基本每股收益(元)	0.1052	0.2028	0.0993	0.1845
	基本每股收益(扣除后)(元)	0.1040	0.2080	0.0984	0.1734
	每股净资产(元)	1.8001	1.7402	1.6400	1.8922
	每股经营现金净流量(元)	0.1051	0.2374	0.1269	0.1996
	每股现金流量(元)	0.0565	0.2475	0.0581	–0.1034
	每股资本公积金(元)	0.0089	0.0089	–	0.2207
	每股盈余公积金(元)	0.0259	0.0259	–	0.1280
	每股未分配利润(元)	0.7506	0.7054	0.6376	0.5408
	净资产收益率(%)	5.9400	11.6549	5.6200	9.7490
	加权净资产收益率(%)	5.9400	11.1600	5.6200	10.1100
	净资产收益率(扣除)(%)	–	–	–	–
	总资产(万元)	259924.10	255921.43	230514.04	218841.80
	归属母公司股东权益(万元)	132496.52	128088.13	120659.32	139280.23
	主营业务收入(万元)	51642.61	106664.89	41476.01	80278.14
	营业收入(万元)	52628.17	108516.36	42375.47	82009.41
	主营成本(万元)	29418.85	55804.77	22696.60	44231.38
	营业成本(万元)	29584.72	56100.68	22887.98	44422.07
	投资收益(万元)	5123.01	5670.87	4458.42	6716.75
	净利润(万元)	8852.87	19819.15	10286.93	19748.31
	利润总额(万元)	11825.37	26358.10	12515.97	24481.55

海马汽车集团股份有限公司

公司概况	公司名称	海马汽车集团股份有限公司		证券简称	海马汽车
	法人代表	景柱	董秘 肖丹	证券代码	000572
	公司网址	www.000572.com		电子信箱	000572@haima.com
	电　话	0898-66822672		传　真	0898-66820329
	办公地址	海南省海口市金盘工业区金牛路 2 号			
	经营范围	汽车产业投资、实业投资、房地产投资、汽车租赁、仓储运输等			

主要财务指标	指标\报告期	2012.06.30	2011.12.31	2011.06.30	2010.12.31
	基本每股收益(元)	0.0360	0.2039	0.1170	0.3145
	基本每股收益(扣除后)(元)	0.0190	0.0792	0.0930	0.1079
	每股净资产(元)	3.9900	3.9500	3.8600	3.7700
	每股经营现金净流量(元)	–0.2055	–0.5271	–0.0826	0.9580
	每股现金流量(元)	–0.4513	–1.0531	–0.2770	2.3245
	每股资本公积金(元)	2.2943	2.2895	2.2737	2.2995
	每股盈余公积金(元)	0.0488	0.0488	0.0266	0.0278
	每股未分配利润(元)	0.6500	0.6142	0.5553	0.4424
	净资产收益率(%)	0.9000	5.1580	3.0600	6.0650
	加权净资产收益率(%)	0.9000	5.2800	3.0600	9.8600
	净资产收益率(扣除)(%)	–	–	–	–
	总资产(万元)	1231415.83	1309980.79	1282491.78	1273846.56
	归属母公司股东权益(万元)	656716.62	650052.06	634109.47	619960.24
	主营业务收入(万元)	395689.61	1033499.98	515845.83	934500.69
	营业收入(万元)	426639.49	1121429.79	562838.88	1018464.00
	主营成本(万元)	304458.01	848557.70	440884.27	823602.70
	营业成本(万元)	362029.91	975377.19	485094.03	899806.06
	投资收益(万元)	–373.82	1667.67	251.57	867.91
	净利润(万元)	17257.11	55049.81	28603.85	50188.98
	利润总额(万元)	18051.06	59328.78	28054.38	54998.15

东莞宏远工业区股份有限公司

公司概况	公司名称	东莞宏远工业区股份有限公司		证券简称	粤宏远 A
	法人代表	周明轩	董秘 鄢国根	证券代码	000573
	公司网址	www.winnerway.com.cn		电子信箱	0573@21cn.com
	电　话	0769-22412655		传　真	0769-22412655
	办公地址	广东省东莞市宏远工业区宏远大厦 16 楼			
	经营范围	开发经营工业区、房地产开发等			

主要财务指标	指标\报告期	2012.06.30	2011.12.31	2011.06.30	2010.12.31
	基本每股收益(元)	0.0464	0.0915	0.0346	0.0639
	基本每股收益(扣除后)(元)	0.0463	0.0982	0.0347	0.0640
	每股净资产(元)	2.2950	2.2880	2.2320	2.1970
	每股经营现金净流量(元)	0.1129	0.4971	0.3754	0.0758
	每股现金流量(元)	-0.0298	-0.0078	0.1098	-0.1320
	每股资本公积金(元)	0.8906	0.8906	0.8906	0.8906
	每股盈余公积金(元)	0.3233	0.3233	0.3188	0.3188
	每股未分配利润(元)	0.0792	0.0729	0.0205	-0.0141
	净资产收益率(%)	2.0200	3.9980	1.5500	2.9090
	加权净资产收益率(%)	2.0100	4.0800	1.5600	2.9500
	净资产收益率(扣除)(%)	-	-	-	-
	总资产(万元)	250063.26	251121.98	257980.81	253704.44
	归属母公司股东权益(万元)	142931.16	142460.14	138979.80	136800.65
	主营业务收入(万元)	29712.43	-	34786.98	51600.16
	营业收入(万元)	29712.43	82764.01	34786.98	52865.78
	主营成本(万元)	17989.22	-	21099.31	30027.53
	营业成本(万元)	17989.22	51116.96	21099.31	30027.53
	投资收益(万元)	1491.72	-410.93	-	-65.14
	净利润(万元)	2940.00	6086.59	2983.49	4699.13
	利润总额(万元)	3352.04	8493.41	3327.82	5743.44

江门甘蔗化工厂(集团)股份有限公司

公司概况	公司名称	江门甘蔗化工厂(集团)股份有限公司		证券简称	*ST 甘化
	法人代表	麦庆华	董秘 沙伟	证券代码	000576
	公司网址	www.gdganhua.com		电子信箱	gdganhua@126.com
	电　话	0750-3277650 3277651		传　真	0750-3277666
	办公地址	广东省江门市甘化路 62 号			
	经营范围	经营本企业和本企业成员企业自产产品及相关技术的出口业务等			

主要财务指标	指标\报告期	2012.06.30	2011.12.31	2011.06.30	2010.12.31
	基本每股收益(元)	0.2000	-0.6100	-0.0600	-0.2400
	基本每股收益(扣除后)(元)	0.0100	-0.3200	-0.0731	-0.2700
	每股净资产(元)	0.6000	0.3900	0.9400	1.0000
	每股经营现金净流量(元)	-0.4394	-0.1122	0.0602	-0.1048
	每股现金流量(元)	0.0393	0.1653	-0.0138	-0.1440
	每股资本公积金(元)	0.5224	0.5224	0.5184	0.5184
	每股盈余公积金(元)	0.0597	0.0597	0.0597	0.0597
	每股未分配利润(元)	-0.9899	-1.1921	-0.6441	-0.5860
	净资产收益率(%)	33.8800	-153.6370	-14.7500	-23.9880
	加权净资产收益率(%)	40.7900	-87.1400	-6.0100	-21.4300
	净资产收益率(扣除)(%)	-	-	-	-
	总资产(万元)	88780.02	91189.09	73967.90	70171.35
	归属母公司股东权益(万元)	19263.71	12736.98	30291.51	32188.47
	主营业务收入(万元)	19658.99	37436.44	19519.41	36714.48
	营业收入(万元)	20252.45	38738.27	20424.16	39342.88
	主营成本(万元)	17711.61	38953.12	17891.02	35811.02
	营业成本(万元)	18283.12	40145.78	18784.39	38409.91
	投资收益(万元)	-0.11	-0.53	-53.26	-119.04
	净利润(万元)	6525.76	-19581.31	-1884.62	-7739.52
	利润总额(万元)	6563.17	-24585.87	-1879.12	-7733.73

无锡威孚高科技集团股份有限公司

公司概况	公司名称	无锡威孚高科技集团股份有限公司		证券简称	威孚高科
	法人代表	陈学军	董秘 周卫星	证券代码	000581
	公司网址	www.weifu.com.cn		电子信箱	wfjt@public1.wx.js.cn
	电　话	0510-82719579		传　真	0510-82751025
	办公地址	江苏省无锡市人民西路 107 号			
	经营范围	柴油燃油喷射系统产品和汽车后处理系统产品的生产和销售等			

主要财务指标	指标\报告期	2012.06.30	2011.12.31	2011.06.30	2010.12.31
	基本每股收益(元)	0.6900	2.1200	1.1400	2.3600
	基本每股收益(扣除后)(元)	0.6900	2.0600	1.1300	2.3400
	每股净资产(元)	12.1100	8.9300	7.9399	7.2400
	每股经营现金净流量(元)	0.6435	0.5752	0.0948	0.9452
	每股现金流量(元)	3.2312	0.4946	0.1224	0.2427
	每股资本公积金(元)	5.4554	1.5793	1.5793	1.5793
	每股盈余公积金(元)	0.4170	0.5000	0.5000	0.5000
	每股未分配利润(元)	5.2335	5.8476	4.8606	4.1591
	净资产收益率(%)	5.4200	23.7880	14.3100	32.6410
	加权净资产收益率(%)	6.1800	26.2700	14.5600	38.3200
	净资产收益率(扣除)(%)	-	-	-	-
	总资产(万元)	1078128.14	792921.74	762617.97	676162.28
	归属母公司股东权益(万元)	823366.68	506406.04	450410.70	410620.84
	主营业务收入(万元)	243788.48	534706.74	299120.65	484199.77
	营业收入(万元)	262274.11	589811.31	327755.97	537121.32
	主营成本(万元)	176819.49	380331.04	215173.37	340837.72
	营业成本(万元)	193572.98	431462.80	280456.14	387919.79
	投资收益(万元)	15998.65	49794.19	29361.11	69047.47
	净利润(万元)	47294.43	125551.09	67435.23	138136.06
	利润总额(万元)	53334.04	139680.58	76969.69	149985.45

北海港股份有限公司

公司概况	公司名称	北海港股份有限公司		证券简称	北 海 港
	法人代表	黄葆源	董秘 何典治	证券代码	000582
	公司网址	www.bhport.cn		电子信箱	000582abc@163.com
	电　话	0779-3922254 3922206		传　真	0779-3906387
	办公地址	广西壮族自治区北海市海角路 145 号			
	经营范围	投资兴建港口、码头、装卸管理及服务、交通运输等			

主要财务指标	指标\报告期	2012.06.30	2011.12.31	2011.06.30	2010.12.31
	基本每股收益(元)	0.1320	0.2760	0.1660	0.2810
	基本每股收益(扣除后)(元)	0.1240	0.2650	0.1480	0.2650
	每股净资产(元)	2.7570	2.6250	2.5150	2.3490
	每股经营现金净流量(元)	0.3559	0.8767	0.3357	0.7719
	每股现金流量(元)	-0.0132	-0.1244	0.1095	0.2411
	每股资本公积金(元)	1.1861	1.1861	1.1861	1.1861
	每股盈余公积金(元)	0.1938	0.1938	0.1692	0.1692
	每股未分配利润(元)	0.3776	0.2454	0.1598	-0.0063
	净资产收益率(%)	4.8000	10.5200	6.6000	11.9492
	加权净资产收益率(%)	4.9100	11.1000	6.8300	12.7100
	净资产收益率(扣除)(%)	-	-	-	-
	总资产(万元)	114420.06	93600.97	85190.12	81704.68
	归属母公司股东权益(万元)	39189.98	37310.34	35745.96	33385.28
	主营业务收入(万元)	84225.04	101149.86	18066.44	39963.32
	营业收入(万元)	84800.84	101947.14	18609.66	40501.21
	主营成本(万元)	77128.82	89531.78	12266.93	29769.48
	营业成本(万元)	77311.89	89863.99	12467.99	30242.76
	投资收益(万元)	-	0.95	-	108.36
	净利润(万元)	1883.51	3932.17	2367.20	3983.01
	利润总额(万元)	2060.88	5018.61	2792.54	4429.68

四川友利投资控股股份有限公司

公司概况						
	公司名称	四川友利投资控股股份有限公司			证券简称	友利控股
	法人代表	李峰林	董秘	杨林	证券代码	000584
	公司网址	www.sofcra.com.cn		电子信箱	yl000584@sina.com	
	电　　话	028-86518901 86757539		传　　真	028-86741677	
	办公地址	四川省成都市蜀都大道暑袜北三街 20 号				
	经营范围	销售新型纺织及包装材料、自有房屋租赁、物业管理等				

主要财务指标	指标＼报告期	2012.06.30	2011.12.31	2011.06.30	2010.12.31
	基本每股收益(元)	-0.0819	0.0257	0.0748	0.3092
	基本每股收益(扣除后)(元)	-0.0843	0.0062	0.0734	0.0062
	每股净资产(元)	3.9600	4.0400	4.1000	4.0200
	每股经营现金净流量(元)	0.1059	0.8806	0.7112	1.4333
	每股现金流量(元)	0.3802	0.0135	0.3786	0.8760
	每股资本公积金(元)	2.1644	2.1601	2.1645	2.1646
	每股盈余公积金(元)	0.0466	0.0466	0.0313	0.0313
	每股未分配利润(元)	0.7539	0.8357	0.9002	0.8254
	净资产收益率(%)	-2.0650	0.6400	1.8250	7.6900
	加权净资产收益率(%)	-2.0400	0.6400	1.8400	7.9900
	净资产收益率(扣除)(%)	-	-	-	-
	总资产(万元)	399623.03	369238.92	373141.25	350020.59
	归属母公司股东权益(万元)	162117.28	165290.07	167476.75	164422.43
	主营业务收入(万元)	48285.89	115004.38	57711.43	139214.91
	营业收入(万元)	52474.80	115309.44	61801.16	139600.64
	主营成本(万元)	48549.13	105847.34	48138.92	110326.15
	营业成本(万元)	52630.91	105847.34	52128.39	110326.15
	投资收益(万元)	-	1202.68	-	12.04
	净利润(万元)	-3995.36	1174.56	3862.14	16291.87
	利润总额(万元)	-4992.04	1450.11	4469.92	18861.76

东北电气发展股份有限公司

公司概况						
	公司名称	东北电气发展股份有限公司			证券简称	*ST 东电
	法人代表	苏伟国	董秘	苏伟国(代)	证券代码	000585
	公司网址	www.nee.com.cn		电子信箱	nee@nee.com.cn	
	电　　话	0417-6897567 6897566		传　　真	0417-6897565	
	办公地址	辽宁省营口市鲅鱼圈区新泰路 1 号				
	经营范围	生产制造输变电设备及附件、销售自产产品并提供相关售后服务等				

主要财务指标	指标＼报告期	2012.06.30	2011.12.31	2011.06.30	2010.12.31
	基本每股收益(元)	-0.0206	-0.0400	0.0229	-0.0100
	基本每股收益(扣除后)(元)	-0.0207	-0.0500	-0.0207	-0.0100
	每股净资产(元)	0.2800	0.3000	0.3700	0.3500
	每股经营现金净流量(元)	-0.0157	-0.0387	-0.0305	-
	每股现金流量(元)	-0.0168	-0.0135	-0.0458	0.0134
	每股资本公积金(元)	1.0115	1.0115	1.0115	1.0115
	每股盈余公积金(元)	0.1243	0.1243	0.1243	0.1243
	每股未分配利润(元)	-1.8179	-1.7973	-1.7375	-1.7604
	净资产收益率(%)	-7.1500	-12.3520	6.1860	-2.8090
	加权净资产收益率(%)	-7.1500	-11.3900	6.3700	-2.7500
	净资产收益率(扣除)(%)	-	-	-	-
	总资产(万元)	49260.74	55705.42	74192.19	84433.72
	归属母公司股东权益(万元)	24314.75	26066.36	32389.55	30473.57
	主营业务收入(万元)	5752.78	24845.95	14573.01	34828.67
	营业收入(万元)	552.78	24867.98	14573.01	34844.95
	主营成本(万元)	5473.79	19070.00	10303.34	27433.33
	营业成本(万元)	5473.79	19092.92	10303.34	27450.34
	投资收益(万元)	-1.31	-159.57	2441.20	-143.23
	净利润(万元)	-1805.25	-3265.22	1966.76	-921.47
	利润总额(万元)	-1804.14	-2805.52	2053.87	-509.51

四川汇源光通信股份有限公司

公司概况						
	公司名称	四川汇源光通信股份有限公司			证券简称	汇源通信
	法人代表	徐小文	董秘	代红波	证券代码	000586
	公司网址	www.schy.com.cn		电子信箱	hyzhouyi@126.com	
	电　　话	028-85516608		传　　真	028-85516606	
	办公地址	四川省成都市人民南路三段 2 号汇日央扩国际广场 28 楼				
	经营范围	制造电线、电缆、光缆、电工器材、通信设备、信息传输等				

主要财务指标	指标＼报告期	2012.06.30	2011.12.31	2011.06.30	2010.12.31
	基本每股收益(元)	-0.0040	0.1000	0.0180	0.2900
	基本每股收益(扣除后)(元)	-0.0010	0.0600	0.0150	0.0100
	每股净资产(元)	0.9500	0.9600	0.8700	0.8500
	每股经营现金净流量(元)	-0.1773	0.1138	-0.1604	0.1465
	每股现金流量(元)	-0.1679	-0.0177	-0.3118	0.1627
	每股资本公积金(元)	0.3017	0.3017	0.2923	0.2923
	每股盈余公积金(元)	0.0922	0.0922	0.0922	0.0922
	每股未分配利润(元)	-0.4399	-0.4359	-0.5137	-0.5320
	净资产收益率(%)	-0.4200	10.0300	2.1000	33.6350
	加权净资产收益率(%)	-0.4200	10.6500	2.1200	43.1400
	净资产收益率(扣除)(%)	-	-	-	-
	总资产(万元)	47662.49	51882.13	47121.14	52903.64
	归属母公司股东权益(万元)	18452.28	18530.34	16844.09	16490.28
	主营业务收入(万元)	16493.67	47033.83	19827.80	37930.63
	营业收入(万元)	17057.80	48069.79	20067.40	39160.63
	主营成本(万元)	12954.24	34822.93	14717.26	28852.57
	营业成本(万元)	13412.09	35628.75	14852.88	29333.12
	投资收益(万元)	291.74	718.04	272.14	889.31
	净利润(万元)	-221.98	2259.17	436.48	6001.31
	利润总额(万元)	-201.03	2885.43	566.98	6325.26

金叶珠宝股份有限公司

公司概况						
	公司名称	金叶珠宝股份有限公司			证券简称	ST 金 叶
	法人代表	成钧	董秘	赵国文	证券代码	000587
	公司网址	www.goldzb.com.cn		电子信箱	jinye000587@163.com	
	电　　话	010-64100338		传　　真	010-64106991	
	办公地址	北京市朝阳区东三环北路 2 号南银大厦 19 层				
	经营范围	加工、销售贵金属首饰、珠宝玉器、工艺美术品、金银回收等				

主要财务指标	指标＼报告期	2012.06.30	2011.12.31	2011.06.30	2010.12.31
	基本每股收益(元)	0.1300	0.9800	2.1400	-0.1400
	基本每股收益(扣除后)(元)	0.1300	0.2800	-0.0100	-0.1300
	每股净资产(元)	1.6900	0.2100	0.2100	-0.3100
	每股经营现金净流量(元)	-0.1179	-0.3960	0.1228	-0.5446
	每股现金流量(元)	0.1452	0.0284	-0.2805	0.6159
	每股资本公积金(元)	0.7060	0.7060	0.3857	1.3694
	每股盈余公积金(元)	0.0324	0.0324	0.0972	0.0972
	每股未分配利润(元)	-0.0510	-0.1801	-1.2763	-2.7803
	净资产收益率(%)	7.7500	62.9390	1034.0700	129.3800
	加权净资产收益率(%)	8.0600	209.1200	-0.0200	-
	净资产收益率(扣除)(%)	-	-	-	-
	总资产(万元)	157174.28	138367.12	7422.08	91143.73
	归属母公司股东权益(万元)	94007.22	86817.45	3837.16	-5824.36
	主营业务收入(万元)	245326.14	251747.68	-	66930.85
	营业收入(万元)	245461.78	251854.81	-	76138.11
	主营成本(万元)	227168.30	223912.86	-	52110.35
	营业成本(万元)	227168.30	223951.81	204.11	66666.34
	投资收益(万元)	-	-	-	-1998.23
	净利润(万元)	7293.99	54641.82	39678.75	-7535.38
	利润总额(万元)	9887.11	59626.18	39678.75	-4621.40

贵州轮胎股份有限公司

公司概况	公司名称	贵州轮胎股份有限公司			证券简称	黔轮胎 A
	法人代表	马世春	董秘	李尚武	证券代码	000589
	公司网址	www.gztyre.com			电子信箱	jiang_dk@sina.com
	电　话	0851-4763651 4767826			传　真	0851-4767826
	办公地址	贵州省贵阳市百花大道 41 号				
	经营范围	轮胎生产与销售等				

主要财务指标	指标\报告期	2012.06.30	2011.12.31	2011.06.30	2010.12.31
	基本每股收益(元)	0.0900	0.2000	0.0900	0.4900
	基本每股收益(扣除后)(元)	0.0900	0.1300	0.0900	0.4800
	每股净资产(元)	4.4700	4.3700	4.2700	6.2900
	每股经营现金净流量(元)	0.7097	-0.8330	-0.2564	-1.3013
	每股现金流量(元)	0.0737	0.2173	0.1902	0.4692
	每股资本公积金(元)	1.7851	1.7851	1.7851	2.5445
	每股盈余公积金(元)	0.2576	0.2576	0.2356	0.4528
	每股未分配利润(元)	1.4257	1.3323	1.2444	2.2924
	净资产收益率(%)	2.0800	4.4600	1.9900	7.7995
	加权净资产收益率(%)	2.1100	4.6300	2.0700	7.9800
	净资产收益率(扣除)(%)	-	-	-	-
	总资产(万元)	717273.41	706261.23	618293.49	547879.58
	归属母公司股东权益(万元)	218427.01	213861.05	208528.84	159954.03
	主营业务收入(万元)	345234.37	749499.78	356943.43	618738.93
	营业收入(万元)	347292.06	753622.44	358937.02	622675.06
	主营成本(万元)	292845.06	655007.90	305728.42	529189.20
	营业成本(万元)	293386.23	656500.76	306603.86	530753.65
	投资收益(万元)	470.04	45.53	5.78	14.51
	净利润(万元)	4565.41	9597.46	4193.50	12494.92
	利润总额(万元)	6546.61	13304.56	5250.76	16181.53

紫光古汉集团股份有限公司

公司概况	公司名称	紫光古汉集团股份有限公司			证券简称	紫光古汉
	法人代表	李义	董秘	曹定兴	证券代码	000590
	公司网址	www.guhan.com			电子信箱	stocks@guhan.com
	电　话	0734-8239335			传　真	0734-8239335
	办公地址	湖南省衡阳市蒸湘区蔡伦路 33 号				
	经营范围	研制、开发、生产口服液、大输液、片剂、原料药、丸剂、冲剂、酒剂等				

主要财务指标	指标\报告期	2012.06.30	2011.12.31	2011.06.30	2010.12.31
	基本每股收益(元)	0.2466	0.3553	0.1339	0.2323
	基本每股收益(扣除后)(元)	0.1868	0.3379	0.1295	0.2507
	每股净资产(元)	1.9700	1.7300	1.5100	1.3700
	每股经营现金净流量(元)	0.1322	0.1520	0.1461	0.4186
	每股现金流量(元)	0.4509	0.0927	0.0715	-0.0177
	每股资本公积金(元)	0.5651	0.5650	0.5658	0.5659
	每股盈余公积金(元)	0.1506	0.1106	0.1106	0.1106
	每股未分配利润(元)	0.2590	0.0524	-0.1690	-0.3029
	净资产收益率(%)	12.4900	20.5610	8.8800	16.9080
	加权净资产收益率(%)	13.3200	22.9100	9.3000	18.4700
	净资产收益率(扣除)(%)	-	-	-	-
	总资产(万元)	69238.81	60245.37	59959.20	56872.63
	归属母公司股东权益(万元)	40092.62	35083.28	30605.61	27888.07
	主营业务收入(万元)	19789.81	34348.69	16277.97	31161.40
	营业收入(万元)	19789.84	34350.85	16277.97	31162.49
	主营成本(万元)	10484.96	15024.53	7212.94	13371.19
	营业成本(万元)	10484.99	15024.63	7212.94	13371.23
	投资收益(万元)	-38.75	2035.20	1490.34	785.74
	净利润(万元)	5006.75	7213.44	2718.77	4715.23
	利润总额(万元)	5562.99	8792.88	3331.97	5585.68

重庆桐君阁股份有限公司

公司概况	公司名称	重庆桐君阁股份有限公司			证券简称	桐君阁
	法人代表	王小军	董秘	程耕	证券代码	000591
	公司网址	www.tjgcq.com			电子信箱	tjg000591@163.com
	电　话	023-89885208 89885243			传　真	023-89885201 89885239
	办公地址	重庆市渝中区解放西路 1 号				
	经营范围	中西成药生产及销售等				

主要财务指标	指标\报告期	2012.06.30	2011.12.31	2011.06.30	2010.12.31
	基本每股收益(元)	0.0670	0.0382	0.0660	0.0634
	基本每股收益(扣除后)(元)	0.0620	0.0197	0.0620	0.0136
	每股净资产(元)	1.4600	1.3900	1.4200	2.0010
	每股经营现金净流量(元)	-0.0638	0.3435	-0.1673	0.5715
	每股现金流量(元)	-0.2973	0.0814	-0.5864	0.1714
	每股资本公积金(元)	0.0715	0.0713	0.0727	0.1016
	每股盈余公积金(元)	0.2121	0.2121	0.2091	0.2927
	每股未分配利润(元)	0.1786	0.1116	0.1425	0.6071
	净资产收益率(%)	4.5801	2.7350	4.6310	4.4356
	加权净资产收益率(%)	4.6900	2.7100	4.5600	4.7400
	净资产收益率(扣除)(%)	-	-	-	-
	总资产(万元)	257771.10	269779.70	228111.84	229521.03
	归属母公司股东权益(万元)	40156.13	38312.85	39114.32	39260.84
	主营业务收入(万元)	255302.89	475252.84	252010.62	433322.91
	营业收入(万元)	258970.46	478250.20	256035.60	434362.80
	主营成本(万元)	224173.73	418054.35	228415.37	390880.32
	营业成本(万元)	225233.77	419105.18	228910.29	391159.13
	投资收益(万元)	-	1.62	-	49.92
	净利润(万元)	1025.74	317.55	1509.38	1862.75
	利润总额(万元)	1412.28	1233.51	2169.92	2481.54

福建中福实业股份有限公司

公司概况	公司名称	福建中福实业股份有限公司			证券简称	中福实业
	法人代表	刘平山	董秘	杨佳熠	证券代码	000592
	公司网址	www.000592.com			电子信箱	zfsy000592@126.com
	电　话	0591-87871990-102			传　真	0591-87383288
	办公地址	福建省福州市鼓楼区五四路 159 号世界金龙大厦 23 层				
	经营范围	造林、营林、林产品加工与销售等				

主要财务指标	指标\报告期	2012.06.30	2011.12.31	2011.06.30	2010.12.31
	基本每股收益(元)	-0.0215	0.0155	0.0169	0.1187
	基本每股收益(扣除后)(元)	-0.0240	-0.0274	-0.0069	0.0603
	每股净资产(元)	1.1693	1.1907	1.5545	1.5330
	每股经营现金净流量(元)	0.0905	-0.0702	-0.1536	-0.1474
	每股现金流量(元)	0.0433	-0.3352	-0.2392	0.7698
	每股资本公积金(元)	0.6411	1.1335	1.1335	1.1340
	每股盈余公积金(元)	0.0390	0.0507	0.0507	0.0507
	每股未分配利润(元)	-0.5108	-0.6362	-0.6297	-0.6517
	净资产收益率(%)	-1.8400	1.0003	1.4100	6.9530
	加权净资产收益率(%)	-1.8200	1.0100	1.4200	15.2900
	净资产收益率(扣除)(%)	-	-	-	-
	总资产(万元)	180097.65	182260.26	194455.72	192689.99
	归属母公司股东权益(万元)	99085.23	100904.76	101328.84	99931.12
	主营业务收入(万元)	32703.79	61946.44	24691.41	48761.12
	营业收入(万元)	33452.69	68860.96	30624.85	49897.05
	主营成本(万元)	29682.56	54088.70	20712.30	38047.25
	营业成本(万元)	29865.85	56628.00	22862.54	38421.43
	投资收益(万元)	-	626.45	-	11.16
	净利润(万元)	-2042.44	851.25	1258.72	9088.14
	利润总额(万元)	-1945.33	995.65	1323.38	9252.76

四川大通燃气开发股份有限公司

公司概况					
公司名称	四川大通燃气开发股份有限公司			证券简称	大通燃气
法人代表	李占通	董秘	郑蜀闽	证券代码	000593
公司网址	www.dtrq.com		电子信箱	dtrq_db@163.com	
电　　话	028-68539558		传　　真	028-68539800	
办公地址	四川省成都市建设路55号华联东环广场10层				
经营范围	城市管道燃气、零售商业等				

主要财务指标：指标\报告期	2012.06.30	2011.12.31	2011.06.30	2010.12.31
基本每股收益(元)	0.0170	0.2290	0.0310	0.0270
基本每股收益(扣除后)(元)	0.0140	0.2250	0.0270	0.0290
每股净资产(元)	1.5090	1.4920	1.2930	1.2620
每股经营现金净流量(元)	-0.1114	0.4119	0.3033	0.2424
每股现金流量(元)	-0.2431	-0.1010	0.0896	-0.0607
每股资本公积金(元)	0.1548	0.1548	0.1548	0.1548
每股盈余公积金(元)	0.0109	0.0095	0.0025	0.0025
每股未分配利润(元)	0.3433	0.3273	0.1362	0.1051
净资产收益率(%)	1.1500	15.3760	2.4040	2.1190
加权净资产收益率(%)	1.1500	16.6600	2.4300	2.1400
净资产收益率(扣除)(%)	-	-	-	-
总资产(万元)	58881.46	65335.44	72887.07	67865.33
归属母公司股东权益(万元)	33699.58	33313.52	28885.52	28191.25
主营业务收入(万元)	19509.50	53430.97	17315.76	26605.25
营业收入(万元)	20498.64	55682.31	18389.39	28389.11
主营成本(万元)	14860.59	36320.57	12989.32	19067.38
营业成本(万元)	14982.54	36731.10	13096.43	19299.81
投资收益(万元)	157.02	47.23	32.11	87.24
净利润(万元)	377.52	5130.43	695.64	605.34
利润总额(万元)	614.76	7074.02	954.44	869.99

天津国恒铁路控股股份有限公司

公司概况					
公司名称	天津国恒铁路控股股份有限公司			证券简称	国恒铁路
法人代表	蔡文杰	董秘	蔡文杰(代)	证券代码	000594
公司网址	www.guotiekonggu.com		电子信箱	gtkg000594@126.com	
电　　话	022-23686400		传　　真	022-23686220	
办公地址	天津市和平区新兴路万科都市花园5号楼25层				
经营范围	对铁路、房地产开发项目进行投资及投资咨询服务等				

主要财务指标：指标\报告期	2012.06.30	2011.12.31	2011.06.30	2010.12.31
基本每股收益(元)	0.0041	-0.0120	0.0009	0.0020
基本每股收益(扣除后)(元)	-0.0171	-0.0100	0.0009	0.0003
每股净资产(元)	2.0600	2.0600	2.0725	2.0700
每股经营现金净流量(元)	-0.0176	-0.2088	0.0185	-0.2561
每股现金流量(元)	0.0383	-0.5066	-0.1414	-0.3781
每股资本公积金(元)	0.8543	0.8543	0.8543	0.8543
每股盈余公积金(元)	0.0579	0.0579	0.0550	0.0550
每股未分配利润(元)	0.1510	0.1469	0.1632	0.1623
净资产收益率(%)	0.2000	-0.6042	0.0400	0.0853
加权净资产收益率(%)	0.2000	-0.3000	0.0400	0.0900
净资产收益率(扣除)(%)	-	-	-	-
总资产(万元)	425064.46	442527.25	453150.12	437356.68
归属母公司股东权益(万元)	308209.15	307602.65	309589.80	309461.09
主营业务收入(万元)	48408.32	148211.20	75589.27	208150.62
营业收入(万元)	48422.83	148482.69	75589.27	208822.42
主营成本(万元)	48130.49	145145.76	73438.85	203423.06
营业成本(万元)	51379.32	145314.51	73495.07	203566.64
投资收益(万元)	4242.61	4.87	-	498.12
净利润(万元)	506.77	-2215.38	15.27	102.77
利润总额(万元)	1262.61	-1672.70	280.75	534.74

西北轴承股份有限公司

公司概况					
公司名称	西北轴承股份有限公司			证券简称	*ST 西轴
法人代表	张立忠	董秘	孙志强	证券代码	000595
公司网址	www.nxz.com.cn		电子信箱	hlzszq@163.com	
电　　话	0951-2029011		传　　真	0951-2024242	
办公地址	宁夏回族自治区银川市西夏区北京西路630号				
经营范围	各类滚动轴承的生产和销售等				

主要财务指标：指标\报告期	2012.06.30	2011.12.31	2011.06.30	2010.12.31
基本每股收益(元)	0.1290	0.0300	0.0040	-0.7200
基本每股收益(扣除后)(元)	-0.1910	-0.1300	-0.0390	-0.6900
每股净资产(元)	1.1200	1.0000	0.9600	0.9500
每股经营现金净流量(元)	0.0532	-0.1332	-0.0488	-0.0698
每股现金流量(元)	0.0069	-0.0151	-0.0080	-0.2784
每股资本公积金(元)	0.9348	0.9348	0.9240	0.9240
每股盈余公积金(元)	0.0433	0.0433	0.0433	0.0433
每股未分配利润(元)	-0.8533	-0.9826	-1.0121	-1.0157
净资产收益率(%)	11.5000	3.3200	0.3700	-75.4902
加权净资产收益率(%)	12.2000	3.4000	0.3800	-54.5800
净资产收益率(扣除)(%)	-	-	-	-
总资产(万元)	86343.88	87917.09	79793.11	74227.16
归属母公司股东权益(万元)	24388.34	21584.66	20711.23	20633.56
主营业务收入(万元)	17659.74	41888.11	22576.73	35135.84
营业收入(万元)	18915.39	47622.26	24139.21	38160.60
主营成本(万元)	15242.77	31908.18	17695.49	34088.77
营业成本(万元)	16329.47	36919.20	18902.22	36376.90
投资收益(万元)	-	-234.47	13.95	-
净利润(万元)	2803.67	716.64	77.67	-15634.30
利润总额(万元)	2803.67	718.22	77.67	-15632.47

安徽古井贡酒股份有限公司

公司概况					
公司名称	安徽古井贡酒股份有限公司			证券简称	古井贡酒
法人代表	余林	董秘	叶长青	证券代码	000596
公司网址	www.gujing.com		电子信箱	ycq@gujing.com.cn	
电　　话	0558-5712231 5710057		传　　真	0558-5317706	
办公地址	安徽省亳州市古井镇				
经营范围	古井、古井贡、老八大和野太阳品牌及其系列酒的生产和销售				

主要财务指标：指标\报告期	2012.06.30	2011.12.31	2011.06.30	2010.12.31
基本每股收益(元)	0.8200	2.3400	1.2300	1.3400
基本每股收益(扣除后)(元)	0.8100	2.2900	1.2100	1.2200
每股净资产(元)	6.0800	10.9700	5.3400	4.4700
每股经营现金净流量(元)	0.2938	2.4857	0.8302	2.2030
每股现金流量(元)	-0.5109	5.7141	0.0845	1.1989
每股资本公积金(元)	2.5714	6.1427	1.4300	1.4300
每股盈余公积金(元)	0.2920	0.5841	0.4140	0.4140
每股未分配利润(元)	2.2159	3.2387	2.4972	1.6219
净资产收益率(%)	14.9800	20.5130	22.9400	29.8970
加权净资产收益率(%)	14.2100	31.6500	24.9900	34.1700
净资产收益率(扣除)(%)	-	-	-	-
总资产(万元)	426192.89	424181.96	229321.31	185793.18
归属母公司股东权益(万元)	306152.94	276111.53	125517.30	104947.55
主营业务收入(万元)	219866.96	327753.36	156418.12	184596.11
营业收入(万元)	222780.92	330797.92	158329.77	187915.55
主营成本(万元)	55975.03	83304.76	39022.69	51061.34
营业成本(万元)	57319.94	86101.28	40515.56	54208.49
投资收益(万元)	-	165.66	-	98.26
净利润(万元)	41372.41	56639.03	28794.75	31375.76
利润总额(万元)	55579.87	85007.49	39433.94	40881.15

东北制药集团股份有限公司

公司概况	公司名称	东北制药集团股份有限公司		证券简称	东北制药
	法人代表	刘震	董秘	吕林全	证券代码	000597
	公司网址	www.negpf.com.cn		电子信箱	dystock@negpf.com.cn
	电　话	024-25806963 25806100		传　真	024-25806300
	办公地址	辽宁省沈阳市经济技术开发区昆明湖街8号			
	经营范围	生产和销售化学原料药品及制剂药品、经营医药产品批发及零售等			

主要财务指标	2012.06.30	2011.12.31	2011.06.30	2010.12.31
基本每股收益(元)	-0.3630	-1.1700	0.0120	0.1600
基本每股收益(扣除后)(元)	-0.3760	-1.4100	0.0020	0.0800
每股净资产(元)	4.6200	4.9800	6.0980	6.0900
每股经营现金净流量(元)	0.0446	-0.6990	-0.4357	0.7668
每股现金流量(元)	0.3041	-0.6978	0.1654	-1.8711
每股资本公积金(元)	2.4871	2.4871	2.4152	2.4152
每股盈余公积金(元)	0.3016	0.3016	0.3016	0.3016
每股未分配利润(元)	0.8358	1.1985	2.3842	2.3720
净资产收益率(%)	-7.8500	-23.5460	0.2000	2.6310
加权净资产收益率(%)	-7.5500	-21.5300	0.2000	2.6500
净资产收益率(扣除)(%)	-	-	-	-
总资产(万元)	605820.21	587237.17	628957.36	560536.31
归属母公司股东权益(万元)	154260.73	166365.20	203561.55	203163.06
主营业务收入(万元)	192881.64	367891.83	250559.00	462979.42
营业收入(万元)	200237.33	388277.65	261346.98	482833.30
主营成本(万元)	144923.44	291839.89	197323.41	352256.80
营业成本(万元)	150950.65	309016.35	206526.11	369744.32
投资收益(万元)	-	3.71	-	1.30
净利润(万元)	-12351.80	-38323.36	378.73	5727.25
利润总额(万元)	-11176.63	-38299.21	2151.92	8048.90

成都市兴蓉投资股份有限公司

公司概况	公司名称	成都市兴蓉投资股份有限公司		证券简称	兴蓉投资
	法人代表	谭建明	董秘	张颖	证券代码	000598
	公司网址	www.xrtz.cn		电子信箱	lxqx000598@yahoo.com.cn
	电　话	028-85913967		传　真	028-85007805
	办公地址	四川省成都市航空路1号国航世纪中心B栋2层			
	经营范围	自来水、污水处理、污泥处理、环保项目的投资、设计、建设等			

主要财务指标	2012.06.30	2011.12.31	2011.06.30	2010.12.31
基本每股收益(元)	0.3200	0.5100	0.2500	0.3700
基本每股收益(扣除后)(元)	0.3100	0.4000	0.1400	0.2600
每股净资产(元)	3.4400	3.3400	6.0300	7.2000
每股经营现金净流量(元)	0.4009	0.8069	0.6910	1.3354
每股现金流量(元)	-0.4018	0.5932	0.6100	-0.4147
每股资本公积金(元)	1.6051	1.6159	4.2317	5.5312
每股盈余公积金(元)	0.0407	0.0398	0.0627	0.0347
每股未分配利润(元)	0.7960	0.5841	0.7318	0.6375
净资产收益率(%)	9.2200	15.7750	7.9200	12.5926
加权净资产收益率(%)	9.2600	15.2900	6.7800	12.9700
净资产收益率(扣除)(%)	-	-	-	-
总资产(万元)	746334.13	721704.73	660143.86	619235.28
归属母公司股东权益(万元)	397029.39	384833.01	347582.63	332816.55
主营业务收入(万元)	98749.46	188279.59	91896.59	155401.96
营业收入(万元)	100102.96	191764.36	93569.14	161036.10
主营成本(万元)	44515.99	93460.20	46159.38	86415.78
营业成本(万元)	45571.70	96083.69	46215.30	90598.85
投资收益(万元)	-	-	-	1113.49
净利润(万元)	36610.86	58780.94	28444.97	41919.48
利润总额(万元)	42680.99	69536.40	33639.39	49604.01

青岛双星股份有限公司

公司概况	公司名称	青岛双星股份有限公司		证券简称	青岛双星
	法人代表	汪海	董秘	王幸友	证券代码	000599
	公司网址	www.doublestar.com.cn		电子信箱	gqb@doublestar.com.cn
	电　话	0532-82657986		传　真	0532-82657986
	办公地址	山东省青岛市瞿塘峡路45号海富楼三楼			
	经营范围	橡胶轮胎、机械、绣品的制造、销售、国内外贸易等			

主要财务指标	2012.06.30	2011.12.31	2011.06.30	2010.12.31
基本每股收益(元)	0.0180	0.0700	0.0660	0.0700
基本每股收益(扣除后)(元)	0.0030	0.0400	0.0550	0.0300
每股净资产(元)	2.9000	2.8800	2.8800	2.8100
每股经营现金净流量(元)	0.1461	0.3691	0.2174	0.1741
每股现金流量(元)	0.1658	0.0951	0.3612	-0.3325
每股资本公积金(元)	0.8841	0.8841	0.8841	0.8841
每股盈余公积金(元)	0.0762	0.0762	0.0762	0.0762
每股未分配利润(元)	0.9363	0.9185	0.9160	0.8497
净资产收益率(%)	0.6100	2.3898	2.3000	2.4704
加权净资产收益率(%)	0.6200	2.4200	2.3300	2.5000
净资产收益率(扣除)(%)	-	-	-	-
总资产(万元)	516564.56	491576.68	510140.43	470910.07
归属母公司股东权益(万元)	152022.01	151088.12	150956.91	147477.43
主营业务收入(万元)	302799.14	626371.74	300556.70	573185.50
营业收入(万元)	305475.88	631549.45	303106.10	577780.52
主营成本(万元)	-	580209.13	277361.18	532522.62
营业成本(万元)	280640.82	581606.05	278217.12	533044.10
投资收益(万元)	-	-	-	10.16
净利润(万元)	933.11	3607.53	3478.72	3644.41
利润总额(万元)	1333.89	4001.12	4006.92	4149.00

河北建投能源投资股份有限公司

公司概况	公司名称	河北建投能源投资股份有限公司		证券简称	建投能源
	法人代表	李连平	董秘	姚勖	证券代码	000600
	公司网址			电子信箱	jei@jei.com.cn
	电　话	0311-85518633		传　真	0311-85518601
	办公地址	河北省石家庄市裕华西路9号裕园广场A座17层			
	经营范围	投资建设、经营管理以电力生产为主的能源项目			

主要财务指标	2012.06.30	2011.12.31	2011.06.30	2010.12.31
基本每股收益(元)	0.0630	0.0160	-0.0110	0.0100
基本每股收益(扣除后)(元)	0.0610	-0.0580	-0.0140	0.0060
每股净资产(元)	3.1800	3.1400	3.1200	3.1600
每股经营现金净流量(元)	0.3833	0.1801	-0.0056	1.1416
每股现金流量(元)	-0.3426	0.4748	0.0118	0.5153
每股资本公积金(元)	1.8127	1.8124	1.8130	1.8125
每股盈余公积金(元)	0.1103	0.1103	0.0996	0.0996
每股未分配利润(元)	0.2615	0.2185	0.2024	0.2434
净资产收益率(%)	1.9800	0.5020	-0.3500	0.3599
加权净资产收益率(%)	1.9900	0.5000	-0.3500	0.3600
净资产收益率(扣除)(%)	-	-	-	-
总资产(万元)	1584946.66	1560041.96	1307640.88	1212679.81
归属母公司股东权益(万元)	290953.97	286996.02	284605.30	288304.66
主营业务收入(万元)	316897.97	602031.33	290206.42	540529.97
营业收入(万元)	317711.92	603215.63	290223.11	541045.91
主营成本(万元)	268581.32	530466.80	260320.74	476961.38
营业成本(万元)	268686.47	530606.98	260327.16	477144.38
投资收益(万元)	6408.24	6984.40	803.90	70.61
净利润(万元)	9124.27	1627.68	-1509.01	3732.17
利润总额(万元)	12115.75	4639.94	-565.97	7742.45

广东韶能集团股份有限公司

公司概况					
公司名称	广东韶能集团股份有限公司			证券简称	韶能股份
法人代表	陈来泉	董秘	胡启金	证券代码	000601
公司网址	www.shaoneng.com.cn		电子信箱	sncwzx@163.com	
电　　话	0751-8153162		传　　真	0751-8535226	
办公地址	广东省韶关市武江区沿江路 16 号				
经营范围	公司主营业务范围包括电力、水泥、机械加工等				

主要财务指标	2012.06.30	2011.12.31	2011.06.30	2010.12.31
指标\报告期	2012.06.30	2011.12.31	2011.06.30	2010.12.31
基本每股收益(元)	0.1352	0.0900	0.0612	0.0800
基本每股收益(扣除后)(元)	0.1177	0.0300	0.0604	0.0800
每股净资产(元)	3.3600	3.2500	3.2200	3.1800
每股经营现金净流量(元)	0.3974	0.5738	0.3123	0.6768
每股现金流量(元)	0.4970	0.0308	-0.1801	0.0286
每股资本公积金(元)	1.5609	1.5637	1.5637	1.5637
每股盈余公积金(元)	0.3991	0.3874	0.3649	0.3649
每股未分配利润(元)	0.4032	0.2997	0.2905	0.2493
净资产收益率(%)	4.0200	2.8570	1.9000	2.5250
加权净资产收益率(%)	4.0800	2.8900	1.9100	2.5500
净资产收益率(扣除)(%)	-	-	-	-
总资产(万元)	899213.14	817048.03	821207.81	840480.95
归属母公司股东权益(万元)	311280.76	300881.79	297946.80	294136.70
主营业务收入(万元)	106792.31	201472.85	107763.86	209510.40
营业收入(万元)	111292.89	210960.67	115096.97	212137.37
主营成本(万元)	68202.51	155705.15	80700.14	154940.34
营业成本(万元)	70942.68	161015.40	84244.97	156860.15
投资收益(万元)	13.00	8267.30	1.21	0.58
净利润(万元)	13376.06	8714.15	7043.59	6809.30
利润总额(万元)	17257.44	13253.00	9064.81	11978.77

广东金马旅游集团股份有限公司

公司概况					
公司名称	广东金马旅游集团股份有限公司			证券简称	金马集团
法人代表	肖创英	董秘	潘广洲	证券代码	000602
公司网址			电子信箱	lnkk@luneng.com	
电　　话	0768-2268969 2262628		传　　真	0768-2297613 2262628	
办公地址	广东省潮州市潮枫路旅游大厦四层				
经营范围	煤炭开采、发电业务、信息网络及通信服务业等				

主要财务指标	2012.06.30	2011.12.31	2011.06.30	2010.12.31
指标\报告期	2012.06.30	2011.12.31	2011.06.30	2010.12.31
基本每股收益(元)	0.8416	0.9435	0.8196	-0.2755
基本每股收益(扣除后)(元)	0.3584	0.1466	-0.1254	-0.1933
每股净资产(元)	7.4400	6.5600	3.3900	17.9300
每股经营现金净流量(元)	1.4316	3.0788	7.8715	7.6170
每股现金流量(元)	-0.0837	0.4424	3.4694	-7.4290
每股资本公积金(元)	2.6308	2.6308	0.9434	10.3909
每股盈余公积金(元)	0.0695	0.0695	0.0599	0.0599
每股未分配利润(元)	3.5573	2.7157	1.3878	6.1042
净资产收益率(%)	11.3100	14.3820	12.6400	-5.1400
加权净资产收益率(%)	12.0200	15.8300	14.1500	-8.9700
净资产收益率(扣除)(%)	-	-	-	-
总资产(万元)	1398741.53	1374117.98	85649.53	1492466.37
归属母公司股东权益(万元)	375408.07	331022.61	51120.07	270294.82
主营业务收入(万元)	237649.69	504914.58	267973.68	564054.65
营业收入(万元)	237883.12	508217.32	268700.51	566853.91
主营成本(万元)	166486.57	387237.57	203956.65	436651.68
营业成本(万元)	166523.60	387447.25	44505.75	438813.77
投资收益(万元)	3331.27	10049.60	5840.35	6444.92
净利润(万元)	62157.31	69771.56	55167.09	-18064.83
利润总额(万元)	84367.81	96369.80	75532.87	-17155.52

盛达矿业股份有限公司

公司概况					
公司名称	盛达矿业股份有限公司			证券简称	盛达矿业
法人代表	朱胜利	董秘	代继陈	证券代码	000603
公司网址	www.sdjt.com		电子信箱	shengdadjc020909@163.com	
电　　话	0931-8806789 8788711		传　　真	0931-8781211	
办公地址	甘肃省兰州市城关区天水中路 3 号旅游大厦 1 号楼 8 层				
经营范围	对有色金属矿采选业进行投资、矿山工程技术咨询服务、销售矿产品等				

主要财务指标	2012.06.30	2011.12.31	2011.06.30	2010.12.31
指标\报告期	2012.06.30	2011.12.31	2011.06.30	2010.12.31
基本每股收益(元)	0.2960	0.8800	0.4040	0.7700
基本每股收益(扣除后)(元)	0.2960	0.8600	0.4040	0.7700
每股净资产(元)	0.9700	1.1500	0.5100	0.7700
每股经营现金净流量(元)	0.6038	1.1114	2.1276	5.3432
每股现金流量(元)	-0.0591	0.6454	2.1136	2.2165
每股资本公积金(元)	-	-	0.6079	0.6079
每股盈余公积金(元)	-	-	0.1593	0.2422
每股未分配利润(元)	0.7694	0.9538	-1.2572	1.2209
净资产收益率(%)	24.2600	60.4250	41.4900	99.5122
加权净资产收益率(%)	24.2600	79.1000	41.4900	92.6700
净资产收益率(扣除)(%)	-	-	-	-
总资产(万元)	101708.17	105075.94	14786.46	72867.76
归属母公司股东权益(万元)	49154.43	58124.64	7160.13	28116.28
主营业务收入(万元)	40396.78	94182.95	39277.33	82237.00
营业收入(万元)	40396.78	94182.95	39277.33	82237.00
主营成本(万元)	5409.00	11771.14	4775.32	12880.15
营业成本(万元)	5409.00	11771.14	288.23	1405.36
投资收益(万元)	-	-	-20.11	-40.21
净利润(万元)	23767.59	55924.39	23375.57	44439.53
利润总额(万元)	31678.18	74795.90	31167.43	59556.79

四环药业股份有限公司

公司概况					
公司名称	四环药业股份有限公司			证券简称	*ST 四环
法人代表	张秉军	董秘	吕林祥	证券代码	000605
公司网址	www.sihuanyaoye.com		电子信箱	info_shyy@sohu.net	
电　　话	010-68003377 68001660		传　　真	010-68001816	
办公地址	北京市西城区阜外大街 3 号东润时代大厦 8 层				
经营范围	生物医药、中西药的研究开发等				

主要财务指标	2012.06.30	2011.12.31	2011.06.30	2010.12.31
指标\报告期	2012.06.30	2011.12.31	2011.06.30	2010.12.31
基本每股收益(元)	0.0105	-0.0197	-0.0056	-0.0702
基本每股收益(扣除后)(元)	0.0100	-0.0234	-0.0056	-0.0677
每股净资产(元)	0.5660	0.5600	0.5697	0.5800
每股经营现金净流量(元)	-0.0001	-0.0114	-0.0045	0.0504
每股现金流量(元)	0.0521	0.0031	-0.0064	0.0263
每股资本公积金(元)	1.9882	1.9882	1.9882	1.9882
每股盈余公积金(元)	0.1022	0.1022	0.1022	0.1022
每股未分配利润(元)	-2.5243	-2.5348	-2.5207	-2.5152
净资产收益率(%)	1.8500	-3.5400	-0.9799	-12.1950
加权净资产收益率(%)	1.8700	-3.4800	-0.9800	-11.4900
净资产收益率(扣除)(%)	-	-	-	-
总资产(万元)	13852.38	13250.79	12602.29	13028.33
归属母公司股东权益(万元)	5277.15	5179.37	5310.69	5362.73
主营业务收入(万元)	2555.04	3864.83	1978.31	3374.58
营业收入(万元)	2555.04	3864.83	1978.31	3374.58
主营成本(万元)	1706.47	2970.99	1549.56	2743.09
营业成本(万元)	1706.47	2970.99	1549.56	2743.09
投资收益(万元)	-	-	-	-
净利润(万元)	100.52	-183.64	-52.41	-676.35
利润总额(万元)	100.52	-183.64	-52.41	-676.35

青海明胶股份有限公司

公司概况	公司名称	青海明胶股份有限公司			证券简称	青海明胶
	法人代表	赵华	董秘	华彧民	证券代码	000606
	公司网址	www.my0606.com.cn		电子信箱	zongcb@my0606.com.cn	
	电　话	022-59852166 0971-8013495		传　真	022-59852168 0971-5226338	
	办公地址	青海省西宁市城北区纬一路18号				
	经营范围	明胶系列产品、硬胶囊系列产品生产与销售等				

	指标\报告期	2012.06.30	2011.12.31	2011.06.30	2010.12.31
主要财务指标	基本每股收益(元)	-0.0202	-0.0375	-0.0019	0.0014
	基本每股收益(扣除后)(元)	-0.0221	-0.1016	-0.0594	-0.0689
	每股净资产(元)	1.4400	1.4600	1.5100	1.5300
	每股经营现金净流量(元)	0.0370	-0.0076	-0.0185	0.0339
	每股现金流量(元)	0.0572	-0.1892	-0.0748	-0.0524
	每股资本公积金(元)	0.3890	0.3896	0.4044	0.4220
	每股盈余公积金(元)	0.0690	0.0690	0.0635	0.0635
	每股未分配利润(元)	-0.0200	0.0003	0.0414	0.0433
	净资产收益率(%)	-1.4100	-2.5710	-0.1300	0.0890
	加权净资产收益率(%)	-1.4000	-2.5100	-0.1200	0.0900
	净资产收益率(扣除)(%)	-	-	-	-
	总资产(万元)	113273.39	114506.44	124896.23	124907.24
	归属母公司股东权益(万元)	58377.80	59224.43	61272.77	62062.39
	主营业务收入(万元)	14536.57	58226.19	39303.00	87224.47
	营业收入(万元)	14609.55	58557.03	39458.76	87582.05
	主营成本(万元)	11173.51	34775.27	20429.95	50638.88
	营业成本(万元)	11225.38	34916.39	20429.95	50927.77
	投资收益(万元)	383.34	2562.44	2635.50	58.44
	净利润(万元)	-943.20	-1788.70	1.28	518.67
	利润总额(万元)	-796.79	-1379.28	409.00	948.53

浙江华智控股股份有限公司

公司概况	公司名称	浙江华智控股股份有限公司			证券简称	华智控股
	法人代表	金美星	董秘	熊波	证券代码	000607
	公司网址	www.000607.cn		电子信箱	000607@holley.cn	
	电　话	0571-89300130 89300698		传　真	0571-89300130	
	办公地址	浙江省杭州市余杭区五常大道181号华立科技园				
	经营范围	电工仪表的生产和销售等				

	指标\报告期	2012.06.30	2011.12.31	2011.06.30	2010.12.31
主要财务指标	基本每股收益(元)	0.0150	0.0500	-0.0320	-0.3300
	基本每股收益(扣除后)(元)	-0.0410	0.0100	-0.0390	-0.3200
	每股净资产(元)	0.7118	0.6956	0.6474	0.6800
	每股经营现金净流量(元)	-0.5447	0.3099	0.0309	0.2259
	每股现金流量(元)	-0.4784	0.1133	-0.2418	-0.1571
	每股资本公积金(元)	0.0188	0.0188	0.0432	0.0402
	每股盈余公积金(元)	0.0834	0.0834	0.0834	0.0834
	每股未分配利润(元)	-0.3882	-0.4031	-0.4830	-0.4386
	净资产收益率(%)	2.0900	7.2350	-4.6600	-47.7700
	加权净资产收益率(%)	2.1100	7.4900	-4.7300	-37.2800
	净资产收益率(扣除)(%)	-	-	-	-
	总资产(万元)	163031.01	171057.10	158242.12	166125.82
	归属母公司股东权益(万元)	34716.43	33928.90	31574.71	33317.11
	主营业务收入(万元)	49815.15	155708.12	59305.29	114349.73
	营业收入(万元)	54245.64	169117.03	64069.72	122705.84
	主营成本(万元)	40091.17	120899.10	51135.77	83802.18
	营业成本(万元)	40091.17	132661.62	51135.77	91318.06
	投资收益(万元)	22.04	2134.49	-57.08	-621.83
	净利润(万元)	1260.11	4122.31	-1837.90	-16750.50
	利润总额(万元)	1458.16	5097.86	-1747.81	-16748.61

阳光新业地产股份有限公司

公司概况	公司名称	阳光新业地产股份有限公司			证券简称	阳光股份
	法人代表	唐军	董秘	李峻	证券代码	000608
	公司网址	www.yangguangxinye.com		电子信箱	yangguangxinye@yangguangxinye.com	
	电　话	010-68361088		传　真	010-88365280	
	办公地址	北京市西城区西直门外大街112号阳光大厦11层				
	经营范围	房地产开发经营、装饰装修工程、自有商品房的租赁等				

	指标\报告期	2012.06.30	2011.12.31	2011.06.30	2010.12.31
主要财务指标	基本每股收益(元)	0.0700	0.2300	0.0100	0.5800
	基本每股收益(扣除后)(元)	0.0700	0.2200	0.0100	0.6000
	每股净资产(元)	3.4500	3.3800	3.1600	3.1500
	每股经营现金净流量(元)	0.1570	-0.1072	-0.2481	-0.9502
	每股现金流量(元)	-0.1758	-0.0555	-0.3630	-1.3069
	每股资本公积金(元)	0.7173	0.7173	0.7173	0.7173
	每股盈余公积金(元)	0.1091	0.1091	0.0919	0.0919
	每股未分配利润(元)	1.6241	1.5536	1.3474	1.3401
	净资产收益率(%)	2.0400	6.8270	0.2200	18.4360
	加权净资产收益率(%)	2.0700	7.0700	0.2300	20.2300
	净资产收益率(扣除)(%)	-	-	-	-
	总资产(万元)	705998.20	625664.60	696869.40	646214.30
	归属母公司股东权益(万元)	258759.70	253473.60	236715.10	236168.40
	主营业务收入(万元)	23385.60	74693.60	27487.30	299247.00
	营业收入(万元)	25325.10	80649.20	29791.20	304234.70
	主营成本(万元)	4411.20	34621.00	8842.30	162841.00
	营业成本(万元)	6142.70	39314.70	10875.50	166903.30
	投资收益(万元)	4815.90	-678.40	-982.50	-2224.50
	净利润(万元)	5904.90	18731.30	1278.90	44773.10
	利润总额(万元)	7355.60	20365.20	2497.30	65067.10

北京绵世投资集团股份有限公司

公司概况	公司名称	北京绵世投资集团股份有限公司			证券简称	绵世股份
	法人代表	郑宽	董秘	张成	证券代码	000609
	公司网址	www.mainstreets.cn		电子信箱	zc@mainstreets.cn	
	电　话	010-65275609		传　真	010-65279466	
	办公地址	北京市东城区建国门内大街19号中纺大厦3层				
	经营范围	资产经营、投资开发经营房地产业及物业管理等				

	指标\报告期	2012.06.30	2011.12.31	2011.06.30	2010.12.31
主要财务指标	基本每股收益(元)	0.0795	0.5542	0.5421	0.2470
	基本每股收益(扣除后)(元)	-0.0355	-0.2595	-0.0588	0.1994
	每股净资产(元)	3.3700	3.3500	3.3200	2.7641
	每股经营现金净流量(元)	0.3314	1.3194	0.8019	-0.8244
	每股现金流量(元)	-0.7114	1.3911	0.9327	-0.7815
	每股资本公积金(元)	0.0665	0.0264	0.0264	0.0264
	每股盈余公积金(元)	0.1317	0.1718	0.1718	0.1718
	每股未分配利润(元)	2.1677	2.0882	2.1191	1.5659
	净资产收益率(%)	2.3600	16.7020	16.4000	8.9350
	加权净资产收益率(%)	2.3500	18.2200	17.8300	8.8300
	净资产收益率(扣除)(%)	-	-	-	-
	总资产(万元)	155478.79	146269.71	127724.39	110783.81
	归属母公司股东权益(万元)	100336.14	99965.92	98886.18	82396.38
	主营业务收入(万元)	858.66	790.76	897.21	9431.19
	营业收入(万元)	877.06	790.76	897.21	9492.44
	主营成本(万元)	353.97	-	507.98	2343.06
	营业成本(万元)	396.37	479.53	377.55	2370.76
	投资收益(万元)	2856.67	25.49	211.83	5338.02
	净利润(万元)	2306.94	16532.41	16177.45	7406.35
	利润总额(万元)	2546.94	18235.78	17490.72	10084.79

西安旅游股份有限公司

公司概况	公司名称	西安旅游股份有限公司			证券简称	西安旅游
	法人代表	谢平伟	董秘	梦蕾	证券代码	000610
	公司网址	www.xatourism.com			电子信箱	xatour@000610.com
	电　话	029-82065555 82065529			传　真	029-82065500
	办公地址	陕西省西安市碑林区南二环西段27号旅游大厦7层				
	经营范围	旅游饭店、餐饮、服务经营和石油开发、开采及旅游景区、景点的开发经营等				

主要财务指标	指标\报告期	2012.06.30	2011.12.31	2011.06.30	2010.12.31
	基本每股收益(元)	0.1281	0.1400	0.0956	0.1370
	基本每股收益(扣除后)(元)	0.1258	0.2041	0.0966	0.3200
	每股净资产(元)	2.3500	2.2200	2.1700	2.0999
	每股经营现金净流量(元)	0.4227	0.4142	0.1101	-0.3338
	每股现金流量(元)	0.1569	-0.0514	0.1134	-0.4025
	每股资本公积金(元)	0.4779	0.4779	0.4792	0.4792
	每股盈余公积金(元)	0.1624	0.1624	0.1541	0.1552
	每股未分配利润(元)	0.7060	0.5780	0.5362	0.4656
	净资产收益率(%)	5.4500	6.3090	4.3100	6.5240
	加权净资产收益率(%)	5.6100	6.4700	4.4000	6.7100
	净资产收益率(扣除)(%)	-	-	-	-
	总资产(万元)	66165.90	66574.73	84816.07	97165.77
	归属母公司股东权益(万元)	46164.10	43644.25	42683.62	41316.05
	主营业务收入(万元)	41424.35	77473.19	36990.75	59292.14
	营业收入(万元)	41424.35	77473.19	36990.75	59292.14
	主营成本(万元)	28724.77	53716.42	24839.70	44150.97
	营业成本(万元)	28724.77	53716.42	24839.70	44150.97
	投资收益(万元)	181.93	-10.72	-23.77	83.53
	净利润(万元)	2434.72	2753.58	1880.99	2720.51
	利润总额(万元)	3467.95	3348.67	2533.50	3816.65

内蒙古四海科技股份有限公司

公司概况	公司名称	内蒙古四海科技股份有限公司			证券简称	四海股份
	法人代表	寿浩良	董秘	董宋萍	证券代码	000611
	公司网址	www.timegroup.com.cn			电子信箱	sd000611@163.com
	电　话	0575-81182951			传　真	0575-81182950
	办公地址	浙江省绍兴县安昌镇镇西北路2号				
	经营范围	生产、开发、销售工业、民用产品、国内贸易、金银制品、餐饮等				

主要财务指标	指标\报告期	2012.06.30	2011.12.31	2011.06.30	2010.12.31
	基本每股收益(元)	0.0020	0.0200	0.0200	0.0700
	基本每股收益(扣除后)(元)	0.0020	0.0100	0.0200	0.0700
	每股净资产(元)	1.9600	1.9600	1.9800	1.9600
	每股经营现金净流量(元)	-0.0661	-0.1165	-0.1031	0.3794
	每股现金流量(元)	0.3378	-0.1220	-0.2989	0.1509
	每股资本公积金(元)	0.4305	0.4305	0.4305	0.4305
	每股盈余公积金(元)	-	-	-	-
	每股未分配利润(元)	0.5298	0.5281	0.5511	0.5309
	净资产收益率(%)	0.0900	0.9279	0.9300	3.5770
	加权净资产收益率(%)	0.0900	0.9200	0.9300	3.6400
	净资产收益率(扣除)(%)	-	-	-	-
	总资产(万元)	77546.14	64107.93	69227.77	93166.27
	归属母公司股东权益(万元)	63088.48	63032.81	63771.21	63122.96
	主营业务收入(万元)	7896.31	16321.94	7434.20	34757.03
	营业收入(万元)	7901.41	16330.97	7438.67	34762.33
	主营成本(万元)	7043.43	13421.68	5643.41	25543.73
	营业成本(万元)	7043.43	13421.68	5643.41	25543.73
	投资收益(万元)	-247.30	243.78	249.82	1922.68
	净利润(万元)	55.67	609.95	614.25	3292.91
	利润总额(万元)	217.22	916.81	710.79	3826.85

焦作万方铝业股份有限公司

公司概况	公司名称	焦作万方铝业股份有限公司			证券简称	焦作万方
	法人代表	蒋英刚	董秘	贾东焰	证券代码	000612
	公司网址	www.jzwfly.com.cn			电子信箱	mdy668@126.com
	电　话	0391-3261118			传　真	0391-3261297
	办公地址	河南省焦作市马村区待王镇东				
	经营范围	铝冶炼及加工、铝制品、金属材料销售、普通货物运输等				

主要财务指标	指标\报告期	2012.06.30	2011.12.31	2011.06.30	2010.12.31
	基本每股收益(元)	0.0910	0.7940	0.4950	0.2410
	基本每股收益(扣除后)(元)	-0.0080	0.7850	0.4944	0.2480
	每股净资产(元)	5.2270	5.1040	4.7680	4.2510
	每股经营现金净流量(元)	0.1418	0.5641	0.3969	0.7445
	每股现金流量(元)	-0.6375	0.6100	0.1051	-0.8475
	每股资本公积金(元)	0.4492	0.4492	0.4220	0.4220
	每股盈余公积金(元)	0.5377	0.5377	0.5377	0.5377
	每股未分配利润(元)	3.1524	3.0615	2.7625	2.2675
	净资产收益率(%)	1.7400	15.5580	10.3800	5.6711
	加权净资产收益率(%)	1.7700	17.0800	11.0000	5.8000
	净资产收益率(扣除)(%)	-	-	-	-
	总资产(万元)	498363.24	492208.72	424612.68	397358.76
	归属母公司股东权益(万元)	251006.62	245074.84	228928.47	204146.36
	主营业务收入(万元)	302894.44	589100.74	275823.81	550752.67
	营业收入(万元)	307578.48	596951.31	279242.87	559397.01
	主营成本(万元)	307258.72	569123.35	268747.93	508245.95
	营业成本(万元)	310426.17	575042.42	270841.63	514871.90
	投资收益(万元)	13662.34	40136.97	25383.96	20701.22
	净利润(万元)	4365.27	38128.38	23767.50	11576.03
	利润总额(万元)	1868.61	38240.93	23082.10	8896.32

海南大东海旅游中心股份有限公司

公司概况	公司名称	海南大东海旅游中心股份有限公司			证券简称	ST东海A
	法人代表	黎愿斌	董秘	汪宏娟	证券代码	000613
	公司网址				电子信箱	hnddh@21cn.com
	电　话	0898-88219921 88219888*8264			传　真	0898-88212298
	办公地址	海南省三亚市大东海				
	经营范围	房地产开发经营、住宿及饮食业、旅游服务业等				

主要财务指标	指标\报告期	2012.06.30	2011.12.31	2011.06.30	2010.12.31
	基本每股收益(元)	0.0016	-0.0145	-0.0045	0.0019
	基本每股收益(扣除后)(元)	0.0012	-0.0203	-0.0052	-0.0083
	每股净资产(元)	0.2300	0.2300	0.2400	0.2400
	每股经营现金净流量(元)	-0.0008	0.0262	0.0012	0.0083
	每股现金流量(元)	-0.0270	0.0255	-0.0024	-0.0009
	每股资本公积金(元)	0.1487	0.1487	0.1487	0.1487
	每股盈余公积金(元)	-	-	-	-
	每股未分配利润(元)	-0.9219	-0.9235	-0.9135	-0.9090
	净资产收益率(%)	0.7100	-6.4420	-1.9100	0.7803
	加权净资产收益率(%)	0.7200	-6.2400	-1.8900	0.7800
	净资产收益率(扣除)(%)	-	-	-	-
	总资产(万元)	11429.17	11803.68	11763.57	11938.27
	归属母公司股东权益(万元)	8257.45	8198.51	8563.12	8726.64
	主营业务收入(万元)	2042.56	3299.07	1846.80	3520.52
	营业收入(万元)	2042.56	3299.07	1846.80	3520.52
	主营成本(万元)	302.21	699.95	339.35	623.18
	营业成本(万元)	302.21	699.95	339.35	623.18
	投资收益(万元)	0.39	-	-	-
	净利润(万元)	58.94	-528.12	-163.51	68.10
	利润总额(万元)	78.59	-528.12	-163.51	68.10

湖北金环股份有限公司

公司概况	公司名称	湖北金环股份有限公司			证券简称	湖北金环
	法人代表	朱俊峰	董秘	李红	证券代码	000615
	公司网址	www.000615.com.cn			电子信箱	lihong8878@sohu.com
	电　话	0710-2105321 2108234			传　真	0710-2108233
	办公地址	湖北省襄阳市樊城区陈家湖				
	经营范围	粘胶纤维、玻璃纸(含食品包装用)制造、销售等				

主要财务指标	指标\报告期	2012.06.30	2011.12.31	2011.06.30	2010.12.31
	基本每股收益(元)	0.0300	-0.3500	-0.2400	0.0200
	基本每股收益(扣除后)(元)	0.0300	-0.2800	-0.2400	-0.0300
	每股净资产(元)	3.0300	2.9400	3.1700	3.4400
	每股经营现金净流量(元)	-0.0557	-0.0880	-0.1183	-0.5332
	每股现金流量(元)	0.1265	0.0617	-0.0651	-0.4078
	每股资本公积金(元)	0.6223	0.5596	0.6760	0.7075
	每股盈余公积金(元)	0.6007	0.6007	0.6007	0.6007
	每股未分配利润(元)	0.8116	0.7844	0.8893	1.1295
	净资产收益率(%)	0.9000	-11.7220	-8.1500	0.4625
	加权净资产收益率(%)	0.9100	-12.7800	-7.2900	0.4500
	净资产收益率(扣除)(%)	-	-	-	-
	总资产(万元)	124084.35	117539.74	117769.95	121965.40
	归属母公司股东权益(万元)	64234.83	62331.96	67015.29	72768.75
	主营业务收入(万元)	41328.51	75939.37	39035.90	68048.17
	营业收入(万元)	41328.51	76366.01	39035.90	68640.92
	主营成本(万元)	35709.31	73146.94	37800.63	61823.47
	营业成本(万元)	35775.82	73473.69	44760.90	62418.08
	投资收益(万元)	-2144.34	829.44	547.90	1901.95
	净利润(万元)	581.75	-7308.15	-5086.88	336.17
	利润总额(万元)	1365.51	-9228.22	-5547.63	-601.14

亿城集团股份有限公司

公司概况	公司名称	亿城集团股份有限公司			证券简称	亿城股份
	法人代表	张丽萍	董秘	吴建国	证券代码	000616
	公司网址	www.yeland.com.cn			电子信箱	ir@yeland.com.cn
	电　话	010-58816885			传　真	010-58816666
	办公地址	北京市海淀区长春桥路 11 号万柳亿城中心 A 座 16-17 层				
	经营范围	房地产项目开发、销售商品房、自有房屋物业管理、智能教育开发、基础教育等				

主要财务指标	指标\报告期	2012.06.30	2011.12.31	2011.06.30	2010.12.31
	基本每股收益(元)	0.1800	0.3000	0.0900	0.4600
	基本每股收益(扣除后)(元)	0.1500	0.2000	0.0800	0.4500
	每股净资产(元)	3.1800	3.0200	2.8100	3.3600
	每股经营现金净流量(元)	0.7964	-1.0690	-1.0934	-1.1510
	每股现金流量(元)	0.2066	-0.8522	-0.6817	-0.1199
	每股资本公积金(元)	0.3732	0.3887	0.3887	0.6665
	每股盈余公积金(元)	0.0867	0.0867	0.0777	0.0932
	每股未分配利润(元)	1.7153	1.5490	1.3403	1.6047
	净资产收益率(%)	5.5500	10.0540	3.0800	16.3573
	加权净资产收益率(%)	5.6700	10.4600	3.0500	17.5600
	净资产收益率(扣除)(%)	-	-	-	-
	总资产(万元)	1002266.12	987155.27	951070.06	913872.06
	归属母公司股东权益(万元)	378438.62	360465.86	334521.20	334156.80
	主营业务收入(万元)	143447.67	215626.99	71356.45	307443.58
	营业收入(万元)	143447.67	215626.99	71356.45	307443.58
	主营成本(万元)	69332.31	116262.12	31621.43	158153.02
	营业成本(万元)	69332.31	116262.12	31621.43	158153.02
	投资收益(万元)	1576.62	8598.68	-396.91	-188.96
	净利润(万元)	20702.85	35902.39	10105.66	54436.25
	利润总额(万元)	30045.12	51463.41	17432.96	79257.36

济南柴油机股份有限公司

公司概况	公司名称	济南柴油机股份有限公司			证券简称	石油济柴
	法人代表	姜小兴	董秘	刘明怀	证券代码	000617
	公司网址	www.jichai.com			电子信箱	liuminghuai@cnpc.com.cn
	电　话	0531-87422326 87423353			传　真	0531-87423177 87422578
	办公地址	山东省济南市经十西路 11966 号				
	经营范围	柴油机、气体发动机、柴油及气体发电机组的制造、销售、租赁、修理等				

主要财务指标	指标\报告期	2012.06.30	2011.12.31	2011.06.30	2010.12.31
	基本每股收益(元)	-0.0800	-0.3400	-0.0400	0.0600
	基本每股收益(扣除后)(元)	-0.1100	-0.3900	-0.0700	-0.1000
	每股净资产(元)	2.5000	2.5800	2.9000	2.9500
	每股经营现金净流量(元)	-0.7381	0.4254	-0.4064	-0.0910
	每股现金流量(元)	-0.4626	0.2589	-0.3116	0.0200
	每股资本公积金(元)	0.1669	0.1669	0.1669	0.1669
	每股盈余公积金(元)	0.3045	0.3045	0.3045	0.3045
	每股未分配利润(元)	1.0329	1.1102	1.4312	1.4740
	净资产收益率(%)	-3.0400	-13.0090	-1.4200	1.9870
	加权净资产收益率(%)	-3.0400	-12.1500	-1.4200	2.0000
	净资产收益率(扣除)(%)	-	-	-	-
	总资产(万元)	309612.77	323306.30	270684.43	252869.69
	归属母公司股东权益(万元)	72006.07	74229.03	83459.64	84690.63
	主营业务收入(万元)	83097.52	165147.09	85489.40	139511.54
	营业收入(万元)	83097.52	168634.55	85489.40	141851.80
	主营成本(万元)	74764.05	150185.18	77877.05	123522.46
	营业成本(万元)	74764.05	152421.23	77877.05	124272.90
	投资收益(万元)	-305.86	-23.01	129.36	898.90
	净利润(万元)	-2222.96	-9656.49	-1230.99	1682.83
	利润总额(万元)	-1939.19	-10062.24	-1150.05	1386.65

芜湖海螺型材科技股份有限公司

公司概况	公司名称	芜湖海螺型材科技股份有限公司			证券简称	海螺型材
	法人代表	任勇	董秘	周小川	证券代码	000619
	公司网址	profile.conch.cn			电子信箱	hlxc@conch.cn
	电　话	0553-5840135 5840156			传　真	0553-5840118
	办公地址	安徽省芜湖市经济技术开发区港湾路				
	经营范围	塑料型材、板材、门窗、五金制品、钢龙骨制造、销售、安装等				

主要财务指标	指标\报告期	2012.06.30	2011.12.31	2011.06.30	2010.12.31
	基本每股收益(元)	0.2518	0.2481	0.0959	0.4516
	基本每股收益(扣除后)(元)	0.2090	0.1549	0.0824	0.3731
	每股净资产(元)	5.8228	5.5710	5.4100	5.4200
	每股经营现金净流量(元)	0.1179	-0.6569	-0.2315	0.6918
	每股现金流量(元)	-0.3360	0.1444	0.1803	0.2307
	每股资本公积金(元)	1.2113	1.2113	1.2113	1.2113
	每股盈余公积金(元)	0.5905	0.5905	0.5715	0.5715
	每股未分配利润(元)	3.0210	2.7693	2.6252	2.6402
	净资产收益率(%)	4.3200	4.4540	1.7700	8.3280
	加权净资产收益率(%)	4.4200	4.1600	1.7700	8.5200
	净资产收益率(扣除)(%)	-	-	-	-
	总资产(万元)	391275.19	405813.45	368988.94	333764.45
	归属母公司股东权益(万元)	209622.27	200557.71	194684.43	195224.63
	主营业务收入(万元)	196202.33	406485.28	178814.77	395106.25
	营业收入(万元)	197360.15	407304.46	179594.52	396265.07
	主营成本(万元)	168689.55	370514.86	162889.15	352512.62
	营业成本(万元)	169652.27	370690.41	163347.42	352999.38
	投资收益(万元)	-	-	-	-
	净利润(万元)	10164.66	11558.32	4069.99	18351.34
	利润总额(万元)	12799.20	15818.34	5527.86	22881.68

新华联不动产股份有限公司

公司概况					
公司名称	新华联不动产股份有限公司			证券简称	新 华 联
法人代表	傅军	董秘	杭冠宇	证券代码	000620
公司网址				电子信箱	xin000620@126.com
电　　话	010-65857900			传　　真	010-65088900
办公地址	北京市朝阳区东四环中路道家园 18 号新华联大厦 16 层				
经营范围	房地产开发、销售自行开发后的商品房等				

主要财务指标

指标\报告期	2012.06.30	2011.12.31	2011.06.30	2010.12.31
基本每股收益(元)	0.0600	0.4100	0.2100	0.4000
基本每股收益(扣除后)(元)	0.0600	0.4000	0.2100	0.4000
每股净资产(元)	1.5000	1.5400	1.3300	1.4400
每股经营现金净流量(元)	-0.3533	-0.8083	-0.2950	1.5971
每股现金流量(元)	0.0765	-0.5456	-0.2300	2.6771
每股资本公积金(元)	0.5457	0.5457	0.1565	2.3201
每股盈余公积金(元)	0.1315	0.1315	0.0443	0.2270
每股未分配利润(元)	0.9345	0.9738	0.8504	3.4938
净资产收益率(%)	0.0400	24.6210	0.1100	27.7400
加权净资产收益率(%)	3.8600	28.0800	13.5600	31.6500
净资产收益率(扣除)(%)	-	-	-	-
总资产(万元)	786378.84	676299.44	576517.82	574965.84
归属母公司股东权益(万元)	240138.29	246413.27	213126.09	185767.62
主营业务收入(万元)	51951.29	226112.02	111047.66	165975.24
营业收入(万元)	55968.21	233564.70	114426.32	172145.63
主营成本(万元)	23131.63	86060.44	52912.46	58469.11
营业成本(万元)	24955.44	89674.42	54542.32	62019.77
投资收益(万元)	115.28	-69.86	-44.74	-45.42
净利润(万元)	9611.20	60431.62	26909.92	51375.03
利润总额(万元)	13883.85	81719.58	36074.22	69259.30

吉林敖东药业集团股份有限公司

公司概况					
公司名称	吉林敖东药业集团股份有限公司			证券简称	吉林敖东
法人代表	李秀林	董秘	陈永丰	证券代码	000623
公司网址	www.jlaod.com			电子信箱	000623@jlaod.com
电　　话	0433-6238973			传　　真	0433-6238973
办公地址	吉林省敦化市敖东大街 2158 号				
经营范围	种植养殖、商业(国家专项控制、专营除外)、机械修理、仓储等				

主要财务指标

指标\报告期	2012.06.30	2011.12.31	2011.06.30	2010.12.31
基本每股收益(元)	0.4800	2.8800	0.5000	1.8000
基本每股收益(扣除后)(元)	0.4500	0.8100	0.4500	1.5500
每股净资产(元)	10.5181	13.1034	11.0500	12.5180
每股经营现金净流量(元)	0.1061	0.1574	-0.0430	0.3039
每股现金流量(元)	-0.2731	-0.1178	0.2391	-0.0462
每股资本公积金(元)	0.3597	0.3225	0.5086	0.6058
每股盈余公积金(元)	0.7923	1.0300	1.0300	1.2361
每股未分配利润(元)	8.3661	10.7509	8.5157	9.6762
净资产收益率(%)	4.5700	21.9849	5.8200	17.2440
加权净资产收益率(%)	4.6300	24.4700	5.9900	18.6100
净资产收益率(扣除)(%)	-	-	-	-
总资产(万元)	1054802.15	1008072.59	831468.87	789819.26
归属母公司股东权益(万元)	940783.56	901550.32	760572.53	717730.27
主营业务收入(万元)	66240.42	114258.75	54988.66	111047.13
营业收入(万元)	66560.21	114523.07	55160.01	111332.78
主营成本(万元)	22862.68	41229.14	19091.21	35556.49
营业成本(万元)	22994.49	41272.32	19107.49	35686.23
投资收益(万元)	32985.70	230571.13	36161.64	111714.32
净利润(万元)	43114.46	198294.91	44339.11	125526.38
利润总额(万元)	44576.79	246188.76	45603.90	128930.82

重庆长安汽车股份有限公司

公司概况					
公司名称	重庆长安汽车股份有限公司			证券简称	长安汽车
法人代表	徐留平	董秘	黎军 崔云江	证券代码	000625
公司网址	www.changan.com.cn			电子信箱	cazqc@changan.com.cn
电　　话	023-67594009 67594008			传　　真	023-67866055
办公地址	重庆市江北区建新东路 260 号				
经营范围	乘用车和商用车的开发、制造和销售等				

主要财务指标

指标\报告期	2012.06.30	2011.12.31	2011.06.30	2010.12.31
基本每股收益(元)	0.1200	0.2000	0.2200	0.4600
基本每股收益(扣除后)(元)	0.0900	0.1700	0.2000	0.4600
每股净资产(元)	3.1900	3.0500	5.6300	4.6400
每股经营现金净流量(元)	0.1449	0.0429	0.8855	1.2117
每股现金流量(元)	-0.1356	0.0051	1.4252	0.2630
每股资本公积金(元)	0.6691	0.7046	1.7261	0.7036
每股盈余公积金(元)	0.2744	0.2646	0.4345	0.5018
每股未分配利润(元)	1.2456	1.0835	2.4703	2.4388
净资产收益率(%)	3.8300	6.5670	6.8800	18.8413
加权净资产收益率(%)	2.6000	6.8600	7.4200	20.3900
净资产收益率(扣除)(%)	-	-	-	-
总资产(万元)	3951042.90	3653211.81	3589106.92	3099215.97
归属母公司股东权益(万元)	1487053.02	1473923.15	1512356.12	1080075.34
主营业务收入(万元)	1357343.47	2571264.28	1393987.40	3227982.59
营业收入(万元)	1404423.06	2655184.65	1453711.58	3352645.32
主营成本(万元)	-	2179905.24	1200636.27	2664333.97
营业成本(万元)	1182325.03	2262604.06	1250113.44	2766978.85
投资收益(万元)	73274.15	170223.03	104064.82	163356.10
净利润(万元)	55076.71	92564.93	103474.01	201376.14
利润总额(万元)	50790.61	94863.16	111950.07	199918.96

连云港如意集团股份有限公司

公司概况					
公司名称	连云港如意集团股份有限公司			证券简称	如意集团
法人代表	秦兆平	董秘	谭卫	证券代码	000626
公司网址	www.ideal-group.com.cn			电子信箱	ruyidongmi@ideal-group.com.cn
电　　话	0518-85153595			传　　真	0518-85150105
办公地址	江苏省连云港市新浦北郊路 6 号				
经营范围	自营和代理各类商品和技术的进出口业务、国内贸易				

主要财务指标

指标\报告期	2012.06.30	2011.12.31	2011.06.30	2010.12.31
基本每股收益(元)	0.0774	0.1499	0.3047	0.2902
基本每股收益(扣除后)(元)	-0.2216	-0.1533	0.1941	0.0597
每股净资产(元)	1.9600	1.8900	2.0456	1.7422
每股经营现金净流量(元)	-1.7515	1.4696	3.3293	-3.6122
每股现金流量(元)	0.8229	1.8823	6.6388	0.5533
每股资本公积金(元)	0.1740	0.1740	0.1740	0.1740
每股盈余公积金(元)	-	-	-	-
每股未分配利润(元)	0.8017	0.7243	0.8791	0.5745
净资产收益率(%)	3.9400	7.9400	14.8900	16.6600
加权净资产收益率(%)	4.0200	8.2600	16.0900	18.4100
净资产收益率(扣除)(%)	-	-	-	-
总资产(万元)	734246.43	496372.32	651614.62	385657.66
归属母公司股东权益(万元)	39783.57	38220.05	41422.41	35279.68
主营业务收入(万元)	1617259.02	3130404.16	1531254.15	2118425.92
营业收入(万元)	1617662.16	3131807.75	1531508.54	2118718.62
主营成本(万元)	1590122.32	3060087.70	1486047.04	2052553.96
营业成本(万元)	1590179.30	3060186.74	1486118.49	2052619.50
投资收益(万元)	12299.45	11010.00	3761.92	13207.15
净利润(万元)	5070.52	5919.96	12171.39	12279.65
利润总额(万元)	8236.14	8723.12	16559.47	17310.67

天茂实业集团股份有限公司

公司概况	公司名称	天茂实业集团股份有限公司		证券简称	天茂集团
	法人代表	肖云华	董秘 龙飞	证券代码	000627
	公司网址	www.biocause.com		电子信箱	tmjt@biocause.net
	电　　话	0724-2223218		传　　真	0724-2217652
	办公地址	湖北省荆门市杨湾路132号			
	经营范围	化工产品(不含危险化学品、需经审批的项目持有效许可证经营)的生产、销售等			

主要财务指标	指标\报告期	2012.06.30	2011.12.31	2011.06.30	2010.12.31
	基本每股收益(元)	-0.0560	-0.0750	-0.0230	0.0210
	基本每股收益(扣除后)(元)	-0.0560	-0.0730	-0.0260	0.0150
	每股净资产(元)	1.0500	1.0200	1.1500	1.1400
	每股经营现金净流量(元)	0.0173	0.0495	0.0674	0.1659
	每股现金流量(元)	0.0448	0.0009	0.0592	-0.0164
	每股资本公积金(元)	0.0907	0.0066	0.0866	0.0533
	每股盈余公积金(元)	0.0589	0.0589	0.0589	0.0589
	每股未分配利润(元)	-0.1172	-0.0611	-0.0087	0.0140
	净资产收益率(%)	-5.3600	-7.3885	-1.9800	1.8331
	加权净资产收益率(%)	-5.6800	-7.1100	-2.0200	1.8500
	净资产收益率(扣除)(%)	-	-	-	-
	总资产(万元)	203271.96	188361.45	205283.07	197631.13
	归属母公司股东权益(万元)	141696.84	137623.79	155962.05	154502.24
	主营业务收入(万元)	44580.01	113376.34	53595.64	126115.90
	营业收入(万元)	44580.01	113376.34	53595.64	126115.90
	主营成本(万元)	43263.47	111177.75	51919.79	118583.23
	营业成本(万元)	43263.47	111177.75	51919.79	118583.23
	投资收益(万元)	-4378.89	-2418.59	-1140.84	4970.52
	净利润(万元)	-7532.47	-10717.93	-3436.70	2908.51
	利润总额(万元)	-7584.02	-11667.84	-3455.37	3106.11

成都高新发展股份有限公司

公司概况	公司名称	成都高新发展股份有限公司		证券简称	高新发展
	法人代表	平兴	董秘 杨海东	证券代码	000628
	公司网址	www.cdgxfz.com		电子信箱	yhd0128@sohu.com
	电　　话	028-85137070 85130316		传　　真	028-85184099
	办公地址	四川省成都市高新技术产业开发区九兴大道8号			
	经营范围	高新技术产品的开发、生产、经营、高新技术的交流转让等			

主要财务指标	指标\报告期	2012.06.30	2011.12.31	2011.06.30	2010.12.31
	基本每股收益(元)	-0.0210	0.0270	-0.0280	0.0700
	基本每股收益(扣除后)(元)	-0.0070	-0.0370	-0.0240	0.0360
	每股净资产(元)	0.7700	0.7900	0.7400	0.7700
	每股经营现金净流量(元)	-0.1410	0.6305	0.0170	0.6910
	每股现金流量(元)	-0.6366	0.2400	-0.4890	0.0247
	每股资本公积金(元)	1.4659	1.4659	1.4659	1.4659
	每股盈余公积金(元)	0.0443	0.0443	0.0443	0.0443
	每股未分配利润(元)	-1.7372	-1.7157	-1.7711	-1.7432
	净资产收益率(%)	-2.7700	3.4570	-3.7800	9.0700
	加权净资产收益率(%)	-2.7400	3.5200	-3.7100	9.5000
	净资产收益率(扣除)(%)	-	-	-	-
	总资产(万元)	265099.07	308966.34	247601.74	275214.33
	归属母公司股东权益(万元)	16964.54	17435.08	16219.49	16832.36
	主营业务收入(万元)	56632.72	143842.44	61705.99	120749.89
	营业收入(万元)	57009.76	144536.89	62033.71	121452.97
	主营成本(万元)	44211.02	115865.94	49353.09	89807.52
	营业成本(万元)	44462.95	116315.27	49615.10	90382.20
	投资收益(万元)	540.06	461.46	461.46	195.27
	净利润(万元)	-972.15	-341.23	-1095.48	509.00
	利润总额(万元)	-593.89	1297.71	-545.29	2204.41

攀钢集团钢铁钒钛股份有限公司

公司概况	公司名称	攀钢集团钢铁钒钛股份有限公司		证券简称	攀钢钒钛
	法人代表	张大德	董秘 曾显斌	证券代码	000629
	公司网址	www.pzhsteel.com.cn/pgvt		电子信箱	psv@pzhsteel.com.cn
	电　　话	0812-3393695 3399958		传　　真	0812-3393992
	办公地址	四川省攀枝花市东区向阳村攀枝花新钢钒股份有限公司办公大楼			
	经营范围	钢铁(包括型材、热轧板材、冷轧板材等)及钒产品的制造、销售业务等			

主要财务指标	指标\报告期	2012.06.30	2011.12.31	2011.06.30	2010.12.31
	基本每股收益(元)	0.0800	0.0003	0.0200	0.2900
	基本每股收益(扣除后)(元)	0.0800	-0.2500	0.0100	0.1300
	每股净资产(元)	2.6700	2.5400	2.7000	4.2100
	每股经营现金净流量(元)	0.0139	1.0255	-0.0154	1.1187
	每股现金流量(元)	-0.0578	0.3388	0.1397	0.1577
	每股资本公积金(元)	1.4711	1.4703	1.5538	1.5538
	每股盈余公积金(元)	0.2450	0.2450	0.1979	0.2209
	每股未分配利润(元)	-0.0788	-0.2061	-0.0811	0.2050
	净资产收益率(%)	4.7600	0.0116	1.2000	6.8181
	加权净资产收益率(%)	4.8800	0.0100	1.1100	7.6800
	净资产收益率(扣除)(%)	-	-	-	-
	总资产(万元)	3413966.44	3133262.91	6338604.19	6922837.25
	归属母公司股东权益(万元)	1531745.23	1455601.43	1543446.52	2409110.48
	主营业务收入(万元)	816879.35	5067373.14	2283796.79	4322438.36
	营业收入(万元)	830497.35	5254088.77	2377393.97	4506754.90
	主营成本(万元)	589521.39	4271123.76	1942834.37	3571019.79
	营业成本(万元)	601638.90	4472582.75	2045842.67	3645152.72
	投资收益(万元)	-4501.17	18914.36	4754.72	10344.30
	净利润(万元)	73532.18	1262.92	17897.88	164402.91
	利润总额(万元)	94709.52	49971.15	24521.73	182094.17

铜陵有色金属集团股份有限公司

公司概况	公司名称	铜陵有色金属集团股份有限公司		证券简称	铜陵有色
	法人代表	韦江宏	董秘 吴和平	证券代码	000630
	公司网址	www.tlys.cn		电子信箱	whp@tlys.cn
	电　　话	0562-2825029 5860159		传　　真	0562-2825082
	办公地址	安徽省铜陵市长江西路有色大院西楼			
	经营范围	铜、金、银、稀有金属及相关产品、硫酸、铝型材生产、加工等			

主要财务指标	指标\报告期	2012.06.30	2011.12.31	2011.06.30	2010.12.31
	基本每股收益(元)	0.3500	1.0200	0.5100	0.7000
	基本每股收益(扣除后)(元)	0.3200	0.8900	0.4600	0.5800
	每股净资产(元)	7.2900	7.0200	6.5100	5.3400
	每股经营现金净流量(元)	-0.2514	3.0353	1.0728	-4.4722
	每股现金流量(元)	0.2322	0.6311	0.9637	-0.2438
	每股资本公积金(元)	2.4372	2.4314	2.4056	1.3711
	每股盈余公积金(元)	0.4897	0.4897	0.3836	0.4213
	每股未分配利润(元)	3.3248	3.0747	2.6687	2.4997
	净资产收益率(%)	4.8000	14.3430	7.5800	13.1158
	加权净资产收益率(%)	4.8600	15.9400	8.3300	14.3400
	净资产收益率(扣除)(%)	-	-	-	-
	总资产(万元)	3665696.18	3226663.60	3424164.41	3348683.64
	归属母公司股东权益(万元)	1036599.60	998479.44	925616.01	690560.20
	主营业务收入(万元)	3322966.81	7050010.09	3392480.17	5227668.88
	营业收入(万元)	3372274.90	7074064.12	3442202.64	5245007.39
	主营成本(万元)	3203737.89	6665496.42	3230451.45	4983011.77
	营业成本(万元)	3249482.33	6682641.79	3276623.15	4994138.09
	投资收益(万元)	1368.90	3742.43	313.60	2029.61
	净利润(万元)	41708.93	153432.87	78375.97	101485.63
	利润总额(万元)	57654.45	186626.16	92128.48	123237.74

顺发恒业股份公司

公司概况					
公司名称	顺发恒业股份公司			证券简称	顺发恒业
法人代表	管大源	董秘	程捷	证券代码	000631
公司网址	www.sfhy.cn		电子信箱	chengjie@sfhy.com	
电　话	0431-85180631		传　真	0431-81150631	
办公地址	吉林省长春市朝阳区延安大路1号盛世国际写字间3026室				
经营范围	房地产经营开发、物业管理、装修装饰、房屋和土木工程建设业等				

主要财务指标 指标\报告期	2012.06.30	2011.12.31	2011.06.30	2010.12.31
基本每股收益(元)	0.2700	0.5000	0.1800	0.4100
基本每股收益(扣除后)(元)	0.2700	0.5000	0.1800	0.4000
每股净资产(元)	2.4000	2.1700	1.8600	1.6700
每股经营现金净流量(元)	0.6982	0.4075	0.3377	-2.2118
每股现金流量(元)	0.2868	0.0663	0.0127	-1.0555
每股资本公积金(元)	0.2043	0.2034	0.2060	0.2061
每股盈余公积金(元)	0.0857	0.0857	0.0496	0.0496
每股未分配利润(元)	1.1107	0.8816	0.6003	0.4181
净资产收益率(%)	11.6400	23.0180	10.3200	24.2220
加权净资产收益率(%)	11.6400	25.9900	10.3200	27.6900
净资产收益率(扣除)(%)	-	-	-	-
总资产(万元)	1108790.74	1065430.32	1003732.60	953282.62
归属母公司股东权益(万元)	250991.15	226946.42	194035.34	174999.92
主营业务收入(万元)	117417.63	204530.31	73990.36	174117.23
营业收入(万元)	117601.18	215683.81	85761.14	188533.97
主营成本(万元)	59380.88	109291.74	41824.75	104487.51
营业成本(万元)	59501.50	111378.04	46968.64	108214.84
投资收益(万元)	-	-	-	112.13
净利润(万元)	28132.72	52237.32	19046.56	42389.11
利润总额(万元)	37659.93	69114.79	25699.47	60348.29

福建三木集团股份有限公司

公司概况					
公司名称	福建三木集团股份有限公司			证券简称	三木集团
法人代表	兰隽	董秘	彭东明	证券代码	000632
公司网址	www.san-mu.com		电子信箱	sanmugroup@126.com	
电　话	0591-83355146		传　真	0591-83341504	
办公地址	福建省福州市群众东路93号三木大厦				
经营范围	房地产综合开发(一级资质)及国际贸易等				

主要财务指标 指标\报告期	2012.06.30	2011.12.31	2011.06.30	2010.12.31
基本每股收益(元)	0.0069	0.0244	0.0321	0.0338
基本每股收益(扣除后)(元)	0.0007	-0.0635	0.0316	0.0372
每股净资产(元)	1.2165	1.2096	1.2178	1.1852
每股经营现金净流量(元)	-0.1635	-0.5486	-0.1215	0.1434
每股现金流量(元)	0.0679	-0.2512	0.0169	0.0017
每股资本公积金(元)	0.0017	0.0017	0.0023	0.0018
每股盈余公积金(元)	0.0164	0.0164	0.0164	0.0164
每股未分配利润(元)	0.1985	0.1915	0.1992	0.1671
净资产收益率(%)	0.5700	2.0208	2.6400	2.8545
加权净资产收益率(%)	0.5700	2.0400	2.6700	2.9000
净资产收益率(扣除)(%)	-	-	-	-
总资产(万元)	412907.51	375990.36	381903.55	338546.01
归属母公司股东权益(万元)	56632.56	56309.91	56691.84	55174.25
主营业务收入(万元)	219902.59	443844.46	203443.43	370969.69
营业收入(万元)	221679.17	445357.86	204311.06	372084.66
主营成本(万元)	205820.37	414399.00	185632.17	334921.31
营业成本(万元)	206257.88	414974.74	185932.38	335511.62
投资收益(万元)	-24.98	3786.12	-214.89	487.94
净利润(万元)	487.29	1490.08	1674.74	1842.05
利润总额(万元)	1554.90	3489.88	2544.57	6350.23

沈阳合金投资股份有限公司

公司概况					
公司名称	沈阳合金投资股份有限公司			证券简称	ST 合金
法人代表	吴岩	董秘	王端	证券代码	000633
公司网址	www.hjinv.com		电子信箱	cl@hjinv.com	
电　话	024-62336767		传　真	024-62336799	
办公地址	辽宁省沈阳市浑南新区世纪路55号				
经营范围	投资入股、国内贸易等				

主要财务指标 指标\报告期	2012.06.30	2011.12.31	2011.06.30	2010.12.31
基本每股收益(元)	-0.0220	0.0178	0.0466	0.0056
基本每股收益(扣除后)(元)	-0.0252	-0.0574	-0.0157	-0.0832
每股净资产(元)	0.5457	0.5677	0.6202	0.6100
每股经营现金净流量(元)	-0.0690	-0.2107	-0.1470	-0.0129
每股现金流量(元)	-0.0558	-0.2922	-0.2511	0.3298
每股资本公积金(元)	0.1275	0.1275	0.1495	0.1869
每股盈余公积金(元)	0.1690	0.1690	0.1690	0.1690
每股未分配利润(元)	-0.7508	-0.7288	-0.6982	-0.7448
净资产收益率(%)	-4.0300	3.1430	7.5100	0.9210
加权净资产收益率(%)	-3.9500	2.8800	7.5700	0.9500
净资产收益率(扣除)(%)	-	-	-	-
总资产(万元)	30211.12	31520.31	32661.36	39495.92
归属母公司股东权益(万元)	21016.07	21862.68	23885.26	23533.83
主营业务收入(万元)	9131.94	-	6457.76	8299.77
营业收入(万元)	9183.36	13946.03	6586.82	8410.21
主营成本(万元)	8851.12	-	6115.41	7691.34
营业成本(万元)	8891.67	13064.55	6155.93	7788.49
投资收益(万元)	79.08	3412.37	2454.02	3666.33
净利润(万元)	-847.42	628.26	1771.38	-70.10
利润总额(万元)	-840.17	662.53	1797.61	280.70

宁夏英力特化工股份有限公司

公司概况					
公司名称	宁夏英力特化工股份有限公司			证券简称	英力特
法人代表	秦江玉	董秘	李学军	证券代码	000635
公司网址	www.yinglitechem.com		电子信箱	ylt_zqb@yinglitechem.com	
电　话	0952-3689323 3689298		传　真	0952-3689589	
办公地址	宁夏石嘴山市惠农区钢电路				
经营范围	电石及其系列延伸产品的生产和销售等				

主要财务指标 指标\报告期	2012.06.30	2011.12.31	2011.06.30	2010.12.31
基本每股收益(元)	-0.1600	0.5900	0.7020	0.7220
基本每股收益(扣除后)(元)	-0.2060	0.3770	0.5250	0.6720
每股净资产(元)	8.6200	6.1000	5.6800	5.2800
每股经营现金净流量(元)	0.2014	0.8824	1.2765	1.1775
每股现金流量(元)	-0.4218	0.2770	-0.1814	0.2909
每股资本公积金(元)	6.1981	2.0344	2.0344	2.0344
每股盈余公积金(元)	0.2156	0.3691	0.2911	0.2911
每股未分配利润(元)	1.2021	2.2753	2.3298	1.9450
净资产收益率(%)	-1.4800	10.3870	11.3100	13.6730
加权净资产收益率(%)	-2.0100	10.8100	12.4600	14.5000
净资产收益率(扣除)(%)	-	-	-	-
总资产(万元)	370088.20	400424.63	359596.11	367863.55
归属母公司股东权益(万元)	261135.34	108003.07	100562.66	93463.89
主营业务收入(万元)	122166.17	268045.79	146382.75	239370.46
营业收入(万元)	124490.61	280047.59	149075.72	246762.55
主营成本(万元)	109136.61	223760.16	114352.74	193408.77
营业成本(万元)	111362.50	234354.40	115973.93	200099.49
投资收益(万元)	336.58	1681.79	949.83	592.06
净利润(万元)	-3852.40	10441.80	12423.33	13077.94
利润总额(万元)	-3677.61	9937.40	15074.19	14735.80

广东风华高新科技股份有限公司

公司概况	公司名称	广东风华高新科技股份有限公司			证券简称	风华高科
	法人代表	钟金松	董秘	陈绪运	证券代码	000636
	公司网址	www.fenghua-advanced.com		电子信箱	000636@china-fenghua.com	
	电　　话	0758-2844724		传　　真	0758-2849045 2865223	
	办公地址	广东省肇庆市风华路18号风华电子工业城				
	经营范围	研究、开发、生产、销售各类型高科技新型电子元器件等				

主要财务指标	指标\报告期	2012.06.30	2011.12.31	2011.06.30	2010.12.31
	基本每股收益(元)	0.0800	0.2500	0.1200	0.3500
	基本每股收益(扣除后)(元)	0.0100	0.1300	0.0800	0.3100
	每股净资产(元)	3.3000	3.3600	3.3700	3.6400
	每股经营现金净流量(元)	0.0327	0.3763	0.0695	0.6818
	每股现金流量(元)	0.1069	-0.0903	-0.1742	-0.0244
	每股资本公积金(元)	1.4048	1.5438	1.6855	1.8637
	每股盈余公积金(元)	0.3600	0.3600	0.3256	0.3347
	每股未分配利润(元)	0.5390	0.4581	0.3629	0.4382
	净资产收益率(%)	2.4500	7.2980	3.5700	21.5720
	加权净资产收益率(%)	2.4300	7.0900	3.2800	9.6400
	净资产收益率(扣除)(%)	-	-	-	-
	总资产(万元)	339624.39	330953.37	338970.09	356479.19
	归属母公司股东权益(万元)	221625.24	225493.35	226338.12	243902.43
	主营业务收入(万元)	94000.41	206147.36	107343.43	217706.64
	营业收入(万元)	95165.76	208189.37	108100.15	219417.79
	主营成本(万元)	80799.67	163843.64	89467.69	165287.64
	营业成本(万元)	81575.73	165078.80	89959.24	166147.76
	投资收益(万元)	4835.51	7014.79	2104.98	3856.79
	净利润(万元)	5295.29	16506.32	8103.28	23454.41
	利润总额(万元)	5538.19	19069.02	9098.11	25549.03

茂名石化实华股份有限公司

公司概况	公司名称	茂名石化实华股份有限公司			证券简称	茂化实华
	法人代表	刘华	董秘	梁杰	证券代码	000637
	公司网址	www.mhsh0637.com.cn		电子信箱	mhsh000637@163.net	
	电　　话	0668-2276176 2231342		传　　真	0668-2281965	
	办公地址	广东省茂名市官渡路162号				
	经营范围	生产销售聚丙烯及其制品、石油化工产品、水泥、电器机械制造等				

主要财务指标	指标\报告期	2012.06.30	2011.12.31	2011.06.30	2010.12.31
	基本每股收益(元)	0.0070	0.0100	0.0300	0.1600
	基本每股收益(扣除后)(元)	0.0090	0.0300	0.0300	0.2000
	每股净资产(元)	1.4000	1.3900	1.4500	1.5800
	每股经营现金净流量(元)	-0.0816	-0.1943	-0.1411	0.2218
	每股现金流量(元)	0.2015	-0.2768	-0.3737	0.1516
	每股资本公积金(元)	0.0115	0.0107	0.0466	0.0466
	每股盈余公积金(元)	0.3204	0.3204	0.3204	0.3204
	每股未分配利润(元)	0.0674	0.0605	0.0765	0.2453
	净资产收益率(%)	0.4600	1.0217	1.9000	-
	加权净资产收益率(%)	0.5000	0.9700	1.7500	10.7900
	净资产收益率(扣除)(%)	-	-	-	-
	总资产(万元)	87048.36	72862.37	69518.83	83351.59
	归属母公司股东权益(万元)	72755.37	72346.52	75140.13	81952.90
	主营业务收入(万元)	158800.27	413176.23	207497.14	357687.85
	营业收入(万元)	159153.13	413928.70	207828.51	358946.56
	主营成本(万元)	153692.69	402264.71	201589.15	335816.53
	营业成本(万元)	153758.88	402390.93	201658.12	336631.78
	投资收益(万元)	-601.25	-3700.51	404.13	1167.19
	净利润(万元)	443.53	739.13	1429.04	8423.56
	利润总额(万元)	713.02	1702.07	2282.84	10246.26

万方地产股份有限公司

公司概况	公司名称	万方地产股份有限公司			证券简称	万方地产
	法人代表	张晖	董秘	刘玉	证券代码	000638
	公司网址	www.vanfund.cn		电子信箱	vanfund@vanfund.cn	
	电　　话	010-64656161		传　　真	010-64656767	
	办公地址	北京市朝阳区曙光西里甲一号第三置业大厦A座30层				
	经营范围	房地产开发及开发的商品房销售等				

主要财务指标	指标\报告期	2012.06.30	2011.12.31	2011.06.30	2010.12.31
	基本每股收益(元)	-0.0598	0.0300	0.0566	0.3200
	基本每股收益(扣除后)(元)	-0.0597	0.0300	0.0570	0.3200
	每股净资产(元)	1.2700	1.3300	1.3500	1.3000
	每股经营现金净流量(元)	0.2420	-0.2448	-0.3975	-0.4723
	每股现金流量(元)	0.2415	-0.2403	-0.3893	0.3894
	每股资本公积金(元)	1.3201	1.3201	1.3201	1.3201
	每股盈余公积金(元)	0.0314	0.0314	0.0314	0.0314
	每股未分配利润(元)	-1.0825	-1.0227	-0.9966	-1.0532
	净资产收益率(%)	-4.7100	2.2961	4.1800	24.3579
	加权净资产收益率(%)	-4.6000	2.3200	4.2600	31.6000
	净资产收益率(扣除)(%)	-	-	-	-
	总资产(万元)	86434.35	81730.87	84414.86	80491.38
	归属母公司股东权益(万元)	19631.45	20555.91	20959.07	20083.92
	主营业务收入(万元)	-	39339.42	6279.92	29389.84
	营业收入(万元)	-	39443.42	6279.92	29493.84
	主营成本(万元)	-	31526.66	2346.40	18563.55
	营业成本(万元)	-	31526.66	2346.40	18563.55
	投资收益(万元)	-	-	-	2572.05
	净利润(万元)	-1151.73	1185.85	1432.02	6598.74
	利润总额(万元)	-1151.73	2117.65	2181.87	9243.99

西王食品股份有限公司

公司概况	公司名称	西王食品股份有限公司			证券简称	西王食品
	法人代表	王棣	董秘	孙新虎	证券代码	000639
	公司网址	www.xwsp.cc		电子信箱	newtiger_sun@xiwang.com.cn	
	电　　话	0543-4866888 4868888		传　　真	0543-4868888	
	办公地址	山东省滨州市邹平县西王工业园				
	经营范围	生产销售食用油、结晶葡萄糖、果葡糖、果糖、玉米淀粉、糊精等				

主要财务指标	指标\报告期	2012.06.30	2011.12.31	2011.06.30	2010.12.31
	基本每股收益(元)	0.2077	0.9100	0.4191	1.5900
	基本每股收益(扣除后)(元)	0.2055	0.9200	0.4221	1.5900
	每股净资产(元)	4.8900	7.3200	6.6100	6.4000
	每股经营现金净流量(元)	0.2218	-0.6741	-0.6365	0.3582
	每股现金流量(元)	0.6489	0.5308	-0.3559	-1.1447
	每股资本公积金(元)	2.2836	3.9253	1.8899	3.9166
	每股盈余公积金(元)	0.1893	0.2840	0.1897	0.1897
	每股未分配利润(元)	1.4147	2.1105	1.7151	1.2960
	净资产收益率(%)	4.2490	12.4120	6.1425	10.4165
	加权净资产收益率(%)	4.1700	13.2500	6.3400	12.9600
	净资产收益率(扣除)(%)	-	-	-	-
	总资产(万元)	166531.46	140962.54	99505.22	89966.70
	归属母公司股东权益(万元)	92069.75	91926.28	85658.30	80386.58
	主营业务收入(万元)	94491.50	179941.72	84062.05	117702.07
	营业收入(万元)	97468.14	184054.91	86504.74	120289.56
	主营成本(万元)	74973.50	142401.28	67995.90	97469.32
	营业成本(万元)	75043.33	142630.72	68219.23	97953.77
	投资收益(万元)	-	-	-	-
	净利润(万元)	3912.02	11409.64	5261.53	8373.50
	利润总额(万元)	4386.02	12989.83	6220.43	9943.64

仁和药业股份有限公司

公司概况	公司名称	仁和药业股份有限公司			证券简称	仁和药业
	法人代表	梅强	董秘	姜锋	证券代码	000650
	公司网址	www.renheyaoye.com		电子信箱	rh000650@126.com	
	电　　话	0791-86496271 83896755		传　　真	0791-83896755 6496271	
	办公地址	江西省南昌市红谷滩新区红谷中大道 998 号绿地中央广场 B 区元创国际 18 层				
	经营范围	中药材种植、药材种苗培植、纸箱生产、销售、计算机软件开发、设计等				

主要财务指标	指标\报告期	2012.06.30	2011.12.31	2011.06.30	2010.12.31
	基本每股收益(元)	0.1727	0.4800	0.2312	0.3500
	基本每股收益(扣除后)(元)	0.1602	0.4700	0.2271	0.4900
	每股净资产(元)	1.2200	1.8600	1.5000	2.0800
	每股经营现金净流量(元)	0.1936	0.2649	0.1800	0.3096
	每股现金流量(元)	0.3560	-0.0224	0.0400	-0.3157
	每股资本公积金(元)	0.0023	0.0035	0.0035	0.0442
	每股盈余公积金(元)	0.0714	0.1071	0.0648	0.1013
	每股未分配利润(元)	0.1456	0.5788	0.4272	0.9348
	净资产收益率(%)	14.1700	26.8910	14.7300	25.1160
	加权净资产收益率(%)	13.7700	30.4600	15.5100	22.7900
	净资产收益率(扣除)(%)	-	-	-	-
	总资产(万元)	240708.13	179896.60	141585.77	147818.15
	归属母公司股东权益(万元)	115271.06	116942.25	94252.36	87405.46
	主营业务收入(万元)	115737.65	220234.87	112801.95	136447.03
	营业收入(万元)	115737.65	220770.85	112801.95	136678.13
	主营成本(万元)	72404.23	133345.76	72225.24	65759.65
	营业成本(万元)	72404.23	133844.19	72225.24	65980.62
	投资收益(万元)	46.19	51.38	75.24	-138.33
	净利润(万元)	17505.48	30581.29	17299.76	22569.58
	利润总额(万元)	21906.23	39066.93	21119.85	28962.98

珠海格力电器股份有限公司

公司概况	公司名称	珠海格力电器股份有限公司			证券简称	格力电器
	法人代表	董明珠	董秘	望靖东	证券代码	000651
	公司网址	www.gree.com.cn		电子信箱	gree0651@gree.com.cn	
	电　　话	0756-8669232		传　　真	0756-8622581 8614998	
	办公地址	广东省珠海市前山金鸡西路				
	经营范围	生产销售空调器、自营空调器出口业务及其相关零配件的进出口业务等				

主要财务指标	指标\报告期	2012.06.30	2011.12.31	2011.06.30	2010.12.31
	基本每股收益(元)	0.9600	1.8600	0.7800	1.5200
	基本每股收益(扣除后)(元)	0.9300	1.8100	0.7800	1.4300
	每股净资产(元)	7.3800	6.2500	5.2000	4.7200
	每股经营现金净流量(元)	5.2068	1.1910	2.0044	0.2186
	每股现金流量(元)	5.0834	-0.1319	1.5038	-0.9805
	每股资本公积金(元)	1.0450	0.0391	0.0609	0.0677
	每股盈余公积金(元)	0.8315	0.8876	0.7935	0.7935
	每股未分配利润(元)	4.4958	4.3137	3.3332	2.8498
	净资产收益率(%)	12.9300	29.7440	15.0600	32.1420
	加权净资产收益率(%)	13.2100	34.0000	16.2900	36.5100
	净资产收益率(扣除)(%)	-	-	-	-
	总资产(万元)	8620850.24	8521159.42	6626258.32	6560437.81
	归属母公司股东权益(万元)	2219802.26	1760686.58	1465479.17	1330255.48
	主营业务收入(万元)	4404402.08	7675474.61	3809682.02	5635452.60
	营业收入(万元)	4792343.84	8315547.45	4006163.60	6043162.61
	主营成本(万元)	3358424.10	6266225.57	3231106.93	4378098.52
	营业成本(万元)	3696710.44	6813211.53	3869173.92	4740918.71
	投资收益(万元)	-3295.47	9109.41	-223.30	6219.77
	净利润(万元)	290209.67	529734.05	222622.81	430320.55
	利润总额(万元)	341250.50	632856.04	269717.71	505632.26

天津泰达股份有限公司

公司概况	公司名称	天津泰达股份有限公司			证券简称	泰达股份
	法人代表	张军	董秘	谢剑琳	证券代码	000652
	公司网址	www.tedastock.com		电子信箱	dm@tedastock.com	
	电　　话	022-23201272		传　　真	022-23201277	
	办公地址	天津市河西区解放南路 256 号泰达大厦 20 层				
	经营范围	交通、能源、高科技工业投资、空气液体净化过滤材料、化纤等				

主要财务指标	指标\报告期	2012.06.30	2011.12.31	2011.06.30	2010.12.31
	基本每股收益(元)	-0.1013	0.0024	0.0293	0.1941
	基本每股收益(扣除后)(元)	-0.1043	-0.1046	0.0268	0.0978
	每股净资产(元)	1.3817	1.4764	1.5700	1.5900
	每股经营现金净流量(元)	0.3227	-0.1520	-0.0643	-0.3024
	每股现金流量(元)	0.0980	-0.2477	0.1004	-0.0084
	每股资本公积金(元)	0.0451	0.0384	0.1027	0.0508
	每股盈余公积金(元)	0.1818	0.1818	0.1658	0.1658
	每股未分配利润(元)	0.1548	0.2561	0.2998	0.3697
	净资产收益率(%)	-7.3300	0.1640	1.8700	12.2370
	加权净资产收益率(%)	-7.1100	0.1600	1.8200	12.6300
	净资产收益率(扣除)(%)	-	-	-	-
	总资产(万元)	1535242.63	1375083.58	1073803.67	935988.91
	归属母公司股东权益(万元)	203875.52	217846.51	231415.57	234069.11
	主营业务收入(万元)	247085.80	511760.51	218660.97	693999.39
	营业收入(万元)	247606.77	512967.64	218870.06	695477.54
	主营成本(万元)	207607.14	450935.23	191547.34	586737.35
	营业成本(万元)	207685.60	451359.24	191634.70	587145.18
	投资收益(万元)	4464.20	20878.77	3528.89	36182.40
	净利润(万元)	-6269.28	5150.93	4818.04	60334.31
	利润总额(万元)	980.82	9694.33	7035.50	76536.18

山东金岭矿业股份有限公司

公司概况	公司名称	山东金岭矿业股份有限公司			证券简称	金岭矿业
	法人代表	张相军	董秘	王新	证券代码	000655
	公司网址	www.sdjlky.com		电子信箱	sz000655@163.com	
	电　　话	0533-3088888		传　　真	0533-3089666	
	办公地址	山东省淄博市张店区中埠镇				
	经营范围	铁矿开采、铁精粉、铜精粉、钴精粉的生产、销售等				

主要财务指标	指标\报告期	2012.06.30	2011.12.31	2011.06.30	2010.12.31
	基本每股收益(元)	0.2200	0.8360	0.5600	0.8300
	基本每股收益(扣除后)(元)	0.2200	0.8340	0.5600	0.8300
	每股净资产(元)	4.5800	4.3500	4.0600	3.6200
	每股经营现金净流量(元)	0.3370	0.7752	0.3326	0.5302
	每股现金流量(元)	-0.2415	0.5445	0.5176	0.0569
	每股资本公积金(元)	0.8197	0.8197	0.8197	0.8197
	每股盈余公积金(元)	0.3730	0.3730	0.2881	0.2881
	每股未分配利润(元)	2.3794	2.1590	1.9554	1.5077
	净资产收益率(%)	4.8200	19.2070	13.8400	22.8290
	加权净资产收益率(%)	4.9400	20.9900	14.4800	25.6800
	净资产收益率(扣除)(%)	-	-	-	-
	总资产(万元)	366745.00	293362.42	283416.61	243941.07
	归属母公司股东权益(万元)	272545.99	259174.53	241875.16	215295.68
	主营业务收入(万元)	64803.81	172228.95	90731.50	149851.61
	营业收入(万元)	66247.58	178401.37	93996.45	154040.25
	主营成本(万元)	38405.84	81712.49	37727.93	68835.52
	营业成本(万元)	39488.81	88021.17	40908.74	72896.57
	投资收益(万元)	1084.06	242.00	242.00	650.22
	净利润(万元)	13103.15	49748.20	33453.87	49128.81
	利润总额(万元)	15625.74	67276.75	43037.92	65585.31

金科地产集团股份有限公司

公司概况						
	公司名称	金科地产集团股份有限公司			证券简称	金科股份
	法人代表	黄红云	董秘	刘忠海	证券代码	000656
	公司网址	www.jinke.com		电子信箱	ir@jinke.com	
	电　话	023-63023656		传　真	023-63023656	
	办公地址	重庆市北部新区春兰三路1号地矿大厦10楼				
	经营范围	房地产开发、物业管理；制造、加工、销售钢材、锰铁、机械加工等				

主要财务指标	指标\报告期	2012.06.30	2011.12.31	2011.06.30	2010.12.31
	基本每股收益(元)	0.5587	0.9200	0.3051	0.8000
	基本每股收益(扣除后)(元)	0.5414	0.8880	-0.0041	-0.0030
	每股净资产(元)	5.4977	4.4848	1.8960	3.5600
	每股经营现金净流量(元)	-0.8010	-2.8959	-8.0301	-13.0956
	每股现金流量(元)	1.0855	-1.2396	-2.1246	12.6273
	每股资本公积金(元)	0.5494	0.0953	0.4166	3.7507
	每股盈余公积金(元)	0.1709	0.1709	0.1522	0.7272
	每股未分配利润(元)	3.7773	3.2186	0.3267	11.0016
	净资产收益率(%)	11.5600	20.5760	0.0823	-
	加权净资产收益率(%)	11.5600	22.9600	0.0823	25.3200
	净资产收益率(扣除)(%)	-	-	-	-
	总资产(万元)	4394198.12	3735287.96	47804.04	2874942.58
	归属母公司股东权益(万元)	636928.90	519587.31	47396.17	412055.64
	主营业务收入(万元)	370551.00	979060.15	261854.17	561582.68
	营业收入(万元)	375038.13	986578.93	265134.57	567188.45
	主营成本(万元)	219120.24	677242.56	180649.23	385934.05
	营业成本(万元)	219487.79	678359.33	181446.92	386658.89
	投资收益(万元)	161.25	1043.30	378.55	-137.59
	净利润(万元)	64351.16	106248.25	35197.82	92463.70
	利润总额(万元)	82878.15	137949.00	44454.35	112492.07

珠海中富实业股份有限公司

公司概况						
	公司名称	珠海中富实业股份有限公司			证券简称	珠海中富
	法人代表	陈志俊	董秘	陈立上	证券代码	000659
	公司网址	www.zhongfu.com.cn		电子信箱	zfzjb@zhongfu.com.cn	
	电　话	0756-8931096 8931098		传　真	0756-8812870	
	办公地址	广东省珠海市保税区联锋路				
	经营范围	生产和销售自产的饮料容器、瓶胚、PET高级饮料瓶、纸杯、防冒瓶盖等				

主要财务指标	指标\报告期	2012.06.30	2011.12.31	2011.06.30	2010.12.31
	基本每股收益(元)	0.0010	0.0400	0.0500	0.1100
	基本每股收益(扣除后)(元)	-	0.0300	0.0500	0.1100
	每股净资产(元)	1.7900	1.8000	3.0700	1.8100
	每股经营现金净流量(元)	0.0006	0.3327	0.3413	0.6353
	每股现金流量(元)	0.0910	-0.0859	0.0220	0.3034
	每股资本公积金(元)	0.1615	0.1615	0.9434	0.9434
	每股盈余公积金(元)	0.2845	0.2845	0.4675	0.4675
	每股未分配利润(元)	0.3553	0.3652	0.6655	0.6702
	净资产收益率(%)	0.0600	1.9592	2.9600	6.2220
	加权净资产收益率(%)	0.0600	1.9500	2.9100	7.8500
	净资产收益率(扣除)(%)	-	-	-	-
	总资产(万元)	631514.46	596386.83	641489.97	595456.08
	归属母公司股东权益(万元)	230295.47	231748.98	232220.99	232814.57
	主营业务收入(万元)	149182.08	340154.01	179767.50	321915.12
	营业收入(万元)	160342.99	361111.37	188130.33	334768.93
	主营成本(万元)	122155.19	272990.72	140726.17	247323.08
	营业成本(万元)	132844.02	292616.81	148594.33	258001.34
	投资收益(万元)	-35.16	-193.48	-173.78	36.44
	净利润(万元)	1249.59	7313.61	9855.47	20628.30
	利润总额(万元)	3025.56	12622.76	14264.01	26280.12

长春高新技术产业(集团)股份有限公司

公司概况						
	公司名称	长春高新技术产业(集团)股份有限公司			证券简称	长春高新
	法人代表	杨占民	董秘	周伟群	证券代码	000661
	公司网址	www.cchn.com.cn		电子信箱	cchn@public.cc.jl.cn	
	电　话	0431-85666367		传　真	0431-85675390	
	办公地址	吉林省长春市同志街2400号火炬大厦5层				
	经营范围	高新技术产品的开发、生产、销售及服务、基础设施的开发建设、物业管理等				

主要财务指标	指标\报告期	2012.06.30	2011.12.31	2011.06.30	2010.12.31
	基本每股收益(元)	0.7100	0.8300	0.3200	0.6600
	基本每股收益(扣除后)(元)	-	0.7400	0.3200	0.8600
	每股净资产(元)	5.5100	4.7900	4.3000	3.9700
	每股经营现金净流量(元)	1.0207	1.2883	0.0106	2.6574
	每股现金流量(元)	-0.1349	-0.1536	-0.6738	0.8827
	每股资本公积金(元)	1.9521	1.9521	1.9679	1.9679
	每股盈余公积金(元)	0.3252	0.3252	0.3252	0.3252
	每股未分配利润(元)	2.2299	1.5158	1.0036	0.6817
	净资产收益率(%)	12.9700	17.4040	7.4900	16.5600
	加权净资产收益率(%)	12.9700	18.9900	7.4900	18.0600
	净资产收益率(扣除)(%)	-	-	-	-
	总资产(万元)	211919.21	205852.94	184675.26	176162.22
	归属母公司股东权益(万元)	72324.14	62946.17	56427.08	52199.67
	主营业务收入(万元)	82549.29	129458.93	57742.13	116596.24
	营业收入(万元)	82549.29	129458.93	57742.13	116596.24
	主营成本(万元)	15910.37	22349.37	9651.62	27871.37
	营业成本(万元)	15910.37	22349.37	9651.62	27871.37
	投资收益(万元)	-	-43.72	-	296.37
	净利润(万元)	13924.24	16485.19	6971.33	12659.18
	利润总额(万元)	17260.25	21527.03	8924.06	17810.90

索芙特股份有限公司

公司概况						
	公司名称	索芙特股份有限公司			证券简称	*ST索芙
	法人代表	梁国坚	董秘	李博	证券代码	000662
	公司网址	www.softto.com.cn		电子信箱	redsunsec@163.com	
	电　话	0774-3863880 3863686		传　真	0774-3863582 3863686	
	办公地址	广西壮族自治区梧州市新兴二路137号				
	经营范围	对精细化工产业、化妆品制造业、化学药品原药制药业、化学药品制造业等				

主要财务指标	指标\报告期	2012.06.30	2011.12.31	2011.06.30	2010.12.31
	基本每股收益(元)	-0.1982	-0.6708	-0.0347	-0.2991
	基本每股收益(扣除后)(元)	-0.2002	-0.5604	-0.0368	-0.3533
	每股净资产(元)	2.7250	2.3357	2.7668	2.8015
	每股经营现金净流量(元)	0.0190	-0.2120	-0.0316	0.2057
	每股现金流量(元)	-0.0265	-0.3726	-0.1757	0.2612
	每股资本公积金(元)	1.7319	1.1445	0.9387	0.9386
	每股盈余公积金(元)	0.1612	0.1612	0.1612	0.1612
	每股未分配利润(元)	-0.1668	0.0314	0.6674	0.7022
	净资产收益率(%)	-7.2700	-28.7193	-1.2600	-10.6753
	加权净资产收益率(%)	-7.8300	-26.1200	-1.2500	-10.0700
	净资产收益率(扣除)(%)	-	-	-	-
	总资产(万元)	133850.21	114147.90	127842.95	127740.50
	归属母公司股东权益(万元)	78478.36	67266.69	79680.71	80678.99
	主营业务收入(万元)	27457.63	50871.94	23661.90	45477.05
	营业收入(万元)	27457.63	51469.43	23661.90	46049.73
	主营成本(万元)	23924.28	41023.47	17317.63	34169.93
	营业成本(万元)	23924.28	41433.64	17317.63	34665.92
	投资收益(万元)	213.21	320.61	30.74	1079.45
	净利润(万元)	-5620.97	-20300.90	-968.33	-8949.61
	利润总额(万元)	-4851.70	-23879.22	-992.06	-8709.14

福建省永安林业(集团)股份有限公司

公司概况	公司名称	福建省永安林业(集团)股份有限公司			证券简称	永安林业
	法人代表	吴景贤	董秘	谢红	证券代码	000663
	公司网址	www.yonglin.com			电子信箱	info@yonglin.com
	电　　话	0598-3614875 3600083			传　　真	0598-3633415
	办公地址	福建省永安市燕江东路 819 号				
	经营范围	(竹)材采运、加工、林化产品制造等				

主要财务指标	指标\报告期	2012.06.30	2011.12.31	2011.06.30	2010.12.31
	基本每股收益(元)	-0.0643	-0.2300	-0.0662	0.0400
	基本每股收益(扣除后)(元)	-0.0840	-0.2400	-0.0668	-0.0300
	每股净资产(元)	1.6700	1.7200	1.9300	1.9800
	每股经营现金净流量(元)	0.1841	0.0043	-0.1368	-0.1255
	每股现金流量(元)	0.0447	-0.0496	-0.0461	-0.1746
	每股资本公积金(元)	0.8309	0.8161	0.8613	0.8403
	每股盈余公积金(元)	0.0838	0.0838	0.0838	0.0838
	每股未分配利润(元)	-0.2428	-0.1786	-0.0121	0.0541
	净资产收益率(%)	-3.1900	-13.5160	-3.1700	2.0698
	加权净资产收益率(%)	-3.1500	-10.9600	-3.3900	2.5500
	净资产收益率(扣除)(%)	-	-	-	-
	总资产(万元)	148965.89	151158.52	157045.76	152157.54
	归属母公司股东权益(万元)	33898.36	34901.46	39192.97	40110.35
	主营业务收入(万元)	18187.27	36354.93	11347.28	28117.25
	营业收入(万元)	19313.25	38274.41	12321.49	29692.98
	主营成本(万元)	15326.17	31259.49	9313.73	23220.31
	营业成本(万元)	15550.83	31931.77	9659.52	23839.92
	投资收益(万元)	694.72	287.50	370.80	1257.39
	净利润(万元)	-1172.70	-4413.03	-1192.78	1144.80
	利润总额(万元)	-1171.86	-4408.34	-1192.23	1149.65

武汉塑料工业集团股份有限公司

公司概况	公司名称	武汉塑料工业集团股份有限公司			证券简称	武汉塑料
	法人代表	徐亦平	董秘	丁艳峰	证券代码	000665
	公司网址	www.wuhanplas.com.cn			电子信箱	wuhanplas@whsloa.com
	电　　话	027-59405215			传　　真	027-59405210
	办公地址	湖北省武汉市经济技术开发区沌阳大道 156 号武塑工业园 1 号楼				
	经营范围	开发、制造、经营汽车零部件、高新科技工程塑料制品及其他塑料制品等				

主要财务指标	指标\报告期	2012.06.30	2011.12.31	2011.06.30	2010.12.31
	基本每股收益(元)	0.0950	0.0960	0.0900	0.0570
	基本每股收益(扣除后)(元)	0.0830	0.0830	0.0710	0.1260
	每股净资产(元)	1.0500	0.9500	0.9500	0.8598
	每股经营现金净流量(元)	0.4826	0.6952	0.3562	0.7255
	每股现金流量(元)	0.2058	-0.1109	0.0335	0.4223
	每股资本公积金(元)	0.6736	0.6736	0.6750	0.6750
	每股盈余公积金(元)	0.0489	0.0489	0.0489	0.0489
	每股未分配利润(元)	-0.6726	-0.7677	-0.7696	-0.8641
	净资产收益率(%)	9.0580	10.0880	9.9010	6.6690
	加权净资产收益率(%)	9.4880	10.6100	10.4170	6.8990
	净资产收益率(扣除)(%)	-	-	-	-
	总资产(万元)	109297.55	96678.58	102725.31	98716.65
	归属母公司股东权益(万元)	18635.12	16947.17	16938.28	15261.15
	主营业务收入(万元)	54947.68	96113.31	48999.39	88552.57
	营业收入(万元)	58717.50	102257.52	51686.04	93691.65
	主营成本(万元)	44072.70	77272.23	37929.69	69706.44
	营业成本(万元)	46682.89	81681.47	40520.92	73799.89
	投资收益(万元)	-	23.56	-	0.60
	净利润(万元)	4023.17	5396.76	4042.32	4053.27
	利润总额(万元)	5125.04	6679.83	5380.34	6195.61

经纬纺织机械股份有限公司

公司概况	公司名称	经纬纺织机械股份有限公司			证券简称	经纬纺机
	法人代表	叶茂新	董秘	叶雪华	证券代码	000666
	公司网址	www.jwgf.com			电子信箱	yxh@jwgf.com
	电　　话	010-84534078-8188			传　　真	010-84534135
	办公地址	北京市朝阳区亮马桥路 39 号第一上海中心七层				
	经营范围	开发、生产、销售纺织机械及其配套件等				

主要财务指标	指标\报告期	2012.06.30	2011.12.31	2011.06.30	2010.12.31
	基本每股收益(元)	0.4600	0.8100	0.5100	0.4100
	基本每股收益(扣除后)(元)	0.2700	0.8000	0.5000	0.2000
	每股净资产(元)	6.0500	5.6300	5.4800	5.0700
	每股经营现金净流量(元)	1.1445	2.7353	1.3247	1.7336
	每股现金流量(元)	1.5115	2.4135	-0.0900	1.8934
	每股资本公积金(元)	1.9930	1.9759	2.1370	2.1646
	每股盈余公积金(元)	1.1118	1.1118	0.9980	0.9980
	每股未分配利润(元)	1.9032	1.5023	1.3403	0.9043
	净资产收益率(%)	7.6200	14.4420	9.2300	7.9870
	加权净资产收益率(%)	7.8600	15.0900	9.5500	8.4600
	净资产收益率(扣除)(%)	-	-	-	-
	总资产(万元)	1375105.81	1296982.87	1280742.32	1134045.90
	归属母公司股东权益(万元)	365095.14	339838.83	331062.18	306412.13
	主营业务收入(万元)	395575.48	654903.79	486738.79	572769.12
	营业收入(万元)	262105.13	727236.98	388809.38	634658.05
	主营成本(万元)	199080.00	557054.93	294731.40	497713.45
	营业成本(万元)	219375.59	611570.43	326537.62	550232.87
	投资收益(万元)	7486.67	2169.09	4530.50	11689.69
	净利润(万元)	69616.00	116396.76	66309.72	51049.24
	利润总额(万元)	92505.42	154180.65	86458.15	66859.14

名流置业集团股份有限公司

公司概况	公司名称	名流置业集团股份有限公司			证券简称	名流置业
	法人代表	刘道明	董秘	冯娴	证券代码	000667
	公司网址	www.000667.com			电子信箱	ir@000667.com
	电　　话	027-87838669 0871-3610134			传　　真	027-87836606 0871-3625615
	办公地址	湖北省武汉市武昌区东湖路 10 号水果湖广场 5 楼				
	经营范围	房地产开发销售及投资等				

主要财务指标	指标\报告期	2012.06.30	2011.12.31	2011.06.30	2010.12.31
	基本每股收益(元)	0.0300	0.0700	0.0200	0.0800
	基本每股收益(扣除后)(元)	0.0100	0.0700	0.0200	0.0600
	每股净资产(元)	2.0700	2.0400	2.0000	1.9700
	每股经营现金净流量(元)	-0.4973	-0.1765	-0.2185	-0.0927
	每股现金流量(元)	-0.2520	0.0732	0.0135	-0.2308
	每股资本公积金(元)	0.6000	0.6000	0.6000	0.6000
	每股盈余公积金(元)	0.0706	0.0706	0.0683	0.0683
	每股未分配利润(元)	0.3911	0.3654	0.3254	0.3028
	净资产收益率(%)	1.2500	3.1889	1.1300	3.9677
	加权净资产收益率(%)	1.2500	3.2400	1.1400	4.0200
	净资产收益率(扣除)(%)	-	-	-	-
	总资产(万元)	1168779.34	1088957.14	1032543.31	962302.22
	归属母公司股东权益(万元)	528591.67	522028.28	511177.80	505381.08
	主营业务收入(万元)	69714.75	178899.16	67510.87	192489.28
	营业收入(万元)	70755.74	181327.69	68306.69	195511.37
	主营成本(万元)	48390.66	118583.80	44685.39	136163.85
	营业成本(万元)	49337.08	120639.27	45470.56	137403.34
	投资收益(万元)	4064.33	1789.86	644.60	5646.38
	净利润(万元)	6269.65	16568.89	5506.62	20013.56
	利润总额(万元)	9653.42	24267.31	8318.60	26774.39

荣丰控股集团股份有限公司

公司概况	公司名称	荣丰控股集团股份有限公司		证券简称	荣丰控股	
	法人代表	王征	董秘	步秀霞	证券代码	000668
	公司网址	www.rfholding.cn		电子信箱	ir@rfholding.cn	
	电　话	021-51078987 51757691		传　真	021-20247965 010-51757611	
	办公地址	上海市浦东新区福山路 388 号宏嘉大厦 22 楼 2207 室				
	经营范围	房地产开发经营、商品房销售、租赁、物业管理、建筑装修、园林绿化等				

主要财务指标	指标＼报告期	2012.06.30	2011.12.31	2011.06.30	2010.12.31
	基本每股收益(元)	0.0100	0.0200	0.1300	0.3900
	基本每股收益(扣除后)(元)	−0.0300	0.0400	0.1400	0.4100
	每股净资产(元)	4.5700	4.5600	4.6700	4.6000
	每股经营现金净流量(元)	−0.9264	0.1955	0.4295	−0.0181
	每股现金流量(元)	0.0058	−0.0114	0.3064	−0.6687
	每股资本公积金(元)	0.5480	0.5480	0.5480	0.5480
	每股盈余公积金(元)	0.7597	0.7597	0.7597	0.7597
	每股未分配利润(元)	2.2673	2.2523	2.3602	2.2896
	净资产收益率(%)	0.3300	0.4999	2.8000	8.5820
	加权净资产收益率(%)	0.3300	0.5000	2.8000	8.8800
	净资产收益率(扣除)(%)	–	–	–	–
	总资产(万元)	109095.38	94134.66	99945.95	95160.24
	归属母公司股东权益(万元)	67179.98	66960.68	68544.94	67507.02
	主营业务收入(万元)	2882.28	8772.27	4227.72	15215.63
	营业收入(万元)	3415.72	9602.76	4957.13	16792.81
	主营成本(万元)	571.53	2349.53	919.27	3596.31
	营业成本(万元)	796.67	2869.72	2462.46	4341.24
	投资收益(万元)	–	562.68	562.68	203.24
	净利润(万元)	354.42	410.60	2151.64	6467.36
	利润总额(万元)	866.37	560.27	2754.26	8735.85

吉林领先科技发展股份有限公司

公司概况	公司名称	吉林领先科技发展股份有限公司		证券简称	*ST 领先	
	法人代表	陈义和	董秘	焦玉文	证券代码	000669
	公司网址	www.000669.com		电子信箱	jyw000669@163.com	
	电　话	0432-64569477		传　真	0432-64569465	
	办公地址	吉林省吉林市高新区恒山西路 104 号				
	经营范围	以医药、医疗器械、保护膜的生产经营、保健品经营等				

主要财务指标	指标＼报告期	2012.06.30	2011.12.31	2011.06.30	2010.12.31
	基本每股收益(元)	−0.0458	−0.0112	−0.0223	−0.4000
	基本每股收益(扣除后)(元)	−0.0223	−0.0404	−0.0287	−0.4100
	每股净资产(元)	1.5600	1.6000	1.5900	1.6100
	每股经营现金净流量(元)	0.3821	0.0043	−0.0076	−0.0047
	每股现金流量(元)	0.3539	−0.0469	−0.0170	0.2742
	每股资本公积金(元)	0.5867	0.5867	0.5867	0.5867
	每股盈余公积金(元)	0.1397	0.1397	0.1397	0.1397
	每股未分配利润(元)	−0.1694	−0.1236	−0.1347	−0.1124
	净资产收益率(%)	−2.9410	−0.7020	−1.4010	−24.9648
	加权净资产收益率(%)	−2.8970	−0.7000	−1.3920	−24.9600
	净资产收益率(扣除)(%)	–	–	–	–
	总资产(万元)	18190.61	20012.74	20184.25	20384.30
	归属母公司股东权益(万元)	14403.25	14826.88	14724.61	14930.94
	主营业务收入(万元)	715.34	1584.63	782.25	3744.48
	营业收入(万元)	715.34	1584.63	782.25	3744.48
	主营成本(万元)	671.05	1539.37	784.09	3625.28
	营业成本(万元)	–	1539.37	784.09	3625.28
	投资收益(万元)	–	–	–	–
	净利润(万元)	−423.64	−104.06	−206.33	−3727.48
	利润总额(万元)	−423.42	−84.32	−206.33	−4713.05

阳光城集团股份有限公司

公司概况	公司名称	阳光城集团股份有限公司		证券简称	阳 光 城	
	法人代表	林腾蛟	董秘	廖剑锋	证券代码	000671
	公司网址	www.yango.com.cn		电子信箱	000671@yango.com.cn	
	电　话	0591-83353145 88089227		传　真	0591-88089227	
	办公地址	福建省福州市鼓楼区乌山西路 68 号				
	经营范围	房地产业务为主、以贸易业务为补充等				

主要财务指标	指标＼报告期	2012.06.30	2011.12.31	2011.06.30	2010.12.31
	基本每股收益(元)	0.1800	0.5800	0.1700	1.0500
	基本每股收益(扣除后)(元)	0.1700	0.5800	0.1600	1.0500
	每股净资产(元)	3.2300	3.7500	3.4300	3.0200
	每股经营现金净流量(元)	1.7212	−4.3994	−3.0513	−1.3495
	每股现金流量(元)	0.7255	−0.1913	−1.0069	0.4652
	每股资本公积金(元)	0.3189	0.9831	0.9828	0.7405
	每股盈余公积金(元)	0.1359	0.1619	0.0887	0.0887
	每股未分配利润(元)	1.7792	1.6006	1.3583	1.1912
	净资产收益率(%)	5.5200	15.5565	4.8700	34.6422
	加权净资产收益率(%)	4.8400	17.1300	5.3600	45.3200
	净资产收益率(扣除)(%)	–	–	–	–
	总资产(万元)	1340816.15	1318870.09	856198.20	590374.85
	归属母公司股东权益(万元)	173346.11	200768.10	183841.93	161891.99
	主营业务收入(万元)	141508.53	322144.65	127676.27	319607.60
	营业收入(万元)	141508.53	322859.20	127676.27	320167.59
	主营成本(万元)	108935.72	232987.89	98853.29	206012.12
	营业成本(万元)	108935.72	233212.74	98853.29	206183.38
	投资收益(万元)	−31.82	−223.94	−2.75	−232.47
	净利润(万元)	8569.30	28691.21	7976.44	55518.51
	利润总额(万元)	12910.90	42292.67	12182.04	74897.79

山西当代投资股份有限公司

公司概况	公司名称	山西当代投资股份有限公司		证券简称	ST 当 代	
	法人代表	王春芳	董秘	陈雁峰	证券代码	000673
	公司网址	www.dtshuini.com		电子信箱	sxddtz@126.com	
	电　话	0352-5115996 5115991		传　真	0352-5115998	
	办公地址	山西省大同市魏都大道 370 号益丰商务大厦 A 座 18 层 A1A2				
	经营范围	文化艺术活动策划展览、房地产业的投资经营与开发、物流业投资、矿业投资等				

主要财务指标	指标＼报告期	2012.06.30	2011.12.31	2011.06.30	2010.12.31
	基本每股收益(元)	−0.0080	−0.1150	−0.0790	0.0300
	基本每股收益(扣除后)(元)	−0.0070	−0.1200	−0.0790	−0.1600
	每股净资产(元)	0.0210	0.0280	−0.0590	−0.0070
	每股经营现金净流量(元)	0.0480	−0.1812	−0.1941	0.1889
	每股现金流量(元)	0.0480	−0.1905	−0.1941	0.1889
	每股资本公积金(元)	0.1598	0.1598	0.0361	0.0091
	每股盈余公积金(元)	0.1187	0.1187	0.1187	0.1187
	每股未分配利润(元)	−1.2579	−1.2502	−1.2137	−1.1350
	净资产收益率(%)	−37.4600	−407.9447	−133.5700	−380.7253
	加权净资产收益率(%)	−31.5500	−1089.9700	−237.7600	−131.1200
	净资产收益率(扣除)(%)	–	–	–	–
	总资产(万元)	8697.29	11687.90	13228.79	15802.39
	归属母公司股东权益(万元)	427.45	587.58	−1224.86	−151.35
	主营业务收入(万元)	200.00	128.00	–	–
	营业收入(万元)	541.05	295.94	62.57	164.30
	主营成本(万元)	116.74	103.00	–	–
	营业成本(万元)	176.47	286.45	22.59	103.99
	投资收益(万元)	–	–	–	–
	净利润(万元)	−160.13	−2397.01	−1636.06	576.24
	利润总额(万元)	−160.13	−2397.01	−1636.06	576.24

河南思达高科技股份有限公司

公司概况	公司名称	河南思达高科技股份有限公司			证券简称	ST 思达
	法人代表	刘双河	董秘	尤笑冰	证券代码	000676
	公司网址	www.hnstar.com		电子信箱	hn9708@126.com	
	电话	0371-65793081 65793200		传真	0371-65793200	
	办公地址	河南省郑州市高新技术产业开发区科学大道 67 号				
	经营范围	仪器、仪表、工业自动化设备、电子计算机软硬件及网络设备的开发等				

主要财务指标	指标\报告期	2012.06.30	2011.12.31	2011.06.30	2010.12.31
	基本每股收益(元)	-0.0707	-0.2524	-0.0562	0.0377
	基本每股收益(扣除后)(元)	-0.0773	-0.2789	-0.0562	-0.0232
	每股净资产(元)	0.9100	0.9800	1.1790	1.2400
	每股经营现金净流量(元)	0.2068	0.0274	-0.0369	-0.0624
	每股现金流量(元)	0.0589	0.0108	0.1175	0.0087
	每股资本公积金(元)	0.1561	0.1561	0.1561	0.1561
	每股盈余公积金(元)	0.1010	0.1010	0.1010	0.1010
	每股未分配利润(元)	-0.3446	-0.2739	-0.0777	-0.0215
	净资产收益率(%)	-7.3100	-25.6750	-3.8700	3.0490
	加权净资产收益率(%)	-7.3100	-22.7500	-3.8700	3.2100
	净资产收益率(扣除)(%)	-	-	-	-
	总资产(万元)	92255.68	92655.10	116939.24	115931.49
	归属母公司股东权益(万元)	28705.77	30930.41	37102.43	38871.71
	主营业务收入(万元)	25179.88	69427.97	33855.64	77483.06
	营业收入(万元)	25712.05	72036.60	34305.61	78405.06
	主营成本(万元)	18798.56	54477.40	26946.70	58334.53
	营业成本(万元)	18952.28	56205.26	27284.94	58740.14
	投资收益(万元)	-	349.96	-	204.30
	净利润(万元)	-2538.96	-8330.96	-2059.19	2436.47
	利润总额(万元)	-2243.91	-8277.19	-1998.27	3232.10

山东海龙股份有限公司

公司概况	公司名称	山东海龙股份有限公司			证券简称	*ST 海龙
	法人代表	张志鸿	董秘	张志鸿(代)	证券代码	000677
	公司网址	www.helon.cn		电子信箱	shandonghelon@126.com	
	电话	0536-2275007		传真	0536-7252140	
	办公地址	山东省潍坊市寒亭区海龙路 555 号				
	经营范围	粘胶纤维、棉浆粕、帘帆布的生产与销售等				

主要财务指标	指标\报告期	2012.06.30	2011.12.31	2011.06.30	2010.12.31
	基本每股收益(元)	-0.3879	-1.1720	-0.3729	-0.4719
	基本每股收益(扣除后)(元)	-0.3729	-1.1836	-0.3885	-0.5400
	每股净资产(元)	-1.3800	-0.9900	0.7100	0.1800
	每股经营现金净流量(元)	-0.1009	-0.6019	0.0260	0.0793
	每股现金流量(元)	-0.2369	-0.8447	0.3060	0.4971
	每股资本公积金(元)	0.0588	0.0588	0.0573	0.0588
	每股盈余公积金(元)	0.1481	0.1481	0.1437	0.1481
	每股未分配利润(元)	-2.5840	-2.1961	-0.4914	-1.0241
	净资产收益率(%)	-28.1654	-118.4722	-52.5600	-258.2260
	加权净资产收益率(%)	-	-	-32.3900	-112.7100
	净资产收益率(扣除)(%)	-	-	-	-
	总资产(万元)	473069.42	589552.85	860642.49	757713.31
	归属母公司股东权益(万元)	-118978.86	-85468.01	61303.81	15787.83
	主营业务收入(万元)	62208.84	360916.51	213024.12	469341.85
	营业收入(万元)	75170.77	381348.95	224256.20	472040.68
	主营成本(万元)	67802.05	372461.05	209971.01	470232.03
	营业成本(万元)	80140.46	395587.86	220688.71	469683.22
	投资收益(万元)	4822.07	-7363.53	-	1970.27
	净利润(万元)	-37451.33	-113894.30	-39440.95	-44591.47
	利润总额(万元)	-37362.00	-113128.95	-39235.90	-52252.41

襄阳汽车轴承股份有限公司

公司概况	公司名称	襄阳汽车轴承股份有限公司			证券简称	襄阳轴承
	法人代表	高少兵	董秘	廖永高	证券代码	000678
	公司网址	www.zxy.com.cn		电子信箱	xf_lyg@163.com	
	电话	0710-3577209 3577678		传真	0710-3564019	
	办公地址	湖北省襄阳市襄城区轴承路一号				
	经营范围	轴承及其零部件的生产、科研、销售及相关业务等				

主要财务指标	指标\报告期	2012.06.30	2011.12.31	2011.06.30	2010.12.31
	基本每股收益(元)	-0.0240	0.0900	0.0080	0.0800
	基本每股收益(扣除后)(元)	-0.0320	0.0690	0.0100	0.0850
	每股净资产(元)	1.7100	1.7400	1.6600	1.6500
	每股经营现金净流量(元)	-0.1704	0.0494	0.0823	-0.0257
	每股现金流量(元)	0.0032	0.0696	0.0261	0.0960
	每股资本公积金(元)	0.5419	0.5419	0.5419	0.5419
	每股盈余公积金(元)	0.2407	0.2407	-	0.2407
	每股未分配利润(元)	-0.0706	-0.0465	-	-0.1316
	净资产收益率(%)	-1.4000	4.9030	0.4600	5.0618
	加权净资产收益率(%)	-1.4000	5.0000	0.4600	5.1900
	净资产收益率(扣除)(%)	-	-	-	-
	总资产(万元)	120319.06	104615.55	103983.23	91918.17
	归属母公司股东权益(万元)	51546.50	52270.94	49940.16	49708.38
	主营业务收入(万元)	39908.18	80993.96	44368.45	72397.87
	营业收入(万元)	42933.88	87314.92	47639.90	78760.56
	主营成本(万元)	35326.07	67880.74	40801.14	58971.71
	营业成本(万元)	37999.35	73702.05	42134.89	65092.61
	投资收益(万元)	-258.97	213.51	97.06	-282.47
	净利润(万元)	-766.35	2584.21	206.68	2542.35
	利润总额(万元)	-767.00	2694.11	396.77	2606.68

大连友谊(集团)股份有限公司

公司概况	公司名称	大连友谊(集团)股份有限公司			证券简称	大连友谊
	法人代表	田益群	董秘	孙锡娟	证券代码	000679
	公司网址	www.dlyy.com.cn		电子信箱	sunxj@dlyy.com.cn	
	电话	0411-82802712 82691470		传真	0411-82650892	
	办公地址	辽宁省大连市中山区七一街 1 号				
	经营范围	商品零售、酒店、对船供应、旅游、进出口贸易、仓储、免税商品等				

主要财务指标	指标\报告期	2012.06.30	2011.12.31	2011.06.30	2010.12.31
	基本每股收益(元)	0.1650	0.4920	0.2290	0.6980
	基本每股收益(扣除后)(元)	0.1640	0.4900	0.2260	0.6860
	每股净资产(元)	3.7600	3.5940	3.3420	4.7080
	每股经营现金净流量(元)	-0.3117	-2.6299	-2.5169	3.0166
	每股现金流量(元)	0.1460	-0.6328	-2.0381	4.8284
	每股资本公积金(元)	0.2362	0.2356	0.2418	0.8617
	每股盈余公积金(元)	0.4161	0.4161	0.4095	0.6143
	每股未分配利润(元)	2.1072	1.9427	1.6905	2.2317
	净资产收益率(%)	4.3770	13.7014	6.8620	22.2460
	加权净资产收益率(%)	4.4750	14.6190	7.0670	24.6860
	净资产收益率(扣除)(%)	-	-	-	-
	总资产(万元)	987942.91	936523.14	814953.62	757715.69
	归属母公司股东权益(万元)	133989.21	128101.12	119099.88	111856.17
	主营业务收入(万元)	150798.71	315679.53	145896.77	358824.26
	营业收入(万元)	152791.84	319422.18	147509.91	362587.70
	主营成本(万元)	106953.42	-	102483.33	225728.47
	营业成本(万元)	106953.42	222635.69	102483.33	225779.11
	投资收益(万元)	-61.24	-50.61	-19.99	52.68
	净利润(万元)	8510.11	24535.52	11929.88	36786.27
	利润总额(万元)	12753.06	34160.23	16508.09	56758.41

山推工程机械股份有限公司

公司概况					
公司名称	山推工程机械股份有限公司			证券简称	山推股份
法人代表	张秀文	董秘	王强	证券代码	000680
公司网址	www.shantui.com		电子信箱	wangq@shantui.com	
电　话	0537-2909532 2907336		传　真	0537-2315986 2340411	
办公地址	山东省济宁市高新区327国道58号				
经营范围	建筑工程机械、矿山机械、农田基本建设机械、收获机械及配件的研究、开发等				

主要财务指标：指标\报告期	2012.06.30	2011.12.31	2011.06.30	2010.12.31
基本每股收益(元)	0.0500	0.6300	0.4400	1.1100
基本每股收益(扣除后)(元)	0.0300	0.5800	0.4200	1.0700
每股净资产(元)	3.7100	3.8000	5.7200	5.2700
每股经营现金净流量(元)	0.3430	-2.3425	-1.3655	0.2811
每股现金流量(元)	-0.1727	0.9306	1.4804	0.5737
每股资本公积金(元)	0.7949	1.1924	1.1938	1.1940
每股盈余公积金(元)	0.3131	0.4697	0.4073	0.4073
每股未分配利润(元)	1.6082	3.0301	3.1222	2.6632
净资产收益率(%)	1.4800	11.0900	11.5100	21.0050
加权净资产收益率(%)	1.4400	11.5200	11.8500	23.2200
净资产收益率(扣除)(%)	-	-	-	-
总资产(万元)	1390023.79	1380917.16	1447116.91	1069807.32
归属母公司股东权益(万元)	422864.57	432236.03	434553.69	399727.32
主营业务收入(万元)	480224.39	1197735.76	731441.28	1112443.37
营业收入(万元)	579727.19	1470204.89	916681.79	1339907.21
主营成本(万元)	406484.65	1009326.13	608719.49	937605.54
营业成本(万元)	502062.88	1262648.68	784735.54	1156525.46
投资收益(万元)	-168.92	3450.60	2622.39	22923.07
净利润(万元)	6104.32	55199.06	57382.06	95361.72
利润总额(万元)	9458.47	68674.86	74447.76	111065.34

东方电子股份有限公司

公司概况					
公司名称	东方电子股份有限公司			证券简称	东方电子
法人代表	丁振华	董秘	王清刚	证券代码	000682
公司网址	www.dongfangelec.com		电子信箱	zhengquan@dongfang-china.com	
电　话	0535-5520066		传　真	0535-5520069	
办公地址	山东省烟台市芝罘区机场路2号				
经营范围	电力自动化及工业自动化控制系统、电子产品及通信设备、电气机械及器材等				

主要财务指标：指标\报告期	2012.06.30	2011.12.31	2011.06.30	2010.12.31
基本每股收益(元)	0.0086	0.0222	0.0073	0.0206
基本每股收益(扣除后)(元)	0.0032	0.0184	0.0053	0.0148
每股净资产(元)	1.4100	1.4000	1.3900	1.3800
每股经营现金净流量(元)	-0.1162	-0.1143	-0.1788	0.0914
每股现金流量(元)	-0.1264	-0.2324	-0.2742	0.1543
每股资本公积金(元)	0.3502	0.3494	0.3494	0.3494
每股盈余公积金(元)	0.0055	0.0055	0.0040	0.0040
每股未分配利润(元)	0.0566	0.0480	0.0344	0.0272
净资产收益率(%)	0.6100	1.5860	0.5200	1.4890
加权净资产收益率(%)	0.6100	1.6000	0.5200	1.5000
净资产收益率(扣除)(%)	-	-	-	-
总资产(万元)	198436.94	194755.52	182124.57	186554.24
归属母公司股东权益(万元)	138108.60	137215.44	135752.56	135043.06
主营业务收入(万元)	52328.47	115585.10	48743.86	101569.27
营业收入(万元)	54388.30	118255.65	49369.97	102717.92
主营成本(万元)	34497.06	77561.94	32319.37	69605.53
营业成本(万元)	35746.48	78623.96	32598.49	70140.20
投资收益(万元)	506.57	168.65	15.84	436.77
净利润(万元)	1893.90	4151.05	1372.99	3700.15
利润总额(万元)	2293.78	4890.92	1823.97	4028.88

内蒙古远兴能源股份有限公司

公司概况					
公司名称	内蒙古远兴能源股份有限公司			证券简称	远兴能源
法人代表	贺占海	董秘	纪玉虎	证券代码	000683
公司网址	www.yuanxing.com		电子信箱	yxny@berun.cc	
电　话	0477-8139874 8139873		传　真	0477-8139833	
办公地址	内蒙古自治区鄂尔多斯市东胜区鄂托克西街博源大厦十二层				
经营范围	化工产品及其原材料的生产、销售等				

主要财务指标：指标\报告期	2012.06.30	2011.12.31	2011.06.30	2010.12.31
基本每股收益(元)	0.0600	0.2300	0.0900	0.1400
基本每股收益(扣除后)(元)	0.0600	0.2100	0.0900	0.0800
每股净资产(元)	2.9800	3.0900	2.9800	2.8800
每股经营现金净流量(元)	0.2936	0.2900	0.1679	0.3690
每股现金流量(元)	0.2826	-0.0237	-0.1458	-0.5542
每股资本公积金(元)	0.1861	0.2472	0.2456	0.2501
每股盈余公积金(元)	0.2521	0.2521	0.2162	0.2162
每股未分配利润(元)	1.4981	1.5591	1.4624	1.3697
净资产收益率(%)	1.8700	7.2850	3.1100	4.9638
加权净资产收益率(%)	1.7800	7.5200	3.1700	5.3100
净资产收益率(扣除)(%)	-	-	-	-
总资产(万元)	854871.57	601345.29	587219.25	567410.37
归属母公司股东权益(万元)	228911.11	237168.14	229087.34	221035.12
主营业务收入(万元)	164542.48	311390.62	138286.47	232938.80
营业收入(万元)	169392.35	313515.17	138544.94	234156.79
主营成本(万元)	94579.47	192385.75	87008.50	170606.17
营业成本(万元)	99429.04	194501.05	87256.22	171789.16
投资收益(万元)	62.16	-5185.75	-2706.82	1611.04
净利润(万元)	15339.86	38294.71	15733.52	18082.30
利润总额(万元)	23389.35	52965.39	21605.21	22349.17

中山公用事业集团股份有限公司

公司概况					
公司名称	中山公用事业集团股份有限公司			证券简称	中山公用
法人代表	陈爱学	董秘	梁穆春	证券代码	000685
公司网址	www.zpug.net		电子信箱	zpug@zpug.net	
电　话	0760-88380018		传　真	0760-88380000	
办公地址	广东省中山市兴中道18号财兴大厦北座				
经营范围	公用事业的投资及管理、市场的经营及管理、投资及投资策划、咨询和管理等业务				

主要财务指标：指标\报告期	2012.06.30	2011.12.31	2011.06.30	2010.12.31
基本每股收益(元)	0.2700	1.8300	0.3300	1.1000
基本每股收益(扣除后)(元)	0.2600	0.5600	0.3000	1.0800
每股净资产(元)	7.5300	9.4500	8.1600	7.9800
每股经营现金净流量(元)	0.1535	0.3248	0.1922	0.1078
每股现金流量(元)	-1.1191	1.0368	0.1588	0.0468
每股资本公积金(元)	0.9594	0.8717	0.9787	1.0356
每股盈余公积金(元)	0.5912	0.5912	0.4132	0.4132
每股未分配利润(元)	7.2347	6.9826	5.7640	5.5339
净资产收益率(%)	3.6600	19.3387	5.3300	13.8387
加权净资产收益率(%)	3.6600	21.0400	5.3300	14.7400
净资产收益率(扣除)(%)	-	-	-	-
总资产(万元)	755431.16	799028.80	650756.96	634603.69
归属母公司股东权益(万元)	586129.17	565776.37	488527.46	478159.41
主营业务收入(万元)	36445.96	76115.96	35032.74	79867.39
营业收入(万元)	37709.56	79475.53	36757.79	85393.69
主营成本(万元)	25532.85	53729.15	24835.59	54636.24
营业成本(万元)	26398.15	56123.46	25912.49	57176.75
投资收益(万元)	20589.23	133798.02	23941.37	63406.31
净利润(万元)	21141.09	109356.08	25821.91	67023.97
利润总额(万元)	21465.43	134050.89	26810.45	68598.87

东北证券股份有限公司

公司概况	公司名称	东北证券股份有限公司			证券简称	东北证券
	法人代表	矫正中	董秘	徐冰	证券代码	000686
	公司网址	www.nesc.cn		电子信箱	dbzq@nesc.cn	
	电　话	0431-85096806		传　真	0431-85096816	
	办公地址	吉林省长春市自由大路1138号东北证券大厦				
	经营范围	证券经纪业务、投资银行业务、证券投资业务等				

主要财务指标	指标\报告期	2012.06.30	2011.12.31	2011.06.30	2010.12.31
	基本每股收益(元)	0.1900	-0.2400	0.1400	0.8200
	基本每股收益(扣除后)(元)	0.1800	-0.2500	0.1371	0.8200
	每股净资产(元)	5.0400	4.8300	5.2400	5.4200
	每股经营现金净流量(元)	-0.7317	-3.6908	-5.5910	-0.5396
	每股现金流量(元)	-0.8928	-3.7245	-5.9159	0.9742
	每股资本公积金(元)	0.0608	0.0435	0.0833	0.1984
	每股盈余公积金(元)	0.4610	0.4610	0.4610	0.4610
	每股未分配利润(元)	2.5936	2.4010	2.7771	2.8381
	净资产收益率(%)	3.8231	-4.9100	2.6510	15.2140
	加权净资产收益率(%)	3.9000	-4.6400	2.5800	16.2400
	净资产收益率(扣除)(%)	-	-	-	-
	总资产(万元)	1271935.54	1253396.66	1456068.94	1957636.27
	归属母公司股东权益(万元)	322051.82	308637.31	335223.28	346478.26
	主营业务收入(万元)	-	-	-	-
	营业收入(万元)	60980.91	37458.93	57789.41	169994.03
	主营成本(万元)	-	-	-	-
	营业成本(万元)	-	-	-	-
	投资收益(万元)	1758.32	5573.09	4025.72	26926.66
	净利润(万元)	12346.93	10526.74	8912.32	52753.47
	利润总额(万元)	14208.91	13620.41	10934.54	68587.27

保定天鹅股份有限公司

公司概况	公司名称	保定天鹅股份有限公司			证券简称	保定天鹅
	法人代表	王东兴	董秘	李斌	证券代码	000687
	公司网址	www.bd-swan.com		电子信箱	bdswan@bd-swan.cn	
	电　话	0312-3322326 3322262		传　真	0312-3322055	
	办公地址	河北省保定市新市区盛兴西路1369号				
	经营范围	粘胶纤维制造、销售、粘胶纤维的原辅材料的加工、销售等				

主要财务指标	指标\报告期	2012.06.30	2011.12.31	2011.06.30	2010.12.31
	基本每股收益(元)	0.0060	0.1150	0.1320	0.0880
	基本每股收益(扣除后)(元)	-0.0300	0.0170	0.0200	-0.0450
	每股净资产(元)	2.1440	1.6120	1.7220	1.6950
	每股经营现金净流量(元)	0.0047	-0.1321	-0.1621	0.0082
	每股现金流量(元)	0.6966	-0.0992	-0.0236	0.1314
	每股资本公积金(元)	1.1233	0.5941	0.6868	0.7922
	每股盈余公积金(元)	0.0215	0.0254	0.0254	0.0254
	每股未分配利润(元)	-0.0009	-0.0076	0.0094	-0.1224
	净资产收益率(%)	0.3400	7.1200	7.7100	5.1725
	加权净资产收益率(%)	0.3400	6.9400	7.7100	4.6700
	净资产收益率(扣除)(%)	-	-	-	-
	总资产(万元)	253346.35	184936.24	165412.00	154198.56
	归属母公司股东权益(万元)	162374.26	103419.15	110456.81	108763.41
	主营业务收入(万元)	43648.70	95304.77	45921.47	82279.39
	营业收入(万元)	45024.67	96629.80	46042.16	84882.41
	主营成本(万元)	40080.91	83950.24	38167.03	74089.42
	营业成本(万元)	41349.18	85236.74	38309.50	75943.03
	投资收益(万元)	3241.38	7646.78	6892.55	8251.05
	净利润(万元)	237.22	6988.68	8476.26	5651.98
	利润总额(万元)	383.72	8078.35	8770.88	5644.80

广东宝丽华新能源股份有限公司

公司概况	公司名称	广东宝丽华新能源股份有限公司			证券简称	宝新能源
	法人代表	宁远喜	董秘	刘沣	证券代码	000690
	公司网址	www.baolihua.com.cn		电子信箱	bxnygd@yahoo.com.cn	
	电　话	0753-2511298 020-38773338		传　真	0753-2511398 020-38770958	
	办公地址	广东省梅县华侨城香港大道宝丽华综合大楼　广州市天河北路中信广场61楼01-03号				
	经营范围	洁净煤燃烧技术发电和可再生能源发电、新能源电力生产、销售、开发等				

主要财务指标	指标\报告期	2012.06.30	2011.12.31	2011.06.30	2010.12.31
	基本每股收益(元)	0.0900	0.1000	0.0700	0.1900
	基本每股收益(扣除后)(元)	-	0.1200	0.0700	0.1900
	每股净资产(元)	1.9500	1.9200	1.8800	1.8500
	每股经营现金净流量(元)	0.3865	-0.0168	0.1504	0.4103
	每股现金流量(元)	0.1821	-0.4337	-0.1007	0.4811
	每股资本公积金(元)	0.1906	0.1906	0.1906	0.1906
	每股盈余公积金(元)	0.2492	0.2492	0.2105	0.2105
	每股未分配利润(元)	0.5113	0.4755	0.4806	0.4457
	净资产收益率(%)	4.6501	5.1410	3.4510	10.3670
	加权净资产收益率(%)	4.6700	5.2400	3.4600	10.8300
	净资产收益率(扣除)(%)	-	-	-	-
	总资产(万元)	866171.62	811921.24	785396.95	737129.12
	归属母公司股东权益(万元)	336863.44	330695.26	324906.26	318872.84
	主营业务收入(万元)	179887.15	351397.84	168610.60	307765.98
	营业收入(万元)	179956.15	351515.80	168662.41	307853.86
	主营成本(万元)	147485.77	288022.85	134933.82	241154.48
	营业成本(万元)	147521.64	288094.60	134969.70	241220.78
	投资收益(万元)	3960.48	1731.44	272.39	2510.69
	净利润(万元)	15664.55	17002.25	11213.25	33057.28
	利润总额(万元)	20642.33	23432.20	16105.93	42491.67

海南亚太实业发展股份有限公司

公司概况	公司名称	海南亚太实业发展股份有限公司			证券简称	亚太实业
	法人代表	梁德根	董秘	马世虎	证券代码	000691
	公司网址			电子信箱	hnyt000691@163.com	
	电　话	0898-68528293		传　真	0898-68528695	
	办公地址	海南省海口市国贸大道56号北京大厦26楼G座				
	经营范围	旅游业开发、高科技开发、商业贸易、建材、旅游工艺品、普通机械的批发、零售等				

主要财务指标	指标\报告期	2012.06.30	2011.12.31	2011.06.30	2010.12.31
	基本每股收益(元)	0.0014	0.0129	-0.0111	0.0305
	基本每股收益(扣除后)(元)	0.0014	0.0138	-0.0111	-0.0226
	每股净资产(元)	0.4515	0.4501	0.4261	0.4372
	每股经营现金净流量(元)	0.0039	0.0044	0.0013	-0.1080
	每股现金流量(元)	0.0039	0.0044	0.0013	-0.1084
	每股资本公积金(元)	0.3698	0.3698	0.3698	0.3698
	每股盈余公积金(元)	0.0471	0.0471	0.0471	0.0471
	每股未分配利润(元)	-0.9653	-0.9667	-0.9907	-0.9796
	净资产收益率(%)	0.3100	2.8630	-2.4700	6.9640
	加权净资产收益率(%)	0.3100	2.9000	-2.5800	7.2200
	净资产收益率(扣除)(%)	-	-	-	-
	总资产(万元)	25085.88	24838.72	22934.81	21700.70
	归属母公司股东权益(万元)	14596.51	14551.40	13775.35	14134.74
	主营业务收入(万元)	1575.44	4122.70	270.10	971.46
	营业收入(万元)	1575.44	4122.70	270.10	971.46
	主营成本(万元)	704.92	2445.30	157.41	546.26
	营业成本(万元)	704.92	2445.30	412.29	546.26
	投资收益(万元)	-505.07	-83.82	-221.22	3917.57
	净利润(万元)	162.39	557.12	-365.18	1003.63
	利润总额(万元)	162.39	851.88	-365.18	1052.47

沈阳惠天热电股份有限公司

公司概况	公司名称	沈阳惠天热电股份有限公司			证券简称	惠天热电
	法人代表	孙杰	董秘	李俊山	证券代码	000692
	公司网址	www.htrd.cn		电子信箱	ljs0519@126.com	
	电 话	024-22939691 22928062		传 真	024-22939480	
	办公地址	辽宁省沈阳市沈河区热闹路47号				
	经营范围	供暖、设备安装、工业管道、土建工程施工、非标准结构件制造、安装等				

	指标＼报告期	2012.06.30	2011.12.31	2011.06.30	2010.12.31
主要财务指标	基本每股收益(元)	0.0557	0.1658	0.0918	0.1166
	基本每股收益(扣除后)(元)	0.0284	0.0100	0.0054	0.1000
	每股净资产(元)	4.6200	4.5600	4.5500	4.3900
	每股经营现金净流量(元)	-1.3109	-0.4129	-2.0092	0.3913
	每股现金流量(元)	-1.3696	0.7595	-0.6776	-0.6271
	每股资本公积金(元)	2.4294	2.4294	2.4281	2.4281
	每股盈余公积金(元)	0.4235	0.4235	0.4131	0.4070
	每股未分配利润(元)	0.6871	0.6314	0.6292	0.4821
	净资产收益率(%)	1.6700	3.6358	2.0400	3.4450
	加权净资产收益率(%)	1.6700	3.7100	2.0400	2.7600
	净资产收益率(扣除)(%)	-	-	-	-
	总资产(万元)	292294.13	352043.73	272917.73	278234.21
	归属母公司股东权益(万元)	123120.45	121521.97	121263.06	116921.73
	主营业务收入(万元)	79904.74	134405.81	66656.56	128913.82
	营业收入(万元)	79995.52	134594.52	66774.97	129134.55
	主营成本(万元)	70293.41	115089.31	59085.55	113049.07
	营业成本(万元)	70305.42	115112.14	59099.15	113093.01
	投资收益(万元)	-31.62	3023.94	2024.58	52.19
	净利润(万元)	1389.38	4300.03	2379.28	3073.70
	利润总额(万元)	2110.34	5688.21	3628.89	4036.18

天津滨海能源发展股份有限公司

公司概况	公司名称	天津滨海能源发展股份有限公司			证券简称	滨海能源
	法人代表	卢兴泉	董秘	郭锐	证券代码	000695
	公司网址	www.binhaienergy.com		电子信箱	bhe_ir@126.com	
	电 话	022-66202230		传 真	022-66202232	
	办公地址	天津市开发区第十一大街27号				
	经营范围	生产、销售热力、电力、发电、燃汽、自来水及上述系统设备及零配件等				

	指标＼报告期	2012.06.30	2011.12.31	2011.06.30	2010.12.31
主要财务指标	基本每股收益(元)	-0.0560	0.0200	-0.0680	0.0200
	基本每股收益(扣除后)(元)	-0.0550	0.0200	-0.0710	-0.1600
	每股净资产(元)	1.3200	1.3800	1.2900	1.3523
	每股经营现金净流量(元)	0.0619	0.0334	-0.0461	0.1769
	每股现金流量(元)	-0.2197	0.0316	-0.0782	-0.0230
	每股资本公积金(元)	0.3620	0.3602	0.3585	0.3572
	每股盈余公积金(元)	0.0549	0.0549	0.0549	0.0549
	每股未分配利润(元)	-0.0937	-0.0377	-0.1281	-0.0597
	净资产收益率(%)	-3.8000	1.6030	-5.3200	1.7915
	加权净资产收益率(%)	-4.2400	1.6200	-5.1800	1.8100
	净资产收益率(扣除)(%)	-	-	-	-
	总资产(万元)	119024.72	126717.12	100294.25	102505.14
	归属母公司股东权益(万元)	29393.36	30598.61	28552.04	30041.64
	主营业务收入(万元)	40651.29	72948.56	35956.95	67084.25
	营业收入(万元)	40949.70	73396.43	36198.44	67344.38
	主营成本(万元)	40547.20	70789.03	36698.46	68687.99
	营业成本(万元)	40547.20	70979.18	35994.56	68712.86
	投资收益(万元)	-5.44	-18.25	-17.20	-18.15
	净利润(万元)	-1213.27	655.28	-1479.30	742.98
	利润总额(万元)	-1191.39	821.60	-1441.27	924.35

陕西炼石有色资源股份有限公司

公司概况	公司名称	陕西炼石有色资源股份有限公司			证券简称	炼石有色
	法人代表	张政	董秘	赵卫军	证券代码	000697
	公司网址	www.pianzhuan.com.cn		电子信箱	wjzhao@pianzhuan.com.cn	
	电 话	029-33675902 33675903		传 真	029-33675903	
	办公地址	咸阳市西咸新区世纪大道55号启迪科技会展中心1602室				
	经营范围	钼、铼及其他有色金属矿产的开发、贸易、新材料、冶炼新技术的研发、投资等				

	指标＼报告期	2012.06.30	2011.12.31	2011.06.30	2010.12.31
主要财务指标	基本每股收益(元)	0.0440	-0.2540	0.0760	-0.3950
	基本每股收益(扣除后)(元)	0.0440	-0.2570	0.0760	-0.4000
	每股净资产(元)	0.9800	1.8800	1.8500	1.9400
	每股经营现金净流量(元)	-0.0488	-0.3322	0.3478	0.0470
	每股现金流量(元)	0.1859	-0.5606	0.0915	0.2612
	每股资本公积金(元)	-0.2985	0.8948	0.8948	0.8948
	每股盈余公积金(元)	0.0226	0.0583	0.6415	0.6415
	每股未分配利润(元)	0.2525	0.5491	-0.6855	-0.6009
	净资产收益率(%)	4.0500	-15.1346	4.0400	-20.4156
	加权净资产收益率(%)	4.6300	-14.0700	4.4200	-18.5200
	净资产收益率(扣除)(%)	-	-	-	-
	总资产(万元)	57065.78	43461.09	61438.04	73605.17
	归属母公司股东权益(万元)	46985.59	35084.50	34537.76	36115.98
	主营业务收入(万元)	9752.77	72679.85	4443.67	76214.02
	营业收入(万元)	9752.77	73140.48	4443.67	76722.42
	主营成本(万元)	4723.75	70421.36	2170.92	75479.05
	营业成本(万元)	4723.75	70717.91	27731.01	75955.38
	投资收益(万元)	-	12.82	-3.75	125.54
	净利润(万元)	1870.88	-5105.82	1417.17	-7949.98
	利润总额(万元)	2397.51	-5083.73	1896.88	-7943.53

沈阳化工股份有限公司

公司概况	公司名称	沈阳化工股份有限公司			证券简称	沈阳化工
	法人代表	王大壮	董秘	杨志国	证券代码	000698
	公司网址	www.sychem.com		电子信箱	000698@126.com	
	电 话	024-25553506		传 真	024-25553060	
	办公地址	辽宁省沈阳市铁西区卫工北街46号				
	经营范围	化工产品、化工设备、压力容器、防腐设备等				

	指标＼报告期	2012.06.30	2011.12.31	2011.06.30	2010.12.31
主要财务指标	基本每股收益(元)	-0.1380	0.3200	0.2220	0.3300
	基本每股收益(扣除后)(元)	-0.1840	0.1750	0.1960	0.2980
	每股净资产(元)	4.7450	4.8750	4.7800	4.5580
	每股经营现金净流量(元)	-0.4623	0.2880	-0.2364	1.0851
	每股现金流量(元)	0.1358	-0.3276	-0.3122	0.2783
	每股资本公积金(元)	2.0460	2.0460	2.0460	2.0460
	每股盈余公积金(元)	0.3886	0.3886	0.3720	0.3720
	每股未分配利润(元)	1.3026	1.4404	1.3619	1.1398
	净资产收益率(%)	-2.9000	6.5070	4.6400	7.1320
	加权净资产收益率(%)	-2.8700	6.7300	4.7600	7.4000
	净资产收益率(扣除)(%)	-	-	-	-
	总资产(万元)	713863.90	683669.72	703195.26	687343.07
	归属母公司股东权益(万元)	313580.77	322200.82	316055.91	301235.53
	主营业务收入(万元)	416872.20	996878.65	542431.85	745035.23
	营业收入(万元)	503544.13	1009219.36	544636.18	748408.02
	主营成本(万元)	395793.48	895857.50	475464.11	648711.76
	营业成本(万元)	480222.77	907071.88	477295.32	651702.14
	投资收益(万元)	-	1300.52	-	-
	净利润(万元)	-9101.04	21081.33	14669.05	21080.44
	利润总额(万元)	-9101.04	25146.75	19444.25	21628.21

江南模塑科技股份有限公司

公司概况	公司名称	江南模塑科技股份有限公司		证券简称	模塑科技
	法人代表	曹克波	董秘 单陈燕	证券代码	000700
	公司网址	www.jnmpt.com		电子信箱	shanchenyan@000700.com
	电　话	0510-86242802　86222318		传　真	0510-86242818
	办公地址	江苏省江阴市周庄镇长青路 8 号			
	经营范围	汽车零部件、塑料制品、模具、塑钢门窗、模塑高科技产品的开发、研制等			

主要财务指标	指标\报告期	2012.06.30	2011.12.31	2011.06.30	2010.12.31
	基本每股收益(元)	0.0806	0.2460	0.0957	0.1070
	基本每股收益(扣除后)(元)	0.0684	0.2320	0.0888	0.1000
	每股净资产(元)	3.4400	3.3400	2.5235	2.4378
	每股经营现金净流量(元)	0.4230	1.0213	0.5336	0.3793
	每股现金流量(元)	-0.2595	0.0546	0.2370	-0.1766
	每股资本公积金(元)	1.0298	1.0095	0.3413	0.3413
	每股盈余公积金(元)	0.4471	0.4471	0.4471	0.4471
	每股未分配利润(元)	0.9654	0.8848	0.7350	0.6493
	净资产收益率(%)	2.3800	7.3472	3.8500	4.4040
	加权净资产收益率(%)	2.0200	7.7500	3.8100	4.5200
	净资产收益率(扣除)(%)	-	-	-	-
	总资产(万元)	395998.72	392063.12	366568.97	389423.74
	归属母公司股东权益(万元)	106382.81	103266.90	77987.96	75338.35
	主营业务收入(万元)	97257.95	177727.03	97559.22	188845.13
	营业收入(万元)	97257.95	196425.28	97559.22	197085.13
	主营成本(万元)	73806.63	133195.24	74765.91	140022.53
	营业成本(万元)	73806.63	146788.52	74765.91	147559.56
	投资收益(万元)	606.59	447.46	38.02	-57.85
	净利润(万元)	2815.51	10034.88	3926.65	6229.89
	利润总额(万元)	4176.10	10921.07	5091.53	9426.90

厦门信达股份有限公司

公司概况	公司名称	厦门信达股份有限公司		证券简称	厦门信达
	法人代表	周昆山	董秘 范丹	证券代码	000701
	公司网址	www.xindeco.com		电子信箱	board@xindeco.com.cn
	电　话	0592-5608098		传　真	0592-6021391
	办公地址	福建省厦门市湖里区兴隆路 27 号第 7 层			
	经营范围	网络信息服务及信息产品的开发与生产、商业批发零售、贸易和房地产开发等			

主要财务指标	指标\报告期	2012.06.30	2011.12.31	2011.06.30	2010.12.31
	基本每股收益(元)	0.2115	0.2940	0.1965	0.2380
	基本每股收益(扣除后)(元)	0.1200	0.2473	0.1773	0.1444
	每股净资产(元)	3.3546	3.2054	3.0100	2.9679
	每股经营现金净流量(元)	-3.5182	0.4412	-0.7194	0.3688
	每股现金流量(元)	-1.3745	0.6130	1.6556	0.3519
	每股资本公积金(元)	0.9396	0.9396	0.8460	0.8460
	每股盈余公积金(元)	0.1907	0.1907	0.1834	0.1834
	每股未分配利润(元)	1.2217	1.0702	0.9800	0.9335
	净资产收益率(%)	6.3000	9.1720	6.5200	8.0190
	加权净资产收益率(%)	6.3900	9.4400	6.4100	8.3500
	净资产收益率(扣除)(%)	-	-	-	-
	总资产(万元)	581198.45	466252.70	450709.26	336541.32
	归属母公司股东权益(万元)	80593.61	77010.01	72422.20	71303.10
	主营业务收入(万元)	836188.33	1472629.67	654527.36	1093098.79
	营业收入(万元)	838154.43	1477310.16	656037.15	1095893.93
	主营成本(万元)	802878.39	1406376.96	629349.00	1053224.72
	营业成本(万元)	803547.01	1407205.12	629679.94	1053317.67
	投资收益(万元)	3798.69	1999.30	449.28	3561.57
	净利润(万元)	7151.82	13173.58	6637.10	9394.97
	利润总额(万元)	10844.04	18930.65	8228.11	12595.98

湖南正虹科技发展股份有限公司

公司概况	公司名称	湖南正虹科技发展股份有限公司		证券简称	正虹科技
	法人代表	夏壮华	董秘 易小辉	证券代码	000702
	公司网址	www.chinazhjt.com.cn		电子信箱	dms@chinazhjt.com.cn
	电　话	0731-84599909		传　真	0731-84599999
	办公地址	湖南省长沙市五一大道 235 号湘域中央一栋 30 楼			
	经营范围	各类饲料的研制、生产、销售、饲料原料销售等			

主要财务指标	指标\报告期	2012.06.30	2011.12.31	2011.06.30	2010.12.31
	基本每股收益(元)	0.0200	0.0200	0.0100	0.0300
	基本每股收益(扣除后)(元)	0.0040	0.0020	-0.0020	0.0100
	每股净资产(元)	1.7300	1.6700	1.5500	1.5300
	每股经营现金净流量(元)	0.4291	-0.0491	0.0580	0.2626
	每股现金流量(元)	0.2761	-0.3042	-0.1093	0.3151
	每股资本公积金(元)	0.8422	0.8027	0.6806	0.6806
	每股盈余公积金(元)	0.0958	0.0958	0.0878	0.0878
	每股未分配利润(元)	-0.2085	-0.2256	-0.2221	-0.2365
	净资产收益率(%)	0.9900	1.1270	0.9300	1.7190
	加权净资产收益率(%)	1.0100	1.1800	0.9300	1.7300
	净资产收益率(扣除)(%)	-	-	-	-
	总资产(万元)	98355.42	83194.90	105116.38	93172.56
	归属母公司股东权益(万元)	46114.77	44603.89	41228.32	40845.92
	主营业务收入(万元)	95590.61	190176.66	73455.83	169388.73
	营业收入(万元)	95822.22	191192.69	74162.59	170562.40
	主营成本(万元)	88152.58	174862.74	67127.65	155508.09
	营业成本(万元)	88218.93	175297.01	67394.65	155968.08
	投资收益(万元)	79.91	-158.55	-68.49	336.34
	净利润(万元)	457.72	652.45	441.89	1078.09
	利润总额(万元)	606.40	1237.04	661.04	1793.89

恒逸石化股份有限公司

公司概况	公司名称	恒逸石化股份有限公司		证券简称	恒逸石化
	法人代表	邱建林	董秘 郭丹	证券代码	000703
	公司网址	www.hengyishihua.com		电子信箱	hysh@hengyi.com
	电　话	0571-83871991		传　真	0571-83871992
	办公地址	浙江省杭州市萧山区市心北路 260 号恒逸·南岸明珠 3 栋 24 楼			
	经营范围	实业投资、生产和销售化学纤维、化工原料及产品等			

主要财务指标	指标\报告期	2012.06.30	2011.12.31	2011.06.30	2010.12.31
	基本每股收益(元)	0.2700	3.7100	2.4900	3.9900
	基本每股收益(扣除后)(元)	0.2400	3.4700	2.4200	3.9300
	每股净资产(元)	4.4700	9.4200	8.0600	22.6400
	每股经营现金净流量(元)	0.4183	4.9011	2.0565	19.3728
	每股现金流量(元)	-0.0332	3.1071	0.7862	0.3013
	每股资本公积金(元)	0.0360	0.7719	0.7675	0.0193
	每股盈余公积金(元)	0.2022	0.4044	0.1937	0.7684
	每股未分配利润(元)	3.2131	7.1847	6.0588	16.3101
	净资产收益率(%)	6.0500	35.3160	24.4500	52.9802
	加权净资产收益率(%)	5.5900	43.9200	29.6200	71.7000
	净资产收益率(扣除)(%)	-	-	-	-
	总资产(万元)	2313563.68	2242001.98	1953575.81	1381088.57
	归属母公司股东权益(万元)	516075.31	543544.67	465041.54	325799.94
	主营业务收入(万元)	1497356.12	2839500.70	1235705.16	1765535.96
	营业收入(万元)	1675433.26	3151300.32	1376167.19	1859292.00
	主营成本(万元)	1419156.41	2536836.54	1054622.93	1461146.08
	营业成本(万元)	-	2823368.70	1190512.86	20172.38
	投资收益(万元)	11437.89	39187.33	24244.43	38774.58
	净利润(万元)	44789.25	251192.63	146006.12	239590.57
	利润总额(万元)	49668.10	292078.03	179686.80	286993.09

浙江震元股份有限公司

公司概况	公司名称	浙江震元股份有限公司			证券简称	浙江震元
	法人代表	宋逸婷	董秘	周黔莉	证券代码	000705
	公司网址	www.zjzy.com		电子信箱	000705@zjzy.com	
	电　话	0575-85144161		传　真	0575-85148805	
	办公地址	浙江省绍兴市解放北路289号				
	经营范围	从事药品、中药饮片的生产经营和销售等				

	指标\报告期	2012.06.30	2011.12.31	2011.06.30	2010.12.31
主要财务指标	基本每股收益(元)	0.1910	0.2516	0.1260	0.1681
	基本每股收益(扣除后)(元)	0.1910	0.2356	0.1330	0.1441
	每股净资产(元)	4.5200	4.3100	4.2400	4.1500
	每股经营现金净流量(元)	0.3258	-0.0327	-0.4409	0.3916
	每股现金流量(元)	0.1775	0.0817	-0.2906	0.1480
	每股资本公积金(元)	2.0041	1.9870	2.0388	2.0797
	每股盈余公积金(元)	0.2480	0.2480	0.2391	0.2391
	每股未分配利润(元)	1.2656	1.0743	0.9578	0.8317
	净资产收益率(%)	4.2340	5.8390	2.9790	4.0510
	加权净资产收益率(%)	4.3340	5.9120	3.0090	4.1406
	净资产收益率(扣除)(%)	-	-	-	-
	总资产(万元)	118793.95	122066.08	109788.16	110373.39
	归属母公司股东权益(万元)	56620.68	54009.85	53085.65	52017.89
	主营业务收入(万元)	91968.13	170408.88	85947.52	149212.25
	营业收入(万元)	92888.74	171949.72	86728.56	150327.87
	主营成本(万元)	80041.25	149694.96	75909.29	132298.70
	营业成本(万元)	80209.00	150001.16	76055.41	132432.17
	投资收益(万元)	285.77	244.85	244.85	434.85
	净利润(万元)	2459.48	3352.76	1664.66	2362.18
	利润总额(万元)	2973.33	4116.32	2011.81	2785.72

湖北双环科技股份有限公司

公司概况	公司名称	湖北双环科技股份有限公司			证券简称	双环科技
	法人代表	张道红	董秘	张拥军	证券代码	000707
	公司网址	www.hbshkj.cn		电子信箱	sh0707@163.com	
	电　话	0712-3591099		传　真	0712-3591099	
	办公地址	湖北省应城市东马坊团结大道26号				
	经营范围	生产销售纯碱、氯化铵和氯化聚乙烯				

	指标\报告期	2012.06.30	2011.12.31	2011.06.30	2010.12.31
主要财务指标	基本每股收益(元)	0.1400	0.7620	0.4200	0.1370
	基本每股收益(扣除后)(元)	0.0822	0.7340	0.3940	0.1110
	每股净资产(元)	4.4900	4.4500	4.1930	4.1000
	每股经营现金净流量(元)	1.4629	1.4892	1.0557	0.1650
	每股现金流量(元)	0.0731	0.2197	-0.4535	0.4327
	每股资本公积金(元)	1.4462	1.4463	1.5298	1.8116
	每股盈余公积金(元)	0.4519	0.4519	0.3812	0.3812
	每股未分配利润(元)	1.5820	1.5421	1.2716	0.9005
	净资产收益率(%)	3.1200	17.1385	10.0400	3.3435
	加权净资产收益率(%)	3.0900	17.0200	10.3200	3.4800
	净资产收益率(扣除)(%)	-	-	-	-
	总资产(万元)	783945.95	802670.34	711798.85	701611.18
	归属母公司股东权益(万元)	208279.82	206466.56	194626.93	190265.34
	主营业务收入(万元)	223577.31	515982.77	218897.78	370081.52
	营业收入(万元)	230514.87	523186.81	222233.28	376788.95
	主营成本(万元)	185043.40	395470.63	164837.52	300938.23
	营业成本(万元)	187102.98	398018.44	166426.19	303434.26
	投资收益(万元)	58.32	-869.71	169.65	221.98
	净利润(万元)	6489.49	35324.82	19497.30	5557.11
	利润总额(万元)	7426.34	44552.05	22226.26	6378.99

大冶特殊钢股份有限公司

公司概况	公司名称	大冶特殊钢股份有限公司			证券简称	大冶特钢
	法人代表	俞亚鹏	董秘	郭培锋	证券代码	000708
	公司网址	www.dayesteel.com.cn		电子信箱	dytg0708@163.com	
	电　话	0714-6297373		传　真	0714-6297280	
	办公地址	湖北省黄石市黄石大道316号				
	经营范围	钢铁冶炼、钢材轧制、金属改制、压延加工、钢铁材料检测				

	指标\报告期	2012.06.30	2011.12.31	2011.06.30	2010.12.31
主要财务指标	基本每股收益(元)	0.4200	1.3020	0.7100	1.2500
	基本每股收益(扣除后)(元)	0.3800	1.0810	0.6900	1.1920
	每股净资产(元)	6.4710	6.4510	5.8570	5.6500
	每股经营现金净流量(元)	-0.1667	1.2517	1.0779	0.8598
	每股现金流量(元)	-0.5842	0.4301	0.3370	0.1411
	每股资本公积金(元)	1.0807	1.0807	1.0807	1.0807
	每股盈余公积金(元)	0.5031	0.5031	0.5031	0.5031
	每股未分配利润(元)	3.8874	3.8674	3.2728	3.0658
	净资产收益率(%)	6.4900	20.1760	12.0700	22.1300
	加权净资产收益率(%)	6.4300	21.8100	12.1100	24.6400
	净资产收益率(扣除)(%)	-	-	-	-
	总资产(万元)	431022.98	470139.13	474028.97	453705.45
	归属母公司股东权益(万元)	290819.50	289920.73	263200.78	253898.01
	主营业务收入(万元)	460921.94	857639.92	424434.99	727859.72
	营业收入(万元)	483706.98	926182.82	453865.55	789302.35
	主营成本(万元)	430104.70	784653.54	379214.33	650132.49
	营业成本(万元)	451958.28	848281.04	405824.44	708503.06
	投资收益(万元)	-	-	-	-
	净利润(万元)	18875.11	58493.14	31773.19	56188.33
	利润总额(万元)	22206.12	65423.88	36312.22	64215.23

河北钢铁股份有限公司

公司概况	公司名称	河北钢铁股份有限公司			证券简称	河北钢铁
	法人代表	王义芳	董秘	李卜海	证券代码	000709
	公司网址	www.hebgtgf.com		电子信箱	hbgtgf@hebgtjt.com	
	电　话	0311-66770709		传　真	0311-66778711	
	办公地址	河北省石家庄市桥西区裕华西路40号				
	经营范围	钢铁冶炼、钢材轧制及销售等				

	指标\报告期	2012.06.30	2011.12.31	2011.06.30	2010.12.31
主要财务指标	基本每股收益(元)	0.0400	0.1300	0.0900	0.1600
	基本每股收益(扣除后)(元)	0.0400	0.1500	0.1000	0.2000
	每股净资产(元)	4.0300	4.0200	4.4000	6.0600
	每股经营现金净流量(元)	0.0437	1.7034	0.8339	0.4202
	每股现金流量(元)	-0.0095	0.3550	-0.0016	-0.8923
	每股资本公积金(元)	2.1851	2.1851	2.2171	3.9618
	每股盈余公积金(元)	0.1682	0.1682	0.2458	0.2492
	每股未分配利润(元)	0.6621	0.6550	0.9079	0.8210
	净资产收益率(%)	0.9200	3.2371	2.3100	4.1572
	加权净资产收益率(%)	0.9200	3.2700	2.3400	4.2200
	净资产收益率(扣除)(%)	-	-	-	-
	总资产(万元)	14325006.62	14104069.18	10644042.48	13499015.08
	归属母公司股东权益(万元)	4279203.12	4272333.98	3028054.47	4165988.16
	主营业务收入(万元)	5711395.22	12568795.89	6714719.31	11218420.20
	营业收入(万元)	5968756.23	13334372.71	7088298.92	12480356.19
	主营成本(万元)	5317947.93	11557336.99	6240238.72	10378642.64
	营业成本(万元)	5549301.32	12254467.52	6415538.46	11571864.65
	投资收益(万元)	16686.82	33787.83	22066.91	32886.12
	净利润(万元)	40012.92	145265.32	104098.16	180535.66
	利润总额(万元)	53604.88	177743.85	127866.86	208328.86

成都天兴仪表股份有限公司

公司概况					
公司名称	成都天兴仪表股份有限公司			证券简称	天兴仪表
法人代表	文武	董秘	叶秀松	证券代码	000710
公司网址	www.txyb.com.cn		电子信箱	china0710@163.com	
电　　话	028-84613721		传　　真	028-84600581	
办公地址	四川省成都市外东十陵镇公司办公楼				
经营范围	摩托车与汽车部品的设计、生产、加工和销售				

主要财务指标 指标\报告期	2012.06.30	2011.12.31	2011.06.30	2010.12.31
基本每股收益(元)	0.0013	0.0033	0.0020	0.0534
基本每股收益(扣除后)(元)	0.0005	-0.0017	0.0019	0.0490
每股净资产(元)	0.7731	0.7718	0.7705	0.7685
每股经营现金净流量(元)	0.1836	-0.1419	-0.1537	0.5039
每股现金流量(元)	0.1241	-0.1858	-0.1468	-0.1315
每股资本公积金(元)	0.2376	0.2376	0.2376	0.2376
每股盈余公积金(元)	0.0729	0.0729	0.0729	0.0729
每股未分配利润(元)	-0.5374	-0.5387	-0.5401	-0.5421
净资产收益率(%)	0.1700	0.4290	0.2500	6.9510
加权净资产收益率(%)	0.1700	0.4300	0.2500	7.2000
净资产收益率(扣除)(%)	-	-	-	-
总资产(万元)	39229.75	35522.61	36624.02	38326.60
归属母公司股东权益(万元)	11689.63	11669.71	11649.25	11619.63
主营业务收入(万元)	13260.88	28102.55	15381.90	31628.22
营业收入(万元)	15234.11	40966.17	24964.67	46416.12
主营成本(万元)	11307.12	24444.58	13655.28	26647.18
营业成本(万元)	13174.77	36870.47	22958.95	40891.99
投资收益(万元)	-	-	-	-
净利润(万元)	13.54	27.65	21.84	757.68
利润总额(万元)	37.00	91.42	43.71	1040.67

黑龙江天伦置业股份有限公司

公司概况					
公司名称	黑龙江天伦置业股份有限公司			证券简称	天伦置业
法人代表	许环曜	董秘	赵润涛	证券代码	000711
公司网址	www.tlzy.com.cn		电子信箱	hljtlzy@126.com	
电　　话	020-38303068 38303219		传　　真	020-38303000	
办公地址	广东省广州市天河路45号天伦大厦25楼				
经营范围	房地产开发与经营(三级)、网络与电子信息技术开发应用、软件开发等				

主要财务指标 指标\报告期	2012.06.30	2011.12.31	2011.06.30	2010.12.31
基本每股收益(元)	0.0200	0.1700	0.1800	0.0900
基本每股收益(扣除后)(元)	0.0100	0.0200	0.0200	0.0800
每股净资产(元)	2.2700	3.3900	3.3900	3.2300
每股经营现金净流量(元)	-0.1346	0.7680	0.6104	0.1007
每股现金流量(元)	-0.8911	1.6822	1.5223	-0.4809
每股资本公积金(元)	0.1735	0.7603	0.7603	0.7603
每股盈余公积金(元)	0.1886	0.2830	0.2807	0.2807
每股未分配利润(元)	0.9116	1.3439	1.3484	1.1925
净资产收益率(%)	0.6900	5.1280	5.1912	2.7300
加权净资产收益率(%)	0.6900	5.2500	5.3200	2.7700
净资产收益率(扣除)(%)	-	-	-	-
总资产(万元)	78343.26	81037.51	82825.77	79187.10
归属母公司股东权益(万元)	36584.86	36332.36	36356.47	34683.67
主营业务收入(万元)	3067.08	5890.68	2938.13	6408.28
营业收入(万元)	3088.81	5926.36	2938.13	6408.28
主营成本(万元)	801.54	1533.00	701.94	1953.54
营业成本(万元)	801.54	1533.00	701.94	1953.54
投资收益(万元)	168.30	2214.74	2218.71	23.78
净利润(万元)	161.45	1647.89	1769.72	716.51
利润总额(万元)	348.39	2501.11	2445.00	1124.02

广东锦龙发展股份有限公司

公司概况					
公司名称	广东锦龙发展股份有限公司			证券简称	锦龙股份
法人代表	杨志茂	董秘	张丹丹	证券代码	000712
公司网址	www.jlgf.com		电子信箱	jlgf000712@163.com	
电　　话	0763-3369393		传　　真	0763-3362693	
办公地址	广东省清远市方正二街1号锦龙大厦				
经营范围	自来水的生产和供应业等				

主要财务指标 指标\报告期	2012.06.30	2011.12.31	2011.06.30	2010.12.31
基本每股收益(元)	0.1370	0.0700	0.1840	0.5100
基本每股收益(扣除后)(元)	0.1360	0.0800	0.1850	0.5100
每股净资产(元)	2.9800	2.8500	2.9900	2.8100
每股经营现金净流量(元)	0.0283	0.1264	0.0512	0.1956
每股现金流量(元)	0.0107	0.1540	0.1321	-0.0090
每股资本公积金(元)	-0.0136	-0.0123	0.0196	0.0196
每股盈余公积金(元)	0.2965	0.2916	0.2916	0.2416
每股未分配利润(元)	1.7018	1.5700	1.6819	1.5484
净资产收益率(%)	4.5800	2.5150	6.1300	18.0720
加权净资产收益率(%)	4.6800	2.5200	6.3200	19.8600
净资产收益率(扣除)(%)	-	-	-	-
总资产(万元)	139073.03	134112.01	137417.45	127652.92
归属母公司股东权益(万元)	90920.47	86796.55	91174.91	85584.17
主营业务收入(万元)	3965.93	8449.42	3965.09	7788.33
营业收入(万元)	4393.49	9559.58	4421.19	8826.57
主营成本(万元)	2199.26	5106.59	2393.80	4821.06
营业成本(万元)	2298.43	5360.20	2552.89	5224.06
投资收益(万元)	5499.94	4255.38	6683.73	16811.62
净利润(万元)	4364.86	2564.07	5761.24	15715.14
利润总额(万元)	4688.31	3100.37	6029.23	16127.05

合肥丰乐种业股份有限公司

公司概况					
公司名称	合肥丰乐种业股份有限公司			证券简称	丰乐种业
法人代表	陈茂新	董秘	顾晓新	证券代码	000713
公司网址	www.fengle.com.cn		电子信箱	flzq@fengle.com.cn	
电　　话	0551-2239888 2239955		传　　真	0551-2239957	
办公地址	安徽省合肥市长江西路501号丰乐大厦				
经营范围	农作物种子、农药、专用肥、植物生长素、农化产品、薄荷油及其衍生产品等				

主要财务指标 指标\报告期	2012.06.30	2011.12.31	2011.06.30	2010.12.31
基本每股收益(元)	0.0878	0.1832	0.1689	0.3336
基本每股收益(扣除后)(元)	0.0647	0.1321	0.1576	0.2497
每股净资产(元)	3.8800	3.8200	3.8200	3.6790
每股经营现金净流量(元)	-0.0641	-0.3549	-0.1266	-0.0869
每股现金流量(元)	-0.4765	-0.6567	-0.8255	1.3615
每股资本公积金(元)	1.6894	1.6894	1.6894	1.6894
每股盈余公积金(元)	0.2096	0.2096	0.1818	0.1797
每股未分配利润(元)	0.9394	0.8815	0.9158	0.7782
净资产收益率(%)	2.2600	4.7950	4.4900	8.1920
加权净资产收益率(%)	2.2600	4.8900	4.4900	14.7900
净资产收益率(扣除)(%)	-	-	-	-
总资产(万元)	172369.75	184024.48	165263.45	188242.10
归属母公司股东权益(万元)	116012.39	114202.25	114138.31	109970.50
主营业务收入(万元)	80597.16	161974.51	67477.84	150444.82
营业收入(万元)	80597.16	161974.51	67477.84	150444.82
主营成本(万元)	66509.38	128796.49	51465.68	111477.93
营业成本(万元)	66509.38	128796.49	51465.68	111477.93
投资收益(万元)	-	214.75	-	1743.35
净利润(万元)	2762.90	5464.66	5043.75	8996.77
利润总额(万元)	3056.87	5990.55	5479.65	10907.06

中兴-沈阳商业大厦(集团)股份有限公司

公司概况	公司名称	中兴-沈阳商业大厦(集团)股份有限公司			证券简称	中兴商业	
	法人代表	刘芝旭	董秘	姜莉	证券代码	000715	
	公司网址	www.zxbusiness.com		电子信箱	zxstock@vip.sina.com		
	电　话	024-23838888-3715 3703		传　真	024-23408889		
	办公地址	辽宁省沈阳市和平区太原北街86号					
	经营范围	国内一般商业贸易、汽车修理、汽车配件、仓储搬运等					

主要财务指标	指标\报告期	2012.06.30	2011.12.31	2011.06.30	2010.12.31
	基本每股收益(元)	0.1640	0.4500	0.1850	0.2400
	基本每股收益(扣除后)(元)	0.1640	0.4400	0.1850	0.2200
	每股净资产(元)	4.1200	3.9600	3.7000	3.6100
	每股经营现金净流量(元)	0.2233	1.3838	0.4855	0.9897
	每股现金流量(元)	0.0856	0.7945	0.1161	0.1662
	每股资本公积金(元)	1.1352	1.1352	1.1352	1.1352
	每股盈余公积金(元)	0.3989	0.3830	0.3575	0.3399
	每股未分配利润(元)	1.5892	1.4406	1.2061	1.1384
	净资产收益率(%)	3.9900	11.2470	5.0100	6.5870
	加权净资产收益率(%)	4.0700	11.7600	5.0000	6.7300
	净资产收益率(扣除)(%)	-	-	-	-
	总资产(万元)	201793.38	200413.46	182737.11	182576.16
	归属母公司股东权益(万元)	115041.16	110451.68	103197.69	100819.71
	主营业务收入(万元)	174353.12	343881.52	175940.45	239473.80
	营业收入(万元)	177958.89	352427.80	179512.55	244374.13
	主营成本(万元)	144762.34	287960.37	147268.32	199171.15
	营业成本(万元)	144762.34	287960.37	147268.32	199171.15
	投资收益(万元)	-	-	-	-
	净利润(万元)	4589.48	12422.03	5168.05	6640.68
	利润总额(万元)	6040.33	17251.44	6890.73	8717.58

南方黑芝麻集团股份有限公司

公司概况	公司名称	南方黑芝麻集团股份有限公司			证券简称	南方食品	
	法人代表	韦清文	董秘	龙耐坚	证券代码	000716	
	公司网址	www.ndapit.cm		电子信箱	gsdm@public.nn.gx.cn		
	电　话	0771-5308096 5308080		传　真	0771-5308351 5308639		
	办公地址	广西壮族自治区南宁市双拥路36号					
	经营范围	对食品、管道燃气、物流、房地产、物业管理、航空服务项目的投资等					

主要财务指标	指标\报告期	2012.06.30	2011.12.31	2011.06.30	2010.12.31
	基本每股收益(元)	0.0680	0.0690	0.0830	0.9090
	基本每股收益(扣除后)(元)	0.0570	0.1280	0.0710	0.0670
	每股净资产(元)	1.7700	1.7000	1.7020	1.6500
	每股经营现金净流量(元)	-0.2518	0.1441	0.2379	0.0582
	每股现金流量(元)	-0.0536	-0.0525	-0.0427	-0.1221
	每股资本公积金(元)	1.0063	1.0063	1.0063	1.0063
	每股盈余公积金(元)	0.0507	0.0507	0.0507	0.0507
	每股未分配利润(元)	-0.2908	-0.3589	-0.3548	-0.4078
	净资产收益率(%)	3.8600	4.0230	3.3000	55.1000
	加权净资产收益率(%)	3.9300	4.1100	3.3500	79.2400
	净资产收益率(扣除)(%)	-	-	-	-
	总资产(万元)	110412.93	109776.18	80917.57	83469.91
	归属母公司股东权益(万元)	31485.10	30271.08	30343.26	29398.87
	主营业务收入(万元)	28580.62	57141.86	26704.23	41891.35
	营业收入(万元)	29025.50	58152.21	26915.59	42170.23
	主营成本(万元)	17963.49	35023.93	16756.60	25452.08
	营业成本(万元)	18290.70	35778.40	16134.41	25698.85
	投资收益(万元)	40.25	2.95	2.95	17870.75
	净利润(万元)	1154.70	807.71	1347.76	15381.84
	利润总额(万元)	1188.82	595.30	1509.92	17721.77

广东韶钢松山股份有限公司

公司概况	公司名称	广东韶钢松山股份有限公司			证券简称	韶钢松山	
	法人代表	余子权	董秘	刘二	证券代码	000717	
	公司网址	www.sgss.com.cn		电子信箱	sgss@sgis.com.cn		
	电　话	0751-8787265		传　真	0751-8787676		
	办公地址	广东省韶关市曲江区					
	经营范围	制造、加工、销售钢铁冶金产品、金属制品、焦炭、煤化工产品等					

主要财务指标	指标\报告期	2012.06.30	2011.12.31	2011.06.30	2010.12.31
	基本每股收益(元)	-0.4690	-0.6818	0.0371	0.0125
	基本每股收益(扣除后)(元)	-0.4701	-0.6623	0.0355	0.0135
	每股净资产(元)	2.3335	2.8025	3.5216	3.4843
	每股经营现金净流量(元)	0.7384	2.3811	1.6909	0.2708
	每股现金流量(元)	0.0052	0.1562	0.0668	0.0300
	每股资本公积金(元)	1.4874	1.4874	1.4874	1.4874
	每股盈余公积金(元)	0.3828	0.3828	0.3828	0.3828
	每股未分配利润(元)	-0.5282	-0.0592	0.6597	0.6226
	净资产收益率(%)	-20.1000	-24.3270	1.0500	0.3600
	加权净资产收益率(%)	-18.2600	-21.6900	1.0600	0.3600
	净资产收益率(扣除)(%)	-	-	-	-
	总资产(万元)	2300529.34	2436119.81	2424181.27	2309907.00
	归属母公司股东权益(万元)	389576.31	467889.62	587940.91	581718.95
	主营业务收入(万元)	947573.22	2268925.70	1104390.20	1852562.53
	营业收入(万元)	955673.64	2287432.94	1114964.87	1883595.61
	主营成本(万元)	980749.30	2242558.43	1052266.28	1773881.03
	营业成本(万元)	988885.02	2261109.10	1062997.41	1804074.91
	投资收益(万元)	-	302.47	-	-
	净利润(万元)	-78307.51	-113821.56	6199.84	2094.50
	利润总额(万元)	-87831.99	-103911.00	7277.72	2481.47

苏宁环球股份有限公司

公司概况	公司名称	苏宁环球股份有限公司			证券简称	苏宁环球	
	法人代表	张桂平	董秘	刘登华	证券代码	000718	
	公司网址	www.suning-universal.com		电子信箱	suning@suning.com.cn		
	电　话	025-83247946		传　真	025-83247136		
	办公地址	江苏省南京市鼓楼区广州路188号17楼					
	经营范围	房地产开发经营与混凝土生产销售等					

主要财务指标	指标\报告期	2012.06.30	2011.12.31	2011.06.30	2010.12.31
	基本每股收益(元)	0.2020	0.3900	0.1664	0.3800
	基本每股收益(扣除后)(元)	0.2016	0.3800	0.1665	0.3800
	每股净资产(元)	2.2300	2.0300	2.1700	1.7400
	每股经营现金净流量(元)	0.5688	-0.4303	-0.3429	-2.0052
	每股现金流量(元)	0.1573	-0.0442	-0.1482	0.0501
	每股资本公积金(元)	0.0636	0.0636	0.1764	0.1764
	每股盈余公积金(元)	0.0878	0.0878	0.1053	0.1053
	每股未分配利润(元)	1.0781	0.8760	0.8888	0.8091
	净资产收益率(%)	8.7000	18.9977	8.4400	21.6748
	加权净资产收益率(%)	9.1600	20.5300	8.8600	23.9900
	净资产收益率(扣除)(%)	-	-	-	-
	总资产(万元)	1916279.58	1735042.78	1621238.94	1521179.89
	归属母公司股东权益(万元)	455539.38	414261.74	369560.88	355993.37
	主营业务收入(万元)	193876.65	364992.75	146253.02	346727.48
	营业收入(万元)	195069.86	366452.47	146712.66	347349.21
	主营成本(万元)	105198.92	199261.86	74121.50	181840.71
	营业成本(万元)	105198.92	200230.94	74121.50	182071.37
	投资收益(万元)	-752.72	-1505.45	-747.44	-1505.45
	净利润(万元)	40969.49	81456.87	36987.98	87919.75
	利润总额(万元)	55707.80	110169.15	49744.39	117175.07

中原大地传媒股份有限公司

公司概况						
公司名称	中原大地传媒股份有限公司				证券简称	大地传媒
法人代表	刘少宇	董秘	毋晓冬		证券代码	000719
公司网址				电子信箱	ddcm000719@126.com	
电　话	0371-87528527 87528528			传　真	0371-87528528	
办公地址	河南省郑州市金水东路 39 号中国(河南)出版产业园 A 座					
经营范围	对新闻、出版、教育、文化、广播、电影、电视节目等进行互联网信息服务等					

主要财务指标 指标\报告期	2012.06.30	2011.12.31	2011.06.30	2010.12.31
基本每股收益(元)	0.1700	0.3300	0.1000	0.3000
基本每股收益(扣除后)(元)	0.1700	0.2600	0.0500	-
每股净资产(元)	3.6500	3.4800	3.2300	10.7200
每股经营现金净流量(元)	0.2340	0.5611	0.0623	2.1143
每股现金流量(元)	0.0493	-0.0702	-0.2220	1.1539
每股资本公积金(元)	1.7678	1.7678	1.7522	1.3058
每股盈余公积金(元)	0.0986	0.0986	0.0986	0.3351
每股未分配利润(元)	0.7804	0.6091	0.3842	0.9603
净资产收益率(%)	4.8100	9.3970	3.1700	9.5359
加权净资产收益率(%)	4.8100	9.8400	3.1700	10.2600
净资产收益率(扣除)(%)	-	-	-	-
总资产(万元)	240238.06	225329.46	228031.78	233735.49
归属母公司股东权益(万元)	160355.04	152824.10	142246.67	138699.09
主营业务收入(万元)	92417.21	174457.30	74115.97	168008.68
营业收入(万元)	95785.27	179184.48	76123.46	172880.38
主营成本(万元)	74494.97	134939.79	58819.45	130496.18
营业成本(万元)	75485.14	136202.94	59270.58	-
投资收益(万元)	66.76	5.30	-1.02	317.74
净利润(万元)	7261.51	14238.81	4430.28	13266.12
利润总额(万元)	7726.34	14959.30	4463.34	14131.38

山东新能泰山发电股份有限公司

公司概况						
公司名称	山东新能泰山发电股份有限公司				证券简称	新能泰山
法人代表	王文宗	董秘	初军		证券代码	000720
公司网址	www.sz000720.com			电子信箱	xnts@sz000720.com	
电　话	0538-8232022			传　真	0538-8232000	
办公地址	山东省泰安市普照寺路 5 号					
经营范围	电力生产、销售、电线电缆、电子产品、电器机械及器材、输变电设备等					

主要财务指标 指标\报告期	2012.06.30	2011.12.31	2011.06.30	2010.12.31
基本每股收益(元)	-0.0881	-0.2049	-0.1239	-0.0101
基本每股收益(扣除后)(元)	-0.1009	-0.2667	-0.1242	-0.1212
每股净资产(元)	0.7386	0.8257	0.9088	1.0306
每股经营现金净流量(元)	0.2727	0.3200	0.1223	0.1867
每股现金流量(元)	0.0973	0.0085	-0.0200	-0.0020
每股资本公积金(元)	0.3437	0.3437	0.3437	0.3437
每股盈余公积金(元)	0.1655	0.1655	0.1655	0.1655
每股未分配利润(元)	-0.7717	-0.6836	-0.6026	-0.4787
净资产收益率(%)	-11.9300	-24.8164	-13.6300	-0.9765
加权净资产收益率(%)	-11.2600	-22.0800	-12.7800	-0.9700
净资产收益率(扣除)(%)	-	-	-	-
总资产(万元)	569039.20	573422.82	567463.67	562468.32
归属母公司股东权益(万元)	63772.39	71297.47	78473.96	88987.56
主营业务收入(万元)	140076.21	272204.10	132544.58	262853.50
营业收入(万元)	144250.39	281512.20	136895.43	275609.15
主营成本(万元)	130948.79	266565.63	130025.49	250261.36
营业成本(万元)	134931.06	272716.38	132640.74	255483.59
投资收益(万元)	18.79	68.48	14.98	662.97
净利润(万元)	-8782.33	-20905.93	-13116.12	-3248.28
利润总额(万元)	-8483.67	-19262.25	-12509.85	-1753.22

西安饮食股份有限公司

公司概况						
公司名称	西安饮食股份有限公司				证券简称	西安饮食
法人代表	胡昌民	董秘	李虎成		证券代码	000721
公司网址	www.xcsg.com			电子信箱	xcsg@xcsg.com	
电　话	029-82065865			传　真	029-82065899	
办公地址	陕西省西安市碑林区南二环西段 27 号西安旅游大厦 6 层					
经营范围	国内商业、物资供销业、物业管理、投资项目信息咨询及中介服务等					

主要财务指标 指标\报告期	2012.06.30	2011.12.31	2011.06.30	2010.12.31
基本每股收益(元)	0.0413	0.1792	0.1504	0.1724
基本每股收益(扣除后)(元)	0.0381	0.0400	0.0375	0.0325
每股净资产(元)	2.3000	2.2500	2.2256	2.0752
每股经营现金净流量(元)	-0.0332	0.3216	0.1432	0.2286
每股现金流量(元)	0.0031	0.1947	0.6112	-0.0256
每股资本公积金(元)	0.1802	0.1802	0.1802	0.1802
每股盈余公积金(元)	0.1940	0.1940	0.1784	0.1784
每股未分配利润(元)	0.9215	0.8802	0.8670	0.7166
净资产收益率(%)	1.8000	7.9500	6.6700	8.3070
加权净资产收益率(%)	1.8200	8.2800	6.8700	8.0600
净资产收益率(扣除)(%)	-	-	-	-
总资产(万元)	72761.34	73124.45	71806.28	72388.03
归属母公司股东权益(万元)	45806.94	44982.30	44406.78	41406.10
主营业务收入(万元)	29101.23	65170.97	29901.28	57161.75
营业收入(万元)	30155.08	67197.50	30815.32	59215.14
主营成本(万元)	12529.84	27519.02	12732.18	24279.57
营业成本(万元)	12529.84	27653.41	12732.18	24279.57
投资收益(万元)	-	2958.87	2966.00	30.20
净利润(万元)	940.69	3812.13	3119.09	3660.29
利润总额(万元)	1441.44	5178.55	4188.97	4914.73

湖南发展集团股份有限公司

公司概况						
公司名称	湖南发展集团股份有限公司				证券简称	湖南发展
法人代表	杨国平	董秘	苏千里		证券代码	000722
公司网址	www.hnfzgf.com			电子信箱	hnfz@hnfzgf.com	
电　话	0731-88789296			传　真	0731-88789256	
办公地址	湖南省长沙市芙蓉中路二段 106 号中国石油大厦九楼					
经营范围	水力发电项目综合经营、房地产项目投资、土地资源、矿产资源的储备及综合经营等					

主要财务指标 指标\报告期	2012.06.30	2011.12.31	2011.06.30	2010.12.31
基本每股收益(元)	0.1700	0.1786	0.1000	0.0800
基本每股收益(扣除后)(元)	0.1670	0.1785	0.0982	0.0800
每股净资产(元)	4.3560	4.1810	4.1010	4.0000
每股经营现金净流量(元)	0.2153	0.2804	0.1841	0.1592
每股现金流量(元)	-0.1012	0.2132	-0.0818	-0.1669
每股资本公积金(元)	4.6056	4.6056	4.6056	4.6056
每股盈余公积金(元)	0.0205	0.0205	0.0205	0.0205
每股未分配利润(元)	-1.2702	-1.4449	-1.5252	-1.6235
净资产收益率(%)	4.0100	4.2710	2.3900	1.3530
加权净资产收益率(%)	4.0900	4.3645	2.4300	7.3400
净资产收益率(扣除)(%)	-	-	-	-
总资产(万元)	206875.91	196602.58	194192.38	188109.35
归属母公司股东权益(万元)	202186.62	194078.84	190351.04	185789.26
主营业务收入(万元)	13937.10	18807.93	10405.85	57260.48
营业收入(万元)	13937.10	18810.46	10408.14	58716.00
主营成本(万元)	5691.02	8801.19	5356.34	47365.88
营业成本(万元)	5691.02	8801.34	5356.34	47506.75
投资收益(万元)	1296.61	936.86	623.64	3924.29
净利润(万元)	8107.78	8289.58	4561.78	2496.28
利润总额(万元)	8107.78	8289.58	4561.78	3043.14

山西美锦能源股份有限公司

公司概况					
公司名称	山西美锦能源股份有限公司			证券简称	美锦能源
法人代表	姚锦龙	董秘	朱庆华	证券代码	000723
公司网址	www.mjenergy.com			电子信箱	jennyemail@126.com
电　　话	0351-4236095			传　　真	0351-4236092
办公地址	山西省太原市劲松北路31号哈伯中心12层				
经营范围	焦化厂、煤矿、煤层气的开发、投资、批发零售焦炭、金属材料、建材等				

主要财务指标：指标\报告期	2012.06.30	2011.12.31	2011.06.30	2010.12.31
基本每股收益(元)	-0.0900	0.1400	0.0700	0.0600
基本每股收益(扣除后)(元)	-0.0900	0.1300	0.0700	0.0500
每股净资产(元)	3.3000	3.3800	3.2900	3.2200
每股经营现金净流量(元)	-0.3496	0.2483	0.1384	0.3366
每股现金流量(元)	-0.3672	0.2251	0.1254	-0.1740
每股资本公积金(元)	0.3250	0.3250	0.3250	0.3250
每股盈余公积金(元)	0.1512	0.1512	0.1512	0.1512
每股未分配利润(元)	1.7755	1.8627	1.7935	1.7268
净资产收益率(%)	-2.6500	4.0250	1.9800	1.8960
加权净资产收益率(%)	-2.6200	4.1400	2.0500	1.8900
净资产收益率(扣除)(%)	-	-	-	-
总资产(万元)	81047.69	92959.67	89326.74	92384.47
归属母公司股东权益(万元)	46026.01	47139.32	45993.77	44925.20
主营业务收入(万元)	60967.86	153115.18	76633.79	136785.21
营业收入(万元)	60967.86	153115.18	76633.79	136785.21
主营成本(万元)	57557.59	140110.82	70940.86	126422.69
营业成本(万元)	57557.59	140110.82	70940.86	126422.69
投资收益(万元)	3.01	4.73	-	23.74
净利润(万元)	-1353.59	2112.72	1030.82	943.84
利润总额(万元)	-1844.64	2900.76	1379.14	1287.78

京东方科技集团股份有限公司

公司概况					
公司名称	京东方科技集团股份有限公司			证券简称	京东方A
法人代表	王东升	董秘	冯莉琼	证券代码	000725
公司网址	www.boe.com.cn			电子信箱	fengliqiong@boe.com.cn
电　　话	010-64318888			传　　真	010-64366264
办公地址	北京市朝阳区酒仙桥路10号				
经营范围	电子产品、通信设备、电子计算机软硬件的制造及购销等				

主要财务指标：指标\报告期	2012.06.30	2011.12.31	2011.06.30	2010.12.31
基本每股收益(元)	-0.0580	0.0410	-0.0900	-0.2020
基本每股收益(扣除后)(元)	-0.0670	-0.2860	-0.0900	-0.2090
每股净资产(元)	1.8400	1.8900	1.7500	2.2100
每股经营现金净流量(元)	0.0090	-0.0576	-0.0454	-0.0935
每股现金流量(元)	-0.1346	-0.4540	-0.5935	0.3432
每股资本公积金(元)	1.1327	1.1317	1.1248	1.5517
每股盈余公积金(元)	0.0369	0.0369	0.0369	0.0443
每股未分配利润(元)	-0.3344	-0.2762	-0.4075	-0.3812
净资产收益率(%)	-3.1700	2.1900	-4.7500	-8.0297
加权净资产收益率(%)	-3.1200	2.2200	-4.9900	-11.7700
净资产收益率(扣除)(%)	-	-	-	-
总资产(万元)	6731624.71	6876941.56	6375274.71	5422995.28
归属母公司股东权益(万元)	2481308.43	2558589.23	2371854.18	2495501.30
主营业务收入(万元)	932854.05	1223577.65	482407.34	773073.74
营业收入(万元)	960888.20	1274141.36	494003.40	802529.08
主营成本(万元)	916436.59	1306887.17	518141.71	810616.85
营业成本(万元)	950239.67	1344122.89	534471.78	828815.30
投资收益(万元)	-375.28	460447.51	59.73	-331.70
净利润(万元)	-107710.67	69367.73	-132653.83	-226803.28
利润总额(万元)	-106885.32	84608.73	-132924.80	-224136.02

鲁泰纺织股份有限公司

公司概况					
公司名称	鲁泰纺织股份有限公司			证券简称	鲁　泰A
法人代表	刘石祯	董秘	秦桂玲	证券代码	000726
公司网址	www.lttc.com.cn			电子信箱	qinguiling@lttc.com.cn
电　　话	0533-5285166			传　　真	0533-5418805
办公地址	山东省淄博市淄川区松龄东路81号				
经营范围	生产销售棉纱、色织布、衬衣、服装饰品、保健内衣等纺织品及配套系列产品等				

主要财务指标：指标\报告期	2012.06.30	2011.12.31	2011.06.30	2010.12.31
基本每股收益(元)	0.3000	0.8500	0.4900	0.7400
基本每股收益(扣除后)(元)	0.3000	0.7800	0.4800	0.6700
每股净资产(元)	5.0900	5.0400	4.6700	4.4300
每股经营现金净流量(元)	0.4133	0.9907	0.4308	1.2123
每股现金流量(元)	-0.3682	0.2856	0.0803	-0.0473
每股资本公积金(元)	1.2205	1.1895	1.1379	1.1363
每股盈余公积金(元)	0.5113	0.5113	0.4307	0.4307
每股未分配利润(元)	2.3650	2.3462	2.1086	1.8644
净资产收益率(%)	5.7900	16.6830	10.8600	16.7820
加权净资产收益率(%)	5.7900	18.1300	10.8600	17.7500
净资产收益率(扣除)(%)	-	-	-	-
总资产(万元)	756420.47	775188.53	735525.52	701588.33
归属母公司股东权益(万元)	513664.94	508610.05	464791.91	440413.34
主营业务收入(万元)	272445.26	578246.51	284457.08	476622.66
营业收入(万元)	280802.56	607865.94	298081.31	502562.41
主营成本(万元)	200389.39	398883.41	187257.56	322150.76
营业成本(万元)	205510.67	418545.01	196677.05	339061.12
投资收益(万元)	1905.26	7321.45	4046.91	-5195.78
净利润(万元)	30834.96	89207.12	52514.33	81505.31
利润总额(万元)	35811.58	107432.46	62792.23	93486.11

南京华东电子信息科技股份有限公司

公司概况					
公司名称	南京华东电子信息科技股份有限公司			证券简称	华东科技
法人代表	梁生元	董秘	胡进文	证券代码	000727
公司网址	www.hdeg.com			电子信箱	hjw@huadongtech.com
电　　话	025-68192836 68192835			传　　真	025-68192828
办公地址	江苏省南京市经济技术开发区恒通大道19-1号				
经营范围	电子产品、平板显示器件及模块、石英晶体产品、电子线路产品等				

主要财务指标：指标\报告期	2012.06.30	2011.12.31	2011.06.30	2010.12.31
基本每股收益(元)	-0.1014	0.0258	-0.0352	-0.0297
基本每股收益(扣除后)(元)	-0.1162	-0.1602	-0.1054	-0.1206
每股净资产(元)	1.3150	1.6009	1.4180	1.4501
每股经营现金净流量(元)	0.3195	0.1865	0.1875	0.3084
每股现金流量(元)	0.0044	0.0047	0.1293	-0.0242
每股资本公积金(元)	1.2831	1.3708	1.3708	1.3708
每股盈余公积金(元)	0.2760	0.2760	0.2760	0.2760
每股未分配利润(元)	-1.2441	-1.1427	-1.2289	-1.1967
净资产收益率(%)	-7.7100	1.7450	-2.5000	-2.0480
加权净资产收益率(%)	-7.2700	1.7600	-2.4700	-2.0300
净资产收益率(扣除)(%)	-	-	-	-
总资产(万元)	125288.63	125718.07	112518.35	102970.16
归属母公司股东权益(万元)	47229.29	57496.59	50926.77	52082.42
主营业务收入(万元)	36336.44	66332.45	35629.60	65568.28
营业收入(万元)	37776.25	69368.77	36179.40	66237.67
主营成本(万元)	33630.01	59398.34	31691.34	59559.68
营业成本(万元)	35034.26	63424.06	30060.50	60146.66
投资收益(万元)	-294.56	6.23	-798.59	1245.55
净利润(万元)	-4681.89	-1628.50	-1664.21	-3897.83
利润总额(万元)	-4525.08	-1259.99	-1515.48	-3464.22

国元证券股份有限公司

公司概况	公司名称	国元证券股份有限公司			证券简称	国元证券
	法人代表	蔡咏	董秘	万士清	证券代码	000728
	公司网址	www.gyzq.com.cn		电子信箱	wansq@gyzq.com.cn	
	电　　话	0551-2207323 2207968		传　　真	0551-2207322	
	办公地址	安徽省合肥市寿春路 179 号				
	经营范围	证券经纪、证券投资咨询、与证券交易、证券投资活动有关的财务顾问等				

	指标\报告期	2012.06.30	2011.12.31	2011.06.30	2010.12.31
主要财务指标	基本每股收益(元)	0.1500	0.2900	0.2200	0.4700
	基本每股收益(扣除后)(元)	0.1500	0.2800	0.2200	0.4700
	每股净资产(元)	7.5900	7.5300	7.5700	7.6300
	每股经营现金净流量(元)	-0.7561	-0.9373	0.2063	-3.5093
	每股现金流量(元)	-0.8738	-1.4099	-0.1541	-4.4864
	每股资本公积金(元)	4.9538	4.9508	5.0435	5.0138
	每股盈余公积金(元)	0.2906	0.2906	0.2585	0.2585
	每股未分配利润(元)	0.8190	0.7679	0.8018	0.8779
	净资产收益率(%)	1.9900	3.8020	2.9600	6.1748
	加权净资产收益率(%)	1.9900	3.8000	2.9300	6.2500
	净资产收益率(扣除)(%)	-	-	-	-
	总资产(万元)	2216983.83	2259707.19	2451181.66	2490070.88
	归属母公司股东权益(万元)	1490859.48	1479919.01	1487384.04	1498002.60
	主营业务收入(万元)	-	-	-	-
	营业收入(万元)	84375.55	177511.98	103537.51	224204.16
	主营成本(万元)	-	-	-	-
	营业成本(万元)	-	-	-	-
	投资收益(万元)	18259.57	16117.69	8052.78	41646.74
	净利润(万元)	29669.96	56271.38	43977.68	92592.25
	利润总额(万元)	35980.00	70357.34	52957.61	119724.09

北京燕京啤酒股份有限公司

公司概况	公司名称	北京燕京啤酒股份有限公司			证券简称	燕京啤酒
	法人代表	李福成	董秘	刘翔宇	证券代码	000729
	公司网址	www.yanjing.com.cn		电子信箱	securities@yanjing.com.cn	
	电　　话	010-89490729		传　　真	010-89495569	
	办公地址	北京市顺义区双河路 9 号				
	经营范围	啤酒、矿泉水、啤酒原料、饲料、酵母、塑料箱的制造和销售等				

	指标\报告期	2012.06.30	2011.12.31	2011.06.30	2010.12.31
主要财务指标	基本每股收益(元)	0.1806	0.6750	0.1777	0.6360
	基本每股收益(扣除后)(元)	0.1727	0.5160	0.1772	0.5690
	每股净资产(元)	3.8000	7.2300	6.9200	6.7500
	每股经营现金净流量(元)	0.4774	0.6809	1.0588	1.2792
	每股现金流量(元)	0.4039	-0.0454	0.2167	0.3829
	每股资本公积金(元)	1.2804	3.2216	3.2193	3.2193
	每股盈余公积金(元)	0.4085	0.8515	0.7258	0.7258
	每股未分配利润(元)	1.1096	2.1590	1.9723	1.8095
	净资产收益率(%)	4.7100	9.3367	5.2457	9.4177
	加权净资产收益率(%)	4.8600	9.6300	5.2600	10.0200
	净资产收益率(扣除)(%)	-	-	-	-
	总资产(万元)	1876105.33	1667909.65	1489102.00	1467070.39
	归属母公司股东权益(万元)	958219.52	875274.66	837190.21	817479.15
	主营业务收入(万元)	660933.54	1175031.71	602041.40	998859.87
	营业收入(万元)	676551.11	1213683.66	618925.00	1029839.14
	主营成本(万元)	384253.91	690079.66	345688.64	577476.65
	营业成本(万元)	396683.48	717637.27	359607.68	604172.20
	投资收益(万元)	159.52	674.93	17.98	57.18
	净利润(万元)	50741.79	91734.43	48886.20	86825.22
	利润总额(万元)	64805.62	118799.62	63403.19	108790.05

四川美丰化工股份有限公司

公司概况	公司名称	四川美丰化工股份有限公司			证券简称	四川美丰
	法人代表	张晓彬	董秘	杨达高(代)	证券代码	000731
	公司网址	www.scmeif.com		电子信箱	mf618000@sina.com	
	电　　话	0838-2304235		传　　真	0838-2304228	
	办公地址	四川省德阳市天山南路三段 55 号				
	经营范围	公司属化肥生产行业、主要经营化学肥料、尿素、碳酸氢胺、合成氨等				

	指标\报告期	2012.06.30	2011.12.31	2011.06.30	2010.12.31
主要财务指标	基本每股收益(元)	0.2372	0.5663	0.2069	0.2013
	基本每股收益(扣除后)(元)	0.2361	0.5288	0.1830	0.1694
	每股净资产(元)	4.2682	4.2058	3.8600	3.7400
	每股经营现金净流量(元)	0.5071	0.6434	0.2965	0.3465
	每股现金流量(元)	0.2384	-0.3802	0.0518	1.1608
	每股资本公积金(元)	0.3137	0.3137	0.3254	0.3007
	每股盈余公积金(元)	0.7295	0.7295	0.7005	0.7040
	每股未分配利润(元)	2.2000	2.1627	1.8330	1.7347
	净资产收益率(%)	5.5600	13.4490	5.3600	5.3820
	加权净资产收益率(%)	5.5700	14.2500	5.4100	5.6700
	净资产收益率(扣除)(%)	-	-	-	-
	总资产(万元)	409682.13	385032.00	375843.73	364758.10
	归属母公司股东权益(万元)	214404.57	211264.99	193833.10	186903.93
	主营业务收入(万元)	383414.00	520395.80	206703.81	335956.95
	营业收入(万元)	383414.00	524666.16	206703.81	336555.72
	主营成本(万元)	355989.21	466447.37	187530.33	311118.66
	营业成本(万元)	355989.21	470611.40	187530.33	311711.84
	投资收益(万元)	1950.85	2125.15	387.89	-2065.39
	净利润(万元)	11939.89	26763.97	10425.63	9035.35
	利润总额(万元)	14874.90	32794.68	12786.29	11279.93

泰禾集团股份有限公司

公司概况	公司名称	泰禾集团股份有限公司			证券简称	泰禾集团
	法人代表	黄其森	董秘	王传序	证券代码	000732
	公司网址	www.thaihot.com.cn		电子信箱	dongmi@thaihot.com.cn	
	电　　话	0591-87731557 87730503		传　　真	0591-87731800 87810369	
	办公地址	福州市湖东路 43 号奥林匹克大厦				
	经营范围	房地产、农药双主业经营				

	指标\报告期	2012.06.30	2011.12.31	2011.06.30	2010.12.31
主要财务指标	基本每股收益(元)	0.0414	0.3607	0.0230	0.3300
	基本每股收益(扣除后)(元)	0.0292	0.3151	0.0214	0.3390
	每股净资产(元)	2.0324	1.9980	1.6565	1.6336
	每股经营现金净流量(元)	0.0321	-1.5664	-1.2734	0.7060
	每股现金流量(元)	0.2448	-0.4269	-0.4534	0.2619
	每股资本公积金(元)	0.5660	0.5729	0.5692	0.5692
	每股盈余公积金(元)	0.0715	0.0715	0.0715	0.0715
	每股未分配利润(元)	0.3950	0.3536	0.0159	-0.0071
	净资产收益率(%)	2.0400	18.0540	1.3900	20.1990
	加权净资产收益率(%)	2.0500	19.8700	1.4000	22.4700
	净资产收益率(扣除)(%)	-	-	-	-
	总资产(万元)	968831.73	822847.17	704195.67	518102.76
	归属母公司股东权益(万元)	206729.82	203227.42	168499.13	166161.94
	主营业务收入(万元)	44488.62	263078.70	35719.65	270377.19
	营业收入(万元)	44869.34	264133.86	36289.46	271225.12
	主营成本(万元)	22769.55	176482.34	21057.80	182729.56
	营业成本(万元)	22980.13	176998.46	21263.79	183211.21
	投资收益(万元)	50.22	1942.99	-1.09	54.81
	净利润(万元)	3909.33	36883.72	2354.21	34921.66
	利润总额(万元)	5266.43	48157.48	3400.86	46832.87

中国振华(集团)科技股份有限公司

公司概况	公司名称	中国振华(集团)科技股份有限公司		证券简称	振华科技
	法人代表	陈中	董秘 齐靖	证券代码	000733
	公司网址	www.czst.com.cn		电子信箱	qijing@czelec.com.cn
	电　话	0851-6301078 6301022		传　真	0851-6302674
	办公地址	贵州省贵阳市乌当区新添大道北段268号			
	经营范围	自产自销电子产品、机械产品、贸易、建筑、经济信息咨询、技术咨询、开发等			

主要财务指标	指标\报告期	2012.06.30	2011.12.31	2011.06.30	2010.12.31
	基本每股收益(元)	0.0900	0.1200	0.0700	0.1000
	基本每股收益(扣除后)(元)	0.0900	0.0500	0.0600	0.0400
	每股净资产(元)	5.8700	5.8100	5.7400	5.6700
	每股经营现金净流量(元)	-0.1139	-0.0092	0.0040	0.1690
	每股现金流量(元)	-0.2714	-0.0652	-0.2953	-0.1126
	每股资本公积金(元)	3.9954	3.9877	3.9620	3.9672
	每股盈余公积金(元)	0.2220	0.2220	0.2076	0.2076
	每股未分配利润(元)	0.6512	0.6022	0.5691	0.4986
	净资产收益率(%)	1.5200	2.0300	1.2100	1.8370
	加权净资产收益率(%)	1.5200	2.0600	1.2300	1.8600
	净资产收益率(扣除)(%)	-	-	-	-
	总资产(万元)	379328.01	367041.80	377105.99	342703.73
	归属母公司股东权益(万元)	210238.37	208132.62	205511.87	203175.08
	主营业务收入(万元)	153399.10	325994.27	183406.30	283944.54
	营业收入(万元)	156636.93	333939.73	186970.48	290908.23
	主营成本(万元)	122659.95	274609.44	156451.26	238762.52
	营业成本(万元)	125079.84	280967.93	159344.97	244624.54
	投资收益(万元)	565.74	1206.45	567.51	1096.50
	净利润(万元)	3541.21	4907.92	3016.80	4660.62
	利润总额(万元)	4647.20	7056.65	4085.32	6051.23

海口农工贸(罗牛山)股份有限公司

公司概况	公司名称	海口农工贸(罗牛山)股份有限公司		证券简称	罗牛山
	法人代表	徐自力	董秘 宋岚	证券代码	000735
	公司网址	www.luoniushan.com		电子信箱	lns@luoniushan.com
	电　话	0898-68581213 68585243		传　真	0898-68581830
	办公地址	海南省海口市珠江广场帝豪大厦9楼			
	经营范围	种养植业、兴办工业、房地产开发经营、建筑装璜工程、农副畜水产品及饲料销售等			

主要财务指标	指标\报告期	2012.06.30	2011.12.31	2011.06.30	2010.12.31
	基本每股收益(元)	0.0086	0.0680	0.0121	0.0330
	基本每股收益(扣除后)(元)	-0.0051	0.0550	0.0004	-0.0180
	每股净资产(元)	1.9550	1.9450	1.8100	1.7700
	每股经营现金净流量(元)	0.0052	0.1301	0.0683	0.0728
	每股现金流量(元)	0.2283	0.0044	0.0478	0.0500
	每股资本公积金(元)	0.3532	0.3516	0.2447	0.2447
	每股盈余公积金(元)	0.1247	0.1247	0.1247	0.1247
	每股未分配利润(元)	0.4776	0.4690	0.4445	0.4009
	净资产收益率(%)	0.4400	3.5019	0.6600	1.8727
	加权净资产收益率(%)	0.4400	3.4600	0.6700	1.8900
	净资产收益率(扣除)(%)	-	-	-	-
	总资产(万元)	402942.79	362735.50	333868.43	291146.55
	归属母公司股东权益(万元)	172106.87	171207.01	159645.64	155802.65
	主营业务收入(万元)	38973.53	108074.70	37813.00	85715.25
	营业收入(万元)	40195.90	110410.47	39105.85	88240.48
	主营成本(万元)	29849.72	86468.25	32495.89	79542.06
	营业成本(万元)	30176.56	87624.38	32721.64	80318.92
	投资收益(万元)	1027.47	1042.03	1862.60	5909.65
	净利润(万元)	1587.75	6711.87	1273.94	3037.52
	利润总额(万元)	1598.38	6912.28	1281.06	3396.53

重庆国际实业投资股份有限公司

公司概况	公司名称	重庆国际实业投资股份有限公司		证券简称	重庆实业
	法人代表	沈东进	董秘 田玉利	证券代码	000736
	公司网址	www.china-propertyholding.com		电子信箱	zqb@000736.net
	电　话	023-67530016		传　真	023-67530016
	办公地址	重庆市渝北区洪湖东路9号财富大厦B座9楼			
	经营范围	房地产开发、住宅建设及产业化、土地开发与土地整理等			

主要财务指标	指标\报告期	2012.06.30	2011.12.31	2011.06.30	2010.12.31
	基本每股收益(元)	0.3200	0.2400	0.0200	0.4300
	基本每股收益(扣除后)(元)	0.0300	0.2400	0.0200	0.2200
	每股净资产(元)	5.1300	4.8200	4.6100	4.5800
	每股经营现金净流量(元)	0.0344	-0.3845	-0.3314	-1.0959
	每股现金流量(元)	0.1867	0.5319	0.0971	-0.3127
	每股资本公积金(元)	1.7116	1.7191	1.7200	1.7200
	每股盈余公积金(元)	0.1092	0.1092	0.1040	0.1040
	每股未分配利润(元)	2.3117	1.9950	1.7818	1.7570
	净资产收益率(%)	6.1700	5.0430	0.5400	9.4480
	加权净资产收益率(%)	6.1700	5.1700	0.5400	10.0100
	净资产收益率(扣除)(%)	-	-	-	-
	总资产(万元)	253801.72	252453.83	246999.77	212392.56
	归属母公司股东权益(万元)	152534.11	143346.22	136881.28	136144.96
	主营业务收入(万元)	20909.92	50080.24	3490.38	42788.40
	营业收入(万元)	21065.57	50515.04	3566.57	43159.12
	主营成本(万元)	14175.68	35316.29	1508.55	32813.87
	营业成本(万元)	13908.28	35385.18	1531.74	32890.11
	投资收益(万元)	8761.06	4987.88	2342.79	12511.81
	净利润(万元)	9313.24	7141.47	691.80	12821.29
	利润总额(万元)	9990.33	8989.33	783.97	13847.13

南风化工集团股份有限公司

公司概况	公司名称	南风化工集团股份有限公司		证券简称	南风化工
	法人代表	万建军	董秘 朱奇立	证券代码	000737
	公司网址	www.nafine.com		电子信箱	nafine@nafine.com
	电　话	0359-8967016 8967017		传　真	0359-8967035
	办公地址	山西省运城市解放路294号			
	经营范围	主要生产销售无机盐系列产品、日用化工及其他精细化工产品、化学肥料系列产品等			

主要财务指标	指标\报告期	2012.06.30	2011.12.31	2011.06.30	2010.12.31
	基本每股收益(元)	0.0134	0.0974	0.0219	-0.9317
	基本每股收益(扣除后)(元)	0.0128	0.0087	-0.0163	-0.9170
	每股净资产(元)	0.6300	0.6200	0.5400	0.5200
	每股经营现金净流量(元)	0.1886	0.4432	0.2424	0.1977
	每股现金流量(元)	-0.0426	-0.0172	-0.0348	-0.1723
	每股资本公积金(元)	1.1537	1.1537	1.1537	1.1537
	每股盈余公积金(元)	0.1620	0.1620	0.1620	0.1620
	每股未分配利润(元)	-1.6869	-1.7003	-1.7757	-1.7977
	净资产收益率(%)	2.1349	15.8211	3.5643	-179.8656
	加权净资产收益率(%)	2.1579	17.1800	4.1464	-94.8000
	净资产收益率(扣除)(%)	-	-	-	-
	总资产(万元)	411706.25	369012.38	359550.85	346813.63
	归属母公司股东权益(万元)	34505.15	33768.50	29629.56	28425.95
	主营业务收入(万元)	138706.36	290642.64	137251.00	269118.79
	营业收入(万元)	147114.81	297886.69	144358.21	276917.44
	主营成本(万元)	107978.24	219934.29	103996.14	213596.83
	营业成本(万元)	112754.87	225386.04	109654.10	218478.51
	投资收益(万元)	-50.43	236.64	124.45	172.96
	净利润(万元)	3007.60	12348.44	4852.51	-49299.56
	利润总额(万元)	4380.10	16948.06	6988.16	-46434.36

中航动力控制股份有限公司

公司概况					
公司名称	中航动力控制股份有限公司			证券简称	中航动控
法人代表	高华	董秘	杨刚强	证券代码	000738
公司网址	www.aaec.com.cn		电子信箱	zhdk@aaec.com.cn	
电　　话	0510-85706075 85707738		传　　真	0510-85500738	
办公地址	江苏省无锡市梁溪路 792 号				
经营范围	航空、航天发动机控制系统产品的研制、生产、销售、修理等				

主要财务指标 指标\报告期	2012.06.30	2011.12.31	2011.06.30	2010.12.31
基本每股收益(元)	0.0861	0.1900	0.0846	0.1800
基本每股收益(扣除后)(元)	0.0800	0.1700	0.0742	0.1600
每股净资产(元)	2.7100	2.6300	2.5400	2.4600
每股经营现金净流量(元)	0.0566	0.0368	-0.1387	0.5874
每股现金流量(元)	-0.1627	0.0915	-0.2360	0.2706
每股资本公积金(元)	1.3663	1.3663	1.3919	1.3862
每股盈余公积金(元)	0.0188	0.0188	0.0183	0.0188
每股未分配利润(元)	0.3285	0.2423	0.1330	0.0501
净资产收益率(%)	3.2200	7.3150	3.3800	7.3443
加权净资产收益率(%)	3.2200	7.5600	3.3800	7.6400
净资产收益率(扣除)(%)	-	-	-	-
总资产(万元)	466427.76	465312.97	417257.80	387078.94
归属母公司股东权益(万元)	255849.35	247729.43	239777.13	231484.13
主营业务收入(万元)	96514.95	192398.46	85896.93	152091.78
营业收入(万元)	97304.82	194067.35	86703.33	152963.18
主营成本(万元)	73249.82	141017.52	62886.86	105642.72
营业成本(万元)	73927.30	142450.67	62951.68	107006.87
投资收益(万元)	-64.43	45.60	-45.04	-4.37
净利润(万元)	8264.75	18776.60	8158.02	17325.94
利润总额(万元)	9898.91	22522.15	9639.68	21125.77

普洛股份有限公司

公司概况					
公司名称	普洛股份有限公司			证券简称	普洛股份
法人代表	徐文财	董秘	阎国强	证券代码	000739
公司网址	www.apeloa.com		电子信箱	yangq@apeloa.com	
电　　话	0532-83870896 83870898		传　　真	0532-83890739	
办公地址	山东省青岛市湛山一路 16 号				
经营范围	医药化工产品的研制、生产和销售等				

主要财务指标 指标\报告期	2012.06.30	2011.12.31	2011.06.30	2010.12.31
基本每股收益(元)	0.0300	0.0321	-0.0400	0.0927
基本每股收益(扣除后)(元)	0.0100	-0.0141	-0.0500	0.0680
每股净资产(元)	3.1200	3.0900	3.0400	3.0800
每股经营现金净流量(元)	0.3652	0.7079	0.0962	0.4715
每股现金流量(元)	0.3606	-0.0980	0.0070	0.1125
每股资本公积金(元)	1.3128	1.3128	1.3128	1.3128
每股盈余公积金(元)	0.1372	0.1372	0.1372	0.1372
每股未分配利润(元)	0.6701	0.6402	0.5859	0.6281
净资产收益率(%)	0.9600	1.0400	-1.3900	3.0100
加权净资产收益率(%)	0.9600	1.0400	-1.3800	3.0400
净资产收益率(扣除)(%)	-	-	-	-
总资产(万元)	212567.09	206175.18	190015.42	184457.37
归属母公司股东权益(万元)	80107.34	79338.94	77943.86	79027.47
主营业务收入(万元)	86600.35	152665.11	90806.35	150393.46
营业收入(万元)	87228.73	153447.57	91326.38	152098.53
主营成本(万元)	68163.09	122963.09	77899.61	118734.47
营业成本(万元)	68694.73	123689.29	77962.25	120112.48
投资收益(万元)	-	-	-	50.79
净利润(万元)	542.47	323.04	-1303.95	2001.25
利润总额(万元)	864.57	384.51	-1127.56	2734.51

长城信息产业股份有限公司

公司概况					
公司名称	长城信息产业股份有限公司			证券简称	长城信息
法人代表	何明	董秘	王习发	证券代码	000748
公司网址	www.gwi.com.cn		电子信箱	gwizqb@gwi.com.cn	
电　　话	0731-84932861		传　　真	0731-84932862	
办公地址	湖南省长沙市经济技术开发区东三路 5 号				
经营范围	计算机终端及外部设备、金融机具、税控机具及商用电子设备、计量仪表等				

主要财务指标 指标\报告期	2012.06.30	2011.12.31	2011.06.30	2010.12.31
基本每股收益(元)	0.0600	0.1200	0.0500	0.0900
基本每股收益(扣除后)(元)	0.0330	0.1000	0.0440	0.0800
每股净资产(元)	3.1380	3.1410	3.0700	3.0800
每股经营现金净流量(元)	-0.7287	0.3998	-0.4311	0.1089
每股现金流量(元)	-0.9180	-0.1097	-0.5216	-0.0366
每股资本公积金(元)	1.1657	1.1746	1.1746	1.1746
每股盈余公积金(元)	0.2383	0.2383	0.2383	0.2383
每股未分配利润(元)	0.7345	0.7284	0.6581	0.6630
净资产收益率(%)	1.7800	3.6730	1.4800	3.0160
加权净资产收益率(%)	1.7800	3.7100	1.4800	3.0300
净资产收益率(扣除)(%)	-	-	-	-
总资产(万元)	211771.79	213043.72	189608.53	187312.15
归属母公司股东权益(万元)	117868.47	117975.84	115333.30	115520.88
主营业务收入(万元)	54481.83	112160.57	34820.50	97577.95
营业收入(万元)	57476.26	117725.04	36806.01	103287.32
主营成本(万元)	43632.31	90000.51	26441.41	77373.51
营业成本(万元)	46105.59	94862.50	27991.76	82398.30
投资收益(万元)	944.56	869.64	1082.59	2983.43
净利润(万元)	2071.72	4185.76	1529.34	3906.35
利润总额(万元)	2194.28	5349.76	2057.16	5091.79

国海证券股份有限公司

公司概况					
公司名称	国海证券股份有限公司			证券简称	国海证券
法人代表	张雅锋	董秘	刘健	证券代码	000750
公司网址	www.ghzq.com.cn		电子信箱	dshbgs@ghzq.com.cn	
电　　话	0771-5569592 5539038		传　　真	0771-5530903	
办公地址	广西壮族自治区南宁市滨湖路 46 号国海大厦				
经营范围	证券经纪、证券投资咨询、与证券交易、证券投资活动有关的财务顾问等				

主要财务指标 指标\报告期	2012.06.30	2011.12.31	2011.06.30	2010.12.31
基本每股收益(元)	0.0800	0.1200	0.2800	0.8200
基本每股收益(扣除后)(元)	-	0.1100	0.2800	0.8000
每股净资产(元)	1.5300	3.7400	3.9000	3.1800
每股经营现金净流量(元)	0.2171	-4.4269	-8.7480	-6.9722
每股现金流量(元)	0.1386	-4.5139	-8.3834	-5.6394
每股资本公积金(元)	0.0332	0.2519	1.0089	1.3321
每股盈余公积金(元)	0.1126	0.2816	0.9124	0.9124
每股未分配利润(元)	0.1611	1.6446	5.9312	5.3949
净资产收益率(%)	5.4300	2.8160	5.5500	17.9324
加权净资产收益率(%)	5.4000	2.8800	5.9200	19.6700
净资产收益率(扣除)(%)	-	-	-	-
总资产(万元)	1099490.29	1117523.88	1438248.80	1337923.55
归属母公司股东权益(万元)	274571.26	268173.49	279795.17	254679.07
主营业务收入(万元)	-	-	-	-
营业收入(万元)	78843.53	127054.44	75021.14	189499.16
主营成本(万元)	-	-	-	-
营业成本(万元)	56847.33	-	51541.98	10625.05
投资收益(万元)	9623.33	6328.60	6882.17	19105.37
净利润(万元)	16549.94	11434.15	17456.86	49711.61
利润总额(万元)	22063.59	16667.36	23621.41	66180.00

葫芦岛锌业股份有限公司

公司概况	公司名称	葫芦岛锌业股份有限公司			证券简称	*ST 锌业
	法人代表	王明辉	董秘	刘建平	证券代码	000751
	公司网址	www.hldxygf.com			电子信箱	xy@hldxygf.com
	电　话	0429-2024121			传　真	0429-2101801
	办公地址	辽宁省葫芦岛市龙港区锌厂路 24 号				
	经营范围	锌、铜冶炼及深加工产品、硫酸、硫酸铜、镉、铟等综合利用产品加工等				

主要财务指标	指标＼报告期	2012.06.30	2011.12.31	2011.06.30	2010.12.31
	基本每股收益(元)	-0.2700	-0.9800	-0.1900	-0.5300
	基本每股收益(扣除后)(元)	-0.2700	-0.9500	-0.1900	-0.5800
	每股净资产(元)	-0.1600	0.1100	0.9000	1.0900
	每股经营现金净流量(元)	0.4141	0.2146	1.2126	0.7487
	每股现金流量(元)	-0.0143	0.0073	-0.0015	-0.0023
	每股资本公积金(元)	0.5275	0.5261	0.5279	0.5289
	每股盈余公积金(元)	0.3349	0.3349	0.3349	0.3349
	每股未分配利润(元)	-2.0211	-1.7510	-0.9638	-0.7736
	净资产收益率(%)	-170.2400	-888.9840	-21.1600	-48.1830
	加权净资产收益率(%)	-1077.6300	-162.5100	-19.1200	-38.8300
	净资产收益率(扣除)(%)	-	-	-	-
	总资产(万元)	734756.06	735675.91	855000.86	951017.78
	归属母公司股东权益(万元)	-17608.26	12206.68	99799.60	121033.18
	主营业务收入(万元)	227911.83	632168.67	352896.87	756140.30
	营业收入(万元)	244227.13	689918.08	370486.46	782810.14
	主营成本(万元)	224784.19	625754.26	333795.59	725534.20
	营业成本(万元)	236203.70	684009.78	358464.81	749782.39
	投资收益(万元)	-	39.43	-	306.00
	净利润(万元)	-29974.83	-108512.12	-21117.57	-58315.02
	利润总额(万元)	-29769.53	-107960.38	-21113.85	-24000.20

西藏银河科技发展股份有限公司

公司概况	公司名称	西藏银河科技发展股份有限公司			证券简称	西藏发展
	法人代表	闫清江	董秘	魏晓刚(代)	证券代码	000752
	公司网址				电子信箱	xzfz752@163.com
	电　话	0891-6389377 028-65317117			传　真	0891-6389377 028-65317117
	办公地址	西藏自治区拉萨市色拉路 36 号				
	经营范围	生产、销售啤酒、饮料、饲料、养殖业、藏红花系列产品的开发等				

主要财务指标	指标＼报告期	2012.06.30	2011.12.31	2011.06.30	2010.12.31
	基本每股收益(元)	0.0360	0.1417	0.0500	0.0573
	基本每股收益(扣除后)(元)	0.0360	0.1107	0.0490	0.0337
	每股净资产(元)	2.3830	2.3470	2.2660	2.2160
	每股经营现金净流量(元)	0.5096	1.0123	0.8349	-0.0350
	每股现金流量(元)	0.4307	-0.2021	-0.3447	-0.5836
	每股资本公积金(元)	0.0909	0.0909	0.0909	0.0909
	每股盈余公积金(元)	0.1438	0.1438	0.1438	0.1438
	每股未分配利润(元)	1.1485	1.1127	1.0310	0.9809
	净资产收益率(%)	1.5000	6.0370	2.2100	2.5846
	加权净资产收益率(%)	1.5000	6.0400	2.2100	2.5800
	净资产收益率(扣除)(%)	-	-	-	-
	总资产(万元)	114416.20	111692.41	104661.49	118979.19
	归属母公司股东权益(万元)	62859.67	61914.02	59760.88	58439.81
	主营业务收入(万元)	23082.22	43569.91	21268.71	41367.20
	营业收入(万元)	23082.22	44100.49	21268.71	41550.96
	主营成本(万元)	16413.58	31016.34	14913.93	28348.47
	营业成本(万元)	16413.58	31509.58	14913.93	28348.47
	投资收益(万元)	-506.47	-239.47	-178.41	-1052.43
	净利润(万元)	3039.40	8153.18	3254.19	5556.71
	利润总额(万元)	3782.21	9736.56	3937.48	7002.97

福建漳州发展股份有限公司

公司概况	公司名称	福建漳州发展股份有限公司			证券简称	漳州发展
	法人代表	庄文海	董秘	李勤	证券代码	000753
	公司网址	www.zzdc.com.cn			电子信箱	zzdc000753@yahoo.com.cn
	电　话	0596-2671753			传　真	0596-2671876
	办公地址	福建省漳州市胜利东路漳州发展广场 21 楼				
	经营范围	城市基础设施开发与建设、市政工程的投资与管理等				

主要财务指标	指标＼报告期	2012.06.30	2011.12.31	2011.06.30	2010.12.31
	基本每股收益(元)	0.0950	0.2400	0.1100	0.2000
	基本每股收益(扣除后)(元)	0.0850	0.0600	0.1000	-0.1360
	每股净资产(元)	2.1000	2.0000	1.8700	1.8100
	每股经营现金净流量(元)	-0.0466	0.1174	-0.1583	-0.5475
	每股现金流量(元)	-0.1965	0.5936	0.0975	-0.0709
	每股资本公积金(元)	0.6882	0.6882	0.6882	0.6882
	每股盈余公积金(元)	0.0381	0.0381	0.0066	0.0066
	每股未分配利润(元)	0.3699	0.2749	0.1717	0.1137
	净资产收益率(%)	4.5300	12.1320	5.4000	11.0100
	加权净资产收益率(%)	4.6400	12.7500	5.8300	11.6500
	净资产收益率(扣除)(%)	-	-	-	-
	总资产(万元)	274973.18	221203.30	173366.84	167501.95
	归属母公司股东权益(万元)	66304.78	63299.40	59037.71	57201.64
	主营业务收入(万元)	131317.74	213375.04	88710.32	161758.19
	营业收入(万元)	133812.19	220915.74	92540.48	165687.35
	主营成本(万元)	120002.18	194927.61	79578.38	147002.02
	营业成本(万元)	120666.20	196033.25	80102.57	148054.42
	投资收益(万元)	804.04	1579.24	1050.70	10559.75
	净利润(万元)	2973.44	7849.64	3777.45	6188.44
	利润总额(万元)	3505.56	8764.05	4291.16	7060.51

山西三维集团股份有限公司

公司概况	公司名称	山西三维集团股份有限公司			证券简称	山西三维
	法人代表	卢辉生	董秘	侯俊义	证券代码	000755
	公司网址	www.sxsanwei.com			电子信箱	sxswdsh@163.com
	电　话	0357-6663175 6663123			传　真	0357-6663566
	办公地址	山西省洪洞县赵城				
	经营范围	化工产品、化纤产品及焦炭的生产、销售及出口贸易等				

主要财务指标	指标＼报告期	2012.06.30	2011.12.31	2011.06.30	2010.12.31
	基本每股收益(元)	0.0190	0.0680	0.0750	0.0710
	基本每股收益(扣除后)(元)	0.0260	0.0500	0.0780	0.0820
	每股净资产(元)	4.7424	4.7227	4.7400	4.6542
	每股经营现金净流量(元)	0.3023	-0.1547	0.0872	-0.1413
	每股现金流量(元)	0.1119	-0.1872	-0.0822	0.4263
	每股资本公积金(元)	2.1646	2.1646	2.1645	2.1645
	每股盈余公积金(元)	0.2811	0.2811	0.2658	0.2658
	每股未分配利润(元)	1.2960	1.2770	1.2990	1.2238
	净资产收益率(%)	0.4003	1.4490	1.5860	1.5285
	加权净资产收益率(%)	0.0040	1.4600	1.5900	1.5300
	净资产收益率(扣除)(%)	-	-	-	-
	总资产(万元)	760133.08	720606.90	675097.92	630743.33
	归属母公司股东权益(万元)	222543.14	221619.57	222582.36	218405.72
	主营业务收入(万元)	354388.67	532703.43	222140.22	272549.04
	营业收入(万元)	362064.54	543924.55	226128.46	278452.64
	主营成本(万元)	333012.07	490882.28	200996.70	237794.04
	营业成本(万元)	338281.05	495564.86	203439.77	239313.13
	投资收益(万元)	35.55	89.74	24.64	38.73
	净利润(万元)	-185.56	373.27	3040.58	3220.21
	利润总额(万元)	348.63	2630.92	3895.15	3660.45

山东新华制药股份有限公司

公司概况					
公司名称	山东新华制药股份有限公司			证券简称	新华制药
法人代表	张代铭	董秘	曹长求 郭磊	证券代码	000756
公司网址	www.xhzy.com			电子信箱	cqcao@xhzy.com
电　　话	0533-2196024 2196026			传　　真	0533-2287508
办公地址	山东省淄博市高新区鲁泰大道1号				
经营范围	开发、制造及销售化学原料药、制剂、化工及其他产品				

主要财务指标：指标\报告期	2012.06.30	2011.12.31	2011.06.30	2010.12.31
基本每股收益(元)	0.0700	0.1700	0.1300	0.2100
基本每股收益(扣除后)(元)	0.0400	0.1200	0.1300	0.2200
每股净资产(元)	3.8100	3.7400	3.7500	3.6700
每股经营现金净流量(元)	-0.0922	0.2123	0.0602	0.3783
每股现金流量(元)	0.2211	-0.2189	-0.0212	0.0080
每股资本公积金(元)	1.4722	1.4421	1.4802	1.4841
每股盈余公积金(元)	0.4180	0.4180	0.4018	0.4018
每股未分配利润(元)	0.9190	0.8807	0.8635	0.7807
净资产收益率(%)	1.7900	4.4460	3.5400	5.8010
加权净资产收益率(%)	1.8100	4.4600	3.5600	5.8100
净资产收益率(扣除)(%)	-	-	-	-
总资产(万元)	339846.41	300419.02	285228.84	273956.45
归属母公司股东权益(万元)	174088.72	170993.23	171301.87	167652.35
主营业务收入(万元)	151674.10	290341.90	150156.10	257301.70
营业收入(万元)	153793.00	293752.81	152281.15	261423.36
主营成本(万元)	123957.20	235109.80	123168.30	208490.90
营业成本(万元)	126417.56	239158.10	125470.83	213369.10
投资收益(万元)	420.13	901.74	495.69	832.52
净利润(万元)	3303.48	7961.89	6210.02	10276.57
利润总额(万元)	4000.25	9321.15	7751.79	12512.84

中国有色金属建设股份有限公司

公司概况					
公司名称	中国有色金属建设股份有限公司			证券简称	中色股份
法人代表	罗涛	董秘	杜斌	证券代码	000758
公司网址	www.nfc.com.cn			电子信箱	dubin@nfc-china.com
电　　话	010-84427227			传　　真	010-84427222
办公地址	北京市朝阳区安定路10号中国有色大厦				
经营范围	从事国际工程承包、开发国内外有色金属资源、装备制造、国际技术承包等				

主要财务指标：指标\报告期	2012.06.30	2011.12.31	2011.06.30	2010.12.31
基本每股收益(元)	0.0910	0.5000	0.1680	0.0830
基本每股收益(扣除后)(元)	0.0800	0.1890	0.1660	0.0220
每股净资产(元)	3.1000	3.0900	3.3500	3.1100
每股经营现金净流量(元)	-1.0395	-0.4096	-0.1456	0.0375
每股现金流量(元)	-0.2506	0.4302	1.4561	-0.6478
每股资本公积金(元)	0.4767	0.4825	0.5733	0.5354
每股盈余公积金(元)	0.2707	0.2707	0.3248	0.3248
每股未分配利润(元)	1.4130	1.4223	1.5281	1.3366
净资产收益率(%)	2.9300	16.1947	6.0100	2.6800
加权净资产收益率(%)	2.9800	17.5800	6.2600	2.8900
净资产收益率(扣除)(%)	-	-	-	-
总资产(万元)	1447535.90	1254867.80	1207563.58	1001274.56
归属母公司股东权益(万元)	237327.82	236893.06	214094.67	198834.21
主营业务收入(万元)	524983.70	988642.66	427173.71	583952.61
营业收入(万元)	530031.22	1001675.72	436925.89	595433.21
主营成本(万元)	455637.98	844280.55	356083.58	477760.72
营业成本(万元)	458150.47	852862.99	362357.11	486082.06
投资收益(万元)	-2873.04	37228.18	2383.12	5263.53
净利润(万元)	9302.98	48830.62	20191.03	31653.09
利润总额(万元)	12215.93	70018.46	27541.73	41863.18

中百控股集团股份有限公司

公司概况					
公司名称	中百控股集团股份有限公司			证券简称	中百集团
法人代表	汪爱群	董秘	杨晓红	证券代码	000759
公司网址	www.whzb.com			电子信箱	whzbyxh@sina.com
电　　话	027-82814019 82832006			传　　真	027-82823568 82777083
办公地址	湖北省武汉市硚口区古田二路南泥湾大道65-71号汇丰企业总部8号楼B座				
经营范围	商业零售及商品的网上销售、农产品加工等				

主要财务指标：指标\报告期	2012.06.30	2011.12.31	2011.06.30	2010.12.31
基本每股收益(元)	0.2100	0.3900	0.2200	0.3700
基本每股收益(扣除后)(元)	0.2000	0.3500	0.2100	0.3200
每股净资产(元)	4.1400	3.9300	3.8800	3.6600
每股经营现金净流量(元)	0.8413	1.2230	0.5163	1.1966
每股现金流量(元)	0.0746	0.4488	0.1823	0.8114
每股资本公积金(元)	1.5793	1.5793	1.5796	1.5796
每股盈余公积金(元)	0.3116	0.3116	0.2658	0.2658
每股未分配利润(元)	1.2516	1.0416	1.0333	0.8157
净资产收益率(%)	5.0700	9.9610	5.6100	10.0640
加权净资产收益率(%)	5.2000	10.2900	5.7700	10.7200
净资产收益率(扣除)(%)	-	-	-	-
总资产(万元)	771108.58	783849.43	616314.25	586900.02
归属母公司股东权益(万元)	282112.11	267815.15	264149.04	249328.60
主营业务收入(万元)	763608.62	1306118.41	670030.08	1109104.99
营业收入(万元)	797926.25	1386436.76	703392.98	1187244.98
主营成本(万元)	-	1117151.85	-	-
营业成本(万元)	645872.72	1117151.85	570309.59	961383.54
投资收益(万元)	300.00	303.55	-	1989.25
净利润(万元)	14090.66	26571.28	14820.15	25033.17
利润总额(万元)	20957.65	39588.66	22271.82	35745.81

湖北博盈投资股份有限公司

公司概况					
公司名称	湖北博盈投资股份有限公司			证券简称	博盈投资
法人代表	杨富年	董秘	李民俊	证券代码	000760
公司网址	www.hbbothwin.com			电子信箱	liminjun2003@sohu.com
电　　话	010-84535388 808 809			传　　真	010-64666028 0716-5231009
办公地址	北京市朝阳区亮马桥路39号第一上海中心C座412室				
经营范围	汽车配件制造及销售等				

主要财务指标：指标\报告期	2012.06.30	2011.12.31	2011.06.30	2010.12.31
基本每股收益(元)	-0.0100	0.0200	0.0100	0.0200
基本每股收益(扣除后)(元)	-0.0100	0.0200	0.0100	0.0100
每股净资产(元)	0.7600	0.7700	0.7700	0.7600
每股经营现金净流量(元)	-0.1553	-0.1992	0.0565	0.0534
每股现金流量(元)	0.0034	-0.0569	0.1058	-0.0349
每股资本公积金(元)	-	-	0.0091	0.0091
每股盈余公积金(元)	0.0774	0.0774	0.0785	0.0785
每股未分配利润(元)	-0.3159	-0.3096	-0.3156	-0.3252
净资产收益率(%)	-0.8300	2.0330	0.9000	2.3520
加权净资产收益率(%)	-0.8200	2.0200	0.9000	2.2800
净资产收益率(扣除)(%)	-	-	-	-
总资产(万元)	75754.44	68668.38	52947.96	56678.31
归属母公司股东权益(万元)	18036.62	18185.64	18284.54	18056.62
主营业务收入(万元)	31123.60	42970.59	23190.63	53311.65
营业收入(万元)	31904.55	44709.28	24005.10	55063.15
主营成本(万元)	27771.96	38445.04	20020.02	46731.03
营业成本(万元)	28236.51	39596.61	23453.71	48035.23
投资收益(万元)	-	355.67	-	-
净利润(万元)	-149.02	618.36	554.46	595.53
利润总额(万元)	-136.64	255.68	554.46	1280.05

本钢板材股份有限公司

公司概况	公司名称	本钢板材股份有限公司		证券简称	本钢板材
	法人代表	张晓芳	董秘 张吉臣	证券代码	000761
	公司网址			电子信箱	bgbczjc761@126.com
	电　话	0414-7828360 7828734		传　真	0414-7824158 7827004
	办公地址	辽宁省本溪市平山区人民路16号			
	经营范围	钢铁冶炼及压延加工等			

	指标\报告期	2012.06.30	2011.12.31	2011.06.30	2010.12.31
主要财务指标	基本每股收益(元)	0.0500	0.2540	0.1900	0.2950
	基本每股收益(扣除后)(元)	0.0400	0.2040	0.1900	0.3270
	每股净资产(元)	4.9000	4.9500	4.8800	4.7900
	每股经营现金净流量(元)	0.0604	0.4252	0.3641	0.8248
	每股现金流量(元)	-0.1964	0.4655	0.4837	-0.0359
	每股资本公积金(元)	2.8134	2.8134	2.8032	2.8032
	每股盈余公积金(元)	0.2938	0.2938	0.2938	0.2938
	每股未分配利润(元)	0.7896	0.8433	0.7794	0.6895
	净资产收益率(%)	0.9500	5.1260	3.8900	6.1650
	加权净资产收益率(%)	0.9400	5.2100	3.9300	6.3500
	净资产收益率(扣除)(%)	-	-	-	-
	总资产(万元)	4138005.63	4105939.13	3929404.33	3587174.19
	归属母公司股东权益(万元)	1535895.24	1552471.45	1529221.54	1501035.93
	主营业务收入(万元)	2103737.35	4314060.07	2207961.34	4022835.73
	营业收入(万元)	2284156.98	5043185.01	2405025.67	4568775.05
	主营成本(万元)	1949090.92	3913648.83	1965485.95	3562863.90
	营业成本(万元)	2119436.39	4612771.16	2157346.00	4075703.02
	投资收益(万元)	-	63.31	-	121.07
	净利润(万元)	14489.53	79555.05	59535.66	92532.20
	利润总额(万元)	18863.31	86719.34	62836.55	100462.46

西藏矿业发展股份有限公司

公司概况	公司名称	西藏矿业发展股份有限公司		证券简称	西藏矿业
	法人代表	曾泰	董秘 王迎春	证券代码	000762
	公司网址			电子信箱	xzkydsh@sina.com
	电　话	0891-6872095 028-85355661		传　真	0891-6873132 028-85351955
	办公地址	西藏自治区拉萨市中和国际城金珠二路8号			
	经营范围	铬铁矿开采和销售、铬铁合金加工与销售、铜、锂、硼等矿的开采等			

	指标\报告期	2012.06.30	2011.12.31	2011.06.30	2010.12.31
主要财务指标	基本每股收益(元)	0.0305	0.1131	0.0784	0.1183
	基本每股收益(扣除后)(元)	0.0331	0.0916	0.0509	0.0900
	每股净资产(元)	3.9120	5.9200	5.9500	2.5000
	每股经营现金净流量(元)	0.0405	-0.4860	-0.0041	0.1742
	每股现金流量(元)	-0.0184	3.9025	3.5321	0.0480
	每股资本公积金(元)	2.4899	4.2352	4.3100	0.8527
	每股盈余公积金(元)	0.1102	0.1653	0.1523	0.1753
	每股未分配利润(元)	0.2876	0.4857	0.4620	0.4494
	净资产收益率(%)	0.7788	1.8290	1.2019	4.7300
	加权净资产收益率(%)	0.7644	2.3100	2.0300	5.0400
	净资产收益率(扣除)(%)	-	-	-	-
	总资产(万元)	261593.83	264097.94	233287.20	121981.78
	归属母公司股东权益(万元)	186191.53	187717.19	188785.72	68922.88
	主营业务收入(万元)	25089.37	55146.68	26977.47	46641.16
	营业收入(万元)	25186.36	55664.85	27116.52	46884.50
	主营成本(万元)	16918.38	40326.00	20641.81	27460.53
	营业成本(万元)	16968.88	40483.95	20704.23	27533.03
	投资收益(万元)	-114.65	-32.43	-80.74	-106.04
	净利润(万元)	1401.58	2706.31	2280.21	1009.35
	利润总额(万元)	2164.31	3439.27	2981.84	2998.49

通化金马药业集团股份有限公司

公司概况	公司名称	通化金马药业集团股份有限公司		证券简称	通化金马
	法人代表	刘立成	董秘 贾伟林	证券代码	000766
	公司网址	www.thjm.cn		电子信箱	thjmjt@163.com
	电　话	0435-3910232 3907298		传　真	0435-3907298 3910232
	办公地址	吉林省通化市江南路100-1号			
	经营范围	生产中西成药、生化制剂、营养及保健制品等			

	指标\报告期	2012.06.30	2011.12.31	2011.06.30	2010.12.31
主要财务指标	基本每股收益(元)	0.0201	0.0300	0.0326	0.0300
	基本每股收益(扣除后)(元)	0.0200	0.0200	0.0359	0.0200
	每股净资产(元)	1.3700	1.3500	1.3600	1.3300
	每股经营现金净流量(元)	-0.0537	-0.0177	-0.0317	0.0647
	每股现金流量(元)	-0.0207	-0.0078	-0.0206	-0.0469
	每股资本公积金(元)	1.9517	1.9517	1.9517	1.9517
	每股盈余公积金(元)	0.2420	0.2420	0.2420	0.2420
	每股未分配利润(元)	-1.8214	-1.8415	-1.8340	-1.8665
	净资产收益率(%)	1.4600	1.8520	2.4000	2.0170
	加权净资产收益率(%)	1.4600	1.8700	2.4000	2.0400
	净资产收益率(扣除)(%)	-	-	-	-
	总资产(万元)	88473.69	87982.17	92832.26	90259.67
	归属母公司股东权益(万元)	61614.31	60713.22	61052.22	59589.07
	主营业务收入(万元)	6918.41	18057.97	8550.62	16938.88
	营业收入(万元)	6918.41	18147.11	8550.62	16958.71
	主营成本(万元)	2984.94	7553.99	3681.08	6579.73
	营业成本(万元)	2984.94	7635.10	3681.08	6584.82
	投资收益(万元)	1775.56	1270.30	1088.94	301.97
	净利润(万元)	901.09	1124.14	1463.15	1201.85
	利润总额(万元)	1150.10	1640.77	1459.16	1105.79

山西漳泽电力股份有限公司

公司概况	公司名称	山西漳泽电力股份有限公司		证券简称	*ST漳电
	法人代表	文生元	董秘 王一峰	证券代码	000767
	公司网址	www.zhangzepower.com		电子信箱	info@zhangzepower.com
	电　话	0351-4268601 4268602		传　真	0351-4265168
	办公地址	山西省太原市五一路197号			
	经营范围	电力商品生产和销售、热力商品生产与销售、燃料、材料、电力高新技术等			

	指标\报告期	2012.06.30	2011.12.31	2011.06.30	2010.12.31
主要财务指标	基本每股收益(元)	-0.2800	-0.5900	-0.2400	-0.5700
	基本每股收益(扣除后)(元)	-0.2700	-0.6200	-0.2400	-0.7100
	每股净资产(元)	0.2700	0.5500	0.9000	1.1400
	每股经营现金净流量(元)	0.1239	-0.0486	-0.2682	-0.1015
	每股现金流量(元)	0.0444	0.1080	0.0054	0.1690
	每股资本公积金(元)	0.7358	0.7358	0.7358	0.7358
	每股盈余公积金(元)	0.2637	0.2637	0.2637	0.2637
	每股未分配利润(元)	-1.7300	-1.4495	-1.0969	-0.8595
	净资产收益率(%)	-104.0700	-107.2520	-26.3000	-49.6510
	加权净资产收益率(%)	-68.4500	-69.8100	-23.2400	-39.7800
	净资产收益率(扣除)(%)	-	-	-	-
	总资产(万元)	1233401.64	1212766.80	1207101.91	1216096.04
	归属母公司股东权益(万元)	35678.46	72807.68	119472.68	150895.67
	主营业务收入(万元)	241950.55	406296.18	211094.82	421791.86
	营业收入(万元)	242727.79	410313.49	213068.82	424827.85
	主营成本(万元)	249393.31	455530.19	226808.75	470324.02
	营业成本(万元)	249813.91	456795.16	227250.84	472821.24
	投资收益(万元)	-351.68	14139.33	4057.12	12461.72
	净利润(万元)	-38324.93	-78879.56	-31547.43	-74746.48
	利润总额(万元)	-39788.98	-80529.77	-32699.71	-63544.07

西安飞机国际航空制造股份有限公司

公司概况	公司名称	西安飞机国际航空制造股份有限公司			证券简称	西飞国际
	法人代表	唐军	董秘	王平新	证券代码	000768
	公司网址				电子信箱	panyan@xac.com.cn
	电　话	029-86846539 86846986			传　真	029-86846031
	办公地址	陕西省西安市阎良区西飞大道一号西飞国际				
	经营范围	飞机、飞行器零部件的设计、试验、生产、维修、改装、销售、服务及相关业务等				

主要财务指标	指标\报告期	2012.06.30	2011.12.31	2011.06.30	2010.12.31
	基本每股收益(元)	0.0211	0.0400	0.0056	0.1400
	基本每股收益(扣除后)(元)	0.0205	0.0300	0.0053	0.1200
	每股净资产(元)	3.8200	3.8000	3.7600	3.7500
	每股经营现金净流量(元)	-0.5950	0.0401	-0.3318	0.0449
	每股现金流量(元)	-0.6638	-0.0736	-0.3879	0.0042
	每股资本公积金(元)	2.3328	2.3328	2.3330	2.3328
	每股盈余公积金(元)	0.3204	0.3204	0.3027	0.3027
	每股未分配利润(元)	0.1649	0.1438	0.1236	0.1180
	净资产收益率(%)	0.5500	1.1470	0.1500	3.7159
	加权净资产收益率(%)	0.5500	1.1500	0.1500	3.7600
	净资产收益率(扣除)(%)	-	-	-	-
	总资产(万元)	2152283.33	2116932.01	1999080.26	2019852.35
	归属母公司股东权益(万元)	945969.51	940749.07	931402.77	929961.31
	主营业务收入(万元)	443092.24	879275.22	324714.55	1046524.03
	营业收入(万元)	446686.00	886508.37	327743.38	1053445.17
	主营成本(万元)	411742.96	810979.29	298302.59	935301.56
	营业成本(万元)	413581.57	813963.26	299608.61	938259.95
	投资收益(万元)	2452.44	2617.14	2285.47	2105.97
	净利润(万元)	4569.48	13338.70	1471.19	37721.02
	利润总额(万元)	4680.35	16537.15	1458.48	43290.37

广发证券股份有限公司

公司概况	公司名称	广发证券股份有限公司			证券简称	广发证券
	法人代表	孙树明	董秘	罗斌华	证券代码	000776
	公司网址	www.gf.com.cn			电子信箱	dshb@gf.com.cn
	电　话	020-87550265 87550565			传　真	020-87553600 87554163
	办公地址	广东省广州市天河区天河北路 183-187 号大都会广场 5 楼、18 楼、19 楼、36 楼、38 楼、39 楼、41-44 楼				
	经营范围	证券代理买卖、自营买卖、证券承销和上市推荐等业务等				

主要财务指标	指标\报告期	2012.06.30	2011.12.31	2011.06.30	2010.12.31
	基本每股收益(元)	0.2500	0.7800	0.2700	1.6200
	基本每股收益(扣除后)(元)	0.2500	0.7600	0.2700	1.4000
	每股净资产(元)	5.4200	5.3400	7.7800	7.7400
	每股经营现金净流量(元)	-0.6345	-11.0474	-9.2113	-2.2174
	每股现金流量(元)	-0.3324	-9.1432	-10.0658	-5.6815
	每股资本公积金(元)	4.1893	4.0371	0.3867	0.3798
	每股盈余公积金(元)	0.7229	0.7229	0.7751	0.7751
	每股未分配利润(元)	3.4215	3.4249	3.9907	3.9549
	净资产收益率(%)	4.5800	6.5234	6.8900	20.7564
	加权净资产收益率(%)	4.5400	8.8500	6.8300	22.8300
	净资产收益率(扣除)(%)	-	-	-	-
	总资产(万元)	8055469.71	7681075.09	7028547.22	9594658.01
	归属母公司股东权益(万元)	3207414.62	3163509.65	1949799.89	1940121.73
	主营业务收入(万元)	-	-	-	-
	营业收入(万元)	398285.77	594567.06	327080.02	1021861.45
	主营成本(万元)	-	-	-	-
	营业成本(万元)	208998.37	-	156254.97	-
	投资收益(万元)	97815.81	89489.26	75285.42	257935.25
	净利润(万元)	147802.29	205848.72	134083.87	419822.26
	利润总额(万元)	190090.80	255454.55	172015.66	568764.58

中核苏阀科技实业股份有限公司

公司概况	公司名称	中核苏阀科技实业股份有限公司			证券简称	中核科技
	法人代表	张宗列	董秘	袁德钢	证券代码	000777
	公司网址	www.chinasufa.com			电子信箱	sales2@chinasufa.com
	电　话	0512-66672245 66672006			传　真	0512-67526983 66673006
	办公地址	江苏省苏州市新区珠江路 501 号				
	经营范围	各类工业用阀门的设计、制造和销售等				

主要财务指标	指标\报告期	2012.06.30	2011.12.31	2011.06.30	2010.12.31
	基本每股收益(元)	0.1378	0.2714	0.1227	0.2583
	基本每股收益(扣除后)(元)	0.1167	0.1995	0.1157	0.2121
	每股净资产(元)	4.4712	4.4534	4.3047	4.3020
	每股经营现金净流量(元)	-0.0547	-0.2081	-0.4083	0.1621
	每股现金流量(元)	0.0776	-0.4121	-0.5369	1.0008
	每股资本公积金(元)	1.6712	1.6712	1.6712	1.6712
	每股盈余公积金(元)	0.3595	0.3595	0.3265	0.3265
	每股未分配利润(元)	1.4404	1.4226	1.3070	1.3043
	净资产收益率(%)	3.0800	6.0950	2.8500	5.7100
	加权净资产收益率(%)	3.0600	6.1200	2.8200	8.1300
	净资产收益率(扣除)(%)	-	-	-	-
	总资产(万元)	170990.48	155857.09	150240.02	143428.19
	归属母公司股东权益(万元)	95241.09	94861.90	91693.86	91636.41
	主营业务收入(万元)	38853.26	70580.52	30315.50	57966.19
	营业收入(万元)	39412.91	72790.96	31049.65	59415.39
	主营成本(万元)	28144.23	53017.23	22468.03	43314.44
	营业成本(万元)	28490.91	54838.89	23092.82	44570.63
	投资收益(万元)	1520.69	2381.21	1382.71	2184.81
	净利润(万元)	2612.80	5369.74	2420.15	5080.19
	利润总额(万元)	2887.64	5731.64	2486.49	5677.89

新兴铸管股份有限公司

公司概况	公司名称	新兴铸管股份有限公司			证券简称	新兴铸管
	法人代表	张同波	董秘	曾耀赣	证券代码	000778
	公司网址	www.xinxing-pipes.com			电子信箱	xxzg0778@163.com
	电　话	0310-5792011 5793247			传　真	0310-5796999
	办公地址	河北省武安市上洛阳村北(2672 厂区)				
	经营范围	离心球墨铸铁管及配套管件、钢铁冶炼及压延加工、铸造制品等				

主要财务指标	指标\报告期	2012.06.30	2011.12.31	2011.06.30	2010.12.31
	基本每股收益(元)	0.3560	0.7642	0.4218	0.7046
	基本每股收益(扣除后)(元)	0.2897	0.6767	0.4107	0.6292
	每股净资产(元)	5.9354	6.0822	5.7671	5.4776
	每股经营现金净流量(元)	-0.1626	0.4649	0.0642	0.1197
	每股现金流量(元)	-0.1376	0.3326	0.6503	-0.4299
	每股资本公积金(元)	2.4565	2.4592	2.4822	2.4920
	每股盈余公积金(元)	0.4145	0.3869	0.3729	0.3551
	每股未分配利润(元)	2.0644	2.2361	1.9076	1.6036
	净资产收益率(%)	6.0000	12.5650	7.3100	12.8637
	加权净资产收益率(%)	5.6900	13.1500	7.4200	13.0100
	净资产收益率(扣除)(%)	-	-	-	-
	总资产(万元)	3970588.00	3271657.88	3058811.48	2670704.43
	归属母公司股东权益(万元)	1137746.99	1165872.31	1105474.91	1049990.67
	主营业务收入(万元)	3067564.62	5222850.23	2686594.13	3741348.81
	营业收入(万元)	3085003.17	5252766.32	2699120.82	3762074.49
	主营成本(万元)	2881175.96	4807145.43	2464533.73	3414485.09
	营业成本(万元)	2897799.94	4834585.67	2475860.75	3433586.60
	投资收益(万元)	16744.49	2992.19	758.38	5029.87
	净利润(万元)	85591.71	175454.49	94850.35	154452.21
	利润总额(万元)	106147.54	220238.34	119305.50	176303.71

兰州三毛实业股份有限公司

公司概况						
公司名称	兰州三毛实业股份有限公司			证券简称	三毛派神
法人代表	阮英	董秘	单小东	证券代码	000779
公司网址	www.chinapaishen.com		电子信箱	sxd@chinapaishen.com	
电　话	0931-7515516 7551627		传　真	0931-7555200	
办公地址	甘肃省兰州市西固区玉门街486号				
经营范围	精纺呢绒系列产品的生产和销售等				

主要财务指标 指标\报告期	2012.06.30	2011.12.31	2011.06.30	2010.12.31
基本每股收益(元)	-0.0150	0.0402	-0.0350	0.0330
基本每股收益(扣除后)(元)	-0.0155	-0.1680	-0.0359	-0.1270
每股净资产(元)	1.7100	1.7200	1.6500	1.6800
每股经营现金净流量(元)	0.0227	0.0084	0.0278	0.1288
每股现金流量(元)	0.0103	0.0033	0.0280	0.1061
每股资本公积金(元)	1.7260	1.7260	1.7260	1.7260
每股盈余公积金(元)	0.1869	0.1869	0.1869	0.1869
每股未分配利润(元)	-1.2074	-1.1922	-1.2677	-1.2325
净资产收益率(%)	-0.8900	2.3370	-2.1200	1.9598
加权净资产收益率(%)	-0.8900	2.3600	-2.1200	1.9900
净资产收益率(扣除)(%)	-	-	-	-
总资产(万元)	42572.01	42845.15	45357.84	48373.97
归属母公司股东权益(万元)	31796.64	32079.44	30673.64	31329.66
主营业务收入(万元)	13436.17	25409.92	11686.28	21210.88
营业收入(万元)	13548.75	25805.78	12014.24	21661.67
主营成本(万元)	11562.22	22124.43	10026.78	18215.51
营业成本(万元)	11619.96	22350.64	10209.98	18518.36
投资收益(万元)	-	-	-	-
净利润(万元)	-282.81	749.78	-656.03	613.98
利润总额(万元)	-282.81	749.78	-656.03	613.98

内蒙古平庄能源股份有限公司

公司概况						
公司名称	内蒙古平庄能源股份有限公司			证券简称	平庄能源
法人代表	孙金国	董秘	张建忠	证券代码	000780
公司网址	www.nmgpzny.com		电子信箱	pznyzjz@163.com	
电　话	0476-3324281 3328400		传　真	0476-3328220	
办公地址	内蒙古自治区赤峰市元宝山区平庄镇哈河街平庄能源公司				
经营范围	煤炭生产、洗选加工、销售(仅限分公司经营)				

主要财务指标 指标\报告期	2012.06.30	2011.12.31	2011.06.30	2010.12.31
基本每股收益(元)	0.4000	0.8900	0.3900	0.6400
基本每股收益(扣除后)(元)	0.4100	0.8800	0.3900	0.6300
每股净资产(元)	4.7900	4.4400	3.9500	3.6100
每股经营现金净流量(元)	-0.1473	0.7707	0.1991	1.0823
每股现金流量(元)	-0.3640	0.1126	-0.3860	0.8737
每股资本公积金(元)	1.4291	1.4555	1.4555	1.4555
每股盈余公积金(元)	0.1735	0.1735	0.0844	0.0844
每股未分配利润(元)	1.6472	1.3442	0.9111	0.6660
净资产收益率(%)	8.6000	20.0200	10.1400	17.6870
加权净资产收益率(%)	8.6000	21.8100	10.1400	19.3300
净资产收益率(扣除)(%)	-	-	-	-
总资产(万元)	585572.54	545779.71	545060.92	519028.32
归属母公司股东权益(万元)	485688.34	450581.93	401066.09	366238.79
主营业务收入(万元)	164374.59	323105.84	161996.00	267180.43
营业收入(万元)	194620.76	394361.12	194369.76	322624.38
主营成本(万元)	94032.23	175631.58	98774.16	158761.54
营业成本(万元)	116449.78	231495.75	119136.29	201342.64
投资收益(万元)	-	-	-	-
净利润(万元)	40870.16	90235.75	39273.58	64775.41
利润总额(万元)	48356.76	105719.13	46365.17	76073.68

广东新会美达锦纶股份有限公司

公司概况						
公司名称	广东新会美达锦纶股份有限公司			证券简称	美达股份
法人代表	梁伟东	董秘	胡振华	证券代码	000782
公司网址	www.meidanylon.com		电子信箱	meida@meidanylon.com	
电　话	0750-6107981 6103091		传　真	0750-6107975 6103091	
办公地址	广东省江门市新会区江会路上浅口				
经营范围	锦纶6切片、纺丝、印染的生产与销售等				

主要财务指标 指标\报告期	2012.06.30	2011.12.31	2011.06.30	2010.12.31
基本每股收益(元)	0.0490	0.3200	0.1690	0.2400
基本每股收益(扣除后)(元)	0.0430	0.2800	0.1600	0.3000
每股净资产(元)	2.5300	2.5200	2.3700	2.2400
每股经营现金净流量(元)	0.0203	0.5190	-0.4321	0.6943
每股现金流量(元)	-0.2304	-0.2628	-0.1702	0.4074
每股资本公积金(元)	0.8186	0.8182	0.8189	0.8186
每股盈余公积金(元)	0.1257	0.1257	0.1124	0.1124
每股未分配利润(元)	0.5949	0.5859	0.4466	0.3176
净资产收益率(%)	1.9400	12.7790	7.1100	10.6170
加权净资产收益率(%)	1.9400	13.5100	7.3200	14.1300
净资产收益率(扣除)(%)	-	-	-	-
总资产(万元)	190839.07	236369.21	260478.26	242453.85
归属母公司股东权益(万元)	102225.08	101817.96	96069.45	90758.73
主营业务收入(万元)	197271.65	456243.80	222234.12	386427.06
营业收入(万元)	198164.26	458561.18	223764.89	389012.15
主营成本(万元)	183358.72	417376.17	201326.15	351829.61
营业成本(万元)	184069.94	419075.73	202512.60	354104.96
投资收益(万元)	457.55	183.72	178.10	320.87
净利润(万元)	2072.66	13848.99	7291.82	9904.04
利润总额(万元)	2398.32	15104.36	7979.97	10329.57

长江证券股份有限公司

公司概况						
公司名称	长江证券股份有限公司			证券简称	长江证券
法人代表	胡运钊	董秘	徐锦文	证券代码	000783
公司网址	www.cjsc.com		电子信箱	inf@cjsc.com.cn	
电　话	027-65799866		传　真	027-85481726	
办公地址	湖北省武汉市江汉区新华路特8号				
经营范围	证券代理买卖、代理证券的还本付息、分红派息等				

主要财务指标 指标\报告期	2012.06.30	2011.12.31	2011.06.30	2010.12.31
基本每股收益(元)	0.1700	0.1900	0.1800	0.5900
基本每股收益(扣除后)(元)	0.1600	0.1500	0.1600	0.5700
每股净资产(元)	5.0000	4.8500	4.9200	4.3900
每股经营现金净流量(元)	-0.4868	-4.7163	-3.6816	0.4825
每股现金流量(元)	-0.5040	-4.1039	-2.6529	-0.0165
每股资本公积金(元)	2.2443	2.1667	2.2436	1.4200
每股盈余公积金(元)	0.2720	0.2720	0.2542	0.2776
每股未分配利润(元)	0.9586	0.8877	0.9326	1.1550
净资产收益率(%)	3.4200	3.7815	3.5600	13.4646
加权净资产收益率(%)	3.4600	3.9200	3.8300	13.6900
净资产收益率(扣除)(%)	-	-	-	-
总资产(万元)	2785245.99	2866205.57	3257962.02	3577264.35
归属母公司股东权益(万元)	1185780.92	1150279.03	1166878.82	952860.29
主营业务收入(万元)				
营业收入(万元)	122773.52	186351.88	109572.56	319921.63
主营成本(万元)				
营业成本(万元)	-	-	-	-
投资收益(万元)	31536.69	15363.35	22745.60	118731.52
净利润(万元)	40528.40	43498.28	41513.39	128299.26
利润总额(万元)	54810.85	58611.03	51965.17	167554.22

武汉中商集团股份有限公司

公司概况	公司名称	武汉中商集团股份有限公司			证券简称	武汉中商
	法人代表	郝健	董秘	易国华	证券代码	000785
	公司网址	www.zhongshang.com.cn		电子信箱	whliur@163.com	
	电　　话	027-87362507 87322635		传　　真	027-87307723	
	办公地址	湖北省武汉市武昌区中南路 9 号				
	经营范围	百货、日用杂品销售、超级市场零售、物流配送、仓储服务等				

	指标\报告期	2012.06.30	2011.12.31	2011.06.30	2010.12.31
主要财务指标	基本每股收益(元)	0.2100	0.3200	0.2500	0.2700
	基本每股收益(扣除后)(元)	0.2000	0.3100	0.2400	0.2400
	每股净资产(元)	3.1100	2.9000	2.8200	2.6800
	每股经营现金净流量(元)	0.1809	1.1045	0.2675	1.4338
	每股现金流量(元)	-0.3105	0.1899	-0.2329	0.5196
	每股资本公积金(元)	0.3275	0.3275	0.3275	0.3275
	每股盈余公积金(元)	0.7987	0.7987	0.7668	0.7668
	每股未分配利润(元)	0.9821	0.7737	0.7265	0.5813
	净资产收益率(%)	6.7000	11.1820	8.6900	10.0699
	加权净资产收益率(%)	6.9400	11.8400	9.0800	10.5800
	净资产收益率(扣除)(%)	-	-	-	-
	总资产(万元)	262710.44	272614.00	253290.79	263690.49
	归属母公司股东权益(万元)	78086.65	72852.49	70864.20	67218.25
	主营业务收入(万元)	211226.80	385348.18	195418.30	349072.75
	营业收入(万元)	223850.49	410366.15	207655.75	370379.88
	主营成本(万元)	178832.52	326226.31	164305.37	296478.77
	营业成本(万元)	179895.06	328309.52	165272.34	298365.00
	投资收益(万元)	116.50	997.73	-92.02	965.06
	净利润(万元)	6095.16	9477.78	6807.71	7728.13
	利润总额(万元)	8028.85	12526.30	8975.69	9949.92

北新集团建材股份有限公司

公司概况	公司名称	北新集团建材股份有限公司			证券简称	北新建材
	法人代表	王兵	董秘	史可平	证券代码	000786
	公司网址	www.bnbm.com.cn		电子信箱	chenyu@bnbm.com.cn	
	电　　话	010-82945588*1786		传　　真	010-82915566	
	办公地址	北京市朝阳区北辰东路 8 号北辰时代大厦 29 层				
	经营范围	新型建材材料、新型墙体材料、化工产品、装饰材料、能源技术及产品等				

	指标\报告期	2012.06.30	2011.12.31	2011.06.30	2010.12.31
主要财务指标	基本每股收益(元)	0.4046	0.9090	0.3250	0.7240
	基本每股收益(扣除后)(元)	0.3830	0.8010	0.2900	0.6590
	每股净资产(元)	5.3580	5.2430	4.6620	4.5030
	每股经营现金净流量(元)	0.3025	1.9346	0.2673	1.5861
	每股现金流量(元)	-0.3121	-0.0470	-0.1418	0.2922
	每股资本公积金(元)	0.8840	0.8840	0.8862	0.8876
	每股盈余公积金(元)	0.6662	0.6662	0.6306	0.6306
	每股未分配利润(元)	2.8078	2.6932	2.1448	1.9852
	净资产收益率(%)	7.5500	17.3310	6.9600	16.0882
	加权净资产收益率(%)	7.4300	18.6400	6.9600	17.2700
	净资产收益率(扣除)(%)	-	-	-	-
	总资产(万元)	902962.10	851476.06	841694.45	735708.19
	归属母公司股东权益(万元)	308169.83	301578.16	268111.65	259006.31
	主营业务收入(万元)	298010.11	591179.93	249217.44	431903.11
	营业收入(万元)	300423.87	596912.41	252542.96	436907.68
	主营成本(万元)	227993.43	456856.83	194686.43	314512.66
	营业成本(万元)	229785.32	461077.41	197383.33	318683.87
	投资收益(万元)	136.26	440.66	-46.66	-347.05
	净利润(万元)	32351.08	75187.25	27794.86	61097.62
	利润总额(万元)	36273.59	83580.71	30755.17	65272.02

北大国际医院集团西南合成制药股份有限公司

公司概况	公司名称	北大国际医院集团西南合成制药股份有限公司			证券简称	西南合成
	法人代表	李国军	董秘	杨骁	证券代码	000788
	公司网址	www.fsspc.com		电子信箱	sspc@fsspc.com	
	电　　话	023-67525366		传　　真	023-67525300	
	办公地址	重庆市渝北区洪湖东路 9 号财富大厦 B 座 19 楼				
	经营范围	研制开发、生产销售医药原料药及制剂产品等				

	指标\报告期	2012.06.30	2011.12.31	2011.06.30	2010.12.31
主要财务指标	基本每股收益(元)	0.0900	0.1900	0.1000	0.4800
	基本每股收益(扣除后)(元)	0.0800	0.1500	0.0700	0.1400
	每股净资产(元)	1.7500	1.6800	1.4000	1.5700
	每股经营现金净流量(元)	0.0133	0.1327	0.0212	0.2864
	每股现金流量(元)	0.2132	-0.5818	0.0403	1.1490
	每股资本公积金(元)	0.3211	0.3194	0.1866	0.5007
	每股盈余公积金(元)	0.0561	0.0561	0.0426	0.0597
	每股未分配利润(元)	0.3700	0.3054	0.1753	0.6811
	净资产收益率(%)	5.0300	11.4990	5.8100	30.9171
	加权净资产收益率(%)	5.0300	12.0500	5.8100	37.8400
	净资产收益率(扣除)(%)	-	-	-	-
	总资产(万元)	305477.62	274585.81	228757.17	249019.38
	归属母公司股东权益(万元)	104129.18	100179.10	81858.74	93310.81
	主营业务收入(万元)	91448.71	193847.71	95429.62	128769.28
	营业收入(万元)	91827.97	195568.93	96101.46	180955.00
	主营成本(万元)	73179.86	153867.55	75975.83	97866.94
	营业成本(万元)	73583.22	155363.61	53120.99	142952.40
	投资收益(万元)	106.15	100.25	1.67	-5.65
	净利润(万元)	5406.64	11494.25	5796.87	28748.12
	利润总额(万元)	6530.45	13837.30	6880.31	30844.78

江西万年青水泥股份有限公司

公司概况	公司名称	江西万年青水泥股份有限公司			证券简称	江西水泥
	法人代表	刘明寿	董秘	方真	证券代码	000789
	公司网址	www.wnq.com.cn		电子信箱	wnqzqb@sohu.com	
	电　　话	0791-88120789		传　　真	0791-88160230	
	办公地址	江西省南昌市高新技术开发区京东大道 399 号				
	经营范围	硅酸盐水泥熟料及硅酸盐水泥的生产和销售				

	指标\报告期	2012.06.30	2011.12.31	2011.06.30	2010.12.31
主要财务指标	基本每股收益(元)	0.1460	1.2760	0.7490	0.3870
	基本每股收益(扣除后)(元)	0.0930	1.2180	0.6840	0.3980
	每股净资产(元)	3.7400	3.8500	3.7500	3.0800
	每股经营现金净流量(元)	0.3305	2.8732	1.3580	2.0007
	每股现金流量(元)	-1.1929	0.6592	0.3737	0.5595
	每股资本公积金(元)	1.0672	1.0672	1.4908	1.4850
	每股盈余公积金(元)	0.1162	0.1162	0.0522	0.0522
	每股未分配利润(元)	1.5588	1.6726	1.2088	0.5396
	净资产收益率(%)	3.9000	33.1170	19.4000	12.5820
	加权净资产收益率(%)	3.7600	36.4100	21.7100	13.4300
	净资产收益率(扣除)(%)	-	-	-	-
	总资产(万元)	670032.54	702783.00	704328.47	658671.00
	归属母公司股东权益(万元)	148154.12	152659.75	148536.88	121811.72
	主营业务收入(万元)	199819.98	563546.19	257013.52	379617.80
	营业收入(万元)	200704.45	564863.29	257674.85	384711.75
	主营成本(万元)	166581.69	402764.12	176803.77	302121.55
	营业成本(万元)	167090.66	404300.08	177161.58	305911.35
	投资收益(万元)	3071.37	8083.97	8083.97	4684.37
	净利润(万元)	7728.44	78306.48	46169.34	29042.16
	利润总额(万元)	11502.34	107767.48	61444.22	38623.22

成都华神集团股份有限公司

公司概况					
公司名称	成都华神集团股份有限公司			证券简称	华神集团
法人代表	周蕴瑾	董秘	曾云莎	证券代码	000790
公司网址	www.huasungrp.com		电子信箱	hsjt@huasungrp.com	
电　话	028-66616656 66616680		传　真	028-66616656	
办公地址	四川省成都市十二桥路37号新1号华神大厦A座6楼				
经营范围	高新技术产品开发生产、经营、中西制剂、原料药的生产等				

主要财务指标：指标\报告期	2012.06.30	2011.12.31	2011.06.30	2010.12.31
基本每股收益(元)	0.0296	0.0595	0.0212	0.0358
基本每股收益(扣除后)(元)	0.0317	0.0495	0.0205	0.0357
每股净资产(元)	1.4822	1.4068	1.3662	1.7077
每股经营现金净流量(元)	-0.2209	0.1714	-0.0160	0.4308
每股现金流量(元)	-0.3546	0.2760	-0.0750	0.3199
每股资本公积金(元)	0.1979	0.1521	0.1499	0.2241
每股盈余公积金(元)	0.1784	0.1777	0.1762	0.2291
每股未分配利润(元)	0.1059	0.0771	0.0401	0.2545
净资产收益率(%)	1.9900	4.2340	1.5500	2.7139
加权净资产收益率(%)	2.0800	4.4800	1.5900	2.9100
净资产收益率(扣除)(%)	-	-	-	-
总资产(万元)	80037.55	86232.34	78399.69	76946.15
归属母公司股东权益(万元)	51864.55	49226.96	47825.38	45984.96
主营业务收入(万元)	24050.84	54687.19	22754.45	48519.20
营业收入(万元)	24370.40	55151.17	23015.11	48903.34
主营成本(万元)	15073.50	37295.75	14692.79	33086.31
营业成本(万元)	15195.00	37611.98	14826.62	33285.85
投资收益(万元)	401.87	705.18	2.33	79.78
净利润(万元)	1008.05	2012.87	681.61	1204.86
利润总额(万元)	1281.49	2471.42	949.69	1569.60

西北永新化工股份有限公司

公司概况					
公司名称	西北永新化工股份有限公司			证券简称	西北化工
法人代表	康海军	董秘	元勤辉	证券代码	000791
公司网址	www.yoxin.net		电子信箱	000791lz@sina.com	
电　话	0931-4862482		传　真	0931-8497112	
办公地址	甘肃省兰州市城关区北龙口永新化工园区				
经营范围	涂料、颜料、管材生产经营及房地产及物业管理等				

主要财务指标：指标\报告期	2012.06.30	2011.12.31	2011.06.30	2010.12.31
基本每股收益(元)	0.0567	-0.0398	0.0084	0.0404
基本每股收益(扣除后)(元)	-0.0234	-0.0652	0.0089	-0.0113
每股净资产(元)	1.7190	1.6623	1.7105	1.7021
每股经营现金净流量(元)	-0.0354	0.0595	-0.0403	0.1245
每股现金流量(元)	-0.0402	-0.0096	-0.0661	0.0809
每股资本公积金(元)	0.8620	0.8620	0.8620	0.8620
每股盈余公积金(元)	0.0181	0.0181	0.0181	0.0181
每股未分配利润(元)	-0.1610	-0.2178	-0.1695	-0.1779
净资产收益率(%)	3.3600	-2.3962	0.4900	2.3753
加权净资产收益率(%)	3.3600	-2.3700	0.4900	2.4000
净资产收益率(扣除)(%)	-	-	-	-
总资产(万元)	74790.74	74799.93	74221.72	71759.04
归属母公司股东权益(万元)	32489.38	31416.84	32329.00	32169.66
主营业务收入(万元)	14841.37	29062.58	13464.75	24410.08
营业收入(万元)	15464.78	33015.47	14208.27	28935.90
主营成本(万元)	12176.70	23014.54	10961.29	20265.14
营业成本(万元)	12605.67	26593.13	11494.49	24337.07
投资收益(万元)	112.76	104.74	112.08	20.48
净利润(万元)	1158.87	-1164.78	263.21	520.82
利润总额(万元)	1162.17	-1089.03	263.21	707.13

青海盐湖工业股份有限公司

公司概况					
公司名称	青海盐湖工业股份有限公司			证券简称	盐湖股份
法人代表	安平绥	董秘	吴文好	证券代码	000792
公司网址	www.qhyhgf.com		电子信箱	yhjf0792@sina.com	
电　话	0979-8448121 8448123		传　真	0979-8434445	
办公地址	青海省格尔木市黄河路28号				
经营范围	氯化钾产品的开发、生产、销售				

主要财务指标：指标\报告期	2012.06.30	2011.12.31	2011.06.30	2010.12.31
基本每股收益(元)	0.8245	1.7917	1.0311	2.9552
基本每股收益(扣除后)(元)	0.8122	1.7644	1.0281	2.9720
每股净资产(元)	9.2897	8.5986	8.1090	14.6300
每股经营现金净流量(元)	0.5726	0.7476	1.3585	3.8900
每股现金流量(元)	0.7458	-0.5859	-0.1537	-0.0707
每股资本公积金(元)	3.7341	3.7201	3.7321	0.2715
每股盈余公积金(元)	0.6382	0.6382	0.3774	0.7820
每股未分配利润(元)	3.7265	3.0619	2.7939	3.6529
净资产收益率(%)	8.8800	18.1420	12.7200	20.2064
加权净资产收益率(%)	9.2000	19.9300	13.6000	21.9200
净资产收益率(扣除)(%)	-	-	-	-
总资产(万元)	3505072.47	2937121.23	2493439.85	2495332.56
归属母公司股东权益(万元)	1477527.56	1367615.88	1289743.73	1122550.70
主营业务收入(万元)	390360.04	672170.20	367388.97	582685.47
营业收入(万元)	391701.19	677756.31	368792.53	588315.28
主营成本(万元)	146516.59	231844.20	104713.27	187544.68
营业成本(万元)	151068.71	235184.86	106224.16	208004.19
投资收益(万元)	1000.00	81.72	97.70	480.66
净利润(万元)	146023.74	281761.17	184940.81	236886.56
利润总额(万元)	173311.63	335386.37	217495.19	279993.34

华闻传媒投资集团股份有限公司

公司概况					
公司名称	华闻传媒投资集团股份有限公司			证券简称	华闻传媒
法人代表	温子健	董秘	金日	证券代码	000793
公司网址	www.000793.com		电子信箱	hwm@000793.com	
电　话	0898-66254650 66196060		传　真	0898-66254650 66255636	
办公地址	海南省海口市海甸四东路民生大厦				
经营范围	传播与文化产业的投资、开发、管理及咨询服务、信息集成等				

主要财务指标：指标\报告期	2012.06.30	2011.12.31	2011.06.30	2010.12.31
基本每股收益(元)	0.0936	0.0854	0.0854	0.1705
基本每股收益(扣除后)(元)	0.0864	0.1682	0.0880	0.1142
每股净资产(元)	2.0500	1.9600	1.8600	1.7900
每股经营现金净流量(元)	-0.2040	0.4659	0.1941	0.4665
每股现金流量(元)	-0.1618	-0.0211	-0.0830	0.1801
每股资本公积金(元)	0.0316	0.0331	0.0362	0.0362
每股盈余公积金(元)	0.2006	0.2006	0.1805	0.1805
每股未分配利润(元)	0.8179	0.7243	0.6417	0.5763
净资产收益率(%)	4.5664	9.6040	4.5960	9.5070
加权净资产收益率(%)	4.6700	10.0400	4.6500	9.7500
净资产收益率(扣除)(%)	-	-	-	-
总资产(万元)	561246.59	522000.35	503259.43	455448.50
归属母公司股东权益(万元)	278933.48	266310.13	252769.68	243873.26
主营业务收入(万元)	177618.12	375989.39	175644.64	344591.55
营业收入(万元)	179468.69	379389.17	177437.73	347849.86
主营成本(万元)	111832.10	-	112381.18	-
营业成本(万元)	112456.49	233502.20	112381.18	230211.37
投资收益(万元)	1757.46	4319.57	-1545.74	17274.23
净利润(万元)	23553.29	50770.02	22673.21	43228.64
利润总额(万元)	30134.90	61367.49	30026.23	58894.30

太原双塔刚玉股份有限公司

公司概况						
	公司名称	太原双塔刚玉股份有限公司			证券简称	太原刚玉
	法人代表	杜建奎	董秘	周玉旺	证券代码	000795
	公司网址	www.twin-tower.com		电子信箱	tygydmc@twin-tower.com	
	电　　话	0351-4935313		传　　真	0351-4935097	
	办公地址	山西省太原市郝庄正街 62 号				
	经营范围	稀土永磁材料与制品、棕刚玉系列产品、物流设备与控制和信息系统等				

主要财务指标

指标\报告期	2012.06.30	2011.12.31	2011.06.30	2010.12.31
基本每股收益(元)	0.0700	0.4100	0.0600	0.0400
基本每股收益(扣除后)(元)	0.0600	0.4200	0.0800	-0.0800
每股净资产(元)	1.3600	1.2900	0.9500	0.8900
每股经营现金净流量(元)	-0.0551	0.1040	1.0830	-0.4057
每股现金流量(元)	0.2768	-0.0970	1.0601	-0.1030
每股资本公积金(元)	1.4462	1.4462	1.4462	1.4462
每股盈余公积金(元)	0.1114	0.1114	0.1114	0.1114
每股未分配利润(元)	-1.1927	-1.2649	-1.6117	-1.6717
净资产收益率(%)	5.2900	31.4680	6.3500	4.1100
加权净资产收益率(%)	5.4400	37.3400	6.5500	4.2000
净资产收益率(扣除)(%)	-	-	-	-
总资产(万元)	184551.83	156775.18	198089.85	142797.83
归属母公司股东权益(万元)	37783.17	35782.56	26184.22	24522.55
主营业务收入(万元)	66083.30	133689.41	58016.52	70329.50
营业收入(万元)	68974.97	137021.79	58037.62	74095.54
主营成本(万元)	51033.88	99518.38	45863.88	59911.97
营业成本(万元)	53497.84	101732.84	45880.74	62957.13
投资收益(万元)	-	-	-	2284.79
净利润(万元)	1946.19	11175.02	1623.21	1045.43
利润总额(万元)	3073.98	13839.33	1609.51	1048.66

易食集团股份有限公司

公司概况						
	公司名称	易食集团股份有限公司			证券简称	易食股份
	法人代表	田力维	董秘	祝郁文	证券代码	000796
	公司网址	www.yijituan.com		电子信箱	yuw_zhu@hnair.com	
	电　　话	010-85072301		传　　真	010-85072303	
	办公地址	北京市朝阳区建国路 108 号海航实业大厦 16 楼				
	经营范围	百货、纺织品、摩托车、普通机械、电器设备、塑料制品、化工产品及原料等				

主要财务指标

指标\报告期	2012.06.30	2011.12.31	2011.06.30	2010.12.31
基本每股收益(元)	0.0314	0.0700	0.0261	0.1217
基本每股收益(扣除后)(元)	0.0301	0.0500	0.0166	0.1100
每股净资产(元)	1.8900	1.8500	1.8200	1.7937
每股经营现金净流量(元)	0.1177	0.1720	0.0403	0.3616
每股现金流量(元)	-0.6168	1.1370	0.5654	0.1767
每股资本公积金(元)	1.3568	1.3568	1.3568	1.3585
每股盈余公积金(元)	0.2064	0.2064	0.2064	0.2064
每股未分配利润(元)	-0.6726	-0.7143	-0.7436	-0.7713
净资产收益率(%)	1.6600	3.5830	1.4300	5.5980
加权净资产收益率(%)	1.3700	2.9800	1.4400	5.5300
净资产收益率(扣除)(%)	-	-	-	-
总资产(万元)	110840.65	119521.27	100567.56	83400.53
归属母公司股东权益(万元)	46612.20	45583.73	44859.87	44222.04
主营业务收入(万元)	23892.07	45373.36	20372.48	35285.11
营业收入(万元)	26401.06	51652.65	22692.31	41298.21
主营成本(万元)	14054.18	28446.53	12400.51	23171.18
营业成本(万元)	14231.30	28868.20	12487.70	24036.65
投资收益(万元)	40.66	215.86	65.79	-58.06
净利润(万元)	1628.09	3040.04	1456.05	4651.19
利润总额(万元)	2602.33	5150.30	2464.97	5957.63

中国武夷实业股份有限公司

公司概况						
	公司名称	中国武夷实业股份有限公司			证券简称	中国武夷
	法人代表	黄建民	董秘	林金铸	证券代码	000797
	公司网址	www.chinawuyi.com.cn		电子信箱	gzb@chinawuyi.com.cn	
	电　　话	0591-83170122 83170123		传　　真	0591-83170222	
	办公地址	福建省福州市五四路 89 号置地广场 33 层				
	经营范围	投资开发、国际工程承包及外经外贸等				

主要财务指标

指标\报告期	2012.06.30	2011.12.31	2011.06.30	2010.12.31
基本每股收益(元)	0.1000	0.2000	0.0800	0.1900
基本每股收益(扣除后)(元)	0.1000	0.1300	0.0700	0.1200
每股净资产(元)	3.0800	3.0200	3.0100	3.0200
每股经营现金净流量(元)	0.3311	0.7898	0.2563	-0.0597
每股现金流量(元)	2.4038	-0.1824	-0.0445	-1.1790
每股资本公积金(元)	1.4000	1.3807	1.4753	1.5639
每股盈余公积金(元)	0.0159	0.0159	0.0033	0.0033
每股未分配利润(元)	0.6474	0.6093	0.5068	0.4225
净资产收益率(%)	3.1800	6.5870	2.8000	6.2770
加权净资产收益率(%)	3.2100	6.6000	2.8000	6.5000
净资产收益率(扣除)(%)	-	-	-	-
总资产(万元)	684820.89	562459.69	499083.81	520074.33
归属母公司股东权益(万元)	120075.79	117800.01	117128.60	117456.77
主营业务收入(万元)	72556.34	139950.33	52744.76	184461.42
营业收入(万元)	73607.64	142439.78	53701.96	188286.67
主营成本(万元)	48985.40	102574.61	36875.01	134700.84
营业成本(万元)	49442.70	104204.47	37347.94	136403.81
投资收益(万元)	-155.36	977.44	371.54	1336.69
净利润(万元)	4891.17	8649.30	3980.63	11086.38
利润总额(万元)	8272.03	13094.64	5490.32	23149.01

中水集团远洋股份有限公司

公司概况						
	公司名称	中水集团远洋股份有限公司			证券简称	中水渔业
	法人代表	吴湘峰	董秘	陈明	证券代码	000798
	公司网址	www.cofc.com.cn		电子信箱	chenming@cofc.com.cn	
	电　　话	010-88067461		传　　真	010-88067463	
	办公地址	北京市西城区西单民丰胡同 31 号中水大厦 6 层				
	经营范围	远洋水产品的捕捞、储运、加工、销售和进出口等				

主要财务指标

指标\报告期	2012.06.30	2011.12.31	2011.06.30	2010.12.31
基本每股收益(元)	0.0584	0.1900	0.0655	0.1600
基本每股收益(扣除后)(元)	-0.0845	-0.0100	0.0065	0.0700
每股净资产(元)	2.2700	2.2500	2.1300	2.1200
每股经营现金净流量(元)	-0.0338	0.1027	-0.0558	0.2088
每股现金流量(元)	-0.1241	0.0525	-0.0752	-0.1456
每股资本公积金(元)	1.0413	1.0396	1.0302	1.0302
每股盈余公积金(元)	0.1590	0.1590	0.1332	0.1332
每股未分配利润(元)	0.1532	0.1448	0.0427	0.0271
净资产收益率(%)	2.5800	8.5830	2.9100	7.3730
加权净资产收益率(%)	2.5800	8.7900	3.0800	7.5400
净资产收益率(扣除)(%)	-	-	-	-
总资产(万元)	96717.81	92425.96	82455.09	78574.41
归属母公司股东权益(万元)	72401.39	71996.54	68019.18	67857.51
主营业务收入(万元)	14207.53	34774.47	16684.94	36057.28
营业收入(万元)	14293.43	35155.87	16897.87	36448.07
主营成本(万元)	14186.63	26371.42	13316.38	24970.04
营业成本(万元)	14254.67	26849.82	13497.69	25478.47
投资收益(万元)	253.21	-921.41	-165.35	-873.69
净利润(万元)	1832.11	6081.09	2055.59	4995.21
利润总额(万元)	1827.71	6009.51	2102.04	5640.30

酒鬼酒股份有限公司

公司概况						
	公司名称	酒鬼酒股份有限公司			证券简称	酒鬼酒
	法人代表	王新国	董秘	张儒平	证券代码	000799
	公司网址	www.china000799.com		电子信箱	jgj000799@jg000799.com	
	电话	0731-88186030		传真	0731-88186005	
	办公地址	湖南省吉首市振武营酒鬼工业园				
	经营范围	生产、销售酒鬼酒系列白酒和湘泉系列白酒等				

主要财务指标	指标\报告期	2012.06.30	2011.12.31	2011.06.30	2010.12.31
	基本每股收益(元)	0.8039	0.6280	0.2008	0.2621
	基本每股收益(扣除后)(元)	0.7843	0.5620	0.1289	0.0825
	每股净资产(元)	5.0259	4.2220	2.6957	2.4949
	每股经营现金净流量(元)	0.9289	1.8688	0.6120	0.3316
	每股现金流量(元)	-0.8667	2.2591	-0.0467	0.4446
	每股资本公积金(元)	3.5739	3.5739	2.5078	2.5078
	每股盈余公积金(元)	0.6019	0.6019	0.6454	0.6454
	每股未分配利润(元)	-0.1499	-0.9538	-1.4575	-1.6583
	净资产收益率(%)	16.0000	14.0410	7.4500	10.5040
	加权净资产收益率(%)	17.3900	20.9000	7.7400	11.0900
	净资产收益率(扣除)(%)	-	-	-	-
	总资产(万元)	271179.32	214879.81	128466.70	129034.98
	归属母公司股东权益(万元)	163306.42	137184.97	81693.22	75607.46
	主营业务收入(万元)	92828.05	95948.90	39781.13	56017.67
	营业收入(万元)	92909.41	96183.00	39822.87	56048.73
	主营成本(万元)	20691.13	24352.61	10904.38	14616.61
	营业成本(万元)	20706.88	24502.34	10915.91	14621.79
	投资收益(万元)	550.25	1120.93	990.78	1192.29
	净利润(万元)	26158.05	19261.87	6085.76	7877.14
	利润总额(万元)	35227.03	20304.21	7069.90	8626.63

一汽轿车股份有限公司

公司概况						
	公司名称	一汽轿车股份有限公司			证券简称	一汽轿车
	法人代表	徐建一	董秘	王文权	证券代码	000800
	公司网址	www.fawcar.com.cn		电子信箱	fawcar0800@faw.com.cn	
	电话	0431-85781108 85781107		传真	0431-85781100	
	办公地址	吉林省长春市高新技术产业开发区蔚山路4888号				
	经营范围	轿车整车及配件的生产与销售等				

主要财务指标	指标\报告期	2012.06.30	2011.12.31	2011.06.30	2010.12.31
	基本每股收益(元)	-0.0377	0.1332	0.4938	1.1332
	基本每股收益(扣除后)(元)	-0.0428	0.1489	0.4930	1.1328
	每股净资产(元)	5.1000	5.1400	5.5000	5.3000
	每股经营现金净流量(元)	0.9870	-0.3439	-0.8652	1.4396
	每股现金流量(元)	-0.1969	-0.9297	-1.0942	0.5239
	每股资本公积金(元)	1.5321	1.5299	1.5252	1.5266
	每股盈余公积金(元)	0.6127	0.6127	0.6127	0.6127
	每股未分配利润(元)	1.9585	1.9962	2.3656	2.1630
	净资产收益率(%)	-0.7400	2.5926	8.9700	21.3720
	加权净资产收益率(%)	-0.7400	2.5500	9.1300	22.8800
	净资产收益率(扣除)(%)	-	-	-	-
	总资产(万元)	1558580.44	1628929.44	1806209.48	1767453.67
	归属母公司股东权益(万元)	830565.95	836347.23	895713.03	862958.92
	主营业务收入(万元)	1112224.90	3028837.84	1786755.66	3518249.19
	营业收入(万元)	1240117.62	3265267.33	1908048.09	3736037.70
	主营成本(万元)	932202.04	2532062.79	1430125.59	2766148.35
	营业成本(万元)	1018616.09	2726825.19	1541613.95	2957742.47
	投资收益(万元)	8696.98	14142.87	7188.24	10445.64
	净利润(万元)	-17960.52	19165.57	80189.17	189874.69
	利润总额(万元)	-17588.67	19518.31	91955.54	223690.12

四川九洲电器股份有限公司

公司概况						
	公司名称	四川九洲电器股份有限公司			证券简称	四川九洲
	法人代表	霞晖	董秘	程晓伟	证券代码	000801
	公司网址	www.jiuzhoutech.com		电子信箱	dsb@jiuzhoutech.com	
	电话	0816-2312421 2336252		传真	0816-2336335	
	办公地址	四川省绵阳市九洲大道259号				
	经营范围	电子音响设备、卫星电视接收系统、整机装饰件的制造、加工销售和安装等				

主要财务指标	指标\报告期	2012.06.30	2011.12.31	2011.06.30	2010.12.31
	基本每股收益(元)	0.0881	0.1429	0.0629	0.1239
	基本每股收益(扣除后)(元)	0.0756	0.1081	0.0388	0.0559
	每股净资产(元)	2.1748	2.0865	2.0030	3.8801
	每股经营现金净流量(元)	-0.7287	-0.3419	-0.4451	0.9981
	每股现金流量(元)	0.6105	-0.3545	-0.6817	0.2986
	每股资本公积金(元)	0.3044	0.3044	0.3044	1.6087
	每股盈余公积金(元)	0.0832	0.0832	0.0832	0.1664
	每股未分配利润(元)	0.7875	0.6994	0.6154	1.1050
	净资产收益率(%)	4.0500	6.8490	3.1400	6.3855
	加权净资产收益率(%)	4.1400	7.1000	3.1900	6.4400
	净资产收益率(扣除)(%)	-	-	-	-
	总资产(万元)	269329.41	211010.27	191209.12	233704.62
	归属母公司股东权益(万元)	82639.00	79285.78	76109.85	73720.46
	主营业务收入(万元)	111771.27	221117.93	104206.33	330561.70
	营业收入(万元)	112003.06	223473.01	104815.43	332827.64
	主营成本(万元)	90366.72	186609.61	89419.46	293587.77
	营业成本(万元)	90579.03	188644.56	89763.98	295821.23
	投资收益(万元)	30.50	229.99	152.85	127.85
	净利润(万元)	3601.31	6004.78	2472.89	5276.39
	利润总额(万元)	3970.99	6745.30	2870.39	6129.17

北京京西风光旅游开发股份有限公司

公司概况						
	公司名称	北京京西风光旅游开发股份有限公司			证券简称	北京旅游
	法人代表	丁江勇	董秘	李麟	证券代码	000802
	公司网址	www.bj-tour.com.cn		电子信箱	000802@ibjtour.com	
	电话	010-60869807 60869802		传真	010-60869910	
	办公地址	北京市门头沟区石龙工业区泰安路5号				
	经营范围	旅游项目投资及管理、旅游开发服务、生产销售旅游产品、酒店客房等				

主要财务指标	指标\报告期	2012.06.30	2011.12.31	2011.06.30	2010.12.31
	基本每股收益(元)	0.0500	0.0511	0.0400	0.0332
	基本每股收益(扣除后)(元)	0.0500	0.0362	0.0400	-0.0228
	每股净资产(元)	4.2900	4.2600	4.2500	1.9348
	每股经营现金净流量(元)	0.0349	0.0594	0.0402	0.3884
	每股现金流量(元)	-0.2865	0.9080	1.9688	-0.1106
	每股资本公积金(元)	3.3332	3.3332	3.3376	1.0916
	每股盈余公积金(元)	0.0318	0.0318	0.0287	0.0391
	每股未分配利润(元)	-0.0704	-0.1002	-0.1135	-0.1959
	净资产收益率(%)	1.1600	1.0920	0.7200	1.7169
	加权净资产收益率(%)	1.1600	1.4100	1.0800	1.7300
	净资产收益率(扣除)(%)	-	-	-	-
	总资产(万元)	93652.40	94762.84	87486.78	46772.53
	归属母公司股东权益(万元)	80518.00	79960.47	79735.73	26602.23
	主营业务收入(万元)	8397.74	17134.36	8882.83	15790.56
	营业收入(万元)	8579.64	17630.90	9336.01	16535.23
	主营成本(万元)	3445.13	7314.85	3827.82	7257.34
	营业成本(万元)	3445.13	7314.85	3827.82	7257.34
	投资收益(万元)	0.22	21.24	20.66	393.56
	净利润(万元)	1021.04	926.98	570.67	446.34
	利润总额(万元)	1209.02	1139.40	570.67	631.64

四川金宇汽车城(集团)股份有限公司

公司概况	公司名称	四川金宇汽车城(集团)股份有限公司			证券简称	金宇车城
	法人代表	胡先林	董秘	罗雄飞	证券代码	000803
	公司网址	www.scjycc.com		电子信箱	scjymy@vip.sina.com	
	电　　话	0817-2198989 6170888		传　　真	0817-6170777	
	办公地址	四川省南充市嘉陵区春江路二段9号				
	经营范围	汽车贸易、二手车交易、摩托车交易、汽车(摩托车)配件研发制造、维修等				

	指标\报告期	2012.06.30	2011.12.31	2011.06.30	2010.12.31
主要财务指标	基本每股收益(元)	-0.0700	0.0263	-0.0500	-0.1399
	基本每股收益(扣除后)(元)	-0.0700	-0.1096	-0.0500	0.0039
	每股净资产(元)	0.8600	0.9300	0.8800	0.8900
	每股经营现金净流量(元)	-0.0934	-0.1090	0.0106	0.0150
	每股现金流量(元)	-0.2111	0.1808	0.0529	-0.0237
	每股资本公积金(元)	0.0360	0.0360	0.0148	0.0148
	每股盈余公积金(元)	0.1887	0.1887	0.1887	0.1887
	每股未分配利润(元)	-0.3607	-0.2908	-0.3247	-0.3171
	净资产收益率(%)	-8.0900	2.8110	-5.0000	-15.7870
	加权净资产收益率(%)	-7.7400	2.8800	-5.4200	-14.6300
	净资产收益率(扣除)(%)	-	-	-	-
	总资产(万元)	26385.65	27429.42	21894.86	21327.57
	归属母公司股东权益(万元)	11034.95	11928.16	11224.47	11321.92
	主营业务收入(万元)	4860.09	8464.06	3507.41	6612.39
	营业收入(万元)	5020.42	8896.09	3694.04	7027.99
	主营成本(万元)	4852.95	8387.07	3486.68	5095.89
	营业成本(万元)	4969.23	8572.27	3574.93	5301.66
	投资收益(万元)	3.58	-27.02	0.06	0.10
	净利润(万元)	-905.71	326.71	-605.22	-1816.59
	利润总额(万元)	-903.37	321.94	-605.22	-1957.70

北海银河高科技产业股份有限公司

公司概况	公司名称	北海银河高科技产业股份有限公司			证券简称	*ST银河
	法人代表	唐新林	董秘	卢安军	证券代码	000806
	公司网址	www.yinhetech.com		电子信箱	yhtech@yinhetech.com	
	电　　话	0779-3202636		传　　真	0779-3926916	
	办公地址	广西壮族自治区北海市银河软件科技园综合办公楼				
	经营范围	输配电、控制设备制造及电子信息业等				

	指标\报告期	2012.06.30	2011.12.31	2011.06.30	2010.12.31
主要财务指标	基本每股收益(元)	0.0100	-0.2551	0.0037	-0.1060
	基本每股收益(扣除后)(元)	0.0042	-0.3129	-0.0541	-0.1552
	每股净资产(元)	1.2100	1.1600	1.6005	1.4491
	每股经营现金净流量(元)	0.3287	0.3674	0.1659	0.3598
	每股现金流量(元)	-0.2095	-0.0246	-0.0653	0.0220
	每股资本公积金(元)	0.6285	0.5812	0.7384	0.6190
	每股盈余公积金(元)	0.1329	0.1329	0.1329	0.1329
	每股未分配利润(元)	-0.5479	-0.5579	-0.2708	-0.3028
	净资产收益率(%)	0.8200	-22.0640	0.2300	-7.3180
	加权净资产收益率(%)	0.8400	-19.5800	0.2400	-6.7800
	净资产收益率(扣除)(%)	-	-	-	-
	总资产(万元)	215676.65	253956.04	290929.87	290136.80
	归属母公司股东权益(万元)	84846.76	80846.23	111907.83	101321.86
	主营业务收入(万元)	50765.82	90946.85	40882.79	93293.76
	营业收入(万元)	51727.94	95757.61	41842.96	97670.42
	主营成本(万元)	39311.66	80240.64	31632.44	70778.66
	营业成本(万元)	39723.50	81792.43	31754.43	74010.21
	投资收益(万元)	40.71	4465.29	4553.77	2340.86
	净利润(万元)	781.11	-18755.08	276.27	-7177.93
	利润总额(万元)	1425.84	-19110.23	357.83	-8385.98

云南铝业股份有限公司

公司概况	公司名称	云南铝业股份有限公司			证券简称	云铝股份
	法人代表	田永	董秘	张文伟	证券代码	000807
	公司网址	www.ylgf.com		电子信箱	stock@ylgf.com	
	电　　话	0871-7455858 7455268		传　　真	0871-7455605	
	办公地址	云南省昆明市呈贡县				
	经营范围	铝冶炼和铝加工产品的生产和销售等				

	指标\报告期	2012.06.30	2011.12.31	2011.06.30	2010.12.31
主要财务指标	基本每股收益(元)	-0.0160	0.0630	0.0200	0.0200
	基本每股收益(扣除后)(元)	-0.0600	0.0420	0.0100	-0.0090
	每股净资产(元)	2.5600	2.6000	3.3300	2.5600
	每股经营现金净流量(元)	0.5161	0.5665	-0.0441	-0.1854
	每股现金流量(元)	-0.4797	0.0309	-0.3196	0.3626
	每股资本公积金(元)	1.2300	1.2268	1.8972	1.8975
	每股盈余公积金(元)	0.2061	0.2061	0.2620	0.2620
	每股未分配利润(元)	0.1202	0.1665	0.1671	0.1707
	净资产收益率(%)	-0.6400	2.4180	0.7960	0.7700
	加权净资产收益率(%)	-0.6300	2.4400	0.7900	0.7700
	净资产收益率(扣除)(%)	-	-	-	-
	总资产(万元)	1671456.45	1487659.44	1270489.70	1188938.50
	归属母公司股东权益(万元)	393944.05	400088.08	393833.65	394288.45
	主营业务收入(万元)	347673.77	767916.77	386235.56	679281.53
	营业收入(万元)	400549.87	800612.54	399109.27	732578.78
	主营成本(万元)	321275.40	688925.96	348590.17	625170.42
	营业成本(万元)	373534.95	718746.03	360990.61	677552.90
	投资收益(万元)	-326.70	404.39	178.57	1588.59
	净利润(万元)	-2137.77	12017.26	3893.13	4888.78
	利润总额(万元)	-710.72	14730.91	5061.17	5945.84

铁岭新城投资控股股份有限公司

公司概况	公司名称	铁岭新城投资控股股份有限公司			证券简称	铁岭新城
	法人代表	韩广林	董秘	迟峰	证券代码	000809
	公司网址			电子信箱	tlxc809@163.com	
	电　　话	024-74997822 028-74997889		传　　真	028-87509860 74997890	
	办公地址	辽宁省铁岭市凡河新区金沙江路11号				
	经营范围	区域土地征用、市政基础设施建设、土地开发、项目开发、投资、管理咨询				

	指标\报告期	2012.06.30	2011.12.31	2011.06.30	2010.12.31
主要财务指标	基本每股收益(元)	0.0009	2.3200	-0.0250	1.8400
	基本每股收益(扣除后)(元)	-0.0009	2.3200	-0.0322	1.8400
	每股净资产(元)	3.8300	5.7500	1.1280	5.3600
	每股经营现金净流量(元)	-0.5353	2.0232	-0.0804	2.2957
	每股现金流量(元)	-0.2350	0.9192	-0.1058	-1.5898
	每股资本公积金(元)	0.0582	0.5873	0.2572	0.2575
	每股盈余公积金(元)	0.2339	1.1226	0.0577	0.8401
	每股未分配利润(元)	2.5419	12.1963	-0.1868	7.4613
	净资产收益率(%)	0.0159	28.8000	-2.2246	-
	加权净资产收益率(%)	0.0200	36.4000	-2.2000	41.3700
	净资产收益率(扣除)(%)	-	-	-	-
	总资产(万元)	363205.06	350959.31	23953.58	320962.99
	归属母公司股东权益(万元)	210814.23	210780.62	12924.19	135109.64
	主营业务收入(万元)	9864.55	139054.31	7935.42	109913.19
	营业收入(万元)	10178.15	140274.52	7999.50	110325.95
	主营成本(万元)	4635.01	45828.40	2334.67	43854.18
	营业成本(万元)	5286.66	47081.34	2334.67	4032.08
	投资收益(万元)	-	-	-	-
	净利润(万元)	33.61	60704.70	-319.01	46315.78
	利润总额(万元)	778.86	82476.01	-287.59	62079.27

华润锦华股份有限公司

公司概况	公司名称	华润锦华股份有限公司		证券简称	华润锦华
	法人代表	向明	董秘 蔡惠鹏	证券代码	000810
	公司网址	www.hrjh.com.cn		电子信箱	hrjh@hrjh.com.cn
	电话	0825-2287329 2282974		传真	0825-2283399
	办公地址	四川省遂宁市城区遂州中路309号			
	经营范围	纺纱、织布、纺织品制造、销售等			

主要财务指标	指标\报告期	2012.06.30	2011.12.31	2011.06.30	2010.12.31
	基本每股收益(元)	-0.0222	0.4306	0.2987	0.6327
	基本每股收益(扣除后)(元)	-0.0224	0.3996	0.2953	0.6307
	每股净资产(元)	3.7600	3.9400	3.7800	3.7100
	每股经营现金净流量(元)	0.4248	0.6378	0.1257	0.7818
	每股现金流量(元)	-0.0968	0.1614	-0.1113	0.1976
	每股资本公积金(元)	0.7605	0.7605	0.7605	0.7605
	每股盈余公积金(元)	0.2114	0.2114	0.1989	0.1989
	每股未分配利润(元)	1.7918	1.9639	1.8164	1.7458
	净资产收益率(%)	-0.5900	10.9410	7.9100	17.0770
	加权净资产收益率(%)	-0.5800	11.2700	7.9900	18.5300
	净资产收益率(扣除)(%)	-	-	-	-
	总资产(万元)	126761.72	130218.11	129295.09	115526.23
	归属母公司股东权益(万元)	48800.83	51033.22	48959.19	48043.18
	主营业务收入(万元)	56156.42	122517.78	64043.16	110154.80
	营业收入(万元)	57038.39	124399.63	65073.10	111212.47
	主营成本(万元)	49108.61	100351.64	50277.30	89881.60
	营业成本(万元)	50102.46	102319.88	51344.40	91231.05
	投资收益(万元)	0.81	469.67	28.31	29.32
	净利润(万元)	661.07	7520.34	4491.57	9534.52
	利润总额(万元)	947.70	7761.05	7137.54	12142.89

烟台冰轮股份有限公司

公司概况	公司名称	烟台冰轮股份有限公司		证券简称	烟台冰轮
	法人代表	于元波	董秘 孙秀欣	证券代码	000811
	公司网址	www.yantaimoon.cn		电子信箱	zqb@yantaimoon.cn
	电话	0535-6697075 6243558		传真	0535-6243558
	办公地址	山东省烟台市芝罘区冰轮路1号			
	经营范围	制冷空调设备、机械设备零配件、塑料制品(不含农膜)、装饰材料等			

主要财务指标	指标\报告期	2012.06.30	2011.12.31	2011.06.30	2010.12.31
	基本每股收益(元)	0.2400	0.4000	0.2000	0.3600
	基本每股收益(扣除后)(元)	0.2400	0.4000	0.2100	0.3400
	每股净资产(元)	2.8900	2.7100	2.9400	1.7900
	每股经营现金净流量(元)	0.1567	0.1798	0.0492	0.4325
	每股现金流量(元)	-0.0383	0.0168	0.1637	0.0530
	每股资本公积金(元)	0.8430	0.8118	1.2472	0.2237
	每股盈余公积金(元)	0.3300	0.3300	0.2868	0.4302
	每股未分配利润(元)	0.7421	0.6008	0.4481	1.0666
	净资产收益率(%)	8.3600	14.7570	7.5200	19.9860
	加权净资产收益率(%)	8.5300	17.7800	10.7900	21.5200
	净资产收益率(扣除)(%)	-	-	-	-
	总资产(万元)	221749.82	228569.86	245727.46	171877.60
	归属母公司股东权益(万元)	113926.90	106839.41	116178.03	70462.97
	主营业务收入(万元)	75718.55	167309.05	74197.06	117934.58
	营业收入(万元)	78085.59	170251.24	75560.74	120212.76
	主营成本(万元)	58382.39	126752.45	55795.25	87895.05
	营业成本(万元)	60009.66	128500.68	56703.37	56696.33
	投资收益(万元)	7051.62	8043.09	4474.26	9543.83
	净利润(万元)	9630.61	15744.16	8224.02	13023.15
	利润总额(万元)	10175.23	17239.29	8831.45	13954.63

陕西金叶科教集团股份有限公司

公司概况	公司名称	陕西金叶科教集团股份有限公司		证券简称	陕西金叶
	法人代表	袁汉源	董秘 赵天骄	证券代码	000812
	公司网址	www.jinyegroup.cn		电子信箱	zhaotj_812@126.com
	电话	029-81778569 81778550		传真	029-81778533
	办公地址	陕西省西安市锦业路1号都市之门B座19层			
	经营范围	烟标及卷烟过滤材料生产销售、教育产业等			

主要财务指标	指标\报告期	2012.06.30	2011.12.31	2011.06.30	2010.12.31
	基本每股收益(元)	0.0509	0.1620	0.0503	0.1270
	基本每股收益(扣除后)(元)	0.0500	0.1350	0.0503	0.1230
	每股净资产(元)	1.5300	1.5140	1.4130	1.6480
	每股经营现金净流量(元)	-0.2348	0.1812	0.0243	0.3270
	每股现金流量(元)	-0.2647	0.1840	-0.1374	0.1992
	每股资本公积金(元)	0.0341	0.0341	0.0341	0.1409
	每股盈余公积金(元)	0.1577	0.1577	0.1510	0.1811
	每股未分配利润(元)	0.3380	0.3220	0.2283	0.3256
	净资产收益率(%)	3.3293	9.9600	3.5577	7.7052
	加权净资产收益率(%)	3.3087	10.4500	3.5962	8.0400
	净资产收益率(扣除)(%)	-	-	-	-
	总资产(万元)	127153.21	131762.11	110596.69	115673.54
	归属母公司股东权益(万元)	68439.94	67726.86	63228.88	61426.10
	主营业务收入(万元)	24874.45	53219.58	24250.69	45755.30
	营业收入(万元)	25254.44	54104.61	24656.11	46371.73
	主营成本(万元)	16491.88	34244.86	16187.66	30268.43
	营业成本(万元)	16491.88	34402.10	16187.66	30542.21
	投资收益(万元)	96.08	280.01	197.01	-3.39
	净利润(万元)	3645.89	8600.48	3058.60	6314.71
	利润总额(万元)	3935.47	9692.97	3244.24	7046.73

新疆天山毛纺织股份有限公司

公司概况	公司名称	新疆天山毛纺织股份有限公司		证券简称	天山纺织
	法人代表	武宪章	董秘 武宪章(代)	证券代码	000813
	公司网址	www.chinatianshan.com		电子信箱	stock@chinatianshan.com
	电话	0991-4336068 4336069		传真	0991-4310472 4310456
	办公地址	新疆维吾尔自治区乌鲁木齐市银川路235号			
	经营范围	羊绒纱、羊绒衫、羊毛衫及混纺衫的生产销售等			

主要财务指标	指标\报告期	2012.06.30	2011.12.31	2011.06.30	2010.12.31
	基本每股收益(元)	-0.0438	0.0096	-0.0115	0.0200
	基本每股收益(扣除后)(元)	-0.0454	-0.0586	-0.0219	0.0001
	每股净资产(元)	1.1000	1.1400	1.1200	1.1300
	每股经营现金净流量(元)	-0.0311	-0.0482	-0.0226	-0.1109
	每股现金流量(元)	-0.2071	-0.1207	0.0218	0.1391
	每股资本公积金(元)	1.4394	1.4394	1.4394	1.4394
	每股盈余公积金(元)	0.1275	0.1275	0.1275	0.1275
	每股未分配利润(元)	-1.4623	-1.4185	-1.4395	-1.4280
	净资产收益率(%)	-4.0000	0.8360	-1.0200	1.5351
	加权净资产收益率(%)	-3.9200	0.8400	-1.0200	1.5400
	净资产收益率(扣除)(%)	-	-	-	-
	总资产(万元)	58850.82	66882.36	69238.49	63931.26
	归属母公司股东权益(万元)	39879.37	41520.96	40771.99	41188.74
	主营业务收入(万元)	12867.20	29633.99	13738.63	28934.38
	营业收入(万元)	13132.92	30075.71	13950.88	29663.37
	主营成本(万元)	11563.47	23725.62	10973.65	21205.88
	营业成本(万元)	11661.64	23934.54	11039.90	21345.73
	投资收益(万元)	-	318.41	-	64.11
	净利润(万元)	-1600.01	389.60	-406.86	548.93
	利润总额(万元)	-1560.62	489.47	-307.56	598.09

中冶美利纸业股份有限公司

公司概况

公司名称	中冶美利纸业股份有限公司			证券简称	*ST 美利
法人代表	高景春	董秘	邵进华	证券代码	000815
公司网址	www.china-meili.com			电子信箱	yky1662@126.com
电　　话	0955-7679334 7078069			传　　真	0955-7679216 7679339
办公地址	宁夏回族自治区中卫市城区柔远镇				
经营范围	机制纸、板纸、加工纸等中、高档文化用纸及生活用纸的生产、经营等				

主要财务指标

指标＼报告期	2012.06.30	2011.12.31	2011.06.30	2010.12.31
基本每股收益(元)	-0.2500	-0.6000	-0.1700	-0.3700
基本每股收益(扣除后)(元)	-0.2500	-0.6200	-0.1900	-0.1800
每股净资产(元)	1.7700	2.0200	2.4500	2.6200
每股经营现金净流量(元)	-0.3196	0.2528	-0.2024	0.8268
每股现金流量(元)	-0.1944	0.0187	0.0064	-0.0801
每股资本公积金(元)	0.9584	0.9584	0.9583	0.9583
每股盈余公积金(元)	0.2179	0.2179	0.2179	0.2179
每股未分配利润(元)	-0.4030	-0.1535	0.2750	0.4454
净资产收益率(%)	-13.1400	-29.6107	-6.7200	-14.1825
加权净资产收益率(%)	-13.1400	-25.7900	-6.7200	-14.1000
净资产收益率(扣除)(%)	-	-	-	-
总资产(万元)	385785.73	390532.91	394562.55	386456.32
归属母公司股东权益(万元)	56177.76	64079.74	77654.59	83053.45
主营业务收入(万元)	46851.07	112263.22	61935.15	114780.88
营业收入(万元)	47604.35	114146.61	62727.83	116549.46
主营成本(万元)	43453.46	106021.48	56306.46	100275.28
营业成本(万元)	43963.23	107614.45	56961.86	101683.31
投资收益(万元)	-1.78	-74.15	-0.91	2.32
净利润(万元)	-7980.34	-19046.78	-5448.60	-11576.76
利润总额(万元)	-8010.14	-18976.93	-5158.27	-11386.54

江苏江淮动力股份有限公司

公司概况

公司名称	江苏江淮动力股份有限公司			证券简称	江淮动力
法人代表	胡尔广	董秘	王乃强	证券代码	000816
公司网址	www.jdchina.com		电子信箱	jhdl000816@sina.com	
电　　话	0515-88881908		传　　真	0515-88881816	
办公地址	江苏省盐城市环城西路 213 号				
经营范围	内燃机、发电机、电动机、水泵、榨油机、农业机械制造等				

主要财务指标

指标＼报告期	2012.06.30	2011.12.31	2011.06.30	2010.12.31
基本每股收益(元)	0.0450	0.0561	0.0359	0.1406
基本每股收益(扣除后)(元)	0.0445	0.0466	0.0304	0.0274
每股净资产(元)	1.9400	1.9100	1.8800	1.6400
每股经营现金净流量(元)	0.0390	0.1479	0.0521	0.1875
每股现金流量(元)	-0.2563	0.8011	0.7353	0.0701
每股资本公积金(元)	0.3845	0.3845	0.3847	0.0231
每股盈余公积金(元)	0.0668	0.0668	0.0647	0.0832
每股未分配利润(元)	0.4975	0.4625	0.4441	0.5398
净资产收益率(%)	2.3200	2.8960	1.8200	9.9630
加权净资产收益率(%)	2.3400	3.0900	2.0600	10.4000
净资产收益率(扣除)(%)	-	-	-	-
总资产(万元)	440839.81	467489.05	330728.51	274324.06
归属母公司股东权益(万元)	211408.80	207518.66	205175.83	138456.29
主营业务收入(万元)	133936.28	246139.99	129270.97	224521.11
营业收入(万元)	138107.75	252706.84	131759.91	231009.61
主营成本(万元)	116130.77	210166.03	113188.98	194700.65
营业成本(万元)	120045.08	216005.09	115503.99	200406.44
投资收益(万元)	300.59	1025.18	328.97	13185.70
净利润(万元)	4515.33	6741.19	3571.44	13223.09
利润总额(万元)	4979.00	7456.56	3812.77	15631.00

方大锦化化工科技股份有限公司

公司概况

公司名称	方大锦化化工科技股份有限公司			证券简称	方大化工
法人代表	易风林	董秘	张晓东	证券代码	000818
公司网址			电子信箱	fdhgzqb@126.com	
电　　话	0429-2709065 2709000		传　　真	0429-2901152	
办公地址	辽宁省葫芦岛市连山区化工街				
经营范围	烧碱、氯、氯化苯、盐酸、环氧丙烷、聚醚、丙二醇、聚氯乙烯等化工产品的生产与销售等				

主要财务指标

指标＼报告期	2012.06.30	2011.12.31	2011.06.30	2010.12.31
基本每股收益(元)	0.0253	0.1743	0.1481	1.7051
基本每股收益(扣除后)(元)	-0.0179	0.0850	0.1067	-0.0264
每股净资产(元)	2.9100	2.8800	2.8500	5.6200
每股经营现金净流量(元)	-0.0848	0.2977	-0.0231	-0.0573
每股现金流量(元)	-0.1130	-0.2740	-0.3789	0.8265
每股资本公积金(元)	1.8268	1.8268	1.8230	4.8539
每股盈余公积金(元)	0.0540	0.0540	0.0538	0.1080
每股未分配利润(元)	0.0281	0.0029	-0.0276	-0.3429
净资产收益率(%)	0.8700	6.0450	5.1300	60.6927
加权净资产收益率(%)	0.8700	7.3300	5.1400	269.4200
净资产收益率(扣除)(%)	-	-	-	-
总资产(万元)	260864.42	264870.51	244555.09	282373.02
归属母公司股东权益(万元)	197809.92	196089.20	193744.10	191044.01
主营业务收入(万元)	129142.96	290449.77	136896.78	168197.43
营业收入(万元)	132010.46	297069.27	142290.79	182058.59
主营成本(万元)	121181.28	263853.04	121180.25	176728.45
营业成本(万元)	123317.53	269904.09	125782.80	191184.72
投资收益(万元)	-	-1983.69	-367.34	-957.54
净利润(万元)	1982.03	12166.12	10218.67	115954.44
利润总额(万元)	1843.58	11654.85	9426.50	116482.15

岳阳兴长石化股份有限公司

公司概况

公司名称	岳阳兴长石化股份有限公司			证券简称	岳阳兴长
法人代表	侯勇	董秘	谭人杰	证券代码	000819
公司网址	www.yyxc0819.com		电子信箱	yyxczqbu@163.com	
电　　话	0730-8844890 8452599		传　　真	0730-8844930	
办公地址	湖南省岳阳市云溪区				
经营范围	开发、生产、销售石油化工产品(不含成品油)、塑料及其制品等				

主要财务指标

指标＼报告期	2012.06.30	2011.12.31	2011.06.30	2010.12.31
基本每股收益(元)	0.1260	0.1800	0.0850	0.2230
基本每股收益(扣除后)(元)	0.1250	0.1780	0.0850	0.2180
每股净资产(元)	2.5500	2.5230	2.4100	2.5970
每股经营现金净流量(元)	0.0146	0.3361	0.1345	0.3392
每股现金流量(元)	-0.0859	0.1839	0.0925	0.0124
每股资本公积金(元)	0.3882	0.3882	0.3882	0.4270
每股盈余公积金(元)	0.5897	0.5897	0.5686	0.6272
每股未分配利润(元)	0.5711	0.5447	0.4556	0.5431
净资产收益率(%)	4.9600	7.1200	3.6400	8.5680
加权净资产收益率(%)	4.9200	7.5000	3.5720	9.3400
净资产收益率(扣除)(%)	-	-	-	-
总资产(万元)	60748.38	59783.35	61123.67	58305.23
归属母公司股东权益(万元)	54314.12	53751.63	51403.02	50311.98
主营业务收入(万元)	103165.28	155359.80	65712.78	162418.78
营业收入(万元)	104319.74	155406.82	65725.74	162495.42
主营成本(万元)	96386.01	143843.49	60642.86	149347.74
营业成本(万元)	97531.21	143869.97	60653.95	149375.83
投资收益(万元)	-126.07	-234.81	-191.09	-94.67
净利润(万元)	2693.32	3956.49	1816.10	3409.83
利润总额(万元)	3685.25	5659.67	2727.51	5195.50

湖北京山轻工机械股份有限公司

公司概况	公司名称	湖北京山轻工机械股份有限公司			证券简称	京山轻机	
	法人代表	孙友元	董秘	谢杏平	证券代码	000821	
	公司网址	www.jspackmach.com			电子信箱	jsqj000821@jspackmach.com	
	电　　话	0724-7210972			传　　真	0724-7210972	
	办公地址	湖北省荆门市京山县经济技术开发区轻机工业园					
	经营范围	纸制品包装机械、印刷机械的生产、销售					

主要财务指标	指标＼报告期	2012.06.30	2011.12.31	2011.06.30	2010.12.31
	基本每股收益(元)	−0.0750	0.0100	0.0210	0.0900
	基本每股收益(扣除后)(元)	−0.1030	0.0275	0.0430	0.0296
	每股净资产(元)	3.2500	3.3300	3.3400	3.3600
	每股经营现金净流量(元)	0.1569	−0.2827	−0.1982	0.1396
	每股现金流量(元)	−0.1137	0.0334	0.1046	−0.2329
	每股资本公积金(元)	1.3571	1.3571	1.3571	1.3571
	每股盈余公积金(元)	0.4510	0.4510	0.4477	0.4477
	每股未分配利润(元)	0.4457	0.5211	0.5363	0.5503
	净资产收益率(%)	−2.2900	0.2730	0.6300	2.6690
	加权净资产收益率(%)	−2.2900	0.2700	0.6300	2.6700
	净资产收益率(扣除)(%)	−	−	−	−
	总资产(万元)	144778.39	160444.21	161743.62	142163.06
	归属母公司股东权益(万元)	112336.15	114939.12	115348.23	115833.52
	主营业务收入(万元)	23629.97	63584.01	28911.22	49680.82
	营业收入(万元)	24991.48	67296.06	30489.88	52343.59
	主营成本(万元)	21617.65	50993.16	21754.35	40432.18
	营业成本(万元)	22106.75	52303.46	22636.12	41626.16
	投资收益(万元)	476.76	−13.29	232.80	1171.09
	净利润(万元)	−2603.13	430.18	758.24	3086.05
	利润总额(万元)	−2605.87	937.19	1097.21	4146.51

山东海化股份有限公司

公司概况	公司名称	山东海化股份有限公司			证券简称	山东海化	
	法人代表	李云贵	董秘	吴炳顺	证券代码	000822	
	公司网址	www.chinahaihua.com			电子信箱	hhgf@wfhaihua.sina.net	
	电　　话	0536-5329931 5329379			传　　真	0536-5329879	
	办公地址	山东省潍坊市滨海经济开发区					
	经营范围	纯碱、工业溴及溴素、醋酸乙酯、苯胺、二氯甲烷、三氯甲烷、盐酸等					

主要财务指标	指标＼报告期	2012.06.30	2011.12.31	2011.06.30	2010.12.31
	基本每股收益(元)	−0.1800	0.4300	0.2300	0.0500
	基本每股收益(扣除后)(元)	−0.1900	0.4200	0.2200	0.0600
	每股净资产(元)	3.9100	4.1900	3.9800	3.7300
	每股经营现金净流量(元)	0.3522	0.5693	0.4102	0.7989
	每股现金流量(元)	−0.0141	−0.0385	0.0414	−0.3691
	每股资本公积金(元)	1.6785	1.6826	1.6816	1.6630
	每股盈余公积金(元)	0.3716	0.3716	0.3237	0.3237
	每股未分配利润(元)	0.8578	1.1324	0.9723	0.7459
	净资产收益率(%)	−4.5800	10.3780	5.6900	1.3030
	加权净资产收益率(%)	−4.3900	11.0000	5.8900	1.3200
	净资产收益率(扣除)(%)	−	−	−	−
	总资产(万元)	615991.29	679648.78	709740.86	711174.20
	归属母公司股东权益(万元)	350035.06	374755.12	356355.87	334124.04
	主营业务收入(万元)	254516.53	746870.32	391747.19	680012.51
	营业收入(万元)	256827.01	753410.77	395180.22	692323.32
	主营成本(万元)	240673.63	621187.35	323260.29	587663.77
	营业成本(万元)	244212.88	625815.35	325503.08	595501.75
	投资收益(万元)	2372.16	628.01	550.31	867.75
	净利润(万元)	−17068.80	37244.57	21112.09	5996.59
	利润总额(万元)	−21078.14	50639.92	30310.27	10313.14

广东汕头超声电子股份有限公司

公司概况	公司名称	广东汕头超声电子股份有限公司			证券简称	超声电子	
	法人代表	李大淳	董秘	陈东屏	证券代码	000823	
	公司网址	www.gd-goworld.com			电子信箱	csdz@gd-goworld.com	
	电　　话	0754-88192281*3012 3033			传　　真	0754-83931233	
	办公地址	广东省汕头市龙湖区龙江路12号					
	经营范围	制造、加工、销售超声电子仪器、仪器仪表、电子元器件、电子材料等					

主要财务指标	指标＼报告期	2012.06.30	2011.12.31	2011.06.30	2010.12.31
	基本每股收益(元)	0.2850	0.4131	0.1810	0.3670
	基本每股收益(扣除后)(元)	0.2840	0.4119	0.1790	0.3558
	每股净资产(元)	4.3240	4.0380	3.8590	3.7810
	每股经营现金净流量(元)	0.2079	0.4746	0.0766	0.7517
	每股现金流量(元)	0.0576	−0.4730	−0.2318	0.1882
	每股资本公积金(元)	1.8304	1.8286	1.8455	1.8439
	每股盈余公积金(元)	0.2334	0.2334	0.2040	0.2040
	每股未分配利润(元)	1.2604	0.9758	0.8098	0.7333
	净资产收益率(%)	6.5800	10.2306	4.6800	9.5809
	加权净资产收益率(%)	6.8000	10.5400	4.7100	9.9700
	净资产收益率(扣除)(%)	−	−	−	−
	总资产(万元)	358079.24	337251.23	348541.71	336287.79
	归属母公司股东权益(万元)	190458.70	177839.86	169977.11	166536.21
	主营业务收入(万元)	183742.43	327266.59	152217.77	296886.94
	营业收入(万元)	184485.91	329311.30	153000.80	298334.53
	主营成本(万元)	142735.84	262684.82	123014.77	238689.65
	营业成本(万元)	143080.69	263897.34	123389.32	239404.53
	投资收益(万元)	157.38	28.61	−	227.87
	净利润(万元)	16108.62	22484.00	9917.60	19938.61
	利润总额(万元)	18943.95	26727.29	12193.73	23936.25

山西太钢不锈钢股份有限公司

公司概况	公司名称	山西太钢不锈钢股份有限公司			证券简称	太钢不锈	
	法人代表	李晓波	董秘	杨贵龙	证券代码	000825	
	公司网址	www.tisco.com.cn			电子信箱	tgbx@tisco.com.cn	
	电　　话	0351-3017728 3017729			传　　真	0351-3017729	
	办公地址	山西省太原市尖草坪街2号					
	经营范围	不锈钢及其它黑色钢材、钢坯、钢锭、金属制品的生产、销售等					

主要财务指标	指标＼报告期	2012.06.30	2011.12.31	2011.06.30	2010.12.31
	基本每股收益(元)	0.0642	0.3170	0.1472	0.2410
	基本每股收益(扣除后)(元)	0.0573	0.3100	0.1457	0.2380
	每股净资产(元)	4.1050	4.0910	3.8820	3.8350
	每股经营现金净流量(元)	0.6199	1.0330	0.6198	0.7394
	每股现金流量(元)	−0.0158	−0.1212	−0.1298	0.2170
	每股资本公积金(元)	1.1511	1.1511	1.1113	1.1114
	每股盈余公积金(元)	0.2934	0.2934	0.2617	0.2617
	每股未分配利润(元)	1.6609	1.6467	1.5087	1.4615
	净资产收益率(%)	1.5600	7.7458	3.6000	6.2830
	加权净资产收益率(%)	1.5600	8.0500	3.8700	6.4500
	净资产收益率(扣除)(%)	−	−	−	−
	总资产(万元)	6672364.20	6581241.66	6232131.47	6360479.75
	归属母公司股东权益(万元)	2338495.24	2330416.35	2211123.28	2184255.59
	主营业务收入(万元)	4960635.94	9614802.96	4581634.24	8710888.06
	营业收入(万元)	5014202.00	9622025.96	4583652.11	8719780.00
	主营成本(万元)	4596070.25	8792142.08	4215679.52	7938914.14
	营业成本(万元)	4648359.78	8797587.40	4217151.83	7945679.85
	投资收益(万元)	−78.59	−1305.76	−1201.69	61.69
	净利润(万元)	32239.40	178941.45	84834.10	137196.44
	利润总额(万元)	32793.33	181213.03	90821.97	145729.12

桑德环境资源股份有限公司

公司概况	公司名称	桑德环境资源股份有限公司			证券简称	桑德环境
	法人代表	文一波	董秘	马勒思	证券代码	000826
	公司网址	www.soundenvironmental.cn		电子信箱	ss000826@126.com	
	电　　话	0717-6442936		传　　真	0717-6442830	
	办公地址	湖北省宜昌市西陵区绿萝路 77 号				
	经营范围	固体废弃物处置系统工程设计、承建及固体废弃物处置设备系统集成业务等				

主要财务指标	指标\报告期	2012.06.30	2011.12.31	2011.06.30	2010.12.31
	基本每股收益(元)	0.3430	0.7300	0.2950	0.5000
	基本每股收益(扣除后)(元)	0.3390	0.7200	0.2430	0.4900
	每股净资产(元)	3.5200	3.8100	3.3400	3.0800
	每股经营现金净流量(元)	0.1968	0.4197	-0.0621	0.6245
	每股现金流量(元)	0.0492	0.5051	0.0451	-0.1111
	每股资本公积金(元)	0.8113	1.0619	1.0214	0.9626
	每股盈余公积金(元)	0.1919	0.2313	0.1681	0.1681
	每股未分配利润(元)	1.5189	1.5173	1.1476	0.9526
	净资产收益率(%)	9.7400	19.1040	8.8400	16.2400
	加权净资产收益率(%)	10.1000	21.4700	9.1300	17.6200
	净资产收益率(扣除)(%)	-	-	-	-
	总资产(万元)	429112.64	378361.09	343062.44	297435.72
	归属母公司股东权益(万元)	175444.62	157511.99	137938.98	127447.85
	主营业务收入(万元)	81309.25	159954.65	62879.57	96443.44
	营业收入(万元)	81816.13	160843.96	63346.43	97201.18
	主营成本(万元)	49463.22	101587.48	39185.33	62769.51
	营业成本(万元)	49518.48	101700.38	39234.54	62861.43
	投资收益(万元)	-	-	-	-3.29
	净利润(万元)	17357.14	30721.21	12511.91	21575.74
	利润总额(万元)	19696.46	36693.78	14787.15	24771.18

东莞发展控股股份有限公司

公司概况	公司名称	东莞发展控股股份有限公司			证券简称	东莞控股
	法人代表	尹锦容	董秘	黄勇	证券代码	000828
	公司网址	www.dgholdings.cn		电子信箱	dgkg@dgholdings.cn	
	电　　话	0769-22083320 22083321		传　　真	0769-22083320	
	办公地址	广东省东莞市东城区莞樟大道 55 号				
	经营范围	东莞高速公路的投资、建设、经营				

主要财务指标	指标\报告期	2012.06.30	2011.12.31	2011.06.30	2010.12.31
	基本每股收益(元)	0.1866	0.3414	0.2097	0.3387
	基本每股收益(扣除后)(元)	0.1791	0.3371	0.2083	0.3368
	每股净资产(元)	3.0929	3.0566	2.9280	2.8998
	每股经营现金净流量(元)	0.2589	0.5272	0.2655	0.4353
	每股现金流量(元)	0.0088	0.7218	0.4813	-0.4809
	每股资本公积金(元)	1.0954	1.0956	1.0987	1.1002
	每股盈余公积金(元)	0.3194	0.3194	0.2852	0.2852
	每股未分配利润(元)	0.6782	0.6416	0.5441	0.5143
	净资产收益率(%)	6.0300	11.1700	7.1600	11.6800
	加权净资产收益率(%)	5.9200	11.4500	6.9800	12.0600
	净资产收益率(扣除)(%)	-	-	-	-
	总资产(万元)	501878.94	498851.86	463085.98	420192.07
	归属母公司股东权益(万元)	321516.21	317734.45	304373.94	301441.32
	主营业务收入(万元)	36044.91	70955.19	33588.62	62504.48
	营业收入(万元)	36676.53	71913.86	34127.06	63466.80
	主营成本(万元)	12035.59	26431.81	10992.03	25347.54
	营业成本(万元)	12035.59	26431.81	10992.03	25347.54
	投资收益(万元)	5659.53	9655.73	7223.49	12444.95
	净利润(万元)	19393.48	35489.87	21801.72	35207.60
	利润总额(万元)	24241.36	43986.78	26562.03	41904.89

天音通信控股股份有限公司

公司概况	公司名称	天音通信控股股份有限公司			证券简称	天音控股
	法人代表	黄绍文	董秘	邢龙	证券代码	000829
	公司网址	www.chinatelling.com		电子信箱	tykgzqb@163.com	
	电　　话	010-58300807		传　　真	010-58300807	
	办公地址	北京市西城区德外大街 117 号德胜尚城 D 座				
	经营范围	移动电话销售及白酒、水果的生产与销售等				

主要财务指标	指标\报告期	2012.06.30	2011.12.31	2011.06.30	2010.12.31
	基本每股收益(元)	0.0500	0.0500	-0.0620	0.3300
	基本每股收益(扣除后)(元)	0.0500	0.0700	-0.0430	0.3200
	每股净资产(元)	2.3600	2.3100	2.1900	2.2600
	每股经营现金净流量(元)	-0.9077	-0.0709	-0.9094	-0.9737
	每股现金流量(元)	-0.6295	1.3472	0.6129	-0.4856
	每股资本公积金(元)	0.2598	0.2598	0.2598	0.2598
	每股盈余公积金(元)	0.1057	0.1057	0.1057	0.1057
	每股未分配利润(元)	0.9934	0.9437	0.8285	0.8902
	净资产收益率(%)	2.1100	2.3200	-2.8100	14.5500
	加权净资产收益率(%)	2.1300	2.3400	-2.7700	15.6800
	净资产收益率(扣除)(%)	-	-	-	-
	总资产(万元)	994739.70	1032898.96	919304.97	856148.80
	归属母公司股东权益(万元)	223359.29	218655.48	207743.65	213589.05
	主营业务收入(万元)	1717288.49	2386661.28	998653.50	2063474.28
	营业收入(万元)	1730663.53	2416189.84	1011047.21	2087701.81
	主营成本(万元)	1595240.33	2177289.27	898996.89	1830882.71
	营业成本(万元)	1602183.43	2191194.50	904334.94	1838530.69
	投资收益(万元)	508.38	-51.68	-143.30	91.53
	净利润(万元)	4441.14	6550.61	-8295.18	44058.56
	利润总额(万元)	8256.92	11680.84	-6730.04	57379.80

鲁西化工集团股份有限公司

公司概况	公司名称	鲁西化工集团股份有限公司			证券简称	鲁西化工
	法人代表	张金成	董秘	蔡英强	证券代码	000830
	公司网址	www.luxichemical.com		电子信箱	lclxhg@public.lcptt.sd.cn	
	电　　话	0635-3481198 3481168		传　　真	0635-3481044	
	办公地址	山东东阿县化工工业园				
	经营范围	化学肥料及安全生产许可证范围内化工原料的生产销售				

主要财务指标	指标\报告期	2012.06.30	2011.12.31	2011.06.30	2010.12.31
	基本每股收益(元)	0.1310	0.3030	0.1440	0.2030
	基本每股收益(扣除后)(元)	0.1250	0.2770	0.1390	0.1430
	每股净资产(元)	3.5200	3.4800	3.3300	2.4700
	每股经营现金净流量(元)	0.5609	0.5278	0.5346	0.5271
	每股现金流量(元)	0.0871	0.1772	0.3285	-0.0686
	每股资本公积金(元)	1.4915	1.4915	1.4915	0.4823
	每股盈余公积金(元)	0.1361	0.1361	0.1150	0.1610
	每股未分配利润(元)	0.8884	0.8576	0.7131	0.8256
	净资产收益率(%)	3.7200	8.2950	3.5400	8.1900
	加权净资产收益率(%)	3.6800	9.3100	6.2600	8.5600
	净资产收益率(扣除)(%)	-	-	-	-
	总资产(万元)	1473089.35	1317365.88	6.0400	6.0200
	归属母公司股东权益(万元)	515255.12	510454.13	488447.03	258812.61
	主营业务收入(万元)	597459.10	908562.62	494963.64	743001.67
	营业收入(万元)	600749.01	931644.81	500715.23	768576.45
	主营成本(万元)	532944.81	776192.68	435089.51	663392.17
	营业成本(万元)	533723.89	796456.18	436330.41	683962.47
	投资收益(万元)	82.42	-175.67	358.61	5137.28
	净利润(万元)	19152.16	42342.77	18059.61	21183.57
	利润总额(万元)	25518.98	58424.96	25030.88	29831.08

广西贵糖(集团)股份有限公司

公司概况	公司名称	广西贵糖(集团)股份有限公司		证券简称	贵糖股份
	法人代表	黄振标	董秘	杨正	证券代码	000833
	公司网址	www.guitang.com		电子信箱	gtgfgs@ppp.nn.gx.cn
	电　　话	0775-4201833		传　　真	0775-4260833 4260088
	办公地址	广西壮族自治区贵港市广西贵糖(集团)股份有限公司办公大楼			
	经营范围	食糖、纸、酒精及轻质 碳酸钙的制造、销售等			

主要财务指标	指标\报告期	2012.06.30	2011.12.31	2011.06.30	2010.12.31
	基本每股收益(元)	0.0400	0.3600	0.2100	0.3100
	基本每股收益(扣除后)(元)	0.0300	0.2400	0.1400	0.2700
	每股净资产(元)	2.9900	3.0500	2.9000	2.7900
	每股经营现金净流量(元)	-0.7310	0.2540	-0.6559	0.6268
	每股现金流量(元)	-0.3816	-0.0375	-0.4570	0.1881
	每股资本公积金(元)	0.7548	0.7548	0.7548	0.7548
	每股盈余公积金(元)	0.2758	0.2708	0.2633	0.2379
	每股未分配利润(元)	0.9599	1.0227	0.8830	0.7969
	净资产收益率(%)	1.5700	11.7700	7.3100	11.0947
	加权净资产收益率(%)	1.5700	12.0800	7.3100	11.3100
	净资产收益率(扣除)(%)	-	-	-	-
	总资产(万元)	135212.65	134723.04	133682.02	138882.74
	归属母公司股东权益(万元)	88539.15	90250.54	85891.26	82589.19
	主营业务收入(万元)	50464.66	128847.33	62489.45	131400.99
	营业收入(万元)	51895.57	132302.46	64396.33	134974.94
	主营成本(万元)	43388.50	102636.44	49772.03	106137.43
	营业成本(万元)	44887.86	106083.26	51598.03	109521.71
	投资收益(万元)	6.29	5.00	5.00	-
	净利润(万元)	1249.29	10622.02	6262.75	9162.99
	利润总额(万元)	1900.33	14279.26	8894.16	11577.43

四川圣达实业股份有限公司

公司概况	公司名称	四川圣达实业股份有限公司		证券简称	四川圣达
	法人代表	常锋	董秘	赵璐	证券代码	000835
	公司网址	www.000835.com		电子信箱	zhaol@sdsycorp.com
	电　　话	028-85322086		传　　真	028-85322166
	办公地址	四川省成都市天府大道南段 2028 号石化大厦 17 楼			
	经营范围	炼焦、合成材料制造、矿产品、建材及化工产品批发等			

主要财务指标	指标\报告期	2012.06.30	2011.12.31	2011.06.30	2010.12.31
	基本每股收益(元)	-0.0201	0.0112	0.0115	0.0617
	基本每股收益(扣除后)(元)	-0.0192	0.0165	0.0169	0.0615
	每股净资产(元)	1.4700	1.4800	1.4700	1.4400
	每股经营现金净流量(元)	0.1731	-0.1258	0.0439	-0.0635
	每股现金流量(元)	0.1065	-0.1785	-0.0446	-0.1221
	每股资本公积金(元)	0.0376	0.0376	0.0376	0.0376
	每股盈余公积金(元)	0.1369	0.1369	0.1340	0.1333
	每股未分配利润(元)	0.1846	0.2047	0.2079	0.1971
	净资产收益率(%)	-1.3600	0.7590	0.7800	4.2929
	加权净资产收益率(%)	-1.3700	0.7800	0.8000	4.5100
	净资产收益率(扣除)(%)	-	-	-	-
	总资产(万元)	68758.88	67300.09	68099.93	68622.56
	归属母公司股东权益(万元)	44994.81	45117.03	44872.12	43868.40
	主营业务收入(万元)	60040.11	134287.19	61960.94	107559.89
	营业收入(万元)	60140.11	136403.14	62060.94	109773.75
	主营成本(万元)	53343.44	120533.96	54317.08	95409.54
	营业成本(万元)	53514.60	122828.61	54488.21	97440.14
	投资收益(万元)	-	-	-	-
	净利润(万元)	-612.97	344.44	351.59	1887.58
	利润总额(万元)	-219.41	1686.78	1437.67	3231.20

天津鑫茂科技股份有限公司

公司概况	公司名称	天津鑫茂科技股份有限公司		证券简称	鑫茂科技
	法人代表	杜克荣	董秘	韩伟	证券代码	000836
	公司网址	www.xinmaokeji.com.cn		电子信箱	whan@xinmaokeji.com.cn
	电　　话	022-83710888 23080182		传　　真	022-83710199
	办公地址	天津市新产业园区华苑产业区华天道 3 号			
	经营范围	计算机软件、硬件、信息系统集成、信息处理与服务、光机电一体化等			

主要财务指标	指标\报告期	2012.06.30	2011.12.31	2011.06.30	2010.12.31
	基本每股收益(元)	-0.1050	-0.2222	-0.1675	0.0240
	基本每股收益(扣除后)(元)	-0.1116	-0.2348	-0.1703	-0.0776
	每股净资产(元)	2.4100	2.5200	2.5700	2.4600
	每股经营现金净流量(元)	0.2519	-0.5327	-0.1714	0.1644
	每股现金流量(元)	-0.1345	-0.1814	-0.0804	0.2977
	每股资本公积金(元)	0.8132	0.8132	0.8133	0.5386
	每股盈余公积金(元)	0.1349	0.1349	0.1349	0.1349
	每股未分配利润(元)	0.4629	0.5679	0.6227	0.7901
	净资产收益率(%)	-4.3500	-8.8340	-6.5100	0.9730
	加权净资产收益率(%)	-4.2600	-6.6400	-7.0400	0.9800
	净资产收益率(扣除)(%)	-	-	-	-
	总资产(万元)	215856.96	209831.86	264988.23	250966.95
	归属母公司股东权益(万元)	70514.70	73585.37	75191.15	72055.12
	主营业务收入(万元)	59836.13	120137.35	55903.81	86173.23
	营业收入(万元)	60042.52	120862.10	56119.48	86294.20
	主营成本(万元)	50949.04	103702.80	48711.20	71357.67
	营业成本(万元)	51102.24	104268.16	48856.79	71419.30
	投资收益(万元)	29.41	829.33	313.97	1607.40
	净利润(万元)	-1743.47	-5854.13	-4951.29	957.41
	利润总额(万元)	-1099.95	-4247.77	-3329.90	1846.46

陕西秦川机械发展股份有限公司

公司概况	公司名称	陕西秦川机械发展股份有限公司		证券简称	秦川发展
	法人代表	龙兴元	董秘	谭明	证券代码	000837
	公司网址	www.qinchuan.com		电子信箱	tanming@qinchuan.com
	电　　话	0917-3670748 3670654		传　　真	0917-3390957 3390960
	办公地址	陕西省宝鸡市姜谭路 22 号			
	经营范围	金属切削机床、塑料加工机械、液压系统、液压件、汽车零部件、功能部件等			

主要财务指标	指标\报告期	2012.06.30	2011.12.31	2011.06.30	2010.12.31
	基本每股收益(元)	0.0236	0.3796	0.2213	0.3055
	基本每股收益(扣除后)(元)	0.0021	0.3712	0.2159	0.2868
	每股净资产(元)	3.1400	3.2200	3.0700	2.8900
	每股经营现金净流量(元)	-0.3129	-0.1503	-0.2093	0.6292
	每股现金流量(元)	-0.0697	-0.3923	-0.3388	0.3780
	每股资本公积金(元)	0.2935	0.2939	0.2954	0.2561
	每股盈余公积金(元)	0.2636	0.2636	0.2278	0.2278
	每股未分配利润(元)	1.6035	1.6769	1.5544	1.4131
	净资产收益率(%)	0.7500	11.7900	7.2200	10.5870
	加权净资产收益率(%)	0.7300	12.5599	7.4500	11.1000
	净资产收益率(扣除)(%)	-	-	-	-
	总资产(万元)	208431.06	206147.43	199196.59	190881.88
	归属母公司股东权益(万元)	109606.80	112279.22	106887.60	100638.21
	主营业务收入(万元)	63515.80	154514.47	80553.56	138702.96
	营业收入(万元)	66919.70	160628.04	83361.05	143233.01
	主营成本(万元)	53847.66	116592.35	60962.87	108270.11
	营业成本(万元)	57051.95	122655.75	63679.97	112435.42
	投资收益(万元)	90.94	-141.02	-162.24	-16.12
	净利润(万元)	968.01	13553.30	7963.41	10892.48
	利润总额(万元)	1229.54	16022.25	9458.49	13218.20

国兴融达地产股份有限公司

公司概况	公司名称	国兴融达地产股份有限公司		证券简称	*ST 国兴
	法人代表	朱凤先	董秘 刘晓林	证券代码	000838
	公司网址	www.gxland.com.cn		电子信箱	companymail@gxland.com.cn
	电　话	010-59696377		传　真	010-59696397
	办公地址	北京市朝阳区建国路 79 号华贸中心 2 号写字楼 1005			
	经营范围	房地产开发、销售自行开发的商品房			

指标\报告期	2012.06.30	2011.12.31	2011.06.30	2010.12.31
基本每股收益(元)	-0.0911	-0.1523	-0.0297	-0.1335
基本每股收益(扣除后)(元)	-0.0916	-0.1528	-0.0297	-0.1333
每股净资产(元)	1.5700	1.6648	1.7900	1.8171
每股经营现金净流量(元)	-0.3467	-1.4458	-0.3010	-0.0559
每股现金流量(元)	0.1756	0.1309	0.2984	-0.0563
每股资本公积金(元)	0.6674	0.6674	0.6674	0.6674
每股盈余公积金(元)	0.0204	0.0204	0.0204	0.0204
每股未分配利润(元)	-0.1141	-0.0230	0.0996	0.1293
净资产收益率(%)	-5.7900	-9.1480	-1.6600	-7.3480
加权净资产收益率(%)	-5.6300	-8.7500	-1.6500	-7.0900
净资产收益率(扣除)(%)	-	-	-	-
总资产(万元)	143089.68	116527.52	74545.91	63694.71
归属母公司股东权益(万元)	28483.17	30132.60	32351.60	32889.05
主营业务收入(万元)	-	42.85	42.85	22.75
营业收入(万元)	12.00	75.72	76.68	111.26
主营成本(万元)	-	39.67	45.31	24.24
营业成本(万元)	-	39.67	47.17	29.07
投资收益(万元)	-	-	-	-
净利润(万元)	-1649.43	-2756.45	-537.45	-2416.63
利润总额(万元)	-1649.43	-3355.44	-537.45	-2475.55

中信国安信息产业股份有限公司

公司概况	公司名称	中信国安信息产业股份有限公司		证券简称	中信国安
	法人代表	孙亚雷	董秘 廖小同	证券代码	000839
	公司网址	www.citicguoaninfo.com		电子信箱	liaoxt@citicguoaninfo.com
	电　话	010-65068509 65008037		传　真	010-65061482
	办公地址	北京市朝阳区关东店北街 1 号国安大厦五层			
	经营范围	信息产业、广告行业项目的投资、卫星通讯工程、计算机信息传输网络工程等			

指标\报告期	2012.06.30	2011.12.31	2011.06.30	2010.12.31
基本每股收益(元)	0.0509	0.0933	0.0457	0.1660
基本每股收益(扣除后)(元)	0.0496	0.0144	0.0444	0.1430
每股净资产(元)	3.6600	3.7000	3.6700	3.7200
每股经营现金净流量(元)	-0.2014	0.1705	-0.0423	-0.1743
每股现金流量(元)	0.3866	0.1194	0.2896	-0.3737
每股资本公积金(元)	1.2372	1.2320	1.2479	1.2467
每股盈余公积金(元)	0.2137	0.2137	0.1995	0.1995
每股未分配利润(元)	1.2062	1.2553	1.2220	1.2763
净资产收益率(%)	1.3929	2.5200	1.2460	4.4585
加权净资产收益率(%)	1.3700	2.5100	1.2200	4.4900
净资产收益率(扣除)(%)	-	-	-	-
总资产(万元)	1206069.41	1096346.06	1158882.35	1084502.46
归属母公司股东权益(万元)	573417.96	580282.64	575322.08	583650.93
主营业务收入(万元)	86684.64	174426.43	81133.39	197382.08
营业收入(万元)	87723.16	177170.96	82796.06	201039.20
主营成本(万元)	-	137151.89	-	142945.81
营业成本(万元)	67681.49	137151.89	58462.92	142945.81
投资收益(万元)	15120.14	33418.54	13066.03	22447.51
净利润(万元)	8171.00	16249.73	7517.03	27115.65
利润总额(万元)	7611.97	17142.69	7579.25	30274.47

河北承德露露股份有限公司

公司概况	公司名称	河北承德露露股份有限公司		证券简称	承德露露
	法人代表	管大源	董秘 李文生	证券代码	000848
	公司网址	www.lolo.com.cn		电子信箱	lws@lolo.com.cn
	电　话	0314-2059888		传　真	0314-2059100
	办公地址	河北省承德市高新技术产业开发区(西区 8 号)			
	经营范围	饮料、罐头食品的开发、生产与销售、马口铁包装罐的生产和销售等			

指标\报告期	2012.06.30	2011.12.31	2011.06.30	2010.12.31
基本每股收益(元)	0.3150	0.5300	0.2740	0.4900
基本每股收益(扣除后)(元)	0.3150	0.5200	0.2680	0.4900
每股净资产(元)	1.9200	2.0800	1.8500	2.4500
每股经营现金净流量(元)	-0.3977	0.9108	-0.1300	1.0407
每股现金流量(元)	-0.5709	0.2461	-0.6001	0.6367
每股资本公积金(元)	0.1474	0.1474	0.1474	0.1769
每股盈余公积金(元)	0.3825	0.3825	0.3587	0.3982
每股未分配利润(元)	0.3920	0.5453	0.3408	0.8792
净资产收益率(%)	18.0400	25.5370	14.5400	23.9000
加权净资产收益率(%)	16.0100	26.2500	14.2800	23.9000
净资产收益率(扣除)(%)	-	-	-	-
总资产(万元)	116277.53	149754.66	96464.87	136994.28
归属母公司股东权益(万元)	70143.09	75738.02	67405.61	74644.93
主营业务收入(万元)	115018.76	192563.59	96172.63	180140.07
营业收入(万元)	115150.62	193730.93	96273.67	181643.85
主营成本(万元)	72583.74	127881.44	62164.23	118059.15
营业成本(万元)	72672.30	128605.28	62164.23	119481.94
投资收益(万元)	-41.11	-346.84	-111.12	-102.08
净利润(万元)	12885.86	19453.69	10945.98	17884.85
利润总额(万元)	18236.74	25805.99	14654.86	24032.36

安徽华茂纺织股份有限公司

公司概况	公司名称	安徽华茂纺织股份有限公司		证券简称	华茂股份
	法人代表	詹灵芝	董秘 左志鹏	证券代码	000850
	公司网址	www.chinahuamao.net		电子信箱	zzp9818@126.com
	电　话	0556-5919818 5919891		传　真	0556-5919819 5919900
	办公地址	安徽省安庆市纺织南路 80 号			
	经营范围	棉、毛、麻、丝和人造纤维的纯、混纺纱线及其织物、针织品、服装、印染加工等			

指标\报告期	2012.06.30	2011.12.31	2011.06.30	2010.12.31
基本每股收益(元)	0.3170	0.3230	0.3790	0.5700
基本每股收益(扣除后)(元)	-0.1340	0.0127	0.0820	0.1210
每股净资产(元)	3.2500	2.5100	3.5600	6.1690
每股经营现金净流量(元)	0.1923	0.0069	0.0727	-0.1808
每股现金流量(元)	-0.0970	-0.0128	1.2479	0.2050
每股资本公积金(元)	0.9232	0.5003	1.4901	3.8022
每股盈余公积金(元)	0.1983	0.1983	0.1648	0.2472
每股未分配利润(元)	1.1299	0.8130	0.9022	1.1194
净资产收益率(%)	9.7500	12.8598	10.6500	9.2800
加权净资产收益率(%)	11.1400	9.6200	10.7400	11.4300
净资产收益率(扣除)(%)	-	-	-	-
总资产(万元)	635634.07	634688.75	698861.17	690654.69
归属母公司股东权益(万元)	306832.70	237016.28	335675.55	388082.68
主营业务收入(万元)	90613.45	232450.31	114723.20	186517.19
营业收入(万元)	96011.69	243349.16	124985.91	195578.13
主营成本(万元)	94926.34	211548.32	97182.36	157387.44
营业成本(万元)	99164.47	220855.85	105815.67	164360.73
投资收益(万元)	49340.98	44149.30	39350.42	33565.65
净利润(万元)	28971.90	29697.42	35948.24	36669.12
利润总额(万元)	38230.63	39587.97	46726.40	46858.22

大唐高鸿数据网络技术股份有限公司

公司概况	公司名称	大唐高鸿数据网络技术股份有限公司			证券简称	高鸿股份
	法人代表	付景林	董秘	王芊	证券代码	000851
	公司网址	www.gohigh.com.cn			电子信箱	wangqian@gohigh.com.cn
	电　话	010-62301907			传　真	010-62301900
	办公地址	北京市海淀区学院路40号研6楼				
	经营范围	多业务宽带电信网络产品、通信器材、通信终端设备、仪器仪表等				

	指标\报告期	2012.06.30	2011.12.31	2011.06.30	2010.12.31
主要财务指标	基本每股收益(元)	0.0230	0.0705	0.0183	0.0435
	基本每股收益(扣除后)(元)	0.0204	0.0530	0.0063	–0.0203
	每股净资产(元)	3.0800	3.0600	3.0100	3.0100
	每股经营现金净流量(元)	–0.4014	–1.0801	–0.8498	–0.1626
	每股现金流量(元)	–0.2481	–0.6641	–0.6307	–0.2800
	每股资本公积金(元)	1.8027	1.8027	1.8031	1.8209
	每股盈余公积金(元)	0.0350	0.0350	0.0350	0.0350
	每股未分配利润(元)	0.2468	0.2238	0.1715	0.1533
	净资产收益率(%)	0.7400	2.3030	0.6100	1.4454
	加权净资产收益率(%)	0.7500	2.3300	0.6100	1.4600
	净资产收益率(扣除)(%)	–	–	–	–
	总资产(万元)	267793.39	238902.01	222696.69	237332.29
	归属母公司股东权益(万元)	102680.32	101915.76	100189.61	100175.68
	主营业务收入(万元)	222544.77	406031.81	185931.45	252281.00
	营业收入(万元)	223211.56	408232.31	186878.91	256228.16
	主营成本(万元)	209254.21	381188.67	173961.64	226990.59
	营业成本(万元)	209510.08	381579.85	174136.00	229374.58
	投资收益(万元)	–0.80	28.85	–20.59	13.15
	净利润(万元)	1048.91	2715.77	1132.06	2489.81
	利润总额(万元)	1790.03	3476.01	1651.97	4333.71

江汉石油钻头股份有限公司

公司概况	公司名称	江汉石油钻头股份有限公司			证券简称	江钻股份
	法人代表	张召平	董秘	王一兵	证券代码	000852
	公司网址	www.kingdream.com.cn			电子信箱	security@kingdream.com
	电　话	027-87925236			传　真	027-87925067
	办公地址	湖北省武汉市东湖新技术开发区华工园一路5号				
	经营范围	制造、销售石油钻采设备等				

	指标\报告期	2012.06.30	2011.12.31	2011.06.30	2010.12.31
主要财务指标	基本每股收益(元)	0.1500	0.2600	0.1600	0.2700
	基本每股收益(扣除后)(元)	0.1300	0.2400	0.1500	0.2800
	每股净资产(元)	2.6000	2.6500	2.5500	2.5900
	每股经营现金净流量(元)	–0.0271	0.4641	–0.0013	0.4579
	每股现金流量(元)	0.0059	0.0366	–0.0293	–0.0413
	每股资本公积金(元)	0.2570	0.2570	0.2570	0.2570
	每股盈余公积金(元)	0.3901	0.3901	0.3677	0.3677
	每股未分配利润(元)	0.9495	1.0038	0.9214	0.9654
	净资产收益率(%)	5.6100	9.8380	6.1300	10.4500
	加权净资产收益率(%)	5.4100	10.0800	5.8500	10.8400
	净资产收益率(扣除)(%)	–	–	–	–
	总资产(万元)	211563.46	189890.73	190940.09	165619.47
	归属母公司股东权益(万元)	103966.43	106143.19	101945.76	103708.65
	主营业务收入(万元)	74016.72	152588.84	76163.36	130635.02
	营业收入(万元)	76387.00	158460.21	78804.05	136433.73
	主营成本(万元)	53625.38	111079.01	55076.42	87476.66
	营业成本(万元)	55553.18	115059.30	57382.08	92103.66
	投资收益(万元)	–	–	–	–1.94
	净利润(万元)	5778.44	11132.95	6631.71	10962.27
	利润总额(万元)	7000.40	13764.52	8242.39	13685.41

唐山冀东装备工程股份有限公司

公司概况	公司名称	唐山冀东装备工程股份有限公司			证券简称	冀东装备
	法人代表	张增光	董秘	朱凤春	证券代码	000856
	公司网址	www.jdzbgc.com			电子信箱	tstc856@sohu.com
	电　话	0315-8216998 3083357			传　真	0315-8216997 3241351
	办公地址	河北省唐山市外环路长宁道立交桥北200米经洪大厦				
	经营范围	资本运营、运营管理、水泥机械设备及配件、普通机械设备及配件制造等				

	指标\报告期	2012.06.30	2011.12.31	2011.06.30	2010.12.31
主要财务指标	基本每股收益(元)	0.0100	0.3100	0.1400	0.3500
	基本每股收益(扣除后)(元)	0.0100	0.2900	0.1300	0.3100
	每股净资产(元)	1.9300	1.9200	1.7700	1.6200
	每股经营现金净流量(元)	0.1715	–0.4973	–0.5851	–0.3971
	每股现金流量(元)	0.3294	–0.0568	–0.1389	–0.4939
	每股资本公积金(元)	1.3976	1.3976	1.3976	1.3976
	每股盈余公积金(元)	0.1583	0.1583	0.1583	0.1583
	每股未分配利润(元)	–0.6262	–0.6367	–0.8060	–0.9439
	净资产收益率(%)	0.5400	16.0080	7.7800	–22.3630
	加权净资产收益率(%)	0.5400	17.3500	8.1400	11.7600
	净资产收益率(扣除)(%)	–	–	–	–
	总资产(万元)	174771.38	171628.95	165672.18	153695.61
	归属母公司股东权益(万元)	43801.59	43564.37	40223.77	36702.16
	主营业务收入(万元)	74036.47	220778.80	104550.88	167222.17
	营业收入(万元)	74268.20	221106.03	104730.25	167818.08
	主营成本(万元)	64953.13	192672.24	91246.35	143717.80
	营业成本(万元)	65227.69	193024.92	91464.22	144453.16
	投资收益(万元)	–	–	–	76.73
	净利润(万元)	445.15	7857.38	3542.85	8886.22
	利润总额(万元)	164.55	10689.11	4989.38	11919.39

宜宾五粮液股份有限公司

公司概况	公司名称	宜宾五粮液股份有限公司			证券简称	五粮液
	法人代表	刘中国	董秘	肖祥发(代)	证券代码	000858
	公司网址	www.wuliangye.com.cn			电子信箱	000858-wly@sohu.com
	电　话	0831-3566858 3567000			传　真	0831-3555958
	办公地址	四川省宜宾市翠屏区岷江西路150号				
	经营范围	酒类产品及相关辅助产品(瓶盖、商标、标识及包装制品)的生产经营				

	指标\报告期	2012.06.30	2011.12.31	2011.06.30	2010.12.31
主要财务指标	基本每股收益(元)	1.3290	1.6220	0.8860	1.1580
	基本每股收益(扣除后)(元)	1.3280	1.6280	0.8850	1.1710
	每股净资产(元)	6.9090	6.0910	5.3540	4.7680
	每股经营现金净流量(元)	1.0399	2.5114	1.4251	2.0293
	每股现金流量(元)	0.4321	1.9538	1.0741	1.7363
	每股资本公积金(元)	0.2511	0.2511	0.2511	0.2511
	每股盈余公积金(元)	1.0081	0.8875	0.8057	0.7270
	每股未分配利润(元)	4.6500	3.9520	3.2975	2.7904
	净资产收益率(%)	19.2400	26.6330	14.5400	24.2820
	加权净资产收益率(%)	19.6800	30.0100	17.1600	26.6800
	净资产收益率(扣除)(%)	–	–	–	–
	总资产(万元)	3966645.94	3690584.08	3239919.19	2867350.05
	归属母公司股东权益(万元)	2622711.19	2311970.87	2032483.20	1810103.35
	主营业务收入(万元)	1501732.37	2016380.40	1058930.89	1543070.87
	营业收入(万元)	1504970.94	2035059.45	1059483.02	1554130.05
	主营成本(万元)	522237.25	672684.17	358397.65	475881.89
	营业成本(万元)	525228.54	689541.13	358935.69	486318.96
	投资收益(万元)	–98.49	240.01	–395.65	337.72
	净利润(万元)	524136.41	639437.72	349079.73	456205.68
	利润总额(万元)	695375.02	849995.37	462048.73	607024.29

安徽国风塑业股份有限公司

公司概况						
公司概况	公司名称	安徽国风塑业股份有限公司			证券简称	国风塑业
	法人代表	赵文武	董秘	胡静	证券代码	000859
	公司网址	www.guofeng.com		电子信箱	ir@guofeng.com	
	电　话	0551-2753527		传　真	0551-2753500	
	办公地址	安徽省合肥市高新技术产业开发区天智路36号				
	经营范围	塑胶建材及附件、塑料薄膜、其他塑料制品、非金属新型材料及金属制品的制造等				

主要财务指标	指标\报告期	2012.06.30	2011.12.31	2011.06.30	2010.12.31
	基本每股收益(元)	0.0297	0.0533	0.0816	0.1006
	基本每股收益(扣除后)(元)	0.0192	0.0362	0.0854	0.0926
	每股净资产(元)	2.2291	2.1995	2.2300	2.1962
	每股经营现金净流量(元)	0.0742	0.1890	0.2026	0.1449
	每股现金流量(元)	0.1144	-0.0629	0.0469	0.1583
	每股资本公积金(元)	0.9898	0.9898	0.9898	0.9898
	每股盈余公积金(元)	0.1303	0.1303	0.1250	0.1250
	每股未分配利润(元)	0.1091	0.0794	0.1131	0.0815
	净资产收益率(%)	1.3400	2.4220	3.8300	4.5812
	加权净资产收益率(%)	1.3400	2.4300	3.6600	4.6900
	净资产收益率(扣除)(%)	-	-	-	-
	总资产(万元)	141331.22	147640.42	153400.37	147661.17
	归属母公司股东权益(万元)	93731.13	92483.99	93676.94	92346.43
	主营业务收入(万元)	69109.84	170751.76	87553.11	129056.71
	营业收入(万元)	71299.90	176544.54	90301.42	145274.99
	主营成本(万元)	61216.48	148888.39	74831.30	111531.22
	营业成本(万元)	63250.61	153856.12	77221.12	127122.08
	投资收益(万元)	-2379.28	110.53	-4.84	-11.00
	净利润(万元)	1247.14	2239.96	3432.91	4230.60
	利润总额(万元)	965.53	3189.95	4388.99	6296.82

北京顺鑫农业股份有限公司

公司概况						
公司概况	公司名称	北京顺鑫农业股份有限公司			证券简称	顺鑫农业
	法人代表	李维昌	董秘	安元芝	证券代码	000860
	公司网址	www.000860.com		电子信箱	ayz001@sina.com	
	电　话	010-69427100 69428900		传　真	010-69443137	
	办公地址	北京市顺义区站前街1号院1号楼顺鑫国际商务中心12层				
	经营范围	从事白酒生产与销售、肉食品加工与销售、良种繁育、农业科技服务等				

主要财务指标	指标\报告期	2012.06.30	2011.12.31	2011.06.30	2010.12.31
	基本每股收益(元)	0.2494	0.6997	0.6251	0.6051
	基本每股收益(扣除后)(元)	0.2480	0.3732	0.2945	0.4450
	每股净资产(元)	6.5600	6.5100	6.4300	6.0600
	每股经营现金净流量(元)	-0.6277	0.0618	0.1527	1.4849
	每股现金流量(元)	-0.1193	0.8171	0.8712	0.8746
	每股资本公积金(元)	2.8414	2.8414	2.8414	2.8414
	每股盈余公积金(元)	0.5350	0.5350	0.4428	0.4428
	每股未分配利润(元)	2.1816	2.1322	2.1499	1.7747
	净资产收益率(%)	3.8000	10.7500	9.6000	9.9860
	加权净资产收益率(%)	3.7800	11.1700	9.8800	10.4900
	净资产收益率(扣除)(%)	-	-	-	-
	总资产(万元)	1089080.70	1033286.71	944198.70	992937.28
	归属母公司股东权益(万元)	287594.66	285428.99	282159.80	265708.66
	主营业务收入(万元)	453116.93	756259.55	369154.95	625212.97
	营业收入(万元)	454107.39	758020.65	369862.03	626840.11
	主营成本(万元)	333240.70	560932.96	269074.75	468532.04
	营业成本(万元)	333638.36	561846.44	269310.91	469296.72
	投资收益(万元)	98.53	15502.64	15318.33	-
	净利润(万元)	11392.79	32161.41	28270.39	28180.31
	利润总额(万元)	16712.19	37467.04	31622.51	34731.75

广东海印集团股份有限公司

公司概况						
公司概况	公司名称	广东海印集团股份有限公司			证券简称	海印股份
	法人代表	邵建明	董秘	潘尉	证券代码	000861
	公司网址	www.000861.com		电子信箱	000861@000861.com	
	电　话	020-83799848		传　真	020-83794902	
	办公地址	广东省广州市越秀区东湖西路56、58号				
	经营范围	销售日用百货、市场商品信息咨询服务、出租柜台、物业管理等				

主要财务指标	指标\报告期	2012.06.30	2011.12.31	2011.06.30	2010.12.31
	基本每股收益(元)	0.3900	0.7900	0.3200	0.5200
	基本每股收益(扣除后)(元)	0.3900	0.7900	0.3200	0.5200
	每股净资产(元)	2.9100	2.6200	2.1600	1.8700
	每股经营现金净流量(元)	0.1525	1.3284	1.1225	0.2770
	每股现金流量(元)	-0.1462	0.7949	1.2363	0.4657
	每股资本公积金(元)	-	-	-	-
	每股盈余公积金(元)	0.1499	0.1499	0.1065	0.1065
	每股未分配利润(元)	1.7642	1.4725	1.0520	0.7593
	净资产收益率(%)	13.4400	29.9970	14.9500	28.0830
	加权净资产收益率(%)	13.9800	35.0200	15.9200	32.3300
	净资产收益率(扣除)(%)	-	-	-	-
	总资产(万元)	357294.07	337167.98	322882.49	247853.06
	归属母公司股东权益(万元)	143427.35	129068.95	106236.62	91828.24
	主营业务收入(万元)	95887.20	182744.51	82266.70	131635.25
	营业收入(万元)	96145.83	183437.26	82774.62	131922.94
	主营成本(万元)	51683.64	98464.09	46452.13	75647.94
	营业成本(万元)	51961.18	99233.46	47025.85	75924.14
	投资收益(万元)	-49.69	-125.39	-53.89	-130.83
	净利润(万元)	19531.24	39041.96	16024.92	26197.96
	利润总额(万元)	26215.66	52455.93	21512.94	34970.47

宁夏银星能源股份有限公司

公司概况						
公司概况	公司名称	宁夏银星能源股份有限公司			证券简称	银星能源
	法人代表	何怀兴	董秘	刘伟盛	证券代码	000862
	公司网址	www.nxyxny.com.cn		电子信箱	wylws0862@sina.com	
	电　话	0951-2051879 2051906		传　真	0951-2051906	
	办公地址	宁夏回族自治区银川市西夏区黄河西路330号				
	经营范围	风力发电、风电设备制造、太阳能发电设备等				

主要财务指标	指标\报告期	2012.06.30	2011.12.31	2011.06.30	2010.12.31
	基本每股收益(元)	0.0788	0.2079	0.1009	0.1345
	基本每股收益(扣除后)(元)	-0.0204	0.0496	0.1044	0.0056
	每股净资产(元)	1.2300	1.3800	1.2696	1.1700
	每股经营现金净流量(元)	0.4113	1.6043	0.3489	1.0637
	每股现金流量(元)	0.0136	-0.1727	1.3938	-0.5354
	每股资本公积金(元)	1.4235	1.9082	1.9082	1.9082
	每股盈余公积金(元)	0.0865	0.1039	0.1039	0.1039
	每股未分配利润(元)	-1.2840	-1.6354	-1.7424	-1.8433
	净资产收益率(%)	6.4300	15.1030	7.9500	11.5075
	加权净资产收益率(%)	6.6400	16.3400	8.2800	12.2100
	净资产收益率(扣除)(%)	-	-	-	-
	总资产(万元)	498048.72	520813.96	470851.09	370251.25
	归属母公司股东权益(万元)	34703.51	32471.79	29947.87	27567.63
	主营业务收入(万元)	33458.86	154264.93	60975.02	100919.96
	营业收入(万元)	35335.69	158393.53	63580.40	102379.94
	主营成本(万元)	27052.17	122207.36	46413.31	76232.86
	营业成本(万元)	28720.83	124104.39	48052.00	77445.72
	投资收益(万元)	2973.17	421.48	51.88	68.09
	净利润(万元)	1490.25	7385.65	2844.58	4121.76
	利润总额(万元)	2062.19	7085.21	3013.87	4184.78

三湘股份有限公司

公司概况	公司名称	三湘股份有限公司			证券简称	三湘股份
	法人代表	黄辉	董秘	徐玉	证券代码	000863
	公司网址	www.sxgf.com			电子信箱	sxgf000863@sxgf.com
	电　话	0755-83552538 021-65364018			传　真	0755-82900098 021-65363840
	办公地址	深圳市福田区滨河大道5003号爱地大厦西座25E				
	经营范围	投资兴办实业(具体项目另行申报)、国内贸易等				

	指标\报告期	2012.06.30	2011.12.31	2011.06.30	2010.12.31
主要财务指标	基本每股收益(元)	0.1500	0.4200	0.1600	0.3400
	基本每股收益(扣除后)(元)	0.1400	0.4000	0.1500	0.2900
	每股净资产(元)	1.4100	1.2600	–5.9751	1.2400
	每股经营现金净流量(元)	–0.1744	–0.3257	0.0881	–6.3050
	每股现金流量(元)	–0.2040	0.2134	1.8151	–1.5386
	每股资本公积金(元)	0.0103	0.0098	0.1176	0.1176
	每股盈余公积金(元)	0.0685	0.0685	0.1235	0.0680
	每股未分配利润(元)	1.0148	0.8668	–7.2162	2.5443
	净资产收益率(%)	10.5300	25.2660	9.8800	27.0453
	加权净资产收益率(%)	11.1200	28.7400	12.3200	30.8800
	净资产收益率(扣除)(%)	–	–	–	–
	总资产(万元)	488618.61	476912.09	16873.04	317968.08
	归属母公司股东权益(万元)	103835.34	92888.88	–104337.13	69925.00
	主营业务收入(万元)	9185.69	90931.06	48395.35	111584.14
	营业收入(万元)	9232.88	91111.79	48397.51	111612.65
	主营成本(万元)	6253.08	47044.97	20689.23	68888.30
	营业成本(万元)	6253.08	47044.97	43.88	409.99
	投资收益(万元)	12051.28	8027.23	–76.32	2214.23
	净利润(万元)	9947.00	23164.30	9176.33	18911.41
	利润总额(万元)	9574.09	29531.25	13606.14	27423.61

安徽安凯汽车股份有限公司

公司概况	公司名称	安徽安凯汽车股份有限公司			证券简称	安凯客车
	法人代表	王江安	董秘	汪先锋	证券代码	000868
	公司网址	www.ankai.com			电子信箱	zqb@ankai.com
	电　话	0551-2297712			传　真	0551-2297710
	办公地址	安徽省合肥市包河区葛淝路1号				
	经营范围	大中型客车、底盘生产销售、汽车配件销售、汽车设计、维修、咨询、实验等				

	指标\报告期	2012.06.30	2011.12.31	2011.06.30	2010.12.31
主要财务指标	基本每股收益(元)	0.0400	0.3000	0.1000	0.2400
	基本每股收益(扣除后)(元)	0.0300	0.2500	0.0900	0.2000
	每股净资产(元)	3.6396	3.5954	2.4600	2.3900
	每股经营现金净流量(元)	–0.7288	0.8747	–0.3801	0.4316
	每股现金流量(元)	–0.5972	1.9544	–0.5211	0.3859
	每股资本公积金(元)	2.1722	2.1722	1.1966	1.1966
	每股盈余公积金(元)	0.0787	0.0787	0.0630	0.0630
	每股未分配利润(元)	0.3887	0.3445	0.2026	0.1275
	净资产收益率(%)	1.2100	7.7540	2.4300	10.0068
	加权净资产收益率(%)	1.2200	10.6100	4.1100	10.5300
	净资产收益率(扣除)(%)	–	–	–	–
	总资产(万元)	374761.76	358587.56	294421.73	253698.22
	归属母公司股东权益(万元)	128116.03	126560.53	75590.12	73285.84
	主营业务收入(万元)	145912.98	370790.08	156515.72	312944.99
	营业收入(万元)	146358.01	373627.04	157284.17	315263.88
	主营成本(万元)	128843.88	324937.53	140131.87	275064.71
	营业成本(万元)	128911.79	326716.87	140499.98	276799.75
	投资收益(万元)	130.52	1848.98	1009.12	2235.10
	净利润(万元)	1530.00	10613.38	3488.35	7668.65
	利润总额(万元)	1752.76	11886.22	3645.70	8051.05

烟台张裕葡萄酿酒股份有限公司

公司概况	公司名称	烟台张裕葡萄酿酒股份有限公司			证券简称	张　裕A
	法人代表	孙利强	董秘	曲为民	证券代码	000869
	公司网址	www.changyu.com.cn			电子信箱	quwm@changyu.com.cn
	电　话	0535-6633658 6633656			传　真	0535-6633639
	办公地址	山东省烟台市大马路56号				
	经营范围	葡萄酒、白兰地、香槟酒和保健酒的酿制、生产与销售等				

	指标\报告期	2012.06.30	2011.12.31	2011.06.30	2010.12.31
主要财务指标	基本每股收益(元)	1.3400	3.6200	1.6600	2.7200
	基本每股收益(扣除后)(元)	1.3400	3.4800	1.6600	2.6100
	每股净资产(元)	7.4900	9.5100	7.5500	7.2800
	每股经营现金净流量(元)	0.8527	2.8556	1.9323	2.4464
	每股现金流量(元)	–0.2428	0.4885	0.0264	–1.8960
	每股资本公积金(元)	0.8201	1.0661	1.0568	1.0568
	每股盈余公积金(元)	0.4317	0.5613	0.5613	0.5613
	每股未分配利润(元)	5.2370	6.8811	4.9272	4.6641
	净资产收益率(%)	17.9400	38.0404	17.4900	37.3523
	加权净资产收益率(%)	16.8300	43.1800	21.2100	41.5700
	净资产收益率(扣除)(%)	–	–	–	–
	总资产(万元)	699439.63	729594.42	612521.50	598337.73
	归属母公司股东权益(万元)	513331.95	501364.17	397849.11	383970.83
	主营业务收入(万元)	300145.57	593987.56	308270.96	494638.17
	营业收入(万元)	301258.41	602754.92	309002.16	498294.34
	主营成本(万元)	72187.78	–	74640.65	–
	营业成本(万元)	72783.35	143941.71	74923.76	125791.02
	投资收益(万元)	–	5.21	5.21	90.00
	净利润(万元)	92114.35	190720.87	87619.43	145420.02
	利润总额(万元)	122728.90	253965.32	116251.49	192964.96

吉林电力股份有限公司

公司概况	公司名称	吉林电力股份有限公司			证券简称	吉电股份
	法人代表	陶新建	董秘	宋新阳	证券代码	000875
	公司网址	www.cpijl.com			电子信箱	jdgf875@cpijl.com
	电　话	0431-81150933 81150932			传　真	0431-81150997
	办公地址	吉林省长春市人民大街9699号				
	经营范围	火电、水电、供热、工业供气、新能源的开发、投资、建设、生产与销售等				

	指标\报告期	2012.06.30	2011.12.31	2011.06.30	2010.12.31
主要财务指标	基本每股收益(元)	–0.2882	0.0161	–0.0095	0.0160
	基本每股收益(扣除后)(元)	–0.3137	–0.0547	–0.0092	–0.1375
	每股净资产(元)	2.5681	2.8563	2.8280	2.8402
	每股经营现金净流量(元)	0.3984	0.1196	–0.3277	–0.1773
	每股现金流量(元)	–0.5896	1.1213	1.2364	–0.2827
	每股资本公积金(元)	1.9553	1.9553	1.9553	1.9553
	每股盈余公积金(元)	0.1173	0.1173	0.1173	0.1173
	每股未分配利润(元)	–0.5045	–0.2163	–0.2447	–0.2324
	净资产收益率(%)	–11.2200	0.5650	–0.3300	0.5650
	加权净资产收益率(%)	–10.6300	0.5700	–0.3300	0.5400
	净资产收益率(扣除)(%)	–	–	–	–
	总资产(万元)	1621795.18	1710823.70	1578985.47	1422520.60
	归属母公司股东权益(万元)	215493.14	239674.54	237294.98	238321.56
	主营业务收入(万元)	202390.20	411779.63	183183.07	244279.88
	营业收入(万元)	221836.92	455735.58	200573.76	255222.58
	主营成本(万元)	190875.37	362275.22	162375.72	230996.63
	营业成本(万元)	208497.74	395956.44	178186.39	231533.39
	投资收益(万元)	–63.92	–795.39	–3467.58	–6302.55
	净利润(万元)	–25130.35	3611.28	–353.06	3690.22
	利润总额(万元)	–25130.35	4027.22	280.48	5954.49

新希望六和股份有限公司

公司概况						
	公司名称	新希望六和股份有限公司			证券简称	新希望
	法人代表	刘永好	董秘	向川	证券代码	000876
	公司网址	www.newhopeagri.com		电子信箱	gfdsb@newhopegroup.com	
	电话	028-82000876 85950011		传真	028-85950022	
	办公地址	四川省成都市锦江工业园区金石路376号				
	经营范围	配合饲料、浓缩饲料、精料补充料的生产、加工、销售等				

主要财务指标 指标\报告期	2012.06.30	2011.12.31	2011.06.30	2010.12.31
基本每股收益(元)	0.5700	1.5200	0.6400	0.8300
基本每股收益(扣除后)(元)	0.5800	1.3700	0.6100	0.7900
每股净资产(元)	6.2600	5.5200	5.2700	9.0100
每股经营现金净流量(元)	0.2931	1.2212	0.4395	1.5986
每股现金流量(元)	0.3973	0.2725	1.1353	0.4244
每股资本公积金(元)	0.9249	0.7621	1.5612	3.2702
每股盈余公积金(元)	0.3869	0.3869	0.3640	0.6627
每股未分配利润(元)	3.9952	3.4217	2.4405	4.1448
净资产收益率(%)	9.1700	27.5720	13.3000	-
加权净资产收益率(%)	9.7400	30.9400	13.8100	20.6000
净资产收益率(扣除)(%)	-	-	-	-
总资产(万元)	2394663.67	2168951.28	1108791.61	1908444.66
归属母公司股东权益(万元)	1087268.58	958508.86	438562.65	749662.29
主营业务收入(万元)	3568445.15	7123908.14	2843384.88	5273737.47
营业收入(万元)	3586667.88	7164004.72	2869880.03	5313891.68
主营成本(万元)	3377581.24	6623478.02	2627379.88	4943692.03
营业成本(万元)	3392284.27	6654960.94	424648.30	4974063.39
投资收益(万元)	91353.59	170328.19	70864.56	95585.55
净利润(万元)	125246.56	334439.21	144636.68	185213.87
利润总额(万元)	139184.65	362183.91	154844.25	207031.85

新疆天山水泥股份有限公司

公司概况						
	公司名称	新疆天山水泥股份有限公司			证券简称	天山股份
	法人代表	张丽荣	董秘	张丽荣(代)	证券代码	000877
	公司网址	www.sinoma-tianshan.cn		电子信箱	zhoulinying@sinoma-tianshan.cn	
	电话	0991-6686791 6686790		传真	0991-6686782	
	办公地址	新疆维吾尔自治区乌鲁木齐市河北东路1256号天合大厦				
	经营范围	水泥及其相关产品的生产、经营及销售等				

主要财务指标 指标\报告期	2012.06.30	2011.12.31	2011.06.30	2010.12.31
基本每股收益(元)	0.1426	2.9100	0.4906	1.3900
基本每股收益(扣除后)(元)	0.1329	2.8448	0.4829	1.3542
每股净资产(元)	7.1000	11.6300	9.8801	9.2936
每股经营现金净流量(元)	-0.1887	2.9220	1.5233	2.7892
每股现金流量(元)	0.3416	1.3309	2.2573	0.5967
每股资本公积金(元)	4.0396	5.4166	5.5950	5.5994
每股盈余公积金(元)	0.1502	0.3399	0.2316	0.2316
每股未分配利润(元)	1.8818	4.8214	3.0080	2.4239
净资产收益率(%)	1.9700	24.9790	9.9600	13.9823
加权净资产收益率(%)	1.9800	27.5900	10.0400	19.0600
净资产收益率(扣除)(%)	-	-	-	-
总资产(万元)	1843829.22	1533954.94	1383963.71	1036019.11
归属母公司股东权益(万元)	624913.77	452467.71	384282.39	361468.20
主营业务收入(万元)	334266.25	820087.57	331166.01	565570.25
营业收入(万元)	338380.44	827778.81	336074.25	570478.14
主营成本(万元)	257847.74	551343.01	216687.22	401444.37
营业成本(万元)	260682.34	555973.96	220834.40	405635.98
投资收益(万元)	661.06	6404.75	2800.53	3799.85
净利润(万元)	16385.73	140402.58	46354.29	67537.22
利润总额(万元)	17954.00	165337.43	59111.72	77652.56

云南铜业股份有限公司

公司概况						
	公司名称	云南铜业股份有限公司			证券简称	云南铜业
	法人代表	杨超	董秘	彭捍东	证券代码	000878
	公司网址	www.yunnan-copper.com		电子信箱	ytdm@yunnancopper.com	
	电话	0871-3106732 3106792		传真	0871-3106735	
	办公地址	云南省昆明市人民东路111号				
	经营范围	生产和销售电解铜、异型铜线杆为主、工业硫酸、黄金、白银等附加产品为辅				

主要财务指标 指标\报告期	2012.06.30	2011.12.31	2011.06.30	2010.12.31
基本每股收益(元)	0.1890	0.4400	0.4050	0.3300
基本每股收益(扣除后)(元)	0.1120	0.3600	0.3500	0.2700
每股净资产(元)	5.0800	4.8700	4.8100	4.0200
每股经营现金净流量(元)	1.9950	1.4656	1.6509	-0.1923
每股现金流量(元)	0.6771	-0.2641	1.2512	0.3858
每股资本公积金(元)	3.1037	3.1195	3.4288	2.6413
每股盈余公积金(元)	0.3141	0.3141	0.3556	0.3540
每股未分配利润(元)	0.6004	0.4114	0.4358	-0.0259
净资产收益率(%)	3.7200	9.0130	8.4400	9.3474
加权净资产收益率(%)	3.8000	10.3300	10.0700	9.6200
净资产收益率(扣除)(%)	-	-	-	-
总资产(万元)	3200090.02	3056194.14	3481180.56	3363800.59
归属母公司股东权益(万元)	719379.85	690013.22	681034.43	505295.53
主营业务收入(万元)	1827921.55	3483866.32	1642106.50	3180193.40
营业收入(万元)	1847298.33	3524329.86	1661289.13	3213695.25
主营成本(万元)	1696375.48	3093909.87	1461206.17	2915700.91
营业成本(万元)	1711254.91	3120829.06	1473940.77	2940188.62
投资收益(万元)	11190.95	5785.48	4314.60	6286.15
净利润(万元)	29891.49	83674.51	67156.36	65776.58
利润总额(万元)	32132.09	112562.00	78021.92	77997.77

潍柴重机股份有限公司

公司概况						
	公司名称	潍柴重机股份有限公司			证券简称	潍柴重机
	法人代表	谭旭光	董秘	华观发	证券代码	000880
	公司网址	www.weichaihm.com		电子信箱	huagf@weichaihm.com	
	电话	0536-2297972 2297071		传真	0536-2297969	
	办公地址	山东省潍坊市民生东街26号				
	经营范围	内燃机及配件生产、销售、发电机及发电机组的生产、销售等				

主要财务指标 指标\报告期	2012.06.30	2011.12.31	2011.06.30	2010.12.31
基本每股收益(元)	0.1900	0.6900	0.3000	0.7900
基本每股收益(扣除后)(元)	0.1900	0.6800	0.3000	0.7900
每股净资产(元)	4.1400	4.0000	3.6100	3.3100
每股经营现金净流量(元)	0.2040	0.9129	0.7466	2.0161
每股现金流量(元)	-1.0568	-0.5454	0.1026	0.3165
每股资本公积金(元)	2.1336	2.1336	2.1336	2.1336
每股盈余公积金(元)	0.2061	0.1867	0.1481	0.1180
每股未分配利润(元)	0.8028	0.6784	0.3310	0.0597
净资产收益率(%)	4.6800	17.1910	8.3400	23.8190
加权净资产收益率(%)	4.7600	18.8100	8.7100	27.0400
净资产收益率(扣除)(%)	-	-	-	-
总资产(万元)	301649.82	277030.90	301265.95	250487.15
归属母公司股东权益(万元)	114374.55	110403.42	99747.81	91423.94
主营业务收入(万元)	104858.85	224426.51	120773.08	251752.94
营业收入(万元)	110770.04	238193.18	128585.64	266138.99
主营成本(万元)	92194.65	192281.92	103391.32	212915.81
营业成本(万元)	97248.40	204204.80	110296.24	225191.76
投资收益(万元)	198.76	-	-	-
净利润(万元)	5351.64	18979.48	8323.86	21776.41
利润总额(万元)	6296.05	19430.82	9792.78	26557.15

中国大连国际合作(集团)股份有限公司

公司概况	公司名称	中国大连国际合作(集团)股份有限公司			证券简称	大连国际
	法人代表	朱明义	董秘	姜建国	证券代码	000881
	公司网址	www.cdigstock.com		电子信箱	jiangjianguo@china-cdig.com	
	电　　话	0411-83780412 83780066		传　　真	0411-83780186	
	办公地址	辽宁省大连市西岗区黄河路219号外经贸大厦				
	经营范围	对外承包工程、承担国家经援项目、国际劳务技术合作等				

主要财务指标	指标\报告期	2012.06.30	2011.12.31	2011.06.30	2010.12.31
	基本每股收益(元)	0.3870	0.7450	0.3580	0.6580
	基本每股收益(扣除后)(元)	0.1920	0.5000	0.3080	0.6300
	每股净资产(元)	4.7600	4.4700	4.3400	4.1800
	每股经营现金净流量(元)	0.3607	0.1597	0.1138	0.6497
	每股现金流量(元)	-0.6695	0.2877	0.9128	-0.3138
	每股资本公积金(元)	0.8213	0.8252	1.0195	0.9716
	每股盈余公积金(元)	0.4138	0.4138	0.3566	0.3566
	每股未分配利润(元)	2.6821	2.3952	2.0656	1.9077
	净资产收益率(%)	8.1300	16.6480	8.2440	15.7300
	加权净资产收益率(%)	8.3100	17.2700	8.3300	16.4500
	净资产收益率(扣除)(%)	-	-	-	-
	总资产(万元)	600150.40	635049.15	599225.90	482095.07
	归属母公司股东权益(万元)	147122.98	138170.42	134123.00	129254.72
	主营业务收入(万元)	108455.63	171657.54	67792.94	173676.44
	营业收入(万元)	108455.63	172217.54	67792.94	174156.44
	主营成本(万元)	85014.34	123521.07	43699.81	118978.82
	营业成本(万元)	85014.34	123703.66	43699.81	119110.69
	投资收益(万元)	10177.69	10916.28	2357.55	1166.29
	净利润(万元)	15405.98	28642.90	14349.00	29125.28
	利润总额(万元)	19193.64	33140.11	16896.78	31784.74

北京华联商厦股份有限公司

公司概况	公司名称	北京华联商厦股份有限公司			证券简称	华联股份
	法人代表	赵国清	董秘	池伟	证券代码	000882
	公司网址	www.beijing-hualian.com		电子信箱	hlgf000882@sina.com	
	电　　话	010-57391951		传　　真	010-57391951	
	办公地址	北京市大兴区青云店镇祥云路北四条208号创新中心2号楼三层办公区				
	经营范围	销售百货和商业地产开发与购物中心运营管理等				

主要财务指标	指标\报告期	2012.06.30	2011.12.31	2011.06.30	2010.12.31
	基本每股收益(元)	0.0316	0.0700	0.0754	0.0400
	基本每股收益(扣除后)(元)	0.0309	0.0100	0.0017	-0.0500
	每股净资产(元)	3.2200	3.2600	3.9100	4.8000
	每股经营现金净流量(元)	0.2058	0.2284	0.0413	-0.0614
	每股现金流量(元)	-0.2032	-0.6409	-1.2640	1.6912
	每股资本公积金(元)	2.0164	2.0160	2.6308	3.5300
	每股盈余公积金(元)	0.0600	0.0600	0.0653	0.0653
	每股未分配利润(元)	0.1477	0.1861	0.2139	0.2021
	净资产收益率(%)	0.9800	2.2470	1.9000	0.6900
	加权净资产收益率(%)	0.9600	2.1800	1.5400	1.2300
	净资产收益率(扣除)(%)	-	-	-	-
	总资产(万元)	586665.46	597601.14	529205.79	628282.33
	归属母公司股东权益(万元)	288005.33	291405.95	291063.80	357120.70
	主营业务收入(万元)	33802.60	60161.95	21219.39	55834.55
	营业收入(万元)	38818.73	62280.94	24245.52	62691.08
	主营成本(万元)	17629.60	35009.24	10742.34	40878.92
	营业成本(万元)	17629.60	35009.24	10742.34	40882.23
	投资收益(万元)	1818.22	10186.63	8775.27	11502.57
	净利润(万元)	3190.10	6676.29	5609.47	820.07
	利润总额(万元)	3539.38	7311.44	6825.72	1711.09

湖北能源集团股份有限公司

公司概况	公司名称	湖北能源集团股份有限公司			证券简称	湖北能源
	法人代表	肖宏江	董秘	周江	证券代码	000883
	公司网址	www.hbny.com.cn		电子信箱	zq@hbny.com.cn	
	电　　话	027-86621100		传　　真	027-86621109	
	办公地址	湖北省武汉市武昌区徐东大街96号				
	经营范围	能源投资、开发与管理、国家政策允许范围内的其他经营业务等				

主要财务指标	指标\报告期	2012.06.30	2011.12.31	2011.06.30	2010.12.31
	基本每股收益(元)	0.1700	0.2900	0.1300	0.5000
	基本每股收益(扣除后)(元)	-	0.2000	0.0400	0.3900
	每股净资产(元)	4.5600	4.4200	4.0600	4.1400
	每股经营现金净流量(元)	-	0.9180	0.2031	1.1249
	每股现金流量(元)	-	0.8971	-0.0387	-0.5791
	每股资本公积金(元)	2.4952	2.4855	2.2949	2.2950
	每股盈余公积金(元)	-	0.1197	0.1146	0.1146
	每股未分配利润(元)	-	0.8110	0.6516	0.7301
	净资产收益率(%)	-	6.5683	3.0900	12.1180
	加权净资产收益率(%)	3.8400	6.9500	3.0100	11.4100
	净资产收益率(扣除)(%)	-	-	-	-
	总资产(万元)	-	3131505.38	2907499.85	2837915.60
	归属母公司股东权益(万元)	942697.64	913192.69	839749.45	856003.31
	主营业务收入(万元)	514539.33	957880.99	352383.72	1126642.33
	营业收入(万元)	516274.97	960754.53	354853.16	1132659.38
	主营成本(万元)	407953.14	797317.32	297329.72	888983.91
	营业成本(万元)	-	798661.60	298550.36	896433.98
	投资收益(万元)	-	20781.29	16980.62	74163.10
	净利润(万元)	-	56867.08	22349.05	99466.46
	利润总额(万元)	48645.93	72485.25	27689.53	129967.52

河南同力水泥股份有限公司

公司概况	公司名称	河南同力水泥股份有限公司			证券简称	同力水泥
	法人代表	郭海泉	董秘	侯绍民	证券代码	000885
	公司网址	www.tlcement.com		电子信箱	tlsn000885@163.com	
	电　　话	0371-69158113 69158315		传　　真	0371-69158112	
	办公地址	河南省郑州市农业路41号投资大厦9层				
	经营范围	水泥熟料、水泥及制品的销售、水泥机械、电器设备的销售等				

主要财务指标	指标\报告期	2012.06.30	2011.12.31	2011.06.30	2010.12.31
	基本每股收益(元)	0.2955	0.9533	0.3536	0.5088
	基本每股收益(扣除后)(元)	0.2918	0.9591	0.3502	0.4512
	每股净资产(元)	4.7700	5.8100	5.1900	4.8200
	每股经营现金净流量(元)	1.2512	3.1283	2.6045	2.0296
	每股现金流量(元)	0.2473	0.2555	0.1149	-0.4347
	每股资本公积金(元)	3.2011	4.4593	4.4590	4.4579
	每股盈余公积金(元)	0.1063	0.1382	0.1382	0.1382
	每股未分配利润(元)	0.4225	0.1651	-0.4345	-0.7881
	净资产收益率(%)	6.1900	16.3980	6.8200	10.5460
	加权净资产收益率(%)	6.4000	17.9800	7.0700	11.1800
	净资产收益率(扣除)(%)	-	-	-	-
	总资产(万元)	556102.48	481679.98	469498.79	438987.61
	归属母公司股东权益(万元)	156711.50	146809.52	130947.75	121847.93
	主营业务收入(万元)	196992.15	400322.02	202465.85	276017.63
	营业收入(万元)	197302.77	402443.77	202882.90	278313.65
	主营成本(万元)	149446.30	300702.74	147348.78	214502.82
	营业成本(万元)	149586.03	301122.65	147564.86	215356.16
	投资收益(万元)	-	-	-	-
	净利润(万元)	14054.09	33260.49	12422.05	18098.87
	利润总额(万元)	19970.71	45017.22	17792.01	25182.79

海南高速公路股份有限公司

公司概况	公司名称	海南高速公路股份有限公司			证券简称	海南高速
	法人代表	温国明	董秘	陈求仲	证券代码	000886
	公司网址	www.hi-expressway.com		电子信箱	hainangaosu@126.com	
	电　　话	0898-66768394		传　　真	0898-66790647	
	办公地址	海南省海口市蓝天路 16 号高速公路大楼				
	经营范围	高等级公路勘测、设计、养护、管理服务、房地产开发经营等				

	指标\报告期	2012.06.30	2011.12.31	2011.06.30	2010.12.31
主要财务指标	基本每股收益(元)	0.0750	0.1580	0.1080	0.1190
	基本每股收益(扣除后)(元)	0.0650	0.1340	0.1070	0.1090
	每股净资产(元)	2.6090	2.5320	2.4790	2.4510
	每股经营现金净流量(元)	0.3393	0.1768	0.0389	0.5784
	每股现金流量(元)	0.3541	0.0498	-0.0238	0.5135
	每股资本公积金(元)	0.9558	0.9560	0.9556	0.9563
	每股盈余公积金(元)	0.3292	0.3292	0.3137	0.3137
	每股未分配利润(元)	0.3188	0.2439	0.2094	0.1811
	净资产收益率(%)	2.8700	6.2520	4.3690	4.8750
	加权净资产收益率(%)	2.9130	6.3500	4.3470	5.0000
	净资产收益率(扣除)(%)	-	-	-	-
	总资产(万元)	295129.80	298227.59	289344.43	295682.37
	归属母公司股东权益(万元)	257978.43	250403.78	245103.45	242370.94
	主营业务收入(万元)	20043.52	52874.74	36203.36	59063.57
	营业收入(万元)	20066.46	53008.49	36300.87	59456.24
	主营成本(万元)	7159.31	-	10750.30	-
	营业成本(万元)	7159.31	18454.16	10750.30	29726.08
	投资收益(万元)	2587.17	3391.27	1277.50	2314.13
	净利润(万元)	7398.95	15636.15	10700.08	11894.11
	利润总额(万元)	8873.34	19149.90	13948.12	14917.13

安徽中鼎密封件股份有限公司

公司概况	公司名称	安徽中鼎密封件股份有限公司			证券简称	中鼎股份
	法人代表	夏鼎湖	董秘	饶建民	证券代码	000887
	公司网址	www.zhongdinggroup.com		电子信箱	bsx@zhongdinggroup.com	
	电　　话	0563-4181887 18956393887		传　　真	0563-4181880 6071	
	办公地址	安徽省宁国市经济技术开发区				
	经营范围	液压气动密封件、汽车非轮胎橡胶制品(制动、减震除外)生产和销售等				

	指标\报告期	2012.06.30	2011.12.31	2011.06.30	2010.12.31
主要财务指标	基本每股收益(元)	0.3500	0.5000	0.3100	0.5200
	基本每股收益(扣除后)(元)	0.3400	0.4400	0.3100	0.7200
	每股净资产(元)	2.6700	2.3210	2.1500	2.4910
	每股经营现金净流量(元)	0.1117	0.1877	-0.1541	0.3767
	每股现金流量(元)	0.0060	0.1885	0.3187	-0.0600
	每股资本公积金(元)	0.2244	0.2184	0.2275	0.1886
	每股盈余公积金(元)	0.2043	0.2043	0.1488	0.2083
	每股未分配利润(元)	1.2486	0.9018	0.7731	1.0984
	净资产收益率(%)	12.9700	21.4010	14.4200	29.3137
	加权净资产收益率(%)	13.8800	23.8600	15.5700	33.2500
	净资产收益率(扣除)(%)	-	-	-	-
	总资产(万元)	321920.87	304534.83	280890.27	235294.74
	归属母公司股东权益(万元)	159311.37	138287.42	128033.33	105993.65
	主营业务收入(万元)	157772.75	294329.82	139019.89	244486.46
	营业收入(万元)	164068.18	305311.80	147848.83	252242.97
	主营成本(万元)	110341.02	211821.23	99848.67	166914.99
	营业成本(万元)	113284.32	219947.96	104913.22	173328.07
	投资收益(万元)	-	-	528.38	667.08
	净利润(万元)	22642.36	33351.02	19965.57	34097.12
	利润总额(万元)	25797.19	39549.01	23406.86	39796.18

峨眉山旅游股份有限公司

公司概况	公司名称	峨眉山旅游股份有限公司			证券简称	峨眉山 A
	法人代表	马元祝	董秘	张华仙	证券代码	000888
	公司网址	www.ems517.com		电子信箱	000888@ems517.com	
	电　　话	0833-5544568 5528075		传　　真	0833-5526666	
	办公地址	四川省峨眉山市名山南路 41 号				
	经营范围	提供旅游、索道运输、旅店、中餐、西餐、酒水、茶座、游艺室、音乐厅等				

	指标\报告期	2012.06.30	2011.12.31	2011.06.30	2010.12.31
主要财务指标	基本每股收益(元)	0.2187	0.1478	0.1478	0.4689
	基本每股收益(扣除后)(元)	0.2198	0.1478	0.1478	0.4799
	每股净资产(元)	3.9000	3.8400	3.3700	3.3400
	每股经营现金净流量(元)	0.2503	1.1865	0.2466	0.9182
	每股现金流量(元)	-0.3641	0.2300	-0.4039	0.5151
	每股资本公积金(元)	1.0687	1.0687	1.0687	1.0697
	每股盈余公积金(元)	0.3449	0.3449	0.2829	0.2829
	每股未分配利润(元)	1.4912	1.4224	1.0153	0.9875
	净资产收益率(%)	5.6000	16.0830	4.3900	14.0400
	加权净资产收益率(%)	5.6500	17.1900	4.3300	14.9600
	净资产收益率(扣除)(%)	-	-	-	-
	总资产(万元)	115581.00	121546.77	109084.15	117981.35
	归属母公司股东权益(万元)	91836.86	90220.36	79185.92	78556.65
	主营业务收入(万元)	42016.02	89749.09	38682.23	72678.93
	营业收入(万元)	42838.28	90765.48	39286.09	73573.31
	主营成本(万元)	23628.18	50452.84	22446.71	38872.59
	营业成本(万元)	24050.52	50699.37	22545.91	39096.16
	投资收益(万元)	8.32	3.22	-0.22	-15.40
	净利润(万元)	5123.49	14475.55	3462.00	10974.72
	利润总额(万元)	6037.23	17106.28	4626.69	12983.21

秦皇岛渤海物流控股股份有限公司

公司概况	公司名称	秦皇岛渤海物流控股股份有限公司			证券简称	渤海物流
	法人代表	王福琴	董秘	焦海青	证券代码	000889
	公司网址	www.hlsc.com.cn		电子信箱	hqjiao@sohu.com	
	电　　话	0335-3733868 3280602		传　　真	0335-3023349	
	办公地址	河北省秦皇岛市海港区河北大街 146 号金原国际商务大厦				
	经营范围	针纺织品、日用百货、土产日杂、服装鞋帽、五金交电、化工产品等				

	指标\报告期	2012.06.30	2011.12.31	2011.06.30	2010.12.31
主要财务指标	基本每股收益(元)	0.1442	0.2073	0.1129	0.0901
	基本每股收益(扣除后)(元)	0.1432	0.1738	0.1137	0.0909
	每股净资产(元)	2.2790	2.1560	2.0620	1.9490
	每股经营现金净流量(元)	0.0479	0.1185	-0.2541	0.4021
	每股现金流量(元)	-0.1731	0.0987	-0.2759	0.3223
	每股资本公积金(元)	0.8512	0.8512	0.8512	0.8512
	每股盈余公积金(元)	0.0491	0.0491	0.0284	0.0284
	每股未分配利润(元)	0.3783	0.2561	0.1824	0.0695
	净资产收益率(%)	6.3300	9.6120	5.2300	4.6231
	加权净资产收益率(%)	6.5000	10.1000	5.6300	4.7300
	净资产收益率(扣除)(%)	-	-	-	-
	总资产(万元)	148166.91	158583.18	146077.85	152040.41
	归属母公司股东权益(万元)	77177.15	73037.77	69840.33	66017.16
	主营业务收入(万元)	80144.36	160462.53	83087.33	135036.02
	营业收入(万元)	84884.52	169031.94	85439.10	141890.61
	主营成本(万元)	-	135444.30	-	117957.01
	营业成本(万元)	67022.57	135444.30	69527.35	117957.01
	投资收益(万元)	-	-	-	64.80
	净利润(万元)	4890.04	7010.27	3819.77	3057.20
	利润总额(万元)	6582.34	9683.13	4974.71	3241.23

江苏法尔胜股份有限公司

公司概况	公司名称	江苏法尔胜股份有限公司			证券简称	法尔胜
	法人代表	蒋纬球	董秘	张文栋	证券代码	000890
	公司网址	www.fasten.com.cn			电子信箱	zhang_wendong@chinafasten.com
	电话	0510-86119890			传真	0510-86102007
	办公地址	江苏省江阴市澄江中路165号				
	经营范围	钢丝、钢丝绳、缆索、光缆等产品的生产及销售、钢材的销售等				

主要财务指标	指标\报告期	2012.06.30	2011.12.31	2011.06.30	2010.12.31
	基本每股收益(元)	0.0113	0.0364	0.0136	0.0339
	基本每股收益(扣除后)(元)	0.0101	-0.1037	0.0030	-0.0074
	每股净资产(元)	2.7479	2.7366	2.7100	2.7000
	每股经营现金净流量(元)	0.4296	-0.9548	0.0682	0.2270
	每股现金流量(元)	-0.1443	-0.6434	-0.2982	-0.1973
	每股资本公积金(元)	1.2372	1.2372	1.2359	1.2359
	每股盈余公积金(元)	0.1914	0.1914	0.1772	0.1772
	每股未分配利润(元)	0.3194	0.3080	0.3005	0.2869
	净资产收益率(%)	0.4100	1.2930	0.5000	1.2557
	加权净资产收益率(%)	0.4100	1.2900	0.5000	1.2600
	净资产收益率(扣除)(%)	-	-	-	-
	总资产(万元)	324723.15	330074.72	333330.11	337820.23
	归属母公司股东权益(万元)	104323.09	103893.43	103021.70	102504.95
	主营业务收入(万元)	85312.98	172317.68	82131.66	159817.35
	营业收入(万元)	87901.22	181052.95	86784.34	168326.85
	主营成本(万元)	73236.31	153459.91	69104.58	138189.68
	营业成本(万元)	75123.90	158691.13	76887.29	143402.63
	投资收益(万元)	1549.42	5216.79	289.91	609.98
	净利润(万元)	955.48	1321.60	533.70	1888.15
	利润总额(万元)	1465.68	2213.24	696.93	3083.93

星美联合股份有限公司

公司概况	公司名称	星美联合股份有限公司			证券简称	*ST星美
	法人代表	何家盛	董秘	徐虹	证券代码	000892
	公司网址				电子信箱	stellarmegaunion@yahoo.cn
	电话	023-88639066			传真	023-88639061
	办公地址	重庆市江北区北城天街15号富力海洋广场2幢1402室				
	经营范围	通信产业投资、通信设备制造、通信工程及技术咨询等				

主要财务指标	指标\报告期	2012.06.30	2011.12.31	2011.06.30	2010.12.31
	基本每股收益(元)	0.0022	0.0015	0.0003	-0.0075
	基本每股收益(扣除后)(元)	0.0017	0.0013	0.0002	-0.0075
	每股净资产(元)	0.0134	0.0112	-0.0354	-0.0356
	每股经营现金净流量(元)	-0.0008	0.0137	0.0014	0.0022
	每股现金流量(元)	-0.0008	0.0137	0.0014	0.0022
	每股资本公积金(元)	0.2144	0.2144	0.1691	0.1691
	每股盈余公积金(元)	-	-	-	-
	每股未分配利润(元)	-1.2010	-1.2032	-1.2045	-1.2048
	净资产收益率(%)	16.4216	13.6510	-0.7700	-21.0217
	加权净资产收益率(%)	17.8900	-	-	-
	净资产收益率(扣除)(%)	-	-	-	-
	总资产(万元)	629.12	668.35	152.87	94.91
	归属母公司股东权益(万元)	552.91	462.12	-1464.16	-1475.45
	主营业务收入(万元)	319.99	448.79	198.79	55.20
	营业收入(万元)	319.99	1788.23	198.79	55.20
	主营成本(万元)	6.73	11.77	4.06	5.50
	营业成本(万元)	6.73	1351.21	4.06	5.50
	投资收益(万元)	-	-	-	-
	净利润(万元)	90.80	63.08	11.29	-310.16
	利润总额(万元)	138.72	127.25	35.62	-300.03

广州东凌粮油股份有限公司

公司概况	公司名称	广州东凌粮油股份有限公司			证券简称	东凌粮油
	法人代表	侯勋田	董秘	石革燕	证券代码	000893
	公司网址	www.dongling.cn			电子信箱	stock@dongling.cn
	电话	020-85506292			传真	020-85506216 85506263
	办公地址	广东省广州市珠江新城华夏路8号国际金融广场28楼				
	经营范围	植物油加工业等				

主要财务指标	指标\报告期	2012.06.30	2011.12.31	2011.06.30	2010.12.31
	基本每股收益(元)	0.0100	-0.8500	-0.3400	0.8600
	基本每股收益(扣除后)(元)	0.0300	-0.8700	-0.3500	0.8700
	每股净资产(元)	1.4000	1.3900	1.8900	2.2400
	每股经营现金净流量(元)	4.0820	4.5288	-1.3456	-1.8610
	每股现金流量(元)	1.2735	-0.1931	-0.1942	0.0062
	每股资本公积金(元)	0.0438	0.0438	0.0438	0.0438
	每股盈余公积金(元)	0.0941	0.0941	0.0567	0.0567
	每股未分配利润(元)	0.2723	0.2575	0.8020	1.1419
	净资产收益率(%)	1.0600	-61.1170	-17.9500	38.5380
	加权净资产收益率(%)	1.0700	-46.7500	-16.4500	47.7500
	净资产收益率(扣除)(%)	-	-	-	-
	总资产(万元)	594947.10	382240.23	577746.17	445558.31
	归属母公司股东权益(万元)	31085.64	30768.67	42051.46	49674.61
	主营业务收入(万元)	375019.87	672341.76	298845.35	556606.24
	营业收入(万元)	375019.87	672341.76	298845.35	556606.24
	主营成本(万元)	362587.50	678102.84	294505.36	513898.33
	营业成本(万元)	362587.50	678102.84	294505.36	513898.33
	投资收益(万元)	-4391.75	-597.56	-2872.77	-3684.24
	净利润(万元)	252.09	-19086.48	-7790.17	19005.77
	利润总额(万元)	475.98	-18892.03	-7725.20	19726.61

河南双汇投资发展股份有限公司

公司概况	公司名称	河南双汇投资发展股份有限公司			证券简称	双汇发展
	法人代表	万隆	董秘	祁勇耀	证券代码	000895
	公司网址	www.shuanghui.net			电子信箱	0895@shuanghui.net
	电话	0395-2676158 2676530			传真	0395-2693259
	办公地址	河南省漯河市双汇路1号双汇大厦				
	经营范围	畜禽屠宰、加工销售肉类食品、肉类罐头、速冻肉制品等				

主要财务指标	指标\报告期	2012.06.30	2011.12.31	2011.06.30	2010.12.31
	基本每股收益(元)	0.6681	0.9322	0.1254	1.9129
	基本每股收益(扣除后)(元)	0.6547	0.8016	0.0565	1.7997
	每股净资产(元)	6.1900	6.0800	5.2700	6.0600
	每股经营现金净流量(元)	-0.2732	1.6514	0.7271	2.9763
	每股现金流量(元)	-2.0756	-0.3112	0.2221	0.7693
	每股资本公积金(元)	0.6309	0.6309	0.7356	1.0433
	每股盈余公积金(元)	0.9462	0.9462	1.0065	0.9049
	每股未分配利润(元)	3.6163	3.4982	2.5287	3.1073
	净资产收益率(%)	10.7900	15.3430	2.3800	31.5821
	加权净资产收益率(%)	10.5700	14.8600	2.0500	33.5500
	净资产收益率(扣除)(%)	-	-	-	-
	总资产(万元)	644988.10	783949.80	719453.27	715048.79
	归属母公司股东权益(万元)	375321.45	368168.23	319448.39	367044.91
	主营业务收入(万元)	1930364.75	3662901.60	1481760.91	3526993.10
	营业收入(万元)	1975027.21	3761547.11	1525911.61	3631026.07
	主营成本(万元)	1778112.29	3395652.52	1366911.09	3191897.49
	营业成本(万元)	1819542.43	3487507.34	1407761.33	3285234.73
	投资收益(万元)	4063.83	4609.68	1721.25	9284.81
	净利润(万元)	46099.19	64345.56	9397.75	142154.30
	利润总额(万元)	55904.71	80307.35	11650.35	177589.68

天津津滨发展股份有限公司

公司概况	公司名称	天津津滨发展股份有限公司		证券简称	津滨发展
	法人代表	许立凡	董秘 于志丹	证券代码	000897
	公司网址	www.jbdc.com.cn		电子信箱	office@jbdc.com.cn
	电　　话	022-66223226		传　　真	022-66223273
	办公地址	天津市经济技术开发区黄海路 98 号津滨杰座 2 区 B 座			
	经营范围	基础设施开发、建设、经营、各类物资、商品的批发、零售等			

主要财务指标 指标\报告期	2012.06.30	2011.12.31	2011.06.30	2010.12.31
基本每股收益(元)	-0.0293	-0.1843	-0.0451	0.0592
基本每股收益(扣除后)(元)	-0.0295	-0.1794	-0.0529	0.0616
每股净资产(元)	1.0650	1.0943	1.2800	1.3400
每股经营现金净流量(元)	0.1619	-0.3224	-0.0844	0.4632
每股现金流量(元)	-0.3917	0.1886	0.0497	0.0423
每股资本公积金(元)	0.1166	0.1166	0.1596	0.1596
每股盈余公积金(元)	0.0402	0.0402	0.0402	0.0402
每股未分配利润(元)	-0.0918	-0.0624	0.0768	0.1418
净资产收益率(%)	-2.7500	-16.8380	-3.5300	4.4100
加权净资产收益率(%)	-2.7200	-15.1300	-3.4400	4.4300
净资产收益率(扣除)(%)	-	-	-	-
总资产(万元)	886430.23	884893.66	819024.08	764112.57
归属母公司股东权益(万元)	172232.26	176975.93	206457.55	216978.55
主营业务收入(万元)	101239.66	147422.60	69601.47	-
营业收入(万元)	101239.66	147422.60	69601.47	344768.27
主营成本(万元)	82814.59	-	59283.14	-
营业成本(万元)	82814.59	125257.73	59283.14	271970.14
投资收益(万元)	45.00	1766.23	1766.23	103.51
净利润(万元)	-5139.19	-30110.87	-7302.38	9619.57
利润总额(万元)	-5761.80	-34987.04	-6291.83	16247.84

鞍钢股份有限公司

公司概况	公司名称	鞍钢股份有限公司		证券简称	鞍钢股份
	法人代表	张晓刚	董秘 付吉会	证券代码	000898
	公司网址	www.ansteel.com.cn		电子信箱	ansteel@ansteel.com.cn
	电　　话	0412-8417273 8419192		传　　真	0412-6727772
	办公地址	辽宁省鞍山市铁西区鞍钢厂区			
	经营范围	黑色金属冶炼及钢压延加工等			

主要财务指标 指标\报告期	2012.06.30	2011.12.31	2011.06.30	2010.12.31
基本每股收益(元)	-0.2730	-0.2970	0.0300	0.2820
基本每股收益(扣除后)(元)	-0.2770	-0.3140	0.0220	0.2710
每股净资产(元)	6.7400	7.0100	7.3500	7.4700
每股经营现金净流量(元)	0.2377	0.6445	0.4780	1.2476
每股现金流量(元)	0.0352	-0.1811	-0.1689	0.1948
每股资本公积金(元)	4.3484	4.3480	4.3557	4.3569
每股盈余公积金(元)	0.4934	0.4934	0.4934	0.4934
每股未分配利润(元)	0.8936	1.1667	1.4938	1.6133
净资产收益率(%)	-4.0500	-4.2290	0.4100	3.7700
加权净资产收益率(%)	-3.9700	-4.0900	0.4100	3.8300
净资产收益率(扣除)(%)	-	-	-	-
总资产(万元)	10670900.00	10298800.00	10470500.00	10511400.00
归属母公司股东权益(万元)	4879600.00	5075100.00	5321100.00	5406800.00
主营业务收入(万元)	3926300.00	9020700.00	4622400.00	9221200.00
营业收入(万元)	3937800.00	9042300.00	4633400.00	9243100.00
主营成本(万元)	3819100.00	8619200.00	4262000.00	8248600.00
营业成本(万元)	3832500.00	8640600.00	4272300.00	8269400.00
投资收益(万元)	20100.00	40200.00	23100.00	41100.00
净利润(万元)	-208000.00	-233200.00	14400.00	195000.00
利润总额(万元)	-277900.00	-328100.00	13300.00	235800.00

江西赣能股份有限公司

公司概况	公司名称	江西赣能股份有限公司		证券简称	*ST 赣能
	法人代表	姚迪明	董秘 李声意	证券代码	000899
	公司网址	www.000899.com		电子信箱	ganneng@000899.com
	电　　话	0791-88109899 88109103		传　　真	0791-88106119
	办公地址	江西省南昌市高新技术开发区火炬大街 199 号			
	经营范围	火力、水力发电、节能项目开发等			

主要财务指标 指标\报告期	2012.06.30	2011.12.31	2011.06.30	2010.12.31
基本每股收益(元)	0.1153	-0.4199	-0.1700	-0.0612
基本每股收益(扣除后)(元)	0.0170	-0.4174	-0.1692	-0.0639
每股净资产(元)	1.9100	1.8100	2.0600	2.2300
每股经营现金净流量(元)	0.5270	0.0913	0.2082	0.3711
每股现金流量(元)	0.0494	0.3279	0.2516	0.0455
每股资本公积金(元)	0.9341	0.9517	0.9517	0.9517
每股盈余公积金(元)	0.2388	0.2388	0.2388	0.2388
每股未分配利润(元)	-0.2645	-0.3798	-0.1299	0.0401
净资产收益率(%)	6.0400	-23.1900	-8.2500	-2.7430
加权净资产收益率(%)	6.1700	-20.7800	-7.9200	-2.7000
净资产收益率(扣除)(%)	-	-	-	-
总资产(万元)	674293.43	668420.25	663442.40	646015.79
归属母公司股东权益(万元)	123416.62	117095.11	133254.58	144249.08
主营业务收入(万元)	129782.50	257657.52	123977.76	204155.41
营业收入(万元)	130466.08	258960.55	124361.83	205691.36
主营成本(万元)	111952.19	256378.92	121486.10	185807.30
营业成本(万元)	112185.44	256655.63	121572.07	186062.58
投资收益(万元)	9358.09	7990.91	3596.36	9493.18
净利润(万元)	7455.51	-27153.97	-10994.49	-3956.11
利润总额(万元)	7455.51	-27153.97	-10994.49	-3806.94

现代投资股份有限公司

公司概况	公司名称	现代投资股份有限公司		证券简称	现代投资
	法人代表	宋伟杰	董秘 马玉国	证券代码	000900
	公司网址	www.xdtz.net		电子信箱	dongban@xdtz.net
	电　　话	0731-85558888 6719 6716		传　　真	0731-85163009
	办公地址	湖南省长沙市天心区芙蓉南路二段 128 号现代广场			
	经营范围	投资经营公路、桥梁、隧道和渡口、投资高新技术产业、广告业等			

主要财务指标 指标\报告期	2012.06.30	2011.12.31	2011.06.30	2010.12.31
基本每股收益(元)	0.7700	2.0600	0.9900	1.9700
基本每股收益(扣除后)(元)	0.7500	1.9300	0.9800	1.9500
每股净资产(元)	13.6500	12.8600	11.6900	10.9000
每股经营现金净流量(元)	0.8288	2.3756	1.0953	2.7988
每股现金流量(元)	-3.6304	3.7829	-0.5125	1.8247
每股资本公积金(元)	4.0701	4.0473	3.9427	3.9427
每股盈余公积金(元)	1.3924	1.3924	1.1807	1.1805
每股未分配利润(元)	7.1876	6.4183	5.5684	4.7720
净资产收益率(%)	5.6400	16.0146	8.4700	18.1126
加权净资产收益率(%)	5.8200	17.3400	8.6900	19.5400
净资产收益率(扣除)(%)	-	-	-	-
总资产(万元)	737699.84	804022.05	668943.67	649591.06
归属母公司股东权益(万元)	545000.25	513331.38	466747.53	434931.27
主营业务收入(万元)	78512.93	183852.67	92579.20	174516.92
营业收入(万元)	84035.60	194903.81	96605.79	182552.52
主营成本(万元)	29290.17	65544.71	32895.81	56836.96
营业成本(万元)	30142.27	68286.34	33917.02	58723.34
投资收益(万元)	819.32	2416.68	694.79	516.52
净利润(万元)	30799.36	81220.27	39412.38	78829.08
利润总额(万元)	40815.72	109338.88	52899.30	105596.52

航天科技控股集团股份有限公司

公司概况	公司名称	航天科技控股集团股份有限公司		证券简称	航天科技
	法人代表	郭友智	董秘	王玉伟	证券代码	000901
	公司网址	www.as-hitecn.com		电子信箱	simoe@sina.com
	电话	010-83636110		传真	010-83636060
	办公地址	北京市丰台区科学城海鹰路1号海鹰科技大厦15、16层			
	经营范围	汽车电子、环保监测、航天产品的研发、生产和销售的高新技术企业等			

	指标\报告期	2012.06.30	2011.12.31	2011.06.30	2010.12.31
主要财务指标	基本每股收益(元)	0.0558	0.2400	0.1081	0.2800
	基本每股收益(扣除后)(元)	0.0549	0.2100	0.1049	0.2600
	每股净资产(元)	3.2900	3.2800	3.1500	3.0400
	每股经营现金净流量(元)	-0.4856	0.0324	-0.3413	0.0407
	每股现金流量(元)	-0.6171	0.0729	-0.2345	0.0535
	每股资本公积金(元)	1.2455	1.2455	1.2478	1.2478
	每股盈余公积金(元)	0.1883	0.1883	0.1845	0.1845
	每股未分配利润(元)	0.8518	0.8460	0.7183	0.6102
	净资产收益率(%)	1.7000	7.3030	3.4300	9.2240
	加权净资产收益率(%)	1.6900	7.5700	3.4900	9.6300
	净资产收益率(扣除)(%)	-	-	-	-
	总资产(万元)	117264.03	116213.33	115544.79	106496.95
	归属母公司股东权益(万元)	82257.57	82112.05	78878.83	76171.98
	主营业务收入(万元)	42058.86	123661.09	46617.64	98751.51
	营业收入(万元)	42235.05	124771.83	47296.00	100830.33
	主营成本(万元)	33628.52	100550.61	36908.09	74927.92
	营业成本(万元)	33717.02	101443.76	37485.36	76245.35
	投资收益(万元)	693.40	711.73	711.73	645.00
	净利润(万元)	1562.01	6450.60	2722.44	7554.30
	利润总额(万元)	1795.37	7550.46	2882.66	8488.69

中国服装股份有限公司

公司概况	公司名称	中国服装股份有限公司		证券简称	中国服装
	法人代表	战英杰	董秘	胡革伟	证券代码	000902
	公司网址	www.chinagarments.net.cn		电子信箱	hugewei@126.com
	电话	010-65817498		传真	010-64428240
	办公地址	北京市朝阳区安贞西里三区26号浙江大厦17层			
	经营范围	纺织服装类产品的设计、生产和销售业务等			

	指标\报告期	2012.06.30	2011.12.31	2011.06.30	2010.12.31
主要财务指标	基本每股收益(元)	-0.0730	0.0100	-0.0230	0.0600
	基本每股收益(扣除后)(元)	-0.0750	-0.0400	-0.0290	0.0300
	每股净资产(元)	0.9260	0.9990	0.9660	0.9900
	每股经营现金净流量(元)	0.2234	0.0786	0.1128	0.4174
	每股现金流量(元)	0.0081	-0.0477	0.1832	0.0804
	每股资本公积金(元)	0.1795	0.1795	0.1810	0.1811
	每股盈余公积金(元)	0.0520	0.0520	0.0540	0.0540
	每股未分配利润(元)	-0.3055	-0.2322	-0.2688	-0.2456
	净资产收益率(%)	-7.9100	1.1360	-2.4000	6.2900
	加权净资产收益率(%)	-7.6100	1.1400	-2.3800	6.4800
	净资产收益率(扣除)(%)	-	-	-	-
	总资产(万元)	120206.20	121445.57	141223.09	129733.63
	归属母公司股东权益(万元)	23890.76	25781.05	24928.38	25528.40
	主营业务收入(万元)	67201.48	176814.64	77187.54	202810.20
	营业收入(万元)	67463.92	177515.10	77565.75	203922.08
	主营成本(万元)	64541.36	166813.06	73415.91	191603.47
	营业成本(万元)	64631.93	167076.47	73708.21	191890.72
	投资收益(万元)	53.80	870.54	23.78	173.15
	净利润(万元)	-1951.46	401.72	-711.07	2359.67
	利润总额(万元)	-1932.16	905.81	-602.11	3548.42

昆明云内动力股份有限公司

公司概况	公司名称	昆明云内动力股份有限公司		证券简称	云内动力
	法人代表	杨波	董秘	蔡建明	证券代码	000903
	公司网址	www.yunneidongli.com		电子信箱	assets@yunneidongli.com
	电话	0871-5625802		传真	0871-5633176
	办公地址	云南省昆明市穿金路715号			
	经营范围	多缸小缸径多缸柴油机及轻型载货车的开发、生产和销售等			

	指标\报告期	2012.06.30	2011.12.31	2011.06.30	2010.12.31
主要财务指标	基本每股收益(元)	0.0620	0.0590	0.0360	0.1980
	基本每股收益(扣除后)(元)	0.0600	0.0160	0.0350	0.0040
	每股净资产(元)	3.7900	3.7900	3.7600	6.9000
	每股经营现金净流量(元)	0.0007	0.1734	0.0496	-0.3183
	每股现金流量(元)	-0.3333	-0.1983	-0.0288	-1.2936
	每股资本公积金(元)	1.8579	1.8579	1.8579	4.1442
	每股盈余公积金(元)	0.2909	0.2909	0.2783	0.5010
	每股未分配利润(元)	0.6424	0.6300	0.6204	1.2511
	净资产收益率(%)	1.6400	1.5520	0.9500	5.1570
	加权净资产收益率(%)	1.6400	1.5400	0.9500	5.2300
	净资产收益率(扣除)(%)	-	-	-	-
	总资产(万元)	430665.09	444483.88	466697.79	454453.90
	归属母公司股东权益(万元)	258086.68	257247.44	255736.42	260817.48
	主营业务收入(万元)	114502.37	216462.45	113319.30	230299.30
	营业收入(万元)	116080.43	219992.05	115789.98	232830.93
	主营成本(万元)	95401.73	184409.81	97571.65	200919.47
	营业成本(万元)	96086.96	185485.58	98111.07	202047.16
	投资收益(万元)	-	-	-	550.00
	净利润(万元)	3117.70	122.00	872.93	14229.01
	利润总额(万元)	4295.48	1738.15	2084.96	15191.88

厦门港务发展股份有限公司

公司概况	公司名称	厦门港务发展股份有限公司		证券简称	厦门港务
	法人代表	柯东	董秘	刘翔	证券代码	000905
	公司网址	www.xmgw.com.cn		电子信箱	liux@xmgw.com.cn
	电话	0592-5829955		传真	0592-5829990
	办公地址	福建省厦门市湖里区长岸路海天港区联检大楼13楼			
	经营范围	码头及港口设施、货物装卸、仓储、综合物流、转运、多式联运等			

	指标\报告期	2012.06.30	2011.12.31	2011.06.30	2010.12.31
主要财务指标	基本每股收益(元)	0.1600	0.2700	0.1400	0.1900
	基本每股收益(扣除后)(元)	0.1400	0.2100	0.1200	0.1700
	每股净资产(元)	3.4400	3.3000	3.1700	3.0600
	每股经营现金净流量(元)	0.1744	0.0910	-0.0369	0.5531
	每股现金流量(元)	-0.1791	-0.1245	-0.1777	0.2098
	每股资本公积金(元)	0.4909	0.4909	0.4909	0.4909
	每股盈余公积金(元)	0.2950	0.2950	0.2749	0.2749
	每股未分配利润(元)	1.6469	1.5106	1.3998	1.2870
	净资产收益率(%)	4.5400	8.2890	5.0900	6.2340
	加权净资产收益率(%)	4.6200	8.6300	5.1600	6.4200
	净资产收益率(扣除)(%)	-	-	-	-
	总资产(万元)	307709.62	315743.52	296747.57	297936.27
	归属母公司股东权益(万元)	182737.46	175367.11	168324.06	162256.26
	主营业务收入(万元)	115130.21	242015.09	97600.46	154181.35
	营业收入(万元)	118049.81	242015.09	99875.94	157530.76
	主营成本(万元)	97075.05	204577.54	81014.37	125929.36
	营业成本(万元)	98387.13	205938.36	82124.41	127217.18
	投资收益(万元)	60.06	597.00	239.51	1124.85
	净利润(万元)	10009.55	17777.37	9207.00	12704.43
	利润总额(万元)	12622.99	22363.66	11690.27	16685.44

物产中拓股份有限公司

公司概况					
公司名称	物产中拓股份有限公司			证券简称	物产中拓
法人代表	袁仁军	董秘	潘洁	证券代码	000906
公司网址	www.zmd.com.cn		电子信箱	zmd000906@zmd.com.cn	
电　话	0731-84588390 84588392		传　真	0731-84588490 84588458	
办公地址	湖南省长沙市五一大道235号湘域中央1栋3-4楼				
经营范围	金属材料、钢铁炉料、铁合金、焦炭、矿产品经营等				

主要财务指标 指标\报告期	2012.06.30	2011.12.31	2011.06.30	2010.12.31
基本每股收益(元)	0.0800	0.2200	0.1100	0.2400
基本每股收益(扣除后)(元)	0.0300	0.0800	0.0026	0.2300
每股净资产(元)	3.0500	2.9600	2.8500	2.7400
每股经营现金净流量(元)	-0.3799	0.0456	-0.2708	-1.6634
每股现金流量(元)	0.0940	0.0244	0.1911	0.1976
每股资本公积金(元)	1.5070	1.5073	1.5104	1.5082
每股盈余公积金(元)	0.0764	0.0744	0.0745	0.0612
每股未分配利润(元)	0.4629	0.3827	0.2668	0.1714
净资产收益率(%)	2.7000	7.5710	3.6700	7.4040
加权净资产收益率(%)	2.7400	7.8700	3.8900	11.0700
净资产收益率(扣除)(%)	-	-	-	-
总资产(万元)	533865.22	430451.48	483034.37	333160.04
归属母公司股东权益(万元)	100713.39	98002.66	94278.08	90614.94
主营业务收入(万元)	1098817.88	2385305.63	1110554.13	1490418.80
营业收入(万元)	1099092.99	2386149.13	1110715.39	1491122.13
主营成本(万元)	1078543.01	2345245.95	1093715.03	1449960.07
营业成本(万元)	1078623.20	2345402.62	1093782.36	1450095.12
投资收益(万元)	-83.78	2868.23	3130.21	-683.17
净利润(万元)	3083.13	8489.88	4328.15	8681.78
利润总额(万元)	3866.27	10666.45	6035.27	12363.49

湖南天一科技股份有限公司

公司概况					
公司名称	湖南天一科技股份有限公司			证券简称	ST天一
法人代表	王海	董秘	唐治	证券代码	000908
公司网址	www.hntane.com		电子信箱	tzhi8282@163.com	
电　话	0731-88913276 88913156		传　真	0731-88913156	
办公地址	湖南省长沙市韶山北路338号华盛花园3栋7层				
经营范围	稠油泵、油气混输泵、工业潜污泵、系列潜水电泵等				

主要财务指标 指标\报告期	2012.06.30	2011.12.31	2011.06.30	2010.12.31
基本每股收益(元)	-0.0620	-0.2000	-0.0670	0.0100
基本每股收益(扣除后)(元)	-0.0620	-0.0210	-0.0780	-0.1600
每股净资产(元)	-0.0610	0.0010	0.1400	0.2000
每股经营现金净流量(元)	-0.0163	-0.0245	-0.0647	-0.0543
每股现金流量(元)	0.0001	-0.0408	-0.0657	0.0142
每股资本公积金(元)	0.4028	0.4028	0.4028	0.4028
每股盈余公积金(元)	0.0803	0.0803	0.0803	0.0803
每股未分配利润(元)	-1.5437	-1.4819	-1.3451	-1.2784
净资产收益率(%)	-104.7900	-17638.3032	-48.2800	5.2220
加权净资产收益率(%)	-220.0100	-197.7600	-38.4400	5.4200
净资产收益率(扣除)(%)	-	-	-	-
总资产(万元)	39782.30	42144.76	45397.09	47137.34
归属母公司股东权益(万元)	-1697.68	32.30	3863.91	5729.39
主营业务收入(万元)	6418.08	13762.77	7202.78	18713.81
营业收入(万元)	6480.71	13903.08	7275.37	21738.96
主营成本(万元)	5072.48	11788.20	6062.16	15152.39
营业成本(万元)	5099.06	11874.03	6117.68	18106.11
投资收益(万元)	-	-	-	1695.26
净利润(万元)	-1730.80	-5705.45	-1864.96	293.17
利润总额(万元)	-1730.80	-5637.88	-1864.96	303.44

数源科技股份有限公司

公司概况					
公司名称	数源科技股份有限公司			证券简称	数源科技
法人代表	章国经	董秘	丁毅	证券代码	000909
公司网址	www.soyea.com.cn		电子信箱	stock@soyea.com.cn	
电　话	0571-88271018		传　真	0571-88271038	
办公地址	浙江省杭州市西湖区教工路一号				
经营范围	数字(模拟)彩色电视机、数字视音频产品、数字电子计算机及外部设备等				

主要财务指标 指标\报告期	2012.06.30	2011.12.31	2011.06.30	2010.12.31
基本每股收益(元)	0.1000	0.2400	0.0800	0.1200
基本每股收益(扣除后)(元)	0.0800	0.3200	0.0700	0.0900
每股净资产(元)	3.1700	3.1600	2.8700	2.7900
每股经营现金净流量(元)	-0.2786	-0.7696	-1.4420	-1.1938
每股现金流量(元)	0.3463	1.3226	-0.1564	0.7368
每股资本公积金(元)	1.6382	1.6379	1.5046	1.5050
每股盈余公积金(元)	0.0425	0.0425	0.0350	0.0350
每股未分配利润(元)	0.4885	0.4845	0.3280	0.2486
净资产收益率(%)	3.2800	7.6890	2.7700	4.1870
加权净资产收益率(%)	3.2800	8.1700	2.8100	4.2300
净资产收益率(扣除)(%)	-	-	-	-
总资产(万元)	356145.22	320919.65	263338.57	266851.10
归属母公司股东权益(万元)	62115.07	62031.62	56206.30	54657.41
主营业务收入(万元)	51854.18	131867.76	69092.05	80903.98
营业收入(万元)	53471.76	133524.89	69732.56	82361.78
主营成本(万元)	44086.27	107324.52	59508.84	66878.94
营业成本(万元)	45187.29	108243.82	59853.06	67849.79
投资收益(万元)	-1016.56	127.45	-266.38	-303.66
净利润(万元)	1924.03	4286.28	2034.97	2765.67
利润总额(万元)	2631.55	6801.47	2623.50	3985.87

大亚科技股份有限公司

公司概况					
公司名称	大亚科技股份有限公司			证券简称	大亚科技
法人代表	陈兴康	董秘	宋立柱	证券代码	000910
公司网址	www.daretechnology.com		电子信箱	slzdy@cndare.com	
电　话	0511-86981046		传　真	0511-86885000	
办公地址	江苏省丹阳市经济技术开发区金陵西路95号				
经营范围	涉及森工业、包装业及汽配业等				

主要财务指标 指标\报告期	2012.06.30	2011.12.31	2011.06.30	2010.12.31
基本每股收益(元)	0.0800	0.2700	0.1500	0.3600
基本每股收益(扣除后)(元)	0.0700	0.1900	0.1500	0.3400
每股净资产(元)	4.3500	4.2700	4.2700	4.1100
每股经营现金净流量(元)	0.7511	0.3843	-0.3447	1.2744
每股现金流量(元)	0.4705	-0.5248	-0.7374	0.8164
每股资本公积金(元)	0.6353	0.6353	0.6355	0.6355
每股盈余公积金(元)	0.2930	0.2930	0.2676	0.2676
每股未分配利润(元)	2.4307	2.3514	2.3626	2.2112
净资产收益率(%)	1.8200	6.2280	3.5500	8.7112
加权净资产收益率(%)	1.8400	6.3400	3.6100	9.1100
净资产收益率(扣除)(%)	-	-	-	-
总资产(万元)	963181.05	908155.46	893094.18	860309.72
归属母公司股东权益(万元)	229207.99	225032.28	225061.94	217041.17
主营业务收入(万元)	362198.34	722231.16	295196.20	686602.83
营业收入(万元)	365389.11	731265.62	298716.37	692072.11
主营成本(万元)	281214.91	544889.61	216445.97	514379.58
营业成本(万元)	282389.18	550232.05	218303.69	516569.24
投资收益(万元)	-966.87	-1934.87	132.45	1019.22
净利润(万元)	7311.62	21592.53	11551.85	32662.07
利润总额(万元)	9261.24	25043.45	14762.61	38062.26

南宁糖业股份有限公司

公司概况					
公司名称	南宁糖业股份有限公司			证券简称	南宁糖业
法人代表	肖凌	董秘	王国庆	证券代码	000911
公司网址	www.nnsugar.com		电子信箱	nnty@nnsugar.com	
电　话	0771-4914317		传　真	0771-4910755 4914317	
办公地址	广西壮族自治区南宁市亭洪路48号				
经营范围	机制糖、机制纸、蔗渣浆、酒精的生产、加工、销售和提供售后服务等				

主要财务指标：指标\报告期	2012.06.30	2011.12.31	2011.06.30	2010.12.31
基本每股收益(元)	–0.1100	0.3000	0.5000	0.6400
基本每股收益(扣除后)(元)	–0.1100	0.2000	0.4100	0.4800
每股净资产(元)	4.7200	4.9400	5.1400	4.9900
每股经营现金净流量(元)	–0.8915	1.1787	–1.1204	0.5424
每股现金流量(元)	–1.2690	2.1376	0.7696	–0.2459
每股资本公积金(元)	2.7911	2.7911	2.7911	2.7915
每股盈余公积金(元)	0.5270	0.5270	0.5533	0.4925
每股未分配利润(元)	0.4059	0.6191	0.7944	0.7033
净资产收益率(%)	–2.4000	6.0826	9.7700	12.8611
加权净资产收益率(%)	–2.3700	6.0500	9.5800	13.3100
净资产收益率(扣除)(%)	–	–	–	–
总资产(万元)	462469.81	471153.48	488397.00	431276.58
归属母公司股东权益(万元)	135408.28	141520.75	147299.24	142956.28
主营业务收入(万元)	181453.34	419724.13	212846.88	384637.04
营业收入(万元)	182500.85	422364.95	214192.23	387501.90
主营成本(万元)	154667.02	349591.03	171022.45	315649.11
营业成本(万元)	155457.45	351174.98	171855.23	317465.92
投资收益(万元)	–23.98	–479.67	–106.76	–127.70
净利润(万元)	–4414.72	4543.73	12946.88	17149.70
利润总额(万元)	–4184.05	9604.34	18844.26	18875.50

四川泸天化股份有限公司

公司概况					
公司名称	四川泸天化股份有限公司			证券简称	泸天化
法人代表	邹仲平	董秘	索隆敏	证券代码	000912
公司网址	www.sclth.com		电子信箱	lth@lthcn.com	
电　话	0830-4125103 4122370		传　真	0830-4122156	
办公地址	四川省泸州市纳溪区				
经营范围	化肥、化工原材料的生产与销售等				

主要财务指标：指标\报告期	2012.06.30	2011.12.31	2011.06.30	2010.12.31
基本每股收益(元)	0.1400	0.0260	–0.0500	0.0300
基本每股收益(扣除后)(元)	0.1400	0.0240	–0.0500	0.0200
每股净资产(元)	3.9646	3.9064	3.8100	3.8400
每股经营现金净流量(元)	2.4026	1.2212	0.8615	–0.6850
每股现金流量(元)	2.7556	0.7269	–0.0323	–0.0586
每股资本公积金(元)	1.0778	1.1326	1.1326	1.1326
每股盈余公积金(元)	0.7231	0.7231	0.7185	0.7185
每股未分配利润(元)	1.0955	0.9582	0.8871	0.9332
净资产收益率(%)	3.4628	0.6750	–1.2145	–7.4260
加权净资产收益率(%)	3.4500	0.6800	–1.2100	–7.0700
净资产收益率(扣除)(%)	–	–	–	–
总资产(万元)	1178180.30	919368.15	759264.02	727852.62
归属母公司股东权益(万元)	231928.11	228527.21	222647.43	224907.82
主营业务收入(万元)	212344.26	360590.85	204448.57	339666.26
营业收入(万元)	221138.65	384473.49	211535.28	350490.58
主营成本(万元)	170522.89	293757.16	173330.61	299263.69
营业成本(万元)	179855.53	316251.46	180221.02	310756.15
投资收益(万元)	4029.55	–5128.23	–3326.70	–4047.65
净利润(万元)	12891.65	1952.09	–1311.67	–23979.31
利润总额(万元)	14506.51	3356.02	–513.98	–22383.49

浙江钱江摩托股份有限公司

公司概况					
公司名称	浙江钱江摩托股份有限公司			证券简称	钱江摩托
法人代表	林华中	董秘	王海斌	证券代码	000913
公司网址	www.qjmotor.com		电子信箱	qjmt@qjmotor.com	
电　话	0576-86192111		传　真	0576-86139081	
办公地址	浙江省温岭市经济开发区				
经营范围	生产、研究、设计和开发摩托车及配件、销售自产产品并提供产品售后服务				

主要财务指标：指标\报告期	2012.06.30	2011.12.31	2011.06.30	2010.12.31
基本每股收益(元)	0.0400	–0.0400	0.0700	0.1500
基本每股收益(扣除后)(元)	0.0600	–0.0500	0.1000	0.1600
每股净资产(元)	3.1400	3.1100	3.2200	3.1400
每股经营现金净流量(元)	–0.2790	–0.5122	–0.1754	–0.5260
每股现金流量(元)	–0.1079	–1.3220	–0.4654	0.9857
每股资本公积金(元)	1.0663	1.0663	1.0676	1.0676
每股盈余公积金(元)	0.2658	0.2658	0.2658	0.2658
每股未分配利润(元)	0.8108	0.7728	0.8839	0.8116
净资产收益率(%)	1.2100	–1.2485	2.2400	4.9010
加权净资产收益率(%)	1.2100	–1.2400	2.2700	5.0300
净资产收益率(扣除)(%)	–	–	–	–
总资产(万元)	410881.65	384389.88	420481.26	378930.71
归属母公司股东权益(万元)	142459.88	140907.81	145835.86	142509.73
主营业务收入(万元)	194340.73	358714.38	179610.35	373912.48
营业收入(万元)	196539.72	367253.27	183222.69	378778.56
主营成本(万元)	165537.15	310800.25	151583.11	314238.35
营业成本(万元)	167430.86	317084.92	154517.07	318680.05
投资收益(万元)	–266.06	–1617.19	–1711.04	1736.26
净利润(万元)	933.11	–2980.58	2424.93	5312.24
利润总额(万元)	1883.06	–1323.53	4845.62	10188.55

山东山大华特科技股份有限公司

公司概况					
公司名称	山东山大华特科技股份有限公司			证券简称	山大华特
法人代表	张兆亮	董秘	范智胜	证券代码	000915
公司网址	www.sd-wit.com		电子信箱	wit@sd-wit.com	
电　话	0531-85198600 85198606		传　真	0531-82666189	
办公地址	山东省济南市经十路17703号华特广场				
经营范围	环保、医药和电子信息产品的生产销售等				

主要财务指标：指标\报告期	2012.06.30	2011.12.31	2011.06.30	2010.12.31
基本每股收益(元)	0.3000	0.5200	0.2500	0.3900
基本每股收益(扣除后)(元)	0.2900	0.4500	0.1900	0.3500
每股净资产(元)	3.1400	2.8400	2.5700	2.3200
每股经营现金净流量(元)	0.3957	0.7716	0.3508	1.0514
每股现金流量(元)	0.2853	–0.3766	–0.1845	0.1315
每股资本公积金(元)	0.1932	0.1932	0.1920	0.1918
每股盈余公积金(元)	0.1281	0.1281	0.1037	0.1037
每股未分配利润(元)	1.8143	1.5173	1.2751	1.0215
净资产收益率(%)	9.4700	18.3230	9.8600	16.8900
加权净资产收益率(%)	9.9400	20.1700	10.3800	18.3400
净资产收益率(扣除)(%)	–	–	–	–
总资产(万元)	122155.06	115956.19	114479.07	113837.65
归属母公司股东权益(万元)	56520.20	51166.48	46341.01	41765.19
主营业务收入(万元)	36836.64	71526.94	32444.80	55431.50
营业收入(万元)	36836.64	71698.59	32450.39	56027.85
主营成本(万元)	11191.48	25238.48	11381.87	17476.27
营业成本(万元)	11191.48	25302.09	11381.87	17866.67
投资收益(万元)	41.32	28.49	10.07	562.71
净利润(万元)	9986.67	16349.23	7387.79	13249.65
利润总额(万元)	11666.42	18842.91	8403.24	15321.07

华北高速公路股份有限公司

公司概况	公司名称	华北高速公路股份有限公司			证券简称	华北高速
	法人代表	郑海军	董秘	郝继业	证券代码	000916
	公司网址	www.hbgsgl.com.cn		电子信箱	hbgsgl2005@126.com	
	电　　话	010-58021999 58021227		传　　真	010-58021229	
	办公地址	北京市经济技术开发区东环北路9号				
	经营范围	投资开发、建设和经营收费公路、车辆及机械设备租赁、咨询服务等				

主要财务指标	指标\报告期	2012.06.30	2011.12.31	2011.06.30	2010.12.31
	基本每股收益(元)	0.1250	0.2300	0.1280	0.2200
	基本每股收益(扣除后)(元)	0.1250	0.2300	0.1320	0.2200
	每股净资产(元)	3.6100	3.5200	3.5800	3.5300
	每股经营现金净流量(元)	0.1691	0.3012	0.1429	0.3047
	每股现金流量(元)	0.0369	0.0001	0.0164	0.1094
	每股资本公积金(元)	1.3561	1.3229	1.3974	1.4825
	每股盈余公积金(元)	0.4265	0.4265	0.4040	0.4040
	每股未分配利润(元)	0.8187	0.7733	0.7766	0.6483
	净资产收益率(%)	3.4300	6.4600	3.4900	6.2960
	加权净资产收益率(%)	3.5200	6.4400	3.6100	6.2600
	净资产收益率(扣除)(%)	-	-	-	-
	总资产(万元)	422625.75	408424.92	410441.83	412905.14
	归属母公司股东权益(万元)	392546.95	383972.11	390000.32	385292.64
	主营业务收入(万元)	32687.70	71031.55	34015.54	94559.86
	营业收入(万元)	32755.71	71445.84	34165.24	95011.64
	主营成本(万元)	13599.84	34260.86	14881.19	55887.35
	营业成本(万元)	13644.67	34810.71	15043.54	56382.59
	投资收益(万元)	1129.46	1230.29	1461.72	1525.23
	净利润(万元)	13639.19	24624.16	13790.88	24681.57
	利润总额(万元)	17846.54	32362.44	17529.67	32471.35

湖南电广传媒股份有限公司

公司概况	公司名称	湖南电广传媒股份有限公司			证券简称	电广传媒
	法人代表	龙秋云	董秘	廖朝晖	证券代码	000917
	公司网址	www.tik.com.cn		电子信箱	directorate@tik.com.cn	
	电　　话	0731-84252080		传　　真	0731-84252096	
	办公地址	湖南省长沙市浏阳河大桥东湖南金鹰影视文化城				
	经营范围	影视节目的制作、发行和销售、有线电视网络及信息传播服务等				

主要财务指标	指标\报告期	2012.06.30	2011.12.31	2011.06.30	2010.12.31
	基本每股收益(元)	0.2800	1.2500	1.0000	1.0100
	基本每股收益(扣除后)(元)	0.2770	1.3300	1.0200	1.0000
	每股净资产(元)	3.3600	6.7600	6.9400	7.1000
	每股经营现金净流量(元)	0.5626	-2.7925	-3.1075	1.6798
	每股现金流量(元)	-0.0520	-4.0275	-2.9245	1.5130
	每股资本公积金(元)	3.5622	3.5515	3.9040	5.0637
	每股盈余公积金(元)	0.4887	0.4887	0.4536	0.4536
	每股未分配利润(元)	2.3441	1.7262	1.5879	0.5851
	净资产收益率(%)	8.3600	18.5030	14.8300	14.2220
	加权净资产收益率(%)	8.7400	18.0300	13.1900	16.9600
	净资产收益率(扣除)(%)	-	-	-	-
	总资产(万元)	1236719.22	1122788.81	1104996.78	1158382.47
	归属母公司股东权益(万元)	300349.19	274795.30	282097.92	288553.20
	主营业务收入(万元)	202752.01	283515.27	118139.06	617989.59
	营业收入(万元)	203633.44	284547.60	118176.51	619090.93
	主营成本(万元)	107624.67	161536.47	64865.24	472186.02
	营业成本(万元)	107748.94	161664.26	64865.24	472360.86
	投资收益(万元)	2301.46	67714.62	57157.24	78000.07
	净利润(万元)	30396.04	63680.09	53877.93	52029.69
	利润总额(万元)	32870.89	75860.39	55957.49	58961.53

嘉凯城集团股份有限公司

公司概况	公司名称	嘉凯城集团股份有限公司			证券简称	嘉凯城
	法人代表	张德潭	董秘	李怀彬	证券代码	000918
	公司网址	www.calxon-group.com		电子信箱	xuexiaoqiao@calxon-group.com	
	电　　话	0731-88336000 0571-87376666		传　　真	0731-82770077 0571-87922209	
	办公地址	湖南省长沙市芙蓉中路二段279号金源大酒店天麒楼16楼				
	经营范围	房地产开发和经营等				

主要财务指标	指标\报告期	2012.06.30	2011.12.31	2011.06.30	2010.12.31
	基本每股收益(元)	-0.1800	0.1100	0.0040	0.6200
	基本每股收益(扣除后)(元)	-0.1800	0.0400	0.0030	0.6200
	每股净资产(元)	2.1000	2.2800	2.1700	2.2200
	每股经营现金净流量(元)	-0.0977	-1.9055	-1.4796	-1.5103
	每股现金流量(元)	-0.1346	-0.3075	-0.5548	0.0479
	每股资本公积金(元)	-0.5097	-0.5097	-0.5097	-0.5097
	每股盈余公积金(元)	0.0842	0.0842	0.0842	0.0842
	每股未分配利润(元)	1.5267	1.7086	1.5984	1.6494
	净资产收益率(%)	-8.6500	5.0030	0.1900	27.7950
	加权净资产收益率(%)	-8.3000	5.0800	0.1800	32.1100
	净资产收益率(扣除)(%)	-	-	-	-
	总资产(万元)	2617245.58	2530148.58	2250470.01	2080685.64
	归属母公司股东权益(万元)	379097.50	411907.38	392027.83	401221.93
	主营业务收入(万元)	149317.58	632726.38	273186.80	910822.54
	营业收入(万元)	151877.77	648453.08	276710.42	917795.53
	主营成本(万元)	133576.21	483528.71	211557.63	579570.01
	营业成本(万元)	135877.69	491903.60	213610.40	584881.15
	投资收益(万元)	238.63	14064.57	1059.04	-1982.50
	净利润(万元)	-37076.14	18678.52	1195.70	118599.67
	利润总额(万元)	-37349.16	31085.56	5401.56	174211.54

金陵药业股份有限公司

公司概况	公司名称	金陵药业股份有限公司			证券简称	金陵药业
	法人代表	沈志龙	董秘	徐俊扬	证券代码	000919
	公司网址	www.jlyy000919.com		电子信箱	jlyy@jlpharm.com	
	电　　话	025-83118511		传　　真	025-83112486	
	办公地址	江苏省南京市中央路238号金陵药业大厦				
	经营范围	中西药原料和制剂、生化制品、医药包装制品、医疗器械、保健食品等				

主要财务指标	指标\报告期	2012.06.30	2011.12.31	2011.06.30	2010.12.31
	基本每股收益(元)	0.1718	0.3278	0.2045	0.3824
	基本每股收益(扣除后)(元)	0.1573	0.3527	0.2216	0.3700
	每股净资产(元)	4.2500	4.0800	4.1000	3.9000
	每股经营现金净流量(元)	0.2318	0.3429	0.1602	0.3528
	每股现金流量(元)	0.2633	0.1361	0.1517	0.2300
	每股资本公积金(元)	0.9367	0.9373	0.9370	0.9378
	每股盈余公积金(元)	0.5422	0.5422	0.5178	0.5178
	每股未分配利润(元)	1.7685	1.5967	1.6479	1.4434
	净资产收益率(%)	4.0500	8.0410	4.9900	9.8080
	加权净资产收益率(%)	4.1300	8.1900	5.1100	10.0700
	净资产收益率(扣除)(%)	-	-	-	-
	总资产(万元)	300208.85	295827.66	291014.93	274377.23
	归属母公司股东权益(万元)	214069.48	205440.60	206776.22	196506.87
	主营业务收入(万元)	115043.98	224965.08	115152.63	215516.82
	营业收入(万元)	115341.20	225702.28	115576.57	216113.93
	主营成本(万元)	87249.77	169013.78	86321.73	158775.13
	营业成本(万元)	87316.38	169192.66	86433.59	158986.17
	投资收益(万元)	158.02	1497.86	443.30	2244.40
	净利润(万元)	10926.60	21061.99	12962.48	23270.22
	利润总额(万元)	13857.47	26025.39	15439.49	27283.85

南方汇通股份有限公司

公司概况	公司名称	南方汇通股份有限公司			证券简称	南方汇通
	法人代表	黄纪湘	董秘	周海泉	证券代码	000920
	公司网址	www.southhuiton.com		电子信箱	dshbgs@nfht.com.cn	
	电　话	0851-4470866		传　真	0851-4470866	
	办公地址	贵州省贵阳市都拉营				
	经营范围	铁路运输设备开发、制造、销售、修理、弹簧及锻铸件制品的生产、销售等				

	指标\报告期	2012.06.30	2011.12.31	2011.06.30	2010.12.31
主要财务指标	基本每股收益(元)	0.0930	0.1380	0.0500	0.1370
	基本每股收益(扣除后)(元)	0.0910	0.1118	0.0390	0.0501
	每股净资产(元)	2.3000	2.1300	2.1000	2.0710
	每股经营现金净流量(元)	-0.2201	0.6788	0.0035	0.4985
	每股现金流量(元)	-0.3873	0.4180	-0.0557	0.0439
	每股资本公积金(元)	1.2060	1.1262	1.1872	1.2095
	每股盈余公积金(元)	0.1391	0.1391	0.1391	0.1391
	每股未分配利润(元)	-0.0473	-0.1402	-0.2272	-0.2778
	净资产收益率(%)	4.0400	6.4740	2.3600	6.6100
	加权净资产收益率(%)	4.2800	6.4300	2.3600	5.8500
	净资产收益率(扣除)(%)	-	-	-	-
	总资产(万元)	188411.57	186857.03	168916.92	145760.28
	归属母公司股东权益(万元)	96968.36	89681.90	88584.76	87387.02
	主营业务收入(万元)	106644.67	169098.84	85586.59	139711.56
	营业收入(万元)	117998.20	176824.74	89848.30	144632.11
	主营成本(万元)	84371.92	132547.56	67749.18	112415.30
	营业成本(万元)	94594.65	139473.30	71628.15	116577.35
	投资收益(万元)	1.00	817.97	266.44	880.09
	净利润(万元)	6425.23	9687.59	4130.74	8327.01
	利润总额(万元)	8063.14	11596.95	5346.87	9416.13

海信科龙电器股份有限公司

公司概况	公司名称	海信科龙电器股份有限公司			证券简称	ST 科 龙
	法人代表	汤业国	董秘	夏峰	证券代码	000921
	公司网址	www.kelon.com		电子信箱	kelonsec@hisense.com	
	电　话	0757-28362570		传　真	0757-28361055	
	办公地址	广东省佛山市顺德区容桂街道容港路 8 号				
	经营范围	开发、制造电冰箱等家用电器、产品内、外销售和提供售后服务、运输自营产品等				

	指标\报告期	2012.06.30	2011.12.31	2011.06.30	2010.12.31
主要财务指标	基本每股收益(元)	0.2805	0.1677	0.2111	0.4365
	基本每股收益(扣除后)(元)	0.2767	0.1450	0.1701	0.1464
	每股净资产(元)	0.8768	0.5946	0.6100	0.3997
	每股经营现金净流量(元)	0.0233	0.2705	-0.1000	0.4709
	每股现金流量(元)	0.0467	-0.0171	-0.0734	0.1615
	每股资本公积金(元)	1.5503	1.5486	1.5145	1.5167
	每股盈余公积金(元)	0.1072	0.1072	0.1072	0.1072
	每股未分配利润(元)	-1.8000	-2.0805	-2.0371	-2.2482
	净资产收益率(%)	32.0000	28.1960	34.6400	108.1360
	加权净资产收益率(%)	38.1300	33.7200	41.8400	293.2600
	净资产收益率(扣除)(%)	-	-	-	-
	总资产(万元)	978885.76	763543.96	910509.82	801896.89
	归属母公司股东权益(万元)	118721.36	80512.36	82506.81	54124.14
	主营业务收入(万元)	904669.70	1674844.93	968113.24	1583096.15
	营业收入(万元)	996772.68	1848866.32	1073490.87	1769032.36
	主营成本(万元)	714884.37	1356136.48	791530.52	1304517.57
	营业成本(万元)	798212.65	1520289.41	891055.64	1479673.18
	投资收益(万元)	10010.70	13856.06	9939.61	39487.93
	净利润(万元)	40184.20	22544.92	28467.87	59612.03
	利润总额(万元)	40746.32	24669.96	29236.70	62770.86

阿城继电器股份有限公司

公司概况	公司名称	阿城继电器股份有限公司			证券简称	ST 阿继
	法人代表	赵明	董秘	王红霞	证券代码	000922
	公司网址	www.arc.com.cn		电子信箱	xuzz008@sina.com.cn	
	电　话	0454-8848800		传　真	0454-8467700	
	办公地址	黑龙江省佳木斯市前进区光复路 766 号				
	经营范围	开发、制造、销售继电器及继电保护装置和系统、自动化成套设备及系统等				

	指标\报告期	2012.06.30	2011.12.31	2011.06.30	2010.12.31
主要财务指标	基本每股收益(元)	0.2100	-0.1600	0.3400	0.0100
	基本每股收益(扣除后)(元)	-0.0200	-0.1700	0.3100	-0.0600
	每股净资产(元)	2.5700	4.3800	0.1900	0.2540
	每股经营现金净流量(元)	0.0615	0.0237	-0.2061	-0.0655
	每股现金流量(元)	-0.0236	-0.0032	-0.3178	-0.0085
	每股资本公积金(元)	0.9177	0.6249	0.6249	0.6249
	每股盈余公积金(元)	0.2239	0.3932	0.0753	0.0753
	每股未分配利润(元)	0.4240	0.5846	-1.5082	-1.4458
	净资产收益率(%)	8.0200	-159.2501	7.9000	4.3897
	加权净资产收益率(%)	7.9300	-88.6600	7.7000	4.4900
	净资产收益率(扣除)(%)	-	-	-	-
	总资产(万元)	272009.69	290889.77	32689.58	33360.27
	归属母公司股东权益(万元)	134471.78	130875.34	5729.29	7589.90
	主营业务收入(万元)	131115.48	11490.56	125690.79	14152.78
	营业收入(万元)	136753.07	12134.29	131849.74	15075.02
	主营成本(万元)	97286.79	9710.56	94627.98	11000.78
	营业成本(万元)	102856.83	10332.23	3311.81	11832.85
	投资收益(万元)	-	-	-	-
	净利润(万元)	10800.55	-4935.26	10351.41	152.84
	利润总额(万元)	12500.83	-4935.26	12135.90	181.45

河北宣化工程机械股份有限公司

公司概况	公司名称	河北宣化工程机械股份有限公司			证券简称	河北宣工
	法人代表	冯喜京	董秘	庞廷闽	证券代码	000923
	公司网址	www.hbxg.com		电子信箱	webmaster@hbxg.com	
	电　话	0313-3186075 3186222		传　真	0313-3186026	
	办公地址	河北省张家口市宣化区东升路 21 号				
	经营范围	推土机、装载机、挖掘机及其配件的生产和销售等				

	指标\报告期	2012.06.30	2011.12.31	2011.06.30	2010.12.31
主要财务指标	基本每股收益(元)	0.0125	0.0521	0.0191	0.1002
	基本每股收益(扣除后)(元)	0.0111	-0.1376	0.0210	-0.0743
	每股净资产(元)	3.1000	2.9300	3.0700	3.1300
	每股经营现金净流量(元)	-0.1398	0.0415	-0.4254	-0.0535
	每股现金流量(元)	-0.1431	0.1114	-0.2201	0.0456
	每股资本公积金(元)	1.6440	1.4850	1.6555	1.7380
	每股盈余公积金(元)	0.0809	0.0809	0.0756	0.0756
	每股未分配利润(元)	0.3798	0.3673	0.3396	0.3205
	净资产收益率(%)	0.4100	1.7750	0.6900	3.1967
	加权净资产收益率(%)	0.4100	1.7000	0.6900	3.4600
	净资产收益率(扣除)(%)	-	-	-	-
	总资产(万元)	140655.94	128108.60	123194.29	112060.25
	归属母公司股东权益(万元)	61473.09	58077.09	60799.11	62054.81
	主营业务收入(万元)	17659.45	51637.10	35732.35	66062.55
	营业收入(万元)	19746.31	57396.41	37748.42	71633.64
	主营成本(万元)	14123.79	45401.59	31656.22	57822.05
	营业成本(万元)	15678.31	51134.11	33014.94	62259.14
	投资收益(万元)	314.02	5301.79	221.55	5365.35
	净利润(万元)	247.90	1031.09	377.44	1983.73
	利润总额(万元)	472.29	1365.11	451.72	2608.85

浙江众合机电股份有限公司

公司概况					
公司名称	浙江众合机电股份有限公司			证券简称	众合机电
法人代表	潘丽春	董秘	李军	证券代码	000925
公司网址	www.000925.net		电子信箱	000925@000925.net	
电　　话	0571-87959026 87959003		传　　真	0571-87959016 87959026	
办公地址	浙江省杭州市西湖区杭大路1号黄龙世纪广场C座5楼				
经营范围	单晶硅及其制品、半导体元器件和新型节能材料的开发、制造等				

主要财务指标 指标\报告期	2012.06.30	2011.12.31	2011.06.30	2010.12.31
基本每股收益(元)	0.0800	0.1000	0.1300	0.1900
基本每股收益(扣除后)(元)	0.0100	0.0600	0.1100	0.1600
每股净资产(元)	3.4800	3.4000	3.4400	2.1600
每股经营现金净流量(元)	-0.1694	-0.3699	-0.4777	-0.2047
每股现金流量(元)	0.2802	0.0702	0.3305	-0.2228
每股资本公积金(元)	2.3796	2.3796	2.3796	1.2269
每股盈余公积金(元)	0.0527	0.0527	0.0527	0.0569
每股未分配利润(元)	0.1249	0.0450	0.0714	-0.0581
净资产收益率(%)	2.2900	2.9040	3.6800	8.9030
加权净资产收益率(%)	2.3200	3.1500	4.2600	9.3000
净资产收益率(扣除)(%)	-	-	-	-
总资产(万元)	305667.59	285381.47	261283.80	229165.85
归属母公司股东权益(万元)	105004.19	102546.21	103561.68	60317.52
主营业务收入(万元)	48291.75	136430.91	51474.13	102168.53
营业收入(万元)	48926.92	137381.81	52301.23	104815.58
主营成本(万元)	39568.48	110487.83	40392.35	82112.88
营业成本(万元)	39956.56	110640.52	40490.60	82830.57
投资收益(万元)	-	-11.23	-7.95	53.21
净利润(万元)	2408.70	3002.61	3794.02	5417.26
利润总额(万元)	2818.40	3761.91	4442.42	6922.07

湖北福星科技股份有限公司

公司概况					
公司名称	湖北福星科技股份有限公司			证券简称	福星股份
法人代表	谭功炎	董秘	冯东兴	证券代码	000926
公司网址	www.chinafxkj.com		电子信箱	fxkj0926@chinafxkj.com	
电　　话	0712-8740018 8741411		传　　真	0712-8740018	
办公地址	湖北省汉川市沉湖镇福星街1号				
经营范围	金属丝、绳及其制品的制造、销售、出口业务、商品房销售等				

主要财务指标 指标\报告期	2012.06.30	2011.12.31	2011.06.30	2010.12.31
基本每股收益(元)	0.3400	0.7300	0.3200	0.7100
基本每股收益(扣除后)(元)	0.3400	0.7600	0.3600	0.5800
每股净资产(元)	8.1600	7.9200	7.4900	6.6200
每股经营现金净流量(元)	0.8247	-2.4500	-2.8932	-3.0032
每股现金流量(元)	-0.1877	-0.5911	-0.8317	1.6221
每股资本公积金(元)	3.2066	3.2066	3.2066	2.6451
每股盈余公积金(元)	0.4826	0.4826	0.4690	0.4690
每股未分配利润(元)	3.4727	3.2305	2.8180	2.5022
净资产收益率(%)	4.1900	9.2716	4.3200	10.6254
加权净资产收益率(%)	4.2300	10.5000	4.5900	12.2800
净资产收益率(扣除)(%)	-	-	-	-
总资产(万元)	2284307.74	2191817.52	1851654.90	1552805.34
归属母公司股东权益(万元)	581422.82	564168.22	533816.60	471319.92
主营业务收入(万元)	275459.24	474275.16	220476.30	560348.00
营业收入(万元)	276709.86	476058.39	221451.75	562551.05
主营成本(万元)	200089.49	324242.65	158144.28	413440.12
营业成本(万元)	200852.03	325066.66	158877.81	415120.81
投资收益(万元)	-	-	-	9523.96
净利润(万元)	24271.82	51500.57	23022.37	51479.08
利润总额(万元)	34211.60	70168.00	30230.57	68178.64

天津一汽夏利汽车股份有限公司

公司概况					
公司名称	天津一汽夏利汽车股份有限公司			证券简称	一汽夏利
法人代表	徐建一	董秘	孟君奎	证券代码	000927
公司网址	www.tjfaw.com.cn		电子信箱	xiali@mail.zlnet.com.cn	
电　　话	022-87915000 3074		传　　真	022-87915111	
办公地址	天津市西青区京福公路578号				
经营范围	轿车、汽车发动机、汽车零部件、内燃机配件的制造及其售后服务等				

主要财务指标 指标\报告期	2012.06.30	2011.12.31	2011.06.30	2010.12.31
基本每股收益(元)	0.0566	0.0686	0.0289	0.1879
基本每股收益(扣除后)(元)	0.0378	0.0298	0.0102	0.1603
每股净资产(元)	2.3400	2.3000	2.2600	2.2600
每股经营现金净流量(元)	-0.4164	-0.5062	-0.2061	-0.5415
每股现金流量(元)	0.2224	0.0803	0.5310	0.0723
每股资本公积金(元)	0.8399	0.8399	0.8399	0.8399
每股盈余公积金(元)	0.2934	0.2934	0.2782	0.2782
每股未分配利润(元)	0.2018	0.1653	0.1408	0.1419
净资产收益率(%)	2.4200	2.9830	1.2800	8.3130
加权净资产收益率(%)	2.4300	3.0100	1.2700	8.5100
净资产收益率(扣除)(%)	-	-	-	-
总资产(万元)	960479.27	919414.42	931868.13	907931.31
归属母公司股东权益(万元)	372499.10	366664.86	360330.45	360512.75
主营业务收入(万元)	399177.54	981640.12	539052.28	974977.64
营业收入(万元)	404632.39	995374.05	545826.09	989123.95
主营成本(万元)	389833.29	939270.29	506704.93	922501.26
营业成本(万元)	394476.57	950409.87	512256.02	934855.69
投资收益(万元)	80662.70	123202.89	41569.82	129121.49
净利润(万元)	9285.66	11270.83	4772.65	30223.34
利润总额(万元)	9812.39	12538.57	5475.56	33898.92

中钢集团吉林炭素股份有限公司

公司概况					
公司名称	中钢集团吉林炭素股份有限公司			证券简称	中钢吉炭
法人代表	杨光	董秘	王晓影	证券代码	000928
公司网址	www.jlts.cn		电子信箱	zgjt000928@126.com	
电　　话	0432-62749800		传　　真	0432-62749375 62749800	
办公地址	吉林省吉林市昌邑区和平街九号				
经营范围	炭素及石墨制品的研究、开发、生产、加工、技术服务等				

主要财务指标 指标\报告期	2012.06.30	2011.12.31	2011.06.30	2010.12.31
基本每股收益(元)	-0.1597	0.0057	0.0122	0.0174
基本每股收益(扣除后)(元)	-0.1639	-0.0083	0.0064	-0.0983
每股净资产(元)	3.2030	3.3130	3.3840	3.3900
每股经营现金净流量(元)	0.0033	-0.4905	-0.1586	0.0183
每股现金流量(元)	0.6081	-0.2477	-0.0394	-0.2331
每股资本公积金(元)	3.1002	3.0631	3.1274	3.1457
每股盈余公积金(元)	0.3311	0.3311	0.3311	0.3311
每股未分配利润(元)	-1.2407	-1.0810	-1.0745	-1.0867
净资产收益率(%)	-4.9900	0.1720	0.3600	0.5120
加权净资产收益率(%)	-4.9100	0.1700	0.3600	0.5000
净资产收益率(扣除)(%)	-	-	-	-
总资产(万元)	266497.70	247614.28	250761.96	241585.03
归属母公司股东权益(万元)	90622.11	93730.73	95732.65	95906.30
主营业务收入(万元)	77908.04	160544.80	83126.81	149549.98
营业收入(万元)	79831.03	165498.27	85845.87	156831.51
主营成本(万元)	67527.17	131483.58	67760.24	129300.20
营业成本(万元)	68830.63	135317.28	69904.13	133154.65
投资收益(万元)	-47.10	-6.57	-	3031.81
净利润(万元)	-4518.84	160.94	343.74	490.89
利润总额(万元)	-4447.05	98.61	285.07	557.95

兰州黄河企业股份有限公司

公司概况					
公司名称	兰州黄河企业股份有限公司			证券简称	兰州黄河
法人代表	杨世江	董秘	魏福新	证券代码	000929
公司网址	www.yellowriver.net.cn			电子信箱	wfx0523@sina.com
电　话	0931-8449054 8449039			传　真	0931-8449005
办公地址	甘肃省兰州市城关区庆阳路219号金运大厦22层				
经营范围	啤酒、麦芽、饲料的生产、批发零售,建筑材料普通机械、农业技术开发及推广等				

主要财务指标 指标\报告期	2012.06.30	2011.12.31	2011.06.30	2010.12.31
基本每股收益(元)	0.0610	-0.0786	0.0742	0.5480
基本每股收益(扣除后)(元)	0.0414	-0.0052	0.0450	0.0850
每股净资产(元)	3.0100	2.9400	3.0900	2.9600
每股经营现金净流量(元)	0.6492	0.8452	0.6691	0.4740
每股现金流量(元)	0.3305	-0.4556	-0.0238	0.7409
每股资本公积金(元)	0.8838	0.8787	0.8787	0.8186
每股盈余公积金(元)	0.1153	0.1153	0.1153	0.1153
每股未分配利润(元)	1.0082	0.9472	1.1000	1.0258
净资产收益率(%)	2.0500	-2.6710	2.4500	18.5020
加权净资产收益率(%)	2.0500	-2.6500	2.4500	20.5300
净资产收益率(扣除)(%)	-	-	-	-
总资产(万元)	131157.59	125752.38	141431.69	139472.41
归属母公司股东权益(万元)	55865.17	54636.69	57476.24	54980.03
主营业务收入(万元)	41943.22	69842.72	37838.48	73756.35
营业收入(万元)	44267.91	76937.50	40164.21	77089.92
主营成本(万元)	24170.28	40839.90	21951.88	45149.16
营业成本(万元)	27518.15	48445.78	24459.03	48218.29
投资收益(万元)	-69.22	967.51	1460.54	11894.27
净利润(万元)	2573.39	-720.12	2680.47	13168.52
利润总额(万元)	3368.66	-888.73	3186.40	15538.02

中粮生物化学(安徽)股份有限公司

公司概况					
公司名称	中粮生物化学(安徽)股份有限公司			证券简称	000930
法人代表	夏令和	董秘	王德文	证券代码	
公司网址	www.zlahsh.com			电子信箱	zlahshstock@163.com
电　话	86-552-4926909			传　真	86-552-4926758
办公地址	安徽省蚌埠市中粮大道1号				
经营范围	生物工程的科研开发,有机酸及其饲料级赖氨酸盐酸盐等产品的生产、销售、储存等				

主要财务指标 指标\报告期	2012.06.30	2011.12.31	2011.06.30	2010.12.31
基本每股收益(元)	0.0860	0.3680	0.1870	0.3050
基本每股收益(扣除后)(元)	0.0650	0.3657	0.1830	0.2086
每股净资产(元)	2.9100	2.8800	2.6900	2.5300
每股经营现金净流量(元)	-0.0683	0.7195	0.1663	0.3249
每股现金流量(元)	-0.0446	-0.1031	0.0159	-0.1857
每股资本公积金(元)	0.9571	0.9571	0.9526	0.9526
每股盈余公积金(元)	0.1376	0.1376	0.1012	0.1012
每股未分配利润(元)	0.7910	0.7551	0.6107	0.4584
净资产收益率(%)	2.9500	12.8030	6.9600	12.0370
加权净资产收益率(%)	2.9500	13.6200	7.1300	12.8200
净资产收益率(扣除)(%)	--	--	--	--
总资产(万元)	691675.03	647736.44	699168.55	692290.56
归属母公司股东权益(万元)	280635.87	277335.97	259462.30	244009.91
主营业务收入(万元)	358695.37	728864.68	355580.65	592872.33
营业收入(万元)	387763.07	740129.26	361089.15	596719.37
主营成本(万元)	324933.23	660300.37	321845.47	574652.89
营业成本(万元)	352821.03	669507.81	326426.23	575851.78
投资收益(万元)	366.45	366.45	--	487.43
净利润(万元)	8800.11	36134.37	19014.34	30123.35
利润总额(万元)	10253.66	49823.63	24076.52	36644.13

北京中关村科技发展(控股)股份有限公司

公司概况					
公司名称	北京中关村科技发展(控股)股份有限公司			证券简称	中关村
法人代表	周宁	董秘	王晶	证券代码	000931
公司网址	www.centek.com.cn			电子信箱	investor@centek.com.cn
电　话	010-62140168			传　真	010-62140038
办公地址	北京市朝阳区霄云里3号中关村建设大厦308室				
经营范围	高新技术和产品的开发、销售、科技项目、建设项目投资				

主要财务指标 指标\报告期	2012.06.30	2011.12.31	2011.06.30	2010.12.31
基本每股收益(元)	0.0827	0.0617	0.0017	0.0155
基本每股收益(扣除后)(元)	0.0022	-0.0532	--	-0.0399
每股净资产(元)	1.1702	1.0856	1.0429	1.0414
每股经营现金净流量(元)	0.0532	0.3609	0.0920	0.2720
每股现金流量(元)	0.0160	-0.0837	0.0125	0.0439
每股资本公积金(元)	1.3554	1.3534	1.3707	1.3709
每股盈余公积金(元)	0.1230	0.1230	0.1230	0.1230
每股未分配利润(元)	-1.3082	-1.3908	-1.4508	-1.4525
净资产收益率(%)	7.0700	5.6830	0.1600	1.4890
加权净资产收益率(%)	7.3300	5.7800	0.1700	1.5000
净资产收益率(扣除)(%)	--	--	--	--
总资产(万元)	401405.94	433261.95	404758.36	401068.53
归属母公司股东权益(万元)	78971.14	73261.66	70381.28	70276.83
主营业务收入(万元)	134413.48	327425.05	122050.86	251668.47
营业收入(万元)	135320.92	331047.69	122087.12	259905.95
主营成本(万元)	106198.74	273144.07	98533.30	204283.16
营业成本(万元)	106407.17	273746.25	98618.03	207215.74
投资收益(万元)	5707.69	40.35	4.52	604.19
净利润(万元)	5794.81	5593.19	758.01	1664.53
利润总额(万元)	7684.89	8374.63	1454.53	5429.54

湖南华菱钢铁股份有限公司

公司概况					
公司名称	湖南华菱钢铁股份有限公司			证券简称	华菱钢铁
法人代表	曹慧泉	董秘	阳向宏	证券代码	000932
公司网址	www.valin.cn			电子信箱	valinsteel@163.com
电　话	0731-89952818 89952808			传　真	0731-82245196 89952877
办公地址	湖南省长沙市天心区湘府西路222号华菱园主楼				
经营范围	主要从事钢坯、无缝钢管、线材、螺纹钢、热轧超薄带钢卷、冷轧板卷、镀锌板等				

主要财务指标 指标\报告期	2012.06.30	2011.12.31	2011.06.30	2010.12.31
基本每股收益(元)	-0.4326	0.0237	-0.0736	-0.9657
基本每股收益(扣除后)(元)	-0.4346	-0.4168	-0.0759	-0.9737
每股净资产(元)	3.9600	4.4000	4.3600	4.5500
每股经营现金净流量(元)	1.0581	1.4237	0.5137	-1.0548
每股现金流量(元)	-1.3330	1.2993	0.5482	0.2749
每股资本公积金(元)	2.3198	2.3235	2.3827	2.3831
每股盈余公积金(元)	0.2773	0.2773	0.2599	0.2863
每股未分配利润(元)	0.3693	0.8019	0.7236	0.8769
净资产收益率(%)	-10.9100	0.5290	-1.6600	-21.2450
加权净资产收益率(%)	-10.3400	0.5300	-1.7100	-19.1000
净资产收益率(扣除)(%)	--	--	--	--
总资产(万元)	7197949.78	8596915.70	7917599.23	7471585.88
归属母公司股东权益(万元)	1195422.06	1326931.18	1316224.79	1244376.81
主营业务收入(万元)	3093594.70	7067024.83	3617114.48	5815328.96
营业收入(万元)	3226232.89	7378868.88	3789598.50	6056342.42
主营成本(万元)	3032908.15	6826587.53	3449286.79	5758675.16
营业成本(万元)	3161260.22	7124931.73	3616745.50	5967690.00
投资收益(万元)	3490.35	66596.34	5458.11	17012.10
净利润(万元)	-141644.26	7312.84	-21739.04	-274039.42
利润总额(万元)	-138400.29	8355.73	-20339.36	-253667.20

河南神火煤电股份有限公司

公司概况					
公司名称	河南神火煤电股份有限公司			证券简称	神火股份
法人代表	张光建	董秘	李宏伟	证券代码	000933
公司网址	www.shenhuo.com		电子信箱	shenhuogufen@163.com	
电　话	0370-5982722 5982466		传　真	0370-5180086 5125596	
办公地址	河南省永城市东城区光明路 17 号				
经营范围	煤炭、发电(自发自用)、氧化铝、铝产品的生产、销售				

主要财务指标 指标\报告期	2012.06.30	2011.12.31	2011.06.30	2010.12.31
基本每股收益(元)	0.3120	0.6850	0.3810	0.6900
基本每股收益(扣除后)(元)	0.3050	0.6470	0.3720	0.7160
每股净资产(元)	3.5280	3.2510	2.9170	4.2850
每股经营现金净流量(元)	0.5934	1.9319	1.0403	1.8573
每股现金流量(元)	0.6745	-0.3484	0.2912	0.6848
每股资本公积金(元)	0.2171	0.2171	0.1036	0.2342
每股盈余公积金(元)	0.3302	0.3302	0.3104	0.4966
每股未分配利润(元)	1.8208	1.5883	1.3698	2.3814
净资产收益率(%)	8.8600	21.0680	13.0700	25.7540
加权净资产收益率(%)	9.2200	23.4700	13.5000	28.3200
净资产收益率(扣除)(%)	-	-	-	-
总资产(万元)	3712162.80	3007716.28	2740735.65	2466769.46
归属母公司股东权益(万元)	592647.33	546137.69	490239.09	449963.34
主营业务收入(万元)	1467804.52	3039932.67	1481212.21	1660430.06
营业收入(万元)	1481226.56	3069907.33	1505396.80	1690262.77
主营成本(万元)	1302150.19	2713444.97	1317770.47	1371303.92
营业成本(万元)	1313571.64	2734581.22	1338120.95	1394865.12
投资收益(万元)	10320.91	-4078.08	7643.72	8639.17
净利润(万元)	50980.23	111101.09	60230.60	103109.05
利润总额(万元)	74974.42	141862.67	91615.69	152147.19

四川双马水泥股份有限公司

公司概况					
公司名称	四川双马水泥股份有限公司			证券简称	四川双马
法人代表	姜祥国	董秘	魏斌	证券代码	000935
公司网址	www.cement.com.cn		电子信箱	public.sm@cn.lafarge.com	
电　话	028-86730850 86730827		传　真	028-86730975 010-84539136	
办公地址	四川省江油市二郎庙镇				
经营范围	水泥的生产和销售				

主要财务指标 指标\报告期	2012.06.30	2011.12.31	2011.06.30	2010.12.31
基本每股收益(元)	-0.0200	0.2600	0.1500	0.3900
基本每股收益(扣除后)(元)	-0.0200	0.1800	0.0600	0.0500
每股净资产(元)	3.1200	3.1400	2.9800	2.7500
每股经营现金净流量(元)	0.1459	0.3193	0.1665	1.1830
每股现金流量(元)	-0.1350	-0.3281	0.1266	1.0121
每股资本公积金(元)	0.7714	0.7718	0.7272	2.1752
每股盈余公积金(元)	0.0505	0.0505	0.0505	0.0975
每股未分配利润(元)	1.3006	1.3195	1.2014	2.0349
净资产收益率(%)	-0.6100	8.4060	4.9000	14.2142
加权净资产收益率(%)	-0.6000	8.9700	4.9900	14.9500
净资产收益率(扣除)(%)	-	-	-	-
总资产(万元)	486657.96	494291.94	506180.03	470051.63
归属母公司股东权益(万元)	192306.31	193494.97	183472.31	169529.89
主营业务收入(万元)	88339.79	202810.94	93981.70	172232.07
营业收入(万元)	88581.51	203381.03	94444.53	173179.69
主营成本(万元)	84720.53	160284.43	75618.71	133237.55
营业成本(万元)	84788.81	160494.11	75880.96	134009.82
投资收益(万元)	328.97	291.30	35.87	342.63
净利润(万元)	648.05	33076.51	17302.58	46083.84
利润总额(万元)	-3843.21	44945.82	23082.19	37035.66

江苏华西村股份有限公司

公司概况					
公司名称	江苏华西村股份有限公司			证券简称	华西股份
法人代表	孙云丰	董秘	卞武彪	证券代码	000936
公司网址	www.jshuaxicun.com		电子信箱	chinahuaxi@263.net	
电　话	0510-86217188 86217149		传　真	0510-86217177	
办公地址	江苏省江阴市华士镇华西村				
经营范围	化工原料、化学纤维品的制造、危险化学品的销售				

主要财务指标 指标\报告期	2012.06.30	2011.12.31	2011.06.30	2010.12.31
基本每股收益(元)	0.1100	0.1900	0.1900	0.2400
基本每股收益(扣除后)(元)	0.0300	0.1400	0.1312	0.2300
每股净资产(元)	2.4600	2.3600	2.5600	2.4900
每股经营现金净流量(元)	-0.2754	0.0389	-0.3363	0.4423
每股现金流量(元)	-0.0762	-0.2400	-0.3567	0.2263
每股资本公积金(元)	0.4300	0.3941	0.6001	0.6623
每股盈余公积金(元)	0.1398	0.1398	0.1288	0.1288
每股未分配利润(元)	0.8942	0.8309	0.8335	0.6987
净资产收益率(%)	4.5958	8.5940	7.6010	9.7598
加权净资产收益率(%)	4.7300	7.9400	7.7400	13.6200
净资产收益率(扣除)(%)	-	-	-	-
总资产(万元)	337472.90	301854.93	378464.39	354026.36
归属母公司股东权益(万元)	184308.57	176894.42	191667.67	186246.58
主营业务收入(万元)	137777.26	308104.14	150711.20	277790.65
营业收入(万元)	142971.18	351582.68	184321.49	324586.13
主营成本(万元)	129131.16	283712.60	132564.23	242801.74
营业成本(万元)	134483.23	328009.95	167203.37	287473.51
投资收益(万元)	8946.34	6126.56	4367.99	1157.25
净利润(万元)	9491.47	17320.00	15665.54	20356.40
利润总额(万元)	11574.81	20345.11	19598.96	25899.89

冀中能源股份有限公司

公司概况					
公司名称	冀中能源股份有限公司			证券简称	冀中能源
法人代表	王社平	董秘	陈立军	证券代码	000937
公司网址	www.jznygf.com		电子信箱	000937@vip.163.com	
电　话	0319-2068242 2098828		传　真	0319-2068666	
办公地址	河北省邢台市中兴西大街 191 号				
经营范围	煤炭、建材和电力				

主要财务指标 指标\报告期	2012.06.30	2011.12.31	2011.06.30	2010.12.31
基本每股收益(元)	0.6218	1.3184	0.7218	1.0360
基本每股收益(扣除后)(元)	0.6090	1.2594	0.7032	1.0280
每股净资产(元)	6.6260	6.1713	5.6640	5.0630
每股经营现金净流量(元)	0.2829	1.3176	-0.3811	3.0193
每股现金流量(元)	-0.2145	1.2864	1.3703	0.0010
每股资本公积金(元)	1.3469	1.3469	1.3427	3.0879
每股盈余公积金(元)	0.5273	0.5273	0.4091	0.8182
每股未分配利润(元)	3.4318	3.0600	2.5816	4.8197
净资产收益率(%)	9.8500	21.3640	13.1800	20.4622
加权净资产收益率(%)	9.8500	22.9600	13.1800	22.3800
净资产收益率(扣除)(%)	-	-	-	-
总资产(万元)	3950135.40	3805318.74	3534418.96	2522856.87
归属母公司股东权益(万元)	1532507.18	1427342.81	1310020.76	1171017.63
主营业务收入(万元)	1642801.63	3726443.32	1926718.15	2999919.32
营业收入(万元)	1659330.66	3756908.07	1939320.64	3028916.14
主营成本(万元)	1159393.85	-	1457698.18	-
营业成本(万元)	1167729.05	2820707.50	1468459.18	2252970.35
投资收益(万元)	3123.53	7904.27	2020.93	-19549.01
净利润(万元)	152941.98	304721.33	170769.03	248712.61
利润总额(万元)	211858.03	417580.19	230964.16	332107.57

紫光股份有限公司

公司概况	公司名称	紫光股份有限公司			证券简称	紫光股份
	法人代表	徐井宏	董秘	张蔚	证券代码	000938
	公司网址	www.unis.cn		电子信箱	zw@unis.cn	
	电　话	010-62770008		传　真	010-62770880	
	办公地址	北京市海淀区清华大学紫光大楼				
	经营范围	技术开发、技术推广、技术转让、技术咨询、技术服务等				

	指标\报告期	2012.06.30	2011.12.31	2011.06.30	2010.12.31
主要财务指标	基本每股收益(元)	0.0880	0.2090	0.0590	0.1610
	基本每股收益(扣除后)(元)	0.0830	0.1600	0.0360	0.0130
	每股净资产(元)	4.3300	3.8900	3.8600	3.8500
	每股经营现金净流量(元)	-1.5114	0.7461	-0.2056	0.7629
	每股现金流量(元)	-1.0657	0.7745	0.1694	-0.0506
	每股资本公积金(元)	2.5501	2.1318	2.1720	2.2240
	每股盈余公积金(元)	0.2700	0.2700	0.2538	0.2538
	每股未分配利润(元)	0.5123	0.4846	0.4315	0.3720
	净资产收益率(%)	2.0200	5.3730	1.5300	4.1870
	加权净资产收益率(%)	2.2000	5.3800	1.5400	4.1700
	净资产收益率(扣除)(%)	-	-	-	-
	总资产(万元)	205206.64	213109.78	205760.42	203029.82
	归属母公司股东权益(万元)	89283.85	80091.65	79491.54	79336.87
	主营业务收入(万元)	267588.85	529420.72	235407.76	432870.06
	营业收入(万元)	268727.64	531508.46	236860.17	435572.09
	主营成本(万元)	257646.41	-	228143.17	-
	营业成本(万元)	257646.41	509234.96	228143.17	419216.16
	投资收益(万元)	1013.48	3301.48	1237.63	4927.03
	净利润(万元)	1805.73	4438.15	1408.72	3566.00
	利润总额(万元)	2448.00	5571.22	1706.83	4490.61

武汉凯迪电力股份有限公司

公司概况	公司名称	武汉凯迪电力股份有限公司			证券简称	凯迪电力
	法人代表	陈义龙	董秘	陈玲	证券代码	000939
	公司网址	www.china-kaidi.com		电子信箱	kaidi@public.wh.hb.cn	
	电　话	027-67869018 67869270		传　真	027-67869018	
	办公地址	湖北省武汉市东湖新技术开发区江夏大道特1号				
	经营范围	电力、新能源、化工、环保、水处理、仪器仪表、热工、机电一体化、计算机的开发等				

	指标\报告期	2012.06.30	2011.12.31	2011.06.30	2010.12.31
主要财务指标	基本每股收益(元)	0.0400	0.8000	0.6400	0.3200
	基本每股收益(扣除后)(元)	-	0.2800	0.1300	0.2800
	每股净资产(元)	2.6000	2.6700	2.6100	3.4100
	每股经营现金净流量(元)	-	0.8179	0.1052	0.2063
	每股现金流量(元)	-	-0.2967	0.3065	-0.7578
	每股资本公积金(元)	-0.0351	0.0128	0.0090	0.1471
	每股盈余公积金(元)	-	0.2092	0.1888	0.2996
	每股未分配利润(元)	-	1.4410	1.3572	1.9389
	净资产收益率(%)	1.6600	29.9350	24.2100	15.1219
	加权净资产收益率(%)	1.6100	31.5700	26.3600	14.4200
	净资产收益率(扣除)(%)	-	-	-	-
	总资产(万元)	-	944000.69	874318.70	1020689.33
	归属母公司股东权益(万元)	245344.53	252055.85	246019.38	201251.68
	主营业务收入(万元)	122560.58	266638.06	147918.49	342652.62
	营业收入(万元)	123008.35	268672.85	137957.95	345342.72
	主营成本(万元)	89501.23	177349.59	104823.92	245108.62
	营业成本(万元)	-	178140.98	96727.93	245159.81
	投资收益(万元)	-	57865.82	58094.18	15049.76
	净利润(万元)	-	82530.93	64361.40	43125.95
	利润总额(万元)	9547.07	100948.75	78194.25	57264.78

云南南天电子信息产业股份有限公司

公司概况	公司名称	云南南天电子信息产业股份有限公司			证券简称	南天信息
	法人代表	雷坚	董秘	姜东	证券代码	000948
	公司网址	www.nantian.com.cn		电子信箱	000948@nantian.com.cn	
	电　话	0871-3366327		传　真	0871-3317398	
	办公地址	云南省昆明市环城东路455号				
	经营范围	软件开发、系统集成、金融专用设备以及医药产品的研究开发及生产经营				

	指标\报告期	2012.06.30	2011.12.31	2011.06.30	2010.12.31
主要财务指标	基本每股收益(元)	0.0180	0.4479	0.1101	0.3274
	基本每股收益(扣除后)(元)	-0.0238	0.2409	0.0812	0.3027
	每股净资产(元)	5.5612	6.1627	5.8300	5.7345
	每股经营现金净流量(元)	-1.2413	0.6373	-1.0234	-0.5846
	每股现金流量(元)	-1.3112	0.2492	-0.9626	-0.6799
	每股资本公积金(元)	3.0251	3.4128	3.4172	3.3856
	每股盈余公积金(元)	0.2613	0.2875	0.2543	0.2543
	每股未分配利润(元)	1.2748	1.4624	1.1577	1.0975
	净资产收益率(%)	0.3240	7.2680	1.8900	5.7100
	加权净资产收益率(%)	0.3200	7.5200	1.9000	5.9100
	净资产收益率(扣除)(%)	-	-	-	-
	总资产(万元)	214584.00	218665.61	244182.13	238899.87
	归属母公司股东权益(万元)	128800.57	129755.47	122673.39	120740.53
	主营业务收入(万元)	71325.15	263418.98	117574.92	220349.68
	营业收入(万元)	72570.16	265684.93	118882.54	222753.53
	主营成本(万元)	54769.72	217248.23	98385.99	174805.57
	营业成本(万元)	55125.00	218320.38	98847.87	176081.80
	投资收益(万元)	1103.92	7660.18	1749.20	2164.62
	净利润(万元)	434.68	11251.19	2827.94	8530.35
	利润总额(万元)	383.58	13019.06	3041.07	9932.21

新乡化纤股份有限公司

公司概况	公司名称	新乡化纤股份有限公司			证券简称	新乡化纤
	法人代表	陈玉林	董秘	王文新	证券代码	000949
	公司网址	www.bailu.com		电子信箱	xxbailu@263.net	
	电　话	0373-3978861 3978813		传　真	0373-3911359	
	办公地址	河南省新乡市凤泉区锦园路1号				
	经营范围	粘胶长丝、粘胶短纤、氨纶				

	指标\报告期	2012.06.30	2011.12.31	2011.06.30	2010.12.31
主要财务指标	基本每股收益(元)	-0.1174	0.0075	0.0867	0.2356
	基本每股收益(扣除后)(元)	-0.1185	0.0040	0.0859	0.2334
	每股净资产(元)	2.1000	2.2200	3.0243	2.9400
	每股经营现金净流量(元)	0.3662	-0.2048	0.5422	-0.1761
	每股现金流量(元)	-0.0799	-0.0989	0.0994	0.1135
	每股资本公积金(元)	0.6848	0.6848	0.9902	0.9902
	每股盈余公积金(元)	0.2147	0.2147	0.2791	0.2791
	每股未分配利润(元)	0.2042	0.3216	0.7551	0.6684
	净资产收益率(%)	-5.5800	0.3360	2.8700	7.8155
	加权净资产收益率(%)	-5.4300	0.3300	2.9100	8.6400
	净资产收益率(扣除)(%)	-	-	-	-
	总资产(万元)	463516.49	475672.23	460801.13	446374.38
	归属母公司股东权益(万元)	174434.89	184173.26	192911.38	187382.29
	主营业务收入(万元)	153059.59	387121.79	214242.91	349100.38
	营业收入(万元)	156524.96	396855.25	218858.62	356029.27
	主营成本(万元)	150450.36	349451.82	186392.96	307379.46
	营业成本(万元)	152461.21	354341.64	188385.63	310889.75
	投资收益(万元)	-32.40	193.98	199.53	-
	净利润(万元)	-9738.37	618.14	5529.09	14644.91
	利润总额(万元)	-11494.57	585.08	6680.80	18130.13

重庆建峰化工股份有限公司

公司概况					
公司名称	重庆建峰化工股份有限公司			证券简称	建峰化工
法人代表	曾中全	董秘	高峰	证券代码	000950
公司网址	www.jfhggf.com		电子信箱	816gaofeng@gmail.com	
电　　话	023-72596038		传　　真	023-72591275	
办公地址	重庆市涪陵区白涛街道				
经营范围	化肥及相关产品的生产、销售				

主要财务指标 指标\报告期	2012.06.30	2011.12.31	2011.06.30	2010.12.31
基本每股收益(元)	0.0893	0.1500	-0.0535	0.2200
基本每股收益(扣除后)(元)	0.0895	0.1400	-0.0541	0.1800
每股净资产(元)	4.1000	4.0000	3.8000	3.9500
每股经营现金净流量(元)	0.3287	0.2670	0.0145	0.0183
每股现金流量(元)	-0.3326	-0.4708	0.2802	-0.6674
每股资本公积金(元)	1.7896	1.7897	1.7892	1.7892
每股盈余公积金(元)	0.1573	0.1573	0.1356	0.1356
每股未分配利润(元)	1.1492	1.0511	0.8675	1.0210
净资产收益率(%)	2.2000	3.7950	-1.3800	5.5993
加权净资产收益率(%)	2.2000	3.8400	-1.3800	5.4000
净资产收益率(扣除)(%)	-	-	-	-
总资产(万元)	428633.11	432522.69	432744.17	410695.10
归属母公司股东权益(万元)	245771.89	239536.80	227317.92	236349.43
主营业务收入(万元)	164680.05	256477.48	142715.37	206785.87
营业收入(万元)	165910.70	258855.12	144152.53	207826.01
主营成本(万元)	144649.92	217101.09	131499.33	176074.71
营业成本(万元)	145624.77	218361.38	132170.46	176728.50
投资收益(万元)	-11.81	28.17	-	22.00
净利润(万元)	5261.41	8860.85	-3245.76	13063.35
利润总额(万元)	6983.58	10682.82	-3763.48	15218.27

中国重汽集团济南卡车股份有限公司

公司概况					
公司名称	中国重汽集团济南卡车股份有限公司			证券简称	中国重汽
法人代表	于有德	董秘	张峰	证券代码	000951
公司网址	www.jntruck.com		电子信箱	cnhtc000951@163.com	
电　　话	0531-85587586 85587588		传　　真	0531-85587003	
办公地址	山东省济南市市中区党家庄镇南首				
经营范围	载重汽车、专用汽车、重型专用车底盘、客车底盘、汽车配件制造等				

主要财务指标 指标\报告期	2012.06.30	2011.12.31	2011.06.30	2010.12.31
基本每股收益(元)	0.0900	0.8600	0.7200	1.6000
基本每股收益(扣除后)(元)	0.0300	0.7300	0.7300	1.5400
每股净资产(元)	8.8500	8.9300	8.7800	8.3100
每股经营现金净流量(元)	1.0793	0.8057	-5.7754	0.7356
每股现金流量(元)	-5.7755	0.6981	-3.7722	-3.2165
每股资本公积金(元)	1.6310	1.6310	1.6310	1.6310
每股盈余公积金(元)	1.1161	1.1161	0.9229	0.9229
每股未分配利润(元)	5.1030	5.1793	5.2306	4.7585
净资产收益率(%)	1.0600	9.6780	8.0900	19.2940
加权净资产收益率(%)	1.0600	9.8800	8.3200	21.0700
净资产收益率(扣除)(%)	-	-	-	-
总资产(万元)	1668344.97	1874003.15	2401766.16	1970456.84
归属母公司股东权益(万元)	371195.78	374395.96	368444.35	348646.03
主营业务收入(万元)	1042911.66	2566760.89	1584581.28	2830814.15
营业收入(万元)	1059244.58	2605855.72	1609495.85	2890379.64
主营成本(万元)	965433.61	2354693.77	1443367.01	2549556.75
营业成本(万元)	-	2388955.55	1466937.21	2606638.55
投资收益(万元)	-	-	-	-
净利润(万元)	6950.05	56280.68	47322.94	87641.98
利润总额(万元)	10470.34	70368.54	58086.65	106652.48

湖北广济药业股份有限公司

公司概况					
公司名称	湖北广济药业股份有限公司			证券简称	广济药业
法人代表	何谧	董秘	汪宏勇	证券代码	000952
公司网址	www.guangjipharm.com		电子信箱	stock@guangjipharm.com	
电　　话	0713-6216068		传　　真	0713-6212108	
办公地址	湖北省武穴市江堤路 1 号				
经营范围	生产经营医药原料药、医药制剂、食品添加剂、饲料添加剂等				

主要财务指标 指标\报告期	2012.06.30	2011.12.31	2011.06.30	2010.12.31
基本每股收益(元)	-0.0930	0.0190	0.0550	0.0560
基本每股收益(扣除后)(元)	-0.1400	-0.0020	0.0480	0.0280
每股净资产(元)	3.1500	3.2400	3.2600	3.2000
每股经营现金净流量(元)	0.0149	0.3253	0.2174	0.3066
每股现金流量(元)	-0.1828	-0.2362	-0.2341	0.0911
每股资本公积金(元)	0.2928	0.2928	0.2740	0.2740
每股盈余公积金(元)	0.3012	0.3012	0.3020	0.2918
每股未分配利润(元)	1.5547	1.6480	1.6831	1.6382
净资产收益率(%)	-2.9600	0.5938	1.6900	1.7334
加权净资产收益率(%)	-2.9200	0.6000	1.7100	1.7500
净资产收益率(扣除)(%)	-	-	-	-
总资产(万元)	149333.93	150666.11	146277.19	138441.59
归属母公司股东权益(万元)	79255.07	81604.11	82034.50	80646.69
主营业务收入(万元)	21535.39	45195.53	25330.27	48100.46
营业收入(万元)	21535.23	45331.67	25385.42	48331.62
主营成本(万元)	19732.29	35874.76	19563.73	38820.74
营业成本(万元)	19732.29	35942.60	19563.73	38860.40
投资收益(万元)	15.79	296.56	17.64	126.51
净利润(万元)	-2637.28	79.84	1259.12	944.41
利润总额(万元)	-2401.82	420.17	1581.38	1560.85

广西河池化工股份有限公司

公司概况					
公司名称	广西河池化工股份有限公司			证券简称	ST 河 化
法人代表	汤广斌	董秘	覃丽芳	证券代码	000953
公司网址	www.hechihuagong.com.cn		电子信箱	qlifang75@163.com	
电　　话	0778-2266832 2266867		传　　真	0778-2266867	
办公地址	广西河池市				
经营范围	从事化肥等产品的生产与销售等				

主要财务指标 指标\报告期	2012.06.30	2011.12.31	2011.06.30	2010.12.31
基本每股收益(元)	0.0499	-0.0663	0.0195	0.0186
基本每股收益(扣除后)(元)	0.0302	-0.0500	0.0197	-0.2000
每股净资产(元)	2.4904	1.0867	0.5163	0.4956
每股经营现金净流量(元)	-0.3258	0.6267	0.1482	-0.2725
每股现金流量(元)	-0.2406	0.2549	0.1288	-0.3217
每股资本公积金(元)	2.1547	0.8080	0.1516	0.1516
每股盈余公积金(元)	0.1193	0.1193	0.1193	0.1193
每股未分配利润(元)	-0.7928	-0.8427	-0.7569	-0.7764
净资产收益率(%)	2.0100	-6.1010	3.7700	3.7470
加权净资产收益率(%)	2.7900	-9.7200	3.8500	3.8500
净资产收益率(扣除)(%)	-	-	-	-
总资产(万元)	210519.74	164232.64	130107.98	111828.95
归属母公司股东权益(万元)	73232.59	31955.32	15183.19	14572.87
主营业务收入(万元)	50841.67	71524.70	42054.40	57128.99
营业收入(万元)	53103.16	76036.27	43658.37	59702.22
主营成本(万元)	48792.86	67748.53	39189.54	57236.55
营业成本(万元)	49944.86	70113.91	40146.07	58770.85
投资收益(万元)	400.03	-	-	-
净利润(万元)	1468.38	-1949.52	572.11	546.01
利润总额(万元)	1468.38	-1949.52	572.11	546.01

欣龙控股(集团)股份有限公司

公司概况	公司名称	欣龙控股(集团)股份有限公司			证券简称	ST 欣 龙
	法人代表	郭开铸	董秘	魏毅	证券代码	000955
	公司网址	www.xinlong-holding.com			电子信箱	xlkg@xinlong-holding.com
	电　　话	0898-68581055 68585274			传　　真	0898-68582799
	办公地址	海南省海口市龙昆北路 2 号珠江广场帝豪大厦 17 层				
	经营范围	水刺、热轧、浆点等无纺布卷材、深加工产品的生产和销售等				

	指标\报告期	2012.06.30	2011.12.31	2011.06.30	2010.12.31
主要财务指标	基本每股收益(元)	–0.0123	–0.0980	–0.0228	0.0101
	基本每股收益(扣除后)(元)	–0.0357	–0.1096	–0.0329	–0.0998
	每股净资产(元)	1.7400	0.6900	0.7700	0.7900
	每股经营现金净流量(元)	0.0157	0.1382	0.0255	0.1073
	每股现金流量(元)	0.7311	0.3672	–0.0447	0.0396
	每股资本公积金(元)	1.3763	0.5829	0.5829	0.5829
	每股盈余公积金(元)	–	–	–	–
	每股未分配利润(元)	–0.6394	–0.8885	–0.8134	–0.7906
	净资产收益率(%)	–0.6000	–14.1060	–2.9600	1.2736
	加权净资产收益率(%)	–0.9400	–13.1800	–2.9200	1.2800
	净资产收益率(扣除)(%)	–	–	–	–
	总资产(万元)	103270.78	66788.89	56389.23	58092.61
	归属母公司股东权益(万元)	71935.12	20355.55	22558.04	23226.88
	主营业务收入(万元)	9962.96	20258.15	10512.81	20547.55
	营业收入(万元)	10109.37	20501.19	10675.81	20862.70
	主营成本(万元)	8394.13	18253.29	9154.40	17390.37
	营业成本(万元)	8503.96	18446.41	9295.42	17627.21
	投资收益(万元)	–	–	–	–
	净利润(万元)	–416.85	–3024.85	–668.95	152.59
	利润总额(万元)	–418.08	–3006.80	–657.08	172.42

中通客车控股股份有限公司

公司概况	公司名称	中通客车控股股份有限公司			证券简称	中通客车
	法人代表	李海平	董秘	王兴富	证券代码	000957
	公司网址	www.zhongtong.com			电子信箱	lckwxf@sohu.com
	电　　话	0635-8322765			传　　真	0635-8328905
	办公地址	山东省聊城市建设东路 10 号				
	经营范围	客车、挂车、汽车底盘及专用配件的开发、制造、销售等				

	指标\报告期	2012.06.30	2011.12.31	2011.06.30	2010.12.31
主要财务指标	基本每股收益(元)	0.1100	0.2100	0.0990	0.1700
	基本每股收益(扣除后)(元)	0.1000	0.1800	0.0900	0.1200
	每股净资产(元)	2.7300	2.6200	2.5000	2.4500
	每股经营现金净流量(元)	–0.4085	0.9750	0.1225	0.4544
	每股现金流量(元)	–0.5145	0.3173	–0.0312	0.0894
	每股资本公积金(元)	0.5785	0.5785	0.5785	0.5785
	每股盈余公积金(元)	0.2053	0.2053	0.1803	0.1803
	每股未分配利润(元)	0.9418	0.8316	0.7430	0.6942
	净资产收益率(%)	4.1300	8.1210	3.9500	6.7630
	加权净资产收益率(%)	4.1300	8.3000	3.9500	6.7600
	净资产收益率(扣除)(%)	–	–	–	–
	总资产(万元)	235079.42	226854.62	180044.72	163688.88
	归属母公司股东权益(万元)	65005.87	62377.67	59667.87	58504.71
	主营业务收入(万元)	125237.08	251991.98	108359.30	196440.29
	营业收入(万元)	128496.16	260350.96	110744.38	200756.13
	主营成本(万元)	107856.30	214790.33	91771.96	170733.19
	营业成本(万元)	110456.18	221628.79	93599.14	173150.56
	投资收益(万元)	22.76	224.51	–2.02	136.93
	净利润(万元)	2612.46	5016.02	2336.03	3943.20
	利润总额(万元)	3153.75	6395.44	2935.65	5018.83

石家庄东方热电股份有限公司

公司概况	公司名称	石家庄东方热电股份有限公司			证券简称	ST 东 热
	法人代表	安建国	董秘	王世荣	证券代码	000958
	公司网址	www.dfrdjt.com			电子信箱	dfrd0958@sina.com
	电　　话	0311-85087068 85053913			传　　真	0311-85087068 85053924
	办公地址	河北省石家庄市建华南大街 161 号				
	经营范围	热力、电力的生产与销售等				

	指标\报告期	2012.06.30	2011.12.31	2011.06.30	2010.12.31
主要财务指标	基本每股收益(元)	–0.1800	–0.9200	–0.3500	0.0900
	基本每股收益(扣除后)(元)	–0.1800	–0.9000	–0.3500	–0.7400
	每股净资产(元)	–2.4700	–2.2900	–1.7220	–1.3700
	每股经营现金净流量(元)	0.1563	0.1168	0.1326	–0.1031
	每股现金流量(元)	0.0650	–0.0246	–0.0519	–0.3429
	每股资本公积金(元)	1.9395	1.9395	1.9395	1.9395
	每股盈余公积金(元)	0.2472	0.2472	0.2472	0.2472
	每股未分配利润(元)	–5.6552	–5.4788	–4.9085	–4.5542
	净资产收益率(%)	–7.1460	–40.3380	–20.5747	–6.7470
	加权净资产收益率(%)	–	–	20.5800	–
	净资产收益率(扣除)(%)	–	–	–	–
	总资产(万元)	126322.44	141726.85	137418.02	154513.28
	归属母公司股东权益(万元)	–73927.41	–68644.64	–51563.92	–40954.79
	主营业务收入(万元)	41818.74	87050.16	48155.26	120062.39
	营业收入(万元)	42439.12	97000.10	49002.12	132733.29
	主营成本(万元)	41536.65	97127.90	52022.87	107851.08
	营业成本(万元)	42426.87	106083.78	52460.38	117927.66
	投资收益(万元)	2737.56	–4482.73	–440.87	–1226.34
	净利润(万元)	–5624.76	–28278.07	–10789.48	2878.45
	利润总额(万元)	–5624.76	–28278.07	–10789.48	2878.45

北京首钢股份有限公司

公司概况	公司名称	北京首钢股份有限公司			证券简称	首钢股份
	法人代表	朱继民	董秘	章雁	证券代码	000959
	公司网址	www.sggf.com.cn			电子信箱	office@sggf.com.cn
	电　　话	010-88293727			传　　真	010-68873028
	办公地址	北京市石景山路 99 号				
	经营范围	钢铁冶炼、钢压延加工、冶金技术开发、咨询、转让、服务等				

	指标\报告期	2012.06.30	2011.12.31	2011.06.30	2010.12.31
主要财务指标	基本每股收益(元)	–0.1178	0.0040	0.1031	0.1179
	基本每股收益(扣除后)(元)	–0.1193	–0.0249	0.0884	0.1177
	每股净资产(元)	2.4400	2.5600	2.6600	2.6500
	每股经营现金净流量(元)	–0.0607	–0.2460	–0.0535	0.1308
	每股现金流量(元)	–0.2061	–0.5137	–0.0665	–0.0220
	每股资本公积金(元)	1.1244	1.1208	1.1206	1.1184
	每股盈余公积金(元)	0.3966	0.3966	0.3788	0.3788
	每股未分配利润(元)	–0.0787	0.0391	0.1560	0.1529
	净资产收益率(%)	–4.8200	0.1550	3.8800	4.4480
	加权净资产收益率(%)	–4.7100	0.1500	3.8100	4.4800
	净资产收益率(扣除)(%)	–	–	–	–
	总资产(万元)	1589539.22	1649150.73	1759189.87	1754930.43
	归属母公司股东权益(万元)	724776.03	758651.45	787957.83	786170.60
	主营业务收入(万元)	548467.61	1202101.40	616289.93	2651620.95
	营业收入(万元)	560485.21	1251648.62	650905.06	2790598.09
	主营成本(万元)	557634.88	1215110.77	609146.64	2568787.15
	营业成本(万元)	566880.38	1254882.35	638494.71	2697031.59
	投资收益(万元)	599.36	48201.88	46729.18	34994.41
	净利润(万元)	–46611.73	–19494.96	22112.85	23242.96
	利润总额(万元)	–46683.00	–16684.14	25501.88	32069.24

云南锡业股份有限公司

公司概况	公司名称	云南锡业股份有限公司		证券简称	锡业股份
	法人代表	雷毅	董秘 李宜华	证券代码	000960
	公司网址	www.ytl.com.cn		电子信箱	xygf000960@ytc.cn
	电　话	0873-3118606 3118622		传　真	0873-3118308 3118622
	办公地址	云南省个旧市金湖东路121号			
	经营范围	有色金属锡及其深加工产品的生产和销售业务等			

主要财务指标	指标\报告期	2012.06.30	2011.12.31	2011.06.30	2010.12.31
	基本每股收益(元)	0.0851	0.7757	0.3910	0.4171
	基本每股收益(扣除后)(元)	0.0821	0.8016	0.3970	0.3746
	每股净资产(元)	5.7300	5.7800	5.4000	5.6278
	每股经营现金净流量(元)	0.1068	0.2078	0.6286	0.1750
	每股现金流量(元)	-0.3555	0.6732	0.1520	0.6022
	每股资本公积金(元)	2.4098	2.4098	2.4108	2.7518
	每股盈余公积金(元)	0.4869	0.4869	0.3780	0.4158
	每股未分配利润(元)	1.8500	1.8949	1.6191	1.4709
	净资产收益率(%)	1.5300	13.4300	6.7500	7.9020
	加权净资产收益率(%)	1.4700	14.2400	7.3600	9.2400
	净资产收益率(扣除)(%)	-	-	-	-
	总资产(万元)	1906405.40	1654526.70	1314085.15	1133112.14
	归属母公司股东权益(万元)	519613.87	523629.30	489357.29	463789.00
	主营业务收入(万元)	543097.51	1262107.53	624087.90	901532.46
	营业收入(万元)	562315.54	1284160.50	635703.33	926695.53
	主营成本(万元)	466143.44	1055640.02	517781.31	774143.15
	营业成本(万元)	484589.21	1076706.52	528911.51	798224.84
	投资收益(万元)	-312.69	710.52	-1033.38	-791.29
	净利润(万元)	7986.45	70357.68	35485.23	36563.09
	利润总额(万元)	10066.64	80528.05	48455.61	41599.80

江苏中南建设集团股份有限公司

公司概况	公司名称	江苏中南建设集团股份有限公司		证券简称	中南建设
	法人代表	陈锦石	董秘 智刚	证券代码	000961
	公司网址	www.zhongnanconstruction.cn		电子信箱	zhongnan@zhongnangroup.cn
	电　话	0513-82738286 82738796		传　真	0513-82738796
	办公地址	江苏省海门市常乐镇中南大厦			
	经营范围	土木工程建筑和房地产开发			

主要财务指标	指标\报告期	2012.06.30	2011.12.31	2011.06.30	2010.12.31
	基本每股收益(元)	0.4000	0.8000	0.3500	0.6300
	基本每股收益(扣除后)(元)	0.4000	0.8000	0.3500	0.6400
	每股净资产(元)	5.0500	4.6500	4.2100	3.9500
	每股经营现金净流量(元)	0.2180	-2.3214	-1.9543	-1.9747
	每股现金流量(元)	0.6373	0.1100	-0.0717	0.2577
	每股资本公积金(元)	0.5297	0.5297	0.5297	0.5297
	每股盈余公积金(元)	0.1685	0.1685	0.1685	0.1685
	每股未分配利润(元)	3.3552	2.9545	2.5076	2.2539
	净资产收益率(%)	7.9300	17.1580	7.6000	16.0581
	加权净资产收益率(%)	8.2600	15.3300	8.5600	17.4600
	净资产收益率(扣除)(%)	-	-	-	-
	总资产(万元)	3868407.66	3356794.77	2868343.40	2413591.09
	归属母公司股东权益(万元)	590155.94	543363.61	491162.82	461543.78
	主营业务收入(万元)	510634.15	1226051.56	486122.75	912066.20
	营业收入(万元)	513303.86	1230283.96	487106.58	913751.25
	主营成本(万元)	344119.81	899760.33	359079.80	692747.56
	营业成本(万元)	344649.38	901752.76	359271.10	693984.54
	投资收益(万元)	-10.38	322.49	281.93	471.96
	净利润(万元)	46085.11	99330.40	42664.67	77387.97
	利润总额(万元)	66188.67	140587.94	57010.15	101711.11

宁夏东方钽业股份有限公司

公司概况	公司名称	宁夏东方钽业股份有限公司		证券简称	东方钽业
	法人代表	张创奇	董秘 叶照贯	证券代码	000962
	公司网址	www.otic.com.cn		电子信箱	zhqb@otic.public.yc.nx.cn
	电　话	0952-2098563		传　真	0952-2098562
	办公地址	宁夏回族自治区石嘴山市大武口区冶金路			
	经营范围	钽、铌、铍、钛、镁等有色金属材料的生产、加工、开发、科研与销售等			

主要财务指标	指标\报告期	2012.06.30	2011.12.31	2011.06.30	2010.12.31
	基本每股收益(元)	0.1173	0.6499	0.4096	0.2306
	基本每股收益(扣除后)(元)	0.0515	0.3570	0.2102	0.2008
	每股净资产(元)	5.4270	5.3697	3.9460	3.5392
	每股经营现金净流量(元)	-0.1597	-0.4342	-0.4682	0.2685
	每股现金流量(元)	-0.1085	0.7798	-0.3313	0.4766
	每股资本公积金(元)	2.7161	2.7161	1.1538	1.1066
	每股盈余公积金(元)	0.4757	0.4757	0.4550	0.4550
	每股未分配利润(元)	1.2353	1.1780	1.3373	0.9776
	净资产收益率(%)	2.1600	9.9790	10.3800	6.5160
	加权净资产收益率(%)	2.1700	16.3500	11.0100	6.7100
	净资产收益率(扣除)(%)	-	-	-	-
	总资产(万元)	477211.63	456853.00	391934.25	353515.31
	归属母公司股东权益(万元)	239241.30	236713.46	140635.78	126135.78
	主营业务收入(万元)	114745.21	231563.95	128480.78	162004.81
	营业收入(万元)	116572.60	232386.08	129070.20	163737.48
	主营成本(万元)	101434.34	181295.12	101227.89	129328.51
	营业成本(万元)	102841.40	181641.34	102031.85	130887.97
	投资收益(万元)	279.02	8127.70	7679.49	174.47
	净利润(万元)	5000.71	23377.35	14612.90	8149.02
	利润总额(万元)	7001.47	26459.41	16092.37	8389.40

华东医药股份有限公司

公司概况	公司名称	华东医药股份有限公司		证券简称	华东医药
	法人代表	李邦良	董秘 陈波	证券代码	000963
	公司网址	www.eastchinapharm.com		电子信箱	hz000963@126.com
	电　话	0571-89903300		传　真	0571-89903300
	办公地址	浙江省杭州市莫干山路866号			
	经营范围	医药原料药、制剂生产、医药产品经营			

主要财务指标	指标\报告期	2012.06.30	2011.12.31	2011.06.30	2010.12.31
	基本每股收益(元)	0.5846	0.8800	0.4461	0.7300
	基本每股收益(扣除后)(元)	0.5916	0.8600	0.4402	0.6700
	每股净资产(元)	4.1068	3.5222	3.0894	2.6700
	每股经营现金净流量(元)	1.1576	0.0371	-0.0489	-0.0645
	每股现金流量(元)	0.7629	0.9577	1.1863	-0.5805
	每股资本公积金(元)	0.0182	0.0182	0.0182	0.0182
	每股盈余公积金(元)	0.2538	0.2538	0.1870	0.1896
	每股未分配利润(元)	2.8348	2.2502	1.8842	1.4613
	净资产收益率(%)	14.2300	24.9530	12.5000	27.3883
	加权净资产收益率(%)	15.3200	28.4900	15.4200	28.1200
	净资产收益率(扣除)(%)	-	-	-	-
	总资产(万元)	655647.27	584372.80	526397.38	425562.39
	归属母公司股东权益(万元)	178258.00	152884.61	134099.83	115854.78
	主营业务收入(万元)	702483.78	1109571.55	520076.40	892049.64
	营业收入(万元)	704607.10	1113137.24	522067.48	897183.65
	主营成本(万元)	562394.06	894193.55	417650.91	725933.81
	营业成本(万元)	563450.39	894660.75	419361.62	728853.71
	投资收益(万元)	371.68	863.14	313.03	791.25
	净利润(万元)	32926.63	48605.54	24876.83	39586.35
	利润总额(万元)	40899.36	61286.24	30746.72	49548.79

天津天保基建股份有限公司

公司概况						
	公司名称	天津天保基建股份有限公司			证券简称	天保基建
	法人代表	沈钢	董秘	秦峰	证券代码	000965
	公司网址	www.tbjijian.com		电子信箱	dongmi@tbjijian.com	
	电　话	022-84866617		传　真	022-84866667 25762609	
	办公地址	天津市天津空港经济区西五道35号汇津广场1号楼				
	经营范围	水泥产品的制造、销售及房地产开发等				

主要财务指标	指标\报告期	2012.06.30	2011.12.31	2011.06.30	2010.12.31
	基本每股收益(元)	0.1100	0.5500	0.3000	0.4600
	基本每股收益(扣除后)(元)	0.1100	0.4500	0.2700	0.4200
	每股净资产(元)	3.4200	5.0500	4.9400	4.5100
	每股经营现金净流量(元)	–0.0231	–0.2769	–0.2577	0.9015
	每股现金流量(元)	–0.1578	–0.5621	–0.5523	1.2350
	每股资本公积金(元)	1.1749	2.3388	2.3462	2.3462
	每股盈余公积金(元)	0.0642	0.0963	0.0824	0.0824
	每股未分配利润(元)	1.1793	1.6100	1.5091	1.0781
	净资产收益率(%)	3.1000	10.8190	9.4100	10.2960
	加权净资产收益率(%)	3.1000	11.4300	9.4100	10.8500
	净资产收益率(扣除)(%)	–	–	–	–
	总资产(万元)	448061.83	470614.23	422606.87	472052.62
	归属母公司股东权益(万元)	236673.60	232862.94	227901.09	208010.18
	主营业务收入(万元)	52038.01	123156.99	79471.33	120802.43
	营业收入(万元)	52038.01	123172.71	79471.33	120802.43
	主营成本(万元)	36904.91	76277.89	45676.21	83176.72
	营业成本(万元)	36904.91	76277.89	45676.21	83176.72
	投资收益(万元)	96.68	24.55	627.20	–
	净利润(万元)	6912.38	24866.57	20311.41	21679.59
	利润总额(万元)	9639.51	32664.87	27280.50	26665.89

国电长源电力股份有限公司

公司概况						
	公司名称	国电长源电力股份有限公司			证券简称	长源电力
	法人代表	张玉新	董秘	赵虎	证券代码	000966
	公司网址	www.cydl.com.cn		电子信箱	zhaoh@cydl.com.cn	
	电　话	027-88717131 88717136		传　真	027-88717134 88717013	
	办公地址	湖北省武汉市洪山区徐东大街113号国电大厦24-29楼				
	经营范围	电力、热力生产、煤炭的生产和销售等				

主要财务指标	指标\报告期	2012.06.30	2011.12.31	2011.06.30	2010.12.31
	基本每股收益(元)	–0.1924	0.1777	–0.5956	–0.5628
	基本每股收益(扣除后)(元)	–0.2372	–1.0464	–0.6118	–0.6279
	每股净资产(元)	2.1400	2.3324	1.6300	2.1547
	每股经营现金净流量(元)	2.6933	1.0374	0.3003	–0.9059
	每股现金流量(元)	0.5144	0.7052	0.6541	0.2105
	每股资本公积金(元)	2.9063	2.9063	2.9804	2.9063
	每股盈余公积金(元)	0.0781	0.0781	0.0753	0.0753
	每股未分配利润(元)	–1.8482	–1.6557	–2.4262	–1.8306
	净资产收益率(%)	–8.9900	7.6170	–36.4700	–26.1211
	加权净资产收益率(%)	–8.6100	7.9200	–31.6500	–23.2900
	净资产收益率(扣除)(%)	–	–	–	–
	总资产(万元)	1349268.78	1446457.75	1575677.72	1513849.66
	归属母公司股东权益(万元)	118586.26	129249.98	90507.60	119401.97
	主营业务收入(万元)	338248.14	782360.53	380144.03	723873.91
	营业收入(万元)	344598.72	790760.31	383744.52	727601.43
	主营成本(万元)	314300.95	776280.25	382443.84	690875.24
	营业成本(万元)	317990.26	777683.05	382795.02	691196.01
	投资收益(万元)	1984.59	62028.35	–84.72	447.63
	净利润(万元)	–11445.44	5908.54	–35500.38	–29530.89
	利润总额(万元)	–9987.38	7696.79	–35542.93	–26300.69

浙江上风实业股份有限公司

公司概况						
	公司名称	浙江上风实业股份有限公司			证券简称	上风高科
	法人代表	温峻	董秘	刘开明	证券代码	000967
	公司网址	www.sfgk.com.cn		电子信箱	sfgkzq@infore.com	
	电　话	0575-82360805		传　真	0575-82366328	
	办公地址	浙江省上虞市上浦镇 上浦经济开发区				
	经营范围	研制、开发、生产通风机、风冷、水冷、空调设备、环保设备等				

主要财务指标	指标\报告期	2012.06.30	2011.12.31	2011.06.30	2010.12.31
	基本每股收益(元)	0.1430	0.4400	0.1180	0.0500
	基本每股收益(扣除后)(元)	0.0120	0.0500	0.0350	0.0400
	每股净资产(元)	3.3100	2.9100	2.6300	2.2000
	每股经营现金净流量(元)	0.7919	–1.3275	–0.3920	–0.2550
	每股现金流量(元)	–0.0180	–0.0062	–0.1193	0.2011
	每股资本公积金(元)	1.8447	1.5871	1.6340	1.3145
	每股盈余公积金(元)	0.1749	0.1749	0.1749	0.1749
	每股未分配利润(元)	0.2882	0.1454	–0.1756	–0.2940
	净资产收益率(%)	4.6200	15.1120	4.9000	2.1307
	加权净资产收益率(%)	4.6200	16.7000	4.9000	2.0500
	净资产收益率(扣除)(%)	–	–	–	–
	总资产(万元)	176614.12	204961.28	131202.11	110640.75
	归属母公司股东权益(万元)	67869.93	59653.05	54031.24	45044.80
	主营业务收入(万元)	134552.37	211464.28	100978.42	162363.68
	营业收入(万元)	134627.82	212210.01	101332.16	163445.85
	主营成本(万元)	122686.43	189503.60	92586.75	149548.02
	营业成本(万元)	122694.64	189944.52	92816.02	150284.68
	投资收益(万元)	3276.23	6977.95	492.36	340.14
	净利润(万元)	3107.68	9555.61	2832.68	1762.92
	利润总额(万元)	3905.87	11290.17	3099.78	2081.81

太原煤气化股份有限公司

公司概况						
	公司名称	太原煤气化股份有限公司			证券简称	煤 气 化
	法人代表	王良彦	董秘	冀涛	证券代码	000968
	公司网址	www.tymqh.com		电子信箱	mqh000968@126.com	
	电　话	0351-6019365		传　真	0351-6199887	
	办公地址	山西省太原市和平南路83号				
	经营范围	生产和销售煤炭、精中煤、焦炭、煤气、煤化工等产品				

主要财务指标	指标\报告期	2012.06.30	2011.12.31	2011.06.30	2010.12.31
	基本每股收益(元)	–0.0972	0.4022	0.1876	0.4572
	基本每股收益(扣除后)(元)	–0.0899	0.3641	0.1937	0.4685
	每股净资产(元)	6.0320	6.1513	5.9569	5.7047
	每股经营现金净流量(元)	0.2963	0.1520	–0.3081	0.1966
	每股现金流量(元)	0.0754	–1.4129	–0.8103	0.2291
	每股资本公积金(元)	1.1533	1.1533	1.1533	1.1533
	每股盈余公积金(元)	0.4779	0.4779	0.4580	0.4580
	每股未分配利润(元)	2.9432	3.1404	2.9456	2.7580
	净资产收益率(%)	–1.6100	6.5390	3.1500	8.0140
	加权净资产收益率(%)	–1.5900	6.8100	3.2300	8.0600
	净资产收益率(扣除)(%)	–	–	–	–
	总资产(万元)	854620.61	761961.93	666204.15	667168.74
	归属母公司股东权益(万元)	309891.38	316020.94	306035.48	293077.50
	主营业务收入(万元)	186740.17	374247.16	154695.22	341941.26
	营业收入(万元)	188575.98	377919.88	156954.12	352343.77
	主营成本(万元)	150533.03	270155.94	110367.36	238986.00
	营业成本(万元)	152885.51	275805.76	113393.51	250041.07
	投资收益(万元)	–	21.03	–	0.36
	净利润(万元)	–1973.83	30462.97	12317.69	31629.65
	利润总额(万元)	3402.90	45564.65	17278.09	44918.49

安泰科技股份有限公司

公司概况					
公司名称	安泰科技股份有限公司			证券简称	安泰科技
法人代表	才让	董秘	张晋华	证券代码	000969
公司网址	www.atmcn.com		电子信箱	securities@atmcn.com	
电　　话	010-62188403		传　　真	010-62182695	
办公地址	北京市海淀区学院南路 76 号				
经营范围	先进金属材料及制品的研发和生产销售				

主要财务指标

指标\报告期	2012.06.30	2011.12.31	2011.06.30	2010.12.31
基本每股收益(元)	0.1068	0.3671	0.1482	0.2639
基本每股收益(扣除后)(元)	0.1018	0.3433	0.1474	0.2632
每股净资产(元)	3.8600	3.8400	3.6200	3.5700
每股经营现金净流量(元)	-0.1845	0.1601	-0.2311	0.1676
每股现金流量(元)	-0.3515	0.1117	-0.4129	-0.1110
每股资本公积金(元)	1.7708	1.7312	1.7337	1.6986
每股盈余公积金(元)	0.3474	0.3490	0.2896	0.2910
每股未分配利润(元)	0.7436	0.7606	0.6013	0.5758
净资产收益率(%)	2.7580	9.5350	4.0710	7.1930
加权净资产收益率(%)	2.7606	9.9700	4.1166	8.1400
净资产收益率(扣除)(%)	-	-	-	-
总资产(万元)	708494.06	692225.31	609981.44	539802.02
归属母公司股东权益(万元)	333194.26	329877.50	311305.22	304796.34
主营业务收入(万元)	198576.28	440533.06	182455.86	349964.50
营业收入(万元)	201396.82	453069.85	184710.99	352467.37
主营成本(万元)	165522.70	361464.44	150796.30	292297.03
营业成本(万元)	167658.54	372651.71	152718.62	294205.99
投资收益(万元)	-45.57	-38.12	203.90	464.26
净利润(万元)	10907.44	37424.40	15066.07	25316.14
利润总额(万元)	12246.09	43896.92	17454.47	29916.51

北京中科三环高技术股份有限公司

公司概况					
公司名称	北京中科三环高技术股份有限公司			证券简称	中科三环
法人代表	王震西	董秘	赵寅鹏	证券代码	000970
公司网址	www.san-huan.com.cn		电子信箱	security@san-huan.com.cn	
电　　话	010-62656017		传　　真	010-62670793	
办公地址	北京市海淀区中关村东路 66 号甲 1 号楼 27 层				
经营范围	稀土永磁和新型磁性材料及其应用产品的研究开发、生产和销售				

主要财务指标

指标\报告期	2012.06.30	2011.12.31	2011.06.30	2010.12.31
基本每股收益(元)	0.9000	1.5100	0.3100	0.4100
基本每股收益(扣除后)(元)	0.9300	1.5100	0.3000	0.3900
每股净资产(元)	6.0200	4.2600	3.0600	2.8200
每股经营现金净流量(元)	2.1539	0.0534	-0.5542	0.0122
每股现金流量(元)	1.9595	1.6782	0.5698	-0.2968
每股资本公积金(元)	1.3059	0.2704	0.2704	0.2704
每股盈余公积金(元)	0.2529	0.2654	0.1781	0.1781
每股未分配利润(元)	3.4638	2.7264	1.6083	1.3720
净资产收益率(%)	14.3800	35.4666	10.0200	14.4430
加权净资产收益率(%)	18.5000	42.6900	10.4200	15.4600
净资产收益率(扣除)(%)	-	-	-	-
总资产(万元)	547518.68	496912.80	397145.22	279453.31
归属母公司股东权益(万元)	320763.77	216346.37	155161.94	143168.87
主营业务收入(万元)	283939.86	567826.24	176803.90	235478.47
营业收入(万元)	284543.57	569584.20	178089.82	236578.15
主营成本(万元)	184549.96	386503.87	135431.58	176112.08
营业成本(万元)	185068.37	401705.18	135994.75	176990.88
投资收益(万元)	1970.89	1037.34	472.91	300.84
净利润(万元)	55574.75	92493.73	19152.65	24158.51
利润总额(万元)	67515.60	110841.09	23734.29	29248.25

湖北迈亚股份有限公司

公司概况					
公司名称	湖北迈亚股份有限公司			证券简称	ST 迈 亚
法人代表	唐常军	董秘	张继红	证券代码	000971
公司网址	www.mai-ya.com		电子信箱	ir@mai-ya.com	
电　　话	0728-3336188*5828 3275828		传　　真	0728-3275829	
办公地址	湖北省仙桃市仙桃大道西端 19 号万钜国际大厦				
经营范围	棉、化纤纺织及印染精加工、毛纺织和染整精加工、纺织品等				

主要财务指标

指标\报告期	2012.06.30	2011.12.31	2011.06.30	2010.12.31
基本每股收益(元)	-0.0850	-0.3000	-0.1080	0.0700
基本每股收益(扣除后)(元)	-0.1160	-0.3100	-0.1080	-0.2100
每股净资产(元)	0.0090	0.0120	0.3695	0.5000
每股经营现金净流量(元)	-0.3329	-0.2686	-0.1338	-0.3821
每股现金流量(元)	0.0185	-0.0105	0.0218	0.0599
每股资本公积金(元)	0.6892	0.6076	0.7683	0.7913
每股盈余公积金(元)	0.1966	0.1966	0.1966	0.1966
每股未分配利润(元)	-1.8770	-1.7919	-1.5954	-1.4873
净资产收益率(%)	-967.0500	-2471.6010	-29.2400	14.9730
加权净资产收益率(%)	-806.1300	-120.9400	-24.2000	9.2500
净资产收益率(扣除)(%)	-	-	-	-
总资产(万元)	84847.69	71210.03	73670.66	71898.93
归属母公司股东权益(万元)	214.08	299.55	8982.52	12168.83
主营业务收入(万元)	8041.97	22627.62	11472.56	20497.84
营业收入(万元)	8293.56	23262.91	11787.91	21200.27
主营成本(万元)	7829.23	21977.96	11168.06	20741.03
营业成本(万元)	7992.49	22458.48	11405.40	21251.05
投资收益(万元)	442.28	422.37	422.37	560.62
净利润(万元)	-2070.24	-7403.62	-2626.66	1822.02
利润总额(万元)	-2070.24	-7403.62	-2626.66	1822.02

新疆中基实业股份有限公司

公司概况					
公司名称	新疆中基实业股份有限公司			证券简称	*ST 中基
法人代表	曾超	董秘	顾永新	证券代码	000972
公司网址	www.chalkistomato.com		电子信箱	guyongxin@chalkistomato.com	
电　　话	0991-8852972 8852110		传　　真	0991-8816688 8818888	
办公地址	新疆维吾尔自治区乌鲁木齐市青年路北一巷 8 号				
经营范围	大包装浓缩番茄酱、去皮番茄和番茄丁、小罐番茄制品等				

主要财务指标

指标\报告期	2012.06.30	2011.12.31	2011.06.30	2010.12.31
基本每股收益(元)	-0.3936	-2.4300	-0.4938	-0.6800
基本每股收益(扣除后)(元)	-0.3969	-2.4600	-0.4938	0.6654
每股净资产(元)	0.0200	0.4300	2.5000	2.8600
每股经营现金净流量(元)	-0.2061	-1.8790	-0.2614	-0.8886
每股现金流量(元)	-0.4190	-0.6241	-0.6483	0.5271
每股资本公积金(元)	2.0342	2.0342	2.0352	2.0360
每股盈余公积金(元)	0.2893	0.2893	0.2893	0.2893
每股未分配利润(元)	-3.2906	-2.8970	-0.8283	-0.4688
净资产收益率(%)	-1857.2300	-559.2144	-14.3700	-22.6477
加权净资产收益率(%)	-165.7600	-147.5000	-13.8000	-22.6400
净资产收益率(扣除)(%)	-	-	-	-
总资产(万元)	427520.47	445016.69	511439.66	554038.11
归属母公司股东权益(万元)	1021.55	20932.07	120580.07	137887.49
主营业务收入(万元)	63289.92	136852.17	75073.00	146039.24
营业收入(万元)	63491.22	142478.55	76931.52	151196.36
主营成本(万元)	58483.12	138146.98	72084.09	165869.70
营业成本(万元)	58487.31	141572.40	74542.22	169342.82
投资收益(万元)	-320.56	-57.08	-154.93	44185.41
净利润(万元)	-20977.49	-133611.19	-20630.39	-45008.13
利润总额(万元)	-20942.28	-127128.60	-20630.39	-43765.29

佛山佛塑科技集团股份有限公司

公司概况	公司名称	佛山佛塑科技集团股份有限公司			证券简称	佛塑科技
	法人代表	李曼莉	董秘	何水秀	证券代码	000973
	公司网址	www.fspg.com.cn			电子信箱	dmb@fspg.com.cn
	电　话	0757-83988189			传　真	0757-83988186
	办公地址	广东省佛山市禅城区汾江中路85号				
	经营范围	各类塑料制品、粘胶制品、各类包装及印刷复合制品和塑料加工设备等				

	指标\报告期	2012.06.30	2011.12.31	2011.06.30	2010.12.31
主要财务指标	基本每股收益(元)	0.0218	0.8210	0.1281	0.2830
	基本每股收益(扣除后)(元)	0.0180	0.0540	0.1183	0.2700
	每股净资产(元)	1.9800	2.9800	2.3500	2.1500
	每股经营现金净流量(元)	0.2167	-0.1588	-0.3201	0.3481
	每股现金流量(元)	-0.1606	0.1817	0.2497	0.0606
	每股资本公积金(元)	0.3344	1.0130	1.0049	1.0048
	每股盈余公积金(元)	0.1734	0.2602	0.2237	0.2237
	每股未分配利润(元)	0.4754	0.7104	0.1177	-0.0744
	净资产收益率(%)	1.1000	27.5280	8.1900	13.1190
	加权净资产收益率(%)	1.0900	32.0200	8.5400	14.0400
	净资产收益率(扣除)(%)	-	-	-	-
	总资产(万元)	461835.17	513295.95	496544.69	445634.30
	归属母公司股东权益(万元)	182231.97	182764.13	143722.42	131951.91
	主营业务收入(万元)	155114.55	359968.60	184482.45	352309.44
	营业收入(万元)	187101.41	386916.15	190713.83	375185.66
	主营成本(万元)	140765.85	314756.62	158071.97	295955.19
	营业成本(万元)	168350.73	338819.35	162113.21	317077.22
	投资收益(万元)	3114.47	58954.48	7855.04	14167.11
	净利润(万元)	2657.85	56446.74	15870.49	25072.00
	利润总额(万元)	3050.76	59053.31	17397.71	28542.84

南方科学城发展股份有限公司

公司概况	公司名称	南方科学城发展股份有限公司			证券简称	科学城
	法人代表	杨海飞	董秘	刘黎明	证券代码	000975
	公司网址				电子信箱	975@scd.cn
	电　话	010-85171856			传　真	010-65668256
	办公地址	北京市朝阳区建国门外大街2号银泰中心C座2103				
	经营范围	对高新技术产业项目、城市基础设施建设项目、环保建设等				

	指标\报告期	2012.06.30	2011.12.31	2011.06.30	2010.12.31
主要财务指标	基本每股收益(元)	0.0137	0.0481	0.0157	-0.0367
	基本每股收益(扣除后)(元)	0.0217	0.0497	0.0132	-0.0081
	每股净资产(元)	1.5000	1.5100	1.4734	1.4600
	每股经营现金净流量(元)	0.0097	0.1420	0.0807	0.1423
	每股现金流量(元)	-0.0076	0.2158	0.0793	0.1416
	每股资本公积金(元)	0.1684	0.1684	0.1684	0.1697
	每股盈余公积金(元)	0.1118	0.1118	0.1118	0.1118
	每股未分配利润(元)	0.2243	0.2257	0.1932	0.1775
	净资产收益率(%)	0.9100	3.1950	1.0700	-2.5150
	加权净资产收益率(%)	0.9000	3.2442	1.0700	-2.4836
	净资产收益率(扣除)(%)	-	-	-	-
	总资产(万元)	121321.21	122718.14	116578.36	116562.92
	归属母公司股东权益(万元)	93718.63	93801.95	91783.25	90883.69
	主营业务收入(万元)	13307.94	24327.44	12026.40	23122.16
	营业收入(万元)	13307.94	24327.44	12026.40	23153.40
	主营成本(万元)	7268.89	14666.36	7106.00	16388.33
	营业成本(万元)	7268.89	14666.36	7106.00	16530.33
	投资收益(万元)	-	185.59	154.12	16.36
	净利润(万元)	870.83	2993.95	978.40	-2285.62
	利润总额(万元)	1238.58	2896.30	1483.52	-1491.09

广东开平春晖股份有限公司

公司概况	公司名称	广东开平春晖股份有限公司			证券简称	春晖股份
	法人代表	方振颖	董秘	陈伟奇	证券代码	000976
	公司网址	www.my0976.com			电子信箱	my0976@my0976.com
	电　话	0750-2276949 2228111*286			传　真	0750-2276959
	办公地址	广东省开平市长沙港口路10号				
	经营范围	涤纶长丝、锦纶长丝、高粘切片、瓶级切片及化纤产品的生产和销售等				

	指标\报告期	2012.06.30	2011.12.31	2011.06.30	2010.12.31
主要财务指标	基本每股收益(元)	-0.0951	-0.3000	0.0147	0.1100
	基本每股收益(扣除后)(元)	-0.0959	-0.3200	0.0039	0.1100
	每股净资产(元)	0.7900	0.8900	1.2000	1.1900
	每股经营现金净流量(元)	-0.1647	0.0410	-0.0720	0.1866
	每股现金流量(元)	-0.1750	-0.1187	-0.1156	0.1718
	每股资本公积金(元)	0.6114	0.6114	0.6114	0.6114
	每股盈余公积金(元)	0.1347	0.1347	0.1347	0.1347
	每股未分配利润(元)	-0.9556	-0.8605	-0.5412	-0.5559
	净资产收益率(%)	-12.0300	-34.3900	1.2200	9.5708
	加权净资产收益率(%)	-11.3500	-29.3400	1.2200	10.0600
	净资产收益率(扣除)(%)	-	-	-	-
	总资产(万元)	106842.47	115207.05	157021.60	177674.45
	归属母公司股东权益(万元)	46374.78	51955.18	70686.66	69822.60
	主营业务收入(万元)	62707.82	186408.07	91536.97	209292.40
	营业收入(万元)	63642.65	198404.62	102552.51	210878.96
	主营成本(万元)	65712.75	183266.49	88466.93	195770.14
	营业成本(万元)	66042.63	193115.02	97777.22	196130.60
	投资收益(万元)	9.50	561.26	548.63	5.48
	净利润(万元)	-5580.40	-17867.43	864.06	6682.61
	利润总额(万元)	-5580.40	-17867.43	864.06	6682.61

浪潮电子信息产业股份有限公司

公司概况	公司名称	浪潮电子信息产业股份有限公司			证券简称	浪潮信息
	法人代表	张磊	董秘	李丰	证券代码	000977
	公司网址	www.inspur.com			电子信箱	lclifeng@inspur.com
	电　话	0531-85106229			传　真	0531-85106222
	办公地址	山东省济南市浪潮路1036号				
	经营范围	计算机及软件、电子产品及其他通讯设备、商业机具、电子工业用控制设备等				

	指标\报告期	2012.06.30	2011.12.31	2011.06.30	2010.12.31
主要财务指标	基本每股收益(元)	0.1105	0.3500	0.2112	0.1600
	基本每股收益(扣除后)(元)	0.0872	0.0760	0.0397	0.1073
	每股净资产(元)	5.1900	5.1800	5.0400	4.8300
	每股经营现金净流量(元)	-1.0006	1.1793	0.1579	0.1338
	每股现金流量(元)	-1.0203	0.4208	-0.1279	-0.5699
	每股资本公积金(元)	2.7032	2.7067	2.7058	2.7058
	每股盈余公积金(元)	0.2828	0.2828	0.2594	0.2594
	每股未分配利润(元)	1.2001	1.1896	1.0727	0.8614
	净资产收益率(%)	2.1300	6.7860	4.0800	3.3060
	加权净资产收益率(%)	2.1300	7.0200	4.2800	3.4400
	净资产收益率(扣除)(%)	-	-	-	-
	总资产(万元)	181497.51	173080.67	159729.75	163841.15
	归属母公司股东权益(万元)	111498.84	111350.01	108316.41	103773.87
	主营业务收入(万元)	88489.69	117065.17	64561.90	98360.77
	营业收入(万元)	90581.62	123280.17	66522.29	108129.41
	主营成本(万元)	69671.35	92880.48	52850.03	80265.41
	营业成本(万元)	70190.06	95107.33	66610.26	86313.72
	投资收益(万元)	947.51	2897.83	1270.69	3441.85
	净利润(万元)	2270.62	7680.35	4653.30	3476.61
	利润总额(万元)	2413.90	7932.64	5025.37	3735.54

桂林旅游股份有限公司

公司概况	公司名称	桂林旅游股份有限公司			证券简称	桂林旅游
	法人代表	章熙骏	董秘	黄锡军	证券代码	000978
	公司网址	www.guilintravel.com		电子信箱	zjb888@tom.com	
	电　话	0773-3558976 3558955		传　真	0773-3558955	
	办公地址	广西壮族自治区桂林市翠竹路27-2号				
	经营范围	公路旅行客运、游船客运、旅游工艺品制造、销售等				

	指标\报告期	2012.06.30	2011.12.31	2011.06.30	2010.12.31
主要财务指标	基本每股收益(元)	0.0300	0.1900	0.0380	0.2080
	基本每股收益(扣除后)(元)	0.0290	0.1640	0.0360	0.1700
	每股净资产(元)	3.9900	4.0570	3.9000	3.9800
	每股经营现金净流量(元)	-0.0300	0.3238	0.0177	0.3044
	每股现金流量(元)	-0.5563	0.5990	-0.0837	0.3321
	每股资本公积金(元)	2.6954	2.6954	2.6870	2.6880
	每股盈余公积金(元)	0.1845	0.1759	0.1664	0.1600
	每股未分配利润(元)	0.1069	0.1855	0.0435	0.1318
	净资产收益率(%)	0.7500	4.6750	0.9800	4.9150
	加权净资产收益率(%)	0.7400	4.7400	0.9600	5.1300
	净资产收益率(扣除)(%)	-	-	-	-
	总资产(万元)	228415.44	245156.73	219208.39	223647.93
	归属母公司股东权益(万元)	143564.89	146085.85	140328.79	143311.84
	主营业务收入(万元)	20828.14	49586.53	18862.36	49519.48
	营业收入(万元)	21589.09	51260.66	19544.06	51032.24
	主营成本(万元)	11848.60	27585.00	10789.36	27003.57
	营业成本(万元)	11983.82	27837.71	10881.82	27180.58
	投资收益(万元)	929.69	3055.17	1532.77	2686.51
	净利润(万元)	889.45	6481.50	1132.92	6827.70
	利润总额(万元)	1292.10	7998.81	1571.53	8282.58

中弘控股股份有限公司

公司概况	公司名称	中弘控股股份有限公司			证券简称	中弘股份
	法人代表	王永红	董秘	金洁	证券代码	000979
	公司网址	www.zhonghongholdings.com		电子信箱	jinjie139@126.com	
	电　话	010-59279999 9979		传　真	010-59279979	
	办公地址	北京市朝阳区朝阳北路五里桥一街非中心1号院25号楼				
	经营范围	房地产开发、实业投资、管理、经营及咨询、基础建设投资、商品房销售等				

	指标\报告期	2012.06.30	2011.12.31	2011.06.30	2010.12.31
主要财务指标	基本每股收益(元)	0.4200	0.5500	0.1400	0.9100
	基本每股收益(扣除后)(元)	0.3500	0.4100	0.0600	0.8900
	每股净资产(元)	2.3200	2.6900	1.8200	1.6400
	每股经营现金净流量(元)	1.0616	-0.3169	-0.1919	1.1190
	每股现金流量(元)	0.1241	-0.6647	-0.4405	1.0013
	每股资本公积金(元)	-	0.0837	0.0832	0.9498
	每股盈余公积金(元)	0.0751	0.0751	0.0509	0.0917
	每股未分配利润(元)	1.2459	1.1245	0.6865	0.9179
	净资产收益率(%)	17.9100	25.1530	6.3900	55.3490
	加权净资产收益率(%)	14.3400	28.7700	6.7100	73.9400
	净资产收益率(扣除)(%)	-	-	-	-
	总资产(万元)	771211.90	767279.39	556025.10	550776.64
	归属母公司股东权益(万元)	234914.83	272308.72	184262.98	166394.18
	主营业务收入(万元)	175355.96	184782.88	66779.88	365814.43
	营业收入(万元)	175796.66	185405.31	66779.88	366139.17
	主营成本(万元)	74026.27	-	32891.94	154649.74
	营业成本(万元)	74159.63	84186.63	32891.94	154796.27
	投资收益(万元)	6747.70	-21.47	-	42.00
	净利润(万元)	37861.53	53780.98	11506.80	91169.72
	利润总额(万元)	54965.33	73277.20	14593.53	124075.85

黄山金马股份有限公司

公司概况	公司名称	黄山金马股份有限公司			证券简称	金马股份
	法人代表	燕根水	董秘	杨海峰	证券代码	000980
	公司网址	www.hsjinma.com		电子信箱	hsh_wangfei@126.com	
	电　话	0559-6537831		传　真	0559-6537888	
	办公地址	安徽省黄山市歙县经济技术开发区				
	经营范围	车用仪表及车用零部件、防盗门的生产和销售等				

	指标\报告期	2012.06.30	2011.12.31	2011.06.30	2010.12.31
主要财务指标	基本每股收益(元)	0.0640	0.1100	0.1000	0.1400
	基本每股收益(扣除后)(元)	0.0620	0.0800	0.0800	0.1300
	每股净资产(元)	3.8300	3.7700	3.7600	3.6500
	每股经营现金净流量(元)	0.9057	0.2682	0.4829	-0.2233
	每股现金流量(元)	0.5928	-0.2317	0.1263	-0.7668
	每股资本公积金(元)	2.3223	2.3223	2.3230	2.3236
	每股盈余公积金(元)	0.0384	0.0384	0.0384	0.0384
	每股未分配利润(元)	0.4710	0.4076	0.3972	0.2929
	净资产收益率(%)	1.6600	3.0430	2.7600	3.7873
	加权净资产收益率(%)	1.6700	3.0900	2.7300	3.8600
	净资产收益率(扣除)(%)	-	-	-	-
	总资产(万元)	179969.55	186814.40	178028.54	179678.81
	归属母公司股东权益(万元)	121465.84	119455.06	119146.64	115862.96
	主营业务收入(万元)	38170.10	82711.63	42544.88	77753.08
	营业收入(万元)	41260.83	87055.46	43406.41	80380.41
	主营成本(万元)	32594.68	68621.14	35327.00	63611.44
	营业成本(万元)	34667.29	71761.35	35845.47	65483.15
	投资收益(万元)	-	-	-	0.82
	净利润(万元)	2019.28	3619.92	3287.62	4360.06
	利润总额(万元)	2424.71	4413.47	3764.23	5385.85

银亿房地产股份有限公司

公司概况	公司名称	银亿房地产股份有限公司			证券简称	银亿股份
	法人代表	熊续强	董秘	李笛鸣	证券代码	000981
	公司网址	www.chinayinyi.cn		电子信箱	ck204600@yahoo.com.cn	
	电　话	0755-83220636 0574-87653687		传　真	0755-83321624 0574-87653689	
	办公地址	浙江省宁波市江北区人民路132号银亿外滩大厦26楼 广东省深圳市福田区振华路56号兰光大厦18楼				
	经营范围	房地产开发、经营、商品房销售、物业管理、装饰装修、房屋租赁等				

	指标\报告期	2012.06.30	2011.12.31	2011.06.30	2010.12.31
主要财务指标	基本每股收益(元)	0.2100	0.7900	0.4200	0.7500
	基本每股收益(扣除后)(元)	0.1800	0.7800	0.4200	0.7400
	每股净资产(元)	3.7200	3.1300	3.1300	2.5100
	每股经营现金净流量(元)	-0.3662	-2.8863	-1.3121	-8.9352
	每股现金流量(元)	-0.2066	0.1118	0.1423	-10.1334
	每股资本公积金(元)	1.2387	1.2387	0.6829	3.9045
	每股盈余公积金(元)	0.1593	0.1593	0.1166	0.6221
	每股未分配利润(元)	2.3203	2.1184	1.7831	7.6223
	净资产收益率(%)	5.5700	20.8490	11.3100	29.7375
	加权净资产收益率(%)	5.7200	25.8100	15.1500	34.9300
	净资产收益率(扣除)(%)	-	-	-	-
	总资产(万元)	1669415.39	1625495.64	1460908.75	1256317.54
	归属母公司股东权益(万元)	319163.53	301819.87	269273.82	175214.94
	主营业务收入(万元)	71858.99	480983.44	179936.72	409339.06
	营业收入(万元)	72343.10	486197.21	185421.42	410675.94
	主营成本(万元)	32308.16	299774.81	111888.63	273438.73
	营业成本(万元)	32412.80	302122.36	114108.31	829.47
	投资收益(万元)	6897.98	20138.67	3878.77	8345.83
	净利润(万元)	17133.54	64466.35	32148.74	52541.79
	利润总额(万元)	22197.85	98456.58	47812.26	75522.70

宁夏中银绒业股份有限公司

公司概况	公司名称	宁夏中银绒业股份有限公司		证券简称	中银绒业
	法人代表	马生国	董秘 陈晓非	证券代码	000982
	公司网址	www.zhongyincashmere.com		电子信箱	chenxiaofei@zhongyincashmere.com
	电　话	0951-4038950 8934 8935		传　真	0951-4519290
	办公地址	宁夏回族自治区灵武市羊绒工业园区中银大道南侧			
	经营范围	无毛绒、绒条、羊绒纱、羊绒衫等的内销与出口等			

	指标＼报告期	2012.06.30	2011.12.31	2011.06.30	2010.12.31
主要财务指标	基本每股收益(元)	0.2400	0.3100	0.2600	0.1500
	基本每股收益(扣除后)(元)	0.2300	0.2400	0.1800	0.1300
	每股净资产(元)	1.6800	1.4800	2.6400	1.6400
	每股经营现金净流量(元)	-0.3867	-1.1042	-1.5106	0.0620
	每股现金流量(元)	0.2327	0.2113	0.6155	-0.0757
	每股资本公积金(元)	0.1732	0.1732	1.3463	0.5182
	每股盈余公积金(元)	0.0173	0.0173	0.0072	0.0080
	每股未分配利润(元)	0.5352	0.3240	0.3212	0.1501
	净资产收益率(%)	15.2700	20.3490	10.9600	18.7890
	加权净资产收益率(%)	15.2700	23.6600	10.9600	20.3600
	净资产收益率(扣除)(%)	-	-	-	-
	总资产(万元)	482012.04	363973.81	313966.62	222442.32
	归属母公司股东权益(万元)	93623.53	82118.25	73425.61	40858.35
	主营业务收入(万元)	120928.37	180676.08	74968.48	117637.21
	营业收入(万元)	120966.81	180946.79	75036.44	117699.81
	主营成本(万元)	93353.27	142691.20	59085.63	93063.56
	营业成本(万元)	93353.27	142821.04	59104.51	93088.61
	投资收益(万元)	-	11.22	9.69	9.65
	净利润(万元)	13619.61	16632.58	6644.15	7454.24
	利润总额(万元)	15498.28	18306.19	7773.01	7891.77

山西西山煤电股份有限公司

公司概况	公司名称	山西西山煤电股份有限公司		证券简称	西山煤电
	法人代表	薛道成	董秘 支亚毅	证券代码	000983
	公司网址			电子信箱	zqb000983@163.com
	电　话	0351-6217295 6137052		传　真	0351-6127434
	办公地址	山西省太原市西矿街318号			
	经营范围	煤炭生产、洗选加工、电力生产及销售、矿山开发及设计施工、矿用电力器材生产、经营等			

	指标＼报告期	2012.06.30	2011.12.31	2011.06.30	2010.12.31
主要财务指标	基本每股收益(元)	0.5256	0.8934	0.5916	0.8392
	基本每股收益(扣除后)(元)	0.5253	0.8934	0.5947	0.8383
	每股净资产(元)	4.9700	4.4300	4.8300	4.0100
	每股经营现金净流量(元)	0.4462	1.2319	0.7230	1.0672
	每股现金流量(元)	0.3673	0.0103	0.5147	0.3875
	每股资本公积金(元)	0.3001	0.3001	0.2989	0.2987
	每股盈余公积金(元)	0.4923	0.4923	0.4230	0.4230
	每股未分配利润(元)	2.5772	2.2516	2.5190	1.9275
	净资产收益率(%)	10.5800	20.1890	12.2400	20.9130
	加权净资产收益率(%)	11.1900	21.1800	13.3700	23.2700
	净资产收益率(扣除)(%)	-	-	-	-
	总资产(万元)	4075027.99	3864311.93	3777124.37	2895275.31
	归属母公司股东权益(万元)	1565293.67	1394521.65	1523278.01	1264448.08
	主营业务收入(万元)	1556257.34	2984764.24	1478220.74	1661654.18
	营业收入(万元)	1568462.51	3037241.57	1507814.96	1694235.32
	主营成本(万元)	1065494.89	2082269.28	980252.29	935474.12
	营业成本(万元)	1071018.89	2118014.35	1001776.84	958799.74
	投资收益(万元)	126.67	2962.55	1349.20	-13241.86
	净利润(万元)	179779.01	300511.04	198569.86	279361.04
	利润总额(万元)	246070.47	412651.98	271776.54	383696.16

大庆华科股份有限公司

公司概况	公司名称	大庆华科股份有限公司		证券简称	大庆华科
	法人代表	王一民	董秘 孟凡礼	证券代码	000985
	公司网址	www.huake.com		电子信箱	huake@huake.com
	电　话	0459-6280287		传　真	0459-6282351
	办公地址	黑龙江省大庆市高新技术产业开发区建设路239号			
	经营范围	生产销售石油化工产品、生产销售药品、保健食品等、进出口业务等			

	指标＼报告期	2012.06.30	2011.12.31	2011.06.30	2010.12.31
主要财务指标	基本每股收益(元)	-0.0950	0.1900	0.1580	0.2000
	基本每股收益(扣除后)(元)	-	0.2200	0.1720	0.2000
	每股净资产(元)	3.5800	3.7700	3.7300	3.6700
	每股经营现金净流量(元)	0.0298	0.5534	0.0923	0.5622
	每股现金流量(元)	-0.3730	0.1822	0.1518	0.0449
	每股资本公积金(元)	1.9180	1.9180	1.9180	1.9172
	每股盈余公积金(元)	0.3139	0.3139	0.2946	0.2946
	每股未分配利润(元)	0.2627	0.4553	0.4325	0.3705
	净资产收益率(%)	-2.5500	5.1226	4.2300	5.5426
	加权净资产收益率(%)	-2.5900	5.2000	4.6100	5.5900
	净资产收益率(扣除)(%)	-	-	-	-
	总资产(万元)	57189.94	58164.00	57347.10	52026.12
	归属母公司股东权益(万元)	46437.24	48874.70	48292.01	47523.77
	主营业务收入(万元)	52395.20	107092.71	48889.49	97896.65
	营业收入(万元)	53044.20	115364.33	52370.17	103640.30
	主营成本(万元)	47807.05	94769.51	42610.07	85646.09
	营业成本(万元)	48432.59	102859.47	45975.06	91147.02
	投资收益(万元)	10.63	6.38	-	4.25
	净利润(万元)	-1231.06	2503.63	2054.63	2634.04
	利润总额(万元)	-1231.06	2879.63	2411.98	3045.31

广州友谊集团股份有限公司

公司概况	公司名称	广州友谊集团股份有限公司		证券简称	广州友谊
	法人代表	房向前	董秘 江国源	证券代码	000987
	公司网址	www.cgzfs.com		电子信箱	gzfs@cgzfs.com
	电　话	020-83483236 83575401		传　真	020-83572228
	办公地址	广东省广州市越秀区环市东路369号			
	经营范围	百货零售等			

	指标＼报告期	2012.06.30	2011.12.31	2011.06.30	2010.12.31
主要财务指标	基本每股收益(元)	0.5300	1.0200	0.5600	0.9100
	基本每股收益(扣除后)(元)	0.5200	1.0000	0.5500	0.9100
	每股净资产(元)	4.9300	4.9000	4.4400	4.2800
	每股经营现金净流量(元)	-0.5615	2.0261	-0.0818	1.2752
	每股现金流量(元)	-2.2000	0.7054	-0.0931	0.8651
	每股资本公积金(元)	0.1676	0.1676	0.1676	0.1676
	每股盈余公积金(元)	0.9046	0.9046	0.8043	0.8043
	每股未分配利润(元)	2.8617	2.8280	2.4698	2.3057
	净资产收益率(%)	10.8200	20.8700	11.5100	21.3090
	加权净资产收益率(%)	10.6700	22.2900	12.3700	23.2400
	净资产收益率(扣除)(%)	-	-	-	-
	总资产(万元)	304350.97	340029.13	280034.25	290780.55
	归属母公司股东权益(万元)	177105.89	175897.34	159435.84	153545.70
	主营业务收入(万元)	199137.27	423331.10	201387.20	335298.75
	营业收入(万元)	214086.66	445847.42	212866.27	358574.02
	主营成本(万元)	161473.94	344560.24	161850.19	273508.11
	营业成本(万元)	163398.64	349556.64	164577.54	280270.90
	投资收益(万元)	711.97	486.92	-5.75	-9.43
	净利润(万元)	19148.65	36708.31	20247.50	32716.47
	利润总额(万元)	25683.09	49001.41	27017.95	43514.80

华工科技产业股份有限公司

公司概况	公司名称	华工科技产业股份有限公司			证券简称	华工科技
	法人代表	熊新华	董秘	杨兴国	证券代码	000988
	公司网址	www.hgtech.com.cn		电子信箱	bds@hgtech.com.cn	
	电　话	027-87180126		传　真	027-87180167	
	办公地址	湖北省武汉市东湖高新技术开发区华中科技大学科技园华工科技产业大厦				
	经营范围	激光器、激光加工设备及成套设备、激光全息综合防伪标识等				

主要财务指标	指标\报告期	2012.06.30	2011.12.31	2011.06.30	2010.12.31
	基本每股收益(元)	0.1400	0.4900	0.2000	0.6200
	基本每股收益(扣除后)(元)	0.0500	0.3500	0.1400	0.3000
	每股净资产(元)	5.8200	5.6800	5.6000	4.0000
	每股经营现金净流量(元)	-0.1391	-0.1309	0.0517	0.1722
	每股现金流量(元)	0.0891	0.5565	1.2597	-0.2994
	每股资本公积金(元)	2.9789	2.9733	2.9686	1.5431
	每股盈余公积金(元)	0.1310	0.1310	0.1297	0.1418
	每股未分配利润(元)	1.6758	1.5384	1.4591	1.2656
	净资产收益率(%)	4.9400	8.3350	7.0100	15.4200
	加权净资产收益率(%)	4.9500	9.8700	9.5500	16.3200
	净资产收益率(扣除)(%)	-	-	-	-
	总资产(万元)	394329.84	366470.61	421250.76	333535.75
	归属母公司股东权益(万元)	259482.57	253104.47	249646.20	162918.76
	主营业务收入(万元)	90034.29	211957.06	115171.94	198248.83
	营业收入(万元)	90471.57	220178.39	116051.72	202405.39
	主营成本(万元)	68271.08	-	85555.24	2877.21
	营业成本(万元)	68565.11	163490.81	86082.72	149648.09
	投资收益(万元)	6449.54	5720.33	5852.08	14860.68
	净利润(万元)	12758.77	22988.53	17458.81	28648.68
	利润总额(万元)	14354.27	28636.17	19885.07	34249.98

九芝堂股份有限公司

公司概况	公司名称	九芝堂股份有限公司			证券简称	九 芝 堂
	法人代表	魏锋	董秘	徐向平	证券代码	000989
	公司网址	www.hnjzt.com		电子信箱	xxp@hnjzt.com	
	电　话	0731-84499762 84499912		传　真	0731-84499759	
	办公地址	湖南省长沙市芙蓉中路一段129号				
	经营范围	生产、销售(限自产)片剂、颗粒剂、茶剂、丸剂等				

主要财务指标	指标\报告期	2012.06.30	2011.12.31	2011.06.30	2010.12.31
	基本每股收益(元)	0.1800	0.6800	0.2130	0.5500
	基本每股收益(扣除后)(元)	-	0.6300	0.1899	0.5100
	每股净资产(元)	4.6700	4.8700	4.5050	4.6300
	每股经营现金净流量(元)	-	0.4695	0.2902	0.6243
	每股现金流量(元)	-	-0.2618	-0.2151	0.1282
	每股资本公积金(元)	2.2174	2.1965	2.2967	2.2374
	每股盈余公积金(元)	-	0.4220	0.3804	0.3804
	每股未分配利润(元)	-	1.2511	0.8280	1.0146
	净资产收益率(%)	3.9300	13.9234	4.3800	11.8008
	加权净资产收益率(%)	3.7000	14.2700	4.4800	12.5700
	净资产收益率(扣除)(%)	-	-	-	-
	总资产(万元)	170828.73	179834.93	172209.96	173851.10
	归属母公司股东权益(万元)	139113.82	144920.85	134076.43	137864.98
	主营业务收入(万元)	47906.50	114252.99	53942.43	111421.60
	营业收入(万元)	48286.88	114980.56	54192.80	112238.98
	主营成本(万元)	22419.22	53036.29	25412.33	47628.19
	营业成本(万元)	-	53358.56	25431.28	47731.83
	投资收益(万元)	-	969.26	62.10	298.20
	净利润(万元)	-	20188.85	6350.84	16298.68
	利润总额(万元)	6599.58	24281.00	7532.94	19040.63

诚志股份有限公司

公司概况	公司名称	诚志股份有限公司			证券简称	诚志股份
	法人代表	龙大伟	董秘	邹勇华	证券代码	000990
	公司网址	www.chengzhi.com.cn		电子信箱	chengzhi@chengzhi.com.cn	
	电　话	0791-83826898		传　真	0791-83826899	
	办公地址	江西省南昌市经济技术开发区玉屏东大街299号清华科技园(江西)华江大厦				
	经营范围	液晶材料、医药中间体、中西药、生命科学及生物工程、精细及日用化工产品等				

主要财务指标	指标\报告期	2012.06.30	2011.12.31	2011.06.30	2010.12.31
	基本每股收益(元)	0.0370	0.1070	0.0650	0.0730
	基本每股收益(扣除后)(元)	0.0050	-0.1120	0.0240	0.0520
	每股净资产(元)	5.3700	5.3700	5.3400	5.2800
	每股经营现金净流量(元)	0.2006	1.3043	0.0739	-0.2389
	每股现金流量(元)	-0.8858	-0.0699	-0.0175	0.5474
	每股资本公积金(元)	3.2471	3.2471	3.2148	3.2149
	每股盈余公积金(元)	0.1328	0.1328	0.1139	0.1139
	每股未分配利润(元)	0.9878	0.9962	1.0136	0.9485
	净资产收益率(%)	0.7000	1.9840	1.2000	1.3740
	加权净资产收益率(%)	0.7000	2.0000	1.2000	1.3000
	净资产收益率(扣除)(%)	-	-	-	-
	总资产(万元)	325086.23	335060.14	340793.44	354632.99
	归属母公司股东权益(万元)	159361.40	159588.15	158683.86	156750.80
	主营业务收入(万元)	170397.40	298557.32	143162.40	313482.82
	营业收入(万元)	170438.77	298684.28	143220.48	314017.81
	主营成本(万元)	158199.18	275974.73	131003.50	290904.88
	营业成本(万元)	158229.99	276051.87	131037.76	291008.02
	投资收益(万元)	1898.39	-270.13	2.16	707.79
	净利润(万元)	922.86	3041.55	1913.46	1759.10
	利润总额(万元)	2072.69	3669.30	2715.19	2216.24

福建闽东电力股份有限公司

公司概况	公司名称	福建闽东电力股份有限公司			证券简称	闽东电力
	法人代表	罗红专	董秘	庄辰明	证券代码	000993
	公司网址	www.mdep.com.cn		电子信箱	mddl88@public.ndptt.fj.cn	
	电　话	0593-2768888 2768811		传　真	0593-2098993	
	办公地址	福建省宁德市蕉城区环城路143号华隆大厦8-10楼				
	经营范围	电力生产和电力开发等				

主要财务指标	指标\报告期	2012.06.30	2011.12.31	2011.06.30	2010.12.31
	基本每股收益(元)	0.1000	0.0500	0.0600	0.2800
	基本每股收益(扣除后)(元)	0.1000	0.0100	0.0200	0.2900
	每股净资产(元)	4.1400	4.0600	4.0800	4.1400
	每股经营现金净流量(元)	-0.1029	0.2701	-0.0428	0.3213
	每股现金流量(元)	0.4263	0.1094	0.4669	0.1214
	每股资本公积金(元)	2.7841	2.7841	2.7890	2.7890
	每股盈余公积金(元)	0.0857	0.0857	0.0817	0.0817
	每股未分配利润(元)	0.2701	0.1942	0.2100	0.2685
	净资产收益率(%)	2.4800	1.2240	1.5100	6.7240
	加权净资产收益率(%)	2.5000	1.2100	1.4700	6.6900
	净资产收益率(扣除)(%)	-	-	-	-
	总资产(万元)	318371.69	280087.28	294937.63	278650.63
	归属母公司股东权益(万元)	154417.02	151588.36	152208.05	154391.46
	主营业务收入(万元)	46431.61	37184.37	18109.31	49577.04
	营业收入(万元)	47014.99	38493.01	18802.31	50944.04
	主营成本(万元)	33650.00	25014.95	12227.88	27690.94
	营业成本(万元)	33913.05	25562.70	12519.64	28233.82
	投资收益(万元)	1998.94	7499.85	4995.16	7754.66
	净利润(万元)	3698.57	1466.98	2181.34	9947.44
	利润总额(万元)	5007.15	1552.55	2093.04	12019.96

甘肃皇台酒业股份有限公司

公司概况					
公司名称	甘肃皇台酒业股份有限公司			证券简称	ST 皇 台
法人代表	卢鸿毅	董秘	刘峰	证券代码	000995
公司网址	www.huangtaijiuye.com		电子信箱	htjy000995@126.com	
电　　话	0935-6139865		传　　真	0935-6139888	
办公地址	甘肃省武威市凉州区西关街新建路 55 号				
经营范围	白酒、葡萄酒生产、批发零售、自产副产品的批发零售等				

主要财务指标 指标\报告期	2012.06.30	2011.12.31	2011.06.30	2010.12.31
基本每股收益(元)	0.0400	0.0300	0.0400	-0.3300
基本每股收益(扣除后)(元)	0.0400	-0.1500	-0.1300	-0.3000
每股净资产(元)	1.0300	0.9900	1.0080	0.9700
每股经营现金净流量(元)	0.0140	-0.1106	-0.0233	0.0888
每股现金流量(元)	0.0369	0.0135	0.0170	-0.0341
每股资本公积金(元)	1.4284	1.4284	1.4284	1.4284
每股盈余公积金(元)	0.0330	0.0330	0.0330	0.0330
每股未分配利润(元)	-1.4303	-1.4690	-1.4540	-1.4963
净资产收益率(%)	3.7600	2.7451	4.1900	-34.6887
加权净资产收益率(%)	3.8300	2.7700	3.8700	-30.5300
净资产收益率(扣除)(%)	-	-	-	-
总资产(万元)	43017.67	43375.46	40889.81	42357.51
归属母公司股东权益(万元)	18294.48	17606.82	17874.18	17123.49
主营业务收入(万元)	5204.70	10447.94	4277.70	6259.89
营业收入(万元)	5588.20	10477.12	4297.08	6437.85
主营成本(万元)	1805.09	5177.63	2552.91	2888.32
营业成本(万元)	2013.21	5177.63	2552.91	3238.07
投资收益(万元)	162.91	-	-	-
净利润(万元)	679.72	438.96	692.30	-6028.78
利润总额(万元)	1050.44	873.02	692.30	-5911.03

中国中期投资股份有限公司

公司概况					
公司名称	中国中期投资股份有限公司			证券简称	中国中期
法人代表	姜新	董秘	徐朝武	证券代码	000996
公司网址	www.cifco996.com		电子信箱	000996@cifco.net.cn	
电　　话	010-82335682		传　　真	010-82335506	
办公地址	北京市朝阳区光华路 14 号中国中期大厦 A 座 6 层				
经营范围	期货经纪业、汽车服务业、物流服务业等				

主要财务指标 指标\报告期	2012.06.30	2011.12.31	2011.06.30	2010.12.31
基本每股收益(元)	0.0582	0.1379	0.0663	0.0622
基本每股收益(扣除后)(元)	0.0576	0.0933	0.0217	0.0407
每股净资产(元)	2.2000	2.1500	1.8700	1.8100
每股经营现金净流量(元)	-0.0360	-0.2159	-0.3037	0.4543
每股现金流量(元)	-0.0292	0.3244	0.3144	-1.1941
每股资本公积金(元)	0.8508	0.8508	0.6508	0.6508
每股盈余公积金(元)	0.1171	0.1171	0.1044	0.1044
每股未分配利润(元)	0.2369	0.1787	0.1198	0.0535
净资产收益率(%)	2.6400	6.4250	3.0900	3.4410
加权净资产收益率(%)	2.6800	6.9700	3.6000	3.5000
净资产收益率(扣除)(%)	-	-	-	-
总资产(万元)	54349.11	52917.82	48257.60	50065.02
归属母公司股东权益(万元)	50710.22	49371.33	43124.88	41599.23
主营业务收入(万元)	2804.41	8007.96	3453.11	8424.36
营业收入(万元)	2804.41	8007.96	3453.11	8207.57
主营成本(万元)	2340.66	6768.53	2825.60	6931.00
营业成本(万元)	2340.66	6768.53	4135.24	6931.00
投资收益(万元)	1802.60	3300.84	1248.11	2758.60
净利润(万元)	1338.88	3170.78	1525.64	1428.93
利润总额(万元)	1340.22	3185.70	1526.89	1434.54

福建新大陆电脑股份有限公司

公司概况					
公司名称	福建新大陆电脑股份有限公司			证券简称	新 大 陆
法人代表	胡钢	董秘	侯浩峰	证券代码	000997
公司网址	www.newlandcomputer.com		电子信箱	newlandzq@newlandcomputer.com	
电　　话	0591-83979997		传　　真	0591-83979997 83977666	
办公地址	福建省福州市马尾区儒江西路 1 号新大陆科技园				
经营范围	电子计算机及其外部设备、税控收款机的制造、销售、租赁等				

主要财务指标 指标\报告期	2012.06.30	2011.12.31	2011.06.30	2010.12.31
基本每股收益(元)	0.0900	0.1500	0.1000	0.1600
基本每股收益(扣除后)(元)	0.0800	0.1200	0.1000	0.1300
每股净资产(元)	2.7700	2.6800	2.6400	2.5300
每股经营现金净流量(元)	-0.2957	-0.3811	-0.2618	-0.1577
每股现金流量(元)	-0.0110	0.0869	0.0491	0.2220
每股资本公积金(元)	0.9571	0.9535	0.9523	0.9516
每股盈余公积金(元)	0.1793	0.1793	0.1539	0.1539
每股未分配利润(元)	0.6343	0.5437	0.5341	0.4170
净资产收益率(%)	3.2700	5.6170	3.9500	5.8720
加权净资产收益率(%)	3.3300	5.7900	4.0300	6.9700
净资产收益率(扣除)(%)	-	-	-	-
总资产(万元)	266728.51	244974.71	222603.83	192921.05
归属母公司股东权益(万元)	141516.81	136690.10	134764.51	128855.71
主营业务收入(万元)	51603.23	96857.05	50981.92	81316.67
营业收入(万元)	51977.75	97481.36	51290.09	81726.85
主营成本(万元)	5229.16	57333.83	29311.75	49771.82
营业成本(万元)	31297.98	57618.72	29409.77	49877.30
投资收益(万元)	83.50	699.92	489.08	668.06
净利润(万元)	5229.16	8761.02	6016.27	8899.71
利润总额(万元)	5642.07	10267.27	6893.82	9899.82

袁隆平农业高科技股份有限公司

公司概况					
公司名称	袁隆平农业高科技股份有限公司			证券简称	隆平高科
法人代表	伍跃时	董秘	陈志新	证券代码	000998
公司网址	www.lpht.com.cn		电子信箱	lpht@lpht.com.cn	
电　　话	0731-82181658 82183880		传　　真	0731-82183859 82183880	
办公地址	湖南省长沙市车站北路 459 号证券大厦 9 楼				
经营范围	以杂交水稻、蔬菜为主的高科技农作物种子、种苗的培育、繁殖、推广和销售等				

主要财务指标 指标\报告期	2012.06.30	2011.12.31	2011.06.30	2010.12.31
基本每股收益(元)	0.1880	0.4810	0.1900	0.2690
基本每股收益(扣除后)(元)	0.1770	0.5070	0.1940	0.2390
每股净资产(元)	2.7130	3.8720	3.6100	3.5700
每股经营现金净流量(元)	0.4001	0.7028	0.7184	0.5714
每股现金流量(元)	-0.1085	-0.1429	-0.0900	-0.2555
每股资本公积金(元)	0.8429	1.7489	1.7770	1.8742
每股盈余公积金(元)	0.1341	0.2011	0.1712	0.1712
每股未分配利润(元)	0.7413	0.9304	0.6687	0.5291
净资产收益率(%)	7.0200	12.4259	5.1700	7.5396
加权净资产收益率(%)	7.0200	13.0000	5.1700	7.7000
净资产收益率(扣除)(%)	-	-	-	-
总资产(万元)	276348.53	297861.17	228039.84	244194.81
归属母公司股东权益(万元)	112789.50	107340.79	100091.27	98948.02
主营业务收入(万元)	83251.17	154657.21	74913.11	127654.86
营业收入(万元)	83291.71	155226.92	75279.03	128039.66
主营成本(万元)	55904.70	99750.48	51409.64	90688.08
营业成本(万元)	55904.70	100254.74	51611.98	90789.15
投资收益(万元)	1646.46	2557.34	817.81	2494.55
净利润(万元)	14360.24	22763.43	10258.87	13474.07
利润总额(万元)	14388.40	22863.38	10328.15	14059.57

华润三九医药股份有限公司

公司概况						
	公司名称	华润三九医药股份有限公司			证券简称	华润三九
	法人代表	宋清	董秘	周辉	证券代码	000999
	公司网址	www.999.com.cn		电子信箱	000999@999.com.cn	
	电　　话	0755-83360999*3579		传　　真	0755-82118858	
	办公地址	广东省深圳市罗湖区银湖路口(北环大道 1026 号)				
	经营范围	药品的开发、生产、销售、相关技术开发、转让、服务等				

主要财务指标	指标\报告期	2012.06.30	2011.12.31	2011.06.30	2010.12.31
	基本每股收益(元)	0.5300	0.7800	0.4200	0.8300
	基本每股收益(扣除后)(元)	0.5200	0.7500	0.4100	0.7500
	每股净资产(元)	4.9300	4.6400	4.4100	4.5800
	每股经营现金净流量(元)	0.3862	0.9755	0.4468	0.8666
	每股现金流量(元)	-0.8787	0.2283	-0.1030	0.5855
	每股资本公积金(元)	1.2331	1.2331	1.3787	1.6523
	每股盈余公积金(元)	0.3101	0.3101	0.2678	0.2678
	每股未分配利润(元)	2.3945	2.1078	1.7662	1.6610
	净资产收益率(%)	10.6900	16.7320	8.9400	18.2110
	加权净资产收益率(%)	10.7000	17.3600	8.7400	21.0900
	净资产收益率(扣除)(%)	-	-	-	-
	总资产(万元)	770997.37	759903.63	618918.27	659041.51
	归属母公司股东权益(万元)	482512.95	454498.98	431575.53	448073.00
	主营业务收入(万元)	329518.88	550646.62	265768.78	434311.76
	营业收入(万元)	330494.69	552522.29	266729.36	436515.33
	主营成本(万元)	133690.32	225936.51	106825.11	167637.21
	营业成本(万元)	134163.88	226738.94	100035.81	168622.86
	投资收益(万元)	92.13	223.89	55.63	2722.60
	净利润(万元)	54423.48	81512.57	44081.48	85910.30
	利润总额(万元)	65184.90	94811.19	51485.84	103402.61

重庆宗申动力机械股份有限公司

公司概况						
	公司名称	重庆宗申动力机械股份有限公司			证券简称	宗申动力
	法人代表	左宗申	董秘	李建平	证券代码	001696
	公司网址	www.zsengine.com		电子信箱	cqzsdl@gmail.com	
	电　　话	023-66372632		传　　真	023-66372648	
	办公地址	重庆市巴南区宗申工业园				
	经营范围	开发、生产和销售各类摩托车发动机、通用动力机械及零配件等				

主要财务指标	指标\报告期	2012.06.30	2011.12.31	2011.06.30	2010.12.31
	基本每股收益(元)	0.1401	0.3350	0.1502	0.3380
	基本每股收益(扣除后)(元)	0.1385	0.3320	0.1459	0.3200
	每股净资产(元)	2.3100	1.9100	1.7400	1.9800
	每股经营现金净流量(元)	0.1501	0.0330	0.1765	0.1520
	每股现金流量(元)	-0.2759	0.6662	-0.0724	0.0406
	每股资本公积金(元)	0.6082	0.0122	0.0122	0.0122
	每股盈余公积金(元)	0.1592	0.1850	0.1495	0.1495
	每股未分配利润(元)	0.5574	0.7287	0.5915	0.8291
	净资产收益率(%)	5.6400	17.5280	9.3300	17.0440
	加权净资产收益率(%)	6.4800	17.8000	8.4200	18.5100
	净资产收益率(扣除)(%)	-	-	-	-
	总资产(万元)	425557.67	389153.95	352290.75	339770.87
	归属母公司股东权益(万元)	274412.23	195162.05	177773.94	202273.26
	主营业务收入(万元)	218393.34	459622.38	228663.71	395123.00
	营业收入(万元)	219071.37	460980.59	229223.65	396465.67
	主营成本(万元)	183255.31	386714.39	191931.77	329205.47
	营业成本(万元)	183759.19	387583.49	192302.43	329966.90
	投资收益(万元)	2503.06	910.19	160.45	296.46
	净利润(万元)	16280.40	36157.59	17732.90	36187.45
	利润总额(万元)	19037.25	41920.39	20655.13	42243.31

河南豫能控股股份有限公司

公司概况						
	公司名称	河南豫能控股股份有限公司			证券简称	豫能控股
	法人代表	张文杰	董秘	王璞	证券代码	001896
	公司网址	www.yuneng.com.cn		电子信箱	wangpu@yuneng.com.cn	
	电　　话	0371-69515111		传　　真	0371-69515114	
	办公地址	河南省郑州市农业路东 41 号投资大厦 B 座 8-12 层				
	经营范围	电力开发、生产和销售(国家专项规定的除外)、高新技术开发、推广及服务等				

主要财务指标	指标\报告期	2012.06.30	2011.12.31	2011.06.30	2010.12.31
	基本每股收益(元)	-0.1400	0.0262	-0.1700	0.0343
	基本每股收益(扣除后)(元)	-0.1400	0.0353	-0.1800	0.0500
	每股净资产(元)	0.7900	0.9300	0.7900	0.9700
	每股经营现金净流量(元)	0.8837	0.8863	0.6705	0.4947
	每股现金流量(元)	0.3468	0.0907	0.2607	-0.1171
	每股资本公积金(元)	2.0316	2.0316	2.0948	2.0948
	每股盈余公积金(元)	0.2294	0.2294	0.2294	0.2294
	每股未分配利润(元)	-2.4745	-2.3325	-2.5328	-2.3587
	净资产收益率(%)	-18.0600	2.8260	-22.0000	3.5496
	加权净资产收益率(%)	-16.5700	2.6800	-19.8200	2.5400
	净资产收益率(扣除)(%)	-	-	-	-
	总资产(万元)	560500.42	606580.36	645890.47	679548.95
	归属母公司股东权益(万元)	49023.28	57877.35	49330.98	60182.53
	主营业务收入(万元)	181526.06	435581.01	207554.60	417507.66
	营业收入(万元)	184071.80	441145.21	209702.07	423834.08
	主营成本(万元)	173944.81	394085.42	193009.38	379551.48
	营业成本(万元)	176757.41	401073.14	195270.34	384165.04
	投资收益(万元)	-	-4631.84	-6756.27	-5816.05
	净利润(万元)	-11179.11	2487.63	-9167.11	3064.79
	利润总额(万元)	-11163.50	2489.41	-9145.72	3406.95

浙江新和成股份有限公司

公司概况						
	公司名称	浙江新和成股份有限公司			证券简称	新 和 成
	法人代表	胡柏藩	董秘	石观群	证券代码	002001
	公司网址	www.cnhu.com		电子信箱	investor@cnhu.com	
	电　　话	0575-86125377 0571-87178965		传　　真	0571-87178963	
	办公地址	浙江省绍兴市新昌县羽林街道江北路 4 号				
	经营范围	有机化工产品及饲料添加剂的生产、销售等				

主要财务指标	指标\报告期	2012.06.30	2011.12.31	2011.06.30	2010.12.31
	基本每股收益(元)	0.7300	1.6000	0.8700	1.6100
	基本每股收益(扣除后)(元)	0.7800	1.5600	0.8700	1.6200
	每股净资产(元)	7.8900	7.7600	7.0300	6.6600
	每股经营现金净流量(元)	0.4677	1.7495	0.6914	1.7973
	每股现金流量(元)	-0.7710	0.7651	0.1761	2.2475
	每股资本公积金(元)	1.4855	1.4855	1.4855	1.4855
	每股盈余公积金(元)	0.4086	0.4086	0.3304	0.3304
	每股未分配利润(元)	5.0023	4.8730	4.2209	3.8472
	净资产收益率(%)	9.2400	20.6630	11.2500	22.7480
	加权净资产收益率(%)	9.2000	22.5000	12.6000	27.4000
	净资产收益率(扣除)(%)	-	-	-	-
	总资产(万元)	742219.01	715141.40	666505.20	615317.52
	归属母公司股东权益(万元)	572921.14	563521.01	510627.59	483599.30
	主营业务收入(万元)	187075.61	379218.79	202771.24	343644.40
	营业收入(万元)	187514.09	380399.17	203221.92	344526.36
	主营成本(万元)	99307.36	200372.58	108688.46	165283.38
	营业成本(万元)	99746.91	201210.79	108874.48	165923.43
	投资收益(万元)	790.66	3583.20	669.31	1624.66
	净利润(万元)	52938.07	116494.14	63418.85	115820.89
	利润总额(万元)	63540.87	135240.80	74165.50	132589.26

江苏金材科技股份有限公司

公司概况					
公司名称	江苏金材科技股份有限公司			证券简称	ST 金材
法人代表	周奕丰	董秘	李高	证券代码	002002
公司网址	www.goldenmaterial.com		电子信箱	lgdj_1979@126.com	
电　　话	0514-87270833		传　　真	0514-87270939	
办公地址	江苏省扬州市广陵区杭集镇曙光路				
经营范围	PVC 片材、板材、PE 薄膜、复合包装材料及其它新型包装材料、塑料等				

主要财务指标

指标\报告期	2012.06.30	2011.12.31	2011.06.30	2010.12.31
基本每股收益(元)	-0.0623	0.0195	-0.1143	-0.4083
基本每股收益(扣除后)(元)	-0.0620	-0.2568	-0.1144	-0.4169
每股净资产(元)	0.5096	0.5719	0.4189	0.5332
每股经营现金净流量(元)	0.0270	0.0989	-0.0026	0.0064
每股现金流量(元)	0.1708	-0.0009	-0.0177	-0.0106
每股资本公积金(元)	0.5882	0.5882	0.5690	0.5690
每股盈余公积金(元)	0.1204	0.1204	0.1204	0.1204
每股未分配利润(元)	-1.1990	-1.1367	-1.2705	-1.1562
净资产收益率(%)	-12.2300	3.4059	-27.2800	-76.5742
加权净资产收益率(%)	-11.5200	3.5700	-24.0100	-55.3700
净资产收益率(扣除)(%)	-	-	-	-
总资产(万元)	30083.07	25874.34	26442.19	28165.74
归属母公司股东权益(万元)	8505.32	9545.15	6991.46	8898.94
主营业务收入(万元)	7486.25	16607.34	8469.09	19928.02
营业收入(万元)	8993.88	18089.97	9415.30	20303.86
主营成本(万元)	7005.23	16445.33	8963.43	19966.75
营业成本(万元)	8488.87	17961.82	9837.41	20383.26
投资收益(万元)	-0.01	0.21	-	51.43
净利润(万元)	-1039.82	290.66	-1909.16	-6826.33
利润总额(万元)	-1039.82	290.66	-1909.16	-6826.33

浙江伟星实业发展股份有限公司

公司概况					
公司名称	浙江伟星实业发展股份有限公司			证券简称	伟星股份
法人代表	章卡鹏	董秘	谢瑾琨	证券代码	002003
公司网址	www.weixing.cn		电子信箱	002003@weixing.cn	
电　　话	0576-85125002		传　　真	0576-85126598	
办公地址	浙江省临海市花园工业区				
经营范围	钮扣、拉链、人造水晶钻及其他服饰辅料等				

主要财务指标

指标\报告期	2012.06.30	2011.12.31	2011.06.30	2010.12.31
基本每股收益(元)	0.3200	0.7800	0.4300	1.2400
基本每股收益(扣除后)(元)	0.3200	0.7800	0.4300	1.2100
每股净资产(元)	6.0400	6.4200	6.0600	5.6800
每股经营现金净流量(元)	0.3111	0.8674	-0.0979	1.3505
每股现金流量(元)	-0.0804	1.1482	0.5266	0.1321
每股资本公积金(元)	2.9462	2.9462	2.9462	2.1618
每股盈余公积金(元)	0.4235	0.4235	0.3517	0.4391
每股未分配利润(元)	1.6719	2.0524	1.7645	2.0812
净资产收益率(%)	5.2900	11.7946	6.5600	21.7281
加权净资产收益率(%)	4.8600	12.7700	7.0500	24.0700
净资产收益率(扣除)(%)	-	-	-	-
总资产(万元)	250385.81	230776.70	233099.54	179581.00
归属母公司股东权益(万元)	156469.29	166321.86	157009.54	117853.15
主营业务收入(万元)	84699.48	189053.98	89974.68	176551.04
营业收入(万元)	86281.23	193370.76	92105.93	182932.32
主营成本(万元)	55210.74	125095.67	58717.53	112741.58
营业成本(万元)	55893.68	126947.19	59832.78	115225.05
投资收益(万元)	0.10	-	-	-
净利润(万元)	8448.50	20048.85	10413.31	26157.57
利润总额(万元)	11046.50	25938.18	13693.74	33706.03

重庆华邦制药股份有限公司

公司概况					
公司名称	重庆华邦制药股份有限公司			证券简称	华邦制药
法人代表	张松山	董秘	彭云辉	证券代码	002004
公司网址	www.huapont.com.cn		电子信箱	huapont@163.com	
电　　话	023-67886900 67886985		传　　真	023-67886986	
办公地址	重庆市渝北区人和星光大道 69 号				
经营范围	药品研究、生物化学、试剂产品、精细化工产品开发及自销等				

主要财务指标

指标\报告期	2012.06.30	2011.12.31	2011.06.30	2010.12.31
基本每股收益(元)	0.6900	2.3100	0.2200	1.0000
基本每股收益(扣除后)(元)	0.4600	0.9200	0.2100	0.9000
每股净资产(元)	7.5900	14.2900	7.8400	7.3900
每股经营现金净流量(元)	0.0255	0.8074	0.2209	0.6048
每股现金流量(元)	-0.5805	2.2372	0.2403	-0.2470
每股资本公积金(元)	3.1296	7.2473	1.0384	1.0385
每股盈余公积金(元)	0.2804	0.5291	0.6396	0.5950
每股未分配利润(元)	3.1754	5.5112	5.1578	4.7566
净资产收益率(%)	9.0400	12.7570	2.4600	13.5360
加权净资产收益率(%)	9.2100	27.0600	5.8600	14.6100
净资产收益率(扣除)(%)	-	-	-	-
总资产(万元)	494668.11	418939.17	145879.65	135835.66
归属母公司股东权益(万元)	254101.58	239305.26	103434.22	97549.69
主营业务收入(万元)	179873.21	62466.20	29198.15	53065.86
营业收入(万元)	181108.41	63809.77	29198.15	54122.45
主营成本(万元)	135633.29	20644.47	10392.23	16432.51
营业成本(万元)	136300.31	21172.35	10615.97	17688.21
投资收益(万元)	1185.13	20681.63	2470.42	4745.69
净利润(万元)	25280.97	30843.44	6067.36	13517.98
利润总额(万元)	30324.31	32584.21	6818.43	15154.95

广东德豪润达电气股份有限公司

公司概况					
公司名称	广东德豪润达电气股份有限公司			证券简称	德豪润达
法人代表	王冬雷	董秘	邓飞	证券代码	002005
公司网址	www.electech.com.cn		电子信箱	002005dongmi@electech.com.cn	
电　　话	0756-3390188		传　　真	0756-3390238	
办公地址	广东省珠海市香洲区唐家湾镇金凤路 1 号				
经营范围	开发、生产家用电器、电机、电子、轻工产品、电动器具、自动按摩设备等				

主要财务指标

指标\报告期	2012.06.30	2011.12.31	2011.06.30	2010.12.31
基本每股收益(元)	0.1100	0.8100	0.2100	0.5600
基本每股收益(扣除后)(元)	-0.0060	0.2700	0.0010	-0.0040
每股净资产(元)	3.6700	5.5800	4.9600	4.9100
每股经营现金净流量(元)	-0.0904	-0.0577	-0.5783	0.7411
每股现金流量(元)	0.5000	-1.6279	-1.0296	2.1931
每股资本公积金(元)	1.9745	3.0297	3.0297	3.2005
每股盈余公积金(元)	0.0496	0.1198	0.0707	0.0707
每股未分配利润(元)	0.6340	1.3937	0.8427	0.6310
净资产收益率(%)	2.9000	14.5537	3.8000	8.2456
加权净资产收益率(%)	3.1900	15.2700	4.2200	19.3200
净资产收益率(扣除)(%)	-	-	-	-
总资产(万元)	803681.34	677098.25	588658.72	505618.05
归属母公司股东权益(万元)	428131.65	269557.52	239715.88	237368.13
主营业务收入(万元)	121212.41	303448.73	121940.22	247515.85
营业收入(万元)	122447.09	306548.07	123697.31	259529.38
主营成本(万元)	90628.67	234540.29	98212.07	204245.09
营业成本(万元)	91167.42	235125.91	99828.32	205359.27
投资收益(万元)	-36.22	-71.46	63.69	-45.57
净利润(万元)	12182.91	38491.38	9842.44	19092.68
利润总额(万元)	14920.10	45189.02	13254.09	26591.50

浙江精功科技股份有限公司

公司概况						
公司名称	浙江精功科技股份有限公司			证券简称	精功科技
法人代表	孙建江	董秘	黄伟明	证券代码	002006
公司网址	www.jgtec.com.cn		电子信箱	zjjgkj@jgtec.com.cn	
电　　话	0575-84138692		传　　真	0575-84886600	
办公地址	浙江省绍兴市绍兴柯桥经济开发区柯西工业区鉴湖路 1809 号				
经营范围	机电一体化的建筑、建材专用设备及轻纺专用设备等				

主要财务指标

指标\报告期	2012.06.30	2011.12.31	2011.06.30	2010.12.31
基本每股收益(元)	–0.0200	1.3500	0.5100	0.3200
基本每股收益(扣除后)(元)	–0.0300	1.3600	0.5000	0.2500
每股净资产(元)	2.6600	2.7400	7.0400	2.7900
每股经营现金净流量(元)	–0.2713	0.0082	–0.0958	1.5563
每股现金流量(元)	–0.0883	0.7271	1.5950	–0.1334
每股资本公积金(元)	0.5768	1.3652	3.7305	0.8905
每股盈余公积金(元)	0.1584	0.2376	0.1730	0.1823
每股未分配利润(元)	0.9249	1.5118	2.1345	0.7145
净资产收益率(%)	–0.6100	32.1730	17.7000	22.7180
加权净资产收益率(%)	–0.6100	46.5900	37.7000	25.3600
净资产收益率(扣除)(%)	–	–	–	–
总资产(万元)	249292.99	269562.08	249157.25	171474.06
归属母公司股东权益(万元)	121077.26	124851.81	106779.71	40136.72
主营业务收入(万元)	45913.37	234017.83	125187.06	96671.12
营业收入(万元)	46208.18	235136.13	125567.17	97468.66
主营成本(万元)	37193.90	158388.69	84321.77	73956.49
营业成本(万元)	37468.30	159420.83	84530.74	74522.83
投资收益(万元)	–201.51	–26.33	–16.27	1948.86
净利润(万元)	–1073.76	39383.96	21880.25	9654.54
利润总额(万元)	–592.73	47040.71	26765.22	10804.90

华兰生物工程股份有限公司

公司概况					
公司名称	华兰生物工程股份有限公司			证券简称	华兰生物
法人代表	安康	董秘	范蓓	证券代码	002007
公司网址	www.hualanbio.com		电子信箱	hualan@hualanbio.com	
电　　话	0373-3559989		传　　真	0373-3559991	
办公地址	河南省新乡市华兰大道甲 1 号				
经营范围	生产、销售自产的生物制品、血液制品				

主要财务指标

指标\报告期	2012.06.30	2011.12.31	2011.06.30	2010.12.31
基本每股收益(元)	0.3031	0.6434	0.3780	1.0627
基本每股收益(扣除后)(元)	0.2875	0.6239	0.3790	1.0416
每股净资产(元)	4.4100	4.1100	3.8400	3.7646
每股经营现金净流量(元)	0.2554	0.5830	0.0569	1.0578
每股现金流量(元)	–0.5470	–0.3428	–0.2975	0.6501
每股资本公积金(元)	0.5056	0.5056	0.5056	0.5056
每股盈余公积金(元)	0.3219	0.3219	0.2368	0.2368
每股未分配利润(元)	2.5836	2.2806	2.1002	2.0222
净资产收益率(%)	6.8700	15.6615	9.8400	28.2297
加权净资产收益率(%)	7.1100	16.3400	9.5600	32.0900
净资产收益率(扣除)(%)	–	–	–	–
总资产(万元)	304151.59	273493.64	263596.01	257584.55
归属母公司股东权益(万元)	254169.02	236706.64	221412.45	216920.86
主营业务收入(万元)	43729.90	96109.61	46983.78	126151.89
营业收入(万元)	43810.16	96139.59	46984.32	126162.07
主营成本(万元)	13193.29	28622.62	13433.59	29379.66
营业成本(万元)	13322.86	28625.48	13433.59	29411.06
投资收益(万元)	1171.94	726.07	87.51	–
净利润(万元)	19342.05	38552.88	22319.29	69526.83
利润总额(万元)	24779.29	46000.13	26562.07	81867.13

深圳市大族激光科技股份有限公司

公司概况					
公司名称	深圳市大族激光科技股份有限公司			证券简称	大族激光
法人代表	高云峰	董秘	杜永刚	证券代码	002008
公司网址	www.hanslaser.com		电子信箱	bsd@hanslaser.com	
电　　话	0755-86161340		传　　真	0755-86161327	
办公地址	广东省深圳市南山区深南大道 9988 号				
经营范围	激光加工、PCB、光伏、LED 封装等专用设备的研发、生产及销售等				

主要财务指标

指标\报告期	2012.06.30	2011.12.31	2011.06.30	2010.12.31
基本每股收益(元)	0.1596	0.5539	0.1785	0.3597
基本每股收益(扣除后)(元)	0.1484	0.3221	0.1692	0.2549
每股净资产(元)	2.6900	2.6900	2.4900	3.4500
每股经营现金净流量(元)	–0.0590	0.1068	–0.0914	0.3180
每股现金流量(元)	0.2860	0.1456	–0.1889	0.3071
每股资本公积金(元)	0.7231	0.6881	0.8532	1.5180
每股盈余公积金(元)	0.1297	0.1297	0.0818	0.1227
每股未分配利润(元)	0.8398	0.8803	0.5527	0.8113
净资产收益率(%)	5.9400	20.6110	7.1800	15.6550
加权净资产收益率(%)	5.7900	22.2300	7.2500	17.1400
净资产收益率(扣除)(%)	–	–	–	–
总资产(万元)	686921.95	606722.88	606950.57	544123.96
归属母公司股东权益(万元)	280713.64	280688.04	259632.06	239972.85
主营业务收入(万元)	163293.62	344542.19	160633.44	293624.42
营业收入(万元)	174233.63	362796.54	171958.79	310908.50
主营成本(万元)	96908.17	213893.48	96344.70	177873.57
营业成本(万元)	101000.93	220403.33	99964.76	183493.56
投资收益(万元)	–149.00	27886.34	–70.06	6289.90
净利润(万元)	16948.04	62490.75	21117.39	45139.11
利润总额(万元)	19167.29	71659.54	24676.84	50233.79

江苏天奇物流系统工程股份有限公司

公司概况					
公司名称	江苏天奇物流系统工程股份有限公司			证券简称	天奇股份
法人代表	白开军	董秘	费新毅	证券代码	002009
公司网址	www.chinaconveyor.com		电子信箱	zhangjn0906@163.com	
电　　话	0510-82720289		传　　真	0510-82720289	
办公地址	江苏省无锡市滨湖区环湖路 287 号—双虹园				
经营范围	物流机械设备、风电产业及房地产业等				

主要财务指标

指标\报告期	2012.06.30	2011.12.31	2011.06.30	2010.12.31
基本每股收益(元)	0.1500	0.1700	0.2200	0.3500
基本每股收益(扣除后)(元)	0.1300	0.0200	0.1500	0.3100
每股净资产(元)	2.5500	2.4100	2.4700	2.2500
每股经营现金净流量(元)	–0.5310	0.0377	0.3791	0.7303
每股现金流量(元)	–0.2444	0.1808	–0.0930	0.7613
每股资本公积金(元)	0.0257	0.0257	0.0365	0.0365
每股盈余公积金(元)	0.1679	0.1679	0.1468	0.1468
每股未分配利润(元)	1.3610	1.2152	1.2898	1.0686
净资产收益率(%)	5.8800	6.9670	9.3700	15.7250
加权净资产收益率(%)	5.8800	7.2000	9.3700	17.0700
净资产收益率(扣除)(%)	–	–	–	–
总资产(万元)	311023.87	301163.22	280511.34	254684.00
归属母公司股东权益(万元)	56460.17	53237.54	54657.77	49767.45
主营业务收入(万元)	75096.81	151727.78	65401.72	102681.13
营业收入(万元)	76515.77	154436.82	65756.64	107309.13
主营成本(万元)	57404.34	117761.76	48344.10	78552.74
营业成本(万元)	58490.32	118986.72	48575.87	82697.04
投资收益(万元)	284.89	1649.81	1616.99	252.97
净利润(万元)	2948.80	4102.45	5625.22	7981.37
利润总额(万元)	3985.25	6181.04	7142.10	9416.92

浙江传化股份有限公司

公司概况					
公司名称	浙江传化股份有限公司			证券简称	传化股份
法人代表	徐冠巨	董秘	朱江英	证券代码	002010
公司网址	www.transfarchem.com		电子信箱	zqb@etransfar.com	
电　　话	0571-82872991		传　　真	0571-82871858 83782070	
办公地址	浙江省杭州市萧山经济技术开发区				
经营范围	有机硅及有机氟精细化学品(不含危险品)、表面活性剂等				

主要财务指标

指标\报告期	2012.06.30	2011.12.31	2011.06.30	2010.12.31
基本每股收益(元)	0.1500	0.3100	0.1400	0.3200
基本每股收益(扣除后)(元)	0.1500	0.2900	0.1300	0.2900
每股净资产(元)	3.1600	3.0000	2.8200	5.4100
每股经营现金净流量(元)	0.1421	-0.3266	-0.1760	-0.4375
每股现金流量(元)	0.2383	-0.1694	-0.1216	0.7595
每股资本公积金(元)	0.5169	0.4642	0.4489	1.8978
每股盈余公积金(元)	0.1569	0.1569	0.1392	0.2783
每股未分配利润(元)	1.4819	1.3802	1.2296	2.2296
净资产收益率(%)	4.8100	10.2870	4.9600	10.8760
加权净资产收益率(%)	4.9400	10.8300	5.0500	14.2700
净资产收益率(扣除)(%)	-	-	-	-
总资产(万元)	256564.03	237867.09	214129.27	193536.31
归属母公司股东权益(万元)	153982.25	146450.05	137494.83	131894.92
主营业务收入(万元)	153236.73	286459.14	135744.68	226730.81
营业收入(万元)	155430.31	289437.89	137405.49	228123.16
主营成本(万元)	119878.70	230536.04	108055.48	178241.48
营业成本(万元)	121708.15	232883.57	109612.03	179505.48
投资收益(万元)	-64.11	-165.11	11.05	1221.75
净利润(万元)	8036.75	15914.30	7659.96	17588.71
利润总额(万元)	9745.40	18591.30	9441.90	21652.56

浙江盾安人工环境股份有限公司

公司概况					
公司名称	浙江盾安人工环境股份有限公司			证券简称	盾安环境
法人代表	周才良	董秘	何晓梅	证券代码	002011
公司网址	www.dunan.net		电子信箱	dazq@dunan.net	
电　　话	0571-87113798 87113776		传　　真	0571-87113775	
办公地址	浙江省杭州市滨江区西兴工业园区聚园路8号				
经营范围	制冷通用设备、家用电力器具部件、金属材料的制造、销售和服务等				

主要财务指标

指标\报告期	2012.06.30	2011.12.31	2011.06.30	2010.12.31
基本每股收益(元)	0.2399	0.3857	0.2406	0.2930
基本每股收益(扣除后)(元)	0.2031	0.3322	0.2155	0.2720
每股净资产(元)	3.6200	3.5300	2.5900	5.0300
每股经营现金净流量(元)	0.1955	0.5281	0.2001	0.7834
每股现金流量(元)	-0.4991	0.2075	-0.9749	1.7515
每股资本公积金(元)	1.6580	1.6064	0.6982	2.4046
每股盈余公积金(元)	0.1156	0.1156	0.0927	0.1853
每股未分配利润(元)	0.8534	0.8135	0.7998	1.4185
净资产收益率(%)	6.6300	9.9040	9.2800	11.6520
加权净资产收益率(%)	6.5300	14.2100	9.2500	11.5300
净资产收益率(扣除)(%)	-	-	-	-
总资产(万元)	845190.50	752252.40	585746.21	522171.20
归属母公司股东权益(万元)	303091.21	295834.44	193144.30	187246.31
主营业务收入(万元)	300833.95	476797.09	253113.91	347334.82
营业收入(万元)	315373.95	503746.24	261110.80	369521.92
主营成本(万元)	234550.63	372199.78	200900.35	270870.56
营业成本(万元)	249884.73	397163.80	207881.54	290726.11
投资收益(万元)	169.77	449.06	303.56	448.93
净利润(万元)	21683.57	29308.78	17093.88	28596.45
利润总额(万元)	26211.49	31227.19	18459.58	33157.20

浙江凯恩特种材料股份有限公司

公司概况					
公司名称	浙江凯恩特种材料股份有限公司			证券简称	凯恩股份
法人代表	计皓	董秘	田智强	证券代码	002012
公司网址	www.zjkan.com		电子信箱	kantzq@263.net	
电　　话	0578-8128682		传　　真	0578-8123717	
办公地址	浙江省丽水市遂昌县妙高镇凯恩路1008号				
经营范围	电子材料、纸及纸制品的制造、加工、销售、造纸原料、化工产品等				

主要财务指标

指标\报告期	2012.06.30	2011.12.31	2011.06.30	2010.12.31
基本每股收益(元)	0.2000	0.6000	0.3200	0.5400
基本每股收益(扣除后)(元)	0.1800	0.5800	0.3100	0.5200
每股净资产(元)	4.6200	4.5700	2.7400	2.4700
每股经营现金净流量(元)	0.0639	0.5821	0.3278	0.6568
每股现金流量(元)	-0.5101	1.7123	0.0874	0.0482
每股资本公积金(元)	2.1620	2.1105	0.2795	0.2320
每股盈余公积金(元)	0.2325	0.2325	0.2212	0.2212
每股未分配利润(元)	1.2224	1.2247	1.2399	1.0214
净资产收益率(%)	4.2800	11.0620	11.6200	21.9480
加权净资产收益率(%)	4.2800	20.6100	12.2100	24.6600
净资产收益率(扣除)(%)	-	-	-	-
总资产(万元)	165019.67	165753.04	124085.15	119175.79
归属母公司股东权益(万元)	107948.19	106799.16	53384.69	48202.57
主营业务收入(万元)	39850.56	94962.61	47006.18	79716.03
营业收入(万元)	39997.68	96175.10	47467.82	82004.74
主营成本(万元)	26100.37	61660.48	30213.24	52657.51
营业成本(万元)	26186.91	62634.46	30638.83	54607.97
投资收益(万元)	1.64	490.97	217.38	-
净利润(万元)	5142.38	13198.03	6873.79	11420.58
利润总额(万元)	5808.79	15194.86	8066.67	12568.91

湖北中航精机科技股份有限公司

公司概况					
公司名称	湖北中航精机科技股份有限公司			证券简称	中航精机
法人代表	王坚	董秘	张晓洁	证券代码	002013
公司网址	www.hapm.cn		电子信箱	zhangxj@hapm.cn	
电　　话	0710-3345045 3345433*8030		传　　真	0710-3345024	
办公地址	湖北省襄阳市高新区追日路8号				
经营范围	汽车座椅调角器及各类精冲制品、精冲模具的研究、设计、开发、制造和销售等				

主要财务指标

指标\报告期	2012.06.30	2011.12.31	2011.06.30	2010.12.31
基本每股收益(元)	0.0730	0.1800	0.0780	0.1600
基本每股收益(扣除后)(元)	0.0650	0.1400	0.0600	0.1500
每股净资产(元)	1.8600	2.3100	2.2200	2.7900
每股经营现金净流量(元)	0.1236	0.4042	0.0733	0.2308
每股现金流量(元)	0.0367	0.1451	-0.0844	-0.2037
每股资本公积金(元)	0.2936	0.6508	0.6508	1.1461
每股盈余公积金(元)	0.0856	0.1112	0.0944	0.1227
每股未分配利润(元)	0.4766	0.5443	0.4793	0.5214
净资产收益率(%)	3.9500	7.9390	4.3900	7.5480
加权净资产收益率(%)	4.0600	8.2300	4.6200	7.8200
净资产收益率(扣除)(%)	-	-	-	-
总资产(万元)	84018.02	79413.59	77341.23	70606.98
归属母公司股东权益(万元)	52397.40	50093.23	48314.93	46617.56
主营业务收入(万元)	29658.45	59315.47	31538.45	52923.64
营业收入(万元)	30067.71	60375.11	32051.07	53662.22
主营成本(万元)	24220.50	48994.33	25745.31	42941.77
营业成本(万元)	24240.96	49158.89	25797.34	43040.10
投资收益(万元)	-	406.01	406.01	-125.53
净利润(万元)	2067.84	4012.06	2201.10	3518.54
利润总额(万元)	2463.26	4553.87	2597.55	4011.66

黄山永新股份有限公司

公司概况						
公司名称	黄山永新股份有限公司			证券简称	永新股份	
法人代表	江继忠	董秘	方洲	证券代码	002014	
公司网址	www.novel.com.cn			电子信箱	novel@novel.com.cn	
电　话	0559-3517878 3514242			传　真	0559-3516357	
办公地址	安徽省黄山市徽州区徽州东路 188 号					
经营范围	生产经营真空镀膜、塑胶彩印复合软包装材料、生产和销售等					

主要财务指标：指标\报告期	2012.06.30	2011.12.31	2011.06.30	2010.12.31
基本每股收益(元)	0.4400	0.8100	0.3400	0.6700
基本每股收益(扣除后)(元)	0.3900	0.7400	0.3400	0.6000
每股净资产(元)	4.7200	4.6100	4.1400	5.3300
每股经营现金净流量(元)	0.1068	1.0785	0.1362	0.8912
每股现金流量(元)	-0.3972	0.2034	-0.6071	-0.0103
每股资本公积金(元)	1.6540	1.6506	1.6479	2.4381
每股盈余公积金(元)	0.4169	0.4232	0.3465	0.4504
每股未分配利润(元)	1.6534	1.5350	1.1434	1.4450
净资产收益率(%)	9.2400	17.5280	8.2000	16.1460
加权净资产收益率(%)	9.5300	18.9900	8.3400	17.2900
净资产收益率(扣除)(%)	-	-	-	-
总资产(万元)	127653.23	131373.97	108976.67	110393.86
归属母公司股东权益(万元)	87760.36	84347.91	75729.04	75086.61
主营业务收入(万元)	68328.01	148367.04	72188.28	124645.94
营业收入(万元)	70065.66	151308.61	74022.53	127639.22
主营成本(万元)	53753.12	120170.34	59001.57	101308.42
营业成本(万元)	54143.65	121064.53	59578.49	102529.28
投资收益(万元)	-	136.64	-57.75	65.98
净利润(万元)	8004.34	14779.25	6240.21	12207.68
利润总额(万元)	9518.32	17387.60	7324.29	14313.16

江苏霞客环保色纺股份有限公司

公司概况						
公司名称	江苏霞客环保色纺股份有限公司			证券简称	霞客环保	
法人代表	陈建忠	董秘	邓鹤庭	证券代码	002015	
公司网址	www.xiakehb.com			电子信箱	mazhendht2020@163.com	
电　话	0510-86526712 86520126			传　真	0510-86520112	
办公地址	江苏省江阴市徐霞客镇马镇东街 7 号					
经营范围	废弃聚酯的综合处理、有色聚酯纤维及色纺纱线的生产和销售等					

主要财务指标：指标\报告期	2012.06.30	2011.12.31	2011.06.30	2010.12.31
基本每股收益(元)	0.0800	0.1000	0.0800	0.0900
基本每股收益(扣除后)(元)	0.0700	0.0600	0.0700	0.0800
每股净资产(元)	3.1500	3.0700	3.0600	2.5300
每股经营现金净流量(元)	0.0479	0.2742	0.0286	1.1131
每股现金流量(元)	0.0590	-0.2990	0.2636	0.3949
每股资本公积金(元)	1.2654	1.2654	1.2654	0.6497
每股盈余公积金(元)	0.0729	0.0729	0.0700	0.0836
每股未分配利润(元)	0.8087	0.7309	0.7272	0.7981
净资产收益率(%)	2.4700	3.1491	2.4500	4.1105
加权净资产收益率(%)	2.5000	3.4100	2.8900	4.2000
净资产收益率(扣除)(%)	-	-	-	-
总资产(万元)	257225.99	233709.32	216694.32	180838.09
归属母公司股东权益(万元)	75509.97	73643.20	73485.46	50902.89
主营业务收入(万元)	82837.68	174225.61	83123.25	139336.28
营业收入(万元)	88053.96	185644.49	88332.34	154788.34
主营成本(万元)	75389.18	159572.33	75443.33	126657.77
营业成本(万元)	80421.32	170117.39	80452.89	141683.00
投资收益(万元)	-	-	-	-
净利润(万元)	2270.17	3103.86	2075.18	2756.56
利润总额(万元)	2761.70	4130.66	2589.26	3506.42

广东世荣兆业股份有限公司

公司概况						
公司名称	广东世荣兆业股份有限公司			证券简称	世荣兆业	
法人代表	梁家荣	董秘	郑泽涛	证券代码	002016	
公司网址	www.gdsrzy.com			电子信箱	shirongzhaoye@sohu.com	
电　话	0756-5888899			传　真	0756-5888882	
办公地址	广东省珠海市斗门区珠峰大道 288 号 1 区 17 号楼					
经营范围	房地产开发经营、房产租赁、建筑材料销售、日用品、电器、机械产品等					

主要财务指标：指标\报告期	2012.06.30	2011.12.31	2011.06.30	2010.12.31
基本每股收益(元)	0.0400	0.1800	0.0200	0.2000
基本每股收益(扣除后)(元)	0.0400	0.1800	0.0200	0.1900
每股净资产(元)	2.0800	2.0400	1.8700	1.8600
每股经营现金净流量(元)	-0.2615	-1.0595	-0.4962	0.7320
每股现金流量(元)	0.0431	0.0177	0.0990	-0.0116
每股资本公积金(元)	0.1332	0.1332	0.1333	0.1333
每股盈余公积金(元)	0.0204	0.0204	0.0204	0.0204
每股未分配利润(元)	0.9292	0.8872	0.7204	0.7033
净资产收益率(%)	2.0200	9.0120	0.9100	10.9830
加权净资产收益率(%)	2.0400	9.4400	0.9200	11.6200
净资产收益率(扣除)(%)	-	-	-	-
总资产(万元)	251839.33	245379.54	230480.27	191996.69
归属母公司股东权益(万元)	96119.82	94181.45	86486.91	85698.19
主营业务收入(万元)	12158.06	50662.56	16793.32	71688.51
营业收入(万元)	14869.74	54956.39	18883.08	71943.13
主营成本(万元)	5653.11	25123.46	9188.36	39829.79
营业成本(万元)	7708.79	28724.27	10997.46	40183.76
投资收益(万元)	2863.27	3161.18	-262.89	3109.02
净利润(万元)	3075.76	11808.45	1275.47	12960.64
利润总额(万元)	3469.91	14982.79	1964.43	17289.04

东信和平科技股份有限公司

公司概况						
公司名称	东信和平科技股份有限公司			证券简称	东信和平	
法人代表	周忠国	董秘	陈宗潮	证券代码	002017	
公司网址	www.eastcompeace.com			电子信箱	eastcompeace@eastcompeace.com	
电　话	0756-8682893			传　真	0756-8682166	
办公地址	广东省珠海市南屏科技工业园屏工中路 8 号					
经营范围	生产和销售移动通信用智能卡、非接触式智能卡及配套应用系统等					

主要财务指标：指标\报告期	2012.06.30	2011.12.31	2011.06.30	2010.12.31
基本每股收益(元)	0.0823	0.1625	0.0940	0.1643
基本每股收益(扣除后)(元)	0.0502	0.1448	0.0730	0.1100
每股净资产(元)	3.0300	2.9300	2.9000	3.3797
每股经营现金净流量(元)	-0.0651	0.4933	-0.2810	-0.4319
每股现金流量(元)	-0.3023	0.2477	-0.0673	-0.7286
每股资本公积金(元)	1.3763	1.3763	1.3763	1.6139
每股盈余公积金(元)	0.2328	0.2328	0.2136	0.2349
每股未分配利润(元)	0.4467	0.3645	0.3151	0.5432
净资产收益率(%)	2.7193	5.5420	3.2390	4.8618
加权净资产收益率(%)	2.7700	5.4300	3.0600	4.7900
净资产收益率(扣除)(%)	-	-	-	-
总资产(万元)	120006.15	118335.48	115377.15	103064.93
归属母公司股东权益(万元)	66093.64	64065.19	63373.43	67107.69
主营业务收入(万元)	50110.34	93186.57	43201.86	84448.57
营业收入(万元)	50174.97	93386.51	43407.26	85221.38
主营成本(万元)	36617.96	67384.98	31843.24	61548.40
营业成本(万元)	36623.90	67422.03	31940.41	62023.40
投资收益(万元)	-	-	-	-
净利润(万元)	1500.01	3304.45	2151.88	3345.91
利润总额(万元)	1817.82	4488.19	2714.63	4421.17

安徽华星化工股份有限公司

公司概况	公司名称	安徽华星化工股份有限公司			证券简称	华星化工
	法人代表	谢平	董秘	李辉	证券代码	002018
	公司网址	www.huaxingchem.com		电子信箱	lh@huaxingchem.com	
	电　话	0555-5962878 0551-5848155		传　真	0555-5962838 0551-5848151	
	办公地址	安徽省马鞍山市和县乌江镇				
	经营范围	农药(凭许可证经营)、化工产品(不含危险品)生产、销售等				

主要财务指标	指标\报告期	2012.06.30	2011.12.31	2011.06.30	2010.12.31
	基本每股收益(元)	-0.0200	0.0100	-0.0400	-0.4300
	基本每股收益(扣除后)(元)	-0.0200	-0.3000	-0.0700	-0.4700
	每股净资产(元)	2.0700	2.0700	2.0100	2.0200
	每股经营现金净流量(元)	0.2271	0.6807	-0.3322	-0.1460
	每股现金流量(元)	0.0550	0.1617	0.0296	-0.5610
	每股资本公积金(元)	0.3418	0.3418	0.3418	0.3418
	每股盈余公积金(元)	0.1685	0.1685	0.1685	0.1685
	每股未分配利润(元)	0.4159	0.4343	0.3824	0.4212
	净资产收益率(%)	-0.8900	0.6360	-1.9300	-21.4700
	加权净资产收益率(%)	-0.9000	0.6500	-1.9300	-19.5500
	净资产收益率(扣除)(%)	-	-	-	-
	总资产(万元)	166750.42	161138.62	165473.61	148114.61
	归属母公司股东权益(万元)	60764.52	60719.17	58921.50	59483.39
	主营业务收入(万元)	51047.07	89969.87	48451.70	85327.21
	营业收入(万元)	51606.18	90825.10	48803.98	85975.32
	主营成本(万元)	44707.83	84690.74	44574.83	83055.52
	营业成本(万元)	44914.24	85045.28	44700.92	83067.55
	投资收益(万元)	-101.41	-386.13	-128.06	-795.32
	净利润(万元)	-549.96	254.21	-1194.01	-12890.46
	利润总额(万元)	-549.95	254.33	-1194.01	-11615.44

浙江杭州鑫富药业股份有限公司

公司概况	公司名称	浙江杭州鑫富药业股份有限公司			证券简称	*ST 鑫富
	法人代表	过鑫富	董秘	周群林	证券代码	002019
	公司网址	www.xinfupharm.com		电子信箱	dsh@xinfupharm.com	
	电　话	0571-63807806 63759205		传　真	0571-63759225	
	办公地址	浙江省临安市锦城街道琴山 50 号				
	经营范围	食品添加剂、饲料添加剂的开发、生产、销售、药品生产等				

主要财务指标	指标\报告期	2012.06.30	2011.12.31	2011.06.30	2010.12.31
	基本每股收益(元)	0.1300	-1.0400	-0.0700	-0.9000
	基本每股收益(扣除后)(元)	-0.0300	-1.0200	-0.0800	-0.8600
	每股净资产(元)	2.2600	2.1200	3.0900	3.1600
	每股经营现金净流量(元)	0.0376	-0.2396	-0.0754	-0.1535
	每股现金流量(元)	-0.2030	-0.0828	-0.1038	-0.3286
	每股资本公积金(元)	1.5272	1.5272	1.5272	1.5272
	每股盈余公积金(元)	0.2321	0.2321	0.2321	0.2321
	每股未分配利润(元)	-0.5295	-0.6575	0.3153	0.3873
	净资产收益率(%)	5.8500	-49.3640	-2.3100	-28.4000
	加权净资产收益率(%)	5.8500	-39.6300	-2.3100	-24.6700
	净资产收益率(扣除)(%)	-	-	-	-
	总资产(万元)	105982.29	116625.10	127033.63	120142.86
	归属母公司股东权益(万元)	49811.22	46652.07	68049.93	69559.82
	主营业务收入(万元)	27824.46	48834.40	22946.43	37511.68
	营业收入(万元)	32163.85	49573.48	23482.16	37988.49
	主营成本(万元)	21376.78	37879.43	18070.35	27462.65
	营业成本(万元)	25128.32	38673.25	18202.25	28058.44
	投资收益(万元)	1224.69	-286.31	-171.59	-207.22
	净利润(万元)	2810.18	-23683.41	-1859.12	-20150.93
	利润总额(万元)	2861.93	-23617.39	-1826.68	-19465.03

浙江京新药业股份有限公司

公司概况	公司名称	浙江京新药业股份有限公司			证券简称	京新药业
	法人代表	吕钢	董秘	徐小明	证券代码	002020
	公司网址	www.jingxinpharm.com		电子信箱	stock@jingxinpharm.com	
	电　话	0575-86176531		传　真	0575-86096898	
	办公地址	浙江省绍兴市新昌县羽林街道新昌大道东路 800 号				
	经营范围	片剂(含头孢菌素类)、硬胶囊剂(含头孢菌素类)、颗粒剂等				

主要财务指标	指标\报告期	2012.06.30	2011.12.31	2011.06.30	2010.12.31
	基本每股收益(元)	0.1365	0.2760	0.1606	0.1270
	基本每股收益(扣除后)(元)	0.1214	0.2040	0.1481	0.1000
	每股净资产(元)	6.2012	6.0647	3.2717	3.1110
	每股经营现金净流量(元)	0.1935	0.5495	0.0425	0.5864
	每股现金流量(元)	-0.4992	2.0716	0.1482	-0.2495
	每股资本公积金(元)	4.1735	4.1735	1.2892	1.2892
	每股盈余公积金(元)	0.1527	0.1527	0.1710	0.1710
	每股未分配利润(元)	0.8750	0.7385	0.8115	0.6509
	净资产收益率(%)	2.2009	3.8010	4.9076	4.0820
	加权净资产收益率(%)	2.2253	7.2700	5.0311	4.1700
	净资产收益率(扣除)(%)	-	-	-	-
	总资产(万元)	125484.42	119255.85	98427.93	94914.65
	归属母公司股东权益(万元)	78340.85	76616.68	33224.29	31593.76
	主营业务收入(万元)	39977.73	67181.20	34889.04	59178.28
	营业收入(万元)	42019.62	70973.08	37745.57	63101.89
	主营成本(万元)	27890.81	49685.11	25922.38	41990.20
	营业成本(万元)	29255.48	52242.77	27884.31	44240.65
	投资收益(万元)	4.85	143.13	-	-
	净利润(万元)	1724.17	2911.95	1643.64	1296.02
	利润总额(万元)	2279.99	3669.82	1878.52	1443.21

中捷缝纫机股份有限公司

公司概况	公司名称	中捷缝纫机股份有限公司			证券简称	中捷股份
	法人代表	李瑞元	董秘	姚米娜	证券代码	002021
	公司网址	www.zoje.com		电子信箱	yaomina@zoje.com	
	电　话	0576-87338207 87378885		传　真	0576-87335536	
	办公地址	浙江省台州市玉环县大麦屿街道兴港东路 198 号				
	经营范围	工业缝纫机及其配件、铸件的生产、销售等				

主要财务指标	指标\报告期	2012.06.30	2011.12.31	2011.06.30	2010.12.31
	基本每股收益(元)	0.0200	0.1600	0.1100	0.1100
	基本每股收益(扣除后)(元)	0.0100	0.1500	0.1000	0.1000
	每股净资产(元)	1.6600	2.1700	2.1800	2.0200
	每股经营现金净流量(元)	0.0225	-0.1753	-0.1378	0.6044
	每股现金流量(元)	0.0028	-0.5837	-0.2696	0.0457
	每股资本公积金(元)	0.3012	0.6915	0.6915	0.6901
	每股盈余公积金(元)	0.0705	0.0917	0.0831	0.0831
	每股未分配利润(元)	0.3074	0.4019	0.3882	0.2506
	净资产收益率(%)	1.2900	7.4500	6.3200	5.6600
	加权净资产收益率(%)	1.2700	7.6900	6.5700	5.7900
	净资产收益率(扣除)(%)	-	-	-	-
	总资产(万元)	273092.50	261216.27	248793.78	234132.04
	归属母公司股东权益(万元)	94446.71	94875.50	95008.95	88408.05
	主营业务收入(万元)	48104.42	115636.32	64998.81	90346.04
	营业收入(万元)	48140.92	115651.72	65014.21	90370.04
	主营成本(万元)	39532.94	89958.00	50181.99	70817.20
	营业成本(万元)	39532.94	89958.00	50181.99	70826.08
	投资收益(万元)	1110.47	801.89	714.79	-136.09
	净利润(万元)	1303.55	7756.66	6218.53	5871.01
	利润总额(万元)	1504.11	8518.64	6338.22	6848.26

上海科华生物工程股份有限公司

公司概况	公司名称	上海科华生物工程股份有限公司			证券简称	科华生物
	法人代表	唐伟国	董秘	单莹	证券代码	002022
	公司网址	www.skhb.com		电子信箱	shkh@sh163.net	
	电　　话	021-64850088		传　　真	021-64851044	
	办公地址	上海市钦州北路 1189 号				
	经营范围	生化试剂、临床诊断试剂、医疗器械、兽用针剂、生化试剂检验用具等				

主要财务指标	指标\报告期	2012.06.30	2011.12.31	2011.06.30	2010.12.31
	基本每股收益(元)	0.2366	0.4606	0.2275	0.4576
	基本每股收益(扣除后)(元)	0.2278	0.4338	0.2117	0.3924
	每股净资产(元)	1.8247	1.9881	1.7600	1.8275
	每股经营现金净流量(元)	0.1833	0.4465	0.1003	0.4912
	每股现金流量(元)	-0.3757	0.0325	-0.2308	0.2098
	每股资本公积金(元)	0.0388	0.0388	0.0388	0.0388
	每股盈余公积金(元)	0.2459	0.2459	0.2048	0.2048
	每股未分配利润(元)	0.5400	0.7034	0.5115	0.5840
	净资产收益率(%)	12.9700	23.1690	12.9700	25.0390
	加权净资产收益率(%)	11.9900	24.4600	12.0300	27.4500
	净资产收益率(扣除)(%)	-	-	-	-
	总资产(万元)	108876.40	120175.32	104071.90	108691.58
	归属母公司股东权益(万元)	89825.17	97869.16	86396.42	89963.28
	主营业务收入(万元)	46146.29	87027.03	38687.51	77773.91
	营业收入(万元)	46320.12	87389.04	38867.61	78131.58
	主营成本(万元)	22926.94	42359.58	18499.91	35858.69
	营业成本(万元)	23003.70	42517.95	18569.83	35999.27
	投资收益(万元)	282.71	634.19	491.96	897.19
	净利润(万元)	12138.84	23607.48	11680.93	23591.32
	利润总额(万元)	14197.16	28439.88	13605.14	27708.60

四川海特高新技术股份有限公司

公司概况	公司名称	四川海特高新技术股份有限公司			证券简称	海特高新
	法人代表	李飚	董秘	郑德华	证券代码	002023
	公司网址	www.schtgx.com		电子信箱	htgx@schtgx.com	
	电　　话	028-85921029		传　　真	028-85921038	
	办公地址	四川省成都市高新区科园南路 1 号				
	经营范围	航空小型发动机维修、飞机机载无线电、仪表、电气设备的研制和维修等				

主要财务指标	指标\报告期	2012.06.30	2011.12.31	2011.06.30	2010.12.31
	基本每股收益(元)	0.1100	0.2100	0.1000	0.2000
	基本每股收益(扣除后)(元)	0.1100	0.1900	0.0900	0.1900
	每股净资产(元)	3.4000	3.4400	3.3300	3.2300
	每股经营现金净流量(元)	0.0999	0.2650	0.0772	0.1790
	每股现金流量(元)	-0.4192	0.1063	0.2373	0.6337
	每股资本公积金(元)	1.2565	1.2565	1.2565	1.2565
	每股盈余公积金(元)	0.1744	0.1744	0.1537	0.1537
	每股未分配利润(元)	0.9696	1.0084	0.9229	0.8221
	净资产收益率(%)	3.2700	6.0170	3.0200	6.1009
	加权净资产收益率(%)	3.1800	6.2000	3.0700	6.9200
	净资产收益率(扣除)(%)	-	-	-	-
	总资产(万元)	135986.56	140726.42	132544.43	121771.17
	归属母公司股东权益(万元)	100373.45	101517.19	98383.10	95409.32
	主营业务收入(万元)	12836.34	22509.34	10250.98	20033.79
	营业收入(万元)	13186.50	23235.92	10591.14	20759.74
	主营成本(万元)	5573.28	10323.55	4749.62	8496.64
	营业成本(万元)	5639.51	10446.44	4817.38	8652.22
	投资收益(万元)	463.64	726.06	464.09	485.19
	净利润(万元)	2979.99	5317.41	2741.43	5356.03
	利润总额(万元)	3618.69	6401.67	3235.42	6418.84

苏宁电器股份有限公司

公司概况	公司名称	苏宁电器股份有限公司			证券简称	苏宁电器
	法人代表	张近东	董秘	任峻	证券代码	002024
	公司网址	www.cnsuning.com		电子信箱	stock@cnsuning.com	
	电　　话	025-84418888-888122 888480		传　　真	025-84418888 888480	
	办公地址	江苏省南京市玄武区苏宁大道 1 号				
	经营范围	家用电器及消费类电子产品的销售和服务等				

主要财务指标	指标\报告期	2012.06.30	2011.12.31	2011.06.30	2010.12.31
	基本每股收益(元)	0.2507	0.6890	0.3537	0.5734
	基本每股收益(扣除后)(元)	0.2477	0.6609	0.3565	0.5760
	每股净资产(元)	3.2900	3.1900	2.8900	2.6200
	每股经营现金净流量(元)	-0.2648	0.9417	0.0388	0.5548
	每股现金流量(元)	-0.7044	0.1819	-0.2029	-0.2356
	每股资本公积金(元)	0.0720	0.0739	0.1061	0.0937
	每股盈余公积金(元)	0.1440	0.1440	0.1067	0.1067
	每股未分配利润(元)	2.0722	1.9715	1.6734	1.4197
	净资产收益率(%)	7.6200	21.5900	12.2500	21.8800
	加权净资产收益率(%)	7.6800	23.6800	12.7200	24.4800
	净资产收益率(扣除)(%)	-	-	-	-
	总资产(万元)	5647874.40	5978647.30	4661845.10	4390738.20
	归属母公司股东权益(万元)	2300612.30	2232833.40	2020214.00	1833818.90
	主营业务收入(万元)	4650719.60	9246537.70	4363926.10	7422745.70
	营业收入(万元)	4719106.70	9388858.00	4423115.90	7550473.90
	主营成本(万元)	3822753.90	7585560.90	3590451.00	6191581.70
	营业成本(万元)	3836577.90	7610465.60	3598497.10	6204071.20
	投资收益(万元)	53.00	15219.20	-3028.60	1062.50
	净利润(万元)	167937.30	488600.60	252858.90	410550.80
	利润总额(万元)	220356.40	647322.60	337032.20	540204.40

贵州航天电器股份有限公司

公司概况	公司名称	贵州航天电器股份有限公司			证券简称	航天电器
	法人代表	李权忠	董秘	张旺	证券代码	002025
	公司网址	www.gzhtdq.com.cn		电子信箱	zw@gzhtdq.com.cn	
	电　　话	0851-8697168 8697026		传　　真	0851-8697000	
	办公地址	贵州省贵阳市小河区红河路 7 号				
	经营范围	电器、电机、电源、仪器仪表、遥测遥控设备、伺服控制系统等的研制、生产和销售等				

主要财务指标	指标\报告期	2012.06.30	2011.12.31	2011.06.30	2010.12.31
	基本每股收益(元)	0.2400	0.4100	0.2100	0.3600
	基本每股收益(扣除后)(元)	0.2300	0.3400	0.2100	0.3300
	每股净资产(元)	4.3400	4.2000	4.0000	3.8900
	每股经营现金净流量(元)	-	-0.0580	-0.1362	0.3868
	每股现金流量(元)	-	-0.5336	-0.3853	-0.1138
	每股资本公积金(元)	1.2793	1.2793	1.2793	1.2793
	每股盈余公积金(元)	0.5035	0.5035	0.4353	0.4353
	每股未分配利润(元)	1.5616	1.4171	1.2861	1.1725
	净资产收益率(%)	5.6300	9.8300	5.0900	9.1600
	加权净资产收益率(%)	5.6600	10.2100	5.3500	9.4900
	净资产收益率(扣除)(%)	-	-	-	-
	总资产(万元)	211980.69	194552.42	198246.91	188374.24
	归属母公司股东权益(万元)	143364.23	138596.92	132024.26	128273.48
	主营业务收入(万元)	54678.10	82450.52	42543.17	65116.56
	营业收入(万元)	56364.60	86019.49	43440.79	67750.60
	主营成本(万元)	31050.57	46037.16	23395.32	34124.35
	营业成本(万元)	32476.30	49013.39	24251.17	36582.49
	投资收益(万元)	-	-	-	-
	净利润(万元)	8906.75	15188.82	8011.55	13048.85
	利润总额(万元)	10276.57	17642.27	9471.80	15513.58

山东威达机械股份有限公司

公司概况	公司名称	山东威达机械股份有限公司			证券简称	山东威达
	法人代表	杨桂模	董秘	宋战友	证券代码	002026
	公司网址	www.weidapeacock.com		电子信箱	weida@weidapeacock.com	
	电　话	0631-8549156		传　真	0631-8545388 8545018	
	办公地址	山东省文登市茼山镇中韩路2号				
	经营范围	钻夹头及配件的生产与销售等				

	指标\报告期	2012.06.30	2011.12.31	2011.06.30	2010.12.31
主要财务指标	基本每股收益(元)	0.1691	0.3700	0.1629	0.2600
	基本每股收益(扣除后)(元)	0.1737	0.3600	0.1628	0.2600
	每股净资产(元)	3.6100	3.4900	3.2900	4.1600
	每股经营现金净流量(元)	0.0615	0.0350	–0.2037	0.2584
	每股现金流量(元)	0.0115	–0.1042	–0.2897	–0.0972
	每股资本公积金(元)	1.1486	1.1486	1.1486	1.4932
	每股盈余公积金(元)	0.2612	0.2612	0.2262	0.2941
	每股未分配利润(元)	1.2010	1.0819	0.9145	1.3771
	净资产收益率(%)	4.6800	10.4610	4.9500	8.0360
	加权净资产收益率(%)	4.7400	10.9500	5.3300	8.3200
	净资产收益率(扣除)(%)	–	–	–	–
	总资产(万元)	86518.95	79991.26	75897.49	75336.17
	归属母公司股东权益(万元)	63369.77	61280.22	57727.99	56219.53
	主营业务收入(万元)	27646.18	58413.45	27144.54	43814.15
	营业收入(万元)	30602.40	63989.44	30238.70	48171.83
	主营成本(万元)	21413.41	45691.84	21665.74	34402.76
	营业成本(万元)	23723.20	49751.18	23976.00	37777.67
	投资收益(万元)	291.57	643.45	365.94	573.91
	净利润(万元)	2967.05	6410.69	2858.46	4518.03
	利润总额(万元)	3384.72	7289.26	3207.64	5145.86

七喜控股股份有限公司

公司概况	公司名称	七喜控股股份有限公司			证券简称	七喜控股
	法人代表	易贤忠	董秘	颜新元	证券代码	002027
	公司网址	www.hedy.com.cn		电子信箱	hedy@hedy.com.cn	
	电　话	020-82253358 82253777		传　真	020-82058236	
	办公地址	广东省广州市黄埔区云埔工业区埔南路63号				
	经营范围	研制、开发、生产、加工:计算机及配件、电子产品、通讯设备等				

	指标\报告期	2012.06.30	2011.12.31	2011.06.30	2010.12.31
主要财务指标	基本每股收益(元)	–0.0301	–0.1800	0.0063	0.0300
	基本每股收益(扣除后)(元)	–0.0422	–0.1600	0.0069	0.0200
	每股净资产(元)	1.9690	1.9990	2.1870	2.1800
	每股经营现金净流量(元)	–0.1682	–0.0387	–0.2348	0.1083
	每股现金流量(元)	–0.2019	–0.2477	–0.2562	–0.1628
	每股资本公积金(元)	0.2186	0.2186	0.2188	0.2188
	每股盈余公积金(元)	0.1609	0.1609	0.1609	0.1609
	每股未分配利润(元)	0.5894	0.6195	0.8070	0.8007
	净资产收益率(%)	–1.5300	–9.0620	0.2900	1.4710
	加权净资产收益率(%)	–1.3900	–8.6700	0.2700	1.4900
	净资产收益率(扣除)(%)	–	–	–	–
	总资产(万元)	82906.33	91978.47	97763.55	104294.39
	归属母公司股东权益(万元)	59526.86	60436.76	66113.13	65922.03
	主营业务收入(万元)	52561.76	126357.39	59464.29	163367.82
	营业收入(万元)	52838.97	127241.95	60039.24	164393.15
	主营成本(万元)	49228.44	118039.44	54212.92	152821.83
	营业成本(万元)	49228.44	118177.75	54216.33	152991.55
	投资收益(万元)	631.73	–307.46	412.28	392.48
	净利润(万元)	–954.60	–5476.19	194.09	984.09
	利润总额(万元)	–1027.68	–7046.49	260.16	1351.44

思源电气股份有限公司

公司概况	公司名称	思源电气股份有限公司			证券简称	思源电气
	法人代表	董增平	董秘	林凌	证券代码	002028
	公司网址	www.sieyuan.com		电子信箱	ir@sieyuan.com	
	电　话	021-61610958		传　真	021-61610959	
	办公地址	上海市闵行区华宁路3399号				
	经营范围	电力自动化保护设备、高压开关、高压互感器、电力电容器及电抗器等				

	指标\报告期	2012.06.30	2011.12.31	2011.06.30	2010.12.31
主要财务指标	基本每股收益(元)	0.1700	0.3500	0.1500	1.2600
	基本每股收益(扣除后)(元)	0.1300	0.2500	0.1100	0.5200
	每股净资产(元)	6.0900	6.0600	5.8800	6.6300
	每股经营现金净流量(元)	–0.9622	–0.2189	–0.8581	0.3850
	每股现金流量(元)	–1.4019	–1.1173	–1.7098	0.2419
	每股资本公积金(元)	0.6262	0.6593	0.6828	0.7830
	每股盈余公积金(元)	0.4008	0.4008	0.3644	0.3644
	每股未分配利润(元)	4.0627	3.9959	3.8284	4.4824
	净资产收益率(%)	2.7400	5.7770	2.4100	19.0173
	加权净资产收益率(%)	2.7600	5.6400	2.3900	20.8800
	净资产收益率(扣除)(%)	–	–	–	–
	总资产(万元)	374456.81	379192.55	349608.96	410608.10
	归属母公司股东权益(万元)	267751.29	266266.61	258340.30	291499.32
	主营业务收入(万元)	98097.89	195133.66	76704.78	186547.79
	营业收入(万元)	98676.97	196985.46	77464.98	187723.36
	主营成本(万元)	58559.11	123333.53	48712.07	109129.65
	营业成本(万元)	59076.69	124756.09	49421.49	109454.12
	投资收益(万元)	896.95	2786.67	1709.00	39562.46
	净利润(万元)	8235.17	16930.02	6960.96	58780.85
	利润总额(万元)	9630.97	19282.71	7722.89	71909.05

福建七匹狼实业股份有限公司

公司概况	公司名称	福建七匹狼实业股份有限公司			证券简称	七匹狼
	法人代表	周少雄	董秘	吴兴群	证券代码	002029
	公司网址	www.septwolves.com		电子信箱	zqb@septwolves.com	
	电　话	0595-85337739		传　真	0595-85337766	
	办公地址	福建省晋江市金井镇南工业区				
	经营范围	服装、服饰产品的设计、制造及销售等				

	指标\报告期	2012.06.30	2011.12.31	2011.06.30	2010.12.31
主要财务指标	基本每股收益(元)	0.5800	1.4600	0.4100	1.0000
	基本每股收益(扣除后)(元)	0.5500	1.3900	0.4000	0.9700
	每股净资产(元)	7.8100	6.9700	6.1000	5.6500
	每股经营现金净流量(元)	0.2674	0.8917	0.1450	0.9158
	每股现金流量(元)	3.4970	0.4181	0.0822	–1.5154
	每股资本公积金(元)	4.2234	2.0404	2.0073	1.9742
	每股盈余公积金(元)	0.3283	0.5833	0.3306	0.3306
	每股未分配利润(元)	2.2632	3.3511	2.7646	2.3464
	净资产收益率(%)	6.2600	20.8960	10.1300	17.7120
	加权净资产收益率(%)	11.8400	23.1600	10.4100	19.1200
	净资产收益率(扣除)(%)	–	–	–	–
	总资产(万元)	476271.06	319291.95	256826.41	249133.69
	归属母公司股东权益(万元)	392741.51	197318.00	172639.38	159871.74
	主营业务收入(万元)	137097.13	265182.71	108621.05	204186.47
	营业收入(万元)	148620.18	292058.45	119405.08	219775.66
	主营成本(万元)	76046.32	151186.75	63013.60	116683.52
	营业成本(万元)	84049.47	171750.88	71586.58	128357.85
	投资收益(万元)	1333.83	601.48	288.87	1233.94
	净利润(万元)	24566.07	41465.12	17333.65	28909.96
	利润总额(万元)	32812.26	48821.33	21998.45	33925.02

中山大学达安基因股份有限公司

公司概况	公司名称	中山大学达安基因股份有限公司			证券简称	达安基因
	法人代表	何蕴韶	董秘	张斌	证券代码	002030
	公司网址	www.daangene.com		电子信箱	zhangbin@daangene.com	
	电　　话	020-32290420		传　　真	020-32290231	
	办公地址	广东省广州市高新技术开发区科学城香山路 19 号				
	经营范围	研究体外诊断试剂及生物制品、食品药品、医疗设备.研究、开发、生产等				

指标＼报告期	2012.06.30	2011.12.31	2011.06.30	2010.12.31
基本每股收益(元)	0.0900	0.2000	0.0700	0.1600
基本每股收益(扣除后)(元)	0.0400	0.1300	0.0500	0.1000
每股净资产(元)	1.3000	1.4200	1.3000	1.4600
每股经营现金净流量(元)	-0.0449	0.1861	0.0665	0.2734
每股现金流量(元)	-0.0835	-0.0496	-0.0902	0.0372
每股资本公积金(元)	0.1061	0.0695	0.0611	0.1650
每股盈余公积金(元)	0.1087	0.1304	0.1128	0.1354
每股未分配利润(元)	0.0835	0.2162	0.1273	0.1571
净资产收益率(%)	7.0500	13.8540	6.9000	13.4070
加权净资产收益率(%)	7.4700	15.0000	7.1200	14.2800
净资产收益率(扣除)(%)	-	-	-	-
总资产(万元)	79436.89	78529.15	70754.96	67375.49
归属母公司股东权益(万元)	54009.32	49091.59	45078.93	42105.87
主营业务收入(万元)	26155.98	45671.93	20691.73	36996.76
营业收入(万元)	26155.98	45756.04	20691.73	36996.76
主营成本(万元)	10482.69	20433.65	9055.26	15287.66
营业成本(万元)	10482.69	20433.65	9055.26	15287.66
投资收益(万元)	1753.50	530.91	463.97	80.28
净利润(万元)	3974.83	6725.23	2961.03	5830.78
利润总额(万元)	4663.21	7885.52	3720.30	6987.49

广东巨轮模具股份有限公司

公司概况	公司名称	广东巨轮模具股份有限公司			证券简称	巨轮股份
	法人代表	吴潮忠	董秘	杨传楷	证券代码	002031
	公司网址	www.greatoo.com		电子信箱	greatoo@greatoo.com	
	电　　话	0663-3271838		传　　真	0663-3269266	
	办公地址	广东省揭阳市揭东经济开发区 5 号路中段				
	经营范围	汽车子午线轮胎模具、汽车子午线轮胎设备的制造等				

指标＼报告期	2012.06.30	2011.12.31	2011.06.30	2010.12.31
基本每股收益(元)	0.1052	0.3567	0.1304	0.2665
基本每股收益(扣除后)(元)	0.0997	0.3233	0.1233	0.2379
每股净资产(元)	3.1300	3.0300	2.6400	3.8300
每股经营现金净流量(元)	0.0901	0.2949	0.0097	0.2982
每股现金流量(元)	-0.5128	1.1506	0.0113	0.4259
每股资本公积金(元)	0.6638	0.5778	0.4034	1.1050
每股盈余公积金(元)	0.2140	0.2219	0.1863	0.2794
每股未分配利润(元)	1.2633	1.2431	1.0523	1.4430
净资产收益率(%)	3.3500	11.7550	4.3000	10.4430
加权净资产收益率(%)	3.3800	12.8300	4.9900	10.9400
净资产收益率(扣除)(%)	-	-	-	-
总资产(万元)	239531.07	239991.25	184892.25	170319.35
归属母公司股东权益(万元)	128966.29	120758.77	105127.32	101531.39
主营业务收入(万元)	29920.69	71351.16	33052.55	56701.38
营业收入(万元)	30415.98	72294.20	33577.73	56941.30
主营成本(万元)	18512.13	43206.69	21444.59	36087.43
营业成本(万元)	18580.03	43409.40	21546.20	36141.04
投资收益(万元)	-2.56	-	-	-
净利润(万元)	4328.17	14224.24	5195.24	10605.19
利润总额(万元)	4328.36	15977.90	6017.02	11974.50

浙江苏泊尔股份有限公司

公司概况	公司名称	浙江苏泊尔股份有限公司			证券简称	苏 泊 尔
	法人代表	苏显泽	董秘	叶继德	证券代码	002032
	公司网址	www.supor.com.cn		电子信箱	yjd@supor.com	
	电　　话	0571-86858778		传　　真	0571-86858678	
	办公地址	浙江省杭州市高新技术产业区江晖路 1772 号苏泊尔大厦 19 层				
	经营范围	厨房炊具和厨卫小家电、大家电、健康家电的研发、制造和销售等				

指标＼报告期	2012.06.30	2011.12.31	2011.06.30	2010.12.31
基本每股收益(元)	0.3500	0.8200	0.3600	0.7000
基本每股收益(扣除后)(元)	0.3400	0.7500	0.3500	0.6600
每股净资产(元)	4.4300	4.8000	4.3700	4.2600
每股经营现金净流量(元)	0.5544	0.3798	0.1214	0.2152
每股现金流量(元)	0.1232	-0.2709	-0.3423	-0.3246
每股资本公积金(元)	1.0213	1.2239	1.2239	1.2239
每股盈余公积金(元)	0.1380	0.1518	0.1248	0.1248
每股未分配利润(元)	2.3041	2.4533	2.0568	1.9364
净资产收益率(%)	7.8300	17.1800	8.3500	16.4170
加权净资产收益率(%)	7.8000	18.3800	9.0700	17.5800
净资产收益率(扣除)(%)	-	-	-	-
总资产(万元)	408939.22	439227.63	397101.30	393030.79
归属母公司股东权益(万元)	281136.24	276863.56	252324.80	246037.12
主营业务收入(万元)	330282.60	700118.60	341423.99	550985.21
营业收入(万元)	333799.14	712565.30	347846.08	562206.45
主营成本(万元)	233837.61	504915.15	243352.42	393166.63
营业成本(万元)	237321.00	517758.74	249667.68	405029.63
投资收益(万元)	-10.76	2029.48	458.21	1034.92
净利润(万元)	24176.02	52495.82	25345.42	44282.00
利润总额(万元)	29226.56	62014.24	30471.28	52391.93

丽江玉龙旅游股份有限公司

公司概况	公司名称	丽江玉龙旅游股份有限公司			证券简称	丽江旅游
	法人代表	和献中	董秘	杨宁	证券代码	002033
	公司网址	www.yulongtour.com		电子信箱	ljyn@vip.sina.com	
	电　　话	0888-5105981 5306320		传　　真	0888-5306333	
	办公地址	云南省丽江市古城区香格里大道 760 号丽江玉龙旅游大楼				
	经营范围	旅游索道及其他相关配套设施、对旅游、房地产等行业投资、建设等				

指标＼报告期	2012.06.30	2011.12.31	2011.06.30	2010.12.31
基本每股收益(元)	0.4000	0.7100	0.3300	0.2900
基本每股收益(扣除后)(元)	0.4000	0.4510	0.3300	0.1100
每股净资产(元)	4.9200	4.6700	4.1800	5.6800
每股经营现金净流量(元)	0.5428	1.6393	0.5008	0.7926
每股现金流量(元)	-0.3714	0.8264	0.2062	-0.8212
每股资本公积金(元)	1.6716	1.6716	1.7576	2.8479
每股盈余公积金(元)	0.3306	0.3581	0.3455	0.4491
每股未分配利润(元)	1.9131	1.8032	1.0792	1.3792
净资产收益率(%)	8.1100	15.3070	6.9800	6.8478
加权净资产收益率(%)	8.2300	16.2800	7.7600	7.4600
净资产收益率(扣除)(%)	-	-	-	-
总资产(万元)	124671.38	126740.52	95992.16	112464.03
归属母公司股东权益(万元)	80516.15	76446.85	63243.43	66027.21
主营业务收入(万元)	25467.01	53289.34	23232.20	36138.68
营业收入(万元)	26717.01	55528.61	24130.89	37356.58
主营成本(万元)	5731.65	12068.33	5082.89	8301.50
营业成本(万元)	6312.77	13178.63	3315.41	9037.61
投资收益(万元)	215.81	400.44	291.67	775.84
净利润(万元)	9638.53	17570.59	8036.52	8926.86
利润总额(万元)	11526.05	21013.94	9416.85	10274.60

浙江美欣达印染集团股份有限公司

公司概况					
公司名称	浙江美欣达印染集团股份有限公司			证券简称	美欣达
法人代表	芮勇	董秘	刘昭和	证券代码	002034
公司网址	www.mizuda.com			电子信箱	mxd@mizuda.net
电　话	0572-2619935 2619936			传　真	0572-2619937
办公地址	浙江省湖州市美欣达路588号				
经营范围	全棉灯芯绒、纱卡的印染及后整理等				

主要财务指标 指标\报告期	2012.06.30	2011.12.31	2011.06.30	2010.12.31
基本每股收益(元)	0.0300	0.9900	0.8300	0.1000
基本每股收益(扣除后)(元)	0.0200	0.1800	0.1500	0.0400
每股净资产(元)	5.8500	6.1200	5.9700	5.1400
每股经营现金净流量(元)	0.5800	0.9325	0.1602	0.2183
每股现金流量(元)	–0.2312	1.0085	0.5209	–0.3646
每股资本公积金(元)	2.8315	2.8315	2.8315	2.8315
每股盈余公积金(元)	0.3312	0.3312	0.2864	0.2864
每股未分配利润(元)	1.6855	1.9592	1.8520	1.0188
净资产收益率(%)	0.4500	16.0925	10.1300	1.8548
加权净资产收益率(%)	0.3200	17.5000	15.0000	1.8700
净资产收益率(扣除)(%)	–	–	–	–
总资产(万元)	149976.77	144694.46	146320.12	119405.33
归属母公司股东权益(万元)	47440.46	49660.94	48427.76	41669.23
主营业务收入(万元)	55557.60	118634.94	61401.57	117748.64
营业收入(万元)	58470.02	133315.25	63270.84	123734.90
主营成本(万元)	49206.48	101052.73	52409.22	101363.28
营业成本(万元)	51427.62	114787.06	53656.75	107176.90
投资收益(万元)	–	4.28	237.60	11.05
净利润(万元)	462.05	14137.74	13125.69	1687.11
利润总额(万元)	473.65	18309.78	16591.19	2401.49

中山华帝燃具股份有限公司

公司概况					
公司名称	中山华帝燃具股份有限公司			证券简称	华帝股份
法人代表	黄文枝	董秘	吴刚	证券代码	002035
公司网址	www.vatti.com.cn			电子信箱	wug@vatti.com.cn
电　话	0760-22139888*8611			传　真	0760-22139888*8613
办公地址	广东省中山市小榄镇工业大道南华园路1号				
经营范围	生产销售燃气具系列产品、太阳能及类似能源器具、家庭厨房用品等				

主要财务指标 指标\报告期	2012.06.30	2011.12.31	2011.06.30	2010.12.31
基本每股收益(元)	0.2560	0.6200	0.2260	0.5400
基本每股收益(扣除后)(元)	0.2340	0.5700	0.2070	0.4400
每股净资产(元)	2.2800	2.4300	2.0600	2.1100
每股经营现金净流量(元)	0.7685	0.4512	–0.0663	0.9810
每股现金流量(元)	0.4739	–0.2746	–0.5551	0.8792
每股资本公积金(元)	0.2673	0.2940	0.2940	0.2940
每股盈余公积金(元)	0.2577	0.2835	0.2169	0.2169
每股未分配利润(元)	0.7563	0.8501	0.5442	0.5951
净资产收益率(%)	11.2300	25.6100	12.1200	25.8300
加权净资产收益率(%)	11.2600	28.0500	11.1700	28.4700
净资产收益率(扣除)(%)	–	–	–	–
总资产(万元)	139772.00	123327.69	101257.08	107958.79
归属母公司股东权益(万元)	56037.47	54210.37	45890.85	47026.40
主营业务收入(万元)	114017.88	193055.79	84082.33	157462.51
营业收入(万元)	117645.16	203868.40	90683.71	163584.37
主营成本(万元)	74311.89	126029.73	53791.75	100942.01
营业成本(万元)	77146.56	135561.25	60443.29	105743.87
投资收益(万元)	10.92	3.66	0.43	4.13
净利润(万元)	6561.67	14285.38	5726.75	12358.64
利润总额(万元)	7908.27	16766.66	6810.35	14845.82

宁波宜科科技实业股份有限公司

公司概况					
公司名称	宁波宜科科技实业股份有限公司			证券简称	宜科科技
法人代表	张国君	董秘	穆泓	证券代码	002036
公司网址	www.yakgroup.com			电子信箱	hrm@yakgroup.com
电　话	0574-88251123 8219 8266			传　真	0574-88253567
办公地址	浙江省宁波市鄞州大道西段888号				
经营范围	服装辅料、服饰的研究、开发、制造、加工、服饰、服装辅料技术咨询等				

主要财务指标 指标\报告期	2012.06.30	2011.12.31	2011.06.30	2010.12.31
基本每股收益(元)	0.0400	0.0900	0.0400	0.0500
基本每股收益(扣除后)(元)	0.0200	0.0700	0.0200	0.0200
每股净资产(元)	1.6600	1.6200	1.5700	1.5900
每股经营现金净流量(元)	0.0389	0.2701	0.0777	–0.0014
每股现金流量(元)	–0.0346	0.0949	0.0908	–0.0230
每股资本公积金(元)	0.0938	0.0938	0.0938	0.0938
每股盈余公积金(元)	0.1285	0.1285	0.1249	0.1249
每股未分配利润(元)	0.4332	0.3983	0.3530	0.3699
净资产收益率(%)	2.4300	5.3420	2.3600	3.0690
加权净资产收益率(%)	2.4500	5.4100	2.3100	3.0000
净资产收益率(扣除)(%)	–	–	–	–
总资产(万元)	72086.70	73708.15	74131.22	66748.74
归属母公司股东权益(万元)	33481.87	32776.18	31788.97	32129.74
主营业务收入(万元)	17710.17	41523.85	20917.92	33145.92
营业收入(万元)	17971.71	42646.69	21502.56	33963.08
主营成本(万元)	14573.63	33176.07	16829.61	27958.84
营业成本(万元)	14775.35	34033.96	17274.95	28630.56
投资收益(万元)	4.41	70.91	18.41	881.71
净利润(万元)	847.54	2793.61	1474.79	1663.01
利润总额(万元)	1021.28	3439.37	1863.17	2090.32

贵州久联民爆器材发展股份有限公司

公司概况					
公司名称	贵州久联民爆器材发展股份有限公司			证券简称	久联发展
法人代表	周天爵	董秘	张曦	证券代码	002037
公司网址	www.jiulianfazhan.com			电子信箱	jiulianfz@163.com
电　话	0851-6790686 6751504			传　真	0851-6748121 6790686
办公地址	贵州省贵阳市宝山北路213号				
经营范围	民用爆破器材的研发、生产、销售、爆破工程施工及技术服务等				

主要财务指标 指标\报告期	2012.06.30	2011.12.31	2011.06.30	2010.12.31
基本每股收益(元)	0.4700	1.1600	0.4400	0.6500
基本每股收益(扣除后)(元)	0.4500	1.1900	0.4800	0.6400
每股净资产(元)	7.1900	4.7500	4.0200	3.7600
每股经营现金净流量(元)	–0.6388	0.4721	–0.2962	0.0663
每股现金流量(元)	2.3324	0.4256	–0.3093	0.5292
每股资本公积金(元)	3.6429	0.9958	0.9980	0.9957
每股盈余公积金(元)	0.4129	0.4129	0.3071	0.3071
每股未分配利润(元)	2.4532	2.1851	1.5747	1.3323
净资产收益率(%)	5.5000	24.4040	11.0100	17.2820
加权净资产收益率(%)	9.4600	27.6400	11.2900	18.8400
净资产收益率(扣除)(%)	–	–	–	–
总资产(万元)	367461.59	281408.03	233478.27	185067.57
归属母公司股东权益(万元)	147171.71	82141.12	69530.90	65101.70
主营业务收入(万元)	136374.49	241690.28	104625.61	155434.08
营业收入(万元)	136513.81	242332.96	105140.11	156021.19
主营成本(万元)	106329.58	173631.63	76726.64	107636.59
营业成本(万元)	106362.36	174035.40	76817.61	108015.64
投资收益(万元)	103.33	238.62	9.00	236.60
净利润(万元)	10139.22	24916.08	9239.21	15865.53
利润总额(万元)	13487.27	32783.93	11981.69	20750.66

北京双鹭药业股份有限公司

公司概况	公司名称	北京双鹭药业股份有限公司			证券简称	双鹭药业
	法人代表	徐明波	董秘	梁淑洁	证券代码	002038
	公司网址	www.slpharm.com.cn		电子信箱	lsj268@vip.sina.com	
	电　　话	010-88627635		传　　真	010-88795883	
	办公地址	北京市海淀区阜石路 69 号碧桐园 1 号楼				
	经营范围	生产片剂、硬胶囊剂、颗粒剂、软胶囊剂、滴丸剂、冻干粉针剂等				

主要财务指标	指标＼报告期	2012.06.30	2011.12.31	2011.06.30	2010.12.31
	基本每股收益(元)	0.5857	1.3765	0.9205	0.7219
	基本每股收益(扣除后)(元)	0.5682	0.8694	0.3834	0.6432
	每股净资产(元)	4.8800	4.2700	3.8500	4.7100
	每股经营现金净流量(元)	0.4941	0.6005	0.2797	0.9413
	每股现金流量(元)	-0.1263	0.3333	0.0625	0.1098
	每股资本公积金(元)	-0.0241	-0.0514	-0.0153	0.1538
	每股盈余公积金(元)	0.3790	0.3790	0.2493	0.3751
	每股未分配利润(元)	3.5238	2.9381	2.6112	3.1780
	净资产收益率(%)	12.0000	32.2260	23.8800	22.9030
	加权净资产收益率(%)	12.8500	37.4600	26.0900	25.4200
	净资产收益率(扣除)(%)	-	-	-	-
	总资产(万元)	199857.63	173614.10	155825.42	124857.29
	归属母公司股东权益(万元)	185732.92	162397.88	146386.18	119075.15
	主营业务收入(万元)	38910.44	59989.15	26731.42	44671.79
	营业收入(万元)	40086.85	62277.22	27954.12	45784.20
	主营成本(万元)	11074.47	14957.21	6323.14	10414.65
	营业成本(万元)	11384.38	15311.45	6488.69	10674.16
	投资收益(万元)	1350.47	22330.18	23073.43	2628.06
	净利润(万元)	22457.04	52439.09	34990.24	27638.55
	利润总额(万元)	26033.51	60445.20	40204.90	31955.33

贵州黔源电力股份有限公司

公司概况	公司名称	贵州黔源电力股份有限公司			证券简称	黔源电力
	法人代表	王文琦	董秘	刘明达	证券代码	002039
	公司网址	www.gzqydl.cn		电子信箱	qydl@gzqydl.cn	
	电　　话	0851-5218803 5218942		传　　真	0851-5218925 5218903	
	办公地址	贵州省贵阳市都司高架桥路 46 号黔源大厦				
	经营范围	开发、经营水、火电站及其他电力工程等				

主要财务指标	指标＼报告期	2012.06.30	2011.12.31	2011.06.30	2010.12.31
	基本每股收益(元)	-0.1252	-0.4142	0.0750	0.4647
	基本每股收益(扣除后)(元)	-0.1252	-0.5223	0.0755	0.2373
	每股净资产(元)	7.6437	7.7690	8.2582	8.3499
	每股经营现金净流量(元)	1.2547	4.6480	2.7688	8.5695
	每股现金流量(元)	-0.4590	-4.1951	-2.4832	5.8676
	每股资本公积金(元)	6.0167	6.0167	6.0167	8.7340
	每股盈余公积金(元)	0.3587	0.3587	0.3363	0.4882
	每股未分配利润(元)	0.2684	0.3936	0.9052	1.4471
	净资产收益率(%)	-1.6400	-5.3320	0.9700	3.8340
	加权净资产收益率(%)	-1.6300	-5.1600	0.9000	10.5700
	净资产收益率(扣除)(%)	-	-	-	-
	总资产(万元)	1599240.01	1550826.46	1557267.81	1594341.99
	归属母公司股东权益(万元)	155625.84	158175.66	168136.87	170003.39
	主营业务收入(万元)	61349.95	95874.49	64171.95	142773.82
	营业收入(万元)	62122.96	97687.30	65196.19	144565.86
	主营成本(万元)	27578.80	47469.54	28523.54	69591.82
	营业成本(万元)	27779.28	47806.08	28660.99	69862.07
	投资收益(万元)	-	78.00	-	54.00
	净利润(万元)	-3603.81	-12052.76	4261.90	13948.66
	利润总额(万元)	-3818.29	-11965.94	4240.40	14650.61

南京港股份有限公司

公司概况	公司名称	南京港股份有限公司			证券简称	南 京 港
	法人代表	章俊	董秘	胡世海	证券代码	002040
	公司网址	www.nj-port.com		电子信箱	gfgs@nj-port.com	
	电　　话	025-58582085 58582089		传　　真	025-58812758	
	办公地址	江苏省南京市下关区江边路 19 号				
	经营范围	原油、成品油、液体化工产品的装卸、仓储服务、场地租赁、货物装卸等				

主要财务指标	指标＼报告期	2012.06.30	2011.12.31	2011.06.30	2010.12.31
	基本每股收益(元)	0.0902	0.1501	0.0856	0.0996
	基本每股收益(扣除后)(元)	0.0854	0.1504	0.0856	0.0984
	每股净资产(元)	2.4100	2.3500	2.3100	2.2200
	每股经营现金净流量(元)	0.1225	0.0953	0.1032	0.2006
	每股现金流量(元)	-0.0548	0.0887	0.0466	-0.0373
	每股资本公积金(元)	0.7433	0.7433	0.7433	0.7433
	每股盈余公积金(元)	0.1937	0.1865	0.1861	0.1741
	每股未分配利润(元)	0.4773	0.4243	0.3802	0.3067
	净资产收益率(%)	3.7300	6.3760	3.7100	4.4800
	加权净资产收益率(%)	3.7600	6.5500	3.6900	4.4300
	净资产收益率(扣除)(%)	-	-	-	-
	总资产(万元)	97608.53	95973.77	92813.74	90843.31
	归属母公司股东权益(万元)	59359.73	57880.70	56785.95	54681.83
	主营业务收入(万元)	8646.05	16135.82	8447.91	14886.23
	营业收入(万元)	8735.72	16306.85	8504.45	14988.10
	主营成本(万元)	4508.45	8715.18	4253.68	8276.11
	营业成本(万元)	4508.45	8715.18	4253.68	8276.11
	投资收益(万元)	1303.81	2382.10	955.26	1571.51
	净利润(万元)	2514.94	4098.35	2369.03	2791.07
	利润总额(万元)	2776.61	4331.32	2619.53	3008.27

山东登海种业股份有限公司

公司概况	公司名称	山东登海种业股份有限公司			证券简称	登海种业
	法人代表	李登海	董秘	原绍刚	证券代码	002041
	公司网址	www.denghai.com		电子信箱	denghai@denghai.com	
	电　　话	0535-2788889 2788926		传　　真	0535-2788875	
	办公地址	山东省莱州市城山路农科院南邻				
	经营范围	农作物新品种的选育、生产、分装、销售等				

主要财务指标	指标＼报告期	2012.06.30	2011.12.31	2011.06.30	2010.12.31
	基本每股收益(元)	0.1963	0.6597	0.2723	0.5930
	基本每股收益(扣除后)(元)	0.1934	0.6656	0.2685	0.6314
	每股净资产(元)	3.3100	3.2100	2.8200	5.3000
	每股经营现金净流量(元)	0.2229	0.3416	-0.1122	2.3081
	每股现金流量(元)	-0.1010	0.0161	-0.3133	1.7670
	每股资本公积金(元)	0.1833	0.1833	0.1833	1.3666
	每股盈余公积金(元)	0.1648	0.1648	0.1529	0.3058
	每股未分配利润(元)	1.9594	1.8631	1.4876	2.6306
	净资产收益率(%)	5.9400	20.5440	9.6400	22.3660
	加权净资产收益率(%)	5.9600	22.5700	9.8300	24.7400
	净资产收益率(扣除)(%)	-	-	-	-
	总资产(万元)	233782.33	228762.21	180179.72	195262.28
	归属母公司股东权益(万元)	116424.82	113033.51	99397.17	93331.40
	主营业务收入(万元)	31985.03	114505.17	40345.02	93083.95
	营业收入(万元)	32062.39	115298.88	40447.98	93780.35
	主营成本(万元)	14088.29	47438.79	17065.31	31585.19
	营业成本(万元)	14157.71	48259.24	17174.71	32149.99
	投资收益(万元)	-	-	-	-
	净利润(万元)	8953.98	41275.48	14901.85	38452.47
	利润总额(万元)	9459.16	41808.84	15158.21	38814.58

华孚色纺股份有限公司

公司概况						
公司名称	华孚色纺股份有限公司			证券简称	华孚色纺
法人代表	孙伟挺	董秘	宋晨凌	证券代码	002042
公司网址	www.e-huafu.com		电子信箱	hfscl@e-huafu.com	
电话	0755-83735542 83735593		传真	0755-83735585	
办公地址	广东省深圳市福田区滨河大道 5022 号联合广场 B 座 14 楼				
经营范围	纤维、纱线、面料等纺织品、印染品的制造、进出口贸易等				

主要财务指标

指标\报告期	2012.06.30	2011.12.31	2011.06.30	2010.12.31
基本每股收益(元)	0.0600	0.7300	0.2900	0.7800
基本每股收益(扣除后)(元)	0.0002	0.7000	0.2700	0.6600
每股净资产(元)	3.5800	3.5900	10.0800	9.3900
每股经营现金净流量(元)	0.1313	−2.0356	−0.2949	0.9302
每股现金流量(元)	−0.4558	−0.8260	−0.6378	4.2552
每股资本公积金(元)	1.2030	2.2883	5.5269	5.5269
每股盈余公积金(元)	0.0894	0.1046	0.1877	0.1812
每股未分配利润(元)	1.2509	1.9135	3.2518	2.5895
净资产收益率(%)	1.7200	13.6260	8.6200	14.2400
加权净资产收益率(%)	1.7000	14.6500	8.8400	24.6600
净资产收益率(扣除)(%)	–	–	–	–
总资产(万元)	815130.41	748852.32	659836.68	597304.58
归属母公司股东权益(万元)	298317.94	298673.83	279855.06	260667.50
主营业务收入(万元)	273446.66	492995.86	269516.37	468573.45
营业收入(万元)	279157.66	510723.53	281528.25	478310.54
主营成本(万元)	242311.80	405779.07	222989.89	383792.16
营业成本(万元)	243975.64	409333.40	225500.29	383984.96
投资收益(万元)	165.68	1574.24	762.88	4315.52
净利润(万元)	6220.95	39552.93	24289.26	37592.72
利润总额(万元)	9318.63	51333.62	31512.19	45735.09

德华兔宝宝装饰新材股份有限公司

公司概况						
公司名称	德华兔宝宝装饰新材股份有限公司			证券简称	兔宝宝
法人代表	丁鸿敏	董秘	徐俊	证券代码	002043
公司网址	www.dhwooden.com		电子信箱	dehua_ss@dhwooden.com	
电话	0572-8405322 0572-8405635		传真	0572-8822225	
办公地址	浙江省湖州市德清县武康镇临溪街 588 号				
经营范围	人造板、装饰贴面板、木质地板、其他木制品及化工产品等				

主要财务指标

指标\报告期	2012.06.30	2011.12.31	2011.06.30	2010.12.31
基本每股收益(元)	0.0200	0.1400	0.0600	0.1900
基本每股收益(扣除后)(元)	0.0200	0.0900	0.0500	0.1400
每股净资产(元)	1.5700	3.1700	2.4900	2.7700
每股经营现金净流量(元)	0.1038	0.4352	0.2012	0.0210
每股现金流量(元)	−0.0359	0.2660	0.1492	−0.1885
每股资本公积金(元)	0.1630	1.3044	0.4854	0.8098
每股盈余公积金(元)	0.0650	0.1300	0.1522	0.1522
每股未分配利润(元)	0.3398	0.7107	0.8500	0.8078
净资产收益率(%)	1.5600	3.7150	2.9200	6.8110
加权净资产收益率(%)	1.5400	4.6200	4.1200	6.9900
净资产收益率(扣除)(%)	–	–	–	–
总资产(万元)	93358.15	98493.76	90632.97	98047.66
归属母公司股东权益(万元)	73632.55	75550.98	45493.05	50678.91
主营业务收入(万元)	47199.74	113646.08	57634.77	109166.16
营业收入(万元)	49335.16	115776.55	59137.82	110997.70
主营成本(万元)	39909.73	96575.92	48596.37	92812.96
营业成本(万元)	40379.10	97511.98	47755.86	94342.86
投资收益(万元)	−104.31	−208.62	−104.31	−208.62
净利润(万元)	1144.42	3127.87	2461.70	3680.87
利润总额(万元)	1461.67	3445.40	2736.18	4654.38

江苏三友集团股份有限公司

公司概况						
公司名称	江苏三友集团股份有限公司			证券简称	江苏三友
法人代表	葛秋	董秘	陈坚	证券代码	002044
公司网址	www.sanyougroup.com		电子信箱	chenjian@sanyougroup.com	
电话	0513-85238163		传真	0513-85238129	
办公地址	江苏省南通市人民东路 218 号				
经营范围	设计、生产、销售各式服装、服饰及原辅材料、纺织服装类产品的科技开发等				

主要财务指标

指标\报告期	2012.06.30	2011.12.31	2011.06.30	2010.12.31
基本每股收益(元)	0.0430	0.2600	0.0340	0.1000
基本每股收益(扣除后)(元)	0.0430	0.2500	0.0330	0.1000
每股净资产(元)	1.6300	1.6900	1.4600	2.0200
每股经营现金净流量(元)	−0.1953	0.2828	−0.0624	0.0455
每股现金流量(元)	−0.2109	0.0408	−0.2172	−0.4156
每股资本公积金(元)	0.0032	0.0032	0.0032	0.3844
每股盈余公积金(元)	0.2887	0.2887	0.2226	0.3072
每股未分配利润(元)	0.3396	0.3968	0.2344	0.3263
净资产收益率(%)	2.6200	15.5590	2.3400	7.0792
加权净资产收益率(%)	2.5000	16.7100	2.3200	7.1900
净资产收益率(扣除)(%)	–	–	–	–
总资产(万元)	57335.77	56644.19	50008.51	43014.27
归属母公司股东权益(万元)	36586.12	37869.98	32744.19	32790.46
主营业务收入(万元)	24509.87	76447.37	30285.46	55194.56
营业收入(万元)	24705.76	77635.91	30491.40	55431.70
主营成本(万元)	20917.89	63584.19	27000.47	48673.43
营业成本(万元)	20948.12	64341.94	27029.16	48724.51
投资收益(万元)	2.21	2.88	2.01	0.52
净利润(万元)	834.38	5832.48	750.47	2437.60
利润总额(万元)	1326.55	7902.03	1109.74	3238.72

国光电器股份有限公司

公司概况						
公司名称	国光电器股份有限公司			证券简称	国光电器
法人代表	周海昌	董秘	凌勤	证券代码	002045
公司网址	www.ggec.com.cn		电子信箱	linda@ggec.com.cn	
电话	020-28609688		传真	020-28609396	
办公地址	广东省广州市花都区新华街镜湖大道 8 号				
经营范围	研发、生产、销售电子元件、电声器件和音响设备、音箱、电脑配件等				

主要财务指标

指标\报告期	2012.06.30	2011.12.31	2011.06.30	2010.12.31
基本每股收益(元)	−0.3300	0.2100	0.1000	0.2800
基本每股收益(扣除后)(元)	−0.3200	0.1700	0.0900	0.2300
每股净资产(元)	2.9700	3.3700	3.2700	4.8700
每股经营现金净流量(元)	0.0982	0.3952	0.0166	−0.7607
每股现金流量(元)	0.1423	−0.0068	0.0004	0.7734
每股资本公积金(元)	0.9871	0.9871	0.9874	1.9803
每股盈余公积金(元)	0.2330	0.2281	0.2154	0.3101
每股未分配利润(元)	0.7392	1.1509	1.0564	1.5620
净资产收益率(%)	−11.0200	6.2560	3.1700	8.5370
加权净资产收益率(%)	−10.1900	6.3900	3.1700	9.7300
净资产收益率(扣除)(%)	–	–	–	–
总资产(万元)	254475.45	278872.16	288157.48	272572.58
归属母公司股东权益(万元)	123613.84	140565.18	136198.40	135234.12
主营业务收入(万元)	77696.59	210581.30	92781.31	172078.86
营业收入(万元)	80238.79	215438.64	94739.20	175739.81
主营成本(万元)	62626.44	170914.82	76636.28	140660.23
营业成本(万元)	64052.88	175638.23	77467.49	142356.05
投资收益(万元)	−949.19	1113.43	923.72	1190.14
净利润(万元)	−13875.16	8518.58	4272.35	11494.26
利润总额(万元)	−17071.86	9857.30	5041.31	13530.15

洛阳轴研科技股份有限公司

公司概况	公司名称	洛阳轴研科技股份有限公司			证券简称	轴研科技
	法人代表	吴宗彦	董秘	俞玮	证券代码	002046
	公司网址	www.zys.com.cn		电子信箱	stock@zys.com.cn	
	电　　话	0379-64881139		传　　真	0379-64881518	
	办公地址	河南省洛阳市吉林路1号				
	经营范围	研制、生产和销售轴承与轴承单元、光机电一体化产品、机械装备等				

	指标\报告期	2012.06.30	2011.12.31	2011.06.30	2010.12.31
主要财务指标	基本每股收益(元)	0.1200	0.5900	0.1200	0.4400
	基本每股收益(扣除后)(元)	0.0900	0.4600	0.0900	0.3600
	每股净资产(元)	3.5000	5.4900	5.0900	4.9700
	每股经营现金净流量(元)	-0.0906	0.5092	-0.0300	0.3775
	每股现金流量(元)	0.7956	0.1224	0.0217	0.1285
	每股资本公积金(元)	1.4558	1.9498	1.8851	1.8851
	每股盈余公积金(元)	0.1280	0.3298	0.3142	0.2981
	每股未分配利润(元)	0.9170	2.2120	1.8931	1.7889
	净资产收益率(%)	3.1100	10.7046	4.9700	8.9008
	加权净资产收益率(%)	3.8300	11.3100	4.9700	9.2200
	净资产收益率(扣除)(%)	-	-	-	-
	总资产(万元)	158264.64	118603.26	99777.55	86365.35
	归属母公司股东权益(万元)	97532.75	59359.05	55043.45	53743.06
	主营业务收入(万元)	30725.88	61341.11	29173.89	51792.30
	营业收入(万元)	30877.84	61615.55	29330.08	52171.13
	主营成本(万元)	23080.09	47134.56	22744.65	39933.62
	营业成本(万元)	23137.73	47176.56	22824.68	40195.98
	投资收益(万元)	7.06	103.21	50.18	133.04
	净利润(万元)	3049.11	6432.75	2766.33	4841.84
	利润总额(万元)	3323.47	7608.44	3171.47	5795.20

深圳成霖洁具股份有限公司

公司概况	公司名称	深圳成霖洁具股份有限公司			证券简称	成霖股份
	法人代表	颜国基	董秘	颜国基(代)	证券代码	002047
	公司网址	www.szcl.com.cn		电子信箱	investors@globeunion.com.cn	
	电　　话	0755-86022812		传　　真	0755-86022813	
	办公地址	广东省深圳市南山区科技园科技南十路航天科技创新研究院A座七楼				
	经营范围	生产经营水龙头、卫浴洁具、厨柜及其配件及生产经营精冲模等				

	指标\报告期	2012.06.30	2011.12.31	2011.06.30	2010.12.31
主要财务指标	基本每股收益(元)	-0.0300	-0.2400	-0.0900	0.0100
	基本每股收益(扣除后)(元)	-0.0300	-0.2400	-0.0900	0.0100
	每股净资产(元)	1.5000	1.5300	1.6800	1.7700
	每股经营现金净流量(元)	-0.0496	-0.0858	-0.0297	0.0393
	每股现金流量(元)	-0.1540	0.0940	0.0318	-0.0167
	每股资本公积金(元)	0.2309	0.2309	0.2309	0.2309
	每股盈余公积金(元)	0.1548	0.1548	0.1548	0.1548
	每股未分配利润(元)	0.1169	0.1452	0.2899	0.3818
	净资产收益率(%)	-1.8800	-15.4570	-5.4900	0.7140
	加权净资产收益率(%)	-1.8700	-14.3500	-5.3400	0.7200
	净资产收益率(扣除)(%)	-	-	-	-
	总资产(万元)	121826.74	116578.32	129590.00	131940.60
	归属母公司股东权益(万元)	68169.86	69453.42	76016.15	80188.56
	主营业务收入(万元)	67052.72	133895.40	70787.30	144656.38
	营业收入(万元)	67391.07	134490.09	71168.05	145160.32
	主营成本(万元)	58004.31	118528.21	63599.88	121176.51
	营业成本(万元)	58183.53	118940.76	63876.76	121634.24
	投资收益(万元)	120.21	-133.06	-85.81	10.45
	净利润(万元)	-2616.10	-13065.91	-5072.52	-2112.25
	利润总额(万元)	-2853.96	-14320.57	-5727.44	-1361.97

宁波华翔电子股份有限公司

公司概况	公司名称	宁波华翔电子股份有限公司			证券简称	宁波华翔
	法人代表	周晓峰	董秘	杜坤勇	证券代码	002048
	公司网址	www.nbhx.com.cn		电子信箱	stock-dp@nbhx.com.cn	
	电　　话	021-68948127 68949998		传　　真	021-68942260 68942221	
	办公地址	上海市浦东新区花木白杨路1160号				
	经营范围	汽车和摩托车零配件、电子产品、模具、仪表仪器的制造、加工等				

	指标\报告期	2012.06.30	2011.12.31	2011.06.30	2010.12.31
主要财务指标	基本每股收益(元)	0.2400	0.5000	0.3400	0.7700
	基本每股收益(扣除后)(元)	0.1700	0.4800	0.3300	0.7600
	每股净资产(元)	4.8900	4.8600	4.8400	4.6600
	每股经营现金净流量(元)	-0.1717	0.5607	0.1507	0.5899
	每股现金流量(元)	-0.5504	-0.3122	-0.0991	1.3038
	每股资本公积金(元)	1.4853	1.5804	1.7670	1.7670
	每股盈余公积金(元)	0.2129	0.2129	0.1762	0.1762
	每股未分配利润(元)	2.2339	2.0778	1.8936	1.7172
	净资产收益率(%)	4.8300	10.5650	7.0900	15.9007
	加权净资产收益率(%)	4.7500	10.4800	6.9700	18.7900
	净资产收益率(扣除)(%)	-	-	-	-
	总资产(万元)	480900.82	437233.56	412076.16	404492.70
	归属母公司股东权益(万元)	270579.23	268973.26	274310.92	264304.93
	主营业务收入(万元)	229343.92	343569.68	168702.10	313286.65
	营业收入(万元)	243209.43	368243.14	178209.33	333311.04
	主营成本(万元)	183653.61	270775.01	130198.43	239696.19
	营业成本(万元)	194446.63	289575.41	139742.84	257082.29
	投资收益(万元)	5453.65	13143.75	8303.72	23777.08
	净利润(万元)	16042.12	37901.07	24196.99	52563.64
	利润总额(万元)	18649.54	43091.39	27298.91	57925.67

同方国芯电子股份有限公司

公司概况	公司名称	同方国芯电子股份有限公司			证券简称	同方国芯
	法人代表	陆致成	董秘	杜林虎	证券代码	002049
	公司网址	www.jingyuan.com		电子信箱	dulinhu@thtf.com.cn	
	电　　话	0315-6198161 6198181		传　　真	0315-6198179	
	办公地址	河北省唐山市玉田县无终西街3129号				
	经营范围	压电石英晶体元器件的开发、生产和销售等				

	指标\报告期	2012.06.30	2011.12.31	2011.06.30	2010.12.31
主要财务指标	基本每股收益(元)	0.2025	0.2276	0.2406	0.2786
	基本每股收益(扣除后)(元)	0.2640	0.2159	0.1523	0.2798
	每股净资产(元)	4.4146	7.7095	3.2600	3.2100
	每股经营现金净流量(元)	0.0965	0.6263	0.4531	0.3525
	每股现金流量(元)	-0.2275	0.1804	0.2381	-0.1399
	每股资本公积金(元)	0.3343	1.2013	1.2013	1.2013
	每股盈余公积金(元)	0.1158	0.2074	0.1862	0.1862
	每股未分配利润(元)	2.9644	5.0460	0.8736	0.8254
	净资产收益率(%)	4.5900	2.9529	5.8400	8.6698
	加权净资产收益率(%)	4.6300	6.9800	5.9400	8.9600
	净资产收益率(扣除)(%)	-	-	-	-
	总资产(万元)	142239.83	132964.11	50637.47	51900.16
	归属母公司股东权益(万元)	106723.50	104077.92	44024.40	43374.23
	主营业务收入(万元)	27326.34	28456.89	30649.98	34825.57
	营业收入(万元)	27454.29	28768.64	30825.22	34869.38
	主营成本(万元)	19969.29	22356.71	21240.23	25872.22
	营业成本(万元)	19975.96	22480.13	24065.97	25900.88
	投资收益(万元)	-7.29	9.44	10.79	-31.48
	净利润(万元)	4933.87	3179.67	5850.41	3907.60
	利润总额(万元)	5808.66	3722.83	6845.92	4754.04

浙江三花股份有限公司

公司概况	公司名称	浙江三花股份有限公司			证券简称	三花股份
	法人代表	张道才	董秘	刘斐	证券代码	002050
	公司网址	www.zjshc.com			电子信箱	shc@zjshc.com
	电　话	0571-28020008 0575-86255360			传　真	0571-28876605 0575-86255786
	办公地址	浙江省绍兴市新昌县七星街道下礼泉				
	经营范围	截止阀、电子膨胀阀、排水泵、电磁阀、单向阀、压缩机、压力管道元件等				

主要财务指标	指标\报告期	2012.06.30	2011.12.31	2011.06.30	2010.12.31
	基本每股收益(元)	0.3100	1.2300	0.3400	1.1900
	基本每股收益(扣除后)(元)	0.3000	1.1700	0.3300	1.1100
	每股净资产(元)	4.6800	4.5800	8.6200	8.4500
	每股经营现金净流量(元)	0.0528	1.6263	0.3151	1.0586
	每股现金流量(元)	-0.7184	0.1725	-0.7922	3.5709
	每股资本公积金(元)	1.8269	4.5736	4.5660	4.5660
	每股盈余公积金(元)	0.2135	0.4271	0.3731	0.3731
	每股未分配利润(元)	1.6586	3.1880	2.7000	2.5116
	净资产收益率(%)	6.7200	13.4350	7.9800	12.5560
	加权净资产收益率(%)	6.7300	14.0500	7.9100	22.6600
	净资产收益率(扣除)(%)	-	-	-	-
	总资产(万元)	485706.07	483715.77	459101.91	446949.74
	归属母公司股东权益(万元)	278390.14	272343.14	256445.79	251202.31
	主营业务收入(万元)	181085.99	377557.56	192130.84	297207.68
	营业收入(万元)	211600.47	418689.42	212429.44	311306.81
	主营成本(万元)	132674.67	278948.95	143466.09	221027.42
	营业成本(万元)	160837.70	320027.02	162717.79	232938.03
	投资收益(万元)	1209.04	-2571.84	609.07	1030.07
	净利润(万元)	20137.82	43541.21	24303.98	37914.97
	利润总额(万元)	24983.48	53422.73	30538.99	45978.56

中工国际工程股份有限公司

公司概况	公司名称	中工国际工程股份有限公司			证券简称	中工国际
	法人代表	罗艳	董秘	张春燕	证券代码	002051
	公司网址	www.camce.com.cn			电子信箱	002051@camce.cn
	电　话	010-82688606 82688653			传　真	010-82688507 82688655
	办公地址	北京市海淀区丹棱街3号				
	经营范围	国际工程承包、核心内容为成套设备及技术出口等				

主要财务指标	指标\报告期	2012.06.30	2011.12.31	2011.06.30	2010.12.31
	基本每股收益(元)	0.4700	1.0500	0.3700	1.0700
	基本每股收益(扣除后)(元)	0.4700	1.0500	0.3700	1.0100
	每股净资产(元)	4.5400	5.0300	5.0300	6.2900
	每股经营现金净流量(元)	1.0427	11.6332	11.1327	0.3209
	每股现金流量(元)	0.1064	12.3797	6.0199	-0.3338
	每股资本公积金(元)	0.9974	1.2967	1.2952	1.8636
	每股盈余公积金(元)	0.4744	0.6168	0.5275	0.6858
	每股未分配利润(元)	2.1334	2.8142	2.2208	2.7583
	净资产收益率(%)	10.3200	18.3930	7.3100	17.0390
	加权净资产收益率(%)	10.2100	19.9900	7.4000	17.2100
	净资产收益率(扣除)(%)	-	-	-	-
	总资产(万元)	1405449.11	1192171.58	967376.16	507035.57
	归属母公司股东权益(万元)	260092.95	251800.39	221854.30	213375.36
	主营业务收入(万元)	436786.67	716379.57	178801.52	504419.41
	营业收入(万元)	437213.17	717515.57	179088.10	505672.41
	主营成本(万元)	385444.96	625629.23	153860.82	419411.41
	营业成本(万元)	385447.94	625751.10	153972.03	419782.47
	投资收益(万元)	398.13	6319.83	965.95	2363.65
	净利润(万元)	27898.28	46945.60	16374.09	36634.97
	利润总额(万元)	33670.19	57696.80	20126.56	46348.50

深圳市同洲电子股份有限公司

公司概况	公司名称	深圳市同洲电子股份有限公司			证券简称	同洲电子
	法人代表	袁明	董秘	叶欣	证券代码	002052
	公司网址	www.coship.com			电子信箱	coship@coship.com
	电　话	0755-26525099			传　真	0755-26722666
	办公地址	广东省深圳市南山区高新区北区第五工业区彩虹科技大楼A6楼				
	经营范围	电子产品、计算机软、硬件及其应用网络产品、自动化控制设备等				

主要财务指标	指标\报告期	2012.06.30	2011.12.31	2011.06.30	2010.12.31
	基本每股收益(元)	0.0500	0.0700	-0.0600	-0.3800
	基本每股收益(扣除后)(元)	0.0400	-0.0800	-0.0800	-0.3900
	每股净资产(元)	3.3300	3.2900	3.2400	3.2300
	每股经营现金净流量(元)	0.3358	-0.1178	-0.5708	-0.0716
	每股现金流量(元)	-0.3610	-0.5723	-0.2846	0.2925
	每股资本公积金(元)	1.4711	1.4711	1.4601	1.4622
	每股盈余公积金(元)	0.1079	0.1079	0.1079	0.1079
	每股未分配利润(元)	0.7540	0.7084	0.6693	0.6550
	净资产收益率(%)	1.3800	1.9914	-0.9300	-11.8145
	加权净资产收益率(%)	1.3800	2.0200	-0.9300	-11.1300
	净资产收益率(扣除)(%)	-	-	-	-
	总资产(万元)	293900.79	298639.37	306732.00	312144.67
	归属母公司股东权益(万元)	113818.38	112259.09	110550.55	110129.09
	主营业务收入(万元)	70173.24	193015.25	92899.34	225771.99
	营业收入(万元)	71858.17	201438.71	94195.89	230095.30
	主营成本(万元)	50229.78	149873.36	74141.46	189007.53
	营业成本(万元)	50921.72	154773.17	74936.89	192258.46
	投资收益(万元)	-133.46	1515.24	2093.24	314.23
	净利润(万元)	1559.30	1823.71	-2035.61	-13151.45
	利润总额(万元)	1849.05	2734.64	-1674.89	-8821.23

云南盐化股份有限公司

公司概况	公司名称	云南盐化股份有限公司			证券简称	云南盐化
	法人代表	杨建东	董秘	李政良	证券代码	002053
	公司网址	www.ynyh.com			电子信箱	ynyh@email.ynyh.com
	电　话	0871-3127429 3126346			传　真	0871-3126346
	办公地址	云南省昆明市官渡区春城路276号				
	经营范围	盐及其系列产品的开发、加工和销售、氯碱化工及其系列产品等				

主要财务指标	指标\报告期	2012.06.30	2011.12.31	2011.06.30	2010.12.31
	基本每股收益(元)	-0.4390	0.1180	0.1330	0.1050
	基本每股收益(扣除后)(元)	-0.4400	0.1220	0.1370	0.0900
	每股净资产(元)	4.8250	5.3170	5.3370	5.2320
	每股经营现金净流量(元)	0.4246	1.2398	0.4479	0.8929
	每股现金流量(元)	-0.5147	0.5517	0.3268	0.3169
	每股资本公积金(元)	2.8771	2.8771	2.8700	2.8604
	每股盈余公积金(元)	0.3735	0.3735	0.3489	0.3489
	每股未分配利润(元)	0.5678	1.0565	1.1035	1.0202
	净资产收益率(%)	-9.0900	2.2280	2.5000	2.0030
	加权净资产收益率(%)	-8.6000	2.2500	2.5100	2.0200
	净资产收益率(扣除)(%)	-	-	-	-
	总资产(万元)	303325.19	277767.26	252648.58	231924.22
	归属母公司股东权益(万元)	89669.75	98819.56	99188.59	97236.33
	主营业务收入(万元)	63317.90	158332.94	82062.30	156411.44
	营业收入(万元)	65314.00	163164.79	84438.21	159680.43
	主营成本(万元)	50983.33	119557.28	62670.82	119727.41
	营业成本(万元)	52552.56	123318.85	64493.01	122533.78
	投资收益(万元)	79.47	-65.96	48.11	-38.26
	净利润(万元)	-8951.01	307.91	1443.95	1415.64
	利润总额(万元)	-8951.13	1240.08	2116.67	1919.18

广东德美精细化工股份有限公司

公司概况	公司名称	广东德美精细化工股份有限公司			证券简称	德美化工
	法人代表	黄冠雄	董秘	朱闽翀	证券代码	002054
	公司网址	www.dymatic.com		电子信箱	zhumc@dymatic.com	
	电　话	0757-28397912 28399088		传　真	0757-28803001	
	办公地址	广东省佛山市顺德区容桂广珠公路海尾路段				
	经营范围	开发、生产、销售:纺织、印染、造纸助剂、印刷助剂、涂料等				

主要财务指标	指标\报告期	2012.06.30	2011.12.31	2011.06.30	2010.12.31
	基本每股收益(元)	0.1200	0.4600	0.1300	1.1200
	基本每股收益(扣除后)(元)	0.1100	0.2100	0.1300	0.4100
	每股净资产(元)	4.2700	4.0700	3.9200	3.8100
	每股经营现金净流量(元)	0.3270	-0.0514	-0.0485	0.2504
	每股现金流量(元)	0.1326	0.0548	-0.0057	-0.1262
	每股资本公积金(元)	0.4228	0.1943	0.3532	0.1788
	每股盈余公积金(元)	0.2935	0.2984	0.2636	0.2709
	每股未分配利润(元)	2.5548	2.5915	2.3050	2.3563
	净资产收益率(%)	2.6300	11.0840	3.1800	29.4040
	加权净资产收益率(%)	2.7600	11.3800	3.4200	34.0100
	净资产收益率(扣除)(%)	-	-	-	-
	总资产(万元)	204922.22	200855.30	201320.78	184803.73
	归属母公司股东权益(万元)	137925.86	129161.89	124550.92	117592.58
	主营业务收入(万元)	52609.21	103317.44	50084.74	109459.65
	营业收入(万元)	52829.41	103921.07	50384.84	109988.80
	主营成本(万元)	33705.73	69788.19	34760.78	73930.07
	营业成本(万元)	33719.56	70048.06	34857.29	74106.86
	投资收益(万元)	-394.49	11065.53	2032.69	25111.50
	净利润(万元)	5414.01	17415.25	5601.37	37814.97
	利润总额(万元)	6794.52	21471.49	6573.86	40464.51

深圳市得润电子股份有限公司

公司概况	公司名称	深圳市得润电子股份有限公司			证券简称	得润电子
	法人代表	邱建民	董秘	王少华	证券代码	002055
	公司网址	www.deren.com.cn		电子信箱	002055@deren.com.cn	
	电　话	0755-89492166		传　真	0755-89492167	
	办公地址	广东省深圳市光明新区光明街道三十三路9号得润电子工业园				
	经营范围	生产经营电子连接器、光连接器、汽车连接器及线束、电子元器件等				

主要财务指标	指标\报告期	2012.06.30	2011.12.31	2011.06.30	2010.12.31
	基本每股收益(元)	0.1065	0.5861	0.0982	0.3466
	基本每股收益(扣除后)(元)	0.1028	0.5657	0.0962	0.3497
	每股净资产(元)	2.6901	5.2664	4.8647	2.1653
	每股经营现金净流量(元)	0.1483	-0.1893	-0.2018	-0.3287
	每股现金流量(元)	-0.2635	0.9570	1.2066	-0.0683
	每股资本公积金(元)	0.9311	2.8590	2.8216	0.1258
	每股盈余公积金(元)	0.0490	0.0981	0.0768	0.0894
	每股未分配利润(元)	0.7084	1.3037	0.9643	0.9494
	净资产收益率(%)	3.9600	10.7780	4.0800	16.0060
	加权净资产收益率(%)	3.9700	12.7200	10.2800	17.1900
	净资产收益率(扣除)(%)	-	-	-	-
	总资产(万元)	200020.57	207439.19	188436.74	140160.51
	归属母公司股东权益(万元)	110412.73	108076.71	98831.17	37803.32
	主营业务收入(万元)	66246.71	148070.43	67577.88	96256.71
	营业收入(万元)	66850.57	150984.61	69484.51	97321.86
	主营成本(万元)	54367.84	121735.59	57443.50	78699.61
	营业成本(万元)	54700.89	122031.51	57554.19	79006.29
	投资收益(万元)	-	-	-	21.83
	净利润(万元)	4460.24	12059.54	4219.29	5915.09
	利润总额(万元)	4681.64	14428.40	5278.10	7779.33

横店集团东磁股份有限公司

公司概况	公司名称	横店集团东磁股份有限公司			证券简称	横店东磁
	法人代表	何时金	董秘	吴雪萍	证券代码	002056
	公司网址	www.chinadmegc.com		电子信箱	gfgs@dmegc.com.cn	
	电　话	0579-86551999		传　真	0579-86555328	
	办公地址	浙江省东阳市横店工业区				
	经营范围	磁性器材、电池、电子产品的生产、销售等				

主要财务指标	指标\报告期	2012.06.30	2011.12.31	2011.06.30	2010.12.31
	基本每股收益(元)	0.1600	0.1800	0.2200	0.8800
	基本每股收益(扣除后)(元)	0.1400	0.1600	0.2000	0.8800
	每股净资产(元)	7.2000	7.1200	7.0200	6.6900
	每股经营现金净流量(元)	0.4607	0.5746	-0.1384	0.7305
	每股现金流量(元)	0.5919	-0.5887	-0.1682	-1.4663
	每股资本公积金(元)	3.3725	3.5302	3.3868	3.1151
	每股盈余公积金(元)	0.4335	0.4182	0.3918	0.4061
	每股未分配利润(元)	2.3886	2.1682	2.2382	2.1651
	净资产收益率(%)	2.2400	2.4700	3.1300	13.1980
	加权净资产收益率(%)	2.2100	2.5500	3.2100	14.0900
	净资产收益率(扣除)(%)	-	-	-	-
	总资产(万元)	449428.32	412816.16	440919.54	376462.04
	归属母公司股东权益(万元)	295647.42	303109.83	298841.12	274740.12
	主营业务收入(万元)	152832.34	346005.46	193307.95	295148.89
	营业收入(万元)	160746.50	352184.96	195898.07	300065.87
	主营成本(万元)	120322.35	269145.38	149312.18	222984.22
	营业成本(万元)	127193.13	272955.70	184088.45	226559.47
	投资收益(万元)	-	-0.81	-	-40.18
	净利润(万元)	6782.65	9052.36	10359.49	36298.46
	利润总额(万元)	8506.97	13518.23	12589.80	42139.55

中钢集团安徽天源科技股份有限公司

公司概况	公司名称	中钢集团安徽天源科技股份有限公司			证券简称	中钢天源
	法人代表	洪石笙	董秘	章超	证券代码	002057
	公司网址	www.ty-magnet.com		电子信箱	zhangchao214@126.com	
	电　话	0555-5200209		传　真	0555-5200222	
	办公地址	安徽省马鞍山市经济技术开发区红旗南路51号				
	经营范围	磁性材料、磁器件、磁分离设备、过滤脱水设备、环保设备等				

主要财务指标	指标\报告期	2012.06.30	2011.12.31	2011.06.30	2010.12.31
	基本每股收益(元)	0.0100	0.1300	0.0900	0.1200
	基本每股收益(扣除后)(元)	-0.0600	0.0800	0.0700	0.0800
	每股净资产(元)	4.9500	3.0500	3.0100	2.9200
	每股经营现金净流量(元)	-0.1436	0.2494	-0.6459	0.1387
	每股现金流量(元)	1.7614	-0.0740	-0.2097	0.3632
	每股资本公积金(元)	3.2523	1.2306	1.2306	1.2306
	每股盈余公积金(元)	0.1275	0.1513	0.1395	0.1395
	每股未分配利润(元)	0.5708	0.6646	0.6429	0.5498
	净资产收益率(%)	0.2200	4.1560	3.0600	4.1920
	加权净资产收益率(%)	0.3200	4.2400	3.1400	4.2400
	净资产收益率(扣除)(%)	-	-	-	-
	总资产(万元)	68328.86	49234.43	48176.65	43646.49
	归属母公司股东权益(万元)	49352.89	25590.90	25309.83	24527.31
	主营业务收入(万元)	21030.21	60941.47	32833.37	55994.51
	营业收入(万元)	21219.66	61421.08	32901.37	56134.12
	主营成本(万元)	18944.49	54018.61	29271.77	49552.00
	营业成本(万元)	19198.09	54550.13	29399.34	49830.97
	投资收益(万元)	-	-	-	-
	净利润(万元)	101.87	1060.81	779.80	1056.89
	利润总额(万元)	25.06	1289.29	967.12	1230.52

上海威尔泰工业自动化股份有限公司

	公司名称	上海威尔泰工业自动化股份有限公司			证券简称	威尔泰
公司概况	法人代表	李彧	董秘	殷骏	证券代码	002058
	公司网址	www.welltech.com.cn		电子信箱	dm@welltech.com.cn	
	电　话	021-64656465		传　真	021-64659671	
	办公地址	上海市虹中路263号				
	经营范围	仪表仪器、传感器的制造、自动化控制系统集成、设备成套、电气成套等				

	指标\报告期	2012.06.30	2011.12.31	2011.06.30	2010.12.31
主要财务指标	基本每股收益(元)	−0.0070	0.1100	0.0490	0.1100
	基本每股收益(扣除后)(元)	−0.0160	0.0900	0.0450	0.0900
	每股净资产(元)	1.4900	1.5500	1.5000	2.9500
	每股经营现金净流量(元)	−0.0627	0.0607	−0.0712	0.3990
	每股现金流量(元)	−0.1426	−0.0142	−0.1762	−0.1119
	每股资本公积金(元)	0.1531	0.1531	0.1517	1.2034
	每股盈余公积金(元)	0.1142	0.1142	0.1005	0.2011
	每股未分配利润(元)	0.2268	0.2842	0.2431	0.5426
	净资产收益率(%)	−0.5000	6.8682	3.2800	7.1550
	加权净资产收益率(%)	−0.4800	7.0700	3.3000	7.3400
	净资产收益率(扣除)(%)	–	–	–	–
	总资产(万元)	24499.07	25495.70	24441.87	22748.05
	归属母公司股东权益(万元)	18636.40	19353.14	18652.13	18380.97
	主营业务收入(万元)	5361.73	13054.04	5397.86	11531.00
	营业收入(万元)	5456.63	13264.42	5605.58	11871.67
	主营成本(万元)	3302.25	7279.01	2969.82	6535.39
	营业成本(万元)	3362.19	7427.55	3113.70	6816.59
	投资收益(万元)	–	–	–	–
	净利润(万元)	−78.14	1373.73	622.37	1411.80
	利润总额(万元)	20.72	1605.42	705.21	1536.98

云南旅游股份有限公司

	公司名称	云南旅游股份有限公司			证券简称	云南旅游
公司概况	法人代表	王冲	董秘	毛新礼	证券代码	002059
	公司网址	www.expo99km.com		电子信箱	mxl.expo99@163.com	
	电　话	0871-5012059 5012363		传　真	0871-5012227	
	办公地址	云南省昆明市世博路10号云南旅游股份有限公司办公楼				
	经营范围	景点投资、经营及管理、园林园艺产品展示、旅游房地产投资等				

	指标\报告期	2012.06.30	2011.12.31	2011.06.30	2010.12.31
主要财务指标	基本每股收益(元)	0.0163	0.0800	0.0320	−0.0400
	基本每股收益(扣除后)(元)	0.0153	0.0800	0.0324	−0.0400
	每股净资产(元)	2.6278	2.6616	2.6155	2.5800
	每股经营现金净流量(元)	0.1991	−0.0733	0.0337	0.1969
	每股现金流量(元)	0.0561	−0.3354	−0.2319	−0.1471
	每股资本公积金(元)	0.9594	0.9594	0.9594	0.9594
	每股盈余公积金(元)	0.3424	0.3424	0.3296	0.3296
	每股未分配利润(元)	0.3260	0.3597	0.3264	0.2944
	净资产收益率(%)	0.6200	2.9320	1.2000	−1.6355
	加权净资产收益率(%)	0.6100	2.9800	1.2300	−1.6200
	净资产收益率(扣除)(%)	–	–	–	–
	总资产(万元)	112416.59	105809.40	113581.46	113184.86
	归属母公司股东权益(万元)	56497.87	57223.45	56232.65	55545.54
	主营业务收入(万元)	7023.39	24369.15	10225.55	26121.97
	营业收入(万元)	7517.30	25527.00	10576.76	26564.76
	主营成本(万元)	4255.00	13815.45	6167.83	17023.01
	营业成本(万元)	4660.03	14413.60	6446.79	17200.31
	投资收益(万元)	–	16.50	–	113.10
	净利润(万元)	213.43	3185.92	1172.05	730.39
	利润总额(万元)	197.80	3871.11	1380.99	1426.47

广东水电二局股份有限公司

	公司名称	广东水电二局股份有限公司			证券简称	粤水电
公司概况	法人代表	李奎炎	董秘	刘建浩	证券代码	002060
	公司网址	www.gdsdej.com		电子信箱	liu6204@vip.163.com	
	电　话	020-61776666		传　真	020-82607092	
	办公地址	广东省增城市新塘镇港口大道312号				
	经营范围	水利水电工程、公路工程、市政工程、房屋建筑工程、机电安装工程等				

	指标\报告期	2012.06.30	2011.12.31	2011.06.30	2010.12.31
主要财务指标	基本每股收益(元)	0.0700	0.2005	0.1500	0.2731
	基本每股收益(扣除后)(元)	0.0700	0.1953	0.1600	0.2731
	每股净资产(元)	4.6900	4.5300	4.5300	4.4000
	每股经营现金净流量(元)	−0.8415	0.2628	−1.0967	0.5091
	每股现金流量(元)	−0.6656	0.2834	−1.1508	1.2648
	每股资本公积金(元)	2.6813	3.4175	2.1447	2.0554
	每股盈余公积金(元)	0.1536	0.1844	0.2183	0.2183
	每股未分配利润(元)	0.8477	0.9626	1.1624	1.0919
	净资产收益率(%)	1.5000	3.0440	3.3200	6.2110
	加权净资产收益率(%)	1.5100	4.1800	3.3700	6.3600
	净资产收益率(扣除)(%)	–	–	–	–
	总资产(万元)	863772.88	820748.63	717496.15	612680.59
	归属母公司股东权益(万元)	235435.93	233154.99	150604.59	146144.35
	主营业务收入(万元)	216290.63	401576.80	218776.96	392599.26
	营业收入(万元)	216418.42	402393.65	218946.87	393015.90
	主营成本(万元)	195194.50	363232.00	194734.51	350089.77
	营业成本(万元)	195241.81	363300.93	194772.22	350170.92
	投资收益(万元)	388.15	841.45	2.66	1.44
	净利润(万元)	3526.61	7072.12	4981.96	9134.08
	利润总额(万元)	4749.97	7714.54	5904.81	11181.79

浙江江山化工股份有限公司

	公司名称	浙江江山化工股份有限公司			证券简称	江山化工
公司概况	法人代表	帅长斌	董秘	雷逢辰	证券代码	002061
	公司网址	www.jiangshanchem.com		电子信箱	zjjshgstock@sina.com	
	电　话	0570-4057919		传　真	0570-4057346	
	办公地址	浙江省衢州市江山市景星东路38号				
	经营范围	从事化工的开发、生产和销售等				

	指标\报告期	2012.06.30	2011.12.31	2011.06.30	2010.12.31
主要财务指标	基本每股收益(元)	0.3290	0.0500	0.1640	0.3600
	基本每股收益(扣除后)(元)	−0.0140	0.0098	0.1510	0.2551
	每股净资产(元)	4.1200	3.8000	3.9007	3.7370
	每股经营现金净流量(元)	0.2330	1.7825	1.5932	−0.1892
	每股现金流量(元)	1.1470	0.4227	0.5212	−1.0893
	每股资本公积金(元)	1.6496	1.6496	1.6496	1.6496
	每股盈余公积金(元)	0.8275	0.8275	0.7173	0.7173
	每股未分配利润(元)	0.6432	0.3144	0.5338	0.3701
	净资产收益率(%)	7.9800	1.4350	4.2000	9.6926
	加权净资产收益率(%)	8.3000	1.4500	4.2900	10.1900
	净资产收益率(扣除)(%)	–	–	–	–
	总资产(万元)	162727.26	192534.28	184275.05	176337.39
	归属母公司股东权益(万元)	57675.91	53172.08	54602.44	52310.16
	主营业务收入(万元)	80169.38	178135.40	88148.50	135398.23
	营业收入(万元)	80657.05	179327.32	88568.10	136219.94
	主营成本(万元)	72355.43	156356.17	75705.67	118288.64
	营业成本(万元)	72588.21	156655.11	75882.68	118660.85
	投资收益(万元)	4688.71	26.56	–	–
	净利润(万元)	3445.39	−4965.20	−476.91	3862.92
	利润总额(万元)	3487.29	−3678.48	618.16	4908.35

宏润建设集团股份有限公司

公司概况	公司名称	宏润建设集团股份有限公司		证券简称	宏润建设
	法人代表	郑宏舫	董秘 赵余夫	证券代码	002062
	公司网址	www.chinahongrun.com		电子信箱	hrir@chinahongrun.com
	电话	021-54976006 54976007		传真	021-54976008
	办公地址	上海市徐汇区龙漕路 200 弄 28 号宏润大厦			
	经营范围	市政公用工程、房屋建筑工程、城市轨道交通工程施工和房地产开发等			

指标\报告期	2012.06.30	2011.12.31	2011.06.30	2010.12.31
基本每股收益(元)	0.1100	0.3100	0.1500	0.7200
基本每股收益(扣除后)(元)	0.1000	0.2700	0.1500	0.7000
每股净资产(元)	3.3200	4.1300	4.0600	4.0400
每股经营现金净流量(元)	-1.1166	1.0236	0.5657	-2.0113
每股现金流量(元)	0.5043	0.6041	-0.2852	-0.7594
每股资本公积金(元)	0.0759	0.3468	0.3683	0.3429
每股盈余公积金(元)	0.3666	0.4583	0.4237	0.4237
每股未分配利润(元)	1.8287	2.2459	2.1594	2.1657
净资产收益率(%)	3.3700	7.6270	4.7700	17.7510
加权净资产收益率(%)	3.3500	7.7100	4.6700	19.3600
净资产收益率(扣除)(%)	-	-	-	-
总资产(万元)	1031767.25	928622.37	834318.90	807924.84
归属母公司股东权益(万元)	186957.89	185693.99	182643.02	181582.86
主营业务收入(万元)	271700.16	611209.74	263328.23	604496.55
营业收入(万元)	271700.16	611209.74	263328.23	604496.55
主营成本(万元)	241359.67	547044.71	233920.57	512809.26
营业成本(万元)	241359.67	547044.71	233920.57	512809.26
投资收益(万元)	42.00	1794.98	25.86	1924.75
净利润(万元)	4534.19	12686.63	8375.55	32084.42
利润总额(万元)	7598.73	19450.10	11474.43	43248.92

远光软件股份有限公司

公司概况	公司名称	远光软件股份有限公司		证券简称	远光软件
	法人代表	陈利浩	董秘 朱安	证券代码	002063
	公司网址	www.ygsoft.com		电子信箱	ygstock@ygsoft.com
	电话	0756-3399888		传真	0756-3399666
	办公地址	广东省珠海市港湾大道科技一路 3 号			
	经营范围	计算机软件的开发和销售、计算机软硬件系统集成、计算机技术咨询服务			

指标\报告期	2012.06.30	2011.12.31	2011.06.30	2010.12.31
基本每股收益(元)	0.2552	0.6282	0.1935	0.5732
基本每股收益(扣除后)(元)	0.2380	0.6008	0.1876	0.5631
每股净资产(元)	2.3400	2.8700	2.4200	2.8300
每股经营现金净流量(元)	-0.2443	0.3348	-0.2506	0.9522
每股现金流量(元)	-0.4579	0.0371	-0.5803	0.6353
每股资本公积金(元)	0.2991	0.3257	0.2422	0.2148
每股盈余公积金(元)	0.1913	0.2506	0.1875	0.2447
每股未分配利润(元)	0.8514	1.3048	0.9911	1.3658
净资产收益率(%)	10.9000	21.7110	10.3700	26.1880
加权净资产收益率(%)	11.0800	25.0100	10.8500	31.0300
净资产收益率(扣除)(%)	-	-	-	-
总资产(万元)	112756.86	110413.66	90277.52	91593.73
归属母公司股东权益(万元)	103481.20	97536.58	81673.36	73047.90
主营业务收入(万元)	35961.57	15531.27	28590.35	137383.65
营业收入(万元)	35961.57	64241.06	28590.35	47878.57
主营成本(万元)	9225.52	-	7324.06	-
营业成本(万元)	9225.52	14710.63	7324.06	12497.69
投资收益(万元)	1501.92	1609.28	633.86	5662.36
净利润(万元)	11279.04	21156.00	8446.54	19130.69
利润总额(万元)	13350.02	23360.68	9310.48	21000.03

浙江华峰氨纶股份有限公司

公司概况	公司名称	浙江华峰氨纶股份有限公司		证券简称	华峰氨纶
	法人代表	杨从登	董秘 陈章良	证券代码	002064
	公司网址	www.spandex.com.cn		电子信箱	huafeng@spandex.com.cn
	电话	0577-65178053		传真	0577-65537858
	办公地址	浙江省瑞安经济开发区开发区大道 1788 号			
	经营范围	氨纶纤维的加工制造、销售及技术研发			

指标\报告期	2012.06.30	2011.12.31	2011.06.30	2010.12.31
基本每股收益(元)	-0.0400	0.0700	0.1300	0.4300
基本每股收益(扣除后)(元)	-0.0500	0.0600	0.1200	0.4200
每股净资产(元)	2.1800	2.2200	2.2800	2.2500
每股经营现金净流量(元)	0.0676	0.3603	0.1391	0.2415
每股现金流量(元)	0.0305	-0.0013	0.0770	-0.0161
每股资本公积金(元)	0.0106	0.0106	0.0106	0.0106
每股盈余公积金(元)	0.2355	0.2355	0.2285	0.2285
每股未分配利润(元)	0.9315	0.9731	1.0422	1.0112
净资产收益率(%)	-1.9100	3.0990	5.7400	19.2470
加权净资产收益率(%)	-1.8900	3.0700	5.6900	21.0800
净资产收益率(扣除)(%)	-	-	-	-
总资产(万元)	221848.54	214271.94	214482.77	194459.94
归属母公司股东权益(万元)	160785.55	163857.79	168447.31	166163.17
主营业务收入(万元)	76249.76	141002.99	69589.57	162444.63
营业收入(万元)	76418.83	141412.54	69762.27	162785.06
主营成本(万元)	70879.91	119961.55	51320.47	110159.34
营业成本(万元)	70900.59	120093.80	51364.37	110251.51
投资收益(万元)	-	-	-	-
净利润(万元)	-3072.24	5078.62	9668.14	31980.67
利润总额(万元)	-3099.65	5641.89	11374.28	37132.28

东华软件股份公司

公司概况	公司名称	东华软件股份公司		证券简称	东华软件
	法人代表	薛向东	董秘 杨健	证券代码	002065
	公司网址	www.dhcc.com.cn		电子信箱	strongyang@dhcc.com.cn
	电话	010-62662188		传真	010-62662299
	办公地址	北京市海淀区紫金数码园 3 号楼 16 层			
	经营范围	技术研发、技术咨询、技术服务、技术推广、技术转让等			

指标\报告期	2012.06.30	2011.12.31	2011.06.30	2010.12.31
基本每股收益(元)	0.4251	0.7972	0.3928	0.6208
基本每股收益(扣除后)(元)	0.4248	0.7784	0.3692	0.6182
每股净资产(元)	4.6972	4.2700	4.6600	3.6900
每股经营现金净流量(元)	-0.3516	0.1426	-0.2706	0.0639
每股现金流量(元)	-0.4199	0.0266	-0.4541	0.0475
每股资本公积金(元)	1.1077	1.1077	1.3293	0.6672
每股盈余公积金(元)	0.2261	0.2261	0.2041	0.2119
每股未分配利润(元)	2.3635	1.9383	2.1294	1.8081
净资产收益率(%)	9.0500	18.5660	7.5700	20.2030
加权净资产收益率(%)	9.4800	20.7400	9.1800	22.0800
净资产收益率(扣除)(%)	-	-	-	-
总资产(万元)	345227.83	335570.20	284703.48	237880.35
归属母公司股东权益(万元)	249302.69	226740.11	206229.25	157069.54
主营业务收入(万元)	133625.45	257357.80	109156.23	183386.40
营业收入(万元)	138351.15	258638.68	109610.20	187016.13
主营成本(万元)	92285.05	177219.39	76933.16	128108.55
营业成本(万元)	95844.46	178338.57	77368.65	131340.65
投资收益(万元)	191.48	4.95	-	-
净利润(万元)	22559.72	42090.54	17156.41	31733.41
利润总额(万元)	24105.09	46081.26	18590.54	34617.38

瑞泰科技股份有限公司

公司概况	公司名称	瑞泰科技股份有限公司		证券简称	瑞泰科技
	法人代表	曾大凡	董秘 朱爱华	证券代码	002066
	公司网址	www.bjruitai.com		电子信箱	zhah@bjruitai.com
	电话	010-51167282		传真	010-65749477
	办公地址	北京市朝阳区管庄东里中国建材院主楼4层			
	经营范围	制造、销售耐火材料、无机非金属材料的研发、销售以及技术咨询等			

主要财务指标	指标\报告期	2012.06.30	2011.12.31	2011.06.30	2010.12.31
	基本每股收益(元)	0.0274	0.4957	0.2545	0.4200
	基本每股收益(扣除后)(元)	0.0105	0.4227	0.2234	0.3634
	每股净资产(元)	2.5800	5.2500	5.0500	4.9100
	每股经营现金净流量(元)	-1.0154	-0.1251	-0.7336	-0.1512
	每股现金流量(元)	-0.1056	-0.0042	0.1301	-0.2142
	每股资本公积金(元)	0.7258	2.4517	2.4874	2.4554
	每股盈余公积金(元)	0.0966	0.1932	0.1732	0.1732
	每股未分配利润(元)	0.7568	1.6087	1.3875	1.2830
	净资产收益率(%)	1.0600	9.4363	5.0400	8.5197
	加权净资产收益率(%)	1.0500	9.7500	5.1100	8.7900
	净资产收益率(扣除)(%)	-	-	-	-
	总资产(万元)	243091.63	220368.68	220342.36	164130.27
	归属母公司股东权益(万元)	59579.25	60678.81	58305.13	56728.75
	主营业务收入(万元)	68268.08	138851.86	63821.37	84257.89
	营业收入(万元)	68998.46	139671.09	64064.39	84485.65
	主营成本(万元)	52764.46	102370.20	46181.58	61503.09
	营业成本(万元)	53266.50	102938.62	46327.19	61571.24
	投资收益(万元)	-	-	-	-
	净利润(万元)	1483.32	8341.48	4242.05	6402.95
	利润总额(万元)	1997.99	9918.41	5239.54	7718.04

浙江景兴纸业股份有限公司

公司概况	公司名称	浙江景兴纸业股份有限公司		证券简称	景兴纸业
	法人代表	朱在龙	董秘 姚洁青	证券代码	002067
	公司网址	www.jxpaper.com.cn		电子信箱	yaojq0518@126.com
	电话	0573-85969328		传真	0573-85963320
	办公地址	浙江省平湖市曹桥镇			
	经营范围	绿色环保再生纸、特种纸及其它纸品及纸制品、造纸原料的制造和销售等			

主要财务指标	指标\报告期	2012.06.30	2011.12.31	2011.06.30	2010.12.31
	基本每股收益(元)	0.0300	0.2700	0.1200	0.3200
	基本每股收益(扣除后)(元)	0.0300	0.2500	0.1100	0.2600
	每股净资产(元)	5.2800	5.2200	5.1600	4.6900
	每股经营现金净流量(元)	-0.2092	0.2105	-0.4757	0.1154
	每股现金流量(元)	-0.8267	1.4869	2.4816	-0.2690
	每股资本公积金(元)	3.7982	3.7982	5.2998	3.3203
	每股盈余公积金(元)	0.0860	0.0860	0.1061	0.1061
	每股未分配利润(元)	0.3990	0.3351	0.3996	0.2619
	净资产收益率(%)	1.2100	4.3880	3.3000	6.7400
	加权净资产收益率(%)	1.2200	5.3500	4.3200	6.9800
	净资产收益率(扣除)(%)	-	-	-	-
	总资产(万元)	531425.84	546221.18	590763.16	439770.69
	归属母公司股东权益(万元)	288975.59	285484.64	282275.03	183780.49
	主营业务收入(万元)	144571.53	341910.99	170080.22	259986.32
	营业收入(万元)	145137.51	345139.39	171039.54	262917.67
	主营成本(万元)	123783.32	-	144216.35	220862.59
	营业成本(万元)	124249.98	296884.54	145018.97	223392.94
	投资收益(万元)	928.10	1678.05	800.19	1007.18
	净利润(万元)	3631.99	13897.86	10198.59	13636.18
	利润总额(万元)	3873.46	14273.53	11314.81	14903.64

江西黑猫炭黑股份有限公司

公司概况	公司名称	江西黑猫炭黑股份有限公司		证券简称	黑猫股份
	法人代表	蔡景章	董秘 曹和平	证券代码	002068
	公司网址	www.jx-blackcat.com		电子信箱	heimaoth@126.com
	电话	0798-8399126		传真	0798-8399126
	办公地址	江西省景德镇市历尧			
	经营范围	炭黑及其尾气的生产与销售等			

主要财务指标	指标\报告期	2012.06.30	2011.12.31	2011.06.30	2010.12.31
	基本每股收益(元)	0.1600	0.0700	0.0700	0.1100
	基本每股收益(扣除后)(元)	0.1300	0.0600	0.0600	0.1100
	每股净资产(元)	2.6900	2.5300	3.7200	2.5700
	每股经营现金净流量(元)	0.4186	0.1263	-0.0285	0.8552
	每股现金流量(元)	0.6523	0.2863	1.4146	0.2005
	每股资本公积金(元)	0.8713	0.8713	1.9941	0.8249
	每股盈余公积金(元)	0.0967	0.0967	0.1318	0.1581
	每股未分配利润(元)	0.7203	0.5585	0.5980	0.5834
	净资产收益率(%)	6.0200	10.6420	5.1400	8.3500
	加权净资产收益率(%)	5.8400	11.6000	4.8700	8.6900
	净资产收益率(扣除)(%)	-	-	-	-
	总资产(万元)	495469.74	422206.30	430595.07	298234.76
	归属母公司股东权益(万元)	128961.45	121197.07	111648.67	64138.70
	主营业务收入(万元)	206572.14	387642.95	170850.35	297508.44
	营业收入(万元)	211761.76	394546.74	173715.61	302286.38
	主营成本(万元)	172889.58	325580.92	148843.06	258354.96
	营业成本(万元)	175140.18	328113.64	149790.08	259697.33
	投资收益(万元)	-156.37	-23.32	-10.64	-61.71
	净利润(万元)	7456.77	12952.30	3254.45	5347.92
	利润总额(万元)	8802.29	16937.42	4669.09	6080.65

大连獐子岛渔业集团股份有限公司

公司概况	公司名称	大连獐子岛渔业集团股份有限公司		证券简称	獐子岛
	法人代表	吴厚刚	董秘 孙福君	证券代码	002069
	公司网址	www.zhangzidao.com		电子信箱	sunfujun@zhangzidao.com
	电话	0411-82821622 82659666		传真	0411-82634187
	办公地址	大连市中山区人民路26号人寿大厦17、18层			
	经营范围	水产品养殖、捕捞、加工、销售、进出口业务、承办中外合资经营等			

主要财务指标	指标\报告期	2012.06.30	2011.12.31	2011.06.30	2010.12.31
	基本每股收益(元)	0.2200	0.7100	0.3100	0.6200
	基本每股收益(扣除后)(元)	-	0.7900	0.3200	0.5800
	每股净资产(元)	3.6400	3.8200	3.4200	3.7300
	每股经营现金净流量(元)	-	0.1155	-0.2133	0.0941
	每股现金流量(元)	-	0.1388	0.0142	0.5140
	每股资本公积金(元)	1.2094	1.2077	1.2040	0.7654
	每股盈余公积金(元)	-	0.2957	0.2220	0.3489
	每股未分配利润(元)	-	1.3210	0.9955	1.6155
	净资产收益率(%)	-	18.3450	7.8900	25.0810
	加权净资产收益率(%)	5.7800	21.1800	10.2200	28.1100
	净资产收益率(扣除)(%)	-	-	-	-
	总资产(万元)	-	441996.44	400993.42	330441.35
	归属母公司股东权益(万元)	258614.42	271456.07	243036.52	168553.72
	主营业务收入(万元)	104400.35	292837.10	117493.93	224585.14
	营业收入(万元)	104717.59	293741.07	118090.39	225904.67
	主营成本(万元)	66261.49	193289.48	75049.72	147516.24
	营业成本(万元)	-	193601.39	75400.94	148431.44
	投资收益(万元)	-	328.81	208.59	2264.94
	净利润(万元)	-	49723.12	21386.50	42239.35
	利润总额(万元)	17663.04	56004.91	24211.14	48367.52

福建众和股份有限公司

公司概况	公司名称	福建众和股份有限公司		证券简称	众和股份
	法人代表	许建成	董秘	詹金明	证券代码	002070
	公司网址	www.zhonghe.com		电子信箱	security@zhonghe.com
	电　话	0594-5895039 5888969		传　真	0594-5895238
	办公地址	福建省莆田市秀屿区西许工业区 5-8 号			
	经营范围	面料、服装及其他纺织品的开发、生产、销售等			

主要财务指标	指标\报告期	2012.06.30	2011.12.31	2011.06.30	2010.12.31
	基本每股收益(元)	0.0682	0.1828	0.0838	0.2518
	基本每股收益(扣除后)(元)	0.0675	0.1838	0.0836	0.2429
	每股净资产(元)	2.3900	3.0300	2.9600	3.7100
	每股经营现金净流量(元)	0.0155	0.2022	0.0743	0.0225
	每股现金流量(元)	0.4093	-0.1393	0.0425	0.8457
	每股资本公积金(元)	0.4755	0.9181	0.9182	1.4939
	每股盈余公积金(元)	0.0823	0.1070	0.0982	0.1276
	每股未分配利润(元)	0.8286	1.0086	0.9436	1.0850
	净资产收益率(%)	2.8600	6.0260	3.5900	7.8900
	加权净资产收益率(%)	2.8800	6.2100	3.7500	10.2900
	净资产收益率(扣除)(%)	-	-	-	-
	总资产(万元)	232092.54	200261.75	211214.40	202788.56
	归属母公司股东权益(万元)	116613.02	114030.94	111242.63	107166.93
	主营业务收入(万元)	61047.15	125107.46	66105.82	107225.74
	营业收入(万元)	61163.13	125366.92	66189.22	107396.44
	主营成本(万元)	48672.24	98518.51	53137.36	80812.64
	营业成本(万元)	48692.38	98551.39	53141.55	80850.48
	投资收益(万元)	106.44	-	-	-
	净利润(万元)	3328.51	6869.12	4094.76	8446.39
	利润总额(万元)	3821.62	8823.99	4887.87	10075.97

江苏宏宝五金股份有限公司

公司概况	公司名称	江苏宏宝五金股份有限公司			证券简称	江苏宏宝
	法人代表	朱剑峰	董秘	顾桂新	证券代码	002071
	公司网址	www.hongbao.com		电子信箱	stock@hongbao.com	
	电　话	0512-58713681 58715059		传　真	0512-58761055	
	办公地址	江苏省张家港市大新镇人民路 128 号				
	经营范围	公司主要从事锻造类工具五金和配件五金制品的生产和销售等				

主要财务指标	指标\报告期	2012.06.30	2011.12.31	2011.06.30	2010.12.31
	基本每股收益(元)	0.0190	0.0800	0.0580	0.1100
	基本每股收益(扣除后)(元)	0.0180	0.0800	0.0530	0.1100
	每股净资产(元)	1.9400	1.9600	1.9800	2.0000
	每股经营现金净流量(元)	0.0798	0.1058	0.0932	0.0293
	每股现金流量(元)	-0.0343	-0.7438	0.1495	0.2340
	每股资本公积金(元)	0.4091	0.4173	0.4655	0.4984
	每股盈余公积金(元)	0.0939	0.0939	0.0889	0.0889
	每股未分配利润(元)	0.4405	0.4520	0.4297	0.4120
	净资产收益率(%)	0.9600	4.3330	2.9100	5.6900
	加权净资产收益率(%)	0.9500	4.2900	2.8800	5.6900
	净资产收益率(扣除)(%)	-	-	-	-
	总资产(万元)	102310.58	99424.44	91443.70	71464.25
	归属母公司股东权益(万元)	35708.35	36069.40	36454.81	36734.50
	主营业务收入(万元)	19216.31	41969.43	20207.73	37315.81
	营业收入(万元)	20838.33	45762.44	22260.69	40273.61
	主营成本(万元)	15638.57	34604.74	16716.35	30932.89
	营业成本(万元)	17240.81	38447.87	18651.68	33846.90
	投资收益(万元)	75.15	82.14	82.14	81.09
	净利润(万元)	32.87	1204.34	1029.88	2042.39
	利润总额(万元)	244.05	1756.44	1343.93	2517.80

山东德棉股份有限公司

公司概况	公司名称	山东德棉股份有限公司			证券简称	ST 德 棉
	法人代表	吴联模	董秘	朱江	证券代码	002072
	公司网址	www.textiledm.com		电子信箱	demianzj@163.com	
	电　话	010-65501356		传　真	010-65502190	
	办公地址	北京市朝阳区八里庄西里 100 号住邦 2000 商务 1 号楼 A 座 1601				
	经营范围	纺纱、织布、纺织原料、纺织品、服装、纺织设备及器材、配件等				

主要财务指标	指标\报告期	2012.06.30	2011.12.31	2011.06.30	2010.12.31
	基本每股收益(元)	-0.0630	-0.5620	-0.1190	0.0370
	基本每股收益(扣除后)(元)	-0.0640	-0.8210	-0.1210	-0.4040
	每股净资产(元)	1.1500	1.2200	1.6600	1.7800
	每股经营现金净流量(元)	-0.0534	0.4959	0.4400	0.7166
	每股现金流量(元)	-0.3380	0.3264	-0.0091	-0.0180
	每股资本公积金(元)	0.9400	0.9400	0.9400	0.9400
	每股盈余公积金(元)	0.2174	0.2174	0.2174	0.2174
	每股未分配利润(元)	-1.0046	-0.9414	-0.4980	-0.3792
	净资产收益率(%)	-5.4800	-46.2357	-9.7700	2.0900
	加权净资产收益率(%)	-5.3400	-37.5500	-6.9100	2.1100
	净资产收益率(扣除)(%)	-	-	-	-
	总资产(万元)	123238.55	107527.50	141780.29	149321.06
	归属母公司股东权益(万元)	20288.26	21401.05	29204.63	31295.98
	主营业务收入(万元)	48033.41	66957.23	40059.12	80152.98
	营业收入(万元)	54765.72	71083.13	40607.15	81685.75
	主营成本(万元)	45732.19	68049.37	36286.44	75138.89
	营业成本(万元)	52207.98	71844.32	36710.01	76445.74
	投资收益(万元)	-	-	-	-
	净利润(万元)	-1112.80	-9894.93	-2091.35	654.04
	利润总额(万元)	-1076.39	-9894.93	-2091.35	654.04

软控股份有限公司

公司概况	公司名称	软控股份有限公司			证券简称	软控股份
	法人代表	袁仲雪	董秘	张焱	证券代码	002073
	公司网址	www.mesnac.com		电子信箱	zhangy@mesnac.com	
	电　话	0532-84012387 84012379		传　真	0532-84011517	
	办公地址	山东省青岛市郑州路 43 号软控研发中心				
	经营范围	机械设备、模具、计算机软硬件、大规模集成电路、自动化系统等				

主要财务指标	指标\报告期	2012.06.30	2011.12.31	2011.06.30	2010.12.31
	基本每股收益(元)	0.1300	0.6100	0.2400	0.5000
	基本每股收益(扣除后)(元)	0.1000	0.6000	0.2300	0.4600
	每股净资产(元)	4.0700	3.9300	3.7100	3.2000
	每股经营现金净流量(元)	0.2065	-0.8749	-0.6080	0.1153
	每股现金流量(元)	0.1967	-0.1883	0.8073	-0.0246
	每股资本公积金(元)	0.7446	0.7142	0.7893	0.5158
	每股盈余公积金(元)	0.2483	0.2483	0.2061	0.2061
	每股未分配利润(元)	2.0779	1.9691	1.7170	1.4778
	净资产收益率(%)	3.1700	15.6140	6.4400	15.7030
	加权净资产收益率(%)	3.2300	17.4800	7.2000	16.6600
	净资产收益率(扣除)(%)	-	-	-	-
	总资产(万元)	591090.84	537660.78	547627.38	406488.40
	归属母公司股东权益(万元)	302007.79	291677.01	275601.73	237508.75
	主营业务收入(万元)	81647.98	209773.91	87659.95	145854.38
	营业收入(万元)	87646.52	221478.40	90361.47	149996.40
	主营成本(万元)	53873.01	128477.39	56249.96	84468.87
	营业成本(万元)	57812.88	134340.79	57787.77	87678.13
	投资收益(万元)	138.23	-86.07	-33.06	-
	净利润(万元)	9405.51	45973.68	17911.98	37420.78
	利润总额(万元)	10267.42	56243.32	21730.07	43794.00

江苏东源电器集团股份有限公司

公司概况

公司名称	江苏东源电器集团股份有限公司			证券简称	东源电器
法人代表	孙益源	董秘	陈林芳	证券代码	002074
公司网址	www.jsdydq.com		电子信箱	chenlf511@126.com	
电　　话	0513-86268788 86268009		传　　真	0513-86268222	
办公地址	江苏省南通市通州区十总镇东源大道 1 号				
经营范围	高、低压开关及成套设备、电器自动化、配网自动化设备及元器件的制造和销售等				

主要财务指标

指标\报告期	2012.06.30	2011.12.31	2011.06.30	2010.12.31
基本每股收益(元)	0.1600	0.1400	0.1300	0.1100
基本每股收益(扣除后)(元)	0.1300	0.1000	0.1100	0.0800
每股净资产(元)	1.7600	1.7000	1.6900	2.8900
每股经营现金净流量(元)	0.0106	0.1483	0.0180	0.0464
每股现金流量(元)	−0.0330	−0.0468	0.0398	0.0295
每股资本公积金(元)	0.0601	0.0601	0.0601	0.6082
每股盈余公积金(元)	0.1123	0.1123	0.1001	0.1801
每股未分配利润(元)	0.5888	0.5318	0.5286	1.1002
净资产收益率(%)	8.9100	8.4470	7.6100	6.7377
加权净资产收益率(%)	8.8100	8.7000	7.7000	6.9700
净资产收益率(扣除)(%)	–	–	–	–
总资产(万元)	103659.67	93334.16	94944.45	84098.03
归属母公司股东权益(万元)	44624.06	43179.88	42788.04	40658.70
主营业务收入(万元)	39202.02	60393.62	37034.35	45186.40
营业收入(万元)	39685.52	61028.57	37478.06	46613.89
主营成本(万元)	28418.33	44861.72	27567.44	33456.23
营业成本(万元)	28777.04	45046.43	27886.42	34514.36
投资收益(万元)	0.36	–	–	–
净利润(万元)	4465.69	4742.56	3700.92	3705.77
利润总额(万元)	5688.47	5543.75	4737.32	4283.85

江苏沙钢股份有限公司

公司概况

公司名称	江苏沙钢股份有限公司			证券简称	沙钢股份
法人代表	陆锦祥	董秘	魏笔	证券代码	002075
公司网址	www.shaganggf.com		电子信箱	shaganggufen@gmail.com	
电　　话	0512-58690829		传　　真	0512-58676357	
办公地址	江苏省张家港经济开发区				
经营范围	优特钢、中厚板钢铁产品及铜制品的生产与销售等				

主要财务指标

指标\报告期	2012.06.30	2011.12.31	2011.06.30	2010.12.31
基本每股收益(元)	0.0200	0.1800	0.1100	0.3000
基本每股收益(扣除后)(元)	0.0200	0.1600	0.0900	0.2800
每股净资产(元)	1.4800	1.4500	1.3700	1.2700
每股经营现金净流量(元)	0.2862	0.0695	0.8158	1.6387
每股现金流量(元)	−0.1722	−0.4045	−0.1745	0.3885
每股资本公积金(元)	0.0127	0.0127	–	–
每股盈余公积金(元)	0.0055	0.0055	–	–
每股未分配利润(元)	0.4566	0.4349	0.3734	0.2653
净资产收益率(%)	1.4700	12.1230	7.8700	17.9450
加权净资产收益率(%)	1.4800	12.9400	8.2000	19.1600
净资产收益率(扣除)(%)	–	–	–	–
总资产(万元)	958713.73	1014409.91	1195265.41	1155494.52
归属母公司股东权益(万元)	232557.92	229043.27	216483.49	199440.15
主营业务收入(万元)	618933.73	1442638.12	795553.30	1208693.93
营业收入(万元)	637645.83	1500058.74	815620.95	1253743.96
主营成本(万元)	581422.88	1314400.88	723096.06	1068196.52
营业成本(万元)	597978.76	1365356.50	739532.47	1111558.69
投资收益(万元)	70.97	−477.13	−197.48	89.09
净利润(万元)	5324.00	53947.43	33331.36	73425.72
利润总额(万元)	7258.31	68084.87	43870.83	85800.64

广东雪莱特光电科技股份有限公司

公司概况

公司名称	广东雪莱特光电科技股份有限公司			证券简称	雪莱特
法人代表	柴国生	董秘	冼树忠	证券代码	002076
公司网址	www.cnlight.com		电子信箱	info@cnlight.com	
电　　话	0757-86695590		传　　真	0757-86695225	
办公地址	广东省佛山市南海区狮山工业科技工业园 A 区				
经营范围	设计、加工、制造:照明电器、电真空器件、科教器材、电光源器材及配件等				

主要财务指标

指标\报告期	2012.06.30	2011.12.31	2011.06.30	2010.12.31
基本每股收益(元)	0.0286	0.1164	0.0355	0.0671
基本每股收益(扣除后)(元)	0.0175	0.0958	0.0240	0.0237
每股净资产(元)	2.1100	2.1800	2.1000	2.1600
每股经营现金净流量(元)	0.0641	−0.1027	−0.2380	0.1232
每股现金流量(元)	−0.1207	−0.0734	−0.2567	−0.0513
每股资本公积金(元)	0.3011	0.3011	0.3007	0.3007
每股盈余公积金(元)	0.1204	0.1204	0.1102	0.1102
每股未分配利润(元)	0.6881	0.7595	0.6888	0.7533
净资产收益率(%)	1.3600	5.3380	1.6900	3.0997
加权净资产收益率(%)	1.3000	5.2400	1.6300	3.1500
净资产收益率(扣除)(%)	–	–	–	–
总资产(万元)	54189.45	57138.72	51348.72	52986.88
归属母公司股东权益(万元)	38875.10	40190.55	38690.68	39879.66
主营业务收入(万元)	17690.36	–	17360.66	34985.97
营业收入(万元)	18012.96	46867.06	18589.96	35222.05
主营成本(万元)	12951.15	–	13463.56	26169.68
营业成本(万元)	13152.98	34430.91	14010.68	26326.93
投资收益(万元)	0.62	−5.55	23.50	61.63
净利润(万元)	500.39	2132.44	658.55	1229.42
利润总额(万元)	616.39	2502.82	732.13	1617.50

江苏大港股份有限公司

公司概况

公司名称	江苏大港股份有限公司			证券简称	大港股份
法人代表	林子文	董秘	吴晓坚	证券代码	002077
公司网址	www.dggf.cn		电子信箱	zjwuxj@163.com	
电　　话	0511-88901009		传　　真	0511-88901188	
办公地址	江苏省镇江市镇江新区通港路 1 号				
经营范围	工业园区开发、基础设施建设、工业厂房建设与经营、房地产开发等				

主要财务指标

指标\报告期	2012.06.30	2011.12.31	2011.06.30	2010.12.31
基本每股收益(元)	0.1200	0.2600	0.1200	0.2000
基本每股收益(扣除后)(元)	−0.0400	−0.0400	0.1000	0.0500
每股净资产(元)	3.2600	3.1300	3.0100	2.8800
每股经营现金净流量(元)	−1.3407	−2.6552	−1.1153	−1.0465
每股现金流量(元)	−0.5245	0.7344	0.3312	−0.0548
每股资本公积金(元)	0.9313	0.9313	0.9315	0.9315
每股盈余公积金(元)	0.2971	0.2971	0.2499	0.2499
每股未分配利润(元)	1.0275	0.9046	0.8322	0.6942
净资产收益率(%)	3.7800	8.2230	4.0400	6.9575
加权净资产收益率(%)	3.8500	8.5800	4.1200	7.2900
净资产收益率(扣除)(%)	–	–	–	–
总资产(万元)	519249.10	448209.44	332046.27	311636.04
归属母公司股东权益(万元)	82049.21	78951.31	75941.34	72462.43
主营业务收入(万元)	130562.54	251955.97	89988.43	194299.71
营业收入(万元)	134265.61	257834.62	90071.74	197550.66
主营成本(万元)	109290.18	214569.60	73713.06	172778.23
营业成本(万元)	109290.18	214597.91	73727.34	173028.73
投资收益(万元)	36.54	−46.57	−50.83	−72.84
净利润(万元)	3105.29	6548.30	3091.85	5109.31
利润总额(万元)	4489.70	9243.56	4291.68	6998.86

山东太阳纸业股份有限公司

公司概况	公司名称	山东太阳纸业股份有限公司			证券简称	太阳纸业
	法人代表	李洪信	董秘	陈昭军	证券代码	002078
	公司网址	www.sunpapergroup.com			电子信箱	sunpaper@sunpaper.cn
	电　　话	0537-7928715 7928762			传　　真	0537-7928762
	办公地址	山东省兖州市友谊路 1 号				
	经营范围	机制纸、纸板制造、纸制品制造、加工、造纸用农产品的收购等				

主要财务指标	指标\报告期	2012.06.30	2011.12.31	2011.06.30	2010.12.31
	基本每股收益(元)	0.1100	0.5000	0.3500	0.6300
	基本每股收益(扣除后)(元)	0.0500	0.2600	0.2900	0.6100
	每股净资产(元)	3.9700	3.8600	3.8900	3.5300
	每股经营现金净流量(元)	0.2767	1.0568	0.6223	1.2525
	每股现金流量(元)	-0.0967	0.1849	0.3357	0.2041
	每股资本公积金(元)	0.7755	0.7755	0.7876	0.7839
	每股盈余公积金(元)	0.3505	0.3505	0.3061	0.3061
	每股未分配利润(元)	1.8501	1.7450	1.7971	1.4425
	净资产收益率(%)	2.6500	12.8590	9.1800	17.9340
	加权净资产收益率(%)	2.6800	13.3900	9.5600	19.4700
	净资产收益率(扣除)(%)	-	-	-	-
	总资产(万元)	1497498.27	1518776.26	1432523.99	1159560.77
	归属母公司股东权益(万元)	398936.97	388308.90	390688.99	354849.24
	主营业务收入(万元)	524260.95	865964.54	399197.87	790485.68
	营业收入(万元)	530622.54	876234.30	403329.24	803704.42
	主营成本(万元)	459302.91	729215.36	323017.08	640788.02
	营业成本(万元)	461311.69	732528.53	325293.38	647619.96
	投资收益(万元)	3251.07	10813.22	6303.94	9475.76
	净利润(万元)	11253.94	56278.46	40866.10	75251.20
	利润总额(万元)	12721.24	61792.31	47479.97	90366.14

苏州固锝电子股份有限公司

公司概况	公司名称	苏州固锝电子股份有限公司			证券简称	苏州固锝
	法人代表	吴念博	董秘	滕有西	证券代码	002079
	公司网址	www.goodark.com			电子信箱	y.x.teng@goodark.com
	电　　话	0512-68188888-2079 2063			传　　真	0512-68189999
	办公地址	江苏省苏州市高新区狮山路 199 号新地中心 19F				
	经营范围	设计、制造和销售各类半导体芯片、各类集成电路、二极管、三极管等				

主要财务指标	指标\报告期	2012.06.30	2011.12.31	2011.06.30	2010.12.31
	基本每股收益(元)	0.0380	0.1910	0.0540	0.1920
	基本每股收益(扣除后)(元)	0.0360	0.1690	0.0490	0.1910
	每股净资产(元)	1.6600	2.9800	1.7600	2.0600
	每股经营现金净流量(元)	-0.0094	0.2093	0.1381	0.3289
	每股现金流量(元)	-0.0403	1.3480	0.0603	0.0079
	每股资本公积金(元)	0.2997	1.3160	0.1083	0.3535
	每股盈余公积金(元)	0.0674	0.1214	0.1118	0.1453
	每股未分配利润(元)	0.2937	0.5397	0.5454	0.5667
	净资产收益率(%)	2.2700	5.7750	6.2100	12.0870
	加权净资产收益率(%)	2.3000	10.4300	6.5800	12.9600
	净资产收益率(扣除)(%)	-	-	-	-
	总资产(万元)	148713.10	151283.66	96369.24	85205.95
	归属母公司股东权益(万元)	120046.43	119574.81	63281.13	56984.59
	主营业务收入(万元)	40414.41	83550.59	44439.96	81861.51
	营业收入(万元)	40414.41	83550.59	44439.96	81861.51
	主营成本(万元)	35990.72	70742.95	37155.21	67187.93
	营业成本(万元)	35990.72	70742.95	37155.21	67187.93
	投资收益(万元)	2643.03	3974.40	1102.42	1293.65
	净利润(万元)	2636.69	6906.73	3927.94	6887.89
	利润总额(万元)	2735.70	8010.23	4532.03	8175.23

中材科技股份有限公司

公司概况	公司名称	中材科技股份有限公司			证券简称	中材科技
	法人代表	李新华	董秘	宋伯庐	证券代码	002080
	公司网址	www.sinomatech.com			电子信箱	sinoma@sinomatech.com
	电　　话	010-88437909 88433966			传　　真	010-88437712
	办公地址	北京市海淀区板井路 69 号商务中心写字楼 12Fa				
	经营范围	特种纤维复合材料及其制品的制造与销售等				

主要财务指标	指标\报告期	2012.06.30	2011.12.31	2011.06.30	2010.12.31
	基本每股收益(元)	0.1530	0.3037	0.1789	0.5900
	基本每股收益(扣除后)(元)	0.1264	0.1979	0.1433	0.5100
	每股净资产(元)	5.7200	5.6700	5.5100	10.9900
	每股经营现金净流量(元)	-0.0791	0.2193	-0.0467	0.3984
	每股现金流量(元)	-0.2156	-1.5946	-1.1768	4.8392
	每股资本公积金(元)	3.3632	3.3632	3.3275	7.6869
	每股盈余公积金(元)	0.1176	0.1176	0.0809	0.1618
	每股未分配利润(元)	1.2387	1.1857	1.0976	2.1374
	净资产收益率(%)	2.6700	5.3590	3.2500	8.0558
	加权净资产收益率(%)	2.6600	5.4900	3.2200	19.8100
	净资产收益率(扣除)(%)	-	-	-	-
	总资产(万元)	528943.11	463877.51	451728.45	452614.63
	归属母公司股东权益(万元)	228778.05	226658.37	220241.36	219723.34
	主营业务收入(万元)	130677.71	251292.30	110018.53	255356.69
	营业收入(万元)	131551.36	253144.58	111067.03	257350.00
	主营成本(万元)	103336.96	201486.27	85718.11	181263.81
	营业成本(万元)	103889.64	202579.34	86440.99	182589.75
	投资收益(万元)	-179.31	-0.96	8.12	132.51
	净利润(万元)	6839.54	13486.86	8114.16	31107.68
	利润总额(万元)	8235.12	15320.12	9630.46	36404.87

苏州金螳螂建筑装饰股份有限公司

公司概况	公司名称	苏州金螳螂建筑装饰股份有限公司			证券简称	金螳螂
	法人代表	倪林	董秘	戴铁钧	证券代码	002081
	公司网址	www.goldmantis.com			电子信箱	tzglb@goldmantis.com
	电　　话	0512-68660622			传　　真	0512-68660622
	办公地址	江苏省苏州市西环路 888 号				
	经营范围	承接各类建筑室内、室外装修装饰工程的设计及施工等				

主要财务指标	指标\报告期	2012.06.30	2011.12.31	2011.06.30	2010.12.31
	基本每股收益(元)	0.5339	1.5200	0.3391	0.8100
	基本每股收益(扣除后)(元)	0.5349	1.5200	0.3386	0.8100
	每股净资产(元)	4.4000	6.0000	2.9300	3.7800
	每股经营现金净流量(元)	-0.2662	1.0692	-0.0949	1.0606
	每股现金流量(元)	-0.4312	3.0633	-0.3554	0.7398
	每股资本公积金(元)	1.4382	2.6581	0.4246	0.5676
	每股盈余公积金(元)	0.2138	0.3206	0.2119	0.3178
	每股未分配利润(元)	1.7509	2.0255	1.3058	1.8957
	净资产收益率(%)	12.1300	23.5490	17.2600	32.2014
	加权净资产收益率(%)	12.5700	45.3000	18.7800	37.3600
	净资产收益率(扣除)(%)	-	-	-	-
	总资产(万元)	814875.54	770536.98	445624.45	406068.92
	归属母公司股东权益(万元)	342272.08	311170.95	141135.53	120691.53
	主营业务收入(万元)	517259.12	1014168.39	374526.95	663174.28
	营业收入(万元)	517425.28	1014522.28	374724.42	663935.47
	主营成本(万元)	430184.61	841342.80	311804.84	551237.23
	营业成本(万元)	430238.49	841532.76	311875.49	551788.64
	投资收益(万元)	223.56	122.20	122.20	196.24
	净利润(万元)	41584.98	73979.34	25004.33	40786.81
	利润总额(万元)	49677.99	90214.55	33507.34	54930.97

浙江栋梁新材股份有限公司

公司概况	公司名称	浙江栋梁新材股份有限公司		证券简称	栋梁新材
	法人代表	陆志宝	董秘 袁嘉懿	证券代码	002082
	公司网址	www.dongliang.com.cn		电子信箱	info@dongliang.com.cn
	电　话	0572-3158810 2699791		传　真	0572-2699765
	办公地址	浙江省湖州市织里镇栋梁路			
	经营范围	铝合金型材、铝棒、五金制品及模具、镁合金制品的制造加工、销售等			

	指标\报告期	2012.06.30	2011.12.31	2011.06.30	2010.12.31
主要财务指标	基本每股收益(元)	0.1800	0.6700	0.3600	0.6400
	基本每股收益(扣除后)(元)	0.1800	0.6500	0.3600	0.6300
	每股净资产(元)	4.3800	4.4000	4.1000	3.8800
	每股经营现金净流量(元)	0.5274	-0.0060	-0.0989	0.6818
	每股现金流量(元)	0.4175	-0.4348	-0.0874	0.5046
	每股资本公积金(元)	1.0160	1.0160	1.0160	1.0160
	每股盈余公积金(元)	0.2389	0.2389	0.1868	0.1868
	每股未分配利润(元)	2.1276	2.1437	1.8941	1.6792
	净资产收益率(%)	4.2000	15.1540	8.9100	16.4500
	加权净资产收益率(%)	4.1300	16.1500	9.0300	17.8200
	净资产收益率(扣除)(%)	-	-	-	-
	总资产(万元)	158623.89	144629.14	144726.05	131658.55
	归属母公司股东权益(万元)	104304.39	104688.19	97508.77	92393.78
	主营业务收入(万元)	549998.02	1085793.02	464087.77	803797.15
	营业收入(万元)	550414.15	1087386.61	464905.40	805370.74
	主营成本(万元)	537877.36	1053561.87	447492.73	772716.28
	营业成本(万元)	538775.34	1054619.59	448020.53	773552.12
	投资收益(万元)	-	-	-	-
	净利润(万元)	4592.23	16246.06	8858.47	15547.59
	利润总额(万元)	6045.62	20000.45	11288.32	19429.68

孚日集团股份有限公司

公司概况	公司名称	孚日集团股份有限公司		证券简称	孚日股份
	法人代表	孙日贵	董秘 吴明凤	证券代码	002083
	公司网址	www.sunvim.com		电子信箱	furigufen@126.com
	电　话	0536-2308043		传　真	0536-2315895
	办公地址	山东省潍坊市高密市孚日街1号			
	经营范围	生产和销售巾被系列产品和装饰布系列产品			

	指标\报告期	2012.06.30	2011.12.31	2011.06.30	2010.12.31
主要财务指标	基本每股收益(元)	0.0900	0.1400	0.1200	0.1900
	基本每股收益(扣除后)(元)	0.0500	0.1000	0.1000	0.1800
	每股净资产(元)	3.1300	3.0400	3.0100	2.8900
	每股经营现金净流量(元)	0.3459	0.4954	-0.2075	0.8826
	每股现金流量(元)	-0.0147	0.1388	0.3203	0.1385
	每股资本公积金(元)	1.4271	1.4271	1.4250	1.4250
	每股盈余公积金(元)	0.1251	0.1251	0.1129	0.1129
	每股未分配利润(元)	0.5745	0.4849	0.4768	0.3534
	净资产收益率(%)	2.8700	4.7334	4.1000	6.7360
	加权净资产收益率(%)	2.9100	4.8500	4.1800	6.9700
	净资产收益率(扣除)(%)	-	-	-	-
	总资产(万元)	739024.88	739544.47	784114.63	718354.93
	归属母公司股东权益(万元)	293385.63	284982.41	282878.57	271304.75
	主营业务收入(万元)	225245.45	448191.57	224667.42	408295.99
	营业收入(万元)	229588.75	461120.96	231936.29	424958.24
	主营成本(万元)	190894.09	369643.83	179669.71	331018.12
	营业成本(万元)	195119.14	381531.94	186418.31	345472.17
	投资收益(万元)	277.24	795.50	495.37	1448.48
	净利润(万元)	8807.70	13820.16	11748.72	18697.01
	利润总额(万元)	11605.85	18362.72	15591.84	25566.66

广州海鸥卫浴用品股份有限公司

公司概况	公司名称	广州海鸥卫浴用品股份有限公司		证券简称	海鸥卫浴
	法人代表	唐台英	董秘 崔鼎昌	证券代码	002084
	公司网址	www.seagullgroup.cn		电子信箱	seagull@seagullgroup.cn
	电　话	020-84896096 8809 34808178		传　真	020-34808171
	办公地址	广东省广州市番禺区沙头街禺山西路363号联邦工业城内			
	经营范围	水龙头零组件等卫浴五金产品的设计、开发、制造和销售			

	指标\报告期	2012.06.30	2011.12.31	2011.06.30	2010.12.31
主要财务指标	基本每股收益(元)	0.0381	0.0255	0.0558	0.2207
	基本每股收益(扣除后)(元)	0.0205	0.0140	0.0481	0.2063
	每股净资产(元)	2.0231	2.2833	2.3200	2.7925
	每股经营现金净流量(元)	0.1841	0.3123	0.1329	0.3461
	每股现金流量(元)	-0.2159	0.0449	0.0162	-0.0241
	每股资本公积金(元)	0.1737	0.2911	0.2901	0.6369
	每股盈余公积金(元)	0.1547	0.1702	0.1693	0.2031
	每股未分配利润(元)	0.6953	0.8229	0.8596	0.9580
	净资产收益率(%)	1.8800	1.1180	2.6500	9.4870
	加权净资产收益率(%)	1.8200	1.0900	2.6000	9.7300
	净资产收益率(扣除)(%)	-	-	-	-
	总资产(万元)	159705.80	160522.35	167970.34	161128.20
	归属母公司股东权益(万元)	74681.12	76625.15	77716.44	78091.83
	主营业务收入(万元)	78488.92	144317.26	70982.47	162500.61
	营业收入(万元)	80305.54	148798.84	73459.22	166608.25
	主营成本(万元)	61910.89	114327.18	55359.74	127696.23
	营业成本(万元)	62924.50	116097.58	57374.97	129695.38
	投资收益(万元)	-247.74	-468.13	-217.07	132.78
	净利润(万元)	1459.15	427.88	1743.47	7952.17
	利润总额(万元)	1651.01	629.66	2211.29	8541.74

浙江万丰奥威汽轮股份有限公司

公司概况	公司名称	浙江万丰奥威汽轮股份有限公司		证券简称	万丰奥威
	法人代表	陈爱莲	董秘 徐晓芳	证券代码	002085
	公司网址	www.wfaw.com.cn		电子信箱	xuxf@wfjt.com
	电　话	0575-86298339		传　真	0575-86298339
	办公地址	浙江省绍兴市新昌县工业区			
	经营范围	汽车、摩托车铝合金车轮的生产与销售			

	指标\报告期	2012.06.30	2011.12.31	2011.06.30	2010.12.31
主要财务指标	基本每股收益(元)	0.2800	0.5700	0.2700	0.6300
	基本每股收益(扣除后)(元)	0.2800	0.4500	0.1500	0.4300
	每股净资产(元)	4.0600	3.7800	3.4700	4.8900
	每股经营现金净流量(元)	0.5650	0.7621	0.3070	1.5546
	每股现金流量(元)	1.0418	-0.2603	-0.1517	0.3118
	每股资本公积金(元)	1.2418	1.2418	1.2244	1.9615
	每股盈余公积金(元)	0.2390	0.2390	0.2587	0.2587
	每股未分配利润(元)	1.5801	1.3050	0.9873	1.6669
	净资产收益率(%)	6.7800	15.1710	7.0600	17.6651
	加权净资产收益率(%)	7.0200	15.2500	7.2300	19.4100
	净资产收益率(扣除)(%)	-	-	-	-
	总资产(万元)	295720.80	257013.76	162643.70	245397.34
	归属母公司股东权益(万元)	158329.84	147593.66	98608.12	138911.56
	主营业务收入(万元)	195873.95	389338.93	181098.67	184797.65
	营业收入(万元)	197438.86	393346.06	183373.91	358187.12
	主营成本(万元)	159531.15	325759.60	151403.19	150821.49
	营业成本(万元)	160667.71	328761.32	82826.89	292412.08
	投资收益(万元)	957.24	1306.92	644.69	-10.22
	净利润(万元)	14060.56	29040.57	13806.05	34301.11
	利润总额(万元)	17514.89	33331.27	16182.47	38851.78

山东东方海洋科技股份有限公司

公司概况	公司名称	山东东方海洋科技股份有限公司			证券简称	东方海洋
	法人代表	车轼	董秘	于德海	证券代码	002086
	公司网址	www.dfhy.cc		电子信箱	mpydh@126.com	
	电话	0535-6729111 6929011		传真	0535-6729055	
	办公地址	山东省烟台市莱山区澳柯玛大街 18 号				
	经营范围	水产品加工出口和海水养殖				

主要财务指标	指标\报告期	2012.06.30	2011.12.31	2011.06.30	2010.12.31
	基本每股收益(元)	0.1541	0.3916	0.1338	0.3008
	基本每股收益(扣除后)(元)	0.1495	0.3474	0.1314	0.2763
	每股净资产(元)	5.1010	5.1469	4.8900	4.7600
	每股经营现金净流量(元)	0.2269	0.1745	0.2084	0.0938
	每股现金流量(元)	0.1020	-0.2738	0.6260	0.0924
	每股资本公积金(元)	2.8023	2.8023	2.8023	2.8023
	每股盈余公积金(元)	0.1733	0.1733	0.1371	0.1371
	每股未分配利润(元)	1.1249	1.1708	0.9492	0.8154
	净资产收益率(%)	3.0209	7.6090	2.7366	6.3240
	加权净资产收益率(%)	2.9498	7.9100	2.7728	6.5300
	净资产收益率(扣除)(%)	-	-	-	-
	总资产(万元)	220726.01	212531.45	214622.97	188585.46
	归属母公司股东权益(万元)	124388.32	125507.18	119197.81	116011.76
	主营业务收入(万元)	31355.64	74019.58	32373.41	61328.12
	营业收入(万元)	32113.23	75247.23	32890.85	62389.07
	主营成本(万元)	23242.03	55733.54	25324.67	46846.88
	营业成本(万元)	23689.47	56627.61	25711.17	47550.83
	投资收益(万元)	-	-	-	-
	净利润(万元)	3762.73	9764.65	3262.93	7521.81
	利润总额(万元)	3750.21	9827.06	3274.45	7610.93

河南新野纺织股份有限公司

公司概况	公司名称	河南新野纺织股份有限公司			证券简称	新野纺织
	法人代表	魏学柱	董秘	许勤芝	证券代码	002087
	公司网址	www.xinye-tex.com		电子信箱	002087xyfz@sina.cn	
	电话	0377-66215788 66221824		传真	0377-66265092	
	办公地址	河南省南阳市新野县城关镇书院路 15 号				
	经营范围	中高档棉纺织品的加工与销售等				

主要财务指标	指标\报告期	2012.06.30	2011.12.31	2011.06.30	2010.12.31
	基本每股收益(元)	0.0794	0.1973	0.0869	0.1869
	基本每股收益(扣除后)(元)	0.0796	0.1719	0.0882	0.1752
	每股净资产(元)	3.3800	3.3400	3.2700	3.1800
	每股经营现金净流量(元)	0.2999	0.9953	0.7897	-0.5112
	每股现金流量(元)	-0.1781	0.0170	-0.0563	0.3585
	每股资本公积金(元)	1.2008	1.2010	1.2023	1.2048
	每股盈余公积金(元)	0.1660	0.1660	0.1452	0.1452
	每股未分配利润(元)	1.0105	0.9711	0.9215	0.8346
	净资产收益率(%)	2.3500	5.9110	2.6600	5.4450
	加权净资产收益率(%)	2.3500	5.9100	2.7100	6.3900
	净资产收益率(扣除)(%)	-	-	-	-
	总资产(万元)	430746.91	433275.18	388018.12	393842.87
	归属母公司股东权益(万元)	175538.56	173501.90	169906.93	165518.69
	主营业务收入(万元)	151901.28	295377.28	133184.01	239128.02
	营业收入(万元)	152470.43	297160.66	134272.93	240807.99
	主营成本(万元)	136924.34	264515.78	120029.01	210884.85
	营业成本(万元)	136924.34	264515.78	120029.01	210884.85
	投资收益(万元)	-	-	-	-
	净利润(万元)	4088.47	10227.67	4499.38	9013.07
	利润总额(万元)	5453.59	12163.12	6070.77	12695.91

山东鲁阳股份有限公司

公司概况	公司名称	山东鲁阳股份有限公司			证券简称	鲁阳股份
	法人代表	鹿成滨	董秘	鹿超	证券代码	002088
	公司网址	www.luyangwool.com		电子信箱	luyang@luyangwool.com	
	电话	0533-3280969 3283708		传真	0533-3282059	
	办公地址	山东省淄博市沂源县沂河路 11 号				
	经营范围	硅酸铝耐火纤维材料、珍珠岩保温材料、玻璃钢产品、高温粘结剂等				

主要财务指标	指标\报告期	2012.06.30	2011.12.31	2011.06.30	2010.12.31
	基本每股收益(元)	0.1400	0.4600	0.2500	0.5200
	基本每股收益(扣除后)(元)	0.1400	0.4600	0.2500	0.5000
	每股净资产(元)	5.9800	5.9400	5.7200	5.5700
	每股经营现金净流量(元)	0.2196	0.2277	-0.1326	0.6275
	每股现金流量(元)	0.1844	-0.6503	-0.5740	-0.5929
	每股资本公积金(元)	2.2992	2.2992	2.2992	2.2992
	每股盈余公积金(元)	0.4336	0.4336	0.3848	0.3848
	每股未分配利润(元)	2.2436	2.2037	2.0370	1.8903
	净资产收益率(%)	2.3400	7.7880	4.3100	9.4120
	加权净资产收益率(%)	2.3400	8.0700	4.3700	9.8300
	净资产收益率(扣除)(%)	-	-	-	-
	总资产(万元)	178743.99	170800.41	166016.78	166927.93
	归属母公司股东权益(万元)	139836.61	138902.36	133859.31	130425.17
	主营业务收入(万元)	44421.31	97520.77	46117.13	91167.10
	营业收入(万元)	44559.87	97980.45	46297.05	91834.00
	主营成本(万元)	32299.91	66652.42	31974.38	61722.90
	营业成本(万元)	32374.26	66865.88	32042.72	62167.36
	投资收益(万元)	-	-	-	13.10
	净利润(万元)	3274.04	10816.98	5773.93	12277.58
	利润总额(万元)	3710.28	12811.29	6449.35	14497.16

苏州新海宜通信科技股份有限公司

公司概况	公司名称	苏州新海宜通信科技股份有限公司			证券简称	新海宜
	法人代表	张亦斌	董秘	徐磊	证券代码	002089
	公司网址	www.nsu.com.cn		电子信箱	nsu@nsu.com.cn	
	电话	0512-67606666*8638		传真	0512-67260021	
	办公地址	江苏省苏州市工业园区泾茂路 168 号新海宜科技园				
	经营范围	通信网络设备及配套软件、相关电子产品、安装线缆、电器机械及器材等				

主要财务指标	指标\报告期	2012.06.30	2011.12.31	2011.06.30	2010.12.31
	基本每股收益(元)	0.1518	0.5100	0.1490	0.4100
	基本每股收益(扣除后)(元)	0.1317	0.3800	0.0980	0.2900
	每股净资产(元)	2.4000	2.8000	2.5140	3.8500
	每股经营现金净流量(元)	-0.0671	-0.1255	0.1574	-0.0055
	每股现金流量(元)	0.1549	-0.6676	-0.6396	1.3891
	每股资本公积金(元)	0.2465	0.4958	0.5600	1.5055
	每股盈余公积金(元)	0.1363	0.1635	0.1170	0.1755
	每股未分配利润(元)	1.0210	1.1430	0.8369	1.1652
	净资产收益率(%)	6.3200	18.2940	6.3800	15.3760
	加权净资产收益率(%)	6.3000	19.1300	6.9200	19.8500
	净资产收益率(扣除)(%)	-	-	-	-
	总资产(万元)	183659.57	160667.29	157044.48	136174.15
	归属母公司股东权益(万元)	101790.41	98891.08	88715.22	90486.93
	主营业务收入(万元)	43928.06	78307.96	33008.43	53535.19
	营业收入(万元)	44049.59	78507.24	33078.16	54465.45
	主营成本(万元)	28620.04	50641.04	22653.57	32626.92
	营业成本(万元)	28661.97	50775.67	22689.50	33491.19
	投资收益(万元)	948.83	6456.73	2482.78	5114.64
	净利润(万元)	6794.82	18695.09	6597.18	14856.37
	利润总额(万元)	7938.27	21166.70	7654.60	17229.81

江苏金智科技股份有限公司

公司概况	公司名称	江苏金智科技股份有限公司		证券简称	金智科技
	法人代表	葛宁	董秘	华美芳	证券代码 002090
	公司网址	www.wiscom.com.cn	电子信箱	tzb@wiscom.com.cn	
	电　话	025-52762230 52762205	传　真	025-52762929	
	办公地址	江苏省南京市江宁开发区将军大道100号			
	经营范围	电力自动化业务、IT服务及建筑智能化业务和新能源业务等			

主要财务指标	2012.06.30	2011.12.31	2011.06.30	2010.12.31
基本每股收益(元)	0.0991	0.1977	0.0989	0.2394
基本每股收益(扣除后)(元)	0.0928	0.1641	0.0693	0.1539
每股净资产(元)	2.5884	2.5422	2.4636	2.4063
每股经营现金净流量(元)	-0.1361	0.0567	-0.1661	-0.2053
每股现金流量(元)	-0.1941	0.0095	-0.1655	0.0593
每股资本公积金(元)	0.4179	0.4179	0.4179	0.4179
每股盈余公积金(元)	0.1871	0.1871	0.1684	0.1684
每股未分配利润(元)	1.0007	0.9515	0.8715	0.8226
净资产收益率(%)	3.8300	7.7760	4.0100	9.9490
加权净资产收益率(%)	3.8300	8.0000	4.0300	10.0100
净资产收益率(扣除)(%)	-	-	-	-
总资产(万元)	110399.14	102209.54	95431.37	96515.20
归属母公司股东权益(万元)	52802.58	51861.75	50257.17	49088.96
主营业务收入(万元)	38525.04	76522.52	33816.25	65964.76
营业收入(万元)	38525.04	76522.52	33816.25	65964.76
主营成本(万元)	28568.55	57292.98	25141.54	49021.60
营业成本(万元)	28568.55	57292.98	25141.54	49021.60
投资收益(万元)	10.76	388.18	190.09	1043.55
净利润(万元)	2020.19	4382.07	2222.99	5207.35
利润总额(万元)	2231.76	4573.96	2266.05	5366.58

江苏国泰国际集团国贸股份有限公司

公司概况	公司名称	江苏国泰国际集团国贸股份有限公司		证券简称	江苏国泰
	法人代表	谭秋斌	董秘	郭盛虎	证券代码 002091
	公司网址	www.gtiggm.com	电子信箱	gsh@gtiggm.com	
	电　话	0512-58696087 58988273	传　真	0512-58673937	
	办公地址	江苏省张家港市国泰时代广场11-24楼			
	经营范围	纺织品、轻工品、机电和化工产品的进出口业务和外派劳务业务等			

主要财务指标	2012.06.30	2011.12.31	2011.06.30	2010.12.31
基本每股收益(元)	0.2500	0.5500	0.2800	0.4900
基本每股收益(扣除后)(元)	0.2300	0.4700	0.2300	0.4000
每股净资产(元)	3.1000	3.0000	2.7400	3.0700
每股经营现金净流量(元)	0.4156	0.4837	0.1926	-0.0836
每股现金流量(元)	0.2580	0.4052	0.2160	-0.2644
每股资本公积金(元)	0.0055	0.0055	0.0055	0.1067
每股盈余公积金(元)	0.3463	0.3463	0.3044	0.3653
每股未分配利润(元)	1.7503	1.6515	1.4268	1.5970
净资产收益率(%)	8.0300	18.1930	10.2100	19.2678
加权净资产收益率(%)	8.0300	19.7600	10.4800	21.0000
净资产收益率(扣除)(%)	-	-	-	-
总资产(万元)	195588.19	184877.36	172885.55	168125.75
归属母公司股东权益(万元)	111594.88	108021.76	98465.46	92008.13
主营业务收入(万元)	192087.28	450053.50	207696.27	395651.02
营业收入(万元)	192370.64	451066.27	208115.77	396087.94
主营成本(万元)	166269.32	395722.21	182259.41	348322.09
营业成本(万元)	166269.32	395790.61	182266.57	348322.09
投资收益(万元)	1177.75	4718.99	2224.84	1037.29
净利润(万元)	9708.23	21043.56	10803.22	19230.52
利润总额(万元)	12493.11	26904.40	13321.08	24606.17

新疆中泰化学股份有限公司

公司概况	公司名称	新疆中泰化学股份有限公司		证券简称	中泰化学
	法人代表	王洪欣	董秘	崔玉龙	证券代码 002092
	公司网址	www.zthx.com	电子信箱	xjztfxf@163.com	
	电　话	0991-8751690	传　真	0991-8751690	
	办公地址	新疆维吾尔自治区乌鲁木齐市西山路78号			
	经营范围	聚氯乙烯树脂、离子膜烧碱的生产和销售等			

主要财务指标	2012.06.30	2011.12.31	2011.06.30	2010.12.31
基本每股收益(元)	0.0750	0.4240	0.3250	0.2710
基本每股收益(扣除后)(元)	0.0540	0.3960	0.3300	0.2440
每股净资产(元)	6.1800	6.2000	6.0300	5.7100
每股经营现金净流量(元)	-0.0506	1.4171	0.7079	0.5497
每股现金流量(元)	1.2805	0.6784	0.7616	0.1215
每股资本公积金(元)	4.0170	4.0170	3.9339	3.9029
每股盈余公积金(元)	0.1617	0.1617	0.1324	0.1324
每股未分配利润(元)	0.9951	1.0203	0.9500	0.6752
净资产收益率(%)	1.2100	6.8470	5.2400	4.4180
加权净资产收益率(%)	1.2000	7.1400	5.5200	5.6400
净资产收益率(扣除)(%)	-	-	-	-
总资产(万元)	2086148.27	1527723.43	1300252.78	966796.92
归属母公司股东权益(万元)	713552.95	715583.32	695493.77	659242.54
主营业务收入(万元)	319936.16	666387.07	332515.48	397318.58
营业收入(万元)	350022.16	712242.00	346589.75	408112.35
主营成本(万元)	257391.23	514096.34	240908.55	307397.71
营业成本(万元)	284786.66	553268.56	252598.25	313865.46
投资收益(万元)	2149.95	7808.55	2990.99	558.39
净利润(万元)	9292.13	52338.64	37636.94	29048.07
利润总额(万元)	10905.49	61087.59	44944.63	35179.74

国脉科技股份有限公司

公司概况	公司名称	国脉科技股份有限公司		证券简称	国脉科技
	法人代表	陈榕华	董秘	冯静	证券代码 002093
	公司网址	www.guomaitech.com	电子信箱	zq@guomaitech.com	
	电　话	0591-87307399	传　真	0591-87307308	
	办公地址	福建省福州市马尾区江滨东大道116号			
	经营范围	电信外包服务、其中主要服务内容是电信网络技术服务和电信网络集成			

主要财务指标	2012.06.30	2011.12.31	2011.06.30	2010.12.31
基本每股收益(元)	0.0679	0.1334	0.0955	0.1287
基本每股收益(扣除后)(元)	0.0556	0.1221	0.0910	0.1180
每股净资产(元)	1.3189	1.2508	2.4293	2.2268
每股经营现金净流量(元)	-0.0331	0.0975	-0.2868	0.0665
每股现金流量(元)	0.0308	0.3127	-0.5869	1.0725
每股资本公积金(元)	0.0240	0.0240	1.0491	1.1188
每股盈余公积金(元)	0.0161	0.0161	0.0310	0.0119
每股未分配利润(元)	0.2820	0.2140	0.3535	0.1970
净资产收益率(%)	5.1500	10.6670	7.8700	10.7026
加权净资产收益率(%)	5.2900	11.2800	8.2200	21.1900
净资产收益率(扣除)(%)	-	-	-	-
总资产(万元)	202734.84	186293.90	142628.15	147789.47
归属母公司股东权益(万元)	114083.73	108194.51	105065.72	96310.04
主营业务收入(万元)	32070.64	85617.00	40255.43	75747.62
营业收入(万元)	32416.01	86202.52	40481.21	76086.59
主营成本(万元)	15892.86	48937.09	20630.35	44057.01
营业成本(万元)	15892.86	48937.09	20630.35	44057.01
投资收益(万元)	-36.22	-76.14	-54.50	330.92
净利润(万元)	5673.54	11729.76	8349.25	10654.75
利润总额(万元)	6504.61	13976.11	9557.26	12233.13

青岛金王应用化学股份有限公司

公司概况	公司名称	青岛金王应用化学股份有限公司		证券简称	青岛金王
	法人代表	陈索斌	董秘 黄宝安	证券代码	002094
	公司网址	www.chinakingking.com		电子信箱	stock@chinakingking.com
	电话	0532-85779728		传真	0532-85718686
	办公地址	山东省青岛市香港中路18号福泰广场B座24楼-25楼			
	经营范围	新型聚合物基质复合体烛光材料及其制品的开发、生产、销售等			

主要财务指标	指标\报告期	2012.06.30	2011.12.31	2011.06.30	2010.12.31
	基本每股收益(元)	0.0640	0.1600	0.0600	0.1200
	基本每股收益(扣除后)(元)	0.0640	0.1500	0.0600	0.1100
	每股净资产(元)	1.6300	1.5600	1.4600	1.4300
	每股经营现金净流量(元)	-0.1306	0.1519	-0.0914	-0.3613
	每股现金流量(元)	-0.0176	-0.0038	-0.2804	-0.1508
	每股资本公积金(元)	0.0492	0.0492	0.0492	0.0492
	每股盈余公积金(元)	0.1127	0.1127	0.0975	0.0975
	每股未分配利润(元)	0.5493	0.4851	0.4045	0.3441
	净资产收益率(%)	4.0400	10.0430	4.1300	8.1420
	加权净资产收益率(%)	4.0400	10.3400	4.1300	8.2800
	净资产收益率(扣除)(%)	-	-	-	-
	总资产(万元)	121589.56	100124.48	84998.15	87809.49
	归属母公司股东权益(万元)	52313.91	50091.25	47129.54	46154.19
	主营业务收入(万元)	55900.61	109355.23	43229.13	79976.59
	营业收入(万元)	55900.61	109355.23	43229.13	79976.59
	主营成本(万元)	47298.72	92587.82	36175.94	66519.39
	营业成本(万元)	47298.72	92587.82	36175.94	66519.39
	投资收益(万元)	40.97	-0.10	-0.04	486.08
	净利润(万元)	2065.08	5030.44	1945.63	3758.04
	利润总额(万元)	2420.97	5606.72	2173.70	4213.23

浙江网盛生意宝股份有限公司

公司概况	公司名称	浙江网盛生意宝股份有限公司		证券简称	生意宝
	法人代表	孙德良	董秘 范悦龙	证券代码	002095
	公司网址	http://corp.netsun.com		电子信箱	zqb@netsun.com
	电话	0571-88228198 88228222		传真	0571-88228198
	办公地址	浙江省杭州市莫干山路187号易盛大厦12F			
	经营范围	计算机软件、网络技术开发、技术服务、成果转让、计算机网络工程的设计等			

主要财务指标	指标\报告期	2012.06.30	2011.12.31	2011.06.30	2010.12.31
	基本每股收益(元)	0.1300	0.2000	0.1200	0.3200
	基本每股收益(扣除后)(元)	0.1300	0.1800	0.1200	0.2500
	每股净资产(元)	2.8000	2.7100	2.7100	3.2000
	每股经营现金净流量(元)	0.1400	0.2300	0.0810	0.4582
	每股现金流量(元)	0.0296	0.1326	0.0045	0.2627
	每股资本公积金(元)	0.5025	0.5025	0.5025	0.8030
	每股盈余公积金(元)	0.1771	0.1771	0.1585	0.1902
	每股未分配利润(元)	1.1367	1.1049	1.0471	1.2086
	净资产收益率(%)	4.7000	7.1940	4.4400	11.9040
	加权净资产收益率(%)	4.6400	7.3600	4.5100	12.4200
	净资产收益率(扣除)(%)	-	-	-	-
	总资产(万元)	53135.82	52546.13	50814.11	50703.88
	归属母公司股东权益(万元)	45438.28	44954.62	43833.25	43134.64
	主营业务收入(万元)	8050.30	14353.19	7437.67	17245.04
	营业收入(万元)	8073.87	14409.99	7470.57	17301.84
	主营成本(万元)	1223.93	1881.50	691.79	4200.39
	营业成本(万元)	1241.81	1948.43	709.68	4236.16
	投资收益(万元)	7.54	33.31	21.02	732.20
	净利润(万元)	2161.27	3269.61	2019.99	5176.64
	利润总额(万元)	2621.82	3814.04	2417.05	6042.97

湖南南岭民用爆破器材股份有限公司

公司概况	公司名称	湖南南岭民用爆破器材股份有限公司		证券简称	南岭民爆
	法人代表	李建华	董秘 孟建新	证券代码	002096
	公司网址	www.hnnlmb.com		电子信箱	mjx9232@163.com
	电话	0731-85636968 85636978		传真	0731-85636978 84680295
	办公地址	湖南省永州市双牌县泷泊镇双北路6号			
	经营范围	工业炸药、工业导火索的生产和销售等			

主要财务指标	指标\报告期	2012.06.30	2011.12.31	2011.06.30	2010.12.31
	基本每股收益(元)	0.1600	0.7100	0.3500	0.8900
	基本每股收益(扣除后)(元)	0.1200	0.6800	0.3400	0.7200
	每股净资产(元)	2.1400	4.1300	3.8000	3.6100
	每股经营现金净流量(元)	0.1387	0.3973	0.0976	1.1881
	每股现金流量(元)	-0.0788	-0.1457	-0.4928	0.0179
	每股资本公积金(元)	0.1925	0.3849	0.3849	0.3849
	每股盈余公积金(元)	0.1800	0.3600	0.3000	0.3000
	每股未分配利润(元)	0.7607	2.3569	2.0503	1.8520
	净资产收益率(%)	7.3400	17.3140	9.1700	24.7290
	加权净资产收益率(%)	7.3300	18.3700	9.2100	27.3700
	净资产收益率(扣除)(%)	-	-	-	-
	总资产(万元)	96728.81	80772.46	72426.52	70650.40
	归属母公司股东权益(万元)	56631.42	54587.28	50203.60	47706.27
	主营业务收入(万元)	26742.30	64926.90	30679.39	60357.14
	营业收入(万元)	26974.76	65290.14	30753.09	62672.31
	主营成本(万元)	17096.13	40357.37	18531.04	33367.70
	营业成本(万元)	17173.56	40435.97	18547.25	33452.33
	投资收益(万元)	3.51	129.59	9.05	143.80
	净利润(万元)	4293.31	9937.69	4816.85	12339.19
	利润总额(万元)	5229.91	12277.98	6420.85	16917.69

山河智能装备股份有限公司

公司概况	公司名称	山河智能装备股份有限公司		证券简称	山河智能
	法人代表	何清华	董秘 蔡光云	证券代码	002097
	公司网址	www.sunward.com.cn		电子信箱	caigy@sunward.com.cn
	电话	0731-83572669 83572658		传真	0731-83572606
	办公地址	湖南省长沙市经济技术开发区漓湘中路16号			
	经营范围	研究、设计、生产销售建设机械、工程机械、农业机械、林业机械等			

主要财务指标	指标\报告期	2012.06.30	2011.12.31	2011.06.30	2010.12.31
	基本每股收益(元)	0.0782	0.4833	0.3833	0.4933
	基本每股收益(扣除后)(元)	0.0457	0.3221	0.3512	0.4580
	每股净资产(元)	4.1000	4.1300	4.0700	3.6800
	每股经营现金净流量(元)	-0.4570	0.2895	-0.4399	-0.7710
	每股现金流量(元)	-0.4066	-0.0321	-0.1384	0.7922
	每股资本公积金(元)	1.4005	1.5054	1.5444	1.5016
	每股盈余公积金(元)	0.2335	0.2280	0.1825	0.1825
	每股未分配利润(元)	1.4694	1.3960	1.3453	0.9921
	净资产收益率(%)	1.9400	11.6740	9.4100	13.1314
	加权净资产收益率(%)	1.8700	12.3400	9.9100	14.4500
	净资产收益率(扣除)(%)	-	-	-	-
	总资产(万元)	499510.77	481185.88	497074.11	434092.65
	归属母公司股东权益(万元)	168863.27	174068.27	171217.13	154564.30
	主营业务收入(万元)	117456.30	308227.41	198871.04	282565.25
	营业收入(万元)	117953.43	308967.15	198878.11	283813.77
	主营成本(万元)	85446.73	229895.78	149499.24	212645.82
	营业成本(万元)	85774.45	230521.52	149569.46	213605.04
	投资收益(万元)	42.70	74.89	-	45.28
	净利润(万元)	3084.81	20175.19	15925.59	20042.88
	利润总额(万元)	4174.24	22242.52	17910.13	23950.00

福建浔兴拉链科技股份有限公司

公司概况						
公司概况	公司名称	福建浔兴拉链科技股份有限公司			证券简称	浔兴股份
公司概况	法人代表	施能坑	董秘	林晓辉	证券代码	002098
公司概况	公司网址	www.sbszipper.com.cn		电子信箱	stock@sbszipper.com	
公司概况	电话	0595-88283788		传真	0595-88290008 88282502	
公司概况	办公地址	福建省晋江市深沪乌漏沟东工业区				
公司概况	经营范围	生产拉链、模具、金属及塑料冲压铸件、拉链配件等				

主要财务指标	指标\报告期	2012.06.30	2011.12.31	2011.06.30	2010.12.31
	基本每股收益(元)	0.1300	0.4200	0.2770	0.3400
	基本每股收益(扣除后)(元)	0.1220	0.3300	0.2030	0.3500
	每股净资产(元)	3.8200	3.9900	3.8500	3.7700
	每股经营现金净流量(元)	0.0533	0.3645	0.0018	0.8923
	每股现金流量(元)	–0.1909	–0.0329	–0.2325	–0.1751
	每股资本公积金(元)	1.4310	1.4310	1.4349	1.4310
	每股盈余公积金(元)	0.2625	0.2625	0.2081	0.2081
	每股未分配利润(元)	1.1242	1.2939	1.2105	1.1336
	净资产收益率(%)	3.4100	10.4730	7.1900	9.1130
	加权净资产收益率(%)	3.3400	10.7600	7.0800	9.4100
	净资产收益率(扣除)(%)	–	–	–	–
	总资产(万元)	142055.34	134857.46	143304.81	133332.46
	归属母公司股东权益(万元)	59167.02	61796.86	59724.47	58473.25
	主营业务收入(万元)	45515.09	101002.29	52844.41	97450.36
	营业收入(万元)	46482.19	103759.78	54261.23	101146.74
	主营成本(万元)	33019.92	74784.64	38473.08	72992.55
	营业成本(万元)	33924.39	77494.95	39885.07	76700.74
	投资收益(万元)	81.00	–	–	–
	净利润(万元)	2249.87	6766.09	4507.85	5796.92
	利润总额(万元)	2801.71	8063.13	5407.65	6992.02

浙江海翔药业股份有限公司

公司概况						
公司概况	公司名称	浙江海翔药业股份有限公司			证券简称	海翔药业
公司概况	法人代表	罗煜竑	董秘	许华青	证券代码	002099
公司概况	公司网址	www.hisoar.com		电子信箱	stock@hisoar.com	
公司概况	电话	0576-88828065		传真	0576-88820221	
公司概况	办公地址	浙江省台州市椒江区外沙支路100号				
公司概况	经营范围	原料药及医药中间体的制造与销售等				

主要财务指标	指标\报告期	2012.06.30	2011.12.31	2011.06.30	2010.12.31
	基本每股收益(元)	0.2100	0.1700	0.1700	0.5300
	基本每股收益(扣除后)(元)	0.2100	0.1700	0.1700	0.5300
	每股净资产(元)	2.3300	2.2600	4.1500	3.9600
	每股经营现金净流量(元)	0.2547	0.5736	0.4885	1.1270
	每股现金流量(元)	–0.0496	0.1527	–0.0376	0.0231
	每股资本公积金(元)	0.2987	1.5733	1.5027	1.4581
	每股盈余公积金(元)	0.1065	0.2129	0.1987	0.1987
	每股未分配利润(元)	0.9272	1.7276	1.4504	1.2990
	净资产收益率(%)	9.1500	14.4160	7.7400	13.4872
	加权净资产收益率(%)	9.0000	15.5700	8.6000	14.4200
	净资产收益率(扣除)(%)	–	–	–	–
	总资产(万元)	158470.36	143513.51	133359.43	114031.86
	归属母公司股东权益(万元)	75317.30	72882.91	66635.09	63488.53
	主营业务收入(万元)	61965.05	125203.60	64744.15	103957.94
	营业收入(万元)	64410.05	129843.78	65607.33	107458.93
	主营成本(万元)	45579.28	94053.75	48375.35	75768.05
	营业成本(万元)	48051.52	98660.12	49235.12	79193.96
	投资收益(万元)	–104.07	–49.80	25.62	–50.26
	净利润(万元)	6798.92	10404.46	5647.98	8586.87
	利润总额(万元)	7917.77	12688.90	7144.99	10033.35

新疆天康畜牧生物技术股份有限公司

公司概况						
公司概况	公司名称	新疆天康畜牧生物技术股份有限公司			证券简称	天康生物
公司概况	法人代表	杨焰	董秘	郭运江	证券代码	002100
公司概况	公司网址	www.tcsw.com.cn		电子信箱	xj_gyj@163.com	
公司概况	电话	0991-6626101 6679232		传真	0991-6679242	
公司概况	办公地址	新疆维吾尔自治区乌鲁木齐市高新区长春南路528号天康企业大厦				
公司概况	经营范围	种畜胚胎移植生产(具体范围以许可证为准)、兽药的生产、销售等				

主要财务指标	指标\报告期	2012.06.30	2011.12.31	2011.06.30	2010.12.31
	基本每股收益(元)	0.2000	0.2600	0.1600	0.3700
	基本每股收益(扣除后)(元)	0.1900	0.2300	0.1500	0.3500
	每股净资产(元)	3.9300	3.8300	3.7300	4.6000
	每股经营现金净流量(元)	0.5438	1.1827	–0.5533	0.8505
	每股现金流量(元)	–0.5508	0.7550	0.1768	0.3494
	每股资本公积金(元)	1.7043	1.7043	1.7043	2.4256
	每股盈余公积金(元)	0.1885	0.1885	0.1415	0.1839
	每股未分配利润(元)	1.0422	0.9385	0.8881	0.9920
	净资产收益率(%)	5.1800	6.8085	4.3800	10.2962
	加权净资产收益率(%)	5.2000	7.0700	4.5100	11.6200
	净资产收益率(扣除)(%)	–	–	–	–
	总资产(万元)	228285.09	230061.77	231038.67	190579.70
	归属母公司股东权益(万元)	115985.27	112928.36	110058.16	104334.99
	主营业务收入(万元)	161028.97	297873.76	124880.10	236317.77
	营业收入(万元)	161196.79	298398.42	125266.79	236904.60
	主营成本(万元)	138836.69	253199.73	104396.96	196009.77
	营业成本(万元)	138892.45	253377.12	104521.88	196408.65
	投资收益(万元)	762.78	1841.67	145.46	–686.82
	净利润(万元)	5950.36	7679.67	4820.86	10761.58
	利润总额(万元)	7026.76	9094.15	6059.88	12572.51

广东鸿图科技股份有限公司

公司概况						
公司概况	公司名称	广东鸿图科技股份有限公司			证券简称	广东鸿图
公司概况	法人代表	邹剑佳	董秘	莫劲刚	证券代码	002101
公司概况	公司网址	www.ght-china.com		电子信箱	mjg@ght-china.com	
公司概况	电话	0758-8512880 8512658		传真	0758-8512658 8512996	
公司概况	办公地址	广东省肇庆市高要市金渡世纪大道168号				
公司概况	经营范围	开发、设计、制造、加工、销售汽车、摩托车、家用电器、电子仪表、通讯、机械等				

主要财务指标	指标\报告期	2012.06.30	2011.12.31	2011.06.30	2010.12.31
	基本每股收益(元)	0.2800	0.5400	0.2600	0.6200
	基本每股收益(扣除后)(元)	0.2800	0.5000	0.2600	0.5300
	每股净资产(元)	5.8000	5.5600	5.2500	10.2100
	每股经营现金净流量(元)	0.3962	0.7511	–0.0570	–0.5679
	每股现金流量(元)	–0.6073	–0.6479	–0.1376	2.8609
	每股资本公积金(元)	3.0725	3.1128	3.0902	6.1981
	每股盈余公积金(元)	0.2982	0.2982	0.2427	0.4853
	每股未分配利润(元)	1.4289	1.1484	0.9206	2.5307
	净资产收益率(%)	4.8360	9.6890	4.5910	10.1850
	加权净资产收益率(%)	4.9210	10.1400	4.9070	16.9000
	净资产收益率(扣除)(%)	–	–	–	–
	总资产(万元)	161446.39	154342.76	144269.35	131888.43
	归属母公司股东权益(万元)	95112.85	91174.55	86156.42	83755.19
	主营业务收入(万元)	65093.94	125051.41	58716.26	86911.22
	营业收入(万元)	66794.87	128836.31	60825.61	89407.70
	主营成本(万元)	49659.51	96187.75	45060.61	64990.51
	营业成本(万元)	51070.96	98873.04	46418.77	67117.01
	投资收益(万元)	–	–	–	–
	净利润(万元)	4599.95	8833.65	4185.99	8530.03
	利润总额(万元)	5534.53	9927.20	4939.02	8593.29

福建冠福现代家用股份有限公司

公司概况					
公司名称	福建冠福现代家用股份有限公司			证券简称	*ST 冠福
法人代表	林文智	董秘	陈昌文	证券代码	002102
公司网址	www.guanfu.com		电子信箱	guanfu@guanfu.com	
电　话	0595-23551999 021-69765909		传　真	0595-27251999 021-69765699	
办公地址	福建省泉州市德化县浔中镇土坂村				
经营范围	日用陶瓷的开发、生产、销售及家用品的销售等				

主要财务指标 指标\报告期	2012.06.30	2011.12.31	2011.06.30	2010.12.31
基本每股收益(元)	-0.1000	-0.2900	0.0950	-0.4700
基本每股收益(扣除后)(元)	-0.1000	-0.4600	0.0190	-0.5400
每股净资产(元)	0.9700	1.0600	1.4500	2.7000
每股经营现金净流量(元)	-0.0479	-0.3209	-0.0063	-0.4183
每股现金流量(元)	-0.0272	-0.3385	-0.3052	0.9813
每股资本公积金(元)	0.2456	0.2353	0.2181	1.4361
每股盈余公积金(元)	0.0369	0.0369	0.0369	0.0737
每股未分配利润(元)	-0.3087	-0.2122	0.1923	0.1945
净资产收益率(%)	-9.9200	-27.7200	6.7900	-15.6360
加权净资产收益率(%)	-9.5400	-24.3800	6.7900	-22.3200
净资产收益率(扣除)(%)	-	-	-	-
总资产(万元)	166063.85	171224.01	175550.84	167758.93
归属母公司股东权益(万元)	39850.72	43381.66	59229.20	55339.50
主营业务收入(万元)	35602.13	63086.04	31319.64	65153.06
营业收入(万元)	37199.13	65468.85	32523.33	67695.34
主营成本(万元)	19282.39	34004.00	16951.33	38819.10
营业成本(万元)	19845.39	34964.60	17461.36	40196.17
投资收益(万元)	-93.72	7646.98	3765.94	-41.88
净利润(万元)	-3977.93	-12057.51	3930.84	-8649.08
利润总额(万元)	-5356.84	-13323.72	4997.60	-9560.99

广博集团股份有限公司

公司概况					
公司名称	广博集团股份有限公司			证券简称	广博股份
法人代表	戴国平	董秘	杨远	证券代码	002103
公司网址	www.guangbo.net		电子信箱	stock@guangbo.net	
电　话	0574-28827003		传　真	0574-28827006	
办公地址	浙江省宁波市鄞州区石碶街道车何				
经营范围	出版物、包装装潢、其他印刷品印刷等				

主要财务指标 指标\报告期	2012.06.30	2011.12.31	2011.06.30	2010.12.31
基本每股收益(元)	0.0520	0.2000	0.0950	0.2800
基本每股收益(扣除后)(元)	0.0570	0.1200	0.0560	0.1900
每股净资产(元)	3.2500	3.3000	3.2000	3.2500
每股经营现金净流量(元)	0.0284	0.3306	0.0954	0.2887
每股现金流量(元)	-0.1825	0.0877	-0.4424	0.7461
每股资本公积金(元)	1.0386	1.0386	1.0386	1.0386
每股盈余公积金(元)	0.1982	0.1982	0.1901	0.1901
每股未分配利润(元)	1.0254	1.0732	0.9768	1.0316
净资产收益率(%)	1.6000	6.0490	2.9800	8.4670
加权净资产收益率(%)	1.5700	6.0900	2.8800	8.6700
净资产收益率(扣除)(%)	-	-	-	-
总资产(万元)	119686.69	120715.82	113026.10	127053.81
归属母公司股东权益(万元)	71056.97	72101.56	69841.66	71049.74
主营业务收入(万元)	51691.38	104999.44	48637.76	109037.22
营业收入(万元)	51826.38	105325.50	48710.36	109368.16
主营成本(万元)	41297.63	84129.04	38492.70	87412.89
营业成本(万元)	41382.76	84160.82	38522.07	87485.04
投资收益(万元)	269.10	825.40	116.34	310.50
净利润(万元)	1088.28	4444.66	2101.42	6183.01
利润总额(万元)	1514.26	5387.50	2681.71	7508.56

恒宝股份有限公司

公司概况					
公司名称	恒宝股份有限公司			证券简称	恒宝股份
法人代表	钱云宝	董秘	张建明	证券代码	002104
公司网址	www.hengbao.com		电子信箱	zhangjm01@hengbao.com	
电　话	0511-86649376 86644409		传　真	0511-86644324	
办公地址	江苏省丹阳市横塘工业区				
经营范围	磁卡、IC 卡、电子标签、票证、票据、电脑票据、磁卡存折等				

主要财务指标 指标\报告期	2012.06.30	2011.12.31	2011.06.30	2010.12.31
基本每股收益(元)	0.1200	0.2600	0.1100	0.2400
基本每股收益(扣除后)(元)	0.1200	0.2700	0.1100	0.2400
每股净资产(元)	1.7100	1.6000	1.4400	1.4400
每股经营现金净流量(元)	0.0805	0.2272	-0.0143	0.3178
每股现金流量(元)	-0.0271	-0.0324	-0.2063	0.0667
每股资本公积金(元)	0.0394	0.0394	0.0394	0.0394
每股盈余公积金(元)	0.1379	0.1379	0.1114	0.1114
每股未分配利润(元)	0.5370	0.4195	0.2909	0.2845
净资产收益率(%)	6.8600	16.3780	7.3800	16.4700
加权净资产收益率(%)	7.1000	17.2400	7.1400	17.7000
净资产收益率(扣除)(%)	-	-	-	-
总资产(万元)	99286.74	85219.37	77307.30	73424.16
归属母公司股东权益(万元)	75514.56	70335.64	63550.38	63269.24
主营业务收入(万元)	41922.83	77183.43	36288.25	65825.19
营业收入(万元)	41980.74	77494.53	36445.67	66264.47
主营成本(万元)	28712.01	51460.96	24900.41	46513.52
营业成本(万元)	28726.98	51674.81	25035.32	46764.35
投资收益(万元)	14.67	-	-	-
净利润(万元)	5157.18	11447.99	4662.43	10411.29
利润总额(万元)	5881.71	13353.53	5335.78	12057.46

深圳信隆实业股份有限公司

公司概况					
公司名称	深圳信隆实业股份有限公司			证券简称	信隆实业
法人代表	廖学金	董秘	陈丽秋	证券代码	002105
公司网址	www.hlcorp.com.cn		电子信箱	cmo@hlcorp.com	
电　话	0755-27749423*105 182		传　真	0755-27746236	
办公地址	广东省深圳市龙华新区龙华办事处龙发路 65 号				
经营范围	生产经营运动器材、康复辅助器材、计算机配件、铝挤型锻造成型等				

主要财务指标 指标\报告期	2012.06.30	2011.12.31	2011.06.30	2010.12.31
基本每股收益(元)	0.0200	0.0600	0.0200	0.1600
基本每股收益(扣除后)(元)	0.0200	0.0500	0.0200	0.1500
每股净资产(元)	1.9100	1.9900	1.9400	1.9300
每股经营现金净流量(元)	0.2216	0.1823	0.1212	0.2726
每股现金流量(元)	-0.0825	-0.0072	-0.0734	-0.1238
每股资本公积金(元)	0.5454	0.5454	0.5454	0.5454
每股盈余公积金(元)	0.1435	0.1435	0.1304	0.1304
每股未分配利润(元)	0.2256	0.3091	0.2759	0.2585
净资产收益率(%)	0.8700	3.2000	0.8900	8.3640
加权净资产收益率(%)	0.8300	3.2500	0.8900	8.5000
净资产收益率(扣除)(%)	-	-	-	-
总资产(万元)	134164.28	140810.49	123091.29	119263.14
归属母公司股东权益(万元)	51105.56	53338.19	52118.36	51677.04
主营业务收入(万元)	68599.94	136109.65	63655.00	133281.22
营业收入(万元)	68599.94	136109.65	63655.00	133281.22
主营成本(万元)	58014.38	115268.05	54460.67	112843.82
营业成本(万元)	58014.38	115268.05	54460.67	112843.82
投资收益(万元)	11.54	244.24	145.41	193.16
净利润(万元)	44.14	775.08	225.20	4095.60
利润总额(万元)	1050.01	2160.74	681.08	5018.07

深圳莱宝高科技股份有限公司

公司概况					
公司名称	深圳莱宝高科技股份有限公司			证券简称	莱宝高科
法人代表	臧卫东	董秘	杜小华	证券代码	002106
公司网址	www.laibao.com.cn		电子信箱	lbgk@laibao.com.cn	
电　话	0755-26983383		传　真	0755-26980212	
办公地址	广东省深圳市南山区高新技术产业园区朗山二路				
经营范围	生产和经营彩色滤光片、触摸屏、镀膜导电玻璃及真空镀膜产品等				

主要财务指标 指标\报告期	2012.06.30	2011.12.31	2011.06.30	2010.12.31
基本每股收益(元)	0.1348	0.7700	0.4435	0.7500
基本每股收益(扣除后)(元)	0.1112	0.7100	0.4317	0.7400
每股净资产(元)	3.9800	4.0100	3.7300	4.8400
每股经营现金净流量(元)	-0.0767	0.9832	0.4598	1.3862
每股现金流量(元)	-0.5313	0.2636	-0.1641	0.6063
每股资本公积金(元)	0.8054	0.8107	0.8600	1.6409
每股盈余公积金(元)	0.4337	0.4337	0.3564	0.4990
每股未分配利润(元)	1.7472	1.7624	1.5179	1.7042
净资产收益率(%)	3.3800	19.1060	11.8800	21.7180
加权净资产收益率(%)	3.3900	20.5400	12.0900	24.1100
净资产收益率(扣除)(%)	-	-	-	-
总资产(万元)	280317.58	278969.93	258804.26	254254.26
归属母公司股东权益(万元)	239257.48	240488.01	224158.08	207710.64
主营业务收入(万元)	60032.77	123655.46	63228.53	114634.34
营业收入(万元)	60032.77	123655.46	63228.53	114634.34
主营成本(万元)	45002.12	61753.62	27592.40	51488.59
营业成本(万元)	45002.12	61753.62	27592.40	51488.59
投资收益(万元)	576.74	2488.19	-	80.00
净利润(万元)	8057.02	45911.60	26654.40	45481.38
利润总额(万元)	9126.46	53722.56	31005.31	53322.78

山东沃华医药科技股份有限公司

公司概况					
公司名称	山东沃华医药科技股份有限公司			证券简称	沃华医药
法人代表	赵丙贤	董秘	张戈	证券代码	002107
公司网址	www.wohua.cn		电子信箱	lulu6961@sina.com	
电　话	0536-8553373		传　真	0536-8553367	
办公地址	山东省潍坊市高新技术产业开发区梨园街519号				
经营范围	心脑血管中成药的研发、生产和销售等				

主要财务指标 指标\报告期	2012.06.30	2011.12.31	2011.06.30	2010.12.31
基本每股收益(元)	0.0100	0.0400	-0.0040	-0.6000
基本每股收益(扣除后)(元)	0.0100	0.0200	-0.0100	-0.6100
每股净资产(元)	3.5900	3.5700	3.5900	3.6000
每股经营现金净流量(元)	0.1264	0.0083	-0.0101	-0.0932
每股现金流量(元)	-0.0169	-0.2172	-0.0953	-0.2401
每股资本公积金(元)	2.0155	2.0155	2.0155	2.0155
每股盈余公积金(元)	0.1570	0.1570	0.1570	0.1570
每股未分配利润(元)	0.4139	0.4015	0.4184	0.4293
净资产收益率(%)	0.3500	1.0520	-0.1100	-16.5600
加权净资产收益率(%)	0.3500	1.0600	-0.1100	-15.2900
净资产收益率(扣除)(%)	-	-	-	-
总资产(万元)	63996.10	62234.96	63641.93	63613.72
归属母公司股东权益(万元)	58810.62	58607.39	58884.31	59064.27
主营业务收入(万元)	9506.76	14881.63	6882.74	9083.26
营业收入(万元)	9621.19	14902.86	6889.86	9092.06
主营成本(万元)	2033.98	3453.26	1657.20	2472.27
营业成本(万元)	2156.27	3459.79	1658.21	2472.68
投资收益(万元)	-	-	-	-
净利润(万元)	203.23	743.28	-64.70	-9781.16
利润总额(万元)	203.53	744.20	-64.20	-9737.39

沧州明珠塑料股份有限公司

公司概况					
公司名称	沧州明珠塑料股份有限公司			证券简称	沧州明珠
法人代表	于新立	董秘	于增胜	证券代码	002108
公司网址	www.cz-mz.com		电子信箱	yuzengsheng@126.com	
电　话	0317-2075318 2075245		传　真	0317-2075246	
办公地址	河北省沧州市新华西路13号				
经营范围	燃气、给水、排水、通信用聚乙烯管材管件和BOPA薄膜制品等				

主要财务指标 指标\报告期	2012.06.30	2011.12.31	2011.06.30	2010.12.31
基本每股收益(元)	0.1700	0.3300	0.1400	0.3800
基本每股收益(扣除后)(元)	0.1700	0.3200	0.1400	0.3800
每股净资产(元)	2.9800	2.3200	2.1200	3.6000
每股经营现金净流量(元)	-0.2449	0.1855	-0.1518	0.4195
每股现金流量(元)	0.2155	-0.1589	-0.3082	-0.1403
每股资本公积金(元)	0.9706	0.2512	0.2512	1.0522
每股盈余公积金(元)	0.1741	0.1964	0.1707	0.3073
每股未分配利润(元)	0.8364	0.8685	0.7006	1.2392
净资产收益率(%)	5.2000	14.3980	6.5900	19.2440
加权净资产收益率(%)	6.5200	15.4700	6.7700	21.1300
净资产收益率(扣除)(%)	-	-	-	-
总资产(万元)	158911.31	128971.97	131565.43	118682.03
归属母公司股东权益(万元)	101408.12	69867.73	64028.74	60310.68
主营业务收入(万元)	80837.75	161719.94	70966.87	134515.90
营业收入(万元)	81351.73	166021.75	74479.79	136308.39
主营成本(万元)	66885.10	135909.42	59810.28	106367.49
营业成本(万元)	67268.25	139891.80	63099.24	107988.91
投资收益(万元)	716.83	631.94	528.82	547.93
净利润(万元)	5362.68	10153.23	4203.10	12021.90
利润总额(万元)	6868.70	13484.54	5398.54	15552.65

陕西兴化化学股份有限公司

公司概况					
公司名称	陕西兴化化学股份有限公司			证券简称	兴化股份
法人代表	陈团柱	董秘	王东潮	证券代码	002109
公司网址	www.snxhchem.com		电子信箱	w38839966@126.com	
电　话	029-38839966 38839912		传　真	029-38822614	
办公地址	陕西省咸阳市兴平市东城区迎宾大道				
经营范围	合成氨、硝酸、硝酸铵、多孔硝铵、特种气体、羰基铁粉的生产、加工、批发与零售				

主要财务指标 指标\报告期	2012.06.30	2011.12.31	2011.06.30	2010.12.31
基本每股收益(元)	0.2700	0.4800	0.2100	0.2700
基本每股收益(扣除后)(元)	0.2400	0.4800	0.2100	0.2600
每股净资产(元)	3.5000	3.4200	3.1500	3.0200
每股经营现金净流量(元)	0.4295	0.3287	0.1990	0.2877
每股现金流量(元)	-0.0433	-0.0243	-0.1807	-0.0757
每股资本公积金(元)	0.5492	0.5492	0.5492	0.5492
每股盈余公积金(元)	0.3220	0.2974	0.2700	0.2503
每股未分配利润(元)	1.5677	1.5264	1.2779	1.1811
净资产收益率(%)	7.6100	14.1220	6.5600	8.8315
加权净资产收益率(%)	7.7000	15.0500	6.6600	9.2000
净资产收益率(扣除)(%)	-	-	-	-
总资产(万元)	179782.79	172799.84	162899.30	158812.24
归属母公司股东权益(万元)	125271.62	122426.86	112906.27	108386.33
主营业务收入(万元)	74159.26	137111.39	60644.16	100636.80
营业收入(万元)	75687.89	139421.03	61021.04	102881.51
主营成本(万元)	50976.94	95105.93	44024.27	75125.12
营业成本(万元)	52379.49	97198.70	44307.15	77061.70
投资收益(万元)	-	-	-	-
净利润(万元)	9604.79	17289.33	7404.51	9572.16
利润总额(万元)	11579.54	20539.92	8771.22	11318.07

福建三钢闽光股份有限公司

公司概况	公司名称	福建三钢闽光股份有限公司		证券简称	三钢闽光
	法人代表	卫才清	董秘 卫才清(代)	证券代码	002110
	公司网址	www.sgmg.com.cn		电子信箱	sgmg@fjsg.com.cn
	电　话	0598-8205188 8205079		传　真	0598-8205013 8205158
	办公地址	福建省三明市梅列区工业中路群工三路			
	经营范围	钢铁冶炼、轧制、加工及其延压产品的生产和销售等			

主要财务指标 指标\报告期	2012.06.30	2011.12.31	2011.06.30	2010.12.31
基本每股收益(元)	0.0290	0.4740	0.2830	0.2060
基本每股收益(扣除后)(元)	0.0170	0.4920	0.2800	0.2600
每股净资产(元)	5.5500	5.5300	5.3400	5.0800
每股经营现金净流量(元)	-1.9510	0.9647	0.1786	0.8807
每股现金流量(元)	-1.4392	1.7068	1.1170	-0.7313
每股资本公积金(元)	1.3207	1.3207	1.3207	1.3207
每股盈余公积金(元)	0.6536	0.6536	0.6536	0.6536
每股未分配利润(元)	2.5777	2.5590	2.3685	2.1053
净资产收益率(%)	0.5200	8.5600	5.3000	4.0480
加权净资产收益率(%)	0.5200	8.9300	5.4300	4.1100
净资产收益率(扣除)(%)	-	-	-	-
总资产(万元)	956762.20	902148.11	919269.17	764710.90
归属母公司股东权益(万元)	296861.23	295863.29	285679.41	271606.83
主营业务收入(万元)	855263.58	1846482.98	911303.14	1539365.57
营业收入(万元)	895558.36	1928186.89	947071.58	1598000.59
主营成本(万元)	829710.93	1763708.83	873834.43	1479898.10
营业成本(万元)	868405.61	1839616.34	906666.39	1533513.81
投资收益(万元)	497.45	3764.42	1125.74	2421.79
净利润(万元)	1532.63	25325.86	15141.98	10994.34
利润总额(万元)	1075.01	29224.49	17557.83	15851.89

威海广泰空港设备股份有限公司

公司概况	公司名称	威海广泰空港设备股份有限公司		证券简称	威海广泰
	法人代表	李光太	董秘 任伟	证券代码	002111
	公司网址	www.guangtai.com.cn		电子信箱	guangtai@guangtai.com.cn
	电　话	0631-3953335		传　真	0631-3953451
	办公地址	山东省威海市古寨南路160号			
	经营范围	生产许可证有效期内的各类航空地面设备及配套产品的生产等			

主要财务指标 指标\报告期	2012.06.30	2011.12.31	2011.06.30	2010.12.31
基本每股收益(元)	0.1200	0.2700	0.1300	0.2600
基本每股收益(扣除后)(元)	0.1100	0.2000	0.1200	0.2200
每股净资产(元)	3.4000	3.3500	3.7600	3.6800
每股经营现金净流量(元)	-0.0412	0.2144	-0.1048	0.2081
每股现金流量(元)	-0.1997	0.6053	-0.1609	0.1896
每股资本公积金(元)	1.3619	1.3619	0.9939	0.9939
每股盈余公积金(元)	0.1471	0.1471	0.2610	0.2610
每股未分配利润(元)	0.8941	0.8368	1.5076	1.4278
净资产收益率(%)	3.4500	7.3420	6.0500	12.3336
加权净资产收益率(%)	3.4500	10.5800	6.0500	13.9000
净资产收益率(扣除)(%)	-	-	-	-
总资产(万元)	162576.22	158984.33	126004.59	120645.45
归属母公司股东权益(万元)	104567.02	102809.00	55470.17	54293.57
主营业务收入(万元)	36373.34	61924.49	29981.37	49485.47
营业收入(万元)	36772.05	63102.80	30363.94	50595.32
主营成本(万元)	25742.29	42453.53	20320.65	33463.91
营业成本(万元)	25978.52	43077.96	20551.52	34222.68
投资收益(万元)	108.36	52.50	31.30	101.59
净利润(万元)	3601.32	7626.95	3372.61	6499.31
利润总额(万元)	4131.80	8828.49	3934.97	7633.07

三变科技股份有限公司

公司概况	公司名称	三变科技股份有限公司		证券简称	三变科技
	法人代表	卢旭日	董秘 羊静	证券代码	002112
	公司网址	www.sanbian.cn		电子信箱	yangjing2822@163.com
	电　话	0576-83381318 83381688		传　真	0576-83381921
	办公地址	浙江省台州市海游镇三门县西区大道369号			
	经营范围	电力变压器产品的研制、生产和销售等			

主要财务指标 指标\报告期	2012.06.30	2011.12.31	2011.06.30	2010.12.31
基本每股收益(元)	-0.0400	-0.2900	0.0100	0.3900
基本每股收益(扣除后)(元)	-0.0400	-0.3100	0.0100	0.3500
每股净资产(元)	3.8800	3.9200	4.2200	4.2500
每股经营现金净流量(元)	-0.4545	-0.9923	-1.3944	1.0331
每股现金流量(元)	0.3520	-0.7305	-0.6915	0.6189
每股资本公积金(元)	1.4174	1.4174	1.4174	1.4174
每股盈余公积金(元)	0.2666	0.2666	0.2666	0.2666
每股未分配利润(元)	1.1924	1.2348	1.5353	1.5612
净资产收益率(%)	-1.0900	-7.3110	0.3600	9.2780
加权净资产收益率(%)	-1.0900	-7.0200	0.3300	9.6900
净资产收益率(扣除)(%)	-	-	-	-
总资产(万元)	125404.95	114167.30	123528.42	122270.36
归属母公司股东权益(万元)	43415.64	43889.69	47255.82	47546.38
主营业务收入(万元)	40798.92	101073.17	39642.43	85795.94
营业收入(万元)	41615.92	103242.38	40566.64	87295.83
主营成本(万元)	32832.92	84948.35	31973.10	66611.19
营业成本(万元)	33090.95	85462.20	32250.68	67178.83
投资收益(万元)	1.05	265.85	3.90	367.44
净利润(万元)	-474.06	-3208.69	157.43	4411.51
利润总额(万元)	-474.06	-2631.37	159.16	5053.50

湖南天润实业控股股份有限公司

公司概况	公司名称	湖南天润实业控股股份有限公司		证券简称	ST天润
	法人代表	赖淦锋	董秘 赖淦锋(代)	证券代码	002113
	公司网址	www.trfz.com		电子信箱	trkg002113@163.com
	电　话	0730-3338763 3338308		传　真	0730-3338763 3338808
	办公地址	湖南省岳阳市九华山2号			
	经营范围	生产、销售尿素、液氨、甲醇、农用碳酸氢铵及复合肥等			

主要财务指标 指标\报告期	2012.06.30	2011.12.31	2011.06.30	2010.12.31
基本每股收益(元)	0.0290	0.0400	0.0250	-2.4620
基本每股收益(扣除后)(元)	0.0330	-0.0170	0.0260	-2.4610
每股净资产(元)	0.7320	0.7030	0.0990	0.4870
每股经营现金净流量(元)	0.0094	0.1784	0.3565	0.1405
每股现金流量(元)	0.0073	0.0114	-0.0177	-1.1915
每股资本公积金(元)	1.1211	1.1211	0.9564	0.9479
每股盈余公积金(元)	0.4656	0.4656	0.4601	0.4601
每股未分配利润(元)	-1.8544	-1.8838	-2.3229	-1.9266
净资产收益率(%)	4.1800	6.0930	5.1500	-
加权净资产收益率(%)	4.1000	7.1900	5.0100	-142.2000
净资产收益率(扣除)(%)	-	-	-	-
总资产(万元)	15008.33	17797.53	18779.59	33710.34
归属母公司股东权益(万元)	8670.91	8322.93	1173.53	5765.64
主营业务收入(万元)	1393.40	6856.75	4669.80	14619.61
营业收入(万元)	1393.40	6931.78	4669.80	18935.52
主营成本(万元)	841.66	5600.78	3834.07	17800.67
营业成本(万元)	841.66	5805.48	3834.07	22755.71
投资收益(万元)	52.00	-	-	-
净利润(万元)	347.98	507.11	296.77	-29153.85
利润总额(万元)	347.98	503.05	296.77	-28647.67

云南罗平锌电股份有限公司

公司概况						
公司名称	云南罗平锌电股份有限公司			证券简称	*ST 锌电
法人代表	许克昌	董秘	喻永贤	证券代码	002114
公司网址	www.lpxdgf.cn		电子信箱	gui_zj@163.com	
电　话	0874-8256825		传　真	0874-8256039	
办公地址	云南省曲靖市罗平县罗雄镇长家湾				
经营范围	水力发电、铅锌等有色金属的开采、锌冶炼及其延伸产品的生产与销售等				

主要财务指标：指标＼报告期	2012.06.30	2011.12.31	2011.06.30	2010.12.31
基本每股收益(元)	-0.3700	-1.5400	-0.4500	-0.0900
基本每股收益(扣除后)(元)	-0.3700	-1.4600	-0.4200	-0.0900
每股净资产(元)	0.5900	0.9700	2.0600	2.5000
每股经营现金净流量(元)	0.7502	-0.1033	-0.2982	-0.5192
每股现金流量(元)	0.0418	-0.4401	-0.0682	0.1536
每股资本公积金(元)	0.9266	0.9266	0.9266	0.9266
每股盈余公积金(元)	0.1866	0.1866	0.1866	0.1866
每股未分配利润(元)	-1.5230	-1.1490	-0.0594	0.3887
净资产收益率(%)	-63.1500	-158.7650	-21.7800	-3.5720
加权净资产收益率(%)	-47.8700	-88.5600	-19.6400	-3.5100
净资产收益率(扣除)(%)	-	-	-	-
总资产(万元)	103241.30	108298.92	135441.09	133159.12
归属母公司股东权益(万元)	10890.31	17805.81	37820.45	46054.25
主营业务收入(万元)	38350.52	121761.30	57058.23	112832.43
营业收入(万元)	40349.42	125785.47	59644.86	120988.81
主营成本(万元)	34939.23	127554.84	55570.65	105914.53
营业成本(万元)	36216.20	129497.96	56810.31	108835.13
投资收益(万元)	-992.96	-2018.67	-645.90	-838.37
净利润(万元)	-6977.39	-28208.93	-8089.24	-1217.89
利润总额(万元)	-6975.59	-26156.69	-8581.34	-1448.72

三维通信股份有限公司

公司概况						
公司名称	三维通信股份有限公司			证券简称	三维通信
法人代表	李越伦	董秘	王萍	证券代码	002115
公司网址	www.sunwave.com.cn		电子信箱	zqb@sunwave.com.cn	
电　话	0571-88923377		传　真	0571-88923377	
办公地址	浙江省杭州市滨江火炬大道 581 号三维大厦				
经营范围	通信设备、无线电发射与接收设备、仪器仪表的开发制造、咨询和维修等				

主要财务指标：指标＼报告期	2012.06.30	2011.12.31	2011.06.30	2010.12.31
基本每股收益(元)	0.1245	0.5021	0.1469	0.4691
基本每股收益(扣除后)(元)	0.1115	0.4845	0.1416	0.4450
每股净资产(元)	2.9848	4.4391	3.5022	3.4319
每股经营现金净流量(元)	-0.5795	0.0950	-0.7711	0.3964
每股现金流量(元)	-0.6497	0.7231	-0.8253	0.1146
每股资本公积金(元)	0.9215	1.8808	1.1294	1.1294
每股盈余公积金(元)	0.1234	0.1851	0.1538	0.1538
每股未分配利润(元)	0.9400	1.3733	1.2191	1.1487
净资产收益率(%)	4.1700	10.6920	6.2900	13.6680
加权净资产收益率(%)	4.1400	13.7800	6.3100	14.4600
净资产收益率(扣除)(%)	-	-	-	-
总资产(万元)	197551.35	206298.37	166873.24	158666.08
归属母公司股东权益(万元)	102153.44	101281.91	75143.20	73634.28
主营业务收入(万元)	47862.28	111665.40	50724.86	100552.51
营业收入(万元)	48151.56	112097.57	50873.98	100829.20
主营成本(万元)	30969.24	72869.13	33587.45	67957.06
营业成本(万元)	31121.75	72893.20	33603.43	67957.06
投资收益(万元)	-65.18	413.46	25.64	380.65
净利润(万元)	4578.99	11535.16	4951.62	10512.48
利润总额(万元)	5233.47	13556.83	5876.45	11432.32

中国海诚工程科技股份有限公司

公司概况						
公司名称	中国海诚工程科技股份有限公司			证券简称	中国海诚
法人代表	陈鄂生	董秘	薛晓风	证券代码	002116
公司网址	www.haisum.com		电子信箱	haisum@haisum.com	
电　话	021-64314018		传　真	021-64334045	
办公地址	上海市宝庆路 21 号				
经营范围	为国内外工程建设提供设计、咨询、监理和总承包服务等				

主要财务指标：指标＼报告期	2012.06.30	2011.12.31	2011.06.30	2010.12.31
基本每股收益(元)	0.2870	0.7950	0.2070	0.5690
基本每股收益(扣除后)(元)	0.2830	0.7920	0.2060	0.5680
每股净资产(元)	2.7320	4.7360	4.3160	4.2650
每股经营现金净流量(元)	0.5605	1.0190	-0.6450	2.6728
每股现金流量(元)	0.1906	-0.2239	-1.1807	2.1339
每股资本公积金(元)	0.5518	1.7785	1.7798	1.7821
每股盈余公积金(元)	0.1658	0.2985	0.2408	0.2408
每股未分配利润(元)	1.0151	1.6610	1.2964	1.2440
净资产收益率(%)	10.5000	16.7800	8.6300	13.3360
加权净资产收益率(%)	10.4400	17.7600	8.4700	13.9300
净资产收益率(扣除)(%)	-	-	-	-
总资产(万元)	251452.08	237731.97	207952.96	194218.30
归属母公司股东权益(万元)	56050.79	53988.70	49199.37	48624.97
主营业务收入(万元)	259342.68	405752.82	189448.50	272612.01
营业收入(万元)	260019.50	407406.74	190092.01	273880.28
主营成本(万元)	236007.98	362487.73	170637.24	240087.11
营业成本(万元)	236601.69	363703.57	171215.60	241193.86
投资收益(万元)	22.60	251.27	102.00	65.70
净利润(万元)	6661.19	10284.49	4883.15	7440.16
利润总额(万元)	7955.87	12427.06	5868.32	9172.78

东港股份有限公司

公司概况						
公司名称	东港股份有限公司			证券简称	东港股份
法人代表	王爱先	董秘	齐利国	证券代码	002117
公司网址	www.tungkong.com.cn		电子信箱	qi-liguo@tungkong.com.cn	
电　话	0531-88904590		传　真	0531-82672202	
办公地址	山东省济南市山大北路 23 号				
经营范围	出版物、包装装潢印刷品及其他印刷品印刷、办公用纸、纸制品的生产等				

主要财务指标：指标＼报告期	2012.06.30	2011.12.31	2011.06.30	2010.12.31
基本每股收益(元)	0.2200	0.7000	0.5100	0.7000
基本每股收益(扣除后)(元)	0.2000	0.6800	0.5100	0.6900
每股净资产(元)	4.1800	8.3000	8.0800	7.7700
每股经营现金净流量(元)	0.0634	1.4067	0.2745	1.4464
每股现金流量(元)	-0.2478	-0.3461	-1.1476	1.6935
每股资本公积金(元)	1.8829	4.7473	4.6675	4.6688
每股盈余公积金(元)	0.3263	0.5952	0.5612	0.5092
每股未分配利润(元)	0.9706	1.9599	1.8524	1.5906
净资产收益率(%)	5.2500	8.2860	6.0500	8.2130
加权净资产收益率(%)	5.2300	8.7400	6.4300	11.8000
净资产收益率(扣除)(%)	-	-	-	-
总资产(万元)	133946.19	135012.09	129783.60	133733.70
归属母公司股东权益(万元)	105678.09	104954.19	100306.32	96428.44
主营业务收入(万元)	39276.64	76641.97	42336.18	69145.79
营业收入(万元)	39911.45	78176.56	42790.63	71223.31
主营成本(万元)	24672.28	49742.94	26838.02	43993.98
营业成本(万元)	25270.63	51057.26	27028.06	45820.10
投资收益(万元)	-	-	-	-
净利润(万元)	6104.09	9615.63	6959.10	8707.17
利润总额(万元)	7147.24	11323.72	8207.16	10411.62

吉林紫鑫药业股份有限公司

公司概况

公司名称	吉林紫鑫药业股份有限公司			证券简称	紫鑫药业
法人代表	曹恩辉	董秘	钟云香	证券代码	002118
公司网址	www.jilinzixin.com.cn		电子信箱	zixin@jilinzixin.com	
电　　话	0431-81916633		传　　真	0431-88698366	
办公地址	吉林省长春市南关区东头道街 1 号				
经营范围	从事中成药的研发、生产、销售和中药材种植业务等				

主要财务指标

指标\报告期	2012.06.30	2011.12.31	2011.06.30	2010.12.31
基本每股收益(元)	0.1100	0.4200	0.2200	0.3700
基本每股收益(扣除后)(元)	0.0900	0.3600	0.2200	0.3700
每股净资产(元)	3.6400	3.5300	3.3200	6.2100
每股经营现金净流量(元)	-0.1927	-1.0891	0.4133	-0.8399
每股现金流量(元)	-0.2182	-1.9590	0.0299	5.1155
每股资本公积金(元)	1.4110	1.4110	1.4110	3.8219
每股盈余公积金(元)	0.0995	0.0995	0.0847	0.1694
每股未分配利润(元)	1.1255	1.0160	0.8245	1.2145
净资产收益率(%)	3.0100	12.0110	6.5400	10.8790
加权净资产收益率(%)	3.0600	12.7800	6.7600	33.3600
净资产收益率(扣除)(%)	-	-	-	-
总资产(万元)	292876.41	278916.40	282048.46	256926.51
归属母公司股东权益(万元)	186524.85	180908.87	170320.71	159176.50
主营业务收入(万元)	25360.93	92761.96	37035.17	64026.54
营业收入(万元)	25360.93	92761.96	37035.17	64241.74
主营成本(万元)	11241.06	42491.97	14387.40	28782.93
营业成本(万元)	11241.06	42491.97	14387.40	28994.50
投资收益(万元)	226.00	586.00	560.00	196.00
净利润(万元)	5615.88	21728.26	11143.70	17316.56
利润总额(万元)	6102.53	23278.33	11666.49	17468.26

宁波康强电子股份有限公司

公司概况

公司名称	宁波康强电子股份有限公司			证券简称	康强电子
法人代表	郑康定	董秘	赵勤攻	证券代码	002119
公司网址	www.kangqiang.com		电子信箱	board@kangqiang.com	
电　　话	0574-56807119		传　　真	0574-56807088	
办公地址	浙江省宁波市鄞州投资创业中心金源路 988 号				
经营范围	制造和销售各种引线框架及半导体元器件等				

主要财务指标

指标\报告期	2012.06.30	2011.12.31	2011.06.30	2010.12.31
基本每股收益(元)	0.0600	0.0600	0.1100	0.3500
基本每股收益(扣除后)(元)	-0.0400	-0.0800	0.0800	0.2100
每股净资产(元)	3.1800	3.1900	3.3700	3.3800
每股经营现金净流量(元)	0.0722	0.4873	0.1478	-0.4150
每股现金流量(元)	-0.0128	0.3842	0.1634	-0.1836
每股资本公积金(元)	0.8773	0.9431	1.0724	1.1479
每股盈余公积金(元)	0.2095	0.2095	0.1933	0.1933
每股未分配利润(元)	1.0900	1.0349	1.1012	1.0432
净资产收益率(%)	1.7400	1.8160	3.2100	10.4877
加权净资产收益率(%)	1.7200	1.7100	3.1400	10.9700
净资产收益率(扣除)(%)	-	-	-	-
总资产(万元)	168545.85	166480.81	161740.24	142250.83
归属母公司股东权益(万元)	61693.54	61899.68	65385.56	65724.93
主营业务收入(万元)	59073.37	132717.22	66033.25	103238.32
营业收入(万元)	64553.94	150271.71	76279.72	103972.93
主营成本(万元)	52647.09	118893.79	57810.14	87660.36
营业成本(万元)	57848.11	135894.04	67608.88	88234.29
投资收益(万元)	909.72	2321.34	-22.58	1698.01
净利润(万元)	1093.08	822.21	2131.52	6844.45
利润总额(万元)	1077.46	691.26	1717.54	8021.77

宁波新海电气股份有限公司

公司概况

公司名称	宁波新海电气股份有限公司			证券简称	新海股份
法人代表	黄新华	董秘	孙宁薇	证券代码	002120
公司网址	www.xinhaigroup.com		电子信箱	xhlighter@xinhaigroup.com	
电　　话	0574-63029608		传　　真	0574-63029192	
办公地址	浙江省宁波市慈溪市浒山街道北三环东路 239 号				
经营范围	打火机、点火枪、模具、电器配件、电子元件、塑料制品、文具的制造等				

主要财务指标

指标\报告期	2012.06.30	2011.12.31	2011.06.30	2010.12.31
基本每股收益(元)	0.3200	0.1400	0.0500	0.2100
基本每股收益(扣除后)(元)	0.0700	0.0800	0.0200	0.1300
每股净资产(元)	2.9300	2.6600	2.5700	2.5200
每股经营现金净流量(元)	-0.0140	0.2828	0.2297	0.0774
每股现金流量(元)	-0.1251	0.2703	0.3556	0.1320
每股资本公积金(元)	0.4311	0.4311	0.4311	0.4311
每股盈余公积金(元)	0.1246	0.1246	0.0979	0.0979
每股未分配利润(元)	1.3849	1.1176	1.0579	1.0083
净资产收益率(%)	10.8500	5.2510	1.9300	8.4840
加权净资产收益率(%)	11.3000	5.3900	1.9500	8.7600
净资产收益率(扣除)(%)	-	-	-	-
总资产(万元)	102970.57	110826.00	107287.02	99360.60
归属母公司股东权益(万元)	43968.14	39958.04	38640.23	37895.52
主营业务收入(万元)	43524.85	85043.72	34645.55	81993.17
营业收入(万元)	43599.85	85319.85	34784.80	82350.83
主营成本(万元)	34687.10	67183.62	28587.59	65942.96
营业成本(万元)	34724.73	67419.22	28677.43	66132.49
投资收益(万元)	4150.63	256.74	221.48	1200.80
净利润(万元)	5435.13	2942.69	946.19	3314.71
利润总额(万元)	6284.75	4179.46	1188.45	3921.99

深圳市科陆电子科技股份有限公司

公司概况

公司名称	深圳市科陆电子科技股份有限公司			证券简称	科陆电子
法人代表	饶陆华	董秘	黄幼平	证券代码	002121
公司网址	www.szclou.com		电子信箱	sz-clou@szclou.com	
电　　话	0755-26719528		传　　真	0755-26719679	
办公地址	广东省深圳市南山区高新技术产业园南区 T2 栋五楼				
经营范围	电力测量仪器仪表及检定装置、电子式电能表、用电管理系统及设备等				

主要财务指标

指标\报告期	2012.06.30	2011.12.31	2011.06.30	2010.12.31
基本每股收益(元)	0.1568	0.1891	0.1437	0.3600
基本每股收益(扣除后)(元)	0.1296	0.1805	0.1254	0.3400
每股净资产(元)	3.1400	3.0000	2.9600	2.8500
每股经营现金净流量(元)	-0.2087	-0.9444	-0.9473	-0.1530
每股现金流量(元)	-0.2518	-0.8934	-0.9774	2.2185
每股资本公积金(元)	0.9881	0.9881	0.9881	1.9821
每股盈余公积金(元)	0.1413	0.1413	0.1360	0.2040
每股未分配利润(元)	1.0090	0.8722	0.8321	1.0827
净资产收益率(%)	5.0000	6.2990	4.8600	11.6470
加权净资产收益率(%)	5.1000	6.4800	4.9200	20.7800
净资产收益率(扣除)(%)	-	-	-	-
总资产(万元)	270720.76	259290.82	222282.33	211901.78
归属母公司股东权益(万元)	124495.37	119070.10	117269.03	112892.27
主营业务收入(万元)	68405.73	109425.96	41006.24	90595.05
营业收入(万元)	70475.28	112178.36	42390.42	92979.36
主营成本(万元)	48019.49	77190.83	26750.52	55600.40
营业成本(万元)	49879.10	78266.20	27238.71	56843.12
投资收益(万元)	41.28	56.52	-	-33.57
净利润(万元)	6156.14	7021.90	5480.90	13025.91
利润总额(万元)	7120.36	7378.88	6039.23	15862.28

浙江天马轴承股份有限公司

公司概况					
公司名称	浙江天马轴承股份有限公司			证券简称	天马股份
法人代表	马兴法	董秘	马全法	证券代码	002122
公司网址	www.zjtmb.com		电子信箱	tmzc@zjtmb.com	
电　话	0571-88027658		传　真	0571-88029872	
办公地址	浙江省杭州市石祥路 208 号				
经营范围	轴承及机床的研发、制造和销售等				

主要财务指标：指标\报告期	2012.06.30	2011.12.31	2011.06.30	2010.12.31
基本每股收益(元)	0.1300	0.3500	0.2400	0.5500
基本每股收益(扣除后)(元)	0.1000	0.3200	0.2000	0.5100
每股净资产(元)	3.9900	3.9600	3.8500	3.7100
每股经营现金净流量(元)	0.1145	0.2375	-0.0026	0.2905
每股现金流量(元)	-0.1099	-0.1544	-0.1995	0.1310
每股资本公积金(元)	0.8657	0.8657	0.8652	0.8652
每股盈余公积金(元)	0.1545	0.1545	0.1243	0.1243
每股未分配利润(元)	1.9713	1.9424	1.8573	1.7208
净资产收益率(%)	3.1700	8.8810	5.9600	14.9367
加权净资产收益率(%)	3.2000	9.2100	6.2300	16.1000
净资产收益率(扣除)(%)	-	-	-	-
总资产(万元)	701247.80	714393.63	676676.95	653701.58
归属母公司股东权益(万元)	474122.65	470677.23	457005.08	440782.68
主营业务收入(万元)	124345.26	306473.34	163956.49	351811.30
营业收入(万元)	129994.26	309876.19	167195.55	358288.38
主营成本(万元)	88537.72	218228.41	112780.87	242202.31
营业成本(万元)	93276.73	218228.41	115418.25	243026.99
投资收益(万元)	-	113.19	-	4.19
净利润(万元)	15958.85	44124.87	29762.21	70057.19
利润总额(万元)	18611.60	51959.79	34372.61	80517.79

荣信电力电子股份有限公司

公司概况					
公司名称	荣信电力电子股份有限公司			证券简称	荣信股份
法人代表	左强	董秘	赵殿波	证券代码	002123
公司网址	www.rxpe.com		电子信箱	zdb@rxpe.com	
电　话	0412-7213602		传　真	0412-7213646	
办公地址	辽宁省鞍山市高新区科技路 108 号				
经营范围	从事节能大功率电力电子设备的设计和制造业务				

主要财务指标：指标\报告期	2012.06.30	2011.12.31	2011.06.30	2010.12.31
基本每股收益(元)	0.2200	0.5600	0.2500	0.5300
基本每股收益(扣除后)(元)	0.2200	0.5300	0.2400	0.4400
每股净资产(元)	4.1500	3.8700	3.5800	4.7100
每股经营现金净流量(元)	-0.3114	-0.3131	-0.1823	0.0774
每股现金流量(元)	-0.0808	-0.4369	-0.0235	0.4790
每股资本公积金(元)	0.9642	0.9015	0.9210	1.5960
每股盈余公积金(元)	0.2015	0.2015	0.1563	0.2344
每股未分配利润(元)	1.9888	1.7704	1.5032	1.8789
净资产收益率(%)	5.2600	14.5370	6.4700	16.8970
加权净资产收益率(%)	5.4400	16.4500	7.5300	18.5100
净资产收益率(扣除)(%)	-	-	-	-
总资产(万元)	376783.13	345050.61	341140.64	290915.54
归属母公司股东权益(万元)	209386.35	195218.75	180456.29	158230.46
主营业务收入(万元)	72427.08	163082.00	85378.62	133689.20
营业收入(万元)	72427.08	163082.00	85378.62	133689.20
主营成本(万元)	36523.86	79888.51	43062.21	71876.03
营业成本(万元)	36523.86	79888.51	43062.21	71876.03
投资收益(万元)	154.32	-507.06	-113.45	-24.29
净利润(万元)	9730.77	31036.05	14095.35	29593.94
利润总额(万元)	11210.56	33940.32	15538.84	31995.76

宁波天邦股份有限公司

公司概况					
公司名称	宁波天邦股份有限公司			证券简称	天邦股份
法人代表	张邦辉	董秘	王韦	证券代码	002124
公司网址	www.tianbang.com		电子信箱	daid@tianbang.com	
电　话	021-37745083 37745053		传　真	021-37745250	
办公地址	上海市松江区松卫北路 665 号企福天地 9 楼				
经营范围	许可经营项目包括配合饲料的制造				

主要财务指标：指标\报告期	2012.06.30	2011.12.31	2011.06.30	2010.12.31
基本每股收益(元)	0.0420	0.1500	-0.0570	0.1900
基本每股收益(扣除后)(元)	0.0200	0.1100	-0.0650	-0.0100
每股净资产(元)	1.9000	1.9600	1.7600	1.9300
每股经营现金净流量(元)	0.0660	0.2897	0.1210	0.0019
每股现金流量(元)	-0.2086	0.1911	0.0490	-0.0594
每股资本公积金(元)	0.0263	0.0263	0.0263	0.0256
每股盈余公积金(元)	0.1781	0.1781	0.1687	0.1687
每股未分配利润(元)	0.7353	0.7938	0.6003	0.7572
净资产收益率(%)	2.1900	7.4640	-3.2300	9.8510
加权净资产收益率(%)	2.1400	7.5500	-3.0300	10.1100
净资产收益率(扣除)(%)	-	-	-	-
总资产(万元)	119446.59	107215.22	102005.48	90773.31
归属母公司股东权益(万元)	39057.55	40214.30	36202.30	39646.69
主营业务收入(万元)	82169.14	173578.04	61704.93	110486.26
营业收入(万元)	82208.71	173644.65	61765.28	110643.69
主营成本(万元)	70194.90	147074.24	53850.13	94795.82
营业成本(万元)	70222.37	147117.02	53869.12	94944.58
投资收益(万元)	45.60	-46.86	-3.00	-28.71
净利润(万元)	1350.00	4461.15	-912.08	4288.85
利润总额(万元)	1573.14	4733.43	-809.67	4134.95

湘潭电化科技股份有限公司

公司概况					
公司名称	湘潭电化科技股份有限公司			证券简称	湘潭电化
法人代表	周红旗	董秘	张凯宇	证券代码	002125
公司网址	www.chinaemd.com		电子信箱	zky@chinaemd.com	
电　话	0731-55544048 55544161		传　真	0731-55544101	
办公地址	湖南省湘潭市岳塘区滴水埠				
经营范围	研究、开发、生产、销售二氧化锰、电解金属锰、电池材料及其它能源新材料等				

主要财务指标：指标\报告期	2012.06.30	2011.12.31	2011.06.30	2010.12.31
基本每股收益(元)	-0.1086	0.3615	0.1224	0.4934
基本每股收益(扣除后)(元)	-0.1173	0.1431	0.1000	0.4785
每股净资产(元)	2.5100	4.2247	4.0900	3.7700
每股经营现金净流量(元)	0.1766	-0.2159	0.3720	0.4611
每股现金流量(元)	-0.0608	0.0184	1.0237	-0.1126
每股资本公积金(元)	1.1000	2.3600	2.3600	1.8465
每股盈余公积金(元)	0.1178	0.1884	0.1832	0.2113
每股未分配利润(元)	0.2723	0.6495	0.5264	0.6884
净资产收益率(%)	-4.1990	8.0840	3.3200	9.0746
加权净资产收益率(%)	-4.1990	7.0800	3.3200	14.3200
净资产收益率(扣除)(%)	-	-	-	-
总资产(万元)	116282.87	104818.42	103440.79	81606.42
归属母公司股东权益(万元)	34921.53	36736.78	35590.32	28391.99
主营业务收入(万元)	30589.01	75323.14	35285.67	61846.13
营业收入(万元)	30717.64	75614.44	35439.01	62202.80
主营成本(万元)	26734.37	62052.19	29822.81	47964.62
营业成本(万元)	26775.80	62137.19	29847.94	50073.28
投资收益(万元)	-	-	-	-
净利润(万元)	-1266.18	3821.98	1182.90	4613.85
利润总额(万元)	-1304.50	4202.76	1376.32	5524.45

浙江银轮机械股份有限公司

公司概况					
公司名称	浙江银轮机械股份有限公司			证券简称	银轮股份
法人代表	徐小敏	董秘	陈庆河	证券代码	002126
公司网址	www.yinlun.com		电子信箱	002126@yinlun.cn	
电　　话	0576-83938228 83938250		传　　真	0576-83938813 83938806	
办公地址	浙江省台州市天台县福溪街道交通运输机械工业园区				
经营范围	实业投资、汽车零部件、船用配件、机械配件、摩托车配件、电子产品等				

主要财务指标 指标\报告期	2012.06.30	2011.12.31	2011.06.30	2010.12.31
基本每股收益(元)	0.1100	0.7800	0.4900	1.0000
基本每股收益(扣除后)(元)	0.0900	0.7400	0.2000	0.9900
每股净资产(元)	3.8200	7.4800	5.3400	6.3900
每股经营现金净流量(元)	0.4072	0.3756	-0.0067	1.5222
每股现金流量(元)	0.2778	1.8232	0.4298	0.4356
每股资本公积金(元)	1.3962	3.7924	1.3640	2.0732
每股盈余公积金(元)	0.1924	0.3848	0.3989	0.5185
每股未分配利润(元)	1.2349	2.3027	2.5826	2.7941
净资产收益率(%)	2.8400	8.8100	9.2600	20.4494
加权净资产收益率(%)	2.8800	14.4600	9.6100	22.5700
净资产收益率(扣除)(%)	-	-	-	-
总资产(万元)	262309.51	233866.83	196774.06	165684.87
归属母公司股东权益(万元)	121466.95	118872.97	69463.68	63855.51
主营业务收入(万元)	94321.50	171450.96	81315.76	142854.33
营业收入(万元)	98486.02	181635.30	90664.64	147340.66
主营成本(万元)	76398.14	133811.58	61917.51	104551.24
营业成本(万元)	79276.95	141819.43	82770.46	106919.59
投资收益(万元)	504.55	-2.96	-4.25	115.35
净利润(万元)	3904.78	10789.10	6731.32	13712.25
利润总额(万元)	4758.71	12394.66	7830.63	15892.95

江苏新民纺织科技股份有限公司

公司概况					
公司名称	江苏新民纺织科技股份有限公司			证券简称	新民科技
法人代表	柳维特	董秘	卢蕊芬	证券代码	002127
公司网址	www.xmtex.com		电子信箱	info@xmtex.com	
电　　话	0512-63550591 63574760		传　　真	0512-63555511	
办公地址	江苏省吴江市盛泽镇五龙路22号				
经营范围	丝绸及其原料业务、包括化纤纺丝、各类丝绸织品的织造和印染等				

主要财务指标 指标\报告期	2012.06.30	2011.12.31	2011.06.30	2010.12.31
基本每股收益(元)	-0.1600	0.1600	0.0900	0.3500
基本每股收益(扣除后)(元)	-0.1700	0.1200	0.0700	0.3700
每股净资产(元)	2.4000	2.5600	3.0300	2.9300
每股经营现金净流量(元)	-0.3142	0.0919	0.0188	0.6331
每股现金流量(元)	0.0965	0.1456	0.0627	0.8295
每股资本公积金(元)	0.6788	0.6788	1.0145	1.0145
每股盈余公积金(元)	0.0965	0.0965	0.0491	0.0491
每股未分配利润(元)	0.6230	0.7804	0.9651	0.8622
净资产收益率(%)	-6.5600	6.2270	3.3600	12.6200
加权净资产收益率(%)	-6.3500	6.3600	3.4600	17.5500
净资产收益率(扣除)(%)	-	-	-	-
总资产(万元)	360552.73	342435.31	290525.40	215448.96
归属母公司股东权益(万元)	107075.80	114100.32	112684.63	108855.33
主营业务收入(万元)	141100.65	319747.51	133818.14	173758.02
营业收入(万元)	141443.14	320387.06	134126.40	174202.86
主营成本(万元)	132786.80	286348.25	119444.47	139119.83
营业成本(万元)	132949.40	286943.76	119587.57	139529.88
投资收益(万元)	34.20	1274.08	-	140.00
净利润(万元)	-7603.90	8407.41	4708.52	17760.29
利润总额(万元)	-7663.58	9355.63	5744.97	21697.93

内蒙古霍林河露天煤业股份有限公司

公司概况					
公司名称	内蒙古霍林河露天煤业股份有限公司			证券简称	露天煤业
法人代表	刘明胜	董秘	王立春	证券代码	002128
公司网址			电子信箱	ltmy@vip.163.com	
电　　话	0475-2350579 2352299		传　　真	0475-2350579	
办公地址	内蒙古自治区霍林郭勒市哲里木大街(霍矿珠斯花区)				
经营范围	煤炭系列产品的研制、生产和销售等				

主要财务指标 指标\报告期	2012.06.30	2011.12.31	2011.06.30	2010.12.31
基本每股收益(元)	0.5500	1.2100	0.6100	1.1000
基本每股收益(扣除后)(元)	0.5500	1.2000	0.6100	1.0900
每股净资产(元)	3.6400	3.5700	2.9600	2.8500
每股经营现金净流量(元)	0.2113	0.9296	0.6452	1.4524
每股现金流量(元)	0.1489	-0.2225	0.0566	0.0208
每股资本公积金(元)	0.1362	0.1362	0.0413	0.0413
每股盈余公积金(元)	0.3071	0.3071	0.2076	0.2076
每股未分配利润(元)	2.1574	2.1082	1.5667	1.5219
净资产收益率(%)	15.2100	33.7804	20.2400	38.5512
加权净资产收益率(%)	14.3300	38.0900	19.7600	38.5000
净资产收益率(扣除)(%)	-	-	-	-
总资产(万元)	890517.84	805915.29	800767.30	746355.84
归属母公司股东权益(万元)	481893.77	473752.91	393051.14	377573.62
主营业务收入(万元)	331017.34	644072.47	341495.30	554874.21
营业收入(万元)	333111.61	650247.19	342908.95	567232.99
主营成本(万元)	213356.66	399746.00	213434.16	327929.63
营业成本(万元)	214381.31	402508.29	214096.28	332771.79
投资收益(万元)	5192.58	17261.21	6030.29	9172.45
净利润(万元)	72979.69	165615.24	84138.00	153961.21
利润总额(万元)	83802.27	193149.09	98641.30	180055.62

天津中环半导体股份有限公司

公司概况					
公司名称	天津中环半导体股份有限公司			证券简称	中环股份
法人代表	张旭光	董秘	安艳清	证券代码	002129
公司网址	www.tjsemi.com		电子信箱	sunjuanhong@tjsemi.com	
电　　话	022-23789766-3037 3015		传　　真	022-23788321	
办公地址	天津市新技术产业园区华苑产业区(环外)海泰东路12号				
经营范围	半导体材料、半导体器件、电子元件制造、加工、批发、零售等				

主要财务指标 指标\报告期	2012.06.30	2011.12.31	2011.06.30	2010.12.31
基本每股收益(元)	0.0140	0.2521	0.2558	0.1347
基本每股收益(扣除后)(元)	-0.0471	0.2002	0.2287	0.1256
每股净资产(元)	2.3654	2.3515	2.3552	3.1790
每股经营现金净流量(元)	-0.2430	-0.2555	-0.1319	0.0754
每股现金流量(元)	-0.2694	0.3286	0.0701	-0.1332
每股资本公积金(元)	0.8106	0.8106	0.8106	1.5160
每股盈余公积金(元)	0.0436	0.0436	0.0379	0.0568
每股未分配利润(元)	0.5111	0.4972	0.5067	0.6063
净资产收益率(%)	0.5900	10.7213	10.8600	6.3542
加权净资产收益率(%)	0.5900	11.2800	11.3800	6.6200
净资产收益率(扣除)(%)	-	-	-	-
总资产(万元)	695052.09	651631.69	531021.32	405635.85
归属母公司股东权益(万元)	171314.93	170302.87	170572.19	153492.63
主营业务收入(万元)	108771.31	249896.59	147010.57	127692.16
营业收入(万元)	112480.93	254997.79	147492.74	130862.51
主营成本(万元)	98983.73	203910.72	110425.58	94185.22
营业成本(万元)	101761.61	207920.81	110615.56	96771.00
投资收益(万元)	253.74	4.26	-	-3.15
净利润(万元)	959.09	22412.76	21797.11	11337.11
利润总额(万元)	1766.97	25859.49	25502.20	14914.85

深圳市沃尔核材股份有限公司

公司概况	公司名称	深圳市沃尔核材股份有限公司			证券简称	沃尔核材
	法人代表	周和平	董秘	王占君	证券代码	002130
	公司网址	www.woer.com		电子信箱	fz@woer.com	
	电　话	0755-28299020		传　真	0755-28299020	
	办公地址	广东省深圳市坪山新区兰景北路沃尔工业园				
	经营范围	热缩材料、冷缩材料、阻燃材料、绝缘材料、耐高温耐腐蚀新型材料等				

	指标\报告期	2012.06.30	2011.12.31	2011.06.30	2010.12.31
主要财务指标	基本每股收益(元)	0.0600	0.3000	0.0800	0.2800
	基本每股收益(扣除后)(元)	0.0500	0.2800	0.0700	0.2700
	每股净资产(元)	2.0500	3.0100	2.8400	1.9900
	每股经营现金净流量(元)	-0.0855	0.0920	-0.0353	0.1881
	每股现金流量(元)	-0.4168	0.9271	1.0578	-0.1508
	每股资本公积金(元)	0.3430	0.9654	0.9631	0.0399
	每股盈余公积金(元)	0.0823	0.1245	0.0967	0.1150
	每股未分配利润(元)	0.6279	0.9157	0.7846	0.8323
	净资产收益率(%)	2.7200	9.5110	4.4600	15.7070
	加权净资产收益率(%)	2.7400	12.2600	7.3700	16.7400
	净资产收益率(扣除)(%)	-	-	-	-
	总资产(万元)	123725.54	123160.65	114817.95	74440.01
	归属母公司股东权益(万元)	90378.17	87430.92	82737.15	48600.01
	主营业务收入(万元)	28195.90	64084.96	29371.91	51545.68
	营业收入(万元)	28540.48	64802.93	29862.70	52094.86
	主营成本(万元)	19022.75	42515.20	19220.90	32080.24
	营业成本(万元)	19155.75	42846.37	19372.28	32394.80
	投资收益(万元)	-20.31	391.89	-64.56	97.70
	净利润(万元)	2437.57	8364.47	3726.60	7651.75
	利润总额(万元)	2789.43	9354.59	4286.37	8171.44

浙江利欧股份有限公司

公司概况	公司名称	浙江利欧股份有限公司			证券简称	利欧股份
	法人代表	王相荣	董秘	张旭波	证券代码	002131
	公司网址	www.leogroup.cn		电子信箱	sec@leogroup.cn	
	电　话	0576-89986666		传　真	0576-89989898	
	办公地址	浙江省温岭市工业城中心大道				
	经营范围	泵、园林机械、清洁设备、电机、汽油机、阀门、模具、五金工具、动力柜等				

	指标\报告期	2012.06.30	2011.12.31	2011.06.30	2010.12.31
主要财务指标	基本每股收益(元)	0.1300	0.3900	0.1900	0.3700
	基本每股收益(扣除后)(元)	0.1300	0.3000	0.1700	0.3200
	每股净资产(元)	3.3100	3.1900	2.3300	2.1400
	每股经营现金净流量(元)	0.0368	0.2602	0.1068	0.2706
	每股现金流量(元)	0.0349	0.1494	0.0083	0.0440
	每股资本公积金(元)	0.7852	0.7882	0.0374	0.0374
	每股盈余公积金(元)	0.1887	0.2003	0.1538	0.1538
	每股未分配利润(元)	1.3382	1.2849	1.1340	0.9446
	净资产收益率(%)	3.8600	11.4350	8.1500	17.1970
	加权净资产收益率(%)	3.9300	16.6100	8.4900	18.8400
	净资产收益率(扣除)(%)	-	-	-	-
	总资产(万元)	209544.51	181849.87	119704.46	105508.51
	归属母公司股东权益(万元)	105829.43	101876.43	70012.01	64304.74
	主营业务收入(万元)	83251.55	125887.62	66885.91	117298.03
	营业收入(万元)	84467.54	128942.49	68664.62	119510.69
	主营成本(万元)	63896.33	-	54198.09	91361.30
	营业成本(万元)	64848.14	102753.88	55606.42	93571.45
	投资收益(万元)	-695.02	1330.78	553.41	722.10
	净利润(万元)	3989.58	11960.93	5846.83	11696.90
	利润总额(万元)	5059.60	13998.73	6988.17	13848.80

河南恒星科技股份有限公司

公司概况	公司名称	河南恒星科技股份有限公司			证券简称	恒星科技
	法人代表	谢保军	董秘	李明	证券代码	002132
	公司网址	www.hengxingchinese.com		电子信箱	xrl67666@126.com	
	电　话	0371-69588999		传　真	0371-69588000 65946800	
	办公地址	河南省巩义市康店镇恒星工业园				
	经营范围	生产、经营钢帘线、胶管钢丝、镀锌钢丝、镀锌钢绞线等				

	指标\报告期	2012.06.30	2011.12.31	2011.06.30	2010.12.31
主要财务指标	基本每股收益(元)	-0.0100	0.1300	0.1800	0.1700
	基本每股收益(扣除后)(元)	-0.0200	0.0700	0.1200	0.1100
	每股净资产(元)	2.0500	2.0600	2.1100	4.0600
	每股经营现金净流量(元)	-0.0063	-0.4421	-0.4302	0.6506
	每股现金流量(元)	0.0688	0.2176	0.0075	0.3791
	每股资本公积金(元)	0.2935	0.2930	0.2930	1.6917
	每股盈余公积金(元)	0.0969	0.0969	0.0927	0.1854
	每股未分配利润(元)	0.6616	0.6696	0.7264	1.1834
	净资产收益率(%)	-0.3900	6.4140	8.9700	8.1743
	加权净资产收益率(%)	-0.3900	6.5400	8.7700	13.0400
	净资产收益率(扣除)(%)	-	-	-	-
	总资产(万元)	330042.43	311697.31	306844.56	260344.46
	归属母公司股东权益(万元)	110781.91	111186.26	114023.67	109607.77
	主营业务收入(万元)	91906.32	194898.32	98193.18	184921.47
	营业收入(万元)	92263.35	195581.82	98557.09	186504.12
	主营成本(万元)	81538.31	170440.95	83370.38	161043.52
	营业成本(万元)	81538.77	170452.66	83380.00	161780.57
	投资收益(万元)	-149.25	3773.48	3727.92	2797.89
	净利润(万元)	-188.71	7421.82	10183.77	10068.42
	利润总额(万元)	-551.25	8084.57	11392.41	12098.21

广宇集团股份有限公司

公司概况	公司名称	广宇集团股份有限公司			证券简称	广宇集团
	法人代表	王轶磊	董秘	华欣	证券代码	002133
	公司网址	www.cosmosgroup.com.cn		电子信箱	gyjtdb@163.com	
	电　话	0571-87925786		传　真	0571-87925813	
	办公地址	浙江省杭州市平海路8号				
	经营范围	房地产投资、房地产开发经营、商品房销售及出租、实业投资、室内外装饰等				

	指标\报告期	2012.06.30	2011.12.31	2011.06.30	2010.12.31
主要财务指标	基本每股收益(元)	0.1900	0.5800	0.0900	0.4400
	基本每股收益(扣除后)(元)	0.1900	0.5800	0.0900	0.4400
	每股净资产(元)	2.8000	3.2400	2.7700	2.8100
	每股经营现金净流量(元)	-0.3491	-0.5276	-0.5585	1.5107
	每股现金流量(元)	-0.0973	-0.7400	-0.6609	0.7331
	每股资本公积金(元)	0.3680	0.6416	0.6416	0.6416
	每股盈余公积金(元)	0.1401	0.1682	0.1539	0.1539
	每股未分配利润(元)	1.2934	1.4269	0.9743	1.0131
	净资产收益率(%)	6.7000	17.8610	4.0100	15.6670
	加权净资产收益率(%)	6.7200	19.2100	3.9200	16.8200
	净资产收益率(扣除)(%)	-	-	-	-
	总资产(万元)	671673.59	670701.18	665580.01	696012.86
	归属母公司股东权益(万元)	167624.22	161380.32	138101.45	140035.97
	主营业务收入(万元)	77204.79	191244.51	74334.82	215449.62
	营业收入(万元)	77204.79	191440.82	74334.82	215569.62
	主营成本(万元)	44051.64	115077.44	52110.51	157244.53
	营业成本(万元)	44051.64	115203.95	52110.51	157371.05
	投资收益(万元)	421.95	1885.36	1343.44	3525.97
	净利润(万元)	12994.71	32744.20	5998.45	21663.76
	利润总额(万元)	17702.77	44540.32	9766.33	29483.72

天津普林电路股份有限公司

公司概况						
公司名称	天津普林电路股份有限公司				证券简称	天津普林
法人代表	由华东	董秘	苏铭		证券代码	002134
公司网址	www.toppcb.com			电子信箱	ir@tianjin-pcb.com	
电　话	022-24893466			传　真	022-24890198	
办公地址	天津市空港物流加工区航海路53号					
经营范围	生产、销售双面和多层印刷电路板					

主要财务指标：指标\报告期	2012.06.30	2011.12.31	2011.06.30	2010.12.31
基本每股收益(元)	-0.1200	0.0100	0.0100	-0.0800
基本每股收益(扣除后)(元)	-	-	0.0030	0.0800
每股净资产(元)	2.7200	2.8400	2.8300	2.8200
每股经营现金净流量(元)	-	0.2396	0.1739	0.0295
每股现金流量(元)	-	0.0220	0.0452	-0.3606
每股资本公积金(元)	1.2262	1.2262	1.2262	1.2262
每股盈余公积金(元)	-	0.0836	0.0823	0.0823
每股未分配利润(元)	-	0.5265	0.5229	0.5164
净资产收益率(%)	-4.2500	0.4000	0.2300	-2.7810
加权净资产收益率(%)	-4.2500	0.4000	0.2300	-2.7400
净资产收益率(扣除)(%)	-	-	-	-
总资产(万元)	-	86660.94	84149.42	82419.14
归属母公司股东权益(万元)	66889.71	69731.27	69611.23	69452.16
主营业务收入(万元)	21636.03	48249.56	25477.84	56076.34
营业收入(万元)	21636.03	48249.56	25477.84	56076.34
主营成本(万元)	22166.08	44070.75	23626.67	52331.07
营业成本(万元)	-	44070.75	23626.67	52331.07
投资收益(万元)	-	-7.69	-	-
净利润(万元)	-	255.41	141.09	-1942.44
利润总额(万元)	-	333.84	173.92	-2258.78

浙江东南网架股份有限公司

公司概况						
公司名称	浙江东南网架股份有限公司				证券简称	东南网架
法人代表	徐春祥	董秘	蒋建华		证券代码	002135
公司网址	www.dongnanwangjia.com			电子信箱	stock@dongnanwangjia.com	
电　话	0571-82783358			传　真	0571-82783358	
办公地址	浙江省杭州市萧山区衙前镇					
经营范围	网架、钢结构及其配套板材设计、制造、安装、幕墙的设计与施工等					

主要财务指标：指标\报告期	2012.06.30	2011.12.31	2011.06.30	2010.12.31
基本每股收益(元)	0.0700	0.3000	0.1800	0.2400
基本每股收益(扣除后)(元)	0.0700	0.2800	0.0900	0.2200
每股净资产(元)	2.3100	4.5000	3.5000	5.0400
每股经营现金净流量(元)	-0.2526	-0.4130	-0.4345	1.8216
每股现金流量(元)	0.0248	1.3165	-0.1273	0.8129
每股资本公积金(元)	0.7073	2.2146	1.0216	2.0325
每股盈余公积金(元)	0.0707	0.1414	0.1531	0.2296
每股未分配利润(元)	0.5311	1.1438	1.3265	1.7746
净资产收益率(%)	3.1000	5.3570	5.0500	7.2400
加权净资产收益率(%)	3.1400	8.6300	5.1500	7.4500
净资产收益率(扣除)(%)	-	-	-	-
总资产(万元)	571769.33	522775.87	444839.84	384773.15
归属母公司股东权益(万元)	172857.44	168428.69	105037.13	100732.39
主营业务收入(万元)	171777.41	357366.97	170507.87	305178.77
营业收入(万元)	175734.88	365675.22	174684.71	315073.61
主营成本(万元)	146519.48	310066.44	147472.12	266664.71
营业成本(万元)	149576.02	315510.72	150995.78	272185.60
投资收益(万元)	-4.38	-	-	-
净利润(万元)	5561.34	8768.93	5350.41	7747.81
利润总额(万元)	6987.19	10469.02	6833.27	8903.56

安徽安纳达钛业股份有限公司

公司概况						
公司名称	安徽安纳达钛业股份有限公司				证券简称	安纳达
法人代表	袁菊兴	董秘	王先龙		证券代码	002136
公司网址	www.andty.com			电子信箱	th_wxl@sina.com	
电　话	0562-3862867 3867899			传　真	0562-3861769	
办公地址	安徽省铜陵市铜官大道南段1288号					
经营范围	生产和销售系列钛白粉及相关化工产品(不含危险品)等					

主要财务指标：指标\报告期	2012.06.30	2011.12.31	2011.06.30	2010.12.31
基本每股收益(元)	0.1031	0.2800	0.1966	0.1700
基本每股收益(扣除后)(元)	0.0992	0.2700	0.1941	0.1700
每股净资产(元)	2.9700	2.9600	5.7547	2.8000
每股经营现金净流量(元)	-0.0875	-0.0171	0.2106	0.5447
每股现金流量(元)	-0.3475	1.2597	3.0237	0.0345
每股资本公积金(元)	1.6290	1.6290	4.2579	1.6154
每股盈余公积金(元)	0.0554	0.0554	0.0582	0.0792
每股未分配利润(元)	0.2803	0.2772	0.4386	0.1093
净资产收益率(%)	3.4800	8.8940	6.2300	12.0978
加权净资产收益率(%)	3.4600	10.3200	8.0300	12.8800
净资产收益率(扣除)(%)	-	-	-	-
总资产(万元)	92159.90	85019.01	80637.19	41247.61
归属母公司股东权益(万元)	63775.37	63679.52	61868.50	22128.59
主营业务收入(万元)	38389.67	71759.77	35850.05	54822.51
营业收入(万元)	38470.60	71902.63	35933.63	55002.28
主营成本(万元)	34140.77	62504.04	30045.46	48663.65
营业成本(万元)	34148.49	62528.37	30053.45	48716.97
投资收益(万元)	-	-	-	-
净利润(万元)	2217.85	5663.94	3852.91	2677.07
利润总额(万元)	2601.70	6657.70	4546.11	3147.95

深圳市实益达科技股份有限公司

公司概况						
公司名称	深圳市实益达科技股份有限公司				证券简称	实益达
法人代表	陈亚妹	董秘	吕培荣		证券代码	002137
公司网址	www.sz-seastar.com			电子信箱	dmb@sz-seastar.com	
电　话	0755-29672878			传　真	0755-29672878 86000766	
办公地址	广东省深圳市龙岗区宝龙工业城宝龙六路实益达科技园					
经营范围	兴办实业(具体项目另行申报)、电子产品的技术开发、生产、销售等					

主要财务指标：指标\报告期	2012.06.30	2011.12.31	2011.06.30	2010.12.31
基本每股收益(元)	0.0692	0.1164	0.0947	0.0841
基本每股收益(扣除后)(元)	0.0666	0.1133	0.0849	0.1081
每股净资产(元)	1.6873	1.6981	1.6800	1.9000
每股经营现金净流量(元)	0.0960	0.6135	0.4271	-0.2528
每股现金流量(元)	-0.1006	0.1548	0.1450	-0.2873
每股资本公积金(元)	0.3594	0.3594	0.3594	0.6313
每股盈余公积金(元)	0.0477	0.0477	0.0470	0.0564
每股未分配利润(元)	0.2830	0.2937	0.2727	0.2136
净资产收益率(%)	4.1000	6.8580	5.5800	5.3028
加权净资产收益率(%)	4.0000	7.0900	5.8000	5.2400
净资产收益率(扣除)(%)	-	-	-	-
总资产(万元)	104502.98	116448.24	121815.24	129281.52
归属母公司股东权益(万元)	52669.35	53006.11	52401.65	49482.41
主营业务收入(万元)	62494.86	167773.57	83188.70	130965.32
营业收入(万元)	63947.09	172402.25	83917.66	132993.62
主营成本(万元)	57162.88	158916.00	77995.30	122248.30
营业成本(万元)	58508.24	162392.28	78605.85	123923.14
投资收益(万元)	-	-715.49	-169.33	-
净利润(万元)	2064.23	3624.21	2955.11	2623.94
利润总额(万元)	2502.62	4190.35	3417.12	2398.03

深圳顺络电子股份有限公司

公司概况	公司名称	深圳顺络电子股份有限公司			证券简称	顺络电子
	法人代表	袁金钰	董秘	徐佳	证券代码	002138
	公司网址	www.sunlordinc.com		电子信箱	info@sunlordinc.com	
	电　话	0755-29832586		传　真	0755-29832339	
	办公地址	广东省深圳市宝安区观澜街道大富工业区顺络观澜工业园				
	经营范围	研发、设计、生产、销售新型电子元器件等				

	指标\报告期	2012.06.30	2011.12.31	2011.06.30	2010.12.31
主要财务指标	基本每股收益(元)	0.1500	0.3900	0.1400	0.5000
	基本每股收益(扣除后)(元)	0.1400	0.2900	0.1900	0.4800
	每股净资产(元)	3.5600	5.2800	5.1700	3.2800
	每股经营现金净流量(元)	0.2871	0.1642	–0.0691	0.3938
	每股现金流量(元)	0.0280	–0.0756	0.3223	–0.0024
	每股资本公积金(元)	1.6637	2.9939	3.0198	1.2438
	每股盈余公积金(元)	0.1410	0.2115	0.1667	0.1822
	每股未分配利润(元)	0.7622	1.0714	0.9847	0.8563
	净资产收益率(%)	4.1491	7.1520	3.8888	15.0290
	加权净资产收益率(%)	4.1400	8.1200	4.9200	16.3400
	净资产收益率(扣除)(%)	–	–	–	–
	总资产(万元)	144635.03	131547.43	130182.72	102826.82
	归属母公司股东权益(万元)	113539.17	112023.10	109790.32	63771.18
	主营业务收入(万元)	31418.73	55043.46	27494.90	44914.58
	营业收入(万元)	31418.73	55043.46	27494.90	44914.58
	主营成本(万元)	22263.60	38560.69	18183.80	24477.69
	营业成本(万元)	26088.46	38560.69	18183.80	24477.69
	投资收益(万元)	–	1500.00	–	–
	净利润(万元)	4710.85	8011.49	4269.54	9584.42
	利润总额(万元)	5513.49	9644.10	5182.67	11511.67

深圳拓邦股份有限公司

公司概况	公司名称	深圳拓邦股份有限公司			证券简称	拓邦股份
	法人代表	武永强	董秘	文朝晖	证券代码	002139
	公司网址	www.topband-e.com		电子信箱	lir@topband.com.cn	
	电　话	0755-26957035		传　真	0755-26957440	
	办公地址	广东省深圳市宝安区石岩镇塘头大道拓邦工业园				
	经营范围	各类电子智能控制器、电磁炉智能控制器、电力自动化系统设备等				

	指标\报告期	2012.06.30	2011.12.31	2011.06.30	2010.12.31
主要财务指标	基本每股收益(元)	0.1000	0.4100	0.1400	0.4300
	基本每股收益(扣除后)(元)	0.1000	0.4100	0.1700	0.4200
	每股净资产(元)	2.2500	2.9400	2.6400	2.4000
	每股经营现金净流量(元)	0.1217	0.3745	0.1952	0.2235
	每股现金流量(元)	–0.2385	0.1877	–0.0567	0.0313
	每股资本公积金(元)	0.2801	0.4127	0.3445	0.2910
	每股盈余公积金(元)	0.1296	0.1684	0.1297	0.1297
	每股未分配利润(元)	0.8407	1.3586	1.1625	0.9833
	净资产收益率(%)	4.5898	14.0840	6.7960	17.9200
	加权净资产收益率(%)	4.4800	15.5000	7.1900	19.5400
	净资产收益率(扣除)(%)	–	–	–	–
	总资产(万元)	80804.98	86444.06	69877.79	70592.88
	归属母公司股东权益(万元)	49148.84	49387.90	44296.83	40388.29
	主营业务收入(万元)	43774.93	96895.96	40700.51	88914.22
	营业收入(万元)	43859.83	97098.42	40829.61	89118.85
	主营成本(万元)	34280.79	75940.14	32616.20	69382.09
	营业成本(万元)	34332.13	76132.33	32656.32	69593.50
	投资收益(万元)	–195.19	–145.39	–	–2.61
	净利润(万元)	2272.77	7099.85	2944.37	7221.10
	利润总额(万元)	2685.37	8356.72	3461.08	8457.19

东华工程科技股份有限公司

公司概况	公司名称	东华工程科技股份有限公司			证券简称	东华科技
	法人代表	丁叮	董秘	罗守生	证券代码	002140
	公司网址	www.chinaecec.com		电子信箱	luoshousheng@chinaecec.com	
	电　话	0551-3626000 3626768		传　真	0551-3631706 3626768	
	办公地址	安徽省合肥市望江东路 70 号				
	经营范围	化工工程、石油化工工程、建筑工程、市政工程设计、工程总承包等				

	指标\报告期	2012.06.30	2011.12.31	2011.06.30	2010.12.31
主要财务指标	基本每股收益(元)	0.2800	0.6200	0.2300	0.4400
	基本每股收益(扣除后)(元)	0.2800	0.6100	0.2300	0.4400
	每股净资产(元)	2.6400	2.4800	2.0900	3.1200
	每股经营现金净流量(元)	0.0602	1.0596	–0.0596	–0.3722
	每股现金流量(元)	–0.3258	0.8795	–0.2274	–0.6600
	每股资本公积金(元)	0.2026	0.2026	0.2026	0.6241
	每股盈余公积金(元)	0.2258	0.2258	0.1637	0.2619
	每股未分配利润(元)	1.2112	1.0503	0.7240	1.2352
	净资产收益率(%)	10.6400	25.0820	11.1600	22.6380
	加权净资产收益率(%)	10.7200	28.1700	11.3700	25.2400
	净资产收益率(扣除)(%)	–	–	–	–
	总资产(万元)	431140.66	382786.88	277760.15	258536.39
	归属母公司股东权益(万元)	117735.80	110558.94	93232.99	87010.37
	主营业务收入(万元)	96799.26	234648.98	72327.31	183584.01
	营业收入(万元)	96799.26	234648.98	72327.31	183584.01
	主营成本(万元)	73860.35	179166.11	52426.31	141795.18
	营业成本(万元)	73860.35	179166.11	52426.31	141795.18
	投资收益(万元)	297.56	484.43	167.15	489.15
	净利润(万元)	12580.63	27845.40	10430.93	19749.98
	利润总额(万元)	14765.01	32366.21	12285.38	23004.36

广东蓉胜超微线材股份有限公司

公司概况	公司名称	广东蓉胜超微线材股份有限公司			证券简称	蓉胜超微
	法人代表	诸建中	董秘	张志刚	证券代码	002141
	公司网址	www.ronsen.com.cn		电子信箱	stock@ronsen.com.cn	
	电　话	0756-7512120 7512070		传　真	0756-7517098	
	办公地址	广东省珠海市金湾区三灶镇三灶科技工业园				
	经营范围	生产和销售自产的各种漆包线、电工电器产品、附件、技术咨询等				

	指标\报告期	2012.06.30	2011.12.31	2011.06.30	2010.12.31
主要财务指标	基本每股收益(元)	–0.0066	0.0171	0.0454	0.0859
	基本每股收益(扣除后)(元)	–0.0436	0.0033	0.0290	0.0724
	每股净资产(元)	1.6721	1.6787	1.7071	2.6986
	每股经营现金净流量(元)	0.0601	–0.1333	–0.2276	–0.1936
	每股现金流量(元)	–0.0524	0.1205	–0.1443	0.0633
	每股资本公积金(元)	0.3369	0.3369	0.3369	0.9391
	每股盈余公积金(元)	0.0876	0.0876	0.0860	0.1376
	每股未分配利润(元)	0.2476	0.2542	0.2841	0.6219
	净资产收益率(%)	–0.4000	1.0190	2.5000	5.0960
	加权净资产收益率(%)	–0.4000	1.0100	2.5000	5.2300
	净资产收益率(扣除)(%)	–	–	–	–
	总资产(万元)	69905.54	74003.43	77450.28	67186.60
	归属母公司股东权益(万元)	30412.98	30533.84	31049.47	30677.33
	主营业务收入(万元)	41650.13	107886.61	58326.69	95683.67
	营业收入(万元)	43264.87	112201.56	61252.83	98343.72
	主营成本(万元)	38359.38	100144.79	53688.69	86857.51
	营业成本(万元)	39873.74	104435.84	56604.21	89437.86
	投资收益(万元)	0.08	–47.92	106.12	–52.60
	净利润(万元)	63.13	380.26	844.60	1793.19
	利润总额(万元)	122.10	374.37	997.73	1991.82

宁波银行股份有限公司

公司概况	公司名称	宁波银行股份有限公司			证券简称	宁波银行
	法人代表	陆华裕	董秘	杨晨	证券代码	002142
	公司网址	www.nbcb.com.cn		电子信箱	dsh@nbcb.com.cn	
	电　　话	0574-87050028		传　　真	0574-87050027	
	办公地址	浙江省宁波市鄞州区宁南南路 700 号				
	经营范围	吸收公众存款、发放短期、中期和长期贷款、办理国内结算等				

主要财务指标	指标\报告期	2012.06.30	2011.12.31	2011.06.30	2010.12.31
	基本每股收益(元)	0.7500	1.1300	0.5700	0.9100
	基本每股收益(扣除后)(元)	0.7500	1.0600	0.5100	0.8500
	每股净资产(元)	7.0600	6.4900	5.8700	5.5100
	每股经营现金净流量(元)	-2.1206	-8.3994	-2.4542	19.1352
	每股现金流量(元)	-8.0389	-13.0039	-5.7297	23.6402
	每股资本公积金(元)	2.7962	2.7698	2.7091	2.7141
	每股盈余公积金(元)	0.3743	0.3743	0.2615	0.2615
	每股未分配利润(元)	2.3733	1.9135	1.4720	1.1931
	净资产收益率(%)	10.5900	17.3850	9.7700	14.6300
	加权净资产收益率(%)	10.9300	18.8100	9.9700	20.5300
	净资产收益率(扣除)(%)	-	-	-	-
	总资产(万元)	27764342.00	26049763.70	26244627.90	26327433.20
	归属母公司股东权益(万元)	2037110.90	1871406.70	1694040.90	1587663.90
	主营业务收入(万元)	-	-	-	-
	营业收入(万元)	496197.30	796613.30	363621.50	591191.80
	主营成本(万元)	-	-	-	-
	营业成本(万元)	224724.90	-	182099.70	-
	投资收益(万元)	1624.10	10104.90	-1341.50	-3243.20
	净利润(万元)	215789.40	325351.00	165504.30	232198.60
	利润总额(万元)	271681.10	403528.10	201447.60	294800.40

四川高金食品股份有限公司

公司概况	公司名称	四川高金食品股份有限公司			证券简称	高金食品
	法人代表	金翔宇	董秘	颜怀彦	证券代码	002143
	公司网址	www.gaojin.com.cn		电子信箱	gaojin@gaojin.cn	
	电　　话	0825-2651999		传　　真	0825-2651999	
	办公地址	四川省遂宁市滨江南路 666 号				
	经营范围	生猪屠宰、加工、冷冻、销售、饲料原料和饲料的销售等				

主要财务指标	指标\报告期	2012.06.30	2011.12.31	2011.06.30	2010.12.31
	基本每股收益(元)	0.0351	0.3993	-0.2132	-0.1389
	基本每股收益(扣除后)(元)	-0.1395	-0.4366	-0.2320	-0.2352
	每股净资产(元)	2.3600	3.1200	2.4500	2.7300
	每股经营现金净流量(元)	-0.9887	0.4100	-0.5515	-0.9547
	每股现金流量(元)	-0.4785	0.3749	0.0210	-0.1031
	每股资本公积金(元)	0.6661	1.1659	1.1659	1.1679
	每股盈余公积金(元)	0.0823	0.1070	0.0947	0.0947
	每股未分配利润(元)	0.6123	0.8503	0.1861	0.4633
	净资产收益率(%)	2.5600	12.7850	-9.6300	-5.0940
	加权净资产收益率(%)	1.4800	13.6500	-10.7200	-4.9700
	净资产收益率(扣除)(%)	-	-	-	-
	总资产(万元)	180930.45	162259.49	165344.02	150028.20
	归属母公司股东权益(万元)	49257.10	50128.98	39270.97	43752.15
	主营业务收入(万元)	115594.78	235524.82	84664.94	195387.29
	营业收入(万元)	116487.90	238231.32	85801.69	198168.31
	主营成本(万元)	112090.99	228037.45	82309.42	187817.72
	营业成本(万元)	112811.81	230300.36	83096.87	189878.30
	投资收益(万元)	-	3075.00	225.00	1031.68
	净利润(万元)	1720.52	8785.88	-5119.45	-3219.43
	利润总额(万元)	3460.39	12816.06	-5120.53	-3200.08

宏达高科控股股份有限公司

公司概况	公司名称	宏达高科控股股份有限公司			证券简称	宏达高科
	法人代表	沈国甫	董秘	朱海东	证券代码	002144
	公司网址	www.zjhongda.com.cn		电子信箱	hdzhd2008@163.com	
	电　　话	0573-87551997 87550882		传　　真	0573-87566616	
	办公地址	浙江省海宁市许村镇建设路 118 号				
	经营范围	针织及纺织面料、服装、合成革的制造、加工、销售、印染等				

主要财务指标	指标\报告期	2012.06.30	2011.12.31	2011.06.30	2010.12.31
	基本每股收益(元)	0.3400	0.4600	0.2100	0.3200
	基本每股收益(扣除后)(元)	0.2900	0.4400	0.2200	0.2200
	每股净资产(元)	7.8100	7.2700	4.6300	7.4900
	每股经营现金净流量(元)	0.2939	-0.0630	-0.1493	1.0988
	每股现金流量(元)	0.0804	-0.7174	-0.3982	1.0195
	每股资本公积金(元)	5.5948	5.1946	5.1041	5.7289
	每股盈余公积金(元)	0.1754	0.1754	0.1467	0.1467
	每股未分配利润(元)	1.0396	0.8977	0.6725	0.6138
	净资产收益率(%)	4.3800	6.3640	2.8700	3.5380
	加权净资产收益率(%)	4.5000	6.2700	2.8700	5.8700
	净资产收益率(扣除)(%)	-	-	-	-
	总资产(万元)	149456.37	145787.47	144610.18	149224.75
	归属母公司股东权益(万元)	118191.49	109987.98	70074.04	113344.02
	主营业务收入(万元)	28024.29	58438.74	27109.50	40799.94
	营业收入(万元)	28218.51	58778.22	27219.96	40946.75
	主营成本(万元)	19419.48	42200.12	19659.98	31720.71
	营业成本(万元)	19565.25	42451.01	19746.81	31885.96
	投资收益(万元)	516.29	928.72	516.29	1100.69
	净利润(万元)	5191.68	7048.58	3162.46	4026.98
	利润总额(万元)	6027.14	8044.85	3686.04	4555.00

中核华原钛白股份有限公司

公司概况	公司名称	中核华原钛白股份有限公司			证券简称	*ST 钛白
	法人代表	李建锋	董秘	付玉琴	证券代码	002145
	公司网址	www.tioxhua.com		电子信箱	404fyq@vip.sina.com	
	电　　话	0937-6303686 6765325		传　　真	0937-6303368 6764543	
	办公地址	甘肃省嘉峪关市和诚西路 359 号				
	经营范围	钛白粉、硫酸亚铁的生产和销售等				

主要财务指标	指标\报告期	2012.06.30	2011.12.31	2011.06.30	2010.12.31
	基本每股收益(元)	-0.1300	-1.0404	-0.0800	0.0571
	基本每股收益(扣除后)(元)	-0.1200	-0.9662	-0.0700	-0.5454
	每股净资产(元)	0.3100	0.4400	1.4000	1.4800
	每股经营现金净流量(元)	0.0167	0.0474	0.0317	0.0377
	每股现金流量(元)	0.0375	0.0153	0.0255	0.0037
	每股资本公积金(元)	1.7095	1.7095	1.7095	1.7095
	每股盈余公积金(元)	0.1957	0.1957	0.1957	0.1957
	每股未分配利润(元)	-2.5932	-2.4675	-1.5058	-1.4272
	净资产收益率(%)	-40.2621	-237.7250	-5.6180	3.8630
	加权净资产收益率(%)	-39.1300	-108.6200	-5.6200	3.9400
	净资产收益率(扣除)(%)	-	-	-	-
	总资产(万元)	59234.29	57807.27	64089.95	61601.76
	归属母公司股东权益(万元)	5928.21	8315.03	26588.05	28081.89
	主营业务收入(万元)	13402.87	41196.27	21079.50	34251.81
	营业收入(万元)	13440.91	41893.90	21586.49	35039.25
	主营成本(万元)	12407.83	41958.87	18848.15	36435.58
	营业成本(万元)	12423.15	42190.17	19029.50	36675.86
	投资收益(万元)	-	-	-	-
	净利润(万元)	-2279.90	-19772.04	-1500.65	1096.59
	利润总额(万元)	-2172.45	-19766.44	-1498.52	1106.75

荣盛房地产发展股份有限公司

公司概况	公司名称	荣盛房地产发展股份有限公司			证券简称	荣盛发展
	法人代表	耿建明	董秘	陈金海	证券代码	002146
	公司网址	www.risesun.cn		电子信箱	dongmichu@risesun.cn	
	电　话	0316-5909688		传　真	0316-5908567	
	办公地址	河北省廊坊市新开路239号荣盛地产大厦				
	经营范围	房地产开发与经营(一级资质)				

	指标\报告期	2012.06.30	2011.12.31	2011.06.30	2010.12.31
主要财务指标	基本每股收益(元)	0.4500	0.8200	0.3300	0.5500
	基本每股收益(扣除后)(元)	0.4400	0.8300	0.3300	0.5600
	每股净资产(元)	3.6600	3.2900	2.7700	3.3200
	每股经营现金净流量(元)	-0.2408	-0.2674	-0.9432	-1.3489
	每股现金流量(元)	-0.4762	0.2980	-0.2417	0.0752
	每股资本公积金(元)	0.6913	0.6474	0.6170	0.9498
	每股盈余公积金(元)	0.1453	0.1453	0.1115	0.1450
	每股未分配利润(元)	1.8296	1.5001	1.0408	1.2252
	净资产收益率(%)	12.2400	24.9690	11.8800	21.4597
	加权净资产收益率(%)	12.7600	28.2600	12.1900	24.0600
	净资产收益率(扣除)(%)	-	-	-	-
	总资产(万元)	3027058.46	2817119.15	2496708.67	2125434.31
	归属母公司股东权益(万元)	684631.37	613654.96	516110.61	475950.48
	主营业务收入(万元)	554180.64	950169.79	398781.18	652717.63
	营业收入(万元)	554180.64	950169.79	398781.18	652717.63
	主营成本(万元)	356718.91	592465.42	250424.65	424902.64
	营业成本(万元)	356718.91	592465.42	250424.65	424902.64
	投资收益(万元)	-91.57	-165.18	-9.00	-170.97
	净利润(万元)	82905.07	152845.27	61313.35	102249.19
	利润总额(万元)	109088.31	194901.83	82514.47	134345.56

马鞍山方圆回转支承股份有限公司

公司概况	公司名称	马鞍山方圆回转支承股份有限公司			证券简称	方圆支承
	法人代表	钱森力	董秘	高海军	证券代码	002147
	公司网址	www.masfy.com		电子信箱	ghj@masfy.com	
	电　话	0555-3506900		传　真	0555-3503233	
	办公地址	安徽省马鞍山市慈湖化工路				
	经营范围	生产、销售回转支承、机械设备、锻压设备、销售金属制品、建材等				

	指标\报告期	2012.06.30	2011.12.31	2011.06.30	2010.12.31
主要财务指标	基本每股收益(元)	0.0600	0.3653	0.2600	0.3500
	基本每股收益(扣除后)(元)	0.0600	0.3276	0.2600	0.3000
	每股净资产(元)	3.4400	3.5400	3.4200	3.3100
	每股经营现金净流量(元)	0.0311	-0.1458	-0.1519	0.1739
	每股现金流量(元)	-0.3915	-0.5099	-0.1956	1.0054
	每股资本公积金(元)	1.5295	1.5375	1.5187	1.5187
	每股盈余公积金(元)	0.1420	0.1420	0.1077	0.1077
	每股未分配利润(元)	0.7699	0.8623	0.7888	0.6814
	净资产收益率(%)	1.6800	10.3130	7.2700	9.5630
	加权净资产收益率(%)	1.6400	10.7700	7.6000	16.5800
	净资产收益率(扣除)(%)	-	-	-	-
	总资产(万元)	119285.29	119192.75	115903.82	101415.94
	归属母公司股东权益(万元)	88970.17	91562.43	88290.86	85513.04
	主营业务收入(万元)	19005.66	57451.97	34226.23	42726.66
	营业收入(万元)	19996.89	60822.37	36005.02	44751.18
	主营成本(万元)	14715.13	41117.13	23249.38	28611.91
	营业成本(万元)	14808.73	41238.99	23357.46	28776.00
	投资收益(万元)	-	-	-	-
	净利润(万元)	1411.75	9524.26	6790.18	8229.69
	利润总额(万元)	1616.48	11503.23	8177.87	9770.31

北京北纬通信科技股份有限公司

公司概况	公司名称	北京北纬通信科技股份有限公司			证券简称	北纬通信
	法人代表	傅乐民	董秘	李韧	证券代码	002148
	公司网址	www.bisp.com		电子信箱	lr@bisp.com	
	电　话	010-88356661		传　真	010-88356273	
	办公地址	北京市海淀区首体南路22号国兴大厦5层、26层				
	经营范围	从事移动数据增值服务业务等				

	指标\报告期	2012.06.30	2011.12.31	2011.06.30	2010.12.31
主要财务指标	基本每股收益(元)	0.1500	0.1000	0.0500	0.4200
	基本每股收益(扣除后)(元)	0.1500	0.0900	0.0500	0.4200
	每股净资产(元)	4.1300	4.0100	3.8400	5.6400
	每股经营现金净流量(元)	0.1139	0.2539	0.0245	0.4279
	每股现金流量(元)	-0.7731	-0.1366	-0.5551	0.0222
	每股资本公积金(元)	1.4426	1.4426	1.3195	2.2763
	每股盈余公积金(元)	0.1351	0.1351	0.1106	0.1660
	每股未分配利润(元)	1.5549	1.4303	1.4049	2.1980
	净资产收益率(%)	3.7900	2.5650	1.3800	11.1690
	加权净资产收益率(%)	3.7900	2.6500	1.4100	11.6600
	净资产收益率(扣除)(%)	-	-	-	-
	总资产(万元)	48953.78	46482.32	45697.98	43789.55
	归属母公司股东权益(万元)	46863.92	45451.07	43489.48	42640.41
	主营业务收入(万元)	12199.25	23766.69	11861.53	22489.12
	营业收入(万元)	12236.94	23842.06	11936.90	22586.08
	主营成本(万元)	7343.60	13669.42	6693.54	12013.85
	营业成本(万元)	7349.16	13680.53	6699.09	12038.61
	投资收益(万元)	124.01	738.83	340.16	482.35
	净利润(万元)	1753.05	1165.83	600.62	4762.70
	利润总额(万元)	1835.47	1658.78	942.68	5286.57

西部金属材料股份有限公司

公司概况	公司名称	西部金属材料股份有限公司			证券简称	西部材料
	法人代表	巨建辉	董秘	顾亮	证券代码	002149
	公司网址	www.c-wmm.com		电子信箱	l.gu@c-wmm.com	
	电　话	029-86968418 86968603		传　真	029-86968416 88331527	
	办公地址	陕西省西安市西安经济技术开发区泾渭工业园西金路西段15号				
	经营范围	稀有金属材料的板、带、箔、丝、棒、管及其深加工产品等				

	指标\报告期	2012.06.30	2011.12.31	2011.06.30	2010.12.31
主要财务指标	基本每股收益(元)	-0.0900	-0.1300	-0.0500	0.2300
	基本每股收益(扣除后)(元)	-0.1200	-0.1800	-0.0700	0.1600
	每股净资产(元)	4.6700	4.7600	4.8400	5.0900
	每股经营现金净流量(元)	-0.1028	0.1674	-0.5903	-0.8306
	每股现金流量(元)	-0.4735	0.3973	0.1009	-0.5274
	每股资本公积金(元)	3.2027	3.2027	3.2027	3.2027
	每股盈余公积金(元)	0.1402	0.1402	0.1402	0.1402
	每股未分配利润(元)	0.3264	0.4132	0.4947	0.7481
	净资产收益率(%)	-1.8400	-2.8360	-1.0700	4.5020
	加权净资产收益率(%)	-1.8400	-2.7500	-1.0700	4.6000
	净资产收益率(扣除)(%)	-	-	-	-
	总资产(万元)	270239.98	267335.45	264092.08	242337.45
	归属母公司股东权益(万元)	81538.82	83054.88	84478.74	88903.11
	主营业务收入(万元)	51933.19	117498.79	57645.27	92485.72
	营业收入(万元)	87010.15	149432.05	95841.75	125346.33
	主营成本(万元)	42934.27	95839.63	50477.53	76221.22
	营业成本(万元)	77447.35	126930.86	86668.61	106292.12
	投资收益(万元)	-	-	-	-
	净利润(万元)	140.35	616.85	139.40	6706.85
	利润总额(万元)	72.88	544.54	406.36	7967.98

江苏通润装备科技股份有限公司

公司概况	公司名称	江苏通润装备科技股份有限公司			证券简称	江苏通润
	法人代表	柳振江	董秘	蔡岚	证券代码	002150
	公司网址	www.tongrunindustries.com		电子信箱	jstr@tongrunindustries.com	
	电　话	0512-52343523 52346618		传　真	0512-52346558	
	办公地址	江苏省常熟市海虞镇周行通港工业开发区				
	经营范围	金属工具箱柜产品及精密钣金制品的生产、研发及销售等				

主要财务指标	指标\报告期	2012.06.30	2011.12.31	2011.06.30	2010.12.31
	基本每股收益(元)	0.0800	0.1800	0.1000	0.2100
	基本每股收益(扣除后)(元)	0.0800	0.1800	0.1000	0.2100
	每股净资产(元)	1.9900	2.0000	1.9200	3.0700
	每股经营现金净流量(元)	0.1141	0.2411	0.0523	0.1917
	每股现金流量(元)	-0.0307	-0.1151	-0.1223	0.0316
	每股资本公积金(元)	0.1707	0.1707	0.1707	0.8732
	每股盈余公积金(元)	0.1509	0.1509	0.1405	0.2248
	每股未分配利润(元)	0.6639	0.6796	0.6087	0.9680
	净资产收益率(%)	4.2400	8.9312	4.8700	11.2036
	加权净资产收益率(%)	4.1200	9.1200	4.9600	11.6600
	净资产收益率(扣除)(%)	-	-	-	-
	总资产(万元)	81494.94	83425.21	75030.72	74390.56
	归属母公司股东权益(万元)	49676.68	50071.42	48037.16	47945.06
	主营业务收入(万元)	42035.97	82217.15	42014.52	73206.04
	营业收入(万元)	42453.93	83195.61	42443.96	73764.99
	主营成本(万元)	33294.54	65020.72	33412.71	57009.54
	营业成本(万元)	33480.17	65113.79	33436.00	57015.83
	投资收益(万元)	27.05	-	-	8.09
	净利润(万元)	2135.65	4493.18	2464.90	5427.72
	利润总额(万元)	2985.44	6121.43	3211.16	7332.07

北京北斗星通导航技术股份有限公司

公司概况	公司名称	北京北斗星通导航技术股份有限公司			证券简称	北斗星通
	法人代表	周儒欣	董秘	段昭宇	证券代码	002151
	公司网址	www.navchina.com		电子信箱	bdstardsh@navchina.com	
	电　话	010-62969966		传　真	010-62966646	
	办公地址	北京市海淀区上地信息产业基地三街9号金隅嘉华大厦A座10层				
	经营范围	开发导航定位应用系统及软硬件产品、基于位置的信息系统等				

主要财务指标	指标\报告期	2012.06.30	2011.12.31	2011.06.30	2010.12.31
	基本每股收益(元)	0.0100	0.2500	0.1100	0.3000
	基本每股收益(扣除后)(元)	0.0030	0.2300	0.1000	0.2800
	每股净资产(元)	3.4600	4.2400	4.2300	6.3600
	每股经营现金净流量(元)	-0.1186	-0.0734	-0.3961	-0.3294
	每股现金流量(元)	-0.2496	-0.9598	-0.6750	1.8436
	每股资本公积金(元)	1.7287	2.2732	2.3730	3.9636
	每股盈余公积金(元)	0.1063	0.1276	0.1038	0.1561
	每股未分配利润(元)	0.6414	0.8579	0.7588	1.2467
	净资产收益率(%)	0.2800	5.9460	3.0600	6.4618
	加权净资产收益率(%)	0.2800	5.9700	3.0500	10.9100
	净资产收益率(扣除)(%)	-	-	-	-
	总资产(万元)	134402.31	124510.01	112270.62	91900.65
	归属母公司股东权益(万元)	62883.12	64188.60	63904.94	63911.43
	主营业务收入(万元)	24420.00	48425.37	20251.08	32851.40
	营业收入(万元)	24434.70	48477.28	20288.41	32949.61
	主营成本(万元)	16498.86	31158.29	12561.40	20855.32
	营业成本(万元)	16509.74	31183.30	12577.30	20888.43
	投资收益(万元)	12.01	-9.47	-25.23	-
	净利润(万元)	916.30	3841.91	2270.66	4096.40
	利润总额(万元)	1531.44	5083.96	2769.78	4998.13

广州广电运通金融电子股份有限公司

公司概况	公司名称	广州广电运通金融电子股份有限公司			证券简称	广电运通
	法人代表	赵友永	董秘	任斌	证券代码	002152
	公司网址	www.grgbanking.com		电子信箱	securities@grgbanking.com	
	电　话	020-82188517 82188900		传　真	020-82188517	
	办公地址	广东省广州市萝岗区科学城科林路9号				
	经营范围	研制、生产、销售:电子计算机设备、货币类自助设备、税务应用设备等				

主要财务指标	指标\报告期	2012.06.30	2011.12.31	2011.06.30	2010.12.31
	基本每股收益(元)	0.4100	1.1400	0.3700	1.0700
	基本每股收益(扣除后)(元)	0.4000	1.1000	0.3600	1.0400
	每股净资产(元)	4.2500	5.4800	4.8600	5.8700
	每股经营现金净流量(元)	-0.1749	1.1201	-0.3223	0.3476
	每股现金流量(元)	-0.2729	0.4884	-0.5065	-0.2544
	每股资本公积金(元)	0.2902	0.8073	0.8090	1.0750
	每股盈余公积金(元)	0.3262	0.4566	0.3420	0.4445
	每股未分配利润(元)	2.6382	3.2170	2.7118	3.3507
	净资产收益率(%)	9.6800	20.7860	10.6800	23.6640
	加权净资产收益率(%)	10.0500	22.8000	10.9300	26.1300
	净资产收益率(扣除)(%)	-	-	-	-
	总资产(万元)	308581.22	337761.03	275666.45	277393.29
	归属母公司股东权益(万元)	264787.22	243688.19	216186.21	200785.14
	主营业务收入(万元)	93633.95	208946.74	86790.44	172421.13
	营业收入(万元)	93633.95	208946.74	86790.44	172421.13
	主营成本(万元)	47164.83	105081.82	47171.27	87498.39
	营业成本(万元)	47164.83	105081.82	47171.27	87498.39
	投资收益(万元)	-482.53	-53.79	-	-
	净利润(万元)	25728.00	50744.29	23135.56	47570.47
	利润总额(万元)	30630.10	59461.41	27349.29	52556.05

北京中长石基信息技术股份有限公司

公司概况	公司名称	北京中长石基信息技术股份有限公司			证券简称	石基信息
	法人代表	李仲初	董秘	罗芳	证券代码	002153
	公司网址	www.shijinet.com.cn		电子信箱	willa.wang@shijinet.com.cn	
	电　话	010-68249356 68183778-670		传　真	010-68183776	
	办公地址	北京市海淀区复兴路甲65号-A11层、14层 北京市东城区东水井胡同5号15层				
	经营范围	酒店管理系统集成、软件开发、技术支持与服务				

主要财务指标	指标\报告期	2012.06.30	2011.12.31	2011.06.30	2010.12.31
	基本每股收益(元)	0.4500	0.8500	0.4400	0.6900
	基本每股收益(扣除后)(元)	0.4200	0.8300	0.4400	0.6800
	每股净资产(元)	3.6900	3.5400	3.1300	3.8900
	每股经营现金净流量(元)	0.1740	0.8903	0.1758	0.9074
	每股现金流量(元)	-0.5939	-0.1733	-0.0343	0.3522
	每股资本公积金(元)	0.0357	0.0334	0.0337	0.4190
	每股盈余公积金(元)	0.1212	0.1212	0.0935	0.2062
	每股未分配利润(元)	2.5633	2.4096	2.0241	2.2861
	净资产收益率(%)	12.2800	24.1510	14.0600	24.5162
	加权净资产收益率(%)	12.3800	27.0100	14.7200	27.0500
	净资产收益率(扣除)(%)	-	-	-	-
	总资产(万元)	134864.21	130235.31	113577.46	107004.17
	归属母公司股东权益(万元)	114182.29	109359.01	96732.35	87247.54
	主营业务收入(万元)	36000.85	71776.76	35981.18	60854.95
	营业收入(万元)	36063.42	72087.17	36047.16	61024.74
	主营成本(万元)	11373.79	24854.62	10846.38	18701.80
	营业成本(万元)	11419.36	24935.27	10894.96	18802.69
	投资收益(万元)	1030.89	376.98	-	1.90
	净利润(万元)	14562.69	27433.40	14375.29	22864.94
	利润总额(万元)	15494.60	30561.00	15119.03	24487.09

浙江报喜鸟服饰股份有限公司

公司概况	公司名称	浙江报喜鸟服饰股份有限公司			证券简称	报喜鸟
	法人代表	周信忠	董秘	方小波	证券代码	002154
	公司网址	www.bxn.com		电子信箱	stock@baoxiniao.com.cn	
	电　话	0577-67379161		传　真	0577-67315986 8899	
	办公地址	浙江省温州市永嘉县瓯北镇报喜鸟工业区				
	经营范围	服装、皮鞋、皮革制品的生产及销售、经营进出口业务等				

	指标\报告期	2012.06.30	2011.12.31	2011.06.30	2010.12.31
主要财务指标	基本每股收益(元)	0.2100	0.6300	0.1600	0.4200
	基本每股收益(扣除后)(元)	0.2000	0.6000	0.1500	0.4000
	每股净资产(元)	3.7700	3.6800	3.2100	6.3000
	每股经营现金净流量(元)	0.1678	-0.0121	-0.1815	1.0224
	每股现金流量(元)	-0.5343	0.1117	-0.4642	-1.4890
	每股资本公积金(元)	1.1235	1.0791	1.0761	3.1439
	每股盈余公积金(元)	0.1896	0.1917	0.1281	0.2561
	每股未分配利润(元)	1.4592	1.4123	1.0067	1.8980
	净资产收益率(%)	5.6200	17.0218	4.9100	13.1273
	加权净资产收益率(%)	5.5900	18.4200	4.9100	14.1400
	净资产收益率(扣除)(%)	-	-	-	-
	总资产(万元)	392337.56	408618.95	299651.32	257866.86
	归属母公司股东权益(万元)	224007.13	216378.94	188638.81	185003.35
	主营业务收入(万元)	87318.78	194445.91	70709.06	119104.82
	营业收入(万元)	91591.60	202785.01	73262.55	125775.34
	主营成本(万元)	33347.67	78817.55	32083.31	54430.59
	营业成本(万元)	36395.97	83400.13	33879.55	57616.54
	投资收益(万元)	10.73	-	-	-
	净利润(万元)	12509.83	35945.67	8929.57	24262.53
	利润总额(万元)	15820.57	43301.44	11369.04	29365.08

湖南辰州矿业股份有限公司

公司概况	公司名称	湖南辰州矿业股份有限公司			证券简称	辰州矿业
	法人代表	陈建权	董秘	刘志勇	证券代码	002155
	公司网址	www.hncmi.com		电子信箱	czky@hncmi.com	
	电　话	0745-4643501 2237 2260		传　真	0745-4646208	
	办公地址	湖南省怀化市沅陵县官庄镇				
	经营范围	黄金、钨、锑等有色金属矿的地质勘探、开采、选冶、金锭、锑锭等				

	指标\报告期	2012.06.30	2011.12.31	2011.06.30	2010.12.31
主要财务指标	基本每股收益(元)	0.4092	0.9900	0.3623	0.4000
	基本每股收益(扣除后)(元)	0.3826	1.0300	0.3585	0.4700
	每股净资产(元)	3.5200	4.4900	4.0100	3.6500
	每股经营现金净流量(元)	0.1762	0.5087	0.5224	0.9992
	每股现金流量(元)	0.3313	-0.6344	-0.4217	0.6174
	每股资本公积金(元)	1.0681	1.8954	1.8954	1.8954
	每股盈余公积金(元)	0.1357	0.1900	0.1186	0.1186
	每股未分配利润(元)	1.3022	1.4003	0.9914	0.6342
	净资产收益率(%)	11.6400	21.9910	11.2900	10.9020
	加权净资产收益率(%)	12.0300	24.3300	13.2400	11.3900
	净资产收益率(扣除)(%)	-	-	-	-
	总资产(万元)	393854.93	367385.31	315067.84	317186.90
	归属母公司股东权益(万元)	269421.58	245799.08	219500.01	199936.44
	主营业务收入(万元)	211642.46	403879.62	195305.41	286190.83
	营业收入(万元)	212250.55	408142.19	196041.39	287949.98
	主营成本(万元)	153019.64	272636.59	133919.73	190615.20
	营业成本(万元)	153550.23	275387.07	134513.61	192172.18
	投资收益(万元)	3342.83	-416.89	-56.00	-187.73
	净利润(万元)	31402.40	54023.00	27799.90	19113.40
	利润总额(万元)	35575.20	67610.14	37435.52	28764.87

南通富士通微电子股份有限公司

公司概况	公司名称	南通富士通微电子股份有限公司			证券简称	通富微电
	法人代表	石明达	董秘	钱建中	证券代码	002156
	公司网址	www.fujitsu-nt.com		电子信箱	nfme_stock@fujitsu-nt.com	
	电　话	0513-85058919		传　真	0513-85058929	
	办公地址	江苏省南通市崇川开发区崇川路 288 号				
	经营范围	研究开发、生产制造集成电路等半导体及其相关产品等				

	指标\报告期	2012.06.30	2011.12.31	2011.06.30	2010.12.31
主要财务指标	基本每股收益(元)	0.0260	0.0800	0.0780	0.2500
	基本每股收益(扣除后)(元)	-0.0020	0.0100	0.0390	0.2000
	每股净资产(元)	3.3800	3.3600	3.3600	5.2500
	每股经营现金净流量(元)	0.1034	0.0091	0.1549	1.4270
	每股现金流量(元)	-0.1492	-1.0514	-0.6079	2.5802
	每股资本公积金(元)	1.6894	1.6894	1.6894	3.3030
	每股盈余公积金(元)	0.0963	0.0935	0.0869	0.1390
	每股未分配利润(元)	0.5952	0.5719	0.5811	0.8048
	净资产收益率(%)	0.7800	2.2480	2.3300	6.5230
	加权净资产收益率(%)	0.7800	2.2700	2.3500	11.6100
	净资产收益率(扣除)(%)	-	-	-	-
	总资产(万元)	334603.36	339022.31	326683.34	363420.99
	归属母公司股东权益(万元)	219764.91	218058.20	218197.07	213230.70
	主营业务收入(万元)	74413.87	160308.32	83746.87	172234.89
	营业收入(万元)	74830.76	162204.67	84269.92	172711.29
	主营成本(万元)	65659.59	139692.94	70377.73	143143.90
	营业成本(万元)	65660.13	139698.32	70380.24	143185.85
	投资收益(万元)	-34.65	20.18	82.57	28.19
	净利润(万元)	1703.45	4902.82	5076.44	13907.89
	利润总额(万元)	1959.96	6119.17	5910.07	15738.79

江西正邦科技股份有限公司

公司概况	公司名称	江西正邦科技股份有限公司			证券简称	正邦科技
	法人代表	周健	董秘	孙军	证券代码	002157
	公司网址	www.zhengbang.com		电子信箱	zqb@zhengbang.com	
	电　话	0791-86397153		传　真	0791-88338132	
	办公地址	江西省南昌市高新技术开发区艾溪湖一路 569 号				
	经营范围	畜禽饲料、预混料的生产和销售、饲料添加剂的研发、生产和销售等				

	指标\报告期	2012.06.30	2011.12.31	2011.06.30	2010.12.31
主要财务指标	基本每股收益(元)	0.2000	0.2800	0.1200	0.1400
	基本每股收益(扣除后)(元)	0.1900	0.2400	0.1100	0.1300
	每股净资产(元)	2.5000	2.4000	2.2500	3.4100
	每股经营现金净流量(元)	0.1062	0.7318	0.4767	-0.3420
	每股现金流量(元)	0.4412	0.3071	0.3630	1.0146
	每股资本公积金(元)	0.6023	0.6023	0.6066	1.5706
	每股盈余公积金(元)	0.0364	0.0364	0.0295	0.0473
	每股未分配利润(元)	0.8644	0.7656	0.6130	0.7939
	净资产收益率(%)	7.9400	11.4910	5.1900	6.3140
	加权净资产收益率(%)	7.9900	12.1700	5.3300	7.4600
	净资产收益率(扣除)(%)	-	-	-	-
	总资产(万元)	377357.69	319764.00	319845.29	282420.72
	归属母公司股东权益(万元)	107899.88	103639.93	96951.91	91916.69
	主营业务收入(万元)	598743.89	1068078.50	432760.89	739369.02
	营业收入(万元)	599139.14	1069009.31	433933.60	742727.13
	主营成本(万元)	559896.97	997380.17	402033.91	688985.49
	营业成本(万元)	560048.15	997948.28	402442.26	691947.02
	投资收益(万元)	-234.03	599.96	-12.06	364.70
	净利润(万元)	9514.17	17652.65	7777.53	7998.77
	利润总额(万元)	10337.59	19571.53	7989.30	9624.48

上海汉钟精机股份有限公司

公司概况						
	公司名称	上海汉钟精机股份有限公司			证券简称	汉钟精机
	法人代表	余昱暄	董秘	游百乐	证券代码	002158
	公司网址	www.hanbell.com.cn		电子信箱	yupailo@hanbell.cn	
	电　　话	021-57350280 1005 1132		传　　真	021-57351127	
	办公地址	上海市金山区枫泾工业开发区亭枫公路 8289 号				
	经营范围	压缩机应用技术的研制开发、生产销售及售后服务等				

主要财务指标	指标\报告期	2012.06.30	2011.12.31	2011.06.30	2010.12.31
	基本每股收益(元)	0.2058	0.6604	0.3431	0.6298
	基本每股收益(扣除后)(元)	0.1983	0.6461	0.3322	0.5977
	每股净资产(元)	3.2697	3.4637	3.1500	3.6600
	每股经营现金净流量(元)	0.4373	0.4496	0.3358	0.5510
	每股现金流量(元)	0.0348	-0.6009	-0.6711	-0.6070
	每股资本公积金(元)	1.0280	1.0280	1.0280	1.4335
	每股盈余公积金(元)	0.2548	0.2548	0.1861	0.2233
	每股未分配利润(元)	0.9868	1.1811	0.9326	1.0074
	净资产收益率(%)	6.2900	19.0660	9.9000	20.6250
	加权净资产收益率(%)	5.9900	20.5300	10.9200	22.5000
	净资产收益率(扣除)(%)	-	-	-	-
	总资产(万元)	96643.44	98601.46	100940.75	87952.27
	归属母公司股东权益(万元)	71303.23	75534.47	68618.40	66588.74
	主营业务收入(万元)	33724.62	85922.18	44473.28	69718.96
	营业收入(万元)	33762.02	86044.36	44524.76	69789.00
	主营成本(万元)	23769.59	59460.55	30331.21	46558.43
	营业成本(万元)	23824.64	59531.02	30366.30	46615.57
	投资收益(万元)	505.80	938.89	361.67	356.36
	净利润(万元)	4476.64	14305.91	7418.17	13629.52
	利润总额(万元)	5142.89	16752.84	9737.12	15852.94

江苏常铝铝业股份有限公司

公司概况						
	公司名称	江苏常铝铝业股份有限公司			证券简称	常铝股份
	法人代表	张平	董秘	陆芸	证券代码	002160
	公司网址	www.alcha.com		电子信箱	office@alcha.com	
	电　　话	0512-52359001 52359011		传　　真	0512-52892675	
	办公地址	江苏省常熟市白峁镇西				
	经营范围	铝箔、空调器用涂层铝箔、铝材、铝板、铝带制造等				

主要财务指标	指标\报告期	2012.06.30	2011.12.31	2011.06.30	2010.12.31
	基本每股收益(元)	0.0170	0.0180	0.0870	0.1320
	基本每股收益(扣除后)(元)	0.0120	0.0010	0.0720	0.2580
	每股净资产(元)	1.9470	1.9350	2.0090	3.8900
	每股经营现金净流量(元)	-0.1188	0.0610	-0.1941	0.6858
	每股现金流量(元)	-0.4072	0.3066	0.2251	0.1718
	每股资本公积金(元)	0.5779	0.5730	0.5778	1.8573
	每股盈余公积金(元)	0.0800	0.0800	0.0781	0.1563
	每股未分配利润(元)	0.2890	0.2824	0.3535	0.8736
	净资产收益率(%)	0.8500	0.9070	4.3200	6.7820
	加权净资产收益率(%)	0.8500	0.9100	4.3800	6.9900
	净资产收益率(扣除)(%)	-	-	-	-
	总资产(万元)	175631.67	176752.59	177683.69	151759.90
	归属母公司股东权益(万元)	66195.36	65806.78	68320.26	66080.95
	主营业务收入(万元)	102207.16	196635.19	109055.40	187386.77
	营业收入(万元)	104975.48	205356.66	113159.20	194933.89
	主营成本(万元)	91567.29	176249.90	95802.82	168083.55
	营业成本(万元)	94273.22	184614.47	99730.95	175508.86
	投资收益(万元)	-	-	-	-
	净利润(万元)	564.65	596.95	2949.15	4481.75
	利润总额(万元)	535.70	680.57	3351.88	5017.99

武汉三特索道集团股份有限公司

公司概况						
	公司名称	武汉三特索道集团股份有限公司			证券简称	三特索道
	法人代表	齐民	董秘	叶宏森	证券代码	002159
	公司网址	www.sante.com.cn		电子信箱	sante002159@126.com	
	电　　话	027-87341809 87341812		传　　真	027-87341811	
	办公地址	湖北省武汉市武昌区八一路 483 号 1 号楼				
	经营范围	机电一体化客运索道及配套设备的开发、研制、设计、投资建设、经营等				

主要财务指标	指标\报告期	2012.06.30	2011.12.31	2011.06.30	2010.12.31
	基本每股收益(元)	-0.1900	0.3300	0.0200	0.2500
	基本每股收益(扣除后)(元)	-0.1900	0.3400	0.0200	0.2800
	每股净资产(元)	3.7100	3.9000	3.5900	3.6200
	每股经营现金净流量(元)	0.1277	1.0597	0.4557	1.0191
	每股现金流量(元)	0.0328	0.1833	0.0273	-0.0437
	每股资本公积金(元)	1.2513	1.2513	1.2513	1.2513
	每股盈余公积金(元)	0.4115	0.4115	0.3942	0.3942
	每股未分配利润(元)	1.0461	1.2390	0.9410	0.9717
	净资产收益率(%)	-5.2000	8.5760	0.4900	6.8560
	加权净资产收益率(%)	-5.0700	8.9000	0.5300	6.9800
	净资产收益率(扣除)(%)	-	-	-	-
	总资产(万元)	128613.78	120806.54	109571.34	100048.84
	归属母公司股东权益(万元)	44506.66	46821.12	43037.00	43405.53
	主营业务收入(万元)	14106.68	36196.33	14980.13	32521.24
	营业收入(万元)	14564.18	37544.27	15342.84	33899.16
	主营成本(万元)	7690.54	16046.77	6779.64	15949.24
	营业成本(万元)	7832.18	16531.92	6905.88	16409.83
	投资收益(万元)	-24.45	7.53	-26.05	8.46
	净利润(万元)	-2149.72	4348.24	429.10	3221.33
	利润总额(万元)	-941.32	7819.66	1861.54	5639.54

深圳市远望谷信息技术股份有限公司

公司概况						
	公司名称	深圳市远望谷信息技术股份有限公司			证券简称	远望谷
	法人代表	徐玉锁	董秘	吕宏	证券代码	002161
	公司网址	www.invengo.cn		电子信箱	lvh@invengo.cn	
	电　　话	0755-26711633		传　　真	0755-26711693	
	办公地址	广东省深圳市南山区高新技术产业园区南区 T2 栋 B 座 3 层				
	经营范围	电子通讯设备、自动识别产品、射频识别系统及产品、计算机软件等				

主要财务指标	指标\报告期	2012.06.30	2011.12.31	2011.06.30	2010.12.31
	基本每股收益(元)	0.0840	0.3200	0.0680	0.2900
	基本每股收益(扣除后)(元)	0.0720	0.2900	0.0530	0.2600
	每股净资产(元)	1.8200	3.5800	3.4000	2.1400
	每股经营现金净流量(元)	-0.0741	-0.0050	-0.1231	0.5291
	每股现金流量(元)	-0.1230	0.7290	1.4550	0.3084
	每股资本公积金(元)	0.4291	1.8583	1.8583	0.2141
	每股盈余公积金(元)	0.0544	0.1089	0.0867	0.1249
	每股未分配利润(元)	0.3389	0.6107	0.4501	0.8056
	净资产收益率(%)	4.5800	8.5570	3.6300	17.4930
	加权净资产收益率(%)	4.6000	12.1100	8.0200	19.1700
	净资产收益率(扣除)(%)	-	-	-	-
	总资产(万元)	152933.31	142151.30	146502.96	77775.17
	归属母公司股东权益(万元)	134817.60	132336.98	125577.09	55070.90
	主营业务收入(万元)	15593.80	30810.83	13672.43	29531.17
	营业收入(万元)	15737.60	32067.78	13973.83	29992.24
	主营成本(万元)	6289.98	12817.35	5426.08	11914.91
	营业成本(万元)	6298.11	13088.01	5509.62	12128.91
	投资收益(万元)	1962.45	1568.37	5.59	274.85
	净利润(万元)	6306.99	11658.78	4648.39	10178.51
	利润总额(万元)	7160.94	13013.56	5219.62	11221.77

上海斯米克控股股份有限公司

公司概况	公司名称	上海斯米克控股股份有限公司			证券简称	斯米克
	法人代表	李慈雄	董秘	宋源诚	证券代码	002162
	公司网址	www.cimic.com		电子信箱	zqb@cimic.com	
	电　话	021-64110567 228		传　真	021-64110553	
	办公地址	上海市闵行区浦江镇三鲁公路 2121 号				
	经营范围	生产精密陶瓷、建筑陶瓷、卫生陶瓷、配套件、高性能功能陶瓷产品等				

主要财务指标	指标＼报告期	2012.06.30	2011.12.31	2011.06.30	2010.12.31
	基本每股收益(元)	-0.2290	-0.4343	-0.1562	0.0800
	基本每股收益(扣除后)(元)	-0.2356	-0.4571	-0.1620	0.0075
	每股净资产(元)	1.4303	1.6594	1.9376	2.1438
	每股经营现金净流量(元)	-0.1409	0.1640	-0.0665	0.0053
	每股现金流量(元)	-0.0967	0.0968	-0.1127	0.0706
	每股资本公积金(元)	0.7743	0.7743	0.7743	0.7743
	每股盈余公积金(元)	0.1273	0.1273	0.1273	0.1273
	每股未分配利润(元)	-0.4710	-0.2420	0.0361	0.2423
	净资产收益率(%)	-14.8200	-26.1710	-7.5600	3.7410
	加权净资产收益率(%)	-14.8200	-22.5400	-7.5600	3.7300
	净资产收益率(扣除)(%)	-	-	-	-
	总资产(万元)	189281.46	190676.63	181694.44	184266.37
	归属母公司股东权益(万元)	59788.34	69361.01	80993.66	89611.72
	主营业务收入(万元)	39689.17	88667.58	41356.79	98295.41
	营业收入(万元)	40757.39	91043.07	42240.60	100168.46
	主营成本(万元)	29606.23	68772.77	32590.03	68583.48
	营业成本(万元)	30246.49	70985.48	33326.28	70303.45
	投资收益(万元)	-	28.70	28.70	100.52
	净利润(万元)	-9581.61	-18160.81	-6529.94	3351.84
	利润总额(万元)	-9362.10	-18569.76	-6526.00	3500.78

中航三鑫股份有限公司

公司概况	公司名称	中航三鑫股份有限公司			证券简称	中航三鑫
	法人代表	余霄	董秘	姚婧	证券代码	002163
	公司网址	www.sanxinglass.com		电子信箱	sgt@sanxinglass.com	
	电　话	0755-26063691 26067916		传　真	0755-26063692	
	办公地址	广东省深圳市南山区南油大道 2061 号新保辉大厦 17 层				
	经营范围	建筑幕墙工程设计、施工和生产、销售幕墙玻璃制品、家电玻璃等				

主要财务指标	指标＼报告期	2012.06.30	2011.12.31	2011.06.30	2010.12.31
	基本每股收益(元)	-0.0600	0.0700	0.0400	0.0900
	基本每股收益(扣除后)(元)	-0.0600	0.0700	0.0400	0.0800
	每股净资产(元)	1.7800	1.8900	1.8600	3.7400
	每股经营现金净流量(元)	-0.1989	0.0674	-0.2185	0.1340
	每股现金流量(元)	-0.3133	-0.0134	-0.0064	0.9931
	每股资本公积金(元)	0.6069	0.6070	0.6070	2.2141
	每股盈余公积金(元)	0.0581	0.0581	0.0516	0.1033
	每股未分配利润(元)	0.1196	0.2290	0.2032	0.4244
	净资产收益率(%)	-3.3300	3.8690	2.2000	4.2740
	加权净资产收益率(%)	-3.2100	3.9000	2.1800	5.4400
	净资产收益率(扣除)(%)	-	-	-	-
	总资产(万元)	663358.21	648356.01	561167.24	454420.82
	归属母公司股东权益(万元)	143399.77	152208.64	149619.48	150340.02
	主营业务收入(万元)	139909.69	288300.67	132786.95	231588.28
	营业收入(万元)	140431.04	288984.78	133047.17	232994.80
	主营成本(万元)	125656.72	237675.39	107504.66	193368.57
	营业成本(万元)	125918.70	237987.50	107504.66	195175.75
	投资收益(万元)	-	-	-	-
	净利润(万元)	-5260.28	7308.79	4588.30	8323.25
	利润总额(万元)	-7344.49	9537.85	6072.87	10358.65

宁波东力传动设备股份有限公司

公司概况	公司名称	宁波东力传动设备股份有限公司			证券简称	东力传动
	法人代表	宋济隆	董秘	陈晓忠	证券代码	002164
	公司网址	www.donly.com.cn		电子信箱	dm@donly.com.cn	
	电　话	0574-87587000 88398877		传　真	0574-87586999	
	办公地址	浙江省宁波市江北工业区荪湖路 1 号				
	经营范围	减速电机、齿轮箱等传动设备的设计、制造与销售等				

主要财务指标	指标＼报告期	2012.06.30	2011.12.31	2011.06.30	2010.12.31
	基本每股收益(元)	0.0200	0.0600	0.0900	0.2000
	基本每股收益(扣除后)(元)	0.0100	0.0400	0.0600	0.1900
	每股净资产(元)	2.5900	2.6000	2.6300	5.8200
	每股经营现金净流量(元)	0.2706	0.2341	0.1208	-0.3095
	每股现金流量(元)	-0.0119	-0.4834	-0.2084	1.2021
	每股资本公积金(元)	0.9837	0.9837	0.9837	2.9675
	每股盈余公积金(元)	0.0881	0.0881	0.0613	0.1226
	每股未分配利润(元)	0.5222	0.5330	0.5861	1.2005
	净资产收益率(%)	0.4000	2.2870	3.3000	6.0422
	加权净资产收益率(%)	0.7400	2.2200	3.2100	9.9200
	净资产收益率(扣除)(%)	-	-	-	-
	总资产(万元)	191881.80	194917.63	193414.01	182211.13
	归属母公司股东权益(万元)	115599.89	116078.00	117251.04	129680.17
	主营业务收入(万元)	30481.91	66117.02	33353.66	70413.20
	营业收入(万元)	31130.73	68387.21	34608.59	70931.13
	主营成本(万元)	23101.23	50335.72	23613.19	47914.34
	营业成本(万元)	23305.90	51660.95	24468.20	48329.74
	投资收益(万元)	3.00	422.72	1.50	308.61
	净利润(万元)	854.44	2653.45	3827.12	7867.70
	利润总额(万元)	1152.21	2910.40	4412.76	9185.88

南京红宝丽股份有限公司

公司概况	公司名称	南京红宝丽股份有限公司			证券简称	红宝丽
	法人代表	芮敬功	董秘	刘祖厚	证券代码	002165
	公司网址	www.hongbaoli.com		电子信箱	liuzuhou@hongbaoli.com	
	电　话	025-57350997 57351388		传　真	025-57350199 57350178	
	办公地址	江苏省南京市高淳县"江苏高淳经济开发区"双高路 29 号				
	经营范围	硬泡组合聚醚、异丙醇胺的生产与销售等				

主要财务指标	指标＼报告期	2012.06.30	2011.12.31	2011.06.30	2010.12.31
	基本每股收益(元)	0.0900	0.3000	0.1400	0.3600
	基本每股收益(扣除后)(元)	0.0900	0.2200	0.1100	0.3500
	每股净资产(元)	1.7200	3.3500	2.6300	2.3400
	每股经营现金净流量(元)	0.2713	0.1858	-0.1900	-0.3750
	每股现金流量(元)	-0.0921	0.5582	0.0109	-0.2039
	每股资本公积金(元)	0.0820	0.9640	0.1678	0.1678
	每股盈余公积金(元)	0.0789	0.1577	0.1485	0.1485
	每股未分配利润(元)	0.5575	1.2286	1.3089	1.0228
	净资产收益率(%)	5.4200	8.5320	10.9000	15.5430
	加权净资产收益率(%)	5.4100	10.5800	11.5300	16.7300
	净资产收益率(扣除)(%)	-	-	-	-
	总资产(万元)	154414.52	153692.94	137803.67	114541.31
	归属母公司股东权益(万元)	92186.36	89870.21	66154.82	58944.18
	主营业务收入(万元)	83040.18	166131.55	96238.21	136265.45
	营业收入(万元)	84016.23	169947.29	98547.22	138705.77
	主营成本(万元)	69354.48	143184.83	80850.08	113760.90
	营业成本(万元)	70252.26	146707.70	83026.59	115902.17
	投资收益(万元)	-	-	-	-
	净利润(万元)	5251.15	8261.40	7641.93	9824.32
	利润总额(万元)	6478.27	10171.04	9376.31	12135.82

桂林莱茵生物科技股份有限公司

公司概况

公司名称	桂林莱茵生物科技股份有限公司			证券简称	莱茵生物
法人代表	姚新德	董秘	罗华阳	证券代码	002166
公司网址	www.layn.com.cn		电子信箱	luo.huayang@layn.com.cn	
电　话	0773-3568817		传　真	0773-3568872	
办公地址	广西壮族自治区桂林市临桂县西城南路秧塘工业园				
经营范围	植物制品、农副土特产品生产销售、自营进出口等				

主要财务指标

指标\报告期	2012.06.30	2011.12.31	2011.06.30	2010.12.31
基本每股收益(元)	-0.1400	0.0200	-0.1700	-0.1900
基本每股收益(扣除后)(元)	-0.1500	-0.4300	-0.1900	-0.1900
每股净资产(元)	1.6300	1.7700	1.5800	1.7500
每股经营现金净流量(元)	-0.4103	-1.4854	-0.0571	-0.2043
每股现金流量(元)	0.2640	-0.1950	-0.6932	0.6721
每股资本公积金(元)	0.6424	0.6424	0.6424	0.6424
每股盈余公积金(元)	0.0682	0.0682	0.0662	0.0662
每股未分配利润(元)	-0.0771	0.0603	-0.1319	0.0428
净资产收益率(%)	-8.4200	1.1020	-11.0800	-10.8480
加权净资产收益率(%)	-8.0800	1.1100	-10.5000	-10.2600
净资产收益率(扣除)(%)	-	-	-	-
总资产(万元)	92690.86	92612.16	67001.55	54809.98
归属母公司股东权益(万元)	21153.44	22924.09	20422.02	22687.29
主营业务收入(万元)	10476.63	11649.67	4469.51	8599.73
营业收入(万元)	10561.10	12716.07	4480.62	8629.95
主营成本(万元)	8996.51	9300.20	3486.08	6549.28
营业成本(万元)	9022.53	9629.50	3496.59	6585.70
投资收益(万元)	16.20	250.19	-	14.44
净利润(万元)	-1782.43	251.98	-2263.47	-2461.69
利润总额(万元)	-1780.24	627.01	-2263.47	-2687.93

广东东方锆业科技股份有限公司

公司概况

公司名称	广东东方锆业科技股份有限公司			证券简称	东方锆业
法人代表	黄超华	董秘	陈恩敏	证券代码	002167
公司网址	www.orientzr.com		电子信箱	orientzr@orientzr.com	
电　话	0754-85510311		传　真	0754-85500848	
办公地址	广东省汕头市澄海区莱美路宇田科技园				
经营范围	生产及销售锆系列制品及结构陶瓷制品等				

主要财务指标

指标\报告期	2012.06.30	2011.12.31	2011.06.30	2010.12.31
基本每股收益(元)	0.1100	0.4800	0.1600	0.2500
基本每股收益(扣除后)(元)	0.1000	0.4500	0.1600	0.2000
每股净资产(元)	3.6300	7.1500	7.0400	3.3400
每股经营现金净流量(元)	0.1168	0.1398	0.2558	-0.0893
每股现金流量(元)	0.0264	1.7281	3.8906	-0.7962
每股资本公积金(元)	1.9450	4.8899	5.6319	1.3666
每股盈余公积金(元)	0.0870	0.1518	0.1465	0.1149
每股未分配利润(元)	0.6054	1.1164	1.1282	0.8332
净资产收益率(%)	2.9800	6.2260	4.0300	7.5931
加权净资产收益率(%)	2.9800	8.8300	9.3300	7.9500
净资产收益率(扣除)(%)	-	-	-	-
总资产(万元)	245332.19	222883.40	222404.43	135936.90
归属母公司股东权益(万元)	150405.92	147957.43	145776.08	59990.42
主营业务收入(万元)	31077.73	54597.80	27160.47	37042.75
营业收入(万元)	31077.73	54953.42	27160.47	37042.75
主营成本(万元)	21939.45	34160.05	17051.77	27044.12
营业成本(万元)	21939.45	34481.02	17051.77	27044.12
投资收益(万元)	-	-	-	3.36
净利润(万元)	4271.33	8842.15	5870.03	4555.12
利润总额(万元)	4984.45	10801.00	6935.82	5239.61

深圳市惠程电气股份有限公司

公司概况

公司名称	深圳市惠程电气股份有限公司			证券简称	深圳惠程
法人代表	吕晓义	董秘	张国刚	证券代码	002168
公司网址	www.hifuture.com		电子信箱	zgg@hifuture.com	
电　话	0755-89921086 89921022		传　真	0755-89921082	
办公地址	广东省深圳市龙岗区大工业区兰景路以东、锦绣路以南惠程科技工业厂区				
经营范围	电缆分支箱、环网柜、电力电缆附件等高分子绝缘制品及相关材料等				

主要财务指标

指标\报告期	2012.06.30	2011.12.31	2011.06.30	2010.12.31
基本每股收益(元)	0.0342	0.1119	0.0333	0.1114
基本每股收益(扣除后)(元)	0.0234	0.0766	0.0158	0.1165
每股净资产(元)	1.4400	1.6900	1.6200	3.1800
每股经营现金净流量(元)	-0.0791	0.1709	-0.0213	0.1697
每股现金流量(元)	-0.1888	-0.2311	-0.2639	1.2989
每股资本公积金(元)	0.0027	0.1732	0.1725	1.4358
每股盈余公积金(元)	0.0785	0.0942	0.0824	0.1731
每股未分配利润(元)	0.3604	0.4250	0.3649	0.6823
净资产收益率(%)	2.3700	6.6113	2.3600	6.9993
加权净资产收益率(%)	2.4000	6.8300	2.4900	12.9700
净资产收益率(扣除)(%)	-	-	-	-
总资产(万元)	132611.21	138406.92	128165.91	136027.96
归属母公司股东权益(万元)	109140.66	106773.62	102193.36	100378.59
主营业务收入(万元)	15298.90	36565.27	13490.08	34320.63
营业收入(万元)	15372.13	37014.25	13556.84	35297.73
主营成本(万元)	8592.87	20438.97	7238.89	17022.09
营业成本(万元)	8619.79	20506.96	7264.59	17699.33
投资收益(万元)	36.93	129.36	-	-617.98
净利润(万元)	2581.35	6991.92	2494.19	6837.11
利润总额(万元)	3052.65	8190.39	2998.48	8066.75

广州智光电气股份有限公司

公司概况

公司名称	广州智光电气股份有限公司			证券简称	智光电气
法人代表	芮冬阳	董秘	曹承锋	证券代码	002169
公司网址	www.gzzg.com.cn		电子信箱	sec@gzzg.com.cn	
电　话	020-32113288 32113300		传　真	020-32113456*3300	
办公地址	广东省广州市黄埔区云埔工业区埔南路 51 号				
经营范围	电气控制与自动化领域的技术研发、产品设计、设备制造、产品销售等				

主要财务指标

指标\报告期	2012.06.30	2011.12.31	2011.06.30	2010.12.31
基本每股收益(元)	0.0356	0.0997	0.0486	0.1636
基本每股收益(扣除后)(元)	0.0039	0.0581	0.0311	0.1590
每股净资产(元)	2.2564	2.1984	2.1255	3.1553
每股经营现金净流量(元)	-0.2051	-0.3198	-0.2554	-0.4160
每股现金流量(元)	0.3224	-0.0214	0.0386	0.6409
每股资本公积金(元)	0.6026	0.5800	0.5582	1.3374
每股盈余公积金(元)	0.0727	0.0727	0.0439	0.0659
每股未分配利润(元)	0.5811	0.5456	0.5233	0.7520
净资产收益率(%)	1.5800	4.5350	2.2900	7.3430
加权净资产收益率(%)	1.6000	4.6700	2.2800	10.4400
净资产收益率(扣除)(%)	-	-	-	-
总资产(万元)	135367.65	119499.45	109429.35	98418.84
归属母公司股东权益(万元)	60127.84	58580.08	56638.11	56053.30
主营业务收入(万元)	15255.21	51399.01	20112.89	46121.56
营业收入(万元)	15255.21	51399.01	20112.89	46121.56
主营成本(万元)	9964.37	36808.29	13629.56	30970.54
营业成本(万元)	9964.37	36808.29	13629.56	30970.54
投资收益(万元)	-	-	-	-
净利润(万元)	979.80	2856.51	1286.46	4103.43
利润总额(万元)	1026.69	3228.84	1506.01	4517.87

深圳市芭田生态工程股份有限公司

公司概况	公司名称	深圳市芭田生态工程股份有限公司		证券简称	芭田股份
	法人代表	黄培钊	董秘	吴益辉	证券代码	002170
	公司网址	www.batian.com.cn		电子信箱	wyh@batian.com.cn
	电　话	0755-26951598		传　真	0755-26584355
	办公地址	广东省深圳市南山区科技园科苑路 3 号 4 楼-6 楼			
	经营范围	复合肥产品的研发、生产和销售，主要包括无机复合肥、有机复合肥、控释肥等			

主要财务指标	2012.06.30	2011.12.31	2011.06.30	2010.12.31
基本每股收益(元)	0.1540	0.1600	0.0900	0.2650
基本每股收益(扣除后)(元)	0.1500	0.1470	0.0820	0.2530
每股净资产(元)	2.1410	1.9010	1.8000	2.1700
每股经营现金净流量(元)	0.1783	−0.0964	−0.1362	0.2324
每股现金流量(元)	0.1551	0.0917	−0.0485	0.0618
每股资本公积金(元)	0.3703	0.2748	0.2436	0.2130
每股盈余公积金(元)	0.0792	0.0802	0.0802	0.1042
每股未分配利润(元)	0.6920	0.5460	0.4759	0.8523
净资产收益率(%)	7.1400	8.3960	4.9700	15.8640
加权净资产收益率(%)	7.6600	9.4200	5.2600	17.5600
净资产收益率(扣除)(%)	–	–	–	–
总资产(万元)	128592.74	110934.88	91678.62	79947.15
归属母公司股东权益(万元)	85861.90	75266.63	71255.36	66074.52
主营业务收入(万元)	112691.03	185458.99	93570.14	150292.28
营业收入(万元)	115534.63	232376.86	94308.89	154316.87
主营成本(万元)	95131.74	157713.85	78507.96	124012.33
营业成本(万元)	97269.44	200023.13	79188.86	127551.96
投资收益(万元)	–	−20.00	−20.00	–
净利润(万元)	6336.71	6581.98	3669.87	10709.26
利润总额(万元)	7877.01	9055.74	4927.48	12679.91

安徽精诚铜业股份有限公司

公司概况	公司名称	安徽精诚铜业股份有限公司		证券简称	精诚铜业
	法人代表	姜纯	董秘	吕莹	证券代码	002171
	公司网址	www.jcty.cn		电子信箱	lvying11@hotmail.com
	电　话	0553-5315978		传　真	0553-5315978
	办公地址	安徽省芜湖市九华北路 8 号			
	经营范围	有色金属(不含贵金属)材料研发、加工、销售等			

主要财务指标	2012.06.30	2011.12.31	2011.06.30	2010.12.31
基本每股收益(元)	−0.0700	0.0700	0.1600	0.2500
基本每股收益(扣除后)(元)	−0.1300	0.0100	0.1100	0.2300
每股净资产(元)	1.9600	2.0500	2.1300	4.1500
每股经营现金净流量(元)	−0.3490	0.2689	−0.1635	0.0258
每股现金流量(元)	−0.3313	−0.3219	−0.5701	−0.5631
每股资本公积金(元)	0.4953	0.4953	0.4953	1.9906
每股盈余公积金(元)	0.0567	0.0567	0.0534	0.1067
每股未分配利润(元)	0.4048	0.4974	0.5835	1.0549
净资产收益率(%)	−3.6100	3.5770	7.4200	12.2740
加权净资产收益率(%)	−3.6100	3.4700	7.4200	13.0100
净资产收益率(扣除)(%)	–	–	–	–
总资产(万元)	122934.78	123251.91	114083.82	110433.44
归属母公司股东权益(万元)	63801.16	66819.46	69517.02	67689.81
主营业务收入(万元)	145178.25	321278.80	160475.17	293362.47
营业收入(万元)	145463.44	322276.90	161089.42	293766.10
主营成本(万元)	142525.38	311662.48	152808.64	277447.26
营业成本(万元)	142729.15	312501.84	153372.08	277749.60
投资收益(万元)	−102.92	−264.76	−62.34	−347.12
净利润(万元)	−2374.14	2668.11	5514.89	8751.00
利润总额(万元)	−2727.69	3418.01	6754.13	10244.28

江苏澳洋科技股份有限公司

公司概况	公司名称	江苏澳洋科技股份有限公司		证券简称	澳洋科技
	法人代表	沈学如	董秘	宋满元	证券代码	002172
	公司网址	www.aykj.cn		电子信箱	song_my@sina.com
	电　话	0512-58598699		传　真	0512-58598552
	办公地址	江苏省张家港市杨舍镇塘市镇中路 018 号			
	经营范围	粘胶纤维及粘胶纤维品、可降解纤维、功能性纤维制造、销售等			

主要财务指标	2012.06.30	2011.12.31	2011.06.30	2010.12.31
基本每股收益(元)	−0.1400	−1.2500	−0.3700	0.1900
基本每股收益(扣除后)(元)	−0.1600	−1.2700	−0.3800	0.1800
每股净资产(元)	0.8300	0.9800	1.8600	2.4000
每股经营现金净流量(元)	1.1031	−0.5686	−0.1205	−0.1796
每股现金流量(元)	0.3170	−0.4005	−0.4720	0.4402
每股资本公积金(元)	0.7907	0.7907	0.7907	0.9599
每股盈余公积金(元)	0.0667	0.0667	0.0667	0.0667
每股未分配利润(元)	−1.0233	−0.8801	−0.0006	0.3708
净资产收益率(%)	−17.1700	−127.9950	−38.0000	7.5336
加权净资产收益率(%)	−15.8100	−77.3700	−16.7900	9.9900
净资产收益率(扣除)(%)	–	–	–	–
总资产(万元)	348315.29	362063.96	419515.90	407852.73
归属母公司股东权益(万元)	46395.89	54360.78	103284.38	133347.55
主营业务收入(万元)	165004.14	373748.16	180795.86	378074.89
营业收入(万元)	167818.78	382399.26	186409.62	380526.86
主营成本(万元)	160717.34	385918.72	180900.96	329179.36
营业成本(万元)	161737.06	393424.30	183344.04	335229.18
投资收益(万元)	−676.19	17.79	699.49	−534.18
净利润(万元)	−10539.03	−81215.97	−24798.89	12296.14
利润总额(万元)	−10539.03	−79934.86	−27983.46	13313.04

千足珍珠集团股份有限公司

公司概况	公司名称	千足珍珠集团股份有限公司		证券简称	千足珍珠
	法人代表	陈夏英	董秘	马三光	证券代码	002173
	公司网址	www.shanxiahu.com		电子信箱	shxhzq@shanxiahupearl.cn
	电　话	0575-87160891		传　真	0575-87160891
	办公地址	浙江省诸暨市山下湖镇珍珠工业园			
	经营范围	淡水珍珠的养殖与加工，主要产品为珍珠等			

主要财务指标	2012.06.30	2011.12.31	2011.06.30	2010.12.31
基本每股收益(元)	0.1100	0.1500	0.0900	0.1400
基本每股收益(扣除后)(元)	0.1100	0.1400	0.0900	0.1400
每股净资产(元)	2.2200	2.1100	2.0600	3.9300
每股经营现金净流量(元)	0.0414	−0.0474	0.0127	0.0945
每股现金流量(元)	0.0397	−0.0137	0.1365	−0.2816
每股资本公积金(元)	0.1330	0.1330	0.1330	1.2661
每股盈余公积金(元)	0.0780	0.0780	0.0692	0.1383
每股未分配利润(元)	1.0082	0.9008	0.8549	1.5252
净资产收益率(%)	4.8400	7.0760	4.3700	7.2830
加权净资产收益率(%)	4.9600	7.3300	4.5900	7.5500
净资产收益率(扣除)(%)	–	–	–	–
总资产(万元)	94798.54	90557.91	91401.72	82828.98
归属母公司股东权益(万元)	44607.31	42448.10	41348.76	39492.38
主营业务收入(万元)	20213.23	32987.82	18572.10	28728.09
营业收入(万元)	20476.71	33688.44	18717.30	29226.64
主营成本(万元)	14222.81	22369.57	12687.79	20079.87
营业成本(万元)	14236.69	22425.03	12699.82	20110.57
投资收益(万元)	61.50	61.50	61.50	61.50
净利润(万元)	2242.94	3213.51	1998.65	3105.47
利润总额(万元)	2566.75	3867.46	2674.02	3794.07

梅花伞业股份有限公司

公司概况

公司名称	梅花伞业股份有限公司			证券简称	梅花伞
法人代表	王安邦	董秘	郑家耀	证券代码	002174
公司网址	www.susino.com		电子信箱	ir@susino.net.cn	
电　　话	0595-85593001		传　　真	0595-85597555	
办公地址	福建省晋江市东石镇金瓯工业区				
经营范围	晴雨伞系列产品的开发、生产和销售等				

主要财务指标

指标\报告期	2012.06.30	2011.12.31	2011.06.30	2010.12.31
基本每股收益(元)	0.0170	0.0230	0.0190	0.1270
基本每股收益(扣除后)(元)	0.0150	-0.0350	0.0130	0.0960
每股净资产(元)	2.7900	2.7500	2.7400	2.7700
每股经营现金净流量(元)	0.2069	-0.1527	-0.5972	0.3216
每股现金流量(元)	0.2452	-0.3009	-0.1768	-0.3471
每股资本公积金(元)	1.0568	1.0433	1.0298	1.0268
每股盈余公积金(元)	0.1087	0.1074	0.1030	0.1030
每股未分配利润(元)	0.6020	0.6181	0.6195	0.6493
净资产收益率(%)	0.6100	0.8445	0.6900	4.5865
加权净资产收益率(%)	0.6100	0.8400	0.6900	4.7000
净资产收益率(扣除)(%)	-	-	-	-
总资产(万元)	61974.93	45943.31	48129.01	45542.93
归属母公司股东权益(万元)	23103.54	22833.85	22746.39	22962.97
主营业务收入(万元)	19927.38	30483.88	13890.25	34524.52
营业收入(万元)	19959.51	30598.65	13907.44	34544.65
主营成本(万元)	16869.52	25238.18	11264.58	28644.46
营业成本(万元)	16869.52	25238.18	10234.83	28644.46
投资收益(万元)	-	-34.11	-34.11	-
净利润(万元)	212.38	74.13	82.34	1131.63
利润总额(万元)	119.37	81.92	83.17	1308.90

桂林广陆数字测控股份有限公司

公司概况

公司名称	桂林广陆数字测控股份有限公司			证券简称	广陆数测
法人代表	彭朋	董秘	黄艳	证券代码	002175
公司网址	www.guanglu.com.cn		电子信箱	hy@guanglu.com.cn	
电　　话	0773-5820465		传　　真	0773-5834866	
办公地址	广西壮族自治区桂林市国家高新区5号区				
经营范围	开发、设计专用集成电路(IC)、生产销售电子数字智能化测控设备等				

主要财务指标

指标\报告期	2012.06.30	2011.12.31	2011.06.30	2010.12.31
基本每股收益(元)	0.0650	0.0927	0.0540	0.0600
基本每股收益(扣除后)(元)	0.0630	0.0900	0.0570	0.0600
每股净资产(元)	3.0800	3.1200	3.0800	3.0300
每股经营现金净流量(元)	0.0413	0.4055	0.1509	0.2747
每股现金流量(元)	-0.4531	0.0594	-0.1104	-0.0620
每股资本公积金(元)	1.2342	1.2342	1.2342	1.2342
每股盈余公积金(元)	0.2214	0.2214	0.2126	0.2126
每股未分配利润(元)	0.6210	0.6659	0.6359	0.5819
净资产收益率(%)	2.1100	2.9701	1.7500	2.0928
加权净资产收益率(%)	2.1000	3.0100	1.7700	2.0900
净资产收益率(扣除)(%)	-	-	-	-
总资产(万元)	41575.50	39120.78	36511.52	38002.50
归属母公司股东权益(万元)	26273.40	26657.23	26326.55	25865.49
主营业务收入(万元)	8731.65	15820.32	7416.22	13053.02
营业收入(万元)	8970.10	16196.31	7577.14	13439.01
主营成本(万元)	6041.85	11002.20	5140.12	9404.84
营业成本(万元)	6098.29	11074.80	5184.98	9486.09
投资收益(万元)	-	-	-	68.15
净利润(万元)	555.55	791.74	461.06	541.32
利润总额(万元)	644.19	908.46	546.54	603.91

江西特种电机股份有限公司

公司概况

公司名称	江西特种电机股份有限公司			证券简称	江特电机
法人代表	朱军	董秘	翟忠南	证券代码	002176
公司网址	www.jiangte.com.cn		电子信箱	zhaizn681122@163.com	
电　　话	0795-3266280		传　　真	0795-3274523	
办公地址	江西省宜春市环城南路581号				
经营范围	电动机、发电机及发电机组、通用设备、水轮机及辅机、液压和气压等				

主要财务指标

指标\报告期	2012.06.30	2011.12.31	2011.06.30	2010.12.31
基本每股收益(元)	0.0640	0.2800	0.0620	0.1700
基本每股收益(扣除后)(元)	0.0320	0.2500	0.0540	0.1300
每股净资产(元)	1.9130	1.8650	2.0769	3.5300
每股经营现金净流量(元)	-0.0951	0.1988	-0.3093	0.1064
每股现金流量(元)	-0.3642	1.4935	-0.2623	0.2390
每股资本公积金(元)	0.4339	1.8679	0.2959	1.3326
每股盈余公积金(元)	0.0664	0.1327	0.1194	0.2149
每股未分配利润(元)	0.4127	0.7282	0.6617	0.9827
净资产收益率(%)	3.3200	7.1530	6.5100	8.4480
加权净资产收益率(%)	3.3600	10.1800	6.7100	8.7700
净资产收益率(扣除)(%)	-	-	-	-
总资产(万元)	124330.68	128671.75	80701.22	67994.18
归属母公司股东权益(万元)	81208.36	79141.94	40542.86	38283.92
主营业务收入(万元)	28907.59	69330.19	36814.87	50472.12
营业收入(万元)	30401.39	73231.79	38642.31	52546.36
主营成本(万元)	22210.82	52043.32	28754.04	39289.31
营业成本(万元)	23632.16	55713.75	30517.38	41273.24
投资收益(万元)	-	68.16	4.68	375.48
净利润(万元)	2730.98	6165.20	2667.98	3217.57
利润总额(万元)	3291.55	6989.38	3198.24	3626.02

广州御银科技股份有限公司

公司概况

公司名称	广州御银科技股份有限公司			证券简称	御银股份
法人代表	杨文江	董秘	谭骅	证券代码	002177
公司网址	www.kingteller.com.cn		电子信箱	tanhua@kingteller.com	
电　　话	020-38468722		传　　真	020-85588349	
办公地址	广东省广州市五山路248号金山大厦26楼				
经营范围	电子产品、通讯产品、电脑软件、金融机具设备及网络等				

主要财务指标

指标\报告期	2012.06.30	2011.12.31	2011.06.30	2010.12.31
基本每股收益(元)	0.2200	0.5191	0.3300	0.2700
基本每股收益(扣除后)(元)	0.2200	0.5152	0.1900	0.2800
每股净资产(元)	2.4100	3.8200	3.8400	4.6800
每股经营现金净流量(元)	-0.0645	0.1466	-0.5628	0.1395
每股现金流量(元)	-0.1712	-0.1569	-0.0560	-0.5213
每股资本公积金(元)	0.4185	1.4558	1.6631	2.5896
每股盈余公积金(元)	0.0578	0.0982	0.0791	0.1028
每股未分配利润(元)	0.9294	1.2621	1.0939	0.9908
净资产收益率(%)	8.9600	13.6040	8.6500	7.5800
加权净资产收益率(%)	9.2500	14.0700	8.8000	9.1700
净资产收益率(扣除)(%)	-	-	-	-
总资产(万元)	172006.53	170740.16	175427.91	149132.51
归属母公司股东权益(万元)	140861.60	131440.43	132127.32	124077.59
主营业务收入(万元)	48522.66	73672.04	42500.52	46480.62
营业收入(万元)	48596.64	74145.78	42558.61	46819.95
主营成本(万元)	24539.15	34998.27	19504.07	21334.00
营业成本(万元)	24598.32	35329.97	19526.65	21491.46
投资收益(万元)	381.17	400.77	1.76	0.61
净利润(万元)	12620.14	17880.96	11427.70	9404.79
利润总额(万元)	13900.35	19961.05	13055.51	10784.55

上海延华智能科技(集团)股份有限公司

公司概况						
	公司名称	上海延华智能科技(集团)股份有限公司			证券简称	延华智能
	法人代表	胡黎明	董秘	许星	证券代码	002178
	公司网址	www.chinaforwards.com			电子信箱	yanhua_sh@126.com
	电　　话	021-61818686			传　　真	021-61818696
	办公地址	上海市西康路1255号普陀科技大厦六楼				
	经营范围	楼宇智能化工程、公共安全防范工程设计、施工、维修、计算机网络系统集成等				

主要财务指标

指标\报告期	2012.06.30	2011.12.31	2011.06.30	2010.12.31
基本每股收益(元)	0.0800	-0.0700	0.0800	0.1200
基本每股收益(扣除后)(元)	0.0800	-0.0800	0.0800	0.1100
每股净资产(元)	2.3200	2.2400	2.3900	3.2300
每股经营现金净流量(元)	-0.4723	0.2669	-0.2638	-0.4071
每股现金流量(元)	-0.7278	0.4639	0.0804	-0.1670
每股资本公积金(元)	0.8224	0.8224	0.8224	1.5514
每股盈余公积金(元)	0.0770	0.0770	0.0770	0.1078
每股未分配利润(元)	0.4215	0.3396	0.4886	0.5733
净资产收益率(%)	3.5300	-3.1220	3.3100	5.1040
加权净资产收益率(%)	3.5900	-3.0700	3.3700	5.3200
净资产收益率(扣除)(%)	-	-	-	-
总资产(万元)	71216.65	75240.66	63310.52	51974.04
归属母公司股东权益(万元)	31192.70	30092.76	32095.39	31032.37
主营业务收入(万元)	24889.55	47834.70	18268.38	38927.00
营业收入(万元)	24922.37	47843.54	18268.38	38935.86
主营成本(万元)	19688.61	39776.50	14331.05	32085.95
营业成本(万元)	19688.61	39782.60	14331.05	32090.28
投资收益(万元)	271.26	320.21	215.64	-41.63
净利润(万元)	1173.16	-468.94	1180.25	1572.55
利润总额(万元)	1498.25	-579.49	1508.06	1990.29

中航光电科技股份有限公司

公司概况						
	公司名称	中航光电科技股份有限公司			证券简称	中航光电
	法人代表	郭泽义	董秘	刘阳	证券代码	002179
	公司网址	www.jonhon.cn			电子信箱	zhengquan@jonhon.cn
	电　　话	0379-64326068			传　　真	0379-64326068
	办公地址	河南省洛阳市高新技术开发区周山路10号				
	经营范围	光电元器件及电子信息产品的生产、销售等				

主要财务指标

指标\报告期	2012.06.30	2011.12.31	2011.06.30	2010.12.31
基本每股收益(元)	0.2500	0.4900	0.2200	0.4000
基本每股收益(扣除后)(元)	0.2300	0.4800	0.2200	0.4100
每股净资产(元)	3.6000	3.4500	3.2100	3.0600
每股经营现金净流量(元)	-0.3828	-0.1590	-0.2731	0.2515
每股现金流量(元)	-0.4440	-0.4319	-0.3788	-0.2795
每股资本公积金(元)	0.8070	0.8070	0.8366	0.8366
每股盈余公积金(元)	0.7486	0.6913	0.6424	0.5839
每股未分配利润(元)	1.0414	0.9520	0.7297	0.6363
净资产收益率(%)	6.8600	14.2920	6.9200	12.9640
加权净资产收益率(%)	6.9700	14.3500	7.3200	13.9200
净资产收益率(扣除)(%)	-	-	-	-
总资产(万元)	319189.90	302308.42	291060.23	274414.01
归属母公司股东权益(万元)	144659.74	138571.41	128868.64	122767.79
主营业务收入(万元)	103550.90	180253.00	91135.72	146513.44
营业收入(万元)	106427.50	186635.84	94387.21	152120.74
主营成本(万元)	69491.02	119224.30	61573.19	93639.58
营业成本(万元)	71935.77	124644.92	64285.48	98203.96
投资收益(万元)	-	-	-	-
净利润(万元)	10021.12	19859.23	9014.15	16050.36
利润总额(万元)	11774.83	23557.39	10722.21	19499.33

珠海万力达电气股份有限公司

公司概况						
	公司名称	珠海万力达电气股份有限公司			证券简称	万力达
	法人代表	庞江华	董秘	姜景国	证券代码	002180
	公司网址	www.zhwld.com			电子信箱	zhwldzqb@zhwld.com
	电　　话	0756-3395968			传　　真	0756-3395968
	办公地址	广东省珠海市高新区科技创新海岸科技一路万力达继保科技园				
	经营范围	研制、生产、销售:继电保护装置、自动装置、变电站综合自动化系统等				

主要财务指标

指标\报告期	2012.06.30	2011.12.31	2011.06.30	2010.12.31
基本每股收益(元)	0.0340	0.2200	0.0470	0.2200
基本每股收益(扣除后)(元)	0.0280	0.2200	0.0470	0.2000
每股净资产(元)	2.9100	2.9800	2.8100	4.2400
每股经营现金净流量(元)	-0.0748	0.0241	-0.0911	0.3701
每股现金流量(元)	-0.4137	-0.2084	-0.2641	-0.2451
每股资本公积金(元)	0.7686	0.7686	0.7686	1.6529
每股盈余公积金(元)	0.1838	0.1838	0.1583	0.2375
每股未分配利润(元)	0.9620	1.0278	0.8806	1.3500
净资产收益率(%)	1.1500	7.3790	1.6700	7.6880
加权净资产收益率(%)	1.1500	7.5700	1.6700	7.9000
净资产收益率(扣除)(%)	-	-	-	-
总资产(万元)	40932.07	41651.34	39209.98	39837.91
归属母公司股东权益(万元)	36423.88	37246.32	35089.32	35331.03
主营业务收入(万元)	6816.92	15808.84	6565.74	14421.93
营业收入(万元)	6816.92	15808.84	6565.74	14421.93
主营成本(万元)	3566.21	7914.01	3195.11	7009.07
营业成本(万元)	3566.21	7914.01	3195.11	7009.07
投资收益(万元)	48.08	181.76	78.47	206.99
净利润(万元)	407.46	2688.80	563.86	2689.06
利润总额(万元)	388.90	3037.50	619.53	2877.92

广东广州日报传媒股份有限公司

公司概况						
	公司名称	广东广州日报传媒股份有限公司			证券简称	粤传媒
	法人代表	汤应武	董秘	胡远芳	证券代码	002181
	公司网址	www.gdcncm.com			电子信箱	ycm2181@yuemedia.cn
	电　　话	020-83569336 83569331			传　　真	020-83569332
	办公地址	广东省广州市东风中路437号越秀城市广场南塔3001室				
	经营范围	设计、制作、代理国内各类广告、出版物印刷、包装装潢印刷品等				

主要财务指标

指标\报告期	2012.06.30	2011.12.31	2011.06.30	2010.12.31
基本每股收益(元)	0.1805	0.0313	0.2391	0.0476
基本每股收益(扣除后)(元)	0.0720	0.0286	0.0095	0.0420
每股净资产(元)	4.9900	4.8200	3.4300	3.4500
每股经营现金净流量(元)	-0.0216	-0.0249	0.0507	0.2339
每股现金流量(元)	0.0305	-0.4204	-1.6041	0.2388
每股资本公积金(元)	1.9748	1.6576	1.6576	1.6573
每股盈余公积金(元)	0.2351	0.4647	0.1811	0.1811
每股未分配利润(元)	1.7777	3.1565	0.5891	0.6094
净资产收益率(%)	3.6200	0.9080	4.9600	1.3800
加权净资产收益率(%)	3.6900	0.9100	5.4000	1.3900
净资产收益率(扣除)(%)	-	-	-	-
总资产(万元)	385905.42	384609.32	141015.26	140252.42
归属母公司股东权益(万元)	345142.85	333688.18	120027.47	120730.96
主营业务收入(万元)	75674.15	32266.24	85059.03	32817.02
营业收入(万元)	77127.76	33259.74	86369.54	33859.02
主营成本(万元)	47158.09	27653.53	48553.34	25768.98
营业成本(万元)	47316.39	27859.38	13103.31	26013.86
投资收益(万元)	2599.95	279.29	1720.18	129.79
净利润(万元)	12535.64	1080.15	16515.60	1656.70
利润总额(万元)	12822.46	1691.19	16861.19	2509.09

南京云海特种金属股份有限公司

	公司名称	南京云海特种金属股份有限公司		证券简称	云海金属
公司概况	法人代表	梅小明	董秘 吴剑飞	证券代码	002182
	公司网址	www.rsm.com.cn		电子信箱	fly@rsm.com.cn
	电　　话	025-57234888		传　　真	025-57234168
	办公地址	江苏省南京市溧水经济开发区秀山东路9号			
	经营范围	金属镁及镁合金产品、金属锶和其它碱土金属及合金的生产和销售等			

	指标\报告期	2012.06.30	2011.12.31	2011.06.30	2010.12.31
主要财务指标	基本每股收益(元)	0.0200	0.0131	0.0600	0.1000
	基本每股收益(扣除后)(元)	0.0073	-0.0439	0.0131	0.0700
	每股净资产(元)	3.1200	3.1000	3.1400	4.6300
	每股经营现金净流量(元)	0.3532	0.6438	0.0868	-0.4925
	每股现金流量(元)	-0.0093	-0.2168	0.1025	0.2535
	每股资本公积金(元)	1.5478	1.5478	1.5479	2.8218
	每股盈余公积金(元)	0.0459	0.0459	0.0459	0.0689
	每股未分配利润(元)	0.5245	0.5056	0.5491	0.7387
	净资产收益率(%)	0.6100	0.4240	1.8200	3.1720
	加权净资产收益率(%)	0.6100	0.4200	1.8200	3.2100
	净资产收益率(扣除)(%)	-	-	-	-
	总资产(万元)	242587.02	236736.26	283647.83	261168.10
	归属母公司股东权益(万元)	89805.70	89262.08	90515.20	88885.81
	主营业务收入(万元)	158260.02	348464.37	166509.40	279365.25
	营业收入(万元)	162112.46	353422.14	168547.66	284119.64
	主营成本(万元)	143581.70	318871.10	151894.44	257128.04
	营业成本(万元)	146532.15	321737.13	152680.74	258894.68
	投资收益(万元)	-9.56	40.69	-9.89	19.02
	净利润(万元)	413.47	1087.46	2257.19	2925.70
	利润总额(万元)	949.20	2507.34	3093.39	4187.81

深圳市怡亚通供应链股份有限公司

	公司名称	深圳市怡亚通供应链股份有限公司		证券简称	怡亚通
公司概况	法人代表	周国辉	董秘 梁欣	证券代码	002183
	公司网址	www.eascs.com		电子信箱	002183@eascs.com
	电　　话	0755-88393198 88393181		传　　真	0755-83290734 3172
	办公地址	广东省深圳市福田区深南中路3039号国际文化大厦27楼			
	经营范围	国内商业(不含限制项目)、预包装食品(不含复热预包装食品)、乳制品等			

	指标\报告期	2012.06.30	2011.12.31	2011.06.30	2010.12.31
主要财务指标	基本每股收益(元)	0.1000	0.1600	0.1000	0.1600
	基本每股收益(扣除后)(元)	0.0800	0.1500	0.1000	0.1600
	每股净资产(元)	1.7000	1.6100	1.6700	2.6100
	每股经营现金净流量(元)	-0.8289	-0.2132	0.0925	-1.3297
	每股现金流量(元)	0.4817	0.0111	0.5897	-0.3710
	每股资本公积金(元)	0.2013	0.1427	0.2638	1.0315
	每股盈余公积金(元)	0.1078	0.1078	0.0922	0.1383
	每股未分配利润(元)	0.4250	0.3973	0.3535	0.4865
	净资产收益率(%)	6.2500	10.0360	5.7600	9.0360
	加权净资产收益率(%)	6.2500	9.8800	5.7600	9.5700
	净资产收益率(扣除)(%)	-	-	-	-
	总资产(万元)	1200513.23	1285950.70	1526939.03	1286082.81
	归属母公司股东权益(万元)	141964.91	134534.93	139496.97	145184.61
	主营业务收入(万元)	368600.52	697478.16	352399.70	604071.36
	营业收入(万元)	365418.41	697478.16	350449.88	604071.36
	主营成本(万元)	328344.50	631072.70	321996.19	559014.15
	营业成本(万元)	327891.75	631072.70	335832.54	586427.31
	投资收益(万元)	-244.24	-16213.61	-5096.76	462.49
	净利润(万元)	8170.67	11493.57	7746.65	12085.30
	利润总额(万元)	10008.63	14741.24	9816.49	16740.33

上海海得控制系统股份有限公司

	公司名称	上海海得控制系统股份有限公司		证券简称	海得控制
公司概况	法人代表	许泓	董秘 吴秋农	证券代码	002184
	公司网址	www.hite.com.cn		电子信箱	linn@hite.com.cn
	电　　话	021-60572990 021-60572333		传　　真	021-60572990
	办公地址	上海市闵行区漕河泾开发区浦江高科技园新骏环路777号			
	经营范围	主营工业自动化、电子电气及信息领域的系统集成和相关产品的研发、制造、销售等			

	指标\报告期	2012.06.30	2011.12.31	2011.06.30	2010.12.31
主要财务指标	基本每股收益(元)	-0.0768	0.0931	0.0436	0.1367
	基本每股收益(扣除后)(元)	-0.0869	0.0798	0.0338	0.0899
	每股净资产(元)	3.2200	3.2900	3.2400	3.2500
	每股经营现金净流量(元)	-0.1336	-0.7090	-0.3609	-0.0403
	每股现金流量(元)	-0.3290	-0.4726	-0.1674	-0.4072
	每股资本公积金(元)	1.1720	1.1720	1.1720	1.1720
	每股盈余公积金(元)	0.1977	0.1977	0.1849	0.1849
	每股未分配利润(元)	0.8458	0.9225	0.8858	0.8922
	净资产收益率(%)	-2.3900	2.8270	1.3400	4.2070
	加权净资产收益率(%)	-2.3600	2.8500	1.3300	4.2600
	净资产收益率(扣除)(%)	-	-	-	-
	总资产(万元)	116323.41	114939.10	113015.79	108312.20
	归属母公司股东权益(万元)	70740.76	72429.66	71341.40	71482.07
	主营业务收入(万元)	52731.66	133103.07	62543.04	137239.47
	营业收入(万元)	52731.66	133103.07	62543.04	137269.88
	主营成本(万元)	43874.76	109526.92	51412.90	114510.91
	营业成本(万元)	43874.76	109526.92	51412.90	114510.91
	投资收益(万元)	64.25	-70.91	-46.07	-8.58
	净利润(万元)	-1766.01	2583.91	1110.39	3527.22
	利润总额(万元)	-1853.04	3697.65	1756.50	4653.75

天水华天科技股份有限公司

	公司名称	天水华天科技股份有限公司		证券简称	华天科技
公司概况	法人代表	肖胜利	董秘 常文瑛	证券代码	002185
	公司网址	www.tshtkj.com		电子信箱	htcwy2000@163.com
	电　　话	0938-8631816 8631990		传　　真	0938-8630216 8632260
	办公地址	甘肃省天水市秦州区双桥路14号			
	经营范围	半导体集成电路研发、生产、封装、测试、销售等			

	指标\报告期	2012.06.30	2011.12.31	2011.06.30	2010.12.31
主要财务指标	基本每股收益(元)	0.1807	0.2085	0.1933	0.2997
	基本每股收益(扣除后)(元)	0.1005	0.1261	0.1652	0.2811
	每股净资产(元)	3.6343	3.5536	2.9095	2.7161
	每股经营现金净流量(元)	0.0794	0.5379	0.2754	0.7837
	每股现金流量(元)	-0.1745	-0.2254	-0.3409	0.6856
	每股资本公积金(元)	1.3005	1.3005	0.5642	0.5642
	每股盈余公积金(元)	0.1425	0.1425	0.1322	0.1322
	每股未分配利润(元)	1.1912	1.1105	1.2131	1.0198
	净资产收益率(%)	4.9700	5.4710	6.6500	11.0360
	加权净资产收益率(%)	4.9600	7.1000	6.8700	11.6100
	净资产收益率(扣除)(%)	-	-	-	-
	总资产(万元)	231528.21	230703.01	202310.53	174150.49
	归属母公司股东权益(万元)	147598.48	144321.07	108589.49	101373.66
	主营业务收入(万元)	61537.61	127144.54	62547.62	113261.29
	营业收入(万元)	63253.92	130892.09	64688.19	116123.76
	主营成本(万元)	48450.87	105170.51	49324.31	88547.95
	营业成本(万元)	48978.38	106295.74	49830.05	89310.36
	投资收益(万元)	-280.11	-59.13	-135.67	-
	净利润(万元)	7387.59	7977.82	7281.49	11306.92
	利润总额(万元)	8582.87	8661.33	8764.61	13094.51

中国全聚德(集团)股份有限公司

公司概况	公司名称	中国全聚德(集团)股份有限公司		证券简称	全聚德
	法人代表	王志强	董秘 施炳丰	证券代码	002186
	公司网址	www.quanjude.com.cn		电子信箱	quanjude@quanjude.com.cn
	电话	010-63048992 83156608		传真	010-63048990 83156818
	办公地址	北京市宣武区前门西河沿217号			
	经营范围	餐饮服务及食品加工销售等			

主要财务指标	指标\报告期	2012.06.30	2011.12.31	2011.06.30	2010.12.31
	基本每股收益(元)	0.6346	0.9125	0.4605	0.7084
	基本每股收益(扣除后)(元)	0.6105	0.8926	0.4607	0.6855
	每股净资产(元)	5.7298	5.6952	5.2432	5.2827
	每股经营现金净流量(元)	0.8344	2.1002	0.7050	1.3142
	每股现金流量(元)	0.0582	0.1068	0.4571	-0.5071
	每股资本公积金(元)	2.6503	2.6503	2.6503	2.6503
	每股盈余公积金(元)	0.5099	0.5099	0.5011	0.5011
	每股未分配利润(元)	1.5696	1.5350	1.0918	1.1313
	净资产收益率(%)	10.9200	16.0230	8.6100	13.4110
	加权净资产收益率(%)	10.9200	16.8800	8.6100	13.9000
	净资产收益率(扣除)(%)	-	-	-	-
	总资产(万元)	128088.61	127270.99	131467.72	126107.77
	归属母公司股东权益(万元)	81110.79	80621.04	74222.14	74781.48
	主营业务收入(万元)	88203.68	177236.43	77673.65	131235.30
	营业收入(万元)	90942.48	180231.38	80298.00	133933.75
	主营成本(万元)	39342.82	78947.27	34652.58	56850.58
	营业成本(万元)	39419.40	79369.05	34823.38	57144.46
	投资收益(万元)	859.07	1194.76	693.15	968.30
	净利润(万元)	9776.76	14369.29	7044.71	10740.84
	利润总额(万元)	12455.11	19192.30	9107.01	14444.14

广州市广百股份有限公司

公司概况	公司名称	广州市广百股份有限公司		证券简称	广百股份
	法人代表	荀振英	董秘 邓华东	证券代码	002187
	公司网址	www.grandbuy.com.cn		电子信箱	grandbuyoffice@163.com
	电话	020-83322348		传真	020-83331334
	办公地址	广东省广州市越秀区西湖路12号10-12楼			
	经营范围	百货零售、电器批发代理及购物中心业务			

主要财务指标	指标\报告期	2012.06.30	2011.12.31	2011.06.30	2010.12.31
	基本每股收益(元)	0.2900	0.7700	0.3300	0.6900
	基本每股收益(扣除后)(元)	0.2900	0.7600	0.3400	0.6500
	每股净资产(元)	5.8600	6.8800	6.5200	7.6100
	每股经营现金净流量(元)	-0.2648	1.8273	-0.5496	3.1949
	每股现金流量(元)	-0.7526	2.1838	-0.4326	0.6119
	每股资本公积金(元)	2.7185	3.4622	3.4622	3.5601
	每股盈余公积金(元)	0.3884	0.4292	0.3912	0.5844
	每股未分配利润(元)	1.7570	1.9927	1.6698	2.4680
	净资产收益率(%)	5.0100	10.8750	5.9400	13.5240
	加权净资产收益率(%)	5.0400	12.2500	7.0000	14.3200
	净资产收益率(扣除)(%)	-	-	-	-
	总资产(万元)	379716.04	433565.46	342715.89	334974.01
	归属母公司股东权益(万元)	200794.74	196437.61	186140.19	128562.10
	主营业务收入(万元)	349121.19	700800.27	331699.11	566752.48
	营业收入(万元)	357844.35	718450.78	339583.45	582484.91
	主营成本(万元)	284541.73	580512.73	272777.62	467350.57
	营业成本(万元)	284928.85	581073.49	273004.81	468048.80
	投资收益(万元)	444.14	-404.33	98.99	290.56
	净利润(万元)	10080.83	21514.22	11172.88	17412.53
	利润总额(万元)	13455.87	28973.64	14856.11	23511.72

浙江新嘉联电子股份有限公司

公司概况	公司名称	浙江新嘉联电子股份有限公司		证券简称	新嘉联
	法人代表	韦中总	董秘 赵斌	证券代码	002188
	公司网址	www.newjialian.com		电子信箱	njlstock@newjialian.com
	电话	0573-84252627		传真	0573-84252318
	办公地址	浙江省嘉兴市嘉善县经济开发区东升路36号			
	经营范围	微型受话器、扬声器的销售和生产			

主要财务指标	指标\报告期	2012.06.30	2011.12.31	2011.06.30	2010.12.31
	基本每股收益(元)	0.0200	0.0100	-0.0200	0.0300
	基本每股收益(扣除后)(元)	0.0100	-0.0300	-0.0200	0.0100
	每股净资产(元)	2.0800	2.0600	2.0400	2.0600
	每股经营现金净流量(元)	0.1376	0.0619	-0.2118	0.3657
	每股现金流量(元)	0.1227	0.0273	-0.1181	-0.2478
	每股资本公积金(元)	0.7189	0.7189	0.7246	0.7246
	每股盈余公积金(元)	0.0447	0.0447	0.0425	0.0425
	每股未分配利润(元)	0.3194	0.3017	0.2725	0.2917
	净资产收益率(%)	0.8500	0.6290	-0.9400	1.4050
	加权净资产收益率(%)	0.8500	0.6300	-0.9400	1.4000
	净资产收益率(扣除)(%)	-	-	-	-
	总资产(万元)	39627.20	41330.06	45982.74	46267.67
	归属母公司股东权益(万元)	32481.14	32205.01	31816.08	32107.54
	主营业务收入(万元)	12903.49	33575.91	16114.89	35802.56
	营业收入(万元)	12980.12	33759.67	16114.89	36399.45
	主营成本(万元)	10548.71	27201.50	13539.64	27731.57
	营业成本(万元)	10566.29	27251.26	13539.64	28449.04
	投资收益(万元)	45.53	302.48	-96.32	-13.59
	净利润(万元)	249.25	11.64	-406.58	377.35
	利润总额(万元)	327.09	147.71	-353.57	581.93

利达光电股份有限公司

公司概况	公司名称	利达光电股份有限公司		证券简称	利达光电
	法人代表	王志亮	董秘 张子民	证券代码	002189
	公司网址	www.lida-oe.com		电子信箱	lds@lida-oe.com.cn
	电话	0377-63865031		传真	0377-63167800
	办公地址	河南省南阳市工业南路508号			
	经营范围	光学元件、光学辅材、光敏电阻等光电产品的研发、生产和销售			

主要财务指标	指标\报告期	2012.06.30	2011.12.31	2011.06.30	2010.12.31
	基本每股收益(元)	0.0400	0.0300	-0.0100	0.0800
	基本每股收益(扣除后)(元)	0.0400	0.0150	-0.0200	0.0500
	每股净资产(元)	2.4600	2.4200	2.3800	2.4100
	每股经营现金净流量(元)	0.0892	0.2569	0.0366	0.1967
	每股现金流量(元)	-0.2780	-0.1003	-0.0473	-0.1624
	每股资本公积金(元)	0.9293	0.9293	0.9293	0.9293
	每股盈余公积金(元)	0.0668	0.0668	0.0630	0.0630
	每股未分配利润(元)	0.4670	0.4241	0.3879	0.4202
	净资产收益率(%)	1.7600	1.3120	-0.3400	3.2240
	加权净资产收益率(%)	1.7600	1.3100	-0.3400	3.2800
	净资产收益率(扣除)(%)	-	-	-	-
	总资产(万元)	71893.47	70866.18	71760.83	68308.41
	归属母公司股东权益(万元)	49075.83	48219.51	47422.13	48065.15
	主营业务收入(万元)	25034.11	45753.94	20635.70	40568.02
	营业收入(万元)	26287.99	48972.47	22250.53	44813.67
	主营成本(万元)	20263.83	37931.76	17408.55	33330.52
	营业成本(万元)	21378.44	40880.95	18817.52	37257.69
	投资收益(万元)	-	-	-	-
	净利润(万元)	812.69	499.11	-209.12	1494.04
	利润总额(万元)	817.75	519.03	-209.12	1799.96

四川成飞集成科技股份有限公司

公司概况					
公司名称	四川成飞集成科技股份有限公司			证券简称	成飞集成
法人代表	程福波	董秘	程雁	证券代码	002190
公司网址	www.cac-citc.com.cn		电子信箱	stock@cac-citc.cn	
电　　话	028-87455103 87455377		传　　真	028-87455111	
办公地址	四川省成都市青羊区日月大道二段 666 号附 1 号				
经营范围	工模具的设计、研制和制造、计算机集成技术开发与应用等				

主要财务指标 指标＼报告期	2012.06.30	2011.12.31	2011.06.30	2010.12.31
基本每股收益(元)	0.0600	0.2500	0.0700	0.2300
基本每股收益(扣除后)(元)	0.0400	0.2700	0.0900	0.2400
每股净资产(元)	4.4700	5.8800	6.0100	4.1400
每股经营现金净流量(元)	-0.3276	-0.4053	-0.3669	-0.0345
每股现金流量(元)	-0.6864	1.4372	3.3450	1.2774
每股资本公积金(元)	2.7827	3.9175	5.4606	2.2337
每股盈余公积金(元)	0.1939	0.2520	0.2906	0.2950
每股未分配利润(元)	0.4898	0.7096	0.6950	0.6157
净资产收益率(%)	1.3300	4.3266	1.5400	7.1180
加权净资产收益率(%)	1.3100	4.4200	1.6300	9.5400
净资产收益率(扣除)(%)	-	-	-	-
总资产(万元)	271704.06	269446.03	190706.39	168605.72
归属母公司股东权益(万元)	154175.67	156109.26	159488.78	85469.33
主营业务收入(万元)	22988.36	61173.86	24362.73	46496.45
营业收入(万元)	23545.47	61875.53	24634.69	46758.37
主营成本(万元)	16626.10	44480.64	17793.84	32430.35
营业成本(万元)	17037.28	45009.58	12922.08	32686.43
投资收益(万元)	24.18	426.49	165.14	374.26
净利润(万元)	1919.01	7203.55	2533.86	6496.72
利润总额(万元)	2336.94	8542.34	2995.73	7746.19

深圳劲嘉彩印集团股份有限公司

公司概况					
公司名称	深圳劲嘉彩印集团股份有限公司			证券简称	劲嘉股份
法人代表	乔鲁予	董秘	李晓华	证券代码	002191
公司网址	www.jinjia.com		电子信箱	jjcp@jinjia.com	
电　　话	0755-26609999-1078		传　　真	0755-26498899 26609999	
办公地址	深圳市南山区高新技术产业园区科技中二路劲嘉科技大厦 18-19 层				
经营范围	包装材料及印刷材料技术的设计、研发等				

主要财务指标 指标＼报告期	2012.06.30	2011.12.31	2011.06.30	2010.12.31
基本每股收益(元)	0.3700	0.6100	0.3000	0.4700
基本每股收益(扣除后)(元)	0.3700	0.5900	0.2900	0.4600
每股净资产(元)	3.5700	3.2000	3.2500	3.0500
每股经营现金净流量(元)	0.5285	1.0113	0.5404	0.5813
每股现金流量(元)	-0.3329	0.1958	0.1915	-0.0504
每股资本公积金(元)	0.7193	0.7193	0.7193	0.7193
每股盈余公积金(元)	0.2884	0.2330	0.2084	0.1933
每股未分配利润(元)	1.5696	1.2580	1.3250	1.1418
净资产收益率(%)	10.2800	18.9200	9.1900	15.4990
加权净资产收益率(%)	10.8400	18.8600	9.3300	15.6800
净资产收益率(扣除)(%)	-	-	-	-
总资产(万元)	381073.84	346529.39	374289.22	373335.77
归属母公司股东权益(万元)	229229.27	205601.60	208374.34	195708.54
主营业务收入(万元)	116971.61	228032.48	108180.55	200776.64
营业收入(万元)	117801.59	230027.23	109029.66	202374.38
主营成本(万元)	71432.84	140599.23	65655.65	123665.36
营业成本(万元)	71700.87	141647.53	65999.49	124029.83
投资收益(万元)	1484.01	124.91	144.11	35.24
净利润(万元)	25170.26	45869.80	22536.87	37672.03
利润总额(万元)	30971.36	55385.52	28161.29	46198.13

路翔股份有限公司

公司概况					
公司名称	路翔股份有限公司			证券简称	路翔股份
法人代表	柯荣卿	董秘	陈新华	证券代码	002192
公司网址	www.luxiang.cn		电子信箱	lxgf@luxiang.cn	
电　　话	020-38289069		传　　真	020-38289867	
办公地址	广东省广州市天河北路 890 号 9 楼				
经营范围	专业沥青产品的开发、生产与销售等				

主要财务指标 指标＼报告期	2012.06.30	2011.12.31	2011.06.30	2010.12.31
基本每股收益(元)	0.0080	0.0300	0.0100	0.1700
基本每股收益(扣除后)(元)	0.0090	0.0300	0.0100	0.1600
每股净资产(元)	2.1800	2.1500	2.1550	2.1600
每股经营现金净流量(元)	0.6272	0.6272	-0.6919	-1.4343
每股现金流量(元)	-0.2730	0.3803	0.4726	-0.0251
每股资本公积金(元)	0.4792	0.4649	0.4956	0.4619
每股盈余公积金(元)	0.1100	0.1100	0.0995	0.0995
每股未分配利润(元)	0.5801	0.5718	0.5561	0.5973
净资产收益率(%)	0.3800	1.6260	0.4700	8.0037
加权净资产收益率(%)	0.3900	1.6300	0.4700	8.4000
净资产收益率(扣除)(%)	-	-	-	-
总资产(万元)	149973.45	132497.35	158743.14	102825.44
归属母公司股东权益(万元)	26411.37	26128.00	26159.68	26234.25
主营业务收入(万元)	91478.39	162955.85	41769.24	118075.64
营业收入(万元)	91486.63	163666.76	41769.24	118276.03
主营成本(万元)	87058.77	151315.68	36989.01	108870.09
营业成本(万元)	87111.30	151603.44	36989.01	108886.78
投资收益(万元)	-19.99	-	-	57.04
净利润(万元)	148.05	488.80	123.72	2327.13
利润总额(万元)	271.18	917.85	90.06	2685.94

山东济宁如意毛纺织股份有限公司

公司概况					
公司名称	山东济宁如意毛纺织股份有限公司			证券简称	山东如意
法人代表	邱亚夫	董秘	苏晓	证券代码	002193
公司网址	www.shandongruyi.com		电子信箱	sry@shandongruyi.com	
电　　话	0537-2933069		传　　真	0537-2933069	
办公地址	山东省济宁市高新区如意工业园				
经营范围	纺织品、服装、纺织机械及配件、纺织原料及辅料等相关产品的生产、销售等				

主要财务指标 指标＼报告期	2012.06.30	2011.12.31	2011.06.30	2010.12.31
基本每股收益(元)	0.0500	0.0700	0.1600	0.2800
基本每股收益(扣除后)(元)	0.0500	0.0500	0.1600	0.2700
每股净资产(元)	4.2300	4.1800	4.2700	4.1700
每股经营现金净流量(元)	0.4213	0.4281	-0.1861	-0.3482
每股现金流量(元)	-0.3436	-0.0961	-0.3743	-0.6434
每股资本公积金(元)	1.3987	1.3986	1.3998	1.3997
每股盈余公积金(元)	0.3451	0.3451	0.3380	0.3380
每股未分配利润(元)	1.4849	1.4361	1.5293	1.4331
净资产收益率(%)	1.1600	1.6761	3.7000	6.7293
加权净资产收益率(%)	1.1600	1.6800	3.7000	6.9000
净资产收益率(扣除)(%)	-	-	-	-
总资产(万元)	172375.69	181849.55	182777.34	175568.86
归属母公司股东权益(万元)	67659.31	66875.53	68272.20	66731.90
主营业务收入(万元)	33655.11	56510.39	28658.91	50155.98
营业收入(万元)	41551.12	64055.61	29499.72	51042.44
主营成本(万元)	27723.59	42664.07	20937.00	35786.09
营业成本(万元)	35546.77	50128.21	21697.71	36181.39
投资收益(万元)	4.05	0.74	-	6.88
净利润(万元)	782.41	1120.89	2498.42	4490.56
利润总额(万元)	944.38	1369.43	2906.53	5553.60

武汉凡谷电子技术股份有限公司

公司概况	公司名称	武汉凡谷电子技术股份有限公司			证券简称	武汉凡谷
	法人代表	孟庆南	董秘	汪青	证券代码	002194
	公司网址	www.fingu.com		电子信箱	fingu@fingu.com	
	电话	027-59830202		传真	027-59830204	
	办公地址	湖北省武汉市江夏区关凤路藏龙岛科技园				
	经营范围	通讯、电子、计算机软件开发、研制、技术服务等				

主要财务指标	指标\报告期	2012.06.30	2011.12.31	2011.06.30	2010.12.31
	基本每股收益(元)	0.0384	0.2887	0.1941	0.3839
	基本每股收益(扣除后)(元)	0.0345	0.2781	0.1925	0.3698
	每股净资产(元)	3.5235	3.7351	3.6406	3.6964
	每股经营现金净流量(元)	-0.5259	0.3030	0.3749	0.1006
	每股现金流量(元)	-0.6734	0.0406	0.4940	-0.6771
	每股资本公积金(元)	1.2740	1.2740	1.2740	1.2740
	每股盈余公积金(元)	0.3242	0.3182	0.3072	0.2878
	每股未分配利润(元)	0.9254	1.1429	1.0594	1.1347
	净资产收益率(%)	1.0900	7.7290	5.3300	10.3860
	加权净资产收益率(%)	1.0500	7.8100	5.1700	10.7100
	净资产收益率(扣除)(%)	-	-	-	-
	总资产(万元)	217849.81	231108.58	232667.69	235826.09
	归属母公司股东权益(万元)	195866.94	207627.16	202371.97	205477.66
	主营业务收入(万元)	48899.71	99227.02	51978.71	97407.42
	营业收入(万元)	49132.42	100046.40	52262.16	98976.42
	主营成本(万元)	39787.34	66837.38	32230.66	61616.68
	营业成本(万元)	39818.69	66873.02	32259.80	61832.03
	投资收益(万元)	-	-	-	-
	净利润(万元)	2136.77	16046.50	10791.31	21341.08
	利润总额(万元)	2530.99	18957.90	12879.72	25592.07

上海海隆软件股份有限公司

公司概况	公司名称	上海海隆软件股份有限公司			证券简称	海隆软件
	法人代表	包叔平	董秘	李静	证券代码	002195
	公司网址	www.hyron.com		电子信箱	zhengquan@hyron.com	
	电话	021-64689626		传真	021-64689489	
	办公地址	上海市宜山路700号普天信息产业园2号楼12楼				
	经营范围	计算机软、硬件系统及相关系统的集成、开发、咨询、销售及服务等				

主要财务指标	指标\报告期	2012.06.30	2011.12.31	2011.06.30	2010.12.31
	基本每股收益(元)	0.3175	0.5805	0.2883	0.4038
	基本每股收益(扣除后)(元)	0.3018	0.5302	0.2700	0.3343
	每股净资产(元)	3.5900	3.2800	2.9500	4.0979
	每股经营现金净流量(元)	0.1522	0.7253	0.4122	0.5748
	每股现金流量(元)	0.1509	-0.4329	0.0937	0.3189
	每股资本公积金(元)	0.7389	0.5907	0.5559	1.3338
	每股盈余公积金(元)	0.2097	0.2135	0.1626	0.2439
	每股未分配利润(元)	1.6583	1.4688	1.2275	1.5088
	净资产收益率(%)	8.8000	17.6930	9.7600	14.7830
	加权净资产收益率(%)	9.1000	19.4600	10.0600	15.8100
	净资产收益率(扣除)(%)	-	-	-	-
	总资产(万元)	46138.61	42401.84	36691.62	35888.93
	归属母公司股东权益(万元)	40857.81	36721.43	33053.90	30578.63
	主营业务收入(万元)	20820.48	39026.46	18690.95	29386.67
	营业收入(万元)	20844.73	39069.94	18710.99	29425.01
	主营成本(万元)	12573.08	22617.85	10976.00	17564.39
	营业成本(万元)	12573.10	22637.17	10983.45	17575.53
	投资收益(万元)	-	-	-	-
	净利润(万元)	3678.52	6609.44	3304.69	4734.60
	利润总额(万元)	4213.71	7918.93	3740.92	5392.65

浙江方正电机股份有限公司

公司概况	公司名称	浙江方正电机股份有限公司			证券简称	方正电机
	法人代表	张敏	董秘	胡宏	证券代码	002196
	公司网址	www.fdm.com.cn		电子信箱	fdmhu@hotmail.com	
	电话	0578-2171041 2276502		传真	0578-2276502	
	办公地址	浙江省丽水市天宁工业区24号				
	经营范围	电机、缝纫机的制造、销售、五金工具的销售等				

主要财务指标	指标\报告期	2012.06.30	2011.12.31	2011.06.30	2010.12.31
	基本每股收益(元)	0.1500	0.3400	0.1800	0.2000
	基本每股收益(扣除后)(元)	0.1200	0.3200	0.1700	0.1700
	每股净资产(元)	2.5700	2.5600	2.4000	3.4800
	每股经营现金净流量(元)	0.1886	0.3826	-0.1067	0.2513
	每股现金流量(元)	-0.1480	-0.0762	-0.3297	-0.0445
	每股资本公积金(元)	0.6515	0.6515	0.6515	1.4773
	每股盈余公积金(元)	0.1433	0.1433	0.1168	0.1752
	每股未分配利润(元)	0.7704	0.7670	0.6288	0.8282
	净资产收益率(%)	5.9800	13.3240	7.3700	8.4330
	加权净资产收益率(%)	5.8700	14.0800	7.4300	8.6700
	净资产收益率(扣除)(%)	-	-	-	-
	总资产(万元)	68198.65	69133.65	64614.73	57050.68
	归属母公司股东权益(万元)	29686.10	29647.19	27740.83	26853.86
	主营业务收入(万元)	23144.44	53848.80	28383.51	50637.17
	营业收入(万元)	25280.25	57834.92	29747.25	51603.01
	主营成本(万元)	19426.91	45247.69	23845.30	42577.49
	营业成本(万元)	20849.40	47982.58	24556.33	43077.32
	投资收益(万元)	12.11	-	-	22.47
	净利润(万元)	1774.79	3950.22	2043.87	2264.63
	利润总额(万元)	2201.72	3956.73	1947.63	2436.01

深圳市证通电子股份有限公司

公司概况	公司名称	深圳市证通电子股份有限公司			证券简称	证通电子
	法人代表	曾胜强	董秘	许忠慈	证券代码	002197
	公司网址	www.szzt.com.cn		电子信箱	zcxu@szzt.com.cn	
	电话	0755-26490118		传真	0755-26490099	
	办公地址	广东省深圳市光明新区松白路甲子塘证通电子产业园				
	经营范围	开发、生产、销售计算机软件、硬件、外围设备、银行、证券、通讯、商业等				

主要财务指标	指标\报告期	2012.06.30	2011.12.31	2011.06.30	2010.12.31
	基本每股收益(元)	0.1300	0.3400	0.1470	0.2600
	基本每股收益(扣除后)(元)	0.1000	0.3200	0.1480	0.2500
	每股净资产(元)	2.6400	2.5000	2.3100	3.4600
	每股经营现金净流量(元)	-0.4423	0.1547	-0.0563	-0.2056
	每股现金流量(元)	-0.5230	0.3498	0.0304	-0.6917
	每股资本公积金(元)	0.4243	0.4243	0.4243	1.2789
	每股盈余公积金(元)	0.0586	0.0586	0.0527	0.0843
	每股未分配利润(元)	1.1537	1.0201	0.8325	1.0963
	净资产收益率(%)	5.0700	13.6150	5.8800	12.0960
	加权净资产收益率(%)	5.2000	14.6100	6.5900	12.4900
	净资产收益率(扣除)(%)	-	-	-	-
	总资产(万元)	101754.69	106568.15	118842.81	91750.68
	归属母公司股东权益(万元)	55325.43	52521.74	48460.67	45370.93
	主营业务收入(万元)	25162.68	67719.44	29728.36	52382.25
	营业收入(万元)	25162.68	67748.07	29728.36	52459.90
	主营成本(万元)	15937.70	44343.71	20012.46	32860.75
	营业成本(万元)	15944.24	44371.64	25974.91	32938.40
	投资收益(万元)	27.76	8.66	-	-1.11
	净利润(万元)	2799.26	7132.03	3084.77	5168.19
	利润总额(万元)	3163.17	8389.20	3730.75	6331.16

广东嘉应制药股份有限公司

公司概况	公司名称	广东嘉应制药股份有限公司			证券简称	嘉应制药
	法人代表	陈泳洪	董秘	黄康民	证券代码	002198
	公司网址	www.gdjyzy.com.cn		电子信箱	gdjyzy@163.com	
	电　　话	0753-2321916		传　　真	0753-2321586 2321916	
	办公地址	广东省梅州市东升工业园 B 区				
	经营范围	中成药制剂、散剂、片剂、胶囊剂、颗粒剂的生产销售				

	指标\报告期	2012.06.30	2011.12.31	2011.06.30	2010.12.31
主要财务指标	基本每股收益(元)	-0.0127	0.0987	0.0399	0.1232
	基本每股收益(扣除后)(元)	-0.0127	0.0937	0.0345	0.1086
	每股净资产(元)	1.3100	1.3200	1.2600	1.5800
	每股经营现金净流量(元)	-0.0026	0.0038	-0.0197	0.1201
	每股现金流量(元)	-0.0115	-0.0966	-0.0329	-0.0157
	每股资本公积金(元)	0.1350	0.1350	0.1350	0.1688
	每股盈余公积金(元)	0.0690	0.0690	0.0565	0.0707
	每股未分配利润(元)	0.1028	0.1156	0.0692	0.3366
	净资产收益率(%)	-0.9800	7.4820	3.0300	9.7680
	加权净资产收益率(%)	-0.9700	7.6900	3.1500	10.0200
	净资产收益率(扣除)(%)	-	-	-	-
	总资产(万元)	30656.95	30654.94	30110.00	30087.19
	归属母公司股东权益(万元)	26789.61	27050.96	25845.69	25847.10
	主营业务收入(万元)	4590.16	8079.71	3550.09	7439.39
	营业收入(万元)	4620.34	8591.32	3650.25	7524.72
	主营成本(万元)	2428.58	4276.68	1800.27	3379.91
	营业成本(万元)	2428.58	4508.21	1890.55	3420.41
	投资收益(万元)	509.80	2196.11	713.76	1970.46
	净利润(万元)	-261.35	2023.86	818.58	2524.70
	利润总额(万元)	-261.35	2084.60	845.28	2619.09

浙江东晶电子股份有限公司

公司概况	公司名称	浙江东晶电子股份有限公司			证券简称	东晶电子
	法人代表	李庆跃	董秘	吴宗泽	证券代码	002199
	公司网址	www.ecec.com.cn		电子信箱	ecec@ecec.com.cn	
	电　　话	0579-89186668		传　　真	0579-89186677	
	办公地址	浙江省金华市宾虹西路 555 号				
	经营范围	电子元件、计算机及网络产品、通信产品的研发、设计、生产与销售				

	指标\报告期	2012.06.30	2011.12.31	2011.06.30	2010.12.31
主要财务指标	基本每股收益(元)	0.0200	0.0450	0.0900	0.2813
	基本每股收益(扣除后)(元)	0.0047	-0.0410	0.0133	0.1970
	每股净资产(元)	2.8400	4.3400	4.3900	2.5700
	每股经营现金净流量(元)	0.1464	0.2857	0.1062	0.5480
	每股现金流量(元)	-0.5151	1.4940	1.2521	0.1194
	每股资本公积金(元)	1.4693	2.7039	2.7039	0.7037
	每股盈余公积金(元)	0.0920	0.1379	0.1318	0.1588
	每股未分配利润(元)	0.2825	0.4983	0.5494	0.7109
	净资产收益率(%)	0.0100	1.0250	0.0200	10.9302
	加权净资产收益率(%)	0.0100	1.0600	0.0200	11.4100
	净资产收益率(扣除)(%)	-	-	-	-
	总资产(万元)	105878.31	101564.17	91338.40	52968.30
	归属母公司股东权益(万元)	53857.13	54798.66	55366.03	26963.84
	主营业务收入(万元)	13018.50	24581.38	10683.83	30101.89
	营业收入(万元)	13045.76	25211.50	11146.02	30598.68
	主营成本(万元)	11017.74	21268.93	9581.05	23842.10
	营业成本(万元)	11017.74	21879.62	9581.05	24280.92
	投资收益(万元)	168.88	213.89	104.04	204.50
	净利润(万元)	321.07	561.93	1129.30	2947.19
	利润总额(万元)	356.14	577.00	1229.40	3375.22

云南绿大地生物科技股份有限公司

公司概况	公司名称	云南绿大地生物科技股份有限公司			证券简称	*ST 大地
	法人代表	杨槐璋	董秘	谭仁力	证券代码	002200
	公司网址	www.yngreen.com		电子信箱	yanghuaizhang@263.net	
	电　　话	0871-7279185		传　　真	0871-7279185	
	办公地址	云南省昆明市国家经济技术开发区经浦路 6 号				
	经营范围	植物种苗工厂化生产、观赏植物盆景、植物科研、培训、示范推广等				

	指标\报告期	2012.06.30	2011.12.31	2011.06.30	2010.12.31
主要财务指标	基本每股收益(元)	-0.0430	-0.3000	-0.0490	0.1100
	基本每股收益(扣除后)(元)	-0.0380	-0.2600	-0.0280	0.0800
	每股净资产(元)	2.2400	1.8100	3.6600	2.1100
	每股经营现金净流量(元)	-0.1111	-0.0377	-0.3785	-0.0387
	每股现金流量(元)	0.0663	-0.2006	-0.2931	-0.5626
	每股资本公积金(元)	2.3833	1.9192	1.9192	1.9192
	每股盈余公积金(元)	0.2742	0.2742	0.2742	0.2742
	每股未分配利润(元)	-1.4218	-1.3787	-1.1320	-1.0830
	净资产收益率(%)	-1.9200	-16.2950	-2.7000	2.5580
	加权净资产收益率(%)	-2.4000	-15.0700	-2.3500	2.5800
	净资产收益率(扣除)(%)	-	-	-	-
	总资产(万元)	96681.47	86734.94	80254.81	80616.74
	归属母公司股东权益(万元)	33778.90	27417.32	31145.19	31884.93
	主营业务收入(万元)	10468.46	24765.58	6862.57	36880.22
	营业收入(万元)	10673.67	24810.80	6872.89	37205.85
	主营成本(万元)	8410.39	20634.03	5353.56	23898.49
	营业成本(万元)	8532.60	20647.25	5361.10	23905.53
	投资收益(万元)	-	-	-	-
	净利润(万元)	-662.99	-4474.76	-739.32	1623.83
	利润总额(万元)	-624.73	-5012.74	-896.58	3477.40

江苏九鼎新材料股份有限公司

公司概况	公司名称	江苏九鼎新材料股份有限公司			证券简称	九鼎新材
	法人代表	顾清波	董秘	任正勇	证券代码	002201
	公司网址	www.cjdg.com		电子信箱	fjb@jiudinggroup.com	
	电　　话	0513-87530125 87539060		传　　真	0513-87513080	
	办公地址	江苏省如皋市中山东路 1 号				
	经营范围	玻璃纤维及其深加工制品的研发、生产与销售等				

	指标\报告期	2012.06.30	2011.12.31	2011.06.30	2010.12.31
主要财务指标	基本每股收益(元)	0.0500	0.1000	0.0400	0.0900
	基本每股收益(扣除后)(元)	0.0400	0.0300	0.0300	0.0700
	每股净资产(元)	2.3200	2.2700	2.2100	2.8200
	每股经营现金净流量(元)	0.1772	0.2932	0.3503	0.3142
	每股现金流量(元)	-0.3474	0.0526	-0.1741	-0.0426
	每股资本公积金(元)	0.4927	0.4927	0.4927	0.9405
	每股盈余公积金(元)	0.1266	0.1213	0.1112	0.1445
	每股未分配利润(元)	0.6994	0.6585	0.6102	0.7356
	净资产收益率(%)	1.9900	4.5300	1.9500	3.9610
	加权净资产收益率(%)	2.0100	4.6300	2.0300	4.0100
	净资产收益率(扣除)(%)	-	-	-	-
	总资产(万元)	109491.35	111107.79	106036.93	101028.70
	归属母公司股东权益(万元)	40752.87	39941.32	38914.17	38133.84
	主营业务收入(万元)	28757.42	61180.06	28107.16	50274.43
	营业收入(万元)	30249.02	64919.37	29903.51	53859.05
	主营成本(万元)	21454.39	46734.17	21408.02	37433.96
	营业成本(万元)	22464.02	49395.89	22709.27	40012.41
	投资收益(万元)	90.00	-	-	-
	净利润(万元)	794.30	1866.23	789.03	1537.36
	利润总额(万元)	960.94	2152.04	939.11	1719.84

新疆金风科技股份有限公司

公司概况	公司名称	新疆金风科技股份有限公司			证券简称	金风科技
	法人代表	武钢	董秘	马金儒	证券代码	002202
	公司网址	www.goldwind.com.cn		电子信箱	goldwind@goldwind.com.cn	
	电话	010-67511996 3767495		传真	010-67511985 3767411	
	办公地址	新疆维吾尔自治区乌鲁木齐市经济技术开发区上海路107号				
	经营范围	风力发电机组及零部件的生产及销售				

主要财务指标	指标\报告期	2012.06.30	2011.12.31	2011.06.30	2010.12.31
	基本每股收益(元)	0.0267	0.2252	0.1576	0.9887
	基本每股收益(扣除后)(元)	0.0100	0.1663	0.1240	0.9452
	每股净资产(元)	4.7400	4.7800	4.7700	4.9300
	每股经营现金净流量(元)	-0.0521	-1.5340	-2.1215	0.0692
	每股现金流量(元)	-0.8316	-0.6264	-1.3780	1.7752
	每股资本公积金(元)	2.9660	2.9654	2.9614	2.9604
	每股盈余公积金(元)	0.1838	0.1838	0.1786	0.1786
	每股未分配利润(元)	0.6650	0.6883	0.6260	0.8084
	净资产收益率(%)	0.5600	4.7130	3.3000	17.2287
	加权净资产收益率(%)	0.5600	4.6400	3.1400	32.7500
	净资产收益率(扣除)(%)	-	-	-	-
	总资产(万元)	3112604.31	3194764.42	3091973.64	2806158.35
	归属母公司股东权益(万元)	1277195.13	1287405.91	1286230.16	1328898.78
	主营业务收入(万元)	346600.37	1278776.47	518042.84	1756746.17
	营业收入(万元)	348368.23	1284312.79	519441.70	1759552.06
	主营成本(万元)	299222.57	1069917.75	408756.69	1345262.37
	营业成本(万元)	300263.82	1071435.91	409126.29	1346732.02
	投资收益(万元)	38807.42	51707.66	23683.81	47620.24
	净利润(万元)	8092.91	71798.72	49062.80	238383.76
	利润总额(万元)	11164.32	86443.36	62146.02	279971.56

浙江海亮股份有限公司

公司概况	公司名称	浙江海亮股份有限公司			证券简称	海亮股份
	法人代表	冯亚丽	董秘	邵国勇	证券代码	002203
	公司网址	www.hailiang.com		电子信箱	gfoffice@hailiang.com	
	电话	0575-87669333 87069033		传真	0575-87069031	
	办公地址	浙江省诸暨市店口镇工业区				
	经营范围	制造、加工铜管、铜板带、铜箔及相关铜制品				

主要财务指标	指标\报告期	2012.06.30	2011.12.31	2011.06.30	2010.12.31
	基本每股收益(元)	0.1083	0.5154	0.1470	0.5322
	基本每股收益(扣除后)(元)	0.1095	0.4578	0.1313	0.4624
	每股净资产(元)	3.2900	4.8800	4.0400	3.8700
	每股经营现金净流量(元)	0.4840	0.1155	0.0203	-0.1122
	每股现金流量(元)	-0.2134	1.6385	0.3056	-0.6321
	每股资本公积金(元)	1.1724	2.2541	0.6379	1.0778
	每股盈余公积金(元)	0.1288	0.1932	0.0983	0.1901
	每股未分配利润(元)	1.1304	1.6532	0.9631	1.7379
	净资产收益率(%)	3.3000	9.1050	3.9000	15.3020
	加权净资产收益率(%)	3.2700	13.6200	6.1500	15.4800
	净资产收益率(扣除)(%)	-	-	-	-
	总资产(万元)	617556.21	693813.90	622652.54	542715.55
	归属母公司股东权益(万元)	254312.53	251933.14	161764.24	154789.52
	主营业务收入(万元)	424028.59	1056198.20	575616.57	902295.00
	营业收入(万元)	546079.56	1187788.44	577071.42	905259.29
	主营成本(万元)	394696.92	1004801.15	549009.72	850589.69
	营业成本(万元)	515434.11	1136138.35	550200.42	853428.73
	投资收益(万元)	3343.28	6671.86	2933.48	4417.68
	净利润(万元)	8381.39	23249.17	9968.08	23901.51
	利润总额(万元)	9207.72	24580.25	10749.95	25797.34

大连华锐重工集团股份有限公司

公司概况	公司名称	大连华锐重工集团股份有限公司			证券简称	大连重工
	法人代表	宋甲晶	董秘	卫旭峰	证券代码	002204
	公司网址	www.dhidcw.com		电子信箱	dlzg002204@dhidcw.com	
	电话	0411-86852187 86852802		传真	0411-86852222	
	办公地址	辽宁省大连市西岗区八一路169号				
	经营范围	机械设备设计制造、安装调试、备、配件供应、金属制品、金属结构制造等				

主要财务指标	指标\报告期	2012.06.30	2011.12.31	2011.06.30	2010.12.31
	基本每股收益(元)	0.5000	2.1200	0.7100	2.1000
	基本每股收益(扣除后)(元)	0.4700	1.0600	0.6700	0.6500
	每股净资产(元)	9.5900	13.8000	5.4200	11.8300
	每股经营现金净流量(元)	0.8788	0.3391	-1.9292	-0.1021
	每股现金流量(元)	-0.6264	-0.0059	-1.5600	1.1217
	每股资本公积金(元)	5.6775	9.0225	2.5362	11.3815
	每股盈余公积金(元)	0.0981	0.1471	0.2891	0.2891
	每股未分配利润(元)	2.8170	3.6355	1.5963	11.0475
	净资产收益率(%)	5.1200	15.3760	8.3900	17.7860
	加权净资产收益率(%)	5.3000	16.8300	8.4600	19.9800
	净资产收益率(扣除)(%)	-	-	-	-
	总资产(万元)	2083349.86	2273652.95	285927.33	2209788.37
	归属母公司股东权益(万元)	617454.27	592402.25	116020.64	507567.52
	主营业务收入(万元)	455947.46	1253948.65	604433.96	1333906.71
	营业收入(万元)	461942.59	1260844.37	607659.67	1338336.64
	主营成本(万元)	365302.18	984065.90	465740.01	1059171.43
	营业成本(万元)	369790.07	987621.33	39880.76	1060690.70
	投资收益(万元)	933.01	812.78	412.72	804.95
	净利润(万元)	31802.30	90864.76	45755.20	89760.70
	利润总额(万元)	38330.66	107748.55	54405.32	108108.93

新疆国统管道股份有限公司

公司概况	公司名称	新疆国统管道股份有限公司			证券简称	国统股份
	法人代表	徐永平	董秘	栾秀英	证券代码	002205
	公司网址	www.xjgt.com		电子信箱	gtgf521@xjgt.com	
	电话	0991-3325685		传真	0991-3325685	
	办公地址	新疆维吾尔自治区乌鲁木齐市林泉西路765号				
	经营范围	预应力钢筒砼管(简称PCCP)、各种输水管道及其异型管件和配件等				

主要财务指标	指标\报告期	2012.06.30	2011.12.31	2011.06.30	2010.12.31
	基本每股收益(元)	-0.0913	0.2452	0.0519	0.5201
	基本每股收益(扣除后)(元)	-0.0923	0.0795	-0.0611	0.5015
	每股净资产(元)	7.2400	7.4026	7.2184	7.2445
	每股经营现金净流量(元)	-0.2289	0.3086	-0.4240	-1.5024
	每股现金流量(元)	-0.2423	-0.6467	-0.7740	2.7258
	每股资本公积金(元)	4.4973	4.4973	4.5065	4.4844
	每股盈余公积金(元)	0.1676	0.1676	0.1641	0.1641
	每股未分配利润(元)	1.5713	1.7377	1.5478	1.5959
	净资产收益率(%)	-1.2600	3.3130	0.7000	6.1810
	加权净资产收益率(%)	-1.2400	3.3500	0.7200	13.1800
	净资产收益率(扣除)(%)	-	-	-	-
	总资产(万元)	157705.15	156892.40	152900.52	146129.21
	归属母公司股东权益(万元)	84050.89	85982.92	83842.89	84146.22
	主营业务收入(万元)	15533.85	63136.66	15829.69	53798.69
	营业收入(万元)	15547.28	64014.59	16173.03	54275.74
	主营成本(万元)	11441.02	47129.49	11699.02	36576.03
	营业成本(万元)	11450.90	47868.11	11967.52	37003.71
	投资收益(万元)	-1.01	-2.03	-1.01	-2.03
	净利润(万元)	-1187.42	3205.04	463.16	6623.91
	利润总额(万元)	-1110.71	4238.77	793.71	8390.93

浙江海利得新材料股份有限公司

公司概况						
	公司名称	浙江海利得新材料股份有限公司			证券简称	海利得
	法人代表	高利民	董秘	吕佩芬	证券代码	002206
	公司网址	www.halead.com		电子信箱	hld@halead.com	
	电话	0573-87989886 87989889		传真	0573-87989886 87989889	
	办公地址	浙江省海宁市马桥镇经编产业园区新民路18号				
	经营范围	电脑喷绘胶片布、土工格栅材料、PVC涂层材料、篷盖材料等				

主要财务指标	指标\报告期	2012.06.30	2011.12.31	2011.06.30	2010.12.31
	基本每股收益(元)	0.1200	0.4700	0.2600	0.4100
	基本每股收益(扣除后)(元)	0.1100	0.4200	0.2500	0.3700
	每股净资产(元)	4.3100	4.5900	4.4000	4.2800
	每股经营现金净流量(元)	0.1219	0.5213	0.2251	1.1640
	每股现金流量(元)	-0.2656	0.7934	0.6693	0.3539
	每股资本公积金(元)	2.2877	2.2877	2.2877	1.3555
	每股盈余公积金(元)	0.2033	0.2033	0.1586	0.2839
	每股未分配利润(元)	0.8156	1.0965	0.9518	1.6382
	净资产收益率(%)	2.7700	9.7270	5.6000	14.3390
	加权净资产收益率(%)	2.6000	11.2600	7.4100	15.2100
	净资产收益率(扣除)(%)	-	-	-	-
	总资产(万元)	256173.10	263718.07	265235.36	184752.15
	归属母公司股东权益(万元)	192736.53	205309.77	196839.82	106935.77
	主营业务收入(万元)	92494.90	229721.53	119016.76	163068.92
	营业收入(万元)	93731.74	235565.06	122523.00	165474.24
	主营成本(万元)	78039.48	194412.72	99174.31	136281.37
	营业成本(万元)	78047.49	197541.68	101396.63	137977.75
	投资收益(万元)	5.34	568.95	-	185.10
	净利润(万元)	5318.60	19995.33	11585.72	15320.54
	利润总额(万元)	5616.87	23320.23	13581.38	17377.36

新疆准东石油技术股份有限公司

公司概况						
	公司名称	新疆准东石油技术股份有限公司			证券简称	准油股份
	法人代表	秦勇	董秘	沙克洪	证券代码	002207
	公司网址	www.zygf.com.cn		电子信箱	shakh@zygf.cn	
	电话	0991-3858446 0994-3830619		传真	0991-3858446 0994-3830616	
	办公地址	新疆维吾尔自治区阜康市准东石油基地				
	经营范围	石油技术业务、油田管理业务、建筑安装业务、运输服务业务和化工产品销售				

主要财务指标	指标\报告期	2012.06.30	2011.12.31	2011.06.30	2010.12.31
	基本每股收益(元)	-0.1400	0.1100	-0.0500	-0.0200
	基本每股收益(扣除后)(元)	-0.1400	0.1000	-0.0600	-0.0200
	每股净资产(元)	3.4700	3.6600	3.5000	3.5600
	每股经营现金净流量(元)	-0.7621	1.3213	0.1277	0.3337
	每股现金流量(元)	-0.8226	0.0481	-0.5941	-0.2544
	每股资本公积金(元)	1.4933	1.4933	1.4933	1.4933
	每股盈余公积金(元)	0.2072	0.2072	0.2065	0.2065
	每股未分配利润(元)	0.7737	0.9622	0.8021	0.8561
	净资产收益率(%)	-3.9900	2.9150	-1.5400	-0.5180
	加权净资产收益率(%)	-3.8600	2.9600	-1.5300	-0.5200
	净资产收益率(扣除)(%)	-	-	-	-
	总资产(万元)	65352.08	65700.45	59653.11	66672.97
	归属母公司股东权益(万元)	34553.81	36428.62	34829.27	35366.57
	主营业务收入(万元)	15577.61	38712.61	13669.13	36063.69
	营业收入(万元)	15615.09	38803.06	13686.23	36106.19
	主营成本(万元)	13436.93	30707.92	11626.06	27407.15
	营业成本(万元)	13454.33	30800.77	11649.03	27430.10
	投资收益(万元)	-	-	-	0.40
	净利润(万元)	-1377.52	1062.05	-537.30	-183.02
	利润总额(万元)	-1310.44	1523.39	-494.22	294.69

合肥城建发展股份有限公司

公司概况						
	公司名称	合肥城建发展股份有限公司			证券简称	合肥城建
	法人代表	王晓毅	董秘	田峰	证券代码	002208
	公司网址	www.hucd.cn		电子信箱	hucdtf@sina.com	
	电话	0551-2661906		传真	0551-2661906	
	办公地址	安徽省合肥市长江中路319号仁和大厦23-24层				
	经营范围	普通商品住宅及其配套商业地产、综合商务楼的开发、销售、服务				

主要财务指标	指标\报告期	2012.06.30	2011.12.31	2011.06.30	2010.12.31
	基本每股收益(元)	0.1600	0.5000	0.2200	0.4300
	基本每股收益(扣除后)(元)	0.1600	0.5000	0.2200	0.4300
	每股净资产(元)	3.4500	3.3900	3.1100	2.9900
	每股经营现金净流量(元)	-0.3303	0.3064	0.3133	-2.6965
	每股现金流量(元)	-0.5876	0.6671	0.1569	-0.5882
	每股资本公积金(元)	0.9060	0.9060	0.9060	0.9060
	每股盈余公积金(元)	0.5008	0.5008	0.4323	0.4323
	每股未分配利润(元)	1.0480	0.9839	0.7677	0.6495
	净资产收益率(%)	4.7500	14.8310	7.0200	14.4440
	加权净资产收益率(%)	4.7300	15.7700	7.0400	15.3500
	净资产收益率(扣除)(%)	-	-	-	-
	总资产(万元)	345242.27	340658.63	324491.10	311897.70
	归属母公司股东权益(万元)	110587.87	108535.81	99422.50	95640.39
	主营业务收入(万元)	34420.46	109647.06	44150.74	84756.46
	营业收入(万元)	34423.57	109653.16	44153.49	84769.24
	主营成本(万元)	20511.68	71382.94	27095.69	52101.05
	营业成本(万元)	20511.68	71387.82	27095.69	52112.21
	投资收益(万元)	-	30.00	-	80.00
	净利润(万元)	5239.79	16054.02	6964.77	13792.38
	利润总额(万元)	7093.50	21466.46	9421.32	18385.93

广州达意隆包装机械股份有限公司

公司概况						
	公司名称	广州达意隆包装机械股份有限公司			证券简称	达意隆
	法人代表	张颂明	董秘	肖林	证券代码	002209
	公司网址	www.tech-long.com		电子信箱	public@tech-long.com	
	电话	020-62956877 62956848		传真	020-82265536	
	办公地址	广东省广州市萝岗区云埔一路23号				
	经营范围	从事液体包装机械的研发、生产和销售				

主要财务指标	指标\报告期	2012.06.30	2011.12.31	2011.06.30	2010.12.31
	基本每股收益(元)	0.1452	0.2700	0.1359	0.2400
	基本每股收益(扣除后)(元)	0.1225	0.2200	0.1150	0.2000
	每股净资产(元)	3.1900	3.1000	2.9600	2.8800
	每股经营现金净流量(元)	0.0334	0.3529	0.3435	0.2413
	每股现金流量(元)	-0.1709	-0.1865	0.1194	-0.4777
	每股资本公积金(元)	1.1450	1.1450	1.1434	1.1434
	每股盈余公积金(元)	0.1206	0.1206	0.0940	0.0940
	每股未分配利润(元)	0.9250	0.8297	0.7245	0.6386
	净资产收益率(%)	4.5500	8.6483	4.5900	8.3893
	加权净资产收益率(%)	4.6000	8.9800	4.6300	8.7100
	净资产收益率(扣除)(%)	-	-	-	-
	总资产(万元)	117820.25	108928.60	107938.36	105237.44
	归属母公司股东权益(万元)	62294.47	60434.22	57830.67	56153.36
	主营业务收入(万元)	37130.93	67626.61	30354.26	54026.53
	营业收入(万元)	37174.33	67744.01	30443.23	54296.25
	主营成本(万元)	27253.33	47571.37	21531.87	38193.49
	营业成本(万元)	27275.77	47603.38	21533.61	38305.86
	投资收益(万元)	128.61	-374.72	-209.29	206.86
	净利润(万元)	2835.52	5226.52	2653.53	4710.90
	利润总额(万元)	3258.19	6325.92	3110.39	5422.91

深圳市飞马国际供应链股份有限公司

公司概况	公司名称	深圳市飞马国际供应链股份有限公司			证券简称	飞马国际
	法人代表	黄固喜	董秘	张健江	证券代码	002210
	公司网址	www.fmscm.com		电子信箱	jianjiang.zhang@fmscm.com	
	电　话	0755-33356399 33356333*8873		传　真	0755-33356399 33356087	
	办公地址	广东省深圳市福田区深南大道 7008 号阳光高尔夫大厦 26 楼 2601 室				
	经营范围	承办海运、陆运、空运进出口货物的国际运输代理业务				

主要财务指标	指标\报告期	2012.06.30	2011.12.31	2011.06.30	2010.12.31
	基本每股收益(元)	0.1200	0.2508	0.1100	0.1700
	基本每股收益(扣除后)(元)	0.1100	0.3900	0.0900	0.2100
	每股净资产(元)	1.4100	1.7700	1.6600	1.5500
	每股经营现金净流量(元)	0.2816	2.7182	2.5055	-0.2494
	每股现金流量(元)	0.0708	0.4188	0.1035	-0.1144
	每股资本公积金(元)	0.1274	0.1657	0.1657	0.1657
	每股盈余公积金(元)	0.0563	0.0732	0.0427	0.0427
	每股未分配利润(元)	0.2213	0.5308	0.4529	0.3404
	净资产收益率(%)	8.5900	14.1640	8.5800	10.8052
	加权净资产收益率(%)	8.5600	15.1400	8.8800	11.2900
	净资产收益率(扣除)(%)	-	-	-	-
	总资产(万元)	765516.80	749202.54	588538.70	468670.94
	归属母公司股东权益(万元)	55899.59	54190.73	50806.62	47370.87
	主营业务收入(万元)	384579.84	596015.66	356891.78	288696.64
	营业收入(万元)	384579.84	596015.66	356891.78	288696.64
	主营成本(万元)	369546.81	562858.73	343678.26	270173.15
	营业成本(万元)	369546.81	562858.73	343678.26	270173.15
	投资收益(万元)	-50.12	-871.34	297.97	-453.43
	净利润(万元)	4805.30	7657.85	4332.63	5073.43
	利润总额(万元)	7161.72	11326.92	5717.63	6720.59

江苏宏达新材料股份有限公司

公司概况	公司名称	江苏宏达新材料股份有限公司			证券简称	宏达新材
	法人代表	朱德洪	董秘	邓台平	证券代码	002211
	公司网址	www.hongda-chemical.com		电子信箱	zew@hongda-chemical.com	
	电　话	0511-83359032		传　真	0511-83365478	
	办公地址	江苏省扬中市明珠广场				
	经营范围	从事高温硅橡胶系列产品的生产和销售				

主要财务指标	指标\报告期	2012.06.30	2011.12.31	2011.06.30	2010.12.31
	基本每股收益(元)	-0.0180	-0.0400	0.0800	0.2300
	基本每股收益(扣除后)(元)	-0.0240	-0.0500	0.0800	0.2100
	每股净资产(元)	3.8800	3.8900	4.0100	5.9000
	每股经营现金净流量(元)	0.3418	-0.3987	0.0367	0.2823
	每股现金流量(元)	0.3602	-1.2341	-0.6132	1.5232
	每股资本公积金(元)	2.3999	2.3857	2.3857	4.0785
	每股盈余公积金(元)	0.0668	0.0668	0.0668	0.1002
	每股未分配利润(元)	0.4155	0.4331	0.5572	0.7176
	净资产收益率(%)	-0.4500	-1.1460	1.9900	5.0140
	加权净资产收益率(%)	-0.4500	-1.1400	2.0200	8.1400
	净资产收益率(扣除)(%)	-	-	-	-
	总资产(万元)	268227.62	246656.32	277438.57	246229.87
	归属母公司股东权益(万元)	167894.15	168043.12	173409.08	170000.61
	主营业务收入(万元)	39573.74	94149.07	48000.75	94335.72
	营业收入(万元)	40311.18	94466.75	48087.15	94898.84
	主营成本(万元)	33682.12	81882.46	37347.81	73175.20
	营业成本(万元)	34503.87	82249.76	37385.24	73531.20
	投资收益(万元)	-151.38	-107.19	62.16	208.31
	净利润(万元)	-647.63	-1844.77	3660.27	9090.04
	利润总额(万元)	-799.48	-2193.69	4312.76	10596.57

广东南洋电缆集团股份有限公司

公司概况	公司名称	广东南洋电缆集团股份有限公司			证券简称	南洋股份
	法人代表	郑钟南	董秘	曾理	证券代码	002212
	公司网址	www.nanyangcable.com		电子信箱	zl1949@21cn.com	
	电　话	0754-86332188		传　真	0754-86332188	
	办公地址	广东省汕头市珠津工业区珠津二街 1 号				
	经营范围	主要从事电力电缆、电气装备用电线电缆的研发、生产和销售				

主要财务指标	指标\报告期	2012.06.30	2011.12.31	2011.06.30	2010.12.31
	基本每股收益(元)	0.0900	0.2600	0.1200	0.2800
	基本每股收益(扣除后)(元)	0.0800	0.2600	0.1200	0.2800
	每股净资产(元)	3.2500	3.2100	3.0700	6.0200
	每股经营现金净流量(元)	0.0689	0.3221	0.0730	-0.4573
	每股现金流量(元)	0.0304	-0.1513	-0.0922	0.2603
	每股资本公积金(元)	1.0849	1.0849	1.0849	3.1699
	每股盈余公积金(元)	0.0996	0.0996	0.0797	0.1594
	每股未分配利润(元)	1.0609	1.0248	0.9077	1.6925
	净资产收益率(%)	2.6500	8.0510	3.9500	8.5420
	加权净资产收益率(%)	2.6600	8.3300	3.9800	11.1900
	净资产收益率(扣除)(%)	-	-	-	-
	总资产(万元)	206670.13	193973.35	189411.37	186789.83
	归属母公司股东权益(万元)	165601.02	163756.34	156769.16	153633.54
	主营业务收入(万元)	67572.53	208686.82	84421.86	185660.17
	营业收入(万元)	67603.72	208717.77	84441.45	185663.80
	主营成本(万元)	56934.52	179206.36	70966.77	157133.11
	营业成本(万元)	56938.24	179211.44	70969.31	157133.53
	投资收益(万元)	-	-	-	-
	净利润(万元)	5174.93	15544.57	7463.15	15949.20
	利润总额(万元)	6862.68	20568.29	9890.94	20537.99

深圳市特尔佳科技股份有限公司

公司概况	公司名称	深圳市特尔佳科技股份有限公司			证券简称	特尔佳
	法人代表	张慧民	董秘	张昱波	证券代码	002213
	公司网址	www.terca.cn		电子信箱	stock@terca.cn	
	电　话	0755-26513588		传　真	0755-26519166	
	办公地址	广东省深圳市宝安区观澜高新技术产业园特尔佳观澜厂区				
	经营范围	汽车缓速器的研发、制造和销售，主要产品为电涡流缓速器				

主要财务指标	指标\报告期	2012.06.30	2011.12.31	2011.06.30	2010.12.31
	基本每股收益(元)	0.0600	0.1600	0.0800	0.2000
	基本每股收益(扣除后)(元)	0.0600	0.1600	0.0800	0.1900
	每股净资产(元)	1.4700	1.4600	1.3800	1.3400
	每股经营现金净流量(元)	0.1954	-0.0299	0.0801	0.1681
	每股现金流量(元)	0.1442	-0.0846	0.0342	0.0220
	每股资本公积金(元)	0.0041	0.0041	0.0041	0.0041
	每股盈余公积金(元)	0.0655	0.0655	0.0597	0.0597
	每股未分配利润(元)	0.3994	0.3865	0.3124	0.2782
	净资产收益率(%)	4.2900	11.2750	6.1200	14.6040
	加权净资产收益率(%)	4.2300	11.7400	6.0800	15.4900
	净资产收益率(扣除)(%)	-	-	-	-
	总资产(万元)	38769.13	42693.02	38501.75	39323.76
	归属母公司股东权益(万元)	30263.32	29995.88	28348.50	27643.86
	主营业务收入(万元)	9321.48	26018.31	10438.07	24566.32
	营业收入(万元)	10039.62	27736.37	11095.99	25713.64
	主营成本(万元)	5981.68	17485.50	6885.31	15453.18
	营业成本(万元)	6526.95	18838.82	7398.08	16413.77
	投资收益(万元)	-	-	-	-
	净利润(万元)	1296.58	3380.46	1734.42	4037.00
	利润总额(万元)	1333.58	4240.77	2036.11	4721.45

浙江大立科技股份有限公司

公司概况	公司名称	浙江大立科技股份有限公司			证券简称	大立科技
	法人代表	庞惠民	董秘	刘晓松	证券代码	002214
	公司网址	www.dali-tech.com		电子信箱	liuxiaosong@dali-tech.com	
	电　　话	0571-86695670 86695649		传　　真	0571-86695626	
	办公地址	浙江省杭州市滨江区滨康路 639 号				
	经营范围	红外热像仪系列产品和数字硬盘录像机系列产品的生产和销售				

主要财务指标	指标\报告期	2012.06.30	2011.12.31	2011.06.30	2010.12.31
	基本每股收益(元)	0.0800	0.3100	0.0600	0.5300
	基本每股收益(扣除后)(元)	0.0700	0.2700	0.0500	0.4900
	每股净资产(元)	4.4200	4.3400	4.0900	4.1300
	每股经营现金净流量(元)	0.1169	-0.1131	-0.1414	-0.3961
	每股现金流量(元)	-0.2279	-0.2550	-0.2633	-0.6723
	每股资本公积金(元)	1.3190	1.3190	1.3190	1.3190
	每股盈余公积金(元)	0.2606	0.2606	0.2296	0.2296
	每股未分配利润(元)	1.8431	1.7593	1.5409	1.5809
	净资产收益率(%)	1.9000	7.1300	1.3800	12.9200
	加权净资产收益率(%)	1.9100	7.3400	1.4600	13.6900
	净资产收益率(扣除)(%)	-	-	-	-
	总资产(万元)	64507.46	67222.96	63207.69	59779.78
	归属母公司股东权益(万元)	44226.89	43388.65	40895.40	41294.82
	主营业务收入(万元)	9238.78	22792.27	8647.99	25276.44
	营业收入(万元)	9478.04	23079.49	8781.95	25843.51
	主营成本(万元)	4721.40	10800.73	4555.04	13297.57
	营业成本(万元)	4729.99	10813.86	4564.35	13312.23
	投资收益(万元)	-19.10	-12.43	-10.39	-6.93
	净利润(万元)	838.24	3093.83	600.58	5335.41
	利润总额(万元)	878.03	3557.91	671.13	5745.45

深圳诺普信农化股份有限公司

公司概况	公司名称	深圳诺普信农化股份有限公司			证券简称	诺普信
	法人代表	卢柏强	董秘	王时豪	证券代码	002215
	公司网址	www.noposion.com		电子信箱	szwsh@126.com	
	电　　话	0755-29977586		传　　真	0755-27697715	
	办公地址	广东省深圳市宝安区西乡水库路 113 号				
	经营范围	杀虫剂、杀菌剂、除草剂等三大系列产品的研发、生产和销售				

主要财务指标	指标\报告期	2012.06.30	2011.12.31	2011.06.30	2010.12.31
	基本每股收益(元)	0.3300	0.2300	0.3700	0.3100
	基本每股收益(扣除后)(元)	0.3000	0.1700	0.3500	0.2600
	每股净资产(元)	3.6600	3.4400	3.7100	5.5300
	每股经营现金净流量(元)	0.1245	0.2349	-0.1175	0.5772
	每股现金流量(元)	-0.4965	0.3280	0.6444	0.8302
	每股资本公积金(元)	1.6330	1.5897	1.6003	3.1437
	每股盈余公积金(元)	0.1264	0.1187	0.1160	0.1559
	每股未分配利润(元)	0.8995	0.7321	0.9921	1.2299
	净资产收益率(%)	8.7900	6.6771	9.9000	8.8914
	加权净资产收益率(%)	9.0500	6.6000	10.0800	10.2900
	净资产收益率(扣除)(%)	-	-	-	-
	总资产(万元)	175210.21	207981.14	228388.66	162172.33
	归属母公司股东权益(万元)	132585.06	121824.30	131308.21	122368.84
	主营业务收入(万元)	111266.07	153421.12	115027.95	143414.87
	营业收入(万元)	111605.36	155494.33	116104.65	145593.75
	主营成本(万元)	65661.76	88187.87	67921.82	83543.43
	营业成本(万元)	65881.59	89522.55	68599.67	84844.79
	投资收益(万元)	1774.93	2682.22	1450.75	1417.04
	净利润(万元)	12009.01	8220.21	13291.88	11033.55
	利润总额(万元)	13670.00	9801.41	15866.44	12872.88

郑州三全食品股份有限公司

公司概况	公司名称	郑州三全食品股份有限公司			证券简称	三全食品
	法人代表	陈南	董秘	郑晓东	证券代码	002216
	公司网址	www.sanquan.com		电子信箱	sanquan@sanquan.com	
	电　　话	0371-63987832		传　　真	0371-63988183	
	办公地址	河南省郑州市综合投资区长兴路中段				
	经营范围	速冻食品、方便快餐食品、常温食品、速冻调制食品的生产和销售				

主要财务指标	指标\报告期	2012.06.30	2011.12.31	2011.06.30	2010.12.31
	基本每股收益(元)	0.4200	0.7200	0.4500	0.6600
	基本每股收益(扣除后)(元)	0.4200	0.6900	0.4500	0.6700
	每股净资产(元)	8.2900	7.9800	5.7400	5.5400
	每股经营现金净流量(元)	0.0152	0.5046	0.3798	1.1166
	每股现金流量(元)	-0.6803	0.9049	-0.7752	0.2347
	每股资本公积金(元)	4.2089	4.2089	2.0067	2.0613
	每股盈余公积金(元)	0.1834	0.1834	0.1238	0.1238
	每股未分配利润(元)	2.8927	2.5851	2.6054	2.3554
	净资产收益率(%)	5.1200	8.5922	7.8400	11.9156
	加权净资产收益率(%)	5.1900	11.0900	7.8000	12.4300
	净资产收益率(扣除)(%)	-	-	-	-
	总资产(万元)	233319.19	277450.12	175793.67	190604.02
	归属母公司股东权益(万元)	166573.86	160390.07	107261.19	103607.88
	主营业务收入(万元)	145681.33	262009.21	140962.62	191833.60
	营业收入(万元)	146028.54	262648.09	141196.89	192338.94
	主营成本(万元)	92855.34	178194.71	91081.52	127626.10
	营业成本(万元)	93142.47	178799.07	91521.36	128026.20
	投资收益(万元)	-	-	-10.00	-
	净利润(万元)	8588.90	13446.86	8488.72	12293.46
	利润总额(万元)	10136.30	15576.70	9480.71	13909.56

山东联合化工股份有限公司

公司概况	公司名称	山东联合化工股份有限公司			证券简称	联合化工
	法人代表	王宜明	董秘	董宪印	证券代码	002217
	公司网址	www.lianhechem.com.cn		电子信箱	fxj6306@sina.com	
	电　　话	0533-3261968 3251274		传　　真	0533-3251274 2343868	
	办公地址	山东省淄博市沂源县城东风路 36 号				
	经营范围	液氨、硝酸、硝酸铵、硝酸钠、亚硝酸钠、硝基复合肥、甲醇等				

主要财务指标	指标\报告期	2012.06.30	2011.12.31	2011.06.30	2010.12.31
	基本每股收益(元)	0.0200	0.4900	0.1200	0.3800
	基本每股收益(扣除后)(元)	-	0.4900	0.0900	0.3300
	每股净资产(元)	2.7200	4.1500	3.8800	3.7300
	每股经营现金净流量(元)	0.1358	0.5956	0.2916	0.9396
	每股现金流量(元)	-0.0260	-0.4258	0.0108	-0.2429
	每股资本公积金(元)	0.3924	1.0885	1.0885	1.0885
	每股盈余公积金(元)	0.1611	0.2417	0.1886	0.1886
	每股未分配利润(元)	1.1270	1.7644	1.5290	1.3907
	净资产收益率(%)	0.6400	12.9750	4.7800	10.2380
	加权净资产收益率(%)	0.6400	12.3400	4.8200	10.7800
	净资产收益率(扣除)(%)	-	-	-	-
	总资产(万元)	139593.41	144895.94	135592.91	130681.47
	归属母公司股东权益(万元)	90835.51	92629.95	86429.66	83278.34
	主营业务收入(万元)	59651.86	130855.95	56342.39	83217.74
	营业收入(万元)	62045.53	136854.18	59509.63	87173.13
	主营成本(万元)	53306.52	106621.68	47644.36	65785.16
	营业成本(万元)	54991.44	111176.30	48617.12	68203.00
	投资收益(万元)	82.04	169.15	68.97	11.49
	净利润(万元)	568.96	10850.51	4117.46	8640.70
	利润总额(万元)	1098.98	14599.42	5200.84	10437.59

深圳市拓日新能源科技股份有限公司

公司概况					
公司名称	深圳市拓日新能源科技股份有限公司			证券简称	拓日新能
法人代表	陈五奎	董秘	刘强	证券代码	002218
公司网址	www.topraysolar.cn		电子信箱	rickennliu@topraysolar.com	
电　　话	0755-86612658 29680031		传　　真	0755-86612620	
办公地址	广东省深圳市南山区侨香路 6060 号香年广场 A 栋 802-804				
经营范围	研发、生产及销售太阳电池芯片等				

主要财务指标	2012.06.30	2011.12.31	2011.06.30	2010.12.31
指标\报告期	2012.06.30	2011.12.31	2011.06.30	2010.12.31
基本每股收益(元)	0.0260	-0.2900	0.0180	0.2200
基本每股收益(扣除后)(元)	0.0010	-0.3100	0.0070	0.2100
每股净资产(元)	2.9300	2.9000	3.2100	2.7400
每股经营现金净流量(元)	0.0678	-0.5753	-0.4821	0.1559
每股现金流量(元)	0.1903	0.1055	0.4536	-0.0438
每股资本公积金(元)	1.7739	1.7739	1.7739	0.9825
每股盈余公积金(元)	0.0505	0.0505	0.0505	0.0859
每股未分配利润(元)	0.1059	0.0797	0.3818	0.6773
净资产收益率(%)	0.9000	-9.8210	0.7000	12.1810
加权净资产收益率(%)	0.9000	-10.7300	0.7000	12.8900
净资产收益率(扣除)(%)	-	-	-	-
总资产(万元)	227274.69	201662.26	214339.51	137340.56
归属母公司股东权益(万元)	143580.91	142235.78	157022.87	79028.71
主营业务收入(万元)	22664.02	47605.49	25628.84	58363.96
营业收入(万元)	22855.58	47808.66	25716.20	58770.91
主营成本(万元)	17750.61	44078.85	20474.67	38044.07
营业成本(万元)	17852.75	44112.63	20474.67	38535.29
投资收益(万元)	-	-	-	-
净利润(万元)	1279.16	-13969.15	822.13	9626.75
利润总额(万元)	1284.82	-13905.48	1162.88	11727.82

甘肃独一味生物制药股份有限公司

公司概况					
公司名称	甘肃独一味生物制药股份有限公司			证券简称	独一味
法人代表	朱锦	董秘	郭凯	证券代码	002219
公司网址	www.duyiwei.com		电子信箱	zengqingmei@duyiwei.com	
电　　话	028-85950888 8618		传　　真	028-85950888-8561	
办公地址	四川省成都市锦江工业开发区金石路 456 号				
经营范围	片剂、糖浆剂、散剂、酒剂、硬胶囊剂、软胶囊剂、口服液、合剂等				

主要财务指标	2012.06.30	2011.12.31	2011.06.30	2010.12.31
指标\报告期	2012.06.30	2011.12.31	2011.06.30	2010.12.31
基本每股收益(元)	0.0802	0.1910	0.0735	0.1766
基本每股收益(扣除后)(元)	0.0780	0.1749	0.0706	0.1654
每股净资产(元)	1.1760	1.2772	1.1708	1.3858
每股经营现金净流量(元)	0.0408	0.2538	0.0487	0.2156
每股现金流量(元)	-0.1203	0.2691	0.0387	0.0796
每股资本公积金(元)	0.0243	0.0280	0.0280	0.0849
每股盈余公积金(元)	0.0642	0.0738	0.0547	0.0684
每股未分配利润(元)	0.0875	0.1754	0.0881	0.2324
净资产收益率(%)	6.8200	14.9523	6.6200	15.9258
加权净资产收益率(%)	6.9800	16.0300	7.3700	17.0900
净资产收益率(扣除)(%)	-	-	-	-
总资产(万元)	72705.19	60079.60	52923.67	51336.33
归属母公司股东权益(万元)	50526.09	47715.69	43739.32	41417.98
主营业务收入(万元)	16552.46	30724.48	14633.78	29752.64
营业收入(万元)	16552.46	30724.48	14633.78	29933.17
主营成本(万元)	6016.54	10702.70	5147.85	10756.68
营业成本(万元)	6016.54	10702.70	5147.85	10886.68
投资收益(万元)	-	-	-	-
净利润(万元)	3454.76	7134.57	3158.20	6596.14
利润总额(万元)	4052.18	8295.05	3703.12	7764.96

大连天宝绿色食品股份有限公司

公司概况					
公司名称	大连天宝绿色食品股份有限公司			证券简称	天宝股份
法人代表	黄作庆	董秘	孙立涛	证券代码	002220
公司网址	www.cn-tianbao.com		电子信箱	planning@cn-tianbao.com	
电　　话	0411-39330110		传　　真	0411-39330208 39330296	
办公地址	辽宁省大连市金州区拥政街道三里村 624 号				
经营范围	以水产品加工出口为主的农副产品加工和销售				

主要财务指标	2012.06.30	2011.12.31	2011.06.30	2010.12.31
指标\报告期	2012.06.30	2011.12.31	2011.06.30	2010.12.31
基本每股收益(元)	0.1400	0.8100	0.1500	0.6200
基本每股收益(扣除后)(元)	0.1400	0.7100	0.1500	0.6100
每股净资产(元)	3.1600	6.1900	3.8300	3.5300
每股经营现金净流量(元)	0.3989	0.1772	0.2922	0.3377
每股现金流量(元)	0.2020	0.6787	0.2297	-0.0614
每股资本公积金(元)	1.0847	3.1695	0.9685	0.9685
每股盈余公积金(元)	0.1135	0.2270	0.1931	0.1931
每股未分配利润(元)	0.9846	1.8296	1.6819	1.3738
净资产收益率(%)	4.5700	11.8690	8.0300	17.6830
加权净资产收益率(%)	4.6100	16.7400	8.3600	19.2700
净资产收益率(扣除)(%)	-	-	-	-
总资产(万元)	263942.38	238404.31	151378.47	132619.93
归属母公司股东权益(万元)	147046.96	143867.12	75153.55	69191.58
主营业务收入(万元)	67610.14	146737.18	51628.54	116889.03
营业收入(万元)	67610.14	146737.18	51628.54	116889.03
主营成本(万元)	55957.49	116682.63	42163.47	96647.98
营业成本(万元)	55957.49	116682.63	42163.47	96647.98
投资收益(万元)	-0.14	23.57	237.80	128.49
净利润(万元)	6726.61	17075.61	6037.62	12235.38
利润总额(万元)	6718.58	18221.53	6037.62	12239.49

东华能源股份有限公司

公司概况					
公司名称	东华能源股份有限公司			证券简称	东华能源
法人代表	周一峰	董秘	陈建政	证券代码	002221
公司网址	www.chinadhe.com		电子信箱	tzz@chinadhe.com	
电　　话	0512-58322508 025-86771100		传　　真	0512-58728098	
办公地址	江苏省南京市仙林大道徐庄软件园紫气路 1 号				
经营范围	再生资源、钢材销售与配送				

主要财务指标	2012.06.30	2011.12.31	2011.06.30	2010.12.31
指标\报告期	2012.06.30	2011.12.31	2011.06.30	2010.12.31
基本每股收益(元)	0.0940	0.3530	0.0380	0.1830
基本每股收益(扣除后)(元)	0.0880	0.2690	0.0380	0.1609
每股净资产(元)	3.2500	3.2000	2.8200	2.7700
每股经营现金净流量(元)	6.8650	-1.1538	3.3134	-2.5469
每股现金流量(元)	0.0724	3.1864	2.2673	-0.7733
每股资本公积金(元)	1.1550	1.1550	1.1329	1.0818
每股盈余公积金(元)	0.0741	0.0741	0.0564	0.0571
每股未分配利润(元)	0.9199	0.8663	0.5713	0.5601
净资产收益率(%)	2.8800	10.9520	1.1900	6.6060
加权净资产收益率(%)	2.8800	11.8100	1.3700	6.8300
净资产收益率(扣除)(%)	-	-	-	-
总资产(万元)	320903.32	385506.21	295603.82	200084.15
归属母公司股东权益(万元)	73155.71	72068.46	63421.55	61482.14
主营业务收入(万元)	238058.94	347608.22	146554.29	225929.83
营业收入(万元)	238375.08	348044.29	146704.43	226023.90
主营成本(万元)	226966.36	324798.21	140309.58	213576.44
营业成本(万元)	227041.24	324954.90	140339.76	213579.56
投资收益(万元)	645.52	-558.71	-	65.35
净利润(万元)	2034.20	7846.44	838.34	4028.53
利润总额(万元)	2740.53	10708.34	1161.77	5373.00

福建福晶科技股份有限公司

公司概况	公司名称	福建福晶科技股份有限公司			证券简称	福晶科技
	法人代表	陈辉	董秘	蔡德全	证券代码	002222
	公司网址	www.castech.com		电子信箱	securities@castech.com	
	电　　话	0591-83770347 83719323		传　　真	0591-83719323	
	办公地址	福建省福州市鼓楼区软件大道 89 号福州软件园 F 区 9 号楼福晶科技园 B 楼 10 层				
	经营范围	光学晶体、晶体材料、激光器件的制造及其技术咨询、技术服务等				

	指标\报告期	2012.06.30	2011.12.31	2011.06.30	2010.12.31
主要财务指标	基本每股收益(元)	0.0800	0.2250	0.1200	0.2100
	基本每股收益(扣除后)(元)	0.0800	0.2124	0.1200	0.2100
	每股净资产(元)	2.1100	2.1500	2.0400	3.0800
	每股经营现金净流量(元)	0.0310	0.2232	0.1221	0.4245
	每股现金流量(元)	–0.1925	–0.3559	–0.2318	–0.2758
	每股资本公积金(元)	0.7343	0.7343	0.7343	1.6014
	每股盈余公积金(元)	0.1159	0.1159	0.0937	0.1406
	每股未分配利润(元)	0.2579	0.2952	0.2086	0.3387
	净资产收益率(%)	3.9200	10.4860	5.7000	10.3439
	加权净资产收益率(%)	3.8200	10.7700	5.5600	10.6400
	净资产收益率(扣除)(%)	–	–	–	–
	总资产(万元)	68104.03	68811.20	66597.08	65983.10
	归属母公司股东权益(万元)	60080.93	61144.20	58041.99	58532.63
	主营业务收入(万元)	8729.70	19201.88	9530.67	18600.45
	营业收入(万元)	8729.70	19206.88	9534.67	18600.45
	主营成本(万元)	4312.59	8200.42	4071.31	8077.30
	营业成本(万元)	4312.59	8200.42	4071.31	8077.30
	投资收益(万元)	220.76	773.85	568.37	408.96
	净利润(万元)	2409.27	6592.87	3374.68	6294.33
	利润总额(万元)	2801.47	7510.47	3902.55	7207.03

江苏鱼跃医疗设备股份有限公司

公司概况	公司名称	江苏鱼跃医疗设备股份有限公司			证券简称	鱼跃医疗
	法人代表	吴光明	董秘	陈坚	证券代码	002223
	公司网址	www.yuyue.com.cn		电子信箱	dongmi@yuyue.com.cn	
	电　　话	0511-86900802 86900876		传　　真	0511-86900803 86900876	
	办公地址	江苏省丹阳市云阳工业园(振新路南)				
	经营范围	医疗器械和保健用品的生产和销售				

	指标\报告期	2012.06.30	2011.12.31	2011.06.30	2010.12.31
主要财务指标	基本每股收益(元)	0.2600	0.5500	0.2300	0.4000
	基本每股收益(扣除后)(元)	0.2500	0.4600	0.2200	0.3800
	每股净资产(元)	2.2500	2.6900	2.4300	3.4100
	每股经营现金净流量(元)	0.0273	0.2371	0.1031	0.2569
	每股现金流量(元)	–0.2324	–0.0090	0.0513	0.7469
	每股资本公积金(元)	0.1303	0.4694	0.4694	1.3510
	每股盈余公积金(元)	0.0997	0.1296	0.0855	0.1367
	每股未分配利润(元)	1.0163	1.0868	0.8732	0.9237
	净资产收益率(%)	11.4500	20.6150	12.1900	18.4520
	加权净资产收益率(%)	11.7200	22.9800	12.9800	23.9300
	净资产收益率(扣除)(%)	–	–	–	–
	总资产(万元)	145748.81	129690.21	125101.45	106349.86
	归属母公司股东权益(万元)	119416.41	109829.55	99290.09	87188.37
	主营业务收入(万元)	67387.73	116798.80	60859.68	88188.12
	营业收入(万元)	67584.59	117051.61	60934.68	88390.10
	主营成本(万元)	41266.22	75443.88	38226.93	57189.68
	营业成本(万元)	41296.72	75485.38	38245.02	57238.28
	投资收益(万元)	5.34	96.87	33.53	183.01
	净利润(万元)	13715.00	22786.15	12199.40	16131.71
	利润总额(万元)	15348.08	26045.72	13521.04	18062.06

浙江三力士橡胶股份有限公司

公司概况	公司名称	浙江三力士橡胶股份有限公司			证券简称	三 力 士
	法人代表	吴培生	董秘	吴琼瑛	证券代码	002224
	公司网址	www.v-belt.com		电子信箱	lvmf@sanlux.org	
	电　　话	0575-84365558 84313688		传　　真	0575-84318666	
	办公地址	浙江省绍兴市绍兴县柯岩街道余渚村				
	经营范围	三角橡胶带和胶管的生产与销售				

	指标\报告期	2012.06.30	2011.12.31	2011.06.30	2010.12.31
主要财务指标	基本每股收益(元)	0.1800	0.2800	0.1300	0.3900
	基本每股收益(扣除后)(元)	0.1800	0.2600	0.1200	0.3700
	每股净资产(元)	3.3900	3.3100	2.8400	3.3000
	每股经营现金净流量(元)	0.2302	–0.4644	–0.4952	0.4527
	每股现金流量(元)	–0.1222	–0.2303	–0.4125	0.0170
	每股资本公积金(元)	0.8536	0.8536	0.5343	0.8412
	每股盈余公积金(元)	0.1608	0.1608	0.1324	0.1587
	每股未分配利润(元)	1.3763	1.2936	1.1753	1.3025
	净资产收益率(%)	5.3900	8.4170	4.6300	14.0370
	加权净资产收益率(%)	5.4500	8.8000	4.6800	14.9900
	净资产收益率(扣除)(%)	–	–	–	–
	总资产(万元)	75053.55	68968.77	62572.31	59888.01
	归属母公司股东权益(万元)	54196.76	52864.42	45417.91	43979.24
	主营业务收入(万元)	43564.28	87069.07	42715.71	71900.58
	营业收入(万元)	43642.16	87331.16	42840.37	72081.06
	主营成本(万元)	34190.84	71353.51	35387.58	55348.14
	营业成本(万元)	34233.14	71401.87	35495.20	55400.21
	投资收益(万元)	124.57	127.82	99.86	47.25
	净利润(万元)	2953.83	4370.87	2134.34	6178.78
	利润总额(万元)	3403.11	5065.26	2397.78	7125.42

濮阳濮耐高温材料(集团)股份有限公司

公司概况	公司名称	濮阳濮耐高温材料(集团)股份有限公司			证券简称	濮耐股份
	法人代表	刘百宽	董秘	彭艳鸣	证券代码	002225
	公司网址	www.punai.com.cn		电子信箱	zhongjianyi@punai.com	
	电　　话	0393-3214228 3214015		传　　真	0393-3214218	
	办公地址	河南省濮阳市西环路中段				
	经营范围	耐火材料原料和制品、功能陶瓷材料、高温结构材料				

	指标\报告期	2012.06.30	2011.12.31	2011.06.30	2010.12.31
主要财务指标	基本每股收益(元)	0.0700	0.1600	0.0900	0.2000
	基本每股收益(扣除后)(元)	0.0600	0.1500	0.0900	0.2000
	每股净资产(元)	1.7500	1.7300	1.6600	2.1200
	每股经营现金净流量(元)	0.0752	0.0342	0.0121	0.1248
	每股现金流量(元)	0.0027	–0.0523	–0.1093	0.0063
	每股资本公积金(元)	0.1719	0.1719	0.1719	0.5235
	每股盈余公积金(元)	0.0625	0.0625	0.0493	0.0640
	每股未分配利润(元)	0.5210	0.5034	0.4489	0.5451
	净资产收益率(%)	3.8700	9.1910	5.4800	11.8540
	加权净资产收益率(%)	3.8400	9.4800	5.4500	13.9000
	净资产收益率(扣除)(%)	–	–	–	–
	总资产(万元)	302629.81	290702.94	242650.35	222200.27
	归属母公司股东权益(万元)	127547.90	126286.07	121434.71	119225.21
	主营业务收入(万元)	102263.56	201276.54	94807.52	158630.10
	营业收入(万元)	103699.66	202054.83	95096.16	159214.33
	主营成本(万元)	73292.44	141221.50	64995.49	103713.39
	营业成本(万元)	74577.25	141793.67	65236.70	104216.38
	投资收益(万元)	–69.94	–41.73	–	–
	净利润(万元)	5335.39	12682.61	7174.63	15416.00
	利润总额(万元)	6341.10	14782.07	8323.26	17877.96

安徽江南化工股份有限公司

公司概况	公司名称	安徽江南化工股份有限公司			证券简称	江南化工
	法人代表	冯忠波	董秘	赵磊	证券代码	002226
	公司网址	www.ahjnhg.com		电子信箱	izhaolei@yahoo.com.cn	
	电　话	0551-5862557　0551-5862589		传　真	0551-5862577	
	办公地址	安徽省合肥市政务文化新区怀宁路1639号平安大厦17层				
	经营范围	工业炸药的生产、销售、主要产品为胶状乳化炸药、粉状乳化炸药				

	指标\报告期	2012.06.30	2011.12.31	2011.06.30	2010.12.31
主要财务指标	基本每股收益(元)	0.2700	0.5800	0.2200	0.3500
	基本每股收益(扣除后)(元)	0.2600	0.5800	0.2200	0.3400
	每股净资产(元)	5.6400	5.5500	8.4300	3.0400
	每股经营现金净流量(元)	0.2436	0.8034	0.1959	0.6445
	每股现金流量(元)	0.2560	0.5969	1.2602	0.5027
	每股资本公积金(元)	3.8205	3.8205	6.2307	0.3639
	每股盈余公积金(元)	0.0916	0.0916	0.0822	0.1548
	每股未分配利润(元)	0.5884	0.5221	0.9597	1.4498
	净资产收益率(%)	4.7200	8.0430	2.2600	17.0450
	加权净资产收益率(%)	4.6900	13.0800	11.1400	18.7300
	净资产收益率(扣除)(%)	-	-	-	-
	总资产(万元)	336243.20	319049.36	310526.94	49189.32
	归属母公司股东权益(万元)	222987.48	219450.31	222477.68	42586.13
	主营业务收入(万元)	78865.87	119869.12	29683.77	32396.45
	营业收入(万元)	79681.17	121389.20	29764.42	32416.89
	主营成本(万元)	44361.77	69446.27	17416.79	17444.92
	营业成本(万元)	44361.77	70161.01	17416.79	17451.99
	投资收益(万元)	943.09	979.68	-3.29	0.34
	净利润(万元)	13250.90	22107.64	5848.89	7661.59
	利润总额(万元)	16537.61	27256.27	7154.88	9129.53

深圳奥特迅电力设备股份有限公司

公司概况	公司名称	深圳奥特迅电力设备股份有限公司			证券简称	奥特迅
	法人代表	廖晓霞	董秘	廖晓东	证券代码	002227
	公司网址	www.atc-a.com		电子信箱	atczq@vip.163.com	
	电　话	0755-26520515		传　真	0755-26520515	
	办公地址	广东省深圳市南山区高新南一道29号厂房南座二层D区				
	经营范围	生产经营高频开关电源、电力电源设备、无功补偿装置、绝缘监测装置				

	指标\报告期	2012.06.30	2011.12.31	2011.06.30	2010.12.31
主要财务指标	基本每股收益(元)	0.0382	0.1520	0.0671	0.2478
	基本每股收益(扣除后)(元)	-0.0244	0.0395	-0.0077	0.2472
	每股净资产(元)	5.5214	5.5866	5.5000	5.5400
	每股经营现金净流量(元)	-0.3091	0.1213	-0.0719	-0.3011
	每股现金流量(元)	0.0775	0.1906	-0.2375	-0.3781
	每股资本公积金(元)	3.2914	3.2914	3.2914	3.2914
	每股盈余公积金(元)	0.2967	0.2503	0.2674	0.2179
	每股未分配利润(元)	0.9337	1.0451	0.9419	1.0276
	净资产收益率(%)	0.6900	2.7210	1.2200	4.4750
	加权净资产收益率(%)	0.6900	2.7500	1.2100	4.4700
	净资产收益率(扣除)(%)	-	-	-	-
	总资产(万元)	69992.80	71142.15	68372.05	65311.72
	归属母公司股东权益(万元)	59950.03	60657.84	59725.00	60118.06
	主营业务收入(万元)	7821.17	17337.95	5973.82	18169.13
	营业收入(万元)	7841.61	17397.36	5986.65	18215.67
	主营成本(万元)	4974.98	10782.41	3914.48	10874.97
	营业成本(万元)	4974.98	10782.41	3914.48	10874.97
	投资收益(万元)	-61.97	-18.63	-52.49	19.67
	净利润(万元)	393.84	1632.72	725.20	2690.26
	利润总额(万元)	719.74	2183.72	894.28	3175.67

厦门合兴包装印刷股份有限公司

公司概况	公司名称	厦门合兴包装印刷股份有限公司			证券简称	合兴包装
	法人代表	许晓光	董秘	康春华	证券代码	002228
	公司网址	www.hxpp.com.cn		电子信箱	zqb@hxpp.com.cn	
	电　话	0592-7896888		传　真	0592-7896226	
	办公地址	福建省厦门市同安区同集北路556号				
	经营范围	生产中高档瓦楞纸箱及纸、塑等各种包装印刷制品、研究和开发新型彩色印刷产品				

	指标\报告期	2012.06.30	2011.12.31	2011.06.30	2010.12.31
主要财务指标	基本每股收益(元)	0.0700	0.2100	0.0900	0.2200
	基本每股收益(扣除后)(元)	0.0600	0.1900	0.0800	0.2000
	每股净资产(元)	2.4800	2.6100	2.3900	3.7400
	每股经营现金净流量(元)	-	-0.0494	-0.0617	-0.0350
	每股现金流量(元)	-	-0.0839	-0.0286	0.3394
	每股资本公积金(元)	0.8156	0.8212	0.8157	1.9052
	每股盈余公积金(元)	-	0.0318	0.0231	0.0341
	每股未分配利润(元)	-	0.6630	0.5471	0.7961
	净资产收益率(%)	2.8300	8.4810	4.0100	8.7661
	加权净资产收益率(%)	2.6600	8.8000	3.7400	11.4900
	净资产收益率(扣除)(%)	-	-	-	-
	总资产(万元)	186844.81	181429.82	173142.85	162593.25
	归属母公司股东权益(万元)	86204.82	87428.52	82914.41	81128.78
	主营业务收入(万元)	96594.07	188812.59	90924.79	149949.77
	营业收入(万元)	97929.93	191841.89	92350.43	152098.42
	主营成本(万元)	80289.94	159322.29	77630.52	125845.77
	营业成本(万元)	80618.46	160265.54	78092.53	126398.47
	投资收益(万元)	-	0.59	-	-
	净利润(万元)	-	7630.92	3226.17	7264.36
	利润总额(万元)	4076.94	9658.86	4177.95	8526.82

福建鸿博印刷股份有限公司

公司概况	公司名称	福建鸿博印刷股份有限公司			证券简称	鸿博股份
	法人代表	尤丽娟	董秘	李娟	证券代码	002229
	公司网址	www.hb-print.com.cn		电子信箱	hongbo_printing@hb-group.com.cn	
	电　话	0591-88070028		传　真	0591-83840666	
	办公地址	福建省福州市金山开发区金达路136号				
	经营范围	出版物、包装装潢印刷品、其他印刷品印刷、磁卡、智能卡的研制与加工等				

	指标\报告期	2012.06.30	2011.12.31	2011.06.30	2010.12.31
主要财务指标	基本每股收益(元)	0.0800	0.4011	0.2300	0.3622
	基本每股收益(扣除后)(元)	0.0800	0.3383	0.2300	0.3816
	每股净资产(元)	2.6300	5.1200	3.7700	3.7000
	每股经营现金净流量(元)	-0.0469	0.2276	-0.5207	0.4440
	每股现金流量(元)	-0.5145	0.0872	-0.7878	-0.4937
	每股资本公积金(元)	1.1262	3.0398	1.7288	1.7288
	每股盈余公积金(元)	0.0803	0.1526	0.1294	0.1294
	每股未分配利润(元)	0.4251	0.9247	0.9168	0.8370
	净资产收益率(%)	2.9600	7.2280	6.0900	9.8020
	加权净资产收益率(%)	2.9300	9.2800	6.1500	10.2000
	净资产收益率(扣除)(%)	-	-	-	-
	总资产(万元)	113186.83	108247.54	71940.96	70045.28
	归属母公司股东权益(万元)	78472.46	80307.66	51339.53	50254.06
	主营业务收入(万元)	30856.67	40336.14	15296.56	27995.48
	营业收入(万元)	30983.89	40414.78	15732.30	28212.18
	主营成本(万元)	21567.89	27103.26	9932.25	17540.15
	营业成本(万元)	21603.82	27115.43	10237.22	17664.95
	投资收益(万元)	-	2000.00	2000.00	73.79
	净利润(万元)	2582.07	6167.27	3245.25	5280.42
	利润总额(万元)	3261.72	7298.75	3735.02	6323.45

安徽科大讯飞信息科技股份有限公司

公司概况	公司名称	安徽科大讯飞信息科技股份有限公司			证券简称	科大讯飞
	法人代表	刘庆峰	董秘	徐景明	证券代码	002230
	公司网址	www.iflytek.com		电子信箱	jmxu@iflytek.com	
	电　话	0551-5331880		传　真	0551-5331802	
	办公地址	安徽省合肥市高新开发区望江西路666号				
	经营范围	语音核心技术及其相关产品研发、生产与销售				

	指标\报告期	2012.06.30	2011.12.31	2011.06.30	2010.12.31
主要财务指标	基本每股收益(元)	0.1500	0.5300	0.1100	0.4200
	基本每股收益(扣除后)(元)	0.1300	0.4200	0.0900	0.3600
	每股净资产(元)	3.2000	4.6700	4.3000	4.0600
	每股经营现金净流量(元)	-0.0131	0.4663	0.0143	0.5558
	每股现金流量(元)	-0.4744	1.4002	1.2358	-0.3743
	每股资本公积金(元)	1.2780	2.3688	2.3675	1.6500
	每股盈余公积金(元)	0.0936	0.1403	0.1033	0.1620
	每股未分配利润(元)	0.8267	1.1583	0.8283	1.2494
	净资产收益率(%)	4.8300	11.2730	3.4100	15.4920
	加权净资产收益率(%)	4.8700	13.5700	5.0300	16.1000
	净资产收益率(扣除)(%)	-	-	-	-
	总资产(万元)	152271.54	143120.33	125028.24	86507.41
	归属母公司股东权益(万元)	120930.09	117656.35	108372.13	65286.59
	主营业务收入(万元)	30195.27	55504.87	22091.79	43605.73
	营业收入(万元)	30366.97	55701.35	22130.61	43605.73
	主营成本(万元)	12915.94	23767.58	8362.48	18803.78
	营业成本(万元)	12951.78	23818.19	8377.34	18803.78
	投资收益(万元)	-101.61	-135.34	-174.71	76.93
	净利润(万元)	5779.47	13259.08	4010.10	10111.44
	利润总额(万元)	6260.89	14373.86	4792.30	11198.29

奥维通信股份有限公司

公司概况	公司名称	奥维通信股份有限公司			证券简称	奥维通信
	法人代表	杜方	董秘	胡颖	证券代码	002231
	公司网址	www.syallwin.com		电子信箱	huying54321@sohu.com	
	电　话	024-83781111 83782200		传　真	024-83783888 83782200	
	办公地址	辽宁省沈阳市浑南新区高歌路6号				
	经营范围	通信产品、视频监控设备、广播电视发射设备、无线电发射与接收设备等				

	指标\报告期	2012.06.30	2011.12.31	2011.06.30	2010.12.31
主要财务指标	基本每股收益(元)	0.0578	0.3642	0.0424	0.1798
	基本每股收益(扣除后)(元)	0.0565	0.3372	0.0405	0.1581
	每股净资产(元)	1.8500	3.7400	2.5500	2.5600
	每股经营现金净流量(元)	-0.2412	-0.0224	-0.4153	-0.1297
	每股现金流量(元)	-0.3366	1.0280	-0.5257	-0.3626
	每股资本公积金(元)	0.4265	1.8530	0.8400	0.8400
	每股盈余公积金(元)	0.0622	0.1244	0.1018	0.1018
	每股未分配利润(元)	0.3648	0.7640	0.6061	0.6214
	净资产收益率(%)	3.1200	8.7571	3.3200	7.0150
	加权净资产收益率(%)	3.0800	13.5500	3.2700	7.1900
	净资产收益率(扣除)(%)	-	-	-	-
	总资产(万元)	73828.14	82501.01	50395.39	50872.56
	归属母公司股东权益(万元)	66131.64	66746.32	40893.78	41139.85
	主营业务收入(万元)	17317.52	52620.32	20544.52	27526.37
	营业收入(万元)	17317.52	52620.32	20544.52	27526.37
	主营成本(万元)	10521.77	33080.77	14545.08	16637.02
	营业成本(万元)	10521.77	33080.77	14545.08	16637.02
	投资收益(万元)	-	-	-	-
	净利润(万元)	2061.32	5845.07	1358.94	2885.91
	利润总额(万元)	2261.77	6834.08	1811.92	3194.04

启明信息技术股份有限公司

公司概况	公司名称	启明信息技术股份有限公司			证券简称	启明信息
	法人代表	徐建一	董秘	吴铁山	证券代码	002232
	公司网址	www.qm.cn		电子信箱	qiming@qm.cn	
	电　话	0431-89603547		传　真	0431-89603547	
	办公地址	吉林省长春市净月经济开发区百合街启明软件园				
	经营范围	软件开发、汽车电子、技术服务、系统集成、硬件销售五大类				

	指标\报告期	2012.06.30	2011.12.31	2011.06.30	2010.12.31
主要财务指标	基本每股收益(元)	0.0798	0.1568	0.0823	0.2243
	基本每股收益(扣除后)(元)	0.0682	0.0977	0.0696	0.2104
	每股净资产(元)	2.4100	2.3300	2.2600	3.0400
	每股经营现金净流量(元)	-0.1106	0.2097	-0.2529	0.1125
	每股现金流量(元)	-0.5862	-0.0211	-0.4666	1.0730
	每股资本公积金(元)	0.6408	0.6408	0.6408	1.2971
	每股盈余公积金(元)	0.1193	0.0934	0.0918	0.1176
	每股未分配利润(元)	0.6471	0.5932	0.5241	0.6241
	净资产收益率(%)	3.3100	6.7370	3.7200	10.1800
	加权净资产收益率(%)	3.3700	6.9700	3.7200	11.4600
	净资产收益率(扣除)(%)	-	-	-	-
	总资产(万元)	147350.00	157000.47	142950.92	138351.75
	归属母公司股东权益(万元)	98343.46	95085.02	92200.51	88679.35
	主营业务收入(万元)	52847.90	138512.31	54622.38	154083.62
	营业收入(万元)	52847.90	138512.31	54622.38	154106.71
	主营成本(万元)	41730.86	118752.78	45063.82	134187.17
	营业成本(万元)	41730.86	118752.78	45063.82	134197.42
	投资收益(万元)	-14.25	41.20	-15.88	57.75
	净利润(万元)	3044.16	6224.24	3362.23	9027.08
	利润总额(万元)	3719.29	6433.69	3853.32	10371.91

广东塔牌集团股份有限公司

公司概况	公司名称	广东塔牌集团股份有限公司			证券简称	塔牌集团
	法人代表	刁东庆	董秘	曾皓平	证券代码	002233
	公司网址	www.tapai.com		电子信箱	gdtpzhp@126.com	
	电　话	0753-7887036		传　真	0753-7887233	
	办公地址	广东省梅州市蕉岭县蕉城镇(塔牌大厦)				
	经营范围	制造水泥、水泥熟料、制造、加工、销售建筑材料、水泥机械及零部件等				

	指标\报告期	2012.06.30	2011.12.31	2011.06.30	2010.12.31
主要财务指标	基本每股收益(元)	0.1200	0.6944	0.3500	0.3700
	基本每股收益(扣除后)(元)	0.1200	0.6868	0.3400	0.3600
	每股净资产(元)	3.7200	3.8200	3.4600	5.8100
	每股经营现金净流量(元)	0.1924	0.9754	0.5965	2.0433
	每股现金流量(元)	-0.3685	0.1196	0.0548	1.1326
	每股资本公积金(元)	1.1969	1.1969	1.1969	2.6185
	每股盈余公积金(元)	0.1084	0.1084	0.0770	0.1722
	每股未分配利润(元)	1.3991	1.5001	1.1757	1.9921
	净资产收益率(%)	3.2000	17.8150	9.3800	13.2640
	加权净资产收益率(%)	3.1200	20.6600	11.0800	14.7400
	净资产收益率(扣除)(%)	-	-	-	-
	总资产(万元)	488685.04	522866.16	491245.12	478461.42
	归属母公司股东权益(万元)	333168.83	341748.93	309613.58	232209.21
	主营业务收入(万元)	152199.37	413032.45	194351.21	312601.42
	营业收入(万元)	152347.59	413673.63	194573.63	312788.76
	主营成本(万元)	115525.99	284604.06	133114.54	221459.46
	营业成本(万元)	115643.02	285092.30	133291.79	221562.57
	投资收益(万元)	186.80	-635.36	-247.35	-417.79
	净利润(万元)	10609.09	60865.23	29048.84	31097.53
	利润总额(万元)	14844.32	82489.44	39257.76	43768.59

山东民和牧业股份有限公司

公司概况	公司名称	山东民和牧业股份有限公司			证券简称	民和股份
	法人代表	孙希民	董秘	张东明	证券代码	002234
	公司网址	www.minhe.cn		电子信箱	info@minhe.cn	
	电　话	0535-5637723		传　真	0535-5855999	
	办公地址	山东省烟台蓬莱市南关路2-3号				
	经营范围	羊、牛的饲养；种鸡饲养、种蛋、鸡苗销售				

主要财务指标	指标\报告期	2012.06.30	2011.12.31	2011.06.30	2010.12.31
	基本每股收益(元)	0.0500	1.6800	0.3300	0.4100
	基本每股收益(扣除后)(元)	0.0300	1.6700	0.3300	0.3900
	每股净资产(元)	4.8600	10.6300	6.4400	5.7400
	每股经营现金净流量(元)	-0.0405	1.5095	0.6706	1.0763
	每股现金流量(元)	-0.5041	6.1385	0.2252	-0.6890
	每股资本公积金(元)	2.8454	6.6908	2.2483	2.2483
	每股盈余公积金(元)	0.3922	0.7844	0.9417	0.9417
	每股未分配利润(元)	0.6246	2.1580	2.2459	1.5518
	净资产收益率(%)	0.9400	11.6490	12.3400	7.2021
	加权净资产收益率(%)	0.8500	24.2000	12.9300	7.4700
	净资产收益率(扣除)(%)	-	-	-	-
	总资产(万元)	202886.34	211499.60	119403.04	110806.70
	归属母公司股东权益(万元)	146861.41	160585.58	69185.70	61724.60
	主营业务收入(万元)	62228.82	134128.14	58653.46	99608.24
	营业收入(万元)	62443.23	134520.02	58813.96	100311.89
	主营成本(万元)	56655.67	105483.03	46012.91	87912.23
	营业成本(万元)	56709.85	105502.44	46019.76	87928.41
	投资收益(万元)	-15.98	50.60	50.60	138.43
	净利润(万元)	1378.16	18847.14	8677.26	4938.97
	利润总额(万元)	1384.72	18859.17	8689.99	4966.89

厦门安妮股份有限公司

公司概况	公司名称	厦门安妮股份有限公司			证券简称	安妮股份
	法人代表	张杰	董秘	叶泉青	证券代码	002235
	公司网址	www.anne.com.cn		电子信箱	securities@anne.com.cn	
	电　话	0592-3152372		传　真	0592-3152406	
	办公地址	福建省厦门市集美区杏林锦园南路99号				
	经营范围	从事商务信息用纸的研发、生产、销售及综合应用服务				

主要财务指标	指标\报告期	2012.06.30	2011.12.31	2011.06.30	2010.12.31
	基本每股收益(元)	0.0500	0.0200	0.0300	0.0100
	基本每股收益(扣除后)(元)	0.0400	-0.0100	0.0200	-0.1300
	每股净资产(元)	2.4800	2.4300	2.4200	2.3900
	每股经营现金净流量(元)	0.0993	0.4206	-0.0427	0.2106
	每股现金流量(元)	-0.4544	-0.1595	-0.2607	-0.5932
	每股资本公积金(元)	0.8703	0.8703	0.8560	0.8560
	每股盈余公积金(元)	0.0830	0.0830	0.0708	0.0708
	每股未分配利润(元)	0.5282	0.4765	0.4960	0.4672
	净资产收益率(%)	2.1100	0.8800	1.2000	0.5460
	加权净资产收益率(%)	2.1100	0.8800	1.2000	0.5500
	净资产收益率(扣除)(%)	-	-	-	-
	总资产(万元)	76447.01	81667.06	88935.21	86943.89
	归属母公司股东权益(万元)	48418.25	47404.75	47271.11	46692.26
	主营业务收入(万元)	27048.22	61150.22	30482.91	62943.89
	营业收入(万元)	27830.47	62780.78	31217.40	64378.51
	主营成本(万元)	22264.44	49996.94	24459.67	52244.02
	营业成本(万元)	22307.91	50648.51	24597.97	53626.49
	投资收益(万元)	-	476.10	-	268.58
	净利润(万元)	1036.92	740.37	906.60	675.79
	利润总额(万元)	1537.28	1180.72	1235.73	1193.30

浙江大华技术股份有限公司

公司概况	公司名称	浙江大华技术股份有限公司			证券简称	大华股份
	法人代表	傅利泉	董秘	吴坚	证券代码	002236
	公司网址	www.dahuatech.com		电子信箱	zqsw@dahuatech.com	
	电　话	0571-28939522		传　真	0571-28933211	
	办公地址	浙江省杭州市滨江区滨安路1187号				
	经营范围	计算机软件的开发、服务、销售、电子产品及通讯产品的设计、开发、生产、安装及销售等				

主要财务指标	指标\报告期	2012.06.30	2011.12.31	2011.06.30	2010.12.31
	基本每股收益(元)	0.4000	1.3500	0.2300	0.9600
	基本每股收益(扣除后)(元)	0.3800	1.3100	0.2300	0.9300
	每股净资产(元)	2.9800	5.4000	4.4600	8.4100
	每股经营现金净流量(元)	-0.2596	0.2659	-0.3705	0.8855
	每股现金流量(元)	-0.5039	-0.3835	-0.7945	0.9787
	每股资本公积金(元)	0.2450	1.4792	1.4352	3.2825
	每股盈余公积金(元)	0.1879	0.3759	0.2646	0.5292
	每股未分配利润(元)	1.5499	2.5408	1.7596	3.5953
	净资产收益率(%)	13.5600	25.1010	10.3600	22.1880
	加权净资产收益率(%)	13.9400	28.3600	10.3700	26.4000
	净资产收益率(扣除)(%)	-	-	-	-
	总资产(万元)	259571.94	226909.29	189484.97	177758.72
	归属母公司股东权益(万元)	166494.64	150586.15	124451.68	117311.08
	主营业务收入(万元)	123490.87	209475.02	80108.66	140713.28
	营业收入(万元)	129687.08	220520.82	89426.05	151627.54
	主营成本(万元)	70137.37	-	45720.56	-
	营业成本(万元)	75670.57	127305.50	52614.78	86014.73
	投资收益(万元)	-147.43	-404.20	-105.15	-0.33
	净利润(万元)	22386.90	37556.08	12867.52	25963.16
	利润总额(万元)	25616.40	41335.02	14604.66	28817.81

山东恒邦冶炼股份有限公司

公司概况	公司名称	山东恒邦冶炼股份有限公司			证券简称	恒邦股份
	法人代表	曲胜利	董秘	张俊峰	证券代码	002237
	公司网址	www.hbyl.cn		电子信箱	zjf498496@126.com	
	电　话	0535-4631769		传　真	0535-4631176	
	办公地址	山东省烟台市牟平区水道镇				
	经营范围	黄金的采选、冶炼及化工生产				

主要财务指标	指标\报告期	2012.06.30	2011.12.31	2011.06.30	2010.12.31
	基本每股收益(元)	0.6300	1.2000	0.6000	0.9800
	基本每股收益(扣除后)(元)	0.5800	1.4000	0.7100	1.1600
	每股净资产(元)	12.8600	12.5300	8.0100	7.4000
	每股经营现金净流量(元)	-1.9618	-1.0423	-2.6381	-7.3719
	每股现金流量(元)	-0.4863	1.6848	-0.3890	0.7326
	每股资本公积金(元)	7.3165	7.3203	2.6611	2.7052
	每股盈余公积金(元)	0.4860	0.4860	0.4402	0.4402
	每股未分配利润(元)	3.9912	3.6635	3.8429	3.1960
	净资产收益率(%)	4.8200	8.9697	8.9100	13.3157
	加权净资产收益率(%)	4.8300	13.1900	9.5400	14.4000
	净资产收益率(扣除)(%)	-	-	-	-
	总资产(万元)	897868.53	783503.83	638986.72	571327.83
	归属母公司股东权益(万元)	292689.16	285176.16	153533.96	141721.13
	主营业务收入(万元)	382190.23	931213.93	406747.44	497852.99
	营业收入(万元)	386877.38	934912.14	408337.76	500367.97
	主营成本(万元)	347312.46	842847.59	366793.16	438870.28
	营业成本(万元)	351367.20	846499.86	365742.80	440308.02
	投资收益(万元)	-13.14	-4904.54	-2826.85	-2548.62
	净利润(万元)	14287.59	23926.19	13678.25	18715.60
	利润总额(万元)	16528.08	29013.57	16675.89	25122.22

深圳市天威视讯股份有限公司

公司概况

公司名称	深圳市天威视讯股份有限公司			证券简称	天威视讯
法人代表	吕建杰	董秘	钟林	证券代码	002238
公司网址	www.topway.com.cn		电子信箱	zl@topway.cn	
电　话	0755-83069184 83067777		传　真	0755-83069184 83067777	
办公地址	广东省深圳市福田区彩田路 6001 号				
经营范围	有线广播电视网络及其他通讯网络规划建设及技术服务等				

主要财务指标

指标\报告期	2012.06.30	2011.12.31	2011.06.30	2010.12.31
基本每股收益(元)	0.1900	0.3700	0.1700	0.2400
基本每股收益(扣除后)(元)	0.1800	0.3200	0.1600	0.2200
每股净资产(元)	4.3300	4.2500	4.1600	4.9800
每股经营现金净流量(元)	0.5434	1.0774	0.3826	1.2416
每股现金流量(元)	-0.1852	-0.5367	-0.7649	0.2864
每股资本公积金(元)	0.9903	0.9902	1.0244	1.4292
每股盈余公积金(元)	0.4324	0.4324	0.3929	0.4714
每股未分配利润(元)	1.9084	1.8226	1.7380	1.8935
净资产收益率(%)	4.2886	8.6580	4.1003	5.6788
加权净资产收益率(%)	4.2800	8.6200	4.0200	5.7900
净资产收益率(扣除)(%)	-	-	-	-
总资产(万元)	188007.45	195442.12	172818.09	185566.23
归属母公司股东权益(万元)	138766.01	136015.90	133132.13	133057.89
主营业务收入(万元)	42939.82	83642.72	39876.03	80947.43
营业收入(万元)	43543.18	84954.13	40578.08	82438.09
主营成本(万元)	26464.03	-	25608.62	53648.77
营业成本(万元)	26523.02	53276.36	24698.06	53648.77
投资收益(万元)	-5.13	-9.36	-5.68	115.08
净利润(万元)	6020.42	11949.61	5515.22	7981.25
利润总额(万元)	6111.55	12391.30	5514.22	8457.92

江苏金飞达服装股份有限公司

公司概况

公司名称	江苏金飞达服装股份有限公司			证券简称	金飞达
法人代表	王进飞	董秘	郑维龙	证券代码	002239
公司网址	www.kfield.com.cn		电子信箱	kingfield@kfield.com.cn	
电　话	0513-80169096 80166699		传　真	0513-80167999 80169081	
办公地址	江苏省通州市经济开发区世纪大道 288 号				
经营范围	生产服装及服装辅料、梭织面料、针织面料、销售自产产品				

主要财务指标

指标\报告期	2012.06.30	2011.12.31	2011.06.30	2010.12.31
基本每股收益(元)	0.0300	0.0500	0.0200	0.0500
基本每股收益(扣除后)(元)	0.0300	0.0500	0.0200	0.0500
每股净资产(元)	2.6802	2.6672	2.6400	2.6400
每股经营现金净流量(元)	0.1266	0.1186	0.0435	0.3048
每股现金流量(元)	0.1326	-0.0557	-0.0207	0.0627
每股资本公积金(元)	0.9844	0.9844	0.9844	0.9844
每股盈余公积金(元)	0.0431	0.0431	0.0431	0.0431
每股未分配利润(元)	0.6620	0.6492	0.6206	0.6167
净资产收益率(%)	1.2100	1.9680	0.8900	1.9770
加权净资产收益率(%)	1.2200	1.9800	1.9800	1.9800
净资产收益率(扣除)(%)	-	-	-	-
总资产(万元)	68042.02	60359.99	59732.78	57603.30
归属母公司股东权益(万元)	53871.74	53609.91	53063.00	53008.86
主营业务收入(万元)	19421.55	-	19281.37	39392.74
营业收入(万元)	19452.42	41562.22	19423.22	41755.27
主营成本(万元)	16835.71	-	16824.34	34009.81
营业成本(万元)	16857.78	36607.39	16824.34	36308.58
投资收益(万元)	-102.17	114.59	-8.85	82.65
净利润(万元)	659.92	1054.84	481.62	1047.71
利润总额(万元)	1002.24	1031.81	629.11	1305.13

广东威华股份有限公司

公司概况

公司名称	广东威华股份有限公司			证券简称	威华股份
法人代表	李建华	董秘	刘艳梅	证券代码	002240
公司网址	www.weihuaonline.com		电子信箱	liufeng@gdweihua.cn	
电　话	020-87551736 87551761		传　真	020-87551329	
办公地址	广东省广州市天河北路 183 号大都会广场 17 楼				
经营范围	人造板、家私、木材、木制品加工和销售以及造林工程设计、林木种植等业务				

主要财务指标

指标\报告期	2012.06.30	2011.12.31	2011.06.30	2010.12.31
基本每股收益(元)	-0.1100	0.0200	-0.0900	0.0400
基本每股收益(扣除后)(元)	-0.1100	0.0100	-0.0900	0.0100
每股净资产(元)	3.3100	3.4200	3.3200	5.4400
每股经营现金净流量(元)	0.1741	0.6684	0.0424	-0.0111
每股现金流量(元)	0.1644	0.0952	0.0123	-0.0967
每股资本公积金(元)	1.9477	1.9477	1.9477	3.7163
每股盈余公积金(元)	0.1573	0.1573	0.1563	0.2501
每股未分配利润(元)	0.2094	0.3166	0.2125	0.4775
净资产收益率(%)	-3.1800	0.5590	-2.5600	1.1380
加权净资产收益率(%)	-3.1800	0.5600	-2.5600	1.1400
净资产收益率(扣除)(%)	-	-	-	-
总资产(万元)	320449.69	326017.90	347370.45	334781.29
归属母公司股东权益(万元)	162640.87	167899.00	162742.00	166960.61
主营业务收入(万元)	78121.03	189663.41	69194.32	153557.89
营业收入(万元)	78263.83	189690.03	69194.32	153557.89
主营成本(万元)	72455.52	163018.60	61971.50	136639.53
营业成本(万元)	72507.02	163044.94	61971.50	136639.53
投资收益(万元)	-	-	-	-
净利润(万元)	-5443.97	1667.65	-4199.45	2003.55
利润总额(万元)	-5426.28	2983.03	-4188.84	3332.05

歌尔声学股份有限公司

公司概况

公司名称	歌尔声学股份有限公司			证券简称	歌尔声学
法人代表	姜滨	董秘	徐海忠	证券代码	002241
公司网址	www.goertek.com		电子信箱	ir@goertek.com	
电　话	0536-8525688		传　真	0536-8525669	
办公地址	山东省潍坊市高新技术产业开发区东方路 268 号				
经营范围	微型电声元器件和消费类电声产品的研发、制造和销售				

主要财务指标

指标\报告期	2012.06.30	2011.12.31	2011.06.30	2010.12.31
基本每股收益(元)	0.3900	0.2400	0.2400	0.3800
基本每股收益(扣除后)(元)	0.3900	0.2200	0.2200	0.3500
每股净资产(元)	5.5700	2.7800	2.3100	4.3500
每股经营现金净流量(元)	0.1781	0.7416	0.1799	0.8552
每股现金流量(元)	1.0650	0.4680	-0.1978	0.6594
每股资本公积金(元)	3.0963	0.5340	0.5340	2.0680
每股盈余公积金(元)	0.1314	0.1161	0.0632	0.1264
每股未分配利润(元)	1.3415	1.1272	0.7164	1.1552
净资产收益率(%)	6.6700	25.3120	8.6100	16.9130
加权净资产收益率(%)	9.2400	28.3700	10.4100	24.6400
净资产收益率(扣除)(%)	-	-	-	-
总资产(万元)	799321.68	556839.71	391992.57	328330.69
归属母公司股东权益(万元)	472001.61	208603.94	173874.96	163451.37
主营业务收入(万元)	246693.69	399973.92	144704.51	258161.94
营业收入(万元)	254789.03	407700.03	146613.39	264466.75
主营成本(万元)	175885.09	285972.72	104787.92	192946.66
营业成本(万元)	183133.82	293259.76	106510.41	197701.08
投资收益(万元)	-1.40	-	-	-
净利润(万元)	32450.15	55606.71	18651.32	29540.40
利润总额(万元)	38940.40	66580.80	22461.49	36011.24

九阳股份有限公司

公司概况	公司名称	九阳股份有限公司		证券简称	九阳股份
	法人代表	王旭宁	董秘 姜广勇	证券代码	002242
	公司网址	www.joyoung.com		电子信箱	jgy@joyoung.com
	电　话	0571-81639093 81639178		传　真	0571-81639096
	办公地址	山东省济南市槐荫区经十路28038号			
	经营范围	豆浆机和厨房小家电产品的研发、生产和销售			

主要财务指标	指标＼报告期	2012.06.30	2011.12.31	2011.06.30	2010.12.31
	基本每股收益(元)	0.3500	0.6600	0.3600	0.7800
	基本每股收益(扣除后)(元)	0.3400	0.6400	0.3600	0.7600
	每股净资产(元)	3.5000	3.2800	3.6900	3.8200
	每股经营现金净流量(元)	0.1025	0.5417	0.3360	0.7222
	每股现金流量(元)	-0.3189	-0.9962	-0.3486	-0.3706
	每股资本公积金(元)	1.1877	1.1877	1.1873	1.1873
	每股盈余公积金(元)	0.4336	0.4336	0.4078	0.3277
	每股未分配利润(元)	0.8781	0.6620	1.0908	1.3091
	净资产收益率(%)	9.8900	20.0650	11.0200	20.3060
	加权净资产收益率(%)	10.1400	18.0700	9.4200	21.6200
	净资产收益率(扣除)(%)	-	-	-	-
	总资产(万元)	374593.69	386707.02	392859.35	433294.10
	归属母公司股东权益(万元)	266289.12	249849.69	280474.32	290999.24
	主营业务收入(万元)	247023.73	518321.09	258835.32	532849.60
	营业收入(万元)	247906.55	519933.11	259615.97	534650.52
	主营成本(万元)	162691.85	335841.64	166702.51	339990.49
	营业成本(万元)	162699.47	335892.38	166724.96	340294.41
	投资收益(万元)	55.07	375.52	184.13	65.34
	净利润(万元)	29134.38	55402.72	30684.00	67572.56
	利润总额(万元)	37469.59	71414.74	39251.94	82964.58

深圳市通产丽星股份有限公司

公司概况	公司名称	深圳市通产丽星股份有限公司		证券简称	通产丽星
	法人代表	王楚	董秘 彭晓华	证券代码	002243
	公司网址	www.beautystar.cn		电子信箱	bs@beautystar.cn
	电　话	0755-28483234 28482022-8102-8103		传　真	0755-28483900*8102
	办公地址	广东省深圳市龙岗区坂田五和南路49号			
	经营范围	化妆品塑料包装的生产和销售			

主要财务指标	指标＼报告期	2012.06.30	2011.12.31	2011.06.30	2010.12.31
	基本每股收益(元)	0.1300	0.3982	0.2100	0.3700
	基本每股收益(扣除后)(元)	0.1200	0.3340	0.1800	0.3400
	每股净资产(元)	2.7100	2.6800	2.5000	2.2900
	每股经营现金净流量(元)	0.0562	0.2265	0.0078	0.3118
	每股现金流量(元)	0.2465	-0.1697	-0.1292	-0.1066
	每股资本公积金(元)	0.6834	0.6834	0.6834	0.6834
	每股盈余公积金(元)	0.1054	0.1054	0.0855	0.0855
	每股未分配利润(元)	0.9238	0.8956	0.7267	0.5173
	净资产收益率(%)	4.7300	14.8330	8.3900	16.3903
	加权净资产收益率(%)	4.6600	16.0200	8.7600	17.4400
	净资产收益率(扣除)(%)	-	-	-	-
	总资产(万元)	130028.33	113842.22	95404.40	80335.23
	归属母公司股东权益(万元)	70002.16	69274.06	64402.77	58999.01
	主营业务收入(万元)	49969.74	92945.08	42155.31	71403.75
	营业收入(万元)	49969.74	92945.08	42155.31	71403.75
	主营成本(万元)	39463.53	70344.16	31947.03	53018.16
	营业成本(万元)	39463.53	70344.16	31947.03	53018.16
	投资收益(万元)	0.17	-	-	-
	净利润(万元)	3307.42	10518.29	5560.11	9670.12
	利润总额(万元)	3700.43	11721.66	6101.90	10826.64

杭州滨江房产集团股份有限公司

公司概况	公司名称	杭州滨江房产集团股份有限公司		证券简称	滨江集团
	法人代表	戚金兴	董秘 李渊	证券代码	002244
	公司网址	www.binjiang.com.cn		电子信箱	office@binjiang.com.cn
	电　话	0571-86987771		传　真	0571-86987779
	办公地址	浙江省杭州市庆春东路38号			
	经营范围	房地产开发、房屋建筑、商品房销售、水电安装、室内外装潢			

主要财务指标	指标＼报告期	2012.06.30	2011.12.31	2011.06.30	2010.12.31
	基本每股收益(元)	0.0600	0.5800	0.1100	0.7100
	基本每股收益(扣除后)(元)	0.0600	0.5800	0.1100	0.7000
	每股净资产(元)	3.6400	3.6300	3.2200	3.1800
	每股经营现金净流量(元)	1.6606	-3.6334	-2.0802	0.1469
	每股现金流量(元)	0.3814	-2.0630	-1.7228	1.6551
	每股资本公积金(元)	0.4933	0.4933	0.5517	0.5517
	每股盈余公积金(元)	0.2198	0.2198	0.1307	0.1307
	每股未分配利润(元)	1.9250	1.9200	1.5401	1.4993
	净资产收益率(%)	1.7300	15.9610	3.4500	22.4619
	加权净资产收益率(%)	1.7300	16.9300	3.4500	25.1600
	净资产收益率(扣除)(%)	-	-	-	-
	总资产(万元)	3709992.06	3479845.05	3266387.64	2969989.95
	归属母公司股东权益(万元)	491872.47	491200.60	435666.24	430153.52
	主营业务收入(万元)	60574.98	348157.53	81956.20	617600.66
	营业收入(万元)	64856.24	356536.66	85526.99	621808.34
	主营成本(万元)	28355.70	157458.26	39731.86	342004.00
	营业成本(万元)	29169.12	159142.50	40549.79	343076.38
	投资收益(万元)	47.82	408.44	152.92	27.44
	净利润(万元)	8013.57	78289.21	18860.61	143229.08
	利润总额(万元)	12237.74	105367.15	26010.42	194286.22

江苏澳洋顺昌股份有限公司

公司概况	公司名称	江苏澳洋顺昌股份有限公司		证券简称	澳洋顺昌
	法人代表	沈学如	董秘 林文华	证券代码	002245
	公司网址	www.aucksun.com		电子信箱	secretary@aucksun.com
	电　话	0512-58161276		传　真	0512-58161233
	办公地址	江苏省张家港市杨舍镇新泾中路10号			
	经营范围	从事冷轧钢板的涂层生产及涂层板、镀锌板、铝合金板等金属材料的加工等			

主要财务指标	指标＼报告期	2012.06.30	2011.12.31	2011.06.30	2010.12.31
	基本每股收益(元)	0.1492	0.2741	0.1449	0.2257
	基本每股收益(扣除后)(元)	0.1269	0.2716	0.1439	0.2240
	每股净资产(元)	1.7200	1.5900	1.4600	2.6800
	每股经营现金净流量(元)	0.6726	-0.4192	-0.6282	-0.6701
	每股现金流量(元)	0.1093	-0.1317	-0.0225	-0.1976
	每股资本公积金(元)	0.0036	0.0036	0.0057	0.7092
	每股盈余公积金(元)	0.0792	0.0792	0.0602	0.1204
	每股未分配利润(元)	0.6235	0.4943	0.3898	0.8399
	净资产收益率(%)	8.6800	17.2440	9.1100	16.8455
	加权净资产收益率(%)	8.9700	18.7400	10.3400	18.3400
	净资产收益率(扣除)(%)	-	-	-	-
	总资产(万元)	171273.46	172502.96	151795.85	120208.54
	归属母公司股东权益(万元)	62701.70	57988.47	53346.70	48880.37
	主营业务收入(万元)	89182.31	179467.41	77113.49	119529.55
	营业收入(万元)	86124.38	174908.09	74786.65	116337.82
	主营成本(万元)	77290.62	157739.97	66705.52	103063.64
	营业成本(万元)	77055.98	156889.97	66279.99	102641.66
	投资收益(万元)	-61.49	337.16	357.65	478.24
	净利润(万元)	7862.35	14556.52	7628.30	11423.89
	利润总额(万元)	9653.58	17290.00	9060.72	13695.11

四川北方硝化棉股份有限公司

公司概况	公司名称	四川北方硝化棉股份有限公司			证券简称	北化股份
	法人代表	李春建	董秘	魏光源	证券代码	002246
	公司网址	www.sn-nc.com			电子信箱	snc-office@vip.sina.com
	电　　话	028-85925760 85925728			传　　真	028-85925665
	办公地址	四川省成都市锦江工业园三色路 209 号火炬动力港南区 8 栋 9 楼				
	经营范围	硝化棉产品的研发、生产与销售				

	指标\报告期	2012.06.30	2011.12.31	2011.06.30	2010.12.31
主要财务指标	基本每股收益(元)	0.0237	0.1642	0.1195	0.1100
	基本每股收益(扣除后)(元)	0.0190	0.1560	0.1170	0.0970
	每股净资产(元)	2.9200	2.9500	2.9100	3.0700
	每股经营现金净流量(元)	-0.0204	0.0865	-0.1773	0.3629
	每股现金流量(元)	-0.1383	-0.4657	-0.1376	0.0102
	每股资本公积金(元)	1.3660	1.3668	1.3668	1.3668
	每股盈余公积金(元)	0.1402	0.1402	0.1289	0.1289
	每股未分配利润(元)	0.3643	0.3907	0.3573	0.5378
	净资产收益率(%)	0.8100	5.5610	4.1000	3.5650
	加权净资产收益率(%)	0.8000	5.4600	3.8100	3.6000
	净资产收益率(扣除)(%)	-	-	-	-
	总资产(万元)	75042.53	72884.14	86094.82	76488.01
	归属母公司股东权益(万元)	57853.84	58426.11	57606.71	60687.71
	主营业务收入(万元)	77044.70	184124.79	87172.02	129646.20
	营业收入(万元)	78610.47	191066.51	87196.75	134354.86
	主营成本(万元)	70954.79	166472.22	76594.70	115418.80
	营业成本(万元)	72521.64	173306.19	76606.60	120319.82
	投资收益(万元)	17.17	-189.49	-50.93	-65.54
	净利润(万元)	509.22	3307.16	2374.83	2191.29
	利润总额(万元)	710.31	3902.39	3181.90	2601.14

浙江帝龙新材料股份有限公司

公司概况	公司名称	浙江帝龙新材料股份有限公司			证券简称	帝龙新材
	法人代表	姜飞雄	董秘	姜丽琴	证券代码	002247
	公司网址	www.dilong.cc			电子信箱	dsh@dilong.cc
	电　　话	0571-63818733 63923058			传　　真	0571-63818603
	办公地址	浙江省临安市玲珑街道玲珑工业区环南路 1958 号				
	经营范围	新型建筑装饰材料的研发、生产和销售				

	指标\报告期	2012.06.30	2011.12.31	2011.06.30	2010.12.31
主要财务指标	基本每股收益(元)	0.2300	0.4100	0.1800	0.4000
	基本每股收益(扣除后)(元)	0.2000	0.3900	0.1700	0.3700
	每股净资产(元)	4.7600	4.6400	4.4100	4.5400
	每股经营现金净流量(元)	0.0591	0.1349	-0.3380	0.0874
	每股现金流量(元)	-0.3240	-0.9776	-0.7060	-0.7462
	每股资本公积金(元)	2.3687	2.3687	2.3687	2.3772
	每股盈余公积金(元)	0.1796	0.1796	0.1441	0.1441
	每股未分配利润(元)	1.2164	1.0881	0.8949	1.0185
	净资产收益率(%)	4.7900	8.7380	4.0000	8.7678
	加权净资产收益率(%)	4.8200	8.8400	3.8100	9.0800
	净资产收益率(扣除)(%)	-	-	-	-
	总资产(万元)	67939.64	61719.25	57946.31	54665.35
	归属母公司股东权益(万元)	47743.03	46457.05	44166.01	45488.27
	主营业务收入(万元)	27704.46	47264.43	20386.30	36317.90
	营业收入(万元)	28052.38	47753.13	20709.06	36704.60
	主营成本(万元)	21470.76	36782.15	15810.42	28130.71
	营业成本(万元)	21625.99	37097.14	15946.80	28248.17
	投资收益(万元)	-	-	-	-
	净利润(万元)	2321.94	4077.01	1768.32	4034.74
	利润总额(万元)	2635.69	4590.81	2132.92	4507.75

威海华东数控股份有限公司

公司概况	公司名称	威海华东数控股份有限公司			证券简称	华东数控
	法人代表	汤世贤	董秘	王明山	证券代码	002248
	公司网址	www.huadongcnc.com			电子信箱	wms6178@163.com
	电　　话	0631-5902248 5912929			传　　真	0631-5967988
	办公地址	山东省威海市经济技术开发区环山路 698 号				
	经营范围	数控系统、数控机床、切削工具、手工具、金属切削机床、机床附件等				

	指标\报告期	2012.06.30	2011.12.31	2011.06.30	2010.12.31
主要财务指标	基本每股收益(元)	-0.0300	0.0800	0.1100	0.3700
	基本每股收益(扣除后)(元)	-0.0900	0.0300	0.1000	0.3500
	每股净资产(元)	3.9200	4.0000	4.0300	3.9700
	每股经营现金净流量(元)	-0.2676	-0.2320	-0.1732	0.1757
	每股现金流量(元)	-0.0108	-0.2076	0.3879	-0.1609
	每股资本公积金(元)	1.8643	1.8643	1.8643	1.8643
	每股盈余公积金(元)	0.2199	0.2199	0.2072	0.2072
	每股未分配利润(元)	0.8360	0.9157	0.9581	0.9004
	净资产收益率(%)	-0.7600	2.0290	2.6900	9.2030
	加权净资产收益率(%)	-0.7500	2.0300	2.6800	10.7700
	净资产收益率(扣除)(%)	-	-	-	-
	总资产(万元)	299000.22	282158.55	245414.00	204441.23
	归属母公司股东权益(万元)	100943.78	102996.14	103761.34	102275.55
	主营业务收入(万元)	24338.75	61605.38	32222.87	66538.98
	营业收入(万元)	25774.34	62663.68	32460.48	66882.63
	主营成本(万元)	18392.29	44675.32	22990.87	45648.68
	营业成本(万元)	28266.50	44913.37	22990.87	45704.59
	投资收益(万元)	-	-	-	-
	净利润(万元)	-1094.63	2124.16	2843.97	9841.99
	利润总额(万元)	-1044.32	2738.28	3515.89	11428.86

中山大洋电机股份有限公司

公司概况	公司名称	中山大洋电机股份有限公司			证券简称	大洋电机
	法人代表	鲁楚平	董秘	熊杰明	证券代码	002249
	公司网址	www.broad-ocean.com.cn			电子信箱	bom@broad-ocean.com.cn
	电　　话	0760-88555306			传　　真	0760-88559031
	办公地址	广东省中山市西区沙朗第三工业区				
	经营范围	微特电机的生产与销售				

	指标\报告期	2012.06.30	2011.12.31	2011.06.30	2010.12.31
主要财务指标	基本每股收益(元)	0.1200	0.5100	0.2100	0.5300
	基本每股收益(扣除后)(元)	0.1200	0.5000	0.2000	0.5000
	每股净资产(元)	3.3200	5.2000	3.2200	3.1700
	每股经营现金净流量(元)	0.3872	0.2666	0.5721	0.1573
	每股现金流量(元)	-0.1198	1.7357	0.3751	-0.7374
	每股资本公积金(元)	1.6508	2.9732	1.0708	1.0598
	每股盈余公积金(元)	0.1249	0.1746	0.1816	0.1460
	每股未分配利润(元)	0.5602	1.0689	0.9838	0.9832
	净资产收益率(%)	3.4900	9.2640	9.8300	16.8050
	加权净资产收益率(%)	3.3300	12.7100	10.0400	17.5000
	净资产收益率(扣除)(%)	-	-	-	-
	总资产(万元)	376249.65	350409.00	266691.62	199392.15
	归属母公司股东权益(万元)	237939.68	248056.15	137818.52	135951.73
	主营业务收入(万元)	142033.11	232125.33	128349.69	214418.05
	营业收入(万元)	145364.97	235934.83	130636.69	218712.54
	主营成本(万元)	119462.13	184613.40	99747.34	170805.29
	营业成本(万元)	122347.92	187956.93	101842.79	174289.36
	投资收益(万元)	-705.04	-358.29	136.32	272.55
	净利润(万元)	8879.09	23104.50	13550.31	22774.02
	利润总额(万元)	10670.93	27038.76	16075.61	26348.59

联化科技股份有限公司

公司概况					
公司名称	联化科技股份有限公司			证券简称	联化科技
法人代表	牟金香	董秘	鲍臻湧	证券代码	002250
公司网址	www.hlchem.com		电子信箱	ltss@hlchem.com	
电　话	0576-84275238		传　真	0576-84275238	
办公地址	浙江省台州市黄岩区劳动北路总商会大厦17楼				
经营范围	精细化学高级中间体的研发、生产和销售				

主要财务指标：指标\报告期	2012.06.30	2011.12.31	2011.06.30	2010.12.31
基本每股收益(元)	0.3200	0.7500	0.2600	0.5400
基本每股收益(扣除后)(元)	0.3200	0.7500	0.2500	0.5400
每股净资产(元)	3.6600	4.4700	6.0900	3.6000
每股经营现金净流量(元)	0.4537	0.5096	0.2550	0.7588
每股现金流量(元)	0.4961	0.8196	1.7704	0.0826
每股资本公积金(元)	1.0348	1.6710	3.0082	0.6823
每股盈余公积金(元)	0.1104	0.1435	0.1680	0.1812
每股未分配利润(元)	1.5155	1.6587	1.9123	1.7351
净资产收益率(%)	8.6500	16.5750	8.0300	22.9880
加权净资产收益率(%)	8.8300	20.7100	11.3600	25.4800
净资产收益率(扣除)(%)	–	–	–	–
总资产(万元)	334718.10	276230.38	251997.96	170533.21
归属母公司股东权益(万元)	188927.13	177582.98	161141.19	88298.16
主营业务收入(万元)	148193.25	253165.51	123342.01	192957.91
营业收入(万元)	148193.25	256804.50	123342.01	197344.91
主营成本(万元)	106387.22	–	92695.89	130183.66
营业成本(万元)	106387.22	187226.68	92695.89	145833.38
投资收益(万元)	210.47	172.92	168.05	248.05
净利润(万元)	16426.37	29737.17	12954.67	20297.87
利润总额(万元)	19406.70	34603.80	15187.90	24810.42

步步高商业连锁股份有限公司

公司概况					
公司名称	步步高商业连锁股份有限公司			证券简称	步步高
法人代表	王填	董秘	黎骅	证券代码	002251
公司网址	www.bbg.com.cn		电子信箱	bbgshiqian@163.com	
电　话	0731-52322517　52339869		传　真	0731-52339867	
办公地址	湖南省湘潭市韶山西路309号步步高大厦				
经营范围	投资商业、普通货物运输、物业管理、仓储保管、商品配送、农副产品加工等				

主要财务指标：指标\报告期	2012.06.30	2011.12.31	2011.06.30	2010.12.31
基本每股收益(元)	0.7446	0.9620	0.5673	0.6321
基本每股收益(扣除后)(元)	0.7220	0.9000	0.5456	0.5726
每股净资产(元)	6.7000	6.4500	6.0600	5.7900
每股经营现金净流量(元)	1.6457	2.2053	1.5855	1.7067
每股现金流量(元)	0.1212	–0.3194	–0.3001	–0.4085
每股资本公积金(元)	2.8658	2.8658	2.8658	2.8658
每股盈余公积金(元)	0.3109	0.3109	0.2379	0.2379
每股未分配利润(元)	2.5221	2.2775	1.9558	1.6885
净资产收益率(%)	11.1200	14.9060	9.3600	10.9130
加权净资产收益率(%)	11.0400	15.7800	9.4100	11.0400
净资产收益率(扣除)(%)	–	–	–	–
总资产(万元)	524258.63	518075.73	414835.02	381924.97
归属母公司股东权益(万元)	181108.07	174494.24	163823.32	156595.86
主营业务收入(万元)	461600.04	790431.77	396806.59	634062.63
营业收入(万元)	500250.38	843918.64	425740.23	677026.59
主营成本(万元)	393228.24	664936.51	337212.05	534765.92
营业成本(万元)	395214.17	669768.76	339203.77	538357.88
投资收益(万元)	4.59	–0.06	–	–3.70
净利润(万元)	20131.83	26009.18	15338.26	17088.89
利润总额(万元)	25850.23	34082.08	20482.33	23470.01

上海莱士血液制品股份有限公司

公司概况					
公司名称	上海莱士血液制品股份有限公司			证券简称	上海莱士
法人代表	郑跃文	董秘	刘峥	证券代码	002252
公司网址	www.raas-corp.com		电子信箱	raas@raas-corp.com	
电　话	021-64303911		传　真	021-64300699	
办公地址	上海市闵行经济技术开发区北斗路55号				
经营范围	生产和销售血液制品、疫苗、诊断试剂及检测技术器具和检测技术并提供检测服务				

主要财务指标：指标\报告期	2012.06.30	2011.12.31	2011.06.30	2010.12.31
基本每股收益(元)	0.1380	0.7400	0.1630	0.6800
基本每股收益(扣除后)(元)	0.1330	0.7300	0.1630	0.6700
每股净资产(元)	1.7300	3.3600	2.9200	3.0300
每股经营现金净流量(元)	0.2032	0.6545	0.1693	0.7361
每股现金流量(元)	–0.2616	–0.3291	–0.2964	–0.0412
每股资本公积金(元)	0.2195	1.1952	1.1988	1.1988
每股盈余公积金(元)	0.1539	0.2771	0.2020	0.2020
每股未分配利润(元)	0.3546	0.8904	0.5231	0.6289
净资产收益率(%)	7.9700	21.9050	10.0600	22.5100
加权净资产收益率(%)	7.4700	23.5400	9.6700	24.0500
净资产收益率(扣除)(%)	–	–	–	–
总资产(万元)	111608.72	100953.01	87133.25	93032.56
归属母公司股东权益(万元)	84605.80	91464.20	79527.55	82406.66
主营业务收入(万元)	23742.01	56731.29	22636.74	48327.72
营业收入(万元)	23748.42	56738.58	22644.03	48335.71
主营成本(万元)	10380.86	23277.44	9342.06	17951.47
营业成本(万元)	10389.64	23277.44	9342.06	17951.47
投资收益(万元)	–	–	–	–
净利润(万元)	6711.20	19945.01	7964.10	18540.21
利润总额(万元)	7970.32	23551.00	9407.29	22090.16

四川川大智胜软件股份有限公司

公司概况					
公司名称	四川川大智胜软件股份有限公司			证券简称	川大智胜
法人代表	游志胜	董秘	吴芳	证券代码	002253
公司网址	www.wisesoft.com.cn		电子信箱	wisesoft@wisesoft.com.cn	
电　话	028-85372650　85372506		传　真	028-85372506	
办公地址	四川省成都市武科东一路七号				
经营范围	软件、硬件及配套系统开发、系统集成和图象图形工程				

主要财务指标：指标\报告期	2012.06.30	2011.12.31	2011.06.30	2010.12.31
基本每股收益(元)	0.1100	0.1000	0.1000	0.5400
基本每股收益(扣除后)(元)	0.0700	0.5800	0.0800	0.4400
每股净资产(元)	5.3000	8.6000	5.0900	5.2300
每股经营现金净流量(元)	–0.1568	0.4184	0.3616	0.1237
每股现金流量(元)	–0.7331	3.1653	–0.4717	–0.5609
每股资本公积金(元)	3.1823	5.6917	2.3913	2.3913
每股盈余公积金(元)	0.2311	0.3697	0.3626	0.3626
每股未分配利润(元)	0.8844	1.5427	1.3391	1.4791
净资产收益率(%)	2.0336	6.8090	3.1423	10.3540
加权净资产收益率(%)	1.9800	11.8100	3.0400	10.5500
净资产收益率(扣除)(%)	–	–	–	–
总资产(万元)	88144.73	87408.51	47392.36	49386.71
归属母公司股东权益(万元)	73769.13	74879.83	38136.63	39184.67
主营业务收入(万元)	6060.47	17262.48	4725.16	14428.42
营业收入(万元)	6069.43	17283.22	4725.16	14439.93
主营成本(万元)	3861.56	10995.63	2969.88	9363.49
营业成本(万元)	3865.73	11002.57	2969.88	9366.99
投资收益(万元)	–0.75	–5.98	2.76	–
净利润(万元)	1549.07	5217.29	1268.90	4333.61
利润总额(万元)	1729.36	5598.82	1310.02	4569.91

烟台泰和新材料股份有限公司

公司概况	公司名称	烟台泰和新材料股份有限公司		证券简称	泰和新材
	法人代表	孙茂健	董秘 迟海平	证券代码	002254
	公司网址	www.ytspandex.com		电子信箱	chihaiping@tayho.com.cn
	电　　话	0535-6394123		传　　真	0535-6371234 6394123
	办公地址	山东省烟台市经济技术开发区黑龙江路10号			
	经营范围	氨纶纤维、芳纶纤维系列产品的开发、制造和销售			

主要财务指标	指标\报告期	2012.06.30	2011.12.31	2011.06.30	2010.12.31
	基本每股收益(元)	0.0800	0.3600	0.3000	0.6500
	基本每股收益(扣除后)(元)	0.0600	0.3500	0.3000	0.6500
	每股净资产(元)	4.0400	4.2100	4.1400	6.5500
	每股经营现金净流量(元)	0.2850	-0.0344	-0.0713	0.6524
	每股现金流量(元)	0.0658	-1.0318	-0.7135	-0.2418
	每股资本公积金(元)	1.0416	1.0416	1.0237	2.0356
	每股盈余公积金(元)	-	0.6698	0.6294	0.9441
	每股未分配利润(元)	-	1.4947	1.4825	2.5688
	净资产收益率(%)	1.9600	8.4590	7.2100	14.9770
	加权净资产收益率(%)	1.8900	8.4900	6.7100	15.7000
	净资产收益率(扣除)(%)	-	-	-	-
	总资产(万元)	233545.85	230597.45	210914.21	226812.75
	归属母公司股东权益(万元)	158075.43	164736.42	161934.19	170943.66
	主营业务收入(万元)	73503.06	150056.01	77187.65	145158.57
	营业收入(万元)	75313.00	154028.82	79083.33	149053.27
	主营成本(万元)	64582.68	120846.20	55928.25	99202.41
	营业成本(万元)	65890.46	123453.97	57066.46	101751.83
	投资收益(万元)	87.83	9.23	-	9.88
	净利润(万元)	3006.34	14272.70	12548.66	27298.43
	利润总额(万元)	3730.16	16802.50	15025.26	32460.42

苏州海陆重工股份有限公司

公司概况	公司名称	苏州海陆重工股份有限公司		证券简称	海陆重工
	法人代表	徐元生	董秘 张郭一	证券代码	002255
	公司网址	www.hailu-boiler.cn		电子信箱	stock@hailu-boiler.cn
	电　　话	0512-58913056		传　　真	0512-58683105
	办公地址	江苏省张家港市杨舍镇人民西路1号(省经济开发区)			
	经营范围	锅炉(特种锅炉、工业锅炉)、核承压设备、锅炉辅机、压力容器			

主要财务指标	指标\报告期	2012.06.30	2011.12.31	2011.06.30	2010.12.31
	基本每股收益(元)	0.3000	1.0800	0.4900	0.9800
	基本每股收益(扣除后)(元)	0.2910	1.0800	0.4720	0.8400
	每股净资产(元)	5.1900	9.8000	9.1900	8.9000
	每股经营现金净流量(元)	0.1140	-0.4908	0.0342	0.4672
	每股现金流量(元)	-0.2685	-1.8720	-1.0551	-0.5399
	每股资本公积金(元)	2.3013	5.5286	5.5037	5.5037
	每股盈余公积金(元)	0.1665	0.3329	0.2329	0.2329
	每股未分配利润(元)	1.7198	2.9424	2.4526	2.1602
	净资产收益率(%)	5.7600	11.0380	5.0200	10.9820
	加权净资产收益率(%)	5.7600	11.6100	5.4000	11.5000
	净资产收益率(扣除)(%)	-	-	-	-
	总资产(万元)	230479.03	225867.09	214074.44	215956.16
	归属母公司股东权益(万元)	133942.10	126568.35	118633.51	114859.15
	主营业务收入(万元)	64208.00	134591.41	55065.48	102545.11
	营业收入(万元)	64906.72	137279.02	55980.11	104905.38
	主营成本(万元)	48506.17	103702.87	42053.21	76129.32
	营业成本(万元)	48895.68	105188.82	42541.84	77584.71
	投资收益(万元)	138.72	118.80	32.14	-53.22
	净利润(万元)	8726.36	15305.73	7110.77	14182.59
	利润总额(万元)	10200.31	17826.52	8419.23	16220.10

深圳市彩虹精细化工股份有限公司

公司概况	公司名称	深圳市彩虹精细化工股份有限公司		证券简称	彩虹精化
	法人代表	陈永弟	董秘 李化春	证券代码	002256
	公司网址	www.7cf.com		电子信箱	lyj@rainbowvc.com
	电　　话	0755-33236838 33236829		传　　真	0755-33236866
	办公地址	广东省深圳市宝安区石岩镇上屋彩虹工业城			
	经营范围	气雾剂系列产品的技术开发、生产与销售			

主要财务指标	指标\报告期	2012.06.30	2011.12.31	2011.06.30	2010.12.31
	基本每股收益(元)	0.0020	0.1000	0.0490	0.1500
	基本每股收益(扣除后)(元)	0.0030	0.1000	0.0470	0.1500
	每股净资产(元)	1.4200	2.1900	2.1787	2.0900
	每股经营现金净流量(元)	0.0816	-0.0098	-0.0578	0.1363
	每股现金流量(元)	-0.0084	-0.1470	-0.2457	-0.1492
	每股资本公积金(元)	0.2060	0.5091	0.5290	0.5091
	每股盈余公积金(元)	0.0625	0.0938	0.0772	0.0772
	每股未分配利润(元)	0.1521	0.5845	0.5725	0.4996
	净资产收益率(%)	0.1700	4.6400	3.4300	7.1590
	加权净资产收益率(%)	0.1700	4.7500	3.4300	7.4200
	净资产收益率(扣除)(%)	-	-	-	-
	总资产(万元)	70441.56	68497.59	67326.96	64885.88
	归属母公司股东权益(万元)	44495.38	45671.89	45490.86	43552.72
	主营业务收入(万元)	18215.66	41899.12	19041.53	38726.01
	营业收入(万元)	18296.67	41943.30	19041.53	39666.79
	主营成本(万元)	14672.84	33114.33	14297.82	28859.71
	营业成本(万元)	14746.84	33119.94	14297.82	29724.20
	投资收益(万元)	-264.28	44.35	-37.27	-
	净利润(万元)	-798.29	1005.67	977.36	2173.37
	利润总额(万元)	-604.91	965.66	1359.74	2273.48

利尔化学股份有限公司

公司概况	公司名称	利尔化学股份有限公司		证券简称	利尔化学
	法人代表	黄晓忠	董秘 刘军	证券代码	002258
	公司网址	www.lierchem.com		电子信箱	tzfzb@lierchem.com
	电　　话	0816-2841069		传　　真	0816-2845140 2845440
	办公地址	四川省绵阳市经济技术开发区			
	经营范围	农药原药、制剂、化工材料及化工产品的研发、生产、销售			

主要财务指标	指标\报告期	2012.06.30	2011.12.31	2011.06.30	2010.12.31
	基本每股收益(元)	0.2214	0.3400	0.2363	0.3500
	基本每股收益(扣除后)(元)	0.2242	0.2200	0.1387	0.3600
	每股净资产(元)	4.7600	4.5300	4.4022	4.1700
	每股经营现金净流量(元)	-0.0422	0.1983	0.0300	0.4074
	每股现金流量(元)	-0.3862	0.1219	-0.7450	-1.0405
	每股资本公积金(元)	2.0974	2.0974	2.0974	2.0974
	每股盈余公积金(元)	0.2679	0.2679	0.2544	0.2544
	每股未分配利润(元)	1.3664	1.1450	1.0444	0.8146
	净资产收益率(%)	4.6500	7.5870	5.3700	8.5052
	加权净资产收益率(%)	4.7600	7.9100	5.5100	8.7400
	净资产收益率(扣除)(%)	-	-	-	-
	总资产(万元)	136858.99	128413.64	126073.84	91564.75
	归属母公司股东权益(万元)	96378.66	91762.98	89118.91	84346.41
	主营业务收入(万元)	60306.59	93410.43	43732.69	44518.00
	营业收入(万元)	60568.59	93600.84	43811.50	44531.28
	主营成本(万元)	46914.09	72993.09	33617.14	31429.55
	营业成本(万元)	46997.99	73144.64	33658.59	31429.55
	投资收益(万元)	-165.66	72.32	11.50	-220.36
	净利润(万元)	5722.99	8926.05	5657.01	7173.81
	利润总额(万元)	6868.53	9932.22	6340.74	7552.33

四川升达林业产业股份有限公司

公司概况	公司名称	四川升达林业产业股份有限公司			证券简称	升达林业
	法人代表	江昌政	董秘	范立华	证券代码	002259
	公司网址	www.shengdawood.com		电子信箱	fanlihua502@sina.cn	
	电　话	028-86788818-218 86783590		传　真	028-86755286	
	办公地址	四川省成都市锦江区东华正街42号				
	经营范围	林木种植、中纤板的生产与销售、木地板的生产与销售				

	指标\报告期	2012.06.30	2011.12.31	2011.06.30	2010.12.31
主要财务指标	基本每股收益(元)	0.0035	–0.0250	0.0213	0.0860
	基本每股收益(扣除后)(元)	–0.0043	–0.0270	0.0218	0.0821
	每股净资产(元)	1.2600	1.2500	2.3100	2.3400
	每股经营现金净流量(元)	0.0272	0.0082	–0.0599	0.2083
	每股现金流量(元)	–0.0494	–0.2961	–0.2572	0.6396
	每股资本公积金(元)	0.1675	0.1675	1.0956	1.0956
	每股盈余公积金(元)	0.0174	0.0174	0.0304	0.0304
	每股未分配利润(元)	0.0709	0.0673	0.1885	0.2172
	净资产收益率(%)	0.2800	–1.9960	0.9200	4.3067
	加权净资产收益率(%)	0.2800	–1.9600	0.9100	6.9600
	净资产收益率(扣除)(%)	–	–	–	–
	总资产(万元)	247835.79	239778.27	213358.14	199150.12
	归属母公司股东权益(万元)	80786.55	80559.09	82719.74	83745.35
	主营业务收入(万元)	41736.18	89050.26	41265.37	67287.57
	营业收入(万元)	41894.29	89999.88	41399.94	68649.22
	主营成本(万元)	31935.74	68260.86	30242.62	49031.64
	营业成本(万元)	32014.61	68966.02	30284.48	50261.15
	投资收益(万元)	150.00	–	–	–
	净利润(万元)	289.16	–1633.25	771.71	3614.43
	利润总额(万元)	144.78	–1797.28	639.25	4014.41

广东伊立浦电器股份有限公司

公司概况	公司名称	广东伊立浦电器股份有限公司			证券简称	伊立浦
	法人代表	简伟文	董秘	王德发	证券代码	002260
	公司网址	www.elecpro.com		电子信箱	elecpro@elecpro.cn	
	电　话	0757-88374384		传　真	0757-88374990	
	办公地址	广东省佛山市南海区松岗松夏工业园工业大道西				
	经营范围	电饭煲、电烤炉、电奶锅、铁板烧、电压力锅等家用小电器				

	指标\报告期	2012.06.30	2011.12.31	2011.06.30	2010.12.31
主要财务指标	基本每股收益(元)	–0.0400	0.1073	0.0500	0.0800
	基本每股收益(扣除后)(元)	–0.0300	0.0448	0.0500	0.0500
	每股净资产(元)	1.9900	2.1200	2.0700	2.0200
	每股经营现金净流量(元)	–0.2086	0.1868	–0.0922	0.4943
	每股现金流量(元)	–0.3504	–0.2823	–0.3517	–0.0947
	每股资本公积金(元)	0.7359	0.7359	0.7359	0.7359
	每股盈余公积金(元)	0.0517	0.0517	0.0517	0.0517
	每股未分配利润(元)	0.2065	0.3435	0.2856	0.2363
	净资产收益率(%)	–1.8700	5.0520	2.3800	3.8310
	加权净资产收益率(%)	–1.7700	5.1800	2.4100	3.9000
	净资产收益率(扣除)(%)	–	–	–	–
	总资产(万元)	50450.54	55320.71	57797.64	61503.85
	归属母公司股东权益(万元)	30993.32	33122.21	32264.89	31514.43
	主营业务收入(万元)	26184.63	74344.40	32994.17	76918.18
	营业收入(万元)	26184.63	74344.40	32994.17	76918.18
	主营成本(万元)	22103.56	63101.74	27642.82	64485.29
	营业成本(万元)	22103.56	63101.74	27642.82	64485.29
	投资收益(万元)	52.33	1049.66	197.59	306.71
	净利润(万元)	–578.11	1673.46	768.88	1207.33
	利润总额(万元)	–597.12	2107.33	944.49	1622.29

拓维信息系统股份有限公司

公司概况	公司名称	拓维信息系统股份有限公司			证券简称	拓维信息
	法人代表	李新宇	董秘	龙麒	证券代码	002261
	公司网址	www.talkweb.com.cn		电子信箱	longqi@talkweb.com.cn	
	电　话	0731-88668270 89852892		传　真	0731-88668270	
	办公地址	湖南省长沙市岳麓区桐梓坡西路298号				
	经营范围	从事电信行业软件开发及无线增值业务				

	指标\报告期	2012.06.30	2011.12.31	2011.06.30	2010.12.31
主要财务指标	基本每股收益(元)	0.0800	0.3000	0.1500	0.5100
	基本每股收益(扣除后)(元)	0.0500	0.2500	0.1300	0.4800
	每股净资产(元)	2.8300	3.6100	3.5200	4.9700
	每股经营现金净流量(元)	–0.1709	0.1158	–0.0253	0.5413
	每股现金流量(元)	–0.0036	–0.3512	–0.4012	0.4937
	每股资本公积金(元)	0.3222	0.7188	0.7397	1.4960
	每股盈余公积金(元)	0.1052	0.1367	0.1178	0.1766
	每股未分配利润(元)	1.4058	1.7510	1.6636	2.2994
	净资产收益率(%)	2.9000	8.4200	5.6100	15.3215
	加权净资产收益率(%)	2.9100	8.7800	5.6800	16.6300
	净资产收益率(扣除)(%)	–	–	–	–
	总资产(万元)	96017.58	93423.02	87405.50	83956.47
	归属母公司股东权益(万元)	80304.63	78633.57	76770.37	72271.36
	主营业务收入(万元)	18654.19	37166.22	19179.15	35725.50
	营业收入(万元)	18654.19	37166.36	19179.15	35731.87
	主营成本(万元)	8404.00	16568.19	7659.71	13700.56
	营业成本(万元)	8404.00	16568.19	7659.71	13700.56
	投资收益(万元)	60.65	–235.18	–141.74	371.58
	净利润(万元)	2530.79	7692.46	4442.87	11374.89
	利润总额(万元)	3185.83	8926.48	5184.71	12769.86

江苏恩华药业股份有限公司

公司概况	公司名称	江苏恩华药业股份有限公司			证券简称	恩华药业
	法人代表	孙彭生	董秘	段保州	证券代码	002262
	公司网址	www.nhwa-group.com		电子信箱	nhwadsb@nhwa-group.com	
	电　话	0516-87661189 87661012		传　真	0516-87767118 87661012	
	办公地址	江苏省徐州市民主南路69号恩华大厦				
	经营范围	冻干粉针剂、小容量注射剂、片剂、硬胶囊剂等				

	指标\报告期	2012.06.30	2011.12.31	2011.06.30	2010.12.31
主要财务指标	基本每股收益(元)	0.3283	0.4515	0.2453	0.3266
	基本每股收益(扣除后)(元)	0.3280	0.4433	0.2464	0.3153
	每股净资产(元)	2.6400	2.3600	2.1500	1.9600
	每股经营现金净流量(元)	0.1919	0.3465	0.3201	0.2641
	每股现金流量(元)	–0.0016	0.1671	0.0922	–0.0662
	每股资本公积金(元)	0.1995	0.1995	0.1995	0.1995
	每股盈余公积金(元)	0.1353	0.1353	0.0908	0.0908
	每股未分配利润(元)	1.3047	1.0264	0.8646	0.6693
	净资产收益率(%)	12.4400	19.1220	11.3800	16.6690
	加权净资产收益率(%)	13.0400	20.9400	11.8700	18.0200
	净资产收益率(扣除)(%)	–	–	–	–
	总资产(万元)	123592.09	109359.75	105767.49	95429.84
	归属母公司股东权益(万元)	61762.50	55250.26	50425.38	45855.56
	主营业务收入(万元)	96056.08	157884.51	77184.37	129219.54
	营业收入(万元)	96417.43	158749.97	77582.74	130061.08
	主营成本(万元)	60708.36	98644.59	48476.01	80332.81
	营业成本(万元)	60787.03	98804.29	48564.68	80494.74
	投资收益(万元)	–	–	–	–
	净利润(万元)	7606.43	10528.26	5697.02	7511.16
	利润总额(万元)	8998.49	12090.81	6633.51	9017.45

浙江大东南股份有限公司

公司概况	公司名称	浙江大东南股份有限公司			证券简称	大东南
	法人代表	黄飞刚	董秘	王醒	证券代码	002263
	公司网址	www.chinaddn.com		电子信箱	wangxin112@foxmail.com	
	电　　话	0575-87380698 87380005		传　　真	0575-87380005	
	办公地址	浙江省诸暨市陶朱街道千禧路5号				
	经营范围	塑料薄膜、塑料包装制品的生产、销售、服装、纺织品的生产				

主要财务指标	指标\报告期	2012.06.30	2011.12.31	2011.06.30	2010.12.31
	基本每股收益(元)	0.0530	0.1600	0.0900	0.1800
	基本每股收益(扣除后)(元)	0.0330	0.0200	0.0800	0.1800
	每股净资产(元)	4.4400	4.4900	3.0300	3.0400
	每股经营现金净流量(元)	0.0171	-0.0016	0.0309	0.3288
	每股现金流量(元)	-0.8195	0.4941	-0.5221	0.8863
	每股资本公积金(元)	2.9808	2.9808	1.4504	1.4504
	每股盈余公积金(元)	0.0510	0.0510	0.0579	0.0579
	每股未分配利润(元)	0.4106	0.4579	0.5191	0.5315
	净资产收益率(%)	1.1800	2.9240	2.8900	5.4710
	加权净资产收益率(%)	1.1700	4.5500	2.8700	6.9400
	净资产收益率(扣除)(%)	-	-	-	-
	总资产(万元)	322902.15	335731.84	261520.87	263177.88
	归属母公司股东权益(万元)	268097.63	270956.64	140986.09	141565.48
	主营业务收入(万元)	40703.22	118881.58	60039.58	139432.19
	营业收入(万元)	42718.46	122984.66	61718.42	140715.71
	主营成本(万元)	36066.23	106000.71	50427.97	116569.42
	营业成本(万元)	38273.84	109879.28	51873.90	117955.62
	投资收益(万元)	-	288.29	-	-
	净利润(万元)	3209.14	9401.99	5161.57	10978.03
	利润总额(万元)	3731.74	11083.14	6062.95	12542.02

新华都购物广场股份有限公司

公司概况	公司名称	新华都购物广场股份有限公司			证券简称	新华都
	法人代表	陈志程	董秘	龚严冰	证券代码	002264
	公司网址	www.nhd-mart.com		电子信箱	cio@nhd.com.cn	
	电　　话	0591-87987972		传　　真	0591-87987982	
	办公地址	福建省福州市鼓楼区福新路28号阳光城3期四楼				
	经营范围	批发零售百货、纺织品、仪器仪表、通讯设备、五金交电化工				

主要财务指标	指标\报告期	2012.06.30	2011.12.31	2011.06.30	2010.12.31
	基本每股收益(元)	0.1700	0.4600	0.1600	0.2400
	基本每股收益(扣除后)(元)	0.1600	0.4300	0.1400	0.2300
	每股净资产(元)	2.2900	3.2400	3.9900	3.5200
	每股经营现金净流量(元)	-0.1604	1.3570	0.9828	1.8641
	每股现金流量(元)	-0.6838	1.6199	0.3628	-0.0126
	每股资本公积金(元)	0.5926	1.3712	1.4603	1.3845
	每股盈余公积金(元)	0.0801	0.1202	0.1663	0.1663
	每股未分配利润(元)	0.6171	0.7519	1.3657	0.9642
	净资产收益率(%)	7.3900	12.6230	12.5600	13.6991
	加权净资产收益率(%)	7.5700	22.9100	13.3000	14.6300
	净资产收益率(扣除)(%)	-	-	-	-
	总资产(万元)	284842.99	281739.50	186156.96	179947.64
	归属母公司股东权益(万元)	122641.51	115806.41	64003.65	56352.83
	主营业务收入(万元)	313215.31	539527.78	272382.90	413079.01
	营业收入(万元)	329065.18	568651.46	284883.41	436419.15
	主营成本(万元)	263737.99	453019.79	228983.45	348799.58
	营业成本(万元)	263737.99	453019.79	228983.45	348814.58
	投资收益(万元)	-	-	-	98.72
	净利润(万元)	8730.26	13824.53	7705.17	6465.22
	利润总额(万元)	11843.70	19086.63	10607.92	8247.01

云南西仪工业股份有限公司

公司概况	公司名称	云南西仪工业股份有限公司			证券简称	西仪股份
	法人代表	魏占志	董秘	邹成高	证券代码	002265
	公司网址	www.ynxygf.com		电子信箱	xygzbgs@163.com	
	电　　话	0871-8598506 8598378		传　　真	0871-8598357	
	办公地址	云南省昆明市西山区海口镇山冲				
	经营范围	汽车发动机连杆、其他工业产品、机床零部件及其他机械产品的研发等				

主要财务指标	指标\报告期	2012.06.30	2011.12.31	2011.06.30	2010.12.31
	基本每股收益(元)	-0.0580	-0.0360	-0.0360	0.0400
	基本每股收益(扣除后)(元)	-0.0700	-0.0700	-0.0450	-0.0100
	每股净资产(元)	1.8400	1.9000	1.8300	1.8800
	每股经营现金净流量(元)	-0.1153	-0.0720	-0.0827	0.0943
	每股现金流量(元)	-0.1647	-0.1494	-0.1165	-0.0835
	每股资本公积金(元)	0.4908	0.4908	0.4091	0.4091
	每股盈余公积金(元)	0.0821	0.0821	0.0821	0.0821
	每股未分配利润(元)	0.2692	0.3273	0.3402	0.3875
	净资产收益率(%)	-3.1579	-2.5870	-1.9797	2.1790
	加权净资产收益率(%)	-3.1100	-2.6500	-1.9500	2.2000
	净资产收益率(扣除)(%)	-	-	-	-
	总资产(万元)	77325.49	80127.03	80497.39	81571.11
	归属母公司股东权益(万元)	53608.48	55301.39	53300.86	54676.20
	主营业务收入(万元)	17122.32	36135.51	18345.06	50211.92
	营业收入(万元)	19100.94	38316.25	19190.40	52096.03
	主营成本(万元)	16637.80	32949.33	17150.70	44699.06
	营业成本(万元)	18228.96	34368.99	17766.07	46276.90
	投资收益(万元)	277.72	96.13	259.05	436.24
	净利润(万元)	-1675.66	-1503.67	-1089.10	1240.06
	利润总额(万元)	-1675.66	-1509.12	-1088.98	1468.91

浙江富春江水电设备股份有限公司

公司概况	公司名称	浙江富春江水电设备股份有限公司			证券简称	浙富股份
	法人代表	孙毅	董秘	房振武	证券代码	002266
	公司网址	www.zhefu.cn		电子信箱	stock-dept@zhefu.cn	
	电　　话	0571-69969188		传　　真	0571-69969128	
	办公地址	浙江省杭州市桐庐县富春江镇红旗畈工业功能区				
	经营范围	成套水轮发电机组的研制、生产及销售				

主要财务指标	指标\报告期	2012.06.30	2011.12.31	2011.06.30	2010.12.31
	基本每股收益(元)	0.1300	0.6100	0.1100	0.4800
	基本每股收益(扣除后)(元)	0.1200	0.4900	0.0700	0.4500
	每股净资产(元)	2.1800	2.1100	3.8200	7.4000
	每股经营现金净流量(元)	0.0426	0.2271	0.2328	-0.5610
	每股现金流量(元)	-0.0145	-0.1135	-0.0890	-0.1599
	每股资本公积金(元)	0.2410	1.4681	1.4542	3.8805
	每股盈余公积金(元)	0.1045	0.2091	0.1492	0.2985
	每股未分配利润(元)	0.8388	1.5444	1.2148	2.2260
	净资产收益率(%)	6.0300	14.3612	5.5300	12.5078
	加权净资产收益率(%)	6.0400	15.3000	5.5700	14.0400
	净资产收益率(扣除)(%)	-	-	-	-
	总资产(万元)	242295.57	214670.12	192470.70	208086.18
	归属母公司股东权益(万元)	130748.30	126343.39	114270.15	110807.35
	主营业务收入(万元)	48348.06	105316.90	43788.17	92224.77
	营业收入(万元)	48674.85	105954.06	44010.39	92389.82
	主营成本(万元)	32934.93	73874.92	30244.08	63307.22
	营业成本(万元)	32985.18	73922.54	30264.54	63318.09
	投资收益(万元)	112.64	2695.05	2480.03	-9.36
	净利润(万元)	7963.11	18338.04	6566.84	13771.15
	利润总额(万元)	9422.03	21646.60	8230.63	16109.06

陕西省天然气股份有限公司

公司概况	公司名称	陕西省天然气股份有限公司			证券简称	陕天然气
	法人代表	袁小宁	董秘	梁倩	证券代码	002267
	公司网址	www.shaanxigas.com		电子信箱	yuepeng@shaanxigas.com	
	电　话	029-86156182 86156198		传　真	029-86156196	
	办公地址	陕西省西安市经济技术开发区A1区开元路2号				
	经营范围	天然气输送、天然气相关产品开发、天然气综合利用、天然气发电				

主要财务指标	指标\报告期	2012.06.30	2011.12.31	2011.06.30	2010.12.31
	基本每股收益(元)	0.1751	0.8032	0.2817	0.7945
	基本每股收益(扣除后)(元)	0.1755	0.7557	0.2809	0.7944
	每股净资产(元)	2.7900	2.7300	5.2100	4.8500
	每股经营现金净流量(元)	0.7739	1.0710	0.5703	1.4401
	每股现金流量(元)	0.4884	−0.2152	0.0243	0.1566
	每股资本公积金(元)	0.4200	1.8399	1.8059	1.8059
	每股盈余公积金(元)	0.3872	0.3872	0.3074	0.3074
	每股未分配利润(元)	2.3395	2.2292	2.0692	1.7058
	净资产收益率(%)	6.2700	14.7150	10.8200	16.3850
	加权净资产收益率(%)	6.2600	15.6500	10.9800	17.3300
	净资产收益率(扣除)(%)	–	–	–	–
	总资产(万元)	664008.76	598922.56	427274.48	399626.52
	归属母公司股东权益(万元)	284192.82	277532.22	264739.97	246529.39
	主营业务收入(万元)	195376.78	330726.09	168828.14	245491.31
	营业收入(万元)	195595.79	331295.21	169033.26	247993.02
	主营成本(万元)	160568.42	267847.08	130438.51	188327.15
	营业成本(万元)	160568.42	268057.44	130447.86	189441.85
	投资收益(万元)	670.89	814.49	681.67	1364.88
	净利润(万元)	17720.38	40717.88	28595.58	40355.22
	利润总额(万元)	21122.38	48053.34	33591.13	47500.99

成都卫士通信息产业股份有限公司

公司概况	公司名称	成都卫士通信息产业股份有限公司			证券简称	卫士通
	法人代表	杨新	董秘	胡凯春	证券代码	002268
	公司网址	www.westone.com.cn		电子信箱	westone_dm@163.com	
	电　话	028-62386166 6238616		传　真	028-62386030 62386031	
	办公地址	四川省成都市高新技术产业开发区云华路88号二栋				
	经营范围	通信保密与信息安全、信息网络与多媒体终端及系统产品的开发、生产、销售等				

主要财务指标	指标\报告期	2012.06.30	2011.12.31	2011.06.30	2010.12.31
	基本每股收益(元)	−0.0125	0.5008	0.0345	0.3770
	基本每股收益(扣除后)(元)	−0.0216	0.4368	0.0242	0.3571
	每股净资产(元)	2.9200	2.9800	2.5300	3.4300
	每股经营现金净流量(元)	−0.4018	0.0809	−0.7991	0.7078
	每股现金流量(元)	−0.6086	0.0787	−0.5520	0.6773
	每股资本公积金(元)	0.6348	0.6348	0.6458	1.1275
	每股盈余公积金(元)	0.2240	0.2240	0.1815	0.2359
	每股未分配利润(元)	1.0593	1.1218	0.6980	1.0625
	净资产收益率(%)	−0.4300	16.8030	1.3700	14.3040
	加权净资产收益率(%)	−0.4200	17.8700	1.3100	15.5300
	净资产收益率(扣除)(%)	–	–	–	–
	总资产(万元)	71527.28	77918.32	69190.23	67342.86
	归属母公司股东权益(万元)	50397.40	51476.70	43614.85	45515.34
	主营业务收入(万元)	11805.16	50821.97	14642.26	37803.99
	营业收入(万元)	11805.46	50835.90	14652.60	37812.56
	主营成本(万元)	4888.20	21066.82	5401.10	14526.68
	营业成本(万元)	4888.20	21073.05	5404.96	14530.48
	投资收益(万元)	–	185.19	–	–
	净利润(万元)	−855.33	8975.08	850.19	7024.42
	利润总额(万元)	−1218.41	10790.41	1135.84	7768.21

上海美特斯邦威服饰股份有限公司

公司概况	公司名称	上海美特斯邦威服饰股份有限公司			证券简称	美邦服饰
	法人代表	周成建	董秘	韩钟伟	证券代码	002269
	公司网址	www.metersbonwe.com		电子信箱	corporate@metersbonwe.com	
	电　话	021-38119999		传　真	021-38119997	
	办公地址	上海市南汇区康桥镇康桥东路800号				
	经营范围	服装制造加工、服装、鞋、针纺织品、皮革制品、羽绒制品、箱包、玩具等				

主要财务指标	指标\报告期	2012.06.30	2011.12.31	2011.06.30	2010.12.31
	基本每股收益(元)	0.4300	1.2000	0.3700	0.7500
	基本每股收益(扣除后)(元)	0.3800	1.1000	0.3400	0.7000
	每股净资产(元)	3.7100	4.1100	3.1800	3.3100
	每股经营现金净流量(元)	1.7116	0.9718	−0.5520	−1.0483
	每股现金流量(元)	0.4212	0.0133	−0.2782	−0.1604
	每股资本公积金(元)	1.0767	1.0639	0.9676	0.9428
	每股盈余公积金(元)	0.5559	0.5559	0.3669	0.3669
	每股未分配利润(元)	1.0757	1.4856	0.8491	1.0047
	净资产收益率(%)	11.6000	29.2300	11.7600	22.7520
	加权净资产收益率(%)	10.2900	33.0000	10.8900	24.0000
	净资产收益率(扣除)(%)	–	–	–	–
	总资产(万元)	791238.36	888248.90	831404.46	858671.43
	归属母公司股东权益(万元)	372689.32	412594.32	319952.73	333089.26
	主营业务收入(万元)	456126.18	990685.23	376955.05	749657.33
	营业收入(万元)	460034.39	994505.78	379527.36	750047.91
	主营成本(万元)	245407.43	552168.60	199458.83	409453.58
	营业成本(万元)	248429.82	555225.90	201156.06	409453.58
	投资收益(万元)	−391.05	−838.79	50.00	–
	净利润(万元)	43219.05	120600.74	37636.26	75785.23
	利润总额(万元)	59214.23	157606.36	49888.98	103381.38

山东法因数控机械股份有限公司

公司概况	公司名称	山东法因数控机械股份有限公司			证券简称	法因数控
	法人代表	李胜军	董秘	孟中良	证券代码	002270
	公司网址	www.fincm.com		电子信箱	dshm@fincm.com	
	电　话	0531-82685200		传　真	0531-82685201	
	办公地址	山东省济南市天辰大街389号				
	经营范围	钢结构数控成套加工设备的研发、制造、销售				

主要财务指标	指标\报告期	2012.06.30	2011.12.31	2011.06.30	2010.12.31
	基本每股收益(元)	0.0700	0.1800	0.1100	0.1800
	基本每股收益(扣除后)(元)	0.0400	0.1400	0.0800	0.1100
	每股净资产(元)	2.9900	3.8500	3.7800	3.7700
	每股经营现金净流量(元)	0.0101	0.1315	−0.0969	0.2520
	每股现金流量(元)	−0.0476	−0.6726	−0.7294	−0.4525
	每股资本公积金(元)	1.1508	1.7961	1.7961	1.7961
	每股盈余公积金(元)	0.1122	0.1459	0.1274	0.1274
	每股未分配利润(元)	0.7313	0.9128	0.8568	0.8470
	净资产收益率(%)	2.2600	4.7800	2.9100	4.6681
	加权净资产收益率(%)	2.2700	4.8400	2.8800	4.6700
	净资产收益率(扣除)(%)	–	–	–	–
	总资产(万元)	78512.86	80578.95	77892.13	81822.05
	归属母公司股东权益(万元)	56638.27	56086.32	55003.35	54860.16
	主营业务收入(万元)	14452.20	34890.89	17951.10	30174.68
	营业收入(万元)	14857.76	36131.73	18611.22	31561.89
	主营成本(万元)	9895.07	24223.31	12614.13	20023.11
	营业成本(万元)	10108.50	24804.26	12928.71	20771.32
	投资收益(万元)	–	–	–	–
	净利润(万元)	1279.45	2681.16	1598.20	2560.94
	利润总额(万元)	1451.27	3140.58	1839.44	3196.42

北京东方雨虹防水技术股份有限公司

公司概况	公司名称	北京东方雨虹防水技术股份有限公司			证券简称	东方雨虹
	法人代表	李卫国	董秘	张洪涛	证券代码	002271
	公司网址	www.yuhong.com.cn		电子信箱	stocks@yuhong.com.cn	
	电　　话	010-85762629		传　　真	010-85762629	
	办公地址	北京市朝阳区高碑店北路康家园小区4号楼				
	经营范围	新型建筑防水材料的研发、生产、销售和防水工程施工业务				

	指标＼报告期	2012.06.30	2011.12.31	2011.06.30	2010.12.31
主要财务指标	基本每股收益(元)	0.1700	0.3000	0.1400	0.3800
	基本每股收益(扣除后)(元)	0.1200	0.2300	0.0700	0.3600
	每股净资产(元)	3.2300	3.1700	2.9700	5.9300
	每股经营现金净流量(元)	0.0159	-0.5470	-0.8199	-1.1827
	每股现金流量(元)	0.0334	-1.2440	-1.1502	3.7631
	每股资本公积金(元)	1.2102	1.2102	1.1855	3.6582
	每股盈余公积金(元)	0.1016	0.1016	0.0711	0.1544
	每股未分配利润(元)	0.9226	0.8562	0.7175	1.5353
	净资产收益率(%)	5.1400	9.6051	4.2600	10.1981
	加权净资产收益率(%)	5.1200	9.9600	4.4600	20.0600
	净资产收益率(扣除)(%)	-	-	-	-
	总资产(万元)	258835.96	232635.88	227593.56	219761.25
	归属母公司股东权益(万元)	111105.89	108827.31	102168.62	101822.58
	主营业务收入(万元)	122961.19	243137.97	103063.00	195445.38
	营业收入(万元)	124511.20	247365.35	103169.99	198166.02
	主营成本(万元)	87283.99	176646.30	75115.12	138576.80
	营业成本(万元)	88256.56	179146.17	75191.13	141125.30
	投资收益(万元)	-	-	-	-
	净利润(万元)	5781.53	10415.91	4580.77	10712.99
	利润总额(万元)	7048.82	11710.36	5106.08	12084.71

四川川润股份有限公司

公司概况	公司名称	四川川润股份有限公司			证券简称	川润股份
	法人代表	罗丽华	董秘	谢光勇	证券代码	002272
	公司网址	www.chuanrun.com		电子信箱	chuanrun@chuanrun.com	
	电　　话	028-61777787 61836677		传　　真	028-61777787	
	办公地址	四川省成都市郫县现代工业港港北六路85号				
	经营范围	稀油、干油集中润滑系统及设备的设计、制造、销售等				

	指标＼报告期	2012.06.30	2011.12.31	2011.06.30	2010.12.31
主要财务指标	基本每股收益(元)	0.0600	0.3375	0.0600	0.3000
	基本每股收益(扣除后)(元)	0.0600	0.2771	0.0600	0.2600
	每股净资产(元)	2.9900	4.5100	4.3000	6.2600
	每股经营现金净流量(元)	-0.1116	-0.3250	-0.0788	0.1009
	每股现金流量(元)	0.9410	-0.4324	-0.0861	0.4032
	每股资本公积金(元)	1.5198	2.3865	2.3905	4.0857
	每股盈余公积金(元)	0.0356	0.0876	0.0658	0.0987
	每股未分配利润(元)	0.4372	1.0346	0.8456	1.0783
	净资产收益率(%)	1.9200	7.4860	2.8100	7.1210
	加权净资产收益率(%)	2.3700	7.7700	2.9900	7.4800
	净资产收益率(扣除)(%)	-	-	-	-
	总资产(万元)	170329.17	125768.87	118022.39	109089.34
	归属母公司股东权益(万元)	125599.38	76895.34	73367.74	71207.04
	主营业务收入(万元)	36001.49	67554.26	31177.15	56467.77
	营业收入(万元)	36251.03	68271.10	31526.11	56873.46
	主营成本(万元)	27372.07	49529.66	23194.42	40137.85
	营业成本(万元)	27431.34	49950.58	23382.78	40264.92
	投资收益(万元)	-	651.97	-	-
	净利润(万元)	2398.15	5756.22	2160.71	5070.70
	利润总额(万元)	2890.32	6856.62	2634.93	6015.02

浙江水晶光电科技股份有限公司

公司概况	公司名称	浙江水晶光电科技股份有限公司			证券简称	水晶光电
	法人代表	林敏	董秘	范崇国	证券代码	002273
	公司网址	www.crystal-optech.com		电子信箱	sjzqb@crystal-optech.com	
	电　　话	0576-88038228 88038286		传　　真	0576-88038286	
	办公地址	浙江省台州市椒江区星星电子产业区A5号				
	经营范围	光学元器件制造、加工、光电子元器件制造、加工				

	指标＼报告期	2012.06.30	2011.12.31	2011.06.30	2010.12.31
主要财务指标	基本每股收益(元)	0.1700	1.0600	0.2400	0.8300
	基本每股收益(扣除后)(元)	0.1700	1.0100	0.2400	0.8300
	每股净资产(元)	3.7800	7.6800	5.0600	4.1700
	每股经营现金净流量(元)	0.1499	1.1048	0.3694	0.6964
	每股现金流量(元)	-0.4881	2.6380	0.2362	-0.5864
	每股资本公积金(元)	1.6318	4.2345	1.9553	1.5459
	每股盈余公积金(元)	0.1610	0.3219	0.2438	0.2502
	每股未分配利润(元)	0.9860	2.1242	1.8630	1.3759
	净资产收益率(%)	4.6000	12.7340	10.3100	19.9378
	加权净资产收益率(%)	4.5200	21.3500	11.4600	21.2400
	净资产收益率(扣除)(%)	-	-	-	-
	总资产(万元)	107142.48	105836.92	68343.69	55118.16
	归属母公司股东权益(万元)	94357.52	95895.22	58545.58	47027.77
	主营业务收入(万元)	23623.30	43076.13	19044.84	32516.64
	营业收入(万元)	23708.68	43307.77	19085.83	33182.31
	主营成本(万元)	14563.96	22033.00	9364.58	16878.37
	营业成本(万元)	14617.01	22121.12	9390.22	17461.99
	投资收益(万元)	-	-	-	-
	净利润(万元)	4432.72	12417.54	6072.16	9180.61
	利润总额(万元)	5290.22	14822.80	7153.75	10772.77

江苏华昌化工股份有限公司

公司概况	公司名称	江苏华昌化工股份有限公司			证券简称	华昌化工
	法人代表	朱郁健	董秘	蒋晓宁	证券代码	002274
	公司网址	www.huachangchem.cn		电子信箱	huachang@huachangchem.cn	
	电　　话	0512-58727158		传　　真	0512-58727155	
	办公地址	江苏省张家港市金港镇保税区扬子江国际化学工业园南海路1号				
	经营范围	从事基础化工业务、为农业生产、玻璃行业、精细化工行业提供产品				

	指标＼报告期	2012.06.30	2011.12.31	2011.06.30	2010.12.31
主要财务指标	基本每股收益(元)	0.0400	0.3100	0.1100	0.0400
	基本每股收益(扣除后)(元)	-0.0040	0.2800	0.1020	-0.0600
	每股净资产(元)	5.3600	5.3200	5.1200	5.0200
	每股经营现金净流量(元)	-0.4284	0.7263	0.1433	0.9905
	每股现金流量(元)	0.4940	-0.3834	-0.2665	-0.1240
	每股资本公积金(元)	2.2483	2.2483	2.2483	2.2483
	每股盈余公积金(元)	0.2949	0.2949	0.2949	0.2949
	每股未分配利润(元)	1.8203	1.7789	1.5804	1.4724
	净资产收益率(%)	0.7700	5.7580	2.0300	0.7910
	加权净资产收益率(%)	0.7800	5.9300	2.1300	0.7900
	净资产收益率(扣除)(%)	-	-	-	-
	总资产(万元)	394301.93	376326.84	361871.29	335673.87
	归属母公司股东权益(万元)	140243.08	139159.09	133970.18	131145.84
	主营业务收入(万元)	198139.11	410414.01	186178.64	325748.99
	营业收入(万元)	201561.85	412227.30	187482.62	327650.94
	主营成本(万元)	183419.27	372043.12	169015.06	305354.74
	营业成本(万元)	186793.77	373631.56	170107.66	306954.53
	投资收益(万元)	1479.11	879.14	164.45	87.68
	净利润(万元)	1097.14	8030.42	2825.21	1050.58
	利润总额(万元)	1138.07	9936.11	3653.98	1263.11

桂林三金药业股份有限公司

公司概况	公司名称	桂林三金药业股份有限公司		证券简称	桂林三金
	法人代表	邹节明	董秘	邹洵	证券代码	002275
	公司网址	www.sanjin.com.cn		电子信箱	dsh@sanjin.com.cn
	电　话	0773-5829106 5829109		传　真	0773-5838652
	办公地址	广西壮族自治区桂林市金星路1号			
	经营范围	片剂、硬胶囊剂、散剂、颗粒剂、酊剂等			

主要财务指标	指标\报告期	2012.06.30	2011.12.31	2011.06.30	2010.12.31
	基本每股收益(元)	0.3220	0.4900	0.2830	0.4400
	基本每股收益(扣除后)(元)	0.3140	0.4800	0.2800	0.4300
	每股净资产(元)	3.2800	3.3600	3.1500	3.9500
	每股经营现金净流量(元)	0.1717	0.5779	0.4953	0.6288
	每股现金流量(元)	-0.2896	0.1593	-0.1498	-0.1253
	每股资本公积金(元)	1.1542	1.1542	1.1551	1.8029
	每股盈余公积金(元)	0.2844	0.2844	0.2330	0.3029
	每股未分配利润(元)	0.8425	0.9209	0.7604	0.8410
	净资产收益率(%)	9.8000	14.7240	8.9800	14.4410
	加权净资产收益率(%)	9.3100	15.6000	9.0600	15.0000
	净资产收益率(扣除)(%)	-	-	-	-
	总资产(万元)	223636.19	220099.49	202829.32	198127.17
	归属母公司股东权益(万元)	193655.26	198281.85	185823.82	179181.86
	主营业务收入(万元)	59336.14	116024.40	51671.54	98156.44
	营业收入(万元)	59447.04	116178.08	52034.86	98346.04
	主营成本(万元)	19927.94	33056.52	15870.45	27145.80
	营业成本(万元)	20009.67	33097.46	15986.96	27208.61
	投资收益(万元)	364.01	730.48	-0.06	210.02
	净利润(万元)	18981.41	29189.87	16731.84	25738.24
	利润总额(万元)	22971.29	36514.47	20122.22	31663.69

浙江万马电缆股份有限公司

公司概况	公司名称	浙江万马电缆股份有限公司		证券简称	万马电缆
	法人代表	顾春序	董秘	王向亭	证券代码	002276
	公司网址	www.wanma-cable.cn		电子信箱	investor@zjwanma.com
	电　话	0571-63755256 63755192		传　真	0571-63755256
	办公地址	浙江省临安市经济开发区南环路88号			
	经营范围	电力电缆的研发、生产和销售			

主要财务指标	指标\报告期	2012.06.30	2011.12.31	2011.06.30	2010.12.31
	基本每股收益(元)	0.0751	0.2541	0.0674	0.2400
	基本每股收益(扣除后)(元)	0.0712	0.2444	0.0646	0.2300
	每股净资产(元)	2.0500	3.6600	2.8000	2.6700
	每股经营现金净流量(元)	-0.2872	-0.2579	-0.7211	0.0078
	每股现金流量(元)	-0.2890	0.4369	-0.5907	0.2298
	每股资本公积金(元)	0.5441	1.7793	0.9805	0.9805
	每股盈余公积金(元)	0.0554	0.0996	0.0816	0.0816
	每股未分配利润(元)	0.4544	0.7827	0.7422	0.6114
	净资产收益率(%)	3.6600	6.5580	4.6700	9.1100
	加权净资产收益率(%)	3.6700	8.4700	4.7800	9.5000
	净资产收益率(扣除)(%)	-	-	-	-
	总资产(万元)	250431.85	235657.65	190796.78	187164.85
	归属母公司股东权益(万元)	159553.07	158037.32	112171.93	106939.09
	主营业务收入(万元)	113984.37	259853.02	114582.62	214051.47
	营业收入(万元)	114591.43	260163.44	114702.24	214442.26
	主营成本(万元)	96367.74	222676.38	98334.54	182935.63
	营业成本(万元)	96938.92	222995.09	98443.40	183329.20
	投资收益(万元)	-55.52	-6.60	13.48	236.02
	净利润(万元)	5788.64	10270.60	5204.77	9742.52
	利润总额(万元)	6606.21	11693.65	5902.27	11138.13

湖南友谊阿波罗商业股份有限公司

公司概况	公司名称	湖南友谊阿波罗商业股份有限公司		证券简称	友阿股份
	法人代表	胡子敬	董秘	陈学文	证券代码	002277
	公司网址	www.your-mart.cn		电子信箱	cxw5448@126.com
	电　话	0731-82293541 82295528		传　真	0731-82243046 82294448
	办公地址	湖南省长沙市芙蓉区八一路1号			
	经营范围	商品零售业及相关配套服务、酒店业、餐饮业、休闲娱乐业的投资等			

主要财务指标	指标\报告期	2012.06.30	2011.12.31	2011.06.30	2010.12.31
	基本每股收益(元)	0.7753	0.8320	0.6007	0.6190
	基本每股收益(扣除后)(元)	0.7598	0.7840	0.5986	0.6270
	每股净资产(元)	6.0900	5.4700	5.2100	4.7600
	每股经营现金净流量(元)	0.1092	1.7011	0.5413	1.3791
	每股现金流量(元)	-1.8391	1.5387	1.1060	-0.5615
	每股资本公积金(元)	2.2784	2.2784	2.2565	2.2565
	每股盈余公积金(元)	0.3101	0.3101	0.2255	0.2255
	每股未分配利润(元)	2.5030	1.8777	1.7311	1.2804
	净资产收益率(%)	12.7300	15.2180	11.5200	12.9980
	加权净资产收益率(%)	13.3600	16.3400	11.9100	13.7300
	净资产收益率(扣除)(%)	-	-	-	-
	总资产(万元)	424600.50	490732.93	427924.21	325931.82
	归属母公司股东权益(万元)	212715.13	190878.71	182039.02	166302.17
	主营业务收入(万元)	278743.36	470047.91	236466.45	349278.12
	营业收入(万元)	280812.18	474108.40	238943.70	356346.06
	主营成本(万元)	227964.89	390720.59	193529.05	289801.89
	营业成本(万元)	227565.21	390720.59	193529.05	289801.89
	投资收益(万元)	2821.77	1969.74	-	686.82
	净利润(万元)	27261.30	29558.63	21190.38	21975.19
	利润总额(万元)	36424.45	39975.60	28594.69	29568.68

上海神开石油化工装备股份有限公司

公司概况	公司名称	上海神开石油化工装备股份有限公司		证券简称	神开股份
	法人代表	顾正	董秘	顾冰	证券代码	002278
	公司网址	www.shenkai.com		电子信箱	wanghan@shenkai.com
	电　话	021-64293895 34718993		传　真	021-54336696
	办公地址	上海市闵行区浦星公路1769号			
	经营范围	研发、制造、销售石油勘探设备、钻井井控设备、采油和井口设备等			

主要财务指标	指标\报告期	2012.06.30	2011.12.31	2011.06.30	2010.12.31
	基本每股收益(元)	0.1400	0.3100	0.1500	0.3000
	基本每股收益(扣除后)(元)	0.1200	0.2300	0.1100	0.2600
	每股净资产(元)	4.3600	4.4200	4.2700	5.0900
	每股经营现金净流量(元)	0.1350	0.0929	-0.0995	0.1133
	每股现金流量(元)	-0.1529	-0.1741	-0.3085	-0.2943
	每股资本公积金(元)	2.2241	2.2241	2.2241	2.8689
	每股盈余公积金(元)	0.1827	0.1827	0.1620	0.1944
	每股未分配利润(元)	0.9551	1.0159	0.8811	1.0269
	净资产收益率(%)	3.1500	6.9210	3.5200	7.0630
	加权净资产收益率(%)	3.1500	7.1000	3.5200	7.1400
	净资产收益率(扣除)(%)	-	-	-	-
	总资产(万元)	156703.54	149121.76	144789.26	127902.04
	归属母公司股东权益(万元)	114038.77	115625.56	111558.58	110919.69
	主营业务收入(万元)	38329.86	60246.79	25643.57	44283.56
	营业收入(万元)	38442.72	61015.98	25643.57	44298.68
	主营成本(万元)	26681.89	39172.31	15295.10	25820.55
	营业成本(万元)	26738.05	39172.31	15295.10	25820.55
	投资收益(万元)	-	-	-	-
	净利润(万元)	3643.77	8016.26	3991.11	7834.51
	利润总额(万元)	4297.16	9303.93	5047.35	9049.42

北京久其软件股份有限公司

公司概况	公司名称	北京久其软件股份有限公司			证券简称	久其软件
	法人代表	赵福君	董秘	王海霞	证券代码	002279
	公司网址	www.jiuqi.com.cn		电子信箱	whx@jiuqi.com.cn	
	电　话	010-88551199 58022988		传　真	010-58022897	
	办公地址	北京市经济技术开发区西环中路6号				
	经营范围	从事报表管理软件、电子政务软件、集团管控软件、商业智能软件等				

主要财务指标	指标\报告期	2012.06.30	2011.12.31	2011.06.30	2010.12.31
	基本每股收益(元)	-0.3171	0.5588	0.0160	0.4211
	基本每股收益(扣除后)(元)	-0.3197	0.5337	0.0157	0.3941
	每股净资产(元)	3.3030	5.9843	5.4148	5.6892
	每股经营现金净流量(元)	-0.3848	0.3519	-0.3035	0.7115
	每股现金流量(元)	-0.6208	-0.7127	-1.1543	-0.0439
	每股资本公积金(元)	1.5071	3.0036	2.9673	2.9673
	每股盈余公积金(元)	0.1727	0.2764	0.2261	0.2261
	每股未分配利润(元)	0.6231	1.7043	1.2215	1.4959
	净资产收益率(%)	-9.6001	9.3370	0.4700	7.4013
	加权净资产收益率(%)	-8.8500	9.6500	0.4500	7.5300
	净资产收益率(扣除)(%)	-	-	-	-
	总资产(万元)	59843.51	69162.86	61325.91	66028.32
	归属母公司股东权益(万元)	58064.50	65750.96	59494.04	62508.94
	主营业务收入(万元)	4483.95	24064.25	7622.03	18838.90
	营业收入(万元)	4534.55	24125.84	7655.52	18895.91
	主营成本(万元)	292.22	768.55	156.28	1071.50
	营业成本(万元)	292.22	768.55	156.28	1071.50
	投资收益(万元)	-393.76	299.20	-76.25	69.63
	净利润(万元)	-5664.65	6149.36	251.83	4565.18
	利润总额(万元)	-5509.15	6569.33	397.66	4877.31

杭州新世纪信息技术股份有限公司

公司概况	公司名称	杭州新世纪信息技术股份有限公司			证券简称	新世纪
	法人代表	徐智勇	董秘	俞竣华	证券代码	002280
	公司网址	www.nci.com.cn		电子信箱	yujh@nci.com.cn	
	电　话	0571-28996018		传　真	0571-28996018	
	办公地址	浙江省杭州市滨江区南环路3766号				
	经营范围	应用软件开发与销售、系统集成及技术支持与服务				

主要财务指标	指标\报告期	2012.06.30	2011.12.31	2011.06.30	2010.12.31
	基本每股收益(元)	0.0900	0.4000	0.1100	0.3800
	基本每股收益(扣除后)(元)	0.0700	0.3900	0.0900	0.3100
	每股净资产(元)	4.5300	4.6100	4.3200	4.4100
	每股经营现金净流量(元)	-0.5531	0.5168	-0.4835	0.4312
	每股现金流量(元)	-0.8880	-0.0253	-0.7000	-0.0990
	每股资本公积金(元)	2.2601	2.3094	2.3094	2.3094
	每股盈余公积金(元)	0.1533	0.1533	0.1196	0.1196
	每股未分配利润(元)	1.1194	1.1477	0.9814	0.9814
	净资产收益率(%)	1.9700	8.6760	2.5000	8.6580
	加权净资产收益率(%)	1.9700	8.9300	2.5000	8.9100
	净资产收益率(扣除)(%)	-	-	-	-
	总资产(万元)	54591.34	56676.66	55925.76	55648.85
	归属母公司股东权益(万元)	48500.79	49330.76	46227.37	47190.85
	主营业务收入(万元)	8936.17	36708.40	15354.39	24810.60
	营业收入(万元)	9027.28	36923.29	15458.14	25008.77
	主营成本(万元)	5236.79	25812.16	11182.73	16899.86
	营业成本(万元)	5236.79	25847.96	11182.73	16931.78
	投资收益(万元)	-	-	-27.08	648.22
	净利润(万元)	980.86	4291.27	1217.57	4054.54
	利润总额(万元)	1253.77	5083.49	1437.91	4639.69

武汉光迅科技股份有限公司

公司概况	公司名称	武汉光迅科技股份有限公司			证券简称	光迅科技
	法人代表	童国华	董秘	毛浩	证券代码	002281
	公司网址	www.accelink.com		电子信箱	investor@accelink.com	
	电　话	027-87694060		传　真	027-87694060	
	办公地址	湖北省武汉市江夏区藏龙岛开发区潭湖路1号				
	经营范围	信息技术领域光、电器件技术及产品的研制、生产、销售和相关技术服务				

主要财务指标	指标\报告期	2012.06.30	2011.12.31	2011.06.30	2010.12.31
	基本每股收益(元)	0.3100	0.7000	0.4100	0.7900
	基本每股收益(扣除后)(元)	0.1300	0.6000	0.3800	0.7400
	每股净资产(元)	7.0300	6.9700	6.6200	6.5100
	每股经营现金净流量(元)	0.2714	0.4670	0.1301	0.4340
	每股现金流量(元)	-0.2995	-0.7117	-0.7363	-0.7731
	每股资本公积金(元)	3.5936	3.5859	3.5812	3.5769
	每股盈余公积金(元)	0.3723	0.3723	0.2971	0.3022
	每股未分配利润(元)	2.0669	2.0088	1.7437	1.6309
	净资产收益率(%)	4.3800	10.0200	6.1700	12.2720
	加权净资产收益率(%)	4.3500	10.4600	6.2500	12.9000
	净资产收益率(扣除)(%)	-	-	-	-
	总资产(万元)	158034.95	162056.32	153484.34	145039.63
	归属母公司股东权益(万元)	112508.66	111456.77	105948.19	104159.64
	主营业务收入(万元)	42076.27	107802.80	49728.18	91425.17
	营业收入(万元)	45170.07	110724.53	50708.53	91435.75
	主营成本(万元)	31639.08	79957.86	35978.09	65602.69
	营业成本(万元)	34873.66	82988.65	36950.88	65602.69
	投资收益(万元)	-	-	-	-
	净利润(万元)	4930.39	11167.99	6537.40	12682.46
	利润总额(万元)	5210.82	12785.82	7690.69	14479.75

博深工具股份有限公司

公司概况	公司名称	博深工具股份有限公司			证券简称	博深工具
	法人代表	陈怀荣	董秘	井成铭	证券代码	002282
	公司网址	www.bosuntools.com		电子信箱	bod@bosuntools.com	
	电　话	0311-85962650		传　真	0311-85965550	
	办公地址	河北省石家庄市高新技术产业开发区海河道10号				
	经营范围	生产销售人造金刚石及制品、粉末冶金制品、电动工具及配件以及相关技术服务				

主要财务指标	指标\报告期	2012.06.30	2011.12.31	2011.06.30	2010.12.31
	基本每股收益(元)	0.1100	0.3000	0.1500	0.3000
	基本每股收益(扣除后)(元)	0.1000	0.2900	0.1500	0.2900
	每股净资产(元)	3.5800	3.5800	3.4400	4.5300
	每股经营现金净流量(元)	-0.1841	0.0352	-0.0021	0.3225
	每股现金流量(元)	-0.1544	-1.0386	-0.6990	-0.6317
	每股资本公积金(元)	1.8689	1.8689	1.8689	2.7296
	每股盈余公积金(元)	0.1173	0.1173	0.0911	0.1185
	每股未分配利润(元)	0.6422	0.6323	0.5124	0.7165
	净资产收益率(%)	3.0600	8.3690	4.2900	8.5310
	加权净资产收益率(%)	3.0300	8.5300	4.3800	8.7400
	净资产收益率(扣除)(%)	-	-	-	-
	总资产(万元)	118867.66	108737.55	101840.57	86487.93
	归属母公司股东权益(万元)	80718.35	80679.40	77584.88	78628.15
	主营业务收入(万元)	27865.71	56052.03	25737.44	41004.05
	营业收入(万元)	28565.71	56099.18	25737.44	41004.05
	主营成本(万元)	19508.87	36087.37	16704.62	25350.03
	营业成本(万元)	19508.87	36088.68	16704.62	25350.03
	投资收益(万元)	-	-	-	-
	净利润(万元)	2468.68	6714.55	3456.30	6690.38
	利润总额(万元)	3053.16	7763.13	4093.80	8249.21

天润曲轴股份有限公司

公司概况	公司名称	天润曲轴股份有限公司			证券简称	天润曲轴
	法人代表	邢运波	董秘	刘立	证券代码	002283
	公司网址	www.tianrun.com		电子信箱	liuli@tianrun.com	
	电　话	0631-8982313　8982177		传　真	0631-8982333	
	办公地址	山东省文登市天润路 2-13 号				
	经营范围	曲轴、机床、机械配件的生产、销售				

	指标\报告期	2012.06.30	2011.12.31	2011.06.30	2010.12.31
主要财务指标	基本每股收益(元)	0.0800	0.4000	0.2700	0.4600
	基本每股收益(扣除后)(元)	0.0700	0.3700	0.2600	0.4500
	每股净资产(元)	5.2900	5.2400	3.7800	7.1100
	每股经营现金净流量(元)	0.0597	0.0715	0.0711	1.6151
	每股现金流量(元)	-0.4871	1.0642	-0.2082	-1.0192
	每股资本公积金(元)	3.2595	3.2595	1.7911	4.2821
	每股盈余公积金(元)	0.0896	0.0896	0.0700	0.1400
	每股未分配利润(元)	0.9396	0.8873	0.9154	1.6923
	净资产收益率(%)	1.5600	6.9200	7.1300	12.9820
	加权净资产收益率(%)	1.5600	9.0900	7.3100	13.8100
	净资产收益率(扣除)(%)	-	-	-	-
	总资产(万元)	417097.16	407365.74	305276.39	236935.51
	归属母公司股东权益(万元)	295853.49	292927.28	181267.70	170746.93
	主营业务收入(万元)	55147.34	139053.67	77865.73	136530.32
	营业收入(万元)	56587.54	145688.94	80718.23	139339.39
	主营成本(万元)	44661.47	101740.89	55425.13	94926.36
	营业成本(万元)	46041.35	107904.89	63501.50	97709.65
	投资收益(万元)	-	-	-	-
	净利润(万元)	4740.33	21129.48	13679.06	23782.64
	利润总额(万元)	5495.08	24131.50	15963.42	27415.75

浙江亚太机电股份有限公司

公司概况	公司名称	浙江亚太机电股份有限公司			证券简称	亚太股份
	法人代表	黄伟中	董秘	邱蓉	证券代码	002284
	公司网址	www.apg.cn		电子信箱	ytzq@apg.cn	
	电　话	0571-82765229　82761316		传　真	0571-82761666	
	办公地址	浙江省杭州市萧山区蜀山街道亚太路 1399 号				
	经营范围	开发、生产、销售汽车制动系统				

	指标\报告期	2012.06.30	2011.12.31	2011.06.30	2010.12.31
主要财务指标	基本每股收益(元)	0.1610	0.2800	0.1990	0.4100
	基本每股收益(扣除后)(元)	0.1490	0.2200	0.1910	0.3900
	每股净资产(元)	3.6900	3.6300	3.5200	5.0800
	每股经营现金净流量(元)	0.1103	0.0575	0.0052	0.6820
	每股现金流量(元)	-0.4612	-0.2198	-0.0878	-0.7077
	每股资本公积金(元)	0.9776	0.9776	0.9465	1.9198
	每股盈余公积金(元)	0.2353	0.2353	0.2123	0.3185
	每股未分配利润(元)	1.4785	1.4176	1.3633	1.8461
	净资产收益率(%)	4.3600	7.6580	5.6600	12.1805
	加权净资产收益率(%)	4.3600	7.9000	5.7300	12.8500
	净资产收益率(扣除)(%)	-	-	-	-
	总资产(万元)	219152.77	211256.26	209526.83	182842.66
	归属母公司股东权益(万元)	105961.11	104212.18	101099.25	97294.58
	主营业务收入(万元)	94138.50	169694.57	92438.21	162724.51
	营业收入(万元)	103211.67	185112.30	99478.85	175019.65
	主营成本(万元)	79786.21	140925.01	76955.50	130144.24
	营业成本(万元)	88051.20	155892.82	83665.97	141957.15
	投资收益(万元)	-180.65	-160.44	-70.46	211.77
	净利润(万元)	4774.54	8410.92	6001.03	12457.82
	利润总额(万元)	5404.19	9203.68	6735.55	13455.31

深圳世联地产顾问股份有限公司

公司概况	公司名称	深圳世联地产顾问股份有限公司			证券简称	世联地产
	法人代表	陈劲松	董秘	梁兴安	证券代码	002285
	公司网址	www.worldunion.com.cn		电子信箱	info@worldunion.com.cn	
	电　话	0755-22162144　22162708		传　真	0755-22162231	
	办公地址	广东省深圳市罗湖区深南东路 5047 号深圳发展银行大厦 13 楼				
	经营范围	房地产咨询、房地产代理、房地产经纪、物业管理				

	指标\报告期	2012.06.30	2011.12.31	2011.06.30	2010.12.31
主要财务指标	基本每股收益(元)	0.1300	0.4800	0.4500	0.7400
	基本每股收益(扣除后)(元)	0.1200	0.4800	0.4500	0.7000
	每股净资产(元)	4.0400	4.2000	4.0100	5.4800
	每股经营现金净流量(元)	-0.2445	0.0031	-0.3332	1.4078
	每股现金流量(元)	-0.6754	-0.3860	-0.6235	0.2506
	每股资本公积金(元)	1.7048	1.7605	1.5983	2.6880
	每股盈余公积金(元)	0.3773	0.3773	0.1747	0.2620
	每股未分配利润(元)	0.9559	1.0667	1.2384	1.5309
	净资产收益率(%)	3.2300	11.4640	11.2400	20.2720
	加权净资产收益率(%)	3.0800	12.5400	11.7200	22.2900
	净资产收益率(扣除)(%)	-	-	-	-
	总资产(万元)	162970.60	175624.16	162949.00	159657.55
	归属母公司股东权益(万元)	131801.05	137232.39	130928.38	119264.49
	主营业务收入(万元)	68444.87	165245.90	78854.86	126743.33
	营业收入(万元)	68849.91	165635.37	78979.91	127199.88
	主营成本(万元)	49631.40	100063.41	43427.16	68601.18
	营业成本(万元)	49678.32	100397.80	43571.85	68931.05
	投资收益(万元)	156.07	333.84	71.40	198.36
	净利润(万元)	4192.35	16881.33	14906.06	24652.85
	利润总额(万元)	6254.41	27477.79	20894.11	33130.96

保龄宝生物股份有限公司

公司概况	公司名称	保龄宝生物股份有限公司			证券简称	保 龄 宝
	法人代表	刘宗利	董秘	吕正欣	证券代码	002286
	公司网址	www.blb-cn.com		电子信箱	tzzgx@blb-cn.com	
	电　话	0534-8918658		传　真	0534-2126058	
	办公地址	山东省德州市禹城高新开发区东外环路 1 号				
	经营范围	以农副产品为原料经生物工程深加工生产、销售低聚糖、果葡糖浆、糖醇等产品				

	指标\报告期	2012.06.30	2011.12.31	2011.06.30	2010.12.31
主要财务指标	基本每股收益(元)	0.2500	0.5400	0.2100	0.4100
	基本每股收益(扣除后)(元)	0.2300	0.5000	0.1900	0.3400
	每股净资产(元)	5.8000	7.3100	7.0391	6.7600
	每股经营现金净流量(元)	0.1844	1.6510	0.1919	0.2639
	每股现金流量(元)	0.1189	-0.1107	-0.5040	-2.3541
	每股资本公积金(元)	3.2058	4.4676	4.4551	4.4551
	每股盈余公积金(元)	0.1446	0.1880	0.1344	0.1344
	每股未分配利润(元)	1.4490	1.6534	1.4496	1.1712
	净资产收益率(%)	4.4200	7.3310	4.0300	6.0880
	加权净资产收益率(%)	4.4200	7.6100	4.0300	6.2600
	净资产收益率(扣除)(%)	-	-	-	-
	总资产(万元)	115705.98	111258.89	108962.12	103257.34
	归属母公司股东权益(万元)	78407.52	76013.50	73206.25	70311.33
	主营业务收入(万元)	48766.21	94468.49	45998.47	71496.08
	营业收入(万元)	49122.68	95077.34	46295.48	72061.55
	主营成本(万元)	38784.34	74642.26	36467.32	57893.33
	营业成本(万元)	38864.88	74767.50	36557.62	57962.89
	投资收益(万元)	-	86.76	41.76	32.40
	净利润(万元)	3434.06	5571.77	2894.91	4280.45
	利润总额(万元)	4022.43	6595.15	3405.84	5058.45

西藏奇正藏药股份有限公司

公司概况					
公司名称	西藏奇正藏药股份有限公司			证券简称	奇正藏药
法人代表	雷菊芳	董秘	曹焕丽	证券代码	002287
公司网址	www.cheezheng.com.cn		电子信箱	qzzy@qzh.cn	
电　话	010-64972881		传　真	010-64987324	
办公地址	西藏自治区林芝地区八一镇泉州路1号				
经营范围	藏药的研发、生产和销售，包括外用止痛药物、口服药等				

主要财务指标　指标\报告期	2012.06.30	2011.12.31	2011.06.30	2010.12.31
基本每股收益(元)	0.2200	0.4200	0.2100	0.4200
基本每股收益(扣除后)(元)	0.2200	0.4000	0.2000	0.3700
每股净资产(元)	3.0100	3.0700	2.8500	2.9300
每股经营现金净流量(元)	0.3903	-0.0289	0.1155	0.2387
每股现金流量(元)	-0.0021	-0.5911	-0.1974	-0.1622
每股资本公积金(元)	1.0124	1.0124	1.0124	1.0124
每股盈余公积金(元)	0.1462	0.1462	0.1153	0.1153
每股未分配利润(元)	0.8482	0.9073	0.7229	0.7977
净资产收益率(%)	7.3500	13.7150	7.2000	14.3520
加权净资产收益率(%)	6.9500	14.1500	7.4200	14.6300
净资产收益率(扣除)(%)	-	-	-	-
总资产(万元)	133325.55	135754.81	129864.72	132003.68
归属母公司股东权益(万元)	122073.43	124473.37	115731.82	118769.53
主营业务收入(万元)	33767.96	78884.11	31711.38	52274.98
营业收入(万元)	33783.81	78922.51	31727.05	52364.52
主营成本(万元)	11328.59	35901.25	12743.64	13536.87
营业成本(万元)	11334.82	35925.23	12748.71	13592.61
投资收益(万元)	-	-	-	-
净利润(万元)	8940.01	17065.04	8332.87	17059.00
利润总额(万元)	10597.53	20294.32	9940.93	17392.80

广东超华科技股份有限公司

公司概况					
公司名称	广东超华科技股份有限公司			证券简称	超华科技
法人代表	梁俊丰	董秘	王勇强	证券代码	002288
公司网址	www.chaohuatech.com		电子信箱	wyq@chaohuatech.com	
电　话	0755-83432838 83433898		传　真	0755-83433868 83432658	
办公地址	广东省梅州市梅县雁洋镇超华工业园				
经营范围	覆铜箔板、印制电路板及其上游相关产品电解铜箔、专用木浆纸的研发、生产和销售				

主要财务指标　指标\报告期	2012.06.30	2011.12.31	2011.06.30	2010.12.31
基本每股收益(元)	0.0880	0.2005	0.0440	0.1272
基本每股收益(扣除后)(元)	0.0840	0.1967	0.0410	0.1162
每股净资产(元)	3.3500	3.0800	2.9400	3.5400
每股经营现金净流量(元)	-0.0671	-0.0139	-0.1323	-0.1764
每股现金流量(元)	0.3233	0.0009	-0.0658	-0.5502
每股资本公积金(元)	1.7763	1.0639	1.0523	1.4628
每股盈余公积金(元)	0.0504	0.1008	0.0887	0.1064
每股未分配利润(元)	0.5222	0.9176	0.7990	0.9751
净资产收益率(%)	2.1900	6.5040	2.3700	4.3070
加权净资产收益率(%)	3.9300	6.6400	2.3300	4.4000
净资产收益率(扣除)(%)	-	-	-	-
总资产(万元)	180611.98	98093.09	89846.91	70724.45
归属母公司股东权益(万元)	110472.35	50852.23	48504.85	48730.80
主营业务收入(万元)	34777.93	41358.83	13170.84	20876.92
营业收入(万元)	34784.69	41714.66	13170.84	20876.92
主营成本(万元)	27203.39	32479.12	10470.75	16454.00
营业成本(万元)	27203.39	32499.25	10470.75	16454.00
投资收益(万元)	-	2.05	-	-
净利润(万元)	3492.27	4505.61	1338.80	2113.84
利润总额(万元)	3972.36	5127.47	1664.71	2398.18

深圳市宇顺电子股份有限公司

公司概况					
公司名称	深圳市宇顺电子股份有限公司			证券简称	宇顺电子
法人代表	魏连速	董秘	祝丽玮	证券代码	002289
公司网址	www.szsuccess.com.cn		电子信箱	ysdz@szsuccess.com.cn	
电　话	0755-86028268 0755-86028112		传　真	0755-86028498	
办公地址	广东省深圳市南山区高新技术产业园区中区M-6栋二层一区、四层四区				
经营范围	专注于中小尺寸液晶显示器的研发、生产与销售				

主要财务指标　指标\报告期	2012.06.30	2011.12.31	2011.06.30	2010.12.31
基本每股收益(元)	-0.5300	0.2800	0.2000	0.3900
基本每股收益(扣除后)(元)	-0.5300	0.2800	0.2000	0.3900
每股净资产(元)	5.9600	6.5400	6.4500	6.2600
每股经营现金净流量(元)	-1.1120	-1.8796	0.0086	0.5028
每股现金流量(元)	0.0657	-1.8636	-0.7036	0.0883
每股资本公积金(元)	3.7866	3.7866	3.7866	3.7866
每股盈余公积金(元)	0.2256	0.2256	0.1900	0.1900
每股未分配利润(元)	0.9523	1.5279	1.4778	1.2805
净资产收益率(%)	-8.8100	4.3280	3.0600	6.1720
加权净资产收益率(%)	-8.3900	4.4200	3.1100	6.1700
净资产收益率(扣除)(%)	-	-	-	-
总资产(万元)	131598.96	114157.98	87321.98	83032.38
归属母公司股东权益(万元)	43838.84	48069.02	47439.55	45988.83
主营业务收入(万元)	38525.31	84598.42	36965.07	74117.47
营业收入(万元)	38847.14	84920.46	37097.62	74476.40
主营成本(万元)	34696.86	71551.05	30862.86	63642.54
营业成本(万元)	35076.69	72036.12	31205.81	64047.64
投资收益(万元)	-	-	-	-
净利润(万元)	-4141.11	2051.05	1450.72	2838.40
利润总额(万元)	-4141.11	2611.34	1647.64	3297.01

苏州禾盛新型材料股份有限公司

公司概况					
公司名称	苏州禾盛新型材料股份有限公司			证券简称	禾盛新材
法人代表	赵东明	董秘	袁文雄	证券代码	002290
公司网址	www.szhssm.com.cn		电子信箱	hesheng@szhssm.com	
电　话	0512-65073528 65073880		传　真	0512-65073400	
办公地址	江苏省苏州市工业园区后戴街108号				
经营范围	家电用外观部件复合材料的研发、生产和销售				

主要财务指标　指标\报告期	2012.06.30	2011.12.31	2011.06.30	2010.12.31
基本每股收益(元)	0.1300	0.4100	0.2200	0.6300
基本每股收益(扣除后)(元)	0.1200	0.3900	0.2200	0.6200
每股净资产(元)	4.5900	4.5300	6.2400	6.0800
每股经营现金净流量(元)	0.6275	-1.0214	-0.8763	0.1576
每股现金流量(元)	0.2948	-1.0053	-1.0076	-0.8417
每股资本公积金(元)	2.1128	3.3579	3.3579	3.3579
每股盈余公积金(元)	0.1758	0.2461	0.2027	0.2027
每股未分配利润(元)	1.2975	1.7335	1.6809	1.5170
净资产收益率(%)	2.8500	6.4690	5.0300	10.3880
加权净资产收益率(%)	2.8500	6.6300	5.0800	10.9100
净资产收益率(扣除)(%)	-	-	-	-
总资产(万元)	139794.88	126351.33	122003.76	113913.34
归属母公司股东权益(万元)	96615.65	95368.12	93922.06	91455.86
主营业务收入(万元)	57431.56	110876.66	54453.48	104651.21
营业收入(万元)	58648.88	113668.55	55140.17	106036.39
主营成本(万元)	50855.45	98299.67	46577.85	89463.60
营业成本(万元)	51989.87	99747.97	46829.39	89633.98
投资收益(万元)	-	-	-	-
净利润(万元)	2752.33	6169.46	4723.40	9500.32
利润总额(万元)	3161.80	7138.25	5564.58	11113.17

佛山星期六鞋业股份有限公司

公司概况	公司名称	佛山星期六鞋业股份有限公司			证券简称	星期六
	法人代表	张泽民	董秘	于洪涛(代)	证券代码	002291
	公司网址	www.st-sat.com		电子信箱	zhengquan@st-sat.com	
	电话	0757-86256351		传真	0757-86252172	
	办公地址	广东省佛山市南海区桂城科技园(简平路)B-3号				
	经营范围	生产经营皮鞋、皮革制品、服装、服饰等				

	指标\报告期	2012.06.30	2011.12.31	2011.06.30	2010.12.31
主要财务指标	基本每股收益(元)	0.1310	0.2700	0.1573	0.2800
	基本每股收益(扣除后)(元)	0.1315	0.2800	0.1568	0.2700
	每股净资产(元)	4.3400	4.3100	4.1800	5.2300
	每股经营现金净流量(元)	–0.0311	–0.4442	0.0490	–0.6996
	每股现金流量(元)	0.3301	–0.5464	–0.2023	–1.0375
	每股资本公积金(元)	2.2296	2.2296	2.2154	3.1800
	每股盈余公积金(元)	0.1510	0.1510	0.1224	0.1591
	每股未分配利润(元)	0.9622	0.9312	0.8434	0.8920
	净资产收益率(%)	3.0200	6.3470	3.7600	6.8601
	加权净资产收益率(%)	2.9900	6.5800	3.8300	7.0900
	净资产收益率(扣除)(%)	–	–	–	–
	总资产(万元)	235826.53	204405.52	198144.93	179933.10
	归属母公司股东权益(万元)	157797.77	156671.20	151923.52	146209.82
	主营业务收入(万元)	74209.16	134448.60	60581.96	109786.25
	营业收入(万元)	74222.53	134815.29	60627.21	114306.44
	主营成本(万元)	37657.83	64085.91	28784.09	56173.51
	营业成本(万元)	37671.20	64422.06	28828.11	60143.89
	投资收益(万元)	–	–	–	–
	净利润(万元)	4748.64	9944.56	5712.53	10031.77
	利润总额(万元)	6381.58	14084.29	7685.15	13654.67

广东奥飞动漫文化股份有限公司

公司概况	公司名称	广东奥飞动漫文化股份有限公司			证券简称	奥飞动漫
	法人代表	蔡东青	董秘	郑克东	证券代码	002292
	公司网址	www.gdalpha.com		电子信箱	invest@gdalpha.com	
	电话	020-38983278*3886 1102		传真	020-38336260 37597638	
	办公地址	广东省广州市珠江新城临江大道5号保利国际中心10楼				
	经营范围	制作、复制、发行:电视剧、综艺、专题、动画故事片、设计、制作、发布等				

	指标\报告期	2012.06.30	2011.12.31	2011.06.30	2010.12.31
主要财务指标	基本每股收益(元)	0.1500	0.3200	0.1400	0.3200
	基本每股收益(扣除后)(元)	0.1400	0.3000	0.1300	0.3100
	每股净资产(元)	3.3200	3.3700	3.1900	5.1700
	每股经营现金净流量(元)	–0.0494	0.0316	–0.2378	0.9638
	每股现金流量(元)	–0.3770	–0.5965	–0.7010	0.4134
	每股资本公积金(元)	1.4129	1.4129	1.4129	2.8607
	每股盈余公积金(元)	0.1219	0.1219	0.0973	0.1558
	每股未分配利润(元)	0.7876	0.8335	0.6802	1.1565
	净资产收益率(%)	4.5200	9.5825	4.4200	9.8883
	加权净资产收益率(%)	4.5200	9.8200	4.4200	10.4000
	净资产收益率(扣除)(%)	–	–	–	–
	总资产(万元)	158634.56	159962.60	152337.47	160860.56
	归属母公司股东权益(万元)	136077.26	137949.74	130676.05	132427.21
	主营业务收入(万元)	49205.12	105678.21	47802.93	90282.32
	营业收入(万元)	49205.12	105678.21	47802.93	90306.94
	主营成本(万元)	28975.56	66828.95	29859.42	57989.43
	营业成本(万元)	28975.56	66828.95	29859.42	57989.43
	投资收益(万元)	–165.95	–33.93	–4.78	–
	净利润(万元)	6598.35	13079.14	5812.72	12418.40
	利润总额(万元)	7865.35	15292.45	6829.78	14739.68

罗莱家纺股份有限公司

公司概况	公司名称	罗莱家纺股份有限公司			证券简称	罗莱家纺
	法人代表	薛伟成	董秘	田霖(代)	证券代码	002293
	公司网址	www.luolai.com.cn		电子信箱	ir@luolai.com.cn	
	电话	0513-85928751 021-51164600		传真	0513-85928103 021-54811234	
	办公地址	江苏省南通市经济技术开发区源兴路555号 上海市广东路500号16楼				
	经营范围	家用纺织品的生产与销售				

	指标\报告期	2012.06.30	2011.12.31	2011.06.30	2010.12.31
主要财务指标	基本每股收益(元)	0.9500	2.6600	1.1600	1.7200
	基本每股收益(扣除后)(元)	0.8700	2.5100	1.0100	1.6600
	每股净资产(元)	11.7100	11.7600	10.2500	10.5200
	每股经营现金净流量(元)	–1.1238	2.1822	0.3733	0.9418
	每股现金流量(元)	–2.3829	–0.3911	–1.3892	–0.0608
	每股资本公积金(元)	6.4620	6.4620	6.4620	6.4620
	每股盈余公积金(元)	0.6694	0.6694	0.4183	0.4183
	每股未分配利润(元)	3.5875	3.6351	2.3789	2.6416
	净资产收益率(%)	7.8900	22.6610	10.6600	16.3140
	加权净资产收益率(%)	7.8900	24.1800	10.6600	17.3200
	净资产收益率(扣除)(%)	–	–	–	–
	总资产(万元)	213789.32	215317.91	177289.18	187605.30
	归属母公司股东权益(万元)	164390.89	165049.36	143931.80	147650.56
	主营业务收入(万元)	101180.86	234734.34	97833.60	174822.32
	营业收入(万元)	103649.01	238243.48	100324.61	181881.46
	主营成本(万元)	56043.54	134316.72	56903.95	106043.46
	营业成本(万元)	58313.35	137743.69	59367.38	113128.03
	投资收益(万元)	–	–	–	–
	净利润(万元)	13368.61	37401.01	16243.55	24299.39
	利润总额(万元)	15876.42	44455.82	18771.74	28319.15

深圳信立泰药业股份有限公司

公司概况	公司名称	深圳信立泰药业股份有限公司			证券简称	信立泰
	法人代表	叶澄海	董秘	杨健锋	证券代码	002294
	公司网址	www.salubris.cn		电子信箱	investor@salubris.cn	
	电话	0755-83867888		传真	0755-83867338	
	办公地址	广东省深圳市福田区深南大道6009号车公庙绿景广场主楼37层				
	经营范围	心血管类、头孢类抗生素、骨吸收抑制剂类等药物的研发、生产和销售				

	指标\报告期	2012.06.30	2011.12.31	2011.06.30	2010.12.31
主要财务指标	基本每股收益(元)	0.5800	1.1200	0.4500	0.9800
	基本每股收益(扣除后)(元)	0.5600	1.1000	0.4500	0.9700
	每股净资产(元)	5.1000	5.8700	5.2900	8.2100
	每股经营现金净流量(元)	–	0.7498	0.2671	0.8222
	每股现金流量(元)	–	–0.3075	–0.3873	–0.6790
	每股资本公积金(元)	1.8174	2.3809	2.3809	4.4095
	每股盈余公积金(元)	0.2661	0.3194	0.2094	0.3350
	每股未分配利润(元)	2.0122	2.1706	1.7037	2.4636
	净资产收益率(%)	11.3500	19.0050	9.1800	19.0696
	加权净资产收益率(%)	11.4400	20.5200	10.2200	20.6200
	净资产收益率(扣除)(%)	–	–	–	–
	总资产(万元)	261909.21	244514.10	230849.81	217487.67
	归属母公司股东权益(万元)	222091.37	213229.76	192278.99	186324.97
	主营业务收入(万元)	84186.72	146367.12	71789.90	129776.71
	营业收入(万元)	84908.66	147488.45	71843.66	129776.71
	主营成本(万元)	26408.23	54797.04	29397.01	55559.22
	营业成本(万元)	27020.55	55986.23	29423.89	55559.22
	投资收益(万元)	–	100.73	94.75	37.40
	净利润(万元)	25215.23	40544.85	19586.32	35550.97
	利润总额(万元)	30587.59	47456.01	22941.97	41548.79

广东精艺金属股份有限公司

公司概况	公司名称	广东精艺金属股份有限公司		证券简称	精艺股份
	法人代表	冯境铭	董秘 张舟	证券代码	002295
	公司网址	www.jingyimetal.com		电子信箱	jy@jingyimetal.com
	电　　话	0757-26336931		传　　真	0757-22397895
	办公地址	广东省佛山市顺德区北滘镇西海工业区			
	经营范围	金属加工设备、精密铜管和铜管深加工产品的生产和销售			

	指标\报告期	2012.06.30	2011.12.31	2011.06.30	2010.12.31
主要财务指标	基本每股收益(元)	0.0977	0.1015	0.1830	0.3153
	基本每股收益(扣除后)(元)	0.0216	0.0379	0.1613	0.2829
	每股净资产(元)	4.0271	3.9294	4.0100	5.8900
	每股经营现金净流量(元)	1.4719	–0.3991	–0.3170	–0.9540
	每股现金流量(元)	–0.3797	–1.1046	–0.1605	–0.3898
	每股资本公积金(元)	1.7249	1.7250	1.7250	3.0874
	每股盈余公积金(元)	0.1288	0.1288	0.1137	0.1705
	每股未分配利润(元)	1.1734	1.0756	1.1722	1.6339
	净资产收益率(%)	2.4600	2.5830	4.5900	8.0284
	加权净资产收益率(%)	2.4600	2.5900	4.5900	8.0500
	净资产收益率(扣除)(%)	–	–	–	–
	总资产(万元)	118063.62	152063.85	165226.72	147276.52
	归属母公司股东权益(万元)	85292.98	83224.33	84950.15	83192.80
	主营业务收入(万元)	97974.41	251679.85	150080.20	256919.30
	营业收入(万元)	100343.64	254931.23	150883.61	258323.51
	主营成本(万元)	91129.52	236827.79	138189.55	236563.51
	营业成本(万元)	93434.10	239805.16	138871.00	237856.12
	投资收益(万元)	–	–	–	–
	净利润(万元)	2069.97	2149.46	3875.36	7298.30
	利润总额(万元)	2599.89	1701.78	4833.54	10001.12

河南辉煌科技股份有限公司

公司概况	公司名称	河南辉煌科技股份有限公司		证券简称	辉煌科技
	法人代表	李海鹰	董秘 李新建	证券代码	002296
	公司网址	www.hhkj.cn		电子信箱	zqb@hhkj.cn
	电　　话	0371-67980218 67371035		传　　真	0371-67371035
	办公地址	河南省郑州市高新技术产业开发区科学大道74号			
	经营范围	铁路信号通信领域产品的研制开发、生产及销售			

	指标\报告期	2012.06.30	2011.12.31	2011.06.30	2010.12.31
主要财务指标	基本每股收益(元)	–0.0264	0.5377	0.0783	0.4823
	基本每股收益(扣除后)(元)	–0.0313	0.4949	0.0699	0.4650
	每股净资产(元)	3.6800	3.4000	3.4000	5.9900
	每股经营现金净流量(元)	–0.0551	–0.0357	–0.3046	0.1849
	每股现金流量(元)	–0.3005	–0.8952	–0.6965	–0.6950
	每股资本公积金(元)	1.3422	1.3422	1.3412	2.9800
	每股盈余公积金(元)	0.1544	0.1544	0.1271	0.2161
	每股未分配利润(元)	1.1850	1.3615	0.9294	1.7969
	净资产收益率(%)	–0.7180	13.9370	2.0283	13.6810
	加权净资产收益率(%)	–0.6900	14.6400	2.2200	14.4200
	净资产收益率(扣除)(%)	–	–	–	–
	总资产(万元)	91547.20	98665.45	70532.49	74668.98
	归属母公司股东权益(万元)	65435.92	68571.93	60387.79	62656.17
	主营业务收入(万元)	9313.91	34268.90	10116.47	24429.21
	营业收入(万元)	9449.90	34495.52	10176.54	25028.71
	主营成本(万元)	4370.49	17451.68	5113.39	11921.16
	营业成本(万元)	4382.87	17505.87	5128.99	12218.04
	投资收益(万元)	–	–	–	–
	净利润(万元)	256.70	9777.64	1390.87	8571.83
	利润总额(万元)	594.07	11123.69	1709.20	9691.97

湖南博云新材料股份有限公司

公司概况	公司名称	湖南博云新材料股份有限公司		证券简称	博云新材
	法人代表	易茂中	董秘 郭超贤	证券代码	002297
	公司网址	www.hnboyun.com.cn		电子信箱	hnboyun@hnboyun.com.cn
	电　　话	0731-85302297		传　　真	0731-88122777
	办公地址	湖南省长沙市岳麓区雷锋大道346号			
	经营范围	研究、生产、销售粉末冶金摩擦材料、炭/炭复合材料、纳米材料及其制品			

	指标\报告期	2012.06.30	2011.12.31	2011.06.30	2010.12.31
主要财务指标	基本每股收益(元)	0.1000	0.1699	0.0700	0.1200
	基本每股收益(扣除后)(元)	0.0900	0.1665	0.0700	0.1100
	每股净资产(元)	2.8800	2.7800	2.6800	2.6100
	每股经营现金净流量(元)	–0.0063	0.2180	–0.0988	0.0902
	每股现金流量(元)	–0.0342	–0.2035	–0.2035	–0.4129
	每股资本公积金(元)	1.2240	1.2240	1.2251	1.2251
	每股盈余公积金(元)	0.0771	0.0771	0.0621	0.0621
	每股未分配利润(元)	0.5792	0.4772	0.3967	0.3222
	净资产收益率(%)	3.6000	6.1170	2.8100	4.6330
	加权净资产收益率(%)	3.6000	6.3100	2.8100	4.7200
	净资产收益率(扣除)(%)	–	–	–	–
	总资产(万元)	103575.66	99069.43	89278.84	82520.76
	归属母公司股东权益(万元)	61637.18	59454.87	57435.61	55842.40
	主营业务收入(万元)	16299.55	29808.32	14165.03	21809.57
	营业收入(万元)	16299.55	29808.32	14165.03	21809.57
	主营成本(万元)	11119.08	20433.89	9693.03	14554.20
	营业成本(万元)	11119.08	20433.89	9693.03	14554.20
	投资收益(万元)	2.08	–5.64	0.20	–
	净利润(万元)	2195.01	3833.75	1637.12	2710.65
	利润总额(万元)	2697.22	4451.85	1938.54	3250.67

安徽鑫龙电器股份有限公司

公司概况	公司名称	安徽鑫龙电器股份有限公司		证券简称	鑫龙电器
	法人代表	束龙胜	董秘 汪宇	证券代码	002298
	公司网址	www.ah-xinlong.com		电子信箱	xinlongdsb@126.com
	电　　话	0553-5772627		传　　真	0553-5312688 5772865
	办公地址	安徽省芜湖市经济技术开发区电器部件园(九华北路118)			
	经营范围	高低压成套开关设备、元器件和自动化产品的生产和销售			

	指标\报告期	2012.06.30	2011.12.31	2011.06.30	2010.12.31
主要财务指标	基本每股收益(元)	0.1431	0.4406	0.0928	0.2590
	基本每股收益(扣除后)(元)	0.1423	0.4152	0.0907	0.2354
	每股净资产(元)	2.7200	3.3400	3.0700	2.9600
	每股经营现金净流量(元)	0.0551	0.0649	0.0927	–0.9251
	每股现金流量(元)	1.4886	–0.2461	0.0715	–0.1244
	每股资本公积金(元)	1.1798	1.0601	1.0429	1.0401
	每股盈余公积金(元)	0.0807	0.1614	0.1300	0.1300
	每股未分配利润(元)	0.5910	1.1209	0.8973	0.7917
	净资产收益率(%)	4.2400	13.1830	6.0400	8.7450
	加权净资产收益率(%)	8.2100	14.0000	6.0800	9.0800
	净资产收益率(扣除)(%)	–	–	–	–
	总资产(万元)	208671.00	146213.15	132896.18	115797.83
	归属母公司股东权益(万元)	111290.97	55148.80	50657.80	48868.44
	主营业务收入(万元)	51117.46	85130.84	40250.79	59914.08
	营业收入(万元)	51399.68	86213.12	40569.96	60952.66
	主营成本(万元)	32325.54	54376.95	27039.75	40302.67
	营业成本(万元)	32375.99	54845.24	27156.96	40522.96
	投资收益(万元)	–137.41	–10.16	4.38	13.03
	净利润(万元)	4697.60	7383.74	3078.68	4307.40
	利润总额(万元)	5598.41	8660.90	3629.44	5010.45

福建圣农发展股份有限公司

公司概况	公司名称	福建圣农发展股份有限公司			证券简称	圣农发展
	法人代表	傅光明	董秘	陈剑华	证券代码	002299
	公司网址	www.sunnercn.com		电子信箱	sn023@sunnercn.com	
	电　话	0599-7951250 7951242		传　真	0599-7951242 7921003	
	办公地址	福建省南平市光泽县十里铺圣农总部办公大楼				
	经营范围	畜、牧、禽、鱼、鳖养殖、茶果种植、混配合饲料生产				

	指标\报告期	2012.06.30	2011.12.31	2011.06.30	2010.12.31
主要财务指标	基本每股收益(元)	0.1418	0.5400	0.1525	0.3400
	基本每股收益(扣除后)(元)	0.1386	0.5300	0.1501	0.3400
	每股净资产(元)	3.7900	3.9800	3.6000	4.3500
	每股经营现金净流量(元)	0.1064	0.5077	0.1144	0.6705
	每股现金流量(元)	0.1421	0.1602	1.1204	0.3843
	每股资本公积金(元)	1.8868	1.8867	1.8868	1.8247
	每股盈余公积金(元)	0.1522	0.1522	0.0967	0.2148
	每股未分配利润(元)	0.7486	0.9367	0.6178	1.3119
	净资产收益率(%)	3.7400	12.9360	3.8800	15.5870
	加权净资产收益率(%)	3.6000	16.7800	6.2900	16.6600
	净资产收益率(扣除)(%)	–	–	–	–
	总资产(万元)	586113.07	504281.66	492094.47	320429.24
	归属母公司股东权益(万元)	345004.88	362144.24	328037.34	178409.07
	主营业务收入(万元)	181823.79	304871.56	121104.14	200812.23
	营业收入(万元)	186206.41	311134.75	124465.27	206951.69
	主营成本(万元)	162937.84	243099.47	101997.10	164101.05
	营业成本(万元)	166291.23	246485.10	103728.03	167292.94
	投资收益(万元)	–	–	–	–
	净利润(万元)	11535.46	47204.25	12733.86	27808.12
	利润总额(万元)	11569.80	47976.29	12736.55	27805.27

福建南平太阳电缆股份有限公司

公司概况	公司名称	福建南平太阳电缆股份有限公司			证券简称	太阳电缆
	法人代表	李云孝	董秘	江永涛	证券代码	002300
	公司网址	www.npcable.com		电子信箱	npcable@public.npptt.fj.cn	
	电　话	0599-8736341		传　真	0599-8736321	
	办公地址	福建省南平市工业路102号				
	经营范围	主要从事电线电缆的生产和销售				

	指标\报告期	2012.06.30	2011.12.31	2011.06.30	2010.12.31
主要财务指标	基本每股收益(元)	0.1828	0.4138	0.2011	0.4000
	基本每股收益(扣除后)(元)	0.1647	0.4078	0.1891	0.3900
	每股净资产(元)	3.4900	3.6400	3.4300	5.3000
	每股经营现金净流量(元)	-0.1448	-0.1613	-0.6695	-0.9621
	每股现金流量(元)	-0.4354	-0.1931	-0.4194	-0.4674
	每股资本公积金(元)	1.7180	1.7231	1.7312	3.0951
	每股盈余公积金(元)	0.2559	0.2559	0.2128	0.3192
	每股未分配利润(元)	0.5113	0.6585	0.4889	0.8816
	净资产收益率(%)	4.9000	11.3770	5.5400	11.2470
	加权净资产收益率(%)	4.9000	11.6300	5.5400	11.5200
	净资产收益率(扣除)(%)	–	–	–	–
	总资产(万元)	273257.67	254177.62	229985.41	196478.31
	归属母公司股东权益(万元)	105078.04	109670.00	103500.09	106446.56
	主营业务收入(万元)	165915.94	346309.11	150219.84	230371.42
	营业收入(万元)	169931.53	348838.69	150770.41	233697.20
	主营成本(万元)	145899.83	309145.33	133102.91	201304.46
	营业成本(万元)	149384.25	310043.60	133556.38	203792.33
	投资收益(万元)	-19.04	-370.47	54.32	150.73
	净利润(万元)	6089.37	12936.68	6442.59	12630.64
	利润总额(万元)	8485.80	15268.57	7815.36	15191.16

深圳市齐心文具股份有限公司

公司概况	公司名称	深圳市齐心文具股份有限公司			证券简称	齐心文具
	法人代表	陈钦鹏	董秘	沈焰雷	证券代码	002301
	公司网址	www.comix.com.cn		电子信箱	stock@comix.com.cn	
	电　话	0755-83679273 83002400		传　真	0755-83002300	
	办公地址	广东省深圳市南山区深南大道高新科技园W2-A7楼				
	经营范围	文件管理用品、办公设备、桌面文具等综合办公用品的研发、生产、销售				

	指标\报告期	2012.06.30	2011.12.31	2011.06.30	2010.12.31
主要财务指标	基本每股收益(元)	0.2100	0.3500	0.1900	0.2700
	基本每股收益(扣除后)(元)	0.2000	0.2900	0.1700	0.1700
	每股净资产(元)	5.7900	5.5800	5.3500	5.1600
	每股经营现金净流量(元)	-0.1924	0.3640	0.0751	0.4440
	每股现金流量(元)	-1.0382	0.2441	-0.0773	-0.2500
	每股资本公积金(元)	3.1180	3.1132	2.9957	2.9957
	每股盈余公积金(元)	0.1544	0.1544	0.1248	0.1248
	每股未分配利润(元)	1.5366	1.3296	1.2379	1.0438
	净资产收益率(%)	3.5600	6.1840	3.3600	5.2430
	加权净资产收益率(%)	3.6400	6.5700	3.6900	5.2600
	净资产收益率(扣除)(%)	–	–	–	–
	总资产(万元)	147643.62	141039.96	126167.98	126548.70
	归属母公司股东权益(万元)	111037.97	106986.29	99884.72	96362.96
	主营业务收入(万元)	64976.61	110358.95	44472.36	88573.08
	营业收入(万元)	65067.55	112878.86	44508.98	91070.92
	主营成本(万元)	–	–	–	67614.16
	营业成本(万元)	50857.29	87271.85	32335.92	69934.61
	投资收益(万元)	–	42.07	20.74	0.61
	净利润(万元)	3995.49	6421.83	3504.14	5078.93
	利润总额(万元)	4525.60	7273.74	3868.31	5044.63

新疆西部建设股份有限公司

公司概况	公司名称	新疆西部建设股份有限公司			证券简称	西部建设
	法人代表	徐建林	董秘	林彬	证券代码	002302
	公司网址	www.west-construction.com		电子信箱	lb@xbjs.net	
	电　话	0991-8853519 8853208		传　真	0991-8851791	
	办公地址	新疆维吾尔自治区乌鲁木齐市西虹东路456号腾飞大厦12楼				
	经营范围	预拌混凝土的生产和销售				

	指标\报告期	2012.06.30	2011.12.31	2011.06.30	2010.12.31
主要财务指标	基本每股收益(元)	0.0900	0.5300	0.1400	0.5100
	基本每股收益(扣除后)(元)	0.0900	0.5300	0.1400	0.4800
	每股净资产(元)	5.3200	5.2300	4.8400	4.7000
	每股经营现金净流量(元)	-0.1507	0.3759	-0.4183	0.3880
	每股现金流量(元)	-0.4219	0.2934	0.8373	-1.0279
	每股资本公积金(元)	1.9045	1.9045	1.9045	1.9045
	每股盈余公积金(元)	0.3604	0.3604	0.3334	0.3338
	每股未分配利润(元)	2.0579	1.9684	1.6037	1.4656
	净资产收益率(%)	1.6800	10.1160	2.6100	10.8649
	加权净资产收益率(%)	1.7000	10.6600	2.8300	11.2000
	净资产收益率(扣除)(%)	–	–	–	–
	总资产(万元)	286059.67	243172.37	235162.34	154841.00
	归属母公司股东权益(万元)	111777.91	109897.89	101673.04	98780.35
	主营业务收入(万元)	74907.76	210051.52	69169.70	136275.28
	营业收入(万元)	75006.63	210178.01	69239.36	136451.19
	主营成本(万元)	64714.43	177144.21	59761.78	115043.87
	营业成本(万元)	64748.31	177216.75	59795.64	115142.26
	投资收益(万元)	–	-74.52	–	–
	净利润(万元)	2653.70	12316.70	3117.36	11688.57
	利润总额(万元)	3469.56	16167.07	4327.88	13232.54

深圳市美盈森环保科技股份有限公司

公司概况						
公司名称	深圳市美盈森环保科技股份有限公司			证券简称	美盈森	
法人代表	王海鹏	董秘	黄琳	证券代码	002303	
公司网址	www.szmys.com		电子信箱	mys.stock@szmys.com		
电　　话	0755-29751877		传　　真	0755-28234302		
办公地址	广东省深圳市宝安区光明新陂头村美盈森厂区 A 栋					
经营范围	纸箱、木箱的生产及销售、轻型环保包装制品、重型环保包装制品					

主要财务指标 指标\报告期	2012.06.30	2011.12.31	2011.06.30	2010.12.31
基本每股收益(元)	0.2296	0.5924	0.4395	0.7969
基本每股收益(扣除后)(元)	0.2400	0.5075	0.3848	0.7947
每股净资产(元)	9.7460	9.5156	9.3650	9.2289
每股经营现金净流量(元)	0.2696	0.1970	0.3200	0.7368
每股现金流量(元)	−0.2665	−2.6605	−1.4657	−1.7379
每股资本公积金(元)	5.8904	5.8904	5.8904	5.8904
每股盈余公积金(元)	0.2955	0.2955	0.2296	0.2296
每股未分配利润(元)	2.5669	2.3373	2.2504	2.1109
净资产收益率(%)	2.3600	6.2260	4.6900	8.6351
加权净资产收益率(%)	2.3800	6.3500	4.7000	9.0200
净资产收益率(扣除)(%)	–	–	–	–
总资产(万元)	201926.32	199664.63	203664.47	199417.26
归属母公司股东权益(万元)	174258.38	170138.42	167446.26	165013.53
主营业务收入(万元)	45942.13	83450.60	39053.82	72645.85
营业收入(万元)	46355.30	84010.88	39267.85	72874.13
主营成本(万元)	34595.13	57448.71	25221.25	46893.14
营业成本(万元)	34596.52	57448.71	25221.25	46893.14
投资收益(万元)	–	–	–	–
净利润(万元)	4105.67	10592.16	7858.66	14249.05
利润总额(万元)	4978.06	12588.73	9399.66	16715.53

江苏洋河酒厂股份有限公司

公司概况						
公司名称	江苏洋河酒厂股份有限公司			证券简称	洋河股份	
法人代表	张雨柏	董秘	丛学年	证券代码	002304	
公司网址	www.chinayanghe.com		电子信箱	yanghe002304@vip.163.com		
电　　话	025-52489218		传　　真	025-52489218		
办公地址	江苏省宿迁市洋河中大街 118 号					
经营范围	洋河蓝色经典、洋河大曲、敦煌古酿等系列品牌浓香型白酒的生产、加工和销售					

主要财务指标 指标\报告期	2012.06.30	2011.12.31	2011.06.30	2010.12.31
基本每股收益(元)	2.9400	4.4700	1.6800	2.4500
基本每股收益(扣除后)(元)	2.8800	4.4500	1.6800	2.4500
每股净资产(元)	10.8500	10.9900	8.5400	15.3800
每股经营现金净流量(元)	2.6418	6.1745	2.1802	8.5328
每股现金流量(元)	−1.3482	0.2376	−0.9224	4.9057
每股资本公积金(元)	1.2283	1.6739	1.6739	5.6809
每股盈余公积金(元)	0.3744	0.4493	0.2500	0.5000
每股未分配利润(元)	8.2440	7.8663	5.6133	8.1957
净资产收益率(%)	27.0900	40.6550	23.6100	31.8620
加权净资产收益率(%)	28.2100	49.1600	24.3400	37.1300
净资产收益率(扣除)(%)	–	–	–	–
总资产(万元)	1936739.42	1888317.06	1219969.82	1148007.05
归属母公司股东权益(万元)	1171444.14	989055.49	768345.28	691947.94
主营业务收入(万元)	921809.65	1257961.70	611239.32	754761.85
营业收入(万元)	930977.24	1274092.17	617174.39	761909.27
主营成本(万元)	348430.84	519278.59	259772.01	326070.47
营业成本(万元)	356564.42	532936.62	264697.72	332859.47
投资收益(万元)	5822.69	1199.60	–	–
净利润(万元)	317229.55	413660.82	192919.13	229869.05
利润总额(万元)	423893.38	553071.75	258626.21	307621.67

武汉南国置业股份有限公司

公司概况						
公司名称	武汉南国置业股份有限公司			证券简称	南国置业	
法人代表	许晓明	董秘	谭永忠	证券代码	002305	
公司网址	www.langold.com.cn		电子信箱	ir@langold.com.cn		
电　　话	027-83983726 83988055		传　　真	027-83988055 83879100		
办公地址	湖北省武汉市汉口解放大道 387 号					
经营范围	房地产综合开发、商品房销售、租赁、物业管理					

主要财务指标 指标\报告期	2012.06.30	2011.12.31	2011.06.30	2010.12.31
基本每股收益(元)	0.0118	0.3100	0.0067	0.2000
基本每股收益(扣除后)(元)	0.0123	0.3000	0.0068	0.2000
每股净资产(元)	1.7400	1.8000	1.4900	1.5500
每股经营现金净流量(元)	0.2442	−0.8684	−0.3657	−1.0817
每股现金流量(元)	0.1925	−0.3293	−0.2520	0.6473
每股资本公积金(元)	0.0481	0.0481	0.0339	1.0677
每股盈余公积金(元)	0.0584	0.0584	0.0518	0.1036
每股未分配利润(元)	0.6297	0.6978	0.4049	0.9164
净资产收益率(%)	0.6800	16.9720	0.4500	12.9830
加权净资产收益率(%)	0.6600	18.4000	0.4400	13.7300
净资产收益率(扣除)(%)	–	–	–	–
总资产(万元)	605146.61	484826.04	388956.08	368709.92
归属母公司股东权益(万元)	166668.99	173213.33	143094.07	148210.37
主营业务收入(万元)	9242.06	101716.99	6060.68	66163.18
营业收入(万元)	9242.06	101794.47	6060.68	66163.18
主营成本(万元)	2706.22	40025.48	2261.52	25760.13
营业成本(万元)	2706.22	40025.48	2261.52	25760.13
投资收益(万元)	−86.12	74.28	–	–
净利润(万元)	1135.59	29396.15	643.43	19238.38
利润总额(万元)	2082.91	41574.97	900.12	25968.47

北京湘鄂情集团股份有限公司

公司概况						
公司名称	北京湘鄂情集团股份有限公司			证券简称	湘鄂情	
法人代表	孟凯	董秘	李强	证券代码	002306	
公司网址	www.xeq.com.cn		电子信箱	sec@bjxeq.com		
电　　话	010-88137599		传　　真	010-88137599		
办公地址	北京市海淀区定慧寺甲 2 号					
经营范围	提供融湘鄂情特色菜品与湘鄂情特色服务为一体的餐饮服务					

主要财务指标 指标\报告期	2012.06.30	2011.12.31	2011.06.30	2010.12.31
基本每股收益(元)	0.2900	0.4700	0.2500	0.2900
基本每股收益(扣除后)(元)	0.2600	0.4500	0.2460	0.2800
每股净资产(元)	3.0100	6.1400	5.9000	5.8300
每股经营现金净流量(元)	0.2179	1.4396	0.5533	0.5978
每股现金流量(元)	1.0902	−1.6602	−1.4630	−1.4067
每股资本公积金(元)	1.5861	4.1721	4.1443	4.3263
每股盈余公积金(元)	0.0864	0.1729	0.1280	0.1280
每股未分配利润(元)	0.3407	0.7990	0.6313	0.3783
净资产收益率(%)	6.2600	7.5790	4.3100	4.9740
加权净资产收益率(%)	6.2600	7.8400	4.3100	5.0200
净资产收益率(扣除)(%)	–	–	–	–
总资产(万元)	227323.21	172859.72	152703.36	139514.95
归属母公司股东权益(万元)	120529.25	122881.18	118071.07	116651.21
主营业务收入(万元)	66128.32	123206.76	60357.62	91955.11
营业收入(万元)	68811.01	123474.06	60532.04	92317.42
主营成本(万元)	18657.30	37959.62	19198.24	29413.07
营业成本(万元)	18695.62	38041.54	19248.72	30926.76
投资收益(万元)	21.77	212.73	0.70	–
净利润(万元)	7624.34	9385.45	5255.99	6218.22
利润总额(万元)	10068.08	13768.14	7425.96	9122.55

新疆北新路桥集团股份有限公司

公司概况	公司名称	新疆北新路桥集团股份有限公司			证券简称	北新路桥
	法人代表	朱建国	董秘	朱胜军	证券代码	002307
	公司网址	www.bxlq.com		电子信箱	zsj@xjbxlq.com	
	电话	0991-3631208 3631209		传真	0991-3631269	
	办公地址	新疆维吾尔自治区乌鲁木齐市高新区高新街217号盈科广场A座16-17层				
	经营范围	公路工程施工总承包一级、公路路面工程专业承包一级				

主要财务指标	指标\报告期	2012.06.30	2011.12.31	2011.06.30	2010.12.31
	基本每股收益(元)	0.0500	0.1300	0.1500	0.1600
	基本每股收益(扣除后)(元)	0.0400	0.0800	0.1400	0.0700
	每股净资产(元)	2.7800	2.7300	4.0700	4.1500
	每股经营现金净流量(元)	-0.3349	-0.0601	1.1988	-1.0646
	每股现金流量(元)	0.7434	0.4513	2.1901	-0.4163
	每股资本公积金(元)	1.0823	1.0823	1.7359	1.9051
	每股盈余公积金(元)	0.0804	0.0804	0.1658	0.1676
	每股未分配利润(元)	0.6131	0.5635	1.1644	1.0619
	净资产收益率(%)	1.7800	4.5150	2.4500	8.1960
	加权净资产收益率(%)	1.8000	6.5300	3.8000	8.4100
	净资产收益率(扣除)(%)	-	-	-	-
	总资产(万元)	501386.23	425151.29	408643.82	290430.69
	归属母公司股东权益(万元)	119054.17	116857.42	77177.26	78580.65
	主营业务收入(万元)	124943.88	285676.11	113022.80	244423.51
	营业收入(万元)	125499.60	289864.76	113494.72	247000.68
	主营成本(万元)	108692.74	251147.19	99305.75	216753.38
	营业成本(万元)	108779.70	254304.30	99834.16	217387.72
	投资收益(万元)	71.65	250.19	-21.92	3400.33
	净利润(万元)	2238.33	5334.34	2940.75	6377.80
	利润总额(万元)	2922.48	6909.06	3544.52	8326.79

广东威创视讯科技股份有限公司

公司概况	公司名称	广东威创视讯科技股份有限公司			证券简称	威创股份
	法人代表	何正宇	董秘	陈宇	证券代码	002308
	公司网址	www.vtron.com		电子信箱	irm@vtron.com	
	电话	020-22213431		传真	020-22213319	
	办公地址	广东省广州市高新技术产业开发区彩频路6号				
	经营范围	超高分辨率数字拼接墙系统、交互数字平台及相关软件的研发、生产、销售和服务				

主要财务指标	指标\报告期	2012.06.30	2011.12.31	2011.06.30	2010.12.31
	基本每股收益(元)	0.2000	0.4000	0.1600	0.3100
	基本每股收益(扣除后)(元)	0.1900	0.3900	0.1500	0.3000
	每股净资产(元)	2.8500	2.9000	2.6200	3.9000
	每股经营现金净流量(元)	0.0614	0.3763	0.0708	0.3066
	每股现金流量(元)	-0.2105	-0.0021	-0.0901	0.0823
	每股资本公积金(元)	1.1641	1.1641	1.1345	2.2017
	每股盈余公积金(元)	0.1219	0.1219	0.0816	0.1225
	每股未分配利润(元)	0.5608	0.6114	0.4053	0.5731
	净资产收益率(%)	7.0100	13.9040	5.9700	12.0900
	加权净资产收益率(%)	6.7500	14.7200	5.9000	12.6900
	净资产收益率(扣除)(%)	-	-	-	-
	总资产(万元)	216262.71	212527.33	190954.69	188439.98
	归属母公司股东权益(万元)	182582.51	185829.53	168136.51	166644.52
	主营业务收入(万元)	48107.62	89981.53	37680.83	72928.31
	营业收入(万元)	48354.31	90999.19	38090.12	74105.21
	主营成本(万元)	20375.04	37641.59	15718.61	31335.28
	营业成本(万元)	20375.04	37641.59	15718.61	31395.84
	投资收益(万元)	-	-	-	-
	净利润(万元)	12790.30	25838.52	10044.64	20147.55
	利润总额(万元)	14922.90	29761.96	11671.20	23178.70

中利科技集团股份有限公司

公司概况	公司名称	中利科技集团股份有限公司			证券简称	中利科技
	法人代表	王柏兴	董秘	胡常青	证券代码	002309
	公司网址	www.zhongli.com		电子信箱	zhonglidm@zhongli.com	
	电话	0512-52571118		传真	0512-52572288	
	办公地址	江苏省常熟市东南经济开发区常昆路8号				
	经营范围	电线、电缆、光缆、PVC电力电缆料、电源插头、电子接插件、电工机械设备等				

主要财务指标	指标\报告期	2012.06.30	2011.12.31	2011.06.30	2010.12.31
	基本每股收益(元)	0.2300	0.8600	0.2000	0.7800
	基本每股收益(扣除后)(元)	0.2200	0.9100	0.1700	0.7000
	每股净资产(元)	4.8700	4.7800	9.9300	10.8000
	每股经营现金净流量(元)	-0.6342	-3.0080	0.4379	-0.8598
	每股现金流量(元)	1.4526	-1.1562	-0.0249	-1.0659
	每股资本公积金(元)	2.0918	5.3225	6.1830	7.4564
	每股盈余公积金(元)	0.1221	0.2442	0.1828	0.1828
	每股未分配利润(元)	1.6781	2.9932	2.5631	2.1623
	净资产收益率(%)	4.6800	9.0530	3.6100	8.2380
	加权净资产收益率(%)	4.7400	8.1200	4.0400	7.9200
	净资产收益率(扣除)(%)	-	-	-	-
	总资产(万元)	1022171.38	750953.82	379314.06	387179.79
	归属母公司股东权益(万元)	234162.84	229495.83	238591.69	259562.03
	主营业务收入(万元)	267446.96	478653.88	193223.28	291572.97
	营业收入(万元)	267726.32	479879.81	194026.78	291872.03
	主营成本(万元)	219234.02	412618.27	167567.71	254523.50
	营业成本(万元)	219409.24	413585.59	160716.77	254766.88
	投资收益(万元)	790.08	2218.23	1420.80	2553.93
	净利润(万元)	12360.26	22208.87	7553.98	18595.75
	利润总额(万元)	15230.15	26221.27	9357.48	21808.49

北京东方园林股份有限公司

公司概况	公司名称	北京东方园林股份有限公司			证券简称	东方园林
	法人代表	何巧女	董秘	武建军	证券代码	002310
	公司网址	www.orientscape.com		电子信箱	orientlandscape@163.com	
	电话	010-52286666		传真	010-52288062	
	办公地址	北京市朝阳区北苑家园绣菊园7号楼				
	经营范围	主要从事园林环境景观设计和园林绿化工程施工				

主要财务指标	指标\报告期	2012.06.30	2011.12.31	2011.06.30	2010.12.31
	基本每股收益(元)	0.8100	2.9900	0.5700	1.7200
	基本每股收益(扣除后)(元)	0.8000	2.9900	0.5700	1.7100
	每股净资产(元)	7.3200	6.2300	10.2900	8.6100
	每股经营现金净流量(元)	-1.7680	-2.6363	-2.4307	-1.7239
	每股现金流量(元)	-0.5469	2.6293	-0.5965	-2.3037
	每股资本公积金(元)	2.5109	5.4450	4.8915	4.5775
	每股盈余公积金(元)	0.3013	0.6043	0.3240	0.3227
	每股未分配利润(元)	3.5040	5.4127	4.0703	2.7060
	净资产收益率(%)	11.0100	24.0198	11.0600	19.9535
	加权净资产收益率(%)	12.0200	29.6300	12.1400	21.9100
	净资产收益率(扣除)(%)	-	-	-	-
	总资产(万元)	504536.40	396214.04	272313.57	192753.81
	归属母公司股东权益(万元)	220476.47	187234.73	154538.19	129303.53
	主营业务收入(万元)	150926.57	291010.57	119441.08	145353.46
	营业收入(万元)	150926.57	291010.69	119441.08	145353.46
	主营成本(万元)	91066.29	183244.96	75299.74	96473.26
	营业成本(万元)	91066.29	183244.96	75299.74	96473.26
	投资收益(万元)	-29.61	161.48	217.47	555.34
	净利润(万元)	24580.42	45273.32	17226.68	25800.62
	利润总额(万元)	32340.63	58018.55	23462.62	33245.87

广东海大集团股份有限公司

公司概况	公司名称	广东海大集团股份有限公司			证券简称	海大集团
	法人代表	薛华	董秘	黄志健	证券代码	002311
	公司网址	www.haid.com.cn		电子信箱	zqbgs@haid.com.cn	
	电　　话	020-39388960		传　　真	020-39388958	
	办公地址	广东省广州市番禺区番禺大道北555号天安科技创新大厦213室				
	经营范围	饲料、添加剂的生产和技术开发、技术服务、畜牧、水产品的养殖等				

主要财务指标	指标\报告期	2012.06.30	2011.12.31	2011.06.30	2010.12.31
	基本每股收益(元)	0.2200	0.5900	0.1500	0.3600
	基本每股收益(扣除后)(元)	0.2200	0.5800	0.1400	0.3400
	每股净资产(元)	3.4300	4.2800	3.8900	7.5700
	每股经营现金净流量(元)	0.1584	0.9319	0.2431	-0.3154
	每股现金流量(元)	-0.4769	-0.1121	-0.7360	-1.8007
	每股资本公积金(元)	1.3434	2.0091	2.0155	5.0097
	每股盈余公积金(元)	0.0888	0.1154	0.0792	0.1584
	每股未分配利润(元)	0.9955	1.1564	0.7910	1.4036
	净资产收益率(%)	6.4600	13.8040	4.4200	9.5730
	加权净资产收益率(%)	6.5000	14.6700	4.8800	9.9500
	净资产收益率(扣除)(%)	-	-	-	-
	总资产(万元)	546160.42	422519.12	404263.66	328966.39
	归属母公司股东权益(万元)	259525.23	249272.84	226280.70	220472.50
	主营业务收入(万元)	628716.37	1195194.00	412816.55	768217.20
	营业收入(万元)	630753.06	1197572.19	414228.52	769769.23
	主营成本(万元)	568564.03	1086252.53	373181.35	702898.58
	营业成本(万元)	569113.98	1086714.23	373637.18	703303.89
	投资收益(万元)	1083.04	5126.15	2479.56	-594.17
	净利润(万元)	17643.48	36697.45	12600.87	22123.67
	利润总额(万元)	21492.15	46985.58	15536.23	27336.54

成都三泰电子实业股份有限公司

公司概况	公司名称	成都三泰电子实业股份有限公司			证券简称	三泰电子
	法人代表	补建	董秘	贾勇	证券代码	002312
	公司网址	www.isantai.com		电子信箱	jiayong@isantai.com#songhm@isantai.com	
	电　　话	028-87506876		传　　真	028-87506980	
	办公地址	四川省成都市金牛区高科技产业园区蜀西路42号				
	经营范围	生产、销售商用密码产品、安全技术防范等				

主要财务指标	指标\报告期	2012.06.30	2011.12.31	2011.06.30	2010.12.31
	基本每股收益(元)	0.0500	0.3000	0.0600	0.3000
	基本每股收益(扣除后)(元)	0.0300	0.2800	0.0500	0.2400
	每股净资产(元)	3.9900	3.8900	3.6500	5.3900
	每股经营现金净流量(元)	-0.7571	-0.2031	-0.8462	0.0072
	每股现金流量(元)	-0.4485	-0.1446	-0.9037	-2.4755
	每股资本公积金(元)	1.8424	1.6433	1.6433	2.9649
	每股盈余公积金(元)	0.1460	0.1530	0.1172	0.1757
	每股未分配利润(元)	0.9976	1.0966	0.8853	1.2451
	净资产收益率(%)	1.1600	7.7660	1.5200	8.2432
	加权净资产收益率(%)	1.2000	8.0800	1.5300	8.4900
	净资产收益率(扣除)(%)	-	-	-	-
	总资产(万元)	108940.38	104263.14	84853.35	89123.54
	归属母公司股东权益(万元)	74106.48	69078.48	64694.35	63713.77
	主营业务收入(万元)	23905.02	43433.48	16467.69	36803.43
	营业收入(万元)	24096.61	43865.32	16739.18	37318.82
	主营成本(万元)	15741.50	27636.57	10320.16	23799.03
	营业成本(万元)	15818.35	27819.50	10372.32	24059.03
	投资收益(万元)	-40.30	-20.18	-2.10	-
	净利润(万元)	830.16	5346.90	980.58	5252.05
	利润总额(万元)	916.50	5897.98	1011.83	5645.32

深圳日海通讯技术股份有限公司

公司概况	公司名称	深圳日海通讯技术股份有限公司			证券简称	日海通讯
	法人代表	王文生	董秘	彭健	证券代码	002313
	公司网址	www.sunseagroup.com		电子信箱	pengjian@sunseagroup.com	
	电　　话	0755-26616666 86185752		传　　真	0755-26030222	
	办公地址	广东省深圳市南山区科苑路清华信息港综合楼一层107号				
	经营范围	从事通讯产品的研发、生产经营通讯用配线设备、户外设施及相关集成				

主要财务指标	指标\报告期	2012.06.30	2011.12.31	2011.06.30	2010.12.31
	基本每股收益(元)	0.4600	1.4500	0.3200	1.0100
	基本每股收益(扣除后)(元)	0.4400	1.4200	0.3100	0.9700
	每股净资产(元)	7.8104	10.4158	9.5892	9.2600
	每股经营现金净流量(元)	-0.1498	-0.9192	-2.1794	0.6842
	每股现金流量(元)	3.6293	-3.3892	-2.5840	-0.3363
	每股资本公积金(元)	5.1069	5.9419	5.9419	5.9419
	每股盈余公积金(元)	0.1779	0.3559	0.2179	0.2179
	每股未分配利润(元)	1.8663	3.1180	2.4293	2.1013
	净资产收益率(%)	4.8800	13.9660	6.5500	10.8816
	加权净资产收益率(%)	8.4900	14.8200	6.5900	11.5000
	净资产收益率(扣除)(%)	-	-	-	-
	总资产(万元)	293604.37	171825.26	143393.14	143662.17
	归属母公司股东权益(万元)	187449.27	104158.14	95892.15	92611.43
	主营业务收入(万元)	80998.98	132914.71	53330.00	89778.26
	营业收入(万元)	81376.68	133311.21	53528.32	90151.54
	主营成本(万元)	53112.46	88295.74	36025.01	61233.44
	营业成本(万元)	53548.25	88933.87	36341.40	61871.52
	投资收益(万元)	-	-	-	-
	净利润(万元)	9056.01	14778.37	6252.73	10077.61
	利润总额(万元)	10522.49	17191.64	7333.74	11659.25

雅致集成房屋股份有限公司

公司概况	公司名称	雅致集成房屋股份有限公司			证券简称	雅致股份
	法人代表	田俊彦	董秘	刘定明	证券代码	002314
	公司网址	www.szyazhi.com		电子信箱	webmaster@szyazhi.com	
	电　　话	0755-61869088		传　　真	0755-33300718	
	办公地址	广东省深圳市南山区高新区南区科技南十二路007号九洲电器大厦五楼A室				
	经营范围	活动房屋、金属结构件、建筑材料、设备的生产、销售等				

主要财务指标	指标\报告期	2012.06.30	2011.12.31	2011.06.30	2010.12.31
	基本每股收益(元)	-0.0300	0.3600	0.2500	0.5000
	基本每股收益(扣除后)(元)	-0.0300	0.3500	0.2500	0.5000
	每股净资产(元)	6.5600	6.7900	6.6700	6.6700
	每股经营现金净流量(元)	-0.0714	0.2646	-0.2630	0.8397
	每股现金流量(元)	-0.5236	-0.2344	-0.8788	0.0013
	每股资本公积金(元)	3.9434	3.9434	3.9382	3.9382
	每股盈余公积金(元)	0.2900	0.2900	0.2212	0.2212
	每股未分配利润(元)	1.3222	1.5537	1.5109	1.5130
	净资产收益率(%)	-0.4800	5.2970	3.7200	7.5070
	加权净资产收益率(%)	-0.4700	5.3400	3.6500	7.6600
	净资产收益率(扣除)(%)	-	-	-	-
	总资产(万元)	425038.90	429391.50	358515.28	337565.85
	归属母公司股东权益(万元)	190112.97	196826.16	193439.39	193498.98
	主营业务收入(万元)	117179.58	246781.45	120793.87	224123.87
	营业收入(万元)	117179.58	246781.45	120793.87	224123.87
	主营成本(万元)	93697.45	193884.21	93963.76	168687.87
	营业成本(万元)	93697.45	193884.21	93963.76	168687.87
	投资收益(万元)	-	-	-	109.85
	净利润(万元)	-580.87	11481.07	7886.67	16726.49
	利润总额(万元)	651.43	15272.59	10295.28	20548.37

焦点科技股份有限公司

公司概况					
公司名称	焦点科技股份有限公司			证券简称	焦点科技
法人代表	沈锦华	董秘	顾军	证券代码	002315
公司网址	www.focuschina.com		电子信箱	zqb@made-in-china.com	
电　　话	025-86991866		传　　真	025-58694317	
办公地址	江苏省南京市南京高新技术产业开发区星火路软件大厦A座12F				
经营范围	综合型第三方B2B电子商务平台、专注服务于全球贸易领域				

主要财务指标：指标\报告期	2012.06.30	2011.12.31	2011.06.30	2010.12.31
基本每股收益(元)	0.5000	1.3900	0.6300	1.2800
基本每股收益(扣除后)(元)	0.4800	1.2200	0.5800	1.1800
每股净资产(元)	13.5000	13.7820	13.0600	13.2350
每股经营现金净流量(元)	0.3222	1.6038	0.6603	2.1534
每股现金流量(元)	-2.0183	0.6346	-0.2175	1.0629
每股资本公积金(元)	9.8382	9.8338	9.8338	9.8338
每股盈余公积金(元)	0.4487	0.4487	0.3006	0.3006
每股未分配利润(元)	2.2156	2.5116	1.8984	2.0717
净资产收益率(%)	3.6300	10.0718	4.7200	9.6690
加权净资产收益率(%)	3.6300	10.3600	4.7200	10.1400
净资产收益率(扣除)(%)	-	-	-	-
总资产(万元)	182920.39	186015.89	175018.50	177110.43
归属母公司股东权益(万元)	158595.14	161935.26	153416.80	155511.14
主营业务收入(万元)	22203.41	42441.84	20365.34	33110.75
营业收入(万元)	22327.91	42673.67	20471.64	33293.64
主营成本(万元)	6358.49	9038.07	3738.05	5044.21
营业成本(万元)	6413.14	9141.40	3789.72	5145.59
投资收益(万元)	33.58	-1.44	-	-
净利润(万元)	5828.39	16312.71	7353.85	15031.55
利润总额(万元)	7026.17	19363.17	8722.70	16715.98

深圳键桥通讯技术股份有限公司

公司概况					
公司名称	深圳键桥通讯技术股份有限公司			证券简称	键桥通讯
法人代表	叶琼	董秘	夏明荣	证券代码	002316
公司网址	www.keybridge.com.cn		电子信箱	keybridge@keybridge.com.cn	
电　　话	0755-26551650		传　　真	0755-26635033	
办公地址	广东省深圳市南山区深南路高新技术工业村R3A-6层				
经营范围	专网通讯技术解决方案业务的服务商				

主要财务指标：指标\报告期	2012.06.30	2011.12.31	2011.06.30	2010.12.31
基本每股收益(元)	0.0514	0.1800	0.0496	0.2100
基本每股收益(扣除后)(元)	0.0397	0.1800	0.0494	0.2000
每股净资产(元)	3.8600	3.8400	5.2200	5.1700
每股经营现金净流量(元)	0.1119	-0.4884	-0.7310	-0.1832
每股现金流量(元)	-0.3105	-0.5055	-0.7383	-0.6282
每股资本公积金(元)	1.8661	1.8661	3.0143	3.0143
每股盈余公积金(元)	0.0995	0.0995	0.1185	0.1185
每股未分配利润(元)	0.8987	0.8716	1.0905	1.0375
净资产收益率(%)	2.0000	4.7180	1.9700	5.5600
加权净资产收益率(%)	1.9900	4.8000	1.9700	5.6800
净资产收益率(扣除)(%)	-	-	-	-
总资产(万元)	129053.57	126437.47	115649.70	113466.04
归属母公司股东权益(万元)	84398.05	83804.76	81482.79	80656.57
主营业务收入(万元)	17761.69	35647.20	12146.32	27321.14
营业收入(万元)	17761.69	35647.20	12146.32	27321.14
主营成本(万元)	11083.90	20690.41	6661.34	16131.92
营业成本(万元)	11083.90	20690.41	6661.34	16131.92
投资收益(万元)	0.78	-54.23	0.27	-152.33
净利润(万元)	1685.66	3894.71	1567.21	4452.80
利润总额(万元)	1911.11	4471.73	1866.66	4968.17

广东众生药业股份有限公司

公司概况					
公司名称	广东众生药业股份有限公司			证券简称	众生药业
法人代表	张绍日	董秘	周雪莉	证券代码	002317
公司网址	www.zspcl.com		电子信箱	zqb@zspcl.com	
电　　话	0769-86188130		传　　真	0769-86188082	
办公地址	广东省东莞市石龙镇西湖工业区信息产业园				
经营范围	主要从事药品的研发、生产与销售				

主要财务指标：指标\报告期	2012.06.30	2011.12.31	2011.06.30	2010.12.31
基本每股收益(元)	0.4700	0.8400	0.4200	0.7300
基本每股收益(扣除后)(元)	0.4600	0.8100	0.3900	0.6900
每股净资产(元)	8.2700	8.2100	7.7900	11.5600
每股经营现金净流量(元)	0.2615	0.3920	0.2181	0.6159
每股现金流量(元)	-0.2124	-0.8805	-0.8082	-0.4605
每股资本公积金(元)	5.1474	5.1474	5.1474	8.2211
每股盈余公积金(元)	0.2887	0.2887	0.2197	0.3295
每股未分配利润(元)	1.8370	1.7706	1.4252	2.0049
净资产收益率(%)	5.6100	10.1910	5.4100	9.4840
加权净资产收益率(%)	5.6100	10.5900	5.4100	9.8600
净资产收益率(扣除)(%)	-	-	-	-
总资产(万元)	159896.06	156973.08	151251.63	148218.76
归属母公司股东权益(万元)	148914.70	147719.44	140259.95	138665.69
主营业务收入(万元)	41406.30	74601.99	35847.24	63849.29
营业收入(万元)	41635.33	75064.38	35975.16	64071.48
主营成本(万元)	15256.09	26764.97	13077.46	23328.10
营业成本(万元)	15488.75	27238.84	13165.81	23475.41
投资收益(万元)	-	-	-	-
净利润(万元)	8395.27	15053.75	7594.26	13151.01
利润总额(万元)	9940.53	17515.21	9012.64	15315.23

浙江久立特材科技股份有限公司

公司概况					
公司名称	浙江久立特材科技股份有限公司			证券简称	久立特材
法人代表	周志江	董秘	郑杰英	证券代码	002318
公司网址	www.jiuli.com		电子信箱	jlgf@jiuli.com	
电　　话	0572-7362041 7362125		传　　真	0572-3620799	
办公地址	浙江省湖州市镇西				
经营范围	工业用不锈钢无缝管、不锈钢焊接管的生产、销售				

主要财务指标：指标\报告期	2012.06.30	2011.12.31	2011.06.30	2010.12.31
基本每股收益(元)	0.2400	0.5400	0.1900	0.3500
基本每股收益(扣除后)(元)	0.2200	0.4700	0.1700	0.3200
每股净资产(元)	4.8700	7.2300	6.8300	6.6400
每股经营现金净流量(元)	0.0740	-0.3988	-0.9476	0.2775
每股现金流量(元)	-0.2647	-0.1403	-0.4041	-1.9474
每股资本公积金(元)	2.2700	3.9333	3.9333	3.9333
每股盈余公积金(元)	0.1117	0.1675	0.1291	0.1291
每股未分配利润(元)	1.4878	1.9780	1.7647	1.5773
净资产收益率(%)	4.8400	7.6070	4.1800	5.3020
加权净资产收益率(%)	4.8000	7.8600	4.2100	5.4200
净资产收益率(扣除)(%)	-	-	-	-
总资产(万元)	287512.44	261563.81	238929.51	194787.39
归属母公司股东权益(万元)	151909.75	150321.21	141994.03	138098.51
主营业务收入(万元)	124039.14	199105.31	100369.75	156482.61
营业收入(万元)	128815.59	216157.57	109995.26	178429.93
主营成本(万元)	98867.91	-	82629.91	132825.14
营业成本(万元)	103607.07	181683.30	89540.99	154528.05
投资收益(万元)	280.76	790.61	279.78	172.31
净利润(万元)	7562.95	12119.79	6824.46	8341.21
利润总额(万元)	8973.85	13498.28	7547.23	9172.49

珠海市乐通化工股份有限公司

公司概况	公司名称	珠海市乐通化工股份有限公司		证券简称	乐通股份
	法人代表	张彬贤	董秘 李华	证券代码	002319
	公司网址	www.letongink.com		电子信箱	lt@letongink.com
	电　　话	0756-3383338		传　　真	0756-3383339
	办公地址	广东省珠海市金鼎官塘乐通工业园			
	经营范围	生产和销售自产的各类油墨、涂料及相关配套产品			

主要财务指标	指标\报告期	2012.06.30	2011.12.31	2011.06.30	2010.12.31
	基本每股收益(元)	0.0900	0.1800	0.1100	0.3200
	基本每股收益(扣除后)(元)	0.0900	0.1600	0.0900	0.3100
	每股净资产(元)	5.3000	5.2200	5.1100	5.0900
	每股经营现金净流量(元)	0.7234	-0.3614	-0.4605	-0.5418
	每股现金流量(元)	-0.2647	-0.9493	-0.7666	-1.1162
	每股资本公积金(元)	2.9110	2.9110	2.9110	2.9110
	每股盈余公积金(元)	0.1381	0.1381	0.1126	0.1126
	每股未分配利润(元)	1.1677	1.0807	1.0307	1.0235
	净资产收益率(%)	1.6400	3.5017	2.1000	6.2630
	加权净资产收益率(%)	1.6500	3.5600	2.0800	6.3000
	净资产收益率(扣除)(%)	-	-	-	-
	总资产(万元)	76402.82	76681.35	70709.84	69696.11
	归属母公司股东权益(万元)	53030.54	52184.30	51100.15	50879.29
	主营业务收入(万元)	22509.05	53472.24	26639.18	46792.00
	营业收入(万元)	23020.39	53839.39	27006.11	47064.79
	主营成本(万元)	17603.64	43677.93	22167.34	36071.06
	营业成本(万元)	17988.56	43858.75	22236.31	36184.53
	投资收益(万元)	-	-	-	-
	净利润(万元)	877.55	1581.15	926.29	3169.27
	利润总额(万元)	1066.73	1624.93	1166.64	3815.05

海南海峡航运股份有限公司

公司概况	公司名称	海南海峡航运股份有限公司		证券简称	海峡股份
	法人代表	林毅	董秘 周乃均	证券代码	002320
	公司网址	www.hnss.net.cn		电子信箱	hxhy@hnhaixia.com
	电　　话	0898-68612566 68615335		传　　真	0898-68615225
	办公地址	海南省海口市滨海大道东方洋大厦七楼			
	经营范围	国内沿海及近洋汽车、旅客运输、物流、旅游投资、房地产投资			

主要财务指标	指标\报告期	2012.06.30	2011.12.31	2011.06.30	2010.12.31
	基本每股收益(元)	0.2400	0.6300	0.3200	0.5700
	基本每股收益(扣除后)(元)	0.2000	0.5800	0.2800	0.5600
	每股净资产(元)	4.3200	5.7000	5.4900	8.7200
	每股经营现金净流量(元)	0.2601	0.7035	0.4652	1.0659
	每股现金流量(元)	-0.1616	0.0900	-0.0248	-0.2835
	每股资本公积金(元)	2.3853	3.4009	3.4009	6.0414
	每股盈余公积金(元)	0.2247	0.2921	0.2291	0.3666
	每股未分配利润(元)	0.7112	1.0108	0.8564	1.3117
	净资产收益率(%)	5.5900	11.0270	7.5000	10.5160
	加权净资产收益率(%)	5.4800	11.2800	7.2800	10.8500
	净资产收益率(扣除)(%)	-	-	-	-
	总资产(万元)	193354.64	192659.45	185589.57	182397.28
	归属母公司股东权益(万元)	184033.47	186855.91	179735.31	178535.48
	主营业务收入(万元)	32318.34	64376.50	36037.41	60007.56
	营业收入(万元)	32347.72	64419.35	36053.76	60042.67
	主营成本(万元)	18335.77	34226.06	17138.26	31384.38
	营业成本(万元)	18348.88	31445.56	17140.19	31408.26
	投资收益(万元)	-	-	-	1.96
	净利润(万元)	10247.33	20571.15	13484.83	18775.37
	利润总额(万元)	13717.12	27182.81	17765.61	24092.03

河南华英农业发展股份有限公司

公司概况	公司名称	河南华英农业发展股份有限公司		证券简称	华英农业
	法人代表	曹家富	董秘 李远平	证券代码	002321
	公司网址	www.hua-ying.com		电子信箱	lyping361@sohu.com
	电　　话	0376-3119896		传　　真	0376-3931030
	办公地址	河南省信阳市潢川县跃进东路308号			
	经营范围	种禽养殖孵化、禽苗销售、商品禽养殖、屠宰加工及其制品的生产与销售、饲料加工			

主要财务指标	指标\报告期	2012.06.30	2011.12.31	2011.06.30	2010.12.31
	基本每股收益(元)	0.1260	0.5800	0.2210	0.3800
	基本每股收益(扣除后)(元)	0.0860	0.4060	0.1970	0.3190
	每股净资产(元)	3.4200	6.7900	6.4320	6.4110
	每股经营现金净流量(元)	0.0227	1.7890	0.3109	0.2252
	每股现金流量(元)	0.6859	-2.0571	-0.9095	-1.3022
	每股资本公积金(元)	1.4546	3.9093	3.9093	3.9093
	每股盈余公积金(元)	0.1333	0.2666	0.2294	0.2294
	每股未分配利润(元)	0.8309	1.6151	1.2933	1.2726
	净资产收益率(%)	2.0000	8.5350	3.4400	6.0020
	加权净资产收益率(%)	2.0000	8.8500	3.4400	6.1500
	净资产收益率(扣除)(%)	-	-	-	-
	总资产(万元)	265101.88	234043.46	229668.96	227981.81
	归属母公司股东权益(万元)	100514.81	99826.94	94549.77	94246.28
	主营业务收入(万元)	87136.39	168019.40	74699.07	129903.74
	营业收入(万元)	87322.67	168587.87	74986.36	130332.02
	主营成本(万元)	79119.53	148696.77	66493.88	114608.65
	营业成本(万元)	79240.52	149026.65	66621.87	114862.60
	投资收益(万元)	-57.48	-106.64	-44.66	-13.33
	净利润(万元)	2190.80	8682.93	3321.20	5517.36
	利润总额(万元)	2198.60	8782.47	3409.22	5459.82

宁波理工监测科技股份有限公司

公司概况	公司名称	宁波理工监测科技股份有限公司		证券简称	理工监测
	法人代表	周方洁	董秘 李雪会	证券代码	002322
	公司网址	www.lgom.com.cn		电子信箱	ir@lgom.com.cn
	电　　话	0574-86821166		传　　真	0574-86995616
	办公地址	浙江省宁波市北仑保税南区曹娥江路22号			
	经营范围	电力高压设备在线监测产品的开发、生产和销售			

主要财务指标	指标\报告期	2012.06.30	2011.12.31	2011.06.30	2010.12.31
	基本每股收益(元)	0.1800	1.2100	0.1100	1.0200
	基本每股收益(扣除后)(元)	0.1700	0.9600	0.1000	0.8500
	每股净资产(元)	7.2300	14.1200	13.1400	13.2100
	每股经营现金净流量(元)	-0.1241	0.6811	0.0620	-0.0835
	每股现金流量(元)	0.0012	-0.0317	-0.8730	-2.5681
	每股资本公积金(元)	4.2926	9.1822	9.1822	9.1822
	每股盈余公积金(元)	0.2119	0.4468	0.3353	0.3353
	每股未分配利润(元)	1.7276	3.4868	2.6188	2.6909
	净资产收益率(%)	2.3400	8.5530	1.7300	7.6902
	加权净资产收益率(%)	2.4800	8.8900	1.7300	7.8500
	净资产收益率(扣除)(%)	-	-	-	-
	总资产(万元)	105913.39	101583.39	93065.98	94079.39
	归属母公司股东权益(万元)	101727.17	94152.52	87619.52	88100.44
	主营业务收入(万元)	11430.16	20900.61	6811.84	15521.42
	营业收入(万元)	11934.86	24281.79	9869.40	18151.92
	主营成本(万元)	3612.02	5889.89	1694.29	4638.26
	营业成本(万元)	3678.96	8998.83	4589.92	7084.97
	投资收益(万元)	-	-16.54	-	653.12
	净利润(万元)	2317.78	8009.79	1495.28	6618.73
	利润总额(万元)	2697.05	9289.03	1892.61	7484.91

江苏中联电气股份有限公司

公司概况	公司名称	江苏中联电气股份有限公司			证券简称	中联电气
	法人代表	季奎余	董秘	刘元玲	证券代码	002323
	公司网址	www.zl-electronic.com		电子信箱	jszldq@163.com	
	电　　话	0515-88448188		传　　真	0515-88449688	
	办公地址	江苏省盐城市青年西路 88 号				
	经营范围	矿用隔爆型移动变电站、干式变压器的开发、生产、销售等				

主要财务指标	指标\报告期	2012.06.30	2011.12.31	2011.06.30	2010.12.31
	基本每股收益(元)	0.2757	0.6319	0.3049	0.6473
	基本每股收益(扣除后)(元)	0.2278	0.5861	0.2783	0.6291
	每股净资产(元)	10.1700	10.4900	10.4600	10.1600
	每股经营现金净流量(元)	0.0571	0.2932	0.3006	0.0502
	每股现金流量(元)	-0.8486	-1.2379	-0.4116	-1.6904
	每股资本公积金(元)	7.0615	7.0615	7.0615	7.0615
	每股盈余公积金(元)	0.3329	0.3329	0.2697	0.2697
	每股未分配利润(元)	1.7717	2.0960	2.1321	1.8273
	净资产收益率(%)	2.7100	6.0230	2.9100	6.3720
	加权净资产收益率(%)	2.6200	6.1400	2.9600	6.4500
	净资产收益率(扣除)(%)	-	-	-	-
	总资产(万元)	92633.25	94101.68	93522.59	89116.89
	归属母公司股东权益(万元)	84134.07	86817.71	86594.18	84071.18
	主营业务收入(万元)	13660.86	25886.45	12276.96	22934.76
	营业收入(万元)	13992.98	26315.06	12433.79	23359.22
	主营成本(万元)	9632.19	16920.15	8070.50	14700.94
	营业成本(万元)	13992.98	17095.39	8121.05	14955.82
	投资收益(万元)	-	-	-	-
	净利润(万元)	2281.96	5229.33	2523.00	5356.80
	利润总额(万元)	2685.00	6152.15	2968.24	6344.53

上海普利特复合材料股份有限公司

公司概况	公司名称	上海普利特复合材料股份有限公司			证券简称	普 利 特
	法人代表	周文	董秘	林义擎	证券代码	002324
	公司网址	www.pret.com.cn		电子信箱	dsh@pret.com.cn	
	电　　话	021-69210096		传　　真	021-51685255	
	办公地址	上海市青浦工业园区新业路 558 号				
	经营范围	汽车用改性塑料产品的生产、研发、销售和服务				

主要财务指标	指标\报告期	2012.06.30	2011.12.31	2011.06.30	2010.12.31
	基本每股收益(元)	0.2400	0.3300	0.2000	0.3700
	基本每股收益(扣除后)(元)	0.2300	0.2900	0.1700	0.3500
	每股净资产(元)	4.3300	4.1900	4.0600	7.8200
	每股经营现金净流量(元)	-0.0831	-0.2743	-0.2944	-0.3937
	每股现金流量(元)	-0.5400	-0.6200	-0.7396	1.4424
	每股资本公积金(元)	2.1143	2.1143	2.1099	5.2198
	每股盈余公积金(元)	0.1278	0.1278	0.0950	0.1900
	每股未分配利润(元)	1.0896	0.9484	0.8526	1.4102
	净资产收益率(%)	5.5700	7.7811	4.7200	9.5247
	加权净资产收益率(%)	5.6200	8.0700	4.9500	9.8000
	净资产收益率(扣除)(%)	-	-	-	-
	总资产(万元)	133504.45	132100.35	116044.81	119155.02
	归属母公司股东权益(万元)	116954.86	113143.03	109552.94	105570.99
	主营业务收入(万元)	53083.75	92623.71	46522.70	80740.02
	营业收入(万元)	53083.75	92623.71	46522.70	80740.02
	主营成本(万元)	41321.68	76721.06	38602.88	65865.04
	营业成本(万元)	41321.68	76721.06	38602.88	65865.04
	投资收益(万元)	-	-3.69	-	-
	净利润(万元)	6511.84	8803.82	5331.95	10055.33
	利润总额(万元)	7686.43	10375.27	6278.92	11823.93

深圳市洪涛装饰股份有限公司

公司概况	公司名称	深圳市洪涛装饰股份有限公司			证券简称	洪涛股份
	法人代表	刘年新	董秘	李庆平	证券代码	002325
	公司网址	www.szhongtao.cn		电子信箱	hongtao@szhongtao.cn	
	电　　话	0755-29999999-986 233		传　　真	0755-82264026	
	办公地址	广东省深圳市罗湖区泥岗西洪涛路 17 号				
	经营范围	承接酒店、剧院会场、写字楼、图书馆、医院、体育场馆等公共装饰工程的设计及施工				

主要财务指标	指标\报告期	2012.06.30	2011.12.31	2011.06.30	2010.12.31
	基本每股收益(元)	0.1700	0.6000	0.1000	0.4300
	基本每股收益(扣除后)(元)	0.1700	0.6000	0.1000	0.4300
	每股净资产(元)	2.9400	5.6600	5.0700	7.4200
	每股经营现金净流量(元)	-0.3830	-0.1284	-0.3636	-0.4497
	每股现金流量(元)	-0.6045	-0.3072	-0.3183	-1.0132
	每股资本公积金(元)	1.1080	3.1769	2.9462	4.9070
	每股盈余公积金(元)	0.0868	0.1736	0.1169	0.1753
	每股未分配利润(元)	0.7480	1.3082	1.0027	1.3420
	净资产收益率(%)	5.7400	10.4457	4.1100	8.7103
	加权净资产收益率(%)	5.8200	11.3800	4.1500	9.0700
	净资产收益率(扣除)(%)	-	-	-	-
	总资产(万元)	216738.10	199901.76	176716.34	168033.06
	归属母公司股东权益(万元)	135517.23	130292.59	113980.08	111364.74
	主营业务收入(万元)	122210.42	216740.60	86922.18	150795.55
	营业收入(万元)	122245.96	216772.94	86924.90	150828.06
	主营成本(万元)	102159.89	182241.26	74312.29	127028.38
	营业成本(万元)	102167.63	182255.89	74319.19	127043.15
	投资收益(万元)	-	-	-	-
	净利润(万元)	7779.09	13610.01	4682.50	9700.20
	利润总额(万元)	10361.49	17913.82	6136.75	12376.32

浙江永太科技股份有限公司

公司概况	公司名称	浙江永太科技股份有限公司			证券简称	永太科技
	法人代表	王莺妹	董秘	关辉	证券代码	002326
	公司网址	www.yongtaitech.com		电子信箱	guanhui@yongtaitech.com	
	电　　话	0576-85588006 85588960		传　　真	0576-85588006	
	办公地址	浙江省临海市化学原料药基地临海园区				
	经营范围	主要从事氟精细化学品的研发、生产和销售				

主要财务指标	指标\报告期	2012.06.30	2011.12.31	2011.06.30	2010.12.31
	基本每股收益(元)	0.1600	0.2700	0.1600	0.2400
	基本每股收益(扣除后)(元)	0.1400	0.2300	0.1500	0.2300
	每股净资产(元)	4.1000	3.9300	3.8300	6.6000
	每股经营现金净流量(元)	0.0855	-0.0319	-0.1009	-0.0234
	每股现金流量(元)	-0.2555	-0.8047	-0.2738	-2.5660
	每股资本公积金(元)	2.0366	2.0366	2.0366	4.4658
	每股盈余公积金(元)	0.1028	0.1028	0.0788	0.1418
	每股未分配利润(元)	0.9581	0.7947	0.7128	0.9965
	净资产收益率(%)	3.8100	6.7390	4.1600	6.6147
	加权净资产收益率(%)	3.8900	6.9700	4.1600	6.6600
	净资产收益率(扣除)(%)	-	-	-	-
	总资产(万元)	178335.87	166406.38	147391.51	123553.55
	归属母公司股东权益(万元)	98461.25	94536.84	91991.20	88165.91
	主营业务收入(万元)	37336.71	71597.78	31275.41	51073.13
	营业收入(万元)	38813.20	72575.92	31276.86	51103.49
	主营成本(万元)	28561.67	54997.15	22826.53	36368.17
	营业成本(万元)	29529.22	55572.86	22826.53	36398.53
	投资收益(万元)	614.19	1453.50	365.03	1.65
	净利润(万元)	3913.79	6366.59	3825.30	5831.89
	利润总额(万元)	4523.77	7386.75	4414.20	7042.91

深圳市富安娜家居用品股份有限公司

公司概况	公司名称	深圳市富安娜家居用品股份有限公司			证券简称	富安娜
	法人代表	林国芳	董秘	胡振超	证券代码	002327
	公司网址	www.fuanna.com.cn		电子信箱	huzhenchao@fuanna.com.cn	
	电话	0755-26064656 26055091		传真	0755-26055076	
	办公地址	广东省深圳市南山区南光路富安娜工业大厦				
	经营范围	套件、被芯、枕芯等床上用品及其他家纺产品的研发、设计、生产和销售				

	指标\报告期	2012.06.30	2011.12.31	2011.06.30	2010.12.31
主要财务指标	基本每股收益(元)	0.6800	1.5500	0.5300	0.9500
	基本每股收益(扣除后)(元)	0.6700	1.5000	0.5300	0.9600
	每股净资产(元)	8.4100	7.7000	9.0200	8.3500
	每股经营现金净流量(元)	0.1217	1.5812	0.8007	-0.4689
	每股现金流量(元)	-0.2872	-0.9784	-0.1909	-1.3990
	每股资本公积金(元)	4.2621	5.2837	5.2628	5.2375
	每股盈余公积金(元)	0.2984	0.3581	0.2391	0.2391
	每股未分配利润(元)	2.8498	2.6033	2.5166	1.8768
	净资产收益率(%)	8.4600	16.7170	7.3800	11.4220
	加权净资产收益率(%)	8.4600	17.4500	7.3800	11.7800
	净资产收益率(扣除)(%)	-	-	-	-
	总资产(万元)	165733.70	169313.31	145574.40	145075.42
	归属母公司股东权益(万元)	135135.98	123791.53	120758.23	111852.60
	主营业务收入(万元)	74880.95	142928.91	59789.39	103728.57
	营业收入(万元)	75847.81	145342.00	60758.81	106730.14
	主营成本(万元)	39617.68	74825.87	30492.61	54723.31
	营业成本(万元)	40469.26	76976.69	31303.99	57514.12
	投资收益(万元)	-	312.23	-	-
	净利润(万元)	10932.45	20693.88	8566.95	12775.78
	利润总额(万元)	14583.07	27223.64	11215.43	16122.02

上海新朋实业股份有限公司

公司概况	公司名称	上海新朋实业股份有限公司			证券简称	新朋股份
	法人代表	宋琳	董秘	汪培毅	证券代码	002328
	公司网址	www.xinpeng.com		电子信箱	peiyi.wang@xinpeng.com	
	电话	021-31166512 31275888		传真	021-31166513	
	办公地址	上海市青浦区华新镇华隆路1698号				
	经营范围	各类金属冲压钣金件和微型电机的生产				

	指标\报告期	2012.06.30	2011.12.31	2011.06.30	2010.12.31
主要财务指标	基本每股收益(元)	0.0500	0.2100	0.1500	0.5300
	基本每股收益(扣除后)(元)	0.0300	0.2100	0.1000	0.5200
	每股净资产(元)	4.6300	7.0200	6.9600	7.0200
	每股经营现金净流量(元)	0.2010	0.5118	0.0163	0.6111
	每股现金流量(元)	-0.1973	-1.0770	-1.0243	-0.9957
	每股资本公积金(元)	2.7061	4.5592	4.5592	4.5592
	每股盈余公积金(元)	0.0987	0.1481	0.1481	0.1481
	每股未分配利润(元)	0.8311	1.3288	1.2642	1.3161
	净资产收益率(%)	0.9800	3.0280	2.1100	7.4829
	加权净资产收益率(%)	0.9700	3.0400	2.1100	7.6100
	净资产收益率(扣除)(%)	-	-	-	-
	总资产(万元)	274441.77	270090.88	247971.88	239382.03
	归属母公司股东权益(万元)	208290.53	210725.63	208884.34	210546.00
	主营业务收入(万元)	70403.32	139071.23	65086.43	127099.68
	营业收入(万元)	70997.05	140890.08	66039.29	128153.18
	主营成本(万元)	61579.49	115445.34	53104.84	96955.09
	营业成本(万元)	62086.00	117270.70	53445.42	97351.68
	投资收益(万元)	-	-	-	-
	净利润(万元)	2273.58	6038.87	4271.84	15734.31
	利润总额(万元)	2808.06	7347.90	5391.19	18305.10

广西皇氏甲天下乳业股份有限公司

公司概况	公司名称	广西皇氏甲天下乳业股份有限公司			证券简称	皇氏乳业
	法人代表	黄嘉棣	董秘	何海晏	证券代码	002329
	公司网址	www.gxhsry.com		电子信箱	hsryhhy@126.com	
	电话	0771-3211086		传真	0771-3221828	
	办公地址	广西壮族自治区南宁市科园大道66号				
	经营范围	液态乳和液态乳制品的生产、加工、销售以及与此产业关联的奶牛养殖和牧草种植业务				

	指标\报告期	2012.06.30	2011.12.31	2011.06.30	2010.12.31
主要财务指标	基本每股收益(元)	0.0900	0.2754	0.1600	0.2660
	基本每股收益(扣除后)(元)	0.0400	0.2095	0.1300	0.2109
	每股净资产(元)	3.6800	3.7000	3.6000	6.9900
	每股经营现金净流量(元)	-0.1267	0.0229	0.0145	0.2534
	每股现金流量(元)	-0.2856	-0.5981	-0.2101	-2.0353
	每股资本公积金(元)	1.7486	1.7572	1.7813	4.5627
	每股盈余公积金(元)	0.1183	0.1183	0.0908	0.1816
	每股未分配利润(元)	0.8085	0.8208	0.7304	1.2457
	净资产收益率(%)	2.3900	7.4500	4.3700	7.6120
	加权净资产收益率(%)	2.3600	7.6400	4.4200	7.6700
	净资产收益率(扣除)(%)	-	-	-	-
	总资产(万元)	117242.85	109718.09	102512.93	92266.83
	归属母公司股东权益(万元)	78652.26	79099.92	77094.47	74792.78
	主营业务收入(万元)	33733.61	56875.01	22412.93	40397.50
	营业收入(万元)	33904.44	57243.58	22414.68	41102.26
	主营成本(万元)	21980.10	35399.23	13360.23	25116.41
	营业成本(万元)	22130.94	35751.39	13361.84	25779.16
	投资收益(万元)	17.00	48.93	-	35.57
	净利润(万元)	2346.21	6303.52	3353.01	5487.01
	利润总额(万元)	2631.02	6660.65	3644.09	5925.13

山东得利斯食品股份有限公司

公司概况	公司名称	山东得利斯食品股份有限公司			证券简称	得利斯
	法人代表	郑和平	董秘	郑镁钢	证券代码	002330
	公司网址	www.delisi.com.cn		电子信箱	wssc007@126.com	
	电话	0536-6339032 6339137		传真	0536-6339137	
	办公地址	山东省诸城市昌城镇驻地				
	经营范围	低温肉制品、酱卤肉制品及其他肉制品、蛋制品、速冻面米食品等				

	指标\报告期	2012.06.30	2011.12.31	2011.06.30	2010.12.31
主要财务指标	基本每股收益(元)	0.1134	0.1840	0.1494	0.1765
	基本每股收益(扣除后)(元)	0.1081	0.1320	0.0998	0.1167
	每股净资产(元)	5.0750	5.1620	5.1317	4.9823
	每股经营现金净流量(元)	0.0967	0.2331	0.4318	-0.1263
	每股现金流量(元)	-0.2162	-0.5622	0.0766	-1.9196
	每股资本公积金(元)	3.1399	3.1399	3.1442	3.1442
	每股盈余公积金(元)	0.0748	0.0748	0.0670	0.0670
	每股未分配利润(元)	0.8607	0.9473	0.9206	0.7712
	净资产收益率(%)	2.2300	3.5641	2.8900	3.5419
	加权净资产收益率(%)	2.1700	3.6300	2.9500	3.6200
	净资产收益率(扣除)(%)	-	-	-	-
	总资产(万元)	149403.90	153238.04	146458.35	144065.45
	归属母公司股东权益(万元)	127392.34	129565.35	128806.59	125056.45
	主营业务收入(万元)	88029.99	190746.60	92004.85	142666.22
	营业收入(万元)	88892.68	192528.00	92451.76	143659.18
	主营成本(万元)	76732.95	171887.64	81625.56	125274.46
	营业成本(万元)	77199.65	172946.08	81927.08	125805.79
	投资收益(万元)	-	-	-	-
	净利润(万元)	2742.69	4448.97	3682.89	4938.48
	利润总额(万元)	3449.31	5523.59	4276.43	6141.76

安徽皖通科技股份有限公司

公司概况

公司名称	安徽皖通科技股份有限公司			证券简称	皖通科技
法人代表	王中胜	董秘	陈新	证券代码	002331
公司网址	www.wantong-tech.net		电子信箱	wtkjfz@mail.hf.ah.cn	
电 话	0551-2969206 5318666		传 真	0551-2969207 5311668	
办公地址	安徽省合肥市高新区皖水路 589 号				
经营范围	计算机软件、硬件的开发、生产与销售、信息系统集成等				

主要财务指标

指标\报告期	2012.06.30	2011.12.31	2011.06.30	2010.12.31
基本每股收益(元)	0.1595	0.4134	0.1248	0.3358
基本每股收益(扣除后)(元)	0.1291	0.3488	0.1166	0.3221
每股净资产(元)	4.9000	4.8900	3.8800	6.5900
每股经营现金净流量(元)	-0.5585	0.6136	-0.0840	-0.4926
每股现金流量(元)	-0.8910	0.0356	-0.5578	-1.8466
每股资本公积金(元)	2.9739	2.9739	2.1749	4.3974
每股盈余公积金(元)	0.1168	0.1168	0.0949	0.1614
每股未分配利润(元)	0.8071	0.7976	0.6145	1.0324
净资产收益率(%)	3.2600	7.8650	3.2100	8.6610
加权净资产收益率(%)	3.2400	10.5100	3.2200	8.8700
净资产收益率(扣除)(%)	-	-	-	-
总资产(万元)	94058.05	92668.11	60687.99	55193.93
归属母公司股东权益(万元)	65585.87	65459.21	47155.60	47068.27
主营业务收入(万元)	25801.13	47451.35	13017.98	29022.56
营业收入(万元)	25821.59	47460.33	13017.98	29022.98
主营成本(万元)	19628.87	36812.54	9918.64	20791.18
营业成本(万元)	19643.60	36816.85	9918.64	20791.18
投资收益(万元)	-	-	-	-0.78
净利润(万元)	2205.71	5166.46	1506.26	4076.63
利润总额(万元)	2645.38	5869.81	1784.67	4768.51

浙江仙琚制药股份有限公司

公司概况

公司名称	浙江仙琚制药股份有限公司			证券简称	仙琚制药
法人代表	金敬德	董秘	张南	证券代码	002332
公司网址	www.xjpharma.com		电子信箱	dmb@xjpharma.com	
电 话	0576-87731138		传 真	0576-87774487	
办公地址	浙江省台州市仙居县仙药路 1 号				
经营范围	甾体原料药和制剂的研制、生产与销售				

主要财务指标

指标\报告期	2012.06.30	2011.12.31	2011.06.30	2010.12.31
基本每股收益(元)	0.2000	0.3900	0.1800	0.3500
基本每股收益(扣除后)(元)	0.2000	0.3700	0.1800	0.3500
每股净资产(元)	3.2600	3.2800	3.0700	3.2400
每股经营现金净流量(元)	-0.0420	0.4324	0.1356	0.4549
每股现金流量(元)	0.0131	-0.7432	-0.1394	-0.3616
每股资本公积金(元)	1.7055	1.7055	1.7066	1.7066
每股盈余公积金(元)	0.2216	0.2216	0.1938	0.1938
每股未分配利润(元)	0.3322	0.3511	0.1720	0.3397
净资产收益率(%)	6.1700	11.8720	5.5600	10.8630
加权净资产收益率(%)	6.0800	12.1600	5.6700	11.1900
净资产收益率(扣除)(%)	-	-	-	-
总资产(万元)	241251.93	201352.96	202605.05	182262.59
归属母公司股东权益(万元)	111270.65	111917.41	104894.24	110619.23
主营业务收入(万元)	92047.87	163709.57	78723.01	144504.29
营业收入(万元)	93293.55	168920.96	82428.11	150098.09
主营成本(万元)	56662.29	97614.70	49990.36	87941.87
营业成本(万元)	57318.65	100979.06	52721.11	92648.31
投资收益(万元)	582.58	1110.45	723.62	1745.88
净利润(万元)	6784.16	13203.36	5785.00	11461.09
利润总额(万元)	8629.80	16727.83	6846.88	14769.06

苏州罗普斯金铝业股份有限公司

公司概况

公司名称	苏州罗普斯金铝业股份有限公司			证券简称	罗普斯金
法人代表	吴明福	董秘	施健	证券代码	002333
公司网址	www.lpsk.com.cn		电子信箱	di02@lpsk.com.cn	
电 话	0512-65768211		传 真	0512-65498037	
办公地址	江苏省苏州市相城区阳澄湖中路 31 号				
经营范围	铝挤压材产品的研发、生产和销售				

主要财务指标

指标\报告期	2012.06.30	2011.12.31	2011.06.30	2010.12.31
基本每股收益(元)	0.1500	0.3500	0.1700	0.2600
基本每股收益(扣除后)(元)	0.1500	0.3500	0.1700	0.2700
每股净资产(元)	4.9900	4.9900	4.7900	4.7200
每股经营现金净流量(元)	0.1515	0.3495	0.1050	0.3086
每股现金流量(元)	-0.4090	-0.2707	-0.2547	-0.4380
每股资本公积金(元)	2.8161	2.8142	2.7917	2.7917
每股盈余公积金(元)	0.1416	0.1416	0.1073	0.1073
每股未分配利润(元)	1.0319	1.0295	0.8908	0.8240
净资产收益率(%)	3.0300	6.9146	3.5100	5.5891
加权净资产收益率(%)	3.0300	7.1900	3.5100	5.6300
净资产收益率(扣除)(%)	-	-	-	-
总资产(万元)	141513.56	139863.41	132204.37	132714.69
归属母公司股东权益(万元)	125911.96	125812.97	120166.40	118490.92
主营业务收入(万元)	52043.98	106951.66	50774.83	92616.73
营业收入(万元)	52043.98	110498.85	50774.83	96379.70
主营成本(万元)	43344.44	-	42082.51	-
营业成本(万元)	43344.44	92075.31	42082.51	79403.04
投资收益(万元)	-12.84	12.78	19.62	26.71
净利润(万元)	3845.64	8699.47	4184.29	6622.63
利润总额(万元)	4570.21	10251.48	4939.98	7855.05

深圳市英威腾电气股份有限公司

公司概况

公司名称	深圳市英威腾电气股份有限公司			证券简称	英威腾
法人代表	黄申力	董秘	鄢光敏	证券代码	002334
公司网址	www.invt.com.cn		电子信箱	sec@invt.com.cn	
电 话	0755-86312861 86312975		传 真	0755-86312975	
办公地址	广东省深圳市南山区龙井高发科技工业园 4 号厂房				
经营范围	高、中、低压变频器及伺服驱动器研发、制造和销售的高新技术企业				

主要财务指标

指标\报告期	2012.06.30	2011.12.31	2011.06.30	2010.12.31
基本每股收益(元)	0.1900	0.6400	0.2600	1.0000
基本每股收益(扣除后)(元)	0.1700	0.6000	0.2200	0.8000
每股净资产(元)	5.1400	5.0900	8.7500	8.2900
每股经营现金净流量(元)	-0.1637	0.0310	-0.0860	0.5318
每股现金流量(元)	-0.3924	-1.3685	-1.7475	5.9695
每股资本公积金(元)	2.8149	5.8669	5.6381	5.6381
每股盈余公积金(元)	0.1730	0.3114	0.2364	0.2364
每股未分配利润(元)	1.1503	1.9828	1.8806	1.4164
净资产收益率(%)	3.6500	7.0020	5.0700	11.4760
加权净资产收益率(%)	3.6700	7.0000	5.3000	12.6400
净资产收益率(扣除)(%)	-	-	-	-
总资产(万元)	131158.13	130212.13	126943.75	112933.93
归属母公司股东权益(万元)	112430.82	111380.32	106450.45	100818.01
主营业务收入(万元)	32023.48	68332.68	29851.04	50309.85
营业收入(万元)	33342.92	68980.83	29869.21	50382.65
主营成本(万元)	19395.23	40936.81	17691.91	29383.47
营业成本(万元)	19395.23	41258.91	17691.91	29411.99
投资收益(万元)	-	481.95	102.90	37.67
净利润(万元)	3459.39	7437.78	5473.67	11532.14
利润总额(万元)	3978.46	8808.14	6396.85	13156.14

厦门科华恒盛股份有限公司

公司概况	公司名称	厦门科华恒盛股份有限公司		证券简称	科华恒盛	
	法人代表	陈成辉	董秘	吴建文	证券代码	002335
	公司网址	www.kehua.com.cn		电子信箱	wujianwen@kehua.com	
	电　话	0592-5160516		传　真	0592-5162166	
	办公地址	福建省厦门市软件园二期望海路65号楼北楼				
	经营范围	信息设备用不间断电源产品和工业动力用不间断电源产品的研发、生产、销售和服务				

	指标\报告期	2012.06.30	2011.12.31	2011.06.30	2010.12.31
主要财务指标	基本每股收益(元)	0.1500	0.6900	0.1900	0.6100
	基本每股收益(扣除后)(元)	0.1300	0.6500	0.1900	0.5700
	每股净资产(元)	4.0700	5.6200	5.0400	10.3400
	每股经营现金净流量(元)	−0.2178	0.0336	−0.6540	0.9020
	每股现金流量(元)	−0.5505	−0.7830	−1.1649	6.0490
	每股资本公积金(元)	1.8027	2.9008	2.7082	6.4162
	每股盈余公积金(元)	0.1839	0.2574	0.1850	0.3700
	每股未分配利润(元)	1.0863	1.4580	1.1488	2.5542
	净资产收益率(%)	3.7300	12.1000	5.3900	11.4800
	加权净资产收益率(%)	3.7200	13.0900	5.2500	12.7300
	净资产收益率(扣除)(%)	–	–	–	–
	总资产(万元)	114632.77	121786.28	107347.18	111579.01
	归属母公司股东权益(万元)	91201.12	89839.51	78655.65	80655.34
	主营业务收入(万元)	36128.96	93507.74	36083.18	65612.15
	营业收入(万元)	36549.52	94238.79	36295.89	66188.74
	主营成本(万元)	25289.26	62955.48	22971.95	41709.16
	营业成本(万元)	25370.94	63075.73	23042.64	41826.40
	投资收益(万元)	−141.62	−240.50	−124.83	−69.07
	净利润(万元)	3401.91	10865.00	4232.84	9328.71
	利润总额(万元)	4226.56	12971.31	5228.06	10903.72

人人乐连锁商业集团股份有限公司

公司概况	公司名称	人人乐连锁商业集团股份有限公司		证券简称	人人乐	
	法人代表	何金明	董秘	何宏斌	证券代码	002336
	公司网址	www.renrenle.cn		电子信箱	hehongbin@renrenle.cn	
	电　话	0755-86058141		传　真	0755-26093560	
	办公地址	广东省深圳市南山区前海路心语家园裙楼二楼				
	经营范围	从事大卖场、综合超市及百货的连锁经营业务				

	指标\报告期	2012.06.30	2011.12.31	2011.06.30	2010.12.31
主要财务指标	基本每股收益(元)	−0.1444	0.4235	0.3835	0.6051
	基本每股收益(扣除后)(元)	−0.1786	0.4212	0.3909	0.6039
	每股净资产(元)	8.2600	8.9000	8.8600	8.9800
	每股经营现金净流量(元)	0.7414	0.6280	0.0955	0.9784
	每股现金流量(元)	−0.4317	−2.1999	−1.3112	5.6600
	每股资本公积金(元)	6.1897	6.1897	6.1897	6.1897
	每股盈余公积金(元)	0.1918	0.1918	0.1410	0.1406
	每股未分配利润(元)	0.8762	1.5206	1.5313	1.6483
	净资产收益率(%)	−1.7500	4.7580	4.3300	6.5990
	加权净资产收益率(%)	−1.6700	4.7600	4.2200	7.0900
	净资产收益率(扣除)(%)	–	–	–	–
	总资产(万元)	699299.11	735338.79	638768.27	644553.97
	归属母公司股东权益(万元)	330308.90	356085.40	354483.25	359144.68
	主营业务收入(万元)	587418.25	1075056.29	541693.45	894188.38
	营业收入(万元)	658965.28	1209191.93	609621.09	1004050.07
	主营成本(万元)	528144.71	963566.57	485010.45	794691.03
	营业成本(万元)	528436.25	964121.51	485246.16	795148.79
	投资收益(万元)	–	–	–	–
	净利润(万元)	−5776.51	16940.72	15338.57	23701.06
	利润总额(万元)	−4793.25	22022.05	19682.69	27874.99

天津赛象科技股份有限公司

公司概况	公司名称	天津赛象科技股份有限公司		证券简称	赛象科技	
	法人代表	张建浩	董秘	刘文安	证券代码	002337
	公司网址	www.chinarpm.com		电子信箱	tstzqb@sina.com	
	电　话	022-23788169 23788188		传　真	022-23788199	
	办公地址	天津市华苑新技术产业园区(环外)海泰发展四道9号				
	经营范围	子午线轮胎生产成套装备和检测设备的研发、生产和销售				

	指标\报告期	2012.06.30	2011.12.31	2011.06.30	2010.12.31
主要财务指标	基本每股收益(元)	0.0900	0.1800	0.1300	0.4900
	基本每股收益(扣除后)(元)	0.0200	0.1400	0.0900	0.3300
	每股净资产(元)	6.6000	6.6100	6.5500	10.5300
	每股经营现金净流量(元)	0.0183	−0.1223	0.0359	−0.2344
	每股现金流量(元)	−0.1026	−0.9212	−0.3920	5.3413
	每股资本公积金(元)	4.1640	4.1640	4.1640	7.2624
	每股盈余公积金(元)	0.2809	0.2725	0.2675	0.4073
	每股未分配利润(元)	1.1521	1.1744	1.1227	1.8624
	净资产收益率(%)	1.3000	2.7920	1.9500	7.2590
	加权净资产收益率(%)	1.2900	2.8000	1.9300	7.9400
	净资产收益率(扣除)(%)	–	–	–	–
	总资产(万元)	155819.20	160393.25	162316.43	160725.27
	归属母公司股东权益(万元)	126653.54	126923.73	125840.90	126384.55
	主营业务收入(万元)	25625.86	52980.03	26242.00	51253.14
	营业收入(万元)	25668.73	53119.84	26341.36	51261.40
	主营成本(万元)	20068.25	42161.92	20452.24	35504.56
	营业成本(万元)	20124.86	42203.05	20458.93	35508.40
	投资收益(万元)	130.32	84.99	12.86	–
	净利润(万元)	1651.86	3544.03	2455.62	9174.75
	利润总额(万元)	1854.28	3792.66	2827.21	10654.78

长春奥普光电技术股份有限公司

公司概况	公司名称	长春奥普光电技术股份有限公司		证券简称	奥普光电	
	法人代表	宣明	董秘	莫成钢	证券代码	002338
	公司网址	www.up-china.com		电子信箱	mocg@ciomp.ac.cn	
	电　话	0431-86176633 86176789		传　真	0431-86176788 86176699	
	办公地址	吉林省长春市经济技术开发区营口路588号				
	经营范围	光电测控仪器设备及光学材料的研发、生产与销售				

	指标\报告期	2012.06.30	2011.12.31	2011.06.30	2010.12.31
主要财务指标	基本每股收益(元)	0.2400	0.6700	0.3000	0.6100
	基本每股收益(扣除后)(元)	0.1600	0.6200	0.2900	0.5800
	每股净资产(元)	5.1200	7.8700	7.5100	7.7000
	每股经营现金净流量(元)	−0.4310	0.1733	−0.2882	0.3333
	每股现金流量(元)	−1.0428	−1.0120	−0.9998	4.6479
	每股资本公积金(元)	3.0451	5.0676	5.0676	5.0676
	每股盈余公积金(元)	0.2171	0.3257	0.2593	0.2593
	每股未分配利润(元)	0.8607	1.4814	1.1798	1.3780
	净资产收益率(%)	4.5700	8.5050	3.9700	7.7880
	加权净资产收益率(%)	4.5700	8.6900	3.9700	8.3200
	净资产收益率(扣除)(%)	–	–	–	–
	总资产(万元)	73808.98	77732.56	72192.61	73457.69
	归属母公司股东权益(万元)	61475.30	62997.34	60054.44	61639.64
	主营业务收入(万元)	10592.23	21956.63	9703.23	20074.48
	营业收入(万元)	10713.09	22462.98	9703.43	20074.86
	主营成本(万元)	5976.42	12675.61	5402.46	10829.17
	营业成本(万元)	6086.88	12836.21	5402.51	10829.54
	投资收益(万元)	–	–	–	–
	净利润(万元)	2845.19	5426.94	2401.80	4800.24
	利润总额(万元)	3357.34	6293.87	2829.63	5624.29

积成电子股份有限公司

公司概况					
公司名称	积成电子股份有限公司			证券简称	积成电子
法人代表	杨志强	董秘	姚斌	证券代码	002339
公司网址	www.ieslab.com.cn		电子信箱	yaobin@ieslab.com.cn	
电　话	0531-88061716		传　真	0531-88061716	
办公地址	山东省济南市花园路东段 188 号				
经营范围	发电、输电、变电、配电、用电、调度控制系统和设备				

主要财务指标：指标\报告期	2012.06.30	2011.12.31	2011.06.30	2010.12.31
基本每股收益(元)	0.1000	0.7400	0.0700	0.6500
基本每股收益(扣除后)(元)	0.0900	0.6900	0.0500	0.5700
每股净资产(元)	4.9500	9.9100	9.3100	9.2800
每股经营现金净流量(元)	–0.7484	0.1167	–1.0139	–0.9953
每股现金流量(元)	–1.1108	0.1229	–0.8571	3.5009
每股资本公积金(元)	2.6386	6.2772	6.2772	6.2772
每股盈余公积金(元)	0.1644	0.3289	0.2719	0.2719
每股未分配利润(元)	1.1490	2.3060	1.7591	1.7276
净资产收益率(%)	1.9400	7.4190	1.4100	6.8443
加权净资产收益率(%)	1.9300	7.6800	1.4100	7.4500
净资产收益率(扣除)(%)	–	–	–	–
总资产(万元)	110015.60	115681.54	102205.62	95212.66
归属母公司股东权益(万元)	85175.40	85243.73	80050.99	79779.56
主营业务收入(万元)	23953.62	53653.30	15507.48	38705.23
营业收入(万元)	24431.65	54784.97	15611.04	39464.95
主营成本(万元)	15101.60	33074.18	8659.83	22872.50
营业成本(万元)	15185.16	33335.64	8707.88	23142.09
投资收益(万元)	9.22	87.81	19.07	19.31
净利润(万元)	1889.21	6927.42	1303.25	5712.98
利润总额(万元)	2184.41	8151.37	1555.58	6272.45

深圳市格林美高新技术股份有限公司

公司概况					
公司名称	深圳市格林美高新技术股份有限公司			证券简称	格林美
法人代表	许开华	董秘	牟健	证券代码	002340
公司网址	www.gemchina.com		电子信箱	mujian@gemchina.com	
电　话	0755-33386666		传　真	0755-33895777	
办公地址	广东省深圳市宝安区宝安中心区兴华路南侧荣超滨海大厦 A 栋 20 层				
经营范围	废弃钴镍资源与电子废弃物的循环利用以及钴镍粉体材料、铜与塑木型材的生产、销售				

主要财务指标：指标\报告期	2012.06.30	2011.12.31	2011.06.30	2010.12.31
基本每股收益(元)	0.1100	0.4900	0.1100	0.3600
基本每股收益(扣除后)(元)	0.0900	0.3100	0.0800	0.2800
每股净资产(元)	3.7400	7.4600	4.5200	8.6900
每股经营现金净流量(元)	–0.4290	0.4051	–0.0590	–2.7568
每股现金流量(元)	–0.8967	2.9565	0.9242	0.7155
每股资本公积金(元)	2.2180	5.4360	2.5655	6.1310
每股盈余公积金(元)	0.0215	0.0429	0.0343	0.0686
每股未分配利润(元)	0.5033	0.9859	0.9156	1.4928
净资产收益率(%)	2.9500	5.5730	4.8300	8.1250
加权净资产收益率(%)	2.9300	10.1200	4.8900	8.8700
净资产收益率(扣除)(%)	–	–	–	–
总资产(万元)	416683.53	392824.71	265652.26	192642.16
归属母公司股东权益(万元)	216892.45	216295.61	109568.77	105462.70
主营业务收入(万元)	55211.53	91861.44	39884.97	57000.40
营业收入(万元)	55211.53	91861.44	39884.97	57000.40
主营成本(万元)	38736.56	62755.61	26905.08	36680.44
营业成本(万元)	38736.56	62755.61	26905.08	36680.44
投资收益(万元)	36.72	–36.72	–	–
净利润(万元)	6787.69	12017.43	5286.92	8568.77
利润总额(万元)	7644.69	13321.33	6266.08	9712.59

深圳市新纶科技股份有限公司

公司概况					
公司名称	深圳市新纶科技股份有限公司			证券简称	新纶科技
法人代表	侯毅	董秘	杨利	证券代码	002341
公司网址	www.szselen.com		电子信箱	yangli@szselen.com	
电　话	0755-26993098		传　真	0755-26993313	
办公地址	广东省深圳市南山区高新区科技南十二路曙光大厦 9 层				
经营范围	防净电/洁净室耗品的研发、生产、销售				

主要财务指标：指标\报告期	2012.06.30	2011.12.31	2011.06.30	2010.12.31
基本每股收益(元)	0.2030	0.5445	0.1330	0.3230
基本每股收益(扣除后)(元)	0.1930	0.5392	0.1330	0.3190
每股净资产(元)	2.4000	4.5400	4.2700	8.3000
每股经营现金净流量(元)	–0.1635	–0.8210	–0.3744	0.2211
每股现金流量(元)	–0.4507	–0.3507	–0.4103	3.1428
每股资本公积金(元)	0.6505	2.3009	2.3009	5.6019
每股盈余公积金(元)	0.0700	0.1400	0.0855	0.1710
每股未分配利润(元)	0.6796	1.1034	0.8813	1.5268
净资产收益率(%)	8.4564	11.9860	6.2534	7.6120
加权净资产收益率(%)	8.6000	12.5600	6.2700	8.3000
净资产收益率(扣除)(%)	–	–	–	–
总资产(万元)	173611.61	137854.37	121266.78	96830.86
归属母公司股东权益(万元)	70264.34	66510.30	62479.92	60753.01
主营业务收入(万元)	–	–	41246.35	52307.33
营业收入(万元)	58150.32	95335.94	41246.35	52307.33
主营成本(万元)	–	–	31052.91	39289.85
营业成本(万元)	41629.16	71107.14	31052.91	39289.85
投资收益(万元)	7.53	19.73	19.02	35.57
净利润(万元)	6260.44	8093.51	4056.63	4612.20
利润总额(万元)	7355.81	9484.84	4511.49	5369.12

巨力索具股份有限公司

公司概况					
公司名称	巨力索具股份有限公司			证券简称	巨力索具
法人代表	杨建忠	董秘	白雪飞	证券代码	002342
公司网址	www.julisling.com		电子信箱	baixf@julisling.com	
电　话	0312-8608899 8608520		传　真	0312-8608086	
办公地址	河北省保定市徐水县巨力路				
经营范围	索具及相关产品的研发、设计、生产和销售				

主要财务指标：指标\报告期	2012.06.30	2011.12.31	2011.06.30	2010.12.31
基本每股收益(元)	0.0880	0.1800	0.1230	0.2000
基本每股收益(扣除后)(元)	0.0850	0.1600	0.1060	0.1900
每股净资产(元)	2.3700	2.3400	4.5700	4.4700
每股经营现金净流量(元)	–0.0251	0.1357	0.1060	0.1567
每股现金流量(元)	0.0245	–0.0600	–0.2520	0.5856
每股资本公积金(元)	0.6983	0.6983	2.3967	2.3967
每股盈余公积金(元)	0.0957	0.0957	0.1547	0.1547
每股未分配利润(元)	0.5806	0.5429	1.0183	0.9225
净资产收益率(%)	3.7000	7.4950	5.3800	8.9880
加权净资产收益率(%)	3.7100	7.7200	5.3500	9.7300
净资产收益率(扣除)(%)	–	–	–	–
总资产(万元)	387555.56	367305.64	347663.46	324056.33
归属母公司股东权益(万元)	227838.72	224238.33	219358.10	214744.48
主营业务收入(万元)	77757.60	149226.05	74312.83	142878.44
营业收入(万元)	78689.11	152836.11	76091.50	144558.63
主营成本(万元)	53330.59	103606.01	49646.05	94966.53
营业成本(万元)	53743.17	105228.03	50189.18	95675.30
投资收益(万元)	–	–0.21	–0.21	–
净利润(万元)	8419.03	16806.97	11798.64	19301.34
利润总额(万元)	9744.68	19507.38	13676.99	22470.29

浙江禾欣实业集团股份有限公司

公司概况					
公司名称	浙江禾欣实业集团股份有限公司		证券简称	禾欣股份	
法人代表	沈云平	董秘	张颜慧	证券代码	002343
公司网址	www.hexin-puleather.com		电子信箱	hxjt@hexin-puleather.com	
电　　话	0573-82228188 82228698		传　　真	0573-82228696	
办公地址	浙江省嘉兴市经济开发区东方路1568号				
经营范围	PU合成革产品的研制开发、生产、销售与服务				

主要财务指标：指标\报告期	2012.06.30	2011.12.31	2011.06.30	2010.12.31
基本每股收益(元)	0.1609	0.4060	0.2070	0.4756
基本每股收益(扣除后)(元)	0.1569	0.3733	0.2065	0.9100
每股净资产(元)	5.8000	5.8600	5.6100	11.2300
每股经营现金净流量(元)	0.3793	0.1894	-0.1395	1.1442
每股现金流量(元)	-0.1087	-1.0600	-0.7814	6.4107
每股资本公积金(元)	3.2030	3.1921	3.1733	7.2774
每股盈余公积金(元)	0.3196	0.3196	0.2905	0.5811
每股未分配利润(元)	1.2259	1.3149	1.1450	2.3760
净资产收益率(%)	2.7500	6.9320	3.6500	8.2880
加权净资产收益率(%)	2.7500	7.1200	3.6500	8.9900
净资产收益率(扣除)(%)	-	-	-	-
总资产(万元)	158370.43	150362.75	152028.02	154659.93
归属母公司股东权益(万元)	114858.34	116044.13	111123.28	111288.44
主营业务收入(万元)	61449.97	136920.02	67385.58	132413.91
营业收入(万元)	64336.71	144163.53	71056.29	137763.03
主营成本(万元)	48818.60	109932.05	54589.73	104520.71
营业成本(万元)	51144.23	116526.00	57548.13	109086.81
投资收益(万元)	102.93	67.87	65.24	245.82
净利润(万元)	3919.83	10255.13	5558.23	12948.15
利润总额(万元)	4648.79	11322.20	6067.49	14298.53

海宁中国皮革城股份有限公司

公司概况					
公司名称	海宁中国皮革城股份有限公司		证券简称	海宁皮城	
法人代表	任有法	董秘	李宗荣	证券代码	002344
公司网址	www.zgpgc.com		电子信箱	pgc@chinaleather.com	
电　　话	0573-87217777		传　　真	0573-87217999	
办公地址	浙江省海宁市海州西路201号				
经营范围	皮革专业市场的开发、租赁和服务				

主要财务指标：指标\报告期	2012.06.30	2011.12.31	2011.06.30	2010.12.31
基本每股收益(元)	0.5300	0.9400	0.3800	0.4600
基本每股收益(扣除后)(元)	0.5200	0.8900	0.3800	0.3700
每股净资产(元)	4.4700	4.1900	3.6300	6.9900
每股经营现金净流量(元)	1.8854	0.8896	-0.0432	4.1336
每股现金流量(元)	0.5807	-0.8567	-0.2435	5.6156
每股资本公积金(元)	1.7854	1.7854	1.7854	4.5708
每股盈余公积金(元)	0.1325	0.1325	0.0740	0.1480
每股未分配利润(元)	1.5490	1.2674	0.7694	1.2696
净资产收益率(%)	11.9000	22.4860	10.6000	12.8210
加权净资产收益率(%)	11.9400	24.6400	10.5500	13.9700
净资产收益率(扣除)(%)	-	-	-	-
总资产(万元)	555437.06	489571.99	456403.79	433138.67
归属母公司股东权益(万元)	250144.53	234376.92	203215.42	195675.06
主营业务收入(万元)	97671.24	184766.04	102261.93	101052.94
营业收入(万元)	98148.28	185649.33	103060.01	101987.23
主营成本(万元)	38201.94	83696.62	42783.61	52804.66
营业成本(万元)	38305.84	83905.15	42887.52	52909.89
投资收益(万元)	28.40	54.20	10.57	939.05
净利润(万元)	30737.85	56456.99	23735.90	25109.29
利润总额(万元)	41165.27	75635.32	31894.69	32674.25

广东潮宏基实业股份有限公司

公司概况					
公司名称	广东潮宏基实业股份有限公司		证券简称	潮 宏 基	
法人代表	廖木枝	董秘	徐俊雄	证券代码	002345
公司网址	www.chjchina.com		电子信箱	stock@chjchina.com	
电　　话	0754-88781767		传　　真	0754-88781755	
办公地址	广东省汕头市龙湖区龙新工业区龙新五街四号1-4楼				
经营范围	从事高档时尚珠宝首饰产品的设计、研发、生产及销售				

主要财务指标：指标\报告期	2012.06.30	2011.12.31	2011.06.30	2010.12.31
基本每股收益(元)	0.4500	0.8400	0.4100	0.5900
基本每股收益(扣除后)(元)	0.4500	0.8300	0.4000	0.6100
每股净资产(元)	7.8700	7.7500	7.4400	7.3800
每股经营现金净流量(元)	0.5126	-1.3699	-0.2689	-1.3438
每股现金流量(元)	-0.2459	-1.8509	-0.6653	2.3463
每股资本公积金(元)	5.1212	5.1050	5.2257	5.2257
每股盈余公积金(元)	0.2473	0.2473	0.1665	0.1665
每股未分配利润(元)	1.4985	1.3956	1.0477	0.9885
净资产收益率(%)	5.7200	10.8150	5.4400	7.7750
加权净资产收益率(%)	5.7200	11.1000	5.4400	8.4500
净资产收益率(扣除)(%)	-	-	-	-
总资产(万元)	179281.48	180276.07	159560.99	145026.74
归属母公司股东权益(万元)	141603.94	139459.49	133916.52	132851.76
主营业务收入(万元)	82717.91	131666.20	63607.18	82959.30
营业收入(万元)	82821.28	131863.26	63675.82	82996.30
主营成本(万元)	56001.42	84920.69	40969.76	53579.84
营业成本(万元)	56001.42	84920.69	40969.76	53579.84
投资收益(万元)	-2.24	66.32	-	-13.69
净利润(万元)	8260.25	15641.99	7750.55	10844.04
利润总额(万元)	9701.71	18395.13	9119.56	12207.80

上海柘中建设股份有限公司

公司概况					
公司名称	上海柘中建设股份有限公司		证券简称	柘中建设	
法人代表	陆仁军	董秘	郭加广(代)	证券代码	002346
公司网址	www.ch-zzcc.com		电子信箱	guojg@ch-zzcc.com	
电　　话	021-57403737		传　　真	021-57401222	
办公地址	上海市奉贤区浦卫公路50号				
经营范围	应力高强度混凝土管桩(PHC管桩)的生产与销售				

主要财务指标：指标\报告期	2012.06.30	2011.12.31	2011.06.30	2010.12.31
基本每股收益(元)	0.0800	0.4500	0.1800	0.3000
基本每股收益(扣除后)(元)	0.0800	0.4500	0.1800	0.2700
每股净资产(元)	7.2200	7.1400	6.9400	6.7600
每股经营现金净流量(元)	-0.0686	0.2831	0.0140	0.0036
每股现金流量(元)	-0.2384	-0.1847	-0.4934	3.7602
每股资本公积金(元)	4.6011	4.6011	4.6011	4.6011
每股盈余公积金(元)	0.1875	0.1875	0.1602	0.1602
每股未分配利润(元)	1.3910	1.3157	1.1758	0.9917
净资产收益率(%)	1.0400	6.2830	2.6500	4.2890
加权净资产收益率(%)	1.0500	6.4300	2.6900	4.6600
净资产收益率(扣除)(%)	-	-	-	-
总资产(万元)	116221.50	108070.00	101685.56	100298.25
归属母公司股东权益(万元)	97451.41	96434.43	93725.85	91240.35
主营业务收入(万元)	13271.84	46151.26	21113.55	27590.78
营业收入(万元)	13271.84	46151.26	21113.55	27633.59
主营成本(万元)	11152.08	35112.52	16716.81	20841.66
营业成本(万元)	11152.08	35112.52	16716.81	20841.66
投资收益(万元)	3.37	34.52	-	-
净利润(万元)	1016.98	6058.93	2485.49	3912.81
利润总额(万元)	747.13	7869.06	3307.11	5065.43

安徽泰尔重工股份有限公司

公司概况

公司名称	安徽泰尔重工股份有限公司			证券简称	泰尔重工
法人代表	邰正彪	董秘	黄东保	证券代码	002347
公司网址	www.taiergroup.com		电子信箱	dongwuxia@taiergroup.com	
电　话	0555-2229303　2202118		传　真	0555-2229303　2202118	
办公地址	安徽省马鞍山市经济技术开发区超山路669号				
经营范围	万向轴、鼓形联轴器、安全联轴器生产、剪刃、轧辊、模具、减速机、液压件、电器元件生产与销售				

主要财务指标

指标\报告期	2012.06.30	2011.12.31	2011.06.30	2010.12.31
基本每股收益(元)	0.3500	0.6400	0.3200	0.4800
基本每股收益(扣除后)(元)	0.3300	0.5900	0.3200	0.4700
每股净资产(元)	8.1500	8.1100	7.8500	7.7200
每股经营现金净流量(元)	0.1055	0.2988	0.0604	0.1014
每股现金流量(元)	-0.7879	-2.3395	-1.3418	3.6177
每股资本公积金(元)	5.1290	5.1290	5.1859	5.1859
每股盈余公积金(元)	0.2458	0.2458	0.1895	0.1882
每股未分配利润(元)	1.7766	1.7313	1.4745	1.3439
净资产收益率(%)	4.2400	7.9560	4.0600	6.0910
加权净资产收益率(%)	4.2500	8.1600	4.0800	6.6200
净资产收益率(扣除)(%)	-	-	-	-
总资产(万元)	122856.95	117083.96	119438.49	106308.77
归属母公司股东权益(万元)	84779.23	84302.33	81639.24	80267.27
主营业务收入(万元)	22249.79	40242.23	17533.70	28163.91
营业收入(万元)	22293.64	40324.72	17533.70	28175.81
主营成本(万元)	13611.30	25555.99	10500.16	17706.97
营业成本(万元)	13624.64	25582.54	10500.16	17706.97
投资收益(万元)	-4.19	213.29	-43.83	24.39
净利润(万元)	3595.07	6744.71	3328.44	4888.70
利润总额(万元)	4236.02	8166.83	3803.06	5576.08

广东高乐玩具股份有限公司

公司概况

公司名称	广东高乐玩具股份有限公司			证券简称	高乐股份
法人代表	杨旭恩	董秘	杨广城	证券代码	002348
公司网址	www.goldlok.com		电子信箱	goldlok@yeah.net	
电　话	0663-2348056		传　真	0663-2348055	
办公地址	广东省普宁市占陇加工区振如大厦				
经营范围	开发、设计、生产经营各式玩具、儿童用品等				

主要财务指标

指标\报告期	2012.06.30	2011.12.31	2011.06.30	2010.12.31
基本每股收益(元)	0.1678	0.3749	0.2451	0.2926
基本每股收益(扣除后)(元)	0.1702	0.2675	0.1620	0.2944
每股净资产(元)	4.6300	4.7600	4.6200	7.3200
每股经营现金净流量(元)	0.1057	0.5670	0.3824	-0.0898
每股现金流量(元)	-0.1069	-1.9688	-1.5011	4.0705
每股资本公积金(元)	2.8418	2.8418	2.8418	5.1469
每股盈余公积金(元)	0.1440	0.1440	0.1065	0.1704
每股未分配利润(元)	0.6486	0.7808	0.6703	1.0094
净资产收益率(%)	3.6300	7.8790	5.1500	6.2545
加权净资产收益率(%)	3.4700	7.8700	5.2200	6.8400
净资产收益率(扣除)(%)	-	-	-	-
总资产(万元)	122574.99	120729.38	113699.56	114752.16
归属母公司股东权益(万元)	109582.14	112688.61	109327.00	108401.17
主营业务收入(万元)	19529.03	35177.53	19098.80	33274.49
营业收入(万元)	19605.51	35234.57	19098.80	33274.49
主营成本(万元)	13075.43	23797.31	12774.79	22028.90
营业成本(万元)	13149.79	23843.62	12774.79	22028.90
投资收益(万元)	82.85	145.09	-	-
净利润(万元)	3973.77	8878.21	5805.03	6779.90
利润总额(万元)	4690.43	10460.90	7126.25	7980.96

精华制药集团股份有限公司

公司概况

公司名称	精华制药集团股份有限公司			证券简称	精华制药
法人代表	朱春林	董秘	杨小军	证券代码	002349
公司网址	www.ntjhzy.com		电子信箱	yxj@jhoa.net	
电　话	0513-85609109　85609152		传　真	0513-85609115	
办公地址	江苏省南通市港闸经济开发区兴泰路9号				
经营范围	中成药、原料药及医药中间体和西药制剂的研发、生产和销售				

主要财务指标

指标\报告期	2012.06.30	2011.12.31	2011.06.30	2010.12.31
基本每股收益(元)	0.1800	0.4810	0.1800	0.4355
基本每股收益(扣除后)(元)	0.1300	0.3222	0.1100	0.4246
每股净资产(元)	3.0600	5.8500	5.7300	6.8055
每股经营现金净流量(元)	0.2761	0.4144	0.3228	0.5132
每股现金流量(元)	-0.4566	-0.3584	0.1281	4.3089
每股资本公积金(元)	1.2745	3.5491	3.5491	4.6863
每股盈余公积金(元)	0.0787	0.1575	0.1096	0.1371
每股未分配利润(元)	0.6883	1.1102	1.0355	0.9462
净资产收益率(%)	5.9900	8.2210	6.1300	7.8318
加权净资产收益率(%)	6.0700	8.5500	6.3800	8.6000
净资产收益率(扣除)(%)	-	-	-	-
总资产(万元)	95730.85	78052.90	69562.46	61141.40
归属母公司股东权益(万元)	61212.28	58514.50	57271.02	54444.04
主营业务收入(万元)	31406.20	37363.54	14197.98	27225.83
营业收入(万元)	31452.45	37550.22	14260.16	27431.98
主营成本(万元)	21817.69	23018.72	7129.72	13312.50
营业成本(万元)	21823.37	23032.08	7136.13	13339.38
投资收益(万元)	-	-	-	-
净利润(万元)	4446.21	4835.13	3585.35	4263.94
利润总额(万元)	5445.78	5717.63	4232.87	5018.38

北京科锐配电自动化股份有限公司

公司概况

公司名称	北京科锐配电自动化股份有限公司			证券简称	北京科锐
法人代表	张新育	董秘	安志钢	证券代码	002350
公司网址	www.creat-da.com.cn		电子信箱	ir@creat-da.com.cn	
电　话	010-62981321		传　真	010-82701909	
办公地址	北京市海淀区上地创业路8号3号楼4层				
经营范围	12kV配电、控制设备及35kV永磁开关设备的研发、生产和销售				

主要财务指标

指标\报告期	2012.06.30	2011.12.31	2011.06.30	2010.12.31
基本每股收益(元)	0.1446	0.6716	0.1771	0.3938
基本每股收益(扣除后)(元)	0.1438	0.6560	0.1683	0.3719
每股净资产(元)	4.3319	7.4044	6.9099	6.9328
每股经营现金净流量(元)	-0.5234	0.7647	-0.5055	0.2438
每股现金流量(元)	-0.7883	0.0510	-0.7864	3.5581
每股资本公积金(元)	2.2542	4.5181	4.5181	4.5181
每股盈余公积金(元)	0.2424	0.4122	0.3532	0.3532
每股未分配利润(元)	0.8353	1.4742	1.0386	1.0615
净资产收益率(%)	3.3400	9.0700	2.5600	5.5800
加权净资产收益率(%)	3.2700	9.3700	2.5200	5.9300
净资产收益率(扣除)(%)	-	-	-	-
总资产(万元)	135355.60	138454.42	111834.53	112869.40
归属母公司股东权益(万元)	94557.61	95072.75	88723.03	89017.38
主营业务收入(万元)	45853.94	90506.78	29883.01	55749.10
营业收入(万元)	47107.33	92225.50	30564.78	56630.11
主营成本(万元)	33177.63	60946.20	20054.11	35761.15
营业成本(万元)	33989.33	62071.38	20558.32	36373.93
投资收益(万元)	-	-	-	-
净利润(万元)	3210.58	9015.82	2301.16	5327.99
利润总额(万元)	3966.13	10765.99	2784.61	6310.42

深圳市漫步者科技股份有限公司

公司概况	公司名称	深圳市漫步者科技股份有限公司		证券简称	漫步者
	法人代表	张文东	董秘	李晓东	证券代码	002351
	公司网址	www.edifier.com		电子信箱	main@edifier.com
	电　话	0755-86029885		传　真	0755-26970904
	办公地址	广东省深圳市南山区科技园科发路8号金融基地2栋7C			
	经营范围	生产销售音响设备及配件、耳机、汽车音响、模具			

主要财务指标 指标\报告期	2012.06.30	2011.12.31	2011.06.30	2010.12.31
基本每股收益(元)	0.1600	0.3300	0.1900	0.3400
基本每股收益(扣除后)(元)	0.1300	0.3100	0.1900	0.3400
每股净资产(元)	5.2900	5.3200	5.1800	10.3800
每股经营现金净流量(元)	0.0113	0.6373	0.0914	0.6464
每股现金流量(元)	-0.5024	-0.1869	-0.4788	2.1937
每股资本公积金(元)	3.4418	3.4418	3.4418	7.8836
每股盈余公积金(元)	0.0774	0.0774	0.0514	0.1029
每股未分配利润(元)	0.7716	0.8085	0.6852	1.4003
净资产收益率(%)	3.0800	6.2800	3.5800	6.3490
加权净资产收益率(%)	3.0500	6.3800	3.5200	6.6700
净资产收益率(扣除)(%)	-	-	-	-
总资产(万元)	166524.85	170704.67	163761.62	164602.80
归属母公司股东权益(万元)	155492.06	156542.08	152162.57	152644.41
主营业务收入(万元)	37895.07	82923.06	41274.72	71606.28
营业收入(万元)	37975.66	83058.73	41338.56	71888.43
主营成本(万元)	27074.91	59446.08	29525.20	49885.24
营业成本(万元)	27102.51	59460.57	29533.49	50052.04
投资收益(万元)	1138.71	775.61	967.45	1533.45
净利润(万元)	4774.91	9783.99	5382.56	9679.25
利润总额(万元)	5916.74	11939.16	6619.17	11676.83

马鞍山鼎泰稀土新材料股份有限公司

公司概况	公司名称	马鞍山鼎泰稀土新材料股份有限公司			证券简称	鼎泰新材
	法人代表	刘冀鲁	董秘	黄学春	证券代码	002352
	公司网址	www.dingtaicn.com		电子信箱	dtxc@dingtaicn.com	
	电　话	0555-6615924		传　真	0555-2916511	
	办公地址	安徽省马鞍山市当涂工业园				
	经营范围	生产、销售稀土合金镀层钢丝、钢绞线和PC钢绞线				

主要财务指标 指标\报告期	2012.06.30	2011.12.31	2011.06.30	2010.12.31
基本每股收益(元)	0.3100	0.5300	0.2800	0.3200
基本每股收益(扣除后)(元)	0.2400	0.4200	0.2300	0.3200
每股净资产(元)	9.0900	9.2300	8.9800	9.2000
每股经营现金净流量(元)	0.4583	0.2131	0.5173	-1.0128
每股现金流量(元)	-1.1307	-0.6094	-0.3051	2.6063
每股资本公积金(元)	7.4520	7.4520	7.4520	7.4520
每股盈余公积金(元)	0.2087	0.2087	0.1525	0.1525
每股未分配利润(元)	0.4319	0.5716	0.3761	0.5956
净资产收益率(%)	3.4100	5.7650	3.0400	3.3180
加权净资产收益率(%)	3.3300	5.8500	3.0300	3.7400
净资产收益率(扣除)(%)	-	-	-	-
总资产(万元)	101161.32	103379.77	110616.18	81084.40
归属母公司股东权益(万元)	70768.75	71855.94	69896.82	71605.16
主营业务收入(万元)	39352.92	68905.68	26479.29	46961.69
营业收入(万元)	39555.58	69112.67	26854.59	47293.05
主营成本(万元)	34124.71	59929.48	22195.21	39513.67
营业成本(万元)	34217.53	59930.47	22352.41	39513.67
投资收益(万元)	25.88	-2.59	-16.83	-
净利润(万元)	2415.20	4142.32	2183.20	2375.72
利润总额(万元)	2820.66	4901.65	2511.68	2762.05

烟台杰瑞石油服务集团股份有限公司

公司概况	公司名称	烟台杰瑞石油服务集团股份有限公司			证券简称	杰瑞股份
	法人代表	孙伟杰	董秘	程永峰	证券代码	002353
	公司网址	www.jereh.com		电子信箱	zqb@jereh.com	
	电　话	0535-6723532		传　真	0535-6723171	
	办公地址	山东省烟台市莱山区澳柯玛大街7号				
	经营范围	油田专用设备制造与油田工程技术服务为公司战略发展业务				

主要财务指标 指标\报告期	2012.06.30	2011.12.31	2011.06.30	2010.12.31
基本每股收益(元)	0.4700	1.8500	0.3800	1.2500
基本每股收益(扣除后)(元)	0.4400	1.7400	0.3700	1.2000
每股净资产(元)	5.9400	11.2200	10.1500	19.5600
每股经营现金净流量(元)	-0.2195	-0.6075	-0.6060	-0.3898
每股现金流量(元)	-0.7288	-3.0321	-2.4806	12.9313
每股资本公积金(元)	2.8748	6.7497	6.7497	14.4993
每股盈余公积金(元)	0.1059	0.2119	0.1228	0.2455
每股未分配利润(元)	1.9578	3.2656	2.2752	3.8136
净资产收益率(%)	8.0000	16.4680	7.5700	12.5540
加权净资产收益率(%)	8.1900	17.7100	7.6600	14.1100
净资产收益率(扣除)(%)	-	-	-	-
总资产(万元)	348783.37	304489.64	254403.19	239638.63
归属母公司股东权益(万元)	272666.15	257682.70	232991.98	224569.82
主营业务收入(万元)	83748.33	145248.79	58782.20	93699.59
营业收入(万元)	84061.09	146004.48	59226.26	94397.60
主营成本(万元)	48737.13	83130.37	34016.78	55068.20
营业成本(万元)	48837.72	83261.17	34090.70	55149.07
投资收益(万元)	967.08	1757.79	532.19	47.22
净利润(万元)	21798.73	42766.63	17770.95	28424.87
利润总额(万元)	25700.80	50412.99	20806.39	33585.06

大连科冕木业股份有限公司

公司概况	公司名称	大连科冕木业股份有限公司			证券简称	科冕木业
	法人代表	魏平	董秘	郭俊伟	证券代码	002354
	公司网址	www.kemianwood.com		电子信箱	kemian@kemianwood.com	
	电　话	0411-82507118		传　真	0411-88858222	
	办公地址	辽宁省大连中山区中山九号东塔2403				
	经营范围	地板及其他木制品的加工、制造及销售				

主要财务指标 指标\报告期	2012.06.30	2011.12.31	2011.06.30	2010.12.31
基本每股收益(元)	0.1400	0.2800	0.0900	0.1300
基本每股收益(扣除后)(元)	0.0500	0.1700	0.0800	0.1200
每股净资产(元)	4.9500	4.9100	4.7200	4.6300
每股经营现金净流量(元)	0.2099	0.2804	0.2713	-1.1031
每股现金流量(元)	-0.2488	-1.1996	-1.0568	1.9168
每股资本公积金(元)	2.5730	2.5730	2.5730	2.5730
每股盈余公积金(元)	0.0856	0.0856	0.0855	0.0855
每股未分配利润(元)	1.2915	1.2542	1.0566	0.9709
净资产收益率(%)	2.7800	5.7700	1.8400	2.6301
加权净资产收益率(%)	2.7800	5.9400	1.8400	2.9700
净资产收益率(扣除)(%)	-	-	-	-
总资产(万元)	93953.43	88290.52	79654.77	70837.60
归属母公司股东权益(万元)	46283.80	45934.64	44086.30	43284.11
主营业务收入(万元)	16399.40	42514.85	17602.71	30660.06
营业收入(万元)	16764.75	42785.50	17603.58	30660.12
主营成本(万元)	13461.45	34597.91	14402.74	25505.83
营业成本(万元)	13484.12	34781.94	14402.74	25505.83
投资收益(万元)	-	-	-	-
净利润(万元)	1439.06	3083.94	899.50	1359.77
利润总额(万元)	1842.49	3874.49	1135.23	1671.06

山东兴民钢圈股份有限公司

公司概况	公司名称	山东兴民钢圈股份有限公司			证券简称	兴民钢圈
	法人代表	高赫男	董秘	崔积和	证券代码	002355
	公司网址	www.xingmin.com		电子信箱	cjh@xingmin.com	
	电　　话	0535-8882355 8881578		传　　真	0535-8886708	
	办公地址	山东省龙口市龙口经济开发区				
	经营范围	加工制造车轮、钢管、橡塑制品、钢化玻璃、五金配件等				

	指标\报告期	2012.06.30	2011.12.31	2011.06.30	2010.12.31
主要财务指标	基本每股收益(元)	0.1900	0.5600	0.2800	0.4700
	基本每股收益(扣除后)(元)	0.1800	0.5400	0.2700	0.4700
	每股净资产(元)	7.1100	5.9200	5.7500	5.4800
	每股经营现金净流量(元)	0.0146	0.1031	0.0206	-0.5209
	每股现金流量(元)	2.0170	-1.0882	-0.9051	1.4601
	每股资本公积金(元)	4.8277	3.2984	3.2984	3.2984
	每股盈余公积金(元)	0.1398	0.1712	0.1153	0.1153
	每股未分配利润(元)	1.1474	1.4524	1.3409	1.0633
	净资产收益率(%)	2.3200	9.4560	4.8200	8.2880
	加权净资产收益率(%)	2.9700	9.8300	4.9400	9.6000
	净资产收益率(扣除)(%)	-	-	-	-
	总资产(万元)	283659.52	209474.80	192462.15	177555.35
	归属母公司股东权益(万元)	183278.77	124599.95	121077.92	115237.38
	主营业务收入(万元)	51411.73	132431.24	67789.06	117964.06
	营业收入(万元)	59164.60	150788.49	77700.41	133955.24
	主营成本(万元)	39876.19	107331.69	55002.17	96927.28
	营业成本(万元)	53973.76	125465.62	64910.85	112161.27
	投资收益(万元)	-	33.85	33.85	3.86
	净利润(万元)	4254.95	11805.55	5863.41	9611.20
	利润总额(万元)	5576.77	15760.02	7806.46	12878.40

深圳浩宁达仪表股份有限公司

公司概况	公司名称	深圳浩宁达仪表股份有限公司			证券简称	浩宁达
	法人代表	柯良节	董秘	邓丽	证券代码	002356
	公司网址	www.szhnd.com		电子信箱	deng_li@szhnd.com	
	电　　话	0755-26755598		传　　真	0755-26755598	
	办公地址	广东省深圳市南山区侨香路东方科技园华科大厦六楼				
	经营范围	研发生产经营电工仪器仪表、微电子及元器件、水电气热计量自动化管理终端及系统等				

	指标\报告期	2012.06.30	2011.12.31	2011.06.30	2010.12.31
主要财务指标	基本每股收益(元)	0.0400	0.2600	0.0500	0.3700
	基本每股收益(扣除后)(元)	0.0200	0.2300	0.0200	0.3700
	每股净资产(元)	11.4700	11.6300	11.4200	11.6700
	每股经营现金净流量(元)	-1.4966	-0.3650	-1.2806	0.3106
	每股现金流量(元)	-1.2538	-1.2582	-1.6637	7.5711
	每股资本公积金(元)	8.9291	8.9291	8.9291	8.9291
	每股盈余公积金(元)	0.1891	0.1891	0.1617	0.1617
	每股未分配利润(元)	1.3559	1.5118	1.3310	1.5805
	净资产收益率(%)	0.3800	2.2250	0.4300	3.1380
	加权净资产收益率(%)	0.3800	2.1900	0.4300	3.3000
	净资产收益率(扣除)(%)	-	-	-	-
	总资产(万元)	122703.73	127682.76	118848.15	119873.23
	归属母公司股东权益(万元)	91792.39	93039.91	91374.30	93370.27
	主营业务收入(万元)	22647.58	51799.37	18090.96	35291.44
	营业收入(万元)	22757.74	53027.82	19061.68	35906.42
	主营成本(万元)	17805.96	41082.15	14746.04	25885.93
	营业成本(万元)	17832.30	42035.35	15650.24	26262.06
	投资收益(万元)	-	-	-	-
	净利润(万元)	109.69	2240.41	442.88	2970.31
	利润总额(万元)	409.02	2592.66	669.68	3345.68

四川富临运业集团股份有限公司

公司概况	公司名称	四川富临运业集团股份有限公司			证券简称	富临运业
	法人代表	陈曙光	董秘	黎昌军	证券代码	002357
	公司网址	www.scflyy.cn		电子信箱	zhengquan@scflyy.cn	
	电　　话	028-83262759		传　　真	028-83256238	
	办公地址	四川省成都市府青路二段18号新1号				
	经营范围	汽车客、货运输、客运站经营、石油制品销售、汽车租赁服务等				

	指标\报告期	2012.06.30	2011.12.31	2011.06.30	2010.12.31
主要财务指标	基本每股收益(元)	0.3200	0.4528	0.2000	0.2800
	基本每股收益(扣除后)(元)	0.2300	0.3300	0.1900	0.2900
	每股净资产(元)	3.1500	3.0200	2.6900	5.1400
	每股经营现金净流量(元)	0.5371	0.6871	0.3284	1.3305
	每股现金流量(元)	-0.1633	0.0761	0.0102	2.8925
	每股资本公积金(元)	0.9203	0.9541	0.9091	2.8172
	每股盈余公积金(元)	0.0967	0.0967	0.0616	0.1232
	每股未分配利润(元)	1.1152	0.9494	0.6982	1.1632
	净资产收益率(%)	10.0300	15.0060	7.3700	9.6606
	加权净资产收益率(%)	10.0300	16.3700	7.4400	11.2100
	净资产收益率(扣除)(%)	-	-	-	-
	总资产(万元)	92365.96	86021.76	77873.86	76167.06
	归属母公司股东权益(万元)	61714.48	59122.58	52629.93	50331.62
	主营业务收入(万元)	14743.04	19450.37	9377.27	16748.66
	营业收入(万元)	16218.41	23089.60	10360.70	18345.70
	主营成本(万元)	6248.54	7422.91	3222.98	7306.57
	营业成本(万元)	6502.65	7983.01	3347.52	7418.51
	投资收益(万元)	561.16	542.21	389.81	25.01
	净利润(万元)	6392.10	9372.55	4146.00	5097.60
	利润总额(万元)	7635.23	11166.46	5160.22	5803.04

河南森源电气股份有限公司

公司概况	公司名称	河南森源电气股份有限公司			证券简称	森源电气
	法人代表	楚金甫	董秘	崔付军	证券代码	002358
	公司网址	www.hnsyec.com		电子信箱	hnsyzqb@163.com	
	电　　话	0374-6108288		传　　真	0374-6108288	
	办公地址	河南省长葛市魏武大道南段西侧				
	经营范围	高低压配电成套装置、高压电器元器件系列产品开发、生产和销售等				

	指标\报告期	2012.06.30	2011.12.31	2011.06.30	2010.12.31
主要财务指标	基本每股收益(元)	0.2300	0.7600	0.1400	0.4300
	基本每股收益(扣除后)(元)	0.2300	0.6800	0.1400	0.4100
	每股净资产(元)	2.9700	5.6700	5.2000	10.1300
	每股经营现金净流量(元)	-0.3040	0.3598	0.0444	0.3440
	每股现金流量(元)	-0.4752	-0.8636	-0.2456	6.6040
	每股资本公积金(元)	1.0213	2.8426	2.8426	6.3852
	每股盈余公积金(元)	0.1218	0.2436	0.1677	0.3354
	每股未分配利润(元)	0.8262	1.5882	1.1941	2.4101
	净资产收益率(%)	7.8100	13.3770	5.5500	8.1126
	加权净资产收益率(%)	7.9000	13.9400	5.5500	10.3500
	净资产收益率(扣除)(%)	-	-	-	-
	总资产(万元)	185184.67	148682.16	137208.54	121181.02
	归属母公司股东权益(万元)	102141.66	97599.76	89514.95	87123.86
	主营业务收入(万元)	40520.58	70951.28	27850.01	48816.04
	营业收入(万元)	40533.36	71015.85	27854.57	48892.44
	主营成本(万元)	25609.64	47459.98	18602.02	32879.30
	营业成本(万元)	25609.64	47483.10	18602.02	32897.91
	投资收益(万元)	-	-	-	-
	净利润(万元)	7988.53	13059.67	4971.09	7068.04
	利润总额(万元)	9493.07	15282.34	5784.19	8323.68

山东齐星铁塔科技股份有限公司

公司概况						
	公司名称	山东齐星铁塔科技股份有限公司			证券简称	齐星铁塔
	法人代表	赵长水	董秘	耿军	证券代码	002359
	公司网址	www.qxtt.cn		电子信箱	qxttzqb@126.com	
	电　　话	0543-4305986		传　　真	0543-4305986	
	办公地址	山东省滨州市邹平县开发区会仙二路				
	经营范围	输电塔、通讯塔和立体停车设备等相关产品的研发、生产和销售				

主要财务指标	指标＼报告期	2012.06.30	2011.12.31	2011.06.30	2010.12.31
	基本每股收益(元)	0.0922	0.1600	0.1141	0.1900
	基本每股收益(扣除后)(元)	0.0582	0.1000	0.1122	0.2200
	每股净资产(元)	4.0900	4.0000	3.9600	5.9200
	每股经营现金净流量(元)	-0.4296	-0.1032	-0.4264	-0.4308
	每股现金流量(元)	-0.4671	-0.8143	-0.6476	2.2882
	每股资本公积金(元)	2.2029	2.2029	2.2029	3.8044
	每股盈余公积金(元)	0.1000	0.1000	0.0859	0.1289
	每股未分配利润(元)	0.7915	0.6993	0.6706	0.9847
	净资产收益率(%)	2.2500	3.9210	2.8800	4.7885
	加权净资产收益率(%)	2.2800	3.9500	2.8900	7.5600
	净资产收益率(扣除)(%)	-	-	-	-
	总资产(万元)	109822.25	102639.77	86587.33	82620.27
	归属母公司股东权益(万元)	66944.32	65436.69	64736.39	64505.67
	主营业务收入(万元)	23912.87	37482.01	19570.53	38338.40
	营业收入(万元)	24320.50	39464.54	20486.43	39162.23
	主营成本(万元)	19984.56	31691.10	16399.26	30495.82
	营业成本(万元)	19984.86	32488.76	16401.43	30556.36
	投资收益(万元)	-57.44	-0.76	-	-
	净利润(万元)	1507.63	2566.03	1865.72	3088.88
	利润总额(万元)	1709.20	3066.77	2163.16	3555.63

山西同德化工股份有限公司

公司概况						
	公司名称	山西同德化工股份有限公司			证券简称	同德化工
	法人代表	张云升	董秘	邬庆文	证券代码	002360
	公司网址	www.tondchem.com		电子信箱	tdl@tondchem.com	
	电　　话	0350-7264191		传　　真	0350-7264191	
	办公地址	山西省忻州市河曲县文笔镇焦尾城大茂口				
	经营范围	工业炸药、白炭黑产品的生产与销售				

主要财务指标	指标＼报告期	2012.06.30	2011.12.31	2011.06.30	2010.12.31
	基本每股收益(元)	0.2600	0.4907	0.2300	0.4600
	基本每股收益(扣除后)(元)	0.3000	0.4875	0.2200	0.8462
	每股净资产(元)	5.2600	5.0800	4.8700	9.5500
	每股经营现金净流量(元)	0.3931	0.4565	0.2046	0.7247
	每股现金流量(元)	0.2172	-0.6583	-0.4472	4.9566
	每股资本公积金(元)	2.4694	2.4694	2.4694	5.9387
	每股盈余公积金(元)	0.1620	0.1620	0.1234	0.2469
	每股未分配利润(元)	1.5769	1.4140	1.1900	2.2238
	净资产收益率(%)	4.9900	9.6510	4.6800	9.2209
	加权净资产收益率(%)	5.0400	9.7800	4.6700	10.7900
	净资产收益率(扣除)(%)	-	-	-	-
	总资产(万元)	71732.64	68168.35	66623.27	62772.42
	归属母公司股东权益(万元)	63166.89	61011.00	58475.16	57279.92
	主营业务收入(万元)	28472.74	52403.08	22098.55	30750.38
	营业收入(万元)	28494.43	52529.33	22454.93	30904.67
	主营成本(万元)	19938.09	37309.54	15322.12	19099.13
	营业成本(万元)	19938.77	37398.08	15642.56	19218.31
	投资收益(万元)	-	-	-	-
	净利润(万元)	3438.72	5926.78	2731.44	5265.61
	利润总额(万元)	4297.06	7117.08	3256.31	6334.91

安徽神剑新材料股份有限公司

公司概况						
	公司名称	安徽神剑新材料股份有限公司			证券简称	神剑股份
	法人代表	刘志坚	董秘	王敏雪	证券代码	002361
	公司网址	www.shen-jian.com		电子信箱	wmx@shen-jian.com	
	电　　话	0553-5316355 5316333		传　　真	0553-5316577	
	办公地址	安徽省芜湖市芜湖经济技术开发区桥北工业园保顺路 8 号				
	经营范围	聚酯树脂系列产品的生产销售				

主要财务指标	指标＼报告期	2012.06.30	2011.12.31	2011.06.30	2010.12.31
	基本每股收益(元)	0.1711	0.3000	0.1208	0.2100
	基本每股收益(扣除后)(元)	0.1611	0.2600	0.1205	0.2100
	每股净资产(元)	3.4800	3.3100	3.1300	6.1700
	每股经营现金净流量(元)	0.0908	-0.1278	-0.1768	-0.1977
	每股现金流量(元)	-0.3166	-0.9263	-0.5718	2.9945
	每股资本公积金(元)	1.4026	1.4026	1.4026	3.8052
	每股盈余公积金(元)	0.0995	0.0995	0.0695	0.1390
	每股未分配利润(元)	0.9785	0.8074	0.6600	1.2284
	净资产收益率(%)	4.9200	9.0090	3.6500	6.5970
	加权净资产收益率(%)	5.0400	9.3400	3.8500	7.6400
	净资产收益率(扣除)(%)	-	-	-	-
	总资产(万元)	81583.71	75383.42	71982.92	69244.28
	归属母公司股东权益(万元)	55689.67	52952.20	50113.77	49381.60
	主营业务收入(万元)	39081.15	69459.86	32756.83	54072.92
	营业收入(万元)	39099.04	69474.10	32763.37	54090.71
	主营成本(万元)	33292.52	61460.65	29269.52	47355.03
	营业成本(万元)	33306.88	61473.33	29275.32	47373.63
	投资收益(万元)	-33.86	-2.78	-	-
	净利润(万元)	2737.48	4770.59	1932.16	3257.86
	利润总额(万元)	3225.57	5610.72	2273.13	3840.03

汉王科技股份有限公司

公司概况						
	公司名称	汉王科技股份有限公司			证券简称	汉王科技
	法人代表	刘迎建	董秘	朱德永	证券代码	002362
	公司网址	www.hanwang.com.cn		电子信箱	zhudy@hanwang.com.cn	
	电　　话	010-82786816		传　　真	010-82786786	
	办公地址	北京市海淀区东北旺西路 8 号 5 号楼				
	经营范围	技术开发、技术转让、技术咨询、技术服务、技术培训等				

主要财务指标	指标＼报告期	2012.06.30	2011.12.31	2011.06.30	2010.12.31
	基本每股收益(元)	-0.0900	-2.3200	-0.8100	0.4400
	基本每股收益(扣除后)(元)	-	-2.4200	-0.8500	0.4400
	每股净资产(元)	4.2300	4.3100	5.8100	7.0700
	每股经营现金净流量(元)	-0.1808	-0.5918	-0.2828	-2.9323
	每股现金流量(元)	-0.4071	-1.9978	-0.4365	5.0914
	每股资本公积金(元)	4.5402	4.5358	4.5298	10.0595
3	每股盈余公积金(元)	0.1109	0.1109	0.1109	0.2218
	每股未分配利润(元)	-1.4215	-1.3348	0.1733	1.9702
	净资产收益率(%)	-2.0506	-53.8010	-13.9640	6.1964
	加权净资产收益率(%)	-2.0300	-42.4400	-13.0500	7.9700
	净资产收益率(扣除)(%)	-	-	-	-
	总资产(万元)	106615.13	122914.60	167255.45	186014.51
	归属母公司股东权益(万元)	90557.50	92320.43	124478.23	141860.01
	主营业务收入(万元)	18931.30	51836.50	25633.06	123035.18
	营业收入(万元)	19505.47	53319.31	25823.41	123703.45
	主营成本(万元)	12032.31	42458.46	17729.02	73760.33
	营业成本(万元)	12309.16	44161.19	17921.76	74083.15
	投资收益(万元)	-	-	-	-
	净利润(万元)	-1860.79	-49678.08	-17399.08	8781.51
	利润总额(万元)	-1580.02	-51770.87	-17648.31	8776.95

山东隆基机械股份有限公司

公司概况						
公司名称	山东隆基机械股份有限公司			证券简称	隆基机械
法人代表	张海燕	董秘	刘建	证券代码	002363
公司网址	www.sdljjx.com.cn		电子信箱	lj8836978@163.com	
电　话	0535-8881898 8842175		传　真	0535-8881899	
办公地址	山东省龙口市外向型经济开发区				
经营范围	生产、销售盘式制动器总成、制动毂、制动盘、轮毂、刹车片、刹车等				

主要财务指标	2012.06.30	2011.12.31	2011.06.30	2010.12.31
基本每股收益(元)	0.1500	0.4500	0.2900	0.4300
基本每股收益(扣除后)(元)	0.1800	0.4500	0.2900	0.4300
每股净资产(元)	7.3500	7.3000	7.1400	6.9500
每股经营现金净流量(元)	0.3485	0.5575	-0.3561	-0.5368
每股现金流量(元)	-0.1398	-0.6016	0.0228	1.2623
每股资本公积金(元)	4.7252	4.7252	4.7252	4.7252
每股盈余公积金(元)	0.1362	0.1362	0.0946	0.0946
每股未分配利润(元)	1.4871	1.4355	1.3192	1.1266
净资产收益率(%)	2.0600	6.1810	4.1300	5.9260
加权净资产收益率(%)	2.0600	6.3300	4.1300	6.7400
净资产收益率(扣除)(%)	-	-	-	-
总资产(万元)	190452.01	178865.24	166667.10	158597.47
归属母公司股东权益(万元)	88181.97	87562.37	85666.88	83355.93
主营业务收入(万元)	50773.36	103203.50	55004.72	92052.22
营业收入(万元)	51545.40	103650.44	55178.94	92368.34
主营成本(万元)	40936.50	84162.52	45082.58	75391.84
营业成本(万元)	41627.84	84547.17	45239.38	75675.79
投资收益(万元)	-3.00	-	-	-
净利润(万元)	1720.02	5525.00	3539.79	5067.84
利润总额(万元)	2396.34	6633.07	4316.01	6799.59

杭州中恒电气股份有限公司

公司概况					
公司名称	杭州中恒电气股份有限公司			证券简称	中恒电气
法人代表	朱国锭	董秘	陈志云	证券代码	002364
公司网址	www.hzzh.com		电子信箱	zhengquan@hzzh.com	
电　话	0571-86699838 86699755		传　真	0571-86699755	
办公地址	浙江省杭州市高新区之江科技工业园东信大道69号				
经营范围	高频开关电源设备、不间断电源设备、逆变器、光纤通信设备、电力自动化设备等				

主要财务指标	2012.06.30	2011.12.31	2011.06.30	2010.12.31
基本每股收益(元)	0.2100	0.4800	0.2000	0.3900
基本每股收益(扣除后)(元)	0.2100	0.4300	0.1900	0.3700
每股净资产(元)	6.0800	5.9500	5.6700	8.4100
每股经营现金净流量(元)	-0.3832	0.4648	-0.0918	0.2893
每股现金流量(元)	-0.3847	0.3639	-0.1565	4.6400
每股资本公积金(元)	3.1240	3.0006	3.0006	5.0009
每股盈余公积金(元)	0.2410	0.2481	0.1998	0.2997
每股未分配利润(元)	1.7146	1.7011	1.4738	2.1084
净资产收益率(%)	3.4200	8.0200	3.5520	6.3190
加权净资产收益率(%)	3.5600	8.2700	3.5500	7.1800
净资产收益率(扣除)(%)	-	-	-	-
总资产(万元)	68162.83	69062.61	65371.93	63776.31
归属母公司股东权益(万元)	62705.14	59617.23	56855.48	56172.06
主营业务收入(万元)	14228.13	28178.53	12705.22	22954.10
营业收入(万元)	14293.90	28265.25	12752.75	23328.88
主营成本(万元)	9672.94	19015.61	8441.04	14492.59
营业成本(万元)	9677.66	19044.62	8453.51	14644.35
投资收益(万元)	-	-	-	-
净利润(万元)	2141.89	4781.17	2019.42	3549.57
利润总额(万元)	2567.72	5649.22	2402.39	4178.35

潜江永安药业股份有限公司

公司概况					
公司名称	潜江永安药业股份有限公司			证券简称	永安药业
法人代表	陈勇	董秘	聂振亚	证券代码	002365
公司网址	www.chinataurine.com		电子信箱	tzz@chinataurine.com	
电　话	0728-6202797 0728-6202727		传　真	0728-6204039	
办公地址	湖北省潜江市泽口经济开发区广泽大道2号				
经营范围	主要从事牛磺酸产品的研发、生产和销售				

主要财务指标	2012.06.30	2011.12.31	2011.06.30	2010.12.31
基本每股收益(元)	0.2100	0.3700	0.1800	0.2600
基本每股收益(扣除后)(元)	0.2000	0.3300	0.1600	0.2500
每股净资产(元)	5.6600	5.6500	5.4600	10.8500
每股经营现金净流量(元)	0.2617	0.4879	0.0367	0.4713
每股现金流量(元)	0.0470	-1.5016	-1.0326	4.6131
每股资本公积金(元)	3.2330	3.2330	3.2330	7.4660
每股盈余公积金(元)	0.2085	0.2085	0.1712	0.3424
每股未分配利润(元)	1.2184	1.2071	1.0546	2.0426
净资产收益率(%)	3.7300	6.6050	3.2500	4.5445
加权净资产收益率(%)	3.6700	6.7700	3.3400	5.0300
净资产收益率(扣除)(%)	-	-	-	-
总资产(万元)	116349.59	116041.77	110861.92	109071.18
归属母公司股东权益(万元)	105840.78	105628.94	102079.85	101457.13
主营业务收入(万元)	21464.08	41701.49	20939.20	31972.93
营业收入(万元)	21464.08	41701.49	20939.20	31972.93
主营成本(万元)	15152.95	31443.69	15640.00	23938.62
营业成本(万元)	15152.95	31443.69	15640.00	23938.62
投资收益(万元)	536.08	718.06	263.03	171.15
净利润(万元)	3950.80	6976.82	3427.72	4610.69
利润总额(万元)	4707.68	8099.48	4036.18	5162.20

四川丹甫制冷压缩机股份有限公司

公司概况					
公司名称	四川丹甫制冷压缩机股份有限公司			证券简称	丹甫股份
法人代表	罗志中	董秘	张志强	证券代码	002366
公司网址	www.scdanfu.cn		电子信箱	4501@scdanfu.cn	
电　话	028-38926346		传　真	028-38926346	
办公地址	四川省眉山市青神县黑龙镇				
经营范围	生产、销售制冷压缩机、冷冻冷藏设备、冷气工程、环试设备、家用电器及其它机电设备等				

主要财务指标	2012.06.30	2011.12.31	2011.06.30	2010.12.31
基本每股收益(元)	0.1575	0.4470	0.2830	0.5065
基本每股收益(扣除后)(元)	0.1461	0.3851	0.2580	0.5271
每股净资产(元)	5.3300	5.4700	5.7500	5.4700
每股经营现金净流量(元)	-0.0365	0.2944	0.1204	-0.8706
每股现金流量(元)	0.1183	-0.8437	-0.6411	2.7017
每股资本公积金(元)	3.5423	3.5423	3.5423	3.5423
每股盈余公积金(元)	0.1962	0.1962	0.1504	0.1504
每股未分配利润(元)	0.5873	0.7298	1.0617	0.7787
净资产收益率(%)	2.8700	8.1750	5.0400	8.6770
加权净资产收益率(%)	2.8700	8.0100	5.0400	12.7800
净资产收益率(扣除)(%)	-	-	-	-
总资产(万元)	97660.28	94969.75	88139.59	88419.04
归属母公司股东权益(万元)	71100.43	73002.89	76821.36	73042.80
主营业务收入(万元)	33989.98	68178.84	38240.20	63744.07
营业收入(万元)	33989.98	69421.26	38240.20	64917.05
主营成本(万元)	29146.75	68178.84	32266.69	50486.38
营业成本(万元)	29506.93	57820.57	32728.16	51425.35
投资收益(万元)	-	-	-	-
净利润(万元)	1615.60	5817.71	3778.56	6337.73
利润总额(万元)	1913.28	6668.09	4329.44	7233.10

康力电梯股份有限公司

公司概况	公司名称	康力电梯股份有限公司		证券简称	康力电梯
	法人代表	王友林	董秘 刘占涛	证券代码	002367
	公司网址	www.canny-elevator.com		电子信箱	dongmiban@canny-elevator.com
	电　话	0512-63293967		传　真	0512-63299905
	办公地址	江苏省苏州市吴江市汾湖经济开发区康力大道 888 号			
	经营范围	制造加工销售电梯、自动扶梯、自动人行道、停车设备、电控设备等			

主要财务指标 指标\报告期	2012.06.30	2011.12.31	2011.06.30	2010.12.31
基本每股收益(元)	0.2092	0.6235	0.1937	0.5322
基本每股收益(扣除后)(元)	0.2074	0.5829	0.1763	0.4923
每股净资产(元)	3.9800	5.9300	5.3500	7.8900
每股经营现金净流量(元)	0.0035	0.4296	-0.0392	1.2089
每股现金流量(元)	-0.4102	-0.1706	-0.6779	5.5250
每股资本公积金(元)	2.0428	3.5322	3.2210	5.3316
每股盈余公积金(元)	0.0799	0.1198	0.0775	0.1163
每股未分配利润(元)	0.8588	1.2744	1.0492	1.4379
净资产收益率(%)	5.2500	10.0980	4.6700	9.4890
加权净资产收益率(%)	5.2700	11.4100	5.4800	11.9500
净资产收益率(扣除)(%)	-	-	-	-
总资产(万元)	229352.12	240279.70	215746.62	210352.44
归属母公司股东权益(万元)	150785.52	149632.11	128507.39	126329.83
主营业务收入(万元)	80830.55	157862.88	65970.24	106297.87
营业收入(万元)	81933.92	160273.76	67111.98	108994.08
主营成本(万元)	59906.53	121028.03	49261.86	77604.13
营业成本(万元)	60686.63	122832.76	50169.97	79753.53
投资收益(万元)	-	8.44	-	-
净利润(万元)	7920.96	15110.24	6983.56	11987.47
利润总额(万元)	9359.70	17871.56	8384.81	13918.91

太极计算机股份有限公司

公司概况	公司名称	太极计算机股份有限公司		证券简称	太极股份
	法人代表	李建明	董秘 柴永茂	证券代码	002368
	公司网址	www.taiji.com.cn		电子信箱	zhengjiyun@mail.taiji.com.cn
	电　话	010-51616309		传　真	010-51616309
	办公地址	北京市海淀区北四环中路 211 号			
	经营范围	行业解决方案与服务、IT 咨询及 IT 产品增值服务			

主要财务指标 指标\报告期	2012.06.30	2011.12.31	2011.06.30	2010.12.31
基本每股收益(元)	0.2600	0.5700	0.2600	0.4700
基本每股收益(扣除后)(元)	0.2600	0.5700	0.2600	0.4700
每股净资产(元)	4.5600	5.3200	5.0000	10.1000
每股经营现金净流量(元)	-0.3243	-0.5386	-0.7324	0.8102
每股现金流量(元)	-2.0536	-1.0871	-1.1319	7.5586
每股资本公积金(元)	2.1713	2.8056	2.8056	6.6112
每股盈余公积金(元)	0.1433	0.1719	0.1313	0.2627
每股未分配利润(元)	1.2492	1.3389	1.0666	2.2241
净资产收益率(%)	5.7500	10.6740	5.0900	8.7360
加权净资产收益率(%)	5.7500	10.9500	5.0900	11.0800
净资产收益率(扣除)(%)	-	-	-	-
总资产(万元)	211554.93	197113.65	192939.76	192293.24
归属母公司股东权益(万元)	108205.14	105041.95	98858.87	99757.48
主营业务收入(万元)	116426.88	228430.47	99137.09	196237.58
营业收入(万元)	116426.88	228430.47	99137.09	196237.58
主营成本(万元)	96273.98	188473.45	79745.20	165171.85
营业成本(万元)	96273.98	188473.45	79745.20	165171.85
投资收益(万元)	-3.88	350.12	52.57	160.43
净利润(万元)	6111.88	11185.69	5139.22	8625.69
利润总额(万元)	7269.32	13029.28	6127.97	9675.50

深圳市卓翼科技股份有限公司

公司概况	公司名称	深圳市卓翼科技股份有限公司		证券简称	卓翼科技
	法人代表	田昱	董秘 程利	证券代码	002369
	公司网址	www.zowee.com.cn		电子信箱	message@zowee.com.cn
	电　话	0755-26997888		传　真	0755-26986712 26511004
	办公地址	广东省深圳市南山区西丽平山民企科技工业园 5 栋			
	经营范围	计算机周边板卡、消费数码产品、通讯网络产品、音响产品、广播电影电视器材等			

主要财务指标 指标\报告期	2012.06.30	2011.12.31	2011.06.30	2010.12.31
基本每股收益(元)	0.1100	0.4900	0.2100	0.3700
基本每股收益(扣除后)(元)	0.1000	0.4900	0.2200	0.3600
每股净资产(元)	3.7500	3.8400	3.6600	7.4000
每股经营现金净流量(元)	0.1470	0.4633	0.3442	0.4263
每股现金流量(元)	-0.1339	-0.7377	-0.3881	1.6623
每股资本公积金(元)	2.0663	2.0663	2.0663	5.1326
每股盈余公积金(元)	0.1411	0.1411	0.0949	0.1898
每股未分配利润(元)	0.5451	0.6351	0.5019	1.0777
净资产收益率(%)	2.8200	12.8170	5.6600	9.9933
加权净资产收益率(%)	2.8200	13.0400	5.6600	12.2900
净资产收益率(扣除)(%)	-	-	-	-
总资产(万元)	145774.45	135104.48	113634.41	110793.16
归属母公司股东权益(万元)	75050.22	76850.20	73262.14	74000.64
主营业务收入(万元)	55631.53	122562.50	56303.20	86443.43
营业收入(万元)	56614.72	123759.72	56630.22	87054.10
主营成本(万元)	49056.15	106441.51	49406.15	74922.44
营业成本(万元)	49896.62	107393.16	49601.26	75161.42
投资收益(万元)	-	-	-	-
净利润(万元)	2200.01	9849.57	4261.50	7395.14
利润总额(万元)	2638.97	11327.99	4977.95	8571.99

浙江亚太药业股份有限公司

公司概况	公司名称	浙江亚太药业股份有限公司		证券简称	亚太药业
	法人代表	陈尧根	董秘 孙黎明	证券代码	002370
	公司网址	www.ytyaoye.com		电子信箱	ytdsh@ytyaoye.com
	电　话	0575-84810101		传　真	0575-84810101
	办公地址	浙江省绍兴市绍兴县云集路 1152 号			
	经营范围	化学制剂药的开发、生产与销售			

主要财务指标 指标\报告期	2012.06.30	2011.12.31	2011.06.30	2010.12.31
基本每股收益(元)	-0.0300	0.2100	0.2200	0.2200
基本每股收益(扣除后)(元)	-0.0400	0.1900	0.2000	0.2200
每股净资产(元)	3.5500	3.6500	6.2200	6.0000
每股经营现金净流量(元)	-0.0256	0.2392	0.1845	-0.0313
每股现金流量(元)	-0.1217	-0.0992	-0.0859	2.6717
每股资本公积金(元)	1.6858	1.6822	3.5657	3.5635
每股盈余公积金(元)	0.1522	0.1522	0.2215	0.2215
每股未分配利润(元)	0.7104	0.8190	1.4327	1.2146
净资产收益率(%)	-0.7900	5.8760	3.5700	5.8400
加权净资产收益率(%)	-0.7900	5.9900	3.5700	7.1700
净资产收益率(扣除)(%)	-	-	-	-
总资产(万元)	85339.91	87178.44	86052.38	86497.78
归属母公司股东权益(万元)	72385.90	74530.03	74639.25	71995.34
主营业务收入(万元)	16100.87	-	21561.22	43510.63
营业收入(万元)	16119.42	42033.93	21584.32	43522.40
主营成本(万元)	12141.95	-	14890.18	30775.75
营业成本(万元)	12141.95	29011.65	14890.18	30775.75
投资收益(万元)	22.50	22.50	22.50	24.10
净利润(万元)	-584.18	4379.48	2617.04	4204.65
利润总额(万元)	-666.37	5044.23	3079.12	4828.83

北京七星华创电子股份有限公司

公司概况					
公司名称	北京七星华创电子股份有限公司			证券简称	七星电子
法人代表	王彦伶	董秘	徐加力	证券代码	002371
公司网址	www.sevenstar.com.cn		电子信箱	xjl@sevenstar.com.cn	
电　　话	010-64369908		传　　真	010-64369908	
办公地址	北京市朝阳区酒仙桥东路1号M2电子专用设备厂房1-1、1-2、1-5、1-6、1号楼(M3楼部分)、M5厂房				
经营范围	从事基础电子产品的研发、生产、销售和技术服务业务				

主要财务指标

指标\报告期	2012.06.30	2011.12.31	2011.06.30	2010.12.31
基本每股收益(元)	0.5000	1.5700	0.3900	0.9300
基本每股收益(扣除后)(元)	0.4900	1.6400	0.4400	0.9700
每股净资产(元)	7.0300	14.6200	14.6600	13.7900
每股经营现金净流量(元)	−0.5953	−0.3271	−2.0548	3.9827
每股现金流量(元)	−1.2887	−4.1708	−3.3780	8.4646
每股资本公积金(元)	2.8444	5.9200	8.1719	8.3258
每股盈余公积金(元)	0.2324	0.4183	0.3589	0.3589
每股未分配利润(元)	2.9527	4.5225	5.1425	4.1191
净资产收益率(%)	7.0600	13.9912	5.9900	8.4087
加权净资产收益率(%)	7.2800	13.8900	6.4800	9.2800
净资产收益率(扣除)(%)	–	–	–	–
总资产(万元)	287119.39	285300.33	229656.35	261060.32
归属母公司股东权益(万元)	106862.59	100169.99	95310.57	89655.27
主营业务收入(万元)	55733.78	114821.32	55387.21	79316.76
营业收入(万元)	56296.70	115599.30	55718.97	81025.06
主营成本(万元)	35778.05	76639.32	37052.57	54058.39
营业成本(万元)	36160.16	76990.53	37215.80	54642.29
投资收益(万元)	–	−3.35	–	–
净利润(万元)	8706.30	15807.47	7343.01	9198.99
利润总额(万元)	10170.38	19261.17	9009.40	11184.44

浙江伟星新型建材股份有限公司

公司概况					
公司名称	浙江伟星新型建材股份有限公司			证券简称	伟星新材
法人代表	金红阳	董秘	谭梅	证券代码	002372
公司网址	www.china-pipes.com		电子信箱	wxxc@china-pipes.com	
电　　话	0576-85225086		传　　真	0576-85305080	
办公地址	浙江省临海市经济开发区				
经营范围	塑料管道制造、加工、塑料管道、新型建筑材料及原辅辅料、卫生洁具等				

主要财务指标

指标\报告期	2012.06.30	2011.12.31	2011.06.30	2010.12.31
基本每股收益(元)	0.4300	0.8700	0.4100	0.7200
基本每股收益(扣除后)(元)	0.4200	0.8400	0.4000	0.7000
每股净资产(元)	6.4500	6.7800	6.3200	6.2100
每股经营现金净流量(元)	0.4850	0.6701	−0.0552	0.3804
每股现金流量(元)	−0.0527	−0.6551	−0.5808	3.6316
每股资本公积金(元)	4.1692	4.1257	4.1184	4.1184
每股盈余公积金(元)	0.2287	0.2287	0.1499	0.1499
每股未分配利润(元)	1.0556	1.4247	1.0520	0.9383
净资产收益率(%)	6.6800	12.7630	6.5400	10.8170
加权净资产收益率(%)	6.4000	13.3900	6.5000	14.0200
净资产收益率(扣除)(%)	–	–	–	–
总资产(万元)	217409.27	213236.34	203084.81	188565.93
归属母公司股东权益(万元)	163531.89	171782.07	160155.50	157275.03
主营业务收入(万元)	76752.16	168707.00	69692.53	124013.86
营业收入(万元)	77470.19	169675.52	70059.90	124917.61
主营成本(万元)	47380.72	110659.21	43251.19	76453.10
营业成本(万元)	48072.62	111557.48	43585.88	77295.85
投资收益(万元)	–	−66.60	–	–
净利润(万元)	10919.02	21925.25	10482.47	17011.76
利润总额(万元)	13317.20	27547.76	13240.10	21124.20

北京联信永益科技股份有限公司

公司概况					
公司名称	北京联信永益科技股份有限公司			证券简称	联信永益
法人代表	赵余粮	董秘	周洲	证券代码	002373
公司网址	www.surekam.com		电子信箱	securities@surekam.com	
电　　话	010-87513006 010-87513888		传　　真	010-87513170	
办公地址	北京市东城区广渠家园10号楼				
经营范围	行业应用软件开发、计算机信息系统集成和专业技术服务				

主要财务指标

指标\报告期	2012.06.30	2011.12.31	2011.06.30	2010.12.31
基本每股收益(元)	−0.6300	0.1800	−0.3900	0.3700
基本每股收益(扣除后)(元)	−0.6200	0.1300	−0.4000	0.3400
每股净资产(元)	8.9800	9.6100	9.1400	9.5300
每股经营现金净流量(元)	−1.1775	0.6144	−0.5646	−2.6225
每股现金流量(元)	−0.8326	0.5832	0.0133	0.8389
每股资本公积金(元)	6.5696	6.5696	6.5696	6.5696
每股盈余公积金(元)	0.1144	0.1144	0.1088	0.1088
每股未分配利润(元)	1.2946	1.9222	1.4566	1.8483
净资产收益率(%)	−6.9900	1.8690	−4.0800	3.5880
加权净资产收益率(%)	−6.7500	1.8800	−4.2000	4.4700
净资产收益率(扣除)(%)	–	–	–	–
总资产(万元)	97074.79	91012.48	84150.80	79467.89
归属母公司股东权益(万元)	61530.60	65831.78	62602.52	65286.67
主营业务收入(万元)	25380.55	63885.37	25482.94	69650.31
营业收入(万元)	25380.55	63887.21	25484.77	69673.54
主营成本(万元)	19462.35	46156.37	22117.61	56100.51
营业成本(万元)	19462.35	46156.37	22117.61	56154.43
投资收益(万元)	–	141.15	−6.63	−50.81
净利润(万元)	−4533.75	1230.41	−2684.15	2342.59
利润总额(万元)	−4535.31	1675.13	−2684.15	2918.90

山东丽鹏股份有限公司

公司概况					
公司名称	山东丽鹏股份有限公司			证券简称	丽鹏股份
法人代表	孙世尧	董秘	李海霞	证券代码	002374
公司网址	www.lp.com.cn		电子信箱	haixia5229@sina.com	
电　　话	0535-4660587		传　　真	0535-4660587	
办公地址	山东省烟台市牟平区姜格庄镇邹革庄村				
经营范围	专业从事铝板复合型防伪印刷、防伪瓶盖的生产、销售及相关业务等				

主要财务指标

指标\报告期	2012.06.30	2011.12.31	2011.06.30	2010.12.31
基本每股收益(元)	0.2400	0.1600	−0.0500	0.3800
基本每股收益(扣除后)(元)	0.2400	0.4100	0.2300	0.3600
每股净资产(元)	6.1900	6.0400	5.8500	9.5300
每股经营现金净流量(元)	0.1873	0.2130	−0.0684	−1.2368
每股现金流量(元)	0.3482	−0.8366	−0.0444	2.1729
每股资本公积金(元)	3.6713	3.6712	3.6797	6.4872
每股盈余公积金(元)	0.0887	0.0887	0.0775	0.1240
每股未分配利润(元)	1.4266	1.2829	1.0883	1.9215
净资产收益率(%)	3.9900	2.5770	−0.8500	5.9201
加权净资产收益率(%)	3.9900	2.6000	−0.8500	7.2000
净资产收益率(扣除)(%)	–	–	–	–
总资产(万元)	84820.68	82625.78	75264.45	67505.29
归属母公司股东权益(万元)	52957.60	51726.84	50036.62	51000.00
主营业务收入(万元)	26889.31	55799.71	24300.81	38630.29
营业收入(万元)	29317.17	58558.00	27094.59	39828.46
主营成本(万元)	20691.63	44719.54	19110.78	30137.26
营业成本(万元)	22596.42	46962.74	21479.53	30907.65
投资收益(万元)	16.42	27.44	17.54	21.39
净利润(万元)	2267.25	1729.73	−172.16	3481.03
利润总额(万元)	3030.02	2281.11	−10.28	4463.95

浙江亚厦装饰股份有限公司

公司概况						
	公司名称	浙江亚厦装饰股份有限公司			证券简称	亚厦股份
	法人代表	丁欣欣	董秘	刘歆	证券代码	002375
	公司网址	www.yashazs.com		电子信箱	002375@yashazs.com	
	电　　话	0571-89880808		传　　真	0571-89880809	
	办公地址	浙江省杭州市望江东路 299 号冠盛大厦				
	经营范围	建筑装饰装修工程、建筑幕墙工程、钢结构工程、消防工程、水电工程等				

主要财务指标	指标\报告期	2012.06.30	2011.12.31	2011.06.30	2010.12.31
	基本每股收益(元)	0.4100	1.0600	0.2700	0.6600
	基本每股收益(扣除后)(元)	0.4100	1.0700	0.2700	0.6800
	每股净资产(元)	4.8200	6.7200	6.0100	11.4300
	每股经营现金净流量(元)	-0.7821	0.3226	-0.4326	0.1013
	每股现金流量(元)	-1.3826	-0.5197	-0.8495	7.2342
	每股资本公积金(元)	2.0143	3.4839	3.4305	7.8395
	每股盈余公积金(元)	0.1173	0.1760	0.0980	0.1960
	每股未分配利润(元)	1.6933	2.0599	1.4787	2.3978
	净资产收益率(%)	8.6800	15.8330	6.8600	10.8707
	加权净资产收益率(%)	8.6800	17.2300	6.8600	13.9900
	净资产收益率(扣除)(%)	-	-	-	-
	总资产(万元)	723549.27	674604.12	552900.87	446209.12
	归属母公司股东权益(万元)	305418.33	283573.25	253503.40	241242.06
	主营业务收入(万元)	404698.24	725124.37	292613.43	448666.91
	营业收入(万元)	404698.24	725264.47	292613.43	448807.01
	主营成本(万元)	338657.06	607551.66	247337.04	381789.05
	营业成本(万元)	338657.06	607648.47	247337.04	381885.85
	投资收益(万元)	-	-	-	0.15
	净利润(万元)	26852.42	46944.13	17071.51	26222.66
	利润总额(万元)	32187.63	55482.77	20342.15	31118.21

山东新北洋信息技术股份有限公司

公司概况						
	公司名称	山东新北洋信息技术股份有限公司			证券简称	新 北 洋
	法人代表	丛强滋	董秘	宋森	证券代码	002376
	公司网址	www.newbeiyang.com.cn		电子信箱	snbc@newbeiyang.com	
	电　　话	0631-5675777		传　　真	0631-5680499	
	办公地址	东省威海市环翠区昆仑路 126 号				
	经营范围	专业从事专用打印机及相关产品的研发、生产、销售和服务				

主要财务指标	指标\报告期	2012.06.30	2011.12.31	2011.06.30	2010.12.31
	基本每股收益(元)	0.2300	0.5500	0.1800	0.4000
	基本每股收益(扣除后)(元)	0.2000	0.5100	0.1600	0.3600
	每股净资产(元)	4.2400	4.2200	3.8500	7.6400
	每股经营现金净流量(元)	0.0185	0.3318	0.0683	0.5456
	每股现金流量(元)	-0.4645	-0.4275	-0.2616	4.5520
	每股资本公积金(元)	2.0521	2.0521	2.0521	5.1042
	每股盈余公积金(元)	0.2599	0.2599	0.1800	0.3600
	每股未分配利润(元)	0.9317	0.9042	0.6145	1.1756
	净资产收益率(%)	5.3600	12.9584	4.5900	9.7284
	加权净资产收益率(%)	5.3000	13.6400	4.5200	12.3500
	净资产收益率(扣除)(%)	-	-	-	-
	总资产(万元)	154691.47	152551.92	139716.80	137971.36
	归属母公司股东权益(万元)	127285.14	126470.88	115427.64	114605.34
	主营业务收入(万元)	28827.02	62207.76	26145.22	45989.63
	营业收入(万元)	30836.27	65886.41	27691.69	48304.51
	主营成本(万元)	15773.90	32036.05	13876.15	24503.93
	营业成本(万元)	17123.93	34855.06	15000.15	25966.57
	投资收益(万元)	770.11	2104.30	759.63	1488.60
	净利润(万元)	6870.63	16566.01	5209.78	11411.37
	利润总额(万元)	7626.95	18454.12	5754.41	12203.50

湖北国创高新材料股份有限公司

公司概况						
	公司名称	湖北国创高新材料股份有限公司			证券简称	国创高新
	法人代表	高庆寿	董秘	彭雅超	证券代码	002377
	公司网址	www.guochuang.com.cn		电子信箱	p20732@sina.com	
	电　　话	027-87617347 87617349		传　　真	027-87617400	
	办公地址	湖北省武汉东湖开发区武大科技园武大园三路八号国创高科实业集团办公大楼				
	经营范围	研制、生产、销售成品改性沥青、沥青改性设备等				

主要财务指标	指标\报告期	2012.06.30	2011.12.31	0.0135	2010.12.31
	基本每股收益(元)	0.0142	0.1800	0.0095	0.1900
	基本每股收益(扣除后)(元)	0.0152	0.1700	3.1500	0.1600
	每股净资产(元)	3.3200	3.3100	-1.1775	6.2700
	每股经营现金净流量(元)	-0.3836	-0.7944	-0.5992	-0.9477
	每股现金流量(元)	0.0125	-0.7699	1.7207	2.9905
	每股资本公积金(元)	1.7207	1.7207	0.0501	4.4413
	每股盈余公积金(元)	0.0589	0.0589	0.3753	0.1003
	每股未分配利润(元)	0.5455	0.5312	0.4300	0.7236
	净资产收益率(%)	0.4300	5.3810	0.4300	5.5880
	加权净资产收益率(%)	0.4300	5.5300	-	6.8100
	净资产收益率(扣除)(%)	-	-	130086.82	-
	总资产(万元)	162196.26	130457.86	67326.93	128238.74
	归属母公司股东权益(万元)	71154.90	70850.23	18205.49	67037.69
	主营业务收入(万元)	33180.16	91078.55	18465.66	76634.06
	营业收入(万元)	33404.37	91728.47	15621.67	78499.02
	主营成本(万元)	29816.93	77760.62	15831.50	67942.69
	营业成本(万元)	29895.14	78305.06	-	69608.95
	投资收益(万元)	-	-	196.27	-
	净利润(万元)	163.25	3858.86	101.60	3862.69
	利润总额(万元)	438.47	4941.12	0.0135	4109.45

崇义章源钨业股份有限公司

公司概况						
	公司名称	崇义章源钨业股份有限公司			证券简称	章源钨业
	法人代表	黄泽兰	董秘	刘佶	证券代码	002378
	公司网址	www.zy-tungsten.com		电子信箱	info@zy-tungsten.com	
	电　　话	0797-3813839		传　　真	0797-3813839	
	办公地址	江西省赣州市崇义县城塔下				
	经营范围	钨及其他金属矿产品采掘、钨制品的冶炼和深加工、钨制品销售				

主要财务指标	指标\报告期	2012.06.30	2011.12.31	2011.06.30	2010.12.31
	基本每股收益(元)	0.2100	0.6700	0.3000	0.3600
	基本每股收益(扣除后)(元)	0.2200	0.6700	0.2900	0.3600
	每股净资产(元)	3.1500	3.3400	2.9600	2.9100
	每股经营现金净流量(元)	0.4687	0.2645	-0.0005	-0.3454
	每股现金流量(元)	0.2135	-0.5066	-0.0641	0.5636
	每股资本公积金(元)	1.1085	1.1085	1.1085	1.1085
	每股盈余公积金(元)	0.2180	0.2180	0.1474	0.1474
	每股未分配利润(元)	0.8180	1.0066	0.7042	0.6572
	净资产收益率(%)	6.7000	20.0860	10.0300	12.1350
	加权净资产收益率(%)	6.2600	21.5800	9.8300	13.8400
	净资产收益率(扣除)(%)	-	-	-	-
	总资产(万元)	267274.19	244768.21	225967.71	219638.88
	归属母公司股东权益(万元)	135081.45	142843.28	126819.57	124799.18
	主营业务收入(万元)	81114.90	186136.31	94934.47	132363.65
	营业收入(万元)	88087.32	193661.72	97343.01	137910.95
	主营成本(万元)	63753.39	134901.82	71790.24	105691.09
	营业成本(万元)	66433.22	138080.41	72985.34	108733.30
	投资收益(万元)	189.05	-852.44	-118.59	415.01
	净利润(万元)	9049.44	28690.98	12715.46	15144.04
	利润总额(万元)	10728.69	34959.18	15391.27	17638.89

山东鲁丰铝箔股份有限公司

公司概况	公司名称	山东鲁丰铝箔股份有限公司			证券简称	鲁丰股份
	法人代表	于荣强	董秘	庞树正	证券代码	002379
	公司网址	www.loften.com.cn		电子信箱	stock@loften.cn	
	电　话	0543-2161727　2385777		传　真	0543-2161727	
	办公地址	山东省滨州市博兴县滨博大街1568号				
	经营范围	板带箔生产、加工、销售等				

主要财务指标	指标\报告期	2012.06.30	2011.12.31	2011.06.30	2010.12.31
	基本每股收益(元)	0.0400	-0.0900	0.1100	0.0700
	基本每股收益(扣除后)(元)	-	-0.1212	0.0989	0.1305
	每股净资产(元)	5.6600	5.5300	5.6500	11.3200
	每股经营现金净流量(元)	2.2947	0.8672	-1.3151	-2.1209
	每股现金流量(元)	0.5824	1.8812	1.6307	1.5234
	每股资本公积金(元)	3.7192	3.7192	3.7192	8.4383
	每股盈余公积金(元)	0.0748	0.0748	0.0697	0.1394
	每股未分配利润(元)	0.8673	0.7363	0.8651	1.7446
	净资产收益率(%)	0.7211	-1.6320	1.9396	1.1820
	加权净资产收益率(%)	0.7200	-1.6200	1.9400	1.1900
	净资产收益率(扣除)(%)	-	-	-	-
	总资产(万元)	442244.39	393248.08	361179.45	289713.00
	归属母公司股东权益(万元)	87750.60	85719.30	87635.96	87748.28
	主营业务收入(万元)	-	-	-	-
	营业收入(万元)	151945.61	42838.61	136393.42	27255.15
	主营成本(万元)	-	-	-	-
	营业成本(万元)	134148.77	39517.61	121616.50	23160.45
	投资收益(万元)	30.00	30.00	30.00	30.00
	净利润(万元)	676.35	-1350.19	1699.82	1037.14
	利润总额(万元)	1308.53	-1810.28	2379.52	1370.50

南京科远自动化集团股份有限公司

公司概况	公司名称	南京科远自动化集团股份有限公司			证券简称	科远股份
	法人代表	刘国耀	董秘	赵文庆	证券代码	002380
	公司网址	www.sciyon.com		电子信箱	zhaowq@sciyon.com	
	电　话	025-68598968　9808		传　真	025-68598948	
	办公地址	江苏省南京市江宁经济技术开发区西门子路27号				
	经营范围	热工自动化和电厂信息化产品研发、生产、销售和服务				

主要财务指标	指标\报告期	2012.06.30	2011.12.31	2011.06.30	2010.12.31
	基本每股收益(元)	0.2300	0.6200	0.2900	0.8300
	基本每股收益(扣除后)(元)	0.1900	0.5200	0.2100	0.6700
	每股净资产(元)	12.8700	12.8400	12.5100	12.4700
	每股经营现金净流量(元)	0.4771	0.3168	0.0833	-0.6905
	每股现金流量(元)	-0.3042	-0.8869	-0.6445	6.3034
	每股资本公积金(元)	9.5760	9.5760	9.5731	9.5731
	每股盈余公积金(元)	0.3140	0.3140	0.2517	0.2517
	每股未分配利润(元)	1.9761	1.9497	1.6828	1.6469
	净资产收益率(%)	1.7500	4.7910	2.3200	6.2430
	加权净资产收益率(%)	1.7500	4.8700	2.3200	7.6800
	净资产收益率(扣除)(%)	-	-	-	-
	总资产(万元)	98757.03	95206.00	93547.24	94226.10
	归属母公司股东权益(万元)	87489.37	87309.98	85051.68	84807.71
	主营业务收入(万元)	11689.38	23545.40	9885.14	22900.30
	营业收入(万元)	11691.38	23545.70	9885.14	22900.80
	主营成本(万元)	7052.50	13710.97	5723.80	13777.68
	营业成本(万元)	10551.19	13710.97	5723.80	13777.68
	投资收益(万元)	-	-	-	-
	净利润(万元)	1542.68	4205.83	1970.55	5331.89
	利润总额(万元)	1793.24	4690.34	2191.02	6146.14

浙江双箭橡胶股份有限公司

公司概况	公司名称	浙江双箭橡胶股份有限公司			证券简称	双箭股份
	法人代表	沈耿亮	董秘	陈柏松	证券代码	002381
	公司网址	www.doublearrow.net		电子信箱	chenbaisong@188.com	
	电　话	0573-88533979　88533969		传　真	0573-88531023	
	办公地址	浙江省桐乡市洲泉镇晚村				
	经营范围	橡胶制品、帆布的生产、销售、橡胶原料、纺织原料				

主要财务指标	指标\报告期	2012.06.30	2011.12.31	2011.06.30	2010.12.31
	基本每股收益(元)	0.3100	0.3200	0.1500	0.3400
	基本每股收益(扣除后)(元)	0.3200	0.2700	0.1100	0.2800
	每股净资产(元)	7.7000	7.5900	7.4200	11.1100
	每股经营现金净流量(元)	-0.2535	0.3292	-0.6104	0.1215
	每股现金流量(元)	-0.6185	-0.1018	-0.4452	4.6596
	每股资本公积金(元)	4.4327	4.4327	4.4327	7.1491
	每股盈余公积金(元)	0.2601	0.2601	0.2318	0.3478
	每股未分配利润(元)	2.0104	1.8980	1.7589	2.6123
	净资产收益率(%)	4.0500	4.2730	1.9800	4.2520
	加权净资产收益率(%)	4.0700	4.3300	2.0200	5.1800
	净资产收益率(扣除)(%)	-	-	-	-
	总资产(万元)	122439.91	129268.62	115633.54	110156.44
	归属母公司股东权益(万元)	90126.72	88812.80	86854.45	86651.55
	主营业务收入(万元)	54931.31	113880.03	50025.83	82284.54
	营业收入(万元)	55021.85	114592.52	50577.58	82453.25
	主营成本(万元)	43387.77	98086.49	43923.08	69898.13
	营业成本(万元)	43463.15	98737.18	44429.01	70035.73
	投资收益(万元)	3.12	0.76	48.77	48.09
	净利润(万元)	4012.97	4216.68	1991.76	4026.77
	利润总额(万元)	4889.26	4894.53	2239.89	4834.89

山东蓝帆塑胶股份有限公司

公司概况	公司名称	山东蓝帆塑胶股份有限公司			证券简称	蓝帆股份
	法人代表	李振平	董秘	韩邦友	证券代码	002382
	公司网址	www.bluesail.cn		电子信箱	stock@bluesail.cn	
	电　话	0533-7480108		传　真	0533-7480085	
	办公地址	山东省淄博市齐鲁化学工业区清田路21号				
	经营范围	生产加工PVC手套及其他塑料制品、粒料等				

主要财务指标	指标\报告期	2012.06.30	2011.12.31	2011.06.30	2010.12.31
	基本每股收益(元)	0.1100	0.2400	0.0500	0.3600
	基本每股收益(扣除后)(元)	0.1000	0.1900	0.0400	0.3600
	每股净资产(元)	3.9000	7.6400	7.4900	11.3000
	每股经营现金净流量(元)	0.2553	-0.5486	0.1877	-0.4736
	每股现金流量(元)	0.3312	-1.8557	-0.4912	4.4523
	每股资本公积金(元)	2.0351	5.0702	5.0702	8.1053
	每股盈余公积金(元)	0.0896	0.1791	0.1552	0.2328
	每股未分配利润(元)	0.7763	1.3905	1.2661	1.9583
	净资产收益率(%)	2.7200	3.1703	1.2500	4.4632
	加权净资产收益率(%)	2.7400	3.2000	1.2400	5.6000
	净资产收益率(扣除)(%)	-	-	-	-
	总资产(万元)	146408.84	131074.56	114771.29	102330.47
	归属母公司股东权益(万元)	93605.74	91668.08	89898.65	90371.53
	主营业务收入(万元)	63328.95	93005.95	39471.51	61829.14
	营业收入(万元)	63670.22	93365.16	39678.31	62154.06
	主营成本(万元)	54999.10	83825.79	35768.08	53134.16
	营业成本(万元)	55016.80	83840.37	35772.62	53148.49
	投资收益(万元)	59.56	-	-	-
	净利润(万元)	2545.57	2906.18	1127.12	4033.44
	利润总额(万元)	3532.44	3412.75	1294.29	4710.63

北京合众思壮科技股份有限公司

公司概况					
公司名称	北京合众思壮科技股份有限公司			证券简称	合众思壮
法人代表	郭信平	董秘	曹红杰	证券代码	002383
公司网址	www.unistrong.com		电子信箱	dongmi@unistrong.com	
电　　话	010-58275500		传　　真	010-58275259	
办公地址	北京市朝阳区酒仙桥北路甲10号204号楼				
经营范围	技术开发、技术推广、技术转让、技术咨询、技术服务、技术培训等				

主要财务指标 指标＼报告期	2012.06.30	2011.12.31	2011.06.30	2010.12.31
基本每股收益(元)	-0.1196	0.3091	0.1525	0.3946
基本每股收益(扣除后)(元)	-0.1319	0.2371	0.1405	0.3808
每股净资产(元)	7.6300	10.2600	10.1200	12.3500
每股经营现金净流量(元)	-0.1448	-0.4701	-0.1347	-0.3376
每股现金流量(元)	-1.0984	-1.4796	-0.5254	7.1327
每股资本公积金(元)	5.3830	7.2853	7.2858	8.9430
每股盈余公积金(元)	0.2220	0.2887	0.2420	0.2904
每股未分配利润(元)	1.0282	1.6921	1.5949	2.1156
净资产收益率(%)	-1.5700	3.0140	1.6300	3.5940
加权净资产收益率(%)	-1.5300	3.0100	1.6000	4.4800
净资产收益率(扣除)(%)	-	-	-	-
总资产(万元)	157273.60	168346.56	157568.95	154679.68
归属母公司股东权益(万元)	142786.91	147682.97	145750.97	148225.92
主营业务收入(万元)	14611.67	41451.32	18209.15	38216.84
营业收入(万元)	16085.69	44131.83	19988.71	40260.42
主营成本(万元)	8566.50	23528.13	10682.26	23246.25
营业成本(万元)	9178.85	24320.90	10725.92	23631.85
投资收益(万元)	-39.43	-4.41	-	-
净利润(万元)	-2405.98	4196.69	2253.36	5282.52
利润总额(万元)	-2079.90	5356.64	2895.01	5841.57

苏州东山精密制造股份有限公司

公司概况					
公司名称	苏州东山精密制造股份有限公司			证券简称	东山精密
法人代表	袁永刚	董秘	冒小燕	证券代码	002384
公司网址	www.sz-dsbj.com		电子信箱	maoxy@sz-dsbj.com	
电　　话	0512-66306201		传　　真	0512-66307172	
办公地址	江苏省苏州市吴中区东山工业园凤凰山路8号				
经营范围	精密钣金件和精密铸件的制造与服务				

主要财务指标 指标＼报告期	2012.06.30	2011.12.31	2011.06.30	2010.12.31
基本每股收益(元)	0.0900	0.3527	0.1600	0.5112
基本每股收益(扣除后)(元)	0.0700	0.2852	0.1600	0.4968
每股净资产(元)	3.8200	7.5700	7.5400	8.7600
每股经营现金净流量(元)	0.0053	0.0752	-0.0691	0.0142
每股现金流量(元)	0.0108	-1.2927	-0.8946	1.8463
每股资本公积金(元)	2.1381	5.0763	5.0763	6.2916
每股盈余公积金(元)	0.0727	0.1455	0.1095	0.1314
每股未分配利润(元)	0.6134	1.3519	1.3566	1.2422
净资产收益率(%)	2.2900	4.6574	4.2600	6.6372
加权净资产收益率(%)	2.2900	4.7700	4.3500	8.1900
净资产收益率(扣除)(%)	-	-	-	-
总资产(万元)	231350.90	194557.93	187869.73	169713.93
归属母公司股东权益(万元)	146852.55	145414.74	144813.72	138642.16
主营业务收入(万元)	67740.28	116162.57	59416.40	87112.91
营业收入(万元)	68760.76	117696.68	60171.49	88217.34
主营成本(万元)	55295.10	92994.83	44701.49	65954.35
营业成本(万元)	55369.79	93174.66	44702.42	66017.90
投资收益(万元)	-932.52	-2796.15	-1386.61	-750.87
净利润(万元)	3168.19	6238.70	5903.50	9072.29
利润总额(万元)	3356.29	7039.29	7162.97	10997.44

北京大北农科技集团股份有限公司

公司概况					
公司名称	北京大北农科技集团股份有限公司			证券简称	大北农
法人代表	邵根伙	董秘	陈忠恒	证券代码	002385
公司网址	www.dbn.com.cn		电子信箱	cwbgs@dbn.com.cn	
电　　话	010-82856450		传　　真	010-82856430 82856431	
办公地址	北京市海淀区中关村大街27号中关村大厦14层				
经营范围	饲料、种子产品的研发、生产、销售				

主要财务指标 指标＼报告期	2012.06.30	2011.12.31	2011.06.30	2010.12.31
基本每股收益(元)	0.3900	1.2600	0.2700	0.8200
基本每股收益(扣除后)(元)	0.3800	1.2200	0.2600	0.7500
每股净资产(元)	4.6000	8.6800	7.9800	7.6900
每股经营现金净流量(元)	-0.2784	1.6602	0.0273	0.9730
每股现金流量(元)	-0.7150	0.1475	-0.6442	4.3581
每股资本公积金(元)	2.0376	5.0335	5.0457	5.0481
每股盈余公积金(元)	0.1040	0.2080	0.1413	0.1413
每股未分配利润(元)	1.4586	2.4397	1.7927	1.4996
净资产收益率(%)	8.4500	14.4780	6.8100	10.0990
加权净资产收益率(%)	8.9700	15.1100	6.8600	13.5200
净资产收益率(扣除)(%)	-	-	-	-
总资产(万元)	491499.60	473670.13	410925.06	404478.08
归属母公司股东权益(万元)	368751.11	347944.65	319825.98	308171.30
主营业务收入(万元)	444920.74	778045.80	314038.32	520967.52
营业收入(万元)	446758.07	783599.98	314278.93	524838.48
主营成本(万元)	346663.42	610617.38	243094.02	401854.50
营业成本(万元)	347043.81	615108.70	243141.60	404619.13
投资收益(万元)	243.59	129.74	282.02	654.60
净利润(万元)	32670.18	52787.27	23575.29	31399.45
利润总额(万元)	38517.96	62314.00	27294.29	37720.38

宜宾天原集团股份有限公司

公司概况					
公司名称	宜宾天原集团股份有限公司			证券简称	天原集团
法人代表	罗云	董秘	陈洪	证券代码	002386
公司网址	www.ybty.com		电子信箱	chenhong@ybty.com#cwcq@ybty.com	
电　　话	0831-3608560 3608918		传　　真	0831-3601446 3607026	
办公地址	四川省宜宾市下江北				
经营范围	基本化学原料、有机合成化学原料、化工产品制造、销售等				

主要财务指标 指标＼报告期	2012.06.30	2011.12.31	2011.06.30	2010.12.31
基本每股收益(元)	-0.3400	0.0432	0.1300	0.2500
基本每股收益(扣除后)(元)	-0.3700	-0.0309	0.0700	0.2100
每股净资产(元)	7.7200	8.1100	8.3300	8.2000
每股经营现金净流量(元)	0.0629	0.4329	0.0855	0.4545
每股现金流量(元)	-0.9395	0.3100	-0.1855	1.7015
每股资本公积金(元)	4.2665	4.2665	4.3028	4.3028
每股盈余公积金(元)	0.4297	0.4301	0.4261	0.4261
每股未分配利润(元)	2.0225	2.4081	2.5996	2.4688
净资产收益率(%)	-4.3500	0.5330	1.5700	2.8439
加权净资产收益率(%)	-4.2300	0.5300	1.5800	3.1800
净资产收益率(扣除)(%)	-	-	-	-
总资产(万元)	1234243.67	1195356.23	1149837.47	1018528.16
归属母公司股东权益(万元)	370381.80	388883.77	399582.61	393302.37
主营业务收入(万元)	248265.98	556794.89	276952.35	486146.66
营业收入(万元)	257469.84	565546.41	281241.94	495804.30
主营成本(万元)	223522.49	479093.38	237885.86	414106.17
营业成本(万元)	231119.66	484136.10	240634.37	420436.78
投资收益(万元)	-175.35	333.61	128.15	620.82
净利润(万元)	-16415.78	3215.78	6849.06	12927.77
利润总额(万元)	-16513.28	6780.95	8709.14	15134.44

黑牛食品股份有限公司

公司概况	公司名称	黑牛食品股份有限公司			证券简称	黑牛食品
	法人代表	林秀浩	董秘	黄树忠	证券代码	002387
	公司网址	www.blackcow.cn		电子信箱	sh@blackcow.cn	
	电　　话	0754-88106868 8081		传　　真	0754-88107793	
	办公地址	广东省汕头市潮汕路金园工业城内9A5A6				
	经营范围	大豆等植物蛋白类营养饮品的研发、生产和销售				

主要财务指标	指标\报告期	2012.06.30	2011.12.31	2011.06.30	2010.12.31
	基本每股收益(元)	0.1300	0.4300	0.2000	0.3700
	基本每股收益(扣除后)(元)	0.1300	0.4100	0.1900	0.3400
	每股净资产(元)	4.2800	5.4700	5.2500	9.1800
	每股经营现金净流量(元)	-0.2548	0.2167	-0.2878	0.1945
	每股现金流量(元)	-0.6833	-1.0977	-1.0186	4.9768
	每股资本公积金(元)	2.2348	3.1759	3.1759	6.5165
	每股盈余公积金(元)	0.0399	0.0523	0.0388	0.0699
	每股未分配利润(元)	1.0081	1.2466	1.0315	1.5980
	净资产收益率(%)	3.1000	7.8160	3.8000	0.6600
	加权净资产收益率(%)	3.1100	8.1000	3.8400	9.0200
	净资产收益率(扣除)(%)	-	-	-	-
	总资产(万元)	141798.44	144435.25	135470.00	135699.17
	归属母公司股东权益(万元)	134731.21	131558.68	126065.37	122611.42
	主营业务收入(万元)	40970.32	85658.88	36374.64	63886.86
	营业收入(万元)	40970.32	85720.49	36383.57	63954.85
	主营成本(万元)	26919.31	55927.10	23183.15	42721.79
	营业成本(万元)	26919.31	55989.49	23193.96	42787.34
	投资收益(万元)	-	-	-	-
	净利润(万元)	4176.72	10282.27	4788.95	8100.75
	利润总额(万元)	5547.45	13690.74	6423.24	10678.85

深圳市新亚电子制程股份有限公司

公司概况	公司名称	深圳市新亚电子制程股份有限公司			证券简称	新亚制程
	法人代表	许伟明	董秘	徐冰	证券代码	002388
	公司网址	www.sunyes.cn		电子信箱	info@sunyes.cn	
	电　　话	0755-23818505 23818518		传　　真	0755-23818685	
	办公地址	广东省深圳市福田区益田路与福中路交界荣超商务中心A栋第09层901单元				
	经营范围	电子工具、仪器仪表设备、电子元器件、化工产品的销售及售后服务				

主要财务指标	指标\报告期	2012.06.30	2011.12.31	2011.06.30	2010.12.31
	基本每股收益(元)	0.0400	0.1300	0.0700	0.1400
	基本每股收益(扣除后)(元)	0.0300	0.1200	0.0600	0.1300
	每股净资产(元)	2.8000	2.9400	2.9400	5.1800
	每股经营现金净流量(元)	0.2838	-0.0440	-0.1606	-0.4004
	每股现金流量(元)	-0.0008	-0.3814	-0.4371	2.5863
	每股资本公积金(元)	1.4007	1.3942	1.3942	3.3096
	每股盈余公积金(元)	0.0526	0.0526	0.0401	0.0721
	每股未分配利润(元)	0.3473	0.4049	0.5078	0.7943
	净资产收益率(%)	1.5200	4.4230	2.2600	4.6020
	加权净资产收益率(%)	1.4800	4.3500	2.2900	6.1200
	净资产收益率(扣除)(%)	-	-	-	-
	总资产(万元)	60888.55	62977.00	66479.19	64019.81
	归属母公司股东权益(万元)	55956.27	56977.51	58783.38	57454.48
	主营业务收入(万元)	19152.36	56088.51	26228.75	50872.94
	营业收入(万元)	19813.00	56944.49	26495.65	50981.24
	主营成本(万元)	14736.88	44717.06	20642.65	41199.90
	营业成本(万元)	15184.30	45266.42	20674.11	41240.47
	投资收益(万元)	-	-	-	-
	净利润(万元)	928.41	2625.17	1337.92	2646.60
	利润总额(万元)	1215.54	3532.72	1831.13	3347.52

浙江南洋科技股份有限公司

公司概况	公司名称	浙江南洋科技股份有限公司			证券简称	南洋科技
	法人代表	邵雨田	董秘	杜志喜	证券代码	002389
	公司网址	www.nykj.cc		电子信箱	nykj@nykj.cc	
	电　　话	0576-88169898 88169788		传　　真	0576-88169922	
	办公地址	浙江省台州市开发区开发大道388号				
	经营范围	电容器专用电子薄膜的制造和销售				

主要财务指标	指标\报告期	2012.06.30	2011.12.31	2011.06.30	2010.12.31
	基本每股收益(元)	0.2100	0.7600	0.3200	0.4800
	基本每股收益(扣除后)(元)	0.1400	0.7300	0.3000	0.4200
	每股净资产(元)	6.1100	6.0000	5.5600	10.6900
	每股经营现金净流量(元)	0.3368	0.3205	0.1109	0.2252
	每股现金流量(元)	2.4628	-1.5207	-0.5370	5.1577
	每股资本公积金(元)	4.0340	3.1373	3.1373	7.2745
	每股盈余公积金(元)	0.0904	0.1682	0.1016	0.2033
	每股未分配利润(元)	0.9841	1.6967	1.3246	2.2164
	净资产收益率(%)	2.9300	12.6020	5.6900	8.1450
	加权净资产收益率(%)	4.8300	13.3700	5.7800	11.1000
	净资产收益率(扣除)(%)	-	-	-	-
	总资产(万元)	164137.28	99584.55	94203.16	81362.94
	归属母公司股东权益(万元)	152215.89	80428.50	74550.30	71650.73
	主营业务收入(万元)	18884.04	39702.28	16245.04	25072.04
	营业收入(万元)	18887.84	39719.48	16255.16	25198.71
	主营成本(万元)	13020.06	23488.17	9539.63	15770.24
	营业成本(万元)	13021.24	23491.03	9539.96	15890.55
	投资收益(万元)	-6.93	17.18	-	-
	净利润(万元)	4697.30	10556.01	4391.07	6219.87
	利润总额(万元)	5537.51	12491.95	5683.63	7323.63

贵州信邦制药股份有限公司

公司概况	公司名称	贵州信邦制药股份有限公司			证券简称	信邦制药
	法人代表	张观福	董秘	孔令忠	证券代码	002390
	公司网址	www.xinbang.com		电子信箱	xb_klz@163.com	
	电　　话	0851-8615900 8660261		传　　真	0851-8660280	
	办公地址	贵州省贵阳市白云经济开发区信邦大道227号				
	经营范围	中成药的开发、生产和销售				

主要财务指标	指标\报告期	2012.06.30	2011.12.31	2011.06.30	2010.12.31
	基本每股收益(元)	0.1400	0.2700	0.1300	0.2400
	基本每股收益(扣除后)(元)	0.1300	0.2500	0.1300	0.2100
	每股净资产(元)	5.7300	5.6500	5.5100	11.0600
	每股经营现金净流量(元)	-0.1126	-0.2296	0.0602	0.0288
	每股现金流量(元)	-0.3451	-0.6676	-0.2970	6.2885
	每股资本公积金(元)	3.4097	3.4097	3.4097	7.8195
	每股盈余公积金(元)	0.1795	0.1795	0.1519	0.3038
	每股未分配利润(元)	1.1358	1.0574	0.9532	1.9391
	净资产收益率(%)	2.4200	4.7010	2.3700	3.9320
	加权净资产收益率(%)	2.4300	4.7700	2.4000	5.2600
	净资产收益率(扣除)(%)	-	-	-	-
	总资产(万元)	126031.01	124355.82	115792.69	112550.90
	归属母公司股东权益(万元)	99387.28	98025.76	95736.96	96021.89
	主营业务收入(万元)	19549.26	36186.48	16795.54	31860.27
	营业收入(万元)	19549.26	36186.48	16795.54	31862.77
	主营成本(万元)	7205.00	12870.57	6270.78	11120.25
	营业成本(万元)	7205.00	12870.57	6270.78	11122.57
	投资收益(万元)	7.08	-	-	-
	净利润(万元)	2397.61	4587.68	2310.55	3758.24
	利润总额(万元)	2835.89	5352.84	2690.55	4414.48

江苏长青农化股份有限公司

公司概况					
公司名称	江苏长青农化股份有限公司			证券简称	长青股份
法人代表	于国权	董秘	马长庆(代)	证券代码	002391
公司网址	www.jscq.com		电子信箱	irm@jscq.com	
电　　话	0514-86424918		传　　真	0514-86421039	
办公地址	江苏省扬州市江都市浦头镇江灵路 1 号				
经营范围	化学农药的生产、销售				

主要财务指标：指标\报告期	2012.06.30	2011.12.31	2011.06.30	2010.12.31
基本每股收益(元)	0.3800	0.5500	0.3100	0.5700
基本每股收益(扣除后)(元)	0.3800	0.4900	0.2500	0.5600
每股净资产(元)	8.0900	8.0100	7.7700	9.9900
每股经营现金净流量(元)	0.4970	0.0240	0.1952	-0.0002
每股现金流量(元)	-0.4543	-0.9779	-0.3802	5.6813
每股资本公积金(元)	5.2814	5.2814	5.2814	7.1658
每股盈余公积金(元)	0.2675	0.2675	0.2193	0.2851
每股未分配利润(元)	1.5411	1.4596	1.2657	1.5434
净资产收益率(%)	4.7200	6.8850	3.9800	6.7420
加权净资产收益率(%)	4.7100	7.0600	3.9800	9.3300
净资产收益率(扣除)(%)	-	-	-	-
总资产(万元)	192791.03	175298.67	174081.19	165541.12
归属母公司股东权益(万元)	166467.87	164777.41	159955.10	158181.11
主营业务收入(万元)	65157.89	99726.08	49233.41	75135.73
营业收入(万元)	65471.69	100115.18	49423.21	75543.49
主营成本(万元)	49990.75	78228.54	37851.44	53531.87
营业成本(万元)	50195.34	78460.16	38012.41	53769.04
投资收益(万元)	167.53	11.89	9.92	16.40
净利润(万元)	7833.89	11344.46	6363.54	10664.57
利润总额(万元)	9261.23	12957.93	7442.90	12217.22

北京利尔高温材料股份有限公司

公司概况					
公司名称	北京利尔高温材料股份有限公司			证券简称	北京利尔
法人代表	赵继增	董秘	张建超	证券代码	002392
公司网址	www.bjlirr.com		电子信箱	ir@bjlirr.com	
电　　话	010-61712828		传　　真	010-61712828	
办公地址	北京市昌平区小汤山工业园				
经营范围	钢铁、有色、石化、建材等工业用耐火材料的生产和销售等				

主要财务指标：指标\报告期	2012.06.30	2011.12.31	2011.06.30	2010.12.31
基本每股收益(元)	0.1120	0.2230	0.1040	0.2160
基本每股收益(扣除后)(元)	0.1110	0.2090	0.1030	0.2150
每股净资产(元)	3.5700	3.5000	6.7700	13.3800
每股经营现金净流量(元)	0.1170	-0.0655	-0.1506	-0.1498
每股现金流量(元)	-0.0625	-0.6325	-0.7242	9.2798
每股资本公积金(元)	1.8862	1.8862	4.7725	10.5449
每股盈余公积金(元)	0.0572	0.0572	0.0831	0.1663
每股未分配利润(元)	0.6228	0.5608	0.9164	1.6651
净资产收益率(%)	3.1410	6.3540	3.0846	5.9170
加权净资产收益率(%)	3.1500	6.5100	3.0800	8.1200
净资产收益率(扣除)(%)	-	-	-	-
总资产(万元)	248914.23	235595.20	212122.87	209130.65
归属母公司股东权益(万元)	192578.22	189229.43	182845.07	180579.95
主营业务收入(万元)	53150.89	91951.09	42332.52	70763.20
营业收入(万元)	53160.37	91958.59	42340.02	70780.37
主营成本(万元)	34750.97	62051.07	27936.37	46322.38
营业成本(万元)	34750.97	62051.07	27936.37	46322.38
投资收益(万元)	-861.70	-15.38	2.01	-
净利润(万元)	6029.40	11985.31	5649.48	10787.84
利润总额(万元)	7060.89	13730.79	6665.83	12506.63

天津力生制药股份有限公司

公司概况					
公司名称	天津力生制药股份有限公司			证券简称	力生制药
法人代表	孙宝卫	董秘	马霏霏	证券代码	002393
公司网址	www.lishengpharma.com		电子信箱	lisheng@lishengpharma.com	
电　　话	022-27641760		传　　真	022-27641760	
办公地址	天津市南开区黄河道 491 号				
经营范围	片剂、硬胶囊剂、颗粒剂、滴丸剂、原料药及塑料瓶、化工原料				

主要财务指标：指标\报告期	2012.06.30	2011.12.31	2011.06.30	2010.12.31
基本每股收益(元)	1.0200	1.7800	1.3100	1.2200
基本每股收益(扣除后)(元)	1.0200	1.2800	0.8500	1.2000
每股净资产(元)	14.6600	15.2800	14.8100	14.4000
每股经营现金净流量(元)	0.3849	0.7376	0.1142	1.0225
每股现金流量(元)	-3.4163	-0.6599	-0.6833	9.7373
每股资本公积金(元)	10.3929	11.1274	11.1274	11.1274
每股盈余公积金(元)	1.2174	1.2174	1.0392	1.0397
每股未分配利润(元)	2.0517	1.9353	1.6476	1.2336
净资产收益率(%)	6.9300	11.6490	8.6000	7.7411
加权净资产收益率(%)	6.4400	12.1200	8.9000	10.9500
净资产收益率(扣除)(%)	-	-	-	-
总资产(万元)	282610.28	286222.99	279502.80	272720.19
归属母公司股东权益(万元)	267515.43	278792.38	270291.48	262746.10
主营业务收入(万元)	47863.08	76204.18	45570.29	73571.85
营业收入(万元)	47925.67	76364.16	45654.88	73797.23
主营成本(万元)	16653.51	29866.21	17664.10	29393.09
营业成本(万元)	16694.83	29949.59	17723.88	29538.62
投资收益(万元)	165.19	10002.26	10113.47	-3.90
净利润(万元)	18496.19	33339.10	24506.39	21926.15
利润总额(万元)	21445.62	38677.27	29081.04	26506.76

江苏联发纺织股份有限公司

公司概况					
公司名称	江苏联发纺织股份有限公司			证券简称	江苏联发
法人代表	薛庆龙	董秘	王一欣	证券代码	002394
公司网址	www.lianfa.cn		电子信箱	panzg@gl.lianfa.cn	
电　　话	0513-88869069 88869066		传　　真	0513-88869069	
办公地址	江苏省南通市海安县城东镇恒联路 88 号				
经营范围	生产销售色织布、服装、纺织品				

主要财务指标：指标\报告期	2012.06.30	2011.12.31	2011.06.30	2010.12.31
基本每股收益(元)	0.3800	1.3700	0.5100	1.0400
基本每股收益(扣除后)(元)	0.3800	1.3300	0.5200	0.9700
每股净资产(元)	9.8600	9.6700	8.9600	17.2000
每股经营现金净流量(元)	0.5613	1.6202	0.8365	1.3775
每股现金流量(元)	0.3758	-1.2270	-0.2631	6.8308
每股资本公积金(元)	5.4979	5.4979	5.4979	11.9957
每股盈余公积金(元)	0.2949	0.2949	0.1809	0.3618
每股未分配利润(元)	3.0706	2.8803	2.2853	3.8408
净资产收益率(%)	3.9100	14.2042	5.8100	11.0362
加权净资产收益率(%)	3.9100	15.0000	5.8100	11.0400
净资产收益率(扣除)(%)	-	-	-	-
总资产(万元)	277921.87	265345.23	265907.65	252796.89
归属母公司股东权益(万元)	212844.83	208740.63	193443.38	185570.22
主营业务收入(万元)	116400.39	268417.39	131191.14	219227.08
营业收入(万元)	121382.78	275122.98	134210.56	222875.27
主营成本(万元)	91935.37	207429.08	105024.63	173341.40
营业成本(万元)	96611.24	214049.48	107600.02	176665.62
投资收益(万元)	-	-426.31	-648.73	1008.13
净利润(万元)	8796.85	30654.99	11639.77	22397.02
利润总额(万元)	12229.57	40883.21	15350.16	29481.87

无锡双象超纤材料股份有限公司

公司概况	公司名称	无锡双象超纤材料股份有限公司			证券简称	双象股份
	法人代表	唐炳泉	董秘	沈铭	证券代码	002395
	公司网址	www.sxcxgf.com		电子信箱	sx@sxcxgf.com	
	电　　话	0510-88993888 8701 8702		传　　真	0510-88997333	
	办公地址	江苏省无锡市新区鸿山街道后宅中路188号				
	经营范围	人造革合成革产品的研发、生产和销售				

主要财务指标	指标\报告期	2012.06.30	2011.12.31	2011.06.30	2010.12.31
	基本每股收益(元)	0.2100	0.4500	0.3200	0.5500
	基本每股收益(扣除后)(元)	0.2000	0.4100	0.2900	0.5300
	每股净资产(元)	9.0400	8.8300	8.7100	8.6900
	每股经营现金净流量(元)	-0.0447	-0.4394	-0.0351	0.2705
	每股现金流量(元)	0.3533	-1.7661	-1.2704	3.9356
	每股资本公积金(元)	5.7237	5.7237	5.7237	5.7237
	每股盈余公积金(元)	0.2455	0.2455	0.2008	0.2008
	每股未分配利润(元)	2.0715	1.8627	1.7816	1.7606
	净资产收益率(%)	2.3100	5.0590	3.6900	5.7770
	加权净资产收益率(%)	2.3400	5.1000	3.6300	7.7900
	净资产收益率(扣除)(%)	-	-	-	-
	总资产(万元)	101534.63	95901.17	97795.31	95291.67
	归属母公司股东权益(万元)	80826.80	78960.16	77835.61	77647.86
	主营业务收入(万元)	24109.34	50530.14	24624.09	50477.35
	营业收入(万元)	24162.05	50582.58	24663.90	50500.31
	主营成本(万元)	20725.28	42863.19	20370.48	41244.34
	营业成本(万元)	20725.28	42903.88	20399.47	41260.40
	投资收益(万元)	-	-	-	-
	净利润(万元)	1866.64	3994.39	2869.84	4485.35
	利润总额(万元)	2191.21	4762.16	3410.96	5276.88

福建星网锐捷通讯股份有限公司

公司概况	公司名称	福建星网锐捷通讯股份有限公司			证券简称	星网锐捷
	法人代表	黄奕豪	董秘	刘万里	证券代码	002396
	公司网址	www.star-net.cn		电子信箱	zqsw@star-net.cn	
	电　　话	0591-83057977 83057213		传　　真	0591-83057088 83057977	
	办公地址	福建省福州市仓山区金山大道618号桔园洲星网锐捷科技园19-22栋				
	经营范围	研发、生产和销售企业级网络通讯系统设备及终端设备				

主要财务指标	指标\报告期	2012.06.30	2011.12.31	2011.06.30	2010.12.31
	基本每股收益(元)	0.2025	0.5089	0.1385	0.4514
	基本每股收益(扣除后)(元)	0.1758	0.4566	0.1127	0.3742
	每股净资产(元)	4.8075	4.9049	4.5345	8.8909
	每股经营现金净流量(元)	-0.6263	0.5132	-0.7432	0.1240
	每股现金流量(元)	-1.2215	0.1315	-1.0453	5.1684
	每股资本公积金(元)	2.2090	2.2090	2.2090	5.4165
	每股盈余公积金(元)	0.1047	0.1047	0.0783	0.1566
	每股未分配利润(元)	1.4940	1.5915	1.2474	2.3178
	净资产收益率(%)	4.2100	10.3760	3.0500	8.8810
	加权净资产收益率(%)	4.0500	10.8900	3.0700	13.9400
	净资产收益率(扣除)(%)	-	-	-	-
	总资产(万元)	253719.87	280643.69	233598.05	246635.30
	归属母公司股东权益(万元)	168771.67	172192.23	159189.52	156061.33
	主营业务收入(万元)	104837.67	261864.56	100965.60	197548.17
	营业收入(万元)	106365.93	264427.07	102206.47	199721.18
	主营成本(万元)	60072.31	151497.57	63487.34	115599.88
	营业成本(万元)	60954.51	152908.11	64037.11	116466.78
	投资收益(万元)	88.02	759.66	640.66	-29.59
	净利润(万元)	10010.66	26735.84	6496.54	19446.00
	利润总额(万元)	11275.61	29704.55	6655.03	22911.00

湖南梦洁家纺股份有限公司

公司概况	公司名称	湖南梦洁家纺股份有限公司			证券简称	梦洁家纺
	法人代表	姜天武	董秘	李军	证券代码	002397
	公司网址	www.mendale.com		电子信箱	zqb@mendale.com	
	电　　话	0731-82848012		传　　真	0731-82848945	
	办公地址	湖南省长沙市高新技术产业开发区麓谷产业基地谷苑路168号				
	经营范围	以床上用品为主的家用纺织品的研发、设计、生产和销售				

主要财务指标	指标\报告期	2012.06.30	2011.12.31	2011.06.30	2010.12.31
	基本每股收益(元)	0.3100	0.7400	0.2800	0.6600
	基本每股收益(扣除后)(元)	0.2900	0.7300	0.2800	0.6800
	每股净资产(元)	7.3100	7.2000	11.2800	10.8400
	每股经营现金净流量(元)	-0.7234	0.5890	-0.7438	-0.9237
	每股现金流量(元)	-0.9745	-0.3471	-1.1483	3.3092
	每股资本公积金(元)	4.6566	4.6566	8.0505	8.0505
	每股盈余公积金(元)	0.2642	0.2642	0.3135	0.3135
	每股未分配利润(元)	1.3913	1.2848	1.9222	1.4815
	净资产收益率(%)	4.1800	10.2680	3.9800	8.9550
	加权净资产收益率(%)	4.1800	10.5800	3.9800	12.0900
	净资产收益率(扣除)(%)	-	-	-	-
	总资产(万元)	159326.77	156464.67	144384.93	136488.97
	归属母公司股东权益(万元)	110511.79	108916.76	106611.98	102459.98
	主营业务收入(万元)	56582.68	125108.74	55421.66	85433.25
	营业收入(万元)	56612.74	125190.54	55450.80	85513.53
	主营成本(万元)	31566.87	69528.70	31143.00	50692.59
	营业成本(万元)	31591.16	69565.65	31155.95	50767.87
	投资收益(万元)	-	-	-	-
	净利润(万元)	4591.21	11071.34	4101.03	9200.69
	利润总额(万元)	5507.95	13487.45	5469.44	10499.12

厦门市建筑科学研究院集团股份有限公司

公司概况	公司名称	厦门市建筑科学研究院集团股份有限公司			证券简称	建研集团
	法人代表	蔡永太	董秘	周荣志	证券代码	002398
	公司网址	www.xmabr.com		电子信箱	xmabr@winmail.cn	
	电　　话	0592-2273752		传　　真	0592-2273752	
	办公地址	福建省厦门市思明区湖滨南路62号				
	经营范围	建设综合技术服务和混凝土外加剂、商品混凝土等新型建筑材料的研发、生产和销售				

主要财务指标	指标\报告期	2012.06.30	2011.12.31	2011.06.30	2010.12.31
	基本每股收益(元)	0.4300	0.8800	0.2600	0.4000
	基本每股收益(扣除后)(元)	0.4300	0.8400	0.2600	0.3400
	每股净资产(元)	8.5100	7.9700	7.4400	9.3700
	每股经营现金净流量(元)	0.1388	0.1737	-0.0895	-0.0500
	每股现金流量(元)	-0.5641	1.1858	0.2006	1.3864
	每股资本公积金(元)	4.8984	4.9081	4.9145	6.6889
	每股盈余公积金(元)	0.1157	0.1157	0.0990	0.1286
	每股未分配利润(元)	2.4993	1.9423	1.4225	1.5566
	净资产收益率(%)	6.5400	11.0080	4.2700	5.1115
	加权净资产收益率(%)	6.7600	11.5700	4.6300	6.9500
	净资产收益率(扣除)(%)	-	-	-	-
	总资产(万元)	159982.88	149007.07	141530.51	134558.13
	归属母公司股东权益(万元)	132808.52	124269.63	116001.98	112489.93
	主营业务收入(万元)	55706.16	97765.94	42856.91	58912.50
	营业收入(万元)	56175.27	98545.43	43254.80	59444.12
	主营成本(万元)	37611.46	69017.68	31316.31	45308.35
	营业成本(万元)	37691.22	69181.92	31368.03	45395.23
	投资收益(万元)	128.80	128.01	-6.64	-
	净利润(万元)	9120.87	14143.86	5502.09	5771.13
	利润总额(万元)	10982.44	17142.51	6614.08	6549.17

深圳市海普瑞药业股份有限公司

公司概况	公司名称	深圳市海普瑞药业股份有限公司			证券简称	海普瑞
	法人代表	李锂	董秘	步海华	证券代码	002399
	公司网址	www.hepalink.com		电子信箱	stock@hepalink.com	
	电话	0755-26980311		传真	0755-86142889	
	办公地址	广东省深圳市南山区高新区中区高新中一道19号				
	经营范围	开发、生产经营原料药(肝素钠)、从事货物及技术进出口				

主要财务指标	指标\报告期	2012.06.30	2011.12.31	2011.06.30	2010.12.31
	基本每股收益(元)	0.4100	0.7800	0.4500	1.5600
	基本每股收益(扣除后)(元)	0.4100	0.7800	0.4500	1.5600
	每股净资产(元)	9.5800	9.7700	9.4400	19.9700
	每股经营现金净流量(元)	0.5070	1.7561	0.9897	0.8869
	每股现金流量(元)	-0.1139	0.6438	0.0454	14.5295
	每股资本公积金(元)	6.6197	6.6198	6.6178	14.2324
	每股盈余公积金(元)	0.3617	0.3617	0.2818	0.5635
	每股未分配利润(元)	1.5988	1.7868	1.5419	4.1787
	净资产收益率(%)	4.3000	7.9590	4.7900	15.1340
	加权净资产收益率(%)	4.2100	8.0100	4.5800	22.0700
	净资产收益率(扣除)(%)	-	-	-	-
	总资产(万元)	787862.60	797431.27	776556.74	812700.33
	归属母公司股东权益(万元)	766621.90	781643.87	755491.96	799187.24
	主营业务收入(万元)	93418.01	249418.94	157379.68	385303.61
	营业收入(万元)	93476.69	249458.13	157398.52	385344.79
	主营成本(万元)	57326.50	177453.80	113639.35	223167.08
	营业成本(万元)	57561.81	177453.80	113639.35	223167.08
	投资收益(万元)	-	-	-	-
	净利润(万元)	32507.24	61893.76	36109.63	120879.50
	利润总额(万元)	38293.14	72001.88	41694.82	141691.34

广东省广告股份有限公司

公司概况	公司名称	广东省广告股份有限公司			证券简称	省广股份
	法人代表	戴书华	董秘	沙宗义	证券代码	002400
	公司网址	www.gdadc.com		电子信箱	db@gdadc.com	
	电话	020-87617378		传真	020-87671661	
	办公地址	广东省广州市越秀区东风东路745号之二				
	经营范围	设计、制作、发布、代理国内外各类广告、广告咨询、承办展览业务等				

主要财务指标	指标\报告期	2012.06.30	2011.12.31	2011.06.30	2010.12.31
	基本每股收益(元)	0.3100	0.6700	0.2900	0.5000
	基本每股收益(扣除后)(元)	0.3000	0.6300	0.2200	0.5000
	每股净资产(元)	5.8600	7.4200	7.0400	12.3200
	每股经营现金净流量(元)	1.1406	-0.3569	1.0609	-0.7648
	每股现金流量(元)	0.9350	-0.5734	0.7145	8.5812
	每股资本公积金(元)	3.3883	4.7048	4.7048	9.2687
	每股盈余公积金(元)	0.1223	0.1591	0.1074	0.1934
	每股未分配利润(元)	1.3508	1.5584	1.2273	1.8555
	净资产收益率(%)	5.2400	9.0000	4.0900	6.6790
	加权净资产收益率(%)	5.2400	9.3700	4.0900	9.4400
	净资产收益率(扣除)(%)	-	-	-	-
	总资产(万元)	229946.30	204761.24	195726.18	173154.79
	归属母公司股东权益(万元)	112980.85	110049.20	104375.84	101462.85
	主营业务收入(万元)	195365.00	371688.19	178379.78	307857.63
	营业收入(万元)	195378.40	371693.95	178382.66	307862.64
	主营成本(万元)	165636.19	326700.17	160414.67	276646.92
	营业成本(万元)	165636.85	326700.17	160414.67	276646.92
	投资收益(万元)	178.74	1073.71	19.03	475.46
	净利润(万元)	7056.39	11481.60	4414.71	6814.36
	利润总额(万元)	9574.81	15142.44	5882.75	9135.24

中海网络科技股份有限公司

公司概况	公司名称	中海网络科技股份有限公司			证券简称	中海科技
	法人代表	沈以华	董秘	孙文彬	证券代码	002401
	公司网址	www.cnshippingnt.com		电子信箱	dsh@cnshippingnt.com	
	电话	021-58211308		传真	021-58210704	
	办公地址	上海市浦东新区民生路600号21号楼				
	经营范围	智能交通系统、工业自动化、交通信息化等领域的软、硬件产品的科研、开发、销售等				

主要财务指标	指标\报告期	2012.06.30	2011.12.31	2011.06.30	2010.12.31
	基本每股收益(元)	0.2221	0.3954	0.2164	0.3529
	基本每股收益(扣除后)(元)	0.2222	0.3766	0.2167	0.3453
	每股净资产(元)	5.3625	5.1403	9.9200	9.4898
	每股经营现金净流量(元)	-0.3680	0.4291	0.4433	0.6426
	每股现金流量(元)	-0.3730	0.2482	0.3137	6.7342
	每股资本公积金(元)	2.6736	2.6736	6.3472	6.3472
	每股盈余公积金(元)	0.2121	0.2121	0.3450	0.3450
	每股未分配利润(元)	1.4768	1.2546	2.2303	1.7975
	净资产收益率(%)	4.1422	7.6920	4.3618	7.1280
	加权净资产收益率(%)	4.2298	8.0001	4.4591	9.5644
	净资产收益率(扣除)(%)	-	-	-	-
	总资产(万元)	75034.81	78653.28	67749.67	70600.15
	归属母公司股东权益(万元)	57056.50	54693.08	52788.41	50485.86
	主营业务收入(万元)	27125.01	48200.70	25907.33	43260.43
	营业收入(万元)	27341.38	48624.36	26124.26	43744.03
	主营成本(万元)	22255.46	40217.07	21700.40	35620.34
	营业成本(万元)	22326.78	40382.47	21752.00	35744.24
	投资收益(万元)	50.79	163.18	49.23	119.18
	净利润(万元)	2363.42	4207.22	2302.55	3598.80
	利润总额(万元)	2816.96	5052.60	2685.23	4209.07

深圳和而泰智能控制股份有限公司

公司概况	公司名称	深圳和而泰智能控制股份有限公司			证券简称	和而泰
	法人代表	刘建伟	董秘	赵小英	证券代码	002402
	公司网址	www.szhittech.com		电子信箱	het@szhittech.com	
	电话	0755-26727188 26727721		传真	0755-26727137	
	办公地址	广东省深圳市南山区高新南区科技南十路6号深圳航天科技创新研究院大厦				
	经营范围	计算机、光机电一体化产品、家用电器、各种设备、装备等				

主要财务指标	指标\报告期	2012.06.30	2011.12.31	2011.06.30	2010.12.31
	基本每股收益(元)	0.1600	0.2300	0.2300	0.4700
	基本每股收益(扣除后)(元)	0.1300	0.1900	0.2100	0.4000
	每股净资产(元)	7.4900	7.4800	7.4900	11.1800
	每股经营现金净流量(元)	-0.3462	0.1178	-0.2168	-0.6746
	每股现金流量(元)	-0.8467	-1.3101	-0.5885	6.1255
	每股资本公积金(元)	5.2139	5.2139	5.2136	8.3205
	每股盈余公积金(元)	0.1599	0.1599	0.1357	0.2036
	每股未分配利润(元)	1.1195	1.1139	1.1378	1.6581
	净资产收益率(%)	2.0800	3.1100	3.1000	5.6780
	加权净资产收益率(%)	2.0600	3.1200	3.0700	8.1300
	净资产收益率(扣除)(%)	-	-	-	-
	总资产(万元)	91534.65	91734.75	94944.68	89498.02
	归属母公司股东权益(万元)	74944.19	74884.25	74897.48	74585.00
	主营业务收入(万元)	27302.16	49735.31	25315.08	43009.81
	营业收入(万元)	27459.20	50067.86	25561.93	43108.96
	主营成本(万元)	22594.45	41582.31	20664.52	33773.89
	营业成本(万元)	22628.25	41628.64	20690.23	33814.84
	投资收益(万元)	-	-2.55	-	-
	净利润(万元)	1569.63	2343.58	2357.74	4212.80
	利润总额(万元)	1741.53	2665.48	2679.50	4812.54

浙江爱仕达电器股份有限公司

公司概况						
	公司名称	浙江爱仕达电器股份有限公司			证券简称	爱仕达
	法人代表	陈合林	董秘	肖林华	证券代码	002403
	公司网址	www.chinaasd.com		电子信箱	002403@asd.com.cn	
	电　　话	0576-86199005 86199006		传　　真	0576-86199000	
	办公地址	浙江省台州市温岭市经济开发区科技路2号				
	经营范围	炊具、厨房小家电等系列产品的研发、生产和销售等				

主要财务指标	指标\报告期	2012.06.30	2011.12.31	2011.06.30	2010.12.31
	基本每股收益(元)	0.0700	0.2500	0.1300	0.2900
	基本每股收益(扣除后)(元)	0.0700	-0.0200	0.1400	0.2900
	每股净资产(元)	6.5400	6.4700	6.3600	6.4200
	每股经营现金净流量(元)	0.3670	-0.4099	-0.4924	-0.6632
	每股现金流量(元)	-0.2248	-0.1630	-0.4236	1.5180
	每股资本公积金(元)	4.3862	4.3862	4.3862	4.3862
	每股盈余公积金(元)	0.0763	0.0763	0.0669	0.0669
	每股未分配利润(元)	1.0779	1.0089	0.9026	0.9676
	净资产收益率(%)	1.0500	3.8730	2.0900	4.0388
	加权净资产收益率(%)	1.0600	3.9000	2.0900	5.9000
	净资产收益率(扣除)(%)	-	-	-	-
	总资产(万元)	200384.05	209571.87	201126.92	207561.41
	归属母公司股东权益(万元)	156970.08	155314.22	152538.35	154098.72
	主营业务收入(万元)	85990.02	218472.17	101812.13	203499.78
	营业收入(万元)	87189.60	220269.92	102593.54	205040.15
	主营成本(万元)	56867.59	155082.06	72926.88	145023.59
	营业成本(万元)	57993.44	156583.55	98395.33	146185.18
	投资收益(万元)	328.66	2848.49	3.30	-101.42
	净利润(万元)	1867.90	7132.86	3376.70	6699.84
	利润总额(万元)	1837.74	8300.36	4084.11	7472.48

浙江嘉欣丝绸股份有限公司

公司概况						
	公司名称	浙江嘉欣丝绸股份有限公司			证券简称	嘉欣丝绸
	法人代表	周国建	董秘	郑晓	证券代码	002404
	公司网址	www.jxsilk.com		电子信箱	inf@jxsilk.cn	
	电　　话	0573-82078789		传　　真	0573-82084568	
	办公地址	浙江省嘉兴市中山东路88号				
	经营范围	丝、绸、服装等产品的研发、生产和销售				

主要财务指标	指标\报告期	2012.06.30	2011.12.31	2011.06.30	2010.12.31
	基本每股收益(元)	0.1600	0.5000	0.1600	0.4900
	基本每股收益(扣除后)(元)	0.1000	0.3900	0.1400	0.4100
	每股净资产(元)	4.4000	6.6600	6.4100	8.3100
	每股经营现金净流量(元)	0.0449	0.7519	0.2486	0.4486
	每股现金流量(元)	-0.6528	1.3127	0.3821	0.1081
	每股资本公积金(元)	2.2222	3.8323	3.8420	5.2934
	每股盈余公积金(元)	0.1914	0.2871	0.2257	0.2934
	每股未分配利润(元)	0.9873	1.5357	1.3376	1.7230
	净资产收益率(%)	3.7100	7.5500	3.7900	6.8710
	加权净资产收益率(%)	3.6400	7.7300	3.7500	9.5100
	净资产收益率(扣除)(%)	-	-	-	-
	总资产(万元)	155635.85	154200.91	143308.92	144879.69
	归属母公司股东权益(万元)	114566.77	115499.91	111164.43	110936.77
	主营业务收入(万元)	83759.97	164652.86	83218.63	162342.01
	营业收入(万元)	83759.97	164652.86	83218.63	162342.01
	主营成本(万元)	67358.58	132582.71	67460.30	131355.40
	营业成本(万元)	67358.58	132582.71	67460.30	131355.40
	投资收益(万元)	802.57	966.25	417.58	122.45
	净利润(万元)	4904.57	10664.55	5030.28	9505.69
	利润总额(万元)	6343.49	13550.35	6589.75	11676.59

北京四维图新科技股份有限公司

公司概况						
	公司名称	北京四维图新科技股份有限公司			证券简称	四维图新
	法人代表	吴劲风	董秘	郭民清	证券代码	002405
	公司网址	www.navinfo.com		电子信箱	guominqing@navinfo.com	
	电　　话	010-82306399		传　　真	010-82306909 82306158	
	办公地址	北京市朝阳区曙光西里甲5号院16号楼凤凰置地广场A座写字楼10-17层				
	经营范围	导航电子地图产品的研发、生产、销售和服务				

主要财务指标	指标\报告期	2012.06.30	2011.12.31	2011.06.30	2010.12.31
	基本每股收益(元)	0.2100	0.5900	0.2500	0.5100
	基本每股收益(扣除后)(元)	0.1800	0.5500	0.2400	0.4900
	每股净资产(元)	4.0700	4.8100	4.5300	5.2300
	每股经营现金净流量(元)	0.0226	0.7992	0.2668	0.9957
	每股现金流量(元)	-0.4581	0.8357	0.2039	0.4801
	每股资本公积金(元)	1.9894	2.5873	2.5873	3.3048
	每股盈余公积金(元)	0.1140	0.1368	0.0808	0.0970
	每股未分配利润(元)	0.9718	1.0899	0.8571	0.8234
	净资产收益率(%)	5.0400	12.1790	6.5400	11.1350
	加权净资产收益率(%)	5.0800	12.8400	6.6400	16.6200
	净资产收益率(扣除)(%)	-	-	-	-
	总资产(万元)	269065.96	264759.61	247681.22	228864.81
	归属母公司股东权益(万元)	234678.76	231087.86	217332.43	209138.51
	主营业务收入(万元)	36759.41	86664.96	44257.26	67441.14
	营业收入(万元)	36809.96	86712.45	44277.82	67525.96
	主营成本(万元)	3752.69	13063.74	5923.60	7951.93
	营业成本(万元)	3752.69	13079.40	5923.60	7997.13
	投资收益(万元)	-94.04	-18.66	-2.86	11.89
	净利润(万元)	12521.52	30811.48	15752.03	25488.00
	利润总额(万元)	15003.80	37241.11	19322.01	28698.88

许昌远东传动轴股份有限公司

公司概况						
	公司名称	许昌远东传动轴股份有限公司			证券简称	远东传动
	法人代表	刘延生	董秘	张卫民	证券代码	002406
	公司网址	www.yodonchina.com		电子信箱	weimin1957@163.com	
	电　　话	0374-5650017 5651335		传　　真	0374-5650177	
	办公地址	河南省许昌市北郊尚集镇昌盛路				
	经营范围	非等速传动轴及相关零部件的研发、生产与销售				

主要财务指标	指标\报告期	2012.06.30	2011.12.31	2011.06.30	2010.12.31
	基本每股收益(元)	0.3000	0.7000	0.4400	0.7400
	基本每股收益(扣除后)(元)	0.2800	0.7000	0.4300	0.7200
	每股净资产(元)	7.1200	7.0200	6.7500	9.7700
	每股经营现金净流量(元)	0.1562	-0.0862	0.1154	0.1257
	每股现金流量(元)	-0.0646	-0.8945	-0.5762	4.4767
	每股资本公积金(元)	4.1838	4.1838	4.1838	6.7756
	每股盈余公积金(元)	0.1970	0.1970	0.1331	0.1997
	每股未分配利润(元)	1.7420	1.6374	1.4361	1.7971
	净资产收益率(%)	4.2800	10.0200	6.4900	10.1360
	加权净资产收益率(%)	4.2500	10.4200	6.5400	14.7800
	净资产收益率(扣除)(%)	-	-	-	-
	总资产(万元)	217436.86	210111.93	206174.18	197494.45
	归属母公司股东权益(万元)	199794.40	196857.78	189421.94	182743.52
	主营业务收入(万元)	44303.34	96960.11	56624.67	96062.25
	营业收入(万元)	46620.92	103074.85	59952.49	101481.50
	主营成本(万元)	29238.78	64146.63	37701.61	63950.68
	营业成本(万元)	29934.38	65853.44	38808.60	66056.44
	投资收益(万元)	27.95	535.96	366.81	826.44
	净利润(万元)	8547.35	19714.31	12283.85	18517.75
	利润总额(万元)	10198.78	23116.26	14639.94	21886.99

多氟多化工股份有限公司

公司概况	公司名称	多氟多化工股份有限公司			证券简称	多 氟 多
	法人代表	李世江	董秘	陈相举	证券代码	002407
	公司网址	www.dfdchem.com		电子信箱	dfdzqb@163.com	
	电　话	0391-2956992 2956956		传　真	0391-2956956	
	办公地址	河南省焦作市中站区焦克路				
	经营范围	无机氟化盐、无机酸、助剂产品的生产与销售等				

主要财务指标	指标＼报告期	2012.06.30	2011.12.31	2011.06.30	2010.12.31
	基本每股收益(元)	0.1900	0.3600	0.2700	0.2400
	基本每股收益(扣除后)(元)	0.1700	0.3900	0.2800	0.2100
	每股净资产(元)	6.5400	6.4500	10.1700	12.8700
	每股经营现金净流量(元)	0.4520	–0.6739	–1.0566	–0.9173
	每股现金流量(元)	–0.5680	–0.3377	–0.7027	3.4491
	每股资本公积金(元)	4.1486	4.1492	7.2398	9.7137
	每股盈余公积金(元)	0.1801	0.1801	0.2718	0.2952
	每股未分配利润(元)	1.2119	1.1214	1.6616	1.8617
	净资产收益率(%)	2.9100	5.5910	4.2100	3.4496
	加权净资产收益率(%)	2.9200	5.7200	4.2500	5.0200
	净资产收益率(扣除)(%)	–	–	–	–
	总资产(万元)	237276.98	233801.61	200938.76	166910.24
	归属母公司股东权益(万元)	145566.42	143566.67	141509.42	137714.55
	主营业务收入(万元)	58978.42	136306.06	63644.76	79424.93
	营业收入(万元)	59530.20	137283.26	64232.81	81856.22
	主营成本(万元)	46181.71	104485.73	46606.81	62350.32
	营业成本(万元)	46620.51	105388.65	47202.10	64322.90
	投资收益(万元)	–	–68.26	–	51.50
	净利润(万元)	4326.83	8480.58	6241.31	4835.43
	利润总额(万元)	5171.99	9649.40	7109.20	5416.88

淄博齐翔腾达化工股份有限公司

公司概况	公司名称	淄博齐翔腾达化工股份有限公司			证券简称	齐翔腾达
	法人代表	车成聚	董秘	周洪秀	证券代码	002408
	公司网址	www.qxtdgf.com		电子信箱	zhouhongxiu1963@sina.com	
	电　话	0533-7547767 7547782		传　真	0533-7547782	
	办公地址	山东省淄博市临淄区胶厂南路 1 号				
	经营范围	工业叔丁醇、仲丁醚、甲基叔丁基醚、仲丁醇、甲乙酮、甲醇、三异丁基铝等				

主要财务指标	指标＼报告期	2012.06.30	2011.12.31	2011.06.30	2010.12.31
	基本每股收益(元)	0.2700	1.0800	0.7400	1.0200
	基本每股收益(扣除后)(元)	0.2700	1.0900	0.7400	0.9600
	每股净资产(元)	5.2400	6.2700	5.9400	10.0300
	每股经营现金净流量(元)	–0.7514	–0.0412	0.2538	1.3134
	每股现金流量(元)	–0.9221	–0.9075	–0.5272	6.5828
	每股资本公积金(元)	2.5824	3.2989	3.3366	6.9382
	每股盈余公积金(元)	0.1545	0.1854	0.1148	0.2066
	每股未分配利润(元)	1.5056	1.7830	1.4704	1.8854
	净资产收益率(%)	5.1400	17.2950	12.4100	16.4010
	加权净资产收益率(%)	5.0700	18.2100	12.7000	25.5300
	净资产收益率(扣除)(%)	–	–	–	–
	总资产(万元)	358072.93	306147.11	315473.65	276330.43
	归属母公司股东权益(万元)	293973.27	292813.95	277501.61	260343.56
	主营业务收入(万元)	128551.23	278122.08	146058.37	245486.99
	营业收入(万元)	128544.30	278757.72	146413.03	245891.27
	主营成本(万元)	106846.49	201364.19	99739.22	184281.01
	营业成本(万元)	106904.78	202000.90	100365.82	184483.95
	投资收益(万元)	506.04	717.09	–	–
	净利润(万元)	15124.57	50642.72	34392.90	42698.84
	利润总额(万元)	18524.95	62534.48	42821.51	51719.97

江苏雅克科技股份有限公司

公司概况	公司名称	江苏雅克科技股份有限公司			证券简称	雅克科技
	法人代表	沈琦	董秘	钱美芳	证券代码	002409
	公司网址	www.yokechem.com		电子信箱	ir@yokechem.com	
	电　话	0510-87126509		传　真	0510-87126509	
	办公地址	江苏省无锡市宜兴市宜兴经济开发区荆溪北路				
	经营范围	磷酸酯阻燃剂、聚氨酯催化剂、有机硅泡沫稳定剂的研发和生产等				

主要财务指标	指标＼报告期	2012.06.30	2011.12.31	2011.06.30	2010.12.31
	基本每股收益(元)	0.2195	0.6554	0.2130	0.6744
	基本每股收益(扣除后)(元)	0.2164	0.6376	0.2025	0.6657
	每股净资产(元)	6.8800	10.1900	9.8937	9.7700
	每股经营现金净流量(元)	–0.0357	0.8005	0.0471	–0.3139
	每股现金流量(元)	–0.1325	–0.2668	–0.3550	5.7567
	每股资本公积金(元)	4.5181	7.2771	7.2771	7.2771
	每股盈余公积金(元)	0.1409	0.2113	0.1561	0.1561
	每股未分配利润(元)	1.2491	1.7444	1.4637	1.3443
	净资产收益率(%)	3.1900	6.4310	3.2200	6.1760
	加权净资产收益率(%)	3.1900	6.5600	3.2200	9.3000
	净资产收益率(扣除)(%)	–	–	–	–
	总资产(万元)	127902.31	129736.07	129042.27	122085.91
	归属母公司股东权益(万元)	114428.46	113001.83	109701.41	108329.84
	主营业务收入(万元)	49050.84	100526.15	47773.66	–
	营业收入(万元)	49050.84	100526.15	47773.66	89264.03
	主营成本(万元)	40509.65	84962.05	39810.22	–
	营业成本(万元)	40509.65	84962.05	39810.22	74114.33
	投资收益(万元)	–	–	–	–
	净利润(万元)	3650.83	7267.17	3541.80	6690.53
	利润总额(万元)	4327.09	8584.36	4274.85	8106.82

广联达软件股份有限公司

公司概况	公司名称	广联达软件股份有限公司			证券简称	广 联 达
	法人代表	刁志中	董秘	张奎江	证券代码	002410
	公司网址	www.glodon.com		电子信箱	zhangkj@glodon.com	
	电　话	010-82342000		传　真	010-82342029	
	办公地址	北京市海淀区东北旺西路 8 号院中关村软件园甲 18 号楼				
	经营范围	工程造价系列软件、项目管理系列软件的开发、销售和相关软件技术服务				

主要财务指标	指标＼报告期	2012.06.30	2011.12.31	2011.06.30	2010.12.31
	基本每股收益(元)	0.2400	1.0300	0.3100	0.6400
	基本每股收益(扣除后)(元)	0.2300	1.0300	0.3100	0.6600
	每股净资产(元)	4.5900	7.0300	6.4600	9.5900
	每股经营现金净流量(元)	–0.0629	1.1808	0.1487	1.0777
	每股现金流量(元)	–0.5267	–0.5391	–1.2590	7.8755
	每股资本公积金(元)	2.6409	4.4614	4.4614	7.1921
	每股盈余公积金(元)	0.1512	0.2268	0.1327	0.1991
	每股未分配利润(元)	0.8005	1.3400	0.8658	1.2026
	净资产收益率(%)	5.2400	14.6940	6.6000	9.5570
	加权净资产收益率(%)	5.1200	15.6200	7.2200	14.9900
	净资产收益率(扣除)(%)	–	–	–	–
	总资产(万元)	196376.45	210161.39	186139.49	185776.08
	归属母公司股东权益(万元)	185980.02	189695.28	174414.76	172690.40
	主营业务收入(万元)	31552.80	74322.78	29257.12	44824.75
	营业收入(万元)	31552.80	74363.95	29285.98	45056.74
	主营成本(万元)	874.06	1869.12	724.37	1101.84
	营业成本(万元)	874.06	1887.48	742.73	1175.27
	投资收益(万元)	–	68.27	–	–
	净利润(万元)	9913.06	28191.99	12654.88	16452.16
	利润总额(万元)	11124.16	30175.19	14045.43	17706.57

江苏九九久科技股份有限公司

公司概况	公司名称	江苏九九久科技股份有限公司			证券简称	九九久
	法人代表	周新基	董秘	陈兵	证券代码	002411
	公司网址	www.jjjkj.com.cn		电子信箱	jjjkjgjt@163.com	
	电话	0513-84415116		传真	0513-84415116	
	办公地址	江苏省南通市如东县马塘镇建设路40号				
	经营范围	医药中间体类产品与氮肥类产品的研发、生产和销售				

	指标\报告期	2012.06.30	2011.12.31	2011.06.30	2010.12.31
主要财务指标	基本每股收益(元)	0.1900	0.2700	0.1400	0.1900
	基本每股收益(扣除后)(元)	0.1700	0.2200	0.1400	0.1700
	每股净资产(元)	3.4800	3.3300	3.2100	5.5900
	每股经营现金净流量(元)	–	0.1502	–0.0807	–0.4860
	每股现金流量(元)	–	0.0205	–0.2334	2.4280
	每股资本公积金(元)	1.5711	1.5656	1.5656	3.6180
	每股盈余公积金(元)	0.0676	0.0676	0.0418	0.0752
	每股未分配利润(元)	0.8428	0.6980	0.5989	0.8979
	净资产收益率(%)	5.5900	8.0900	4.3400	5.4350
	加权净资产收益率(%)	5.7000	8.3700	4.5500	8.1600
	净资产收益率(扣除)(%)	–	–	–	–
	总资产(万元)	118805.73	106033.86	90954.32	90217.34
	归属母公司股东权益(万元)	80841.83	77350.87	74450.56	72125.43
	主营业务收入(万元)	52926.06	101233.16	52494.80	88902.11
	营业收入(万元)	52926.06	104901.77	52494.80	91418.28
	主营成本(万元)	42819.11	85034.19	42863.86	75902.19
	营业成本(万元)	42819.11	86626.33	42863.86	76744.29
	投资收益(万元)	–	–	–	–
	净利润(万元)	4721.07	7213.34	4067.52	5102.89
	利润总额(万元)	5464.46	8538.26	4799.63	5956.83

湖南汉森制药股份有限公司

公司概况	公司名称	湖南汉森制药股份有限公司			证券简称	汉森制药
	法人代表	刘令安	董秘	刘厚尧	证券代码	002412
	公司网址	www.hansenzy.com		电子信箱	ada_0320@163.com	
	电话	0737-6351486		传真	0737-6351067	
	办公地址	湖南省益阳市银城南路龙岭工业园				
	经营范围	胃肠疾病、骨伤科疾病及心脑血管疾病中药制剂的研发、生产与销售等				

	指标\报告期	2012.06.30	2011.12.31	2011.06.30	2010.12.31
主要财务指标	基本每股收益(元)	0.2500	0.4000	0.2000	0.4700
	基本每股收益(扣除后)(元)	0.2400	0.3900	0.2000	0.4900
	每股净资产(元)	6.2200	5.9700	5.7700	12.1500
	每股经营现金净流量(元)	0.3567	0.3638	0.3128	0.2870
	每股现金流量(元)	1.2183	–0.0309	1.1366	0.5106
	每股资本公积金(元)	3.9897	3.9897	3.9897	8.9794
	每股盈余公积金(元)	0.1463	0.1463	0.0882	0.1764
	每股未分配利润(元)	1.0840	0.8346	0.6937	1.9904
	净资产收益率(%)	4.0100	6.6570	3.4400	6.9000
	加权净资产收益率(%)	4.0900	6.6500	3.2600	10.4400
	净资产收益率(扣除)(%)	–	–	–	–
	总资产(万元)	100777.26	93859.63	89943.32	94805.31
	归属母公司股东权益(万元)	92056.59	88365.06	85419.31	89882.35
	主营业务收入(万元)	23080.74	40068.07	17570.05	34341.48
	营业收入(万元)	23085.12	40078.60	17572.61	34341.55
	主营成本(万元)	5772.63	9615.10	4275.08	8065.87
	营业成本(万元)	5773.35	9615.21	4275.13	8065.93
	投资收益(万元)	–	–	–	–
	净利润(万元)	3691.53	5882.70	2936.96	6202.12
	利润总额(万元)	4354.98	6954.51	3480.28	7308.94

江苏常发制冷股份有限公司

公司概况	公司名称	江苏常发制冷股份有限公司			证券简称	常发股份
	法人代表	黄小平	董秘	刘训雨	证券代码	002413
	公司网址	www.changfazl.com		电子信箱	cfzl@changfazl.com	
	电话	0519-86237018		传真	0519-86235691	
	办公地址	江苏省常州市武进区礼嘉镇建东村建华路南				
	经营范围	冰箱、空调用蒸发器及冷凝器的生产和销售				

	指标\报告期	2012.06.30	2011.12.31	2011.06.30	2010.12.31
主要财务指标	基本每股收益(元)	0.1500	0.4400	0.2700	0.4300
	基本每股收益(扣除后)(元)	0.1400	0.4300	0.2600	0.3900
	每股净资产(元)	5.3300	5.2700	7.7800	7.3800
	每股经营现金净流量(元)	–0.0522	–0.6242	–0.8606	–1.0660
	每股现金流量(元)	–0.3394	–1.6415	–1.6131	2.0880
	每股资本公积金(元)	2.6601	2.6397	4.4973	4.4911
	每股盈余公积金(元)	0.1696	0.1696	0.1910	0.1910
	每股未分配利润(元)	1.5038	1.4566	2.0941	1.6956
	净资产收益率(%)	2.7600	8.2620	5.1200	7.8459
	加权净资产收益率(%)	2.7500	8.5000	5.2600	11.0300
	净资产收益率(扣除)(%)	–	–	–	–
	总资产(万元)	153209.88	161907.25	176130.74	166950.62
	归属母公司股东权益(万元)	117602.97	116111.41	114402.23	108452.08
	主营业务收入(万元)	68788.42	163446.47	91410.94	152717.94
	营业收入(万元)	70201.22	173692.07	99038.77	162276.08
	主营成本(万元)	60809.38	143874.02	79132.15	134494.42
	营业成本(万元)	61717.49	151723.76	91374.80	143038.74
	投资收益(万元)	–	–	–	–
	净利润(万元)	3246.01	9592.79	5859.23	8509.05
	利润总额(万元)	4307.04	12932.57	7895.67	11556.67

武汉高德红外股份有限公司

公司概况	公司名称	武汉高德红外股份有限公司			证券简称	高德红外
	法人代表	黄立	董秘	陈丽玲	证券代码	002414
	公司网址	www.wuhan-guide.com		电子信箱	liling.chen@126.com	
	电话	027-87671928		传真	027-87671928	
	办公地址	湖北省武汉市洪山区书城路26号				
	经营范围	红外热像仪产品研发、生产和销售				

	指标\报告期	2012.06.30	2011.12.31	2011.06.30	2010.12.31
主要财务指标	基本每股收益(元)	0.1698	0.3445	0.1681	0.5465
	基本每股收益(扣除后)(元)	0.1567	0.3287	0.1659	0.5277
	每股净资产(元)	7.8000	8.1100	8.3300	8.1600
	每股经营现金净流量(元)	–0.3781	–0.0024	0.0047	–0.1261
	每股现金流量(元)	–0.7482	–0.6315	–0.0928	5.1871
	每股资本公积金(元)	5.9575	5.9575	5.9575	5.9575
	每股盈余公积金(元)	0.1680	0.1680	0.1324	0.1324
	每股未分配利润(元)	0.6715	0.9817	1.2408	1.0728
	净资产收益率(%)	2.1800	4.2500	2.1200	5.7180
	加权净资产收益率(%)	2.1100	4.2000	2.0400	10.8000
	净资产收益率(扣除)(%)	–	–	–	–
	总资产(万元)	250552.55	250308.91	254444.24	251012.81
	归属母公司股东权益(万元)	233907.14	243213.83	249956.50	244885.82
	主营业务收入(万元)	12605.03	30456.11	10698.25	37724.90
	营业收入(万元)	12605.03	30676.05	10828.46	37738.99
	主营成本(万元)	4930.17	12113.67	4115.44	14512.89
	营业成本(万元)	4930.17	12113.67	4115.44	14512.89
	投资收益(万元)	–	–	–	–
	净利润(万元)	5095.21	10335.43	5041.98	14003.13
	利润总额(万元)	5880.41	12050.12	5871.55	16294.44

杭州海康威视数字技术股份有限公司

公司概况					
公司名称	杭州海康威视数字技术股份有限公司			证券简称	海康威视
法人代表	陈宗年	董秘	刘翔	证券代码	002415
公司网址	www.hikvision.com		电子信箱	hikvision@hikvision.com	
电　话	0571-89710492		传　真	0571-89986895	
办公地址	浙江省杭州市滨江区东流路700号海康威视制造基地1号楼6楼				
经营范围	电子产品的研发、生产、销售自产产品、提供技术服务、电子设备安装等				

主要财务指标 指标\报告期	2012.06.30	2011.12.31	2011.06.30	2010.12.31
基本每股收益(元)	0.3600	1.4800	0.2600	1.1000
基本每股收益(扣除后)(元)	0.3600	1.4400	0.2600	1.0800
每股净资产(元)	3.5600	3.3900	5.8700	5.6400
每股经营现金净流量(元)	-0.0831	1.1705	-0.0233	1.3279
每股现金流量(元)	-0.3261	0.5951	-0.4583	7.0567
每股资本公积金(元)	0.9079	2.8159	2.8285	6.6571
每股盈余公积金(元)	0.1918	0.3835	0.2308	0.4616
每股未分配利润(元)	1.4558	2.5818	1.8075	3.1605
净资产收益率(%)	10.2600	21.7490	8.9800	18.6483
加权净资产收益率(%)	10.2100	23.9800	9.0800	27.3500
净资产收益率(扣除)(%)	-	-	-	-
总资产(万元)	842179.83	831665.33	678479.04	654934.27
归属母公司股东权益(万元)	711227.06	678284.38	586893.92	564022.42
主营业务收入(万元)	277705.77	515099.97	205248.71	355564.84
营业收入(万元)	281867.95	523163.97	208167.89	360547.73
主营成本(万元)	141773.86	258537.73	100092.16	171372.47
营业成本(万元)	142092.22	263418.03	102185.67	174376.36
投资收益(万元)	-9.62	152.13	152.13	334.47
净利润(万元)	73240.96	148248.29	52970.80	105237.52
利润总额(万元)	84660.39	172736.96	60752.19	114290.21

深圳市爱施德股份有限公司

公司概况					
公司名称	深圳市爱施德股份有限公司			证券简称	爱 施 德
法人代表	黄文辉	董秘	陈蓓	证券代码	002416
公司网址	www.aisidi.com		电子信箱	ir@aisidi.com	
电　话	0755-21519888		传　真	0755-21519900 83890101	
办公地址	广东省深圳市福田区泰然大道东泰然劲松大厦20F				
经营范围	手机及数码电子产品的销售渠道综合服务				

主要财务指标 指标\报告期	2012.06.30	2011.12.31	2011.06.30	2010.12.31
基本每股收益(元)	-0.2700	0.3600	0.2100	0.6300
基本每股收益(扣除后)(元)	-0.2800	0.3000	0.1800	0.5900
每股净资产(元)	3.8300	4.3300	8.2200	3.9000
每股经营现金净流量(元)	0.2194	-0.8840	-0.4511	-1.7806
每股现金流量(元)	-0.6797	0.1110	-0.4983	2.7607
每股资本公积金(元)	1.7202	1.7039	4.2445	4.2445
每股盈余公积金(元)	0.1335	0.1335	0.2444	0.2370
每股未分配利润(元)	0.9730	1.4912	2.7318	2.3253
净资产收益率(%)	-6.3700	8.3072	5.1700	15.5011
加权净资产收益率(%)	-6.3700	8.8900	5.1700	22.4400
净资产收益率(扣除)(%)	-	-	-	-
总资产(万元)	470832.64	644280.56	470192.93	447107.18
归属母公司股东权益(万元)	382328.61	432471.29	405530.59	385110.79
主营业务收入(万元)	883179.57	1284298.62	559030.33	1083550.27
营业收入(万元)	884409.19	1287459.02	560010.10	1088771.68
主营成本(万元)	855194.11	1140173.97	488905.79	925418.02
营业成本(万元)	855212.45	1140480.56	489012.28	925538.15
投资收益(万元)	126.82	-	-	-
净利润(万元)	-26445.66	46049.84	25270.86	72762.36
利润总额(万元)	-25445.90	57580.84	31906.59	87488.53

福建三元达通讯股份有限公

公司概况					
公司名称	福建三元达通讯股份有限公			证券简称	三 元 达
法人代表	黄国英	董秘	陈嘉	证券代码	002417
公司网址	www.sunnada.com		电子信箱	ir@sunnada.com	
电　话	0591-83736937 83736959		传　真	0591-87883838	
办公地址	福建省福州市铜盘路软件园基地C区28座				
经营范围	无线网络优化覆盖设备及软件的生产和销售				

主要财务指标 指标\报告期	2012.06.30	2011.12.31	2011.06.30	2010.12.31
基本每股收益(元)	0.0700	0.3600	0.0700	0.3300
基本每股收益(扣除后)(元)	0.0600	0.3300	0.0700	0.2900
每股净资产(元)	3.2000	4.7800	4.5500	6.9100
每股经营现金净流量(元)	-0.4387	-0.6585	-0.7414	-0.5916
每股现金流量(元)	-0.7025	-0.3613	-0.7617	3.1265
每股资本公积金(元)	1.5162	2.7743	2.7894	4.6841
每股盈余公积金(元)	0.0797	0.1195	0.0864	0.1297
每股未分配利润(元)	0.5996	0.8908	0.6721	1.1010
净资产收益率(%)	2.2700	7.4510	2.1400	6.3370
加权净资产收益率(%)	2.2500	7.5800	2.2500	9.9800
净资产收益率(扣除)(%)	-	-	-	-
总资产(万元)	151342.89	154903.82	125235.13	118356.43
归属母公司股东权益(万元)	86278.20	86122.33	81862.48	82976.34
主营业务收入(万元)	31278.12	71688.06	22386.63	49575.85
营业收入(万元)	31292.06	71744.82	22444.76	49646.41
主营成本(万元)	19736.31	45443.03	13346.72	31376.80
营业成本(万元)	19737.50	45457.31	13384.10	31405.84
投资收益(万元)	-	-	-	-
净利润(万元)	1664.31	6715.94	1982.91	5233.28
利润总额(万元)	2129.06	7477.36	2080.54	5629.01

浙江康盛股份有限公司

公司概况					
公司名称	浙江康盛股份有限公司			证券简称	康盛股份
法人代表	陈汉康	董秘	鲁旭波	证券代码	002418
公司网址	www.kasun.cn		电子信箱	xubolu@yeah.net	
电　话	0571-64836233 64836953		传　真	0571-64836560	
办公地址	浙江省杭州市淳安县千岛湖镇康盛路268号				
经营范围	制造、销售内螺纹钢管、精密铜管、钢管、铝管、冷轧钢带、铜带、冰箱等				

主要财务指标 指标\报告期	2012.06.30	2011.12.31	2011.06.30	2010.12.31
基本每股收益(元)	0.2000	0.3400	0.0900	0.3700
基本每股收益(扣除后)(元)	0.1900	0.1700	0.0800	0.3100
每股净资产(元)	4.9900	4.8800	4.7300	7.4200
每股经营现金净流量(元)	-0.3752	0.0030	-0.6843	-1.5849
每股现金流量(元)	-0.6021	-0.8132	-0.6030	1.6873
每股资本公积金(元)	2.5185	2.5185	2.5185	4.6296
每股盈余公积金(元)	0.0767	0.0767	0.0596	0.0954
每股未分配利润(元)	1.3906	1.2891	1.1504	1.6920
净资产收益率(%)	4.0409	7.0120	3.9477	7.1480
加权净资产收益率(%)	4.0400	7.2000	3.9500	10.0700
净资产收益率(扣除)(%)	-	-	-	-
总资产(万元)	197682.22	187587.35	185514.70	159538.85
归属母公司股东权益(万元)	114075.99	111754.30	108189.02	106063.06
主营业务收入(万元)	64826.10	107625.40	61899.73	106722.71
营业收入(万元)	67596.40	113507.22	64311.49	110301.91
主营成本(万元)	52846.24	88374.93	50958.77	85413.76
营业成本(万元)	54382.09	93258.14	51939.19	88804.65
投资收益(万元)	94.19	177.88	0.75	0.75
净利润(万元)	4587.75	7835.95	4271.85	7588.21
利润总额(万元)	5214.25	9221.94	5133.68	9016.85

天虹商场股份有限公司

公司概况	公司名称	天虹商场股份有限公司			证券简称	天虹商场
	法人代表	赖伟宣	董秘	万颖	证券代码	002419
	公司网址	www.rainbow.cn		电子信箱	ir@rainbowcn.com	
	电　话	0755-82769038		传　真	0755-82769166	
	办公地址	广东省深圳市福田区福中一路1016号地铁大厦20-24层				
	经营范围	从事以百货为主的商品零售业务				

主要财务指标	指标\报告期	2012.06.30	2011.12.31	2011.06.30	2010.12.31
	基本每股收益(元)	0.3500	0.7200	0.4100	0.6400
	基本每股收益(扣除后)(元)	0.3400	0.7000	0.4000	0.6200
	每股净资产(元)	4.5800	4.5500	4.2500	8.2700
	每股经营现金净流量(元)	-0.8822	2.1438	0.5351	3.1543
	每股现金流量(元)	-1.4860	1.1385	-0.2048	6.8889
	每股资本公积金(元)	2.1390	2.1390	2.1390	4.7780
	每股盈余公积金(元)	0.2834	0.2516	0.2196	0.3718
	每股未分配利润(元)	1.1562	1.1631	0.8874	2.1232
	净资产收益率(%)	7.7500	15.7500	9.1200	14.6524
	加权净资产收益率(%)	7.5900	16.7000	9.2200	21.4000
	净资产收益率(扣除)(%)	-	-	-	-
	总资产(万元)	773446.28	880520.45	712870.16	714971.82
	归属母公司股东权益(万元)	366376.33	364386.79	339761.88	331002.25
	主营业务收入(万元)	685559.81	1280223.54	626303.96	998721.20
	营业收入(万元)	699384.68	1303563.72	637315.79	1017436.14
	主营成本(万元)	535925.56	1000160.01	490056.17	781841.50
	营业成本(万元)	537555.11	1002574.13	491029.38	783175.24
	投资收益(万元)	-	-	-	-
	净利润(万元)	28295.64	57301.05	32759.12	48499.87
	利润总额(万元)	40592.49	80405.44	44677.90	64108.15

广州毅昌科技股份有限公司

公司概况	公司名称	广州毅昌科技股份有限公司			证券简称	毅昌股份
	法人代表	冼燃	董秘	叶昌焱	证券代码	002420
	公司网址	www.echom.com		电子信箱	zhengquan@echom.com	
	电　话	020-32200889		传　真	020-32200775	
	办公地址	广东省广州市高新技术产业开发区科学城科丰路29号				
	经营范围	设计、生产和销售电视机外观结构件				

主要财务指标	指标\报告期	2012.06.30	2011.12.31	2011.06.30	2010.12.31
	基本每股收益(元)	0.0726	0.0900	0.0744	0.3700
	基本每股收益(扣除后)(元)	0.0623	0.0500	0.0658	0.3500
	每股净资产(元)	3.9900	3.9500	3.9300	3.9600
	每股经营现金净流量(元)	0.2632	-0.2503	-0.2562	-0.2716
	每股现金流量(元)	-0.0344	-0.5038	-0.3294	0.8769
	每股资本公积金(元)	1.9885	1.9885	1.9885	1.9878
	每股盈余公积金(元)	0.0676	0.0676	0.0646	0.0646
	每股未分配利润(元)	0.9338	0.8911	0.8795	0.9051
	净资产收益率(%)	1.8200	2.2560	1.8600	8.6210
	加权净资产收益率(%)	1.8200	2.2500	1.8600	11.6200
	净资产收益率(扣除)(%)	-	-	-	-
	总资产(万元)	314036.36	301733.18	280345.91	255448.17
	归属母公司股东权益(万元)	159991.74	158283.82	157697.60	158695.04
	主营业务收入(万元)	95356.31	193342.55	82873.72	164362.41
	营业收入(万元)	105828.93	216955.10	93578.75	186063.00
	主营成本(万元)	78685.00	167051.87	68028.81	132784.08
	营业成本(万元)	88456.27	189254.11	77360.32	153103.37
	投资收益(万元)	-	-	-	-0.87
	净利润(万元)	2926.04	3715.84	3227.64	14698.19
	利润总额(万元)	3415.10	4279.04	3920.05	16763.05

深圳达实智能股份有限公司

公司概况	公司名称	深圳达实智能股份有限公司			证券简称	达实智能
	法人代表	刘磅	董秘	林雨斌	证券代码	002421
	公司网址	www.chn-das.com		电子信箱	das@chn-das.com	
	电　话	0755-26525166		传　真	0755-26639599	
	办公地址	广东省深圳市南山区高新技术产业园达实智能大厦				
	经营范围	组装生产、研发能源管理产品、IC卡读写机具产品、安防监控设备和信息终端等				

主要财务指标	指标\报告期	2012.06.30	2011.12.31	2011.06.30	2010.12.31
	基本每股收益(元)	0.1761	0.4434	0.1445	0.3486
	基本每股收益(扣除后)(元)	0.1452	0.4378	0.1442	0.3349
	每股净资产(元)	6.0500	5.9900	5.7000	7.2200
	每股经营现金净流量(元)	-0.2376	0.0782	-0.0599	0.4081
	每股现金流量(元)	-0.3734	-1.3966	-1.2140	4.3263
	每股资本公积金(元)	3.6661	3.5484	3.5484	4.9129
	每股盈余公积金(元)	0.1896	0.1791	0.1465	0.1904
	每股未分配利润(元)	1.1925	1.2674	1.0011	1.1136
	净资产收益率(%)	2.8300	7.3970	2.5400	5.6087
	加权净资产收益率(%)	2.9300	7.6800	2.5700	8.2000
	净资产收益率(扣除)(%)	-	-	-	-
	总资产(万元)	87665.88	82894.16	79622.23	90725.09
	归属母公司股东权益(万元)	63142.60	60787.63	57756.90	56291.36
	主营业务收入(万元)	25625.55	50548.92	20039.36	38566.47
	营业收入(万元)	26829.38	53056.00	21144.90	38584.39
	主营成本(万元)	19045.26	-	15069.60	28306.76
	营业成本(万元)	19618.79	38930.57	15663.90	28310.97
	投资收益(万元)	-	-	-	-
	净利润(万元)	1789.66	4497.45	1467.08	3161.15
	利润总额(万元)	2451.98	5236.47	1670.29	3726.18

四川科伦药业股份有限公司

公司概况	公司名称	四川科伦药业股份有限公司			证券简称	科伦药业
	法人代表	刘革新	董秘	熊鹰	证券代码	002422
	公司网址	www.kelun.com		电子信箱	kelun@kelun.com	
	电　话	028-82998999 82860516		传　真	028-86132515	
	办公地址	四川省成都市青羊区百花西路36号				
	经营范围	研究、生产大容量注射剂、小容量注射剂、冲洗剂、直立式聚丙烯输液袋的技术开发、生产等				

主要财务指标	指标\报告期	2012.06.30	2011.12.31	2011.06.30	2010.12.31
	基本每股收益(元)	0.9600	2.0100	0.8500	1.5400
	基本每股收益(扣除后)(元)	0.8900	1.9100	0.8300	1.5300
	每股净资产(元)	17.0300	16.3300	15.1700	29.1300
	每股经营现金净流量(元)	0.8987	0.7144	0.4009	0.6221
	每股现金流量(元)	3.2976	-4.3693	-2.8420	15.9348
	每股资本公积金(元)	9.6833	9.6952	9.6949	20.3899
	每股盈余公积金(元)	0.4300	0.4421	0.2952	0.5905
	每股未分配利润(元)	5.9172	5.1897	4.1787	7.1476
	净资产收益率(%)	5.6500	12.3280	5.2400	9.4590
	加权净资产收益率(%)	5.7300	13.0700	5.7300	14.1100
	净资产收益率(扣除)(%)	-	-	-	-
	总资产(万元)	1374316.92	1046537.24	949369.65	882196.10
	归属母公司股东权益(万元)	817465.11	783695.45	728106.98	699070.35
	主营业务收入(万元)	277367.54	512990.02	230737.22	401503.17
	营业收入(万元)	277558.29	514784.88	231145.06	402640.00
	主营成本(万元)	166152.39	292737.26	128796.49	236345.70
	营业成本(万元)	166266.81	294499.66	129137.95	237350.15
	投资收益(万元)	-0.65	-722.81	-	-
	净利润(万元)	46192.12	96099.20	40804.92	66168.73
	利润总额(万元)	53505.17	111804.17	47611.19	77509.69

中原特钢股份有限公司

公司概况						
公司名称	中原特钢股份有限公司			证券简称	中原特钢
法人代表	李宗樵	董秘	蒋根豹	证券代码	002423
公司网址	www.zssw.com		电子信箱	jyjgb2007@163.com	
电　　话	0391-6099031　6099022		传　　真	0391-6099019	
办公地址	河南省济源市承留镇小寨村				
经营范围	工业专用装备及大型特殊钢精锻件的研发、生产、销售和服务				

主要财务指标				
指标\报告期	2012.06.30	2011.12.31	2011.06.30	2010.12.31
基本每股收益(元)	0.0100	0.1900	0.1000	0.2200
基本每股收益(扣除后)(元)	-0.0800	0.0500	0.0600	0.1100
每股净资产(元)	3.8400	3.9400	4.0200	3.9400
每股经营现金净流量(元)	0.0842	-0.2287	-0.0414	0.0932
每股现金流量(元)	0.0181	-0.7145	-0.6539	1.2789
每股资本公积金(元)	1.8512	1.9032	2.0785	2.0339
每股盈余公积金(元)	0.0860	0.0860	0.0776	0.0776
每股未分配利润(元)	0.9005	0.9477	0.8617	0.8241
净资产收益率(%)	0.2795	4.9510	2.5034	5.2310
加权净资产收益率(%)	0.2800	4.9100	2.5100	6.4900
净资产收益率(扣除)(%)	-	-	-	-
总资产(万元)	286805.09	272612.45	278393.71	265254.74
归属母公司股东权益(万元)	178647.92	183268.28	187033.20	183212.08
主营业务收入(万元)	87789.03	165117.02	84747.75	132470.84
营业收入(万元)	90309.49	173680.39	90029.96	140709.45
主营成本(万元)	79291.35	140822.22	72102.18	107168.79
营业成本(万元)	81544.65	147399.60	77012.97	114863.66
投资收益(万元)	4380.79	7214.74	2513.13	4026.00
净利润(万元)	499.38	9074.36	4682.14	9584.38
利润总额(万元)	1536.25	10545.91	5574.15	10735.99

贵州百灵企业集团制药股份有限公司

公司概况					
公司名称	贵州百灵企业集团制药股份有限公司			证券简称	贵州百灵
法人代表	姜伟	董秘	牛民	证券代码	002424
公司网址	www.gzbl.com		电子信箱	niumin1804@126.com	
电　　话	0853-3415126		传　　真	0853-3412296	
办公地址	贵州省安顺市经济技术开发区西航大道				
经营范围	片剂、胶囊剂、糖浆剂、软胶囊剂、颗粒剂、丸剂、散剂、喷雾剂、煎膏剂等				

主要财务指标				
指标\报告期	2012.06.30	2011.12.31	2011.06.30	2010.12.31
基本每股收益(元)	0.2300	0.4400	0.1900	0.3800
基本每股收益(扣除后)(元)	0.2300	0.4400	0.1900	0.3700
每股净资产(元)	4.3000	4.0700	8.2300	7.8500
每股经营现金净流量(元)	-0.3624	0.4292	-0.1785	-1.9034
每股现金流量(元)	-0.3614	-0.4672	-0.1442	4.8001
每股资本公积金(元)	2.3314	2.3315	5.6628	5.6628
每股盈余公积金(元)	0.1149	0.0991	0.1414	0.1414
每股未分配利润(元)	0.8570	0.6390	1.4286	1.0488
净资产收益率(%)	5.4300	10.8852	4.6700	8.5650
加权净资产收益率(%)	5.5800	11.0100	4.7200	7.1400
净资产收益率(扣除)(%)	-	-	-	-
总资产(万元)	310039.65	301882.01	298864.03	279951.40
归属母公司股东权益(万元)	202425.30	191435.11	193633.53	184702.30
主营业务收入(万元)	55630.03	113394.82	45114.90	86337.99
营业收入(万元)	55876.10	113842.67	45203.42	86375.64
主营成本(万元)	23284.28	50425.54	20916.65	41038.14
营业成本(万元)	23530.31	50833.51	20989.84	41208.47
投资收益(万元)	-	155.50	146.58	-
净利润(万元)	11359.61	20998.00	8931.23	15819.84
利润总额(万元)	13350.70	24197.20	10363.61	18955.66

凯撒(中国)股份有限公司

公司概况					
公司名称	凯撒(中国)股份有限公司			证券简称	凯撒股份
法人代表	郑合明	董秘	郑合明(代)	证券代码	002425
公司网址	www.kaiser.com.cn		电子信箱	kaiser@vip.163.com	
电　　话	0754-88805099		传　　真	0754-88801350	
办公地址	广东省汕头市龙湖珠津工业区珠津1街3号凯撒工业城				
经营范围	生产、加工服装(皮革服装)、服饰、皮鞋、皮帽、皮包、玩具、钓鱼用具等				

主要财务指标				
指标\报告期	2012.06.30	2011.12.31	2011.06.30	2010.12.31
基本每股收益(元)	0.1390	0.2680	0.1540	0.3390
基本每股收益(扣除后)(元)	0.1420	0.2590	0.1500	0.3260
每股净资产(元)	4.3400	4.2500	4.1400	8.1300
每股经营现金净流量(元)	0.0009	-0.1809	0.0104	-0.3736
每股现金流量(元)	-0.2136	-1.0380	-0.6799	2.8146
每股资本公积金(元)	1.9766	1.9766	1.9766	4.9539
每股盈余公积金(元)	0.1783	0.1783	0.1600	0.3201
每股未分配利润(元)	1.1943	1.1048	1.0097	1.8611
净资产收益率(%)	3.2100	12.9748	3.7200	7.2910
加权净资产收益率(%)	3.2400	6.4600	3.7600	11.3200
净资产收益率(扣除)(%)	-	-	-	-
总资产(万元)	117545.45	113500.62	95032.14	94130.48
归属母公司股东权益(万元)	92904.59	90980.31	88613.10	86979.13
主营业务收入(万元)	24172.69	41339.56	16673.18	37410.58
营业收入(万元)	24276.62	41508.75	16793.91	37556.33
主营成本(万元)	10323.55	17919.90	6608.17	19198.64
营业成本(万元)	10418.73	17966.31	6620.28	19224.41
投资收益(万元)	-	-	-	-
净利润(万元)	3427.55	6514.79	3391.50	6648.90
利润总额(万元)	4564.05	8488.06	4522.13	8276.57

苏州胜利精密制造科技股份有限公司

公司概况					
公司名称	苏州胜利精密制造科技股份有限公司			证券简称	胜利精密
法人代表	高玉根	董秘	包燕青	证券代码	002426
公司网址	www.vicsz.com		电子信箱	zhengquan@vicsz.com	
电　　话	0512-69207028　69207200		传　　真	0512-69207028　69207112	
办公地址	江苏省苏州市高新区浒关工业园浒泾路55号				
经营范围	研发、生产、销售：冲压件、金属结构件、模具、五金配件等				

主要财务指标				
指标\报告期	2012.06.30	2011.12.31	2011.06.30	2010.12.31
基本每股收益(元)	0.1111	0.1759	0.1296	0.3622
基本每股收益(扣除后)(元)	0.1026	0.1095	0.1043	0.3047
每股净资产(元)	3.2573	3.2371	3.2330	3.1710
每股经营现金净流量(元)	0.2176	-0.0347	-0.1031	-0.0591
每股现金流量(元)	0.0658	-0.3270	-0.1142	0.9417
每股资本公积金(元)	1.2602	1.2602	1.2602	1.2602
每股盈余公积金(元)	0.1201	0.1201	0.1084	0.1084
每股未分配利润(元)	0.9377	0.9265	0.8835	0.8374
净资产收益率(%)	3.4100	5.4340	4.0000	10.9440
加权净资产收益率(%)	3.3900	5.4700	4.0000	14.1200
净资产收益率(扣除)(%)	-	-	-	-
总资产(万元)	200365.58	188813.22	190687.00	178745.11
归属母公司股东权益(万元)	130424.37	129615.90	129451.00	126971.51
主营业务收入(万元)	81613.75	155539.65	67807.27	129767.63
营业收入(万元)	82096.91	156692.50	67885.85	130650.45
主营成本(万元)	66580.58	128689.12	54424.13	98846.62
营业成本(万元)	67315.06	130809.61	55077.34	100226.10
投资收益(万元)	667.19	2050.02	874.23	973.57
净利润(万元)	4882.01	7120.71	5189.29	14199.31
利润总额(万元)	5947.16	8330.77	6102.38	16630.31

浙江尤夫高新纤维股份有限公司

公司概况	公司名称	浙江尤夫高新纤维股份有限公司		证券简称	尤夫股份
	法人代表	茅惠新	董秘 陈彦	证券代码	002427
	公司网址	www.unifull.com		电子信箱	ir@unifull.com
	电　话	0572-3961786		传　真	0572-2833555
	办公地址	浙江省湖州市和孚镇工业园区			
	经营范围	生产差别化 FDY 聚酯纤维及特种工业用布、聚酯线带、销售本公司生产产品			

主要财务指标 指标\报告期	2012.06.30	2011.12.31	2011.06.30	2010.12.31
基本每股收益(元)	0.0200	0.1500	0.1400	0.2800
基本每股收益(扣除后)(元)	0.0200	0.1300	0.1300	0.2500
每股净资产(元)	4.0500	4.0500	4.0400	5.1700
每股经营现金净流量(元)	0.1298	-0.4892	-0.4217	-0.5671
每股现金流量(元)	0.3090	-0.1678	-0.2188	0.2954
每股资本公积金(元)	2.3391	2.3391	2.3391	3.3408
每股盈余公积金(元)	0.1018	0.1018	0.0840	0.1092
每股未分配利润(元)	0.6069	0.6093	0.6168	0.7185
净资产收益率(%)	0.5600	3.7370	3.4800	6.1250
加权净资产收益率(%)	0.5600	3.7700	3.4800	9.3000
净资产收益率(扣除)(%)	-	-	-	-
总资产(万元)	166987.66	123805.12	124790.68	117814.60
归属母公司股东权益(万元)	96417.38	96473.53	96227.41	94701.01
主营业务收入(万元)	43081.56	79680.46	39627.08	57624.76
营业收入(万元)	43224.54	79961.81	39797.94	57871.65
主营成本(万元)	37861.22	68056.83	33756.47	47762.24
营业成本(万元)	37861.22	68115.24	33810.63	47951.48
投资收益(万元)	-	-	-	-12.66
净利润(万元)	227.09	2926.06	3239.95	5699.91
利润总额(万元)	201.07	3288.26	4011.95	6515.04

云南临沧鑫圆锗业股份有限公司

公司概况	公司名称	云南临沧鑫圆锗业股份有限公司		证券简称	云南锗业
	法人代表	包文东	董秘 黄艾农	证券代码	002428
	公司网址	www.sino-ge.com		电子信箱	Diractorate@sino-ge.com
	电　话	0871-63637276		传　真	0871-68213308
	办公地址	云南省昆明市人民中路都市名园 A 座 6 层			
	经营范围	锗系列产品及其他冶金产品、矿产品生产、冶炼、销售等			

主要财务指标 指标\报告期	2012.06.30	2011.12.31	2011.06.30	2010.12.31
基本每股收益(元)	0.1400	0.5800	0.2700	0.6800
基本每股收益(扣除后)(元)	0.0900	0.4600	0.2300	0.5300
每股净资产(元)	4.0800	8.0000	7.6900	9.8000
每股经营现金净流量(元)	-0.4500	0.4212	-0.0316	0.8435
每股现金流量(元)	-0.5840	-0.7442	-0.5700	6.4241
每股资本公积金(元)	2.0523	5.1046	5.1100	6.9343
每股盈余公积金(元)	0.1400	0.2700	0.2200	0.2801
每股未分配利润(元)	0.9000	1.6243	1.3708	1.5815
净资产收益率(%)	3.3300	7.4100	3.5200	9.3900
加权净资产收益率(%)	-	-	-	-
净资产收益率(扣除)(%)	2.1600	5.8700	3.0100	7.3500
总资产(万元)	147239.71	138456.58	132219.16	125809.30
归属母公司股东权益(万元)	133359.75	130601.66	125613.76	123037.70
主营业务收入(万元)	11562.16	27203.93	12272.20	17619.10
营业收入(万元)	11562.16	27203.93	12272.20	17619.10
主营成本(万元)	6953.78	18681.99	6823.52	10649.81
营业成本(万元)	6953.78	15113.88	6823.52	8020.46
投资收益(万元)	-	-	-	-
净利润(万元)	4421.21	9389.58	4403.15	7665.45
利润总额(万元)	5460.33	10841.59	5149.24	9022.21

深圳市兆驰股份有限公司

公司概况	公司名称	深圳市兆驰股份有限公司		证券简称	兆驰股份
	法人代表	顾伟	董秘 漆凌燕	证券代码	002429
	公司网址	www.szmtc.com.cn		电子信箱	ls@szmtc.com.cn
	电　话	0755-33345613		传　真	0755-33345607
	办公地址	广东省深圳市福田区彩田路 3069 号星河世纪大厦 A 栋 31、32 楼			
	经营范围	家庭视听消费类电子产品的研发、设计、制造、销售			

主要财务指标 指标\报告期	2012.06.30	2011.12.31	2011.06.30	2010.12.31
基本每股收益(元)	0.3200	0.5800	0.2100	0.4800
基本每股收益(扣除后)(元)	0.3200	0.5500	0.2100	0.4800
每股净资产(元)	4.2500	4.1300	5.6500	5.6300
每股经营现金净流量(元)	0.2788	-0.1858	-0.1010	-0.3477
每股现金流量(元)	-0.5594	0.5251	-0.3364	0.1255
每股资本公积金(元)	1.9130	1.9130	3.3694	3.3694
每股盈余公积金(元)	0.1553	0.1553	0.1709	0.1709
每股未分配利润(元)	1.1843	1.0627	1.1125	1.0935
净资产收益率(%)	7.5700	13.9330	5.6400	12.8850
加权净资产收益率(%)	7.6200	14.5800	5.5100	20.4900
净资产收益率(扣除)(%)	-	-	-	-
总资产(万元)	454115.93	510799.19	396456.11	314497.69
归属母公司股东权益(万元)	301252.09	292552.02	267124.45	266224.12
主营业务收入(万元)	240510.03	445263.11	156665.45	301862.82
营业收入(万元)	244907.07	447346.45	156665.45	301862.82
主营成本(万元)	207817.83	384476.56	135656.12	253093.45
营业成本(万元)	211497.78	386184.17	135656.12	253093.45
投资收益(万元)	-	1265.73	-	-
净利润(万元)	22793.19	40760.44	15076.60	34302.89
利润总额(万元)	26927.21	48438.62	17655.63	40098.54

杭州杭氧股份有限公司

公司概况	公司名称	杭州杭氧股份有限公司		证券简称	杭氧股份
	法人代表	蒋明	董秘 汪加林	证券代码	002430
	公司网址	www.hangyang.com		电子信箱	investor@hangyang.com
	电　话	0571-85869078 85869076		传　真	0571-85869076
	办公地址	浙江省杭州市下城区中山北路 592 号弘元大厦			
	经营范围	空气分离设备、工业气体产品和石化设备的生产及销售业务等			

主要财务指标 指标\报告期	2012.06.30	2011.12.31	2011.06.30	2010.12.31
基本每股收益(元)	0.2900	0.8300	0.2800	0.6500
基本每股收益(扣除后)(元)	0.2500	0.7800	0.2700	0.5900
每股净资产(元)	3.6000	4.6600	4.2300	5.9800
每股经营现金净流量(元)	0.2086	-0.5385	-0.3228	0.9227
每股现金流量(元)	-0.3526	-1.1080	-0.9100	3.2824
每股资本公积金(元)	0.9247	1.5984	1.6038	2.9061
每股盈余公积金(元)	0.2479	0.3346	0.2783	0.4175
每股未分配利润(元)	1.4333	1.7449	1.3558	1.6615
净资产收益率(%)	8.0373	17.7250	9.0098	14.8059
加权净资产收益率(%)	8.1400	19.1700	9.1800	21.8800
净资产收益率(扣除)(%)	-	-	-	-
总资产(万元)	703203.21	626988.64	581960.77	560874.35
归属母公司股东权益(万元)	291962.60	280591.61	254674.45	239609.85
主营业务收入(万元)	231911.21	407665.06	177163.84	290438.73
营业收入(万元)	241481.67	423253.47	186026.25	302338.97
主营成本(万元)	176990.40	301530.45	131844.09	203630.93
营业成本(万元)	183204.80	313474.43	138267.41	212758.32
投资收益(万元)	499.40	1356.21	559.54	2070.48
净利润(万元)	25171.78	52242.47	24228.81	40074.88
利润总额(万元)	31220.87	62104.09	28979.84	47473.65

棕榈园林股份有限公司

公司概况	公司名称	棕榈园林股份有限公司		证券简称	棕榈园林
	法人代表	吴桂昌	董秘 杨镜良	证券代码	002431
	公司网址	www.palm-la.com		电子信箱	yangjl@palm-la.com
	电　话	020-37883025 37882986		传　真	020-37882988
	办公地址	广东省广州市黄埔大道西638号广东农信大厦18楼			
	经营范围	承接园林绿化、园林建筑、喷泉、雕塑、市政工程、园林规划设计等			

主要财务指标	指标\报告期	2012.06.30	2011.12.31	2011.06.30	2010.12.31
	基本每股收益(元)	0.3000	0.7200	0.3000	0.4400
	基本每股收益(扣除后)(元)	0.3000	0.7100	0.2900	0.4200
	每股净资产(元)	5.2600	5.0000	4.5800	8.6600
	每股经营现金净流量(元)	-0.7759	-1.0638	-0.8334	-0.4569
	每股现金流量(元)	-0.1296	-1.0193	-0.7937	5.2281
	每股资本公积金(元)	2.6867	2.6867	2.6867	6.3734
	每股盈余公积金(元)	0.1478	0.1478	0.0789	0.1577
	每股未分配利润(元)	1.4215	1.1666	0.8155	1.1311
	净资产收益率(%)	5.8000	14.4020	6.5500	10.1275
	加权净资产收益率(%)	5.9300	15.4600	6.7200	17.1900
	净资产收益率(扣除)(%)	-	-	-	-
	总资产(万元)	428375.40	336194.37	256982.30	219201.79
	归属母公司股东权益(万元)	201851.58	191959.97	175914.34	166316.03
	主营业务收入(万元)	118786.39	249141.89	91474.55	129145.14
	营业收入(万元)	118909.13	249349.57	91559.91	129338.39
	主营成本(万元)	84686.11	179382.80	63066.28	93206.93
	营业成本(万元)	84745.33	179547.24	63157.61	93340.76
	投资收益(万元)	1873.86	-	-	-
	净利润(万元)	12016.04	28944.31	12400.31	16847.69
	利润总额(万元)	13619.84	34544.27	14807.68	19801.42

天津九安医疗电子股份有限公司

公司概况	公司名称	天津九安医疗电子股份有限公司		证券简称	九安医疗
	法人代表	刘毅	董秘 马雅杰	证券代码	002432
	公司网址	www.jiuan.com		电子信箱	ir@jiuan.com
	电　话	022-60526161 8065 8220		传　真	022-60526162
	办公地址	天津市南开区南开工业园雅安道金平路3号			
	经营范围	开发、生产、销售电子产品、医疗器械及相关的技术咨询服务等			

主要财务指标	指标\报告期	2012.06.30	2011.12.31	2011.06.30	2010.12.31
	基本每股收益(元)	0.0300	0.0800	0.0400	0.1100
	基本每股收益(扣除后)(元)	0.0300	0.0800	0.0400	0.1000
	每股净资产(元)	3.0600	3.1300	3.0900	6.2900
	每股经营现金净流量(元)	0.0386	-0.1280	-0.0486	-0.2101
	每股现金流量(元)	-0.0448	-0.4259	-0.2256	4.2468
	每股资本公积金(元)	1.7085	1.7085	1.7085	4.4170
	每股盈余公积金(元)	0.0549	0.0549	0.0486	0.0970
	每股未分配利润(元)	0.3015	0.3655	0.3327	0.7761
	净资产收益率(%)	0.8800	2.6830	1.4300	3.0407
	加权净资产收益率(%)	0.9100	2.6300	1.4200	4.9500
	净资产收益率(扣除)(%)	-	-	-	-
	总资产(万元)	82625.67	83649.31	82173.06	82223.13
	归属母公司股东权益(万元)	76010.70	77555.06	76620.40	77995.74
	主营业务收入(万元)	16666.26	35413.17	15901.61	29870.16
	营业收入(万元)	16666.26	35413.17	15901.61	29870.16
	主营成本(万元)	9913.48	23593.54	10462.28	19693.02
	营业成本(万元)	9913.48	23593.54	10462.28	19693.02
	投资收益(万元)	-	-	-	-
	净利润(万元)	668.63	2080.67	1110.89	2371.61
	利润总额(万元)	802.40	2437.46	1326.36	2738.44

广东太安堂药业股份有限公司

公司概况	公司名称	广东太安堂药业股份有限公司		证券简称	太安堂
	法人代表	柯少彬	董秘 陈小卫	证券代码	002433
	公司网址	www.pibao.cn		电子信箱	t-a-t@163.com
	电　话	0754-88116066 188 821		传　真	0754-88105160
	办公地址	广东省汕头市金园工业区11R2-2片区第1、2座			
	经营范围	中成药的研发、生产和销售			

主要财务指标	指标\报告期	2012.06.30	2011.12.31	2011.06.30	2010.12.31
	基本每股收益(元)	0.2800	0.7400	0.2100	0.6500
	基本每股收益(扣除后)(元)	0.2800	0.7200	0.1900	0.6100
	每股净资产(元)	10.2400	9.9600	9.9300	9.7200
	每股经营现金净流量(元)	0.4896	-1.1189	-1.1172	-0.3644
	每股现金流量(元)	-0.9850	-2.0928	-1.8440	3.9634
	每股资本公积金(元)	6.9492	6.9492	6.9492	6.9492
	每股盈余公积金(元)	0.2288	0.2288	0.1354	0.1354
	每股未分配利润(元)	2.0653	1.7832	1.8439	1.6350
	净资产收益率(%)	2.7900	7.4440	2.1300	5.8080
	加权净资产收益率(%)	2.7900	7.3500	2.1300	9.4600
	净资产收益率(扣除)(%)	-	-	-	-
	总资产(万元)	140977.61	139391.02	103720.02	99277.81
	归属母公司股东权益(万元)	102432.79	99611.87	99285.21	97196.60
	主营业务收入(万元)	20418.07	41706.47	15629.13	31376.48
	营业收入(万元)	20445.14	41736.74	15629.13	31403.55
	主营成本(万元)	11531.39	24028.26	9143.93	18929.69
	营业成本(万元)	11531.39	24031.46	9143.93	18929.69
	投资收益(万元)	0.56	-	-	-
	净利润(万元)	2700.25	7415.26	2088.61	5644.90
	利润总额(万元)	3289.78	8754.43	2721.84	6700.11

浙江万里扬变速器股份有限公司

公司概况	公司名称	浙江万里扬变速器股份有限公司		证券简称	万里扬
	法人代表	黄河清	董秘 胡春荣	证券代码	002434
	公司网址	www.zjwly.com		电子信箱	hcr@zjwly.com
	电　话	0579-82216776		传　真	0579-82216776
	办公地址	浙江省金华市宾虹西路3999号			
	经营范围	研制、生产、销售汽车变速器及其它汽车零部件			

主要财务指标	指标\报告期	2012.06.30	2011.12.31	2011.06.30	2010.12.31
	基本每股收益(元)	0.1500	0.3300	0.1900	0.5100
	基本每股收益(扣除后)(元)	0.1500	0.2800	0.1600	0.3700
	每股净资产(元)	5.5300	5.4800	10.6800	10.5000
	每股经营现金净流量(元)	0.0421	-0.0910	-0.2141	-0.1771
	每股现金流量(元)	-0.1760	-0.7468	-0.8838	5.9730
	每股资本公积金(元)	3.1710	3.1710	7.3420	7.3420
	每股盈余公积金(元)	0.1500	0.1500	0.2339	0.2339
	每股未分配利润(元)	1.2082	1.1548	2.1002	1.9207
	净资产收益率(%)	2.7800	5.9799	3.5500	8.4206
	加权净资产收益率(%)	2.7700	6.1200	3.5700	13.6300
	净资产收益率(扣除)(%)	-	-	-	-
	总资产(万元)	274954.76	267728.35	207881.38	211801.46
	归属母公司股东权益(万元)	187993.70	186175.81	181493.86	178442.70
	主营业务收入(万元)	86666.52	110727.49	42455.40	82327.44
	营业收入(万元)	87442.93	112233.58	42663.28	82713.97
	主营成本(万元)	68916.23	85303.16	32332.87	60770.44
	营业成本(万元)	69532.48	86780.08	32334.83	60819.40
	投资收益(万元)	-	679.82	679.82	4722.36
	净利润(万元)	5443.56	11634.84	6451.16	14960.39
	利润总额(万元)	6211.93	13372.95	7396.92	17297.65

长江润发机械股份有限公司

公司概况	公司名称	长江润发机械股份有限公司			证券简称	长江润发
	法人代表	郁霞秋	董秘	卢斌	证券代码	002435
	公司网址	www.cjrfjx.com			电子信箱	lubin@cjrfjx.com
	电　话	0512-56926898 56926897			传　真	0512-56926898
	办公地址	江苏省张家港市金港镇镇山东路				
	经营范围	主要从事电梯导轨系统部件的研发、生产、销售及服务				

	指标\报告期	2012.06.30	2011.12.31	2011.06.30	2010.12.31
主要财务指标	基本每股收益(元)	0.1500	0.3500	0.1700	0.3600
	基本每股收益(扣除后)(元)	0.1400	0.3400	0.1600	0.3400
	每股净资产(元)	5.8100	5.7700	5.5900	5.5200
	每股经营现金净流量(元)	-0.0531	-0.6817	-0.4352	0.8740
	每股现金流量(元)	-0.1976	-1.4802	-0.5782	3.4187
	每股资本公积金(元)	3.7279	3.7279	3.7279	3.7279
	每股盈余公积金(元)	0.1144	0.1144	0.0908	0.0908
	每股未分配利润(元)	0.9708	0.9247	0.7693	0.6995
	净资产收益率(%)	2.5100	6.0480	3.0400	5.7268
	加权净资产收益率(%)	2.5100	6.1900	3.0400	8.6500
	净资产收益率(扣除)(%)	-	-	-	-
	总资产(万元)	119881.71	109827.61	108292.44	105443.79
	归属母公司股东权益(万元)	76731.83	76123.51	73761.42	72839.50
	主营业务收入(万元)	53428.91	111756.23	51242.93	83294.38
	营业收入(万元)	53454.93	111974.60	51410.44	83949.41
	主营成本(万元)	48078.53	100511.77	45892.38	73298.73
	营业成本(万元)	48102.46	100706.28	46049.12	73644.43
	投资收益(万元)	-	-	-	-
	净利润(万元)	1928.33	4604.00	2241.92	4171.37
	利润总额(万元)	2380.75	5594.66	2751.28	5005.23

深圳市兴森快捷电路科技股份有限公司

公司概况	公司名称	深圳市兴森快捷电路科技股份有限公司			证券简称	兴森科技
	法人代表	邱醒亚	董秘	陈岚	证券代码	002436
	公司网址	www.chinafastprint.com			电子信箱	stock@chinafastprint.com
	电　话	0755-26074462 020-32213203			传　真	0755-26051189
	办公地址	广东省深圳市南山区深南路科技园工业厂房25栋1段3层				
	经营范围	印制电路样板、小批量板的生产与销售等				

	指标\报告期	2012.06.30	2011.12.31	2011.06.30	2010.12.31
主要财务指标	基本每股收益(元)	0.3300	0.5800	0.3200	0.6700
	基本每股收益(扣除后)(元)	0.3200	0.5700	0.3200	0.6600
	每股净资产(元)	6.7300	6.6800	6.4000	12.5700
	每股经营现金净流量(元)	0.3267	0.7116	0.3668	1.1480
	每股现金流量(元)	-0.8806	-0.7830	-0.5712	5.4161
	每股资本公积金(元)	3.9621	3.9450	3.9336	8.8672
	每股盈余公积金(元)	0.1915	0.1791	0.1668	0.3055
	每股未分配利润(元)	1.5712	1.5518	1.2947	2.3875
	净资产收益率(%)	4.9400	8.7520	4.9700	9.2637
	加权净资产收益率(%)	4.9400	9.0900	4.9700	15.2900
	净资产收益率(扣除)(%)	-	-	-	-
	总资产(万元)	169730.15	169278.70	163753.48	160823.72
	归属母公司股东权益(万元)	150278.91	149189.48	142912.87	140407.15
	主营业务收入(万元)	47754.92	94471.56	45593.13	79216.61
	营业收入(万元)	49980.10	95789.07	46685.75	80388.67
	主营成本(万元)	28753.82	58480.00	27292.52	48232.30
	营业成本(万元)	29489.60	58598.29	27987.56	49711.71
	投资收益(万元)	-	-	-	-
	净利润(万元)	7402.95	13056.80	7039.08	13006.89
	利润总额(万元)	8573.72	14997.67	8502.33	15412.61

哈尔滨誉衡药业股份有限公司

公司概况	公司名称	哈尔滨誉衡药业股份有限公司			证券简称	誉衡药业
	法人代表	朱吉满	董秘	于天巡	证券代码	002437
	公司网址	www.gloria.cc			电子信箱	yutianxun@gloria.cc
	电　话	010-68002437			传　真	010-68002438-607
	办公地址	北京市顺义区空港开发区B区裕华路融慧园28号				
	经营范围	药品生产和药品代理销售业务等				

	指标\报告期	2012.06.30	2011.12.31	2011.06.30	2010.12.31
主要财务指标	基本每股收益(元)	0.2800	0.4200	0.2300	0.6300
	基本每股收益(扣除后)(元)	0.2400	0.3600	0.2300	0.6600
	每股净资产(元)	8.0200	7.7400	7.5500	15.1500
	每股经营现金净流量(元)	0.3844	0.4593	0.1557	0.8042
	每股现金流量(元)	-0.6138	-0.3100	-0.3141	10.3597
	每股资本公积金(元)	5.3870	5.3870	5.3852	11.7705
	每股盈余公积金(元)	0.1870	0.1870	0.1276	0.2552
	每股未分配利润(元)	1.4472	1.1692	1.0394	2.1225
	净资产收益率(%)	3.4700	5.3900	3.0200	7.2950
	加权净资产收益率(%)	3.5300	5.4900	3.0200	12.8500
	净资产收益率(扣除)(%)	-	-	-	-
	总资产(万元)	243016.15	231225.36	217254.79	219447.00
	归属母公司股东权益(万元)	224594.41	216809.07	211462.64	212074.25
	主营业务收入(万元)	33310.31	54622.23	25496.68	57531.78
	营业收入(万元)	33312.43	54636.45	25496.68	57544.84
	主营成本(万元)	13097.57	28063.74	12478.61	26913.14
	营业成本(万元)	13097.68	28064.26	12478.61	26923.25
	投资收益(万元)	88.48	-111.28	-92.97	-143.10
	净利润(万元)	7728.94	11650.55	6388.40	15471.30
	利润总额(万元)	9435.71	13650.56	7624.31	18306.13

江苏神通阀门股份有限公司

公司概况	公司名称	江苏神通阀门股份有限公司			证券简称	江苏神通
	法人代表	吴建新	董秘	章其强	证券代码	002438
	公司网址	www.stfm.cn			电子信箱	zhangqq@stfm.cn
	电　话	0513-83335899 83333645			传　真	0513-83335998
	办公地址	江苏省南通市启东市南阳镇				
	经营范围	生产销售阀门及冶金、电力、化工机械、比例伺服阀				

	指标\报告期	2012.06.30	2011.12.31	2011.06.30	2010.12.31
主要财务指标	基本每股收益(元)	0.1400	0.1100	0.1100	0.4800
	基本每股收益(扣除后)(元)	0.1300	0.1000	0.1000	0.4500
	每股净资产(元)	3.8600	3.7700	7.2800	7.1500
	每股经营现金净流量(元)	-0.3021	0.3257	-0.2246	-0.3286
	每股现金流量(元)	-0.5177	-0.7974	-0.7505	4.1854
	每股资本公积金(元)	1.9580	4.9160	4.9160	4.9160
	每股盈余公积金(元)	0.0936	0.1872	0.1385	0.1385
	每股未分配利润(元)	0.8106	1.4375	1.2267	1.0971
	净资产收益率(%)	3.7000	6.4860	3.1600	5.9300
	加权净资产收益率(%)	3.7000	6.6600	3.1600	9.7000
	净资产收益率(扣除)(%)	-	-	-	-
	总资产(万元)	108579.83	109599.30	95920.87	91009.28
	归属母公司股东权益(万元)	80333.46	78422.81	75724.60	74376.14
	主营业务收入(万元)	19819.03	36625.33	15692.09	28977.76
	营业收入(万元)	20623.82	37771.55	16119.75	30170.55
	主营成本(万元)	12066.61	22467.68	9547.23	17013.80
	营业成本(万元)	12494.83	22971.79	9667.50	17434.56
	投资收益(万元)	-	-	-	-
	净利润(万元)	2950.65	5086.67	2388.45	4410.27
	利润总额(万元)	3432.68	6026.14	2758.01	5321.33

北京启明星辰信息技术股份有限公司

公司概况	公司名称	北京启明星辰信息技术股份有限公司			证券简称	启明星辰
	法人代表	王佳	董秘	潘重予	证券代码	002439
	公司网址	www.venustech.com.cn		电子信箱	ir_contacts@venustech.com.cn	
	电话	010-82779006		传真	010-82779010	
	办公地址	北京市海淀区东北旺西路8号中关村软件园21号楼启明星辰大厦				
	经营范围	货物进出口、技术进出口、代理进出口、技术开发、技术转让、技术咨询等				

主要财务指标	指标\报告期	2012.06.30	2011.12.31	2011.06.30	2010.12.31
	基本每股收益(元)	-0.1400	0.3100	-0.1200	0.3500
	基本每股收益(扣除后)(元)	-0.1400	0.2800	-0.1300	0.2500
	每股净资产(元)	5.0200	5.2600	9.6700	10.0500
	每股经营现金净流量(元)	-0.4373	0.2253	-0.9445	0.5491
	每股现金流量(元)	-0.7542	-0.6414	-2.1863	5.7851
	每股资本公积金(元)	2.6841	2.6841	6.3682	6.5039
	每股盈余公积金(元)	0.1021	0.1021	0.1872	0.1872
	每股未分配利润(元)	1.2380	1.4784	2.1182	2.3560
	净资产收益率(%)	-2.7900	5.8670	-2.4600	6.0420
	加权净资产收益率(%)	-2.7200	6.0000	-2.4000	9.0300
	净资产收益率(扣除)(%)	-	-	-	-
	总资产(万元)	114417.43	123590.28	107398.75	118296.83
	归属母公司股东权益(万元)	99236.94	103984.83	95535.10	99224.08
	主营业务收入(万元)	15052.09	40843.70	10618.64	35387.03
	营业收入(万元)	15940.18	42638.37	11446.12	36691.99
	主营成本(万元)	6561.61	13950.73	3453.04	12566.70
	营业成本(万元)	6881.32	14469.68	3668.65	12918.93
	投资收益(万元)	-179.90	96.49	-100.82	5.55
	净利润(万元)	-2792.20	6029.75	-2420.13	6177.76
	利润总额(万元)	-3541.82	7137.59	-2774.48	6320.70

浙江闰土股份有限公司

公司概况	公司名称	浙江闰土股份有限公司			证券简称	闰土股份
	法人代表	阮加根	董秘	姜全州	证券代码	002440
	公司网址	www.runtuchem.com		电子信箱	runtu@runtuchem.com	
	电话	0575-82519278 81289819		传真	0575-82045165	
	办公地址	浙江省上虞市市民大道1009号财富广场1号楼闰土大厦				
	经营范围	主要从事纺织染料、印染助剂和化工原料的研发、生产和销售				

主要财务指标	指标\报告期	2012.06.30	2011.12.31	2011.06.30	2010.12.31
	基本每股收益(元)	0.3700	1.2200	0.7400	1.1600
	基本每股收益(扣除后)(元)	0.3600	1.1700	0.7300	1.1500
	每股净资产(元)	10.5700	10.2100	9.5600	12.1800
	每股经营现金净流量(元)	0.5191	0.2795	0.4441	-0.3403
	每股现金流量(元)	-0.1252	-0.5438	0.4962	5.2355
	每股资本公积金(元)	5.1989	5.1989	5.1988	7.0585
	每股盈余公积金(元)	0.2833	0.2833	0.2070	0.2692
	每股未分配利润(元)	4.0887	3.7279	3.1529	3.8545
	净资产收益率(%)	3.4600	11.9820	5.9900	10.8570
	加权净资产收益率(%)	3.5200	12.5400	5.9700	16.8100
	净资产收益率(扣除)(%)	-	-	-	-
	总资产(万元)	523119.37	508822.16	464883.00	400452.86
	归属母公司股东权益(万元)	405525.42	391685.76	366652.75	359434.41
	主营业务收入(万元)	181389.99	305302.47	142303.46	231222.38
	营业收入(万元)	182050.84	306628.01	143167.02	231769.03
	主营成本(万元)	137584.01	213552.76	101479.90	163613.87
	营业成本(万元)	137978.83	214273.56	102100.72	163884.11
	投资收益(万元)	344.16	992.64	809.91	12.84
	净利润(万元)	15422.52	48323.58	22490.98	40761.53
	利润总额(万元)	20047.14	57480.45	26691.69	45366.11

众业达电气股份有限公司

公司概况	公司名称	众业达电气股份有限公司			证券简称	众业达
	法人代表	吴开贤	董秘	王小普	证券代码	002441
	公司网址	www.zyd.cn		电子信箱	stock@zyd.cn	
	电话	0754-88738831		传真	0754-88695366	
	办公地址	广东省汕头市衡山路62号				
	经营范围	电器机械及器材、电子产品、电话通讯设备、仪器仪表、金属加工机械等				

主要财务指标	指标\报告期	2012.06.30	2011.12.31	2011.06.30	2010.12.31
	基本每股收益(元)	0.4700	0.7900	0.4500	0.7200
	基本每股收益(扣除后)(元)	0.4700	0.7600	0.4100	0.7200
	每股净资产(元)	8.0700	7.8400	7.5000	14.6000
	每股经营现金净流量(元)	0.3888	-1.9711	-1.6037	-3.6676
	每股现金流量(元)	-0.3291	-1.6123	-1.7925	5.1011
	每股资本公积金(元)	4.9980	4.9980	4.9980	10.9961
	每股盈余公积金(元)	0.2029	0.2029	0.1438	0.2875
	每股未分配利润(元)	1.8641	1.6407	1.3542	2.3136
	净资产收益率(%)	5.8700	10.1120	5.9700	8.6590
	加权净资产收益率(%)	5.8900	10.5300	6.0100	13.6300
	净资产收益率(扣除)(%)	-	-	-	-
	总资产(万元)	279557.19	261871.72	247425.13	231773.11
	归属母公司股东权益(万元)	187109.13	181924.45	173906.51	169328.10
	主营业务收入(万元)	243374.17	514514.86	224527.85	416521.85
	营业收入(万元)	243374.17	514514.86	224527.85	416521.85
	主营成本(万元)	212204.89	-	198489.24	374542.23
	营业成本(万元)	212204.89	459654.91	198489.24	374542.23
	投资收益(万元)	-105.04	-95.84	-	-
	净利润(万元)	10975.00	18369.08	10367.44	14650.95
	利润总额(万元)	14035.43	24370.49	13165.19	18974.40

龙星化工股份有限公司

公司概况	公司名称	龙星化工股份有限公司			证券简称	龙星化工
	法人代表	刘江山	董秘	江浩	证券代码	002442
	公司网址	www.hb-lx.com.cn		电子信箱	longxing@hb-lx.com.cn	
	电话	0319-8869535		传真	0319-8869260	
	办公地址	河北省沙河市东环路龙星街1号				
	经营范围	炭黑的生产、销售、电力生产、服务、塑料制品、橡胶轮胎、橡塑产品的加工、销售等				

主要财务指标	指标\报告期	2012.06.30	2011.12.31	2011.06.30	2010.12.31
	基本每股收益(元)	0.0690	0.3800	0.1080	0.2500
	基本每股收益(扣除后)(元)	0.0600	0.3300	0.1050	0.2200
	每股净资产(元)	2.3150	3.5670	3.3470	5.3000
	每股经营现金净流量(元)	-0.0064	0.1546	-0.2949	-0.0997
	每股现金流量(元)	-0.1991	-0.1320	0.5609	1.7902
	每股资本公积金(元)	0.8630	1.7945	1.7945	3.4712
	每股盈余公积金(元)	0.0576	0.0864	0.0537	0.0860
	每股未分配利润(元)	0.3931	0.6860	0.4987	0.7387
	净资产收益率(%)	2.9800	10.7090	4.8400	6.8460
	加权净资产收益率(%)	2.9200	11.1800	4.8400	9.9500
	净资产收益率(扣除)(%)	-	-	-	-
	总资产(万元)	249475.57	220604.87	224499.55	172503.08
	归属母公司股东权益(万元)	111111.19	114139.52	107101.16	105916.55
	主营业务收入(万元)	92328.80	204257.15	95571.31	133343.08
	营业收入(万元)	92373.57	204329.17	95618.45	133359.43
	主营成本(万元)	76876.54	165168.80	78669.05	107928.33
	营业成本(万元)	76881.55	165248.43	78676.94	107951.81
	投资收益(万元)	-	-	-	-
	净利润(万元)	3346.16	12376.24	5184.61	7250.97
	利润总额(万元)	3921.36	14754.90	6223.22	8495.12

浙江金洲管道科技股份有限公司

公司概况	公司名称	浙江金洲管道科技股份有限公司			证券简称	金洲管道
	法人代表	沈淦荣	董秘	吴巍平	证券代码	002443
	公司网址	www.chinakingland.com		电子信箱	info@chinakingland.com	
	电　话	0572-2061996		传　真	0572-2065280	
	办公地址	浙江省湖州市二里桥路57号				
	经营范围	管道制造、销售、管线工程、城市管网建设、安装、金属材料、建筑材料、装潢材料的销售等				

主要财务指标	指标\报告期	2012.06.30	2011.12.31	2011.06.30	2010.12.31
	基本每股收益(元)	0.1700	0.3600	0.1000	0.4800
	基本每股收益(扣除后)(元)	0.1600	0.3100	0.0700	0.4600
	每股净资产(元)	4.3700	7.3000	7.1000	9.1200
	每股经营现金净流量(元)	-0.4131	-0.0849	-0.3055	-0.2228
	每股现金流量(元)	-0.6718	-0.4654	-0.2759	4.0063
	每股资本公积金(元)	1.7563	3.6857	3.6804	5.0846
	每股盈余公积金(元)	0.1504	0.2557	0.2397	0.3117
	每股未分配利润(元)	1.4642	2.3573	2.1834	2.7207
	净资产收益率(%)	3.7900	4.8960	2.2900	6.0030
	加权净资产收益率(%)	3.7900	5.0000	2.3600	8.8600
	净资产收益率(扣除)(%)	-	-	-	-
	总资产(万元)	232906.50	206599.32	232026.41	187512.05
	归属母公司股东权益(万元)	128955.89	126668.03	123282.16	121710.14
	主营业务收入(万元)	147800.07	299563.05	125263.93	240162.34
	营业收入(万元)	154316.13	316237.21	131050.74	255549.45
	主营成本(万元)	135490.72	278924.33	118351.85	219296.76
	营业成本(万元)	142232.89	295089.22	123333.86	234194.55
	投资收益(万元)	291.29	-1621.28	-649.77	-873.97
	净利润(万元)	4846.71	6229.09	2944.35	7420.27
	利润总额(万元)	5702.54	7731.26	3600.11	8894.80

杭州巨星科技股份有限公司

公司概况	公司名称	杭州巨星科技股份有限公司			证券简称	巨星科技
	法人代表	仇建平	董秘	何天乐	证券代码	002444
	公司网址	www.greatstartools.com		电子信箱	zq@greatstartools.com	
	电　话	0571-81601076		传　真	0571-81601088	
	办公地址	浙江省杭州市江干区九环路35号				
	经营范围	生产、销售手工具和电动工具等				

主要财务指标	指标\报告期	2012.06.30	2011.12.31	2011.06.30	2010.12.31
	基本每股收益(元)	0.2200	0.5400	0.2900	0.6200
	基本每股收益(扣除后)(元)	0.2200	0.5000	0.2700	0.6000
	每股净资产(元)	5.4100	5.1900	4.9300	10.2900
	每股经营现金净流量(元)	0.3123	0.0877	0.0594	0.5908
	每股现金流量(元)	0.1386	-0.9758	-0.4996	6.8757
	每股资本公积金(元)	2.8610	2.8602	2.8602	6.7204
	每股盈余公积金(元)	0.1795	0.1795	0.1243	0.2485
	每股未分配利润(元)	1.3676	1.1477	0.9513	2.3214
	净资产收益率(%)	4.1500	10.4546	5.6700	10.2742
	加权净资产收益率(%)	4.1500	10.6700	5.6700	18.5600
	净资产收益率(扣除)(%)	-	-	-	-
	总资产(万元)	331839.67	321346.21	283853.19	291149.50
	归属母公司股东权益(万元)	274141.27	262959.70	250156.42	260840.01
	主营业务收入(万元)	93546.01	215966.07	96259.85	188056.91
	营业收入(万元)	93662.23	216031.66	96462.28	188248.25
	主营成本(万元)	69933.46	158668.41	69618.74	131974.32
	营业成本(万元)	70283.50	158685.00	69618.74	131974.32
	投资收益(万元)	1428.32	2341.99	776.03	0.11
	净利润(万元)	11195.37	27714.45	14779.31	27438.20
	利润总额(万元)	14922.40	37167.84	19687.94	36226.69

江阴中南重工股份有限公司

公司概况	公司名称	江阴中南重工股份有限公司			证券简称	中南重工
	法人代表	陈少忠	董秘	高立新	证券代码	002445
	公司网址	www.znhi.com.cn		电子信箱	glx@znhi.com.cn	
	电　话	0510-86996882		传　真	0510-86993300	
	办公地址	江苏省江阴市高新技术开发园金山路				
	经营范围	生产管道配件、钢管、机械配件、伸缩接头、预制、直埋保温管等				

主要财务指标	指标\报告期	2012.06.30	2011.12.31	2011.06.30	2010.12.31
	基本每股收益(元)	0.1900	0.2800	0.1700	0.2300
	基本每股收益(扣除后)(元)	0.1900	0.2800	0.1700	0.2300
	每股净资产(元)	3.7200	7.2100	7.2100	4.0400
	每股经营现金净流量(元)	0.1434	-0.3091	-0.1552	0.0582
	每股现金流量(元)	0.3091	-0.1613	-0.7948	3.1861
	每股资本公积金(元)	1.7225	1.7225	4.5810	4.5810
	每股盈余公积金(元)	0.0927	0.0927	0.1454	0.1454
	每股未分配利润(元)	0.9018	0.8092	1.4878	1.3363
	净资产收益率(%)	5.1800	7.6340	4.8700	5.6430
	加权净资产收益率(%)	5.2700	7.8600	4.8800	9.4300
	净资产收益率(扣除)(%)	-	-	-	-
	总资产(万元)	206233.76	183374.19	134102.66	112873.73
	归属母公司股东权益(万元)	93720.69	91387.45	88735.01	86871.43
	主营业务收入(万元)	36923.26	61913.51	27755.85	40114.51
	营业收入(万元)	36923.26	61974.33	27755.85	40114.51
	主营成本(万元)	26364.99	44654.48	19222.43	28356.38
	营业成本(万元)	26364.99	44654.48	19222.43	28356.38
	投资收益(万元)	-	-	-	-
	净利润(万元)	5031.62	7142.52	4448.74	4956.30
	利润总额(万元)	5725.28	8453.26	5209.02	5849.85

广东盛路通信科技股份有限公司

公司概况	公司名称	广东盛路通信科技股份有限公司			证券简称	盛路通信
	法人代表	杨华	董秘	陈嘉	证券代码	002446
	公司网址	www.shenglu.com		电子信箱	stock@shenglu.com	
	电　话	0757-87744984		传　真	0757-87744984	
	办公地址	广东省佛山市三水区西南民营工业园进业二路4号				
	经营范围	生产、销售通讯器材、机电产品、电子电路产品配件、通讯工程网络服务				

主要财务指标	指标\报告期	2012.06.30	2011.12.31	2011.06.30	2010.12.31
	基本每股收益(元)	0.0200	0.0911	0.0900	0.3895
	基本每股收益(扣除后)(元)	0.0200	0.0800	0.0900	0.3600
	每股净资产(元)	4.9000	4.8700	4.8800	6.4200
	每股经营现金净流量(元)	-0.1022	-0.3994	-0.2975	-0.3895
	每股现金流量(元)	-0.3575	-0.7427	-0.5127	3.4769
	每股资本公积金(元)	2.9498	2.9498	2.9498	3.9848
	每股盈余公积金(元)	0.1676	0.1676	0.1590	0.2068
	每股未分配利润(元)	0.7787	0.7556	0.7666	1.2250
	净资产收益率(%)	0.4700	1.8690	1.9200	6.7210
	加权净资产收益率(%)	0.4700	1.8600	1.8800	11.5700
	净资产收益率(扣除)(%)	-	-	-	-
	总资产(万元)	83968.16	83407.72	86101.21	84065.25
	归属母公司股东权益(万元)	65018.88	64712.89	64745.36	65546.60
	主营业务收入(万元)	14754.44	38809.48	19779.60	40768.28
	营业收入(万元)	14770.21	38943.72	19835.19	40872.41
	主营成本(万元)	11368.55	29844.62	15126.65	29741.74
	营业成本(万元)	11378.74	29894.96	15137.28	29748.86
	投资收益(万元)	-	-	-	-
	净利润(万元)	253.95	1110.02	1214.18	4405.03
	利润总额(万元)	397.49	1655.79	1619.09	5086.12

大连壹桥海洋苗业股份有限公司

公司概况	公司名称	大连壹桥海洋苗业股份有限公司			证券简称	壹桥苗业
	法人代表	刘德群	董秘	林春霖	证券代码	002447
	公司网址	www.dlyiqiao.com		电子信箱	dlyiqiao@126.com	
	电　话	0411-85269999		传　真	0411-85269444	
	办公地址	辽宁省大连市瓦房店市炮台镇鲍鱼岛村				
	经营范围	鱼、虾、蟹、海参、贝类、藻类育苗、养殖、销售、海产品冷藏、销售				

主要财务指标	指标\报告期	2012.06.30	2011.12.31	2011.06.30	2010.12.31
	基本每股收益(元)	0.5400	0.7500	0.4200	0.5400
	基本每股收益(扣除后)(元)	0.5400	0.6100	0.4000	0.3800
	每股净资产(元)	6.4100	5.9200	11.0600	10.6500
	每股经营现金净流量(元)	0.1531	-0.7970	-0.8215	1.4673
	每股现金流量(元)	-0.0970	-1.4257	-0.0525	2.6067
	每股资本公积金(元)	3.2434	3.2434	7.4868	7.4868
	每股盈余公积金(元)	0.1828	0.1828	0.2122	0.2160
	每股未分配利润(元)	1.9884	1.4956	2.3577	1.9436
	净资产收益率(%)	8.4600	12.6420	7.5400	8.4700
	加权净资产收益率(%)	8.7800	13.3400	7.6600	14.9900
	净资产收益率(扣除)(%)	-	-	-	-
	总资产(万元)	151606.71	134023.23	120778.66	85326.89
	归属母公司股东权益(万元)	85955.96	79352.15	74079.39	71330.63
	主营业务收入(万元)	15096.75	20835.68	12520.95	19554.83
	营业收入(万元)	15096.75	20835.68	12520.95	19561.33
	主营成本(万元)	4709.99	7472.73	4656.70	10247.51
	营业成本(万元)	4709.99	7472.73	4627.66	10248.12
	投资收益(万元)	-	-	-	-
	净利润(万元)	7273.81	10031.53	5652.24	6133.65
	利润总额(万元)	8245.29	11562.70	6556.64	7027.37

河南省中原内配股份有限公司

公司概况	公司名称	河南省中原内配股份有限公司			证券简称	中原内配
	法人代表	薛德龙	董秘	汪庆领	证券代码	002448
	公司网址	www.hnzynp.com		电子信箱	zhengquan@hnzynp.com	
	电　话	0391-8298666		传　真	0391-8298999	
	办公地址	河南省焦作市孟州市韩愈大街146号				
	经营范围	内燃机气缸套的生产和销售				

主要财务指标	指标\报告期	2012.06.30	2011.12.31	2011.06.30	2010.12.31
	基本每股收益(元)	0.8610	1.3610	0.7350	1.3210
	基本每股收益(扣除后)(元)	0.8450	1.3130	0.7170	1.2470
	每股净资产(元)	11.3300	10.7690	10.1500	9.6100
	每股经营现金净流量(元)	0.7352	0.7304	0.5709	0.2845
	每股现金流量(元)	0.0471	-2.0272	-1.7403	2.8590
	每股资本公积金(元)	5.6273	5.6273	5.6298	5.6298
	每股盈余公积金(元)	0.4694	0.4694	0.3570	0.3570
	每股未分配利润(元)	4.2337	3.6724	3.1587	2.6234
	净资产收益率(%)	0.0760	12.6410	0.0683	11.7080
	加权净资产收益率(%)	7.6900	13.3800	7.3900	18.7700
	净资产收益率(扣除)(%)	-	-	-	-
	总资产(万元)	145198.69	142714.83	127075.02	123911.61
	归属母公司股东权益(万元)	104818.38	99625.11	93855.79	88904.14
	主营业务收入(万元)	53941.14	96749.79	49042.79	81596.25
	营业收入(万元)	54696.94	97579.25	49608.48	82223.66
	主营成本(万元)	38198.39	68376.13	33977.78	54982.75
	营业成本(万元)	38709.25	69022.74	34456.72	55423.69
	投资收益(万元)	745.51	945.09	573.80	631.28
	净利润(万元)	7968.46	12593.65	6801.96	10399.33
	利润总额(万元)	9433.71	14939.20	8144.32	12642.60

佛山市国星光电股份有限公司

公司概况	公司名称	佛山市国星光电股份有限公司			证券简称	国星光电
	法人代表	王垚浩	董秘	党建忠	证券代码	002449
	公司网址	www.nationstar.com		电子信箱	stock@nationstar.com	
	电　话	0757-82109323 82100271		传　真	0757-82100268	
	办公地址	广东省佛山市禅城区华宝南路18号				
	经营范围	LED器件及其组件的研发、生产与销售				

主要财务指标	指标\报告期	2012.06.30	2011.12.31	2011.06.30	2010.12.31
	基本每股收益(元)	0.0980	0.5605	0.1350	0.8057
	基本每股收益(扣除后)(元)	0.0770	0.4975	0.1280	0.8075
	每股净资产(元)	4.8900	9.8400	9.5500	9.5300
	每股经营现金净流量(元)	0.0741	0.7130	-0.2914	0.4243
	每股现金流量(元)	0.4274	-0.0066	-0.0131	5.7240
	每股资本公积金(元)	2.9189	6.8378	6.8378	6.8378
	每股盈余公积金(元)	0.1195	0.2390	0.1857	0.1857
	每股未分配利润(元)	0.8551	1.7644	1.5273	1.5073
	净资产收益率(%)	2.0000	5.6950	2.7400	7.1920
	加权净资产收益率(%)	1.9900	5.8100	2.8300	13.2400
	净资产收益率(扣除)(%)	-	-	-	-
	总资产(万元)	318241.43	268746.04	258893.21	230489.88
	归属母公司股东权益(万元)	210420.68	211587.05	205342.88	204911.27
	主营业务收入(万元)	44383.76	107145.25	54494.09	87442.26
	营业收入(万元)	44588.52	107563.89	54611.05	87746.55
	主营成本(万元)	33975.01	82821.76	42070.75	60578.32
	营业成本(万元)	34173.54	83163.20	42168.99	60782.73
	投资收益(万元)	-2.60	55.27	55.27	-56.41
	净利润(万元)	4276.06	12503.40	5987.59	14930.17
	利润总额(万元)	5100.65	14787.29	7901.47	17548.94

北京康得新复合材料股份有限公司

公司概况	公司名称	北京康得新复合材料股份有限公司			证券简称	康得新
	法人代表	钟玉	董秘	钟凯(代)	证券代码	002450
	公司网址	www.kangdexin.com		电子信箱	kdx@kdxfilm.com	
	电　话	010-89710777		传　真	010-80107261-6218	
	办公地址	北京市昌平区昌平科技园区振兴路26号				
	经营范围	预涂膜和预涂膜覆膜机的研发、生产和销售				

主要财务指标	指标\报告期	2012.06.30	2011.12.31	2011.06.30	2010.12.31
	基本每股收益(元)	0.3371	0.4046	0.1144	0.2539
	基本每股收益(扣除后)(元)	0.3370	0.3967	0.1135	0.2406
	每股净资产(元)	4.5117	3.1789	2.9100	5.5073
	每股经营现金净流量(元)	0.1227	0.4976	0.2329	0.6751
	每股现金流量(元)	2.5190	0.0609	0.3654	3.1137
	每股资本公积金(元)	2.7923	1.3168	1.2747	3.5494
	每股盈余公积金(元)	0.0815	0.0951	0.0695	0.0977
	每股未分配利润(元)	0.6374	0.7660	0.5701	0.8602
	净资产收益率(%)	6.4400	12.7280	5.7600	7.8760
	加权净资产收益率(%)	15.7600	13.7400	6.4400	13.0800
	净资产收益率(扣除)(%)	-	-	-	-
	总资产(万元)	389839.88	189916.29	153565.70	114513.42
	归属母公司股东权益(万元)	279551.44	102741.66	94189.47	88998.07
	主营业务收入(万元)	95187.90	151214.20	64242.92	51715.92
	营业收入(万元)	96164.28	152602.12	64739.58	52420.11
	主营成本(万元)	65051.30	122911.60	53022.51	38673.54
	营业成本(万元)	65340.17	122996.73	53022.51	38693.43
	投资收益(万元)	-	-	-	-
	净利润(万元)	17963.62	13057.88	5917.90	7009.25
	利润总额(万元)	21309.48	16730.16	7321.83	8276.65

上海摩恩电气股份有限公司

公司概况						
公司名称	上海摩恩电气股份有限公司			证券简称	摩恩电气	
法人代表	问泽鸿	董秘	张树祥	证券代码	002451	
公司网址	www.morncable.com			电子信箱	investor@morncable.com	
电　话	021-58974262-2210			传　真	021-58979608	
办公地址	上海市浦东新区龙东大道5901号					
经营范围	电线电缆及附件的研发、制造及销售、电线电缆专业的技术开发等					

主要财务指标　指标\报告期	2012.06.30	2011.12.31	2011.06.30	2010.12.31
基本每股收益(元)	0.0300	0.0400	0.0600	0.2400
基本每股收益(扣除后)(元)	0.0300	0.0800	0.0600	0.2400
每股净资产(元)	2.8800	4.2700	4.3300	4.2400
每股经营现金净流量(元)	0.1679	-0.3699	-0.2051	-0.8127
每股现金流量(元)	0.3093	-0.5898	-0.1725	1.7025
每股资本公积金(元)	1.3034	2.4551	2.4663	2.4663
每股盈余公积金(元)	0.0513	0.0769	0.0734	0.0734
每股未分配利润(元)	0.5217	0.7390	0.7933	0.7027
净资产收益率(%)	1.0100	0.9300	2.1200	4.9160
加权净资产收益率(%)	1.0100	0.9300	2.1200	7.5500
净资产收益率(扣除)(%)	-	-	-	-
总资产(万元)	97037.80	92670.70	87154.29	79879.93
归属母公司股东权益(万元)	63164.31	62527.57	63436.59	62110.16
主营业务收入(万元)	17329.87	44527.99	17257.83	35655.79
营业收入(万元)	17332.53	44620.85	17315.73	35745.05
主营成本(万元)	13906.91	36715.48	13165.41	26224.14
营业成本(万元)	13906.91	36738.05	13214.79	26297.09
投资收益(万元)	10.41	-855.31	52.08	-122.35
净利润(万元)	636.39	581.75	1329.28	3053.18
利润总额(万元)	767.11	636.45	1535.32	3538.26

湖南长高高压开关集团股份公司

公司概况						
公司名称	湖南长高高压开关集团股份公司			证券简称	长高集团	
法人代表	马孝武	董秘	马晓	证券代码	002452	
公司网址	www.gykg.cn			电子信箱	cgjtmx@yahoo.com.cn	
电　话	0731-88585000 88585095			传　真	0731-88585006 88585000	
办公地址	湖南省长沙市望城区金星大道高科技食品工业基地					
经营范围	高压隔离开关及接地开关的生产和销售					

主要财务指标　指标\报告期	2012.06.30	2011.12.31	2011.06.30	2010.12.31
基本每股收益(元)	0.2480	0.4980	0.2250	0.5350
基本每股收益(扣除后)(元)	0.2400	0.5300	0.2210	0.5200
每股净资产(元)	7.8000	9.9700	9.7600	9.5700
每股经营现金净流量(元)	-0.4731	-0.0280	-0.1851	0.3443
每股现金流量(元)	-0.7801	-0.6492	-0.6893	5.1930
每股资本公积金(元)	4.6231	6.3100	6.3080	6.3080
每股盈余公积金(元)	0.2527	0.3286	0.2756	0.2756
每股未分配利润(元)	1.9268	2.3321	2.1797	1.9875
净资产收益率(%)	3.1821	4.9903	2.9930	4.7737
加权净资产收益率(%)	3.1900	5.1000	2.9400	7.6900
净资产收益率(扣除)(%)	-	-	-	-
总资产(万元)	128073.95	127968.40	116549.41	114787.82
归属母公司股东权益(万元)	101434.83	99707.08	97632.88	95711.06
主营业务收入(万元)	16711.33	34581.14	15140.74	30287.11
营业收入(万元)	16792.21	34948.99	15295.79	30428.15
主营成本(万元)	10314.79	22289.24	9265.20	19026.82
营业成本(万元)	10332.59	22421.85	9304.56	19109.31
投资收益(万元)	-	0.16	-	-
净利润(万元)	3059.65	4516.93	2592.86	4536.71
利润总额(万元)	3747.56	5608.36	3212.72	5404.86

苏州天马精细化学品股份有限公司

公司概况						
公司名称	苏州天马精细化学品股份有限公司			证券简称	天马精化	
法人代表	徐仁华	董秘	陆炜	证券代码	002453	
公司网址	www.tianmachem.com			电子信箱	stock@tianmachem.com	
电　话	0512-66571019 66571020			传　真	0512-66571020	
办公地址	江苏省苏州市高新区浒青路122号					
经营范围	自营和代理各类商品及技术的进出口业务等					

主要财务指标　指标\报告期	2012.06.30	2011.12.31	2011.06.30	2010.12.31
基本每股收益(元)	0.3300	0.6300	0.3200	0.5600
基本每股收益(扣除后)(元)	0.2500	0.6200	0.3200	0.4500
每股净资产(元)	5.8100	6.2500	5.9400	5.8200
每股经营现金净流量(元)	0.2843	-0.1889	-0.7619	-0.1374
每股现金流量(元)	-0.1358	-1.2185	-1.4262	1.7944
每股资本公积金(元)	3.0515	3.6186	3.6186	3.6186
每股盈余公积金(元)	0.1522	0.1522	0.1079	0.1079
每股未分配利润(元)	1.5849	1.4613	1.2170	1.0941
净资产收益率(%)	5.7500	10.0980	5.4300	8.2153
加权净资产收益率(%)	5.3900	10.4600	5.4300	16.8600
净资产收益率(扣除)(%)	-	-	-	-
总资产(万元)	121985.20	119368.66	88598.13	93068.05
归属母公司股东权益(万元)	69706.77	75048.48	71322.35	69847.36
主营业务收入(万元)	47093.07	82385.73	39052.38	64073.71
营业收入(万元)	53178.72	87386.90	40579.23	67838.65
主营成本(万元)	37888.20	66306.12	31565.92	52416.49
营业成本(万元)	42232.63	70459.93	32533.44	54966.52
投资收益(万元)	15.14	2.05	-	-
净利润(万元)	4196.23	7738.52	3882.49	5764.94
利润总额(万元)	5201.00	9154.54	4736.86	6841.90

上海加冷松芝汽车空调股份有限公司

公司概况						
公司名称	上海加冷松芝汽车空调股份有限公司			证券简称	松芝股份	
法人代表	陈福泉	董秘	刘学亮	证券代码	002454	
公司网址	www.shsongz.com.cn			电子信箱	liuxueliang@shsongz.com	
电　话	021-54424998-510			传　真	021-54429631	
办公地址	上海市莘庄工业区华宁路4999号					
经营范围	生产、研究开发各类车辆空调器及相关配件、销售自产产品					

主要财务指标　指标\报告期	2012.06.30	2011.12.31	2011.06.30	2010.12.31
基本每股收益(元)	0.3176	0.7425	0.4182	1.1159
基本每股收益(扣除后)(元)	0.2882	0.6762	0.4152	1.0773
每股净资产(元)	5.9229	5.9054	5.5811	7.2118
每股经营现金净流量(元)	0.3511	0.0765	0.3020	0.1961
每股现金流量(元)	-0.6151	-0.2248	0.1385	3.3001
每股资本公积金(元)	3.0001	3.0001	3.0001	4.2001
每股盈余公积金(元)	0.2258	0.2258	0.1511	0.1964
每股未分配利润(元)	1.6971	1.6795	1.4299	1.8152
净资产收益率(%)	5.3600	12.5727	7.4900	13.2164
加权净资产收益率(%)	5.2400	12.9700	7.2700	22.6700
净资产收益率(扣除)(%)	-	-	-	-
总资产(万元)	252438.61	263977.25	247059.70	230778.34
归属母公司股东权益(万元)	184795.14	184247.28	174130.87	173082.36
主营业务收入(万元)	69788.30	149428.51	75046.41	127600.62
营业收入(万元)	69788.30	153613.09	75046.41	130143.75
主营成本(万元)	48289.92	99355.28	50479.45	81839.52
营业成本(万元)	50523.28	102624.46	51819.80	83546.83
投资收益(万元)	817.72	1463.90	809.37	2135.52
净利润(万元)	10550.21	24860.29	13741.97	24685.83
利润总额(万元)	12625.28	29554.56	16695.25	29459.90

无锡百川化工股份有限公司

公司概况	公司名称	无锡百川化工股份有限公司			证券简称	百川股份
	法人代表	郑铁江	董秘	陈慧敏	证券代码	002455
	公司网址	www.bcchem.com		电子信箱	bcc@bcchem.com	
	电　话	0510-86013755 86019100		传　真	0510-86013255	
	办公地址	江苏省江阴市云亭街道建设路55号				
	经营范围	醋酸丁酯、偏苯三酸酐的生产与销售				

主要财务指标	指标\报告期	2012.06.30	2011.12.31	2011.06.30	2010.12.31
	基本每股收益(元)	0.2000	0.3500	0.2300	0.5500
	基本每股收益(扣除后)(元)	0.1800	0.3400	0.2300	0.5600
	每股净资产(元)	5.6300	5.5400	5.4200	8.0800
	每股经营现金净流量(元)	-0.3175	0.3786	-0.1278	0.0795
	每股现金流量(元)	-0.5241	-0.4366	-0.6408	0.8719
	每股资本公积金(元)	2.9056	2.9056	2.9056	4.8584
	每股盈余公积金(元)	0.1851	0.1851	0.1494	0.2240
	每股未分配利润(元)	1.5434	1.4482	1.3609	1.9965
	净资产收益率(%)	3.4600	6.3720	4.2000	8.7480
	加权净资产收益率(%)	3.4600	6.4800	4.2000	14.2200
	净资产收益率(扣除)(%)	-	-	-	-
	总资产(万元)	149686.13	135565.74	127702.94	115534.58
	归属母公司股东权益(万元)	74203.50	72947.66	71336.57	70933.19
	主营业务收入(万元)	66468.23	145608.64	71927.34	140975.02
	营业收入(万元)	75204.95	160649.38	82595.08	168527.80
	主营成本(万元)	58902.42	129454.14	65047.55	124802.46
	营业成本(万元)	67516.97	144521.30	75618.50	151521.55
	投资收益(万元)	-	-	-	-
	净利润(万元)	2569.88	4648.46	3027.33	6204.96
	利润总额(万元)	3046.15	5192.21	3570.19	7219.19

深圳欧菲光科技股份有限公司

公司概况	公司名称	深圳欧菲光科技股份有限公司			证券简称	欧菲光
	法人代表	蔡荣军	董秘	胡菁华	证券代码	002456
	公司网址	www.o-film.com		电子信箱	ofkj@o-film.com	
	电　话	0755-27555331		传　真	0755-27545688	
	办公地址	广东省深圳市宝安区公明街道松白公路华发路段欧菲光科技园				
	经营范围	精密光电薄膜元器件的研发、生产和销售				

主要财务指标	指标\报告期	2012.06.30	2011.12.31	2011.06.30	2010.12.31
	基本每股收益(元)	0.4500	0.1100	-0.0900	0.3200
	基本每股收益(扣除后)(元)	0.4400	0.0500	-0.1000	0.2900
	每股净资产(元)	5.5200	5.0700	4.8700	10.0800
	每股经营现金净流量(元)	0.0307	-1.0757	-0.9836	-0.9319
	每股现金流量(元)	0.2796	0.5610	0.7831	2.4065
	每股资本公积金(元)	3.1922	3.1922	3.1922	7.3844
	每股盈余公积金(元)	0.0914	0.0914	0.0875	0.1750
	每股未分配利润(元)	1.2343	0.7866	0.5883	1.5253
	净资产收益率(%)	8.1200	2.1285	-1.9400	5.3804
	加权净资产收益率(%)	8.4600	2.1400	-1.9100	9.4600
	净资产收益率(扣除)(%)	-	-	-	-
	总资产(万元)	343767.44	238072.27	192443.86	135055.80
	归属母公司股东权益(万元)	105888.97	97292.01	93464.69	96812.56
	主营业务收入(万元)	128614.54	124445.13	42582.53	61796.07
	营业收入(万元)	128664.62	124519.88	42634.54	61817.21
	主营成本(万元)	101471.05	107300.14	37990.79	47802.38
	营业成本(万元)	101516.23	107362.50	38042.20	47816.01
	投资收益(万元)	-	-	-	-
	净利润(万元)	8594.48	2070.87	-1812.55	5208.88
	利润总额(万元)	11225.76	2553.03	-2053.83	6116.17

宁夏青龙管业股份有限公司

公司概况	公司名称	宁夏青龙管业股份有限公司			证券简称	青龙管业
	法人代表	陈家兴	董秘	马跃	证券代码	002457
	公司网址	www.qlgd.com.cn		电子信箱	myplace528@126.com	
	电　话	0951-5070380 5673796		传　真	0951-5673796	
	办公地址	宁夏回族自治区青铜峡市河西				
	经营范围	水泥混凝土制品制造、销售,塑胶、橡胶制品制造、销售				

主要财务指标	指标\报告期	2012.06.30	2011.12.31	2011.06.30	2010.12.31
	基本每股收益(元)	0.1300	0.5400	0.2300	0.6700
	基本每股收益(扣除后)(元)	0.1100	0.5400	0.2200	0.6400
	每股净资产(元)	4.6600	6.8800	6.4300	10.2300
	每股经营现金净流量(元)	-0.0145	-0.2587	-0.8673	-0.2179
	每股现金流量(元)	-0.2261	-0.7409	-1.0758	4.7496
	每股资本公积金(元)	2.4502	4.1753	4.0349	7.0558
	每股盈余公积金(元)	0.1090	0.1635	0.1242	0.1987
	每股未分配利润(元)	1.0963	1.5455	1.2749	1.9776
	净资产收益率(%)	2.8700	7.7900	3.6200	8.5840
	加权净资产收益率(%)	2.8700	8.1200	3.6200	13.5700
	净资产收益率(扣除)(%)	-	-	-	-
	总资产(万元)	189871.17	187285.30	187317.91	181919.34
	归属母公司股东权益(万元)	155954.20	153745.27	143687.87	142819.14
	主营业务收入(万元)	29830.06	93081.02	40073.78	78363.76
	营业收入(万元)	29830.06	99518.13	40073.78	85207.18
	主营成本(万元)	21097.65	66197.62	28736.06	52274.10
	营业成本(万元)	21097.65	71684.98	28736.06	56401.71
	投资收益(万元)	1.18	2.18	2.10	5.19
	净利润(万元)	4462.39	12125.25	5178.05	12598.25
	利润总额(万元)	5607.85	14532.60	6187.03	15249.20

山东益生种畜禽股份有限公司

公司概况	公司名称	山东益生种畜禽股份有限公司			证券简称	益生股份
	法人代表	曹积生	董秘	卢强	证券代码	002458
	公司网址	www.yishenggufen.com		电子信箱	sdys@vip.163.com	
	电　话	0535-6215877		传　真	0535-6215877	
	办公地址	山东省烟台市福山区(空港路南)益生路1号				
	经营范围	祖代种鸡的引进与饲养、父母代种雏鸡的生产与销售等				

主要财务指标	指标\报告期	2012.06.30	2011.12.31	2011.06.30	2010.12.31
	基本每股收益(元)	0.2800	1.6700	0.2300	0.3900
	基本每股收益(扣除后)(元)	0.2700	1.6600	0.2200	0.3500
	每股净资产(元)	3.6500	7.7300	6.5100	8.1800
	每股经营现金净流量(元)	0.3842	1.7533	0.3320	1.0476
	每股现金流量(元)	-0.0223	-0.9223	-0.9869	4.1200
	每股资本公积金(元)	1.4583	3.9166	3.9166	5.3916
	每股盈余公积金(元)	0.1636	0.3272	0.1640	0.2132
	每股未分配利润(元)	1.0281	2.4872	1.4298	1.5782
	净资产收益率(%)	7.5700	21.5640	6.8900	5.3670
	加权净资产收益率(%)	7.5700	23.9000	6.8900	9.3600
	净资产收益率(扣除)(%)	-	-	-	-
	总资产(万元)	141672.41	127113.76	117014.86	122224.15
	归属母公司股东权益(万元)	102491.26	108542.93	91405.73	88376.84
	主营业务收入(万元)	33291.69	77035.70	32219.90	45896.75
	营业收入(万元)	33291.69	77037.82	32219.90	45899.45
	主营成本(万元)	21763.14	46066.66	22353.28	35122.52
	营业成本(万元)	21763.14	46066.66	22353.28	35125.12
	投资收益(万元)	-15.98	-	-	-
	净利润(万元)	7977.71	23412.85	6275.69	4771.01
	利润总额(万元)	7988.48	23438.22	6284.06	4781.17

秦皇岛天业通联重工股份有限公司

公司概况	公司名称	秦皇岛天业通联重工股份有限公司		证券简称	天业通联
	法人代表	朱新生	董秘	徐波	证券代码	002459
	公司网址	www.tianyetolian.com		电子信箱	bdhxubo@sina.com
	电　　话	0335-5302528 5302599		传　　真	0335-5302528
	办公地址	河北省秦皇岛市经济技术开发区天山北路3号			
	经营范围	铁路桥梁施工起重运输设备和其他领域起重运输设备的研发、设计、制造和销售			

主要财务指标	指标\报告期	2012.06.30	2011.12.31	2011.06.30	2010.12.31
	基本每股收益(元)	-0.3800	0.0300	0.1400	0.5400
	基本每股收益(扣除后)(元)	-0.4000	-0.0300	0.1300	0.5200
	每股净资产(元)	5.2100	5.5900	5.7800	7.7400
	每股经营现金净流量(元)	-0.7879	-2.2406	-1.6226	-0.7903
	每股现金流量(元)	-0.2423	-2.9950	-2.0335	3.8812
	每股资本公积金(元)	3.7468	3.7468	3.8249	5.2793
	每股盈余公积金(元)	0.1159	0.1159	0.1159	0.1507
	每股未分配利润(元)	0.3523	0.7343	0.8368	1.3106
	净资产收益率(%)	-7.3400	0.6060	2.3600	7.4800
	加权净资产收益率(%)	-7.0800	0.5900	2.2800	14.7600
	净资产收益率(扣除)(%)	-	-	-	-
	总资产(万元)	242264.13	222156.01	208258.35	212421.50
	归属母公司股东权益(万元)	115738.88	124240.17	128436.85	132363.62
	主营业务收入(万元)	21726.29	93196.03	42570.61	101664.03
	营业收入(万元)	23761.37	99939.01	45263.42	109438.04
	主营成本(万元)	19028.12	71403.26	31049.58	73330.39
	营业成本(万元)	20460.03	76233.63	32826.72	78073.57
	投资收益(万元)	3.28	-26.55	-9.97	-
	净利润(万元)	-8665.29	2114.00	3223.99	9689.88
	利润总额(万元)	-8679.00	3791.46	4026.49	11531.89

江西赣锋锂业股份有限公司

公司概况	公司名称	江西赣锋锂业股份有限公司		证券简称	赣锋锂业
	法人代表	李良彬	董秘	邵瑾	证券代码	002460
	公司网址	www.ganfenglithium.com		电子信箱	info@ganfenglithium.com
	电　　话	0790-6415606		传　　真	0790-6860528
	办公地址	江西省新余市经济开发区龙腾路			
	经营范围	深加工锂产品的研究、开发、生产与销售			

主要财务指标	指标\报告期	2012.06.30	2011.12.31	2011.06.30	2010.12.31
	基本每股收益(元)	0.2200	0.3600	0.1600	0.3400
	基本每股收益(扣除后)(元)	0.2000	0.3200	0.1500	0.3100
	每股净资产(元)	4.8500	4.8300	4.6700	7.1400
	每股经营现金净流量(元)	-0.0273	0.2294	0.0584	-0.0474
	每股现金流量(元)	-0.5424	-1.1296	-0.5199	3.5073
	每股资本公积金(元)	2.8436	2.8436	2.8436	4.7654
	每股盈余公积金(元)	0.0816	0.0816	0.0599	0.0899
	每股未分配利润(元)	0.8915	0.8741	0.6910	1.2007
	净资产收益率(%)	4.3700	7.4980	3.2700	5.9710
	加权净资产收益率(%)	4.3700	7.5800	3.2700	11.4500
	净资产收益率(扣除)(%)	-	-	-	-
	总资产(万元)	86881.22	82994.48	81503.35	77649.81
	归属母公司股东权益(万元)	72744.91	72405.42	69978.55	71415.04
	主营业务收入(万元)	29922.30	47444.01	19683.90	35956.30
	营业收入(万元)	29934.30	47497.86	19698.24	35972.23
	主营成本(万元)	23618.27	37463.38	15149.85	27771.96
	营业成本(万元)	23619.57	37471.66	15153.43	27779.76
	投资收益(万元)	19.44	-168.42	-	-
	净利润(万元)	3188.01	5308.67	2376.82	4267.87
	利润总额(万元)	3721.85	6458.52	2887.76	5148.86

广州珠江啤酒股份有限公司

公司概况	公司名称	广州珠江啤酒股份有限公司		证券简称	珠江啤酒
	法人代表	方贵权	董秘	朱维彬	证券代码	002461
	公司网址	www.zhujiangbeer.com		电子信箱	zhengquan@zhujiangbeer.com
	电　　话	020-84206636 84207045		传　　真	020-84202560 84207045
	办公地址	广东省广州市海珠区新港东路磨碟沙大街118号			
	经营范围	制造、加工、销售:酒、饮料、瓶盖、酒花、食品添加剂、饲料等			

主要财务指标	指标\报告期	2012.06.30	2011.12.31	2011.06.30	2010.12.31
	基本每股收益(元)	0.0700	0.0700	0.0900	0.1400
	基本每股收益(扣除后)(元)	0.0200	0.0300	0.0800	0.1400
	每股净资产(元)	4.7500	4.6900	4.7000	4.6600
	每股经营现金净流量(元)	0.2592	0.2876	0.2545	0.3613
	每股现金流量(元)	0.2078	-0.1250	0.1085	0.3010
	每股资本公积金(元)	2.3387	2.3387	2.3387	2.3387
	每股盈余公积金(元)	0.1964	0.1964	0.1927	0.1927
	每股未分配利润(元)	1.2170	1.1520	1.1690	1.1319
	净资产收益率(%)	1.3700	1.5740	1.8500	2.8790
	加权净资产收益率(%)	1.3800	1.5800	1.8600	3.1500
	净资产收益率(扣除)(%)	-	-	-	-
	总资产(万元)	597424.95	548407.12	560698.79	541946.68
	归属母公司股东权益(万元)	323221.36	318799.30	319707.70	317181.71
	主营业务收入(万元)	142872.13	348090.89	142043.12	298304.29
	营业收入(万元)	146383.66	356268.03	145431.22	305286.68
	主营成本(万元)	86867.60	197995.52	84016.25	176040.45
	营业成本(万元)	89206.71	202535.33	86036.16	180437.24
	投资收益(万元)	6.93	24.84	-	-
	净利润(万元)	4491.41	4987.98	5778.09	9140.72
	利润总额(万元)	5800.94	6966.47	7061.19	11538.59

嘉事堂药业股份有限公司

公司概况	公司名称	嘉事堂药业股份有限公司		证券简称	嘉事堂
	法人代表	丁元伟	董秘	王新侠	证券代码	002462
	公司网址	www.cachet.com.cn		电子信箱	wangxinxia@cachet.cn
	电　　话	010-88433464 8863250		传　　真	010-88447731
	办公地址	北京市海淀区昆明湖南路11号1号楼			
	经营范围	销售医疗器材、化学药制剂、中药饮片、中成药、抗生素、生化药品等			

主要财务指标	指标\报告期	2012.06.30	2011.12.31	2011.06.30	2010.12.31
	基本每股收益(元)	0.1700	0.2653	0.1900	0.2400
	基本每股收益(扣除后)(元)	0.1600	0.2110	0.1900	0.2200
	每股净资产(元)	4.5200	4.4100	6.5300	6.3900
	每股经营现金净流量(元)	-0.0488	0.2024	-0.2968	-0.3100
	每股现金流量(元)	-0.2936	0.1976	-0.0241	1.5813
	每股资本公积金(元)	1.9755	1.8864	3.2500	3.2967
	每股盈余公积金(元)	0.1942	0.1942	0.2375	0.2375
	每股未分配利润(元)	1.3486	1.3315	2.0416	1.8531
	净资产收益率(%)	3.7000	6.0140	2.8900	4.7500
	加权净资产收益率(%)	3.6800	6.0300	2.9200	6.6800
	净资产收益率(扣除)(%)	-	-	-	-
	总资产(万元)	181763.49	157880.41	143572.76	142717.45
	归属母公司股东权益(万元)	108440.01	105891.02	104464.34	102195.73
	主营业务收入(万元)	119989.47	176880.66	76021.85	130294.13
	营业收入(万元)	121624.53	180138.02	77133.16	134167.11
	主营成本(万元)	110701.83	162388.89	68211.62	115924.76
	营业成本(万元)	111111.03	163064.31	68871.29	117150.99
	投资收益(万元)	7.35	136.35	-67.32	206.97
	净利润(万元)	4123.19	6382.86	3016.16	4894.35
	利润总额(万元)	5483.73	8540.45	4094.21	6484.47

沪士电子股份有限公司

公司概况						
公司概况	公司名称	沪士电子股份有限公司			证券简称	沪电股份
	法人代表	吴礼淦	董秘	李明贵	证券代码	002463
	公司网址	www.wuscn.com		电子信箱	fin30@wuspc.com	
	电　话	0512-57356148 57356136		传　真	0512-57356127 6136	
	办公地址	江苏省昆山市黑龙江北路 55 号				
	经营范围	印制电路板的研发、生产和销售等				

主要财务指标	指标\报告期	2012.06.30	2011.12.31	2011.06.30	2010.12.31
	基本每股收益(元)	0.1300	0.3900	0.1500	0.4300
	基本每股收益(扣除后)(元)	0.1300	0.4000	0.1400	0.4200
	每股净资产(元)	2.8300	3.8800	3.6900	4.3800
	每股经营现金净流量(元)	0.0938	0.5136	0.2005	0.6185
	每股现金流量(元)	0.0119	0.1187	0.1105	1.7892
	每股资本公积金(元)	0.5827	1.2158	1.2158	1.6589
	每股盈余公积金(元)	0.1778	0.2490	0.2108	0.2530
	每股未分配利润(元)	1.0657	1.4123	1.2595	1.4668
	净资产收益率(%)	4.5400	10.1840	5.2600	10.7630
	加权净资产收益率(%)	4.5700	10.5300	5.4700	15.9200
	净资产收益率(扣除)(%)	-	-	-	-
	总资产(万元)	450931.39	423740.71	433936.74	401061.68
	归属母公司股东权益(万元)	328585.13	321968.24	306103.26	303019.56
	主营业务收入(万元)	146327.50	294973.21	155913.59	283761.98
	营业收入(万元)	153518.04	313694.31	165579.75	299510.10
	主营成本(万元)	113099.55	224260.70	119718.94	215876.71
	营业成本(万元)	121485.44	244365.62	130336.35	232822.17
	投资收益(万元)	565.60	648.12	131.59	-
	净利润(万元)	14921.25	32789.28	16924.31	32612.98
	利润总额(万元)	17508.45	39242.36	20502.58	38455.36

昆山金利表面材料应用科技股份有限公司

公司概况						
公司概况	公司名称	昆山金利表面材料应用科技股份有限公司			证券简称	金利科技
	法人代表	方幼玲	董秘	蔡金卿	证券代码	002464
	公司网址	www.kebdt.com		电子信箱	securities@kebdt.com	
	电　话	0512-57901098		传　真	0512-57710393	
	办公地址	江苏省昆山市经济技术开发区昆嘉路 1098 号				
	经营范围	研发、制造和销售各类铭板、薄膜开关、传统塑胶件和 IMD 产品等				

主要财务指标	指标\报告期	2012.06.30	2011.12.31	2011.06.30	2010.12.31
	基本每股收益(元)	0.2200	0.3700	0.2400	0.6000
	基本每股收益(扣除后)(元)	0.2200	0.3600	0.2400	0.5400
	每股净资产(元)	5.4400	5.3800	5.2600	5.4700
	每股经营现金净流量(元)	0.2273	0.4425	0.2110	0.6757
	每股现金流量(元)	-0.5174	-0.1654	-0.3181	3.8956
	每股资本公积金(元)	3.5183	3.4583	3.4583	3.4583
	每股盈余公积金(元)	0.1996	0.1996	0.1634	0.1634
	每股未分配利润(元)	0.7341	0.7338	0.6467	0.8539
	净资产收益率(%)	4.0500	6.8040	4.6100	9.0150
	加权净资产收益率(%)	4.0100	6.7400	4.3400	17.9500
	净资产收益率(扣除)(%)	-	-	-	-
	总资产(万元)	80206.35	79782.58	76812.12	79542.66
	归属母公司股东权益(万元)	73428.91	72611.08	71007.81	73825.63
	主营业务收入(万元)	19509.72	32812.69	15955.24	34934.33
	营业收入(万元)	19675.70	32961.70	16011.45	34992.35
	主营成本(万元)	12979.13	21180.73	9760.95	21840.23
	营业成本(万元)	13022.69	21313.60	9767.24	21952.49
	投资收益(万元)	34.56	78.91	-	-
	净利润(万元)	2973.64	4940.73	3276.68	6655.43
	利润总额(万元)	3430.34	5916.26	3830.12	7905.30

广州海格通信集团股份有限公司

公司概况						
公司概况	公司名称	广州海格通信集团股份有限公司			证券简称	海格通信
	法人代表	杨海洲	董秘	谭伟明	证券代码	002465
	公司网址	www.haige.com		电子信箱	hgzqb@haige.com	
	电　话	020-38699138		传　真	020-38698028	
	办公地址	广东省广州市高新技术产业开发区科学城海云路 88 号				
	经营范围	通信设备、导航设备的研制、生产、销售和服务				

主要财务指标	指标\报告期	2012.06.30	2011.12.31	2011.06.30	2010.12.31
	基本每股收益(元)	0.3000	0.7000	0.2700	0.8700
	基本每股收益(扣除后)(元)	0.2500	0.5400	0.2200	0.7400
	每股净资产(元)	12.5600	12.8600	12.4500	12.7800
	每股经营现金净流量(元)	-0.2253	-0.0003	-0.6151	0.3119
	每股现金流量(元)	-1.7819	-1.0061	-1.2374	8.7229
	每股资本公积金(元)	9.7926	9.7926	9.8163	9.8163
	每股盈余公积金(元)	0.3179	0.3179	0.2538	0.2538
	每股未分配利润(元)	1.4491	1.7474	1.3791	1.7101
	净资产收益率(%)	2.3400	5.4550	2.0800	5.6744
	加权净资产收益率(%)	2.3400	5.4900	2.0800	11.8600
	净资产收益率(扣除)(%)	-	-	-	-
	总资产(万元)	461640.92	479371.89	462202.89	472800.68
	归属母公司股东权益(万元)	417613.40	427531.34	413944.00	424951.94
	主营业务收入(万元)	47828.89	97162.58	43818.56	94258.91
	营业收入(万元)	48185.67	99959.77	44702.84	96575.59
	主营成本(万元)	22364.83	48990.17	23557.39	48340.77
	营业成本(万元)	22390.78	50126.22	23677.74	48662.34
	投资收益(万元)	2937.31	3989.57	318.56	4626.39
	净利润(万元)	9378.86	23651.23	8936.93	24286.14
	利润总额(万元)	10343.60	27162.65	9684.56	26248.48

四川天齐锂业股份有限公司

公司概况						
公司概况	公司名称	四川天齐锂业股份有限公司			证券简称	天齐锂业
	法人代表	蒋卫平	董秘	李波	证券代码	002466
	公司网址	www.likunda-china.com		电子信箱	libo@tqmmm.com.cn	
	电　话	028-85183501		传　真	028-85183501	
	办公地址	四川省遂宁市射洪县太和镇城北				
	经营范围	主要从事工业级碳酸锂、电池级碳酸锂、无水氯化锂、氢氧化锂等				

主要财务指标	指标\报告期	2012.06.30	2011.12.31	2011.06.30	2010.12.31
	基本每股收益(元)	0.1500	0.2700	0.1300	0.3200
	基本每股收益(扣除后)(元)	0.1300	0.2300	0.1100	0.2700
	每股净资产(元)	6.7400	6.7000	6.5600	9.7300
	每股经营现金净流量(元)	0.1449	0.0640	-0.1472	-0.2682
	每股现金流量(元)	-0.9918	-1.2457	-0.7650	4.9347
	每股资本公积金(元)	4.9171	4.9171	4.9171	7.8756
	每股盈余公积金(元)	0.1052	0.1052	0.0790	0.1185
	每股未分配利润(元)	0.7212	0.6732	0.5605	0.7387
	净资产收益率(%)	2.1900	4.0870	2.0500	4.0770
	加权净资产收益率(%)	2.1900	4.1300	2.0600	8.0600
	净资产收益率(扣除)(%)	-	-	-	-
	总资产(万元)	110100.43	112274.37	109112.86	104961.39
	归属母公司股东权益(万元)	99129.71	98424.02	96381.08	95381.43
	主营业务收入(万元)	19987.76	40173.26	18878.10	29258.12
	营业收入(万元)	20153.74	40273.32	18960.60	29426.38
	主营成本(万元)	16327.43	33601.89	15949.06	22938.15
	营业成本(万元)	16465.32	33619.25	15963.35	22990.69
	投资收益(万元)	28.55	30.86	0.12	0.90
	净利润(万元)	2175.69	4022.60	1979.66	3888.41
	利润总额(万元)	2596.63	4843.81	2343.92	4746.49

二六三网络通信股份有限公司

公司概况					
公司名称	二六三网络通信股份有限公司			证券简称	二六三
法人代表	李小龙	董秘	刘江涛	证券代码	002467
公司网址	www.net263.com		电子信箱	invest263@net263.com	
电　　话	010-64260109		传　　真	010-64260109	
办公地址	北京市朝阳区和平里东土城路14号建达大厦16层				
经营范围	增值通信业务、企业通信业务及其他业务				

主要财务指标 指标\报告期	2012.06.30	2011.12.31	2011.06.30	2010.12.31
基本每股收益(元)	0.1500	0.5900	0.1800	0.6900
基本每股收益(扣除后)(元)	0.1300	0.5200	0.1700	0.6600
每股净资产(元)	4.4100	8.9300	8.7000	8.7400
每股经营现金净流量(元)	0.1365	0.8271	0.3502	0.7502
每股现金流量(元)	-0.1875	0.3410	-0.1107	6.5662
每股资本公积金(元)	2.5035	6.0036	6.0045	6.0045
每股盈余公积金(元)	0.2521	0.5041	0.4448	0.4448
每股未分配利润(元)	0.6537	1.4248	1.2512	1.2904
净资产收益率(%)	3.5000	6.6470	4.1500	6.6030
加权净资产收益率(%)	3.3900	6.7400	4.0800	13.2300
净资产收益率(扣除)(%)	-	-	-	-
总资产(万元)	120996.17	118885.47	115075.14	114023.36
归属母公司股东权益(万元)	105823.52	107190.03	104406.18	104876.68
主营业务收入(万元)	15780.92	-	14979.32	-
营业收入(万元)	15780.92	29655.20	14979.32	29382.82
主营成本(万元)	7094.47	-	6192.52	-
营业成本(万元)	7094.47	12358.28	6192.52	13382.78
投资收益(万元)	1260.53	998.96	978.68	1056.27
净利润(万元)	3739.90	7124.94	4329.49	6924.90
利润总额(万元)	4081.49	7868.37	4916.02	7802.03

浙江艾迪西流体控制股份有限公司

公司概况					
公司名称	浙江艾迪西流体控制股份有限公司			证券简称	艾迪西
法人代表	李家德	董秘	申亚欣	证券代码	002468
公司网址	www.idcgroup.com.cn		电子信箱	idc_security@idcgroup.com.cn	
电　　话	0576-87298766 8011		传　　真	0576-87298758	
办公地址	浙江省台州市玉环县机电工业园区				
经营范围	水暖器材、阀门、管件、建筑金属配件、智能家庭及环保节能控制系统				

主要财务指标 指标\报告期	2012.06.30	2011.12.31	2011.06.30	2010.12.31
基本每股收益(元)	0.0360	0.0600	0.1490	0.5000
基本每股收益(扣除后)(元)	0.0290	-0.0100	0.1260	0.4300
每股净资产(元)	3.1220	3.9540	4.0770	4.1500
每股经营现金净流量(元)	-0.1656	-0.7737	-0.4563	0.1152
每股现金流量(元)	-0.0303	-0.8443	0.5059	2.0398
每股资本公积金(元)	1.5779	2.0935	2.0935	2.7122
每股盈余公积金(元)	0.1070	0.1284	0.1217	0.1460
每股未分配利润(元)	0.4373	0.7318	0.8617	1.1193
净资产收益率(%)	1.1500	1.4100	4.5200	10.0660
加权净资产收益率(%)	1.1000	1.4000	4.3500	17.9400
净资产收益率(扣除)(%)	-	-	-	-
总资产(万元)	136882.28	129551.19	138809.30	107813.02
归属母公司股东权益(万元)	71934.96	75909.98	78275.16	79639.67
主营业务收入(万元)	58257.39	105102.95	51207.39	114818.83
营业收入(万元)	58819.36	105703.83	51411.39	115237.32
主营成本(万元)	58257.39	89163.26	41683.31	94013.20
营业成本(万元)	49152.47	89651.83	41849.00	94282.84
投资收益(万元)	422.09	729.41	225.34	745.95
净利润(万元)	707.87	875.38	3427.16	8016.87
利润总额(万元)	873.33	1043.68	3975.39	9976.25

山东三维石化工程股份有限公司

公司概况					
公司名称	山东三维石化工程股份有限公司			证券简称	三维工程
法人代表	曲思秋	董秘	高勇	证券代码	002469
公司网址	www.sdsunway.com.cn		电子信箱	gaoyong@sdsunway.com.cn	
电　　话	0533-7576134 7574189		传　　真	0533-7576134 7574189	
办公地址	山东省淄博市临淄区炼厂中路22号				
经营范围	对外派遣实施境外工程所需的劳务人员等				

主要财务指标 指标\报告期	2012.06.30	2011.12.31	2011.06.30	2010.12.31
基本每股收益(元)	0.1900	0.6100	0.2300	0.5500
基本每股收益(扣除后)(元)	0.1800	0.6100	0.1600	0.5500
每股净资产(元)	4.5700	6.6800	6.3000	10.6100
每股经营现金净流量(元)	-0.6032	0.6595	-0.0370	0.6243
每股现金流量(元)	-0.7077	-0.4182	-1.0376	8.5353
每股资本公积金(元)	2.4175	4.1262	4.1262	7.7146
每股盈余公积金(元)	-	0.2082	0.1459	0.2481
每股未分配利润(元)	-	1.3426	1.0283	1.6506
净资产收益率(%)	4.0500	9.1420	3.7100	7.3700
加权净资产收益率(%)	4.1000	9.4900	3.7100	15.7800
净资产收益率(扣除)(%)	-	-	-	-
总资产(万元)	87941.06	92254.21	79577.85	80126.60
归属母公司股东权益(万元)	-	75193.08	70952.53	70306.34
主营业务收入(万元)	16375.64	25786.42	8342.47	17861.59
营业收入(万元)	16389.24	25789.82	8342.47	17861.59
主营成本(万元)	11518.82	15514.55	4232.36	10125.48
营业成本(万元)	11521.22	15515.19	4232.36	10125.48
投资收益(万元)	-	-	-	-
净利润(万元)	-	6839.39	2601.86	5187.02
利润总额(万元)	3666.94	8003.47	3087.62	6087.43

山东金正大生态工程股份有限公司

公司概况					
公司名称	山东金正大生态工程股份有限公司			证券简称	金正大
法人代表	万连步	董秘	崔彬	证券代码	002470
公司网址	www.kingenta.com		电子信箱	jzd@kingenta.com	
电　　话	0539-7198691		传　　真	0539-6088691	
办公地址	山东省临沂市临沭县兴大西街19号				
经营范围	复合肥、控释肥的研发、生产和销售				

主要财务指标 指标\报告期	2012.06.30	2011.12.31	2011.06.30	2010.12.31
基本每股收益(元)	0.4300	0.6200	0.3200	0.5000
基本每股收益(扣除后)(元)	0.4300	0.6200	0.3200	0.4900
每股净资产(元)	4.6900	4.4100	4.1100	3.8800
每股经营现金净流量(元)	-0.0736	-0.3864	-1.0353	-0.5405
每股现金流量(元)	-0.8384	-0.3371	-0.5756	1.0938
每股资本公积金(元)	1.8724	1.8724	1.8724	1.8724
每股盈余公积金(元)	0.1572	0.1572	0.1208	0.1208
每股未分配利润(元)	1.6612	1.3786	1.1126	0.8915
净资产收益率(%)	9.2200	14.1440	7.8200	11.5350
加权净资产收益率(%)	9.5100	15.1300	7.9700	19.2800
净资产收益率(扣除)(%)	-	-	-	-
总资产(万元)	617994.90	549357.77	463388.69	435759.83
归属母公司股东权益(万元)	328356.75	308577.56	287410.16	271931.58
主营业务收入(万元)	523564.65	760788.12	376623.14	546336.31
营业收入(万元)	524653.55	762678.65	377648.63	547932.43
主营成本(万元)	459302.07	660940.74	327480.55	477439.99
营业成本(万元)	459799.49	662175.66	328287.56	478758.77
投资收益(万元)	-	-	-	-
净利润(万元)	30295.35	43692.94	22478.58	31367.07
利润总额(万元)	33043.69	54671.09	27597.95	39012.99

江苏中超电缆股份有限公司

公司概况	公司名称	江苏中超电缆股份有限公司			证券简称	中超电缆
	法人代表	杨飞	董秘	周燕	证券代码	002471
	公司网址	www.zcdlgf.com		电子信箱	jx2008cjp@yahoo.cn	
	电话	0510-87698510 87698298		传真	0510-87698298	
	办公地址	江苏省宜兴市西郊工业园振丰东路 999 号				
	经营范围	电线电缆的研发、生产、销售和服务				

主要财务指标	指标\报告期	2012.06.30	2011.12.31	2011.06.30	2010.12.31
	基本每股收益(元)	0.1600	0.3900	0.1500	0.3700
	基本每股收益(扣除后)(元)	0.1600	0.3800	0.1500	0.3700
	每股净资产(元)	4.2300	4.2200	3.9900	5.2900
	每股经营现金净流量(元)	-1.3341	-1.2126	-2.1055	0.3225
	每股现金流量(元)	-0.3227	-1.6083	-2.4519	3.4782
	每股资本公积金(元)	2.4067	2.4067	2.4067	3.4287
	每股盈余公积金(元)	0.1166	0.1166	0.0775	0.1008
	每股未分配利润(元)	0.7079	0.7010	0.5076	0.7596
	净资产收益率(%)	3.7100	9.1480	3.6500	7.7480
	加权净资产收益率(%)	3.6500	9.0700	3.7500	16.7300
	净资产收益率(扣除)(%)	-	-	-	-
	总资产(万元)	287284.23	222598.90	195709.37	180171.21
	归属母公司股东权益(万元)	88009.19	87864.78	83031.50	84626.78
	主营业务收入(万元)	81788.42	180519.31	79932.90	124491.96
	营业收入(万元)	81912.20	181466.06	79938.01	125481.39
	主营成本(万元)	67936.72	150912.82	66797.46	104688.75
	营业成本(万元)	68032.09	151752.63	66797.46	105578.15
	投资收益(万元)	-	-	-	-
	净利润(万元)	3221.90	7970.08	3197.63	6557.03
	利润总额(万元)	4520.65	10632.12	4433.66	8885.21

浙江双环传动机械股份有限公司

公司概况	公司名称	浙江双环传动机械股份有限公司			证券简称	双环传动
	法人代表	吴长鸿	董秘	叶松	证券代码	002472
	公司网址	www.gearsnet.com		电子信箱	ys@gearsnet.com	
	电话	0571-81671018		传真	0571-81671020	
	办公地址	浙江省杭州市西湖区古墩路 702 号赞宇大厦 12 楼				
	经营范围	传动用齿轮及齿轮零件的生产与销售				

主要财务指标	指标\报告期	2012.06.30	2011.12.31	2011.06.30	2010.12.31
	基本每股收益(元)	0.2200	0.7400	0.3100	0.7500
	基本每股收益(扣除后)(元)	0.2200	0.7100	0.3000	0.7100
	每股净资产(元)	4.8500	6.3100	5.9700	10.3300
	每股经营现金净流量(元)	0.1944	0.7420	0.3233	1.5089
	每股现金流量(元)	-0.3481	-0.7367	-0.0270	3.3502
	每股资本公积金(元)	2.2130	3.1769	3.1769	6.5185
	每股盈余公积金(元)	0.1654	0.2150	0.1466	0.2640
	每股未分配利润(元)	1.4681	1.9182	1.6503	2.5462
	净资产收益率(%)	4.5300	11.7050	6.8100	10.6560
	加权净资产收益率(%)	4.5300	12.2900	6.8100	22.4600
	净资产收益率(扣除)(%)	-	-	-	-
	总资产(万元)	176697.37	175341.06	169333.17	149635.04
	归属母公司股东权益(万元)	134728.97	134934.25	127744.40	122704.31
	主营业务收入(万元)	41718.17	89569.68	46265.80	81713.31
	营业收入(万元)	43108.07	92872.36	47863.35	84305.50
	主营成本(万元)	29157.24	61224.33	31387.87	54193.37
	营业成本(万元)	29199.81	61781.04	31709.85	54979.97
	投资收益(万元)	11.09	3.93	-	-
	净利润(万元)	6209.92	15793.95	8604.09	13075.40
	利润总额(万元)	7233.01	18296.52	10243.74	15645.76

宁波圣莱达电器股份有限公司

公司概况	公司名称	宁波圣莱达电器股份有限公司			证券简称	圣莱达
	法人代表	杨宁恩	董秘	沈明亮	证券代码	002473
	公司网址	www.nbslt.com		电子信箱	sltzq@nbslt.com	
	电话	0574-87522922 87522994		传真	0574-87522997	
	办公地址	浙江省宁波市江北区金山路 298 号				
	经营范围	电热电器、电机电器及配件的制造、加工				

主要财务指标	指标\报告期	2012.06.30	2011.12.31	2011.06.30	2010.12.31
	基本每股收益(元)	0.0500	0.1200	0.0800	0.2300
	基本每股收益(扣除后)(元)	0.0500	0.1000	0.0500	0.1900
	每股净资产(元)	2.6800	2.7300	2.6800	5.4100
	每股经营现金净流量(元)	0.1151	0.0187	-0.1055	0.0580
	每股现金流量(元)	-0.0940	-0.4529	-0.2982	2.8460
	每股资本公积金(元)	1.3872	1.3872	1.3872	3.7744
	每股盈余公积金(元)	0.0578	0.0578	0.0437	0.0875
	每股未分配利润(元)	0.2346	0.2824	0.2486	0.5469
	净资产收益率(%)	1.9000	4.5102	2.7600	7.6260
	加权净资产收益率(%)	1.9000	4.5400	2.7600	15.8200
	净资产收益率(扣除)(%)	-	-	-	-
	总资产(万元)	46881.48	46927.25	47577.80	47561.99
	归属母公司股东权益(万元)	42874.15	43638.61	42873.28	43270.41
	主营业务收入(万元)	8473.07	20309.85	9228.30	21629.05
	营业收入(万元)	9389.11	22822.61	10225.07	23388.43
	主营成本(万元)	6355.05	16149.55	7252.19	16256.55
	营业成本(万元)	7151.09	18248.85	7983.93	16809.78
	投资收益(万元)	-	-	-	-
	净利润(万元)	856.92	1897.25	1182.33	3389.17
	利润总额(万元)	1028.70	2253.28	1353.95	3959.12

福建榕基软件股份有限公司

公司概况	公司名称	福建榕基软件股份有限公司			证券简称	榕基软件
	法人代表	鲁峰	董秘	万孝雄	证券代码	002474
	公司网址	www.rongji.com		电子信箱	rongji@rongji.com	
	电话	0591-83517761 87303569		传真	0591-87862566	
	办公地址	福建省福州市鼓楼区铜盘路福州软件园产业基地				
	经营范围	计算机及网络软件开发服务、计算机硬件技术服务				

主要财务指标	指标\报告期	2012.06.30	2011.12.31	2011.06.30	2010.12.31
	基本每股收益(元)	0.2786	1.1521	0.2125	0.9275
	基本每股收益(扣除后)(元)	0.2462	1.0872	0.2008	0.8628
	每股净资产(元)	6.0400	11.8200	11.0800	11.2600
	每股经营现金净流量(元)	0.1376	0.8083	0.1156	0.8096
	每股现金流量(元)	0.1042	5.0666	0.7387	2.1781
	每股资本公积金(元)	3.7533	8.5067	8.4951	8.4951
	每股盈余公积金(元)	0.1409	0.2817	0.1662	0.1662
	每股未分配利润(元)	1.1441	2.0310	1.4195	1.5944
	净资产收益率(%)	4.6100	9.7480	3.8400	6.6905
	加权净资产收益率(%)	4.6400	10.0800	3.7100	17.6500
	净资产收益率(扣除)(%)	-	-	-	-
	总资产(万元)	141938.76	130607.27	126917.20	122568.63
	归属母公司股东权益(万元)	125235.63	122567.62	114908.01	116722.00
	主营业务收入(万元)	26619.65	43293.08	18648.09	30900.09
	营业收入(万元)	26619.65	43293.08	18648.09	30900.09
	主营成本(万元)	17436.04	24523.30	11860.25	17279.82
	营业成本(万元)	17436.04	24523.30	11860.25	17279.82
	投资收益(万元)	469.77	404.51	350.32	388.36
	净利润(万元)	5750.95	11941.69	4417.35	7826.81
	利润总额(万元)	6866.33	13278.42	5175.59	8731.85

深圳立讯精密工业股份有限公司

公司概况	公司名称	深圳立讯精密工业股份有限公司			证券简称	立讯精密
	法人代表	王来春	董秘	丁远达	证券代码	002475
	公司网址	www.luxshare.com.cn		电子信箱	duke.ding@luxshare-ict.com	
	电　话	0755-81469677		传　真	0755-29975088	
	办公地址	广东省深圳市宝安区西乡街道洲石路翻身工业厂房 G1(1-3 层)				
	经营范围	生产经营连接线、连接器、电脑周边设备、塑胶五金制品				

	指标\报告期	2012.06.30	2011.12.31	2011.06.30	2010.12.31
主要财务指标	基本每股收益(元)	0.2800	0.9900	0.2700	0.5500
	基本每股收益(扣除后)(元)	0.2700	0.9500	0.2600	0.5200
	每股净资产(元)	5.1900	7.0600	6.4700	9.4300
	每股经营现金净流量(元)	0.6959	1.1843	0.3379	0.4221
	每股现金流量(元)	-0.9179	1.6173	-0.9229	1.0243
	每股资本公积金(元)	2.8835	4.4369	4.4369	7.1554
	每股盈余公积金(元)	0.0484	0.0677	0.0474	0.0711
	每股未分配利润(元)	1.2625	1.5700	0.9852	1.2058
	净资产收益率(%)	5.4800	13.9750	5.8900	7.0630
	加权净资产收益率(%)	5.5500	19.8200	5.8900	16.9600
	净资产收益率(扣除)(%)	-	-	-	-
	总资产(万元)	323423.47	328511.83	356697.90	204564.05
	归属母公司股东权益(万元)	189295.21	184027.22	168650.30	163932.31
	主营业务收入(万元)	126175.86	255401.78	98454.60	100754.66
	营业收入(万元)	126331.86	255556.77	98536.76	101054.87
	主营成本(万元)	100572.82	199020.24	78298.61	81942.71
	营业成本(万元)	100586.20	199064.91	78330.94	82089.37
	投资收益(万元)	-	-	-	-
	净利润(万元)	13751.94	36932.62	13728.83	12943.61
	利润总额(万元)	16407.94	42467.07	15706.25	14560.10

山东宝莫生物化工股份有限公司

公司概况	公司名称	山东宝莫生物化工股份有限公司			证券简称	宝莫股份
	法人代表	夏春良	董秘	张扬	证券代码	002476
	公司网址	www.slcapam.com		电子信箱	cnvca@slcapam.com	
	电　话	0546-7788268		传　真	0546-7773708	
	办公地址	山东省东营市东营区西四路 892 号				
	经营范围	丙烯酰胺、聚丙烯酰胺的许可生产和销售				

	指标\报告期	2012.06.30	2011.12.31	2011.06.30	2010.12.31
主要财务指标	基本每股收益(元)	0.0800	0.3800	0.1100	0.4400
	基本每股收益(扣除后)(元)	0.0800	0.3700	0.1100	0.4200
	每股净资产(元)	2.6300	5.1400	4.9900	7.2500
	每股经营现金净流量(元)	0.0017	-0.0527	-0.0146	-0.4330
	每股现金流量(元)	-0.0797	-0.7350	-0.2301	3.4215
	每股资本公积金(元)	1.0700	3.1401	3.1401	5.2101
	每股盈余公积金(元)	0.0681	0.1363	0.0986	0.1479
	每股未分配利润(元)	0.4921	0.8664	0.7498	0.8911
	净资产收益率(%)	3.1900	7.3250	4.4600	7.3511
	加权净资产收益率(%)	3.2100	7.5600	4.5000	17.9800
	净资产收益率(扣除)(%)	-	-	-	-
	总资产(万元)	105262.42	98883.61	99696.25	92183.39
	归属母公司股东权益(万元)	94691.49	92570.00	89792.83	86989.66
	主营业务收入(万元)	30169.84	53805.99	29031.18	51158.72
	营业收入(万元)	30169.84	54285.19	29031.18	51540.98
	主营成本(万元)	25514.18	43124.39	23254.04	40652.00
	营业成本(万元)	25514.18	43601.97	23254.04	41023.91
	投资收益(万元)	15.20	22.74	-	-
	净利润(万元)	3021.50	6780.33	4003.17	6394.71
	利润总额(万元)	3454.38	8006.10	4665.28	7584.43

雏鹰农牧集团股份有限公司

公司概况	公司名称	雏鹰农牧集团股份有限公司			证券简称	雏鹰农牧
	法人代表	侯建芳	董秘	吴易得	证券代码	002477
	公司网址	www.chu-ying.com		电子信箱	info@chu-ying.com	
	电　话	0371-62583588 62583825		传　真	0371-62583825	
	办公地址	河南省新郑市薛店镇世纪大道公司办公区				
	经营范围	家畜、家禽养殖与销售				

	指标\报告期	2012.06.30	2011.12.31	2011.06.30	2010.12.31
主要财务指标	基本每股收益(元)	0.3556	1.6054	0.2661	0.5700
	基本每股收益(扣除后)(元)	0.3579	1.5844	0.2642	0.5100
	每股净资产(元)	3.7700	7.2800	6.2100	11.8000
	每股经营现金净流量(元)	-0.0362	0.5551	0.0786	0.1911
	每股现金流量(元)	0.3291	-0.7250	0.2439	5.4185
	每股资本公积金(元)	1.6043	4.2085	4.2085	9.4170
	每股盈余公积金(元)	0.1203	0.2405	0.0792	0.1583
	每股未分配利润(元)	1.0458	1.8303	0.9185	1.2226
	净资产收益率(%)	9.6000	22.0540	8.7900	7.8074
	加权净资产收益率(%)	9.5000	24.5000	8.5100	17.6000
	净资产收益率(扣除)(%)	-	-	-	-
	总资产(万元)	362218.97	255402.10	218219.84	180347.53
	归属母公司股东权益(万元)	201333.46	194358.33	165705.39	157502.29
	主营业务收入(万元)	74219.27	130009.46	48201.45	68296.46
	营业收入(万元)	74219.27	130009.46	48201.45	68296.46
	主营成本(万元)	48605.99	78913.37	30774.24	50767.78
	营业成本(万元)	48605.99	78913.37	30774.24	50767.78
	投资收益(万元)	49.50	49.50	49.50	51.69
	净利润(万元)	18978.23	42858.06	14210.60	12296.77
	利润总额(万元)	19058.54	42949.21	14232.96	12420.11

江苏常宝钢管股份有限公司

公司概况	公司名称	江苏常宝钢管股份有限公司			证券简称	常宝股份
	法人代表	曹坚	董秘	赵旦	证券代码	002478
	公司网址	www.cbsteeltube.com		电子信箱	ann@cbsteeltube.com	
	电　话	0519-88814347		传　真	0519-88812052	
	办公地址	江苏省常州市延陵东路 558 号				
	经营范围	石油天然气用管和锅炉管等专用钢管的生产和销售				

	指标\报告期	2012.06.30	2011.12.31	2011.06.30	2010.12.31
主要财务指标	基本每股收益(元)	0.2300	0.5700	0.2200	0.5300
	基本每股收益(扣除后)(元)	0.2300	0.5700	0.2200	0.5100
	每股净资产(元)	6.0300	5.9200	5.5700	5.4500
	每股经营现金净流量(元)	0.1672	-0.8985	-1.0046	0.7104
	每股现金流量(元)	-0.2320	-1.0738	-0.8175	2.7239
	每股资本公积金(元)	2.7782	2.7781	2.7780	2.7785
	每股盈余公积金(元)	0.3230	0.3230	0.2410	0.2410
	每股未分配利润(元)	1.9255	1.8210	1.5531	1.4289
	净资产收益率(%)	3.8100	9.6936	4.0300	8.3962
	加权净资产收益率(%)	3.8100	10.1000	4.0300	14.4500
	净资产收益率(扣除)(%)	-	-	-	-
	总资产(万元)	329470.73	300304.83	308913.36	358707.42
	归属母公司股东权益(万元)	241129.57	236945.81	222942.71	217994.28
	主营业务收入(万元)	160075.90	355662.49	155944.70	274227.36
	营业收入(万元)	167539.85	371911.40	163076.50	287860.61
	主营成本(万元)	134785.53	302033.87	133647.38	228197.86
	营业成本(万元)	141003.28	313190.88	138577.80	238199.80
	投资收益(万元)	-	20.72	9.04	9.11
	净利润(万元)	10300.71	29250.11	11689.05	23384.22
	利润总额(万元)	11666.50	33200.38	12881.05	26599.40

浙江富春江环保热电股份有限公司

公司概况	公司名称	浙江富春江环保热电股份有限公司			证券简称	富春环保
	法人代表	吴斌	董秘	张杰	证券代码	002479
	公司网址	www.zhefuet.com		电子信箱	zhangjie@zhefuet.com	
	电　　话	0571-63553779		传　　真	0571-63121207	
	办公地址	浙江省富阳市灵桥镇春永路 188 号				
	经营范围	火力发电、垃圾发电				

	指标\报告期	2012.06.30	2011.12.31	2011.06.30	2010.12.31
主要财务指标	基本每股收益(元)	0.2845	0.4445	0.1951	0.4000
	基本每股收益(扣除后)(元)	0.2813	0.4353	0.1917	0.3654
	每股净资产(元)	4.3400	4.4600	4.2100	8.5300
	每股经营现金净流量(元)	0.2515	0.1395	0.0013	0.7657
	每股现金流量(元)	-0.1938	-1.0931	-1.0265	5.1195
	每股资本公积金(元)	2.6375	2.6375	2.6375	6.2750
	每股盈余公积金(元)	0.1141	0.1141	0.0696	0.1392
	每股未分配利润(元)	0.5910	0.7065	0.5015	1.1128
	净资产收益率(%)	6.5500	9.9720	4.3800	7.5790
	加权净资产收益率(%)	6.5700	10.3400	4.6100	18.3800
	净资产收益率(扣除)(%)	-	-	-	-
	总资产(万元)	265439.28	210410.62	191731.47	196611.73
	归属母公司股东权益(万元)	185861.07	190803.19	180127.00	182476.70
	主营业务收入(万元)	143765.98	115355.64	56039.32	89328.16
	营业收入(万元)	145668.60	116558.32	56659.47	90956.24
	主营成本(万元)	124618.08	91406.47	45929.68	71107.29
	营业成本(万元)	125048.87	91407.53	45929.68	74284.43
	投资收益(万元)	-	-	-	-
	净利润(万元)	13079.91	19026.50	8350.31	13830.35
	利润总额(万元)	16013.07	22380.71	9807.85	15551.88

成都市新筑路桥机械股份有限公司

公司概况	公司名称	成都市新筑路桥机械股份有限公司			证券简称	新筑股份
	法人代表	黄志明	董秘	周思伟	证券代码	002480
	公司网址	www.xinzhu.com		电子信箱	vendition@xinzhu.com	
	电　　话	028-82550671		传　　真	028-82550671	
	办公地址	四川省成都市四川新津工业园区				
	经营范围	金属桥梁结构及桥梁零件的设计制造、建筑用金属结构、构件的设计制造				

	指标\报告期	2012.06.30	2011.12.31	2011.06.30	2010.12.31
主要财务指标	基本每股收益(元)	-0.2600	0.5600	0.4400	0.6300
	基本每股收益(扣除后)(元)	-0.2600	0.4600	0.4400	0.5200
	每股净资产(元)	6.6300	7.0900	6.9600	13.3400
	每股经营现金净流量(元)	-0.0222	0.1087	-1.3271	-4.8201
	每股现金流量(元)	-1.9321	0.9961	-1.2024	5.2819
	每股资本公积金(元)	4.3808	4.3808	4.3808	9.7616
	每股盈余公积金(元)	0.1698	0.1698	0.1182	0.2364
	每股未分配利润(元)	1.0785	1.5357	1.4620	2.3453
	净资产收益率(%)	-3.8800	7.9690	6.3100	7.6306
	加权净资产收益率(%)	-3.7300	8.2200	6.5200	17.0000
	净资产收益率(扣除)(%)	-	-	-	-
	总资产(万元)	338239.46	386245.65	369028.87	345280.27
	归属母公司股东权益(万元)	185615.71	198418.00	194907.95	186805.27
	主营业务收入(万元)	23526.70	181535.77	124098.73	137243.67
	营业收入(万元)	24275.68	191060.47	131964.96	139616.41
	主营成本(万元)	19311.13	130581.22	87111.29	90151.38
	营业成本(万元)	19651.89	137866.24	93953.30	90654.27
	投资收益(万元)	-10.49	-	-	-
	净利润(万元)	-7312.59	15772.64	12302.68	14254.38
	利润总额(万元)	-8148.40	18903.23	15028.85	16862.74

烟台双塔食品股份有限公司

公司概况	公司名称	烟台双塔食品股份有限公司			证券简称	双塔食品
	法人代表	杨君敏	董秘	师恩战	证券代码	002481
	公司网址	www.shuangtafensi.com		电子信箱	shuangtashipin@sohu.com	
	电　　话	0535-8070881		传　　真	0535-8070881	
	办公地址	山东省烟台市招远市金岭镇寨里				
	经营范围	生产并销售淀粉、粉丝(条)、豌豆蛋白粉、食用菌菌种、甲烷、膳食纤维等				

	指标\报告期	2012.06.30	2011.12.31	2011.06.30	2010.12.31
主要财务指标	基本每股收益(元)	0.2034	0.5855	0.2222	0.5512
	基本每股收益(扣除后)(元)	0.1314	0.5691	0.2273	0.4769
	每股净资产(元)	3.8895	6.6850	6.3200	12.5000
	每股经营现金净流量(元)	0.3586	-0.1754	0.6356	-0.8461
	每股现金流量(元)	-0.4880	-1.2939	-0.9946	5.4844
	每股资本公积金(元)	1.8479	4.1262	4.1262	9.2523
	每股盈余公积金(元)	0.0977	0.1758	0.1168	0.2336
	每股未分配利润(元)	0.9439	1.3830	1.0787	2.0130
	净资产收益率(%)	5.2300	8.7590	3.5100	7.1660
	加权净资产收益率(%)	5.3400	9.1100	3.5300	17.4200
	净资产收益率(扣除)(%)	-	-	-	-
	总资产(万元)	112367.81	118780.99	90253.32	86502.60
	归属母公司股东权益(万元)	84012.89	80219.95	75859.74	74993.48
	主营业务收入(万元)	18128.87	47907.73	18538.69	35014.81
	营业收入(万元)	22196.15	59507.48	27842.30	37044.61
	主营成本(万元)	13179.02	36415.98	13852.45	26168.50
	营业成本(万元)	16926.55	47297.37	22707.97	27829.99
	投资收益(万元)	-	-	-	-
	净利润(万元)	4392.94	7026.48	2666.26	5374.15
	利润总额(万元)	5039.59	8227.93	3140.76	6341.07

深圳广田装饰集团股份有限公司

公司概况	公司名称	深圳广田装饰集团股份有限公司			证券简称	广田股份
	法人代表	叶远西	董秘	王宏坤	证券代码	002482
	公司网址	www.szgt.com		电子信箱	zq@szgt.com	
	电　　话	0755-22190518		传　　真	0755-22190528	
	办公地址	广东省深圳市罗湖区沿河北路 1003 号京基东方都会大厦 1-3 层				
	经营范围	建筑装饰工程的设计与施工、为大型房地产项目、政府机构、大型国企等				

	指标\报告期	2012.06.30	2011.12.31	2011.06.30	2010.12.31
主要财务指标	基本每股收益(元)	0.2700	0.8800	0.2600	0.8200
	基本每股收益(扣除后)(元)	0.2700	0.8800	0.2700	0.8000
	每股净资产(元)	5.6200	8.6400	8.1800	15.7100
	每股经营现金净流量(元)	-0.7696	-1.5113	-1.2328	0.6412
	每股现金流量(元)	-0.1953	-1.0184	-0.8529	3.8491
	每股资本公积金(元)	3.5658	6.2762	6.2711	12.5423
	每股盈余公积金(元)	0.1198	0.1917	0.1049	0.2098
	每股未分配利润(元)	0.9370	1.1684	0.8008	1.9543
	净资产收益率(%)	4.7900	10.1680	5.1800	8.5280
	加权净资产收益率(%)	4.8800	10.6600	5.2600	23.5800
	净资产收益率(扣除)(%)	-	-	-	-
	总资产(万元)	588426.76	535052.04	396288.63	355947.90
	归属母公司股东权益(万元)	287879.22	276364.71	261658.87	251302.11
	主营业务收入(万元)	250217.34	540917.35	241351.57	419359.26
	营业收入(万元)	250270.42	541047.96	241395.85	419820.31
	主营成本(万元)	211632.70	462870.96	207812.61	367973.65
	营业成本(万元)	211659.55	462947.44	207839.46	368113.45
	投资收益(万元)	-	-	-	-
	净利润(万元)	13784.42	28099.38	13556.76	21432.08
	利润总额(万元)	18378.42	36963.14	17871.59	27354.59

江苏润邦重工股份有限公司

公司概况					
公司名称	江苏润邦重工股份有限公司			证券简称	润邦股份
法人代表	吴建	董秘	谢贵兴	证券代码	002483
公司网址	www.rainbowgroup.com.cn		电子信箱	irm@jiangsurhi.com	
电　话	0513-80100206		传　真	0513-80100206	
办公地址	江苏省南通市经济技术开发区振兴西路9号				
经营范围	重型装备的设计、生产、销售及服务				

主要财务指标：指标\报告期	2012.06.30	2011.12.31	2011.06.30	2010.12.31
基本每股收益(元)	0.1000	0.5500	0.2300	0.6300
基本每股收益(扣除后)(元)	0.1100	0.5500	0.2300	0.5600
每股净资产(元)	5.6000	5.6200	5.3000	9.1200
每股经营现金净流量(元)	−0.0587	0.0162	−0.2612	0.3911
每股现金流量(元)	0.0273	−0.8632	−0.5102	6.1363
每股资本公积金(元)	3.5130	3.5130	3.5130	7.1233
每股盈余公积金(元)	0.0469	0.0469	0.0296	0.0533
每股未分配利润(元)	1.0448	1.0607	0.7563	0.9434
净资产收益率(%)	1.8600	9.8550	4.1300	10.0770
加权净资产收益率(%)	1.8400	10.3700	4.4800	26.5700
净资产收益率(扣除)(%)	–	–	–	–
总资产(万元)	291376.62	257411.68	240996.77	228791.45
归属母公司股东权益(万元)	201769.50	202339.80	190759.69	182400.16
主营业务收入(万元)	66380.16	176096.84	69079.72	128934.89
营业收入(万元)	67713.41	178468.67	70168.48	130698.27
主营成本(万元)	54045.16	136545.81	53017.34	96159.00
营业成本(万元)	54120.38	136723.99	53107.22	96419.64
投资收益(万元)	–	–	–	–
净利润(万元)	3695.48	19947.41	8350.26	18379.97
利润总额(万元)	4849.30	24612.85	11066.94	24537.88

南通江海电容器股份有限公司

公司概况					
公司名称	南通江海电容器股份有限公司			证券简称	江海股份
法人代表	陈卫东	董秘	王汉明	证券代码	002484
公司网址	www.jianghai.com		电子信箱	info@jianghai.com	
电　话	0513-86726006		传　真	0513-86571812	
办公地址	江苏省南通市通州区平潮镇通扬南路79号				
经营范围	生产加工电容器及其材料、配件、电容器设备、仪器、仪表及配件等				

主要财务指标：指标\报告期	2012.06.30	2011.12.31	2011.06.30	2010.12.31
基本每股收益(元)	0.2200	0.6530	0.3300	0.6600
基本每股收益(扣除后)(元)	0.2055	0.6539	0.3324	0.5885
每股净资产(元)	6.3200	7.9400	7.6100	7.6600
每股经营现金净流量(元)	0.2815	0.2245	0.0754	0.2237
每股现金流量(元)	0.0046	−0.9945	−0.5997	4.0175
每股资本公积金(元)	3.8981	5.3675	5.3675	5.3675
每股盈余公积金(元)	0.1956	0.2543	0.1661	0.1661
每股未分配利润(元)	1.2268	1.3138	1.0806	1.1240
净资产收益率(%)	3.4200	8.2290	4.3500	7.0230
加权净资产收益率(%)	3.4800	8.3800	4.2400	14.3800
净资产收益率(扣除)(%)	–	–	–	–
总资产(万元)	158911.89	152707.76	153973.55	148645.97
归属母公司股东权益(万元)	131465.88	126969.18	121826.37	122520.92
主营业务收入(万元)	47466.31	100644.73	48129.57	79600.34
营业收入(万元)	48535.46	103672.56	49751.83	81248.07
主营成本(万元)	38103.71	79832.30	37843.42	63694.96
营业成本(万元)	38888.20	82481.38	43853.05	64511.39
投资收益(万元)	464.42	1625.63	775.52	1289.37
净利润(万元)	4517.40	11109.62	5784.88	8751.07
利润总额(万元)	5141.82	12834.43	6653.33	9811.93

希努尔男装股份有限公司

公司概况					
公司名称	希努尔男装股份有限公司			证券简称	希 努 尔
法人代表	王桂波	董秘	王润田	证券代码	002485
公司网址	www.sinoer.com		电子信箱	sinoer0899@sinoer.cn	
电　话	0536-6076188		传　真	0536-6076188	
办公地址	山东省诸城市东环路58号				
经营范围	中高档西服、衬衣及服饰的制造、销售本公司制造的产品等				

主要财务指标：指标\报告期	2012.06.30	2011.12.31	2011.06.30	2010.12.31
基本每股收益(元)	0.2400	1.0000	0.2200	0.8800
基本每股收益(扣除后)(元)	0.2400	0.9900	0.2200	0.8800
每股净资产(元)	6.0400	9.7900	9.1549	9.3000
每股经营现金净流量(元)	0.0330	0.4175	0.0983	0.4918
每股现金流量(元)	−0.6378	−4.5951	−1.8411	5.8878
每股资本公积金(元)	3.9438	6.9101	6.9101	6.9101
每股盈余公积金(元)	0.1652	0.2643	0.1648	0.1648
每股未分配利润(元)	0.9334	1.6162	1.0800	1.2204
净资产收益率(%)	3.9000	10.1660	3.9300	7.7267
加权净资产收益率(%)	3.8100	10.4300	3.7900	17.2000
净资产收益率(扣除)(%)	–	–	–	–
总资产(万元)	237681.24	223046.39	230341.75	232083.88
归属母公司股东权益(万元)	193358.70	195813.65	183097.50	185906.58
主营业务收入(万元)	55392.52	114727.34	48308.19	99607.54
营业收入(万元)	55424.80	114779.71	48371.56	100284.63
主营成本(万元)	31232.29	65318.01	27499.96	60620.26
营业成本(万元)	31237.83	65363.36	27533.22	61291.84
投资收益(万元)	–	–	–	–
净利润(万元)	7545.05	19907.07	7190.91	14364.41
利润总额(万元)	8821.46	23443.54	8486.24	17223.92

上海嘉麟杰纺织品股份有限公司

公司概况					
公司名称	上海嘉麟杰纺织品股份有限公司			证券简称	嘉 麟 杰
法人代表	黄伟国	董秘	凌云	证券代码	002486
公司网址	www.challenge-21c.com		电子信箱	skyling.sct@challenge-21c.com	
电　话	021-37330000		传　真	021-57381910	
办公地址	上海市金山区亭林镇亭枫公路1918号				
经营范围	高档针织面料的研发、生产和销售				

主要财务指标：指标\报告期	2012.06.30	2011.12.31	2011.06.30	2010.12.31
基本每股收益(元)	0.1004	0.3500	0.1646	0.3600
基本每股收益(扣除后)(元)	0.0942	0.3500	0.1567	0.3700
每股净资产(元)	4.5142	4.5353	4.3500	4.3300
每股经营现金净流量(元)	0.1153	0.3063	0.0493	0.2072
每股现金流量(元)	−0.4511	−0.6113	−0.5363	2.0194
每股资本公积金(元)	2.6151	2.6151	2.6148	2.6148
每股盈余公积金(元)	0.1195	0.1195	0.0793	0.0793
每股未分配利润(元)	0.7755	0.7951	0.6466	0.6320
净资产收益率(%)	2.2200	7.7900	3.7900	6.8260
加权净资产收益率(%)	2.2100	7.9900	3.7700	13.1000
净资产收益率(扣除)(%)	–	–	–	–
总资产(万元)	112375.39	115518.46	113539.54	106741.80
归属母公司股东权益(万元)	93894.39	94334.83	90395.64	90106.45
主营业务收入(万元)	41641.40	85569.82	42420.31	68568.76
营业收入(万元)	41641.40	85569.82	42420.31	68568.76
主营成本(万元)	32649.32	65459.78	32743.46	50814.13
营业成本(万元)	32649.32	65459.78	32743.46	50814.13
投资收益(万元)	–	–	–	–
净利润(万元)	2088.81	7348.90	3459.60	6209.48
利润总额(万元)	2428.78	8765.88	4266.50	7444.59

辽宁大金重工股份有限公司

公司概况	公司名称	辽宁大金重工股份有限公司			证券简称	大金重工
	法人代表	金鑫	董秘	唐凤华	证券代码	002487
	公司网址	www.dajin.cn		电子信箱	stock@dajin.cn	
	电　　话	0418-6602618		传　　真	0418-6602618	
	办公地址	辽宁省阜新市新邱区新邱大街 155 号				
	经营范围	钢结构制造、安装、金属门窗制造、安装、海洋工程、石化、港口机械制造等				

	指标\报告期	2012.06.30	2011.12.31	2011.06.30	2010.12.31
主要财务指标	基本每股收益(元)	0.0600	0.4400	0.1800	1.0000
	基本每股收益(扣除后)(元)	0.0600	0.3500	0.1400	0.9100
	每股净资产(元)	8.1200	12.1900	12.0100	11.7500
	每股经营现金净流量(元)	0.3017	0.3882	0.1338	-0.9576
	每股现金流量(元)	0.0455	-0.1554	-0.0687	7.1897
	每股资本公积金(元)	6.2233	9.8350	9.8350	9.8350
	每股盈余公积金(元)	0.1050	0.1575	0.1067	0.1067
	每股未分配利润(元)	0.7890	1.1945	1.0686	0.8035
	净资产收益率(%)	0.7300	3.6430	2.2100	6.9310
	加权净资产收益率(%)	0.7300	3.7100	2.2300	17.9900
	净资产收益率(扣除)(%)	-	-	-	-
	总资产(万元)	173274.27	152264.32	153038.99	151823.65
	归属母公司股东权益(万元)	146111.77	146242.94	144122.37	140942.06
	主营业务收入(万元)	14922.13	42933.06	22348.74	60998.01
	营业收入(万元)	15364.07	43380.83	22598.97	61543.38
	主营成本(万元)	13630.47	36677.16	18447.07	46150.40
	营业成本(万元)	13630.47	36677.68	18447.07	46151.33
	投资收益(万元)	-	-	-	-
	净利润(万元)	1068.83	5327.38	3180.31	9768.96
	利润总额(万元)	1162.75	6256.27	3677.42	11522.89

浙江金固股份有限公司

公司概况	公司名称	浙江金固股份有限公司			证券简称	金固股份
	法人代表	孙金国	董秘	倪永华	证券代码	002488
	公司网址	www.jgwheel.com		电子信箱	jingu@jgwheel.com	
	电　　话	0571-63133920		传　　真	0571-63133950 63102488	
	办公地址	浙江省富阳市富春街道公园西路 1181 号				
	经营范围	从事汽车钢制车轮的研发、制造、销售				

	指标\报告期	2012.06.30	2011.12.31	2011.06.30	2010.12.31
主要财务指标	基本每股收益(元)	0.2200	0.3900	0.1900	0.4300
	基本每股收益(扣除后)(元)	0.2200	0.3800	0.2000	0.3800
	每股净资产(元)	4.9200	5.0000	4.8000	7.2100
	每股经营现金净流量(元)	0.1519	-0.4113	-0.6447	0.6036
	每股现金流量(元)	-0.3917	-1.3180	0.1371	3.8130
	每股资本公积金(元)	3.1030	3.1030	3.1076	5.1614
	每股盈余公积金(元)	0.1065	0.1065	0.0695	0.1043
	每股未分配利润(元)	0.7091	0.7884	0.6261	0.9488
	净资产收益率(%)	4.4900	7.8610	3.8700	7.0780
	加权净资产收益率(%)	4.3200	8.0900	3.9500	18.5300
	净资产收益率(扣除)(%)	-	-	-	-
	总资产(万元)	173232.48	161950.49	159863.48	134816.63
	归属母公司股东权益(万元)	88534.96	89961.67	86458.97	86573.62
	主营业务收入(万元)	37920.56	67731.26	31691.39	53948.19
	营业收入(万元)	41654.29	77561.58	35807.32	59073.58
	主营成本(万元)	27137.75	45938.34	21419.52	35972.60
	营业成本(万元)	30035.91	55538.59	24955.27	40983.20
	投资收益(万元)	-	-48.87	-43.86	-
	净利润(万元)	3943.69	7030.18	3504.79	6193.23
	利润总额(万元)	4477.39	8212.87	4102.85	7171.64

浙江永强集团股份有限公司

公司概况	公司名称	浙江永强集团股份有限公司			证券简称	浙江永强
	法人代表	谢建勇	董秘	谢建勇(代)	证券代码	002489
	公司网址	www.yotrio.com		电子信箱	yotrioir@yotrio.com	
	电　　话	0576-85956868 85956368		传　　真	0576-85956299	
	办公地址	浙江省临海市前江南路 1 号				
	经营范围	户外用品及家具、遮阳用品、工艺品、金属铁制品的制造、销售等				

	指标\报告期	2012.06.30	2011.12.31	2011.06.30	2010.12.31
主要财务指标	基本每股收益(元)	0.4400	1.1100	0.4400	1.3100
	基本每股收益(扣除后)(元)	0.4400	1.0700	0.4400	1.3100
	每股净资产(元)	6.3200	12.8500	12.5600	12.7500
	每股经营现金净流量(元)	2.6942	-0.7495	1.9571	0.1617
	每股现金流量(元)	1.8340	-2.9241	0.3214	7.8172
	每股资本公积金(元)	4.0356	9.1609	9.1010	9.1715
	每股盈余公积金(元)	0.1766	0.3546	0.1421	0.1421
	每股未分配利润(元)	1.1140	2.3513	2.3398	2.4548
	净资产收益率(%)	6.9800	8.6330	7.0400	8.1618
	加权净资产收益率(%)	6.8600	8.7800	6.8800	22.2000
	净资产收益率(扣除)(%)	-	-	-	-
	总资产(万元)	413252.10	394376.11	379264.88	415038.41
	归属母公司股东权益(万元)	304347.65	308305.58	301543.12	306010.01
	主营业务收入(万元)	178682.34	283886.01	161955.18	239570.81
	营业收入(万元)	179441.78	286467.12	162748.94	240641.21
	主营成本(万元)	138874.06	220514.85	124632.53	174188.18
	营业成本(万元)	139391.89	222101.96	125145.11	174969.84
	投资收益(万元)	162.38	67.64	45.00	49.02
	净利润(万元)	21243.45	26615.06	21238.76	24975.82
	利润总额(万元)	29050.15	36375.10	27721.78	33519.34

山东墨龙石油机械股份有限公司

公司概况	公司名称	山东墨龙石油机械股份有限公司			证券简称	山东墨龙
	法人代表	张恩荣	董秘	张云三(代)	证券代码	002490
	公司网址	www.molonggroup.com		电子信箱	dsh@molonggroup.com	
	电　　话	0536-5100890		传　　真	0536-5100888	
	办公地址	山东省潍坊市寿光市北环路 99 号				
	经营范围	抽油泵、抽油杆、抽油机、抽油管、石油机械、纺织机械、石油设备等				

	指标\报告期	2012.06.30	2011.12.31	2011.06.30	2010.12.31
主要财务指标	基本每股收益(元)	0.1900	0.4200	0.1900	0.8100
	基本每股收益(扣除后)(元)	0.1700	0.3500	0.1600	0.7400
	每股净资产(元)	7.1900	7.0100	6.7700	6.7300
	每股经营现金净流量(元)	0.1765	0.2197	0.0424	0.9752
	每股现金流量(元)	0.0060	-1.0117	-0.8657	1.3238
	每股资本公积金(元)	3.1295	3.1295	3.1294	3.1294
	每股盈余公积金(元)	0.3960	0.3960	0.3519	0.3519
	每股未分配利润(元)	2.6706	2.4808	2.2908	2.2529
	净资产收益率(%)	2.6400	6.0230	3.0500	10.2810
	加权净资产收益率(%)	2.6700	6.1400	3.0200	17.7000
	净资产收益率(扣除)(%)	-	-	-	-
	总资产(万元)	528805.60	468893.14	451382.73	458641.08
	归属母公司股东权益(万元)	287005.68	279501.44	270044.18	268599.04
	主营业务收入(万元)	156381.95	268411.55	148277.86	265274.66
	营业收入(万元)	158389.98	273869.18	151949.70	270390.68
	主营成本(万元)	140255.05	236451.93	134835.02	218992.49
	营业成本(万元)	141913.29	240767.17	137499.10	223750.67
	投资收益(万元)	-	25.33	-	19.13
	净利润(万元)	8262.68	16904.22	7565.14	27698.03
	利润总额(万元)	10228.20	20006.45	8858.50	32448.38

江苏通鼎光电股份有限公司

公司概况						
	公司名称	江苏通鼎光电股份有限公司			证券简称	通鼎光电
	法人代表	沈小平	董秘	贺忠良	证券代码	002491
	公司网址	www.tdgd.com.cn			电子信箱	hezl@tdgd.com.cn
	电　话	0512-63878226			传　真	0512-63877239
	办公地址	江苏省吴江市震泽镇八都经济开发区小平大道8号				
	经营范围	市内通信电缆、光缆和铁路信号电缆的生产和销售等				

主要财务指标	指标\报告期	2012.06.30	2011.12.31	2011.06.30	2010.12.31
	基本每股收益(元)	0.2486	0.5949	0.3366	0.6766
	基本每股收益(扣除后)(元)	0.2346	0.5977	0.3365	0.6456
	每股净资产(元)	5.8200	5.7700	5.5100	5.2800
	每股经营现金净流量(元)	-1.0090	0.1363	-1.0251	0.2474
	每股现金流量(元)	-0.1922	-0.1356	-0.6949	2.3442
	每股资本公积金(元)	3.3378	3.3378	3.3378	3.3378
	每股盈余公积金(元)	0.1547	0.1547	0.0936	0.0936
	每股未分配利润(元)	1.3269	1.2784	1.0811	0.8445
	净资产收益率(%)	4.2700	10.3090	6.1100	10.1500
	加权净资产收益率(%)	4.2400	10.7900	6.2000	24.0500
	净资产收益率(扣除)(%)	-	-	-	-
	总资产(万元)	326875.53	245155.57	219195.37	198399.82
	归属母公司股东权益(万元)	155844.72	154543.49	147626.50	141289.16
	主营业务收入(万元)	127036.42	178132.35	83128.13	133668.06
	营业收入(万元)	132014.19	186161.06	83183.13	133899.21
	主营成本(万元)	103773.40	137824.24	62865.43	102187.19
	营业成本(万元)	108621.00	145695.75	62933.83	102353.34
	投资收益(万元)	-96.88	-451.52	66.23	35.32
	净利润(万元)	6452.23	16033.25	8975.62	14265.14
	利润总额(万元)	7743.48	19013.51	10590.70	17034.89

珠海恒基达鑫国际化工仓储股份有限公司

公司概况						
	公司名称	珠海恒基达鑫国际化工仓储股份有限公司			证券简称	恒基达鑫
	法人代表	王青运	董秘	苏清卫	证券代码	002492
	公司网址	www.winbase-tank.com			电子信箱	winbase@winbase-tank.com
	电　话	0756-3226342 3226242			传　真	0756-3359588
	办公地址	广东省珠海市高栏港经济区南迳湾				
	经营范围	液体化工产品和油品的码头、仓储的建设与经营等				

主要财务指标	指标\报告期	2012.06.30	2011.12.31	2011.06.30	2010.12.31
	基本每股收益(元)	0.3105	0.4630	0.2180	0.5266
	基本每股收益(扣除后)(元)	0.3101	0.4520	0.2123	0.5147
	每股净资产(元)	6.5932	6.3827	6.1488	6.0760
	每股经营现金净流量(元)	0.3768	0.8252	0.3929	1.0115
	每股现金流量(元)	-0.3874	-1.6633	-0.9656	3.6042
	每股资本公积金(元)	3.9794	3.9794	3.9959	3.9727
	每股盈余公积金(元)	0.1557	0.1557	0.1052	0.1052
	每股未分配利润(元)	1.4211	1.2106	1.0161	0.9981
	净资产收益率(%)	4.7100	7.2540	3.5500	6.8610
	加权净资产收益率(%)	4.7600	7.5000	3.5300	15.0500
	净资产收益率(扣除)(%)	-	-	-	-
	总资产(万元)	99909.18	98665.66	100779.11	107798.82
	归属母公司股东权益(万元)	79117.89	76592.02	73785.92	72911.99
	主营业务收入(万元)	9456.13	15637.92	7884.22	16814.50
	营业收入(万元)	9621.95	16041.08	8124.89	17295.40
	主营成本(万元)	3590.60	6578.18	3295.68	7886.71
	营业成本(万元)	3609.84	6623.72	3311.26	8045.48
	投资收益(万元)	-	-	-	-
	净利润(万元)	3725.76	5556.33	2616.29	5061.08
	利润总额(万元)	4770.40	7536.27	3628.80	6586.35

荣盛石化股份有限公司

公司概况						
	公司名称	荣盛石化股份有限公司			证券简称	荣盛石化
	法人代表	李水荣	董秘	全卫英	证券代码	002493
	公司网址	www.cnrspc.com			电子信箱	rspc@cnrspc.com
	电　话	0571-82520189			传　真	0571-82527208 8150
	办公地址	浙江省杭州市萧山区益农镇浙江荣盛控股集团大楼				
	经营范围	PTA、聚酯纤维相关产品的生产和销售等				

主要财务指标	指标\报告期	2012.06.30	2011.12.31	2011.06.30	2010.12.31
	基本每股收益(元)	0.2100	1.4600	0.9400	1.5100
	基本每股收益(扣除后)(元)	0.1500	1.3900	0.9000	1.5400
	每股净资产(元)	6.1100	6.3900	5.8800	10.6900
	每股经营现金净流量(元)	0.4785	0.1537	0.3354	3.9299
	每股现金流量(元)	-1.0883	0.6144	0.0965	2.1859
	每股资本公积金(元)	2.1943	2.1943	2.1943	5.3886
	每股盈余公积金(元)	0.1475	0.1475	0.1019	0.2039
	每股未分配利润(元)	2.7615	3.0472	2.5833	4.0867
	净资产收益率(%)	3.3000	22.7910	16.1700	25.8600
	加权净资产收益率(%)	3.3000	25.0900	16.1700	55.1200
	净资产收益率(扣除)(%)	-	-	-	-
	总资产(万元)	1942092.95	1756028.44	1523410.33	1266580.85
	归属母公司股东权益(万元)	679049.58	710857.08	654220.15	594183.27
	主营业务收入(万元)	1131496.64	2372046.70	1065616.38	1498678.72
	营业收入(万元)	1145376.85	2387348.45	1075364.77	1579567.89
	主营成本(万元)	1090794.14	2132823.63	914144.29	1245176.46
	营业成本(万元)	1103730.66	2145360.32	922880.87	1321528.04
	投资收益(万元)	13873.00	50142.66	27037.15	45375.07
	净利润(万元)	38089.69	223562.10	148519.53	222351.05
	利润总额(万元)	42426.53	259690.60	171726.41	257738.13

华斯农业开发股份有限公司

公司概况						
	公司名称	华斯农业开发股份有限公司			证券简称	华斯股份
	法人代表	贺国英	董秘	郗惠宁	证券代码	002494
	公司网址	www.huasiag.com			电子信箱	huasi@huasiag.com
	电　话	0317-5090055			传　真	0317-5115789
	办公地址	河北省沧州市肃宁县尚村镇				
	经营范围	农业高新技术产品的研发、裘皮、革皮、尾毛及其制品的加工、销售等				

主要财务指标	指标\报告期	2012.06.30	2011.12.31	2011.06.30	2010.12.31
	基本每股收益(元)	0.2800	0.5500	0.2400	0.5900
	基本每股收益(扣除后)(元)	0.2800	0.5300	0.2400	0.5500
	每股净资产(元)	8.1700	7.9900	7.6800	7.5400
	每股经营现金净流量(元)	-0.3429	0.9488	0.1656	-0.5266
	每股现金流量(元)	-1.0227	0.5838	-0.1317	3.8468
	每股资本公积金(元)	5.8230	5.8230	5.8230	5.8230
	每股盈余公积金(元)	0.1331	0.1331	0.0771	0.0771
	每股未分配利润(元)	1.2130	1.0306	0.7805	0.6402
	净资产收益率(%)	3.4600	6.8420	3.1300	6.1548
	加权净资产收益率(%)	3.4700	7.0400	3.1400	15.4000
	净资产收益率(扣除)(%)	-	-	-	-
	总资产(万元)	102978.15	102455.36	98587.72	89612.77
	归属母公司股东权益(万元)	92719.45	90649.64	87175.39	85582.37
	主营业务收入(万元)	23550.22	45724.94	19485.89	40210.98
	营业收入(万元)	23995.03	47032.65	19999.99	41333.32
	主营成本(万元)	18185.37	35886.33	15129.61	30964.80
	营业成本(万元)	18616.73	37137.57	15619.23	32030.96
	投资收益(万元)	-	-	-	-
	净利润(万元)	3068.99	6148.72	2724.22	5267.41
	利润总额(万元)	3653.23	7274.44	3177.75	6206.41

广东佳隆食品股份有限公司

公司概况					
公司名称	广东佳隆食品股份有限公司			证券简称	佳隆股份
法人代表	林平涛	董秘	甘宏民	证券代码	002495
公司网址	www.gdjlfood.com		电子信箱	arkam@139.com	
电　话	0663-2912816		传　真	0663-2918011	
办公地址	广东省普宁市池尾工业区上寮园256幢0138号				
经营范围	从事食品研究开发、调味品、罐头食品生产、销售				

主要财务指标 指标\报告期	2012.06.30	2011.12.31	2011.06.30	2010.12.31
基本每股收益(元)	0.1137	0.3100	0.1077	0.3900
基本每股收益(扣除后)(元)	0.1139	0.3100	0.1058	0.4000
每股净资产(元)	3.7100	5.6500	5.4800	9.8100
每股经营现金净流量(元)	0.1401	0.2208	-0.0795	0.2890
每股现金流量(元)	-0.4050	0.6743	-0.2478	1.7003
每股资本公积金(元)	2.1526	3.7205	3.7205	7.4969
每股盈余公积金(元)	0.0818	0.1236	0.0925	0.1665
每股未分配利润(元)	0.4795	0.8058	0.6688	1.1457
净资产收益率(%)	3.0500	5.5140	2.9400	5.6712
加权净资产收益率(%)	2.9800	5.6200	2.9300	16.8000
净资产收益率(扣除)(%)	-	-	-	-
总资产(万元)	111408.92	109248.09	105167.15	105699.35
归属母公司股东权益(万元)	105140.30	105766.54	102618.79	102014.19
主营业务收入(万元)	13963.60	28528.77	13391.65	27100.86
营业收入(万元)	13963.60	28528.77	13391.65	27100.86
主营成本(万元)	7849.11	17424.78	8189.48	16891.61
营业成本(万元)	7849.11	17424.78	8189.48	16891.61
投资收益(万元)	-	-	-	-
净利润(万元)	3208.04	5832.35	3024.89	5785.45
利润总额(万元)	3740.06	6834.48	3535.34	6697.52

江苏辉丰农化股份有限公司

公司概况					
公司名称	江苏辉丰农化股份有限公司			证券简称	辉丰股份
法人代表	仲汉根	董秘	贲银良	证券代码	002496
公司网址	www.hfagro.com		电子信箱	jshuifenggufen@163.com	
电　话	0515-83255333		传　真	0515-83516755	
办公地址	江苏省大丰市人民中路92号				
经营范围	化学农药产品的研发、生产及销售等				

主要财务指标 指标\报告期	2012.06.30	2011.12.31	2011.06.30	2010.12.31
基本每股收益(元)	0.3100	0.3900	0.2300	0.8200
基本每股收益(扣除后)(元)	0.3000	0.3700	0.2100	0.7600
每股净资产(元)	10.3200	10.0700	9.9100	16.0700
每股经营现金净流量(元)	0.5662	-0.6468	-0.4141	1.1843
每股现金流量(元)	0.0546	-1.0189	-0.8297	10.1966
每股资本公积金(元)	6.9605	6.9661	6.9661	11.7301
每股盈余公积金(元)	0.2381	0.2432	0.2082	0.3332
每股未分配利润(元)	2.1227	1.8602	1.7318	3.0089
净资产收益率(%)	2.9200	3.8700	2.2800	6.2663
加权净资产收益率(%)	3.0000	3.9100	2.3200	19.7400
净资产收益率(扣除)(%)	-	-	-	-
总资产(万元)	275054.00	237272.61	206004.18	186280.09
归属母公司股东权益(万元)	168666.65	161112.64	158497.53	160721.41
主营业务收入(万元)	69623.62	103759.09	38770.13	79020.84
营业收入(万元)	71422.13	104793.82	38991.11	79243.73
主营成本(万元)	53839.94	78184.42	28478.07	54938.29
营业成本(万元)	55086.32	79145.46	28625.72	55155.20
投资收益(万元)	61.72	52.59	59.45	-
净利润(万元)	6052.63	6712.42	3591.93	10080.37
利润总额(万元)	7279.67	8123.43	4198.56	11769.71

四川雅化实业集团股份有限公司

公司概况					
公司名称	四川雅化实业集团股份有限公司			证券简称	雅化集团
法人代表	郑戎	董秘	刘平凯	证券代码	002497
公司网址	www.scyahua.com		电子信箱	yhjt@scyahua.com	
电　话	0835-2872161 2872166		传　真	0835-2872161	
办公地址	四川省雅安市雨城区陇西路20号				
经营范围	工业炸药、民用爆破器材、表面活性剂、纸箱、其他化工产品等				

主要财务指标 指标\报告期	2012.06.30	2011.12.31	2011.06.30	2010.12.31
基本每股收益(元)	0.3400	0.5900	0.3600	0.6700
基本每股收益(扣除后)(元)	0.3100	0.5600	0.3500	0.5900
每股净资产(元)	5.7400	5.6800	5.4700	10.3900
每股经营现金净流量(元)	0.2628	0.4942	0.2188	1.2939
每股现金流量(元)	-0.9860	-1.0643	-1.6226	7.9372
每股资本公积金(元)	3.2125	3.2135	3.2187	7.3516
每股盈余公积金(元)	0.1025	0.1025	0.0931	0.0818
每股未分配利润(元)	1.2248	1.1870	0.9478	1.6096
净资产收益率(%)	5.8900	10.4450	6.2700	9.8976
加权净资产收益率(%)	5.8700	10.9800	6.6800	33.0600
净资产收益率(扣除)(%)	-	-	-	-
总资产(万元)	211677.51	204187.41	197926.57	182180.47
归属母公司股东权益(万元)	183636.06	181907.13	175158.98	166218.04
主营业务收入(万元)	53602.07	109645.01	53796.46	75571.83
营业收入(万元)	53905.95	110559.60	54017.81	76309.79
主营成本(万元)	30193.21	63420.31	29611.81	38616.40
营业成本(万元)	30320.32	63916.89	29692.55	39066.85
投资收益(万元)	819.22	2116.08	687.63	218.01
净利润(万元)	11633.32	20079.10	12132.96	16808.76
利润总额(万元)	13633.65	24094.01	14695.82	18407.83

青岛汉缆股份有限公司

公司概况					
公司名称	青岛汉缆股份有限公司			证券简称	汉缆股份
法人代表	张华凯	董秘	王正庄	证券代码	002498
公司网址	www.hanhe-cable.com		电子信箱	hanhe1@hanhe-cable.com	
电　话	0532-88817759		传　真	0532-88817462	
办公地址	山东省青岛市崂山区九水东路628号				
经营范围	电线、电缆、光缆、电子通信电缆及相关材料制造等				

主要财务指标 指标\报告期	2012.06.30	2011.12.31	2011.06.30	2010.12.31
基本每股收益(元)	0.1200	0.4100	0.2100	0.6300
基本每股收益(扣除后)(元)	0.1200	0.4200	0.2000	0.5400
每股净资产(元)	5.2500	4.9400	4.7100	7.0100
每股经营现金净流量(元)	-0.2355	-0.3799	-0.9714	-0.2522
每股现金流量(元)	-0.3633	-0.6641	-1.1977	3.0048
每股资本公积金(元)	2.2162	2.0047	2.0047	3.5070
每股盈余公积金(元)	0.2094	0.2125	0.1669	0.2557
每股未分配利润(元)	1.8240	1.7258	1.5382	2.2437
净资产收益率(%)	2.3500	8.2030	4.4000	12.2310
加权净资产收益率(%)	2.4800	8.4300	4.3700	25.8700
净资产收益率(扣除)(%)	-	-	-	-
总资产(万元)	492229.28	445584.30	428217.54	409582.56
归属母公司股东权益(万元)	375577.13	348483.84	332041.13	329299.04
主营业务收入(万元)	143985.03	369739.68	162229.73	308354.83
营业收入(万元)	151816.68	376408.37	166880.86	309825.19
主营成本(万元)	121168.00	307888.11	134924.30	242869.36
营业成本(万元)	128391.49	313692.17	139208.11	243476.27
投资收益(万元)	266.58	-6261.98	-1261.86	4130.55
净利润(万元)	8829.32	28310.05	14415.09	39941.68
利润总额(万元)	10516.31	33964.09	16937.98	47193.94

科林环保装备股份有限公司

公司概况						
公司名称	科林环保装备股份有限公司			证券简称	科林环保
法人代表	宋七棣	董秘	徐天平	证券代码	002499
公司网址	www.kelin-china.com			电子信箱	zq@kelin-china.com
电　　话	0512-62515549 62515218			传　　真	0512-62515528 62515217
办公地址	江苏省吴江市松陵镇八坼社区交通路8号				
经营范围	袋式除尘器的研发、设计、制造、销售及袋式除尘系统设计业务等				

主要财务指标

指标＼报告期	2012.06.30	2011.12.31	2011.06.30	2010.12.31
基本每股收益(元)	0.1300	0.5600	0.2200	0.7400
基本每股收益(扣除后)(元)	0.1000	0.4300	0.1400	0.6300
每股净资产(元)	5.7200	8.5900	8.1500	8.1100
每股经营现金净流量(元)	-0.1579	-0.6682	-0.0401	-0.0661
每股现金流量(元)	-0.5477	-2.4950	-1.2915	5.3436
每股资本公积金(元)	3.7475	6.1125	6.1104	6.1115
每股盈余公积金(元)	0.1210	0.1815	0.1255	0.1255
每股未分配利润(元)	0.8550	1.1905	0.9176	0.8768
净资产收益率(%)	2.2370	6.5970	2.4900	7.0250
加权净资产收益率(%)	2.2300	6.7600	2.5900	23.5100
净资产收益率(扣除)(%)	-	-	-	-
总资产(万元)	86746.61	85385.58	77463.77	76907.73
归属母公司股东权益(万元)	64389.31	64425.75	61151.49	60854.28
主营业务收入(万元)	20610.98	37637.50	16998.70	31782.22
营业收入(万元)	20892.78	39063.12	17507.63	32353.42
主营成本(万元)	16203.27	28939.02	13277.35	22272.84
营业成本(万元)	16355.26	29672.58	13532.21	22642.40
投资收益(万元)	-	-	-	-
净利润(万元)	1420.65	4203.42	1571.88	4275.09
利润总额(万元)	1759.65	4817.35	1834.10	4975.16

山西证券股份有限公司

公司概况					
公司名称	山西证券股份有限公司			证券简称	山西证券
法人代表	侯巍	董秘	王怡里	证券代码	002500
公司网址	www.sxzq.com			电子信箱	sxzq@i618.com.cn
电　　话	0351-8686966 8686788			传　　真	0351-8686667 8686918
办公地址	山西省太原市府西街69号山西国际贸易中心东塔楼				
经营范围	证券经纪、证券自营、资产管理、投资银行、财务顾问等证券相关业务				

主要财务指标

指标＼报告期	2012.06.30	2011.12.31	2011.06.30	2010.12.31
基本每股收益(元)	0.0400	0.0800	0.0400	0.0800
基本每股收益(扣除后)(元)	0.0400	0.0800	0.0400	0.0800
每股净资产(元)	2.4900	2.4800	2.4900	2.4800
每股经营现金净流量(元)	-0.3922	-1.9480	-0.3922	-1.9480
每股现金流量(元)	0.1483	-2.9499	0.1483	-2.9499
每股资本公积金(元)	1.0888	1.0616	1.0888	1.0616
每股盈余公积金(元)	0.0702	0.0702	0.0702	0.0702
每股未分配利润(元)	0.1951	0.2094	0.1951	0.2094
净资产收益率(%)	1.4310	3.2420	1.4310	3.2420
加权净资产收益率(%)	1.4300	3.2100	1.4300	3.2100
净资产收益率(扣除)(%)	-	-	-	-
总资产(万元)	1377167.14	1310138.10	1377167.14	1310138.10
归属母公司股东权益(万元)	-	-	598608.06	595519.90
主营业务收入(万元)	598608.06	595519.90	-	-
营业收入(万元)	-	-	49020.49	109808.54
主营成本(万元)	49020.49	109808.54	-	-
营业成本(万元)	39122.44	-	39122.44	-
投资收益(万元)	4196.56	-1446.66	4196.56	-1446.66
净利润(万元)	7793.92	19366.74	7793.92	19366.74
利润总额(万元)	10122.89	27261.84	10122.89	27261.84

吉林利源铝业股份有限公司

公司概况					
公司名称	吉林利源铝业股份有限公司			证券简称	利源铝业
法人代表	王民	董秘	张莹莹	证券代码	002501
公司网址	www.liyuanlvye.com			电子信箱	liyuanxingcaizqb@sina.com
电　　话	0437-3166501			传　　真	0437-3166501
办公地址	吉林省辽源市民营经济开发区友谊工业园区				
经营范围	铝型材及深加工产品的研发、生产与销售业务				

主要财务指标

指标＼报告期	2012.06.30	2011.12.31	2011.06.30	2010.12.31
基本每股收益(元)	0.5700	0.7600	0.3800	0.6500
基本每股收益(扣除后)(元)	0.5300	0.7500	0.3700	0.6300
每股净资产(元)	7.0700	6.6900	6.3100	12.1700
每股经营现金净流量(元)	1.1513	-0.4693	0.7251	0.9294
每股现金流量(元)	1.5444	-2.9770	-0.0172	8.4315
每股资本公积金(元)	4.2205	4.2205	4.2205	9.4411
每股盈余公积金(元)	0.1587	0.1587	0.0771	0.1541
每股未分配利润(元)	1.6872	1.3134	1.0133	1.5760
净资产收益率(%)	8.1200	11.3110	5.9500	8.1970
加权净资产收益率(%)	8.3400	11.7100	6.0500	28.1900
净资产收益率(扣除)(%)	-	-	-	-
总资产(万元)	283046.49	223091.85	186506.34	178702.01
归属母公司股东权益(万元)	132283.04	125285.11	118139.79	113922.70
主营业务收入(万元)	77216.62	123495.18	56037.34	102562.67
营业收入(万元)	77216.62	123495.18	56037.34	102562.67
主营成本(万元)	58784.82	98805.91	44002.01	85470.60
营业成本(万元)	58784.82	98805.91	44002.01	85470.60
投资收益(万元)	-	-	-	-
净利润(万元)	10741.92	14170.42	7025.09	9338.10
利润总额(万元)	12658.26	16607.05	8276.41	11364.25

骅威科技股份有限公司

公司概况					
公司名称	骅威科技股份有限公司			证券简称	骅威股份
法人代表	郭卓才	董秘	刘先知	证券代码	002502
公司网址	www.huaweitoys.com			电子信箱	stock@huaweitoys.com
电　　话	0754-83689555			传　　真	0754-83689556
办公地址	广东省汕头市澄海区澄华工业区玉亭路				
经营范围	各类玩具产品的设计、开发、生产和销售等				

主要财务指标

指标＼报告期	2012.06.30	2011.12.31	2011.06.30	2010.12.31
基本每股收益(元)	0.1400	0.5500	0.2400	0.6900
基本每股收益(扣除后)(元)	0.1300	0.5400	0.2276	0.6400
每股净资产(元)	6.0700	9.5900	9.2800	9.2400
每股经营现金净流量(元)	-0.1189	0.3983	-0.0268	0.5766
每股现金流量(元)	-0.3057	-0.0793	-0.3431	6.0401
每股资本公积金(元)	3.8097	6.6954	6.6954	6.6954
每股盈余公积金(元)	0.1348	0.2156	0.1610	0.1610
每股未分配利润(元)	1.1232	1.6768	1.4265	1.3856
净资产收益率(%)	2.2700	5.6920	2.5900	5.7730
加权净资产收益率(%)	2.2800	5.8000	2.5800	20.1800
净资产收益率(扣除)(%)	-	-	-	-
总资产(万元)	87105.31	85651.09	83366.92	82797.59
归属母公司股东权益(万元)	85431.74	84373.42	81690.23	81330.69
主营业务收入(万元)	16179.59	47924.53	19596.59	47023.97
营业收入(万元)	16364.77	48063.07	19735.13	47087.93
主营成本(万元)	12197.64	37011.98	14972.56	36542.15
营业成本(万元)	12315.05	37074.84	15035.42	36607.05
投资收益(万元)	-0.03	8.26	-	-
净利润(万元)	1921.86	4802.72	2119.53	4695.30
利润总额(万元)	2272.63	5539.10	2499.19	5449.14

东莞市搜于特服装股份有限公司

公司概况

公司名称	东莞市搜于特服装股份有限公司			证券简称	搜于特
法人代表	马鸿	董秘	廖岗岩	证券代码	002503
公司网址	www.celucasn.com		电子信箱	syt@celucasn.com	
电　话	0769-81333505 88389888		传　真	0769-81333508	
办公地址	广东省东莞市道滘镇昌平第二工业区第一栋				
经营范围	设计、销售:服装、皮具、装饰品、日用品				

主要财务指标

指标\报告期	2012.06.30	2011.12.31	2011.06.30	2010.12.31
基本每股收益(元)	0.3300	1.0800	0.2300	0.7400
基本每股收益(扣除后)(元)	0.3300	1.0600	0.2200	0.7300
每股净资产(元)	6.2500	11.1500	10.4800	21.1400
每股经营现金净流量(元)	-0.0620	0.0720	-0.4615	0.7223
每股现金流量(元)	-0.1493	-2.1886	-2.2981	18.7493
每股资本公积金(元)	4.2387	8.4297	8.4297	17.8595
每股盈余公积金(元)	0.1231	0.2217	0.1142	0.2284
每股未分配利润(元)	0.8894	1.5016	0.9358	2.0534
净资产收益率(%)	5.3300	9.7050	3.9000	5.3690
加权净资产收益率(%)	5.2700	10.0800	3.8900	28.1100
净资产收益率(扣除)(%)	-	-	-	-
总资产(万元)	203239.60	216247.95	190134.15	189787.57
归属母公司股东权益(万元)	180037.32	178448.84	167676.13	169130.21
主营业务收入(万元)	66363.90	109960.84	44797.61	63288.02
营业收入(万元)	66435.57	109960.84	44797.61	63288.02
主营成本(万元)	43870.50	72254.34	29324.21	41249.30
营业成本(万元)	43922.29	72254.34	29324.21	41249.30
投资收益(万元)	-	-	-	-
净利润(万元)	9588.48	17318.64	6545.93	9080.15
利润总额(万元)	13000.43	23196.53	8740.37	12198.22

江苏东光微电子股份有限公司

公司概况

公司名称	江苏东光微电子股份有限公司			证券简称	东光微电
法人代表	沈建平	董秘	周玲燕	证券代码	002504
公司网址	www.jsdgme.com		电子信箱	lyzhou@jsdgme.com	
电　话	0510-87138930		传　真	0510-87138931	
办公地址	江苏省宜兴市新街百合工业园				
经营范围	半导体器件、集成电路的开发、设计、制造、销售、推广应用				

主要财务指标

指标\报告期	2012.06.30	2011.12.31	2011.06.30	2010.12.31
基本每股收益(元)	0.1200	0.2200	0.1700	0.3900
基本每股收益(扣除后)(元)	0.0090	0.0800	0.1130	0.3100
每股净资产(元)	6.4400	6.3200	6.2700	6.3000
每股经营现金净流量(元)	-0.2939	-0.2011	-0.1846	0.4945
每股现金流量(元)	-0.5211	-1.3864	-0.7485	2.7894
每股资本公积金(元)	3.8635	3.8635	3.8635	3.8635
每股盈余公积金(元)	0.2550	0.2550	0.2340	0.2340
每股未分配利润(元)	1.3167	1.1994	1.1683	1.2022
净资产收益率(%)	2.1900	3.4532	2.6400	4.8060
加权净资产收益率(%)	2.1900	3.4600	2.6400	11.0700
净资产收益率(扣除)(%)	-	-	-	-
总资产(万元)	76289.27	77129.34	76360.53	77358.38
归属母公司股东权益(万元)	68857.16	67601.77	67044.00	67407.32
主营业务收入(万元)	7163.53	17844.84	9006.44	20870.65
营业收入(万元)	7164.86	17844.84	9006.44	20870.65
主营成本(万元)	5952.81	13376.91	6406.14	14191.59
营业成本(万元)	5954.15	13376.91	6406.14	14191.59
投资收益(万元)	-	-	-	-
净利润(万元)	1246.69	2334.45	1776.68	3239.57
利润总额(万元)	1495.51	2663.26	2041.86	3537.57

湖南大康牧业股份有限公司

公司概况

公司名称	湖南大康牧业股份有限公司			证券简称	大康牧业
法人代表	陈黎明	董秘	严芳	证券代码	002505
公司网址	www.dakangmuye.com		电子信箱	yanfang@dakangmuye.com	
电　话	0745-2828533 2828532		传　真	0745-8689262 2828532	
办公地址	湖南省怀化市鹤城区鸭嘴岩工业园3栋				
经营范围	种猪、仔猪、育肥猪以及饲料的生产销售等				

主要财务指标

指标\报告期	2012.06.30	2011.12.31	2011.06.30	2010.12.31
基本每股收益(元)	0.1100	0.3460	0.1400	0.3230
基本每股收益(扣除后)(元)	0.1100	0.3510	0.1300	0.3160
每股净资产(元)	5.3100	5.1400	5.0100	7.7200
每股经营现金净流量(元)	0.2536	1.7887	-0.1955	-2.4571
每股现金流量(元)	0.4518	-0.1132	-1.1116	1.7792
每股资本公积金(元)	3.1965	3.1965	3.1899	5.5144
每股盈余公积金(元)	0.1161	0.1161	0.0826	0.1326
每股未分配利润(元)	0.9979	0.8297	0.7335	1.0765
净资产收益率(%)	3.1700	6.7360	4.0900	5.1451
加权净资产收益率(%)	3.2200	6.9500	4.2700	15.9900
净资产收益率(扣除)(%)	-	-	-	-
总资产(万元)	95153.02	89762.44	86009.29	83598.05
归属母公司股东权益(万元)	87346.68	84580.98	82339.67	79397.71
主营业务收入(万元)	28811.93	48370.86	23316.17	38244.20
营业收入(万元)	28877.41	48468.75	23340.65	38279.24
主营成本(万元)	24716.03	41138.25	19670.66	33122.93
营业成本(万元)	24726.50	41161.71	19670.66	33122.93
投资收益(万元)	-	-	-	-
净利润(万元)	2765.70	5697.27	3455.96	4085.06
利润总额(万元)	2765.70	5697.27	3455.96	4085.06

上海超日太阳能科技股份有限公司

公司概况

公司名称	上海超日太阳能科技股份有限公司			证券简称	超日太阳
法人代表	倪开禄	董秘	顾晨冬	证券代码	002506
公司网址	www.chaorisolar.com		电子信箱	dm@chaorisolar.com.cn	
电　话	021-51889318 021-51889328		传　真	021-33617902	
办公地址	上海市奉贤区南桥镇杨王经济园区旗港路738号				
经营范围	太阳能材料、太阳能设备、太阳能灯具、电子电器生产、销售、安装等				

主要财务指标

指标\报告期	2012.06.30	2011.12.31	2011.06.30	2010.12.31
基本每股收益(元)	-0.2700	-0.1000	0.2500	0.8400
基本每股收益(扣除后)(元)	-0.2900	-0.0900	0.2900	0.8400
每股净资产(元)	5.1400	5.5100	5.8700	11.6300
每股经营现金净流量(元)	-1.4083	-2.0263	-3.0422	-1.7438
每股现金流量(元)	-0.4421	-3.8228	-2.6902	9.2119
每股资本公积金(元)	3.7882	3.7882	3.7882	8.5763
每股盈余公积金(元)	0.1432	0.1432	0.1004	0.2009
每股未分配利润(元)	0.2122	0.5820	0.9820	1.8518
净资产收益率(%)	-5.2500	-1.8860	4.5400	7.1930
加权净资产收益率(%)	-5.0300	-1.8500	4.2200	25.6700
净资产收益率(扣除)(%)	-	-	-	-
总资产(万元)	756171.33	668611.60	572884.07	446659.06
归属母公司股东权益(万元)	271046.53	290451.80	309254.75	306458.30
主营业务收入(万元)	104564.98	309368.49	168152.86	245166.34
营业收入(万元)	106271.48	333258.10	179788.39	268664.93
主营成本(万元)	87313.40	248442.04	140318.92	194784.41
营业成本(万元)	89143.33	270917.36	150698.54	217927.30
投资收益(万元)	-391.92	-885.37	-2017.88	-912.39
净利润(万元)	-14421.32	-5548.69	13133.67	21941.91
利润总额(万元)	-15490.42	-3856.50	14227.67	26347.73

重庆市涪陵榨菜集团股份有限公司

公司概况	公司名称	重庆市涪陵榨菜集团股份有限公司		证券简称	涪陵榨菜
	法人代表	周斌全	董秘	黄正坤	证券代码	002507
	公司网址	www.flzc.com		电子信箱	flzchzk@163.com
	电话	023-72231475		传真	023-72231475
	办公地址	重庆市涪陵区体育南路29号			
	经营范围	生产、加工、销售蔬菜制品等			

主要财务指标	指标\报告期	2012.06.30	2011.12.31	2011.06.30	2010.12.31
	基本每股收益(元)	0.3700	0.5700	0.2500	0.4700
	基本每股收益(扣除后)(元)	0.3700	0.5600	0.2400	0.4600
	每股净资产(元)	5.7000	5.6800	5.3500	5.4100
	每股经营现金净流量(元)	0.4506	0.7626	0.0858	0.7349
	每股现金流量(元)	-0.2047	-0.3014	-0.5327	2.9196
	每股资本公积金(元)	3.5967	3.5967	3.5967	3.5967
	每股盈余公积金(元)	0.1370	0.1370	0.0810	0.0810
	每股未分配利润(元)	0.9685	0.9437	0.6752	0.7293
	净资产收益率(%)	6.5700	10.0460	4.5900	6.6520
	加权净资产收益率(%)	6.5200	10.3400	4.4500	16.9300
	净资产收益率(扣除)(%)	-	-	-	-
	总资产(万元)	105742.14	107610.32	98232.08	98764.49
	归属母公司股东权益(万元)	88382.89	87999.31	82970.16	83808.86
	主营业务收入(万元)	35423.93	69063.44	32231.54	53121.67
	营业收入(万元)	36685.45	70466.03	32999.84	54503.63
	主营成本(万元)	21132.25	43363.84	20991.36	35593.51
	营业成本(万元)	22316.56	44782.67	21623.46	36865.07
	投资收益(万元)	-	-	-	-
	净利润(万元)	5808.59	8840.45	3811.31	5574.56
	利润总额(万元)	6844.13	10450.42	4546.44	6639.07

杭州老板电器股份有限公司

公司概况	公司名称	杭州老板电器股份有限公司		证券简称	老板电器
	法人代表	任建华	董秘	王刚	证券代码	002508
	公司网址	www.robam.com		电子信箱	wg@robam.com
	电话	0571-86187810		传真	0571-86187769
	办公地址	浙江省杭州市余杭区余杭经济开发区临平大道592号			
	经营范围	制造、加工、销售:吸油烟机、燃气具、消毒碗柜、电压力煲、电磁炉等			

主要财务指标	指标\报告期	2012.06.30	2011.12.31	2011.06.30	2010.12.31
	基本每股收益(元)	0.4200	0.7300	0.3100	1.0900
	基本每股收益(扣除后)(元)	0.3900	0.7000	0.2900	1.0600
	每股净资产(元)	6.1100	5.9000	5.4800	8.5700
	每股经营现金净流量(元)	0.7343	0.5348	0.4025	0.7588
	每股现金流量(元)	0.2483	-0.2090	0.0135	5.6196
	每股资本公积金(元)	3.7862	3.7862	3.7862	6.6579
	每股盈余公积金(元)	0.2096	0.1675	0.1264	0.1527
	每股未分配利润(元)	1.1187	0.9449	0.5691	0.7584
	净资产收益率(%)	6.8030	12.3830	5.7190	9.7980
	加权净资产收益率(%)	6.8900	13.0100	5.7200	25.8200
	净资产收益率(扣除)(%)	-	-	-	-
	总资产(万元)	210661.54	191939.46	173290.05	168438.87
	归属母公司股东权益(万元)	156532.58	151003.67	140330.42	137104.47
	主营业务收入(万元)	84379.41	151157.39	69920.28	120967.94
	营业收入(万元)	85881.12	153388.76	71195.47	123159.71
	主营成本(万元)	39519.65	72713.93	34451.45	55845.64
	营业成本(万元)	39726.80	72887.37	34480.53	55910.70
	投资收益(万元)	2.95	-4.72	-	-
	净利润(万元)	10648.91	18699.21	8025.96	13434.00
	利润总额(万元)	12527.14	21756.65	9461.65	15622.02

天广消防股份有限公司

公司概况	公司名称	天广消防股份有限公司		证券简称	天广消防
	法人代表	陈秀玉	董秘	张红盛	证券代码	002509
	公司网址	www.tianguang.com		电子信箱	tgzq@tianguang.com
	电话	0595-26929988		传真	0595-86395887
	办公地址	福建省南安市成功科技工业区			
	经营范围	消防器材、消防装备、耐火建筑构配件的设计、开发、制造、销售、维保等			

主要财务指标	指标\报告期	2012.06.30	2011.12.31	2011.06.30	2010.12.31
	基本每股收益(元)	0.1700	0.5900	0.2400	0.5400
	基本每股收益(扣除后)(元)	0.1600	0.5100	0.1900	0.5000
	每股净资产(元)	3.6000	7.0600	6.7100	6.4700
	每股经营现金净流量(元)	-0.0605	-0.0813	-0.5318	0.3629
	每股现金流量(元)	-0.1792	-2.8734	-1.0958	4.9457
	每股资本公积金(元)	1.8226	4.6452	4.6452	4.6452
	每股盈余公积金(元)	0.0809	0.1619	0.1048	0.1048
	每股未分配利润(元)	0.6937	1.2533	0.9563	0.7201
	净资产收益率(%)	4.6400	8.3606	3.5200	6.3864
	加权净资产收益率(%)	4.6400	8.7300	3.5900	21.7500
	净资产收益率(扣除)(%)	-	-	-	-
	总资产(万元)	78709.41	76153.23	72204.89	75591.80
	归属母公司股东权益(万元)	71945.22	70603.73	67063.03	64700.85
	主营业务收入(万元)	18889.17	34462.62	14679.37	28099.13
	营业收入(万元)	18889.17	34471.15	14679.37	28107.61
	主营成本(万元)	13890.45	25556.21	10834.56	20365.79
	营业成本(万元)	13890.45	25556.21	10834.56	20365.79
	投资收益(万元)	-	-	-	-
	净利润(万元)	3341.49	5902.88	2362.18	4132.07
	利润总额(万元)	3877.81	6911.17	2743.51	4769.54

天津汽车模具股份有限公司

公司概况	公司名称	天津汽车模具股份有限公司		证券简称	天汽模
	法人代表	常世平	董秘	任伟	证券代码	002510
	公司网址	www.tqm.com.cn		电子信箱	zq@tqm.com.cn
	电话	022-24895297		传真	022-24895279
	办公地址	天津市空港经济区航天路77号			
	经营范围	模具设计、制造、冲压件加工、铆焊加工、汽车车身及其工艺装备设计等			

主要财务指标	指标\报告期	2012.06.30	2011.12.31	2011.06.30	2010.12.31
	基本每股收益(元)	0.2200	0.5500	0.2300	0.5200
	基本每股收益(扣除后)(元)	0.1600	0.5000	0.1900	0.4900
	每股净资产(元)	6.7700	6.7000	6.3800	6.2700
	每股经营现金净流量(元)	0.3275	0.4761	0.0963	-0.1691
	每股现金流量(元)	-0.3694	-2.1519	-1.7176	3.5413
	每股资本公积金(元)	4.1576	4.1576	4.1576	4.1576
	每股盈余公积金(元)	0.1492	0.1492	0.1080	0.1080
	每股未分配利润(元)	1.4637	1.3980	1.1108	1.0058
	净资产收益率(%)	3.1900	8.2540	3.5300	6.4020
	加权净资产收益率(%)	3.1800	8.5600	3.5500	18.0200
	净资产收益率(扣除)(%)	-	-	-	-
	总资产(万元)	228086.95	208159.83	192061.95	216800.32
	归属母公司股东权益(万元)	139309.86	137957.98	131200.61	129039.58
	主营业务收入(万元)	40749.48	97684.49	41692.08	80498.52
	营业收入(万元)	41927.96	100513.09	43361.43	83152.86
	主营成本(万元)	31964.06	76115.25	32766.12	62403.04
	营业成本(万元)	33105.26	78840.32	34405.13	64721.17
	投资收益(万元)	215.37	329.04	337.94	64.88
	净利润(万元)	4469.90	11390.18	4628.39	8261.66
	利润总额(万元)	4911.75	13483.00	5521.83	9694.64

中顺洁柔纸业股份有限公司

公司概况	公司名称	中顺洁柔纸业股份有限公司			证券简称	中顺洁柔
	法人代表	邓颖忠	董秘	张海军	证券代码	002511
	公司网址	www.zhongshungroup.com		电子信箱	dsh@zhongshungroup.com	
	电　　话	0760-87885678 87885196		传　　真	0760-87885677	
	办公地址	广东省中山市西区彩虹大道136号				
	经营范围	生产、加工和销售高档生活用纸系列产品、产品国内外销售、浆板贸易等				

主要财务指标	指标\报告期	2012.06.30	2011.12.31	2011.06.30	2010.12.31
	基本每股收益(元)	0.3200	0.5000	0.2300	0.8800
	基本每股收益(扣除后)(元)	0.2900	0.4100	0.1900	0.8600
	每股净资产(元)	10.1300	12.9600	12.7600	12.4600
	每股经营现金净流量(元)	0.5302	-0.2310	-0.3401	0.5444
	每股现金流量(元)	-0.7259	-5.0059	-3.9792	8.1730
	每股资本公积金(元)	7.4833	10.0283	10.0283	10.0283
	每股盈余公积金(元)	0.0738	0.0959	0.0904	0.0904
	每股未分配利润(元)	1.5769	1.8391	1.6398	1.3413
	净资产收益率(%)	3.1200	3.8830	2.3400	5.4620
	加权净资产收益率(%)	3.1200	3.9600	2.3700	17.9000
	净资产收益率(扣除)(%)	-	-	-	-
	总资产(万元)	287138.70	282098.61	292512.28	324066.81
	归属母公司股东权益(万元)	210785.45	207412.47	204134.54	199358.67
	主营业务收入(万元)	107156.62	183994.46	81903.24	174468.88
	营业收入(万元)	108937.28	185625.82	82785.92	177886.60
	主营成本(万元)	73779.78	136064.47	59437.24	120956.59
	营业成本(万元)	75519.87	137692.89	60042.08	124405.70
	投资收益(万元)	-	-	-	-
	净利润(万元)	6561.25	8069.58	4785.68	11974.68
	利润总额(万元)	9190.09	11114.59	6716.05	14385.75

中山达华智能科技股份有限公司

公司概况	公司名称	中山达华智能科技股份有限公司			证券简称	达华智能
	法人代表	蔡小如	董秘	陈开元	证券代码	002512
	公司网址	www.twh.com.cn		电子信箱	zhanggaoli@twh.com.cn	
	电　　话	0760-22108818 22550278		传　　真	0760-22130941	
	办公地址	广东省中山市小榄镇泰丰工业区水怡南路9号				
	经营范围	生产、销售:非接触IC智能卡、非接触式IC卡读卡器、接触式智能卡等				

主要财务指标	指标\报告期	2012.06.30	2011.12.31	2011.06.30	2010.12.31
	基本每股收益(元)	0.0908	0.2784	0.0878	0.2858
	基本每股收益(扣除后)(元)	0.0741	0.2683	0.0803	0.2638
	每股净资产(元)	2.9239	4.3497	4.2000	4.2268
	每股经营现金净流量(元)	-0.0129	0.1541	0.0119	0.4616
	每股现金流量(元)	-0.2949	-0.2239	-0.4033	6.0666
	每股资本公积金(元)	1.5730	2.8595	2.8595	5.9471
	每股盈余公积金(元)	0.0416	0.0624	0.0367	0.0661
	每股未分配利润(元)	0.3093	0.4277	0.3067	0.5949
	净资产收益率(%)	3.1100	6.4020	3.1300	5.1850
	加权净资产收益率(%)	3.0800	6.4900	3.0700	21.2700
	净资产收益率(扣除)(%)	-	-	-	-
	总资产(万元)	122907.71	126534.40	97878.38	96090.79
	归属母公司股东权益(万元)	93151.14	92382.14	89266.31	89772.02
	主营业务收入(万元)	18562.74	30987.61	13174.16	25948.12
	营业收入(万元)	18808.64	31112.65	13235.89	26069.14
	主营成本(万元)	12271.83	21014.92	9154.63	18100.94
	营业成本(万元)	12333.89	21078.81	9184.42	18115.87
	投资收益(万元)	-	-2.48	-	-
	净利润(万元)	2990.61	6374.42	2852.57	4654.99
	利润总额(万元)	3432.24	7378.26	3327.97	5413.60

江苏蓝丰生物化工股份有限公司

公司概况	公司名称	江苏蓝丰生物化工股份有限公司			证券简称	蓝丰生化
	法人代表	杨振华	董秘	陈康	证券代码	002513
	公司网址	www.jslanfeng.com		电子信箱	lfshdmb@jslanfeng.com	
	电　　话	0516-88920479		传　　真	0516-88923712	
	办公地址	江苏省徐州市新沂经济开发区苏化路1号				
	经营范围	杀虫剂原药及剂型、杀菌剂原药及剂型、除草剂原药及剂型、化工产品等				

主要财务指标	指标\报告期	2012.06.30	2011.12.31	2011.06.30	2010.12.31
	基本每股收益(元)	0.1800	0.6300	0.7400	0.7500
	基本每股收益(扣除后)(元)	0.1800	0.6400	0.7500	0.7400
	每股净资产(元)	5.4100	8.5600	15.3300	14.5600
	每股经营现金净流量(元)	0.2343	0.1469	-1.1759	0.9530
	每股现金流量(元)	-0.8878	-3.6120	-2.9686	10.0598
	每股资本公积金(元)	2.8132	5.1011	9.9819	9.9819
	每股盈余公积金(元)	0.1771	0.2834	0.3936	0.3936
	每股未分配利润(元)	1.3490	2.0685	3.7512	3.0118
	净资产收益率(%)	3.3500	7.3240	4.8200	7.1280
	加权净资产收益率(%)	3.3500	7.4900	4.9500	22.2100
	净资产收益率(扣除)(%)	-	-	-	-
	总资产(万元)	184813.89	175176.12	166691.81	165483.96
	归属母公司股东权益(万元)	115372.19	113966.72	113408.06	107769.81
	主营业务收入(万元)	61976.23	112878.36	58375.63	90245.59
	营业收入(万元)	62730.94	114327.26	59085.11	91410.93
	主营成本(万元)	49397.90	88923.65	45442.11	70725.65
	营业成本(万元)	50024.34	89904.39	45983.19	71177.76
	投资收益(万元)	-	-	-	-
	净利润(万元)	3861.04	8346.48	5471.44	7682.13
	利润总额(万元)	4473.04	9758.27	7132.21	9069.67

苏州宝馨科技实业股份有限公司

公司概况	公司名称	苏州宝馨科技实业股份有限公司			证券简称	宝馨科技
	法人代表	叶云宙	董秘	章海祥	证券代码	002514
	公司网址	www.boamax.com		电子信箱	zqb@boamax.com	
	电　　话	0512-66729265		传　　真	0512-66163297	
	办公地址	江苏省苏州市高新区浒墅关经济开发区新亭路10号				
	经营范围	从事精密模具、用于电子专用设备、测试仪器、电力通讯设备等的钣金结构件的研发、生产等				

主要财务指标	指标\报告期	2012.06.30	2011.12.31	2011.06.30	2010.12.31
	基本每股收益(元)	0.1700	0.5600	0.2300	0.8800
	基本每股收益(扣除后)(元)	0.1700	0.4100	0.2200	0.8700
	每股净资产(元)	4.7500	7.3100	7.1400	7.3500
	每股经营现金净流量(元)	0.2420	0.3005	0.0300	0.4647
	每股现金流量(元)	0.1742	-2.1783	-1.7475	5.2801
	每股资本公积金(元)	2.7239	4.9583	4.9583	4.9583
	每股盈余公积金(元)	0.1507	0.2411	0.1975	0.1975
	每股未分配利润(元)	0.8744	1.1233	0.9786	1.1870
	净资产收益率(%)	3.6300	7.6650	5.2100	9.1780
	加权净资产收益率(%)	3.7900	7.6800	4.9600	29.3400
	净资产收益率(扣除)(%)	-	-	-	-
	总资产(万元)	57864.73	55626.08	56739.73	62071.90
	归属母公司股东权益(万元)	51711.04	49682.82	48541.86	49989.45
	主营业务收入(万元)	14339.98	28812.36	14681.44	26042.72
	营业收入(万元)	14364.47	28891.45	14724.64	26760.82
	主营成本(万元)	10497.74	21666.01	10162.65	17023.63
	营业成本(万元)	10497.74	21666.01	10199.45	17602.33
	投资收益(万元)	-	13.43	-	-
	净利润(万元)	1874.33	3806.09	2526.98	4585.49
	利润总额(万元)	2193.98	4330.35	2869.74	5197.60

金字火腿股份有限公司

公司概况	公司名称	金字火腿股份有限公司		证券简称	金字火腿
	法人代表	施延军	董秘　王蔚婷	证券代码	002515
	公司网址	www.jinzichina.com		电子信箱	jinziham@jinzichina.com
	电　话	0579-82262717		传　真	0579-82262717
	办公地址	浙江省金华市工业园区金帆街1000号			
	经营范围	金华火腿、火腿制品等发酵肉制品及各类低温肉制品的研发、生产及销售			

主要财务指标	指标\报告期	2012.06.30	2011.12.31	2011.06.30	2010.12.31
	基本每股收益(元)	0.1400	0.5200	0.1900	0.6400
	基本每股收益(扣除后)(元)	0.1300	0.4600	0.1700	0.6000
	每股净资产(元)	5.7700	8.5900	8.3700	10.7000
	每股经营现金净流量(元)	0.0701	-0.5604	-0.2734	0.0588
	每股现金流量(元)	-0.4037	-2.2465	-1.1865	7.3415
	每股资本公积金(元)	3.7064	6.0596	6.0596	8.1775
	每股盈余公积金(元)	0.1186	0.1779	0.1177	0.1530
	每股未分配利润(元)	0.9465	1.3573	1.1941	1.3723
	净资产收益率(%)	2.4500	6.0000	3.4900	5.9820
	加权净资产收益率(%)	2.4500	6.1400	3.5000	20.6100
	净资产收益率(扣除)(%)	-	-	-	-
	总资产(万元)	88730.02	88824.33	85557.61	85395.63
	归属母公司股东权益(万元)	82720.55	82123.93	79988.75	78666.16
	主营业务收入(万元)	9486.25	17462.93	9216.53	16194.88
	营业收入(万元)	9585.36	17593.66	9249.38	16309.92
	主营成本(万元)	5060.82	9828.77	5195.67	9444.72
	营业成本(万元)	5115.12	9933.48	5228.05	9691.01
	投资收益(万元)	-	-	-	-
	净利润(万元)	2029.87	4927.77	2792.58	4705.50
	利润总额(万元)	2139.71	5199.40	2897.97	4800.74

江苏旷达汽车织物集团股份有限公司

公司概况	公司名称	江苏旷达汽车织物集团股份有限公司		证券简称	江苏旷达
	法人代表	沈介良	董秘　徐秋	证券代码	002516
	公司网址	www.kuangdacn.com		电子信箱	qiu.xu@kuangdacn.com
	电　话	0519-86540239 86159358		传　真	0519-86549358
	办公地址	江苏省常州市武进区雪堰镇旷达路1号			
	经营范围	化纤复合面料、化纤布、化纤丝、汽车座椅套、座椅、汽车内饰件、纺织机械等			

主要财务指标	指标\报告期	2012.06.30	2011.12.31	2011.06.30	2010.12.31
	基本每股收益(元)	0.2500	0.4900	0.2600	0.5900
	基本每股收益(扣除后)(元)	0.2400	0.4400	0.2500	0.5700
	每股净资产(元)	6.3400	6.2900	6.0700	7.3400
	每股经营现金净流量(元)	0.2803	0.1612	0.0274	0.2835
	每股现金流量(元)	-0.0762	-0.5061	-0.4146	3.4409
	每股资本公积金(元)	3.8597	3.8597	3.8597	5.0543
	每股盈余公积金(元)	0.1453	0.1453	0.1052	0.1315
	每股未分配利润(元)	1.3374	1.2909	1.1052	1.1551
	净资产收益率(%)	3.8600	7.7340	4.3400	7.7490
	加权净资产收益率(%)	3.8600	8.0000	4.3400	21.2000
	净资产收益率(扣除)(%)	-	-	-	-
	总资产(万元)	186139.27	183972.27	173870.12	167706.60
	归属母公司股东权益(万元)	158515.61	157352.65	151713.24	146782.46
	主营业务收入(万元)	56847.20	100867.69	45987.19	76566.83
	营业收入(万元)	57085.33	102235.08	46402.02	78188.17
	主营成本(万元)	41798.29	73941.10	32546.61	50859.52
	营业成本(万元)	41980.63	74977.17	32895.08	51981.46
	投资收益(万元)	-	-	-	905.13
	净利润(万元)	6472.21	12379.87	6524.42	11370.54
	利润总额(万元)	7967.03	15364.21	7936.51	14023.06

泰亚鞋业股份有限公司

公司概况	公司名称	泰亚鞋业股份有限公司		证券简称	泰亚股份
	法人代表	林祥加	董秘　谢梓熙	证券代码	002517
	公司网址	www.taiya.hk		电子信箱	zqb@taiya.hk
	电　话	0595-22498599 22019888		传　真	0595-22499000
	办公地址	福建省泉州市经济技术开发区清濛园区美泰路36号			
	经营范围	生产各种鞋及鞋材等			

主要财务指标	指标\报告期	2012.06.30	2011.12.31	2011.06.30	2010.12.31
	基本每股收益(元)	0.3300	0.4500	0.1200	0.5600
	基本每股收益(扣除后)(元)	0.0900	0.4100	0.1200	0.5100
	每股净资产(元)	3.6200	6.7900	6.5900	6.6400
	每股经营现金净流量(元)	0.4041	-0.3778	-0.5233	0.1003
	每股现金流量(元)	-0.0725	-0.9773	-0.8635	3.2408
	每股资本公积金(元)	1.8834	4.7669	4.7669	4.7669
	每股盈余公积金(元)	0.0557	0.1114	0.0763	0.0763
	每股未分配利润(元)	0.6818	0.9119	0.7477	0.7981
	净资产收益率(%)	9.2000	6.6111	3.7200	6.4507
	加权净资产收益率(%)	9.2000	6.7100	3.7200	19.5300
	净资产收益率(扣除)(%)	-	-	-	-
	总资产(万元)	68550.10	63420.56	61878.52	63251.38
	归属母公司股东权益(万元)	64017.99	60025.84	58264.15	58709.46
	主营业务收入(万元)	15983.79	39166.57	19016.46	35421.85
	营业收入(万元)	16019.46	39215.70	19050.95	35443.07
	主营成本(万元)	12360.41	30541.23	14716.91	27246.45
	营业成本(万元)	12381.55	30565.51	14736.80	27246.45
	投资收益(万元)	-	-	-	-
	净利润(万元)	5760.15	3968.38	2206.69	3787.16
	利润总额(万元)	7689.21	5346.71	2945.60	4993.77

深圳科士达科技股份有限公司

公司概况	公司名称	深圳科士达科技股份有限公司		证券简称	科士达
	法人代表	刘程宇	董秘　蔡艳红	证券代码	002518
	公司网址	www.kstar.com.cn		电子信箱	stock@kstar.com.cn
	电　话	0755-86168473 86168479		传　真	0755-86169275
	办公地址	广东省深圳市南山区高新北区科技中二路软件园1栋4楼401、402室			
	经营范围	UPS不间断电源、逆变电源、EPS应急电源、太阳能逆变器、太阳能控制器等			

主要财务指标	指标\报告期	2012.06.30	2011.12.31	2011.06.30	2010.12.31
	基本每股收益(元)	0.1900	0.7300	0.1800	0.9200
	基本每股收益(扣除后)(元)	0.1800	0.7000	0.1800	0.9100
	每股净资产(元)	5.9600	10.6800	10.2800	10.2500
	每股经营现金净流量(元)	-0.4706	-0.0845	-1.0136	0.3929
	每股现金流量(元)	-0.9213	-1.2972	-1.7894	7.6776
	每股资本公积金(元)	3.7628	7.5731	7.5744	7.5744
	每股盈余公积金(元)	0.1045	0.1880	0.1403	0.1403
	每股未分配利润(元)	1.0924	1.9210	1.5654	1.5371
	净资产收益率(%)	3.2200	6.8490	3.1900	6.7140
	加权净资产收益率(%)	3.2000	7.0100	3.1500	30.9500
	净资产收益率(扣除)(%)	-	-	-	-
	总资产(万元)	144252.73	150994.30	143823.60	147220.36
	归属母公司股东权益(万元)	123365.60	122844.67	118220.85	117895.68
	主营业务收入(万元)	38786.35	93444.19	42562.91	66700.11
	营业收入(万元)	38873.08	93749.10	42631.87	67056.02
	主营成本(万元)	27782.83	70028.27	32539.69	47091.68
	营业成本(万元)	27782.83	70028.69	32540.11	47148.75
	投资收益(万元)	-	-	-	-
	净利润(万元)	3842.65	8438.71	3672.56	7817.51
	利润总额(万元)	4341.63	9594.59	4165.22	8914.34

江苏银河电子股份有限公司

公司概况						
公司名称	江苏银河电子股份有限公司			证券简称	银河电子	
法人代表	吴建明	董秘	庞鹰	证券代码	002519	
公司网址	www.yinhe.com		电子信箱	yhdm@yinhe.com		
电　　话	0512-58449138 58449198		传　　真	0512-58449267		
办公地址	江苏省苏州市张家港市塘桥镇南环路 188 号					
经营范围	计算机及部件、计算机外部设备、电子产品、网络产品、软件产品、监控设备等					

主要财务指标 指标＼报告期	2012.06.30	2011.12.31	2011.06.30	2010.12.31
基本每股收益(元)	0.3300	0.5700	0.3100	0.6800
基本每股收益(扣除后)(元)	0.3200	0.5600	0.3000	0.6500
每股净资产(元)	7.3300	7.3800	7.1200	14.1200
每股经营现金净流量(元)	0.5032	-1.0412	-0.9093	0.5186
每股现金流量(元)	-0.0864	-2.2306	-1.7173	8.3225
每股资本公积金(元)	3.8462	3.8241	3.8241	8.6483
每股盈余公积金(元)	0.3224	0.3224	0.2671	0.5342
每股未分配利润(元)	2.1585	2.2293	2.0294	3.9361
净资产收益率(%)	4.4000	7.6810	4.3700	7.4280
加权净资产收益率(%)	4.4000	7.9000	4.3700	17.9100
净资产收益率(扣除)(%)	-	-	-	-
总资产(万元)	136012.51	135058.48	127415.30	135049.11
归属母公司股东权益(万元)	103164.72	103851.66	100258.84	99394.61
主营业务收入(万元)	52278.60	99855.94	48356.86	84658.90
营业收入(万元)	53134.68	101439.05	49200.43	85694.95
主营成本(万元)	39701.16	75688.33	36511.00	64710.75
营业成本(万元)	40373.71	77053.44	37115.12	65365.85
投资收益(万元)	-	-	-	-
净利润(万元)	4634.68	7977.05	4384.24	7382.50
利润总额(万元)	5533.42	9403.43	5011.18	8532.55

浙江日发数码精密机械股份有限公司

公司概况						
公司名称	浙江日发数码精密机械股份有限公司			证券简称	日发数码	
法人代表	王本善	董秘	李燕	证券代码	002520	
公司网址	www.rifapm.com		电子信箱	rifapm@rifa.com.cn		
电　　话	0575-86299888		传　　真	0575-86299177		
办公地址	浙江省绍兴市新昌县七星街道日发数码科技园					
经营范围	数控机床、机械产品的研制、生产、销售					

主要财务指标 指标＼报告期	2012.06.30	2011.12.31	2011.06.30	2010.12.31
基本每股收益(元)	0.4100	1.0200	0.4000	0.6900
基本每股收益(扣除后)(元)	0.3900	0.9300	0.3400	0.6800
每股净资产(元)	4.9800	7.8600	7.4400	11.2700
每股经营现金净流量(元)	0.1711	0.3511	0.2974	0.5892
每股现金流量(元)	-0.4250	-0.9471	-0.5691	8.0750
每股资本公积金(元)	2.8388	4.7582	4.7582	7.6373
每股盈余公积金(元)	0.2162	0.3243	0.2248	0.3372
每股未分配利润(元)	0.9279	1.7822	1.4609	2.2910
净资产收益率(%)	8.1600	12.9830	8.0600	6.8550
加权净资产收益率(%)	7.6200	13.4800	7.9100	25.5300
净资产收益率(扣除)(%)	-	-	-	-
总资产(万元)	91672.15	94790.55	90367.68	89116.26
归属母公司股东权益(万元)	71753.05	75501.11	71461.01	72099.13
主营业务收入(万元)	21102.96	42709.53	22336.36	25879.45
营业收入(万元)	21713.57	44071.33	22851.06	26555.71
主营成本(万元)	13006.64	26330.84	13720.22	16393.14
营业成本(万元)	13289.09	27022.16	13988.03	16711.72
投资收益(万元)	-	-	-	-
净利润(万元)	5851.94	9801.98	5761.88	4942.10
利润总额(万元)	6910.15	11486.55	6826.09	5791.65

山东齐峰特种纸业股份有限公司

公司概况						
公司名称	山东齐峰特种纸业股份有限公司			证券简称	齐峰股份	
法人代表	李学峰	董秘	孙文荣	证券代码	002521	
公司网址	www.qifeng.cn		电子信箱	qftzswr@163.com		
电　　话	0533-7785585		传　　真	0533-7788998		
办公地址	山东省淄博市临淄区朱台镇朱台路 22 号					
经营范围	造纸及纸制品加工、销售、板材销售、货物进出口等					

主要财务指标 指标＼报告期	2012.06.30	2011.12.31	2011.06.30	2010.12.31
基本每股收益(元)	0.3000	0.3800	0.1500	0.9500
基本每股收益(扣除后)(元)	0.3100	0.3600	0.1400	0.9000
每股净资产(元)	9.8600	9.8600	9.6300	13.3800
每股经营现金净流量(元)	-1.2639	-0.7253	-0.4632	1.3813
每股现金流量(元)	-1.4128	-2.4326	-2.4396	10.0628
每股资本公积金(元)	7.1328	7.1328	7.1328	10.3859
每股盈余公积金(元)	0.1485	0.1485	0.0813	0.1138
每股未分配利润(元)	1.5779	1.5820	1.4162	1.8779
净资产收益率(%)	3.0000	3.8460	1.5200	7.4610
加权净资产收益率(%)	2.9900	3.9100	1.5200	32.2000
净资产收益率(扣除)(%)	-	-	-	-
总资产(万元)	263333.56	256020.60	238256.48	255982.49
归属母公司股东权益(万元)	203247.09	203330.95	198526.33	196983.87
主营业务收入(万元)	80255.05	157200.27	74044.20	135045.33
营业收入(万元)	80294.84	157831.27	74649.82	135328.14
主营成本(万元)	64986.35	134984.14	64393.36	104748.60
营业成本(万元)	65020.83	135579.37	64847.53	104939.29
投资收益(万元)	-	-	-	-
净利润(万元)	6100.64	7819.58	3014.96	14697.87
利润总额(万元)	7225.52	8878.84	3654.07	16211.35

浙江众成包装材料股份有限公司

公司概况						
公司名称	浙江众成包装材料股份有限公司			证券简称	浙江众成	
法人代表	陈大魁	董秘	吴军	证券代码	002522	
公司网址	www.zjzhongda.com		电子信箱	sec@zjzhongda.com		
电　　话	0573-84187845		传　　真	0573-84187829		
办公地址	浙江省嘉兴市嘉善县经济开发区柳溪路					
经营范围	生产、销售多层共挤热收缩薄膜、塑料制品等					

主要财务指标 指标＼报告期	2012.06.30	2011.12.31	2011.06.30	2010.12.31
基本每股收益(元)	0.2900	0.6000	0.3100	0.5800
基本每股收益(扣除后)(元)	0.2700	0.5800	0.3100	0.5800
每股净资产(元)	6.2800	6.3000	6.0100	9.3100
每股经营现金净流量(元)	0.3329	0.7511	0.1607	0.4790
每股现金流量(元)	-0.3863	-0.6837	-0.1733	6.1105
每股资本公积金(元)	4.0335	4.0335	4.0335	7.0536
每股盈余公积金(元)	0.1391	0.1391	0.0786	0.1258
每股未分配利润(元)	1.1122	1.1267	0.8943	1.1321
净资产收益率(%)	4.5400	9.5980	4.9500	7.4850
加权净资产收益率(%)	4.5600	9.9900	5.2400	37.3000
净资产收益率(扣除)(%)	-	-	-	-
总资产(万元)	124361.92	123586.52	112599.15	110308.16
归属母公司股东权益(万元)	107263.11	107510.94	102512.71	99325.54
主营业务收入(万元)	21450.97	45557.77	21617.58	39568.90
营业收入(万元)	21577.51	45950.48	21763.45	39702.84
主营成本(万元)	14099.97	30564.02	14132.90	26105.65
营业成本(万元)	14198.44	30906.85	14238.16	26192.39
投资收益(万元)	247.14	8.74	-	-
净利润(万元)	4872.32	10318.80	5320.57	7434.62
利润总额(万元)	5755.21	12189.07	6281.41	8879.90

株洲天桥起重机股份有限公司

公司概况	公司名称	株洲天桥起重机股份有限公司		证券简称	天桥起重
	法人代表	成固平	董秘 范洪泉	证券代码	002523
	公司网址	www.tqcc.cn		电子信箱	sid@tqcc.cn
	电　话	0731-22337000 8007 8022		传　真	0731-22337798
	办公地址	湖南省株洲市石峰区田心北门			
	经营范围	从事各种起重设备的研发、制造和销售业务等			

主要财务指标	指标\报告期	2012.06.30	2011.12.31	2011.06.30	2010.12.31
	基本每股收益(元)	0.1000	0.4000	0.1400	0.6100
	基本每股收益(扣除后)(元)	0.1000	0.3800	0.1400	0.5600
	每股净资产(元)	4.2100	6.6700	6.5000	6.4700
	每股经营现金净流量(元)	-0.0366	-0.5794	-0.3294	-0.1465
	每股现金流量(元)	-0.1653	-3.6312	-0.6655	3.8603
	每股资本公积金(元)	2.3441	4.3506	4.3506	4.3493
	每股盈余公积金(元)	0.1116	0.1612	0.1468	0.1245
	每股未分配利润(元)	0.7510	1.1580	1.0039	0.9988
	净资产收益率(%)	2.3900	5.9357	3.4100	7.0766
	加权净资产收益率(%)	2.3900	6.0700	3.5100	27.0300
	净资产收益率(扣除)(%)	-	-	-	-
	总资产(万元)	143618.16	145480.72	134444.19	140985.27
	归属母公司股东权益(万元)	107689.90	106716.28	104019.94	103561.22
	主营业务收入(万元)	29194.92	61537.58	26999.99	58859.81
	营业收入(万元)	29948.03	62436.00	27278.73	60582.88
	主营成本(万元)	22223.67	47578.18	19865.89	42531.75
	营业成本(万元)	22736.73	48054.27	19880.41	43772.19
	投资收益(万元)	-	-	-	-
	净利润(万元)	2721.52	6621.47	3764.87	7551.36
	利润总额(万元)	3259.49	7646.64	4470.39	8931.66

光正钢结构股份有限公司

公司概况	公司名称	光正钢结构股份有限公司		证券简称	光正钢构
	法人代表	周永麟	董秘 姜勇	证券代码	002524
	公司网址	www.gzss.cc		电子信箱	guangzheng@gzss.cc
	电　话	0991-3766551		传　真	0991-3766551
	办公地址	新疆维吾尔自治区乌鲁木齐市经济技术开发区上海路105号			
	经营范围	各类钢结构的设计、生产、安装等业务			

主要财务指标	指标\报告期	2012.06.30	2011.12.31	2011.06.30	2010.12.31
	基本每股收益(元)	0.0500	0.1300	0.0500	0.1400
	基本每股收益(扣除后)(元)	0.0400	0.1100	0.0400	0.1200
	每股净资产(元)	2.2900	2.7100	2.6200	5.1800
	每股经营现金净流量(元)	-0.0326	-0.0698	0.0247	-0.2051
	每股现金流量(元)	-0.3436	-0.8051	-0.5872	3.3679
	每股资本公积金(元)	0.8900	1.2680	1.2680	3.5361
	每股盈余公积金(元)	0.0394	0.0472	0.0337	0.0674
	每股未分配利润(元)	0.3217	0.3505	0.2811	0.5088
	净资产收益率(%)	2.0200	4.9740	1.9800	4.7650
	加权净资产收益率(%)	2.0300	5.1000	1.9900	16.0200
	净资产收益率(扣除)(%)	-	-	-	-
	总资产(万元)	83018.90	73726.54	66251.56	69256.61
	归属母公司股东权益(万元)	49610.56	48941.24	47309.47	46788.02
	主营业务收入(万元)	20213.42	42235.81	13689.32	38121.16
	营业收入(万元)	20330.48	42642.93	13864.41	38173.74
	主营成本(万元)	17280.65	36414.87	11711.98	32889.02
	营业成本(万元)	17369.94	36596.60	11802.44	32995.00
	投资收益(万元)	-	-	-	-
	净利润(万元)	1002.79	2434.36	935.19	2229.62
	利润总额(万元)	1172.97	2918.42	1043.88	2745.92

山东矿机集团股份有限公司

公司概况	公司名称	山东矿机集团股份有限公司		证券简称	山东矿机
	法人代表	赵笃学	董秘 王泽钢	证券代码	002526
	公司网址	www.skj.cc		电子信箱	sdkj002526@163.com
	电　话	0536-6295891 6295539		传　真	0536-6250729 6295539
	办公地址	山东省潍坊市昌乐县经济开发区大沂路北段矿机工业园			
	经营范围	煤矿机械、矿山机械、通用机械、矿山安全技术与装备等			

主要财务指标	指标\报告期	2012.06.30	2011.12.31	2011.06.30	2010.12.31
	基本每股收益(元)	0.1432	0.5200	0.1345	0.6800
	基本每股收益(扣除后)(元)	0.0922	0.5000	0.1261	0.6200
	每股净资产(元)	3.6800	7.1100	6.8600	6.8900
	每股经营现金净流量(元)	0.1298	-0.9694	-1.0359	0.1445
	每股现金流量(元)	-0.1038	-3.1057	-2.8089	4.7097
	每股资本公积金(元)	2.0749	4.9497	4.9497	4.9497
	每股盈余公积金(元)	0.0702	0.1403	0.0908	0.0908
	每股未分配利润(元)	0.5395	1.0178	0.8183	0.8494
	净资产收益率(%)	3.8900	7.2873	3.7800	7.3921
	加权净资产收益率(%)	3.9600	7.2500	3.8100	25.6000
	净资产收益率(扣除)(%)	-	-	-	-
	总资产(万元)	340037.17	321797.09	313350.46	284547.92
	归属母公司股东权益(万元)	196755.48	189778.46	183129.40	183958.64
	主营业务收入(万元)	82279.81	163671.53	78502.90	129659.40
	营业收入(万元)	83436.03	166144.70	80471.14	131731.07
	主营成本(万元)	65995.34	129651.63	62593.03	101591.71
	营业成本(万元)	66013.59	129843.14	63205.30	101706.22
	投资收益(万元)	-	-56.38	127.60	164.78
	净利润(万元)	7727.48	13962.96	7307.67	13824.00
	利润总额(万元)	8978.91	16820.61	8847.45	16320.13

上海新时达电气股份有限公司

公司概况	公司名称	上海新时达电气股份有限公司		证券简称	新 时 达
	法人代表	纪德法	董秘 冯骏	证券代码	002527
	公司网址	www.stepelectric.com		电子信箱	yangls@stepelectric.com
	电　话	021-69926094		传　真	021-69926163 69926000
	办公地址	上海市嘉定区南翔镇新勤路289号			
	经营范围	从事电梯控制系统与电梯变频器的研发、生产及销售			

主要财务指标	指标\报告期	2012.06.30	2011.12.31	2011.06.30	2010.12.31
	基本每股收益(元)	0.2700	0.5600	0.2600	0.5300
	基本每股收益(扣除后)(元)	0.2200	0.5200	0.2400	0.5100
	每股净资产(元)	6.3300	6.2100	5.9020	5.7700
	每股经营现金净流量(元)	0.2069	-0.0562	-0.0249	0.1779
	每股现金流量(元)	0.0358	-0.9727	-0.5901	3.7238
	每股资本公积金(元)	4.1118	4.0513	4.0513	4.0513
	每股盈余公积金(元)	0.1449	0.1499	0.0956	0.0956
	每股未分配利润(元)	1.0752	1.0100	0.7588	0.6230
	净资产收益率(%)	4.2600	9.0425	4.3500	6.9436
	加权净资产收益率(%)	4.2600	9.3900	4.3500	22.5300
	净资产收益率(扣除)(%)	-	-	-	-
	总资产(万元)	150014.16	135158.17	137505.67	132960.48
	归属母公司股东权益(万元)	130918.83	124155.36	118041.41	115360.23
	主营业务收入(万元)	35767.39	65729.37	29401.96	50196.55
	营业收入(万元)	35767.39	65729.37	29401.96	50196.55
	主营成本(万元)	21592.59	39311.37	17530.80	29230.71
	营业成本(万元)	21592.59	39311.37	17530.80	29230.71
	投资收益(万元)	-	1.80	1.80	1.80
	净利润(万元)	5742.85	11711.76	5289.78	8239.28
	利润总额(万元)	6899.85	13518.07	6254.47	9471.31

深圳英飞拓科技股份有限公司

公司概况					
公司名称	深圳英飞拓科技股份有限公司			证券简称	英飞拓
法人代表	刘肇怀	董秘	华元柳	证券代码	002528
公司网址	www.infinova.com.cn		电子信箱	invrel@infinova.com.cn	
电　　话	0755-86096000 86090818		传　　真	0755-86098166	
办公地址	广东省深圳市宝安区观澜高新技术产业园英飞拓厂房				
经营范围	电子安防产品的研发、设计、生产和销售等				

主要财务指标				
指标\报告期	2012.06.30	2011.12.31	2011.06.30	2010.12.31
基本每股收益(元)	-0.0400	0.1800	0.0900	0.6700
基本每股收益(扣除后)(元)	-0.0500	0.1700	0.0900	0.6600
每股净资产(元)	9.4500	9.4900	15.0700	15.1600
每股经营现金净流量(元)	-0.1258	-0.1380	-0.1313	0.1713
每股现金流量(元)	-1.8881	-0.4822	-0.1900	12.7481
每股资本公积金(元)	7.4179	7.4027	12.3947	12.3947
每股盈余公积金(元)	0.1252	0.1252	0.1682	0.1611
每股未分配利润(元)	0.9151	0.9738	1.5173	1.6130
净资产收益率(%)	-0.6200	1.9090	1.3800	5.2854
加权净资产收益率(%)	-0.6200	1.9200	1.3800	37.2900
净资产收益率(扣除)(%)	-	-	-	-
总资产(万元)	241184.60	231658.84	234891.52	231162.05
归属母公司股东权益(万元)	223176.68	224005.69	221468.28	222815.66
主营业务收入(万元)	22522.14	35287.35	15849.56	48273.93
营业收入(万元)	23544.11	35491.36	15904.22	48399.70
主营成本(万元)	11172.42	15441.74	6692.17	20598.22
营业成本(万元)	11937.22	15519.02	6692.70	20668.39
投资收益(万元)	-	-	-	-
净利润(万元)	-1385.77	4275.43	3106.66	11776.77
利润总额(万元)	-1455.71	4071.15	3600.97	12033.27

福建海源自动化机械股份有限公司

公司概况					
公司名称	福建海源自动化机械股份有限公司			证券简称	海源机械
法人代表	李良光	董秘	李玫	证券代码	002529
公司网址	www.haiyuan-group.com		电子信箱	hyjx@haiyuan-group.com	
电　　话	0591-83855071		传　　真	0591-83855031	
办公地址	福建省福州市闽侯县荆溪镇铁岭北路2号				
经营范围	从事全自动液压设备以及配套设备的研发、生产与销售				

主要财务指标				
指标\报告期	2012.06.30	2011.12.31	2011.06.30	2010.12.31
基本每股收益(元)	0.0200	0.2800	0.1700	0.5200
基本每股收益(扣除后)(元)	0.0200	0.4000	0.1700	0.5000
每股净资产(元)	6.1800	6.3400	6.2300	6.3700
每股经营现金净流量(元)	-0.4076	-0.0315	-0.0807	0.0908
每股现金流量(元)	-0.7332	-2.1160	-1.9649	4.2798
每股资本公积金(元)	4.1485	4.1485	4.1485	4.1485
每股盈余公积金(元)	0.2329	0.2329	0.2047	0.2047
每股未分配利润(元)	0.7972	0.9618	0.8817	1.0213
净资产收益率(%)	0.3700	4.4330	2.7700	6.0820
加权净资产收益率(%)	0.3600	4.4600	2.7000	18.7600
净资产收益率(扣除)(%)	-	-	-	-
总资产(万元)	109338.99	116179.18	114749.66	138083.68
归属母公司股东权益(万元)	98857.77	101491.57	99758.15	101992.08
主营业务收入(万元)	11331.99	37073.71	17323.00	34317.69
营业收入(万元)	11518.22	37562.64	17464.78	34792.92
主营成本(万元)	7381.74	23409.21	10697.11	21338.48
营业成本(万元)	7405.13	23461.16	10723.94	21386.27
投资收益(万元)	-	-	-	-
净利润(万元)	366.20	4499.49	2766.07	6203.58
利润总额(万元)	423.56	5572.44	3263.25	7239.47

江苏丰东热技术股份有限公司

公司概况					
公司名称	江苏丰东热技术股份有限公司			证券简称	丰东股份
法人代表	朱文明	董秘	房莉莉	证券代码	002530
公司网址	www.fengdong.com		电子信箱	fengdong@fengdong.com	
电　　话	0515-83282838		传　　真	0515-83282843	
办公地址	江苏省大丰市经济开发区南翔西路333号				
经营范围	开发、生产热处理设备及其辅助设备并销售本公司自产产品等				

主要财务指标				
指标\报告期	2012.06.30	2011.12.31	2011.06.30	2010.12.31
基本每股收益(元)	0.1150	0.3620	0.1830	0.3350
基本每股收益(扣除后)(元)	0.1130	0.3555	0.0890	0.3300
每股净资产(元)	2.2500	2.2000	4.2500	4.2440
每股经营现金净流量(元)	0.0227	0.0885	0.0286	0.4580
每股现金流量(元)	-0.0793	-0.9612	-0.7327	2.7439
每股资本公积金(元)	0.7816	2.5632	2.5911	2.5706
每股盈余公积金(元)	0.0489	0.0978	0.0610	0.0610
每股未分配利润(元)	0.4240	0.7383	0.5963	0.6128
净资产收益率(%)	5.0900	8.2350	4.3200	5.8890
加权净资产收益率(%)	5.1600	8.4500	4.2900	18.5300
净资产收益率(扣除)(%)	-	-	-	-
总资产(万元)	84677.91	82291.38	80212.88	86057.05
归属母公司股东权益(万元)	60421.61	58951.16	56928.94	56875.33
主营业务收入(万元)	18200.42	31977.32	15779.43	29634.80
营业收入(万元)	18200.42	31977.32	15779.43	29634.80
主营成本(万元)	12405.80	21546.10	10314.63	20712.19
营业成本(万元)	12405.80	21546.10	10314.63	20712.19
投资收益(万元)	557.58	1153.92	492.03	484.16
净利润(万元)	3085.26	5114.22	2724.98	3970.44
利润总额(万元)	3680.83	6227.58	3462.08	4881.52

天顺风能(苏州)股份有限公司

公司概况					
公司名称	天顺风能(苏州)股份有限公司			证券简称	天顺风能
法人代表	严俊旭	董秘	郑康生	证券代码	002531
公司网址	www.titanmetal.com.cn		电子信箱	public@titanmetal.com.cn	
电　　话	0512-81607016 82783910		传　　真	0512-53598666	
办公地址	江苏省太仓市经济开发区宁波东路28号				
经营范围	从事设计、生产加工各类电力设备(风力发电设备)、船舶设备等				

主要财务指标				
指标\报告期	2012.06.30	2011.12.31	2011.06.30	2010.12.31
基本每股收益(元)	0.4500	0.5100	0.2500	0.5700
基本每股收益(扣除后)(元)	0.4400	0.5000	0.2500	0.5500
每股净资产(元)	8.2400	8.0200	7.7600	7.7100
每股经营现金净流量(元)	0.2301	-0.7046	-1.0319	0.5796
每股现金流量(元)	-0.8314	-1.2004	-1.9450	6.2783
每股资本公积金(元)	6.2492	6.2695	6.2695	6.2695
每股盈余公积金(元)	0.1002	0.1002	0.0515	0.0515
每股未分配利润(元)	0.8931	0.6470	0.4390	0.3848
净资产收益率(%)	5.4100	6.3740	3.2400	5.5020
加权净资产收益率(%)	5.4200	6.5000	3.2500	27.6900
净资产收益率(扣除)(%)	-	-	-	-
总资产(万元)	250595.76	234688.43	195106.09	200456.02
归属母公司股东权益(万元)	169590.18	164944.51	159661.38	158546.48
主营业务收入(万元)	61411.19	75659.45	33452.22	50391.49
营业收入(万元)	64461.22	94179.22	39042.40	50853.02
主营成本(万元)	45159.04	60495.27	26013.97	35739.17
营业成本(万元)	47672.85	77747.38	31182.71	35739.91
投资收益(万元)	-	-	-	-43.20
净利润(万元)	9177.74	10379.14	5166.09	8671.52
利润总额(万元)	11026.43	11901.48	5935.03	9763.71

新界泵业集团股份有限公司

公司概况	公司名称	新界泵业集团股份有限公司			证券简称	新界泵业
	法人代表	许敏田	董秘	严先发	证券代码	002532
	公司网址	www.shimge.com		电子信箱	shimgezjb@126.com	
	电　话	0576-81670968		传　真	0576-86338769	
	办公地址	浙江省温岭市大溪镇大洋城工业区				
	经营范围	各类水泵及控制设备以及空气压缩机的研发、生产和销售				

主要财务指标	指标\报告期	2012.06.30	2011.12.31	2011.06.30	2010.12.31
	基本每股收益(元)	0.2700	0.3800	0.2000	0.4900
	基本每股收益(扣除后)(元)	0.3200	0.3400	0.1700	0.4200
	每股净资产(元)	5.3500	5.1700	5.0000	9.7000
	每股经营现金净流量(元)	0.4765	0.1645	–0.0394	0.8006
	每股现金流量(元)	–0.2799	–1.4467	–0.9049	8.0080
	每股资本公积金(元)	3.3153	3.3158	3.3211	7.6422
	每股盈余公积金(元)	0.1169	0.1169	0.0807	0.1613
	每股未分配利润(元)	0.9152	0.7405	0.5983	0.9011
	净资产收益率(%)	5.1400	7.2720	4.0200	7.6230
	加权净资产收益率(%)	5.2000	7.5100	4.0000	41.8500
	净资产收益率(扣除)(%)	–	–	–	–
	总资产(万元)	114092.24	103936.00	97478.53	100510.33
	归属母公司股东权益(万元)	85558.01	82771.77	80000.74	77637.41
	主营业务收入(万元)	45886.89	73617.14	34521.93	54941.07
	营业收入(万元)	48200.23	76451.49	35743.71	56742.67
	主营成本(万元)	34577.23	57971.61	27421.12	42580.46
	营业成本(万元)	36550.36	60704.03	28565.02	44252.04
	投资收益(万元)	335.34	612.34	226.34	71.77
	净利润(万元)	4433.66	6046.80	3157.37	5908.56
	利润总额(万元)	5129.22	6959.84	3658.07	6665.88

金杯电工股份有限公司

公司概况	公司名称	金杯电工股份有限公司			证券简称	金杯电工
	法人代表	吴学愚	董秘	黄喜华	证券代码	002533
	公司网址	www.gold-cup.cn		电子信箱	jbdg8888@163.com	
	电　话	0731-88280604 88280619		传　真	0731-88280636	
	办公地址	湖南长沙市雨花区环保科技产业园新兴路 159 号				
	经营范围	加工、制造、销售电线、电缆、生产、销售电线、电缆材料及成品等				

主要财务指标	指标\报告期	2012.06.30	2011.12.31	2011.06.30	2010.12.31
	基本每股收益(元)	0.1810	0.4140	0.1790	0.5420
	基本每股收益(扣除后)(元)	0.1740	0.3610	0.1480	0.5070
	每股净资产(元)	5.0400	5.9300	5.9900	12.0500
	每股经营现金净流量(元)	0.3763	–1.7816	–1.1386	–0.3816
	每股现金流量(元)	–0.1675	–2.1218	–1.7581	6.9910
	每股资本公积金(元)	2.7075	3.4490	3.7077	8.7271
	每股盈余公积金(元)	0.0785	0.0941	0.0876	0.1752
	每股未分配利润(元)	1.2506	1.3841	1.1910	2.1523
	净资产收益率(%)	3.5800	6.9930	3.5900	6.7405
	加权净资产收益率(%)	3.6100	6.9600	3.5700	20.6500
	净资产收益率(扣除)(%)	–	–	–	–
	总资产(万元)	211915.43	220219.90	217864.63	232932.60
	归属母公司股东权益(万元)	169227.22	165962.09	167617.75	168763.51
	主营业务收入(万元)	111197.96	249821.51	107946.21	192667.97
	营业收入(万元)	111784.53	251449.07	108025.70	192976.93
	主营成本(万元)	97588.64	222840.43	96132.15	168558.94
	营业成本(万元)	97968.03	224108.78	96145.01	168689.10
	投资收益(万元)	5.57	177.71	105.92	122.79
	净利润(万元)	5848.07	12069.35	6203.56	11406.35
	利润总额(万元)	6995.28	14463.51	7400.18	13433.28

杭州锅炉集团股份有限公司

公司概况	公司名称	杭州锅炉集团股份有限公司			证券简称	杭锅股份
	法人代表	吴南平	董秘	陈华	证券代码	002534
	公司网址	www.chinaboilers.com		电子信箱	boiler@mail.hz.zj.cn	
	电　话	0571-85387519		传　真	0571-85387598	
	办公地址	浙江省杭州市下城区东新路 245 号				
	经营范围	各类余热锅炉、工业锅炉、电站锅炉、核电设备和电站辅机的研发、生产和销售				

主要财务指标	指标\报告期	2012.06.30	2011.12.31	2011.06.30	2010.12.31
	基本每股收益(元)	0.4100	0.8300	0.3600	0.9300
	基本每股收益(扣除后)(元)	0.4000	0.8000	0.3500	0.7800
	每股净资产(元)	6.1100	6.0000	5.5300	3.2300
	每股经营现金净流量(元)	–1.5464	–0.7092	–0.3805	0.4956
	每股现金流量(元)	–1.1601	0.7138	1.1298	0.0215
	每股资本公积金(元)	2.5672	2.5672	2.5671	0.0954
	每股盈余公积金(元)	0.2415	0.1604	0.1604	0.1010
	每股未分配利润(元)	2.2924	2.2612	1.7995	1.8002
	净资产收益率(%)	6.7500	13.6790	6.9300	28.8040
	加权净资产收益率(%)	6.7500	14.9300	6.9300	33.1200
	净资产收益率(扣除)(%)	–	–	–	–
	总资产(万元)	780266.34	680247.51	515250.52	414530.69
	归属母公司股东权益(万元)	244731.12	240213.26	221570.62	116113.40
	主营业务收入(万元)	533531.19	389434.96	159383.24	329427.15
	营业收入(万元)	534495.96	396725.22	159978.27	330901.76
	主营成本(万元)	487463.12	308581.03	124218.67	260026.13
	营业成本(万元)	488324.85	316215.94	124536.09	261034.71
	投资收益(万元)	176.60	1681.75	883.79	629.82
	净利润(万元)	19297.91	40375.36	17729.05	42121.58
	利润总额(万元)	23828.29	46726.88	21336.57	46365.98

林州重机集团股份有限公司

公司概况	公司名称	林州重机集团股份有限公司			证券简称	林州重机
	法人代表	郭现生	董秘	崔普县	证券代码	002535
	公司网址	www.lzzj.com		电子信箱	lzzjcpx@126.com	
	电　话	0372-6024321		传　真	0372-6031023	
	办公地址	河南省林州市河顺镇申村				
	经营范围	液压支架等煤炭综采支护设备的设计、研发、制造、销售及技术服务				

主要财务指标	指标\报告期	2012.06.30	2011.12.31	2011.06.30	2010.12.31
	基本每股收益(元)	0.1700	0.4500	0.1200	0.3400
	基本每股收益(扣除后)(元)	0.1700	0.4500	0.1200	0.3300
	每股净资产(元)	3.5400	4.4600	4.1400	2.9200
	每股经营现金净流量(元)	0.0572	–0.1521	–0.3642	0.4342
	每股现金流量(元)	–0.1501	0.6849	1.2034	–0.3224
	每股资本公积金(元)	2.0073	2.8967	2.8525	0.5702
	每股盈余公积金(元)	0.0687	0.0893	0.0460	0.0921
	每股未分配利润(元)	0.4607	0.4725	0.2392	0.7782
	净资产收益率(%)	4.9200	9.8810	3.9300	23.0300
	加权净资产收益率(%)	4.9700	11.1600	4.4900	25.2700
	净资产收益率(扣除)(%)	–	–	–	–
	总资产(万元)	288804.76	283464.61	230750.84	123551.08
	归属母公司股东权益(万元)	190427.33	184660.99	169481.01	44860.75
	主营业务收入(万元)	52561.63	95867.09	47886.59	82265.54
	营业收入(万元)	62553.34	110292.73	50860.68	85008.06
	主营成本(万元)	38401.13	67670.22	35407.37	60434.61
	营业成本(万元)	46300.13	78687.31	37344.72	61971.42
	投资收益(万元)	74.95	105.81	40.12	208.69
	净利润(万元)	9366.54	18229.21	6653.83	10326.75
	利润总额(万元)	11047.58	21721.66	8888.85	13779.47

河南省西峡汽车水泵股份有限公司

公司概况	公司名称	河南省西峡汽车水泵股份有限公司			证券简称	西泵股份
	法人代表	孙耀志	董秘	席洪民	证券代码	002536
	公司网址	www.xixia-waterpump.com		电子信箱	xhm@xixia-waterpump.com	
	电　话	0377-69723888 69662536		传　真	0377-69722888 69662536	
	办公地址	河南省南阳市西峡县工业大道 299 号				
	经营范围	汽车、摩托车零部件及其机械产品的加工、制造、销售等				

主要财务指标	指标\报告期	2012.06.30	2011.12.31	2011.06.30	2010.12.31
	基本每股收益(元)	0.3116	0.7200	0.5611	1.2300
	基本每股收益(扣除后)(元)	0.2900	0.6200	0.4900	1.2000
	每股净资产(元)	12.0100	11.9000	11.7400	4.2700
	每股经营现金净流量(元)	0.6265	-0.1743	0.0886	0.9371
	每股现金流量(元)	-0.4088	1.8948	3.4417	0.1307
	每股资本公积金(元)	8.3108	8.3108	8.3160	0.3708
	每股盈余公积金(元)	0.2566	0.2566	0.1986	0.1986
	每股未分配利润(元)	2.4444	2.3328	2.2213	1.8836
	净资产收益率(%)	2.5900	5.9430	4.5200	28.7678
	加权净资产收益率(%)	2.5800	6.3500	5.0800	33.0000
	净资产收益率(扣除)(%)	-	-	-	-
	总资产(万元)	175201.01	168768.79	166426.87	114700.87
	归属母公司股东权益(万元)	115313.90	114242.35	112664.75	30748.68
	主营业务收入(万元)	42657.08	93589.37	51701.39	99692.05
	营业收入(万元)	42720.91	94383.75	52405.60	99926.21
	主营成本(万元)	31782.53	68470.80	38157.59	70162.83
	营业成本(万元)	31836.93	69176.63	38460.38	70391.58
	投资收益(万元)	-	-	-	-
	净利润(万元)	2991.55	6837.66	5210.48	9397.06
	利润总额(万元)	3282.10	7542.22	5848.89	10354.47

青岛海立美达股份有限公司

公司概况	公司名称	青岛海立美达股份有限公司			证券简称	海立美达
	法人代表	刘国平	董秘	曹际东	证券代码	002537
	公司网址	www.haili.com.cn		电子信箱	hlmo@haili.com.cn	
	电　话	0532-89066166		传　真	0532-89066196	
	办公地址	山东省青岛市即墨市青威路 1626 号				
	经营范围	钢板的剪切、冲压加工、彩涂钢板、钢制零部件、模具的开发与生产等				

主要财务指标	指标\报告期	2012.06.30	2011.12.31	2011.06.30	2010.12.31
	基本每股收益(元)	0.2500	0.8000	0.5500	1.2200
	基本每股收益(扣除后)(元)	0.2300	0.6900	0.4900	1.2000
	每股净资产(元)	8.7300	12.7000	12.4500	3.7600
	每股经营现金净流量(元)	-0.3934	-2.6662	-1.8702	-1.3168
	每股现金流量(元)	-1.0189	3.2192	4.3367	0.4195
	每股资本公积金(元)	6.1318	9.6891	9.6891	0.5384
	每股盈余公积金(元)	0.1012	0.1518	0.1150	0.1150
	每股未分配利润(元)	1.4934	1.8611	1.6484	1.4178
	净资产收益率(%)	2.9000	6.1420	4.1800	32.4571
	加权净资产收益率(%)	2.9400	6.6900	4.8600	38.7400
	净资产收益率(扣除)(%)	-	-	-	-
	总资产(万元)	260851.13	174223.04	173202.93	98211.40
	归属母公司股东权益(万元)	130896.54	127020.32	124525.41	28212.29
	主营业务收入(万元)	99225.64	201882.52	100727.01	207618.52
	营业收入(万元)	100650.67	203988.51	101270.85	209470.55
	主营成本(万元)	90296.76	185886.36	91717.72	188925.54
	营业成本(万元)	91549.82	187323.43	92115.44	190645.63
	投资收益(万元)	-	-	-	-
	净利润(万元)	4217.43	8248.49	5468.46	9454.39
	利润总额(万元)	5562.39	10927.76	7057.08	12329.97

安徽省司尔特肥业股份有限公司

公司概况	公司名称	安徽省司尔特肥业股份有限公司			证券简称	司尔特
	法人代表	金国清	董秘	吴勇	证券代码	002538
	公司网址	www.sierte.com		电子信箱	wy3968@sina.com	
	电　话	0563-4191590 4181525		传　真	0563-4181525	
	办公地址	安徽省宁国市经济技术开发区				
	经营范围	高浓度磷复肥产品研发、生产和销售等				

主要财务指标	指标\报告期	2012.06.30	2011.12.31	2011.06.30	2010.12.31
	基本每股收益(元)	0.3200	1.1200	0.2500	0.8600
	基本每股收益(扣除后)(元)	0.2900	1.0600	0.2200	0.8100
	每股净资产(元)	5.0500	9.6600	9.0400	3.2500
	每股经营现金净流量(元)	0.2844	-2.8746	-1.2566	0.6251
	每股现金流量(元)	-0.2598	2.4386	3.2420	0.5527
	每股资本公积金(元)	2.5944	6.1887	6.1887	0.1297
	每股盈余公积金(元)	0.1448	0.2895	0.1801	0.2423
	每股未分配利润(元)	1.3064	2.1785	1.6722	1.8752
	净资产收益率(%)	6.2900	11.3310	5.2900	26.5840
	加权净资产收益率(%)	6.3600	12.6500	6.0500	30.6600
	净资产收益率(扣除)(%)	-	-	-	-
	总资产(万元)	203600.57	201623.80	152496.99	86524.23
	归属母公司股东权益(万元)	149348.45	142920.20	133807.22	35719.14
	主营业务收入(万元)	78317.93	171127.12	70862.14	129070.25
	营业收入(万元)	78652.30	171976.77	71286.05	129524.50
	主营成本(万元)	-	141485.42	-	108642.36
	营业成本(万元)	60809.26	141629.20	56814.28	108752.09
	投资收益(万元)	-	-	-	-
	净利润(万元)	9388.25	16194.23	7081.26	9495.67
	利润总额(万元)	11313.89	19066.56	8564.30	11179.65

成都市新都化工股份有限公司

公司概况	公司名称	成都市新都化工股份有限公司			证券简称	新都化工
	法人代表	牟嘉云	董秘	王生兵	证券代码	002539
	公司网址	www.shindoo.com		电子信箱	zhengquan@shindoo.com	
	电　话	028-87373422		传　真	028-87373422	
	办公地址	四川省成都市新都工业开发区南二路				
	经营范围	生产、销售复合肥等				

主要财务指标	指标\报告期	2012.06.30	2011.12.31	2011.06.30	2010.12.31
	基本每股收益(元)	0.3010	0.6820	0.3860	0.6980
	基本每股收益(扣除后)(元)	0.2830	0.5960	0.3140	0.6080
	每股净资产(元)	6.7400	6.6800	12.7700	5.3700
	每股经营现金净流量(元)	-0.3031	0.5889	0.6392	-0.3579
	每股现金流量(元)	-0.2640	2.2292	7.0889	-0.3585
	每股资本公积金(元)	3.8645	3.8645	8.7289	0.9112
	每股盈余公积金(元)	0.1095	0.1095	0.1466	0.1964
	每股未分配利润(元)	1.7240	1.6733	2.8236	3.1943
	净资产收益率(%)	4.4800	9.9910	6.5400	23.0680
	加权净资产收益率(%)	4.4800	11.0500	6.5400	26.2400
	净资产收益率(扣除)(%)	-	-	-	-
	总资产(万元)	518729.52	444174.22	369309.76	210342.29
	归属母公司股东权益(万元)	223201.25	221196.87	211318.93	66342.72
	主营业务收入(万元)	190311.25	315387.34	159336.78	202649.84
	营业收入(万元)	192815.53	324180.52	161152.61	204741.74
	主营成本(万元)	161023.76	262600.08	132048.00	168872.49
	营业成本(万元)	163674.19	270537.49	133954.62	170365.11
	投资收益(万元)	47.83	323.32	105.15	-15.03
	净利润(万元)	10873.30	24684.58	14197.61	16755.93
	利润总额(万元)	14339.49	33234.80	18983.38	21691.75

江苏亚太轻合金科技股份有限公司

公司概况	公司名称	江苏亚太轻合金科技股份有限公司			证券简称	亚太科技
	法人代表	周福海	董秘	罗功武	证券代码	002540
	公司网址	www.yatal.com		电子信箱	dm@yatal.com	
	电　话	0510-88271111 887 88278652		传　真	0510-88278653	
	办公地址	江苏省无锡市新区坊兴路8号				
	经营范围	精密铝管、专用型材和高精度棒材等汽车铝挤压材及其他工业铝挤压材的研发、生产和销售				

	指标＼报告期	2012.06.30	2011.12.31	2011.06.30	2010.12.31
主要财务指标	基本每股收益(元)	0.2700	0.6000	0.3400	0.7800
	基本每股收益(扣除后)(元)	0.2300	0.5200	0.2800	0.7500
	每股净资产(元)	10.4600	10.4400	10.1600	4.4100
	每股经营现金净流量(元)	-0.5622	-0.3735	-0.3791	0.1569
	每股现金流量(元)	-1.3134	5.1480	5.7273	0.2340
	每股资本公积金(元)	7.4183	7.4183	7.4023	0.6704
	每股盈余公积金(元)	0.1986	0.1986	0.1413	0.2449
	每股未分配利润(元)	1.8407	1.8244	1.6142	2.4986
	净资产收益率(%)	2.5300	5.6900	3.6700	22.8780
	加权净资产收益率(%)	2.5300	6.2100	3.6700	25.8300
	净资产收益率(扣除)(%)	-	-	-	-
	总资产(万元)	223872.96	232523.65	222498.99	82939.45
	归属母公司股东权益(万元)	217519.06	217178.98	211281.14	52965.98
	主营业务收入(万元)	80111.03	125284.99	62586.42	110594.57
	营业收入(万元)	83116.20	129931.28	64616.79	113634.90
	主营成本(万元)	66838.30	100988.46	49518.46	84525.19
	营业成本(万元)	69410.40	104887.86	50785.40	86998.36
	投资收益(万元)	-	11.02	-	-
	净利润(万元)	5507.38	12690.48	7125.50	12826.91
	利润总额(万元)	6435.82	14857.83	8344.08	14817.15

安徽鸿路钢结构(集团)股份有限公司

公司概况	公司名称	安徽鸿路钢结构(集团)股份有限公司			证券简称	鸿路钢构
	法人代表	开金伟	董秘	何的明	证券代码	002541
	公司网址	www.hong-lu.com		电子信箱	hdm99125@hotmail.com	
	电　话	0551-6391405		传　真	0551-6391725	
	办公地址	安徽省合肥市双凤工业区				
	经营范围	钢结构及其围护产品的制造和销售等				

	指标＼报告期	2012.06.30	2011.12.31	2011.06.30	2010.12.31
主要财务指标	基本每股收益(元)	0.3469	1.6200	0.7027	1.6100
	基本每股收益(扣除后)(元)	0.2675	1.4500	0.5628	1.4800
	每股净资产(元)	7.5400	14.7600	13.8500	4.3500
	每股经营现金净流量(元)	-0.1525	-1.4852	-2.5810	-0.5762
	每股现金流量(元)	-0.1968	3.7450	5.1000	0.3453
	每股资本公积金(元)	4.4617	9.9235	9.9235	0.3386
	每股盈余公积金(元)	0.1602	0.3203	0.2203	0.2952
	每股未分配利润(元)	1.9193	3.5148	2.7030	2.7203
	净资产收益率(%)	4.6000	10.7370	4.5600	37.0670
	加权净资产收益率(%)	4.6500	12.0600	5.6800	45.5000
	净资产收益率(扣除)(%)	-	-	-	-
	总资产(万元)	448483.31	417811.55	402435.74	244802.56
	归属母公司股东权益(万元)	202104.70	197764.73	185547.54	43541.31
	主营业务收入(万元)	137951.91	327986.43	136974.43	246784.75
	营业收入(万元)	156823.95	353168.77	152954.94	262571.20
	主营成本(万元)	119450.69	283057.24	119827.53	215157.30
	营业成本(万元)	136457.23	303216.85	132292.93	227985.39
	投资收益(万元)	-	-	-	6.90
	净利润(万元)	9297.97	21234.88	9017.68	16139.39
	利润总额(万元)	10929.14	26981.60	11544.30	19633.85

中化岩土工程股份有限公司

公司概况	公司名称	中化岩土工程股份有限公司			证券简称	中化岩土
	法人代表	吴延炜	董秘	王秀格	证券代码	002542
	公司网址	www.cge.com.cn		电子信箱	cge@cge.com.cn	
	电　话	010-61271947		传　真	010-61271705	
	办公地址	北京市大兴区大兴工业开发区金苑路2号				
	经营范围	工业、交通与民用各类建筑项目的岩土工程勘察、设计等				

	指标＼报告期	2012.06.30	2011.12.31	2011.06.30	2010.12.31
主要财务指标	基本每股收益(元)	0.1200	0.5100	0.1300	0.5800
	基本每股收益(扣除后)(元)	0.1200	0.4200	0.1300	0.5600
	每股净资产(元)	3.7600	7.0900	7.0900	2.4200
	每股经营现金净流量(元)	-0.1155	0.4785	0.5027	0.3510
	每股现金流量(元)	-0.6104	5.2234	5.7130	0.0184
	每股资本公积金(元)	2.2965	5.5931	5.5931	0.0764
	每股盈余公积金(元)	0.0955	0.1910	0.1149	0.2302
	每股未分配利润(元)	0.3668	0.5837	0.3789	1.1180
	净资产收益率(%)	3.3400	6.8120	3.6400	36.1220
	加权净资产收益率(%)	3.3400	7.5300	3.6400	44.0800
	净资产收益率(扣除)(%)	-	-	-	-
	总资产(万元)	81193.37	81376.47	80730.98	19045.23
	归属母公司股东权益(万元)	75326.41	73824.92	71010.73	12123.16
	主营业务收入(万元)	15604.12	26409.09	13454.85	22515.60
	营业收入(万元)	15604.12	26409.09	13454.85	22515.60
	主营成本(万元)	11452.27	18986.75	9720.38	14841.30
	营业成本(万元)	11452.27	18986.75	9720.38	14841.30
	投资收益(万元)	25.25	83.02	4.06	39.83
	净利润(万元)	2503.49	5028.86	2214.66	4379.15
	利润总额(万元)	2933.29	5850.67	2598.50	5100.12

广东万和新电气股份有限公司

公司概况	公司名称	广东万和新电气股份有限公司			证券简称	万和电气
	法人代表	卢础其	董秘	卢宇阳	证券代码	002543
	公司网址	www.vanward.com		电子信箱	vw@vanward.com	
	电　话	0757-28382828		传　真	0757-23814788	
	办公地址	广东省佛山市顺德高新区(容桂)建业中路13号				
	经营范围	生产销售燃气热水器、燃气采暖热水炉、电热水器、燃气灶具、消毒柜等				

	指标＼报告期	2012.06.30	2011.12.31	2011.06.30	2010.12.31
主要财务指标	基本每股收益(元)	0.6300	1.0400	0.6200	1.2400
	基本每股收益(扣除后)(元)	0.6100	0.9700	0.5800	1.2100
	每股净资产(元)	11.1000	10.7700	10.3500	3.8600
	每股经营现金净流量(元)	0.4446	-0.9979	-0.1995	0.6045
	每股现金流量(元)	-0.5063	4.6593	6.2156	-0.2920
	每股资本公积金(元)	7.5144	7.5144	7.5144	0.8759
	每股盈余公积金(元)	0.1853	0.1451	0.0828	0.1104
	每股未分配利润(元)	2.4081	2.1151	1.7518	1.8746
	净资产收益率(%)	5.7046	9.4864	5.7579	32.1282
	加权净资产收益率(%)	5.7900	10.4600	6.5700	38.2300
	净资产收益率(扣除)(%)	-	-	-	-
	总资产(万元)	295698.05	275902.46	266275.02	130291.88
	归属母公司股东权益(万元)	222024.51	215348.57	206960.72	57852.34
	主营业务收入(万元)	142305.18	257063.61	130842.19	222350.11
	营业收入(万元)	145353.31	262976.51	133813.18	229307.42
	主营成本(万元)	102189.90	188500.79	93311.65	161089.05
	营业成本(万元)	103783.55	189539.60	94419.96	164693.51
	投资收益(万元)	-16.56	6.94	11.48	0.10
	净利润(万元)	12920.81	21255.08	12449.66	19808.18
	利润总额(万元)	15939.34	25790.96	15200.71	24060.64

广州杰赛科技股份有限公司

公司概况						
公司名称	广州杰赛科技股份有限公司			证券简称	杰赛科技	
法人代表	史学海	董秘	黄征	证券代码	002544	
公司网址	www.chinagci.com		电子信箱	ir@chinagci.com		
电　　话	020-84118343		传　　真	020-84119246		
办公地址	广东省广州市新港中路381号杰赛科技大楼					
经营范围	开发、制造、加工:通信系统与设备、测控及自动化网络与产品等					

主要财务指标 指标\报告期	2012.06.30	2011.12.31	2011.06.30	2010.12.31
基本每股收益(元)	0.1700	0.4500	0.1500	0.3300
基本每股收益(扣除后)(元)	0.1500	0.3700	0.1100	0.2400
每股净资产(元)	5.5600	5.5200	5.2300	4.9100
每股经营现金净流量(元)	-1.0154	0.6321	-0.6646	1.3013
每股现金流量(元)	-1.1708	2.9632	2.0787	0.6999
每股资本公积金(元)	3.2552	3.2552	3.2552	0.0184
每股盈余公积金(元)	0.2366	0.2366	0.1955	0.5255
每股未分配利润(元)	1.0739	1.0304	0.7759	3.3546
净资产收益率(%)	3.0300	8.1240	2.9200	17.7280
加权净资产收益率(%)	3.0200	8.8200	3.2400	19.4500
净资产收益率(扣除)(%)	-	-	-	-
总资产(万元)	147274.56	148853.41	140883.17	87942.97
归属母公司股东权益(万元)	95520.82	94893.92	89928.46	31377.99
主营业务收入(万元)	57643.47	120595.71	54283.59	95206.16
营业收入(万元)	57643.47	120595.71	54283.59	95206.16
主营成本(万元)	40910.54	90920.40	39182.28	68522.63
营业成本(万元)	40910.54	90920.40	39182.28	68522.63
投资收益(万元)	-	-	-	-
净利润(万元)	2919.77	7721.68	2633.10	5557.52
利润总额(万元)	3643.65	8819.69	3234.84	6345.43

青岛东方铁塔股份有限公司

公司概况						
公司名称	青岛东方铁塔股份有限公司			证券简称	东方铁塔	
法人代表	韩方如	董秘	何良军	证券代码	002545	
公司网址	www.qddftt.cn		电子信箱	stock@qddftt.cn		
电　　话	0532-88056092		传　　真	0532-82292646		
办公地址	山东省胶州市广州北路318号					
经营范围	广播电视塔、微波塔、电力塔、导航塔、钢管、公用天线及钢结构设计制造					

主要财务指标 指标\报告期	2012.06.30	2011.12.31	2011.06.30	2010.12.31
基本每股收益(元)	0.3496	1.0317	0.4048	1.2232
基本每股收益(扣除后)(元)	0.3506	1.0292	0.4050	1.2237
每股净资产(元)	10.0100	9.8500	13.8400	5.0666
每股经营现金净流量(元)	-0.1797	-1.3321	-2.0509	1.0123
每股现金流量(元)	-0.2070	3.2693	5.3470	-0.0899
每股资本公积金(元)	5.8730	5.8730	9.3095	0.1350
每股盈余公积金(元)	0.3207	0.3207	0.3309	0.4416
每股未分配利润(元)	2.7935	2.6439	3.1827	3.4712
净资产收益率(%)	3.4900	10.2498	4.8600	36.2141
加权净资产收益率(%)	3.4900	11.4500	4.8600	44.3400
净资产收益率(扣除)(%)	-	-	-	-
总资产(万元)	332380.62	324432.56	320513.67	184553.10
归属母公司股东权益(万元)	260393.42	256474.94	240171.95	65865.62
主营业务收入(万元)	80035.34	186305.71	92550.92	167864.95
营业收入(万元)	80157.53	187118.35	92937.77	170082.78
主营成本(万元)	60648.65	135949.99	70191.73	121369.94
营业成本(万元)	60722.03	135949.99	70313.96	122677.89
投资收益(万元)	-6.55	-1.61	-	-
净利润(万元)	9098.18	26288.25	10094.13	23852.65
利润总额(万元)	10773.74	30527.62	11975.22	27814.47

南京新联电子股份有限公司

公司概况						
公司名称	南京新联电子股份有限公司			证券简称	新联电子	
法人代表	胡敏	董秘	朱忠明	证券代码	002546	
公司网址	www.xldz.com		电子信箱	zzm@email.xldz.com		
电　　话	025-83699366		传　　真	025-87153628		
办公地址	江苏省南京市江宁开发区家园中路28号					
经营范围	三遥系统(国家有专项规定的办理许可证后经营)、广播电视设备等					

主要财务指标 指标\报告期	2012.06.30	2011.12.31	2011.06.30	2010.12.31
基本每股收益(元)	0.3170	0.8000	0.4600	0.6800
基本每股收益(扣除后)(元)	0.3140	0.7900	0.2230	0.6500
每股净资产(元)	6.1400	6.0700	11.0200	4.3100
每股经营现金净流量(元)	0.4086	0.1563	-1.3095	1.0860
每股现金流量(元)	0.0106	3.4907	5.8748	0.2954
每股资本公积金(元)	3.3363	3.3363	7.7277	0.1026
每股盈余公积金(元)	0.1378	0.1378	0.1645	0.2193
每股未分配利润(元)	1.6625	1.5950	2.1282	2.9873
净资产收益率(%)	5.1700	12.8580	3.5200	31.3321
加权净资产收益率(%)	5.2000	14.1600	4.2800	37.1500
净资产收益率(扣除)(%)	-	-	-	-
总资产(万元)	122647.76	114580.86	104656.18	42440.74
归属母公司股东权益(万元)	103093.91	101960.44	92571.06	27147.43
主营业务收入(万元)	22012.81	46872.09	15428.77	32485.45
营业收入(万元)	22012.81	46872.09	15428.77	32485.45
主营成本(万元)	12915.13	-	8982.24	16997.62
营业成本(万元)	12915.13	26647.93	8662.08	18221.58
投资收益(万元)	-	-	-	-5.00
净利润(万元)	5333.47	13109.62	3591.99	8505.86
利润总额(万元)	6226.61	15644.11	4214.70	9714.31

苏州春兴精工股份有限公司

公司概况						
公司名称	苏州春兴精工股份有限公司			证券简称	春兴精工	
法人代表	孙洁晓	董秘	徐苏云	证券代码	002547	
公司网址	www.chunxing-group.com		电子信箱	suyun.xu@chunxing-group.com		
电　　话	0512-62625319		传　　真	0512-62625319		
办公地址	江苏省苏州市工业园区唯亭镇金陵东路120号					
经营范围	通讯系统设备以及汽车用精密铸件及各类精密部件的制造、销售及服务等					

主要财务指标 指标\报告期	2012.06.30	2011.12.31	2011.06.30	2010.12.31
基本每股收益(元)	0.0300	0.3400	0.2400	0.6200
基本每股收益(扣除后)(元)	0.0300	0.3100	0.2500	0.6400
每股净资产(元)	3.1100	6.1700	6.0700	2.8800
每股经营现金净流量(元)	0.0986	-1.3592	-1.0829	0.4276
每股现金流量(元)	-0.2121	0.6506	1.7458	0.2288
每股资本公积金(元)	1.3626	3.7252	3.7252	0.3700
每股盈余公积金(元)	0.0177	0.0354	0.0090	0.0121
每股未分配利润(元)	0.7360	1.4140	1.3307	1.4919
净资产收益率(%)	1.0000	5.2930	4.5900	27.7159
加权净资产收益率(%)	1.0000	6.0500	4.5900	24.3500
净资产收益率(扣除)(%)	-	-	-	-
总资产(万元)	145141.22	138105.59	141955.49	75210.07
归属母公司股东权益(万元)	88421.08	87649.67	86127.71	30503.80
主营业务收入(万元)	38201.84	75657.07	36638.89	50371.62
营业收入(万元)	39120.12	82721.80	38067.94	52586.27
主营成本(万元)	31010.65	60423.39	28338.32	37717.58
营业成本(万元)	31758.00	66867.81	29499.66	39561.02
投资收益(万元)	-	-	-	77.86
净利润(万元)	824.19	4639.51	3082.01	6622.89
利润总额(万元)	1083.32	5202.81	3642.49	7625.15

深圳市金新农饲料股份有限公司

公司概况					
公司名称	深圳市金新农饲料股份有限公司			证券简称	金新农
法人代表	陈俊海	董秘	翟卫兵	证券代码	002548
公司网址	www.safeed.com.cn		电子信箱	jxnfeed@163.com	
电　话	0755-27166036 29420820		传　真	0755-27166396	
办公地址	广东省深圳市宝安区公明镇将石塘下围				
经营范围	生产、销售预混饲料、浓缩饲料、饲料、饲料添加剂等				

主要财务指标：指标\报告期	2012.06.30	2011.12.31	2011.06.30	2010.12.31
基本每股收益(元)	0.2300	0.6400	0.2100	0.8000
基本每股收益(扣除后)(元)	0.2200	0.5900	0.2100	0.7900
每股净资产(元)	5.5600	5.5300	7.9500	2.9300
每股经营现金净流量(元)	0.0561	0.7230	0.1034	0.4438
每股现金流量(元)	0.6003	2.9419	5.0112	-0.4110
每股资本公积金(元)	3.3510	5.5265	5.5265	-0.0276
每股盈余公积金(元)	0.0892	0.1338	0.1015	0.1362
每股未分配利润(元)	1.1212	1.6362	1.3253	1.8252
净资产收益率(%)	4.1400	7.3450	3.3500	27.4150
加权净资产收益率(%)	4.1000	8.5800	4.3700	31.4000
净资产收益率(扣除)(%)	-	-	-	-
总资产(万元)	91370.73	92337.06	87052.14	36203.18
归属母公司股东权益(万元)	78415.55	77987.86	74760.77	20537.11
主营业务收入(万元)	81806.74	149098.48	60960.49	114937.93
营业收入(万元)	81834.75	149157.08	60973.34	114973.74
主营成本(万元)	71337.12	130222.60	52563.81	98599.07
营业成本(万元)	71337.12	130222.60	52563.81	98599.07
投资收益(万元)	9.73	115.16	-2.84	-45.90
净利润(万元)	3345.30	5884.90	2551.70	5740.05
利润总额(万元)	3951.56	6990.34	3053.21	7010.28

湖南凯美特气体股份有限公司

公司概况					
公司名称	湖南凯美特气体股份有限公司			证券简称	凯美特气
法人代表	祝恩福	董秘	张伟	证券代码	002549
公司网址	www.china-kmt.cn		电子信箱	zhangw@china-kmt.cn	
电　话	0730-8553359		传　真	0730-8551458	
办公地址	湖南省岳阳市七里山				
经营范围	干冰、液体二氧化碳、食品添加剂液体二氧化碳等				

主要财务指标：指标\报告期	2012.06.30	2011.12.31	2011.06.30	2010.12.31
基本每股收益(元)	0.1000	0.6400	0.2300	0.4700
基本每股收益(扣除后)(元)	0.1000	0.3500	0.0900	0.4500
每股净资产(元)	4.0600	6.0600	5.5800	3.0000
每股经营现金净流量(元)	0.0691	0.3977	0.1008	0.7891
每股现金流量(元)	-0.7778	2.2225	1.6906	-0.2029
每股资本公积金(元)	2.2536	3.8805	3.8805	0.0748
每股盈余公积金(元)	0.0882	0.1323	0.0877	0.1753
每股未分配利润(元)	0.7131	1.0384	0.6037	1.7476
净资产收益率(%)	2.5000	10.2812	3.3800	23.3840
加权净资产收益率(%)	2.5000	11.7900	3.3800	26.4800
净资产收益率(扣除)(%)	-	-	-	-
总资产(万元)	78732.24	75999.26	77535.76	35362.50
归属母公司股东权益(万元)	73031.37	72664.46	66940.82	17986.39
主营业务收入(万元)	5903.17	13245.33	5495.17	12017.91
营业收入(万元)	5918.76	13280.90	5517.90	12069.90
主营成本(万元)	1934.97	4020.68	1669.54	3386.22
营业成本(万元)	1937.66	4025.68	1672.49	3436.39
投资收益(万元)	-	3636.17	-	0.78
净利润(万元)	1816.40	7429.19	1694.46	4143.16
利润总额(万元)	2074.34	8570.03	1921.47	4615.83

常州千红生化制药股份有限公司

公司概况					
公司名称	常州千红生化制药股份有限公司			证券简称	千红制药
法人代表	王耀方	董秘	蒋文群	证券代码	002550
公司网址	www.qhsh.com.cn		电子信箱	frankie@qhsh.com.cn	
电　话	0519-85156003		传　真	0519-85156003 85156008	
办公地址	江苏省常州市新北区长江中路90号				
经营范围	片剂、硬胶囊剂、颗粒剂、原料药、冻干粉、冻干粉针剂等				

主要财务指标：指标\报告期	2012.06.30	2011.12.31	2011.06.30	2010.12.31
基本每股收益(元)	0.4600	0.9900	0.5400	1.2500
基本每股收益(扣除后)(元)	0.4500	0.9300	0.5300	1.1900
每股净资产(元)	10.8700	10.7600	10.3000	3.2800
每股经营现金净流量(元)	0.4628	0.9176	0.4252	1.4293
每股现金流量(元)	-0.6280	7.7545	7.4294	0.1949
每股资本公积金(元)	7.3916	7.3916	7.3916	0.0653
每股盈余公积金(元)	0.3245	0.3245	0.2290	0.3053
每股未分配利润(元)	2.1563	2.0415	1.6772	1.9139
净资产收益率(%)	4.2700	8.8450	4.7800	38.1909
加权净资产收益率(%)	4.2500	10.4300	6.3600	47.2000
净资产收益率(扣除)(%)	-	-	-	-
总资产(万元)	191658.76	185317.92	173175.88	54852.66
归属母公司股东权益(万元)	173957.85	172121.21	164765.30	39414.50
主营业务收入(万元)	34994.25	73260.07	42297.98	114033.85
营业收入(万元)	35249.88	73765.28	42548.45	114476.72
主营成本(万元)	20848.05	43982.35	26814.10	83654.97
营业成本(万元)	20852.27	43996.03	26820.08	83658.05
投资收益(万元)	120.86	2.34	-	2.02
净利润(万元)	7344.85	15184.35	7868.70	15052.40
利润总额(万元)	8662.72	17860.71	9130.39	17436.99

深圳市尚荣医疗股份有限公司

公司概况					
公司名称	深圳市尚荣医疗股份有限公司			证券简称	尚荣医疗
法人代表	梁桂秋	董秘	梁桂秋(代)	证券代码	002551
公司网址	www.glory-medical.com.cn		电子信箱	gen@glory-medical.com.cn	
电　话	0755-82290988		传　真	0755-82287066 89926159	
办公地址	广东省深圳市龙岗区宝龙工业城宝龙五路二号尚荣科技工业园1号厂房2楼				
经营范围	医疗设备及医疗系统工程、医疗设施的设计、生产、销售和安装等				

主要财务指标：指标\报告期	2012.06.30	2011.12.31	2011.06.30	2010.12.31
基本每股收益(元)	0.1700	0.3700	0.1900	0.5000
基本每股收益(扣除后)(元)	0.1700	0.3600	0.1900	0.5000
每股净资产(元)	6.4400	9.5900	9.4700	4.4800
每股经营现金净流量(元)	-0.1988	-0.4596	-0.6180	0.8290
每股现金流量(元)	-0.1500	6.2045	6.0962	0.7180
每股资本公积金(元)	4.3811	7.0717	7.0716	0.8883
每股盈余公积金(元)	0.0757	0.1135	0.0919	0.1838
每股未分配利润(元)	0.9791	1.4062	1.3032	2.4042
净资产收益率(%)	2.7200	3.7430	2.4800	16.8524
加权净资产收益率(%)	2.7000	4.3300	2.4800	18.4000
净资产收益率(扣除)(%)	-	-	-	-
总资产(万元)	141617.82	132839.58	130352.21	48862.06
归属母公司股东权益(万元)	118741.86	117974.15	116440.67	27529.08
主营业务收入(万元)	21776.50	33596.55	18945.50	26395.65
营业收入(万元)	22139.66	34842.78	19688.87	27003.55
主营成本(万元)	14396.22	23896.56	12523.86	16228.47
营业成本(万元)	14522.39	24313.84	12792.34	16273.29
投资收益(万元)	-	-	-	-
净利润(万元)	3241.90	4431.25	2863.95	4677.62
利润总额(万元)	3795.15	5204.02	3702.37	5783.69

宝鼎重工股份有限公司

公司名称	宝鼎重工股份有限公司			证券简称	宝鼎重工
法人代表	朱宝松	董秘	吴建海	证券代码	002552
公司网址	www.bd-zg.com		电子信箱	office@bd-zg.com	
电　话	0571-86319217		传　真	0571-86319217	
办公地址	浙江省杭州市余杭区塘栖镇工业园区内				
经营范围	大型铸锻件的研发、生产和销售等				

指标\报告期	2012.06.30	2011.12.31	2011.06.30	2010.12.31
基本每股收益(元)	0.2100	0.5000	0.2400	0.6300
基本每股收益(扣除后)(元)	0.2000	0.4500	0.2100	0.5800
每股净资产(元)	5.2800	5.2700	5.0100	3.7200
每股经营现金净流量(元)	0.2884	0.0699	0.0466	0.6839
每股现金流量(元)	-0.2750	2.0847	2.3998	-0.0871
每股资本公积金(元)	3.2692	3.2692	3.2692	1.4161
每股盈余公积金(元)	0.1264	0.1264	0.0818	0.1636
每股未分配利润(元)	0.8876	0.8764	0.6607	1.1447
净资产收益率(%)	4.0000	9.1430	4.2100	25.4220
加权净资产收益率(%)	3.9300	10.5300	5.5200	28.8300
净资产收益率(扣除)(%)	-	-	-	-
总资产(万元)	87622.46	88746.60	85198.58	42104.49
归属母公司股东权益(万元)	79247.40	79079.60	75175.60	27932.85
主营业务收入(万元)	19026.88	42698.40	21425.38	40195.05
营业收入(万元)	19133.85	44536.09	22117.27	40455.86
主营成本(万元)	14118.47	31431.65	16009.70	28802.01
营业成本(万元)	14206.14	33125.68	16627.74	29056.45
投资收益(万元)	-	-	-	-
净利润(万元)	3167.81	7229.95	3325.96	7101.04
利润总额(万元)	3612.86	8366.15	3930.69	8384.39

江苏南方轴承股份有限公司

公司名称	江苏南方轴承股份有限公司			证券简称	南方轴承
法人代表	史建伟	董秘	史燕敏	证券代码	002553
公司网址	www.nf-bearings.com		电子信箱	zhengquanbu@nf-bearings.com	
电　话	0519-89810127		传　真	0519-89810195	
办公地址	江苏省常州市武进高新技术产业开发区龙翔路				
经营范围	滚针轴承、离合器、齿轮、滑轮总成、机械零部件、汽车零部件等				

指标\报告期	2012.06.30	2011.12.31	2011.06.30	2010.12.31
基本每股收益(元)	0.2340	0.4550	0.2311	0.5539
基本每股收益(扣除后)(元)	0.2277	0.4262	0.2224	0.5469
每股净资产(元)	6.2200	6.0900	5.8600	2.4000
每股经营现金净流量(元)	0.1963	0.4155	0.1467	0.6439
每股现金流量(元)	-0.0055	3.0035	2.8678	0.5388
每股资本公积金(元)	3.6496	3.6496	3.6496	0.0583
每股盈余公积金(元)	0.1514	0.1514	0.1078	0.1442
每股未分配利润(元)	1.4214	1.2875	1.1069	1.1982
净资产收益率(%)	3.7800	7.1590	4.7300	23.0744
加权净资产收益率(%)	3.7800	8.3400	4.7300	25.5800
净资产收益率(扣除)(%)	-	-	-	-
总资产(万元)	57702.51	57087.90	54975.19	28318.28
归属母公司股东权益(万元)	54135.14	52969.71	51019.11	15604.61
主营业务收入(万元)	11195.84	11019.22	11019.22	21417.94
营业收入(万元)	11195.84	22993.42	11019.22	21579.57
主营成本(万元)	7880.93	7407.45	7407.45	13970.49
营业成本(万元)	7880.93	15240.70	7407.45	13970.49
投资收益(万元)	-	-	-	-
净利润(万元)	2035.42	3792.04	1841.43	3600.66
利润总额(万元)	2393.85	4414.15	2145.01	4217.72

华油惠博普科技股份有限公司

公司名称	华油惠博普科技股份有限公司			证券简称	惠博普
法人代表	黄松	董秘	张中炜	证券代码	002554
公司网址	www.china-hbp.com		电子信箱	securities@china-hbp.com	
电　话	010-82809807		传　真	010-82809807	
办公地址	北京市海淀区马甸东路17号11层1212				
经营范围	油气田开发地面系统装备的工艺技术研发、系统设计等				

指标\报告期	2012.06.30	2011.12.31	2011.06.30	2010.12.31
基本每股收益(元)	0.1000	0.4700	0.1000	0.4500
基本每股收益(扣除后)(元)	0.1000	0.4700	0.1000	0.4500
每股净资产(元)	3.8300	5.7400	5.4300	2.7700
每股经营现金净流量(元)	-0.2021	-0.0386	-0.2861	0.5402
每股现金流量(元)	-0.5009	2.7804	2.7929	0.4581
每股资本公积金(元)	2.2707	3.9060	3.9060	0.3124
每股盈余公积金(元)	0.0561	0.0842	0.0533	0.1080
每股未分配利润(元)	0.5054	0.7540	0.4759	1.3454
净资产收益率(%)	2.6800	7.9110	2.6700	24.1790
加权净资产收益率(%)	2.6600	9.2500	3.5000	27.5700
净资产收益率(扣除)(%)	-	-	-	-
总资产(万元)	134268.16	133008.70	119994.39	46640.38
归属母公司股东权益(万元)	116298.26	116163.53	110044.89	27658.31
主营业务收入(万元)	19594.60	40396.99	15107.72	29639.38
营业收入(万元)	19594.60	40396.99	15107.72	29639.38
主营成本(万元)	12149.88	-	8377.90	15911.28
营业成本(万元)	12149.88	22984.38	8377.90	15911.28
投资收益(万元)	-	-	-	-
净利润(万元)	3120.24	9189.10	2933.00	6687.48
利润总额(万元)	3678.23	10402.85	3381.57	7774.35

芜湖顺荣汽车部件股份有限公司

公司名称	芜湖顺荣汽车部件股份有限公司			证券简称	顺荣股份
法人代表	吴卫东	董秘	张云	证券代码	002555
公司网址	www.shunrong.cn		电子信箱	dmb@shunrong.cn	
电　话	0553-6816767　18655379956		传　真	0553-6816767	
办公地址	安徽省芜湖市南陵县经济开发区				
经营范围	汽车零部件制造、销售				

指标\报告期	2012.06.30	2011.12.31	2011.06.30	2010.12.31
基本每股收益(元)	0.0600	0.3200	0.2504	0.4900
基本每股收益(扣除后)(元)	0.0500	0.2100	0.1676	0.4700
每股净资产(元)	5.7400	5.7100	5.6400	3.6500
每股经营现金净流量(元)	-0.0430	0.2880	0.2054	0.6574
每股现金流量(元)	-0.3889	2.3613	2.6289	-0.6570
每股资本公积金(元)	4.0847	4.0847	4.0847	0.1747
每股盈余公积金(元)	0.1242	0.1242	0.0929	0.2488
每股未分配利润(元)	0.5302	0.5016	0.4585	2.2224
净资产收益率(%)	1.0200	5.3180	4.0100	27.0010
加权净资产收益率(%)	1.0200	6.1900	5.4300	29.3500
净资产收益率(扣除)(%)	-	-	-	-
总资产(万元)	83986.65	84040.82	83991.98	39974.06
归属母公司股东权益(万元)	76904.43	76520.71	75522.82	18229.89
主营业务收入(万元)	15513.55	33702.22	17342.84	31270.34
营业收入(万元)	15612.84	33814.73	17412.50	31675.79
主营成本(万元)	12386.87	25284.74	12346.94	21438.96
营业成本(万元)	12445.70	25347.99	12370.36	21788.60
投资收益(万元)	-	-	-	-
净利润(万元)	785.72	4069.20	3071.31	4922.22
利润总额(万元)	906.26	4752.11	3630.61	5720.50

安徽辉隆农资集团股份有限公司

公司概况	公司名称	安徽辉隆农资集团股份有限公司			证券简称	辉隆股份
	法人代表	李永东	董秘	邓顶亮	证券代码	002556
	公司网址	www.ahamp.com		电子信箱	zqb@ahamp.com	
	电　　话	0551-2634360		传　　真	0551-2655720	
	办公地址	安徽省合肥市蜀山区祁门路1777号				
	经营范围	农业生产资料、农机具、农用薄膜、化工原料及产品				

主要财务指标	指标\报告期	2012.06.30	2011.12.31	2011.06.30	2010.12.31
	基本每股收益(元)	0.1100	0.4400	0.1200	0.7600
	基本每股收益(扣除后)(元)	0.0800	0.3900	0.1100	0.7000
	每股净资产(元)	3.9400	7.8600	7.6500	4.5200
	每股经营现金净流量(元)	0.5801	-6.3552	-2.6596	-3.2439
	每股现金流量(元)	-0.0964	1.1801	2.5744	1.0402
	每股资本公积金(元)	2.2156	5.4312	5.4334	1.1126
	每股盈余公积金(元)	0.0677	0.1354	0.0990	0.2113
	每股未分配利润(元)	0.6486	1.2786	1.1177	2.1984
	净资产收益率(%)	2.7800	5.2283	2.7900	27.0776
	加权净资产收益率(%)	2.7400	6.0500	3.6600	30.7600
	净资产收益率(扣除)(%)	-	-	-	-
	总资产(万元)	555316.85	525616.31	426614.37	299805.86
	归属母公司股东权益(万元)	188330.00	187906.84	182907.43	50609.40
	主营业务收入(万元)	569938.65	847084.97	375077.34	554301.79
	营业收入(万元)	570718.41	848086.32	375662.26	555190.32
	主营成本(万元)	547295.10	799605.92	353698.18	515220.52
	营业成本(万元)	547420.11	799905.38	353844.04	515541.02
	投资收益(万元)	943.13	-241.21	436.65	1806.28
	净利润(万元)	5267.40	9799.93	5204.92	14123.51
	利润总额(万元)	7112.19	13654.13	6842.56	19089.80

洽洽食品股份有限公司

公司概况	公司名称	洽洽食品股份有限公司			证券简称	洽洽食品
	法人代表	陈先保	董秘	李振武	证券代码	002557
	公司网址	www.qiaqiafood.com		电子信箱	lizw@qiaqiafood.com	
	电　　话	0551-2227008		传　　真	0551-2227007	
	办公地址	安徽省合肥市经济技术开发区莲花路1599号				
	经营范围	坚果炒货食品的生产和销售等				

主要财务指标	指标\报告期	2012.06.30	2011.12.31	2011.06.30	2010.12.31
	基本每股收益(元)	0.3200	0.8700	0.2400	0.7800
	基本每股收益(扣除后)(元)	0.2400	0.7400	0.2300	0.7600
	每股净资产(元)	7.1300	9.5600	12.4300	3.5000
	每股经营现金净流量(元)	0.4140	0.8195	0.1896	0.6870
	每股现金流量(元)	0.2439	1.3396	2.3800	-0.0808
	每股资本公积金(元)	5.1995	7.0594	9.4773	0.3802
	每股盈余公积金(元)	0.1482	0.1926	0.2214	0.1706
	每股未分配利润(元)	0.7829	1.3064	1.7292	1.9517
	净资产收益率(%)	4.2600	8.5640	3.9600	28.9500
	加权净资产收益率(%)	4.2600	10.6400	3.9600	33.7700
	净资产收益率(扣除)(%)	-	-	-	-
	总资产(万元)	295298.62	311752.54	288689.23	122196.21
	归属母公司股东权益(万元)	241013.87	248519.15	248558.36	52538.69
	主营业务收入(万元)	115046.69	271376.34	112686.30	211040.02
	营业收入(万元)	116629.36	273883.98	114244.29	214382.03
	主营成本(万元)	79222.61	192692.46	85602.60	152514.19
	营业成本(万元)	80874.94	194987.09	87116.80	155752.87
	投资收益(万元)	-	-	-	-
	净利润(万元)	11118.68	22400.48	7472.52	16172.26
	利润总额(万元)	14965.12	28950.22	9763.60	19904.33

重庆新世纪游轮股份有限公司

公司概况	公司名称	重庆新世纪游轮股份有限公司			证券简称	世纪游轮
	法人代表	彭建虎	董秘	朱胤	证券代码	002558
	公司网址	www.centuryrivercruises.com		电子信箱	zy@centuryrivercruises.com	
	电　　话	023-62949868 62328999 9906		传　　真	023-62949900	
	办公地址	重庆市南岸区江南大道8号万达广场1栋5层				
	经营范围	重庆长江至上海省际旅游船运输、旅游船船票销售、商务管理咨询				

主要财务指标	指标\报告期	2012.06.30	2011.12.31	2011.06.30	2010.12.31
	基本每股收益(元)	0.1500	0.7800	0.1300	0.8400
	基本每股收益(扣除后)(元)	0.0700	0.7200	0.0700	0.7800
	每股净资产(元)	9.6600	9.9200	9.3000	3.3000
	每股经营现金净流量(元)	0.1202	0.7467	0.2049	1.2375
	每股现金流量(元)	-1.3144	4.7238	4.9275	-0.3564
	每股资本公积金(元)	6.8941	6.8941	6.8941	0.5723
	每股盈余公积金(元)	0.2598	0.2598	0.1875	0.2508
	每股未分配利润(元)	1.5109	1.7626	1.2228	1.4771
	净资产收益率(%)	1.4900	7.3630	1.6900	25.5930
	加权净资产收益率(%)	1.4900	9.2800	1.6900	26.6700
	净资产收益率(扣除)(%)	-	-	-	-
	总资产(万元)	58435.21	60732.82	57887.01	26233.19
	归属母公司股东权益(万元)	57505.22	59002.85	55360.95	14685.49
	主营业务收入(万元)	12718.28	30383.38	12132.86	24281.44
	营业收入(万元)	14078.36	32214.83	12868.92	25327.54
	主营成本(万元)	11875.69	23391.76	10360.69	18134.72
	营业成本(万元)	12516.58	24345.49	10669.68	18352.23
	投资收益(万元)	-	-	-	-
	净利润(万元)	882.37	4344.32	702.41	3758.43
	利润总额(万元)	1055.68	5086.95	829.98	4438.32

江苏亚威机床股份有限公司

公司概况	公司名称	江苏亚威机床股份有限公司			证券简称	亚威股份
	法人代表	吉素琴	董秘	谢彦森	证券代码	002559
	公司网址	www.yawei.cc		电子信箱	ir@yawwei.cc	
	电　　话	0514-86880522		传　　真	0514-86880522	
	办公地址	江苏省扬州市江都区黄海南路仙城工业园				
	经营范围	机床、机械设备、机床配件制造、加工、销售				

主要财务指标	指标\报告期	2012.06.30	2011.12.31	2011.06.30	2010.12.31
	基本每股收益(元)	0.6000	1.1300	0.6500	1.1400
	基本每股收益(扣除后)(元)	0.5400	1.0500	0.5900	0.9300
	每股净资产(元)	13.2400	12.9900	12.4900	3.5400
	每股经营现金净流量(元)	-0.2271	0.3808	-0.2555	0.9830
	每股现金流量(元)	-1.2163	5.9811	6.3035	-0.2532
	每股资本公积金(元)	9.5823	9.5823	9.5823	0.5166
	每股盈余公积金(元)	0.2832	0.2832	0.1748	0.2331
	每股未分配利润(元)	2.3732	2.1203	1.7388	1.7956
	净资产收益率(%)	4.5500	8.3310	4.7400	32.2659
	加权净资产收益率(%)	4.5800	9.8900	6.4500	30.7200
	净资产收益率(扣除)(%)	-	-	-	-
	总资产(万元)	147621.27	149870.33	143610.91	69199.34
	归属母公司股东权益(万元)	116523.81	114290.00	109943.55	23394.42
	主营业务收入(万元)	40666.21	-	37434.41	60504.02
	营业收入(万元)	41748.84	85268.98	40525.16	64290.52
	主营成本(万元)	30762.61	-	27318.76	44950.82
	营业成本(万元)	31344.51	63919.27	29630.37	48020.08
	投资收益(万元)	-63.36	-1.37	-0.40	96.35
	净利润(万元)	5300.73	9510.07	5206.35	7560.56
	利润总额(万元)	6250.89	11039.13	6212.95	8674.22

河南通达电缆股份有限公司

公司概况					
公司名称	河南通达电缆股份有限公司			证券简称	通达股份
法人代表	史万福	董秘	张治中	证券代码	002560
公司网址	www.hntddl.com		电子信箱	hntddlzqb@163.com	
电　　话	0379-67512588		传　　真	0379-67512888	
办公地址	河南省偃师市史家湾工业区				
经营范围	钢芯铝绞线的研发、生产和销售				

主要财务指标 指标＼报告期	2012.06.30	2011.12.31	2011.06.30	2010.12.31
基本每股收益(元)	0.2900	0.5400	0.3000	0.9100
基本每股收益(扣除后)(元)	0.2900	0.5700	0.3100	0.9200
每股净资产(元)	8.3400	8.2100	7.9600	4.4200
每股经营现金净流量(元)	-1.3273	-0.8269	-1.6250	0.4504
每股现金流量(元)	-1.6506	2.0648	2.0033	0.9801
每股资本公积金(元)	5.2286	5.2441	5.2462	0.8898
每股盈余公积金(元)	0.1966	0.1966	0.1440	0.2526
每股未分配利润(元)	1.9119	1.7695	1.5737	2.2738
净资产收益率(%)	3.5100	6.4140	3.4900	20.6960
加权净资产收益率(%)	3.5100	7.4300	4.5600	22.9900
净资产收益率(扣除)(%)	-	-	-	-
总资产(万元)	103473.91	102281.69	91342.11	57244.25
归属母公司股东权益(万元)	86148.80	84838.40	82293.57	26002.67
主营业务收入(万元)	42578.30	93956.11	40898.07	74914.66
营业收入(万元)	45345.50	96504.31	42318.42	77263.74
主营成本(万元)	36459.84	81644.17	34987.75	64936.97
营业成本(万元)	38995.57	83979.11	36283.13	67080.56
投资收益(万元)	53.79	-67.17	-	-35.16
净利润(万元)	3020.55	5441.38	2874.01	5381.49
利润总额(万元)	3547.05	6316.46	3345.70	6375.05

上海徐家汇商城股份有限公司

公司概况					
公司名称	上海徐家汇商城股份有限公司			证券简称	徐家汇
法人代表	喻月明	董秘	王璐	证券代码	002561
公司网址	www.xjh-sc.com		电子信箱	xjh@xjh-sc.com	
电　　话	021-64269999		传　　真	021-64269768	
办公地址	上海市徐汇区肇嘉浜路1000号9楼				
经营范围	百货、针纺织品、工艺美术品、劳防用品、日用杂货、五金交电等				

主要财务指标 指标＼报告期	2012.06.30	2011.12.31	2011.06.30	2010.12.31
基本每股收益(元)	0.2880	0.6300	0.2920	0.4700
基本每股收益(扣除后)(元)	0.2800	0.5890	0.2910	0.4600
每股净资产(元)	3.7000	3.8500	3.8400	2.5000
每股经营现金净流量(元)	0.0873	0.7264	0.1670	0.8785
每股现金流量(元)	-0.9125	1.2996	1.0818	0.1344
每股资本公积金(元)	1.2592	1.3422	1.3422	0.0297
每股盈余公积金(元)	0.2682	0.2682	0.2122	0.2552
每股未分配利润(元)	1.1713	1.2437	1.2825	1.2109
净资产收益率(%)	7.7800	15.8950	7.1800	22.5050
加权净资产收益率(%)	7.7400	16.9100	8.1700	24.5300
净资产收益率(扣除)(%)	-	-	-	-
总资产(万元)	190526.16	210835.75	198696.52	157063.43
归属母公司股东权益(万元)	153778.04	160238.11	159527.14	86298.40
主营业务收入(万元)	95255.01	203044.65	100351.73	189455.73
营业收入(万元)	102810.57	218756.77	107866.65	204471.69
主营成本(万元)	72440.41	155279.03	76328.61	145074.07
营业成本(万元)	72933.43	156283.52	76857.83	146101.01
投资收益(万元)	334.22	1456.27	-17.31	76.82
净利润(万元)	12505.14	27710.10	13069.72	23860.66
利润总额(万元)	16705.18	36936.95	17437.52	31846.67

兄弟科技股份有限公司

公司概况					
公司名称	兄弟科技股份有限公司			证券简称	兄弟科技
法人代表	钱志达	董秘	钱柳华	证券代码	002562
公司网址	www.brother.com.cn		电子信箱	stock@brother.com.cn	
电　　话	0573-80703928		传　　真	0573-87081001	
办公地址	浙江省海宁市周王庙镇联民村蔡家石桥3号				
经营范围	公司主要从事维生素和皮革化学品的研发、生产与销售等业务				

主要财务指标 指标＼报告期	2012.06.30	2011.12.31	2011.06.30	2010.12.31
基本每股收益(元)	0.0900	0.5100	0.1100	0.6300
基本每股收益(扣除后)(元)	0.1000	0.5000	0.1200	0.6100
每股净资产(元)	3.9500	7.8200	7.5100	3.2700
每股经营现金净流量(元)	0.1685	-0.9029	-0.8811	0.6283
每股现金流量(元)	0.0449	0.6860	1.9632	0.0270
每股资本公积金(元)	1.9920	4.9841	4.9841	0.4623
每股盈余公积金(元)	0.0930	0.1860	0.1492	0.1990
每股未分配利润(元)	0.8686	1.6496	1.3734	1.6105
净资产收益率(%)	2.3700	6.1240	2.2100	19.2820
加权净资产收益率(%)	2.3700	7.5300	3.3300	21.3400
净资产收益率(扣除)(%)	-	-	-	-
总资产(万元)	169255.14	102755.56	93395.01	59434.44
归属母公司股东权益(万元)	84371.15	83443.97	80096.26	26174.81
主营业务收入(万元)	39943.25	61506.14	31544.91	59041.97
营业收入(万元)	40024.01	62070.12	31976.03	59694.00
主营成本(万元)	32841.53	48811.08	26246.80	47122.15
营业成本(万元)	32842.46	49362.59	26677.88	47647.13
投资收益(万元)	0.03	-	-	0.04
净利润(万元)	2478.73	5635.88	1840.74	5063.01
利润总额(万元)	2864.70	6282.98	2107.15	5979.35

浙江森马服饰股份有限公司

公司概况					
公司名称	浙江森马服饰股份有限公司			证券简称	森马服饰
法人代表	邱光和	董秘	郑洪伟	证券代码	002563
公司网址	www.semirbiz.com		电子信箱	ir@semir.com	
电　　话	021-67288431		传　　真	021-67288432	
办公地址	上海市闵行区莲花南路2689号				
经营范围	服饰设计与开发、外包生产、服饰营销和分销等				

主要财务指标 指标＼报告期	2012.06.30	2011.12.31	2011.06.30	2010.12.31
基本每股收益(元)	0.3700	1.8700	0.6900	1.6700
基本每股收益(扣除后)(元)	0.3500	1.8600	0.6800	1.6700
每股净资产(元)	10.9500	11.5800	10.4100	3.3400
每股经营现金净流量(元)	-0.1663	0.5647	-0.2511	1.3569
每股现金流量(元)	-1.6410	5.9494	5.7104	0.4902
每股资本公积金(元)	6.6652	6.6652	6.6652	0.0082
每股盈余公积金(元)	0.4601	0.4601	0.2732	0.3051
每股未分配利润(元)	2.8240	3.4533	2.4671	2.0258
净资产收益率(%)	3.3900	15.7710	6.2800	49.9480
加权净资产收益率(%)	3.2000	20.3500	9.7500	66.5700
净资产收益率(扣除)(%)	-	-	-	-
总资产(万元)	843107.46	909956.73	801606.11	353866.83
归属母公司股东权益(万元)	733606.00	775766.72	697173.75	200343.35
主营业务收入(万元)	248428.97	763930.32	295036.41	614515.55
营业收入(万元)	251121.89	776058.04	300877.53	628706.70
主营成本(万元)	154209.47	475194.69	185074.57	390533.97
营业成本(万元)	156479.40	485958.82	190602.18	403699.28
投资收益(万元)	-	-332.96	-240.14	-526.91
净利润(万元)	24839.28	122342.07	43749.10	100068.31
利润总额(万元)	34712.66	161715.79	59874.56	136851.27

张家港化工机械股份有限公司

公司概况						
	公司名称	张家港化工机械股份有限公司			证券简称	张化机
	法人代表	陈玉忠	董秘	高玉标	证券代码	002564
	公司网址	www.zhanghuaji.com		电子信箱	gregygao@sina.com	
	电话	0512-56797852 58788351		传真	0512-58788326	
	办公地址	江苏省苏州市张家港市金港镇后塍澄杨路20号				
	经营范围	石油化工、煤化工、化工、有色金属等领域压力容器、非标设备的设计、制造等				

主要财务指标	指标\报告期	2012.06.30	2011.12.31	2011.06.30	2010.12.31
	基本每股收益(元)	0.1800	0.4900	0.1700	0.6000
	基本每股收益(扣除后)(元)	0.1700	0.4700	0.1500	0.5500
	每股净资产(元)	6.8800	6.7300	6.4100	4.1000
	每股经营现金净流量(元)	-0.9532	-1.4054	-0.9071	1.0062
	每股现金流量(元)	0.4318	0.6616	1.2387	-1.4345
	每股资本公积金(元)	4.5751	4.5751	4.5751	1.5145
	每股盈余公积金(元)	0.1313	0.1313	0.0813	0.1741
	每股未分配利润(元)	1.1779	1.0210	0.7516	1.4105
	净资产收益率(%)	2.5700	7.0570	2.4300	23.5230
	加权净资产收益率(%)	2.6000	8.7700	3.7200	26.4100
	净资产收益率(扣除)(%)	-	-	-	-
	总资产(万元)	469271.22	412964.30	357539.76	268304.32
	归属母公司股东权益(万元)	209195.67	204416.25	194711.89	58169.98
	主营业务收入(万元)	76670.74	145617.27	50065.54	104503.15
	营业收入(万元)	77425.97	147313.39	50640.83	105197.39
	主营成本(万元)	59195.56	109893.14	38476.44	76238.86
	营业成本(万元)	59362.35	110218.81	38655.32	76367.03
	投资收益(万元)	-	-	-	-
	净利润(万元)	5371.67	14417.55	4718.17	13683.32
	利润总额(万元)	6402.80	17235.89	5595.56	16047.62

上海绿新包装材料科技股份有限公司

公司概况						
	公司名称	上海绿新包装材料科技股份有限公司			证券简称	上海绿新
	法人代表	王丹	董秘	张晓东	证券代码	002565
	公司网址	www.luxinevotech.com		电子信箱	zhangxiaodong@luxinevotech.com	
	电话	021-66278702		传真	021-66278702	
	办公地址	上海市普陀区真陈路200号				
	经营范围	真空镀铝纸、白卡纸、复膜纸、烟用丙纤丝束等产品的研发、生产和销售等				

主要财务指标	指标\报告期	2012.06.30	2011.12.31	2011.06.30	2010.12.31
	基本每股收益(元)	0.1700	0.6800	0.4800	0.6500
	基本每股收益(扣除后)(元)	0.1500	0.6200	0.4300	0.6300
	每股净资产(元)	4.4400	6.9900	10.8700	3.9700
	每股经营现金净流量(元)	-0.2093	0.6881	-0.1660	0.6620
	每股现金流量(元)	-0.8354	4.0060	6.1308	0.3298
	每股资本公积金(元)	2.5112	4.6378	8.0205	1.0599
	每股盈余公积金(元)	0.1730	0.1730	0.2310	0.2397
	每股未分配利润(元)	1.3205	1.1759	1.6226	1.6744
	净资产收益率(%)	3.8500	9.1650	3.8600	26.1520
	加权净资产收益率(%)	3.8600	11.2600	6.0600	29.3800
	净资产收益率(扣除)(%)	-	-	-	-
	总资产(万元)	188983.82	186253.50	170242.50	84467.50
	归属母公司股东权益(万元)	151885.06	149220.24	145169.49	39740.44
	主营业务收入(万元)	44542.19	96629.66	41711.51	73772.09
	营业收入(万元)	48702.60	107242.80	46874.11	82385.94
	主营成本(万元)	34502.27	74524.87	31991.23	55995.36
	营业成本(万元)	38585.40	83493.64	36389.65	62913.96
	投资收益(万元)	-	517.67	16.95	318.89
	净利润(万元)	6023.28	14162.97	5763.35	10868.78
	利润总额(万元)	7296.28	16904.29	6808.74	13240.05

吉林省集安益盛药业股份有限公司

公司概况						
	公司名称	吉林省集安益盛药业股份有限公司			证券简称	益盛药业
	法人代表	张益胜	董秘	李铁军	证券代码	002566
	公司网址	www.yisheng-pharm.com		电子信箱	yisheng@yisheng-pharm.com	
	电话	0435-6236009 6236050		传真	0435-6236009	
	办公地址	吉林省集安市文化东路17-20号				
	经营范围	中成药的研发、生产与销售等				

主要财务指标	指标\报告期	2012.06.30	2011.12.31	2011.06.30	2010.12.31
	基本每股收益(元)	0.2100	0.9300	0.2100	1.0600
	基本每股收益(扣除后)(元)	0.1900	0.9200	0.2100	1.0100
	每股净资产(元)	6.8800	13.5500	13.0400	4.3400
	每股经营现金净流量(元)	0.2522	-1.0164	-0.5111	0.6132
	每股现金流量(元)	-0.1615	7.5934	8.3686	-0.0115
	每股资本公积金(元)	4.2607	9.5214	9.5214	0.4685
	每股盈余公积金(元)	0.2517	0.5034	0.4203	0.5605
	每股未分配利润(元)	1.3654	2.5204	2.0988	2.3078
	净资产收益率(%)	2.9800	6.4570	2.7200	24.4300
	加权净资产收益率(%)	3.0100	8.1300	4.5200	27.6300
	净资产收益率(扣除)(%)	-	-	-	-
	总资产(万元)	159864.87	157863.02	155998.88	51505.94
	归属母公司股东权益(万元)	151747.16	149426.65	143858.42	35872.48
	主营业务收入(万元)	28095.28	52882.10	26667.73	51609.75
	营业收入(万元)	28108.98	52892.53	26667.73	51622.41
	主营成本(万元)	8869.39	13430.85	6473.89	12486.24
	营业成本(万元)	8872.54	13440.35	6473.89	12495.62
	投资收益(万元)	-	-	-	2.87
	净利润(万元)	4570.68	9678.99	4061.63	8759.83
	利润总额(万元)	5339.32	11296.05	4696.31	10280.68

唐人神集团股份有限公司

公司概况						
	公司名称	唐人神集团股份有限公司			证券简称	唐人神
	法人代表	陶一山	董秘	孙双胜	证券代码	002567
	公司网址	www.tangrenshen.com.cn		电子信箱	trs@tangrenshen.com.cn	
	电话	0731-28591147 28591247		传真	0731-28591159	
	办公地址	湖南省株洲市国家高新技术产业开发区栗雨工业园				
	经营范围	生产饲料、饲料添加剂、养殖畜禽种苗以及上述产品自销等				

主要财务指标	指标\报告期	2012.06.30	2011.12.31	2011.06.30	2010.12.31
	基本每股收益(元)	0.2300	0.9300	0.2200	0.8100
	基本每股收益(扣除后)(元)	0.2000	0.8800	0.2000	0.7300
	每股净资产(元)	5.4400	10.7800	10.3400	5.0500
	每股经营现金净流量(元)	0.5329	0.2980	-0.1736	0.9831
	每股现金流量(元)	-0.0565	1.1779	1.1048	0.2717
	每股资本公积金(元)	3.0704	7.1408	7.1408	1.4029
	每股盈余公积金(元)	0.3006	0.6012	0.6012	0.8054
	每股未分配利润(元)	1.0723	2.0404	1.5939	1.8463
	净资产收益率(%)	4.1700	8.0900	2.0900	15.9690
	加权净资产收益率(%)	4.1300	9.8000	2.0900	17.0200
	净资产收益率(扣除)(%)	-	-	-	-
	总资产(万元)	219020.09	206738.96	193566.12	145096.99
	归属母公司股东权益(万元)	150265.79	148795.67	142633.66	52062.90
	主营业务收入(万元)	299334.68	568001.80	219874.28	437366.60
	营业收入(万元)	300171.83	570194.73	220706.62	437968.15
	主营成本(万元)	270418.91	515956.40	201044.29	394875.88
	营业成本(万元)	271092.64	517783.10	201748.33	395253.67
	投资收益(万元)	288.97	3271.92	993.98	1581.58
	净利润(万元)	6316.99	12725.33	3252.58	8927.19
	利润总额(万元)	7484.24	15255.56	3859.83	10594.68

上海百润香精香料股份有限公司

公司概况	公司名称	上海百润香精香料股份有限公司		证券简称	百润股份
	法人代表	刘晓东	董秘 程显东	证券代码	002568
	公司网址	www.bairun.net		电子信箱	bairun@bairun.net
	电　话	021-58135000		传　真	021-58136000
	办公地址	上海市康桥工业区康桥东路 558 号			
	经营范围	香精香料的制造加工、香精香料化工原料及产品批发零售等			

主要财务指标	2012.06.30	2011.12.31	2011.06.30	2010.12.31
基本每股收益(元)	0.4800	0.6200	0.2900	0.7200
基本每股收益(扣除后)(元)	0.4800	0.5800	0.2800	0.6700
每股净资产(元)	8.1000	7.6100	7.6900	1.9700
每股经营现金净流量(元)	0.3896	0.4584	0.1937	0.6560
每股现金流量(元)	0.1820	5.3732	5.5646	-0.4258
每股资本公积金(元)	5.7126	5.7126	5.7126	0.0137
每股盈余公积金(元)	0.3242	0.2515	0.1644	0.2191
每股未分配利润(元)	1.0619	0.6502	0.8131	0.7418
净资产收益率(%)	5.9800	7.6310	3.3700	36.2300
加权净资产收益率(%)	6.1600	9.5200	5.6000	41.0700
净资产收益率(扣除)(%)	-	-	-	-
总资产(万元)	66570.37	62320.94	62854.95	17568.20
归属母公司股东权益(万元)	64788.97	60914.79	61520.66	11848.23
主营业务收入(万元)	8169.79	11691.67	5711.60	10789.62
营业收入(万元)	8224.05	11793.07	5757.89	10887.59
主营成本(万元)	2035.15	3315.35	1659.95	2872.73
营业成本(万元)	2053.64	3345.85	1670.63	2910.10
投资收益(万元)	-	-	-	1.58
净利润(万元)	3874.17	4648.17	2054.04	4292.58
利润总额(万元)	4422.92	5441.54	2364.30	4984.33

浙江步森服饰股份有限公司

公司概况	公司名称	浙江步森服饰股份有限公司		证券简称	步森股份
	法人代表	王建军	董秘 寿鹤蕾	证券代码	002569
	公司网址	www.busen.com.cn		电子信箱	bsgf@busen-group.com
	电　话	0575-87047953 87480311		传　真	0575-87043967
	办公地址	浙江省绍兴市诸暨市枫桥镇步森大道 419 号			
	经营范围	服装、服饰、针织品、皮革制品的生产、销售、经营进出口业务			

主要财务指标	2012.06.30	2011.12.31	2011.06.30	2010.12.31
基本每股收益(元)	0.2000	0.6200	0.2200	0.6000
基本每股收益(扣除后)(元)	0.2000	0.5700	0.2100	0.6000
每股净资产(元)	6.3400	6.2400	6.2500	2.9400
每股经营现金净流量(元)	-0.5195	-0.3936	-0.8085	0.5426
每股现金流量(元)	-0.5167	2.6829	2.4058	0.3304
每股资本公积金(元)	3.6156	3.6156	3.6156	-
每股盈余公积金(元)	0.2138	0.2138	0.1608	0.2145
每股未分配利润(元)	1.5095	1.4077	1.4756	1.7262
净资产收益率(%)	3.1800	9.0750	2.9000	20.4800
加权净资产收益率(%)	3.1800	11.4000	5.0500	22.8200
净资产收益率(扣除)(%)	-	-	-	-
总资产(万元)	88012.95	86475.00	76304.77	44872.25
归属母公司股东权益(万元)	59167.27	58216.71	58356.48	20584.76
主营业务收入(万元)	28419.13	71175.90	25573.91	53454.98
营业收入(万元)	28523.88	71461.87	25701.90	53737.14
主营成本(万元)	17765.37	49423.56	18026.38	38390.47
营业成本(万元)	17835.38	49625.97	18128.82	38762.94
投资收益(万元)	-	-	-	-
净利润(万元)	1883.96	5283.36	1689.53	4215.82
利润总额(万元)	2786.85	7133.99	2217.81	5571.51

浙江贝因美科工贸股份有限公司

公司概况	公司名称	浙江贝因美科工贸股份有限公司		证券简称	贝因美
	法人代表	黄小强	董秘 鲍晨	证券代码	002570
	公司网址	www.beingmate.com		电子信箱	security@beingmate.com
	电　话	0571-28933510 29038959		传　真	0571-28077045
	办公地址	浙江省杭州市滨江区南环路 3758 号			
	经营范围	婴幼儿食品的研发、生产和销售等业务等			

主要财务指标	2012.06.30	2011.12.31	2011.06.30	2010.12.31
基本每股收益(元)	0.4700	1.0600	0.4900	1.1000
基本每股收益(扣除后)(元)	0.4500	0.9700	0.4500	1.1200
每股净资产(元)	7.9400	7.4800	7.0500	2.7300
每股经营现金净流量(元)	1.3474	0.9861	0.7044	0.6519
每股现金流量(元)	0.9655	3.3802	3.4286	0.6217
每股资本公积金(元)	4.0779	4.0779	4.0798	0.2026
每股盈余公积金(元)	0.1928	0.1928	0.1806	0.1855
每股未分配利润(元)	2.6721	2.2053	1.7877	1.3411
净资产收益率(%)	5.8800	13.7180	6.4900	40.3890
加权净资产收益率(%)	6.0600	18.2100	11.0100	47.6900
净资产收益率(扣除)(%)	-	-	-	-
总资产(万元)	459192.72	428932.20	420489.37	266026.91
归属母公司股东权益(万元)	338407.54	318517.54	300288.39	104544.27
主营业务收入(万元)	256823.67	472062.68	237361.19	402092.80
营业收入(万元)	257268.80	472679.23	238245.12	402830.18
主营成本(万元)	94396.95	169719.25	88490.33	150923.76
营业成本(万元)	94600.45	169934.06	88921.92	151144.91
投资收益(万元)	-	-	-	-20.51
净利润(万元)	19890.01	43642.43	19490.58	42205.57
利润总额(万元)	30499.64	58918.55	26687.02	54845.15

安徽德力日用玻璃股份有限公司

公司概况	公司名称	安徽德力日用玻璃股份有限公司		证券简称	德力股份
	法人代表	施卫东	董秘 俞乐	证券代码	002571
	公司网址	www.deliglass.com		电子信箱	yl@deliglass.com
	电　话	0550-6678809		传　真	0550-6678868
	办公地址	安徽省滁州市凤阳县工业园			
	经营范围	玻璃制品制造、销售、纸箱、塑料配件加工、销售等			

主要财务指标	2012.06.30	2011.12.31	2011.06.30	2010.12.31
基本每股收益(元)	0.1700	0.6900	0.3700	0.9100
基本每股收益(扣除后)(元)	0.1300	0.6200	0.3400	0.9100
每股净资产(元)	5.4700	10.6000	10.2500	4.1000
每股经营现金净流量(元)	-0.1941	-0.0266	-0.3729	0.7562
每股现金流量(元)	-0.5150	3.9171	5.0566	-0.0299
每股资本公积金(元)	3.5728	8.1456	8.1197	1.9867
每股盈余公积金(元)	0.1097	0.1883	0.1240	0.1672
每股未分配利润(元)	0.7845	1.2623	1.0025	0.9421
净资产收益率(%)	3.0900	5.9270	2.9700	22.1730
加权净资产收益率(%)	3.1400	7.9000	9.2800	25.2500
净资产收益率(扣除)(%)	-	-	-	-
总资产(万元)	124352.82	115497.97	111335.21	54473.47
归属母公司股东权益(万元)	93048.81	90173.93	87195.66	25846.21
主营业务收入(万元)	32068.02	56483.98	25926.93	50736.18
营业收入(万元)	32106.26	56621.67	25997.43	50931.76
主营成本(万元)	24426.90	41809.48	18732.16	36016.13
营业成本(万元)	24455.32	42052.23	18920.76	36139.57
投资收益(万元)	22.40	19.60	19.60	14.00
净利润(万元)	2874.88	5344.63	2586.36	5730.86
利润总额(万元)	3558.12	6163.22	3085.28	6720.31

索菲亚家居股份有限公司

公司概况	公司名称	索菲亚家居股份有限公司			证券简称	索菲亚
	法人代表	江淦钧	董秘	潘雯姗	证券代码	002572
	公司网址	www.suofeiya.com.cn		电子信箱	ningji@suofeiya.com.cn	
	电　话	020-87533019		传　真	020-87579391	
	办公地址	广东省广州市增城市新塘镇宁西工业园				
	经营范围	定制衣柜及其配套定制家具的研发、生产和销售等				

主要财务指标	指标\报告期	2012.06.30	2011.12.31	2011.06.30	2010.12.31
	基本每股收益(元)	0.2385	1.3145	0.2567	1.1600
	基本每股收益(扣除后)(元)	0.2390	1.2854	0.2434	1.0300
	每股净资产(元)	6.3400	12.7400	24.6200	5.3600
	每股经营现金净流量(元)	0.1937	1.2964	0.4140	2.4968
	每股现金流量(元)	-0.4960	9.8653	19.0942	2.1215
	每股资本公积金(元)	4.2599	9.5686	20.1372	0.8458
	每股盈余公积金(元)	0.1231	0.2463	0.2692	0.3600
	每股未分配利润(元)	0.9525	1.9280	3.2150	3.1579
	净资产收益率(%)	3.7600	9.8810	3.4700	43.3460
	加权净资产收益率(%)	3.7000	13.9600	7.9400	54.7100
	净资产收益率(扣除)(%)	-	-	-	-
	总资产(万元)	154930.54	154013.03	144086.67	36808.27
	归属母公司股东权益(万元)	135579.39	136348.86	131724.57	21454.76
	主营业务收入(万元)	42214.16	99211.08	36328.43	68350.03
	营业收入(万元)	42643.99	100359.63	36972.48	68894.01
	主营成本(万元)	28590.21	65717.41	24143.83	43088.13
	营业成本(万元)	28968.76	66615.55	24640.96	43313.20
	投资收益(万元)	-	-	-	166.77
	净利润(万元)	5197.40	13916.13	4762.83	9671.46
	利润总额(万元)	6124.09	16648.70	5700.08	11866.30

北京国电清新环保技术股份有限公司

公司概况	公司名称	北京国电清新环保技术股份有限公司			证券简称	国电清新
	法人代表	张开元	董秘	洪珊珊	证券代码	002573
	公司网址	www.qingxin.com.cn		电子信箱	zhqb@qingxin.com.cn	
	电　话	010-88146320		传　真	010-88146320	
	办公地址	北京市海淀区西八里庄路69号人民政协报大厦10层				
	经营范围	燃煤电厂烟气脱硫装置的建造和运营等				

主要财务指标	指标\报告期	2012.06.30	2011.12.31	2011.06.30	2010.12.31
	基本每股收益(元)	0.1700	0.4400	0.3830	0.5900
	基本每股收益(扣除后)(元)	0.1700	0.4400	0.3870	0.5700
	每股净资产(元)	6.9430	6.9240	13.4710	3.3300
	每股经营现金净流量(元)	0.5242	0.0200	0.1037	1.0052
	每股现金流量(元)	-0.2405	4.1024	10.3741	-0.5477
	每股资本公积金(元)	4.7468	4.7468	10.4936	0.0051
	每股盈余公积金(元)	0.1254	0.1254	0.1856	0.2497
	每股未分配利润(元)	1.0713	1.0513	1.7915	2.0730
	净资产收益率(%)	2.4500	5.0120	2.3600	17.7690
	加权净资产收益率(%)	2.4300	6.9900	5.1600	19.5000
	净资产收益率(扣除)(%)	-	-	-	-
	总资产(万元)	268427.45	268893.07	268072.08	111976.97
	归属母公司股东权益(万元)	205526.62	204936.79	199365.71	36606.32
	主营业务收入(万元)	18178.03	44805.28	20322.35	31934.48
	营业收入(万元)	18178.03	44805.28	20322.35	32072.51
	主营成本(万元)	10738.32	26694.14	11633.60	18008.22
	营业成本(万元)	10738.32	26694.14	11633.60	18143.93
	投资收益(万元)	745.51	-	-	-
	净利润(万元)	5015.05	10271.84	4700.76	6504.67
	利润总额(万元)	5453.33	11381.73	5397.36	5895.92

浙江明牌珠宝股份有限公司

公司概况	公司名称	浙江明牌珠宝股份有限公司			证券简称	明牌珠宝
	法人代表	虞兔良	董秘	曹国其	证券代码	002574
	公司网址	www.mingr.com		电子信箱	cgq@mingr.com	
	电　话	0575-84025665 84024457		传　真	0575-84021062	
	办公地址	浙江省绍兴市绍兴县福全工业区				
	经营范围	中高档珠宝首饰产品的设计、生产和销售				

主要财务指标	指标\报告期	2012.06.30	2011.12.31	2011.06.30	2010.12.31
	基本每股收益(元)	0.1900	1.1400	0.6500	1.2000
	基本每股收益(扣除后)(元)	0.1700	1.0600	0.6000	0.9600
	每股净资产(元)	11.6000	11.6500	11.1500	3.8100
	每股经营现金净流量(元)	2.6853	-3.4426	-0.3019	-0.4887
	每股现金流量(元)	4.3420	2.0490	5.0951	0.5095
	每股资本公积金(元)	8.0781	8.0781	8.0781	0.7767
	每股盈余公积金(元)	0.2583	0.2583	0.1541	0.2054
	每股未分配利润(元)	2.2588	2.3146	1.9190	1.8319
	净资产收益率(%)	1.6700	8.9680	4.8900	31.5750
	加权净资产收益率(%)	1.6500	12.2300	9.5400	37.4900
	净资产收益率(扣除)(%)	-	-	-	-
	总资产(万元)	413830.50	368045.34	345804.76	210609.19
	归属母公司股东权益(万元)	278283.32	279624.14	267627.19	68653.52
	主营业务收入(万元)	376571.35	588720.41	307194.60	402826.38
	营业收入(万元)	376606.13	588827.91	307227.22	402896.26
	主营成本(万元)	356449.28	528959.69	276247.17	352706.08
	营业成本(万元)	356449.28	528959.69	276247.17	352706.08
	投资收益(万元)	1412.62	-4856.16	-380.44	-4715.06
	净利润(万元)	4659.61	25077.62	13080.68	21677.46
	利润总额(万元)	6414.28	33820.51	17934.53	29199.06

广东群兴玩具股份有限公司

公司概况	公司名称	广东群兴玩具股份有限公司			证券简称	群兴玩具
	法人代表	林伟章	董秘	郑昕	证券代码	002575
	公司网址	www.qunxingtoys.com		电子信箱	info@qunxingtoys.com	
	电　话	0754-85505187 380 321		传　真	0754-85504287	
	办公地址	广东省汕头市澄海区莱芜经济开发试验区莱美工业区				
	经营范围	电子电动玩具的研发设计、生产及销售业务				

主要财务指标	指标\报告期	2012.06.30	2011.12.31	2011.06.30	2010.12.31
	基本每股收益(元)	0.2600	0.4274	0.3600	0.5761
	基本每股收益(扣除后)(元)	0.2400	0.4174	0.3500	0.5530
	每股净资产(元)	6.5400	6.3800	6.2900	1.8800
	每股经营现金净流量(元)	0.1873	-0.1985	-0.5971	0.4228
	每股现金流量(元)	-0.3295	3.0292	3.6799	0.3084
	每股资本公积金(元)	4.5489	4.5489	4.5489	0.2894
	每股盈余公积金(元)	0.1114	0.1114	0.0722	0.0966
	每股未分配利润(元)	0.8792	0.7212	0.6709	0.4937
	净资产收益率(%)	3.9400	6.1340	4.8000	30.6500
	加权净资产收益率(%)	3.9700	8.4000	9.7900	36.1900
	净资产收益率(扣除)(%)	-	-	-	-
	总资产(万元)	90792.32	87276.16	94732.95	30864.19
	归属母公司股东权益(万元)	87494.68	85380.48	84187.40	18797.25
	主营业务收入(万元)	28299.31	49270.35	30471.22	46552.20
	营业收入(万元)	28299.31	49270.35	30471.22	46569.53
	主营成本(万元)	21117.64	35228.24	21586.93	32517.99
	营业成本(万元)	21117.64	35228.24	21586.93	32524.57
	投资收益(万元)	-	-	-	17.86
	净利润(万元)	3451.28	5237.27	4040.37	5760.78
	利润总额(万元)	4021.75	6033.81	4678.48	6661.73

江苏通达动力科技股份有限公司

公司概况	公司名称	江苏通达动力科技股份有限公司			证券简称	通达动力
	法人代表	姜煜峰	董秘	张巍	证券代码	002576
	公司网址	www.tdchina.com		电子信箱	tongda@tdchina.com	
	电　话	0513-86213861 86213757		传　真	0513-86213965	
	办公地址	江苏省南通市通州区四安镇兴石路 58 号				
	经营范围	电机定转子冲片和铁心的研发、生产、销售和服务等				

主要财务指标	指标\报告期	2012.06.30	2011.12.31	2011.06.30	2010.12.31
	基本每股收益(元)	0.1000	0.5000	0.2300	0.6200
	基本每股收益(扣除后)(元)	0.0500	0.4800	0.2300	0.6100
	每股净资产(元)	5.1900	6.8700	6.6600	2.7600
	每股经营现金净流量(元)	0.2236	-0.8763	-1.0037	0.2809
	每股现金流量(元)	-0.1355	2.5961	3.3693	-0.0912
	每股资本公积金(元)	3.3135	4.6075	4.6075	0.6900
	每股盈余公积金(元)	0.1042	0.1355	0.0910	0.1217
	每股未分配利润(元)	0.7707	1.1288	0.9581	0.9511
	净资产收益率(%)	1.9700	6.7210	3.7100	21.9690
	加权净资产收益率(%)	1.9300	8.8900	6.7800	23.8100
	净资产收益率(扣除)(%)	-	-	-	-
	总资产(万元)	109323.09	104915.84	110501.28	49268.64
	归属母公司股东权益(万元)	85659.74	87272.31	84539.29	26246.17
	主营业务收入(万元)	29423.79	77887.33	42504.83	70996.55
	营业收入(万元)	40251.77	94817.38	51643.20	85014.33
	主营成本(万元)	24900.29	63872.50	34568.60	57276.08
	营业成本(万元)	35263.19	80525.60	43728.77	71710.15
	投资收益(万元)	-	-	-	-
	净利润(万元)	1689.43	5865.34	3132.32	5766.13
	利润总额(万元)	2107.05	6684.24	3666.56	6652.10

深圳雷柏科技股份有限公司

公司概况	公司名称	深圳雷柏科技股份有限公司			证券简称	雷柏科技
	法人代表	曾浩	董秘	谢海波	证券代码	002577
	公司网址	www.rapoo.com		电子信箱	board@rapoo.com	
	电　话	0755-28588566 028588568		传　真	0755-28588555	
	办公地址	广东省深圳市坪山新区坑梓街道锦绣东路 22 号				
	经营范围	鼠标、键盘等电脑外设产品的研发、生产和销售等				

主要财务指标	指标\报告期	2012.06.30	2011.12.31	2011.06.30	2010.12.31
	基本每股收益(元)	0.2100	0.8700	0.5200	1.1500
	基本每股收益(扣除后)(元)	0.2200	0.8700	0.5200	1.1300
	每股净资产(元)	6.4900	11.3700	10.9600	2.2700
	每股经营现金净流量(元)	-0.0767	0.5104	0.0891	1.3548
	每股现金流量(元)	-0.1151	-0.1215	0.3605	-0.1454
	每股资本公积金(元)	4.7019	8.6932	8.6932	0.0948
	每股盈余公积金(元)	0.0976	0.1658	0.0846	0.1128
	每股未分配利润(元)	0.6865	1.5126	1.1855	1.0589
	净资产收益率(%)	3.2100	7.0320	3.9600	50.6000
	加权净资产收益率(%)	3.1000	9.9800	8.9300	67.7400
	净资产收益率(扣除)(%)	-	-	-	-
	总资产(万元)	150556.45	156883.60	154255.07	34824.52
	归属母公司股东权益(万元)	141123.68	145556.56	140330.61	21758.03
	主营业务收入(万元)	24534.58	56322.44	30165.52	64782.98
	营业收入(万元)	24561.35	56454.95	30246.69	64942.72
	主营成本(万元)	16562.14	38256.28	20334.19	43809.12
	营业成本(万元)	16587.02	38382.45	20418.14	43942.35
	投资收益(万元)	-	14.79	14.79	-
	净利润(万元)	4535.73	10236.13	5572.79	11009.52
	利润总额(万元)	5456.85	12159.48	6659.41	14157.41

福建省闽发铝业股份有限公司

公司概况	公司名称	福建省闽发铝业股份有限公司			证券简称	闽发铝业
	法人代表	黄天火	董秘	傅孙明	证券代码	002578
	公司网址	www.minfa.com		电子信箱	minfaly@126.com	
	电　话	0595-86279713		传　真	0595-86279731	
	办公地址	福建省南安市南美综合开发区南洪路 24 号				
	经营范围	从事各种铝型材产品的设计研发、生产和销售				

主要财务指标	指标\报告期	2012.06.30	2011.12.31	2011.06.30	2010.12.31
	基本每股收益(元)	0.1200	0.3700	0.1400	0.4100
	基本每股收益(扣除后)(元)	0.1000	0.3200	0.1000	0.3700
	每股净资产(元)	5.1600	5.0800	5.0800	1.9900
	每股经营现金净流量(元)	0.1082	-0.0306	-0.1602	-
	每股现金流量(元)	-0.3557	2.2169	2.3181	-
	每股资本公积金(元)	3.3719	3.3769	3.3796	-
	每股盈余公积金(元)	0.1106	0.1106	0.0768	-
	每股未分配利润(元)	0.6761	0.8054	0.6204	-
	净资产收益率(%)	2.3400	6.3410	2.3000	20.3600
	加权净资产收益率(%)	2.2800	8.4500	4.0000	22.6800
	净资产收益率(扣除)(%)	-	-	-	-
	总资产(万元)	113024.59	103530.49	99911.49	54650.92
	归属母公司股东权益(万元)	88623.24	90931.37	87218.47	25684.97
	主营业务收入(万元)	43347.66	70879.77	29890.71	59486.88
	营业收入(万元)	43347.66	71132.55	29890.71	59534.06
	主营成本(万元)	39871.09	62046.16	25808.73	49944.58
	营业成本(万元)	39871.09	62196.88	25808.73	49962.62
	投资收益(万元)	269.07	249.63	133.03	-157.88
	净利润(万元)	2072.81	5766.28	2006.36	5230.25
	利润总额(万元)	2446.07	6784.59	2361.70	6164.54

惠州中京电子科技股份有限公司

公司概况	公司名称	惠州中京电子科技股份有限公司			证券简称	中京电子
	法人代表	杨林	董秘	傅道臣	证券代码	002579
	公司网址	www.ceepcb.com		电子信箱	obd@ceepcb.com	
	电　话	0752-2288573		传　真	0752-2288573	
	办公地址	广东省惠州市鹅岭南路七巷 3 号				
	经营范围	印刷线路板的研发、生产和销售等				

主要财务指标	指标\报告期	2012.06.30	2011.12.31	2011.06.30	2010.12.31
	基本每股收益(元)	0.0300	0.3800	0.1200	0.5500
	基本每股收益(扣除后)(元)	0.0300	0.3300	0.1000	0.5300
	每股净资产(元)	3.8200	6.1100	6.1500	2.7500
	每股经营现金净流量(元)	0.0480	0.2356	0.0553	0.5823
	每股现金流量(元)	-0.2948	0.6679	3.4409	0.1159
	每股资本公积金(元)	2.1576	4.0522	4.0522	0.5342
	每股盈余公积金(元)	0.0788	0.1261	0.0912	0.1216
	每股未分配利润(元)	0.5815	0.9342	1.0064	1.0934
	净资产收益率(%)	0.7600	5.7130	3.0300	20.0820
	加权净资产收益率(%)	0.7600	7.2900	5.4000	22.3200
	净资产收益率(扣除)(%)	-	-	-	-
	总资产(万元)	76194.51	79920.75	78037.58	38880.34
	归属母公司股东权益(万元)	59467.82	59504.11	59867.00	20068.61
	主营业务收入(万元)	18646.57	40017.62	17233.32	32182.74
	营业收入(万元)	19005.61	40846.97	17583.97	32693.77
	主营成本(万元)	16773.25	33260.41	13720.56	24671.85
	营业成本(万元)	16773.25	33260.41	13720.56	24671.85
	投资收益(万元)	-	-	-	-
	净利润(万元)	450.44	3399.32	1815.15	4030.25
	利润总额(万元)	535.82	3914.85	2130.45	4639.19

山东圣阳电源股份有限公司

公司概况						
公司概况	公司名称	山东圣阳电源股份有限公司			证券简称	圣阳股份
	法人代表	宋斌	董秘	于海龙	证券代码	002580
	公司网址	www.sacredsun.cn		电子信箱	zqb@sacredsun.cn	
	电　　话	0537-4435777		传　　真	0537-4430400	
	办公地址	山东省曲阜市圣阳路1号				
	经营范围	前置许可经营项目:HW49阀控式密封废铅酸蓄电池收集、贮存等				

主要财务指标	指标\报告期	2012.06.30	2011.12.31	2011.06.30	2010.12.31
	基本每股收益(元)	0.2200	0.7100	0.2600	0.8400
	基本每股收益(扣除后)(元)	0.2000	0.6000	0.2400	0.7700
	每股净资产(元)	7.0100	9.6500	9.2900	4.1700
	每股经营现金净流量(元)	-0.8607	-1.3864	-1.1436	0.9961
	每股现金流量(元)	-0.8694	2.5329	2.2109	0.6823
	每股资本公积金(元)	4.4294	6.6012	6.6070	1.3087
	每股盈余公积金(元)	0.1406	0.1969	0.1413	0.1885
	每股未分配利润(元)	1.4353	1.8478	1.5399	1.6757
	净资产收益率(%)	3.1800	6.7100	3.0500	19.1200
	加权净资产收益率(%)	3.1900	8.7900	6.6900	22.3800
	净资产收益率(扣除)(%)	-	-	-	-
	总资产(万元)	116448.01	104796.01	90487.69	60626.08
	归属母公司股东权益(万元)	73654.84	72440.61	69754.92	23493.07
	主营业务收入(万元)	57564.83	94683.79	38247.78	72099.15
	营业收入(万元)	58467.36	95900.14	38896.80	73256.79
	主营成本(万元)	48316.37	79153.82	31428.55	56981.94
	营业成本(万元)	48982.10	79820.46	31821.06	58018.58
	投资收益(万元)	-	-	-	-
	净利润(万元)	2340.72	4860.53	2130.74	4492.25
	利润总额(万元)	2685.76	5754.63	2410.38	5399.00

淄博万昌科技股份有限公司

公司概况						
公司概况	公司名称	淄博万昌科技股份有限公司			证券简称	万昌科技
	法人代表	于秀媛	董秘	张国昌	证券代码	002581
	公司网址	www.wanchang.com		电子信箱	office@wanchang.com	
	电　　话	0533-2988888		传　　真	0533-2091578	
	办公地址	山东省淄博市张店区朝阳路18号				
	经营范围	原甲酸三甲酯、原甲酸三乙酯等农药、医药中间体的研发、生产和销售等				

主要财务指标	指标\报告期	2012.06.30	2011.12.31	2011.06.30	2010.12.31
	基本每股收益(元)	0.4600	0.6900	0.3600	0.8700
	基本每股收益(扣除后)(元)	0.4600	0.6800	0.3500	0.8600
	每股净资产(元)	6.1700	6.2100	5.8700	2.1800
	每股经营现金净流量(元)	0.1194	0.6874	0.3009	1.0556
	每股现金流量(元)	-0.3476	4.1856	4.4294	0.4517
	每股资本公积金(元)	4.3126	4.3126	4.3126	0.2804
	每股盈余公积金(元)	0.1505	0.1505	0.0887	0.1182
	每股未分配利润(元)	0.7061	0.7456	0.4712	0.7854
	净资产收益率(%)	7.4600	9.9630	4.8100	39.6200
	加权净资产收益率(%)	7.4400	14.4300	11.2700	48.1300
	净资产收益率(扣除)(%)	-	-	-	-
	总资产(万元)	70347.80	69019.31	69072.87	20968.01
	归属母公司股东权益(万元)	66800.08	67227.91	63586.01	17734.19
	主营业务收入(万元)	14865.16	24627.88	10229.23	24715.46
	营业收入(万元)	14865.16	24636.93	10229.23	24717.32
	主营成本(万元)	7747.65	12865.75	5191.61	12884.26
	营业成本(万元)	7747.65	12865.75	5191.61	12886.11
	投资收益(万元)	-	-	-	-
	净利润(万元)	4986.18	6697.63	3055.73	7025.58
	利润总额(万元)	5866.09	7912.36	3591.82	8421.03

好想你枣业股份有限公司

公司概况						
公司概况	公司名称	好想你枣业股份有限公司			证券简称	好 想 你
	法人代表	石聚彬	董秘	石聚领(代)	证券代码	002582
	公司网址	www.haoxiangni.cn		电子信箱	haoxiangni@haoxiangni.cn	
	电　　话	0371-62589968		传　　真	0371-62589968	
	办公地址	河南省郑州新郑国际机场工业区好想你大道6号				
	经营范围	枣类相关产品的生产、加工和销售				

主要财务指标	指标\报告期	2012.06.30	2011.12.31	2011.06.30	2010.12.31
	基本每股收益(元)	0.3500	1.7000	0.5400	1.7100
	基本每股收益(扣除后)(元)	0.3200	1.4300	0.4800	1.5600
	每股净资产(元)	8.3000	16.2000	15.5400	5.0500
	每股经营现金净流量(元)	0.9118	0.7049	2.0529	-0.7492
	每股现金流量(元)	-0.9913	9.0652	8.7734	0.6668
	每股资本公积金(元)	5.6605	12.3209	12.3209	2.0490
	每股盈余公积金(元)	0.1728	0.3456	0.1777	0.2376
	每股未分配利润(元)	1.4637	2.5362	2.0377	1.7670
	净资产收益率(%)	4.1700	9.4090	5.5200	33.7400
	加权净资产收益率(%)	4.2000	14.0300	14.4100	39.6900
	净资产收益率(扣除)(%)	-	-	-	-
	总资产(万元)	138085.13	159997.94	129493.18	75327.03
	归属母公司股东权益(万元)	122463.31	119576.57	114662.15	27897.83
	主营业务收入(万元)	40081.09	77983.00	40255.30	65517.07
	营业收入(万元)	40194.51	78476.98	40339.24	65705.54
	主营成本(万元)	28213.57	56369.75	29790.85	48098.84
	营业成本(万元)	28405.87	57100.18	29879.12	48238.22
	投资收益(万元)	87.80	119.99	68.25	45.43
	净利润(万元)	5100.74	11251.26	6333.23	9412.76
	利润总额(万元)	5462.79	12166.09	6978.99	10115.88

海能达通信股份有限公司

公司概况						
公司概况	公司名称	海能达通信股份有限公司			证券简称	海 能 达
	法人代表	陈清州	董秘	武美	证券代码	002583
	公司网址	www.hytera.com		电子信箱	stock@hytera.com	
	电　　话	0755-26972999-1170		传　　真	0755-86137135	
	办公地址	广东省深圳市南山区高新区北区北环路好易通大厦				
	经营范围	开发、生产矿用对讲机、防爆通讯产品及配件、无线电通讯器材及配件等				

主要财务指标	指标\报告期	2012.06.30	2011.12.31	2011.06.30	2010.12.31
	基本每股收益(元)	-0.0300	0.5900	0.0900	0.5900
	基本每股收益(扣除后)(元)	-0.0600	0.5200	0.0800	0.5400
	每股净资产(元)	6.4400	6.5400	6.0800	1.8500
	每股经营现金净流量(元)	-0.4426	-0.4235	-0.4347	0.4663
	每股现金流量(元)	-1.3726	2.3583	4.2076	0.2581
	每股资本公积金(元)	4.5058	4.5058	4.5058	0.1720
	每股盈余公积金(元)	0.0921	0.0921	0.0585	0.0782
	每股未分配利润(元)	0.8381	0.9329	0.5142	0.5897
	净资产收益率(%)	-0.5400	8.0370	1.2000	30.2340
	加权净资产收益率(%)	-0.5400	12.0900	3.3300	37.2700
	净资产收益率(扣除)(%)	-	-	-	-
	总资产(万元)	242069.32	229343.92	237753.42	112151.81
	归属母公司股东权益(万元)	179162.30	181683.35	169148.28	38432.46
	主营业务收入(万元)	45336.95	123040.19	56284.56	97907.65
	营业收入(万元)	45615.44	124345.15	56956.44	99436.17
	主营成本(万元)	22879.81	67713.63	33929.24	54386.07
	营业成本(万元)	23089.27	68080.06	34045.02	54902.94
	投资收益(万元)	-	-	-	-
	净利润(万元)	-967.94	14601.97	2027.58	11619.48
	利润总额(万元)	-1500.92	16414.02	3079.12	12946.48

西陇化工股份有限公司

公司概况	公司名称	西陇化工股份有限公司			证券简称	西陇化工
	法人代表	黄伟波	董秘	邹军晖	证券代码	002584
	公司网址	www.xlhg.com.cn		电子信箱	xlhg@xlhg.cn	
	电　话	0754-82481503 020-62612188-408		传　真	0754-82493128 020-62612100	
	办公地址	广东省汕头市潮汕路西陇中街 1-3 号				
	经营范围	从事化学试剂的研发、生产、销售并从事部分化工原料、原料药及食品添加剂等业务				

	指标\报告期	2012.06.30	2011.12.31	2011.06.30	2010.12.31
主要财务指标	基本每股收益(元)	0.1800	0.4600	0.2700	0.4900
	基本每股收益(扣除后)(元)	0.1600	0.4200	0.2400	0.4600
	每股净资产(元)	5.0500	5.0100	4.9600	2.5300
	每股经营现金净流量(元)	0.0069	-0.1712	-0.0675	0.2677
	每股现金流量(元)	-0.0707	1.6595	2.6982	0.2140
	每股资本公积金(元)	2.9176	2.9176	2.9176	0.4139
	每股盈余公积金(元)	0.1006	0.1006	0.0809	0.0872
	每股未分配利润(元)	1.0122	0.9855	0.9557	1.0123
	净资产收益率(%)	3.5000	8.2060	4.2700	19.2300
	加权净资产收益率(%)	3.4600	11.0300	8.5600	21.0300
	净资产收益率(扣除)(%)	-	-	-	-
	总资产(万元)	124764.82	113431.42	126779.90	67030.58
	归属母公司股东权益(万元)	100913.21	100265.77	99289.62	37901.55
	主营业务收入(万元)	64252.80	127969.76	63413.80	116385.68
	营业收入(万元)	64369.84	128103.14	63459.18	116415.53
	主营成本(万元)	52749.34	104415.76	51503.18	95135.12
	营业成本(万元)	52844.96	104508.23	51542.11	95152.82
	投资收益(万元)	-	-	-	-
	净利润(万元)	3535.57	8227.86	4239.29	7289.44
	利润总额(万元)	4038.79	9785.72	5154.32	8876.23

江苏双星彩塑新材料股份有限公司

公司概况	公司名称	江苏双星彩塑新材料股份有限公司			证券简称	双星新材
	法人代表	吴培服	董秘	吴迪	证券代码	002585
	公司网址	www.shuangxingcaisu.com		电子信箱	wudi@shuangxingcaisu.com	
	电　话	0527-84252088		传　真	0527-84253042	
	办公地址	江苏省宿迁市宿豫区彩塑工业园区井头街 1 号				
	经营范围	从事新型塑料包装薄膜的研发、生产和销售等				

	指标\报告期	2012.06.30	2011.12.31	2011.06.30	2010.12.31
主要财务指标	基本每股收益(元)	0.1900	2.1039	0.8100	2.4992
	基本每股收益(扣除后)(元)	0.1800	1.6970	0.7000	2.4535
	每股净资产(元)	8.6000	17.8200	17.2000	3.9600
	每股经营现金净流量(元)	0.2279	0.2530	0.8102	3.2567
	每股现金流量(元)	-0.1695	0.2097	11.1086	0.0131
	每股资本公积金(元)	6.1782	13.3564	13.3564	0.7918
	每股盈余公积金(元)	0.1781	0.3563	0.1722	0.2296
	每股未分配利润(元)	1.2439	3.1094	2.6677	1.9368
	净资产收益率(%)	2.2000	10.3290	7.0700	61.9260
	加权净资产收益率(%)	2.1200	17.7100	33.9800	92.9700
	净资产收益率(扣除)(%)	-	-	-	-
	总资产(万元)	402979.66	415792.87	408208.56	133501.52
	归属母公司股东权益(万元)	357771.02	370698.17	357681.81	61747.04
	主营业务收入(万元)	107571.47	194493.96	102297.50	145301.39
	营业收入(万元)	108236.25	195592.26	102823.41	145406.75
	主营成本(万元)	94457.87	147577.35	71950.95	91948.20
	营业成本(万元)	94459.78	147577.46	71951.06	91956.29
	投资收益(万元)	92.42	-	-	30.00
	净利润(万元)	7872.85	38290.17	25273.81	38237.64
	利润总额(万元)	10046.36	49361.56	29733.89	44296.96

浙江省围海建设集团股份有限公司

公司概况	公司名称	浙江省围海建设集团股份有限公司			证券简称	围海股份
	法人代表	冯全宏	董秘	成迪龙	证券代码	002586
	公司网址	www.zjwh.com.cn		电子信箱	ir@zjwh.com.cn	
	电　话	0574-87901130 87911788		传　真	0574-87901002	
	办公地址	浙江省宁波市科技园区江南路 599 号				
	经营范围	水利水电工程、市政公用工程、港口与航道工程、房屋建筑工程等				

	指标\报告期	2012.06.30	2011.12.31	2011.06.30	2010.12.31
主要财务指标	基本每股收益(元)	0.1300	0.7800	0.1000	0.5300
	基本每股收益(扣除后)(元)	0.1100	0.7500	0.1000	0.5200
	每股净资产(元)	3.9500	7.3700	6.7400	3.0100
	每股经营现金净流量(元)	-0.5338	-0.2836	-1.5621	0.7086
	每股现金流量(元)	-0.6661	3.3679	3.8827	0.5754
	每股资本公积金(元)	1.7917	4.3015	4.3015	0.1451
	每股盈余公积金(元)	0.1243	0.2362	0.1712	0.2290
	每股未分配利润(元)	0.8212	1.4217	0.9769	1.2535
	净资产收益率(%)	3.1900	9.4860	6.2800	23.5860
	加权净资产收益率(%)	3.1900	13.6000	6.2800	26.4900
	净资产收益率(扣除)(%)	-	-	-	-
	总资产(万元)	172056.42	174543.77	152522.78	83040.46
	归属母公司股东权益(万元)	80248.18	78839.36	72109.54	24056.58
	主营业务收入(万元)	55765.45	129753.31	47478.61	101453.84
	营业收入(万元)	55934.14	130077.46	47639.30	101744.83
	主营成本(万元)	47023.66	108820.91	40457.15	86076.01
	营业成本(万元)	47044.06	108861.88	40477.54	86117.90
	投资收益(万元)	-	-	-	-2.39
	净利润(万元)	2632.30	7757.54	2091.15	6010.55
	利润总额(万元)	3756.03	10332.61	2845.97	7998.73

深圳市奥拓电子股份有限公司

公司概况	公司名称	深圳市奥拓电子股份有限公司			证券简称	奥拓电子
	法人代表	吴涵渠	董秘	李军	证券代码	002587
	公司网址	www.szaoto.com		电子信箱	lij@szaoto.com	
	电　话	0755-26719889		传　真	0755-26719890	
	办公地址	广东省深圳市南山区深南大道高新技术工业村 T2 厂房 T2A6-B				
	经营范围	电子自助服务设备、金融电子产品、LED 光电产品、电子大屏幕显示屏等				

	指标\报告期	2012.06.30	2011.12.31	2011.06.30	2010.12.31
主要财务指标	基本每股收益(元)	0.2400	0.4600	0.2700	0.7700
	基本每股收益(扣除后)(元)	0.2400	0.3800	0.2600	0.7200
	每股净资产(元)	4.5600	5.9000	5.7700	2.4300
	每股经营现金净流量(元)	0.0517	0.0935	-0.1831	0.3772
	每股现金流量(元)	-0.2416	3.5276	3.3963	0.0032
	每股资本公积金(元)	2.5707	3.6420	3.6420	0.2754
	每股盈余公积金(元)	0.1250	0.1625	0.1251	0.1668
	每股未分配利润(元)	0.8605	1.1005	1.0015	0.9844
	净资产收益率(%)	5.3700	6.7670	4.5600	31.5750
	加权净资产收益率(%)	5.2500	10.3500	13.4900	37.4900
	净资产收益率(扣除)(%)	-	-	-	-
	总资产(万元)	55654.65	56678.21	54304.08	21932.58
	归属母公司股东权益(万元)	49753.63	49601.78	48456.27	15287.78
	主营业务收入(万元)	14750.26	23016.82	12710.39	22196.79
	营业收入(万元)	14750.26	23016.82	12710.39	22196.79
	主营成本(万元)	8680.67	12963.08	6922.97	12274.26
	营业成本(万元)	8680.67	12963.08	6922.97	12274.26
	投资收益(万元)	-	-	-	-
	净利润(万元)	2671.84	3356.48	2210.97	4827.09
	利润总额(万元)	3194.53	3989.23	2571.38	5589.17

史丹利化肥股份有限公司

公司概况					
公司名称	史丹利化肥股份有限公司			证券简称	史丹利
法人代表	高文班	董秘	胡照顺	证券代码	002588
公司网址	www.shidanli.cn		电子信箱	shidanlihuafei@yahoo.cn	
电　话	0539-6263620		传　真	0539-6263620	
办公地址	山东省临沂市临沭县城常林东大街东首				
经营范围	生产、经营高浓度复混肥料(复合肥料)、掺混肥				

主要财务指标 指标\报告期	2012.06.30	2011.12.31	2011.06.30	2010.12.31
基本每股收益(元)	0.9100	2.1600	0.9500	1.8000
基本每股收益(扣除后)(元)	0.8900	2.0900	0.9400	1.7800
每股净资产(元)	12.8200	15.6700	14.7900	7.2100
每股经营现金净流量(元)	3.6773	0.1047	-0.8529	-1.2949
每股现金流量(元)	0.6785	7.5008	7.7875	-1.0980
每股资本公积金(元)	7.1094	9.5399	9.6176	1.8848
每股盈余公积金(元)	0.5423	0.7050	0.5926	0.7902
每股未分配利润(元)	4.1641	4.4282	3.5768	3.5363
净资产收益率(%)	7.3300	12.0480	9.1600	25.0070
加权净资产收益率(%)	7.3100	17.9100	15.7500	28.6200
净资产收益率(扣除)(%)	-	-	-	-
总资产(万元)	386238.21	351078.59	302170.62	226591.09
归属母公司股东权益(万元)	216586.63	203750.79	192231.37	70309.88
主营业务收入(万元)	270324.66	454949.85	229943.46	288876.17
营业收入(万元)	271848.80	456857.28	230755.79	290072.92
主营成本(万元)	235871.02	397113.39	196379.30	240941.90
营业成本(万元)	236166.74	397242.31	196667.87	241276.52
投资收益(万元)	22.83	18.02	18.02	9.57
净利润(万元)	15405.84	24548.46	12018.74	17582.19
利润总额(万元)	18779.98	29814.45	15617.47	21716.80

山东瑞康医药股份有限公司

公司概况					
公司名称	山东瑞康医药股份有限公司			证券简称	瑞康医药
法人代表	韩旭	董秘	周云	证券代码	002589
公司网址	www.realcan.cn		电子信箱	stock@realcan.cn	
电　话	0535-6737695 6735656-8009		传　真	0535-6737695	
办公地址	山东省烟台市芝罘区机场路326号				
经营范围	中药材、中药饮片、中成药、化学原料药、化学药制剂、抗生素、生化药品等				

主要财务指标 指标\报告期	2012.06.30	2011.12.31	2011.06.30	2010.12.31
基本每股收益(元)	0.4980	1.0300	0.4760	0.8900
基本每股收益(扣除后)(元)	0.5050	1.0400	0.4770	0.9100
每股净资产(元)	9.0900	8.6900	8.1500	4.2300
每股经营现金净流量(元)	-1.4009	-5.0643	-3.4274	1.0080
每股现金流量(元)	0.4562	0.2288	3.3463	0.9271
每股资本公积金(元)	6.0041	6.0046	6.0046	2.1706
每股盈余公积金(元)	0.1605	0.1605	0.0761	0.1020
每股未分配利润(元)	1.9237	1.5255	1.0691	0.9565
净资产收益率(%)	5.4800	10.3120	4.3600	20.9810
加权净资产收益率(%)	5.5700	15.1300	10.6600	23.4400
净资产收益率(扣除)(%)	-	-	-	-
总资产(万元)	265691.74	221754.52	213061.51	147947.83
归属母公司股东权益(万元)	85249.24	81518.44	76444.86	29603.37
主营业务收入(万元)	211543.20	319438.64	137700.30	221299.34
营业收入(万元)	211652.60	319544.81	137700.30	221338.27
主营成本(万元)	195749.93	293363.94	126887.08	202963.00
营业成本(万元)	195749.93	293368.53	126887.08	202963.00
投资收益(万元)	-	-	-	-
净利润(万元)	4676.32	8402.28	3332.15	6213.16
利润总额(万元)	6234.50	11243.65	4448.93	8317.58

浙江万安科技股份有限公司

公司概况					
公司名称	浙江万安科技股份有限公司			证券简称	万安科技
法人代表	陈利祥	董秘	李建林	证券代码	002590
公司网址	www.vie.com.cn		电子信箱	lijl@vie.com.cn	
电　话	0575-87165511		传　真	0575-87659719	
办公地址	浙江省绍兴市诸暨市店口镇工业区中央路188号				
经营范围	汽车制动系统的研发、生产和销售和配套服务等				

主要财务指标 指标\报告期	2012.06.30	2011.12.31	2011.06.30	2010.12.31
基本每股收益(元)	0.0800	0.5400	0.5500	1.2000
基本每股收益(扣除后)(元)	0.0700	0.4900	0.5400	1.1600
每股净资产(元)	5.2700	6.8400	6.7900	3.8000
每股经营现金净流量(元)	-0.1893	-0.6000	-0.6738	0.9378
每股现金流量(元)	-0.7835	2.7702	4.1768	0.3390
每股资本公积金(元)	2.4359	3.4667	3.4667	0.2537
每股盈余公积金(元)	0.1384	0.1800	0.1467	0.1956
每股未分配利润(元)	1.6914	2.1968	2.1766	2.3485
净资产收益率(%)	1.3900	6.8510	6.0200	31.5019
加权净资产收益率(%)	1.4400	9.6800	13.5900	37.3600
净资产收益率(扣除)(%)	-	-	-	-
总资产(万元)	156140.46	162466.41	170601.82	99723.94
归属母公司股东权益(万元)	63895.28	63876.71	63377.01	26584.56
主营业务收入(万元)	49545.55	99677.35	48826.34	86342.50
营业收入(万元)	50055.68	100174.27	49022.84	86762.26
主营成本(万元)	38460.91	73077.57	34718.83	59416.99
营业成本(万元)	38520.11	73301.96	34880.23	59683.43
投资收益(万元)	-	-	-	-
净利润(万元)	917.47	4438.07	3944.84	8447.14
利润总额(万元)	1202.54	5229.81	5308.98	9896.86

江西恒大高新技术股份有限公司

公司概况					
公司名称	江西恒大高新技术股份有限公司			证券简称	恒大高新
法人代表	朱星河	董秘	唐明荣	证券代码	002591
公司网址	www.heng-da.com		电子信箱	zq@heng-da.net.cn	
电　话	0791-88194572		传　真	0791-88197020	
办公地址	江西省南昌市高新区金庐北路88号				
经营范围	工业设备特种防护及表面工程、硬面技术服务等				

主要财务指标 指标\报告期	2012.06.30	2011.12.31	2011.06.30	2010.12.31
基本每股收益(元)	0.1900	0.7500	0.2700	0.9900
基本每股收益(扣除后)(元)	0.1200	0.6100	0.2600	0.6600
每股净资产(元)	7.1200	8.7700	8.5200	4.6800
每股经营现金净流量(元)	-0.1227	-0.7267	-0.5388	0.5270
每股现金流量(元)	-0.2524	3.1892	4.2136	0.6442
每股资本公积金(元)	4.1282	5.3103	5.3103	1.0723
每股盈余公积金(元)	0.2269	0.2836	0.2182	0.2909
每股未分配利润(元)	1.7688	2.1780	1.9957	2.3170
净资产收益率(%)	2.6200	7.4750	3.0300	21.1550
加权净资产收益率(%)	2.6200	10.6500	6.6500	27.7500
净资产收益率(扣除)(%)	-	-	-	-
总资产(万元)	76904.17	75078.80	76141.94	37256.22
归属母公司股东权益(万元)	71238.62	70175.30	68193.43	28081.72
主营业务收入(万元)	9915.11	25825.06	12229.91	25493.00
营业收入(万元)	10589.47	26333.89	12298.35	25597.11
主营成本(万元)	6433.78	15779.73	7521.47	15241.60
营业成本(万元)	7069.39	16182.39	7568.46	15310.73
投资收益(万元)	37.62	13.00	-	-
净利润(万元)	1863.32	5245.28	2063.41	5940.81
利润总额(万元)	2200.60	6159.96	2459.12	6948.07

南宁八菱科技股份有限公司

公司概况	公司名称	南宁八菱科技股份有限公司			证券简称	八菱科技
	法人代表	顾瑜	董秘	黄生田	证券代码	002592
	公司网址	www.baling.com.cn		电子信箱	nnblkj@baling.com.cn	
	电　话	0771-3216598		传　真	0771-3211338	
	办公地址	广西壮族自治区南宁市高新区工业园区科德路1号				
	经营范围	研究、开发、生产、经营散热器、汽车配件、空调配件、发电机组配件等				

主要财务指标 指标\报告期	2012.06.30	2011.12.31	2011.06.30	2010.12.31
基本每股收益(元)	0.4500	1.3500	0.4100	1.2900
基本每股收益(扣除后)(元)	0.4100	1.2400	0.4000	1.2400
每股净资产(元)	6.2200	7.8100	4.8900	4.1700
每股经营现金净流量(元)	0.3786	0.3773	0.4354	0.9881
每股现金流量(元)	-0.4944	3.0691	0.1013	0.5168
每股资本公积金(元)	2.4746	3.5170	0.1733	0.1733
每股盈余公积金(元)	0.4925	0.6402	0.6456	0.6456
每股未分配利润(元)	2.2579	2.6521	3.0725	2.3556
净资产收益率(%)	7.2000	13.3460	15.8100	30.8296
加权净资产收益率(%)	7.2000	26.3600	15.8100	35.2000
净资产收益率(扣除)(%)	-	-	-	-
总资产(万元)	79077.38	77249.74	48587.82	45942.63
归属母公司股东权益(万元)	61113.83	58975.53	27694.75	23635.96
主营业务收入(万元)	23147.92	43892.40	22590.52	-
营业收入(万元)	27108.68	50260.54	25858.19	46542.54
主营成本(万元)	18114.74	32643.34	16695.01	31505.53
营业成本(万元)	20978.31	37664.56	19257.25	34732.78
投资收益(万元)	329.08	495.11	334.64	475.34
净利润(万元)	4403.88	7870.61	4058.80	7286.86
利润总额(万元)	4657.74	8609.92	4407.66	7596.39

厦门日上车轮集团股份有限公司

公司概况	公司名称	厦门日上车轮集团股份有限公司			证券简称	日上集团
	法人代表	吴子文	董秘	钟柏安	证券代码	002593
	公司网址	www.sunrisewheel.com		电子信箱	stock@sunrisewheel.com	
	电　话	0592-6666866		传　真	0592-6666899	
	办公地址	福建省厦门市集美区杏林杏北路30号				
	经营范围	生产、加工汽车轮圈、汽车零部件、金属制品、零售汽车零部件、建筑材料等				

主要财务指标 指标\报告期	2012.06.30	2011.12.31	2011.06.30	2010.12.31
基本每股收益(元)	0.2200	0.4800	0.3800	0.5500
基本每股收益(扣除后)(元)	0.1300	0.4400	0.3800	0.5200
每股净资产(元)	5.5700	5.5000	5.3800	2.7300
每股经营现金净流量(元)	-0.3546	-0.9164	-0.5850	0.5789
每股现金流量(元)	0.1025	0.3338	3.0421	0.5607
每股资本公积金(元)	3.3390	3.3390	3.3390	0.7077
每股盈余公积金(元)	0.0316	0.0296	0.0257	0.0220
每股未分配利润(元)	1.2377	1.1720	1.0403	1.0220
净资产收益率(%)	3.9100	7.6070	5.1400	19.2226
加权净资产收益率(%)	3.8800	11.0500	12.9100	22.8000
净资产收益率(扣除)(%)	-	-	-	-
总资产(万元)	235616.75	220816.92	217713.58	126818.33
归属母公司股东权益(万元)	118162.75	116653.36	113979.30	43465.42
主营业务收入(万元)	54805.97	113301.17	59719.84	94607.15
营业收入(万元)	61597.39	129095.10	66613.48	107030.86
主营成本(万元)	44969.90	90790.18	46524.87	75426.73
营业成本(万元)	52074.45	106307.04	53590.22	87376.94
投资收益(万元)	-	-	-	-
净利润(万元)	4616.12	8874.30	5999.47	8559.04
利润总额(万元)	5745.50	10470.04	7058.11	10205.44

比亚迪股份有限公司

公司概况	公司名称	比亚迪股份有限公司			证券简称	比 亚 迪
	法人代表	王传福	董秘	吴经胜	证券代码	002594
	公司网址	www.byd.com.cn		电子信箱	db@byd.com	
	电　话	0755-89888888		传　真	0755-84202222	
	办公地址	广东省深圳市坪山新区比亚迪路3009号				
	经营范围	锂离子电池以及其他电池、充电器、电子产品、仪器仪表、柔性线路板等				

主要财务指标 指标\报告期	2012.06.30	2011.12.31	2011.06.30	2010.12.31
基本每股收益(元)	0.0100	0.6000	0.1200	1.1100
基本每股收益(扣除后)(元)	-0.0900	0.2700	0.0800	0.9100
每股净资产(元)	8.9700	8.9700	8.5300	8.1100
每股经营现金净流量(元)	1.8822	2.5422	1.9801	1.3799
每股现金流量(元)	0.4650	0.7471	1.1910	-0.1460
每股资本公积金(元)	2.9730	2.9770	2.9735	2.5154
每股盈余公积金(元)	0.7292	0.7292	0.6189	0.6404
每股未分配利润(元)	4.3257	4.3198	3.9598	3.9773
净资产收益率(%)	0.0800	6.5550	1.3700	13.6690
加权净资产收益率(%)	0.0800	6.9800	1.4300	14.3600
净资产收益率(扣除)(%)	-	-	-	-
总资产(万元)	6690254.20	6562439.20	6113092.80	5296340.10
归属母公司股东权益(万元)	2111000.40	2112451.70	2008467.60	1846031.90
主营业务收入(万元)	2198346.40	4728199.60	2183512.10	4734500.50
营业收入(万元)	2258201.20	4882691.90	2254466.40	4844841.60
主营成本(万元)	1860669.50	3925844.60	1846720.00	3837932.80
营业成本(万元)	1904656.80	4043878.90	1899196.00	3917397.60
投资收益(万元)	71.00	50375.00	-357.70	2577.10
净利润(万元)	10415.40	159507.60	39453.20	291859.00
利润总额(万元)	15934.40	172748.40	48992.50	314226.70

山东豪迈机械科技股份有限公司

公司概况	公司名称	山东豪迈机械科技股份有限公司			证券简称	豪迈科技
	法人代表	张恭运	董秘	冯民堂	证券代码	002595
	公司网址	www.himile.com		电子信箱	fengmintang@126.com	
	电　话	0536-2361002		传　真	0536-2361536	
	办公地址	山东省潍坊市高密市密水科技工业园豪迈路1号				
	经营范围	轮胎模具及橡胶机械、数控机床的研制开发、生产、销售以及高端零部件铸造等				

主要财务指标 指标\报告期	2012.06.30	2011.12.31	2011.06.30	2010.12.31
基本每股收益(元)	0.5340	1.2200	0.7071	1.2500
基本每股收益(扣除后)(元)	0.5335	1.2186	0.7077	1.2438
每股净资产(元)	9.7800	9.8500	9.3155	4.0300
每股经营现金净流量(元)	0.3298	0.4323	0.2541	1.2376
每股现金流量(元)	-0.4699	4.7720	5.7359	0.0967
每股资本公积金(元)	5.8664	5.8664	5.8664	0.4757
每股盈余公积金(元)	0.3439	0.3439	0.2371	0.3162
每股未分配利润(元)	2.5733	2.6393	2.2119	2.2422
净资产收益率(%)	5.4600	10.8070	5.6900	31.0900
加权净资产收益率(%)	5.3900	16.5400	16.1200	36.8100
净资产收益率(扣除)(%)	-	-	-	-
总资产(万元)	206849.91	207436.14	209504.73	81103.61
归属母公司股东权益(万元)	195674.18	196993.36	186310.50	60510.11
主营业务收入(万元)	35709.99	67066.33	33926.02	58068.30
营业收入(万元)	36065.42	68617.00	34757.99	60030.99
主营成本(万元)	20475.39	35278.30	17680.49	30295.09
营业成本(万元)	20701.42	36000.00	18044.69	31021.92
投资收益(万元)	-	-	-	-
净利润(万元)	10680.82	21289.36	10606.49	18812.31
利润总额(万元)	12435.12	24974.42	12379.93	22074.90

海南瑞泽新型建材股份有限公司

公司概况	公司名称	海南瑞泽新型建材股份有限公司			证券简称	海南瑞泽
	法人代表	张海林	董秘	于清池	证券代码	002596
	公司网址	www.hnruize.com		电子信箱	yqc66888@163.com	
	电　　话	0898-88710266		传　　真	0898-88710266	
	办公地址	海南省三亚市吉阳镇迎宾大道 488 号				
	经营范围	商品混凝土生产与销售、加气砖、灰沙砖、新型建材生产与销售等				

主要财务指标	指标\报告期	2012.06.30	2011.12.31	2011.06.30	2010.12.31
	基本每股收益(元)	0.2300	0.5200	0.3200	0.8600
	基本每股收益(扣除后)(元)	0.2300	0.5200	0.3200	0.8200
	每股净资产(元)	6.2600	6.2300	6.0100	3.9200
	每股经营现金净流量(元)	-0.3053	-0.2710	-0.1991	0.5003
	每股现金流量(元)	-0.7824	2.0285	2.7145	-0.5429
	每股资本公积金(元)	3.5535	3.5535	3.5535	1.2915
	每股盈余公积金(元)	0.1258	0.1258	0.0996	0.1335
	每股未分配利润(元)	1.5770	1.5478	1.3571	1.4970
	净资产收益率(%)	3.6600	7.3360	7.8700	21.8860
	加权净资产收益率(%)	3.6100	9.9800	7.8700	24.5800
	净资产收益率(扣除)(%)	-	-	-	-
	总资产(万元)	118530.69	106810.81	102814.39	52766.67
	归属母公司股东权益(万元)	83834.48	83442.91	80536.39	39220.28
	主营业务收入(万元)	44841.28	71371.51	32181.49	70741.97
	营业收入(万元)	44852.80	71396.64	32190.60	70756.23
	主营成本(万元)	37360.16	58641.19	25999.35	56296.14
	营业成本(万元)	37360.16	58654.15	25999.35	56302.61
	投资收益(万元)	-	82.70	69.07	41.52
	净利润(万元)	3071.57	6121.14	3214.62	8583.86
	利润总额(万元)	4112.39	8082.42	4201.80	11094.21

安徽金禾实业股份有限公司

公司概况	公司名称	安徽金禾实业股份有限公司			证券简称	金禾实业
	法人代表	杨迎春	董秘	仰宗勇	证券代码	002597
	公司网址	www.jinheshiye.com		电子信箱	jinheshiye@jinheshiye.com	
	电　　话	0550-5628594 5614224 5612755		传　　真	0550-5611232	
	办公地址	安徽省滁州市来安县城东大街 127 号				
	经营范围	从事精细化工产品和基础化工产品的生产、研发和销售				

主要财务指标	指标\报告期	2012.06.30	2011.12.31	2011.06.30	2010.12.31
	基本每股收益(元)	0.4900	1.6300	1.0000	1.4500
	基本每股收益(扣除后)(元)	0.4700	1.5700	0.9800	1.3900
	每股净资产(元)	7.7900	8.4000	8.4000	7.2500
	每股经营现金净流量(元)	0.3449	-0.5295	-0.1524	2.0003
	每股现金流量(元)	-1.5302	2.0126	-0.7422	1.4456
	每股资本公积金(元)	3.8366	6.7386	2.5626	2.5626
	每股盈余公积金(元)	0.2297	0.3675	0.2328	0.3108
	每股未分配利润(元)	2.4234	3.3996	2.8867	2.8586
	净资产收益率(%)	6.3500	11.5950	12.7200	17.9650
	加权净资产收益率(%)	6.3500	17.7400	12.7200	23.3400
	净资产收益率(扣除)(%)	-	-	-	-
	总资产(万元)	239013.74	249530.07	122299.69	105858.01
	归属母公司股东权益(万元)	166429.17	160396.47	83951.10	72481.97
	主营业务收入(万元)	145525.35	227574.26	105418.84	161567.73
	营业收入(万元)	146744.51	228496.16	105887.58	162573.04
	主营成本(万元)	126478.38	194123.38	88915.50	138084.04
	营业成本(万元)	126804.25	194702.25	88916.25	138434.02
	投资收益(万元)	-8.71	1.14	-1.48	-15.78
	净利润(万元)	10472.03	18443.63	9881.67	13287.23
	利润总额(万元)	12688.39	20933.91	11235.04	15281.71

山东省章丘鼓风机股份有限公司

公司概况	公司名称	山东省章丘鼓风机股份有限公司			证券简称	山东章鼓
	法人代表	方润刚	董秘	方树鹏	证券代码	002598
	公司网址	www.blower.cn		电子信箱	sdzg@blower.cn	
	电　　话	0531-83250020		传　　真	0531-83250085	
	办公地址	山东省章丘市明水经济开发区世纪大道东首				
	经营范围	罗茨鼓风机(罗茨真空泵)及离心鼓风机的研发、制造、销售等				

主要财务指标	指标\报告期	2012.06.30	2011.12.31	2011.06.30	2010.12.31
	基本每股收益(元)	0.1320	0.7231	0.1659	0.6396
	基本每股收益(扣除后)(元)	0.1316	0.6433	0.1603	0.6198
	每股净资产(元)	2.0900	2.1600	2.2000	2.0600
	每股经营现金净流量(元)	0.2335	0.3314	0.2306	0.7201
	每股现金流量(元)	0.0254	0.3525	-0.0949	-0.1633
	每股资本公积金(元)	0.6785	2.3570	0.2936	0.3948
	每股盈余公积金(元)	0.0716	0.1431	0.0810	0.1090
	每股未分配利润(元)	0.3432	0.8226	0.5164	0.5627
	净资产收益率(%)	6.3100	14.2380	15.1100	30.9906
	加权净资产收益率(%)	6.0200	22.8000	15.5800	34.1300
	净资产收益率(扣除)(%)	-	-	-	-
	总资产(万元)	89549.37	92715.51	58438.15	55130.90
	归属母公司股东权益(万元)	65256.68	67380.54	25463.09	23939.43
	主营业务收入(万元)	31400.85	62831.18	30516.31	54283.91
	营业收入(万元)	32137.91	64700.20	31348.93	55876.50
	主营成本(万元)	22383.84	45372.61	22827.69	37931.74
	营业成本(万元)	22402.18	45471.10	22845.86	37971.83
	投资收益(万元)	402.38	911.74	432.86	717.37
	净利润(万元)	4116.96	9593.43	3848.68	7418.98
	利润总额(万元)	4775.09	11036.45	4461.65	8634.86

北京盛通印刷股份有限公司

公司概况	公司名称	北京盛通印刷股份有限公司			证券简称	盛通股份
	法人代表	贾春琳	董秘	肖薇	证券代码	002599
	公司网址	www.shengtongprint.com		电子信箱	ir@shengtongprint.com	
	电　　话	010-67871609 67887676		传　　真	010-52249811 67892277	
	办公地址	北京市北京经济技术开发区经海三路 18 号				
	经营范围	出版物印刷、装订等				

主要财务指标	指标\报告期	2012.06.30	2011.12.31	2011.06.30	2010.12.31
	基本每股收益(元)	0.1100	0.3100	0.2200	0.4200
	基本每股收益(扣除后)(元)	0.1100	0.3000	0.2200	0.4100
	每股净资产(元)	4.1700	4.2200	2.4300	2.2100
	每股经营现金净流量(元)	0.2262	0.5697	0.3662	1.1940
	每股现金流量(元)	-0.3395	1.0224	-0.0785	0.1933
	每股资本公积金(元)	2.0576	2.0576	0.0168	0.0168
	每股盈余公积金(元)	0.1222	0.1222	0.1474	0.1256
	每股未分配利润(元)	0.9980	1.0446	1.2679	1.0723
	净资产收益率(%)	2.7100	6.3530	8.9400	19.0721
	加权净资产收益率(%)	2.7000	9.7500	9.3500	21.0200
	净资产收益率(扣除)(%)	-	-	-	-
	总资产(万元)	89825.85	88214.64	60072.53	59353.68
	归属母公司股东权益(万元)	55147.50	55762.25	24077.58	21925.89
	主营业务收入(万元)	24541.95	47388.22	21612.19	44583.22
	营业收入(万元)	24362.36	47975.72	21974.78	44939.04
	主营成本(万元)	19801.70	37641.92	16683.78	35095.84
	营业成本(万元)	19914.88	37837.26	16892.58	35313.58
	投资收益(万元)	4.82	5.97	-	-
	净利润(万元)	1497.24	3542.41	2151.69	4181.72
	利润总额(万元)	2045.33	4778.73	2825.20	5588.88

广东江粉磁材股份有限公司

公司概况	公司名称	广东江粉磁材股份有限公司			证券简称	江粉磁材
	法人代表	汪南东	董秘	周战峰	证券代码	002600
	公司网址	www.jpmf.com.cn		电子信箱	jpmf@jpmf.com.cn	
	电　话	0750-3506077 3506078		传　真	0750-3506111	
	办公地址	广东省江门市龙湾路8号				
	经营范围	永磁铁氧体和软磁铁氧体的研发、生产和销售等				

	指标\报告期	2012.06.30	2011.12.31	2011.06.30	2010.12.31
主要财务指标	基本每股收益(元)	0.1300	0.1800	0.1600	0.3700
	基本每股收益(扣除后)(元)	0.0100	0.1700	0.1500	0.3600
	每股净资产(元)	4.0400	4.0100	2.7900	2.6300
	每股经营现金净流量(元)	-0.1700	-0.1229	-0.1426	0.4442
	每股现金流量(元)	-0.3747	0.9569	-0.1876	0.0508
	每股资本公积金(元)	2.4285	2.4285	1.0560	1.0560
	每股盈余公积金(元)	0.0424	0.0424	0.0429	0.0429
	每股未分配利润(元)	0.5731	0.5428	0.6954	0.5337
	净资产收益率(%)	3.2200	3.8940	5.7900	12.9640
	加权净资产收益率(%)	3.2100	5.5100	5.9600	15.0500
	净资产收益率(扣除)(%)	-	-	-	-
	总资产(万元)	178849.69	167798.92	113960.22	99969.50
	归属母公司股东权益(万元)	128518.22	127555.23	66588.68	62735.69
	主营业务收入(万元)	50330.44	88768.29	41994.52	76209.83
	营业收入(万元)	51120.00	89597.04	42320.07	76924.50
	主营成本(万元)	42701.30	68826.76	31238.05	56034.07
	营业成本(万元)	43401.70	69454.07	31446.24	56568.12
	投资收益(万元)	445.19	640.07	397.94	1675.45
	净利润(万元)	4438.38	6741.93	5331.67	10623.46
	利润总额(万元)	5444.74	7870.09	6184.17	12236.56

河南佰利联化学股份有限公司

公司概况	公司名称	河南佰利联化学股份有限公司			证券简称	佰 利 联
	法人代表	许刚	董秘	郭旭	证券代码	002601
	公司网址	www.billionschem.com		电子信箱	bll002601@163.com	
	电　话	0391-3126666		传　真	0391-3126111	
	办公地址	河南省焦作市中站区焦克路				
	经营范围	从事钛白粉、锆制品和硫酸铝等产品的生产与销售				

	指标\报告期	2012.06.30	2011.12.31	2011.06.30	2010.12.31
主要财务指标	基本每股收益(元)	0.8200	4.4900	1.6800	2.3100
	基本每股收益(扣除后)(元)	0.8100	4.5100	1.6800	2.2100
	每股净资产(元)	22.3900	21.4600	9.0500	5.7000
	每股经营现金净流量(元)	0.0573	-0.3085	1.4790	2.8159
	每股现金流量(元)	0.8676	7.8963	1.8549	0.2702
	每股资本公积金(元)	13.9688	13.9688	1.1270	1.1270
	每股盈余公积金(元)	0.6721	0.6721	0.3922	0.3922
	每股未分配利润(元)	6.7502	5.8143	6.5339	3.1827
	净资产收益率(%)	7.3100	17.8240	37.0200	40.5110
	加权净资产收益率(%)	7.3400	32.5900	45.4300	47.6600
	净资产收益率(扣除)(%)	-	-	-	-
	总资产(万元)	294659.50	275161.88	177432.15	138953.99
	归属母公司股东权益(万元)	210476.88	201678.89	63372.11	39913.23
	主营业务收入(万元)	109945.78	185658.81	104561.32	119649.21
	营业收入(万元)	113337.47	190613.22	107026.96	124700.37
	主营成本(万元)	81704.44	123028.35	65931.66	88606.86
	营业成本(万元)	84111.30	127196.84	67742.43	92504.83
	投资收益(万元)	37.86	72.86	20.00	51.00
	净利润(万元)	15377.99	35947.50	23458.89	16169.29
	利润总额(万元)	18148.83	42180.58	27768.05	18623.36

浙江世纪华通车业股份有限公司

公司概况	公司名称	浙江世纪华通车业股份有限公司			证券简称	世纪华通
	法人代表	王苗通	董秘	严正山	证券代码	002602
	公司网址	www.sjhuatong.com		电子信箱	sjhuatong@sjhuatong.com	
	电　话	0575-82148871		传　真	0575-82208079 82129700	
	办公地址	浙江省上虞市经济开发区北一路				
	经营范围	汽车配件、摩托车配件、精密金属模具制造、加工等				

	指标\报告期	2012.06.30	2011.12.31	2011.06.30	2010.12.31
主要财务指标	基本每股收益(元)	0.2400	0.9500	0.4600	1.2200
	基本每股收益(扣除后)(元)	0.2500	0.9500	0.4600	1.2100
	每股净资产(元)	5.9200	5.8800	3.8400	3.1500
	每股经营现金净流量(元)	0.0558	0.2923	0.0822	0.7398
	每股现金流量(元)	-0.3620	2.7120	-0.2155	0.1352
	每股资本公积金(元)	3.3550	5.5325	0.1648	0.1648
	每股盈余公积金(元)	0.1693	0.2540	0.2337	0.2337
	每股未分配利润(元)	1.3968	2.0316	2.4457	1.7551
	净资产收益率(%)	4.0400	9.1660	19.7400	38.7321
	加权净资产收益率(%)	4.0400	15.8200	19.7400	46.0000
	净资产收益率(扣除)(%)	-	-	-	-
	总资产(万元)	178235.89	171967.22	109169.66	88435.39
	归属母公司股东权益(万元)	155430.89	154317.14	49974.76	40995.90
	主营业务收入(万元)	45199.01	96335.59	50688.01	87901.66
	营业收入(万元)	46662.02	99872.64	52270.24	90798.69
	主营成本(万元)	33275.60	68543.91	34574.64	59884.17
	营业成本(万元)	34439.88	71076.78	35844.66	62045.67
	投资收益(万元)	156.23	258.60	131.49	277.18
	净利润(万元)	6363.75	14144.74	8978.86	15878.56
	利润总额(万元)	7448.76	16394.01	10402.11	18187.38

石家庄以岭药业股份有限公司

公司概况	公司名称	石家庄以岭药业股份有限公司			证券简称	以岭药业
	法人代表	吴以岭	董秘	吴瑞	证券代码	002603
	公司网址	www.yiling.cn		电子信箱	wurui@yiling.cn	
	电　话	0311-85901311		传　真	0311-85901311	
	办公地址	河北省石家庄市高新技术产业开发区天山大街238号				
	经营范围	硬胶囊剂、片剂、颗粒剂、合剂、小容量注射剂的生产等				

	指标\报告期	2012.06.30	2011.12.31	2011.06.30	2010.12.31
主要财务指标	基本每股收益(元)	0.2600	1.1700	0.4900	0.9400
	基本每股收益(扣除后)(元)	0.2500	1.0800	0.4800	0.9200
	每股净资产(元)	6.8800	8.7100	3.5200	3.0300
	每股经营现金净流量(元)	-0.0863	-0.9611	0.0738	0.8325
	每股现金流量(元)	-0.5257	3.6692	-0.1697	0.5340
	每股资本公积金(元)	3.6606	5.0587	0.1627	0.1627
	每股盈余公积金(元)	0.2456	0.3192	0.2793	0.2793
	每股未分配利润(元)	1.9731	2.3315	2.0747	1.5886
	净资产收益率(%)	3.7300	12.2670	13.8200	28.9230
	加权净资产收益率(%)	3.7600	20.4900	14.8500	33.3400
	净资产收益率(扣除)(%)	-	-	-	-
	总资产(万元)	424070.21	422541.73	189288.23	177111.13
	归属母公司股东权益(万元)	380093.44	370164.18	126601.33	109103.43
	主营业务收入(万元)	70239.15	195252.81	88872.30	164138.86
	营业收入(万元)	70277.38	195321.14	88908.54	164932.01
	主营成本(万元)	22241.17	61761.65	29524.83	55162.34
	营业成本(万元)	22259.08	61769.08	29528.40	55470.29
	投资收益(万元)	-	-	-	-
	净利润(万元)	14178.68	45407.11	17497.89	31502.57
	利润总额(万元)	16505.16	53250.38	20685.49	36876.13

山东龙力生物科技股份有限公司

公司概况	公司名称	山东龙力生物科技股份有限公司			证券简称	龙力生物
	法人代表	程少博	董秘	高丽娟	证券代码	002604
	公司网址	www.longlive.cn		电子信箱	lcy@longlive.cn	
	电　　话	0534-7288765		传　　真	0534-7282517 7423575	
	办公地址	山东省禹城市高新技术开发区汉槐街1309号				
	经营范围	玉米、玉米芯收购加工销售业务、其他食品"低聚木糖"、饲料添加剂低聚木糖等				

主要财务指标	指标\报告期	2012.06.30	2011.12.31	2011.06.30	2010.12.31
	基本每股收益(元)	0.2300	0.5400	0.3400	0.6500
	基本每股收益(扣除后)(元)	0.2100	0.4900	0.3100	0.6000
	每股净资产(元)	9.0400	8.8500	4.9000	4.5400
	每股经营现金净流量(元)	0.3954	1.0563	0.6836	1.2439
	每股现金流量(元)	0.2335	4.9834	-0.1315	-0.7669
	每股资本公积金(元)	6.5079	6.5131	2.3858	2.3858
	每股盈余公积金(元)	-	0.1440	0.1260	0.1260
	每股未分配利润(元)	-	1.1680	1.3479	1.0105
	净资产收益率(%)	2.5800	5.1920	6.8900	14.3010
	加权净资产收益率(%)	2.6100	8.0400	7.1500	15.4500
	净资产收益率(扣除)(%)	-	-	-	-
	总资产(万元)	207199.88	211664.49	115537.66	117074.25
	归属母公司股东权益(万元)	168594.27	164991.26	68441.24	63457.96
	主营业务收入(万元)	54289.61	123146.42	62054.66	106159.94
	营业收入(万元)	54381.35	123256.11	62067.94	106381.82
	主营成本(万元)	43525.91	98908.20	49631.65	82222.79
	营业成本(万元)	43525.91	98908.20	49631.65	82251.02
	投资收益(万元)	194.36	-	-	-
	净利润(万元)	4345.90	8566.89	4715.94	9109.06
	利润总额(万元)	5082.60	10109.35	5640.24	10771.30

上海姚记扑克股份有限公司

公司概况	公司名称	上海姚记扑克股份有限公司			证券简称	姚记扑克
	法人代表	姚文琛	董秘	唐霞芝(代)	证券代码	002605
	公司网址	www.yaojipoker.com		电子信箱	secretarybd@yaojipoker.com	
	电　　话	021-69595008		传　　真	021-69595008	
	办公地址	上海市嘉定区黄渡镇曹安路4218号				
	经营范围	主要从事各类扑克牌的设计、生产和销售等				

主要财务指标	指标\报告期	2012.06.30	2011.12.31	2011.06.30	2010.12.31
	基本每股收益(元)	0.4900	0.9100	0.5400	1.0200
	基本每股收益(扣除后)(元)	0.4500	0.8800	0.5100	0.8900
	每股净资产(元)	7.9300	8.0900	4.0300	4.0600
	每股经营现金净流量(元)	0.9620	1.0758	1.2571	1.0083
	每股现金流量(元)	0.6115	2.9091	0.3735	-0.0026
	每股资本公积金(元)	4.7293	4.7293	0.3721	0.3721
	每股盈余公积金(元)	0.2201	0.2201	0.2199	0.2199
	每股未分配利润(元)	1.9773	2.1446	2.4406	2.4723
	净资产收益率(%)	6.2200	9.5860	13.3500	24.9760
	加权净资产收益率(%)	6.0700	15.4100	13.6100	28.5400
	净资产收益率(扣除)(%)	-	-	-	-
	总资产(万元)	103796.42	88850.00	68090.50	68042.12
	归属母公司股东权益(万元)	74114.00	75678.54	28227.76	28450.25
	主营业务收入(万元)	31037.36	62099.16	30348.21	56620.73
	营业收入(万元)	31353.18	65494.58	30510.66	56679.38
	主营成本(万元)	24180.75	49144.73	24085.19	45136.87
	营业成本(万元)	24251.23	52101.99	24098.68	45136.91
	投资收益(万元)	-	-	-	3.27
	净利润(万元)	4602.46	7254.44	3767.52	7105.72
	利润总额(万元)	6143.19	9759.89	5059.81	9441.53

大连电瓷集团股份有限公司

公司概况	公司名称	大连电瓷集团股份有限公司			证券简称	大连电瓷
	法人代表	刘桂雪	董秘	熊若刚	证券代码	002606
	公司网址	www.insulators.cn		电子信箱	zqb@insulators.cn	
	电　　话	0411-84305686 62272888		传　　真	0411-84337907 84305686	
	办公地址	辽宁省大连市经济技术开发区双D港辽河东路88号				
	经营范围	高压电瓷、避雷器、互感器、开关、合成绝缘子、高压线性电阻片、工业陶瓷等				

主要财务指标	指标\报告期	2012.06.30	2011.12.31	2011.06.30	2010.12.31
	基本每股收益(元)	-0.0014	0.6500	0.2800	0.9900
	基本每股收益(扣除后)(元)	-	0.4400	0.2100	0.5800
	每股净资产(元)	3.4100	6.9300	3.5500	3.2700
	每股经营现金净流量(元)	-	0.0742	0.2087	-0.2285
	每股现金流量(元)	-	1.7825	-0.2251	0.3385
	每股资本公积金(元)	1.5194	3.9415	0.3401	0.3401
	每股盈余公积金(元)	-	0.1663	0.1576	0.1576
	每股未分配利润(元)	-	1.8198	2.0544	1.7706
	净资产收益率(%)	-	7.7930	7.9900	30.2989
	加权净资产收益率(%)	-0.0200	13.3900	8.3200	35.1800
	净资产收益率(扣除)(%)	-	-	-	-
	总资产(万元)	-	128585.40	97993.17	93594.66
	归属母公司股东权益(万元)	68231.35	69275.19	26641.13	24512.60
	主营业务收入(万元)	28824.62	64895.06	21492.55	59267.22
	营业收入(万元)	28830.89	65094.62	24008.12	59440.52
	主营成本(万元)	21528.42	44244.75	15403.67	38225.74
	营业成本(万元)	-	44287.01	15422.39	38321.03
	投资收益(万元)	-	-	-	-69.92
	净利润(万元)	-	5353.71	2127.71	7454.00
	利润总额(万元)	-114.80	6221.51	2471.29	8388.15

芜湖亚夏汽车股份有限公司

公司概况	公司名称	芜湖亚夏汽车股份有限公司			证券简称	亚夏汽车
	法人代表	周夏耘	董秘	李林	证券代码	002607
	公司网址	www.yaxia.net		电子信箱	board@yaxia.com	
	电　　话	0553-2871309 2876077		传　　真	0553-2876077	
	办公地址	安徽省芜湖市鸠江区弋江北路花塘村亚夏汽车城				
	经营范围	品牌轿车及其配件销售、维修、装潢、美容、信息咨询服务、品牌轿车二手车销售				

主要财务指标	指标\报告期	2012.06.30	2011.12.31	2011.06.30	2010.12.31
	基本每股收益(元)	0.3000	1.2400	0.3800	1.1400
	基本每股收益(扣除后)(元)	0.2100	1.2400	0.3800	1.1200
	每股净资产(元)	4.7000	9.1000	4.7700	4.0100
	每股经营现金净流量(元)	-0.9464	-0.3079	-1.4025	2.6718
	每股现金流量(元)	-0.8788	1.8533	0.1578	1.4807
	每股资本公积金(元)	2.1680	5.3359	0.6970	0.6970
	每股盈余公积金(元)	0.1400	0.2800	0.2445	0.2445
	每股未分配利润(元)	1.3966	2.4850	2.8306	2.0692
	净资产收益率(%)	6.4600	11.3153	15.9600	28.5250
	加权净资产收益率(%)	6.4700	19.7600	17.3400	32.6500
	净资产收益率(扣除)(%)	-	-	-	-
	总资产(万元)	182669.49	166348.82	131328.72	103786.48
	归属母公司股东权益(万元)	82800.50	80088.40	31495.95	26470.51
	主营业务收入(万元)	187554.17	356203.36	164853.17	303107.34
	营业收入(万元)	188409.09	357785.55	165397.71	303917.96
	主营成本(万元)	173893.65	327571.06	150679.33	281570.63
	营业成本(万元)	173921.35	327776.13	150715.67	281892.93
	投资收益(万元)	0.35	0.05	-	-0.17
	净利润(万元)	5352.10	9062.22	5025.45	7574.80
	利润总额(万元)	7148.52	12617.95	6819.87	10114.37

江苏舜天船舶股份有限公司

公司概况

公司名称	江苏舜天船舶股份有限公司			证券简称	舜天船舶
法人代表	王军民	董秘	冯琪	证券代码	002608
公司网址	www.saintymarine.com.cn		电子信箱	info@saintymarine.com.cn	
电　　话	025-52876100		传　　真	025-52251600-6100 52871600	
办公地址	江苏省南京市雨花台区软件大道 21 号				
经营范围	远洋支线机动船舶建造业务和非机动船舶建造业务等				

主要财务指标

指标\报告期	2012.06.30	2011.12.31	2011.06.30	2010.12.31
基本每股收益(元)	0.2500	1.5100	1.1500	2.0100
基本每股收益(扣除后)(元)	0.1700	1.4500	1.0900	1.8800
每股净资产(元)	13.7100	13.4600	10.3200	9.3800
每股经营现金净流量(元)	-0.3270	-1.1242	1.5613	0.0234
每股现金流量(元)	0.1584	1.2188	2.4025	-0.6943
每股资本公积金(元)	5.0869	5.0869	-	-
每股盈余公积金(元)	0.2974	0.2974	0.3537	0.3537
每股未分配利润(元)	7.3260	7.0731	8.9634	8.0278
净资产收益率(%)	1.8400	9.3316	11.1000	21.4146
加权净资产收益率(%)	1.8600	13.4700	11.5900	23.7900
净资产收益率(扣除)(%)	-	-	-	-
总资产(万元)	547021.09	476394.80	459119.06	406044.78
归属母公司股东权益(万元)	201556.89	197823.52	113506.15	103201.47
主营业务收入(万元)	90796.87	248221.61	139074.37	300348.12
营业收入(万元)	109373.33	260097.99	142080.52	308150.97
主营成本(万元)	81318.17	215983.77	119696.28	268827.09
营业成本(万元)	99232.74	227288.61	122557.02	276395.94
投资收益(万元)	720.99	660.87	-	10.06
净利润(万元)	3683.88	18445.99	12548.24	22090.00
利润总额(万元)	4483.48	23136.07	15558.32	26533.64

深圳市捷顺科技实业股份有限公司

公司概况

公司名称	深圳市捷顺科技实业股份有限公司			证券简称	捷顺科技
法人代表	唐健	董秘	张磊	证券代码	002609
公司网址	www.jieshun.cn		电子信箱	stock@jieshun.cn	
电　　话	0755-83112382		传　　真	0755-83112288-8828	
办公地址	广东省深圳市福田区梅林路捷顺大厦				
经营范围	智能卡、计算机软件的技术开发、机电一体化产品、电控自动大门等				

主要财务指标

指标\报告期	2012.06.30	2011.12.31	2011.06.30	2010.12.31
基本每股收益(元)	0.1633	0.4319	0.1925	0.5797
基本每股收益(扣除后)(元)	0.1611	0.4216	0.1856	0.5508
每股净资产(元)	5.0800	5.2100	2.2800	2.0891
每股经营现金净流量(元)	-0.2661	0.0484	-0.5916	0.5431
每股现金流量(元)	-0.6238	3.0569	-0.6671	0.1096
每股资本公积金(元)	3.0784	3.0784	0.0491	0.0491
每股盈余公积金(元)	0.1722	0.1722	0.1821	0.1821
每股未分配利润(元)	0.8272	0.9639	1.0504	0.8579
净资产收益率(%)	3.1700	6.8860	8.8100	27.7470
加权净资产收益率(%)	3.1700	12.6500	8.8100	30.6000
净资产收益率(扣除)(%)	-	-	-	-
总资产(万元)	69131.34	73865.26	28482.39	29013.99
归属母公司股东权益(万元)	60249.33	61871.41	20226.57	18520.42
主营业务收入(万元)	14609.57	36225.34	13302.90	29308.05
营业收入(万元)	15753.80	38318.15	14104.82	30980.52
主营成本(万元)	7596.01	19859.82	7025.68	14813.79
营业成本(万元)	7718.74	20110.36	7127.60	14979.29
投资收益(万元)	-	-	-	-
净利润(万元)	1937.49	4260.56	1706.15	5138.85
利润总额(万元)	2280.34	5058.95	2011.46	6083.10

江苏爱康太阳能科技股份有限公司

公司概况

公司名称	江苏爱康太阳能科技股份有限公司			证券简称	爱康科技
法人代表	邹承慧	董秘	季海瑜	证券代码	002610
公司网址	www.akcome.com		电子信箱	zhengquanbu@akcome.com	
电　　话	0512-35060850		传　　真	0512-35060943	
办公地址	江苏省张家港市经济开发区金塘路				
经营范围	研究、开发、生产、加工太阳能器材专用高档五金件、太阳能发电安装系统等				

主要财务指标

指标\报告期	2012.06.30	2011.12.31	2011.06.30	2010.12.31
基本每股收益(元)	-0.1200	1.1800	0.8400	0.7400
基本每股收益(扣除后)(元)	-0.1300	0.2700	0.1900	0.7800
每股净资产(元)	4.1600	6.9400	3.8908	2.8800
每股经营现金净流量(元)	-1.3000	-1.2673	0.1938	0.3826
每股现金流量(元)	-1.7755	3.4871	0.7061	0.4728
每股资本公积金(元)	2.7461	4.6386	1.4605	1.4605
每股盈余公积金(元)	0.1079	0.1618	0.0715	0.0715
每股未分配利润(元)	0.3042	1.1382	1.3589	0.3467
净资产收益率(%)	-2.9200	14.2150	13.6300	23.4987
加权净资产收益率(%)	-2.6600	25.1800	33.2600	35.4100
净资产收益率(扣除)(%)	-	-	-	-
总资产(万元)	281774.73	271101.10	150714.97	86622.02
归属母公司股东权益(万元)	124743.96	138771.39	58362.64	43179.89
主营业务收入(万元)	53313.26	146377.34	67109.59	120105.00
营业收入(万元)	57031.72	152411.40	69776.02	124795.47
主营成本(万元)	47459.79	120641.05	54492.86	97019.09
营业成本(万元)	52536.04	129495.64	57992.51	103421.76
投资收益(万元)	544.17	18107.81	17059.41	1599.58
净利润(万元)	-3688.65	19504.30	18815.66	10000.41
利润总额(万元)	-3684.27	21973.27	20961.89	11089.55

广东东方精工科技股份有限公司

公司概况

公司名称	广东东方精工科技股份有限公司			证券简称	东方精工
法人代表	唐灼林	董秘	邱业致	证券代码	002611
公司网址	www.vmtdf.com		电子信箱	securities@vmtdf.com	
电　　话	0757-86695489		传　　真	0757-81098937	
办公地址	广东省佛山市南海区狮山大道北段				
经营范围	加工、制造、销售:纸箱印刷机及配件、通用机械及配件货物进出口等				

主要财务指标

指标\报告期	2012.06.30	2011.12.31	2011.06.30	2010.12.31
基本每股收益(元)	0.2200	0.6700	0.2600	0.4200
基本每股收益(扣除后)(元)	0.2000	0.6000	0.2500	0.4100
每股净资产(元)	4.1600	5.2300	1.7400	1.4000
每股经营现金净流量(元)	-0.0102	0.4296	0.1491	0.5225
每股现金流量(元)	-0.1511	3.7384	0.0387	0.0309
每股资本公积金(元)	2.4197	3.4456	0.1039	0.1039
每股盈余公积金(元)	0.0609	0.0791	0.0302	0.0302
每股未分配利润(元)	0.6815	0.7062	0.6020	0.2685
净资产收益率(%)	5.1700	10.7310	4.7800	29.9490
加权净资产收益率(%)	5.2000	22.1100	21.2500	36.3900
净资产收益率(扣除)(%)	-	-	-	-
总资产(万元)	81355.78	81038.23	30489.31	26262.59
归属母公司股东权益(万元)	73584.74	71139.65	17707.99	14305.88
主营业务收入(万元)	16831.28	35934.02	17183.78	27111.26
营业收入(万元)	16951.65	36122.07	17257.09	27204.43
主营成本(万元)	10821.93	23504.04	11187.57	18180.99
营业成本(万元)	10821.93	23504.04	11187.57	18180.99
投资收益(万元)	-	-	-	-
净利润(万元)	3781.74	7585.59	3375.98	4253.04
利润总额(万元)	4533.18	8885.54	3994.37	5180.41

朗姿股份有限公司

公司概况	公司名称	朗姿股份有限公司		证券简称	朗姿股份
	法人代表	申东日	董秘 黄国雄	证券代码	002612
	公司网址	www.lancygroup.com		电子信箱	huangguoxiong@lancygroup.com
	电　话	010-82281088		传　真	010-82281011
	办公地址	北京市西城区裕民路18号北环中心A座25层			
	经营范围	品牌女装的设计、生产与销售			

主要财务指标	指标\报告期	2012.06.30	2011.12.31	2011.06.30	2010.12.31
	基本每股收益(元)	0.7100	1.2500	0.6400	0.8300
	基本每股收益(扣除后)(元)	0.6900	1.2500	0.6400	0.8200
	每股净资产(元)	10.8100	10.6900	2.4500	1.8100
	每股经营现金净流量(元)	0.0294	0.3233	0.3487	1.0480
	每股现金流量(元)	0.2467	0.0692	−0.1543	0.1424
	每股资本公积金(元)	8.1096	8.1017	0.0852	0.0852
	每股盈余公积金(元)	0.0896	0.0896	0.0007	0.0006
	每股未分配利润(元)	1.6101	1.4981	1.3665	0.7253
	净资产收益率(%)	6.5900	9.7610	26.1400	45.3580
	加权净资产收益率(%)	6.5600	22.4700	30.0700	57.0100
	净资产收益率(扣除)(%)	–	–	–	–
	总资产(万元)	238326.39	238796.53	48578.81	42131.73
	归属母公司股东权益(万元)	216170.49	213766.93	36802.48	27180.64
	主营业务收入(万元)	54640.68	83623.31	43212.29	55914.62
	营业收入(万元)	54640.68	83623.31	43212.29	55914.62
	主营成本(万元)	20650.17	33481.98	17836.43	24204.28
	营业成本(万元)	20650.17	33481.98	17836.43	24204.28
	投资收益(万元)	–	3.06	0.76	–
	净利润(万元)	14239.37	20866.08	9619.61	15211.76
	利润总额(万元)	17147.62	24744.09	11367.14	17636.75

洛阳北方玻璃技术股份有限公司

公司概况	公司名称	洛阳北方玻璃技术股份有限公司		证券简称	北玻股份
	法人代表	高学明	董秘 常海明	证券代码	002613
	公司网址	www.northglass.com		电子信箱	beibogufen@126.com
	电　话	0379-65110505		传　真	0379-64330181
	办公地址	河南省洛阳市高新区滨河路20号			
	经营范围	研制、开发玻璃深加工设备和技术、玻璃及产品的加工、销售			

主要财务指标	指标\报告期	2012.06.30	2011.12.31	2011.06.30	2010.12.31
	基本每股收益(元)	0.0700	0.4510	0.1700	0.4400
	基本每股收益(扣除后)(元)	0.0600	0.3370	0.1300	0.4000
	每股净资产(元)	3.4800	5.4200	2.8697	2.6200
	每股经营现金净流量(元)	0.1796	0.2255	0.1684	0.3050
	每股现金流量(元)	−0.1046	3.0127	0.0608	−0.5031
	每股资本公积金(元)	1.8902	2.8354	0.0130	0.0130
	每股盈余公积金(元)	0.1312	0.1968	0.2317	0.2317
	每股未分配利润(元)	0.4549	1.3839	1.6250	1.3769
	净资产收益率(%)	1.8900	6.9390	8.6500	16.9220
	加权净资产收益率(%)	1.8000	11.8300	9.0400	18.4900
	净资产收益率(扣除)(%)	–	–	–	–
	总资产(万元)	181008.57	179323.15	97244.94	89556.62
	归属母公司股东权益(万元)	139227.39	144609.71	57393.06	52431.10
	主营业务收入(万元)	31907.87	82034.84	39788.58	75068.75
	营业收入(万元)	32682.02	85504.13	41141.02	77953.61
	主营成本(万元)	23363.48	57904.70	27818.91	51319.29
	营业成本(万元)	23833.04	59136.03	28286.86	52300.31
	投资收益(万元)	–	–	–	0.56
	净利润(万元)	2460.58	10692.32	5302.10	9678.49
	利润总额(万元)	2902.00	12284.44	6386.55	11337.23

厦门蒙发利科技(集团)股份有限公司

公司概况	公司名称	厦门蒙发利科技(集团)股份有限公司		证券简称	蒙发利
	法人代表	邹剑寒	董秘 李巧巧	证券代码	002614
	公司网址	www.easepal.com.cn		电子信箱	stock@easepal.com.cn
	电　话	0592-5569658 3795740		传　真	0592-3795724
	办公地址	福建省厦门市思明区前埔路168号(五楼)			
	经营范围	从事各类按摩器具的设计、研发、生产和销售工作			

主要财务指标	指标\报告期	2012.06.30	2011.12.31	2011.06.30	2010.12.31
	基本每股收益(元)	0.0200	1.4200	0.2000	1.7000
	基本每股收益(扣除后)(元)	0.0600	1.3300	0.1200	1.5200
	每股净资产(元)	8.2000	16.7600	4.8200	4.4200
	每股经营现金净流量(元)	−0.2897	−0.5814	−0.7975	1.6228
	每股现金流量(元)	−1.0269	2.9132	−1.0797	−0.3612
	每股资本公积金(元)	5.5804	12.1609	0.1590	0.1546
	每股盈余公积金(元)	0.0811	0.1622	0.1877	0.1877
	每股未分配利润(元)	1.5382	3.4372	3.4757	3.0732
	净资产收益率(%)	0.2400	6.8840	8.3400	38.5100
	加权净资产收益率(%)	0.2400	16.5600	8.7100	40.5800
	净资产收益率(扣除)(%)	–	–	–	–
	总资产(万元)	239758.70	263278.43	110243.50	105543.53
	归属母公司股东权益(万元)	196788.90	201120.21	43406.06	39749.60
	主营业务收入(万元)	73185.20	181383.17	72558.80	175861.22
	营业收入(万元)	75572.27	188683.96	74563.70	182985.22
	主营成本(万元)	60615.77	145798.33	60087.61	140240.98
	营业成本(万元)	62572.01	152773.18	61973.38	147064.85
	投资收益(万元)	24.91	–	–	145.10
	净利润(万元)	472.00	13844.09	3621.76	15307.67
	利润总额(万元)	492.39	15921.87	4331.30	17415.51

浙江哈尔斯真空器皿股份有限公司

公司概况	公司名称	浙江哈尔斯真空器皿股份有限公司		证券简称	哈尔斯
	法人代表	吕强	董秘 吕丽珍	证券代码	002615
	公司网址	www.haers.com		电子信箱	zqb@haers.com
	电　话	0579-89295369		传　真	0579-89295392
	办公地址	浙江省永康市经济开发区哈尔斯路1号			
	经营范围	不锈钢真空保温器皿的研发设计、生产与销售			

主要财务指标	指标\报告期	2012.06.30	2011.12.31	2011.06.30	2010.12.31
	基本每股收益(元)	0.2600	0.6800	0.3400	0.6200
	基本每股收益(扣除后)(元)	0.2500	0.6100	0.3100	0.5600
	每股净资产(元)	5.9500	6.0900	2.4000	2.0600
	每股经营现金净流量(元)	−0.1350	0.6748	0.2186	0.7035
	每股现金流量(元)	−0.7753	3.5971	0.0410	0.3432
	每股资本公积金(元)	3.7744	3.7744	0.0423	0.0423
	每股盈余公积金(元)	0.1516	0.1516	0.1288	0.1288
	每股未分配利润(元)	1.0196	1.1627	1.2309	0.8894
	净资产收益率(%)	4.3200	9.0460	14.2200	30.0300
	加权净资产收益率(%)	4.1300	19.5400	15.3100	34.8300
	净资产收益率(扣除)(%)	–	–	–	–
	总资产(万元)	63391.15	67241.38	33440.87	29488.76
	归属母公司股东权益(万元)	54223.88	55529.41	16429.66	14093.42
	主营业务收入(万元)	22217.12	49772.20	22167.04	40243.69
	营业收入(万元)	23000.49	51562.75	23106.14	42222.94
	主营成本(万元)	15142.82	35958.66	16381.19	28820.01
	营业成本(万元)	15916.42	37756.00	17340.42	30771.25
	投资收益(万元)	21.10	292.30	145.61	−9.08
	净利润(万元)	2342.75	5023.11	2336.24	4232.21
	利润总额(万元)	2950.10	5684.69	2681.96	4897.45

广东长青(集团)股份有限公司

公司概况	公司名称	广东长青(集团)股份有限公司		证券简称	长青集团
	法人代表	何启强	董秘 张薄意	证券代码	002616
	公司网址	www.chinachant.com		电子信箱	dmof@chinachant.com
	电　话	0760-22583660		传　真	0760-89829008
	办公地址	广东省中山市小榄工业大道南42号			
	经营范围	工业、农业、生活废弃物、污水、污泥、烟气的治理和循环利用、治污设备的研发、制造、销售等			

主要财务指标	指标\报告期	2012.06.30	2011.12.31	2011.06.30	2010.12.31
	基本每股收益(元)	0.1200	0.6650	0.2700	0.6098
	基本每股收益(扣除后)(元)	0.0800	0.5590	0.2100	0.4940
	每股净资产(元)	7.0000	7.0200	3.3840	3.1200
	每股经营现金净流量(元)	-0.6793	0.5167	-0.0343	1.1305
	每股现金流量(元)	-1.0989	1.9102	0.2583	0.1426
	每股资本公积金(元)	3.9795	4.0090	0.1505	0.1505
	每股盈余公积金(元)	0.1014	0.1014	0.0956	0.0956
	每股未分配利润(元)	1.9401	1.9190	2.1444	1.8773
	净资产收益率(%)	1.7300	7.6990	7.8900	19.5450
	加权净资产收益率(%)	1.7200	14.8300	8.2100	21.6600
	净资产收益率(扣除)(%)	-	-	-	-
	总资产(万元)	177362.17	170802.43	139734.22	112705.01
	归属母公司股东权益(万元)	103657.66	103940.26	37561.95	34629.27
	主营业务收入(万元)	44642.87	117131.45	51760.69	93387.81
	营业收入(万元)	45465.90	118793.39	52608.07	94137.42
	主营成本(万元)	36108.59	94091.96	41212.19	72753.52
	营业成本(万元)	36584.83	94833.94	41637.66	73200.71
	投资收益(万元)	304.99	777.20	-	-
	净利润(万元)	1793.35	9159.48	3365.47	7835.08
	利润总额(万元)	2518.24	10968.78	3963.55	8839.70

露笑科技股份有限公司

公司概况	公司名称	露笑科技股份有限公司		证券简称	露笑科技
	法人代表	鲁小均	董秘 蔡申	证券代码	002617
	公司网址	www.roshowtech.com		电子信箱	roshow@roshowtech.com
	电　话	0575-87061113		传　真	0575-87066818 89009980
	办公地址	浙江省诸暨市店口镇露笑路38号			
	经营范围	电磁线产品的设计、研发、生产及销售等			

主要财务指标	指标\报告期	2012.06.30	2011.12.31	2011.06.30	2010.12.31
	基本每股收益(元)	0.1700	0.5400	0.3900	0.7100
	基本每股收益(扣除后)(元)	0.1700	0.4700	0.4100	0.7200
	每股净资产(元)	7.1800	7.1200	3.8000	3.4000
	每股经营现金净流量(元)	0.9097	-0.5753	0.9407	-1.2665
	每股现金流量(元)	0.0418	2.5235	0.2311	0.6418
	每股资本公积金(元)	4.7860	4.7860	1.2043	1.2043
	每股盈余公积金(元)	0.1211	0.1211	0.1214	0.1214
	每股未分配利润(元)	1.2761	1.2109	1.4711	1.0790
	净资产收益率(%)	2.3000	6.1970	10.3300	18.9960
	加权净资产收益率(%)	2.3100	11.5900	10.8900	25.6700
	净资产收益率(扣除)(%)	-	-	-	-
	总资产(万元)	168174.05	157720.78	131404.27	118525.01
	归属母公司股东权益(万元)	86198.70	85416.46	34170.96	30642.15
	主营业务收入(万元)	126422.34	286296.66	163388.40	269341.63
	营业收入(万元)	126447.86	287067.12	163515.31	269606.08
	主营成本(万元)	118008.54	267094.74	151873.64	252465.00
	营业成本(万元)	118028.70	267734.74	151984.47	252705.03
	投资收益(万元)	-	276.30	-	-
	净利润(万元)	2193.42	5828.32	3828.45	6286.62
	利润总额(万元)	2698.71	6478.37	4241.21	6948.61

深圳丹邦科技股份有限公司

公司概况	公司名称	深圳丹邦科技股份有限公司		证券简称	丹邦科技
	法人代表	刘萍	董秘 凌友娣	证券代码	002618
	公司网址	www.danbang.com		电子信箱	szdbond@danbang.com
	电　话	0755-26511518 26981518		传　真	0755-26981518 518
	办公地址	广东省深圳市南山区高新园朗山一路丹邦科技大楼			
	经营范围	FPC、COF柔性封装基板及COF产品的研发、生产与销售			

主要财务指标	指标\报告期	2012.06.30	2011.12.31	2011.06.30	2010.12.31
	基本每股收益(元)	0.1400	0.4200	0.2000	0.4400
	基本每股收益(扣除后)(元)	0.1300	0.3500	0.1900	0.3700
	每股净资产(元)	5.3100	5.2100	2.5615	2.3600
	每股经营现金净流量(元)	0.2944	0.4810	0.3774	0.8979
	每股现金流量(元)	-0.8986	1.9513	0.0580	-0.2866
	每股资本公积金(元)	3.2434	3.2434	0.5285	0.5285
	每股盈余公积金(元)	0.0994	0.0994	0.0832	0.0832
	每股未分配利润(元)	0.9650	0.8625	0.9490	0.7444
	净资产收益率(%)	2.5900	6.5530	7.9900	18.6238
	加权净资产收益率(%)	2.6100	12.5800	8.3200	20.5500
	净资产收益率(扣除)(%)	-	-	-	-
	总资产(万元)	119949.44	112798.95	71395.15	56469.32
	归属母公司股东权益(万元)	84940.21	83294.95	30737.41	28286.63
	主营业务收入(万元)	11188.95	26656.90	10817.00	20368.09
	营业收入(万元)	11285.89	26910.32	10922.19	20567.36
	主营成本(万元)	5398.79	12443.03	4960.86	9490.23
	营业成本(万元)	5430.63	12510.30	4984.56	9563.84
	投资收益(万元)	-	-	-	-
	净利润(万元)	2199.73	5458.69	2454.42	5268.05
	利润总额(万元)	2545.55	6358.86	2877.37	5738.89

浙江巨龙管业股份有限公司

公司概况	公司名称	浙江巨龙管业股份有限公司		证券简称	巨龙管业
	法人代表	吕仁高	董秘 郑亮	证券代码	002619
	公司网址	www.zjjlgy.com		电子信箱	zjjlgy@163.com
	电　话	0579-82201396 82200256		传　真	0579-82201396
	办公地址	浙江省金华市婺城新区临江工业园区(白龙桥镇湖家)			
	经营范围	从事包括PCCP、PCP、RCP、自应力管在内的混凝土输水管道的研发、生产和销售等			

主要财务指标	指标\报告期	2012.06.30	2011.12.31	2011.06.30	2010.12.31
	基本每股收益(元)	0.0900	0.6700	0.2500	0.7100
	基本每股收益(扣除后)(元)	0.0700	0.5600	0.1900	0.6300
	每股净资产(元)	4.9600	6.4500	3.2798	3.0300
	每股经营现金净流量(元)	-0.5794	-0.3317	-0.4429	0.5405
	每股现金流量(元)	-1.0550	1.8126	-0.4043	-0.0098
	每股资本公积金(元)	2.8631	4.0221	0.8423	0.8423
	每股盈余公积金(元)	0.0958	0.1246	0.1065	0.1065
	每股未分配利润(元)	0.9012	1.3045	1.3309	1.0778
	净资产收益率(%)	1.8200	8.4075	7.7200	23.5010
	加权净资产收益率(%)	1.8000	15.7300	8.0300	26.6300
	净资产收益率(扣除)(%)	-	-	-	-
	总资产(万元)	76285.21	81439.33	53286.48	49833.88
	归属母公司股东权益(万元)	59075.75	60318.24	22958.62	21186.86
	主营业务收入(万元)	12381.28	34406.14	13571.86	31967.48
	营业收入(万元)	12490.46	34519.04	13624.58	32086.16
	主营成本(万元)	8132.86	21464.02	8425.31	19157.05
	营业成本(万元)	8136.03	21517.26	8450.36	19208.42
	投资收益(万元)	16.40	-	-	-
	净利润(万元)	1095.01	5071.23	1771.76	4979.12
	利润总额(万元)	1384.28	5904.92	2102.57	5909.22

深圳瑞和建筑装饰股份有限公司

公司概况						
公司名称	深圳瑞和建筑装饰股份有限公司			证券简称	瑞和股份	
法人代表	李介平	董秘	陈玉辉	证券代码	002620	
公司网址	www.sz-ruihe.com		电子信箱	chenyuhui@sz-ruihe.com		
电话	0755-83972755 83345785		传真	0755-83768373 83972755		
办公地址	广东省深圳市福田区华强北路赛格科技园4栋西十楼A座					
经营范围	特种流璃沙涂料系列产品的生产、加工、销售等					

主要财务指标：指标\报告期	2012.06.30	2011.12.31	2011.06.30	2010.12.31
基本每股收益(元)	0.5700	1.0500	0.5400	1.0100
基本每股收益(扣除后)(元)	0.4700	0.9800	0.4900	1.0000
每股净资产(元)	10.8800	10.3600	3.8200	3.2800
每股经营现金净流量(元)	-0.3992	0.3296	-0.2828	1.2134
每股现金流量(元)	-1.0804	3.4355	-0.4126	1.0603
每股资本公积金(元)	7.5343	7.5343	1.0206	1.0206
每股盈余公积金(元)	0.1819	0.1819	0.1284	0.1284
每股未分配利润(元)	2.0593	1.6134	1.6706	1.1266
净资产收益率(%)	5.2000	8.2410	14.2400	30.6860
加权净资产收益率(%)	5.3100	18.3500	15.3300	36.2500
净资产收益率(扣除)(%)	-	-	-	-
总资产(万元)	174045.37	152423.58	74290.55	61875.54
归属母公司股东权益(万元)	87019.54	82902.39	22917.82	19653.87
主营业务收入(万元)	72678.22	-	60230.14	-
营业收入(万元)	72687.26	131371.20	60242.09	101216.79
主营成本(万元)	62582.34	-	52328.66	-
营业成本(万元)	62582.85	113104.50	52329.81	87993.03
投资收益(万元)	-	-	-	-
净利润(万元)	4527.50	6831.81	3263.95	6031.02
利润总额(万元)	6036.67	9073.61	4307.40	7808.13

大连三垒机器股份有限公司

公司概况						
公司名称	大连三垒机器股份有限公司			证券简称	大连三垒	
法人代表	俞建模	董秘	代辉	证券代码	002621	
公司网址	www.slsj.com.cn		电子信箱	franklin77@163.com		
电话	0411-84793300		传真	0411-84791610		
办公地址	辽宁省大连市高新技术产业园区七贤岭爱贤街33号					
经营范围	精密成型技术开发及其设备的制造、先进模具设计、开发、制造及其设备的制造					

主要财务指标：指标\报告期	2012.06.30	2011.12.31	2011.06.30	2010.12.31
基本每股收益(元)	0.2900	1.0800	0.6600	0.9400
基本每股收益(扣除后)(元)	0.2900	0.8800	0.6400	0.8700
每股净资产(元)	6.4400	9.5000	4.6000	4.0100
每股经营现金净流量(元)	0.3084	0.6505	0.7118	1.3679
每股现金流量(元)	0.0477	5.8859	0.3692	-0.2310
每股资本公积金(元)	3.8863	6.3295	1.2205	1.2205
每股盈余公积金(元)	0.1497	0.2245	0.1876	0.1876
每股未分配利润(元)	1.4085	1.9467	2.1930	1.5999
净资产收益率(%)	3.2700	9.2680	15.2200	23.4240
加权净资产收益率(%)	3.3000	25.5500	15.2200	26.4700
净资产收益率(扣除)(%)	-	-	-	-
总资产(万元)	101182.41	99894.03	41506.00	37935.15
归属母公司股东权益(万元)	96668.18	95007.08	34508.31	30060.20
主营业务收入(万元)	9493.95	23653.29	13699.68	21554.17
营业收入(万元)	9587.31	23949.14	13811.67	21791.19
主营成本(万元)	4563.43	12469.29	6994.14	10877.44
营业成本(万元)	4598.83	12647.14	7069.89	10935.93
投资收益(万元)	-	-	-	-38.99
净利润(万元)	3191.44	8906.77	5012.05	7137.82
利润总额(万元)	3827.27	10558.77	5946.13	8409.63

吉林永大集团股份有限公司

公司概况						
公司名称	吉林永大集团股份有限公司			证券简称	永大集团	
法人代表	吕永祥	董秘	李东	证券代码	002622	
公司网址	www.jlydjt.com		电子信箱	ydjt_security@jlydjt.com		
电话	0432-64602099		传真	0432-64602099 64602198		
办公地址	吉林省吉林市高新区吉林大街45-1号					
经营范围	研发、生产和销售各种规格的永磁开关产品					

主要财务指标：指标\报告期	2012.06.30	2011.12.31	2011.06.30	2010.12.31
基本每股收益(元)	0.1800	0.7700	0.2300	0.7400
基本每股收益(扣除后)(元)	0.1800	0.7100	0.2200	0.7400
每股净资产(元)	7.4000	7.5200	2.9813	2.7600
每股经营现金净流量(元)	0.2345	0.4935	0.0507	0.8492
每股现金流量(元)	-0.3881	0.3886	-0.3861	0.3856
每股资本公积金(元)	4.6041	4.6041	0.0072	0.0072
每股盈余公积金(元)	0.1013	0.0680	0.0809	0.0562
每股未分配利润(元)	1.6948	1.8489	1.8933	1.6924
净资产收益率(%)	2.4200	8.1270	7.5600	26.7750
加权净资产收益率(%)	2.3700	19.2700	7.8600	28.7600
净资产收益率(扣除)(%)	-	-	-	-
总资产(万元)	118114.86	119492.17	44501.47	45501.48
归属母公司股东权益(万元)	111003.23	112815.43	33390.75	30865.29
主营业务收入(万元)	9976.69	36520.02	13164.76	39411.60
营业收入(万元)	9979.71	36538.87	13166.60	41252.87
主营成本(万元)	4607.66	18376.46	6033.39	21776.55
营业成本(万元)	4609.99	18394.42	6034.85	23253.29
投资收益(万元)	-	-	-	-
净利润(万元)	2687.80	9168.63	2525.47	8264.08
利润总额(万元)	3321.57	10556.28	3281.67	9518.75

常州亚玛顿股份有限公司

公司概况						
公司名称	常州亚玛顿股份有限公司			证券简称	亚玛顿	
法人代表	林金锡	董秘	刘芹	证券代码	002623	
公司网址	www.czamd.com		电子信箱	amd@czamd.com		
电话	0519-88880015		传真	0519-88880017		
办公地址	江苏省常州市天宁区青龙东路639号					
经营范围	生产经营太阳能用镀膜导电玻璃和常压及真空镀膜玻璃产品等					

主要财务指标：指标\报告期	2012.06.30	2011.12.31	2011.06.30	2010.12.31
基本每股收益(元)	0.4300	1.6400	0.7900	1.8200
基本每股收益(扣除后)(元)	0.4300	1.6100	0.7700	1.7900
每股净资产(元)	12.9000	12.4700	3.4000	2.6100
每股经营现金净流量(元)	0.1916	0.7203	0.6284	1.3061
每股现金流量(元)	-0.6493	7.8072	0.0399	0.6413
每股资本公积金(元)	9.2920	9.2920	0.4837	0.4837
每股盈余公积金(元)	0.2180	0.2180	0.1127	0.1127
每股未分配利润(元)	2.3920	1.9617	1.8025	1.0145
净资产收益率(%)	3.3400	10.6980	23.1800	69.6380
加权净资产收益率(%)	3.3900	27.1200	26.2200	93.5500
净资产收益率(扣除)(%)	-	-	-	-
总资产(万元)	228901.76	210402.32	58980.39	49682.09
归属母公司股东权益(万元)	206431.82	199547.05	40787.07	31331.18
主营业务收入(万元)	35816.62	57588.07	26378.96	59408.20
营业收入(万元)	35873.88	57881.21	26435.27	59517.25
主营成本(万元)	25661.54	26912.67	12281.22	26073.66
营业成本(万元)	25661.54	26912.67	12281.22	26073.66
投资收益(万元)	-	-	-	-
净利润(万元)	6884.77	21347.87	9455.88	21818.38
利润总额(万元)	8099.72	25035.08	11135.21	26659.94

浙江金磊高温材料股份有限公司

公司概况	公司名称	浙江金磊高温材料股份有限公司		证券简称	金磊股份
	法人代表	陈根财	董秘 魏松	证券代码	002624
	公司网址	www.jinlei.com		电子信箱	cmh@jinlei.com
	电　　话	0572-8409712		传　　真	0572-8409677
	办公地址	浙江省湖州市德清县钟管镇龙山路117号			
	经营范围	炉外精炼用耐火材料的研发、生产和销售			

主要财务指标	指标\报告期	2012.06.30	2011.12.31	2011.06.30	2010.12.31
	基本每股收益(元)	0.1000	0.6800	0.4800	0.6800
	基本每股收益(扣除后)(元)	0.0800	0.5800	0.3700	0.6600
	每股净资产(元)	2.4100	4.8600	2.9900	2.5100
	每股经营现金净流量(元)	0.0831	0.1579	0.2943	0.3995
	每股现金流量(元)	−0.2548	1.9880	−0.1072	−0.3299
	每股资本公积金(元)	0.9071	2.8142	0.8347	0.8347
	每股盈余公积金(元)	0.0524	0.1048	0.0675	0.0675
	每股未分配利润(元)	0.4461	0.9432	1.0852	0.6076
	净资产收益率(%)	4.1400	11.1410	7.3700	26.9000
	加权净资产收益率(%)	4.0100	21.1600	17.3800	31.0800
	净资产收益率(扣除)(%)	–	–	–	–
	总资产(万元)	70062.64	70096.07	43330.16	35013.79
	归属母公司股东权益(万元)	48111.87	48622.11	22405.68	18823.54
	主营业务收入(万元)	17939.99	41895.00	22136.16	36332.68
	营业收入(万元)	18003.82	42204.90	22269.24	36496.52
	主营成本(万元)	12660.51	28305.87	15007.15	23436.11
	营业成本(万元)	12716.37	28560.76	15119.36	23548.62
	投资收益(万元)	202.95	92.86	92.86	30.90
	净利润(万元)	1989.76	5417.11	3582.14	5063.44
	利润总额(万元)	2328.11	6377.88	4204.57	5973.61

浙江龙生汽车部件股份有限公司

公司概况	公司名称	浙江龙生汽车部件股份有限公司		证券简称	龙生股份
	法人代表	俞龙生	董秘 贾坤	证券代码	002625
	公司网址	www.longsheng988.com		电子信箱	longsheng@longsheng988.com
	电　　话	0571-64662918		传　　真	0571-64651988
	办公地址	浙江省杭州市桐庐县富春江镇机械工业区			
	经营范围	从事汽车座椅功能件及其他金属零部件的研发、生产和销售			

主要财务指标	指标\报告期	2012.06.30	2011.12.31	2011.06.30	2010.12.31
	基本每股收益(元)	0.2500	0.7000	0.3800	0.7200
	基本每股收益(扣除后)(元)	0.2300	0.5700	0.3100	0.6000
	每股净资产(元)	3.4300	4.9900	3.2200	2.8400
	每股经营现金净流量(元)	0.1203	0.1393	0.0709	0.6547
	每股现金流量(元)	−0.0490	1.7556	−0.4114	0.5205
	每股资本公积金(元)	1.6748	3.0121	1.2701	1.2701
	每股盈余公积金(元)	0.0727	0.1090	0.0717	0.0717
	每股未分配利润(元)	0.6787	0.8678	0.8779	0.4939
	净资产收益率(%)	4.8900	11.0790	12.6800	25.2790
	加权净资产收益率(%)	4.8900	19.8300	12.6800	32.6300
	净资产收益率(扣除)(%)	–	–	–	–
	总资产(万元)	48339.19	43839.53	23992.13	21370.16
	归属母公司股东权益(万元)	39745.28	38584.00	18674.35	16446.83
	主营业务收入(万元)	12361.74	22122.42	11045.81	18774.70
	营业收入(万元)	12522.79	22339.93	11126.36	18967.25
	主营成本(万元)	8418.22	14777.25	7417.30	12404.92
	营业成本(万元)	8418.22	14777.25	7417.30	12404.92
	投资收益(万元)	–	–	–	88.33
	净利润(万元)	1934.66	4274.62	2227.52	4157.52
	利润总额(万元)	2265.00	5030.11	2622.06	4815.06

厦门金达威集团股份有限公司

公司概况	公司名称	厦门金达威集团股份有限公司		证券简称	金达威
	法人代表	江斌	董秘 洪彦	证券代码	002626
	公司网址	www.kingdomway.com		电子信箱	info@kingdomway.com
	电　　话	0592-6511111		传　　真	0592-6515151
	办公地址	福建省厦门市海沧新阳工业区阳光西路299号			
	经营范围	食品营养强化剂、饲料添加剂生产和销售			

主要财务指标	指标\报告期	2012.06.30	2011.12.31	2011.06.30	2010.12.31
	基本每股收益(元)	0.3500	1.8700	0.4400	2.1100
	基本每股收益(扣除后)(元)	0.3500	1.8500	0.4400	2.0600
	每股净资产(元)	6.8400	13.5700	6.1900	5.5000
	每股经营现金净流量(元)	0.2132	0.8229	0.7431	2.5455
	每股现金流量(元)	−0.3588	8.1410	−0.0871	0.1108
	每股资本公积金(元)	3.6957	8.3913	0.3591	0.3591
	每股盈余公积金(元)	0.2259	0.4517	0.4623	0.4623
	每股未分配利润(元)	1.9192	3.7287	4.3691	3.6812
	净资产收益率(%)	5.1300	10.8170	18.4700	38.3880
	加权净资产收益率(%)	5.1300	24.8100	18.4700	46.9800
	净资产收益率(扣除)(%)	–	–	–	–
	总资产(万元)	140471.16	143532.06	59261.24	52897.30
	归属母公司股东权益(万元)	123133.34	122145.90	41476.06	36867.32
	主营业务收入(万元)	33186.62	57664.40	28803.53	53352.53
	营业收入(万元)	33287.71	57794.50	28885.06	53625.32
	主营成本(万元)	20492.96	31267.62	15129.27	27509.20
	营业成本(万元)	20512.53	31298.78	15160.41	27743.55
	投资收益(万元)	–	–	–	−0.12
	净利润(万元)	6387.44	13212.48	7958.74	14010.20
	利润总额(万元)	7387.94	15827.61	9378.76	16509.49

湖北宜昌交运集团股份有限公司

公司概况	公司名称	湖北宜昌交运集团股份有限公司		证券简称	宜昌交运
	法人代表	董新利	董秘 胡军红	证券代码	002627
	公司网址	www.ycjyjt.com		电子信箱	ipo@ycjyjt.com
	电　　话	0717-6451437 6443860		传　　真	0717-6451437
	办公地址	湖北省宜昌市港窑路5号			
	经营范围	旅客运输服务、汽车经销等			

主要财务指标	指标\报告期	2012.06.30	2011.12.31	2011.06.30	2010.12.31
	基本每股收益(元)	0.3931	0.9868	0.5456	0.9528
	基本每股收益(扣除后)(元)	0.3627	0.7140	0.4756	0.8546
	每股净资产(元)	6.0100	5.9100	3.3376	3.0900
	每股经营现金净流量(元)	0.2014	0.7957	0.1949	0.8981
	每股现金流量(元)	−0.5589	2.2118	−0.2739	0.7205
	每股资本公积金(元)	3.1095	3.1095	0.4298	0.4298
	每股盈余公积金(元)	0.1837	0.1837	0.1645	0.1645
	每股未分配利润(元)	1.6776	1.5845	1.6997	1.4541
	净资产收益率(%)	6.5400	13.1952	16.3500	30.8772
	加权净资产收益率(%)	6.4800	25.3300	16.4700	34.9300
	净资产收益率(扣除)(%)	–	–	–	–
	总资产(万元)	134750.54	131646.19	88976.58	82000.55
	归属母公司股东权益(万元)	80252.76	78964.45	33376.50	30857.95
	主营业务收入(万元)	48769.26	91895.45	43134.87	81614.38
	营业收入(万元)	52476.88	97828.77	45964.94	85853.25
	主营成本(万元)	38382.48	73307.13	32925.34	63992.30
	营业成本(万元)	40923.76	77125.12	34751.86	66402.36
	投资收益(万元)	–	−82.85	−82.85	64.47
	净利润(万元)	5310.53	10540.65	5534.51	9686.58
	利润总额(万元)	7047.83	14210.97	7427.64	12450.01

成都市路桥工程股份有限公司

公司概况

项目	内容			项目	内容
公司名称	成都市路桥工程股份有限公司			证券简称	成都路桥
法人代表	郑渝力	董秘	胡晓晗	证券代码	002628
公司网址	www.cdlq.com			电子信箱	zqb@cdlq.com
电　　话	028-85003688			传　　真	028-85003588
办公地址	四川省成都市武侯区武科东四路11号				
经营范围	公路工程、桥梁工程和隧道工程的施工等				

主要财务指标

指标＼报告期	2012.06.30	2011.12.31	2011.06.30	2010.12.31
基本每股收益(元)	0.2500	1.4500	0.3000	0.9500
基本每股收益(扣除后)(元)	0.2500	1.4000	0.3000	0.9400
每股净资产(元)	4.3200	8.2400	3.9300	3.3500
每股经营现金净流量(元)	-0.7980	-1.1433	-	-
每股现金流量(元)	0.0333	2.6809	-	-
每股资本公积金(元)	1.6855	4.3710	-	-
每股盈余公积金(元)	0.1368	0.2736	-	-
每股未分配利润(元)	1.4686	2.5510	-	-
净资产收益率(%)	5.8600	13.9270	15.3900	28.3220
加权净资产收益率(%)	6.0000	33.2700	16.5900	33.1800
净资产收益率(扣除)(%)	-	-	-	-
总资产(万元)	381268.13	287659.89	208407.87	165249.02
归属母公司股东权益(万元)	144206.14	137600.53	49178.64	41849.74
主营业务收入(万元)	129805.90	255134.97	114473.72	170890.69
营业收入(万元)	129843.50	255217.60	114524.31	170917.45
主营成本(万元)	111458.84	215558.10	98696.73	146220.34
营业成本(万元)	111494.60	215591.51	98718.58	146287.02
投资收益(万元)	2540.39	2852.41	1338.94	3299.03
净利润(万元)	8454.19	19163.98	7555.22	11801.07
利润总额(万元)	11375.45	25649.85	10217.26	15489.89

四川仁智油田技术服务股份有限公司

公司概况

项目	内容			项目	内容
公司名称	四川仁智油田技术服务股份有限公司			证券简称	仁智油服
法人代表	钱忠良	董秘	冯嫔	证券代码	002629
公司网址	www.chinarenzhi.com			电子信箱	bds@renzhi.cn
电　　话	0816-2211551　2218523			传　　真	0816-2211551　2210625
办公地址	四川省绵阳市滨河北路东段116号				
经营范围	油气田技术服务和石化产品销售等				

主要财务指标

指标＼报告期	2012.06.30	2011.12.31	2011.06.30	2010.12.31
基本每股收益(元)	0.1500	0.8000	0.1600	0.7000
基本每股收益(扣除后)(元)	0.1500	0.7900	0.1600	0.6000
每股净资产(元)	5.9300	6.1000	2.9200	2.7700
每股经营现金净流量(元)	-0.7391	0.1281	-0.5458	0.6320
每股现金流量(元)	-1.7304	3.5452	-0.1795	0.1906
每股资本公积金(元)	3.3743	3.3743	0.3402	0.3402
每股盈余公积金(元)	0.1737	0.1737	0.1733	0.1733
每股未分配利润(元)	1.3536	1.5279	1.4113	1.2520
净资产收益率(%)	2.3800	10.3690	5.6000	25.3900
加权净资产收益率(%)	2.3800	21.2500	5.6000	28.3300
净资产收益率(扣除)(%)	-	-	-	-
总资产(万元)	87578.02	102742.28	47999.68	48254.16
归属母公司股东权益(万元)	67879.92	69816.84	25100.27	23733.41
主营业务收入(万元)	-	51865.40	-	43036.28
营业收入(万元)	22792.76	51865.40	17519.63	43036.28
主营成本(万元)	-	35015.57	-	30347.99
营业成本(万元)	17165.60	35015.57	13098.30	30347.99
投资收益(万元)	-	-107.65	-69.37	378.47
净利润(万元)	1657.93	7282.30	1390.35	5980.51
利润总额(万元)	2078.19	8758.86	1700.21	6901.56

华西能源工业股份有限公司

公司概况

项目	内容			项目	内容
公司名称	华西能源工业股份有限公司			证券简称	华西能源
法人代表	黎仁超	董秘	李伟	证券代码	002630
公司网址	www.cwpc.com.cn			电子信箱	cwpc@cwpc.com.cn
电　　话	0813-4736870　4736083			传　　真	0813-4736870
办公地址	四川省自贡市高新工业园区荣川路66号				
经营范围	锅炉及其配套产品的设计、设备成套、产品改造与性能优化、电力工程施工总承包等				

主要财务指标

指标＼报告期	2012.06.30	2011.12.31	2011.06.30	2010.12.31
基本每股收益(元)	0.3533	0.7974	0.4494	0.7500
基本每股收益(扣除后)(元)	0.3477	0.7448	0.4321	0.6909
每股净资产(元)	9.5900	9.3200	6.8191	6.3700
每股经营现金净流量(元)	-1.1005	-0.1806	0.2218	0.9529
每股现金流量(元)	-1.7846	2.9438	0.1531	0.7348
每股资本公积金(元)	5.8596	5.8475	2.8806	2.8788
每股盈余公积金(元)	0.2883	0.2883	0.3033	0.3033
每股未分配利润(元)	2.4416	2.1883	2.6352	2.1858
净资产收益率(%)	3.6800	6.5800	6.5900	11.1890
加权净资产收益率(%)	3.7200	11.3600	6.8200	12.9700
净资产收益率(扣除)(%)	-	-	-	-
总资产(万元)	393578.17	401847.97	296105.04	262372.59
归属母公司股东权益(万元)	160145.91	155713.11	85238.76	79598.40
主营业务收入(万元)	120839.01	190435.67	89435.31	154096.90
营业收入(万元)	121148.85	191023.40	89649.70	154841.64
主营成本(万元)	97519.45	148516.41	70956.91	123830.30
营业成本(万元)	97649.10	148765.15	70979.93	124718.47
投资收益(万元)	-71.73	388.76	177.27	403.23
净利润(万元)	5895.15	10245.53	5615.68	8903.35
利润总额(万元)	6679.50	11853.10	6387.85	10096.66

德尔国际家居股份有限公司

公司概况

项目	内容			项目	内容
公司名称	德尔国际家居股份有限公司			证券简称	德尔家居
法人代表	汝继勇	董秘	姚红鹏	证券代码	002631
公司网址	www.der.com.cn			电子信箱	der@der.com.cn
电　　话	0512-63537615			传　　真	0512-63537615
办公地址	江苏省苏州市吴江盛泽镇舜湖西路国际大厦28层				
经营范围	木地板的研发、生产与销售等				

主要财务指标

指标＼报告期	2012.06.30	2011.12.31	2011.06.30	2010.12.31
基本每股收益(元)	0.2800	0.7000	0.4600	0.8100
基本每股收益(扣除后)(元)	0.2600	0.7100	0.4600	0.9100
每股净资产(元)	7.4100	7.4200	2.6800	2.2200
每股经营现金净流量(元)	0.1462	0.6776	0.3872	1.1810
每股现金流量(元)	-0.6733	4.4381	-0.7202	1.2061
每股资本公积金(元)	5.4454	5.4454	0.6382	0.6382
每股盈余公积金(元)	0.1008	0.1008	0.0582	0.0582
每股未分配利润(元)	0.8608	0.8761	0.9800	0.5232
净资产收益率(%)	3.8400	7.2860	17.0700	36.7160
加权净资产收益率(%)	3.7900	22.8200	18.6600	45.0700
净资产收益率(扣除)(%)	-	-	-	-
总资产(万元)	128087.57	135937.58	53523.84	45637.49
归属母公司股东权益(万元)	118513.01	118757.19	32116.41	26635.34
主营业务收入(万元)	17053.78	51466.21	26466.43	50691.16
营业收入(万元)	17272.91	51883.53	26753.84	50938.88
主营成本(万元)	11296.17	34573.81	17635.93	33830.16
营业成本(万元)	11471.56	34732.31	17781.51	33830.16
投资收益(万元)	-	-	-	7.57
净利润(万元)	4555.82	8652.82	5481.07	9779.53
利润总额(万元)	5376.51	10326.04	6560.38	11749.90

道明光学股份有限公司

公司概况					
公司名称	道明光学股份有限公司			证券简称	道明光学
法人代表	胡智彪	董秘	尤敏卫	证券代码	002632
公司网址	www.chinadaoming.com		电子信箱	stock@chinadaoming.com	
电　　话	0579-87321111		传　　真	0579-87312889	
办公地址	浙江省金华市永康市象珠镇象珠工业区3号迎宾大道1号				
经营范围	反光材料、反光服装及反光制品的研发、设计、生产与销售等				

主要财务指标：指标\报告期	2012.06.30	2011.12.31	2011.06.30	2010.12.31
基本每股收益(元)	0.2100	0.9100	0.3800	0.4800
基本每股收益(扣除后)(元)	0.2000	0.8500	0.3800	0.7200
每股净资产(元)	8.2200	8.2200	3.3200	2.9400
每股经营现金净流量(元)	-0.1755	0.3801	-0.1277	0.5252
每股现金流量(元)	-1.1868	3.9527	-0.3428	0.5344
每股资本公积金(元)	5.5693	5.5693	0.6672	0.6672
每股盈余公积金(元)	0.1627	0.1627	0.1199	0.1199
每股未分配利润(元)	1.4926	1.4867	1.5323	1.1480
净资产收益率(%)	2.5000	8.4990	11.5800	15.6010
加权净资产收益率(%)	2.4900	23.3300	12.2900	21.2300
净资产收益率(扣除)(%)	-	-	-	-
总资产(万元)	97177.76	99312.25	49129.01	42867.65
归属母公司股东权益(万元)	87731.05	87668.18	26555.17	23481.15
主营业务收入(万元)	16257.73	40562.84	18312.06	32230.77
营业收入(万元)	16520.62	40810.83	18472.53	32714.72
主营成本(万元)	11012.40	26330.21	12051.62	21119.83
营业成本(万元)	11125.19	26610.17	12181.59	21330.55
投资收益(万元)	-	42.92	9.32	-14.34
净利润(万元)	2196.27	7450.55	3074.02	3663.17
利润总额(万元)	2564.89	8550.39	3547.11	4624.76

申科滑动轴承股份有限公司

公司概况					
公司名称	申科滑动轴承股份有限公司			证券简称	申科股份
法人代表	何全波	董秘	陈井阳	证券代码	002633
公司网址	www.shenke.com		电子信箱	zhengquan@shenke.com	
电　　话	0575-87306601 89005608		传　　真	0575-89005609	
办公地址	浙江省绍兴市诸暨市陶朱街道望云路132号				
经营范围	厚壁滑动轴承及部套件的研发、生产及销售等				

主要财务指标：指标\报告期	2012.06.30	2011.12.31	2011.06.30	2010.12.31
基本每股收益(元)	0.0600	0.5100	0.1800	0.5100
基本每股收益(扣除后)(元)	0.0500	0.4400	0.1500	0.4500
每股净资产(元)	3.7800	5.7800	3.2641	3.0000
每股经营现金净流量(元)	-0.3333	0.1664	0.2367	0.5833
每股现金流量(元)	-0.7762	2.5288	-0.0051	-0.1842
每股资本公积金(元)	1.8843	3.3265	0.5763	0.5763
每股盈余公积金(元)	0.1036	0.1554	0.1586	0.1586
每股未分配利润(元)	0.7894	1.3011	1.5292	1.2610
净资产收益率(%)	1.4700	6.7750	3.4800	16.9830
加权净资产收益率(%)	1.4300	14.4800	8.5700	18.5700
净资产收益率(扣除)(%)	-	-	-	-
总资产(万元)	91340.76	92539.28	63640.80	61230.01
归属母公司股东权益(万元)	56690.29	57829.53	24480.71	22469.53
主营业务收入(万元)	12659.35	24423.26	11969.18	20627.10
营业收入(万元)	12911.95	24648.55	12073.05	20794.99
主营成本(万元)	8489.37	14579.25	7129.64	12208.04
营业成本(万元)	8675.73	14750.63	7198.67	12279.40
投资收益(万元)	-	-	-	-
净利润(万元)	830.76	3917.82	2011.18	3816.04
利润总额(万元)	927.36	4565.33	2338.75	4448.53

浙江棒杰数码针织品股份有限公司

公司概况					
公司名称	浙江棒杰数码针织品股份有限公司			证券简称	棒杰股份
法人代表	陶建伟	董秘	陶士青(代)	证券代码	002634
公司网址	www.bangjie.cn		电子信箱	baj@bangjie.cn	
电　　话	0579-85922001 85920903		传　　真	0579-85922004	
办公地址	浙江省义乌市苏溪镇镇南小区				
经营范围	服装、服装辅料、领带制造、销售、货物进出口、技术进出口等				

主要财务指标：指标\报告期	2012.06.30	2011.12.31	2011.06.30	2010.12.31
基本每股收益(元)	0.2000	0.9000	0.2900	0.7900
基本每股收益(扣除后)(元)	0.1700	0.8000	0.2600	0.7700
每股净资产(元)	4.6400	6.9700	3.5600	3.1200
每股经营现金净流量(元)	0.1565	1.0785	0.4187	1.2741
每股现金流量(元)	-1.4587	3.0001	-0.1126	0.6280
每股资本公积金(元)	2.4123	4.1184	0.5740	0.5740
每股盈余公积金(元)	0.1169	0.1754	0.1450	0.1450
每股未分配利润(元)	1.1139	1.6764	1.8391	1.4030
净资产收益率(%)	4.2300	9.9190	12.2500	25.3090
加权净资产收益率(%)	4.1400	22.9400	13.0600	28.9800
净资产收益率(扣除)(%)	-	-	-	-
总资产(万元)	60595.56	67886.22	44110.02	38237.38
归属母公司股东权益(万元)	46453.74	46490.86	17790.36	15609.69
主营业务收入(万元)	12535.18	34322.20	15313.52	28481.16
营业收入(万元)	12570.59	34335.21	15315.67	28493.07
主营成本(万元)	9065.85	24808.03	11093.90	20716.81
营业成本(万元)	9075.49	24811.68	11094.45	20720.13
投资收益(万元)	362.85	132.78	132.78	25.75
净利润(万元)	1963.88	4611.39	2180.67	3950.65
利润总额(万元)	2284.31	5460.55	2566.40	4620.56

苏州安洁科技股份有限公司

公司概况					
公司名称	苏州安洁科技股份有限公司			证券简称	安洁科技
法人代表	吕莉	董秘	马玉燕	证券代码	002635
公司网址	www.anjiesz.com		电子信箱	zhengquan@anjiesz.com	
电　　话	0512-66316043		传　　真	0512-66596419	
办公地址	江苏省苏州市吴中区光福镇福锦路8号				
经营范围	为笔记本电脑和手机等消费电子产品品牌终端厂商提供功能性器件生产及相关服务				

主要财务指标：指标\报告期	2012.06.30	2011.12.31	2011.06.30	2010.12.31
基本每股收益(元)	0.6800	1.0900	0.5000	0.6200
基本每股收益(扣除后)(元)	0.6700	1.0800	0.4900	0.6200
每股净资产(元)	8.2800	7.9000	2.6117	2.3900
每股经营现金净流量(元)	0.6151	0.3671	0.2633	0.2839
每股现金流量(元)	0.1545	4.7901	-0.2990	0.1052
每股资本公积金(元)	5.8496	5.8496	0.8921	0.8921
每股盈余公积金(元)	0.1305	0.1305	0.0617	0.0617
每股未分配利润(元)	1.3031	0.9204	0.6579	0.4368
净资产收益率(%)	8.3300	10.6580	18.9800	25.7928
加权净资产收益率(%)	8.3300	33.1200	18.9800	30.1500
净资产收益率(扣除)(%)	-	-	-	-
总资产(万元)	105891.90	102397.66	38757.97	31684.80
归属母公司股东权益(万元)	99397.50	94806.07	23505.07	21515.02
主营业务收入(万元)	25491.79	47418.09	19794.15	28000.46
营业收入(万元)	25501.00	47424.68	19796.83	28005.38
主营成本(万元)	13607.19	30316.00	12365.42	17713.55
营业成本(万元)	13607.19	30316.00	12365.42	17713.95
投资收益(万元)	-	-	-	1.73
净利润(万元)	8191.43	10104.40	4499.69	5549.32
利润总额(万元)	9644.80	11892.03	5293.75	7387.04

金安国纪科技股份有限公司

公司概况	公司名称	金安国纪科技股份有限公司			证券简称	金安国纪
	法人代表	韩涛	董秘	程敬	证券代码	002636
	公司网址	www.goldenmax.cn		电子信箱	13636448022@163.com	
	电　话	021-57747138 875		传　真	021-67742902	
	办公地址	上海市松江工业区宝胜路33号				
	经营范围	各种FR-4、CEM-3覆铜板及半固化片的研发、生产和销售				

主要财务指标	指标\报告期	2012.06.30	2011.12.31	2011.06.30	2010.12.31
	基本每股收益(元)	0.1100	0.3600	0.2700	0.4800
	基本每股收益(扣除后)(元)	0.1100	0.3300	0.2700	0.4600
	每股净资产(元)	4.6300	4.5200	2.4000	2.1200
	每股经营现金净流量(元)	0.3573	0.3069	-0.1343	0.6325
	每股现金流量(元)	-0.3533	2.2968	-0.3267	0.1739
	每股资本公积金(元)	2.3955	2.3955	-	-
	每股盈余公积金(元)	0.1159	0.1159	0.1215	0.1215
	每股未分配利润(元)	1.1168	1.0091	1.2744	1.0021
	净资产收益率(%)	2.3200	6.0630	11.3700	22.6090
	加权净资产收益率(%)	2.3600	14.0500	12.0500	25.4900
	净资产收益率(扣除)(%)	-	-	-	-
	总资产(万元)	212182.55	214669.07	143842.90	149406.02
	归属母公司股东权益(万元)	129600.35	126552.29	50296.89	44584.31
	主营业务收入(万元)	101968.20	199395.58	99946.59	187150.26
	营业收入(万元)	103911.29	202828.59	101767.91	189338.82
	主营成本(万元)	90783.14	177300.04	86442.20	160885.62
	营业成本(万元)	90789.06	177309.21	86442.20	160885.62
	投资收益(万元)	-	-	-	-
	净利润(万元)	3622.46	8803.40	6535.57	11436.36
	利润总额(万元)	4068.98	9897.88	7585.75	13178.74

浙江赞宇科技股份有限公司

公司概况	公司名称	浙江赞宇科技股份有限公司			证券简称	赞宇科技
	法人代表	洪树鹏	董秘	任国晓	证券代码	002637
	公司网址	www.zzytech.com		电子信箱	office@zzytech.com	
	电　话	0571-87830848		传　真	0571-87830847	
	办公地址	浙江省杭州市城头巷128号				
	经营范围	从事日化表面活性剂等产品的研究开发和生产经营等				

主要财务指标	指标\报告期	2012.06.30	2011.12.31	2011.06.30	2010.12.31
	基本每股收益(元)	0.1500	1.6900	1.2000	1.1300
	基本每股收益(扣除后)(元)	0.1400	1.6100	1.1800	1.0700
	每股净资产(元)	6.2400	12.5800	5.1500	3.9500
	每股经营现金净流量(元)	0.0715	-0.1040	-1.4330	1.8006
	每股现金流量(元)	-0.3008	1.6742	-0.1998	0.9458
	每股资本公积金(元)	3.9318	8.8637	1.0623	1.0623
	每股盈余公积金(元)	0.1125	0.2249	0.1775	0.1775
	每股未分配利润(元)	1.1966	2.4920	2.9080	1.7097
	净资产收益率(%)	2.4100	10.3460	23.2700	28.6662
	加权净资产收益率(%)	2.3900	30.2300	26.3400	32.5600
	净资产收益率(扣除)(%)	-	-	-	-
	总资产(万元)	155197.23	137899.33	70126.20	55879.11
	归属母公司股东权益(万元)	99854.84	100645.26	30886.87	23697.10
	主营业务收入(万元)	88180.89	191565.38	88687.21	127886.44
	营业收入(万元)	89427.82	191991.43	88783.18	129712.44
	主营成本(万元)	77860.50	164809.22	73104.67	107756.90
	营业成本(万元)	78930.80	164926.79	73141.44	109273.42
	投资收益(万元)	-	-	-	3.17
	净利润(万元)	2550.70	10749.35	7257.32	7038.13
	利润总额(万元)	3074.12	12604.58	8515.26	8231.83

东莞勤上光电股份有限公司

公司概况	公司名称	东莞勤上光电股份有限公司			证券简称	勤上光电
	法人代表	李旭亮	董秘	韦莉	证券代码	002638
	公司网址	www.kingsun-china.com		电子信箱	ks_dsh@kingsun-china.com	
	电　话	0769-83996285		传　真	0769-83756736	
	办公地址	广东省东莞市常平镇横江厦村				
	经营范围	研发、生产、销售半导体照明产品、为用户提供LED照明解决方案等				

主要财务指标	指标\报告期	2012.06.30	2011.12.31	2011.06.30	2010.12.31
	基本每股收益(元)	0.1200	0.8600	0.1400	0.6400
	基本每股收益(扣除后)(元)	0.1000	0.7800	0.1300	0.6400
	每股净资产(元)	5.4300	5.3600	6.1500	5.8700
	每股经营现金净流量(元)	0.0542	0.6171	0.2627	0.6982
	每股现金流量(元)	-0.2403	4.4931	-0.3228	1.4683
	每股资本公积金(元)	3.4653	7.9305	3.3857	3.3857
	每股盈余公积金(元)	0.1019	0.1799	0.1786	0.1512
	每股未分配利润(元)	0.8574	1.5992	1.5805	1.3340
	净资产收益率(%)	2.2400	6.2110	4.2400	9.8318
	加权净资产收益率(%)	2.2500	12.7800	4.5600	13.0300
	净资产收益率(扣除)(%)	-	-	-	-
	总资产(万元)	237375.29	239276.56	133784.23	122275.30
	归属母公司股东权益(万元)	203259.95	200640.50	86341.35	82487.77
	主营业务收入(万元)	36433.59	76930.42	31927.27	-
	营业收入(万元)	36433.59	76930.42	31927.27	55228.30
	主营成本(万元)	25491.04	50597.75	21322.80	-
	营业成本(万元)	25491.04	50597.75	21322.80	37339.70
	投资收益(万元)	-449.69	-259.47	1.62	-152.14
	净利润(万元)	4489.39	12888.61	3795.07	8089.04
	利润总额(万元)	5680.21	15351.92	4359.96	9683.15

福建雪人股份有限公司

公司概况	公司名称	福建雪人股份有限公司			证券简称	雪人股份
	法人代表	林汝捷	董秘	周伟贤	证券代码	002639
	公司网址	www.snowkey.com		电子信箱	snowman@snowkey.com	
	电　话	0591-28513121		传　真	0591-28513121 28709222	
	办公地址	福建省福州市福州滨海工业区(松下镇首祉村)				
	经营范围	制造和销售冷冻、冷藏、空调、环保设备及制冷工程所需配套产品等				

主要财务指标	指标\报告期	2012.06.30	2011.12.31	2011.06.30	2010.12.31
	基本每股收益(元)	0.2100	0.7100	0.2700	0.6700
	基本每股收益(扣除后)(元)	0.1500	0.6900	0.2600	0.6400
	每股净资产(元)	6.9600	6.8800	2.6800	2.5900
	每股经营现金净流量(元)	0.1354	0.5658	0.1318	0.4412
	每股现金流量(元)	-1.0333	4.5854	-0.0277	-0.1683
	每股资本公积金(元)	4.7618	4.7618	0.6312	0.6312
	每股盈余公积金(元)	0.2279	0.1476	0.1254	0.1254
	每股未分配利润(元)	0.9711	0.9726	0.9234	0.8343
	净资产收益率(%)	3.0000	7.9422	10.0400	25.7459
	加权净资产收益率(%)	3.0000	21.6600	9.8700	28.7200
	净资产收益率(扣除)(%)	-	-	-	-
	总资产(万元)	122162.53	126743.49	44444.54	41489.83
	归属母公司股东权益(万元)	111372.22	110111.73	32159.69	31091.01
	主营业务收入(万元)	10865.56	29391.62	12585.21	25845.50
	营业收入(万元)	11059.54	30387.15	12887.13	26596.22
	主营成本(万元)	6558.56	16162.35	7059.07	13929.37
	营业成本(万元)	6736.91	16544.70	7190.23	14137.58
	投资收益(万元)	-	-	-	6.30
	净利润(万元)	3338.31	8568.19	3229.67	8004.66
	利润总额(万元)	3931.27	10054.91	3845.24	9386.42

山西百圆裤业连锁经营股份有限公司

公司概况	公司名称	山西百圆裤业连锁经营股份有限公司			证券简称	百圆裤业
	法人代表	杨建新	董秘	高翔	证券代码	002640
	公司网址	www.byky.com		电子信箱	gx@byky.com	
	电　　话	0351-7212033		传　　真	0351-7212031	
	办公地址	山西省太原市建设南路 632 号盛饰大厦				
	经营范围	男女裤装的研发设计、组织外包生产、物流配送、连锁销售等				

	指标\报告期	2012.06.30	2011.12.31	2011.06.30	2010.12.31
主要财务指标	基本每股收益(元)	0.4200	1.3700	0.5100	0.8700
	基本每股收益(扣除后)(元)	0.4300	1.2100	0.4700	0.8700
	每股净资产(元)	9.6700	9.3400	3.5600	3.0500
	每股经营现金净流量(元)	-1.3959	0.7483	0.3906	0.0812
	每股现金流量(元)	-2.7880	6.6295	0.5333	0.3629
	每股资本公积金(元)	6.4878	6.4878	0.9510	0.9510
	每股盈余公积金(元)	0.2402	0.1946	0.1691	0.1155
	每股未分配利润(元)	1.9394	1.6616	1.4413	0.9853
	净资产收益率(%)	4.3800	11.0292	14.3100	28.4685
	加权净资产收益率(%)	4.4400	36.7500	15.3000	33.1900
	净资产收益率(扣除)(%)	-	-	-	-
	总资产(万元)	81611.77	79393.85	33807.76	29537.80
	归属母公司股东权益(万元)	64452.16	62295.95	17807.00	15259.26
	主营业务收入(万元)	21954.17	47321.76	20731.69	38624.23
	营业收入(万元)	22815.34	48691.43	21372.84	40303.56
	主营成本(万元)	12051.95	29283.58	12901.34	25466.46
	营业成本(万元)	12513.65	29901.15	13197.50	26391.61
	投资收益(万元)	-	-	-	-
	净利润(万元)	2813.74	6862.57	2543.25	4341.92
	利润总额(万元)	3727.87	9291.77	3464.92	5838.77

永高股份有限公司

公司概况	公司名称	永高股份有限公司			证券简称	永高股份
	法人代表	张建均	董秘	赵以国	证券代码	002641
	公司网址	www.yonggao.com		电子信箱	zqb@yonggao.com	
	电　　话	0576-84277186		传　　真	0576-84277383	
	办公地址	浙江省台州市黄岩经济开发区埭西路 2 号				
	经营范围	专业从事塑料管道的研发、生产与销售等				

	指标\报告期	2012.06.30	2011.12.31	2011.06.30	2010.12.31
主要财务指标	基本每股收益(元)	0.5300	1.1400	0.5400	1.2900
	基本每股收益(扣除后)(元)	0.5200	1.0500	0.4600	1.2500
	每股净资产(元)	8.2900	7.8800	4.1800	3.6400
	每股经营现金净流量(元)	0.2427	0.6608	-0.3345	2.0815
	每股现金流量(元)	-0.8927	4.1485	-0.5333	0.3760
	每股资本公积金(元)	4.4028	4.4028	0.4793	0.4793
	每股盈余公积金(元)	0.2705	0.2705	0.2594	0.2594
	每股未分配利润(元)	2.6193	2.2031	2.4427	1.9013
	净资产收益率(%)	6.3400	10.8310	12.9500	29.4360
	加权净资产收益率(%)	6.4600	27.0300	13.8400	31.2700
	净资产收益率(扣除)(%)	-	-	-	-
	总资产(万元)	231973.38	235371.75	143640.85	127540.74
	归属母公司股东权益(万元)	165852.83	157529.58	62720.13	54599.88
	主营业务收入(万元)	114220.29	231601.56	105049.09	180643.66
	营业收入(万元)	114465.05	232444.90	105482.19	181416.37
	主营成本(万元)	84434.52	184806.92	84697.45	142005.96
	营业成本(万元)	84666.91	185367.03	85016.21	142628.63
	投资收益(万元)	-	-	-	28.10
	净利润(万元)	10523.25	17062.10	8120.25	16069.59
	利润总额(万元)	13490.42	20412.80	9651.58	19086.98

北京荣之联科技股份有限公司

公司概况	公司名称	北京荣之联科技股份有限公司			证券简称	荣之联
	法人代表	王东辉	董秘	李志坚	证券代码	002642
	公司网址	www.ronglian.com		电子信箱	ir@ronglian.com	
	电　　话	010-62602016　62602015		传　　真	010-62602100	
	办公地址	北京市海淀区北四环西路 56 号 10 层 1002-1				
	经营范围	围绕大中型企事业单位的数据中心提供系统集成及相关技术服务等				

	指标\报告期	2012.06.30	2011.12.31	2011.06.30	2010.12.31
主要财务指标	基本每股收益(元)	0.1915	0.9521	0.2060	0.7609
	基本每股收益(扣除后)(元)	0.1916	0.9400	0.2060	0.7600
	每股净资产(元)	4.1800	8.2700	2.9600	3.0400
	每股经营现金净流量(元)	-0.6493	0.3021	-0.0442	0.5246
	每股现金流量(元)	-1.4013	6.0044	-0.1228	0.6197
	每股资本公积金(元)	2.5474	6.0949	0.9174	0.9174
	每股盈余公积金(元)	0.1045	0.2089	0.1909	0.1909
	每股未分配利润(元)	0.5300	0.9770	0.8503	0.9383
	净资产收益率(%)	4.5900	8.6390	13.9800	22.5210
	加权净资产收益率(%)	4.5800	30.3000	13.7500	25.5900
	净资产收益率(扣除)(%)	-	-	-	-
	总资产(万元)	103192.26	107132.65	39155.46	37665.16
	归属母公司股东权益(万元)	83500.96	82657.86	22099.16	22806.80
	主营业务收入(万元)	38398.60	70917.64	29038.17	57053.04
	营业收入(万元)	38398.60	70917.64	29038.17	57066.54
	主营成本(万元)	29194.40	54751.25	22526.03	45352.86
	营业成本(万元)	29194.40	54751.25	22526.03	45352.86
	投资收益(万元)	-	-	-	-35.56
	净利润(万元)	3823.87	7101.75	3075.54	5108.51
	利润总额(万元)	4617.65	8499.80	3603.88	6039.54

烟台万润精细化工股份有限公司

公司概况	公司名称	烟台万润精细化工股份有限公司			证券简称	烟台万润
	法人代表	赵凤岐	董秘	王焕杰	证券代码	002643
	公司网址	www.valiant-cn.com		电子信箱	wanrun@valiant-cn.com	
	电　　话	0535-6101017　6382740		传　　真	0535-6101018　6378945	
	办公地址	山东省烟台市经济技术开发区五指山路 11 号				
	经营范围	液晶材料、医药中间体、光电化学品、专项化学用品等				

	指标\报告期	2012.06.30	2011.12.31	2011.06.30	2010.12.31
主要财务指标	基本每股收益(元)	0.5000	1.1600	0.7500	0.9700
	基本每股收益(扣除后)(元)	0.4700	1.0800	0.7100	0.9600
	每股净资产(元)	8.7400	8.7400	3.4500	3.0600
	每股经营现金净流量(元)	0.2274	1.3719	1.3952	1.5100
	每股现金流量(元)	-2.7915	5.7892	-0.0537	-0.4832
	每股资本公积金(元)	5.9032	5.9032	0.4231	0.4231
	每股盈余公积金(元)	0.2813	0.2813	0.2517	0.2517
	每股未分配利润(元)	1.5427	1.5389	1.7582	1.3619
	净资产收益率(%)	5.7600	9.9870	21.6100	31.5245
	加权净资产收益率(%)	5.7600	35.0000	22.4800	36.4200
	净资产收益率(扣除)(%)	-	-	-	-
	总资产(万元)	131985.96	158073.07	74381.87	69144.76
	归属母公司股东权益(万元)	120479.94	120402.51	35695.89	31658.70
	主营业务收入(万元)	38878.00	79932.78	45993.51	70533.68
	营业收入(万元)	39477.15	82009.06	46920.26	73166.28
	主营成本(万元)	25409.58	52581.08	29199.79	48488.30
	营业成本(万元)	25453.83	53117.66	29431.77	49884.08
	投资收益(万元)	9.77	185.41	96.07	161.84
	净利润(万元)	6943.96	12024.11	7714.20	9980.24
	利润总额(万元)	8103.75	14039.62	8899.22	11393.22

兰州佛慈制药股份有限公司

公司概况					
公司名称	兰州佛慈制药股份有限公司			证券简称	佛慈制药
法人代表	贾朝民	董秘	孙裕	证券代码	002644
公司网址	www.fczy.com		电子信箱	zqb@fczy.com	
电　　话	0931-8362318		传　　真	0931-8368945	
办公地址	甘肃省兰州市城关区佛慈大街 68 号				
经营范围	中成药研发、制造和销售等				

主要财务指标

指标\报告期	2012.06.30	2011.12.31	2011.06.30	2010.12.31
基本每股收益(元)	0.1585	0.5300	0.2468	0.8500
基本每股收益(扣除后)(元)	0.1296	0.4600	0.2303	0.4500
每股净资产(元)	7.4000	8.0200	5.6400	5.3900
每股经营现金净流量(元)	-0.5966	0.0300	0.0264	0.9274
每股现金流量(元)	-1.2737	3.1899	-0.6894	0.8097
每股资本公积金(元)	3.2819	3.6101	0.3675	0.3675
每股盈余公积金(元)	0.4798	0.5277	0.6508	0.6508
每股未分配利润(元)	2.6432	2.8850	3.6175	3.3707
净资产收益率(%)	1.9453	4.9470	4.3791	15.6960
加权净资产收益率(%)	1.9600	9.3600	4.4800	17.5700
净资产收益率(扣除)(%)	-	-	-	-
总资产(万元)	78128.11	82922.86	50003.98	45616.18
归属母公司股东权益(万元)	65797.59	64808.42	34141.38	32646.28
主营业务收入(万元)	13391.57	27118.43	12613.67	26240.60
营业收入(万元)	13391.57	27118.43	12613.67	26240.60
主营成本(万元)	9398.82	17799.03	8057.09	16748.10
营业成本(万元)	9398.82	17799.03	8057.09	16748.10
投资收益(万元)	-	-	-	-
净利润(万元)	1279.98	3206.07	1495.10	5124.17
利润总额(万元)	1491.59	3629.05	1647.61	5570.89

江苏华宏科技股份有限公司

公司概况					
公司名称	江苏华宏科技股份有限公司			证券简称	华宏科技
法人代表	胡士勇	董秘	胡斌	证券代码	002645
公司网址	www.hhyyjx.net		电子信箱	hhkj@hhyyjx.com	
电　　话	0510-80629685		传　　真	0510-80629683	
办公地址	江苏省无锡市江阴市澄杨路 11 号华宏科技大厦				
经营范围	再生资源加工设备的研发、生产和销售等				

主要财务指标

指标\报告期	2012.06.30	2011.12.31	2011.06.30	2010.12.31
基本每股收益(元)	0.2350	1.2048	0.3442	0.8984
基本每股收益(扣除后)(元)	0.2302	1.1586	0.3301	0.8873
每股净资产(元)	5.3700	9.4400	3.6800	3.8600
每股经营现金净流量(元)	-0.3333	1.0399	0.7909	1.1163
每股现金流量(元)	-1.0535	5.8463	-0.5373	0.6688
每股资本公积金(元)	2.9070	6.0325	0.0540	0.0540
每股盈余公积金(元)	0.2042	0.3675	0.3695	0.3695
每股未分配利润(元)	1.2594	2.0440	2.2607	2.4412
净资产收益率(%)	4.3800	9.5680	16.8200	23.2480
加权净资产收益率(%)	4.4000	31.1600	16.4100	26.3100
净资产收益率(扣除)(%)	-	-	-	-
总资产(万元)	79462.35	88612.67	37519.22	33583.86
归属母公司股东权益(万元)	64450.05	62963.52	18421.01	19323.46
主营业务收入(万元)	27244.40	56569.43	28691.67	45204.06
营业收入(万元)	27244.40	56929.62	28691.67	45453.62
主营成本(万元)	19981.66	-	21173.86	-
营业成本(万元)	19981.66	41797.81	21173.86	33970.76
投资收益(万元)	-	-	-	-2.02
净利润(万元)	2819.93	6024.15	3097.56	4492.23
利润总额(万元)	3317.56	7070.05	3658.75	5232.97

青海互助青稞酒股份有限公司

公司概况					
公司名称	青海互助青稞酒股份有限公司			证券简称	青青稞酒
法人代表	李银会	董秘	王兆三	证券代码	002646
公司网址	www.qkj.com.cn		电子信箱	w333@vip.163.com	
电　　话	0972-7316442 8322971		传　　真	0972-8322970	
办公地址	青海省海东地区互助土族自治县威远镇西大街 6 号				
经营范围	青稞酒的研发、生产、销售、主要产品含互助、天佑德、八大作坊、永庆和等系列				

主要财务指标

指标\报告期	2012.06.30	2011.12.31	2011.06.30	2010.12.31
基本每股收益(元)	0.3566	0.5426	0.2871	0.3791
基本每股收益(扣除后)(元)	0.3541	0.5168	0.2868	0.3939
每股净资产(元)	3.6400	3.4900	1.4500	3.7830
每股经营现金净流量(元)	0.4790	0.2194	0.2722	1.1140
每股现金流量(元)	-0.0273	1.9430	0.1193	2.1008
每股资本公积金(元)	1.8995	1.8995	0.0277	1.2014
每股盈余公积金(元)	0.0400	0.0400	-	0.1939
每股未分配利润(元)	0.7049	0.5483	0.4232	1.3873
净资产收益率(%)	9.7900	13.4840	19.7900	29.8610
加权净资产收益率(%)	9.7300	37.8100	21.9600	41.3100
净资产收益率(扣除)(%)	-	-	-	-
总资产(万元)	180647.95	179719.02	75267.63	70757.01
归属母公司股东权益(万元)	163995.94	156948.07	56585.67	45390.08
主营业务收入(万元)	63390.74	84042.33	43851.22	59609.17
营业收入(万元)	63470.46	84172.77	43891.92	59692.38
主营成本(万元)	20644.85	25353.87	13907.20	17964.40
营业成本(万元)	20645.34	25358.10	13908.84	17964.68
投资收益(万元)	-	-	-	5.46
净利润(万元)	16047.87	21163.21	11195.59	13553.40
利润总额(万元)	21435.16	28331.66	14998.22	18283.42

浙江宏磊铜业股份有限公司

公司概况					
公司名称	浙江宏磊铜业股份有限公司			证券简称	宏磊股份
法人代表	戚建萍	董秘	方中厚	证券代码	002647
公司网址	www.chinahonglei.com		电子信箱	honglei@chinahonglei.com	
电　　话	0575-87387532 87387320		传　　真	0575-80708938	
办公地址	浙江省绍兴市诸暨市经济开发区迎宾路 2 号				
经营范围	漆包线、高精度铜管材和其他铜材的研发、生产和销售等				

主要财务指标

指标\报告期	2012.06.30	2011.12.31	2011.06.30	2010.12.31
基本每股收益(元)	0.1858	0.6700	0.4186	0.6300
基本每股收益(扣除后)(元)	0.1735	0.6500	0.4109	0.5500
每股净资产(元)	5.8800	5.7000	3.3700	2.9600
每股经营现金净流量(元)	-2.4564	1.3681	1.5663	0.2966
每股现金流量(元)	-2.0772	2.6869	0.6172	-1.4193
每股资本公积金(元)	3.2581	3.2581	0.7081	0.7081
每股盈余公积金(元)	0.1339	0.1339	0.1178	0.1178
每股未分配利润(元)	1.4898	1.3041	1.5488	1.1302
净资产收益率(%)	3.1600	8.8130	12.4000	21.1740
加权净资产收益率(%)	3.2100	20.3400	13.2200	23.7200
净资产收益率(扣除)(%)	-	-	-	-
总资产(万元)	253621.58	221684.33	162572.67	162259.24
归属母公司股东权益(万元)	99350.51	96212.69	42751.24	37448.28
主营业务收入(万元)	170487.64	400212.37	212866.69	387213.03
营业收入(万元)	170666.64	400212.74	212867.00	387215.17
主营成本(万元)	160118.77	376445.92	199729.32	366418.14
营业成本(万元)	160118.77	376445.92	199729.32	366418.14
投资收益(万元)	-	-	-	615.41
净利润(万元)	3320.45	8945.56	5588.60	8475.78
利润总额(万元)	4460.78	12184.28	7468.21	10890.04

浙江卫星石化股份有限公司

公司概况					
公司名称	浙江卫星石化股份有限公司			证券简称	卫星石化
法人代表	马国林	董秘	沈晓炜	证券代码	002648
公司网址	www.satlpec.com		电子信箱	satlpec@gmail.com	
电　　话	0573-82229096		传　　真	0573-82229088	
办公地址	浙江省嘉兴市嘉兴工业园区步焦路				
经营范围	丙烯酸、丙烯酸甲酯、丙烯酸乙酯、丙烯酸正丁酯、丙烯酸异辛酯等				

主要财务指标	2012.06.30	2011.12.31	2011.06.30	2010.12.31
基本每股收益(元)	0.4700	4.2000	1.1800	2.2700
基本每股收益(扣除后)(元)	0.4500	4.1500	1.1800	2.3000
每股净资产(元)	7.5500	15.1600	5.6900	4.2900
每股经营现金净流量(元)	0.3612	-0.4596	0.3483	1.1028
每股现金流量(元)	-2.4386	9.2181	0.2155	0.6440
每股资本公积金(元)	4.6348	10.2697	1.3538	1.3538
每股盈余公积金(元)	0.2237	0.4475	0.1867	0.1867
每股未分配利润(元)	1.5691	3.2025	2.8374	1.4817
净资产收益率(%)	6.1900	20.7750	11.6600	47.5110
加权净资产收益率(%)	6.0500	75.2400	50.5700	65.4600
净资产收益率(扣除)(%)	-	-	-	-
总资产(万元)	333377.61	405470.34	167595.98	118855.88
归属母公司股东权益(万元)	302067.89	303111.93	85393.34	64359.59
主营业务收入(万元)	145602.83	324271.88	157820.89	161728.11
营业收入(万元)	146169.48	324786.74	158185.19	163307.28
主营成本(万元)	112503.47	227235.30	106554.41	113141.69
营业成本(万元)	112916.00	227530.55	106785.57	114734.38
投资收益(万元)	-	-	-	-
净利润(万元)	18712.56	62972.48	35334.49	30577.58
利润总额(万元)	22121.65	71577.56	40586.05	33285.85

博彦科技股份有限公司

公司概况					
公司名称	博彦科技股份有限公司			证券简称	博彦科技
法人代表	王斌	董秘	韩超	证券代码	002649
公司网址	www.beyondsoft.com		电子信箱	ir@beyondsoft.com	
电　　话	010-62980335		传　　真	010-62980335	
办公地址	北京市海淀区上地信息路 18 号上地创新大厦 2 层				
经营范围	信息技术开发、服务、计算机及设备软件的开发、设计、制作、测试等				

主要财务指标	2012.06.30	2011.12.31	2011.06.30	2010.12.31
基本每股收益(元)	0.2900	0.9600	0.2300	0.7400
基本每股收益(扣除后)(元)	0.2500	0.7100	0.2000	0.7400
每股净资产(元)	5.8300	4.3600	4.3600	4.1500
每股经营现金净流量(元)	-0.0406	0.5468	-0.1740	0.7831
每股现金流量(元)	-0.9546	4.8050	-0.8607	0.7504
每股资本公积金(元)	3.9756	6.4634	2.2233	2.2232
每股盈余公积金(元)	0.0482	0.0723	0.0170	0.0170
每股未分配利润(元)	0.8656	1.1885	1.1721	0.9489
净资产收益率(%)	4.9100	8.2770	10.6300	17.7680
加权净资产收益率(%)	4.8800	21.6000	10.5700	30.4600
净资产收益率(扣除)(%)	-	-	-	-
总资产(万元)	93438.07	103045.03	46238.34	44197.51
归属母公司股东权益(万元)	87503.39	86551.44	32674.00	31131.91
主营业务收入(万元)	35411.27	68566.54	32944.35	42933.75
营业收入(万元)	35411.36	68572.54	32950.35	42933.75
主营成本(万元)	23543.22	44670.51	22327.11	26246.39
营业成本(万元)	23543.22	44670.51	22327.11	26246.39
投资收益(万元)	-	-	-	0.02
净利润(万元)	4293.24	7160.40	3481.02	5540.46
利润总额(万元)	4853.11	8315.96	4187.59	6065.54

加加食品集团股份有限公司

公司概况					
公司名称	加加食品集团股份有限公司			证券简称	加加食品
法人代表	杨振	董秘	戴自良	证券代码	002650
公司网址	www.jiajiagroup.com		电子信箱	dm@jiajiagroup.com	
电　　话	0731-87807235		传　　真	0731-87807235	
办公地址	湖南省长沙市宁乡经济技术开发区站前路				
经营范围	酱油、食用植物油和其他调味品的研发、生产和销售等				

主要财务指标	2012.06.30	2011.12.31	2011.06.30	2010.12.31
基本每股收益(元)	0.3900	1.3100	0.3900	1.0800
基本每股收益(扣除后)(元)	0.3800	1.1400	0.3900	0.9800
每股净资产(元)	8.3200	10.1200	3.3600	2.8900
每股经营现金净流量(元)	-0.2926	0.7047	-0.0673	0.6845
每股现金流量(元)	-2.1269	7.5938	0.1189	-0.2045
每股资本公积金(元)	6.0749	7.4899	1.0274	1.0274
每股盈余公积金(元)	0.1178	0.1414	0.0291	0.0291
每股未分配利润(元)	1.1296	1.4896	1.3004	0.8312
净资产收益率(%)	4.6600	9.7400	13.9800	37.4778
加权净资产收益率(%)	4.5400	37.0800	15.0300	49.9200
净资产收益率(扣除)(%)	-	-	-	-
总资产(万元)	180766.92	208460.71	81755.73	80092.31
归属母公司股东权益(万元)	159788.39	161934.59	40283.42	34652.70
主营业务收入(万元)	80556.20	168224.98	81049.60	137514.96
营业收入(万元)	80564.74	168280.89	81056.34	137558.70
主营成本(万元)	60268.64	127420.90	61319.75	104243.41
营业成本(万元)	60330.33	127483.93	61325.36	104258.27
投资收益(万元)	-	-	-	-
净利润(万元)	7453.81	15772.04	5630.72	13280.89
利润总额(万元)	9972.81	21182.09	7636.39	18100.07

成都利君实业股份有限公司

公司概况					
公司名称	成都利君实业股份有限公司			证券简称	利君股份
法人代表	何亚民	董秘	胡益俊	证券代码	002651
公司网址	www.cdleejun.com		电子信箱	leejun@cdleejun.com	
电　　话	028-85370138		传　　真	028-85370138	
办公地址	四川省成都市武侯区武科东二路 5 号				
经营范围	研究制造、销售、机电产品(不含汽车)及配件等				

主要财务指标	2012.06.30	2011.12.31	2011.06.30	2010.12.31
基本每股收益(元)	0.5000	1.1800	0.8200	1.6000
基本每股收益(扣除后)(元)	0.4900	1.1500	0.8100	1.5800
每股净资产(元)	4.9200	4.7400	2.2000	1.3800
每股经营现金净流量(元)	0.0464	0.2406	0.1763	0.8733
每股现金流量(元)	-0.4184	2.6746	-0.0903	-0.2981
每股资本公积金(元)	2.3356	2.3356	-	-
每股盈余公积金(元)	0.3144	0.3144	0.2362	0.2362
每股未分配利润(元)	1.2698	1.0888	0.9681	0.1474
净资产收益率(%)	10.1800	22.3430	37.2300	115.7500
加权净资产收益率(%)	10.1500	59.7700	45.7500	168.8300
净资产收益率(扣除)(%)	-	-	-	-
总资产(万元)	242716.68	242725.85	141709.19	128660.53
归属母公司股东权益(万元)	197285.93	190027.84	79353.67	49809.74
主营业务收入(万元)	42794.76	112707.79	72977.01	140062.62
营业收入(万元)	47831.87	122006.10	76594.72	144829.31
主营成本(万元)	21230.35	56125.00	34533.23	64603.26
营业成本(万元)	22857.86	60109.91	35688.56	66992.24
投资收益(万元)	16.47	215.87	169.88	252.68
净利润(万元)	20090.10	42458.56	29543.93	57654.96
利润总额(万元)	23761.24	49931.48	34944.14	67597.18

苏州扬子江新型材料股份有限公司

公司概况

公司名称	苏州扬子江新型材料股份有限公司			证券简称	扬子新材
法人代表	胡卫林	董秘	金跃国	证券代码	002652
公司网址	www.yzjnm.com		电子信箱	jyg@yzjnm.com	
电　话	0512-68327201		传　真	0512-68073999	
办公地址	江苏省苏州市相城区潘阳工业园春丰路 88 号				
经营范围	有机涂层板及其基板的研发、生产与销售等				

主要财务指标

指标\报告期	2012.06.30	2011.12.31	2011.06.30	2010.12.31
基本每股收益(元)	0.2200	0.7300	0.4200	0.7200
基本每股收益(扣除后)(元)	0.1900	0.7200	0.4100	0.7200
每股净资产(元)	4.9400	3.3600	3.0500	2.6300
每股经营现金净流量(元)	-1.9690	0.2009	0.2681	0.2407
每股现金流量(元)	-0.0224	0.3206	0.2092	0.0775
每股资本公积金(元)	2.3792	0.4422	0.4422	0.4422
每股盈余公积金(元)	0.1442	0.1922	0.1189	0.1189
每股未分配利润(元)	1.4213	1.7302	1.4932	1.0705
净资产收益率(%)	4.5300	21.7870	13.8400	27.3400
加权净资产收益率(%)	6.1900	24.4500	14.8700	31.6700
净资产收益率(扣除)(%)	-	-	-	-
总资产(万元)	66601.00	56617.69	64565.58	64780.12
归属母公司股东权益(万元)	52750.61	26917.26	24434.74	21052.91
主营业务收入(万元)	59132.20	144492.14	74957.84	123339.25
营业收入(万元)	61619.35	152311.64	77829.12	128590.06
主营成本(万元)	53592.83	129873.09	66886.26	108915.60
营业成本(万元)	56055.82	137616.35	69728.37	114076.91
投资收益(万元)	-	-	-	-
净利润(万元)	2387.83	5864.35	3381.82	5755.83
利润总额(万元)	2809.21	6816.02	3925.38	6771.26

西藏海思科药业集团股份有限公司

公司概况

公司名称	西藏海思科药业集团股份有限公司			证券简称	海思科
法人代表	王俊民	董秘	邓翔	证券代码	002653
公司网址	www.haisco.com		电子信箱	dengx@haisco.com	
电　话	0893-7834865		传　真	0893-7834866	
办公地址	西藏自治区山南地区泽当镇香曲东路 8 号				
经营范围	化药制剂及原料药的研发、生产和销售等				

主要财务指标

指标\报告期	2012.06.30	2011.12.31	2011.06.30	2010.12.31
基本每股收益(元)	0.4800	0.3500	0.3500	0.8700
基本每股收益(扣除后)(元)	0.3000	0.2600	0.2600	0.6900
每股净资产(元)	3.6300	2.1300	1.7700	1.2600
每股经营现金净流量(元)	0.4214	0.7244	0.2267	1.0205
每股现金流量(元)	1.3277	0.3423	0.0902	0.7087
每股资本公积金(元)	1.7731	0.0346	0.0346	0.0280
每股盈余公积金(元)	0.1309	0.1455	0.0581	0.0581
每股未分配利润(元)	0.7298	0.9526	0.5183	0.1725
净资产收益率(%)	13.0100	40.6760	21.4700	67.4820
加权净资产收益率(%)	14.3700	51.0900	24.0900	118.4800
净资产收益率(扣除)(%)	-	-	-	-
总资产(万元)	156472.75	88270.50	70966.21	62988.32
归属母公司股东权益(万元)	145387.09	76775.68	57996.33	45309.06
主营业务收入(万元)	32387.52	60366.67	25737.56	58158.51
营业收入(万元)	32387.52	60442.97	25737.56	58158.51
主营成本(万元)	9249.18	20094.57	9112.77	19969.69
营业成本(万元)	9249.18	20094.57	9112.77	19969.69
投资收益(万元)	58.72	-	-	-
净利润(万元)	18913.02	31229.61	12450.27	30575.30
利润总额(万元)	20880.58	36938.79	14698.54	36386.90

深圳万润科技股份有限公司

公司概况

公司名称	深圳万润科技股份有限公司			证券简称	万润科技
法人代表	李志江	董秘	郝军	证券代码	002654
公司网址	www.mason-led.com		电子信箱	wanrun@mason-led.com	
电　话	0755-29199416 33953399-8827		传　真	0755-33236389 29886865	
办公地址	广东省深圳市光明新区光明办事处圳美公常路北侧雅盛科技工业园厂房 B 栋				
经营范围	研发、设计、生产和销售为一体的中高端 LED 光源器件封装和 LED 照明产品				

主要财务指标

指标\报告期	2012.06.30	2011.12.31	2011.06.30	2010.12.31
基本每股收益(元)	0.3200	0.8200	0.4200	0.7000
基本每股收益(扣除后)(元)	0.3000	0.7900	0.4100	0.6800
每股净资产(元)	5.4800	3.7600	3.3600	2.9400
每股经营现金净流量(元)	-0.0628	0.6435	0.4650	0.4075
每股现金流量(元)	1.2568	-0.0676	0.2408	0.4303
每股资本公积金(元)	2.8351	0.7923	0.5942	0.7923
每股盈余公积金(元)	0.1486	0.1486	0.0865	0.1154
每股未分配利润(元)	1.5012	1.3294	1.0901	1.0360
净资产收益率(%)	5.3200	21.7710	12.4200	18.6020
加权净资产收益率(%)	6.3300	24.4300	13.2400	28.4700
净资产收益率(扣除)(%)	-	-	-	-
总资产(万元)	65137.99	42661.53	39092.37	32818.88
归属母公司股东权益(万元)	48267.09	24835.32	22183.46	19428.41
主营业务收入(万元)	19575.57	37062.73	18843.05	23209.35
营业收入(万元)	19618.36	37444.55	19019.99	23388.76
主营成本(万元)	13956.33	25975.51	13027.12	15253.54
营业成本(万元)	13977.35	26340.76	13194.76	15435.59
投资收益(万元)	-	-	-	-69.17
净利润(万元)	2568.27	5406.91	2755.05	3586.29
利润总额(万元)	2965.07	6269.44	3214.73	4165.58

山东共达电声股份有限公司

公司概况

公司名称	山东共达电声股份有限公司			证券简称	共达电声
法人代表	赵笃仁	董秘	王永刚	证券代码	002655
公司网址	www.gettopacoustic.com		电子信箱	gettop@gettopacoustic.com	
电　话	0536-7513259		传　真	0536-7605903	
办公地址	山东省潍坊市坊子区凤山路 68 号				
经营范围	微型电声元器件及电声组件的研发、生产和销售等				

主要财务指标

指标\报告期	2012.06.30	2011.12.31	2011.06.30	2010.12.31
基本每股收益(元)	0.2000	0.5900	0.2400	0.5600
基本每股收益(扣除后)(元)	0.1800	0.5900	0.2700	0.4900
每股净资产(元)	4.6200	2.8300	2.4800	2.2700
每股经营现金净流量(元)	-0.0453	0.6339	-0.0580	0.5512
每股现金流量(元)	1.2811	0.2589	-0.0941	0.1280
每股资本公积金(元)	2.3955	0.3077	0.3077	0.2415
每股盈余公积金(元)	0.1201	0.1601	0.1005	0.1005
每股未分配利润(元)	1.1046	1.3617	1.0690	0.9272
净资产收益率(%)	3.9700	21.0210	9.7600	24.7250
加权净资产收益率(%)	5.9800	23.5400	10.3300	28.2100
净资产收益率(扣除)(%)	-	-	-	-
总资产(万元)	75794.43	52188.09	48156.80	41287.30
归属母公司股东权益(万元)	55381.94	25439.59	22294.96	20422.47
主营业务收入(万元)	22665.90	45106.73	22608.61	38310.21
营业收入(万元)	22674.07	45174.58	22641.14	38691.41
主营成本(万元)	15827.55	30978.82	15689.90	26116.06
营业成本(万元)	15831.01	31015.10	15715.73	26406.45
投资收益(万元)	1.44	3.60	-	-
净利润(万元)	2199.70	5347.56	2176.44	5049.43
利润总额(万元)	2501.36	6236.90	2473.99	5889.52

广州卡奴迪路服饰股份有限公司

公司概况					
公司名称	广州卡奴迪路服饰股份有限公司			证券简称	卡奴迪路
法人代表	林永飞	董秘	林峰国	证券代码	002656
公司网址	www.canudilo.com		电子信箱	investor@canudilo.com	
电　话	020-83963777		传　真	020-37873679	
办公地址	广东省广州市天河区黄埔大道西 638 号富力科讯大厦 12-13 楼				
经营范围	高级男装服饰的研发设计、品牌推广和零售管理				

主要财务指标

指标＼报告期	2012.06.30	2011.12.31	2011.06.30	2010.12.31
基本每股收益(元)	0.8400	1.4600	0.6800	0.8700
基本每股收益(扣除后)(元)	0.8400	1.4200	0.6700	0.8600
每股净资产(元)	10.3200	4.0900	–	2.6400
每股经营现金净流量(元)	–0.5588	1.4504	0.2286	1.0168
每股现金流量(元)	5.4062	1.1557	0.1606	0.1604
每股资本公积金(元)	6.3481	0.1449	–	0.1449
每股盈余公积金(元)	0.1640	0.2187	–	0.1091
每股未分配利润(元)	2.8203	2.7348	–	1.3864
净资产收益率(%)	7.4500	35.6790	20.4400	32.9690
加权净资产收益率(%)	9.8900	43.3200	22.7300	39.4200
净资产收益率(扣除)(%)	–	–	–	–
总资产(万元)	122508.99	58696.97	–	38507.92
归属母公司股东权益(万元)	103249.58	30649.34	24820.53	19776.35
主营业务收入(万元)	28584.44	46144.23	22074.11	33704.12
营业收入(万元)	28584.44	46146.87	22074.11	33706.76
主营成本(万元)	9596.15	17085.76	8232.51	12600.48
营业成本(万元)	9596.15	17085.76	8232.51	12600.48
投资收益(万元)	–	–	–	–
净利润(万元)	7692.02	10935.21	5072.16	6519.99
利润总额(万元)	10379.07	14685.67	6817.47	8778.10

北京中科金财科技股份有限公司

公司概况					
公司名称	北京中科金财科技股份有限公司			证券简称	中科金财
法人代表	朱烨东	董秘	李明珠	证券代码	002657
公司网址	www.sinodata.net.cn		电子信箱	zkjc@sinodata.net.cn	
电　话	010-62309608		传　真	010-62309595	
办公地址	北京市海淀区学院路 51 号楼首享科技大厦 6 层				
经营范围	应用软件开发、技术服务及相关的计算机信息系统集成服务等				

主要财务指标

指标＼报告期	2012.06.30	2011.12.31	2011.06.30	2010.12.31
基本每股收益(元)	0.3600	1.0800	0.3500	0.8600
基本每股收益(扣除后)(元)	0.3500	0.9800	0.3500	0.8000
每股净资产(元)	8.8600	5.0000	–	3.9200
每股经营现金净流量(元)	–1.0443	1.2311	–1.5314	0.8218
每股现金流量(元)	1.7403	–0.1163	–2.4210	1.7941
每股资本公积金(元)	5.1543	0.8305	–	0.8305
每股盈余公积金(元)	0.2382	0.3175	–	0.2122
每股未分配利润(元)	2.4671	2.8477	–	1.8774
净资产收益率(%)	3.7400	21.5310	8.2300	20.8500
加权净资产收益率(%)	4.6700	24.1300	8.5800	26.0700
净资产收益率(扣除)(%)	–	–	–	–
总资产(万元)	70538.62	41434.80	–	35441.14
归属母公司股东权益(万元)	61837.22	26151.51	22360.57	20520.83
主营业务收入(万元)	17478.47	45289.45	16217.56	38210.32
营业收入(万元)	17797.38	45889.35	16432.66	39079.36
主营成本(万元)	7119.14	28791.98	9137.40	27770.43
营业成本(万元)	7374.62	29300.09	9324.05	28503.51
投资收益(万元)	–	–	–	70.82
净利润(万元)	2183.60	5670.64	1835.10	4285.46
利润总额(万元)	2616.33	6409.68	2077.54	4910.00

北京雪迪龙科技股份有限公司

公司概况					
公司名称	北京雪迪龙科技股份有限公司			证券简称	雪 迪 龙
法人代表	敖小强	董秘	赵爱学	证券代码	002658
公司网址	www.chsdl.com		电子信箱	zqb@chsdl.com	
电　话	010-80735666 80735664		传　真	010-80735777	
办公地址	北京市昌平区国际信息产业基地高新 3 街 3 号				
经营范围	分析仪器仪表、环境监测系统、工业过程分析系统的研发、生产、销售等				

主要财务指标

指标＼报告期	2012.06.30	2011.12.31	2011.06.30	2010.12.31
基本每股收益(元)	0.2400	0.7900	0.2600	0.3400
基本每股收益(扣除后)(元)	0.2400	0.7700	0.2500	0.7300
每股净资产(元)	7.4000	3.2900	–	2.5000
每股经营现金净流量(元)	–0.1362	0.3675	0.0040	0.5673
每股现金流量(元)	4.3789	0.0458	–0.1783	0.5681
每股资本公积金(元)	5.1914	0.9561	–	0.9561
每股盈余公积金(元)	0.1001	0.1334	–	0.0544
每股未分配利润(元)	1.1105	1.2010	–	0.4897
净资产收益率(%)	2.8400	24.0180	7.8600	13.3720
加权净资产收益率(%)	4.1600	27.3000	11.8600	16.2800
净资产收益率(扣除)(%)	–	–	–	–
总资产(万元)	110992.47	43400.70	–	36470.02
归属母公司股东权益(万元)	101757.56	33923.00	28442.92	25775.50
主营业务收入(万元)	14049.07	–	12809.31	–
营业收入(万元)	14049.07	32781.00	12809.31	30017.38
主营成本(万元)	7166.11	–	6655.43	–
营业成本(万元)	7166.11	16744.72	6655.43	15615.68
投资收益(万元)	–	–	–	–
净利润(万元)	2884.98	8147.50	2667.42	3446.57
利润总额(万元)	3394.09	9476.42	3150.12	4681.87

江苏中泰桥梁钢构股份有限公司

公司概况					
公司名称	江苏中泰桥梁钢构股份有限公司			证券简称	中泰桥梁
法人代表	陈禹	董秘	石军	证券代码	002659
公司网址	www.jszt.net.cn		电子信箱	ztql@ztsschina.com	
电　话	0523-84633050		传　真	0523-84633000	
办公地址	江苏省无锡市江阴市靖江工业园区同康路 15 号				
经营范围	桥梁钢结构及其他金属结构及构件的制造、施工、安装、运输、修复和加固等				

主要财务指标

指标＼报告期	2012.06.30	2011.12.31	2011.06.30	2010.12.31
基本每股收益(元)	0.2600	0.6200	0.3200	0.4600
基本每股收益(扣除后)(元)	0.2400	0.6300	0.3200	0.4600
每股净资产(元)	4.2100	2.3600	–	1.8772
每股经营现金净流量(元)	–0.3480	–0.3056	0.0433	0.6734
每股现金流量(元)	1.3323	0.5285	0.1534	0.1347
每股资本公积金(元)	2.1861	0.1466	–	0.1466
每股盈余公积金(元)	0.1128	0.1506	–	0.0877
每股未分配利润(元)	0.9081	1.0651	–	0.6428
净资产收益率(%)	5.3500	27.0440	16.0800	24.2350
加权净资产收益率(%)	7.4400	31.0100	17.1700	26.5500
净资产收益率(扣除)(%)	–	–	–	–
总资产(万元)	147663.72	112808.77	–	93735.17
归属母公司股东权益(万元)	65419.35	27520.05	23283.09	21869.05
主营业务收入(万元)	41828.92	91435.35	44088.91	69133.20
营业收入(万元)	41828.92	91435.35	44088.91	69194.20
主营成本(万元)	35176.90	76370.07	36944.22	57270.65
营业成本(万元)	35176.90	76370.07	36944.22	57274.03
投资收益(万元)	–	–	–	4.26
净利润(万元)	3507.72	7379.00	3827.75	5631.60
利润总额(万元)	4245.32	9748.09	5029.64	7448.19

茂硕电源科技股份有限公司

公司概况	公司名称	茂硕电源科技股份有限公司			证券简称	茂硕电源
	法人代表	顾永德	董秘	方吉槟	证券代码	002660
	公司网址	www.mosopower.com		电子信箱	mgr.fin@mosopower.com	
	电　　话	0755-27659888		传　　真	0755-27657908 27659888	
	办公地址	广东省深圳市南山区松白路关外小白芒桑泰工业园6层				
	经营范围	开关电源的研发、生产及销售等				

主要财务指标	指标\报告期	2012.06.30	2011.12.31	2011.06.30	2010.12.31
	基本每股收益(元)	0.3500	0.7400	0.3800	0.6500
	基本每股收益(扣除后)(元)	0.3100	0.7000	0.3700	0.6900
	每股净资产(元)	6.8800	3.0800	–	2.3400
	每股经营现金净流量(元)	-0.1223	0.4865	0.1723	0.5704
	每股现金流量(元)	3.5245	0.2434	0.0095	0.4280
	每股资本公积金(元)	4.3614	0.4556	–	0.4541
	每股盈余公积金(元)	0.1450	0.1934	–	0.1298
	每股未分配利润(元)	1.3747	1.4265	–	0.7521
	净资产收益率(%)	4.4300	23.9960	12.3500	27.6960
	加权净资产收益率(%)	6.6300	27.2800	15.0300	27.7000
	净资产收益率(扣除)(%)	–	–	–	–
	总资产(万元)	81694.77	43796.26	–	41495.06
	归属母公司股东权益(万元)	66802.42	22389.38	19781.28	17005.78
	主营业务收入(万元)	24043.54	55242.30	28939.85	48587.91
	营业收入(万元)	24043.54	55457.17	28952.08	48715.26
	主营成本(万元)	17891.91	40175.21	21406.00	35949.72
	营业成本(万元)	17891.91	40248.04	21409.77	36013.49
	投资收益(万元)	–	–	–	–
	净利润(万元)	2930.89	5379.02	2760.06	4744.99
	利润总额(万元)	3522.70	6461.84	3308.31	5303.05

克明面业股份有限公司

公司概况	公司名称	克明面业股份有限公司			证券简称	克明面业
	法人代表	陈克明	董秘	杨忠明	证券代码	002661
	公司网址	www.kemen.net.cn		电子信箱	kemen@kemen.net.cn	
	电　　话	0737-5213069		传　　真	0737-5212556	
	办公地址	湖南省益阳市南县兴盛大道工业园1号				
	经营范围	专注于传统健康主食——挂面食品的研发、生产及销售等				

主要财务指标	指标\报告期	2012.06.30	2011.12.31	2011.06.30	2010.12.31
	基本每股收益(元)	0.5200	1.0500	0.4400	0.8400
	基本每股收益(扣除后)(元)	0.4700	0.9800	0.4300	0.7600
	每股净资产(元)	7.5100	3.6300	–	2.5700
	每股经营现金净流量(元)	0.1865	1.2264	0.9652	1.6969
	每股现金流量(元)	3.7309	0.3843	0.3144	0.4723
	每股资本公积金(元)	4.6532	0.0931	–	0.0931
	每股盈余公积金(元)	0.1608	0.2144	–	0.1421
	每股未分配利润(元)	1.6976	2.3190	–	1.3366
	净资产收益率(%)	6.1000	29.0840	14.7200	31.9180
	加权净资产收益率(%)	8.8200	34.0300	15.8900	37.9400
	净资产收益率(扣除)(%)	–	–	–	–
	总资产(万元)	81577.24	44306.09	–	35997.09
	归属母公司股东权益(万元)	62406.49	22596.65	18790.33	16024.63
	主营业务收入(万元)	47278.53	84197.73	39347.46	64499.70
	营业收入(万元)	47325.53	84255.92	39378.85	64530.99
	主营成本(万元)	35553.18	63978.05	29997.15	47814.99
	营业成本(万元)	35623.31	64087.93	30051.90	47850.08
	投资收益(万元)	77.83	-12.31	-9.08	5.75
	净利润(万元)	3807.76	6572.02	2765.70	5114.79
	利润总额(万元)	4741.21	8134.54	3390.24	6239.49

北京威卡威汽车零部件股份有限公司

公司概况	公司名称	北京威卡威汽车零部件股份有限公司			证券简称	京威股份
	法人代表	李璟瑜	董秘	鲍丽娜	证券代码	002662
	公司网址	www.beijing-wkw.com		电子信箱	jingwei@beijing-wkw.com	
	电　　话	010-60276313		传　　真	010-60279917	
	办公地址	北京市大兴区黄村镇西庄村天堂河70号				
	经营范围	进行乘用车内外饰件系统的配套研发、制造和相关服务等				

主要财务指标	指标\报告期	2012.06.30	2011.12.31	2011.06.30	2010.12.31
	基本每股收益(元)	0.7100	1.3700	0.5800	1.2300
	基本每股收益(扣除后)(元)	0.7100	–	0.5800	1.2300
	每股净资产(元)	8.1500	3.6700	–	2.7556
	每股经营现金净流量(元)	0.6074	1.3183	0.5401	1.1184
	每股现金流量(元)	4.9807	-0.1554	-0.1580	0.0570
	每股资本公积金(元)	4.5270	0.0043	–	0.0043
	每股盈余公积金(元)	0.2518	0.3358	–	0.2092
	每股未分配利润(元)	2.3663	2.3315	–	1.5422
	净资产收益率(%)	7.5800	37.2040	17.4800	44.6070
	加权净资产收益率(%)	11.3300	41.8900	19.1500	49.6300
	净资产收益率(扣除)(%)	–	–	–	–
	总资产(万元)	284298.51	121945.60	–	98565.90
	归属母公司股东权益(万元)	244352.39	82609.35	75131.21	62000.20
	主营业务收入(万元)	77531.85	133070.41	56773.43	106579.49
	营业收入(万元)	79759.84	140182.07	60057.48	116243.28
	主营成本(万元)	44785.16	74509.58	31666.49	53923.35
	营业成本(万元)	46683.81	79088.10	33263.29	59219.58
	投资收益(万元)	1618.21	-282.23	-174.63	-117.39
	净利润(万元)	21264.61	35237.57	15268.40	35244.51
	利润总额(万元)	27635.57	47000.01	20336.71	46009.71

广州普邦园林股份有限公司

公司概况	公司名称	广州普邦园林股份有限公司			证券简称	普邦园林
	法人代表	涂善忠	董秘	马力达	证券代码	002663
	公司网址	www.pblandscape.com		电子信箱	malida@pblandscape.com	
	电　　话	020-87397491		传　　真	020-87361417	
	办公地址	广东省广州市越秀区五羊新城寺右新马路南二街16号首层				
	经营范围	园林环境配套产品、园林绿化工程、室内装修、公共社区园林绿化等				

主要财务指标	指标\报告期	2012.06.30	2011.12.31	2011.06.30	2010.12.31
	基本每股收益(元)	0.8100	1.2800	0.6300	0.4000
	基本每股收益(扣除后)(元)	0.8000	1.2800	0.6300	0.8800
	每股净资产(元)	10.2900	3.4400	–	2.1611
	每股经营现金净流量(元)	-0.9233	0.2927	0.2491	0.6747
	每股现金流量(元)	5.8243	0.1661	0.2064	0.6491
	每股资本公积金(元)	7.7775	1.0916	–	1.0916
	每股盈余公积金(元)	0.1083	0.1444	–	0.0082
	每股未分配利润(元)	1.4010	1.2086	–	0.0613
	净资产收益率(%)	6.8500	37.2610	22.6000	17.1910
	加权净资产收益率(%)	11.0100	45.7900	25.4800	24.2100
	净资产收益率(扣除)(%)	–	–	–	–
	总资产(万元)	203031.74	65744.70	–	45230.15
	归属母公司股东权益(万元)	179690.33	45123.96	36576.56	28310.38
	主营业务收入(万元)	87257.98	130863.90	62286.27	86090.45
	营业收入(万元)	87257.98	130863.90	62286.27	86090.45
	主营成本(万元)	64266.79	95745.55	45351.30	63015.04
	营业成本(万元)	64266.79	95745.55	45351.30	63015.04
	投资收益(万元)	–	–	–	23.29
	净利润(万元)	12308.11	16813.57	8266.18	4866.91
	利润总额(万元)	14196.99	20108.91	9761.72	7072.88

信质电机股份有限公司

公司概况	公司名称	信质电机股份有限公司			证券简称	信质电机
	法人代表	尹兴满	董秘	朱彬	证券代码	002664
	公司网址	www.chinaxinzhi.com		电子信箱	xinzhi@chinaxinzhi.com	
	电　话	0576-88931163 88931165		传　真	0576-88931165	
	办公地址	浙江省台州市椒江区前所信质路 28 号				
	经营范围	从事各种电机定子、转子等电机核心零部件的研发、制造和销售				

主要财务指标	指标\报告期	2012.06.30	2011.12.31	2011.06.30	2010.12.31
	基本每股收益(元)	0.4200	0.7800	0.3500	0.5400
	基本每股收益(扣除后)(元)	0.4200	0.7600	0.3500	0.5200
	每股净资产(元)	7.4000	4.5100	–	3.7700
	每股经营现金净流量(元)	–0.3345	0.4906	0.2765	0.2939
	每股现金流量(元)	2.2200	0.3470	0.4276	–0.0433
	每股资本公积金(元)	5.2818	2.4369	–	2.4742
	每股盈余公积金(元)	0.0887	0.1182	–	0.0427
	每股未分配利润(元)	1.0341	0.9574	–	0.2556
	净资产收益率(%)	4.9600	17.2250	7.8500	11.6500
	加权净资产收益率(%)	6.8000	18.7100	8.9700	18.6300
	净资产收益率(扣除)(%)	–	–	–	–
	总资产(万元)	131785.44	90037.26	–	72071.97
	归属母公司股东权益(万元)	98733.17	45124.64	40864.82	37724.82
	主营业务收入(万元)	42747.38	76779.54	36936.91	52621.41
	营业收入(万元)	43333.33	78295.26	37631.27	53925.81
	主营成本(万元)	32966.78	60543.42	29385.61	42228.29
	营业成本(万元)	32978.98	60855.48	29550.51	42785.92
	投资收益(万元)	2.77	208.78	–10.06	–28.08
	净利润(万元)	4666.66	7574.42	3381.56	4316.12
	利润总额(万元)	5444.48	8674.23	3907.23	5037.53

北京首航艾启威节能技术股份有限公司

公司概况	公司名称	北京首航艾启威节能技术股份有限公司			证券简称	首航节能
	法人代表	黄文佳	董秘	黄卿义	证券代码	002665
	公司网址	www.sh-ihw.com		电子信箱	shouhang@sh-ihw.com	
	电　话	010-52255555 13911093031		传　真	010-52256633	
	办公地址	北京市丰台区南四环 188 号总部基地 3 区 20 号楼				
	经营范围	空冷系统的研发、设计、生产和销售等				

主要财务指标	指标\报告期	2012.06.30	2011.12.31	2011.06.30	2010.12.31
	基本每股收益(元)	0.5200	0.8300	0.3400	0.6800
	基本每股收益(扣除后)(元)	0.4500	1.2400	0.4900	1.0900
	每股净资产(元)	11.5300	4.9800	–	3.7300
	每股经营现金净流量(元)	–0.6814	–0.0998	–0.6504	0.3525
	每股现金流量(元)	6.2021	–0.9221	–1.0277	1.2492
	每股资本公积金(元)	9.1425	2.7349	–	2.5843
	每股盈余公积金(元)	0.0936	0.1248	–	0.0146
	每股未分配利润(元)	1.2985	1.1234	–	0.1312
	净资产收益率(%)	3.9500	22.1250	7.9700	24.4830
	加权净资产收益率(%)	5.9700	25.0900	8.4600	48.4100
	净资产收益率(扣除)(%)	–	–	–	–
	总资产(万元)	209486.76	107363.70	–	96806.29
	归属母公司股东权益(万元)	153814.06	49831.72	–	37300.51
	主营业务收入(万元)	39150.78	–	28608.67	57216.65
	营业收入(万元)	39221.44	75205.62	28653.84	57619.63
	主营成本(万元)	28541.49	–	19886.71	39964.00
	营业成本(万元)	28587.74	51472.47	19886.71	39980.56
	投资收益(万元)	–	–0.49	–0.49	–
	净利润(万元)	6081.30	11025.06	3362.25	9132.14
	利润总额(万元)	7178.99	13349.57	4309.18	10771.14

广东德联集团股份有限公司

公司概况	公司名称	广东德联集团股份有限公司			证券简称	德联集团
	法人代表	徐咸大	董秘	邓国锦	证券代码	002666
	公司网址	www.delian.cn		电子信箱	zq@delian.cn	
	电　话	0757-85780297 85780298		传　真	0757-85780299 85768929	
	办公地址	广东省佛山市南海区小塘狮山新城开发区				
	经营范围	汽车精细化学品的制造和销售等				

主要财务指标	指标\报告期	2012.06.30	2011.12.31	2011.06.30	2010.12.31
	基本每股收益(元)	0.4100	0.9800	0.4100	0.8300
	基本每股收益(扣除后)(元)	0.4100	0.9700	0.4100	0.8200
	每股净资产(元)	8.3200	5.3600	–	4.3731
	每股经营现金净流量(元)	0.0028	0.7451	0.1797	0.1915
	每股现金流量(元)	3.2877	1.0498	0.2782	–0.1137
	每股资本公积金(元)	4.2499	0.6865	–	0.6865
	每股盈余公积金(元)	0.0316	0.0121	–	0.0004
	每股未分配利润(元)	3.0432	3.6575	–	2.6863
	净资产收益率(%)	4.2900	18.3520	8.6200	19.0580
	加权净资产收益率(%)	6.6200	20.2000	9.0300	21.0700
	净资产收益率(扣除)(%)	–	–	–	–
	总资产(万元)	153802.84	93590.17	–	71417.61
	归属母公司股东权益(万元)	133190.47	64268.37	57439.54	52477.15
	主营业务收入(万元)	57257.86	112077.64	49962.73	92551.66
	营业收入(万元)	57397.42	112112.36	49967.83	92579.16
	主营成本(万元)	44059.31	88010.90	39268.81	72281.79
	营业成本(万元)	44149.02	88010.90	39268.81	72297.48
	投资收益(万元)	–	0.19	0.19	0.09
	净利润(万元)	5698.30	11815.45	4994.29	9936.56
	利润总额(万元)	7465.18	15213.99	6476.54	12801.63

鞍山重型矿山机器股份有限公司

公司概况	公司名称	鞍山重型矿山机器股份有限公司			证券简称	鞍重股份
	法人代表	杨永柱	董秘	张宝田	证券代码	002667
	公司网址	www.aszkjqc.com		电子信箱	aszk@aszkjqc.com	
	电　话	0412-5213058		传　真	0412-5213058	
	办公地址	辽宁省鞍山市鞍千路 294 号				
	经营范围	煤炭、钢铁、矿山、筑路等行业专用大型振动筛的研发、生产和销售等				

主要财务指标	指标\报告期	2012.06.30	2011.12.31	2011.06.30	2010.12.31
	基本每股收益(元)	0.6860	1.1900	0.6550	0.9700
	基本每股收益(扣除后)(元)	0.6000	1.0900	0.5710	0.9400
	每股净资产(元)	9.4200	4.4200	–	3.1900
	每股经营现金净流量(元)	–0.1383	0.3915	0.4162	0.6070
	每股现金流量(元)	4.9965	0.0044	0.2986	0.6274
	每股资本公积金(元)	5.8408	0.6512	–	0.6512
	每股盈余公积金(元)	0.2075	0.2767	–	0.1575
	每股未分配利润(元)	2.3675	2.4894	–	1.4173
	净资产收益率(%)	6.3800	26.9680	16.8700	26.3140
	加权净资产收益率(%)	9.3900	31.1700	18.4300	36.9200
	净资产收益率(扣除)(%)	–	–	–	–
	总资产(万元)	77073.79	38013.71	–	31563.58
	归属母公司股东权益(万元)	64008.92	22519.36	19784.72	16446.27
	主营业务收入(万元)	13712.82	24463.62	11891.27	19581.04
	营业收入(万元)	14463.65	25643.01	12479.17	20683.13
	主营成本(万元)	7121.67	13096.76	6374.28	10839.20
	营业成本(万元)	7299.24	13392.20	6526.69	11192.03
	投资收益(万元)	–	–	–	–
	净利润(万元)	4082.37	6072.76	3338.48	4327.54
	利润总额(万元)	4764.64	7083.85	3931.21	4790.03

广东奥马电器股份有限公司

公司概况	公司名称	广东奥马电器股份有限公司			证券简称	奥马电器
	法人代表	蔡拾贰	董秘	何石琼	证券代码	002668
	公司网址	www.homa.cn		电子信箱	homa@homa.cn	
	电　　话	0760-23130226 23130225		传　　真	0760-23137825	
	办公地址	广东省中山市南头镇升辉北工业区				
	经营范围	专注于冰箱的设计、制造和销售等				

	指标\报告期	2012.06.30	2011.12.31	2011.06.30	2010.12.31
主要财务指标	基本每股收益(元)	0.6000	1.1700	0.5300	1.0600
	基本每股收益(扣除后)(元)	0.5900	1.1300	0.5800	0.7100
	每股净资产(元)	6.6000	4.7800	–	3.6100
	每股经营现金净流量(元)	–1.4608	2.4393	1.7903	2.0948
	每股现金流量(元)	0.4373	1.0650	1.0625	0.4347
	每股资本公积金(元)	2.7276	0.6214	–	0.6214
	每股盈余公积金(元)	0.2380	0.3174	–	0.2012
	每股未分配利润(元)	2.6327	2.8437	–	1.7850
	净资产收益率(%)	7.5800	24.5670	11.0000	29.3930
	加权净资产收益率(%)	10.7100	28.0100	13.5900	34.4600
	净资产收益率(扣除)(%)	–	–	–	–
	总资产(万元)	242329.68	191290.89	–	136103.16
	归属母公司股东权益(万元)	109104.71	59303.23	51257.39	44734.12
	主营业务收入(万元)	182307.25	319258.81	165398.16	282875.68
	营业收入(万元)	182437.69	319410.55	165446.09	282887.79
	主营成本(万元)	146173.57	259103.73	136566.80	242183.90
	营业成本(万元)	146173.57	259103.73	136566.80	242183.90
	投资收益(万元)	319.71	2146.69	1155.42	2205.29
	净利润(万元)	8273.57	14569.11	6523.27	13148.55
	利润总额(万元)	9730.18	17214.91	7693.62	15551.83

上海康达化工新材料股份有限公司

公司概况	公司名称	上海康达化工新材料股份有限公司			证券简称	康达新材
	法人代表	陆企亭	董秘	储文斌	证券代码	002669
	公司网址	www.shkdchem.com		电子信箱	kdxc@shkdchem.com	
	电　　话	021-68918998-897 829		传　　真	021-68916616	
	办公地址	上海市浦东新区庆达路 655 号				
	经营范围	胶粘剂的研发、生产、销售和服务等				

	指标\报告期	2012.06.30	2011.12.31	2011.06.30	2010.12.31
主要财务指标	基本每股收益(元)	0.1900	0.7900	0.4500	0.8300
	基本每股收益(扣除后)(元)	0.1800	0.7500	0.4500	0.8400
	每股净资产(元)	5.3600	3.4000	–	2.6070
	每股经营现金净流量(元)	–0.1799	0.3110	0.4273	0.2904
	每股现金流量(元)	2.1400	0.1021	0.2751	0.0259
	每股资本公积金(元)	3.2762	1.1580	1.1580	1.1580
	每股盈余公积金(元)	0.0947	0.1262	–	0.0465
	每股未分配利润(元)	0.9925	1.1144	–	0.4025
	净资产收益率(%)	2.9200	23.2900	14.8200	31.7720
	加权净资产收益率(%)	4.4600	26.3600	16.0000	43.0000
	净资产收益率(扣除)(%)	–	–	–	–
	总资产(万元)	56525.42	32221.99	–	27420.01
	归属母公司股东权益(万元)	53633.01	25489.25	22954.39	19552.77
	主营业务收入(万元)	10757.42	29990.50	16946.80	30479.09
	营业收入(万元)	10868.10	30325.26	17091.55	30944.82
	主营成本(万元)	6970.17	19055.16	10658.70	18172.74
	营业成本(万元)	7019.08	19324.77	10767.84	18758.39
	投资收益(万元)	–	–	–	4.76
	净利润(万元)	1566.69	5936.48	3401.61	6212.37
	利润总额(万元)	1797.36	6853.93	3994.42	7301.43

广东华声电器股份有限公司

公司概况	公司名称	广东华声电器股份有限公司			证券简称	华声股份
	法人代表	罗桥胜	董秘	黄喜强	证券代码	002670
	公司网址	www.wasung.com		电子信箱	zqb@wasung.com	
	电　　话	0757-26680038 26680089		传　　真	0757-26680089 26680019	
	办公地址	广东省佛山市顺德区容桂街道华口昌宝东路 13 号				
	经营范围	生产经营电器连接线、电源线、电线电缆及相关材料				

	指标\报告期	2012.06.30	2011.12.31	2011.06.30	2010.12.31
主要财务指标	基本每股收益(元)	0.2300	0.4800	0.2800	0.4900
	基本每股收益(扣除后)(元)	0.2200	0.4500	0.2600	0.5000
	每股净资产(元)	3.6200	2.6100	–	2.2300
	每股经营现金净流量(元)	–0.4268	–0.4243	0.3194	0.4740
	每股现金流量(元)	0.6257	0.2024	0.1588	0.3234
	每股资本公积金(元)	2.1454	0.9628	–	0.9628
	每股盈余公积金(元)	0.0455	0.0607	–	0.0189
	每股未分配利润(元)	0.4321	0.5913	–	0.2531
	净资产收益率(%)	5.2100	18.3530	11.4300	21.8030
	加权净资产收益率(%)	7.2200	19.9300	11.8700	23.5400
	净资产收益率(扣除)(%)	–	–	–	–
	总资产(万元)	130246.11	104726.12	–	81492.01
	归属母公司股东权益(万元)	72461.33	39221.90	36157.87	33523.33
	主营业务收入(万元)	67342.15	155009.83	81340.54	132136.87
	营业收入(万元)	67343.21	155023.40	81350.03	132170.60
	主营成本(万元)	57819.20	136595.24	71727.72	114903.26
	营业成本(万元)	57819.89	136604.40	71733.62	114935.12
	投资收益(万元)	–	–	–	–760.53
	净利润(万元)	3772.67	7198.57	4134.54	7309.22
	利润总额(万元)	4835.59	8566.45	4898.04	8695.87

山东龙泉管道工程股份有限公司

公司概况	公司名称	山东龙泉管道工程股份有限公司			证券简称	龙泉股份
	法人代表	刘长杰	董秘	张宇	证券代码	002671
	公司网址	www.lqpccp.com		电子信箱	longquangd@163.com	
	电　　话	0533-4292288		传　　真	0533-4291123	
	办公地址	山东省淄博市博山区西外环路 333 号				
	经营范围	预应力钢筒混凝土管、预应力混凝土输水管、钢筋混凝土排水管制造、销售、安装等				

	指标\报告期	2012.06.30	2011.12.31	2011.06.30	2010.12.31
主要财务指标	基本每股收益(元)	0.5400	1.0200	0.3500	0.8700
	基本每股收益(扣除后)(元)	0.5400	0.9700	0.3100	0.8800
	每股净资产(元)	7.6200	2.9600	–	2.6400
	每股经营现金净流量(元)	–0.7259	0.6332	0.1379	0.7025
	每股现金流量(元)	4.0791	0.0530	–0.2160	0.1829
	每股资本公积金(元)	5.0162	0.4287	–	0.4287
	每股盈余公积金(元)	0.1906	0.2542	–	0.1662
	每股未分配利润(元)	1.4134	1.2812	–	1.0480
	净资产收益率(%)	5.9400	34.4520	11.9400	32.7530
	加权净资产收益率(%)	11.0400	39.7300	15.0400	39.1700
	净资产收益率(扣除)(%)	–	–	–	–
	总资产(万元)	115630.91	51355.73	–	35234.46
	归属母公司股东权益(万元)	71912.81	20976.82	16254.18	18703.71
	主营业务收入(万元)	30505.86	53660.86	18240.04	42239.50
	营业收入(万元)	30913.57	54406.84	18467.22	42596.72
	主营成本(万元)	19644.16	–	11836.29	–
	营业成本(万元)	20087.13	36648.09	12147.23	27774.77
	投资收益(万元)	–	–	–	–2.19
	净利润(万元)	4271.62	7227.01	2504.37	6133.78
	利润总额(万元)	5695.49	9623.65	3289.52	8282.73

东江环保股份有限公司

公司概况						
	公司名称	东江环保股份有限公司			证券简称	东江环保
	法人代表	张维仰	董秘	王恬	证券代码	002672
	公司网址	www.dongjiang.com.cn	电子信箱	ir@dongjiang.com.cn		
	电　　话	0755-86676092	传　　真	0755-86676002		
	办公地址	广东省深圳市南山区高新区北区朗山路 9 号东江环保大楼 1 楼、3 楼、8 楼北面、9-12 楼				
	经营范围	废物的处置及综合利用(执照另行申办)、废水、废气等				

主要财务指标	指标\报告期	2012.06.30	2011.12.31	2011.06.30	2010.12.31
	基本每股收益(元)	1.0500	1.6200	0.7900	1.2400
	基本每股收益(扣除后)(元)	1.0000	1.5600	0.7700	1.1400
	每股净资产(元)	13.9500	7.5400	–	5.9263
	每股经营现金净流量(元)	1.0706	3.1937	2.1149	1.4632
	每股现金流量(元)	5.9413	0.5864	0.4512	–0.1863
	每股资本公积金(元)	6.5607	–	–	–
	每股盈余公积金(元)	0.5556	0.5639	–	0.5639
	每股未分配利润(元)	5.8413	5.9828	–	4.3592
	净资产收益率(%)	6.7200	21.5280	10.4700	20.9590
	加权净资产收益率(%)	10.4200	24.1100	12.4900	22.7400
	净资产收益率(扣除)(%)	–	–	–	–
	总资产(万元)	305430.72	198371.61	–	178207.74
	归属母公司股东权益(万元)	209985.53	94634.57	84174.72	74360.88
	主营业务收入(万元)	74038.54	–	76088.54	–
	营业收入(万元)	74038.54	150107.44	76088.54	115235.84
	主营成本(万元)	45878.52	–	49256.01	–
	营业成本(万元)	45878.52	97838.94	49256.01	75003.66
	投资收益(万元)	300.08	1053.18	186.39	–463.19
	净利润(万元)	15441.97	21919.14	10409.36	16418.53
	利润总额(万元)	18048.38	25665.99	12692.09	19687.12

西部证券股份有限公司

公司概况						
	公司名称	西部证券股份有限公司			证券简称	西部证券
	法人代表	刘建武	董秘	王宝辉	证券代码	002673
	公司网址	www.westsecu.com	电子信箱	wangbh@xbmail.com.cn		
	电　　话	029-87406171 87406408	传　　真	029-87406372 87406409		
	办公地址	陕西省西安市东新街 232 号信托大厦 16-17 层				
	经营范围	证券经纪、证券投资咨询、与证券交易、证券投资活动相关的财务顾问				

主要财务指标	指标\报告期	2012.06.30	2011.12.31	2011.06.30	2010.12.31
	基本每股收益(元)	0.1000	0.2200	0.2300	0.5400
	基本每股收益(扣除后)(元)	0.0900	0.2200	0.2300	0.5300
	每股净资产(元)	4.1500	3.1700	–	3.1239
	每股经营现金净流量(元)	–0.7220	–2.6488	–1.1065	–2.5013
	每股现金流量(元)	0.6741	–2.7211	–1.1476	–3.0103
	每股资本公积金(元)	1.2373	–0.0243	–	0.1446
	每股盈余公积金(元)	0.3277	0.3933	–	0.3705
	每股未分配利润(元)	0.9909	1.0869	–	0.9318
	净资产收益率(%)	2.0500	7.0440	7.1000	17.2420
	加权净资产收益率(%)	2.6900	6.9800	7.1800	18.2400
	净资产收益率(扣除)(%)	–	–	–	–
	总资产(万元)	1096483.28	987471.02	–	1242221.66
	归属母公司股东权益(万元)	–	–	–	–
	主营业务收入(万元)	498049.15	316919.06	319129.99	311491.73
	营业收入(万元)	–	–	–	–
	主营成本(万元)	45979.58	103279.25	69387.57	153642.18
	营业成本(万元)	3694.67	–	4635.77	–
	投资收益(万元)	3496.94	7331.43	13672.32	14310.69
	净利润(万元)	10216.26	22266.67	22627.09	53709.01
	利润总额(万元)	13891.49	30744.27	29767.63	71162.79

兴业皮革科技股份有限公司

公司概况						
	公司名称	兴业皮革科技股份有限公司			证券简称	兴业科技
	法人代表	吴华春	董秘	吴美莉	证券代码	002674
	公司网址	www.xingyeleather.com	电子信箱	wml@xingyeleather.com		
	电　　话	0595-36798886	传　　真	0595-36798885		
	办公地址	福建省晋江市安海第二工业区				
	经营范围	中高档牛头层鞋面革的开发、生产与销售				

主要财务指标	指标\报告期	2012.06.30	2011.12.31	2011.06.30	2010.12.31
	基本每股收益(元)	0.3524	0.6800	0.3512	0.5900
	基本每股收益(扣除后)(元)	0.3535	0.6800	0.3539	0.5900
	每股净资产(元)	5.5298	3.2655	–	2.7800
	每股经营现金净流量(元)	–0.0413	0.5130	0.0643	0.4921
	每股现金流量(元)	2.8973	–0.1048	0.5863	0.1555
	每股资本公积金(元)	2.9290	0.5031	–	0.5031
	每股盈余公积金(元)	0.1704	0.2272	–	0.1584
	每股未分配利润(元)	1.4304	1.5352	–	1.1206
	净资产收益率(%)	5.0500	20.9250	11.2100	21.2780
	加权净资产收益率(%)	9.1300	22.4700	11.8700	23.8100
	净资产收益率(扣除)(%)	–	–	–	–
	总资产(万元)	163549.71	80260.92	–	72858.57
	归属母公司股东权益(万元)	132714.03	58778.58	56400.96	50079.27
	主营业务收入(万元)	67717.02	127891.73	60606.84	103997.84
	营业收入(万元)	67802.24	128128.44	60721.76	104165.67
	主营成本(万元)	57189.62	109611.73	51552.09	88547.70
	营业成本(万元)	57189.62	109611.73	51552.09	88547.69
	投资收益(万元)	168.75	337.50	337.50	56.25
	净利润(万元)	6696.08	12299.30	6321.69	10655.96
	利润总额(万元)	7846.02	14416.39	7385.43	12374.94

烟台东诚生化股份有限公司

公司概况						
	公司名称	烟台东诚生化股份有限公司			证券简称	东诚生化
	法人代表	由守谊	董秘	白星华	证券代码	002675
	公司网址	www.dcb-group.com	电子信箱	stock@dcb-group.com		
	电　　话	0535-6371119	传　　真	0535-6371119		
	办公地址	山东省烟台市烟台经济技术开发区长白山路 7 号				
	经营范围	肝素钠原料药、硫酸软骨素的研发、生产与销售等				

主要财务指标	指标\报告期	2012.06.30	2011.12.31	2011.06.30	2010.12.31
	基本每股收益(元)	0.7600	1.5794	0.9200	0.6252
	基本每股收益(扣除后)(元)	0.7600	1.5200	0.8800	0.6200
	每股净资产(元)	9.0300	3.7600	–	2.3600
	每股经营现金净流量(元)	–0.0234	1.7139	1.5747	1.0559
	每股现金流量(元)	5.0838	0.7703	0.8370	1.0136
	每股资本公积金(元)	5.8258	0.2077	–	0.8116
	每股盈余公积金(元)	0.3223	0.4297	–	0.2880
	每股未分配利润(元)	1.8832	2.1184	–	1.4350
	净资产收益率(%)	6.6600	42.0531	24.4000	26.5312
	加权净资产收益率(%)	15.4400	52.7200	34.0100	30.5900
	净资产收益率(扣除)(%)	–	–	–	–
	总资产(万元)	106544.90	45123.76	–	35919.53
	归属母公司股东权益(万元)	97538.47	30422.11	25052.75	19086.66
	主营业务收入(万元)	30369.76	85697.75	52318.10	66232.63
	营业收入(万元)	30369.76	85757.30	52373.03	66362.84
	主营成本(万元)	20095.28	65589.12	41023.23	56408.18
	营业成本(万元)	20095.28	65615.76	41054.49	56565.96
	投资收益(万元)	–3.34	–4.36	–1.76	–2.39
	净利润(万元)	6496.62	12793.89	7424.53	5062.76
	利润总额(万元)	7703.90	15082.48	8761.31	6008.23

广东顺威精密塑料股份有限公司

公司概况						
公司名称	广东顺威精密塑料股份有限公司			证券简称	顺威股份
法人代表	麦仁钊	董秘	董刚	证券代码	002676
公司网址	www.sunwill.com.cn		电子信箱	dongang@ sunwill.com.cn	
电　话	0757-28385938		传　真	0757-28385304 28385305	
办公地址	广东省佛山市顺德区高新区(容桂)科苑一路6号				
经营范围	塑料空调风叶的生产和销售等				

主要财务指标 指标\报告期	2012.06.30	2011.12.31	2011.06.30	2010.12.31
基本每股收益(元)	0.3800	0.8700	0.6300	0.9200
基本每股收益(扣除后)(元)	0.3600	0.8300	0.6200	0.8800
每股净资产(元)	6.3800	3.3400	–	2.9800
每股经营现金净流量(元)	0.0758	0.6902	0.5267	0.7920
每股现金流量(元)	3.5872	0.1968	–0.1414	0.3421
每股资本公积金(元)	3.8796	0.7415	–	0.7415
每股盈余公积金(元)	0.1821	0.2136	–	0.1545
每股未分配利润(元)	1.3158	1.3869	–	1.0796
净资产收益率(%)	4.6700	25.9328	20.3700	30.8202
加权净资产收益率(%)	9.1500	27.4300	20.8200	33.4600
净资产收益率(扣除)(%)	–	–	–	–
总资产(万元)	179521.50	102561.19	–	85487.85
归属母公司股东权益(万元)	102037.34	40092.20	37304.27	35708.75
主营业务收入(万元)	62550.72	139661.33	84955.99	108952.05
营业收入(万元)	63198.88	140387.95	85228.08	109814.19
主营成本(万元)	49539.36	110159.73	66179.79	82431.63
营业成本(万元)	49798.51	110807.62	66384.69	83078.00
投资收益(万元)	6.00	4.50	4.50	–11.39
净利润(万元)	4921.05	10907.84	7845.20	11491.06
利润总额(万元)	5653.47	13258.68	10428.12	13671.37

浙江美大实业股份有限公司

公司概况					
公司名称	浙江美大实业股份有限公司			证券简称	浙江美大
法人代表	夏志生	董秘	夏兰	证券代码	002677
公司网址	www.meida.com		电子信箱	meida@meida.com	
电　话	0573-87813679 87812298		传　真	0573-87813990 87816161	
办公地址	浙江省海宁市袁花镇谈桥81号(海宁市东西大道60KM)				
经营范围	集成灶产品的研发、生产和销售等				

主要财务指标 指标\报告期	2012.06.30	2011.12.31	2011.06.30	2010.12.31
基本每股收益(元)	0.2400	0.5400	0.2500	0.4200
基本每股收益(扣除后)(元)	0.2200	0.5000	0.2400	0.4900
每股净资产(元)	4.0600	2.1900	–	1.7682
每股经营现金净流量(元)	–0.2495	0.5298	–0.2460	1.4306
每股现金流量(元)	1.8052	0.0310	–0.7119	0.3265
每股资本公积金(元)	2.3619	0.5071	–	0.5071
每股盈余公积金(元)	0.0610	0.0814	–	0.0342
每股未分配利润(元)	0.6372	0.5986	–	0.2269
净资产收益率(%)	4.6400	24.6381	13.1800	23.6044
加权净资产收益率(%)	10.8500	27.9500	13.9500	21.2400
净资产收益率(扣除)(%)	–	–	–	–
总资产(万元)	87596.23	45992.81	–	42712.90
归属母公司股东权益(万元)	81201.74	32806.13	28475.74	26523.33
主营业务收入(万元)	15237.29	34921.66	14744.81	33107.06
营业收入(万元)	15369.75	35099.54	14820.88	33231.49
主营成本(万元)	7292.04	16565.83	7024.34	15239.72
营业成本(万元)	7397.51	16593.77	7037.50	15239.89
投资收益(万元)	–	–	–	–
净利润(万元)	3764.61	8082.80	3752.41	6260.68
利润总额(万元)	4454.20	9654.61	4499.87	8165.63

广州珠江钢琴集团股份有限公司

公司概况					
公司名称	广州珠江钢琴集团股份有限公司			证券简称	珠江钢琴
法人代表	施少斌	董秘	杨伟华	证券代码	002678
公司网址	www.pearlriverpiano.com		电子信箱	yang@pearlriverpiano.com	
电　话	020-81514020		传　真	020-81503515	
办公地址	广东省广州市荔湾区花地大道南渔尾西路				
经营范围	公司集钢琴研发、生产、销售与服务为一体、倡导钢琴等				

主要财务指标 指标\报告期	2012.06.30	2011.12.31	2011.06.30	2010.12.31
基本每股收益(元)	0.2000	0.3400	0.1600	0.2700
基本每股收益(扣除后)(元)	0.1900	0.3400	0.1600	0.2800
每股净资产(元)	3.2600	2.1500	–	1.9100
每股经营现金净流量(元)	0.0569	0.4096	0.1505	0.3675
每股现金流量(元)	1.1344	–0.1172	–0.2683	–0.0078
每股资本公积金(元)	1.6689	0.5671	–	0.5676
每股盈余公积金(元)	0.0791	0.0880	–	0.0542
每股未分配利润(元)	0.5228	0.5055	–	0.3020
净资产收益率(%)	5.5400	15.7081	8.0100	14.3480
加权净资产收益率(%)	8.3700	16.8600	8.2200	14.6400
净资产收益率(扣除)(%)	–	–	–	–
总资产(万元)	206243.23	137509.47	–	127382.43
归属母公司股东权益(万元)	155661.87	92307.00	–	82318.63
主营业务收入(万元)	61775.88	116347.50	54249.36	97186.90
营业收入(万元)	62231.44	117279.34	54748.09	98215.64
主营成本(万元)	41702.80	78531.70	36909.12	65972.80
营业成本(万元)	41781.64	78703.95	37001.06	66231.44
投资收益(万元)	2.92	5.00	1.70	35.76
净利润(万元)	8652.67	14558.79	6821.18	11884.21
利润总额(万元)	10231.92	17234.03	8149.12	13760.74

福建金森林业股份有限公司

公司概况					
公司名称	福建金森林业股份有限公司			证券简称	福建金森
法人代表	郑涛	董秘	应飚	证券代码	002679
公司网址	www.jinsenforestry.com		电子信箱	jsly@jinsenforestry.com	
电　话	0598-2336158 2359216		传　真	0598-2336158 2261199	
办公地址	福建省三明市将乐县水南三华南路16号				
经营范围	森林培育营造、森林保有管护、木材生产销售等				

主要财务指标 指标\报告期	2012.06.30	2011.12.31	2011.06.30	2010.12.31
基本每股收益(元)	0.1200	0.4500	0.1100	0.3800
基本每股收益(扣除后)(元)	0.0900	0.3700	0.0900	0.3300
每股净资产(元)	4.2600	1.9700	–	1.5200
每股经营现金净流量(元)	–0.8190	0.1776	0.0142	0.2045
每股现金流量(元)	1.9819	–0.0151	–0.0367	0.2738
每股资本公积金(元)	2.4634	0.0413	–	0.0413
每股盈余公积金(元)	0.0146	0.0195	–	0.0042
每股未分配利润(元)	0.7763	0.9106	–	0.4772
净资产收益率(%)	2.1900	22.7607	6.9400	25.1504
加权净资产收益率(%)	6.1300	25.6800	18.5000	29.6900
净资产收益率(扣除)(%)	–	–	–	–
总资产(万元)	80162.86	37807.26	–	33069.72
归属母公司股东权益(万元)	58999.53	20503.18	–	15836.50
主营业务收入(万元)	4467.53	11576.17	3851.82	10554.30
营业收入(万元)	5291.71	12760.20	4214.42	11043.42
主营成本(万元)	1004.58	2507.42	736.15	2226.85
营业成本(万元)	1428.88	2988.21	766.74	2378.44
投资收益(万元)	–	–	–	–
净利润(万元)	1292.00	4665.73	1185.99	4018.01
利润总额(万元)	1298.50	4786.66	1303.48	4025.57

连云港黄海机械股份有限公司

公司概况						
公司名称	连云港黄海机械股份有限公司			证券简称	黄海机械	
法人代表	刘良文	董秘	王祥明	证券代码	002680	
公司网址	www.hh-jx.com			电子信箱	hhjx@hh-jx.com	
电　话	0518-85383039			传　真	0518-85383039	
办公地址	江苏省连云港市海州开发区新建东路 1 号					
经营范围	岩土钻孔装备的研发、制造和销售					

主要财务指标：指标＼报告期	2012.06.30	2011.12.31	2011.06.30	2010.12.31
基本每股收益(元)	0.7800	1.2100	0.6100	0.8000
基本每股收益(扣除后)(元)	0.7790	1.1700	0.5850	0.7800
每股净资产(元)	8.3100	3.7900	–	2.5791
每股经营现金净流量(元)	–	0.7200	–	0.2204
每股现金流量(元)	–	0.4791	–	0.3526
每股资本公积金(元)	5.6259	1.1110	–	1.1110
每股盈余公积金(元)	0.1498	0.1998	–	0.0786
每股未分配利润(元)	1.5364	1.4803	–	0.3895
净资产收益率(%)	7.4700	31.9700	19.1700	30.9300
加权净资产收益率(%)	16.0700	38.0500	21.2000	36.5300
净资产收益率(扣除)(%)	–	–	–	–
总资产(万元)	76935.34	40553.97	–	34093.56
归属母公司股东权益(万元)	66496.83	22746.43	–	15474.43
主营业务收入(万元)	24677.03	39223.91	22255.40	29272.05
营业收入(万元)	24708.61	39512.77	22335.52	29432.23
主营成本(万元)	15723.04	25473.70	15129.45	19735.90
营业成本(万元)	15738.23	25528.47	15168.79	19792.23
投资收益(万元)	–	90.00	–	68.21
净利润(万元)	4969.21	7272.00	3669.07	4786.76
利润总额(万元)	5843.15	8635.30	4384.24	5494.28

深圳市奋达科技股份有限公司

公司概况						
公司名称	深圳市奋达科技股份有限公司			证券简称	奋达科技	
法人代表	肖奋	董秘	谢玉平	证券代码	002681	
公司网址	www.fenda.com			电子信箱	fdkj@fenda.com	
电　话	0755-27353923 27486993			传　真	0755-27486663	
办公地址	广东省深圳市宝安区石岩洲石路奋达科技园					
经营范围	家居及个人护理类小家电产品的研发、生产和销售					

主要财务指标：指标＼报告期	2012.06.30	2011.12.31	2011.06.30	2010.12.31
基本每股收益(元)	0.3100	0.8400	0.3400	0.7800
基本每股收益(扣除后)(元)	0.2900	0.6700	0.2700	0.6600
每股净资产(元)	5.6900	3.6700	–	3.1500
每股经营现金净流量(元)	0.2051	0.2653	0.1279	0.9687
每股现金流量(元)	2.4815	0.2438	0.0057	0.4019
每股资本公积金(元)	2.9451	0.4703	–	0.4703
每股盈余公积金(元)	0.1341	0.1788	–	0.1086
每股未分配利润(元)	1.6070	2.0174	–	1.5683
净资产收益率(%)	4.2900	22.8923	9.2900	24.7700
加权净资产收益率(%)	7.2900	25.2300	10.7900	25.7800
净资产收益率(扣除)(%)	–	–	–	–
总资产(万元)	107115.60	64752.79	–	60864.55
归属母公司股东权益(万元)	85294.36	41248.08	–	35405.45
主营业务收入(万元)	35614.46	79419.38	34608.55	65606.29
营业收入(万元)	36150.89	80936.74	35206.65	66205.37
主营成本(万元)	27144.08	60219.42	26296.27	47964.50
营业成本(万元)	27602.43	61434.67	26746.25	48513.10
投资收益(万元)	143.49	206.22	25.47	185.71
净利润(万元)	3635.70	9388.94	3806.65	8741.15
利润总额(万元)	4270.40	10773.67	4442.80	9992.66

福建龙洲运输股份有限公司

公司概况						
公司名称	福建龙洲运输股份有限公司			证券简称	龙洲股份	
法人代表	王跃荣	董秘	蓝能旺	证券代码	002682	
公司网址	www.lzgf.cn			电子信箱	lzyszqb@yahoo.com.cn	
电　话	0597-3100699			传　真	0597-3100660	
办公地址	福建省龙岩市新罗区人民路龙津花园东塔楼 5 楼					
经营范围	县内班车客运、县际班车客运、市际班车客运、省际班车客运等					

主要财务指标：指标＼报告期	2012.06.30	2011.12.31	2011.06.30	2010.12.31
基本每股收益(元)	0.3000	1.8000	0.3800	1.0900
基本每股收益(扣除后)(元)	0.2600	0.7300	0.3100	0.7300
每股净资产(元)	6.0200	4.6100	–	4.0300
每股经营现金净流量(元)	0.2522	1.5942	1.0945	3.1576
每股现金流量(元)	1.7423	0.2029	0.9417	0.7083
每股资本公积金(元)	2.3038	0.3139	–	0.3993
每股盈余公积金(元)	0.2476	0.3301	–	0.2411
每股未分配利润(元)	2.4473	2.9526	–	2.3850
净资产收益率(%)	6.0000	34.2142	9.4900	28.7239
加权净资产收益率(%)	6.0000	41.2400	9.4900	32.5000
净资产收益率(扣除)(%)	–	–	–	–
总资产(万元)	217191.81	174777.12	–	179358.18
归属母公司股东权益(万元)	96397.11	55320.61	–	36307.45
主营业务收入(万元)	68411.70	124884.45	59133.42	107732.66
营业收入(万元)	78229.09	161953.44	86681.03	157569.79
主营成本(万元)	53329.21	94148.23	46042.07	80515.11
营业成本(万元)	61090.12	123176.69	67222.36	120514.74
投资收益(万元)	-295.89	14872.30	75.13	635.99
净利润(万元)	5043.94	21591.39	4867.05	13311.01
利润总额(万元)	7027.86	30190.46	7297.03	18505.65

广东宏大爆破股份有限公司

公司概况						
公司名称	广东宏大爆破股份有限公司			证券简称	宏大爆破	
法人代表	郑炳旭	董秘	王永庆	证券代码	002683	
公司网址	www.hdbp.com			电子信箱	hdbp@hdbp.com	
电　话	020-38092888			传　真	020-38092800	
办公地址	广东省广州市天河区珠江新城华夏路 49 号之二津滨腾越大厦北塔 21 层					
经营范围	矿山工程总承包、爆破与拆除工程、土石方工程、地基与基础工程等					

主要财务指标：指标＼报告期	2012.06.30	2011.12.31	2011.06.30	2010.12.31
基本每股收益(元)	0.3600	0.7400	0.3800	0.6600
基本每股收益(扣除后)(元)	0.3600	0.7200	0.3700	0.4200
每股净资产(元)	5.4100	2.5100	–	1.9300
每股经营现金净流量(元)	-0.1756	0.9445	0.8492	0.2717
每股现金流量(元)	2.8965	0.1098	0.5621	0.0189
每股资本公积金(元)	3.1576	0.1188	–	0.1202
每股盈余公积金(元)	0.1157	0.1543	–	0.1195
每股未分配利润(元)	1.1040	1.2141	–	0.6302
净资产收益率(%)	5.2400	29.3900	17.0900	30.1100
加权净资产收益率(%)	11.1500	33.8400	18.3500	27.6900
净资产收益率(扣除)(%)	–	–	–	–
总资产(万元)	205841.59	119912.05	–	105290.56
归属母公司股东权益(万元)	118561.20	41275.25	–	31738.62
主营业务收入(万元)	87415.09	161322.80	71741.30	132106.27
营业收入(万元)	87904.99	161817.98	71916.42	132822.92
主营成本(万元)	67912.82	124222.07	54844.85	101089.83
营业成本(万元)	68684.47	124674.89	55300.40	101309.45
投资收益(万元)	21.56	108.15	6.28	27.87
净利润(万元)	6310.28	12305.77	6122.73	10922.43
利润总额(万元)	7432.09	14392.73	7683.80	13545.16

广东猛狮电源科技股份有限公司

公司概况						
	公司名称	广东猛狮电源科技股份有限公司			证券简称	猛狮科技
	法人代表	陈乐伍	董秘	赖其聪	证券代码	002684
	公司网址	www.dynavolt.net			电子信箱	msinfo@dynavolt.net
	电　话	0754-86989570			传　真	0754-86989554
	办公地址	广东省汕头市澄海区莲河西路(华富工业区猛狮蓄电池厂内1、2、4幢)				
	经营范围	主要从事各类铅蓄电池产品的研发、生产和销售等				

主要财务指标	指标\报告期	2012.06.30	2011.12.31	2011.06.30	2010.12.31
	基本每股收益(元)	0.6000	1.0500	0.5700	0.9400
	基本每股收益(扣除后)(元)	0.5700	0.9600	0.5000	0.9400
	每股净资产(元)	9.7600	6.0400	–	5.0000
	每股经营现金净流量(元)	–0.1077	1.9689	0.5730	1.1554
	每股现金流量(元)	4.0023	0.8155	0.5376	–0.2117
	每股资本公积金(元)	5.5137	1.3054	–	1.3054
	每股盈余公积金(元)	0.2769	0.3695	–	0.2862
	每股未分配利润(元)	2.9726	3.3676	–	2.4038
	净资产收益率(%)	4.6000	17.3296	9.3600	18.8541
	加权净资产收益率(%)	9.4400	18.9700	10.7100	20.8200
	净资产收益率(扣除)(%)	–	–	–	–
	总资产(万元)	79239.52	48418.39	–	38778.42
	归属母公司股东权益(万元)	51819.43	24034.67	–	19869.56
	主营业务收入(万元)	26161.38	37404.01	18797.80	32867.76
	营业收入(万元)	27418.39	40293.59	19200.98	33576.51
	主营成本(万元)	19652.61	–	13867.87	–
	营业成本(万元)	20369.08	29378.65	13873.04	23867.46
	投资收益(万元)	–	–	–	–
	净利润(万元)	2382.46	4165.11	2249.25	3746.22
	利润总额(万元)	2916.39	4882.22	2679.02	4310.91

无锡华东重型机械股份有限公司

公司概况						
	公司名称	无锡华东重型机械股份有限公司			证券简称	华东重机
	法人代表	翁耀根	董秘	何艺舟	证券代码	002685
	公司网址	www.hdhm.com			电子信箱	securities@hdhm.com
	电　话	0510-85627789 85628888			传　真	0510-85625595
	办公地址	江苏省无锡市滨湖经济技术开发区华苑路12号				
	经营范围	主要从事轨道吊、岸桥等集装箱装卸设备研发、生产、安装与销售				

主要财务指标	指标\报告期	2012.06.30	2011.12.31	2011.06.30	2010.12.31
	基本每股收益(元)	0.0900	0.5200	0.0800	0.5500
	基本每股收益(扣除后)(元)	0.0900	0.4900	0.0800	0.4800
	每股净资产(元)	3.7600	1.8800	–	1.3600
	每股经营现金净流量(元)	–0.3688	0.3166	0.2013	0.3494
	每股现金流量(元)	1.8629	–0.0968	0.0185	0.1358
	每股资本公积金(元)	2.1891	0.2109	–	0.2109
	每股盈余公积金(元)	0.0502	0.0669	–	0.0147
	每股未分配利润(元)	0.5159	0.6025	–	0.1322
	净资产收益率(%)	1.7000	27.7928	4.4900	40.5195
	加权净资产收益率(%)	4.4400	32.2800	6.0400	46.9400
	净资产收益率(扣除)(%)	–	–	–	–
	总资产(万元)	96483.87	50582.49	–	38617.72
	归属母公司股东权益(万元)	75104.50	28205.45	–	20366.36
	主营业务收入(万元)	13272.05	49106.54	13034.95	48341.13
	营业收入(万元)	13449.84	49342.76	13146.62	48573.39
	主营成本(万元)	9649.86	32182.05	9408.04	34585.20
	营业成本(万元)	9688.23	32301.90	9434.74	34689.16
	投资收益(万元)	18.69	293.50	–4.27	–
	净利润(万元)	1280.05	7839.09	1267.39	8252.35
	利润总额(万元)	1512.38	9187.44	1523.75	9613.58

浙江亿利达风机股份有限公司

公司概况						
	公司名称	浙江亿利达风机股份有限公司			证券简称	亿 利 达
	法人代表	章启忠	董秘	章冬友	证券代码	002686
	公司网址	www.yilida.com			电子信箱	db@yilida.com
	电　话	0576-82655833			传　真	0576-82651228
	办公地址	浙江省台州市路桥区横街镇亿利达路				
	经营范围	中央空调风机、建筑通风机及中央空调其他配件的设计、制造与销售等				

主要财务指标	指标\报告期	2012.06.30	2011.12.31	2011.06.30	2010.12.31
	基本每股收益(元)	0.4700	0.9100	0.5000	0.9300
	基本每股收益(扣除后)(元)	0.4600	0.9000	0.4900	0.9100
	每股净资产(元)	6.6900	3.8400	–	3.3300
	每股经营现金净流量(元)	0.0315	0.8410	0.3162	0.5436
	每股现金流量(元)	3.4410	–0.1194	–0.2758	0.4220
	每股资本公积金(元)	4.4739	1.5152	–	1.5152
	每股盈余公积金(元)	0.1126	0.1502	–	0.0654
	每股未分配利润(元)	1.1048	1.1792	–	0.7515
	净资产收益率(%)	5.2300	23.7300	12.9000	27.8300
	加权净资产收益率(%)	11.6900	26.1600	14.6800	32.3200
	净资产收益率(扣除)(%)	–	–	–	–
	总资产(万元)	86085.62	47553.32	–	45487.26
	归属母公司股东权益(万元)	60670.82	26142.95	–	22657.98
	主营业务收入(万元)	24343.79	54697.65	26992.90	44100.14
	营业收入(万元)	24588.23	55326.07	27263.44	44762.32
	主营成本(万元)	15980.64	–	18390.28	–
	营业成本(万元)	16139.31	48079.76	18544.63	30154.33
	投资收益(万元)	–	–	–	9.26
	净利润(万元)	3181.27	6246.24	3403.29	6360.82
	利润总额(万元)	3879.03	7406.10	4045.53	7539.27

浙江乔治白服饰股份有限公司

公司概况						
	公司名称	浙江乔治白服饰股份有限公司			证券简称	乔 治 白
	法人代表	池方燃	董秘	苏忠	证券代码	002687
	公司网址	www.giuseppe.cn			电子信箱	info@giuseppe.cn
	电　话	0577-63722222			传　真	0577-63726888
	办公地址	浙江省温州市平阳县昆阳镇平瑞公路588号				
	经营范围	生产、批发、零售服装及饰品、以特许经营方式从事商业活动				

主要财务指标	指标\报告期	2012.06.30	2011.12.31	2011.06.30	2010.12.31
	基本每股收益(元)	0.6500	1.2700	0.5400	0.9800
	基本每股收益(扣除后)(元)	0.6400	1.2400	0.5300	0.9400
	每股净资产(元)	4.9700	4.7000	–	3.8056
	每股经营现金净流量(元)	–0.3893	1.2204	–0.2819	0.7716
	每股现金流量(元)	–0.3009	–0.0815	–0.3282	0.1724
	每股资本公积金(元)	1.4886	1.4886	–	1.4886
	每股盈余公积金(元)	0.5383	0.5383	–	0.4069
	每股未分配利润(元)	1.9434	1.6737	–	0.9102
	净资产收益率(%)	13.0700	27.1225	13.6400	25.7556
	加权净资产收益率(%)	13.4400	29.9800	13.9200	27.9600
	净资产收益率(扣除)(%)	–	–	–	–
	总资产(万元)	67668.63	61446.13	–	49351.06
	归属母公司股东权益(万元)	36740.39	34746.38	–	28131.26
	主营业务收入(万元)	32050.80	58772.92	25426.13	41385.51
	营业收入(万元)	32134.21	58970.89	25529.78	41648.67
	主营成本(万元)	17480.18	31541.10	13481.60	20748.25
	营业成本(万元)	17501.45	31588.67	13513.70	20851.09
	投资收益(万元)	–	–	–	–
	净利润(万元)	4802.97	9424.08	3998.01	7245.38
	利润总额(万元)	5752.19	11098.14	4764.02	8366.31

金河生物科技股份有限公司

公司概况	公司名称	金河生物科技股份有限公司			证券简称	金河生物
	法人代表	王东晓	董秘	邓一新	证券代码	002688
	公司网址	www.jinhe.com.cn		电子信箱	jinhe@jinhe.com.cn	
	电　话	0471-8524005		传　真	0471-8524039	
	办公地址	内蒙古自治区呼和浩特市托克托县新坪路71号				
	经营范围	药物饲料添加剂的生产和销售等				

主要财务指标	指标\报告期	2012.06.30	2011.12.31	2011.06.30	2010.12.31
	基本每股收益(元)	0.4700	0.9475	0.5800	0.6458
	基本每股收益(扣除后)(元)	0.4500	0.8974	0.5600	0.6142
	每股净资产(元)	3.3900	3.9500	–	2.9700
	每股经营现金净流量(元)	0.4049	1.3048	0.5744	1.4451
	每股现金流量(元)	–0.2191	0.3243	–0.4513	–0.1969
	每股资本公积金(元)	0.8361	0.8895	0.8895	0.8528
	每股盈余公积金(元)	0.2307	0.2307	–	0.1295
	每股未分配利润(元)	2.4570	1.8304	–	0.9840
	净资产收益率(%)	13.8700	24.0016	16.2000	21.7731
	加权净资产收益率(%)	14.7100	27.4000	17.8200	24.8800
	净资产收益率(扣除)(%)	–	–	–	–
	总资产(万元)	69138.56	67083.91	–	62392.28
	归属母公司股东权益(万元)	36910.41	32249.81	29259.29	24228.96
	主营业务收入(万元)	34963.69	72069.04	34932.85	59007.24
	营业收入(万元)	34999.50	72072.65	34933.54	59021.83
	主营成本(万元)	22694.69	47872.97	22289.83	40447.68
	营业成本(万元)	22697.29	47876.95	22290.50	52867.90
	投资收益(万元)	–	–	–	0.17
	净利润(万元)	5210.57	7692.78	4780.82	5321.43
	利润总额(万元)	6124.56	9143.90	5904.08	6418.68

沈阳博林特电梯股份有限公司

公司概况	公司名称	沈阳博林特电梯股份有限公司			证券简称	博林特
	法人代表	康宝华	董秘	胡志勇	证券代码	002689
	公司网址	www.bltelevator.com		电子信箱	market@bltelevator.com	
	电　话	024-25162751 25162569		传　真	024-25162747 25162732	
	办公地址	辽宁省沈阳市沈阳经济技术开发区开发大路27号				
	经营范围	电梯、自动扶梯、自动人行道、立体车库及配件、永磁同步电机等				

主要财务指标	指标\报告期	2012.06.30	2011.12.31	2011.06.30	2010.12.31
	基本每股收益(元)	0.2000	0.5300	0.2000	0.2500
	基本每股收益(扣除后)(元)	0.1700	0.4600	0.1700	0.4500
	每股净资产(元)	2.5300	2.3300	–	1.8000
	每股经营现金净流量(元)	–0.1479	0.6053	0.2237	0.6365
	每股现金流量(元)	–0.4156	–0.0233	–0.0430	0.1866
	每股资本公积金(元)	0.9687	0.9687	–	0.9687
	每股盈余公积金(元)	0.0543	0.0543	–	0.0007
	每股未分配利润(元)	0.5074	0.3047	–	–0.1692
	净资产收益率(%)	8.0100	22.6553	8.4800	13.6549
	加权净资产收益率(%)	8.3400	25.5100	10.3700	13.4300
	净资产收益率(扣除)(%)	–	–	–	–
	总资产(万元)	185708.35	177506.35	–	145549.55
	归属母公司股东权益(万元)	58837.47	54112.28	–	41925.45
	主营业务收入(万元)	55233.38	134402.91	49732.15	104090.67
	营业收入(万元)	57315.51	148780.95	56436.28	133961.88
	主营成本(万元)	37530.54	92904.73	32324.87	69904.58
	营业成本(万元)	39252.22	135891.46	38149.35	128667.85
	投资收益(万元)	50.07	–93.96	–73.03	–51.59
	净利润(万元)	4710.84	12259.31	4587.06	5724.87
	利润总额(万元)	5569.56	14583.75	5594.33	6821.54

合肥美亚光电技术股份有限公司

公司概况	公司名称	合肥美亚光电技术股份有限公司			证券简称	美亚光电
	法人代表	田明	董秘	徐鹏	证券代码	002690
	公司网址	www.chinameyer.com		电子信箱	my@hfmeiya.com	
	电　话	0551-5305898		传　真	0551-5305898	
	办公地址	安徽省合肥市长江西路669号民营科技园(W-7)				
	经营范围	光电检测与分级专用设备及其应用软件研发、生产和销售等				

主要财务指标	指标\报告期	2012.06.30	2011.12.31	2011.06.30	2010.12.31
	基本每股收益(元)	0.4200	0.8900	0.2900	–
	基本每股收益(扣除后)(元)	0.4200	0.9200	0.3400	–
	每股净资产(元)	3.0800	2.6600	–	3.0086
	每股经营现金净流量(元)	0.3263	0.9363	0.3421	1.4788
	每股现金流量(元)	0.1526	–0.0421	–0.7970	0.2189
	每股资本公积金(元)	0.7941	0.7941	–	0.0228
	每股盈余公积金(元)	0.1780	0.1780	–	0.7489
	每股未分配利润(元)	1.1097	0.6865	–	1.2369
	净资产收益率(%)	13.7336	33.2379	–	49.9885
	加权净资产收益率(%)	14.7500	40.0300	14.3400	46.0700
	净资产收益率(扣除)(%)	–	–	–	–
	总资产(万元)	58094.73	51821.62	–	61371.44
	归属母公司股东权益(万元)	46227.21	39878.54	–	30086.25
	主营业务收入(万元)	–	44192.92	–	32950.38
	营业收入(万元)	23760.96	44981.70	20125.27	33483.43
	主营成本(万元)	–	–	–	–
	营业成本(万元)	17094.80	21787.63	9534.98	15756.03
	投资收益(万元)	–	178.45	178.45	1266.44
	净利润(万元)	6348.67	13254.79	4292.59	15039.67
	利润总额(万元)	7377.99	15315.68	5242.33	16422.11

石家庄中煤装备制造股份有限公司

公司概况	公司名称	石家庄中煤装备制造股份有限公司			证券简称	石煤装备
	法人代表	许三军	董秘	李国璧	证券代码	002691
	公司网址	www.sjzzm.com		电子信箱	qgc@sjzzm.com	
	电　话	0311-85323688		传　真	0311-85095068	
	办公地址	河北省石家庄市石家庄高新区黄河大道89号				
	经营范围	矿用采掘机械、矿用运输设备、矿用电器及仪表、风动设备、电动设备及配件等				

主要财务指标	指标\报告期	2012.06.30	2011.12.31	2011.06.30	2010.12.31
	基本每股收益(元)	0.2300	0.3400	0.0270	0.5567
	基本每股收益(扣除后)(元)	0.2168	0.4400	–	–
	每股净资产(元)	2.5300	2.2945	–	2.2866
	每股经营现金净流量(元)	0.0263	–0.1309	–0.2923	0.2139
	每股现金流量(元)	0.0406	–0.1064	–0.1674	0.0607
	每股资本公积金(元)	1.0035	1.0035	–	0.6242
	每股盈余公积金(元)	0.0320	0.0320	–	0.2281
	每股未分配利润(元)	0.4924	0.2590	–	0.4343
	净资产收益率(%)	9.2300	14.6810	1.3800	24.3482
	加权净资产收益率(%)	–	17.2100	–	34.5900
	净资产收益率(扣除)(%)	–	–	–	–
	总资产(万元)	48411.65	45711.63	–	35351.49
	归属母公司股东权益(万元)	37917.84	34416.87	–	25427.12
	主营业务收入(万元)	–	31108.09	–	25779.24
	营业收入(万元)	18663.93	31279.26	12302.81	25932.28
	主营成本(万元)	–	13159.87	–	10859.13
	营业成本(万元)	9833.12	13289.66	5111.23	11007.12
	投资收益(万元)	–	–	–	–
	净利润(万元)	3500.97	5052.74	410.24	6191.05
	利润总额(万元)	4104.75	6088.28	839.91	7341.26

江苏新远程电缆股份有限公司

公司概况					
公司名称	江苏新远程电缆股份有限公司			证券简称	远程电缆
法人代表	杨小明	董秘	孙新卫	证券代码	002692
公司网址	www.yccable.cn		电子信箱	newyuancheng@yccable.cn	
电　话	0510-80777896		传　真	0510-80777896	
办公地址	江苏省宜兴市官林镇远程路8号				
经营范围	电线电缆、通讯电缆、PVC塑料粒子、电缆盘的制造、辐照线缆、铜材、铝材的制造、加工等				

主要财务指标 指标\报告期	2012.06.30	2011.12.31	2011.06.30	2010.12.31
基本每股收益(元)	0.5400	0.8700	0.4300	0.6500
基本每股收益(扣除后)(元)	0.5400	0.8700	0.4300	0.6500
每股净资产(元)	3.2600	2.7200	–	1.8200
每股经营现金净流量(元)	–1.1140	1.0213	–0.4490	1.0429
每股现金流量(元)	0.0915	1.0864	0.8440	0.2161
每股资本公积金(元)	0.6885	0.6885	–	0.6626
每股盈余公积金(元)	0.1033	0.1033	–	0.0159
每股未分配利润(元)	1.4705	0.9297	–	0.1435
净资产收益率(%)	16.5751	32.1004	–	35.4958
加权净资产收益率(%)	17.2100	38.2400	20.8100	43.1500
净资产收益率(扣除)(%)	–	–	–	–
总资产(万元)	136594.18	117652.22	–	92344.68
归属母公司股东权益(万元)	44366.52	37012.73	–	24779.09
主营业务收入(万元)	–	206343.78	–	150895.83
营业收入(万元)	110011.47	206373.06	93061.81	150921.85
主营成本(万元)	–	176798.95	–	130458.96
营业成本(万元)	92470.34	176798.95	79590.70	130458.96
投资收益(万元)	–	–	–	–
净利润(万元)	7353.80	11881.23	5838.55	8795.55
利润总额(万元)	8646.39	13927.81	6925.05	10261.44

海南双成药业股份有限公司

公司概况					
公司名称	海南双成药业股份有限公司			证券简称	双成药业
法人代表	王成栋	董秘	于晓风	证券代码	002693
公司网址	www.shuangchengmed.com		电子信箱	yuxiaofeng@shuangchengmed.com	
电　话	0898-68592978		传　真	0898-68592978	
办公地址	海南省海口市秀英区兴国路16号				
经营范围	化学合成多肽药物的研发、生产和销售等				

主要财务指标 指标\报告期	2012.06.30	2011.12.31	2011.06.30	2010.12.31
基本每股收益(元)	0.3600	0.7800	0.3400	0.7100
基本每股收益(扣除后)(元)	–	0.7600	–	0.7100
每股净资产(元)	2.8900	2.5400	–	1.7500
每股经营现金净流量(元)	0.4312	0.7339	0.2615	0.6148
每股现金流量(元)	0.0815	–1.2916	–0.7093	1.5545
每股资本公积金(元)	0.5767	0.5767	–	0.5767
每股盈余公积金(元)	0.0958	0.0958	–	0.0178
每股未分配利润(元)	1.2197	0.8633	–	0.1589
净资产收益率(%)	12.3200	30.8512	13.3400	40.6984
加权净资产收益率(%)	13.1300	36.4800	17.5900	64.1500
净资产收益率(扣除)(%)	–	–	–	–
总资产(万元)	29756.01	24805.76	–	25273.45
归属母公司股东权益(万元)	26030.47	22823.06	–	15781.86
主营业务收入(万元)	–	13329.31	–	11286.77
营业收入(万元)	6203.47	13350.33	5626.06	11287.72
主营成本(万元)	–	3369.46	–	2834.87
营业成本(万元)	1677.66	3369.51	1385.54	2835.04
投资收益(万元)	–	–	–	135.80
净利润(万元)	3206.85	7041.19	3044.21	6422.96
利润总额(万元)	3774.44	8001.69	3462.49	7216.09

顾地科技股份有限公司

公司概况					
公司名称	顾地科技股份有限公司			证券简称	顾地科技
法人代表	林超群	董秘	王宏林	证券代码	002694
公司网址	www.goody.com.cn		电子信箱	goody@goody.com.cn	
电　话	0711-3350050		传　真	0711-3350621	
办公地址	湖北省鄂州市吴都大道9号				
经营范围	专业从事塑料管道的研发、生产和销售等				

主要财务指标 指标\报告期	2012.06.30	2011.12.31	2011.06.30	2010.12.31
基本每股收益(元)	0.5300	0.9400	0.3800	0.3600
基本每股收益(扣除后)(元)	0.5300	0.9300	0.3800	0.6700
每股净资产(元)	4.8700	4.3400	–	3.4000
每股经营现金净流量(元)	0.4830	1.0423	0.7539	0.2624
每股现金流量(元)	–0.1363	0.8637	0.4267	0.6746
每股资本公积金(元)	1.4774	1.4774	–	1.4774
每股盈余公积金(元)	0.1478	0.1478	–	0.0773
每股未分配利润(元)	2.2457	1.7114	–	0.8418
净资产收益率(%)	10.9683	21.6794	–	10.5968
加权净资产收益率(%)	11.6000	24.3200	10.5800	13.8300
净资产收益率(扣除)(%)	–	–	–	–
总资产(万元)	134725.24	119364.10	–	84724.86
归属母公司股东权益(万元)	52604.92	46835.07	–	36681.49
主营业务收入(万元)	–	137887.30	–	101576.13
营业收入(万元)	71779.55	138324.20	62387.65	102291.33
主营成本(万元)	–	109649.59	–	82222.42
营业成本(万元)	55135.60	126363.38	57515.65	97515.59
投资收益(万元)	–	–	–	–
净利润(万元)	5814.84	10214.63	4083.26	3851.26
利润总额(万元)	6982.94	12068.43	4866.99	4807.47

江西煌上煌集团食品股份有限公司

公司概况					
公司名称	江西煌上煌集团食品股份有限公司			证券简称	煌上煌
法人代表	徐桂芬	董秘	曾细华	证券代码	002695
公司网址	www.jxhsh.com.cn		电子信箱	hshspb@163.com	
电　话	0791-85985546		传　真	0791-85950696	
办公地址	江西省南昌市迎宾大道1298号				
经营范围	酱卤肉制品及佐餐凉菜快捷消费食品的开发、生产和销售等				

主要财务指标 指标\报告期	2012.06.30	2011.12.31	2011.06.30	2010.12.31
基本每股收益(元)	0.5100	0.8700	–	0.7000
基本每股收益(扣除后)(元)	0.4900	0.8400	–	0.7100
每股净资产(元)	4.5300	4.0200	–	3.1500
每股经营现金净流量(元)	0.8691	0.7168	–	–0.4759
每股现金流量(元)	–0.0957	0.2102	–	–0.4375
每股资本公积金(元)	1.0135	1.0135	–	1.0135
每股盈余公积金(元)	0.1816	0.1816	–	0.1173
每股未分配利润(元)	2.3326	1.8260	–	1.0173
净资产收益率(%)	11.1899	21.7106	–	20.7259
加权净资产收益率(%)	11.8500	24.3500	–	25.0700
净资产收益率(扣除)(%)	–	–	–	–
总资产(万元)	58277.69	57949.03	–	46672.44
归属母公司股东权益(万元)	42060.70	37354.15	–	29244.34
主营业务收入(万元)	45323.91	86208.95	–	67661.33
营业收入(万元)	46535.59	88613.38	–	69446.94
主营成本(万元)	–	–	–	–
营业成本(万元)	34169.27	67510.25	–	53533.64
投资收益(万元)	–	–	–	–
净利润(万元)	4706.55	8109.81	–	6061.14
利润总额(万元)	6074.04	10746.85	–	8203.47

百洋水产集团股份有限公司

公司概况	公司名称	百洋水产集团股份有限公司			证券简称	百洋股份
	法人代表	孙忠义	董秘	欧顺明	证券代码	002696
	公司网址	www.baiyang.com		电子信箱	baiyang@baiyang.com	
	电　　话	0771-3210585		传　　真	0771-3219992	
	办公地址	广西壮族自治区南宁市高新技术开发区创新西路 16 号				
	经营范围	冷冻罗非鱼产品的生产和销售等				

主要财务指标	指标＼报告期	2012.06.30	2011.12.31	2011.06.30	2010.12.31
	基本每股收益(元)	0.4200	0.9800	–	0.7000
	基本每股收益(扣除后)(元)	0.3600	0.8800	–	0.6800
	每股净资产(元)	5.1800	4.7600	–	3.9000
	每股经营现金净流量(元)	–0.1220	1.5051	–	0.7406
	每股现金流量(元)	–0.4950	0.3811	–	0.8236
	每股资本公积金(元)	1.4513	1.4513	–	1.5685
	每股盈余公积金(元)	0.0657	0.0657	–	0.0179
	每股未分配利润(元)	2.6652	2.2454	–	1.3112
	净资产收益率(%)	8.1007	20.6200	–	17.9984
	加权净资产收益率(%)	8.4400	22.4800	–	21.6200
	净资产收益率(扣除)(%)	–	–	–	–
	总资产(万元)	67639.60	64847.48	–	52871.50
	归属母公司股东权益(万元)	34202.27	31431.64	–	25723.63
	主营业务收入(万元)	–	–	–	–
	营业收入(万元)	42486.07	101289.77	–	77017.50
	主营成本(万元)	–	–	–	–
	营业成本(万元)	36172.57	86998.19	–	65977.13
	投资收益(万元)	4.45	26.46	–	5.57
	净利润(万元)	2684.57	6536.33	–	4913.00
	利润总额(万元)	2894.04	7126.36	–	5342.75

成都红旗连锁股份有限公司

公司概况	公司名称	成都红旗连锁股份有限公司			证券简称	红旗连锁
	法人代表	曹世如	董秘	曹曾俊	证券代码	002697
	公司网址	www.hqls.com.cn		电子信箱	dshbgs@hqls.com.cn	
	电　　话	028-87825762 87877333*859		传　　真	028-87825530	
	办公地址	四川省成都市高新区西区迪康大道 7 号				
	经营范围	便利超市的连锁经营等				

主要财务指标	指标＼报告期	2012.06.30	2011.12.31	2011.06.30	2010.12.31
	基本每股收益(元)	0.6800	1.1400	–	1.0100
	基本每股收益(扣除后)(元)	0.6400	1.0500	–	0.9500
	每股净资产(元)	4.8400	4.1600	–	3.2800
	每股经营现金净流量(元)	0.4325	1.6782	–	0.6703
	每股现金流量(元)	0.2328	0.3726	–	0.3007
	每股资本公积金(元)	1.3664	1.3664	–	1.3664
	每股盈余公积金(元)	0.1926	0.1926	–	0.0895
	每股未分配利润(元)	2.2778	1.6014	–	0.8270
	净资产收益率(%)	13.9800	27.3400	–	30.6100
	加权净资产收益率(%)	15.0400	31.4800	–	40.7600
	净资产收益率(扣除)(%)	–	–	–	–
	总资产(万元)	155919.26	154519.98	–	116393.98
	归属母公司股东权益(万元)	72551.49	62405.55	–	49244.23
	主营业务收入(万元)	179235.01	319918.75	–	257022.77
	营业收入(万元)	192771.25	344796.23	–	276471.52
	主营成本(万元)	142953.46	260036.61	–	210625.39
	营业成本(万元)	142953.46	260036.61	–	210625.39
	投资收益(万元)	–	–	–	–
	净利润(万元)	10145.94	17061.32	–	15076.07
	利润总额(万元)	11949.81	20107.83	–	17726.65

哈尔滨博实自动化股份有限公司

公司概况	公司名称	哈尔滨博实自动化股份有限公司			证券简称	博实股份
	法人代表	邓喜军	董秘	陈博	证券代码	002698
	公司网址	www.boshi.cn		电子信箱	ir@boshi.cn	
	电　　话	0451-84367021		传　　真	0451-84367022	
	办公地址	黑龙江省哈尔滨市开发区迎宾路集中区东湖街 9 号				
	经营范围	从事自动化设备的开发、生产、销售、调试、维修、技术服务、技术转让等				

主要财务指标	指标＼报告期	2012.06.30	2011.12.31	2011.06.30	2010.12.31
	基本每股收益(元)	0.2700	0.4200	–	0.3500
	基本每股收益(扣除后)(元)	0.2700	0.4100	–	0.3400
	每股净资产(元)	2.0300	1.7600	–	1.4100
	每股经营现金净流量(元)	–0.0648	0.2247	–	0.1240
	每股现金流量(元)	–0.1624	0.1847	–	0.0710
	每股资本公积金(元)	0.0501	0.0501	–	0.0349
	每股盈余公积金(元)	0.0772	0.0772	–	0.0359
	每股未分配利润(元)	0.8993	0.6330	–	0.3363
	净资产收益率(%)	13.1175	23.7510	–	25.1149
	加权净资产收益率(%)	14.0600	27.0700	–	28.7500
	净资产收益率(扣除)(%)	–	–	–	–
	总资产(万元)	120407.25	113282.53	–	82840.89
	归属母公司股东权益(万元)	73063.62	63374.32	–	50652.29
	主营业务收入(万元)	36574.90	59559.63	–	44243.55
	营业收入(万元)	36575.87	59561.90	–	44258.38
	主营成本(万元)	20249.08	31894.40	–	22695.88
	营业成本(万元)	20249.08	31894.40	–	22701.04
	投资收益(万元)	57.79	320.28	–	684.19
	净利润(万元)	9584.12	15052.03	–	12721.27
	利润总额(万元)	10805.70	17392.24	–	14786.05

美盛文化创意股份有限公司

公司概况	公司名称	美盛文化创意股份有限公司			证券简称	美盛文化
	法人代表	赵小强	董秘	郭瑞	证券代码	002699
	公司网址	www.chinarising.com.cn		电子信箱	office@chinarising.com.cn	
	电　　话	0575-86226885		传　　真	0575-86288588	
	办公地址	浙江省绍兴市新昌县省级高新技术园区内(南岩)				
	经营范围	动漫衍生产品设计开发、动漫饰品、节日礼品及工艺品开发设计、生产和销售等				

主要财务指标	指标＼报告期	2012.06.30	2011.12.31	2011.06.30	2010.12.31
	基本每股收益(元)	0.1300	0.6900	–	0.6700
	基本每股收益(扣除后)(元)	0.1300	0.6700	–	0.6700
	每股净资产(元)	2.6300	2.4900	–	1.7400
	每股经营现金净流量(元)	–0.0756	0.6379	–	0.3457
	每股现金流量(元)	–0.0165	–0.1070	–	–0.0180
	每股资本公积金(元)	0.1318	0.1318	–	0.0704
	每股盈余公积金(元)	0.1388	0.1388	–	0.0676
	每股未分配利润(元)	1.3545	1.2226	–	0.6038
	净资产收益率(%)	5.0269	27.6730	–	38.3734
	加权净资产收益率(%)	5.1600	32.3500	–	47.4800
	净资产收益率(扣除)(%)	–	–	–	–
	总资产(万元)	28252.41	21615.47	–	18171.84
	归属母公司股东权益(万元)	18376.30	17452.55	–	12192.64
	主营业务收入(万元)	6883.69	21425.03	–	18944.80
	营业收入(万元)	6896.26	21747.14	–	19069.81
	主营成本(万元)	4105.03	11899.19	–	9767.29
	营业成本(万元)	4107.41	12069.21	–	9818.62
	投资收益(万元)	4.85	292.60	–	–22.93
	净利润(万元)	923.75	4829.64	–	4678.73
	利润总额(万元)	1315.45	6680.23	–	6241.39

新疆浩源天然气股份有限公司

公司概况					
公司名称	新疆浩源天然气股份有限公司			证券简称	新疆浩源
法人代表	周举东	董秘	吐尔洪·艾麦尔	证券代码	002700
公司网址	www.hytrq.com		电子信箱	hytrq_tuerhong@163.com	
电　话	0997-6888585		传　真	0997-2285202	
办公地址	新疆维吾尔自治区阿克苏市英阿瓦提路 2 号				
经营范围	天然气的运输(含管道运输)、加工、销售与服务业务等				

主要财务指标：指标＼报告期	2012.06.30	2011.12.31	2011.06.30	2010.12.31
基本每股收益(元)	0.5240	0.8800	–	0.5500
基本每股收益(扣除后)(元)	–	–	–	–
每股净资产(元)	3.2400	2.6900	–	1.7800
每股经营现金净流量(元)	0.4777	1.6428	–	1.1510
每股现金流量(元)	–0.2450	0.6862	–	0.1665
每股资本公积金(元)	0.3137	0.3137	–	0.3137
每股盈余公积金(元)	0.1294	0.1294	–	0.0411
每股未分配利润(元)	1.6886	1.1648	–	0.3698
净资产收益率(%)	16.1751	32.8461	–	31.0663
加权净资产收益率(%)	17.7500	39.7800	–	40.9400
净资产收益率(扣除)(%)	–	–	–	–
总资产(万元)	36379.95	35059.08	–	28660.11
归属母公司股东权益(万元)	17810.09	14790.20	–	9782.15
主营业务收入(万元)	10196.60	18194.60	–	11883.68
营业收入(万元)	10198.30	18251.62	–	11901.03
主营成本(万元)	–	–	–	–
营业成本(万元)	4970.78	9458.65	–	5914.07
投资收益(万元)	–	–	–	–
净利润(万元)	2880.81	4858.00	–	3038.95
利润总额(万元)	3461.78	5718.45	–	3679.95

奥瑞金包装股份有限公司

公司概况					
公司名称	奥瑞金包装股份有限公司			证券简称	奥瑞金
法人代表	周云杰	董秘	高树军	证券代码	002701
公司网址	www.orgpackaging.com		电子信箱	zqb@orgpackaging.com	
电　话	010-85211915		传　真	010-85289512	
办公地址	北京市怀柔区雁栖工业开发区				
经营范围	食品饮料金属包装产品的研发、设计、生产和销售等				

主要财务指标：指标＼报告期	2012.06.30	2011.12.31	2011.06.30	2010.12.31
基本每股收益(元)	0.9000	1.3800	–	1.1919
基本每股收益(扣除后)(元)	0.6100	0.8700	–	–
每股净资产(元)	5.2400	4.3300	–	3.6632
每股经营现金净流量(元)	1.3499	–0.3879	–	1.5052
每股现金流量(元)	1.1808	–0.5630	–	0.8355
每股资本公积金(元)	1.0104	1.0104	–	0.9832
每股盈余公积金(元)	0.1095	0.1095	–	0.1157
每股未分配利润(元)	3.1105	2.2128	–	1.5658
净资产收益率(%)	17.1739	31.8557	–	32.5357
加权净资产收益率(%)	18.7900	37.1700	–	31.7800
净资产收益率(扣除)(%)	–	–	–	–
总资产(万元)	333992.89	277811.37	–	178212.30
归属母公司股东权益(万元)	120219.82	99565.72	–	72660.20
主营业务收入(万元)	154478.00	280324.00	–	193133.00
营业收入(万元)	157846.21	284092.56	–	196315.85
主营成本(万元)	112208.00	211716.00	–	147281.00
营业成本(万元)	115471.52	215261.71	–	150262.99
投资收益(万元)	–	81.30	–	–6.03
净利润(万元)	20607.61	31576.08	–	23597.28
利润总额(万元)	25858.22	39349.30	–	27212.16

福建腾新食品股份有限公司

公司概况					
公司名称	福建腾新食品股份有限公司			证券简称	腾新食品
法人代表	滕用雄	董秘	刘锦德	证券代码	002702
公司网址	www.tengxinfoods.com.cn		电子信箱	zqb@tengxinfoods.com.cn	
电　话	0591-88202235		传　真	0591-88202231	
办公地址	福建省福州市台江区广达路 349 号 A 座 1 层				
经营范围	冷冻(藏)食品、生产:速冻面米食品、速冻肉制品、速冻鱼糜制品等				

主要财务指标：指标＼报告期	2012.06.30	2011.12.31	2011.06.30	2010.12.31
基本每股收益(元)	0.5300	1.0000	–	0.9300
基本每股收益(扣除后)(元)	0.5200	0.9700	–	0.9300
每股净资产(元)	5.1700	4.7400	–	3.8300
每股经营现金净流量(元)	0.8447	0.4182	–	1.2439
每股现金流量(元)	–0.0004	–0.0430	–	0.3197
每股资本公积金(元)	0.4489	0.4489	–	0.4489
每股盈余公积金(元)	0.3357	0.3357	–	0.2523
每股未分配利润(元)	3.3808	2.9510	–	2.1310
净资产收益率(%)	10.2571	21.1884	–	24.2456
加权净资产收益率(%)	10.6700	23.5100	–	27.4300
净资产收益率(扣除)(%)	–	–	–	–
总资产(万元)	34813.31	41419.28	–	34558.95
归属母公司股东权益(万元)	27377.11	25099.02	–	20310.93
主营业务收入(万元)	32348.61	65633.76	–	51153.70
营业收入(万元)	32401.66	65832.78	–	51341.33
主营成本(万元)	21237.19	45587.90	–	33643.10
营业成本(万元)	29018.40	45634.04	–	33694.08
投资收益(万元)	–	–	–	–
净利润(万元)	2808.10	5318.08	–	4924.50
利润总额(万元)	3441.61	6427.52	–	5957.55

青岛特锐德电气股份有限公司

公司概况					
公司名称	青岛特锐德电气股份有限公司			证券简称	特锐德
法人代表	于德翔	董秘	刘甲坤	证券代码	300001
公司网址	www.qdtgood.com		电子信箱	ir@qdtgood.com	
电　话	0532-80938126 88705220		传　真	0532-88705330 89083388	
办公地址	山东省青岛市崂山区松岭路 336 号				
经营范围	设计、制造 220kv 及以下的变配电一二次产品以及提供相应技术服务等				

主要财务指标：指标＼报告期	2012.06.30	2011.12.31	2011.06.30	2010.12.31
基本每股收益(元)	0.1770	0.5200	0.2380	0.8500
基本每股收益(扣除后)(元)	0.1750	0.5000	0.2390	0.8100
每股净资产(元)	5.6900	5.7100	5.4300	8.0800
每股经营现金净流量(元)	–0.2681	–0.0995	–0.2635	–0.1846
每股现金流量(元)	–0.6002	–1.1971	–0.8317	–1.2551
每股资本公积金(元)	3.5415	3.5415	3.5415	5.8123
每股盈余公积金(元)	0.1507	0.1507	0.0979	0.1469
每股未分配利润(元)	0.9958	1.0188	0.7865	1.1222
净资产收益率(%)	3.0700	9.1640	4.3500	10.4620
加权净资产收益率(%)	3.0700	9.4600	4.3500	10.9400
净资产收益率(扣除)(%)	–	–	–	–
总资产(万元)	138203.46	137037.05	123513.80	123612.40
归属母公司股东权益(万元)	113986.54	114447.97	108736.47	107967.66
主营业务收入(万元)	28122.48	63697.66	25221.41	52279.97
营业收入(万元)	28300.16	64204.54	25515.98	53008.66
主营成本(万元)	18901.86	42088.65	15588.68	33571.69
营业成本(万元)	18954.70	42313.06	15746.68	34039.30
投资收益(万元)	–	–	–	–
净利润(万元)	3546.57	10488.30	4776.81	11295.07
利润总额(万元)	4150.93	12410.54	5622.27	13289.50

北京神州泰岳软件股份有限公司

公司概况					
公司名称	北京神州泰岳软件股份有限公司			证券简称	神州泰岳
法人代表	王宁	董秘	黄松浪	证券代码	300002
公司网址	www.ultrapower.com.cn		电子信箱	irm@ultrapower.com.cn	
电　　话	010-58847555 84927606		传　　真	010-58847583	
办公地址	北京市朝阳区北苑路甲 13 号院 1 号楼 22 层				
经营范围	集中于运维管理领域、互联网领域等				

主要财务指标

指标＼报告期	2012.06.30	2011.12.31	2011.06.30	2010.12.31
基本每股收益(元)	0.5800	0.9400	0.5300	0.8600
基本每股收益(扣除后)(元)	0.5647	0.9100	0.5200	0.8500
每股净资产(元)	7.7500	7.4700	7.0100	8.0700
每股经营现金净流量(元)	0.0160	0.5650	-0.3816	0.6192
每股现金流量(元)	-0.3986	-0.8234	-1.2939	-1.2709
每股资本公积金(元)	4.0129	4.0129	3.9596	4.9429
每股盈余公积金(元)	0.2087	0.2087	0.1226	0.1472
每股未分配利润(元)	2.5296	2.2471	1.9297	1.9821
净资产收益率(%)	7.5157	12.5480	7.4905	12.8560
加权净资产收益率(%)	7.5600	13.3100	7.6000	13.6400
净资产收益率(扣除)(%)	-	-	-	-
总资产(万元)	328743.95	327183.98	285231.36	274295.68
归属母公司股东权益(万元)	293922.23	283207.08	265892.03	255077.62
主营业务收入(万元)	67091.88	114586.49	53236.47	84162.90
营业收入(万元)	68001.68	115725.81	53519.82	84162.90
主营成本(万元)	21007.99	37192.61	16355.62	22005.27
营业成本(万元)	21212.06	37695.11	16426.37	22005.27
投资收益(万元)	314.93	3231.81	2274.32	353.08
净利润(万元)	22010.49	35369.50	19882.19	32717.76
利润总额(万元)	27937.28	38668.75	22240.39	36540.77

乐普(北京)医疗器械股份有限公司

公司概况					
公司名称	乐普(北京)医疗器械股份有限公司			证券简称	乐普医疗
法人代表	孙建科	董秘	王建辉	证券代码	300003
公司网址	www.lepumedical.com		电子信箱	zqb@lepumedical.com	
电　　话	010-58305141 58305126		传　　真	010-58305100 80120691	
办公地址	北京市昌平区超前路 37 号				
经营范围	医疗器械及其配件的技术开发、生产、销售自产产品、提供自产产品的技术咨询服务等				

主要财务指标

指标＼报告期	2012.06.30	2011.12.31	2011.06.30	2010.12.31
基本每股收益(元)	0.2916	0.5827	0.3243	0.5055
基本每股收益(扣除后)(元)	0.2864	0.5768	0.3232	0.5018
每股净资产(元)	3.0100	2.8800	2.6200	2.5400
每股经营现金净流量(元)	0.1305	0.3586	0.1808	0.4609
每股现金流量(元)	-0.0766	-0.1206	-0.1173	-0.0675
每股资本公积金(元)	0.9257	0.9120	0.9112	0.9058
每股盈余公积金(元)	0.1538	0.1538	0.1311	0.1024
每股未分配利润(元)	0.9295	0.8179	0.5821	0.5366
净资产收益率(%)	9.7000	20.2070	12.3600	19.8660
加权净资产收益率(%)	9.7800	21.8100	12.3600	21.6600
净资产收益率(扣除)(%)	-	-	-	-
总资产(万元)	258189.54	244282.44	230385.92	222674.94
归属母公司股东权益(万元)	244180.89	234152.69	213103.40	206629.44
主营业务收入(万元)	50669.21	91984.62	46911.18	77010.09
营业收入(万元)	50669.21	91984.62	46911.18	77010.09
主营成本(万元)	8536.31	16064.21	7634.73	13152.90
营业成本(万元)	8536.31	16064.21	7634.73	13152.90
投资收益(万元)	227.05	465.37	265.39	19.82
净利润(万元)	23679.86	47315.77	26331.22	41064.10
利润总额(万元)	27856.91	54300.30	30188.70	47264.77

南方风机股份有限公司

公司概况					
公司名称	南方风机股份有限公司			证券简称	南风股份
法人代表	杨子善	董秘	周晖	证券代码	300004
公司网址	www.ntfan.com		电子信箱	investors@ntfan.com	
电　　话	0757-81006199		传　　真	0757-81006190	
办公地址	广东省佛山市南海区狮山大道				
经营范围	通风与空气处理系统设计和产品开发、制造与销售等				

主要财务指标

指标＼报告期	2012.06.30	2011.12.31	2011.06.30	2010.12.31
基本每股收益(元)	0.1300	0.4300	0.1600	0.3300
基本每股收益(扣除后)(元)	0.1300	0.4300	0.1600	0.3100
每股净资产(元)	4.4700	4.3800	4.1100	7.9000
每股经营现金净流量(元)	0.5307	-0.4569	-0.2916	-0.1670
每股现金流量(元)	0.4257	-0.5700	-0.2137	-2.0196
每股资本公积金(元)	2.3852	2.3346	2.2843	5.5687
每股盈余公积金(元)	0.1186	0.1186	0.0750	0.1500
每股未分配利润(元)	0.9639	0.9306	0.7542	1.1800
净资产收益率(%)	2.9800	9.9030	3.7500	8.3770
加权净资产收益率(%)	3.0000	10.4900	4.0700	8.6800
净资产收益率(扣除)(%)	-	-	-	-
总资产(万元)	112006.15	108821.94	103403.33	97298.47
归属母公司股东权益(万元)	83992.41	82415.35	77335.38	74247.93
主营业务收入(万元)	16046.32	44865.56	17348.01	33853.91
营业收入(万元)	16046.32	44865.56	17348.01	33853.91
主营成本(万元)	9906.47	28390.11	11478.60	22789.50
营业成本(万元)	9906.47	28390.11	11478.60	22789.50
投资收益(万元)	-	-	-	-
净利润(万元)	2471.85	8127.06	3089.10	6219.59
利润总额(万元)	2997.08	9797.35	3640.42	7250.34

北京探路者户外用品股份有限公司

公司概况					
公司名称	北京探路者户外用品股份有限公司			证券简称	探路者
法人代表	盛发强	董秘	张成	证券代码	300005
公司网址	www.toread.com.cn		电子信箱	zhang.cheng@toread.com.cn	
电　　话	010-81788188 81788188-8887		传　　真	010-81788593 81783289	
办公地址	北京市海淀区知春路 6 号锦秋国际大厦 A 座 21 层				
经营范围	户外用品研发设计、组织外包生产、销售等				

主要财务指标

指标＼报告期	2012.06.30	2011.12.31	2011.06.30	2010.12.31
基本每股收益(元)	0.1700	0.3998	0.1200	0.2011
基本每股收益(扣除后)(元)	0.1700	0.3960	0.1200	0.2037
每股净资产(元)	1.8800	2.2600	2.0000	3.7200
每股经营现金净流量(元)	-0.0875	0.4831	-0.1633	0.6274
每股现金流量(元)	-0.1276	-0.0535	-0.2850	-0.2249
每股资本公积金(元)	0.2298	0.5348	0.5130	1.9688
每股盈余公积金(元)	0.0675	0.0878	0.0441	0.0882
每股未分配利润(元)	0.5843	0.6385	0.4449	0.6648
净资产收益率(%)	9.0100	17.6820	8.1100	10.8070
加权净资产收益率(%)	9.3400	19.4800	8.4400	11.3500
净资产收益率(扣除)(%)	-	-	-	-
总资产(万元)	77698.31	84543.41	61442.52	62616.31
归属母公司股东权益(万元)	65742.30	60598.20	53652.83	49873.03
主营业务收入(万元)	37734.98	75138.29	24933.18	43224.69
营业收入(万元)	37994.08	75370.36	24933.18	43405.71
主营成本(万元)	18393.27	39282.17	12504.61	22115.43
营业成本(万元)	18691.34	39547.71	12504.61	22115.43
投资收益(万元)	-	-	-	-
净利润(万元)	5921.92	10715.18	4353.45	5389.54
利润总额(万元)	8424.89	12467.22	5140.25	6418.94

重庆莱美药业股份有限公司

公司概况	公司名称	重庆莱美药业股份有限公司			证券简称	莱美药业
	法人代表	邱宇	董秘	冷雪峰	证券代码	300006
	公司网址	www.cqlummy.com		电子信箱	cqlm@cqlummy.com	
	电话	023-67300382 67300368		传真	023-67300381	
	办公地址	重庆市北部新区杨柳路2号黄山大道中段重庆应用技术研究院B栋15楼				
	经营范围	生产、销售(限本企业自产)大容量注射剂(含抗肿瘤药)、小容量注射剂等				

主要财务指标	指标\报告期	2012.06.30	2011.12.31	2011.06.30	2010.12.31
	基本每股收益(元)	0.1800	0.4000	0.2600	0.2400
	基本每股收益(扣除后)(元)	0.1700	0.3000	0.1800	0.2250
	每股净资产(元)	3.5000	3.4100	6.5400	6.1200
	每股经营现金净流量(元)	0.0475	0.0648	-0.2355	0.4116
	每股现金流量(元)	0.6156	-0.2917	-0.6983	-2.3692
	每股资本公积金(元)	1.4398	1.4398	3.8725	3.8725
	每股盈余公积金(元)	0.1049	0.1049	0.1488	0.1488
	每股未分配利润(元)	0.9517	0.8673	1.5208	1.0967
	净资产收益率(%)	5.0400	11.7060	7.6000	7.8370
	加权净资产收益率(%)	5.2900	12.3500	8.2100	8.1100
	净资产收益率(扣除)(%)	-	-	-	-
	总资产(万元)	137433.99	108098.50	103877.71	88401.02
	归属母公司股东权益(万元)	63982.32	62438.81	59859.44	55979.76
	主营业务收入(万元)	32482.60	53324.23	27588.58	37748.21
	营业收入(万元)	32581.45	53409.45	27633.60	37764.81
	主营成本(万元)	19818.29	33390.83	16997.61	23953.98
	营业成本(万元)	19890.02	33421.99	17007.76	23962.21
	投资收益(万元)	-	-	-	-
	净利润(万元)	3466.64	7464.90	4805.73	4382.42
	利润总额(万元)	3925.91	8694.95	5604.19	5050.96

河南汉威电子股份有限公司

公司概况	公司名称	河南汉威电子股份有限公司			证券简称	汉威电子
	法人代表	任红军	董秘	刘瑞玲	证券代码	300007
	公司网址	www.hwsensor.com		电子信箱	hwdz@hwsensor.com	
	电话	0371-67169159		传真	0371-67169196	
	办公地址	河南省郑州市高新技术开发区雪松路169号				
	经营范围	气体传感器、气体检测仪器仪表的研发、生产、销售及自营产品出口等				

主要财务指标	指标\报告期	2012.06.30	2011.12.31	2011.06.30	2010.12.31
	基本每股收益(元)	0.1800	0.5500	0.1300	0.3600
	基本每股收益(扣除后)(元)	0.1000	0.4200	0.0900	0.2800
	每股净资产(元)	4.9300	4.8500	4.4300	4.4100
	每股经营现金净流量(元)	-0.1392	0.2039	-0.1055	0.2595
	每股现金流量(元)	-0.3680	-0.8170	-0.5263	-0.4855
	每股资本公积金(元)	2.6845	2.6829	2.6828	2.6828
	每股盈余公积金(元)	0.1100	0.1100	0.0725	0.0725
	每股未分配利润(元)	1.1390	1.0618	0.6769	0.6516
	净资产收益率(%)	3.5900	11.2840	2.5800	8.1390
	加权净资产收益率(%)	3.6100	11.8300	2.8000	8.3900
	净资产收益率(扣除)(%)	-	-	-	-
	总资产(万元)	70076.33	69634.87	59433.13	59359.62
	归属母公司股东权益(万元)	58215.08	57286.07	52299.66	52000.41
	主营业务收入(万元)	12565.34	25386.63	9292.02	16814.54
	营业收入(万元)	12929.09	26131.12	9604.54	17394.94
	主营成本(万元)	5917.15	11044.06	4233.90	7712.62
	营业成本(万元)	6059.81	11713.72	4339.71	7982.13
	投资收益(万元)	-	-	-	-
	净利润(万元)	2216.24	6679.76	1505.64	4370.68
	利润总额(万元)	2587.18	7755.13	1802.76	5065.08

上海佳豪船舶工程设计股份有限公司

公司概况	公司名称	上海佳豪船舶工程设计股份有限公司			证券简称	上海佳豪
	法人代表	刘楠	董秘	马锐	证券代码	300008
	公司网址	www.bestwaysh.com		电子信箱	marui@bestwaysh.com	
	电话	021-60859788 60859829		传真	021-60859896	
	办公地址	上海市松江区莘砖公路518号10号				
	经营范围	船舶工程及海洋工程设计、设计工程总承包(EPC)、船舶建造监理等				

主要财务指标	指标\报告期	2012.06.30	2011.12.31	2011.06.30	2010.12.31
	基本每股收益(元)	0.1630	0.5270	0.1610	0.4340
	基本每股收益(扣除后)(元)	0.1560	0.4870	0.1520	0.3920
	每股净资产(元)	2.4710	3.6410	3.3560	5.6800
	每股经营现金净流量(元)	-0.1067	-0.0716	-0.1146	1.1428
	每股现金流量(元)	-0.3004	-0.7173	-0.6629	0.7298
	每股资本公积金(元)	0.6418	1.4713	1.4713	3.2866
	每股盈余公积金(元)	0.1162	0.1743	0.1287	0.2188
	每股未分配利润(元)	0.7135	0.9953	0.7559	1.1744
	净资产收益率(%)	6.6100	14.4610	7.2000	12.9801
	加权净资产收益率(%)	6.6200	15.3500	7.2300	13.5800
	净资产收益率(扣除)(%)	-	-	-	-
	总资产(万元)	66107.32	67080.37	56545.80	58258.23
	归属母公司股东权益(万元)	53996.60	53031.98	48881.62	48664.61
	主营业务收入(万元)	15418.77	33013.65	13593.12	21059.57
	营业收入(万元)	15520.74	33145.82	13593.12	21059.57
	主营成本(万元)	9201.62	20784.24	8170.27	11808.04
	营业成本(万元)	9203.18	20784.24	8170.27	11808.04
	投资收益(万元)	-8.98	-27.09	-	-
	净利润(万元)	3308.13	7456.26	3462.64	6299.29
	利润总额(万元)	4177.22	9056.03	4100.96	7621.40

安徽安科生物工程(集团)股份有限公司

公司概况	公司名称	安徽安科生物工程(集团)股份有限公司			证券简称	安科生物
	法人代表	宋礼华	董秘	李星	证券代码	300009
	公司网址	www.ankebio.com		电子信箱	lixing@ankebio.com	
	电话	0551-5316867		传真	0551-5319985 5316867	
	办公地址	安徽省合肥市长江西路669号高新区海关路K-1				
	经营范围	生物医药的研究、开发、生产和销售等				

主要财务指标	指标\报告期	2012.06.30	2011.12.31	2011.06.30	2010.12.31
	基本每股收益(元)	0.1517	0.3400	0.1501	0.2800
	基本每股收益(扣除后)(元)	0.1204	0.2603	0.0909	0.2300
	每股净资产(元)	2.8300	2.8800	2.6992	3.4400
	每股经营现金净流量(元)	0.1066	0.0380	0.0845	0.3137
	每股现金流量(元)	-0.3223	-0.4135	-0.2947	-0.0153
	每股资本公积金(元)	1.1429	1.1429	1.1494	1.6867
	每股盈余公积金(元)	0.2041	0.2041	0.1759	0.2199
	每股未分配利润(元)	0.4824	0.5308	0.3739	0.5298
	净资产收益率(%)	5.3600	11.6430	5.5600	10.0047
	加权净资产收益率(%)	5.1900	12.0500	5.3800	10.3400
	净资产收益率(扣除)(%)	-	-	-	-
	总资产(万元)	58369.27	60365.16	57215.22	58954.98
	归属母公司股东权益(万元)	53474.95	54388.36	51015.41	51959.32
	主营业务收入(万元)	14670.28	26772.84	11759.32	22793.01
	营业收入(万元)	14680.74	26791.66	11759.32	22793.01
	主营成本(万元)	4085.60	7856.55	3591.76	6460.25
	营业成本(万元)	4090.29	7861.24	3591.76	6460.25
	投资收益(万元)	83.38	1320.67	1322.22	23.68
	净利润(万元)	2866.59	6238.10	2701.33	5163.70
	利润总额(万元)	3304.54	7371.86	3231.98	6091.03

北京立思辰科技股份有限公司

公司概况

公司名称	北京立思辰科技股份有限公司			证券简称	立 思 辰
法人代表	池燕明	董秘	华婷	证券代码	300010
公司网址	www.lanxum.com		电子信箱	contact@lanxum.com	
电　话	010-82736996 82736433		传　真	010-82736055*6433	
办公地址	北京市海淀区学清路 8 号科技财富中心 B 座 3A 层				
经营范围	办公信息系统解决方案及服务等				

主要财务指标

指标\报告期	2012.06.30	2011.12.31	2011.06.30	2010.12.31
基本每股收益(元)	0.0493	0.3174	0.1118	0.2561
基本每股收益(扣除后)(元)	0.0499	0.2982	0.1122	0.2471
每股净资产(元)	2.7900	2.8500	2.6600	4.0200
每股经营现金净流量(元)	-0.0943	0.1037	-0.1673	-0.1810
每股现金流量(元)	0.0368	-0.5220	-0.3929	0.2711
每股资本公积金(元)	1.2220	1.2220	1.2210	2.3315
每股盈余公积金(元)	0.0574	0.0574	0.0452	0.0678
每股未分配利润(元)	0.5154	0.5661	0.3904	0.6178
净资产收益率(%)	1.7200	11.1560	4.2700	9.5640
加权净资产收益率(%)	1.7200	11.4800	4.2700	9.7900
净资产收益率(扣除)(%)	-	-	-	-
总资产(万元)	86075.55	92695.09	83566.62	84885.50
归属母公司股东权益(万元)	66120.70	67321.10	62850.63	63359.80
主营业务收入(万元)	19712.39	54093.23	22450.78	44942.85
营业收入(万元)	19712.39	54093.23	22450.78	44942.85
主营成本(万元)	13921.56	33135.65	14365.47	29550.91
营业成本(万元)	13921.56	33135.65	14365.47	29550.91
投资收益(万元)	-	-	-	-0.48
净利润(万元)	1026.68	8158.74	2689.28	6972.95
利润总额(万元)	592.60	9649.26	3179.73	7384.96

北京鼎汉技术股份有限公司

公司概况

公司名称	北京鼎汉技术股份有限公司			证券简称	鼎汉技术
法人代表	顾庆伟	董秘	张霞	证券代码	300011
公司网址	www.dinghantech.com		电子信箱	ir@dinghantech.com	
电　话	010-83683366 8288		传　真	010-83683366 8222	
办公地址	北京市丰台区南四环西路 188 号 18 区 2 号楼				
经营范围	生产轨道交通信号智能电源产品、轨道交通电力操作电源、屏蔽门电源等				

主要财务指标

指标\报告期	2012.06.30	2011.12.31	2011.06.30	2010.12.31
基本每股收益(元)	-0.0099	0.6759	0.3632	0.6752
基本每股收益(扣除后)(元)	-0.0011	0.6687	0.3654	0.6593
每股净资产(元)	4.5993	7.4941	7.1817	6.6500
每股经营现金净流量(元)	-0.0946	-0.6359	-0.6121	0.0124
每股现金流量(元)	-0.8200	-0.4047	-0.3670	-0.9740
每股资本公积金(元)	2.5735	4.7103	4.7127	4.3233
每股盈余公积金(元)	0.0947	0.1382	0.1266	0.1301
每股未分配利润(元)	0.9311	1.6456	1.3425	1.1952
净资产收益率(%)	-0.2200	8.9370	4.9400	10.1560
加权净资产收益率(%)	-0.2000	9.5300	5.3200	10.5900
净资产收益率(扣除)(%)	-	-	-	-
总资产(万元)	76848.80	86262.11	83369.76	81520.91
归属母公司股东权益(万元)	70887.60	79161.95	75861.59	68315.13
主营业务收入(万元)	9480.27	30357.28	15973.19	29479.11
营业收入(万元)	9651.15	30896.06	16343.39	29536.19
主营成本(万元)	5869.93	16280.00	8129.57	16822.06
营业成本(万元)	5913.64	16423.29	8238.71	16862.36
投资收益(万元)	-	-	-	-
净利润(万元)	-192.67	7035.32	3748.50	6931.12
利润总额(万元)	-118.41	7434.35	3971.26	7783.14

深圳市华测检测技术股份有限公司

公司概况

公司名称	深圳市华测检测技术股份有限公司			证券简称	华测检测
法人代表	万峰	董秘	陈砚	证券代码	300012
公司网址	www.cti-cert.com		电子信箱	security@cti-cert.com	
电　话	0755-33682137		传　真	0755-33683385-2137	
办公地址	广东省深圳市宝安区 70 区留仙三路 6 号鸿威工业园 C 栋厂房 1 楼				
经营范围	计量仪器与设备的技术咨询、电子安全电磁兼技术开发、电子元器件和仪器的销售等				

主要财务指标

指标\报告期	2012.06.30	2011.12.31	2011.06.30	2010.12.31
基本每股收益(元)	0.2500	0.5200	0.2100	0.3700
基本每股收益(扣除后)(元)	0.2200	0.4700	0.2000	0.3200
每股净资产(元)	4.3100	4.2500	3.9400	5.9000
每股经营现金净流量(元)	0.2556	0.7324	0.2057	0.7405
每股现金流量(元)	-0.3628	-0.0115	-0.1735	-0.3785
每股资本公积金(元)	2.1489	2.1423	2.1423	3.7134
每股盈余公积金(元)	0.1481	0.1481	0.1123	0.1685
每股未分配利润(元)	1.0153	0.9650	0.6920	1.0198
净资产收益率(%)	5.8200	12.2600	4.9900	9.4980
加权净资产收益率(%)	5.8200	12.8300	5.3400	9.7700
净资产收益率(扣除)(%)	-	-	-	-
总资产(万元)	85694.37	85088.70	78383.98	77470.22
归属母公司股东权益(万元)	79216.83	78166.38	72543.66	72329.87
主营业务收入(万元)	26460.94	50100.78	22027.53	35582.57
营业收入(万元)	26460.94	50102.36	22027.53	35582.57
主营成本(万元)	8705.72	17029.28	7959.31	13204.57
营业成本(万元)	8705.72	17105.09	7959.31	13204.57
投资收益(万元)	6.48	116.80	73.59	455.31
净利润(万元)	4603.85	9697.17	3951.19	6809.54
利润总额(万元)	5712.70	11823.17	5071.88	8260.13

江苏新宁现代物流股份有限公司

公司概况

公司名称	江苏新宁现代物流股份有限公司			证券简称	新宁物流
法人代表	王雅军	董秘	张瑜	证券代码	300013
公司网址	www.xinning.com.cn		电子信箱	jsxn@xinning.com.cn	
电　话	0512-57120911		传　真	0512-57999356	
办公地址	江苏省昆山市张浦镇阳光西路 760 号				
经营范围	进出口货物的仓储、集装箱堆存及有关配套业务等				

主要财务指标

指标\报告期	2012.06.30	2011.12.31	2011.06.30	2010.12.31
基本每股收益(元)	0.0600	0.1000	0.0200	0.1900
基本每股收益(扣除后)(元)	0.0400	0.0800	0.0200	0.1100
每股净资产(元)	3.6600	3.6100	3.5300	3.5600
每股经营现金净流量(元)	-0.0152	0.3484	0.1152	0.1005
每股现金流量(元)	-0.0983	-0.1817	-0.1815	-0.6325
每股资本公积金(元)	1.9017	1.9065	1.9068	1.9075
每股盈余公积金(元)	0.0688	0.0688	0.0461	0.0461
每股未分配利润(元)	0.6944	0.6311	0.5788	0.6032
净资产收益率(%)	1.7300	2.7900	0.6200	5.2940
加权净资产收益率(%)	1.7400	3.3700	0.6200	5.3700
净资产收益率(扣除)(%)	-	-	-	-
总资产(万元)	44125.63	42924.86	40710.74	41035.37
归属母公司股东权益(万元)	32980.81	32454.14	31782.71	32008.88
主营业务收入(万元)	15101.65	28820.64	13474.43	24606.65
营业收入(万元)	15128.62	28829.85	13474.43	24617.14
主营成本(万元)	9413.26	18054.65	8658.74	15198.97
营业成本(万元)	9424.00	18062.85	8658.74	15198.97
投资收益(万元)	1.63	7.05	-34.98	7.18
净利润(万元)	636.59	913.73	126.14	1769.29
利润总额(万元)	963.84	1350.31	313.04	2643.45

惠州亿纬锂能股份有限公司

公司概况					
公司名称	惠州亿纬锂能股份有限公司			证券简称	亿纬锂能
法人代表	刘金成	董秘	李芬	证券代码	300014
公司网址	www.evebattery.com		电子信箱	ir@evebattery.com	
电　话	0752-2605878		传　真	0752-2606033	
办公地址	惠州市仲恺高新区惠风七路36号亿纬工业园				
经营范围	生产、销售锂一次电池、锂二次电池、锂聚合物电池、锂离子电池等				

主要财务指标 指标\报告期	2012.06.30	2011.12.31	2011.06.30	2010.12.31
基本每股收益(元)	0.1900	0.4300	0.1900	0.4300
基本每股收益(扣除后)(元)	0.1900	0.4100	0.1900	0.4000
每股净资产(元)	3.3600	3.2700	3.0300	4.4100
每股经营现金净流量(元)	-0.0451	0.1429	-0.0740	0.3483
每股现金流量(元)	-0.3027	-0.3270	-0.3615	-0.8290
每股资本公积金(元)	1.2871	1.2871	1.2871	2.4306
每股盈余公积金(元)	0.1154	0.1154	0.0718	0.1077
每股未分配利润(元)	0.9600	0.8693	0.6737	0.8694
净资产收益率(%)	5.6700	13.2420	5.9300	9.7310
加权净资产收益率(%)	5.7500	13.9500	6.5000	9.9900
净资产收益率(扣除)(%)	-	-	-	-
总资产(万元)	81917.20	80896.96	70946.10	69002.07
归属母公司股东权益(万元)	66576.45	64780.31	60046.17	58181.95
主营业务收入(万元)	22087.38	47695.56	19798.80	30545.56
营业收入(万元)	22254.69	47721.29	19800.56	30547.65
主营成本(万元)	14925.34	33007.52	13499.80	21474.26
营业成本(万元)	15104.39	33028.60	13499.80	21474.67
投资收益(万元)	-	-	-	-
净利润(万元)	3776.14	8578.36	3844.23	5661.86
利润总额(万元)	4452.70	10126.71	4522.62	6682.94

爱尔眼科医院集团股份有限公司

公司概况					
公司名称	爱尔眼科医院集团股份有限公司			证券简称	爱尔眼科
法人代表	陈邦	董秘	韩忠	证券代码	300015
公司网址	www.aierchina.com		电子信箱	zhengquanbu@yeah.net	
电　话	0731-82570739		传　真	0731-85179288 8039	
办公地址	湖南省长沙市芙蓉中路二段198号新世纪城12楼				
经营范围	眼科、内科、麻醉剂、检验科、影视像科、验光配镜等				

主要财务指标 指标\报告期	2012.06.30	2011.12.31	2011.06.30	2010.12.31
基本每股收益(元)	0.2100	0.4000	0.1900	0.2800
基本每股收益(扣除后)(元)	0.2100	0.4100	0.1900	0.2700
每股净资产(元)	3.2800	3.2000	4.7500	4.7800
每股经营现金净流量(元)	0.2593	0.6018	0.3032	0.8987
每股现金流量(元)	-0.4112	-0.3533	-0.5626	-0.5766
每股资本公积金(元)	1.2730	1.2579	2.5852	2.7673
每股盈余公积金(元)	0.0887	0.0887	0.0912	0.0912
每股未分配利润(元)	0.9191	0.8547	1.0734	0.9244
净资产收益率(%)	6.5300	12.5720	6.3000	9.4213
加权净资产收益率(%)	6.5200	13.2000	6.2300	9.7400
净资产收益率(扣除)(%)	-	-	-	-
总资产(万元)	178365.32	172184.20	163182.17	161282.78
归属母公司股东权益(万元)	140155.45	136759.33	126817.08	127700.32
主营业务收入(万元)	74269.55	131044.04	58366.13	86480.50
营业收入(万元)	74269.55	131062.45	58366.13	86487.75
主营成本(万元)	41274.52	58541.37	25881.62	37733.28
营业成本(万元)	41274.52	58542.72	25881.62	37734.35
投资收益(万元)	-	-	-	105.48
净利润(万元)	9349.25	17169.34	7977.42	12416.22
利润总额(万元)	11726.01	23986.22	11321.39	17867.32

北京北陆药业股份有限公司

公司概况					
公司名称	北京北陆药业股份有限公司			证券简称	北陆药业
法人代表	王代雪	董秘	刘宁	证券代码	300016
公司网址	www.beilu.com.cn		电子信箱	blxp@beilu.com.cn	
电　话	010-62625287		传　真	010-82626933	
办公地址	北京市海淀区西直门北大街32号枫蓝国际A座写字楼7层				
经营范围	药品生产以及药品经销等				

主要财务指标 指标\报告期	2012.06.30	2011.12.31	2011.06.30	2010.12.31
基本每股收益(元)	0.2000	0.2900	0.1300	0.2800
基本每股收益(扣除后)(元)	0.1800	0.2600	0.1200	0.2700
每股净资产(元)	3.2200	3.2200	3.0600	4.5900
每股经营现金净流量(元)	-0.1120	0.2994	0.0840	0.3684
每股现金流量(元)	-0.4552	0.0506	-0.0998	-0.2252
每股资本公积金(元)	1.4968	1.4968	1.4968	2.7452
每股盈余公积金(元)	0.1530	0.1530	0.1237	0.1855
每股未分配利润(元)	0.5655	0.5677	0.4357	0.6613
净资产收益率(%)	6.1200	8.9960	4.1900	9.1470
加权净资产收益率(%)	6.0600	9.2500	4.1300	9.5100
净资产收益率(扣除)(%)	-	-	-	-
总资产(万元)	52189.20	52465.62	48174.86	47511.29
归属母公司股东权益(万元)	49113.40	49147.02	46684.13	46762.50
主营业务收入(万元)	12624.37	19361.97	8663.79	18169.40
营业收入(万元)	12689.04	19670.20	8871.42	18205.19
主营成本(万元)	3190.50	4921.92	2173.25	7522.18
营业成本(万元)	3206.21	4984.78	2204.68	7535.09
投资收益(万元)	-	-	-	0.14
净利润(万元)	3007.55	4421.18	1958.29	4275.42
利润总额(万元)	3515.73	5359.97	2295.68	4987.19

网宿科技股份有限公司

公司概况					
公司名称	网宿科技股份有限公司			证券简称	网宿科技
法人代表	刘成彦	董秘	周丽萍	证券代码	300017
公司网址	www.chinanetcenter.com		电子信箱	wangsudmb@chinanetcenter.com	
电　话	021-64685982		传　真	021-64879605	
办公地址	上海市徐汇区斜土路2669号英雄大厦15层				
经营范围	计算机软硬件的技术开发、技术转让、技术咨询、技术服务、信息采集等				

主要财务指标 指标\报告期	2012.06.30	2011.12.31	2011.06.30	2010.12.31
基本每股收益(元)	0.2300	0.3500	0.1300	0.2500
基本每股收益(扣除后)(元)	0.1900	0.2900	0.0900	0.2000
每股净资产(元)	5.1500	5.0500	4.8100	4.7800
每股经营现金净流量(元)	0.2352	0.6368	0.1164	0.1801
每股现金流量(元)	-0.3463	0.1088	-0.2567	-0.3042
每股资本公积金(元)	3.1631	3.1486	3.1309	3.1309
每股盈余公积金(元)	0.1136	0.1136	0.0765	0.0765
每股未分配利润(元)	0.8733	0.7934	0.6708	0.5757
净资产收益率(%)	4.5100	7.0220	2.6800	5.1891
加权净资产收益率(%)	4.4700	7.2300	2.6500	5.2600
净资产收益率(扣除)(%)	-	-	-	-
总资产(万元)	84417.27	84003.59	77930.96	77757.08
归属母公司股东权益(万元)	79392.11	77933.51	74187.83	73759.00
主营业务收入(万元)	35364.45	54214.21	23310.95	36228.20
营业收入(万元)	35364.45	54214.21	23310.95	36228.20
主营成本(万元)	24287.77	38579.06	16930.85	25014.13
营业成本(万元)	24287.77	38579.06	16930.85	25014.13
投资收益(万元)	80.16	-	-	-
净利润(万元)	3546.02	5472.17	1984.34	3827.41
利润总额(万元)	4158.86	6464.85	2329.60	4531.98

武汉中元华电科技股份有限公司

公司概况	公司名称	武汉中元华电科技股份有限公司			证券简称	中元华电
	法人代表	邓志刚	董秘	陈志兵	证券代码	300018
	公司网址	www.zyhd.com.cn		电子信箱	stock@zyhd.com.cn	
	电　话	027-87180718		传　真	027-87180719	
	办公地址	湖北省武汉市东湖新技术开发区华中科技大学科技园六路6号				
	经营范围	计算机软、硬件、自动化、电力、电子设备与器件、通讯、办公设备的开发、研制等				

主要财务指标	指标\报告期	2012.06.30	2011.12.31	2011.06.30	2010.12.31
	基本每股收益(元)	0.1500	0.2900	0.1300	0.3400
	基本每股收益(扣除后)(元)	0.1500	0.2900	0.1300	0.3200
	每股净资产(元)	5.2000	5.2000	5.0400	5.0500
	每股经营现金净流量(元)	−0.1856	0.1135	−0.0881	0.1507
	每股现金流量(元)	−0.3958	−0.3430	−0.4309	−0.2345
	每股资本公积金(元)	3.3290	3.3290	3.3290	3.3290
	每股盈余公积金(元)	0.1298	0.1298	0.0980	0.0980
	每股未分配利润(元)	0.7365	0.7390	0.6093	0.6261
	净资产收益率(%)	2.8404	5.6710	2.6460	6.7146
	加权净资产收益率(%)	2.8000	5.7600	2.6200	6.8300
	净资产收益率(扣除)(%)	–	–	–	–
	总资产(万元)	76680.33	77163.61	69204.94	69256.10
	归属母公司股东权益(万元)	67539.60	67571.21	65471.99	65689.47
	主营业务收入(万元)	8906.26	17850.55	5361.90	12954.91
	营业收入(万元)	8924.17	17890.44	5361.90	12954.91
	主营成本(万元)	4746.24	8579.39	2353.22	5841.80
	营业成本(万元)	4747.75	8600.29	2353.22	5841.80
	投资收益(万元)	–	–	–	–
	净利润(万元)	2053.68	4024.34	1732.52	4410.79
	利润总额(万元)	2355.12	4700.61	2033.61	5064.73

成都硅宝科技股份有限公司

公司概况	公司名称	成都硅宝科技股份有限公司			证券简称	硅宝科技
	法人代表	王跃林	董秘	曹振海(代)	证券代码	300019
	公司网址	www.cnguibao.com		电子信箱	guibao@cnguibao.com	
	电　话	028-85317909 86039232		传　真	028-86039232	
	办公地址	四川省成都市高新区新园大道16号				
	经营范围	研发、生产和销售有机硅室温胶等				

主要财务指标	指标\报告期	2012.06.30	2011.12.31	2011.06.30	2010.12.31
	基本每股收益(元)	0.2300	0.4900	0.2000	0.4200
	基本每股收益(扣除后)(元)	0.2300	0.4600	0.1700	0.3500
	每股净资产(元)	4.4900	4.4600	4.1700	4.1100
	每股经营现金净流量(元)	0.0077	0.1088	−0.1038	0.3167
	每股现金流量(元)	−0.2780	−0.6275	−0.4948	−0.1399
	每股资本公积金(元)	2.3178	2.3178	2.3148	2.3148
	每股盈余公积金(元)	0.1436	0.1436	0.0943	0.0943
	每股未分配利润(元)	1.0326	0.9981	0.7579	0.7043
	净资产收益率(%)	5.2200	11.0550	4.8900	10.2040
	加权净资产收益率(%)	5.1600	11.5400	4.8600	10.6400
	净资产收益率(扣除)(%)	–	–	–	–
	总资产(万元)	53361.00	53130.05	49710.54	46895.70
	归属母公司股东权益(万元)	45839.48	45486.85	42504.37	41957.50
	主营业务收入(万元)	15333.98	33906.25	13811.25	20195.51
	营业收入(万元)	15366.33	33956.80	13835.01	20262.91
	主营成本(万元)	9822.08	23360.83	9714.60	12817.40
	营业成本(万元)	9852.48	23403.38	9735.80	12872.52
	投资收益(万元)	–	−1.55	–	–
	净利润(万元)	2425.84	5038.73	2136.17	4281.47
	利润总额(万元)	2878.44	5867.42	2512.35	4969.57

银江股份有限公司

公司概况	公司名称	银江股份有限公司			证券简称	银江股份
	法人代表	章建强	董秘	吴越	证券代码	300020
	公司网址	www.enjoyor.net		电子信箱	enjoyor@enjoyor.net	
	电　话	0571-89716110 89716117		传　真	0571-89716114	
	办公地址	浙江省杭州市西湖区西湖经济科技园西园八路2号G座				
	经营范围	向交通、医疗、建筑等行业用户提供智能化系统工程及服务				

主要财务指标	指标\报告期	2012.06.30	2011.12.31	2011.06.30	2010.12.31
	基本每股收益(元)	0.1800	0.3400	0.1200	0.2700
	基本每股收益(扣除后)(元)	0.1800	0.3300	0.1200	0.2400
	每股净资产(元)	3.0200	2.8800	2.6500	3.9000
	每股经营现金净流量(元)	−0.2473	−0.2084	−0.4503	−0.1556
	每股现金流量(元)	−0.5667	−0.1992	−0.5629	−0.5757
	每股资本公积金(元)	0.9722	0.9638	0.9610	1.9414
	每股盈余公积金(元)	0.1043	0.1043	0.0671	0.1007
	每股未分配利润(元)	0.9398	0.8094	0.6216	0.8539
	净资产收益率(%)	5.9800	11.9540	4.1300	10.4050
	加权净资产收益率(%)	6.1000	12.6000	4.5000	10.8500
	净资产收益率(扣除)(%)	–	–	–	–
	总资产(万元)	166779.70	152685.73	119397.90	126410.88
	归属母公司股东权益(万元)	72391.70	69059.54	63591.80	62336.48
	主营业务收入(万元)	61960.15	102821.77	36627.49	71264.05
	营业收入(万元)	62274.04	102981.36	36657.49	71303.75
	主营成本(万元)	45995.31	76164.53	25000.09	50997.41
	营业成本(万元)	46074.99	76192.80	25000.09	51007.82
	投资收益(万元)	40.91	69.66	–	–
	净利润(万元)	4254.51	8313.07	2885.06	6486.03
	利润总额(万元)	5059.05	9832.20	3492.60	7382.38

甘肃大禹节水集团股份有限公司

公司概况	公司名称	甘肃大禹节水集团股份有限公司			证券简称	大禹节水
	法人代表	王栋	董秘	王光敏	证券代码	300021
	公司网址	www.dyjs.com		电子信箱	dyjszqb@163.com	
	电　话	0937-2689028 2688658*838		传　真	0937-2688963	
	办公地址	甘肃省酒泉市解放路290号				
	经营范围	节水灌溉用塑料制品及过滤器、施肥器、排灌机械、建筑用塑料管材等				

主要财务指标	指标\报告期	2012.06.30	2011.12.31	2011.06.30	2010.12.31
	基本每股收益(元)	0.0300	0.1100	0.0500	0.1100
	基本每股收益(扣除后)(元)	0.0300	0.1000	0.0400	0.1000
	每股净资产(元)	1.5600	1.5300	1.4700	2.9400
	每股经营现金净流量(元)	−0.1695	−0.1737	−0.1758	−0.4009
	每股现金流量(元)	−0.2419	−0.0073	−0.5937	−0.4144
	每股资本公积金(元)	0.1588	0.1588	0.1588	1.3176
	每股盈余公积金(元)	0.0673	0.0673	0.0517	0.1033
	每股未分配利润(元)	0.3361	0.3036	0.2575	0.5237
	净资产收益率(%)	2.0700	7.0260	3.1100	7.1405
	加权净资产收益率(%)	2.1000	7.2000	3.1100	7.4200
	净资产收益率(扣除)(%)	–	–	–	–
	总资产(万元)	115411.57	111882.99	79785.43	78438.28
	归属母公司股东权益(万元)	43522.76	42619.73	40899.02	41018.38
	主营业务收入(万元)	22670.45	39811.93	14837.38	32174.63
	营业收入(万元)	22670.45	39954.08	14837.38	32709.35
	主营成本(万元)	15941.82	26904.43	9598.74	23776.59
	营业成本(万元)	15941.82	26953.71	9598.74	23776.59
	投资收益(万元)	–	–	–	−3.11
	净利润(万元)	903.04	2994.34	1273.63	2928.93
	利润总额(万元)	1131.64	3720.86	1549.19	3686.55

吉峰农机连锁股份有限公司

公司概况					
公司名称	吉峰农机连锁股份有限公司			证券简称	吉峰农机
法人代表	王新明	董秘	刁海雷	证券代码	300022
公司网址	www.gifore.com		电子信箱	board@gifore.com.cn	
电　话	028-67518546		传　真	028-67518546	
办公地址	四川省成都市郫县现代工业港北部园区港通北二路219				
经营范围	批发、零售农业机械、机械设备、汽车零配件、摩托车及配件、建筑材料等				

主要财务指标：指标\报告期	2012.06.30	2011.12.31	2011.06.30	2010.12.31
基本每股收益(元)	0.0814	0.1969	0.1072	0.1858
基本每股收益(扣除后)(元)	0.0793	0.1954	0.1058	0.1803
每股净资产(元)	1.7600	1.7400	1.6500	3.2000
每股经营现金净流量(元)	-0.2936	-0.9669	-0.5151	-1.1905
每股现金流量(元)	-0.0925	-0.2512	0.0846	-0.1996
每股资本公积金(元)	0.2309	0.2407	0.2431	1.4930
每股盈余公积金(元)	0.0380	0.0380	0.0200	0.0401
每股未分配利润(元)	0.4916	0.4602	0.3884	0.6624
净资产收益率(%)	4.6200	11.3250	6.4900	11.6320
加权净资产收益率(%)	4.5700	11.6100	6.4900	12.1200
净资产收益率(扣除)(%)	-	-	-	-
总资产(万元)	377151.05	356758.79	353444.99	254067.17
归属母公司股东权益(万元)	62918.32	62147.65	59025.90	57102.53
主营业务收入(万元)	267130.25	510090.85	242674.73	362454.05
营业收入(万元)	268617.42	512606.48	244463.65	365189.47
主营成本(万元)	233553.80	440986.94	212379.17	318610.35
营业成本(万元)	233592.22	441662.67	212698.90	319737.22
投资收益(万元)	-3.58	-12.95	-6.47	190.75
净利润(万元)	6719.86	11003.75	5720.85	9091.79
利润总额(万元)	8536.06	14177.44	6935.06	11497.01

西安宝德自动化股份有限公司

公司概况					
公司名称	西安宝德自动化股份有限公司			证券简称	宝德股份
法人代表	赵敏	董秘	梁可晶	证券代码	300023
公司网址	www.bode-e.com		电子信箱	dongmiban@bode-e.com	
电　话	029-88314978		传　真	029-88323336	
办公地址	陕西省西安市高新区锦业路69号创业研发园C区瞪羚谷A座5层				
经营范围	微电子及光机电一体化产品的设计、生产、销售、维修、改造及服务等				

主要财务指标：指标\报告期	2012.06.30	2011.12.31	2011.06.30	2010.12.31
基本每股收益(元)	0.0200	0.0900	0.0300	0.1400
基本每股收益(扣除后)(元)	0.0100	0.0900	0.0300	0.0800
每股净资产(元)	3.8700	3.8600	3.8000	3.7700
每股经营现金净流量(元)	-0.1519	-0.1820	-0.1030	-0.2541
每股现金流量(元)	0.0681	0.0078	0.0452	-2.9813
每股资本公积金(元)	2.4783	2.4783	2.4783	2.4783
每股盈余公积金(元)	0.0506	0.0506	0.0443	0.0443
每股未分配利润(元)	0.3437	0.3274	0.2731	0.2437
净资产收益率(%)	0.4200	2.3350	0.7800	3.8373
加权净资产收益率(%)	0.4200	2.3600	0.7800	3.8400
净资产收益率(扣除)(%)	-	-	-	-
总资产(万元)	40374.26	38813.65	37157.54	36406.09
归属母公司股东权益(万元)	34853.80	34706.96	34161.38	33896.69
主营业务收入(万元)	3326.85	7839.61	2116.92	6482.84
营业收入(万元)	3327.56	7844.94	2117.44	6589.73
主营成本(万元)	2537.67	5582.17	1430.58	4694.99
营业成本(万元)	2537.67	5582.17	1430.58	4705.72
投资收益(万元)	-	-	-	-
净利润(万元)	45.55	931.11	307.05	1300.70
利润总额(万元)	106.41	1152.26	380.92	1521.97

沈阳新松机器人自动化股份有限公司

公司概况					
公司名称	沈阳新松机器人自动化股份有限公司			证券简称	机器人
法人代表	于海斌	董秘	赵立国	证券代码	300024
公司网址	www.siasun.com		电子信箱	zlg5335@163.com	
电　话	024-31699888 31699818		传　真	024-31680024	
办公地址	辽宁省沈阳市浑南新区金辉街16号				
经营范围	机器人与自动化装备、自动化立体仓库及仓储物流设备、机械电子设备等				

主要财务指标：指标\报告期	2012.06.30	2011.12.31	2011.06.30	2010.12.31
基本每股收益(元)	0.2800	0.5400	0.1600	0.3600
基本每股收益(扣除后)(元)	0.2300	0.3600	0.1600	0.2700
每股净资产(元)	4.2700	3.9900	3.6100	7.6900
每股经营现金净流量(元)	-0.2938	-0.0682	-0.0941	0.8880
每股现金流量(元)	-0.5079	-0.8399	-0.2453	0.0186
每股资本公积金(元)	1.6453	1.6453	1.6453	4.3197
每股盈余公积金(元)	0.1881	0.1881	0.1210	0.2663
每股未分配利润(元)	1.4376	1.1547	0.8472	2.1078
净资产收益率(%)	6.6200	13.4500	4.4800	10.3660
加权净资产收益率(%)	6.8500	14.3800	4.5500	10.9100
净资产收益率(扣除)(%)	-	-	-	-
总资产(万元)	168471.92	161866.60	147903.80	139166.59
归属母公司股东权益(万元)	127132.29	118710.63	107561.06	104097.01
主营业务收入(万元)	51364.17	77209.00	36105.29	54360.26
营业收入(万元)	51364.17	78356.03	36105.29	55215.92
主营成本(万元)	38516.95	54609.84	27042.29	39042.32
营业成本(万元)	38516.95	54609.84	27042.29	39042.32
投资收益(万元)	-77.24	204.41	16.14	84.55
净利润(万元)	8553.59	16769.17	5143.20	11494.72
利润总额(万元)	9727.26	19450.15	5930.13	13309.41

杭州华星创业通信技术股份有限公司

公司概况					
公司名称	杭州华星创业通信技术股份有限公司			证券简称	华星创业
法人代表	程小彦	董秘	方春英	证券代码	300025
公司网址	www.hxcy.com.cn		电子信箱	hxcy_1@hxcy.com.cn	
电　话	0571-87208518		传　真	0571-87208517	
办公地址	浙江省杭州市西湖区文三路553-555号浙江省中小企业科技楼10楼				
经营范围	提供移动通信技术服务及研发、生产、销售测试优化系统等				

主要财务指标：指标\报告期	2012.06.30	2011.12.31	2011.06.30	2010.12.31
基本每股收益(元)	0.0900	0.3200	0.1000	0.3300
基本每股收益(扣除后)(元)	0.0800	0.2900	0.1000	0.3100
每股净资产(元)	2.1200	2.6300	2.4900	3.6100
每股经营现金净流量(元)	-0.6224	-0.8087	-0.6391	0.1351
每股现金流量(元)	-0.2581	0.0866	-0.1609	-1.4396
每股资本公积金(元)	0.4092	0.8165	0.8628	1.7692
每股盈余公积金(元)	0.0575	0.0748	0.0608	0.0912
每股未分配利润(元)	0.6550	0.7363	0.5662	0.7514
净资产收益率(%)	4.1800	12.0290	5.3000	13.7390
加权净资产收益率(%)	4.2800	12.4800	5.3800	14.6100
净资产收益率(扣除)(%)	-	-	-	-
总资产(万元)	78849.10	74871.77	65835.74	41408.03
归属母公司股东权益(万元)	33098.73	31531.87	29876.23	28893.72
主营业务收入(万元)	25945.14	51115.78	18029.42	24010.86
营业收入(万元)	25972.77	51216.65	18068.87	24136.45
主营成本(万元)	15355.46	31315.12	10835.13	13776.71
营业成本(万元)	15355.46	31354.49	10843.70	13792.61
投资收益(万元)	-13.57	203.03	156.13	795.66
净利润(万元)	2054.64	5071.32	2089.05	4455.91
利润总额(万元)	2574.85	6115.79	2462.02	5104.69

天津红日药业股份有限公司

公司概况					
公司名称	天津红日药业股份有限公司			证券简称	红日药业
法人代表	姚小青	董秘	苏丙军	证券代码	300026
公司网址	www.chasesun.cn		电子信箱	admin@chasesun.cn	
电　　话	022-59623217		传　　真	022-59623290	
办公地址	天津市新技术产业园区武清开发区泉发路西				
经营范围	小容量注射剂、片剂、硬胶囊剂、颗粒剂、原料药等				

主要财务指标 指标\报告期	2012.06.30	2011.12.31	2011.06.30	2010.12.31
基本每股收益(元)	0.4800	0.8100	0.1900	0.6800
基本每股收益(扣除后)(元)	0.4800	0.7500	0.1800	0.6700
每股净资产(元)	4.6400	6.4100	6.8000	10.0200
每股经营现金净流量(元)	0.6041	0.2360	−0.2989	0.4593
每股现金流量(元)	0.7331	−0.6511	−0.2592	−2.9341
每股资本公积金(元)	1.7479	3.1158	4.0301	6.5451
每股盈余公积金(元)	0.1605	0.2407	0.1775	0.2663
每股未分配利润(元)	1.7300	2.0515	1.5914	2.2086
净资产收益率(%)	10.2500	12.6230	4.2800	10.1130
加权净资产收益率(%)	10.5800	12.1000	4.2000	10.5400
净资产收益率(扣除)(%)	–	–	–	–
总资产(万元)	157842.62	140746.95	132630.62	127982.31
归属母公司股东权益(万元)	105075.44	96777.26	102682.75	100886.01
主营业务收入(万元)	46196.62	56174.40	22387.00	38360.58
营业收入(万元)	46205.06	56177.88	22387.05	38387.86
主营成本(万元)	10779.13	17521.04	7325.21	12026.56
营业成本(万元)	10782.48	17521.07	7325.21	12027.31
投资收益(万元)	−79.40	−35.65	−23.72	−38.81
净利润(万元)	12673.30	15090.93	5753.72	11335.00
利润总额(万元)	15519.12	17843.46	7345.17	13493.97

华谊兄弟传媒股份有限公司

公司概况					
公司名称	华谊兄弟传媒股份有限公司			证券简称	华谊兄弟
法人代表	王忠军	董秘	胡明	证券代码	300027
公司网址	www.hbpictures.com		电子信箱	ir@huayimedia.com	
电　　话	010-65805818		传　　真	010-65881512	
办公地址	北京市朝阳区朝阳门外大街18号丰联广场A座908室				
经营范围	制作、复制、发行:专题、专栏、综艺、动画片、广播剧、电视剧等				

主要财务指标 指标\报告期	2012.06.30	2011.12.31	2011.06.30	2010.12.31
基本每股收益(元)	0.1700	0.3400	0.1100	0.2500
基本每股收益(扣除后)(元)	0.1200	0.3000	0.0900	0.2200
每股净资产(元)	2.8100	2.7900	2.5600	4.6200
每股经营现金净流量(元)	−0.3698	−0.3824	0.1501	0.2719
每股现金流量(元)	0.4113	−0.5214	−0.2553	−0.6673
每股资本公积金(元)	1.1736	1.1736	1.1745	2.9141
每股盈余公积金(元)	0.0654	0.0654	0.0526	0.0946
每股未分配利润(元)	0.5752	0.5508	0.3334	0.6106
净资产收益率(%)	6.2000	12.0250	3.7700	9.6132
加权净资产收益率(%)	6.1200	12.6100	4.0800	9.8900
净资产收益率(扣除)(%)	–	–	–	–
总资产(万元)	325792.82	246375.74	190927.45	202182.47
归属母公司股东权益(万元)	170206.95	168729.10	154854.04	155209.13
主营业务收入(万元)	44800.04	88948.54	33054.94	106971.29
营业收入(万元)	44913.05	89238.34	33066.32	107171.40
主营成本(万元)	20359.65	37672.13	14908.85	56451.25
营业成本(万元)	20359.65	37672.13	14908.85	56554.19
投资收益(万元)	5538.19	594.47	511.25	103.49
净利润(万元)	10236.58	20542.02	6432.68	15000.97
利润总额(万元)	11888.61	27330.69	8272.22	19034.01

成都金亚科技股份有限公司

公司概况					
公司名称	成都金亚科技股份有限公司			证券简称	金亚科技
法人代表	周旭辉	董秘	李代伟	证券代码	300028
公司网址	www.geeya.cn		电子信箱	stocks@geeya.cn	
电　　话	028-68232103		传　　真	028-68232062 68232100	
办公地址	四川省成都市蜀西路50号				
经营范围	数字电视机顶盒、有线电视器材、数字化用户信息网络终端产品等				

主要财务指标 指标\报告期	2012.06.30	2011.12.31	2011.06.30	2010.12.31
基本每股收益(元)	0.1000	0.1800	0.0800	0.2000
基本每股收益(扣除后)(元)	–	0.1800	0.0800	0.1700
每股净资产(元)	2.7900	2.6900	2.5900	3.9700
每股经营现金净流量(元)	–	0.3559	0.1654	0.1963
每股现金流量(元)	–	0.2142	0.1411	−0.0513
每股资本公积金(元)	1.2173	1.2173	1.2173	2.3260
每股盈余公积金(元)	–	0.0528	0.0446	0.0669
每股未分配利润(元)	–	0.4213	0.3323	0.5763
净资产收益率(%)	3.5700	6.6380	3.0900	7.6830
加权净资产收益率(%)	3.5700	6.6900	3.0900	7.9200
净资产收益率(扣除)(%)	–	–	–	–
总资产(万元)	–	86925.86	84227.17	80989.84
归属母公司股东权益(万元)	73801.05	71215.70	68642.14	70016.64
主营业务收入(万元)	12940.06	21379.53	10283.32	21203.66
营业收入(万元)	12940.06	21554.22	10283.32	21228.52
主营成本(万元)	8235.16	13633.28	6396.11	13669.05
营业成本(万元)	–	13739.56	6396.11	13674.08
投资收益(万元)	–	–	–	–
净利润(万元)	–	4727.06	2168.00	5379.29
利润总额(万元)	–	4609.29	2571.78	6389.85

江苏华盛天龙光电设备股份有限公司

公司概况					
公司名称	江苏华盛天龙光电设备股份有限公司			证券简称	天龙光电
法人代表	冯金生	董秘	吕松	证券代码	300029
公司网址	www.hstl.cn		电子信箱	info@hstl.cn	
电　　话	0519-82330395		传　　真	0519-82367120 80198800	
办公地址	江苏省金坛市经济开发区华城路318号				
经营范围	硅材料生长、加工设备的研发、生产和销售等				

主要财务指标 指标\报告期	2012.06.30	2011.12.31	2011.06.30	2010.12.31
基本每股收益(元)	−0.2630	0.3110	0.3066	0.4300
基本每股收益(扣除后)(元)	−0.2730	0.2980	0.3035	0.4300
每股净资产(元)	5.7800	6.1200	6.1300	5.9700
每股经营现金净流量(元)	−0.4713	−0.4645	−0.4136	0.2612
每股现金流量(元)	−0.2153	−1.7834	−1.3847	−1.1554
每股资本公积金(元)	4.1555	4.1377	4.1518	4.1518
每股盈余公积金(元)	0.1278	0.1278	0.1083	0.1083
每股未分配利润(元)	0.4920	0.8553	0.8702	0.7136
净资产收益率(%)	−4.5600	5.0860	5.0000	7.1460
加权净资产收益率(%)	−4.4300	5.1600	5.0800	7.3300
净资产收益率(扣除)(%)	–	–	–	–
总资产(万元)	182172.90	178175.74	168604.34	144722.81
归属母公司股东权益(万元)	115506.98	122418.42	122606.84	119474.68
主营业务收入(万元)	12612.53	81557.55	39935.20	44496.23
营业收入(万元)	12960.33	84171.80	41753.05	45229.82
主营成本(万元)	11585.74	52245.61	23387.33	28376.93
营业成本(万元)	11742.33	54617.77	24490.24	28770.46
投资收益(万元)	–	6.53	–	–
净利润(万元)	−6232.52	8638.41	8067.72	8902.31
利润总额(万元)	−6230.39	10666.20	10386.23	10540.04

广州阳普医疗科技股份有限公司

公司概况	公司名称	广州阳普医疗科技股份有限公司			证券简称	阳普医疗
	法人代表	邓冠华	董秘	连庆明	证券代码	300030
	公司网址	www.improve-medical.com			电子信箱	board@improve-medical.com
	电　话	020-32218167			传　真	020-32218166
	办公地址	广东省广州市经济技术开发区科学城开源大道 102 号				
	经营范围	为临床检验实验室与临床护理提供以专业解决方案为依托的技术、产品和服务等				

主要财务指标	指标\报告期	2012.06.30	2011.12.31	2011.06.30	2010.12.31
	基本每股收益(元)	0.1200	0.2400	0.1100	0.2000
	基本每股收益(扣除后)(元)	–	0.2000	0.0800	0.1600
	每股净资产(元)	4.2600	4.1900	4.0600	8.0100
	每股经营现金净流量(元)	–	0.2626	–0.0459	0.3899
	每股现金流量(元)	–	–0.3908	–0.3660	–1.1121
	每股资本公积金(元)	2.6808	2.6793	2.6793	5.8586
	每股盈余公积金(元)	–	0.0820	0.0608	0.1215
	每股未分配利润(元)	–	0.4334	0.3231	1.0274
	净资产收益率(%)	2.8300	5.7463	2.7000	4.8980
	加权净资产收益率(%)	2.8300	5.8900	2.7000	5.0200
	净资产收益率(扣除)(%)	–	–	–	–
	总资产(万元)	–	71672.39	68493.53	65124.38
	归属母公司股东权益(万元)	62995.31	62082.86	60135.40	59255.37
	主营业务收入(万元)	12886.60	24936.90	9806.29	16576.32
	营业收入(万元)	12892.91	24963.93	9808.14	16586.61
	主营成本(万元)	7379.49	13941.11	5362.53	9192.00
	营业成本(万元)	–	13941.58	5362.53	9192.00
	投资收益(万元)	–	–	–	–
	净利润(万元)	–	4034.47	1664.67	2902.07
	利润总额(万元)	–	4661.99	1976.69	3346.32

无锡宝通带业股份有限公司

公司概况	公司名称	无锡宝通带业股份有限公司			证券简称	宝通带业
	法人代表	包志方	董秘	陈希	证券代码	300031
	公司网址	www.btdy.com			电子信箱	boton8011@126.com
	电　话	0510-83709871			传　真	0510-83709871
	办公地址	江苏省无锡市新区张公路 19 号				
	经营范围	加工制造橡胶产品、普通机械、销售自产产品并提供售后服务等				

主要财务指标	指标\报告期	2012.06.30	2011.12.31	2011.06.30	2010.12.31
	基本每股收益(元)	0.2600	0.3600	0.1000	0.4400
	基本每股收益(扣除后)(元)	0.2600	0.3500	0.0900	0.4300
	每股净资产(元)	4.6300	6.7600	6.5500	6.4000
	每股经营现金净流量(元)	–0.0527	–0.3050	–0.2661	–0.1517
	每股现金流量(元)	–0.2634	–1.3022	–0.6136	–1.0610
	每股资本公积金(元)	2.5594	4.3392	4.3428	4.3428
	每股盈余公积金(元)	0.1046	0.1569	0.1208	0.1208
	每股未分配利润(元)	0.9666	1.2619	1.0841	0.9369
	净资产收益率(%)	5.5900	5.3450	2.1800	6.9049
	加权净资产收益率(%)	5.6400	5.4900	2.2700	7.0900
	净资产收益率(扣除)(%)	–	–	–	–
	总资产(万元)	81587.79	78728.97	71783.04	69679.11
	归属母公司股东权益(万元)	69459.85	67580.42	65476.95	64004.22
	主营业务收入(万元)	24879.09	44471.00	20387.01	33424.69
	营业收入(万元)	24879.09	44471.00	20387.01	33424.69
	主营成本(万元)	18025.55	36200.07	17319.02	25647.24
	营业成本(万元)	18025.55	36200.07	17319.02	25647.24
	投资收益(万元)	–	–	–	–
	净利润(万元)	3880.09	3611.99	1472.73	4419.40
	利润总额(万元)	4547.09	4356.24	1635.90	5207.60

金龙机电股份有限公司

公司概况	公司名称	金龙机电股份有限公司			证券简称	金龙机电
	法人代表	金绍平	董秘	黄娟	证券代码	300032
	公司网址	www.kotl.com.cn			电子信箱	hj@kotl.com.cn
	电　话	0577-61801868 61806666			传　真	0577-61801666
	办公地址	浙江省温州市乐清市北白象镇进港大道边金龙科技园				
	经营范围	生产销售微电机和微电机组件、新型电子元器件及消费类电子等				

主要财务指标	指标\报告期	2012.06.30	2011.12.31	2011.06.30	2010.12.31
	基本每股收益(元)	0.1242	0.2874	0.1543	0.2811
	基本每股收益(扣除后)(元)	0.1239	0.2837	0.1532	0.2579
	每股净资产(元)	5.7040	5.8298	5.6967	5.7900
	每股经营现金净流量(元)	0.0206	–0.0024	–0.1082	0.3963
	每股现金流量(元)	–0.8527	–0.5721	–0.5153	–0.3080
	每股资本公积金(元)	4.3419	4.3419	4.3419	4.3419
	每股盈余公积金(元)	0.1697	0.1544	0.1237	0.1105
	每股未分配利润(元)	0.1924	0.3335	0.2311	0.3400
	净资产收益率(%)	2.1800	4.9294	2.6500	4.8523
	加权净资产收益率(%)	2.1100	4.9500	2.6300	4.8600
	净资产收益率(扣除)(%)	–	–	–	–
	总资产(万元)	94474.88	89018.78	87098.80	87951.23
	归属母公司股东权益(万元)	81395.61	83190.80	81292.55	82657.68
	主营业务收入(万元)	15666.37	27467.94	12484.34	24837.26
	营业收入(万元)	15763.60	27574.58	12536.62	24926.77
	主营成本(万元)	11497.46	18807.79	8485.33	17516.75
	营业成本(万元)	11497.46	18807.79	8485.33	17516.75
	投资收益(万元)	–	–	–	–
	净利润(万元)	1754.24	4100.77	2202.37	4010.80
	利润总额(万元)	2020.00	4849.87	2549.68	5046.98

浙江核新同花顺网络信息股份有限公司

公司概况	公司名称	浙江核新同花顺网络信息股份有限公司			证券简称	同 花 顺
	法人代表	易峥	董秘	朱志峰	证券代码	300033
	公司网址	www.10jqka.com.cn			电子信箱	myhexin@myhexin.com
	电　话	0571-88852766			传　真	0571-88911818 8001
	办公地址	浙江省杭州市翠柏路 7 号杭州电子商务产业园 2				
	经营范围	技术开发、技术服务、电子计算机、电子产品等				

主要财务指标	指标\报告期	2012.06.30	2011.12.31	2011.06.30	2010.12.31
	基本每股收益(元)	0.1400	0.4600	0.2600	0.6800
	基本每股收益(扣除后)(元)	0.1300	0.4200	0.2400	0.6300
	每股净资产(元)	8.3200	8.3200	8.1200	8.0700
	每股经营现金净流量(元)	–0.0672	0.2060	0.1255	1.1956
	每股现金流量(元)	–0.3016	–1.0310	–0.3558	0.8092
	每股资本公积金(元)	5.6546	5.6546	5.6546	5.6546
	每股盈余公积金(元)	0.1082	0.1082	0.0906	0.0906
	每股未分配利润(元)	1.5586	1.5563	1.3710	1.3245
	净资产收益率(%)	1.7100	5.5214	3.1600	8.4150
	加权净资产收益率(%)	1.7000	5.6300	3.1600	8.7400
	净资产收益率(扣除)(%)	–	–	–	–
	总资产(万元)	121487.58	124843.51	123731.98	125716.99
	归属母公司股东权益(万元)	111835.05	111805.11	109080.94	108457.19
	主营业务收入(万元)	9497.63	21042.75	10807.59	20905.05
	营业收入(万元)	9497.63	21527.50	11292.33	21444.58
	主营成本(万元)	2106.84	3592.66	1541.66	2768.12
	营业成本(万元)	2106.84	4059.92	2008.93	3288.85
	投资收益(万元)	–	–	–	–
	净利润(万元)	1911.96	6173.16	3446.96	9126.69
	利润总额(万元)	2118.22	6605.14	3730.30	10256.45

北京钢研高纳科技股份有限公司

公司概况					
公司名称	北京钢研高纳科技股份有限公司			证券简称	钢研高纳
法人代表	干勇	董秘	许洪贵	证券代码	300034
公司网址	www.cisri-gaona.com.cn		电子信箱	mahj@cisri.com.cn	
电　　话	010-62182656		传　　真	010-62185097	
办公地址	北京市海淀区大柳树南村 19 号				
经营范围	航空航天材料中高温合金材料的研发、生产和销售等				

主要财务指标 指标\报告期	2012.06.30	2011.12.31	2011.06.30	2010.12.31
基本每股收益(元)	0.1684	0.3037	0.1361	0.3944
基本每股收益(扣除后)(元)	0.1683	0.2969	0.1360	0.3804
每股净资产(元)	4.3376	4.2492	4.0816	7.1819
每股经营现金净流量(元)	-0.1560	-0.0372	-0.2344	0.3315
每股现金流量(元)	-0.2937	-0.4698	-0.3627	0.2113
每股资本公积金(元)	2.2020	2.2020	2.2020	4.7636
每股盈余公积金(元)	0.1402	0.1402	0.1099	0.1977
每股未分配利润(元)	0.9954	0.9070	0.7698	1.2206
净资产收益率(%)	3.8800	7.1480	3.2000	5.4910
加权净资产收益率(%)	3.9000	7.3798	3.3600	5.6397
净资产收益率(扣除)(%)	-	-	-	-
总资产(万元)	102291.30	96086.63	89364.28	89344.55
归属母公司股东权益(万元)	91952.41	90078.92	86525.68	84582.04
主营业务收入(万元)	22112.28	37947.36	16442.20	33066.15
营业收入(万元)	22112.28	37947.36	16442.20	33066.15
主营成本(万元)	16478.58	28191.80	-	24768.13
营业成本(万元)	16478.78	28191.80	12172.80	24768.13
投资收益(万元)	-	-	-	-
净利润(万元)	3547.61	6439.05	2885.81	4644.74
利润总额(万元)	4179.86	7524.87	3395.07	5383.10

湖南中科电气股份有限公司

公司概况					
公司名称	湖南中科电气股份有限公司			证券简称	中科电气
法人代表	余新	董秘	黄雄军	证券代码	300035
公司网址	www.cseco.cn		电子信箱	huang631@126.com	
电　　话	0730-8752229 8688891		传　　真	0730-8688895	
办公地址	湖南省岳阳市岳阳大道中科工业园				
经营范围	电磁、电气、电子、电器、机械设备的设计、制造及销售等				

主要财务指标 指标\报告期	2012.06.30	2011.12.31	2011.06.30	2010.12.31
基本每股收益(元)	0.1400	0.3400	0.1500	0.3700
基本每股收益(扣除后)(元)	0.1400	0.3010	0.1400	0.3300
每股净资产(元)	6.2000	6.2600	6.0600	7.8900
每股经营现金净流量(元)	0.2453	0.0245	-0.1290	-0.4492
每股现金流量(元)	-0.5580	-0.4961	-0.0798	-1.2655
每股资本公积金(元)	4.0735	4.0735	4.0735	5.5956
每股盈余公积金(元)	0.1466	0.1466	0.1126	0.1464
每股未分配利润(元)	0.9821	1.0372	0.8787	1.1514
净资产收益率(%)	2.3400	5.4290	2.3600	6.0883
加权净资产收益率(%)	2.2900	5.5200	2.3900	6.2300
净资产收益率(扣除)(%)	-	-	-	-
总资产(万元)	91422.41	95065.22	85927.02	81933.24
归属母公司股东权益(万元)	74381.05	75041.34	72732.45	72816.17
主营业务收入(万元)	10701.98	23815.16	9591.63	18135.84
营业收入(万元)	10709.50	23841.30	9594.10	18135.84
主营成本(万元)	6377.57	13769.69	5624.59	9790.26
营业成本(万元)	6377.57	13769.69	5624.59	9790.26
投资收益(万元)	-	-	-	-
净利润(万元)	1688.07	4097.87	1880.98	4346.14
利润总额(万元)	1941.24	4764.29	2219.69	5092.16

北京超图软件股份有限公司

公司概况					
公司名称	北京超图软件股份有限公司			证券简称	超图软件
法人代表	钟耳顺	董秘	龚娅杰	证券代码	300036
公司网址	www.supermap.com.cn		电子信箱	public@supermap.com	
电　　话	010-59896000		传　　真	010-59896666	
办公地址	北京市朝阳区酒仙桥北路甲 10 号电子城 IT 产业园 201 号楼 E 门 3 层				
经营范围	地理信息系统、遥感、全球定位系统、办公自动化软件技术开发、技术咨询等				

主要财务指标 指标\报告期	2012.06.30	2011.12.31	2011.06.30	2010.12.31
基本每股收益(元)	0.0100	0.3900	0.0520	0.3760
基本每股收益(扣除后)(元)	-0.0110	0.3600	0.0370	0.2960
每股净资产(元)	4.5800	4.5500	4.1900	6.8200
每股经营现金净流量(元)	-0.6090	0.0070	-0.4944	0.3597
每股现金流量(元)	-1.9748	-0.1159	-0.5994	-0.5037
每股资本公积金(元)	2.6287	2.6073	2.5824	4.7258
每股盈余公积金(元)	0.1141	0.1141	0.0793	0.1269
每股未分配利润(元)	0.8482	0.8383	0.5356	0.9735
净资产收益率(%)	0.2200	8.5560	1.2200	8.8130
加权净资产收益率(%)	0.2200	8.8900	1.2200	9.0900
净资产收益率(扣除)(%)	-	-	-	-
总资产(万元)	70662.64	72480.03	60502.83	64216.96
归属母公司股东权益(万元)	54954.98	54652.77	50277.61	51148.36
主营业务收入(万元)	10830.91	29189.38	9353.52	20253.80
营业收入(万元)	10911.35	29310.93	9393.30	20253.80
主营成本(万元)	3045.56	-	2388.09	6420.60
营业成本(万元)	3076.75	7839.50	2445.91	6420.60
投资收益(万元)	102.87	138.29	-48.52	551.39
净利润(万元)	170.11	4727.34	681.71	4494.37
利润总额(万元)	198.33	5389.53	796.08	4855.77

深圳新宙邦科技股份有限公司

公司概况					
公司名称	深圳新宙邦科技股份有限公司			证券简称	新宙邦
法人代表	覃九三	董秘	梁作	证券代码	300037
公司网址	www.capchem.com		电子信箱	stock@capchem.com	
电　　话	0755-89924512		传　　真	0755-89924533	
办公地址	广东省深圳市龙岗区坪山沙坐同富裕工业区				
经营范围	电容器化学品与锂离子电池化学品两大类产品等				

主要财务指标 指标\报告期	2012.06.30	2011.12.31	2011.06.30	2010.12.31
基本每股收益(元)	0.3500	1.1600	0.3500	0.8800
基本每股收益(扣除后)(元)	0.3300	1.1400	0.3400	0.8600
每股净资产(元)	6.4200	10.1200	9.5200	9.2700
每股经营现金净流量(元)	-	0.3977	-0.1307	-0.0075
每股现金流量(元)	-	-1.5705	-1.3338	-0.6351
每股资本公积金(元)	3.9485	6.9175	6.9175	6.9175
每股盈余公积金(元)	0.1757	0.2811	0.1623	0.1623
每股未分配利润(元)	1.3039	1.9284	1.4466	1.1909
净资产收益率(%)	5.4300	11.4270	5.8400	9.4725
加权净资产收益率(%)	5.4300	11.9900	5.8800	9.8600
净资产收益率(扣除)(%)	-	-	-	-
总资产(万元)	126281.14	122213.39	116531.69	110052.36
归属母公司股东权益(万元)	109963.23	108265.46	101872.17	99156.27
主营业务收入(万元)	31682.20	65428.37	31240.85	47735.14
营业收入(万元)	31682.20	65428.37	31240.85	47735.14
主营成本(万元)	20381.01	43092.30	21018.81	32544.77
营业成本(万元)	20381.01	43092.30	21018.81	32544.77
投资收益(万元)	-	-	-	-
净利润(万元)	5968.43	12371.88	5946.10	9392.56
利润总额(万元)	7106.36	14611.60	6992.39	11096.33

北京梅泰诺通信技术股份有限公司

公司概况						
公司概况	公司名称	北京梅泰诺通信技术股份有限公司			证券简称	梅泰诺
	法人代表	张志勇	董秘	伍岚南	证券代码	300038
	公司网址	www.miteno.com		电子信箱	info@miteno.com	
	电　话	010-82055588		传　真	010-82055731	
	办公地址	北京市海淀区花园东路15号旷怡大厦7层				
	经营范围	三管通信塔为核心的各类通信塔的研发设计、生产制造及安装维护				

主要财务指标	指标\报告期	2012.06.30	2011.12.31	2011.06.30	2010.12.31
主要财务指标	基本每股收益(元)	0.0900	0.1300	0.1300	0.2800
	基本每股收益(扣除后)(元)	0.0800	0.0900	0.0900	0.2600
	每股净资产(元)	5.5200	8.2400	8.0700	8.0900
	每股经营现金净流量(元)	-0.2200	-0.5668	-0.2547	-1.0237
	每股现金流量(元)	-0.4514	-1.7014	-1.1591	-1.1833
	每股资本公积金(元)	3.9090	6.3586	6.3586	6.3586
	每股盈余公积金(元)	0.0803	0.1204	0.0826	0.0826
	每股未分配利润(元)	0.5326	0.7628	0.6282	0.6478
	净资产收益率(%)	1.6400	3.6730	0.6800	3.4687
	加权净资产收益率(%)	1.6400	3.6700	0.6800	3.5100
	净资产收益率(扣除)(%)	-	-	-	-
	总资产(万元)	117598.59	104570.33	106795.22	106910.26
	归属母公司股东权益(万元)	75845.81	75469.92	73891.58	74071.17
	主营业务收入(万元)	25660.57	38597.12	17191.60	24277.30
	营业收入(万元)	25737.19	38685.40	17191.60	24277.30
	主营成本(万元)	21078.65	31090.61	14025.53	18824.83
	营业成本(万元)	21148.85	31174.29	14025.53	18824.83
	投资收益(万元)	-	28.88	-	-
	净利润(万元)	1266.63	2763.03	1190.62	2555.34
	利润总额(万元)	1582.07	3297.52	1420.99	2804.09

上海凯宝药业股份有限公司

公司概况						
公司概况	公司名称	上海凯宝药业股份有限公司			证券简称	上海凯宝
	法人代表	刘宜善	董秘	穆竟伟	证券代码	300039
	公司网址	www.xykb.com		电子信箱	kbyydmb@126.com	
	电　话	021-37572069		传　真	021-37572069	
	办公地址	上海市工业综合开发区程普路88号				
	经营范围	清热解毒类中成药痰热清注射液的研发、生产和销售等				

主要财务指标	指标\报告期	2012.06.30	2011.12.31	2011.06.30	2010.12.31
主要财务指标	基本每股收益(元)	0.4600	0.6400	0.3200	0.4700
	基本每股收益(扣除后)(元)	0.4100	0.5900	0.2700	0.4100
	每股净资产(元)	4.9400	4.7600	4.7600	7.0500
	每股经营现金净流量(元)	0.5715	0.3737	0.2883	0.1128
	每股现金流量(元)	-0.0927	-0.1366	-0.2708	-1.0330
	每股资本公积金(元)	3.0598	3.0598	3.0598	5.0897
	每股盈余公积金(元)	0.1605	0.1605	0.0978	0.1468
	每股未分配利润(元)	0.7173	0.8528	0.6008	0.8177
	净资产收益率(%)	9.4071	12.5570	6.7747	10.0000
	加权净资产收益率(%)	9.1000	13.1500	6.7500	10.4300
	净资产收益率(扣除)(%)	-	-	-	-
	总资产(万元)	143412.20	145240.38	137574.96	137039.90
	归属母公司股东权益(万元)	129878.44	133443.00	125166.25	123701.07
	主营业务收入(万元)	56532.31	81947.86	39474.18	60035.20
	营业收入(万元)	56547.31	81996.86	39484.18	60341.44
	主营成本(万元)	9205.07	14885.73	6959.13	10476.15
	营业成本(万元)	9205.87	14901.46	6959.13	10753.47
	投资收益(万元)	-	188.94	188.94	-
	净利润(万元)	12217.84	16756.33	8479.58	12370.01
	利润总额(万元)	14373.92	19821.34	9997.48	14729.86

哈尔滨九洲电气股份有限公司

公司概况						
公司概况	公司名称	哈尔滨九洲电气股份有限公司			证券简称	九洲电气
	法人代表	李寅	董秘	李斌	证券代码	300040
	公司网址	www.jze.com.cn		电子信箱	stock@jze.com.cn	
	电　话	0451-86687723		传　真	0451-86696792	
	办公地址	黑龙江省哈尔滨市南岗区哈平路162号				
	经营范围	电力电子产品、高压变频器、高低压电气设备、箱式变电站、整流装置等				

主要财务指标	指标\报告期	2012.06.30	2011.12.31	2011.06.30	2010.12.31
主要财务指标	基本每股收益(元)	0.0800	0.2900	0.1100	0.3800
	基本每股收益(扣除后)(元)	0.0800	0.2400	0.1100	0.3700
	每股净资产(元)	6.4500	6.4300	6.2600	6.2500
	每股经营现金净流量(元)	0.2331	-1.2616	-0.6157	-0.7263
	每股现金流量(元)	-0.4966	-1.6193	-0.7137	-1.9531
	每股资本公积金(元)	3.7869	3.7529	3.7529	3.7529
	每股盈余公积金(元)	0.2102	0.2102	0.1852	0.1852
	每股未分配利润(元)	1.4512	1.4704	1.3214	1.3084
	净资产收益率(%)	1.2500	4.4630	1.8100	6.0136
	加权净资产收益率(%)	1.2500	4.5300	1.7900	6.1600
	净资产收益率(扣除)(%)	-	-	-	-
	总资产(万元)	126120.30	123705.44	118634.27	114314.10
	归属母公司股东权益(万元)	89567.60	89362.37	86944.69	86763.57
	主营业务收入(万元)	17349.72	49164.67	19798.52	42838.85
	营业收入(万元)	18802.27	56659.88	24032.64	46826.66
	主营成本(万元)	12467.87	35727.04	14297.80	30892.21
	营业成本(万元)	13951.24	43209.01	18529.30	34827.69
	投资收益(万元)	-	-	-	-
	净利润(万元)	1122.66	4008.42	1588.73	5235.98
	利润总额(万元)	1304.93	4558.63	1900.90	5848.02

湖北回天胶业股份有限公司

公司概况						
公司概况	公司名称	湖北回天胶业股份有限公司			证券简称	回天胶业
	法人代表	章锋	董秘	田海东	证券代码	300041
	公司网址	www.huitian.net.cn		电子信箱	htjy2009@163.com	
	电　话	0710-3626888-8068		传　真	0710-3347316	
	办公地址	湖北省襄阳市国家高新技术开发区航天路7号				
	经营范围	胶粘剂、汽车制动液、原子灰的生产与销售、精细化工产品的研究与开发、生产、销售				

主要财务指标	指标\报告期	2012.06.30	2011.12.31	2011.06.30	2010.12.31
主要财务指标	基本每股收益(元)	0.3622	0.6821	0.4104	0.8315
	基本每股收益(扣除后)(元)	0.3484	0.6495	0.4016	0.7862
	每股净资产(元)	8.3600	8.3000	8.0500	12.7900
	每股经营现金净流量(元)	0.3129	0.0807	-0.0295	0.7686
	每股现金流量(元)	-0.5250	-1.2132	-0.8294	-2.0745
	每股资本公积金(元)	5.0223	5.0223	5.0223	8.6418
	每股盈余公积金(元)	0.6209	0.6209	0.5726	0.9162
	每股未分配利润(元)	1.7191	1.6568	1.4512	2.2368
	净资产收益率(%)	4.3300	8.2180	5.1100	10.3980
	加权净资产收益率(%)	4.3200	8.4300	5.0800	10.7500
	净资产收益率(扣除)(%)	-	-	-	-
	总资产(万元)	99511.86	94087.05	92112.72	91355.94
	归属母公司股东权益(万元)	88302.13	87645.09	84964.17	84443.15
	主营业务收入(万元)	23810.69	44981.90	23761.15	40880.14
	营业收入(万元)	24106.81	45648.56	23963.51	41446.14
	主营成本(万元)	14886.20	44981.90	14427.71	22614.66
	营业成本(万元)	15155.64	28058.01	14640.31	23147.83
	投资收益(万元)	-	-	-	-
	净利润(万元)	3824.85	7198.01	4333.02	8762.26
	利润总额(万元)	4318.41	8385.14	5033.76	10287.31

深圳市朗科科技股份有限公司

公司概况	公司名称	深圳市朗科科技股份有限公司			证券简称	朗科科技
	法人代表	成晓华	董秘	罗筱溪	证券代码	300042
	公司网址	www.netac.com.cn		电子信箱	ir@netac.com	
	电　　话	0755-26727051 26995149		传　　真	0755-26727575	
	办公地址	广东省深圳市南山区高新区南区高新南六道10号朗科大厦16、18、19层				
	经营范围	从事电脑软硬件、移动存储产品、数码影音娱乐产品、多媒体产品、网络等				

	指标\报告期	2012.06.30	2011.12.31	2011.06.30	2010.12.31
主要财务指标	基本每股收益(元)	0.0589	0.2442	0.0600	0.2200
	基本每股收益(扣除后)(元)	0.0159	0.2100	0.0500	0.1700
	每股净资产(元)	6.0700	12.1300	12.0100	11.9800
	每股经营现金净流量(元)	0.0575	0.6445	0.1038	0.2233
	每股现金流量(元)	-0.6482	-1.1005	-1.3968	-0.8780
	每股资本公积金(元)	4.5094	10.0188	10.0188	10.0188
	每股盈余公积金(元)	0.0826	0.1568	0.1474	0.1083
	每股未分配利润(元)	0.4809	0.9525	0.8397	0.8568
	净资产收益率(%)	0.9700	2.0130	1.0100	2.5070
	加权净资产收益率(%)	0.9700	2.0300	1.0100	1.8100
	净资产收益率(扣除)(%)	-	-	-	-
	总资产(万元)	87929.48	91478.24	82830.74	89675.15
	归属母公司股东权益(万元)	81133.91	81014.84	80198.88	80052.05
	主营业务收入(万元)	7352.31	21985.47	8950.80	22331.98
	营业收入(万元)	8427.20	23359.24	9226.85	22349.46
	主营成本(万元)	6023.86	17847.47	7456.93	18377.54
	营业成本(万元)	6189.03	18292.94	7549.60	18377.54
	投资收益(万元)	-	-	-	-
	净利润(万元)	787.05	1631.04	814.96	1450.11
	利润总额(万元)	962.89	2152.46	1021.90	2138.78

广东星辉车模股份有限公司

公司概况	公司名称	广东星辉车模股份有限公司			证券简称	星辉车模
	法人代表	陈雁升	董秘	陈烽	证券代码	300043
	公司网址	www.rastar.cn		电子信箱	stock@rastar.cn	
	电　　话	0754-89890019		传　　真	0754-89890021	
	办公地址	广东省汕头市龙湖区黄山路30号荣兴大厦24楼				
	经营范围	车模、玩具车及其他玩具及汽车品牌衍生品等				

	指标\报告期	2012.06.30	2011.12.31	2011.06.30	2010.12.31
主要财务指标	基本每股收益(元)	0.2500	0.5100	0.2000	0.3600
	基本每股收益(扣除后)(元)	0.2600	0.4800	0.1900	0.3500
	每股净资产(元)	4.9900	4.8200	4.4900	8.8000
	每股经营现金净流量(元)	0.1332	0.6432	0.1934	0.6653
	每股现金流量(元)	-0.0703	-1.6525	-0.6750	4.5774
	每股资本公积金(元)	2.8128	2.7944	2.7745	6.5445
	每股盈余公积金(元)	0.1511	0.1263	0.0760	0.1521
	每股未分配利润(元)	1.0360	0.9140	0.6481	1.1042
	净资产收益率(%)	4.9500	10.6180	4.3600	8.0160
	加权净资产收益率(%)	5.0200	11.1700	4.4100	8.8900
	净资产收益率(扣除)(%)	-	-	-	-
	总资产(万元)	104989.12	94314.60	81685.00	74851.49
	归属母公司股东权益(万元)	79018.59	76400.13	71168.33	69668.55
	主营业务收入(万元)	24112.75	43755.70	18625.43	32443.92
	营业收入(万元)	24121.51	44431.58	18625.43	32450.10
	主营成本(万元)	16001.04	29340.43	12627.56	21753.84
	营业成本(万元)	16001.63	29393.08	12627.56	21753.84
	投资收益(万元)	607.06	1384.55	40.94	156.03
	净利润(万元)	3911.24	8111.77	3104.80	5584.51
	利润总额(万元)	4433.06	9568.77	3664.94	6517.63

深圳市赛为智能股份有限公司

公司概况	公司名称	深圳市赛为智能股份有限公司			证券简称	赛为智能
	法人代表	周勇	董秘	商毛红	证券代码	300044
	公司网址	www.szsunwin.com		电子信箱	shangmaohong@szsunwin.com	
	电　　话	0755-86169631 86169980		传　　真	0755-86169393	
	办公地址	广东省深圳市南山区高新区科技中二路软件园2号楼3楼				
	经营范围	为水利行业、城市轨道交通行业、建筑行业、铁路行业提供智能化系统解决方案等				

	指标\报告期	2012.06.30	2011.12.31	2011.06.30	2010.12.31
主要财务指标	基本每股收益(元)	0.1400	0.2600	0.1300	0.2600
	基本每股收益(扣除后)(元)	0.1230	0.2500	0.1180	0.2600
	每股净资产(元)	5.5500	5.5100	5.3800	5.2500
	每股经营现金净流量(元)	0.0645	-0.4235	-0.2929	-0.4527
	每股现金流量(元)	-0.0262	-0.5919	-0.1745	3.0715
	每股资本公积金(元)	3.7705	3.7705	3.7705	3.7705
	每股盈余公积金(元)	0.0977	0.0977	0.0719	0.0719
	每股未分配利润(元)	0.6806	0.6409	0.5393	0.4075
	净资产收益率(%)	2.5000	4.7050	2.4490	4.8780
	加权净资产收益率(%)	2.5000	4.8200	2.4800	5.3000
	净资产收益率(扣除)(%)	-	-	-	-
	总资产(万元)	66379.97	64529.51	64493.71	62718.18
	归属母公司股东权益(万元)	55488.95	55091.97	53817.79	52499.74
	主营业务收入(万元)	11732.93	21370.13	8177.96	18190.08
	营业收入(万元)	11732.93	21374.99	8182.01	18194.13
	主营成本(万元)	8894.98	15510.23	5425.03	12056.21
	营业成本(万元)	8894.98	15510.23	5425.03	12056.21
	投资收益(万元)	-	-	-	-
	净利润(万元)	1345.04	2603.39	1328.80	2560.84
	利润总额(万元)	1605.27	3022.88	1570.86	2968.41

北京华力创通科技股份有限公司

公司概况	公司名称	北京华力创通科技股份有限公司			证券简称	华力创通
	法人代表	高小离	董秘	吴梦冰	证券代码	300045
	公司网址	www.hwacreate.com.cn		电子信箱	irm@hwacreate.com.cn	
	电　　话	010-82966393		传　　真	010-82803295 82966411	
	办公地址	北京市海淀区东北旺西路8号院乙18号				
	经营范围	基于计算机技术的仿真测试系统及其相关设备的研发、生产和销售等				

	指标\报告期	2012.06.30	2011.12.31	2011.06.30	2010.12.31
主要财务指标	基本每股收益(元)	0.0900	0.4600	0.0900	0.3800
	基本每股收益(扣除后)(元)	0.0900	0.4300	0.0800	0.3900
	每股净资产(元)	2.7100	5.3400	5.0300	9.8700
	每股经营现金净流量(元)	-0.0780	0.2474	-0.0245	0.1007
	每股现金流量(元)	-0.3416	-0.4581	-0.2355	6.2105
	每股资本公积金(元)	1.1319	3.2345	3.2052	7.3617
	每股盈余公积金(元)	0.0520	0.0884	0.0647	0.1110
	每股未分配利润(元)	0.5217	1.0213	0.7626	1.3971
	净资产收益率(%)	3.4724	8.5260	3.4423	7.6154
	加权净资产收益率(%)	3.4800	8.9100	3.4500	8.4400
	净资产收益率(扣除)(%)	-	-	-	-
	总资产(万元)	79198.47	78246.56	71684.52	69836.43
	归属母公司股东权益(万元)	72511.72	71611.82	67435.39	66127.35
	主营业务收入(万元)	13573.41	29898.02	12191.82	21008.04
	营业收入(万元)	13732.85	30246.69	12386.95	21221.53
	主营成本(万元)	7007.18	15392.14	6278.47	10612.32
	营业成本(万元)	7007.18	15392.14	6278.47	10621.88
	投资收益(万元)	-13.35	3.52	-	-
	净利润(万元)	2474.06	6128.49	2321.34	5035.84
	利润总额(万元)	2820.22	7076.33	2658.66	5780.54

湖北台基半导体股份有限公司

公司概况						
	公司名称	湖北台基半导体股份有限公司			证券简称	台基股份
	法人代表	邢雁	董秘	康进	证券代码	300046
	公司网址	www.tech-sem.com		电子信箱	securities@techsem.com.cn	
	电　　话	0710-3506236		传　　真	0710-3500847	
	办公地址	湖北省襄阳市襄城区胜利街162号				
	经营范围	功率晶闸管、整流管、电力半导体模块等大功率半导体元器件及其功率组件等				

主要财务指标	指标\报告期	2012.06.30	2011.12.31	2011.06.30	2010.12.31
	基本每股收益(元)	0.2700	0.6300	0.3300	0.5800
	基本每股收益(扣除后)(元)	0.2700	0.6300	0.3300	0.5800
	每股净资产(元)	5.8200	6.1500	5.8500	11.6300
	每股经营现金净流量(元)	0.3046	0.1550	0.1455	0.4520
	每股现金流量(元)	–0.3958	–0.7840	–0.5729	7.7466
	每股资本公积金(元)	3.9659	3.9659	3.9659	8.9319
	每股盈余公积金(元)	0.1726	0.1726	0.1092	0.2185
	每股未分配利润(元)	0.6820	1.0090	0.7701	1.4773
	净资产收益率(%)	4.6900	10.3090	5.3900	9.7600
	加权净资产收益率(%)	4.4900	10.6900	5.6400	10.8300
	净资产收益率(扣除)(%)	–	–	–	–
	总资产(万元)	89991.05	95220.93	91135.94	89468.29
	归属母公司股东权益(万元)	82698.75	87344.18	83048.92	82602.67
	主营业务收入(万元)	15341.00	32078.11	15534.14	26419.63
	营业收入(万元)	15473.49	32293.90	15612.77	26741.93
	主营成本(万元)	9870.61	19903.59	9435.35	15405.89
	营业成本(万元)	9874.62	19903.59	9435.35	15406.95
	投资收益(万元)	–	1.27	–	1.27
	净利润(万元)	3879.37	9003.91	4708.65	8062.34
	利润总额(万元)	4530.81	10608.76	5549.04	9498.45

深圳天源迪科信息技术股份有限公司

公司概况						
	公司名称	深圳天源迪科信息技术股份有限公司			证券简称	天源迪科
	法人代表	陈友	董秘	陈秀琴	证券代码	300047
	公司网址	www.tydic.com		电子信箱	v-mailbox@tydic.com	
	电　　话	0755-26745678 26745605		传　　真	0755-26745600	
	办公地址	广东省深圳市高新区南区市高新技术工业村T3栋B3楼				
	经营范围	计算机硬件及软件的研发、生产和销售及技术咨询服务等				

主要财务指标	指标\报告期	2012.06.30	2011.12.31	2011.06.30	2010.12.31
	基本每股收益(元)	0.1300	0.5200	0.1060	0.4100
	基本每股收益(扣除后)(元)	0.1170	0.4900	0.1060	0.4000
	每股净资产(元)	6.4800	6.6400	6.3300	9.6400
	每股经营现金净流量(元)	0.0225	–0.1917	–0.3185	0.3394
	每股现金流量(元)	–0.8026	–1.4369	–1.0090	5.5804
	每股资本公积金(元)	4.3454	4.3268	4.4344	7.1515
	每股盈余公积金(元)	0.1716	0.1716	0.1280	0.1920
	每股未分配利润(元)	0.9667	1.1367	0.7680	1.2937
	净资产收益率(%)	2.0100	7.8050	1.6700	6.1690
	加权净资产收益率(%)	1.9600	7.8900	1.6400	6.7000
	净资产收益率(扣除)(%)	–	–	–	–
	总资产(万元)	117447.94	110222.69	103048.29	104461.75
	归属母公司股东权益(万元)	101729.27	104104.61	99323.11	100805.27
	主营业务收入(万元)	20066.76	41744.53	10822.28	24644.88
	营业收入(万元)	20066.76	41744.53	10822.28	24725.55
	主营成本(万元)	11664.98	41744.53	4495.47	9958.38
	营业成本(万元)	11664.98	21822.83	4495.47	10020.73
	投资收益(万元)	–138.70	206.17	–70.73	–56.29
	净利润(万元)	2157.67	8888.72	1535.51	6440.53
	利润总额(万元)	2494.58	10096.84	1788.55	7068.90

北京合康亿盛变频科技股份有限公司

公司概况						
	公司名称	北京合康亿盛变频科技股份有限公司			证券简称	合康变频
	法人代表	刘锦成	董秘	王冬	证券代码	300048
	公司网址	www.hiconics.com		电子信箱	hicon@hiconics.com	
	电　　话	010-59180256 59180097		传　　真	010-59180234	
	办公地址	北京市经济技术开发区博兴二路3号				
	经营范围	研发、生产、销售各种高压变频器等				

主要财务指标	指标\报告期	2012.06.30	2011.12.31	2011.06.30	2010.12.31
	基本每股收益(元)	0.1700	0.5200	0.1500	0.4300
	基本每股收益(扣除后)(元)	0.1600	0.5200	0.1400	0.4200
	每股净资产(元)	4.2100	5.9400	5.5800	10.9000
	每股经营现金净流量(元)	–0.0829	–0.6266	–0.3908	–0.2748
	每股现金流量(元)	–0.4651	–1.3922	–0.9731	7.4762
	每股资本公积金(元)	2.5145	4.0285	3.9808	8.8629
	每股盈余公积金(元)	0.0851	0.1169	0.0622	0.1244
	每股未分配利润(元)	0.6063	0.7993	0.5378	0.9122
	净资产收益率(%)	3.9800	8.7950	3.7000	7.5110
	加权净资产收益率(%)	3.9000	9.2300	3.7500	8.7600
	净资产收益率(扣除)(%)	–	–	–	–
	总资产(万元)	174406.44	181631.53	162694.91	154129.94
	归属母公司股东权益(万元)	142218.65	146315.81	137359.64	134134.74
	主营业务收入(万元)	29517.43	58803.46	22867.97	38661.92
	营业收入(万元)	29999.28	59150.71	23067.99	38740.27
	主营成本(万元)	18638.43	35867.21	13878.46	24065.41
	营业成本(万元)	18979.86	36234.27	14019.49	24128.37
	投资收益(万元)	77.59	609.16	131.08	–
	净利润(万元)	5690.18	12903.46	5086.54	10074.15
	利润总额(万元)	6435.28	15103.32	5955.07	11887.83

内蒙古福瑞医疗科技股份有限公司

公司概况						
	公司名称	内蒙古福瑞医疗科技股份有限公司			证券简称	福瑞股份
	法人代表	王冠一	董秘	林欣	证券代码	300049
	公司网址	www.fu-rui.com		电子信箱	dshbgs@fu-rui.com	
	电　　话	010-84683855		传　　真	010-84683766 58236272	
	办公地址	北京市朝阳区新源里16号琨莎中心2座7层				
	经营范围	提供肝病领域诊断及治疗手段以及配套服务等				

主要财务指标	指标\报告期	2012.06.30	2011.12.31	2011.06.30	2010.12.31
	基本每股收益(元)	0.2300	0.4200	0.1800	0.3800
	基本每股收益(扣除后)(元)	0.2100	0.4600	0.1800	0.4000
	每股净资产(元)	5.5300	5.6200	5.4400	7.1500
	每股经营现金净流量(元)	0.5022	0.6057	0.0855	0.5114
	每股现金流量(元)	–0.1410	–1.0929	–1.7095	4.9685
	每股资本公积金(元)	3.5805	3.5805	3.5805	4.9546
	每股盈余公积金(元)	0.2587	0.2587	0.2138	0.2780
	每股未分配利润(元)	0.7720	0.8456	0.6489	0.9132
	净资产收益率(%)	4.0900	7.4610	3.2600	–
	加权净资产收益率(%)	3.9800	7.5600	3.2000	7.4700
	净资产收益率(扣除)(%)	–	–	–	–
	总资产(万元)	86434.96	87344.30	80598.39	79566.03
	归属母公司股东权益(万元)	69153.21	70308.21	68072.61	68742.24
	主营业务收入(万元)	16516.00	28793.31	9275.99	20471.79
	营业收入(万元)	16648.67	30165.82	9401.52	21024.64
	主营成本(万元)	4163.37	8445.36	2831.63	5936.25
	营业成本(万元)	4230.02	8578.65	2896.26	6071.25
	投资收益(万元)	–33.42	–51.95	–	38.32
	净利润(万元)	2645.21	5248.62	2216.37	4695.85
	利润总额(万元)	3269.24	6777.16	2607.49	6195.98

珠海世纪鼎利通信科技股份有限公司

公司概况	公司名称	珠海世纪鼎利通信科技股份有限公司		证券简称	世纪鼎利
	法人代表	王耘	董秘 陈勇	证券代码	300050
	公司网址	www.dinglicom.com		电子信箱	ir@dinglicom.com
	电　话	0756-3626066		传　真	0756-3626065
	办公地址	广东省珠海市港湾大道科技五路 8 号一层			
	经营范围	软件开发、系统集成、电力技术推广、技术服务、通信设备、仪器仪表等			

主要财务指标	指标＼报告期	2012.06.30	2011.12.31	2011.06.30	2010.12.31
	基本每股收益(元)	0.0500	0.4100	0.2400	0.9000
	基本每股收益(扣除后)(元)	0.0500	0.4000	0.2400	0.8900
	每股净资产(元)	7.1400	7.3100	7.1500	14.2200
	每股经营现金净流量(元)	−0.3870	0.2791	−0.0633	0.8997
	每股现金流量(元)	−0.6571	−0.0723	−0.0711	10.3104
	每股资本公积金(元)	4.6363	4.7011	4.7011	10.4022
	每股盈余公积金(元)	0.2007	0.2007	0.1580	0.3161
	每股未分配利润(元)	1.3176	1.4180	1.2946	2.5028
	净资产收益率(%)	0.6900	5.5990	3.3900	12.3370
	加权净资产收益率(%)	0.6800	5.7000	3.3300	13.9800
	净资产收益率(扣除)(%)	–	–	–	–
	总资产(万元)	164118.99	169200.91	162463.46	165300.86
	归属母公司股东权益(万元)	154315.48	157901.88	154458.50	153567.35
	主营业务收入(万元)	17813.47	37613.10	17256.72	46402.91
	营业收入(万元)	17813.47	37613.10	17256.72	46411.37
	主营成本(万元)	9243.96	16161.55	7213.89	16043.28
	营业成本(万元)	9243.96	16161.55	7213.89	16043.28
	投资收益(万元)	14.58	310.41	127.57	718.14
	净利润(万元)	759.72	9229.52	5253.89	19228.63
	利润总额(万元)	1186.74	10593.02	6179.43	21077.66

厦门三五互联科技股份有限公司

公司概况	公司名称	厦门三五互联科技股份有限公司		证券简称	三五互联
	法人代表	龚少晖	董秘 杨小亮	证券代码	300051
	公司网址	www.35.com		电子信箱	yangxl@35.cn
	电　话	0592-5397222 5391849		传　真	0592-5392104
	办公地址	福建省厦门市火炬高新技术产业开发区软件园二期观日路 8 号一层			
	经营范围	网络工程、信息系统工程、计算机软件及其他电子产品的技术开发等			

主要财务指标	指标＼报告期	2012.06.30	2011.12.31	2011.06.30	2010.12.31
	基本每股收益(元)	−0.0300	0.1500	0.0800	0.2300
	基本每股收益(扣除后)(元)	−0.0400	0.1300	0.0700	0.2200
	每股净资产(元)	3.1000	3.2100	3.1300	6.5000
	每股经营现金净流量(元)	−0.1561	0.2276	0.1316	0.6028
	每股现金流量(元)	−0.8996	−0.5160	−0.5838	4.8311
	每股资本公积金(元)	1.8685	1.8685	1.8574	4.7147
	每股盈余公积金(元)	0.0670	0.0670	0.0584	0.1168
	每股未分配利润(元)	0.1637	0.2777	0.2130	0.6653
	净资产收益率(%)	−1.1000	4.7800	2.5700	6.7500
	加权净资产收益率(%)	−1.0700	4.8100	2.4900	7.9000
	净资产收益率(扣除)(%)	–	–	–	–
	总资产(万元)	64896.32	67354.67	64913.56	58028.57
	归属母公司股东权益(万元)	49741.62	51570.54	50216.25	52136.77
	主营业务收入(万元)	12271.73	26171.09	11192.79	16912.31
	营业收入(万元)	12911.00	27271.97	11594.45	17273.43
	主营成本(万元)	3751.24	7775.72	2909.36	3336.00
	营业成本(万元)	3925.08	8017.21	2970.78	3439.73
	投资收益(万元)	–	–	–	–
	净利润(万元)	−1367.76	2169.60	1529.09	3753.36
	利润总额(万元)	−1373.06	2797.11	1911.90	4330.07

深圳中青宝互动网络股份有限公司

公司概况	公司名称	深圳中青宝互动网络股份有限公司		证券简称	中青宝
	法人代表	李瑞杰	董秘 郑楠芳	证券代码	300052
	公司网址	www.zqgame.com		电子信箱	ir@zqgame.com
	电　话	0755-26944114 26525516		传　真	0755-26520801
	办公地址	广东省深圳市南山区科技园南区 W1-B 栋 4 楼			
	经营范围	计算机软、硬件及网络系统的技术开发等			

主要财务指标	指标＼报告期	2012.06.30	2011.12.31	2011.06.30	2010.12.31
	基本每股收益(元)	0.0800	0.1400	0.0800	0.2900
	基本每股收益(扣除后)(元)	0.0600	0.1100	0.0500	0.2300
	每股净资产(元)	6.8700	6.8400	6.7800	6.9000
	每股经营现金净流量(元)	0.1755	0.0805	0.0868	0.3984
	每股现金流量(元)	−0.3377	−1.3839	−1.5760	5.1802
	每股资本公积金(元)	5.3363	5.3363	5.3363	5.3363
	每股盈余公积金(元)	0.1000	0.1000	0.0831	0.0831
	每股未分配利润(元)	0.4335	0.4026	0.3569	0.4769
	净资产收益率(%)	1.1800	2.0860	1.1700	3.9620
	加权净资产收益率(%)	1.1800	2.0900	1.1700	4.6300
	净资产收益率(扣除)(%)	–	–	–	–
	总资产(万元)	98593.56	96917.26	92440.06	93703.62
	归属母公司股东权益(万元)	89311.63	88910.85	88092.46	89651.66
	主营业务收入(万元)	7876.03	12191.20	4369.56	7905.56
	营业收入(万元)	7876.31	13201.11	4369.80	7959.75
	主营成本(万元)	1953.92	3087.18	920.07	1144.54
	营业成本(万元)	1953.92	4091.45	920.07	1178.62
	投资收益(万元)	−30.45	−2.86	53.15	−7.48
	净利润(万元)	1086.31	1698.65	802.32	3450.91
	利润总额(万元)	1188.16	1729.49	814.75	3749.08

珠海欧比特控制工程股份有限公司

公司概况	公司名称	珠海欧比特控制工程股份有限公司		证券简称	欧比特
	法人代表	颜军	董秘 颜志宇	证券代码	300053
	公司网址	www.myorbita.net		电子信箱	zqb@myorbita.net
	电　话	0756-3391979		传　真	0756-3391980
	办公地址	广东省珠海市唐家东岸白沙路 1 号欧比特科技园			
	经营范围	集成电路和计算机软件及硬件产品、宇航总线测试系统及产品、智能控制系统及产品等			

主要财务指标	指标＼报告期	2012.06.30	2011.12.31	2011.06.30	2010.12.31
	基本每股收益(元)	0.0900	0.1630	0.0680	0.1570
	基本每股收益(扣除后)(元)	0.0830	0.1500	0.0700	0.1420
	每股净资产(元)	3.0200	2.9830	2.9100	5.6460
	每股经营现金净流量(元)	0.0010	−0.0761	−0.1310	−0.0800
	每股现金流量(元)	−0.2155	−0.3336	−0.1804	2.7046
	每股资本公积金(元)	1.4770	1.4770	1.4770	3.9539
	每股盈余公积金(元)	0.0658	0.0658	0.0523	0.1046
	每股未分配利润(元)	0.4844	0.4490	0.3802	0.5999
	净资产收益率(%)	2.9700	5.4500	2.4100	5.3160
	加权净资产收益率(%)	2.9600	5.5900	2.4400	6.0900
	净资产收益率(扣除)(%)	–	–	–	–
	总资产(万元)	61374.75	61724.21	61017.58	60141.74
	归属母公司股东权益(万元)	60313.30	59654.65	57888.65	56457.90
	主营业务收入(万元)	8545.03	17679.65	7933.13	17454.73
	营业收入(万元)	8584.17	17808.71	8002.68	17589.33
	主营成本(万元)	5124.41	10824.62	5471.35	11259.90
	营业成本(万元)	5149.63	10851.29	5496.63	11312.92
	投资收益(万元)	–	–	–	–
	净利润(万元)	1841.18	3283.19	1400.72	3011.35
	利润总额(万元)	2193.31	4020.21	1708.12	3475.64

湖北鼎龙化学股份有限公司

公司概况	公司名称	湖北鼎龙化学股份有限公司		证券简称	鼎龙股份
	法人代表	朱双全	董秘 伍得	证券代码	300054
	公司网址	www.dinglongchem.com		电子信箱	hbdl@dinglongchem.com
	电　话	027-85791166 8316		传　真	027-85734314
	办公地址	湖北省武汉市江汉北路金茂大楼19层			
	经营范围	从事电子成像显像专用信息化学品的研发、生产和销售及相关贸易业务			

主要财务指标	指标\报告期	2012.06.30	2011.12.31	2011.06.30	2010.12.31
	基本每股收益(元)	0.1800	0.5800	0.1900	0.4900
	基本每股收益(扣除后)(元)	0.1700	0.4500	0.1500	0.3900
	每股净资产(元)	4.4700	6.8200	6.5300	9.8600
	每股经营现金净流量(元)	0.0526	0.3638	0.1986	0.5690
	每股现金流量(元)	-0.3731	-1.5400	-0.7503	6.3606
	每股资本公积金(元)	2.7186	4.5779	4.5779	7.3668
	每股盈余公积金(元)	0.1388	0.1808	0.1513	0.1839
	每股未分配利润(元)	0.6079	1.0644	0.7994	1.3093
	净资产收益率(%)	4.1000	8.5460	4.4200	7.2870
	加权净资产收益率(%)	3.9500	8.7000	4.3000	8.4700
	净资产收益率(扣除)(%)	-	-	-	-
	总资产(万元)	65994.97	65940.66	66725.48	66788.47
	归属母公司股东权益(万元)	60281.39	61407.89	58756.92	59160.18
	主营业务收入(万元)	12942.13	24122.62	14856.89	25214.41
	营业收入(万元)	12942.13	24122.62	14856.89	25214.41
	主营成本(万元)	10294.05	19414.40	12292.59	20614.07
	营业成本(万元)	10294.05	19414.40	12292.59	20614.07
	投资收益(万元)	586.08	383.11	-	-
	净利润(万元)	2473.50	5247.71	2596.74	4311.08
	利润总额(万元)	2788.50	6083.33	3046.37	5063.02

北京万邦达环保技术股份有限公司

公司概况	公司名称	北京万邦达环保技术股份有限公司		证券简称	万邦达
	法人代表	王飘扬	董秘 龙嘉	证券代码	300055
	公司网址	www.waterbd.cn		电子信箱	longjia@waterbd.cn
	电　话	010-58800036		传　真	010-58800018
	办公地址	北京市海淀区新街口外大街19号京师大厦9309			
	经营范围	环境保护工程领域内的技术研发、技术咨询、技术服务、投资、建设等			

主要财务指标	指标\报告期	2012.06.30	2011.12.31	2011.06.30	2010.12.31
	基本每股收益(元)	0.1700	0.3303	0.1300	0.3062
	基本每股收益(扣除后)(元)	0.1700	0.3285	0.1200	0.3044
	每股净资产(元)	7.3310	7.2590	7.0540	13.9570
	每股经营现金净流量(元)	0.0835	0.3363	0.0462	-0.9788
	每股现金流量(元)	-0.3112	-0.3129	-0.1855	10.2675
	每股资本公积金(元)	5.5920	5.5920	5.5920	12.1839
	每股盈余公积金(元)	0.0903	0.0903	0.0579	0.1158
	每股未分配利润(元)	0.6487	0.5766	0.4039	0.6573
	净资产收益率(%)	2.3500	4.5500	1.7800	3.8530
	加权净资产收益率(%)	2.3500	4.6400	1.7800	4.5700
	净资产收益率(扣除)(%)	-	-	-	-
	总资产(万元)	202185.17	210735.16	187484.57	180987.22
	归属母公司股东权益(万元)	167734.13	166082.92	161390.64	159669.41
	主营业务收入(万元)	19912.35	34917.27	15021.55	26700.56
	营业收入(万元)	19912.35	34917.27	15021.55	26700.56
	主营成本(万元)	14507.16	25573.04	11296.85	18282.03
	营业成本(万元)	14507.16	25573.04	11296.85	18282.03
	投资收益(万元)	-	-	-	-
	净利润(万元)	3939.21	7557.51	2865.23	6152.43
	利润总额(万元)	4879.50	9106.01	3474.66	7262.03

厦门三维丝环保股份有限公司

公司概况	公司名称	厦门三维丝环保股份有限公司		证券简称	三维丝
	法人代表	罗祥波	董秘 王荣聪	证券代码	300056
	公司网址	www.savings.com.cn		电子信箱	savings@savings.com.cn
	电　话	0592-7769767		传　真	0592-7769767 7769502
	办公地址	福建省厦门市火炬高新区(翔安)产业区春光路1178-1188号			
	经营范围	袋式除尘器核心部件高性能高温滤料的研发、生产、销售和服务等			

主要财务指标	指标\报告期	2012.06.30	2011.12.31	2011.06.30	2010.12.31
	基本每股收益(元)	0.0089	0.5400	0.1538	0.4200
	基本每股收益(扣除后)(元)	0.0833	0.4000	0.1415	0.4000
	每股净资产(元)	4.0200	7.1400	6.7300	6.8500
	每股经营现金净流量(元)	-0.1366	-1.4615	-0.6033	-0.1106
	每股现金流量(元)	0.5934	-0.4932	-1.3936	0.3597
	每股资本公积金(元)	2.5292	5.1665	5.0122	5.0065
	每股盈余公积金(元)	0.0767	0.1381	0.0842	0.0845
	每股未分配利润(元)	0.4180	0.8355	0.6351	0.7606
	净资产收益率(%)	0.2200	7.4630	4.1100	5.9420
	加权净资产收益率(%)	0.2200	7.4300	3.9600	6.9800
	净资产收益率(扣除)(%)	-	-	-	-
	总资产(万元)	69044.79	60878.47	48956.67	45696.57
	归属母公司股东权益(万元)	38011.10	37471.22	35003.84	35628.69
	主营业务收入(万元)	12817.45	28247.81	10995.72	16935.42
	营业收入(万元)	12930.47	28584.62	11400.13	17066.89
	主营成本(万元)	9124.76	20366.48	8037.24	12034.26
	营业成本(万元)	9124.76	20366.48	8037.24	12034.26
	投资收益(万元)	12.85	482.91	139.97	323.01
	净利润(万元)	78.81	2757.98	1442.51	2130.34
	利润总额(万元)	316.90	3258.57	1728.40	2594.66

汕头万顺包装材料股份有限公司

公司概况	公司名称	汕头万顺包装材料股份有限公司		证券简称	万顺股份
	法人代表	杜成城	董秘 黄薇	证券代码	300057
	公司网址	www.wanshun.cn		电子信箱	wanshun1@wanshun.cn
	电　话	0754-83597700		传　真	0754-83590689
	办公地址	广东省汕头市汕头保税区万顺工业园			
	经营范围	纸制品、光电产品、包装材料、塑料制品、工艺美术品的加工、制造等			

主要财务指标	指标\报告期	2012.06.30	2011.12.31	2011.06.30	2010.12.31
	基本每股收益(元)	0.1323	0.1951	0.0803	0.2022
	基本每股收益(扣除后)(元)	0.1236	0.1876	0.0740	0.2067
	每股净资产(元)	3.2700	3.1900	3.0700	6.1700
	每股经营现金净流量(元)	0.2304	0.0983	-0.0354	0.6083
	每股现金流量(元)	-0.8394	-0.1649	-0.2389	3.6819
	每股资本公积金(元)	1.7477	1.7477	1.7477	4.4955
	每股盈余公积金(元)	0.0733	0.0733	0.0536	0.1071
	每股未分配利润(元)	0.4502	0.3679	0.2727	0.5649
	净资产收益率(%)	3.6000	6.1190	2.6100	6.2830
	加权净资产收益率(%)	4.0900	6.2500	2.5900	7.2000
	净资产收益率(扣除)(%)	-	-	-	-
	总资产(万元)	331466.16	160742.92	145603.08	152271.27
	归属母公司股东权益(万元)	138046.29	134571.21	129724.17	130135.20
	主营业务收入(万元)	61796.98	60995.40	25769.87	61829.91
	营业收入(万元)	63286.69	63049.18	26156.85	62788.37
	主营成本(万元)	50756.37	47950.34	19861.88	47658.74
	营业成本(万元)	51761.71	49314.43	20124.74	48327.60
	投资收益(万元)	-	-	-	-
	净利润(万元)	6344.11	8234.01	3386.97	8176.98
	利润总额(万元)	7559.08	9674.88	3998.31	9575.70

北京蓝色光标品牌管理顾问股份有限公司

公司概况	公司名称	北京蓝色光标品牌管理顾问股份有限公司			证券简称	蓝色光标
	法人代表	赵文权	董秘	许志平	证券代码	300058
	公司网址	www.bluefocusgroup.com		电子信箱	bfg@bluefocus.com	
	电　话	010-84575415 84577650		传　真	010-84575606	
	办公地址	北京市朝阳区酒仙桥路甲 10 号星城国际大厦 C 座 20 层				
	经营范围	公共关系服务、核心业务是为企业提供品牌管理服务、主要内容为品牌传播、产品推广等				

主要财务指标 指标\报告期	2012.06.30	2011.12.31	2011.06.30	2010.12.31
基本每股收益(元)	0.2900	0.6700	0.1500	0.3400
基本每股收益(扣除后)(元)	0.2900	0.6100	0.1500	0.3500
每股净资产(元)	3.1400	5.4200	7.5500	7.2800
每股经营现金净流量(元)	0.0552	0.6352	0.2112	0.3640
每股现金流量(元)	–0.3826	–0.9357	–1.1041	4.7153
每股资本公积金(元)	1.4501	3.3072	5.4261	5.3963
每股盈余公积金(元)	0.0384	0.0847	0.0827	0.0827
每股未分配利润(元)	0.6563	1.0413	1.0460	0.7973
净资产收益率(%)	8.3500	12.4020	5.8000	6.9146
加权净资产收益率(%)	10.0600	13.1400	6.0000	8.0700
净资产收益率(扣除)(%)	–	–	–	–
总资产(万元)	205065.96	150733.71	108379.41	95050.27
归属母公司股东权益(万元)	124625.17	97626.60	90655.82	87314.94
主营业务收入(万元)	89719.11	126559.82	33910.38	49572.40
营业收入(万元)	89743.45	126605.83	33910.38	49572.40
主营成本(万元)	55651.66	81580.39	16321.71	23415.40
营业成本(万元)	55651.66	81580.39	16321.71	23415.40
投资收益(万元)	268.83	124.87	–13.80	–
净利润(万元)	11631.34	14527.51	5670.97	6272.28
利润总额(万元)	15335.35	18901.90	7376.18	8791.92

东方财富信息股份有限公司

公司概况	公司名称	东方财富信息股份有限公司			证券简称	东方财富
	法人代表	其实	董秘	陆威	证券代码	300059
	公司网址	www.eastmoney.com		电子信箱	dongmi@eastmoney.com	
	电　话	021-64382978		传　真	021-64389508	
	办公地址	上海市龙田路 195 号 3 号楼 C 座 9 楼				
	经营范围	企业投资咨询、策划、商务企业投资咨询、策划、商务咨询、会务会展咨询服务等				

主要财务指标 指标\报告期	2012.06.30	2011.12.31	2011.06.30	2010.12.31
基本每股收益(元)	0.1300	0.5100	0.1800	0.3400
基本每股收益(扣除后)(元)	0.1100	0.4600	0.1400	0.3600
每股净资产(元)	5.1300	8.1000	7.8600	11.5200
每股经营现金净流量(元)	–0.0169	0.7431	0.5797	0.4991
每股现金流量(元)	0.0838	–0.2812	–0.1955	9.0795
每股资本公积金(元)	3.3580	5.9674	5.9604	9.4387
每股盈余公积金(元)	0.1015	0.1624	0.1081	0.1621
每股未分配利润(元)	0.6686	0.9669	0.7941	0.9209
净资产收益率(%)	2.4700	6.2650	3.5600	4.1376
加权净资产收益率(%)	2.4900	6.4400	3.5900	5.2700
净资产收益率(扣除)(%)	–	–	–	–
总资产(万元)	180091.47	182371.11	175030.31	168184.57
归属母公司股东权益(万元)	172301.50	170030.26	165114.69	161302.98
主营业务收入(万元)	12822.12	28030.82	13176.70	18496.14
营业收入(万元)	12822.12	28030.82	13176.70	18496.14
主营成本(万元)	3461.72	6015.02	3035.32	3211.51
营业成本(万元)	3461.72	6015.02	3035.32	3211.51
投资收益(万元)	–	–	–	–
净利润(万元)	4257.16	10653.68	5883.77	6676.21
利润总额(万元)	4797.91	12141.37	6653.30	7403.32

上海康耐特光学股份有限公司

公司概况	公司名称	上海康耐特光学股份有限公司			证券简称	康耐特
	法人代表	费铮翔	董秘	张惠祥	证券代码	300061
	公司网址	www.conantoptical.com		电子信箱	zhanghx@conantoptical.com	
	电　话	021-58598866-1298		传　真	021-58598535	
	办公地址	上海市浦东新区川大路 555 号				
	经营范围	工程塑料、树脂镜片及材料、成镜及配件、眼镜镜架、光学仪器的技术开发及生产等				

主要财务指标 指标\报告期	2012.06.30	2011.12.31	2011.06.30	2010.12.31
基本每股收益(元)	0.0100	0.1600	0.1300	0.2800
基本每股收益(扣除后)(元)	0.0030	0.1000	0.0800	0.2200
每股净资产(元)	3.9700	6.3200	6.2800	6.1500
每股经营现金净流量(元)	–0.0684	–0.9939	–0.6948	0.3423
每股现金流量(元)	–0.6188	–1.0263	–0.2396	2.8069
每股资本公积金(元)	2.3103	4.2965	4.2843	4.2843
每股盈余公积金(元)	0.0635	0.1017	0.0884	0.0884
每股未分配利润(元)	0.5921	0.9253	0.9056	0.7793
净资产收益率(%)	0.3500	2.5190	2.0100	4.3380
加权净资产收益率(%)	0.3500	2.5500	2.0300	5.3700
净资产收益率(扣除)(%)	–	–	–	–
总资产(万元)	62240.23	63565.17	60129.01	46625.36
归属母公司股东权益(万元)	38072.44	37935.85	37670.00	36912.17
主营业务收入(万元)	16105.10	27407.21	11195.93	16634.35
营业收入(万元)	16346.96	28271.36	11597.51	17037.74
主营成本(万元)	12121.31	19841.82	8293.22	12248.98
营业成本(万元)	12236.65	20199.34	8567.64	12497.47
投资收益(万元)	–	–	–	–
净利润(万元)	177.69	1134.47	802.91	1595.80
利润总额(万元)	320.50	1404.98	957.10	1794.75

福建中能电气股份有限公司

公司概况	公司名称	福建中能电气股份有限公司			证券简称	中能电气
	法人代表	陈添旭	董秘	陈玲	证券代码	300062
	公司网址	www.ceepower.com		电子信箱	ceepower300062@ceepower.com	
	电　话	0591-83849849 83856936		传　真	0591-83849880 83849835	
	办公地址	福建省福州市仓山区金山工业区金洲北路 20 号				
	经营范围	输配电设备产品的研发、生产和销售等				

主要财务指标 指标\报告期	2012.06.30	2011.12.31	2011.06.30	2010.12.31
基本每股收益(元)	0.1300	0.3600	0.1600	0.3400
基本每股收益(扣除后)(元)	0.1300	0.3500	0.1600	0.3300
每股净资产(元)	4.4800	4.4800	4.2800	8.4900
每股经营现金净流量(元)	–0.1673	0.1612	0.0675	–0.5090
每股现金流量(元)	–0.2681	–0.8627	–0.3730	5.0284
每股资本公积金(元)	2.3760	2.3669	2.3669	5.7338
每股盈余公积金(元)	0.1034	0.1034	0.0753	0.1505
每股未分配利润(元)	1.0084	1.0073	0.8344	1.6059
净资产收益率(%)	2.9100	7.9840	3.7000	7.4400
加权净资产收益率(%)	2.9000	8.2200	3.6300	10.1800
净资产收益率(扣除)(%)	–	–	–	–
总资产(万元)	90124.75	87596.26	84688.17	86670.51
归属母公司股东权益(万元)	69416.29	68954.99	65857.92	65374.69
主营业务收入(万元)	13287.91	32137.93	14048.66	24097.06
营业收入(万元)	13317.09	32250.16	14096.47	24181.20
主营成本(万元)	7252.26	18053.95	7987.22	12647.15
营业成本(万元)	7252.26	18053.95	7987.22	12647.15
投资收益(万元)	–	10.89	–	–
净利润(万元)	1891.64	6089.69	3047.67	5645.10
利润总额(万元)	2257.48	7089.79	3672.33	6605.61

广东天龙油墨集团股份有限公司

公司概况	公司名称	广东天龙油墨集团股份有限公司			证券简称	天龙集团
	法人代表	冯毅	董秘	赖军	证券代码	300063
	公司网址	www.tlym.cn		电子信箱	8507810@tlym.cn	
	电　话	0758-8507810		传　真	0758-8507306	
	办公地址	广东省肇庆市金渡工业园内				
	经营范围	一直专注于水性油墨的研发、生产和销售等				

	指标\报告期	2012.06.30	2011.12.31	2011.06.30	2010.12.31
主要财务指标	基本每股收益(元)	0.0800	0.2800	0.0800	0.4100
	基本每股收益(扣除后)(元)	0.0600	0.2800	0.1200	0.4000
	每股净资产(元)	6.3100	9.4900	9.3300	9.5100
	每股经营现金净流量(元)	-0.1323	-0.3237	-0.3223	-0.1572
	每股现金流量(元)	-0.7278	-1.3517	-1.0128	5.7936
	每股资本公积金(元)	4.2237	6.8356	6.8356	6.8356
	每股盈余公积金(元)	0.0767	0.1151	0.0995	0.0995
	每股未分配利润(元)	1.0061	1.5398	1.3972	1.5712
	净资产收益率(%)	1.2600	2.9940	1.3300	4.0377
	加权净资产收益率(%)	1.2600	3.0100	1.3300	5.0700
	净资产收益率(扣除)(%)	-	-	-	-
	总资产(万元)	69498.98	69125.37	67161.87	69268.21
	归属母公司股东权益(万元)	63381.00	63586.09	62526.33	63692.38
	主营业务收入(万元)	16398.65	35216.83	15048.08	26882.72
	营业收入(万元)	16401.24	35225.51	15050.89	26891.55
	主营成本(万元)	12532.73	27493.36	11484.27	18891.18
	营业成本(万元)	12534.34	27497.70	11485.54	18895.14
	投资收益(万元)	-	-	-	-
	净利润(万元)	785.65	1961.57	846.00	2567.41
	利润总额(万元)	1008.22	2531.31	1111.80	3269.48

郑州华晶金刚石股份有限公司

公司概况	公司名称	郑州华晶金刚石股份有限公司			证券简称	豫金刚石
	法人代表	郭留希	董秘	张凯	证券代码	300064
	公司网址	www.sinocrystal.com.cn		电子信箱	chinadiamond@sinocrystal.com.cn	
	电　话	0371-63377777		传　真	0371-63377777	
	办公地址	河南省郑州市高新开发区冬青街24号				
	经营范围	人造金刚石及制品、设备的生产、销售、人造金刚石相关技术、材料、设备等				

	指标\报告期	2012.06.30	2011.12.31	2011.06.30	2010.12.31
主要财务指标	基本每股收益(元)	0.1200	0.4700	0.1100	0.2700
	基本每股收益(扣除后)(元)	0.1100	0.4600	0.1100	0.2600
	每股净资产(元)	2.1200	4.0800	3.8700	7.4900
	每股经营现金净流量(元)	0.1760	0.4309	0.2105	0.5100
	每股现金流量(元)	0.0080	-0.5995	-0.3294	3.5387
	每股资本公积金(元)	0.6205	2.2123	2.2452	5.4808
	每股盈余公积金(元)	0.0525	0.1049	0.0563	0.1126
	每股未分配利润(元)	0.4505	0.7643	0.5650	0.8940
	净资产收益率(%)	5.5700	11.4150	5.6400	6.6770
	加权净资产收益率(%)	5.6600	11.8900	5.7300	8.3300
	净资产收益率(扣除)(%)	-	-	-	-
	总资产(万元)	184986.82	159147.54	127893.92	121970.17
	归属母公司股东权益(万元)	129106.57	124076.41	117542.15	113808.98
	主营业务收入(万元)	25282.10	42144.61	18502.55	23898.36
	营业收入(万元)	27458.06	46450.79	20135.54	25557.75
	主营成本(万元)	14465.36	22573.11	9808.30	12969.70
	营业成本(万元)	15892.01	25202.35	10863.74	13950.25
	投资收益(万元)	-	-	-	-
	净利润(万元)	7243.07	14139.94	6627.36	7598.48
	利润总额(万元)	8589.91	16641.89	7791.88	8948.98

北京海兰信数据科技股份有限公司

公司概况	公司名称	北京海兰信数据科技股份有限公司			证券简称	海兰信
	法人代表	申万秋	董秘	吴菊敏	证券代码	300065
	公司网址	www.highlander.com.cn		电子信箱	hlx@highlander.com.cn	
	电　话	010-82151445		传　真	010-82150083	
	办公地址	北京市海淀区清华科技园科技大厦C座1902室				
	经营范围	技术开发、转让、咨询、服务、培训、销售开发后的产品、通信设备、五金交电等				

	指标\报告期	2012.06.30	2011.12.31	2011.06.30	2010.12.31
主要财务指标	基本每股收益(元)	0.0900	0.4400	0.1500	0.6200
	基本每股收益(扣除后)(元)	0.0700	0.3600	0.1400	0.5100
	每股净资产(元)	5.6800	10.7200	10.5700	10.5700
	每股经营现金净流量(元)	-0.3414	-2.6490	-1.7162	-0.1780
	每股现金流量(元)	-0.3547	-2.9802	-1.4880	6.7038
	每股资本公积金(元)	3.7853	8.1051	8.1051	8.0954
	每股盈余公积金(元)	0.0792	0.1504	0.1245	0.1245
	每股未分配利润(元)	0.8187	1.4658	1.3422	1.3492
	净资产收益率(%)	1.5733	4.1280	2.7722	5.4580
	加权净资产收益率(%)	1.5700	4.1600	2.7300	6.9000
	净资产收益率(扣除)(%)	-	-	-	-
	总资产(万元)	75537.50	73578.43	69954.61	64409.17
	归属母公司股东权益(万元)	59781.01	59375.10	58544.72	58542.96
	主营业务收入(万元)	12195.02	26953.96	8563.64	17618.73
	营业收入(万元)	12341.42	27404.54	8673.82	18045.56
	主营成本(万元)	8159.16	19193.45	4998.77	11267.83
	营业成本(万元)	8444.61	19560.24	5043.42	11529.60
	投资收益(万元)	-	-	-	10.41
	净利润(万元)	972.93	2704.85	1632.84	3397.01
	利润总额(万元)	1158.89	3043.45	1865.51	3899.84

江西三川水表股份有限公司

公司概况	公司名称	江西三川水表股份有限公司			证券简称	三川股份
	法人代表	童保华	董秘	倪国强	证券代码	300066
	公司网址	www.ytsanchuan.com		电子信箱	ytngq@yahoo.cn	
	电　话	0701-6318013 6318005		传　真	0701-6318013 6318005	
	办公地址	江西省鹰潭市工业园区				
	经营范围	主营各种水表产品的研发、生产和销售				

	指标\报告期	2012.06.30	2011.12.31	2011.06.30	2010.12.31
主要财务指标	基本每股收益(元)	0.1900	0.6000	0.1700	0.6800
	基本每股收益(扣除后)(元)	0.1900	0.5800	0.1600	0.5500
	每股净资产(元)	5.6800	8.4200	8.0700	16.0400
	每股经营现金净流量(元)	0.1581	0.1945	-0.0133	0.3415
	每股现金流量(元)	-0.6002	-0.4550	-0.2845	10.5882
	每股资本公积金(元)	3.4073	5.6110	5.6110	12.2220
	每股盈余公积金(元)	0.1780	0.2670	0.2095	0.4184
	每股未分配利润(元)	1.0908	1.5453	1.2511	2.4024
	净资产收益率(%)	3.4200	7.1450	2.9700	7.9130
	加权净资产收益率(%)	3.4200	7.3500	3.1000	10.0500
	净资产收益率(扣除)(%)	-	-	-	-
	总资产(万元)	106513.66	106044.96	94789.35	92372.74
	归属母公司股东权益(万元)	88547.07	87601.73	83944.78	83422.33
	主营业务收入(万元)	25744.82	-	19804.37	-
	营业收入(万元)	25744.82	46369.51	19804.37	38131.37
	主营成本(万元)	19297.16	-	14547.91	-
	营业成本(万元)	19297.16	34166.44	14547.91	28284.63
	投资收益(万元)	116.17	80.02	-	-
	净利润(万元)	3252.21	6430.45	2642.24	6731.87
	利润总额(万元)	4003.52	7599.69	3122.08	7976.91

上海安诺其纺织化工股份有限公司

公司概况						
	公司名称	上海安诺其纺织化工股份有限公司			证券简称	安诺其
	法人代表	纪立军	董秘	石磊	证券代码	300067
	公司网址	www.anoky.com.cn		电子信箱	investor@anoky.com.cn	
	电　话	021-59867500		传　真	021-59867578	
	办公地址	上海市青浦工业园区崧华路 881 号				
	经营范围	专业从事新型纺织染料的研发、生产、销售和相关技术服务等				

主要财务指标	指标\报告期	2012.06.30	2011.12.31	2011.06.30	2010.12.31
	基本每股收益(元)	0.0708	0.2000	0.1033	0.1800
	基本每股收益(扣除后)(元)	0.0659	0.1700	0.1039	0.1400
	每股净资产(元)	4.5000	4.5300	4.4300	6.7900
	每股经营现金净流量(元)	0.0088	–0.1350	–0.0829	–0.0624
	每股现金流量(元)	–0.7624	–0.0001	–0.3408	1.8615
	每股资本公积金(元)	2.9707	2.9707	2.9707	4.9561
	每股盈余公积金(元)	0.0673	0.0673	0.0525	0.0787
	每股未分配利润(元)	0.4588	0.4880	0.4069	0.7554
	净资产收益率(%)	1.5700	4.4020	2.3300	3.7300
	加权净资产收益率(%)	1.5600	4.4200	2.2900	5.0400
	净资产收益率(扣除)(%)	–	–	–	–
	总资产(万元)	73444.82	76366.01	72601.84	74591.53
	归属母公司股东权益(万元)	72175.06	72643.33	71103.49	72655.42
	主营业务收入(万元)	12424.91	23345.30	11017.16	18727.99
	营业收入(万元)	12424.91	23381.37	11042.36	18768.55
	主营成本(万元)	8701.36	15711.51	7081.07	11700.73
	营业成本(万元)	8701.36	15740.75	7102.13	11728.02
	投资收益(万元)	–	35.12	30.09	6.93
	净利润(万元)	1147.36	3203.91	1658.07	2761.28
	利润总额(万元)	1321.57	3906.76	1913.18	3159.49

浙江南都电源动力股份有限公司

公司概况						
	公司名称	浙江南都电源动力股份有限公司			证券简称	南都电源
	法人代表	王海光	董秘	王莹娇	证券代码	300068
	公司网址			电子信箱	nddy@narada.biz	
	电　话	0571-28827025		传　真	0571-28806800	
	办公地址	浙江省杭州市紫荆花路 50 号 A 座 9 楼				
	经营范围	化学电源、新能源储能产品的研究、开发、制造和销售等				

主要财务指标	指标\报告期	2012.06.30	2011.12.31	2011.06.30	2010.12.31
	基本每股收益(元)	0.1700	0.2400	0.0700	0.3000
	基本每股收益(扣除后)(元)	0.1700	0.2100	0.0500	0.2600
	每股净资产(元)	8.8300	8.7600	8.5700	10.3200
	每股经营现金净流量(元)	–0.2799	–0.7366	–0.5734	–0.2314
	每股现金流量(元)	–0.9211	–1.9516	–0.9553	5.5218
	每股资本公积金(元)	6.3936	6.3939	6.3926	7.8711
	每股盈余公积金(元)	0.1292	0.1292	0.1248	0.1498
	每股未分配利润(元)	1.3091	1.2394	1.0606	1.3050
	净资产收益率(%)	1.9200	2.7360	0.6600	3.1895
	加权净资产收益率(%)	1.9200	2.7600	0.6600	4.3900
	净资产收益率(扣除)(%)	–	–	–	–
	总资产(万元)	345133.11	324152.47	275532.93	290536.18
	归属母公司股东权益(万元)	262636.75	260554.81	255143.89	255961.68
	主营业务收入(万元)	143764.48	167788.91	57838.62	144571.86
	营业收入(万元)	144052.77	168425.84	57947.83	145312.22
	主营成本(万元)	121809.63	136680.59	48675.39	118993.18
	营业成本(万元)	122112.26	137203.39	48714.24	119690.59
	投资收益(万元)	111.11	260.17	–	–
	净利润(万元)	6587.95	8658.28	1679.41	8163.08
	利润总额(万元)	8342.15	11700.20	2068.75	9400.38

浙江金利华电气股份有限公司

公司概况						
	公司名称	浙江金利华电气股份有限公司			证券简称	金利华电
	法人代表	赵坚	董秘	楼金萍	证券代码	300069
	公司网址	www.jlhdq.com		电子信箱	ljp@jlhdq.com	
	电　话	0579-82913599 82913588		传　真	0579-82913333	
	办公地址	浙江省金华市金东经济开发区(傅村镇)				
	经营范围	新型高强度功能玻璃制造技术的研究和特高压输变电绝缘器材开发等				

主要财务指标	指标\报告期	2012.06.30	2011.12.31	2011.06.30	2010.12.31
	基本每股收益(元)	0.1600	0.2700	0.2000	0.3800
	基本每股收益(扣除后)(元)	0.1500	0.2300	0.1700	0.3600
	每股净资产(元)	6.1200	5.9600	5.9500	7.6700
	每股经营现金净流量(元)	–0.4803	–0.1709	–0.1099	–0.2304
	每股现金流量(元)	–0.6985	–1.0548	–0.4858	4.3106
	每股资本公积金(元)	3.9607	3.9607	4.0190	5.5247
	每股盈余公积金(元)	0.1157	0.1157	0.0882	0.1146
	每股未分配利润(元)	1.0474	0.8852	0.8446	1.0316
	净资产收益率(%)	2.6800	4.5801	3.4300	5.6937
	加权净资产收益率(%)	2.6800	4.6000	3.4300	7.8600
	净资产收益率(扣除)(%)	–	–	–	–
	总资产(万元)	66581.20	64621.95	54436.58	55839.54
	归属母公司股东权益(万元)	47766.51	46500.97	46423.32	46025.42
	主营业务收入(万元)	7150.71	14439.29	7121.92	13591.25
	营业收入(万元)	7153.10	14439.91	7121.92	13591.25
	主营成本(万元)	4212.45	9768.18	4385.17	7898.84
	营业成本(万元)	4214.68	9768.55	4385.17	7898.84
	投资收益(万元)	–	–	–	–
	净利润(万元)	1245.97	2053.63	1597.90	2620.54
	利润总额(万元)	1406.48	2394.06	1858.35	3053.82

北京碧水源科技股份有限公司

公司概况						
	公司名称	北京碧水源科技股份有限公司			证券简称	碧水源
	法人代表	文剑平	董秘	何愿平	证券代码	300070
	公司网址	www.originwater.com		电子信箱	ir@originwater.com	
	电　话	010-88465890 80768646		传　真	010-88434847	
	办公地址	北京市海淀区生命科学园路 23-2 碧水源大厦				
	经营范围	污水处理和污水资源化领域的技术研究与开发、设备制造与销售等				

主要财务指标	指标\报告期	2012.06.30	2011.12.31	2011.06.30	2010.12.31
	基本每股收益(元)	0.1500	1.0700	0.1900	1.3100
	基本每股收益(扣除后)(元)	0.1400	1.0500	0.1800	1.3400
	每股净资产(元)	6.0500	10.0900	9.1500	19.9700
	每股经营现金净流量(元)	–0.3716	1.1133	–0.3922	1.2075
	每股现金流量(元)	–1.5644	–0.9410	–2.4622	16.3147
	每股资本公积金(元)	3.7293	6.9977	6.9326	16.4011
	每股盈余公积金(元)	0.1100	0.1870	0.1079	0.2374
	每股未分配利润(元)	1.2100	1.9076	1.1110	2.3272
	净资产收益率(%)	2.4300	10.5550	2.0300	6.0300
	加权净资产收益率(%)	2.4500	11.1800	2.0300	8.7200
	净资产收益率(扣除)(%)	–	–	–	–
	总资产(万元)	444556.43	441179.95	330502.46	317191.32
	归属母公司股东权益(万元)	332579.78	326385.68	295957.43	293495.11
	主营业务收入(万元)	46620.80	102600.82	19977.45	50046.52
	营业收入(万元)	46620.80	102600.82	19977.45	50047.08
	主营成本(万元)	30181.12	53940.57	10625.55	25720.40
	营业成本(万元)	30181.12	53940.57	10625.55	25720.43
	投资收益(万元)	1157.99	4223.98	162.31	57.53
	净利润(万元)	8991.86	36046.11	6127.60	17944.52
	利润总额(万元)	12126.17	41394.90	7011.45	20914.71

北京华谊嘉信整合营销顾问集团股份有限公司

公司概况	公司名称	北京华谊嘉信整合营销顾问集团股份有限公司			证券简称	华谊嘉信
	法人代表	刘伟	董秘	杨真	证券代码	300071
	公司网址	www.spearhead.com.cn		电子信箱	investor@spearhead.com.cn	
	电　话	010-58039145		传　真	010-58039088	
	办公地址	北京市石景山区实兴大街30号院8号楼3层				
	经营范围	终端营销服务、活动营销服务、其他营销服务等				

主要财务指标	指标\报告期	2012.06.30	2011.12.31	2011.06.30	2010.12.31
	基本每股收益(元)	0.1000	0.3600	0.1200	0.3500
	基本每股收益(扣除后)(元)	0.1000	0.3300	0.0900	0.3500
	每股净资产(元)	2.9100	4.3800	4.1900	8.1400
	每股经营现金净流量(元)	-0.1832	-0.4877	-0.5314	-0.1920
	每股现金流量(元)	-0.3926	-1.0846	-1.0908	4.7056
	每股资本公积金(元)	1.2705	2.4057	2.4057	5.8114
	每股盈余公积金(元)	0.0362	0.0543	0.0239	0.0479
	每股未分配利润(元)	0.6027	0.9212	0.7617	1.2784
	净资产收益率(%)	3.3300	8.2710	4.1200	7.9534
	加权净资产收益率(%)	3.2600	8.5900	4.1700	10.7800
	净资产收益率(扣除)(%)	-	-	-	-
	总资产(万元)	57223.57	56298.36	47514.44	45248.92
	归属母公司股东权益(万元)	45172.88	45349.74	43384.72	42116.59
	主营业务收入(万元)	55205.10	101142.30	43165.87	55570.49
	营业收入(万元)	55205.10	101142.30	43165.87	55570.49
	主营成本(万元)	49279.02	90645.53	38975.08	47334.25
	营业成本(万元)	49279.02	90645.53	38975.08	47334.25
	投资收益(万元)	-10.43	-39.04	-	-
	净利润(万元)	1605.47	4181.42	1792.59	3334.32
	利润总额(万元)	1941.23	5153.84	2163.44	3882.95

北京三聚环保新材料股份有限公司

公司概况	公司名称	北京三聚环保新材料股份有限公司			证券简称	三聚环保
	法人代表	刘雷	董秘	曹华锋	证券代码	300072
	公司网址	www.sanju.cn		电子信箱	investor@sanju.cn	
	电　话	010-82685562		传　真	010-82684108	
	办公地址	北京市海淀区人大北路33号1号楼大行基业大厦9层				
	经营范围	脱硫净化剂、脱硫催化剂、其他净化剂、特种催化材料及催化剂等的研发、生产、销售等				

主要财务指标	指标\报告期	2012.06.30	2011.12.31	2011.06.30	2010.12.31
	基本每股收益(元)	0.1300	0.4900	0.1600	0.3200
	基本每股收益(扣除后)(元)	0.1300	0.4800	0.1600	0.2900
	每股净资产(元)	3.0200	5.8700	5.5400	5.4600
	每股经营现金净流量(元)	-0.4010	-1.0386	-0.8184	-0.4843
	每股现金流量(元)	-0.2946	-0.7882	-0.6452	7.4824
	每股资本公积金(元)	1.3432	3.6861	3.6861	8.3723
	每股盈余公积金(元)	0.0407	0.0814	0.0542	0.1084
	每股未分配利润(元)	0.6346	1.1012	0.7974	1.4295
	净资产收益率(%)	4.4400	8.3260	2.8500	5.4178
	加权净资产收益率(%)	4.4900	8.6400	2.8500	7.4200
	净资产收益率(扣除)(%)	-	-	-	-
	总资产(万元)	213554.98	190229.25	158448.08	145010.90
	归属母公司股东权益(万元)	117444.23	114171.05	107730.37	106123.80
	主营业务收入(万元)	38197.46	59991.25	20519.79	42548.09
	营业收入(万元)	38221.16	60057.74	20571.47	43017.53
	主营成本(万元)	21298.85	34673.25	11333.58	24795.27
	营业成本(万元)	21300.23	34724.22	11393.93	25160.40
	投资收益(万元)	-	-	-	-
	净利润(万元)	5208.52	9506.30	3065.62	5749.53
	利润总额(万元)	6373.49	11358.74	3564.56	7483.96

北京当升材料科技股份有限公司

公司概况	公司名称	北京当升材料科技股份有限公司			证券简称	当升科技
	法人代表	李建忠	董秘	曲晓力	证券代码	300073
	公司网址	www.easpring.com.cn		电子信箱	securities@easpring.com.cn	
	电　话	010-52269718		传　真	010-52269720-9718	
	办公地址	北京市丰台区南四环西路188号总部基地18区21号楼				
	经营范围	研究开发、生产和销售锂离子电池正极材料、电子粉体材料和新型金属材料等				

主要财务指标	指标\报告期	2012.06.30	2011.12.31	2011.06.30	2010.12.31
	基本每股收益(元)	0.0134	-0.0046	0.0171	0.2258
	基本每股收益(扣除后)(元)	0.0069	-0.0126	0.0148	0.2148
	每股净资产(元)	5.1900	5.1800	5.2000	10.5700
	每股经营现金净流量(元)	0.5430	-0.1443	-0.0608	-1.8559
	每股现金流量(元)	-0.2904	-0.6373	-0.4004	4.6582
	每股资本公积金(元)	3.6861	3.6861	3.6861	8.3723
	每股盈余公积金(元)	0.0982	0.0982	0.0982	0.1965
	每股未分配利润(元)	0.4100	0.3966	0.4183	1.0024
	净资产收益率(%)	0.2600	-0.0890	0.3300	4.0950
	加权净资产收益率(%)	0.2600	-0.0900	0.3200	5.6900
	净资产收益率(扣除)(%)	-	-	-	-
	总资产(万元)	88923.79	91348.23	97189.97	96680.21
	归属母公司股东权益(万元)	83109.59	82895.30	83242.50	84569.20
	主营业务收入(万元)	30558.69	66040.92	31441.88	84623.59
	营业收入(万元)	31104.31	66848.39	31446.51	84638.42
	主营成本(万元)	28819.32	62539.76	28972.84	76717.35
	营业成本(万元)	29334.45	63037.93	28972.84	76719.94
	投资收益(万元)	0.71	5.44	-	-
	净利润(万元)	214.29	-73.90	273.30	3462.95
	利润总额(万元)	263.34	-99.52	272.37	4002.22

华平信息技术股份有限公司

公司概况	公司名称	华平信息技术股份有限公司			证券简称	华平股份
	法人代表	刘焱	董秘	奚峰伟	证券代码	300074
	公司网址	www.avcon.com.cn		电子信箱	ir@avcon.com.cn	
	电　话	021-65650210		传　真	021-55666998	
	办公地址	上海市国定路335号2号楼22-24层				
	经营范围	计算机软硬件及其他电子产品的设计、销售、计算机系统集成服务等				

主要财务指标	指标\报告期	2012.06.30	2011.12.31	2011.06.30	2010.12.31
	基本每股收益(元)	0.1780	0.5060	0.1411	0.5280
	基本每股收益(扣除后)(元)	0.1665	0.4640	0.1338	0.4490
	每股净资产(元)	8.4700	8.2900	7.9200	20.4600
	每股经营现金净流量(元)	-0.3574	-0.1104	-0.0526	0.5002
	每股现金流量(元)	-0.4320	-1.4133	4.0746	4.0597
	每股资本公积金(元)	5.9468	5.9468	5.9468	16.3669
	每股盈余公积金(元)	0.2097	0.2097	0.1580	0.3950
	每股未分配利润(元)	1.3107	1.1327	0.8194	2.6956
	净资产收益率(%)	2.1300	6.1060	1.7700	5.9155
	加权净资产收益率(%)	2.1300	6.0000	1.7700	8.4000
	净资产收益率(扣除)(%)	-	-	-	-
	总资产(万元)	87457.66	85631.09	80395.27	83304.40
	归属母公司股东权益(万元)	84671.73	82891.31	79241.34	81830.00
	主营业务收入(万元)	5975.91	12640.44	4815.10	10341.72
	营业收入(万元)	5975.91	12640.44	4815.10	10341.72
	主营成本(万元)	1549.96	3522.82	1905.14	3031.68
	营业成本(万元)	1549.96	3522.82	1905.14	3031.68
	投资收益(万元)	-	-	-	-
	净利润(万元)	1780.42	5061.31	1411.33	4840.66
	利润总额(万元)	1901.49	5682.04	1592.76	5412.41

北京数字政通科技股份有限公司

公司概况

公司名称	北京数字政通科技股份有限公司			证券简称	数字政通
法人代表	吴强华	董秘	邱鲁闽	证券代码	300075
公司网址	www.egova.com.cn		电子信箱	egova@egova.com.cn	
电　话	010-62212336		传　真	010-62212336 656	
办公地址	北京市海淀区西直门北大街 32 号枫蓝国际中心 1 号楼 18 层				
经营范围	从事基于 GIS 应用的电子政务平台的开发和推广工作等				

主要财务指标

指标＼报告期	2012.06.30	2011.12.31	2011.06.30	2010.12.31
基本每股收益(元)	0.1700	0.6200	0.1100	0.6500
基本每股收益(扣除后)(元)	0.1700	0.5600	0.1000	0.9300
每股净资产(元)	10.8800	10.7000	10.1900	15.3200
每股经营现金净流量(元)	-0.4550	0.1693	-0.2396	0.2636
每股现金流量(元)	-0.6652	-0.4578	-0.5294	12.1160
每股资本公积金(元)	8.2708	8.2629	8.2629	12.8943
每股盈余公积金(元)	0.1721	0.1721	0.1103	0.1654
每股未分配利润(元)	1.4343	1.2608	0.8192	1.2566
净资产收益率(%)	1.5900	5.7800	1.0700	5.8356
加权净资产收益率(%)	1.5700	5.9200	1.1200	8.3700
净资产收益率(扣除)(%)	-	-	-	-
总资产(万元)	92491.91	91806.92	86849.41	87571.67
归属母公司股东权益(万元)	91368.60	89844.88	85616.07	85771.78
主营业务收入(万元)	4928.94	12106.41	2487.95	9524.26
营业收入(万元)	4928.94	12107.61	2488.55	9574.16
主营成本(万元)	1390.38	4578.15	638.37	2872.25
营业成本(万元)	1390.38	4578.15	638.37	2872.25
投资收益(万元)	-	-	-	-
净利润(万元)	1457.11	5193.10	964.29	5005.31
利润总额(万元)	1507.92	6077.61	1011.42	5873.89

宁波 GQY 视讯股份有限公司

公司概况

公司名称	宁波 GQY 视讯股份有限公司			证券简称	宁波 GQY
法人代表	郭启寅	董秘	谢诚正	证券代码	300076
公司网址	www.gqy.com.cn		电子信箱	investor@gqy.com.cn	
电　话	021-61002033		传　真	021-61002008	
办公地址	上海市新金桥路 58 号银东大厦 18F				
经营范围	网络、数字、图像电子产品的研制、开发及销售、IT 工程项目系统集成				

主要财务指标

指标＼报告期	2012.06.30	2011.12.31	2011.06.30	2010.12.31
基本每股收益(元)	0.1300	0.2900	0.1100	0.5300
基本每股收益(扣除后)(元)	0.1200	0.2800	0.1100	0.4900
每股净资产(元)	10.0900	9.9700	9.7900	9.6700
每股经营现金净流量(元)	-0.0789	0.2677	-0.1163	-0.1808
每股现金流量(元)	-0.2405	-0.2325	-0.3621	5.9316
每股资本公积金(元)	7.2697	7.2697	7.2681	7.2666
每股盈余公积金(元)	0.1672	0.1672	0.1393	0.1393
每股未分配利润(元)	1.6571	1.5315	1.3779	1.2648
净资产收益率(%)	1.2500	2.9550	1.1564	5.0419
加权净资产收益率(%)	1.2600	3.0000	1.1600	6.9600
净资产收益率(扣除)(%)	-	-	-	-
总资产(万元)	117993.02	115300.79	110914.60	108856.31
归属母公司股东权益(万元)	106996.83	105664.84	103724.50	102508.61
主营业务收入(万元)	14305.67	27964.48	11908.11	23111.01
营业收入(万元)	14484.58	29070.33	12273.33	23995.98
主营成本(万元)	9158.18	17089.32	6816.93	11527.71
营业成本(万元)	9179.73	17763.42	6969.30	11786.20
投资收益(万元)	-	-	-	-
净利润(万元)	1344.82	3346.94	1312.49	5347.62
利润总额(万元)	1671.54	4266.06	1795.49	6490.49

国民技术股份有限公司

公司概况

公司名称	国民技术股份有限公司			证券简称	国民技术
法人代表	刘晋平	董秘	朱旭	证券代码	300077
公司网址	www.nationz.com.cn		电子信箱	investors@nationz.com.cn	
电　话	0755-86169088 86916612		传　真	0755-86169100	
办公地址	广东省深圳市南山区高新南一道中国科技开发院三号楼塔楼 11-13 层				
经营范围	开发、生产、销售手机芯片、数据通讯芯片、图像处理芯片、语音处理芯片等				

主要财务指标

指标＼报告期	2012.06.30	2011.12.31	2011.06.30	2010.12.31
基本每股收益(元)	0.1100	0.4000	0.2200	0.7100
基本每股收益(扣除后)(元)	0.0600	0.2900	0.2000	0.6300
每股净资产(元)	9.9500	10.1300	9.9500	24.8400
每股经营现金净流量(元)	-0.0324	0.0871	-0.0949	0.9772
每股现金流量(元)	-0.9361	-0.4448	-0.4890	21.8505
每股资本公积金(元)	8.0632	8.0632	8.0632	21.1580
每股盈余公积金(元)	0.1472	0.1472	0.1074	0.2685
每股未分配利润(元)	0.7364	0.9227	0.7831	2.4162
净资产收益率(%)	1.1430	3.9080	2.1762	6.5492
加权净资产收益率(%)	1.1200	3.9500	2.1600	9.5900
净资产收益率(扣除)(%)	-	-	-	-
总资产(万元)	283800.54	295764.49	288762.44	286643.81
归属母公司股东权益(万元)	270548.93	275618.25	270740.84	270288.88
主营业务收入(万元)	23020.62	57093.31	31160.46	70231.13
营业收入(万元)	23045.33	57137.62	31171.27	70237.34
主营成本(万元)	14924.82	32756.76	17340.03	37035.93
营业成本(万元)	14933.82	32778.52	17340.05	37038.96
投资收益(万元)	-	-	-	-
净利润(万元)	3092.48	10771.46	5891.96	17701.75
利润总额(万元)	3488.03	11430.34	6385.32	19124.36

杭州中瑞思创科技股份有限公司

公司概况

公司名称	杭州中瑞思创科技股份有限公司			证券简称	中瑞思创
法人代表	路楠	董秘	陈武军	证券代码	300078
公司网址	www.century-cn.com		电子信箱	zhengquanbu@century-cn.com	
电　话	0571-28818665		传　真	0571-28818665	
办公地址	浙江省杭州市莫干山路 1418-48 号				
经营范围	塑胶产品、电子产品、五金产品的制造等				

主要财务指标

指标＼报告期	2012.06.30	2011.12.31	2011.06.30	2010.12.31
基本每股收益(元)	0.2100	0.5600	0.2800	0.5500
基本每股收益(扣除后)(元)	0.2000	0.5200	0.2800	0.5400
每股净资产(元)	6.7200	6.9200	6.6600	17.4300
每股经营现金净流量(元)	0.1015	0.3454	0.0465	0.8960
每股现金流量(元)	-0.2874	-0.3774	-0.6112	14.5336
每股资本公积金(元)	5.0995	5.0995	5.0995	14.2487
每股盈余公积金(元)	0.1334	0.1334	0.0799	0.1998
每股未分配利润(元)	0.5040	0.6946	0.4761	1.9805
净资产收益率(%)	3.1200	8.0320	4.2700	7.2670
加权净资产收益率(%)	3.0100	8.1100	4.1100	10.4700
净资产收益率(扣除)(%)	-	-	-	-
总资产(万元)	116984.76	120404.25	115545.58	120650.70
归属母公司股东权益(万元)	112542.21	115916.76	111478.57	116774.77
主营业务收入(万元)	15296.85	34812.93	16975.32	30927.64
营业收入(万元)	15337.81	35011.46	17012.67	31044.60
主营成本(万元)	9089.68	21282.59	10643.03	17367.34
营业成本(万元)	9127.36	21364.68	10657.97	17398.89
投资收益(万元)	144.92	360.18	60.10	-
净利润(万元)	3376.54	9308.00	4757.55	8525.93
利润总额(万元)	3884.68	11056.68	5571.63	10250.51

北京数码视讯科技股份有限公司

公司概况	公司名称	北京数码视讯科技股份有限公司			证券简称	数码视讯
	法人代表	郑海涛	董秘	王万春	证券代码	300079
	公司网址	www.sumavision.com		电子信箱	sumavision@sumavision.com	
	电　　话	010-82345841		传　　真	010-82345842	
	办公地址	北京市海淀区上地信息产业基地开拓路15号1幢				
	经营范围	从事数字电视软硬件产品的研发、生产、销售和技术服务业务等				

主要财务指标	指标\报告期	2012.06.30	2011.12.31	2011.06.30	2010.12.31
	基本每股收益(元)	0.2746	0.9100	0.2711	0.7300
	基本每股收益(扣除后)(元)	0.2448	0.8799	0.2554	0.6300
	每股净资产(元)	6.9500	10.2100	9.7000	19.1000
	每股经营现金净流量(元)	0.1263	0.0584	–0.2844	1.0188
	每股现金流量(元)	–0.1212	–0.7302	–0.5731	13.8886
	每股资本公积金(元)	4.1849	6.7751	6.7751	14.5502
	每股盈余公积金(元)	0.1351	0.2027	0.1791	0.3583
	每股未分配利润(元)	1.6289	2.2315	1.7500	3.1866
	净资产收益率(%)	3.9400	8.9300	3.9800	6.9751
	加权净资产收益率(%)	3.9500	9.2500	4.1900	9.7500
	净资产收益率(扣除)(%)	–	–	–	–
	总资产(万元)	242580.19	238371.53	223782.61	227819.46
	归属母公司股东权益(万元)	233483.59	228686.48	217374.44	213864.25
	主营业务收入(万元)	20125.34	43937.50	19572.52	34822.17
	营业收入(万元)	20152.17	44153.27	19649.82	35012.59
	主营成本(万元)	5087.84	10501.29	3587.29	10983.71
	营业成本(万元)	5101.10	10604.59	3602.54	11006.99
	投资收益(万元)	–36.24	234.00	21.00	322.23
	净利润(万元)	9241.40	20490.87	9114.52	14916.62
	利润总额(万元)	10072.34	21105.12	9971.49	15808.33

河南新大新材料股份有限公司

公司概况	公司名称	河南新大新材料股份有限公司			证券简称	新大新材
	法人代表	宋贺臣	董秘	张建华	证券代码	300080
	公司网址	www.xindaxin.cn		电子信箱	xindaxin@xindaxin.cn	
	电　　话	0378-2656626		传　　真	0378-2656617	
	办公地址	河南省开封市精细化工产业园区				
	经营范围	晶硅片切割刃料的生产和销售等				

主要财务指标	指标\报告期	2012.06.30	2011.12.31	2011.06.30	2010.12.31
	基本每股收益(元)	0.0186	0.4463	0.8159	0.5925
	基本每股收益(扣除后)(元)	0.0015	0.3864	0.7858	0.5350
	每股净资产(元)	5.4600	7.0400	14.4100	13.5900
	每股经营现金净流量(元)	0.0082	–1.5537	–2.9066	–0.2044
	每股现金流量(元)	–0.0521	–1.9028	–1.7499	6.9047
	每股资本公积金(元)	3.3857	4.7013	10.4027	10.4027
	每股盈余公积金(元)	0.1190	0.1548	0.2203	0.2203
	每股未分配利润(元)	0.9576	1.1861	2.7848	1.9689
	净资产收益率(%)	0.3400	6.3380	5.6600	7.8100
	加权净资产收益率(%)	0.3400	6.4400	5.8300	12.3500
	净资产收益率(扣除)(%)	–	–	–	–
	总资产(万元)	277213.00	267663.53	282135.71	220266.64
	归属母公司股东权益(万元)	198826.54	197183.24	201708.47	190285.81
	主营业务收入(万元)	44358.97	163329.59	105043.07	120942.58
	营业收入(万元)	44738.11	163508.29	105066.12	120980.28
	主营成本(万元)	35710.71	133316.96	83803.14	94890.10
	营业成本(万元)	35804.21	133389.33	83803.14	94904.92
	投资收益(万元)	–	–	–	–
	净利润(万元)	675.34	12497.43	11422.65	14860.70
	利润总额(万元)	1408.07	14739.60	13482.48	17411.00

恒信移动商务股份有限公司

公司概况	公司名称	恒信移动商务股份有限公司			证券简称	恒信移动
	法人代表	孟宪民	董秘	段赵东	证券代码	300081
	公司网址	www.hxgro.com		电子信箱	office@hxgro.com	
	电　　话	0311-86130089		传　　真	0311-86130089	
	办公地址	河北省石家庄市建设南大街80号恒辉商务大厦				
	经营范围	主要从事移动信息产品的销售与服务等				

主要财务指标	指标\报告期	2012.06.30	2011.12.31	2011.06.30	2010.12.31
	基本每股收益(元)	–0.2200	0.2300	–0.0800	0.3900
	基本每股收益(扣除后)(元)	–0.2200	0.2300	–0.0800	0.3800
	每股净资产(元)	11.8300	12.0500	11.7400	11.8200
	每股经营现金净流量(元)	–1.6002	–1.0362	–1.8183	–0.8191
	每股现金流量(元)	–4.2099	–1.8483	–2.2504	8.6250
	每股资本公积金(元)	8.9540	8.9540	8.9540	8.9540
	每股盈余公积金(元)	0.1161	0.1161	0.0986	0.0986
	每股未分配利润(元)	1.7626	1.9776	1.6881	1.7632
	净资产收益率(%)	–1.8200	1.9251	–0.6200	2.9317
	加权净资产收益率(%)	–1.8000	1.9400	–0.6400	4.4300
	净资产收益率(扣除)(%)	–	–	–	–
	总资产(万元)	128155.81	106336.76	95399.02	93018.12
	归属母公司股东权益(万元)	79278.40	80719.30	78662.42	79165.37
	主营业务收入(万元)	61945.45	97527.09	40704.22	102496.00
	营业收入(万元)	61995.97	97796.78	40719.22	102914.82
	主营成本(万元)	49110.50	70836.18	29158.83	76713.23
	营业成本(万元)	49110.50	70836.18	29158.83	76713.23
	投资收益(万元)	–	–	–	–
	净利润(万元)	–1502.77	1553.25	–525.33	2324.63
	利润总额(万元)	–1478.84	1810.03	–477.21	2779.25

辽宁奥克化学股份有限公司

公司概况	公司名称	辽宁奥克化学股份有限公司			证券简称	奥克股份
	法人代表	朱建民	董秘	徐丹	证券代码	300082
	公司网址	www.oxiranchem.com		电子信箱	oxiranchem@126.com	
	电　　话	0419-5167408　5160718		传　　真	0419-5160978	
	办公地址	辽宁省辽阳市宏伟区万和七路38号				
	经营范围	聚乙二醇、聚醚、化工助剂、化工产品				

主要财务指标	指标\报告期	2012.06.30	2011.12.31	2011.06.30	2010.12.31
	基本每股收益(元)	0.2400	0.6500	0.4500	0.7400
	基本每股收益(扣除后)(元)	0.2300	0.6200	0.4300	0.7200
	每股净资产(元)	10.6700	10.7500	10.5400	16.5400
	每股经营现金净流量(元)	–0.3365	–1.3308	–1.2146	–0.2629
	每股现金流量(元)	–0.0573	–1.9975	–1.7729	9.0437
	每股资本公积金(元)	8.1466	8.1311	8.1199	13.5918
	每股盈余公积金(元)	0.1835	0.1835	0.1524	0.2439
	每股未分配利润(元)	1.3340	1.4281	1.2583	1.6935
	净资产收益率(%)	2.2100	6.0540	4.2700	6.4199
	加权净资产收益率(%)	2.1300	6.1900	4.2900	9.9300
	净资产收益率(扣除)(%)	–	–	–	–
	总资产(万元)	356277.06	333235.28	313209.89	300927.78
	归属母公司股东权益(万元)	276587.14	278599.40	273088.42	267895.70
	主营业务收入(万元)	96068.08	254266.56	155625.93	220287.01
	营业收入(万元)	103557.54	257391.15	155783.79	221128.07
	主营成本(万元)	82633.02	220224.08	134726.62	192004.50
	营业成本(万元)	90488.14	223127.05	134733.19	192796.94
	投资收益(万元)	–105.94	16.95	180.27	–32.90
	净利润(万元)	6227.20	17214.50	11781.22	17197.41
	利润总额(万元)	7624.63	22118.69	14765.29	20876.87

东莞劲胜精密组件股份有限公司

公司概况						
公司名称	东莞劲胜精密组件股份有限公司			证券简称	劲胜股份	
法人代表	王九全	董秘	王琼	证券代码	300083	
公司网址	www.januscn.com		电子信箱	ir@januscn.com		
电　话	0769-82288265		传　真	0769-85075902		
办公地址	广东省东莞市长安镇上角村					
经营范围	生产和销售塑胶制品、塑胶五金模具、精冲模、精密型腔模、模具标准件等					

主要财务指标

指标\报告期	2012.06.30	2011.12.31	2011.06.30	2010.12.31
基本每股收益(元)	0.1100	0.3300	0.1000	0.4200
基本每股收益(扣除后)(元)	0.1100	0.3100	0.1000	0.3900
每股净资产(元)	6.1400	6.0700	5.8400	11.6800
每股经营现金净流量(元)	0.3463	-0.2614	-0.1684	0.8692
每股现金流量(元)	0.0420	-1.9945	-1.2837	6.9625
每股资本公积金(元)	4.1913	4.1776	4.1776	8.8552
每股盈余公积金(元)	0.1476	0.1476	0.1117	0.2234
每股未分配利润(元)	0.7998	0.7421	0.5544	1.6050
净资产收益率(%)	1.7500	5.3647	1.7400	6.4417
加权净资产收益率(%)	1.7600	5.4800	1.7300	9.6900
净资产收益率(扣除)(%)	-	-	-	-
总资产(万元)	176788.30	160692.57	147657.33	143041.78
归属母公司股东权益(万元)	122766.12	121342.59	116873.49	116836.40
主营业务收入(万元)	82086.48	133010.87	51332.12	94861.67
营业收入(万元)	82558.77	134167.44	51786.65	95993.21
主营成本(万元)	68753.22	106597.51	39790.51	72939.48
营业成本(万元)	69128.98	107555.18	40128.10	73834.03
投资收益(万元)	-	-	-	-
净利润(万元)	2152.91	6509.67	2037.09	7526.25
利润总额(万元)	2476.88	7746.67	2531.81	8661.95

兰州海默科技股份有限公司

公司概况						
公司名称	兰州海默科技股份有限公司			证券简称	海默科技	
法人代表	窦剑文	董秘	张立强	证券代码	300084	
公司网址	www.haimo.com.cn		电子信箱	securities@haimo.com.cn		
电　话	0931-8559076		传　真	0931-8553789		
办公地址	甘肃省兰州市城关区张苏滩 593 号					
经营范围	多相流量计的研发、生产、销售和售后技术服务等					

主要财务指标

指标\报告期	2012.06.30	2011.12.31	2011.06.30	2010.12.31
基本每股收益(元)	0.0153	0.1468	0.0426	0.1477
基本每股收益(扣除后)(元)	0.0022	0.1369	0.0424	0.1461
每股净资产(元)	4.8100	4.8500	4.7700	9.6700
每股经营现金净流量(元)	-0.0750	-0.2825	-0.1663	0.0545
每股现金流量(元)	-0.7651	-0.5027	-0.3304	6.5531
每股资本公积金(元)	3.1747	3.1747	3.1747	7.3494
每股盈余公积金(元)	0.0861	0.0861	0.0723	0.1446
每股未分配利润(元)	0.6392	0.6840	0.5936	1.3020
净资产收益率(%)	0.3200	3.0270	0.8900	2.7347
加权净资产收益率(%)	0.3100	2.9600	0.8800	4.1200
净资产收益率(扣除)(%)	-	-	-	-
总资产(万元)	69882.75	67264.69	64569.06	64193.66
归属母公司股东权益(万元)	61608.68	62076.28	61019.12	61916.53
主营业务收入(万元)	5695.80	14743.30	4653.82	9092.60
营业收入(万元)	5792.39	14993.41	4713.26	9730.24
主营成本(万元)	3989.52	9906.04	2886.60	4430.87
营业成本(万元)	4072.91	10102.32	2940.63	4918.85
投资收益(万元)	-	-	-	30.10
净利润(万元)	218.70	1885.60	545.37	1694.91
利润总额(万元)	255.46	2127.86	647.77	1940.52

深圳市银之杰科技股份有限公司

公司概况						
公司名称	深圳市银之杰科技股份有限公司			证券简称	银之杰	
法人代表	陈向军	董秘	刘奕	证券代码	300085	
公司网址	www.yinzhijie.com		电子信箱	invest@yinzhijie.com		
电　话	0755-83930085 83562960		传　真	0755-83562955		
办公地址	广东省深圳市福田区天安数码城天祥大厦 AB 座 10A					
经营范围	兴办实业(具体项目另行申报)、银行验印系统、计算机软、硬件的技术开发等					

主要财务指标

指标\报告期	2012.06.30	2011.12.31	2011.06.30	2010.12.31
基本每股收益(元)	0.0781	0.1736	0.0701	0.3161
基本每股收益(扣除后)(元)	0.0640	0.1571	0.0673	0.2842
每股净资产(元)	4.2255	4.2973	4.1939	8.8475
每股经营现金净流量(元)	-0.2901	0.0415	-0.3470	0.3182
每股现金流量(元)	-0.5033	-0.3768	-0.6393	6.3900
每股资本公积金(元)	2.6165	2.6165	2.6165	6.2329
每股盈余公积金(元)	0.1082	0.1082	0.0904	0.1807
每股未分配利润(元)	0.5009	0.5727	0.4871	1.4339
净资产收益率(%)	1.8100	4.0400	1.5700	6.3998
加权净资产收益率(%)	1.8100	3.9800	1.5700	9.6600
净资产收益率(扣除)(%)	-	-	-	-
总资产(万元)	52033.81	53029.55	51455.70	54102.64
归属母公司股东权益(万元)	50705.83	51568.15	50326.66	53085.06
主营业务收入(万元)	4724.02	9446.35	4056.52	9024.40
营业收入(万元)	4828.75	9639.45	4151.44	9214.23
主营成本(万元)	2221.02	4183.67	1792.93	3147.34
营业成本(万元)	2278.92	4299.45	1850.82	3261.99
投资收益(万元)	-	-	-	-
净利润(万元)	937.68	2083.09	841.60	3397.35
利润总额(万元)	1022.51	2316.79	923.23	3509.40

海南康芝药业股份有限公司

公司概况						
公司名称	海南康芝药业股份有限公司			证券简称	康芝药业	
法人代表	洪江游	董秘	林德新	证券代码	300086	
公司网址	www.honz.com.cn		电子信箱	honz168@honz.com.cn		
电　话	0898-68661669		传　真	0898-68661500		
办公地址	海南省海口市国家高新技术产业开发区药谷工业园药谷三路 6 号					
经营范围	生产销售粉针剂(头孢菌素类)、冻干粉针剂、片剂、胶囊剂、颗粒剂等					

主要财务指标

指标\报告期	2012.06.30	2011.12.31	2011.06.30	2010.12.31
基本每股收益(元)	0.0300	0.0141	0.1100	0.7776
基本每股收益(扣除后)(元)	0.0200	-0.0053	0.1000	0.7758
每股净资产(元)	8.8800	8.8600	9.1000	18.2900
每股经营现金净流量(元)	0.1576	-0.5047	-0.6728	0.7989
每股现金流量(元)	-0.3310	-1.7846	-0.8132	13.4891
每股资本公积金(元)	6.8219	6.8219	6.8219	14.6437
每股盈余公积金(元)	0.1208	0.1208	0.1166	0.2332
每股未分配利润(元)	0.9419	0.9144	1.1652	2.4092
净资产收益率(%)	0.3100	0.1590	1.2100	7.6190
加权净资产收益率(%)	0.3100	0.1600	1.2100	12.0600
净资产收益率(扣除)(%)	-	-	-	-
总资产(万元)	196459.12	196717.12	197177.19	190461.87
归属母公司股东权益(万元)	177691.66	177142.21	182073.67	182860.61
主营业务收入(万元)	18563.09	30161.29	13331.26	30858.50
营业收入(万元)	18859.60	30674.17	13479.94	31445.18
主营成本(万元)	11565.42	18399.88	6556.88	9905.34
营业成本(万元)	11649.24	18815.87	6650.02	10133.54
投资收益(万元)	181.41	113.69	39.55	66.82
净利润(万元)	441.32	352.82	2277.53	13931.75
利润总额(万元)	669.92	579.44	2720.69	16647.81

安徽荃银高科种业股份有限公司

公司概况	公司名称	安徽荃银高科种业股份有限公司			证券简称	荃银高科
	法人代表	张琴	董秘	叶红	证券代码	300087
	公司网址	www.winallseed.com		电子信箱	winallseed@yahoo.cn	
	电　　话	0551-5355175		传　　真	0551-5320226	
	办公地址	安徽省合肥市高新区天智路3号				
	经营范围	从事高产、优质杂交水稻种子研发、繁育、推广及服务等				

	指标\报告期	2012.06.30	2011.12.31	2011.06.30	2010.12.31
主要财务指标	基本每股收益(元)	0.0500	0.2000	0.0400	0.3500
	基本每股收益(扣除后)(元)	0.0400	0.1800	0.0200	0.3300
	每股净资产(元)	5.2300	5.2900	5.1200	10.4600
	每股经营现金净流量(元)	0.0820	-0.7186	-0.1298	-0.4641
	每股现金流量(元)	-0.4010	-0.8500	-0.4567	6.5898
	每股资本公积金(元)	3.5014	3.5014	3.4947	8.0029
	每股盈余公积金(元)	0.1021	0.1021	0.0840	0.1681
	每股未分配利润(元)	0.6289	0.6821	0.5370	1.2930
	净资产收益率(%)	0.8800	3.8590	0.6900	5.9340
	加权净资产收益率(%)	0.8800	3.8900	0.6900	9.2000
	净资产收益率(扣除)(%)	-	-	-	-
	总资产(万元)	79868.58	88784.74	61121.98	61922.56
	归属母公司股东权益(万元)	55254.11	55815.77	54022.55	55249.79
	主营业务收入(万元)	15125.95	27667.88	7034.87	18010.01
	营业收入(万元)	15265.69	27908.93	7104.72	18030.52
	主营成本(万元)	9477.24	18438.82	4678.68	10735.62
	营业成本(万元)	9485.85	18457.09	4682.10	10736.44
	投资收益(万元)	-	135.39	135.39	-
	净利润(万元)	929.24	2651.28	303.33	3484.45
	利润总额(万元)	1002.60	2906.16	402.29	3551.03

芜湖长信科技股份有限公司

公司概况	公司名称	芜湖长信科技股份有限公司			证券简称	长信科技
	法人代表	陈奇	董秘	高前文	证券代码	300088
	公司网址	www.token-ito.com		电子信箱	token@token-ito.com	
	电　　话	0553-5656188		传　　真	0553-5843520	
	办公地址	安徽省芜湖市经济技术开发区汽经二路以东				
	经营范围	ITO导电膜玻璃及手机面板视窗材料的研发、生产及销售等				

	指标\报告期	2012.06.30	2011.12.31	2011.06.30	2010.12.31
主要财务指标	基本每股收益(元)	0.2900	0.6100	0.3300	0.5200
	基本每股收益(扣除后)(元)	0.2000	0.5800	0.3200	0.4900
	每股净资产(元)	4.1000	5.1000	4.8100	9.2700
	每股经营现金净流量(元)	0.2867	0.2801	0.2948	0.5427
	每股现金流量(元)	0.2060	-1.2649	-0.4752	3.8967
	每股资本公积金(元)	1.7271	2.5452	2.5382	6.0764
	每股盈余公积金(元)	0.1359	0.1767	0.1169	0.2338
	每股未分配利润(元)	1.2373	1.3790	1.1562	1.9623
	净资产收益率(%)	7.1200	11.9140	6.7600	10.0670
	加权净资产收益率(%)	7.2100	12.4900	6.8800	14.5400
	净资产收益率(扣除)(%)	-	-	-	-
	总资产(万元)	162670.27	149486.72	125706.99	122518.04
	归属母公司股东权益(万元)	133785.50	128024.82	120757.51	116365.20
	主营业务收入(万元)	33241.41	58692.65	28496.11	48162.23
	营业收入(万元)	33478.23	58931.89	28657.18	48309.28
	主营成本(万元)	20933.96	36172.71	17000.37	29554.57
	营业成本(万元)	21036.83	36297.67	17095.35	29652.49
	投资收益(万元)	-191.80	-89.34	-	-
	净利润(万元)	9524.08	15253.01	8158.36	11714.79
	利润总额(万元)	11193.08	17783.47	9497.72	13726.71

广东长城集团股份有限公司

公司概况	公司名称	广东长城集团股份有限公司			证券简称	长城集团
	法人代表	蔡廷祥	董秘	任锋	证券代码	300089
	公司网址	www.thegreatwall-china.com		电子信箱	zqb@thegreatwall-china.com	
	电　　话	0768-2932398　0755-36988132		传　　真	0768-2931616　0755-36988180	
	办公地址	广东省潮州市枫溪区蔡陇大道				
	经营范围	主要从事艺术陶瓷的研发设计、生产和销售等				

	指标\报告期	2012.06.30	2011.12.31	2011.06.30	2010.12.31
主要财务指标	基本每股收益(元)	0.1400	0.3800	0.1900	0.3700
	基本每股收益(扣除后)(元)	0.1100	0.3200	0.1500	0.3000
	每股净资产(元)	5.1900	7.6900	7.6000	7.3200
	每股经营现金净流量(元)	0.2205	0.2014	0.3263	0.4028
	每股现金流量(元)	0.3703	-0.1257	-0.0236	5.0174
	每股资本公积金(元)	3.2393	5.3589	5.3589	5.3589
	每股盈余公积金(元)	0.1330	0.1655	0.1429	0.1103
	每股未分配利润(元)	0.8204	1.1695	1.1014	0.8473
	净资产收益率(%)	2.7600	4.9050	3.7300	4.4660
	加权净资产收益率(%)	2.7800	5.0300	3.8400	6.8500
	净资产收益率(扣除)(%)	-	-	-	-
	总资产(万元)	96222.35	90616.77	88073.49	86089.82
	归属母公司股东权益(万元)	77889.93	76939.39	76032.20	73165.25
	主营业务收入(万元)	20909.12	40790.62	18093.23	35710.05
	营业收入(万元)	20909.12	40792.87	18093.23	35710.05
	主营成本(万元)	14802.85	28871.49	12610.89	26414.49
	营业成本(万元)	14802.85	28871.49	12610.89	26414.49
	投资收益(万元)	-	-	-	-
	净利润(万元)	2150.54	3774.14	2866.96	3267.85
	利润总额(万元)	2768.66	4735.87	3464.86	3981.00

安徽盛运机械股份有限公司

公司概况	公司名称	安徽盛运机械股份有限公司			证券简称	盛运股份
	法人代表	开晓胜	董秘	刘玉斌	证券代码	300090
	公司网址	www.300090.com.cn		电子信箱	david801205@163.com	
	电　　话	0556-6205898　0551-4840188		传　　真	0556-6205898　0551-4844638	
	办公地址	安徽省桐城市同安路265号				
	经营范围	输送机械产品和环保设备产品的研发、生产和销售等				

	指标\报告期	2012.06.30	2011.12.31	2011.06.30	2010.12.31
主要财务指标	基本每股收益(元)	0.1612	0.2800	0.1241	0.4800
	基本每股收益(扣除后)(元)	0.1207	0.2200	0.1186	0.3800
	每股净资产(元)	3.8000	3.6900	3.5300	6.8100
	每股经营现金净流量(元)	0.0705	0.4539	-0.0504	-0.2236
	每股现金流量(元)	0.1509	-0.6050	-1.1310	3.5224
	每股资本公积金(元)	1.7447	1.7447	1.7447	4.4894
	每股盈余公积金(元)	0.0902	0.0902	0.0667	0.1334
	每股未分配利润(元)	0.9637	0.8525	0.7173	1.1864
	净资产收益率(%)	4.3100	7.6700	3.4500	6.1460
	加权净资产收益率(%)	4.3100	7.3900	3.4500	9.1500
	净资产收益率(扣除)(%)	-	-	-	-
	总资产(万元)	249800.17	207355.32	152653.07	148705.82
	归属母公司股东权益(万元)	96967.24	94129.13	90076.83	86909.15
	主营业务收入(万元)	33675.87	65880.09	30232.35	42091.61
	营业收入(万元)	33774.64	66515.96	30403.84	42418.71
	主营成本(万元)	23995.30	45272.26	20630.09	28344.95
	营业成本(万元)	23995.30	45410.78	20630.09	28344.95
	投资收益(万元)	1322.92	-204.89	-148.15	-
	净利润(万元)	4011.14	7126.98	2971.89	5341.72
	利润总额(万元)	4714.45	8401.08	3806.74	6326.85

江苏金通灵流体机械科技股份有限公司

公司概况	公司名称	江苏金通灵流体机械科技股份有限公司			证券简称	金通灵
	法人代表	季伟	董秘	陈树军	证券代码	300091
	公司网址	www.jtlfans.com		电子信箱	dsh@jtlfans.com	
	电　话	0513-85198488		传　真	0513-85198488	
	办公地址	江苏省南通市钟秀东路 666 号				
	经营范围	大型工业离心鼓风机、通风机、轴流鼓风机、通风机、多级离心鼓风机等				

主要财务指标	指标\报告期	2012.06.30	2011.12.31	2011.06.30	2010.12.31
	基本每股收益(元)	0.1300	0.2892	0.2300	0.3300
	基本每股收益(扣除后)(元)	0.1200	0.2700	0.2300	0.2900
	每股净资产(元)	4.0300	4.0000	3.9400	9.4600
	每股经营现金净流量(元)	-0.2454	-0.3179	-0.2663	-0.2290
	每股现金流量(元)	-0.4122	-0.7712	-0.1963	4.1782
	每股资本公积金(元)	2.1294	2.1294	2.1175	6.7937
	每股盈余公积金(元)	0.0932	0.0932	0.0649	0.1621
	每股未分配利润(元)	0.8086	0.7822	0.7538	1.5033
	净资产收益率(%)	3.1400	7.2210	5.8100	7.6210
	加权净资产收益率(%)	3.1300	7.4600	6.0200	12.5200
	净资产收益率(扣除)(%)	-	-	-	-
	总资产(万元)	139053.16	133511.23	137794.39	119724.98
	归属母公司股东权益(万元)	84252.45	83699.44	82265.67	79078.68
	主营业务收入(万元)	35418.03	70766.92	41543.90	57296.90
	营业收入(万元)	36903.35	73700.08	42788.20	58782.52
	主营成本(万元)	26729.35	54848.28	31217.70	43612.40
	营业成本(万元)	27910.63	56025.60	31885.12	44696.90
	投资收益(万元)	6.50	-	-	13.00
	净利润(万元)	2600.10	6116.31	4866.35	6086.09
	利润总额(万元)	3061.87	7200.54	5691.16	6485.56

四川科新机电股份有限公司

公司概况	公司名称	四川科新机电股份有限公司			证券简称	科新机电
	法人代表	林祯华	董秘	易东生	证券代码	300092
	公司网址	www.sckxjd.com		电子信箱	comelec001@sina.com	
	电　话	0838-8265111		传　真	0838-8501288	
	办公地址	四川省什邡市经济开发区沱江路西段 21 号				
	经营范围	三类压力容器的设计、制造、安装、销售等				

主要财务指标	指标\报告期	2012.06.30	2011.12.31	2011.06.30	2010.12.31
	基本每股收益(元)	0.0700	0.2900	0.1200	0.4200
	基本每股收益(扣除后)(元)	0.0900	0.2500	0.1200	0.4100
	每股净资产(元)	5.9500	6.0000	5.8300	5.7100
	每股经营现金净流量(元)	-0.0202	-0.4294	-0.0927	0.0110
	每股现金流量(元)	-0.5102	-2.0297	-0.7333	3.1528
	每股资本公积金(元)	3.7680	3.7680	3.7680	3.7680
	每股盈余公积金(元)	0.1241	0.1241	0.0939	0.0939
	每股未分配利润(元)	1.0597	1.1069	0.9643	0.8448
	净资产收益率(%)	1.2200	4.8720	2.0500	6.2870
	加权净资产收益率(%)	1.2100	4.9900	2.0700	10.8400
	净资产收益率(扣除)(%)	-	-	-	-
	总资产(万元)	67796.96	67690.07	63456.30	60791.48
	归属母公司股东权益(万元)	54161.00	54590.45	53017.92	51931.02
	主营业务收入(万元)	8972.82	21420.61	10509.55	19412.16
	营业收入(万元)	9075.19	21605.73	10599.91	19540.84
	主营成本(万元)	6658.13	14768.20	7460.63	13074.67
	营业成本(万元)	6731.47	14771.88	7463.59	13074.67
	投资收益(万元)	-	-	-	0.10
	净利润(万元)	639.06	2653.09	1080.75	3264.80
	利润总额(万元)	765.65	2894.92	1249.94	3235.76

广东金刚玻璃科技股份有限公司

公司概况	公司名称	广东金刚玻璃科技股份有限公司			证券简称	金刚玻璃
	法人代表	庄大建	董秘	王荀	证券代码	300093
	公司网址	www.golden-glass.cn		电子信箱	wangx@golden-glass.cn	
	电　话	0754-82514288		传　真	0754-82535211	
	办公地址	广东省汕头市大学路叠金工业区				
	经营范围	从事特种玻璃产品的研发、生产和销售等				

主要财务指标	指标\报告期	2012.06.30	2011.12.31	2011.06.30	2010.12.31
	基本每股收益(元)	0.1100	0.2100	0.1100	0.2400
	基本每股收益(扣除后)(元)	0.1100	0.1800	0.1100	0.2200
	每股净资产(元)	3.9200	3.8300	3.7300	6.6200
	每股经营现金净流量(元)	0.2295	0.2176	0.1501	0.4591
	每股现金流量(元)	0.0960	-0.6863	-0.4449	3.3925
	每股资本公积金(元)	1.7909	1.7909	1.7909	4.0236
	每股盈余公积金(元)	0.2067	0.2067	0.1736	0.3125
	每股未分配利润(元)	0.9240	0.8302	0.7703	1.2834
	净资产收益率(%)	2.9000	5.3770	2.9500	5.5030
	加权净资产收益率(%)	2.9300	5.4900	3.0200	8.7300
	净资产收益率(扣除)(%)	-	-	-	-
	总资产(万元)	110928.25	105218.65	105301.63	98141.83
	归属母公司股东权益(万元)	84690.84	82715.75	80664.13	79428.18
	主营业务收入(万元)	18795.09	32884.72	16729.81	28313.39
	营业收入(万元)	18819.59	34875.11	16740.64	29544.11
	主营成本(万元)	11516.64	21494.02	10717.60	18264.90
	营业成本(万元)	11531.63	22523.03	10717.73	18829.04
	投资收益(万元)	-	-	-	-
	净利润(万元)	2459.47	4447.35	2439.14	4370.90
	利润总额(万元)	2838.68	5162.47	2925.58	5070.09

湛江国联水产开发股份有限公司

公司概况	公司名称	湛江国联水产开发股份有限公司			证券简称	国联水产
	法人代表	李忠	董秘	郭文亮	证券代码	300094
	公司网址	www.gl-fish.com		电子信箱	ir@gl-fish.com	
	电　话	0759-3153930		传　真	0759-3153931	
	办公地址	广东省湛江市开发区平乐工业区永平南路				
	经营范围	水产种苗、饲料、养殖、加工及销售等业务				

主要财务指标	指标\报告期	2012.06.30	2011.12.31	2011.06.30	2010.12.31
	基本每股收益(元)	-0.2000	0.0330	-0.0300	0.2900
	基本每股收益(扣除后)(元)	-0.2000	0.0130	-0.0300	0.2700
	每股净资产(元)	4.4900	4.6800	4.6200	5.1100
	每股经营现金净流量(元)	0.5254	-0.7319	0.4931	-0.3950
	每股现金流量(元)	-0.0294	-1.0507	-0.1478	2.6450
	每股资本公积金(元)	2.7997	2.7997	2.7997	3.1796
	每股盈余公积金(元)	0.1064	0.1064	0.1024	0.1127
	每股未分配利润(元)	0.5790	0.7763	0.7165	0.8216
	净资产收益率(%)	-4.4000	0.7110	-0.6500	4.8140
	加权净资产收益率(%)	-4.3000	0.7100	-0.5500	8.2000
	净资产收益率(扣除)(%)	-	-	-	-
	总资产(万元)	202594.80	206765.96	181862.39	207950.08
	归属母公司股东权益(万元)	157911.52	164819.03	162574.09	163647.00
	主营业务收入(万元)	53151.99	130176.68	42212.26	120694.73
	营业收入(万元)	53810.65	131591.23	42799.12	122286.24
	主营成本(万元)	52982.58	117803.30	39637.83	103676.72
	营业成本(万元)	53290.42	118528.75	44002.11	104320.34
	投资收益(万元)	-	-	-	-
	净利润(万元)	-6944.81	1172.03	-1072.92	7877.57
	利润总额(万元)	-6889.75	1648.19	-1055.92	8461.55

江西华伍制动器股份有限公司

公司概况	公司名称	江西华伍制动器股份有限公司			证券简称	华伍股份
	法人代表	聂景华	董秘	陈凤菊	证券代码	300095
	公司网址	www.hua-wu.com		电子信箱	zj@hua-wu.net	
	电　话	0795-6206009		传　真	0795-6206009	
	办公地址	江西省宜春市丰城市工业园区新梅路 39 号				
	经营范围	起重电器系列各种工业制动装置、防风装置、吊具用液压控制装置等				

主要财务指标	指标\报告期	2012.06.30	2011.12.31	2011.06.30	2010.12.31
	基本每股收益(元)	0.2300	0.1655	0.2200	0.5112
	基本每股收益(扣除后)(元)	0.2300	0.0730	0.1800	0.4100
	每股净资产(元)	8.8300	8.6100	8.7700	8.5400
	每股经营现金净流量(元)	0.0711	-0.0700	-0.0757	0.8128
	每股现金流量(元)	-0.7410	-0.8631	-0.6477	3.8073
	每股资本公积金(元)	6.1695	6.1695	6.1799	6.1695
	每股盈余公积金(元)	0.1958	0.1958	0.1674	0.1674
	每股未分配利润(元)	1.4691	1.2414	1.4241	1.2043
	净资产收益率(%)	2.5600	1.9230	2.5400	5.1020
	加权净资产收益率(%)	2.6000	1.9300	2.5400	8.4100
	净资产收益率(扣除)(%)	-	-	-	-
	总资产(万元)	91127.19	86856.89	88308.42	86188.97
	归属母公司股东权益(万元)	68024.55	66271.45	67540.36	65767.29
	主营业务收入(万元)	14693.50	29959.63	15960.07	31054.04
	营业收入(万元)	14693.50	30395.37	15960.07	31451.90
	主营成本(万元)	8272.66	18250.23	9689.62	18068.82
	营业成本(万元)	8272.66	18685.19	9689.62	18206.03
	投资收益(万元)	-	416.87	300.19	-
	净利润(万元)	1751.77	1239.22	1693.13	3254.81
	利润总额(万元)	2091.27	1582.92	1980.72	4043.47

易联众信息技术股份有限公司

公司概况	公司名称	易联众信息技术股份有限公司			证券简称	易联众
	法人代表	古培坚	董秘	李虹海	证券代码	300096
	公司网址	www.ylzinfo.com		电子信箱	zhengrg@ylzinfo.com	
	电　话	0592-2517011 6307553		传　真	0592-2517008	
	办公地址	福建省厦门市软件园二期观日路 18 号 502 室				
	经营范围	研发、设计和生产智能卡、银行卡、销售智能卡、开发、生产计算机软件等				

主要财务指标	指标\报告期	2012.06.30	2011.12.31	2011.06.30	2010.12.31
	基本每股收益(元)	0.1700	0.5000	0.2100	0.2200
	基本每股收益(扣除后)(元)	0.1600	0.4900	0.2100	0.2100
	每股净资产(元)	3.5100	3.4400	6.3100	6.1000
	每股经营现金净流量(元)	-0.0538	0.4968	-0.0110	-0.4492
	每股现金流量(元)	-0.2354	0.1272	-0.1883	2.3158
	每股资本公积金(元)	1.6988	1.6988	4.4210	4.4210
	每股盈余公积金(元)	0.0660	0.0660	0.0564	0.0564
	每股未分配利润(元)	0.7440	0.6739	0.8287	0.6194
	净资产收益率(%)	4.8500	14.5997	6.4900	6.2008
	加权净资产收益率(%)	4.8500	15.4100	6.5300	11.6800
	净资产收益率(扣除)(%)	-	-	-	-
	总资产(万元)	71890.29	73278.54	67518.83	60556.78
	归属母公司股东权益(万元)	60352.04	59147.50	54233.35	52433.36
	主营业务收入(万元)	12326.88	38251.71	18661.50	18532.01
	营业收入(万元)	12326.88	38251.71	18661.50	18532.01
	主营成本(万元)	6640.65	22856.33	12450.87	11087.97
	营业成本(万元)	6640.65	22856.33	12450.87	11087.97
	投资收益(万元)	-	-	-	-
	净利润(万元)	3158.63	8622.13	3478.12	3363.73
	利润总额(万元)	3918.64	10255.51	4141.15	3910.19

大连智云自动化装备股份有限公司

公司概况	公司名称	大连智云自动化装备股份有限公司			证券简称	智云股份
	法人代表	谭永良	董秘	任彤	证券代码	300097
	公司网址	www.zhiyun-cn.com		电子信箱	rentong@zhiyun-cn.com	
	电　话	0411-86705641		传　真	0411-86705333	
	办公地址	辽宁省大连市西岗区黄河路 17 号				
	经营范围	自动化制造工艺系统研发及系统集成、自动化装备的研发、设计、制造等				

主要财务指标	指标\报告期	2012.06.30	2011.12.31	2011.06.30	2010.12.31
	基本每股收益(元)	0.0282	0.2302	0.1883	0.5300
	基本每股收益(扣除后)(元)	0.0330	0.1835	0.1858	0.5400
	每股净资产(元)	6.7500	6.7700	6.7300	6.5900
	每股经营现金净流量(元)	0.6571	-0.2830	-0.1374	-0.5292
	每股现金流量(元)	0.1075	-0.4780	-0.2529	3.7639
	每股资本公积金(元)	4.4292	4.4292	4.4292	4.4292
	每股盈余公积金(元)	0.1194	0.1194	0.0994	0.0994
	每股未分配利润(元)	1.2011	1.2229	1.2009	1.0626
	净资产收益率(%)	0.4200	3.4000	2.8000	6.8390
	加权净资产收益率(%)	0.4200	3.4300	2.7600	11.8200
	净资产收益率(扣除)(%)	-	-	-	-
	总资产(万元)	53574.84	49942.15	48543.49	47558.18
	归属母公司股东权益(万元)	40497.56	40628.56	40376.92	39547.37
	主营业务收入(万元)	7426.04	11762.21	6104.99	15105.86
	营业收入(万元)	7493.25	11762.21	6110.06	15160.41
	主营成本(万元)	5888.38	7554.13	4155.96	9121.30
	营业成本(万元)	5894.13	7554.13	4155.96	9124.26
	投资收益(万元)	-30.15	-17.20	-5.37	-32.07
	净利润(万元)	142.65	1381.19	1129.55	2704.48
	利润总额(万元)	217.36	1634.68	1230.73	3283.56

高新兴科技集团股份有限公司

公司概况	公司名称	高新兴科技集团股份有限公司			证券简称	高新兴
	法人代表	刘双广	董秘	黄海潮	证券代码	300098
	公司网址	www.gosun.info		电子信箱	irm@gosun.info	
	电　话	020-32068888		传　真	020-32032888	
	办公地址	广东省广州市萝岗区科学城开创大道 2819 号				
	经营范围	通信基站/机房运维综合管理服务系统的研发、生产、销售和服务				

主要财务指标	指标\报告期	2012.06.30	2011.12.31	2011.06.30	2010.12.31
	基本每股收益(元)	-0.0500	0.3400	0.0600	0.5300
	基本每股收益(扣除后)(元)	-0.0600	0.2600	0.0400	0.5100
	每股净资产(元)	4.4900	9.2300	9.0000	11.8500
	每股经营现金净流量(元)	-0.4202	0.0378	-0.6664	-0.3933
	每股现金流量(元)	-0.6208	-1.4724	-0.6447	6.9431
	每股资本公积金(元)	2.6984	6.3968	6.3968	8.6159
	每股盈余公积金(元)	0.1123	0.2246	0.1873	0.2435
	每股未分配利润(元)	0.6743	1.6051	1.4153	1.9894
	净资产收益率(%)	-1.1900	3.7160	1.2900	4.9950
	加权净资产收益率(%)	-1.1600	3.7500	1.2500	8.6100
	净资产收益率(扣除)(%)	-	-	-	-
	总资产(万元)	97084.60	103477.84	83851.17	91099.79
	归属母公司股东权益(万元)	79762.02	82042.48	80022.77	81045.44
	主营业务收入(万元)	9545.01	19610.25	8116.62	18230.12
	营业收入(万元)	9545.01	19610.25	8116.62	18230.12
	主营成本(万元)	6465.25	12787.41	4911.12	9478.82
	营业成本(万元)	6465.25	12787.41	4911.12	9478.82
	投资收益(万元)	-	62.61	-	0.62
	净利润(万元)	-1208.45	3043.31	1029.33	4048.29
	利润总额(万元)	-1199.93	3558.83	1128.56	4228.16

尤洛卡矿业安全工程股份有限公司

公司概况	公司名称	尤洛卡矿业安全工程股份有限公司			证券简称	尤 洛 卡
	法人代表	黄自伟	董秘	曹洪伟	证券代码	300099
	公司网址	www.uroica.com.cn		电子信箱	chen19341912@163.com	
	电　　话	0538-8926155		传　　真	0538-8926202	
	办公地址	山东省泰安市高新区凤祥路以西规划支路以北				
	经营范围	煤矿顶板安全监控设备的研发、生产与销售等				

	指标＼报告期	2012.06.30	2011.12.31	2011.06.30	2010.12.31
主要财务指标	基本每股收益(元)	0.3700	0.8300	0.2800	0.7000
	基本每股收益(扣除后)(元)	0.3700	0.7700	0.2800	0.6300
	每股净资产(元)	6.6400	6.7700	6.5100	15.8900
	每股经营现金净流量(元)	0.2139	0.4070	0.1138	0.9867
	每股现金流量(元)	0.1447	-2.2337	-0.3237	11.1054
	每股资本公积金(元)	3.9259	3.9259	3.9259	11.3148
	每股盈余公积金(元)	0.1793	0.1793	0.1564	0.2087
	每股未分配利润(元)	1.5351	1.6645	1.4309	3.3645
	净资产收益率(%)	5.5800	12.3280	4.2700	9.4760
	加权净资产收益率(%)	5.4600	12.6800	4.3200	17.5100
	净资产收益率(扣除)(%)	-	-	-	-
	总资产(万元)	73097.83	75599.64	71136.77	67558.61
	归属母公司股东权益(万元)	68627.80	69965.39	67314.17	65680.85
	主营业务收入(万元)	8657.84	17376.42	6423.62	11334.90
	营业收入(万元)	8685.18	17387.99	6423.62	11334.90
	主营成本(万元)	1834.08	3934.10	1308.49	2091.88
	营业成本(万元)	1834.08	3934.35	1308.49	2091.88
	投资收益(万元)	175.44	-	-	-
	净利润(万元)	3829.91	8625.24	2873.51	6223.65
	利润总额(万元)	4405.75	9921.53	3326.00	7196.92

宁波双林汽车部件股份有限公司

公司概况	公司名称	宁波双林汽车部件股份有限公司			证券简称	双林股份
	法人代表	邬建斌	董秘	叶醒	证券代码	300100
	公司网址	www.shuanglin.cn		电子信箱	qcbjzqb@shuanglin.com	
	电　　话	0574-83518938		传　　真	0574-83518939	
	办公地址	浙江省宁波市宁海县西店潢溪口				
	经营范围	主营汽车零部件的生产与销售等				

	指标＼报告期	2012.06.30	2011.12.31	2011.06.30	2010.12.31
主要财务指标	基本每股收益(元)	0.4100	0.9700	0.5000	0.8700
	基本每股收益(扣除后)(元)	0.4100	0.9000	0.4700	0.8600
	每股净资产(元)	6.4300	6.3200	5.8500	8.5300
	每股经营现金净流量(元)	0.7838	0.7935	0.5060	0.9808
	每股现金流量(元)	0.0284	-0.3608	-0.0746	4.5981
	每股资本公积金(元)	3.0952	3.0952	3.0952	5.1428
	每股盈余公积金(元)	0.2140	0.2140	0.1384	0.2077
	每股未分配利润(元)	2.1208	2.0120	1.6194	2.1793
	净资产收益率(%)	6.3600	15.3460	8.5400	13.0570
	加权净资产收益率(%)	6.2700	16.2300	8.4400	21.9200
	净资产收益率(扣除)(%)	-	-	-	-
	总资产(万元)	148383.05	135886.44	123449.66	117012.36
	归属母公司股东权益(万元)	90180.64	88654.98	82089.69	79753.39
	主营业务收入(万元)	51110.19	94932.75	44375.98	75086.97
	营业收入(万元)	52653.53	97566.90	45752.40	77588.79
	主营成本(万元)	37504.47	67220.22	31413.34	52091.34
	营业成本(万元)	38674.65	69050.65	32138.44	53343.69
	投资收益(万元)	-	-	-	-
	净利润(万元)	6005.45	14223.83	7298.66	10789.69
	利润总额(万元)	7269.05	17051.48	8459.99	12754.65

成都国腾电子技术股份有限公司

公司概况	公司名称	成都国腾电子技术股份有限公司			证券简称	国腾电子
	法人代表	莫晓宇	董秘	杨国勇	证券代码	300101
	公司网址	www.gotecom.com		电子信箱	gotecom@gotecom.com	
	电　　话	028-65557625		传　　真	028-65557627	
	办公地址	四川省成都市高新区高朋大道1号				
	经营范围	设计、开发、销售集成电路、微波组件及相关电子器件、开发、生产、销售等				

	指标＼报告期	2012.06.30	2011.12.31	2011.06.30	2010.12.31
主要财务指标	基本每股收益(元)	0.0900	0.3440	0.0800	0.4800
	基本每股收益(扣除后)(元)	0.0900	0.3230	0.0800	0.4500
	每股净资产(元)	2.6700	5.3200	5.1400	10.2600
	每股经营现金净流量(元)	-0.1501	0.0056	-0.2678	0.7088
	每股现金流量(元)	-0.5519	-0.5637	-0.5962	7.2385
	每股资本公积金(元)	1.1989	3.3979	3.3979	7.7957
	每股盈余公积金(元)	0.0522	0.1044	0.0699	0.1397
	每股未分配利润(元)	0.4231	0.8226	0.6704	1.3267
	净资产收益率(%)	3.2400	6.4560	3.0600	7.9080
	加权净资产收益率(%)	3.2400	6.6100	3.0100	14.3700
	净资产收益率(扣除)(%)	-	-	-	-
	总资产(万元)	88874.52	83798.59	80284.37	81733.64
	归属母公司股东权益(万元)	74342.27	74014.91	71419.36	71321.82
	主营业务收入(万元)	11972.79	19753.06	9145.26	20056.26
	营业收入(万元)	11972.79	19753.06	9145.26	20056.26
	主营成本(万元)	5346.13	9373.70	4294.42	7119.54
	营业成本(万元)	5346.13	9373.70	4294.42	7119.54
	投资收益(万元)	-	-	-	-
	净利润(万元)	2987.50	5094.01	2198.65	6731.61
	利润总额(万元)	3485.01	5979.84	2573.84	7770.56

厦门乾照光电股份有限公司

公司概况	公司名称	厦门乾照光电股份有限公司			证券简称	乾照光电
	法人代表	邓电明	董秘	王花枝	证券代码	300102
	公司网址	www.changelight.com.cn		电子信箱	ysy@changelight.com.cn	
	电　　话	0592-3716222 3716997 3716958		传　　真	0592-3716918 3716922	
	办公地址	福建省厦门市火炬高新区(翔安)产业区翔岳路19号				
	经营范围	从事半导体光电产品的研发、生产和销售业务等				

	指标＼报告期	2012.06.30	2011.12.31	2011.06.30	2010.12.31
主要财务指标	基本每股收益(元)	0.2200	0.6000	0.3000	0.5000
	基本每股收益(扣除后)(元)	0.1900	0.5400	0.2800	0.4300
	每股净资产(元)	5.7500	5.9300	5.6300	13.8300
	每股经营现金净流量(元)	0.0694	-0.0715	-0.0549	0.7296
	每股现金流量(元)	-0.2680	-1.6029	-2.0181	7.0741
	每股资本公积金(元)	3.8756	3.8756	3.8756	11.1891
	每股盈余公积金(元)	0.1030	0.1030	0.0663	0.1657
	每股未分配利润(元)	0.7722	0.9560	0.6877	1.4746
	净资产收益率(%)	3.7600	10.1580	5.2900	8.4020
	加权净资产收益率(%)	3.7000	10.5500	5.3100	19.1700
	净资产收益率(扣除)(%)	-	-	-	-
	总资产(万元)	178978.01	183514.48	174709.21	171425.02
	归属母公司股东权益(万元)	169647.80	175070.84	166074.11	163186.74
	主营业务收入(万元)	19156.15	37608.99	18189.47	29687.51
	营业收入(万元)	19330.47	37690.80	18230.74	29713.44
	主营成本(万元)	10973.09	15020.22	6589.95	11496.15
	营业成本(万元)	11017.25	15083.43	6619.87	11515.87
	投资收益(万元)	989.36	2185.69	1147.32	372.81
	净利润(万元)	6376.96	17784.10	8787.36	13711.24
	利润总额(万元)	7445.69	20915.38	10619.42	16500.31

西安达刚路面机械股份有限公司

公司概况

公司名称	西安达刚路面机械股份有限公司			证券简称	达刚路机
法人代表	孙建西	董秘	韦尔奇	证券代码	300103
公司网址	www.sxdagang.com		电子信箱	investor@dagang.com.cn	
电　　话	029-88327811		传　　真	029-88327811	
办公地址	陕西省西安市高新区科技三路60号				
经营范围	公路机械设备、公路沥青材料、软件的开发、研制、销售及技术咨询等				

主要财务指标

指标\报告期	2012.06.30	2011.12.31	2011.06.30	2010.12.31
基本每股收益(元)	0.1100	0.5600	0.1100	0.5300
基本每股收益(扣除后)(元)	0.1000	0.5500	0.1100	0.4800
每股净资产(元)	3.2800	5.9000	5.5400	9.8100
每股经营现金净流量(元)	0.3277	-0.2542	0.0417	0.7907
每股现金流量(元)	0.1418	-0.7186	-0.2308	7.0844
每股资本公积金(元)	1.4766	3.4578	3.4578	7.0241
每股盈余公积金(元)	0.0979	0.1763	0.1205	0.2169
每股未分配利润(元)	0.7038	1.2631	0.9631	1.5698
净资产收益率(%)	3.4200	9.4600	3.6500	8.1617
加权净资产收益率(%)	3.4200	9.8500	3.6500	16.7600
净资产收益率(扣除)(%)	-	-	-	-
总资产(万元)	83898.37	72979.04	69522.19	67223.56
归属母公司股东权益(万元)	69460.03	69368.85	65183.95	64113.50
主营业务收入(万元)	8939.66	22814.73	8021.64	14722.65
营业收入(万元)	9224.20	23382.07	8171.73	15306.80
主营成本(万元)	4846.87	13273.74	4331.26	7035.61
营业成本(万元)	5050.79	13685.54	4446.58	7310.99
投资收益(万元)	-	-	-	-
净利润(万元)	2397.40	6562.35	2377.46	5232.78
利润总额(万元)	2844.16	7701.48	2751.07	6149.56

乐视网信息技术(北京)股份有限公司

公司概况

公司名称	乐视网信息技术(北京)股份有限公司			证券简称	乐视网
法人代表	贾跃亭	董秘	邓伟	证券代码	300104
公司网址	www.letv.com		电子信箱	tzzgx@letv.com	
电　　话	010-51665282		传　　真	010-85597758	
办公地址	北京市朝阳区光华路4号东方梅地亚中心C座8层				
经营范围	网络视频基础服务和视频平台增值服务等				

主要财务指标

指标\报告期	2012.06.30	2011.12.31	2011.06.30	2010.12.31
基本每股收益(元)	0.2200	0.6000	0.2700	0.3800
基本每股收益(扣除后)(元)	-	0.5900	0.2700	0.3700
每股净资产(元)	2.7100	4.8000	4.4600	9.3900
每股经营现金净流量(元)	-	0.6677	0.2944	0.6549
每股现金流量(元)	-	-1.8634	-1.0387	5.0979
每股资本公积金(元)	1.0320	2.8448	2.8381	7.2438
每股盈余公积金(元)	-	0.0752	0.0521	0.1146
每股未分配利润(元)	-	0.8811	0.5737	1.0282
净资产收益率(%)	7.9900	12.4140	5.8600	7.4680
加权净资产收益率(%)	8.2300	13.0600	6.0300	15.6000
净资产收益率(扣除)(%)	-	-	-	-
总资产(万元)	-	177438.71	125505.14	103162.11
归属母公司股东权益(万元)	113438.39	105624.96	98205.74	93866.23
主营业务收入(万元)	55297.53	59855.59	22310.34	23825.82
营业收入(万元)	55297.53	59855.59	22310.34	23825.82
主营成本(万元)	32084.89	27509.07	8619.45	8021.49
营业成本(万元)	-	27509.07	8619.45	8021.49
投资收益(万元)	-	-	-	-
净利润(万元)	-	13087.79	5839.51	7009.94
利润总额(万元)	-	16424.45	7119.87	7483.66

烟台龙源电力技术股份有限公司

公司概况

公司名称	烟台龙源电力技术股份有限公司			证券简称	龙源技术
法人代表	关晓春	董秘	郝欣冬	证券代码	300105
公司网址	www.lypower.com		电子信箱	lypower@lypower.com.cn	
电　　话	0535-6103004		传　　真	0535-6399366	
办公地址	山东省烟台市经济技术开发区衡山路9号				
经营范围	生产、销售、安装和运营电力、能源及相关领域生产设备等				

主要财务指标

指标\报告期	2012.06.30	2011.12.31	2011.06.30	2010.12.31
基本每股收益(元)	0.2500	1.1000	0.2200	0.8000
基本每股收益(扣除后)(元)	0.2500	1.0700	0.2200	0.6900
每股净资产(元)	6.0300	10.5000	9.8000	17.0400
每股经营现金净流量(元)	0.2235	-0.8588	-0.5508	0.6325
每股现金流量(元)	0.0919	-0.9774	-0.6256	13.0119
每股资本公积金(元)	3.1748	6.5147	6.5133	12.5240
每股盈余公积金(元)	0.1799	0.3238	0.2158	0.3884
每股未分配利润(元)	1.6788	2.6642	2.0705	3.1287
净资产收益率(%)	4.2100	10.4810	3.8000	7.0030
加权净资产收益率(%)	4.2700	11.0300	4.1300	14.8300
净资产收益率(扣除)(%)	-	-	-	-
总资产(万元)	221817.80	215820.08	192893.32	172343.55
归属母公司股东权益(万元)	172009.48	166340.21	155226.33	149962.23
主营业务收入(万元)	36766.79	88071.14	33911.72	48740.43
营业收入(万元)	36976.47	88398.61	33911.72	48747.13
主营成本(万元)	22726.77	53714.39	20312.28	27604.69
营业成本(万元)	22892.77	53721.43	20312.28	27606.20
投资收益(万元)	-	-	-	-
净利润(万元)	7119.75	17195.32	6215.92	10502.49
利润总额(万元)	8448.39	20153.86	7359.40	11884.01

新疆西部牧业股份有限公司

公司概况

公司名称	新疆西部牧业股份有限公司			证券简称	西部牧业
法人代表	徐义民	董秘	梁雷	证券代码	300106
公司网址	www.xjxbmy.com		电子信箱	liang-lei-100@163.com	
电　　话	0993-2516883		传　　真	0993-2516883	
办公地址	新疆维吾尔自治区石河子市北三东路29号				
经营范围	优质生鲜乳的供应及辅助产品的生产与销售等				

主要财务指标

指标\报告期	2012.06.30	2011.12.31	2011.06.30	2010.12.31
基本每股收益(元)	0.1300	0.3300	0.1300	0.3500
基本每股收益(扣除后)(元)	0.1200	0.2700	0.1200	0.3000
每股净资产(元)	4.9100	4.7700	4.5800	4.4300
每股经营现金净流量(元)	0.0921	-0.1851	-0.0143	-0.1890
每股现金流量(元)	-0.9707	-0.8689	-0.3912	2.0646
每股资本公积金(元)	2.7450	2.7450	2.7450	2.7315
每股盈余公积金(元)	0.0769	0.0769	0.0505	0.0505
每股未分配利润(元)	1.0857	0.9524	0.7795	0.6518
净资产收益率(%)	2.7500	6.8500	2.8400	6.5844
加权净资产收益率(%)	2.7500	7.1000	2.8400	11.9500
净资产收益率(扣除)(%)	-	-	-	-
总资产(万元)	97488.80	83110.04	75494.61	73628.38
归属母公司股东权益(万元)	57418.97	55859.23	53527.83	51875.63
主营业务收入(万元)	24039.50	31251.65	14984.80	29303.51
营业收入(万元)	24039.50	31469.98	14984.80	29463.36
主营成本(万元)	20159.48	26222.45	12885.51	24892.80
营业成本(万元)	20159.48	26314.98	12885.51	24981.40
投资收益(万元)	-4.46	-1.78	-	-
净利润(万元)	1549.55	3862.61	1541.28	3417.68
利润总额(万元)	1558.15	3864.86	1541.28	3420.93

河北建新化工股份有限公司

公司概况	公司名称	河北建新化工股份有限公司			证券简称	建新股份	
	法人代表	朱守琛	董秘	陈学为	证券代码	300107	
	公司网址	www.jianxinchemical.com			电子信箱	cxw@jianxinchemical.com	
	电　话	0317-3598366			传　真	0317-3562683 3598366	
	办公地址	河北省沧州市清池南大道建新大厦8楼					
	经营范围	生产销售氯乙烷、间氨基苯酚、间氨基苯磺酸、间羟基-N、N-二乙基苯胺等					

	指标\报告期	2012.06.30	2011.12.31	2011.06.30	2010.12.31
主要财务指标	基本每股收益(元)	0.0700	0.1600	0.2300	0.9400
	基本每股收益(扣除后)(元)	0.0700	0.1600	0.2300	0.9300
	每股净资产(元)	5.9300	5.8700	5.8700	11.9000
	每股经营现金净流量(元)	0.0814	0.1995	0.0749	0.3187
	每股现金流量(元)	-0.3450	-2.3124	-0.9012	8.2972
	每股资本公积金(元)	4.0298	4.0298	4.0298	9.0596
	每股盈余公积金(元)	0.1107	0.1107	0.0951	0.1903
	每股未分配利润(元)	0.7774	0.7379	0.7325	1.6453
	净资产收益率(%)	1.1700	2.6490	2.2900	6.5644
	加权净资产收益率(%)	1.1700	2.6400	2.2500	14.2500
	净资产收益率(扣除)(%)	-	-	-	-
	总资产(万元)	82713.62	80358.52	80253.90	81223.57
	归属母公司股东权益(万元)	79297.56	78730.51	78488.40	79642.03
	主营业务收入(万元)	16965.07	30321.79	15703.33	30014.30
	营业收入(万元)	17013.17	30582.96	15849.08	30206.47
	主营成本(万元)	13903.85	24584.83	12305.47	21413.18
	营业成本(万元)	13903.85	24589.26	12303.49	21435.43
	投资收益(万元)	-	-	-	-
	净利润(万元)	929.03	2085.31	1804.17	5228.05
	利润总额(万元)	1122.20	2456.67	2123.98	6151.04

通化双龙化工股份有限公司

公司概况	公司名称	通化双龙化工股份有限公司			证券简称	双龙股份	
	法人代表	卢忠奎	董秘	张亮	证券代码	300108	
	公司网址	www.thslhg.com			电子信箱	shuanglong@thslhg.com	
	电　话	0435-3752903			传　真	0435-3751886	
	办公地址	吉林省通化市二道江区铁厂镇					
	经营范围	精细化工产品(不含危险品)生产、制造、销售、进出口贸易等					

	指标\报告期	2012.06.30	2011.12.31	2011.06.30	2010.12.31
主要财务指标	基本每股收益(元)	0.1600	0.4000	0.1100	0.4100
	基本每股收益(扣除后)(元)	0.1600	0.3900	0.1000	0.4000
	每股净资产(元)	2.7800	5.3400	5.1500	6.5400
	每股经营现金净流量(元)	0.1010	0.3932	0.1966	0.2781
	每股现金流量(元)	-0.2330	-1.7517	-0.8065	2.9329
	每股资本公积金(元)	1.0372	3.0745	3.0745	4.2968
	每股盈余公积金(元)	0.0679	0.1358	0.0954	0.1240
	每股未分配利润(元)	0.6790	1.1301	0.9816	1.1161
	净资产收益率(%)	5.8891	7.5710	4.1810	7.1730
	加权净资产收益率(%)	5.9900	7.8300	4.2300	14.1700
	净资产收益率(扣除)(%)	-	-	-	-
	总资产(万元)	40800.69	38166.22	35546.02	34424.36
	归属母公司股东权益(万元)	37642.29	36101.50	34824.17	33992.22
	主营业务收入(万元)	8328.49	12659.41	6002.18	11267.17
	营业收入(万元)	8328.49	12659.41	6002.18	11267.17
	主营成本(万元)	4348.58	6758.26	3243.96	5944.07
	营业成本(万元)	4348.58	6758.26	3243.96	5944.07
	投资收益(万元)	-	-	-	-
	净利润(万元)	2216.80	2733.27	1455.95	2438.21
	利润总额(万元)	2631.43	3169.21	1712.88	2836.91

博爱新开源制药股份有限公司

公司概况	公司名称	博爱新开源制药股份有限公司			证券简称	新 开 源	
	法人代表	杨海江	董秘	张军政	证券代码	300109	
	公司网址	www.china-pvp.com			电子信箱	pr@china-pvp.com	
	电　话	0391-8610680			传　真	0391-8610681	
	办公地址	河南省焦作市博爱县城东关					
	经营范围	经营药用辅料、聚乙烯吡咯烷酮系列产品及乙烯基甲醚/马来酸酐聚合物产品					

	指标\报告期	2012.06.30	2011.12.31	2011.06.30	2010.12.31
主要财务指标	基本每股收益(元)	0.1000	0.3500	0.1200	0.3900
	基本每股收益(扣除后)(元)	0.0900	0.3200	0.1000	0.3400
	每股净资产(元)	3.0900	4.8700	4.7200	9.2600
	每股经营现金净流量(元)	0.0232	0.0547	0.0064	0.2792
	每股现金流量(元)	-0.4206	-1.4442	-0.4636	5.7734
	每股资本公积金(元)	1.5974	3.0558	3.0558	7.1116
	每股盈余公积金(元)	0.0565	0.0904	0.0555	0.1110
	每股未分配利润(元)	0.4316	0.7278	0.6116	1.0333
	净资产收益率(%)	3.3000	7.1010	4.1300	6.9110
	加权净资产收益率(%)	3.3000	7.3000	4.1400	14.7300
	净资产收益率(扣除)(%)	-	-	-	-
	总资产(万元)	38595.33	38973.85	37025.56	35781.16
	归属母公司股东权益(万元)	35545.45	35093.39	34005.01	33321.28
	主营业务收入(万元)	11168.14	18772.05	9444.08	15984.05
	营业收入(万元)	11754.03	19073.45	9557.18	16331.13
	主营成本(万元)	8784.91	13917.20	6909.48	11220.56
	营业成本(万元)	9254.35	14033.78	6922.43	11281.97
	投资收益(万元)	-	73.92	73.92	-
	净利润(万元)	1172.06	2492.11	1403.73	2302.67
	利润总额(万元)	1335.17	2889.51	1641.14	2660.25

青岛华仁药业股份有限公司

公司概况	公司名称	青岛华仁药业股份有限公司			证券简称	华仁药业	
	法人代表	梁富友	董秘	龚凌	证券代码	300110	
	公司网址	www.qdhuaren.com			电子信箱	huaren@qdhuaren.com	
	电　话	0532-88701303			传　真	0532-88702625	
	办公地址	山东省青岛市高科技工业园株洲路187号					
	经营范围	非PVC大输液产品的研发设计、生产和销售等					

	指标\报告期	2012.06.30	2011.12.31	2011.06.30	2010.12.31
主要财务指标	基本每股收益(元)	0.2000	0.4100	0.1800	0.4300
	基本每股收益(扣除后)(元)	0.2000	0.3800	0.1800	0.3900
	每股净资产(元)	5.6200	5.5800	5.3500	5.1700
	每股经营现金净流量(元)	0.0909	0.2787	0.1146	0.3633
	每股现金流量(元)	-0.6984	-0.7746	-0.2064	2.0762
	每股资本公积金(元)	3.2590	3.1949	3.1949	3.1949
	每股盈余公积金(元)	0.1284	0.1313	0.0910	0.0910
	每股未分配利润(元)	1.2330	1.2530	1.0628	0.8833
	净资产收益率(%)	3.6100	7.3480	3.3600	6.9121
	加权净资产收益率(%)	3.6700	7.6300	3.4100	12.9400
	净资产收益率(扣除)(%)	-	-	-	-
	总资产(万元)	128452.09	124748.35	118118.62	115174.33
	归属母公司股东权益(万元)	122727.91	119170.90	114249.46	110414.80
	主营业务收入(万元)	23073.37	40464.42	18001.00	33826.51
	营业收入(万元)	23087.51	40531.20	18009.93	33830.37
	主营成本(万元)	10003.70	17721.37	7686.07	14686.85
	营业成本(万元)	10003.70	17725.38	7686.07	14686.85
	投资收益(万元)	-	-	-	-
	净利润(万元)	4431.88	8756.09	3834.65	7631.95
	利润总额(万元)	5228.21	10351.82	4516.48	9208.30

浙江向日葵光能科技股份有限公司

公司概况	公司名称	浙江向日葵光能科技股份有限公司			证券简称	向日葵
	法人代表	吴建龙	董秘	杨旺翔	证券代码	300111
	公司网址	www.sunowe.com.cn		电子信箱	wxyang@sunowe.com	
	电话	0575-88919159 88919762		传真	0575-88959188	
	办公地址	浙江省绍兴市袍江工业区三江路				
	经营范围	生产、销售大规格高效晶体硅太阳能电池等				

主要财务指标	指标\报告期	2012.06.30	2011.12.31	2011.06.30	2010.12.31
	基本每股收益(元)	-0.3300	0.0700	0.2600	0.5300
	基本每股收益(扣除后)(元)	-0.2300	-0.1800	0.2300	0.3900
	每股净资产(元)	2.5900	2.9300	3.1100	3.2600
	每股经营现金净流量(元)	-0.0749	0.2273	-0.0601	0.4656
	每股现金流量(元)	0.2745	-0.6725	-0.3379	0.5126
	每股资本公积金(元)	1.6205	1.6205	1.6205	1.6205
	每股盈余公积金(元)	0.0964	0.0964	0.0721	0.0721
	每股未分配利润(元)	-0.1297	0.2008	0.4159	0.5566
	净资产收益率(%)	-12.7700	2.3389	8.8600	15.1499
	加权净资产收益率(%)	-11.9700	2.2100	7.6500	22.6400
	净资产收益率(扣除)(%)	-	-	-	-
	总资产(万元)	357228.14	354975.44	337361.94	281123.69
	归属母公司股东权益(万元)	131683.35	148962.45	158063.21	165880.83
	主营业务收入(万元)	57414.18	193210.04	124577.84	231812.22
	营业收入(万元)	61262.98	193864.73	124775.71	232853.61
	主营成本(万元)	56339.29	164118.50	104273.81	182382.60
	营业成本(万元)	59370.29	164360.66	104398.18	182429.72
	投资收益(万元)	7432.26	8927.70	-220.60	-2298.97
	净利润(万元)	-16808.48	3484.02	13195.40	25130.80
	利润总额(万元)	-19430.95	3622.07	15755.05	28993.05

深圳万讯自控股份有限公司

公司概况	公司名称	深圳万讯自控股份有限公司			证券简称	万讯自控
	法人代表	傅宇晨	董秘	董慧宇	证券代码	300112
	公司网址	www.maxonic.com.cn		电子信箱	info@maxonic.com.cn	
	电话	0755-86250365		传真	0755-86250389	
	办公地址	广东省深圳市南山区高新技术产业园北区三号路万讯自控大楼1-6层				
	经营范围	生产经营自动化仪器仪表、计算机软件、自动化工程、经营进出口业务等				

主要财务指标	指标\报告期	2012.06.30	2011.12.31	2011.06.30	2010.12.31
	基本每股收益(元)	0.0700	0.2300	0.0600	0.3400
	基本每股收益(扣除后)(元)	0.0600	0.2200	0.0500	0.3300
	每股净资产(元)	2.6800	3.9800	3.8500	5.7900
	每股经营现金净流量(元)	0.0020	0.1321	0.0348	0.2168
	每股现金流量(元)	-0.5478	-0.3339	-0.2915	3.8015
	每股资本公积金(元)	1.1951	2.2926	2.2926	3.9389
	每股盈余公积金(元)	0.0522	0.0782	0.0541	0.0812
	每股未分配利润(元)	0.4413	0.6240	0.5109	0.7789
	净资产收益率(%)	2.6900	5.7500	2.3800	7.4250
	加权净资产收益率(%)	2.6900	5.8400	2.4500	14.4400
	净资产收益率(扣除)(%)	-	-	-	-
	总资产(万元)	50133.73	47550.14	43694.26	44364.57
	归属母公司股东权益(万元)	43170.14	42751.99	41336.98	41469.43
	主营业务收入(万元)	10599.14	18779.95	7385.63	16359.58
	营业收入(万元)	10631.70	18824.14	7403.45	16431.21
	主营成本(万元)	4987.64	9078.96	3621.68	7614.99
	营业成本(万元)	4990.99	9085.04	3623.40	7622.68
	投资收益(万元)	25.81	76.38	52.11	78.78
	净利润(万元)	1118.13	2508.31	984.12	3079.06
	利润总额(万元)	1539.56	2888.81	1141.02	3554.17

杭州顺网科技股份有限公司

公司概况	公司名称	杭州顺网科技股份有限公司			证券简称	顺网科技
	法人代表	华勇	董秘	徐钧	证券代码	300113
	公司网址	www.shunwang.com		电子信箱	dsh@shunwang.com	
	电话	0571-87205808 89712215		传真	0571-87397837	
	办公地址	浙江省杭州市西湖区文一西路98号数娱大厦5层				
	经营范围	主要从事互联网娱乐平台的开发与推广以及基于互联网娱乐平台的增值服务业务				

主要财务指标	指标\报告期	2012.06.30	2011.12.31	2011.06.30	2010.12.31
	基本每股收益(元)	0.2600	0.4800	0.1700	0.9100
	基本每股收益(扣除后)(元)	0.2500	0.4500	0.1500	0.8200
	每股净资产(元)	5.6900	5.6300	5.3200	11.5600
	每股经营现金净流量(元)	0.2533	0.5450	0.0325	0.4274
	每股现金流量(元)	-0.3580	0.3467	-0.1040	10.1089
	每股资本公积金(元)	3.8558	3.8558	3.8558	9.6827
	每股盈余公积金(元)	0.0889	0.0889	0.0418	0.0919
	每股未分配利润(元)	0.7440	0.6808	0.4181	0.7900
	净资产收益率(%)	4.6300	8.5770	3.2500	6.5450
	加权净资产收益率(%)	4.6500	8.9000	3.2200	16.5400
	净资产收益率(扣除)(%)	-	-	-	-
	总资产(万元)	85657.83	78411.62	72393.70	71719.80
	归属母公司股东权益(万元)	75090.99	74256.41	70167.04	69387.40
	主营业务收入(万元)	11343.50	17269.09	7227.53	14064.09
	营业收入(万元)	11343.50	17269.09	7227.53	14080.24
	主营成本(万元)	1300.60	1401.29	632.90	861.46
	营业成本(万元)	1300.60	1401.29	632.90	863.73
	投资收益(万元)	2.33	-	-	-
	净利润(万元)	3474.58	6369.01	2279.64	4541.62
	利润总额(万元)	3922.16	7228.08	2576.48	5092.43

中航电测仪器股份有限公司

公司概况	公司名称	中航电测仪器股份有限公司			证券简称	中航电测
	法人代表	康学军	董秘	纪刚	证券代码	300114
	公司网址	www.zemic.com.cn		电子信箱	jigang@zemic.com.cn	
	电话	0916-2386011 2386321		传真	0916-2577213	
	办公地址	陕西省汉中市经济开发区北区鑫源路				
	经营范围	电阻应变计、传感器、电子衡器、交通运输检测设备、测量与自动控制设备等				

主要财务指标	指标\报告期	2012.06.30	2011.12.31	2011.06.30	2010.12.31
	基本每股收益(元)	0.2200	0.5100	0.2300	0.5100
	基本每股收益(扣除后)(元)	0.2100	0.4600	0.2300	0.5000
	每股净资产(元)	6.3500	6.2200	5.9400	8.6800
	每股经营现金净流量(元)	-0.1016	0.3858	0.2229	0.2936
	每股现金流量(元)	-0.6782	-0.3855	-0.0227	5.0841
	每股资本公积金(元)	4.0249	4.0249	4.0249	6.0373
	每股盈余公积金(元)	0.7117	0.6150	0.5667	0.7230
	每股未分配利润(元)	0.6163	0.5759	0.3462	0.9170
	净资产收益率(%)	3.4100	8.2440	3.9000	7.3200
	加权净资产收益率(%)	3.4300	8.5500	3.9300	14.4300
	净资产收益率(扣除)(%)	-	-	-	-
	总资产(万元)	105914.10	93565.40	92248.32	80269.38
	归属母公司股东权益(万元)	76234.49	74589.87	71252.65	69418.19
	主营业务收入(万元)	22923.59	47914.77	20924.38	31445.25
	营业收入(万元)	23491.08	48348.44	21092.23	31668.50
	主营成本(万元)	16037.71	32658.96	14191.94	20353.02
	营业成本(万元)	16521.17	32995.94	14316.74	20491.66
	投资收益(万元)	562.79	1152.06	578.33	787.80
	净利润(万元)	2441.97	6618.47	2991.39	5081.30
	利润总额(万元)	2672.34	7512.32	3412.50	5744.83

深圳市长盈精密技术股份有限公司

公司概况						
公司名称	深圳市长盈精密技术股份有限公司			证券简称	长盈精密	
法人代表	陈奇星	董秘	黑美军	证券代码	300115	
公司网址	www.ewpt.cn		电子信箱	ir@ewpt.cn		
电　　话	0755-27347334 8068		传　　真	0755-29912057		
办公地址	广东省深圳市宝安区福永镇桥头富桥工业三区2栋					
经营范围	生产、销售、开发连接器件、精密五金件、精密接插件及自营进出口业务					

主要财务指标　指标\报告期	2012.06.30	2011.12.31	2011.06.30	2010.12.31
基本每股收益(元)	0.3200	0.9200	0.2700	0.6400
基本每股收益(扣除后)(元)	0.3200	0.9000	0.2600	0.6300
每股净资产(元)	5.3800	7.6800	7.1500	14.1100
每股经营现金净流量(元)	0.2088	0.2836	0.1152	-0.3290
每股现金流量(元)	-0.8228	-1.3449	-0.4755	8.1766
每股资本公积金(元)	3.0039	5.0059	5.0059	11.0118
每股盈余公积金(元)	0.1382	0.2074	0.1139	0.2279
每股未分配利润(元)	1.2338	1.4644	1.0344	1.8672
净资产收益率(%)	6.0300	12.0370	5.6000	7.4810
加权净资产收益率(%)	6.1500	12.6300	5.6000	15.1200
净资产收益率(扣除)(%)	-	-	-	-
总资产(万元)	156055.00	151567.84	139184.21	134262.20
归属母公司股东权益(万元)	138699.96	132055.50	123052.69	121319.74
主营业务收入(万元)	47566.14	78260.96	36105.77	47641.64
营业收入(万元)	47579.19	78316.87	36105.77	47641.64
主营成本(万元)	31425.07	49025.63	22929.83	29863.02
营业成本(万元)	31434.36	49081.27	22929.83	29863.02
投资收益(万元)	83.18	-	-	-
净利润(万元)	8364.46	15895.76	6892.95	9076.16
利润总额(万元)	9578.23	18318.11	7925.36	10458.71

陕西坚瑞消防股份有限公司

公司概况					
公司名称	陕西坚瑞消防股份有限公司			证券简称	坚瑞消防
法人代表	郭鸿宝	董秘	李军	证券代码	300116
公司网址	www.xajr.com		电子信箱	stock@xajr.com	
电　　话	029-88332970 8060		传　　真	029-88332680	
办公地址	陕西省西安市高新区科技二路65号6幢10701房				
经营范围	S型气溶胶灭火系统的研发、生产、销售和服务等				

主要财务指标　指标\报告期	2012.06.30	2011.12.31	2011.06.30	2010.12.31
基本每股收益(元)	-0.1000	0.1400	0.0700	0.3600
基本每股收益(扣除后)(元)	-	0.0700	0.0700	0.3100
每股净资产(元)	5.9800	6.0800	6.0100	5.9300
每股经营现金净流量(元)	-	-0.4347	-0.4546	0.1501
每股现金流量(元)	-	-1.9558	-0.5742	4.1562
每股资本公积金(元)	4.3089	4.3089	4.3089	4.3040
每股盈余公积金(元)	-	0.0800	0.0709	0.0709
每股未分配利润(元)	-	0.6921	0.6261	0.5564
净资产收益率(%)	-1.7100	2.3800	1.1700	5.0041
加权净资产收益率(%)	-1.7100	2.4100	1.1700	10.7700
净资产收益率(扣除)(%)	-	-	-	-
总资产(万元)	-	54841.11	50518.12	51691.22
归属母公司股东权益(万元)	47823.48	48647.29	48046.85	47450.15
主营业务收入(万元)	5331.03	8623.68	4110.08	11053.98
营业收入(万元)	5503.82	10944.17	4110.08	11955.04
主营成本(万元)	3022.98	4656.23	2179.35	5092.48
营业成本(万元)	-	5846.27	2179.35	5732.43
投资收益(万元)	-	90.95	118.19	-
净利润(万元)	-	1132.79	557.43	2412.08
利润总额(万元)	-	1404.74	645.49	2801.77

北京嘉寓门窗幕墙股份有限公司

公司概况					
公司名称	北京嘉寓门窗幕墙股份有限公司			证券简称	嘉寓股份
法人代表	田家玉	董秘	牟世凤	证券代码	300117
公司网址	www.jiayu.com.cn		电子信箱	service@jiayu.com.cn	
电　　话	010-69415566		传　　真	010-69415566	
办公地址	北京市顺义区牛栏山镇牛富路1号				
经营范围	节能门窗幕墙的研发设计、生产加工、安装及服务等				

主要财务指标　指标\报告期	2012.06.30	2011.12.31	2011.06.30	2010.12.31
基本每股收益(元)	0.1100	0.2700	0.1300	0.4000
基本每股收益(扣除后)(元)	0.0800	0.2500	0.1200	0.3800
每股净资产(元)	5.4300	5.3200	5.1800	10.2100
每股经营现金净流量(元)	-0.3613	-0.5812	-0.3209	0.2393
每股现金流量(元)	-0.3882	-1.4687	-0.3608	6.3894
每股资本公积金(元)	2.9735	2.9735	2.9735	6.9470
每股盈余公积金(元)	0.1182	0.1182	0.0949	0.1897
每股未分配利润(元)	1.3398	1.2293	1.1157	2.0743
净资产收益率(%)	2.0400	4.9906	0.5600	6.4437
加权净资产收益率(%)	2.0600	5.1000	2.4900	11.5000
净资产收益率(扣除)(%)	-	-	-	-
总资产(万元)	190624.70	185891.08	183643.31	174440.79
归属母公司股东权益(万元)	117967.76	115563.26	112593.96	110887.17
主营业务收入(万元)	39109.91	99208.42	37179.27	73447.57
营业收入(万元)	39600.45	99710.16	37364.53	73626.44
主营成本(万元)	31616.65	80460.11	29934.03	57397.69
营业成本(万元)	32007.35	80721.00	29957.89	57424.29
投资收益(万元)	-	0.26	0.26	-
净利润(万元)	2401.06	5767.25	2792.13	7145.20
利润总额(万元)	2885.52	6712.46	3439.99	8331.96

东方日升新能源股份有限公司

公司概况					
公司名称	东方日升新能源股份有限公司			证券简称	东方日升
法人代表	林海峰	董秘	雪山行	证券代码	300118
公司网址	www.risenenergy.com		电子信箱	xuesx@risenenergy.com	
电　　话	0574-65173983		传　　真	0574-59953338	
办公地址	浙江省宁波市宁海县梅林镇塔山工业园区				
经营范围	电器、灯具、橡塑制品、电子产品、光电子器件、硅太阳能电池组件和部件的制造、加工等				

主要财务指标　指标\报告期	2012.06.30	2011.12.31	2011.06.30	2010.12.31
基本每股收益(元)	0.0027	0.1546	0.2294	0.9500
基本每股收益(扣除后)(元)	0.0500	0.0600	0.2910	0.8000
每股净资产(元)	4.3300	7.0000	7.0700	14.1900
每股经营现金净流量(元)	0.0293	-0.8497	-0.8076	-3.0336
每股现金流量(元)	0.3368	-1.4675	-0.2078	7.2930
每股资本公积金(元)	2.7108	4.9373	4.9373	10.8747
每股盈余公积金(元)	0.0886	0.1417	0.1165	0.2330
每股未分配利润(元)	0.5281	0.9206	1.0205	2.0823
净资产收益率(%)	0.0600	2.2100	3.2400	11.0794
加权净资产收益率(%)	0.0600	2.2100	3.2400	24.5500
净资产收益率(扣除)(%)	-	-	-	-
总资产(万元)	465797.56	417674.53	385728.57	320831.47
归属母公司股东权益(万元)	242229.75	244877.90	247603.22	248324.34
主营业务收入(万元)	74631.40	210445.18	120092.04	235452.21
营业收入(万元)	75180.76	210621.07	120208.19	237485.72
主营成本(万元)	61478.64	174538.15	101710.10	182989.09
营业成本(万元)	62009.95	174716.27	101827.91	184928.36
投资收益(万元)	2530.21	-	-	-
净利润(万元)	112.42	5371.64	8028.89	27512.85
利润总额(万元)	81.97	6205.80	10598.07	32140.52

天津瑞普生物技术股份有限公司

公司概况	公司名称	天津瑞普生物技术股份有限公司		证券简称	瑞普生物
	法人代表	李守军	董秘 张凯	证券代码	300119
	公司网址	www.ringpu.com		电子信箱	zqb@ringpu.com
	电话	022-88958118 24981953		传真	022-88958118
	办公地址	天津市空港经济区环河北路76号空港商务园西区W2			
	经营范围	兽用生物制品和兽用制剂研发、生产、销售和技术服务等			

主要财务指标	指标\报告期	2012.06.30	2011.12.31	2011.06.30	2010.12.31
	基本每股收益(元)	0.3454	0.7700	0.2956	0.6900
	基本每股收益(扣除后)(元)	0.2927	0.7300	0.2843	0.5800
	每股净资产(元)	7.2638	9.3929	9.0089	18.2500
	每股经营现金净流量(元)	-0.0720	0.6088	-0.0516	1.5215
	每股现金流量(元)	-0.5613	-1.9306	-1.3967	14.3464
	每股资本公积金(元)	5.0188	6.9234	6.9245	14.8489
	每股盈余公积金(元)	0.1305	0.1696	0.0940	0.1880
	每股未分配利润(元)	1.1145	1.2999	0.9904	2.2123
	净资产收益率(%)	4.7000	8.1910	4.2000	6.1000
	加权净资产收益率(%)	4.7000	8.3800	4.2000	16.0600
	净资产收益率(扣除)(%)	-	-	-	-
	总资产(万元)	172545.01	167117.67	160880.45	162242.25
	归属母公司股东权益(万元)	140034.84	139293.20	133598.73	135314.80
	主营业务收入(万元)	31436.02	58405.15	26757.56	34445.07
	营业收入(万元)	31635.61	58771.33	26982.45	34561.90
	主营成本(万元)	13633.22	25961.36	11701.59	10062.02
	营业成本(万元)	13654.86	26042.76	11728.09	10075.40
	投资收益(万元)	85.00	124.62	-4.56	-124.60
	净利润(万元)	7341.50	12818.42	6487.33	10041.69
	利润总额(万元)	8591.77	14980.86	7551.83	11911.26

天津经纬电材股份有限公司

公司概况	公司名称	天津经纬电材股份有限公司		证券简称	经纬电材
	法人代表	董树林	董秘 张秋凤	证券代码	300120
	公司网址	www.jwdc.cn		电子信箱	yuejun.huang@jwdc.info
	电话	022-28573261 28571567		传真	022-28590300 28571567
	办公地址	天津市津南经济开发区(双港)旺港路12号			
	经营范围	生产、加工、销售电线、电缆、有色金属材料、绝缘材料、矽钢片、电抗器等			

主要财务指标	指标\报告期	2012.06.30	2011.12.31	2011.06.30	2010.12.31
	基本每股收益(元)	0.0796	0.3588	0.1098	0.5300
	基本每股收益(扣除后)(元)	0.0751	0.3371	0.0983	0.4500
	每股净资产(元)	3.4498	5.2152	5.0411	6.5373
	每股经营现金净流量(元)	-0.1831	0.1734	-0.0429	0.4136
	每股现金流量(元)	-0.8882	-1.0097	-0.6795	4.9323
	每股资本公积金(元)	1.9738	3.4605	3.4622	4.7990
	每股盈余公积金(元)	0.1063	0.1594	0.1055	0.1371
	每股未分配利润(元)	0.3698	0.5953	0.4734	0.6013
	净资产收益率(%)	2.3100	6.8800	3.1600	7.1177
	加权净资产收益率(%)	2.2900	7.0300	3.2600	17.6900
	净资产收益率(扣除)(%)	-	-	-	-
	总资产(万元)	61338.57	63943.55	60882.99	64550.58
	归属母公司股东权益(万元)	58526.39	58983.50	57014.65	56874.85
	主营业务收入(万元)	14523.29	40574.64	22199.20	40557.47
	营业收入(万元)	14549.52	40592.61	22202.26	40569.68
	主营成本(万元)	12102.37	34189.45	18974.45	34141.13
	营业成本(万元)	12119.31	34202.39	19496.23	34141.97
	投资收益(万元)	-	-	-	-
	净利润(万元)	1356.74	4073.29	1872.75	4065.60
	利润总额(万元)	1605.14	4823.18	2214.27	4786.86

山东阳谷华泰化工股份有限公司

公司概况	公司名称	山东阳谷华泰化工股份有限公司		证券简称	阳谷华泰
	法人代表	王传华	董秘 贺玉广	证券代码	300121
	公司网址	www.yghuatai.com		电子信箱	hyg@yghuatai.com
	电话	0635-6381900		传真	0635-6381900
	办公地址	山东省聊城市阳谷县清河西路217号			
	经营范围	橡胶助剂的研发、生产、销售等			

主要财务指标	指标\报告期	2012.06.30	2011.12.31	2011.06.30	2010.12.31
	基本每股收益(元)	0.0700	0.1431	0.1000	0.5900
	基本每股收益(扣除后)(元)	0.0600	0.1089	0.0900	0.5300
	每股净资产(元)	4.0000	4.0300	3.9900	7.0000
	每股经营现金净流量(元)	-0.1280	-0.0255	-0.0515	0.2123
	每股现金流量(元)	-0.5249	-1.0278	-0.7117	2.9765
	每股资本公积金(元)	2.4928	2.4928	2.4928	5.2870
	每股盈余公积金(元)	0.0544	0.0544	0.0399	0.0718
	每股未分配利润(元)	0.4542	0.4853	0.4578	0.6421
	净资产收益率(%)	1.7200	3.5480	2.5300	6.8570
	加权净资产收益率(%)	1.6900	3.6400	2.5600	15.4900
	净资产收益率(扣除)(%)	-	-	-	-
	总资产(万元)	66836.23	57575.37	50398.63	49825.68
	归属母公司股东权益(万元)	43203.42	43551.22	43104.73	42025.94
	主营业务收入(万元)	17777.76	34986.25	17867.45	34824.89
	营业收入(万元)	18289.27	35137.06	17959.63	34836.14
	主营成本(万元)	14415.62	28129.35	14225.85	27519.14
	营业成本(万元)	14415.62	28132.21	14225.85	27519.14
	投资收益(万元)	-	-	-	-
	净利润(万元)	744.17	1545.17	1091.44	2881.80
	利润总额(万元)	897.85	1718.57	1288.85	3306.44

重庆智飞生物制品股份有限公司

公司概况	公司名称	重庆智飞生物制品股份有限公司		证券简称	智飞生物
	法人代表	蒋仁生	董秘 余农	证券代码	300122
	公司网址	www.zhifeishengwu.com		电子信箱	office2@zhifeishengwu.com
	电话	023-86358226		传真	023-86358226
	办公地址	重庆市江北区金源路7号25层			
	经营范围	疫苗、生物制品的研发、生产和销售等			

主要财务指标	指标\报告期	2012.06.30	2011.12.31	2011.06.30	2010.12.31
	基本每股收益(元)	0.2700	0.4900	0.2400	0.6900
	基本每股收益(扣除后)(元)	0.1900	0.4000	0.2400	0.6700
	每股净资产(元)	5.6700	5.6500	5.4000	5.3500
	每股经营现金净流量(元)	0.0610	0.5531	0.1531	0.1355
	每股现金流量(元)	-0.4420	-0.4126	-0.1936	3.5848
	每股资本公积金(元)	3.5199	3.5199	3.5199	3.5199
	每股盈余公积金(元)	0.0833	0.0833	0.0388	0.0388
	每股未分配利润(元)	1.0633	1.0419	0.8395	0.7955
	净资产收益率(%)	4.7600	8.6970	4.5400	11.9900
	加权净资产收益率(%)	4.7600	9.0100	4.5400	27.3600
	净资产收益率(扣除)(%)	-	-	-	-
	总资产(万元)	244613.10	240428.89	231330.68	220926.69
	归属母公司股东权益(万元)	226660.26	225806.51	215927.05	214168.14
	主营业务收入(万元)	32289.29	59112.41	28676.83	70892.56
	营业收入(万元)	32798.94	62874.00	31248.70	73731.36
	主营成本(万元)	15439.37	24301.71	10799.51	26371.32
	营业成本(万元)	15542.76	25058.63	11317.29	26930.60
	投资收益(万元)	251.18	330.93	-	-
	净利润(万元)	10853.75	19638.36	9758.91	25678.81
	利润总额(万元)	12723.56	23021.72	11482.94	30292.54

太阳鸟游艇股份有限公司

公司概况					
公司名称	太阳鸟游艇股份有限公司			证券简称	太 阳 鸟
法人代表	李跃先	董秘	张驰	证券代码	300123
公司网址	www.cnsunbird.com		电子信箱	stock@cnsunbird.com	
电　　话	0737-2732399		传　　真	0737-2854608	
办公地址	湖南省沅江市石矶湖				
经营范围	复合材料船艇的设计、研发、生产、销售及服务等				

主要财务指标 指标\报告期	2012.06.30	2011.12.31	2011.06.30	2010.12.31
基本每股收益(元)	0.1900	0.3200	0.1600	0.4500
基本每股收益(扣除后)(元)	0.1900	0.2900	0.1500	0.4500
每股净资产(元)	5.9800	5.8900	5.7300	9.0200
每股经营现金净流量(元)	-0.2524	0.2300	0.2052	0.3964
每股现金流量(元)	-0.7212	-2.3126	-0.4568	6.3058
每股资本公积金(元)	4.1456	4.1456	4.1456	7.2330
每股盈余公积金(元)	0.0307	0.0307	0.0289	0.0463
每股未分配利润(元)	0.8077	0.7147	0.5573	0.7399
净资产收益率(%)	3.2300	5.3720	2.7600	4.0780
加权净资产收益率(%)	3.2300	5.4900	2.7600	9.7500
净资产收益率(扣除)(%)	-	-	-	-
总资产(万元)	127208.98	124180.85	111118.81	97466.34
归属母公司股东权益(万元)	83241.62	81947.28	79733.00	78414.17
主营业务收入(万元)	19243.41	39184.43	12837.11	24097.89
营业收入(万元)	19379.41	39646.66	13680.68	24380.87
主营成本(万元)	12265.67	27419.71	7772.62	14698.29
营业成本(万元)	12398.54	27800.40	8599.84	14900.69
投资收益(万元)	-7.61	-10.82	-3.53	-7.31
净利润(万元)	2685.39	4402.52	2188.24	3197.39
利润总额(万元)	3184.73	5221.14	2585.29	3635.22

深圳市汇川技术股份有限公司

公司概况					
公司名称	深圳市汇川技术股份有限公司			证券简称	汇川技术
法人代表	朱兴明	董秘	宋君恩	证券代码	300124
公司网址	www.inovance.cn		电子信箱	dongmiban@inovance.cn	
电　　话	0755-83185787 83185521		传　　真	0755-83185659	
办公地址	广东省深圳市福田区滨河路上沙创新科技园 16 栋 3 楼 307-308				
经营范围	从事工业自动化控制产品的研发、生产及销售等				

主要财务指标 指标\报告期	2012.06.30	2011.12.31	2011.06.30	2010.12.31
基本每股收益(元)	0.3700	1.5700	0.4400	1.2600
基本每股收益(扣除后)(元)	0.3500	1.5400	0.4300	1.2300
每股净资产(元)	6.4700	11.5900	10.8100	21.2400
每股经营现金净流量(元)	0.2931	0.0283	-0.0591	1.3643
每股现金流量(元)	0.1413	0.1335	-0.1882	0.3438
每股资本公积金(元)	4.0291	8.0523	8.0539	17.1078
每股盈余公积金(元)	0.1812	0.3262	0.1445	0.2890
每股未分配利润(元)	1.2634	2.2166	1.6110	2.8479
净资产收益率(%)	5.6400	13.5820	7.2800	9.6030
加权净资产收益率(%)	5.5600	14.3000	7.2800	27.8700
净资产收益率(扣除)(%)	-	-	-	-
总资产(万元)	277752.33	267303.43	257808.78	246261.20
归属母公司股东权益(万元)	251641.60	250383.19	233482.97	229442.83
主营业务收入(万元)	52831.32	105402.68	50068.03	67460.40
营业收入(万元)	52831.32	105402.68	50068.03	67460.40
主营成本(万元)	25719.61	46910.49	22380.70	31669.37
营业成本(万元)	25719.61	46910.49	22380.70	31669.37
投资收益(万元)	-	-	-	38.68
净利润(万元)	14343.82	34643.87	17101.05	22116.87
利润总额(万元)	17042.56	41296.63	21061.53	25018.11

大连易世达新能源发展股份有限公司

公司概况					
公司名称	大连易世达新能源发展股份有限公司			证券简称	易 世 达
法人代表	刘群	董秘	韩家厚	证券代码	300125
公司网址	www.dleast.cc		电子信箱	dalianyishida@163.com	
电　　话	0411-84732571		传　　真	0411-84732571	
办公地址	辽宁省大连市高新技术产业园区火炬路 32 号 B 座 16-20 层				
经营范围	余热发电技术服务、工程设计、设备成套、工程总承包以及合同能源管理等				

主要财务指标 指标\报告期	2012.06.30	2011.12.31	2011.06.30	2010.12.31
基本每股收益(元)	0.1600	0.4400	0.2900	0.6900
基本每股收益(扣除后)(元)	0.1500	0.4200	0.2700	0.6600
每股净资产(元)	9.0600	9.0000	8.8600	17.3300
每股经营现金净流量(元)	0.3574	-0.5492	-0.3664	0.1693
每股现金流量(元)	0.0442	-1.3130	-0.7460	12.9826
每股资本公积金(元)	6.8749	6.8749	6.8749	14.2497
每股盈余公积金(元)	0.1662	0.1662	0.1051	0.2102
每股未分配利润(元)	1.0196	0.9631	0.8791	1.8706
净资产收益率(%)	1.7300	4.8750	3.3200	6.4710
加权净资产收益率(%)	1.7300	4.9700	3.3200	16.2900
净资产收益率(扣除)(%)	-	-	-	-
总资产(万元)	141709.51	139152.73	143987.34	133690.44
归属母公司股东权益(万元)	106915.55	106248.65	104536.26	102249.60
主营业务收入(万元)	22485.55	53484.71	28467.77	59209.45
营业收入(万元)	22491.05	53591.61	28467.77	59237.65
主营成本(万元)	18014.36	42441.40	22818.79	46532.59
营业成本(万元)	18014.36	42460.12	22818.79	46559.51
投资收益(万元)	23.84	106.80	-	-9.18
净利润(万元)	2006.30	5412.49	3602.05	6874.92
利润总额(万元)	2457.17	6314.84	4274.51	8274.87

上海锐奇工具股份有限公司

公司概况					
公司名称	上海锐奇工具股份有限公司			证券简称	锐奇股份
法人代表	吴明厅	董秘	王雪	证券代码	300126
公司网址	www.kenpowertools.com		电子信箱	kenpowertools@126.com	
电　　话	021-57687503 57825832		传　　真	021-37008859	
办公地址	上海市松江区新桥镇新茸路 5 号				
经营范围	高等级专业电动工具的研发、生产和销售等				

主要财务指标 指标\报告期	2012.06.30	2011.12.31	2011.06.30	2010.12.31
基本每股收益(元)	0.1813	0.4899	0.2379	0.4397
基本每股收益(扣除后)(元)	0.1627	0.4456	0.2202	0.3756
每股净资产(元)	6.0100	6.3300	6.0800	10.6400
每股经营现金净流量(元)	-0.1279	0.1636	-0.0589	0.5849
每股现金流量(元)	-0.3607	-0.8896	-0.3276	5.0415
每股资本公积金(元)	4.1956	4.1997	4.1997	8.3594
每股盈余公积金(元)	0.1415	0.1415	0.1023	0.1841
每股未分配利润(元)	0.6739	0.9926	0.7799	1.0955
净资产收益率(%)	3.0200	7.7350	3.9400	6.0440
加权净资产收益率(%)	2.8200	8.0200	3.9600	14.8400
净资产收益率(扣除)(%)	-	-	-	-
总资产(万元)	105621.42	111374.17	105865.71	100682.24
归属母公司股东权益(万元)	91103.20	95995.78	92177.04	89581.11
主营业务收入(万元)	26580.44	56488.28	26774.91	41781.17
营业收入(万元)	26589.69	56492.74	26774.91	41781.17
主营成本(万元)	21471.41	43843.81	20538.85	32260.89
营业成本(万元)	21471.41	43843.81	20538.85	32260.89
投资收益(万元)	-	-	-	-
净利润(万元)	2861.80	7425.07	3606.33	5413.97
利润总额(万元)	3210.40	8729.09	4186.02	6310.16

成都银河磁体股份有限公司

公司概况	公司名称	成都银河磁体股份有限公司		证券简称	银河磁体
	法人代表	戴炎	董秘 朱魁文	证券代码	300127
	公司网址	www.galaxymagnets.com		电子信箱	galaxymagnets@163.com
	电 话	028-87823555 890 892		传 真	028-87824018 87823555
	办公地址	四川省成都市高新技术开发区西区百草路6号			
	经营范围	制造、销售永磁合金元件及光机电高新技术服务等			

主要财务指标	2012.06.30	2011.12.31	2011.06.30	2010.12.31
基本每股收益(元)	0.3000	0.8900	0.2100	0.4100
基本每股收益(扣除后)(元)	0.2900	0.8600	0.2100	0.3200
每股净资产(元)	5.9800	6.2800	5.6049	5.6700
每股经营现金净流量(元)	0.4881	0.7445	–0.0620	0.1529
每股现金流量(元)	–0.2111	0.1700	–0.4263	3.8397
每股资本公积金(元)	4.0575	4.0575	4.0575	4.0575
每股盈余公积金(元)	0.3973	0.3973	0.3082	0.3082
每股未分配利润(元)	0.5230	0.8268	0.2392	0.3046
净资产收益率(%)	4.9600	14.1880	3.8300	5.8614
加权净资产收益率(%)	4.8300	15.0300	3.7800	14.4100
净资产收益率(扣除)(%)	–	–	–	–
总资产(万元)	109189.41	107675.12	99396.68	96901.87
归属母公司股东权益(万元)	96585.46	101493.07	90560.47	91617.10
主营业务收入(万元)	28254.88	56359.42	20693.30	33174.07
营业收入(万元)	28254.88	56362.42	20693.30	33174.07
主营成本(万元)	20960.99	35947.01	14986.88	23534.86
营业成本(万元)	20960.99	35947.01	14986.88	23534.86
投资收益(万元)	–	–	–	–
净利润(万元)	4786.78	14400.02	3467.42	5370.08
利润总额(万元)	5626.79	16889.91	4079.32	6277.64

苏州锦富新材料股份有限公司

公司概况	公司名称	苏州锦富新材料股份有限公司		证券简称	锦富新材
	法人代表	富国平	董秘 葛卫东	证券代码	300128
	公司网址	www.jin-fu.cn		电子信箱	jinfu@jin-fu.cn
	电 话	0512-62820000		传 真	0512-62820200
	办公地址	江苏省苏州市工业园区华池街时代广场24幢苏州国际金融中心11楼			
	经营范围	生产、加工各种高性能复合材料、高分子材料、销售本公司所生产的产品等			

主要财务指标	2012.06.30	2011.12.31	2011.06.30	2010.12.31
基本每股收益(元)	0.3400	0.5000	0.2600	0.5100
基本每股收益(扣除后)(元)	0.3300	0.5000	0.2600	0.5000
每股净资产(元)	6.0100	5.8700	5.6300	11.1500
每股经营现金净流量(元)	–0.0455	0.1876	–0.1562	–0.4574
每股现金流量(元)	–0.3381	–1.3638	–1.2882	8.2407
每股资本公积金(元)	3.5957	3.5957	3.5978	8.1956
每股盈余公积金(元)	0.0891	0.0891	0.0621	0.1281
每股未分配利润(元)	1.3301	1.1864	0.9729	1.8216
净资产收益率(%)	5.7100	8.5280	4.6500	7.4430
加权净资产收益率(%)	5.6900	8.7800	4.5900	21.3800
净资产收益率(扣除)(%)	–	–	–	–
总资产(万元)	176513.53	158607.26	148440.66	140420.74
归属母公司股东权益(万元)	120294.51	117415.16	112656.25	111453.34
主营业务收入(万元)	76767.25	108297.53	45545.72	65023.63
营业收入(万元)	80683.12	119372.17	51816.61	76831.29
主营成本(万元)	60895.89	83674.14	33710.96	46818.39
营业成本(万元)	64316.64	93546.59	39401.87	57359.69
投资收益(万元)	–132.13	–167.47	–72.79	–
净利润(万元)	7509.45	11332.39	5978.16	9566.16
利润总额(万元)	9396.28	13704.11	7115.37	11639.65

上海泰胜风能装备股份有限公司

公司概况	公司名称	上海泰胜风能装备股份有限公司		证券简称	泰胜风能
	法人代表	柳志成	董秘 邹涛	证券代码	300129
	公司网址	www.shtsp.com		电子信箱	etaoo@163.com
	电 话	021-57243692		传 真	021-57243692
	办公地址	上海市金山区杭州湾大道88号华府海景大厦20层			
	经营范围	风力发电机组配套塔架的制造和销售等			

主要财务指标	2012.06.30	2011.12.31	2011.06.30	2010.12.31
基本每股收益(元)	0.1200	0.2500	0.0700	0.6400
基本每股收益(扣除后)(元)	0.0900	0.1900	0.0500	0.5300
每股净资产(元)	4.2000	6.1800	6.0500	10.8900
每股经营现金净流量(元)	–0.0934	–0.1019	–0.2699	–0.4099
每股现金流量(元)	–0.4363	–0.5472	–0.4596	6.1243
每股资本公积金(元)	2.4332	4.1499	4.1499	8.2697
每股盈余公积金(元)	0.0532	0.0797	0.0616	0.1109
每股未分配利润(元)	0.7189	0.9538	0.8373	1.5053
净资产收益率(%)	2.7300	3.9900	1.8500	8.3610
加权净资产收益率(%)	2.7900	4.0000	1.8500	21.6200
净资产收益率(扣除)(%)	–	–	–	–
总资产(万元)	170931.22	160144.20	152577.53	146406.73
归属母公司股东权益(万元)	136091.62	133555.19	130654.29	130631.89
主营业务收入(万元)	30584.33	59366.64	26600.02	56146.93
营业收入(万元)	30971.08	61566.76	28358.07	56796.28
主营成本(万元)	24003.87	49169.14	23271.94	37205.75
营业成本(万元)	24020.71	50539.23	24639.22	37528.40
投资收益(万元)	0.91	1.73	–	3.60
净利润(万元)	3876.69	5322.96	2422.40	10921.76
利润总额(万元)	4326.43	6996.06	3274.83	14620.60

深圳市新国都技术股份有限公司

公司概况	公司名称	深圳市新国都技术股份有限公司		证券简称	新国都
	法人代表	刘祥	董秘 赵辉	证券代码	300130
	公司网址	www.xinguodu.com		电子信箱	zhaohui@xinguodu.com
	电 话	0755-83890390 83899462		传 真	0755-86319990
	办公地址	广东省深圳市福田区深南路车公庙工业区泰然劲松大厦17A			
	经营范围	银行卡电子支付终端产品(POS机)、电子技术密码系统产品、计算机产品等			

主要财务指标	2012.06.30	2011.12.31	2011.06.30	2010.12.31
基本每股收益(元)	0.3100	0.6600	0.2700	0.6400
基本每股收益(扣除后)(元)	0.2900	0.6500	0.2700	0.5800
每股净资产(元)	8.3900	8.1800	7.7900	13.7300
每股经营现金净流量(元)	–1.0582	0.3394	–0.3669	–0.0473
每股现金流量(元)	–1.1971	0.1142	–0.5022	10.0506
每股资本公积金(元)	5.6161	5.6161	5.6161	10.9090
每股盈余公积金(元)	0.0945	0.0945	0.0614	0.1106
每股未分配利润(元)	1.6794	1.4701	1.1149	1.7128
净资产收益率(%)	3.7300	8.1000	3.5600	6.6390
加权净资产收益率(%)	3.7300	8.6000	3.5600	19.0200
净资产收益率(扣除)(%)	–	–	–	–
总资产(万元)	108071.91	111333.54	95854.35	93346.98
归属母公司股东权益(万元)	95896.84	93504.69	89066.95	87200.50
主营业务收入(万元)	17789.03	34150.70	12521.71	20852.71
营业收入(万元)	17789.03	34159.69	12521.71	20852.71
主营成本(万元)	9365.67	16026.94	5733.51	9799.60
营业成本(万元)	9365.67	16029.21	5733.51	9799.60
投资收益(万元)	20.49	59.60	11.76	59.03
净利润(万元)	3531.75	7572.64	3136.45	5789.44
利润总额(万元)	3842.06	8397.86	3537.20	5960.64

深圳市英唐智能控制股份有限公司

公司概况

公司名称	深圳市英唐智能控制股份有限公司			证券简称	英唐智控
法人代表	胡庆周	董秘	刘林	证券代码	300131
公司网址	www.yitoa.com		电子信箱	liulin@yitoa.com	
电　　话	0755-29826659 29042389		传　　真	0755-29826115	
办公地址	广东省深圳市宝安区石岩街道龙马工业城 A1 厂房五楼				
经营范围	家电智能控制器的软件、硬件的开发与销售、电力智能控制器及设备软件等				

主要财务指标

指标\报告期	2012.06.30	2011.12.31	2011.06.30	2010.12.31
基本每股收益(元)	0.1000	0.2000	0.1800	0.8500
基本每股收益(扣除后)(元)	0.0900	0.1800	0.1600	0.8200
每股净资产(元)	5.2000	5.1200	5.0900	11.0100
每股经营现金净流量(元)	-0.4134	-0.1300	0.1742	-0.5253
每股现金流量(元)	-1.5564	-0.6939	-0.0942	6.9274
每股资本公积金(元)	3.4120	3.3122	3.3122	8.4869
每股盈余公积金(元)	0.0597	0.0608	0.0442	0.0973
每股未分配利润(元)	0.7306	0.7421	0.7323	1.4240
净资产收益率(%)	1.9200	3.9544	3.4600	6.0223
加权净资产收益率(%)	1.9600	4.0100	3.4800	17.8300
净资产收益率(扣除)(%)	-	-	-	-
总资产(万元)	80191.59	59707.89	57982.32	55574.17
归属母公司股东权益(万元)	53599.41	51765.20	51498.80	50638.21
主营业务收入(万元)	27786.48	47157.77	24045.08	37172.44
营业收入(万元)	27786.48	47157.77	24045.08	47157.77
主营成本(万元)	23775.54	40688.98	20212.67	29918.69
营业成本(万元)	23775.54	40688.98	20212.67	29918.69
投资收益(万元)	-	-	-	-
净利润(万元)	1267.66	2088.67	1780.59	3049.57
利润总额(万元)	1606.41	2532.54	2256.53	3477.56

福建青松股份有限公司

公司概况

公司名称	福建青松股份有限公司			证券简称	青松股份
法人代表	柯维龙	董秘	邓建明	证券代码	300132
公司网址	www.greenpine.cc		电子信箱	office@greenpine.cc	
电　　话	0599-5820498 5820121		传　　真	0599-5820900	
办公地址	福建省建阳市回瑶工业园区				
经营范围	从事松节油深加工产品的研发、生产和销售等				

主要财务指标

指标\报告期	2012.06.30	2011.12.31	2011.06.30	2010.12.31
基本每股收益(元)	0.2600	0.1858	0.2000	0.4500
基本每股收益(扣除后)(元)	0.2500	0.1328	0.1700	0.4300
每股净资产(元)	4.5600	4.4000	4.4200	7.8800
每股经营现金净流量(元)	-0.0979	0.0434	0.0993	-0.4874
每股现金流量(元)	0.4836	-1.6491	-0.1733	4.7001
每股资本公积金(元)	2.8834	2.8834	2.8834	5.9901
每股盈余公积金(元)	0.0667	0.0667	0.0496	0.0893
每股未分配利润(元)	0.6113	0.4482	0.4812	0.8030
净资产收益率(%)	5.7700	4.2180	4.5600	8.0310
加权净资产收益率(%)	5.8100	4.2600	4.5600	20.9200
净资产收益率(扣除)(%)	-	-	-	-
总资产(万元)	98444.99	84718.79	76912.06	73926.32
归属母公司股东权益(万元)	55038.24	53118.58	53303.08	52812.20
主营业务收入(万元)	29459.96	53749.63	26318.28	48565.37
营业收入(万元)	29545.29	55040.19	26474.87	48637.00
主营成本(万元)	22186.72	46334.38	21514.47	38286.40
营业成本(万元)	22189.77	47296.66	21524.58	38286.83
投资收益(万元)	-	-	-	-
净利润(万元)	3165.39	2225.47	2431.77	4239.77
利润总额(万元)	3809.42	2586.52	3077.35	5462.24

浙江华策影视股份有限公司

公司概况

公司名称	浙江华策影视股份有限公司			证券简称	华策影视
法人代表	傅梅城	董秘	刘洋	证券代码	300133
公司网址	www.huacemedia.com		电子信箱	zqsw@huacemedia.com	
电　　话	0571-87553075 87553086		传　　真	0571-87553077	
办公地址	浙江省杭州市文二西路 683 号西溪创意产业园 C-C 座				
经营范围	从事影视剧的制作、发行及衍生业务等				

主要财务指标

指标\报告期	2012.06.30	2011.12.31	2011.06.30	2010.12.31
基本每股收益(元)	0.2800	0.8000	0.2100	0.6300
基本每股收益(扣除后)(元)	0.2300	0.7300	0.1800	0.5500
每股净资产(元)	3.5400	6.6400	10.9300	21.0300
每股经营现金净流量(元)	-0.2489	-0.2569	-0.2500	0.4920
每股现金流量(元)	-0.4414	-1.0202	-0.5609	15.9445
每股资本公积金(元)	1.7595	4.4337	8.2344	17.4687
每股盈余公积金(元)	0.0604	0.1207	0.1849	0.2446
每股未分配利润(元)	0.7179	1.0818	1.5077	2.3176
净资产收益率(%)	7.8300	12.0840	6.5100	8.0970
加权净资产收益率(%)	8.0500	12.4500	6.6100	25.2300
净资产收益率(扣除)(%)	-	-	-	-
总资产(万元)	154091.14	147297.35	131174.22	121100.92
归属母公司股东权益(万元)	135874.48	127436.88	123431.73	118782.40
主营业务收入(万元)	30769.14	39906.56	16697.92	28183.74
营业收入(万元)	30937.69	40306.82	16917.18	28183.74
主营成本(万元)	12540.99	15520.51	5597.81	12170.14
营业成本(万元)	12560.94	15520.51	5597.81	12170.14
投资收益(万元)	-184.14	-259.72	4.71	-51.95
净利润(万元)	10888.61	15598.84	8038.13	9617.76
利润总额(万元)	14228.79	21137.44	10775.30	12960.88

深圳市大富科技股份有限公司

公司概况

公司名称	深圳市大富科技股份有限公司			证券简称	大富科技
法人代表	孙尚传	董秘	刘伟	证券代码	300134
公司网址	www.tatfook.com		电子信箱	ir@tatfook.com	
电　　话	0755-29816308		传　　真	0755-27356851	
办公地址	广东省深圳市宝安区沙井街道蚝乡路沙井工业公司第三工业区 A2				
经营范围	滤波器、合路器、分路器、隔离器、耦合器、微波元器件、电子专用设备等				

主要财务指标

指标\报告期	2012.06.30	2011.12.31	2011.06.30	2010.12.31
基本每股收益(元)	0.1500	0.5900	0.4100	0.9900
基本每股收益(扣除后)(元)	0.1400	0.4400	0.3600	0.9000
每股净资产(元)	7.4400	7.2900	14.8100	15.2200
每股经营现金净流量(元)	0.0721	0.3717	0.8832	1.1902
每股现金流量(元)	0.5364	-4.5660	-10.7413	11.5946
每股资本公积金(元)	5.7455	5.7455	12.4711	12.4711
每股盈余公积金(元)	0.1017	0.1017	0.2172	0.1381
每股未分配利润(元)	0.5936	0.4433	1.1170	1.6119
净资产收益率(%)	2.0200	8.0250	5.5900	10.2990
加权净资产收益率(%)	2.0400	7.9400	5.4200	33.3600
净资产收益率(扣除)(%)	-	-	-	-
总资产(万元)	323367.64	270678.72	265452.87	272582.63
归属母公司股东权益(万元)	238083.71	233270.41	236885.91	243537.10
主营业务收入(万元)	57769.78	96488.55	49004.05	84974.64
营业收入(万元)	60251.77	98950.19	50143.53	86282.75
主营成本(万元)	40809.46	64871.06	30409.02	47335.43
营业成本(万元)	40837.97	64876.95	30409.02	47707.81
投资收益(万元)	-9.48	-	-	-
净利润(万元)	5440.56	18823.97	13028.77	25081.11
利润总额(万元)	5942.74	22131.71	15170.96	29537.56

江苏宝利沥青股份有限公司

公司概况					
公司名称	江苏宝利沥青股份有限公司			证券简称	宝利沥青
法人代表	周德洪	董秘	陈永勤	证券代码	300135
公司网址	www.baolijt.cn		电子信箱	cyq-600078@163.com	
电　　话	0510-86017020 86017012		传　　真	0510-86158880	
办公地址	江苏省江阴市云亭镇工业园区				
经营范围	高等级公路新材料的研发、生产和销售等				

主要财务指标　指标\报告期	2012.06.30	2011.12.31	2011.06.30	2010.12.31
基本每股收益(元)	0.1400	0.3600	0.0900	0.6100
基本每股收益(扣除后)(元)	0.1300	0.3500	0.0900	0.6000
每股净资产(元)	3.1600	6.2400	6.0700	12.3700
每股经营现金净流量(元)	-1.0140	-2.1339	-2.1338	1.0108
每股现金流量(元)	-0.5126	-1.7867	-2.0147	8.0490
每股资本公积金(元)	1.5102	4.0204	4.0204	9.0407
每股盈余公积金(元)	0.0705	0.1410	0.1084	0.2168
每股未分配利润(元)	0.5791	1.0807	0.9392	2.1109
净资产收益率(%)	4.3900	5.7340	3.0300	7.7611
加权净资产收益率(%)	4.3700	5.7800	2.9000	20.3900
净资产收益率(扣除)(%)	-	-	-	-
总资产(万元)	188241.70	140886.52	125952.55	118971.93
归属母公司股东权益(万元)	101114.66	99873.85	97087.23	98947.24
主营业务收入(万元)	54118.06	111112.82	40776.42	104001.41
营业收入(万元)	55304.27	111976.30	41611.26	104501.59
主营成本(万元)	44580.79	95233.99	34329.04	90054.16
营业成本(万元)	44859.49	95497.11	34930.88	90510.74
投资收益(万元)	-	-	-	-
净利润(万元)	4440.80	5726.61	2939.99	7679.36
利润总额(万元)	5174.66	6546.39	3379.50	9150.32

深圳市信维通信股份有限公司

公司概况					
公司名称	深圳市信维通信股份有限公司			证券简称	信维通信
法人代表	彭浩	董秘	杜敏	证券代码	300136
公司网址	www.sz-sunway.com.cn		电子信箱	renting@sz-sunway.com.cn	
电　　话	0755-36615880-8819 8811		传　　真	0755-81773149 86561715	
办公地址	广东省深圳市宝安区沙井街道沙一万安路长兴高新技术工业园9号楼				
经营范围	移动终端天线的设计、技术开发、生产和销售并提供相关技术服务等				

主要财务指标　指标\报告期	2012.06.30	2011.12.31	2011.06.30	2010.12.31
基本每股收益(元)	0.1136	0.5658	0.3783	0.4565
基本每股收益(扣除后)(元)	0.0966	0.5304	0.3424	0.4063
每股净资产(元)	5.0241	5.0601	4.7500	9.2884
每股经营现金净流量(元)	0.0152	0.2781	0.1323	0.5762
每股现金流量(元)	-0.3261	0.0650	-0.0578	7.6582
每股资本公积金(元)	3.1805	3.1805	3.1805	7.3611
每股盈余公积金(元)	0.1030	0.1030	0.0464	0.0927
每股未分配利润(元)	0.7402	0.7766	0.5195	0.8346
净资产收益率(%)	2.2600	11.1820	5.3400	7.7810
加权净资产收益率(%)	2.2600	11.7200	5.3400	25.7600
净资产收益率(扣除)(%)	-	-	-	-
总资产(万元)	71265.87	70773.26	64943.21	63904.58
归属母公司股东权益(万元)	66991.43	67470.86	63288.82	61926.09
主营业务收入(万元)	6024.61	16282.29	7246.39	14003.03
营业收入(万元)	6029.54	16297.66	7252.76	14011.72
主营成本(万元)	2581.19	5473.96	2354.63	5661.82
营业成本(万元)	2581.19	5473.96	2354.63	5661.82
投资收益(万元)	-	-	-	-
净利润(万元)	1514.95	7544.87	3362.83	4818.64
利润总额(万元)	1795.93	8494.01	3826.04	5342.81

河北先河环保科技股份有限公司

公司概况					
公司名称	河北先河环保科技股份有限公司			证券简称	先河环保
法人代表	李玉国	董秘	祖鹏飞	证券代码	300137
公司网址	www.sailhero.com.cn		电子信箱	xjs69@sailhero.com.cn	
电　　话	0311-85323900 85323985		传　　真	0311-85323456 85329383	
办公地址	河北省石家庄市湘江道251号				
经营范围	从事计量仪器、环保设备的研制开发、化工产品等				

主要财务指标　指标\报告期	2012.06.30	2011.12.31	2011.06.30	2010.12.31
基本每股收益(元)	0.1200	0.2600	0.1100	0.3000
基本每股收益(扣除后)(元)	0.0900	0.2300	0.1000	0.2700
每股净资产(元)	5.6400	5.5700	5.4300	6.9100
每股经营现金净流量(元)	-0.1823	-0.2507	-0.3187	0.1222
每股现金流量(元)	-0.1899	-0.7577	-0.5607	4.9352
每股资本公积金(元)	3.8494	3.8494	3.8494	5.3042
每股盈余公积金(元)	0.0722	0.0722	0.0460	0.0598
每股未分配利润(元)	0.7180	0.6480	0.5309	0.5414
净资产收益率(%)	2.1300	4.6280	2.0500	5.6310
加权净资产收益率(%)	2.1400	4.7400	2.1300	16.4700
净资产收益率(扣除)(%)	-	-	-	-
总资产(万元)	98917.57	92220.12	89437.10	89555.71
归属母公司股东权益(万元)	87978.76	86886.12	84649.78	82865.13
主营业务收入(万元)	6713.40	14655.78	6223.93	17169.35
营业收入(万元)	6713.40	14655.78	6713.40	17169.70
主营成本(万元)	3289.71	6518.43	3050.41	8289.04
营业成本(万元)	3289.71	6518.43	3050.41	8289.04
投资收益(万元)	-	-	-	-
净利润(万元)	1844.63	4019.25	1758.96	4639.10
利润总额(万元)	2159.53	4730.71	2010.61	5422.64

晨光生物科技集团股份有限公司

公司概况					
公司名称	晨光生物科技集团股份有限公司			证券简称	晨光生物
法人代表	卢庆国	董秘	周静	证券代码	300138
公司网址	www.cn-cg.com		电子信箱	sesu@hdchenguang.com	
电　　话	0310-8859023		传　　真	0310-8851655	
办公地址	河北省邯郸市曲周县城晨光路1号				
经营范围	辣椒红、红米红、甜菜红、姜黄色素、红曲米(粉)、调味油等				

主要财务指标　指标\报告期	2012.06.30	2011.12.31	2011.06.30	2010.12.31
基本每股收益(元)	0.2200	0.8357	0.2100	0.8996
基本每股收益(扣除后)(元)	0.1700	0.7506	0.1900	0.7524
每股净资产(元)	5.4400	10.6400	10.3500	10.0800
每股经营现金净流量(元)	-0.5288	0.9153	0.8772	-2.1219
每股现金流量(元)	-0.3693	-3.0732	-1.3727	4.3495
每股资本公积金(元)	3.4987	7.9818	7.9817	7.9837
每股盈余公积金(元)	0.1012	0.2024	0.0960	0.0960
每股未分配利润(元)	0.9097	1.5819	1.2799	1.0026
净资产收益率(%)	4.0200	7.8560	4.0200	7.0180
加权净资产收益率(%)	4.0500	8.0797	4.1600	19.1800
净资产收益率(扣除)(%)	-	-	-	-
总资产(万元)	122873.24	111586.85	108609.11	114896.50
归属母公司股东权益(万元)	97597.18	95513.37	92967.92	90525.20
主营业务收入(万元)	48789.59	106993.90	53006.11	58375.50
营业收入(万元)	48949.94	107125.38	53021.60	58406.25
主营成本(万元)	40131.40	90714.67	44713.97	45863.79
营业成本(万元)	40254.62	90922.74	44735.47	46007.01
投资收益(万元)	-	-	-	-
净利润(万元)	3898.70	7399.89	3751.07	6893.48
利润总额(万元)	4699.24	8780.30	4735.49	7680.07

北京福星晓程电子科技股份有限公司

公司概况	公司名称	北京福星晓程电子科技股份有限公司		证券简称	福星晓程
	法人代表	程毅	董秘　王含静	证券代码	300139
	公司网址	www.xiaocheng.com		电子信箱	fxxc_hr@126.com
	电　　话	010-68459012 8072		传　　真	010-68466652
	办公地址	北京市海淀区西三环北路87号国际财经中心D座503			
	经营范围	承接网络系统集成、自营和代理各类商品及技术的进出口业务等			

	指标\报告期	2012.06.30	2011.12.31	2011.06.30	2010.12.31
主要财务指标	基本每股收益(元)	0.4400	1.4500	0.3400	1.4200
	基本每股收益(扣除后)(元)	0.4400	1.4100	0.3300	1.3100
	每股净资产(元)	10.1500	20.0400	19.3500	19.1700
	每股经营现金净流量(元)	−0.2656	−0.6865	−0.5261	−0.7599
	每股现金流量(元)	−1.0103	−3.2631	−1.7647	13.6026
	每股资本公积金(元)	6.8081	14.6163	14.6163	14.6163
	每股盈余公积金(元)	0.2827	0.5655	0.4222	0.4222
	每股未分配利润(元)	2.1597	3.9343	3.3105	3.1302
	净资产收益率(%)	4.3600	7.2214	3.2200	5.7213
	加权净资产收益率(%)	4.3200	7.3800	3.5000	21.0200
	净资产收益率(扣除)(%)	–	–	–	–
	总资产(万元)	121120.25	120804.23	115181.14	115991.90
	归属母公司股东权益(万元)	111264.57	109829.01	106032.59	105044.53
	主营业务收入(万元)	13160.19	29309.37	10797.50	22814.20
	营业收入(万元)	13911.11	30406.25	11081.93	23608.24
	主营成本(万元)	5280.07	15621.13	5322.36	11562.37
	营业成本(万元)	5961.47	16640.54	5612.01	12233.51
	投资收益(万元)	–	–	–	–
	净利润(万元)	4995.66	8161.80	3634.44	5777.62
	利润总额(万元)	5681.92	9584.03	4288.87	7044.72

西安启源机电装备股份有限公司

公司概况	公司名称	西安启源机电装备股份有限公司		证券简称	启源装备
	法人代表	赵友安	董秘　赵利军	证券代码	300140
	公司网址	www.sdricom.com		电子信箱	zhaolijun@sdricom.com
	电　　话	029-86531386 86531303		传　　真	029-86531312
	办公地址	陕西省西安市经济技术开发区凤城十二路98号			
	经营范围	从事变压器专用设备及组件的设计、开发、制造、销售、服务等			

	指标\报告期	2012.06.30	2011.12.31	2011.06.30	2010.12.31
主要财务指标	基本每股收益(元)	0.0200	0.3300	0.1800	0.5300
	基本每股收益(扣除后)(元)	0.0200	0.2700	0.1400	0.4400
	每股净资产(元)	6.3300	6.4600	6.3100	12.7600
	每股经营现金净流量(元)	0.0570	−0.1732	−0.1815	0.4689
	每股现金流量(元)	−0.1791	−0.8843	−0.5210	9.7752
	每股资本公积金(元)	4.0790	4.0790	4.0790	9.1581
	每股盈余公积金(元)	0.2544	0.2544	0.2212	0.4424
	每股未分配利润(元)	0.9960	1.1241	1.0124	2.1642
	净资产收益率(%)	0.3500	5.0360	2.7900	6.3433
	加权净资产收益率(%)	0.3400	5.0800	2.8000	21.7000
	净资产收益率(扣除)(%)	–	–	–	–
	总资产(万元)	87181.07	88085.36	87960.87	88481.27
	归属母公司股东权益(万元)	77218.24	78781.57	77014.12	77864.38
	主营业务收入(万元)	10435.63	27979.71	14139.61	29591.49
	营业收入(万元)	10810.51	28706.63	14552.41	30250.38
	主营成本(万元)	7454.51	19333.80	9862.39	19378.57
	营业成本(万元)	7605.87	19679.35	10080.98	19769.34
	投资收益(万元)	–	41.09	–	–
	净利润(万元)	266.67	3949.83	2196.96	4943.35
	利润总额(万元)	238.91	4576.66	2561.58	5721.82

苏州工业园区和顺电气股份有限公司

公司概况	公司名称	苏州工业园区和顺电气股份有限公司		证券简称	和顺电气
	法人代表	姚建华	董秘　褚晟	证券代码	300141
	公司网址	www.cnheshun.com		电子信箱	cnheshun@hotmail.com
	电　　话	0512-62862607		传　　真	0512-62862608 67905060
	办公地址	江苏省苏州市工业园区和顺路8号			
	经营范围	高低压电器及成套设备、电工器材、电力滤波装置、无功补偿装置等			

	指标\报告期	2012.06.30	2011.12.31	2011.06.30	2010.12.31
主要财务指标	基本每股收益(元)	0.1900	0.6800	0.2700	0.8100
	基本每股收益(扣除后)(元)	0.1700	0.5000	0.2500	0.7700
	每股净资产(元)	5.0200	9.8500	9.4400	9.1600
	每股经营现金净流量(元)	−0.8244	1.8004	−0.4000	0.3995
	每股现金流量(元)	−1.7307	1.2539	−0.7274	7.4332
	每股资本公积金(元)	3.1214	7.2202	7.2202	7.2202
	每股盈余公积金(元)	0.0881	0.1762	0.1080	0.1080
	每股未分配利润(元)	0.8139	1.4500	1.1087	0.8362
	净资产收益率(%)	3.7600	6.9270	2.8900	6.8050
	加权净资产收益率(%)	3.7600	7.1800	2.9300	28.2500
	净资产收益率(扣除)(%)	–	–	–	–
	总资产(万元)	69382.65	75924.46	57677.00	54477.39
	归属母公司股东权益(万元)	55458.26	54352.16	52091.37	50587.30
	主营业务收入(万元)	13660.68	18861.94	7238.49	15979.76
	营业收入(万元)	13660.68	19172.66	7406.36	16218.66
	主营成本(万元)	9852.04	13328.98	4845.14	10802.92
	营业成本(万元)	9852.04	13451.55	4908.44	10851.75
	投资收益(万元)	–	–	–	4.35
	净利润(万元)	2085.45	3764.85	1504.07	3442.68
	利润总额(万元)	2450.57	4385.76	1769.49	3950.24

云南沃森生物技术股份有限公司

公司概况	公司名称	云南沃森生物技术股份有限公司		证券简称	沃森生物
	法人代表	李云春	董秘　徐可仁	证券代码	300142
	公司网址	www.walvax.com		电子信箱	ir@walvax.com.cn
	电　　话	0871-8312779		传　　真	0871-8312779
	办公地址	昆明市高新区科园路99号鼎易天城9栋A座19楼			
	经营范围	从事人用疫苗产品研发、生产、销售			

	指标\报告期	2012.06.30	2011.12.31	2011.06.30	2010.12.31
主要财务指标	基本每股收益(元)	0.6000	1.3800	0.5600	1.3400
	基本每股收益(扣除后)(元)	0.4500	1.1100	0.4300	1.2600
	每股净资产(元)	15.4200	18.0900	17.5600	25.5100
	每股经营现金净流量(元)	0.3471	0.6132	−0.0595	0.8671
	每股现金流量(元)	−0.8686	−2.3093	−1.7974	22.6047
	每股资本公积金(元)	11.7746	14.3295	14.3295	21.9943
	每股盈余公积金(元)	0.0990	0.1188	0.0488	–
	每股未分配利润(元)	2.5500	2.6413	2.1867	2.5148
	净资产收益率(%)	3.8800	7.6490	3.1800	6.0530
	加权净资产收益率(%)	3.9100	7.8500	3.2300	35.3300
	净资产收益率(扣除)(%)	–	–	–	–
	总资产(万元)	304894.59	300705.76	288384.91	298642.00
	归属母公司股东权益(万元)	277624.01	271344.15	263474.92	255090.39
	主营业务收入(万元)	22861.09	47375.88	18059.76	35877.79
	营业收入(万元)	22861.09	47381.09	18059.76	35879.23
	主营成本(万元)	2597.05	4184.43	1587.86	3270.81
	营业成本(万元)	2597.05	4189.64	1587.86	3272.15
	投资收益(万元)	–	–	–	–
	净利润(万元)	10779.86	20753.76	8384.53	15441.66
	利润总额(万元)	12789.76	24590.75	9937.65	18318.70

广东菇木真生物科技股份有限公司

公司概况					
公司名称	广东菇木真生物科技股份有限公司			证券简称	菇木真
法人代表	叶运寿	董秘	黄清华	证券代码	300143
公司网址	www.starway.com.cn		电子信箱	starway@starway.com.cn	
电　话	0769-87935678		传　真	0769-87920269	
办公地址	广东省东莞市塘厦镇蛟坪大道 83 号				
经营范围	种植、加工、销售食用菌等农副产品、食(药)用菌和其他有益微生物育种等				

主要财务指标：指标\报告期	2012.06.30	2011.12.31	2011.06.30	2010.12.31
基本每股收益(元)	-0.0500	0.4000	0.1900	0.8200
基本每股收益(扣除后)(元)	-0.0600	0.2800	0.0800	0.7100
每股净资产(元)	5.0900	5.3300	5.1200	10.8500
每股经营现金净流量(元)	-0.0103	0.6195	0.3067	0.9181
每股现金流量(元)	-1.7030	-1.5224	-0.9865	8.1041
每股资本公积金(元)	3.4474	3.4474	3.4474	8.7842
每股盈余公积金(元)	0.0485	0.0485	0.0139	0.0305
每股未分配利润(元)	0.5898	0.8355	0.6621	1.0360
净资产收益率(%)	-0.9000	7.4890	3.7300	5.8050
加权净资产收益率(%)	-0.8800	7.7800	3.8000	22.7700
净资产收益率(扣除)(%)	-	-	-	-
总资产(万元)	88504.74	83026.36	81670.07	85131.68
归属母公司股东权益(万元)	74962.40	78584.46	75518.05	72699.51
主营业务收入(万元)	9500.47	20739.27	9168.29	16793.15
营业收入(万元)	9501.61	20756.94	9171.84	16793.15
主营成本(万元)	7985.78	12823.06	5896.88	9317.86
营业成本(万元)	7985.79	12833.03	5896.88	9317.86
投资收益(万元)	-	-	-	-
净利润(万元)	-917.08	5884.96	2818.55	4220.35
利润总额(万元)	-915.05	6385.72	3329.19	4256.23

杭州宋城旅游发展股份有限公司

公司概况					
公司名称	杭州宋城旅游发展股份有限公司			证券简称	宋城股份
法人代表	黄巧灵	董秘	董昕	证券代码	300144
公司网址	www.chinascgf.com		电子信箱	zqb@chinascgf.com	
电　话	0571-87091255		传　真	0571-87091233	
办公地址	浙江省杭州市之江路 148 号				
经营范围	实业投资、旅游服务、旅游电子商务、文化传播、餐饮、停车服务、工艺品及书画展览、销售等				

主要财务指标：指标\报告期	2012.06.30	2011.12.31	2011.06.30	2010.12.31
基本每股收益(元)	0.2300	0.6000	0.1900	0.5700
基本每股收益(扣除后)(元)	0.1700	0.5700	0.1600	0.6000
每股净资产(元)	4.9700	7.3200	7.0000	15.0800
每股经营现金净流量(元)	0.3525	0.7980	0.4255	1.4902
每股现金流量(元)	-0.3263	-1.5776	-0.5846	13.4747
每股资本公积金(元)	3.1103	5.1654	5.1654	12.5640
每股盈余公积金(元)	0.0895	0.1343	0.0845	0.1860
每股未分配利润(元)	0.7747	1.0175	0.7484	1.3253
净资产收益率(%)	4.6200	8.2170	4.0400	6.4490
加权净资产收益率(%)	4.6400	8.5000	4.0500	32.5400
净资产收益率(扣除)(%)	-	-	-	-
总资产(万元)	311109.06	304152.12	296850.89	297443.45
归属母公司股东权益(万元)	275787.83	270445.83	258661.10	253263.97
主营业务收入(万元)	23145.52	46768.15	19657.62	41743.80
营业收入(万元)	23964.14	50453.22	21194.37	44475.67
主营成本(万元)	6629.43	11893.80	4598.97	9607.72
营业成本(万元)	6977.91	12527.80	5051.31	10548.88
投资收益(万元)	-	-	-	-
净利润(万元)	12734.00	22221.86	10437.13	16333.79
利润总额(万元)	17016.08	29741.17	13927.59	21798.34

南方泵业股份有限公司

公司概况					
公司名称	南方泵业股份有限公司			证券简称	南方泵业
法人代表	沈金浩	董秘	沈梦晖	证券代码	300145
公司网址	www.nanfang-pump.com		电子信箱	psz@nanfang-pump.com	
电　话	0571-86397850		传　真	0571-86396201	
办公地址	浙江省杭州市余杭区仁和镇				
经营范围	不锈钢冲压焊接离心泵及无负压变频供水设备等的研发、制造和销售等				

主要财务指标：指标\报告期	2012.06.30	2011.12.31	2011.06.30	2010.12.31
基本每股收益(元)	0.3400	0.6800	0.2600	0.6200
基本每股收益(扣除后)(元)	0.3100	0.6700	0.2600	0.5700
每股净资产(元)	7.1600	6.8500	6.4300	11.3300
每股经营现金净流量(元)	0.0762	0.7681	0.3105	1.2554
每股现金流量(元)	-0.4005	-0.6189	-0.2503	9.1487
每股资本公积金(元)	4.7307	4.6120	4.6117	9.1168
每股盈余公积金(元)	0.1178	0.1178	0.0568	0.1023
每股未分配利润(元)	1.3066	1.1201	0.7622	1.1097
净资产收益率(%)	4.5000	9.8640	3.9100	7.4324
加权净资产收益率(%)	4.7500	10.3000	4.0100	36.7200
净资产收益率(扣除)(%)	-	-	-	-
总资产(万元)	131558.35	127268.15	113745.31	111092.98
归属母公司股东权益(万元)	103033.78	98638.45	92601.51	90630.41
主营业务收入(万元)	43000.28	85305.45	35598.01	62705.40
营业收入(万元)	43573.98	86502.52	36144.63	63565.37
主营成本(万元)	28042.76	54260.76	24069.70	42986.11
营业成本(万元)	28587.60	55394.92	24419.23	43754.69
投资收益(万元)	2.40	2.77	2.77	119.43
净利润(万元)	4971.01	10096.04	3901.83	7042.65
利润总额(万元)	6235.24	12548.69	4668.16	8362.92

汤臣倍健股份有限公司

公司概况					
公司名称	汤臣倍健股份有限公司			证券简称	汤臣倍健
法人代表	梁允超	董秘	林志成	证券代码	300146
公司网址	www.by-health.com.cn		电子信箱	tcbj@by-health.com	
电　话	020-28956666 28956600		传　真	020-28957777	
办公地址	广东省广州市萝岗区科学城科学大道中 99 号科汇金谷 3 街 3 号				
经营范围	膳食营养补充剂的研发、生产和销售等				

主要财务指标：指标\报告期	2012.06.30	2011.12.31	2011.06.30	2010.12.31
基本每股收益(元)	0.8200	1.7000	0.8200	1.1200
基本每股收益(扣除后)(元)	0.8200	1.6900	0.4000	1.1200
每股净资产(元)	8.3500	16.0600	15.1700	29.7100
每股经营现金净流量(元)	0.4055	1.5910	0.4618	0.9987
每股现金流量(元)	-0.5537	-1.4204	-1.6410	26.7467
每股资本公积金(元)	5.7475	12.4950	12.4950	25.9899
每股盈余公积金(元)	0.1605	0.3209	0.1584	0.3168
每股未分配利润(元)	1.4432	2.2423	1.5183	2.4001
净资产收益率(%)	9.8432	10.6160	5.3900	5.6700
加权净资产收益率(%)	10.0400	11.0600	5.3900	60.1800
净资产收益率(扣除)(%)	-	-	-	-
总资产(万元)	194416.62	189417.11	170546.98	175364.66
归属母公司股东权益(万元)	182655.50	175612.33	165917.01	162436.81
主营业务收入(万元)	52497.89	65466.47	28046.81	34444.17
营业收入(万元)	52818.74	65796.37	28079.76	34608.08
主营成本(万元)	18935.65	23280.84	10233.34	12145.92
营业成本(万元)	19143.12	23582.10	10239.66	12297.01
投资收益(万元)	-	-	-	-
净利润(万元)	17979.17	18643.51	8948.20	9210.59
利润总额(万元)	21297.08	21992.52	10577.28	10790.14

广州市香雪制药股份有限公司

公司概况	公司名称	广州市香雪制药股份有限公司			证券简称	香雪制药
	法人代表	王永辉	董秘	黄滨	证券代码	300147
	公司网址	www.xphcn.com		电子信箱	directorate@xphcn.com	
	电　话	020-22211011 22211010		传　真	020-22211018	
	办公地址	广东省广州市萝岗区广州经济技术开发区科学城金峰园路2号				
	经营范围	现代中药生产与销售、辅之医疗设备等业务				

主要财务指标 指标\报告期	2012.06.30	2011.12.31	2011.06.30	2010.12.31
基本每股收益(元)	0.1400	0.3400	0.1000	0.4000
基本每股收益(扣除后)(元)	0.1400	0.3300	0.0900	0.4000
每股净资产(元)	4.7000	5.6700	5.4500	10.9600
每股经营现金净流量(元)	0.0457	0.1201	0.0130	0.3696
每股现金流量(元)	−0.2958	−1.4771	−1.3010	8.5826
每股资本公积金(元)	2.9952	3.7943	3.7943	8.5886
每股盈余公积金(元)	0.1425	0.1710	0.1379	0.2758
每股未分配利润(元)	0.5662	0.7061	0.5230	1.0994
净资产收益率(%)	3.0700	5.9890	2.2600	5.5060
加权净资产收益率(%)	3.0500	6.1200	2.2400	23.1900
净资产收益率(扣除)(%)	–	–	–	–
总资产(万元)	208361.62	192113.82	187829.04	184662.76
归属母公司股东权益(万元)	138759.61	139413.82	134101.89	134763.86
主营业务收入(万元)	33848.74	61390.44	22512.09	48800.95
营业收入(万元)	34327.18	61609.02	22913.21	51338.36
主营成本(万元)	18033.91	32631.65	12217.27	24850.57
营业成本(万元)	18467.29	32716.93	12473.18	27136.78
投资收益(万元)	–	–	–	−0.26
净利润(万元)	4356.87	8487.93	3098.41	7541.53
利润总额(万元)	5194.61	10074.63	3625.51	8805.14

天舟文化股份有限公司

公司概况	公司名称	天舟文化股份有限公司			证券简称	天舟文化
	法人代表	肖志鸿	董秘	喻宇汉	证券代码	300148
	公司网址	www.t-angel.com		电子信箱	tangeldm@126.com	
	电　话	0731-85565647		传　真	0731-85565647	
	办公地址	湖南省长沙市东二环二段194号天城新都商务楼四楼				
	经营范围	青少年读物的策划、设计、制作与发行业务等				

主要财务指标 指标\报告期	2012.06.30	2011.12.31	2011.06.30	2010.12.31
基本每股收益(元)	0.1300	0.3400	0.1700	0.4200
基本每股收益(扣除后)(元)	0.1200	0.3300	0.1700	0.4200
每股净资产(元)	4.1300	5.3500	5.2400	6.6700
每股经营现金净流量(元)	−0.2640	0.2318	0.1478	0.4889
每股现金流量(元)	−0.5305	−0.4859	−0.2999	5.4322
每股资本公积金(元)	2.4741	3.5144	3.5144	4.8688
每股盈余公积金(元)	0.0709	0.0922	0.0584	0.0759
每股未分配利润(元)	0.5863	0.7464	0.6644	0.7219
净资产收益率(%)	3.0900	6.3580	4.1900	6.1660
加权净资产收益率(%)	3.0600	6.5100	4.3000	29.0700
净资产收益率(扣除)(%)	–	–	–	–
总资产(万元)	61079.45	57752.72	58887.19	53413.97
归属母公司股东权益(万元)	52364.67	52192.48	51063.36	49999.25
主营业务收入(万元)	12818.16	27754.17	12787.21	21372.33
营业收入(万元)	12827.88	27760.15	12787.21	21383.60
主营成本(万元)	8434.34	19922.16	8595.10	14378.66
营业成本(万元)	8436.63	19922.16	8595.10	14379.22
投资收益(万元)	−65.39	−30.50	11.26	–
净利润(万元)	1585.37	3319.82	2204.20	3137.05
利润总额(万元)	2101.49	4532.95	2927.06	3874.89

量子高科(中国)生物股份有限公司

公司概况	公司名称	量子高科(中国)生物股份有限公司			证券简称	量子高科
	法人代表	王丛威	董秘	甘露	证券代码	300149
	公司网址	www.qht.cc		电子信箱	ganlu@qht.cc	
	电　话	0750-3869162 3869160		传　真	0750-3869666	
	办公地址	广东省江门市高新区高新西路133号				
	经营范围	以低聚果糖、低聚半乳糖为代表的益生元系列产品的研发、生产和销售等				

主要财务指标 指标\报告期	2012.06.30	2011.12.31	2011.06.30	2010.12.31
基本每股收益(元)	0.0900	0.2100	0.0500	0.3400
基本每股收益(扣除后)(元)	0.0900	0.2000	0.0500	0.3000
每股净资产(元)	2.9900	4.4000	4.2700	8.5300
每股经营现金净流量(元)	0.1387	0.0870	−0.0019	0.3106
每股现金流量(元)	−0.2650	−0.1519	−0.1634	6.3585
每股资本公积金(元)	1.4830	2.7245	2.7245	6.4489
每股盈余公积金(元)	0.0562	0.0843	0.0642	0.1284
每股未分配利润(元)	0.4487	0.5924	0.4780	0.9495
净资产收益率(%)	3.1400	4.6630	1.6600	5.9076
加权净资产收益率(%)	3.1500	4.7500	1.6500	29.0000
净资产收益率(扣除)(%)	–	–	–	–
总资产(万元)	66891.10	63382.14	59274.29	58742.06
归属母公司股东权益(万元)	60056.70	58975.65	57173.30	57130.02
主营业务收入(万元)	12765.33	16585.50	6628.59	12362.88
营业收入(万元)	12838.34	16605.80	6637.36	12380.97
主营成本(万元)	7660.99	10962.45	4424.61	6627.87
营业成本(万元)	7711.21	10968.45	4427.02	6636.27
投资收益(万元)	–	–	–	–
净利润(万元)	2004.50	2809.03	947.77	3375.04
利润总额(万元)	2379.34	3264.36	1114.76	3936.25

北京世纪瑞尔技术股份有限公司

公司概况	公司名称	北京世纪瑞尔技术股份有限公司			证券简称	世纪瑞尔
	法人代表	牛俊杰	董秘	朱江滨	证券代码	300150
	公司网址	www.c-real.com.cn		电子信箱	ireal@c-real.com.cn	
	电　话	010-62970877		传　真	010-62962298	
	办公地址	北京市海淀区上地信息路22号上地科技综合楼B座九、十层				
	经营范围	包括铁路综合视频监控系统、铁路防灾安全监控系统、铁路综合监控系统平台等				

主要财务指标 指标\报告期	2012.06.30	2011.12.31	2011.06.30	2010.12.31
基本每股收益(元)	0.3000	0.7100	0.3900	0.6300
基本每股收益(扣除后)(元)	0.3000	0.7100	0.3900	0.6300
每股净资产(元)	10.0400	10.3400	10.0200	10.1300
每股经营现金净流量(元)	0.2734	−0.4505	−0.7246	0.3236
每股现金流量(元)	−0.3418	−1.1271	−1.2867	8.3493
每股资本公积金(元)	8.3975	8.3975	8.3975	8.3975
每股盈余公积金(元)	0.2425	0.2425	0.1714	0.1714
每股未分配利润(元)	0.4015	0.6968	0.4522	0.5573
净资产收益率(%)	3.0300	6.8743	3.9400	4.6400
加权净资产收益率(%)	2.9300	6.9700	3.8600	26.6500
净资产收益率(扣除)(%)	–	–	–	–
总资产(万元)	145833.73	150166.49	142289.66	147284.71
归属母公司股东权益(万元)	135560.18	139547.23	135284.77	136704.40
主营业务收入(万元)	11364.81	29972.98	16614.42	23339.32
营业收入(万元)	11364.81	30009.01	16650.44	23401.08
主营成本(万元)	4905.31	14424.10	8022.62	12681.75
营业成本(万元)	4905.31	14424.10	8022.62	12681.75
投资收益(万元)	−24.56	−14.65	–	–
净利润(万元)	4112.95	9592.83	5330.37	6342.71
利润总额(万元)	4854.52	11233.59	6190.83	7344.57

深圳市昌红科技股份有限公司

公司概况	公司名称	深圳市昌红科技股份有限公司			证券简称	昌红科技
	法人代表	李焕昌	董秘	李焕昌(代)	证券代码	300151
	公司网址	www.sz-changhong.com		电子信箱	changhong@sz-changhong.com	
	电　话	0755-89785568 885		传　真	0755-89785598	
	办公地址	广东省深圳市坪山新区坪山锦龙大道西侧				
	经营范围	非金属制品模具设计、加工、制造、塑料制品、模具、五金制造等				

	指标\报告期	2012.06.30	2011.12.31	2011.06.30	2010.12.31
主要财务指标	基本每股收益(元)	0.1800	0.3400	0.1600	0.5400
	基本每股收益(扣除后)(元)	0.1900	0.3200	0.2100	0.5500
	每股净资产(元)	7.0100	7.0300	6.8500	10.5400
	每股经营现金净流量(元)	0.2198	0.0571	0.0198	0.8531
	每股现金流量(元)	-0.2161	-1.6277	-0.9472	8.2127
	每股资本公积金(元)	5.1051	5.1051	5.1051	8.1576
	每股盈余公积金(元)	0.0932	0.0932	0.0668	0.1002
	每股未分配利润(元)	0.8079	0.8279	0.6812	1.2782
	净资产收益率(%)	2.5700	4.7760	2.3000	5.7581
	加权净资产收益率(%)	2.5700	4.8000	2.3000	27.9800
	净资产收益率(扣除)(%)	-	-	-	-
	总资产(万元)	79910.23	80870.79	77723.47	81612.10
	归属母公司股东权益(万元)	70412.11	70613.25	68873.52	70590.75
	主营业务收入(万元)	23070.47	34066.42	13374.83	28617.76
	营业收入(万元)	23333.15	34279.59	13449.25	28617.76
	主营成本(万元)	18752.14	27412.12	10402.34	21049.57
	营业成本(万元)	18919.38	27551.21	10454.01	21049.57
	投资收益(万元)	-115.33	-53.54	-38.47	-
	净利润(万元)	1808.86	3372.51	1632.78	4064.72
	利润总额(万元)	2386.00	3841.95	1872.41	4686.21

徐州燃控科技股份有限公司

公司概况	公司名称	徐州燃控科技股份有限公司			证券简称	燃控科技
	法人代表	贾红生	董秘	单庆廷	证券代码	300152
	公司网址	www.xcc.com.cn		电子信箱	300152gcm@vip.163.com	
	电　话	0516-87986552		传　真	0516-87986552	
	办公地址	江苏省徐州市经济开发区杨山路12号				
	经营范围	锅炉点火及燃烧成套设备和控制系统的设计制造等				

	指标\报告期	2012.06.30	2011.12.31	2011.06.30	2010.12.31
主要财务指标	基本每股收益(元)	0.1600	0.6400	0.3500	0.7800
	基本每股收益(扣除后)(元)	0.1600	0.5900	0.3400	0.7500
	每股净资产(元)	5.6400	12.5800	12.2900	12.2400
	每股经营现金净流量(元)	-0.1277	0.5130	0.0254	0.4669
	每股现金流量(元)	-0.5222	-3.7016	-3.1656	9.9334
	每股资本公积金(元)	4.0141	10.0369	10.0369	10.0369
	每股盈余公积金(元)	0.0828	0.1821	0.1174	0.1174
	每股未分配利润(元)	0.5558	1.3654	1.1398	1.0859
	净资产收益率(%)	2.8000	5.1190	2.8000	4.6943
	加权净资产收益率(%)	2.8000	5.2100	2.8000	26.8200
	净资产收益率(扣除)(%)	-	-	-	-
	总资产(万元)	158334.39	156517.12	148535.66	152036.41
	归属母公司股东权益(万元)	135924.32	135910.95	132776.41	132193.71
	主营业务收入(万元)	18125.08	27023.91	12904.77	21371.31
	营业收入(万元)	18135.64	27045.03	12916.00	21406.51
	主营成本(万元)	11391.53	16236.16	6692.36	10927.51
	营业成本(万元)	11402.39	16236.16	6692.36	10957.71
	投资收益(万元)	-	-	-	-
	净利润(万元)	3859.88	6957.24	3750.61	6205.56
	利润总额(万元)	4556.43	8223.41	4420.92	7423.42

上海科泰电源股份有限公司

公司概况	公司名称	上海科泰电源股份有限公司			证券简称	科泰电源
	法人代表	谢松峰	董秘	廖晓华	证券代码	300153
	公司网址	www.cooltechsh.com		电子信箱	liaoxiaohua@cooltechsh.com	
	电　话	021-69758010		传　真	021-69758500	
	办公地址	上海市青浦工业园区崧华路688号				
	经营范围	新能源及柴油发电机组系统集成的开发、设计、制造等				

	指标\报告期	2012.06.30	2011.12.31	2011.06.30	2010.12.31
主要财务指标	基本每股收益(元)	0.0500	0.2500	0.1600	0.4200
	基本每股收益(扣除后)(元)	0.0500	0.2400	0.1500	0.4200
	每股净资产(元)	5.7100	5.8100	5.7200	11.4100
	每股经营现金净流量(元)	-0.7069	-0.2772	-0.1579	0.4292
	每股现金流量(元)	-0.7794	-0.9615	-0.6606	9.4433
	每股资本公积金(元)	4.0915	4.0915	4.0855	9.1711
	每股盈余公积金(元)	0.0974	0.0974	0.0802	0.1603
	每股未分配利润(元)	0.5322	0.6300	0.5584	1.0931
	净资产收益率(%)	0.9100	4.3160	2.8300	5.5830
	加权净资产收益率(%)	0.9000	4.3700	2.8200	32.1100
	净资产收益率(扣除)(%)	-	-	-	-
	总资产(万元)	112687.30	115459.13	108456.49	106067.41
	归属母公司股东权益(万元)	91414.04	92940.99	91471.31	91298.56
	主营业务收入(万元)	21293.29	43921.14	21451.43	39757.89
	营业收入(万元)	22332.79	48505.52	24368.01	43788.11
	主营成本(万元)	16968.67	33620.36	15577.02	27918.36
	营业成本(万元)	17514.43	36339.24	17600.25	30712.40
	投资收益(万元)	64.76	57.61	-	-
	净利润(万元)	834.73	4011.13	2589.30	5097.11
	利润总额(万元)	888.91	4525.69	2959.45	5979.03

深圳市瑞凌实业股份有限公司

公司概况	公司名称	深圳市瑞凌实业股份有限公司			证券简称	瑞凌股份
	法人代表	邱光	董秘	邱文	证券代码	300154
	公司网址	www.riland.com.cn		电子信箱	riland@riland.com.cn	
	电　话	0755-23227355		传　真	0755-27345116	
	办公地址	广东省深圳市宝安区宝城67区隆昌路8号飞扬科技B栋2-6楼				
	经营范围	逆变焊割设备的研发、生产、销售等				

	指标\报告期	2012.06.30	2011.12.31	2011.06.30	2010.12.31
主要财务指标	基本每股收益(元)	0.2100	0.5000	0.2200	0.5300
	基本每股收益(扣除后)(元)	0.2000	0.4800	0.2100	0.5200
	每股净资产(元)	6.0000	5.9000	5.6200	11.2900
	每股经营现金净流量(元)	-0.0091	0.1908	0.0905	0.5085
	每股现金流量(元)	-0.2559	-0.2986	-0.2049	9.3005
	每股资本公积金(元)	4.0509	4.0509	4.0509	9.1018
	每股盈余公积金(元)	0.1064	0.1064	0.0594	0.1188
	每股未分配利润(元)	0.8465	0.7414	0.5098	1.0707
	净资产收益率(%)	3.4100	8.5300	3.9900	6.9840
	加权净资产收益率(%)	3.4300	8.7500	3.9300	42.4400
	净资产收益率(扣除)(%)	-	-	-	-
	总资产(万元)	157738.68	159609.33	150282.11	145715.74
	归属母公司股东权益(万元)	134184.53	131837.21	125609.72	126179.26
	主营业务收入(万元)	37754.54	75714.80	35028.08	61596.16
	营业收入(万元)	37808.86	75951.49	35065.88	61631.31
	主营成本(万元)	27900.32	54614.37	25486.92	44222.29
	营业成本(万元)	27910.75	54771.15	25494.98	44226.46
	投资收益(万元)	-	-	-	-
	净利润(万元)	4470.95	11402.38	4990.34	8745.25
	利润总额(万元)	5276.28	13486.12	5902.95	10200.06

广东安居宝数码科技股份有限公司

公司概况						
公司概况	公司名称	广东安居宝数码科技股份有限公司			证券简称	安居宝
	法人代表	张波	董秘	黄伟宁	证券代码	300155
	公司网址	www.anjubao.com		电子信箱	anjubao@anjubao.net	
	电　话	020-82083888 82051026		传　真	020-82082030	
	办公地址	广东省广州市开发区科学城起云路 6 号安居宝科技园				
	经营范围	自动控制设备、通讯设备的开发、设计、研发、制造、销售及技术咨询等				

主要财务指标	指标\报告期	2012.06.30	2011.12.31	2011.06.30	2010.12.31
	基本每股收益(元)	0.1200	0.3300	0.1000	0.4700
	基本每股收益(扣除后)(元)	0.1200	0.3100	0.1000	0.4600
	每股净资产(元)	5.4900	5.6500	5.4200	14.1000
	每股经营现金净流量(元)	0.0030	0.2638	-0.0455	0.5373
	每股现金流量(元)	-0.3614	-0.3352	-0.5245	11.5815
	每股资本公积金(元)	4.0892	4.0892	4.0892	11.7231
	每股盈余公积金(元)	0.1093	0.0967	0.0637	0.1592
	每股未分配利润(元)	0.2955	0.4632	0.2658	1.2185
	净资产收益率(%)	2.2700	5.8210	1.8200	6.2301
	加权净资产收益率(%)	2.2200	5.8500	1.7500	41.1900
	净资产收益率(扣除)(%)	-	-	-	-
	总资产(万元)	107684.34	109551.64	102057.03	109164.13
	归属母公司股东权益(万元)	98892.90	101683.72	97536.39	101525.14
	主营业务收入(万元)	10755.69	25309.44	9008.26	24330.97
	营业收入(万元)	10812.19	25321.69	9008.26	24337.81
	主营成本(万元)	5449.40	13245.20	4658.46	12244.68
	营业成本(万元)	5464.52	13245.20	4658.46	12244.68
	投资收益(万元)	-	-	-	-
	净利润(万元)	2238.81	5913.14	1771.25	6325.09
	利润总额(万元)	2505.89	6520.46	1995.29	7015.32

天立环保工程股份有限公司

公司概况						
公司概况	公司名称	天立环保工程股份有限公司			证券简称	天立环保
	法人代表	王利品	董秘	吴忠林	证券代码	300156
	公司网址	www.tlhb.cn		电子信箱	wlp@tlhb.cn	
	电　话	010-80470166 80470099		传　真	010-80470098 80470166	
	办公地址	北京市顺义区空港工业园 B 区融慧园 19 号				
	经营范围	环保节能工程设计、技术开发、技术咨询、技术服务、专业承包、销售等				

主要财务指标	指标\报告期	2012.06.30	2011.12.31	2011.06.30	2010.12.31
	基本每股收益(元)	0.2500	0.4700	0.3600	0.6000
	基本每股收益(扣除后)(元)	0.2500	0.4600	0.2900	0.5700
	每股净资产(元)	5.4300	9.3200	9.2100	17.6911
	每股经营现金净流量(元)	-0.4335	-1.2674	-0.4508	-0.6056
	每股现金流量(元)	-0.0831	-2.2030	-0.3920	13.8915
	每股资本公积金(元)	3.2250	6.5875	6.5875	14.1749
	每股盈余公积金(元)	0.1014	0.1825	0.1326	0.2652
	每股未分配利润(元)	1.1081	1.5501	1.4850	2.2510
	净资产收益率(%)	4.5400	5.0910	3.9100	6.7290
	加权净资产收益率(%)	4.6600	5.2200	3.9800	36.7700
	净资产收益率(扣除)(%)	-	-	-	-
	总资产(万元)	210459.29	183892.78	189672.80	162434.56
	归属母公司股东权益(万元)	156903.53	149494.35	147648.83	141882.96
	主营业务收入(万元)	27614.82	31935.89	14745.22	33294.22
	营业收入(万元)	27614.82	32078.10	14889.48	33564.51
	主营成本(万元)	18039.86	19181.07	9235.77	19082.03
	营业成本(万元)	18039.86	19259.32	9235.77	19280.53
	投资收益(万元)	-	-	-	-
	净利润(万元)	6968.41	7611.39	5765.88	9546.79
	利润总额(万元)	8229.38	8992.41	6308.47	10381.67

恒泰艾普石油天然气技术服务股份有限公司

公司概况						
公司概况	公司名称	恒泰艾普石油天然气技术服务股份有限公司			证券简称	恒泰艾普
	法人代表	孙庚文	董秘	杨建全	证券代码	300157
	公司网址	www.ldocean.com.cn		电子信箱	zqb@ldocean.com.cn	
	电　话	010-82825231 8211		传　真	010-82825230	
	办公地址	北京市海淀区农大南路 1 号院 2 号楼 A701 室				
	经营范围	石油天然气勘探的技术开发、销售、计算机软件的开发、销售等				

主要财务指标	指标\报告期	2012.06.30	2011.12.31	2011.06.30	2010.12.31
	基本每股收益(元)	0.2500	0.4600	0.2400	0.5400
	基本每股收益(扣除后)(元)	0.2300	0.4400	0.2300	0.5100
	每股净资产(元)	9.0900	9.0000	8.7700	17.0700
	每股经营现金净流量(元)	-0.0442	0.0498	0.0494	0.1984
	每股现金流量(元)	-1.6219	-6.6719	-0.1077	13.2463
	每股资本公积金(元)	6.9531	6.9531	6.9418	14.8837
	每股盈余公积金(元)	0.1043	0.1043	0.0583	0.1166
	每股未分配利润(元)	1.0363	0.9489	0.7709	1.0653
	净资产收益率(%)	2.7200	5.1350	2.6500	4.7419
	加权净资产收益率(%)	2.7100	5.2700	2.7500	24.1900
	净资产收益率(扣除)(%)	-	-	-	-
	总资产(万元)	173760.96	165127.51	160311.63	156892.80
	归属母公司股东权益(万元)	161637.84	160040.42	155904.65	151705.20
	主营业务收入(万元)	12992.77	21180.77	10097.17	20362.03
	营业收入(万元)	12992.77	21181.49	10097.17	20574.41
	主营成本(万元)	5026.22	7695.49	3724.28	6866.41
	营业成本(万元)	5026.22	7695.49	3724.28	7052.48
	投资收益(万元)	-21.28	0.34	-16.02	9.87
	净利润(万元)	4946.78	7824.49	4016.53	7105.08
	利润总额(万元)	5753.70	9447.82	4754.87	7644.00

山西振东制药股份有限公司

公司概况						
公司概况	公司名称	山西振东制药股份有限公司			证券简称	振东制药
	法人代表	李安平	董秘	李安平	证券代码	300158
	公司网址	www.zdjt.com		电子信箱	zqb@zdjt.com	
	电　话	0355-8096012		传　真	0355-8096018	
	办公地址	山西省长治市长治县光明南路振东科技园				
	经营范围	中药制剂(仅限原料药比卡鲁胺、甘草酸二铵)、小容量注射剂、片剂等				

主要财务指标	指标\报告期	2012.06.30	2011.12.31	2011.06.30	2010.12.31
	基本每股收益(元)	0.2800	0.8300	0.3600	0.8500
	基本每股收益(扣除后)(元)	0.2600	0.7400	0.3500	0.8200
	每股净资产(元)	12.7000	12.7200	12.2600	12.2000
	每股经营现金净流量(元)	0.4197	-0.6162	-0.7622	0.2250
	每股现金流量(元)	-0.0214	-5.2288	-3.5552	9.3229
	每股资本公积金(元)	9.8732	9.8732	9.8732	9.8732
	每股盈余公积金(元)	0.3278	0.3278	0.1358	0.1358
	每股未分配利润(元)	1.4994	1.5230	1.2482	1.1863
	净资产收益率(%)	2.1800	6.5366	2.9500	5.2440
	加权净资产收益率(%)	2.1600	6.6000	2.9400	22.7400
	净资产收益率(扣除)(%)	-	-	-	-
	总资产(万元)	242130.41	225584.42	205783.69	217047.93
	归属母公司股东权益(万元)	182886.78	183226.85	176504.50	175612.89
	主营业务收入(万元)	59558.55	127778.39	55817.96	92669.60
	营业收入(万元)	59685.87	128137.69	56408.31	93032.97
	主营成本(万元)	29518.41	59702.92	27669.62	38630.57
	营业成本(万元)	29530.30	59927.17	27694.77	38770.49
	投资收益(万元)	3.07	0.55	-	1.20
	净利润(万元)	3912.70	11728.79	5162.46	9229.07
	利润总额(万元)	4803.80	13491.08	5947.17	10968.57

新疆机械研究院股份有限公司

公司概况	公司名称	新疆机械研究院股份有限公司		证券简称	新研股份
	法人代表	周卫华	董秘 王建军	证券代码	300159
	公司网址	www.xjjxy.com.cn		电子信箱	xjwjj2010@163.com
	电　话	0991-3731024 3736150		传　真	0991-3736150
	办公地址	新疆维吾尔自治区乌鲁木齐市新市区北京北路239号			
	经营范围	多种农牧业机械的研究开发、生产和销售等			

主要财务指标	指标\报告期	2012.06.30	2011.12.31	2011.06.30	2010.12.31
	基本每股收益(元)	0.0700	0.8800	0.1100	0.7700
	基本每股收益(扣除后)(元)	0.0500	0.7500	0.0600	0.6700
	每股净资产(元)	4.9100	9.8800	9.1200	20.1000
	每股经营现金净流量(元)	-0.0958	-0.7494	-1.1744	1.3498
	每股现金流量(元)	-0.2852	-1.9236	-1.8615	17.5398
	每股资本公积金(元)	3.1837	7.3673	7.3673	17.4081
	每股盈余公积金(元)	0.0817	0.1633	0.0736	0.1620
	每股未分配利润(元)	0.6400	1.3491	0.6753	1.5337
	净资产收益率(%)	1.3300	8.8870	1.2600	6.2680
	加权净资产收益率(%)	1.3200	9.2600	1.2500	48.6300
	净资产收益率(扣除)(%)	-	-	-	-
	总资产(万元)	98049.95	99727.27	93040.34	92516.97
	归属母公司股东权益(万元)	88492.24	89115.55	82229.00	82425.87
	主营业务收入(万元)	6342.55	37747.12	5951.04	25295.64
	营业收入(万元)	6354.43	37747.36	5951.28	25318.19
	主营成本(万元)	3967.86	23605.14	3510.66	15958.36
	营业成本(万元)	3967.86	23605.14	3510.66	15961.76
	投资收益(万元)	-	-3.83	-8.86	-8.64
	净利润(万元)	1180.69	7919.68	1033.13	5166.63
	利润总额(万元)	1327.73	8683.96	1293.86	5374.10

江苏秀强玻璃工艺股份有限公司

公司概况	公司名称	江苏秀强玻璃工艺股份有限公司		证券简称	秀强股份
	法人代表	卢秀强	董秘 张首先	证券代码	300160
	公司网址	www.jsxq.com		电子信箱	zqb@jsxq.com
	电　话	0527-84459081-8102 8119		传　真	0527-84459085
	办公地址	江苏省宿迁市经济开发区东区珠江路102号			
	经营范围	生产冰箱玻璃、汽车玻璃、家居玻璃、生产钢化、中空、夹胶、热弯等			

主要财务指标	指标\报告期	2012.06.30	2011.12.31	2011.06.30	2010.12.31
	基本每股收益(元)	0.2000	0.2700	0.2700	0.8500
	基本每股收益(扣除后)(元)	0.1900	0.2750	0.2750	0.8100
	每股净资产(元)	5.4300	10.8800	10.3800	3.2000
	每股经营现金净流量(元)	0.1972	0.4738	-0.3482	-0.3443
	每股现金流量(元)	-0.3332	5.2639	5.8321	0.2327
	每股资本公积金(元)	3.4326	7.8652	7.8652	0.5581
	每股盈余公积金(元)	0.1299	0.2598	0.1532	0.2044
	每股未分配利润(元)	0.8742	1.7548	1.3607	1.4356
	净资产收益率(%)	3.6189	9.6100	5.2488	26.5790
	加权净资产收益率(%)	3.5700	10.6400	5.6800	30.2900
	净资产收益率(扣除)(%)	-	-	-	-
	总资产(万元)	129729.29	128271.28	122271.50	60774.06
	归属母公司股东权益(万元)	101557.28	101618.03	96940.68	22386.91
	主营业务收入(万元)	43441.47	-	39212.43	62487.26
	营业收入(万元)	44679.70	79561.07	39802.50	63208.12
	主营成本(万元)	32908.22	-	27123.21	45246.61
	营业成本(万元)	34096.65	55887.98	27472.27	45519.72
	投资收益(万元)	-181.32	-9.83	-	-
	净利润(万元)	3675.25	9765.56	5088.22	5950.12
	利润总额(万元)	4499.94	11387.39	5986.14	6941.15

武汉华中数控股份有限公司

公司概况	公司名称	武汉华中数控股份有限公司		证券简称	华中数控
	法人代表	陈吉红	董秘 伍衡	证券代码	300161
	公司网址	www.huazhongcnc.com		电子信箱	hcnc@huazhongcnc.com
	电　话	027-87180605		传　真	027-87180605
	办公地址	湖北省武汉市东湖新技术开发区庙山小区华中科技大学科技园			
	经营范围	数控系统、机电一体化、电子、计算机、激光、通信等技术及产品的开发、研制等			

主要财务指标	指标\报告期	2012.06.30	2011.12.31	2011.06.30	2010.12.31
	基本每股收益(元)	0.1000	0.2700	0.1600	0.6700
	基本每股收益(扣除后)(元)	-0.0900	0.1600	0.1000	0.4300
	每股净资产(元)	8.7200	8.6200	8.5000	3.4300
	每股经营现金净流量(元)	-0.3961	-0.7285	-1.0823	0.0912
	每股现金流量(元)	-0.8810	4.6378	4.5458	0.1614
	每股资本公积金(元)	6.1308	6.1308	6.1308	0.3933
	每股盈余公积金(元)	0.2081	0.2081	0.1813	0.2445
	每股未分配利润(元)	1.3854	1.2840	1.1831	1.7955
	净资产收益率(%)	1.1600	3.0480	1.8000	19.6030
	加权净资产收益率(%)	1.1700	3.2300	2.0100	21.5900
	净资产收益率(扣除)(%)	-	-	-	-
	总资产(万元)	125568.27	119523.21	124452.40	54922.16
	归属母公司股东权益(万元)	94074.20	92980.78	91604.88	27751.23
	主营业务收入(万元)	18088.64	41542.83	19767.30	37155.36
	营业收入(万元)	18326.03	42522.91	20209.75	38246.88
	主营成本(万元)	13686.57	31788.96	14733.45	26658.35
	营业成本(万元)	13726.88	32172.58	14914.39	27139.23
	投资收益(万元)	-43.56	245.51	129.19	287.43
	净利润(万元)	1099.79	2869.02	1689.45	5468.20
	利润总额(万元)	1301.53	3376.83	1999.58	6382.59

深圳雷曼光电科技股份有限公司

公司概况	公司名称	深圳雷曼光电科技股份有限公司		证券简称	雷曼光电
	法人代表	李漫铁	董秘 罗竝	证券代码	300162
	公司网址	www.ledman.cn		电子信箱	ledman@ledman.cn
	电　话	0755-86137035		传　真	0755-86139001
	办公地址	广东省深圳市南山区松白公路百旺信工业园区二区第八栋			
	经营范围	研发、生产经营高品级发光二极管及LED显示、照明及其他应用产品货物的进出口			

主要财务指标	指标\报告期	2012.06.30	2011.12.31	2011.06.30	2010.12.31
	基本每股收益(元)	0.1500	0.2500	0.3000	0.7800
	基本每股收益(扣除后)(元)	0.1300	0.2200	0.2800	0.7300
	每股净资产(元)	5.5400	5.4900	10.8800	2.0700
	每股经营现金净流量(元)	0.1043	-0.1288	-0.3395	0.4236
	每股现金流量(元)	-0.1899	3.7148	7.7840	-0.1720
	每股资本公积金(元)	3.9418	3.9418	8.8835	0.1323
	每股盈余公积金(元)	0.0580	0.0580	0.0985	0.0933
	每股未分配利润(元)	0.5391	0.4890	0.8935	0.8406
	净资产收益率(%)	2.7100	4.5020	2.6900	37.5700
	加权净资产收益率(%)	2.7100	4.9200	3.1700	46.2600
	净资产收益率(扣除)(%)	-	-	-	-
	总资产(万元)	83253.84	82791.30	81438.76	22071.41
	归属母公司股东权益(万元)	74220.05	73548.55	72865.69	10372.04
	主营业务收入(万元)	14628.68	26375.00	12169.93	20610.26
	营业收入(万元)	14786.71	26375.00	12169.93	20610.26
	主营成本(万元)	10631.03	18910.90	8405.37	13073.15
	营业成本(万元)	10674.89	18910.90	8405.37	13073.15
	投资收益(万元)	-	-	-	-
	净利润(万元)	2011.51	3310.92	1958.06	3896.78
	利润总额(万元)	2284.42	3884.77	2288.71	4370.77

宁波先锋新材料股份有限公司

公司概况	公司名称	宁波先锋新材料股份有限公司			证券简称	先锋新材
	法人代表	卢先锋	董秘	郭剑	证券代码	300163
	公司网址	www.aplus.cn		电子信箱	guojian@aplus.cn	
	电　　话	0574-88003135		传　　真	0574-88003131	
	办公地址	浙江省宁波市鄞州区集士港镇山下庄村				
	经营范围	一般经营项目为 PVC 玻纤高分子复合材料的制造				

主要财务指标	指标\报告期	2012.06.30	2011.12.31	2011.06.30	2010.12.31
	基本每股收益(元)	0.1700	0.4800	0.2100	0.4900
	基本每股收益(扣除后)(元)	0.1600	0.4200	0.1700	0.4300
	每股净资产(元)	8.0000	8.1300	7.8600	2.4300
	每股经营现金净流量(元)	-0.2426	0.2404	-0.0680	0.6512
	每股现金流量(元)	-1.1081	2.5030	3.4359	0.3270
	每股资本公积金(元)	6.1953	6.1953	6.1953	0.4073
	每股盈余公积金(元)	0.0854	0.0854	0.0668	0.0894
	每股未分配利润(元)	0.7157	0.8443	0.5998	0.9331
	净资产收益率(%)	2.1000	5.7360	2.9300	20.1280
	加权净资产收益率(%)	2.1000	6.2300	2.9300	22.3800
	净资产收益率(扣除)(%)	-	-	-	-
	总资产(万元)	66899.66	69214.03	66666.08	36146.87
	归属母公司股东权益(万元)	63172.18	64187.95	62109.40	14336.01
	主营业务收入(万元)	9643.54	19431.73	10002.84	15824.24
	营业收入(万元)	9673.25	19664.72	10114.75	15959.28
	主营成本(万元)	6520.03	12084.05	6254.69	9337.00
	营业成本(万元)	6681.43	12111.50	6364.31	9467.78
	投资收益(万元)	-	-	-	6.77
	净利润(万元)	1354.23	3682.09	1603.54	2885.51
	利润总额(万元)	1549.39	4514.74	1949.90	3482.85

西安通源石油科技股份有限公司

公司概况	公司名称	西安通源石油科技股份有限公司			证券简称	通源石油
	法人代表	张国桉	董秘	王磊	证券代码	300164
	公司网址	www.tongoiltools.com		电子信箱	investor@tongoiltools.com	
	电　　话	029-87607465		传　　真	029-87607465	
	办公地址	陕西省西安市高新区科技二路 70 号软件园唐乐阁 D301 室				
	经营范围	石油、天然气开发领域中钻井、测井、录井和井下作业等				

主要财务指标	指标\报告期	2012.06.30	2011.12.31	2011.06.30	2010.12.31
	基本每股收益(元)	0.0900	0.9900	0.0600	1.0400
	基本每股收益(扣除后)(元)	0.0600	0.9400	0.0400	0.9700
	每股净资产(元)	7.1400	14.4000	13.5400	6.0500
	每股经营现金净流量(元)	-0.4681	-0.3550	-0.6783	0.2817
	每股现金流量(元)	-0.7624	1.3510	8.7546	-0.3862
	每股资本公积金(元)	4.8356	10.6712	10.6712	1.5445
	每股盈余公积金(元)	0.1835	0.3670	0.2667	0.4310
	每股未分配利润(元)	1.1211	2.3603	1.5987	3.0775
	净资产收益率(%)	1.2700	6.7600	0.8200	20.6681
	加权净资产收益率(%)	1.2600	7.3300	0.9100	20.6700
	净资产收益率(扣除)(%)	-	-	-	-
	总资产(万元)	132534.71	137125.79	123832.19	51457.24
	归属母公司股东权益(万元)	113095.68	114036.25	107209.55	29659.70
	主营业务收入(万元)	11715.37	34930.69	10041.52	30097.16
	营业收入(万元)	11718.98	34951.80	10046.18	30155.57
	主营成本(万元)	5233.19	16086.92	4775.56	14269.65
	营业成本(万元)	5233.19	16097.34	4775.56	14324.70
	投资收益(万元)	-	-	-	48.02
	净利润(万元)	1440.09	7708.80	882.10	6130.09
	利润总额(万元)	1738.63	9070.00	1063.12	7183.81

江苏天瑞仪器股份有限公司

公司概况	公司名称	江苏天瑞仪器股份有限公司			证券简称	天瑞仪器
	法人代表	刘召贵	董秘	肖廷良	证券代码	300165
	公司网址	www.skyray-instrument.com		电子信箱	zqb@skyray-instrument.com	
	电　　话	0512-57017339 57017000		传　　真	0512-57018681	
	办公地址	江苏省昆山市玉山镇中华园西路 1888 号天瑞大厦				
	经营范围	化学分析仪器及其应用软件的研发、生产、销售等				

主要财务指标	指标\报告期	2012.06.30	2011.12.31	2011.06.30	2010.12.31
	基本每股收益(元)	0.1600	0.7200	0.2800	1.3900
	基本每股收益(扣除后)(元)	0.1000	0.4900	0.2300	0.8400
	每股净资产(元)	8.9000	11.7600	11.4000	4.0200
	每股经营现金净流量(元)	0.0062	0.2824	0.1776	1.1261
	每股现金流量(元)	-0.2415	9.2444	9.1006	0.4309
	每股资本公积金(元)	6.9885	9.3850	9.3850	1.1964
	每股盈余公积金(元)	0.1471	0.1912	0.1253	0.2672
	每股未分配利润(元)	0.7657	1.1856	0.8898	1.5580
	净资产收益率(%)	1.7800	6.0258	3.5300	34.5545
	加权净资产收益率(%)	1.7800	6.6200	3.5300	40.5500
	净资产收益率(扣除)(%)	-	-	-	-
	总资产(万元)	149890.29	152646.02	149796.19	37934.93
	归属母公司股东权益(万元)	137008.45	139260.87	134977.29	22320.09
	主营业务收入(万元)	14112.88	29915.60	14954.12	27630.58
	营业收入(万元)	14255.00	30068.90	15004.66	27743.98
	主营成本(万元)	4448.05	9017.56	4535.26	7303.15
	营业成本(万元)	4610.35	9054.53	11893.64	7303.15
	投资收益(万元)	-	-	-	-
	净利润(万元)	2483.58	8391.60	4108.02	7712.60
	利润总额(万元)	2824.63	9828.99	4710.49	8887.93

北京东方国信科技股份有限公司

公司概况	公司名称	北京东方国信科技股份有限公司			证券简称	东方国信
	法人代表	管连平	董秘	刘彦斐	证券代码	300166
	公司网址	www.bonc.com.cn		电子信箱	investor@bonc.com.cn	
	电　　话	010-64398907 64392089		传　　真	010-64398978	
	办公地址	北京市朝阳区望京北路 9 号叶青大厦 D 座 1108				
	经营范围	因特网信息服务业务等				

主要财务指标	指标\报告期	2012.06.30	2011.12.31	2011.06.30	2010.12.31
	基本每股收益(元)	0.3200	1.4500	0.3100	1.3900
	基本每股收益(扣除后)(元)	0.3200	1.4300	0.3000	1.3300
	每股净资产(元)	8.5000	16.5600	15.7300	3.5000
	每股经营现金净流量(元)	-0.3932	0.3948	0.0270	0.4061
	每股现金流量(元)	-1.9352	11.9968	12.4091	0.3638
	每股资本公积金(元)	5.8849	12.7699	12.7699	0.0090
	每股盈余公积金(元)	0.1668	0.3336	0.1978	0.2642
	每股未分配利润(元)	1.4509	2.4551	1.7603	2.2297
	净资产收益率(%)	3.8000	8.5850	3.7600	39.7030
	加权净资产收益率(%)	3.8600	9.4900	4.2900	49.5400
	净资产收益率(扣除)(%)	-	-	-	-
	总资产(万元)	70791.33	73586.79	65315.30	12952.94
	归属母公司股东权益(万元)	68871.43	67062.41	63698.37	10621.94
	主营业务收入(万元)	11367.60	17881.13	7409.08	12124.72
	营业收入(万元)	11367.60	17881.13	7409.08	12124.72
	主营成本(万元)	5958.02	8447.30	3458.71	5186.91
	营业成本(万元)	5958.02	8447.30	3458.71	5186.91
	投资收益(万元)	-	-	-	-
	净利润(万元)	2619.01	5757.06	2393.02	4217.22
	利润总额(万元)	3112.98	6741.16	2768.88	4874.40

深圳市迪威视讯股份有限公司

公司概况	公司名称	深圳市迪威视讯股份有限公司			证券简称	迪威视讯
	法人代表	季刚	董秘	刘鹏	证券代码	300167
	公司网址	www.dvision.cn		电子信箱	ir@dvision.cn	
	电　话	0755-26727475 26727427		传　真	0755-26727234	
	办公地址	广东省深圳市高新区北区新西路2号2栋第4层402-406号、第5层501-503号				
	经营范围	通讯设备、通讯软件及系统集成的技术开发、生产、销售等				

	指标\报告期	2012.06.30	2011.12.31	2011.06.30	2010.12.31
主要财务指标	基本每股收益(元)	0.0900	0.4300	0.1700	0.7900
	基本每股收益(扣除后)(元)	0.0700	0.4200	0.1500	0.7900
	每股净资产(元)	6.9800	10.5400	10.2700	4.9800
	每股经营现金净流量(元)	-0.8479	-0.1528	-0.8458	0.1441
	每股现金流量(元)	-0.9004	6.0210	6.0160	0.2354
	每股资本公积金(元)	4.6417	7.6625	7.6625	0.8140
	每股盈余公积金(元)	0.0427	0.0641	0.0525	0.1049
	每股未分配利润(元)	1.2950	1.8106	1.5596	3.0609
	净资产收益率(%)	1.2600	4.0340	1.5800	23.8330
	加权净资产收益率(%)	1.2400	4.3700	1.8000	27.0600
	净资产收益率(扣除)(%)	-	-	-	-
	总资产(万元)	80592.08	82039.59	73894.77	27515.52
	归属母公司股东权益(万元)	69849.77	70303.90	68551.99	16612.68
	主营业务收入(万元)	10362.26	22780.57	7981.47	19965.45
	营业收入(万元)	10894.20	22934.16	8042.06	20312.04
	主营成本(万元)	7791.46	12674.70	3605.25	9918.61
	营业成本(万元)	7791.46	12675.00	3605.25	9919.99
	投资收益(万元)	-	-	-	-
	净利润(万元)	708.73	2899.90	1080.45	3972.54
	利润总额(万元)	816.04	3578.46	1259.21	4683.61

万达信息股份有限公司

公司概况	公司名称	万达信息股份有限公司			证券简称	万达信息
	法人代表	史一兵	董秘	张令庆	证券代码	300168
	公司网址	www.wondersgroup.com		电子信箱	invest@wondersgroup.com	
	电　话	021-24177888		传　真	021-32140588	
	办公地址	上海市联航路1518号				
	经营范围	计算机专业领域内的技术咨询、开发、转让、培训、承包等				

	指标\报告期	2012.06.30	2011.12.31	2011.06.30	2010.12.31
主要财务指标	基本每股收益(元)	0.0938	0.6963	0.0693	0.5908
	基本每股收益(扣除后)(元)	0.0946	0.6546	0.0693	0.5605
	每股净资产(元)	9.3700	9.3400	8.7100	3.0400
	每股经营现金净流量(元)	-1.0276	0.1277	-1.0774	0.1969
	每股现金流量(元)	-1.5691	5.7876	4.6343	0.2753
	每股资本公积金(元)	6.6493	6.6134	6.5977	0.5067
	每股盈余公积金(元)	0.2618	0.2618	0.1974	0.2632
	每股未分配利润(元)	1.4724	1.4786	0.9276	1.2816
	净资产收益率(%)	1.0000	7.3020	0.8600	19.4520
	加权净资产收益率(%)	1.0000	7.0900	0.8600	21.6100
	净资产收益率(扣除)(%)	-	-	-	-
	总资产(万元)	136050.50	134991.25	118299.86	46742.02
	归属母公司股东权益(万元)	112412.94	112050.73	104514.49	27333.46
	主营业务收入(万元)	24160.72	69482.67	17522.33	49317.86
	营业收入(万元)	24160.72	69482.67	17522.33	49317.86
	主营成本(万元)	16256.74	48307.92	11769.08	33312.84
	营业成本(万元)	16256.74	48307.92	11769.08	33312.84
	投资收益(万元)	-7.14	55.82	-	46.85
	净利润(万元)	993.84	8103.34	765.25	5273.58
	利润总额(万元)	1376.42	9412.92	888.29	5873.10

常州天晟新材料股份有限公司

公司概况	公司名称	常州天晟新材料股份有限公司			证券简称	天晟新材
	法人代表	吕泽伟	董秘	宋越	证券代码	300169
	公司网址	www.tschina.com		电子信箱	dongmi@tschina.com	
	电　话	0519-88822688		传　真	0519-88866091	
	办公地址	江苏省常州市中吴大道985号				
	经营范围	塑料制品、橡胶制品(限分支机构经营)、新型复合材料、新型墙体材料等				

	指标\报告期	2012.06.30	2011.12.31	2011.06.30	2010.12.31
主要财务指标	基本每股收益(元)	0.1400	0.4000	0.2100	0.4600
	基本每股收益(扣除后)(元)	0.1000	0.3500	0.2000	0.4300
	每股净资产(元)	3.4100	6.7800	6.5900	3.6300
	每股经营现金净流量(元)	-0.2430	-0.9895	-0.4198	0.5982
	每股现金流量(元)	-0.4493	2.8066	3.5847	0.0184
	每股资本公积金(元)	1.9659	4.9319	4.9287	1.0470
	每股盈余公积金(元)	0.0349	0.0698	0.0411	0.0824
	每股未分配利润(元)	0.4050	0.7785	0.6167	1.5021
	净资产收益率(%)	4.1333	5.7650	3.0410	19.1630
	加权净资产收益率(%)	4.1200	6.2200	3.4000	21.1900
	净资产收益率(扣除)(%)	-	-	-	-
	总资产(万元)	137207.59	126521.58	120535.34	55558.68
	归属母公司股东权益(万元)	95534.77	95092.31	92375.11	25420.32
	主营业务收入(万元)	25509.96	41258.94	18724.47	34543.95
	营业收入(万元)	25994.87	41337.72	18724.47	35103.32
	主营成本(万元)	-	27471.31	12275.36	22247.30
	营业成本(万元)	17636.74	27513.54	12275.36	22563.72
	投资收益(万元)	-	-	-	-
	净利润(万元)	3815.84	5373.17	2843.66	4992.77
	利润总额(万元)	4534.45	6538.71	3444.39	6208.33

上海汉得信息技术股份有限公司

公司概况	公司名称	上海汉得信息技术股份有限公司			证券简称	汉得信息
	法人代表	范建震	董秘	张伟锋	证券代码	300170
	公司网址	www.hand-china.com		电子信箱	investors@vip.hand-china.com	
	电　话	021-50274885		传　真	021-50802934	
	办公地址	上海市浦东新区张江高科技园区科苑路151号3-4楼				
	经营范围	研究、开发和生产计算机软件、信息系统和网络产品等				

	指标\报告期	2012.06.30	2011.12.31	2011.06.30	2010.12.31
主要财务指标	基本每股收益(元)	0.3100	0.5800	0.2600	0.5300
	基本每股收益(扣除后)(元)	0.2800	0.4900	0.2100	0.4100
	每股净资产(元)	6.4100	6.2900	5.8100	2.5900
	每股经营现金净流量(元)	-0.1877	0.2652	0.0691	0.3970
	每股现金流量(元)	-0.9337	4.5541	4.2386	0.3414
	每股资本公积金(元)	4.4747	4.4710	4.2941	0.6797
	每股盈余公积金(元)	0.0939	0.0938	0.0393	0.0744
	每股未分配利润(元)	0.8395	0.7242	0.4777	0.8399
	净资产收益率(%)	4.9116	8.8760	4.2596	28.4707
	加权净资产收益率(%)	4.8800	10.2400	4.7900	33.2300
	净资产收益率(扣除)(%)	-	-	-	-
	总资产(万元)	115092.98	112300.43	99143.36	27047.36
	归属母公司股东权益(万元)	107513.02	105643.10	94141.55	22225.97
	主营业务收入(万元)	31088.67	52014.99	22926.03	36067.02
	营业收入(万元)	31151.24	52049.35	22939.95	36111.28
	主营成本(万元)	21689.00	34408.18	15089.09	22855.56
	营业成本(万元)	21694.89	34408.18	15089.80	22868.94
	投资收益(万元)	-	-	-	-
	净利润(万元)	5280.63	9377.05	4010.09	6327.89
	利润总额(万元)	6061.69	10934.51	4599.87	6904.43

上海东富龙科技股份有限公司

公司概况	公司名称	上海东富龙科技股份有限公司			证券简称	东富龙
	法人代表	郑效东	董秘	熊芳君	证券代码	300171
	公司网址	www.tofflon.com		电子信箱	dfl@tofflon.com	
	电　　话	021-64909699		传　　真	021-64909369	
	办公地址	上海市闵行区都会路 1509 号				
	经营范围	医用冻干机及冻干系统的研发、设计、生产、销售和服务				

主要财务指标	指标\报告期	2012.06.30	2011.12.31	2011.06.30	2010.12.31
	基本每股收益(元)	0.5700	1.3900	0.4800	1.1900
	基本每股收益(扣除后)(元)	0.5300	1.3400	0.4700	1.1100
	每股净资产(元)	9.9800	12.8300	12.0700	5.4900
	每股经营现金净流量(元)	0.6469	0.7092	0.2723	1.9731
	每股现金流量(元)	-0.4137	4.6592	3.9606	1.4209
	每股资本公积金(元)	7.2594	9.7372	9.7372	0.6570
	每股盈余公积金(元)	0.2358	0.3066	0.1736	0.4629
	每股未分配利润(元)	1.4890	1.7882	1.1618	3.3683
	净资产收益率(%)	5.7600	10.5890	4.9600	43.3794
	加权净资产收益率(%)	5.6600	11.8500	5.6800	53.2700
	净资产收益率(扣除)(%)	-	-	-	-
	总资产(万元)	275515.50	251839.87	242099.79	83465.33
	归属母公司股东权益(万元)	207670.41	205310.99	193161.16	32929.22
	主营业务收入(万元)	36390.41	64818.68	33499.05	47999.86
	营业收入(万元)	36487.03	64886.51	33512.76	48061.71
	主营成本(万元)	18531.41	33314.74	17408.62	24838.36
	营业成本(万元)	18531.41	33314.74	17408.62	24838.36
	投资收益(万元)	-	-	-	-
	净利润(万元)	11975.30	21949.36	9553.26	14273.40
	利润总额(万元)	14134.40	25529.65	12736.14	16727.84

南京中电环保股份有限公司

公司概况	公司名称	南京中电环保股份有限公司			证券简称	中电环保
	法人代表	王政福	董秘	桂祖华	证券代码	300172
	公司网址	www.njcec.com		电子信箱	gzh@ce-ep.com	
	电　　话	025-86533261 86533865		传　　真	025-86524972	
	办公地址	江苏省南京市江宁开发区诚信大道 1800 号				
	经营范围	环保、电力、化工、水处理设备的研发、设计、制造、系统集成及销售等				

主要财务指标	指标\报告期	2012.06.30	2011.12.31	2011.06.30	2010.12.31
	基本每股收益(元)	0.2100	0.4800	0.1800	0.6000
	基本每股收益(扣除后)(元)	0.1900	0.4300	0.1700	0.6000
	每股净资产(元)	6.0200	7.7100	7.4300	2.6200
	每股经营现金净流量(元)	-0.3292	-0.1872	-0.2539	0.4027
	每股现金流量(元)	-0.5149	5.0023	5.0063	0.1816
	每股资本公积金(元)	3.8354	5.2861	5.2861	0.2000
	每股盈余公积金(元)	0.0940	0.1221	0.0733	0.0977
	每股未分配利润(元)	1.0932	1.3045	1.0670	1.3216
	净资产收益率(%)	2.7800	5.9927	2.6900	23.0864
	加权净资产收益率(%)	2.7800	6.5300	2.6900	25.9100
	净资产收益率(扣除)(%)	-	-	-	-
	总资产(万元)	96620.73	93936.97	86991.48	33033.39
	归属母公司股东权益(万元)	78293.60	77127.49	74263.22	19644.84
	主营业务收入(万元)	15312.27	23861.27	10792.87	27402.64
	营业收入(万元)	15477.10	24116.34	10955.69	28137.16
	主营成本(万元)	11337.04	15891.33	7370.45	18819.56
	营业成本(万元)	11421.05	15966.83	7432.82	19374.66
	投资收益(万元)	-	-0.70	-	-
	净利润(万元)	2028.99	4617.43	1757.77	4535.28
	利润总额(万元)	2437.58	5380.79	2064.68	5280.97

松德机械股份有限公司

公司概况	公司名称	松德机械股份有限公司			证券简称	松德股份
	法人代表	郭景松	董秘	胡炳明	证券代码	300173
	公司网址	www.songde.com.cn		电子信箱	hubm@sotech.cn	
	电　　话	0760-23380388		传　　真	0760-23380870	
	办公地址	广东省中山市南头镇南头大道东 105 号				
	经营范围	生产、加工、销售:包装机械及材料、印刷机械、光电材料及其设备等				

主要财务指标	指标\报告期	2012.06.30	2011.12.31	2011.06.30	2010.12.31
	基本每股收益(元)	0.1800	-	0.1700	0.6100
	基本每股收益(扣除后)(元)	0.1800	0.4300	0.1500	0.6000
	每股净资产(元)	5.0000	6.4600	6.2300	3.7900
	每股经营现金净流量(元)	-0.2498	-0.7402	-0.4965	0.2717
	每股现金流量(元)	-0.5647	2.5434	2.1268	0.1785
	每股资本公积金(元)	2.7815	3.9160	3.9160	0.6175
	每股盈余公积金(元)	0.1328	0.1726	0.1271	0.2215
	每股未分配利润(元)	1.0834	1.3740	1.1897	1.9518
	净资产收益率(%)	3.6100	7.0080	3.5800	20.7687
	加权净资产收益率(%)	3.5800	7.6000	4.0000	23.1800
	净资产收益率(扣除)(%)	-	-	-	-
	总资产(万元)	80409.68	79239.43	66684.71	39345.16
	归属母公司股东权益(万元)	56589.00	56289.23	54288.45	18953.69
	主营业务收入(万元)	13935.01	23117.70	10794.71	24739.81
	营业收入(万元)	14177.02	23826.49	11012.60	25117.57
	主营成本(万元)	9358.43	14703.74	7018.58	15809.17
	营业成本(万元)	9441.57	14863.04	7142.25	16151.20
	投资收益(万元)	39.19	54.85	19.24	-3.90
	净利润(万元)	1999.65	3928.03	1945.02	3936.42
	利润总额(万元)	2360.79	4502.49	2285.22	4655.81

福建元力活性炭股份有限公司

公司概况	公司名称	福建元力活性炭股份有限公司			证券简称	元力股份
	法人代表	卢元健	董秘	许文显	证券代码	300174
	公司网址	www.yuanlicarbon.com		电子信箱	dm@yuanlicarbon.com	
	电　　话	0599-8558803		传　　真	0599-8558803	
	办公地址	福建省南平市来舟经济开发区				
	经营范围	一直致力于木质活性炭的研发、生产和销售等				

主要财务指标	指标\报告期	2012.06.30	2011.12.31	2011.06.30	2010.12.31
	基本每股收益(元)	0.1820	0.5284	0.1110	0.5242
	基本每股收益(扣除后)(元)	0.0834	0.5026	0.1025	0.5013
	每股净资产(元)	3.7300	7.3000	6.9917	1.8972
	每股经营现金净流量(元)	-0.1187	-0.1493	-0.2832	0.3427
	每股现金流量(元)	-0.7903	3.0566	4.3006	-0.0887
	每股资本公积金(元)	2.1936	5.3872	5.3872	0.1082
	每股盈余公积金(元)	0.0546	0.1092	0.0596	0.0795
	每股未分配利润(元)	0.4820	0.7999	0.5449	0.7095
	净资产收益率(%)	4.8800	7.0910	3.0400	27.6280
	加权净资产收益率(%)	4.8900	7.7700	3.4700	32.0600
	净资产收益率(扣除)(%)	-	-	-	-
	总资产(万元)	54639.05	54097.23	49814.58	14042.67
	归属母公司股东权益(万元)	50730.68	49614.82	47543.57	9675.54
	主营业务收入(万元)	15839.40	24113.16	10156.90	14623.08
	营业收入(万元)	15839.40	24119.51	10157.99	14624.63
	主营成本(万元)	12198.27	16447.78	6969.98	9908.47
	营业成本(万元)	12215.44	16448.77	6970.54	9908.47
	投资收益(万元)	-	-	-	-
	净利润(万元)	2475.86	3518.03	1446.77	2673.17
	利润总额(万元)	2473.89	3828.81	1549.28	2929.52

朗源股份有限公司

公司概况	公司名称	朗源股份有限公司			证券简称	朗源股份
	法人代表	戚大广	董秘	张丽娜	证券代码	300175
	公司网址	www.lontrue.com		电子信箱	ir@lontrue.com	
	电 话	0535-8611766		传 真	0535-8610658	
	办公地址	山东龙口高新技术产业园区朗源路299号				
	经营范围	种植、加工、储存、销售:水果、蔬菜、坚果、果仁及其深加工产品等				

	指标\报告期	2012.06.30	2011.12.31	2011.06.30	2010.12.31
主要财务指标	基本每股收益(元)	0.1200	0.2600	0.1200	0.2800
	基本每股收益(扣除后)(元)	0.1200	0.2600	0.1200	0.2800
	每股净资产(元)	3.0400	2.9200	6.1200	2.5600
	每股经营现金净流量(元)	0.6552	-0.3953	0.4608	-0.0883
	每股现金流量(元)	0.1549	0.6820	3.1171	-0.0065
	每股资本公积金(元)	1.2992	1.2992	4.0583	0.4747
	每股盈余公积金(元)	0.0621	0.0621	0.1039	0.1056
	每股未分配利润(元)	0.6743	0.5552	0.9581	0.9809
	净资产收益率(%)	3.9200	8.5040	3.8900	23.9726
	加权净资产收益率(%)	4.0000	9.9500	11.3000	27.2400
	净资产收益率(扣除)(%)	-	-	-	-
	总资产(万元)	73299.60	78571.35	73941.15	39641.36
	归属母公司股东权益(万元)	71458.53	68654.09	65486.19	20489.90
	主营业务收入(万元)	22222.69	47059.48	23593.78	41273.27
	营业收入(万元)	22276.97	47093.67	23604.47	41818.15
	主营成本(万元)	17044.36	37284.31	18859.62	32306.82
	营业成本(万元)	17086.31	37312.29	18871.40	32901.52
	投资收益(万元)	-	-	-	-
	净利润(万元)	2804.45	5838.06	2670.16	4911.97
	利润总额(万元)	2792.71	5912.13	2720.33	4941.33

广东鸿特精密技术股份有限公司

公司概况	公司名称	广东鸿特精密技术股份有限公司			证券简称	鸿特精密
	法人代表	卢楚隆	董秘	邱碧开	证券代码	300176
	公司网址	www.hongteo.com.cn		电子信箱	zq@hongteo.com.cn	
	电 话	0758-2696338 2696038		传 真	0758-2691582	
	办公地址	广东省肇庆市鼎湖城区北十区				
	经营范围	设计、制造、加工、销售铝合金精密压铸件、汽车零配件及通讯类零配件				

	指标\报告期	2012.06.30	2011.12.31	2011.06.30	2010.12.31
主要财务指标	基本每股收益(元)	0.2551	0.3671	0.1263	0.6351
	基本每股收益(扣除后)(元)	-	0.3675	0.1189	0.6149
	每股净资产(元)	5.8500	5.8000	5.5612	2.2900
	每股经营现金净流量(元)	-	0.3066	-0.1166	0.7368
	每股现金流量(元)	-	0.8047	0.4264	0.1900
	每股资本公积金(元)	3.7717	3.7720	3.7721	0.3884
	每股盈余公积金(元)	-	0.1025	0.0673	0.0899
	每股未分配利润(元)	-	0.9227	0.7218	0.8087
	净资产收益率(%)	4.3600	6.0680	2.0800	27.7690
	加权净资产收益率(%)	4.3100	7.0400	2.7200	32.2500
	净资产收益率(扣除)(%)	-	-	-	-
	总资产(万元)	-	82526.71	77022.73	48108.03
	归属母公司股东权益(万元)	52317.16	51826.62	49717.43	15322.66
	主营业务收入(万元)	33060.44	48676.86	23048.50	37147.42
	营业收入(万元)	34518.96	53136.81	24717.53	38623.42
	主营成本(万元)	26084.00	38763.00	18464.97	28084.65
	营业成本(万元)	-	40749.46	19064.62	28483.80
	投资收益(万元)	-	-	-	-
	净利润(万元)	-	3144.82	1034.73	4254.94
	利润总额(万元)	-	3602.35	1331.06	4776.53

广州中海达卫星导航技术股份有限公司

公司概况	公司名称	广州中海达卫星导航技术股份有限公司			证券简称	中海达
	法人代表	廖定海	董秘	何金成	证券代码	300177
	公司网址	www.zhdgps.com		电子信箱	zhdsec@zhdgps.com	
	电 话	020-22883901 22883958		传 真	020-22883900	
	办公地址	广东省广州市番禺区东环街番禺大道北555号番禺节能科技园内天安科技创新大厦1003号				
	经营范围	卫星导航定位系统及软硬件产品、地理信息采集系统及软硬件产品等				

	指标\报告期	2012.06.30	2011.12.31	2011.06.30	2010.12.31
主要财务指标	基本每股收益(元)	0.1500	0.6500	0.1300	0.6300
	基本每股收益(扣除后)(元)	0.1500	0.6600	0.1400	0.6000
	每股净资产(元)	3.8100	7.4000	13.9800	3.9400
	每股经营现金净流量(元)	-0.0763	-0.2985	-1.6480	1.2557
	每股现金流量(元)	-0.3740	4.3374	8.2295	1.3807
	每股资本公积金(元)	2.1461	5.2642	11.4972	1.3089
	每股盈余公积金(元)	0.0506	0.1013	0.1166	0.1555
	每股未分配利润(元)	0.6150	1.0343	1.3680	1.4781
	净资产收益率(%)	3.8800	8.4190	3.2900	31.9700
	加权净资产收益率(%)	3.9400	10.0100	4.4300	38.0500
	净资产收益率(扣除)(%)	-	-	-	-
	总资产(万元)	87036.09	84409.93	81827.38	25813.85
	归属母公司股东权益(万元)	76235.91	73996.92	69909.37	14784.50
	主营业务收入(万元)	15897.45	30963.34	13753.80	24622.40
	营业收入(万元)	15897.45	30963.34	13753.80	24622.40
	主营成本(万元)	8163.19	16857.76	7722.43	14416.88
	营业成本(万元)	8163.19	16857.76	7722.43	14416.88
	投资收益(万元)	-	-	-	-
	净利润(万元)	2958.35	6229.41	2297.20	4726.62
	利润总额(万元)	3430.35	7477.41	2742.76	5338.74

深圳市腾邦国际票务股份有限公司

公司概况	公司名称	深圳市腾邦国际票务股份有限公司			证券简称	腾邦国际
	法人代表	钟百胜	董秘	周小凤	证券代码	300178
	公司网址	www.feiren.com		电子信箱	tt@tempus.cn	
	电 话	0755-83663222		传 真	0755-83663222	
	办公地址	广东省深圳市福田保税区桃花路腾邦物流大厦5楼				
	经营范围	经营国际、国内航线或香港、澳门、台湾地区的航空客运销售代理业务等				

	指标\报告期	2012.06.30	2011.12.31	2011.06.30	2010.12.31
主要财务指标	基本每股收益(元)	0.2500	0.5000	0.3700	0.9100
	基本每股收益(扣除后)(元)	0.2400	0.4300	0.3400	0.8600
	每股净资产(元)	8.4800	8.2300	8.0800	3.6600
	每股经营现金净流量(元)	0.6605	0.3552	0.1604	1.1058
	每股现金流量(元)	0.3846	4.1104	4.2336	-0.7209
	每股资本公积金(元)	5.3563	5.3563	5.3563	0.8032
	每股盈余公积金(元)	0.1743	0.1743	0.1404	0.1875
	每股未分配利润(元)	1.9489	1.6966	1.5847	1.6675
	净资产收益率(%)	2.9700	5.8590	4.1600	24.9734
	加权净资产收益率(%)	3.0200	6.7400	5.3800	28.5600
	净资产收益率(扣除)(%)	-	-	-	-
	总资产(万元)	118413.27	108820.57	106612.52	49157.49
	归属母公司股东权益(万元)	101241.90	98227.95	96497.42	32709.91
	主营业务收入(万元)	10851.03	18075.36	9052.73	17004.90
	营业收入(万元)	10851.03	18075.36	9052.73	17004.90
	主营成本(万元)	3159.01	5405.18	2365.28	3308.90
	营业成本(万元)	3159.01	5405.18	2365.28	3308.90
	投资收益(万元)	-	-	-	-
	净利润(万元)	3001.88	5755.51	4012.89	8168.79
	利润总额(万元)	3794.76	7260.12	4726.97	9989.87

河南四方达超硬材料股份有限公司

公司概况					
公司名称	河南四方达超硬材料股份有限公司			证券简称	四方达
法人代表	方海江	董秘	方宇红	证券代码	300179
公司网址	www.sf-diamond.com.cn		电子信箱	ygd@sf-diamond.com	
电　　话	0371-66728022		传　　真	0371-66728041	
办公地址	河南省郑州市经济技术开发区第十大街 109 号				
经营范围	复合超硬材料及制品的生产和销售业务等				

主要财务指标：指标\报告期	2012.06.30	2011.12.31	2011.06.30	2010.12.31
基本每股收益(元)	0.2000	0.4600	0.2500	0.6400
基本每股收益(扣除后)(元)	–	0.3500	0.1700	0.6200
每股净资产(元)	5.4800	8.1000	7.8800	2.6200
每股经营现金净流量(元)	–	0.1095	0.0314	0.9314
每股现金流量(元)	–	5.1613	5.4355	–0.0189
每股资本公积金(元)	3.4125	5.6187	5.6187	0.1063
每股盈余公积金(元)	–	0.1581	0.1137	0.1515
每股未分配利润(元)	–	1.3232	1.1498	1.3638
净资产收益率(%)	–	5.4920	3.8300	24.4580
加权净资产收益率(%)	2.6200	6.4100	3.8300	27.8700
净资产收益率(扣除)(%)	–	–	–	–
总资产(万元)	–	68125.87	66450.81	19346.84
归属母公司股东权益(万元)	65720.16	64800.98	63057.52	15730.11
主营业务收入(万元)	5928.62	10977.24	5245.64	11167.38
营业收入(万元)	5928.62	10982.47	5245.64	11167.57
主营成本(万元)	3688.62	6100.51	2877.08	5131.76
营业成本(万元)	–	6100.51	2877.08	5131.76
投资收益(万元)	–	–	–	–
净利润(万元)	–	3558.99	1815.53	3847.33
利润总额(万元)	1846.51	4126.51	2089.97	4476.50

上海华峰超纤材料股份有限公司

公司概况					
公司名称	上海华峰超纤材料股份有限公司			证券简称	华峰超纤
法人代表	尤小平	董秘	程鸣	证券代码	300180
公司网址	www.hfmicrofibre.com		电子信箱	chengming2003@126.com	
电　　话	021-57243140		传　　真	021-57245993 57245968	
办公地址	上海市金山区亭卫南路 888 号				
经营范围	超细纤维聚氨酯合成革的研发、生产、销售与服务等				

主要财务指标：指标\报告期	2012.06.30	2011.12.31	2011.06.30	2010.12.31
基本每股收益(元)	0.2500	0.5200	0.2300	0.6900
基本每股收益(扣除后)(元)	0.2400	0.4800	0.2300	0.6800
每股净资产(元)	7.6100	7.4900	7.2100	3.0200
每股经营现金净流量(元)	0.2072	0.3490	–0.1209	0.6265
每股现金流量(元)	–1.1136	3.3365	3.8578	–0.1728
每股资本公积金(元)	4.9199	4.9071	4.9125	0.5639
每股盈余公积金(元)	0.1585	0.1585	0.1086	0.1454
每股未分配利润(元)	1.5266	1.4267	1.1887	1.3082
净资产收益率(%)	3.2800	6.6690	3.8300	22.8290
加权净资产收益率(%)	3.2800	7.7300	3.8300	25.7700
净资产收益率(扣除)(%)	–	–	–	–
总资产(万元)	128387.10	125456.09	120408.04	47436.23
归属母公司股东权益(万元)	120160.24	118378.06	113914.17	35605.12
主营业务收入(万元)	27771.46	44729.02	23223.57	41092.46
营业收入(万元)	29285.47	47061.23	24107.66	43318.24
主营成本(万元)	21766.90	33435.80	16994.24	27760.03
营业成本(万元)	21790.55	33535.35	17078.44	28659.34
投资收益(万元)	–	–	–	–
净利润(万元)	3949.25	7894.14	3345.33	8128.20
利润总额(万元)	4719.61	9229.82	3939.48	9426.39

浙江佐力药业股份有限公司

公司概况					
公司名称	浙江佐力药业股份有限公司			证券简称	佐力药业
法人代表	俞有强	董秘	郑超一	证券代码	300181
公司网址	www.jolly.com.cn		电子信箱	jolly@zuoli.com	
电　　话	0572-8281383		传　　真	0572-8281246	
办公地址	浙江省湖州市德清县武康镇志远路				
经营范围	乌灵菌粉及乌灵胶囊的生产等				

主要财务指标：指标\报告期	2012.06.30	2011.12.31	2011.06.30	2010.12.31
基本每股收益(元)	0.2100	0.6600	0.1900	0.6900
基本每股收益(扣除后)(元)	0.2000	0.6400	0.1800	0.6500
每股净资产(元)	8.9300	8.5500	8.2300	3.4500
每股经营现金净流量(元)	–0.2262	0.1707	–0.1733	1.0797
每股现金流量(元)	–0.4151	4.6983	4.8547	0.2617
每股资本公积金(元)	5.9177	5.9177	5.9177	1.1267
每股盈余公积金(元)	0.2117	0.1480	0.1480	0.1282
每股未分配利润(元)	1.8011	1.4832	1.1669	1.1980
净资产收益率(%)	4.2700	7.4465	3.8900	20.0205
加权净资产收益率(%)	4.3700	8.6700	5.0800	22.2500
净资产收益率(扣除)(%)	–	–	–	–
总资产(万元)	86061.53	84390.82	80829.24	34864.42
归属母公司股东权益(万元)	71443.88	68391.72	65861.04	20717.17
主营业务收入(万元)	15950.21	27920.13	12668.00	26264.78
营业收入(万元)	15953.61	27932.75	12669.18	26265.53
主营成本(万元)	2375.91	4365.38	1989.98	5214.46
营业成本(万元)	2375.91	4365.38	1989.98	5214.46
投资收益(万元)	–	–	–	–
净利润(万元)	3052.16	5092.79	2562.11	4147.67
利润总额(万元)	3407.07	5664.35	2871.38	4533.11

北京捷成世纪科技股份有限公司

公司概况					
公司名称	北京捷成世纪科技股份有限公司			证券简称	捷成股份
法人代表	徐子泉	董秘	宋建云	证券代码	300182
公司网址	www.jetsen.com.cn		电子信箱	songjianyun@jetsen.cn	
电　　话	010-82330868 82330869		传　　真	010-61736100	
办公地址	北京市海淀区知春路 1 号学院国际大厦 709 室				
经营范围	专业从事音视频整体解决方案的设计、开发与实施等				

主要财务指标：指标\报告期	2012.06.30	2011.12.31	2011.06.30	2010.12.31
基本每股收益(元)	0.3200	0.9400	0.3900	1.6000
基本每股收益(扣除后)(元)	0.3200	0.9200	0.3800	1.5800
每股净资产(元)	5.9500	8.8300	8.2800	4.4900
每股经营现金净流量(元)	–0.3896	0.7507	–0.4031	1.3070
每股现金流量(元)	–1.2980	4.7210	5.1433	1.5085
每股资本公积金(元)	3.9018	6.3526	6.3495	1.3423
每股盈余公积金(元)	0.2299	0.3448	0.1614	0.4305
每股未分配利润(元)	0.8141	1.1351	0.7651	1.7221
净资产收益率(%)	5.4500	10.4460	4.4700	35.5290
加权净资产收益率(%)	5.4800	12.4800	6.0600	43.2000
净资产收益率(扣除)(%)	–	–	–	–
总资产(万元)	114491.18	112741.49	97088.60	32321.87
归属母公司股东权益(万元)	99888.74	98924.48	92692.29	18878.79
主营业务收入(万元)	30567.09	47119.45	18077.27	29563.04
营业收入(万元)	30567.09	47119.45	18077.27	29563.04
主营成本(万元)	16855.21	27962.55	9905.41	17354.42
营业成本(万元)	16855.21	27962.55	9905.41	17354.42
投资收益(万元)	–	–	–	–
净利润(万元)	5662.16	10333.82	4144.17	6707.40
利润总额(万元)	6222.50	11709.60	4880.45	7345.21

青岛东软载波科技股份有限公司

公司概况						
	公司名称	青岛东软载波科技股份有限公司			证券简称	东软载波
	法人代表	崔健	董秘	王辉	证券代码	300183
	公司网址	www.eastsoft.com.cn		电子信箱	wanghui@eastsoft.com.cn	
	电　话	0532-83676959 83676958		传　真	0532-83676855	
	办公地址	山东省青岛市市北区上清路16号甲				
	经营范围	计算机软件开发及配套技术服务、集成电路设计及销售等				

主要财务指标	指标\报告期	2012.06.30	2011.12.31	2011.06.30	2010.12.31
	基本每股收益(元)	0.4700	0.8300	0.8300	1.3800
	基本每股收益(扣除后)(元)	0.4600	0.7800	0.7800	1.3500
	每股净资产(元)	6.2100	13.6300	12.3500	2.5000
	每股经营现金净流量(元)	0.2853	2.2747	0.8128	1.0707
	每股现金流量(元)	–0.1783	11.9801	10.5251	0.6296
	每股资本公积金(元)	3.8149	9.5927	9.5927	0.1646
	每股盈余公积金(元)	0.1383	0.3042	0.1001	0.1334
	每股未分配利润(元)	1.2565	2.7374	1.6571	1.2008
	净资产收益率(%)	7.5200	14.9690	6.1300	55.2910
	加权净资产收益率(%)	7.3400	18.5600	8.6600	74.5800
	净资产收益率(扣除)(%)	–	–	–	–
	总资产(万元)	143620.51	143320.00	129296.36	22093.19
	归属母公司股东权益(万元)	136611.84	136342.76	123499.05	18741.04
	主营业务收入(万元)	16786.64	37698.00	15663.61	23234.62
	营业收入(万元)	16786.64	37701.60	15663.61	23238.22
	主营成本(万元)	6401.92	13257.65	5501.13	8506.00
	营业成本(万元)	6401.92	13258.97	5501.13	8507.32
	投资收益(万元)	–	–	–	–
	净利润(万元)	10269.08	20409.10	7565.38	10362.15
	利润总额(万元)	12073.67	24015.49	9000.55	11387.31

武汉力源信息技术股份有限公司

公司概况						
	公司名称	武汉力源信息技术股份有限公司			证券简称	力源信息
	法人代表	赵马克	董秘	王晓东	证券代码	300184
	公司网址	www.icbase.com		电子信箱	zqb@icbase.com	
	电　话	027-87526790		传　真	027-87526551	
	办公地址	湖北省武汉市洪山区珞瑜路424号洪山科技创业中心三层				
	经营范围	电子产品、电子元器件、信息技术及相关成套产品方案的开发、研制、生产、销售等				

主要财务指标	指标\报告期	2012.06.30	2011.12.31	2011.06.30	2010.12.31
	基本每股收益(元)	0.0800	0.3800	0.2600	0.5900
	基本每股收益(扣除后)(元)	0.0800	0.3800	0.2600	0.5900
	每股净资产(元)	4.4100	6.7800	6.6700	2.4900
	每股经营现金净流量(元)	0.0702	–0.4310	–0.3215	0.9338
	每股现金流量(元)	–0.2325	3.1993	3.6620	1.1120
	每股资本公积金(元)	2.8997	4.8496	4.8496	0.6951
	每股盈余公积金(元)	0.0351	0.0526	0.0365	0.0487
	每股未分配利润(元)	0.4909	0.9155	0.8079	0.7588
	净资产收益率(%)	1.8300	5.3480	3.5800	23.7820
	加权净资产收益率(%)	1.7800	6.1900	4.7500	26.6200
	净资产收益率(扣除)(%)	–	–	–	–
	总资产(万元)	47967.17	48660.20	47856.24	19040.57
	归属母公司股东权益(万元)	44072.77	45244.20	44504.94	12433.38
	主营业务收入(万元)	14024.42	24734.84	12660.89	23226.99
	营业收入(万元)	14037.05	24760.63	12674.19	23252.25
	主营成本(万元)	11667.10	18969.82	9509.02	17404.51
	营业成本(万元)	11667.10	18969.82	9509.02	17404.51
	投资收益(万元)	–	–	–	–
	净利润(万元)	806.38	2419.79	1594.46	2956.89
	利润总额(万元)	911.60	2835.63	1825.90	3519.39

通裕重工股份有限公司

公司概况						
	公司名称	通裕重工股份有限公司			证券简称	通裕重工
	法人代表	司兴奎	董秘	石爱军	证券代码	300185
	公司网址	www.tongyuheavy.com		电子信箱	tyzgsaj@126.com	
	电　话	0534-7520688		传　真	0534-7287759	
	办公地址	山东省禹城市高新技术产业开发区				
	经营范围	大型锻件坯料、电渣锭、锻件、管模、数控机床、通用机械非标准设备制造、销售等				

主要财务指标	指标\报告期	2012.06.30	2011.12.31	2011.06.30	2010.12.31
	基本每股收益(元)	0.1100	0.5500	0.1200	0.7100
	基本每股收益(扣除后)(元)	0.0600	0.3900	0.1000	0.6600
	每股净资产(元)	3.8700	9.6900	9.4500	4.2900
	每股经营现金净流量(元)	–0.0234	–0.5929	–0.4473	0.2641
	每股现金流量(元)	–0.0666	1.1255	5.1066	0.0358
	每股资本公积金(元)	2.4206	7.5509	7.5608	2.4577
	每股盈余公积金(元)	0.0433	0.1082	0.0649	0.0865
	每股未分配利润(元)	0.4041	1.0304	0.8229	0.7477
	净资产收益率(%)	2.8900	5.2940	2.7700	16.6240
	加权净资产收益率(%)	2.8800	6.4500	4.1400	18.1300
	净资产收益率(扣除)(%)	–	–	–	–
	总资产(万元)	644966.90	589597.21	510683.66	279384.92
	归属母公司股东权益(万元)	348112.32	348821.84	340149.96	115881.98
	主营业务收入(万元)	69108.11	120485.05	60179.64	107735.52
	营业收入(万元)	69874.93	123595.65	61033.98	112731.86
	主营成本(万元)	54749.12	88774.39	42997.44	73917.41
	营业成本(万元)	55320.05	91161.78	43689.42	77403.31
	投资收益(万元)	625.37	300.50	486.87	383.74
	净利润(万元)	10260.15	18484.97	9436.96	19264.71
	利润总额(万元)	12261.98	22139.09	11389.90	22757.57

广东大华农动物保健品股份有限公司

公司概况						
	公司名称	广东大华农动物保健品股份有限公司			证券简称	大华农
	法人代表	温均生	董秘	方炳虎	证券代码	300186
	公司网址	www.gddhn.com		电子信箱	gddhn20080715@163.com	
	电　话	0766-2986301		传　真	0766-2986301	
	办公地址	广东省云浮市新兴县新城镇东堤北路温氏科技园2号之三				
	经营范围	兽药的研发、生产和销售等				

主要财务指标	指标\报告期	2012.06.30	2011.12.31	2011.06.30	2010.12.31
	基本每股收益(元)	0.2300	0.6700	0.2300	0.6900
	基本每股收益(扣除后)(元)	0.2300	0.6500	0.2100	0.6900
	每股净资产(元)	7.3200	7.6900	7.2700	2.7700
	每股经营现金净流量(元)	–0.2161	0.5281	–0.4203	0.5210
	每股现金流量(元)	–0.9324	5.0303	4.2872	0.1662
	每股资本公积金(元)	5.1470	5.1470	5.1470	0.1427
	每股盈余公积金(元)	0.1207	0.1207	0.0741	0.0989
	每股未分配利润(元)	1.0481	1.4214	1.0474	1.5259
	净资产收益率(%)	3.1000	8.1280	2.6600	24.9524
	加权净资产收益率(%)	2.9800	10.0700	4.2400	28.5100
	净资产收益率(扣除)(%)	–	–	–	–
	总资产(万元)	203523.22	217731.75	204218.52	73521.32
	归属母公司股东权益(万元)	195332.73	205298.20	194068.45	55350.44
	主营业务收入(万元)	35826.30	70675.02	28948.84	60696.50
	营业收入(万元)	36319.99	71563.17	29342.25	61576.11
	主营成本(万元)	18197.99	34913.92	13867.74	28856.42
	营业成本(万元)	18443.87	35388.44	14148.78	29565.95
	投资收益(万元)	–	–	–	–
	净利润(万元)	6054.53	16686.67	5456.92	13811.29
	利润总额(万元)	7145.86	19309.13	6120.95	16176.45

永清环保股份有限公司

公司概况	公司名称	永清环保股份有限公司		证券简称	永清环保
	法人代表	刘正军	董秘 熊素勤	证券代码	300187
	公司网址	www.yonker.com.cn		电子信箱	pear77hi@163.com
	电　话	0731-84432800		传　真	0731-84418291
	办公地址	湖南省长沙市芙蓉中路2段80号顺天国际财富中心17层			
	经营范围	大气污染防治工程、新能源发电、火力发电工程的咨询、设计等			

主要财务指标 指标\报告期	2012.06.30	2011.12.31	2011.06.30	2010.12.31
基本每股收益(元)	0.2500	0.5700	0.2100	0.8300
基本每股收益(扣除后)(元)	0.2500	0.5300	0.2300	0.7700
每股净资产(元)	5.8200	11.3500	11.0100	2.4400
每股经营现金净流量(元)	-0.0285	0.0340	-0.6347	0.4011
每股现金流量(元)	-0.5881	7.3763	7.2414	-0.1709
每股资本公积金(元)	3.9918	8.9835	8.9835	0.0618
每股盈余公积金(元)	0.1043	0.2086	0.1598	0.2131
每股未分配利润(元)	0.7267	1.1580	0.8629	1.1681
净资产收益率(%)	4.2500	4.6760	1.7000	34.1274
加权净资产收益率(%)	4.2700	5.9800	2.8800	39.6800
净资产收益率(扣除)(%)	-	-	-	-
总资产(万元)	110801.83	108354.49	95118.96	32061.53
归属母公司股东权益(万元)	77768.65	75796.08	73499.80	12234.58
主营业务收入(万元)	24449.56	34365.21	16562.78	28868.90
营业收入(万元)	24449.56	34365.21	16562.78	28868.90
主营成本(万元)	17862.67	26566.56	13065.51	21098.66
营业成本(万元)	17862.67	26566.56	13065.51	21098.66
投资收益(万元)	-	-56.71	-56.71	-106.67
净利润(万元)	3308.17	3758.05	1248.25	4175.35
利润总额(万元)	4218.25	4381.02	1470.24	4940.17

厦门市美亚柏科信息股份有限公司

公司概况	公司名称	厦门市美亚柏科信息股份有限公司		证券简称	美亚柏科
	法人代表	刘祥南	董秘 王斌	证券代码	300188
	公司网址	www.xm-my.com.cn		电子信箱	tzzgx@xm-my.com.cn
	电　话	0592-3698792		传　真	0592-2519335
	办公地址	福建省厦门市软件园二期观日路12号美亚柏科大厦			
	经营范围	系统集成、计算机软件开发、信息咨询服务等			

主要财务指标 指标\报告期	2012.06.30	2011.12.31	2011.06.30	2010.12.31
基本每股收益(元)	0.0680	1.2300	0.1300	1.0300
基本每股收益(扣除后)(元)	0.0490	1.1100	0.0900	0.7800
每股净资产(元)	6.2600	12.5900	11.5500	2.7700
每股经营现金净流量(元)	-0.2307	0.0738	-1.2413	1.4710
每股现金流量(元)	0.0721	3.3245	8.0167	1.0585
每股资本公积金(元)	4.2026	9.4053	9.4053	0.3819
每股盈余公积金(元)	0.1153	0.2306	0.1183	0.1582
每股未分配利润(元)	0.9459	1.9564	1.0301	1.2293
净资产收益率(%)	1.0800	9.1300	0.9600	37.0522
加权净资产收益率(%)	1.0700	11.8800	1.6600	45.2300
净资产收益率(扣除)(%)	-	-	-	-
总资产(万元)	80522.28	82087.99	70529.62	21682.47
归属母公司股东权益(万元)	67023.58	67368.87	61812.24	11077.77
主营业务收入(万元)	8381.85	26851.56	6858.34	18799.60
营业收入(万元)	8381.85	26851.56	6858.34	18799.60
主营成本(万元)	3404.73	9807.17	2940.49	8126.31
营业成本(万元)	3404.73	9807.17	2940.49	8126.31
投资收益(万元)	-	-	-	-
净利润(万元)	724.71	6150.50	593.87	4104.56
利润总额(万元)	832.67	7020.92	590.26	4849.29

海南神农大丰种业科技股份有限公司

公司概况	公司名称	海南神农大丰种业科技股份有限公司		证券简称	神农大丰
	法人代表	黄培劲	董秘 欧秋生	证券代码	300189
	公司网址	www.sndf.com.cn		电子信箱	sndf2010@126.com
	电　话	0898-68598068		传　真	0898-68545606
	办公地址	海南省海口市紫荆路2-1号紫荆信息公寓26A			
	经营范围	优质杂交水稻种子和其他农作物良种的选育、推广、销售等			

主要财务指标 指标\报告期	2012.06.30	2011.12.31	2011.06.30	2010.12.31
基本每股收益(元)	0.3077	0.3938	0.3375	0.5130
基本每股收益(扣除后)(元)	0.3043	0.3900	0.3373	0.5000
每股净资产(元)	8.2800	7.9700	7.9000	2.8800
每股经营现金净流量(元)	0.0659	0.0335	0.0143	0.1274
每股现金流量(元)	-0.1369	4.6298	5.0852	0.0076
每股资本公积金(元)	5.8951	5.8942	5.8981	0.9335
每股盈余公积金(元)	0.0724	0.0724	0.0481	0.0641
每股未分配利润(元)	1.3135	1.0058	0.9562	0.8812
净资产收益率(%)	3.7157	4.6310	3.7370	17.8190
加权净资产收益率(%)	3.7900	5.7400	5.8700	19.5600
净资产收益率(扣除)(%)	-	-	-	-
总资产(万元)	137488.46	133870.12	130814.70	44842.57
归属母公司股东权益(万元)	132495.09	127558.06	126438.38	34545.12
主营业务收入(万元)	25218.70	42733.54	27847.66	39496.71
营业收入(万元)	25234.00	42760.31	27851.56	39503.20
主营成本(万元)	17670.66	30058.67	19264.32	27957.22
营业成本(万元)	17671.17	30061.38	19268.22	27963.59
投资收益(万元)	-12.07	-	-	100.75
净利润(万元)	4957.19	6123.24	4849.88	6283.95
利润总额(万元)	5094.32	6355.02	5062.15	6478.76

江苏维尔利环保科技股份有限公司

公司概况	公司名称	江苏维尔利环保科技股份有限公司		证券简称	维尔利
	法人代表	李月中	董秘 宗韬	证券代码	300190
	公司网址	www.jswelle.com		电子信箱	shiwenyao@jswelle.com
	电　话	0519-85125884 89886102		传　真	0519-85125883
	办公地址	江苏省常州市汉江路156号			
	经营范围	环保设备的设计、集成、制造等			

主要财务指标 指标\报告期	2012.06.30	2011.12.31	2011.06.30	2010.12.31
基本每股收益(元)	0.2900	0.9200	0.2600	1.1200
基本每股收益(扣除后)(元)	0.2800	0.9200	0.2600	1.1200
每股净资产(元)	9.2300	16.3100	15.8200	2.9800
每股经营现金净流量(元)	-0.9397	-1.3831	-1.1397	0.5500
每股现金流量(元)	-1.2495	10.7766	11.3831	0.6475
每股资本公积金(元)	7.3830	13.9771	13.9771	0.7378
每股盈余公积金(元)	0.1094	0.2020	0.1119	0.1494
每股未分配利润(元)	0.7356	1.1308	0.7282	1.0950
净资产收益率(%)	3.0900	5.5220	2.5000	38.1301
加权净资产收益率(%)	3.1700	6.8400	4.4400	46.0800
净资产收益率(扣除)(%)	-	-	-	-
总资产(万元)	106155.79	104929.89	97763.06	28489.41
归属母公司股东权益(万元)	90286.31	86442.37	83831.46	11839.27
主营业务收入(万元)	16393.43	26376.05	12460.77	20974.85
营业收入(万元)	16403.39	26379.90	12460.77	20974.85
主营成本(万元)	9598.86	15328.91	7073.40	12091.79
营业成本(万元)	9605.39	15328.91	7073.40	12091.79
投资收益(万元)	-25.56	-43.73	-18.06	-14.15
净利润(万元)	2793.86	4773.54	2162.63	4514.33
利润总额(万元)	3294.10	5664.62	2534.24	5388.26

潜能恒信能源技术股份有限公司

公司概况	公司名称	潜能恒信能源技术股份有限公司		证券简称	潜能恒信
	法人代表	周锦明	董秘 张卉	证券代码	300191
	公司网址	www.sinogeo.com		电子信箱	zqb@sinogeo.com
	电话	010-84922368		传真	010-84928085
	办公地址	北京市朝阳区拂林路9号景龙国际大厦B-16层			
	经营范围	为石油公司提供地震数据处理解释一体化找油服务等			

主要财务指标	指标\报告期	2012.06.30	2011.12.31	2011.06.30	2010.12.31
	基本每股收益(元)	0.2200	1.0300	0.2400	1.0100
	基本每股收益(扣除后)(元)	0.2200	1.0000	0.2300	0.9900
	每股净资产(元)	6.6900	13.3500	12.8000	3.5600
	每股经营现金净流量(元)	-0.0475	0.4563	-0.0079	1.1555
	每股现金流量(元)	-0.3478	8.6701	9.2398	0.7880
	每股资本公积金(元)	4.4377	9.8755	9.8755	0.5486
	每股盈余公积金(元)	0.2857	0.5714	0.4733	0.6311
	每股未分配利润(元)	0.9665	1.9023	1.4519	1.3814
	净资产收益率(%)	0.0300	7.2258	0.0300	28.2565
	加权净资产收益率(%)	3.1800	9.2400	5.3800	33.0200
	净资产收益率(扣除)(%)	-	-	-	-
	总资产(万元)	109077.79	109166.88	103481.37	22514.90
	归属母公司股东权益(万元)	107013.84	106764.54	102397.51	21363.28
	主营业务收入(万元)	6062.40	12306.74	5786.48	10892.45
	营业收入(万元)	6062.40	12468.28	5786.48	10892.45
	主营成本(万元)	1723.12	2715.36	1202.66	2086.59
	营业成本(万元)	1723.12	2715.36	1202.66	2086.59
	投资收益(万元)	-	-	-	-
	净利润(万元)	3445.51	7714.55	3326.43	6036.52
	利润总额(万元)	3963.15	9148.85	3915.72	7119.28

苏州科斯伍德油墨股份有限公司

公司概况	公司名称	苏州科斯伍德油墨股份有限公司		证券简称	科斯伍德
	法人代表	吴贤良	董秘 张峰	证券代码	300192
	公司网址	www.szkinks.com		电子信箱	szkinks@szkinks.com
	电话	0512-65370257		传真	0512-65374760
	办公地址	江苏省苏州市相城区潘阳工业园东桥开发区旺庄路3-1号			
	经营范围	胶印油墨的研发、生产和销售等			

主要财务指标	指标\报告期	2012.06.30	2011.12.31	2011.06.30	2010.12.31
	基本每股收益(元)	0.1700	0.5600	0.1800	0.6400
	基本每股收益(扣除后)(元)	0.1700	0.5200	0.1600	0.6200
	每股净资产(元)	5.1600	7.6800	7.3900	2.8200
	每股经营现金净流量(元)	-0.0422	0.1704	0.0921	0.0915
	每股现金流量(元)	-0.3525	4.8102	4.9957	-0.4689
	每股资本公积金(元)	3.0199	5.0298	5.0298	0.3127
	每股盈余公积金(元)	0.1102	0.1652	0.1127	0.1505
	每股未分配利润(元)	1.0318	1.4871	1.2493	1.3549
	净资产收益率(%)	3.3700	6.8450	3.1800	22.7490
	加权净资产收益率(%)	3.3400	22.1500	4.9600	25.6700
	净资产收益率(扣除)(%)	-	-	-	-
	总资产(万元)	65268.88	62033.59	58773.95	22900.79
	归属母公司股东权益(万元)	56884.35	56463.73	54329.12	15500.13
	主营业务收入(万元)	14358.84	29543.19	12969.10	23680.96
	营业收入(万元)	14382.54	29607.51	13010.71	23761.26
	主营成本(万元)	11297.72	23700.51	10277.98	17798.99
	营业成本(万元)	11308.37	23713.28	10290.75	17821.19
	投资收益(万元)	-	-	-	-
	净利润(万元)	1915.64	3864.81	1730.20	3526.14
	利润总额(万元)	2218.04	4551.58	2029.09	4137.57

深圳市佳士科技股份有限公司

公司概况	公司名称	深圳市佳士科技股份有限公司		证券简称	佳士科技
	法人代表	潘磊	董秘 周晓宇	证券代码	300193
	公司网址	www.jasic.com.cn		电子信箱	jasiczqb@jasic.com.cn
	电话	0755-29651666-5061 61536880		传真	0755-61536880 27364108
	办公地址	广东省深圳市南山区海德三道海岸大厦东座1209			
	经营范围	焊割设备及配件、五金制品、电子设备、电源设备及配件的生产、加工、销售等			

主要财务指标	指标\报告期	2012.06.30	2011.12.31	2011.06.30	2010.12.31
	基本每股收益(元)	0.2500	0.5247	0.2900	0.6000
	基本每股收益(扣除后)(元)	0.2300	0.4919	0.2700	0.5700
	每股净资产(元)	8.2400	8.4900	8.2500	2.2400
	每股经营现金净流量(元)	0.0404	-0.1711	-0.2426	0.3942
	每股现金流量(元)	-0.9775	5.3415	5.6712	0.0413
	每股资本公积金(元)	6.5600	6.5600	6.5600	0.6493
	每股盈余公积金(元)	0.0923	0.0923	0.0416	0.0556
	每股未分配利润(元)	0.5872	0.8420	0.6523	0.5349
	净资产收益率(%)	2.9800	5.7900	3.0500	26.3620
	加权净资产收益率(%)	2.8700	7.3800	5.0600	31.4100
	净资产收益率(扣除)(%)	-	-	-	-
	总资产(万元)	204901.75	208751.11	203192.64	57415.67
	归属母公司股东权益(万元)	182504.59	188149.25	182824.96	37179.70
	主营业务收入(万元)	29065.58	58515.05	29247.16	51395.81
	营业收入(万元)	29361.36	59411.01	29648.48	52075.23
	主营成本(万元)	19740.89	40596.79	20428.51	33899.22
	营业成本(万元)	19843.04	41095.18	20608.18	34295.44
	投资收益(万元)	-	-	-	-
	净利润(万元)	5430.34	10893.36	5569.07	9801.24
	利润总额(万元)	6304.66	12157.82	6122.23	10931.91

重庆福安药业(集团)股份有限公司

公司概况	公司名称	重庆福安药业(集团)股份有限公司		证券简称	福安药业
	法人代表	汪天祥	董秘 汤沁	证券代码	300194
	公司网址	www.fapharm.com		电子信箱	tangqin@fapharm.com
	电话	023-61028766		传真	023-68573999
	办公地址	重庆长寿化工园内区内			
	经营范围	普通货运、生产、销售、无菌原料药、非无菌原料药等			

主要财务指标	指标\报告期	2012.06.30	2011.12.31	2011.06.30	2010.12.31
	基本每股收益(元)	0.4100	0.7600	0.5800	1.2300
	基本每股收益(扣除后)(元)	0.3800	0.7500	0.5600	1.2100
	每股净资产(元)	12.5100	12.4100	12.2000	2.7500
	每股经营现金净流量(元)	0.3361	0.4861	0.1602	1.0574
	每股现金流量(元)	-0.7021	8.5155	9.2886	0.0742
	每股资本公积金(元)	9.4637	9.4962	9.4986	0.1638
	每股盈余公积金(元)	0.1687	0.1687	0.1080	0.1441
	每股未分配利润(元)	1.8451	1.7348	1.5911	1.4428
	净资产收益率(%)	3.2800	5.7520	4.1800	44.7650
	加权净资产收益率(%)	3.2800	7.3900	7.0800	57.4000
	净资产收益率(扣除)(%)	-	-	-	-
	总资产(万元)	179830.75	181711.47	169008.40	34613.57
	归属母公司股东权益(万元)	166853.33	165562.64	162718.68	27507.25
	主营业务收入(万元)	21915.05	35476.81	20541.80	45679.53
	营业收入(万元)	22388.56	35854.83	20793.85	46401.05
	主营成本(万元)	13554.02	21275.93	11032.49	24523.29
	营业成本(万元)	13937.62	21525.94	11217.82	24837.80
	投资收益(万元)	-	-	-	-
	净利润(万元)	5538.31	9547.16	6846.64	12472.01
	利润总额(万元)	6522.88	11364.81	8116.85	14587.41

天津长荣印刷设备股份有限公司

公司概况	公司名称	天津长荣印刷设备股份有限公司			证券简称	长荣股份
	法人代表	李莉	董秘	李筠	证券代码	300195
	公司网址	www.mkmchina.com		电子信箱	crgf@mkmchina.com	
	电　话	022-26986268		传　真	022-26973430	
	办公地址	天津市北辰科技园区双辰中路 11 号				
	经营范围	印刷设备的设计制造、主要集中于印后加工设备的设计与制造等				

	指标\报告期	2012.06.30	2011.12.31	2011.06.30	2010.12.31
主要财务指标	基本每股收益(元)	0.6900	1.2800	0.8600	1.0700
	基本每股收益(扣除后)(元)	0.6800	1.2200	0.8200	1.0000
	每股净资产(元)	8.7000	8.7300	12.3900	2.9300
	每股经营现金净流量(元)	-0.0539	0.3797	-0.0502	0.9829
	每股现金流量(元)	-0.8596	4.3286	8.3248	0.3069
	每股资本公积金(元)	6.2805	6.2805	9.1927	-
	每股盈余公积金(元)	0.2342	0.2342	0.2542	0.2471
	每股未分配利润(元)	1.1877	1.2123	1.9425	1.6850
	净资产收益率(%)	7.9091	12.9330	10.2700	36.4230
	加权净资产收益率(%)	7.9000	16.0900	10.2700	44.4900
	净资产收益率(扣除)(%)	-	-	-	-
	总资产(万元)	137931.36	147062.13	139268.66	46716.52
	归属母公司股东权益(万元)	121821.87	122171.34	123893.48	21990.11
	主营业务收入(万元)	31038.25	54935.82	24820.34	32096.01
	营业收入(万元)	31127.39	55132.56	24908.15	32205.29
	主营成本(万元)	15187.98	28989.29	12859.11	16707.48
	营业成本(万元)	15187.98	28989.29	12859.11	16707.48
	投资收益(万元)	-45.15	-173.52	-	-
	净利润(万元)	9593.91	16111.74	7601.36	8172.08
	利润总额(万元)	11602.13	18994.46	8963.40	9600.33

江苏长海复合材料股份有限公司

公司概况	公司名称	江苏长海复合材料股份有限公司			证券简称	长海股份
	法人代表	杨国文	董秘	蔡志军	证券代码	300196
	公司网址	www.changhaigfrp.com		电子信箱	finance@changhaigfrp.com	
	电　话	0519-88712521 88702681		传　真	0519-88712521 88702681	
	办公地址	江苏省常州市武进区遥观镇塘桥村				
	经营范围	玻纤制品及玻纤复合材料的研发、生产和销售等				

	指标\报告期	2012.06.30	2011.12.31	2011.06.30	2010.12.31
主要财务指标	基本每股收益(元)	0.3300	0.5200	0.2700	0.5500
	基本每股收益(扣除后)(元)	0.2900	0.4900	0.2500	0.5300
	每股净资产(元)	6.8400	6.7100	6.4600	2.5000
	每股经营现金净流量(元)	0.5976	0.8659	0.4425	0.8831
	每股现金流量(元)	-1.4655	3.3935	4.4866	0.1414
	每股资本公积金(元)	4.4073	4.4073	4.4073	0.4038
	每股盈余公积金(元)	0.1001	0.1001	0.0608	0.0810
	每股未分配利润(元)	1.3325	1.2061	0.9965	1.0125
	净资产收益率(%)	4.7700	7.2410	3.6700	22.0480
	加权净资产收益率(%)	4.7900	9.0300	5.6900	24.7800
	净资产收益率(扣除)(%)	-	-	-	-
	总资产(万元)	98321.92	95704.33	99475.04	41747.20
	归属母公司股东权益(万元)	82079.37	80563.52	77575.24	22476.35
	主营业务收入(万元)	25608.70	44334.25	21303.54	37627.88
	营业收入(万元)	25628.89	44358.97	21361.58	37640.34
	主营成本(万元)	18015.17	-	15164.11	25873.46
	营业成本(万元)	18044.12	31197.90	15220.70	25885.94
	投资收益(万元)	-	-	-	-
	净利润(万元)	4046.93	6224.83	3025.30	5172.54
	利润总额(万元)	4648.91	7007.58	3410.94	5783.94

深圳市铁汉生态环境股份有限公司

公司概况	公司名称	深圳市铁汉生态环境股份有限公司			证券简称	铁汉生态
	法人代表	刘水	董秘	杨锋源	证券代码	300197
	公司网址	www.sztechand.com		电子信箱	techand@sztechand.com	
	电　话	0755-82917023		传　真	0755-82927550	
	办公地址	广东省深圳市福田区车公庙天祥大厦 4D				
	经营范围	水土保持、生态修复、园林绿化工程施工和园林养护、生态环保产品的技术开发等				

	指标\报告期	2012.06.30	2011.12.31	2011.06.30	2010.12.31
主要财务指标	基本每股收益(元)	0.3500	1.2800	0.2800	0.7400
	基本每股收益(扣除后)(元)	0.3400	1.2900	0.2800	0.7100
	每股净资产(元)	6.6900	11.7100	20.8100	4.9700
	每股经营现金净流量(元)	-0.3837	-1.9126	-2.3449	0.5760
	每股现金流量(元)	-0.5658	5.1372	13.5726	0.5842
	每股资本公积金(元)	4.3924	8.7063	17.4420	1.9314
	每股盈余公积金(元)	0.1468	0.2002	0.2366	0.2040
	每股未分配利润(元)	1.1535	1.8022	2.1293	1.8359
	净资产收益率(%)	5.3000	10.2410	3.7700	28.2090
	加权净资产收益率(%)	5.3500	13.3700	6.8500	32.8400
	净资产收益率(扣除)(%)	-	-	-	-
	总资产(万元)	171518.50	155440.12	137499.27	33257.89
	归属母公司股东权益(万元)	140905.98	136951.33	128094.63	22897.86
	主营业务收入(万元)	-	80829.49	33771.52	40974.44
	营业收入(万元)	41157.35	82517.44	34112.75	41613.23
	主营成本(万元)	-	55690.04	23122.23	28051.75
	营业成本(万元)	28692.14	56762.70	23341.63	28472.69
	投资收益(万元)	1228.62	562.68	-	-
	净利润(万元)	7458.42	14025.28	5168.58	6459.26
	利润总额(万元)	8825.09	16325.20	6022.75	7474.24

福建纳川管材科技股份有限公司

公司概况	公司名称	福建纳川管材科技股份有限公司			证券简称	纳川股份
	法人代表	陈志江	董秘	杨辉	证券代码	300198
	公司网址	www.superpipe.cn		电子信箱	fujiannachuan@163.com	
	电　话	0595-87770399 87770616		传　真	0595-27730530 27738935	
	办公地址	福建省泉州市泉港区普安工业区				
	经营范围	塑料管道生产销售、钢管塑料防腐处理及塑料防腐钢管成品销售等				

	指标\报告期	2012.06.30	2011.12.31	2011.06.30	2010.12.31
主要财务指标	基本每股收益(元)	0.3100	0.5610	0.2770	0.4920
	基本每股收益(扣除后)(元)	0.3100	0.5740	0.2830	0.4600
	每股净资产(元)	6.9000	6.5800	9.7400	2.7600
	每股经营现金净流量(元)	-0.0118	-0.4413	0.0813	0.1005
	每股现金流量(元)	0.1100	3.2431	6.1883	-0.5406
	每股资本公积金(元)	4.5832	4.5569	7.3353	0.3917
	每股盈余公积金(元)	0.1144	0.1154	0.1010	0.1347
	每股未分配利润(元)	1.2049	0.9050	1.3048	1.2313
	净资产收益率(%)	4.4585	8.1720	3.9146	29.7560
	加权净资产收益率(%)	4.6100	10.5000	6.6000	34.4100
	净资产收益率(扣除)(%)	-	-	-	-
	总资产(万元)	107157.89	98895.56	94256.60	29342.85
	归属母公司股东权益(万元)	96096.44	90767.58	89618.69	19027.87
	主营业务收入(万元)	16777.99	27510.00	12285.82	19161.88
	营业收入(万元)	16777.99	27541.10	12302.91	19165.05
	主营成本(万元)	8342.17	13067.10	5439.98	8769.97
	营业成本(万元)	8342.17	13072.01	5439.98	8772.53
	投资收益(万元)	74.53	-92.12	-25.68	184.05
	净利润(万元)	4247.39	7417.06	3508.17	5661.83
	利润总额(万元)	5056.05	8967.49	4190.02	6824.85

深圳翰宇药业股份有限公司

公司概况	公司名称	深圳翰宇药业股份有限公司			证券简称	翰宇药业
	法人代表	曾少贵	董秘	全衡	证券代码	300199
	公司网址	www.hybio.com.cn		电子信箱	hy@hybio.com.cn	
	电话	0755-26588036		传真	0755-26588078	
	办公地址	广东省深圳市南山区高新技术工业园中区翰宇生物医药园办公大楼四层				
	经营范围	生产经营片剂、硬胶囊剂、颗粒剂、小容量注射剂、冻干粉针剂、原料药等				

主要财务指标	指标\报告期	2012.06.30	2011.12.31	2011.06.30	2010.12.31
	基本每股收益(元)	0.1900	0.8600	0.3400	0.7000
	基本每股收益(扣除后)(元)	0.1866	0.7200	0.3100	0.6000
	每股净资产(元)	4.8200	9.7600	9.2600	2.4100
	每股经营现金净流量(元)	0.1340	0.7248	0.1806	0.7292
	每股现金流量(元)	-0.5855	7.1063	7.2537	0.0175
	每股资本公积金(元)	3.0824	7.1313	7.1313	0.3081
	每股盈余公积金(元)	0.0815	0.1630	0.0825	0.1100
	每股未分配利润(元)	0.6571	1.4666	1.0412	0.9898
	净资产收益率(%)	3.9500	8.2450	3.2500	29.2640
	加权净资产收益率(%)	3.8600	10.6300	5.4300	34.2800
	净资产收益率(扣除)(%)	-	-	-	-
	总资产(万元)	103601.33	103564.67	96903.60	21288.69
	归属母公司股东权益(万元)	96419.19	97608.83	92550.01	18058.81
	主营业务收入(万元)	9488.24	16421.29	7123.54	12117.55
	营业收入(万元)	9489.44	16568.10	7243.54	12192.85
	主营成本(万元)	1921.16	3858.19	1808.54	2946.00
	营业成本(万元)	1921.16	3858.19	1808.54	2946.00
	投资收益(万元)	75.52	22.99	-	-
	净利润(万元)	3810.37	8047.44	3006.26	5284.72
	利润总额(万元)	4513.78	9374.94	3536.78	5481.43

北京高盟新材料股份有限公司

公司概况	公司名称	北京高盟新材料股份有限公司			证券简称	高盟新材
	法人代表	王子平	董秘	吕虎林	证券代码	300200
	公司网址	www.co-mens.com		电子信箱	zqb@co-mens.com	
	电话	010-69343241		传真	010-69343241	
	办公地址	北京市房山区燕山东流水工业区8号				
	经营范围	复合聚氨酯胶粘剂的研制、开发、生产和销售等				

主要财务指标	指标\报告期	2012.06.30	2011.12.31	2011.06.30	2010.12.31
	基本每股收益(元)	0.3069	0.4400	0.2423	0.4900
	基本每股收益(扣除后)(元)	0.2752	0.4300	0.2419	0.4600
	每股净资产(元)	6.7300	6.7100	6.5100	1.7400
	每股经营现金净流量(元)	-0.0932	-0.1382	-0.3154	0.5576
	每股现金流量(元)	-0.5274	3.9442	3.9926	0.4119
	每股资本公积金(元)	4.9137	4.9081	4.9081	0.2115
	每股盈余公积金(元)	0.0553	0.0553	0.0249	0.0333
	每股未分配利润(元)	0.7564	0.7495	0.5808	0.4925
	净资产收益率(%)	4.5600	6.1210	3.2500	28.3029
	加权净资产收益率(%)	4.5700	7.8200	5.4200	33.3200
	净资产收益率(扣除)(%)	-	-	-	-
	总资产(万元)	76585.25	77162.23	74143.76	23274.39
	归属母公司股东权益(万元)	71826.81	71692.91	69567.78	13898.11
	主营业务收入(万元)	19518.68	38424.98	17809.80	33347.92
	营业收入(万元)	19712.74	38550.02	17917.09	33818.78
	主营成本(万元)	14318.98	29287.56	13613.30	25126.62
	营业成本(万元)	14457.15	29371.06	13643.90	25525.50
	投资收益(万元)	-	-	-	-
	净利润(万元)	3277.68	4388.30	2263.17	3933.57
	利润总额(万元)	3864.97	5191.18	2678.92	4604.41

徐州海伦哲专用车辆股份有限公司

公司概况	公司名称	徐州海伦哲专用车辆股份有限公司			证券简称	海伦哲
	法人代表	丁剑平	董秘	栗沛思	证券代码	300201
	公司网址	www.xzhlz.com		电子信箱	hlzzqb@xzhlz.com	
	电话	0516-87987729		传真	0516-87987777	
	办公地址	江苏省徐州市经济开发区螺山路19号				
	经营范围	设计、制造专用汽车、工程机械、建设机械、环保机械等产品、销售自产产品等				

主要财务指标	指标\报告期	2012.06.30	2011.12.31	2011.06.30	2010.12.31
	基本每股收益(元)	0.0580	0.3300	0.0380	0.6600
	基本每股收益(扣除后)(元)	0.0330	0.2800	0.0260	0.5500
	每股净资产(元)	3.5900	7.8600	7.6300	3.8200
	每股经营现金净流量(元)	-0.2632	0.0302	-0.4740	0.2304
	每股现金流量(元)	-0.8312	2.5708	2.9041	-0.7550
	每股资本公积金(元)	2.0475	5.6892	5.6892	1.6666
	每股盈余公积金(元)	0.0521	0.1146	0.0839	0.1119
	每股未分配利润(元)	0.4939	1.0593	0.8544	1.0413
	净资产收益率(%)	1.6100	3.9290	0.9600	17.2082
	加权净资产收益率(%)	1.6100	4.7300	1.4000	18.8400
	净资产收益率(扣除)(%)	-	-	-	-
	总资产(万元)	77340.05	74055.54	68176.89	39328.74
	归属母公司股东权益(万元)	63245.15	62904.08	61019.66	22918.19
	主营业务收入(万元)	12841.17	24454.45	8682.66	22613.76
	营业收入(万元)	12858.44	25256.03	9206.26	22777.97
	主营成本(万元)	8846.27	16387.61	5792.76	14670.92
	营业成本(万元)	8861.08	17037.73	6234.95	14801.28
	投资收益(万元)	-	-	-	-
	净利润(万元)	948.63	2467.14	599.54	4016.84
	利润总额(万元)	1144.67	2912.71	708.37	4569.35

辽宁聚龙金融设备股份有限公司

公司概况	公司名称	辽宁聚龙金融设备股份有限公司			证券简称	聚龙股份
	法人代表	柳长庆	董秘	崔文华	证券代码	300202
	公司网址	www.julong.cc		电子信箱	cwh@julong.cc	
	电话	0412-2538288		传真	0412-2538311	
	办公地址	辽宁省鞍山市铁东区千山中路308号				
	经营范围	金融办公自动化设备制造、设计、经营及有关技术咨询和技术服务等				

主要财务指标	指标\报告期	2012.06.30	2011.12.31	2011.06.30	2010.12.31
	基本每股收益(元)	0.3200	0.9000	0.2100	0.6300
	基本每股收益(扣除后)(元)	0.2600	0.6900	0.1700	0.4900
	每股净资产(元)	4.0200	7.9200	7.2800	2.5900
	每股经营现金净流量(元)	-0.4206	0.4947	-0.3244	1.0050
	每股现金流量(元)	-0.8355	5.1837	4.6760	0.5841
	每股资本公积金(元)	2.0953	5.1906	5.1906	0.3864
	每股盈余公积金(元)	0.0862	0.1724	0.0903	0.1204
	每股未分配利润(元)	0.8369	1.5537	1.0023	1.0840
	净资产收益率(%)	3.9800	10.3940	2.3600	24.4030
	加权净资产收益率(%)	3.9600	14.2200	0.0500	27.8000
	净资产收益率(扣除)(%)	-	-	-	-
	总资产(万元)	73143.97	72290.01	67172.50	20679.66
	归属母公司股东权益(万元)	68151.75	67134.37	61762.23	16477.61
	主营业务收入(万元)	10294.12	24426.66	7840.54	12419.55
	营业收入(万元)	10684.54	24944.27	8053.46	13001.97
	主营成本(万元)	4364.68	10794.83	3875.51	5457.36
	营业成本(万元)	4599.83	11015.64	3976.78	5797.18
	投资收益(万元)	-	-88.08	-45.08	-25.55
	净利润(万元)	2713.38	6977.95	1455.38	4020.97
	利润总额(万元)	2967.10	7730.60	1878.13	4488.00

聚光科技(杭州)股份有限公司

公司概况	公司名称	聚光科技(杭州)股份有限公司			证券简称	聚光科技
	法人代表	王健	董秘	田昆仑	证券代码	300203
	公司网址	www.fpi-inc.com		电子信箱	fpi@fpi-inc.com	
	电　　话	0571-85012176		传　　真	0571-85012008	
	办公地址	浙江省杭州市滨江区滨安路 760 号				
	经营范围	光机电一体化产品和相关软件的研究、开发、生产、安装等				

主要财务指标	指标\报告期	2012.06.30	2011.12.31	2011.06.30	2010.12.31
	基本每股收益(元)	0.1200	0.4100	0.0900	0.4000
	基本每股收益(扣除后)(元)	0.1100	0.3600	0.0800	0.3700
	每股净资产(元)	3.7200	3.6400	3.3300	1.5200
	每股经营现金净流量(元)	-0.1561	-0.0219	-0.2075	0.0755
	每股现金流量(元)	-0.3928	1.4046	1.3829	-0.0962
	每股资本公积金(元)	1.9299	1.9291	1.9291	0.1664
	每股盈余公积金(元)	0.0652	0.0652	0.0384	0.0428
	每股未分配利润(元)	0.7241	0.6423	0.3646	0.3079
	净资产收益率(%)	3.2800	10.7850	2.4100	26.6730
	加权净资产收益率(%)	3.2900	13.9400	4.3100	30.9800
	净资产收益率(扣除)(%)	-	-	-	-
	总资产(万元)	211744.14	215014.13	177979.21	101393.72
	归属母公司股东权益(万元)	165523.61	161847.72	148290.47	60692.70
	主营业务收入(万元)	37353.34	76336.24	29929.10	65006.73
	营业收入(万元)	37368.82	76425.39	29965.25	65177.76
	主营成本(万元)	17675.84	35381.09	13656.58	29261.21
	营业成本(万元)	17675.84	35381.09	13656.72	29330.76
	投资收益(万元)	-2.25	-7.11	-4.84	-26.93
	净利润(万元)	5386.18	17427.16	3896.53	16305.67
	利润总额(万元)	6315.51	19566.09	4351.06	17881.21

舒泰神(北京)生物制药股份有限公司

公司概况	公司名称	舒泰神(北京)生物制药股份有限公司			证券简称	舒泰神
	法人代表	周志文	董秘	马莉娜	证券代码	300204
	公司网址	www.staidson.com		电子信箱	securities@staidson.com	
	电　　话	010-67875255		传　　真	010-67875255	
	办公地址	北京市北京经济技术开发区经海二路 36 号				
	经营范围	主要从事生物制品和部分化学药品的研发、生产和销售等				

主要财务指标	指标\报告期	2012.06.30	2011.12.31	2011.06.30	2010.12.31
	基本每股收益(元)	0.6800	1.7100	0.5900	1.1500
	基本每股收益(扣除后)(元)	0.6700	1.6500	0.5700	1.1100
	每股净资产(元)	8.7000	16.5200	15.4500	3.3200
	每股经营现金净流量(元)	0.5099	1.3045	0.4435	1.2781
	每股现金流量(元)	-0.0540	11.5625	11.4039	0.8587
	每股资本公积金(元)	5.8786	12.7340	12.7340	0.6892
	每股盈余公积金(元)	0.1527	0.3055	0.1429	0.1907
	每股未分配利润(元)	1.6711	2.4835	1.5707	1.4447
	净资产收益率(%)	7.8100	9.4600	3.1600	34.5901
	加权净资产收益率(%)	7.9700	13.4900	7.0800	38.7300
	净资产收益率(扣除)(%)	-	-	-	-
	总资产(万元)	121863.94	114940.04	107019.14	26488.42
	归属母公司股东权益(万元)	116090.93	110207.89	103035.43	16622.82
	主营业务收入(万元)	17051.16	20581.63	7652.85	-
	营业收入(万元)	17051.16	20581.63	7652.85	12820.78
	主营成本(万元)	1363.68	2324.81	901.81	-
	营业成本(万元)	1363.68	2324.81	901.81	1431.98
	投资收益(万元)	-125.09	-167.52	-42.42	-79.12
	净利润(万元)	9062.38	10425.79	3253.33	5749.85
	利润总额(万元)	10768.82	12390.58	3920.03	6824.46

武汉天喻信息产业股份有限公司

公司概况	公司名称	武汉天喻信息产业股份有限公司			证券简称	天喻信息
	法人代表	张新访	董秘	江绥	证券代码	300205
	公司网址	www.whty.com.cn		电子信箱	js@whty.com.cn	
	电　　话	027-87920301 87920377		传　　真	027-87920306	
	办公地址	湖北省武汉市东湖新技术开发区华工大学科技园天喻楼				
	经营范围	专业从事智能卡产品及相关应用系统的研发、生产、销售和服务等				

主要财务指标	指标\报告期	2012.06.30	2011.12.31	2011.06.30	2010.12.31
	基本每股收益(元)	0.0300	0.4000	0.3900	0.8700
	基本每股收益(扣除后)(元)	0.0011	0.2600	0.3200	0.8000
	每股净资产(元)	6.7500	12.4100	12.4000	3.8500
	每股经营现金净流量(元)	-1.1807	-1.5425	-2.9205	0.9655
	每股现金流量(元)	-1.1210	6.2472	5.9205	0.8670
	每股资本公积金(元)	4.8376	9.5102	9.5361	0.8132
	每股盈余公积金(元)	0.1384	0.2492	0.2419	0.2488
	每股未分配利润(元)	0.7764	1.6503	1.6250	1.7925
	净资产收益率(%)	0.3916	2.9690	2.7090	22.6350
	加权净资产收益率(%)	0.3800	4.0200	5.0500	25.5200
	净资产收益率(扣除)(%)	-	-	-	-
	总资产(万元)	135490.24	130860.17	135062.57	58217.79
	归属母公司股东权益(万元)	96796.78	98830.16	98777.84	23022.59
	主营业务收入(万元)	29152.54	65581.17	29624.89	52778.27
	营业收入(万元)	29196.31	65602.19	29624.89	52778.27
	主营成本(万元)	18806.99	44402.74	19916.33	34023.35
	营业成本(万元)	18851.15	44403.32	19916.33	34023.35
	投资收益(万元)	18.64	-206.97	-32.53	4.32
	净利润(万元)	379.10	2934.36	2675.93	5211.25
	利润总额(万元)	357.01	2385.01	2988.35	6162.75

深圳市理邦精密仪器股份有限公司

公司概况	公司名称	深圳市理邦精密仪器股份有限公司			证券简称	理邦仪器
	法人代表	张浩	董秘	祖幼冬	证券代码	300206
	公司网址	www.edan.com.cn		电子信箱	ir@edan.com.cn	
	电　　话	0755-26851437		传　　真	0755-26850550	
	办公地址	广东省深圳市南山区蛇口南海大道 1019 号南山医疗器械园 B 栋三楼				
	经营范围	产科、多参数监护、超声影像、心电四大系列产品的研发、生产和销售等				

主要财务指标	指标\报告期	2012.06.30	2011.12.31	2011.06.30	2010.12.31
	基本每股收益(元)	0.3300	0.6500	0.3500	0.8800
	基本每股收益(扣除后)(元)	0.2600	0.5900	0.3200	0.8400
	每股净资产(元)	11.4800	11.3700	11.2700	2.8700
	每股经营现金净流量(元)	0.3018	0.4410	0.1704	0.8735
	每股现金流量(元)	-0.2724	8.6420	8.6367	0.6424
	每股资本公积金(元)	9.3033	9.3305	9.3305	0.9958
	每股盈余公积金(元)	0.1691	0.1315	0.0986	0.0904
	每股未分配利润(元)	1.0069	0.9153	0.8439	0.7828
	净资产收益率(%)	2.8700	5.2040	2.5500	30.7050
	加权净资产收益率(%)	2.8700	7.1400	5.4900	35.6500
	净资产收益率(扣除)(%)	-	-	-	-
	总资产(万元)	121018.56	118628.51	117207.58	26593.05
	归属母公司股东权益(万元)	114751.48	113732.28	112695.77	21499.80
	主营业务收入(万元)	18465.08	37224.38	17107.78	31776.99
	营业收入(万元)	18664.47	37529.41	17243.81	32060.90
	主营成本(万元)	7939.82	15963.46	7152.69	12990.61
	营业成本(万元)	7975.68	16013.56	7174.25	13035.78
	投资收益(万元)	-	-	-	-
	净利润(万元)	3228.57	5823.72	2823.60	6529.19
	利润总额(万元)	3625.73	6475.96	3094.27	7373.66

欣旺达电子股份有限公司

公司概况	公司名称	欣旺达电子股份有限公司			证券简称	欣旺达
	法人代表	王明旺	董秘	孙威	证券代码	300207
	公司网址	www.sunwoda.com		电子信箱	sunwei@sunwoda.com	
	电话	0755-27352064		传真	0755-29517735	
	办公地址	广东省深圳市宝安区石岩街道水田社区同富康水田工业区 C 栋				
	经营范围	锂离子电池模组的研发、设计、生产及销售等				

主要财务指标	指标\报告期	2012.06.30	2011.12.31	2011.06.30	2010.12.31
	基本每股收益(元)	0.0900	0.4800	0.2500	0.4400
	基本每股收益(扣除后)(元)	0.0800	0.4400	0.2300	0.4200
	每股净资产(元)	4.7800	6.2000	5.9700	1.8400
	每股经营现金净流量(元)	0.0334	-0.3329	-0.0758	0.4960
	每股现金流量(元)	-0.6229	3.3820	4.3421	0.1503
	每股资本公积金(元)	2.9458	4.1295	4.1295	-
	每股盈余公积金(元)	0.0806	0.1048	0.0592	0.0789
	每股未分配利润(元)	0.7583	0.9685	0.7823	0.7658
	净资产收益率(%)	1.8900	7.0895	7.0600	24.1013
	加权净资产收益率(%)	1.8800	9.7200	7.0600	27.4000
	净资产收益率(扣除)(%)	-	-	-	-
	总资产(万元)	157729.14	147320.02	156673.23	65040.94
	归属母公司股东权益(万元)	116938.73	116612.44	112255.10	26010.51
	主营业务收入(万元)	43475.12	102746.79	48220.59	77443.13
	营业收入(万元)	43893.12	103149.36	48332.32	77570.57
	主营成本(万元)	34610.04	82112.08	38179.98	61821.31
	营业成本(万元)	34968.23	82474.11	38291.50	61921.37
	投资收益(万元)	-	-	-	-
	净利润(万元)	2183.76	8297.97	3956.17	6542.84
	利润总额(万元)	2622.97	9369.22	4677.40	7673.68

青岛市恒顺电气股份有限公司

公司概况	公司名称	青岛市恒顺电气股份有限公司			证券简称	恒顺电气
	法人代表	贾全臣	董秘	王艳强	证券代码	300208
	公司网址	www.qdhengshun.com		电子信箱	hengshun@188.com	
	电话	0532-66962326 68004136		传真	0532-87712839	
	办公地址	山东省青岛市城阳区流亭街道双元路西侧(空港工业聚集区)				
	经营范围	高压无功补偿装置、滤波装置及核心部件的研发、设计、生产与销售等				

主要财务指标	指标\报告期	2012.06.30	2011.12.31	2011.06.30	2010.12.31
	基本每股收益(元)	0.2000	0.7800	0.1900	0.8000
	基本每股收益(扣除后)(元)	0.2000	0.7000	0.1600	0.7300
	每股净资产(元)	4.5900	8.9800	8.5700	3.3200
	每股经营现金净流量(元)	0.3958	0.2972	-0.0037	0.8986
	每股现金流量(元)	0.2398	4.8871	5.6961	0.8121
	每股资本公积金(元)	2.8798	6.7597	6.7486	1.6495
	每股盈余公积金(元)	0.0652	0.1304	0.0589	0.0785
	每股未分配利润(元)	0.6474	1.0871	0.7598	0.5944
	净资产收益率(%)	4.4400	7.9390	3.6700	23.6220
	加权净资产收益率(%)	4.4600	10.6500	6.8700	30.1700
	净资产收益率(扣除)(%)	-	-	-	-
	总资产(万元)	89258.29	85948.95	78862.32	33817.49
	归属母公司股东权益(万元)	64294.57	62839.88	59971.47	17443.04
	主营业务收入(万元)	10914.56	21838.90	9705.46	18135.47
	营业收入(万元)	10950.64	22242.35	9730.83	18274.97
	主营成本(万元)	5889.88	13112.82	5691.55	-
	营业成本(万元)	5908.15	13125.19	5705.57	10643.93
	投资收益(万元)	-	-	-	0.24
	净利润(万元)	2854.69	4989.10	2198.11	4120.43
	利润总额(万元)	3141.12	5761.45	2562.33	4776.64

天泽信息产业股份有限公司

公司概况	公司名称	天泽信息产业股份有限公司			证券简称	天泽信息
	法人代表	陈进	董秘	高丽丽	证券代码	300209
	公司网址	www.itrackstar.com		电子信箱	tianze@tianzestar.com	
	电话	025-87793753 965180*8815		传真	025-84781688 965180*8737	
	办公地址	江苏省南京市建邺区云龙山路 80 号				
	经营范围	车辆远程管理信息服务及配套软硬件的研发与销售等				

主要财务指标	指标\报告期	2012.06.30	2011.12.31	2011.06.30	2010.12.31
	基本每股收益(元)	0.0200	0.7400	0.4400	0.8000
	基本每股收益(扣除后)(元)	0.0200	0.6900	0.4200	0.7400
	每股净资产(元)	5.2300	10.5200	10.2200	2.6100
	每股经营现金净流量(元)	-0.0137	0.9172	0.5459	1.0389
	每股现金流量(元)	-0.1153	7.9052	7.8087	0.6018
	每股资本公积金(元)	3.5070	8.0141	8.0141	0.5004
	每股盈余公积金(元)	0.0675	0.1351	0.0739	0.0985
	每股未分配利润(元)	0.6581	1.3700	1.1271	1.0090
	净资产收益率(%)	0.4400	6.4110	3.6300	30.6960
	加权净资产收益率(%)	0.4400	8.9300	7.7600	36.2600
	净资产收益率(扣除)(%)	-	-	-	-
	总资产(万元)	91678.83	93523.19	89214.11	25566.54
	归属母公司股东权益(万元)	83722.03	84153.10	81720.37	15647.94
	主营业务收入(万元)	6386.42	15630.05	8579.93	14047.92
	营业收入(万元)	6578.24	16019.42	8736.52	14264.22
	主营成本(万元)	1997.82	3849.26	2291.70	3457.80
	营业成本(万元)	2045.39	3999.64	2336.18	3550.98
	投资收益(万元)	-0.13	-4.02	39.34	20.15
	净利润(万元)	393.83	5560.77	3093.82	5064.42
	利润总额(万元)	359.36	6461.47	3521.63	5879.07

鞍山森远路桥股份有限公司

公司概况	公司名称	鞍山森远路桥股份有限公司			证券简称	森远股份
	法人代表	郭松森	董秘	于健	证券代码	300210
	公司网址	www.assyrb.com		电子信箱	assyrb@assyrb.com	
	电话	0412-5223068 5223028		传真	0412-5223068 5223028	
	办公地址	辽宁省鞍山市高新技术产业开发区鞍千路 281 号				
	经营范围	公路筑路养护设备、除雪设备、市政环卫设备、港口设备、铁路养护设备等				

主要财务指标	指标\报告期	2012.06.30	2011.12.31	2011.06.30	2010.12.31
	基本每股收益(元)	0.3200	0.9600	0.3000	0.6800
	基本每股收益(扣除后)(元)	0.2500	0.8300	0.2700	0.6300
	每股净资产(元)	4.6600	8.0200	7.6000	2.8400
	每股经营现金净流量(元)	0.1504	0.0582	0.0342	0.7743
	每股现金流量(元)	-0.1169	4.4540	4.4749	0.3107
	每股资本公积金(元)	2.2461	4.8429	4.8429	0.0001
	每股盈余公积金(元)	0.1274	0.2294	0.1418	0.1900
	每股未分配利润(元)	1.2882	1.9452	1.6116	1.6503
	净资产收益率(%)	6.8300	10.9270	5.9900	24.0030
	加权净资产收益率(%)	6.9300	14.8800	11.4200	26.6400
	净资产收益率(扣除)(%)	-	-	-	-
	总资产(万元)	67703.66	66998.07	62280.20	25440.16
	归属母公司股东权益(万元)	62807.05	60011.33	56858.09	15863.88
	主营业务收入(万元)	10291.26	19252.34	9824.05	13019.24
	营业收入(万元)	11055.27	20289.01	10001.48	13325.22
	主营成本(万元)	5420.56	9804.41	4101.68	6186.36
	营业成本(万元)	5728.37	9981.20	4170.28	6318.76
	投资收益(万元)	-	-	-	-
	净利润(万元)	4292.72	6557.24	3404.00	3807.85
	利润总额(万元)	5011.60	7692.71	4442.41	4496.03

江苏亿通高科技股份有限公司

公司概况					
公司名称	江苏亿通高科技股份有限公司			证券简称	亿通科技
法人代表	王振洪	董秘	王桂珍	证券代码	300211
公司网址	www.yitong-group.com		电子信箱	wangguizhen@yitong-group.com	
电　　话	0512-52816252		传　　真	0512-52818006	
办公地址	江苏省常熟市通林路28号				
经营范围	有线电视网络设备、数字化用户信息网络终端产品等				

主要财务指标

指标\报告期	2012.06.30	2011.12.31	2011.06.30	2010.12.31
基本每股收益(元)	0.1600	0.5800	0.2300	0.9100
基本每股收益(扣除后)(元)	0.0800	0.5300	0.2300	0.8700
每股净资产(元)	8.4500	9.2200	8.8800	3.7200
每股经营现金净流量(元)	-0.2203	-0.7622	-1.0014	1.2265
每股现金流量(元)	-0.8074	3.1272	4.0932	0.7957
每股资本公积金(元)	5.3269	5.9596	5.9596	0.3936
每股盈余公积金(元)	0.2396	0.2635	0.2290	0.2822
每股未分配利润(元)	1.8805	2.0008	1.6895	2.0416
净资产收益率(%)	1.8100	5.8000	2.0500	24.5071
加权净资产收益率(%)	1.8100	7.6600	3.9100	27.9300
净资产收益率(扣除)(%)	-	-	-	-
总资产(万元)	52845.78	53074.41	52657.19	26957.47
归属母公司股东权益(万元)	45398.96	45068.04	43378.14	13516.44
主营业务收入(万元)	8897.32	22088.65	10710.45	22054.88
营业收入(万元)	8940.87	22528.21	10803.94	22269.36
主营成本(万元)	6834.15	16148.12	7984.78	15498.36
营业成本(万元)	6840.40	16428.04	8034.70	15596.35
投资收益(万元)	-	-	-	-
净利润(万元)	819.52	2614.15	924.24	3312.49
利润总额(万元)	953.57	3116.34	1139.79	3942.32

北京易华录信息技术股份有限公司

公司概况					
公司名称	北京易华录信息技术股份有限公司			证券简称	易华录
法人代表	韩建国	董秘	廖芙秀	证券代码	300212
公司网址	www.ehualu.com		电子信箱	zhengquan@ehualu.com	
电　　话	010-52281160		传　　真	010-52281188	
办公地址	北京市石景山区阜石路165号中国华录大厦B座				
经营范围	技术进出口、货物进出口、代理进出口等				

主要财务指标

指标\报告期	2012.06.30	2011.12.31	2011.06.30	2010.12.31
基本每股收益(元)	0.1500	1.0680	0.2360	0.7610
基本每股收益(扣除后)(元)	0.1440	0.8320	0.1900	0.5940
每股净资产(元)	5.1800	10.0800	9.2900	2.5700
每股经营现金净流量(元)	-0.6941	-1.8889	-1.3719	0.1963
每股现金流量(元)	-0.5485	4.3513	5.3409	-0.2741
每股资本公积金(元)	3.1324	7.2418	7.2418	0.4283
每股盈余公积金(元)	0.0861	0.1721	0.0922	0.1236
每股未分配利润(元)	0.9659	1.6614	0.9596	1.0229
净资产收益率(%)	2.9000	9.7050	2.1100	29.5419
加权净资产收益率(%)	2.9300	13.5900	4.4500	34.9100
净资产收益率(扣除)(%)	-	-	-	-
总资产(万元)	128481.32	117014.39	102776.68	54175.02
归属母公司股东权益(万元)	69469.72	67504.39	62267.31	12874.07
主营业务收入(万元)	19615.15	40806.10	13138.04	26300.43
营业收入(万元)	19615.15	40806.10	13138.04	26300.43
主营成本(万元)	13714.45	27477.98	9166.77	17369.21
营业成本(万元)	13714.45	27477.98	9166.77	17369.21
投资收益(万元)	-	-	-	-
净利润(万元)	2074.51	6802.67	1308.53	3853.61
利润总额(万元)	2273.24	7861.98	1544.85	4406.90

北京佳讯飞鸿电气股份有限公司

公司概况					
公司名称	北京佳讯飞鸿电气股份有限公司			证券简称	佳讯飞鸿
法人代表	林菁	董秘	王翊	证券代码	300213
公司网址	www.jiaxun.com		电子信箱	zqb@jiaxun.com	
电　　话	010-62460088		传　　真	010-62492088	
办公地址	北京市海淀区地锦路5号院1号楼				
经营范围	生产、制造数字调度设备、专用通信设备等				

主要财务指标

指标\报告期	2012.06.30	2011.12.31	2011.06.30	2010.12.31
基本每股收益(元)	0.0700	0.6500	0.2500	0.7700
基本每股收益(扣除后)(元)	-	0.6000	0.2500	0.7000
每股净资产(元)	5.4800	8.1900	7.8000	3.4000
每股经营现金净流量(元)	-	-0.2796	-0.4041	0.3671
每股现金流量(元)	-	3.9689	4.4558	0.7247
每股资本公积金(元)	2.9259	4.8619	4.8619	0.1055
每股盈余公积金(元)	-	0.2311	0.1711	0.2281
每股未分配利润(元)	-	2.0924	1.7654	2.0712
净资产收益率(%)	1.3500	7.3180	2.7200	22.7160
加权净资产收益率(%)	1.3500	9.6500	4.8900	25.6300
净资产收益率(扣除)(%)	-	-	-	-
总资产(万元)	-	77159.52	78157.75	34180.91
归属母公司股东权益(万元)	69072.70	68757.66	65506.95	21450.53
主营业务收入(万元)	13646.25	29554.15	13913.75	26963.90
营业收入(万元)	14293.31	30902.23	14476.01	28385.21
主营成本(万元)	-	18354.16	8248.16	17153.81
营业成本(万元)	-	18811.59	8440.17	17522.22
投资收益(万元)	-	-	-	-
净利润(万元)	-	5031.52	1780.82	4872.60
利润总额(万元)	-	5747.50	1970.97	5512.51

山东日科化学股份有限公司

公司概况					
公司名称	山东日科化学股份有限公司			证券简称	日科化学
法人代表	赵东日	董秘	刘安成(代)	证券代码	300214
公司网址	www.rikechem.com		电子信箱	rikechem@rikechem.com	
电　　话	0536-6283716 6276838		传　　真	0536-6283716 6276838	
办公地址	山东省潍坊市昌乐县经济开发区科技二街以南500米				
经营范围	PVC塑料改性剂产品的研发、生产和销售等				

主要财务指标

指标\报告期	2012.06.30	2011.12.31	2011.06.30	2010.12.31
基本每股收益(元)	0.3200	0.8400	0.4700	0.8300
基本每股收益(扣除后)(元)	0.3000	0.8000	0.4600	0.8100
每股净资产(元)	5.5000	7.9200	7.5400	2.7400
每股经营现金净流量(元)	0.2133	-0.3436	-0.4840	0.5204
每股现金流量(元)	-0.6318	3.8660	3.9944	-0.1182
每股资本公积金(元)	3.2282	5.3423	5.3279	0.5978
每股盈余公积金(元)	0.0828	0.1242	0.0645	0.0871
每股未分配利润(元)	1.1915	1.4551	1.1503	1.0542
净资产收益率(%)	5.8400	9.4650	4.9000	30.3590
加权净资产收益率(%)	5.9100	13.9000	12.0300	35.4100
净资产收益率(扣除)(%)	-	-	-	-
总资产(万元)	123728.99	124770.86	113842.21	44608.36
归属母公司股东权益(万元)	111425.85	106941.52	101826.84	27390.51
主营业务收入(万元)	50940.70	96400.96	46964.15	74571.52
营业收入(万元)	51471.44	98730.78	48141.98	78384.69
主营成本(万元)	40143.29	77282.82	37505.13	59484.88
营业成本(万元)	40580.32	79455.47	38582.78	62762.98
投资收益(万元)	-	-	-	-
净利润(万元)	6504.63	10138.58	4987.24	8315.52
利润总额(万元)	7693.79	11729.20	5862.91	9584.76

苏州电器科学研究院股份有限公司

公司概况

公司名称	苏州电器科学研究院股份有限公司			证券简称	电 科 院
法人代表	胡德霖	董秘	顾怡倩	证券代码	300215
公司网址	www.eeti-easa.com		电子信箱	zqb@eeti.cn	
电　话	0512-68252194		传　真	0512-68081686	
办公地址	江苏省苏州市新区滨河路永和街7号				
经营范围	开展各类发电设备、输变电设备、机电设备、高低压电器元件等				

主要财务指标

指标\报告期	2012.06.30	2011.12.31	2011.06.30	2010.12.31
基本每股收益(元)	0.3700	1.0900	0.3100	0.9100
基本每股收益(扣除后)(元)	0.3600	1.0700	0.3100	0.9100
每股净资产(元)	6.1200	12.1000	24.2200	7.7900
每股经营现金净流量(元)	0.7045	1.1113	1.0816	3.7943
每股现金流量(元)	0.5900	4.2834	17.3965	0.9781
每股资本公积金(元)	4.3652	9.7304	20.4608	4.3821
每股盈余公积金(元)	0.0935	0.1870	0.2759	0.2406
每股未分配利润(元)	0.6636	1.1830	2.4830	2.1651
净资产收益率(%)	6.0800	8.0540	4.0000	23.3710
加权净资产收益率(%)	6.0100	11.7300	10.5300	26.4600
净资产收益率(扣除)(%)	–	–	–	–
总资产(万元)	211730.01	178015.19	189846.33	85724.18
归属母公司股东权益(万元)	110201.20	108904.13	108988.77	26088.99
主营业务收入(万元)	16118.68	23412.63	12017.55	17584.88
营业收入(万元)	16159.75	23623.89	12067.11	17844.91
主营成本(万元)	4127.42	6600.23	2891.05	4864.77
营业成本(万元)	4151.82	6672.88	2916.56	4928.54
投资收益(万元)	–	–	–	13.33
净利润(万元)	6697.07	8771.41	4356.05	6097.15
利润总额(万元)	7878.91	10202.44	5808.07	8001.19

湖南千山制药机械股份有限公司

公司概况

公司名称	湖南千山制药机械股份有限公司			证券简称	千山药机
法人代表	刘祥华	董秘	金杰	证券代码	300216
公司网址	www.chinasun.com.cn		电子信箱	zqb@chinasun.com.cn	
电　话	0731-84030025		传　真	0731-84030025	
办公地址	湖南省长沙市经济技术开发区盼盼路9号				
经营范围	制造、销售制药机械、食品饮料机械、包装机械及备品备件、包装材料等				

主要财务指标

指标\报告期	2012.06.30	2011.12.31	2011.06.30	2010.12.31
基本每股收益(元)	0.2100	0.8600	0.2500	0.9000
基本每股收益(扣除后)(元)	0.2000	0.8200	0.2400	0.8600
每股净资产(元)	5.2000	10.2800	9.9000	3.4500
每股经营现金净流量(元)	0.0057	-1.0381	-0.8594	0.9233
每股现金流量(元)	-0.0181	4.5985	5.9023	0.5718
每股资本公积金(元)	3.1305	7.2609	7.2609	0.7760
每股盈余公积金(元)	0.1203	0.2407	0.1637	0.2194
每股未分配利润(元)	0.9505	1.7765	1.4792	1.4525
净资产收益率(%)	4.0800	7.4860	3.9900	26.2360
加权净资产收益率(%)	4.0700	10.9900	10.0600	29.9500
净资产收益率(扣除)(%)	–	–	–	–
总资产(万元)	84206.33	79540.85	77176.70	29941.38
归属母公司股东权益(万元)	69697.33	68862.96	66355.71	17239.66
主营业务收入(万元)	13923.36	26360.72	13724.70	21088.78
营业收入(万元)	13943.36	26370.72	13729.70	21098.78
主营成本(万元)	6697.57	12265.64	6641.02	10395.65
营业成本(万元)	6701.13	12272.76	6644.58	10402.78
投资收益(万元)	–	–	–	–
净利润(万元)	2844.37	5155.10	2647.85	4522.95
利润总额(万元)	3371.94	5956.54	3066.18	5268.10

镇江东方电热科技股份有限公司

公司概况

公司名称	镇江东方电热科技股份有限公司			证券简称	东方电热
法人代表	谭荣生	董秘	孙汉武	证券代码	300217
公司网址	www.dongfang-heater.com		电子信箱	wxp@dongfang-heater.com	
电　话	0511-88988598		传　真	0511-88988060	
办公地址	江苏省镇江市镇江新区大港五峰山路18号				
经营范围	工业和民用高性能电加热器及其控制系统的研发、制造和销售等				

主要财务指标

指标\报告期	2012.06.30	2011.12.31	2011.06.30	2010.12.31
基本每股收益(元)	0.3100	1.3600	0.8300	1.1500
基本每股收益(扣除后)(元)	0.2700	1.3000	0.8300	1.1200
每股净资产(元)	4.9600	10.4300	9.8700	4.0300
每股经营现金净流量(元)	0.2756	-0.6192	0.1579	0.9973
每股现金流量(元)	0.0305	4.5168	6.0527	0.2411
每股资本公积金(元)	2.6830	7.1026	7.1026	1.5271
每股盈余公积金(元)	0.0788	0.1734	0.0784	0.1053
每股未分配利润(元)	1.1965	2.1586	1.6931	1.3988
净资产收益率(%)	6.1800	11.6230	6.6100	28.6220
加权净资产收益率(%)	6.2700	16.7600	14.9500	33.4200
净资产收益率(扣除)(%)	–	–	–	–
总资产(万元)	131908.16	135238.92	132102.82	66254.51
归属母公司股东权益(万元)	98043.12	93785.56	88747.38	26960.47
主营业务收入(万元)	32382.01	70322.92	35337.23	58326.66
营业收入(万元)	33015.18	71587.60	35979.23	59227.09
主营成本(万元)	23158.44	48601.54	23612.52	41192.97
营业成本(万元)	23605.08	49846.81	24238.22	42151.76
投资收益(万元)	–	–	–	0.38
净利润(万元)	6579.29	12523.68	6998.66	9498.14
利润总额(万元)	7661.39	14596.57	8161.12	10954.28

安徽安利合成革股份有限公司

公司概况

公司名称	安徽安利合成革股份有限公司			证券简称	安利股份
法人代表	姚和平	董秘	吴双喜	证券代码	300218
公司网址	www.chinapuleather.com		电子信箱	shxiwu@163.com	
电　话	0551-8991557		传　真	0551-8991640	
办公地址	安徽省合肥市经济技术开发区桃花工业园				
经营范围	生产和销售各类中高档人造革、合成革及原料等				

主要财务指标

指标\报告期	2012.06.30	2011.12.31	2011.06.30	2010.12.31
基本每股收益(元)	0.1249	0.6071	0.2158	0.8952
基本每股收益(扣除后)(元)	0.0820	0.4417	0.1759	0.7338
每股净资产(元)	3.6300	7.1000	6.9000	3.1900
每股经营现金净流量(元)	-0.0512	0.0885	-0.6284	1.1011
每股现金流量(元)	-0.6007	3.6120	3.1600	0.4819
每股资本公积金(元)	1.5053	4.0106	4.0125	0.1204
每股盈余公积金(元)	0.1764	0.3528	0.2782	0.3710
每股未分配利润(元)	0.9338	1.7178	1.5901	1.6646
净资产收益率(%)	3.4400	7.6580	4.8100	28.1000
加权净资产收益率(%)	3.4600	10.6700	10.5000	32.3400
净资产收益率(扣除)(%)	–	–	–	–
总资产(万元)	128623.80	128960.58	115319.75	70700.51
归属母公司股东权益(万元)	76585.13	74998.98	72898.14	25232.04
主营业务收入(万元)	51932.26	97325.36	46691.09	83581.87
营业收入(万元)	52970.49	99128.55	47312.11	85399.55
主营成本(万元)	41589.47	76707.85	35884.96	64056.99
营业成本(万元)	42524.74	78292.23	36369.30	65570.08
投资收益(万元)	–	–	–	–
净利润(万元)	2898.30	6272.07	3945.42	7662.34
利润总额(万元)	3170.72	6998.41	4429.09	8519.57

广州市鸿利光电股份有限公司

公司概况	公司名称	广州市鸿利光电股份有限公司			证券简称	鸿利光电
	法人代表	李国平	董秘	邓寿铁	证券代码	300219
	公司网址	www.honglitronic.com		电子信箱	stock@honglitronic.com	
	电　　话	020-86733958		传　　真	020-86733777	
	办公地址	广东省广州市花都区机场高新科技产业基地金谷南路与先科一路交汇				
	经营范围	从事 LED 器件及其应用产品的研发、生产与销售等				

主要财务指标	指标\报告期	2012.06.30	2011.12.31	2011.06.30	2010.12.31
	基本每股收益(元)	0.1274	0.6651	0.3837	0.7160
	基本每股收益(扣除后)(元)	–	0.6704	0.1840	0.6976
	每股净资产(元)	3.0400	5.9300	5.6339	2.0500
	每股经营现金净流量(元)	–	0.2252	–0.0784	0.9821
	每股现金流量(元)	–	3.2295	3.3839	0.5103
	每股资本公积金(元)	1.6698	3.8395	3.8395	0.3933
	每股盈余公积金(元)	–	0.0922	0.0465	0.0622
	每股未分配利润(元)	–	0.9943	0.7479	0.5953
	净资产收益率(%)	4.1900	10.0420	5.3800	33.4370
	加权净资产收益率(%)	4.2300	14.7100	13.0700	43.5500
	净资产收益率(扣除)(%)	–	–	–	–
	总资产(万元)	–	89664.27	87884.62	38034.71
	归属母公司股东权益(万元)	74632.08	72731.43	69146.10	18811.97
	主营业务收入(万元)	25656.59	54535.49	27060.62	43527.62
	营业收入(万元)	25723.84	54905.38	27276.35	43750.63
	主营成本(万元)	17081.10	36211.07	17585.55	27984.55
	营业成本(万元)	–	36459.07	17757.99	28172.28
	投资收益(万元)	–	–65.08	–22.12	–9.17
	净利润(万元)	–	7446.44	3760.21	6324.47
	利润总额(万元)	–	8976.90	4932.30	7513.17

武汉金运激光股份有限公司

公司概况	公司名称	武汉金运激光股份有限公司			证券简称	金运激光
	法人代表	梁伟	董秘	艾骏	证券代码	300220
	公司网址	www.goldenlaser.cn		电子信箱	whjytz2008@163.com	
	电　　话	027-82943465		传　　真	027-82943465	
	办公地址	湖北省武汉市江岸区石桥一路金运激光大厦				
	经营范围	光机电系列激光设备、激光器的研制、生产、销售及技术服务等				

主要财务指标	指标\报告期	2012.06.30	2011.12.31	2011.06.30	2010.12.31
	基本每股收益(元)	0.3260	0.5159	0.3341	1.0256
	基本每股收益(扣除后)(元)	0.3102	0.3989	0.3181	0.9334
	每股净资产(元)	8.1100	7.7900	7.5900	2.8200
	每股经营现金净流量(元)	–0.0854	0.1019	–0.2013	0.7196
	每股现金流量(元)	–1.2724	3.6640	5.1180	1.0237
	每股资本公积金(元)	4.9726	4.9726	4.9726	–
	每股盈余公积金(元)	0.1355	0.1355	0.0917	0.1235
	每股未分配利润(元)	2.0061	1.6801	1.5257	1.7005
	净资产收益率(%)	4.0200	5.9150	3.4600	36.3160
	加权净资产收益率(%)	4.1000	8.5600	8.4600	46.4200
	净资产收益率(扣除)(%)	–	–	–	–
	总资产(万元)	32451.67	32169.05	30867.85	11595.76
	归属母公司股东权益(万元)	28399.98	27258.89	26565.28	7342.39
	主营业务收入(万元)	7972.07	13467.26	7292.58	10848.27
	营业收入(万元)	8312.52	14027.89	7496.39	11420.28
	主营成本(万元)	4071.94	7249.83	4098.22	5599.83
	营业成本(万元)	4392.09	7608.51	4246.65	5858.86
	投资收益(万元)	–10.02	–	–	–
	净利润(万元)	1141.09	1612.26	918.64	2666.45
	利润总额(万元)	1351.26	1805.08	1088.94	3062.77

广东银禧科技股份有限公司

公司概况	公司名称	广东银禧科技股份有限公司			证券简称	银禧科技
	法人代表	谭颂斌	董秘	顾险峰	证券代码	300221
	公司网址	www.silverage.cn		电子信箱	silverage@silverage.cn	
	电　　话	0769-38858388 38855188		传　　真	0769-38858399	
	办公地址	广东省东莞市道滘镇南阁工业区银禧工程塑料(东莞)有限公司办公大楼				
	经营范围	生产和销售改性塑料、塑料制品、设立研发中心等				

主要财务指标	指标\报告期	2012.06.30	2011.12.31	2011.06.30	2010.12.31
	基本每股收益(元)	0.1400	0.5800	0.1800	0.6700
	基本每股收益(扣除后)(元)	0.1300	0.4900	0.1500	0.5500
	每股净资产(元)	3.3800	6.6900	6.4800	2.7100
	每股经营现金净流量(元)	0.0456	–1.2279	–0.8792	0.4593
	每股现金流量(元)	–0.5691	2.8557	3.2365	0.4676
	每股资本公积金(元)	1.5295	4.0577	4.0817	0.2296
	每股盈余公积金(元)	0.0542	0.1083	0.0772	0.1029
	每股未分配利润(元)	0.7999	1.5254	1.3228	1.3800
	净资产收益率(%)	4.0560	7.7940	4.4396	24.5730
	加权净资产收益率(%)	4.0400	11.0500	6.7600	28.0100
	净资产收益率(扣除)(%)	–	–	–	–
	总资产(万元)	91536.09	94623.98	91646.82	47914.29
	归属母公司股东权益(万元)	67659.27	66911.13	64814.76	20343.09
	主营业务收入(万元)	43905.78	80002.14	36647.85	64888.62
	营业收入(万元)	43905.78	80004.67	36648.45	64907.81
	主营成本(万元)	36163.70	66003.61	29554.49	–
	营业成本(万元)	36163.70	66005.41	29554.49	53494.14
	投资收益(万元)	–27.74	–	–	–
	净利润(万元)	2744.24	5926.01	3282.41	5595.71
	利润总额(万元)	3433.85	6916.26	4090.65	6561.09

科大智能科技股份有限公司

公司概况	公司名称	科大智能科技股份有限公司			证券简称	科大智能
	法人代表	黄明松	董秘	穆峻柏	证券代码	300222
	公司网址	www.csg.com.cn		电子信箱	mjb@csg.com.cn	
	电　　话	021-50809880 50804882		传　　真	021-50804883	
	办公地址	上海市张江高科技园区碧波路 456 号 A203–A206 室				
	经营范围	智能配电网监控通讯装置与自动化系统软硬件产品的生产、销售等				

主要财务指标	指标\报告期	2012.06.30	2011.12.31	2011.06.30	2010.12.31
	基本每股收益(元)	0.1100	1.0100	0.1300	1.0900
	基本每股收益(扣除后)(元)	0.1000	0.9200	0.1300	1.0300
	每股净资产(元)	5.4500	10.0100	9.2900	2.1600
	每股经营现金净流量(元)	–0.3481	–0.1294	–0.5852	1.0252
	每股现金流量(元)	–0.5526	5.5130	6.4495	0.7485
	每股资本公积金(元)	3.6577	7.3838	7.3838	0.1989
	每股盈余公积金(元)	0.0813	0.1463	0.0709	0.0945
	每股未分配利润(元)	0.7131	1.4786	0.8388	0.8669
	净资产收益率(%)	2.0900	9.0300	2.0300	50.5679
	加权净资产收益率(%)	2.0700	14.0400	6.3700	58.6000
	净资产收益率(扣除)(%)	–	–	–	–
	总资产(万元)	65731.13	66235.31	60711.57	18163.90
	归属母公司股东权益(万元)	58882.28	60052.20	55761.37	9721.29
	主营业务收入(万元)	7542.42	19286.46	6134.81	13804.28
	营业收入(万元)	7542.46	19286.46	6134.81	13804.28
	主营成本(万元)	3792.50	9358.65	2615.00	5642.37
	营业成本(万元)	3792.50	9358.65	2615.00	5642.37
	投资收益(万元)	–	–	–	–
	净利润(万元)	1219.18	5422.83	1132.00	4915.85
	利润总额(万元)	1395.36	6120.10	1277.65	5658.36

北京君正集成电路股份有限公司

公司概况					
公司名称	北京君正集成电路股份有限公司			证券简称	北京君正
法人代表	刘强	董秘	张敏	证券代码	300223
公司网址	www.ingenic.cn		电子信箱	investors@ingenic.cn	
电　　话	010-82825005		传　　真	010-82826661 8112	
办公地址	北京市海淀区东北旺中关村软件园信息中心A座108室				
经营范围	32位嵌入式CPU芯片及配套软件平台的研发和销售等				

主要财务指标 指标\报告期	2012.06.30	2011.12.31	2011.06.30	2010.12.31
基本每股收益(元)	0.2333	0.8967	0.6081	1.4802
基本每股收益(扣除后)(元)	0.0774	0.7303	0.4822	1.3625
每股净资产(元)	10.1900	13.5500	13.3700	3.2400
每股经营现金净流量(元)	0.1604	0.5132	0.3177	1.5720
每股现金流量(元)	-0.4970	10.5185	10.6682	0.7002
每股资本公积金(元)	7.6521	10.2477	10.2477	0.2359
每股盈余公积金(元)	0.1723	0.2240	0.1239	0.1653
每股未分配利润(元)	1.3763	2.0858	2.0084	1.8434
净资产收益率(%)	2.2894	5.9300	-	45.7200
加权净资产收益率(%)	2.2300	9.0800	14.0300	59.1700
净资产收益率(扣除)(%)	-	-	-	-
总资产(万元)	109929.99	112013.48	108864.95	22472.96
归属母公司股东权益(万元)	105998.29	108371.54	106968.56	19424.55
主营业务收入(万元)	5296.89	16823.24	10212.63	20614.03
营业收入(万元)	5296.89	16823.24	10212.63	20614.03
主营成本(万元)	2688.84	7359.49	4163.34	8753.66
营业成本(万元)	2688.84	7359.49	4163.34	8753.66
投资收益(万元)	-	-	-	-
净利润(万元)	2426.68	6426.51	5006.58	8881.49
利润总额(万元)	2485.27	6700.29	5521.65	9696.11

烟台正海磁性材料股份有限公司

公司概况					
公司名称	烟台正海磁性材料股份有限公司			证券简称	正海磁材
法人代表	秘波海	董秘	宋侃	证券代码	300224
公司网址	www.zhmag.com		电子信箱	dmb@zhmag.com	
电　　话	0535-6397287 6397168		传　　真	0535-6397287	
办公地址	山东省烟台市经济技术开发区珠江路22号				
经营范围	高性能钕铁硼永磁材料的研发、生产、销售和服务等				

主要财务指标 指标\报告期	2012.06.30	2011.12.31	2011.06.30	2010.12.31
基本每股收益(元)	0.5400	1.4700	0.7000	0.8800
基本每股收益(扣除后)(元)	0.5400	1.3900	0.6300	0.8600
每股净资产(元)	5.3900	7.9900	7.2300	2.3500
每股经营现金净流量(元)	0.9650	0.5784	-0.0423	1.4431
每股现金流量(元)	0.2801	4.9118	4.7453	0.2699
每股资本公积金(元)	2.9231	4.8846	4.8846	0.2947
每股盈余公积金(元)	0.1403	0.2105	0.0793	0.1058
每股未分配利润(元)	1.3240	1.8971	1.2655	0.9536
净资产收益率(%)	6.8600	16.4290	7.6100	37.2910
加权净资产收益率(%)	7.1800	24.8300	19.2400	45.8400
净资产收益率(扣除)(%)	-	-	-	-
总资产(万元)	189407.42	185313.43	191769.58	91686.13
归属母公司股东权益(万元)	129296.72	127874.25	115670.65	28249.57
主营业务收入(万元)	53014.26	115154.01	47687.47	66597.31
营业收入(万元)	53724.33	117266.66	48641.37	67108.21
主营成本(万元)	39578.83	85055.62	34109.71	48414.48
营业成本(万元)	39590.23	85079.76	34122.13	48436.59
投资收益(万元)	-	-	-	-
净利润(万元)	9422.47	21008.08	8804.48	10534.53
利润总额(万元)	10861.18	24429.32	10190.28	12245.08

上海金力泰化工股份有限公司

公司概况					
公司名称	上海金力泰化工股份有限公司			证券简称	金力泰
法人代表	吴国政	董秘	徐仁环	证券代码	300225
公司网址	www.knt.cn		电子信箱	xurh@knt.cn	
电　　话	021-57563972		传　　真	021-57563996	
办公地址	上海市奉贤区青村镇沿钱公路2888号				
经营范围	制造、加工高性能涂料产品、溶剂、添加剂、销售自产产品等				

主要财务指标 指标\报告期	2012.06.30	2011.12.31	2011.06.30	2010.12.31
基本每股收益(元)	0.2800	0.8300	0.3400	1.6900
基本每股收益(扣除后)(元)	0.2600	0.7000	0.2700	1.6000
每股净资产(元)	6.7600	6.8100	10.2800	4.2300
每股经营现金净流量(元)	0.8185	0.1861	0.2843	1.1197
每股现金流量(元)	-0.2510	4.3465	5.8977	0.1032
每股资本公积金(元)	3.9302	6.3953	6.3953	0.0629
每股盈余公积金(元)	0.3858	0.5788	0.5788	0.7756
每股未分配利润(元)	1.4111	2.1951	2.2614	2.3539
净资产收益率(%)	4.1600	7.2340	4.9100	39.9740
加权净资产收益率(%)	4.0400	10.1400	11.1700	47.3700
净资产收益率(扣除)(%)	-	-	-	-
总资产(万元)	76974.45	76944.18	81942.04	35871.39
归属母公司股东权益(万元)	67925.73	68393.38	68896.20	21149.40
主营业务收入(万元)	24842.79	51513.67	27282.22	51745.82
营业收入(万元)	24875.03	51731.69	27349.34	51811.08
主营成本(万元)	18117.09	38411.55	20052.56	34870.52
营业成本(万元)	18152.65	38622.65	20096.68	34916.04
投资收益(万元)	-	-	-	-
净利润(万元)	2823.73	4947.75	3381.58	8454.29
利润总额(万元)	3214.38	5787.17	3909.25	9821.97

上海钢联电子商务股份有限公司

公司概况					
公司名称	上海钢联电子商务股份有限公司			证券简称	上海钢联
法人代表	朱军红	董秘	胡晓纯	证券代码	300226
公司网址	www.mysteel.com		电子信箱	public@mysteel.com.cn	
电　　话	021-26093997 26093295		传　　真	021-51683951 51683616	
办公地址	上海市宝山区友谊路1588弄1号楼6楼				
经营范围	钢铁、能源、矿业和有色金属等相关行业信息服务为基础的B2B电子商务服务等				

主要财务指标 指标\报告期	2012.06.30	2011.12.31	2011.06.30	2010.12.31
基本每股收益(元)	0.2300	1.0800	0.4700	0.9000
基本每股收益(扣除后)(元)	0.2200	0.9000	0.3900	0.8000
每股净资产(元)	4.3100	8.2600	7.6700	3.2100
每股经营现金净流量(元)	-0.1022	-2.8238	0.7100	1.5598
每股现金流量(元)	-0.7052	4.3566	6.4161	0.4631
每股资本公积金(元)	2.1279	4.7558	4.7595	0.1617
每股盈余公积金(元)	0.1316	0.2632	0.1747	0.2330
每股未分配利润(元)	1.0464	2.2420	1.7348	1.8193
净资产收益率(%)	5.2400	11.6940	4.8300	27.9820
加权净资产收益率(%)	5.3300	16.8200	10.8500	32.5300
净资产收益率(扣除)(%)	-	-	-	-
总资产(万元)	64523.65	57637.96	43116.41	16931.35
归属母公司股东权益(万元)	34447.90	33044.26	30675.99	9641.94
主营业务收入(万元)	39208.44	35003.69	9055.10	16072.75
营业收入(万元)	39208.44	35003.69	9055.10	16072.75
主营成本(万元)	30470.18	19043.21	1693.00	4341.15
营业成本(万元)	30470.18	19043.21	1693.00	4341.15
投资收益(万元)	-2.93	-	-	-20.00
净利润(万元)	1939.17	4016.21	1481.86	2678.59
利润总额(万元)	2336.16	4693.95	1981.90	3115.96

深圳光韵达光电科技股份有限公司

公司概况	公司名称	深圳光韵达光电科技股份有限公司			证券简称	光韵达
	法人代表	侯若洪	董秘	李璐	证券代码	300227
	公司网址	www.sunshine-laser.com			电子信箱	info@sunshine-laser.com
	电话	0755-26981580			传真	0755-26981500
	办公地址	广东省深圳市南山区高新区朗山一路聚友创业中心大厦一楼				
	经营范围	从事激光应用技术的研究与开发、提供激光切割、激光钻孔、激光焊接等				

	指标\报告期	2012.06.30	2011.12.31	2011.06.30	2010.12.31
主要财务指标	基本每股收益(元)	0.1700	0.3600	0.2000	0.4200
	基本每股收益(扣除后)(元)	0.1500	0.3400	0.2000	0.3800
	每股净资产(元)	4.6500	4.5800	4.4300	1.8400
	每股经营现金净流量(元)	0.2180	0.4103	0.0748	0.4839
	每股现金流量(元)	-0.3559	2.1954	2.9200	0.1465
	每股资本公积金(元)	2.5438	2.6432	2.6432	0.0026
	每股盈余公积金(元)	0.0461	0.0408	0.0281	0.0376
	每股未分配利润(元)	1.0585	0.8983	0.7541	0.7978
	净资产收益率(%)	3.5600	6.8870	3.9700	22.6246
	加权净资产收益率(%)	3.5500	10.5900	8.7900	25.5100
	净资产收益率(扣除)(%)	-	-	-	-
	总资产(万元)	40859.34	38356.29	39702.54	16399.67
	归属母公司股东权益(万元)	31144.78	30700.82	29649.80	9190.24
	主营业务收入(万元)	7344.14	12873.06	6227.95	11383.82
	营业收入(万元)	7344.14	12873.06	6227.95	11383.82
	主营成本(万元)	3715.29	5838.82	2854.02	5223.99
	营业成本(万元)	3715.29	5838.82	2854.02	5223.99
	投资收益(万元)	-	-	-	-
	净利润(万元)	1287.70	2527.24	1254.69	2414.68
	利润总额(万元)	1546.43	3025.38	1461.18	2780.36

张家港富瑞特种装备股份有限公司

公司概况	公司名称	张家港富瑞特种装备股份有限公司			证券简称	富瑞特装
	法人代表	邬品芳	董秘	张建忠	证券代码	300228
	公司网址	www.furuise.com			电子信箱	furui@furuise.com
	电话	0512-58982295			传真	0512-58982293
	办公地址	江苏省张家港市杨舍镇晨新路19号				
	经营范围	金属压力容器的设计、生产和销售等				

	指标\报告期	2012.06.30	2011.12.31	2011.06.30	2010.12.31
主要财务指标	基本每股收益(元)	0.3700	1.2000	0.3000	0.9100
	基本每股收益(扣除后)(元)	0.3400	1.0900	0.3000	0.8300
	每股净资产(元)	4.9700	9.3700	8.7800	3.8400
	每股经营现金净流量(元)	-0.3589	-3.4379	-2.4547	0.6567
	每股现金流量(元)	-0.3238	1.0262	2.9070	0.2761
	每股资本公积金(元)	2.3275	5.8091	5.8091	0.8106
	每股盈余公积金(元)	0.1320	0.2121	0.1328	0.1780
	每股未分配利润(元)	1.5130	2.3474	1.8341	1.8484
	净资产收益率(%)	7.5600	11.1790	14.7100	23.6120
	加权净资产收益率(%)	7.5600	17.1200	14.7100	26.7700
	净资产收益率(扣除)(%)	-	-	-	-
	总资产(万元)	168328.45	135512.43	120855.37	70692.79
	归属母公司股东权益(万元)	66631.50	62769.91	58799.29	19184.47
	主营业务收入(万元)	51805.74	78368.37	32595.07	45569.27
	营业收入(万元)	53399.67	80437.23	33171.04	46165.48
	主营成本(万元)	35106.19	54624.52	22747.46	31927.41
	营业成本(万元)	36120.94	55912.88	23113.63	32324.86
	投资收益(万元)	-	-	-	71.60
	净利润(万元)	5122.86	7653.10	3291.79	4732.31
	利润总额(万元)	5983.18	8791.46	4190.17	5495.24

北京拓尔思信息技术股份有限公司

公司概况	公司名称	北京拓尔思信息技术股份有限公司			证券简称	拓尔思
	法人代表	李渝勤	董秘	何东炯	证券代码	300229
	公司网址	www.trs.com.cn			电子信箱	he.dongjiong@trs.com.cn
	电话	010-82800995			传真	010-82800821
	办公地址	北京市海淀区知春路6号锦秋国际大厦14层14B04				
	经营范围	技术推广、技术开发、技术转让、技术服务、技术咨询等				

	指标\报告期	2012.06.30	2011.12.31	2011.06.30	2010.12.31
主要财务指标	基本每股收益(元)	0.0900	0.7000	0.0900	0.6700
	基本每股收益(扣除后)(元)	0.0900	0.6600	0.0700	0.6300
	每股净资产(元)	3.6000	5.7200	5.7200	2.8100
	每股经营现金净流量(元)	0.1197	0.3235	-0.0762	0.6083
	每股现金流量(元)	-0.2132	3.6501	3.4400	0.4821
	每股资本公积金(元)	1.6092	3.3756	3.3751	0.1850
	每股盈余公积金(元)	0.1240	0.2108	0.1496	0.1995
	每股未分配利润(元)	0.8680	1.6220	1.1925	1.4287
	净资产收益率(%)	2.5100	9.8510	2.1200	23.8180
	加权净资产收益率(%)	2.4500	14.7100	5.5700	27.3600
	净资产收益率(扣除)(%)	-	-	-	-
	总资产(万元)	78410.72	79570.59	71557.57	28479.39
	归属母公司股东权益(万元)	73464.37	74500.71	68606.74	25318.46
	主营业务收入(万元)	7861.10	19118.56	6376.54	14765.64
	营业收入(万元)	7861.10	19118.56	6376.54	14765.64
	主营成本(万元)	1353.14	3876.79	1177.68	2976.54
	营业成本(万元)	1353.14	3876.79	1177.68	2976.54
	投资收益(万元)	-	-	-	-
	净利润(万元)	1844.10	7339.05	1451.20	6030.46
	利润总额(万元)	2183.70	8630.91	1686.87	6729.60

上海永利带业股份有限公司

公司概况	公司名称	上海永利带业股份有限公司			证券简称	永利带业
	法人代表	史佩浩	董秘	恽黎明	证券代码	300230
	公司网址	www.yonglibelt.com			电子信箱	yongli@yonglibelt.com
	电话	021-59884061			传真	021-59884157
	办公地址	上海市青浦区徐泾镇徐旺路58号				
	经营范围	新材料轻型输送带的研发、生产和销售等				

	指标\报告期	2012.06.30	2011.12.31	2011.06.30	2010.12.31
主要财务指标	基本每股收益(元)	0.1302	0.6567	0.1651	0.5401
	基本每股收益(扣除后)(元)	0.1283	0.5844	0.1492	0.4994
	每股净资产(元)	2.9400	5.2300	4.9300	2.3500
	每股经营现金净流量(元)	0.1261	0.3756	0.1490	0.6030
	每股现金流量(元)	-0.0500	2.3975	2.9223	0.1551
	每股资本公积金(元)	1.1835	2.9311	2.9311	0.3648
	每股盈余公积金(元)	0.0726	0.1307	0.0846	0.1129
	每股未分配利润(元)	0.7052	1.1949	0.8893	0.8898
	净资产收益率(%)	4.4200	10.9760	4.2500	22.9710
	加权净资产收益率(%)	4.3800	16.4200	11.7600	24.2400
	净资产收益率(扣除)(%)	-	-	-	-
	总资产(万元)	55543.92	54333.31	56863.88	26202.00
	归属母公司股东权益(万元)	47565.95	46957.05	44275.35	15808.01
	主营业务收入(万元)	13555.20	29391.73	13682.00	24086.40
	营业收入(万元)	13555.20	29396.69	13682.00	24087.90
	主营成本(万元)	7800.09	16535.09	8068.21	14593.51
	营业成本(万元)	7800.09	16535.09	8068.21	14593.51
	投资收益(万元)	-	-	-	-
	净利润(万元)	2251.43	5338.31	2036.19	3860.32
	利润总额(万元)	2566.19	6595.05	2464.29	4669.18

北京银信长远科技股份有限公司

公司概况	公司名称	北京银信长远科技股份有限公司			证券简称	银信科技
	法人代表	詹立雄	董秘	詹立雄(代)	证券代码	300231
	公司网址	www.trustfar.cn		电子信箱	public@trustfar.cn	
	电　话	010-82629666		传　真	010-82621118	
	办公地址	北京市海淀区苏州街18号院长远天地大厦4号楼21层2101-2105房				
	经营范围	国务院决定未规定许可的自主选择经营项目开展经营活动				

主要财务指标	指标\报告期	2012.06.30	2011.12.31	2011.06.30	2010.12.31
	基本每股收益(元)	0.2369	0.9883	0.6117	0.8927
	基本每股收益(扣除后)(元)	0.2366	0.9856	0.6115	0.8443
	每股净资产(元)	3.7276	7.1814	6.7754	2.8300
	每股经营现金净流量(元)	0.0054	-0.0665	-0.5375	1.2142
	每股现金流量(元)	-0.1383	2.6776	3.5772	1.0181
	每股资本公积金(元)	1.7317	4.4635	4.4635	0.6900
	每股盈余公积金(元)	0.0815	0.1630	0.0816	0.1087
	每股未分配利润(元)	0.9144	1.5549	1.2303	1.0287
	净资产收益率(%)	6.3600	12.0420	6.7700	31.5740
	加权净资产收益率(%)	6.3900	18.5900	19.5200	37.4900
	净资产收益率(扣除)(%)	-	-	-	-
	总资产(万元)	33189.89	32484.49	29252.96	12142.33
	归属母公司股东权益(万元)	29820.92	28725.52	27101.48	8482.35
	主营业务收入(万元)	9862.63	19704.82	9247.47	15812.97
	营业收入(万元)	9862.63	19704.82	9247.47	15812.97
	主营成本(万元)	5408.33	11118.90	5101.48	9350.17
	营业成本(万元)	5408.33	11118.90	5101.48	9350.17
	投资收益(万元)	-	-	-	-
	净利润(万元)	1895.40	3459.17	1835.12	2678.21
	利润总额(万元)	2230.72	4066.03	2151.08	3133.52

深圳市洲明科技股份有限公司

公司概况	公司名称	深圳市洲明科技股份有限公司			证券简称	洲明科技
	法人代表	林洺锋	董秘	林洺锋(代)	证券代码	300232
	公司网址	www.unilumin.com		电子信箱	irm@unilumin.com	
	电　话	0755-29918999-8886 8784		传　真	0755-29912092	
	办公地址	广东省深圳市宝安区福永街道桥头社区永福路112号A栋				
	经营范围	LED显示屏、LED灯饰、LED照明灯的生产和销售等				

主要财务指标	指标\报告期	2012.06.30	2011.12.31	2011.06.30	2010.12.31
	基本每股收益(元)	0.2000	0.6700	0.3800	1.0000
	基本每股收益(扣除后)(元)	0.1500	0.5900	0.3200	0.9200
	每股净资产(元)	5.5100	7.0500	6.7500	2.9300
	每股经营现金净流量(元)	-0.1816	0.6902	0.0239	0.5809
	每股现金流量(元)	-0.9554	4.2997	4.2972	-0.1578
	每股资本公积金(元)	3.3419	4.6445	4.6445	0.8293
	每股盈余公积金(元)	0.1275	0.1658	0.1085	0.1461
	每股未分配利润(元)	1.0399	1.2416	0.9945	0.9572
	净资产收益率(%)	2.9400	8.3384	4.0200	33.0930
	加权净资产收益率(%)	2.9400	12.7400	12.2300	42.2700
	净资产收益率(扣除)(%)	-	-	-	-
	总资产(万元)	79752.83	74680.12	66813.26	28421.19
	归属母公司股东权益(万元)	55664.51	54807.46	52441.99	16926.70
	主营业务收入(万元)	23555.15	53084.34	23376.17	49972.00
	营业收入(万元)	24653.04	53215.56	23382.59	50111.80
	主营成本(万元)	17280.75	39773.79	17341.24	37503.15
	营业成本(万元)	18308.06	39868.67	17341.24	37615.95
	投资收益(万元)	251.08	-42.48	-	-
	净利润(万元)	1984.56	4570.09	2204.62	5601.55
	利润总额(万元)	2296.02	5362.02	2610.72	6125.17

山东金城医药化工股份有限公司

公司概况	公司名称	山东金城医药化工股份有限公司			证券简称	金城医药
	法人代表	赵叶青	董秘	朱晓刚	证券代码	300233
	公司网址	www.jinchengpharm.com		电子信箱	jcpc@jinchengpharm.com	
	电　话	0533-5439432		传　真	0533-5439426	
	办公地址	山东省淄博市淄川区经济开发区				
	经营范围	氨噻肟酸、碳二亚胺、头孢他啶活性酯、AE-活性酯、三嗪环、呋喃胺盐生产、销售等				

主要财务指标	指标\报告期	2012.06.30	2011.12.31	2011.06.30	2010.12.31
	基本每股收益(元)	0.1100	0.5300	0.4600	1.1600
	基本每股收益(扣除后)(元)	0.0800	0.3900	0.4200	1.1000
	每股净资产(元)	7.8300	7.8100	7.8100	4.1700
	每股经营现金净流量(元)	0.1854	0.5181	0.1504	1.2075
	每股现金流量(元)	-0.4639	2.6456	3.5530	0.2389
	每股资本公积金(元)	4.6835	4.6835	4.6835	0.7737
	每股盈余公积金(元)	0.1780	0.1780	0.1317	0.1770
	每股未分配利润(元)	1.9558	2.0493	1.9781	2.1954
	净资产收益率(%)	1.3400	5.8395	10.5400	27.8750
	加权净资产收益率(%)	1.3400	8.3900	10.5400	31.8600
	净资产收益率(扣除)(%)	-	-	-	-
	总资产(万元)	138737.39	139819.54	149102.02	95795.01
	归属母公司股东权益(万元)	94700.02	95884.05	94502.02	37533.36
	主营业务收入(万元)	36269.01	77778.11	39883.88	74677.53
	营业收入(万元)	36492.83	78842.05	40317.14	75938.49
	主营成本(万元)	28756.53	61313.99	30234.94	52829.69
	营业成本(万元)	28933.53	61668.38	30340.86	54051.91
	投资收益(万元)	-	-	-	-
	净利润(万元)	1288.64	5599.11	4176.49	10462.41
	利润总额(万元)	1492.76	6535.99	4898.51	12156.17

浙江开尔新材料股份有限公司

公司概况	公司名称	浙江开尔新材料股份有限公司			证券简称	开尔新材
	法人代表	邢翰学	董秘	程志勇	证券代码	300234
	公司网址	www.zjke.com		电子信箱	stock@zjke.com	
	电　话	0579-82888566		传　真	0579-82886066	
	办公地址	浙江省金华市金东区曹宅工业区				
	经营范围	新型功能性搪瓷材料的前瞻性研发和市场化推广等				

主要财务指标	指标\报告期	2012.06.30	2011.12.31	2011.06.30	2010.12.31
	基本每股收益(元)	0.1400	0.6200	0.2700	0.5500
	基本每股收益(扣除后)(元)	0.1100	0.5600	0.2700	0.5300
	每股净资产(元)	3.1000	4.6500	4.4100	1.9900
	每股经营现金净流量(元)	0.0420	0.4104	0.1533	0.0926
	每股现金流量(元)	-0.2195	2.5115	2.6856	0.0147
	每股资本公积金(元)	1.5478	2.8217	2.8217	0.6176
	每股盈余公积金(元)	0.0636	0.0955	0.0431	0.0575
	每股未分配利润(元)	0.4905	0.7297	0.5415	0.3142
	净资产收益率(%)	4.4300	11.7590	6.5800	27.3020
	加权净资产收益率(%)	4.3800	17.8000	18.5900	32.3900
	净资产收益率(扣除)(%)	-	-	-	-
	总资产(万元)	39924.01	41676.29	41282.11	17879.97
	归属母公司股东权益(万元)	37222.51	37174.85	35250.12	11936.08
	主营业务收入(万元)	6581.61	18209.52	10463.62	15093.50
	营业收入(万元)	6594.34	18275.07	10499.13	15191.30
	主营成本(万元)	3816.23	9602.31	5152.48	8214.53
	营业成本(万元)	3816.23	9602.31	5152.48	8283.21
	投资收益(万元)	-	-	-	-
	净利润(万元)	1647.66	4371.27	2446.54	3258.82
	利润总额(万元)	1935.79	5068.55	2931.44	3859.02

深圳市方直科技股份有限公司

公司概况						
公司概况	公司名称	深圳市方直科技股份有限公司			证券简称	方直科技
	法人代表	黄元忠	董秘	孙晓玲	证券代码	300235
	公司网址	www.kingsunsoft.com		电子信箱	kingsunsoft@kingsunsoft.com	
	电　　话	0755-86336966		传　　真	0755-86336977	
	办公地址	广东省深圳市南山区科技中二路深圳软件园 12 号楼 302				
	经营范围	计算机软件、硬件、网络及教育软件和教学资源的开发、销售等				

主要财务指标	指标\报告期	2012.06.30	2011.12.31	2011.06.30	2010.12.31
	基本每股收益(元)	0.0900	0.6500	0.1400	1.0700
	基本每股收益(扣除后)(元)	0.0900	0.5600	0.1100	1.0000
	每股净资产(元)	3.3100	6.4400	6.2800	2.4700
	每股经营现金净流量(元)	0.1456	0.2087	-0.1101	1.2441
	每股现金流量(元)	-0.5866	4.0801	4.2549	1.1726
	每股资本公积金(元)	4.0223	4.0223	4.0223	0.0712
	每股盈余公积金(元)	0.1881	0.1686	0.1415	0.1551
	每股未分配利润(元)	1.4160	1.2504	1.1202	1.2476
	净资产收益率(%)	2.7900	8.8020	3.3400	43.3667
	加权净资产收益率(%)	2.8300	13.5100	10.7000	53.4200
	净资产收益率(扣除)(%)	-	-	-	-
	总资产(万元)	30008.39	29162.51	29518.98	9662.24
	归属母公司股东权益(万元)	29156.15	28341.83	27649.61	8163.78
	主营业务收入(万元)	3460.64	7534.78	2958.60	8139.91
	营业收入(万元)	3460.64	7534.78	2958.60	8139.91
	主营成本(万元)	1322.53	2844.18	905.12	2576.35
	营业成本(万元)	1322.53	2844.18	905.12	2576.35
	投资收益(万元)	15.17	-	-	-
	净利润(万元)	814.32	2494.77	922.55	3540.37
	利润总额(万元)	907.76	2808.79	1077.89	3908.12

上海新阳半导体材料股份有限公司

公司概况						
公司概况	公司名称	上海新阳半导体材料股份有限公司			证券简称	上海新阳
	法人代表	王福祥	董秘	吕海波	证券代码	300236
	公司网址	www.sinyang.com.cn		电子信箱	info@sinyang.com.cn	
	电　　话	021-57850066		传　　真	021-57850066	
	办公地址	上海市松江区小昆山镇思贤路 3600 号				
	经营范围	制造加工与电子科技、信息科技、半导体材料、航空航天材料有关的化学产品等				

主要财务指标	指标\报告期	2012.06.30	2011.12.31	2011.06.30	2010.12.31
	基本每股收益(元)	0.2100	0.5200	0.2900	0.5600
	基本每股收益(扣除后)(元)	0.2100	0.5000	0.2900	0.5200
	每股净资产(元)	4.1200	4.1800	3.9400	1.8600
	每股经营现金净流量(元)	0.1247	0.2401	0.1015	0.6008
	每股现金流量(元)	0.1170	2.3055	2.3547	0.3550
	每股资本公积金(元)	2.4002	2.3955	2.3955	0.1731
	每股盈余公积金(元)	0.1132	0.1132	0.0677	0.0905
	每股未分配利润(元)	0.6086	0.6700	0.4751	0.5944
	净资产收益率(%)	5.0600	10.9640	5.4800	30.3550
	加权净资产收益率(%)	4.8700	16.7400	15.5000	37.5800
	净资产收益率(扣除)(%)	-	-	-	-
	总资产(万元)	41649.62	40249.66	37996.22	16140.03
	归属母公司股东权益(万元)	35111.51	35594.43	33545.67	11831.41
	主营业务收入(万元)	6303.18	14818.83	7362.78	12927.91
	营业收入(万元)	6416.39	15020.62	7489.68	13145.51
	主营成本(万元)	3124.29	7421.85	3715.12	6081.30
	营业成本(万元)	3160.72	7519.45	3771.75	6189.08
	投资收益(万元)	-	-	-	-
	净利润(万元)	1776.79	3902.51	1853.74	3592.11
	利润总额(万元)	2021.71	4435.52	2123.22	4065.42

山东美晨科技股份有限公司

公司概况						
公司概况	公司名称	山东美晨科技股份有限公司			证券简称	美晨科技
	法人代表	张磊	董秘	薛方明	证券代码	300237
	公司网址	www.meichen.cc		电子信箱	meichen@meichen.cc	
	电　　话	0536-6151511		传　　真	0536-6320138	
	办公地址	山东省诸城市密州路东首路南				
	经营范围	减震橡胶制品、胶管制品及其他橡胶制品的研发、制造、销售等				

主要财务指标	指标\报告期	2012.06.30	2011.12.31	2011.06.30	2010.12.31
	基本每股收益(元)	0.3200	1.0100	0.7400	1.9000
	基本每股收益(扣除后)(元)	0.3200	1.0100	0.7400	1.9300
	每股净资产(元)	9.7000	9.9800	9.6600	4.3700
	每股经营现金净流量(元)	0.5575	-1.9181	-0.7599	2.3468
	每股现金流量(元)	0.0835	3.6997	5.7615	-0.1739
	每股资本公积金(元)	6.0554	6.0554	6.0554	0.6357
	每股盈余公积金(元)	0.3189	0.3189	0.2288	0.3055
	每股未分配利润(元)	2.3292	2.6101	2.3711	2.4257
	净资产收益率(%)	3.2900	8.8440	5.7400	43.5530
	加权净资产收益率(%)	3.1500	13.3200	15.6100	54.0900
	净资产收益率(扣除)(%)	-	-	-	-
	总资产(万元)	91308.75	89222.81	89416.23	46047.89
	归属母公司股东权益(万元)	55309.66	56910.86	55035.21	18646.83
	主营业务收入(万元)	23193.97	51905.53	31371.52	57695.92
	营业收入(万元)	23436.35	52207.63	31536.99	57877.71
	主营成本(万元)	16694.08	37080.75	22187.29	38278.88
	营业成本(万元)	16710.86	37214.96	22286.91	38384.02
	投资收益(万元)	-	-78.47	-	-50.89
	净利润(万元)	1818.51	5032.94	3157.29	8121.24
	利润总额(万元)	2111.79	5748.31	3728.25	9433.48

广东冠昊生物科技股份有限公司

公司概况						
公司概况	公司名称	广东冠昊生物科技股份有限公司			证券简称	冠昊生物
	法人代表	朱卫平	董秘	赵文杰	证券代码	300238
	公司网址	www.grandhopebio.com		电子信箱	ir@grandhopebio.com	
	电　　话	020-32052295		传　　真	020-32211255	
	办公地址	广东省广州市萝岗区玉岩路 12 号				
	经营范围	专业从事再生医学材料及再生型医用植入器械研发、生产及销售				

主要财务指标	指标\报告期	2012.06.30	2011.12.31	2011.06.30	2010.12.31
	基本每股收益(元)	0.1700	0.7600	0.1000	0.7400
	基本每股收益(扣除后)(元)	0.1600	0.6500	0.0800	0.6700
	每股净资产(元)	3.5800	7.0800	6.6100	3.1700
	每股经营现金净流量(元)	0.2005	0.5803	0.0267	0.7370
	每股现金流量(元)	-0.1261	3.4760	3.9101	0.6158
	每股资本公积金(元)	1.7938	4.5876	4.5876	1.0555
	每股盈余公积金(元)	0.0859	0.1718	0.0836	0.1116
	每股未分配利润(元)	0.7059	1.3261	0.9493	1.0042
	净资产收益率(%)	4.6900	9.3400	8.1600	22.3054
	加权净资产收益率(%)	4.6500	14.0000	7.9500	29.1000
	净资产收益率(扣除)(%)	-	-	-	-
	总资产(万元)	52531.52	49606.40	49732.32	23602.11
	归属母公司股东权益(万元)	43759.93	43279.30	40409.35	14499.20
	主营业务收入(万元)	7767.83	12845.59	5211.46	10261.55
	营业收入(万元)	7774.06	12851.01	5211.46	10261.81
	主营成本(万元)	423.94	786.44	277.48	728.67
	营业成本(万元)	423.94	789.07	277.48	728.67
	投资收益(万元)	-	-	-	-
	净利润(万元)	2050.52	4042.25	1201.02	3234.11
	利润总额(万元)	2354.38	4583.38	1218.88	3763.57

包头东宝生物技术股份有限公司

公司概况					
公司名称	包头东宝生物技术股份有限公司			证券简称	东宝生物
法人代表	王军	董秘	刘芳	证券代码	300239
公司网址	www.dongbaoshengwu.com		电子信箱	xmliu@dongbaoshengwu.com	
电　　话	0472-5319863		传　　真	0472-5319863	
办公地址	内蒙古自治区包头市稀土高新技术产业开发区黄河大街46号				
经营范围	生产经营照相明胶、药用明胶、食用明胶、工业明胶、骨油、骨粉等				

主要财务指标：指标\报告期	2012.06.30	2011.12.31	2011.06.30	2010.12.31
基本每股收益(元)	0.0963	0.3711	0.2210	0.3795
基本每股收益(扣除后)(元)	0.0871	0.3215	0.2026	0.3584
每股净资产(元)	1.9900	3.9000	3.7400	2.1500
每股经营现金净流量(元)	0.0364	0.3470	0.1735	0.2086
每股现金流量(元)	-0.2961	1.3862	2.1564	0.0296
每股资本公积金(元)	0.4375	1.8751	1.8751	0.2210
每股盈余公积金(元)	0.0732	0.1464	0.1140	0.1520
每股未分配利润(元)	0.4833	0.8741	0.7476	0.7759
净资产收益率(%)	4.8300	8.3350	4.2500	17.6612
加权净资产收益率(%)	4.8800	17.5600	9.7800	19.4000
净资产收益率(扣除)(%)	-	-	-	-
总资产(万元)	38095.43	37762.30	39430.18	22006.07
归属母公司股东权益(万元)	30302.03	29599.04	28391.15	12244.06
主营业务收入(万元)	10657.50	20728.97	9420.62	-
营业收入(万元)	10704.12	20754.81	9420.62	19236.69
主营成本(万元)	7360.11	15370.79	6874.42	-
营业成本(万元)	7363.38	15370.79	6874.42	14557.99
投资收益(万元)	-	-	-	-
净利润(万元)	1462.79	2467.15	1259.26	2162.45
利润总额(万元)	1727.71	2908.47	1497.06	2559.79

江苏飞力达国际物流股份有限公司

公司概况					
公司名称	江苏飞力达国际物流股份有限公司			证券简称	飞力达
法人代表	沈黎明	董秘	李镭	证券代码	300240
公司网址	www.feiliks.com		电子信箱	dshmsc@feiliks.com	
电　　话	0512-55278563 55278689		传　　真	0512-55278558	
办公地址	江苏省苏州市昆山市开发区玫瑰路999号				
经营范围	综合货运站(场)(仓储)、货物专用运输(集装箱)、普通货运、承办空运等				

主要财务指标：指标\报告期	2012.06.30	2011.12.31	2011.06.30	2010.12.31
基本每股收益(元)	0.2600	0.8800	0.2100	0.9200
基本每股收益(扣除后)(元)	0.2300	0.7100	0.2000	0.8300
每股净资产(元)	5.2100	7.4400	6.9600	2.9000
每股经营现金净流量(元)	0.2933	-1.5290	0.0103	1.2336
每股现金流量(元)	0.0865	2.9415	3.7780	0.9778
每股资本公积金(元)	2.7331	4.3245	4.3007	0.1009
每股盈余公积金(元)	0.0573	0.0894	0.0659	0.0881
每股未分配利润(元)	1.4261	2.0306	1.6100	1.7210
净资产收益率(%)	5.1700	10.3740	13.8600	31.5930
加权净资产收益率(%)	5.1700	16.0700	13.8600	37.0200
净资产收益率(扣除)(%)	-	-	-	-
总资产(万元)	155928.06	124146.27	100402.33	57842.47
归属母公司股东权益(万元)	87088.86	79584.56	74524.60	23232.75
主营业务收入(万元)	91081.29	124402.87	54555.38	107800.31
营业收入(万元)	91087.29	124402.87	54555.38	107800.31
主营成本(万元)	68201.01	86185.98	36194.28	73831.87
营业成本(万元)	68201.42	86185.98	36194.28	73831.87
投资收益(万元)	-36.48	561.00	217.35	356.17
净利润(万元)	5364.41	9717.56	4261.44	9534.26
利润总额(万元)	6666.58	12342.50	5162.21	11851.72

深圳市瑞丰光电子股份有限公司

公司概况					
公司名称	深圳市瑞丰光电子股份有限公司			证券简称	瑞丰光电
法人代表	龚伟斌	董秘	龚伟斌(代)	证券代码	300241
公司网址	www.refond.com		电子信箱	yuchun.wang@refond.com	
电　　话	0755-29675000*868 818		传　　真	0755-29060037	
办公地址	广东省深圳市南山区西丽镇松白公路百旺信工业园二区第6栋				
经营范围	电子产品的购销及其它国内商业、物资供销业等				

主要财务指标：指标\报告期	2012.06.30	2011.12.31	2011.06.30	2010.12.31
基本每股收益(元)	0.1900	0.3600	0.2600	0.5500
基本每股收益(扣除后)(元)	0.1700	0.3400	0.2600	0.5400
每股净资产(元)	4.7100	4.6200	2.7100	2.4600
每股经营现金净流量(元)	0.4225	0.0837	0.2670	0.0956
每股现金流量(元)	0.0953	2.1929	0.0413	-0.7974
每股资本公积金(元)	2.9026	2.9026	0.9073	0.9073
每股盈余公积金(元)	0.0719	0.0719	0.0531	0.0531
每股未分配利润(元)	0.7349	0.6490	0.7532	0.4968
净资产收益率(%)	3.1700	25.6400	25.6400	22.3793
加权净资产收益率(%)	3.9500	10.2400	9.9200	25.2000
净资产收益率(扣除)(%)	-	-	-	-
总资产(万元)	62777.64	57723.35	34151.24	29642.53
归属母公司股东权益(万元)	50391.74	49472.40	21709.22	19657.91
主营业务收入(万元)	17635.16	29096.60	14397.38	24124.03
营业收入(万元)	17626.58	29137.82	14451.41	26160.80
主营成本(万元)	13178.19	21185.25	9870.71	16071.43
营业成本(万元)	13175.25	21225.57	9924.08	18057.20
投资收益(万元)	-	-	-	9.78
净利润(万元)	1989.34	3314.77	2051.32	4399.31
利润总额(万元)	2329.18	3808.11	2426.50	5123.79

广东明家科技股份有限公司

公司概况					
公司名称	广东明家科技股份有限公司			证券简称	明家科技
法人代表	周建林	董秘	陈涵涵	证券代码	300242
公司网址	www.migsurge.com		电子信箱	mig-dshh@migsurge.com.cn	
电　　话	0769-88972266		传　　真	0769-88973889	
办公地址	广东省东莞市横沥镇村头村工业区				
经营范围	研发、生产及销售:避雷器及雷电防护装置、防雷插座、配电箱及防雷产品等				

主要财务指标：指标\报告期	2012.06.30	2011.12.31	2011.06.30	2010.12.31
基本每股收益(元)	0.0664	0.3900	0.1645	0.4400
基本每股收益(扣除后)(元)	0.0608	0.3000	0.1438	0.3700
每股净资产(元)	3.8078	3.9413	2.0751	1.9100
每股经营现金净流量(元)	-0.0489	-0.0316	-0.0325	0.2163
每股现金流量(元)	-0.3580	1.7996	-0.1921	0.3675
每股资本公积金(元)	2.0016	2.0016	0.0976	0.0976
每股盈余公积金(元)	0.1124	0.1124	0.1049	0.1049
每股未分配利润(元)	0.6938	0.8274	0.8725	0.7080
净资产收益率(%)	1.7400	8.4450	7.9300	22.8650
加权净资产收益率(%)	1.7100	13.3000	8.2600	25.7500
净资产收益率(扣除)(%)	-	-	-	-
总资产(万元)	32096.59	33357.06	17190.42	16872.86
归属母公司股东权益(万元)	28558.50	29560.50	11620.45	10699.06
主营业务收入(万元)	8109.64	20311.09	8625.19	20226.44
营业收入(万元)	8112.34	20345.51	8638.44	20326.80
主营成本(万元)	5963.22	14495.27	5999.71	14213.33
营业成本(万元)	5964.86	14522.83	6010.75	14317.07
投资收益(万元)	-	-	-	-
净利润(万元)	498.01	2496.44	921.40	2446.33
利润总额(万元)	606.73	2887.63	1082.09	2817.93

山东瑞丰高分子材料股份有限公司

公司概况	公司名称	山东瑞丰高分子材料股份有限公司			证券简称	瑞丰高材
	法人代表	周仕斌	董秘	张琳	证券代码	300243
	公司网址	www.ruifengchemical.com		电子信箱	zhlin@ruifengchemical.com	
	电　话	0533-3220711		传　真	0533-3256197	
	办公地址	山东省淄博市沂源县经济开发区				
	经营范围	制造销售塑料助剂等				

主要财务指标	指标\报告期	2012.06.30	2011.12.31	2011.06.30	2010.12.31
	基本每股收益(元)	0.4400	0.8600	0.6800	1.0900
	基本每股收益(扣除后)(元)	0.4300	0.8000	0.6700	0.9500
	每股净资产(元)	6.7500	6.3100	3.5500	2.8700
	每股经营现金净流量(元)	-0.5106	-0.7762	-0.8733	-0.1741
	每股现金流量(元)	-0.2334	2.5623	0.1840	0.1874
	每股资本公积金(元)	3.5935	3.5935	0.5474	0.5474
	每股盈余公积金(元)	0.1721	0.1721	0.1326	0.1326
	每股未分配利润(元)	1.9891	1.5492	1.8712	1.1930
	净资产收益率(%)	6.5100	11.5640	19.1000	38.0020
	加权净资产收益率(%)	6.7300	18.5100	21.1100	46.9200
	净资产收益率(扣除)(%)	-	-	-	-
	总资产(万元)	58673.60	57098.09	42452.70	30942.71
	归属母公司股东权益(万元)	36137.70	33784.16	14204.57	11491.93
	主营业务收入(万元)	39908.55	76031.52	39088.38	54719.80
	营业收入(万元)	40274.12	76574.35	39316.82	55759.18
	主营成本(万元)	30810.73	62638.98	32032.01	44839.82
	营业成本(万元)	31094.33	63115.78	32233.33	45770.01
	投资收益(万元)	-	-	-	-
	净利润(万元)	2353.53	3906.73	2712.64	4367.17
	利润总额(万元)	2907.77	4703.21	3200.71	5145.36

浙江迪安诊断技术股份有限公司

公司概况	公司名称	浙江迪安诊断技术股份有限公司			证券简称	迪安诊断
	法人代表	陈海斌	董秘	徐敏	证券代码	300244
	公司网址	www.dazd.cn		电子信箱	zqb@dagene.net	
	电　话	0571-88933708		传　真	0571-88918912	
	办公地址	浙江省杭州市西湖区城北商贸园33幢211-214室				
	经营范围	主要面向各种综合医院与专科医院、社区卫生服务中心(站)、乡(镇)卫生院等				

主要财务指标	指标\报告期	2012.06.30	2011.12.31	2011.06.30	2010.12.31
	基本每股收益(元)	0.3300	0.9700	0.3300	0.8900
	基本每股收益(扣除后)(元)	0.3200	0.9300	0.3100	0.8200
	每股净资产(元)	5.2100	9.0900	4.5500	3.9600
	每股经营现金净流量(元)	-0.5528	0.3954	-0.1522	1.0764
	每股现金流量(元)	1.4060	1.3502	-0.1109	0.6757
	每股资本公积金(元)	2.9930	6.1873	1.5321	1.5302
	每股盈余公积金(元)	0.0237	0.0427	0.0088	0.0088
	每股未分配利润(元)	1.1979	1.8554	2.0124	1.4217
	净资产收益率(%)	6.4000	9.0910	12.9700	21.3660
	加权净资产收益率(%)	6.4000	14.7900	13.8800	25.9100
	净资产收益率(扣除)(%)	-	-	-	-
	总资产(万元)	67241.36	60069.34	29031.24	23425.18
	归属母公司股东权益(万元)	47963.71	46426.81	17438.83	15169.43
	主营业务收入(万元)	31604.73	48247.43	21607.99	34327.30
	营业收入(万元)	31604.73	48247.43	21607.99	34327.30
	主营成本(万元)	20268.78	31421.12	13832.09	22029.88
	营业成本(万元)	20268.78	31421.12	13832.09	22029.88
	投资收益(万元)	-	-	-	-
	净利润(万元)	3116.27	4158.04	2162.30	2991.52
	利润总额(万元)	3706.97	4898.61	2604.69	3786.09

上海天玑科技股份有限公司

公司概况	公司名称	上海天玑科技股份有限公司			证券简称	天玑科技
	法人代表	陆文雄	董秘	陆廷洁	证券代码	300245
	公司网址	www.dnt.com.cn		电子信箱	public@dnt.com.cn	
	电　话	021-54278888		传　真	021-54279888	
	办公地址	上海市桂平路481号18号楼4楼				
	经营范围	计算机软硬件开发、销售、维修、系统集成、通讯设备的销售及维修等				

主要财务指标	指标\报告期	2012.06.30	2011.12.31	2011.06.30	2010.12.31
	基本每股收益(元)	0.2698	0.9400	0.5089	0.8700
	基本每股收益(扣除后)(元)	0.2353	0.8300	0.4628	0.7900
	每股净资产(元)	7.3200	7.2400	2.8200	2.3100
	每股经营现金净流量(元)	-0.2913	0.4423	-0.2536	0.6693
	每股现金流量(元)	-1.1267	4.7894	-0.4960	0.3280
	每股资本公积金(元)	4.4743	4.4743	0.0151	0.0151
	每股盈余公积金(元)	0.1868	0.1868	0.1376	0.1376
	每股未分配利润(元)	1.6623	1.5783	1.6672	1.1583
	净资产收益率(%)	3.6900	11.0260	18.0600	37.8040
	加权净资产收益率(%)	3.7100	19.5200	19.8500	46.6000
	净资产收益率(扣除)(%)	-	-	-	-
	总资产(万元)	58380.83	55984.94	18566.01	18453.50
	归属母公司股东权益(万元)	49051.65	48488.26	14089.38	11549.42
	主营业务收入(万元)	12289.79	22445.38	9850.45	16928.65
	营业收入(万元)	12289.79	22445.38	9850.45	16928.65
	主营成本(万元)	6942.15	10515.13	3979.37	6881.63
	营业成本(万元)	6942.15	10515.13	3979.37	6881.63
	投资收益(万元)	-	-	-	-
	净利润(万元)	1903.05	5346.48	2544.54	4366.12
	利润总额(万元)	2279.20	6638.31	3057.36	5049.38

广东宝莱特医用科技股份有限公司

公司概况	公司名称	广东宝莱特医用科技股份有限公司			证券简称	宝 莱 特
	法人代表	燕金元	董秘	黎晓明	证券代码	300246
	公司网址	www.blt.com.cn		电子信箱	ir@blt.com.cn	
	电　话	0756-3399909		传　真	0756-3399903	
	办公地址	广东省珠海市高新区科技创新海岸创新一路2号				
	经营范围	从事医疗监护仪及相关医疗器械的研发、生产和销售等				

主要财务指标	指标\报告期	2012.06.30	2011.12.31	2011.06.30	2010.12.31
	基本每股收益(元)	0.1900	0.9800	0.5900	1.1000
	基本每股收益(扣除后)(元)	0.1800	0.9200	0.5700	1.0800
	每股净资产(元)	4.7600	8.7300	3.5800	2.9900
	每股经营现金净流量(元)	0.1520	0.7161	0.4391	1.3327
	每股现金流量(元)	-0.2953	6.1350	0.3126	0.5791
	每股资本公积金(元)	2.5690	5.4242	0.0001	0.0001
	每股盈余公积金(元)	0.1553	0.2796	0.2649	0.2649
	每股未分配利润(元)	1.0384	2.0276	2.3167	1.7248
	净资产收益率(%)	3.9800	9.5330	16.5300	36.6850
	加权净资产收益率(%)	3.8400	16.6500	18.0200	43.4500
	净资产收益率(扣除)(%)	-	-	-	-
	总资产(万元)	39835.91	39648.13	15110.41	12801.00
	归属母公司股东权益(万元)	34788.60	35431.64	10773.68	8993.13
	主营业务收入(万元)	7030.60	15636.56	8086.57	14234.25
	营业收入(万元)	7097.70	15810.37	8161.70	14363.41
	主营成本(万元)	3571.24	8103.24	4164.16	7351.97
	营业成本(万元)	3633.89	8278.58	4244.76	7461.39
	投资收益(万元)	-	-	-	-
	净利润(万元)	1385.97	3377.53	1780.55	3299.13
	利润总额(万元)	1623.88	3821.26	2044.11	3756.86

安徽桑乐金股份有限公司

公司概况						
	公司名称	安徽桑乐金股份有限公司			证券简称	桑乐金
	法人代表	金道明	董秘	戴永祥	证券代码	300247
	公司网址	www.saunaking.com.cn		电子信箱	saunaking@saunaking.com.cn	
	电　　话	0551-5329393		传　　真	0551-5847577	
	办公地址	安徽省合肥市高新区合欢路34号				
	经营范围	从事家用桑拿设备的研发、生产和销售等				

主要财务指标	指标\报告期	2012.06.30	2011.12.31	2011.06.30	2010.12.31
	基本每股收益(元)	0.1500	0.6700	0.3100	0.7500
	基本每股收益(扣除后)(元)	0.1100	0.6300	0.2800	0.7300
	每股净资产(元)	6.7900	6.9800	4.0300	3.7200
	每股经营现金净流量(元)	-0.4161	0.3639	0.0679	0.7971
	每股现金流量(元)	-0.9888	2.8536	0.1145	0.0076
	每股资本公积金(元)	4.0294	4.0294	0.8744	0.8744
	每股盈余公积金(元)	0.1969	0.1969	0.1869	0.1869
	每股未分配利润(元)	1.6082	1.7561	1.9728	1.6609
	净资产收益率(%)	2.2400	8.1420	7.7300	19.9192
	加权净资产收益率(%)	2.2100	12.4000	8.0400	22.4000
	净资产收益率(扣除)(%)	-	-	-	-
	总资产(万元)	63470.89	59527.73	28855.20	26738.09
	归属母公司股东权益(万元)	55548.19	57080.66	24708.34	22798.40
	主营业务收入(万元)	9457.36	20695.91	8539.67	19633.81
	营业收入(万元)	9482.28	20735.15	8549.78	19661.85
	主营成本(万元)	4777.35	9974.67	3951.64	8459.54
	营业成本(万元)	4778.03	9980.68	3956.69	8462.49
	投资收益(万元)	-	-	-	-
	净利润(万元)	1248.25	4647.75	1909.94	4541.26
	利润总额(万元)	1447.48	5366.72	2235.87	5341.97

郑州新开普电子股份有限公司

公司概况						
	公司名称	郑州新开普电子股份有限公司			证券简称	新开普
	法人代表	杨维国	董秘	华梦阳	证券代码	300248
	公司网址	www.newcapec.com.cn		电子信箱	zqswb@newcapec.net	
	电　　话	0371-67579758		传　　真	0371-67579716	
	办公地址	河南省郑州市高新技术产业开发区翠竹街6号863国家软件基地新开普大厦				
	经营范围	计算机系统集成、计算机及相关产品、仪器仪表、各类智能卡应用产品等				

主要财务指标	指标\报告期	2012.06.30	2011.12.31	2011.06.30	2010.12.31
	基本每股收益(元)	0.0700	1.1000	0.0700	1.0700
	基本每股收益(扣除后)(元)	0.0500	1.0100	0.0600	1.0200
	每股净资产(元)	5.1100	10.2700	3.6600	3.5100
	每股经营现金净流量(元)	-0.2792	0.0205	-0.7760	0.1134
	每股现金流量(元)	-0.5889	5.8411	-0.7853	0.4986
	每股资本公积金(元)	2.9147	6.8294	0.5019	0.4953
	每股盈余公积金(元)	0.1175	0.2350	0.1872	0.1872
	每股未分配利润(元)	1.0771	2.2102	1.9661	1.8247
	净资产收益率(%)	1.4100	9.1350	3.8700	29.3140
	加权净资产收益率(%)	1.4000	15.9300	3.9500	36.2900
	净资产收益率(扣除)(%)	-	-	-	-
	总资产(万元)	49398.83	50169.49	19028.14	19298.71
	归属母公司股东权益(万元)	45574.43	45824.45	12207.96	11713.77
	主营业务收入(万元)	7757.92	18426.64	6427.74	14001.04
	营业收入(万元)	7757.92	18426.64	6427.74	14001.04
	主营成本(万元)	3857.98	8829.45	3113.79	6712.47
	营业成本(万元)	3857.98	8829.45	3113.79	6712.47
	投资收益(万元)	-	-5.00	-	-
	净利润(万元)	641.98	4185.93	472.10	3433.72
	利润总额(万元)	750.52	4819.06	542.32	3915.69

四川依米康环境科技股份有限公司

公司概况						
	公司名称	四川依米康环境科技股份有限公司			证券简称	依米康
	法人代表	张菀	董秘	周淑兰	证券代码	300249
	公司网址	www.sunrisegroup.com.cn		电子信箱	dshb@sunrisegroup.com.cn	
	电　　话	028-82001888 85977635		传　　真	028-82001888-1	
	办公地址	四川省成都市高新区科园南二路二号				
	经营范围	生产、销售及安装制冷设备、空调、不间断电源、电池及相关产品等				

主要财务指标	指标\报告期	2012.06.30	2011.12.31	2011.06.30	2010.12.31
	基本每股收益(元)	0.2300	0.5400	0.3300	0.5300
	基本每股收益(扣除后)(元)	0.2100	0.4600	0.3200	0.5200
	每股净资产(元)	5.9500	5.8300	2.4200	2.0900
	每股经营现金净流量(元)	-0.3604	-0.2617	-0.4883	-0.0956
	每股现金流量(元)	-1.3291	3.2011	-0.5342	0.2731
	每股资本公积金(元)	3.7751	3.7751	0.3115	0.3115
	每股盈余公积金(元)	0.1098	0.1098	0.0793	0.0793
	每股未分配利润(元)	1.0696	0.9416	1.0303	0.7037
	净资产收益率(%)	3.8300	7.9670	13.4900	25.1840
	加权净资产收益率(%)	3.8700	13.7200	14.4600	28.8500
	净资产收益率(扣除)(%)	-	-	-	-
	总资产(万元)	56749.61	55006.73	23505.23	21642.01
	归属母公司股东权益(万元)	46682.65	45679.33	14235.48	12315.37
	主营业务收入(万元)	13265.13	21264.87	9990.03	17604.60
	营业收入(万元)	13439.66	21764.69	10230.58	18046.68
	主营成本(万元)	8215.27	12584.56	5392.08	10310.30
	营业成本(万元)	8239.60	12637.14	5413.83	10475.50
	投资收益(万元)	-	-	-	-
	净利润(万元)	2054.06	3639.09	1920.11	3101.46
	利润总额(万元)	2342.15	4275.58	2295.95	3677.84

杭州初灵信息技术股份有限公司

公司概况						
	公司名称	杭州初灵信息技术股份有限公司			证券简称	初灵信息
	法人代表	洪爱金	董秘	杨可明	证券代码	300250
	公司网址	www.cncr-it.com		电子信箱	ir@cnci-it.com	
	电　　话	0571-86791278 86791289		传　　真	0571-86791287	
	办公地址	浙江省杭州市滨江区浦沿街道伟业路1号5幢				
	经营范围	信息接入方案的设计及相应设备的研发、生产和销售等				

主要财务指标	指标\报告期	2012.06.30	2011.12.31	2011.06.30	2010.12.31
	基本每股收益(元)	0.1700	1.0300	0.6100	1.0900
	基本每股收益(扣除后)(元)	0.1700	0.9900	0.6100	1.0100
	每股净资产(元)	4.2900	8.4800	3.4000	2.7900
	每股经营现金净流量(元)	-0.4123	0.3880	-0.2451	0.8249
	每股现金流量(元)	-0.5210	5.5634	-0.6662	0.8013
	每股资本公积金(元)	2.1702	5.3403	0.1037	0.1037
	每股盈余公积金(元)	0.0631	0.1262	0.0864	0.0864
	每股未分配利润(元)	1.0543	2.0139	2.2113	1.5975
	净资产收益率(%)	4.0200	10.3420	19.8300	39.0690
	加权净资产收益率(%)	4.0200	18.1700	19.8300	48.5500
	净资产收益率(扣除)(%)	-	-	-	-
	总资产(万元)	42092.17	44361.81	13906.53	11639.03
	归属母公司股东权益(万元)	34300.45	33921.39	10204.19	8362.83
	主营业务收入(万元)	8753.81	12068.88	6841.56	11831.80
	营业收入(万元)	9099.83	12558.21	6863.11	11875.14
	主营成本(万元)	5727.71	6576.45	3748.11	7185.40
	营业成本(万元)	6001.31	6667.96	3757.93	7205.81
	投资收益(万元)	-	-	-	-
	净利润(万元)	1427.66	3508.26	1841.35	3267.28
	利润总额(万元)	1709.33	4023.52	2124.66	3522.48

北京光线传媒股份有限公司

公司概况	公司名称	北京光线传媒股份有限公司			证券简称	光线传媒
	法人代表	王长田	董秘	王铧	证券代码	300251
	公司网址	www.ewang.com		电子信箱	ir@ewang.com	
	电　　话	010-64516451		传　　真	010-64516488	
	办公地址	北京市东城区和平里东街 11 号院内 3 号楼 3 层				
	经营范围	广播电视节目的制作、发行、设计、制作、代理、发布国内及外商来华广告等				

	指标＼报告期	2012.06.30	2011.12.31	2011.06.30	2010.12.31
主要财务指标	基本每股收益(元)	0.3400	1.8800	0.7300	1.3700
	基本每股收益(扣除后)(元)	0.3000	1.8400	0.7300	1.1500
	每股净资产(元)	7.3000	16.3200	3.5500	2.8200
	每股经营现金净流量(元)	-0.6978	-1.7101	0.4766	0.4272
	每股现金流量(元)	-1.1586	9.5162	0.1693	-0.0728
	每股资本公积金(元)	5.2552	12.7614	0.5514	0.5514
	每股盈余公积金(元)	0.1039	0.2287	0.1541	0.1541
	每股未分配利润(元)	0.9418	2.3287	1.8516	1.1170
	净资产收益率(%)	4.6300	9.8305	3.3800	48.6667
	加权净资产收益率(%)	4.5400	19.6400	23.0500	49.6100
	净资产收益率(扣除)(%)	-	-	-	-
	总资产(万元)	182785.22	189314.76	54700.55	40751.52
	归属母公司股东权益(万元)	176016.83	178828.21	29219.09	23182.63
	主营业务收入(万元)	27825.42	69792.51	26011.31	47960.49
	营业收入(万元)	27825.42	69792.51	26011.31	47960.49
	主营成本(万元)	16484.06	41243.89	14990.59	29070.68
	营业成本(万元)	16484.06	41243.89	14990.59	29070.68
	投资收益(万元)	-	-	-	-
	净利润(万元)	8145.55	17579.66	6038.50	11282.21
	利润总额(万元)	9997.08	21489.12	7537.52	13495.75

深圳金信诺高新技术股份有限公司

公司概况	公司名称	深圳金信诺高新技术股份有限公司			证券简称	金信诺
	法人代表	黄昌华	董秘	肖东华	证券代码	300252
	公司网址	www.kingsignal.com		电子信箱	kingsignal@kingsignal.com	
	电　　话	0755-26016051 26016250-877		传　　真	0755-26581802	
	办公地址	广东省深圳市南山区科技中二路深圳软件园 9# 楼 302				
	经营范围	从事中高端射频同轴电缆的研发、生产和销售等				

	指标＼报告期	2012.06.30	2011.12.31	2011.06.30	2010.12.31
主要财务指标	基本每股收益(元)	0.2065	0.3700	0.3400	0.6900
	基本每股收益(扣除后)(元)	0.1859	0.3300	0.3300	0.6600
	每股净资产(元)	6.0597	5.9033	2.8100	2.4700
	每股经营现金净流量(元)	-0.2887	-1.2961	-0.6294	0.5416
	每股现金流量(元)	-0.4719	2.9371	-0.6130	0.0623
	每股资本公积金(元)	4.0813	4.0813	0.7855	0.7855
	每股盈余公积金(元)	0.0819	0.0819	0.1017	0.0683
	每股未分配利润(元)	0.8966	0.7402	0.9259	0.6187
	净资产收益率(%)	3.4100	5.1960	12.1000	28.0910
	加权净资产收益率(%)	3.4400	9.4200	12.8900	32.6800
	净资产收益率(扣除)(%)	-	-	-	-
	总资产(万元)	124188.20	101630.47	67454.97	59014.85
	归属母公司股东权益(万元)	65444.74	63755.18	22785.67	20027.40
	主营业务收入(万元)	23498.18	50571.58	29366.43	50866.18
	营业收入(万元)	25856.88	50588.67	29366.43	50866.18
	主营成本(万元)	18032.45	40978.05	23562.73	40849.14
	营业成本(万元)	20284.57	40978.05	23562.73	40849.14
	投资收益(万元)	612.00	-	-	0.95
	净利润(万元)	2586.71	3312.88	2756.98	5625.97
	利润总额(万元)	2991.34	3751.07	3188.66	6450.72

上海金仕达卫宁软件股份有限公司

公司概况	公司名称	上海金仕达卫宁软件股份有限公司			证券简称	卫宁软件
	法人代表	周炜	董秘	靳茂	证券代码	300253
	公司网址	www.winning.com.cn		电子信箱	wndsh@winning.com.cn	
	电　　话	021-56773525		传　　真	021-56778685	
	办公地址	上海市共和新路 3388 号永鼎大厦 8 楼				
	经营范围	计算机软件的开发、设计和制作、销售自产产品、计算机及辅助设备的销售等				

	指标＼报告期	2012.06.30	2011.12.31	2011.06.30	2010.12.31
主要财务指标	基本每股收益(元)	0.1800	1.0000	0.2200	0.8800
	基本每股收益(扣除后)(元)	0.1400	0.9200	0.2100	0.8500
	每股净资产(元)	4.5900	8.9400	2.8100	2.3700
	每股经营现金净流量(元)	-0.2837	0.0860	-0.6151	0.9517
	每股现金流量(元)	-0.3938	6.1957	-0.6648	0.3865
	每股资本公积金(元)	2.6625	6.3251	0.3228	0.3228
	每股盈余公积金(元)	0.1015	0.2030	0.1552	0.1552
	每股未分配利润(元)	0.8291	1.4080	1.3319	0.8922
	净资产收益率(%)	3.8100	9.2650	15.6500	37.2820
	加权净资产收益率(%)	3.8500	19.2600	16.9800	37.0200
	净资产收益率(扣除)(%)	-	-	-	-
	总资产(万元)	54177.89	52122.67	13970.44	11779.70
	归属母公司股东权益(万元)	49146.60	47808.08	11239.69	9480.81
	主营业务收入(万元)	9246.73	16991.90	7188.22	12022.96
	营业收入(万元)	9246.73	16991.90	7188.22	12022.96
	主营成本(万元)	4231.82	6789.02	2806.96	5032.68
	营业成本(万元)	4231.82	6789.02	2806.96	5032.68
	投资收益(万元)	-	3.84	-	-
	净利润(万元)	1841.87	4429.29	1758.88	3534.65
	利润总额(万元)	2093.08	4904.91	2081.71	3895.85

山西仟源制药股份有限公司

公司概况	公司名称	山西仟源制药股份有限公司			证券简称	仟源制药
	法人代表	翁占国	董秘	俞俊贤	证券代码	300254
	公司网址	www.cy-pharm.com		电子信箱	stock@cy-pharm.com	
	电　　话	0352-6116426		传　　真	0352-6116452	
	办公地址	山西省大同市经济技术开发区湖滨大街 53 号				
	经营范围	医药研发、生产和销售等				

	指标＼报告期	2012.06.30	2011.12.31	2011.06.30	2010.12.31
主要财务指标	基本每股收益(元)	0.0900	0.3200	0.2400	0.4800
	基本每股收益(扣除后)(元)	0.0900	0.3100	0.2300	0.4000
	每股净资产(元)	4.3600	4.3400	1.7300	1.5000
	每股经营现金净流量(元)	-0.1037	0.0355	0.1072	0.5203
	每股现金流量(元)	-0.9220	2.3325	-0.1704	-0.1521
	每股资本公积金(元)	2.8244	2.8244	0.1546	0.1546
	每股盈余公积金(元)	0.0615	0.0615	0.0470	0.0470
	每股未分配利润(元)	0.4724	0.4577	0.5310	0.2943
	净资产收益率(%)	2.1700	6.0820	13.6600	32.0780
	加权净资产收益率(%)	2.1600	11.8100	14.6700	35.9200
	净资产收益率(扣除)(%)	-	-	-	-
	总资产(万元)	79548.15	70256.48	30333.88	28083.85
	归属母公司股东权益(万元)	58314.71	58117.24	17326.10	14958.60
	主营业务收入(万元)	16098.24	31078.07	17392.19	31693.42
	营业收入(万元)	16172.73	31078.07	17392.19	31955.25
	主营成本(万元)	7057.04	16553.83	9421.98	17203.75
	营业成本(万元)	7116.75	16553.83	9421.98	17485.87
	投资收益(万元)	-	-	-	-
	净利润(万元)	1521.04	3534.40	2367.49	4798.36
	利润总额(万元)	1754.15	4217.93	2816.86	5775.83

河北常山生化药业股份有限公司

公司概况	公司名称	河北常山生化药业股份有限公司			证券简称	常山药业
	法人代表	高树华	董秘	张威	证券代码	300255
	公司网址	www.heparin.cn		电子信箱	zhengquan@heparin.cn	
	电　　话	0311-88712789		传　　真	0311-88712397	
	办公地址	河北省石家庄市正定镇火车站西富强路9号				
	经营范围	致力于肝素系列产品的研发、生产和销售等				

主要财务指标	指标\报告期	2012.06.30	2011.12.31	2011.06.30	2010.12.31
	基本每股收益(元)	0.2500	0.7900	0.3100	0.7400
	基本每股收益(扣除后)(元)	0.2400	0.7300	0.3000	0.7200
	每股净资产(元)	9.5800	9.1600	3.2300	2.7100
	每股经营现金净流量(元)	-0.5568	0.1580	0.3664	0.3617
	每股现金流量(元)	-1.6098	6.0473	0.8371	0.7695
	每股资本公积金(元)	6.7795	6.7795	0.7533	0.7533
	每股盈余公积金(元)	0.1376	0.1376	0.0960	0.0960
	每股未分配利润(元)	1.6641	1.2387	1.3830	0.8642
	净资产收益率(%)	4.4400	7.1700	16.0500	27.4360
	加权净资产收益率(%)	4.5400	14.5300	17.4500	31.8000
	净资产收益率(扣除)(%)	-	-	-	-
	总资产(万元)	127138.03	118622.12	57431.43	43063.87
	归属母公司股东权益(万元)	103333.14	98744.60	26132.93	21938.53
	主营业务收入(万元)	24312.73	42324.73	25309.96	46654.32
	营业收入(万元)	24356.76	42347.93	25321.25	46671.80
	主营成本(万元)	12335.65	28217.89	17241.39	34189.99
	营业成本(万元)	12348.14	28217.98	17241.39	34189.99
	投资收益(万元)	-	-	-	-
	净利润(万元)	4548.61	7079.97	4194.40	6019.05
	利润总额(万元)	5342.48	8260.72	4871.13	6967.91

浙江星星瑞金科技股份有限公司

公司概况	公司名称	浙江星星瑞金科技股份有限公司			证券简称	星星科技
	法人代表	王先玉	董秘	王颖超	证券代码	300256
	公司网址	www.first-panel.com		电子信箱	irm@first-panel.com	
	电　　话	0576-89081618 89081501		传　　真	0576-89081616	
	办公地址	浙江省台州市椒江区洪家星星电子产业基地4号楼				
	经营范围	手机及平板电脑等产品的视窗防护屏的研发、生产与销售等				

主要财务指标	指标\报告期	2012.06.30	2011.12.31	2011.06.30	2010.12.31
	基本每股收益(元)	0.0726	0.6897	0.2459	0.7224
	基本每股收益(扣除后)(元)	0.0615	0.6667	0.2186	0.7931
	每股净资产(元)	5.1022	7.8444	3.6400	3.2700
	每股经营现金净流量(元)	0.3183	0.4530	-0.2608	0.3381
	每股现金流量(元)	-0.7656	4.0193	-0.2826	-0.0191
	每股资本公积金(元)	3.7280	6.0920	2.0377	2.0377
	每股盈余公积金(元)	0.0648	0.0971	0.0674	0.0674
	每股未分配利润(元)	0.3095	0.6553	0.5382	0.1695
	净资产收益率(%)	1.4200	7.3270	10.1200	22.0600
	加权净资产收益率(%)	1.3900	13.2200	10.6600	30.2500
	净资产收益率(扣除)(%)	-	-	-	-
	总资产(万元)	104734.33	113520.72	55474.78	46823.67
	归属母公司股东权益(万元)	76533.74	78444.12	27324.74	24558.91
	主营业务收入(万元)	24761.96	56250.44	21404.42	30334.64
	营业收入(万元)	24863.49	56280.04	21471.97	30371.84
	主营成本(万元)	19055.60	40378.54	14711.07	19458.71
	营业成本(万元)	19120.05	40383.18	14764.82	19468.75
	投资收益(万元)	-	-	-	-
	净利润(万元)	1089.62	5747.81	2765.83	5417.68
	利润总额(万元)	1570.47	6776.52	3242.36	6166.25

浙江开山压缩机股份有限公司

公司概况	公司名称	浙江开山压缩机股份有限公司			证券简称	开山股份
	法人代表	曹克坚	董秘	杨建军	证券代码	300257
	公司网址	www.kaishancomp.com.cn		电子信箱	zqtzb@kaishangroup.com	
	电　　话	0570-3662177 3362788		传　　真	0570-3662786	
	办公地址	浙江省衢州市经济开发区凯旋西路9号				
	经营范围	空气压缩机、真空泵、螺杆膨胀机及配件的生产、销售等				

主要财务指标	指标\报告期	2012.06.30	2011.12.31	2011.06.30	2010.12.31
	基本每股收益(元)	0.6200	2.4700	0.7000	1.9000
	基本每股收益(扣除后)(元)	0.6200	2.4300	0.7000	1.7900
	每股净资产(元)	10.0700	19.8700	5.1000	3.7000
	每股经营现金净流量(元)	0.3557	0.7708	1.8236	2.2555
	每股现金流量(元)	-0.2663	12.6408	0.7718	-0.1573
	每股资本公积金(元)	7.2837	15.5673	1.0227	1.0227
	每股盈余公积金(元)	0.1172	0.2345	0.1431	0.1431
	每股未分配利润(元)	1.6638	3.0790	2.9437	1.5408
	净资产收益率(%)	6.2000	10.3340	27.5000	51.3870
	加权净资产收益率(%)	6.0900	23.3000	31.8600	52.1300
	净资产收益率(扣除)(%)	-	-	-	-
	总资产(万元)	348073.15	332405.37	144070.62	107956.61
	归属母公司股东权益(万元)	287935.46	284145.81	54594.28	39616.40
	主营业务收入(万元)	93265.91	196780.51	110188.22	161503.77
	营业收入(万元)	94454.71	198252.04	110584.48	162584.32
	主营成本(万元)	66668.19	147736.91	83480.12	123922.59
	营业成本(万元)	67663.43	148523.85	83645.90	124617.92
	投资收益(万元)	133.54	7.80	-6.74	-
	净利润(万元)	18156.26	31011.18	16133.73	22263.49
	利润总额(万元)	22378.83	36725.36	19452.29	27750.44

江苏太平洋精锻科技股份有限公司

公司概况	公司名称	江苏太平洋精锻科技股份有限公司			证券简称	精锻科技
	法人代表	夏汉关	董秘	董义	证券代码	300258
	公司网址	www.ppforging.com		电子信箱	ppf@ppforging.com	
	电　　话	0523-88814825 88814817		传　　真	0523-88812353	
	办公地址	江苏省姜堰市姜堰大道91号				
	经营范围	汽车精锻齿轮及其它精密锻件的研发、生产与销售等				

主要财务指标	指标\报告期	2012.06.30	2011.12.31	2011.06.30	2010.12.31
	基本每股收益(元)	0.5230	1.0326	0.5900	0.9683
	基本每股收益(扣除后)(元)	0.4834	0.9304	0.5182	0.8938
	每股净资产(元)	6.1800	8.9400	3.5100	3.1900
	每股经营现金净流量(元)	0.3913	0.5244	0.1802	0.3607
	每股现金流量(元)	-0.6750	3.5140	-0.1932	-0.0242
	每股资本公积金(元)	4.0374	6.5562	1.2254	1.2254
	每股盈余公积金(元)	0.1066	0.1599	0.0977	0.0977
	每股未分配利润(元)	1.0318	1.2275	1.1914	0.8687
	净资产收益率(%)	5.8000	9.6210	16.6900	30.3360
	加权净资产收益率(%)	6.1100	18.6300	17.4900	35.7600
	净资产收益率(扣除)(%)	-	-	-	-
	总资产(万元)	108590.88	104500.16	60410.66	54481.21
	归属母公司股东权益(万元)	92638.29	89435.55	26358.79	23938.50
	主营业务收入(万元)	20695.52	37203.26	17094.43	30054.10
	营业收入(万元)	21134.56	38310.36	17616.73	30877.82
	主营成本(万元)	11766.46	22132.10	10060.42	16874.83
	营业成本(万元)	11771.42	22143.03	10063.87	16892.37
	投资收益(万元)	40.57	30.90	30.90	20.00
	净利润(万元)	5666.18	8604.62	4398.97	7262.09
	利润总额(万元)	6678.49	10282.18	5134.87	8512.11

河南新天科技股份有限公司

公司概况	公司名称	河南新天科技股份有限公司			证券简称	新天科技
	法人代表	费战波	董秘	杨冬玲	证券代码	300259
	公司网址	www.suntront.com		电子信箱	xtkj@suntront.com	
	电　　话	0371-67992390		传　　真	0371-67980628	
	办公地址	河南省郑州市高新技术产业开发区国槐街19号				
	经营范围	开发、研制、生产、销售电子仪器、仪表、电子元器件、计算机外部设备及软件等				

	指标\报告期	2012.06.30	2011.12.31	2011.06.30	2010.12.31
主要财务指标	基本每股收益(元)	0.2400	0.9000	0.3300	0.7000
	基本每股收益(扣除后)(元)	0.2300	0.8100	0.2900	0.5800
	每股净资产(元)	3.8400	7.4300	2.4300	2.1000
	每股经营现金净流量(元)	0.1126	0.5465	-0.1629	0.3954
	每股现金流量(元)	-0.2379	5.2362	-0.1878	0.6124
	每股资本公积金(元)	2.1170	5.2339	0.4902	0.4902
	每股盈余公积金(元)	0.0672	0.1344	0.0800	0.0800
	每股未分配利润(元)	0.6601	1.0648	0.8573	0.5261
	净资产收益率(%)	6.1800	10.0270	13.6500	33.1500
	加权净资产收益率(%)	6.2000	20.4300	14.6500	42.4300
	净资产收益率(扣除)(%)	-	-	-	-
	总资产(万元)	65896.25	63886.77	19818.97	17838.51
	归属母公司股东权益(万元)	58186.74	56254.04	13759.24	11881.56
	主营业务收入(万元)	10374.49	23343.59	8483.06	16537.82
	营业收入(万元)	10497.85	23582.07	8605.82	16722.56
	主营成本(万元)	5829.11	13251.76	4940.10	10045.63
	营业成本(万元)	5848.15	13326.15	4997.31	10125.22
	投资收益(万元)	-	-	-	-
	净利润(万元)	3595.24	5640.64	1877.68	3938.68
	利润总额(万元)	4078.93	6564.18	2215.17	4516.34

昆山新莱洁净应用材料股份有限公司

公司概况	公司名称	昆山新莱洁净应用材料股份有限公司			证券简称	新莱应材
	法人代表	李水波	董秘	郭红飞	证券代码	300260
	公司网址	www.kinglai.com.cn		电子信箱	lucy@kinglai.com.cn	
	电　　话	0512-57871991		传　　真	0512-57871472	
	办公地址	江苏省苏州市昆山市陆家镇陆丰西路22号				
	经营范围	以高纯不锈钢为母材之高洁净应用材料研发、生产与销售等				

	指标\报告期	2012.06.30	2011.12.31	2011.06.30	2010.12.31
主要财务指标	基本每股收益(元)	0.2750	0.9180	0.6340	0.8490
	基本每股收益(扣除后)(元)	0.2700	0.7650	0.5620	0.7730
	每股净资产(元)	6.2450	9.3690	3.9800	3.3480
	每股经营现金净流量(元)	-0.1425	-0.7795	-0.3420	-0.0302
	每股现金流量(元)	-0.5520	4.5056	-0.0183	0.3326
	每股资本公积金(元)	3.8608	6.2912	0.5971	0.5971
	每股盈余公积金(元)	0.1512	0.1988	0.1689	0.1689
	每股未分配利润(元)	1.2328	1.8788	2.2164	1.5820
	净资产收益率(%)	3.1400	15.5400	15.9300	25.3588
	加权净资产收益率(%)	3.1400	15.5400	15.9300	28.8400
	净资产收益率(扣除)(%)	-	-	-	-
	总资产(万元)	82399.94	82250.05	38468.08	33841.22
	归属母公司股东权益(万元)	62479.13	62489.73	19911.93	16740.02
	主营业务收入(万元)	16239.83	31459.80	16153.63	24351.64
	营业收入(万元)	16251.42	31484.39	16163.51	24385.80
	主营成本(万元)	11510.66	20978.13	10529.81	16468.61
	营业成本(万元)	11510.66	20985.03	10529.81	16468.61
	投资收益(万元)	-	-	-	295.04
	净利润(万元)	2041.68	5173.48	3211.87	4327.02
	利润总额(万元)	2400.13	6025.06	3680.84	4964.49

雅本化学股份有限公司

公司概况	公司名称	雅本化学股份有限公司			证券简称	雅本化学
	法人代表	蔡彤	董秘	王卓颖	证券代码	300261
	公司网址	www.abachem.com		电子信箱	info@abachem.com	
	电　　话	0512-53641368		传　　真	0512-53642000	
	办公地址	江苏省苏州市太仓市太仓港港口开发区石化区东方东路18号				
	经营范围	农药中间体、医药中间体的研究与开发、生产、销售等				

	指标\报告期	2012.06.30	2011.12.31	2011.06.30	2010.12.31
主要财务指标	基本每股收益(元)	0.1760	0.6024	0.1956	0.5833
	基本每股收益(扣除后)(元)	0.1662	0.5676	0.1901	0.5675
	每股净资产(元)	4.1100	6.6000	1.9400	1.6300
	每股经营现金净流量(元)	0.0056	0.1161	0.5205	0.3720
	每股现金流量(元)	-0.3899	3.9473	0.1903	0.0312
	每股资本公积金(元)	2.5517	4.6827	0.0595	0.0595
	每股盈余公积金(元)	0.0520	0.0833	0.0542	0.0542
	每股未分配利润(元)	0.5094	0.8335	0.8288	0.5159
	净资产收益率(%)	4.2100	7.4150	17.5200	35.7970
	加权净资产收益率(%)	4.2100	18.2000	17.5200	43.6000
	净资产收益率(扣除)(%)	-	-	-	-
	总资产(万元)	67730.88	64132.83	21219.92	19097.61
	归属母公司股东权益(万元)	59689.95	59856.70	13209.22	11081.25
	主营业务收入(万元)	16025.30	22558.40	9946.24	18330.88
	营业收入(万元)	16057.06	23016.81	10137.92	18425.74
	主营成本(万元)	11129.88	14262.51	6087.15	11150.47
	营业成本(万元)	11133.62	14281.04	6101.88	11159.60
	投资收益(万元)	-	-	-	-
	净利润(万元)	2554.25	4438.09	2127.97	3966.70
	利润总额(万元)	3171.60	5039.68	2457.80	4597.56

上海巴安水务股份有限公司

公司概况	公司名称	上海巴安水务股份有限公司			证券简称	巴安水务
	法人代表	张春霖	董秘	王贤	证券代码	300262
	公司网址	www.safbon.com		电子信箱	safbon@safbon.com	
	电　　话	021-32020653		传　　真	021-52135781	
	办公地址	上海市普陀区常德路1211号15楼				
	经营范围	环保水处理、污水处理、饮用水处理系统工程设计、咨询及设备安装、调试等				

	指标\报告期	2012.06.30	2011.12.31	2011.06.30	2010.12.31
主要财务指标	基本每股收益(元)	0.0894	0.4220	0.1789	0.6672
	基本每股收益(扣除后)(元)	0.0871	0.3165	0.1769	0.6524
	每股净资产(元)	3.2700	6.3600	3.0400	2.6800
	每股经营现金净流量(元)	-0.5668	-0.4896	0.1200	0.4069
	每股现金流量(元)	-0.3830	3.2685	0.0906	0.9014
	每股资本公积金(元)	1.7310	4.4620	0.9379	0.9379
	每股盈余公积金(元)	0.0449	0.0898	0.0741	0.0741
	每股未分配利润(元)	0.4936	0.8084	1.0246	0.6669
	净资产收益率(%)	2.7300	5.3888	11.7800	23.2450
	加权净资产收益率(%)	2.7700	10.7700	12.5200	29.2700
	净资产收益率(扣除)(%)	-	-	-	-
	总资产(万元)	57262.39	49817.21	26244.79	23525.33
	归属母公司股东权益(万元)	43615.15	42422.32	15182.93	13394.16
	主营业务收入(万元)	10365.83	15965.61	11096.53	20652.50
	营业收入(万元)	10365.83	15965.61	11096.53	20652.50
	主营成本(万元)	6703.25	10033.76	7234.29	13562.76
	营业成本(万元)	6703.25	10033.76	7234.29	13562.76
	投资收益(万元)	-	-	-	-
	净利润(万元)	1192.83	2286.03	1788.77	3113.52
	利润总额(万元)	1403.33	2566.05	2090.45	3594.18

洛阳隆华传热科技股份有限公司

公司概况						
	公司名称	洛阳隆华传热科技股份有限公司			证券简称	隆华传热
	法人代表	李占明	董秘	张国安	证券代码	300263
	公司网址	www.longhuachuanre.com		电子信箱	lylhzqb@126.com	
	电 话	0379-67891833 67891813		传 真	0379-67891813	
	办公地址	河南省洛阳市空港产业集聚区				
	经营范围	传热设备、非标设备及配件的研究、开发、制造、销售等				

主要财务指标	指标\报告期	2012.06.30	2011.12.31	2011.06.30	2010.12.31
	基本每股收益(元)	0.1900	1.2200	0.2200	0.8600
	基本每股收益(扣除后)(元)	0.1900	1.1000	0.2100	0.8100
	每股净资产(元)	5.4800	10.8900	3.6200	3.0200
	每股经营现金净流量(元)	-0.2182	-0.3378	0.0995	0.7092
	每股现金流量(元)	-0.4867	6.8884	0.3367	0.2378
	每股资本公积金(元)	3.6016	8.2031	1.0919	1.0919
	每股盈余公积金(元)	0.0844	0.1687	0.0933	0.0933
	每股未分配利润(元)	0.7971	1.5185	1.4368	0.8396
	净资产收益率(%)	3.4300	9.0680	16.4900	28.0945
	加权净资产收益率(%)	3.4200	21.1400	17.9700	33.3900
	净资产收益率(扣除)(%)	-	-	-	-
	总资产(万元)	107305.74	102255.03	43715.52	33682.74
	归属母公司股东权益(万元)	87728.75	87122.73	21731.83	18148.98
	主营业务收入(万元)	19177.57	43957.17	21186.17	32284.02
	营业收入(万元)	19354.09	44352.29	21385.96	32379.40
	主营成本(万元)	13202.72	30361.64	14781.14	22861.25
	营业成本(万元)	13212.83	30373.81	14786.19	22887.86
	投资收益(万元)	-	-	-	-
	净利润(万元)	3006.02	7900.22	3582.85	5098.86
	利润总额(万元)	3537.28	9206.64	4221.96	5973.55

深圳市佳创视讯技术股份有限公司

公司概况						
	公司名称	深圳市佳创视讯技术股份有限公司			证券简称	佳创视讯
	法人代表	陈坤江	董秘	朱伟旻	证券代码	300264
	公司网址	www.avit.com.cn		电子信箱	avit@avit.com.cn	
	电 话	0755-83575018 83571200		传 真	0755-83575099	
	办公地址	广东省深圳市福田区滨河路以南、沙嘴路以东中央西谷大厦15层01-08、16层04、05				
	经营范围	从事数字电视软硬件产品的研发、生产、销售和系统集成				

主要财务指标	指标\报告期	2012.06.30	2011.12.31	2011.06.30	2010.12.31
	基本每股收益(元)	0.0900	0.5100	0.1200	0.5000
	基本每股收益(扣除后)(元)	0.0800	0.4200	0.1100	0.4500
	每股净资产(元)	3.9200	5.8500	2.2700	2.3100
	每股经营现金净流量(元)	-0.1945	0.0217	-0.0725	0.3620
	每股现金流量(元)	-0.3180	3.6401	-0.3271	0.3462
	每股资本公积金(元)	2.3306	3.9959	0.5033	0.5033
	每股盈余公积金(元)	0.0936	0.1404	0.1330	0.1330
	每股未分配利润(元)	0.4967	0.7088	0.6380	0.6717
	净资产收益率(%)	2.3200	7.0760	8.1900	21.2071
	加权净资产收益率(%)	2.3000	14.9900	8.2600	24.9200
	净资产收益率(扣除)(%)	-	-	-	-
	总资产(万元)	66132.33	64246.90	20223.75	22267.42
	归属母公司股东权益(万元)	59991.20	59620.92	17283.72	17540.51
	主营业务收入(万元)	9275.97	19937.91	7879.29	17477.09
	营业收入(万元)	9275.97	19937.91	7879.29	17477.09
	主营成本(万元)	5990.80	11653.91	4467.25	9745.25
	营业成本(万元)	5990.80	11653.91	4467.25	9745.25
	投资收益(万元)	-1.26	-19.11	-9.86	59.72
	净利润(万元)	1390.26	4218.55	1415.21	3719.84
	利润总额(万元)	1653.93	4787.96	1706.39	4315.86

江苏通光电子线缆股份有限公司

公司概况						
	公司名称	江苏通光电子线缆股份有限公司			证券简称	通光线缆
	法人代表	张强	董秘	王旭光	证券代码	300265
	公司网址	www.tgjt.cn		电子信箱	cwb@tgjt.cn	
	电 话	0513-82263991		传 真	0513-82105111	
	办公地址	江苏省海门市海门镇渤海路169号				
	经营范围	生产销售半导体芯片、光有源、无源器件、电子线缆、计算机软件开发等				

主要财务指标	指标\报告期	2012.06.30	2011.12.31	2011.06.30	2010.12.31
	基本每股收益(元)	0.2400	0.4100	0.2000	0.4800
	基本每股收益(扣除后)(元)	0.1869	0.4000	0.2000	0.3500
	每股净资产(元)	5.2100	5.0300	1.9100	1.7100
	每股经营现金净流量(元)	-0.7045	-0.6290	-0.1940	0.6146
	每股现金流量(元)	0.0983	1.7942	0.1613	0.4312
	每股资本公积金(元)	3.3133	3.3206	0.1985	0.1978
	每股盈余公积金(元)	0.0608	0.0608	0.0525	0.0525
	每股未分配利润(元)	0.8313	0.6460	0.6598	0.4590
	净资产收益率(%)	4.5200	6.5220	10.5100	28.3320
	加权净资产收益率(%)	4.5800	14.3300	11.0900	31.9200
	净资产收益率(扣除)(%)	-	-	-	-
	总资产(万元)	109783.25	107519.51	63694.46	55006.74
	归属母公司股东权益(万元)	70272.88	67869.38	19106.92	17092.62
	主营业务收入(万元)	34264.86	64852.69	24856.87	48632.73
	营业收入(万元)	34510.60	64984.83	24881.88	49100.88
	主营成本(万元)	23318.42	46085.53	17196.25	36275.07
	营业成本(万元)	23395.37	46125.52	17197.93	36432.60
	投资收益(万元)	-82.05	8.79	-	0.37
	净利润(万元)	3168.85	4148.19	1951.88	4596.05
	利润总额(万元)	3700.84	5035.37	2344.67	5554.64

杭州兴源过滤科技股份有限公司

公司概况						
	公司名称	杭州兴源过滤科技股份有限公司			证券简称	兴源过滤
	法人代表	周立武	董秘	徐孝雅	证券代码	300266
	公司网址	www.xingyuan.com		电子信箱	stock@xingyuan.com	
	电 话	0571-88771111 88777830		传 真	0571-88793599	
	办公地址	浙江省杭州市余杭区良渚镇良渚路10号				
	经营范围	过滤机及其配件的制造、浓缩、分离、过滤、破碎、筛分、干化、成型技术的研究与开发等				

主要财务指标	指标\报告期	2012.06.30	2011.12.31	2011.06.30	2010.12.31
	基本每股收益(元)	0.2500	1.0200	0.5100	1.0400
	基本每股收益(扣除后)(元)	0.1900	0.8700	0.4500	1.0000
	每股净资产(元)	5.7400	8.9000	3.5800	3.0700
	每股经营现金净流量(元)	0.0396	0.7071	0.6025	0.8582
	每股现金流量(元)	-1.0877	4.7744	0.5532	0.1873
	每股资本公积金(元)	3.3897	6.0236	0.6666	0.6666
	每股盈余公积金(元)	0.1174	0.1879	0.1402	0.1402
	每股未分配利润(元)	1.2344	1.6912	1.7690	1.2620
	净资产收益率(%)	4.4000	9.2940	14.1800	30.3250
	加权净资产收益率(%)	4.4500	19.9000	15.2600	45.0000
	净资产收益率(扣除)(%)	-	-	-	-
	总资产(万元)	67146.38	69163.87	30837.30	26665.85
	归属母公司股东权益(万元)	51444.33	49855.26	15018.52	12889.14
	主营业务收入(万元)	15745.54	31111.99	14820.53	23842.31
	营业收入(万元)	15809.58	31240.22	14861.39	23933.03
	主营成本(万元)	11150.60	21201.98	9966.74	15356.53
	营业成本(万元)	11150.60	21201.98	9966.74	15356.53
	投资收益(万元)	-	-	-	-
	净利润(万元)	2261.07	4633.67	2129.38	3908.56
	利润总额(万元)	2660.32	5390.59	2784.92	4534.23

湖南尔康制药股份有限公司

公司概况	公司名称	湖南尔康制药股份有限公司			证券简称	尔康制药
	法人代表	帅放文	董秘	罗琅	证券代码	300267
	公司网址	www.hnerkang.com		电子信箱	luolang21cn@126.com	
	电　话	0731-83282597		传　真	0731-83282705	
	办公地址	湖南省长沙市浏阳生物医药工业园				
	经营范围	从事医药产品的研发、生产和销售、主要业务包括药用辅料及新型抗生素等				

	指标\报告期	2012.06.30	2011.12.31	2011.06.30	2010.12.31
主要财务指标	基本每股收益(元)	0.3500	0.7900	0.3400	0.4800
	基本每股收益(扣除后)(元)	0.3400	0.7700	0.3200	0.4800
	每股净资产(元)	4.5600	5.7600	1.7200	1.2700
	每股经营现金净流量(元)	0.0881	0.4116	0.2950	0.3078
	每股现金流量(元)	-0.2081	4.0171	0.2828	-0.0274
	每股资本公积金(元)	2.8031	3.9440	0.0365	0.0365
	每股盈余公积金(元)	0.0434	0.0564	0.0154	0.0154
	每股未分配利润(元)	0.7091	0.7588	0.6553	0.2179
	净资产收益率(%)	7.7100	11.1160	25.6100	37.9290
	加权净资产收益率(%)	7.6200	27.6600	29.3900	46.8100
	净资产收益率(扣除)(%)	-	-	-	-
	总资产(万元)	121494.63	112817.10	37183.41	29577.26
	归属母公司股东权益(万元)	108973.25	105981.18	23569.64	17522.78
	主营业务收入(万元)	39390.26	60774.68	31046.48	36354.78
	营业收入(万元)	39390.26	60841.65	31104.39	36393.38
	主营成本(万元)	24362.49	35913.54	18981.44	21566.11
	营业成本(万元)	24362.49	35976.21	18981.44	21603.95
	投资收益(万元)	-	-	-	-
	净利润(万元)	8469.79	11887.91	6094.75	6711.12
	利润总额(万元)	9686.25	13908.71	7171.98	7817.29

万福生科(湖南)农业开发股份有限公司

公司概况	公司名称	万福生科(湖南)农业开发股份有限公司			证券简称	万福生科
	法人代表	龚永福	董秘	肖力	证券代码	300268
	公司网址	www.wanfushk.com		电子信箱	wanfushk@126.com	
	电　话	0736-6689376		传　真	0736-6689376	
	办公地址	湖南省常德市桃源县陬市镇桂花路1号				
	经营范围	从事稻米精深加工系列产品的研发、生产和销售等				

	指标\报告期	2012.06.30	2011.12.31	2011.06.30	2010.12.31
主要财务指标	基本每股收益(元)	0.1980	1.1200	0.6240	1.1100
	基本每股收益(扣除后)(元)	0.1780	1.0100	0.5670	0.9950
	每股净资产(元)	5.0500	10.0000	4.9200	4.3000
	每股经营现金净流量(元)	-0.2134	0.4986	0.7911	1.4327
	每股现金流量(元)	-1.4809	4.9418	-0.9030	0.2884
	每股资本公积金(元)	3.0632	7.1265	1.9933	1.9933
	每股盈余公积金(元)	0.1135	0.1875	0.1930	0.1307
	每股未分配利润(元)	0.8719	1.6871	1.7371	1.1759
	净资产收益率(%)	3.9200	8.9940	4.6500	25.8400
	加权净资产收益率(%)	3.8900	17.5300	13.5200	29.6700
	净资产收益率(扣除)(%)	-	-	-	-
	总资产(万元)	100288.51	105305.60	50842.17	50607.87
	归属母公司股东权益(万元)	67652.18	67006.86	24616.84	21498.95
	主营业务收入(万元)	26976.02	55319.00	23219.00	43171.13
	营业收入(万元)	26976.02	55324.00	23221.50	43358.85
	主营成本(万元)	21596.13	42888.37	17880.91	32978.42
	营业成本(万元)	21596.13	42894.97	17884.22	32985.02
	投资收益(万元)	-	-217.01	-217.01	53.76
	净利润(万元)	2655.32	6026.86	3117.89	5555.40
	利润总额(万元)	2874.01	6675.69	3421.39	6118.12

深圳市联建光电股份有限公司

公司概况	公司名称	深圳市联建光电股份有限公司			证券简称	联建光电
	法人代表	刘虎军	董秘	钟菊英	证券代码	300269
	公司网址	www.lcjh.com		电子信箱	dm@lcjh.com	
	电　话	0755-29746682 29746765		传　真	0755-29746765	
	办公地址	广东省深圳市宝安区68区留仙三路安通达工业厂区四号厂房2楼				
	经营范围	中高端LED全彩显示应用产品的研发、生产和销售等				

	指标\报告期	2012.06.30	2011.12.31	2011.06.30	2010.12.31
主要财务指标	基本每股收益(元)	0.2000	0.8700	0.3600	0.7500
	基本每股收益(扣除后)(元)	0.1800	0.8200	0.3500	0.7000
	每股净资产(元)	7.5600	7.6600	3.5600	3.3100
	每股经营现金净流量(元)	-0.6996	0.6461	0.2510	0.3568
	每股现金流量(元)	-1.1402	4.3003	0.0357	-0.2223
	每股资本公积金(元)	4.4779	4.3818	0.1121	0.1132
	每股盈余公积金(元)	0.2489	0.2489	0.2733	0.2417
	每股未分配利润(元)	1.8419	2.0345	2.1833	1.9588
	净资产收益率(%)	2.7100	9.2450	9.9900	22.4710
	加权净资产收益率(%)	2.6600	18.0500	10.3100	25.1400
	净资产收益率(扣除)(%)	-	-	-	-
	总资产(万元)	82897.34	84596.96	47933.07	38528.09
	归属母公司股东权益(万元)	55650.05	56358.93	19662.52	18265.93
	主营业务收入(万元)	22234.63	50662.58	20704.86	33847.58
	营业收入(万元)	22474.76	51215.06	20770.36	34993.04
	主营成本(万元)	16439.23	37210.44	14863.57	24542.87
	营业成本(万元)	16720.60	37653.32	15111.52	24835.38
	投资收益(万元)	0.18	-44.36	-17.05	20.21
	净利润(万元)	1442.33	5103.45	1887.97	4042.36
	利润总额(万元)	1803.83	6038.99	2183.48	4571.78

杭州中威电子股份有限公司

公司概况	公司名称	杭州中威电子股份有限公司			证券简称	中威电子
	法人代表	石旭刚	董秘	章良忠	证券代码	300270
	公司网址	www.obtelecom.com		电子信箱	zhangliangzhong@obtelecom.com	
	电　话	0571-88373153		传　真	0571-88394930	
	办公地址	浙江省杭州市西湖区文三路20号浙江建工大楼17层				
	经营范围	安防视频监控传输技术及产品的研发、生产和销售等				

	指标\报告期	2012.06.30	2011.12.31	2011.06.30	2010.12.31
主要财务指标	基本每股收益(元)	0.4200	1.1500	0.3100	1.1500
	基本每股收益(扣除后)(元)	0.4000	1.0500	0.2900	1.1000
	每股净资产(元)	7.5400	10.7800	3.1800	2.5700
	每股经营现金净流量(元)	-0.1796	0.0971	0.7737	0.7457
	每股现金流量(元)	-0.3933	0.3901	0.5069	0.0529
	每股资本公积金(元)	5.1281	8.1922	0.6695	0.6695
	每股盈余公积金(元)	0.1184	0.1775	0.1150	0.1150
	每股未分配利润(元)	1.2920	1.4104	1.3976	0.7848
	净资产收益率(%)	5.5500	8.4700	19.2600	44.7520
	加权净资产收益率(%)	5.6500	24.6300	21.3100	51.7100
	净资产收益率(扣除)(%)	-	-	-	-
	总资产(万元)	48285.31	46187.84	15269.64	13002.08
	归属母公司股东权益(万元)	45231.14	43120.84	9546.23	7708.01
	主营业务收入(万元)	7207.30	11673.78	5953.58	9546.18
	营业收入(万元)	7207.30	11673.78	5953.58	9546.18
	主营成本(万元)	2374.22	3572.80	1848.66	2873.98
	营业成本(万元)	2374.22	3572.80	1848.66	2873.98
	投资收益(万元)	-	-	-	-
	净利润(万元)	2510.31	3652.47	1838.22	3449.47
	利润总额(万元)	2912.15	4141.13	2126.02	4048.50

北京紫光华宇软件股份有限公司

公司概况					
公司名称	北京紫光华宇软件股份有限公司			证券简称	紫光华宇
法人代表	邵学	董秘	余晴燕	证券代码	300271
公司网址	www.thunisoft.com		电子信箱	ir@thunisoft.com	
电　　话	010-82150085		传　　真	010-82150616 82150618	
办公地址	北京市海淀区中关村东路1号院清华科技园科技大厦C座25层				
经营范围	从事电子政务系统的产品开发与服务等				

主要财务指标：指标\报告期	2012.06.30	2011.12.31	2011.06.30	2010.12.31
基本每股收益(元)	0.2900	1.3900	0.6400	1.2700
基本每股收益(扣除后)(元)	0.2900	1.3900	0.6400	1.2100
每股净资产(元)	5.4000	11.7100	5.5200	4.8800
每股经营现金净流量(元)	-0.4161	-0.5373	-1.8163	1.0267
每股现金流量(元)	-1.3379	6.0745	-1.4870	0.1390
每股资本公积金(元)	2.8848	6.7697	0.0837	0.0837
每股盈余公积金(元)	0.2094	0.4188	0.4223	0.4223
每股未分配利润(元)	1.3024	3.5255	4.0123	3.3743
净资产收益率(%)	5.2700	9.3640	11.4700	26.0830
加权净资产收益率(%)	5.1500	20.4300	12.2700	30.0000
净资产收益率(扣除)(%)	-	-	-	-
总资产(万元)	92242.61	99258.46	43751.49	45055.98
归属母公司股东权益(万元)	79871.09	86683.91	30626.20	27085.48
主营业务收入(万元)	23370.40	46489.43	22019.13	39920.91
营业收入(万元)	23370.40	46489.43	22019.13	39920.91
主营成本(万元)	12671.13	22253.53	11342.32	23356.22
营业成本(万元)	12671.13	22253.53	11342.32	23356.22
投资收益(万元)	-	-	-	-
净利润(万元)	4229.12	8192.03	3520.49	7105.28
利润总额(万元)	4488.56	9365.83	4124.41	7911.00

上海开能环保设备股份有限公司

公司概况					
公司名称	上海开能环保设备股份有限公司			证券简称	开能环保
法人代表	瞿建国	董秘	高国垒	证券代码	300272
公司网址	www.canature.com		电子信箱	dongmiban@canature.com	
电　　话	021-58599999 58599901		传　　真	021-58599079	
办公地址	上海市浦东新区川沙镇川大路518号				
经营范围	全屋水处理设备及其专业部件的研发、制造、销售与服务等				

主要财务指标：指标\报告期	2012.06.30	2011.12.31	2011.06.30	2010.12.31
基本每股收益(元)	0.1400	0.4600	0.2200	0.4400
基本每股收益(扣除后)(元)	0.1400	0.4400	0.2200	0.4200
每股净资产(元)	3.1000	4.1400	1.8900	1.6700
每股经营现金净流量(元)	0.0600	0.3478	0.2276	0.5785
每股现金流量(元)	-0.2619	2.5317	0.1667	-0.0311
每股资本公积金(元)	1.6762	2.4790	0.2633	0.2633
每股盈余公积金(元)	0.0945	0.1229	0.1140	0.1140
每股未分配利润(元)	0.3256	0.5405	0.5130	0.2888
净资产收益率(%)	4.5400	8.7200	11.6000	26.5390
加权净资产收益率(%)	4.3700	19.5000	12.6100	25.3400
净资产收益率(扣除)(%)	-	-	-	-
总资产(万元)	48147.38	49315.42	21986.97	19504.79
归属母公司股东权益(万元)	44276.58	45566.37	15596.12	13746.46
主营业务收入(万元)	10562.26	20707.01	9691.31	16504.14
营业收入(万元)	10562.26	20707.01	9691.31	16504.14
主营成本(万元)	5707.00	11534.58	5480.18	8707.90
营业成本(万元)	5707.00	11534.58	5480.18	8707.90
投资收益(万元)	-	-	-	-
净利润(万元)	2032.37	4004.94	1860.30	3671.68
利润总额(万元)	2445.42	4747.92	2211.56	4329.89

珠海和佳医疗设备股份有限公司

公司概况					
公司名称	珠海和佳医疗设备股份有限公司			证券简称	和佳股份
法人代表	郝镇熙	董秘	苏彩龙	证券代码	300273
公司网址	www.hokai.com		电子信箱	ir@hokai.com	
电　　话	0756-8686333		传　　真	0756-8686077	
办公地址	广东省珠海市香洲区宝盛路5号				
经营范围	一直从事医疗设备的研发、生产、销售和服务等				

主要财务指标：指标\报告期	2012.06.30	2011.12.31	2011.06.30	2010.12.31
基本每股收益(元)	0.2500	0.7500	0.3700	0.4500
基本每股收益(扣除后)(元)	0.2400	0.7000	0.3500	0.4300
每股净资产(元)	4.2300	6.4700	2.1100	1.7400
每股经营现金净流量(元)	-0.2227	0.3738	0.4556	0.4828
每股现金流量(元)	-0.3371	4.7903	0.2141	0.3660
每股资本公积金(元)	2.6112	4.4167	0.1228	0.1228
每股盈余公积金(元)	0.0686	0.1030	0.0282	0.0282
每股未分配利润(元)	0.5542	0.9530	0.9635	0.5893
净资产收益率(%)	5.9600	9.1588	17.7000	26.0001
加权净资产收益率(%)	5.7500	25.0800	19.4100	28.8700
净资产收益率(扣除)(%)	-	-	-	-
总资产(万元)	111693.84	103806.26	38406.00	32241.32
归属母公司股东权益(万元)	84690.48	86313.02	21145.51	17403.70
主营业务收入(万元)	27124.19	48297.40	21188.57	33280.99
营业收入(万元)	27358.83	48874.63	21238.02	33371.28
主营成本(万元)	12832.09	24043.81	10517.95	15765.49
营业成本(万元)	12832.09	24047.99	10520.85	15771.24
投资收益(万元)	-	-	-	-
净利润(万元)	5088.71	8160.93	3886.05	4732.56
利润总额(万元)	6274.97	9653.91	4841.15	5711.49

阳光电源股份有限公司

公司概况					
公司名称	阳光电源股份有限公司			证券简称	阳光电源
法人代表	曹仁贤	董秘	谢乐平	证券代码	300274
公司网址	www.sungrowpower.com		电子信箱	xielp@sungrowpower.com	
电　　话	0551-5327867 5327839		传　　真	0551-5327800	
办公地址	安徽省合肥市高新区天湖路2号				
经营范围	新能源发电设备、分布式电源及其配套产品的研制、生产、销售、服务等				

主要财务指标：指标\报告期	2012.06.30	2011.12.31	2011.06.30	2010.12.31
基本每股收益(元)	0.1400	1.2200	0.1900	1.2200
基本每股收益(扣除后)(元)	0.0400	1.0800	0.1700	1.0900
每股净资产(元)	5.6400	10.1000	3.1900	2.9200
每股经营现金净流量(元)	-0.4877	-0.8081	0.1064	1.6491
每股现金流量(元)	-0.4062	5.6745	-0.0985	1.9673
每股资本公积金(元)	3.7818	7.6072	1.0180	1.0176
每股盈余公积金(元)	0.0847	0.1524	0.0773	0.0773
每股未分配利润(元)	0.7728	1.3393	1.0930	0.8278
净资产收益率(%)	2.4800	9.5350	3.4600	37.6860
加权净资产收益率(%)	2.4800	25.8100	15.4000	64.2900
净资产收益率(扣除)(%)	-	-	-	-
总资产(万元)	242024.55	241312.47	93299.49	85496.85
归属母公司股东权益(万元)	181887.50	180972.03	42851.42	39280.83
主营业务收入(万元)	36134.04	87227.07	29165.21	59814.15
营业收入(万元)	36229.12	87364.43	29215.84	59883.14
主营成本(万元)	21976.04	48414.55	15565.27	30021.40
营业成本(万元)	21989.03	48501.02	15584.85	30048.83
投资收益(万元)	-115.47	-395.90	-210.12	-
净利润(万元)	4510.35	17254.81	6253.01	14803.30
利润总额(万元)	5209.12	20093.07	7401.58	17227.25

重庆梅安森科技股份有限公司

公司概况	公司名称	重庆梅安森科技股份有限公司			证券简称	梅安森
	法人代表	马焰	董秘	吴诚	证券代码	300275
	公司网址	www.cqmas.com		电子信箱	mas@cqmas.com	
	电　话	023-68467887 68467829		传　真	023-68465683	
	办公地址	重庆市九龙坡区二郎创业路 105 号高科创业园 C2 区 6 层				
	经营范围	煤矿安全生产监测监控设备及成套安全保障系统的研发、设计、生产和销售				

	指标 \ 报告期	2012.06.30	2011.12.31	2011.06.30	2010.12.31
主要财务指标	基本每股收益(元)	0.4700	1.3200	0.3400	0.9700
	基本每股收益(扣除后)(元)	0.4500	1.2500	0.3300	0.9400
	每股净资产(元)	6.2800	8.5400	2.7600	2.2900
	每股经营现金净流量(元)	0.1207	0.1975	0.0739	0.4662
	每股现金流量(元)	-0.6098	5.6128	-0.0643	0.3999
	每股资本公积金(元)	3.7302	5.6222	0.1167	0.1167
	每股盈余公积金(元)	0.1498	0.2098	0.1409	0.1409
	每股未分配利润(元)	1.4039	1.7105	1.5015	1.0314
	净资产收益率(%)	7.4400	12.1870	17.0400	42.2490
	加权净资产收益率(%)	7.5000	32.5200	18.6300	53.5600
	净资产收益率(扣除)(%)	-	-	-	-
	总资产(万元)	56768.25	54695.61	16321.61	14391.48
	归属母公司股东权益(万元)	51614.16	50118.52	12139.66	10071.26
	主营业务收入(万元)	12024.91	18527.42	7835.55	12996.68
	营业收入(万元)	12073.61	18688.65	7933.87	13092.57
	主营成本(万元)	4986.57	7839.18	3184.69	5416.60
	营业成本(万元)	4987.25	7844.12	3187.90	5422.27
	投资收益(万元)	-	-	-	-
	净利润(万元)	3842.44	6108.02	2068.40	4255.03
	利润总额(万元)	4430.19	6980.16	2421.56	4895.04

深圳海联讯科技股份有限公司

公司概况	公司名称	深圳海联讯科技股份有限公司			证券简称	海联讯
	法人代表	邢文飚	董秘	杨德广	证券代码	300277
	公司网址	www.hirisun.com		电子信箱	szhlx@hirisun.com	
	电　话	0755-26972918		传　真	0755-26972818	
	办公地址	广东省深圳市南山区深南大道市高新技术园 R2 厂房 B 区 3a 层				
	经营范围	电力信息化系统集成、软件开发与销售、技术及咨询服务等				

	指标 \ 报告期	2012.06.30	2011.12.31	2011.06.30	2010.12.31
主要财务指标	基本每股收益(元)	0.0858	1.2200	0.0776	0.9700
	基本每股收益(扣除后)(元)	0.0863	1.1900	0.0718	0.9400
	每股净资产(元)	4.2800	8.6900	3.5600	3.3500
	每股经营现金净流量(元)	-0.3166	-0.0167	-0.4608	1.4430
	每股现金流量(元)	-0.9107	5.1617	-0.3000	1.4208
	每股资本公积金(元)	2.1185	5.2370	0.3156	0.3156
	每股盈余公积金(元)	0.1388	0.2579	0.2398	0.2157
	每股未分配利润(元)	1.0251	2.1984	2.0048	1.8210
	净资产收益率(%)	2.0000	10.7700	5.8400	28.9130
	加权净资产收益率(%)	1.9500	27.4800	6.0200	33.8000
	净资产收益率(扣除)(%)	-	-	-	-
	总资产(万元)	66131.56	66547.18	29042.06	27546.49
	归属母公司股东权益(万元)	57384.28	58244.84	17800.96	16761.49
	主营业务收入(万元)	13197.16	35536.75	11999.25	30256.23
	营业收入(万元)	13197.16	35536.75	11999.25	30256.23
	主营成本(万元)	7841.97	21327.60	7281.71	18762.79
	营业成本(万元)	7841.97	21327.60	7281.71	18762.79
	投资收益(万元)	-	-	-	-
	净利润(万元)	1149.44	6273.23	1039.47	4846.28
	利润总额(万元)	1304.68	7017.11	1266.36	5478.95

湖北三丰智能输送装备股份有限公司

公司概况	公司名称	湖北三丰智能输送装备股份有限公司			证券简称	三丰智能
	法人代表	朱汉平	董秘	张德柱(代	证券代码	300276
	公司网址	www.sfgs.com.cn		电子信箱	sfgfzxh@163.com	
	电　话	0714-6399668 6399669		传　真	0714-6359320 6399668	
	办公地址	湖北省黄石市黄石经济技术开发区黄金山工业园新区金山大道 398 号				
	经营范围	智能输送成套设备的研发设计、生产制造、安装调试与技术服务等				

	指标 \ 报告期	2012.06.30	2011.12.31	2011.06.30	2010.12.31
主要财务指标	基本每股收益(元)	0.3200	1.1800	0.3500	1.1900
	基本每股收益(扣除后)(元)	0.3000	1.1000	0.3300	1.1000
	每股净资产(元)	6.5400	8.2000	2.8300	2.2200
	每股经营现金净流量(元)	-0.3257	0.6175	0.9423	0.2131
	每股现金流量(元)	-0.6673	5.7978	0.9241	0.0648
	每股资本公积金(元)	4.3191	5.9149	0.7154	0.7154
	每股盈余公积金(元)	0.1247	0.1621	0.1028	0.1028
	每股未分配利润(元)	1.0914	1.1251	1.0071	0.4017
	净资产收益率(%)	4.8694	11.0810	21.4280	36.6780
	加权净资产收益率(%)	4.9200	42.8800	24.0000	53.1100
	净资产收益率(扣除)(%)	-	-	-	-
	总资产(万元)	69628.96	67130.35	32796.42	26611.73
	归属母公司股东权益(万元)	50974.79	49212.63	12713.87	9989.54
	主营业务收入(万元)	13665.74	28254.96	14658.89	19442.31
	营业收入(万元)	13665.74	28254.96	14658.89	19442.31
	主营成本(万元)	8751.22	17975.53	9311.90	12531.16
	营业成本(万元)	8751.22	17975.53	9311.90	12531.16
	投资收益(万元)	-	-	-	-
	净利润(万元)	2482.17	5453.34	2724.33	3663.98
	利润总额(万元)	2899.98	6370.89	3486.08	4290.50

湖北华昌达智能装备股份有限公司

公司概况	公司名称	湖北华昌达智能装备股份有限公司			证券简称	华昌达
	法人代表	罗慧	董秘	金华峰	证券代码	300278
	公司网址	www.hchd.com.cn		电子信箱	kangbing@hchd.com.cn	
	电　话	0719-8767769 8767909		传　真	0719-8767768	
	办公地址	湖北省十堰市东益大道 9 号				
	经营范围	机械设备及电气、环保设备、机械输送系统设计、制造、销售、安装、检修等				

	指标 \ 报告期	2012.06.30	2011.12.31	2011.06.30	2010.12.31
主要财务指标	基本每股收益(元)	0.1000	0.7200	0.1300	0.7600
	基本每股收益(扣除后)(元)	0.0800	0.7100	0.1300	0.7700
	每股净资产(元)	6.2900	6.0800	2.7900	2.5200
	每股经营现金净流量(元)	-1.1125	-0.4033	-0.0795	0.2429
	每股现金流量(元)	-2.1225	3.2477	-0.0404	1.7722
	每股资本公积金(元)	4.3223	4.3223	1.2266	1.2266
	每股盈余公积金(元)	0.0651	0.0651	0.0270	0.0270
	每股未分配利润(元)	0.8979	0.6976	0.5321	0.2700
	净资产收益率(%)	3.1900	8.8751	9.4100	18.7669
	加权净资产收益率(%)	3.2400	25.0000	9.8700	38.4300
	净资产收益率(扣除)(%)	-	-	-	-
	总资产(万元)	80317.48	85838.51	49073.50	36101.89
	归属母公司股东权益(万元)	54493.64	52756.62	18107.40	16403.49
	主营业务收入(万元)	14996.76	34305.33	15127.60	18086.51
	营业收入(万元)	15208.22	34380.99	15160.22	18156.89
	主营成本(万元)	11185.02	23952.41	10697.05	12828.03
	营业成本(万元)	11185.02	23952.41	10697.05	12828.03
	投资收益(万元)	-	14.10	14.10	17.80
	净利润(万元)	1781.41	4882.05	1771.15	3078.35
	利润总额(万元)	1974.70	5829.38	2338.41	3539.47

无锡和晶科技股份有限公司

公司概况	公司名称	无锡和晶科技股份有限公司			证券简称	和晶科技
	法人代表	陈柏林	董秘	徐宏斌	证券代码	300279
	公司网址	www.hodgen-china.com		电子信箱	stock@hodgen-china.com	
	电话	0510-85216868 85259761		传真	0510-85258772	
	办公地址	江苏省无锡市新区坊兴路16号				
	经营范围	大型白色家电智能控制器的研发、生产和销售等				

	指标\报告期	2012.06.30	2011.12.31	2011.06.30	2010.12.31
主要财务指标	基本每股收益(元)	0.1300	0.8000	0.1800	0.7300
	基本每股收益(扣除后)(元)	0.1000	0.7200	0.1700	0.7000
	每股净资产(元)	2.8800	5.7100	2.4900	2.1300
	每股经营现金净流量(元)	-0.0942	0.3057	0.2883	0.2048
	每股现金流量(元)	-0.4701	3.9689	0.2130	0.3015
	每股资本公积金(元)	1.2597	3.5194	0.3322	0.3322
	每股盈余公积金(元)	0.0463	0.0926	0.0519	0.0519
	每股未分配利润(元)	0.5716	1.0930	1.1093	0.7477
	净资产收益率(%)	4.3500	10.3880	14.5000	32.6116
	加权净资产收益率(%)	4.2900	31.5700	15.6400	44.0600
	净资产收益率(扣除)(%)	-	-	-	-
	总资产(万元)	47553.03	52850.21	20861.02	19953.71
	归属母公司股东权益(万元)	34531.94	34230.63	11095.40	9486.39
	主营业务收入(万元)	13696.79	31322.68	15473.97	27872.32
	营业收入(万元)	13749.58	31343.92	15483.26	27879.77
	主营成本(万元)	11034.94	23924.89	12129.05	21863.97
	营业成本(万元)	11083.12	23925.78	12129.05	21863.97
	投资收益(万元)	-	-	-	-
	净利润(万元)	1501.31	3555.96	1609.01	3093.67
	利润总额(万元)	1733.30	4129.71	1868.78	3255.06

南通锻压设备股份有限公司

公司概况	公司名称	南通锻压设备股份有限公司			证券简称	南通锻压
	法人代表	郭庆	董秘	乔庆雄	证券代码	300280
	公司网址	www.ntdy.com.cn		电子信箱	ntdygs@163.com	
	电话	0513-82153885		传真	0513-82153885	
	办公地址	江苏省南通市如皋市经济开发区锻压产业园区内				
	经营范围	锻压设备(液压机床、机械压力机)及配件的制造、销售、维修等				

	指标\报告期	2012.06.30	2011.12.31	2011.06.30	2010.12.31
主要财务指标	基本每股收益(元)	0.1461	0.5482	0.2454	0.6461
	基本每股收益(扣除后)(元)	0.1258	0.4702	0.2217	0.4980
	每股净资产(元)	4.8400	4.8000	2.8200	2.5700
	每股经营现金净流量(元)	0.1204	0.2466	0.2374	0.2820
	每股现金流量(元)	-0.8906	2.4286	-0.0598	0.1246
	每股资本公积金(元)	3.2991	3.2991	1.4595	1.4595
	每股盈余公积金(元)	0.0496	0.0496	0.0113	0.0113
	每股未分配利润(元)	0.4924	0.4463	0.3471	0.1018
	净资产收益率(%)	3.0200	8.5740	8.7100	21.1920
	加权净资产收益率(%)	3.0000	19.2600	9.1000	35.9000
	净资产收益率(扣除)(%)	-	-	-	-
	总资产(万元)	79275.64	81888.92	46616.83	42287.38
	归属母公司股东权益(万元)	61966.10	61376.21	27051.88	24696.37
	主营业务收入(万元)	18839.91	40703.11	18269.97	29289.86
	营业收入(万元)	19225.55	41946.06	18856.32	30176.11
	主营成本(万元)	14049.93	29159.23	12715.16	19565.87
	营业成本(万元)	14377.66	30191.58	13206.45	20236.64
	投资收益(万元)	45.00	6.36	6.36	0.45
	净利润(万元)	1869.89	5262.24	2355.51	5233.54
	利润总额(万元)	2137.00	6081.59	2706.14	6108.61

广东金明精机股份有限公司

公司概况	公司名称	广东金明精机股份有限公司			证券简称	金明精机
	法人代表	马镇鑫	董秘	邱海涛	证券代码	300281
	公司网址	www.stjm.com		电子信箱	stock@stjm.com	
	电话	0754-89811399		传真	0754-89811303	
	办公地址	广东省汕头市濠江区纺织工业园				
	经营范围	货物进出口、技术进出口(法律、行政法规禁止的项目除外)等				

	指标\报告期	2012.06.30	2011.12.31	2011.06.30	2010.12.31
主要财务指标	基本每股收益(元)	0.3600	1.1400	0.4700	0.9900
	基本每股收益(扣除后)(元)	0.2700	1.0500	0.4500	0.8200
	每股净资产(元)	9.0500	8.7800	3.3600	2.9000
	每股经营现金净流量(元)	-0.5462	0.9922	-0.2570	0.5600
	每股现金流量(元)	-2.7597	6.6267	0.0892	0.8683
	每股资本公积金(元)	6.6191	6.6191	1.4869	1.4869
	每股盈余公积金(元)	0.1158	0.1158	0.0409	0.0409
	每股未分配利润(元)	1.3149	1.0425	0.8350	0.3678
	净资产收益率(%)	4.0600	9.7060	14.9300	31.2460
	加权净资产收益率(%)	4.0600	32.8000	14.9300	45.3500
	净资产收益率(扣除)(%)	-	-	-	-
	总资产(万元)	64079.97	74563.12	31096.13	27519.20
	归属母公司股东权益(万元)	54298.81	52664.80	15132.18	13029.58
	主营业务收入(万元)	11184.92	26086.88	12117.51	19956.28
	营业收入(万元)	11269.93	26296.73	12206.62	20154.93
	主营成本(万元)	7108.52	16767.79	7788.71	13033.82
	营业成本(万元)	7141.38	16868.60	7825.24	13099.78
	投资收益(万元)	-	-	-	2.03
	净利润(万元)	2174.01	5111.48	2102.60	4071.21
	利润总额(万元)	2541.75	5967.19	2725.93	4784.59

北京汇冠新技术股份有限公司

公司概况	公司名称	北京汇冠新技术股份有限公司			证券简称	汇冠股份
	法人代表	刘新斌	董秘	李小冬	证券代码	300282
	公司网址	www.irtouch.com		电子信箱	dm@irtouch.com	
	电话	010-84573455		传真	010-84574981	
	办公地址	北京市朝阳区酒仙桥东路1号M8楼4层				
	经营范围	通信设备、计算机及其他电子设备的研发、生产、销售及进出口等				

	指标\报告期	2012.06.30	2011.12.31	2011.06.30	2010.12.31
主要财务指标	基本每股收益(元)	0.1600	0.6600	0.2200	0.8200
	基本每股收益(扣除后)(元)	0.1300	0.6300	0.2200	0.7000
	每股净资产(元)	5.2900	6.3100	-	2.7400
	每股经营现金净流量(元)	-0.3572	0.4730	0.0712	0.3671
	每股现金流量(元)	-0.5360	4.1917	-0.0243	-0.7312
	每股资本公积金(元)	3.1161	3.9393	-	0.5743
	每股盈余公积金(元)	0.1210	0.1452	-	0.1309
	每股未分配利润(元)	1.0515	1.2215	-	1.0356
	净资产收益率(%)	2.9700	7.8000	9.3500	29.8470
	加权净资产收益率(%)	2.9700	21.3700	9.3500	34.5900
	净资产收益率(扣除)(%)	-	-	-	-
	总资产(万元)	31149.68	30731.75	-	10778.66
	归属母公司股东权益(万元)	29211.65	29026.47	-	9461.17
	主营业务收入(万元)	6422.35	11543.74	4893.39	10629.07
	营业收入(万元)	6423.63	11562.34	4898.14	10648.33
	主营成本(万元)	3538.38	5544.31	2287.60	4693.10
	营业成本(万元)	3538.38	5544.31	2285.07	4693.10
	投资收益(万元)	-	-	-	-
	净利润(万元)	875.63	2264.19	928.20	2823.89
	利润总额(万元)	1051.00	2607.81	1072.24	3294.42

温州宏丰电工合金股份有限公司

公司概况	公司名称	温州宏丰电工合金股份有限公司			证券简称	温州宏丰
	法人代表	陈晓	董秘	陈乐生	证券代码	300283
	公司网址	www.wzhf.com			电子信箱	zqb@wzhf.com
	电　　话	0577-27861136			传　　真	0577-27861137
	办公地址	浙江省乐清市北白象镇大桥工业区塘下片区				
	经营范围	电接触功能复合材料、元件及组件的研发、生产和销售等				

	指标\报告期	2012.06.30	2011.12.31	2011.06.30	2010.12.31
主要财务指标	基本每股收益(元)	0.1500	1.5300	0.9300	0.8900
	基本每股收益(扣除后)(元)	0.1500	1.5100	0.9300	0.8800
	每股净资产(元)	7.1800	4.5300	3.9300	3.0000
	每股经营现金净流量(元)	-0.7694	-1.1039	-0.9930	-0.7290
	每股现金流量(元)	1.2429	-0.0092	-0.3541	0.2963
	每股资本公积金(元)	5.0450	1.1411	1.1411	1.1411
	每股盈余公积金(元)	0.1788	0.1788	0.0918	0.0918
	每股未分配利润(元)	0.9562	1.6121	1.6992	0.7657
	净资产收益率(%)	2.0100	33.7910	23.7400	27.8260
	加权净资产收益率(%)	2.0500	40.6600	26.9400	48.7700
	净资产收益率(扣除)(%)	-	-	-	-
	总资产(万元)	73735.72	57919.06	57142.70	53275.81
	归属母公司股东权益(万元)	50856.73	24058.87	20887.85	15929.09
	主营业务收入(万元)	31716.41	80804.63	40279.68	45377.71
	营业收入(万元)	31847.55	81784.27	40786.31	45731.02
	主营成本(万元)	27594.49	65937.84	31544.16	36246.34
	营业成本(万元)	27735.84	67074.05	32112.79	36500.31
	投资收益(万元)	-	-	-	-
	净利润(万元)	1021.07	8129.79	4958.77	4425.07
	利润总额(万元)	1293.82	9370.21	5829.11	5044.11

江苏省交通科学研究院股份有限公司

公司概况	公司名称	江苏省交通科学研究院股份有限公司			证券简称	苏交科
	法人代表	王军华	董秘	潘岭松	证券代码	300284
	公司网址	www.jstri.com			电子信箱	sjkdmb@jstri.com
	电　　话	025-86576542 86575462			传　　真	025-86576666
	办公地址	江苏省南京市江宁科学园诚信大道 2200 号				
	经营范围	工程勘察、设计、施工、试验、监理及相关技术服务、地质勘察等				

	指标\报告期	2012.06.30	2011.12.31	2011.06.30	2010.12.31
主要财务指标	基本每股收益(元)	0.1900	0.7300	0.2100	0.5300
	基本每股收益(扣除后)(元)	0.1900	0.7300	0.2000	0.4900
	每股净资产(元)	5.4500	5.4600	2.6000	2.4000
	每股经营现金净流量(元)	-0.9904	-0.0213	-0.6716	0.1934
	每股现金流量(元)	-1.3995	3.9676	0.0144	0.0519
	每股资本公积金(元)	3.1260	3.1260	0.3600	0.3600
	每股盈余公积金(元)	0.1310	0.1310	0.1058	0.1058
	每股未分配利润(元)	1.1874	1.1948	1.1357	0.9296
	净资产收益率(%)	3.4800	10.0720	7.8500	22.0130
	加权净资产收益率(%)	3.3400	26.5100	8.1800	25.1100
	净资产收益率(扣除)(%)	-	-	-	-
	总资产(万元)	254263.75	265625.07	148133.26	134060.22
	归属母公司股东权益(万元)	130692.32	130870.82	46831.94	43116.57
	主营业务收入(万元)	46938.50	126704.29	52848.60	114830.70
	营业收入(万元)	47063.83	126798.30	52881.48	114866.78
	主营成本(万元)	31059.25	85873.93	36745.11	80136.11
	营业成本(万元)	31059.25	85918.12	36789.30	80161.86
	投资收益(万元)	-	-	-	15.74
	净利润(万元)	4552.95	13056.12	3694.61	9382.20
	利润总额(万元)	5292.37	15663.68	5513.03	12599.91

山东国瓷功能材料股份有限公司

公司概况	公司名称	山东国瓷功能材料股份有限公司			证券简称	国瓷材料
	法人代表	张曦	董秘	许少梅	证券代码	300285
	公司网址	www.sinocera.com.cn			电子信箱	sinocera@sinocera.com.cn
	电　　话	0546-8073768 8073660			传　　真	0546-8073610
	办公地址	山东省东营市东营区辽河路 24 号				
	经营范围	生产、销售电子陶瓷粉体材料(不含危险品)、对销售后的产品进行技术服务等				

	指标\报告期	2012.06.30	2011.12.31	2011.06.30	2010.12.31
主要财务指标	基本每股收益(元)	0.4800	0.9400	0.3900	0.6900
	基本每股收益(扣除后)(元)	0.4800	0.8200	0.3700	0.6500
	每股净资产(元)	8.2800	2.7300	2.1800	1.7900
	每股经营现金净流量(元)	0.4550	0.8788	0.1103	0.3065
	每股现金流量(元)	4.5705	-0.1018	-0.2238	0.0206
	每股资本公积金(元)	5.7959	0.2384	0.2384	0.2384
	每股盈余公积金(元)	0.1811	0.2414	0.1002	0.1002
	每股未分配利润(元)	1.3036	1.2528	0.8418	0.4524
	净资产收益率(%)	5.6000	34.4580	14.2500	37.2980
	加权净资产收益率(%)	6.4700	41.6300	19.6100	44.5300
	净资产收益率(扣除)(%)	-	-	-	-
	总资产(万元)	54673.11	23472.20	21535.14	18059.32
	归属母公司股东权益(万元)	51670.97	12788.38	10204.14	8381.77
	主营业务收入(万元)	10089.36	14694.43	6737.79	10115.91
	营业收入(万元)	10089.36	14694.43	6737.79	10115.91
	主营成本(万元)	5390.57	7393.19	3446.34	4797.36
	营业成本(万元)	5390.57	7393.19	3446.34	4797.36
	投资收益(万元)	-	-	-	-
	净利润(万元)	2895.51	4406.61	1822.37	3126.19
	利润总额(万元)	3421.17	4985.21	2082.70	3517.17

上海安科瑞电气股份有限公司

公司概况	公司名称	上海安科瑞电气股份有限公司			证券简称	安科瑞
	法人代表	周中	董秘	罗叶兰	证券代码	300286
	公司网址	www.acrel.cn			电子信箱	acrel@acrel.cn
	电　　话	021-69158331			传　　真	021-69158331
	办公地址	上海市嘉定区育绿路 253 号				
	经营范围	用户端智能电力仪表的研发、生产和销售等				

	指标\报告期	2012.06.30	2011.12.31	2011.06.30	2010.12.31
主要财务指标	基本每股收益(元)	0.2800	1.5500	0.6800	1.7100
	基本每股收益(扣除后)(元)	0.2600	1.5100	0.6700	1.3900
	每股净资产(元)	5.2800	5.5500	4.6700	3.9900
	每股经营现金净流量(元)	0.2893	0.5772	0.3601	0.6130
	每股现金流量(元)	3.1657	0.0095	0.0221	0.1252
	每股资本公积金(元)	3.2306	1.4169	1.4169	1.4169
	每股盈余公积金(元)	0.1255	0.3346	0.2020	0.2020
	每股未分配利润(元)	0.9261	2.7952	2.0505	1.3742
	净资产收益率(%)	5.2600	28.0100	14.4800	37.2270
	加权净资产收益率(%)	5.6500	32.5700	15.6200	46.9400
	净资产收益率(扣除)(%)	-	-	-	-
	总资产(万元)	39079.80	16491.61	14040.08	13944.06
	归属母公司股东权益(万元)	36626.54	14421.40	12140.47	10381.98
	主营业务收入(万元)	7593.45	15048.96	7450.55	12306.98
	营业收入(万元)	7593.45	15050.78	7452.34	12326.56
	主营成本(万元)	2718.50	5191.00	2623.53	4434.58
	营业成本(万元)	2718.50	5192.10	2624.63	4450.95
	投资收益(万元)	-	-	-	403.03
	净利润(万元)	1927.66	4039.42	1758.49	3864.87
	利润总额(万元)	2263.77	4706.46	2259.55	4334.84

北京飞利信科技股份有限公司

公司概况	公司名称	北京飞利信科技股份有限公司			证券简称	飞利信
	法人代表	曹忻军	董秘	许莉	证券代码	300287
	公司网址	www.philisense.com		电子信箱	phls@philisense.com	
	电　话	010-62058123 62053775		传　真	010-62041496	
	办公地址	北京市海淀区塔院志新村2号金唐酒店3层				
	经营范围	国务院决定未规定许可的自主选择经营项目开展经营活动				

	指标\报告期	2012.06.30	2011.12.31	2011.06.30	2010.12.31
主要财务指标	基本每股收益(元)	0.1400	0.7000	0.1600	0.5300
	基本每股收益(扣除后)(元)	0.1400	0.7100	0.1900	0.5300
	每股净资产(元)	5.3000	2.6300	2.1000	1.9200
	每股经营现金净流量(元)	-1.2396	0.2186	-1.1201	0.8181
	每股现金流量(元)	1.8385	0.3179	-1.1009	0.5768
	每股资本公积金(元)	3.1278	0.0993	0.0993	0.0897
	每股盈余公积金(元)	0.0432	0.0576	0.0369	0.0369
	每股未分配利润(元)	1.1338	1.4735	0.9589	0.7961
	净资产收益率(%)	2.6147	26.5380	7.7680	27.6350
	加权净资产收益率(%)	2.8900	30.6100	8.0900	32.0700
	净资产收益率(扣除)(%)	-	-	-	-
	总资产(万元)	64484.53	38665.09	26402.90	29212.14
	归属母公司股东权益(万元)	44560.19	16571.08	13198.66	12113.43
	主营业务收入(万元)	14257.84	35047.20	13103.33	24974.35
	营业收入(万元)	14257.84	35047.20	13103.33	24974.35
	主营成本(万元)	9343.39	23403.32	8645.73	16565.66
	营业成本(万元)	9343.39	23403.32	8645.73	16565.66
	投资收益(万元)	-	-	-	-
	净利润(万元)	1222.06	4791.84	1123.53	3528.36
	利润总额(万元)	1441.00	5548.73	1560.12	4141.82

贵阳朗玛信息技术股份有限公司

公司概况	公司名称	贵阳朗玛信息技术股份有限公司			证券简称	朗玛信息
	法人代表	王伟	董秘	李毅文	证券代码	300288
	公司网址	www.longmaster.com.cn		电子信箱	zhengquanbu@longmaster.com.cn	
	电　话	0851-3842119-8004		传　真	0851-3833983	
	办公地址	贵州省贵阳市金阳新区长岭南路31号国家数字内容产业园二楼				
	经营范围	计算机技术及软件开发、销售、计算机硬件及耗材销售、计算机网络互联设备销售等				

	指标\报告期	2012.06.30	2011.12.31	2011.06.30	2010.12.31
主要财务指标	基本每股收益(元)	0.7600	1.4500	0.5500	0.9200
	基本每股收益(扣除后)(元)	0.6600	1.1600	0.4800	0.8800
	每股净资产(元)	8.1400	3.4500	2.5400	2.0000
	每股经营现金净流量(元)	0.4295	1.0229	0.3840	0.9060
	每股现金流量(元)	5.2095	0.8558	0.2676	0.8673
	每股资本公积金(元)	5.1773	0.3614	0.3614	0.3614
	每股盈余公积金(元)	0.1565	0.2089	0.0635	0.0635
	每股未分配利润(元)	1.8060	1.8800	1.1196	0.5718
	净资产收益率(%)	8.5700	42.1280	21.5300	45.9042
	加权净资产收益率(%)	11.0400	53.3700	24.1200	59.5800
	净资产收益率(扣除)(%)	-	-	-	-
	总资产(万元)	44619.77	14772.48	11910.18	9850.76
	归属母公司股东权益(万元)	43466.40	13801.39	10178.32	7987.13
	主营业务收入(万元)	7150.54	11218.16	5007.77	7335.01
	营业收入(万元)	7150.54	11218.16	5007.77	7335.01
	主营成本(万元)	888.40	1168.13	539.68	1106.98
	营业成本(万元)	888.40	1168.13	539.68	1106.98
	投资收益(万元)	-	-	-	-
	净利润(万元)	3725.88	5814.25	2191.18	3666.43
	利润总额(万元)	4383.39	6841.72	2923.46	4069.83

北京利德曼生化股份有限公司

公司概况	公司名称	北京利德曼生化股份有限公司			证券简称	利德曼
	法人代表	沈广仟	董秘	王毅兴(代)	证券代码	300289
	公司网址	www.leadmanbio.com		电子信箱	leadman@leadmanbio.com	
	电　话	010-67855500 84923554		传　真	010-67856540	
	办公地址	北京市北京经济技术开发区宏达南路5号				
	经营范围	主要从事体外诊断产品及生物化学原料的研发、生产和销售等				

	指标\报告期	2012.06.30	2011.12.31	2011.06.30	2010.12.31
主要财务指标	基本每股收益(元)	0.3500	0.6200	0.2900	0.4700
	基本每股收益(扣除后)(元)	0.3300	0.6200	0.2900	0.4700
	每股净资产(元)	4.6300	1.9200	1.5800	2.2200
	每股经营现金净流量(元)	0.2784	0.2547	0.0359	0.7426
	每股现金流量(元)	2.6373	-0.3179	-0.1633	0.5291
	每股资本公积金(元)	2.7429	0.0207	0.0207	0.1331
	每股盈余公积金(元)	0.1087	0.1450	0.0831	0.1330
	每股未分配利润(元)	0.7833	0.7507	0.4790	0.9522
	净资产收益率(%)	6.9100	32.5460	18.3300	34.0590
	加权净资产收益率(%)	8.9800	38.5000	19.7500	41.0500
	净资产收益率(扣除)(%)	-	-	-	-
	总资产(万元)	91082.05	36565.64	28152.56	25871.00
	归属母公司股东权益(万元)	71193.03	22076.83	18234.23	15971.75
	主营业务收入(万元)	14131.46	25201.50	11277.82	18555.00
	营业收入(万元)	14151.46	25208.39	11277.82	18562.50
	主营成本(万元)	5040.18	9669.80	4070.55	6540.04
	营业成本(万元)	5041.30	9669.82	4070.55	6540.04
	投资收益(万元)	-	-	-	-
	净利润(万元)	4919.78	7185.08	3342.48	5439.87
	利润总额(万元)	5813.17	8349.09	3948.98	6277.68

荣科科技股份有限公司

公司概况	公司名称	荣科科技股份有限公司			证券简称	荣科科技
	法人代表	付永全	董秘	冯丽	证券代码	300290
	公司网址	www.bringspring.com		电子信箱	zqtz@bringspring.com	
	电　话	024-22851050 86901698		传　真	024-86907731	
	办公地址	辽宁省沈阳市和平区和平北大街62号				
	经营范围	计算机软硬件技术、电控工程技术开发、计算机系统集成及咨询服务等				

	指标\报告期	2012.06.30	2011.12.31	2011.06.30	2010.12.31
主要财务指标	基本每股收益(元)	0.3002	0.8798	0.3298	0.7342
	基本每股收益(扣除后)(元)	0.2802	0.7483	0.3139	0.6732
	每股净资产(元)	4.5900	2.8400	2.2900	1.9600
	每股经营现金净流量(元)	-1.2539	0.9688	-0.4621	0.8004
	每股现金流量(元)	1.0933	0.9115	-0.7006	1.1141
	每股资本公积金(元)	2.4263	0.3805	0.3805	0.3805
	每股盈余公积金(元)	0.1084	0.1445	0.0576	0.0576
	每股未分配利润(元)	1.0594	1.3122	0.8491	0.5194
	净资产收益率(%)	7.1300	31.0090	15.5400	35.3529
	加权净资产收益率(%)	7.1300	36.7000	15.5400	47.6700
	净资产收益率(扣除)(%)	-	-	-	-
	总资产(万元)	40352.41	24275.77	18333.90	16625.16
	归属母公司股东权益(万元)	31239.16	14469.68	11664.56	9982.77
	主营业务收入(万元)	11966.31	24389.82	10165.80	16189.80
	营业收入(万元)	11966.31	24389.82	10165.80	16189.80
	主营成本(万元)	7633.86	15995.52	6250.96	10532.96
	营业成本(万元)	7633.86	15995.52	6250.96	10532.96
	投资收益(万元)	-	-	-	0.05
	净利润(万元)	1866.73	4484.99	1676.79	3534.24
	利润总额(万元)	2161.24	5351.47	2268.35	4031.44

北京华录百纳影视股份有限公司

公司概况	公司名称	北京华录百纳影视股份有限公司		证券简称	华录百纳
	法人代表	陈润生	董秘 陈永倬	证券代码	300291
	公司网址	www.hlbn-ent.com		电子信箱	hbndsh@163.com
	电话	010-52281866		传真	010-52281853
	办公地址	北京市石景山区阜石路165号中国华录大厦13层			
	经营范围	电视剧、电影的投资制作发行及衍生业务等			

主要财务指标	2012.06.30	2011.12.31	2011.06.30	2010.12.31
基本每股收益(元)	0.7800	1.8760	0.6700	0.7950
基本每股收益(扣除后)(元)	0.7500	1.8090	0.6600	0.7280
每股净资产(元)	14.5900	4.7500	3.5400	2.8700
每股经营现金净流量(元)	-2.7874	0.4229	-0.1618	0.9920
每股现金流量(元)	5.8634	0.2518	-0.5777	0.6654
每股资本公积金(元)	10.3425	0.1037	0.1037	0.1037
每股盈余公积金(元)	0.1436	0.1750	0.1177	0.0491
每股未分配利润(元)	3.1085	3.4693	2.3226	1.7196
净资产收益率(%)	4.9300	39.5030	18.9500	27.6750
加权净资产收益率(%)	6.6200	49.2300	20.9300	32.1200
净资产收益率(扣除)(%)	-	-	-	-
总资产(万元)	93694.21	42479.26	33063.21	29683.78
归属母公司股东权益(万元)	87567.13	21366.13	15947.93	12925.93
主营业务收入(万元)	12759.05	28728.60	10926.08	22025.94
营业收入(万元)	12759.05	28728.60	10926.08	22025.94
主营成本(万元)	5430.12	13816.24	5299.01	14049.19
营业成本(万元)	5430.12	13816.24	5299.01	14049.19
投资收益(万元)	-	-	-	-
净利润(万元)	4278.39	8330.42	2963.45	3483.77
利润总额(万元)	5741.76	11198.63	4001.61	4662.96

江苏吴通通讯股份有限公司

公司概况	公司名称	江苏吴通通讯股份有限公司		证券简称	吴通通讯
	法人代表	万卫方	董秘 姜红	证券代码	300292
	公司网址	www.jswutong.com		电子信箱	wutong@jswutong.com
	电话	0512-82285059 82285057		传真	0512-65461778
	办公地址	江苏省苏州市相城区黄桥街道永方路32号			
	经营范围	专业从事无线通信射频连接系统、光纤连接产品的研发、生产及销售等			

主要财务指标	2012.06.30	2011.12.31	2011.06.30	2010.12.31
基本每股收益(元)	0.1900	0.7500	0.3800	0.6000
基本每股收益(扣除后)(元)	0.1600	0.6800	0.3000	0.6100
每股净资产(元)	4.8200	2.8500	2.4700	2.0600
每股经营现金净流量(元)	-0.7727	0.3858	-0.3005	0.0992
每股现金流量(元)	1.2546	-0.0987	-0.7190	1.0631
每股资本公积金(元)	2.8715	0.8081	0.8081	0.7712
每股盈余公积金(元)	0.0772	0.1030	0.0291	0.0291
每股未分配利润(元)	0.8731	0.9375	0.6348	0.2596
净资产收益率(%)	3.5300	26.3930	15.1800	27.5100
加权净资产收益率(%)	4.3700	30.6300	7.1100	27.3400
净资产收益率(扣除)(%)	-	-	-	-
总资产(万元)	48756.84	33899.65	27957.96	26244.65
归属母公司股东权益(万元)	32161.79	14242.86	12359.72	10299.18
主营业务收入(万元)	13463.16	26458.76	10796.02	20839.67
营业收入(万元)	13605.92	26691.50	10910.13	21067.29
主营成本(万元)	10246.71	19117.28	7685.33	14828.29
营业成本(万元)	10277.56	19117.28	7716.64	14890.33
投资收益(万元)	-	-	-	-
净利润(万元)	1136.34	3759.09	1875.95	2839.28
利润总额(万元)	1421.63	4368.20	2178.41	3358.05

沈阳蓝英工业自动化装备股份有限公司

公司概况	公司名称	沈阳蓝英工业自动化装备股份有限公司		证券简称	蓝英装备
	法人代表	郭洪生	董秘 王敏	证券代码	300293
	公司网址	www.chnsbs.net		电子信箱	sbs@blue-silver.net
	电话	024-23810393		传真	024-23825186
	办公地址	辽宁省沈阳市浑南产业区东区飞云路3号			
	经营范围	专业机械和自动化电气控制系统的设计、生产、安装、调试、销售等			

主要财务指标	2012.06.30	2011.12.31	2011.06.30	2010.12.31
基本每股收益(元)	0.6600	1.4700	0.6700	1.0200
基本每股收益(扣除后)(元)	0.5900	1.4100	0.6400	1.0100
每股净资产(元)	9.4100	4.4200	3.6200	2.9500
每股经营现金净流量(元)	0.0530	0.9486	0.8028	0.5860
每股现金流量(元)	7.1690	0.7090	0.7111	0.5368
每股资本公积金(元)	6.1497	0.9357	0.9353	0.9353
每股盈余公积金(元)	0.2463	0.2484	0.1685	0.1017
每股未分配利润(元)	2.0170	2.2358	1.5163	0.9153
净资产收益率(%)	6.3800	33.1950	15.1000	34.4480
加权净资产收益率(%)	8.1000	39.8000	20.3200	41.6200
净资产收益率(扣除)(%)	-	-	-	-
总资产(万元)	84278.55	37704.98	31829.16	26407.57
归属母公司股东权益(万元)	56478.20	19889.82	16290.20	13285.54
主营业务收入(万元)	12336.62	23519.42	11018.38	18359.92
营业收入(万元)	12336.62	23555.42	11018.38	18383.87
主营成本(万元)	7405.68	13962.48	6463.26	11226.56
营业成本(万元)	7405.68	13962.81	6463.26	11228.23
投资收益(万元)	6.89	0.59	-11.63	-
净利润(万元)	3601.07	6602.46	3004.66	4576.64
利润总额(万元)	4119.87	7347.33	3371.55	5084.33

江西博雅生物制药股份有限公司

公司概况	公司名称	江西博雅生物制药股份有限公司		证券简称	博雅生物
	法人代表	徐建新	董秘 范一沁	证券代码	300294
	公司网址	www.china-boya.com		电子信箱	dongmi@china-boya.com
	电话	0794-8264398		传真	0794-8237323
	办公地址	江西省抚州市金巢经济开发区惠泉路333号			
	经营范围	血液制品的研发、生产和销售等			

主要财务指标	2012.06.30	2011.12.31	2011.06.30	2010.12.31
基本每股收益(元)	0.5100	1.1500	0.5700	0.8800
基本每股收益(扣除后)(元)	0.4800	1.0700	0.5400	0.8000
每股净资产(元)	9.3700	4.6300	-	3.4800
每股经营现金净流量(元)	0.4648	1.4358	0.4942	0.4362
每股现金流量(元)	5.2404	0.5494	-0.0943	-0.8290
每股资本公积金(元)	6.2683	1.0818	-	1.0818
每股盈余公积金(元)	0.2834	0.3783	-	0.2581
每股未分配利润(元)	1.8190	2.1661	-	1.1374
净资产收益率(%)	4.7600	24.8350	14.0800	25.3130
加权净资产收益率(%)	6.9100	28.3600	15.1400	26.3800
净资产收益率(扣除)(%)	-	-	-	-
总资产(万元)	73483.87	33115.43	-	29522.61
归属母公司股东权益(万元)	71029.41	26267.12	-	19743.71
主营业务收入(万元)	10687.78	-	9689.12	-
营业收入(万元)	10687.78	19672.46	9689.12	14182.35
主营成本(万元)	4409.67	-	3319.90	-
营业成本(万元)	4409.67	7069.44	3319.90	4172.55
投资收益(万元)	-	-	-	3.53
净利润(万元)	3383.66	6523.41	3234.52	4997.65
利润总额(万元)	3991.26	7683.43	3841.53	5928.05

江苏三六五网络股份有限公司

公司概况	公司名称	江苏三六五网络股份有限公司			证券简称	三六五网
	法人代表	胡光辉	董秘	胡光辉(代)	证券代码	300295
	公司网址	www.house365.com		电子信箱	dshbgs@house365.com	
	电话	025-83201657 83203503		传真	025-83202471	
	办公地址	南京市鼓楼区上海路15号银城大厦				
	经营范围	新房网络营销服务、二手房网络营销服务、家居网络营销服务以及研究咨询业务等				

主要财务指标	指标\报告期	2012.06.30	2011.12.31	2011.06.30	2010.12.31
	基本每股收益(元)	0.8900	1.8100	0.7900	1.2300
	基本每股收益(扣除后)(元)	0.8800	1.8000	0.7900	1.2100
	每股净资产(元)	11.5200	4.8100	3.7900	3.4000
	每股经营现金净流量(元)	0.8491	1.5809	0.7774	1.3653
	每股现金流量(元)	8.0477	1.0332	0.3084	1.1430
	每股资本公积金(元)	7.7035	0.4303	0.4303	0.4303
	每股盈余公积金(元)	0.2095	0.2795	0.1488	0.1488
	每股未分配利润(元)	2.6039	3.0986	2.2107	1.8209
	净资产收益率(%)	6.7800	37.6080	16.4300	36.0460
	加权净资产收益率(%)	10.1000	44.0600	20.8100	43.5800
	净资产收益率(扣除)(%)	–	–	–	–
	总资产(万元)	64029.83	20967.83	17071.13	14943.69
	归属母公司股东权益(万元)	61442.99	19233.44	15159.35	13600.05
	主营业务收入(万元)	12954.30	–	9883.93	–
	营业收入(万元)	12954.30	22958.74	9883.93	14867.19
	主营成本(万元)	578.13	–	447.31	–
	营业成本(万元)	578.13	1298.82	447.31	783.32
	投资收益(万元)	–	–	–	–
	净利润(万元)	4161.00	7233.44	3159.92	4929.45
	利润总额(万元)	5092.09	8895.19	3870.20	6128.36

利亚德光电股份有限公司

公司概况	公司名称	利亚德光电股份有限公司			证券简称	利亚德
	法人代表	李军	董秘	李楠楠	证券代码	300296
	公司网址	www.leyard.com		电子信箱	leyard2010@leyard.com	
	电话	010-62864532 62888888		传真	010-62877624	
	办公地址	北京市海淀区颐和园北正红旗西街9号				
	经营范围	专业从事LED应用产品研发、设计、生产、销售和服务等				

主要财务指标	指标\报告期	2012.06.30	2011.12.31	2011.06.30	2010.12.31
	基本每股收益(元)	0.3100	0.7500	0.3400	0.6900
	基本每股收益(扣除后)(元)	0.3100	0.6800	0.3300	0.6200
	每股净资产(元)	6.3400	3.3500	2.9400	2.6000
	每股经营现金净流量(元)	-1.2427	0.1567	0.0731	0.1220
	每股现金流量(元)	1.9449	-0.2096	-0.4556	1.0992
	每股资本公积金(元)	4.4431	1.4260	1.4260	1.4260
	每股盈余公积金(元)	0.0586	0.0782	0.0204	0.0204
	每股未分配利润(元)	0.8401	0.8423	0.4920	0.1513
	净资产收益率(%)	6.1800	22.3744	12.3100	21.4210
	加权净资产收益率(%)	6.1800	25.1900	12.3100	38.3100
	净资产收益率(扣除)(%)	–	–	–	–
	总资产(万元)	81170.16	50524.25	48558.03	46685.69
	归属母公司股东权益(万元)	63418.15	25098.06	22037.56	19482.51
	主营业务收入(万元)	25201.12	50130.08	22435.97	36951.33
	营业收入(万元)	25308.92	50240.96	22473.50	37049.26
	主营成本(万元)	16928.88	33890.70	14668.03	23697.52
	营业成本(万元)	16981.78	33909.25	14680.94	23722.72
	投资收益(万元)	–	–	–	–
	净利润(万元)	2734.09	5615.55	2555.05	4173.39
	利润总额(万元)	3008.80	6473.19	2933.45	5111.58

蓝盾信息安全技术股份有限公司

公司概况	公司名称	蓝盾信息安全技术股份有限公司			证券简称	蓝盾股份
	法人代表	柯宗贵	董秘	李德桂	证券代码	300297
	公司网址	www.bluedon.com		电子信箱	stock@chinabluedon.cn	
	电话	020-85526663 85639340		传真	020-85526000 85639340	
	办公地址	广东省广州市天河区科韵路16号自编1栋2101				
	经营范围	计算机软、硬件开发、计算机信息集成、布线、承接网络工程建设项目等				

主要财务指标	指标\报告期	2012.06.30	2011.12.31	2011.06.30	2010.12.31
	基本每股收益(元)	0.2900	0.7100	0.2500	0.4700
	基本每股收益(扣除后)(元)	0.2500	0.6500	0.2300	0.4400
	每股净资产(元)	6.3900	3.3900	2.9300	2.8700
	每股经营现金净流量(元)	-0.3356	0.9599	0.4492	0.5905
	每股现金流量(元)	1.5750	0.9257	0.4622	0.1839
	每股资本公积金(元)	4.1862	1.1155	1.1155	1.1155
	每股盈余公积金(元)	0.1103	0.1470	0.0758	0.0758
	每股未分配利润(元)	1.0939	1.1230	0.7350	0.6824
	净资产收益率(%)	3.9400	21.0261	8.6300	16.2910
	加权净资产收益率(%)	5.6400	23.1100	8.7100	17.7400
	净资产收益率(扣除)(%)	–	–	–	–
	总资产(万元)	73594.68	39939.62	32290.55	26687.43
	归属母公司股东权益(万元)	62625.00	24883.50	21508.43	21121.46
	主营业务收入(万元)	19175.46	–	11991.73	–
	营业收入(万元)	19175.46	27877.08	11991.73	20734.04
	主营成本(万元)	11512.45	–	6323.71	–
	营业成本(万元)	11512.45	15333.50	6323.71	11273.16
	投资收益(万元)	–	–	–	–
	净利润(万元)	2465.84	5232.04	1856.97	3440.92
	利润总额(万元)	2907.28	6034.50	2464.92	3989.69

三诺生物传感股份有限公司

公司概况	公司名称	三诺生物传感股份有限公司			证券简称	三诺生物
	法人代表	李少波	董秘	王飞	证券代码	300298
	公司网址	www.sinocare.com.cn		电子信箱	investor@sinocare.com.cn	
	电话	0731-84164629		传真	0731-88905123	
	办公地址	湖南省长沙市高新技术产业开发区火炬城集贤路28号				
	经营范围	利用生物传感技术研发、生产、销售即时检测产品等				

主要财务指标	指标\报告期	2012.06.30	2011.12.31	2011.06.30	2010.12.31
	基本每股收益(元)	0.7800	1.3400	0.5700	0.9100
	基本每股收益(扣除后)(元)	0.7800	1.3200	0.5700	0.9100
	每股净资产(元)	8.8200	2.7200	1.9500	1.5200
	每股经营现金净流量(元)	0.4785	1.3020	0.3747	1.0164
	每股现金流量(元)	6.5490	1.1750	0.3076	0.8937
	每股资本公积金(元)	6.4983	0.1972	0.1972	0.1972
	每股盈余公积金(元)	0.1713	0.2284	0.0280	0.0280
	每股未分配利润(元)	1.1527	1.2943	0.7242	0.1589
	净资产收益率(%)	7.7300	49.1110	29.0000	60.0520
	加权净资产收益率(%)	12.2700	65.1000	33.9100	92.0600
	净资产收益率(扣除)(%)	–	–	–	–
	总资产(万元)	84731.93	24118.30	17057.75	14644.09
	归属母公司股东权益(万元)	77636.42	17951.32	12865.78	9135.19
	主营业务收入(万元)	16181.74	20947.40	9765.74	16023.13
	营业收入(万元)	16363.58	20947.40	9765.74	16023.13
	主营成本(万元)	5106.34	–	3115.84	–
	营业成本(万元)	5108.37	6267.24	3115.84	5758.90
	投资收益(万元)	–	–	–	2.28
	净利润(万元)	6001.50	8816.14	3730.60	5485.88
	利润总额(万元)	7070.77	10291.53	4905.60	6318.78

富春通信股份有限公司

公司概况	公司名称	富春通信股份有限公司			证券简称	富春通信
	法人代表	缪品章	董秘	陈苹	证券代码	300299
	公司网址	www.forcom.com.cn			电子信箱	fuchungroup@163.com
	电　话	0591-83992010			传　真	0591-83920667
	办公地址	福建省福州市鼓楼区铜盘路软件大道 89 号 C 区 25 号楼				
	经营范围	通信网络建设前期的规划咨询、可行性研究、勘察设计等				

	指标\报告期	2012.06.30	2011.12.31	2011.06.30	2010.12.31
主要财务指标	基本每股收益(元)	0.1700	0.7000	0.1800	0.6200
	基本每股收益(扣除后)(元)	0.1600	0.6700	0.1700	0.6200
	每股净资产(元)	5.6200	2.7100	–	2.0200
	每股经营现金净流量(元)	–0.3050	–0.0842	–0.3451	0.4580
	每股现金流量(元)	2.7790	0.1648	–0.4081	0.4093
	每股资本公积金(元)	3.6998	0.4722	–	0.4859
	每股盈余公积金(元)	0.0968	0.1297	–	0.0637
	每股未分配利润(元)	0.8195	1.1055	–	0.4710
	净资产收益率(%)	2.5200	25.8730	7.2400	30.7239
	加权净资产收益率(%)	3.7100	29.6900	8.6500	38.2300
	净资产收益率(扣除)(%)	–	–	–	–
	总资产(万元)	41034.45	20198.19	–	14835.07
	归属母公司股东权益(万元)	37628.42	13536.80	–	10102.94
	主营业务收入(万元)	4966.71	12878.69	4196.16	10320.23
	营业收入(万元)	4975.41	12898.73	4204.52	10337.57
	主营成本(万元)	2253.23	5230.98	1862.83	4089.14
	营业成本(万元)	2259.64	5239.36	1866.57	4095.90
	投资收益(万元)	–	1.09	–	–
	净利润(万元)	950.07	3572.77	988.02	3151.18
	利润总额(万元)	1158.89	4297.03	1261.63	3804.96

汉鼎信息科技股份有限公司

公司概况	公司名称	汉鼎信息科技股份有限公司			证券简称	汉鼎股份
	法人代表	吴艳	董秘	王丽平	证券代码	300300
	公司网址	www.hakim.com.cn			电子信箱	hakim@hakim.com.cn
	电　话	0571-89938397			传　真	0571-88303333
	办公地址	浙江省杭州市天目山路 181 号天际大厦 6 楼				
	经营范围	建筑智能化、公共安全管理智能化等				

	指标\报告期	2012.06.30	2011.12.31	2011.06.30	2010.12.31
主要财务指标	基本每股收益(元)	0.3400	0.8100	0.3500	0.5600
	基本每股收益(扣除后)(元)	0.3200	0.6400	0.2500	0.4800
	每股净资产(元)	6.4900	2.8900	2.4300	2.1800
	每股经营现金净流量(元)	–0.3597	–0.2760	–0.6268	0.4921
	每股现金流量(元)	3.1225	–0.7864	–1.0324	1.5334
	每股资本公积金(元)	4.0458	0.3616	0.3616	0.3616
	每股盈余公积金(元)	0.1223	0.1637	0.0830	0.0830
	每股未分配利润(元)	1.3191	1.3623	0.9886	0.7374
	净资产收益率(%)	4.6400	27.9000	12.1600	23.6960
	加权净资产收益率(%)	6.9700	32.2100	15.3300	33.7000
	净资产收益率(扣除)(%)	–	–	–	–
	总资产(万元)	68960.28	32535.78	27482.96	20976.43
	归属母公司股东权益(万元)	56438.52	18769.48	15815.56	14182.85
	主营业务收入(万元)	17707.65	33008.65	12498.22	16897.50
	营业收入(万元)	17846.24	33342.87	12674.94	17299.37
	主营成本(万元)	12680.16	24218.69	9267.67	12045.12
	营业成本(万元)	12715.31	24306.27	9310.75	12136.44
	投资收益(万元)	–	–	–	–83.29
	净利润(万元)	2621.44	5236.63	2282.71	3333.69
	利润总额(万元)	3097.09	6130.07	2693.21	3944.19

深圳市长方半导体照明股份有限公司

公司概况	公司名称	深圳市长方半导体照明股份有限公司			证券简称	长方照明
	法人代表	邓子长	董秘	赵亮	证券代码	300301
	公司网址	www.cfled.com			电子信箱	ir@cfled.com
	电　话	0755-82828999			传　真	0755-83981999
	办公地址	广东省深圳市坪山新区大工业区聚龙山 3 号路				
	经营范围	主要从事 LED 照明光源器件和 LED 照明产品的研发、设计、生产和销售等				

	指标\报告期	2012.06.30	2011.12.31	2011.06.30	2010.12.31
主要财务指标	基本每股收益(元)	0.3326	0.8128	0.3766	0.5326
	基本每股收益(扣除后)(元)	0.3321	0.8072	0.3766	0.5495
	每股净资产(元)	6.6900	2.4200	1.9800	1.6100
	每股经营现金净流量(元)	–0.2643	0.6112	0.1319	0.7488
	每股现金流量(元)	2.7467	0.3346	0.5315	0.3232
	每股资本公积金(元)	4.6897	0.4777	0.4777	0.4777
	每股盈余公积金(元)	0.0998	0.0943	0.0507	0.0130
	每股未分配利润(元)	0.8985	0.8488	0.4562	0.1172
	净资产收益率(%)	4.3500	33.5770	15.5600	27.7360
	加权净资产收益率(%)	6.8500	40.3500	20.9700	39.0900
	净资产收益率(扣除)(%)	–	–	–	–
	总资产(万元)	103364.60	49570.44	44232.48	39185.58
	归属母公司股东权益(万元)	72230.89	19608.64	16075.22	13024.67
	主营业务收入(万元)	23162.64	41759.07	20257.24	26595.14
	营业收入(万元)	23688.86	42369.14	20531.10	26975.10
	主营成本(万元)	16613.46	29464.55	14813.05	19651.00
	营业成本(万元)	16787.61	29768.57	14963.48	20034.48
	投资收益(万元)	–	–	–	–
	净利润(万元)	3143.46	6583.97	3050.55	3612.55
	利润总额(万元)	3700.89	7639.44	3589.97	4245.41

北京同有飞骥科技股份有限公司

公司概况	公司名称	北京同有飞骥科技股份有限公司			证券简称	同有科技
	法人代表	周泽湘	董秘	沈晶	证券代码	300302
	公司网址	www.toyou.com.cn			电子信箱	zqtz@toyou.com.cn
	电　话	010-62157177			传　真	010-62157177
	办公地址	北京市海淀区中关村南大街 36 号湖北大厦 1803 室				
	经营范围	数据存储、数据保护、容灾等技术的研究、开发和应用等				

	指标\报告期	2012.06.30	2011.12.31	2011.06.30	2010.12.31
主要财务指标	基本每股收益(元)	0.2400	0.9200	0.2300	0.7100
	基本每股收益(扣除后)(元)	0.2400	0.9200	0.2200	0.7000
	每股净资产(元)	7.5100	3.6600	–	2.7400
	每股经营现金净流量(元)	–0.3860	0.9604	0.2512	0.7102
	每股现金流量(元)	4.0487	0.3438	–0.2416	1.3926
	每股资本公积金(元)	5.4417	1.3845	–	1.3845
	每股盈余公积金(元)	0.0926	0.1234	–	0.0313
	每股未分配利润(元)	0.9772	1.1537	–	0.3232
	净资产收益率(%)	2.8200	25.1970	7.6000	25.8540
	加权净资产收益率(%)	4.1100	28.8300	7.9000	39.0400
	净资产收益率(扣除)(%)	–	–	–	–
	总资产(万元)	49831.70	23330.56	–	17932.34
	归属母公司股东权益(万元)	45068.62	16477.26	–	12325.51
	主营业务收入(万元)	8769.43	23626.01	8476.88	20871.66
	营业收入(万元)	8771.20	23659.00	8477.87	20972.25
	主营成本(万元)	5573.15	15124.95	5601.43	14311.39
	营业成本(万元)	5574.82	15147.90	5602.33	14385.18
	投资收益(万元)	–	–	–	–0.11
	净利润(万元)	1271.59	4153.58	1013.91	3190.06
	利润总额(万元)	1436.38	4888.06	1168.96	3743.72

深圳市聚飞光电股份有限公司

公司概况	公司名称	深圳市聚飞光电股份有限公司			证券简称	聚飞光电
	法人代表	邢其彬	董秘	殷敬煌	证券代码	300303
	公司网址	www.jfled.com.cn		电子信箱	jfzq@jfled.com.cn	
	电　话	0755-29646311		传　真	0755-29646312	
	办公地址	广东省深圳市宝安区大浪街道高峰社区创艺路65号厂房				
	经营范围	专业从事SMD LED器件的研发、生产与销售等				

主要财务指标	指标\报告期	2012.06.30	2011.12.31	2011.06.30	2010.12.31
	基本每股收益(元)	0.6500	1.3500	0.6900	1.0900
	基本每股收益(扣除后)(元)	0.6500	1.2200	0.6400	1.0100
	每股净资产(元)	9.7900	4.4200	3.7600	3.0700
	每股经营现金净流量(元)	0.1535	0.8722	0.2054	0.9218
	每股现金流量(元)	5.7046	0.2464	0.2102	0.1901
	每股资本公积金(元)	5.9433	0.3572	0.3572	0.3572
	每股盈余公积金(元)	0.2965	0.3217	0.2561	0.1870
	每股未分配利润(元)	2.5537	2.7412	2.1514	1.5292
	净资产收益率(%)	5.8300	30.4670	15.6400	35.5910
	加权净资产收益率(%)	8.7200	35.9400	20.2200	40.8100
	净资产收益率(扣除)(%)	–	–	–	–
	总资产(万元)	94031.94	39669.61	34756.96	28708.76
	归属母公司股东权益(万元)	78348.10	26317.15	22414.72	18299.00
	主营业务收入(万元)	20729.16	34378.61	16299.58	28522.05
	营业收入(万元)	20933.86	34690.98	16446.55	28769.31
	主营成本(万元)	13621.77	22147.74	10153.47	18530.48
	营业成本(万元)	13621.77	22148.37	10153.89	18536.20
	投资收益(万元)	–	–	–	–
	净利润(万元)	4564.95	8018.15	4115.72	6512.87
	利润总额(万元)	5298.05	9080.97	4611.23	7345.46

江苏云意电气股份有限公司

公司概况	公司名称	江苏云意电气股份有限公司			证券简称	云意电气
	法人代表	付红玲	董秘	李成忠	证券代码	300304
	公司网址	www.yunyi-china.com		电子信箱	dsh@yunyi-china.com	
	电　话	0516-83306666		传　真	0516-83306669	
	办公地址	江苏省徐州市铜山经济开发区黄山路26号				
	经营范围	车用整流器和调节器等汽车电子产品的研发、生产和销售等				

主要财务指标	指标\报告期	2012.06.30	2011.12.31	2011.06.30	2010.12.31
	基本每股收益(元)	0.5600	1.0800	0.5800	0.8400
	基本每股收益(扣除后)(元)	0.4800	0.9900	0.5100	0.7700
	每股净资产(元)	8.2200	3.5600	–	2.4772
	每股经营现金净流量(元)	0.3316	0.9246	0.4600	0.3239
	每股现金流量(元)	5.3685	0.0700	0.0537	0.4172
	每股资本公积金(元)	5.4716	0.8817	–	0.8817
	每股盈余公积金(元)	0.1222	0.1630	–	0.0573
	每股未分配利润(元)	1.6275	1.5165	–	0.5383
	净资产收益率(%)	5.9600	30.4380	18.8700	29.5940
	加权净资产收益率(%)	9.0000	35.9000	20.8300	47.0600
	净资产收益率(扣除)(%)	–	–	–	–
	总资产(万元)	94259.54	36961.95	–	26030.65
	归属母公司股东权益(万元)	82213.75	26708.67	–	18579.10
	主营业务收入(万元)	19556.99	36436.35	19249.20	28919.68
	营业收入(万元)	19697.17	36686.59	19368.48	29113.74
	主营成本(万元)	12526.21	23294.83	12246.84	18498.10
	营业成本(万元)	12593.07	23425.61	12309.07	18637.94
	投资收益(万元)	–	–	–	–
	净利润(万元)	4986.93	8313.10	4407.10	5687.01
	利润总额(万元)	5852.99	9670.09	5158.50	6681.76

江苏裕兴薄膜科技股份有限公司

公司概况	公司名称	江苏裕兴薄膜科技股份有限公司			证券简称	裕兴股份
	法人代表	王建新	董秘	王克	证券代码	300305
	公司网址	www.czyuxing.com		电子信箱	info@czyuxing.com	
	电　话	0519-83905129		传　真	0519-83971008	
	办公地址	江苏省常州市钟楼经济开发区童子河西路8-8号				
	经营范围	中厚型特种功能性聚酯薄膜的研发、生产和销售等				

主要财务指标	指标\报告期	2012.06.30	2011.12.31	2011.06.30	2010.12.31
	基本每股收益(元)	1.1000	1.8600	0.8900	1.7200
	基本每股收益(扣除后)(元)	0.7800	1.8400	0.8900	1.7100
	每股净资产(元)	14.1300	5.0500	4.0800	6.7800
	每股经营现金净流量(元)	0.5876	1.7687	2.2273	3.9865
	每股现金流量(元)	6.3488	-0.2421	0.9477	1.8408
	每股资本公积金(元)	9.5686	0.1412	0.2824	1.2824
	每股盈余公积金(元)	0.6311	0.8415	0.9405	0.9405
	每股未分配利润(元)	2.9279	3.0650	4.9429	3.5600
	净资产收益率(%)	6.8200	36.7740	21.8300	50.7100
	加权净资产收益率(%)	10.6300	44.7000	24.0700	67.9300
	净资产收益率(扣除)(%)	–	–	–	–
	总资产(万元)	117952.82	53180.81	50748.07	45487.84
	归属母公司股东权益(万元)	113021.21	30285.88	24497.36	20348.49
	主营业务收入(万元)	21902.23	45408.39	23449.15	34837.66
	营业收入(万元)	23196.08	46245.93	23883.43	35585.81
	主营成本(万元)	13934.96	28781.47	15365.55	23180.86
	营业成本(万元)	14803.72	29522.03	15797.60	23937.53
	投资收益(万元)	287.26	390.84	172.08	3681.95
	净利润(万元)	7713.33	11137.39	5348.87	10318.62
	利润总额(万元)	9023.81	12898.42	6268.11	11391.59

杭州远方光电信息股份有限公司

公司概况	公司名称	杭州远方光电信息股份有限公司			证券简称	远方光电
	法人代表	潘建根	董秘	潘建根(代)	证券代码	300306
	公司网址	www.everfine.cn		电子信箱	board@everfine.cn	
	电　话	0571-86698333 88990665		传　真	0571-86673318	
	办公地址	浙江省杭州市滨江区滨康路669号				
	经营范围	计算机软件、电流表、电压表、电功率表、功率因素表、光学标准灯等				

主要财务指标	指标\报告期	2012.06.30	2011.12.31	2011.06.30	2010.12.31
	基本每股收益(元)	0.7100	2.1500	0.7500	1.3700
	基本每股收益(扣除后)(元)	0.7000	1.8300	0.7200	1.1600
	每股净资产(元)	14.4500	4.3900	–	2.4600
	每股经营现金净流量(元)	0.3174	1.7155	0.4972	1.3943
	每股现金流量(元)	10.8144	0.0471	-0.8798	1.5205
	每股资本公积金(元)	10.5975	0.4147	–	0.4147
	每股盈余公积金(元)	0.2534	0.3378	–	0.1212
	每股未分配利润(元)	2.5968	2.6382	–	0.9277
	净资产收益率(%)	4.2800	48.9530	25.0800	49.0970
	加权净资产收益率(%)	6.9700	64.1000	27.5100	50.7600
	净资产收益率(扣除)(%)	–	–	–	–
	总资产(万元)	90491.18	24993.96	–	17835.14
	归属母公司股东权益(万元)	86685.92	19758.44	–	11086.04
	主营业务收入(万元)	9019.36	–	9019.02	13774.57
	营业收入(万元)	9259.18	20562.62	9128.48	13943.03
	主营成本(万元)	2814.90	–	2916.43	4755.60
	营业成本(万元)	2870.20	6521.25	2937.41	4813.33
	投资收益(万元)	–	–	–	11.20
	净利润(万元)	3708.59	9672.41	3376.81	5442.94
	利润总额(万元)	4392.73	11138.70	3926.30	6257.98

宁波慈星股份有限公司

公司概况	公司名称	宁波慈星股份有限公司		证券简称	慈星股份
	法人代表	孙平范	董秘 傅桂平	证券代码	300307
	公司网址	www.ci-xing.com		电子信箱	stock@ci-xing.com
	电　话	0574-63932279		传　真	0574-63932266
	办公地址	浙江省慈溪市庵东工业区纬三路西			
	经营范围	纺织机械制造、纺织制成品设计及制造、机械用电脑集成电路开发等			

主要财务指标	指标\报告期	2012.06.30	2011.12.31	2011.06.30	2010.12.31
	基本每股收益(元)	0.8600	2.7000	1.5100	1.6200
	基本每股收益(扣除后)(元)	0.6600	2.5100	1.4800	1.5200
	每股净资产(元)	10.2700	5.1200	3.9400	2.4200
	每股经营现金净流量(元)	0.6894	0.9468	0.4052	1.0387
	每股现金流量(元)	1.1240	0.4243	0.4794	0.3652
	每股资本公积金(元)	5.7985	0.9674	0.9674	0.9674
	每股盈余公积金(元)	0.3541	0.3710	0.1760	0.1760
	每股未分配利润(元)	3.1021	2.7630	1.7636	0.2571
	净资产收益率(%)	7.7800	52.7630	38.2600	67.0990
	加权净资产收益率(%)	10.9400	71.6400	47.3800	111.8300
	净资产收益率(扣除)(%)	–	–	–	–
	总资产(万元)	477936.86	287524.01	298370.43	223693.07
	归属母公司股东权益(万元)	411663.26	174048.20	133865.17	82333.58
	主营业务收入(万元)	125707.53	327903.47	193121.14	227155.82
	营业收入(万元)	130110.91	332313.32	194700.57	227970.11
	主营成本(万元)	75303.92	183370.31	104741.41	136447.50
	营业成本(万元)	78138.98	186305.38	105964.18	137103.22
	投资收益(万元)	311.76	1518.45	894.37	1462.68
	净利润(万元)	32025.42	91780.60	51192.93	55231.68
	利润总额(万元)	37601.88	108657.49	66460.46	65150.01

山东中际电工装备股份有限公司

公司概况	公司名称	山东中际电工装备股份有限公司		证券简称	中际装备
	法人代表	王伟修	董秘 王伟修(代)	证券代码	300308
	公司网址	www.zhongji.cc		电子信箱	lh@zhongji.cc
	电　话	0535-8573360		传　真	0535-8573360
	办公地址	山东省龙口市诸由观镇驻地			
	经营范围	电机绕组制造装备的研发、设计、生产和销售等			

主要财务指标	指标\报告期	2012.06.30	2011.12.31	2011.06.30	2010.12.31
	基本每股收益(元)	0.3900	1.0200	0.4700	0.8900
	基本每股收益(扣除后)(元)	0.3900	1.0000	0.4700	0.8900
	每股净资产(元)	7.7100	4.1400	3.5900	3.1100
	每股经营现金净流量(元)	-0.4333	0.6604	0.4448	0.6461
	每股现金流量(元)	3.1888	0.0067	0.1695	0.2248
	每股资本公积金(元)	5.5722	1.8101	1.8101	1.8101
	每股盈余公积金(元)	0.0996	0.1328	0.0776	0.0304
	每股未分配利润(元)	1.0395	1.1951	0.6987	0.2733
	净资产收益率(%)	4.4500	24.7510	13.1800	26.9220
	加权净资产收益率(%)	6.2700	28.2500	14.1100	33.9600
	净资产收益率(扣除)(%)	–	–	–	–
	总资产(万元)	55174.70	29346.52	27257.99	22094.77
	归属母公司股东权益(万元)	51411.41	20690.26	17932.30	15569.22
	主营业务收入(万元)	8518.49	16161.22	8503.08	12330.77
	营业收入(万元)	8533.71	16207.92	8517.95	12354.71
	主营成本(万元)	4294.32	8057.43	4262.85	6066.47
	营业成本(万元)	4299.38	8074.07	4270.54	6078.98
	投资收益(万元)	–	–	–	–
	净利润(万元)	2288.40	5121.04	2363.08	4191.59
	利润总额(万元)	2653.20	5969.87	3159.80	4893.62

吉艾科技(北京)股份公司

公司概况	公司名称	吉艾科技(北京)股份公司		证券简称	吉艾科技
	法人代表	高怀雪	董秘 朱铭	证券代码	300309
	公司网址	www.gi-tech.cn		电子信箱	investor@gi-tech.cn
	电　话	010-83612293		传　真	010-83612366
	办公地址	北京市经济技术开发区运成街15号			
	经营范围	石油测井仪器的研发、生产、销售和现场技术服务等			

主要财务指标	指标\报告期	2012.06.30	2011.12.31	2011.06.30	2010.12.31
	基本每股收益(元)	0.1700	1.2300	0.0600	0.6200
	基本每股收益(扣除后)(元)	0.1600	1.2300	0.0600	0.6200
	每股净资产(元)	10.0800	3.6900	2.5200	2.0200
	每股经营现金净流量(元)	-0.4007	0.2671	-0.3442	0.2320
	每股现金流量(元)	6.5583	-0.1862	-0.4751	0.3115
	每股资本公积金(元)	7.4773	0.7157	0.7157	0.7157
	每股盈余公积金(元)	0.1660	0.2043	0.0870	0.0765
	每股未分配利润(元)	1.4403	1.7692	0.7188	0.7373
	净资产收益率(%)	1.4000	33.3020	2.4200	30.2250
	加权净资产收益率(%)	2.7200	39.8800	2.4400	47.5800
	净资产收益率(扣除)(%)	–	–	–	–
	总资产(万元)	109571.67	32676.11	22754.36	25449.12
	归属母公司股东权益(万元)	109545.82	29748.77	20333.12	20396.54
	主营业务收入(万元)	4384.20	17293.09	2305.55	10540.36
	营业收入(万元)	4396.45	17415.59	2317.80	10552.60
	主营成本(万元)	1453.26	4339.67	653.54	2464.19
	营业成本(万元)	1459.96	4353.08	660.25	2470.89
	投资收益(万元)	–	–	–	–
	净利润(万元)	1537.04	9907.05	491.39	6164.94
	利润总额(万元)	1812.07	10738.96	717.01	6666.02

广东宜通世纪科技股份有限公司

公司概况	公司名称	广东宜通世纪科技股份有限公司		证券简称	宜通世纪
	法人代表	童文伟	董秘 李海霞	证券代码	300310
	公司网址	www.etonetech.com		电子信箱	etonetech@etonetech.com
	电　话	020-85566398 66819698		传　真	020-85566235
	办公地址	广州市天河区建中路14、16号第三层东			
	经营范围	通信网络技术服务和系统解决方案等			

主要财务指标	指标\报告期	2012.06.30	2011.12.31	2011.06.30	2010.12.31
	基本每股收益(元)	0.4400	0.9800	0.4300	0.7700
	基本每股收益(扣除后)(元)	0.3800	0.9900	0.4300	0.7400
	每股净资产(元)	6.6300	3.2300	2.6900	2.4100
	每股经营现金净流量(元)	-1.0388	0.4883	-0.5120	0.9011
	每股现金流量(元)	2.6966	0.1365	-0.6646	0.9217
	每股资本公积金(元)	3.9771	0.5310	0.5310	0.5310
	每股盈余公积金(元)	0.0808	0.1078	–	0.0402
	每股未分配利润(元)	1.5714	1.5922	–	0.8343
	净资产收益率(%)	5.6900	30.1920	16.1700	31.8070
	加权净资产收益率(%)	8.9700	35.3200	16.7000	39.3100
	净资产收益率(扣除)(%)	–	–	–	–
	总资产(万元)	71015.71	30477.48	–	24880.81
	归属母公司股东权益(万元)	58337.91	21323.89	17756.30	15875.69
	主营业务收入(万元)	28026.81	–	22594.71	–
	营业收入(万元)	28026.81	52203.50	22594.71	42255.43
	主营成本(万元)	18189.73	–	14067.22	–
	营业成本(万元)	18189.73	32534.14	14067.22	26324.42
	投资收益(万元)	–	-231.41	–	0.55
	净利润(万元)	3310.69	6424.35	2862.80	5026.15
	利润总额(万元)	4008.85	7513.50	3064.94	5534.95

任子行网络技术股份有限公司

公司概况	公司名称	任子行网络技术股份有限公司			证券简称	任子行
	法人代表	景晓军	董秘	吴宁莉	证券代码	300311
	公司网址	www.1218.com.cn			电子信箱	rzxshenzhen@1218.com.cn
	电　话	0755-86168366			传　真	0755-86168355
	办公地址	广东省深圳市南山区高新区科技中2路软件园2栋6楼				
	经营范围	计算机软硬件技术开发、销售及相关技术服务、计算机信息系统集成等				

主要财务指标	指标\报告期	2012.06.30	2011.12.31	2011.06.30	2010.12.31
	基本每股收益(元)	0.2200	0.7300	0.2400	0.6000
	基本每股收益(扣除后)(元)	–	0.6500	0.2300	0.5700
	每股净资产(元)	5.4700	2.6900	–	1.9600
	每股经营现金净流量(元)	–	0.7695	–	0.6869
	每股现金流量(元)	–	–0.1879	–	0.4572
	每股资本公积金(元)	3.2878	0.3598	–	0.3598
	每股盈余公积金(元)	–	0.1293	–	0.0564
	每股未分配利润(元)	–	1.1998	–	0.5451
	净资产收益率(%)	–	27.0620	11.0100	29.0000
	加权净资产收益率(%)	5.8500	31.2900	11.6500	39.1500
	净资产收益率(扣除)(%)	–	–	–	–
	总资产(万元)	–	19681.35	–	13532.39
	归属母公司股东权益(万元)	38682.48	14251.28	–	10394.66
	主营业务收入(万元)	6770.67	17502.79	5928.86	13161.89
	营业收入(万元)	6770.67	17511.35	5935.86	13878.13
	主营成本(万元)	2555.70	7620.10	2126.68	5138.36
	营业成本(万元)	–	7627.63	–	5783.23
	投资收益(万元)	–	–	–	–
	净利润(万元)	–	3856.61	–	3004.75
	利润总额(万元)	1457.58	4435.94	1520.55	3437.52

邦讯技术股份有限公司

公司概况	公司名称	邦讯技术股份有限公司			证券简称	邦讯技术
	法人代表	张庆文	董秘	陈喜东	证券代码	300312
	公司网址	www.boomsense.com			电子信箱	zqb@boomsense.com
	电　话	010-88857070 88555777			传　真	010-88556111
	办公地址	北京市海淀区首体南路9号主语商务中心4号楼8层办公0803				
	经营范围	无线网络优化系统业务、包括系统集成、设备销售和代维服务等				

主要财务指标	指标\报告期	2012.06.30	2011.12.31	2011.06.30	2010.12.31
	基本每股收益(元)	0.3511	1.0198	0.3090	0.7855
	基本每股收益(扣除后)(元)	0.3383	1.0023	0.3102	0.7760
	每股净资产(元)	7.6160	3.5167	2.8059	2.5313
	每股经营现金净流量(元)	–1.7518	0.2881	–0.6122	0.3522
	每股现金流量(元)	3.4048	0.5772	–0.2190	0.7828
	每股资本公积金(元)	5.3427	1.1937	1.1937	1.2281
	每股盈余公积金(元)	0.1002	0.1336	–	0.0297
	每股未分配利润(元)	1.1731	1.1894	–	0.2736
	净资产收益率(%)	7.8100	28.9990	11.5000	27.5140
	加权净资产收益率(%)	7.8100	33.5300	11.5000	50.2900
	净资产收益率(扣除)(%)	–	–	–	–
	总资产(万元)	118290.31	64061.09	–	40146.13
	归属母公司股东权益(万元)	81247.47	28133.76	22447.14	20250.58
	主营业务收入(万元)	21857.08	43539.76	18047.58	27600.50
	营业收入(万元)	21857.08	43539.76	18047.58	27723.48
	主营成本(万元)	10168.43	22229.03	9675.14	13973.28
	营业成本(万元)	10168.43	22229.03	9675.14	14034.53
	投资收益(万元)	–	–	–	–
	净利润(万元)	2964.60	8173.28	2486.67	5713.97
	利润总额(万元)	3241.01	9933.42	3569.54	6865.31

新疆天山畜牧生物工程股份有限公司

公司概况	公司名称	新疆天山畜牧生物工程股份有限公司			证券简称	天山生物
	法人代表	蒋炜	董秘	何敏	证券代码	300313
	公司网址	www.tsbulls.net			电子信箱	tsxmgs@sina.com
	电　话	0994-6566618			传　真	0994-6566616
	办公地址	新疆维吾尔自治区昌吉市延安北路198号东方广场写字楼10楼				
	经营范围	种牛、奶牛养殖和销售等				

主要财务指标	指标\报告期	2012.06.30	2011.12.31	2011.06.30	2010.12.31
	基本每股收益(元)	0.0830	0.3964	0.1080	0.3291
	基本每股收益(扣除后)(元)	0.0840	0.3441	0.0500	0.3087
	每股净资产(元)	4.2400	1.7400	–	1.4900
	每股经营现金净流量(元)	0.0361	0.5647	0.2182	0.2314
	每股现金流量(元)	2.5119	–0.0262	–0.0342	0.2483
	每股资本公积金(元)	2.6269	0.0080	–	0.0080
	每股盈余公积金(元)	0.0733	0.0863	–	0.0476
	每股未分配利润(元)	0.5424	0.6422	–	0.4305
	净资产收益率(%)	1.6300	22.8260	7.4400	22.1470
	加权净资产收益率(%)	3.0200	–	7.4600	24.9000
	净资产收益率(扣除)(%)	–	–	–	–
	总资产(万元)	41136.53	17360.06	–	14917.92
	归属母公司股东权益(万元)	38569.45	11839.44	–	10132.37
	主营业务收入(万元)	3271.88	–	2746.08	5196.59
	营业收入(万元)	3301.68	7548.49	2752.40	5251.85
	主营成本(万元)	1690.13	–	1538.79	2041.00
	营业成本(万元)	1704.69	3305.26	1544.00	2067.42
	投资收益(万元)	–	–	–	–
	净利润(万元)	630.20	2702.50	734.10	2243.99
	利润总额(万元)	631.54	2732.23	740.00	2243.99

宁波戴维医疗器械股份有限公司

公司概况	公司名称	宁波戴维医疗器械股份有限公司			证券简称	戴维医疗
	法人代表	陈再宏	董秘	李则东	证券代码	300314
	公司网址	www.nbdavid.com			电子信箱	zqb@nbdavid.com
	电　话	0574-65982386			传　真	0574-65950888
	办公地址	浙江省宁波市象山经济开发区滨海工业园金兴路35号				
	经营范围	婴儿保育设备研发、生产、销售等				

主要财务指标	指标\报告期	2012.06.30	2011.12.31	2011.06.30	2010.12.31
	基本每股收益(元)	0.5200	0.9000	0.3000	0.6400
	基本每股收益(扣除后)(元)	0.5200	0.8900	0.3000	0.6400
	每股净资产(元)	7.0600	2.7400	–	1.8400
	每股经营现金净流量(元)	0.2971	1.1170	0.1244	0.9463
	每股现金流量(元)	4.0476	0.5834	–0.2556	0.3729
	每股资本公积金(元)	4.7942	0.6260	–	0.6260
	每股盈余公积金(元)	0.1447	0.1331	–	0.0401
	每股未分配利润(元)	1.1224	0.9784	–	0.1719
	净资产收益率(%)	6.1400	32.8580	10.9500	34.9950
	加权净资产收益率(%)	11.6800	39.3200	15.0800	41.5200
	净资产收益率(扣除)(%)	–	–	–	–
	总资产(万元)	60035.97	27572.82	–	23689.01
	归属母公司股东权益(万元)	56490.10	16424.84	–	11027.97
	主营业务收入(万元)	11698.50	20441.62	9062.83	17557.59
	营业收入(万元)	11815.72	20674.13	9160.53	17769.07
	主营成本(万元)	5037.04	8804.89	4284.75	8003.34
	营业成本(万元)	5093.65	8983.04	4331.84	8143.69
	投资收益(万元)	–	–	–	–
	净利润(万元)	3467.91	5396.87	1798.07	3859.18
	利润总额(万元)	4091.34	6344.29	2402.79	4538.63

北京掌趣科技股份有限公司

公司概况	公司名称	北京掌趣科技股份有限公司			证券简称	掌趣科技
	法人代表	姚文彬	董秘	张云霞	证券代码	300315
	公司网址	www.ourpalm.com		电子信箱	ir@ourpalm.com	
	电　　话	010-65073699		传　　真	010-65073699	
	办公地址	北京市海淀区马甸东路 17 号金澳国际大厦 9 层				
	经营范围	第二类增值电信业务中的信息服务业务等				

	指标\报告期	2012.06.30	2011.12.31	2011.06.30	2010.12.31
主要财务指标	基本每股收益(元)	0.2500	0.4537	0.1800	0.3525
	基本每股收益(扣除后)(元)	0.2400	0.4430	0.1800	0.3010
	每股净资产(元)	5.2300	1.8200	1.5500	1.3700
	每股经营现金净流量(元)	0.1248	0.4449	0.1291	0.3416
	每股现金流量(元)	3.3542	-0.2775	-0.5353	0.9875
	每股资本公积金(元)	3.4859	0.0906	0.0906	0.0906
	每股盈余公积金(元)	0.0495	0.0443	0.0222	0.0222
	每股未分配利润(元)	0.6954	0.6889	0.4376	0.2573
	净资产收益率(%)	3.7300	24.8760	11.6300	24.5790
	加权净资产收益率(%)	5.9100	28.4100	12.3500	44.1800
	净资产收益率(扣除)(%)	-	-	-	-
	总资产(万元)	87264.02	23874.48	20231.46	17984.90
	归属母公司股东权益(万元)	85606.16	22386.09	19030.47	16817.42
	主营业务收入(万元)	9587.08	18364.45	7594.12	11730.89
	营业收入(万元)	9587.08	18364.45	7594.12	11730.89
	主营成本(万元)	3738.97	8625.08	3274.99	4743.62
	营业成本(万元)	3738.97	8625.08	3274.99	4743.62
	投资收益(万元)	9.48	8.41	8.41	125.37
	净利润(万元)	3191.30	5568.67	2213.04	4133.48
	利润总额(万元)	3747.65	6415.77	2692.91	4657.40

浙江晶盛机电股份有限公司

公司概况	公司名称	浙江晶盛机电股份有限公司			证券简称	晶盛机电
	法人代表	邱敏秀	董秘	陆晓雯	证券代码	300316
	公司网址	www.jsjd.cc		电子信箱	jsjd@jsjd.cc	
	电　　话	0575-81222501		传　　真	0575-81222501	
	办公地址	浙江省绍兴市上虞市经济开发区通江西路 218 号				
	经营范围	晶体生长炉、半导体材料制备设备、机电设备制造、销售、进出口业务等				

	指标\报告期	2012.06.30	2011.12.31	2011.06.30	2010.12.31
主要财务指标	基本每股收益(元)	1.0800	3.2700	1.3600	1.2700
	基本每股收益(扣除后)(元)	1.0000	-	1.3200	1.3800
	每股净资产(元)	12.6900	5.3700	-	2.1000
	每股经营现金净流量(元)	-0.2200	0.9102	0.2139	1.2900
	每股现金流量(元)	7.5375	0.3004	-0.0612	0.5743
	每股资本公积金(元)	7.8025	0.3828	-	0.3828
	每股盈余公积金(元)	0.2572	0.3430	-	0.0208
	每股未分配利润(元)	3.6308	3.6415	-	0.6987
	净资产收益率(%)	7.1000	60.8300	39.3700	60.2540
	加权净资产收益率(%)	12.7400	-	49.0200	67.4800
	净资产收益率(扣除)(%)	-	-	-	-
	总资产(万元)	194374.78	100260.53	-	50580.25
	归属母公司股东权益(万元)	169227.99	53673.72	-	21023.00
	主营业务收入(万元)	33210.25	-	38694.29	36504.19
	营业收入(万元)	33610.44	82350.35	39075.63	37982.62
	主营成本(万元)	14820.05	-	18976.95	16165.89
	营业成本(万元)	15064.84	39202.24	19235.38	16942.07
	投资收益(万元)	-	-	-	-
	净利润(万元)	12001.71	32650.72	13649.98	12667.27
	利润总额(万元)	14739.14	37532.37	15936.70	16910.69

深圳珈伟光伏照明股份有限公司

公司概况	公司名称	深圳珈伟光伏照明股份有限公司			证券简称	珈伟股份
	法人代表	丁孔贤	董秘	彭钦文	证券代码	300317
	公司网址	www.jiawei.com		电子信箱	jw@jiawei.com	
	电　　话	0755-85224478		传　　真	0755-85224478 85224353	
	办公地址	广东省深圳市龙岗区坪地街道高桥社区富高东路 4 号 A、B、C、D 栋厂房				
	经营范围	光伏照明产品的研发、生产与销售等				

	指标\报告期	2012.06.30	2011.12.31	2011.06.30	2010.12.31
主要财务指标	基本每股收益(元)	0.0200	0.5500	0.5400	0.5300
	基本每股收益(扣除后)(元)	0.0200	0.5400	0.5400	0.4700
	每股净资产(元)	4.1400	2.1000	2.1500	1.6000
	每股经营现金净流量(元)	-0.2004	-0.4354	0.8149	0.1979
	每股现金流量(元)	2.7009	-0.2708	0.5718	0.5841
	每股资本公积金(元)	2.7050	0.5574	0.5574	0.5574
	每股盈余公积金(元)	0.0386	0.0514	0.0002	0.0002
	每股未分配利润(元)	0.4327	0.5450	0.6009	0.0504
	净资产收益率(%)	1.1900	25.9630	29.3600	33.2310
	加权净资产收益率(%)	1.1900	29.5200	29.3600	44.4700
	净资产收益率(扣除)(%)	-	-	-	-
	总资产(万元)	90115.63	49383.08	48294.27	45141.32
	归属母公司股东权益(万元)	58002.65	22076.00	22616.73	16754.30
	主营业务收入(万元)	20676.20	57747.26	43601.07	58575.08
	营业收入(万元)	20795.28	60434.89	45835.22	60205.67
	主营成本(万元)	15317.28	40138.93	30622.36	42832.94
	营业成本(万元)	15439.82	41796.24	31985.60	44044.31
	投资收益(万元)	-	-	-	21.06
	净利润(万元)	334.91	5731.55	5780.49	5567.57
	利润总额(万元)	-11.50	7705.13	7690.57	7437.67

北京博晖创新光电技术股份有限公司

公司概况	公司名称	北京博晖创新光电技术股份有限公司			证券简称	博晖创新
	法人代表	杜江涛	董秘	刘敏	证券代码	300318
	公司网址	www.bohui-tech.com		电子信箱	liumin@bohui-tech.com	
	电　　话	010-88850168		传　　真	010-88856244	
	办公地址	北京市海淀区北坞村路甲 25 号静芯园 G 座				
	经营范围	临床检验快速检测技术的研发及应用产品系统等				

	指标\报告期	2012.06.30	2011.12.31	2011.06.30	2010.12.31
主要财务指标	基本每股收益(元)	0.3100	0.5800	0.2800	0.4400
	基本每股收益(扣除后)(元)	0.3100	0.5800	0.2800	0.4400
	每股净资产(元)	6.1200	3.1400	-	2.5600
	每股经营现金净流量(元)	0.1378	0.6106	0.1026	0.4197
	每股现金流量(元)	3.4981	0.4629	0.0508	0.1651
	每股资本公积金(元)	3.3121	0.0618	0.0618	0.0618
	每股盈余公积金(元)	0.2468	0.3290	-	0.2683
	每股未分配利润(元)	1.5614	1.7533	-	1.2310
	净资产收益率(%)	4.0300	18.5430	9.7200	17.1500
	加权净资产收益率(%)	8.0100	20.4400	10.2200	18.9200
	净资产收益率(扣除)(%)	-	-	-	-
	总资产(万元)	65060.48	26169.78	-	21468.36
	归属母公司股东权益(万元)	62671.93	24147.29	21787.67	19669.68
	主营业务收入(万元)	5461.23	9613.84	4798.23	7707.36
	营业收入(万元)	5568.73	9812.19	4871.73	7840.67
	主营成本(万元)	1188.97	2188.88	1133.72	1595.63
	营业成本(万元)	1215.84	2262.93	1160.94	1662.15
	投资收益(万元)	-	-	-	-
	净利润(万元)	2449.86	4351.42	2048.21	3267.36
	利润总额(万元)	2894.03	5119.36	2422.85	3855.81

深圳市麦捷微电子科技股份有限公司

公司概况	公司名称	深圳市麦捷微电子科技股份有限公司			证券简称	麦捷科技
	法人代表	李文燕	董秘	王弢	证券代码	300319
	公司网址	www.szmicrogate.com		电子信箱	humanrd@szmicrogate.com	
	电　　话	0755-28085000-320		传　　真	0755-28085605	
	办公地址	广东省深圳市宝安区观澜街道广培社区裕新路南兴工业园厂房第一栋、第二栋				
	经营范围	生产各类电子元器件、集成电路等电子产品等				

主要财务指标	指标\报告期	2012.06.30	2011.12.31	2011.06.30	2010.12.31
	基本每股收益(元)	0.3100	0.7900	0.3600	0.6400
	基本每股收益(扣除后)(元)	0.3100	30.3200	0.3600	35.9000
	每股净资产(元)	5.6700	2.8300	-	2.0400
	每股经营现金净流量(元)	0.0325	0.6456	0.0443	0.7739
	每股现金流量(元)	3.3160	0.4686	-0.0015	0.4479
	每股资本公积金(元)	3.2469	0.2586	-	0.2586
	每股盈余公积金(元)	0.1815	0.2421	-	0.1632
	每股未分配利润(元)	1.2409	1.3257	-	0.6190
	净资产收益率(%)	4.3500	27.7900	14.9800	31.4200
	加权净资产收益率(%)	8.8400	32.2800	16.2000	36.4700
	净资产收益率(扣除)(%)	-	-	-	-
	总资产(万元)	33532.51	14383.04	-	10906.11
	归属母公司股东权益(万元)	30240.22	11305.17	-	8163.12
	主营业务收入(万元)	5911.49	13072.48	6344.27	10685.03
	营业收入(万元)	5911.49	13072.48	6344.27	10685.03
	主营成本(万元)	3756.46	8114.88	3888.73	6388.64
	营业成本(万元)	3756.46	8114.88	3888.73	6388.64
	投资收益(万元)	-	-	-	-
	净利润(万元)	1316.57	3142.05	1438.51	2564.49
	利润总额(万元)	1544.93	3603.34	1695.37	2989.74

江阴海达橡塑股份有限公司

公司概况	公司名称	江阴海达橡塑股份有限公司			证券简称	海达股份
	法人代表	钱振宇	董秘	胡蕴新	证券代码	300320
	公司网址	www.haida.cn		电子信箱	haida@haida.cn	
	电　　话	0510-86900687		传　　真	0510-86221558	
	办公地址	江苏省江阴市周庄镇云顾路585号				
	经营范围	橡胶零配件的研发、生产和销售等				

主要财务指标	指标\报告期	2012.06.30	2011.12.31	2011.06.30	2010.12.31
	基本每股收益(元)	0.5900	1.0400	0.5400	0.8900
	基本每股收益(扣除后)(元)	0.5200	1.0000	0.5200	0.8500
	每股净资产(元)	8.7200	5.1300	-	4.1000
	每股经营现金净流量(元)	0.0470	0.7596	0.1726	0.0673
	每股现金流量(元)	4.0741	1.1007	0.3677	-0.1753
	每股资本公积金(元)	4.3900	0.3076	0.3076	0.3076
	每股盈余公积金(元)	0.2520	0.3360	-	0.2470
	每股未分配利润(元)	3.0811	3.4874	-	2.5437
	净资产收益率(%)	5.3400	20.1921	10.6100	21.6742
	加权净资产收益率(%)	9.6700	22.4500	12.4600	23.9700
	净资产收益率(扣除)(%)	-	-	-	-
	总资产(万元)	85094.22	52570.17	-	45850.83
	归属母公司股东权益(万元)	58157.19	25655.14	23213.64	20491.62
	主营业务收入(万元)	25527.48	-	30571.51	-
	营业收入(万元)	25960.63	62363.48	31373.97	46736.37
	主营成本(万元)	18916.91	-	23941.41	-
	营业成本(万元)	19372.36	48698.40	24670.12	34855.32
	投资收益(万元)	-	0.84	-	-4.42
	净利润(万元)	3193.69	5336.75	2795.18	4615.42
	利润总额(万元)	3829.36	6505.11	3404.97	5593.09

山东同大海岛新材料股份有限公司

公司概况	公司名称	山东同大海岛新材料股份有限公司			证券简称	同大股份
	法人代表	孙俊成	董秘	于洪亮	证券代码	300321
	公司网址	www.tongdahdcx.com		电子信箱	tdhdgf@126.com	
	电　　话	0536-7191939 7199701		传　　真	0536-7191956	
	办公地址	山东省潍坊市昌邑市利民街687号				
	经营范围	海岛纤维材料、鞋材、服装面料(不含棉纺)、沙发革、汽车座套及高档擦拭布等生产销售				

主要财务指标	指标\报告期	2012.06.30	2011.12.31	2011.06.30	2010.12.31
	基本每股收益(元)	0.6081	1.5874	0.7103	1.2728
	基本每股收益(扣除后)(元)	0.5128	1.4478	0.6846	1.2702
	每股净资产(元)	11.0000	7.1500	-	5.5600
	每股经营现金净流量(元)	-0.3980	2.4487	1.0233	1.6847
	每股现金流量(元)	4.6104	-0.9582	-1.1054	1.3629
	每股资本公积金(元)	6.3618	1.9415	1.9415	1.9415
	每股盈余公积金(元)	0.3844	0.4483	0.2895	0.2895
	每股未分配利润(元)	3.2529	3.7595	3.0411	2.3308
	净资产收益率(%)	4.3800	22.2044	11.3200	22.8845
	加权净资产收益率(%)	7.4500	24.9800	12.0000	25.8400
	净资产收益率(扣除)(%)	-	-	-	-
	总资产(万元)	75161.95	47222.67	41216.03	34860.22
	归属母公司股东权益(万元)	48835.70	23807.03	20886.19	18520.83
	主营业务收入(万元)	18026.46	38409.40	19757.97	31910.71
	营业收入(万元)	20211.54	43015.15	22258.20	35609.95
	主营成本(万元)	13513.47	28808.33	14790.95	23926.72
	营业成本(万元)	15540.24	33084.95	17100.39	27280.02
	投资收益(万元)	-	-	-	-
	净利润(万元)	2137.57	5286.20	2365.36	4238.39
	利润总额(万元)	2529.97	6105.98	3145.59	4931.78

惠州硕贝德无线科技股份有限公司

公司概况	公司名称	惠州硕贝德无线科技股份有限公司			证券简称	硕贝德
	法人代表	朱坤华	董秘	孙文科	证券代码	300322
	公司网址	www.speed-hz.com		电子信箱	speed@speed-hz.com	
	电　　话	0752-2836716		传　　真	0752-2836145	
	办公地址	广东省惠州市东江高新区上霞片区SX-01-02号				
	经营范围	无线通信终端天线的研发、生产和销售等				

主要财务指标	指标\报告期	2012.06.30	2011.12.31	2011.06.30	2010.12.31
	基本每股收益(元)	0.2400	0.5257	0.2200	0.3481
	基本每股收益(扣除后)(元)	0.2300	0.5000	0.2200	0.3800
	每股净资产(元)	5.0700	2.1100	-	1.5200
	每股经营现金净流量(元)	-0.0302	0.2813	0.0999	0.3447
	每股现金流量(元)	2.3868	0.2922	-0.1030	0.6413
	每股资本公积金(元)	3.4068	0.4788	-	0.4101
	每股盈余公积金(元)	0.0665	0.0635	-	0.0114
	每股未分配利润(元)	0.5989	0.5714	-	0.1023
	净资产收益率(%)	3.7300	24.8122	10.5400	22.8459
	加权净资产收益率(%)	11.2700	28.4700	13.2400	39.5200
	净资产收益率(扣除)(%)	-	-	-	-
	总资产(万元)	58857.78	29005.80	-	16183.94
	归属母公司股东权益(万元)	47347.19	14795.73	-	10361.79
	主营业务收入(万元)	14759.94	24984.14	10803.49	16564.16
	营业收入(万元)	14768.94	24998.47	10810.34	16575.59
	主营成本(万元)	9695.36	-	6799.99	-
	营业成本(万元)	9695.36	15942.23	6799.99	10289.54
	投资收益(万元)	-	-	-	7.39
	净利润(万元)	1767.70	3671.15	1558.74	2367.24
	利润总额(万元)	2008.09	4347.99	1846.66	3261.03

华灿光电股份有限公司

公司概况	公司名称	华灿光电股份有限公司			证券简称	华灿光电
	法人代表	周福云	董秘	叶爱民	证券代码	300323
	公司网址	www.hcsemitek.com		电子信箱	027-81929091-9003	
	电　话	027-81929003		传　真	027-81929091-9003	
	办公地址	湖北省武汉市东湖开发区滨湖路 8 号				
	经营范围	LED 外延片及芯片的研发、生产和销售业务等				

	指标\报告期	2012.06.30	2011.12.31	2011.06.30	2010.12.31
主要财务指标	基本每股收益(元)	0.2300	0.8300	0.4100	0.9200
	基本每股收益(扣除后)(元)	0.1300	0.7700	0.4000	0.8900
	每股净资产(元)	8.2800	4.6400	–	3.9100
	每股经营现金净流量(元)	0.2365	–0.2857	0.2592	0.4716
	每股现金流量(元)	3.2476	–1.1526	–0.0744	1.6223
	每股资本公积金(元)	6.4694	2.8088	–	3.7309
	每股盈余公积金(元)	0.0623	0.0831	–	0.1122
	每股未分配利润(元)	0.7464	0.7479	–	1.0101
	净资产收益率(%)	2.2403	17.9106	–	19.0804
	加权净资产收益率(%)	4.2700	19.5600	9.9300	38.4000
	净资产收益率(扣除)(%)	–	–	–	–
	总资产(万元)	188536.94	120697.87	–	77444.18
	归属母公司股东权益(万元)	165561.39	69596.66	–	58601.51
	主营业务收入(万元)	18771.75	47400.09	22883.30	35065.63
	营业收入(万元)	18771.75	47400.09	22883.30	35065.63
	主营成本(万元)	12024.39	19993.83	12061.54	13801.53
	营业成本(万元)	12024.39	25595.36	12061.54	16755.90
	投资收益(万元)	–	–	–	–
	净利润(万元)	3709.04	12465.15	6120.71	11181.38
	利润总额(万元)	4363.58	14448.15	7183.19	13005.98

北京旋极信息技术股份有限公司

公司概况	公司名称	北京旋极信息技术股份有限公司			证券简称	旋极信息
	法人代表	陈江涛	董秘	黄海涛	证券代码	300324
	公司网址	www.watertek.com		电子信箱	investor@watertek.com	
	电　话	010-82885950		传　真	010-82883256	
	办公地址	北京市海淀区北四环中路 229 号海泰大厦 1006 室				
	经营范围	从事嵌入式系统的开发、生产、销售和技术服务业务等				

	指标\报告期	2012.06.30	2011.12.31	2011.06.30	2010.12.31
主要财务指标	基本每股收益(元)	0.4000	1.0200	0.4800	0.6700
	基本每股收益(扣除后)(元)	0.4000	0.9800	0.4600	0.6700
	每股净资产(元)	9.1900	3.7900	–	2.7800
	每股经营现金净流量(元)	–0.7056	1.1789	–0.2596	0.7281
	每股现金流量(元)	4.8083	1.6183	0.3624	1.0515
	每股资本公积金(元)	6.1782	0.5271	0.5304	0.5313
	每股盈余公积金(元)	0.1445	0.1927	–	0.1029
	每股未分配利润(元)	1.8709	2.0768	–	1.1501
	净资产收益率(%)	3.4000	30.8700	14.2000	30.1900
	加权净资产收益率(%)	7.8100	30.8700	15.8600	30.1900
	净资产收益率(扣除)(%)	–	–	–	–
	总资产(万元)	60446.24	29623.84	–	19732.96
	归属母公司股东权益(万元)	51479.76	15938.98	13698.53	11692.86
	主营业务收入(万元)	14418.37	29866.60	15721.67	18217.67
	营业收入(万元)	14418.37	29866.60	15721.67	18294.77
	主营成本(万元)	8953.55	20190.04	10357.91	12050.89
	营业成本(万元)	8953.55	20190.04	10357.91	12126.84
	投资收益(万元)	–7.43	33.48	27.86	19.92
	净利润(万元)	1787.23	4322.44	2035.54	2709.44
	利润总额(万元)	2078.35	5092.73	2445.27	3134.99

江苏德威新材料股份有限公司

公司概况	公司名称	江苏德威新材料股份有限公司			证券简称	德威新材
	法人代表	周建明	董秘	翟仲源	证券代码	300325
	公司网址	www.chinadewei.com		电子信箱	dongmi@chinadewei.com	
	电　话	0512-53229379		传　真	0512-53211998	
	办公地址	江苏省苏州市太仓市沙溪镇沙南东路 99 号				
	经营范围	线缆用高分子材料的研发、生产、销售等				

	指标\报告期	2012.06.30	2011.12.31	2011.06.30	2010.12.31
主要财务指标	基本每股收益(元)	0.4200	0.9000	0.4300	0.7800
	基本每股收益(扣除后)(元)	0.3900	0.8900	0.4300	0.7500
	每股净资产(元)	8.0500	5.2000	–	4.3100
	每股经营现金净流量(元)	–0.0634	–0.5461	–0.9278	1.2572
	每股现金流量(元)	3.5267	0.9472	0.3103	0.3855
	每股资本公积金(元)	4.4600	1.1818	–	1.1818
	每股盈余公积金(元)	0.2565	0.3419	–	0.2617
	每股未分配利润(元)	2.3385	2.6775	–	1.8626
	净资产收益率(%)	4.1000	17.2097	9.0800	18.2257
	加权净资产收益率(%)	7.0200	18.8300	9.5200	19.8000
	净资产收益率(扣除)(%)	–	–	–	–
	总资产(万元)	112913.86	77136.20	–	57023.55
	归属母公司股东权益(万元)	64439.56	31206.92	–	25836.30
	主营业务收入(万元)	27094.35	57220.55	24299.92	42885.79
	营业收入(万元)	31026.25	65090.70	28502.01	53172.55
	主营成本(万元)	21256.46	45339.87	18837.49	33577.38
	营业成本(万元)	25150.83	53131.18	22999.04	43703.44
	投资收益(万元)	84.73	11.35	11.35	12.04
	净利润(万元)	2721.35	5609.91	2689.26	4875.64
	利润总额(万元)	3239.68	6707.86	3216.68	5738.22

上海凯利泰医疗科技股份有限公司

公司概况	公司名称	上海凯利泰医疗科技股份有限公司			证券简称	凯利泰
	法人代表	韩寿彭	董秘	丁魁	证券代码	300326
	公司网址	www.kineticmedinc.com.cn		电子信箱	kmc@shkmc.com.cn	
	电　话	021-50720586		传　真	021-50720308 50728758	
	办公地址	上海市张江高科技园东区瑞庆路 528 号 23 幢 2 楼				
	经营范围	椎体成形微创介入手术系统的研发、生产和销售等				

	指标\报告期	2012.06.30	2011.12.31	2011.06.30	2010.12.31
主要财务指标	基本每股收益(元)	0.6477	0.9700	0.4866	0.9447
	基本每股收益(扣除后)(元)	0.6456	0.8485	0.4184	0.7535
	每股净资产(元)	8.6814	2.4557	–	2.0100
	每股经营现金净流量(元)	0.2498	0.9891	0.5862	0.8278
	每股现金流量(元)	6.4703	–0.0432	0.0970	0.2588
	每股资本公积金(元)	6.1542	0.0571	0.0571	0.0571
	每股盈余公积金(元)	0.1568	0.2101	0.1131	0.1131
	每股未分配利润(元)	1.3704	1.1885	0.8013	0.8377
	净资产收益率(%)	23.3000	39.5325	25.5700	46.3562
	加权净资产收益率(%)	23.3000	47.1800	25.5700	62.0000
	净资产收益率(扣除)(%)	–	–	–	–
	总资产(万元)	46054.92	11681.27	9884.98	8875.35
	归属母公司股东权益(万元)	44492.08	9393.11	7540.89	7680.25
	主营业务收入(万元)	5257.31	7994.32	4093.75	5852.91
	营业收入(万元)	5296.48	8071.36	4131.19	5869.32
	主营成本(万元)	867.56	1333.53	646.37	942.92
	营业成本(万元)	878.90	1354.32	655.82	946.70
	投资收益(万元)	–	–	–	–
	净利润(万元)	2477.50	3713.33	1861.12	3560.27
	利润总额(万元)	2915.06	4851.66	2460.74	3984.82

中颖电子股份有限公司

公司概况					
公司名称	中颖电子股份有限公司			证券简称	中颖电子
法人代表	傅启明	董秘	潘一德	证券代码	300327
公司网址	www.sinowealth.com		电子信箱	ir@sinowealth.com	
电　　话	021-61219988 1688		传　　真	021-61219989	
办公地址	上海市长宁区临空经济园区金钟路 767 弄 3 号				
经营范围	集成电路的设计、制造、加工、与研发相关电子系统模块、销售自产产品等				

主要财务指标 指标\报告期	2012.06.30	2011.12.31	2011.06.30	2010.12.31
基本每股收益(元)	0.2187	0.6636	0.3295	0.6207
基本每股收益(扣除后)(元)	0.1716	0.6261	0.3283	0.6136
每股净资产(元)	4.8600	2.4100	–	1.7400
每股经营现金净流量(元)	–0.0773	0.5120	0.2031	0.8018
每股现金流量(元)	0.3528	0.4589	0.1788	0.2044
每股资本公积金(元)	2.9707	0.4331	0.4331	0.4331
每股盈余公积金(元)	0.0641	0.0681	–	0.0147
每股未分配利润(元)	0.8290	0.9040	–	0.2938
净资产收益率(%)	3.3700	27.5882	15.9100	35.6358
加权净资产收益率(%)	8.7000	32.0000	17.2800	35.6300
净资产收益率(扣除)(%)	–	–	–	–
总资产(万元)	66788.93	29000.88	–	23456.05
归属母公司股东权益(万元)	62256.23	23089.98	19882.86	16719.88
主营业务收入(万元)	14951.44	37295.23	20164.04	37188.80
营业收入(万元)	14951.44	37295.23	20164.04	37188.80
主营成本(万元)	9025.29	–	11849.13	–
营业成本(万元)	9025.29	21391.11	11849.13	21284.54
投资收益(万元)	–	–	–	–
净利润(万元)	2099.19	6370.10	3162.99	5958.26
利润总额(万元)	2314.28	7164.63	3624.70	6737.43

东莞宜安科技股份有限公司

公司概况					
公司名称	东莞宜安科技股份有限公司			证券简称	宜安科技
法人代表	李扬德	董秘	张春联	证券代码	300328
公司网址	www.e-ande.com		电子信箱	eon@e-ande.com	
电　　话	0769-87387777		传　　真	0769-87367777	
办公地址	广东省东莞市清溪镇银泉工业区				
经营范围	铝合金、镁合金等轻合金精密压铸件的研究、开发、生产和销售等				

主要财务指标 指标\报告期	2012.06.30	2011.12.31	2011.06.30	2010.12.31
基本每股收益(元)	0.3019	0.6603	0.2904	0.5813
基本每股收益(扣除后)(元)	0.2125	0.5510	0.2388	0.5090
每股净资产(元)	5.1593	2.7158	–	2.0600
每股经营现金净流量(元)	0.0314	0.5362	0.2600	0.7195
每股现金流量(元)	2.7557	–0.1433	–0.2517	0.5040
每股资本公积金(元)	3.3104	0.8883	–	0.8883
每股盈余公积金(元)	0.0573	0.0764	–	0.0162
每股未分配利润(元)	0.7927	0.7550	–	0.1550
净资产收益率(%)	4.3900	24.3129	12.3700	28.2435
加权净资产收益率(%)	10.5300	27.6600	13.1900	32.9200
净资产收益率(扣除)(%)	–	–	–	–
总资产(万元)	66675.37	30275.24	–	24116.21
归属母公司股东权益(万元)	57784.13	22812.63	–	17284.74
主营业务收入(万元)	14771.26	32142.00	14389.19	27264.80
营业收入(万元)	14789.01	32195.33	14433.62	27296.37
主营成本(万元)	10394.59	22090.63	9910.43	18506.03
营业成本(万元)	10398.89	22098.60	9914.27	18506.03
投资收益(万元)	–	–	–	32.43
净利润(万元)	2535.83	5546.41	2439.50	4882.66
利润总额(万元)	2903.14	6377.82	2807.94	5689.22

海伦钢琴股份有限公司

公司概况					
公司名称	海伦钢琴股份有限公司			证券简称	海伦钢琴
法人代表	陈海伦	董秘	石定靖	证券代码	300329
公司网址	www.hailunpiano.com		电子信箱	phil@hailunpiano.com	
电　　话	0574-86813822		传　　真	0574-55221607	
办公地址	浙江省宁波市北仑区普陀山路 8 号				
经营范围	钢琴制造、乐器制品、汽车配件、装潢五金、模具制品、非金属制品模具设计、加工、制造				

主要财务指标 指标\报告期	2012.06.30	2011.12.31	2011.06.30	2010.12.31
基本每股收益(元)	0.3300	0.7100	0.3200	0.6800
基本每股收益(扣除后)(元)	0.2600	0.6500	0.2900	0.5700
每股净资产(元)	7.3800	3.2400	–	2.5300
每股经营现金净流量(元)	–0.1137	0.5852	–0.1125	0.7277
每股现金流量(元)	4.5731	0.0932	–0.2139	0.1200
每股资本公积金(元)	4.8896	0.5887	0.5887	0.5887
每股盈余公积金(元)	0.1745	0.1980	–	0.1253
每股未分配利润(元)	1.3136	1.4547	–	0.8141
净资产收益率(%)	3.3300	22.0050	9.4700	26.7509
加权净资产收益率(%)	9.7500	24.7300	12.0100	27.1600
净资产收益率(扣除)(%)	–	–	–	–
总资产(万元)	70894.46	33738.30	–	29944.50
归属母公司股东权益(万元)	49423.01	16278.28	14318.01	12696.24
主营业务收入(万元)	13586.39	28968.82	13264.35	25681.20
营业收入(万元)	14573.41	30308.94	14115.53	26637.42
主营成本(万元)	9190.83	–	9024.57	–
营业成本(万元)	10027.00	20839.80	9811.59	18292.55
投资收益(万元)	–	–	–	–
净利润(万元)	1704.82	3641.84	1657.81	3543.12
利润总额(万元)	1996.11	4266.69	2109.67	4076.23

上海华虹计通智能系统股份有限公司

公司概况					
公司名称	上海华虹计通智能系统股份有限公司			证券简称	华虹计通
法人代表	顾晓春	董秘	余嘉音	证券代码	300330
公司网址	www.huahongjt.com		电子信箱	info@huahongjt.com	
电　　话	021-32090258*521		传　　真	021-32099981	
办公地址	上海市长宁区中山西路 1291 号 5 楼				
经营范围	设计、开发、生产和销售智能卡读写设备及系统、自动售检票设备及系统等				

主要财务指标 指标\报告期	2012.06.30	2011.12.31	2011.06.30	2010.12.31
基本每股收益(元)	0.2600	0.6300	0.3500	0.5300
基本每股收益(扣除后)(元)	0.1900	0.5600	0.3400	0.4000
每股净资产(元)	5.2100	2.2800	–	1.8600
每股经营现金净流量(元)	–0.7575	1.0992	0.9224	0.7073
每股现金流量(元)	2.3934	0.0343	0.3441	1.0902
每股资本公积金(元)	3.4789	0.5719	0.5719	0.5719
每股盈余公积金(元)	0.0682	0.0909	0.0283	0.0283
每股未分配利润(元)	0.6616	0.6179	0.4017	0.2548
净资产收益率(%)	3.8100	27.4326	17.3300	27.1256
加权净资产收益率(%)	10.9500	31.0100	17.6900	31.6400
净资产收益率(扣除)(%)	–	–	–	–
总资产(万元)	60755.96	29516.18	27316.70	21497.78
归属母公司股东权益(万元)	41669.57	13683.93	12011.79	11130.07
主营业务收入(万元)	13738.51	28738.17	15097.89	22025.70
营业收入(万元)	13738.51	28738.17	15097.89	22025.70
主营成本(万元)	10035.56	20585.38	10511.19	14625.36
营业成本(万元)	10035.56	20585.38	10511.19	14625.36
投资收益(万元)	–	–	–	–
净利润(万元)	1585.79	3753.85	2081.72	3019.10
利润总额(万元)	1872.21	4355.53	2594.70	3477.46

苏州苏大维格光电科技股份有限公司

公司概况					
公司名称	苏州苏大维格光电科技股份有限公司			证券简称	苏大维格
法人代表	陈林森	董秘	姚维品	证券代码	300331
公司网址	www.svgoptronics.com		电子信箱	info@svgoptronics.com	
电　　话	0512-62588956		传　　真	0512-62520928	
办公地址	江苏省苏州市苏州工业园区苏虹东路北钟南街 478 号				
经营范围	微纳光学产品的设计、开发与制造、关键制造设备的研制和相关技术的研发服务等				

主要财务指标 指标＼报告期	2012.06.30	2011.12.31	2011.06.30	2010.12.31
基本每股收益(元)	0.4200	0.8800	0.3500	0.7400
基本每股收益(扣除后)(元)	0.3600	0.7800	0.3200	0.6700
每股净资产(元)	7.5500	3.7000	–	3.0300
每股经营现金净流量(元)	0.0737	1.0393	0.4358	0.3629
每股现金流量(元)	4.4818	–0.1718	–0.1232	0.0477
每股资本公积金(元)	4.5995	0.5271	–	0.5271
每股盈余公积金(元)	0.2353	0.2726	–	0.1851
每股未分配利润(元)	1.7130	1.9018	–	1.3135
净资产收益率(%)	4.2100	23.6604	10.9200	24.4642
加权净资产收益率(%)	10.8200	26.1700	10.9400	27.8700
净资产收益率(扣除)(%)	–	–	–	–
总资产(万元)	59249.06	27502.50	–	23654.45
归属母公司股东权益(万元)	46796.66	17211.54	–	14069.22
主营业务收入(万元)	11965.34	25352.62	11802.78	18980.81
营业收入(万元)	11979.31	25459.49	11906.51	19039.56
主营成本(万元)	8180.25	18145.89	8745.94	13076.98
营业成本(万元)	8193.55	18177.40	8774.39	13124.83
投资收益(万元)	11.78	–0.24	–	–
净利润(万元)	2005.11	4041.58	1608.65	3490.40
利润总额(万元)	2321.07	4749.47	1893.54	4079.95

天壕节能科技股份有限公司

公司概况					
公司名称	天壕节能科技股份有限公司			证券简称	天壕节能
法人代表	陈作涛	董秘	张洪涛	证券代码	300332
公司网址	www.trce.com.cn		电子信箱	ir@trce.com.cn	
电　　话	010-62215518*5118 62211992		传　　真	010-62213992 62215115	
办公地址	北京市海淀区西直门北大街 32 号枫蓝国际中心 2 号楼 906 室				
经营范围	能源技术咨询、技术开发、工业废气余热发电等节能项目的工程设计等				

主要财务指标 指标＼报告期	2012.06.30	2011.12.31	2011.06.30	2010.12.31
基本每股收益(元)	0.1100	0.2100	0.0900	0.1400
基本每股收益(扣除后)(元)	0.1000	0.2100	0.0900	0.1300
每股净资产(元)	3.4400	1.9300	–	1.7200
每股经营现金净流量(元)	0.0421	0.3658	0.1350	0.2403
每股现金流量(元)	1.8205	0.0666	0.1413	–0.0817
每股资本公积金(元)	2.0909	0.5799	–	0.5799
每股盈余公积金(元)	0.0033	0.0044	–	–
每股未分配利润(元)	0.3410	0.3488	–	0.1384
净资产收益率(%)	2.3100	11.1120	4.9900	7.2048
加权净资产收益率(%)	5.3300	11.7700	5.1200	9.4500
净资产收益率(扣除)(%)	–	–	–	–
总资产(万元)	170855.19	104695.26	–	70414.82
归属母公司股东权益(万元)	109924.03	46393.62	–	41238.36
主营业务收入(万元)	11956.64	–	7208.44	–
营业收入(万元)	11956.77	18307.26	7218.67	9001.96
主营成本(万元)	5089.15	–	2787.83	–
营业成本(万元)	5089.15	7317.43	2790.35	3680.63
投资收益(万元)	–	–	–	17.83
净利润(万元)	2523.91	5125.14	2153.28	2971.13
利润总额(万元)	2689.65	5133.60	2228.18	2956.37

深圳兆日科技股份有限公司

公司概况					
公司名称	深圳兆日科技股份有限公司			证券简称	兆日科技
法人代表	魏恺言	董秘	CHEN YAOHUA	证券代码	300333
公司网址	www.sinosun.com.cn		电子信箱	ir@sinosun.com.cn	
电　　话	0755-83415666		传　　真	0755-83420054	
办公地址	广东省深圳市福田区车公庙泰然工业区 213 栋 6 层 C 座				
经营范围	计算机软件、硬件、电子产品的技术开发、销售和技术咨询等				

主要财务指标 指标＼报告期	2012.06.30	2011.12.31	2011.06.30	2010.12.31
基本每股收益(元)	0.6000	0.9800	0.4800	0.5000
基本每股收益(扣除后)(元)	0.6000	0.9700	0.4800	0.4900
每股净资产(元)	7.6800	2.6400	–	1.6600
每股经营现金净流量(元)	0.4129	1.0851	0.3551	0.5276
每股现金流量(元)	5.7169	0.8611	0.3423	0.8102
每股资本公积金(元)	5.4404	0.5933	–	–
每股盈余公积金(元)	0.0888	0.0815	–	0.0722
每股未分配利润(元)	1.1462	0.9669	–	0.6190
净资产收益率(%)	5.8500	36.9902	22.3200	29.8316
加权净资产收益率(%)	20.3400	45.3800	25.1300	34.2500
净资产收益率(扣除)(%)	–	–	–	–
总资产(万元)	89931.21	24379.31	–	16067.31
归属母公司股东权益(万元)	85964.38	22190.50	–	13982.19
主营业务收入(万元)	12196.04	20577.24	10113.43	12233.22
营业收入(万元)	12196.04	20595.21	10113.43	12260.11
主营成本(万元)	2406.93	–	2118.62	–
营业成本(万元)	2406.93	4328.00	2118.62	2391.38
投资收益(万元)	–	–	–	1.43
净利润(万元)	6207.34	9681.49	4831.28	5214.08
利润总额(万元)	7687.12	11584.24	5760.12	6304.60

天津膜天膜科技股份有限公司

公司概况					
公司名称	天津膜天膜科技股份有限公司			证券简称	津膜科技
法人代表	李新民	董秘	郑春建	证券代码	300334
公司网址	www.motimo.com		电子信箱	ir@motimo.com.cn	
电　　话	022-66230126		传　　真	022-66230122	
办公地址	天津市经济技术开发区第 11 大街 60 号				
经营范围	生产销售中空纤维膜、膜组件、膜分离设备、水处理设备及相关产品等				

主要财务指标 指标＼报告期	2012.06.30	2011.12.31	2011.06.30	2010.12.31
基本每股收益(元)	0.1400	0.5000	0.1300	0.4300
基本每股收益(扣除后)(元)	0.1000	0.4800	0.1300	0.4000
每股净资产(元)	5.7600	2.3800	–	1.8800
每股经营现金净流量(元)	–0.4024	0.2806	–0.0819	0.0738
每股现金流量(元)	3.4144	0.5158	0.0088	0.0538
每股资本公积金(元)	4.0127	0.5623	–	0.5623
每股盈余公积金(元)	0.0610	0.0813	–	0.0315
每股未分配利润(元)	0.6855	0.7316	–	0.2835
净资产收益率(%)	2.3700	20.9614	6.6300	22.6065
加权净资产收益率(%)	3.6300	23.4200	6.8500	25.4600
净资产收益率(扣除)(%)	–	–	–	–
总资产(万元)	75197.05	31823.19	–	21513.00
归属母公司股东权益(万元)	66805.40	20664.75	–	16333.12
主营业务收入(万元)	8475.89	21831.78	6762.78	14551.04
营业收入(万元)	8475.89	21863.78	6762.78	14772.74
主营成本(万元)	4640.61	12892.03	3641.24	7837.07
营业成本(万元)	4640.61	12897.51	3641.24	7857.21
投资收益(万元)	–	–	–	–
净利润(万元)	1586.15	4331.63	1159.30	3692.35
利润总额(万元)	1858.32	4925.68	1324.20	4153.18

广州迪森热能技术股份有限公司

公司概况

公司名称	广州迪森热能技术股份有限公司			证券简称	迪森股份
法人代表	马革	董秘	陈燕芳	证券代码	300335
公司网址	www.devotiongroup.com		电子信箱	gd@devotiongroup.com	
电　　话	020-82199956		传　　真	020-82199901	
办公地址	广东省广州市经济开发区东区东众路42号				
经营范围	利用生物质燃料等新型清洁能源、为客户提供热能服务等				

主要财务指标

指标\报告期	2012.06.30	2011.12.31	2011.06.30	2010.12.31
基本每股收益(元)	0.2984	0.4400	0.1979	0.4000
基本每股收益(扣除后)(元)	0.2441	0.3900	0.1966	0.1900
每股净资产(元)	2.7260	2.4276	–	1.9900
每股经营现金净流量(元)	0.1569	0.5462	0.3303	0.0646
每股现金流量(元)	0.0069	0.1811	0.0728	–0.7836
每股资本公积金(元)	0.7316	0.7316	–	0.7316
每股盈余公积金(元)	0.0970	0.1294	–	0.0819
每股未分配利润(元)	0.6488	0.5667	–	0.1728
净资产收益率(%)	10.9500	18.1800	9.4800	18.8751
加权净资产收益率(%)	11.5800	20.0000	9.0500	23.5000
净资产收益率(扣除)(%)	–	–	–	–
总资产(万元)	56119.60	51350.34	–	33596.02
归属母公司股东权益(万元)	28516.89	25395.08	–	20778.26
主营业务收入(万元)	19837.84	36266.52	17008.94	14515.96
营业收入(万元)	19873.31	36528.96	17118.90	14670.19
主营成本(万元)	13492.98	24949.45	11854.52	9794.25
营业成本(万元)	13528.27	25194.66	11952.91	9859.79
投资收益(万元)	–	–10.34	–10.34	397.16
净利润(万元)	3121.80	4616.82	2070.15	3921.91
利润总额(万元)	3370.67	5138.86	2329.01	4412.47

上海新文化传媒集团股份有限公司

公司概况

公司名称	上海新文化传媒集团股份有限公司			证券简称	新文化
法人代表	杨震华	董秘	盛文蕾	证券代码	300336
公司网址	www.ncmedia.com.cn		电子信箱	xinwenhua@ncmedia.com.cn	
电　　话	021-65876118 65871976		传　　真	021-65873953 65873968	
办公地址	上海市虹口区东江湾路444号北区238室				
经营范围	主要从事影视剧的投资、制作、发行及衍生业务等				

主要财务指标

指标\报告期	2012.06.30	2011.12.31	2011.06.30	2010.12.31
基本每股收益(元)	0.5600	0.8693	0.4100	0.4867
基本每股收益(扣除后)(元)	0.5400	0.7897	0.3700	0.4503
每股净资产(元)	3.5300	2.9600	–	2.2100
每股经营现金净流量(元)	–0.6762	–0.9742	0.0020	0.0255
每股现金流量(元)	0.0584	–0.7802	–0.1157	1.2157
每股资本公积金(元)	0.6699	0.6699	–	0.6699
每股盈余公积金(元)	0.0795	0.0788	–	0.0168
每股未分配利润(元)	1.3121	1.2159	–	0.5197
净资产收益率(%)	15.9100	29.3211	13.7100	20.0161
加权净资产收益率(%)	17.2800	32.9100	16.8700	29.0000
净资产收益率(扣除)(%)	–	–	–	–
总资产(万元)	58905.66	43861.48	–	29310.44
归属母公司股东权益(万元)	25382.74	21345.17	–	15886.53
主营业务收入(万元)	18503.24	32094.23	15310.43	11720.22
营业收入(万元)	18505.80	32197.54	15411.69	11762.70
主营成本(万元)	10252.03	20237.08	9481.33	6888.40
营业成本(万元)	10252.03	20303.79	9548.05	6925.99
投资收益(万元)	–	–	–	–
净利润(万元)	4047.49	6239.15	2919.25	3170.24
利润总额(万元)	5395.22	8319.91	3897.25	3203.05

银邦金属复合材料股份有限公司

公司概况

公司名称	银邦金属复合材料股份有限公司			证券简称	银邦股份
法人代表	沈健生	董秘	张稷	证券代码	300337
公司网址	www.cn-yinbang.com		电子信箱	stock@cn-yinbang.com	
电　　话	0510-88997000 88991610		传　　真	0510-88998688	
办公地址	江苏省无锡市新区鸿山街道后宅				
经营范围	铝合金复合材料、铝基多金属复合材料以及铝合金非复合材料的研究、生产和销售等				

主要财务指标

指标\报告期	2012.06.30	2011.12.31	2011.06.30	2010.12.31
基本每股收益(元)	0.5100	0.8800	0.4800	0.6500
基本每股收益(扣除后)(元)	0.4500	0.8100	0.4500	0.6800
每股净资产(元)	5.0700	4.5600	–	3.6800
每股经营现金净流量(元)	–0.1695	0.0526	–0.2049	–0.0621
每股现金流量(元)	–0.0747	–0.0239	0.2453	0.1000
每股资本公积金(元)	2.5821	2.5821	–	2.5821
每股盈余公积金(元)	0.1479	0.0974	–	0.0091
每股未分配利润(元)	1.3350	0.8804	–	0.0860
净资产收益率(%)	9.9741	19.3576	–	17.7735
加权净资产收益率(%)	10.5000	21.4300	12.3500	23.1300
净资产收益率(扣除)(%)	–	–	–	–
总资产(万元)	111754.68	102680.84	–	80346.04
归属母公司股东权益(万元)	70910.17	63837.52	–	51480.11
主营业务收入(万元)	–	139202.02	–	117439.32
营业收入(万元)	73863.04	153931.69	69698.93	123466.76
主营成本(万元)	–	115391.89	–	97004.74
营业成本(万元)	66745.30	128164.50	62280.39	101545.19
投资收益(万元)	2.29	1.71	1.71	–0.92
净利润(万元)	7072.66	12357.41	6746.57	9149.84
利润总额(万元)	7958.89	14226.44	7902.58	10776.23

长沙开元仪器股份有限公司

公司概况

公司名称	长沙开元仪器股份有限公司			证券简称	开元仪器
法人代表	罗建文	董秘	郭剑锋	证券代码	300338
公司网址	www.chs5e.com		电子信箱	gojefe@126.com	
电　　话	0731-84874926		传　　真	0731-84874926	
办公地址	湖南省长沙市经济技术开发区开元路172号				
经营范围	检测分析测量仪器、设备及相关软件的开发、生产、销售等				

主要财务指标

指标\报告期	2012.06.30	2011.12.31	2011.06.30	2010.12.31
基本每股收益(元)	0.6800	1.2300	0.5200	1.0400
基本每股收益(扣除后)(元)	0.6500	1.1600	0.4900	0.9300
每股净资产(元)	7.3400	6.6600	–	5.4200
每股经营现金净流量(元)	–1.0246	0.8624	–0.2522	0.6831
每股现金流量(元)	–0.8672	–0.3943	–0.5263	1.0667
每股资本公积金(元)	2.8841	2.8841	–	2.8841
每股盈余公积金(元)	0.2498	0.2157	–	0.0179
每股未分配利润(元)	3.2013	2.5581	–	1.5224
净资产收益率(%)	9.2337	18.5271	–	16.1184
加权净资产收益率(%)	9.6800	20.4200	9.1200	23.4300
净资产收益率(扣除)(%)	–	–	–	–
总资产(万元)	44942.69	44855.70	–	34186.79
归属母公司股东权益(万元)	33008.28	29960.40	–	24409.60
主营业务收入(万元)	–	26927.16	–	20928.82
营业收入(万元)	15424.24	27041.50	12127.97	21015.16
主营成本(万元)	–	12902.03	–	10163.58
营业成本(万元)	7043.29	12949.29	5818.22	10208.10
投资收益(万元)	1.86	–	–	–29.27
净利润(万元)	3047.88	5550.81	2331.37	3966.84
利润总额(万元)	3533.81	6282.06	2698.05	4277.20

江苏润和软件股份有限公司

公司概况	公司名称	江苏润和软件股份有限公司			证券简称	润和软件
	法人代表	周红卫	董秘	黄维江	证券代码	300339
	公司网址	www.hoperun.com		电子信箱	company@hoperun.com	
	电　话	025-52668518		传　真	025-52668895	
	办公地址	江苏省南京市雨花台区铁心桥工业园				
	经营范围	为国际、国内客户提供专业领域的软件外包服务等				

主要财务指标	指标\报告期	2012.06.30	2011.12.31	2011.06.30	2010.12.31
	基本每股收益(元)	0.3100	0.8100	0.2000	0.6300
	基本每股收益(扣除后)(元)	0.2600	0.6600	0.1600	0.5400
	每股净资产(元)	4.7500	3.2500	–	3.3800
	每股经营现金净流量(元)	0.1180	0.8781	0.1025	0.3185
	每股现金流量(元)	0.0937	1.0906	0.6241	0.0466
	每股资本公积金(元)	1.4411	1.4411	–	1.2244
	每股盈余公积金(元)	0.2244	0.2244	–	0.1542
	每股未分配利润(元)	2.0825	1.6706	–	0.9915
	净资产收益率(%)	8.5500	18.5793	5.8400	17.7440
	加权净资产收益率(%)	8.9400	19.5300	6.7200	19.0100
	净资产收益率(扣除)(%)	–	–	–	–
	总资产(万元)	42092.01	38242.17	–	30116.33
	归属母公司股东权益(万元)	27330.64	24965.95	–	18473.57
	主营业务收入(万元)	15682.17	23218.77	9159.32	14451.13
	营业收入(万元)	15682.17	23428.33	9159.32	14549.52
	主营成本(万元)	8768.32	12591.14	4934.88	7654.04
	营业成本(万元)	8768.32	12698.39	4934.88	7697.48
	投资收益(万元)	–	–14.39	–	–
	净利润(万元)	2420.70	4720.92	1489.28	3282.73
	利润总额(万元)	2831.99	5386.45	1678.10	3618.65

江门市科恒实业股份有限公司

公司概况	公司名称	江门市科恒实业股份有限公司			证券简称	科恒股份
	法人代表	万国江	董秘	唐秀雷	证券代码	300340
	公司网址	www.keheng.com.cn		电子信箱	txl@keheng.com.cn	
	电　话	0750-3863815 3814790		传　真	0750-3899896	
	办公地址	广东省江门市江海区滘头工业区滘兴南路22号				
	经营范围	生产、销售化工原料及化工产品等				

主要财务指标	指标\报告期	2012.06.30	2011.12.31	2011.06.30	2010.12.31
	基本每股收益(元)	1.1100	5.0000	2.1100	0.9500
	基本每股收益(扣除后)(元)	0.9800	4.9500	2.1000	0.9000
	每股净资产(元)	9.9000	8.7900	–	3.7900
	每股经营现金净流量(元)	–2.0522	0.1633	1.6747	–0.1165
	每股现金流量(元)	–0.4760	0.4972	1.3994	–0.5448
	每股资本公积金(元)	0.5976	0.5976	–	0.5976
	每股盈余公积金(元)	0.7197	0.7197	–	0.2193
	每股未分配利润(元)	7.5834	6.4770	–	1.9736
	净资产收益率(%)	11.1700	56.8978	51.7000	24.9427
	加权净资产收益率(%)	11.8400	79.5200	43.5800	28.5000
	净资产收益率(扣除)(%)	–	–	–	–
	总资产(万元)	59396.46	47443.65	–	22070.45
	归属母公司股东权益(万元)	37127.77	32978.81	–	14214.58
	主营业务收入(万元)	30329.14	108843.02	41581.94	36200.20
	营业收入(万元)	30329.14	108843.02	41581.94	36204.38
	主营成本(万元)	23038.59	–	29840.45	–
	营业成本(万元)	23038.59	79280.12	29840.45	29098.42
	投资收益(万元)	–	43.46	16.00	32.50
	净利润(万元)	4148.96	18764.23	7920.87	3545.51
	利润总额(万元)	5368.81	22002.49	9334.60	4112.06

麦克奥迪(厦门)电气股份有限公司

公司概况	公司名称	麦克奥迪(厦门)电气股份有限公司			证券简称	麦迪电气
	法人代表	杨泽声	董秘	李臻	证券代码	300341
	公司网址	www.motic-electric.com		电子信箱	david@motic-electric.com	
	电　话	0592-5628287 5676875		传　真	0592-5626612	
	办公地址	福建省厦门市火炬高新区(翔安)产业区舫山南路808号				
	经营范围	主要从事输配电设备核心部件——环氧绝缘件的研发、生产和销售等				

主要财务指标	指标\报告期	2012.06.30	2011.12.31	2011.06.30	2010.12.31
	基本每股收益(元)	0.2300	0.7100	0.3400	0.6300
	基本每股收益(扣除后)(元)	0.2200	0.6600	0.3300	0.5700
	每股净资产(元)	2.8700	2.6500	–	1.9500
	每股经营现金净流量(元)	0.3162	0.8435	0.3754	0.4568
	每股现金流量(元)	–0.1701	0.2936	–0.0343	0.1853
	每股资本公积金(元)	0.4927	0.4927	–	0.4927
	每股盈余公积金(元)	0.1087	0.1087	–	0.0496
	每股未分配利润(元)	1.2899	1.0642	–	0.4122
	净资产收益率(%)	7.8608	26.8492	–	32.2176
	加权净资产收益率(%)	8.1700	30.8300	16.0400	35.5300
	净资产收益率(扣除)(%)	–	–	–	–
	总资产(万元)	30036.71	32088.65	–	29533.19
	归属母公司股东权益(万元)	19814.94	18276.43	–	13460.62
	主营业务收入(万元)	13701.50	32232.94	–	26123.33
	营业收入(万元)	13701.48	33128.96	15737.11	26586.16
	主营成本(万元)	–	23070.18	–	18082.20
	营业成本(万元)	9590.96	23459.03	11016.05	18332.16
	投资收益(万元)	–	–	–	–
	净利润(万元)	1557.60	4907.07	2347.53	4336.68
	利润总额(万元)	1858.04	5755.04	2704.47	5155.83

常熟市天银机电股份有限公司

公司概况	公司名称	常熟市天银机电股份有限公司			证券简称	天银机电
	法人代表	赵晓东	董秘	闻春晓	证券代码	300342
	公司网址	www.tyjd.cc		电子信箱	tyjd@tyjd.cc	
	电　话	0512-52690818		传　真	0512-52691888	
	办公地址	江苏省苏州市常熟碧溪新区迎宾路8号				
	经营范围	冰箱及家用电器配件、制冷设备、模具、塑料制品的开发、生产与销售等				

主要财务指标	指标\报告期	2012.06.30	2011.12.31	2011.06.30	2010.12.31
	基本每股收益(元)	0.5300	0.8800	0.5300	0.8400
	基本每股收益(扣除后)(元)	–	0.8400	–	0.8100
	每股净资产(元)	3.6000	3.0600	–	2.2000
	每股经营现金净流量(元)	0.6821	0.2398	0.3795	0.1212
	每股现金流量(元)	–0.0227	–0.3930	0.2057	0.3444
	每股资本公积金(元)	1.1051	1.1021	–	1.1124
	每股盈余公积金(元)	0.0960	0.0960	–	0.0085
	每股未分配利润(元)	1.3976	0.8640	–	0.0761
	净资产收益率(%)	14.8272	28.5907	–	35.9124
	加权净资产收益率(%)	16.0200	33.2900	21.6600	59.6700
	净资产收益率(扣除)(%)	–	–	–	–
	总资产(万元)	35678.10	35091.56	–	29353.70
	归属母公司股东权益(万元)	26990.57	22965.82	–	16476.87
	主营业务收入(万元)	–	28852.28	–	27052.73
	营业收入(万元)	17615.30	31806.67	18891.94	29511.35
	主营成本(万元)	–	18000.32	–	16917.21
	营业成本(万元)	11172.67	20691.65	12389.32	19302.82
	投资收益(万元)	–	4.00	–	–
	净利润(万元)	4001.94	6566.08	3998.60	5917.24
	利润总额(万元)	4729.45	7755.10	4724.55	6989.53

山东联创节能新材料股份有限公司

公司概况						
公司名称	山东联创节能新材料股份有限公司			证券简称	联创节能
法人代表	李洪国	董秘	胡安智	证券代码	300343
公司网址	www.lecron.cn		电子信箱	lczq@lecron.cn	
电　话	0533-3085999-8900		传　真	0533-3085988	
办公地址	山东省淄博市张店区经济开发区创业路南段				
经营范围	聚氨酯硬泡组合聚醚的技术研发、生产与销售等				

主要财务指标

指标\报告期	2012.06.30	2011.12.31	2011.06.30	2010.12.31
基本每股收益(元)	0.7600	1.7000	0.6700	1.0800
基本每股收益(扣除后)(元)	–	1.5000	–	1.0800
每股净资产(元)	5.0600	4.3100	–	2.6100
每股经营现金净流量(元)	–	1.1949	–	0.7884
每股现金流量(元)	–	0.8810	–	0.9114
每股资本公积金(元)	–	0.7719	–	0.7719
每股盈余公积金(元)	–	0.2534	–	0.0837
每股未分配利润(元)	–	2.2805	–	0.7536
净资产收益率(%)	14.9287	39.4025	–	41.5579
加权净资产收益率(%)	16.1300	49.0700	22.8700	58.5400
净资产收益率(扣除)(%)	–	–	–	–
总资产(万元)	24551.70	22428.40	–	18644.61
归属母公司股东权益(万元)	15185.01	12917.47	–	7827.66
主营业务收入(万元)	–	35109.23	–	24665.63
营业收入(万元)	18599.33	44618.99	19798.84	33906.78
主营成本(万元)	–	28847.46	–	20120.23
营业成本(万元)	–	37916.79	–	28905.06
投资收益(万元)	–	–	–	0.83
净利润(万元)	–	5089.81	–	3253.01
利润总额(万元)	2594.19	5854.20	2318.07	3728.69

北京太空板业股份有限公司

公司概况						
公司名称	北京太空板业股份有限公司			证券简称	太空板业
法人代表	樊立	董秘	李争朝	证券代码	300344
公司网址	www.taikong.cn		电子信箱	public@taikong.cn	
电　话	010-83682311		传　真	010-63789321	
办公地址	北京市丰台区桥南中核路1号北楼5层				
经营范围	太空板(发泡水泥复合板)系列产品的研发、设计、生产、销售及安装等				

主要财务指标

指标\报告期	2012.06.30	2011.12.31	2011.06.30	2010.12.31
基本每股收益(元)	0.2952	0.8000	0.2426	0.6800
基本每股收益(扣除后)(元)	–	0.7400	–	0.6700
每股净资产(元)	3.9800	3.6600	–	2.8300
每股经营现金净流量(元)	–	0.0366	–	0.1646
每股现金流量(元)	–	–0.4264	–	0.0263
每股资本公积金(元)	–	0.9677	–	0.9428
每股盈余公积金(元)	–	0.2380	–	0.1622
每股未分配利润(元)	–	1.4510	–	0.7256
净资产收益率(%)	–	21.8671	–	22.2950
加权净资产收益率(%)	7.7400	24.7700	8.2100	28.7500
净资产收益率(扣除)(%)	–	–	–	–
总资产(万元)	53361.91	49352.20	–	39273.24
归属母公司股东权益(万元)	29974.98	27624.22	–	21363.87
主营业务收入(万元)	–	29929.20	–	25576.23
营业收入(万元)	14307.78	29929.20	11717.96	25576.23
主营成本(万元)	–	–	–	–
营业成本(万元)	–	23375.08	–	19845.71
投资收益(万元)	–	–	–	–35.98
净利润(万元)	–	6040.61	–	4763.69
利润总额(万元)	2545.79	7164.27	2123.23	5736.65

湖南红宇耐磨新材料股份有限公司

公司概况						
公司名称	湖南红宇耐磨新材料股份有限公司			证券简称	红宇新材
法人代表	朱红玉	董秘	陈新文	证券代码	300345
公司网址	www.zghyu.com		电子信箱	hn_hy2009@163.com	
电　话	0731-82378290		传　真	0731-87981488	
办公地址	湖南省长沙市金洲新区金沙西路068号				
经营范围	磨球、磨段、衬板、辊类耐磨件及各种耐磨新材料生产、加工、销售等				

主要财务指标

指标\报告期	2012.06.30	2011.12.31	2011.06.30	2010.12.31
基本每股收益(元)	0.4100	0.8000	0.3100	0.6500
基本每股收益(扣除后)(元)	0.3200	0.7500	0.2600	0.5700
每股净资产(元)	3.2700	2.8600	–	2.2000
每股经营现金净流量(元)	–0.3448	0.5875	0.3864	0.0298
每股现金流量(元)	–0.3596	0.1006	0.1122	0.0934
每股资本公积金(元)	0.5366	0.5366	–	0.5366
每股盈余公积金(元)	0.1511	0.1511	–	0.0700
每股未分配利润(元)	1.5855	1.1710	–	0.5978
净资产收益率(%)	12.6653	28.1351	–	29.3041
加权净资产收益率(%)	13.5200	31.7700	12.1900	34.0500
净资产收益率(扣除)(%)	–	–	–	–
总资产(万元)	40106.80	35348.45	–	29349.01
归属母公司股东权益(万元)	23567.66	20582.74	–	15871.77
主营业务收入(万元)	–	24473.93	–	20791.84
营业收入(万元)	12522.80	24475.74	9378.06	20836.71
主营成本(万元)	–	14723.64	–	12979.40
营业成本(万元)	9712.40	14725.30	5724.39	13019.92
投资收益(万元)	–	–	–	–
净利润(万元)	2984.92	5790.97	2222.67	4651.07
利润总额(万元)	3476.90	6699.71	2616.91	5406.63

江苏南大光电材料股份有限公司

公司概况						
公司名称	江苏南大光电材料股份有限公司			证券简称	南大光电
法人代表	孙祥祯	董秘	张建富	证券代码	300346
公司网址	www.natachem.com		电子信箱	natainfo@natachem.com	
电　话	0512-62520998		传　真	0512-62527116	
办公地址	江苏省苏州市苏州工业园区翠微街9号月亮湾国际中心7楼				
经营范围	光电新材料MO源的研发、生产和销售等				

主要财务指标

指标\报告期	2012.06.30	2011.12.31	2011.06.30	2010.12.31
基本每股收益(元)	1.4500	4.7150	2.0100	1.4890
基本每股收益(扣除后)(元)	1.4200	4.6660	1.9900	1.4790
每股净资产(元)	8.8100	7.3600	–	2.6500
每股经营现金净流量(元)	–0.8626	3.1381	–	2.1753
每股现金流量(元)	–1.1205	1.9489	–	1.5947
每股资本公积金(元)	0.0456	0.0456	–	0.0456
每股盈余公积金(元)	0.5000	0.5000	–	0.1602
每股未分配利润(元)	7.2685	5.8168	–	1.4419
净资产收益率(%)	16.4702	64.0366	–	56.2203
加权净资产收益率(%)	17.9500	94.2000	54.8400	78.2000
净资产收益率(扣除)(%)	–	–	–	–
总资产(万元)	36909.54	36454.57	–	16532.50
归属母公司股东权益(万元)	33229.34	27756.40	–	9982.15
主营业务收入(万元)	–	32251.11	–	11782.42
营业收入(万元)	11240.08	32287.35	13297.94	11791.95
主营成本(万元)	–	6727.18	–	2923.31
营业成本(万元)	1056.33	6735.70	–	2930.30
投资收益(万元)	–0.05	–21.19	–	–18.08
净利润(万元)	5472.94	17774.25	–	5612.00
利润总额(万元)	6438.66	20871.84	8837.98	6567.49

杭州泰格医药科技股份有限公司

公司概况	公司名称	杭州泰格医药科技股份有限公司			证券简称	泰格医药
	法人代表	叶小平	董秘	曹晓春	证券代码	300347
	公司网址	www.tigermed.net		电子信箱	ir@tigermed.net	
	电　话	0571-28887227 89986795		传　真	0571-88211196	
	办公地址	浙江省杭州市滨江区南环路 3760 号 17 层 1701-A 室				
	经营范围	医药相关产业产品及健康相关产业产品的技术开发、技术咨询等				

主要财务指标	指标\报告期	2012.06.30	2011.12.31	2011.06.30	2010.12.31
	基本每股收益(元)	0.8100	1.1900	0.5800	0.8000
	基本每股收益(扣除后)(元)	0.7000	1.1400	0.5500	0.7600
	每股净资产(元)	4.3300	3.5300	–	2.3300
	每股经营现金净流量(元)	0.2027	0.9673	0.5972	0.6646
	每股现金流量(元)	–0.0653	1.0819	0.8729	0.6256
	每股资本公积金(元)	0.6457	0.6457	–	0.6457
	每股盈余公积金(元)	0.2598	0.1637	–	0.0547
	每股未分配利润(元)	2.4288	1.7197	–	0.6339
	净资产收益率(%)	18.5761	33.8563	–	33.9608
	加权净资产收益率(%)	20.4800	40.7600	22.1500	41.8200
	净资产收益率(扣除)(%)	–	–	–	–
	总资产(万元)	21391.70	18675.83	–	11991.12
	归属母公司股东权益(万元)	17336.76	14116.08	–	9337.01
	主营业务收入(万元)	–	19120.71	–	12094.13
	营业收入(万元)	12204.54	19326.38	9308.32	12284.41
	主营成本(万元)	–	10038.07	–	6297.93
	营业成本(万元)	6435.74	10110.21	4763.80	6376.27
	投资收益(万元)	–	87.74	68.73	3.37
	净利润(万元)	3223.96	4809.84	2351.95	3223.66
	利润总额(万元)	3820.62	5695.01	3014.71	3629.50

深圳市长亮科技股份有限公司

公司概况	公司名称	深圳市长亮科技股份有限公司			证券简称	长亮科技
	法人代表	王长春	董秘	徐亚丽	证券代码	300348
	公司网址	www.sunline.cn		电子信箱	invest@sunline.cn	
	电　话	0755-86156510 86168118		传　真	0755-86168166	
	办公地址	广东省深圳市南山区高新技术产业园区深圳软件园 7 栋 501、502				
	经营范围	计算机软、硬件及电子仪器的开发及服务、网络技术的开发及服务等				

主要财务指标	指标\报告期	2012.06.30	2011.12.31	2011.06.30	2010.12.31
	基本每股收益(元)	0.5200	0.9500	0.3500	1.0500
	基本每股收益(扣除后)(元)	–	0.9000	–	1.0500
	每股净资产(元)	4.3100	3.7900	–	2.8400
	每股经营现金净流量(元)	–1.0570	0.9443	–0.4996	0.8080
	每股现金流量(元)	–1.0587	0.9269	–0.5143	0.6921
	每股资本公积金(元)	1.2998	1.2998	–	1.2998
	每股盈余公积金(元)	0.1492	0.1492	–	0.0543
	每股未分配利润(元)	1.8597	1.3424	–	0.4885
	净资产收益率(%)	12.0052	25.0266	–	28.2214
	加权净资产收益率(%)	12.7700	28.6100	11.5000	41.2700
	净资产收益率(扣除)(%)	–	–	–	–
	总资产(万元)	17284.92	17790.73	–	13748.97
	归属母公司股东权益(万元)	16674.26	14672.48	–	11000.46
	主营业务收入(万元)	–	–	–	–
	营业收入(万元)	7022.85	14273.46	6616.60	11325.30
	主营成本(万元)	–	–	–	–
	营业成本(万元)	2449.92	5587.62	2836.53	4461.89
	投资收益(万元)	30.00	–	–	–
	净利润(万元)	2001.78	3672.02	1342.64	3104.48
	利润总额(万元)	1940.50	4671.95	1812.14	3449.93

浙江金卡高科技股份有限公司

公司概况	公司名称	浙江金卡高科技股份有限公司			证券简称	金卡股份
	法人代表	杨斌	董秘	方国升	证券代码	300349
	公司网址	www.china-goldcard.com		电子信箱	fgs@china-goldcard.com	
	电　话	0577-62575007		传　真	0577-62580660	
	办公地址	浙江省温州市乐清经济开发区经六路 151 号				
	经营范围	软件开发、电子设备及电子元器件、燃气设备、仪器仪表的制造、销售等				

主要财务指标	指标\报告期	2012.06.30	2011.12.31	2011.06.30	2010.12.31
	基本每股收益(元)	0.8500	1.2300	0.7300	1.2600
	基本每股收益(扣除后)(元)	0.8500	1.2000	0.6800	1.2700
	每股净资产(元)	3.5200	2.6600	–	2.3600
	每股经营现金净流量(元)	0.5049	1.6512	0.5764	1.7237
	每股现金流量(元)	0.0978	1.2592	0.1852	0.5517
	每股资本公积金(元)	0.1620	0.1620	–	0.2329
	每股盈余公积金(元)	0.2162	0.2162	–	0.1290
	每股未分配利润(元)	2.1386	1.2864	–	1.0025
	净资产收益率(%)	24.2333	46.1147	–	42.4003
	加权净资产收益率(%)	27.5700	58.4500	28.1800	65.9300
	净资产收益率(扣除)(%)	–	–	–	–
	总资产(万元)	33205.46	25323.65	–	15665.29
	归属母公司股东权益(万元)	15825.78	11990.67	–	7400.21
	主营业务收入(万元)	–	23044.38	–	14989.22
	营业收入(万元)	15419.47	23286.35	10099.97	15090.67
	主营成本(万元)	–	–	–	–
	营业成本(万元)	8688.03	12439.95	5394.45	8142.66
	投资收益(万元)	–	–	–	–
	净利润(万元)	3835.10	5529.47	2273.26	3133.57
	利润总额(万元)	4277.43	5487.36	2267.96	3160.15

深圳市华鹏飞现代物流股份有限公司

公司概况	公司名称	深圳市华鹏飞现代物流股份有限公司			证券简称	华鹏飞
	法人代表	张京豫	董秘	李黎明	证券代码	300350
	公司网址	www.huapengfei.com		电子信箱	ir@huapengfei.com	
	电　话	0755-84190977		传　真	0755-84160867	
	办公地址	广东省深圳市福田区八卦岭八卦路众鑫科技大厦第 12 层				
	经营范围	综合物流服务以及供应链商品销售等				

主要财务指标	指标\报告期	2012.06.30	2011.12.31	2011.06.30	2010.12.31
	基本每股收益(元)	0.3000	0.5400	0.3000	0.3900
	基本每股收益(扣除后)(元)	0.2900	0.5300	0.2900	0.3800
	每股净资产(元)	2.8000	2.5000	2.2500	1.9600
	每股经营现金净流量(元)	0.0662	0.0546	0.5375	0.3475
	每股现金流量(元)	0.0443	–0.1356	0.7052	0.5811
	每股资本公积金(元)	0.6767	0.6767	0.6745	0.6745
	每股盈余公积金(元)	0.0882	0.0882	0.0356	0.0356
	每股未分配利润(元)	1.0354	0.7368	0.5435	0.2481
	净资产收益率(%)	10.6637	21.6363	13.1081	19.8898
	加权净资产收益率(%)	11.2600	23.9500	13.8300	22.0100
	净资产收益率(扣除)(%)	–	–	–	–
	总资产(万元)	27797.45	24561.09	23243.59	18602.80
	归属母公司股东权益(万元)	18201.65	16260.68	14648.48	12728.35
	主营业务收入(万元)	–	–	–	–
	营业收入(万元)	19691.95	38481.22	17798.08	26321.57
	主营成本(万元)	–	29064.55	–	19984.61
	营业成本(万元)	14512.03	29064.55	13127.26	19984.61
	投资收益(万元)	–	–	–	–
	净利润(万元)	1944.90	3516.00	1915.48	2530.19
	利润总额(万元)	2711.84	4674.64	2539.63	3265.97

浙江永贵电器股份有限公司

公司概况						
	公司名称	浙江永贵电器股份有限公司			证券简称	永贵电器
	法人代表	范纪军	董秘	贾飞龙	证券代码	300351
	公司网址	www.yonggui.com		电子信箱	yonggui@yonggui.com	
	电　话	0576-83938635		传　真	0576-83938061	
	办公地址	浙江省台州市天台县高新技术产业园区				
	经营范围	从事轨道交通连接器产品的研发、生产和销售等				

主要财务指标	指标\报告期	2012.06.30	2011.12.31	2011.06.30	2010.12.31
	基本每股收益(元)	0.5100	1.2600	–	1.1300
	基本每股收益(扣除后)(元)	0.4300	1.1400	–	1.0000
	每股净资产(元)	4.9300	4.4200	–	3.1600
	每股经营现金净流量(元)	0.0869	0.5764	–	1.0950
	每股现金流量(元)	–0.0809	–0.6119	–	1.6721
	每股资本公积金(元)	1.7851	1.7851	–	1.7851
	每股盈余公积金(元)	0.1213	0.1213	–	0.0177
	每股未分配利润(元)	2.0261	1.5160	–	0.3593
	净资产收益率(%)	10.3427	28.4979	–	33.5072
	加权净资产收益率(%)	10.9100	33.2300	–	57.5400
	净资产收益率(扣除)(%)	–	–	–	–
	总资产(万元)	36631.02	33586.99	–	27384.98
	归属母公司股东权益(万元)	28904.39	25914.90	–	18529.71
	主营业务收入(万元)	8259.16	18995.98	–	17759.57
	营业收入(万元)	8260.75	19045.47	–	20888.10
	主营成本(万元)	3395.28	7145.87	–	7197.99
	营业成本(万元)	3396.78	7170.68	–	10017.33
	投资收益(万元)	–	16.50	–	19.59
	净利润(万元)	2989.49	7385.19	–	6435.85
	利润总额(万元)	3496.06	8644.72	–	7598.31

北京北信源软件股份有限公司

公司概况						
	公司名称	北京北信源软件股份有限公司			证券简称	北 信 源
	法人代表	林皓	董秘	任佳伟	证券代码	300352
	公司网址	www.vrv.com.cn		电子信箱	vrvzq@vrvmail.com.cn	
	电　话	010-62140485 86 87*8073		传　真	010-62147259	
	办公地址	北京市海淀区中关村南大街34号中关村科技发展大厦C座1602室				
	经营范围	信息安全软件产品的研发、生产、销售及技术服务等				

主要财务指标	指标\报告期	2012.06.30	2011.12.31	2011.06.30	2010.12.31
	基本每股收益(元)	0.2400	0.9000	–	0.8100
	基本每股收益(扣除后)(元)	0.2400	0.8500	–	0.6400
	每股净资产(元)	3.3400	3.0400	–	2.4400
	每股经营现金净流量(元)	–0.4246	0.5680	–	0.4070
	每股现金流量(元)	–0.4300	–0.3703	–	0.7733
	每股资本公积金(元)	0.3879	0.3243	–	0.3243
	每股盈余公积金(元)	0.2269	0.2009	–	0.1132
	每股未分配利润(元)	1.7271	1.5128	–	1.0052
	净资产收益率(%)	7.1877	29.4725	–	32.9841
	加权净资产收益率(%)	7.5000	33.9100	–	39.7800
	净资产收益率(扣除)(%)	–	–	–	–
	总资产(万元)	18673.46	17948.60	–	16543.83
	归属母公司股东权益(万元)	16708.92	15190.26	–	12213.31
	主营业务收入(万元)	6917.59	12548.01	–	9088.35
	营业收入(万元)	6975.36	12695.07	–	9168.65
	主营成本(万元)	–	–	–	–
	营业成本(万元)	984.20	1282.43	–	419.70
	投资收益(万元)	–	1.73	–	–
	净利润(万元)	1200.98	4476.95	–	4028.45
	利润总额(万元)	1374.15	4969.01	–	4526.31

北京东土科技股份有限公司

公司概况						
	公司名称	北京东土科技股份有限公司			证券简称	东土科技
	法人代表	李平	董秘	李明	证券代码	300353
	公司网址	www.kyland.com.cn		电子信箱	dmc@kyland.com.cn	
	电　话	010-88798888		传　真	010-88796678	
	办公地址	北京市石景山区中关村科技园区石景山园实兴东街18号崇新创意大厦2层				
	经营范围	生产电子产品、技术开发、技术转让、技术推广、技术服务、计算机系统服务等				

主要财务指标	指标\报告期	2012.06.30	2011.12.31	2011.06.30	2010.12.31
	基本每股收益(元)	0.2837	0.9433	0.2448	0.6221
	基本每股收益(扣除后)(元)	0.2673	0.7874	0.2441	0.6182
	每股净资产(元)	2.9300	2.6400	1.9500	1.8000
	每股经营现金净流量(元)	0.2850	0.6081	–	0.6289
	每股现金流量(元)	–0.0658	0.7243	–	0.5196
	每股资本公积金(元)	0.0757	0.0757	0.0757	0.1212
	每股盈余公积金(元)	0.2253	0.2253	0.2082	0.2082
	每股未分配利润(元)	1.6274	1.3437	1.1847	1.5431
	净资产收益率(%)	9.6865	35.6649	–	34.6506
	加权净资产收益率(%)	10.1800	42.4900	–	41.9100
	净资产收益率(扣除)(%)	–	–	–	–
	总资产(万元)	16241.39	15156.69	11679.18	10405.84
	归属母公司股东权益(万元)	11746.86	10609.00	7807.09	7201.37
	主营业务收入(万元)	–	–	–	–
	营业收入(万元)	6564.81	12531.01	–	9487.65
	主营成本(万元)	–	–	–	–
	营业成本(万元)	2242.97	4426.38	1754.14	3094.33
	投资收益(万元)	–	–	–	–
	净利润(万元)	1137.86	3783.70	–	2495.31
	利润总额(万元)	1311.90	4238.41	–	2873.83

江苏东华测试技术股份有限公司

公司概况						
	公司名称	江苏东华测试技术股份有限公司			证券简称	东华测试
	法人代表	刘士钢	董秘	瞿小松	证券代码	300354
	公司网址	www.dhtest.com		电子信箱	dhc@dhtest.com	
	电　话	0523-84908559		传　真	0523-81161116	
	办公地址	江苏省靖江市中洲路30号				
	经营范围	结构力学性能测试仪器及配套软件的研发、生产和销售等				

主要财务指标	指标\报告期	2012.06.30	2011.12.31	2011.06.30	2010.12.31
	基本每股收益(元)	0.2410	0.9559	–	0.6856
	基本每股收益(扣除后)(元)	0.2126	0.9284	–	0.6810
	每股净资产(元)	3.3800	3.1400	–	2.1800
	每股经营现金净流量(元)	–0.1249	0.1980	–	0.5079
	每股现金流量(元)	–0.0278	–0.2930	–	0.5850
	每股资本公积金(元)	0.4340	0.4340	–	0.4317
	每股盈余公积金(元)	0.1704	0.1704	–	0.0868
	每股未分配利润(元)	1.7771	1.5362	–	0.6639
	净资产收益率(%)	7.1256	30.4362	–	30.3872
	加权净资产收益率(%)	7.3900	35.9300	–	36.2800
	净资产收益率(扣除)(%)	–	–	–	–
	总资产(万元)	16618.27	14979.22	–	11121.74
	归属母公司股东权益(万元)	11246.73	10445.34	–	7258.67
	主营业务收入(万元)	3232.62	9336.53	–	7035.86
	营业收入(万元)	3330.61	9522.93	–	7214.99
	主营成本(万元)	1077.02	2875.66	–	2146.36
	营业成本(万元)	1111.55	2948.01	–	2222.62
	投资收益(万元)	–	–	–	–
	净利润(万元)	802.32	3180.23	–	2204.99
	利润总额(万元)	915.45	3673.63	–	2585.54

内蒙古和信园蒙草抗旱绿化股份有限公司

公司概况	公司名称	内蒙古和信园蒙草抗旱绿化股份有限公司		证券简称	蒙草抗旱
	法人代表	王召明	董秘 田磊	证券代码	300355
	公司网址	www.mengcao.com		电子信箱	mckh2010@163.com
	电　话	0471-6695125		传　真	0471-6695125
	办公地址	内蒙古自治区呼和浩特市公园南路39号银都大厦B座3层			
	经营范围	城市园林绿化壹级、风景园林工程设计专项乙级等			

主要财务指标	指标\报告期	2012.06.30	2011.12.31	2011.06.30	2010.12.31
	基本每股收益(元)	0.5100	0.7900	–	0.6600
	基本每股收益(扣除后)(元)	0.4000	0.6900	–	0.5500
	每股净资产(元)	3.5700	3.0700	–	2.2800
	每股经营现金净流量(元)	–0.8199	0.2254	–	–0.3104
	每股现金流量(元)	–0.9182	0.7989	–	0.1564
	每股资本公积金(元)	0.7848	0.7848	–	0.7848
	每股盈余公积金(元)	0.2548	0.2548	–	0.0988
	每股未分配利润(元)	1.5352	1.0297	–	0.3914
	净资产收益率(%)	14.1398	25.8778	–	28.0338
	加权净资产收益率(%)	15.2200	29.7200	–	37.6600
	净资产收益率(扣除)(%)	–	–	–	–
	总资产(万元)	83447.77	70157.92	–	43561.75
	归属母公司股东权益(万元)	36683.64	31496.64	–	23346.01
	主营业务收入(万元)	31118.44	49951.29	–	36703.72
	营业收入(万元)	31147.48	49979.71	–	36705.60
	主营成本(万元)	–	–	–	–
	营业成本(万元)	25686.95	40559.03	–	29365.76
	投资收益(万元)	–	–	–	–2.56
	净利润(万元)	5190.37	8144.14	–	6525.86
	利润总额(万元)	6941.81	10847.10	–	8746.08

光一科技股份有限公司

公司概况	公司名称	光一科技股份有限公司		证券简称	光一科技
	法人代表	龙昌明	董秘 沈健	证券代码	300356
	公司网址	www.elefirst.com		电子信箱	elefirst@elefirst.com
	电　话	025-68533666 68531928		传　真	025-68531868
	办公地址	江苏省南京市江宁经济技术开发区胜太路88号			
	经营范围	智能用电信息采集系统的软、硬件研发、生产、销售及服务等			

主要财务指标	指标\报告期	2012.06.30	2011.12.31	2011.06.30	2010.12.31
	基本每股收益(元)	0.5100	0.8100	–	0.7100
	基本每股收益(扣除后)(元)	0.5300	0.7900	–	0.6700
	每股净资产(元)	4.0600	3.5500	–	2.9400
	每股经营现金净流量(元)	–0.0976	0.3637	–	0.5221
	每股现金流量(元)	–0.5928	–0.4971	–	1.1803
	每股资本公积金(元)	1.1478	1.1478	–	1.1478
	每股盈余公积金(元)	0.1757	0.1757	–	0.0799
	每股未分配利润(元)	1.7359	1.2262	–	0.7144
	净资产收益率(%)	12.5556	22.7542	–	19.6961
	加权净资产收益率(%)	13.3900	25.2700	–	33.9700
	净资产收益率(扣除)(%)	–	–	–	–
	总资产(万元)	39412.54	33537.33	–	24551.05
	归属母公司股东权益(万元)	26386.04	23073.11	–	19123.01
	主营业务收入(万元)	15553.47	25563.23	–	12544.01
	营业收入(万元)	15568.47	25740.82	–	12831.07
	主营成本(万元)	9050.90	14859.36	–	6265.97
	营业成本(万元)	9050.90	14863.82	–	6322.41
	投资收益(万元)	–7.61	–0.45	–	–
	净利润(万元)	3312.93	5250.10	–	3766.48
	利润总额(万元)	3815.69	6192.43	–	4297.07

万科企业股份有限公司

公司概况					
公司名称	万科企业股份有限公司			证券简称	万 科B
法人代表	王石	董秘	谭华杰	证券代码	200002
公司网址	www.vanke.com		电子信箱	ir@vanke.com	
电　话	0755-25606666		传　真	0755-25531696	
办公地址	广东省深圳市盐田区大梅沙环梅路33号万科中心				
经营范围	房地产开发、兴办实业等				

主要财务指标	2012.06.30	2011.12.31	2011.06.30	2010.12.31
指标\报告期	2012.06.30	2011.12.31	2011.06.30	2010.12.31
基本每股收益(元)	0.3400	0.8800	0.2700	0.6600
基本每股收益(扣除后)(元)	0.3300	0.8700	0.2700	0.6400
每股净资产(元)	5.0100	4.8200	4.2000	4.0200
每股经营现金净流量(元)	0.2564	0.3083	0.3480	0.2035
每股现金流量(元)	1.1010	-0.1349	0.4502	1.1909
每股资本公积金(元)	0.7961	0.8043	0.7998	0.7994
每股盈余公积金(元)	1.2413	1.2413	0.9629	0.9629
每股未分配利润(元)	1.9309	1.7221	1.3959	1.2251
净资产收益率(%)	6.7600	18.1700	6.4400	16.4700
加权净资产收益率(%)	6.8300	19.8300	6.5300	17.7900
净资产收益率(扣除)(%)	-	-	-	-
总资产(万元)	33040118.40	29620844.00	26096027.87	21563755.17
归属母公司股东权益(万元)	5509981.53	5296779.50	4620453.29	4423267.68
主营业务收入(万元)	3056878.01	7121977.18	1968110.44	5046153.91
营业收入(万元)	3072299.12	7178274.98	1998883.81	5071385.14
主营成本(万元)	1923093.40	4307639.88	1092028.25	2997891.19
营业成本(万元)	1927444.52	4322816.36	1099273.04	3007349.52
投资收益(万元)	47295.00	69971.50	2833.04	77793.12
净利润(万元)	453547.76	1159960.62	325251.75	883961.05
利润总额(万元)	604867.20	1580588.24	445180.87	1194075.26

深圳市物业发展(集团)股份有限公司

公司概况					
公司名称	深圳市物业发展(集团)股份有限公司			证券简称	深物业B
法人代表	陈玉刚	董秘	范维平	证券代码	200011
公司网址	www.szwuye.com.cn		电子信箱	000011touzizhe@163.com	
电　话	0755-82211020		传　真	0755-82210610 82212043	
办公地址	广东省深圳市人民南路国贸大厦39、42层				
经营范围	房地产开发及商品房销售、商品楼宇的建筑、管理、房屋租赁、建设监理等				

主要财务指标	2012.06.30	2011.12.31	2011.06.30	2010.12.31
指标\报告期	2012.06.30	2011.12.31	2011.06.30	2010.12.31
基本每股收益(元)	0.1650	0.4320	0.5058	0.2936
基本每股收益(扣除后)(元)	0.1525	0.4321	0.5014	0.2689
每股净资产(元)	2.0570	1.9153	1.9685	1.4668
每股经营现金净流量(元)	0.5640	-0.6065	-0.7372	-0.1708
每股现金流量(元)	0.3085	-0.1185	-0.1581	-0.4961
每股资本公积金(元)	0.1070	0.1074	0.1074	0.1074
每股盈余公积金(元)	0.1181	0.1181	0.1170	0.1170
每股未分配利润(元)	0.8415	0.6765	0.7528	0.2499
净资产收益率(%)	8.0200	22.7790	25.4900	20.0190
加权净资产收益率(%)	8.3100	25.6700	29.2100	23.2700
净资产收益率(扣除)(%)	-	-	-	-
总资产(万元)	364586.69	352656.69	304245.49	291328.14
归属母公司股东权益(万元)	122590.12	114146.13	117319.75	87418.56
主营业务收入(万元)	57393.67	137758.17	114426.41	96614.60
营业收入(万元)	62292.29	140856.53	115578.61	99317.54
主营成本(万元)	37026.67	55579.08	36629.59	66884.28
营业成本(万元)	39201.91	56318.42	36402.00	67349.70
投资收益(万元)	150.15	30.88	67.93	323.27
净利润(万元)	9832.23	25746.11	30144.41	17499.85
利润总额(万元)	12606.41	33950.34	39818.33	20715.97

中国南玻集团股份有限公司

公司概况					
公司名称	中国南玻集团股份有限公司			证券简称	南玻B
法人代表	曾南	董秘	周红	证券代码	200012
公司网址	www.csgholding.com		电子信箱	securities@csgholding.com	
电　话	0755-26860666		传　真	0755-26692755	
办公地址	中国深圳蛇口工业六路1号南玻大厦				
经营范围	高级浮法玻璃、特种玻璃、工程玻璃、汽车玻璃、精细玻璃、彩色滤光片等				

主要财务指标	2012.06.30	2011.12.31	2011.06.30	2010.12.31
指标\报告期	2012.06.30	2011.12.31	2011.06.30	2010.12.31
基本每股收益(元)	0.1200	0.5700	0.4000	0.7000
基本每股收益(扣除后)(元)	0.0600	0.5100	0.3900	0.6700
每股净资产(元)	3.2700	3.3300	3.1400	3.0700
每股经营现金净流量(元)	0.4086	0.8134	0.4541	1.1394
每股现金流量(元)	-0.1281	-0.0124	0.0528	0.0118
每股资本公积金(元)	0.6701	0.6653	0.6386	0.6307
每股盈余公积金(元)	0.2891	0.2890	0.2440	0.2439
每股未分配利润(元)	1.3084	1.3695	1.2502	1.1965
净资产收益率(%)	3.6200	17.0480	12.8600	22.7920
加权净资产收益率(%)	3.5600	17.9400	12.5300	25.0400
净资产收益率(扣除)(%)	-	-	-	-
总资产(万元)	1469203.31	1528139.11	1408325.20	1246961.92
归属母公司股东权益(万元)	679489.56	691111.80	651416.13	638487.12
主营业务收入(万元)	330787.20	821492.99	441328.11	769797.36
营业收入(万元)	334525.05	827073.17	443853.41	774394.17
主营成本(万元)	262244.65	563764.51	286393.39	491211.92
营业成本(万元)	263812.75	566456.25	287632.44	494364.00
投资收益(万元)	6261.25	631.79	649.68	5410.15
净利润(万元)	29400.80	133751.63	91878.74	159695.83
利润总额(万元)	34993.68	163798.02	110821.47	186534.67

深圳康佳电子(集团)股份有限公司

公司概况					
公司名称	深圳康佳电子(集团)股份有限公司			证券简称	深康佳B
法人代表	侯松容	董秘	肖庆	证券代码	200016
公司网址	www.konka.com		电子信箱	szkonka@konka.com	
电　话	0755-26608866		传　真	0755-26600082	
办公地址	深圳市南山区华侨城				
经营范围	研究开发、生产经营电视机、冰箱、洗衣机、日用小家电等家用电器产品等				

主要财务指标	2012.06.30	2011.12.31	2011.06.30	2010.12.31
指标\报告期	2012.06.30	2011.12.31	2011.06.30	2010.12.31
基本每股收益(元)	0.0095	0.0207	-0.1620	0.0697
基本每股收益(扣除后)(元)	-0.0319	-0.0926	-0.1826	0.0273
每股净资产(元)	3.3248	3.3304	3.1400	3.3212
每股经营现金净流量(元)	0.9266	-1.1383	0.0046	-0.3595
每股现金流量(元)	0.5363	0.0639	0.5568	-0.1499
每股资本公积金(元)	1.0568	1.0596	1.0567	1.0567
每股盈余公积金(元)	0.6722	0.6722	0.6722	0.6722
每股未分配利润(元)	0.5890	0.5894	0.4067	0.5787
净资产收益率(%)	0.2865	0.6228	-5.1570	2.0990
加权净资产收益率(%)	0.2900	0.6200	-5.0000	2.1300
净资产收益率(扣除)(%)	-	-	-	-
总资产(万元)	1483101.34	1690645.33	1727223.05	1646689.56
归属母公司股东权益(万元)	400298.58	400972.40	378122.64	399864.72
主营业务收入(万元)	697614.59	1607475.26	681510.91	1696300.67
营业收入(万元)	703892.31	1621761.99	686510.39	1711145.41
主营成本(万元)	567489.28	1341209.92	578935.27	1433152.16
营业成本(万元)	572250.70	1355276.13	583693.20	1444266.61
投资收益(万元)	907.42	3458.64	-7.91	9715.57
净利润(万元)	1147.68	2417.94	-19087.40	10118.95
利润总额(万元)	4316.49	956.68	-17590.27	8770.70

深圳中华自行车(集团)股份有限公司

公司概况					
公司名称	深圳中华自行车(集团)股份有限公司			证券简称	*ST 中华 B
法人代表	罗桂友	董秘	孙龙龙	证券代码	200017
公司网址	www.cbc.com.cn		电子信箱	cbc@szcbc.com	
电　　话	0755-28181666		传　　真	0755-28181009	
办公地址	广东省深圳市龙华油松工业区中华工业园				
经营范围	生产装配各种类型的自行车及自行车零件、部件、配件、机械产品等				

主要财务指标				
指标＼报告期	2012.06.30	2011.12.31	2011.06.30	2010.12.31
基本每股收益(元)	-0.0605	0.0720	0.0475	0.1169
基本每股收益(扣除后)(元)	-0.0606	-0.0234	-0.0392	-0.0809
每股净资产(元)	-3.0829	-3.0522	-3.1068	-3.1853
每股经营现金净流量(元)	-0.0045	0.0006	0.0024	0.0118
每股现金流量(元)	-0.0046	0.0123	0.0046	-0.0081
每股资本公积金(元)	0.8655	0.8357	0.8056	0.7747
每股盈余公积金(元)	0.0593	0.0593	0.0593	0.0593
每股未分配利润(元)	-5.0077	-4.9472	-4.9717	-5.0192
净资产收益率(%)	-1.9618	-2.3603	-1.5303	-3.6714
加权净资产收益率(%)	-	-	-	-
净资产收益率(扣除)(%)	-	-	-	-
总资产(万元)	14183.57	13574.66	15042.50	13815.81
归属母公司股东权益(万元)	-169972.51	-168283.97	-171294.34	-175618.54
主营业务收入(万元)	10152.65	29846.57	12623.55	27400.01
营业收入(万元)	11318.61	32104.36	13653.76	29902.73
主营成本(万元)	9777.22	28637.33	12168.18	26387.31
营业成本(万元)	10121.02	29744.83	12670.85	28012.80
投资收益(万元)	-	456.00	-	-
净利润(万元)	-3329.81	3972.09	2621.31	6447.74
利润总额(万元)	-3329.81	3972.09	2621.31	6447.74

深圳中冠纺织印染股份有限公司

公司概况					
公司名称	深圳中冠纺织印染股份有限公司			证券简称	ST 中冠 B
法人代表	胡永峰	董秘	张金良	证券代码	200018
公司网址	www.chinaszvo.com		电子信箱	wux@udcgroup.com	
电　　话	0755-83668425 83667895		传　　真	0755-83668427	
办公地址	广东省深圳市龙岗区葵涌镇白石岗葵鹏路 26 号				
经营范围	各类纯棉、纯麻、涤棉、麻棉、混纺高档面料以及成衣产品的印染生产、加工和销售业务				

主要财务指标				
指标＼报告期	2012.06.30	2011.12.31	2011.06.30	2010.12.31
基本每股收益(元)	-0.0200	-0.1000	-0.0500	0.0200
基本每股收益(扣除后)(元)	-0.0100	-0.1000	-0.0500	0.0200
每股净资产(元)	0.6700	0.7800	0.7800	0.8500
每股经营现金净流量(元)	0.0010	0.0248	0.0048	0.0014
每股现金流量(元)	0.0016	0.0095	0.0009	-0.0255
每股资本公积金(元)	0.2345	0.2350	0.2345	0.2357
每股盈余公积金(元)	0.1579	0.1579	0.1579	0.1579
每股未分配利润(元)	-0.7107	-0.6860	-0.6320	-0.5833
净资产收益率(%)	-3.6500	-14.5840	-6.2700	2.8706
加权净资产收益率(%)	-3.5800	-12.9300	-5.9300	2.8000
净资产收益率(扣除)(%)	-	-	-	-
总资产(万元)	17102.76	17223.88	18429.22	19573.24
归属母公司股东权益(万元)	11474.08	11904.71	13130.87	14292.95
主营业务收入(万元)	501.98	-	552.88	96.10
营业收入(万元)	501.98	985.05	552.88	935.11
主营成本(万元)	219.98	-	233.14	31.70
营业成本(万元)	219.98	426.91	233.14	432.31
投资收益(万元)	42.86	-1060.25	-673.47	1152.35
净利润(万元)	-418.71	-1742.35	-826.14	237.09
利润总额(万元)	-418.71	-1746.64	-826.14	232.62

深圳市深宝实业股份有限公司

公司概况					
公司名称	深圳市深宝实业股份有限公司			证券简称	深深宝 B
法人代表	郑煜曦	董秘	李亦研	证券代码	200019
公司网址	www.sbsy.com.cn		电子信箱	shenbao@sbsy.com.cn	
电　　话	0755-82027522		传　　真	0755-82027522	
办公地址	广东省深圳市福田区竹子林四路紫竹七道 26 号教育科技大厦塔楼 20 层南半层				
经营范围	生产食品罐头、饮料、土产品等				

主要财务指标				
指标＼报告期	2012.06.30	2011.12.31	2011.06.30	2010.12.31
基本每股收益(元)	0.3542	0.0323	0.0242	0.0310
基本每股收益(扣除后)(元)	-0.0743	-0.0616	-0.0707	-0.2300
每股净资产(元)	3.9000	3.5500	3.5400	1.7900
每股经营现金净流量(元)	0.0130	-0.0749	-0.0455	0.0287
每股现金流量(元)	0.3262	1.5795	3.0082	-0.2752
每股资本公积金(元)	2.2658	2.2666	3.1260	0.4390
每股盈余公积金(元)	0.1294	0.1294	0.1784	0.1784
每股未分配利润(元)	0.5049	0.1507	0.1936	0.1695
净资产收益率(%)	9.0800	0.7840	0.5000	1.7500
加权净资产收益率(%)	9.5100	1.1500	1.3400	1.7600
净资产收益率(扣除)(%)	-	-	-	-
总资产(万元)	116091.72	106196.42	116553.55	65846.88
归属母公司股东权益(万元)	97853.36	88987.65	88729.26	32509.21
主营业务收入(万元)	11384.01	31634.79	13991.95	22913.82
营业收入(万元)	11402.67	31823.02	13992.30	22979.74
主营成本(万元)	9213.97	25567.91	11199.71	17738.23
营业成本(万元)	9259.33	25743.40	11220.91	17746.44
投资收益(万元)	10585.78	367.52	-26.52	886.95
净利润(万元)	8886.74	964.32	705.94	898.54
利润总额(万元)	8991.06	1369.23	873.34	1116.50

深圳中恒华发股份有限公司

公司概况					
公司名称	深圳中恒华发股份有限公司			证券简称	深华发 B
法人代表	李中秋	董秘	翁小珏	证券代码	200020
公司网址	www.hwafa.com		电子信箱	hwafainvestor@126.com	
电　　话	0755-83352206 61389198		传　　真	0755-83323160 61389001	
办公地址	广东省深圳市福田区华发北路 411 栋华发大厦东座六层				
经营范围	生产经营各种彩色电视机、液晶显示器、液晶显示屏等				

主要财务指标				
指标＼报告期	2012.06.30	2011.12.31	2011.06.30	2010.12.31
基本每股收益(元)	0.0227	0.0366	0.0328	0.0324
基本每股收益(扣除后)(元)	0.0221	0.0385	0.0329	0.0397
每股净资产(元)	1.0000	0.9800	0.9700	0.9400
每股经营现金净流量(元)	0.2644	0.1701	-0.0532	0.2006
每股现金流量(元)	0.3967	0.1169	-0.0146	0.1677
每股资本公积金(元)	0.3867	0.3867	0.3867	0.3867
每股盈余公积金(元)	0.2733	0.2733	0.2733	0.2733
每股未分配利润(元)	-0.6593	-0.6820	-0.6858	-0.7186
净资产收益率(%)	2.2700	3.7500	3.3600	3.5800
加权净资产收益率(%)	2.2900	3.8200	3.4200	3.5800
净资产收益率(扣除)(%)	-	-	-	-
总资产(万元)	75808.85	66838.56	84807.12	72589.43
归属母公司股东权益(万元)	28336.54	27693.92	27584.54	26656.46
主营业务收入(万元)	36036.91	82762.64	43906.65	70339.25
营业收入(万元)	38351.73	87577.83	46149.89	74558.01
主营成本(万元)	33489.58	78456.10	41444.29	66232.77
营业成本(万元)	33686.15	78906.31	41689.19	66673.34
投资收益(万元)	-	-	-	-
净利润(万元)	642.62	1037.45	928.07	917.73
利润总额(万元)	876.07	1453.65	1106.67	1250.48

深圳赤湾港航股份有限公司

公司概况					
公司名称	深圳赤湾港航股份有限公司			证券简称	深赤湾 B
法人代表	郑少平	董秘	步丹	证券代码	200022
公司网址	www.szcwh.com		电子信箱	cwh@cndi.com	
电　　话	0755-26694222		传　　真	0755-26684117	
办公地址	广东省深圳市赤湾石油大厦 8 楼				
经营范围	集装箱和散杂货的港口装卸、仓储、运输及其它配套服务等				

主要财务指标

指标＼报告期	2012.06.30	2011.12.31	2011.06.30	2010.12.31
基本每股收益(元)	0.3440	0.7840	0.4010	0.9250
基本每股收益(扣除后)(元)	0.3410	0.7840	0.4000	0.9230
每股净资产(元)	5.3230	5.3780	4.9990	5.0240
每股经营现金净流量(元)	0.5413	1.1573	0.4674	1.4375
每股现金流量(元)	0.4829	-0.4698	0.2194	0.0630
每股资本公积金(元)	0.2580	0.2578	0.2631	0.2247
每股盈余公积金(元)	0.7207	0.6540	0.6540	0.5949
每股未分配利润(元)	3.3653	3.4877	3.1023	3.2256
净资产收益率(%)	6.4700	14.5810	8.0200	18.4200
加权净资产收益率(%)	6.2400	15.1900	7.7800	19.7000
净资产收益率(扣除)(%)	–	–	–	–
总资产(万元)	698096.27	654022.84	677316.09	620218.47
归属母公司股东权益(万元)	343206.15	346779.68	322288.61	323954.91
主营业务收入(万元)	82212.89	164367.69	81366.87	168923.93
营业收入(万元)	85410.42	170813.69	84498.36	174041.77
主营成本(万元)	38052.98	75526.25	35420.41	73303.65
营业成本(万元)	38449.42	76804.02	35980.91	74231.23
投资收益(万元)	3969.56	11822.82	5844.42	14851.46
净利润(万元)	29963.92	66777.57	33650.47	82663.94
利润总额(万元)	36852.76	81633.73	40329.71	96441.50

招商局地产控股股份有限公司

公司概况					
公司名称	招商局地产控股股份有限公司			证券简称	招商局 B
法人代表	林少斌	董秘	刘宁	证券代码	200024
公司网址	www.cmpd.cn		电子信箱	investor@cmpd.cn	
电　　话	0755-26819600		传　　真	0755-26818666 26819680	
办公地址	广东省深圳南山区蛇口兴华路 6 号南海意库 3 号楼				
经营范围	房地产开发经营、科研技术服务、兴办实业等				

主要财务指标

指标＼报告期	2012.06.30	2011.12.31	2011.06.30	2010.12.31
基本每股收益(元)	0.7100	1.5092	0.8552	1.1713
基本每股收益(扣除后)(元)	0.7100	1.4501	0.8600	1.1700
每股净资产(元)	12.4000	11.8900	11.3400	10.6000
每股经营现金净流量(元)	1.4094	-1.2300	-1.7615	-2.5891
每股现金流量(元)	2.1111	2.7633	-0.5865	0.0809
每股资本公积金(元)	4.8838	4.8839	4.9373	4.9406
每股盈余公积金(元)	0.5637	0.5637	0.5238	0.5238
每股未分配利润(元)	5.9018	5.3910	4.7769	4.0418
净资产收益率(%)	5.7312	12.6940	7.5430	11.0470
加权净资产收益率(%)	5.8200	13.3900	7.7700	11.6600
净资产收益率(扣除)(%)	–	–	–	–
总资产(万元)	8766176.88	7966649.44	6570324.69	5981824.08
归属母公司股东权益(万元)	2129611.11	2041821.48	1946879.01	1820743.18
主营业务收入(万元)	1008050.77	1511136.66	809148.51	1378242.52
营业收入(万元)	1008050.77	1511136.66	809148.51	1378242.52
主营成本(万元)	504532.26	719443.83	424142.17	830037.99
营业成本(万元)	504532.26	719443.83	424142.17	830037.99
投资收益(万元)	2488.17	5334.42	5126.21	6530.89
净利润(万元)	170822.80	331295.45	181973.18	248398.70
利润总额(万元)	250062.72	449184.84	240646.50	327212.38

深圳市特力(集团)股份有限公司

公司概况					
公司名称	深圳市特力(集团)股份有限公司			证券简称	深特力 B
法人代表	张瑞理	董秘	郭东日	证券代码	200025
公司网址	www.tellus.cn		电子信箱	guodongri@yahoo.com.cn	
电　　话	0755-83989328 83989339		传　　真	0755-83989399	
办公地址	广东省深圳市福田区深南中路中核大厦十五楼				
经营范围	汽车销售、汽车检测维修及配件销售、物业租赁及服务等				

主要财务指标

指标＼报告期	2012.06.30	2011.12.31	2011.06.30	2010.12.31
基本每股收益(元)	-0.0390	0.0098	0.0020	0.0163
基本每股收益(扣除后)(元)	-0.0390	-0.0281	0.0030	0.0149
每股净资产(元)	0.7650	0.8050	0.7980	0.7960
每股经营现金净流量(元)	-0.0229	-0.0669	0.0308	0.0324
每股现金流量(元)	-0.0732	-0.0372	-0.0433	-0.0375
每股资本公积金(元)	0.0384	0.0389	0.0393	0.0392
每股盈余公积金(元)	0.0134	0.0134	0.0134	0.0134
每股未分配利润(元)	-0.2863	-0.2471	-0.2546	-0.2569
净资产收益率(%)	-5.1200	1.2170	0.2900	2.0450
加权净资产收益率(%)	-4.9900	1.2200	0.2900	2.0700
净资产收益率(扣除)(%)	–	–	–	–
总资产(万元)	56371.21	57069.33	58337.60	59955.60
归属母公司股东权益(万元)	16861.86	17736.59	17580.13	17527.46
主营业务收入(万元)	19333.71	39570.17	17655.28	38149.46
营业收入(万元)	19428.27	40328.21	17804.72	38634.84
主营成本(万元)	16154.06	33375.20	14334.68	31893.29
营业成本(万元)	16211.82	33526.42	14420.33	32083.76
投资收益(万元)	-499.72	808.10	393.78	1822.29
净利润(万元)	-1012.05	125.02	37.11	392.23
利润总额(万元)	-982.91	660.46	57.82	327.63

飞亚达(集团)股份有限公司

公司概况					
公司名称	飞亚达(集团)股份有限公司			证券简称	飞亚达 B
法人代表	吴光权	董秘	陈立彬	证券代码	200026
公司网址	www.fiytagroup.com		电子信箱	investor@fiyta.com.cn	
电　　话	0755-86013669 86013992		传　　真	0755-83348369	
办公地址	广东省深圳市南山区高新南一道飞亚达科技大厦 20 楼				
经营范围	钟表及其零配件的设计、开发、制造、销售和维修等				

主要财务指标

指标＼报告期	2012.06.30	2011.12.31	2011.06.30	2010.12.31
基本每股收益(元)	0.1660	0.4060	0.2020	0.2690
基本每股收益(扣除后)(元)	0.1680	0.3960	0.2220	0.2320
每股净资产(元)	3.5500	3.6300	3.3750	3.2200
每股经营现金净流量(元)	-0.2377	-1.0426	-0.2715	-0.3510
每股现金流量(元)	0.0772	-1.1300	-0.9093	1.8455
每股资本公积金(元)	1.3380	1.3509	1.3509	2.2933
每股盈余公积金(元)	0.3344	0.3344	0.3082	0.4315
每股未分配利润(元)	0.9001	0.8339	0.7140	0.7931
净资产收益率(%)	4.6800	11.4635	5.7800	7.4240
加权净资产收益率(%)	4.6300	12.0500	5.9900	12.5500
净资产收益率(扣除)(%)	–	–	–	–
总资产(万元)	330641.27	306160.01	243020.10	243653.91
归属母公司股东权益(万元)	139428.67	142586.47	132548.64	126599.66
主营业务收入(万元)	147415.08	254057.76	122345.71	176841.39
营业收入(万元)	148375.58	256105.46	123201.07	178075.44
主营成本(万元)	98379.77	165237.05	81771.62	120415.74
营业成本(万元)	98703.49	165895.94	82048.67	120877.47
投资收益(万元)	19.14	-3.33	-4.90	6.06
净利润(万元)	6515.93	15925.93	7935.03	9401.85
利润总额(万元)	8233.31	19157.90	9715.25	11349.32

国药集团一致药业股份有限公司

公司概况	公司名称	国药集团一致药业股份有限公司			证券简称	一致 B
	法人代表	闫志刚	董秘	陈常兵	证券代码	200028
	公司网址	www.szaccord.com.cn		电子信箱	0028@szaccord.com.cn	
	电　　话	0755-25875195 25875222		传　　真	0755-25875147	
	办公地址	广东省深圳市福田区八卦四路 15 号一致药业大厦				
	经营范围	中成药、化学原料药、化学药制剂、抗生素原料药、抗生素制剂、生化药品等				

	指标\报告期	2012.06.30	2011.12.31	2011.06.30	2010.12.31
主要财务指标	基本每股收益(元)	0.8330	1.1500	0.5700	0.9100
	基本每股收益(扣除后)(元)	–	1.0800	0.5260	0.8500
	每股净资产(元)	5.3740	4.6850	4.1100	3.6500
	每股经营现金净流量(元)	0.4821	0.7889	0.3701	1.4859
	每股现金流量(元)	–0.1365	0.7799	0.7191	0.3475
	每股资本公积金(元)	0.0193	0.0185	0.0175	0.0175
	每股盈余公积金(元)	0.2203	0.2203	0.1388	0.1388
	每股未分配利润(元)	4.1340	3.4348	2.9554	2.4960
	净资产收益率(%)	15.5000	24.4633	12.2100	24.8122
	加权净资产收益率(%)	16.3500	27.5200	14.5000	27.1700
	净资产收益率(扣除)(%)	–	–	–	–
	总资产(万元)	866223.34	768057.63	696806.95	630679.30
	归属母公司股东权益(万元)	154839.98	135009.33	118475.88	105237.03
	主营业务收入(万元)	875275.95	1505964.51	717772.67	1297318.54
	营业收入(万元)	880325.23	1513033.86	720965.54	1306442.81
	主营成本(万元)	793992.83	1376875.33	652284.66	1188773.01
	营业成本(万元)	796795.17	1379601.41	651974.03	1192565.55
	投资收益(万元)	1601.62	2811.94	1281.03	2726.58
	净利润(万元)	24321.05	32781.52	16743.01	26422.44
	利润总额(万元)	30715.83	40928.15	21742.25	33981.24

深圳经济特区房地产(集团)股份有限公司

公司概况	公司名称	深圳经济特区房地产(集团)股份有限公司			证券简称	深深房 B
	法人代表	周建国	董秘	陈继	证券代码	200029
	公司网址	www.sfjt.com.cn		电子信箱	spg@163.net	
	电　　话	0755-82293000 4718		传　　真	0755-82294024	
	办公地址	深圳市罗湖区人民南路深房广场 46-48 层				
	经营范围	房地产开发及商品房销售、物业租赁及管理、建筑装饰安装、商品零售及贸易等				

	指标\报告期	2012.06.30	2011.12.31	2011.06.30	2010.12.31
主要财务指标	基本每股收益(元)	0.0396	0.1000	0.0636	0.0838
	基本每股收益(扣除后)(元)	0.0396	0.0983	0.0626	0.0726
	每股净资产(元)	1.5510	1.5100	1.4763	1.4100
	每股经营现金净流量(元)	–0.1150	0.1138	0.0834	–0.1770
	每股现金流量(元)	–0.1116	–0.0458	0.0288	–0.0035
	每股资本公积金(元)	0.9670	0.9670	0.9670	0.9670
	每股盈余公积金(元)	–	0.0049	0.0049	0.0049
	每股未分配利润(元)	–	–0.4705	–0.5070	–0.5705
	净资产收益率(%)	2.5600	6.6210	4.2100	5.9360
	加权净资产收益率(%)	2.5900	6.8400	4.4000	6.1200
	净资产收益率(扣除)(%)	–	–	–	–
	总资产(万元)	327263.19	323612.70	333418.99	337909.02
	归属母公司股东权益(万元)	156863.55	152859.65	149353.30	142787.19
	主营业务收入(万元)	44736.42	99394.29	55391.98	99682.74
	营业收入(万元)	44736.42	102639.61	55391.98	102105.57
	主营成本(万元)	31048.26	–	38169.95	–
	营业成本(万元)	31048.26	68622.80	38169.95	67273.56
	投资收益(万元)	–	–1.44	6.06	2720.21
	净利润(万元)	–	10119.93	6428.24	8477.14
	利润总额(万元)	5329.03	13327.88	8283.10	11191.67

广东盛润集团股份有限公司

公司概况	公司名称	广东盛润集团股份有限公司			证券简称	*ST 盛润 B
	法人代表	王建宇	董秘	王建宇(代)	证券代码	200030
	公司网址			电子信箱	lionda@mailcenter.com.cn	
	电　　话	0755-83877511 83875531		传　　真	0755-83875212	
	办公地址	广东省深圳市福田区泰然大道劲松大厦 5D				
	经营范围	印刷包装及物业经营与管理等				

	指标\报告期	2012.06.30	2011.12.31	2011.06.30	2010.12.31
主要财务指标	基本每股收益(元)	–0.0051	5.0484	5.0500	–1.3480
	基本每股收益(扣除后)(元)	–0.0056	–0.0232	–0.0027	–0.7300
	每股净资产(元)	0.0020	0.0071	0.0013	–7.2900
	每股经营现金净流量(元)	–0.0045	0.0040	0.0040	0.0007
	每股现金流量(元)	–0.0040	0.0044	0.0044	0.0007
	每股资本公积金(元)	3.5724	3.5724	3.5724	1.3212
	每股盈余公积金(元)	0.4795	0.4795	0.4795	0.4795
	每股未分配利润(元)	–5.0499	–5.0449	–5.0407	–10.0933
	净资产收益率(%)	–252.5300	71320.3600	395008.4400	–
	加权净资产收益率(%)	–111.6100	–105.8700	–105.8700	20.5000
	净资产收益率(扣除)(%)	–	–	–	–
	总资产(万元)	6466.36	6616.93	7027.08	7392.01
	归属母公司股东权益(万元)	57.91	204.16	325.15	–210332.20
	主营业务收入(万元)	–	–	–	–
	营业收入(万元)	–	10.90	10.90	148.04
	主营成本(万元)	–	–	–	–
	营业成本(万元)	–	20.12	–	290.63
	投资收益(万元)	–	20.12	8.12	286.63
	净利润(万元)	–146.25	145606.42	145727.42	–38877.59
	利润总额(万元)	–146.25	145606.42	145727.42	–38877.59

深圳南山热电股份有限公司

公司概况	公司名称	深圳南山热电股份有限公司			证券简称	深南电 B
	法人代表	杨海贤	董秘	胡琴	证券代码	200037
	公司网址	www.nsrd.com.cn		电子信箱	public@nspower.com.cn	
	电　　话	0755-26948888		传　　真	0755-26003684	
	办公地址	广东省深圳市南山区华侨城汉唐大厦 16、17 楼				
	经营范围	供电、供热、提供相关技术咨询和技术服务等				

	指标\报告期	2012.06.30	2011.12.31	2011.06.30	2010.12.31
主要财务指标	基本每股收益(元)	–0.1800	0.0300	–0.1400	–0.1900
	基本每股收益(扣除后)(元)	–0.2100	–0.4800	–0.2400	–0.4000
	每股净资产(元)	2.7300	2.9100	2.7400	2.8800
	每股经营现金净流量(元)	0.2020	0.4517	0.0639	0.0430
	每股现金流量(元)	0.0176	0.0629	0.0634	0.3899
	每股资本公积金(元)	0.6033	0.6033	0.6033	0.6033
	每股盈余公积金(元)	0.5523	0.5523	0.5523	0.5523
	每股未分配利润(元)	0.5779	0.7533	0.5835	0.7242
	净资产收益率(%)	–6.4177	1.0000	–5.1397	–6.6040
	加权净资产收益率(%)	–6.2200	1.0000	–5.0100	–6.3800
	净资产收益率(扣除)(%)	–	–	–	–
	总资产(万元)	542078.82	545274.67	557782.82	527895.43
	归属母公司股东权益(万元)	164763.21	175337.16	165098.66	173584.25
	主营业务收入(万元)	70570.39	229408.50	102913.17	159840.92
	营业收入(万元)	70584.22	241581.77	114341.36	160173.05
	主营成本(万元)	114664.78	346816.75	152729.79	223757.64
	营业成本(万元)	114682.92	358970.44	163558.30	223934.59
	投资收益(万元)	–	2332.93	–3985.75	–4913.05
	净利润(万元)	–12319.09	903.16	–9135.28	–12343.34
	利润总额(万元)	–12255.23	2225.58	–8776.75	–9864.57

中国国际海运集装箱(集团)股份有限公司

公司概况	公司名称	中国国际海运集装箱(集团)股份有限公司			证券简称	中 集 B
	法人代表	李建红	董秘	于玉群	证券代码	200039
	公司网址	www.cimc.com		电子信箱	shareholder@cimc.com	
	电　话	0755-26691130 26802706		传　真	0755-26826579 26813950	
	办公地址	广东省深圳市蛇口工业区港湾大道2号中集集团研发中心				
	经营范围	现代化交通运输装备、能源、食品、化工等装备的制造及服务业务等				

主要财务指标	指标\报告期	2012.06.30	2011.12.31	2011.06.30	2010.12.31
	基本每股收益(元)	0.3507	1.3900	1.0545	1.1300
	基本每股收益(扣除后)(元)	0.3405	1.3400	1.0510	1.0500
	每股净资产(元)	6.9169	6.9986	6.8100	6.0900
	每股经营现金净流量(元)	-0.7914	0.8468	-1.5630	0.5570
	每股现金流量(元)	-0.9987	1.0389	0.4909	-0.2250
	每股资本公积金(元)	0.3208	0.3002	0.3531	0.5068
	每股盈余公积金(元)	1.1092	1.1092	1.0746	1.3437
	每股未分配利润(元)	4.6928	4.8021	4.5132	4.0149
	净资产收益率(%)	5.0700	19.8080	15.0700	18.5040
	加权净资产收益率(%)	4.9300	21.0000	16.1900	20.0000
	净资产收益率(扣除)(%)	-	-	-	-
	总资产(万元)	6523174.70	6436171.40	6616392.10	5413064.90
	归属母公司股东权益(万元)	1841549.60	1863315.40	1814387.50	1622305.70
	主营业务收入(万元)	648735.40	6279940.20	3587840.70	5066342.60
	营业收入(万元)	2736444.60	6412505.30	3647809.80	5176831.60
	主营成本(万元)	22394778.00	5170926.90	2933566.90	4306576.50
	营业成本(万元)	2301359.70	5222473.10	2949990.00	4359781.50
	投资收益(万元)	-352.20	10869.30	7120.70	3864.10
	净利润(万元)	100767.80	365893.80	279340.10	285085.90
	利润总额(万元)	149305.10	502270.60	381751.90	367460.70

深圳市纺织(集团)股份有限公司

公司概况	公司名称	深圳市纺织(集团)股份有限公司			证券简称	深纺织 B
	法人代表	王滨	董秘	晁晋	证券代码	200045
	公司网址	www.chinasthc.com		电子信箱	jiangp@chinasthc.com	
	电　话	0755-83776043		传　真	0755-83776139	
	办公地址	深圳市福田区华强北路3号深纺大厦6楼				
	经营范围	生产、加工纺织品、针织品、服装、装饰布、带、商标带、自行车、工艺品等				

主要财务指标	指标\报告期	2012.06.30	2011.12.31	2011.06.30	2010.12.31
	基本每股收益(元)	-0.0600	0.1500	0.1000	0.1400
	基本每股收益(扣除后)(元)	-0.0700	0.0800	0.0600	0.0800
	每股净资产(元)	4.0400	4.0700	4.0800	4.0000
	每股经营现金净流量(元)	-0.0477	0.0825	0.0457	0.1691
	每股现金流量(元)	-0.3384	0.1371	-0.3764	0.9400
	每股资本公积金(元)	2.4480	2.4205	2.4817	2.4955
	每股盈余公积金(元)	0.1067	0.1067	0.1013	0.1013
	每股未分配利润(元)	0.4871	0.5428	0.4990	0.4028
	净资产收益率(%)	-1.3800	3.5710	2.3600	3.0250
	加权净资产收益率(%)	-1.3700	3.6000	2.3800	4.7400
	净资产收益率(扣除)(%)	-	-	-	-
	总资产(万元)	185463.79	180822.69	164982.28	165542.23
	归属母公司股东权益(万元)	136015.26	136962.86	137368.08	134596.92
	主营业务收入(万元)	37347.39	70827.48	31735.02	63315.58
	营业收入(万元)	37543.30	71289.36	31918.27	63780.16
	主营成本(万元)	33461.89	58665.61	25935.43	52345.63
	营业成本(万元)	33657.68	59122.51	26117.26	52775.92
	投资收益(万元)	452.38	611.85	350.22	1916.56
	净利润(万元)	-1873.62	4891.56	3236.40	4070.93
	利润总额(万元)	-1605.12	6106.69	4079.67	4791.79

深圳赤湾石油基地股份有限公司

公司概况	公司名称	深圳赤湾石油基地股份有限公司			证券简称	深基地 B
	法人代表	范肇平	董秘	宋涛	证券代码	200053
	公司网址	www.chiwanbase.com		电子信箱	sa@chiwanbase.com	
	电　话	0755-26694211		传　真	0755-26694227	
	办公地址	中国广东省深圳市蛇口赤湾石油大厦14楼				
	经营范围	经营码头、港口服务、堆场、仓库及办公室的租赁业务、提供劳务服务等				

主要财务指标	指标\报告期	2012.06.30	2011.12.31	2011.06.30	2010.12.31
	基本每股收益(元)	0.3000	0.5600	0.2500	0.6200
	基本每股收益(扣除后)(元)	0.3000	0.5500	0.2400	0.6200
	每股净资产(元)	5.3300	5.0300	4.6600	4.5400
	每股经营现金净流量(元)	0.4491	1.1607	0.3786	1.1064
	每股现金流量(元)	2.0585	0.9347	-0.3051	-0.1683
	每股资本公积金(元)	1.0154	1.0154	0.9528	0.9528
	每股盈余公积金(元)	1.0537	1.0537	0.9742	0.9422
	每股未分配利润(元)	2.2603	1.9627	1.7343	1.6417
	净资产收益率(%)	5.5800	11.1410	5.4200	13.5950
	加权净资产收益率(%)	5.7400	11.7700	5.4000	13.7900
	净资产收益率(扣除)(%)	-	-	-	-
	总资产(万元)	413489.39	364799.33	280487.86	280463.14
	归属母公司股东权益(万元)	122894.65	116034.18	107492.23	104616.64
	主营业务收入(万元)	26674.30	45610.35	21441.66	39816.36
	营业收入(万元)	26674.38	46192.35	21441.71	40010.24
	主营成本(万元)	10066.03	15994.99	7532.14	13192.80
	营业成本(万元)	10066.03	16416.12	7532.14	13345.42
	投资收益(万元)	2567.54	2245.69	985.80	3464.60
	净利润(万元)	7389.49	12522.98	5484.98	13306.03
	利润总额(万元)	8611.29	14809.40	6687.28	15432.95

重庆建设摩托车股份有限公司

公司概况	公司名称	重庆建设摩托车股份有限公司			证券简称	建 摩 B
	法人代表	李华光	董秘	滕峰	证券代码	200054
	公司网址	www.jianshe.com.cn		电子信箱	cqjsmc@jianshe.com.cn	
	电　话	023-66295333		传　真	023-66295333	
	办公地址	重庆市巴南区花溪工业园建设大道1号				
	经营范围	摩托车、电动车、汽车零部件、配件、机械产品研发、加工制造及其相关的技术服务等				

主要财务指标	指标\报告期	2012.06.30	2011.12.31	2011.06.30	2010.12.31
	基本每股收益(元)	-0.0706	-0.3950	0.0029	0.0250
	基本每股收益(扣除后)(元)	-0.0706	-0.3840	0.0005	0.0030
	每股净资产(元)	0.5300	0.6000	1.0000	0.9900
	每股经营现金净流量(元)	-0.0860	-0.1000	-0.0667	0.0477
	每股现金流量(元)	-0.0340	-0.1846	-0.1015	-0.2185
	每股资本公积金(元)	1.2632	1.2632	1.2632	1.2632
	每股盈余公积金(元)	0.2632	0.2632	0.2632	0.2632
	每股未分配利润(元)	-1.9971	-1.9265	-1.5290	-1.5318
	净资产收益率(%)	-13.3400	-65.7820	0.2900	2.5176
	加权净资产收益率(%)	-12.5000	-49.5000	0.2900	2.5400
	净资产收益率(扣除)(%)	-	-	-	-
	总资产(万元)	285655.10	269172.11	266579.57	319888.25
	归属母公司股东权益(万元)	25275.84	28646.61	47627.29	47490.86
	主营业务收入(万元)	89995.03	233540.91	135670.98	235220.40
	营业收入(万元)	96885.86	247212.10	137144.26	247390.19
	主营成本(万元)	76504.49	207092.37	117990.25	197254.05
	营业成本(万元)	81453.52	219408.62	118777.98	207164.78
	投资收益(万元)	1978.96	3496.45	2404.81	3717.03
	净利润(万元)	-3303.52	-18917.07	80.06	1199.72
	利润总额(万元)	-3303.52	-18412.60	4.05	1444.67

方大集团股份有限公司

公司概况	公司名称	方大集团股份有限公司			证券简称	方大集团
	法人代表	熊建明	董秘	周志刚	证券代码	200055
	公司网址	www.fangda.com		电子信箱	zqb@fangda.com	
	电话	0755-26788571 6622		传真	0755-26788353	
	办公地址	广东省深圳市南山区西丽龙井方大城科技大楼				
	经营范围	生产经营新型建筑材料、复合材料、金属制品、金属结构、环保设备及器材等				

主要财务指标	指标\报告期	2012.06.30	2011.12.31	2011.06.30	2010.12.31
	基本每股收益(元)	0.0200	0.0900	0.0610	0.0800
	基本每股收益(扣除后)(元)	0.0100	0.0700	0.0500	0.4000
	每股净资产(元)	1.4400	1.4200	1.4000	2.0000
	每股经营现金净流量(元)	-0.0899	-0.0754	-0.0161	-0.0618
	每股现金流量(元)	-0.0190	-0.2229	-0.0702	0.5114
	每股资本公积金(元)	0.1063	0.1063	0.1085	0.6628
	每股盈余公积金(元)	0.0326	0.0326	0.0236	0.0353
	每股未分配利润(元)	0.2965	0.2798	0.2632	0.3034
	净资产收益率(%)	1.1600	6.1000	4.2900	5.4519
	加权净资产收益率(%)	1.1700	6.2800	4.4600	6.7600
	净资产收益率(扣除)(%)	-	-	-	-
	总资产(万元)	229261.67	216332.56	204014.85	199116.12
	归属母公司股东权益(万元)	108648.41	107384.34	105605.88	100999.07
	主营业务收入(万元)	50747.12	129601.04	55623.32	111563.56
	营业收入(万元)	52928.96	134877.64	57915.44	116193.34
	主营成本(万元)	40976.16	106439.88	44953.63	93802.04
	营业成本(万元)	41808.60	108799.28	46027.53	95567.85
	投资收益(万元)	-	9.93	1.53	313.44
	净利润(万元)	191.72	5938.01	4412.01	4828.61
	利润总额(万元)	982.47	7916.01	5468.45	6765.53

深圳市国际企业股份有限公司

公司概况	公司名称	深圳市国际企业股份有限公司			证券简称	*ST 国商 B
	法人代表	郑康豪	董秘	曹剑	证券代码	200056
	公司网址	www.china-ia.com		电子信箱	cj000056@21cn.com	
	电话	0755-82281888 82285565		传真	0755-82566573	
	办公地址	广东省深圳市福田区金田路 2028 号皇岗商务中心主楼 6 楼				
	经营范围	商业、房地产开发、物业管理和林业种植等				

主要财务指标	指标\报告期	2012.06.30	2011.12.31	2011.06.30	2010.12.31
	基本每股收益(元)	0.3060	-0.5600	-0.0700	-0.7800
	基本每股收益(扣除后)(元)	-	-0.5400	-0.0720	-0.4000
	每股净资产(元)	-0.0809	-0.3600	0.1800	0.1800
	每股经营现金净流量(元)	-	-0.6863	-0.3151	-2.7287
	每股现金流量(元)	-	-0.6037	0.0798	0.6097
	每股资本公积金(元)	0.2983	0.3274	0.3274	0.3274
	每股盈余公积金(元)	-	0.5701	0.5701	0.5701
	每股未分配利润(元)	-	-2.2793	-1.7218	-1.7190
	净资产收益率(%)	-	-146.7377	-40.0060	-434.2866
	加权净资产收益率(%)	-	-	-33.3400	-125.5100
	净资产收益率(扣除)(%)	-	-	-	-
	总资产(万元)	-	153776.14	167796.59	154073.30
	归属母公司股东权益(万元)	-1787.90	-8435.09	3879.02	3942.37
	主营业务收入(万元)	3385.37	1786.89	643.29	1690.74
	营业收入(万元)	3392.73	1946.38	648.22	1831.20
	主营成本(万元)	3381.82	1504.70	612.08	1583.08
	营业成本(万元)	-	1739.49	681.69	1664.01
	投资收益(万元)	-	-	-	-
	净利润(万元)	-	-20390.40	-2065.63	-28446.70
	利润总额(万元)	-	-20390.40	-2065.63	-28446.70

深圳赛格股份有限公司

公司概况	公司名称	深圳赛格股份有限公司			证券简称	深赛格 B
	法人代表	王立	董秘	郑丹	证券代码	200058
	公司网址	www.segcl.com.cn		电子信箱	segcl@segcl.com.cn	
	电话	0755-83747939		传真	0755-83975237	
	办公地址	广东省深圳市福田区华强北路群星广场 A 座 31 层				
	经营范围	投资电子电器产品、电子化工、计算机、兴办实业、电子信息系统等				

主要财务指标	指标\报告期	2012.06.30	2011.12.31	2011.06.30	2010.12.31
	基本每股收益(元)	0.0403	0.0879	0.0335	0.0755
	基本每股收益(扣除后)(元)	0.0392	0.0233	0.0333	0.0720
	每股净资产(元)	1.5091	1.4688	1.4148	1.3812
	每股经营现金净流量(元)	-0.0647	0.0886	0.0293	0.1395
	每股现金流量(元)	-0.0832	0.0913	0.0284	0.1117
	每股资本公积金(元)	0.5187	0.5186	0.5194	0.5195
	每股盈余公积金(元)	0.1311	0.1311	0.1311	0.1311
	每股未分配利润(元)	-0.1407	-0.1809	-0.2353	-0.2689
	净资产收益率(%)	2.6700	5.9860	2.2800	5.4630
	加权净资产收益率(%)	2.7100	6.1700	2.4000	4.9700
	净资产收益率(扣除)(%)	-	-	-	-
	总资产(万元)	168186.56	167358.48	149502.64	146627.26
	归属母公司股东权益(万元)	118436.44	115269.59	111037.24	108398.31
	主营业务收入(万元)	24198.86	42121.84	18995.20	37596.95
	营业收入(万元)	23504.58	43684.42	20340.52	39238.59
	主营成本(万元)	17504.26	33453.58	13967.75	27047.68
	营业成本(万元)	17504.26	34019.37	13975.04	27656.88
	投资收益(万元)	785.42	7677.86	-455.23	1627.59
	净利润(万元)	3791.86	6879.67	2802.17	6354.71
	利润总额(万元)	5048.89	10052.72	4048.97	7886.69

山东航空股份有限公司

公司概况	公司名称	山东航空股份有限公司			证券简称	山航 B
	法人代表	张幸福	董秘	董钱堂	证券代码	200152
	公司网址	www.shandongair.com.cn		电子信箱	fanp@shandongair.com.cn	
	电话	0531-85698229 85698678		传真	0531-85698679	
	办公地址	山东省济南市二环东路 5746 号山东航空大厦				
	经营范围	国际、国内航空客货运输业务、酒店餐饮(仅限分支机构)、航空器维修等				

主要财务指标	指标\报告期	2012.06.30	2011.12.31	2011.06.30	2010.12.31
	基本每股收益(元)	0.4800	1.9300	0.8900	1.5900
	基本每股收益(扣除后)(元)	0.4300	1.8800	0.8800	1.5600
	每股净资产(元)	5.2000	5.1200	4.1100	3.5200
	每股经营现金净流量(元)	1.6037	5.6126	2.0833	4.1877
	每股现金流量(元)	0.2642	0.2289	-0.0278	0.2482
	每股资本公积金(元)	0.1885	0.1885	0.2173	0.2101
	每股盈余公积金(元)	0.4985	0.4985	0.3074	0.3074
	每股未分配利润(元)	3.5136	3.4361	2.5846	1.9992
	净资产收益率(%)	9.1800	37.6350	21.5500	45.0972
	加权净资产收益率(%)	9.1300	45.0500	22.9400	56.8400
	净资产收益率(扣除)(%)	-	-	-	-
	总资产(万元)	1050518.57	977298.55	916835.69	892379.94
	归属母公司股东权益(万元)	208026.73	204924.49	164370.55	140665.92
	主营业务收入(万元)	501611.87	956285.17	427222.19	721078.46
	营业收入(万元)	507240.77	966696.97	432253.21	729261.60
	主营成本(万元)	409089.93	725688.69	332094.12	548218.37
	营业成本(万元)	409493.70	726325.19	332490.05	548759.09
	投资收益(万元)	1437.85	854.95	727.53	-172.01
	净利润(万元)	19102.24	77077.25	35355.31	63457.53
	利润总额(万元)	25438.41	103101.62	47188.62	84454.44

承德南江股份有限公司

公司概况					
公司名称	承德南江股份有限公司			证券简称	ST 南江 B
法人代表	林立新	董秘	林立新	证券代码	200160
公司网址	www.dxtex.com		电子信箱	llx5048@126.com	
电　话	0314-3115048 3115049		传　真	0314-3111475	
办公地址	河北省承德市承德县下板城镇				
经营范围	各种针织服装、各种纱线及化纤合成丝和各种纸制品的生产和销售等				

主要财务指标：指标\报告期	2012.06.30	2011.12.31	2011.06.30	2010.12.31
基本每股收益(元)	-0.0220	0.0052	-0.0060	0.0024
基本每股收益(扣除后)(元)	-0.0110	0.0199	-0.0070	0.0328
每股净资产(元)	-0.0560	-0.0340	-0.0450	-0.0390
每股经营现金净流量(元)	0.0033	-0.0008	-0.0292	-0.0457
每股现金流量(元)	-0.0056	-0.0060	-0.0127	0.0137
每股资本公积金(元)	0.6382	0.6382	0.6382	0.6382
每股盈余公积金(元)	0.1087	0.1087	0.1087	0.1087
每股未分配利润(元)	-1.8030	-1.7807	-1.7916	-1.7859
净资产收益率(%)	-39.6720	-15.2550	-12.8791	-6.1941
加权净资产收益率(%)	-	-	-	-
净资产收益率(扣除)(%)	-	-	-	-
总资产(万元)	22291.98	21902.27	20567.32	19997.61
归属母公司股东权益(万元)	-3958.70	-2388.20	-3159.43	-2752.52
主营业务收入(万元)	-	-	-	-
营业收入(万元)	48.16	51.52	2.13	51.68
主营成本(万元)	-	-	-	-
营业成本(万元)	-	-	-	-
投资收益(万元)	-	-	-	-
净利润(万元)	-1765.94	272.83	-438.88	290.28
利润总额(万元)	-1763.05	274.76	-438.53	698.49

广东雷伊(集团)股份有限公司

公司概况					
公司名称	广东雷伊(集团)股份有限公司			证券简称	ST 雷伊 B
法人代表	陈鸿成	董秘	徐巍	证券代码	200168
公司网址	www.200168.com		电子信箱	rieys@live.cn	
电　话	0755-82250045		传　真	0755-82251182	
办公地址	广东省深圳市福田区福华三路国际商会中心 4003-4008				
经营范围	西服、时装、制服和针纺织品等各类服装的生产、加工和销售等				

主要财务指标：指标\报告期	2012.06.30	2011.12.31	2011.06.30	2010.12.31
基本每股收益(元)	-0.0400	0.0671	-0.0100	-0.1300
基本每股收益(扣除后)(元)	-0.0400	-0.0576	-0.0400	-0.1300
每股净资产(元)	0.9900	1.0300	0.9500	0.9700
每股经营现金净流量(元)	0.0398	0.0128	0.0688	0.2940
每股现金流量(元)	0.0088	-0.0894	-0.0803	0.0877
每股资本公积金(元)	0.1636	0.1636	0.1636	0.1636
每股盈余公积金(元)	0.2700	0.2700	0.2700	0.2700
每股未分配利润(元)	-0.4419	-0.3993	-0.4803	-0.4664
净资产收益率(%)	-4.2900	6.4890	-1.4600	-13.3654
加权净资产收益率(%)	-4.2000	6.2900	-1.4500	-12.5300
净资产收益率(扣除)(%)	-	-	-	-
总资产(万元)	58552.80	53799.90	55272.37	58605.08
归属母公司股东权益(万元)	31597.59	32954.61	30372.72	30816.10
主营业务收入(万元)	761.79	8616.44	4590.13	14738.35
营业收入(万元)	761.79	8730.24	4676.13	14944.69
主营成本(万元)	524.27	6926.05	3687.61	11615.11
营业成本(万元)	524.27	7032.78	3767.66	11855.65
投资收益(万元)	-	1043.87	816.89	-107.31
净利润(万元)	-1363.03	2080.67	-499.01	-4337.34
利润总额(万元)	-1424.86	2460.98	-324.58	-4049.04

石家庄宝石电子玻璃股份有限公司

公司概况					
公司名称	石家庄宝石电子玻璃股份有限公司			证券简称	宝 石 B
法人代表	李兆廷	董秘	付殷芳	证券代码	200413
公司网址	www.bseg.com.cn		电子信箱	bs@bseg.cn	
电　话	0311-86917771 86917775		传　真	0311-86917775	
办公地址	河北省石家庄市高新技术产业开发区黄河大道 9 号				
经营范围	平板显示玻璃基板产业投资、建设与运营及相关的技术开发、技术咨询等				

主要财务指标：指标\报告期	2012.06.30	2011.12.31	2011.06.30	2010.12.31
基本每股收益(元)	0.1100	0.0310	-0.0300	0.0040
基本每股收益(扣除后)(元)	0.1100	0.0310	-0.0300	-0.0500
每股净资产(元)	0.7100	0.6100	0.5500	0.5800
每股经营现金净流量(元)	-0.1251	-0.0048	-0.0243	0.0271
每股现金流量(元)	0.0911	0.0147	-0.0244	0.0139
每股资本公积金(元)	1.0114	1.0114	1.0114	1.0114
每股盈余公积金(元)	0.0717	0.0717	0.0717	0.0717
每股未分配利润(元)	-1.3686	-1.4761	-1.5328	-1.5071
净资产收益率(%)	15.0500	5.0970	-4.6700	0.6890
加权净资产收益率(%)	16.2700	5.2300	-4.2200	0.7000
净资产收益率(扣除)(%)	-	-	-	-
总资产(万元)	81261.08	37411.21	36727.18	37487.48
归属母公司股东权益(万元)	27365.44	23247.88	21077.76	22062.84
主营业务收入(万元)	30257.70	7174.53	1543.78	6431.13
营业收入(万元)	36135.57	10442.55	2682.02	7835.32
主营成本(万元)	14113.10	5708.78	1884.67	6536.14
营业成本(万元)	19328.03	6774.24	2964.53	7487.55
投资收益(万元)	-	-	-	-
净利润(万元)	8985.88	1213.56	-1010.73	406.54
利润总额(万元)	12145.63	1483.35	-1004.63	594.50

无锡小天鹅股份有限公司

公司概况					
公司名称	无锡小天鹅股份有限公司			证券简称	小天鹅 B
法人代表	方洪波	董秘	周斯秀	证券代码	200418
公司网址	www.littleswan.com		电子信箱	tianlin@littleswan.com.cn	
电　话	0510-81082320 81082280		传　真	0510-83720879	
办公地址	江苏省无锡市国家高新技术开发区长江南路 18 号				
经营范围	家用电器及零配件等的生产、销售和技术服务等				

主要财务指标：指标\报告期	2012.06.30	2011.12.31	2011.06.30	2010.12.31
基本每股收益(元)	0.3400	0.7200	0.4400	0.8000
基本每股收益(扣除后)(元)	0.3200	0.5800	0.4100	0.6600
每股净资产(元)	5.5800	5.4400	5.1700	4.8300
每股经营现金净流量(元)	1.4379	0.3835	-0.8048	1.1449
每股现金流量(元)	1.1193	0.2540	-1.0733	0.9060
每股资本公积金(元)	1.7330	1.7331	1.7391	1.7391
每股盈余公积金(元)	0.3944	0.3944	0.3366	0.3366
每股未分配利润(元)	2.4591	2.3172	2.1015	1.7583
净资产收益率(%)	6.1200	13.1740	8.1500	16.5850
加权净资产收益率(%)	6.0900	13.9900	8.7700	18.0900
净资产收益率(扣除)(%)	-	-	-	-
总资产(万元)	782615.37	914518.55	1018504.43	800157.63
归属母公司股东权益(万元)	353094.72	344114.49	327282.43	305648.10
主营业务收入(万元)	280511.61	-	589925.49	-
营业收入(万元)	310132.87	1097562.17	674751.41	1120236.68
主营成本(万元)	221379.12	-	482121.21	-
营业成本(万元)	245388.06	915313.36	561179.98	944534.90
投资收益(万元)	506.28	7737.16	2961.19	400.45
净利润(万元)	23414.22	53856.48	33330.48	60973.80
利润总额(万元)	26817.13	67037.31	41774.02	72168.16

广东省高速公路发展股份有限公司

公司概况	公司名称	广东省高速公路发展股份有限公司			证券简称	粤高速 B
	法人代表	周余明	董秘	左江	证券代码	200429
	公司网址	www.gpedcl.com		电子信箱	fengxw2007@163.com	
	电　话	020-83731388 231 230		传　真	020-83731363 83731384	
	办公地址	广东省广州市白云路 85 号				
	经营范围	主营高速公路、等级公路、桥梁的建设施工、公路、桥梁的收费和养护管理等				

主要财务指标 指标\报告期	2012.06.30	2011.12.31	2011.06.30	2010.12.31
基本每股收益(元)	0.1300	0.1700	0.1200	0.3100
基本每股收益(扣除后)(元)	0.1300	0.2300	0.1400	0.3100
每股净资产(元)	3.3400	3.2700	3.3060	3.4100
每股经营现金净流量(元)	0.2579	0.4934	0.2479	0.4696
每股现金流量(元)	0.1918	0.6047	0.0034	0.0319
每股资本公积金(元)	1.3430	1.3507	1.4404	1.5569
每股盈余公积金(元)	0.1523	0.1523	0.1308	0.1308
每股未分配利润(元)	0.8457	0.7705	0.7350	0.7195
净资产收益率(%)	3.7500	5.2680	3.4900	9.0700
加权净资产收益率(%)	3.7700	5.1800	3.3500	10.1600
净资产收益率(扣除)(%)	–	–	–	–
总资产(万元)	1252819.66	1180242.72	1087612.67	1052646.41
归属母公司股东权益(万元)	420015.38	411512.61	415630.56	428325.17
主营业务收入(万元)	53906.94	106879.51	51024.86	99379.73
营业收入(万元)	54424.92	107804.27	51304.31	100221.95
主营成本(万元)	27337.13	62614.06	25084.64	51514.57
营业成本(万元)	27607.24	62938.16	25172.88	51832.10
投资收益(万元)	19597.99	34614.92	17046.94	34151.52
净利润(万元)	18221.39	22387.32	15623.55	43833.23
利润总额(万元)	21480.44	24630.45	19693.06	49440.44

南京普天通信股份有限公司

公司概况	公司名称	南京普天通信股份有限公司			证券简称	宁通信 B
	法人代表	孙良	董秘	张沈卫	证券代码	200468
	公司网址	www.postel.com.cn		电子信箱	zsw@postel.com.cn	
	电　话	025-58962289 58962072		传　真	025-52409954	
	办公地址	江苏省南京市秦淮区普天路 1 号				
	经营范围	研发、制造、销售各类通信设备和电气设备等				

主要财务指标 指标\报告期	2012.06.30	2011.12.31	2011.06.30	2010.12.31
基本每股收益(元)	0.0280	0.0500	0.0360	0.1100
基本每股收益(扣除后)(元)	0.0270	–0.0400	0.0330	0.1000
每股净资产(元)	1.7590	1.7320	1.7100	1.6800
每股经营现金净流量(元)	–0.1312	0.0842	–0.5742	–0.7599
每股现金流量(元)	–0.0410	0.0884	–0.3768	–0.6112
每股资本公积金(元)	0.8622	0.8622	0.8622	0.8622
每股盈余公积金(元)	0.0027	0.0027	0.0027	0.0027
每股未分配利润(元)	–0.0878	–0.1159	–0.1307	–0.1663
净资产收益率(%)	1.6000	2.9080	2.0800	6.5754
加权净资产收益率(%)	1.6100	2.9500	2.1000	6.8000
净资产收益率(扣除)(%)	–	–	–	–
总资产(万元)	227190.03	205075.60	189254.39	158264.40
归属母公司股东权益(万元)	37821.84	37227.33	36855.32	36061.70
主营业务收入(万元)	133917.21	250871.94	115303.14	196764.98
营业收入(万元)	134996.32	252964.78	116706.67	198148.27
主营成本(万元)	115936.15	218073.36	100902.16	169508.74
营业成本(万元)	116704.08	219728.26	101673.25	170160.59
投资收益(万元)	146.20	1200.18	285.40	294.41
净利润(万元)	1234.35	2337.13	1474.97	3936.12
利润总额(万元)	1436.64	3616.30	1751.36	5187.83

山东晨鸣纸业集团股份有限公司

公司概况	公司名称	山东晨鸣纸业集团股份有限公司			证券简称	晨 鸣 B
	法人代表	陈洪国	董秘	郝筠	证券代码	200488
	公司网址	www.chenmingpaper.com		电子信箱	chenmingpaper@163.com	
	电　话	0536-2158008		传　真	0536-2158977	
	办公地址	山东省寿光市农圣东街 2199 号				
	经营范围	机制纸及板纸和造纸原料、造纸机械、电力、热力的生产与销售等				

主要财务指标 指标\报告期	2012.06.30	2011.12.31	2011.06.30	2010.12.31
基本每股收益(元)	0.0500	0.2900	0.2300	0.5600
基本每股收益(扣除后)(元)	–0.0500	0.1400	0.1900	0.5000
每股净资产(元)	6.4600	6.5600	6.5000	6.5600
每股经营现金净流量(元)	0.3206	–0.2121	0.3577	0.4124
每股现金流量(元)	0.1320	0.2240	–0.0438	–0.2483
每股资本公积金(元)	2.9574	2.9574	2.9551	2.9551
每股盈余公积金(元)	0.5490	0.5490	0.5075	0.5075
每股未分配利润(元)	1.9508	2.0551	2.0362	2.1017
净资产收益率(%)	0.7100	4.4960	3.6100	8.5900
加权净资产收益率(%)	0.7000	4.5000	3.5100	8.8000
净资产收益率(扣除)(%)	–	–	–	–
总资产(万元)	4685634.58	4563082.90	3953715.95	3507713.21
归属母公司股东权益(万元)	1331340.80	1352862.23	1340044.38	1353578.58
主营业务收入(万元)	986270.94	1753545.23	886791.34	1712982.09
营业收入(万元)	996445.15	1774748.99	891745.54	1720312.30
主营成本(万元)	844457.69	1485134.25	736518.50	1365158.62
营业成本(万元)	850051.29	1493115.32	845679.58	1368300.15
投资收益(万元)	–271.65	787.14	955.37	–1376.28
净利润(万元)	2538.57	58872.68	49681.50	130165.81
利润总额(万元)	1251.88	69898.99	59353.89	156235.46

海南珠江控股股份有限公司

公司概况	公司名称	海南珠江控股股份有限公司			证券简称	ST 珠江 B
	法人代表	郑清	董秘	俞翠红	证券代码	200505
	公司网址			电子信箱	hnpearlriver@21cn.net	
	电　话	0898-68581888 68581199		传　真	0898-68581026	
	办公地址	海南省海口市滨海大道珠江广场帝豪大厦 29 楼				
	经营范围	房地产开发经营及综合投资等				

主要财务指标 指标\报告期	2012.06.30	2011.12.31	2011.06.30	2010.12.31
基本每股收益(元)	–0.0884	–0.1200	–0.0352	0.0600
基本每股收益(扣除后)(元)	–0.1400	–0.1900	–0.0800	–0.0300
每股净资产(元)	0.9076	0.8741	1.1441	1.1700
每股经营现金净流量(元)	–0.0834	–0.1784	–0.0642	0.3317
每股现金流量(元)	0.0271	–0.1965	–0.1516	–0.3642
每股资本公积金(元)	1.3649	1.2430	1.4324	1.4183
每股盈余公积金(元)	0.2566	0.2566	0.2676	0.2566
每股未分配利润(元)	–1.7139	–1.6255	–1.5558	–1.5096
净资产收益率(%)	–9.7430	–13.2648	–3.0500	5.5764
加权净资产收益率(%)	–9.9300	–11.3700	–3.0500	4.8200
净资产收益率(扣除)(%)	–	–	–	–
总资产(万元)	141911.07	131194.97	142271.41	144888.56
归属母公司股东权益(万元)	38730.19	37300.47	48823.85	49729.54
主营业务收入(万元)	10673.82	23078.66	14317.13	68468.33
营业收入(万元)	10834.20	23314.56	14429.28	68606.59
主营成本(万元)	7409.14	14616.71	8595.25	45436.58
营业成本(万元)	7496.92	14735.65	8651.73	45535.56
投资收益(万元)	1811.33	–98.98	–40.48	126.76
净利润(万元)	–3708.20	–4921.84	–1406.34	3618.02
利润总额(万元)	–3530.50	–4198.38	–863.02	5914.96

厦门灿坤实业股份有限公司

公司概况	公司名称	厦门灿坤实业股份有限公司			证券简称	闽灿坤B
	法人代表	简德荣	董秘	孙美美	证券代码	200512
	公司网址	www.eupa.cn		电子信箱	mm_sun@tkl.tsannkuen.com	
	电　话	0596-6268103 6268161		传　真	0596-6268104	
	办公地址	福建省漳州市台商投资区灿坤工业园				
	经营范围	开发、生产家用电器、电子、轻工产品、现代化办公用品等				

主要财务指标	指标\报告期	2012.06.30	2011.12.31	2011.06.30	2010.12.31
	基本每股收益(元)	-0.0200	0.0100	0.0200	0.0600
	基本每股收益(扣除后)(元)	-0.0200	-0.0100	-	0.0500
	每股净资产(元)	0.4000	0.4200	0.4400	0.4148
	每股经营现金净流量(元)	-0.0419	0.0845	-0.1169	0.2033
	每股现金流量(元)	0.2920	0.0695	-0.0233	0.0780
	每股资本公积金(元)	0.1157	0.1124	0.1124	0.1124
	每股盈余公积金(元)	-	-	-	-
	每股未分配利润(元)	-0.7128	-0.6953	-0.6773	-0.6976
	净资产收益率(%)	-4.3200	2.0700	4.2700	13.9500
	加权净资产收益率(%)	-4.2600	2.0900	4.2700	15.0100
	净资产收益率(扣除)(%)	-	-	-	-
	总资产(万元)	203991.60	196387.08	200289.61	198510.89
	归属母公司股东权益(万元)	44812.65	46245.86	48395.51	46141.15
	主营业务收入(万元)	104464.20	-	133592.43	326272.73
	营业收入(万元)	106908.35	291438.53	137246.67	333439.62
	主营成本(万元)	94959.08	-	117171.76	287668.69
	营业成本(万元)	95707.42	256380.38	119511.34	291652.89
	投资收益(万元)	511.85	2420.74	530.66	-272.25
	净利润(万元)	-2589.34	1484.03	2785.79	8742.37
	利润总额(万元)	-2573.47	2684.25	3138.26	9174.23

丽珠医药集团股份有限公司

公司概况	公司名称	丽珠医药集团股份有限公司			证券简称	丽珠B
	法人代表	朱保国	董秘	李如才	证券代码	200513
	公司网址	www.livzon.com.cn		电子信箱	lirucai2008@livzon.com.cn	
	电　话	0756-8135888		传　真	0756-8886002	
	办公地址	广东省珠海市拱北桂花北路132号丽珠大厦				
	经营范围	医药产品的研发、生产及销售等				

主要财务指标	指标\报告期	2012.06.30	2011.12.31	2011.06.30	2010.12.31
	基本每股收益(元)	0.7700	1.2200	0.7500	1.4100
	基本每股收益(扣除后)(元)	0.7400	1.1600	0.6800	1.3300
	每股净资产(元)	9.8900	9.6100	9.1500	8.5100
	每股经营现金净流量(元)	1.1342	2.3948	0.9896	2.1415
	每股现金流量(元)	-1.8487	1.9873	1.4025	0.9679
	每股资本公积金(元)	1.1783	1.1771	1.1762	1.1783
	每股盈余公积金(元)	1.6205	1.6205	1.4990	1.4990
	每股未分配利润(元)	6.1595	5.8861	5.5392	4.8921
	净资产收益率(%)	7.8200	12.6400	8.1600	16.6114
	加权净资产收益率(%)	7.8600	13.4100	8.4200	17.9400
	净资产收益率(扣除)(%)	-	-	-	-
	总资产(万元)	465933.31	460290.90	417563.03	366199.16
	归属母公司股东权益(万元)	292477.83	284316.97	270618.01	251743.81
	主营业务收入(万元)	187505.55	313634.01	145578.97	269019.59
	营业收入(万元)	188499.72	316291.53	147143.75	272671.89
	主营成本(万元)	74010.16	137739.44	66650.65	126792.73
	营业成本(万元)	74875.24	139793.72	67709.34	128648.49
	投资收益(万元)	173.15	-148.55	-65.46	-127.89
	净利润(万元)	24673.19	38779.84	23624.03	45249.00
	利润总额(万元)	29440.39	46315.12	28324.12	53366.73

合肥美菱股份有限公司

公司概况	公司名称	合肥美菱股份有限公司			证券简称	皖美菱B
	法人代表	刘体斌	董秘	李霞	证券代码	200521
	公司网址	www.meiling.com		电子信箱	lixia@meiling.com	
	电　话	0551-2219021		传　真	0551-2219021	
	办公地址	安徽省合肥市经济技术开发区莲花路2163号				
	经营范围	制冷电器、空调器、洗衣机、电脑数控注塑机、电脑热水器、塑料制品等				

主要财务指标	指标\报告期	2012.06.30	2011.12.31	2011.06.30	2010.12.31
	基本每股收益(元)	0.1742	0.1675	0.2379	0.6144
	基本每股收益(扣除后)(元)	0.1754	0.1221	0.2184	0.3485
	每股净资产(元)	4.5700	4.3900	5.3600	5.1200
	每股经营现金净流量(元)	-0.4094	-0.6523	-1.0263	0.7053
	每股现金流量(元)	-0.3690	-0.9188	-0.9559	2.3358
	每股资本公积金(元)	2.5297	2.5297	3.0367	3.0367
	每股盈余公积金(元)	0.4708	0.4708	0.5272	0.5272
	每股未分配利润(元)	0.5682	0.3940	0.7974	0.5595
	净资产收益率(%)	3.8100	3.8130	4.4400	11.9900
	加权净资产收益率(%)	3.8900	3.8500	4.5400	12.5800
	净资产收益率(扣除)(%)	-	-	-	-
	总资产(万元)	839516.20	760256.36	835800.26	711616.42
	归属母公司股东权益(万元)	290675.43	279631.74	284345.24	271729.44
	主营业务收入(万元)	513787.57	847857.79	516854.92	771016.18
	营业收入(万元)	531261.05	900400.27	547501.87	822707.68
	主营成本(万元)	388651.77	661835.49	401906.12	581025.40
	营业成本(万元)	404397.72	708722.88	430145.60	626973.77
	投资收益(万元)	26.10	254.97	33.24	14141.62
	净利润(万元)	11150.74	8903.69	12132.79	32649.55
	利润总额(万元)	12537.34	11234.13	13946.38	37674.31

大连冷冻机股份有限公司

公司概况	公司名称	大连冷冻机股份有限公司			证券简称	大冷B
	法人代表	张和	董秘	徐郡饶	证券代码	200530
	公司网址	www.daleng.cn		电子信箱	000530@bingshan.com	
	电　话	0411-86538130 86654530		传　真	0411-86641470 86654530	
	办公地址	辽宁省大连市沙河口区西南路888号				
	经营范围	制冷设备及配套辅机、阀门、配件以及制冷工程所需配套产品的加工、制造等				

主要财务指标	指标\报告期	2012.06.30	2011.12.31	2011.06.30	2010.12.31
	基本每股收益(元)	0.1900	0.2300	0.2700	0.2900
	基本每股收益(扣除后)(元)	0.1800	0.0400	0.1600	0.2100
	每股净资产(元)	5.0300	5.0000	5.1300	4.9300
	每股经营现金净流量(元)	-0.3647	0.4810	0.2590	0.4912
	每股现金流量(元)	-0.6836	0.5408	0.3822	0.2532
	每股资本公积金(元)	1.6766	1.6766	1.7682	1.6879
	每股盈余公积金(元)	1.3114	1.2728	1.2535	1.2030
	每股未分配利润(元)	1.0411	1.0470	1.1059	1.0406
	净资产收益率(%)	3.7700	4.6670	5.3200	5.7820
	加权净资产收益率(%)	3.8100	4.7100	5.4200	5.8400
	净资产收益率(扣除)(%)	-	-	-	-
	总资产(万元)	287413.72	305366.09	318420.09	291238.05
	归属母公司股东权益(万元)	176023.81	174882.21	179473.93	172609.52
	主营业务收入(万元)	83730.23	183469.63	93115.12	146788.78
	营业收入(万元)	85121.83	186325.35	94789.46	149552.74
	主营成本(万元)	66341.69	145161.69	75439.40	117184.83
	营业成本(万元)	67648.51	148088.81	92259.65	119450.68
	投资收益(万元)	4497.02	5280.75	8812.07	7838.98
	净利润(万元)	6882.41	9346.06	10137.39	10959.05
	利润总额(万元)	7245.65	13028.40	11851.07	12356.27

广东电力发展股份有限公司

公司概况	公司名称	广东电力发展股份有限公司			证券简称	粤电力B
	法人代表	潘力	董秘	刘维	证券代码	200539
	公司网址	www.ged.com.cn		电子信箱	ged@ged.com.cn	
	电　　话	020-87570276 87570251		传　　真	020-85138084	
	办公地址	广东省广州市天河东路2号粤电广场南塔23-26楼				
	经营范围	电力项目的投资、建设和经营管理、电力的生产和销售、电力行业技术咨询和服务等				

主要财务指标	指标\报告期	2012.06.30	2011.12.31	2011.06.30	2010.12.31
	基本每股收益(元)	0.1000	0.1300	0.1100	0.2800
	基本每股收益(扣除后)(元)	0.0900	0.1700	0.1100	0.2900
	每股净资产(元)	3.6900	3.6500	3.6500	3.6300
	每股经营现金净流量(元)	0.6966	0.7253	0.3780	0.2272
	每股现金流量(元)	0.2109	0.1032	0.3888	0.0555
	每股资本公积金(元)	0.6618	0.6609	0.6715	0.6736
	每股盈余公积金(元)	1.4140	1.3496	1.3496	1.2244
	每股未分配利润(元)	0.6181	0.6381	0.6242	0.7359
	净资产收益率(%)	2.8300	3.4910	3.1100	7.5330
	加权净资产收益率(%)	2.8200	2.7200	3.0800	5.5800
	净资产收益率(扣除)(%)	-	-	-	-
	总资产(万元)	4049608.54	3948019.54	3782124.16	3504654.31
	归属母公司股东权益(万元)	1033348.23	1020662.34	1019770.82	1016575.42
	主营业务收入(万元)	776808.79	1447073.08	641995.60	1262176.74
	营业收入(万元)	782647.99	1462014.07	647076.17	1264220.81
	主营成本(万元)	697882.90	-1313933.38	576929.94	-1087595.80
	营业成本(万元)	699797.24	1321629.75	579724.81	1087741.40
	投资收益(万元)	26972.19	58394.85	29868.47	58572.74
	净利润(万元)	33720.94	25911.79	32368.43	78839.18
	利润总额(万元)	41309.35	40610.61	38881.80	116909.62

佛山电器照明股份有限公司

公司概况	公司名称	佛山电器照明股份有限公司			证券简称	粤照明B
	法人代表	钟信才	董秘	周向峰	证券代码	200541
	公司网址	www.chinafsl.com		电子信箱	fsldsh@126.com	
	电　　话	0757-82966062 82810239		传　　真	0757-82816276	
	办公地址	广东省佛山市禅城区汾江北路64号				
	经营范围	研究、开发、生产电光源产品、电光源设备、电光源配套器件、电光源原材料等				

主要财务指标	指标\报告期	2012.06.30	2011.12.31	2011.06.30	2010.12.31
	基本每股收益(元)	0.1400	0.3000	0.1200	0.2700
	基本每股收益(扣除后)(元)	0.1400	0.3100	0.1200	0.2600
	每股净资产(元)	2.9900	2.8500	2.6900	2.8300
	每股经营现金净流量(元)	0.2396	0.2758	0.0761	0.2152
	每股现金流量(元)	0.2407	-0.0216	-0.1674	-0.3318
	每股资本公积金(元)	0.6350	0.6358	0.6466	0.6594
	每股盈余公积金(元)	0.5963	0.5963	0.5676	0.5676
	每股未分配利润(元)	0.7573	0.6199	0.4710	0.6005
	净资产收益率(%)	4.7100	10.4510	4.3900	9.5330
	加权净资产收益率(%)	4.7100	10.5300	4.3900	9.8900
	净资产收益率(扣除)(%)	-	-	-	-
	总资产(万元)	340231.28	315555.44	310226.52	312854.75
	归属母公司股东权益(万元)	292460.10	279087.87	262760.39	276691.30
	主营业务收入(万元)	105324.12	223199.12	108419.01	193765.19
	营业收入(万元)	106433.71	226092.99	109531.93	195606.86
	主营成本(万元)	78868.23	160670.35	81432.50	140165.60
	营业成本(万元)	79297.85	162086.26	82111.62	141525.77
	投资收益(万元)	1648.43	-549.11	105.12	-111.30
	净利润(万元)	13374.98	29727.39	12222.22	27109.74
	利润总额(万元)	15936.64	35514.67	14736.78	32425.82

江铃汽车股份有限公司

公司概况	公司名称	江铃汽车股份有限公司			证券简称	江铃B
	法人代表	王锡高	董秘	宛虹	证券代码	200550
	公司网址	www.jmc.com.cn		电子信箱	relations@jmc.com.cn	
	电　　话	0791-5235675 5266503		传　　真	0791-5232839	
	办公地址	江西省南昌市迎宾北大道509号				
	经营范围	生产和销售轻型汽车以及相关的零部件等				

主要财务指标	指标\报告期	2012.06.30	2011.12.31	2011.06.30	2010.12.31
	基本每股收益(元)	0.9700	2.1700	1.2500	1.9800
	基本每股收益(扣除后)(元)	0.9400	2.0400	1.2300	1.9800
	每股净资产(元)	8.5900	8.4700	7.5600	7.1000
	每股经营现金净流量(元)	1.1268	1.3293	0.1735	3.1483
	每股现金流量(元)	0.3564	-0.4960	-0.2491	2.2003
	每股资本公积金(元)	0.9725	0.9725	0.9725	0.9725
	每股盈余公积金(元)	0.5000	0.5000	0.5000	0.5000
	每股未分配利润(元)	6.1126	5.9979	5.0854	4.6258
	净资产收益率(%)	11.3500	25.5880	16.5300	27.9340
	加权净资产收益率(%)	10.8800	27.6000	16.1800	30.9900
	净资产收益率(扣除)(%)	-	-	-	-
	总资产(万元)	1265568.18	1181985.47	1161623.13	1123771.51
	归属母公司股东权益(万元)	741073.25	731176.85	652404.77	612727.60
	主营业务收入(万元)	864163.96	1726321.02	912125.01	1560169.71
	营业收入(万元)	872152.88	1745699.89	922154.01	1576789.67
	主营成本(万元)	655572.33	1304541.25	694054.23	1160266.46
	营业成本(万元)	659101.91	1314386.13	699249.65	1169638.78
	投资收益(万元)	-323.84	473.27	359.88	710.92
	净利润(万元)	85752.70	190083.08	110332.33	174701.57
	利润总额(万元)	107802.34	212725.09	129143.19	203337.65

湖北沙隆达股份有限公司

公司概况	公司名称	湖北沙隆达股份有限公司			证券简称	沙隆达B
	法人代表	李作荣	董秘	李忠禧	证券代码	200553
	公司网址	www.sanonda.cn		电子信箱	li_zhongxi@263.net	
	电　　话	0716-8208632 8208232		传　　真	0716-8321099	
	办公地址	湖北省荆州市北京东路93号				
	经营范围	农药、兽药、化工产品的制造和销售、农药、兽药、化工产品及其中间体等				

主要财务指标	指标\报告期	2012.06.30	2011.12.31	2011.06.30	2010.12.31
	基本每股收益(元)	0.0404	0.0890	0.0511	0.0399
	基本每股收益(扣除后)(元)	0.0404	0.0851	0.0497	0.0373
	每股净资产(元)	1.9900	1.9500	1.8900	1.9100
	每股经营现金净流量(元)	0.2226	0.2954	0.0207	0.1383
	每股现金流量(元)	0.2896	0.0196	0.2145	-0.5402
	每股资本公积金(元)	0.4474	0.4490	0.4463	0.5068
	每股盈余公积金(元)	0.1353	0.1353	0.1259	0.1259
	每股未分配利润(元)	0.3730	0.3326	0.2882	0.2523
	净资产收益率(%)	2.0300	4.5720	2.6800	2.0885
	加权净资产收益率(%)	2.0500	4.6700	2.6400	2.1100
	净资产收益率(扣除)(%)	-	-	-	-
	总资产(万元)	262140.20	229265.02	241534.18	211321.73
	归属母公司股东权益(万元)	118437.11	115634.77	112293.46	113404.72
	主营业务收入(万元)	108316.49	185779.89	95695.05	148383.60
	营业收入(万元)	111675.53	190107.58	99632.40	157011.42
	主营成本(万元)	92816.19	155817.95	79632.72	125497.28
	营业成本(万元)	95656.12	159706.46	83078.99	132395.11
	投资收益(万元)	-	-44.00	-	22.07
	净利润(万元)	2446.59	5380.65	3074.05	2344.42
	利润总额(万元)	3613.75	7676.97	4288.29	3175.57

常柴股份有限公司

公司概况						
	公司名称	常柴股份有限公司			证券简称	苏常柴B
	法人代表	薛国俊	董秘	石建春	证券代码	200570
	公司网址	www.changchai.com.cn		电子信箱	ccsjc@changchai.com	
	电　话	0519-68683155 86610041		传　真	0519-86630954	
	办公地址	江苏省常州市怀德中路123号				
	经营范围	农用柴油机、农用运输车、联合收割机等产品的制造与销售等				

主要财务指标	指标\报告期	2012.06.30	2011.12.31	2011.06.30	2010.12.31
	基本每股收益(元)	0.0500	0.0900	0.0700	0.2100
	基本每股收益(扣除后)(元)	0.0500	0.0700	0.0600	0.1700
	每股净资产(元)	3.3000	3.1000	3.3900	3.7000
	每股经营现金净流量(元)	0.3703	-0.3548	-0.0867	0.1129
	每股现金流量(元)	0.1581	-0.5216	-0.1361	-0.0136
	每股资本公积金(元)	1.0280	0.8814	1.1954	1.5740
	每股盈余公积金(元)	0.4937	0.4937	0.4864	0.4864
	每股未分配利润(元)	0.7823	0.7292	0.7085	0.6423
	净资产收益率(%)	1.6100	3.0330	1.9500	5.7990
	加权净资产收益率(%)	1.6600	2.7300	1.8700	6.3300
	净资产收益率(扣除)(%)	-	-	-	-
	总资产(万元)	308392.04	287008.84	312708.78	342252.58
	归属母公司股东权益(万元)	185482.09	174270.17	190326.12	207864.41
	主营业务收入(万元)	156771.44	308285.81	168733.41	281404.72
	营业收入(万元)	159948.02	313750.41	170254.81	284598.37
	主营成本(万元)	144355.29	282442.69	155537.97	247310.86
	营业成本(万元)	147295.14	285012.37	156375.40	248914.80
	投资收益(万元)	895.40	1342.57	1028.23	960.28
	净利润(万元)	3002.15	5427.45	3792.70	12192.24
	利润总额(万元)	3552.85	6214.83	4755.81	13482.21

无锡威孚高科技集团股份有限公司

公司概况						
	公司名称	无锡威孚高科技集团股份有限公司			证券简称	苏威孚B
	法人代表	陈学军	董秘	周卫星	证券代码	200581
	公司网址	www.weifu.com.cn		电子信箱	wfjt@public1.wx.js.cn	
	电　话	0510-82719579		传　真	0510-82751025	
	办公地址	江苏省无锡市人民西路107号				
	经营范围	柴油燃油喷射系统产品和汽车后处理系统产品的生产和销售等				

主要财务指标	指标\报告期	2012.06.30	2011.12.31	2011.06.30	2010.12.31
	基本每股收益(元)	0.6900	2.1200	1.1400	2.3600
	基本每股收益(扣除后)(元)	0.6900	2.0600	1.1300	2.3400
	每股净资产(元)	12.1100	8.9300	7.9399	7.2400
	每股经营现金净流量(元)	0.6435	0.5752	0.0948	0.9452
	每股现金流量(元)	3.2312	0.4946	0.1224	0.2427
	每股资本公积金(元)	5.4554	1.5793	1.5793	1.5793
	每股盈余公积金(元)	0.4170	0.5000	0.5000	0.5000
	每股未分配利润(元)	5.2335	5.8476	4.8606	4.1591
	净资产收益率(%)	5.4200	23.7880	14.3100	32.6410
	加权净资产收益率(%)	6.1800	26.2700	14.5600	38.3200
	净资产收益率(扣除)(%)	-	-	-	-
	总资产(万元)	1078128.14	792921.74	762617.97	676162.28
	归属母公司股东权益(万元)	823366.68	506406.04	450410.70	410620.84
	主营业务收入(万元)	243788.48	534706.74	299120.65	484199.77
	营业收入(万元)	262274.11	589811.31	327755.97	537121.32
	主营成本(万元)	176819.49	380331.04	215173.37	340837.72
	营业成本(万元)	193572.98	431462.80	280456.14	387919.79
	投资收益(万元)	15998.65	49794.19	29361.11	69047.47
	净利润(万元)	47294.43	125551.09	67435.23	138136.06
	利润总额(万元)	53334.04	139680.58	76969.69	149985.45

安徽古井贡酒股份有限公司

公司概况						
	公司名称	安徽古井贡酒股份有限公司			证券简称	古井贡B
	法人代表	余林	董秘	叶长青	证券代码	200596
	公司网址	www.gujing.com		电子信箱	ycq@gujing.com.cn	
	电　话	0558-5712231 5710057		传　真	0558-5317706	
	办公地址	安徽省亳州市古井镇				
	经营范围	生产白酒、啤酒、葡萄酒、酿酒设备、包装材料、玻璃瓶、酒精、饲料、油脂等				

主要财务指标	指标\报告期	2012.06.30	2011.12.31	2011.06.30	2010.12.31
	基本每股收益(元)	0.8200	2.3400	1.2300	1.3400
	基本每股收益(扣除后)(元)	-	2.2900	1.2100	1.2200
	每股净资产(元)	6.0800	10.9700	5.3400	4.4700
	每股经营现金净流量(元)	-	2.4857	0.8302	2.2030
	每股现金流量(元)	-	5.7141	0.0845	1.1989
	每股资本公积金(元)	2.5714	6.1427	1.4300	1.4300
	每股盈余公积金(元)	-	0.5841	0.4140	0.4140
	每股未分配利润(元)	-	3.2387	2.4972	1.6219
	净资产收益率(%)	14.9800	20.5130	22.9400	29.8970
	加权净资产收益率(%)	14.2100	31.6500	24.9900	34.1700
	净资产收益率(扣除)(%)	-	-	-	-
	总资产(万元)	-	424181.96	229321.31	185793.18
	归属母公司股东权益(万元)	306152.94	276111.53	125517.30	104947.55
	主营业务收入(万元)	219866.96	327753.36	156418.12	184596.11
	营业收入(万元)	222780.92	330797.92	158329.77	187915.55
	主营成本(万元)	55975.03	83304.76	39022.69	51061.34
	营业成本(万元)	-	86101.28	40515.56	54208.49
	投资收益(万元)	-	165.66	-	98.26
	净利润(万元)	-	56639.03	28794.75	31375.76
	利润总额(万元)	-	85007.49	39433.94	40881.15

海南大东海旅游中心股份有限公司

公司概况						
	公司名称	海南大东海旅游中心股份有限公司			证券简称	ST东海B
	法人代表	黎愿斌	董秘	汪宏娟	证券代码	200613
	公司网址			电子信箱	hnddht@21cn.com	
	电　话	0898-88219888*8264		传　真	0898-88212298	
	办公地址	海南省三亚市大东海				
	经营范围	房地产开发经营、住宿及饮食业、旅游服务业等				

主要财务指标	指标\报告期	2012.06.30	2011.12.31	2011.06.30	2010.12.31
	基本每股收益(元)	0.0016	-0.0145	-0.0045	0.0019
	基本每股收益(扣除后)(元)	0.0012	-0.0203	-0.0052	-0.0083
	每股净资产(元)	0.2300	0.2300	0.2400	0.2400
	每股经营现金净流量(元)	-0.0008	0.0262	0.0012	0.0083
	每股现金流量(元)	-0.0270	0.0255	-0.0024	-0.0009
	每股资本公积金(元)	0.1487	0.1487	0.1487	0.1487
	每股盈余公积金(元)	-	-	-	-
	每股未分配利润(元)	-0.9219	-0.9235	-0.9135	-0.9090
	净资产收益率(%)	0.7100	-6.4420	-1.9100	0.7803
	加权净资产收益率(%)	0.7200	-6.2400	-1.8900	0.7800
	净资产收益率(扣除)(%)	-	-	-	-
	总资产(万元)	11429.17	11803.68	11763.57	11938.27
	归属母公司股东权益(万元)	8257.45	8198.51	8563.12	8726.64
	主营业务收入(万元)	2042.56	3299.07	1846.80	3520.52
	营业收入(万元)	2042.56	3299.07	1846.80	3520.52
	主营成本(万元)	302.21	699.95	339.35	623.18
	营业成本(万元)	302.21	699.95	339.35	623.18
	投资收益(万元)	0.39	-	-	-
	净利润(万元)	58.94	-528.12	-163.51	68.10
	利润总额(万元)	78.59	-528.12	-163.51	68.10

重庆长安汽车股份有限公司

公司概况

公司名称	重庆长安汽车股份有限公司			证券简称	长安B
法人代表	徐留平	董秘	黎军 崔云江	证券代码	200625
公司网址	www.changan.com.cn	电子信箱	cazqc@changan.com.cn		
电话	023-67594009	传真	023-67866055		
办公地址	重庆市江北区建新东路260号				
经营范围	乘用车和商用车的开发、制造和销售等				

主要财务指标

指标\报告期	2012.06.30	2011.12.31	2011.06.30	2010.12.31
基本每股收益(元)	0.1200	0.2000	0.2200	0.4600
基本每股收益(扣除后)(元)	0.0900	0.1700	0.2000	0.4600
每股净资产(元)	3.1900	3.0500	5.6300	4.6400
每股经营现金净流量(元)	0.1449	0.0429	0.8855	1.2117
每股现金流量(元)	-0.1356	0.0051	1.4252	0.2630
每股资本公积金(元)	0.6691	0.7046	1.7261	0.7036
每股盈余公积金(元)	0.2744	0.2646	0.4345	0.5018
每股未分配利润(元)	1.2456	1.0835	2.4703	2.4388
净资产收益率(%)	3.8300	6.5670	6.8800	18.8413
加权净资产收益率(%)	2.6000	6.8600	7.4200	20.3900
净资产收益率(扣除)(%)	-	-	-	-
总资产(万元)	3951042.90	3653211.81	3589106.92	3099215.97
归属母公司股东权益(万元)	1487053.02	1473923.15	1512356.12	1080075.34
主营业务收入(万元)	1357343.47	2571264.28	1393987.40	3227982.59
营业收入(万元)	1404423.06	2655184.65	1453711.58	3352645.32
主营成本(万元)	-	2179905.24	1200636.27	2664333.97
营业成本(万元)	1182325.03	2262604.06	1250113.44	2766978.85
投资收益(万元)	73274.15	170223.03	104064.82	163356.10
净利润(万元)	55076.71	92564.93	103474.01	201376.14
利润总额(万元)	50790.61	94863.16	111950.07	199918.96

瓦房店轴承股份有限公司

公司概况

公司名称	瓦房店轴承股份有限公司			证券简称	瓦轴B
法人代表	王路顺	董秘	孙娜娟	证券代码	200706
公司网址	www.zwz-bearing.com	电子信箱	zwz2308@126.com		
电话	0411-39116731 39116369	传真	0411-39116738		
办公地址	辽宁省瓦房店市北共济街一段1号				
经营范围	轴承、机械设备、汽车零配件及相关产品的制造与销售、机械设备和房屋的租赁等				

主要财务指标

指标\报告期	2012.06.30	2011.12.31	2011.06.30	2010.12.31
基本每股收益(元)	0.0800	0.1500	0.1300	0.2200
基本每股收益(扣除后)(元)	0.0700	0.0900	0.1200	0.1700
每股净资产(元)	3.7800	3.7000	3.7200	3.5900
每股经营现金净流量(元)	0.3697	0.4731	0.2270	0.1633
每股现金流量(元)	0.0757	0.0252	0.0693	-0.0240
每股资本公积金(元)	1.2064	1.2064	1.2064	1.2064
每股盈余公积金(元)	0.3079	0.3079	0.2899	0.2899
每股未分配利润(元)	1.2615	1.1860	1.2268	1.0937
净资产收益率(%)	2.0200	4.0630	3.6400	6.0820
加权净资产收益率(%)	2.0200	4.1200	3.6400	6.2800
净资产收益率(扣除)(%)	-	-	-	-
总资产(万元)	361955.67	353379.55	350817.01	311912.74
归属母公司股东权益(万元)	152013.69	148975.96	149891.68	144533.73
主营业务收入(万元)	137307.11	262415.55	140958.81	244320.86
营业收入(万元)	161774.67	324603.11	175786.57	305514.39
主营成本(万元)	122620.19	234798.54	124525.41	209575.14
营业成本(万元)	143346.04	290222.59	154977.92	266263.00
投资收益(万元)	297.81	876.08	630.25	1240.46
净利润(万元)	3037.73	6052.63	5357.95	8790.06
利润总额(万元)	3342.98	7242.46	6396.12	10812.79

京东方科技集团股份有限公司

公司概况

公司名称	京东方科技集团股份有限公司			证券简称	京东方B
法人代表	王东升	董秘	冯莉琼	证券代码	200725
公司网址	www.boe.com.cn	电子信箱	fengliqiong@boe.com.cn		
电话	010-64318888	传真	010-64366264		
办公地址	北京市朝阳区酒仙桥路10号				
经营范围	电子产品、通信设备、电子计算机软硬件的制造及购销等				

主要财务指标

指标\报告期	2012.06.30	2011.12.31	2011.06.30	2010.12.31
基本每股收益(元)	-0.0580	0.0410	-0.0900	-0.2020
基本每股收益(扣除后)(元)	-0.0670	-0.2860	-0.0900	-0.2090
每股净资产(元)	1.8400	1.8900	1.7500	2.2100
每股经营现金净流量(元)	0.0090	-0.0576	-0.0454	-0.0935
每股现金流量(元)	-0.1346	-0.4540	-0.5935	0.3432
每股资本公积金(元)	1.1327	1.1317	1.1248	1.5517
每股盈余公积金(元)	0.0369	0.0369	0.0369	0.0443
每股未分配利润(元)	-0.3344	-0.2762	-0.4075	-0.3812
净资产收益率(%)	-3.1700	2.1900	-4.7500	-8.0297
加权净资产收益率(%)	-3.1200	2.2200	-4.9900	-11.7700
净资产收益率(扣除)(%)	-	-	-	-
总资产(万元)	6731624.71	6876941.56	6375274.71	5422995.28
归属母公司股东权益(万元)	2481308.43	2558589.23	2371854.18	2495501.30
主营业务收入(万元)	932854.05	1223577.65	482407.34	773073.74
营业收入(万元)	960888.20	1274141.36	494003.40	802529.08
主营成本(万元)	916436.59	1306887.17	518141.71	810616.85
营业成本(万元)	950239.67	1344122.89	534471.78	828815.30
投资收益(万元)	-375.28	460447.51	59.73	-331.70
净利润(万元)	-107710.67	69367.73	-132653.83	-226803.28
利润总额(万元)	-106885.32	84608.73	-132924.80	-224136.02

鲁泰纺织股份有限公司

公司概况

公司名称	鲁泰纺织股份有限公司			证券简称	鲁泰B
法人代表	刘石祯	董秘	秦桂玲	证券代码	200726
公司网址	www.lttc.com.cn	电子信箱	lttc@lttc.com.cn		
电话	0533-5285166 5418361	传真	0533-5282188-234 235		
办公地址	山东省淄博市淄川区松龄东路81号 山东省淄博市高新技术开发区铭波路11号				
经营范围	生产销售棉纱、色织布、衬衣、服装饰品、保健内衣等纺织品及配套系列产品等				

主要财务指标

指标\报告期	2012.06.30	2011.12.31	2011.06.30	2010.12.31
基本每股收益(元)	0.3000	0.8500	0.4900	0.7400
基本每股收益(扣除后)(元)	0.3000	0.7800	0.4800	0.6700
每股净资产(元)	5.0900	5.0400	4.6700	4.4300
每股经营现金净流量(元)	0.4133	0.9907	0.4308	1.2123
每股现金流量(元)	-0.3682	0.2856	0.0803	-0.0473
每股资本公积金(元)	1.2205	1.1895	1.1379	1.1363
每股盈余公积金(元)	0.5113	0.5113	0.4307	0.4307
每股未分配利润(元)	2.3650	2.3462	2.1086	1.8644
净资产收益率(%)	5.7900	16.6830	10.8600	16.7820
加权净资产收益率(%)	5.7900	18.1300	10.8600	17.7500
净资产收益率(扣除)(%)	-	-	-	-
总资产(万元)	756420.47	775188.53	735525.52	701588.33
归属母公司股东权益(万元)	513664.94	508610.05	464791.91	440413.34
主营业务收入(万元)	272445.26	578246.51	284457.08	476622.66
营业收入(万元)	280802.56	607865.94	298081.31	502562.41
主营成本(万元)	200389.39	398883.41	187257.56	322150.76
营业成本(万元)	205510.67	418545.01	196677.05	339061.12
投资收益(万元)	1905.26	7321.45	4046.91	-5195.78
净利润(万元)	30834.96	89207.12	52514.33	81505.31
利润总额(万元)	35811.58	107432.46	62792.23	93486.11

本钢板材股份有限公司

公司概况						
	公司名称	本钢板材股份有限公司			证券简称	本钢板B
	法人代表	张晓芳	董秘	张吉臣	证券代码	200761
	公司网址			电子信箱	bgbczjc761@126.com	
	电　话	0414-7828360 7828734		传　真	0414-7824158 7827004	
	办公地址	辽宁省本溪市平山区人民路16号				
	经营范围	钢铁冶炼及压延加工等				

主要财务指标	指标\报告期	2012.06.30	2011.12.31	2011.06.30	2010.12.31
	基本每股收益(元)	0.0500	0.2540	0.1900	0.2950
	基本每股收益(扣除后)(元)	0.0400	0.2040	0.1900	0.3270
	每股净资产(元)	4.9000	4.9500	4.8800	4.7900
	每股经营现金净流量(元)	0.0604	0.4252	0.3641	0.8248
	每股现金流量(元)	-0.1964	0.4655	0.4837	-0.0359
	每股资本公积金(元)	2.8134	2.8134	2.8032	2.8032
	每股盈余公积金(元)	0.2938	0.2938	0.2938	0.2938
	每股未分配利润(元)	0.7896	0.8433	0.7794	0.6895
	净资产收益率(%)	0.9500	5.1260	3.8900	6.1650
	加权净资产收益率(%)	0.9400	5.2100	3.9300	6.3500
	净资产收益率(扣除)(%)	-	-	-	-
	总资产(万元)	4138005.63	4105939.13	3929404.33	3587174.19
	归属母公司股东权益(万元)	1535895.24	1552471.45	1529221.54	1501035.93
	主营业务收入(万元)	2103737.35	4314060.07	2207961.34	4022835.73
	营业收入(万元)	2284156.98	5043185.01	2405025.67	4568775.05
	主营成本(万元)	1949090.92	3913648.83	1965485.95	3562863.90
	营业成本(万元)	2119436.39	4612771.16	2157346.00	4075703.02
	投资收益(万元)	-	63.31	-	121.07
	净利润(万元)	14489.53	79555.05	59535.66	92532.20
	利润总额(万元)	18863.31	86719.34	62836.55	100462.46

杭州汽轮机股份有限公司

公司概况						
	公司名称	杭州汽轮机股份有限公司			证券简称	杭汽轮B
	法人代表	聂忠海	董秘	俞昌权	证券代码	200771
	公司网址	www.htc.cn		电子信箱	ychq@htc.cn wg@htc.cn	
	电　话	0571-85780432 85780198		传　真	0571-85780432	
	办公地址	浙江省杭州市石桥路357号				
	经营范围	汽轮机、燃气轮机等旋转类、往复类机械设备及辅机设备、备品配件的设计等				

主要财务指标	指标\报告期	2012.06.30	2011.12.31	2011.06.30	2010.12.31
	基本每股收益(元)	0.4473	1.0200	0.4306	1.0800
	基本每股收益(扣除后)(元)	0.4475	0.9900	0.4338	1.0800
	每股净资产(元)	4.5900	5.2800	4.7700	5.9300
	每股经营现金净流量(元)	0.2035	0.8246	0.5157	1.0367
	每股现金流量(元)	-0.2577	-0.0487	0.0676	0.2834
	每股资本公积金(元)	0.1851	0.2222	0.2222	0.2888
	每股盈余公积金(元)	0.6010	0.7212	0.6197	0.8056
	每股未分配利润(元)	2.8080	3.3328	2.9320	3.8398
	净资产收益率(%)	9.7400	19.3160	10.8300	23.7146
	加权净资产收益率(%)	10.2300	20.8200	10.7100	26.1400
	净资产收益率(扣除)(%)	-	-	-	-
	总资产(万元)	712751.84	689258.24	662515.06	609233.25
	归属母公司股东权益(万元)	346403.62	331526.29	299958.10	286821.12
	主营业务收入(万元)	213213.21	451708.40	206763.90	404618.86
	营业收入(万元)	213816.37	454781.83	207704.00	427620.53
	主营成本(万元)	135367.22	285391.14	125203.92	251609.84
	营业成本(万元)	135577.62	286716.13	126036.26	273822.38
	投资收益(万元)	3041.59	2433.22	2411.86	2448.39
	净利润(万元)	37382.60	77417.30	39986.22	81429.43
	利润总额(万元)	44287.29	90527.94	47131.69	96609.14

烟台张裕葡萄酿酒股份有限公司

公司概况						
	公司名称	烟台张裕葡萄酿酒股份有限公司			证券简称	张裕B
	法人代表	孙利强	董秘	曲为民	证券代码	200869
	公司网址	www.changyu.com.cn		电子信箱	quwm@changyu.com.cn	
	电　话	0535-6633658 6633656		传　真	0535-6633639	
	办公地址	山东省烟台市大马路56号				
	经营范围	葡萄酒、白兰地、香槟酒和保健酒的酿制、生产与销售等				

主要财务指标	指标\报告期	2012.06.30	2011.12.31	2011.06.30	2010.12.31
	基本每股收益(元)	1.3400	3.6200	1.6600	2.7200
	基本每股收益(扣除后)(元)	1.3400	3.4800	1.6600	2.6100
	每股净资产(元)	7.4900	9.5100	7.5500	7.2800
	每股经营现金净流量(元)	0.8527	2.8556	1.9323	2.4464
	每股现金流量(元)	-0.2428	0.4885	0.0264	-1.8960
	每股资本公积金(元)	0.8201	1.0661	1.0568	1.0568
	每股盈余公积金(元)	0.4317	0.5613	0.5613	0.5613
	每股未分配利润(元)	5.2370	6.8811	4.9272	4.6641
	净资产收益率(%)	17.9400	38.0404	17.4900	37.3523
	加权净资产收益率(%)	16.8300	43.1800	21.2100	41.5700
	净资产收益率(扣除)(%)	-	-	-	-
	总资产(万元)	699439.63	729594.42	612521.50	598337.73
	归属母公司股东权益(万元)	513331.95	501364.17	397849.11	383970.83
	主营业务收入(万元)	300145.57	593987.56	308270.96	494638.17
	营业收入(万元)	301258.41	602754.92	309002.16	498294.34
	主营成本(万元)	72187.78	-	74640.65	-
	营业成本(万元)	72783.35	143941.71	74923.76	125791.02
	投资收益(万元)	-	5.21	5.21	90.00
	净利润(万元)	92114.35	190720.87	87619.43	145420.02
	利润总额(万元)	122728.90	253965.32	116251.49	192964.96

佛山华新包装股份有限公司

公司概况						
	公司名称	佛山华新包装股份有限公司			证券简称	粤华包B
	法人代表	童来明	董秘	周启洪	证券代码	200986
	公司网址	www.fshxp.com		电子信箱	hf_zhouqh@fshxp.com	
	电　话	0757-83981729 83992076		传　真	0757-83992026	
	办公地址	广东省佛山市季华五路18号经华大厦19楼				
	经营范围	包装材料、包装制品、装饰材料、铝塑复合材料、包装机械销售及维修等				

主要财务指标	指标\报告期	2012.06.30	2011.12.31	2011.06.30	2010.12.31
	基本每股收益(元)	-0.0140	0.2200	0.1220	0.2400
	基本每股收益(扣除后)(元)	-0.0150	0.2200	0.1220	0.2400
	每股净资产(元)	2.7500	3.0400	2.9500	2.8200
	每股经营现金净流量(元)	-0.6561	-0.4120	-0.3571	0.3862
	每股现金流量(元)	-0.3924	0.1795	-0.2173	-0.1092
	每股资本公积金(元)	0.5188	0.5183	0.5195	0.5196
	每股盈余公积金(元)	0.3015	0.2651	0.2557	0.2557
	每股未分配利润(元)	0.9253	1.2606	1.1708	1.0486
	净资产收益率(%)	-0.5200	7.2750	4.1500	8.4296
	加权净资产收益率(%)	-0.4800	7.5500	4.2400	8.8100
	净资产收益率(扣除)(%)	-	-	-	-
	总资产(万元)	677098.53	657188.88	616846.62	616049.71
	归属母公司股东权益(万元)	138772.96	153854.61	148896.16	142725.47
	主营业务收入(万元)	147426.02	398820.95	207358.55	380631.49
	营业收入(万元)	153698.18	402652.38	210217.19	389853.87
	主营成本(万元)	130804.03	338815.86	177722.21	314637.11
	营业成本(万元)	136205.29	342012.30	178792.27	323565.84
	投资收益(万元)	3266.61	5865.21	3020.19	5956.21
	净利润(万元)	-4200.29	19548.33	10576.51	22063.34
	利润总额(万元)	-4270.53	22728.23	12692.21	23955.25

山东省中鲁远洋渔业股份有限公司

公司概况	公司名称	山东省中鲁远洋渔业股份有限公司			证券简称	中鲁B
	法人代表	李文役	董秘	周烽	证券代码	200992
	公司网址	www.zofco.cn		电子信箱	zlzqb@163.com	
	电　话	0531-86553278 86553276		传　真	0531-86982906	
	办公地址	山东省济南市和平路43号				
	经营范围	外海、远洋捕捞、水产品养殖、加工、销售、批准范围的商品进出口业务、机冰制造、销售等				

	指标\报告期	2012.06.30	2011.12.31	2011.06.30	2010.12.31
主要财务指标	基本每股收益(元)	0.1000	0.1700	0.2000	0.1300
	基本每股收益(扣除后)(元)	0.1300	0.1700	0.1900	0.1200
	每股净资产(元)	1.7400	1.6400	1.6700	1.4700
	每股经营现金净流量(元)	0.1585	0.2008	0.1377	0.2941
	每股现金流量(元)	0.1031	-0.1020	0.0242	0.1923
	每股资本公积金(元)	1.0571	1.0570	1.0570	1.0570
	每股盈余公积金(元)	0.0823	0.0823	0.0823	0.0823
	每股未分配利润(元)	-0.4033	-0.5025	-0.4750	-0.6762
	净资产收益率(%)	5.7000	10.5880	12.2700	9.0250
	加权净资产收益率(%)	5.8700	11.1900	12.8500	9.4600
	净资产收益率(扣除)(%)	-	-	-	-
	总资产(万元)	61130.36	57260.47	60715.67	53682.80
	归属母公司股东权益(万元)	46333.34	43642.83	44392.23	38996.54
	主营业务收入(万元)	24758.99	46826.51	23482.32	47760.51
	营业收入(万元)	25090.01	47233.29	23631.21	48013.14
	主营成本(万元)	21793.38	41314.59	19442.36	42438.90
	营业成本(万元)	21887.43	41502.39	19521.12	42600.78
	投资收益(万元)	-	-	-	-
	净利润(万元)	2640.92	4621.02	5353.09	3519.54
	利润总额(万元)	2706.93	4718.98	5408.51	3595.09